국제법무 시리즈 3

제2판

국제사법 준거법편

석광현 저

박영사

2nd edition

Private International Law: Applicable Law

SUK Kwang Hyun

Parkyoung Publishing & Company
SEOUL, KOREA
2025

제2판 머리말

2013년 제1판을 간행한 후 12년 만에 제2판을 간행하게 되었다. 제2판의 간행이 늦어진 것은 저자가 게으르고 2022년 정년퇴임을 한 때문이나 우리나라에서 국제사법 저술에 대한 수요가 크지 않은 탓도 없지 않다. 이제나마 이 책을 국제법무 시리즈 3으로 간행하게 된 것을 매우 기쁘게 생각한다. 이 책은 국제법무 시리즈 2로 간행하는 '국제민사소송법: 국제사법 절차법편'과 함께 저자가 대한민국 법학계라는 화단에 정성스럽게 심는 거의 마지막의 작은 꽃이다. 제1판의 제목은 2001년 법무부, '국제사법 해설'을 참조하여 '국제사법 해설'이라고 하였으나 제2판은 그 후의 변화를 담은 것이기에 제목을 '국제사법 준거법편'이라고 수정하였다. 이는 자매서의 제목에 '국제사법 절차법편'을 넣은 것과 대응한다.

2013년과 비교하면 우리 법원의 판례와 문헌이 많이 나왔기에 이를 반영하다 보니 이 책의 분량이 대폭 증가하였다. 혹시 이 책을 강의교재로 사용하시는 교수님께서는 강의 내용을 적절한 범위로 제한해 주실 것을 부탁드린다. 우리 판례가 많이 나왔지만 충분한 것은 아니다. 특히 "포레스트 매니아 판결들의 그늘: 베른협약·국제사법의 실종과 게임저작물에 대한 저작권의 준거법을 다룰 기회의 상실"에서 통렬하게 비판하였듯이 국제사회에 내어놓기 부끄러운 판결도 있었다. 다만 그 후 베른협약과 국제사법을 제대로 적용한 대법원 2024. 5. 9. 선고 2020다250561 판결과 대법원 2024. 5. 9. 선고 2020다250585 판결이 나왔음은 다행이다. 또한 코피노의 입양을 다룬 대법원 2023. 10. 31.자 2023스643 결정 등 주목할 만한 판결들이 나온 것을 환영한다. 피해자의 책임보험자에 대한 직접청구권의 준거법을 다룬 대법원 2017. 10. 26. 선고 2015다42599 판결과 영국 해상보험법상 최대선의의무 위반을 다룬 대법원 2018. 10. 25. 선고 2017다272103 판결처럼 아쉬움을 남기는 판결들도 없지 않으나 저자는 근자의 변화를 긍정적으로 평가한다. 이는 근자에 국제사법에 대한 법관들의 인식이 전반적으로 제고된 결과이고 특히 국제사법에 밝은 소수 대법관의 노력의 산물이다. 저자는 그런 노력을 높이 평가한다. 그리고 주요 인용 문헌의 일부가 저자의 제자들의 것임을 보면서 커다란 보람을 느낀다. 앞으로 제자들이 한국 국제법무의 발전을 위하여 크게 기여함으로써 靑出於藍의 모습을 보여 줄 것을 기대한다. 노태악 대법관님과 함께 집필대표가 되어 2023년 7월 간행한 온주 국제사법도 중요한 참고문헌이 되었다.

2023년 7월 국제입양법률이 제정됨으로써 2025년 7월 헤이그입양협약의 비준을 앞두고 있음은 늦었지만 다행스러운 일이다. 1950년대 이후 해외입양을 위해 아동들을 대거 외국으로 보낸 우리로서는 입양협약의 발효가 중요함은 물론이나, 입양협약은 '법상태의 승인' 법리를 도입하는 점에서도 의미가 있다. 법상태의 승인은 규범의 충돌을 해결하는 국제사법의 전통적 방법인 준거법 지정과 재판의 심사를 보충하는 새로운 접근방법이다. 입양협약처럼 실질법적 내용을 규율함으로써 어느 정도 통일된 규범을 성안한다면 그것이 충족되는 경우 준거법 통제 또는 재판의 심사 없이 그에 따른 법률효과를 인정할 수 있다는 것인데, 이는 17세기 네덜란드학파의 Huber에서 유래한 기득권 이론을 재평가하는 계기를 제공한다.

저자는 자매서인 '국제민사소송법: 국제사법 절차법편'만이 아니라 '주해친족법 제2권'(편집대표 윤진수)(2015)의 개정 작업도 이 책의 작업과 병행하였다. 이는 당초 2022년 말 마칠 예정이었던 주해친족법의 개정작업이 일부 공저자의 사정으로 여러 번 미루어진 탓이다. 그 결과 국제친족법에 관한 한 이 책과 주해친족법이 유사하게 되었는데(다만 주해친족법 제2권은 가사사건의 국제재판관할규칙도 다룬다) 이에 대하여는 독자 여러분의 양해를 구한다.

아쉬운 것은 이 책에서는 근자에 중요성이 커지고 있는 블록체인, 가상자산, 데이터와 인공지능 등 이른바 디지털전환과 관련된 국제사법적 논점들은 별로 다루지 못하였다는 점이다. 이는 일차적으로 저자의 공부가 부족한 탓이나, 국제사법적 분석을 할 만큼 논점과 주요 국가의 국내법이 정리되지 않은 탓도 없지는 않다. 또한 근자에 다자주의가 퇴조하고 지정학적 긴장이 고조되는 상황에서 국제규범보다 국가법이 중시되는 결과 일방주의와 국가법의 역외적용이 강화되는 경향이 보이는데 이런 상황의 변화가 국제사법의 역할에 미치는 영향도 논의되고 있으므로 우리도 이에 주목할 필요가 있다.

제2판이 간행되도록 힘써 주신 조성호 이사님과 편집을 담당하신 박세연 님께 감사의 말씀을 전한다. 그리고 변함없이 교정작업을 도와주는 아내에게 감사한다. 재교를 일독함으로써 교정작업을 도와준 이종혁 서울대학교 법학전문대학원 교수께도 고마운 마음을 전한다. 이종혁 교수는 2013년 당시 서울대 로스쿨 원생으로서 다른 원생들과 함께 제1판의 교정을 도와준 바 있었기에 더욱 뜻깊은데 앞으로 지위에 걸맞은 역할을 충실히 수행해 줄 것을 기대한다.

2025년 2월
잠원동 寓居에서
석광현 씀

추기

이 책의 교정을 보던 중 2024. 12. 28. 온후하신 성품의 장모님께서 타계하시어 27년 만에 장인어른 곁에서 영면하시게 되었다. 처가에서 조용한 가족장을 원하였기에 부고를 일절 전하지 않았다. 아마도 법관 사위를 원하셨을 두 분의 기대와 다르게 저자는 1984년 8월 말 해군에서 전역하면서 변호사의 길을 택하였다. 군사정권하에서 올곧은 법관의 길을 걸을 만큼 심지(心志)가 굳지 않다면 법관직을 맡지 말아야 한다고 믿었기 때문이다. 법관이 되는 것은 오랜 세월의 희망이었지만 소신을 지키지 못하는 직업으로서의 법관직은 원하는 바가 아니었다. 그럼에도 지난 40여 년 동안 아껴주시고 물심양면으로 지원해 주신 두 분께 거듭 감사의 말씀을 드리고 하늘나라에서 편히 쉬시기를 충심으로 기원합니다.

머 리 말

저자는 2001년 개정된 국제사법의 시행과 더불어 "2001년 개정 국제사법 해설"이라는 책자를 간행하였고(도서출판 지산) 2003년 그 개정판을 간행한 바 있다. 그 후 10년의 세월이 흘렀다. 충실한 교과서를 써야 한다는 생각은 늘 간직하고 있지만 능력의 부족으로 아직 실천하지 못하고 있다. 그러나 위 책이 절판된 지 오래이고 그 동안 국내외적으로 국제사법분야의 눈부신 발전이 있었기에 그의 일단을 소개해야 한다는 부담을 떨칠 수 없었다. 즉, 주목할 만한 우리 판결들도 많이 나왔고, 우리나라도 헤이그 아동탈취협약에 가입하였으며(헤이그 입양협약에는 서명하였으나 아직 비준하지는 않았다), 유럽연합에서는 2009년 로마협약의 로마 I 로의 전환을 비롯하여, 로마 II, 로마 III과 로마 IV의 제정 등 괄목할 만한 입법작업을 꾸준히 추진하고 있으며, 중국은 2011년 국제사법인 '섭외민사관계법률적용법'을 사상 처음 제정하였고, 일본은 그에 앞서 2007년 1월 법례를 '法의 適用에 관한 通則法'으로 개정하고, 2012년 4월 민사소송법과 민사보전법을 개정하여 국제재판관할규칙을 반영하는 등 근자에 발빠르게 움직이고 있다. 타이완도 2011. 5. 26.부터 개정된 '섭외민사법률적용법'을 시행하고 있다.

준거법 분야에 관한 이러한 상황의 변화를 나름대로 이해하고, 나아가 세계적 조류에 동참하기 위한 최소한의 방편으로 이 책자를 간행하기로 하였다. 그러다보니 상당한 분량의 책자가 되었다. 이는 로스쿨 학생들을 위한 교과서는 아니고, 그렇다고 하여 완전한 주석서도 아닌 양자의 중간적인 성격을 가지는 단행본으로, 장래 주석서를 작성하기 위한 디딤돌의 의미를 가진다. 이 책에서는 준거법의 쟁점에 관한 비교적 다양한 논점을 담고자 노력하였다. 그럼으로써 협의의 국제사법이 국제거래 기타 외국적 요소가 있는 법률관계의 현실에서 가지는 중요성을 정확히 보여줄 수 있을 것으로 믿기 때문이다. 다만 학생들로서는 이를 모두 알아야 하는 것은 아니므로, 이 책을 강의 교재로 사용하시는 로스쿨이나 법과대학의 교수님께서는 강의 내용을 적절한 범위로 제한해 주실 것을 부탁드린다. 저자가 2012년 "국제민사소송법: 국제사법(절차편)"이라

는 제목의 단행본을 간행하면서 외국판결의 승인 및 집행을 다루었기에 그 부분
은 여기에서는 제외하였다. 또한 국제사법의 총론에 속하는 쟁점들 중 일부는 다
루지 못하였는데 이는 다음에 간행할 명실상부한 '교과서'에 포함시킬 생각이다.

  이러한 상황의 변화 중에서 주목할 것은, 동북아시아 국제사법의 유사성이
다. 즉 2007년 1월부터 시행되고 있는 일본의 '法의 適用에 관한 通則法'과 2011
년 4월 발효된 중국의 섭외민사관계법률적용법도 유럽연합의 로마협약의 영향을
받은 결과, 국제계약의 준거법결정에 관한 한 한·중·일의 국제사법규칙이 상
당히 유사하게 되었다. 이는 동북아시아인들이 상호교류를 한 결과가 아니라 각
자 유럽연합의 국제사법규칙을 참조함으로써 그의 영향을 받았기 때문에 발생한
결과이다. 즉, 동북아 국제사법의 유사성은, 국제사법규칙을 통일하려는 유럽인들
의 노력의 副作用 또는 副産物이라는 것이다. 앞으로 우리는 동북아시아 국제사
법의 통일 내지 조화를 위하여 노력하지 않으면 아니 된다. 그 과정에서 가능하면
동북아시아가 공유하는 가치를 담아내야 한다. 그러한 '동북아시아적 가치'라는
것이 실재하는지, 만일 실재한다면 그러한 가치를 동북아시아 국제사법규칙에 어
떻게 담아낼지는 어려운 일이다. 다른 기회에 밝힌 바와 같이, 저자가 중국 국제
사법의 제정을 환영하면서도 마음 한 구석이 무겁다. 우리나라의 국제사법 연구
자는 적지만 그래도 잘 정비된 단행법을 가지고 있었기 때문에 중국과 견주어 비
교우위를 가지고 있다고 믿었더랬는데 중국 '섭외민사관계법률적용법'의 제정을
계기로 이제 그 비교우위를 상실하게 되었기 때문이다. 축적된 국제사법 판례 덕
에 조금은 더 버틸 수 있겠지만, 중국 국제사법 전문가들의 수와, 능력과 열정을
보면 이는 잠깐일 뿐이다. 국제사법을 제1전공으로 하시는 교수님의 수가 대한민
국 전역을 망라하더라도 중국의 武漢大學이나 北京政法大學과 같은 국제사법을
중시하는 1개 대학보다도 적은 현실을 어떻게 이해할 수 있을까.

  2013년 8월로써 저자가 변호사로서 지낸 세월과 교수로서의 산 세월이 각각
14년 반으로 비슷하게 되었고, 9월부터는 교수로서의 삶의 비중이 더 커지게 될
것이니 더욱 책임감 있는 교수가 되어야 할 것이라는 생각이 든다. 해군에서 제대
한 1984년 8월 말 이후의 삶을 회고해 보면 작은 성취가 없지는 않지만 그렇게
내세울 것도 없는 삶이었다. 대학시절 막연히 법관의 꿈을 키웠으나 1984년 8월
당시 군사정권 하에서 판사로서 올곧은 삶을 살아갈 자신이 없었다. 그리고 여러
가지 이유로, 전문성을 키울 수 있다는 로펌변호사의 길을 걷기 시작하였다. 지금

도 그의 연장선상에서 전문성을 심화해 나가는 중이라고 믿는다. 남은 기간 동안 더 분발함으로써 사회에 진 빚을 갚아갈 것을 스스로에게 다짐해본다. 이 기회를 빌어 저자의 오늘이 있도록 이끌어 주신 선생님들과 선배님들께 거듭 감사드리고, 또한 동료 및 후배들과 제자들에게도 감사의 뜻을 표시하고 싶다.

이 책의 교정작업이 마무리단계에 있던 2013. 7. 29. 갑작스런 낙상으로 인하여 수술을 받게 되신 어머님께서 빨리 쾌차하시기를 진심으로 기원한다.

이 책의 간행을 수용해주신 안종만 회장님께 감사드리고, 실제로 이 책이 빛을 볼 수 있도록 해주신 조성호 부장님과 김선민 부장님께 감사의 말씀을 전한다. 그리고 변함없이 교정작업을 도와주는 아내에게 감사한다. 마지막으로 재교를 일독함으로써 교정작업을 도와준 김재희, 김태래, 마경태, 이정민과 이종혁 서울대학교 법학전문대학원생들에게도 고마운 마음을 전한다.

2013년 8월
盛夏의 관악산을 우러르며
석광현 씀

범 례 ···

자주 인용되거나 주요한 참고문헌은 아래와 같다(네모괄호 안은 인용방법).

〈국내문헌〉

김연·박정기·김인유, 국제사법 제4판(법문사, 2022)   [김연·박정기·김인유]

김용한·조명래, 국제사법 전정판(정일출판사, 1998)   [김용한·조명래]

김인호, 국제사법: 판례와 사례 분석과 해설(박영사, 2012)   [김인호, 판례]

박기갑, 국제사법총론 — 法律衝突理論을 중심으로 — (삼우사, 1996)   [박기갑]

법무부, 국제사법 해설(2001)   [법무부, 해설]

법무부, 국제사법에 관한 헤이그회의 제협약, 법무자료 제213집(1997)
     [법무부, 헤이그회의 제협약]

법원행정처 편, 법원실무제요 가사[1](2021), 가사[2](2021)   [법원실무제요/가사[*]]

서희원, 국제사법강의 개정신판(일조각, 1998)   [서희원]

석광현, 국제재판관할에 관한 연구(서울대학교 출판부, 2001)   [석광현, 재판관할]

석광현, 2001년 개정 국제사법 해설 제2판(도서출판 지산, 2003)   [석광현, 해설(2003)]

석광현, 국제사법 해설(박영사, 2013)   [석광현, 해설]

석광현, 국제사법과 국제소송 제1권부터 제6권(박영사, 2001−2019)   [석광현, 제*권]

석광현, 국제물품매매계약의 법리: UN통일매매법(CISG) 해설(박영사, 2001)
     [석광현, 국제매매법]

석광현, 국제민사소송법: 국제사법(절차편)(박영사, 2012)   [석광현, 국제민사소송법]

석광현, 국제상사중재법연구 제1권(박영사, 2007), 제2권(박영사, 2019)
     [석광현, 국제중재법, 제*권]

석광현, 국제사법과 국제소송 [정년기념](박영사, 2022)   [석광현, 정년기념]

석광현, 국제재판관할법(박영사, 2022)   [석광현, 국제재판관할법]

석광현 교수 정년기념 헌정논문집 간행위원회, 石光現교수정년기념헌정논문집:
國際去來法과 國際私法의 現狀과 課題(박영사, 2022)   [석광현헌정논문집]

신창선, 국제사법 제8판(fides, 2012)   [신창선]

신창선·윤남순, 신국제사법 제2판(fides, 2018)   [신창선·윤남순]

신창섭, 국제사법 제5판(세창, 2022)   [신창섭]

안춘수, 국제사법 제2판(법문사, 2023)   [안춘수]

윤종진, 개정 현대 국제사법(한올출판사, 2003)   [윤종진]

윤진수(편), 주해친족법 제2권(박영사, 2015)   [윤진수/집필자, 주해친족법 제2권]

윤진수(편), 주해상속법 제2권(박영사, 2019)   [윤진수/집필자, 주해상속법 제2권]

이호정, 국제사법(경문사, 1983)   [이호정]

장문철, 국제사법총론(홍문사, 1996)   [장문철]

진산 김문환선생정년기념논문집 간행위원회, 진산 김문환선생정년기념논문집
제1권: 국제관계법의 새로운 지평(박영사, 2011)   [진산 기념논문집 제1권]

최공웅, 국제소송 개정판(육법사, 1994)   [최공웅]

최흥섭, 한국 국제사법 Ⅰ−법적용법을 중심으로−(한국학술정보, 2019)   [최흥섭]

최홍섭, 유럽연합(EU)의 국제사법(BOOKK, 2020)　　　　　　　[최홍섭, EU국제사법]
최홍섭, 국제사법에 관한 글모음집 2022년(2022)　　　　　　　　[최홍섭, 글모음집]
한복룡, 국제사법 개정판(충남대학교출판문화원, 2013)　　　　　　　　　　[한복룡]

〈외국문헌〉

● 독일문헌

Andrae, Marianne, Interantionales Familienrecht, 4. Auflage (Nomos, 2019)　　　[Andrae]
von Bar, Christian/Mankowski, Peter, Internationales Privatrecht, Band Ⅰ,
　　　　Allgemeiner Teil, 2. Auflage (C.H. Beck, 2003)　　　[von Bar/Mankowski, Band Ⅰ]
von Bar, Christian/Mankowski, Peter, Internationales Privatrecht, Band Ⅱ,
　　　　Besonderer Teil, 2. Auflage (C.H. Beck, 2019)　　　[von Bar/Mankowski, Band Ⅱ]
Geimer, Reinhold, Internationales Zivilprozessrecht, 8. Auflage
　　　　(Verlag Dr. Otto Schmidt, 2020)　　　　　　　　　　　　　[Geimer, IZPR]
Hoffmann, Bernd von/Thorn, Karsten, Internationales Privatrecht, 9.
　　　　Auflage (C.H. Beck, 2007)　　　　　　　　　　　　　[von Hoffmann/Thorn]
Junker, Abbo, Internationales Privatrecht, 5. Auflage (C.H. Beck, 2022)　　　[Junker]
Junker, Abbo, Internationales Zivilprozessrecht, 6. Auflage (C.H. Beck, 2023)
　　　　　　　　　　　　　　　　　　　　　　　　　　　　　[Junker, IZPR]
Kegel, Gerhard/Schurig, Klaus, Internationales Privatrecht, 9. Auflage (C. H. Beck, 2004)
　　　　　　　　　　　　　　　　　　　　　　　　　　　　　[Kegel/Schurig]
Kropholler, Jan, Internationales Privatrecht, 6. Auflage (Mohr Siebeck, 2006)　[Kropholler]
Münchener Kommentar zum BGB, 5. Auflage (2010), Band 10, EGBGB
　　　　　　　　　　　　　　　　　　　　　　　[MünchKomm/집필자, Band 10]
Münchener Kommentar zum BGB, 8. Auflage (2020), EGBGB
　　　　　　　　　　　　　　　[MünchKomm/집필자, * Auflage, 관련조문]
Praxis des internationales Privat－ und Verfahrensrechts　　　　　　　　[IPRax]
Rabels Zeitschrift für ausländisches und internationales Privatrecht　　[Rabels Zeitschrift]
Rauscher, Thomas, Internationales Privatrecht, 5. Auflage (2017)　　　　　[Rauscher]
Rauscher, Thomas (Hrsg.), Europäisches Zivilprozess－ und
　　　　Kollisionrecht EuZPR/EuIPR (2011)　　　　　[Rauscher/집필자, EuZPR/EuIPR]
Reithmann, Christoph/Martiny, Dieter (Hrsg.), Internationales Vertragsrecht, 8.
　　　　Auflage (Otto Schmidt, 2015)[1]　　　　　　　　　　[Reithmann/Martiny/집필자]
Schack, Haimo, Internationales Zivilverfahrensrecht, 8. Auflage (C.H. Beck, 2021)
　　　　　　　　　　　　　　　　　　　　　　　　　　　　　[Schack, IZVR]
Staudinger Kommentar zum BGB, EGBGB/IPR: Dreizehnte
　　　　Bearbeitung (München: Sellier, 1994).　　　　　　　　[Staudinger/집필자][2]
Yearbook of Private International Law　　　　　　　　　　　　　　　[YBPIL]

---

1) 여기에서 대체하지 않았지만 최근판은 제9판(2022)이다.
2) Staudinger Kommentar의 다른 권도 동일 요령에 따른다.

- **스위스문헌**

Girsberger, Daniel et al. (Hrsg.), Zürcher Kommentar zum IPRG, 2. Auflage
 (Schulthess, 2004)와 3. Auflage (2018) [Zürcher Kommentar/집필자][3]
Vischer, Frank/Huber, Lucius/Oser, David, Internationales Vertragsrecht, 2. Auflage
 (Stämpfli Vergag AG Bern, 2000) [Vischer/Huber/Oser]
Yearbook of Private International Law [YBPIL]

- **영국문헌**

Basedow, Jürgen et al., Encyclopedia of Private International Law,
 Vols. 1 to 4 (Edward Elgar, 2017) [Encyclopedia, Vol. *]
Paul Torremans (ed.)(2017), Cheshire, North & Fawcett : Private International Law,
 15th edition (Oxford University Press, 2008) [Cheshire/North/Fawcett][4]

- **일본문헌**

山田鐐一, 国際私法, 3판(有斐閣, 2004) [山田鐐一]
松岡 博, 現代国際私法講義(法律文化社, 2008) [松岡 博]
櫻田嘉章, 国際私法 제7판(有斐閣, 2020) [櫻田嘉章]
櫻田嘉章·道垣内正人(編), 일본 注釈国際私法 제1권, 제2권(有斐閣, 2012)
 [일본 주석국제사법 제1권, 제2권/집필자]
溜池良夫, 国際私法講義 제3판(有斐閣, 2005) [溜池良夫]
中西康/北澤安紀/横溝 大/林貴美, 国際私法(有斐閣, 2014) [中西康 外]
出口耕自, 論點講義 国際私法(法学書院, 2015) [出口耕自]
横山潤, 国際私法(三省堂, 2012) [横山潤]
横山潤, 国際家族法の研究(有斐閣, 1997) [横山潤, 国際家族法]

---

3) 제3판(2018)의 경우 "3. Auflage"를 표시한다.
4) 제14판의 경우 제14판이라고 표시한다.

차 례

제1장 서 론

제 2 장 국제사법 총론상의 논점

제 3 장   국제사법의 조문별 해설

제 4 장 보론

제 1 장

서 론

제 1 장
서 론

Ⅰ. 국제사법의 개념

현재 세계에는 200개가 넘는 독자적인 법질서를 가진 복수 국가가 병존하므로 외국적 요소가 있는 사안을 해결하기 위하여는 순수한 국내사건에서와 다른 해결방법이 필요하다.[1] 국제사법은 이처럼 상이한 법질서 간의 저촉을 조정하는 역할을 담당하므로[2] 한국 사회의 국제화가 심화될수록 그 중요성이 더욱 커지는 대표적인 법 영역이다. 구체적으로 실체법 영역에서는 준거법의 결정, 즉 '협의의 국제사법'이고, 그에 더하여 절차법 영역에 속하는 국제재판관할과 외국재판의 승인과 집행을 포함한 것을 '광의의 국제사법'[3]이라 한다. 후 2자의 논점을 다루는

---

* 개정판에서는 기존 문헌을 모두 최신의 것으로 교체하여야 하나, 이는 너무 부담스럽고 수고에 비하여 큰 의미가 없는 경우도 있어 부분적으로만 교체하고 필요 시 새로운 문헌들을 추가하였다. 따라서 동일한 문헌의 구판과 신판이 공존하게 되었는데, 이에 대하여 독자 여러분의 양해를 구한다.

1) 실체법 영역에서는 국제사법이, 절차법 영역에서는 국제민사소송법(한국에서는 광의의 국제사법)이 이를 담당한다. Schack, IZVR, Rn. 2. 다른 것은 다르게 취급하는 것이 헌법상의 평등의 원칙에 부합하기 때문이다. 석광현, "국제사법에 대한 헌법의 영향", 석광현, 정년기념, 231면 이하; 안춘수, "외국법 적용의 근거", 국제사법연구 제3호(1998), 564면 이하.

2) 근자에는 사적 규범이 증가함에 따라 법질서 간의 충돌만이 아니라 사적 규범 간의 충돌, 나아가 가치규범 간의 충돌이 발생한다. 이런 맥락에서도 국제사법적 사고는 유용한 분석의 틀을 제공한다.

3) 영미, 프랑스와 스위스 및 헤이그국제사법회의에서 일반적으로 승인되고 있는 국제사법의 개념은 국제재판관할과 외국판결의 승인 및 집행 기타 절차적 측면을 포함한다. 독일에서 말하는 국제사법을 협의의 국제사법, 영미에서 말하는 국제사법을 광의의 국제사법이라고 부를 수 있다. 다만 탈취협약과 입양협약 등을 고려하면 헤이그국제사법회의에서 다루는 국제사법의 의미는 '광의의 국제사법'이라고 파악하는 국제사법의 개념보다 더 넓다. 중앙당국의 관여 하에 이루어지는 국제입양은 주로 사법적(私法的) 영역에서의 국가 간 공조라고 할 수 있는데 이는 탈취협약의 경우에도 마찬가지이다. 이렇게 넓게 이해할 때 비로소 국제사법의 중요

분야를 '국제민사소송법(internationales Zivilprozessrecht. IZPR)'[4] 또는 '국제민사절차법(interationales Zivilverfahrensrecht. IZVR)'이라고 부르기도 한다.[5]

협의의 국제사법은 "외국적 요소가 있는 사법적(私法的) 법률관계[6]에 대해 어느 국가의 법질서[7]를 적용할지를 결정하는 법규의 총체" 또는 "준거법의 결정원칙을 정한 법규의 총체"를 의미하므로, 그 조문은 다양한 연결대상에 대하여 연결소(connecting factor, Anknüpfungsmoment) 또는 연결점(Anknüpfungspunkt, *point de rattachement*)을 매개로 준거법을 지정하는 구조를 취한다.[8] 즉 협의의 국제사법은 외국적 요소가 있는 법률관계를 직접 규율함으로써, 예컨대 당사자에게 어떤 권리와 의무를 발생시키는 것이 아니라 권리와 의무를 발생시키는 법질서를 지정함으로써 간접적으로 법률관계를 규율한다. 이런 이유로 협의의 국제사법을 '지정법(Verweisungsrecht. 또는 지시법)', '간접규범', '법적용법(Rechtsanwendungsrecht)'[9] 또는 '저촉법(Kollisions-recht)'이라고 부른다. 준거법이 어느 국가의 법 또는 규범인지에 따라 당사자의 권리와 의무가 달라지고 분쟁의 결론이 달라질 수 있음을 쉽게 알 수 있다.[10] 따라서

성을 제대로 이해할 수 있다.

4) 독일에서는 전통적으로 국제사법을 협의의 국제사법으로 이해하므로 위의 과제를 담당하는 것이 실체법의 영역에서는 (협의의) 국제사법이고 절차법의 영역에서는 국제민사소송법이라고 설명한다. Schack, IZVR, Rn. 2, Rn. 3.

5) Conflict of Laws, Restatement 2nd (1971), 제2조 Comment.

6) 국제사법 제1조는 '외국과 관련된 요소가 있는 법률관계에 관하여'라고만 규정하나, 국제사법의 조문들에서 보듯이 국제사법의 적용대상은 원칙적으로 사법적(私法的) 법률관계이다. '민사에 관한 규정'(제2장)과 '상사에 관한 규정'(제3장)으로 구분하여 규정하였던 구 섭외사법과 달리 국제사법은 그런 용어는 사용하지 않지만 각 장의 표제를 보면(사람, 법률행위, 물권, 지식재산권, 채권, 친족, 상속, 어음·수표, 해상) 국제사법의 규율대상이 민·상사와 지식재산권법 분야, 즉 사법적 법률관계임을 알 수 있다. 다만 성질결정론에서 보듯이 그것이 우리 법의 사법적 법률관계와 동일한 것은 아니고 그보다 탄력적 개념이다.

7) 대체로 어느 국가의 법질서에 한정되나 국제계약의 준거법의 경우 논란이 있다.

8) 물론 모든 조문이 그런 구조를 취하는 것은 아니다. 예컨대 우리 국제사법 제71조와 국제적 강행법규에 관한 제20조는 그렇지 않다.

9) Kropholler, S. 1. 최흥섭, 33면 이하는 '법적용법' 내지 '법적용규범'을 정면으로 사용하면서 이것이 국제사법에서도 정착되기를 기대한다. 한편 '법률저촉법'이라는 표현을 사용하기도 한다. 장준혁, 법률검토의 방법(2022), 263면; 장준혁, "시민/보통법과 이슬람법의 가교로서 HCCH 아동 관련 협약들에 관한 회의("Malta Process")", 통상법률 통권 제165호(2024. 11.), 93면.

10) 이를 '준거법 결정의 실익' 내지 '협의의 국제사법의 실천적 의미'라고 할 수 있다. 김갑유·신연수, "국제분쟁에서 한국법의 적용", 법학평론 제12권(2022. 4.), 107면 이하는 일차적으로 국제분쟁에서 외국의 법관 또는 중재판정부에 의하여 한국법이 어떻게 다루어지는지, 그 과정에

우리 국제사법에 포함된 협의의 국제사법은 일차적으로 우리 법원이 외국적 요소
가 있는 사안에 관하여 재판을 할 때 적용할 준거법을 지정하는 역할을 한다. 그러
나 우리 법원이 당해 법률관계에 관하여 직접 재판하지 않는 경우에도 지정법으로
서 국제사법이 의미를 가지는 점을 주의해야 한다.11)

논리적으로 협의의 국제사법이 적용되고 그 다음에 실질법이 적용된다는 의
미에서 협의의 국제사법을 '상위법' 또는 '상위규범'이라고 부르기도 한다.12)

국제사법과 저촉법

국제사법과 저촉법(Kollisionsrecht)은 일반적으로 호환하여 사용된다. 그러나 엄밀히 말
하면 저촉법에는 장소적 저촉법인 협의의 국제사법 외에도 인적 저촉법(인제법, 특히
인제사법이 문제된다), 시간적 저촉법(시제법), 순위저촉법(또는 체계제법)과 실질적(또
는 사항적) 저촉법이 있다.13) '순위저촉법(Rang-Kollisionsrecht)(체계제법)'이라 함은
원천이 다른 법규들 상호 간의 순위관계를 정한 법규이다. 예컨대 "상위법은 하위법에
우선한다"는 원칙과, 조약과 국내법의 관계를 정한 헌법 제6조 제1항 등이 그런 예이
다.14) "구 특별법이 신 일반법에 우선한다"는 원칙(예컨대 대법원 1969. 7. 22. 선고 69
누33 판결 참조)도 그러한 예이다. 실질적 저촉법이라 함은 동일 법질서 안에서 법규들
이 내용이 충돌하는 경우를 해결하는 저촉법이다.15)

프랑스에서는 국제재판관할규칙을 '*conflit de juridiction*'의 문제로 다루나 우리나라에
서는 통상 이는 저촉법의 문제로 다루지 않는다. 2022년 개정에 의하여 우리 국제사법
은 국제재판관할규칙과 준거법지정규칙의 양자를 규정하므로 이 책에서는 저촉법을 협
의의 국제사법과 호환적으로 사용한다.

영미에서는 '광의의 국제사법'을 'private international law' 또는 'conflict of laws'(미
국에서는 주로 이를 사용한다)라고 하고, '협의의 국제사법' 즉 준거법지정규범을
'choice-of-law'라고 하며,16) 독일에서는 협의의 국제사법을 지정규범(Verweisungsnorm)
또는 '법적용규범(Rechtsanwendungsnorm)'이라고 한다.

서 유의할 점을 검토하는데, 부수하여 준거법 결정의 실익이 있는 사례들을 보여 준다.

11) 이도 사후에 우리 법원에서 선결문제로 다루어지는 경우에 주로 문제 된다. 그러나 외국에서
현지법에 따라 협의이혼을 한 한국인이 우리나라에서 이를 등록하거나 타인과 재혼하는 경우
우리가 그 효과를 인정할 것인가라는 경우에서 보듯이 법원 외에서 문제가 제기될 수도 있다.

12) 신창선·윤남순, 15면; 김연·박정기·김인유, 21면; 신창섭, 11면.

13) 이호정, 7면 이하.

14) 이호정, 10면 이하; 이종혁, "주월한국군 피해자 베트남인의 국가배상소송과 저촉법: 체계제
법(體系際法), 시제법, 국제사법", 국제사법연구 제29권 제1호(2023. 6.), 281면 이하 참조.

15) 우리 법상 규범 충돌(Normkollision)을 다룬 글로는 김재형, "이론과 실무의 조응", 서울대
학교 법학 제65권 제2호(2024. 6.), 96면 이하 참조.

16) 영문명칭을 반대로 사용하기도 한다.

우리나라에서는 협의의 국제사법이 성질상 소송법(절차법)에 속한다고 설명하는 논자도 있고 미국에서는 그런 견해가 널리 받아들여지고 있는 것으로 보이나[17] 우리 법상으로는 타당하지 않다. 「실체법 – 절차법」과 「실질법 – 국제사법(저촉법)」의 대비에서 보듯이 양자는 평면을 달리하는 개념이므로 협의의 국제사법을 소송법에 편입시킬 것은 아니다.[18] 물론 국제사법 중 국제재판관할규칙과 외국재판의 승인 및 집행에 관한 규칙은 절차법의 성질을 가진다.

실질법(또는 실질규범)이라 함은 법적용법(또는 간접규범)인 저촉법(또는 국제사법)에 대비되는 개념으로, 우리 민·상법과 같이 저촉법(또는 국제사법)에 의하여 준거법으로 지정되어 특정 법률관계 또는 쟁점을 직접 규율하는 규범을 말한다. 우리 국제사법은 이 용어를 사용하지 않으나 이는 강학상 확립되었고 판례도 정면으로 인정하는 개념이다.[19] 이처럼 준거법 지정규범인 국제사법은 간접규범이라는 점에서 구체적인 분쟁의 해결에 최종적인 해답을 주는 것이 아니라(이 지점에서 국제사법의 한계가 드러난다) 최종적인 해답을 어느 법질서에서 찾아야 하는지를 가르쳐준다. 비유적으로 말하자면 물고기를 잡아주는 것이 아니라 어디에 가야 물고기를 잡을 수 있는지(더 넓게는 물고기를 잡는 방법)를 규칙을 통하여 제시한다. 여기에 협의의 국제사법의 역할이 있다.

협의의 국제사법에서 국제사법은 적확한 용어는 아니다. 왜냐하면 '국제'라는

---

17) 법원으로 하여금 국경을 넘는 사건을 어떻게 다루어야 하는지를 규정하는 점에서 그렇다는 것이다. Roxana Banu, Michael S Green, and Ralf Michaels, Philosophical Foundations of Private International Law (2024), p. 23. 그러나 만일 그렇다면, 절차는 법정지법에 따르므로 우리 법원은 외국 절차법(국제사법)을 적용하지는 않기에 반정은 허용될 여지가 없다. 반정을 허용하는 것은 법정지법원칙에 대한 예외를 인정하는 것이 되는데, 대륙법계에서는 반정을 비판하는 논자들도 그런 식으로 설명하지 않는다. 또한 국제계약을 체결하는 당사자들의 준거법 선택에서 보듯이 협의의 국제사법은 소송 외에서도 의미가 있다.

18) 국제민사소송법은 절차법이고 국제사법은 실체법이라는 견해도 보이기는 한다. Rolf A. Schütze, Das Internationale Zivilprozessrecht in der ZPO, 2. Auflage (2011), Einleitung, Rn. 4. 만일 협의의 국제사법이 절차법이라면 우리 법원은 직접반정을 인정할 이유도 없다. 외국 절차법은 원칙적으로 적용되지 않기 때문이다.

19) 예컨대 대법원 1991. 12. 10. 선고 90다9728 판결은 "우리의 섭외사법이 섭외적 생활관계에 관하여 규정하고 있는 준거법은, 섭외사법 제4조가 규정하고 있는 반정의 경우 및 어음행위 능력에 관하여 규정하고 있는 동법 제34조의 경우를 제외하고는, 그 국가의 실질법을 지칭하는 것이지 그 국가의 국제사법 규정을 지칭하고 있는 것이 아니다"라고 명확히 판시하였다. 또한 대법원 2010. 7. 15. 선고 2010다18355 판결과 대법원 2021. 2. 4. 선고 2017므12552 판결도 실질법 개념을 사용하였다. 독일, 프랑스와 영국 등에서 용어의 대비는 Kropholler, S. 103f. 참조.

제 1 장 서론 **7**

용어에도 불구하고 이는 국제법이 아니라 국내법이기 때문이다. 여기에서 '국제'라는 것은 그의 *法源*이 국제적이라는 의미가 아니라 그의 과제 또는 다루는 대상이 국제적임을 의미한다.

이처럼 우리 법원이 재판을 함에 있어 외국법을 적용한다는 사실은 국제사법이 취하는 외국 문화(특히 외국법)에 대한 개방성을 보여준다. 다양한 법 분야 중 이처럼 우리 법률가들에게 외국 문화의 중요 부분인 외국법에 대해, 그것이 우리 법과 동등한 가치를 가지는 문명국가의 법이라는 신뢰를 가지고 그 내용을 존중하면서 적용할 것을 요구하는 분야는 없다.[20] 이것이 21세기를 사는 우리 법률가들이 국제사법에 관심을 가져야 하는 또 다른 이유이다.

한편 국제사법과 외인법(또는 외국인법. Ausländerrecht. 전에는 Fremdenrecht, legislation on aliens)은 구별하여야 한다. 외인법은 외국인을 내국인과 달리 취급하는 법규의 총체[21] 또는 외국인에게 어떤 법적 지위(또는 권리와 의무)를 인정할지에 관한 법규의 총체를 말한다. 개별적인 외인법으로서는 '부동산 거래신고 등에 관한 법률' 중 제3장 외국인등의 부동산 취득 등에 관한 특례에 속하는 조문, 외국법인에 관한 민법 조문과 외국회사에 관한 상법 조문 등이 있다. 외인법을 국제사법과 같은 지정규범이 아니라 실질규범이라고 본다면[22] 우리 외인법이 적용되기 위하여는 한국법이 준거법으로 지정되어야 한다. 그러나 엄밀하게는 사법(私法)적 외인법과 국제사법의 관계에 관하여, 우리 외인법은 국제사법에 의하여 한국법이 준거법으로 지정된 때에 적용된다는 견해(국제사법 선행설)와 외인법은 국제사법에 선행하여 적용된다는 견해(외인법 선행설)[23]가 나뉘고 있다. 적용범위를

---

20) 다만 외국법의 적용이 우리가 포기할 수 없는 선량한 풍속 기타 사회질서에 명백히 반하는 경우에는 예외적으로 그 적용이 배제된다. 이것이 우리 법질서를 보호하는 공서의 방어적 기능인데, 여기에서 우리는 우리 법질서 중에서 준거법이 외국법이면 양보할 수 있는 공서와 양보할 수 없는 공서를 구분해야 하며 이 과정에서 우리 법질서를 더 깊이 있게 성찰할 수 있는 기회를 가지게 된다.

21) 이호정, 14면; Kegel/Schurig, S. 64. 그러나 국제사법 외의 법학 분야에서는 외인법에 대한 관심이 별로 없다. 예컨대 이철우 외, 이민법 제3판(2024), 43면 이하 외국인의 법적 지위(최윤철 집필부분) 참조. 재한외국인(외국인 전반이 아니라)에 관한 외인법의 기본법이라고 할 수 있는 것은 '재한외국인 처우 기본법'이나 재한외국인에 대한 처우 등에 관한 기본적인 사항만을 정하고 있다.

22) 이호정, 15면; 김연·박정기·김인유, 29면; Kegel/Schurig, S. 64; Kropholler, S. 10.

23) 신창선·윤남순, 26면은 외인법 선행설을 지지한다. 신창섭, 14-15면도 동지. 일본의 견해 대립은 당초 일본 민법 제2조(현재는 제3조 제2항), 즉 "외국인은 법령 또는 조약의 규정에

스스로 규정하는 사법(私法)적 외인법의 경우에는 규정된 구성요건요소가 충족되면 독립하여 적용된다는 견해가 설득력이 있다.[24]

　200개가 넘는 국가법(주법을 고려하면 더 많다)으로 형성된 바다를 항해하자면 항해술이 필요한데, 이 경우 협의의 국제사법은 어떤 쟁점을 어느 국가법이 규율하는지를 가르쳐줌으로써 항해를 가능하게 한다. 그러나 분야에 따라서는 국제물품매매계약에 관한 유엔협약("매매협약")과 같은 통일실질법이 있는데, 이는 '여전히 적용되는 국가법의 바다에 둘러싸여 있는 국제규칙의 섬(an island of interna-tional rules surrounded by an ocean of still-applicable national law)'과 같은 존재라고 할 수 있다.[25] 그런 통일실질법이 없는 법 영역이 오히려 일반적이므로 당해 법률관계를 규율하는 준거법을 지정하여야 한다.

반대의 규정이 없는 한 내국인과 마찬가지로 사권을 향유한다"와 외국인토지법에 있어서 외국인의 권리향유에 관한 조문의 해석을 둘러싸고 전개되었던 것이다. 일본 주석국제사법 제1권/橫溝 大, 31면.

24) Kropholler, S. 10; 최공웅, 215면도 동지. 이런 유형의 규정을 독일에서는 '자기제한적 실질규범(selbstbegrenzte 또는 selbstgerechte Sachnorm)', '독자적(일면적) 저촉규범을 가진 실질규범(Sachnorm mit eigener (einseitiger) Kollisionsnorm)' 등이라 하는데, 일본에는 '섭외적 사법관계만에 적용되는 실질사법' 또는 '외국적 요소를 가지는 내국사항규정' 등의 표현도 보인다. 일본 주석국제사법 제1권/橫溝 大, 31면. 이런 규정을 '섭외실질법'이라 하고 이를 다시 국제적 강행법규(외국환거래법과 외국인토지법은 이에 속한다)와 자기제한적 실질법규(예컨대 책임질 수 없는 사유로 말미암아 불변기간을 지킬 수 없었던 외국 소재 당사자(외국인과 다름)에게 내국인에 비하여 장기의 추완기간을 규정하는 민사소송법(제173조 제1항)처럼 섭외적 요소를 고려하여 규율내용을 달리하는 조문)로 구분하여, 전자는 저촉규칙과 관계없이 적용되나 후자는 저촉규칙에 의하여 준거법이 된 때에 적용된다는 견해(中西康 外, 146면)가 있어 흥미롭다. von Bar/Mankowski, Band Ⅰ, §4 Rn. 34는 더 구체적으로 공법적 외인법과 사법(私法)적 외인법을 구분하여 전자는 강행법으로서 섭외공법의 법리에 따르고, 후자는 논란이 있으나 외인법규범의 적용의지, 즉 특별한 일면적 저촉규범으로부터 출발해야 한다고 한다. 그러나 그런 규정에도 다양한 유형이 혼재하므로 앞으로 유형화 가능성을 검토하고, 외인법이라는 개념의 효용 및 외인법과 국제적 강행규정의 관계도 더 검토할 필요가 있다.

25) Harry M. Flechtner, The U.N. Sales Convention and MCC-Marble Ceramic Center, Inc. v. Ceramica Nuova d'Agostino, S.p.A.: The Eleventh Circuit Weighs in on Interpretation, Subjective Intent, Procedural Limits to the Convention's Scope, and the Parol Evidence Rule, 18 Journal of Law and Commerce (1999) 285.

Ⅱ. 국제민사소송과의 관계

1. 국제사법의 범위와 국제민사소송법

영미에서는 ① 국제재판관할, ② 준거법의 결정과 ③ 외국판결(또는 외국재판. 이하 양자를 호환적으로 사용한다)의 승인·집행이라는 3대 주제를 국제사법, 보다 정확하게는 광의의 국제사법의 과제로 본다.[26] 이 책에서는 '국제민사소송법'이라는 용어도 사용하지만 이는 편의상의 표현이다. ① 국제재판관할과 ③ 외국판결의 승인·집행에서는 준거법의 결정이 아니라 외국적 요소가 있는 소송관계를 다루는 법정지법의 특칙, 즉 외국관련성이 있는 실질법 논의가 중심을 이룬다.[27] 광의의 국제사법의 개념을 잘 보여주는 것은 미국법률협회(ALI)의 1971년 제2차 저촉법(또는 국제사법) Restatement이다. 제2조는 국제사법의 주제를 다음과 같이 정의한다.

> §2. Subject Matter of Conflict of Laws (국제사법의 주제)
> Conflict of Laws is that part of the law of each state which determines what effect is given to the fact that the case may have a significant relationship to more than one state(국제사법은 각국의 법률 중, 사안이 2개 이상의 국가와 중대한 관련을 가질 수 있다는 사실에 대해 어떠한 효력을 부여할지를 결정하는 분야를 말한다).

우리 실정법인 국제사법은 준거법의 지정과 국제재판관할 및 외국법의 조사 등을 규율하는 점에서 체제상 영미와 독일의 중간에 위치한다. 즉 구 국제사법 제2조는 국제재판관할규칙을 두고, 제27조와 제28조는 소비자와 근로자의 보호를 위한 국제재판관할규칙을 두었으나, 2022년 개정된 국제사법은 국제재판관할규칙과 준거법지정규칙을 두고 있다. 이런 태도는 대체로 준거법 결정(또는 지정)[28] 원칙만을

---

26) 국제사법을 실체편과 절차편으로 구분하여 협의의 국제사법, 즉 법선택규칙(choice of law rules) 또는 저촉법을 실체편에, 국제재판관할과 외국판결의 승인·집행 및 기타 절차적인 부분을 절차편에 편입시킬 수도 있다. 그러나 이는 대체로 그렇다는 것이지 논리적으로 철저한 구분은 아니다. 예컨대 절차는 법정지법에 따른다는 법정지법원칙(이는 국제사법원칙이다)을 보더라도 이는 준거법 결정에 관한 것이지만 절차의 문제이다.

27) 국제사법의 다양한 개념과 한국 국제사법학의 과제는 석광현, "한국 국제사법학의 과제", 국제사법연구 제22권 제2호(2016. 12.), 381면 이하 참조.

28) 국제사법 용어로서는 '지정(Verweisung)'이 더 정확하나 '결정'이 더 일반적인 표현이므로 이 책에서는 양자를 호환적으로 사용한다.

국제사법의 규율대상으로 이해하는 독일의 민법시행법(EGBGB)[29]과는 다르고 국제사법의 범위를 국제재판관할과 외국재판의 승인 및 집행을 포함하는 광의로 이해하는 프랑스, 스위스의 태도에 접근하는데, 영미법계와 헤이그국제사법회의도 국제사법의 범위를 넓게 파악한다. 준거법 결정은 국제재판관할의 결정과 밀접하게 관련되므로 양자를 함께 규율할 현실적 필요가 있고 그렇게 하는 것이 체계상의 장점이 있다는 점에서 이런 태도는 바람직하다. 현재 우리나라에서는 서로 밀접한 관련이 있는 외국판결의 '승인'과 '집행'이 민사소송법과 민사집행법에 의해 각각 규율되나 장기적으로는 위 조문은 물론이고, 가사와 비송사건에 관한 외국판결의 승인 및 집행에 관한 규범을 통합하여 국제사법에 규정하는 것이 바람직하다.

반면에 논자에 따라 다소 차이가 있지만, 국제민사소송법이라 함은 대체로 "외국적 요소가 있는 민사사건(또는 민사소송)에서 발생하는 절차법적 문제를 규율하는 법규의 총체"를 말한다.[30] 다만, 국제민사소송법의 영역에서도 준거법의 판단이 문제 되는 분야가 없는 것은 아니다. 국제재판관할합의와 국제중재합의가 대표적인 예인데, 특히 국제재판관할합의와 국제중재합의의 성립 및 유효성 나아가 그 효력의 준거법을 정할 필요가 있다. 그 경우 당사자자치(party autonomy)의 원칙[31]이 중요한 역할을 한다. 나아가 국제중재에서는 준거법에 관한 다양한 쟁점이 제기된다. 또한 국제도산에서도 분쟁의 실체의 준거법과 절차의 준거법이 문제 된다. 도산절차에서는 법정지법이 중요한 기능을 하는데 이를 '도산법정지법(lex fori concursus)'이라고 한다.

2. 협의의 국제사법에 대한 국제민사소송법의 우위[32]

예컨대 가족관계에 관한 사건에서 준거법과 관계없이 국제재판관할을 정한다거나, 외국판결의 승인에서 준거법 통제를 포기함으로써 외국법원이 적용한 준

---

29) 이는 1880년대 게프하르트(Albert Gebhard) 초안에 기초한 것이다. 상세는 Theodor Niemeyer, Zur Vorgeschichte des Internationalen Privatrechts im Deutschen Bürgerlichen Gesetzbuch (»Die Gebhardschen Materialien«)(1915) 참조(von Bar · Mankowski, Band 1, §6 Rn. 75ff.에서 재인용).

30) Geimer, IZPR, Rz. 9.

31) 근자에는 준거법 결정원칙으로서의 당사자자치에서 더 나아가 분쟁해결에 있어서 당사자자치의 중요성을 강조하는 견해도 있다.

32) 석광현, 국제민사소송법, 4면.

거법에 관계없이 외국판결을 승인하는 현상을 보면 국제민사소송법에 의해 협의의 국제사법이 배제되는 결과가 된다. 이를 가리켜 '협의의 국제사법에 대한 국제민사소송법의 우위(Vorrang IZPRs vor IPR)'라고 부르기도 한다.[33] 그 결과 국제민사소송법의 독자성이 강화되고 협의의 국제사법의 중요성이 약화되는 측면이 있다. 외국판결을 승인함으로써 외국의 협의의 국제사법규칙을 승인하는 결과가 되기 때문이다. 이처럼 특히 가족법의 영역에서는 국제재판관할과 외국판결의 승인 및 집행이라는 국제사법 내지 국제가사소송의 쟁점이 매우 중요하다.

3. 외국에서 형성된 법상태의 승인과 준거법 통제

섭외적 법률관계의 형성에 관한 국가 간 법제의 차이는 주로 ① 국제사법에 의한 준거법의 지정과 ② 국가의 개별 고권행위의 절차적 승인이라는 방법에 의하여 조정된다. 즉 종래 광의의 국제사법 체제는 "지정규범으로서의 국제사법(협의의 국제사법)과 개별 고권적 행위의 승인(외국재판의 승인)이라는 두 개의 기둥(또는 경로)을 가지고 있다. 한국에서 전자는 국제사법에 의하여 후자는 민사소송법에 의하여 규율된다. 첫째 기둥을 보면, 외국법에 따라 외국에서 형성된 법상태를 인정하기 위하여는 당해 법상태가 우리 국제사법이 지정하는 준거법에 따른 것이어야 한다. 이것이 준거법(또는 저촉법적) 통제이다. 즉 이 경우 우리는 기득권이론처럼 문제 된 법률관계의 준거법인 외국법(*lex causae*)에 따라 외국에서 발생한 법상태 또는 기득권을 공서의 유보하에 당연히 승인하는 것이 아니라, 그것이 우리 국제사법이 지정하는 준거법을 적용한 것이거나 적어도 그 준거법상 유효한 것이어야 한다. 즉 여기에서는 외국판결의 승인과 같은 절차적 승인과 달리 준거법에 대한 통제(또는 저촉법적 통제)가 전면적으로 작동한다.

그러나 근자에 유럽연합에서는 '준거법지정에 갈음하는(또는 준거법지정을 보충하는) 승인(Anerkennung statt Verweisung)'이 논의되는데 이는 외국에서 형성된 '법상태의 승인(Anerkennung von Rechtlagen, *reconnaissance des situations*)'을 의미한다.[34] 예컨대 성(姓. 또는 姓氏)에 관한 유럽사법재판소의 2008. 10. 14. Grunkin

33) 이는 석광현, 국제민사소송법, 4면 참조. 상세는 석광현, 정년기념, 663면 이하 참조.

34) Hans Jürgen Sonnenberger, Anerkennung statt Verweisung? Eine neue international privatrechtliche Methode?, Festschrift für Spellenberg (2010), S. 390–391; Jürgen Basedow, Das Prinzip der gegenseitigen Anerkennung im internationalen Wirtschaftsverkehr, Festschrift für Martiny (2014), S. 246ff. 참조. 법상태의 승인에 관한 논의

and Paul 사건 판결을 보자.[35] 덴마크에 거주하던 독일인 부부는 아이의 성을 덴마크에서 덴마크법에 따라 부모의 결합성인 "Grunkin – Paul"로 등록하였고 그 후 독일로 이주하여 이를 등록하고자 하였다. 그러나 독일 당국은 민법시행법(제10조)에 따른 성의 준거법인 독일법상 결합성은 허용되지 않음을 이유로 등록을 거부하였다. 부부의 제소에 따라, 유럽사법재판소는 어떤 사람이 출생국과 주소지국에서 성명을 유효하게 획득하였다면 다른 회원국은 자신의 국제사법과 실질법에 관계없이 이를 승인해야 한다고 판시하였다. 이러한 '법상태의 승인'에 따르면 어느 회원국에서 등록된 성명과 혼인관계 등은 다른 회원국에서 유효한 것으로 승인된다. 이런 승인원칙이 전통적인 국제사법(협의의)을 부분적으로 대체할지가 주로 논의된다.[36]

그러나 국내법인 국제사법 위에 상위규범이 없는 우리는 유럽연합과 사정이 다르다. 한국에서는 이런 경우 국제사법이 지정한 준거법에 반하는 법적 효과는 인정되지 않는다. 하지만 우리도 문제가 없지는 않다. 대리모 사례를 보자. 일본의 Mukai Aki 사건[37]에서 일본인 부부는 자신들의 난자와 정자에 의한 수정란을 미국인 대리모에게 이식하였고 대리모는 네바다주에서 쌍둥이를 출산하였다. 위 부부는 네바다주 법원에서 친자관계를 확인받아 일본에 출생신고를 하였으나 행정당국은 일본 민법상 대리모를 모로 인정할 수 없음을 이유로 수리를 거부하였는데, 이는 일차적으로 준거법의 문제이고 외국법 적용에 따른 공서위반이 문제되나, 대리모와 아동의 친자관계를 확인하는 네바다주 법원의 재판이 있었기에 외국재판의 승인이 문제 되었다.[38] 만일 유사사건에서 인도(India) 법원의 재판 없

는 석광현, "국제사법에서 준거법의 지정에 갈음하는 승인: 유럽연합에서의 논의와 우리 법에의 시사점", 동아대 국제거래와 법 제35호(2021. 10.), 1면 이하; 석광현, 정년기념, 663면 이하 참조.

35) C – 353/06. 회사법 영역의 사례는 2002. 11. 5. Überseering 사건 판결(C – 208/00) 등 참조. 소개는 석광현, 정년기념, 288면 이하 참조. 그러나 본문의 법상태의 승인을 인정한다면 이는 거꾸로 준거법 통제를 배제한다.

36) 외국재판의 승인과 같은 절차법적 승인을 법원 기타 관청이 관여하는 경우(이는 비송사건일 수 있다)만이 아니라 순수한 사인(私人)의 행위에도 적용할지의 문제로 논의된다. 신분관계(또는 가족관계)에 한정하여 도입하는 견해도 있다. Dagmar Coester – Waltjen, Anerkennung im Internationalen Personen – Familien – und Erbrecht und das Europäische Kollisionsrecht, IPRax (2006), S. 398 참조.

37) 이는 윤진수/석광현, 주해친족법 제2권, 1680면, 註 33 참조.

38) 캘리포니아주 가족법(§7962(f)(2))에 따라 이루어지는 대리모의 경우 법원의 확인재판에 기

이 출생증명서 기재뿐이라면 우리 행정당국이나 법원이 그에 따라 친자관계를 인정해야 하는지가 문제 된다. 즉 인도의 출생증명서는 인도에서 형성된 법상태의 기재라고 볼 수 있으므로 여기에서 법상태의 승인이 문제 된다. 외국공문서의 진정성립이 인정되면 실질적 증거력은 법관의 자유심증에 의하는데, 판례는 공문서의 기재사항을 진실이라고 추정하는 경향이 있다.39) 그러나 보고문서인 출생증명서의 형식적 증거력을 통한 접근은 사실상의 해결일 뿐이고 법상태라는 실체의 승인은 아니다. 종래와 같이 준거법 통제를 하는 경우에는 당연하고, 가사 법상태를 승인하더라도 공서 통제를 해야 하는데, 우리도 이 문제에 관심을 가질 필요가 있다.40) 외국에서 형성된 법상태는 우리 국제사법의 준거법 통제에 반하는 경우 인정되지 않는 것이 원칙이나 예외적으로 그것이 헌법상의 기본권 내지 인권의 보호에 반하는 결과가 된다면 인정될 가능성이 있다.

Ⅲ. 국제사법의 법원(法源)

우리나라 국제사법의 법원(法源. source of law)은 형식적 의미의 국제사법이라고 할 수 있는 '국제사법'이라는 단행입법이다. 그 밖에도 우리나라가 가입한 조약이 있다. 섭외사법과 비교하여 구 국제사법과 국제사법은 많은 흠결을 보충함으로써 완성도가 높아지기는 했지만 여전히 흠결이 남아 있으므로 국제사법에서는 판례(법)와 학설의 역할이 매우 중요하다.41) 물론 학설은 법원(法源)은 아니다. 우리나라에서 중요한 성문법인 국제사법의 법원(法源)을 열거하면 아래와 같다.

하여 의뢰인 부부가 출생증명서에 부모로 기재된다. 그러나 승인대상인 외국법원의 재판이 되기 위하여는 법원이 책임을 지는 어떤 판단이 포함되어야 하고, 법원의 역할이 단순히 증서화하는 활동 또는 공증적 기능에 그치는 것으로는 부족하므로 여기의 확인재판이 승인대상인 외국법원의 재판에 포함되는지는 논란의 여지가 있다.

39) 이시윤, 신민사소송법 제16판(2023), 510면.

40) 우리로서는 그 경우에도 원칙적으로 준거법 통제를 해야 하고 그렇지 않더라도 공서 통제를 해야 한다.

41) 국제사법은 그의 흠결을 보충하는 방법을 명시하지 않지만, 아마도 그 경우 法源을 정한 민법 제1조를 유추적용할 수 있을 것이다. 즉 성문법인 한국 국제사법에 흠결이 있는 때에는 관습법과 조리 등이 이를 보충할 수 있는데, 국제적으로 널리 인정되는 법정지법원칙이 조리인가 관습법인가는 논란의 여지가 있다. 상세는 석광현, 제6권, 243면 이하 참조. 국제사법 논의는 아니나 학설(특히 통설)의 의미는 이동진, "법실무에서 통설의 가치", 영남법학 제58호(2024. 6.) 1면 이하 참조.

1. 국내법

국내법으로서 가장 중요한 것은 물론 국제사법이다. 과거 섭외사법은 당초 1898년 제정된 일본 법례(法例)의 영향을 크게 받았으나 이는 2001. 7. 1.자로 국제사법으로 명칭이 변경되면서 전면적으로 개정된 결과 21세기 국제사법으로서 면모를 갖추게 되었다. 섭외사법을 개정함에 있어서 방향 내지 특징으로는 ① 완결된 국제사법 체제의 지향과 법의 흠결의 보충, ② 국제사법상의 남녀평등(또는 양성평등. 이하 양자를 호환적으로 사용한다)의 실현, ③ 국제재판관할에 관한 규정의 확대와 특칙의 도입, ④ '가장 밀접한 관련' 원칙의 관철, ⑤ 탄력적인 연결원칙의 도입, ⑥ 본국법주의의 유지와 연결점으로서의 상거소 개념의 도입(국제사법 제3조 제1항은 상거소를 '일상거소(habitual residence)'라고 개정하였는데 국제사법과 같은 기본법에서 영어를 병기하는 것은 실로 의외이다.[42] 이하 상거소와 일상거소를 호환적으로 사용한다), ⑦ 실질법적 가치의 고려,[43] ⑧ 당사자자치의 확대와 ⑨ (국제)조약의 고려 등을 열거할 수 있다.[44] 준거법 결정원칙으로서의 국제사법의 존재근거는 헌법상 평등의 원칙에서 구할 수 있다.[45]

---

42) 국제사법 제3조 제1항은 구 국제사법 제3조 제2항의 "상거소(常居所)" 대신 "일상거소(habitual residence)"라는 용어를 사용하는데, 이런 뜬금없는 수정과 영어의 병기는 바람직하지 않다. 국제사법처럼 기본적 법률에서 영문 병기를 할 것은 아니다. 섭외사법 개정작업을 하던 2000년에도 '일상거소'라는 용어를 사용하자는 제안이 있었으나 '상거소(常居所)'가 채택되었음을 고려하면 더욱 그러하다. 그때 만일 '일상거소(日常居所)'를 채택했었더라면 그를 비판할 생각은 없었으나, 20년 동안 사용하면서 상거소라는 개념과 용어가 상당히 정착되었는데 이제 와서 '상거소(常居所)'를 굳이 '일상거소(habitual residence)'로 수정하는 것은, 혹시 법제처의 담당자들에게는 작은 성취감을 안겨주었는지는 모르겠으나 입법의 일관성을 해하는 행태이다. 혹시 담당자들이 한자 병기보다 영어 병기가 조금 더 국제화되고 멋지다고 생각했는지는 모르겠다. 이런 입법이 국회에서 걸러지지 않은 채 통과되는 것은 유감이다.

43) 이를 국제사법의 '실질화(Materialisierung)'라고 부르기도 한다. Anton Schnyder, Das neue IPR–Gesetz, 2. Auflage (1990), S. 12. 소비자, 근로자 및 부양권리자의 보호가 그러한 예이다. 우리 국제사법에 반영된 것은 아니나 근자에 지식재산권 분야에서 '권리자보호'라는 실질법적 가치가 중시된다는 견해도 있다. 김언숙, "직무발명 및 업무상 저작물에 관한 국제사법상의 문제", 국제사법연구 제17호(2011), 348면 참조. Materialisierung은 Neuhaus가 고안한 용어라고 한다. Friedrich K. Juener, The Problem with Private International Law, *Liber Amicorum* Kurt Siehr (2000), p. 307, Fn. 98. Juenger는 영어로는 이를 'substan–tification'이라고 번역한다.

44) 상세는 석광현, 해설(2003), 15면 이하; 법무부, 해설, 11면 이하 참조. 그러나 장준혁, "준거법에 관한 국제사법의 2001년 개정과 후속 판례의 회고", 국제사법연구 제20권 제1호(2014. 6.), 79면 이하는 2001년 개정의 방향을 저자와 조금 달리 설명한다.

2. 조약

이에는 다자조약과 양자조약이 포함된다. 다자조약에는 무엇보다도 헤이그국제사법회의(Hague Conference on Private International Law. HCCH)[46]에서 채택된 여러 협약이 있는데, 우선 "국제적 아동탈취의 민사적 측면에 관한 협약"이 있다. 우리나라는 이에 가입하면서 "헤이그 국제아동탈취협약 이행에 관한 법률"을 제정하였다. 위 탈취협약은 조약 제2128호로서 2013. 3. 1. 우리나라에서 발효되었다.[47] 이는 우리나라가 가입한 4번째의 헤이그협약이나, 준거법 결정원칙을 정한 협의의 국제사법 분야의 헤이그협약으로는 위 탈취협약이 유일하다.[48] 헤이그국제사법회의의 1973년 "부양의무의 준거법에 관한 협약"도 준거법 결정원칙을 정하고 있으나 우리는 동 협약에 가입하지 않고 그 내용을 국제사법에 수용하였다.[49] 또한 우리나라는 2013. 5. 24. "국제입양에서 아동의 보호 및 협력에 관한 협약(Convention on Protection of Children and Co-operation in Respect of Inter-country Adoption)"(입양협약)에 서명하였으나 비준하지는 않았던바, 마침내 2023.

---

45) 석광현, 정년기념, 243면 참조. 다만 국제친족법 영역에서는 일본 법례와 유사한 면이 있다.

46) 헤이그국제사법회의 전반에 관하여는 우선 석광현, "한국의 헤이그국제사법회의 가입 20주년을 기념하여: 회고, 현상과 전망", 동아대학교 국제거래와 법 제19호(2017. 8.), 69면 이하; 석광현, 정년기념, 51면 이하 참조. 특기할 만한 것은, 대법원이 헤이그국제사법회의에 법관을 꾸준히 파견하는 점이다. 저자는 이를 우리나라 국제사법의 발전을 위한 법원의 과감하고 지속적인 투자라고 이해한다. 2010년 8월 처음으로 박정훈 판사가 헤이그회의에 파견되었고 2024년 8월에는 도민호 판사가 13번째로 파견되었다. 헤이그회의 파견 경험을 가진 판사들이 장래 한국 국제사법의 발전을 위해 크게 기여해줄 것으로 확신한다. 만일 판사들이 개인적 추억만 남기는 데 그친다면 전에도 지적한 바와 같이 굳이 파견제도를 존치할 이유가 없다.

47) 탈취협약에 관한 상세는 친자관계의 준거법을 정한 제72조의 해설 참조.

48) 한국은 과거 송달협약(2000. 8. 1. 발효), 인증(Apostille)협약(2007. 7. 14. 발효)과 증거협약(2010. 2. 12. 발효)에 가입하였으나 이들은 준거법에 관한 협약은 아니고 또한 이행법률을 제정한 것은 탈취협약이 처음이다. 헤이그협약의 영문명칭은 'Convention'이므로 이를 '조약'으로 번역할 수 있고 물론 그것이 틀린 것은 아니나 정부가 관보에 공표한 공식번역문이 '협약'이므로 이를 따른다. 뜻밖에도 이를 '조약'이라고 번역하는 것이 옳으며 그것이 종래의 확립된 관례라는 지적(장준혁, "브뤼셀 제1규정상 출판물에 의한 명예훼손의 불법행위지 관할", 성균관법학 제25권 제1호(2013. 3.), 70면, 註 4)이 있으나 동의하지 않는다. 국제법학에서는 'Convention'을 협약으로 번역하고 있고 무엇보다도 송달협약이나 증거협약 그리고 '외국중재판정의 승인 및 집행에 관한 UN협약'(뉴욕협약)의 예에서 보듯이 정부가 'Convention'을 '협약'이라고 번역하므로 그렇게 주장할 근거는 없다.

49) 부양협약에 관하여는 부양의 준거법을 정한 제73조의 해설 참조.

7. 18. "국제입양에 관한 법률"(국제입양법률)[50]과 "입양특례법 전부개정법률"이 공포되어 2025. 7. 19. 국제입양법률과 "국내입양에 관한 특별법"(국내입양특별법)이 시행될 예정이다. 국제입양법률은 협약의 이행법률이므로 정부는 그 시행에 즈음하여 입양협약을 비준할 예정이다.

Ⅳ. 국제사법의 체계상 지위

국제사법은 국제거래(법)분야와 밀접한 관련을 가진다. 물론 국제가족법과 국제상속법은 국제거래와 관련이 없다. 아래 [도표 1]은 다양한 국제거래 분야에 공통되는 법리로서 국제사법이 차지하는 지위를, [도표 2]는 다양한 실질법 분야와 관련하여 국제사법의 지위를 보여 준다.

---

50) 입양협약에 관하여는 입양의 준거법을 정한 제70조의 해설 참조.

[도표 1] 다양한 국제거래(법)분야와 국제사법 및 국제민사소송법의 지위

국제물품매매	국제대금결제	국제운송 (해상·항공)	국제보험	국제금융	국제직접투자 (FDI)/M&A	국제라이센스	국제건설	국제전자상거래	기타
인코텀즈 CISG	UCP UCC	해상 헤이그-비스비규칙 함부르크규칙 항공 바르샤바협약 헤이그의정서 몬트리올협약	해상보험 영국해상보험법 (MIA 1906) ICC(영국보험자 협회약관)	영국법 뉴욕주법	투자국내법 [BIT/FTA] [ICSID협약(워싱 턴협약)]	파리협약 베른협약 등			

국제사법 (private international law) 과 국제민사소송법
① 국제재판관할 　　　　　④ 국제상사중재(뉴욕협약)
② 준거법의 결정 　　　　　⑤ 국제도산
③ 외국재판의 승인·집행 　*남북한관계의 특수성

국제친족·상속법

＊ 국제(공)법
용 국제경제법 / 국제통상법

[도표 2]를 통하여 실제로 다양한 실질법 분야에서 국제사법 쟁점이 제기되고 있다는 점과, 나아가 국제사법에 대한 지식이 다양한 분야의 국제거래를 취급하는 법률가들에게 필수적임을 확인할 수 있다고 믿는다.

V. 외국법 연구의 중요성

1. 외국 국제사법과 비교 국제사법에 대한 연구의 중요성

국제사법은 국가에 따라 다르다. 우리처럼 제정법을 가지고 있는 국가들도 있고 그렇지 않은 국가들도 있다.[51] 다른 법 분야와 마찬가지로 우리나라의 국제사법을 제대로 이해하기 위하여는 외국 국제사법에 대한 비교법적 연구가 필요하다. 그러나 우리나라에서는 종래 외국 국제사법에 대한 연구가 매우 부족하다. 우리 국제사법에 대한 연구 자체가 부족하니 외국 국제사법에 대한 연구는 말할 것도 없다. 앞으로 우리 국제사법의 해석론과 입법론의 발전을 도모하기 위하여는 외국 국제사법에 더 큰 관심을 가져야 한다.[52] 외국 국제사법은 크게 유럽연합의 국제사법, 헤이그국제사법회의의 다양한 협약과 외국의 국내법인 국제사법이라는 세 개의 범주로 나눌 수 있다.

첫째는 유럽연합의 국제사법규범이다. 대표적인 것이 로마협약과 로마 I 이다. EU국가들은 일찍부터 국제사법적 쟁점들을 통일적으로 규율할 필요성을 느끼고 이를 실현하기 위해 다양한 노력을 해왔는데 그 결과 탄생한 협의의 국제사법규범이 1980년의 "계약채무의 준거법에 관한 협약(Convention on the Law Applicable to Contractual Obligations)"("로마협약")이었다.[53] 로마협약은 계약에 관한 준거법

---

51) 대륙법계 국가인 프랑스가 국제사법을 가지고 있지 않은 것은 흥미롭다. 독일은 협의의 국제사법을 가지고 있으나 단행법이 아니라 민법시행법(EGBGB)에 포함되어 있다. 다만 근자에는 프랑스도 국제사법전을 제정하고자 하는 작업을 추진하여 207개의 조문으로 구성된 제정안이 발표된 바 있다. 조문은 http://www.cfdip.fr/offres/file_inline_src/717/717_pj_120422_114420.pdf 공식해설은 http://www.cfdip.fr/offres/file_inline_src/717/717_pj_040422_195836.pdf 참조. 소개는 고유강, "프랑스 국제사법전 제정안 소개 – 친자관계(filiation) 결정의 준거법을 중심으로—", 2024. 5. 30. 개최된 한국국제사법학회 제165회 정기연구회 발표문 참조. 영문 참고자료는 유럽국제사법학회 Blog에 Gilles Cuniberti 교수가 자료를 올린 바 있다.

52) 이와 관련하여 국제사법에 관한 다양한 정보를 제공하는 http://conflictoflaws.net/가 매우 유용하다. 한국국제사법학회의 웹사이트 http://www.kopila.re.kr/도 참고가 된다.

53) 그에 앞서 절차법 영역에서 1968년 "민사 및 상사(사건)의 재판관할과 재판의 집행에 관한

의 문제를 해결하기 위한 것이다. 그 후 로마협약의 법적 형식이 '규정(regulation)'
으로 전환되었고, 계약외채무의 준거법에 관한 로마Ⅱ도 발효되었다. 유럽연합 내
에서 로마Ⅱ가 2009년 1월, 로마Ⅰ이 2009년 12월 발효됨으로써 국제사법규범이
국내법으로부터 유럽연합법으로 전환되는 시대가 개시되었는데, 이를 '유럽국제
사법의 혁명'이라고 일컫기도 한다.[54] 준거법 분야의 EU의 주요 국제사법규범
으로는 아래를 들 수 있다.

• 로마Ⅰ(규정). 이는 로마협약을 대체한 "계약채무의 준거법에 관한 2008. 6.
17. 유럽의회 및 이사회의 No. 593/2008 규정"이다.[55] 로마협약은 우리 국제사법
에 큰 영향을 미쳤으므로 우리 국제사법의 해석론과 입법론을 위하여 로마협약의
해석론과 로마Ⅰ으로의 전환에 주목할 필요가 있다.

• 로마Ⅱ(규정). 이는 "계약외채무(또는 법정채무)의 준거법에 관한 2007. 7.
11. 유럽의회 및 이사회의 No. 864/2007 규정"이다.

• 로마Ⅲ(규정). 이는 "이혼 및 법적 별거의 준거법 영역에서 제고된 협력을
시행하기 위한 2010. 12. 20. 이사회의 No. 1259/2010 규정"이다.

• EU상속규정. 이는 "상속사건에 관한 재판관할, 준거법, 재판의 승인 및 집
행과, 공정(서)증서의 인정과 집행에 관한 그리고 유럽상속증명서의 창설에 관한
유럽의회 및 이사회의 No. 650/2012 규정"이다.

그 밖에 국제재판관할, 준거법과 외국재판의 승인 및 집행을 함께 다루는 아

협약(Convention on Jurisdiction and the Enforcement of Judgments in Civil and
Commercial Matters)"(브뤼셀협약)이 채택되었다. 이는 2002. 3. 1. 발효된 "민사 및 상사
(사건)의 재판관할과 재판의 집행에 관한 유럽연합의 이사회규정"(이하 "브뤼셀Ⅰ" 또는
"브뤼셀Ⅰ 규정"이라 한다)으로 대체되었고, 2015. 1. 10.부터 이미 공표된 '브뤼셀Ⅰ Recast'
에 의해 대체될 예정이다. 브뤼셀I bis에 관하여는 김용진, "제3국의 관점에서 본 차세대 유
럽민사송법", 인권과 정의 제469호(2017. 11.), 43면 이하; 최흥섭, EU국제사법, 21면 이하
참조.

54) Ralf Michaels, Die europäische IPR−Revolution, Regulierung, Europäisierung, Mediatisierung,
Festschrift für J. Kropholler (2008), S. 151ff. 영문은 Ralf Michaels, The New European
Choice−of−Law Revolution, 82 Tul. L. Rev. 1607 (2008) 참조.

55) 영국은 유럽연합 탈퇴 이후 법적 안정성을 위해 로마1과 로마Ⅱ를 대체하는 'The Law
Applicable to Contractual Obligations and Non−Contractual Obligations (Amendment
etc.) (EU Exit) Regulations 2019'를 제정하였고 그에 의하여 영국 내 입법으로 변환되어
여전히 그 내용이 유지되고 있다. 남기정, "브렉시트 이후 해상책임보험의 보험자에 대한
제3자 직접청구권의 행사에 관한 고찰: 로마Ⅱ 및 Retained EU−Law를 중심으로", 해사법
연구 제34권 제2호(2022. 7.), 22면. 상세는 위 남기정, 16면 이하 참조.

래의 규범들이 있다.

• EU부양규정. 부양의무사건에서의 관할, 준거법, 재판의 승인과 집행 및 협력에 관한 2008. 12. 18. 이사회규정 번호 4/2009. 이는 부양의무의 준거법에 관한 2007. 11. 23. 헤이그의정서와 함께 적용된다.

• EU부부재산제규정. 부부재산제사건에서의 관할, 준거법, 재판의 승인과 집행 영역에서의 제고된 협력의 실행을 위한 2016. 6. 24. 이사회규정 번호 2016/1103.

• EU등록동반자규정. 등록된 동반자관계의 재산법적 효력 문제에서의 관할, 준거법, 재판의 승인과 집행의 영역에서의 제고된 협력의 실행을 위한 2016. 6. 24. 유럽연합 이사회규정 번호 2016/1104.

그 밖에도 절차법에 관한 규범들이 있다.[56]

둘째는 헤이그국제사법회의의 다양한 협약이다. 물론 헤이그협약의 경우 우리나라가 가입하면 조약은 우리 법률과 마찬가지로 우리 법질서의 일부가 되므로 그 경우는 이를 적용하면 되고 외국법으로서 취급할 것은 아니다. 2013. 3. 1. 우리나라에서도 발효된 아동탈취협약이 그러한 예이다. 따라서 여기에서 말하는 것은 우리나라가 가입하지 않은 협약이다. 헤이그국제사법회의의 여러 협약에 대한 연구를 함으로써 협약 가입을 검토해야 하고, 필요하다면 국제사법에 반영하는 것도 고려해야 한다.

셋째는 외국의 국내법인 국제사법이다. 전통적으로 우리 국제사법에 커다란 영향을 미친 독일 국제사법과 일본 국제사법(즉, 구 법례와 법적용통칙법)[57]은 물론이고, 2001년 섭외사법 개정 시 영향을 미친 스위스 국제사법[58]에 대한 깊이 있

---

56) 절차법 분야의 현행 규범으로는 브뤼셀 I, 루가노협약, 브뤼셀 II bis(또는 브뤼셀 II a)(규정), 송달규정, 증거규정, 집행명령규정(EEO), 지급명령규정(European Payment Procedure Order)과 소액채권규정 등이 있다. 개관은 박덕영, EU법강의(2012), 550면 이하(석광현 집필부분); 상세는 최흥섭, EU국제사법 참조.

57) 일본 법례는 "법의 적용에 관한 통칙법"으로 개정되어 2007년 1월부터 시행되고 있다. 후자의 국문번역은 김문숙(역), 국제사법연구 제12호(2006), 617면 이하 참조. 개관은 김문숙, "일본의 법례개정과 남겨진 과제 — 법의 적용에 관한 통칙법의 제정에 관하여 — ", 국제사법연구 제12호(2006), 462면 이하; 윤남순, "일본 국제사법의 이해", 상사판례연구 제20집 제2호(2007. 6.) 161면 이하 참조.

58) 스위스 국제사법의 조문과 해설은 이호정, "스위스 改正國際私法典", 서울대학교 법학 제31권 제3·4호(1990), 1면 이하; 석광현, 제1권, 479면 이하 참조. 스위스 국제사법은 1987년 제정 시 200개 조문으로 구성되었으나 그 후 간접보유증권(제108a조 이하), 신탁(제149a조

는 연구도 필수적이다. 또한 영미와 프랑스 국제사법에 대한 연구도 필요함은 물론이나, 과거와 달리 영국과 프랑스의 경우 유럽연합의 국제사법규칙이 전통적인 원칙을 대체하고 있음을 유의해야 한다.[59] 나아가 2011년 4월 발효된 중국 최초의 국제사법인 '섭외민사관계법률적용법'에 대한 연구도 필요하다.[60] 국제사법을 포함한 중국법에 대한 연구는 특히 중국과의 인적, 물적 교류의 증대에 수반하여 그 중요성이 점차 커지고 있다.[61] 이런 맥락에서 2011년 개시된 한국국제사법학회와 중국국제사법학회의 정기적인 학술교류는 큰 의의가 있다.

2. 외국 실질법에 대한 연구의 중요성

외국 실질법에 대한 연구는 국제사법의 발전을 위하여 긴요하다. 얼핏 이는 이상하게 들릴 수 있다. 우리 국제사법에 의하여 지정된 외국법을 적용하는 것은 외국법의 해석, 적용의 문제이지 국제사법 영역에 속하는 문제는 아니기 때문이다. 그러나 국제사법의 혁명을 촉발한 미국식의 접근방법을 따르는 경우는 물론이고 그렇지 않더라도, 일차적으로는 국제사법규범에 의하여 적용될 가능성이 있는 실질법의 내용을 알아야 국제사법규범을 적용하는 실익, 즉 준거법결정에 의하여 초래되는 결론의 차이를 파악할 수 있고, 나아가 연결대상인 문제 된 법률관계 내지 쟁점과 동등하게 밀접한 관련을 가지는 국내법 중에서 하나를 선택하자면 실질법적 가치를 고려할 필요가 있다.[62] 어느 실질법을 적용하든 결과가 동일

이하)과 국제적 합병(제163a조 이하) 등에 관한 조문이 신설되었다. 스위스 국제사법의 개관은 Anton K. Schnyder/Manuel Liatowitsch, Internationales Privatund Zivilverfahrensrecht, 3. Auflage (2011) 참조. 조문은 http://www.admin.ch/ch/d/sr/2/291.de.pdf 참조. 근자의 조문과 개관은 석광현, 정년기념, 612면 이하, 587면 이하 각 참조.

59) 근자에 입법작업이 활발히 이루어지고 있는 유럽연합과 비교하면 미국 국제사법이 차지하는 국제적 영향력은 점차 감소하고 있다. 위에 언급한 것처럼 프랑스는 근자에 국제사법 제정 작업을 추진하여 초안을 발표한 바 있다.

60) 중국 국제사법의 조문의 국문번역은 김호(역), 국제사법연구 제16호(2010), 435면 이하 참조. 영문번역은 IPRax (2011), S. 203 이하 참조. 독일어 소개와 번역은 Knut Benjamin Pissler, Das neue Internationale Privatrecht der Volksrepublik China: Nach den Steinen tastend den Fluss überqueren, Rabels Zeitschrift 76 (2012) S. 1ff., 161ff. 중국 국제사법에 관한 문헌은 국제사법연구 제17호(2011), 3면 이하에 수록된 특집 논문들 참조.

61) 한국 법원에서 제기된 중국법의 쟁점은 우선 석광현, 제5권, 729면 이하 참조.

62) 만일 국제사법의 혁명을 촉발한 미국식의 접근방법을 따른다면 준거법을 정하는 단계에서도 실제로 적용될 준거법의 내용을 고려하지 않으면 아니 된다.

하다면 예외적으로 준거법 결정과정을 생략할 수도 있다.[63] 따라서 외국 실질법에 대한 연구가 많이 부족한 우리의 현실은 우리 국제사법학의 발전에 대한 장애가 되고 있다.

아쉬운 것은, 근자의 우리 법률문헌들이 외국법에 대한 비교법적 검토를 습관적으로 포함하고 있고 그 대상국을 점차 확대해 가면서도 정작 어떤 사안에서 어떤 기준에 의하여 특정 외국법이 적용되는지에 관한 논의는 거의 하지 않는다는 점이다.[64] 바꾸어 말하자면 우리나라에서 외국법에 대한 연구는 대체로 우리 법의 해석론과 입법론을 전개하는 데 있어서 참고자료로 활용되는 데 그칠 뿐이다. 그러나 외국법에 대한 연구는 우리 법원에서 다루어지는 구체적 사건을 해결하기 위한 수단으로서도 의미가 있음을 잊지 말아야 한다. 외국법연구의 이러한 기능은 국제사법적 시각을 가질 때 비로소 이해할 수 있다. 이런 이유로 이 책에서는 외국 실질법에 관한 비교법 문헌을 소개하고자 노력하였다.

VI. 이 책의 구성

이 책은 아래와 같이 구성된다.

1. 국제사법의 총론상의 논점(제2장)

제2장에서는 국제사법의 총론상의 논점 중 국제사법에 명시적 조문이 없는 사항들, 즉 국제사법의 역사(제1절), 국제사법의 정의(正義)와 국제사법에서의 문제 제기(제2절), 성질결정(제3절), 연결점(제4절), 선결문제(제5절)와 법률의 회피(제6절)를 다룬다. 한편 일반적으로 국제사법의 총론상의 논점으로 취급되는 것이기

---

63) 연결대상을 어떻게 구성할지는 연결대상의 범주 설정의 문제이다. 관할규칙과 준거법지정규칙(또는 준거법규칙)의 맥락에서 연결대상의 범주 설정(이른바 준거법 맥락에서의 'Bündelung(다발화)')이 다른 이유는 관할규칙과 준거법지정규칙이 추구하는 목적이 다르기 때문인데 그에 따라 연결정책이 상이하게 된다. 예컨대 관할규칙(제56조)에서는 혼인관계에 관한 사건이 하나의 연결대상이나, 준거법지정규칙에서는 상응하는 연결대상이 혼인의 성립(성립요건과 방식 포함)(제63조), 혼인의 일반적 효력(제64조), 부부재산제(제65조)와 이혼(제66조)으로 세분된다.

64) 저작권에 관한 논문에서 미국, 독일, 일본과 중국 등의 저작권법을 소개하면서 어느 경우에 특정 국가의 저작권법이 적용되는가에 대하여는 언급하지 않는 것이 그런 예이다.

는 하나 불통일법국법의 적용, 외국법의 적용, 지정된 준거법의 범위, 국제적 강
행규정, 예외조항(또는 회피조항), 반정과 공서에 대하여는 우리 국제사법이 조문
을 두고 있으므로 제3장의 해당되는 부분에서 논의한다.

2. 국제사법의 조문별 해설(제3장)

제3장에서는 국제사법 제1조부터 제96조까지의 조문 중 준거법을 지정하는
규정(준거법지정 규정 또는 준거법규정)을 조문의 순서에 따라 차례대로 검토한다.
따라서 국제사법의 편제에 따라 제1장 총칙, 제2장 사람, 제3장 법률행위, 제4장
물권, 제5장 지식재산권, 제6장 채권, 제7장 친족, 제8장 상속, 제9장 어음 · 수표
와 제10장 해상을 차례대로 논의한다. 다만 조문은 없더라도 관련된 주제로서 성
명의 준거법과 신탁의 준거법 등을 다룬다. 그 과정에서 섭외사법 및 구 국제사법
과의 이동(異同)에 주목함은 물론 비교법적 관점에서 조약 및 외국 입법례와 비교
하면서 논의한다.

국제사법의 준거법규정은 구 국제사법의 그것과 대부분 동일한데, 후자는 섭
외사법을 개정한 것이므로 국제사법과 섭외사법의 준거법규정을 비교하는 것은
국제사법 준거법규정의 배경을 설명하는 의미가 있고, 섭외사법은 일본 법례를
따른 것이므로(물론 그 후 일본이 법적용통칙법으로 이행하면서 부분적으로 개정되기는
하였으나) 양자의 대비는 그 자체로서 비교 국제사법 연구로서 의미가 있다.

3. 보론(제4장)

제4장에서는 국제사법 외에서 준거법 지정의 문제가 제기되는 상황, 즉 국제
중재에서 분쟁의 실체의 준거법(제1절)과 도산절차에서 준거법의 논점을 간단히
언급한다(제2절). 후자는 도산국제사법(또는 도산저촉법)의 문제이다.

제 2 장

국제사법 총론상의 논점

제 2 장
국제사법 총론상의 논점

여기에서는 국제사법의 총론상의 논점 중 국제사법에 명시적 조문이 없는 사항들을 논의한다. 이에는 국제사법의 역사(제1절), 국제사법의 정의(正義)와 국제사법에서의 문제 제기(제2절), 성질결정(제3절), 연결점(제4절), 선결문제(제5절)와 법률의 회피(제6절)가 포함된다.

제 1 절 국제사법의 역사

국제사법의 역사를 공부하는 것은 무의미하다는 견해도 있지만 이는 옳지 않다. 국제사법의 문제를 해결하기 위하여 오랜 세월에 걸쳐 제시되고 축적된 다양한 사고를 이해함으로써 현대 국제사법을 바라보는 관점을 정립하는 데 도움이 된다.[1] 특히 과거에 제시되었던 다양한 접근방법은 아직도 현대 국제사법의 이론과 실무에 영향을 미치고 있다.[2] 특히 의미가 있는 것은 ① 국내법규를 내용에

---

* 제2장에서 인용하는 아래 주요 문헌은 [ ] 안의 인용약어를 사용한다.

목혜원, "국제상사중재에서 절차와 실체의 구별 및 이에 따른 준거법의 결정", 사법논집 제74집 (2022)[목혜원]; 안춘수, "국제사법에 있어서의 성질결정 문제", 비교사법 제11권 제2호(통권 25호)(2004. 5.)[안춘수, 성질결정]; 안춘수, "헌법, 국제사법 그리고 가족법－독일 학설, 판례 및 입법의 변화와 우리 국제사법의 현 위치－", 가족법연구 제18권 제2호(2004. 7.)[안춘수, 헌법, 국제사법]; 안춘수, "국제사법상 선결문제", 연세대학교 법학연구 제25권 제2호(2015) [안춘수, 선결문제]; Friedrich K. Juenger, Choice of Law and Multistate Justice (1993) [Juenger]; Symeon C. Symeonides, The American choice－of－law revolution: past, present and future (2006)[Symeonides].

1) Juenger, p. 6.
2) Juenger, p. 6.

따라 人法(*statuta personalia*), 물법(*statuta realia*)과 혼합법(*statuta mixta*)으로 분류하고[3] 그의 장소적 적용범위를 정하는 중세 이탈리아의 법칙학설 또는 법규분류설(statute theory, Statutentheorie), ② 법칙학설을 비판하고, 각 법률관계에 대하여 그 법률관계가 그 특성상 속하는 법 영역, 즉 법률관계가 그의 본거(Sitz, seat)를 가지고 있는 지역의 법이 준거법이 된다고 하여, 법률관계로부터 출발하여 그의 본거를 탐구하는 방향으로 국제사법의 접근방법에 있어서 이른바 '코페르니쿠스적인 전환(kopernikanische Wende)'[4]을 가져온 독일의 사비니(Friedrich Carl von Savigny)의 전통적 국제사법이론(이를 '법률관계의 본거 이론'이라고 부르기도 한다)[5]과 ③ 1960년대 국제사법 혁명논쟁을 초래한 커리(Brainerd Currie)를 비롯한 일련의 미국 학자들이 주로 불법행위의 준거법에 관하여 전개한 이론을 간략하게나마 이해할 필요가 있다.[6]

미국 학자들은 전통적 국제사법과 달리 경직된 저촉규칙으로부터 탈피하여 아무런 정치한 규칙(rules)이 없이 단순히 접근방법 내지 방법론(approaches)만으로 문제를 해결하려고 시도하였으나 유럽에서는 특히 가장 밀접한 관련(또는 최밀

---

3) 인법(人法)은 사람을 따라다니며 사람에 대한 문제에 관하여 그 법에 복종하여야 하고, 물법은 당해 도시국가의 영역 내에 존재하는 부동산에 대해서만 적용되며 부동산권리에 관하여는 그 소재지법에 임의로 복종하여야 하고, 위 어느 것에 관련되지 않은 법은 혼합법에 속하는데 이는 당해 도시국가에서 발생한 행위에 대하여 적용된다(계약에 적용되는 법은 이에 속한다). 안춘수, 21면 참조.

4) Paul Heinrich Neuhaus, Savigny und die Rechtsfindung aus der Natur der Sache, Rabels Zeitschrift 15 (1949/1950), S. 366.

5) 이는 사비니가 1849년 간행한 '현대 로마법체계(System des heutigen Römischen Rechts)' 제8권에 의하여 정립된 것이다.

6) 이는 우선 Gerhard Hohloch, Das Deliktsstatut, Grundlagen und Grundlinien des inter-nationalen Deliktsrechts (1984), S. 130ff. 참조. 커리의 견해에 대하여는 우선 장준혁, "브레이너드 커리의 통치이익분석론에 관한 연구", 서울대학교 대학원 법학석사학위논문(1994. 2.) 참조. 전통적 국제사법의 연결원칙을 아래 4가지로 표현할 수 있다고 한다. 첫째, 법질서의 엄격한 동가치성(이로부터 법규로부터가 아니라 법률관계로부터 출발한다는 관점의 변경이 유래한다), 둘째, 저촉법의 가치중립성(공서와 간섭규범을 제외하고는 실질법적 평가로부터의 독립성), 셋째, 지정규범의 진정한 양면성과 넷째, 국제적 판단의 일치가 그것이다. Marc-Philippe Weller, Grundfragen des Europäischen Kollisionsrechts(2016), S. 137 (Heinz-Peter Mansel, Internationales Privatrecht im 20. Jahrhundert(2014), S. 2를 원용하면서). 근자의 미국 동향은 우선 Ralf Michaels, After the Revolution - Decline and Return of U.S. Conflict of Laws, 11 Y.B. of Priv. Int'l L. 11 (2009) 참조. 그는 다른 곳에서는 국제사법이 번창하고 있는데 실무적 해결에 주력하는 탓에 북미에서만은 국제사법이 위기를 맞이하고 있다고 평가한다.

접관련)의 원칙에 의하여 연결규칙을 꾸준히 정치하게 다듬어가고 있다. 우리 국
제사법도 마찬가지이다. 우리 국제사법은 준거법을 직접 규정하는 방식을 채택하
고 있지 저촉법 Restatement 제188조 제2항에서 보듯이, 법원이 준거법을 선택함
에 있어서 고려해야 할 요소들의 목록만을 제시하는 방법을 채택하지는 않는다.

    국제사법에서 말하는 'Statut'는 과거 법규분류학설에서는 저촉법적 탐구의
'출발점(Ausganspunkt)'을 의미하였으나 현재는 저촉법적 심사의 '종점(Endpunkt)'인
준거법(특히 실질법)을 의미한다.[7] 우리 국제사법 조문의 해설을 과제로 하는 이
책에서는 국제사법의 역사를 더 상세히 다루지는 않는다.[8]

제 2 절 국제사법의 정의(正義)와 국제사법에서의 문제 제기

Ⅰ. 국제사법의 정의(正義)

    전통적 유럽 국제사법이론의 원칙[9]은 국제사법적 정의와 실질법적 정의를

---

7) Junker, §6 Rn. 9.

8) Kropholler, S. 13은 19세기 후반에 근대국제사법이 발전하였는데 그 기초를 놓은 사람은
"Commentaries on the Conflict of Laws (1834)"를 쓴 미국의 Joseph Story, "System des
heutigen Römischen Rechts Ⅷ (1849)"을 쓴 독일의 Friedrich C. von Savigny와 국적주의의
옹호자이며 저촉법조약의 최초 지지자인 이탈리아의 Pasquale Stanislao Mancini라고 한다.
국제사법의 역사는 우선 이호정, 34−73면; 장문철, 28면 이하; Juenger, p. 6 이하 참조.

9) Kegel은 이 원칙을 "국제사법적 正義는 실질사법적 正義에 우선한다(Die internaional−
privatrechtliche Gerechtigkeit geht vor der materiellprivatrechtlichen)"라고 표현한다.
Gerhard Kegel, Internationales Privatrecht, 6. Auflage (1987), S. 81; 이호정, 17면 참조. 그
러나 Kegel/Schurig, S. 131에서는 "따라서 국제사법적 정의는 기능적으로 실질사법적 정의
의 앞에 놓인다(Deswegen ist die internationalprivatrechtliche Gerechtigkeit der materiell−
privatrechtlichen funktionell vorgeordnet)"라고 하여 뉘앙스에 다소 차이가 있다. 영어로는
국제사법적 정의를 'conflicts justice', 실질사법적 정의를 'material justice'라고 한다.
Symeonides, p. 404 이하 참조. 그러나 근자에는 양자의 준별에 반대하거나 의문을 제기하
는 견해가 많다. 예컨대 von Bar/Mankowski, Band Ⅰ, §6 Rn. 94f.는 양자의 준별에 반대하
고 실질법과 저촉법은 상이한 수단을 가지고 동일한 목적을 추구하며, 실질법적 정의와 저촉
법적 정의 간에는 원칙적으로 차이가 없다고 하면서 Kegel/Schurig, 8. Auflage, S. 127도 전과
달리 자신들과 유사한 견해를 취한다고 평가한다. 우리 문헌은 우선 신창선, "국제사법의 목적
과 이념−국제사법적 정의와 실질사법적 정의와의 관계를 중심으로−", 안암법학 제6집(1997),
204면 이하; 신창선, "국제사법의 목적과 이념", 국제사법연구 제5호(2000), 78면 이하; 최흥섭,

준별하면서 전자는 법의 적용에만 관계되고 준거법이 된 실질법의 내용에는 관여하지 않는 것이었다.[10]

즉 실질법과 달리 준거법 결정원칙을 정하는 (협의의) 국제사법(제2절에서는 이런 의미로 사용한다)은 당사자의 권리와 의무 기타 법적 쟁점에 관하여 스스로 올바른 규범을 제시하지는 않는다. 오히려 국제사법은 이를 실질법에 맡기고, 특정한 법률관계 또는 쟁점에 대해 이해관계를 가지는 다수의 실질법이 모두 문명국가의 법으로서 합리적이고 나름대로 정의에 부합하는 내용을 담고 있음을 전제로, 그중 사안과 사항적(물적) 또는 인적으로 가장 밀접한 관련이 있는 법을 준거법으로 지정하는 데 그치고 지정된 법의 내용을 문제삼지는 않는다.[11] 이런 이유로 위에서 본 것처럼 국제사법을 '간접규범'이라고 부른다.[12]

예컨대 어떤 불법행위의 사안에서 당해 사안을 규율하는 데 이해관계가 있는 법질서가 외국법인 A국법과 B국법인데, A국법은 당해 사안에서 손해배상책임을 전면 부정하고, B국법에 따르면 가해자는 피해자에게 100만 달러의 손해배상을 지급할 의무가 있다고 하자(물론 만일 준거법이 한국법이라면 우리 민법이 손해배상책임의 유무와 그 범위를 결정한다). 그러나 우리 국제사법은 그 경우 우리 민법을 적용하여 얼마(예컨대 50만 달러)를 지급하라고 명하는 것이 아니라 A국법과 B국법 중 어느 법을 적용할지를 결정한다. 이처럼 국제사법은 실질법이 담고 있는 불법행위상의 정의관념을 관철하고자 하지 않는다. 이 점에서 국제사법의 가치맹목성을 비난하는 논자도 있을 수 있으나 이는 국제사법을 제대로 이해하지 못한 탓이다. 그 경우 실질법적 정의를 포기하는 것이 아니라 우리 법과 다른 내용의 실질법적 정의를 담은 외국법(즉 외국 실질법)의 정의를 실현한다.

그러나 전통적 유럽 국제사법의 태도는 20세기에 이르러 부분적으로 수정되

53면 이하 참조. 그러나 양자의 관계가 명확하게 드러나지는 않는다.

10) Max Keller, Schutz des Schwächeren im Internationalen Vertragsrecht, Festschrift für Frank Vischer (1983), S. 179.

11) 이런 이유로 전통적 접근방법을 'state-selection model(국가선택모델)' 또는 'jurisdiction-selection model(법역선택모델)'이라 하고, 이에 비판적인 미국의 새로운 접근방법을 'content-ori-ented law selection(내용지향적 법선택)' 또는 'law-selection(법선택)'이라고 부르기도 한다. Symeonides, p. 394 이하 참조. 국제사법의 정의를 둘러싼 논의에 관하여는 우선 이호정, "最近의 國際私法理論의 動向에 관한 硏究-Kegel과 Juenger의 論爭을 中心으로-", 서울대학교 법학 제20권 제3호(1980. 12.), 139면 참조.

12) Kropholler, S. 1; 신창선·윤남순, 14면; 김연·박정기·김인유, 20면; 신창섭, 10-11면.

었다. 예컨대 로마협약(제5조, 제6조)과 이를 대체한 로마Ⅰ(제6조, 제8조)은 소비자
나 근로자와 같은 유형화된 사회·경제적 약자를 보호한다. 주목할 것은 우리 국
제사법(제47조, 제48조), 일본의 법적용통칙법(제11조, 제12조)과 중국의 섭외민사관
계법률적용법(제42조, 제43조)이 모두 이런 태도를 받아들였다는 점이다. 다만 이
는 개별사안에 있어서 약자를 가장 강력하게 보호하는 최상의 결과를 가져오는
이른바 better-law approach와는 방법론상의 차이가 있다. 왜냐하면 법적용의
이익은 개별 사안별로가 아니라 유형화된 사안별로 검토, 교량(較量)되는 것이기
때문이다.[13]

Ⅱ. 국제사법에서의 문제 제기

우리 국제사법을 포함한 현대 국제사법에서 준거법 지정의 문제는 다음과 같
은 두 가지 방향으로 제기된다.[14]

첫째는, 예컨대 불법행위의 준거법을 결정하는 과정에서 보는 바와 같이, 준
거법 결정에 관한 통상의 국제사법 조문(불법행위에 관하여는 우리 국제사법 제52조)
의 적용 여부가 문제 되는 경우에는, 당해 사안에 사항적(물적) 또는 인적으로[15]
가장 밀접한 법을 찾는 것을 목적으로 하는 전면적 저촉규범이 문제 된다. 즉 우
리 민법만이 아니라 당해 사안과 관련된 외국법의 적용 여부가 문제 된다. 따라서
이 경우 불법행위라는 "법률관계로부터 출발하여 각 법률관계의 본거(Sitz)를 탐구
하고 이것을 통하여 그에 적용할 법체계를 선택한다"라고 하는 사비니의 명제가
타당하다.[16]

---

13) 우리 국제사법은 로마협약과 스위스 국제사법을 본받아 소비자와 근로자라고 하는 유형화된
   사회·경제적 약자를 보호한다.

14) Kropholler, S. 16ff.

15) 과거에는 '장소적' 또는 '공간적'으로라고 하였으나 근자에는 위와 같은 설명을 선호한다.
   Kropholler, 5. Auflage, S. 25는 "공간적으로가 아니라(nicht räumlich)"라고 한다. 즉 사안
   에 가장 적합한 법을 적용한다고 할 때 적합하다는 것은 실질적 결과가 아니라 어느 법질서
   의 적용이라는 것이다.

16) 사비니의 이론에 관하여는 이호정, "Savigny의 국제사법이론", 서울대학교 법학 제22권제3호(통
   권 제47권)(1981. 9.), 92면 이하 참조. 사비니 자신도 법률관계의 본거를 탐구하는 그의 이론의
   전제가 되는 국내법과 외국법의 동가치성은 예외적으로 엄격한 실증적·강행적 성질을 가지는
   법률 또는 절대적 법률(absolute Gesetze)에는 적합하지 않다고 하고, 이를 법률관계의 본거에

둘째는, 예컨대 우리 외국환거래법처럼 국제적 강행법규(또는 강행규정. 이하
양자를 호환적으로 사용한다)의 적용 여부를 결정하는 과정에서 보는 바와 같이, 특
정한 국가적 또는 사회·경제정책적인 목적을 추구하는 규범이 문제 되는 경우인
데, 이 경우 법률관계로부터 출발하여 각 법률관계의 본거를 탐구하는 것이 아니
라 반대로 법규로부터 출발하여 그의 적용범위를 획정하는 것이 문제 되므로 위
에서 본 사비니의 명제가 통용되지 않는다. 현대 유럽연합의 국제사법과 우리 국
제사법은 이러한 2가지 방법론을 병용하는 점에 특색이 있다.17)

Kropholler는 이러한 현상을 '국제사법의 양극성(Zweipoligkeit)'이라고 한
다.18) Juenger는 역사상 각국의 국제사법과 학설들이 국제사법의 목적 달성을 위
하여 사용한 다양한 방법을 개관한 뒤, 기본적인 방법론은 결국 ① 각국의 실질법
을 통일하는 방법(substantive law approach), ② 잠재적인 준거법들로부터 그들의
적용범위를 확인함으로써 선택하는 일면적 접근방법(unilateral approach)과 ③ 전
통적인 다면적 접근방법(multilateral approach)의 3가지로 귀착된다고 하고, Batiffol
의 표현을 따라 이를 '방법론적 다원주의(pluralism of methods)'라고 부른다.19)

제 3 절 국제사법 조문의 구조

1. 준거법지정규칙을 정한 국제사법 조문의 구조

준거법 지정규칙을 담은 협의의 국제사법 조문의 구조는 민법과 같은 실질법
과는 차이가 있다. 민법 제750조는 아래와 같이 불법행위가 성립하기 위한 요건
과 그에 수반되는 법률효과를 직접 규정한다.

> **민법 제750조 (불법행위의 내용)** 고의 또는 과실로 인한 위법행위로 타인에게 손해를

의하는 연결원칙의 적용범위에서 제외하였다. Friedrich Carl von Savigny, System des heu-
tigen römischen Rechts, Bd. VIII (1849), S. 306.
17) 이런 논의는 국제적 강행규정의 적용범위 결정이 저촉법적 문제임을 전제로 한다. 그렇더라도
아래에서 보듯이 전면적 저촉규범은 물론이고 일면적 저촉규범과도 규정방식에 차이가 있다.
18) Kropholler, S. 22.
19) Friedrich K. Juenger, A Page of History, 35 Mercer Law Review 419, 460 (1984).

가한 자는 그 손해를 배상할 책임이 있다.

반면에 불법행위의 준거법을 지정하는 국제사법 조문은 아래와 같다.

국제사법 제52조 (불법행위) ① 불법행위는 그 행위를 하거나 그 결과가 발생하는 곳의 법에 의한다.

즉 국제사법 제52조는 법률효과로서 손해배상책임을 규정하는 것이 아니라 준거법을 지정하는 데 그친다. 그 구조는 아래와 같다.

연결대상 → 연결점 → 준거법

협의의 국제사법 규정에는 일면적(일방적) 저촉규정과 전면적(쌍방적) 저촉규정이 있다. 어떤 경우에 내국법, 즉 법정지국법이 적용되는지를 규정하는 저촉규정을 '일면적 저촉규정' 또는 '불완전저촉규정'이라 하고, 어떤 법률관계에 대하여 단지 내국법이 적용되는 경우를 규정하는 데 그치지 않고 더 나아가 외국법이 적용되는 경우도 규정하는 저촉규정을 '전면적 저촉규정' 또는 '완전저촉규정'이라고 한다.[20] 예컨대 국제사법 제30조(법인 및 단체)는 "법인 또는 단체는 그 설립의 준거법에 따른다. 다만, 외국에서 설립된 법인 또는 단체가 대한민국에 주된 사무소가 있거나 대한민국에서 주된 사업을 하는 경우에는 대한민국 법에 따른다"라고 규정한다. 여기에서 본문은 내외국법을 구별하지 않고 중립적으로 준거법을 지정하는 전면적 저촉규정인 데 반하여, 밑줄 친 단서는 한국법이 적용되는 경우만을 규정하는 일면적 저촉규정이다.[21]

이와 관련하여 위에서 언급하였듯이 우리 외국환거래법과 같은 특정한 국가적 또는 사회·경제정책적인 목적을 추구하는 국제적 강행법규가 적용되는 것은 마치 일면적 저촉규범처럼 보이나 그것은 통상의 연결원칙에 따르는 것은 아니고 (견해에 따라 다르지만) 특별연결의 대상이라고 하여 별도로 취급한다.

---

20) 이호정, 96면 이하.

21) 독일에서는 전자를 'allseitige (zweiseitige 또는 vollkommene) Kollisionsnorm', 후자를 'einseitige (또는 unvollkommene) Kollisionsnorm'이라고 한다.

2. 국제재판관할규칙을 정한 국제사법 조문의 구조

불법행위에 관한 소의 특별관할을 정한 국제사법 제44조는 아래와 같다.

> **제44조(불법행위에 관한 소의 특별관할)** 불법행위에 관한 소는 그 행위가 대한민국에서 행하여지거나 대한민국을 향하여 행하여지는 경우 또는 대한민국에서 그 결과가 발생하는 경우 법원에 제기할 수 있다. 다만, 불법행위의 결과가 대한민국에서 발생할 것을 예견할 수 없었던 경우에는 그러하지 아니하다.

즉 국제재판관할규칙을 정한 국제사법 조문은 원칙적으로 아래와 같이 한국 법원이 국제재판관할을 가지는 경우를 규정한다. 즉 준거법지정규칙의 용어를 빌리면 이는 한국법이 적용되는 경우만을 규정하는 일면적 저촉규정과 유사하다. 다만 합의관할을 규정한 제8조는 양면적 저촉규정과 유사하게 중립적 태도를 취한다. 연결점은 준거법규칙에서는 연결대상을 어느 국가의 법질서에 연결하고, 국제재판관할규칙에서는 한국의 국제재판관할권에 연결한다.

> **연결대상 → 연결점 → 한국의 국제재판관할**

국제사법이 규정하는 국제재판관할규칙(연결대상의 범주가 제한되지 않는 일반관할, 변론관할과 합의관할은 특수하다)과 준거법규칙은 대부분 연결대상의 범주를 설정하고 연결대상별로 적절한 연결점을 사용하여 관할법원과 준거법을 지정하는 점에서 유사한 구조를 취한다. 그러나 국제재판관할의 맥락과 비교할 때 준거법 맥락에서 연결대상이 세분화되는 경향이 있는데, 양자가 병행하는 경우도 있으나 병행하지 않는 경우도 있다.

제 4 절 성질결정

I. 개념

국제사법 조문은 통상 연결대상과 연결점이라고 하는 두 개의 요소로 구성된다. 예컨대 제49조 제1항은 "상속은 사망 당시 피상속인의 본국법에 따른다"라고 규정하는데, 여기에서 '상속'은 연결대상이고 '피상속인의 본국'은 연결점이다. 국제사법학에서 '성질결정(characterization, classification, Qualifikation)'이라 함은 어떤 사안을 적절한 저촉규정에 포섭할 목적으로 독립한 저촉규정의 체계개념(Systembegriff)을 해석하는 것 또는 그의 사항적 적용범위를 획정하는 것을 말한다.[22] 성질결정을, 판단의 대상이 되는 어떤 생활사실(사안), 법률관계, 법적 문제 또는 쟁점[23]을 국제사법의 구성요건에 포함된 어떤 연결대상에 포섭하는 것이라고 설명하기도 한다.

---

[22] 이호정, 102-103면.

[23] 한국에서는 연결대상 또는 지정개념(Verweisungsbegriff)을 지칭하는 표현으로 일본처럼 '단위법률관계'라는 용어를 사용하기도 하나(예컨대 윤진수/장준혁, 주해상속법 제2권, 1439면 이하) 일반적이지는 않다. 연결대상을 국제사법에서처럼 법률행위, 계약, 부당이득, 불법행위 등으로 구성하는 경우 단위법률관계라는 표현은 그런대로 적절할 수 있고 특히 '법률관계의 성질결정'이라는 표현과도 일관성이 있다. 그러나 준거법이 분열되어 연결대상이 세분화되는 경우, 예컨대 계약의 성립, 해석, 효력을 각각 별개의 단위법률관계라고 하는 것은 어색하다. 이 경우 하나의 법률관계가 나뉘어 복수의 연결대상 내지 '연결단위'가 존재하기 때문이다. 따라서 저자는 단위법률관계라는 표현을 피하고 '연결대상'을 사용한다. 같은 이유로 '법률관계의 성질결정'이 아니라 '성질결정'이라고 한다. 즉 성질결정의 대상은 하나의 법률관계일 수도 있고 그의 일부를 구성하는 쟁점일 수도 있다. 일본에서는 단위법률관계를 가리켜 '연결정책을 공유하는 법적 문제의 집합체'라고 설명하기도 한다. 道垣內正人, ポイント國際私法總論(1999), 85면. 이처럼 하나의 단위로 묶는 것을 '다발화(Bündelung)'라고 부를 수 있다. 독일 Schurig의 Bündelungsmodell은 어떤 사안에 적용될 개별 실질규범을 불러내는 개별 저촉규범(요소저촉규범. Element-Kollisionsnorm)과 그의 '수직적 결속(화)(vertikale Bündelung)' 및 '수평적 결속(화)(horizontale Bündelung)'을 중심개념으로 사용한다. Klaus Schurig, Kollisionsnorm und Sachrecht (1981), S. 89ff. 참조. 요소저촉규범은 개념상 일방적 저촉규범이고 이는 수평적 결속을 통하여 양면적 저촉규범을 형성한다(저자는 과거 '다발이론'이라고 하였으나 표현을 수정한다). 성질결정이라 함은 일정한 실질규범에 이르게 하는 개별적 요소저촉규범이 문제가 된 다발에 속하는지의 문제이므로 동일한 체계개념에 속하는 것은 동일한 다발에 속한다. 예컨대 계약의 성립의 준거법이 일본법이라고 할 때 계약의 성립을 구성하는 개개의 요소, 즉 청약의 구속력에 관한 일본의 민법규정에 이르게 하는 저촉규범이 요소저촉규범이다. 일본에서 말하는 단위법률관계는 하나의 체계개념인데, 이는 그에 포섭되는 다양한 요소저촉규범의 수직적 결속을 통하여 구성된다고 설명할 수 있을 것이다.

Ⅱ. 실제로 문제 되는 사례

1. 실체와 절차(substance and procedure)의 구별

절차와 실체의 구별은 성질결정의 문제의 하나이나 그중에서도 특수한 유형에 속한다.[24] 어떤 연결대상이 일단 절차로 성질결정되면 구체적 성질결정의 문제가 제기되지 않기 때문이다. 절차의 문제는 국제적으로 널리 인정되는 국제사법원칙, 즉 '절차는 법정지법에 따른다'는 법정지법원칙(*lex fori* principle)에 따라 법정지법에 의한다.[25] 대법원 1988. 12. 13. 선고 87다카1112 판결도 같은 취지로 판시하였다.[26] 절차(procedure)와 실체(substance)를 구별하는 실익은 바로 여기에 있다. 과거에는 법정지법원칙의 이론적 근거를 절차법의 속지주의, 공법적 성격 또는 추상성과 '장소는 행위를 지배한다'는 국제사법원칙 등에서 구하였으나, 근자에는 외국절차법 적용에 따른 실제적 어려움을 피하려는 현실적 필요성과 법적 안정성의 요청 등을 고려한 합목적성을 든다.[27]

---

24) 절차와 실체의 성질결정 시, 협의의 국제사법에서 문제 되는 통상의 성질결정(예컨대 계약인지 불법행위인지의 문제)에 적용되는 것과 동일한 원칙을 적용하는 것이 독일의 다수설이나 양자를 구별하는 소수설도 있다. 소수설은 예컨대 법정지국은 원하는 모든 사항을 소송법에 따를 사항으로 결정할 수 있다는 점에서 '소송법의 우위(Primat des Prozessrechts)'를 인정한다. 소개는 석광현, 제6권, 241면 註 46 참조. 국제상사중재에서도 성질결정이 문제되는데, 그 경우 법정지는 존재하지 않으므로 어떤 기준에 따라 성질결정을 해야 하는지가 문제 된다. 이를 다룬 논문으로는 목혜원, 271면 이하 참조. 다만 그에 표시된 견해에 동의하는 것은 아니다. Franco Ferrari and Stefan Kroell (eds), Conflict of Laws in International Commercial Arbitration (JURIS) (2019), p 187 이하도 참조.

25) 위 원칙은 가장 오래되고 다툼이 가장 적은 국제사법규칙의 하나이다. Geimer, IZPR, Rz. 319; Dagmar Coester-Waltjen, Beweisrecht: Das auf den Beweis anwendbare Recht in Rechtsstreitigkeiten mit Auslandsbezug (1983), Rn. 102 참조. 우리 법상 그 근거가 조리인지는 석광현, "가집행선고의 실효로 인한 가지급물 반환의무의 준거법", 전북대학교 법학연구 통권 제51집(2016. 11.), 528면; 석광현, 제6권, 243면 이하 참조.

26) 즉 대법원은 "국내에 제기된 재판의 소송절차에 관하여는 당연히 국내의 재판절차법규가 적용되는 것으로서 증거의 증거능력에 관한 규정은 위와 같은 재판절차법규에 다름 아니므로 구두증거의 증거능력을 제한한 율단국법을 적용할 수는 없는 것"이라고 판시하였다. 다만 독일에서는 법정지법원칙은 영광스런 보편타당성을 이미 상실하였다고 본다. Coester-Waltjen (註 25), Rn. 6, Rn. 83ff. 이는 위 원칙에 대한 여러 가지 예외를 인정한다.

27) 장준혁, "法律行爲의 方式과 節次 문제의 구별", 국제사법연구 제12권(2006), 249면 이하; 석광현(註 25)(논문), 526면 이하; 석광현, 제6권, 241면 이하 참조. von Hoffmann/Thorn, §3 1 Rn. 7ff.은 그것만으로는 부족하다며 원칙적으로 본안재판의 결과에 영향을 미치지 않는다는 절차법의 중립적 성격을 부가한다. 일부 논자는 실체법과 달리 소송법은 법원의 조

실체와 절차의 구별이 문제 되는 사례는 아래와 같다.

가. 소멸시효의 문제 – 테네시주 어음사건

예컨대 테네시주에서 발행되고 지급지가 테네시주인 약속어음의 소지인이 한국에서 어음금의 지급을 구하는 데 대하여 피고가 소멸시효에 기한 항변을 한다고 가정하자. 어음금 청구는 국제어음법의 문제로 파악하여 약속어음의 지급지법인 테네시주법을 적용해야 하는데 소멸시효를 절차로 보면 테네시주법의 소멸시효를 적용할 수 없게 되어 소멸시효에 걸리지 않게 된다. 그러나 이런 결론이 부당함은 명백하므로 우리의 관점에서는 소멸시효를 실체로 보아 테네시주법의 소멸시효를 적용해야 한다는 것이다.[28][29]

나. 상계

상계를 실체의 문제로 이해하는 대륙법계와 달리 영국에서는 전통적으로 상계를 절차의 문제로 보았다.[30] 따라서 우리 법원에 소가 계속된 경우 피고가 소송

직과 관련되고, 효율적인 소송절차의 진행을 가능하게 하기 위하여 통일성과 추상성(또는 보편성)을 요구한다고 하고, 법정지법원칙은 한편으로는 실효적인 권리보호를 부여하고, 다른 한편으로는 소송당사자 평등의 준수에 기여한다고 한다. 그러나 이에 대하여는, 외국적 요소가 있는 사건을 소송절차의 측면에서 순수한 국내사건처럼 취급하는 것은 다른 것을 같게 취급하는 것이 되어 부당하다는 비판도 있다. 소개는 석광현, 제6권, 242면 참조.

28) 그러나 독일 제국재판소(RGZ 7, 21)는 1882. 4. 1. 판결에서 원고의 약속어음채권은 테네시주법이 정한 제소기간(6년)에도 독일법이 정한 소멸시효(3년)에도 모두 걸리지 않는다고 보아 이를 인용하였다. 소개는 이호정, 104면 참조. 이런 결론은 상식적으로도 수용하기 어려운데 Ferid는 이를 '제국법원의 불멸의 오욕(die unsterbliche Blamage des Reichsgerichts)'이 된 판결이라고 비판하였다고 한다. Murad Ferid, Internationales Privatrecht, 2. Auflage (1980), S. 90(佐藤やよひ, "外國出訴期限規定あるいわ消滅時效規定の適用事例から見える國際私法の考え方の相違", 國際私法年譜 제18호(2016), 98면 참조).

29) 섭외사법하에서 대법원 1992. 10. 27. 선고 91다37140 판결은, 외국 보험회사가 국내에서 발생한 불법행위로 손해를 입은 피해자에게 보험금을 지급함으로써 보험자대위의 법리에 따라 피해자가 불법행위자에 대하여 가지는 손해배상청구권을 취득하였음을 들어 구상금청구를 하는 경우 그 손해배상청구권이 시효로 소멸하였는지 여부는 섭외사법 제13조 제1항의 규정에 따라 사고가 발생한 우리나라 민법에 의하여 판단하여야 할 것이라고 판시하였다. 이는 불법행위로 인한 손해배상채권의 소멸시효의 문제를 실체로 성질결정하고 당해 권리의 준거법에 따를 사항이라는 점을 선언한 판결이다.

30) 엄밀하게는 영국법에는 '형평법상의 상계(equitable set-off)'와 보통법상의 상계인 '독립적 상계/법적 상계(independent set-off/legal set-off)'가 있는데 전자는 실체법상의 제도인

외에서 상계를 하였음을 주장하거나 또는 소송상 상계의 항변을 하는 경우 만일 자동채권과 수동채권의 준거법이 모두 영국법이라면 영국 보통법상의 상계의 성질결정의 문제가 제기된다.[31] 이는 위에서 본 소멸시효의 문제와 유사한데, 여기에서도 영국법상의 성질결정에 관계없이 우리로서는 이를 실체로 성질결정하여야 한다. 그러므로 상계의 준거법이 영국법이라면 상계적상의 요건과 효력은 영국법에 따르지만 영국보통법상 상계의 효력은 판결 시에 발생하나 이는 절차적 성질결정에 따른 것이므로 우리가 실체적 성질결정을 관철할 경우 효력의 발생 시의 결정이 까다롭게 된다. 이 경우 우리 민법처럼 상계의 소급효를 인정할 근거는 없으므로 저자는 상계의 의사표시를 한 때 효력이 발생한다고 본다. 이는 성질결정론 또는 "성질결정론＋적응의 법리의 원용"의 결합을 통하여 도출한 결과이다.[32]

다. 소송촉진 등에 관한 특례법상의 연체이자[33]

채권의 준거법이 외국법인 사건에서 우리 법원이 소송촉진 등에 관한 특례법("소송촉진법")을 적용하여 연 12%의 비율에 의한 지연손해금의 지급을 명할 수 있는지가 문제 된다. 과거 논란이 있었으나 대법원 1997. 5. 9. 선고 95다34385 판결은 지연손해금은 준거법에 따를 사항이라고 판시하였다. 그러나 지연손해금은 당사자의 권리·의무에 관한 것이므로 실체에 속하지만, 소송촉진법상의 지연손해금은 한국에서의 소송촉진이라는 소송정책적 고려에 기하여 부과하는 소송상 제도라는 점을 중시하여 실체와 관련됨에도 불구하고 법정지법인 한국법에 따른다고 본다.[34] 다만 소송촉진을 이유로 연 2할(근자에는 1할 2푼)의 과도한 지연손

데 반하여 후자가 절차법상의 제도이다. 여기에서 보통법은 형평법과 대비되는 개념이다.

31) 주의할 것은, 로마 I (제17조)은 상계는 수동채권의 준거법에 따르는 것을 명시하는데 이는 유럽연합에서 상계가 실체로 성질결정됨을 의미한다. Rauscher/von Hein, EuZPR/EuIPR (2010), Art. 17 Rom I −VO Rn. 9.

32) 상세는 석광현, "영국법이 준거법인 채권 간의 소송상 상계에 관한 국제사법의 제문제", 서울대학교 법학 제57권 제1호(2016. 3.), 201면 이하; 석광현, 제6권, 3면 이하 참조.

33) 상세는 석광현, 국제민사소송법, 26면 이하.

34) 석광현, 제1권, 47면 참조. 이헌묵, "원본채권 준거법이 외국법인 경우 지연손해금 지급 여부", 법률신문 제3966호(2011. 9. 8.), 12면; 장준혁, "준거법에 관한 국제사법의 2001년 개정과 후속 판례의 회고", 국제사법연구 제20권 제1호(2014. 6.), 85면도 동지. 다만 근자에는 준거법이 영국법임에도 불구하고 소송촉진법을 적용한 하급심 판결들이 있고 대법원 2018. 3. 29. 선고 2014다41469 판결은 그런 결론을 수긍한 바 있다. 소개는 임상민, "선하증권상 계약책임의 준거법과 지상약관에 의한 준거법의 분할−대법원 2018. 3. 29. 선고 2014다

해금을 부과하는 예는 흔치 않고 그 타당성은 의문이므로 준거법이 외국법인 사건에서 소송촉진법의 적용은 신중히 해야 한다.

라. 소송비용

변호사보수 기타 소송비용도 급부(급여)의 내용에 관한 것이므로 실체와 관련되지만 사법정책적 고려에 따라 소송법에 따를 사항이다.

마. 국제소송에서 입증의 정도(증명도)와 입증책임

민사소송법상 어떤 사실이 증명되기 위하여는 법관의 '고도의 개연성'의 확신이 필요하다. 반면에 영미 민사소송에서 통상 요구되는 입증의 정도는 '증거의 우월' 또는 '우월한 개연성'으로 족하다. 문제는 입증의 정도(증명도)의 준거법인데, 절차법설과 실체법설이 나뉜다. 서로 밀접하게 관련된 법관의 확신의 형성과 그 정도를 다른 법에 종속시키는 것은 부적절하고, 이를 실체로 보아 법관에게 입증의 정도를 법률관계의 준거법에 따르게 하는 것은 부담스러우므로 절차법설이 타당하다.[35] 그러나 대법원 2001. 5. 15. 선고 99다26221 판결은, 영국 해상보험법 및 관습에 의하면 보험의 목적에 생긴 손해가 부보위험인 해상고유의 위험으로 인해 발생한 것이라는 점에 관한 입증책임은 피보험자가 부담하고 그 증명의 정도는 '증거의 우월(preponderance of evidence)'로 충분하다고 판시함으로써 실체법설을 따랐다. 대법원 2016. 6. 23. 선고 2015다5194 판결도 동일한 설시를 반복하였다. 흥미로운 것은 대법원이 이런 견해를 따른 것은 해상보험사건에 국한되고 다른 사안에서는 이런 태도를 취하지 않는 점인데, 이는 일관성이 없다.

한편 입증책임, 더 정확히 객관적 입증책임은 실체에 속하거나 그와 밀접하

41469 판결을 중심으로 - ", 해사법의 제문제(부산판례연구회 창립 30주년 기념. 2018), 421면; 최성수, "선하증권상 지상약관과 종속적 연결에 의한 불법행위의 준거법 - 대법원 2018.3.29.선고 2014다41469판결을 중심으로 - ", 외법논집 제43권 제4호(2019. 11.), 227면 이하 참조. 다만 그 근거는 분명하지 않다. 미국의 논의는 목혜원, 271면 이하 참조.

35) 상세는 석광현, 국제민사소송법, 27면, 320면 이하; 석광현, "매매협약(CISG)이 적용되는 국제물품매매계약상 손해배상의 몇 가지 논점: 통화와 증명도로 본 통일 실질법의 사정범위(射程範圍)와 흠결의 보충", 민사판례연구 [XLI](2019), 841면 이하 참조. The Hague Conference on Private International Law, Permanent Bureau, Commentary on the Principles on Choice of Law in International Commercial Contracts (2015), para. 9.11도 이를 절차로 본다.

게 관련된 것이므로 실체의 준거법에 따를 사항이라고 본다. 위에 언급한 대법원 2001. 5. 15. 선고 99다26221 판결과 대법원 1991. 5. 14. 선고 90다카25314 판결 등도 이를 실체의 문제로 보았다.

바. 담보권의 실행방법

동산에 대한 담보권의 성립과 효력 등은 실체의 문제로서 그 준거법에 따를 사항이지만 한국에서 담보권을 실행하는 경우 그 실행방법은 절차의 문제로서 법 정지법에 따른다. 예컨대 해상우선특권에 의하여 담보된 채권의 종류와 특권의 순위는 선적국법에 의해 결정되지만,[36) 해상우선특권이 한국에서 실행되는 경우 그 실행방법은 우리 절차법에 의하여 규율된다. 따라서 채권자가 선적국의 해상 우선특권(선박우선특권)에 기하여 집행권원 없이도 선박을 압류할 수 있는지는 우 리 법에 의하여 결정된다. 대법원 1994. 6. 28.자 93마1474 결정은 이를 명확히 설시하였다.[37)

사. 선박소유자의 책임제한

과거 우리나라에서 절차와 실체의 구분이 논란이 된 계기는 스위본(Swibon) 사건인데, 이는 우리 법원이 아니라 미국 법원에서 다루어진 사건이었다.[38)

---

36) 우리 섭외사법(제44조 제4호)과 국제사법(제94조 제1호)상으로는 해상우선특권(maritime lien)은 실체의 문제이다. 학설로서는 해상우선특권을 절차의 문제로 이해하는 견해도 있다. 실제로 영국과 미국에서는 해상우선특권을 절차의 문제로 이해한다.

37) 대법원 2011. 10. 13. 선고 2009다96625 판결은 선박우선특권의 성립 여부는 선적국법에 의 하여야 할 것이나, 선박우선특권이 한국에서 실행되는 경우에 그 실행기간을 포함한 실행방 법은 한국 절차법에 의하여야 한다고 판시하고, 준거법이 외국법인 선박우선특권의 제척기 간에 대해 우리 상법 제786조를 적용한 것은 정당하다고 판시하였다. 그러나 선박우선특권 의 실행기간, 즉 제척기간은 절차의 문제가 아니라 실체의 문제로 성질결정해야 하므로 2011년 판결이 1994년 판결보다 더 나아간 것은 잘못이다. 예컨대 헤이그국제사법회의의 국제상사계약준거법원칙(제9조 라호)도 채무를 소멸시키는 다양한 방법, 소멸시효와 제척기 간이 계약의 준거법에 따를 사항임을 명시한다. 상세는 석광현, "외국선박에 대한 선박우선 특권의 제척기간과 행사방법의 성질결정과 준거법", 국제사법연구 제25권 제2호(2019. 12.), 403면 이하 참조.

38) 상세는 閔丙國, "船主責任制限制度에 관한 涉外私法的 考察-Swibon v. Pan Nova 船舶衝 突 事件의 美國 法院 (The U.S. District Court for the District of Alaska) 判決을 중심으로 -", 現代比較法의 諸問題: 宇玄 金辰博士華甲紀念(1987. 3.), 40면 이하 참조.

2. 영미의 사기방지법

사기방지법(statute of frauds)은 사기적인 당사자가 날조된 계약으로부터 권리를 획득하는 것을 막고자 당초 영국이 1677년 사기방지법(Act for prevention of Frauds and Perjuries)을 제정함으로써 도입되었다. 그러나 실제로 의무를 인수한 자가 부당하게 계약의 구속으로부터 벗어나는 수단으로 남용됨에 따라 영국 판사들은 그 적용범위를 제한하였고 19세기 말에는 사실상 형해화되었으며 마침내 1954년 법개혁(계약이행강제)법(Law Reform (Enforcement of Contracts) Act)에 의하여 상당 부분 폐기되었다. 다만 일부는 부동산계약, 즉 1925년 제정된 재산권법(제40조) 등에 남아 있다. 하지만 미국에서는 아직 효력이 있는데, 대표적으로 통일상법전(§2-201)에 따르면 미화 500불[39] 이상의 매매계약은 원칙적으로 서면에 의하지 않으면 강제할 수 없다(is not enforceable). 사기방지법의 원칙이 절차인지 실체인지, 실체라면 그것이 실질의 문제인지 아니면 방식의 문제인지는 논란이 있다.[40]

3. 직무발명 시 특허권의 귀속, 사용자의 통상실시권 취득

직무발명(work for hire)에서 특허를 받을 권리의 귀속과 승계, 사용자의 통상실시권의 취득 및 종업원의 보상금청구권에 관한 사항이 사용자와 종업원 사이의 근로관계를 기초로 한 권리의무 관계로서 근로계약의 준거법에 따를 사항인지 아니면 지식재산권의 문제로서 국제사법 제40조에 의할 사항인지가 문제 된다. 대법원 2015. 1. 15. 선고 2012다4763 판결[41]은 직무발명에 의하여 발생되는 권리의무는 구 국제사법 제24조(국제사법 제40조에 상응)의 적용대상이라 할 수 없고, 직무발명에 관한 섭외적 법률관계에 적용될 준거법은 그 발생의 기초가 된 근로계약에 관한 준거법으로서 구 국제사법 제28조 제1항, 제2항 등에 따라 정하여지는 법률이며 이러한 법리는 실용신안에 관하여도 같다고 판시하였다. 즉 "직무발

---

39) 2003년 개정된 통일상법전은 이를 5,000불로 인상하였다. 그러나 어느 주도 이를 채택하지 않아 이는 공식적으로 철회되었다.

40) 참고로 성질결정은 Patrick Ostendorf, The Exclusionary Rule of English Law and its Proper Characterization in the Conflict of Laws - is it a Rule of Evidence or Contract Interpretation?, 11 Journal of Private International Law (2015), p. 163 이하 참조.

41) 평석은 이규호, "직무발명에 관한 섭외적 법률관계에 적용될 준거법", 국제사법연구 제22권 제2호(2016. 12.), 149면 이하 참조.

명에 대하여 각국에서 특허를 받을 권리는 하나의 고용관계에 기초하여 실질적으로 하나의 사회적 사실로 평가되는 동일한 발명으로부터 발생한 것이며, 당사자들의 이익보호 및 법적 안정성을 위하여 직무발명으로부터 비롯되는 법률관계에 대하여 고용관계 준거법 국가의 법률에 의한 통일적인 해석이 필요하다"라는 것이다.

이에 대하여 이런 태도는 "직무발명 또는 업무상 저작물에 관련된 특허권과 저작권의 귀속의 문제와 그에 따른 보상청구는 사용자와 종업원의 관계에 관한 문제인 이상, 고용관계의 문제로 성질결정해 고용계약의 준거법에 의하는 것이 타당하다"라는 취지로 쓰고, "고용관계를 전제로 한 직무발명과 업무상 저작물의 문제는 고용관계를 전제로 하지 않는 귀속의 문제와는 성질결정을 달리 한다"라는 평가가 있다.[42] 반면에 "고용계약이라는 채권적 법률관계에 적용될 근로계약의 준거법에 관한 국제사법규정을 물권적 법률관계인 특허받을 권리의 귀속 문제에 적용한 것은 그 법률관계의 성질결정에 있어 오류를 범한 것"이라는 비판도 있다.[43] 하지만 대법원의 태도는 최초귀속(initial ownership. 또는 원시취득)을 다룬 것이지 특허권이나 특허받을 권리 등의 성립에까지 적용하는 것은 아니므로 그런 비판은 부적절하다. 실제로 ALI 원칙(제311조), CLIP 원칙(제3:201조) 및 한일공동제안(제308조 제4항)도 대법원 판결의 태도와 유사한데,[44] 위 비판에 따르면 ALI 원칙, CLIP 원칙과 한일공동제안이 모두 성질결정을 잘못한 것이라는 말이 되므로 동의하기 어렵다.[45]

---

[42] 김언숙, "직무발명 및 업무상 저작물에 관한 국제사법상의 문제", 국제사법연구 제17호 (2011. 12.), 340면 이하.

[43] 손경한, "지식재산의 준거법에 관한 입법 방안", 국제사법연구 제21권 제1호(2021. 6.), 47면.

[44] 이러한 원칙들과 대법원 판결의 태도는 지식재산권에 관한 아래 제40조의 해설 참조.

[45] 다만 본문에서처럼 이를 직무발명의 귀속을 근로계약의 문제로 성질결정한 것으로 볼 수도 있고 그와 달리 지재권의 문제로 성질결정하면서도 근로계약의 준거법에 종속적 연결한 것으로 볼 수도 있다. ILA Guidelines on Intellectual Property and Private International Law (Kyoto Guidelines) 제20조 제1항 b호와 Short Comments, para. 11 참조. 그에 따르면 직무발명의 귀속에 관하여 근로계약의 준거법에 따른다는 것은 근로계약의 준거법 소속국의 직무발명의 귀속에 관한 법을 적용한다는 것이지 계약의 문제로 성질결정하는 것은 아니다. 예컨대 계약관계가 있는 당사자들 간에 불법행위가 발생하고 그것이 계약관계를 침해하는 경우 국제사법(제52조 제3항)에 따르면 불법행위는 계약의 준거법에 종속적으로 연결되는데 그렇다고 해서 우리가 불법행위를 계약으로 성질결정하는 것은 아니다.

4. 제조물책임

제조 또는 가공된 물건의 결함으로 인하여 발생한 손해에 대한 제조업자 등의 손해배상책임,[46] 즉 제조물책임(product liability)의 준거법을 결정함에 있어서는 우선 그것이 계약책임인가 불법행위책임인가 아니면 제3의 책임인가라는 성질 결정을 하여야 한다.

국제재판관할에 관한 것이기는 하나 제조물책임을 불법행위로 성질결정한 대법원판결이 있다.[47] 한국회사가 수출한 무선전화기의 결함으로 인해 손해를 입은 미국 피해자들이 미국 수입자를 상대로 제소하고, 수입자가 한국회사를 제3자 소송인수참가의 방식에 의해 피고로 참가시킨 뒤, 수입자와 제조물책임보험을 체결한 미국 보험회사가 피해자에게 손해를 배상하고 승소판결을 받아 한국 법원에서 집행판결을 구한 사안에서 대법원 1995. 11. 21. 선고 93다39607 판결은 "물품을 제조하여 판매하는 제조자의 불법행위로 인한 손해배상책임에 관한 제조물책임소송에 있어서"라고 판시함으로써 제조물책임을 불법행위로 성질결정하였다.

5. 성명[48]

사람의 성명은 한편으로는 개인의 인격과 관련되고, 가족생활과도 관련되며 나아가 그의 질서 및 식별기능에 대한 공적 이익이 교착하는 영역에 있다. 성명의 공적 이익은 무엇보다도 여러 국가에서 성명의 획득 및 변경을 공부에 기재하고, 성명의 사용 및 변경을 공법적으로 규율한다는 사실에서 잘 드러난다. 성명에 대하여 독립적인 연결원칙을 두고 있는 독일(민법시행법 제10조)과 달리 우리 국제사법은 성명의 준거법에 관하여 침묵한다. 그 결과 사람의 성명이 당사자의 인격권의 문제인지 아니면 혼인의 효력(배우자의 성명의 경우) 또는 친자관계의 효력(자의 성명의 경우)과 같은 가족법상의 문제인지 아니면 공법에 의할 사항인지는 논란이 있다. 어느 것으로 성질결정하는가에 따라 준거법이 다르게 된다.

---

46) 제조물책임법 제1조와 제2조 참조.
47) 고엽제소송에서 서울고등법원 2006. 1. 26. 선고 2002나32662 판결은 제조물책임이 불법행위의 성질을 가지는 점을 당연시하고 있다.
48) 상세는 아래(Ⅲ. 사람(제2장) 7.) 참조.

6. 협의이혼49)

이혼의 방법으로서 협의이혼이 허용되는가가 이혼의 형식적 성립요건, 즉 방식의 문제인가 아니면 이혼의 실질적 성립요건의 문제인가라는 문제가 제기되는데, 저자는 이를 후자로 이해한다.

7. 이혼의 부수적 결과50)

이혼에 따라 다양한 결과가 부수적으로 발생한다. 예컨대 이혼배우자의 성명, 이혼에 따른 부부재산의 청산문제와 이혼에 따른 자녀의 양육문제(양육권자의 지정과 면접교섭권) 등이 그것인데 이러한 부수적 결과가 이혼의 효력(또는 효과)의 문제인지 아니면 인격권, 부부재산제와 친자관계의 효력의 문제인지는 논란이 있다. 예컨대 셋째의 쟁점, 즉 이혼 시 자녀의 양육문제가 이혼에 부수한 문제로서 이혼의 준거법(제66조)에 따를 사항인지, 아니면 친자 간의 법률관계의 문제로서 그의 준거법(제72조)에 따를 사항인지는 논란이 있다.

8. 상속인 없이 사망한 경우의 상속재산의 귀속

피상속인이 사망하여 상속이 개시되었으나 상속인이 없는 것으로 판명되었다면 그 상속재산(*bona vacantia*)의 처리가 문제 된다. 이를 상속 문제로 성질결정하여 상속 준거법에 따라 국가가 최종적 법정상속인이 된다는 견해(상속권설 또는 상속주의)와, 상속인 없는 상속재산의 권리 귀속 문제로 성질결정하여 재산 소재지법을 적용하는 견해(선점권(Aneignungsrecht)설, 선점주의 또는 주권주의)이 있는데 후자가 우리 통설이다.51) 따라서 상속인 없는 상속재산이 한국에 있으면 우리 민

---

49) 상세는 이혼의 준거법에 관한 제66조의 해설 참조.
50) 상세는 이혼의 준거법에 관한 제66조의 해설 참조.
51) 그 근거를 국제사법 제33조에서 구하는 견해도 있으나, 물권만의 문제는 아니므로 조리에서 찾는 견해도 있다. 신창선·윤남순, 388면; 최흥섭, 418면 註 203 참조. EU상속규정 제33조도 그런 태도를 취한다. 상세는 최흥섭, "한국 국제사법에서 상속인 없는 상속재산의 국가귀속", 인하대학교 법학연구 제21집 제1호(2018. 3.) 141면 이하 참조. 우리 국제사법에는 규정이 없으나 중국 섭외민사관계법률적용법(제35조)은 상속인이 없는 유산의 귀속은 사망 당시 피상속인의 유산 소재지 법률에 의한다고 명시한다. 다만 선점권의 본질을 물권법적으로 보는 견해와 주권적 권리로 보는 견해가 있다. 윤진수/장준혁, 주해상속법 제2권, 1263면; 위 최흥섭, 144면과 註 4. 장준혁, "국제상속법의 입법론", 국제사법연구 제27권 제1호(2021. 6.), 356면 이하는 양자의 본질은 같다면서 국제상속의 효과가 사법의 영역에 머문다

법에 따라[52] 대한민국에 귀속된다. 실질법적으로는 이를 사법상의 문제로 보아 상속법에 의하여 해결하는 입법례와 공법상의 문제로 파악하는 입법례가 있다.[53]

9. 신탁[54]

재산에 대하여 관리·처분권을 가지는 법적 주체와 실질적(또는 경제적) 주체의 분열을 인정하는 신탁제도를 통하여, 법인을 설립하지 않으면서도 일정한 재산을 출연자와 관리자의 도산으로부터 절연된 독립한 재산(segregated funds 또는 ring fenced funds)으로 전환할 수 있는 장점이 있다. 우리나라는 대륙법계이나, 신탁법에 관한 한 영미의 신탁을 도입하여 양 법계의 법리가 혼재하는 혼합법계에 속한다. 신탁의 준거법을 지정함에 있어서는 우선 신탁의 성질결정을 하여야 한다. 헤이그신탁협약은 신탁 자체를 하나의 연결대상으로 취급하여 통일적으로 준거법을 지정하는데, 신탁법을 두어 신탁이라는 개념을 정면으로 인정하는 우리 법의 입장에서는 해석론으로서도 그러한 접근방법이 설득력이 있으나 아직 정설이 없다. 특히 유언신탁을 생전신탁과 달리 성질결정을 할지도 논란이 있다.[55]

고 하나, 주권적 권리는 사법의 문제가 아니라 공법적으로 성질결정되는 문제라는 견해도 있다. Junker, §20 Rn. 56.

52) 민법 제1058조(상속재산의 국가귀속) 제1항도 제1057조의2(특별연고자에 대한 분여)의 규정에 의하여 분여(分與)되지 아니한 때에는 상속재산은 국가에 귀속한다고 규정한다. 나아가 '국가에 귀속하는 상속재산 이전에 관한 법률(귀속상속재산법)'이 있다.

53) Anatol Dutta, Succession and Wills in the Conflict of Laws on the Eve of Europeanisation, Rabels Zeitschrift 73 (2009), S. 595f.

54) 상세는 아래 신탁의 준거법에 관한 해설 참조.

55) 학설은 정순섭, 신탁법(2021), 726면 참조.

Ⅲ. 성질결정의 준거법

문제는 성질결정을 어느 법에 따라 할 것인가, 즉 성질결정의 준거법인데 이에 관하여는 다양한 견해가 있다.[56]

1. 법정지법설

이는 법정지 실질법설로서 법정지 실질법이 성질결정의 기준이 되어야 한다는 견해이다. 어느 법의 적용범위는 그 법을 제정한 국가의 법체계에 의해 결정된다는 점에서 이는 논리적이다. 국제사법에서 사용된 체계개념은 대부분 우리 실질법의 그것과 일치하므로 법정지의 실질법에 따른 성질결정은 대부분 만족스러운 결과를 가져온다. 법정지법설은 내적 판단의 일치를 실현할 수 있다는 장점이 있다. 다만 이는 예외를 인정하는데, 우리 법이 알지 못하는 외국법제도의 경우 (이슬람 국가의 신부에게 주는 선물(Morgengabe)),[57] 조약의 경우와 외국저촉규범의 경우가 그러한 예이다.

2. 준거법설

이는 준거법 실질법설로서 법정지 국제사법에 의하여 준거법으로 지정된 국가의 실질법상의 체계개념이 성질결정의 기준이 된다는 견해이다. 이에 따르면 법정지인 한국 국제사법 규범의 적용범위가 준거법인 외국법에 의해 결정되는 결과가 된다. 이는 외적(국제적) 판단의 일치를 실현할 수 있다는 장점이 있으나 '선결문제 요구의 오류'를 범하고 있다는 비판을 받고 있다. 성질결정을 해야 비로소 국제사법의 어느 조문을 적용하여 준거법을 결정할 수 있는데, 준거법에 따라 성질결정을 하라는 것은 논리적으로 모순이기 때문이다. 또한 이를 따를 경우 외국법이 어떤 사안을 규율하고자 하는 때에만 준거법으로서 지정되므로 일방적 저촉규범을 전제로 한다는 비판이 있다.

---

56) Kegel/Schurig, S. 336f.; 이호정, 107면 이하 참조. 후자는 실질법적 성질결정, 비교법적 성질결정과 국제사법적 성질결정으로 분류하는 데 반하여 전자는 비교법적 성질결정을 국제사법적 성질결정에 포함시킨다.

57) 이슬람법상 mahr에 관하여는 Nadjma Yassari, Die Brautgabe im Familienvermögensrecht: Innerislamischer Rechtsvergleich und Integration in das deutsche Recht (2014) 참조. 위 책, S. 10ff.는 독일에서 흔히 사용되는 Morgengabe보다 Brautgabe가 더 적절하다고 지적한다.

3. 비교법설

이는 독일의 Rabel이 주장한 견해로, 성질결정은 어느 나라의 실질법(법정지법 또는 준거법)의 체계개념에서 벗어나 국제사법 자체의 입장에서 이루어져야 하며, 국제사법(즉 저촉법)상의 체계개념의 내용은 비교법적 방법을 통하여 결정되어야 한다는 견해이다.[58] 이에 따르면 어떤 법제도가 국가에 따라 상이하게 형성되더라도 비교법적으로 유사한 법정책적인 목적에 봉사하는 때에는 동일한 체계개념에 포함된다. 이 설은 국제사법의 체계개념의 독자성을 강조한 점에서 의의가 있다.

4. 국제사법 자체설: 이익분석

이는 독일의 Kegel이 주장한 견해로, 성질결정은 어느 한 나라의 실질법 개념에 구애됨이 없이 법정지의 국제사법 자체의 입장에서 이루어져야 한다는 Rabel의 견해를 유지하면서[59] 이를 발전시켜 저촉규범의 체계개념은 국제사법이 봉사하는 이익의 분석을 통하여 밝혀지는 저촉규범의 목적에 따라 해석되어야 한다는 견해이다.[60] 그런 의미에서 이를 '이익분석설'이라고도 부르는데 Kegel은 이를 '국제사법적(목적론적) 성질결정'이라고 부른다.[61]

5. 기능적(또는 목적론적) 성질결정론

성질결정을 함에 있어서는 우선 법정지법으로부터 출발하되, 연결대상을 법정지법상의 체계개념이 아니라 비교법적으로 획득된 기능개념(Funktionsbegriff)으로 이해하면서 실질규범의 목적과 함께, 당해 저촉규범(즉 국제사법)의 기능과 법정책적 목적을 고려해야 한다.[62] 이것이 근자의 독일의 다수설인 '기능적 또는 목

---

58) Kegel/Schurig, S. 343f. 참조.
59) 따라서 Kegel/Schurig, S. 343f.는 위 3과 4를 모두 독자적 성질결정론의 일부로 설명한다. 우리나라에서도 위 3, 4와 신법정지법설을 모두 국제사법 자체설로 설명하기도 한다.
60) Kegel/Schurig, S. 346f.
61) Kegel/Schurig, S. 346f.
62) 이는 법정지법설과 비교법설을 결합한 것이라고 평가하기도 한다. 다만, 기능적이라고 할 때 상대적으로 국제사법적 목적을 존중할지, 실질법적 목적을 존중할지에 관하여는 논란이 있다. 실질법적 목적과 기능도 존중해야 한다는 점은 M. Reimann, Comparative Law and Private International Law, M. Reimann and R. Zimmermann (eds), The Oxford Handbook of Comparative Law (2006), p. 1387도 인정한다.

적론적 성질결정론(funktionelle oder teleologische Qualifikation)' 또는 '광의의 법정지법설'이다.[63] 이 견해가 설득력이 있다. 즉 국제사법의 연결대상은 대체로 실질법적인 체계개념으로 표현되지만, 이는 실질법의 그것보다 추상화된 개념으로서 더 넓은 개념이다. 법정지 국제사법상의 법개념을 법정지 실질법상의 어떤 법개념과 기능면에서 비교될 수 있는 생활관계 및 그 생활관계를 규율하는 내국 및 외국의 실질법규범을 충분히 포섭할 수 있도록 해석해야 한다고 설명하는 견해도 이와 유사하다.[64] 이에 따르면 성질결정 문제의 일반적 해결방안은 존재하지 않으며 개개의 저촉규정의 목적을 고려하여 결정하여야 함을 알 수 있다. 따라서 위 (Ⅱ.)에서 언급한 실제로 문제 되는 사례에서 성질결정의 문제를 해결함에 있어서도 이러한 관점에서 접근하여야 한다. 다만 위 법정지법설에서 본 것처럼 우리 법이 알지 못하는 외국법제도의 경우(이슬람 국가의 신부에게 주는 선물(Morgengabe)), 조약의 경우와 외국저촉규범의 경우에는 예외를 인정할 필요가 있다.

6. 단계적 성질결정(Stufenqualifikation)론

이는 오스트리아에서 유력한 견해인데, 이를 취하는 논자는 법정지법에 따라 1차적 성질결정을 하고 그에 의하여 지정된 외국법에 따라 독립한 2차적 성질결정이 필요하다고 본다. 그러나 이에 따르면 양자가 성질결정이 상이한 경우 준거법의 흠결이 발생하게 된다. 기능적 성질결정이론에 따르면 2차적 성질결정은 새로운 성질결정의 문제가 아니라, 비교법적으로 획득된 기능개념으로서 이해된 법정지의 국제사법에 따라 결정될 문제로서 기능적 성질결정의 실현과정에서 해결되는 문제이다.[65]

---

63) Kropholler, S. 126ff. 우리 문헌으로는 우선 안춘수, 성질결정, 333면 이하; 이병화, "法律關係性質決定에 관한 國際私法的 考察", 저스티스 통권 제95호(2006. 12.), 214면 이하 참조. 우리 학설이 말하는 '신소송지법설' 또는 '신법정지법설'도 이와 유사한 취지로 보인다. 신창선·윤남순, 87면; 김연·박정기·김인유, 152면; 신창섭, 107면.
64) 안춘수, 성질결정, 345면.
65) Kropholler, S. 130 참조. 이헌묵, "국제적 상계에 대한 준거법", 국제거래법연구 제18집 제1호(2009), 144면은 성질결정의 첫단계는 법정지 판사가 준거법을 찾기 위하여 재판 중인 사실관계를 저촉규정에 따라 재편성하는 과정에서 의미가 있고, 둘째 단계는 지정된 준거법의 범위를 획정하는 과정이라고 설명한다. 이는 나름대로 단계적 성질결정에 의미를 부여하는 것이다.

Ⅳ. 특정한 법규의 성질결정

이상은 전통적인 성질결정이론이다. 그러나 국제적 강행법규의 적용이라는 문제가 국제사법의 문제로서 다루어지게 된 이상, 전통적인 성질결정과 병행하여, 특정한 법규가 강행법규 나아가 국제적 강행법규인지 아닌지를 결정할 필요가 있다. 이는 전통적인 성질결정, 즉 연결대상(내지 법률관계)의 성질결정과 대비되는 법규의 성질결정의 문제라고 할 수 있다. 예컨대 어떤 법률이 국제적 강행규정 또는 간섭규범인가가 그런 사례이다. 이를 위하여는 법규의 목적과 그의 언명을 우선 특정하고 분석해야 하며, 이 경우 문제 된 규범의 언명을 개별적으로 검토해야지 하나의 법을 일률적으로 판단할 것은 아니다.[66] 당해 법규가 행정법적 절차 내에서 전속적 관할을 가지는 관청을 통한 정규적 집행을 규정한다면 이는 비교적 확실한 국제적 강행규정 또는 간섭규범의 징표가 된다.[67] 의문이 있으면 일반원칙으로 돌아가 간섭규범이 아니라고 추정해야 한다. 특별사법인 국제적 강행규정의 경우도 국제적 강행규정성은 법의 문언 또는 목적으로부터 도출된다. 예컨대 과거 독일 약관규제법(AGBG)(제12조)은 외국법이 준거법으로 지정되더라도 당해 계약이 독일과 밀접한 관련을 가지는 경우 동법이 '고려되어야 한다'고 규정한 결과 국제적 강행규정인 특별사법으로 이해되었다. 영국의 1977년 불공정계약조건법(제27조 제2항)도 같다. 그러나 아래 제47조의 설명에서 보듯이, 이런 규정을 두지 않는 우리 약관규제법은 국제적 강행법규라고 보기 어렵다.[68]

---

66) von Bar/Mankowski, Band Ⅰ, §4 Rn. 95.

67) von Bar/Mankowski, Band Ⅰ, §4 Rn. 95.

68) 이런 문제점이 강하게 인식되는 것은 미국의 관점에서 볼 때 역외적용 여부가 문제 되는 법률들이다. 다른 나라에는 상응하는 규범이 없는 경우인 Alien Tort Statute와 RICO (Racketeer Influenced and Corrupt Organizations Act, 이는 조직범죄에 대처하기 위하여 제정된 법률로 '부패조직척결법'이라고 번역하기도 한다) 제1964조 등의 경우가 그러한 예이다. 직접적으로는 이는 역외적용의 문제이나, 역외적용을 긍정하면 국제적 강행규정성을 인정하는 결과가 된다.

제5절 연결점

I. 연결점의 개념

연결점(Anknüpfungspunkt, connecting factor)이라 함은 특정한 법률관계 또는 연결대상을 일정한 국가 또는 법질서와 연결시켜 주는 독립적 저촉규정의 일부분으로서 '연결소' 또는 '연결개념'이라고도 한다.[69] 예컨대 국제사법 제77조 제1항이 "상속은 사망 당시 피상속인의 본국법에 따른다"라고 할 때 동항은 상속이라는 법률관계 또는 연결대상을 "사망 당시 피상속인의 국적"이라는 연결점을 이용하여 피상속인의 본국법에 연결함으로써 상속의 준거법을 지정한다. 여기에서 '피상속인의 국적'이 연결점이다. 이처럼 연결점은 연결대상과 준거법을 연결하는 기능을 한다. 어느 국가의 국제사법이 연결대상을 어떻게 분류하여 각 연결대상에 어떤 연결점을 할당할지와, 나아가 어떤 연결방법을 선택할지는 모두 입법자가 연결대상별로 적절하다고 판단하는 연결정책에 따라 결정된다. 국제사법은 연결점의 기준시점을 특정시점으로 고정함으로써 고정주의(또는 불변경주의)를 취하거나 이와 달리 변경주의를 취하기도 한다. 위 제77조 제1항은 '사망 당시' 피상속인의 국적이라고 기준시점을 명시함으로써 고정주의를 취하는 대표적 사례이다.

이처럼 준거법지정규칙을 정한 대부분의 국제사법 조문은 다양한 연결대상을 구분하고 각각에 대하여 적절한 연결점을 규정함으로써 준거법을 지정하는 구조를 취한다. 따라서 법원 기타 법적용자는 주어진 사안에서 성질결정을 하여 연결대상을 포섭하는 국제사법 조문을 결정하고 당해 조문을 적용하여 준거법을 지정한 뒤([1]단계), 그렇게 지정된 준거법을 적용하는([2]단계) 과정을 거친다. 입법자는 입법목적과 주로 국제사법적 이익[70]을 고려하여 정책적 판단에 따라 다양한 연결원칙을 선택하는데, 그 과정에서 대체로 연결대상과 가장 밀접한 관련이 있는

---

69) 이호정, 173면.

70) Kegel/Schurig, S. 134ff.는 국제사법이 봉사하는 이익(국제사법적 이익)을 ① 당사자이익, ② 거래이익과 ③ 질서이익으로 분류하고, ③을 다시 ③-1 외적(국제적) 판단의 일치, ③-2 내적 판단의 일치, ③-3 법적 안정성 및 예견가능성과 ③-4 기타 질서이익(이에는 내국법 적용의 이익과 실효적 판결의 이익을 포함시킨다)으로 세분한다. 나아가 국제사법적 이익과 별도로 [1] 실질법적 이익과 [2] 공법적 이익 내지 국가이익을 열거한다. 상세는 다음(註 93) 참조. 근자의 논의는 Junker, §5 Rn. 23ff. 참조.

법을 지정하기 위하여 단일 연결점을 선택하나(이를 '단순연결'이라고도 한다), 그 밖에 선택적 연결, 종속적 연결, 누적적 연결, 배분적 연결과 보정적 연결과 같이 연결점의 조합을 이용하기도 한다.[71] 이때 국제사법은 최고규범인 헌법의 가치판단에 구속되므로 국제사법의 연결원칙은 헌법적합성이 있는 것, 특히 헌법의 평등의 원칙에 부합하는 것이어야 한다. 합헌적인 연결원칙은 매우 다양할 수 있는데, 이는 비교국제사법 연구가 실증하는 바와 같다. 즉 다른 나라는 우리 국제사법과 다른 연결원칙을 채택할 수 있고 그 점에서 각국의 입법자는 입법재량을 가진다.[72]

Ⅱ. 국제사법상 이용되는 다양한 연결점

- 국적(제26조, 제28조, 제63조, 제64조 제1호, 제65조 제1항, 제66조, 제67조, 제70조, 제74조 – 제80조)
- 일상거소(제47조 제2항, 제49조 제2항, 제52조 제2항, 제64조 제2호, 제65조 제2항 제2호, 제66조 단서, 제68조 제1항 단서, 제69조 제1항, 제47조 제2항, 제77조 제2항)
- 소재지(제33조, 제35조)
- 행위지(제31조 제2항, 제78조 제3항 제3호, 제82조 제1항)
- 지식재산권의 침해지(제40조)
- 혼인거행지(제63조 제2항)
- 불법행위지(제52조 제1항)
- 부당이득지(제51조 본문)
- 당사자의 의사(제45조 제1항)
- 선적(제94조)
- 가장 밀접한 관련(제46조 제1항, 제64조 제3호, 제21조 제1항)

---

71) 그러면서도 우리 국제사법(제21조)은 가장 밀접한 관련이 있는 법의 지정을 관철하기 위하여 일반적 예외조항을 두고 있다. 다양한 연결원칙과 사례는 Heinz Peter Mansel, Connecting factor, Encyclopedia, Vol. 1, p. 445 et seq. 참조.

72) 상세는 석광현, 정년기념, 231면 이하 참조.

Ⅲ. 속인법

국제사법이 당사자와 인적으로 밀접하게 관계되는 사항을 국적, 주소, 상거소 또는 단순거소 등에 연결시키는 경우 그 준거법을 '속인법(personal law)'이라 한다. 우리 국제사법상 권리능력, 행위능력, 혼인, 상속 등의 준거법이 이에 속한다.[73] 법인의 경우에도 속인법이라는 용어를 사용한다.

자연인의 속인법 결정에서는 전통적으로 대륙법계의 국적주의와 영미법계의 주소지주의가 대립하였다. 이를 해결하기 위하여 헤이그국제사법회의는 1955. 6. 15. "본국법과 주소지법의 저촉을 규율하기 위한 협약"을 성안하였으나 발효되지 않았다.[74] 섭외사법하에서는 주소가 연결점으로 사용되었으나[75] 국제사법에서는 주소는 연결점으로 사용되지 않는다. 따라서 주소에 관한 섭외사법 제3조도 삭제되었다.[76]

Ⅳ. 연결점의 해석 및 확정

스위스 국제사법은 동법상의 국적, 주소, 상거소와 영업소의 개념을 정의한다.[77] 그러나 우리 국제사법은 이러한 개념을 정의하지 않고, 단지 본국법[78]과 상

---

73) 불법행위의 경우에도 '공통의 속인법'이라고 부르나 이는 편의상의 표현이고 전통적인 속인법의 문제는 아니다. 이호정, 176면 참조.

74) 1930. 4. 12. 헤이그에서 채택된 "국적법의 충돌에 관한 협약(Convention On Certain Questions Relating To The Conflict Of Nationality Laws)"이 있다. 이를 통상 "국적법 협약"이라고 부른다. 한국은 가입하지 않았는데, 위 협약은 국제연맹에 의하여 1937년 발효되었고 현재까지 24개국이 비준 또는 가입하였으나 비회원국들에게도 국제관습법으로서의 효력을 가지는 것으로 받아들여지고 있다고 한다. Ian Brownlie, Principle of Public International Law, 6th ed. (2003), p. 375 참조(윤석준, "국제투자중재에서의 자연인 투자자 관련 인적 관할-국적 판단 및 다중국적 관련 주요 판정례의 법리 분석", 통상법률 2021년 제4호(통권 제153호)(2021. 11.), 40면 註 26에서 재인용).

75) 섭외사법상으로는 채권양도의 제3자에 대한 효력은 채무자의 주소지법에 의한다(제14조).

76) 섭외사법 제3조(주소지법) ① 당사자의 주소지법에 의하여야 할 경우에 있어서 그 주소를 알 수 없는 때에는 그 거소지법에 의한다. ② 전조 제1항 및 제3항의 규정은 당사자의 주소지법에 의할 경우에 이를 준용한다.

77) 스위스 국제사법의 조문은 아래와 같다.
제22조 자연인의 국적은 그의 국적이 문제 되고 있는 국가의 법에 따라 결정된다.
제20조 (1) 자연인은 이 법률의 의미에 있어서의 a) 그의 주소를 그가 계속적인 체재의 의

거소에 관하여 발생하는 문제점을 해결하기 위한 규정을 두고 있다(제16조와 제17조). 우리 국제사법이 사용하는 연결점, 즉 국적이나 상거소의 의미는 국제사법의 해석 문제이므로 우리 법에 의하여 결정할 사항이다. 다만 여기의 우리 법이 실질법인지 국제사법인지가 문제인데, 동일한 용어도 사용되는 법에 따라 개념이 다를 수 있으므로 국제사법 자체의 입장에 따라야 한다. 즉, 연결점은 그것을 이용하고 있는 국제사법의 개개의 저촉규정의 목적 또는 국제사법적 정의(正義)에 따라, 달리 말하자면 개개의 저촉규정들이 봉사하고 있는 국제사법적 이익에 따라 그 의미를 합리적으로 결정해야 한다.[79] 예컨대 유력설은 상거소를 '생활의 중심지'로 이해하고 우리 민법의 주소개념과 원칙적으로 동일하다고 한다. 왜냐하면 민법(제18조)상 주소는 생활의 근거가 되는 곳으로서 '정주의사(*animus manendi*)'를 요구하지 않는 객관주의에 따른 개념으로 이해되므로 상거소개념과 거의 같다는 것이다. 한편 국적의 경우에는 그의 국적이 문제 되는 국가의 법이 어떤 사람이 당해 국가의 국적을 가지는지를 결정한다. 예컨대 어떤 사람이 독일 사람인지는 독일법이 정할 사항이라는 것이다. 이 원칙은 국제적으로 널리 인정되고 있다.[80]

연결점의 해석에 이어 문제 되는 것은 '연결점의 확정'이다. 즉 법원이 외국적 요소가 있는 사안에서 준거법을 결정하기 위하여 국제사법이 사용하는 국적, 상거소, 소재지, 불법행위지 또는 당사자의 의사와 같은 연결점의 의미를 해석한

사를 가지고 거주하는 국가에 가지고, b) 그의 상거소를 그가 상당히 장기간 동안 살고 있는 국가에 비록 이 기간이 원래부터 한정되어 있더라도 가지며, c) 그의 영업소를 그의 영업활동의 중심지가 소재하는 국가에 가진다.

참고로 벨기에 국제사법 제4조도 상거소의 개념을 정의한다.

78) 어떤 사람이 그 국적을 가지고 있는 국가의 법을 본국법(Heimatrecht, *lex patriae*)이라고 한다.
79) Max Keller/Kurt Siehr, Allgemeine Lehren des internationalen Privatrechts (1986), S. 300; MünchKommBGB/Sonnenberger, Einl. IPR, Band 10 (2006) 4. Auflage, Rn. 694, 507ff.; 신창선·윤남순, 92면도 동지. Krophollers, S. 137은 국제사법 소속국의 개념에 따른다고 하므로 실질법인지 저촉법인지 불분명하나 성질결정에서와 같다고 한다. 국제재판관할의 맥락에서도 마찬가지이다. 윤진수/장준혁, 주해상속법 제2권, 1291면은 더 단호한 태도를 취하면서, 오로지 한국법에 따라 판단할 사항이라고 한다. 이런 이유로 국제재판관할의 맥락에서 미국법상의 관할근거를 검토한 대법원 2006. 5. 26. 선고 2005므884 판결에 대하여 통렬하게 비판한다.
80) 이는 판단기준을 정하는 것이지 판단주체를 정한 것은 아니다. 즉 국적법 협약 제2조도 특정인의 특정 국적이 문제 된 경우 문제 된 "국적국의 법령에 의하여" 판단한다고 규정할 뿐이지 그 "국적국이" 판단한다고 규정하지는 않는다. 이러한 국적개념의 특수성은 선결문제의 해결에서도 드러난다. 상세는 아래 제5절 참조.

뒤에 그에 따라 연결점을 확정하여야 한다. 연결점은 물건 소재지와 같은 사실일 수도 있고 국적과 같은 법률효과일 수도 있다. 그러나 엄밀히는 국적이라는 연결점도 연결점을 구성하는 사실적 요소를 포함한다.

국제사법이 명시하듯이 법원은 준거법인 외국법을 직권으로 탐지해야 하는데,[81] 문제는 법원이 연결점(정확히는 연결점을 구성하는 사실)을 확정함에 있어서 직권탐지주의와 변론주의 중 어느 것이 타당한가라는 점이다. 이에 관한 논의는 많지 않으나 우리나라에서는 ① 연결점을 구성하는 사실은 법률효과 판단에 직접 필요한 일반적인 요건사실과는 구별되지만, 일반적으로 재산관계 소송에서는 원칙적으로 당사자가 주장 · 입증하는 사실범위에 의할 것이나 법원은 석명권을 충분히 행사하여 연결점을 구성하는 사실인 국적, 주소, 물건 소재지, 당사자의사 등을 명백히 하여 국제사법이 지정하는 준거법을 결정할 것이라는 견해[82]와 ② 연결점을 이루는 사실은 직권탐지주의의 대상은 아니나 직권조사의 대상으로 취급해야 한다는 견해[83]가 유력하다. 후자는 연결점을 이루는 사실은 당사자의 자백의 대상이 되지 않으나 국제계약의 연결점인 '당사자의 의사'에 관하여는 예외적으로 자백을 허용한다.

한편 독일의 유력설은 그 절차에 직권주의가 타당한지 아니면 변론주의가 타당한지에 따라 구분한다. 즉 혼인사건과 같이 직권주의가 타당한 절차에서는[84] 법원은 연결점을 구성하는 사실을 직권으로 탐지해야 하나 변론주의가 타당한 절차에서는 연결점의 확정도 변론주의의 대상이라고 한다.[85] 그 밖에도 외국에는

---

81) 우리 국제사법(제18조)은 법원이 외국법을 직권으로 조사하여야 한다고 하나 이는 직권탐지의 의미로 해석된다. 윤진수/장준혁, 주해상속법 제2권, 1283면도 동지.

82) 최공웅, 228 – 229면.

83) 이인재, "외국법의 적용과 조사", 재판자료 제34집(1986), 섭외사건의 제문제(下), 531면.

84) 독일 가사 및 비송사건절차법(FamFG) 제26조(직권조사), 제113조 제3항, 제127조(직권조사의 제한) 참조. 우리 가사소송법 제17조는 "직권조사"라는 제목하에 가정법원이 가류 또는 나류 가사소송사건을 심리함에 있어서는 직권으로 사실조사 및 필요한 증거조사를 하여야 하며, 언제든지 당사자 또는 법정대리인을 신문할 수 있다고 규정한다. 반면에 비송사건절차법 제11조는 "직권에 의한 탐지와 증거조사"라는 제목하에 "법원은 직권으로 사실의 탐지와 필요하다고 인정하는 증거의 조사를 하여야 한다"라고 직권탐지주의를 명시한다.

85) MünchKomBGB/Sonnenberger, Band 10, Einl. Rn. 621. 다만 이 견해도 국적은 달리 설명한다. 즉 국적이 사실에 달려 있는 때에는, 당사자의 지배가 제한되거나 직권조사주의에 의하여 대체된 절차가 문제 되는 경우가 아니라면, 법원은 당사자의 주장(Parteivortrag)에 구속되나, 문제 된 국가의 국적법의 적용에 달려 있는 때에는 법원은 그 법을 직권으로 확정해야 한다고 한다. MünchKomBGB/Sonnenberger, Band 10, Einl. Rn. 702.

직권탐지주의가 타당하다는 견해, 변론주의가 타당하다는 견해와 절충설로서 연
결점의 성질에 따라 구별하는 견해 등이 있다.[86]

  연결점이 증명되지 않은 경우에는 국제사법에 따른 지정이 행해지지 않는다.
이 경우, 국제사법이 별도의 규정을 두지 않는 한,[87] 최대개연성의 원칙에 따라
처리해야 할 것이다.

V. 다양한 연결의 방법

1. 통상의 경우

  통상은 하나의 연결점이 존재한다. 예컨대 국제사법 제33조(물권의 준거법) ①
동산 및 부동산에 관한 물권 … 은 그 동산·부동산의 소재지법에 따른다.

2. 연결점의 결합

그러나 다음의 경우 다양한 연결점의 결합이 이용된다.
* 선택적 연결 — 법률행위의 방식에 관한 제31조, 유언의 방식에 관한 제78
  조 제3항
* 단계적 연결(보충적 연결) — 혼인의 일반적 효력에 관한 제64조, 부부재산
  제에 관한 제65조 제1항, 이혼에 관한 제66조
* 종속적 연결 — 불법행위에 관하여 계약 등 당사자 간의 기존 법률관계의
  준거법에 따르도록 종속적 연결을 규정한 제52조 제3항, 부당이득의 종속
  적 연결을 규정한 제51조 단서
* 누적적 연결 — 섭외사법(제13조)은 '원인사실 발생지법 원칙', 즉 행위지원칙
  을 취하는 한편(제1항), 법정지법을 누적적으로 적용함으로써(제2항, 제3항)
  이른바 절충주의를 취하였다. 그러나 국제사법(제52조 제1항)은 절충주의를
  폐지하고 행위지원칙으로 일원화하였다.
* 배분적 연결 — 혼인의 성립에 관한 제63조 제1항

---

86) 이인재(註 83), 526면 이하 참조. 위 절충설에 따르면 고도의 공익적 성질을 가지는 국적은
    직권탐지주의의 대상이나 당사자의 의사와 행위지 등은 변론주의의 대상이라고 본다.
87) 국제사법 제16조와 제17조는 국적과 상거소를 알 수 없는 경우에 대비한 규정을 두고 있다.

- 보정적 연결 — 부양의무에 관한 제73조 제1항. 국제사법은 부양의 준거법을 원칙적으로 부양권리자의 일상거소지법으로 하고, 다만 그에 의하면 부양청구권이 부정되는 경우 예비적으로 부양권리자와 부양의무자의 '공통의 본국법'에 의하도록 한다(제1항). 이는 가능한 한 부양권리자가 부양을 받을 수 있도록 함으로써 부양권리자를 보호하기 위한 것이다. 이처럼 원칙적인 준거법에 의한 실질법적 결과가 그와 다른 연결점에 의해 변경되는 것을 '보정적 연결'이라고 부른다.

제 6 절 선결문제

I. 선결문제[88]의 개념

선결문제라 함은 대체로 국제사법상 어떤 본문제(예컨대 상속권의 유무)를 해결하는 과정에서 제기되는 부수적 문제로서, 논리적으로 본문제에 앞서 해결하여야 하는 문제를 말한다. 우리나라에서는 종래 엄밀하게 구분하지 않지만 선결문제에는 2가지 유형이 있다.

첫째, 실질규정의 법률요건 안에 포함된 법률효과가 문제 되는 경우이다. 이는 국제사법에 의하여 지정된 실질법을 적용한 결과 비로소 발생하는 문제이다. 예컨대 "상속은 피상속인의 본국법에 따른다"(국제사법 제77조)라고 할 경우 그에 따라 준거법인 본국법을 적용한 결과 그 과정에서 혼인관계 또는 친자관계의 존부가 문제 되는 경우이다.

둘째, 저촉규정의 법률요건 안의 법률효과가 문제 되는 경우이다. 이는 "계쟁 법률관계의 관념상 필연적 구성부분"인 경우를 말한다. 예컨대 국제사법 제66조

---

88) 선결문제는 외국에서는 'preliminary question', 'incidental question', 'Vorfrage', *question préalable*'라고 한다. 그러나 시간적 또는 절차적으로는 본문제(main question, Hauptfrage, *question principale*)가 제기된 후에 선결문제가 제기되므로 선결문제라는 표현보다 'incidental question'이 적절하다고 하는 견해도 있다. 선결문제에 관한 논의는 석광현, 제5권, 326면 이하 참조. 선결문제라는 개념은 George Melchior에 의하여 최초로 고안되었으나 Wilhelm Wengler에 의하여 최초로 상세히 검토되었다고 한다. Keller/Siehr(註 79), S. 508 참조.

에 의하면 이혼에 관하여는 제64조의 규정이 준용되는데 그에 의하면 일차적으로
부부의 공통의 본국법이 준거법이 되므로 이혼의 전제로서 혼인관계의 존부가 문
제 된다. 따라서 이혼의 준거법을 정하기 위하여는 혼인의 존부의 준거법을 정할
필요가 있다. 선결문제인 혼인관계의 존부는 국제사법상 별도의 연결대상이 될
수 있는 문제이다.[89]

　　위 양자는 부분문제(Teilfrage)와는 구별해야 한다. 이는 당사자의 능력, 방식,
대리 등과 같이 별도로 연결되는 문제로서, 본문제에 관한 결정의 전제가 되는 것
이 아니라 동일한 등급의 문제라는 점에서 선결문제와 다르다.

Ⅱ. 선결문제에 관한 논의가 실익을 가지기 위한 요건

　　다음 3가지 요건이 구비되어야 선결문제의 논의가 실익이 있으므로 그 실익
이 있는 사안은 흔하지 않다. ① 본문제의 준거법이 외국법일 것, ② 본문제의 준
거법 소속국의 국제사법 규정이 선결문제에 관하여 법정지의 국제사법 규정과 다
른 준거법을 지정하고 있을 것, ③ 선결문제의 준거법으로 지정된 두 개의 실질법
의 내용이 다를 것이 그것이다.

---

89) 독일에서는 양자를 구별하여 별개의 용어를 사용하기도 한다. 즉, 첫째의 유형을 선결문제
(Vorfrage) 또는 실질법적(또는 협의의) 선결문제라 하고, 둘째의 유형을 Erstfrage(이를 '선
행문제' 또는 '일차문제'라고 번역함) 또는 저촉법적 선결문제라고 한다. 양자를 구별하는 견
해는 선행문제는 당연히 법정지 국제사법에 의하여 연결할 것이라고 한다. Junker, §10 Rn
1f. 그러나 만일 국제사법 제77조가 "배우자 기타 친족에 의한 상속은 피상속인의 본국법에
의한다"라고 규정한다면 혼인관계의 존부는 선결문제(Vorfrage)가 아니라 선행문제
(Erstfrage)가 될 것이라는 점에서, 위와 같은 문언상의 차이가 의미가 있는지에 대해 의문이
제기될 수 있다. 안춘수, 선결문제, 217면 이하도 참조. 최흥섭, 94면은 선행문제는 법정지
국제사법에서 제기되는 문제이므로 '내국선결문제'라고 하고, 선결문제는 준거법인 외국법에
서 제기되는 문제이므로 '외국선결문제'라고 구별하여 부른다. 안춘수, 101면 이하는 선결문
제를 '협의의 선결문제', 선행문제와 선결문제를 '광의의 선결문제'라고 부른다.

Ⅲ. 선결문제의 해결방안

선결문제의 준거법을 결정함에 있어서, 종래 우리나라에는 법정지법설(독립적 연결설), 본문제 준거법설(종속적 연결설. 또는 단순히 준거법설), 절충설과 실질법설 등이 주장되고 있다. 종래 실무상 선결문제가 별로 논의되지 않는 이유는 선결문제가 제기되더라도 그것이 실익이 있는 경우는 많지 않기 때문이다.[90] 선결문제의 준거법 결정과 관련하여 종래 외국에서는 다양한 학설이 주장되었는데, 이제는 우리나라에서도 마찬가지이다.

1. 법정지법설(독립적 연결설)

이는 원칙적으로 본문제의 준거법 소속국에 관계없이 법정지의 국제사법에 따라 선결문제를 해결하는 견해이다.[91] 즉 본문제이든 선결문제이든 간에 법정지의 국제사법에 따라 섭외적 생활관계의 준거법을 결정한다. 이의 장점은, 본문제가 무엇인가에 따라 선결문제의 준거법이 달라지지 않는다는 점이다. 만일 준거법설을 취하면, 예컨대 동일한 부부 간의 혼인관계의 존부라는 선결문제가, 본문제가 무엇인가에 따라 달리 판단되는 결과 '법적 정신분열증(juristische Schizophrenie)'을 초래하게 되는데,[92] 이는 국제사법의 이상의 하나인 '내적 판결(또는 판단)의 일치'에 반하고 국제사법상 이익의 하나인 질서이익에 배치된다는 것이다.[93] 이는 종

---

90) 선박우선특권의 준거법에 관한 대법원 2007. 7. 12. 선고 2005다39617 판결이 선결문제의 존재를 제대로 인식한 것인지는 다소 의문이다. 비판은 석광현, "선박우선특권과 피담보채권(선원임금채권)의 준거법", 제5권, 331면 이하 참조.

91) 이호정, 135면; 신창선·윤남순, 131－132면은 이를 지지한다. 서울지방법원 2003. 7. 25 선고 2001가합64849 판결은 대만 국적인 피상속인의 혼외자의 상속이 문제 된 사안에서, 선결문제인 혼외자의 친자관계의 성립에 관해 구 국제사법 제41조 제1항을 적용하여 대만 민법을 준거법으로 적용하고 부양사실에 의한 인지 간주를 인정하여 친자관계의 성립을 긍정하였다고 한다. 곽민희, "국제가족법상 아동의 복리", 조선대학교 법학논총 제23집 제2호(2016. 8.), 319면 註 47 참조. 대만 민법(제1065조)은 "혼인외의 출생자는 생부의 인지를 거치면 혼생자로 간주하고, 생부의 부양을 거치면 인지로 간주한다(부양사실에 의한 인지간주)"라고 규정한다고 한다. 위 곽민희, 322면 註 53 참조.

92) 법적 정신분열증은 Goldschmidt의 표현이라고 한다.

93) 이호정, 134면. 국제사법의 저촉규정은 다양한 유형의 이익에 근거하는데, 이를 다소 부연하면 아래와 같다(석광현, 정년기념, 143면 註 23의 문헌 참조). Kegel/Schurig, S. 134ff.는 국제사법이 봉사하는 이익(즉 국제사법적 이익)을 ① 당사자이익, ② 거래이익과 ③ 질서이익으로 3분하고, ③ 질서이익을 ③-1 외적(국제적) 판단의 일치, ③-2 내적 판단의 일치, ③

래 독일의 다수설이고 주류적인 판례로 보인다.[94] 이에 대하여는, (본문제) 준거법 소속국법에 의하면 선결문제와 본문제가 상이한 국가의 법률에 따르게 되는 결과 판결의 국제적 불일치 또는 부조화를 초래한다는 비판이 있다.

2. 준거법설(종속적 연결설)

이는 원칙적으로 본문제의 준거법 소속국의 국제사법에 따라 선결문제의 준거법을 결정하는 견해이다.[95] 선결문제는 본문제의 준거법적용의 결과로서 발생하는 본문제의 준거법상의 문제인데, 본문제의 해결은 본문제의 준거법 소속국의 법질서가 행하는 선결문제의 판단을 전제로 해서만 이루어질 수 있으므로, 선결문제가 외국적 요소를 포함하는 경우 본문제의 준거법 소속국의 국제사법에 따를 것이라고 본다. 즉 법정지의 법원은 선결문제에 관하여 본문제의 준거법 소속국의 법원이 판결하는 것과 동일하게 판결해야 하며, 이렇게 함으로써 법정지 법원과 외국법원의 판결의 국제적 일치를 달성할 수 있다고 본다.[96] 또한 선결문제는 법정지의 국제사법보다 준거법 소속국의 국제사법과 더 밀접한 관련이 있다는 것이다. 그러나 이에 따르면 동일한 선결문제의 준거법이 항상 동일한 것이 아니라 본문제가 무엇인가에 따라 즉 맥락에 따라 달라지는 폐단이 있다. 또한 우리 국제사법은 일정한 법률관계 또는 쟁점의 연결원칙을 정하고 있는데, 준거법설은 이

-3 법적 안정성 및 예견가능성과 ③-4 기타 질서이익(이에는 내국법 적용의 이익과 실효적 판결의 이익을 포함시킨다)으로 세분한다. 나아가 국제사법적 이익과 별개로 [1] 실질사법적 이익과 [2] 공법적 이익 내지 국가이익이 있다. 이호정, 19면 이하에는 ③-3이 없고(다만 178면에는 안정된 법적용이 질서이익의 하나로 등장한다) [2] 공법적 이익 내지 국가이익 대신에 권력적 이익이 언급되고 있다. 국제사법적 이익과 실질법적 이익의 준별에 대하여도 비판이 있고, 특히 위의 이익분석이론에 대하여는 다양한 비판(예컨대 이익에 대한 평가와 상호간 형량기준 제시 없는 점 등. 그러나 Lüderitz는 케겔의 이론을 발전시켜 당사자이익의 우위를 인정하고 당사자자치를 중시한다)과 반론이 있다. 우리 문헌은 신창선, "국제사법의 목적과 이념 —국제사법적 정의와 실질사법적 정의와의 관계를 중심으로—", 안암법학 제6집(1997), 204면 이하 참조. 황적인, "Gerhard Kegel 교수의 생애와 업적 —Kegel 교수의 一周忌에 임하여—", 국제사법연구 제12호(2006), XⅢ면 이하 참조. Kegel 교수의 제2판에 대하여는 최종길 교수의 서평이 있다. 國際關係研究 제1권 제1호(1970. 7.), 174면 이하 참조.

94) Kegel/Schurig, S. 381.
95) 이를 '비독립적 연결설'이라고도 한다.
96) 김용한·조명래, 159면은 이를 지지한다. 선결문제의 발견자인 독일의 Melchior와 Wengler는 준거법설을 지지하였다.

러한 실정 국제사법을 무시하는 결과가 되므로, 국제사법의 이상의 하나에 불과한 '국제적 판결의 일치(또는 외적 판결의 일치)'[97]만으로는 이를 정당화할 수 있는 근거가 되기에 부족하다는 비판이 있다.[98]

3. 절충설

이는 일률적으로 법정지법설 또는 준거법설에 따르는 대신 구체적 상황에 따라 국제사법적 이익을 고려하여 결정하자는 견해로 독일과 일본에서 점차 유력해지고 있다. 이처럼 위 양자의 어느 견해도 모든 사안에서 타당할 수는 없고 구체적 사안에서 법관이 판단하여 타당한 결론을 끌어내야 할 것이라는 견해가 설득력이 있다. 법정지법설은 내적 판결의 일치(실질적인 조화)에 적절하고, 준거법설은 외적(또는 국제적) 판결의 일치에 적합하다. 따라서 원칙적으로 전자(특히 사안이 내국 관련이 큰 경우)에 따를 것이되, 예외적으로 사안의 외국 관련이 큰 경우에는 국제적 판결의 일치를 존중하여 후자에 따를 것이라고 한다. 우리나라에도, 원칙적으로 법정지법설을 취하면서 선결문제와 법정지의 관련이 별로 없는 경우 예외적으로 본문제의 준거법 소속국의 국제사법을 적용하는 절충설이 있다.[99] 이처럼 선결문제는 어떤 국제사법적 이익을 존중할 것인가라는 가치판단을 요구하는 어려운 문제이나, 법정지법설을 원칙으로 하면서 사안에 따라 준거법설을 가미하는 절충설이 설득력이 있다고 본다. 다만 이에 대하여는 비용이 높고 법적 안정성을 해한다는 비판이 있다.[100]

---

97) 국제적 판결의 일치가 국제사법의 이상인가에 대하여 근자에는 긍정설과 비판적인 견해가 대립하고 있다. Sarah Nietner, Internationaler Entscheidungseinklang im europäischen Kollisionsrecht (2016), S. 7ff. 참조.

98) 준거법설에 따르면 선결문제는 '법상태의 승인(Anerkennung einer Rechtslage)'과 접점이 있다. 준거법설을 취하면 준거법 소속국인 외국에서 승인되는 법상태가 한국에서 승인된다. 이는 다양한 선결문제에 대하여 우리 국제사법에 의한 준거법 통제를 벗어나서 준거법 소속국의 국제사법에 따른 법상태를 승인할 수 있기 때문인데, 독립적 연결설을 따르면 이런 효과는 한국에서는 인정되지 않는다. 나아가 그 외국에서 승인된 외국재판에 따른 법상태도 승인할 수 있다. 법상태의 승인에 관하여는 석광현, 정년기념, 663면 이하 참조.

99) 서희원, 117면; 윤종진, 168면.

100) 준거법설을 가미할 경우, 외국에서 형성된 법상태를 승인함에 있어서 준거법통제를 포기하게 되는 결과가 된다.

4. 실질법설

이는 선결문제는 본문제와 관련하여 발생한 문제이므로 본문제의 준거법 소속국의 실질법에 의하여 해결해야 한다는 견해이다.[101] 실질법설은 그 근거로서 법정지법설이나 준거법설을 따를 경우 복수의 준거법을 조사하여 정확한 내용을 파악하는 것은 법원에게 지나치게 부담스럽고, 또한 법정지의 법원이 국제사법을 적용하여 본문제의 준거법인 외국법을 확정하였다면, 이제 더 이상 선결문제를 준거법 소속국의 내국적 사안과 구별할 이유는 없으므로 그와 마찬가지로 준거법 소속국의 실질법을 적용할 것이라고 한다. 그러나 이는 선결문제가 본문제 준거법 소속국의 입장에서 볼 때 순수한 국내적 문제일 때는 타당하지만, 그것이 외국적 요소를 포함하는 섭외적 법률관계인 때에는 부당하다. 왜냐하면 그 경우 본문제 준거법 소속국도 자신의 국내법, 즉 실질법을 적용하는 것이 아니라 자신의 국제사법을 적용하여 선결문제의 준거법을 결정할 것이기 때문이다.[102]

실질법설은 종래 영국과 미국의 일부 판례의 태도이나,[103] 영미에서는 각 사안마다 가장 좋은 결론에 도달하는 해결방법을 개별적으로 탐구해야 한다는 견해(이를 이익형량설이라고 부르기도 한다)도 유력한 것으로 보인다.

5. 기타 학설

그 밖에도 선결문제에 대한 저촉법규정을 통하는 복잡한 우회적 법선택을 피하고 목적론적으로 선결문제와 관련성을 분석하여 중요도와 집중도가 더 큰 법규정을 적용하여 해결하는 견해도 있고,[104] 이와 유사하게 가장 중요한 관련이 있는 국가의 법을 준거법으로 선택할 수 있도록 신축성 있는 법선택 방식을 채택하자는 견해도 있다.[105]

다만 주의할 것은, 선결문제의 해결방안에 대한 위의 원칙에 대한 예외가 존재한다는 점이다. 즉 위에서 독립적 연결설 또는 절충설을 취하더라도 국적에 관련된 선결문제의 경우에는 예외가 인정된다. 어떤 사람이 어느 국가의 국민인지

101) 신창섭, 131-132면.
102) 신창선·윤남순, 130면.
103) 서희원, 114면.
104) 장문철, 102면.
105) 김연·박정기·김인유, 198면 이하; 한복룡, 국제사법(2007), 198면 참조.

여부는 문제 된 그 국가의 법에 의한다(즉 국적의 부여와 박탈은 주권국가의 재량사항
이다)는 점은 널리 인정되고 있는데, 더 나아가 국적의 득실이 어떤 사법적(私法
的) 법률관계(예컨대 유효한 혼인, 친자관계 등)에 좌우되는 경우에는 이러한 선결문
제는 문제 된 그 국가의 국제사법에 따른다.[106] 이 경우 (혼인관계 또는 친자관계라
는) 선결문제는 (국적의 결정이라는) 본문제에 종속적으로 연결된다는 것이다.

Ⅳ. 선결문제를 다룬 우리 판례가 잘 보이지 않는 이유

선박우선특권에 의하여 담보되는 선원임금채권이 대위에 의하여 이전되었는
지를 다룬 대법원 2007. 7. 12. 선고 2005다39617 판결(이하 "대상판결"이라 한다)[107]
은 아래와 같이 판시하였다.

> "선박우선특권은 일정한 종류의 채권을 담보하기 위하여 법률에 의하여 특별히 인정
> 된 권리로서 일반적으로 그 피담보채권과 분리되어 독립적으로 존재하거나 이전되기
> 는 어려우므로, 선박우선특권이 유효하게 이전되는지 여부는 그 선박우선특권이 담보
> 하는 채권의 이전이 인정되는 경우에 비로소 논할 수 있는 것인바, 국제사법 제60조
> 제1호, 제2호에서 선적국법에 의하도록 규정하고 있는 사항은 선박우선특권의 성립
> 여부, 일정한 채권이 선박우선특권에 의하여 담보되는지 여부, 선박우선특권이 미치는
> 대상의 범위, 선박우선특권의 순위 등으로서 선박우선특권에 의하여 담보되는 채권
> 자체의 대위에 관한 사항은 포함되어 있지 않다고 해석되므로, 그 피담보채권의 대위
> 에 관한 사항은 특별한 사정이 없는 한 국제사법 제35조 제2항에 의하여 그 피담보채
> 권의 준거법에 의하여야 한다."

즉 대상판결은 피담보채권의 발생 및 이전의 결과 선박우선특권이 발생하고
이전되는지 여부의 준거법 판단을 생략하고 이를 실질법 차원에서 당연한 것으로
간주하였다. 또한 아무런 근거를 설시하지 않고 우리 국제사법을 적용하여 피담
보채권인 선원임금채권의 준거법을 판단하였다.

선결문제의 준거법에 관한 종래 우리의 학설 대립을 고려한다면 대상판결이
피담보채권의 발생과 이전을 판단함에 있어서 이 점을 언급할 필요가 있었다. 즉

---

106) 이호정, 135면 이하.
107) 위 판결에 대한 평석과 비판은 석광현, 제5권, 293면 이하 참조.

대상판결이 선결문제인 선원임금채권의 준거법을 판단함에 있어서, 법정지인 한국의 국제사법을 적용할지(대상판결은 결론적으로 이런 태도를 취하였다), 본문제의 준거법 소속국인 세인트 빈센트의 국제사법을 적용할지, 아니면 세인트 빈센트의 실질법을 적용할지를 판단할 필요가 있었다는 것이다.

선결문제가 제기되는 전형적 사안을 보자. 예컨대 피상속인(A국인)이 배우자(B국인)를 남기고 사망한 사건에서, 우리 법원은 구 국제사법(제49조. 국제사법 제77조에 상응)을 적용하여 피상속인의 본국법(A국법)을 상속의 준거법으로 판단하고, A국의 상속법에 따라 배우자에게 상속권을 인정할 것이다. 위 사안에서 만일 피상속인과 배우자 간에 혼인관계의 존부가 다투어진다면, 선결문제를 독립적으로 연결할지 아니면 종속적으로 연결할지를 판단해야 한다. 그러나 대상판결의 위 논리를 위 전형적 사안에 대입해 보면 다음과 같이 될 것이다.

> 일반적으로 배우자로서 상속을 하기 위해서는 혼인관계가 존재해야 하는바, 혼인관계는 상속의 준거법을 정한 구 국제사법 제49조(상속은 사망 당시 피상속인의 본국법에 의한다)에 의할 사항이 아니고 구 국제사법 제36조(혼인의 성립)에 따라 혼인의 성립의 준거법을 적용하여 판단할 사항이다.

그러나 대법원처럼 접근하면 국제사법에서 제기되는 선결문제는 선결문제가 아니라 본문제와 다른 별개의 본문제(위 전형적 사안에서 혼인의 성립)로 취급되므로, 논리필연적으로 법정지법설(즉 독립적 연결설)과 동일한 결론에 이르게 되고 준거법설과 절충설 등은 처음부터 배제된다. 선결문제의 준거법 결정에 관하여 국내에도 다양한 학설이 있음에도 불구하고 위 대법원 판결이 선결문제를 전혀 의식하지 않은 듯이 보이는 것은 유감이다. 이런 이유 때문인지 선결문제를 정면으로 다룬 판례는 별로 보지 못하였다.

그 밖에 선결문제를 언급하거나 다룬 판결들이 없는 것은 아니나(예컨대 직무발명에 관한 국제적 법률관계의 준거법을 다룬 대법원 2015. 1. 15. 선고 2012다4763 판결과 일제 강제징용 사건을 다룬 대법원 2012. 5. 24. 선고 2009다22549 판결 등)[108] 대체로

---

108) 전자에 관하여 보면, 대법원은 원고가 위 사건 외국 특허권 등에 대하여 직무발명에 따른 통상실시권을 가지는지 여부는 본문제에 관한 청구의 당부를 가리기 위한 선결문제라고 하였다(김창권, "직무발명에 기하여 종업원에 의하여 외국에서 등록되는 특허권 등에 대한 사용자의 통상실시권", 대법원 판례해설 제104호(2015), 180 – 181면). 한편 후자에 관하여 보면, 대한민국 법을 준거법으로 적용한다고 하더라도 원고들이 주장하는 불법행위로 인한

본문제의 준거법이 한국법인 탓에 선결문제를 논의할 실익이 없는 사안들이고, 선결문제의 준거법을 정면으로 다룬 판결은 잘 보이지 않았다.

주목할 것은 근자에 선결문제의 준거법을 정면으로 언급한 고등법원 판결이다. 즉 상속권의 유무를 결정하는 과정에서 혼인관계의 준거법이 선결문제로 제기된 상속회복청구사건에서, 수원고등법원 2023. 1. 19 선고 2022나11421 판결은 상속의 준거법은 망인의 본국법인 한국법인데, 원고가 민법상 상속회복청구권을 행사하기 위해서는 상속권자(피상속인의 배우자)여야 하므로 혼인관계의 존부가 문제됨을 확인하고, "이는 상속권 결정의 <u>선결문제</u>인데, <u>본문제</u>인 상속관계의 준거법이 법정지법인 한국법이므로 혼인관계도 한국 국제사법에 따른다"라는 취지로 판시하였다. 그러나 위에서 보았듯이 선결문제의 준거법 지정에서 가장 큰 견해의 대립은 독립적 연결설과 종속적 연결설의 대립인데, 위 사건에서는 본문제인 상속의 준거법이 한국법이므로 양자의 대립은 없었고 위 양자 중 어느 견해를 따르든 간에 혼인관계의 준거법은 한국 국제사법에 따라 판단할 사항이었다. 물론 위 판결이 선결문제와 본문제를 언급하고 그 준거법을 정면으로 다룬 점에서 진일보한 것이고, 실질법설이나 기타 학설을 따르지 않은 점에서는 의미가 있다. 앞으로 본문제의 준거법이 외국법인 사안에서 선결문제의 준거법을 정면으로 다룬 판결이 나오기를 기대한다.

제 7 절 법(률)의 회피

I. 법률의 회피의 개념

국제사법상 법률의 회피(또는 법의 회피. 이하 '법률회피'라고 한다)는 '법률사기 (*fraude à la loi*, Gesetzesumgehung, evasion of laws)' 또는 '연결점의 사기적 창설'

손해배상청구권 등은 소멸시효의 완성으로 모두 소멸하였다는 취지로 판시하였고, 이에 대하여 원고들은 원심이 소멸시효에 관한 법리를 오해하였다는 취지의 상고이유를 내세웠다. 대법원은 이러한 상고이유를 판단함에 있어서는 그 선결문제로서 구 미쓰비시와 피고의 법적 동일성 인정 여부 및 청구권협정에 의한 원고 등의 청구권의 소멸 여부에 대한 판단이 먼저 이루어져야 한다고 판시하였다.

이라고 하는데,[109] 강학상 국제사법 총론에서 다루어진다. 이는 당사자가, 회피가 없었더라면 적용되었을 준거법의 적용을 피하기 위한 의도를 가지고 연결점을 창설함으로써 다른 법이 준거법이 되게 하는 것이다. 특히 혼인[110]과 이혼 등의 경우 문제 된다.[111] 우리 국제사법은 이에 관한 조문을 두지 않으나[112] 이는 강학상 국제사법 총론에서 다루어진다. 법률회피의 주요 쟁점은 첫째, 법률회피의 요건과 둘째, 법률회피에 대해 어떻게 대처할 것인가라는 효력의 문제이다.

Ⅱ. 유사한 개념과의 구별

법률회피와 유사하나 구별해야 개념이 있다.

첫째는 가장행위(Simulation)이다. 이는 다른 법 분야에서도 널리 인정되는데, 국제사법에서 말하는 가장행위는 법률요건이 실제로 실현되지 않았는데 마치 실현된 것처럼 가장하는 경우를 말한다. 예컨대 외국에 실제로 일상거소가 형성되

---

109) 이호정, 197면. 그러나 아래에서 보듯이 통설처럼 법률회피에 대하여 관대한 태도를 취하여 그 결과를 유효한 것으로 본다면 '사기(적)'라는 표현은 지나치게 부정적인 인상을 준다.
110) 대표적인 것이 보통법혼인(Common-Law marriage)이다. 보통법혼인이라 함은 미국의 일부 주에서처럼 별도 방식 없이 당사자 간의 합의만으로 성립하는 혼인을 말한다. 최흥섭, 343면. 혼인의 방식은 혼인거행지법에도 선택적으로 연결되므로 한국인도 그러한 미국 주에서 보통법혼인을 할 수 있고 그 경우 법률회피나 공서위반이 되지는 않는다. 최흥섭, 343면. 현지에 거주하는 한국인들이 보통법혼인을 할 수 있음은 별 의문이 없으나, 한국에 일상거소가 있는 한국인들이 일부러 그런 주에 가서 혼인하는 경우에는 문제 된다. 이는 진정법률회피에 해당하는데 그 경우 관용한계를 넘는다고 주장할 여지도 없지는 않으나 방식은 외형적 형식에 불과하다고 보아 이를 관용하는 것이 타당하다. 즉 회피는 성공적이다. 이호정, 199면. 이런 맥락에서 흥미로운 것은 스위스 국제사법의 태도이다. 스위스 국제사법(제45조)은 외국에서 유효하게 체결된 혼인을 승인하면서도, 당사자 일방이 스위스 시민(Bürger)이거나 쌍방이 스위스에 주소를 가지고 있는 때에는 당사자들이 스위스법상의 무효원인을 피할 명백한 의도로 외국에서 혼인을 체결한 경우에는 승인하지 않는다는 회피유보를 규정하기 때문이다. 법률의 회피에 관한 상세는 장준혁, 온주 국제사법 [후주] 제23조: 법률회피, 2023. 7. 5. [1] 이하 참조.
111) 참고로 국제계약에서 당사자의사가 연결점이므로 객관적 준거법이 A국법인 사안에서 당사자들이 B국법을 준거법으로 지정하는 것, 나아가 순수한 국내계약에서 외국법을 준거법으로 지정하는 것도 법률회피인가도 논의되고 있다. 그러나 이 경우 국제사법상 법률회피라는 이유로 준거법합의가 무효가 되지는 않는다.
112) 국제사법에서 명문의 규정을 두는 예는 드물지만 2004년 벨기에 국제사법(§18)은 조문을 둔다.

지 않았는데 외관상의 일상거소만을 작출하는 경우이다. 외관상의 가장적인 연결점은 연결점으로 존중되지 않음은 당연하다.[113]

둘째는 부진정법률회피(unechte Gesetzesumgehung)이다. 이는 우리 국제사법이 정한 연결점이 아니라 다른 어떤 외국의 국제사법이 정한 연결점을 성립시킨 경우이다.[114] 이는 진정법률회피처럼 우리 국제사법이 정한 연결점을 작출한 것이 아니라 국제사법 쇼핑이다. 국제적으로 유명한 사례가 'Gretna Green 혼인'이다.[115] 예컨대 우리 국제사법에 따라 지정된 준거법상 혼인장애사유가 있을 때 이를 피하고자 외국에서 당해 외국의 국제사법이 지정하는 준거법(물론 그 준거법이 그러한 혼인장애사유를 모르는 경우)에 따라 혼인을 하는 경우이다. 그 경우 비록 외국법에 따라 유효한 혼인이 성립하더라도 그것은 우리 국제사법이 지정하는 준거법에 따른 것이 아니므로 유효한 혼인의 성립이라는 법률효과가 부정된다. 이는 부진정법률회피를 부정하기 때문이라기보다 우리 법질서는 어떤 외국에서 형성된 법상태를 당연히 승인하는 대신 우리 국제사법에 따라 지정된 준거법에 따른 경우에만 승인하기 때문이다. 이것이 '저촉법적 통제' 또는 '준거법 통제'이다.[116] 이를 부진정법률회피라고 설명하는데, 이는 (진정)법률회피가 문제 되는 사안이 아니다.

국제사법의 해석론상 법률회피를 인정하는 견해는 가장행위와 부진정법률회

---

113) 이호정, 203면; 최흥섭, 126면; 안춘수, 132면.

114) 이호정, 203−204면; 최흥섭, 127면 이하; 안춘수, 132면 이하; Kegel/Schurig, S. 492; von Bar/Mankowski(2003), Band 1, §7 Rn. 136. 부진정법률회피는 아래 언급하는 "그릇된 (준거)법에 따른 행위(Handeln unter falschem Recht)"에 해당하는 사례로 파행적 법률관계를 발생시킨다. 반면에 신창선·윤남순, 112면; 신창섭, 189면은 법정지쇼핑을 '부진정 법률회피'라고 부른다.

115) 'Gretna Green 혼인'은 과거 19세기 전반에 영국(England)법상의 부모의 동의요건과 혼인방식을 피하고자 부모의 동의를 받지 못한 미성년자들이 스코틀랜드의 Gretna Green의 대장간에서 하는 혼인을 말한다(예컨대 그곳에서 거주하지 않고 부모의 동의 없이 혼인). 영국에서 스코틀랜드로 들어가는 입구에 있는 마을 이름인 Gretna Green에서 유래한다. 그러나 1977년 스코틀랜드법의 개정으로 이는 더 이상 가능하지 않다. 부모의 동의는 혼인의 방식이 아니라 실질적 성립요건인 탓에 위 혼인은 효력이 없었다. 그런 이유로 이를 '부진정법률회피'라고 하였다. 그럼에도 불구하고 위 혼인이 행해졌던 이유는 부모의 동의 흠결은 혼인의 취소사유이므로 부모가 실제로 혼인을 취소하지 않는 한 여전히 유효하였기 때문이라고 한다. 소개는 김연·박정기·김인유, 187면; 최흥섭, 127면.

116) 석광현, 정년기념, 666면 이하 참조. 따라서 이러한 준거법 통제 없이 승인하는 것은 원칙적으로 허용되지 않는다.

피에 대한 거부감에서 비롯된 것일 수도 있다. 따라서 이 두 개의 개념을 이해하고 그 경우 법률효과를 부정한다면 가사 법률회피를 인정하지 않더라도 폐해가 상당히 축소될 것이다.[117]

Ⅲ. 법률회피의 요건

일반적으로 첫째, 회피된 법규, 둘째, 이용된 법규, 셋째, 회피행위와 넷째, 회피의도(또는 회피의사)를 법률회피의 요건으로 든다.[118] 그러나 근자에는 그에 더하여 결과의 부적절성(Unangemessenheit) 또는 권리남용을 요구하거나[119] 관용한계를 넘을 것을 요구하기도 한다.[120] 문제는 법률회피가 성립하자면 연결점을 비정상적인 방법으로 설정할 것과 원래 준거법이 되었을 법을 피할 목적만으로 다른 연결점을 설정할 것이라는 요건이 필요하다는 점이다.[121]

그러나 위 요건들은 이론적으로나 실제적으로 충족하기 어렵고 증명도 쉽지 않다. 외국 국적을 취득하기 위하여는 외국법이 정한 요건을 구비해야 하는데, 국적을 적법하게 취득하였음에도 불구하고 그것이 비정상적인 방법이라고 비난할 수 있을까. 또한 국적취득에 수반되는 다양한 사법적 및 공법적 효과를 고려한다면 어떤 경우에 원래의 준거법을 피할 목적만으로 외국 국적을 취득하였다고 할 수 있을까. 비록 원래의 준거법을 피할 의도에서 비롯되었더라도 그것이 주된 목

---

117) 법률회피론은 국제재판관할의 맥락에서 논의되기도 한다. 예컨대 이혼사건의 관할의 연결점이 주소인 경우 재판상 이혼을 할 목적만으로 외국에 주소를 두었다면 법률회피가 되어 관할권의 근거가 될 수 없다는 견해가 있다. 이호정, 202면. Kurt Siehr, Evasion of Law (*Fraus legis*), Encyclopedia, Vol. 1, p. 703도 참조. 그러나 우리 국제사법상 근거가 없다.

118) 이호정, 197면; 김연·박정기·김인유, 188면 이하; 안춘수, 129면.

119) Gierl/Köhler/Kroiß/Wilsch, Internationales Erbrecht, 2. Auflage (2017), Teil 1 EuErbVO, §4 Rn. 182(Andreas Köhler 집필부분). EU상속규정도 프랑스의 요구를 받아들여 상속규정은 법원이 국제사법에서 법률회피에 대처하기 위한 기제(*fraude à la loi* 등)를 적용하는 것을 금지하지 않음을 명시하고(전문 제26항), 법원은 방식규칙을 회피하기 위한 국제적 요소의 사기적 창설을 무시할 것을 규정한다(전문 제52항 2문). 윤진수/장준혁, 주해상속법 2, 1306면 이하 참조. 상속 맥락의 논의는 Dorota Miller, Evasion of the Law Resulting from a Choice of Law under the Succession Regulation, Rabels Zeitschrift 84 (2020), S. 615ff. 참조.

120) Kegel/Schurig, S. 480.

121) 이호정, 198면; 윤진수/장준혁, 주해상속법 제2권, 1307면.

적이라고 할 수는 있을지언정 그 목적만을 가졌다고 할 수 있을까. 요컨대 위 요
건들을 따르더라도 그 요건의 충족이 쉽지 않고 그 경계를 긋기가 매우 어려울
수밖에 없다. 법률회피의 실질은 '법질서의 위신을 훼손한 데 대한 국제사법적 제
재'이고 이는 질서이익에 봉사한다고 할 수 있는데, 가사 법률회피를 인정하더라
도 국제사법에서 당사자자치의 원칙 그리고 동 원칙과 유사한 연결원칙(예컨대 법
인에서 설립준거법설의 채택과 편의치적의 허용)의 영역이 확장되면서 그 입지가 크게
약화되었다. 더욱이 예외조항을 규정한 조문(제21조)이 있는 국제사법하에서는 편
의치적의 경우 대법원 2014. 7. 24. 선고 2013다34839 판결처럼 동조를 활용하는
편이 더 설득력이 있다.

Ⅳ. 법률회피의 효과

프랑스와 벨기에에서는 법률회피를 독립적인 제도로 보면서 이를 제재하여
그에 따른 국제사법적 효력을 부인함으로써 법률회피를 좌절시키고 법질서의 위
신을 지키는 경향이 있다(무효설). 그러나 독일, 일본과 한국에서는 이를 저촉규범
의 합목적적 해석의 문제로 보면서 비교적 관대한 태도를 취하므로 많은 경우 법
률회피에 의해 당사자가 의도한 목적이 달성된다(유효설). 근자에는 우리나라에도
독일의 유력설을 따라 우리 법상 법률회피의 해결방안을 더 상세히 설명하는 견
해가 있는데, 이는 대체로 아래와 같다.[122]

첫째, 법률회피의 요건을 규정하고 그 요건이 충족되면 법률회피가 있는 것
으로 보아 회피에 따른 효과를 부정하고 회피된 연결점에 따라 지정된 준거법을
적용하는 특별구성요건설.[123] 이는 법률회피를 독립적인 제도로 보면서 이를 제
재하여 그에 따른 국제사법적 효력을 부인함으로써 법률회피를 좌절시키고 법질
서의 위신을 지키는 무효설로서 프랑스와 벨기에의 태도이다.[124] 둘째, 법률회피

---

122) 최흥섭, 131면 이하 참조.
123) 안춘수, 130면은 법률회피의 처리는 탈법행위의 처리에 관한 일반원칙을 따를 것이라고 하
    면서 사안별로 유효설과 무효설을 취한다. 윤진수/장준혁, 주해상속법 제2권, 1306면 이하
    는 무효설로 한국에서는 법률회피론에 가장 호의적인 견해라고 보인다.
124) 2022년 성안된 프랑스 국제사법전 제정안 제12조도 "일반적으로 적용될 준거법을 오로지
    회피할 목적으로 만들어진 상황은 프랑스 법질서하에서 이로 대항할 수 없고 문제 된 법적
    관계에서 대한 결과의 판단은 법관에게 맡겨져 있다"라고 규정하여 이를 명시한다. 제정안

를 공서에 의하여 해결하는 견해와 셋째, 법률회피에 대하여는 법률회피를 특별하게 취급하지 않고 일반적인 국제사법해석의 문제로 해결하는 견해(목적론적 법해석론)가 있다. 즉 독일, 일본과 한국에서는 이를 저촉규범의 합목적적 해석의 문제로 보면서 비교적 관대한 태도를 취하므로 많은 경우 법률회피에 의해 당사자가 의도한 목적이 달성된다(유효설).[125] 셋째의 견해가 설득력이 있다.[126]

　　법률회피라는 개념을 인정하는 무효설은 회피 정도가 심하거나 중대한 경우, 법질서의 위신이 심각하게 침해된 경우 또는 '관용한계(Toleranzschwelle)'를 넘은 경우 국제사법적 효력을 부인하나,[127] 그 구별기준이 불분명하다. 이를 권리의 남용으로 보면 양자의 관계도 문제 된다. 특히 법률회피를 '연결점의 사기적 창설'이라고 하거나 비정상적인 방법으로 법률요건을 실현하는 경우라고 하는데, 가장행위와 달리 법률회피의 경우 법률요건이 실제로 실현되므로 여기에서 "사기적"이거나 "비정상적인지" 또는 관용한계를 넘었는지의 판단이 쉽지 않다. 예컨대 외국에 거주하는 한국인 남녀가 현지의 법에 따라 혼인을 하는 것은 무방하지만 평소 한국에 거주하는 한국인 남녀가 외국의 혼인방식요건을 이용하기 위하여 일부러 그 외국으로 가서 혼인하는 것은 비정상적이라는 것인데, 그 기준을 어떻게 설정할지는 쉽지 않다.

　　의 소개는 고유강, "프랑스 국제사법전 제정안 소개 - 친자관계(filiation) 결정의 준거법을 중심으로-", 2024. 5. 30. 개최된 한국국제사법학회 제165회 정기연구회 발표문. 16면 참조.
125) 김연·박정기·김인유, 190면 이하. 영국과 미국의 태도도 같다고 한다. Kegel/Schurig, S. 483.
126) 최흥섭, 133면도 동지. 독일 연방대법원의 판결 (BGHZ 78, 318 = IPRax 1981, 130)은 이를 따른 것이라고 한다. 독일에는 그 밖에도 연방행정법원(Bundesverwaltungsgericht), 연방재정법원(Bundesfinanzhof), 연방노동법원(Bundesarbeitsgericht)과 연방사회법원(Bundessozialgericht)이 있으므로 그들과 구별하기 위하여 Bundesgerichtshof (BGH)를 '연방일반법원' 또는 '연방통상재판소'라고 번역하기도 한다. 이 책에서는 편의상 '연방대법원'이라고 한다.
127) 이호정, 197면 이하; 윤진수/장준혁, 주해상속법 제2권, 1308면. 이 견해는 구별기준을 제시하지는 않는다. Kegel/Schurig, S. 480ff.는 관용한계를 넘는 경우 회피된 규범을 유추적용하고, 나아가 이를 국제사법에서의 질서이익과 그의 기초를 이루는 국제사법적 정의라고 하는 더 일반적인 이론의 틀 내에서 논의한다.

V. 우리 국제사법상 법률회피를 인정함에 있어서의 난점

법률회피의 규제 여부는 국제사법적 정의(正義)의 문제이고, 법질서의 위신에 대한 질서이익이 개입하여 규제하는 것이라고 한다.[128] 그러나 국제경쟁력의 강화 등을 위하여 일정한 경우 법률회피를 허용하는데,[129] 그로 인하여 법률회피의 관용한계가 모호하게 된다. 우리 법상 문제 되는 사안은 아래와 같다.

첫째, 국제계약 기타 당사자자치의 원칙이 허용되는 범위 내에서는 법률회피 이론은 사실상 의미를 상실하였다. 당사자자치의 원칙 남용에 대한 통제가 필요하고 가능하다고 보더라도 그 원칙의 한계로 설명할 것이지 굳이 법률회피이론으로 설명할 필요는 없다.[130]

둘째, 법인의 준거법에 관하여 국제사법(제30조)이 원칙으로 채택한 설립준거법주의를 따르면 법률회피이론은 사실상 의미를 상실하였다.[131]

셋째, 편의치적의 경우이다. 종래 우리 유력설은 편의치적의 경우 선적국법주의에 대한 예외를 인정하는데 그 근거로 법률회피를 들기도 하고,[132] 편의치적의 경우에도 선적국법을 적용하는 것이 원칙이나, 당사자에 의한 악의의 준거법회피가 있는 경우 법정지법인 한국법을 적용할 것이라는 견해[133]도 있다. 그러나 편의치적의 문제를 법률회피로 해결하는 견해는 별로 지지를 받지 못하고 있고, 특히 예외조항인 국제사법 제21조(구 국제사법 제8조에 상응)를 도입하였으므로 그에 의하여 해결해야 한다.[134]

---

128) 이호정, 198면.

129) 이런 사례를 "국가적으로 허용된 법률회피의 형태"라고 부르기도 한다. von Hoffmann/Thorn, §5 Rn. 134f. 참조.

130) 다만 순수한 국내계약에서 당사자들이 외국법을 선택한 경우 그 효력은 제한된다(국제사법 제45조 제4항).

131) 유럽사법재판소의 1999. 3. 9. Centros 사건 판결(C-212/97) 참조. 이호정, 200면은 법인의 본거지 이동을 언급하나 설립 자체부터 문제 된다. 다만 의사외국회사의 경우 국제사법상 한국 회사로 취급된다(국제사법 제30조 단서).

132) 이태종, "선박우선특권의 준거법 결정에 관한 국제사법 제60조 제1, 2호에 대한 비판적 검토", 사법논집 38(2004), 164면.

133) 윤윤수, "便宜置籍船(Ship under Flags of Convenience)", 외국사법연수논집[13] 재판자료 73(1996), 528면.

134) 신창섭, 192면도 동지로 보인다. 대법원 2014. 7. 24. 선고 2013다34839 판결도 구 국제사법 제8조 제1항을 적용하여 선적국법의 적용을 배척하였다. 평석은 석광현, 제6권, 44면 이하; 김진권, "편의치적선의 준거법 결정에 관한 고찰―대법원 2014. 7. 24. 선고 2013다34839 판

넷째, 한동안 사회적 문제가 되었던 원정출산의 경우 어느 범위 내에서 법률회피를 인정할 수 있는가. 출산이 임박한 한국 임신부가 원정출산에 의하여 미국에서 출산하고 그 아이가 한국 국적과 미국 국적을 동시에 취득한 경우 법률회피이론에 따르면 미국 국적은 부정되어야 한다. 그러나 미국 국적의 취득 여부는 미국법이 결정할 사항이고, 준거법을 정하는 국제사법상 원정출산의 범위 획정도 쉽지 않다. 물론 복수국적의 경우 국제사법(제3조 제1항)에 따라 결정되는 본국법은 한국법이나 이는 미국 국적의 취득 자체를 부정하지는 않는다.

요컨대 목적론적 법해석론이 설득력이 있다. 저자도 법률회피로 해결할 사안이 있을 수 있음을 전면 부정하지는 않지만, 실제로 그 법리에 따라 연결점을 무시할 수 있는 사안은 매우 드물 것이다. 우리 통설도 법률회피에 대하여 관대한 태도를 취하여 그 결과를 유효한 것으로 보는데(유효설),[135] 국제사법의 일반법리로서 법률회피를 인정할 것은 아니고, 법률회피가 심각한 사안 중 일부는 공서를 통하여 규제할 수 있을 것이다.[136] 정책적으로 당사자가 변경하기 어려운 연결점을 사용하거나 연결시점을 고정하는 불변경주의를 채택함으로써 법률회피를 어렵게 만드는 방법 등이 바람직한 해결방안이다.

결-", 해사법의 제문제(부산판례연구회 창립 30주년 기념. 2018), 365면 이하 참조.

135) 신창섭, 190면; 최흥섭, 131면. 이 견해는 독일의 유력설을 따라 성질결정을 이용하여 준거법을 변경하는 경우 법률회피를 인정할 수 있다면서 프랑스에 있는 부동산을 생전에 법인에 귀속시켜 상속의 문제를 상속 준거법이 아니라 법인의 준거법에 의하여 해결되도록 한 사안에서(자녀의 유류분을 회피할 목적으로) 이를 법률회피로 보아 상속준거법을 적용한 프랑스 판결(Leslie Caron 사건)을 소개한다. von Hoffmann/Thorn, §5 Rn. 130도 참조. 1990. 1. 23. 파리항소심 판결 참조. 개관은 Kegel/Schurig, S. 480; Gierl/Köhler/Kroiß/Wilsch, Internationales Erbrecht, 2. Auflage (2017), Teil 1 EuErbVO, §4 Rn. 182 (Andreas Köhler 집필부분)(이는 독일법상은 공서로 해결할 사항이라고 한다) 참조. 그렇더라도 이는 하나의 예시이지 성질결정이 달라지도록 하는 경우에 항상 법률회피로서 무효라는 취지는 아닐 것이다. 우리나라에서 법률회피론에 대하여 긍정적 태도는 장준혁, 온주 국제사법 [후주] 제23조: 법률회피, 2023. 7. 5. 참조.

136) Junker §6 Rn, 65. Kurt Siehr, Evasion of Law, Encyclopedia, Vol. 1, p. 708은 기존 수단으로 대처하면 되고 유럽국제사법 총칙에 법률회피를 입법할 필요는 없다고 한다.

제8절 적응(조정)

I. 적응의 개념

국제사법에서 적응(조정)이라 함은, 국제사법이 적용되는 개별사건에서 규범의 모순 또는 저촉을 해결하거나 법질서 간의 부조화를 제거하기 위하여 법질서를 수정하여(또는 법적용의 조율을 통하여) 적용하는 법리를 말한다.[137] 일국의 법질서는 상호 동조되어 있어서 규범의 모순 또는 저촉이 발생할 여지가 작지만, 하나의 사안 또는 법률관계에 외국법이 한국법 또는 다른 외국법과 함께 적용되는 경우 규범 충돌 또는 평가모순의 형태로 부조화(더 심하게는 체계파괴)가 발생할 수 있다. 적응이 문제 되는 전형적인 상황은 규범의 흠결, 중첩 또는 불일치(부정합)[138]나, 그 밖에도 준거법 적용 시 그와 유사하게 규범 간의 부조화를 제거해야 하는 사안이 있는데 후자에는 대용과 치환(또는 轉置)이 있다.[139] 이를 차례대로 설명한다.

II. 규범의 흠결, 중첩 또는 불일치

1. 일방배우자의 사망 시 잔존배우자의 재산 취득

전형적 사례는 혼인관계 존속 중 일방배우자의 사망 시 잔존배우자의 재산 취

---

137) 이호정, 123면; Junker § 11 Rn, 26. 적응의 법리는 대륙법계에서는 널리 인정되고 있으나 영미법계는 이를 거의 알지 못한다고 한다. Gerhard Dannemann, Stefan Leible (ed.), General Principles of European Private International Law (2016), p. 331. Gerhard Dannemann, Adjustment/adaptation (Anpassung), Encyclopedia, Vol. 1, p. 8 이하도 참조.

138) 규범 불일치(부정합)는 규범의 중첩 또는 흠결과 달리 준거법인 외국법의 어떤 법의 모습이 독일법에 영향을 주나 독일법에는 그에 상응하는 것이 없어 공허하게 될 위험이 있는 상황을 가리킨다. Junker § 11 Rn, 30. Kropholler, S. 237은 이를 '질적인 규범 불일치 (qualitative Normendiskrepanz)'라고 부르면서, 예컨대 상속인이 상속준거법인 피상속인의 본국법에 의하여 권리를 취득하였으나 그것이 상속재산인 부동산 또는 동산 소재지의 법상 양립하지 않는 경우를 예시하고(이는 포괄준거법과 개별준거법의 저촉 사안처럼 보이기도 한다) 나아가 스페인 부동산에 대한 영국 신탁법의 적용을 예로 든다. Rauscher, Rn. 568는 규범 부정합(Normenunverträglichkeit)이라 한다. 최흥섭, 187면 이하는 규범의 흠결·중첩은 설명하나 규범의 불일치는 언급하지 않는다.

139) 독일에는 대용과 치환을 적응(조정)의 하위유형으로 보는 견해(Junker, §11 Rn. 36ff.)도 있고 이를 별도로 취급하는 견해(Kropholler, S. 231ff.)도 있다.

득이 문제 되는 '스웨덴 과부사건'이다.[140] 예컨대 부부가 혼인 당시 스웨덴 국적을 가지고 있었는데, 남편이 영국 국적을 취득한 뒤 사망한 경우 부인이 재산을 취득하는지가 문제 된다. 이는 스웨덴 실질법상 부부재산제에 따라 처는 부부공유인 재산의 일부를 분배받으나 유산 상속은 허용되지 않는 데 반하여, 영국 실질법상 부부재산제에 따라 부인은 부부공유인 재산의 일부를 분배받지 못하나, 유산 상속은 가능하기 때문에 발생한다. 즉 남편의 국적이 스웨덴으로부터 영국으로 변경된 경우 부인은 부부재산제에 의하여 일부 취득하고, 상속에 의하여 추가 취득하는 데 반하여(규범의 중첩), 부부가 혼인 당시 영국 국적을 가지고 있었으나 남편이 스웨덴 국적을 취득한 뒤 사망하였다면 반대로 부인은 영국 부부재산제법에 따라 재산을 분배받을 수 없고, 상속에 의하여도 취득할 수 없다(규범의 흠결). 이 경우 국제사법적 해결방안에 따라 영국 상속법에 따라 해결하거나(전자의 경우), 스웨덴 부부재산제법에 따라 부부재산의 절반을 취득하게 하자는 것이다(후자의 경우).[141]

2. 친자관계의 준거법과 후견의 준거법의 저촉

친권의 소멸은 후견개시의 선결문제인데, 친권과 후견의 준거법이 상이한 경우 충돌이 발생할 수 있다.[142] 예컨대 국제사법 제75조에 따른 친권의 준거법상 친권이 상실되어 후견이 개시되어야 하나, 제78조에 따른 후견의 준거법에 따르면 친권이 상실되지 않아 후견개시사유가 존재하지 않는 경우(소극적 저촉)와, 반대로 친권의 준거법상 부모가 친권을 가지는 데 반하여 후견의 준거법상 후견개시사유가 존재하는 경우(적극적 저촉)가 발생할 수 있다. 이러한 사례는 적응(조정)의 법리에 의하여 해결할 문제인데, 해결방안은 후견(제75조)에 관한 해설에서 논의한다.

---

140) 최흥섭, 187면 이하도 위와 유사하게 규범의 흠결과 중첩이 부부 중 일방배우자가 사망한 경우 잔존배우자의 재산분배 문제에서 발생한다면서 사례를 들어 설명한다.

141) 이호정, 125면. 그 밖에도 상속재산의 관리 또는 청산도 상속의 준거법이 규율하는 사항이라고 보는 통설에 따르면 실체와 절차 간 또한 우리 법에 생소한 외국의 제도를 적용하는 데 따르는 적응의 문제가 발생한다. 윤진수/장준혁, 주해상속법 제2권, 1252면. 아래에서 논의하는 총괄준거법과 개별준거법의 문제도 상속의 맥락에서 발생한다.

142) 국제사법상 후견의 준거법을 정한 제75조는 미성년자에 대한 후견에도 적용된다. 따라서 미성년자의 후견은 원칙적으로 피후견인인 미성년자의 본국법에 의하고(제75조), 부모·자녀 관계의 준거법은 자녀의 일상거소지법에 의하므로(제72조) 양자의 준거법이 다를 수 있다.

3. 적응의 해결방안

적응을 해결함에 있어서 구체적 사건에서 이익형량을 통하여 법질서에 최소로 손을 대는 방안을 선택해야 한다. 이것이 "최소 무리(또는 저항)의 법칙(Gesetz des geringsten Widerstands 또는 Eingriffs)"이다.[143] 적응의 해결방안으로는 국제사법적 해결방안과 실질사법적 해결방안이 있다.[144] 국제사법적 해결방안은 두 개의 저촉규정의 경계를 수정하거나 새로운 저촉규정을 형성함으로써 저촉규정들이 상호 충돌하는 두 개의 상이한 실질사법을 지정하는 결과(즉 규정의 모순)를 미리 막는 예방적 해결방법이다. 한편 실질사법적 해결방안이라 함은 규정의 모순을 초래하는 저촉규범이 아니라, 준거법으로 지정된 실질사법들의 내용이 서로 모순되지 않도록 실질사법을 수정 내지 조정하는 치료적 해결방안이다.[145] 다만 실질사법적 해결방안을 따른다면 어느 법제에도 없는 결과가 발생하고, 예컨대 전적으로 한국법 또는 영국법에 의하여 규율되는 순수한 국내사건과 사이에 정당화하기 어려운, 의도하지 않은 차별이 발생한다는 문제가 있다.[146] 그러나 위 두 가지 해결방안으로써 모든 사안을 해결할 수는 없고 개별사안에서 적절한 해결방안을 모색할 필요가 있을 것이다.[147][148] 나아가 적응에 의하여 해결할 필요가 있는 사안이 발생하지 않도록 입법단계에서 연결원칙을 구성할 필요도 있다.[149]

---

143) 상세는 이호정, 123면 이하, 224면; 신창선 · 윤남순, 122면; Kegel/Schurig, SS. 361-362 참조.

144) 그 밖에 양자의 해결방안이 모두 만족스럽지 못한 경우 국제사법 안에서의 실질사법적 해결방안도 고려할 수 있다. 이호정, 127면 이하. 일부 학설은 국제사법적 방법이 더 우수하거나 바람직하다고 한다.

145) 이호정, 124면; 신창선 · 윤남순, 122면.

146) Gerhard Dannemann, Die ungewollte Diskriminierung in der internationalen Rechts-anwendung: Zur Anwendung, Berücksichtigung und Anpassung von Normen aus unterschiedlichen Rechtsordnungen (2004)은 그런 의도하지 않은 차별이 발생하는 사안들을 총괄하여 'Anpassungslage(적응을 요하는 상황)'라고 부르면서 그 발생원인, 해결방안과 헌법적 논점 등을 체계적으로 논의한다.

147) 우리 판례에서 제대로 적응을 다룬 사안은 잘 보이지 않는다. 다만 준거법이 영국법인 보통법상 상계에서 성질결정의 상위(相違)로 인하여 적응이 필요한 사건과 유사하기에 동 법리를 원용하자는 주장을 한 바 있다. 석광현, "영국법이 준거법인 채권 간의 소송상 상계에 관한 국제사법의 제문제", 서울대학교 법학 제57권 제1호(2016), 201면 이하 참조.

148) 참고로 국제민사소송법에서도 적응의 문제가 발생한다. 예컨대 미국의 부양재판은 미국에서는 집행할 수 없고 법정모욕만으로 담보된다. 그런데 이 경우에도 독일에서는 강제집행을 허용하자고 한다. 이를 '협력적 적응(kooperative Anpassung)'이라고 부르기도 하나 Geimer는 이에 대하여 부정적인 견해를 피력한다. Geimer, IZPR, Rz. 3106.

149) 예컨대 불법행위의 준거법을 정함에 있어서 불법행위가 가해자와 피해자 간에 존재하는 법

Ⅲ. 대용

대용(代用. Substitution, Ersetzung)이라 함은 실질법이 일정한 구성요건의 구비를 요구하는데, 그 구성요건의 일부 내용이 외국에서 외국법의 제도로 행해진 경우에 과연 내국 실질법의 구성요건이 구비된 것으로 볼 수 있는가의 문제이다.[150] 이는 주로 법정지 국내법이 준거법인 경우에 제기된다. 독일에서 대용이 문제 되는 전형적인 사례는 독일 소재 부동산에 관한 물권행위 또는 독일 유한회사의 지분 양도처럼 독일 공증인의 공증이 필요한 경우 외국 공증인의 공증이 이를 대신할 수 있는가이다.[151]

대용을 허용하기 위하여는 두 가지 요건이 구비되어야 한다. 첫째는 내국 실질규범의 구성요건이 외국에서 행해진 법현상에 의한 대체를 허용하여야 한다(즉 내국 실질규범이 동법에 따른 실현만을 고집한다면 대용은 불가능하다).[152] 둘째는 외국법의 현상이 내국 실질규범이 요구하는 구성요건과 등가성, 특히 기능적 등가성(funktionale Gleichwertigkeit)을 가져야 하는데, 본질적 표지가 동일하면 기능적 등가성을 인정하나 문제는 그 기준이다.[153] 만일 위 두 가지 요건이 충족된

률관계를 침해하는 경우 종속적 연결(국제사법 제52조 제3항)을 하는 것이 그러한 예이다.

150) Kropholler, S. 231; 최흥섭, 193면 이하(대체로 Kropholler를 따르면서 '대체'라고 번역하나 우리 민법도 '대용권'이라는 용어를 사용하므로 이하 대용이라 한다). 반면에 신창선·윤남순, 122면은 대용을 조정의 한 유형으로 설명하면서도, 본문제의 준거법과 선결문제의 준거법의 관계에서 발생하는 모순과 부조화를 조정하는 문제라는 식으로 좁게 파악한다. 참고로 권창영, "용선료 채권에 대한 양도와 가압류 경합으로 인한 혼합공탁시의 법률관계", 해양한국 529호(2017), 144면은 담보권 설정 시 영국 2006년 회사법에 따른 등기요건과 관련하여 한국에서 한 등기·등록이 영국법상의 그것과 등가성이 있는지를 치환의 법리로 설명하나 이는 대용의 문제로 보인다.

151) Rauscher, Rn. 543f. 참조. 사례 소개를 포함한 개관은 Jan D. Lüttringhaus, Substitution, Encyclopedia, Vol. 2, p. 1675 이하 참조. 상속 준거법이 한국법인데 상속인이 상속포기의 신고를 일본 법원에 할 수도 있는지를 다룬 대구고등법원 2015. 4. 22. 선고 2014나2007 판결(상고기각 확정)이 있다. 위 판결은 법률행위의 방식의 문제로 보아 선택적 연결원칙을 적용하였으나 저자는 대용의 법리를 적용할 수 있다고 본다. 석광현, "국제가사사건을 다루는 법률가들께 드리는 고언(苦言) Ⅱ", 국제사법연구 제30권 제1호(2024. 6.), 59면 이하 참조.

152) 회사의 속인법에서 본거지법설을 취한다면 본거지가 한국인 경우 외국에서 회사의 설립등기가 있다고 해서 우리 상법상 요구되는 회사의 등기요건이 충족되었다고 평가할 수 없다.

153) 대용은 주로 독일어권에서 발전된 법리인데, 국제법협회(*Institut de Droit International*)도 2007. 10. 27. '국제사법에서의 대용과 등가성(Substitution and Equivalence in Private International Law)'에 관한 결의를 채택한 바 있다. 결의(제3조)는 "대용은 고려 중인 법이

다면 내국 실질규범의 구성요건이 구비된 것으로 보아 그에 따른 법률효과를 인
정할 수 있다.[154]

나아가 예컨대 한국인 간에 재판상이혼을 하는 경우 반드시 한국 법원이 재
판을 하여야 하는 것은 아니고 외국법원이 재판을 할 수 있다. 외국법원의 이혼재
판이 한국 법원의 재판을 갈음할 수 있다면 이것도 일종의 대용의 사례라고 할
수 있다. 그 경우 이혼재판이 승인요건을 구비하여야 하는데, 위의 대용은 준거법
맥락의 논점인 데 반하여 이는 외국재판의 승인의 문제라는 점에서 차이가 있다.

Ⅳ. 치환

치환은 준거법의 변경이 있는 경우 발생하는데 ① 물건의 소재지가 변경된
경우 기존 물권의 취급과, ② 그릇된 법에 따른 행위의 효력이 대표적 사례로 소
개된다.[155]

1. 물건의 소재지가 변경된 경우 기존 물권의 취급

외국에서 성립한 물권이 한국의 물권의 성립요건을 구비한다면 외국법에 따
른 물권의 효력을 부인하는 것이 아니라 가능한 한 한국법상의 물권 중에서 유사
한 내용의 물권의 효력을 인정하거나, 외국에서 인정하는 효력의 일부만을 제외
함으로써 외국법상의 물권의 효력을 존중하는 것이 이른바 '치환(置換)' 또는 '전치
(轉置)(Transposition 또는 Umsetzung)'의 법리이다.[156] 국제사법에 규정은 없으나

동일할 것을 요구하지 않으며, 그러한 법들이 각각 추구하는 목적과 이익 사이의 유사성으
로 충분하다"라고 한다. 결의는 IPRax (2008), S. 297. 소개는 Jayme, IPRax (2008), S. 298
참조.

154) Kropholler, S. 231ff. Kropholler, S. 233은 Schröder를 따라 대용의 형태를 내외국 법현상
(Rechtserscheinung)이 완전히 일치하는 경우(통상(reguläre)의 대용), 중요한 점에서 일치
하는 경우(조정적(überbrückend) 대용)와 외국의 현상이 부분적으로 이용되는 경우(전환
적(umdeutend) 대용)의 3가지로 분류한다. 논의는 Heinz—Peter Mansel, Substitution im
deutschen Zwangsvollstreckungsrecht, Festschrift für Werner Lorenz zum siebzigsten
Geburtstag (1991), S. 700f.

155) Junker, §11 Rn. 42; 석광현, "선박보험계약의 준거법이 규율하는 사항(변제공탁과 비현명
대리의 포함 여부)과 선체용선계약 및 부당이득의 준거법", 경희법학 제56권 제1호(2021),
156면 註 19 참조.

치환의 법리가 인정된다. 그러나 치환의 결과 물권이 신 소재지에서 소멸하거나 변경되는 것은 아니므로 후에 물건이 다시 구 소재지로 복귀한 때에는 본래의 물권이 회복된다. 국제사법상 치환의 법리가 필요한 이유는 우리 민법(제185조)이 물권법정주의(principle of *numerus clausus*)를 취하고 있기 때문이다.

2. 그릇된 법에 따른 행위

우리 국제사법이 지정하는 준거법이 아닌 다른 법에 따른 행위는 "그릇된(또는 잘못된) (준거)법에 따른 행위(Handeln unter falschem Recht)"[157]의 문제로서 치환의 한 유형으로 논의된다.[158] 그러나 그릇된 준거법에 따른 행위라고 해서 법률효과를 전면 부정할 것은 아니고 그것이 올바른 준거법의 요건을 구비하는 때에는 법률효과를 인정할 수 있다. 민법 제138조의 무효행위의 전환에서처럼 가급적 그렇게 처리하는 것이 타당하다.[159]

V. 총괄준거법과 개별준거법의 관계

1. 논점의 소개

상속, 부부재산제, 회사 합병과 신탁(경우에 따라)에서와 같이 권리의무의 포괄승계가 있거나 재산의 총체(Vermögensgesamtheit)가 문제 되는 경우 그의 준거법을 총괄준거법(Gesamtstatut)이라고 부르고, 그에 포함되는 개개의 재산권의 준거법을 개별준거법(Einzelstatut)이라고 부른다. 총괄준거법과 개별준거법이 충돌할 때에는 "개별준거법은 총괄준거법을 깨뜨린다(Einzelstatut bricht Gesamtstatut)"라는 원칙[160]이 타당한 것으로 이해되고 있다. 예컨대 상속준거법은 상속재산을 상속

---

156) 반면에 외국법에 따른 권리를 그대로 수인하는 입장을 수인(受忍)이론(Hinnahmetheorie)이라고 한다. 치환에 관한 우리 문헌은 김성호, "상사매매의 목적물에 설정된 담보물권의 준거법", 국제거래법 제9집(2000), 373면 이하 참조.

157) 최흥섭, 2022년 글모음집, 90면 註 325는 "잘못된 법에 따른 행위"라고 번역한다.

158) von Bar/Mankowski, Band 1, §7 Rn. 247f.

159) 독일법상 Junker, §11 Rn. 11, 44 참조.

160) 이호정, 351면; 윤종진, 332면 이하; 신창선·윤남순, 125면, 249면; 木棚照一, 國際相續法の硏究(1995), 302면 이하 참조. 독일 구 민법시행법(제3a조 제2항)은 위 원칙을 명시하였다. 그러나 일본에서 학설상 인정되는 위 원칙이 독일법의 그것처럼 넓은 것은 아니라고

인들의 합유에 속한다고 규정하는데, 개별준거법인 물건 소재지법이 합유제도를 모르고 공유만을 아는 경우 합유는 성립할 수 없으며 조정의 문제가 발생한다.[161] 또한 예컨대 부부재산제의 준거법이 배우자의 일방에게 다른 배우자 소유의 부동산 위에 법정저당권을 인정하더라도 당해 부동산 소재지법이 그러한 물권을 허용하지 않는다면 이는 성립할 수 없다.[162]

2. 독일 민법시행법의 규정과 해석론

1986년 독일 민법시행법(제3조 제3항)은 "개별준거법은 총괄준거법을 깨뜨린다(Einzelstatut bricht Gesamtstatut)"라는 원칙을 명시하는 것으로 이해되었다.[163] 위 조문은 그 후 제3a조(실질규범지정; 개별준거법)가 되면서 일부 개정되었는데,[164] 제

한다. 상세와 위 원칙의 적용이 문제 되는 구체적 사례는 위 木棚照一, 328면 이하 참조. 이 문제는 상속의 경우 상속의 포괄준거법과 상속재산 소재지의 개별준거법과의 관계에서도 발생한다. 다만 독일에서는 2015. 8. 17. EU상속규정이 시행됨에 따라, 민법시행법 제3조a 제2항은 상속사건에 대하여는 적용되지 않게 되었고 대신에 EU상속규정 제30조(일정한 자산에 관한 상속에 관련되거나 영향을 미치는 제한을 부과하는 특별한 규칙)가 적용된다. 위 원칙의 상세와 비판은 최흥섭, "한국 국제사법에서 총괄준거법과 개별준거법의 관계", 비교사법 제21권 제2호(2014), 597면 이하 참조. 이 점은 일본에서도 마찬가지다. 일본 문헌은 위 木棚照一, 328면 이하 참조.

161) 이호정, 272면. 근자에 일본에서는 상속재산의 구성에 관하여 문제 되는 사항마다 상속준거법과 개별준거법을 배분적으로 연결하는 것이 다수설이나 그 구체적 내용에 관하여는 견해가 나뉘고 있다고 한다. 김문숙, "국제상속사건에서 상속재산분할전의 상속재산의 소유형태", 국제사법연구 제28권 제1호(2022. 6.), 646면 註 43.

162) 신창선 · 윤남순, 249면.

163) 조문은 "제3절과 제4절의 지정들이 어떤 사람의 재산을 어떤 국가의 법에 따르게 하고 있는 경우에, 이 지정들은 (대상물이) 이 국가에 있지 아니하고 또한 (그 대상물) 소재하는 국가의 법이 특별한 규정에 따르게 하고 있는 대상물에 대해서는 적용되지 아니한다"이다.

164) 제3a조는 아래와 같았다.
"(1) 실질규정(Sachvorschriften)으로의 지정이 있는 경우에는 준거가 되는 법질서 중에서 국제사법규범을 제외한 법규범이 적용된다.
(2) 제3절의 지정들이 어떤 사람의 재산을 어떤 국가의 법에 따르게 하고 있는 경우에, 이 지정들이 (대상물이) 이 국가에 있지 아니하고 또한 (그 대상물) 소재하는 국가의 법이 특별한 규정에 따르게 하고 있는 대상물에 대해서는 적용되지 아니한다".
2015. 8. 17. EU상속규정이 시행됨에 따라 제2항에서 제4절에 대한 언급이 삭제되었다. 그 결과 구 민법시행법 제3조a 제2항은 친족사건에만 적용될 뿐 상속사건에 대하여는 적용되지 않았고 상속사건에는 EU상속규정 제30조가 적용되었다. 총괄준거법과 개별준거법의 충돌에서 발생하는 문제를 해결하고자 EU부부재산제규정은 물권의 적응에 관한 조문(제29조)을 두는데 이는 EU상속규정 제30조와 유사한 취지이다.

3a조 제1항은 제4조 제2항이 되어 존속하나 제3a조 제2항은 2019년 1월 삭제되었다(결국 제3a조는 삭제되었다). 이는 독일 내에서 위 원칙에 대한 비판을 고려하고,[165] 위 원칙이 적용되는 주요 영역에서 유럽연합규정들이 위 원칙을 명시한 결과라고 한다.[166]

3. 우리 국제사법의 해석론

섭외사법은 위 원칙을 명시하지 않았으나 우리 통설[167]은 이를 해석론으로 받아들였고 별 이견이 없었다. 근자에는 위 법리를 명시적으로 적용한 하급심 판결[168]도 있다. 다만 근자에는 한국에서도 위 원칙에 대한 비판론[169]이 있으나 통

---

165) 소개는 최흥섭(註 157), 614면 이하.

166) Junker, §9 Rn. 14; 김문숙, "상속준거법에서의 당사자자치", 국제사법연구 제23권 제1호 (2017. 6.), 294면. 과거 제3조 제3항에 관한 논의는 von Bar/Mankowski, Band 1, §7 Rn. 43ff. 참조.

167) 이호정, 351면.

168) 채권자취소권의 준거법이 문제 된 사건에서 제1심인 부산가정법원 2012. 12. 21. 선고 2011드단14172 판결. 위 원칙의 적용을 지지하는 견해(정구태, "이혼시 재산분할청구권 및 위자료청구권 보전을 위한 채권자취소권의 준거법 — 대법원 2016. 12. 29. 선고 2013므4133 판결", 인문사회 21, 제8권 제2호(2017), 1112면)도 있으나 그 사안은 위 원칙이 적용되는 사안이 아니다. 윤진수/장준혁, 주해상속법 제2권, 1293면 註 615이 지적하듯이 위 판결은 잘못이다. 유정화, "국제거래에서 채권자취소권의 준거법 결정에 관한 연구 — 처분행위의 준거법설과 그 입법론을 중심으로 —", 국제사법연구 제25권 제2호(2019. 12.), 281면 이하; 이종혁, "국제가사사건 재판례의 회고와 과제", 국제사법연구 제27권 제2호(2021. 12.), 468 – 469면은 이 사건에서 총괄준거법인 러시아법에 의한 부부재산제를 국제사법 제65조 제3항, 제4항(구 국제사법 제38조 제3항, 제4항)에 따라 외국인인 제3자에게 대항할 수 있는지를 검토하였어야 한다고 지적한다. 또한 서울고등법원 2020. 10. 16. 선고 2020누43458 판결은 당해 사건에서 위 원칙이 적용되는 사건은 아니라고 보았으나 추상적 법률론으로 "국제사법 제65조 제1항(구법 제38조 제1항)의 부부재산제에 관한 규정은 총괄규정이므로 개별준거법은 총괄준거법을 깨트린다는 원칙이 적용될 수 있다."라고 판시한 바 있다.

169) 최흥섭(註 157), 597면 이하는 명문규정이 없는 우리 국제사법의 해석론으로는 위 원칙을 인정할 수 없고 이는 일차적으로 성질결정에 의하여, 이차적으로 적응-(조정)에 의해 해결하자고 하면서 그 경우 개별준거법이 총괄준거법을 깨트린다는 "원칙"은 존재하지 않으며 오히려 "총괄준거법이 개별준거법에 대해 우선하는 것이 원칙"이라고 할 수 있다고 지적한다. 독일 구 민법시행법 제3조 제3항의 의미에 관하여는 다양한 견해가 있으나 판례와 통설은 이를 넓게 해석하여 여기서의 "특별규정"에는 실질규범상의 특별규정만이 아니라 저촉규범상의 특별규정까지 포함하는 것으로 보면서 국제친족법과 국제상속법의 분야에서, 준거법으로 지정된 국가 이외의 국가에 소재하는 재산(주로 부동산)에 대하여 그 소재지국

설을 지지하는 견해[170]도 있다. 위 원칙은 상속에서만이 아니라 부부재산제,[171] 합병과 신탁 등의 경우에도 적용될 수 있으므로 더 깊이 검토할 필요가 있다. 위 법리의 적용범위(즉 개별준거법의 범위)와 해결방안을 명확히 해야 하나 이는 기본적으로 국제사법에 의하여 지정되는 총괄준거법과 개별준거법의 충돌, 즉 저촉규범의 충돌로부터 발생하는 문제이므로 적응(조정)의 법리가 적용되는 사례이다. 개별준거법이 항상 국제적 강행규정은 아니므로 이를 국제적 강행규정의 법리로 해결하기는 어려울 수 있다. 총괄준거법과 개별준거법의 충돌에서 발생하는 문제를 해결하고자 EU상속규정 제30조는 유사한 취지를 규정한다.[172] 그렇다면 위 법리의 필요성을 부정하기보다는 적절히 수정하여 정치하게 다듬는 편이 바람직할 것이다.[173]

에 그 재산에 적용되는 특별한 실질법 규정(예컨대 농장 상속의 규정) 또는 특별한 국제사법 규정(예컨대 부동산에 대한 상속분할주의 규정)이 있다면 그러한 재산에 대하여만은 상속준거법과 별도로 소재지법을 적용한다는 취지라고 설명한다. 그러나 우리 법상은 후자처럼 해석할 근거는 없으므로 그런 사안은 국제사법상 제3국의 국제적 강행규정의 법리로 해결하자는 최흥섭(註 157), 620면의 제안은 설득력이 있다. 통상 우리나라에서 개별준거법이 총괄준거법을 깨뜨린다고 할 때에는 그런 사안이 아니라 위에서 언급한 것처럼 총괄준거법과 개별준거법 또는 그의 실질법이 충돌하는 사례를 염두에 둔 것이다. 단순히 준거법이 충돌하는 사안에서 그런 법리를 적용할 수 있는지 기타 정확한 적용범위는 더 검토할 필요가 있다. 다만 최흥섭(註 157), 609면은 "독일 국제사법에서는 독일의 상속준거법(또는 부부재산준거법)과 다른 국가의 상속준거법(또는 부부재산준거법) 사이의 충돌문제를 다루는 데 반하여, 우리 교과서는 상속준거법(또는 부부재산준거법)과 물권준거법 간의 충돌문제를 다루고 있다"라면서 전혀 다른 논점을 다루고 있다고 지적하나 Kegel/Schurig, S. 853(부부재산제와 관련하여)과 이호정, 272면, 351면, 427면은 우리 교과서가 다루는 사안을 소개하고 있어 다소 의아하다. 상세는 제65조 해설 참조.
170) 윤진수/장준혁, 주해상속법 제2권, 1299면.
171) 이 맥락은 윤진수/석광현, 주해친족법 제2권, 1630면 참조.
172) 독일법의 위 원칙은 그에 우선하는 EU상속규정 제30조(일정한 자산에 관한 상속에 관련되거나 영향을 미치는 제한을 부과하는 특별한 규칙)에 의하여 배제된다. 제30조에 관하여는 윤진수/장준혁, 주해상속법 제2권, 1295면 註 617 참조.
173) 다만 EU부부재산제규정에는 EU상속규정(제30조)에 직접 상응하는 규정은 없고, 부부재산제에 대하여는 소재지에 관계없이 부부재산제규정에 의하여 지정되는 준거법이 적용되므로(Junker, §9 Rn. 8) 위 원칙의 효용성에 대한 철저한 검토가 필요하다. 다만 EU부부재산제규정 제29조는 물권의 적용에 관한 규정을 두고 있다(따라서 석광현, "독일 개정 국제사법에 관한 고찰 再論", 국제사법연구 제27권 제1호(2021. 6.), 634면 註 16은 다소 부정확하다).

제 3 장

국제사법의 조문별 해설

제 3 장
국제사법의 조문별 해설

　　여기에서는 개별 조문별로 섭외사법과 달라진 부분을 출발점으로 2001년 7월 시행된 구 국제사법과 2022년 7월 시행된 국제사법의 조문을 해설한다.[1] 그 과정에서 구 국제사법을 성안하기 위한 섭외사법개정연구반(이하 "개정연구반"이라 한다)이 2000년 6월 발표한 개정시안(이하 "연구반초안"이라 한다)과, 섭외사법개정특별분과위원회(이하 "위원회"라 한다)가 2000년 11월 발표한 섭외사법개정시안(이하 "개정시안"이라 한다)도 소개한다. 2022년 국제사법의 성안과정에서는 개정연구반이 구성되지 않았으므로 연구반초안이라는 것이 없었다. 따라서 이 책에서 "연구반초안"이라 함은 2000년의 것을 말하고, 개정시안은 위원회가 성안한 2000년의 것을 말한다. 이제 와서 회고하면 세월이 꽤 흘렀으나 준거법지정규칙에 관한 한 일부 예외를 제외하고는 그 사이에 개정이 없었기에 위 자료들이 여전히 의미가 있다.

Ⅰ. 법 명칭의 수정

1. 법 명칭의 수정

섭외사법	국제사법
섭외사법	국제사법

---

1) 2001년 국제사법의 개정 내용의 영어 해설은 Kwang Hyun Suk, The New Conflict of Laws Act of the Republic of Korea, YBPIL Vol. Ⅴ (2003), p. 99 이하; Korea Legislation Research Institute (ed.), Introduction to Korean Law (2013), p. 271 이하 (Hongsik Chung 집필부분) 참조. 조문의 영문번역은 위 Vol. Ⅴ (2003), p. 315 이하 참조. 독일어 해설은 Knut Pissler, Einführung in das neue Internationale Privatrecht der Republik Korea, Rabels Zeitschrift 70 (2006), S. 279ff., 조문의 독일어 번역은 S. 342ff. 참조. 구 국제사법의 개관과 영문번역은 Encyclopedia, Vol. 3, p. 2243 이하와 Vol. 4, p. 3810 이하를 참조. 국가법령정보센터 홈페이지에서는 한국법제연구원이 작성한 국제사법의 비공식 영문번역(Act on Private International Law)을 볼 수 있다.

가. 개요

과거 우리나라는 "섭외사법"[2]이라는 명칭을 사용하였으나, '섭외(涉外)'라는 용어가 입법자들의 의도와 달리 단순히 '외부와 연락 또는 교섭'한다는 의미로 이해되면서 그의 올바른 의미가 전달되지 않는 경향이 있었고, "헤이그국제사법회의(Hague Conference on Private International Law)"에서 보는 바와 같이 종래 국제적으로는 '국제사법(國際私法)'이라는 명칭이 널리 사용되고 있었으므로 섭외사법이라는 명칭을 국제사법으로 수정하였다.[3] 국제사법이라는 용어는 Joseph Story가 그의 저서에서 처음 사용한 것이라고 알려져 있다.[4]

나. 외국의 사례

스위스와 오스트리아는 '국제사법에 관한 연방법률(Bundesgesetz über das Internationale Privatrecht)',[5] 이탈리아는 '국제사법(Diritto internatzionale Privato)'이라는 명칭을 각각 사용하고, 일본은 과거 '법례(法例)'라는 명칭을 사용하였으나 2007. 1. 1. 시행된 법은 '법의 적용에 관한 통칙법'이라 하고,[6] 2011. 4. 1. 발효된 중국의 국제사법은 '섭외민사관계법률적용법'이라고 한다.[7] 한편 독일은 '민법

---

2) 우리나라에서는 출전을 밝히지 않은 채 '섭외사법'이라는 명칭은 Jitta의 "droit extranational"을 일본 법례의 기초자의 1인인 穗積陳重 등 일본 학자들이 번역한 용어라고 소개한다. 이호정, 7면; 장문철, 23면; 신창선·윤남순, 24면 註 34. Jitta는 네덜란드의 국제사법 전문가인 Daniel Josephus Jitta (1854-1925)를 가리키는 것으로 보인다. https://www.jewishvirtuallibrary.org/jitta-daniel-josephus 참조.

3) 장문철, "國際私法 總則", 국제사법연구 제4호(1999), 210면은 이런 견해를 주장하였다.

4) Joseph Story, Commentaries on the Conflict of Laws, Little, Brown, and Company, 1834, p. 9 (이호정, 6면에서 재인용).

5) 스위스 국제사법에 관하여는 이호정, "스위스 改正國際私法典", 서울대학교 법학 제31권 제3·4호(1990), 1면 이하; 석광현, 제1권, 479면 이하 참조. 근자의 스위스 국제사법의 개관과 국문시역은 석광현, 정년기념, 587면 이하 참조.

6) 개관은 김문숙, "일본의 법례개정과 남겨진 과제 — 법의 적용에 관한 통칙법의 제정에 관하여 —", 국제사법연구 제12호(2006), 462면 이하; 윤남순, "일본 국제사법의 이해", 상사판례연구 제20집 제2호(2007. 6.), 161면 이하 참조. 법률의 국문번역은 이 책 부록[5]와 국제사법연구 제12호(2006), 617면 이하 참조.

7) 중국어 본문과 국문번역은 국제사법연구 제16호(2010), 435면 이하 참조. 간단한 논평은 석광현, "중국의 國際私法 제정을 환영하며", 법률신문 제3891호(2010. 11. 25.); 석광현, 국제사법연구 제16호(2010), 446면 이하 참조. 타이완은 '섭외민사법률적용법'이라는 명칭을 사용하는데 이는 2011. 5. 26. 발효되었다. 중국어 본문과 국문번역은 국제사법연구 제17호(2011), 515면 이하 참조(국문번역에 다소 오류가 보인다).

시행법(Einführungsgesetz zum Bürgerlichen Gesetzbuch)'(EGBGB) 안에 국제사법 (Internationales Privatrecht)에 관한 규정을 둔다.[8] 영국에서는 '국제사법(Private International Law)'[9) 또는 '저촉법(Conflict of Laws)'이라는 용어가 널리 사용되나 미국에서는 주로 후자가 사용되는 것으로 보인다.

중국, 일본과 독일의 경우 법의 명칭 자체가 준거법결정원칙만을 담고 있으므로 국제재판관할규칙을 함께 담을 수 없으나, 우리는 국제사법이라는 명칭을 사용하므로 국제재판관할규칙을 담는 데 아무런 지장이 없다.

---

8) 근자의 독일 국제사법의 개관과 국문시역은 석광현, 정년기념, 539면 이하 참조.
9) 이를 직역하면 "사적(私的) 국제법"이라고 할 수도 있겠으나, 그에 대응하는 "public international law"를 통상 국제공법이라고 번역하므로 국제사법이라는 번역이 적절할 것으로 생각된다.

II. 국제사법 총칙(제1장)[1]

1. 목적 조항의 개정

섭외사법	국제사법
제1조(목적) 본법은 대한민국에 있어서의 외국인 및 외국에 있어서의 대한민국 국민의 섭외적 생활관계에 관하여 準據法을 정함을 목적으로 한다.	제1조(목적) 이 법은 외국과 관련된 요소가 있는 법률관계에 관하여 국제재판관할과 준거법(準據法)을 정함을 목적으로 한다.

[입법례][2]
- 독일 국제사법 제3조 제1항[일반적인 지정규정]
- 스위스 국제사법 제1조
- 일본 법적용통칙법 제1조[취지]
- 중국 섭외민사관계법률적용법 제1조

가. 개정취지

구 국제사법에서는 국제재판관할에 관한 원칙의 결정을 국제사법의 목적에 추가하였고, 섭외사법의 일부 표현을 수정하여 그 의미를 명확히 하였다. 국제사법에서는 더 나아가 국제재판관할을 정면으로 다루는 점을 명확히 하였다.

나. 주요내용

(1) 국제사법의 목적의 추가

구 국제사법 제2조가 국제재판관할에 관한 원칙을 선언하고, 제12조, 제14조 및 제48조가 섭외사법과 마찬가지로 실종선고, 한정치산 및 금치산선고(이는 민법

---

* 국제사법 총칙에서 인용하는 아래 주요 문헌은 [ ] 안의 인용약어를 사용한다.
  김인호, "국제계약에서 강행규정에 의한 당사자자치의 제한", 선진상사법률연구 제60호(2012. 10.)[김인호, 강행규정]; 안춘수, "국제사법상 절대적 강행규정의 처리 — 이론의 전개와 국제사법 제6조, 제7조의 의미 —", 국민대학교 법학논총 제23권 제2호(통권 제37호)(2011. 2.) [안춘수, 절대적 강행규정]; Dietmar Baetge, Der gewöhnliche Aufenthalt im Internationalen Privatrecht (1994)[Baetge].

1) 국제재판관할을 제외한 총론의 논점에 관하여는 석광현, "개정법의 총론적 문제", 법조 통권 536호(2001. 5.), 5면 이하에서 논의한 바 있다. 국제재판관할에 관하여는 한충수, "國際私法의 탄생과 國際裁判管轄", 법조 통권 536호(2001. 5.), 40면 이하 참조.

2) 석광현, 해설(2003)에서는 입법례에 오스트리아와 이탈리아 국제사법을 포함시켰으나 여기에서는 이를 제외하고 대신에 일본과 중국을 포함시켰다.

부칙에 의하여 성년후견 및 한정후견으로 사실상 대체되었다)와 후견에 관하여 한국 법원이 관할을 가지는 경우를 규정하며, 구 국제사법 제27조와 제28조가 소비자와 근로자의 보호를 위한 국제재판관할규칙을 두고 있었기 때문에 국제재판관할에 관한 '원칙'을 정하는 것을 국제사법의 목적의 하나로 명시하였다. 이러한 국제사법의 입장은 준거법 결정원칙만을 국제사법의 규율대상으로 이해하는 독일의 민법시행법과는 차이가 있으나, 대륙법계 중에서도 프랑스법계는 물론이고 스위스에서도 국제사법의 범위를 국제재판관할과 외국재판의 승인 및 집행까지도 포함하는 것으로 넓게 이해하고, 영미법계와 헤이그국제사법회의도 같다. 따라서 소수파에 속하는 독일법을 예로 들어 국제사법의 입장을 비판하는 것[3]은 온당하지 않다. 구 국제사법이 이러한 입장을 취한 것은 무엇보다도 준거법의 결정은 국제재판관할의 결정과 밀접하게 관련된 문제라는 점에서 양자를 함께 규율할 현실적인 필요성이 있고 또한 그렇게 하는 데 체계상의 장점이 있음을 고려한 것이다.[4]

'국제재판관할에 관한 원칙'과 '준거법'의 규정 순서에 관하여 구 국제사법의 대부분이 준거법에 관한 조항이므로 이를 먼저 규정하자는 견해가 있었으나, 제2조에서 국제재판관할에 관한 원칙을 규정하고, 국제적인 분쟁해결 시 법원이 우선 국제재판관할의 유무에 대한 판단을 한 뒤에 준거법 판단으로 나아간다는 논리적인 순서를 고려하여 국제재판관할을 먼저 언급하기로 하였다. 2022년 개정된 국제사법은 이런 체제를 유지하나 정치한 국제재판관할규칙을 전면적으로 도입함에 따라 "국제재판관할에 관한 원칙"을 "국제재판관할"로 수정하였다.

장기적으로는 민사 및 상사는 물론이고 가사와 비송사건에 관한 외국재판의 승인 및 집행에 관한 규범을 통합하여 국제사법에 규정하는 것이 바람직하다고 본다.

다음 (2)에서 보듯이 섭외사법이 섭외적 생활관계에만 적용되는가에 관하여는 종래 논란이 있었는데, 섭외적 생활관계의 경우에만 국제재판관할의 문제가 제기되는가라는 의문이 있을 수 있다. 조문은 그렇게 읽히지만, 논리적으로는 순수한 국내 생활관계의 경우에도 국제재판관할을 결정할 필요가 없는 것은 아니다. 물론 그 경우 별 의문이 없이 그 국가가 국제재판관할을 가질 것이다.

---

3) 국제사법이 국제재판관할규칙을 둔 데 대하여 과거 이시윤, 新民事訴訟法(2002), 52면은 "원칙적으로 준거법만을 규정하는 국제사법답지 않"다고 지적한 바 있었다.

4) 상세는 석광현, 국제재판관할에 관한 연구(2001), 309면 이하 참조.

(2) 외국적 요소가 있는 법률관계

섭외사법은 그 적용대상을 "섭외적 생활관계"로 표현하고 있으나, 법의 명칭을 섭외사법으로부터 국제사법으로 변경한 것과 일관되게 섭외적 요소라는 표현 대신 구 국제사법에서는 "외국적 요소가 있는 법률관계"로 수정되었다가 국제사법에서는 "외국과 관련된 요소가 있는 법률관계"로 수정되었다. 후자의 수정은 내용의 변경을 의도한 것은 아니라고 본다(따라서 양자를 호환적으로 사용한다). 이와 관련하여 몇 가지 의문이 제기된다.

첫째, '법률관계'라는 표현은 적절한가. 국제사법 이론상 연결대상이 '생활관계'인가, '법률관계'인가, 아니면 '법적 문제(Rechtsfrage)' 등인가에 관하여는 종래 많은 논란이 있으나 그러한 논란을 떠나서, 실질법과는 달리 국제사법은 단순한 생활관계가 아니라 법적인 의미를 가지는 법률관계 내지는 법적 문제에 적용되는 것이라는 점과, 종래 우리나라에서 관행적으로 '법률관계의 성질결정'이라는 표현이 사용되어 온 점을 고려하고,5) 국제사법의 적용과정의 마지막 단계는 법률관계에 대해 준거법을 결정하는 것이므로 국제사법에서는 '법률관계'라고 표현하였다. 이는 예외조항을 규정한 국제사법 제21조(구 국제사법 제8조에 상응)가 "법률관계와 가장 밀접한 관련이 있는 국가의 법"을 준거법으로 지정하는 것과도 일관성이 있다. 그러나 국제사법의 문언에 관계없이 연결대상이 무엇인가에 관한 법리상의 논쟁은 계속될 수 있을 것이다.

둘째, 섭외사법의 "대한민국에 있어서의 외국인 및 외국에 있어서의 대한민국 국민의 섭외적 생활관계"라는 문구는 마치 섭외적 생활관계 중 위와 같이 명시된 관계에만 섭외사법이 적용되는 것처럼 해석될 소지가 있다. 그러나 엄연히 "대한민국에서의 외국인과 대한민국 국민 간의 법률관계, 그리고 외국에서의 대한민국 국민과 외국인 간의 법률관계"에 관하여도 국제사법이 적용되어야 하므로 그러한 한정적 표현을 삭제하였다. 이는 종래 섭외사법의 해석론에 부합하는 것이기도 하다.

셋째, 종래 섭외사법의 적용범위와 관련하여 섭외사법은 섭외적 생활관계에만 적용되는가 하는 의문이 있었는데, 이는 국제사법에서도 동일하게 제기된다. 즉 과거 섭외적 생활관계에 관하여 준거법을 정함을 목적으로 한다는 섭외사법 제1조의 문언에 비추어 다수설인 긍정설이 설득력이 있었는데, 국제사법은 외국

---

5) 이호정, 102면 이하; 김용한 · 조명래, 106면 이하; 서희원, 55면 이하; 윤종진, 86면 이하; 황산덕 · 김용한, 新國際私法(1976), 81면 이하; 장문철, 79면 이하; 박기갑, 170면 이하.

적 요소가 있는 법률관계에 관하여 준거법을 정함을 목적으로 하므로 국제사법
하에서도 위 견해가 다수설이나 여전히 견해가 대립될 수는 있다. 섭외사법하에
서 판례(카타르에서 발생한 자동차사고에 대하여 사안의 섭외성을 부정하고 섭외사법의
적용을 배척한 대법원 1979. 11. 13. 선고 78다1343 판결 등)는 순수한 국내사건에는
섭외사법이 적용되지 않는다는 견해를 취하였다. 소수설은 순수한 국내적 사법관
계에 대하여는 그 국가의 법을 적용한다는 국제사법의 원칙이 있다고 설명하고,
순수한 국내적 사법관계의 경우 그러한 법원칙이 의식되지 않을 뿐이지 부존재하
는 것은 아니라고 한다.[6]

국제사법의 명문 규정에 비추어 우리 국제사법의 해석론으로서는 다수설이
설득력이 있다. 다만 소수설을 따라 순수한 국내사건에 국제사법을 적용하더라도
동일한 결론이 도출될 것이나 그 경우 굳이 국제사법을 적용할 필요가 없다. 즉
순수한 국내사건에 대하여는 국가의 국가관할권, 특히 입법관할권의 적용범위(또
는 법의 적용범위)에 관한 성근 준칙인 속인주의와 속지주의 등[7]에 의하더라도 국
내법을 적용한다는 결론에 이르므로 정교한 저촉규범을 규정한 국제사법을 적용
할 필요가 없다. 그 경우 국제사법을 적용해도 틀린 결론에 이르지는 않지만 그것
은 입법자의 의사는 아니라는 것이다. 그것은 마치 문방구에서 파는 저렴한 돋보
기로 충분히 볼 수 있는 것을 보기 위하여, 특별히 고안된 고가의 전자현미경을
들이대는 것과 같다. 소수설에서는 다수설에 대하여 순수한 국내사건에서도 국제
사법을 적용한다는 법원칙이 인식되지 않을 뿐이지 부존재하는 것은 아니라고 비

---

6) 이호정, 2면; Gerhard Kegel, Internationales Privatrecht 6. Auflage (1987), S. 5; Günther
Jahr, Internationale Geltung nationalen Rechts, Zur Relevanz internationalrechtlicher
Fragestellungen für Praxis und Theorie des Rechts, Rabels Zeitschrift 54 (1990), S.
502–504도 동지. 외국에서도 다수설이 전통적 견해라고 한다. 헤이그국제사법회의 사무국,
국제상사계약에서 법의 선택에 관한 원칙, 주석(2016), para. Ⅰ.13. 윤진수/장준혁, 주해상속
법 제2권, 1282면은 소수설을 따른다. 하지만 위에 언급한 소수설이 독일에서는 다수설이라
고 한다. Junker, §1 Rn. 12. 한편 스위스 국제사법 제1조는 국제적 관계일 것을 전제로 하는
점에서 문언상으로는 국제사법과 유사하다. 스위스에서는 법문에 충실한 견해가 지배적으로
보인다. Zürcher Kommentar/Müller–Chen, 3. Aufl. Art. 1 Rn. 7.

7) 석광현, "클라우드 컴퓨팅의 규제 및 관할권과 준거법", Law & Technology 제7권 제5호
(2011. 9.), 16면 이하 참조. 만일 저자처럼 이를 속인주의와 속지주의로 설명하는 것이 아니
라 "순수한 국내적 사법관계에 대하여는 그 국가의 법을 적용한다는 국제사법의 원칙"이 있
다고 한다면 그 원칙의 적용범위를 결정하기 위하여 '순수한 국내적 사법관계'의 범위를 정할
필요가 있으므로 소수설의 논거가 약화된다.

판하면서 다수설에 따를 경우 외국적 요소의 존부 판단의 어려움을 지적한다. 그러나 그런 판단이 어려운 사안이 있다고 해서 외국적 요소의 존부 판단이 불필요하다거나 해서는 안된다는 것을 의미하지는 않는다.

한편 다수설을 따르면 '외국적 요소'의 존부는 국제사법의 적용 여부를 결정하는 중요한 역할을 하므로 과연 무엇을 외국적 요소라고 볼 것인가라는 어려운 문제가 제기된다. 소수설을 따르면 이런 논의 자체가 불필요하고 그것이 바로 소수설의 장점이다.

이에 관하여는 종래 섭외적 생활관계의 개념을 외국적 요소가 포함된 모든 사법적 생활관계 또는 외국 관련이 있는 사법관계(私法關係)를 의미하는 것으로 넓게 이해하는 견해(광의설)와, 단순히 외국적 요소를 포함하고 있는 것만으로는 부족하고 외국적 성격이 상당한 정도에 이르러 그 관계에 막연히 국내법을 적용함은 부당하고 섭외사법 또는 국제사법을 적용하는 것이 합리적이고 타당하다고 할 경우에 한하여 섭외적 생활관계를 인정할 수 있다고 좁게 파악하는 견해(협의설)[8]가 있다. 그러나 어떠한 것이든 외국적 요소가 있기만 하면 섭외사건이 되어 섭외사법 또는 국제사법의 적용대상이 된다고 보는 것은 부당하므로 저자는 전자에 반대하고 원칙적으로 후자에 찬성하나, 다만 그것이 섭외사법 또는 국제사법의 적용범위를 지나치게 제한하는 것이어서는 아니 된다는 점에서 후자도 문제가 있다. 즉 사견으로는, 일반적으로 국제사법이론상 연결점으로 승인되고 있는 당사자의 국적, 주소, 거소, 상거소, 행위지, 이행지, 불법행위지, 물건의 소재지, 등록지, 법인의 본거지 등의 점에서 외국 관련이 있는 때에는 '외국적 요소'가 있는 섭외사건으로 보고, 다만 그러한 섭외사건이 구체적인 연결원칙을 정한 국제사법의 개별 조문에 포섭되는가를 판단함에 있어서는 당해 조문의 해석 문제로서 그러한 외국적 요소가 의미 있는 것인가(relevant한가)의 여부를 판단하여야 한다고 본다.[9] 굳이 분류하자면 저자의 견해는 일종의 절충설로서 국제사법의 적용 여부와

---

8) 학설 대립은 석광현, 제1권, 203면 참조.

9) 석광현, 제1권, 202면 이하 참조. 예컨대 한국에 거주하는 어떤 외국인이 한국에서 계약을 체결하는 경우에는 일단 외국적 요소가 있는 것으로 보아 국제사법을 적용한다. 다만 그 계약이 편의점에서 생필품을 사는 계약이라면 계약의 준거법을 정한 국제사법 제45조와 제46조를 적용함에 있어서 결국 그의 국적은 별 의미가 없으나, 만일 혼인계약이라면 그의 국적은 국제사법 제63조와 제64조를 적용하여 혼인의 요건과 일반적 효력을 논의하는 데 있어서 중요한 의미를 가진다.

개별 조문의 적용 여부를 구분하는 견해이다.

흥미로운 것은, 구 국제사법하에서 대법원 2008. 1. 31. 선고 2004다26454 판결과 같은 대법원의 태도이다. 대법원 2014. 12. 11. 선고 2012다19443 판결[10]도 같다. 동 판결은, "(구) 국제사법 제1조가 '이 법은 외국적 요소가 있는 법률관계에 관하여 국제재판관할에 관한 원칙과 준거법을 정함을 목적으로 한다'고 규정하고 있으므로, 거래 당사자의 국적·주소, 물건 소재지, 행위지, 사실발생지 등이 외국과 밀접하게 관련되어 있어 곧바로 내국법을 적용하기보다는 <u>국제사법을 적용하여 그 준거법을 정하는 것이 더 합리적이라고 인정되는 법률관계에 대하여는 국제사법의 규정을 적용하여 준거법을 정하여야 한다</u>"(밑줄은 저자가 추가함)라고 판시하였다. 이는 위 협의설을 따른 것이라고 할 수 있는데, 이에 대하여는 다음과 같이 비판할 수 있다.

첫째, 합리성의 기준을 도입하는 것은 국제사법상 명문의 근거가 없다. 둘째, "국제사법을 적용하여 그 준거법을 정하는 것이 더 합리적이라고 인정되는가"를 판단하는 기준이 무엇인지 분명하지 않다.[11] 법의 적용범위를 정하는 거친 원칙인 속인주의 및/또는 속지주의에 의하려는 것이 아닌가라는 의문이 든다. 셋째, 무엇보다도 그러한 판단을 함에 있어서 법원의 자의(恣意)가 개입할 여지가 있다. 특히 법원이 '합리성의 기준'을 카타르 사건(대법원 1979. 11. 13. 선고 78다1343 판결)과 같은 결론을 정당화하는 도구로 사용하여서는 아니 된다.[12] 넷째, 위 대법원

---

10) 평석은 권창영, "용선료채권의 성립·소멸에 관한 준거법 – 대법원 2014. 12. 11. 선고 2012다19443 판결", 해양한국(2016. 4.), 154면 이하 참조. 이는 외국법인으로부터 선체용선을 한 국내법인이 선박을 다시 국내회사에 용선하는 연속항해용선계약을 체결하고, 용선료 채권을 순차 양도하는 약정을 체결한 사안이다. 위 판결은 위 사안은 외국적 요소가 있으므로 국제사법에 따라 준거법을 정하여야 하는데 연속항해용선계약 등의 당사자가 준거법을 영국법으로 선택하였으므로 용선료채권의 성립과 소멸 등의 준거법은 영국법이라고 판시하였다. 편의치적이기는 하나 파나마 선적을 취득한 선박에 관한 용선계약이므로 그것이 비록 내국법인 간에 체결되었더라도 외국적 요소를 인정할 수 있다. 1설(광의설)에 따르면 이런 결론이 쉽게 도출되나 2설(협의설)이나 종전의 대법원판례에 따르면 결론이 불분명하다. 저자는 위 판결의 결론을 지지하나 이는 2설(협의설)의 문제점을 보여주는 사건이다. 위 권창영, 156–157면은 저자의 견해를 판례와 같이 협의설로 소개하나 이는 잘못이다. 저자는 협의설의 부당성을 지적하였다. 저자의 견해는 광의설에 가까우나 그로 인한 결론의 부당성은 개별조문에의 포섭으로 해결하자는 일종의 절충설이다.

11) 이런 지적은 Kropholler, S. 7도 참조. 다만 이는 외국적 요소가 있는 법률관계에만 국제사법을 적용하는 데에 대한 비판이다.

12) 이는 카타르에서 근무 중이던 동료 근로자가 초래한 교통사고로 인하여 피해를 입은 근로자

판결에 따라 국제사법을 적용하는 것이 합리적이지 않다고 판단되는 사안은 결국 준거법이 한국법인 사안일 것이다. 그렇다면 법원은 국제사법을 적용해서 준거법이 한국법이라고 판단하면 충분하지, 다른 기준에 의하여 한국법이 적용된다고 먼저 판단하고 국제사법을 적용하여 준거법을 정하는 것이 더 합리적이라고 인정되지 않는다는 결론을 도출할 이유가 없다. 더 솔직히 말하자면 법원이 실제로는 국제사법을 참조하여 준거법이 한국법이라는 결론을 알아낸 뒤 역으로 국제사법을 적용할 필요가 없다고 하는 것은 아닌지 모르겠다. 카타르 사건으로 초래된 트라우마가 있는 우리에게 이러한 태도는 국제사법의 개입을 차단하는 근거 없는 사전검열로 보인다.[13)

　　요컨대 외국적 성격이 상당한 정도에 이르러 국제사법을 적용하는 것이 합리적이고 타당한 경우에 한하여 국제사법을 적용할 것이라는 추가적 요건(외국적 요소에 부가되는)을 요구할 근거는 없다. 즉 대법원의 취지가 저자가 말하듯이 개별 조문의 해석과 관련하여 외국적 요소를 판단하는 것이 아니라 모든 국제적 사건에서 충족되어야 하는 일률적인 기준이라면 저자는 단호하게 그에 반대한다.

　　참고로 독일 민법시행법(제3조 제1항)은 "외국의 법과 관련을 가지고 있는 사안들에 있어서는 다음의 규정들이 어떤 법질서들이 적용될 것인가를 결정한다(국제사법)"라고 규정한다. 이는 외국적 요소가 있는 법률관계를 정의함에 있어 당사

가 고용자인 회사를 상대로 사용자책임을 물은 사건인데 대법원은 당해 사건의 섭외사건성을 부정하였다. 2008년 대법원판결의 기준을 위 사건에 적용하더라도 그 결론이 정당화될 수는 없다. 흥미로운 것은, 한국 회사 간에 체결된 선박보험계약에 외국적 요소가 있는지에 관하여 판단한 서울고등법원 2012. 10. 25. 선고 2012나7207 판결이다. 동 판결은, 선박보험계약에서 외국적 요소가 있는지 여부는 거래당사자의 국적뿐만 아니라 주소, 물건소재지, 행위지, 사실발생지 등이 외국과 밀접하게 관련되어 있는지 등을 종합적으로 고려하여야 함을 전제로, 보험의 당사자는 모두 한국 법인이나 … 선박은 인도양 등을 항해하는 선박이고, … 물건의 소재지나 보험사고의 발생지가 한국 영해가 아니라는 점, 보험증권, 약관 등도 모두 영어인 점, 보험금도 미화로, 준거법도 영국법으로 정해진 점을 종합하면 이 사건은 외국적 요소가 있다고 보이므로 국제사법을 적용하여 준거법을 정하는 것이 더 합리적이라고 판시하였다. 이는 조금 개선된 바는 있으나 위 대법원판결의 연장선상에 있는 것이다.

13) 본문과 달리 문리적으로는 "거래 당사자의 국적·주소, … 등이 외국과 밀접하게 관련되어 있으면 국제사법을 적용하여 준거법을 정하는 것이 더 합리적이다"라고 읽을 여지도 없지는 않다. 카타르 사건이 아니었더라면 저자도 그런 해석을 선호하였을 것이다. 그러나 대법원은 카타르 사건에서 외국적 요소가 구비됨에도 불구하고 섭외사법의 적용을 부정하였기에 저자는 대법원의 태도를 '외국적 요소=합리성'이라고 보는 대신 '외국적 요소+합리성'이라고 해석한다. 또 다른 해석 가능성은 '밀접하게'에 의미를 부여하여 외국적 요소의 단순 존재만으로는 부족하다는 취지로 볼 여지도 있을지 모르겠다.

자의 국적, 주소, 계약 체결지, 이행지 등의 사실관계를 기초로 판단하지 않고 당해 사안이 복수의 법질서와 관련을 가지는가의 여부에 따라 판단하는 법적인 접근방법을 취한 것이라고 할 수 있다.[14)]

다만 국제계약에 관하여는 여기에서 외국적 요소의 존부 판단을 함에 있어서 국제사법의 적용 단계(국제사법 제1조)와 계약의 준거법 결정 단계(제45조 제4항)를 구분할 필요가 있다.[15)]

한편 국제재판관할의 맥락에서는 순수한 국내적 법률관계에 대한 국제사법의 적용 여부가 준거법의 맥락에서처럼 논의되지는 않지만 의미가 전혀 없지는 않다. 즉 순수한 국내사건에서 한국의 국제재판관할이 당연히 인정되는데, 이는 국제사법을 적용하든 아니든 간에 같다.

여기에서도 첫째, 순수한 국내적 법률관계에 대하여 국제사법상 국제재판관할규칙의 적용 여부와 둘째, 외국적 요소의 존부 판단이 문제 된다.

첫째를 보면 이 경우 위 준거법의 맥락에서처럼 논란의 여지가 있으나 순수

---

14) 흥미로운 것은 중국의 사법해석이다. 즉 중국의 섭외민사관계법률적용법은 섭외민사관계에 적용되는데 동법은 이를 정의하지 않는다. 최고인민법원의 2012. 12. 10. 사법해석(1) 제1조는 섭외민사관계로 인정할 수 있는 경우를 아래와 같이 열거한다. ① 당사자 일방 또는 쌍방이 외국 국민, 외국법인 또는 기타조직, 무국적자인 경우, ② 당사자 일방 또는 쌍방의 상거소가 중국 외에 소재하는 경우, ③ 소송목적물이 중국 외에 소재하는 경우, ④ 민사관계를 발생, 변경 또는 소멸시키는 법률사실이 중국 외에서 발생하는 경우와 ⑤ 섭외민사관계로 인정할 수 있는 기타 경우. 2020년 개정된 사법해석(1)은 국제사법연구 제30권 제1호 (2024. 6.), 363면 이하 참조. 2024년 1월부터 시행된 외국법의 사명에 관한 사법해석(2)는 국제사법연구 제30권 제1호(2024. 6.), 371면 이하 참조. 그 밖에도 "최고인민법원의 섭외민상사사건에서 국제조약과 국제관례를 적용하는 것에 관한 약간의 문제에 대한 해석"이 있는데, 이는 "섭외민사관계법률적용법을 적용하는 것에 관한 해석"이라는 명칭을 사용하지는 않는다. 2012년 사법해석(1)의 제4조와 제5조는 삭제된 뒤 다소 수정되어 2023년 사법해석(2)에 포함되었다. 2023년 사법해석(2)의 소개와 영문번역은 Zou Guoyong & Wang Zhiheng, The Refinement of Rules on the Ascertainment of Foreign Laws in China, IPRax (2024), S. 414ff.; IPRax (2024), S. 424f. 참조.

15) 제1조에 따라 국제사법은 순수한 국내사건에 적용되지 않으나, 만일 그런 사건에 속하는 계약에서 당사자가 외국법을 준거법으로 지정한다면 외국적 요소가 있게 되어 국제사법이 적용되는데(국제사법 제1조의 맥락), 당해 국가의 국내적 강행규정은 배제되지 않는다(국제사법 제45조 제4항). 즉 그런 사안은 제1조의 맥락에서는 외국적 요소가 있으나 제45조 제4항의 맥락에서는 외국적 요소가 없는 것처럼 취급된다. 제45조 제4항은 준거법 지정을 제외한 외국적 요소의 존부를 판단하기 때문이다. 국제재판관할의 맥락에는 제45조 제4항에 상응하는 조문이 없으므로 위와 같은 이원화는 가능하지 않다. 국제재판관할 맥락의 논의는 석광현, 국제재판관할법, 112면 이하 참조.

한 국내적 법률관계에 굳이 국제사법을 적용할 필요는 없다. 그것이 국제사법 제1조의 문언에도 충실한 해석이다. 한편 둘째를 보면 이 쟁점이 특히 문제 되는 것은 국제재판관할합의이다.[16] 즉 2022년 개정 국제사법이 합의관할을 규정한 제8조를 신설함으로써 순수한 국내사건에서 외국법원을 관할법원, 특히 전속관할법원으로 합의할 수 있는가라는 의문이 제기된다. 이는 순수한 국내적 법률관계에서 외국법원을 위한 관할합의가 있는 경우(나아가 외국법의 준거법지정과 병행하는 관할합의가 있는 경우) 외국적 요소가 있는가이다.

이는 논란의 여지가 있는데, 그 경우 국제사법 제21조에 따라 통제를 하자면 외국적 요소의 존재를 긍정할 필요가 있다(이는 준거법과 달리 계약에 한정되지 않는다). 그 경우 무효이고(약관규제법 제14조 참조), 약관에 의하지 않는 거래, 특히 약관규제법이 적용되지 않는 B2B 거래의 경우에는 논리적으로 가능할 수 있으나 그렇더라도 정책적으로 바람직하지 않다는 견해가 가능하다.[17] 상세는 국제사법 제21조의 맥락에서 논의한다.

(3) 표제의 변경 요부 – 목적과 적용범위 –

제1조를 구 국제사법과 같이 규정한다면 그 표제는 '목적'이 아니라 '적용범위'로 수정되어야 한다는 견해가 있었으나, 다른 법률의 예에 비추어 섭외사법과 같이 그대로 두었다. 국제사법도 같다. 또한 목적이라고 할 경우, 적용범위 대신 국제사법의 본연의 목적을 명시해야 한다는 견해도 있었으나, 국제사법의 목적을 정확히 기술하는 것이 용이하지 않고, 만일 이를 명시한다면 일차적으로는 국제사법적 정의(正義)를 명시해야 할 것이나, 국제사법적 정의의 내용에 관하여 논란의 여지가 있고, 나아가 그것으로 족한지에 관하여도 의문이 있는 점 등을 고려한 것이다.

(4) 통일 실질규범과 국제사법

어느 특정한 법률 분야에 적용되는 통일적인 실질규범이 있는 경우 그 범위 내에서는 국제사법의 역할은 제한된다. 대표적으로 1980년 국제연합에서 채택된 "국제물품매매계약에 관한 협약(Convention on Contracts for the International Sale

---

16) 상세는 석광현, 국제재판관할법, 112면 이하 참조.
17) 석광현, "외국법제로의 과도한 도피와 國際私法的 思考의 빈곤", 법률신문 제3926호(2011. 4. 11.) 13면 참조.

of Goods)(CISG 또는 매매협약)"을 들 수 있는데[18] 이는 2005. 3. 1. 한국에서도 발효되었다. CISG는 국제물품매매계약에 관한 저촉규범이 아니라 실질규범의 통일을 목표로 한다. 실질규범(또는 실질법)이라 함은 법적용규범인 저촉법(또는 국제사법)에 대비되는 개념으로, 우리 민·상법과 같이 저촉법에 의하여 준거법으로 지정되어 특정 법률관계 또는 쟁점을 직접 규율하는 규범을 말한다.[19]

이러한 국제규범의 적용범위를 정하는 조항은 조약의 적용범위를 정함과 동시에, 국제사법에 우선하여 적용되는 국제사법에 대한 특칙으로서의 의미를 가진다.[20] 문제는 우리나라처럼 해상법 분야의 헤이그－비스비규칙이라는 조약에 가입하는 대신 이를 상법에 편입하면서 조약의 적용범위를 정한 조문을 제외시키는 경우, 원래의 조약과 달리 우리 상법은 준거법이 한국법이 되는 때에만 적용되므로 당해 규범의 적용범위가 달라진다는 점인데, 유감스럽게도 우리나라에서는 이 점을 잘 인식하고 있지 못한 것 같다.

통일 실질규범이 증가할수록 국제사법의 역할이 상대적으로 감소한다고 할 수 있다.[21] 그러나 국제사법의 역할이 줄기만 하는 것은 아니다. 예컨대 매매협약의 적용과 관련하여 매매계약의 준거법 결정은 3가지 측면에서 여전히 의미가 있

---

18) 그 밖에도 "국제항공운송에 있어서의 일부 규칙 통일에 관한 협약"(즉 1999년 몬트리올협약)과 해상법 분야의 다양한 조약(헤이그규칙, 비스비규칙 등)이 있다. CISG에 관하여는 석광현, 국제물품매매계약의 법리: UN통일매매법(CISG) 해설(2010) 참조.

19) 2단계 과정을 거치지 않고 실질법의 문제를 직접 해결하는 점에서 실질법의 통일이 저촉법의 통일보다 바람직하다. Franco Ferrari, CISG and Private International Law, in Ferrari, Franco (ed.), The 1980 uniform sales law: old issues revisited in the light of recent experiences (2003), p. 20.

20) Jan Kropholler, Internationales Einheitsrecht (1975), S. 190f. 참조. 이와 달리 통일적 실질법이 타당한 범위 내에서는 국내법의 적용이 배제되므로 저촉법적 문제 제기가 처음부터 불필요하다고 설명하기도 한다. Schlectriem/Schwenzer/Ferrari, Kommentar zum CISG, 5. Auflage (2008), Vor Arts. 1－6 Rn. 34; Konrad Zweigert/Ulrich Drobnig, Einheitliches Kaufgesetz und Internationales Privatrecht, Rabels Zeitschrift 29 (1965), S. 148. 박희호, "국제사법규정을 통한 국제물품매매협약의 적용상의 문제점", 외법논집 제36권 제4호(2012. 11.). 73면 이하는 적용범위에 관한 매매협약 조항의 국제사법적 성격을 부정하고, 매매협약이 그 적용범위 내에서 사안을 직접 규율하는 것은 적용범위에 관한 협약의 조항이 국제사법으로서의 법적 성격을 가지기 때문이 아니라 국제거래 사안에 대하여 매매협약이 실체법으로서 직접 규율하려는 목적을 가지기 때문이라고 한다.

21) Ferrari(註 19), p. 20은 이는 타당하지 않다고 하나, 국제협약의 통일적 규범이 적용되는 범위 내에서는 국내법에 호소할 필요가 없고 그런 국내법을 결정하기 위하여 국제사법에 호소할 필요성이 감소하는 것까지 부정할 수는 없다.

음을 유념해야 한다.[22] 첫째, 우선 당사자 중 일방의 영업소가 체약국에 있지 않은 경우 매매협약의 적용 여부를 결정하기 위하여 준거법을 검토할 필요가 있다. 둘째, 매매협약이 규율하지 않는 사항을 매매협약의 '외적 흠결'이라고 부르는데, 이런 사항은 매매계약의 준거법에 의해 규율되므로 준거법을 알아야 한다. 셋째, 매매협약에 의하여 규율되는 사항으로서 매매협약에서 명시적으로 해결되지 않는 것이 있으면 '내적 흠결'이 있게 되는데, 이런 사항은 매매협약의 기초를 이루는 일반원칙에 의해 해결해야 하고, 그런 일반원칙을 찾을 수 없는 경우 준거법에 따라 해결해야 한다(제7조). 이는 매매협약의 내적 흠결 보충의 맥락에서의 매매계약의 준거법의 문제이다. 둘째와 셋째의 준거법을 매매계약의 '보충적 준거법'이라고 부른다.[23]

2. 국제재판관할의 일반원칙

구판에서는 국제재판관할의 일반원칙을 규정한 구 국제사법 제2조와 그에 따른 국제재판관할규칙을 여기에서 다루었으나 이 책에서는 협의의 국제사법, 즉 준거법지정규칙만을 다루므로 국제재판관할규칙은 전부 제외하였다. 국제사법의 국제재판관할규칙은 별도로 간행되는 '국제사법(절차편): 국제민사소송법'에서 어느 정도 다루고자 한다. 상세는 2022년 7월 개정 국제사법의 시행을 계기로 국제재판관할규칙만을 다룬 별도의 단행본인 '국제재판관할법'에서 다루었다.[24]

---

22) 상세는 석광현, 제5권, 48면 이하; 석광현, 국제매매법, 413면 이하(전자가 최근 것이다).
23) 서울동부지법 2010. 12. 10. 선고 2010가합4217 판결 등 참조.
24) 상세는 석광현, 국제재판관할법 참조.

3. 본국법에 관한 조항의 개정

섭외사법	국제사법
제2조(本國法) ① 당사자의 本國法에 의하여야 할 경우에 있어서 그 당사자가 둘 이상의 국적이 있는 때에는 최후에 취득한 국적에 의하여 그 本國法을 정한다. 그러나 그 국적의 하나가 대한민국인 때에는 대한민국의 법률에 의한다. ② 국적이 없는 자에 대하여는 그 주소지법을 本國法으로 본다. 그 주소를 알 수 없는 때에는 거소지법에 의한다. ③ 지방에 따라 법이 상이한 국가의 국민에 대하여는 그 자가 속하는 지방의 법에 의한다.	제16조(본국법) ① 당사자의 본국법에 따라야 하는 경우에 당사자가 둘 이상의 국적을 가질 때에는 그와 가장 밀접한 관련이 있는 국가의 법을 그 본국법으로 정한다. 다만, 국적 중 하나가 대한민국일 경우에는 대한민국 법을 본국법으로 한다. ② 당사자가 국적을 가지지 아니하거나 당사자의 국적을 알 수 없는 경우에는 그의 일상거소가 있는 국가의 법[이하 "일상거소지법"(日常居所地法)이라 한다]에 따르고, 일상거소를 알 수 없는 경우에는 그의 거소가 있는 국가의 법에 따른다. ③ 당사자가 지역에 따라 법을 달리하는 국가의 국적을 가질 경우에는 그 국가의 법 선택규정에 따라 지정되는 법에 따르고, 그러한 규정이 없는 경우에는 당사자와 가장 밀접한 관련이 있는 지역의 법에 따른다.

[입법례]
- 독일 민법시행법 제5조 제2항, 제3항[속인법]
- 일본 법례 제28조[본국법]/법적용통칙법 제38조[본국법]
- 중국 섭외민사관계법률적용법 제6조
- 스위스 국제사법 제23조[복수국적]

가. 개요

국적은 국가와 그의 구성원 간의 법적 유대(法的 紐帶)이고 보호와 복종관계를 뜻한다.[1] 국제사법에서는 당사자가 복수국적을 가지는 '국적의 적극적 저촉'의 경우 밀접한 관련이 있는 국가의 법을 본국법으로 하였고(제1항), 당사자가 전혀 국적을 가지지 않는 '국적의 소극적 저촉'의 경우에는 국제사법이 주소를 상거소로 대체함에 따라 상거소지법과 거소지법을 적용하기로 하였다(제2항). 한편 불통일법국가의 법이 지정되는 경우에는 종래의 통설인 간접지정설의 입장을 반영하

---

1) 헌법재판소 2000. 8. 31. 선고 97헌가12 전원재판부 결정. 이철우 외, 이민법 제3판(2024), 277면(이철우 집필부분)도 같다.

여 본국의 준국제사법에 의하여 결정하도록 하였다(제3항). 구 국제사법(제3조)의 태도는 국제사법(제16조)에서도 유지된다.

우리나라에는 별도의 국적부가 없고 출생등록을 통하여 해당 개인의 가족관계등록부가 작성됨으로써 국민이라는 지위가 확인된다.[2] 과거 호적법에 따른 호적 실무상 관행으로 인해 오랜 기간 호적에는 국민만이 기재되는 것이 당연시되었는데, 기존의 호적 제도가 가족관계등록제도로 개편되는 과정에서 그런 관행이 2008. 1. 1. 시행된 가족관계등록법에 명시되기에 이르렀다.[3]

나. 주요내용

(1) 국적의 적극적 저촉

위에서 본 바와 같이 우리 국제사법은 속인법에 관하여 본국법주의를 유지하고 있으므로, 국제사법상 국적은 사람 또는 신분,[4] 친족 및 상속에 관한 법률관계에서 연결점으로서 중요한 의미를 가진다.[5] 그런데 출생, 혼인, 이민 등으로 복수국적이 성립하는 경우 어느 국적에 의하여 당사자에게 적용할 본국법을 결정할지가 문제가 된다. 이것이 '국적의 적극적 저촉'의 문제이다.

과거 섭외사법은 신국적을 우선시켰으나, 국제사법은 무조건 최후의 국적을 우선하지 않고 당사자와 연결점 간의 관계를 고려하여 '당사자와 가장 밀접한 관련'[6]이 있는 국가의 법을 우선시키도록 함으로써(제1항 본문) 구체적 사건에서 타

---

2) 현소혜, "외국인 아동을 위한 보편적 출생등록제의 도입필요성과 도입방안", 가족법연구 제34권 제2호(2020. 7.), 144면 이하.

3) 가족관계등록법 제1조는 "이 법은 국민의 출생·혼인·사망 등 가족관계의 발생 및 변동사항에 관한 등록과 그 증명에 관한 사항을 규정함을 목적으로 한다"라고 명시한다.

4) '신분'이라 함은 대체로 권리능력, 행위능력과 가족법 및 상속법상의 지위와 같이 자연인의 신분 또는 지위(personal status)에 관계되는 사항을 가리키나 그 구체적 범위는 논자에 따라 차이가 있다. Peter-Heinz Mansel, Personalstatut, Staatsangehörigkeit und Effektivität (1988), S. 42f. 참조. 우리 실질법에서는 잘 사용하지 않는 경향이 있다. 이에 관한 국제사법을 '國際人法'(이호정, 423면) 또는 '國際人事法'(木棚照一, 國際相續法の研究(1995), 63면)이라고 부르기도 한다.

5) 이런 태도는 법규의 내용을 기준으로 그 장소적 적용범위를 획정하는 중세의 법규분류설이 사람의 권리, 상태, 특성에 관한 人法(statuta personalia)에 대해 주소지법을 적용하는 전통의 영향을 받은 것이다.

6) 섭외사법의 개정과정에서 "가장 밀접한 관련"과 "가장 밀접한 관계" 중 어느 표현을 사용할 것인가에 관하여 논의가 있었으나 전자를 선호하는 의견이 많았고, 1999. 12. 31. 개정된 중재법(제29조)이 "가장 밀접한 관련 있는 국가"라는 표현을 사용하는 점도 고려하여 전자의 표

당한 연결을 가능하게 한다. 이는 독일, 스위스, 일본 등의 입법례가 취하는 입장이기도 하다. 이처럼 가장 밀접한 관련이 있는 국적을 독일에서는 '실효적 국적(effektive Staatsangehörigkeit)'이라고 부르기도 한다. 다만 복수국적 중 하나가 대한민국인 때에는 섭외사법과 마찬가지로 대한민국 법에 의하도록 하여 내국국적 우선의 원칙을 고수한다(제1항 후문). 이는 구체적 타당성보다는 실무상 법적용상의 확실성을 위한 것이다.

한 가지 의문은 국제사법(제21조 제1항)은 "이 법에 따라 지정된 준거법이 해당 법률관계와 근소한 관련이 있을 뿐이고, 그 법률관계와 가장 밀접한 관련이 있는 다른 국가의 법이 명백히 존재하는 경우에는 그 다른 국가의 법에 따른다"고 규정하는데, 동항이 제16조 제1항을 배제할 수 있는가이다. 논리적으로는 그럴 가능성을 배제할 수 없으나 입법자의 의사는 그 경우 예외조항을 적용하지 말하는 취지라고 본다.

그런데 2011. 1. 1. 시행된 개정 국적법에 따라 복수국적의 취득이 용이하게 되었다.[7] 이는 국제사법 제16조 제1항 단서가 적용될 사안이 증가한다는 것을 의미한다. 그렇다면 과연 이 원칙을 고수하는 것이 합리적인지를 재검토할 필요가 있었다. 물론 그 결과 현재의 규정을 존치할 수도 있지만 국적법의 개정과정에서 이런 고민의 흔적이 보이지 않는 점은 아쉽다.

이와 관련하여 흥미로운 것은 국적법 제11조의2(복수국적자의 법적 지위 등)이다. 즉 동조 제1항은 "출생이나 그 밖에 이 법에 따라 대한민국 국적과 외국 국적을 함께 가지게 된 사람으로서 대통령령으로 정하는 사람[이하 "복수국적자"(複數國籍者)라 한다]은 대한민국의 법령 적용에서 대한민국 국민으로만 처우한다"고 규정하는데, 이 조항과 국제사법 제16조 제1항 단서의 관계가 문제 된다. 동항은

현을 선택하였다. 이러한 국적을 '실효적 국적(effektive Staatsangehörigkeit)'이라고 한다. Kropholler, S. 347. 윤진수/장준혁, 주해상속법 제2권, 1287면 註 590은 프랑스 문헌을 인용하면서 실효적 국적의 원칙은 각국의 국제사법에서 일반원칙으로 널리 인정된다고 한다. 그러나 국적을 연결점으로 사용하는 개별조문의 해석의 문제라고 보되 다만 예외조항(국제사법 제21조)에 의한 수정 가능성을 인정할 수 있을 것이다.

7) 예컨대 과거 우리 국적 취득자는 외국 국적을 포기해야 했으나, 개정 국적법하에서는 "대한민국 내에서 외국 국적을 행사하지 않겠다는 서약"을 하면 우리 국적과 외국 국적을 함께 보유할 수 있다(제12조). 또한 선천적 복수국적자 등의 국적선택불이행 시 우리 국적이 자동상실되는 규정이 폐지되었다. 복수국적 일반에 관한 논의는 정인섭(편), 이중국적(2004) 참조. 국적법상 복수국적자의 지위에 관하여는 석동현, 국적법(2011), 210면 이하 참조.

예컨대 병역의무가 있는지를 판단함에 있어서 복수국적자는 한국인으로 취급된다는 점을 포함하여 광범위하게 적용되는 조항이고, 국제사법 제16조 제1항 단서는 국제사법상 국적이 연결점인 사건에만 적용되는 조항이다. 즉 동항에서 말하는 "대한민국의 법령"에 국제사법도 포함될 것이므로 국적법 제11조의2의 결과 복수국적자는 한국민으로 취급될 것이고, 이는 국제사법 제16조 제1항 단서보다도 더 강력한 형태의 규정이다. 그러나 위 제11조의2의 기초자들이 그 국제사법적 함의를 고려하였을 것 같지는 않다.

본문과 관련하여, 섭외사법 개정 당시 당사자와 가장 밀접한 관련이 있는 국가를 정함에 있어서 국제사법처럼 단순히 '가장 밀접한 관련이 있는 국가'라고 할지, 아니면 '그의 상거소 또는 기타 사정에 의하여 당사자와 가장 밀접한 관련이 있는 국가'라고 함으로써 가장 밀접한 관련의 판단근거가 되는 요소를 예시할지에 관하여 논의가 있었으나, 구체적인 사건에서 법원의 판단에 맡기는 것이 적절하다고 보아 이를 명시하지 않는 견해가 채택되었다.

(2) 국적의 소극적 저촉

당사자가 국적을 가지지 아니하거나(무국적자)8) 국적을 알 수 없는 경우에는 ― 즉 '국적의 소극적 저촉'의 경우에는 ― 국적을 대신하는 다른 연결점을 찾아 본국법 대신 적용할 수밖에 없다. 이 경우 섭외사법은 당사자의 주소지법, 주소가 없는 경우에는 거소지법에 의하도록 규정하였으나, 국제사법은 상거소를 주소에 갈음한 연결점으로 도입하여 당사자가 상거소를 가지는 국가의 법, 상거소가 없는 경우에는 거소를 가지는 국가의 법에 의하도록 규정한다(제2항).

한편 국제사법은 난민(refugee, *réfugié*, Flüchtling)에 관하여는 규정을 두지 않는다. 우리나라는 국제연합의 1951년 "난민의 지위에 관한 협약(Convention relating to the Status of Refugees)"9)(난민협약)과 1967년 "난민의 지위에 관한 의정서(Protocol Relating to the Status of Refugees)"10)에 가입하였고 2013년 난민법을 제

---

8) 국제적으로 UN에서 채택된 1954년 무국적자의 지위에 관한 협약(Convention relating to the Status of Stateless Persons)과 1961년 무국적자의 감소에 관한 협약(Convention on the Reduction of Statelessness)이 있다. 한국은 전자에는 가입하였으나 후자에는 가입하지 않았다.
9) 이는 조약 제1166호로 1993. 3. 3. 발효하였다.
10) 이는 조약 제1115호로 1992. 12. 3. 발효하였다. 난민협약에 관하여는 정인섭·황필규, 난민의 개념과 인정절차(2011), 57면 이하; 최계영 엮음, 난민법의 현황과 과제(2019), 123면 이

정하였다.[11] 난민법(제2조 제1호)에 따르면, 난민이라 함은 인종, 종교, 국적, 특정 사회집단의 구성원인 신분 또는 정치적 견해를 이유로 박해를 받을 수 있다고 인정할 충분한 근거가 있는 공포로 인하여 국적국의 보호를 받을 수 없거나 보호받기를 원하지 아니하는 외국인 또는 그러한 공포로 인하여 대한민국에 입국하기 전에 거주한 국가(이하 "상주국"[12]이라 한다)로 돌아갈 수 없거나 돌아가기를 원하지 아니하는 무국적자인 외국인을 말한다. 여기의 외국인은 대한민국의 국적을 가지지 아니한 사람을 말한다(제2조 제6호). 따라서 난민에는 외국 국적을 가지는 자와 무국적자가 있을 수 있다. 후자에 대하여는 위에서 본 무국적자에 관한 국제사법 제16조 제2항에 의하여 해결하면 되는데, 전자에 대하여는 형식적으로는 국적이 있으므로 국적이 연결점이 되어야 할 것이나 국적국의 보호를 받을 수 없거나 보호받기를 원하지 않으므로 국적을 연결점으로 삼는 것이 부적절하다. 난민협약[13]의 해석상 국적에 갈음하여 일상거소를 연결점으로 처리하는 것이 바람직하다.

(3) 불통일법국법의 지정

한 국가 내에서 지역에 따라 법률이 다른 불통일법국가[14](미국, 영국, 스위스, 캐나다 등의 연방국가)의 법이 준거법으로 지정된 경우에는 본국법을 정하는 것만으로는 부족하고, 그 국가의 여러 법역 중 어느 지역의 법을 준거법으로 적용할지를 결정하지 않으면 아니 된다. 이 점은 주소 또는 상거소와 비교할 때 국적이 연결점으로서 가지는 한계 내지 단점으로 지적되고 있다. 실무상 신분, 친족 및 상속관계에서 미국법이 준거법으로 지정되는 경우가 빈번하므로 이는 중요한 의미

하 참조.

11) 이는 2012. 2. 10. 법률 제11298호로 제정되고 2013. 7. 1. 시행되었다. 우리 법상 난민은 이철우 외, 이민법 제3판(2024), 362면 이하(차규근·강성식 집필부분) 참조.

12) 이는 국제사법상의 '일상거소지국'을 말한다.

13) 난민협약 제12조 제1항은 "난민의 개인적 지위는 주소지 국가의 법률에 의하거나 또는 주소가 없는 경우에는 거소지 국가의 법률에 의하여 규율된다(The personal status of a refugee shall be governed by the law of the country of his domicile or, if he has no domicile, by the law of the country of his residence.)"라고 규정하여 주소를 연결점으로 사용하나 주소의 개념은 국가에 따라 상이하므로 이를 '상거소'라고 해석하는 것이 바람직하다는 유력설이 있다. Kropholler, S. 269. 윤진수/장준혁, 주해상속법 제2권, 1286면은 난민협약상 주소개념은 난민협약 독자의 개념이라는 이유로 이에 반대한다.

14) 이를 '다수법국(Mehrrechtsstaat)'이라고 부르기도 한다. 최흥섭, 151면.

를 가진다. 이에 대하여 섭외사법은 단순히 "그 자가 속하는 지방의 법"에 의한다고 규정하였으나, 그 해석을 놓고 학설의 대립이 있었다.

국제사법은 과거 통설인 간접지정설[15]의 입장을 반영하여 우선 그 국가의 법역 간 충돌문제를 해결하는 법선택규정, 즉 준국제사법(interlokales Privatrecht, interlocal conflict of laws)에 따라 지정되는 법에 의하도록 하고, 다만 그 국가에 그러한 준국제사법이 없는 경우를 대비하여 그러한 규정이 없는 때에는 당사자와 가장 밀접한 관련이 있는 지역의 법에 의하도록 한다(제3항). 왜냐하면 그 경우 어느 법역의 법이 적용되는가는 일차적으로 당해 국가가 결정할 사항이라고 할 수 있기 때문이다.

주의할 것은 여기에서 "그 국가의 법 선택규정"이라 함은 그 국가의 통일적인 준국제사법(또는 주제사법)[16]을 말한다는 점이다.[17] 예컨대 스페인의 경우 민법(*Código civil*. 제13조 – 제16조)은 이러한 규정을 두고 있다. 그러나 미국의 경우에는[18] 통일적인 준국제사법이 없고 각 주별로 준국제사법을 가지고 있으므로, 예컨대 우리 국제사법에 의해 미국인의 본국법인 미국법이 준거법으로 지정된 경우에는 그 국가의 법 선택규정이 없는 때에 해당하므로 위 제3항에 따라 "당사자와 가장 밀접한 관련이 있는 지역의 법"이 준거법이 되고 예컨대 당사자가 주소를 가지고 있거나 있었던 주의 법이 적용된다.

따라서 예컨대 미국인 부부의 혼인의 일반적 효력의 준거법이 문제 되는 경우, 만일 일방이 뉴욕주에 주소를 가지고 다른 일방이 캘리포니아주에 주소를 가지고 있어서 각 당사자와 가장 밀접한 관련이 있는 지역이 각각 주소를 둔 곳이라면 국제사법 제64조가 제1호가 말하는 부부의 동일한 본국법은 없다. 이 경우 본국법은 국제사법 제16조 제3항에 의하여 걸러진 본국법(즉 뉴욕주법과 캘리포니아주법)을 의미하기 때문이다.

---

15) 이는 '간접지정주의'라고도 하는데, 우리 국제사법이 준거법을 지정한 법이 소속한 국가의 판단에 맡기는 방법이다.

16) 최흥섭, 153면은 "역제사법"이라고 한다. 준국제사법에 관하여는 이종혁, "준국제사법의 일반이론과 동서독의 준국제사법 문제 해결방법 개관", 한양대학교 국제소송법무 제23호(2021), 89면 이하 참조. 일제강점기 일본은 공통법이라는 준국제사법을 제정하였다. 이의 소개와 조문은 이종혁, "韓國 國際私法 初期史 散考", 국제사법연구 제24권 제2호(2018. 12.), 260면 이하 참조. 일본 문헌은 위 이종혁, 261면 註 67 참조.

17) Kropholler, SS. 201 – 202.

18) 이는 캐나다나 호주의 경우에도 마찬가지이다.

국제사법(제16조)은 불통일법국법이 본국법인 경우, 즉 국적이 연결점인 경우만을 상정하고 있는데 이는 동조가 본국법에 관한 조문이라는 점에서 자연스럽다고 할 수 있다. 그러나 유사한 상황은 연결점이 국적인 경우에 한정되지 않는다. 예컨대 첫째, 당사자자치가 허용되어 당사자가 준거법을 지정함에 있어서 불통일법국의 법(예컨대 미국법)을 지정하는 경우와, 둘째 당사자가 매매계약의 준거법을 지정하지 않아 국제사법 제46조에 따라 객관적 준거법을 지정할 필요가 있는 경우가 있다.

첫째의 경우 우선 당사자의 의사를 탐구하여 당사자가 지정한 지역법을 결정하여야 하고[19] 그것을 알 수 없는 경우 제16조 제3항을 유추적용하여야 한다. 둘째의 경우 국제사법 제46조 제2항은 특징적 이행을 하는 매도인의 일상거소지 국가의 법을 준거법으로 추정하는데, 제16조 제3항을 유추적용함으로써 미국법 대신 일상거소지인 뉴욕주법을 준거법으로 지정하여야 한다.[20][21] 반면에 국제사법이 일상거소지 또는 불법행위지처럼 특정 장소를 연결점으로 삼는 경우 그 장소의 법(또는 지역법)을 적용하면 되므로 위의 문제는 없다.

참고로 독일 민법시행법(제4조 제3항)은 "준거가 되는 부분법질서를 표시함이 없이 복수의 부분법질서를 가지고 있는 국가의 법이 지정된 때에는 그 국가의 법

---

19) 대법원 2012. 10. 25. 선고 2009다77754 판결은, 당사자들이 연방법을 계약의 준거법으로 합의한 경우 선택된 법이 … 연방제국가의 법이라는 사정만으로 그러한 준거법 약정이 당연 무효라고 보아서는 아니 되고 계약문언, 계약전후의 사정, 거래관행 등 모든 사정을 고려하여 당사자가 그 국가의 어느 지역의 법을 지정한 것으로 합리적으로 인정되는지 여부까지 살펴보아야 한다고 판시하였다.

20) 오석웅, "당사자자치의 원칙과 불통일법국법의 지정", 국제사법연구 제25권 제2호(2019. 12.), 24면도 동지. 그러나 이필복, "국제사법 총칙과 해상 편에 관한 재판례를 통해 본 국제사법 20년의 회고와 과제", 국제사법연구 제27권 제2호(2021. 12.), 543면 註 49는 유추적용에 의문을 표시한다.

21) 로마 I(제22조 제1항)은 "어느 국가가 계약상의 채권관계에 관하여 고유한 법규범을 가지는 수 개의 영토적 단위를 포함하는 경우, 이 규정에 따른 준거법을 정함에 있어서는 각 영토적 단위는 국가로 간주된다"라고 규정한다. 최흥섭, 154면 이하는 둘째 경우도 불통일법국법 (다수국법) 지정의 문제로 다루면서 구 국제사법 제3조 제2항을 유추적용할 여지도 있으나 해석론으로 곧바로 그 장소의 법을 직접 적용하는 편이 낫다고 한다. 국제물품매매계약에 관한 국제연합협약(CISG)이 적용되는 매매계약의 보충적 준거법에 관하여 서울고등법원 2011. 10. 27. 선고 2011나8463 판결(상고기각 확정)은 구 국제사법 제26조 제1항, 제2항 제1호에 기하여 양도계약 체결 시 양도인의 주된 사무소가 있는 국가의 법인 호주 법이 적용되어야 하는데 호주는 연방제 국가로서 각 주마다 다른 법체계를 가지고 있으므로, 호주 법 가운데 원고의 주된 사무소가 있는 퀸즐랜드주 법이 보충적 준거법이 된다고 판시한 바 있다.

이 어느 부분법질서가 적용될지를 결정하고, 그런 규칙이 없는 때에는 가장 밀접하게 관련된 부분법질서가 적용된다"라는 취지로 규정하여 유사한 원칙을 두나 연결점을 국가로 한정하지 않는다. 우리도 유추에 의하여 문제를 해결할 수는 있으나 명시적 조문을 두는 편이 바람직하다.[22]

(4) 국적과 국제사법

종래 우리나라에서는 국적은 주로 국제법과 공법(특히 헌법)의 일부 또는 인접분야로 취급되고 있고 그 국제사법적 함의는 소홀히 취급되고 있다.[23] 그러나 국적과 국제사법은 우선 두 가지 관점에서 밀접한 관련을 가지므로 양자의 상호작용을 체계적으로 검토할 필요가 있다.

첫째, 우리 국제사법은 특히 신분관계와 친족 · 상속법 분야에서 국적을 연결점으로 채택하고 있으므로 국적 자체와 국적이 신분관계에 미치는 영향을 깊이 연구할 필요가 있다. 기본적으로 국적을 연결점으로 취급하는 근거,[24] 헌법상 평

---

22) 준거법의 맥락에서 본국법 결정에 관하여는 국제사법 제16조 제1항이 명시하나, 국적관할을 인정할 경우 제16조가 적용 내지 유추적용되는지는 불분명하다. 석광현, 국제재판관할법, 20면 참조.

23) 다만 국적에 대한 관심이 점차 커지고 있다. 예컨대 명순구, 이철우, 김기창, 국적과 법(2009) 참조. 프랑스 국제사법 교과서가 국적법을 상당히 비중 있게 다루는 점은 주목할 만하다. 국적에 관한 우리 문헌은 우선 차용호, 한국 이민법(2015), 709면 이하; 이철우 외 이민법 제3판(2024), 277면 이하(이철우 집필부분) 참조.

24) von Hoffmann/Thorn, §5 Rn. 10ff.는 국적을 연결점으로 삼는 근거로 아래를 든다. ① 국적은 어떤 자연인과 국가와의 결합의 전형적 표현이다. ② 당사자의 입장에서 볼 때도 동일한 법질서에 따른다고 하는 연속성의 이익을 가진다. ③ 국적의 취득과 상실은 엄격한 요건을 요구하므로 조작 가능성이 작다. ④ 여권 또는 신분증명서에 의하여 쉽게 확인할 수 있다. ⑤ 많은 국가가 본국법주의를 따르므로 국제적 판단일치를 촉진한다. ⑥ 본국법주의를 따르는 것은 상대적으로 거래이익을 보호하는 데 취약하나, 재산법적 쟁점이 아니라 인적 쟁점에 관하여 거래이익은 별로 문제 되지 않으므로 본국법주의는 본질적 거래이익을 침해하지 않는다. 다만 무국적자, 이중국적자 또는 불통일법국을 지정하는 경우에는 국적의 단점이 드러나게 된다. 이에 대하여 주소지주의를 선호하는 영국의 법률가는 본국법주의에 대해 아래와 같이 비판한다(J.H.C. Morris/David McClean, The Conflict of Lw (1993), p. 32-33 참조). 첫째, 본국법주의는 법적 안정성을 보호하는 데 유리하다고는 하나 이는 그가 선택하는 법체계를 적용할 수 있는 개인의 자유의 희생이라는 대가를 요구한다. 본국법주의에 대한 근본적인 반대는, 그가 목숨을 걸고 그로부터 도피한 국가의 법을 그의 소망에 반하여 적용하도록 요구하는 데 있다. 또한 용이하게 확인할 수 있다는 장점이 있는 것은 사실이지만, 복수국적자 또는 무국적자의 경우 그렇지 않으며, 나아가 가장 쉽게 확인할 수 있다고 해서 그것이 가장 적절한 법이라는 보장도 없다. 셋째, 미국이나 영국과 같은 불통일

등원칙(차별금지 원칙)과의 관계, 주소지주의 및 상거소지주의와의 우열 등을 검토
하여야 한다. 둘째, 위와 반대로 신분관계가 국적의 득실에 미치는 영향을 검토할
필요가 있다. 예컨대 혼인과 입양 등에 의하여 형성된 신분관계가 국적의 득실에
영향을 미치므로 양자는 밀접한 관련이 있다.

국적 득실의 선결문제로서 신분관계의 성립이라는 관점에서 국제사법과 국
적의 상호관계를 체계적으로 파악할 필요가 있다. 흥미로운 것은, 아래에서 보는
일상거소의 개념은 우리 국제사법이 정의할 수 있는 연결점이지만 국적의 경우는
그렇지 않다는 것이다. 왜냐하면 어느 자연인이 어느 국가의 국민인지 여부는 그
국가만이 결정할 수 있기 때문이다. 이러한 국적개념의 특수성은 선결문제의 해
결에서도 드러난다. 즉 선결문제의 해결에 관하여, 법정지법설 또는 절충설이 유
력한데,[25] 국적에 관련된 선결문제의 경우는 그에 대한 예외를 인정한다. 즉 국적
의 득실이 어떤 사법적(私法的) 법률관계(예컨대 유효한 혼인, 친자관계 등)에 좌우되
는 경우에는 이러한 선결문제는 문제 된 그 국가의 국제사법에 따른다. 즉 이 경
우 선결문제는 본문제에 종속적으로 연결된다는 것이다.

나아가 작금의 세계화 및 우리 사회에서 다문화가정이 증가하는 추세를 고려
할 때 첫째, 혈통주의(*ius sanguinis* principle)에 근거한 국적개념을 유지해도 좋은
지 아니면 출생지주의(*ius soli* principle)를 어느 정도 확대할지와,[26][27] 둘째, 지금

법국가의 경우 본국법주의만으로는 문제를 해결할 수 없다.

25) 상세는 석광현, 제5권, 328면 이하 참조.

26) 출생에 의한 국적 취득을 규정한 우리 국적법(§2)은 부모 양계혈통주의를 원칙으로 하고, 부
모가 모두 분명하지 않거나 국적이 없는데 자녀가 한국에서 출생한 경우와, 한국에서 발견
된 기아(棄兒)에 대해 예외적으로 출생지주의에 따라 한국 국적을 부여한다. 대법원 2018.
11. 6.자 2018스32 결정 등 종래의 대법원 재판에 따르면 국적법 제2조 제1항 제1호에 따라
부가 한국의 국민임을 이유로 출생과 동시에 한국 국적을 취득하기 위해서는, <u>부와 자녀 사
이에 법률상 친자관계가 인정되어야 한다</u>. 그런데 부와 혼인 외의 자녀 사이에서는 인지 없
이는 법률상 친자관계가 발생하지 않는다. 따라서 한국의 국민인 부와 외국인인 모 사이에
태어난 혼인 외의 출생자에 대하여는 부의 출생신고만으로 가족관계등록부를 작성할 수 없
고, 그 자녀가 미성년인 경우 한국의 국민인 부가 외국인에 대한 인지절차에 따라 인지신고
를 한 다음, 자녀가 국적법 제3조에 따라 법무부장관에게 신고함으로써 한국 국적을 취득한
후 그 통보가 된 때 가족관계등록부를 작성할 수 있다[국적법 시행령 제2조, 가족관계등록
법 제93조, 한국인과 외국인 사이에서 출생한 자녀에 대한 출생신고 처리방법(가족관계등록
예규 제429호) 참조]. 근자에는 위 밑줄 친 부분은 법률상 근거가 없다는 비판이 보인다. 이
종혁, "국제가사사건 재판례의 회고와 과제", 국제사법연구 제27권 제2호(2021. 12.), 491면
이하. 논란의 여지가 있으나 사실상의 부자관계를 결정하는 것은 어려울 수 있고, 조작될 위
험성이 있으므로 법률상 친자관계를 요구하는 견해가 설득력이 있다. 국적법 제2조와 유사

처럼 국적을 연결점으로 유지하는 것이 국제사법상 정당화될 수 있는지 등에 대한 깊이 있는 연구가 요청된다.[28] 특히 후자는 국적 자체에 대한 연구만으로 달성될 수는 없고 개별적인 법률관계의 연결정책과 함께 연구하여야 한다. 근자에 근로 또는 혼인을 위하여 한국 내로 이주하는 일부 외국인들이 한국 국적의 취득에 목을 매는 현상이 발생하는 것은 무엇보다도 국적 취득에 수반되는 다양한 법률상의 혜택 때문이다. 이런 현상에 수반되는 부작용을 완화하기 위하여는 혈통주의를 완화하는 방법과 함께, 다양한 법률상의 혜택을 부여하는 기준(즉 연결점)으로서의 국적을 다른 연결점으로 대체하는 방법을 병행할 필요가 있다. 아래에서 언급하는 국제사회보장법에서 국적 대신 고용지 등을 연결점으로 사용하는 것이 그러한 예이다.

그 밖에도 북한주민의 국적의 문제도 논의할 필요가 있는데, 종래 국제법학자와 공법학자들의 연구성과도 나와 있으나[29] 저자가 지적하는 것은 국제사법의 맥락에서 검토할 필요가 있다는 점이다. 즉 북한주민을 둘러싼 법률관계의 준거법을 결정함에 있어서 북한주민이 우리 국적을 가지고 있는지,[30] 만일 그렇다고 본다면

한 일본 국적법 제2조의 해석상 木棚照一, 逐條註解 國籍法(2003), 116면도 동지. 더욱이 민법상 인지는 원칙적으로 소급효가 있으나(민법 제860조), 인지에 의한 국적취득은 소급효를 가지지 않는다는 국적법(제3조)을 고려할 때에도 그렇게 보는 것이 타당하다.

27) 그러나 전통적으로 혈통주의를 취하였던 독일은 2000년 1월 1일자로 출생지주의를 도입하였다. 즉 독일 국적법(제5조 제3항)에 따르면, 외국인 부모 중 일방이 정주허가를 받아 독일에서 8년간 상거소를 가지고 있는데 자녀가 독일에서 출생한 때에는 그 자녀는 독일 국적을 취득한다. Hailbronner/Renner, Staatsangehörigkeitsrecht (2005), §4 참조. 우리도 장차 그와 유사한 형태의 출생지주의를 자연스럽게 받아들이게 될 것이다.

28) 예컨대 Roman Trips－Hebert, Internationales Privatrecht und Globalisierung, Der Einfluss der Globalisiering auf die Anknüpfung des Personalstatuts im Internationalen Privatrecht (2003) 참조. 국적, 상거소 등의 연결점 대신에 '문화적 동일성(kulturelle Identität)'을 연결점으로 주장하는 견해도 있다.

29) 예컨대 이효원, 남북교류협력의 규범체계(2006), 165면 이하 및 인용된 문헌 참조.

30) 이에 관하여는 석동현, 국적법(2011), 293면 이하 참조. 근본적으로 최초의 대한민국 국민은 누구인가라는 문제가 있다. 일부 학자는 1948년 제정한 국적법에 최초 국민조항이 없음을 지적하면서 이제라도 흠결을 보완해야 한다고 한다(노영돈, "우리 나라 국적법의 몇 가지 문제에 대한 고찰", 국제법학회논총 제41권 제2호(1996), 56면). 반면에 미군정하에 정해진 남조선과도정부법 제11호('국적에 관한 임시조례')에 의하여 조선인을 부친으로 하여 출생한 자와, 조선인을 모친으로 하여 출생한 자로서 그 부친을 알 수 없거나 또는 그 부친이 아무 국적도 가지지 않은 때에 해당하는 자 등은 조선의 국적을 가졌기에 그에 의하여 최초 국민을 파악할 수 있고 따라서 보완입법은 불필요하다는 견해 등이 있다(정인섭, 신국제법강의 제13판(2023), 900면. 다만 이 경우 조선 국적의 판단기준이 무엇인지, 더 근본적으로 근대

국적이 연결점인 법률관계의 경우 국적에 대신하는 연결점으로서 북한적의 개념을 인정할 수 있는지 아니면 상거소지를 사용할지 등을 판단할 필요가 있다.

　　나아가 국적은 성(姓)의 준거법과 관련해서도 의미가 있고(이에 관하여는 국제사법에 조문이 없다), 사회보장법[31]의 국제적 적용범위, 즉 '국제사회보장법'의 논의와 관련해서도 의미를 가진다. 다만 우리의 개별 사회보장법률은 외국인에 대하여 내국인과 달리 특례를 둠으로써 외인법적 접근을 하고 있으나(산재보험법의 경우는 예외) 국제사회보장법에서는 유럽연합의 "사회보장제도의 조정에 관한 규정 번호 883/2004"(이하 "EU사회보장조정규정"이라 한다)(제11조부터 제16조)과 독일의 사회법전 제Ⅰ권(총칙)(제30조)과 사회보험에 관한 제Ⅳ권(제3조부터 제6조)[32]에서 보는 바와 같이 국적보다 고용지(또는 취업지), 주소, 상거소 또는 거소와 사업장의 소재지 등의 연결점이 더 중요하므로 우리도 점차 저촉법인 국제사회보장법으로 전환할 필요가 있다.[33][34]

　　적 의미의 국적법이 없었던 시대의 국적 판단기준이 궁금하다). 대법원 1996. 11. 12. 선고 96누1221 판결은 위 임시조례와, 대한민국 국민이 되는 요건을 법률로 규정한다고 하는 제헌헌법 제3조와 현행 법령은 헌법에 저촉되지 않는 한 효력을 가진다고 규정하는 제헌헌법 제100조를 기초로 최초 국민을 파악한 바 있다. 학설과 위 판결 평석과 학설은 위 석동현, 308면 이하 참조(이는 국적 심사·판정절차를 활용하자고 한다). 그 밖에 이병화, "국제인권법상 국적취득권의 보호에 관한 고찰", 저스티스 통권 제132호(2012. 10.), 259면 이하도 참조.

31) 사회보장기본법 제3조 제1호는 "사회보장이란 출산, 양육, 실업, 노령, 장애, 질병, 빈곤 및 사망 등의 사회적 위험으로부터 모든 국민을 보호하고 국민 삶의 질을 향상시키는 데 필요한 소득·서비스를 보장하는 사회보험, 공공부조, 사회서비스를 말한다"라고 정의한다.

32) EU사회보장조정규정과 위 독일법의 소개는 석광현, "외국인에 대한 한국 사회보장법의 적용: 외인법에서 저촉법인 국제사회보장법으로", 국제사법연구 제27권 제2호(2021. 12.). 658면 이하 참조.

33) 과거의 논의는 전광석, "국제사회보장법의 기본문제", 국제사법연구 제12호(2006), 535면 이하 참조. 상세는 전광석, 국제사회보장법론(2002) 참조. 전광석(단행본), 126면은 국제사회보장법을 "외국과 관련된 사회보장사안을 규율하는 일체의 규범 및 사회보장의 국제기준을 제시하는 일체의 규범"이라고 정의함으로써 ① 지시(정)규범과 그에 의하여 지정된 준거법 및 ② 사회보장국제법을 포함시킨다. 실정법으로서 국민건강보험법(제109조), 한부모가족지원법(제5조의2)과 국민기초생활 보장법(제5조의2) 등은 외국인에 대한 특례를 규정한다. 나아가 의료급여법(제3조)은 국민기초생활 보장법에 따른 수급권자를 원용한다. 국제사회보장법과 국제사법의 관계는 Eberhard Eichenhofer. Internationales Sozialrecht und Internationales Privatrecht (1987) 참조. 국민연금법을 보면 제126조(외국인에 대한 적용)와 제127조(외국과의 사회보장협정)가 있다. 전광석·박지순·김복기, 사회보장법 제6판(신조사. 2020), 309면 이하[제11장 국제사회보장법] 참조. 최근 우리 문헌은 석광현(註 32), 647면 이하 참조.

34) 이런 제안의 상세는 석광현(註 32), 647면 이하 참조. 이철우 외, 이민법 제3판(2024), 499면

사법(私法)의 맥락에서 협의의 국제사법이 가지는 지위는 사회보장법의 맥락에서 국제사회보장법이 가지는 지위와 같지만,[35] 사회보장법은 공법적 채권채무관계를 대상으로 하므로 국제사회보장법은 협의의 국제사법의 일부는 아니다. 이는 마치 공법 또는 행정법 분야의 저촉규범을 '국제행정법' 또는 '섭외공법'[36]이라고 부르는 것과 같다. 국제사법 조문은 대부분 양면적 저촉규정이나 국제사회(보장)법은 일면적 저촉규범의 성질을 가진다.[37]

(5) 국적과 상거소의 우열

참고로 중국 국제사법인 섭외민사관계법률적용법은 사람의 신분, 가족법과 상속법의 연결점으로서 상거소를 채택한다(제11조, 제12조, 제23조, 제31조 등). 이는 우리 국제사법(예컨대 제26조, 제28조, 제64조 등)이 위 사항에 관하여 국적만을 연결점으로 하거나, 상거소를 연결점으로 채택하는 경우에도 국적보다 후순위의 연결점으로 삼는 것과는 대조적이다. 한국에 들어와 정착하는 외국인의 수가 꾸준히 증가하여 장래 어느 수준을 넘게 되면 법원이 외국인의 본국법인 외국법을 적용하는 것이 실무적으로 큰 부담이 될 수 있다. 이는 사람의 신분관계의 연결점으로서 상거소를 채택할 현실적인 이유의 하나가 될 수 있다.

(6) 남북한 주민 또는 기업 간의 법률관계

근자에는 주춤하지만 과거 한때 남북한 주민 또는 기업 간의 교류가 활발해짐에 따라 어려운 준거법 결정의 문제가 발생하였다. 이러한 문제, 특히 민사문제를 처리하는 접근방법에는 몇 가지가 있다. 첫째, 헌법의 논리에 충실하게 북한이 한국의 일부라고 본다면 그 경우 한국법을 적용하여 처리하면 될 것이나 이를 관철할 수는 없다. 만일 이를 관철한다면 예컨대 북한에서 북한 주민들 간에 이루어

이하(노호창 집필부분)는 외국인의 사회보장을 다루고 있으나 저자의 제안을 소개하지 않는다.

35) Eberhard Eichenhofer, Sozialrecht, 11. Auflage (2019), Rn. 82.

36) 이는 '국제공법'이라고 불러야 할 것이나 국제공법은 통상 국제법을 가리키는 용어로 확립된 탓에 '섭외공법'이라고 부른다. 이호정, 8면. 참고로 von Bar/Mankowski, Band Ⅰ, §4 Rn. 52는 '사법(私法)적 섭외공법(privatrechtliches internationales öffentliches Recht)'과 '공법적 섭외공법(öffentlichrechtliches internationales öffentliches Recht)'을 구분한다.

37) Eberhard Eichenhofer, Social Protection and private international law, Encyclopedia, Vol. 2, p. 1651. 다만 무국적자의 경우 협의의 국제사법에서는 그의 상거소지법을 적용하나(우리 국제사법 제16조 제2항), 사회보장법에서는 외국인으로 취급한다.

진 혼인은 우리 민법이 정한 혼인신고가 없으므로 모두 무효가 될 것이나 그러한 결론을 수긍할 수는 없기 때문이다.[38] 둘째, 국제적으로 남북한이 별개의 국가처럼 취급되는 점을 중시하면 그 경우 전적으로 국제사법에 따라 처리해야겠지만, 이는 헌법의 논리에 충실하지 못하고 정서적으로도 거부감이 있다. 셋째, 준국제사법적 또는 그에 준하는 접근방법을 취하는 것인데,[39] 이는 일단 국제사법을 유추적용하는 형태로 나타나나 그 내용은 더 구체화할 필요가 있다. 이런 견해는 국제사법 제16조 제3항으로부터 그 근거를 도출할 여지도 있다. 넷째, 남북한 간의 특수한 관계로 보아 남북한특수관계론[40]을 전개하는 견해가 있는데 이는 개별사건에 따라 국내법 또는 국제법 원칙을 적용할 수 있다고 하나 그 내용은 아직 불분명하며 앞으로 이를 구체화해야 한다. 저자는 다양한 법률관계의 준거법을 다룬 포괄적인 준국제사법체계를 정립하고자 별도의 논문을 발표한 바 있다.[41] 물론 준국제사법적 접근방법을 취하더라도 필요한 경우 특수성을 실질법에 반영하여 올바른 방향으로 문제를 해결해야 한다.[42]

---

38) 하지만 이런 법리에 따라 북한 주민에게 우리 법을 적용하여 저작권을 인정한 사례가 있다. 예컨대 대법원 1990. 9. 28. 선고 89누6396 판결. 반면에 대법원 2024. 6. 13. 자 2024스536 결정은 북한이탈주민법과 남북가족특례법은 북한에서 성립한 혼인관계의 효력이 인정될 수 있고 그 혼인관계 중 출생한 자녀도 혼인 중의 자녀가 될 수 있다는 입장에 서서 그에 따른 법률관계를 규율하고 있다고 판시하고, 이는 남북관계 및 이로 인하여 발생하는 남북 주민의 신분관계의 여러 문제점이 가지는 특수성을 고려하여, 가족관계등록법에 따른 기록이 없다는 이유만을 들어 북한에서 이미 유효하게 이루어진 신분관계의 효력을 부정하지 않겠다는 취지라고 판시한 바 있다. 이는 결국 북한에서의 혼인관계와 친자관계에는 북한법을 적용한다는 것을 의미하나 그 법적 근거를 더 명확히 하지 않은 점은 아쉽다.

39) 이호정, 33면; 오수근, "동·서독일간의 준국제사법적 문제의 해결방법에 관한 연구", 배경숙 교수 화갑기념논문집(1991), 851면; 임성권, "남북한 사이의 국제사법적 문제", 국제사법연구 제4호(1999), 190면(이는 임성권, "남북한 사이의 법률관계", 3면 이하에도 수록되었다).

40) 이효원, 남북교류협력의 규범체계(2006), 6면 이하.

41) 즉 석광현, "남북한 주민 간 법률관계의 올바른 규율: 광의의 준국제사법규칙과 실질법의 특례를 중심으로", 국제사법연구 제21권 제2호(2015. 12.), 335면 이하가 그것이다. 그런 노력을 보여주는 글로는 이종혁, "남북교역 활성화와 단계적 통일과정에 따르는 준국제사법 제정방향－남북한 국제사법의 비교를 포함하여－", 통일과 법률 제48호(2021. 11.), 126면 이하; 사단법인 한중법학회, 남북한주민 간 민사법률분쟁에 대한 재판관할권 등에 관한 연구－중국·대만·홍콩·마카오의 실무 사례를 중심으로－법원행정처 제출 연구용역 연구결과 보고서(2023) 등이 있는데 이들은 입법론도 제시한다.

42) 예컨대 "남북 주민 사이의 가족관계와 상속 등에 관한 특례법"(남북주민법)의 중혼의 특례(제6조)가 그러한 예이다. 준국제사법적 접근방법을 관철하면서도 필요 시 실질법의 특례가 필요함을 지적하는 견해는 석광현, 제6권, 709면 이하 참조. 남북교류의 활성화에 따라 그러

종래 북한이 남한의 일부인가의 문제는 헌법상의 문제이고, 남북한 주민 간의 법률관계를 바라보는 관점을 헌법 조문과의 관계에서 논의하는 경향이 있다. 즉, 헌법 제3조의 영토조항에 의하면 북한주민도 대한민국 국민이므로, 남북한 법률관계에는 당연히 남한법이 적용되는 데 반하여, 헌법 제4조의 통일정책 조항을 중시하면 북한의 법적 실체를 전면적으로 인정하여 남한과 북한은 별개 국가이고, 북한주민은 외국인으로 취급되므로 남북한 주민 간의 법률관계는 전면적으로 국제사법의 법리에 따른다는 것이다. 그러나 국제사법의 적용근거는 헌법 제11조의 평등의 원칙에서 찾을 수 있음을 고려한다면 헌법 제3조만을 근거로 남북한 법률관계에 남한법을 적용하는 것은 부당하다.[43] 남한주민 간의 법률관계에 대하여 남한법을 적용하고, 북한주민 간의 법률관계에 대하여 북한법을 적용하는 것이 타당함은 이론이 없는데, 만일 북한주민 간의 법률관계에 대하여도 헌법 제3조 우위설을 따라 남한법을 적용한다면 이는 평등의 원칙에 반한다. 그렇다면 남북한 주민 간의 법률관계에 적용할 준거법의 결정은 헌법 제3조와 제4조만이 아니라 헌법 제11조의 접점에 있고, 적어도 사법적 법률관계에 관한 한 제11조를 함께 고려하여 구체적 규칙을 정립하여야 한다.

과거 한동안 특히 문제 된 것은 탈북자와 북한에 남아 있는 배우자 간의 이혼이었는데, 2007년 1월 개정된 "북한이탈주민의 보호 및 정착지원에 관한 법률"(북한이탈주민법) 제19조의2는 이 문제를 입법적으로 해결하였다.[44] 또한 그 후 북한 주민들이 6·25 때 월남한 아버지의 유가족을 상대로 낸 소송에서 조정이 성립해 유산의 일부를 물려받게 되는 등 소송이 현실화되고 있는 상황을 고려하여 정부가 당초 2011년 초 입법예고했던 '남북주민 사이의 가족관계와 상속 등에 관한 특례법' 초안에서는, 동법이 적용되는 법률관계에 한정하여 북한 법률과 판결에 대하여 준거법의 결정에 관한 국제사법과 외국판결의 승인에 관한 민사소송법 규정을 준용하는 취지의 조문을 두었으나,[45] 입법예고 후 북한의 법률과 판결의 효력을 인정하는 것은 북한을 국가로 인정하는 것이 아니냐는 지적이 있었음을

___

한 특례가 많아진다면 그때는 가칭 'inter-Korean private law' 내지 '한반도사법(私法)'이라는 독특한 규범체계가 성립될 여지도 있다.

43) 상세는 석광현, 제6권, 720면 이하 참조.

44) 이 점은 이혼의 준거법을 정한 제66조의 해설에서 논의한다.

45) 당초 법률안 초안에서는 재판관할(제4조), 준거법(제5조), 사법공조(제6조)와 북한판결의 효력(제7조)에 관한 규정이 있었으나 재판관할에 관한 조항만이 살아남았다. 상세는 석광현, 제6권, 725면 이하, 731면 이하, 758면 이하, 763면 이하 참조.

이유로 정부는 위 조문들을 삭제한 수정안을 8월 18일 재공고하였고[46] 그에 따른 입법이 이루어졌다.[47] 논란의 여지가 없지는 않지만 이러한 태도는 국가의 승인과, 외국법의 적용 내지 외국판결의 승인과의 관계를 오해한 것으로서 국제사법적 사고의 빈곤을 보여주는 사례이다.

어쨌든 앞으로 남북한 주민 및 기업과의 법률관계를 다루는 데 있어서 국제사법적 관점이 유용함은 분명하다. 이는 위에서 본 둘째의 방안, 즉 국제사법으로 해결하여야 한다는 것이 아니다. 셋째의 방안, 즉 준국제사법적 접근방법을 취할 경우 그 출발점이 된다는 점에서 물론이고, 가사 다른 접근방법을 취하더라도 국제사법적 시각은 균형잡힌 관점을 제공함으로써 문제를 올바로 해결하는 데 크게 도움을 줄 수 있기 때문이다. 그 과정에서 이전 (4)에서 언급한 북한 주민의 국적에 관한 논점도 검토할 필요가 있다.

(7) 연결점의 확정

국적의 확정은 연결점의 확정에 관한 앞에서 논의하였다(제2장 제4절 Ⅳ. 연결점의 해석 및 확정).

(8) 회사의 국적

자연인의 국적을 정하는 국적법은 법인이나 회사에는 적용되지 않고, 회사의 경우 보편타당한 국적 개념은 존재하지 않는다. 회사의 국적 개념을 사용하자면, 대상이 어느 회사인지, 나아가 민법, 회사법, '부동산 거래신고 등에 관한 법률', 세법(조세조약 포함), 외국인투자촉진법, 국제법과 국제투자법 등 맥락별로 달리 판단해야 하는데, 다양한 회사법적 쟁점을 규율하는 준거법을 지정하는 국제사법이 특히 중요하다.[48] 국제사법은 회사의 국적을 결정하지는 않지만 그의 속인법을 결정하기 때문이다.

---

46) 2011. 8. 22. 법률신문 기사.

47) 이는 법률 제11299호로 2012. 2. 10. 제정되었고 2012. 5. 11. 발효되었다. 위에 언급한 사건에서 북한주민 등의 친생자관계존재확인청구에 대하여 대법원 2013. 7. 25. 선고 2011므3105 판결은 원고들의 청구를 인용한 원심을 지지하였다. 재판관할과 준거법에 관하여는 제1심 판결인 서울가정법원 2010. 12. 1. 선고 2009드단14534 판결 참조.

48) 석광현, "쿠팡은 한국 회사인가－쿠팡의 뉴욕 증시 상장을 계기로 본 국제회사법－", 법률신문 제4870호(2021. 2. 25.), 11면; 석광현, 정년기념, 316면 이하 참조.

4. 상거소지법에 관한 조항 신설: 주소지법의 대체

섭외사법	국제사법
제3조(住所地法) ① 당사자의 주소지법에 의하여야 할 경우에 있어서 그 주소를 알 수 없는 때에는 그 거소지법에 의한다. ② 전조 제1항 및 제3항의 규정은 당사자의 주소지법에 의할 경우에 이를 준용한다.	<삭제> 제17조(일상거소지법) 당사자의 일상거소지법에 따라야 하는 경우에 당사자의 일상거소를 알 수 없는 경우에는 그의 거소가 있는 국가의 법에 따른다.

[입법례]
• 일본 법례 제30조/법적용통칙법 제39조[상거소지법]
• 스위스 국제사법 제20조 제1항[자연인의 주소, 상거소, 영업소]

가. 개요

구 국제사법에서는 상거소를 각종 법률관계의 연결점으로 새로이 도입함에 따라 총칙인 제4조에 상거소지법에 의하여야 하는 경우에 상거소가 불명인 때에는 그에 대신하여 거소지법을 적용한다는 취지의 규정을 신설하였다. 국제사법도 이런 태도를 유지한다. 다만 구 국제사법의 상거소(常居所)는 국제사법에서는 '일상거소(habitual residence)'라는 표현으로 대체되었다.[1] 즉 일반관할을 규정한 국제사법 제3조 제1항 제1문은 "대한민국에 일상거소(habitual residence)가 있는 사람에 대한 소(訴)에 관하여는 법원에 국제재판관할이 있다"라고 규정한다. 이하 상거소와 일상거소를 호환적으로 사용한다.

나. 주요내용

(1) 연결점으로서의 일상거소의 도입

일상거소(habitual residence, gewöhnlicher Aufenthalt) 개념은 헤이그국제사법회의에서 채택한 다수의 협약[2]을 비롯한 다수의 조약 및 입법례에서 연결점으로 사용되고 있다. 이는 주소(domicile, Wohnsitz)의 개념이 나라마다 달라 조약상 주

---

1) 이런 수정과 영문 병기가 바람직하지 않다는 점은 위에서 언급하였다.
2) Paul R. Beaumont/Peter E. McEleavy, The Hague Convention on International Child Abduction (1999), p. 88 이하 참조. 이를 최초로 채택한 헤이그협약은 1896년 민사소송협약(제15조 제1항의 *résidence habituelle*)이다. Kropholler, S. 281; Baetge, S. 5. 속인법의 맥락에서는 헤이그국제사법회의의 1902년 미성년자의 후견에 관한 협약에서 처음 채택되었다.

소를 연결점으로 하더라도 국제적인 통일을 기할 수 없기 때문에 주소에 대신하는 통일적인 연결점으로서 등장한 것이다.

　구 국제사법의 각칙에서는 사람 또는 신분, 친족·상속 분야의 준거법을 결정함에 있어 원칙적으로 종래의 본국법주의를 유지하나, 국제적인 조류에 부응하기 위하여 혼인의 일반적 효력(제37조. 국제사법 제64조에 상응), 부부재산제(제38조. 국제사법 제65조에 상응), 이혼(제39조. 국제사법 제66조에 상응) 등의 경우 부부의 동일한 상거소지법을 2단계의 연결점, 즉 보충적인 연결점으로 도입하고, 유언의 방식(제50조 제3항)의 경우 유언자의 상거소지법을 선택적인 연결점으로 도입함으로써 상거소를 국제사법상의 연결점으로 처음으로 도입하였다. 따라서 총칙인 제4조(국제사법 제17조에 상응)에 상거소가 불명인 때에는 그에 대신하여 거소지법을 적용하라는 취지의 규정을 두었다. 국제사법은 이런 태도를 유지한다.

(2) 일상거소 개념의 정의 여부

　일상거소의 경우 국제적으로 통일된 개념이 사용되는 것이 바람직하므로[3] 구 국제사법과 국제사법에서는 일상거소 개념의 고착화를 우려하여 정의 규정을 두지 않았다.[4] 따라서 일상거소의 개념은 앞으로 학설·판례에 의해 정립되어야 할 것이나, 일상거소라 함은 일응 "사람이 그의 생활의 중심(Lebensmittelpunkt)을 가지는 장소"를 말하는 것으로 이해된다.[5] 통상 일정한 장소에서 상당한 기간 동안 정주(定住)한 사실이 인정되면 그곳이 일상거소로 인정될 것이고,[6] 일상거소가

---

[3] 예컨대 국제사법 제46조(부양)와 같이 국제사법이 조약을 수용한 경우에는 특히 그러하다.

[4] 스위스 국제사법 제20조 제1항은 "자연인은 그가 계속적인 체재의 의사를 가지고 거주하는 국가에 주소를 가지고, 그가 상당히 장기간 동안 살고 있는 국가에 비록 이 기간이 원래부터 한정되어 있더라도 그의 상거소를 가진다"라고 규정한다.

[5] 이호정, 193면. 독일 연방대법원의 1975. 2. 5. 판결(NJW 1975, 1068)도 상거소를 생활의 중심지(Daseinsmittelpunkt)라고 보았다. 이러한 견해를 '사회적 통합론(soziale Integration)'이라고 한다. 최흥섭, "國際私法에서 日常居所의 의미와 내용", 국제사법연구 제3호(1998), 527-528 면; Baetge, S. 81-85; Bettina Rentsch, Der gewöhnliche Aufenthalt im System des Europäischen Kollisionsrechts (2017), S. 150ff. 상거소의 구성요소와 판단기준에 관하여는 위 최흥섭, 525-532면 참조. 사회통합이라는 개념은 그 밖에 사회보장기본법 제2조(기본이념)와 재한외국인 처우 기본법 제1조(목적)에도 등장한다. 또한 오늘날 '사회통합'은 사회보장의 주요 이념 중 하나로 인식되고 있다. 남북한 관계에서도 사용한다. 정구진, 사회통합을 위한 북한주민지원제도(2020), 17면 이하 참조.

[6] 다만 종래 우리 민법상 '거소'라 함은 사람이 상당한 기간 계속하여 거주하는 장소라고 이해하고 있으므로 이는 위에 언급한 상거소의 개념에 접근한다. 그러나 상거소는 거소보다 장소

존재하기 위해 반드시 정주의사(定住意思)(*animus manendi*)는 필요하지 않으며, 법적 개념인 주소에 반하여 일상거소는 상대적으로 사실적 요소가 강한 개념이라고 할 수 있다. 일상거소의 존재 여부는 구체적인 상황에 따라 당사자의 체류기간, 체류목적, 가족관계와 근무관계 등 관련 요소를 종합적으로 고찰하여 판단할 것이다. 한편 우리 민법은 "생활의 근거되는 곳을 주소로 한다"라고 규정하는데(제18조 제1항), 이는 정주의사를 필요로 하지 않는 객관주의를 취하는 것으로 이해되므로[7] 그러한 일상거소 개념과 민법의 주소 개념은 별 차이가 없는 것으로 보인다.[8]

당사자가 복수의 일상거소를 가질 수 있는가에 대해 논란이 있으므로 일상거소의 적극적 저촉에 관한 규정은 두지 않았다.[9]

구 국제사법과 국제사법이 일상거소를 연결점으로 도입한 것은 일본의 법례 및 법적용통칙법[10]과 마찬가지이나, 국제사법은 소비자계약과 근로계약의 경우 소비자와 근로자의 일상거소지를, 준거법 결정을 위한 연결점으로서 뿐만 아니라 국제재판관할에 관한 연결점으로서도 사용하는 점에서[11] 그렇지 않은 법례, 법적용통칙법 및 일본 민사소송법과는 차이가 있다.

일반관할의 연결점으로서의 일상거소와 국제사법의 연결점으로서의 일상거소의 개념은 반드시 동일한 것은 아니고, 후자도 관련 분야 내지 맥락에 따라 다를 수 있다는 점을 지적하는 견해가 유력하나 구체적으로 어떤 차이가 있는지는 논란이 있다.[12]

적 밀접도가 높다. 법무부, 해설, 31면 註 11.

7) 한상호, 民法注解 [I](1997), 332-333면.

8) 이호정, 194면; 최흥섭(註 5), 535면. 그러나 민법의 주소는 '법률개념'으로서 국내법상 일원적이고 고정적인 데 반하여, 상거소는 '사실개념'('법적개념'인지는 논란이 있으나)으로서 다원적이고 고정적일 수 없다는 차이를 지적하면서 깊이 있는 검토가 필요하다는 지적이 있다. 최흥섭, 글모음집, 10면 이하 참조.

9) 한 가지 의문은 민법은 동시에 복수의 주소가 존재할 수 있음을 명시적으로 인정하는데(제18조 제2항), 복수의 일상거소가 존재할 수 있는지에 대해서는 논란이 있고 특히 주소의 개념에 관하여 우리처럼 객관주의를 취하는 일본에서 부정설이 유력한 것을 볼 때(최흥섭(註 5), 537면), 일상거소가 주소보다 통합의 정도가 상대적으로 강한 것이 아닌가 생각된다.

10) 예컨대 법례 제14조, 제15조, 법적용통칙법 제25조, 제26조.

11) 제47조 제4항, 제5항과 제48조 제4항.

12) 이에 관한 논의는 Baetge, S. 86-101; 최흥섭(註 5), 533면 이하 참조. 예컨대 관할권의 영역에서는 법원에의 접근이 용이해야 하므로 비교적 쉽게 상거소를 인정할 수 있으나, 가족법 기타 속인법의 영역에서는 비교적 높은 수준의 통합이 요구되고, 부양법이나 아동의 보호를 위한 영역에서는 보호를 실현하기 위하여 속인법보다는 상대적으로 낮은 수준의 통합

국제사법에 따르면 신분관계에 관하여 일상거소가 연결점이므로 법원은 물론이고, 가족관계등록 공무원이 당사자의 일상거소를 판단할 필요가 있게 된다. 이 경우 가족관계등록 공무원의 판단을 용이하게 하기 위하여 당사자가 일정기간 (예컨대 1년) 한국에 거주한 경우 한국에 일상거소가 있는 것으로 추정하는 취지의 규정을 두는 방안을 고려할 수 있다. 당초 이러한 취지의 조항을 국제사법에 두자는 견해도 있었으나 채택되지 않았다.[13]

을 요구할 것이라고 한다. 나아가 Baetge, S. 86f.는 성년자와 미성년자의 경우를 구분하여 미성년자의 경우 상대적으로 쉽게 상거소를 인정하고, 상거소가 1차적 연결점인지 2차적 연결점인지에 따라 통합의 정도를 달리할 것이라고 하나, 최흥섭(註 5), 534면 註 26은 그에 대해 의문을 표시한다.

13) 국제사법의 시행에 따라 대법원은 상거소의 판단기준을 마련함으로써 원활한 호적사무처리가 이루어질 수 있도록 하고자 "신분관계를 형성하는 섭외신분행위를 함에 있어 신분행위의 성립요건 구비 여부의 증명절차에 관한 사무처리지침(대법원 호적예규 제472호)"을 2001. 9. 5. 개정하여 상거소의 인정에 관한 규정을 신설하였다(대법원 호적예규 제596호). 법원공보 2001. 10. 15.(제1146호), 792면 이하 참조. 위 예규는 그 후 개정되었고 가족관계등록예규 제427호로 개정되어 2015. 2. 1. 시행되고 있다. 후자는 우선 "상거소란 사실상 생활의 중심지로 일정기간 지속된 장소"를 말한다고 하면서, 한국인이 외국에서 적법하게 5년 이상 계속하여 체류하고 있는 경우에는 그 국가에 상거소가 있는 것으로 본다. 다만 한국인이 ① 복수국적인 경우에 우리나라 이외의 국적국, ② 영주자격을 가지는 국가, ③ 배우자 또는 미성년인 양자로서 체류하고 있는 경우에는 그 외국인 배우자 또는 양친의 국적국에서 1년 이상 계속하여 체류하면 그 체류국가에 상거소가 있다고 본다. 한편 외국인의 경우 체류기간과 체류자격에 따라 판단하는데, 체류자격이 출입국관리법시행령상의 "거주"인 외국인으로서 1년 이상 계속하여 체류하는 경우 한국에 상거소를 가진 것으로 처리하지만, 불법입국자 및 불법체류자에 대하여는 한국의 상거소를 인정하지 않는다. 이러한 기준은 가족관계등록을 위한 편의상의 기준에 불과하며, 법원은 그에 구속되지 않고 독자적인 판단에 따라 상거소의 인정 여부를 결정할 수 있다. 특히 한국인이 외국에서 적법하게 5년 이상 계속하여 체류해야 당해 외국에 상거소가 있는 것으로 보는 것은 우선 기간이 지나치게 길고, 외국인의 한국 내 상거소 취득을 위하여 필요한 기간(적법한 체류 시 1년)과도 균형이 맞지 않는다. 일응의 기준으로서 1년으로 통일하는 것이 설득력이 있다고 본다. 일본의 경우 법례는 상거소의 개념을 정의하고 있지 않고, 다만 호적사무처리 지침으로 제정된 법무성의 基本通達(1988. 10. 2. 民二第3900号 民事局長 通達)이 상거소의 인정에 관한 개략적인 기준을 제시하고 있다. 독일에는 국제재판관할의 맥락에서 6개월이 일응의 기준이 된다는 견해(Richard Zöller/Reinhold Geimer, ZPO-Kommentar, 29. Auflage (2012), §98 FamFG, Rn. 91)와, 사실관계에 따라 다르지만 6개월 내지 1년의 기간이면 상거소를 인정할 수 있다는 견해 등이 보인다. Hordasch/Viefhues (Hrsg.), Kommentar zum Familienvefahrensrecht, §98 Rn. 46 (Hohloch 집필부분). 2013년 1월부터 시행되고 2020년 개정된 중국 최고인민법원의 사법해석(제13조)에 따르면 자연인이 1년 이상 연속 거주하고 생활중심지로 삼는 곳이 일상거소로 인정되나 치료, 노무파견 또는 공무로 주재하는 경우는 제외된다. 미국 오레곤주가 채택한 UCCJEA는 6개월을 기준으로 'home state'를 결정한다. 참고로 유류분반환청구

2000년 위원회의 논의과정에서 '상거소' 대신 '일상거소'라는 표현을 사용하자는 견해가 있었으나[14] 그간 학계에서 상거소라는 용어를 널리 사용하여 왔고, '일상'이라는 용어는 매일(每日)(daily)이라는 의미가 강할 뿐만 아니라 일상가사채무, 일상가사대리권에서의 '일상'과 같은 의미로 혼동될 우려가 있다는 이유로 채택되지 아니하였다. 그러나 위에서 보았듯이 2022년 개정 시 뜻밖에도 '상거소(常居所)'가 '일상거소(habitual residence)'로 수정되었다.

(3) 주소 조항의 폐지

구 국제사법에서 주소는 상거소로 대체되었고, 주소를 연결점으로 규정하던 채권양도에 관한 섭외사법 제14조도 더 이상 주소를 연결점으로 사용하지 않고 그 밖에 국제사법은 주소를 연결점으로 사용하지 않으므로 주소에 관한 섭외사법 제3조를 삭제하였다. 이는 국제사법에서도 마찬가지이다.

사건인 서울고등법원 2023. 10. 19. 선고 2022나2040001 판결은 아래와 같이 판시하였다. "원고는 이 사건 사무처리지침에 따라 망인의 상거소가 판단되어야 하므로, 망인의 주관적인 의사는 배제한 채 위 사무처리지침에서 정한 체류기간에 따라 상거소가 판단되어야 한다고 주장한다. 그러나 이 사건 사무처리지침은 신분관계를 형성하는 국제신분행위를 함에 있어 신분행위의 성립요건 구비여부의 '증명절차'를 처리하기 위하여 제정되었고, 주로 주소와 거주기간을 토대로 상거소를 판단한다는 취지로 정하고 있으면서도, '상거소지법을 국제신분행위의 준거법으로 하고자 하는 경우에는 다음의 기준에 의하여 상거소인지를 판단할 수 있다'고 규정하는 등 주소와 거주기간을 상거소 판단의 절대적 기준으로 규정하고 있지는 않다[더욱이 이 사건 사무처리지침은 '가족관계등록예규'로서 제정된 것이므로 이에 관하여 법규적 효력을 인정하기는 어렵다(대법원 2007. 9. 28. 선고 2005두12572 전원합의체 판결 등 참조)]". 위 서울고등법원 판결은 피상속인의 한국 내 체류기간이 4년 5개월에 이르렀고 한국에서 주민등록을 하였음에도 불구하고 피상속인이 체류 기간 동안 주로 병원에 입원해 있거나 아파트에 머무르면서 휴양하는 등 외부와 단절된 생활을 하였으며, 한국에서 별다른 사회적 활동 기반을 구축하지는 않았다는 사정 등을 근거로 피상속인의 상거소지는 일본에 있다고 보았는데, 상거소의 개념에 대한 판단과 상속준거법에서 당사자자치를 허용하는 취지에 비추어 그런 판단은 수긍할 수 있다.

14) 연구반초안은 '일상거소'라는 표현을 사용하였다. 예컨대 연구반초안 제4조 참조. 연구반초안해설, 21면.

5. 외국법의 적용에 관한 조항의 신설[1])

섭외사법	국제사법
<신설>	제18조(외국법의 적용) 법원은 이 법에 따라 준거법으로 정해진[2]) 외국법의 내용을 직권으로 조사·적용하여야 하며, 이를 위하여 당사자에게 협력을 요구할 수 있다.

[입법례]
- 스위스 국제사법 제16조[외국법의 확정]
- 독일 민사소송법 제293조[외국법, 관습법, 자치법규]
- 중국 섭외민사관계법률적용법 제10조

가. 개요

구 국제사법과 국제사법에서는 외국법도 단순한 사실이 아니라 법률로서의 성질을 가지는 이상 법원이 그것을 직권으로 조사하여 적용하도록 명시한다. 다만 국내법과 달리 법관이 외국법의 내용을 파악하는 것이 쉬운 일은 아니므로 당사자에게 그에 대한 협력을 요구할 수 있도록 규정한다.

나. 주요내용

(1) 법원의 준거법 직권 조사·적용의무

(가) 직권에 의한 준거법의 조사·적용   국제사법에 의하여 어떤 법률관계 내지 쟁점의 준거법으로 외국법이 지정된 경우 법원은 그 외국법을 적용하여야 한다.[3]) 그 경우 외국법의 내용을 주장하고 입증하는 책임이 누구에게 있는지, 외

---

1) 이 부분은 석광현, 국제민사소송법, 325면 이하를 기초로 한 것이다. 2023년 10월 독일 막스플랑크 외국사법과 국제사법 연구소가 발표한 "독일 절차에서 외국법의 조사와 적용에 관한 함부르크 지침(Hamburger Leitlinien zur Ermittlung und Anwendung ausländischen Rechts in deutschen Verfahren)"은 주목할 만하다. 이는 법원, 감정인과 당사자를 위한 지침 등을 담고 있다.

2) 구 국제사법에서는 "이 법에 의하여 지정된 외국법"이었는데 국제사법에서는 위와 같이 개정되었다. "준거법으로"를 넣은 것은 좋으나 "지정된"을 "정해진"으로 수정한 것은 잘못이다. 법제처의 담당자들이 왜 이런 쓸데없는 일을 하는지 모르겠다. 제19조, 제21조와 제22조에서는 여전히 "지정된"이 사용되고 있기 때문이다.

3) 이처럼 외국적인 요소가 있는 법률관계에 대하여 외국법을 적용해야 하는 것은 국제사법이 이를 명하기 때문이다. 국제사법이 다양한 연결원칙을 두고 있는 근거는 헌법상의 평등의 원칙에 기초한 것이라고 설명하기도 한다. 안춘수, "외국법 적용의 근거", 국제사법연구 제3호

국법의 내용이 불분명한 경우 어떻게 해결할 것인지에 관하여 섭외사법상 아무런 규정이 없었다. 외국법을 어떻게 취급할지는 사법정책적 문제이므로 국가에 따라 그 태도가 다를 수 있는데, 구 국제사법에서는 종래의 학설·판례[4]를 따라 준거법이 외국법인 경우 당사자의 입증이 없더라도 법원이 이를 직권으로 조사, 확정하고 적용하여야 함을 명시하고, 다만 입증의 편의를 위하여 법원이 당사자에게 협력을 요구할 수 있도록 하였다. 국제사법도 이런 태도를 유지한다.

　　법원의 직권조사의무와 관련하여 이는 외국법의 적용이 공익에 관련되기 때문에 법원이 직권으로 문제삼아 판단한다는 의미일 뿐이지 판단의 기초인 외국법을 직권탐지해야 하는 것은 아니라는 견해가 주장될 여지가 있다. 즉 외국법은 당사자의 신청이나 이의에 관계없이 법원이 스스로 문제 삼아 조사하여 처리해야 하는 사항(즉 직권조사사항)일 뿐이지 직권탐지사항은 아니므로[5] 법원은 스스로 자료를 탐지하고 수집하고 제출할 책임을 부담하는 것은 아니라는 것이다. 그러

(1998), 564면 이하; 안춘수, 헌법, 국제사법, 359면 이하. 영미에서는 이를 예양에 기초한 것이라고 설명하기도 한다. 예양(*comitas*)이라 함은 당초 국제사법에서 외국법 적용의 근거로서 홀란드학파에 의하여 처음으로 제시된 개념이다. 이호정, 51면 이하 참조. Adrian Briggs, The Principle of Comity in Private International Law, *Recueil des Cours, Tome* 354 (2012)는 국제사법상 예양의 역할을 법의 해석 및 적용상의 예양(제2장), 재판관할에서의 예양(제3장), 판결의 집행에서의 예양(제4장)과 국제사법공조에서의 예양(제5장)으로 구분하여 논의한다. 우리 문헌은 김민경, "영국 국제사법의 예양의 원칙", 석광현헌정논문집, 385면 이하 참조. 참고로 Tim W Dornis, Comity, Encyclopedia, Vol. 1, p. 384는, Savigny는 국가의 이익과 정책을 형량하는 대신 각 법률관계로부터 출발하여 그의 본거를 탐구하는 기술적 규칙을 도입함으로써 저촉법을 예양으로부터 해방시켰고, 이런 기계화의 결과 유럽 국제사법은 국제적 예양을 인정하는 데 거부감을 가지게 되었다면서도, 서로 교통하는 제국민의 국제법적 공동체라는 관념으로부터 출발하는 Savigny의 국제사법이론은 저촉법의 기초로서 주권국가 간의 협력을 기대하는 점에서 국제적 예양에 근거한 것이라고 평가한다. 즉 Story와 Savigny가 모두 예양의 개념을 사용하기는 하였으나 그 개념이 다르다는 것이다. 미국에서 예양의 개념이 널리 사용되는 것은 Story의 영향이다. Ralf Michaels, Story, Joseph, Encyclopedia, Vol. 2, p. 1666.

4) 대법원 1990. 4. 10. 선고 89다카20252 판결은 "우리나라 법률상으로는 준거법으로서의 외국법의 적용 및 조사에 관하여 특별한 규정을 두고 있지 아니하나 외국법은 법률이어서 법원이 직권으로 그 내용을 조사하여야 하고 … "라고 판시한 바 있다.

5) 양자에 관하여는 이시윤, 신민사소송법 제16판(2023), 334면 이하 참조. 과거에는 직권조사사항은 변론주의와 직권탐지주의의 중간에 있다는 견해가 유력하였으나(위 이시윤, 337면; 전원열, 6-3-3-2), 근자에는 직권조사사항을 판단자료의 수집을 직권탐지하는 직권탐지형과 당사자가 제출하도록 하는 변론주의형으로 구분하는 경향이 있다(김홍엽, 제10판, 267면 이하 참조).

나 법원이 준거법인 외국법의 내용을 직권으로 조사하라는 취지는, 외국법은 법률로서 취급되어야 하므로(그렇더라도 외국법이 내국법으로 변질되는 것은 아니다)[6] 법원은 당사자가 제출한 자료에 한정됨이 없이, 사용 가능한 모든 인식수단을 이용하여 외국법을 조사하고 인식할 의무를 부담한다는 취지이다.[7] 위 대법원 1990. 4. 10. 선고 89다카20252 판결은 이러한 의미로 이해된다. 따라서 외국법을 단순한 직권조사사항으로 취급하는 것은 타당하지 않으며, 외국법은 당사자의 증거신청 여부에 불구하고 법원이 직권으로 증거조사를 할 책임을 지는 사항, 즉 직권증거조사사항이며 그러한 의미에서 직권탐지주의가 타당한 영역에 속한다.[8] 이른바

---

6) 이것이 우리나라의 판례(위에 언급한 대법원 1990. 4. 10. 선고 89다카20252 판결)와 통설인 외국법 법률설이다. 학설에는 외국법 사실설과 외국법 변질설이 있다. 외국법 법률설은 법원이 외국법을 직권으로 조사하여 적용하여야 한다는 견해를 취하고, 외국법 사실설은 당사자가 외국법을 주장·입증해야 하고 그렇지 않으면 법원은 그 외국법을 적용할 수 없다고 보는 경향이 있으나 외국법의 성질론과 법원의 직권조사·적용의무가 반드시 논리적으로 결합되는 것은 아니다. 즉 외국법을 법으로 보더라도 내국법과 동일시하지 않으며, 사실로 보더라도 특수한 사실로 볼 수 있기 때문이다. 실제로 독일에서는 외국법을 법으로 보면서도 독일 민사소송법(제549조)은 외국법 적용의 오류를 상고이유로 인정하지 않는 데 반하여, 영국은 외국법을 사실로 보면서도 상고에 관한 한 거의 영국법과 유사하게 취급한다. 소송상 외국법의 취급에 관한 입법례의 소개는 Yuko Nishitani (ed.), Treatment of Foreign Law – Dynamics towards Convergence? (2017) 참조. 외국법의 내용을 확정할 수 없을 때 영국에서는 과거 외국법은 영국법과 동일하다고 추정하고 영국법을 적용하였으나 2002. 10. 18. Shaker v Al – Bedrawi [2003] Ch 350 (CA) 사건 판결에서 준거법인 펜실바니아주법에 대한 증거가 없던 상황에서 항소법원은 위 추정 원칙을 부정하고 영국법을 당해 법률관계의 준거법으로 적용한 바 있다.

7) Stein/Jonas/Leipold, Kommentar zur Zivilprozeßordnung, 21. Aufl. (1997) §293 Rn. 31ff.; Geimer, IZPR, Rz. 2579; 최공웅, 359면. 독일 민사소송법(제293조)은 이런 취지를 명시적으로 규정하는 점에서 국제사법과는 다르다. 후자는 Rudolf Hübner, Ausländisches Recht vor deutschen Gerichten. Grundlagen und europäische Perspektiven der Ermittlung aus – ländischen Rechts im gerichtlichen Verfahren (2014), S. 187ff. 참조.

8) 이시윤, 신민사소송법 제16판(2023), 335면; 김민경, 온주 국제사법 제18조, 2023. 7. 5. [6]. 그러나 대법원 2001. 12. 24. 선고 2001다30469 판결은 "차관계약에서 그 준거법을 영국법으로 정하고 있으나, 영국법에 관한 자료가 제출되지 아니하여 그 내용의 확인이 불가능하고, 영국법과 그 해석이 한국법이나 일반적인 법해석의 기준과 다르다고 볼 자료도 없다 하여, 한국법과 일반 법원리를 토대로 이 사건 차관계약의 내용을 해석한 것은 옳다"라는 취지로 판시하였다. 이러한 태도는 직권탐지주의가 아니라 직권조사주의에 입각한 것으로 보이나 이는 부당하다. 상세는 석광현, 제3권, 543면 이하 참조. 그러나 하급심에서는 위와 같은 태도를 따르고 있다. 예컨대 서울고등법원 2018. 10. 23. 선고 2017나2070411 판결은 말레이시아법상 부당이득반환채권의 성립요건 등이 문제 된 사안에서, 그에 관한 판례나 해석 기준에 관한 자료가 충분히 제출되지 아니하여 그 내용을 명확하게 확인할 수 없으므로, 이 법원으

'직권탐지주의(Untersuchungsmaxime)'는 변론주의(Verhandlungsmaxime)에 대비되는 개념으로 사실과 증거와 같은 소송자료의 수집·제출의 책임을 당사자가 아니라 법원이 부담하는 태도를 말한다.[9]

우리 민사소송법상 어떤 사실이 증명되었다고 하기 위하여는 법관의 '고도의 개연성'의 확신이 필요하나, 외국법은 사실이 아니므로 외국법의 입증에 동일한 원칙이 바로 적용되는 것은 아니다. 그러나 사실상 그에 준하는 정도의 확신을 요구하는 것으로 보인다.[10]

(나) 당사자의 협력의무　　여기에서 '협력'이라 함은, 예컨대 법원이 접근하기 어려운 법원(法源) 또는 판례를 법원에 제공하거나, 특별히 쟁점에 대해 정통한 관청 또는 전문가를 알려주는 것 등을 말한다.[11]

개정연구반의 논의과정에서 당사자가 협력하지 않는 경우의 처리에 관하여 규정을 두어야 하고, 만일 그렇지 않다면 협력의무를 규정할 필요가 없다는 견해도 있었으나, 외국법의 조사·확정은 법원의 의무이므로 당사자가 협력을 제대로 하지 않는다고 하여 그에 대한 증명책임을 부담시키는 등의 불이익을 줄 수는 없

로서는 조리 등을 적용하거나 일반적인 법해석 기준에 따라 법의 의미·내용을 확정할 수 있다고 할 것인데, 영국법 내지 말레이시아법과 그 해석이 한국법이나 일반적인 법해석의 기준과 다르다고 볼 자료도 없으므로, 민법 제741조의 부당이득 규정을 이 부분 부당이득반환청구에 관한 법률관계에 적용할 수 있다고 판시하였다.

9) 이시윤(註 8), 335면. 대법원 1997. 12. 26 선고 96므1076 판결은 "재산분할에 관한 처분은 가사비송 사건이고 그 절차에 관하여 비송사건절차법 제1편의 규정이 준용되어 민사소송의 경우와 달리 당사자의 변론에만 의존하는 것이 아니라 법원이 자기의 권능과 책임으로 재판의 기초가 되는 자료를 수집하는"(밑줄은 저자가 추가함) 것이라고 직권탐지주의의 개념을 설시하였다. 직권탐지는 Amtsermittlung, 직권조사는 Prüfung von Amts wegen의 번역이다. 전원열, 6-3-2, 註 16. 조사의 개시를 법원이 직권으로 하는 직권조사사항은 항변사항과 대비되는데, 과거에는 직권조사사항은 변론주의와 직권탐지주의의 중간에 있다는 견해가 유력하였으나(이시윤(註 8), 337면; 전원열, 6-3-3-2), 근자에는 직권조사사항을 직권탐지형과 변론주의형으로 구분하는 경향이 있는데 후자도 외국법규는 법원이 직책상 규명할 사항으로서 직권탐지주의의 대상이라고 본다(김홍엽, 제10판, 457면).

10) 독일에서는 이런 견해가 통용된다. Carlos Esplugue, José Luis Iglesias and Guillermo Palao (eds.), Application of Foreign Law (2011), p. 107 (Ivo Bach/Urs Peter Gruber 집필 부분). 한편 중재의 경우 이에 관한 국가별 보고는 Franco Ferrari and Giuditta Cordero—Moss (Eds.), Iura Novit Curia In International Arbitration (2018), 독일의 논의는 Centner Bijörn, *Iura novit curia* in internationalen Schiedsverfahren: Eine histo—risch—rechtsvergleichende Studie zu den Grundlagen der Rechtsermittlung (2019) 참조.

11) Zürcher Kommentar/Keller/Girsberger, Art. 16 Rn. 21.

고, 종래 실무상으로도 당사자에게 협력을 요구하고 있다는 이유로 일단 협력을 요구할 수 있다는 취지의 규정만을 두었다. 그러나 당사자가 협력하지 않는 경우 법원이 결국 외국법의 내용을 확정하지 못함으로써 대체법을 적용하게 된다는 불이익을 입게 될 것이다. 스위스 국제사법(제16조 제1항 제2문)은 이런 취지를 명시한다.

나아가 스위스 국제사법(제16조 제1항 제3문)의 예를 따라 "재산법상의 청구의 경우 당사자들에게 증명(Nachweis)을 부담시킬 수 있다"라는 조항을 두는 것을 고려했으나, 그 취지가 분명하지 않고 특히 증명책임과의 관계가 불명하다는 이유로 두지 않기로 하였다.

당초 구 국제사법의 문언은 "조사·확정"이었는데(연구반초안 제5조 제1항, 개정시안 제5조) 법제처의 심의를 거치는 과정에서 "조사·적용"으로 변경되었으나 이는 외국법의 내용을 조사, 확정하고 나아가 적용하라는 취지이므로 의미의 변경을 의도한 것은 아니라고 생각된다.[12]

흥미로운 것은 2011. 4. 1. 발효한 중국의 국제사법인 섭외민사관계법률적용법의 태도이다. 즉 스위스 국제사법학의 영향을 받은 것으로 보이는 동법 제10조는[13] 다음과 같이 규정함으로써 당사자의 준거법 선택 여부에 따라 당사자의 의무를 달리 취급한다.

> "섭외민사관계에서 적용되는 외국법은 인민법원과 중재기구 또는 행정기관이 사명(查明)한다.[14] 다만 당사자가 외국법의 적용을 선택하는 경우에는 해당 국가의 법률을 제공해야 한다. 외국법을 사명(查明)할 수 없거나 해당 국가의 법률에 규정이 없는 경우에는 중화인민공화국의 법률을 적용한다."

---

12) 연구반초안은 제6조에서 '외국법의 적용'이라는 표제하에 제1항에서 준거법이 외국법인 경우 법원이 직권으로 외국법을 적용할 것을 규정하고, 제2항에서는 법원이 외국법의 내용을 직권으로 조사·확정할 것을 규정하였다. 그런데 개정시안(제5조)에서는 제1항이 삭제되었지만 표제는 여전히 '외국법의 적용'으로 되어 있었다. 법제처가 위와 같이 문언을 수정한 것은 제5조의 본문을 표제와 일치시키기 위한 것이라고 생각된다.

13) 스위스 국제사법(제16조 제1항)은 "외국법의 내용은 직권으로 확정되어야 한다. 이를 위하여 당사자들의 협력이 요구될 수 있다. 재산권상의 청구권에 있어서는 당사자들에게 증명을 부담시킬 수 있다"라고 하여 재산권상의 청구인지에 따라 구분하는데 입법과정에서는 중국 국제사법과 유사한 견해도 있었다. Anton K. Schnyder, Das neude IPR-Gesetz (1990), S. 32 Fn. 22. 다만 재산권상의 청구의 경우 법원의 직권탐지의무가 존재하는지에 관하여는 논란이 있다. Zürcher Kommentar/Keller/Girsberger, Art. 16 Rn. 18 참조.

14) 사명한다는 것은 "직권으로 조사하여 밝힌다"라는 취지로 보인다.

위의 논의가 타당한 통상의 소송절차와 달리, 신속하게 처리할 필요가 있는 보전처분의 경우 외국법의 처리는 논란이 있다. 독일에서는 이 경우 법정지법을 적용할 것이라는 견해가 유력하나,15) 원칙적으로는 준거법인 외국법을 조사하여 적용하되 실무상 필요에 의하여 이를 다소 완화할 수 있다고 본다. 다만, 보전처분의 경우 외국법은 입증이 아니라 소명되어야 한다는 견해가 유력하다.16) 보전처분의 경우 외국법의 내용이 불명인 경우 대체법으로 법정지법이 적용되는 것이 아니라 청구를 기각할 것이라는 견해도 있다.

(2) 직권에 의한 국제사법의 적용

위의 논의는 준거법인 외국법의 직권 조사·적용의 문제이나, 논리적으로 그에 앞서 우리 법원이 우리 국제사법 자체를 직권으로 적용해야 하는가라는 문제가 제기된다. 생각건대 문제 된 법률관계가 국제사법(제1조)이 정한 '외국과 관련된 요소가 있는 법률관계'에 해당하는 경우, 가사 당사자의 주장이 없더라도 우리 법원은 직권으로 우리 국제사법을 적용해야 한다. 이러한 취지를 국제사법에 명시하자는 견해가 있었지만(연구반초안 제6조 제1항 참조),17) 대법원판결(예컨대 대법원 1982. 8. 24. 선고 81다684 판결 등)과 종래의 학설이 이미 그러한 입장을 취하고 있으므로 굳이 명시할 필요는 없다고 보았다.18) 이처럼 어느 국가의 법원이든 외국적인 요소가 있는 법률관계에 국제사법을 적용할 때에는 법정지, 즉 자국의 국제사법을 적용한다. 우리 국제사법에는 이에 관한 명문의 규정이 없으나 이 점은 준거법지정규칙을 정한 협의의 국제사법의 입법취지에 비추어 당연하다.19) 다만

---

15) MünckKommBGB/Sonnenberger, Band 10, 4. Auflage (2006), Einl. IPR Rn. 631.
16) 그러나 이는 외국법에 대한 법관의 직권탐지의무를 정한 독일 민사소송법(제293조)에 반한다는 지적도 있다. MünchKomm/Sonnenberger, Band 10, 4. Auflage (2006), Einl. IPR Rn. 625.
17) 조문은 다음과 같다.
"제6조(외국법의 적용) ① 본법에 의하여 외국법이 준거법으로 지정된 경우 법원은 직권으로 외국법을 적용하여야 한다."
이와 달리 당사자가 외국법의 적용을 주장하는 경우에 한하여 국제사법을 적용하고 준거법으로 지정된 외국법을 적용할 것이라는 이론을 '임의적 저촉법(fakultatives internationales Privatrecht, optional conflicts rules)'의 이론이라고 한다. 영국 법원은 그런 태도를 취한다. Richard Fentiman, International Commercial Ligitation, 2nd Edition (2015), para. 7.15.
18) 우리 학설은 이를 '국제사법의 강행규정성'으로 설명하기도 한다. 신창선·윤남순, 15면; 김연·박정기·김인유, 21면 이하; 신창섭, 11면.

제22조가 정한 반정이 허용되는 범위 내에서는 예외적으로 법원은 외국 국제사법을 적용한다.

(3) 외국법 조사의 방법

국제사법은 외국법 조사의 방법을 명시하지 않는다. 종래 우리 법원은 외국법을 조사함에 있어서 법원이 합리적이라고 판단하는 방법에 의하여 조사하면 충분하고, 반드시 감정인의 감정이나 전문가의 증언 또는 국내의 공무소, 학교 등에 감정을 촉탁하거나 사실조회를 하는 등의 방법에만 의할 필요는 없다는 태도를 취한다.[20] 실무적으로는 한국 법원은 독일처럼 자국의 저명한 법학교수에게 감정의견(Gutachten)을 요청하는 것이 아니라, 당사자가 준거법 소속국의 법률전문가로부터 선서진술서(affidavit)를 받아 법원에 제출하는 방법을 많이 사용하는 것으로 보인다.[21] 후자는 외국의 현행법을 정확히 파악하는 데 우월하다는 장점이 있으나, 당사자가 자신에게 유리한 법률의견만을 제출함으로써 법원을 오도(誤導)할 가능성이 있고, 또한 쟁점에 따라서는 상호 저촉되는 법률의견이 제출됨으로써 비용이 많이 발생할 뿐만 아니라 법원의 최종판단이 어렵게 된다는 단점이 있다. 또한 독일에서는 감정의견을 모아 단행본으로 공간함으로써[22] 외국법에 대한 귀

---

19) 독일에서는 국제재판관할이 있으면 법원은 법정지의 저촉법을 적용한다는 원칙을 '저촉규범의 저촉규범'이라는 의미에서 '메타저촉규범(Metakollisionsnorm)'이라고 부르기도 한다. von Bar/Mankowski, Band Ⅰ, §5 Rn. 153.

20) 대법원 1990. 4. 10. 선고 89다카20252 판결은 이 점을 명확히 설시하였다. 나아가 동 판결은 "… 원심은 위 이상준의 대리권의 존재 및 표현대리의 성부에 관하여 영국법을 적용하여, 설시와 같은 표현대리 성립에 관한 네 가지 요건을 밝히고 나서, 거시 증거에 의하여 위 이상준의 행위에 관하여 표현대리의 성립을 인정하였는바, 원심이 판시한 위 표현대리에 관한 영국법의 내용은 원심이 조사한 것으로 볼 수 있는 증거인 런던 왕립법원 변호사이자 상사법을 30년 이상 전공한 그 분야의 권위자인 사이크스(Sykes)의 각 선서진술서와 사이크스가 편집자문으로 되어 있는 정평 있는 교과서인 고어브라운의 회사법(Gore-Browne on Com-panies), 영국고등법원(the High Court)의 1964년 보고서(Freeman & Lockyer v Buckhurst Park Properties (Mangal) Ltd. 1964 사건, 갑제38호증의2) 등에 나타난 학설과 판례 등에 의하여 충분히 뒷받침됨을 알 수 있으므로 원심의 판단은 정당하다"라는 취지로 판시하였다.

21) 그러나 영국 법원은 본안소송에서는 선서진술서만으로 판단하지는 않고 전문가의 구술증언을 요구하며 이를 위해 전문가에 대한 주신문과 반대신문을 하는 것이 전통적 방법인데, 2013년 4월부터는 법원이 그에 대신하여 양 당사자가 외국법에 관한 증거를 동시에 제출하도록 명할 수 있다고 한다. Fentiman, para. 20.60 이하.

22) 예컨대 Jürgen Basedow/Dagmar Coester-Waltjen/Heinz-Peter Mansel, Gutachten zum internationalen und ausländiischen Privatrecht (IPG) 2007/2008 (2010) 참조.

중한 연구 결과를 학계와 사회가 공유하는 장점이 있으나, 우리나라에서는 선서 진술서는 공간되지 않으며, 법원은 판결문 중에서 외국법에 대한 판단을 비교적 간단히 설시할 뿐이므로 외국법에 대한 정보가 우리 사회의 자산으로 축적되지 못하고 사장되는 아쉬움이 있다.

우리 법원은 경우에 따라서는 외국법의 내용이 법원에 현저한 사실이라고 판시하기도 한다. 예컨대 서울가정법원 2014. 4. 3. 선고 2012드합3937판결은 외국 판결의 승인을 정한 "독일 민사소송법 제328조에서는 … 정하고 있음은 이 법원에 현저한 사실"이라고 판시한 바 있다. 이는 미국에서 말하는 사법확지에 해당하는 것이라고 할 수 있다.

(4) 법정보 공조

외국법에 관한 정보의 제공을 위한 조약들이 있다. 대표적인 것이 1969. 12. 17. 발효된 유럽평의회(Council of Europe)의 "외국법정보에 관한 유럽협약 (European Convention on Information on Foreign Law)"(런던협약)이다.23) 우리나라도 법정보 공조를 포함하는 양자조약을 체결한 바 있다. 즉 우리나라는 1999. 9. 17. 호주와 "재판상 문서의 송달, 증거조사 및 법률정보의 교환에 관한 민사사법 공조조약"을 체결했고 동 조약은 2000. 1. 16. 발효되었는데, 동 조약(제27조)은 법률정보의 제공을 포함한다.24) 또한 2003년 7월 중국과 "대한민국과 중화인민공화국 간의 민사 및 상사사법공조조약"(이하 "한중조약"이라 한다)을 체결하였고 이는 2005. 4. 27. 발효되었는데, 이도 법정보 공조에 관한 규정을 두고 있다(제26조). 그에 따르면 중국의 중앙당국(사법부)은, 한국의 중앙당국인 법원행정처가 요청할 경우, 한국의 중앙당국에 한국의 소송절차와 관련된 중국의 법령 및 사법실무에 관한 정보를 제공한다.25) 그러나 현재 이 조항이 제대로 활용되고 있지는 않

---

23) 텍스트와 해설은 http://conventions.coe.int/Treaty/Commun/QueVoulezVous.asp?NT=062 &CM=1&CL=ENG 참조.

24) 위 조약 제27조 제1항은 "수탁체약국의 중앙당국은 요청이 있는 경우, 촉탁체약국의 중앙당국에게 촉탁체약국의 소송절차와 관련된 자국의 법령에 관한 정보를 제공한다"라고 규정한다. 위 조약에 관하여는 유영일, "司法共助에 관한 서울선언", 서울국제법연구 제6권 제2호 (1999), 66면 이하 참조.

25) 동 조약 제26조는 아래와 같다.
 "제26조 법률정보 또는 소송기록의 제공
  1. 수탁국의 중앙당국은, 요청이 있는 경우, 촉탁국의 중앙당국에 촉탁국의 소송절차와 관련

은 것으로 보인다.

우리 법원에서 재판 시 준거법이 점차 다양해지고 있음을 고려한다면[26] 재판의 전제가 되는 외국법의 조사를 위한 소규모 외국법조사센터를 대법원에 설치하는 것도 외국법에 대한 법원의 조사역량을 제고하는 방안이 될 수 있다. 그러나 대법원은 이런 방안에 대하여 별로 관심이 없는 것으로 보인다.

(5) 외국법 불명 시의 처리

개정연구반의 논의과정에서, 법원이 상당한 기간 동안 합리적인 노력을 기울였음에도 불구하고 준거법인 외국법의 내용을 확정할 수 없는 때에는 한국법을 적용한다는 취지의 조항을 두자는 견해가 있었고, 실제로 스위스 국제사법(제16조 제2항)과 오스트리아 국제사법(제4조 제2항)은 그러한 취지의 규정을 두고 있다.[27] 그러나 그렇게 할 경우 자칫 법원으로 하여금 너무 안이하게 한국법을 적용하도록 조장하게 될 것을 우려하여 조항을 두지 않았다. 특히 종래 우리 법원의 판례가 외국법의 내용이 불명한 경우 조리를 적용할 것이라는 견해를 취하였으므로[28]

된 수탁국의 법령 및 사법실무에 관한 정보를 제공한다.

2. 수탁국의 중앙당국은, 요청이 있는 경우, 촉탁국의 중앙당국에 촉탁국의 국민이 관계된 수탁국의 소송절차에 관하여 공개적으로 이용가능한 소송기록의 초록을 제공한다."

한중조약에 관하여는 배형원, "한·중민사사법공조조약", 국제사법연구 제10호(2004), 297면; 黃進·曾濤, "중국과 한국 간 사법공조의 현황 및 미래", 국제사법연구 제15호(2009), 21면 이하 참조(번역문); 사법공조연구 TFT, 다자협약 및 양자조약 연구(사법발전재단, 2010), 262면 이하 참조.

26) 대법원 2007. 6. 29. 선고 2006다5130 판결에서는 폴란드법이 준거법이었다.

27) 종래 학설로는 내국법적용설, 청구기각설과 조리적용설(근사법설, 또는 최대개연성의 원칙설) 등이 있다. 신창섭, 139면(조리적용설); 신창선·윤남순, 171−172면. 조리의 내용을 어떻게 이해하는가에 따라 근사법설과 최대개연성의 원칙설은 같을 수도 있다. 최흥섭, 174면 이하는 외국 실질법 불명 시의 대응 방안으로는 최근사법 적용설, 보조적 연결설과 법정지법 적용설이 가능한데 모두 나름대로 의미가 있으므로 사안에 따라 가장 적절한 방법을 사용하는 것이 바람직하고, 외국 국제사법이 불명인 경우에는 외국 실질법을 적용하는 것이 타당하다고 한다. 우리 입법론으로 법정지법설을 지지하는 견해도 있다. 김민경, 온주 국제사법 제18조, 2023. 7. 5. [9].

28) 예컨대 서울민사지방법원 1994. 7. 22. 선고 93가합54182 판결은, " … 지연손해금은 … 매입은행의 개설은행에 대한 상환청구에 대한 준거법인 캐나다법에 따른 법정이율에 의하여야 할 것인데, 이에 대한 캐나다법의 내용이 불분명하여 부득이 보충적으로 조리라고 인정되는 대한민국의 법정이율에 의한다"라고 판시하였다. 한편 서울가정법원 1985. 10. 31. 선고 84드7150 심판은, " … 준거법은 섭외사법 제18조에 따라 부(夫)인 피청구인의 본국법인 콜롬비아국의 이혼에 관한 법률이라고 할 것이지만 콜롬비아국의 이혼에 관한 법률은 현재 당원

그러한 조항에 대해 반대의견이 강하였다.

대법원 1988. 2. 9. 선고 87다카1427 판결은 외국법 불명 시 법정지법인 한국법을 적용하였으나, 대법원은 근자에는 조리설을 취하면서 '근사법(近似法)'을 조리의 내용으로 보는 것으로 이해된다(이를 광의의 조리적용설이라고 부르기도 한다). 예컨대 대법원 2000. 6. 9. 선고 98다35037 판결은 "소송과정에서 적용될 외국법규에 흠결이 있거나 그 존재에 관한 자료가 제출되지 아니하여 그 내용의 확인이 불가능한 경우 법원으로서는 법원(法源)에 관한 민사상의 대원칙에 따라 외국관습법에 의할 것이고, 외국관습법도 그 내용의 확인이 불가능하면 조리에 의하여 재판할 수밖에 없는바, <u>그러한 조리의 내용은 가능하면 원래 적용되어야 할 외국법에 의한 해결과 가장 가까운 해결방법을 취하기 위해서 그 외국법의 전체계적인 질서에 의해 보충 유추되어야 하고, 그러한 의미에서 그 외국법과 가장 유사하다고 생각되는 법이 조리의 내용으로 유추될 수도 있을 것이다</u>"라는 취지로 판시하였다(밑줄은 저자가 추가함).

대법원이 외국법의 내용 불명 시 최후의 보루로 조리를 적용하고, 나아가 근사법(近似法)을 조리의 내용을 파악하는 점은 저자도 지지한다.

그러나 대법원이 조리에 이르는 과정에서 한국 민법(제1조)29)이 정한 성문법, 관습법과 조리의 3단계 구조를 법원(法源)에 관한 민사상의 대원칙으로 보면서 이를 외국법질서에도 타당한 원칙으로 파악하는 것은 잘못이다. 위 판결에서 다루어졌던 사안에서는 중국법이 준거법이었다. 그런데 중국에서는 최고인민법원의 사법해석이 법원(法源)인지는 논란이 있으나, 가사 법원이 아니라고 보더라도 사법해석이 있으면 법원은 그에 따라야 하므로 3단계 구조를 중국법에 적용하는 것은 적절하지 않다.30) 또한 영미법계 국가에서는 판례도 법원이므로 추상적 법률

에서 그 내용의 불명으로 확정하기 어려우므로 이러한 때에는 조리상 판단할 수밖에 없을 것인데, 당사자가 이혼한다는 것은 그 당사자에게 있어 중대한 의의를 가지는 문제이므로 이를 위한 방법으로 콜롬비아국과 풍속, 전통, 습관에서 가장 유사한 사회인 베네주엘라국, 에쿠아도르국, 페루국 등의 이혼에 관한 법률을 참고로 적용"하여야 한다고 판시하였다.

29) 법원을 정한 민법 제1조는 "민사에 관하여 법률에 규정이 없으면 관습법에 의하고 관습법이 없으면 조리에 의한다"라고 규정한다.

30) 마광, "중국법의 연원에 대한 연구", 인권과 정의 통권 제395호(2009. 7.), 191면은 사법해석은 매우 중요하기는 하지만 법원은 아니라고 하면서도 사법해석은 법적 효력이 있다고 한다. 사법해석에 관한 개관은 정철, 중국의 사법제도(2009), 97면 참조. 위 사건에서 대법원판결은 신용장 거래에 부수하여 이루어지는 환어음 인수인의 어음법상 의무에 관한 준거법이 환어음 지급지 소재지인 중국의 법이지만 환어음이 지급제시되고 인수될 당시 중국에 어음

론으로 3단계 구조를 법원에 관한 민사상의 대원칙이라고 단정하는 것은 옳지 않다. 실제로 대법원 2003. 1. 10. 선고 2000다70064 판결은 준거법이 미국법인 사건에서 "선하증권의 법률관계에 대한 미국의 법과 관습에 대한 자료가 전혀 제출되어 있지 아니하는바, 소송과정에서 적용될 외국법규에 흠결이 있거나 그 존재에 관한 자료가 제출되지 아니하여 그 내용의 확인이 불가능한 경우 법원으로서는 법원에 관한 민사상의 대원칙에 따라 외국관습법에 의할 것이고, 외국관습법도 그 내용의 확인이 불가능하면 조리에 의하여 재판할 수밖에 없다"라고 판시하였으나, 판례법 국가인 미국의 법원에 대하여 설시하면서 판례 또는 판례법을 언급하지 않는 것은 잘못이다. 미국에 유학이나 연수를 다녀온 법관들이 허다한 현실에서 어떻게 이런 판결이 나올 수 있는지 매우 놀랍다. 요컨대 대법원이 외국법 불명 시 조리에 의하여 근사법을 적용하는 것은 좋지만, 너무 안이하게 우리 민법의 법원이론을 외국법에도 적용하는 것은 잘못이다. 그런 결론을 내리기에 앞서 과연 그것이 국제적으로 통용되는 대원칙인지를 확인해야 하고, 특히 영미법계의 경우 우리 법상의 법원론이 그대로 타당하지 않다는 점을 유념해야 한다.[31][32] 저

관계를 규율하는 법이 존재하지 않았던 경우, 그 후 시행된 중국의 어음수표법을 유추적용하는 것이 조리에 부합한다고 판단하였다.

31) 미국의 경우 논란이 있으나 최소한 연방헌법, 연방법률, 연방행정규칙, 연방조약, <u>연방법원의 판결</u>, 주헌법, 주법률, 주행정규칙과 <u>주법원판결</u>의 9종을 법원으로 열거할 수 있고, 주헌법에 근거를 둔 국민발안 또는 국민표결에 의해 채택된 법률을 독립된 法源으로 추가할 수 있다고 한다(밑줄은 저자가 추가함). 안경환, "영국법과 미국법의 비교연구(Ⅳ) ─ 법원의 정립과 구체적 적용 ─", 서울대학교 법학 제33권 제2호(통권 제90호)(1992), 227면. 반면에 영국의 법원은 제정법, 위임입법과 판결의 3종류뿐이라고 한다. 위 안경환, 226면. 주목할 것은, 위 견해에 따르면 위 대법원판결의 설시와 달리 영미법에서는 관습법이 별도의 法源이 아니라는 점이다. 그러나 영미법의 법원으로 관습법을 열거하는 견해도 있다. 이상윤, 英美法(2009), 85면. 대륙법계에서는 법원이 관습법의 존재를 긍정하더라도 여전히 관습법으로 존재할 수 있으나 영미에서는 그 경우 관습법은 판례법으로 전환되는 것이 아닐까 생각된다. 한편 영미법이 준거법이어서 판례법이 법원으로서 적용되는 경우 영미에서 통용되는 선례구속(stare decisis)의 원칙이 적용될 것이다. 윤진수, "한국법상「판례」의 의미 ─ 대법원 2021. 12. 23. 선고 2017다257746 전원합의체 판결에 비추어 본 주론(主論)과 방론(傍論)의 구별", 사법 2022년 제1호(통권 62호), 571면 이하. 580면 이하는 영국의 선례구속의 원칙을 설명하고 주론과 방론의 구별기준에 관한 미국의 학설을 소개한다.

32) 우리 법에서는 영미법과 같은 선례구속의 원칙이 인정되지 않으나, 판례가 무엇인가가 문제되는 경우가 있는데 가장 중요한 것은 판례의 변경 과정이라고 한다. 이런 맥락에서 의미가 있는 것이 대법원 2021. 12. 23. 선고 2017다257746 전원합의체 판결이다. 위 판결의 다수의견은, 민사소송법 제186조 제1항과 제2항에서 규정하는 보충송달도 교부송달과 마찬가지로 외국법원의 확정재판 등을 국내에서 승인·집행하기 위한 요건을 규정한 민사소송법 제

자는 대법원의 위와 같은 논리전개는 잘못이라는 점을 지적한 바 있는데, 근자에 이런 식의 설시는 잘 보이지 않는 것 같아 다행이다.[33]

위 대법원판결은 외국법의 흠결이 있는 경우와 외국법의 내용을 확인할 수 없는 경우를 같이 취급하였으나 양자를 구분하여 달리 취급하는 견해도 있다.[34]

통상의 소송의 경우와 보전소송의 경우 외국법의 내용이 불명한 경우 처리 방법이 다를 수 있음도 고려해야 할 것이다.[35]

217조 제1항 제2호의 '적법한 송달'에 해당한다고 해석하는 것이 타당하다고 보았는데, 구체적으로 보충송달은 민사소송법 제217조 제1항 제2호에서 외국법원의 확정재판 등을 승인·집행하기 위한 송달 요건에서 제외하고 있는 공시송달과 비슷한 송달에 의한 경우로 볼 수 없고, 외국재판 과정에서 보충송달 방식으로 송달이 이루어졌더라도 그 송달이 방어에 필요한 시간 여유를 두고 적법하게 이루어졌다면 위 규정에 따른 적법한 송달로 보아야 하고, 이와 달리 보충송달이 민사소송법 제217조 제1항 제2호에서 요구하는 통상의 송달방법에 의한 송달이 아니라고 본 대법원 1992. 7. 14. 선고 92다2585 판결, 대법원 2009. 1. 30. 선고 2008다65815 판결을 비롯하여 그와 같은 취지의 판결들을 위 판결의 견해에 배치되는 범위에서 모두 변경하였다. 위 판결에서 김재형 대법관은, 엄밀한 의미에서 '판례'는 '특정 사건과 관련한 쟁점에 관하여 대법원이 판단한 법령의 해석·적용에 관한 의견'을 가리킨다. 즉, 대법원판결에서 추상적 형태의 법명제로 표현된 부분이 모두 판례인 것은 아니고, 그중 특정 사건의 쟁점을 해결하는 데 필요한 판단 부분만이 판례임을 전제로 대법원 1992. 7. 14. 선고 판결과 대법원 2009. 1. 30. 선고 2008다65815 판결에는 '민사소송법 제217조 제1항 제2호의 규정에 따른 송달이란 보충송달이나 우편송달이 아닌 통상의 송달방법에 의한 송달을 의미한다.'는 부분이 포함되어 있는데, 다수의견은 이 부분이 '대법원이 판단한 법률의 해석·적용에 관한 의견'으로서 판례에 해당하고 이 사건에서 그에 반대되는 판단을 하므로, 판례 변경이 필요하다는 것을 전제하고 있으나 위 두 판결에서 판단한 '보충송달의 적법성'은 직접적 쟁점이 아니었으므로 '보충송달의 적법성'에 관한 부분은 방론에 해당하여 엄밀한 의미에서 판례라고 볼 수 없고, 위 두 판결과는 사안이 다른 이 사건에서 판례를 반드시 변경해야 하는 것은 아니라는 견해를 피력하였다. 윤진수(註 31), 613면은 위 사건에서는 판례 변경을 위하여 전원합의체가 개입할 필요는 없었기에 엄밀한 의미에서 판례 변경은 아니지만 법적 불확실성을 해소하기 위하여 전원합의체가 선고할 필요성까지 부정할 수는 없다고 본다.

33) 그러나 리비아법이 준거법인 사건에서 위의 설시가 다시 등장하였다. 독립적 보증을 다룬 대법원 2021. 7. 8. 선고 2017다218895 판결에서는 준거법이 리비아법이었다. 위 판결에서 대법원은 위의 설시를 답습하였는데 이는 아마도 리비아가 대륙법계 국가라고 보았기 때문일 것이나 과연 그런지 나아가 샤리아법이 法源인지도 검토할 필요가 있다.

34) 상세는 소효룡, "외국법의 적용", 서울대학교 법학박사학위논문(2014. 8.), 134면 참조. 위 소효룡, 159면과 173면 이하는 영미법계 국가의 판례법 적용의 어려움을 지적한다.

35) 보전처분에서는 외국법의 내용이 불명인 경우 대체법으로 법정지법을 적용할 것이 아니라 청구를 기각할 것이라는 견해도 유력하다.

(6) 외국법의 해석·적용

외국법이 준거법인 경우 법원은 그 외국법을 해석·적용하여야 하는데, 외국법이 법으로서 적용되는 것인 이상 외국법의 해석은 우리 법원의 입장에서가 아니라 당해 외국법원의 입장에서 당해 외국법원이 해석하는 것과 마찬가지로 하여야 한다. 그렇게 함으로써 법정지가 어디인지에 관계없이 동일한 결론을 도출하여 국제적 판결의 일치를 달성할 수 있다. 대법원 1996. 2. 9. 선고 94다30041, 30058 판결도 그런 취지로 판시하였다. 즉 "섭외적 사건에 관하여 적용될 외국법규의 내용을 확정하고 그 의미를 해석함에 있어서는 그 외국법이 그 본국에서 현실로 해석·적용되고 있는 의미·내용대로 해석·적용되어야 하는 것"이다.

만일 본국의 해석이 없는 경우 그 해석 기준이 문제 되는데, 법원으로서는 당해 준거법 소속국가의 법해석기준에 따라야 한다. 그러나 위 대법원 1996. 2. 9. 선고 94다30041, 30058 판결은, "… 그 소송 과정에서 그 외국의 판례나 해석기준에 관한 자료가 제출되지 아니하여 그 내용의 확인이 불가능한 경우 법원으로서는 일반적인 법해석기준에 따라 법의 의미·내용을 확정할 수밖에 없다(대법원 1991. 2. 22. 선고 90다카19470 판결 참조)"라는 취지로 판시하였다. 대법원판결이 말하는 "일반적인 법해석기준"이 무엇인지는 불분명하지만, 아마도 한국법상의 법해석기준을 의미하는 것으로 짐작된다. 그러나 일반적으로 법률의 해석에 관하여 국제적으로 통일된 방법은 없고 법계에 따른 차이가 있지만,[36] 종래 법률의 해석방법에 관하여 대륙법계에서는 Savigny가 문법적 해석, 논리적 해석, 역사적 해석과 체계적 해석이라는 4개 해석기준(Die vier Auslegungskanones)을 제시한 이래[37] 대체로 그에 따르거나 이를 다소 수정하여 문리적(또는 문언적) 해석, 목적론적 해석, 역사적 해석과 체계적 해석이 타당하다고 보는 경향이 있다.[38] 외국의 방법에 따라

---

[36] 법률의 해석방법에 관하여는 종래 영미법계와 대륙법계 간에 차이가 있다. 상세는 Patrick Melin, Gesetzesauslegung in den USA und in Deutschland (2005), S. 53ff. 참조. 미국의 경우 특히 법경제학의 발전에 따라 더 다양한 관점이 제시되고 있다. 박세일, 법경제학 (2006), 757면 이하 참조. 미국법의 해석은 우선 남기윤, "현대 미국에서의 제정법 해석 방법논쟁과 방법론의 새로운 전개: 한국 私法學의 新課題 설정을 위한 비교 법학방법론 연구 (4－2)", 저스티스 통권 제100호(2007. 10.), 40면 이하; 윤남순, "미국법에서의 제정법 해석", 안암법학 제16호(2003. 4.), 159면 이하 참조. 포괄적인 비교법적 및 역사적 논의는 Stefan Vogenauer, Die Auslegung von Gesetzen in England und auf dem Kontinent I/II: Eine vergleichende Untersuchung der Rechtsprechung und ihrer historischen Grund－lagen und Internationalen Privatrecht (2001) 참조.

[37] Melin(註 36), S. 186f.

외국법을 해석하는 작업의 어려움을 모르는 바는 아니나, 우리 대법원이 검증되지
않은 기준을 너무 안이하게 일반적 기준이라고 믿는 듯한 인상을 준다.39)40)

(7) 외국법 적용의 잘못과 상고이유

우리 민사소송법(제423조)에 따르면, 대법원에의 상고는 판결에 영향을 미친
헌법·법률·명령 또는 규칙의 위반이 있는 때에만 가능하다. 대법원은 법률심이
기 때문이다. 따라서 우리 법원이 준거법의 적용을 잘못한 경우 상고이유가 되는
지가 문제 된다. 여기에서는 사안을 구별할 필요가 있다.

첫째, 우리 법원이 우리 국제사법을 잘못 적용한 경우, 즉 국제사법에 따르면
A국법을 적용해야 하는데, 국제사법을 잘못 적용한 결과 B국법을 준거법으로 판
단하여 적용한 경우에는 우리 국제사법의 위반이므로 당연히 상고이유가 된다.
반면에 둘째, 법원이 우리 국제사법은 제대로 적용하였으나 준거법인 외국법을
잘못 적용한 경우에도 상고이유가 되는지는 논란의 여지가 있으나 긍정설이 통설
이다.41) 상고이유로 보지 않는 이유는 외국법해석의 어려움과 외국법의 해석과정

---

38) 이처럼 근자에는 논리적 해석 대신 목적론적 해석을 든다. 김영환, 법철학의 근본문제
(2007), 244면, 250면 이하 참조.

39) 이런 설시는 최근 대법원판결에서도 유지되고 있다. 대법원 2010. 3. 25. 선고 2008다88375
판결은 "섭외적 사건에 관하여 적용될 준거법인 외국법의 내용을 확정하고 그 의미를 해석
함에 있어서는 그 외국법이 본국에서 현실로 해석·적용되고 있는 의미 또는 내용에 좇아야
하고, 소송과정에서 그 외국의 판례 등 해석기준에 관한 자료가 제출되지 아니하여 그 내용
이 확인이 불가능한 경우에만 일반적인 법해석기준에 따라 법의 의미·내용을 확정할 수 있
는 것"이라고 판시하였다. 대법원 2010. 1. 28. 선고 2008다54587 판결; 대법원 2010. 8. 26.
선고 2010다28185 판결; 대법원 2016. 5. 12. 선고 2015다49811 판결도 일반적인 법해석기
준이 무엇인지는 밝히지 않으면서 동일한 취지의 설시를 하였다. 외국 판례의 해석에 관한
일반적인 해석기준이 무엇인지 궁금하다.

40) 일반적 법해석기준에 관한 대법원 판결들에 대한 분석은 한애라, "준거법인 외국법의 조사
에 관한 소고", 국제사법연구 제25권 제2호(2019. 12.), 45면 이하 참조.

41) 신창선·윤남순, 177면. 판례도 동지. 즉 대법원 2007. 6. 29. 선고 2006다5130 판결은 판결
에 영향을 미친 외국법령 해석에 관한 법리오해 등의 위법이 있다는 이유로 원심판결을 파
기하였다. 이런 태도는 독일의 종래 해석론과는 다르다. 독일 민사소송법(제549조 제1항)에
따르면 상고는 재판이 연방법 또는 그 타당범위가 고등법원의 지역을 넘어서 미치는 규정의
위반에 기초한 경우에만 허용되므로 외국법위반은 상고이유가 되지 않는다. 그러나 이런 태
도는 2009. 9. 1. 발효된 비송사건절차법 개혁법률(FGG – Reformgesetz)에 의하여 변경되었
다는 견해도 있었으나(Florian Eichel, Die Revisibilität ausländischen Rechts nach der
Neufassung von §545 Abs. 1 ZPO, IPRax (2009), S. 389ff.), 연방대법원은 2013. 7. 4. 판
결(NJW 2013, 3565)에서 이를 부정하였다. 그러나 예외도 인정된다. 연방노동법원법

에서 최고법원의 권위가 실추될 것에 대한 우려에 있으나, 그렇더라도 우리나라에서는 최고법원이 외국법을 가장 잘 적용할 능력이 있고, 국제교류의 증가를 고려할 때 최고법원이 국제적 사안을 통제할 필요가 있으며,[42] 나아가 한국 내에서의 외국법 적용의 통일을 기할 필요가 있기 때문이다. 따라서 우리 법원은 준거법을 정확히 적용하기 위하여 노력하여야 하고 만일 이를 잘못 적용한 때에는 상고이유가 된다고 본다.

(8) 준거법과 소송물

예컨대 원고가 일정한 사실관계를 기초로 계약책임 또는 불법행위책임을 묻는 소를 제기한 경우 준거법이 한국법인가 영국법인가에 따라 소송물이 상이한가라는 의문이 제기된다. 특히 신소송물이론을 취하는 독일과 달리 우리 대법원은 구소송물이론을 취하므로 예컨대 동일한 사실관계에 기하여 계약책임과 불법행위책임을 묻는 경우 복수의 청구가 있게 된다. 그렇더라도 동일한 사실관계에 기하여 계약책임 또는 불법행위책임을 묻는 경우 그 준거법이 한국법인가 일본법인가는 공격방법의 차이에 불과하다고 본다.[43]

한편 원고가 불법행위에 기한 손해배상청구를 하는 경우 국제법 위반과 국내법 위반에 기한 손해배상청구가 별개 소송물인지도 문제 된다. 징용에 관한 신일본제철사건의 원심[44]은 이를 별개로 본 듯하나 대법원판결[45]은 이는 공격방법의 차이라고 판시하였다. 그러나 이는 의문이다. 이 경우 종래 대법원판례가 취하는 소송물이론에 따른다면 오히려 소송물이 다르다고 보아야 할 것이다. 불법행위책임을 묻는 경우 그 근거를 한국법 또는 일본법에서 구하는 것이라면 어느 하나의 청구만이 존재하지만, 그 근거를 국내법과 국제법에서 구하는 경우에는 이중배상

(ArbGG) 제73조 제1항 참조. 예외는 최흥섭, "우리 법원에서 외국법적용과 관련한 두 가지 쟁점", 글모음집, 67면 참조. 또한 주의할 것은 독일에서는 외국법 적용의 잘못은 상고이유가 되지 않지만, 외국법에 대한 탐지가 불충분하거나 이루어지 않은 경우에는 다툴 수 있다는 점이다.

42) 신창선·윤남순, 177면 참조.

43) 이인재, "외국법의 적용과 조사", 재판자료 제34집(1986), 섭외사건의 제문제(下), 529면도 동지. 최공웅, 230면도 동지로 보인다. 브뤼셀체제상 국제적 소송경합의 맥락에서 영국의 하급심 판례는 나뉘고 있다. Fentiman, para. 11.72.

44) 서울고등법원 2009. 7. 16. 선고 2008나49129 판결.

45) 대법원 2012. 5. 24. 선고 2009다68620 판결.

을 받을 수는 없지만 양자의 중첩적 존재를 주장하는 것이기 때문이다. 청구권경
합 시 복수의 소송물이 존재한다고 본다면 더욱 그러하다.

(9) 외국법의 적용에 관한 쟁점의 해결을 위한 국제적 노력

외국법을 적용하는 과정에서 생기는 여러 가지 쟁점을 해결하기 위한 국제적
노력이 행해지고 있다. 우선 유럽연합은 로마Ⅰ(계약채무의 준거법에 관한 유럽의회
및 이사회규정), 로마Ⅱ(계약외채무의 준거법에 관한 유럽의회 및 이사회규정)와 로마Ⅲ
(이혼과 별거의 준거법 영역에서 제고된 협력을 시행하기 위한 이사회규정) 등 다양한
분야에서 통일적인 국제사법규칙을 정립해가고 있으나, 외국법의 적용에 관한 절
차규칙이 국가에 따라 상이하고 외국법의 내용을 확정하는 과정이 국가에 따라
다양하므로 그것만으로는 통일적인 준거법의 적용이라는 목적을 달성할 수 없
다.[46] 로마Ⅱ를 성안하는 과정에서도 이런 문제점이 제기되었고 그 결과 로마Ⅱ
(제30조 참조)에서는 로마Ⅱ의 심사절차의 일환으로서 유럽연합 위원회(흔히 "집행
위원회"라고 부른다)가 2011. 8. 20.까지 유럽연합 이사회와 의회 등에 보고서를 제
출하기로 확약하는 선에서 타협이 이루어졌다. 이에 따라 유럽연합의 전문가들은
회원국의 법원이 외국법을 적용할 때 따라야 하는 원칙("Principles for a Future EU
Regulation on the Application of Foreign Law")을 작성하였는데, 이것이 '마드리드원칙'
이다.[47] 이와 병행하여 헤이그국제사법회의 차원에서도 작업이 이루어지고 있다. 예

---

46) Urs Peter Gruber/Ivo Bach, The Application of Foreign Law: A Progress Report on a
   New European Project, YBPIL Vol. XI (2009), p. 158.
47) 원칙의 문언은 Carlos Esplugues, José Luis Iglesias and Guillermo Palao (eds.), Application
   of Foreign Law (2011), p. 95 이하 참조. 마드리드원칙의 내용은 아래와 같다.
   "외국법의 내용과 적용에 관한 일반적인 유럽의 문서가 필요하고 유럽연합의 규정이 적절한
   수단이다(제Ⅰ조). 동 원칙은 광범위한 적용범위를 규정해야 하며 사법당국과 비사법당국에
   적용되어야 한다(제Ⅱ조). 제3국법이 적용될 수 있는 경우에도 동 원칙은 적용되어야 한다
   (제Ⅲ조). 국내당국은 직권으로 외국법을 적용해야 하고 외국법의 내용을 확정하기 위해 최
   선의 노력을 해야 한다(제Ⅳ조). 국내당국은 외국법의 내용을 확정함에 있어 모든 가능한 수
   단을 강구해야 하고, 다른 국가의 국내당국 및/또는 당사자와의 협력을 권장하여야 한다(제
   Ⅴ조). 외국법의 내용은 각국의 국내절차법에 따라 확정되어야 하고, 국내당국은 특히 조약
   이 정한 수단에 추가하여 국내 또는 외국의 공적 당국에 의하여 획득된 정보를 사용할 수 있
   고, 전문가와 특수기관의 조력을 요구할 수 있으며 유럽사법네트워크 및 유사 네트워크의 사
   용은 권장되어야 한다(제Ⅵ조). 외국법의 확정은 공서를 이유로 하는 외국법의 부적용을 배
   제하지 않는다(제Ⅶ조). 당사자들이 국내법에 따라 법률구제를 받을 자격이 있는 경우에는
   외국법의 증명과 관련된 비용에도 미쳐야 한다(제Ⅷ조). 국내당국이 판단하기에 합리적 시간

컨대 헤이그국제사법회의 상설사무국은 2009년 "Accessing the content of for−
eign law and the need for the development of a global instrument in this area
─a possible way ahead"라는 보고서[48]를 공표하였는데, 여기에서 장래의 문서
를 개발함에 있어서 따라야 할 지도원칙을 제시하고 있다. 2010년 일반업무 및
정책에 관한 이사회에서 채택된 결론과 권고는 외국법의 조사와 이를 위한 세계
적 문서를 성안할 필요성을 장래의 과제로 확인하고 있으므로 앞으로 헤이그국제
사법회의 차원에서 그러한 작업이 진행될 것으로 기대된다. 2012년 2월 중순 브
뤼셀에서 개최된 '민사 및 상사(사건)에서 외국법에의 접근(access to foreign law in
civil and commercial matters)'에 관한 유럽연합 (집행)위원회와 헤이그국제사법회의
의 공동세미나는 이 문제에 대한 국제사회의 관심을 잘 보여준다.

내에 외국법의 내용에 대한 적절한 확정이 없거나 외국법의 확정 결과 문제 된 쟁점을 다루
기에 부적절한 경우 국내법을 적용한다(제IX조). 외국법의 내용에 대한 결정 또는 판정은 국
내법이 정한 재심사의 대상이 되고 구체적 근거는 국내법으로 정할 것이다(제X조). 외국법
의 내용 확정에 관한 제3국과의 협정 체결은 권장되어야 하고, 특히 헤이그국제사법회의와
같은 정부 간 조직과의 공조는 지지되어야 한다(제XI 조). 경위는 Gruber/Bach(註 46), p.
157 이하 참조.
48) 이는 http://www.hcch.net/upload/wop/genaff_pd11a2009e.pdf에서 볼 수 있다. 이 분야에
관한 근자의 논의는 확인하지 못하였다.

6. 준거법의 범위에 관한 조항의 신설

섭외사법	국제사법
<신설>	제19조(준거법의 범위) 이 법에 따라 준거법으로 지정되는 외국법의 규정은 공법적 성격이 있다는 이유만으로 적용이 배제되지 아니한다.

[입법례]
• 스위스 국제사법 제13조[지정의 범위]

가. 개요

전통적 국제사법 이론에 따르면 국제사법에 의하여 지정되는 외국법은 사법(私法)이며, 공법은 제외되는 것이 원칙이었다. 그러나 사법과 공법의 구별을 알지 못하는 국가도 있고, 최근에는 사법의 공법화 현상이 두드러지게 나타남에 따라 사법과 공법의 구별이 명확하지 않은 경우가 많다. 따라서 준거법으로 지정된 외국법의 내용이 공법적 성격을 가진다는 이유만으로 그 적용을 배제함은 부당하므로 구 국제사법에서는 준거법으로 지정된 외국법의 내용이 공법적 성격을 가진다는 이유만으로 그 적용이 배제되지 않음을 명시하였다. 국제사법도 이런 태도를 유지한다.

나. 주요내용

(1) 지정되는 외국법의 범위

준거법이 외국법으로 지정된 경우 당해 외국법에 속하는 노동 관련 법규나, 외국환거래법(그리고 그의 특별법인 외국인투자촉진법) 또는 대외무역법과 같이 공법적 성격을 가지는 법규도 적용되는지, 아니면 그런 법규의 적용은 처음부터 배제되는지에 관하여 의문이 제기될 수 있다. 외국환거래법 또는 대외무역법과 같은 법규를 독일에서는 '간섭규범(또는 '개입규범'. Eingriffsnorm)', 프랑스에서는 '직접적용법(lois d'application immédiate)' 또는 '경찰법(lois de police)'이라고 한다.[1]

---

[1] 그러나 엄밀하게는, 간섭규범을 국제적 강행법규와 동일한 의미로 사용하는 논자와, 준거법에 관계없이 강행적으로 적용되는 특별사법을 제외한 나머지 국제적 강행법규만을 의미하는 용어로 사용하는 논자가 있는 것으로 보인다. 국제적 강행법규는 '절대적 강행법규'라고 부르기도 한다. 경찰법이라는 용어는 우리에게는 생소하나(박기갑, 121면은 이를 '경찰법규'라고 번역한다), 프랑스에서는 범죄수사와 관련된 의미의 제도적 의미의 경찰만이 아니라 경찰이 행하지 않는 많은 질서유지작용을 강학상 실질적 의미의 경찰이라 부른다고 한다. 이승민, 프랑

최근 사법의 공법화 현상이 두드러지고 사인 간의 국제거래관계에 각국 정부가 공법적 규제를 하고 있는 현실에서 그러한 법규들이 공법적 성격을 가진다는 이유만으로 적용을 배제하는 것은 부당하므로, 국제사법에서는 준거법으로 지정된 외국법이 공법적 성격을 가진다는 이유만으로 적용이 배제되지 않음을 명확히 한 것이다.[2] 이는 공법과 사법의 구별은 경우에 따라 매우 어렵고 영미법상으로는 공법과 사법의 명확한 구별은 존재하지 않거나 대륙법계처럼 명확하지는 않은 것으로 이해되며 그 구별 기준 또한 국가별로 상이하고, 무엇보다도 외국공법의 적용을 배제하거나 제한할 필요가 있더라도 이는 당해 법규를 적용한 결과에 착안한 국제사법적 고려에 기초한 것이어야지, 어떤 법규의 성질이 공법인가 사법인가에 따라 일률적으로 결정할 것은 아니기 때문이다.[3]

제19조의 결과 준거법으로 지정된 외국의 법은 비록 공법적 성격을 가지더라도 당해 사법(私法)적 법률관계에 영향을 미치는 한 적용될 수 있다. 따라서 과거 대륙법에서 통용되던 준거법 소속국인 외국의 강행법규 또는 간섭규범은 공법이기 때문에 적용될 수 없다는 견해, 즉 '외국공법 부적용의 원칙(Grundsatz der Nichtanwendung ausländischen öffentlichen Rechts)'[4]은 국제사법하에서는 더 이상 주장될 수 없다.

제19조는 외국공법 부적용의 원칙을 극복하는 것이라고 할 수 있으므로 한국법이 준거법이 되는 경우를 적용 대상으로 명시하지 않는다. 제20조도 준거법이

2) 이는 1975년 독일 비스바덴에서 채택된 국제법협회(*Institut de Droit international*)의 결의와 동일한 내용이다.

3) Werner Ebke, Internationales Devisenrecht (1991), S. 156−157; Andreas Bucher, *Droit international privé, Tome* Ⅰ/2: *Partie générale — Droit applicable* (1995), N. 359. Bucher는 우선 당해 외국법이 사법관계에 미치는 실효적인 영향과 당사자들 간의 권리와 의무 간의 균형 등에 비중을 둘 것이라고 한다.

4) 석광현, "국제계약법", 국제사법연구 제4호(1999), 328면 이하; 법무부, 국제화시대의 섭외사법 개정방향, 법무자료 제226집(1999) 제4장 국제계약법, 113면 이하; 석광현, 제2권, 3면 이하 참조. 과거 독일 연방대법원은 지도적 판결인 1959. 12. 17. 판결(BGHZ 31, 367)에서 외국공법은 적용될 수 없다고 선언하였다. 이는 구 동독의 외환규제법 적용 여부가 문제 된 사건인데, 연방대법원은, 공법에서는 속지주의가 적용되기 때문에 원칙적으로 외국 공법을 적용할 수 없고, 다만 예외적으로, 조약이 적용을 명하거나(예컨대 IMF 협정) 외국이 그러한 규정을 제정할 권한을 가지는 경우, 그리고 외국공법 규정이 전적으로 또는 부분적으로 개인의 이익 또는 사인 간 이익을 조정하는 목적을 가진 경우에는 일정한 요건하에 적용할 수 있다고 보았으나 위 사안에서 문제 된 동독의 외환규제는 동독의 경제적·정치적 목적을 위한 것으로서 그에 해당하지 않아 적용될 수 없다고 판시하였다. 소개는 김민경, 국제계약과 국제적 강행규정(2022), 26면 이하, 註 77 참조.

외국법인 경우만을 언급한다. 준거법이 한국법인 경우에는 한국의 공법은 당해 법률관계에 적용되는 것이라면 당연히 적용되는데, 그 근거는 준거법의 일부로서 적용된다거나 공법의 연결원칙에 의하여 적용된다고 할 수 있을 것이다.

(2) 외국공법의 적용 여부와 그 근거

제19조는 준거법 소속국인 외국의 공법을 반드시 적용해야 한다고 규정하지는 않으며, 단지 공법이라는 이유만으로 적용이 배제되는 것은 아니라는 소극적 규정방법을 취하므로, 외국공법이 준거법 소속국의 법이라고 하여 당연히 적용될 수 있는 것은 아니고, 그의 적용 여부는 국제사법적 고려에 기해 판단해야 할 것이다. 따라서 국제사법적 고려에 기해 외국공법을 적용할 경우 그 근거에 관하여는 다양한 견해가 주장될 수 있다. 하나는 한 국가의 법질서는 하나의 단위로서 총체적으로 파악할 것이므로 외국공법도 준거법의 일부로서 적용된다는 견해이고, 다른 하나는 그러한 법규는 '강행법규의 특별연결이론'이라는 독자적인 연결원칙에 의해 적용된다는 견해이다. 그 밖에도 국제적인 공법이론(섭외공법이론) 등에 의해 설명할 여지도 있다.[5] 국제적 강행규정이 주로 공법적 성질을 가지는 간섭규범만을 의미하는지 아니면 특별사법도 포함하는지는 논란의 여지가 있다.[6] 국제적 강행법규를 특별사법을 포함하는 것으로 넓게 이해하면 특별사법은 준거법의 일부로서 적용된다는 설명이 쉬우나, 특별사법이 아닌 간섭규범과 같은 국제적 강행법규는 강행법규의 특별연결이론으로 설명하는 것이 자연스럽다.[7]

로마협약은 준거법 소속국의 강행법규는 준거법의 일부로서 적용된다는 첫째

---

5) 상세는 안춘수, 절대적 강행규정, 189면 이하 참조. 위 안춘수, 213면은 "제6조는 실익이 적어 차라리 두지 않은 것만 못한 것으로 생각된다"라고 비판한다. 그러나 독일과 달리 외국공법 부적용의 원칙에 젖어 있던 2000년 한국의 현실에서 구 국제사법 제6조는 외국공법 부적용의 원칙을 배척한 것만으로도 중요한 의미가 있다.

6) 유럽에서는 로마I 제9조 제1항의 정의상 특별사법이 간섭규범에 포함되는지는 논란이 있는데, 그런 정의규정이 없는 한국에서도 견해가 나뉠 수 있다. 특별사법을 '국제적 강행규정인 특별사법(Sonderprivatrecht)', '私法的인 간섭규범' 또는 'Parteischutzvorschrift(당사자보호규정)'라고 부르기도 한다. Andrea Bonomi, Overriding Mandatory Provisions in the Rome I Regulation on the Law Applicable to Contracts, YBPIL Vol. 10 (2008), p. 291. 독일에서는 간섭규범에만 적용된다는 견해가 유력하나, 이탈리아에서는 특별사법도 포함시키는 견해가 유력하다.

7) Felix Maultzsch, Rechtswahl und *ius cogens* im Internationalen Schuldvertragsrecht, Rabels Zeitschrift 75 (2011), S. 95 참조.

의 입장을 취한 것으로 이해되기도 하나,[8] 이를 명시하지는 않으므로 견해가 나뉘
었다. 연구반초안(제7조)은 첫째의 입장을 명확히 하고자 스위스 국제사법 제13조
제1문에 따라 "이 법에 의하여 준거법으로 지정된 외국법은 해당 법률관계에 적용
될 수 있는 그 국가의 모든 규정을 포함한다"라는 취지의 문언을 두었으나, 위원
회의 검토과정에서 그러한 규정방식의 타당성에 대해 의문이 제기되었고, 만일 그
렇게 규정할 경우 외국법의 적용 여부 및 근거에 관한 앞으로의 학설·판례의 발
전을 제약할 가능성이 있다는 이유로 이를 삭제하기로 하였다. 어느 경로를 통하
든 간에 외국의 국제적 강행규정의 적용도 법정지의 공서의 통제를 받는다.[9]

　　여기에서 유의할 것은 "외국공법을 적용한다"라는 의미는, 외국의 행정적, 형
사적인 여러 가지 규제 내지 제재조치를 그 자체로서 법정지에서 직접 적용하고
집행하는 것(이는 공법상 규제의 역외적용이다), 예컨대 외환거래의 인가의 부여 또
는 행정적 내지는 형사적인 제재의 부과를 의미하는 것이 아니라, 민사사건의 처
리를 위하여 외국공법에 근거하는 사법적 규정의 적용 내지 사인들 간의 법률관
계에 관계되는 반사적 효력(Reflexwirkung)에 관한 문제라는 점이다.[10]

(3) 제19조에도 불구하고 적용되지 않는 외국공법

　　위에서 본 것처럼 우리 국제사법(제19조)상 준거법으로 지정된 외국법의 규정
은 공법이라는 이유만으로 적용이 배제되지 아니하므로 준거법에 속하는 공법규
정도 적용될 수 있기에 '외국공법 부적용의 원칙'은 타당하지 않은데, 이는 민사사
건의 처리를 위하여 외국공법이 사인들 간의 법률관계에 미치는 반사적 효력의
문제이다.

---

8) 로마협약의 기초자들이 그런 입장을 취하였음은 대체로 인정되고 있다. 석광현, 제1권, 84면
　　참조.

9) Staudinger, Kommenar zum BGB, Internationales Vertragsrecht 1 (2016), Anh. zu Art. 9
　　Rom I-VO, Rz. 87 (Werner F. Ebke 집필부분).

10) 석광현, 제1권, 33면. 반사적 효력을 문제삼는 경우 역외적용과 국제적 강행규정의 관계는
　　무엇인가. 역외적용(과 그의 근거인 효과주의)은 국가관할권(특히 입법관할권)의 한계의 문
　　제로 논의된다. 하지만 국제사법은 국가관할권(특히 입법관할권)의 한계의 문제로 이해하지
　　않는다. 즉 국가관할권의 한계에 관한 거친 기준은 사법의 적용범위 획정에서는 적절하지
　　않다는 것이다. 이렇게 파악한다면 역외적용은 속지주의가 지배하는 지재권의 영역을 제외
　　한다면, 국제사법에서는 별로 유용한 개념이 아니다. 역외적용의 개념에 관하여는 장준혁,
　　"미국의 경제공법저촉법에 있어서의 관할권과 역외적용 개념의 이해", 국제사법연구 제7호
　　(2002), 29면 이하 참조.

다만 위에서 본 것처럼 국제사법의 일반론으로서 외국공법 부적용의 원칙이 극복되었다고 하더라도 외국의 세법과 형사법은 여전히 적용되지 않는다(양자의 관계를 더 검토할 필요는 있다).[11] 나아가 제19조에도 불구하고 외국공법으로부터 도출되는 국가의 청구권이 한국 법원에서 실행(또는 관철)될 수 없다는 점은 여전히 타당하다고 본다.[12] 그러나 독일에서는 이에 반대하는 소수설도 있다.[13]

---

11) 영미에서는 revenue rule, penal rule이 외국공법 부적용의 원칙과 유사한 기능을 한다(다만 영미에서는 세법은 사법(私法)의 문제라고 한다. 브뤼셀협약에 대한 Schlosser 보고서 참조). 우리 문헌은 우선 김민경, 27면 註 77 참조. 세법은 자신의 별도의 원칙에 따라 적용범위가 결정되는데 이것이 국제조세법의 문제이다. 우리 형법(제2조부터 제6조)은 국제형법에 관하여 규정하므로 적어도 해석론으로서는 우리 형사법의 적용범위는 그에 의하여 규율된다. Revenue rule에 관하여는 Adrian Briggs, The Revenue Rule in the Conflict of Laws: Time for a Makeover, Singapore Journal of Legal Studies, 2001-12-01 (Dec 2001), p. 280 이하; Anatol Dutta, Die Durchsetzung öffentlichrechtlicher Forderungen ausländischer Staaten durch deutsche Gerichte (2006), S. 17ff, 39ff.; Cheshire, North & Fawcett, 15th edition, p. 114 이하 참조.

12) Kegel/Schurig, S. 1092-1093 참조.

13) Anatol Dutta, Die Durchsetzung öffentlichrechtlicher Forderungen ausländischer Staaten durch deutsche Gerichte (2006) 참조. Dirk Wiegandt, Recognition of administrative acts, Encyclopedia Vol. 2, pp. 1486-1495도 참조.

7. 대한민국 법의 강행적 적용에 관한 조항의 신설

섭외사법	국제사법
<신설>	제20조(대한민국 법의 강행적 적용) 입법목적에 비추어 준거법에 관계없이 해당 법률관계에 적용되어야 하는 대한민국의 강행규정은 이 법에 따라 외국법이 준거법으로 지정되는 경우에도 적용한다.

[입법례]
• 로마협약 제7조 제2항[강행규정]/로마 I 제9조 제2항
• 스위스 국제사법 제18조[스위스법의 강행적 적용][1]
• 독일 구 민법시행법 제34조[강행규정][2]
• 중국 섭외민사관계법률적용법 제4조

가. 개요

법정지인 한국의 국제적 강행법규(또는 강행규정. 이하 양자를 호환적으로 사용한다)는 준거법에 관계없이 당연히 적용됨을 구 국제사법에 명시하였다. 국제사법도 이런 태도를 유지한다.

나. 주요내용

(1) 법정지의 국제적 강행법규의 적용

제20조는 국제사법에 의하여 외국법이 준거법으로 지정되더라도 예컨대 대외무역법, 외국환거래법(그리고 그에 대한 특별법인 외국인투자촉진법), 독점규제 및 공정거래에 관한 법률(이하 "공정거래법"이라 한다)과 문화재보호법 등 그의 입법목적에 비추어 준거법에 관계없이 적용되어야 하는 법정지인 한국의 강행법규는 여전히 적용된다는 점을 명시한다.[3] 이는 과거에도 학설, 판례에 의하여 당연한

---

1) 우리 법과의 비교는 장준혁, "국제적 강행법규의 연결원칙에 관한 연구 − 개정 국제사법 제7조와 그 모법인 유럽계약협약 제7조 및 스위스 신국제사법 제18조, 제19조의 비교연구 −", 통상법률 통권 제75호(2007. 6.), 71면 이하 참조.

2) 독일은 2009. 12. 17. 로마 I 의 발효를 계기로 구 민법시행법 제27조 − 제37조를 삭제하였다 (다만 제29a조는 제외. 이는 제46b조가 되었다).

3) 외국공법의 적용에 관하여 위에서 언급한 바와 마찬가지로, 국제사법의 맥락에서 국제적 강행법규의 적용을 문제삼는 것은 그러한 법이 사법적 법률관계에 영향을 미치는 범위 내에서이다. 그 범위 밖의 국제적 강행법규의 적용 문제는 이른바 '국제행정법' 또는 '섭외공법 (internationales öffentliches Recht)'의 문제이다. 국제행정법은 어느 경우에 자국 행정법이

것으로 인정되어 온 것이라고 할 수 있는데,[4] 구 국제사법(제7조)에서는 그 취지를 보다 분명히 하고, 그것이 국제사법적 판단의 결과임을 명확히 하였고 국제사법(제20조)도 이를 유지한다.

제20조는 명시하지 않으나 그러한 강행규정과 당해 법률관계 간에 밀접한 관련이 있어야 한다.[5] 만일 사소한 관련만 있음에도 불구하고 입법자들이 이를 강행적으로 적용하기로 한 경우에는 그의 적용을 부정하여야 한다. 실제로 우리 입법자들이 준거법에 관계없이 어떤 국제적 강행규정을 해당 법률관계에 적용하고자 하는 경우라면 대부분 밀접한 관련의 존재가 인정될 것이다. 로마 I 제9조 제2항은 명시하지 않으나, 로마 I 하에서도 로마협약에서와 마찬가지로 법정지의 국제적 강행규정이 적용되기 위하여는 그 강행규정과 당해 법률관계 간에 밀접한 관련이 존재해야 한다고 보는 것이 다수설이다.[6]

여기에서 문제 되는 한국의 강행규정은, 당사자의 합의에 의해 그 적용을 배제할 수 없다는 의미의 국내적 강행법규(또는 '단순한(또는 통상의) 강행법규')가 아

적용되는지를 결정하는 일방적 저촉규범이다. 국제행정법은 예컨대 외국의 학위 내지 학력의 승인, 외국근로자의 사회보장과 국적 부여 등과 관련된다. von Hoffmann/Thorn, §1 Rn. 131. 행정사건에서 준거법과 국제관할권의 관계는 석광현, "클라우드 컴퓨팅의 규제 및 관할권과 준거법", Law & Technology 제7권 제5호(2011. 9.), 16면 이하 참조(행정사건에서는 입법관할권과 재판관할권이 병행한다. 즉 우리 법이 적용되는 범위 내에서는 우리 법원이 재판관할권을 가진다).

4) 그러나 "국제적 강행규정이라는 개념은 구 국제사법에서 비로소 도입되었고, 이 사건에 적용되는 구 섭외사법에서는 관련 규정 자체를 두고 있지 않았다. 그런데 국제적 강행규정은 개별원칙에 따라 지정된 준거법의 적용을 제한하는 것이므로 예외적으로만 허용되어야 하고, 따라서 명시적인 법률상 근거도 없는 구 섭외사법하에서도 적용하기는 조심스럽다"라는 견해도 보인다. 김영석, "불법 반출된 문화재를 둘러싼 법률관계와 국제사법", 대법원판례해설 제137호(2024. 6.), 383-384면.

5) 최흥섭, 209면; 장준혁, "국제적 강행법규의 연결원칙에 관한 연구: 개정 국제사법 제7조와 그 모법인 유럽계약협약 제7조 및 스위스 신국제사법 제18조, 제19조의 비교연구", 통상법률 제75호(2007. 6.), 84면; 김민경, 국제계약과 국제적 강행규정(2022), 19면도 동지. 구 국제사법 제7조를 개정하여 '밀접한 관련' 요건을 명시하자는 견해도 있다. 손경한, "계약적 채무의 준거법에 관한 한국 판례의 최근 동향", 국제사법연구 제22권 제2호(2016. 12.), 132면 註 89. 그러나 본문처럼 해석론으로 해결할 수 있으므로 개정하지 않더라도 무방하다.

6) 즉 밀접한 관련이 필요한지는 로마체제에서도 논란이 있으나 다수설은 필요하다고 본다. Reithmann/Martiny/Freitag, 8. Auflage, Rn. 5.58. 로마 I 제9조 제1항이 최우선강행규정의 정의에서 입법국과 그 규정의 밀접한 관련을 묵시적으로 규정하고 있다고 보거나, 입법관할권의 범위는 그 국가와 진정한 관련(genuine connection)을 가지는 사안으로 제한된다는 국제법의 원칙을 근거로 한다. Magnus/Mankowski/Bonomi (2017), para 96.

니라, 당사자의 합의에 의해 적용을 배제할 수 없을 뿐만 아니라 그에 추가하여 준거법이 외국법이라도 그의 적용이 배제되지 않는 '국제적 강행법규(internationally mandatory rules)'를 말한다.[7]

당사자자치에 관한 국제사법 제45조 제4항의 강행규정, 소비자계약에 관한 국제사법 제47조 제1항의 강행규정과 근로계약에 관한 국제사법 제48조 제1항의 강행규정은 국내적 강행법규[8]를 말한다(물론 그것이 국제적 강행법규에 해당되는 경우에는 제20조가 적용될 수 있다). 국내적 강행법규인가의 판단은 당사자의 의사로써 그 적용을 배제할 수 있는가의 여부에 따른 것이지, 그 위반의 결과 당해 행위의 효력이 부인되는지 여부에 따른 것이 아니다. 따라서 우리 민법이론에서 말하는 효력규정(또는 강행규정)뿐만 아니라 단속규정도 여기의 강행법규에 해당할 수 있다. 단적으로 외국환거래법의 사례를 생각하라.[9]

어떤 법규가 국제적 강행법규 또는 간섭규범인가의 여부는 '법규의 성질결정의 문제'라고 할 수 있다. 간섭규범과 국내적 강행법규의 구별에 관하여는, 대체로 당해 규범이 주로 공적인(국가적·경제정책적인) 이익에 봉사하는 경우는 전자임에 반하여, 주로 계약관계에 관여하는 당사자들 간의 대립하는 이익의 조정에 봉사하는 경우에는 후자라고 구별하는 견해가 설득력이 있다. 보다 엄밀하게는, 국제적 강행법규인가의 여부는 당해 법규의 의미와 목적(Sinn und Zweck)을 조사하여 그것이 적용의지(또는 적용의사. Anwendungswille 또는 Geltungswille)를 가지는가를 검토하여 판단해야 한다. 달리 말하자면, 법규의 목적과 그의 언명(Normaussage)을 우선 특정하고 분석하여야 하며, 이 경우 문제 된 규범의 언명을 개별적으로 검토해야 하지 하나의 법을 일률적으로 판단할 것이 아니다.[10] 당해 법규가 준거법에 관계없이 적용됨을 명시하는 경우는 의문의 여지가 없으나, 그렇지 않더라도 자신의 국제적 또는 영토적 적용범위를 스스로 정하고 있는 경우 이는 당해

---

7) 이와 달리 국제적 강행규정이 반드시 국내적 강행규정이어야 하는 것은 아니라는 견해도 있다. 장준혁, "國際的 强行法規 개념의 요소로서의 抵觸法的 强行性", 성균관법학 제19권 2호 (2007. 8.), 567면 참조. 그러나 국제적 강행규정성은 입법국을 기준으로 판단할 사항이므로 국제적 강행규정이 되자면 우선 당해 국가의 국내적 강행규정이어야 한다.
8) 그러나 소비자보호와 근로자보호 법규는 우선 국내적 강행법규이지만 국제사법은 이를 특별히 취급한다.
9) 대법원 1975. 4. 22. 선고 72다2161 전원합의체 판결이 외환관리법은 단속법규에 지나지 않으므로 그에 위반한 약정의 효력에는 영향이 없다고 판시한 바 있다.
10) von Bar/Mankowski, Band Ⅰ, §4 Rn. 95.

법이 국제적 강행법규임을 간취할 수 있는 근거가 된다.[11] 당해 법규가 행정법적인 절차 내에서 전적으로 관할을 가지는 관청을 통한 정규적인 집행을 규정하는 경우 이는 상대적으로 확실한 간섭규범의 징표가 된다.[12] 의문이 있는 경우에는 일반원칙으로 돌아가 국제사법의 연결원칙에 따라야 할 것이므로 국제적 강행법규가 아니라고 추정해야 할 것이다.[13]

국제적 강행법규의 예로는 위에 언급한 대외무역법, 외국환거래법, 공정거래법과 국가유산기본법/문화유산법이 있고(국제문화재법의 논점은 아래(4)에서 논의한다), 그 밖에 근로관계 법규 중 일부가 그에 해당할 수 있는데, 어느 법이 국제적 강행법규인가는 문제가 된 법조문을 중심으로 그의 입법 목적에 비추어 개별적으로 판단해야 할 것이다.[14][15]

논란이 있는 것으로는 대리상을 보호하기 위하여 대리상의 상당한 보상청구권을 정한 상법 제92조의2,[16] 해상운송인의 의무 또는 책임을 감면하는 당사자의

---

11) 구글사건에서 추상적 법률론으로 서울고등법원 2017. 2. 16. 선고 2015나2065729판결은 구 정보통신망 이용촉진 및 정보보호 등에 관한 법률('구 정보통신망법') 제30조 제2항이 국제적 강행규정인지를 검토하면서 "외국법이 준거법인 경우에도 적용하여야 할 우리 법의 강행규정이란, (구) 국제사법 제7조 자체에서 규정하고 있는 것과 같이 그 입법목적을 고려하여야 하고, 이는 그 법규정을 적용하지 아니하면 우리의 법체계와 사회질서 및 거래 안전 등에 비추어 현저하게 불합리한 결과가 야기될 가능성이 있어 이를 강제적으로 적용하는 것이 필요한 경우이거나, 법 규정 자체에서 준거법과 관계없이 적용됨을 명시하고 있거나 또는 자신의 국제적 또는 영토적 적용 범위를 스스로 규율하고 있는 경우 등을 의미한다."라고 판시하여 위의 취지를 따랐다. 한편 상고심인 대법원 2023. 4. 13. 선고 2017다219232 판결은 구 정보통신망 제30조 제2항, 제4항은 정보통신서비스 이용자의 개인정보에 관한 권리를 보장하기 위한 조항으로서 헌법상 개인정보자기결정권을 구체화한 것인데, 구 정보통신망법의 목적과 취지, 개인정보 보호를 위한 위 조항들의 기능과 역할 및 그 위반 시 정보통신서비스 제공자 등에 부과되는 제재 등을 종합하면 위 규정들은 강행규정에 해당한다고 봄이 타당하다고 판시하였다. 대법원은 원심과 달리 위 조문들의 국제적 강행규정성을 검토한 것이 아니라 구 국제사법 제27조가 규정한 강행규정(즉 국내적 강행규정)이라고 판시한 것이다.

12) von Bar/Mankowski, Band Ⅰ, §4 Rn. 95.

13) 국제적 강행규정인지를 판단하는 기준에 관하여는 우선 김민경, 국제계약과 국제적 강행규정(2022), 42면 이하; 이헌묵, "국제적 강행규정의 판단기준", 인권과 정의 통권 제442호(2014. 6.), 83면 이하(특히 98면) 참조.

14) 국제적 강행법규에 관한 우리 판례의 소개는 김인호, 강행규정, 110면 이하 참조.

15) 또한 도산저촉법(또는 도산국제사법)의 논의에서 도산의 실체법적 측면에 대해 도산법정지법이 적용되는 근거를 국제적 강행법규로 설명하기도 한다. 도산국제사법에 관하여는 다음 제4장 본론 Ⅱ 참조.

16) 해운업계의 경우 외국회사의 해운대리점에서도 이 점이 문제 되고 있다고 한다.

특약을 무효로 하는 상법 제790조 제1항과 약관의 규제에 관한 법률(이하 "약관규제법"이라 한다) 등이 있다. 여기에서는 상법 제92조의2와 제790조 제1항이 국제적 강행법규인지를 검토하고, 공정거래법이 국제적 강행법규라는 의미를 살펴본다.17) 약관규제법은 소비자계약에 관한 아래 제47조에서 논의한다.18) 주의할 것

---

17) 김민경, 국제계약과 국제적 강행규정(2022), 65면 이하는 위의 논의를 확대하여 다양한 우리 법률을 더 상세히 검토한다. 개별법률의 검토는 김민경, 온주 국제사법 제20조, 2023. 7. 5. [9] 이하도 참조. 참고로 대법원 2024. 4. 25. 선고 2019다261558 판결은 민법 제398조 제2항(예정 손해배상액 감액)은 그 입법 목적과 성격, 내용에 비추어 볼 때 준거법에 관계없이 해당 법률관계에 적용되어야 하는 구 국제사법 제7조의 국제적 강행규정이라고 볼 수 없고, 준거법인 영국법을 적용한 결과 손해배상 예정액을 별도로 감액할 수 없다고 하여 그 적용이 구 국제사법 제10조의 '대한민국의 선량한 풍속 그 밖의 사회질서에 명백히 위반되는 때'에 해당한다고 볼 수도 없다고 판시하였다. 또한 광주지방법원 2024. 7. 9. 선고 2023가합57932 판결(미확정)은 원고와 피고가 보증계약에서 미국 캘리포니아주 법률을 준거법으로 명시적으로 선택하였고 이에 따라 보증의 범위, 성격, 보증인의 책임, 권리 및 항변 등에 관하여 자세히 약정하였는데, 국제적 계약관계에 적용될 준거법을 계약당사자 스스로 선택할 수 있도록 당사자자치를 보장하고 있는 구 국제사법 제25조 제1항의 취지에 비추어 당사자들의 의사를 존중함이 상당하고, 달리 민법 제428조의3(근보증)을 적용하지 아니하면 한국의 법체계와 사회질서 및 거래안전 등에 비추어 현저하게 불합리한 결과가 야기될 가능성이 있어 이를 강제적으로 적용하는 것이 필요하다고 볼 만한 사정이 없다고 판시한 바 있다.

18) 결론을 먼저 소개하면 약관규제법은 국제적 강행규정이 아니다. 대법원 2010. 8. 26. 선고 2010다28185 판결과 대법원 2015. 3. 20. 선고 2012다20118846(본소), 118853(반소) 판결도 같은 취지이다. 2010년 판결은 "국제사법 제27조에서 소비자 보호를 위하여 준거법 지정과 관련하여 소비자계약에 관한 강행규정을 별도로 마련해 두고 있는 점이나 약관의 규제에 관한 법률의 입법 목적을 고려하면, 외국법을 준거법으로 하여 체결된 모든 계약에 관하여 당연히 약관의 규제에 관한 법률을 적용할 수 있는 것은 아니다"라는 취지로 판시하였다. 간단한 평가는 석광현, "약관규제법은 국제적 강행규정인가", 법률신문 제3920호(2011. 3. 21.), 13면; 석광현, 제5권, 232면 이하 참조. 그러나 이헌묵(註 13), 100면은 이를 국제적 강행규정이라고 본다. 만일 그런 견해를 취한다면 우리 약관규제법이 적용되는 범위를 특정해야 하고, 한국 약관규제법과 준거법 소속국의 약관규제법(예컨대 독일 민법과 영국 UCTA)의 관계를 설명해야 한다. 또한 국제거래에서 일정한 업종의 약관을 배제하는 조항(약관규제법 시행령 제3조)을 현실에 맞추어 꾸준히 개정해야 하고, 그 경우에도 적용이 배제되지 않는 약관규제법 제6조를 구체화해야 해야 할 현실적 필요성이 대폭 증가하므로 그에 대처하지 않으면 아니 된다. 나아가 국제사법 제47조와의 불균형을 해소해야 한다. 이런 해결방안을 제시함이 없이 약관규제법이 국제적 강행규정이라고 하는 것은 무책임하다. 특히 약관규제법이 국제적 강행규정이라면서, 약관에 포함된 중재조항은 약관규제법 제14조에 의하여 무효라고 본다면 우리 건설사들이 외국의 발주자들과 FIDIC 조건에 따라 국제건설계약을 체결하면서 체결하는 중재합의는 모두 무효라는 과격한 결론에 이르는데 이는 수용할 수 없는 법리이다. 약관규제법을 국제적 강행규정으로 보자면 현재와 같이 B2B와 B2C에 동일하게 적용할 것이 아니라 최소한 독일 민법처럼 B2B 거래에서는 더 유연한 처리를 가능하게 하는 취지를 입법으로 도입할 필요가 있다.

은, 국제사법에는 정의규정이 없으므로 우리 법상으로는 공법적 성질의 규범만이 국제적 강행규정이 되는 것은 아니고 특별사법도 국제적 강행규정이 될 수 있다는 점이다. 대표적인 사례가 입양특례법이다. 이는 입양에 관한 제70조에서 논의한다.

어느 법이 국제적 강행법규라면 제20조에 따라 준거법이 외국법이라도 그 적용이 배제되지 않으며, 나아가 견해에 따라서는 국제재판관할합의와 관련하여서도 의미를 가진다. 즉 만일 위 조항들이 국제적 강행법규라면, 국제재판관할합의의 결과 위 조항의 적용이 배제될 경우 그 범위 내에서 국제재판관할합의의 효력을 부정하는 견해가 있다.[19] 중재합의의 경우도 마찬가지이다.

(가) 상법 제92조의2(대리상의 보상청구권)　　　　　상법 제92조의2 제1항은 "대리상의 활동으로 본인이 새로운 고객을 획득하거나 영업상의 거래가 현저하게 증가하고 이로 인하여 계약의 종료 후에도 본인이 이익을 얻고 있는 경우에는 대리상은 본인에 대하여 상당한 보상을 청구할 수 있다. 다만, 계약의 종료가 대리상의 책임있는 사유로 인한 경우에는 그러하지 아니하다"라고 규정한다. 만일 위 조문이 국내적 강행규정이라면, 대리상계약의 준거법이 한국법일 경우 대리상은 상법 제92조의2가 정한 바에 따라 보상청구권을 가지나, 당사자들이 보상청구권을 알지 못하는 외국법을 대리상계약의 준거법으로 지정하였다면, 가사 대리상이 한국에서 영업을 하더라도 상법의 위 조항은 적용되지 않고 보상청구권의 유무는 그 준거법에 따를 사항이다. 반면에 만일 제92조의2가 국제적 강행규정이라면 그 경우 준거법이 외국법이더라도 동조가 적용된다. 후자의 견해를 취할 경우 문제는 어떤 요건하에 동조의 국제적 강행성을 인정할 것인가인데, 아마도 대리상이 우리나라에 주된 영업소[20]를 가지고 우리나라에서 영업을 하는 것이 기준이 될 것이다. 대리상을 두텁게 보호할 필요성을 고려한다면 이를 국제적 강행규정으로 보아야 할 것이나, 법문상 명확한 기준을 도출하기 어려우므로 원칙을 따라야 하고, 종래 우리의 입법이 국제거래에 대한 합리적 고려 없이 이루어졌음을 생각한다면 이를 국제적 강행규정으로 보는 것은 주저된다.[21] 다만 입법론적으로는 상

---

19) 저자는 석광현, 해설(2003), 94면에서도 이에 반대하는 입장을 밝혔다. 상세는 석광현, 제 4권, 3면 이하 참조. 서울고등법원 2005. 1. 14. 선고 2004나14040 판결도 동지.

20) 주된 영업소가 아니라 영업소로 족하다는 견해도 가능할 것이다.

21) 그러나 이헌묵(註 13), 97면은 당사자 사이의 이해관계의 조정을 넘어서 사회 전체의 경제정의를 실현하고자 하는 목적이 주를 이루고 있다는 이유로 이를 국제적 강행규정으로 본다.

법 제92조의2가 국제적 강행규정이라는 취지를 명확히 하는 방안을 고려할 필요가 있다.[22][23]

22) 서울고등법원 2005. 1. 14. 선고 2004나14040 판결(확정)은 상법 제92조의2는 국제적 강행법규가 아니라고 판단하였는데 사안과 판결이유는 다음과 같다.

사안: 한국 회사인 원고는 1996년 캐나다 회사인 피고와, 피고가 생산하는 마이크로칩에 대한 한국 내 독점판매대리상계약을 체결하고 피고의 대리상으로서 위 제품을 국내에 판매하고 매출액의 일정비율로 수수료를 받아 왔다. 위 계약은 수차례 갱신되었다. 계약의 준거법은 캐나다 온타리오주의 법이었다. 대리상계약상 당사자들은 언제든지 계약을 해지할 수 있는데 해지의 의사표시는 계약 종료 60일 이전에 서면으로 통지해야 한다. 피고는 대리상계약을 해지하고, 공동피고가 2001년 10월 한국 내 영업소를 개설하고 피고를 대신하여 한국 내 기존 고객을 상대로 직접 피고의 제품을 홍보·판매하는 업무를 수행하였다. 원고는 피고에 대해 상법 제92조의2에 따라 상당한 보상의 지급을 청구하였다. 온타리오주법에는 상법 제92조의2에 상응하는 조항은 없고, 판례법상 'follow up compensation'의 형태로 대리상이 자신이 수행한 업무에 대해 보상을 청구할 수 있으나 이는 당사자 사이에 계약이 있는 경우에 한하여 인정된다.

판결이유: 원고는 상법 제92조의2가 소규모 대리상들을 구제하기 위한 강행규정으로서 준거법이 외국법인 경우에도 적용되어야 한다고 주장하나, 상법 제92조의2가 정한 대리상의 보상청구권은 대리상계약에 의한 당초의 보수에 부수하여 발생하는 계약상의 권리를 법에서 정하고 있는 것이어서 비록 그 입법취지에 일부 강행법규의 성격이 포함되어 있다 하더라도 공정거래, 소비자 보호 등과 같이 입법 목적에 비추어 준거법에 관계없이 해당 법률관계에 적용되어야 할 국제적 강행규정은 아니다.

그러나 유럽사법재판소는 2000. 11. 9. Ingmar 사건 판결(C-381/98)에서, 유럽연합의 지침을 국내법화한 영국법에 따른 대리상의 보상청구권은 비회원국법이 준거법인 경우에도 적용된다고 판시하였다. 소개는 석광현, 제4권, 25면 이하 참조. 유럽사법재판소는 그 후 2013. 10. 17. Unamar 사건 판결(C-184/12)에서도 같은 취지로 판시하였다.

23) 상법의 해석상 대리상의 보상청구권을 정한 제92조의2가 판매점에 유추적용될 수 있는지는 논란이 있었다. 대법원 2013. 2. 14. 선고 2011다28342 판결은 상법 제92조의2의 입법취지가 대리상이 계약 존속 중에 획득하거나 현저히 증가시킨 고객관계로 인하여 계약 종료 후에도 본인은 이익을 얻게 되나 대리상은 더 이상 아무런 이익을 얻지 못하게 되는 상황을 염두에 두고, 형평의 원칙상 대리상의 보호를 위하여 보상청구권을 인정하는 것임을 확인하고, 나아가 제조자(또는 공급자)로부터 제품을 구매하여 이를 자기 이름과 계산으로 판매하는 영업을 하는 자에게도 ① 예를 들어 특정한 판매구역에서 제품에 관한 독점판매권을 가지면서 제품판매를 촉진할 의무와 더불어 제조자(또는 공급자)의 판매활동에 관한 지침이나 지시에 따를 의무 등을 부담하는 경우처럼 계약을 통하여 사실상 제조자(또는 공급자)의 판매조직에 편입됨으로써 대리상과 동일하거나 유사한 업무를 수행하였고, ② 자신이 획득하거나 거래를 현저히 증가시킨 고객에 관한 정보를 제조자(또는 공급자)가 알 수 있도록 하는 등 고객관계를 이전하여 제조자(또는 공급자)가 계약 종료 후에도 곧바로 그러한 고객관계를 이용할 수 있게 할 계약상 의무를 부담하였으며, 또한 ③ 계약체결 경위, 영업을 위하여 투입한 자본과 그 회수 규모 및 영업 현황 등 제반 사정에 비추어 대리상과 마찬가지의 보호 필요성이 인정되는 때에는, 대리상이 아니더라도 제92조의2를 유추적용할 수 있다고 판시하였다.

(나) 상법 제799조 제1항(운송인의 책임경감금지)　　　한편 우리나라는 조약인 헤이그규칙24)과 헤이그－비스비규칙25)을 비준하는 대신 그 내용을 상법에 편입하면서 규칙의 적용범위에 관한 조항(이는 국제사법에 대한 특별법의 지위를 가진다)을 제외하였다.26) 상법 제799조 제1항은 제794조부터 제798조까지의 규정에 반하여 운송인의 의무 또는 책임을 경감 또는 면제하는 당사자의 특약은 효력이 없다고 규정한다.27) 이에 관하여는 일반원칙에 따라 상법은 한국법이 준거법인 경우에 적용된다는 주장이 가능할 것이다. 일부 견해28)는 선하증권의 준거법이 외국법임에도 불구하고 상법 제799조(구 상법 제790조) 제1항이 적용된다는 입장을 취하나 이는 무리이다. 상법의 개정이 헤이그－비스비규칙을 입법화하기 위한 것이었지만, 입법자가 헤이그－비스비규칙에 포함된 적용범위에 관한 규칙(즉 국제사법규칙)을 배제한 사실을 고려한다면 그렇게 해석하기는 어렵다. 만일 상법 제799조(구 상법 제790조) 제1항이 국제적 강행법규의 성질을 가진다고 하려면 준거법이 외국법인 경우에도 당해 조항을 적용하려는 입법자의 의지(의사 또는 의도)가 표현되어야 한다. 그러나 상법상 이러한 의지가 표현되어 있지 않고, 나아가 위 조항이 외국적인 요소를 가지는 모든 선하증권에 적용될 수 없음은 의문이 없으므로 그 범위를 헤이그규칙이나 헤이그－비스비규칙에서와 같이 선하증권의 발행

---

24) 이는 1924년 "선하증권에 관한 약간의 규칙을 통일하기 위한 국제협약"을 말한다. 이를 선하증권통일조약이라고도 한다. 상세는 해상(제10장)에 관한 설명을 참조.

25) 이는 1968년 "선하증권에 관한 약간의 규칙을 통일하기 위한 국제협약의 개정을 위한 의정서"를 말한다. 상세는 아래 해상(제10장)에 관한 논의를 참조.

26) 상법이 헤이그－비스비규칙을 입법화하면서도 그에 포함된 국제사법적 조항, 즉 동 규칙의 국제적 적용범위에 관한 조항인 제10조를 배제하였기 때문에, 선하증권의 준거법이 외국법인 경우 상법 제799조 제1항의 적용 여부가 문제 된다. 체약국에서 발행되는 모든 선하증권에 적용된다고 규정하는 헤이그규칙(제10조)과는 달리, 헤이그－비스비규칙은 선하증권이 체약국에서 발행되거나, 운송이 체약국의 항구에서 시작되거나, 선하증권에 포함되어 있거나 이에 의하여 증명되는 운송계약에서 헤이그－비스비규칙 또는 동 규칙에 효력을 부여하는 어떤 국가의 법률이 그 운송계약을 규율한다고 규정하는 경우에는 선박, 운송인, 송하인, 수하인 기타 이해관계자의 국적을 불문하고 두 개의 다른 국가에 소재한 항구 간의 화물운송에 관한 선하증권에 적용된다(제10조). 이와 같은 조항은 조약의 적용범위를 정함과 동시에, 국제사법에 우선하여 적용되는 국제사법에 대한 특칙으로서의 의미를 가진다.

27) 구 상법하에서는 상법 제787조－제789조의3의 규정에 반하여 운송인의 의무 또는 책임을 경감 또는 면제하는 당사자의 특약은 효력이 없다는 상법 제790조 제1항이 선하증권의 준거법이 외국법인 경우에도 적용되는가가 문제 되었다.

28) 서울지방법원 1996. 8. 16. 선고 95가합55301 판결에 대한 평석에서 그러한 입장을 취하는 견해가 있다. 서울지방법원, 국제거래·상사 소송의 실무(1997), 314－315면 참조.

지 또는 선적지가 한국일 것 등의 요건이 필요한데, 이에 관한 입법자의 의사를 알 수 없다는 문제가 있다. 해석론에 의하여 그러한 요건을 부가하고 그 전제하에 상법 제799조(구 상법 제790조) 제1항이 적용된다고 하려면 아마도 헤이그─비스비규칙에 따라야 할 것이나, 이는 해석론의 범위를 넘는 것이다. 섭외사법하에서 대법원 1999. 12. 10. 선고 98다9038 판결[29]은 "⋯ 운송인의 배상책임을 법정 금액보다 제한하는 것을 금지하는 우리 구 상법 제790조 제1항, 제789조의2의 규정들이 모두 강행규정인 점은 논지가 주장하는 바와 같으나, 우리 상법이 이 사건 법률관계의 준거법이 아닌 이상 위 규정들이 당연히 이 사건에 적용될 수는 없으며"라고 판시함으로써 위 규정의 국제적 강행규정성을 부정한 바 있다.[30]

　　구 상법하에서 해상적하보험계약에 포함된 영국법준거약관에 관한 대법원판결이 "외국법 준거약관은 동 약관에 의하여 외국법이 적용되는 결과 우리 상법 보험편의 통칙의 규정보다 보험계약자에게 불리하게 된다고 하여 상법 제663조에 따라 곧 무효로 되는 것이 아니고"라고 판시한 점을 고려한다면, 상법 제663조와 마찬가지로 특약에 의하여 그 적용을 배제할 수 없음을 규정한 제790조 제1항도 준거법이 외국법인 경우에는 적용되지 않는다고 볼 것이다.[31] 그런 의미에서 상법 제790조 제1항(과 그에 언급된 조항들)은 국제적 강행규정은 아니라고 본다.

---

29) 간단한 평석은 정해덕, "강도행위의 화물멸실과 해상운송인의 책임", 판례연구 제14집 서울지방변호사회(2001), 285면 이하; 김인현, 해상법연구(2002), 690면 이하 참조.

30) 준거법이 외국법이고 그에 따르면 구 상법 제787조─제789조의3의 규정에 반하여 운송인의 의무 또는 책임을 경감 또는 면제하는 특약이 유효한 경우 그의 적용이 우리의 공서에 반하는 것인지가 문제 되는데, 위 대법원 1999. 12. 10. 선고 98다9038 판결은 이를 부정한 바 있다. 즉 동 판결은 "⋯ 이 사건에서 멕시코 국내법에 의하여 산정한 피고의 손해배상액이 상당히 근소한 액수인데, 그와 같은 결과가 우리 상법에서 정한 운송인의 책임제한액수에 미달되는 것이나, 이 사건 선하증권상의 멕시코책임조항은 당사자가 멕시코 국내의 공로 및 고속도로 등에서 화물의 무장강탈사건 등 불법행위가 빈번하게 발생하는 사정을 감안하여 당초의 선하증권상의 약관과는 별도의 특약사항으로서 첨부하게 된 것인 점을 고려하면, 위와 같은 사정만으로 곧바로 피고의 손해배상책임을 정함에 있어서 멕시코 국내법이나 이를 준거법으로 정한 위 멕시코책임조항을 적용하는 것이 섭외사법 제5조가 규정하는 '선량한 풍속 기타 사회질서'에 반하는 것이 되어 그 적용을 배제하여야 한다고 할 수는 없다"라는 취지로 판시하였다.

31) 상세는 석광현, 제2권, 104면 이하; 석광현, "海事國際私法의 몇 가지 문제점 ― 準據法을 중심으로 ―", 한국해법학회지 제31권 제2호(2009. 11.), 89면 이하; 석광현, 제5권, 241면 이하 참조.

(다) 피해자의 직접청구권   준거법이 영국법인 책임보험계약의 피보험자에 대하여 한국법에 따른 불법행위 손해배상청구권을 가지게 된 제3자가 보험자에 대하여 직접청구권을 가지는지는 논란이 있다. 이 경우 대법원 2017. 10. 26. 선고 2015다42599 판결처럼 이를 보험계약의 문제로 성질결정하여 준거법인 영국법에 따를 사항이라고 본다면 제3자의 직접청구권을 규정한 상법 제724조 제2항[32])이 국제적 강행규정인가도 문제 된다. 아래 제52조에 관한 해설에서 보듯이 저자는 보험계약과 불법행위에 선택적으로 연결하는 것이 바람직하다고 보나, 대법원처럼 보험계약의 문제로 성질결정한다면 위 조문을 국제적 강행규정으로 볼 근거는 없다. 그러나 긍정설[33])도 있다.

(라) 입양특례법   입양특례법 제10조와 2023년 제정되어 2025년 7월 발효될 예정인 국제입양법 제9조는 양부모(또는 양친)가 될 자격을 규정하는데, 그에 따르면 양부모가 될 자는 양자를 부양하기에 충분한 재산이 있고, 양자에게 종교의 자유를 인정하고 사회의 구성원으로서 그에 상응하는 양육과 교육을 할 수 있어야 하며, 아동학대·가정폭력·성폭력·마약 등의 범죄나 알코올 등 약물중독의 경력이 없어야 하고, 양부모가 될 사람이 외국인인 경우 본국법에 따라 양친이 될 수 있는 자격을 구비하며 그 밖에 양자가 될 사람의 복지를 위하여 보건복지부령으로 정하는 필요한 요건을 갖추어야 한다. 국제사법(제70조)에 따르면 양부모가 될 자격은 양부모의 본국법이 결정할 사항이다. 제70조에 충실하게 해석한다면 입양특례법 제10조와 국제입양법 제9조는 무의미한 조문이 될 것이다. 입법자들이 제10조/제9조를 둔 것은 국외입양에서 아동의 보호를 위하여 반드시 준수되어야 한다고 믿었기 때문일 것이다. 따라서 제10조/제9조에 의미를 부여하자면, 제10조/제9조의 자격은 입양특례법/국제입양법이 적용되는 국외입양인 한 입양의 준거법에 관계없이 구비되어야 한다고 해석해야 한다. 마찬가지로 국제사법에 따르면 양자가 될 자격도 입양의 준거법인 양친의 본국법이 결정할 사항이나,

---

32) 제724조(보험자와 제3자와의 관계) ① 보험자는 피보험자가 책임을 질 사고로 인하여 생긴 손해에 대하여 제3자가 그 배상을 받기 전에는 보험금액의 전부 또는 일부를 피보험자에게 지급하지 못한다. ② 제3자는 피보험자가 책임을 질 사고로 입은 손해에 대하여 보험금액의 한도내에서 보험자에게 직접 보상을 청구할 수 있다. 그러나 보험자는 피보험자가 그 사고에 관하여 가지는 항변으로써 제3자에게 대항할 수 있다. 제3항 이하 생략.

33) 최종현, "선박보험과 피해자의 직접청구권", 보험법연구 제4권(2002), 124면. 아래 불법행위(제52조)에 관한 해설에서 보듯이 저자처럼 제3자의 직접청구권을 불법행위의 준거법과 보험계약의 준거법에 선택적으로 연결하면 그렇게 볼 이유는 없다.

입양특례법 제9조와 국제입양법 제7조는 준거법에도 불구하고 양자는 일정한 자격을 구비해야 한다는 취지로 이해된다. 즉 입양특례법 제9조/제10조와 국제입양법 제7조/제9조는 입양의 준거법에 관계없이 입양특례법이 적용되는 요보호아동(아동복지법에 따른 보호대상아동) 또는 국제입양법의 국제입양대상아동의 국외입양에는 반드시 적용되어야 한다는 입법자의 의지를 반영한 것이다. 이런 의미에서 동조는 국제적 강행규정이라고 본다.[34]

(마) 공정거래법   우리나라에서는 실질법상 종래 공정거래사건을 첫째, 시장지배적 사업자의 지위 남용행위(제2장), 둘째, 부당한 공동행위('카르텔')(제3장), 셋째, 경쟁제한적 기업결합('기업결합')(제5장) 및 넷째, 불공정거래행위(거래상 지위 남용행위를 중심으로 하는 불공정거래행위)(제6장)로 구분한다. 그중에서 전 3자를 일반적으로 '경쟁법의 3대 지주'라고 부르는데, 이는 전 세계 경쟁당국이 공통적으로 집행하는 사항이나, 넷째 유형인 거래상 지위 남용행위는 한국과 일본만 경쟁당국이 집행에 관여하고, 다른 국가에서는 불공정거래행위에 대한 시정은 법원이 담당한다.[35] 공정거래법 위반 행위에 대하여 공정거래위원회는 시정명령을 할 수 있고 과징금을 부과할 수 있다. 나아가 위반행위를 한 자는 손해배상책임을 지는데, 공정거래법은 그중에서 제40조(부당한 공동행위), 제48조(보복조치 금지 위반) 또는 제51조 제1항 제1호(사업자단체의 금지행위 위반)에 해당하는 경우 3배 배상을 규정한다.[36] 제45조(불공정거래행위의 금지)는 그에 포함되지 않는다.

공정거래법의 규정이 국제적 강행법규인지 여부는 위와 같은 공정거래법 위반행위의 유형에 상응하여 검토할 필요가 있다.[37][38]

---

34) 상세는 석광현, "국제가사사건을 다루는 법률가들께 드리는 고언(苦言)", 가족법연구 제30권 1호(2016. 3.), 113면 이하 참조. 서울가정법원 2018. 6. 28.자 2018브25 결정은 입양특례법의 제9조와 제10조는 구 국제사법 제7조에 의하여 적용된다고 판시하였다.

35) 배진철, "공정거래 분쟁조정제도의 평가와 전망", 법률신문(2018. 3. 26.), 13면. 불공정거래행위를 별도로 규율하는 입법례는 많지 않다.

36) 손해배상책임을 규정한 공정거래법 제109조 제1항과 제2항. 법원은 3배 배상액을 정할 때에는 동조 제3항이 규정한 사항을 고려하여야 하는데 이는 고의 또는 손해 발생의 우려를 인식한 정도, 위반행위로 인한 피해 규모, 위반행위로 사업자 또는 사업자단체가 취득한 경제적 이익, 위반행위에 따른 벌금 및 과징금, 위반행위의 기간·횟수 등, 사업자의 재산상태와 사업자 또는 사업자단체의 피해구제 노력의 정도이다.

37) 유형별 검토는 김민경, 69면 이하 참조. 과거에는 그 밖에도 구 공정거래법 제32조 제1항이 "사업자 또는 사업자단체는 부당한 공동행위, 불공정거래행위 및 재판매가격유지행위에 해당하는 사항을 내용으로 하는 것으로서 대통령령이 정하는 국제적 협정이나 계약을 체결하

어느 경우든 공정거래법에 따른 심사 또는 시정조치의 문제는 '국제행정법' 또는 '섭외공법'의 문제이고, 국제사법의 관심은 특히 외국인들이 외국에서 공정거래법 위반행위를 한 경우 당해 행위가 무효가 되는지와 같이 공정거래법이 사법적 법률관계에 미치는 영향과, 공정거래법 위반행위를 이유로 손해배상책임을 지는지(공정거래법 제109조)[39] 등에 관하여 공정거래법이 국제적 강행법규로서 적용되는지이다.[40] 만일 한국이 행정적 구제보다 미국처럼 손해배상이라는 구제를 중시한다면 공정거래법의 역외적용[41]은 국제사법상 더 중요한 의미를 가지게 될

여서는 아니 된다"라고 규정하고 국제계약의 사전심사제도를 두었는데 이는 당해 국제계약의 준거법에 관계없이 동법이 정한 요건이 구비되면 적용되었으므로 제8장은 국제적 강행규정으로서 의미를 가졌다. 그러나 이는 2016. 3. 29. 개정에 의하여 삭제되었다. 역외적용 맥락에서의 유형별 검토는 정재훈, "공정거래법상 역외적용의 판단기준 및 과제 - 부당한 공동행위, 시장지배적 지위 남용행위, 기업결합 등을 중심으로", 사법 제67호(2024), 3면 이하 정재훈, "공정거래특별법과 역외적용: 가맹사업법, 대규모유통업법 등을 중심으로", 경쟁저널 제222호(2024. 6.), 70면 이하 참조. 전자는 공법적 규제만을 다루나, 후자는 사법적 측면도 다루는데 특히 역외적용과 국제적 강행규정의 관계를 주로 가맹사업법과 관련하여 논의한다.

38) 역외적용을 규정한 공정거래법 제3조는 공정거래법 제4장 경제력 집중의 억제 조항에도 적용된다고 보아야 할 것이나, 제4장의 특성상 역외적용을 하는 것이 적절한지 의문이다. 특히 외국의 기업집단을 공시대상기업집단이나 상호출자제한기업집단으로 지정하는 것이 적절한지는 논란이 있다.

39) 공정거래법 제109조(손해배상책임) 제1항은 아래와 같다.
"① 사업자 또는 사업자단체는 이 법을 위반함으로써 피해를 입은 자가 있는 경우에는 해당 피해자에 대하여 손해배상의 책임을 진다. 다만, 사업자 또는 사업자단체가 고의 또는 과실이 없음을 입증한 경우에는 그러하지 아니하다".

40) 이에 관하여는 장준혁, "法廷地 獨占禁止法의 屬地的 適用範圍 — 美國判例의 比較研究 —", 서울대학교 대학원 법학박사학위논문(2002), 210면 이하; 석광현, 제5권, 218면 이하 참조.

41) 국내법의 역외적용(extraterritorial application)의 의미는 다양하게 정의되고 있으나, 대체로 한 국가의 법은 그 국가의 영역 내에서만 적용되는 것이 원칙이라는 전제 하에 경우에 따라 그 국가의 법이 영토 외에서 적용된다는 의미로 사용하는 것으로 보인다. 이는 속지주의에 대비되는 개념이다. 다만 역외적용이 실익을 가지는 것은 속인주의와 속지주의의 어느 것으로도 설명되지 않는 사안에서 국내법을 적용하는 근거로 사용되는 경우이다. 종래 국내법의 역외적용은 특히 미국에서 비롯되어 다른 국가로 확산되었는데, 이는 독점금지법의 경우만이 아니라 증권거래법과 지식재산권법(특히 상표법)의 경우에도 논의되고 있다. 속지주의는 장소적 적용범위의 맥락에서는 속인주의와 대비되고, 사실상의 효력의 장소적 제한이라는 맥락에서는 보편주의와 대비된다. Kropholler, IPR, S. 151. 미국은 결코 Savigny의 국제사법 이론을 전면적으로 수용한 적이 없고, 유럽과 달리 Savigny가 확립한 공·사법의 명확한 구별을 채택하지도 않았다고 평가하기도 한다. 역외적용은 규제법의 영역에서 중요한 기능을 하는데 Brainerd Currie의 정부이익분석이론에 따르면 사법(私法)을 포함한 모든 입법이 정

것이다.[42] 나아가 외국인들이 외국에서 공정거래법 위반행위를 한 경우 그러한 행위의 준거법에 관계없이 공정거래법을 적용하여 규제(특히 공적 규제)를 할 수 있는지가 문제 되는데, 공적 규제의 측면에서는 역외적용 조문(제3조)의 문제이고, 손해배상책임을 묻는다면 역외적용 조문과 국제사법에 따른 통상의 불법행위의 준거법과의 관계가 문제 된다.

아래에서는 공정거래법 위반행위의 유형별로 간단히 논의한다.

첫째, 시장지배적 사업자의 지위 남용행위. 만일 이러한 행위로 인하여 상대방이 손해를 입은 때에는 공정거래법에 따라 손해배상책임을 물을 수 있다.

둘째, 외국인들이 외국에서 부당공동행위(카르텔)를 한 경우 그러한 행위의 효과가 한국에 미치는 경우 공정거래법을 적용할 수 있다. 구 공정거래법은 명문으로 규정하지는 않았지만, 공정거래위원회는 2002. 3. 20. 전원회의를 개최하여 흑연전극봉 국제카르텔에 참여한 일본, 미국 및 독일의 6개 흑연전극봉 제조사에 대해 시정명령과 함께 과징금을 부과하였다. 다만 이 사건에서는 부당공동행위의 효과가 한국에 미쳤다는 점만을 근거로 한 것은 아니고 부당공동행위의 실행행위가 한국에서 이루어졌다는 점도 근거가 되었다. 이는 공정거래위원회가 공정거래법을 역외적용한 최초의 사례라고 평가되고 있다.[43] 위 처분에 대한 불복소송이

부의 규제이익을 표현하는 규제라고 보게 된다. Ralf Michaels, Towards a Private International Law for Regulatory Conflicts, Japanese Yearbook of International Law, Vol. 59 (2016), p. 182 이하 참조. 정재훈, "공정거래특별법과 역외적용: 가맹사업법, 대규모유통업법 등을 중심으로", 경쟁저널 제222호(2024. 6.), 72면이 김민경 판사의 견해를 인용하면서 역외적용과 국제적 강행규정의 범위를 동일하게 보는 견해와, 양자의 긴밀한 연관성을 인정하되 완전히 동일시하지는 않는 견해가 있다고 소개하는 것은 지나친 단순화이다. 위(註 10)에서 보았듯이 대륙법계에서는, 역외적용은 종래 주로 공법적 규제의 측면에서 보는 문제이나, 국제적 강행규정은 양면적 저촉규정의 형식을 취하는 통상의 연결원칙에 대한 예외로 논의되는 국제사법의 문제이다(대표적인 것이 특별연결이론이다). 반면에 미국 국제사법에서는 역외적용이 미국법의 적용범위를 획정하는 문제(즉 국제사법상 일면적 저촉규정의 문제)로 다루어진다.

42) 특히 구 공정거래법(제57조 제1항)은 손해배상청구를 위한 시정조치 선확정제도를 두었으므로 행정적 구제가 선호되었으나 위 조문은 폐지되었고, 손해액 입증의 곤란을 완화하기 위한 손해액 인정제도를 도입함으로써 손해배상청구제도의 활성화를 위한 조치를 취하였으므로 앞으로는 우리나라에서도 손해배상청구가 늘어날 것으로 예상된다. 피해자의 금지청구에 관하여는 공정거래법에 명문의 규정이 없으나 해석론상 허용되는 것으로 본다. 소개와 입법의 논의는 서정, "금지청구제도의 입법동향과 전망", 경쟁과 법(2013. 10.), 창간호, 16면 이하 참조.

43) 이에 대해 일본 회사는 공정거래위원회를 상대로 시정명령 및 과징금 납부명령에 대하여 불

대법원에 계속 중 국회는 2004년 12월 법률 제7315호로써 구 공정거래법을 개정
하여 역외적용을 명시하였는데 이는 2005. 4. 1. 발효되었다. 즉 "국외행위에 대한
적용"이라는 제목으로 신설된 구법 제2조의2는 "이 법은 국외에서 이루어진 행위
라도 국내시장에 영향을 미치는 경우에는 적용한다"라고 명시하였다.[44] 이는
2021. 12. 30. 시행된 개정 공정거래법에 의하여 "제3조(국외에서의 행위에 대한 적
용) 국외에서 이루어진 행위라도 그 행위가 국내 시장에 영향을 미치는 경우에는
이 법을 적용한다"라고 수정되었다. 경쟁법의 역외적용은 이제 국제관습법이 되
었다거나 사실상 국제관습법으로 발전하는 과정에 있다고 한다.[45] 주의할 것은
민사책임의 영역에서 공정거래법이 국제적 강행규정이라고 하자면 불법행위의 준

복하는 소를 제기하였고, 결국 대법원 2006. 3. 24. 선고 2004두11275 판결이 선고되었다. 대
법원은 외국사업자가 외국에서 다른 사업자와 공동으로 경쟁을 제한하는 합의를 하였더라도,
그 합의의 대상에 국내시장이 포함되어 있어서 그로 인한 영향이 국내시장에 미쳤다면 그 합
의가 국내시장에 영향을 미친 한도 내에서 구 공정거래법이 적용된다고 판시하였다. 위 판결
에 대한 평석은 석광현, "독점규제 및 공정거래에 관한 법률의 域外適用", 서울지방변호사회
판례연구 제21집 (2)호(2007), 9면 이하; 석광현, 제5권, 155면 이하 참조.

44) 유사한 조문은 2018. 12. 24. 전기통신사업법(제2조의2)에도 추가되었고("이 법은 국외에서
이루어진 행위라도 국내 시장 또는 이용자에게 영향을 미치는 경우에는 적용한다"), 2018.
9. 18. 정보통신망 이용촉진 및 정보보호 등에 관한 법률(정보통신망법)에는 국내에 주소 또
는 영업소가 없는 일정 수준의 이용자 수를 가지거나 매출을 기록하는 정보통신서비스제공
자 등에게 국내대리인을 서면으로 선임하도록 하는 조문(제32조의5)이 신설되었다(동법 제
32조의5). 국내대리인제도는 그 밖에도 개인정보보호법(제31조의2)에도 도입되었다. 석광
현, "전자상거래법의 역외적용과 국제사법(國際私法)상 소비자의 보호", 법률신문 제4904호
(2021. 7. 5.), 12면 참조.

45) 윤성윤·송준현, "경쟁법의 역외적용", 권오승(편), 독점규제법 30년(2011), 397면 참조.
Dietmar Baetge, Globalisierung des Wettbewerbsrechts (2009), S. 298도 동지(Jürgen
Basedow, "Private Enforcement of Competition Law in Europe", 서울대학교 법과대학
Foreign Authority Forum 발표자료(2012. 5. 30.), p. 11, Fn. 34에서 재인용). 공정거래위원
회는 외국기업 간 M&A에 대하여도 국내 산업에 영향이 있는 경우 독점규제법을 적용한다.
예컨대 2007년에는 세계 1·2위 유리강화섬유 제조업체인 미국 오웬스코닝과 프랑스 상고
방베트로텍스의 기업결합에 대하여, 2011년에는 세계 2·3위 컴퓨터보조기억장치 업체인
웨스턴디지털과 히다치의 기업결합에 대하여, 그리고 2013년에는 TV 칩 1·2위 업체인 대
만 기업의 합병에 대해 시정조치를 명하였다고 한다. 2013. 3. 19. 중앙일보 기사 참조. 미
국법상 역외적용은 주로 독점금지법, 증권법, 상표법, ATS (Alien Tort Statute)와 RICO 등
을 중심으로 논의된다. 우리 법에서는 자본시장법, 독점규제법, 외국환거래법과 전기통신사
업법(제2조의2) 등에 명시적인 조문이 있다. 근자에는 역외적용을 명시한 법률들이 늘고 있
다. 2024. 7. 19. 시행된 '가상자산 이용자 보호 등에 관한 법률(가상자산이용자보호법)' 제3
조(국외행위에 대한 적용)는 "이 법은 국외에서 이루어진 행위로서 그 효과가 국내에 미치
는 경우에도 적용한다"라고 규정하여 역외적용을 명시한다.

거법이 외국법임에도 불구하고 예컨대 불법행위책임과 같은 민사책임을 정한 우리 공정거래법이 적용되어야 한다는 것이다. 그 점에서 계약의 준거법이 문제 되는 아래의 사안(예컨대 부당공동행위)과는 다르다.

공정거래법이 적용되는 것은 공법적 규제의 측면(수반되는 형사책임도 있다)과 민사책임의 측면이 있다. 공정거래위원회의 관심은 주로 전자에 있으나, 저자는 후자의 측면에 더 큰 관심을 가진다. 근자에는 카르텔사법의 문제를 다룬 판결[46]이 선고되었는데 상세는 국제불법행위법에서 논의한다.

셋째, 경쟁제한적 기업결합('기업결합'). 기업결합에 관한 공정거래법의 조항들은 계약의 준거법에 관계없이 적용된다. 예컨대 share deal에 의하는 inbound M&A에서 외국회사가 한국회사의 주식을 취득하는 경우처럼 그것이 독점규제법(제9조)이 정한 기업결합의 유형[47]에 해당하고, 취득하는 자와 그 상대회사의 자산총액 또는 매출액 규모가 제11조 제1항에 해당하는 때에는 주식인수계약의 준거법에 관계없이 동법 제11조에 따라 공정거래위원회에 기업결합 신고를 해야 한다.[48]

넷째, 불공정거래행위(거래상 지위 남용행위 포함)인데, 위에서 보았듯이 위 3개 유형은 전 세계 경쟁당국이 공통적으로 집행에 관여하는 데 반하여 넷째 유형인 거래상 지위 남용행위는 한국과 일본만이 규율하는데, 이 거래상 지위 남용행위 관련 사건 수가 타 유형 사건 수에 비하여 압도적으로 많은 것이 한국 공정거래 사건의 특징이라고 한다.[49] 이러한 분쟁은 사업자 간의 계약 위반 등 민사 분쟁으로서의 성질을 가지므로 원래 법원에서 민사소송으로 해결할 사항이나 사업

---

46) 서울중앙지방법원 2023. 11. 23. 선고 2014가합504385 판결이 그것이다.

47) 이는 주식취득 소유, 임원겸임, 합병, 영업양수, 회사설립 참여를 말한다.

48) 제11조(기업결합의 신고) ① 자산총액 또는 매출액의 규모가 대통령령으로 정하는 기준에 해당하는 회사(… 이 조에서 "기업결합신고대상회사"라 한다) 또는 그 특수관계인이 자산총액 또는 매출액의 규모가 대통령령으로 정하는 기준에 해당하는 다른 회사(이하 이 조에서 "상대회사"라 한다)에 대하여 제1호부터 제4호까지의 규정 중 어느 하나에 해당하는 기업결합을 하거나 기업결합신고대상회사 또는 그 특수관계인이 상대회사 또는 그 특수관계인과 공동으로 제5호의 기업결합을 하는 경우와 기업결합신고대상회사 외의 회사로서 상대회사의 규모에 해당하는 회사 또는 그 특수관계인이 기업결합신고대상회사에 대하여 제1호부터 제4호까지의 규정 중 어느 하나에 해당하는 기업결합을 하거나 기업결합신고대상회사 외의 회사로서 상대회사의 규모에 해당하는 회사 또는 그 특수관계인이 기업결합신고대상회사 또는 그 특수관계인과 공동으로 제5호의 기업결합을 하는 경우에는 대통령령으로 정하는 바에 따라 공정거래위원회에 신고하여야 한다.

49) 배진철(註 35), 13면.

자(특히 중소사업자들)를 보호하기 위하여 이를 공정거래사건으로 취급하고 있고, 특히 근자에는 하도급 분야와 가맹거래 분야,[50] 대규모 유통 분야, 대리점 거래 분야 등에서는 특별법을 제정하여 규제하고 있다. 이는 국내거래에서 당초 계약법에 의하여 규율할 사항을 공정거래사건으로 전환시킨다. 뿐만 아니라 국제적 사건에서도 계약의 준거법에도 불구하고 우리 공정거래법이 국제적 강행규정으로 개입할 여지를 발생시키는 점에서 중요한 의미가 있다. 그렇다면 이 경우 준거법에도 불구하고 공정거래법이 적용되는 근거는 무엇인가. 이 경우 계약의 준거법이 규율하는 사항과 역외적용 조문이 규율하는 사항의 관계는 논란의 여지가 있다(하도급법은 아래에서 별도로 논의한다).

구 국제사법 제7조에 의하여 국제적 강행법규의 개념이 한국에 처음 도입되었고 국제사법(제20조)이 이를 유지하므로 국제사법의 방법론상의 다원화가 이루어졌다. 즉 통상의 저촉규범은 법률관계로부터 출발하여 각 법률관계의 본거(Sitz)를 탐구함으로써 준거법을 결정하는 사비니의 방법론을 따르는 데 반하여, 국제

---

50) 따라서 가맹사업거래의 공정화에 관한 법률(가맹사업법)의 국제적 강행규정성도 논의된다. 근자에 문제 있었던 써브웨이 사건(공정거래위원회 2021. 6. 29.자 의결 제2021−182호)처럼 해외(네덜란드)에 본사를 두고 있는 가맹본부(상법상의 가맹업자)가 한국의 가맹점사업자(상법상의 가맹상)와 가맹거래계약을 체결하는 경우에는 외국 가맹본부가 한국에서 영업활동을 한 것인가가 문제 된다. 외국의 가맹본부가 (국내 가맹본부를 통하지 않고) 직접 가맹점사업자와 가맹거래계약을 체결하는 경우는 최근까지 써브웨이가 유일하다고 한다. 피심인은 대법원 2020. 11. 5. 선고 2020다225442 판결이 가맹사업법은 국제사법상 강행규정에 해당하지 아니하므로 네덜란드 법을 준거법으로 하는 피심인(네덜란드 회사)과 가맹점사업자 간 가맹계약에 적용될 수 없다고 판시한 점을 근거로 피심인의 행위에 가맹사업법이 적용될 수 없다고 주장하였다. 그러나 공정거래위원회는 아래 이유로 이런 주장을 배척하였다. 즉 위 대법원 판결은 피심인과 가맹점사업자 간 사적계약 관계에서 중재합의가 유효하다는 취지의 판결로서 이 사건과 같이 가맹거래질서를 위한 공적 법집행을 부인하는 취지가 아니라는 점, 가맹사업법상 '가맹본부'의 범위에 외국사업자를 배제하지 않은 점, 피심인의 계약서상에도 대한민국 법을 적용하도록 규정하고 있는 점, 피심인의 주장에 따르는 경우 외국사업자가 국내 가맹점사업자들과 직접 계약을 체결하는 방식으로 가맹거래 질서를 규율하는 가맹사업법의 적용을 회피함으로서 입법취지를 몰각시킬 수 우려가 있는 점 등이 그것이다. 즉 계약당사자들 간의 계약관계의 준거법이 외국법인 경우 가맹계약에 가맹사업법의 계약관련 규정은 적용될 수 없으나, 그렇더라도 거래 질서를 규제하는 가맹사업법의 공법적/경제법적 규제는 적용될 수 있다는 취지로 이해된다. 결론은 일단 수긍할 수 있으나 더 정치한 이론 구성이 필요하다. 논의는 우선 김민경, "가맹사업거래의 공정화에 관한 법률 제12조는 국제적 강행규정인가", 서울대학교 법학 제63권 제1호(2022. 3.) 1면 이하; 한승수, "국제프랜차이즈계약에서의 국내 가맹사업자 보호와 소송상 준거법", 서울대학교 법학 제58권 제3호(통권 제184호)(2017. 9.), 111면 이하 참조.

적 강행법규의 경우 그와는 반대로 법규로부터 출발하여 그의 적용범위를 결정하는 일방적 저촉규범[51]과 유사한 일면적 방법론을 취하는 점에 차이가 있고,[52] 현재 유럽의 국제사법은 이러한 두 가지 방법론을 병용하고 있는데, 국제사법 제20조가 이를 명시함으로써 우리 국제사법도 이러한 두 가지 방법론을 병용한다. 이점은 제2장 제2절에서 언급한 바와 같다.

제20조는 로마협약 제7조 제2항[53]과 유사하나, 법정지의 국제적 강행법규가 준거법에 관계없이 적용되는 현상은 국제계약에 한정되는 것이 아니므로 국제사법은 스위스 국제사법(제18조)과 마찬가지로 이를 총칙에서 규정한다.

(바) 하도급법　　　　공정거래위원회는 하도급거래 공정화에 관한 법률(하도급법)의 적용 여부는 계약체결 장소가 아닌 그 계약 당사자들에 의해 결정되므로 국내법인 간 하도급거래 계약이라면 하도급법 적용대상으로 보는 것이 타당하다는 취지의 견해를 밝힌 바 있다.[54] 이에 따르면 예컨대 사우디 정부가 발주한 건설공사의 수급인인 한국 회사가 다른 한국 회사와 하도급계약을 체결한 경우 그의 준거법에 관계없이 하도급법이 적용된다는 것이다. 그러나 그렇게 보아야 할 법적 근거가 없다. 이는 마치 근로계약의 준거법에 관한 법리가 정립되기 전인 구 섭외사법하에서 "… 근로기준법은 대한민국의 국민 간에서의 고용계약에 의한 근로인 이상 그 취업장소가 국내이거나 국외임을 가리지 않고 적용될 성질의 법률"

---

51) 저촉법의 기능을 설명하면서 이는 일차적으로는 내국실질법의 적용범위를 획정하는 기능(적용범위 획정기능)과 이차적으로는 내국실질법이 적용되지 않는 사항에 대하여 적용될 외국법을 지정하는 기능(외국법 지정기능)을 가진다는 견해도 보이는데(橫山潤, 9면 이하), 전자는 일면적 저촉규정, 후자는 양면적 저촉규정의 기능을 기술한 것으로 볼 수 있으나, 대부분 양면적 저촉규정으로 구성된 우리 국제사법의 경우라면 저촉법은 준거법 지정기능을 한다고 하는 것이 적절하고 내국실질법과 외국실질법을 구분하여 논의할 이유가 없다.

52) 다소 이론적인 논의이나, 법정지인 한국의 국제적 강행규정은 일면적 저촉규범인가 아니면 저촉규범성을 부정해야 하는가라는 의문이 있다. 저촉규범성을 인정하면 당연히 일면적 저촉규범이 될 것이나, 준거법에 관계없이 직접 적용된다거나 특별연결된다고 설명한다면 이를 부정할 여지도 있다. 일면적 저촉규범은 여전히 저촉규범이므로 법률관계로부터 그 본거를 찾는 것은 양면적 저촉규범과 마찬가지이다. 하지만 양자를 구별하지 않고 스위스 카르텔법의 역외적용을 명시하는 조문을 일면적 저촉규범의 예로 들기도 한다. Schnyder/Liatowitch, Rn. 106.

53) 이는 로마 I 제9조 제2항과 유사하다.

54) 공정거래위원회, 2015. 5. 16.자 "하도급법의 적용 대상(해외업체 및 해외현장)" 질의에 대한 회신, 민원번호 2AA-1505-175723(황성현, "해외건설공사에 대한 하도급법의 적용가능성 및 FIDIC 표준계약조건의 하도급법 위반가능성", 통상법률 제151호(2021. 5.), 98면 註 16에서 재인용).

이라고 하여 한국 회사와 한국인인 근로자 간에 체결된 고용계약에 근로기준법이 적용된다고 판시한 대법원 1970. 5. 26. 선고 70다523, 524 판결을 상기시킨다. 위 판결에 대하여는 "근로기준법이 강행법규로서 우리 국민 간에 있어서는 속인적으로 적용된다는 의미에서 강행법규가 적용되는 섭외적 생활관계의 속인주의를 선언한 획기적인 판례"라는 평가가 있었다.[55] 위 대법원 판결의 태도는 2001년 섭외사법을 전면개정한 구 국제사법(제27조)이 신설됨으로써 근로계약도 원칙적으로 계약준거법에 따를 사항이고 다만 근로계약의 객관적 준거법 중 근로자를 보호하기 위한 조문이 관철된다는 법리가 도입됨에 따라 더 이상 유지될 수 없게 되었다. 저자가 보기에는 국제사법에 친숙하지 않은 공정거래위원회의 담당자들이 직관적으로 속인주의에 호소한 것으로 추측된다.

그러나 하도급계약 당사자 간의 계약관계가 문제라면, 일차적으로 하도급계약의 준거법을 판단하여 준거법이 한국법인지를 결정하고 한국법이 규율하는 사항의 범위를 정하여야 한다. 만일 하도급계약의 준거법이 한국법이라면 한국의 하도급법은 준거법의 일부로서 또는 법정지의 국제적 강행규정으로서 적용된다고 볼 수 있고, 만일 하도급계약의 준거법이 외국법이라면 우리 하도급법은 적용되지 않는 것이 원칙이나 하도급법의 규정 중 법정지의 국제적 강행규정, 특히 특별사법(Sonderprivatrecht)[56]으로서 적용되는 조문이 있는지와 그 범위를 검토하여야 한다. 하도급계약의 준거법을 전혀 고려하지 않은 채 속인주의를 원용하여 하도급법의 적용 여부를 논의하는 것은 잘못이다.[57]

보다 근본적으로 계약관계는 계약법, 나아가 계약의 준거법이 규율할 사항이나, 근자에는 다양한 거래질서의 공정화라는 명목하에 여러 경제법 분야의 법률들이 제정되고 있는데, 이는 계약법 영역에 규제법이 지나치게 개입하는 것으로

---

55) 물론 아래 근로계약의 준거법을 정한 제48조의 해설에서 보듯이 저자는 위와 같은 평가에 동의하지 않는다.

56) 하도급법의 규정 중 부당대금결정(제4조), 부당대금감액(제11조), 대금미지급(제13조), 발주자의 대금 직접지급의무 위반(제14조)과 부당대물변제(제17조) 등은 원래 계약에 의하여 해결할 사항이라는 점에서 특별사법의 영역에 속한다고 볼 수 있을 것이다.

57) 하도급과 관련한 논점들은 우선 황성현, "해외건설공사에 대한 하도급법의 적용가능성 및 FIDIC 표준계약조건의 하도급법 위반가능성", 통상법률 통권 제151호(2021. 5.), 92면 이하 참조. 다만 이 논문은 해외건설공사에서의 하도급거래상 행위에 대하여 하도급법에 따라 부과하는 행정적·형사적 제재의 타당성을 행정법규와 행정형법의 장소적 적용범위 측면에서 살펴볼 뿐이고, 민사 및 국제사법적 문제는 원칙적으로 다루지 않는다.

서 바람직하지 않다.[58] 국내적으로는 어느 법으로 규제하든 한국법이 적용되나, 국제적 적용범위를 생각하면 그것이 계약법의 문제라면 계약의 준거법(외국법이라 고 가정하자)이 규율할 사항임에 반하여, 경제법의 문제라면 국제적 강행규정으로 서 준거법에 관계없이 우리 경제법이 개입할 여지가 있다. 당사자 간의 하도급계 약관계에서 통상적인 계약법의 논점에 대하여는 계약의 준거법(외국법)이 규율하 는 데 반하여, 계약관계의 논점이더라도 하도급법이 규율하는 사항의 경우 준거 법(외국법)이 아니라 우리 하도급법이 간섭하게 되므로 하도급법의 어떤 조항이 국제적 강행규정인지의 판단이 매우 중요하다. 예컨대 '부당한 특약의 금지'를 규 정한 하도급법(제3조의4 제1항)은 "원사업자는 수급사업자의 이익을 부당하게 침해 하거나 제한하는 계약조건(이하 "부당한 특약"이라 한다)을 설정하여서는 아니 된 다"라고 규정하는데,[59] 예컨대 한국 회사와 한국 회사 간의 하도급계약의 준거법 이 외국법인 경우, 제1항이 국제적 강행규정인지에 따라[60] 적용 여부가 결정된다.

---

58) 위에서 본 하도급법 외에도 '대리점거래의 공정화에 관한 법률(대리점법)', '가맹사업거래의 공정화에 관한 법률(가맹사업법)', '대규모유통업에서의 거래 공정화에 관한 법률(대규모유 통업법)' 등이 있다. 이러한 접근방법의 문제점을 언급한 글로는 권오승, "시장경제에 있어 서 경쟁질서와 사법", 2024. 9. 21. 개최된 (사)한국사법학회 창립 30주년 기념학술대회 자 료집, 13면 이하 참조.

59) 동조 제2항은 "다음 각호의 어느 하나에 해당하는 약정은 부당한 특약으로 본다"고 규정하 고 각호에서 구체적 사례를 열거한다.

60) 이에 관하여는 논란이 있다. 김민경, 국제계약과 국제적 강행규정(2022), 102면은 위 조항의 국제적 강행규정성을 긍정하나, 한승수(註 50), 100면은 부정한다. 이를 판단하자면 우선 하 도급법이 원사업자 또는 수급사업자가 외국사업자인 경우에도 적용되는지를 판단해야 하는 데 이 점은 논란이 있다. 정재훈, 하도급법 연구: 이론과 실무 제2판(2023), 469면은 원사업 자가 외국사업자이고 수급사업자가 국내사업자인 경우 역외적용의 적용이 첨예한 쟁점이 된 다고 하는데, 논란의 여지가 있으나, 헌법재판소 2024. 1. 25. 선고 2022헌마430 전원재판부 결정은 하도급법은 원사업자가 외국사업자(주된 사무소가 외국에 소재하거나 외국법에 의해 서 설립된 사업자)인 경우에는 적용되지 않는다고 판시하였다. 하도급법의 문언상 수급사업 자는 중소기업자(즉 내국사업자)일 것을 전제로 한다. 그렇다면 해석론으로는 외국사업자가 국내에서 영업활동을 하지 않는 한 하도급법을 외국사업자에게 적용할 여지가 없다. 문제는 내국사업자 간에 하도급계약을 체결하면서 준거법을 외국법으로 지정한 경우 수급사업자를 보호하기 위한 하도급법의 규정들이 국제적 강행규정으로서 적용되는가인데, 이 경우 ① 위 규정을 국제적 강행규정으로 취급하여 준거법에 관계없이 적용할지, ② 준거법이 외국법인 이상 위 규정은 적용되지 않는다고 볼지, ③ 국제사법상 명시적 조문은 없으나 근로계약처 럼 객관적 준거법이 부여하는 보호를 관철할 여지가 있을지(이 경우에도 국제적 강행규정은 여전히 적용된다) 등을 검토할 필요가 있다. 다만 일반적으로는 그렇게 처리하더라도 두 가 지 경우는 특별히 취급하여야 한다. 하나는 수급사업자의 발주자에 대한 직접청구권인데(제 14조), 그 경우 도급계약의 준거법도 고려하여야 하기 때문이다(이 점은 석광현, "FIDIC 조

나아가 하도급계약의 준거법이 외국법인 경우 위 하도급법 제3조의4 제1항을 위반한 계약조건의 결과가 무엇인지도(즉 무효 여부) 외국법에 따를 사항인지 우리법에 따를 사항인지가 문제 된다.

(사) 구 직업안정법　　　　국제적 강행규정이라는 개념을 사용하지는 않았지만 결과적으로 근로자공급에 관하여 직업안정법(이는 파견근로자보호등에 관한 법률이 제정되기 전의 사건이다)이 국제적 강행규정이라고 보아 준거법이 외국법임에도 적용한 대법원 2004. 6. 25. 선고 2002다56130, 56147 판결이 있다.[61] 상세는 아래와 같다.

한국 항공회사인 아시아나항공주식회사(아시아나)는 아일랜드 소재 파크 항공사 및 발칸 불가리아 항공사와, 파크항공사 및 발칸 불가리아 항공사가 조종사들을 고용한 뒤 아시아나에게 파견하여 용역을 제공하고 아시아나는 그 대가로 파크 항공사에게 조종사들의 급료와 수수료를 지급하기로 하는 내용의 계약(아시아나와 파크 항공사 간의 계약의 준거법은 아일랜드법)을 체결하였고, 불가리아 국적의 조종사들이 위 각 계약에 따라 아시아나에 파견되어 각각 기장으로 근무하였다. 위 조종사들은 아시아나에게 임금을 목적으로 종속적 관계에서 근로를 제공하였기에 근로기준법상의 근로자에 해당하므로 아시아나는 조종사들에게 퇴직금을 지급할 의무가 있다면서 퇴직금의 지급을 청구하였다.

당사자들이 근로자공급계약의 준거법을 아일랜드법으로 지정하였으나 대법원은 "직업안정법 제33조 제1항에서 원칙적으로 근로자공급사업을 금지하면서 노

건을 사용하는 국제건설계약의 준거법 결정과 그 실익", 사법 제29호(2014. 9.), 56면 이하에 소개된 프랑스의 1975년 "하도급에 관한 법률(*Loi n° 75-1334 du 31 décembre 1975 relative à la sous-traitance*)"이 규정한 직접청구권을 둘러싼 유럽연합의 논의 참조). 다른 하나는 하도급법에 따른 민사문제에는 계약만이 아니라 불법행위로 인한 손해배상(제35조)으로 성질결정되는 쟁점도 있는데, 그의 국제적 강행규정성은 불법행위의 준거법에도 불구하고 적용이 관철되는지를 검토하여야 하므로 계약과는 차이가 있다. 한편 입법론으로 하도급법의 역외적용을 논의할 수 있으나 그 경우 하도급계약의 일방 당사자가 한국 사업자라면 국내 시장에 영향이 미치는 것은 당연하므로 공정거래법 제3조처럼 '국내 시장에 영향을 미치는 것'을 연결점으로 삼을 것은 아니다. 따라서 역외적용을 논의하는 경우 하도급법과 공정거래법은 구별하여 달리 취급하여야 한다. 어쨌든 하나의 금지규정 위반에 대해 민·형사 및 행정 규제를 동시에 적용하는 한국식 하이브리드 법령의 국제적 적용범위에 관한 해석론과 입법론을 정립해 나가는 것이 우리의 과제이다.

61) 평석은 석광현, "2004년 국제사법 분야 대법원판례: 정리 및 해설", 국제사법연구 제10호(2004), 433면 이하 참조.

동부장관의 허가를 얻은 자에 대하여만 이를 인정하는 것은 타인의 취업에 개입하여 영리를 취하거나 임금 기타 근로자의 이익을 중간에서 착취하는 종래의 폐단을 방지하고 근로자의 자유의사와 이익을 존중하여 직업의 안정을 도모하고 국민경제의 발전에 기여하자는 데 그 근본목적이 있는바, 노동부장관의 허가를 받지 않은 근로자공급사업자가 공급을 받는 자와 체결한 공급계약을 유효로 본다면, 근로기준법 제8조에서 금지하는 바(즉 법률에 의하지 아니하고 영리로 타인의 취업에 개입하여 이득을 취득하는 것)를 허용하는 결과가 될 뿐만 아니라, 직업안정법의 취지에도 명백히 반하는 결과에 이르게 되므로 직업안정법에 위반된 무허가 근로자공급사업자와 공급을 받는 자 사이에 체결한 근로자공급계약은 효력이 없다"라고 판시하였다. 나아가 대법원은 아시아나와 그 외국인 조종사 간의 근로계약관계의 성립을 부인하였다.

   (아) 예정 손해배상액 감액을 정한 민법 제398조 제2항   계약의 준거법이 외국법이고 손해배상액의 예정이 당해 외국법상 유효하지만 과도한 경우 우리 법원이 감액할 수 있는지가 문제 된다. 이를 가능하다고 하자면 민법 조문이 국제적 강행규정이라거나, 아니면 공서위반이라고 구성할 수 있어야 할 것이다. 대법원 2024. 4. 25. 선고 2019다261558 판결은 민법 제398조 제2항(예정 손해배상액 감액)이 국제적 강행법규가 아니라고 판시한 바 있으나 공서위반에 대하여는 판단하지 않았다.

(2) 법정지의 국제적 강행법규의 적용근거

   종래 한국의 국제적 강행법규가 적용되는 근거에 관하여 공법의 속지주의, 공서이론 또는 강행법규의 특별연결이론으로 설명하는 견해 등이 있었으나, 국제사법에서는 국제적 강행법규는 준거법에 관계없이 적용된다는 결론만을 명시할 뿐이고 그 근거는 밝히지 않는다. 제20조는 국제적 강행법규는 특별연결된다는 취지를 밝힌 것으로 이해할 수 있으나, 그 근거를 명시하지 않으므로 종전과 같이 공법의 속지주의로 설명하는 것도 논리적으로 불가능하지는 않다. 그러나 아래 국제사법 제10조에서 보는 바와 같이 공서조항과는 별도로 제20조를 둔 결과 이를 공서이론으로 설명하는 것은 설득력이 없다.

(3) 제3국의 국제적 강행법규

참고로 국제적 강행법규는 그 연원에 따라 '준거법 소속국의 강행법규', '법정지의 강행법규'와 그 밖의 경우, 즉 '제3국의 강행법규'로 구분되는데, 국제사법은 제20조에서 법정지의 강행법규에 관하여는 직접 규정하나, 제3국의 강행법규에 관하여는 아무런 규정을 두지 않고 학설·판례에 맡기고 있다.[62] 왜냐하면 2001년 섭외사법 개정 당시 제3국의 강행법규의 처리에 관하여는 국제적으로 정립된 견해가 없었고, 우리나라의 경우도 마찬가지였기 때문이다(저자는 비교적 근자에 이르러 아래 註 65에서 보듯이 견해를 피력하였다). 국제사법도 그런 태도를 유지한다. 이 점에서 국제사법은, 법원은 준거법을 적용함에 있어 사안과 밀접한 관련을 가지는 제3국의 강행법규에 대하여 그것이 당해 국가의 법상 계약의 준거법에 관계없이 적용되는 것인 경우 효력을 부여할 수 있다고 규정하는 로마협약(제7조 제1항)과는 다른 입장을 취한 것이다.[63]

제3국의 강행법규에 대하여는 로마협약이나 스위스 국제사법과 달리 사실상의 영향을 실질법적 차원에서 고려하는 견해도 유력하므로[64] 현재로서는 강행법규의 특별연결이론이 정착되었다고 평가하기는 이르고, 다양한 견해가 주장될 수 있다.[65] 다만 국제외환법에 관하여는 조약인 "IMF 협정(Articles of Agreement of

---

62) 저자는 과거 이런 견해를 입법론으로서 주장하였다. 석광현, "국제계약법", 국제사법연구 제4호(1999), 331면. 구 국제사법 제6조와 제7조의 의미는 안춘수, 절대적 강행규정, 189면 이하; 김인호, 강행규정, 111면 이하 참조.

63) 다만 로마협약의 제7조 제1항에 대해서는 상당한 반대가 있었고 그 결과 협약은 동조의 적용을 유보할 수 있는 권한을 부여하였는데, 영국과 독일 등은 동항의 적용을 유보하였다. 스위스 국제사법(제19조)도 로마협약 제7조 제1항과 유사하다.

64) 예컨대 나이지리아의 문화재보호법을 위반하여 독일 국내로 반입되는 외국문화재의 운송 중의 위험을 담보하기 위한 보험계약은 독일 민법 제138조의 선량한 풍속에 반하여 무효라는 이유로 보험금의 지급을 구하는 청구를 기각한 독일 연방대법원의 1972. 6. 22. 나이지리아 문화재 사건 판결(BGHZ 59, 82) 참조. 소개는 송호영, "海外로 不法搬出된 文化財의 民事法上 返還請求法理에 관한 硏究", 비교사법 제11권 제4호(상)(통권 제27호)(2004. 11.), 248면 참조.

65) 참고로 종래 독일 학설의 개관은 아래와 같다. ① 실질법설(또는 사실설). 제3국의 국제적 강행규정은 고려되지 않으나, 준거법이 한국법이면 법원은 중국 문물보호법에 위반된 거래가 민법 제103조에 반하여 무효인지를 판단하고, 유효라면 이행불능 등의 문제로 처리한다. ② 권력설. 공법인 외국의 국제적 강행규정은 속지주의 원칙에 따라 한국에서는 적용되지 않으나 입법국이 사실상 관철할 수 있는 힘을 가지는 범위 내에서만 적용된다. ③ 준거법설. 준거법 소속국의 국제적 강행규정은 그 일부로 적용되나 제3국의 국제적 강행규정에 대하여는 실질법설처럼 접근한다. ④ 특별연결설. 로마협약(제7조 제1항)과 스위스 국제사법(제19

the International Monetary Fund)" 제Ⅷ조 2(b)가 국제통화제도의 협력을 위하여 회원국에게 다른 회원국의 외환에 관한 법규를 적용할 의무를 부과하고 있으므로, 국제적 강행법규의 적용에 관한 국제사법의 일반적인 논의가 타당하지 않고 회원국은 IMF 협정에 따라 제3국의 외환관리법을 적용할 조약상의 의무를 부담한다.66) 하지만 동조의 적용범위, 특히 환계약을 제한적으로 해석하는 영미의 견해

조 제1항)처럼 사안과 밀접한 관련이 있는 제3국의 국제적 강행규정에 대하여 효력을 부여할 수 있다. 통상의 연결원칙은 법률관계로부터 출발하여 준거법을 탐구하는데, 특별연결설에서는 그와 달리 문제 된 국제적 강행규정이 당해 사안에 적용되는가를 검토한다. 국제적 강행규정이 되기 위해서는 입법자의 적용의지(또는 적용의사)가 있어야 한다. ⑤ 결합설. 준거법 소속국의 국제적 강행규정에 대하여는 준거법설을, 제3국의 국제적 강행규정에 대하여는 특별연결설을 취한다. ⑥ (쌍방적) 특별저촉규정설. 국제적 강행규정에 대해 특별저촉규정을 요구하는 점은 특별연결설과 같지만, 이는 저촉법적 정의의 관점에서 적절한 연결원칙을 탐구함으로써 국제적 강행규정을 쌍방적 저촉규범의 형식으로 국제사법체계에 편입시킨다. 이는 외국 입법자의 적용의지에 크게 영향을 받는 특별연결설과 달리 법정지국의 관점에서 국제적 강행규정의 적용 여부를 스스로 결정하는 장점이 있으나, 원리(Maxime)만을 제시하고 구체적 연결원칙을 제시하지 못하고 있다. 특히 국제적 강행규정에 대해 사법(私法)에서처럼 등가성 내지 교환가능성을 인정하기는 어려우므로 (쌍방적) 특별저촉규정설을 따르기는 어렵다. 그러나 신창선·윤남순, 286면은 이를 취하는 것으로 보인다. 특별연결설이 종래 독일의 다수설이었다. 로마Ⅰ의 태도는 특별연결설 또는 권력설로 평가된다. 일본 학설의 소개는 이병화, "국제소비자계약에 관한 국제사법적 고찰", 국제사법연구 제21권 제1호(2015. 6.), 374면 이하 참조. 저자는 로마Ⅰ 제9조 제3항의 해결방안은 우리의 해석론으로는 크게 도움이 되지 않으므로 우리로서는 특별연결설을 따르면서 국제적 강행규정의 범위, 이를 고려하기 위한 요건과 구체적인 경우 효력의 부여를 어떻게 실현할지는 더 검토해야 한다는 견해를 피력한 바 있다. 석광현, "국제금융거래에서 제3국의 외국환거래법과 국제적 강행규정의 적용: IMF 협정 제Ⅷ조 2(b)를 포함하여", 국제사법연구 제26권 제1호(2020. 6.), 382면. 실질법의 논점은 김진우, "국제계약규범에서의 계약조항의 편입", 법조 제60권 제12호(통권 제663호) (2011), 87면 이하; 김진우, "강행적 계약법-강행적 소비자계약법의 정당화사유 및 상호관계를 중심으로-", 법조 제68권 제4호(통권 제736호)(2019. 8.), 189면 이하 참조.

66) 이와 관련하여 흥미로운 하급심판결이 있다. 한국 회사인 원고는 국민은행(피고)의 부에노스아이레스 지점에서 자금을 차입하였는데 대출계약의 준거법은 명시하지 않았다. 경제위기로 인해 미국 달러화('미화') 대 페소화 가치가 폭락하자 아르헨티나 정부는 2002. 2. 3. 은행의 외화대출을 1:1(미화: 페소) 비율로 환산한 페소화로 변제하도록 하는 대통령령을 공포하였다. 원고는 그에 따라 1:1 비율로 환산해 페소화로 대출금을 변제하고 아르헨티나 법원으로부터 채무부존재확인 판결을 받았다. 피고가 피고 한국지점에 예치된 원고의 정기예금 중 잔액만 반환하자 원고는 예금 전액에 대한 반환 청구의 소를 제기하였으나 전부 패소하였다. 서울중앙지방법원 2007. 10. 24. 선고 2007가합13676 판결은 구 섭외사법 제30조에 따라 대출계약의 준거법이 한국법이라고 판단하고 준거법이 아닌 아르헨티나 법에 따라 이루어진 위 대출금의 변제는 유효한 변제라고 볼 수 없다고 판시하였다. 이는 제3국의 국제적

에 따르면 외환관리법이 적용되는 사안이 국제적 강행법규가 문제 되는 전형적 사안이 될 것이나 우리의 경우 외환관리규제가 점차 자유화된 탓에 실제적 중요성은 많이 줄었다.[67]

외국의 국제적 강행법규의 적용을 의무화한 조약에는 그 밖에도 다음 (4)에 언급하는 1995년 유니드로와협약이 있다.

한편 국제사법 제19조는 준거법 소속국의 강행법규에 관한 조항이나, 위에 언급한 바와 같이 제19조는 그러한 강행법규는 준거법의 일부로서 당연히 적용된다고 규정하는 대신, 공법적 성격을 가진다는 이유만으로 적용이 배제되지 않는다는 소극적인 규정방법을 취한 점에 특색이 있다.

흥미로운 것은 로마 I 의 태도이다. 즉 동 규정(제9조)은 국제적 강행규정이 아니라 '최우선 강행규정(overriding mandatory provisions)'[68]이라는 용어를 사용하면서 이를 정의하고, 나아가 로마협약 제7조 제1항을 개정하여 제9조 제3항에서 첫째, 밀접한 관련이 있는 제3국의 범위를 의무이행지인 국가로 한정하고, 둘째, 국제적 강행규정의 범위도 제3국의 모든 간섭규범이 아니라 계약의 이행을 불법한 것으로 만드는 간섭규범에 한정한다.[69]

로마 II (제16조)도 법정지의 국제적 강행규정에 관하여 로마 I (제9조 제2항)과 유사한 규정을 두나, 로마 I 과 달리 제3국의 국제적 강행규정에 효력을 부여할 수 있다는 조문을 두지 않는다. 이런 이유로 로마 II 는 제3국의 강행법규에 효력을 부여하는 것을 차단한다는 견해도 있으나, 유력설은 과거 독일처럼 로마협약

강행규정을 완전히 무시한 판결로 보인다. 항소심인 서울고등법원 2009. 3. 6. 선고 2007나 122966 판결은 위 판결을 취소하고 원고의 청구를 일부 인용하였다. 서울고등법원은 대출계약의 준거법이 아르헨티나법이라고 판단하였으나 아르헨티나 대통령령의 적용은 피고의 재산권을 부당하게 침해하는 것으로 이는 한국 헌법이 정한 재산권보장의 기본원칙에 어긋나는 점 등을 고려하여 한국의 공서위반이라고 보아 그 적용을 거부하였다. 상세는 석광현(註 65), 386면 참조.

67) IMF 협정 제VIII조 2(b)와 외국환관리법에 관한 구체적 논의는 석광현(註 65), 353면 이하 참조.
68) 사법연수원에서 2017년 7월 간행한 "헤이그 국제상사계약 준거법원칙 해설"의 국문번역문 (57면)도 위 용어를 사용하나, 이를 단순히 '국제적 강행규정'이라고도 한다. 문화경, "국제지식재산권 라이센스 계약 분쟁의 준거법 결정 원칙으로서 로마 I 규정의 적용에 관한 연구", 법제연구 제44호(2013. 6.), 516면은 '우선적 효력이 있는 강행법규 조항'이라고 번역한다. 저자가 본문을 선택한 이유는 '우선적'이라고만 하면 강행법규의 속성을 가리키는 것으로 오해될 우려가 있기 때문이다.
69) 상세는 다음 VI. 채권에서 별도로 논의한다.

제7조 제1항을 유보한 국가에서도 제3국의 국제적 강행법규에 효력을 부여할 수 있었음을 지적하면서 로마Ⅱ에서도 그렇게 해석하거나, 로마Ⅰ의 제9조 제3항을 유추적용하거나, 국내법의 일반조항(우리 민법 제103조에 상응)을 통하여 제3국의 국제적 강행법규를 존중할 수 있다고 한다.[70)]

근자에는 우리나라에서도 제3국의 국제적 강행규정의 취급에 관하여 아래와 같은 입법론이 제시된 바 있다.[71)]

(4) 국제문화재법의 문제

오늘날 우리나라를 포함한 많은 국가는 문화재의 보호를 위하여 문화재보호법을 두고 있다.[72)] 따라서 예컨대 어느 국가의 문화재보호법에 반하여 문화재를 외국으로 매도하는 매매계약은 무효가 될 수 있다. 즉 이러한 문화재보호법은 일정한 문화재의 거래 또는 유통을 금지하는 것을 내용으로 하는 공법적 성질을 가지는 규정을 포함하는데, 그런 규정들은 당사자의 합의에 의하여 배제할 수 없는 강행규정일 뿐만 아니라 매매계약의 준거법이 외국법이더라도 그 적용이 배제되지 않는 국제적 강행규정의 성질을 가진다. 따라서 법정지국, 준거법 소속국 또는 제3국의 문화재보호법을 적용 내지 고려할 것인가는 국제적 강행법규의 처리에 대하여 어떠한 태도를 가지는지에 따라 좌우된다. 그러나 국제문화재보호의 영역에서는 중요한 조약이 있다. 우리나라는 아직 가입하지 않았으나, 1995년 채택되고 1998. 7. 1. 발효된 사법통일(私法統一)을 위한 국제협회(UNIDROIT)의 "도난 또는 불법반출된 문화재에 관한 협약(Convention on Stolen or Illegally Exported Cultural Objects)"(이하 "UNIDROIT 문화재환수협약"이라 한다)이 바로 그것이다.

---

70) MünchKomm/Junker, Band 10, RomⅡ-VO, Art. 16 Rn. 25ff.

71) 김민경, 국제계약과 국제적 강행규정(2022), 232면은 아래의 문언을 제안하였다.
"제7조의2
① 법원은 그 입법목적에 비추어 준거법에 관계없이 해당 법률관계에 적용되어야 하는 제3국의 강행규정이 사안의 쟁점과 밀접한 관련이 있고, 대한민국의 선량한 풍속 그 밖의 사회질서에 비추어 보호할 만한 가치가 있는 경우 그에 효력을 부여할 수 있다.
② 법원이 제1항에 따라 제3국의 강행규정에 효력을 부여할 때, 사안의 사실관계에 비추어 제3국법에 규정된 효과와 다른 효과를 인정할 수 있다".

72) 예컨대 우리 국가유산법(제19조 제2항)은 "국가유산은 따로 법률로 정하는 바에 따라 허가를 받은 경우를 제외하고는 국외로 수출 또는 반출할 수 없다"라고 규정하고 문화유산법(제39조 제1항)은 국보, 보물 또는 국가민속문화유산은 국외 수출과 반출을 원칙적으로 금지한다. 본문의 문화재보호법은 우리 법률명이 아니라 일반적인 용어로 사용한다.

UNIDROIT 문화재환수협약은 사법적(私法的) 측면을 다루는 조약으로서 우리나라에서도 발효한 1970년 유네스코협약[73]과 달리 보호의 대상의 지정과 국가의 간섭 없이 문화재를 도난당한 개인에게 도난문화재의 회복청구권을 인정하고, 불법반출된 문화재의 기원국에게 반환청구권을 인정한다. 그러나 위 협약도 문화재의 전문거래상들이 소재지법을 이용하여 문화재를 매매 내지 세탁하는 것을 막을 수 없다는 한계가 있다. 주목할 것은, 위 협약(제3장)은 체약국인 문화재의 기원국의 문화재보호법을 국제적 강행규정으로서 존중할 의무를 부과하는 점이다. 이런 이유로 협약(제3장)은 널리 적용되는 조약으로서는 처음으로 강행적인 외국 공법규범의 적용을 의무화했다는 평가를 받고 있다.[74]

예컨대 위 협약에 가입한 중국의 문화재보호법에 반하여 한국으로 불법반입된 중국 문화재의 거래에 관하여 우리 법원이 재판한다면 중국의 문화재보호법은 준거법 소속국(매매계약의 준거법이 중국법인 경우) 또는 제3국의 국제적 강행법규(매매계약의 준거법이 중국법이 아닌 경우)로서 적용되거나 고려될 수 있다.[75] 그러나 우리나라가 위 협약에 가입하면 우리는 중국의 문화재보호법을 적용할 조약상 의무를 부담한다. 이처럼 위 협약(제3장)은 당사국이 다른 당사국의 문화재보호에

---

73) 이는 유네스코의 "문화재의 불법적인 반출입 및 소유권양도의 금지와 예방수단에 관한 협약 (Convention on the Means of Prohibiting and Preventing the Illicit Import, Export and Transfer of Ownership of Cultural Property)"을 말한다. 우리나라는 구 문화재법제를 전면 개편하여 2024. 5. 17.부터 신 국가유산법제를 시행하였는데, 그에 따라 '문화재'라는 개념을 버리고 '국가유산'이라는 개념을 중심으로 분류체계를 개편하였다. 그러나 우리나라는 1970년 유네스코 협약을 이행하므로(국가유산법 제30조) 그 범위 내에서는 외국유산이 아니라 문화재라고 표현하고 그 개념은 동 협약에 따른 것임을 명시할 필요가 있다. 개편된 법제와 비판은 석광현, "2024년 개편된 국가유산법제와 유네스코 체계의 정합성 — 국가유산·세계유산·문화유산·자연유산·무형유산의 개념을 중심으로", 국제거래법연구 제33집 제1호(2024. 7.), 169면 이하 참조. 저자는 종래 '국제문화재법'이라는 용어를 사용하였는데, 문화재라는 용어가 국제적으로 사용되므로 이를 계속 사용한다. 다만 신 국가유산법제를 고려하여 '국제문화재법'과 '국제문화유산법'을 호환적으로 사용한다.

74) 석광현, "UNIDROIT 문화재환수협약 가입과 문화재보호법의 개정", 국제사법연구 제15호 (2009), 333면; 석광현, "국제적 불법거래로부터 문화재를 보호하기 위한 우리 국제사법(國際私法)과 문화재보호법의 역할 및 개선방안", 서울대학교 법학 제56권 제3호(2015. 9.), 168면; 이필복, "국제적인 문화재 거래와 국제적 강행규정 — 기원국의 국제적 강행규정을 중심으로 —", 국제사법연구 제27권 제1호(2021. 6.), 119면 이하 참조. 문화재 매매의 준거법은 최성호, "도난 예술품의 국제적 거래에 있어 준거법의 선택: 뉴욕주의 국제사법을 중심으로", 경북대학교 법학논고 제42집(2013), 343면 이하 참조.

75) 이에 관한 해석론은 석광현(註 74. 법학), 138면 이하 참조.

관한 공법규정, 즉 국제적 강행법규를 적용할 의무를 부과하는데 이 점에서 중국은 우리나라의 위 협약 가입에 대해 이해관계를 가진다.

위 협약은 소급효가 없으나 우리도 그에 가입하는 방안을 적극 검토할 필요가 있다.[76]

---

76) 위 협약에 관하여는 석광현·이규호, "「1995년 UNIDROIT협약」 가입 영향 검토 및 국내법 개정안 연구", 국외소재문화재재단 정책연구—2015—002 (2015); 이근관, "유니드로와협약 가입을 위한 국내법 개정방향 연구 최종결과보고서"(2007. 12.), 15면 이하; 서헌제·박찬호, 도난·불법반출 문화재에 관한 법리적 연구— 1970년 UNESCO 협약, 1995년 UNIDROIT 협약 및 주요체약국의 이행법을 중심으로—, 한국법제연구원(2007), 65면 이하 참조. 협약 가입에 관하여는 손경한, "문화재환수협약의 개요와 한국의 대응방안", 국제사법연구 제15호(2009), 298면 이하 참조. 문화재의 반환과 관련하여 'return', 'restitution', 'repatriation'과 'restoration' 등 다양한 용어가 사용되는데, 국내에서는 그의 번역이 통일되어 있지 않다. 용어는 송호영·김지현, 문화재환수관련 국내외 규범 및 제도의 운용과 개선방안에 관한 연구: 1970년 UNESCO협약과 1995년 UNIDROIT협약을 중심으로(2013), 30면 이하; 김병연, 모나리자의 집은 어디인가—문화유산을 둘러싼 갈등과 분쟁의 세계사(2023), 234—235면 참조.

8. 준거법 지정의 예외에 관한 조항의 신설

섭외사법	국제사법
<신설>	제21조(준거법 지정의 예외) ① 이 법에 따라 지정된 준거법이 해당 법률관계와 근소한 관련이 있을 뿐이고, 그 법률관계와 가장 밀접한 관련이 있는 다른 국가의 법이 명백히 존재하는 경우에는 그 다른 국가의 법에 따른다. ② 당사자가 합의에 따라 준거법을 선택하는 경우에는 제1항을 적용하지 아니한다.

[입법례]
• 독일 민법시행법 제28조 제5항, 제30조 제2항, 제41조, 제46조[본질적으로 더 밀접한 결합]
• 스위스 국제사법 제15조[예외조항]1)
• 중국 섭외민사관계법률적용법 제2조

가. 개요

구 국제사법(제8조)에서는 국제사법을 적용한 결과가 가장 밀접한 관련의 원칙에 부합되지 않는 경우에 위 원칙을 관철하기 위하여 일반적인 예외조항을 신설하였다. 국제사법(제21조)은 이를 유지한다.

나. 주요내용

(1) 예외조항의 도입의 배경

국제사법의 모든 준거법 연결원칙은 당해 사안과 가장 밀접한 관련을 가지는 법을 지정하는 것이라고 할 수 있다. 그러나 국제사법의 조항을 적용한 결과가 구체적인 사건에서 그러한 원칙에 부합하지 않는 경우가 발생할 가능성이 있다. 이 경우에 대비하여 구체적인 사안에서 국제사법이 지향하는 올바른 연결원칙을 실현하기 위하여 구 국제사법에 준거법 지정의 예외를 규정한 '예외조항'을 두었다(제1항). 국제사법도 이를 유지한다.

개정연구반의 논의과정에서 구 국제사법 제8조(국제사법 제21조에 상응)를 '회피조항'으로 부르자는 견해도 있었으나, 'escape clause'를 의미하는 회피조항은 반정과 공서 등을 포함하는 넓은 개념으로 이해될 수 있음을 고려할 때 '예외조

---

1) 유사한 입법례는 Symeon C. Symeonides, Codifying Choice of Law Around the World: An International Comparative Analysis (2014), p. 178 참조. 참고로 케벡주 민법에는 우리와 유사한 일반적 예외조항(제3082조)이 있다.

항'이라는 표현이 더 적절한 것으로 판단하였다. 다만, 조문의 표제를 직접 예외조
항이라고 하는 대신 '준거법 지정의 예외'라고 하였다.

예외조항은 법률관계, 보다 정확히는 연결대상과 가장 밀접한 관련을 가지는
법을 준거법으로 지정하기 위한 것인데, 그러한 원칙을 명시하는 구체적인 방법
에는 ① 오스트리아 국제사법(제1조)처럼 원칙으로서 선언하는 방법, ② 독일 구
민법시행법처럼 법선택이 없는 경우의 계약의 준거법(제28조 제5항), 근로계약(제
30조 제2항), 계약외 채무(제41조)와 물권(제46조) 등에 관하여 각각 예외조항을 두
는 방법과 ③ 스위스 국제사법처럼 '일반적 예외조항(Ausnahmeklausel)'[2]을 두는
방법을 생각할 수 있다. 독일 구 민법시행법의 규정방법은 동법이 법률 분야별로
단계적으로 정비되어 온 점에 기인하므로 국제사법은 스위스 국제사법(제15조)[3]
을 따르되 표현을 다소 수정하였다.[4]

예외조항은 개별사안에서 정당한 연결원칙을 관철하려는 것인데, 여기에서
'정당한 연결'이라 함은 실질법적으로 보다 나은 법(better law)을 지향하는 것이
아니라 '밀접한 관련'이라는 연결체계의 유지를 의미하는 것이다.[5] 이와 달리
1971년에 공표된 미국의 Restatement (Second), Conflict of Laws에서 보듯이[6] 실

---

2) 'Ausweichklausel(회피조항)' 또는 'Berichtigungsklausel(교정조항)'이라고도 한다. 이와 대비
   되는 것이 특별한(또는 개별적인) 예외조항이다. 예컨대 로마Ⅱ 제4조 제3항, EU상속규정 제
   21조 제2항 참조.
3) 제15조는 "이 법률이 지정하는 법은, 사안이 동법과 오직 근소한 관련만을 가지고 있고 오히
   려 다른 법과 훨씬 밀접한 관련을 가지고 있음이 전체적인 사정으로부터 명백한 경우에는, 예
   외적으로 적용하지 아니한다"라고 규정한다.
4) 예외조항을 받아들이자는 입법론적 주장은 석광현, 제1권, 212면 이하; 신창선, "國際私法상
   의 例外條項에 대하여", 국제사법연구 제6호(2001), 117면 이하 참조.
5) Anton K. Schnyder, Das neue IPR-Gesetz, 2. Auflage (1990), S. 34 참조. Better law ap-
   proach에 따르면 법원은 경합하는 실질법의 내용을 고려하여 보다 나은 법을 적용해야 한다.
   Friedrich K. Juenger, Choice of Law and Multistate Justice (1993), p. 191 이하 참조.
6) 예컨대 계약의 객관적 준거법의 결정에 관하여 국제사법 Restatement 제188조 제2항은 일정
   한 요소들을 제6조에 정한 원칙에 따라 고려하여 가장 중요한 관계를 가지는 장소를 결정하
   도록 함으로써 이른바 '규칙(rules)'을 정하는 대신 '접근방법(approach)'만을 제시하고 있다.
   그러한 요소들은 계약체결지, 협상지, 이행지, 계약목적물의 소재지, 당사자의 주소, 거소, 국
   적, 설립지와 영업소 소재지 등이고, 제6조의 원칙은 주제체계와 국제체계의 필요, 법정지의
   관련 정책들, 이해관계 있는 타주(와 타국)들의 관련정책들과 특정한 쟁점의 결정에 있어서의
   관련이익, 정당한 기대의 보호, 특정 법 분야의 기초를 이루는 기본정책들, 결과의 확실성, 예
   견가능성과 통일성 및 적용될 법의 결정과 적용상의 용이성이다. American Law Institute는
   2024년 5월 현재도 Restatement of the Law Third: Conflict of Laws를 성안하는 중이다.

질법을 적용한 결과를 포함하는 다양한 요소를 고려하여 가장 적절한 법을 준거법으로 지정하는 것까지도 국제사법의 예외조항의 해석상 가능하다는 견해는 위 문언에 비추어 적절하지 않다. 만일 그러한 고려에 기하여 예외조항을 적용할 수 있다면 상당한 혼란을 초래하게 될 것이다.[7]

예외조항을 둘 경우 법적 안정성을 해한다거나 법관에게 과도한 부담을 준다는 비판이 있으나, 예외조항을 둠으로써 국제사법이 규정하는 연결원칙의 경직화를 막을 수 있다는 장점이 있다.[8] 예외조항은, 미국법과 같은 유연한 접근방법을 취하는 대신 법적 안정성을 중시하여 유형화된 법률관계별로 연결원칙을 규칙(rules)의 형식으로 규정하는 대륙법계의 전통을 따르면서도, 개별 사건에서 연결원칙의 경직성을 완화하여 보다 정치한 연결원칙을 반영한 결론을 도출하기 위해서는 불가피한 규정이다.[9][10] 즉, 개별사건에서 구체적 타당성과 유연성을 확보하기 위한 대가로서 법적 안정성을 부분적으로 희생하는 것이다.

---

7) 그러나 국제사법은 소비자와 근로자의 보호를 위하여 실질법적 가치를 고려하므로 일정한 범위 내에서는 그러한 고려가 가능할 것이다. 이 부분은 더 고민할 사항인데 앞으로 학설·판례에 의해 발전될 수 있을 것이다.

8) 상세는 신창선·윤남순, 136면.

9) 만일 그 당시 이런 조항이 있었다면, 카타르 불법행위 사건 판결(대법원 1979. 11. 13. 선고 78다1343 판결)에서 대법원이 사안의 섭외사건성을 부정하지 않으면서도 공통의 속인법을 적용함으로써 한국법을 준거법으로 인정할 수 있었을 것이다. 그러나 필자는 예외조항이 없는 섭외사법의 해석론으로도 동일한 결과를 도출할 수 있다는 견해를 피력하였다. 석광현, 제1권, 206면.

10) 예외조항은 구체적 사건에서 타당한 연결원칙을 도입하기 위한 것이지만 이는 일반화할 수 있는 정치한 규범을 발견하기 위한 것이지 특정 개별사건에서의 구체적 타당성만을 추구하는 것은 아니라는 견해도 있으나, 예컨대 특별예외조항인 민법시행법 제46조의 맥락에서 구체적 타당성을 달성하는 것을 허용하는 견해도 있다. Staudinger/Mansel, Art. 46 Rn. 13, Rn. 78. 보다 엄밀하게 말하자면 이는 섭외사법 제13조의 '목적론적 축소'의 문제이다. 석광현, 제1권, 206면 참조. 나아가 오히려 그것을 원칙으로 보는 견해도 있다. von Bar/Mankowski, Band Ⅱ, §3 Rn. 134; 석광현, 제6권, 67면 참조.

(2) 예외조항 적용의 요건[11]

예외조항을 함부로 적용한다면 법적 안정성을 해하므로, 국제사법은 예외조항의 적용요건을 엄격하게 규정한다. 예외조항이 적용되기 위해서는 첫째, 국제사법에 의하여 준거법이 지정되고, 둘째, 지정된 그 준거법이 해당 법률관계와 근소한 관련이 있을 뿐이고, 셋째, 그 법률관계와 가장 밀접한 관련이 있는 다른 국가의 법이 존재해야 하며, 넷째, 위 셋째의 점이 명백해야 한다. 따라서 어느 법이 더 밀접한 관련이 있는지가 의문이 있는 정도만으로는 예외조항을 적용할 수 없다.[12]

셋째 요건은, 사안의 모든 사정을 종합적으로 판단하여 문제 된 법률관계(즉 연결대상)와 가장 밀접한 관련이 있는 다른 국가의 법이 존재하는 때에 충족된다. 이에는 다양한 사안이 있을 수 있는데, 유력한 견해는 사안이 준거법 결정의 기준 시점과 시차가 큰 경우, 장소적 차이가 있는 경우, 다른 법률관계와 밀접한 관련을 가지는 경우와 불통일적 연결을 수정하기 위하여 필요한 경우 등을 든다.[13] 법관은 구체적 사안에서 만일 입법을 했었더라면 입법자도 국제사법에 따른 정규적 연결원칙 대신 법관이 결정한 연결원칙을 입법적으로 채택했을 것이라는 결론에 이르는 때에만 예외조항을 적용해야 한다.[14]

논란이 있는 것은 불법행위의 준거법 결정 시 국제사법(제52조 제3항)이 정한

---

11) 요건은 석광현, "편의치적에서 선박우선특권의 준거법 결정과 예외조항의 적용", 국제거래법연구 제24집 제1호(2015. 7.), 139면 이하(이는 다소 수정되어 석광현, 제6권, 44면 이하에 수록되었다)에서 논의한 바 있다.

12) 예컨대 유언의 방식에 관하여 국제사법 제50조 제3항은 다양한 준거법에 선택적으로 연결한다. 이는 모두 유언의 방식과 밀접한 관련이 있는 법이고, 동항의 취지는 가급적 유언이 방식요건을 구비할 수 있도록 하기 위하여 이른바 "유언에 유리하게(*favor testamenti*)"의 원칙을 채택한 것이므로 법원으로서는 그중 어느 하나의 법에 따라 유언이 방식요건을 구비하면 이를 유효한 것으로 취급해야 하지 함부로 그중에서 어느 하나의 법(예컨대 부동산을 유증하는 유언에서 제3항 제1호 또는 제2호에 의한 어느 준거법이 부동산 소재지법과 일치하는 경우 그 준거법)이 가장 밀접한 관련이 있는 법이라고 결정하고 다른 법을 배척해서는 아니 된다.

13) 신창선·윤남순, 138면 이하. 국제사법의 이익의 하나인 질서이익을 구성하는 내적 판단의 일치와 외적(국제적) 판단의 일치는 예외조항의 적용 여부 판단 시 고려된다. Zürcher Kommentar/Keller/Girsberger, Art. 15 Rn. 62ff. 참조. 내적 판단의 일치와 외적 판단의 일치에 관하여는 이호정, 22면 이하 참조. 예외조항을 적용한 스위스 판례는 위 신창선·윤남순, 140면 이하 참조.

14) Zürcher Kommentar/Keller/Girsberger, Art. 15 Rn. 54.

종속적 연결원칙을 예외조항에 의해 배제할 수 있는가이다. 예컨대 당사자가 근로계약의 준거법으로 당해 사안과 근소한 관련만 있는 편의치적국법을 지정한 경우에 계약관계에서 불법행위가 발생한다면 그 경우에도 종속적 연결을 할지 아니면 예외조항을 통하여 불법행위지법을 적용할지이다.[15]

한편 국제사법상 당사자자치가 허용되는 경우에는 당사자의 의사에 반해서까지 예외조항을 인정한다면 당사자자치의 원칙에 반하므로 그 경우에는 예외조항이 적용되지 않는다(제21조 제2항). 따라서 국제계약법 분야는 물론이고 국제친족법·국제상속법의 분야에서도 당사자자치가 인정되는 범위 내에서는 예외조항은 적용되지 아니한다.

한 가지 의문은 편의치적의 경우 선적국은 결국 선박소유자가 선택한 국가이므로 이는 사실상 당사자가 준거법을 지정한 경우에 해당하는 탓에 제21조 제2항의 적용대상인가라는 점이다. 선적국을 결정함으로써 사실상 당사자자치와 유사한 면이 있으나[16] 그 경우 예외조항을 적용할 수 있다고 본다. 저자는 종래 이를 긍정하였고 예외조항을 적용한 대법원 2014. 7. 24. 선고 2013다34839 판결도 같은 태도를 취한 것이다. 회사의 설립지를 선택한 경우에도 유사한 문제가 있다. 그러나 그 경우 당사자나 발기인들이 어떤 연결대상에 대하여 선적국법이나 회사의 속인법을 준거법으로 직접 지정한 것이 아니고 선적국법과 설립준거법의 지정은 설립지의 선택으로 인한 간접적 결과이므로 제21조 제2항이 적용되는 사례는 아니다.[17]

---

15) 종속적 연결을 한다면 불법행위의 준거법은 계약준거법 소속국법이 되나, 예외조항을 적용한다면 불법행위지법이 불법행위의 준거법이 될 수 있다. 김인호, "從屬的 連結에 의한 不法行爲의 準據法", 인권과 정의 통권 제392호(2009. 4.), 98면은 예외조항의 적용을 긍정하나 (이종혁, 국제자본시장법시론: 국제적 증권공모발행에서 투자설명서책임의 준거법(2021), 189면도 동지), 그런 결과는 종속적 연결의 취지에 반하므로 종속적 연결을 관철하여야 한다. 석광현, 국제사법 해설(2013), 399면 註 37 참조. 그렇지 않으면 불확실성이 초래되고, 계약과 불법행위의 준거법이 다르게 되어 청구권경합 여부를 판단할 준거법 결정과 같은 까다로운 문제가 발생한다. 위 견해는 그에 대한 해결방안을 제시하여야 한다.

16) Marc‑Phillipe Weller/Nina Benz/Chris Thomale, Rechtsgeschäftsähnliche Parteiautonomie, Stephan Lorenz et al. (Hrsg.), Einhundert Jahre Institut für Rechtsvergleichung an der Universität München: Kaufrecht und Kollisionsrecht von Ernst Rabel bis heute (2018), S. 143은 이를 '법률행위와 유사한 당사자자치(Rechtsgeschäftsähnliche Parteiautonomie)'라고 부른다.

17) Zürcher Kommentar/Vischer, Art. 154 Rn. 31도 동지(설립준거법에 관한 논의). 다만 스위스에는 예외조항의 적용을 배제하는 견해도 있다. Zürcher Kommentar/Girsberger/Grass‑

(3) 예외조항이 적용될 수 있는 사례

예외조항의 실제적인 적용은 앞으로 판례에 의해 이루어질 것이고, 예외조항이 적용될 수 있는 사안을 미리 일반화하는 것은 성질상 불가능하다. 그러나 예외조항이 적용될 가능성이 있는 예로는 다음을 생각할 수 있다. 저자는 전부터 이 두 가지 사안을 대표적인 예로 열거하였다.

첫째, 다양한 유형의 불법행위의 경우이다. 현대의 복잡다기한 외국적 요소가 있는 법률관계를 제한된 저촉규범으로 모두 규율하는 데는 한계가 있고, 이는 특히 불법행위에서 현저하므로 다양한 불법행위의 유형에 대응하여 연결대상을 세분화하고 그에 적합한 연결원칙을 정립할 필요성이 있음은 쉽게 수긍할 수 있다. 그러나 국제사법에서는 불법행위의 준거법에 관하여 섭외사법과 같은 불법행위지법원칙을 유지하면서, 상거소를 기준으로 하는 공통의 속인법(제52조 제2항), 종속적 연결(제52조 제3항)과 준거법의 사후적 합의(제53조) 등에 의해 불법행위지법원칙을 다소 완화(Auflockerung)하였을 뿐이고[18] 불법행위의 다양한 유형별로 특칙을 두지는 않으므로[19] 경우에 따라서는 예외조항을 활용함으로써 적절한 결론을 도출할 필요가 있다.

둘째, 다른 예로는 선박의 편의치적(flag of convenience)을 생각할 수 있다. 즉, 구체적인 사안에서 선적이 선적국과 유일한 관련인 경우에는 예외조항에 의해 선적국법 대신 가장 밀접한 관련이 있는 다른 국가의 법이 준거법으로 적용될 여지도 배제할 수 없다.[20] 이는 일차적으로 제94조에 규정된 사항의 경우 문제

---

mann, IPRG, Art. 15 Rn. 50.

18) 불법행위지법원칙의 완화에 관한 소개는 석광현, 제1권, 197면 이하 참조.

19) 이에 관하여 연구반초안은 국제사법을 제1안으로 하고, 특수한 유형의 불법행위에 대해 특칙을 두는 것을 제3안으로, 양자의 절충적인 입장으로서 "제조물의 하자, 부정경쟁, 경쟁제한, 인격침해 기타 특수한 유형의 불법행위의 경우 법원은 제1항에 의하여 지정된 준거법을 적용하는 것이 부적절하다는 사정이 명백히 존재한다고 판단하는 때에는 그러한 불법행위의 특성에 비추어 준거법을 달리 적용할 수 있다"라는 조항을 두는 것을 제2안으로 규정하였다. 연구반초안해설, 100면. 상세는 아래 제52조에 관한 해설 참조.

20) 정해덕, 한국국제사법학회 제8차 연차학술대회《제7분과 토론자료》(2000), 11면; 손주찬, "섭외사법(涉外私法) 개정시안(제10장 '해상')의 검토④", 해양한국(2000. 10.), 133면. 그러나 이에 대해서는 선박이 편의치적된 경우 그 실질적인 소유자가 누구인지, 그 국적이 어디인지를 확인하는 일이 그리 용이하지 않고 한편 실질적인 지배가 여러 국가에 나뉘어져 있을 수도 있으므로 편의치적의 경우에도 원칙적으로 선적국법의 적용에 있어 예외를 둘 이유는 없다는 반론이 있다. 정병석, "해상법 분야에서의 국제사법적 고려", 법조 통권 536호(2001. 5.), 179면. 그러나 정병석, 176면도 예외조항의 적용가능성을 완전히 부인하지는 않는다.

될 것이나, 선원근로계약의 준거법에 관하여도 문제 될 수 있다.[21] 그러던 중 실제로 편의치적선의 경우 우리 법원은 구 국제사법 제8조 제1항을 적용한 판결을 선고하였다.[22]

주의할 것은, 어느 경우이든 예외조항에 의하여 국제사법이 지정한 연결원칙을 배제하는 것은 제21조가 정한 엄격한 요건하에 매우 신중히 해야 한다는 점이다. 특히 편의치적이라는 이유만으로 당연히 예외조항이 적용되는 것은 아니며, 예외조항의 적용에 앞서 당해 사안에서 제21조의 요건이 구비되는지의 여부를 신중하게 검토해야 할 것이다.

(4) 예외조항의 적용 여부가 문제 되는 경우

그 밖에 예외조항의 적용 여부가 문제 되는 경우는 다음과 같다.

첫째, 연구반초안은 소비자보호를 위한 조항, 즉 구 국제사법(제27조)에 의해 준거법이 지정된 경우 예외조항의 적용이 배제됨을 명시하는 방안을 제1안으로 제시하였으나[23] 이는 학설에 맡기자는 이유로 삭제되었다. 그러나 구 국제사법 제27조/국제사법 제47조는 예외조항이 추구하는 가장 밀접한 관련이 있는 국가의 법의 적용보다는 사회·경제적 약자인 소비자의 보호라는 실질법적 가치를 고려한 것이므로, 명시적 조항이 없더라도 그 경우 소비자보호를 포기하고 가장 밀접한 관련이 있는 다른 국가의 법을 적용하는 것은 적절하지 않다는 주장이 가능하다. 근로계약의 경우에도 유사한 문제가 있는데 그 경우 가장 밀접한 관련이 있는 법을 적용한다는 점이 대체로 수용되고 있다. 일관성을 가지자면 소비자계약의

상세는 석광현, "해사국제사법의 몇 가지 문제점 — 준거법을 중심으로 — ", 한국해법학회지 제31권 제2호(2009. 11.), 124면 이하; 석광현, 제5권, 309면 이하 참조.

21) 상세는 국제사법 제48조와 관련하여 아래에서 논의한다.

22) 창원지방법원 2013. 4. 10. 선고 2012나5173 판결은, 파나마에 편의치적된 선박에 관하여 구 국제사법 제8조 제1항을 근거로 선박우선특권의 성립 및 원고의 선박우선특권과 피고의 근저당권의 우선순위를 우리 상법에 따라 판단한 바 있다. 대법원 2014. 7. 24. 선고 2013다 34839 판결은 위 원심판결의 결론을 승인하였는데 이는 구 국제사법 제8조 제1항을 적용한 최초의 대법원판결이다. 평석은 석광현, 제6권, 44면 이하 참조.

23) 연구반초안 제9조 제2항은 다음과 같았다. 연구반초안해설, 27면.
"전항의 규정은 다음 각호의 경우 이를 적용하지 아니한다.
1. 당사자가 합의에 의하여 준거법을 선택한 경우
[제1안] 2. 제44조에 의하여 준거법이 지정된 경우
[제2안] 제2호 삭제".

경우에도 예외조항의 적용을 인정해야 할 것이나 논란의 여지는 여전히 남는다.

둘째, 예외조항의 적용과 관련하여 법인의 준거법과 해상 관련 준거법을 검토할 필요가 있다. 즉, 아래에서 보는 바와 같이, 법인의 준거법에 관하여 국제사법(제30조)이 설립준거법설을 채택한 것은 국제사법의 기초자와 입법자의 의도적 결정의 산물이므로, 개별사건의 구체적인 사정을 고려하지 않고 단지 본거지법설이 타당하다는 추상적인 법리를 기초로 본거지법이 설립준거법보다 더 밀접한 관련이 있다는 이유로 예외조항을 원용하여 본거지법을 법인의 준거법으로 적용하는 것은 허용되지 않는다.[24] 만일 이를 허용한다면, 설립준거법과 본거지법을 형량하여 전자를 선택한 입법자의 결단은 무의미하게 되기 때문이다.[25] 이는 해상의 장에서 선적국법을 규정한 조항(제94조)의 경우에도 마찬가지이다. 다만 후자에서 편의치적의 경우에는 사안에 따라서는 예외조항이 적용될 가능성을 배제할 수 없음은 위에서 언급한 바와 같다.

(5) 예외조항과 반정의 관계

우선 제21조를 적용하여 예외조항에 따른 준거법을 지정한다. 이는 연결대상과 가장 밀접한 관련이 있는 법을 준거법으로 지정한다는 국제사법의 대원칙을 구현하는 과정이기 때문이다. 그에 따라 준거법이 지정되면 다음으로 제22조를 적용하여 반정 여부를 검토한다. 만일 제22조 제1항에 따라 우리 국제사법이 한

---

24) 스위스에는 이런 취지의 연방법원 판결들이 있다. 그 근거는 당사자가 준거법을 선택한 경우 예외조항의 적용을 배제하는 스위스 국제사법(제15조 제2항)이다. Florence Guillaume, The Law Governing Companies in Swiss Private International Law, YBPIL Vol. 6 (2004), p. 276. Zürcher Kommentar/Girsberger/Grassmann, Art. 15 Rn. 50도 동지. 우리나라에도 유사한 견해가 있다(아래 각주 참조).

25) 저자는 동의하지 않으나 스위스 연방대법원 판결처럼 설립준거법은 당사자가 선택한 준거법이기 때문이라고 설명하는 견해도 있다. 스위스 연방대법원 판결(1991. 12. 17. 판결. BGE 117 Ⅱ 494). 저자의 과거 설명에 대하여 신창선·윤남순, 제1판, 144면은 국제사법의 모든 연결규칙은 입법자의 의사를 반영한 것이므로 그에 반하는 경우 예외조항의 적용을 불허한다면 결국 예외조항을 허용하지 않는 부당한 결과가 된다고 비판하며, 오히려 위에 언급한 스위스 연방대법원 판결처럼 설립준거법은 당사자가 선택하였기 때문이라는 것이 타당하다고 한다(만일 이를 받아들인다면 당사자가 상거소를 선택하거나 국적을 선택하는 경우에도 예외조항을 적용할 수 없게 된다). 이런 비판을 고려하여 저자의 당초 의도를 보다 명확히 하였다. 스위스에서도 그 경우 발기인들은 직접 회사의 속인법을 선택하는 것이 아니고 설립준거법은 설립지의 선택으로 인한 간접적 결과라는 반론이 있는데(Zürcher Kommentar/Vischer, Art. 154 Rn. 30) 위에서 보았듯이 저자는 이를 지지한다.

국법으로 직접반정을 하는 경우라면 한국법을 적용한다(이 경우 다시 예외조항을 적용하지는 않는다). 반면에 제22조 제2항에 따라 우리 국제사법이 실질법지정을 하는 경우에는 우리 법으로의 직접반정은 허용되지 않는다. 후자의 경우 우리 국제사법이 가장 밀접한 관련이 있는 법을 지정하였기에 직접반정을 불허하는 것이 아니라 실질법지정이기에 반정을 불허한다는 것이다. 따라서 국제사법이 스위스 국제사법과는 달리 예외조항(제21조) 뒤에 반정조항(제22조)을 둔 것이라고 이해할 수 있다. 저자는 직접반정을 허용하는 우리 국제사법은 그 경우 최밀접관련법을 적용한다는 대원칙을 양보하는 것이라고 보고 그를 기초로 이와 같은 이론구성을 따른다.

　　여기에서 한 가지 의문은 예외조항에 의하여 가장 밀접한 관련이 있는 법을 지정한 경우 항상 실질법지정인가라는 점인데, 저자는 부정설이 타당하다고 보므로 위의 논의는 그에 기초한 것이다. 실질법지정인지 저촉법지정인지는 제22조에 따라 판단한다는 것이고 그 경우 제22조 제2항 제6호는 반정 여부에 직접 영향을 미치지 않는다는 것이다.[26][27] 즉 제22조 제1항에 따라 우리 국제사법이 외국(A국) 국제사법을 지정하는 경우 외국(A국) 국제사법이 한국법으로 직접반정을 하는 때에 문제가 된다. 이 경우 반정조항을 중시하면 한국법을 적용하면 되고 예외조항을 적용할 것은 아니나, 예외조항을 중시하면 예외조항에 의하여 A국법이 아니라 B국법이 적용되고(만일 최밀접관련국법이 B국법이라면) 다시 직접반정에 의하여 한국법이 적용될 가능성이 있다.[28] 전자를 따르면 제22조와 제21조가 하나의 사안에 적용되지는 않으나, 후자를 따르면 양자가 하나의 사안에 적용될 수 있다.

　　한편 제22조 제2항에 따라 우리 국제사법이 외국(B국) 실질법을 지정하는 경우에는 예외조항을 적용할 수 있는데 예외조항에 따라 가장 밀접한 국가(C국)(만일 최밀접관련국법이 C국법이라면)의 법을 적용하는 때에는 여전히 실질법을 지정하

---

26) 이와 달리 국제사법에서 예외조항을 두어 통상의 연결원칙에도 불구하고 가장 밀접한 관련이 있는 법을 적용하도록 규정하는 경우에는 이를 실질법지정이라고 보아 우리 법으로의 반정을 허용하지 않는 견해도 가능한데, 그 경우 국제사법 제22조 제1항 제6호를 근거로 들수 있을 것이다. 독일에서는 (특별) 예외조항에 따른 준거법의 지정은 실질법을 지정한 것이라고 보고 반정을 불허용하는 견해가 통설이라고 한다. Rauscher, Rn. 361.

27) Zürcher Kommentar/Keller/Girsberger, Art. 15 Rn. 102 참조. 이는 예외조항에 의해 반정이 배제되는 경우도 있다고 하는데 이 부분은 더 검토할 필요가 있다. 우선 신창선·윤남순, 140면 이하에 소개된 스위스 연방법원판결 참조.

28) 과거 석광현, 해설(2003), 157면 이하는 후자를 따른 것이나 전자도 가능할 것이다.

는 것이므로 한국법으로의 직접반정은 허용되지 않는다. 이 경우 제22조와 제21조가 하나의 사안에 모두 적용되지는 않는다.

예외조항을 도입한 결과 앞으로는 국제사법이 정한 연결원칙에 따라 결정된 준거법에 불만이 있는 당사자는 예외조항의 적용을 적극 주장할 것으로 예상된다. 따라서 국제사법 제22조의 해석·운용과 관련하여 앞으로 법원의 역할이 기대된다.

(6) 예외조항과 개별조항의 합리적 해석과의 관계

경우에 따라서는 연결원칙을 정한 국제사법의 개별조항의 합리적 해석을 통해 그의 적용범위를 적절히 제한할 필요가 있다. 예컨대 대리의 준거법에 관한 제32조에도 불구하고, 부동산의 처분에 관한 행위 또는 거래소에서의 행위 등에 대해 부동산 소재지법 또는 거래소 소재지법을 적용하는 것이 그러한 예이다. 문제는 그러한 해석을 제32조의 합리적 해석을 통해서 도출할 것인지, 아니면 제21조에 의해 도출할 것인지라는 점이다. 이는 이론적인 논점이나, 국제사법의 체계적인 이해와 관련하여 더 생각할 필요가 있다. 또한 계약의 객관적 준거법의 결정에 관하여도 해석론으로서 모든 물품운송계약에 대해 추정규정을 적용할 것인지, 아니면 로마협약처럼 어떤 제한하에 추정할 것인지의 문제도 이와 관련된다. 여기에서는 일단 문제 제기만을 해두고자 한다.

9. 반정(反定)에 관한 조항의 개정

섭외사법	국제사법
제4조(반정) 당사자의 本國法에 의하여야 할 경우에 그 당사자의 本國法이 대한민국의 법률에 의할 것인 때에는 대한민국의 법률에 의한다.	제22조(외국법에 따른 대한민국 법의 적용) ① 이 법에 따라 외국법이 준거법으로 지정된 경우에 그 국가의 법에 따라 대한민국 법이 적용되어야 할 때에는 대한민국의 법(준거법의 지정에 관한 법규는 제외한다)에 따른다. ② 다음 각 호의 어느 하나에 해당하는 경우에는 제1항을 적용하지 아니한다. 1. 당사자가 합의로 준거법을 선택하는 경우 2. 이 법에 따라 계약의 준거법이 지정되는 경우 3. 제73조에 따라 부양의 준거법이 지정되는 경우 4. 제78조 제3항에 따라 유언의 방식의 준거법이 지정되는 경우 5. 제94조에 따라 선적국법이 지정되는 경우 6. 그 밖에 제1항을 적용하는 것이 이 법의 준거법 지정 취지에 반하는 경우

[입법례]
* 독일 국제사법 제4조 제1항, 제2항[반정, 전정]
* 스위스 국제사법 제14조[반정과 전정]
* 일본 법례 제32조/법적용통칙법 제41조[반정]
* 중국 섭외민사관계법률적용법 제9조: 이는 반정을 전면 배제한다.

가. 개요

섭외사법은 속인법으로서 본국법이 적용되는 경우에만 반정(renvoi)을 허용하고 있었으나, 구 국제사법은 이러한 제한을 없애 반정의 허용범위를 확대하였다(제1항). 이는 반정을 허용함으로써 국제사법의 이상인 국제적 판결의 일치를 도모할 수 있고, 경직된 법선택의 원칙을 완화하여 구체적 사건에 더욱 타당한 법을 적용할 수 있으며, 법정지법을 적용하여 외국법의 적용에 따른 어려움을 완화할 수 있는 등의 실제적 효용을 고려한 것이다. 다만 반정을 허용하는 것이 적절하지 아니한 경우를 예시하여 그 경우에는 반정이 불허됨을 명확히 하였다(제2항). 국제사법도 구 국제사법의 태도를 유지한다. 구 국제사법과 국제사법이 원칙적으로 직접반정만을 허용하는 것은 섭외사법과 같다.

구 국제사법 제9조는 "준거법 지정시의 반정(反定)"이라는 표제를 사용하였으나 국제사법에서는 '반정(反定)'이라는 용어가 삭제되었다. 국민이 이해하기 쉬운 용어를 사용한다는 명분을 내세웠겠지만 실은 국제사법에 익숙하지 않은 담당자들에게 낯설었기 때문일 것이다. 그러나 국제사법의 핵심적인 용어가 법전에서 사라진 점은 유감스러운 일이다. 일본에서는 '반치(反致)'라는 용어를 사용하는 것과 달리 우리는 섭외사법에서부터 '반정'을 사용해 왔는데 이는 독일어의 Rückverweisung에 상응하는 '반대지정(또는 역지정)'의 줄임말로 국제사법에 따라 준거법을 결정하는 과정에서 등장하는 국제사법학의 핵심적 개념이다. 즉 우리 국제사법에 의하여 외국법이 준거법으로 지정되는 경우에 당해 외국의 국제사법이 우리 국제사법과는 반대로 다시 한국법을 준거법으로 지정하는 경우를 가리키는 용어로 국제사법을 '실질사법'과 구별하는, 국제사법에서 사용되는 상징적 개념 중의 하나이다. 법제처의 담당자들이 도대체 어떤 사고과정을 거쳐서 법무부 개정안에 포함되어 있던 반정을 삭제하였는지 그 무모함이 놀랍다. 역대 담당자들 중 국제사법에 가장 무지한 법제처의 담당자들이 주도하였을 것으로 짐작되기는 하나 그들의 무지와 만용을 이해할 수 없다. 정말 반정이 싫어 반드시 수정해야 한다면 '반대지정'이라고 할 수 있었을 것이다.

나. 주요내용

(1) 반정의 의의와 발생원인

넓은 의미의 반정[1]이라 함은 외국적 요소가 있는 법률관계에 대하여 법정지의 국제사법이 어느 외국법을 적용할 것을 지정하고 있으나, 그 외국의 국제사법이 법정지법 또는 제3국법을 적용할 것을 규정하고 있는 경우에 그 규정에 따라 법정지법 또는 제3국법을 적용하는 것을 말한다. 국가에 따라 연결점이 상이하거나[2] 법률관계의 성질결정을 달리하기[3] 때문에 반정이 발생한다.

---

1) 일본의 법적용통칙법(제41조)은 '反致'라는 용어를 사용하는데, 중국 섭외민사관계법률적용법은 이런 용어를 사용하지 않으나 중국에서도 강학상 '反致'라는 용어를 사용한다.

2) 이의 대표적인 사례가 자연인의 신분, 가족법과 상속법의 영역에서 속인법을 결정함에 있어서 연결점으로 국적을 채택한 대륙법계와 주소를 채택한 영미법계의 대립이다. 이를 해결하기 위하여 헤이그국제사법회의는 1955. 6. 15. "본국법과 주소지법의 저촉을 규율하기 위한 협약"을 채택하였으나 이는 발효되지 않았다. 또한 상속에서 피상속인의 본국법을 적용하는 국가와, 부동산과 동산을 구분하여 부동산 소재지와 최후 주소지법을 적용하는 사례도 이에 해당한다. 아래 Forgo 사건도 이에 속한다.

3) 성질결정의 차이에 따른 반정이 허용됨은 명백하다. 다만 저자는 실체와 절차의 성질결정의 차이로 인한 숨은 반정은 허용하지 않는다. 이호정, 163면은 이를 허용한다(김상훈, "민사소송상 상계의 국제재판관할 및 그 준거법", 한림법학 FORUM, 제21권(2010), 91면(소송상 상

이는 결국 우리 국제사법이 준거법으로 지정하는 '외국법'이 어떤 의미를 가지는가의 문제이다. 즉, 준거법 지정의 의미 내지는 범위의 문제이다. 그 경우 외국법의 의미는 ① 외국 실질법(즉 외국법에서 저촉법 제외), ② 외국 실질법 + 저촉법(단 반정을 허용하는 저촉법 제외): single or partial *renvoi* 의 경우(무유언상속의 문제가 다투어진 1875년 프랑스 파기원의 Forgo 사건)[4]와 ③ 실질법 + 저촉법(반정을 허용하는 저촉법 포함): double, total, English *renvoi*의 경우(foreign court doctrine)로 구분할 수 있다.[5]

(2) 반정의 유형

반정의 유형은 아래 4가지로 분류할 수 있다.[6]

① 직접반정(협의의 반정, 단순반정)(remission, Rückverweisung, *renvoi au premier degré*)

이는 A국 국제사법이 일정한 법률관계 또는 쟁점(issue)에 관하여 B국의 법을 지정하나, B국 국제사법은 A국의 법을 지정하는 경우에 A국 법원이 A국의 실질법을 적용하는 것을 말한다.

$$A \quad \rightarrow \quad B \quad \rightarrow \quad A$$

계 일반에 관하여), 106면; 최영덕, "국제소송에서 상계와 반소에 관한 법리구성: 국제재판관할과 준거법을 중심으로", 충남대학교 박사학위 논문(2006. 8.) 141면도 동지. 반정의 근거에 관한 우리 문헌은 박기갑, 국제사법총론-법규충돌이론을 중심으로-(1996), 184면 이하 참조.

4) 바이에른의 시민인 François-Xavier Forgo는 프랑스에서 수십년 동안 살다가 유언 없이 사망하였다. 그에게는 바이에른 민법에 따르면 상속권이 있으나 프랑스 민법에 따르면 상속권이 없는 먼 친척이 있었다. 당시 프랑스의 국제사법규칙에 따르면 피상속인이 프랑스에 법정주소를 확립하지 않으면 동산의 상속에 관하여는 그의 본국법(바이에른법)이 적용되는 반면, 바이에른의 민법에 따르면 피상속인의 최후 주소지법(즉 프랑스법)이 적용되었다. 프랑스 법원에서 Forgo의 먼 친척과 프랑스 정부가 Forgo의 재산상속에 관하여 다투었다. 프랑스 법원은 프랑스의 국제사법규칙에 따르면 바이에른 법을 적용해야 할 것이지만 바이에른 민법을 적용하는 대신 바이에른의 국제사법규칙을 존중하여, 즉 직접반정을 허용하여 프랑스 민법을 적용하고 프랑스 정부에게 승소판결을 선고하였다. 이호정, 138면; 장문철, 129면; 한복룡, 국제사법(2007), 178면 이하 참조.

5) 독일에서는 준거법을 지정하는 경우 그것이 사항규정지정(Sachnormverweisung)(또는 실질법지정)인지, 국제사법지정(Internationales Privatrecht-Verweisung)인지를 구분하는데 후자를 '총괄지정(Gesamtverweisung)'이라고도 부른다. 전자는 외국법을 위 ①의 의미로 이해하나 후자는 ②의 의미로 이해하는 것이다.

6) 신창선·윤남순, 155면 이하 참조.

한국에 부동산을 남기고 사망한 영국인의 상속문제가 우리 법원에서 다루어지는 경우, 우리 국제사법(제77조)에 의하면 영국법이 준거법이 되나 영국 국제사법에 의하면 부동산 소재지법인 한국법이 준거법이 된다.

② 전정(轉定)

전정(transmission, Weiterverweisung, *renvoi au second degré*)은 A국 국제사법은 B국의 법을 지정하나, B국 국제사법은 제3국인 C국의 법을 지정하는 경우에 A국 법원이 C국의 실질법을 적용하는 것을 말한다.

A   →   B   →   C

독일에 주소를 둔 영국인이 한국에 동산을 남기고 사망하여 상속문제가 우리 법원에서 다루어지는 경우, 국제사법(제77조)에 의하면 영국법이 준거법이 되나 영국 국제사법에 의하면 피상속인의 주소지법인 독일법이 준거법이 된다.

③ 간접반정

A   →   B   →   C   →   A

미국에 주소를 둔 아르헨티나인이 한국에 부동산을 남기고 사망하여 상속문제가 우리 법원에서 문제 된 경우, 국제사법(제77조)에 의하면 아르헨티나법이 준거법이 되나 아르헨티나 국제사법에 의하면 피상속인의 최후 주소지법인 미국법이 준거법이 되고 다시 미국 국제사법에 의하면 부동산 소재지법인 우리법이 준거법이 된다.

④ 이중반정(double *renvoi* 또는 English *renvoi*)

A   →   B   →   A   →   B

한국에 주소를 둔 영국인이 영국에 동산을 남기고 사망하여 상속문제가 영국 법원[7]에서 다루어지는 경우, 영국 국제사법에 의하면 피상속인의 주소지법인 한

---

7) 다른 유형과 달리 여기에서 영국 법원을 전제로 하는 것은 이중반정은 영국 법원이 취하는 태도이기 때문이다. 이중반정을 '이타적 반정', 그와 대비되는 우리 국제사법의 태도를 '이기적 반정'이라고 부르기도 한다. von Bar/Mankowski, Band Ⅱ, §7 Rn. 216. 과거 독일국제사법회의(Der Deutsche Rat für IPR)는 이중반정의 채택을 제안하였으나 채택되지 않았다. 이호정, 159-160면은 Kegel 교수(독일의 소수설)를 따라 우리 섭외사법의 해석론으로 이중반정을 허용하였는데, 장준혁 교수는 (구) 국제사법의 해석론과 입법론으로 이를 지지한다. 장준혁, "국제상속법의 입법론", 국제사법연구 제27권 제1호(2021. 6.), 379면 이하 참조(이는 구 국제사법 제9조의 개정안도 제시하였다). 국제사법의 해석상 이중반정을 허용할 근거가

국법에 의하나, 국제사법(제77조)에 의하면 동산상속은 피상속인의 본국법인 영국법에 의한다. 이때 영국 법원은 직접반정을 인정하여 영국법을 적용하는 대신 우리 법원이 재판하면 한국법을 적용할 것이라는 점을 고려하여 한국법을 준거법으로 적용한다. 이를 'foreign court doctrine(외국법원(추종)이론)'이라 하는데,[8] 1926년 영국 Anneseley 사건 판결(유언의 효력이 다투어진 사건) 이래 영국 법원이 취하는 태도이다.[9]

(3) 반정을 인정하는 근거

반정을 인정하는 논거에 관하여는 총괄지정설, 외국의사존중설(기권설), 내국법적용 확대설과 국제적 판결조화설 등이 있으나[10] 어느 견해도 논리적으로는 설득력이 약하다. 국제사법은 반정을 허용함으로써 국제사법의 이상인 국제적 판결의 일치를 도모할 수 있고, 제한된 범위 내에서나마 경직된 법선택의 원칙을 완화하여 구체적 사건에 더욱 타당한 법을 적용할 수 있으며, 법정지법을 적용함으로써 외국법의 적용에 따른 어려움을 완화할 수 있는 등의 실제적 효용을 고려한 것이다.[11] 이는 제한된 범위 내에서나마 외국법(특히 외국 국제사법)에 대한 존중을 보여주는 것이기도 하다.

2001년 섭외사법 개정과정에서 반정을 허용할지에 관하여는 다양한 견해가

없고, 저자는 입법론으로도 이를 지지하지 않는다. 영국에서 이중반정이 가능한 이유는 다른 국가들이 동일한 태도를 취하지 않기 때문이다. 이중반정의 약점은 양국이 모두 이중반정을 허용하는 경우에 발생하는데, 그 경우 결국 반정을 깨뜨리거나 삼중반정(triple *renvoi*)으로 나가게 된다. Kegel/Schurig, S. 394ff. 참조. Kropholler, S. 167와 Fn. 11은 Meijers와 Siesby의 우아한 비판을 소개한다.

8) 그러나 이중반정과 foreign court doctrine을 구별하는 견해도 있다. Sonnentag, *Renvoi*, Encyclopedia, Vol. 2, p. 1538.

9) Annesley라는 영국 여자가 프랑스에 주소를 가지고 있다가 그의 전재산을 사회복지기금에 희사하는 취지의 유언을 작성하고 사망하였는데 그의 동산 상속에 관하여 다툼이 발생하였다. 영국법에 따르면 Annesley의 유언의 자유가 허용되는 데 반하여 프랑스법에 따르면 딸의 유류분이 인정되었다. 영국의 두 딸은 영국 법원에서 상속에 기한 권리를 주장하였다. 반정을 고려하지 않으면, 영국의 국제사법은 주소지법인 '프랑스법'을, 프랑스 국제사법규칙은 본국법인 영국법의 적용을 요구하였을 것이나 프랑스 법원 Forgo 사건에 따른 직접반정을 허용하여 프랑스법을 적용하였을 것이다. 영국 판사는 이에 착안하여 프랑스 법원이 했을 것과 동일한 결론을 취하였다. 즉, 영국 판사는 '프랑스법'을 프랑스 법원이 적용할 것으로 기대되는 법으로 이해하고 프랑스 실질법을 적용하여 두 딸의 유류분을 인정하였다.

10) 학설의 소개는 신창선 · 윤남순, 152면 이하 참조.

11) 법무부, 해설, 46면; 석광현, 해설(2003), 107면.

제시되었으나,12) 결국 구 국제사법에서는 전정은 섭외사법과 같이 제한하되(제1항 본문), 반정은 독일 민법시행법과 같이 넓게 인정하였다. 국제사법도 이런 태도를 유지한다.

(4) 반정의 허용 범위 확대

구 국제사법에서는 우선 섭외사법의 문언을 정비하였다. 다만 당초 개정시안 에서는 '실질법'이라는 용어를 사용하고 조문의 취지를 더 명확히 표현하였으 나,13) 법제처의 심의를 거치면서 실질법이라는 표현이 삭제되고 섭외사법과 유사 한 우회적인 표현으로 복귀하였다.14) 이는 아마도 '실질법'이라는 용어에 익숙하 지 않은 법제처 담당자들의 거부감에서 비롯된 것으로 짐작되나 유감스러운 일이 다. 국제사법도 구 국제사법과 같다.

'실질법'이라 함은 법적용규범(또는 간접규범)인 저촉법(또는 국제사법)에 대비 되는 개념으로, 우리 민·상법과 같이 저촉법(또는 국제사법)에 의하여 준거법으로 지정되어 특정 법률관계 또는 쟁점을 직접 규율하는 규범을 말한다. 우리나라에 서 실질법이라는 용어는 강학상 이미 확립되었고,15) 대법원 1991. 12. 10. 선고 90다9728 판결도 "우리의 섭외사법이 섭외적 생활관계에 관하여 규정하고 있는 준거법(準據法)은, 같은 법 제4조가 규정하고 있는 반정의 경우 및 어음행위 능력 에 관하여 규정하고 있는 같은 법 제34조의 경우를 제외하고는, 그 국가의 <u>실질법</u>

---

12) 이에 관하여는 석광현, 해설(2003), 109면 이하 참조.

13) 개정시안 제9조 제1항 본문은 "이 법에 의하여 외국법이 준거법으로 지정된 경우에 그 국가 의 국제사법에 의하면 대한민국 법이 적용되어야 하는 때에는 대한민국의 실질법에 의한다" 라고 규정하였다. 개정시안해설, 25면.

14) 중재법(제29조 제1항)은 '실질법'이라는 용어를 사용하는 대신 "그 국가의 섭외사법이 아닌 분쟁의 실체에 적용될 법"이라고 에둘러 표현한다. 중재법 제29조 제1항에 상응하는 독일 민사소송법 제1051조 제1항은 '사항규정(Sachvorschrift)'이라는 표현을 사용한다.

15) 실질법을 '사항규정' 또는 '사항규범'이라고도 한다. 이호정, 11－12면. 실질법을 실체법과 혼 동해서는 아니 된다. 실체법은 절차법에 대비되는 개념인 데 반하여, 실질법은 국제사법(또 는 저촉법)에 대비되는 개념이다. 영어로는 적확한 표현이 없고 'substantive law', 'internal law', 'domestic law' 또는 'substantive domestic law'를 사용하므로 양자를 혼동하는 경우가 많다. 위에서 보았듯이 협의의 국제사법이 성질상 소송법(또는 절차법)에 속한다고 하기도 하나, '실체법－절차법'과 '실질법－국제사법(저촉법)'의 대응 구조에서 보듯이 양자는 평면 을 달리하므로 협의의 국제사법을 소송법에 편입시키는 것은 잘못이다. 만일 협의의 국제사 법이 소송법이라면 우리 법원은 외국의 소송법을 적용할 이유가 없으므로 반정은 허용되지 않을 것이다.

을 지칭하는 것이지 그 국가의 국제사법 규정을 지칭하고 있는 것은 아니다"(밑줄
은 저자가 추가함)라고 판시하여 실질법이라는 용어를 사용한 바 있다. 참고로 독일
민법시행법(제4조 제1항)은 '사항규정(Sachvorschrift)'이라는 표현을 사용한다. 제1항
의 결과 직접반정이 허용되는 경우에는 그 범위 내에서 우리 국제사법은 제한적
총괄지정을 한 것이 된다.

제1항이 직접반정만을 허용하므로 국제사법상 간접반정, 전정과 이중반정
(double *renvoi* 또는 English *renvoi*)[16]은 모두 허용되지 않는다. 왜냐하면 국제사법
이 달리 허용하지 않는 한 법원은 국제사법에 따라 지정된 준거법을 적용해야 하
기 때문이다. 물론 국제사법 제80조처럼 국제사법이 명시적으로 전정을 허용하는
경우는 예외이다.

(5) 연구반초안

개정연구반은 섭외사법을 전반적으로 개정함에 따라 반정에 관한 섭외사법
의 입장을 유지할 것인지를 검토하였다. 그러나 논의과정에서 어느 하나의 입장
을 결정할 수 없었기 때문에 연구반초안(제10조)에 다음 세 가지 안을 제시하였다.

[제1안] 반정에 한하여 독일 민법시행법(제4조)처럼 광범위하게 인정하되,
전정은 섭외사법처럼 제한하는 방안이다.[17] 다만 그 경우에도 당사자가 준거법을
선택하는 경우 또는 계약의 준거법에 관하여는 반정을 허용하지 않는다.

[제2안] 일본 법례(제32조[18])처럼 기본적으로 섭외사법의 입장을 유지하면서
공통의 속인법이 준거법이 되는 경우에는 반정을 허용하지 않는 입장이다. 이는
단계적 연결을 하는 경우의 첫 단계로서 지정된 공통의 속인법은 양성평등의 원
칙을 관철하기 위해 법례가 준거법으로 엄선한 것인데, 만일 반정을 인정한다면
본국법의 국제사법의 내용 여하에 따라 공통의 요소를 결한 법률(예컨대 夫의 주소
지법)로서 일본법이 적용될 수 있기 때문이라고 한다.[19] 이에 의하면 반정이 허용

---

16) 위에서 언급한 것처럼 이를 'foreign court doctrine'이라고도 부른다.
17) 장문철, 216면은 독일 방식에 가까운 수정이 적절하다고 하였다.
18) 조문은 다음과 같다. "당사자의 본국법에 의하여야 할 경우에 그 국가의 법률에 따르면 일본
    의 법률에 의하여야 하는 때에는 일본의 법률에 의한다. 단, 제14조(제15조 제1항 및 제16조
    에서 준용하는 경우를 포함한다) 또는 제21조의 규정에 의하여 당사자의 본국법에 의하여야
    할 경우에는 그러하지 아니하다".
19) 木棚照一・松岡博(編)/多喜寛, 基本法コンメンタール國際私法(1994), 160면.

되는 범위가 섭외사법보다도 제한된다.

[제3안] 독일 민법시행법(제4조)과 오스트리아 국제사법(제5조)과 같이 광범위하게 반정과 전정을 인정하는 안이다. 그러나 당사자가 준거법을 선택하는 경우 또는 계약의 준거법에 관하여는 반정을 허용하지 않는다.

연구반초안에는 포함되어 있지 않으나, 위원회에서는 그 밖에도 반정을 완전히 배제하는 방향으로 섭외사법을 개정하자는 견해도 주장되었다.[20]

반정에 대한 종래의 이론적인 비판[21]과, 반정을 인정할 경우 법원이 외국의 국제사법을 조사 · 적용해야 하는 부담이 있음을 고려할 때 반정을 널리 인정하는 데에 대한 거부감이 있는 것이 사실이다. 그러나 반정을 인정함으로써 국제적 판결의 일치를 도모할 수 있고, 제한된 범위 내에서나마 경직된 법선택의 원칙을 완화하여 구체적인 사건에 더욱 타당한 법을 적용할 수 있으며, 법정지법을 적용함으로써 외국법의 적용에 따른 어려움을 완화할 수 있다는 등의 실제적 효용을 고려하여 국제사법에서는 반정을 제한적인 범위 내에서 인정하는 ①안을 채택하였다. 이는 위에서 본 ②안과 ③안의 절충적인 입장이다.

결국 국제사법에서는 전정은 섭외사법과 같이 제한하되(제1항 본문), 반정은 독일 민법시행법과 같이 넓게 인정하였다.

반정에 대한 국제사법의 태도는 아래와 같이 정리할 수 있다.

국제사법의 개별조문에 따른 준거법의 지정이 총괄지정(또는 국제사법지정)인지 아니면 실질법지정인지는 원칙적으로 개별 조문이 규정하는 바에 따를 사항이나, 우리 국제사법은 대부분의 개별 조문에서 이를 명시하지 않고 있고(제80조는 예외) 제22조 제2항에서 실질법 지정에 해당하는 조문을 열거하므로 제22조 제2항이 중요한 의미를 가진다. 그런데 본국법이 적용되는 경우(즉 국적이 연결점이 경우)에만 반정을 허용하였던 섭외사법과 달리 국제사법 제22조(구 국제사법 제9조에 상응) 제1항이 이러한 제한을 폐지함에 따라 반정의 허용범위가 대폭 확대될 여지가 있으나, 제2항이 실질법 지정에 해당하는 조문의 목록을 열거함으로써 총괄지정(더 정확히는 한국법으로의 직접반정)의 허용범위를 제한한다. 따라서 국제사법 제22조 제2항에 열거된 조문을 제외한 국제사법의 개별조문에 따른 준거법 지정은 원칙적으로 모두 총괄지정이나 제2항 제6호에 의한 제한이 있다. 즉 제22조 제2항 제1호부터 제5호는 구체적인 목록이나, 제6호는 반정을 허용하는 것이 국제사법이 외국법을 준거법으로 지정한 취지에 반하는 경우에는 반정을 허용하지 않는다[22])는 취지의 개방적인 규정인 탓에 그의 구체화가 쉽지 않다.

요컨대 우리 국제사법의 준거법 지정은 아래와 같다.

첫째, 제22조 제1항이 적용되는 경우에는 원칙적으로 외국의 국제사법을 지정한다(국제사법지정). 이에는 다시 두 가지 유형이 있다. ①-1 즉 외국 국제사법이 한국법으로 직접반정을 하는 경우 그 조항을 지정한다(다만 반정을 허용하는 외국 국제사법의 조항은 제외). ①-2 그 밖의 경우. 우리는 외국 국제사법의 지정을 무시하므로 결국 실질법 지정과 같은 결과가 된다. 둘째, 제22조 제2항이 열거하는 경우에는 예외적으로 외국의 실질법을 지정한다(실질법지정).

국제사법에 따르면 섭외사법에서처럼 친족법·상속법 분야뿐만 아니라 물권법 분야와 법정채권 분야에서도 반정이 허용될 것이나,[23]) 후 2자의 경우 국제적으로 연결원칙이 상당히 통일되어 있으므로 실익은 그다지 크지 않을 것이다. 따라서 국제사법상으로도 반정은 여전히 친족법·상속법 분야에서 중요한 역할을 할 것이다.[24])

또한 명시적 반정과 달리, 국제재판관할권 규정 속에 숨겨져 있는 준거법결정을 위한 저촉규정에 의하여 우리나라로의 반정이 인정되는 '숨은 반정'(다음 (8) 참조)의 법리는 섭외사법에서와 같이 허용되나 그 경우에도 반정을 허용하는 것이 국제사법의 지정 취지에 반하는 경우에는 그러하지 아니하다.

(6) 반정이 허용되지 않는 경우

국제사법은 반정에 대해 섭외사법보다 상대적으로 우호적인 입장을 취하였으나, 일정한 경우 반정이 허용되지 않음을 명시한다(제22조 제2항). 제2항의 결과 직접반정이 허용되지 않는 경우에는 우리 국제사법은 실질법지정(즉 사항규정지정)

---

22) 단서는 독일 민법시행법(제4조 제1항)을 따르면서 '지정의 의미(Sinn)'를 '지정 취지'로 변경한 것이다.

23) 이 점은 독일에서도 마찬가지이다. 독일에서의 논의는 최흥섭, "비계약적 채무관계 및 물건에 대한 새로운 독일국제사법규정의 성립과정과 그 내용", 국제사법연구 제5호(2000), 178면 이하 참조. 이는 최흥섭, 국제사법의 현대적 흐름(2005), 89면 이하에도 수록되었으나 별 차이가 없는 것으로 보이므로 이하 전자를 인용한다.

24) 그러나 입법론적으로 국제사법상 반정의 범위가 지나치게 넓다는 비판이 있다. 윤남순, "국제사법상 반정범위의 적정성", 법학연구 제24권 제1호(2013. 6.), 536-537면.

을 한 것이다. 즉 제22조 제2항은 실질법 지정에 해당하는 조문의 목록을 열거함
으로써 총괄지정(더 정확히는 한국법으로의 직접반정)의 허용범위를 제한한다.

(가) 당사자가 합의로 준거법을 선택하는 경우(제1호)　　　당사자가 합의에 의
하여 준거법을 선택한 경우 반정을 인정하는 것은 당사자의 의사에 반하므로 이
는 허용되지 않는다.[25] 조문은 당사자가 "합의에 의하여"라고 규정하나 이는 당
사자자치가 적용되는 경우를 가리킨다고 해석해야 한다. 따라서 국제사법 제77조
제2항에 따라 피상속인이 상속의 준거법을 선택한 경우에도 반정은 허용되지 않
는다고 본다.

(나) 이 법에 따라 계약의 준거법이 지정되는 경우(제2호)　　　국제사법에 의해
계약의 준거법이 지정된 경우, 로마협약 등 조약의 취지를 고려하여 반정을 허용
하지 않는다. 로마협약(제15조)에 따르면 계약의 준거법만이 아니라 채권양도와
법률에 의한 채권의 이전의 경우에도 반정이 배제된다. 국제사법은 계약의 준거
법만을 명시하나, 이는 국제적 판결의 일치를 위하여 국제적으로 널리 인정되는
연결원칙을 수용하려는 취지이므로 채권양도와 법률에 의한 채권의 이전의 경우
에도 반정은 허용되지 않는다고 해석해야 할 것이다.

이와 관련하여 국제사법 제8조는 국제관할합의의 유효성의 준거법을 합의관
할 부여국의 법(그 국가의 국제사법 포함)이라고 명시하는데, 그에 따르면 반정 또
는 전정이 허용된다. 직접반정의 경우 국제사법(제22조 제1항)을 적용하여 반정의
고리를 끊을 수 있는지는 논란이 있는데 이는 뒤(12)에서 논의한다.

(다) 제73조에 따라 부양의 준거법이 지정되는 경우(제3호)　　　부양에 관한
제73조의 규정은 대체로 1973년 "부양의무의 준거법에 관한 헤이그협약"을 수용
한 것이므로 동 협약(제3조)에 따라 반정을 배제한다. 다만 당초 개정시안(제29조)
은 조약에 따라 실질법을 적용하는 경우를 명확히 하기 위하여 해당 조문에서 명
시적으로 외국의 실질법을 지정하였으나,[26] 그 후 편의상 해당 조문에서는 준거

---

25) 제1호에 대해 당사자가 합의에 의해 준거법을 선택한 경우 "제1항에 의해 지정된 준거법을
　 적용하지 아니한다"라고 풀이하면서 각 장 상호간의 정리가 부족한 감이 없지 않으며, 해상
　 에 관한 장에서 시안 제9조 제2항 제1호를 적용하면 해상기업조직법의 준거법선정에도 자
　 치의 원칙이 인정되지만, 채권장의 제42조를 적용하면 이 원칙이 인정되지 않는다는 견해도
　 있으나[손주찬, "섭외사법(涉外私法) 개정시안(제10장 '해상')의 검토⑬", 해양한국(2000.
　 10.), 131면], 이는 전적으로 조문을 오해한 탓이다. 제2항 제1호의 취지는 당사자가 합의에
　 의해 준거법을 선택한 경우 반정을 허용하는 제1항을 적용하지 않는다는 의미이며 이는 법
　 문상 명백하다.

법만을 명시하고 구 국제사법 제9조(국제사법 제22조)에서 반정이 배제됨을 명시하기로 하였다. 이는 조문을 정리하기 위한 기술적 이유에서 비롯된 것이지 내용상의 변경을 의도한 것은 아니다.

(라) 제78조 제3항에 따라 유언의 방식의 준거법이 지정되는 경우(제4호)   유언의 방식에 관한 제78조 제3항의 규정은 대체로 1961년 "유언에 의한 처분의 방식에 관한 법의 저촉에 관한 헤이그협약"을 수용한 것이므로 반정을 배제한다. 이를 제22조에 통합한 것은 부양의 준거법에 관하여 위 (다)에서 설명한 것과 마찬가지로 기술적인 이유 때문이다.

(마) 제94조에 따라 선적국법이 지정되는 경우(제5호)   당초 개정시안(제9조)에서는 선적국법이 적용되는 경우에도 반정의 적용을 배제하지 않았다. 따라서 섭외사법하에서는 선적국법이 준거법이 된 경우 반정이 적용될 여지가 없었으나,[27] 개정시안에 따르면 반정조항에 따라 선적국법이 아니라 법정지법인 한국법이 적용될 가능성이 있었다.[28] 그러나 2000. 11. 23. 공청회 후 위원회의 마지막 논의과정에서 반정의 적용을 배제하는 것으로 수정하였다. 이는 반정의 적용가능성을 확대하는 데 대해 여전히 거부감을 가지는 견해가 있었고, 선적국법으로 지정되는 군소국가들의 경우 그의 국제사법 규범을 정확히 파악하는 데 현실적인 어려움이 있음을 고려한 탓이다.

구 국제사법 제9조 제2항 제5호가 추가된 결과 구 국제사법 제60조(국제사법 제94조)에 따라 선적국법이 적용되는 경우에는 반정이 전면적으로 배제되는 것으로 낙착되었다. 이는 현실적인 타협의 산물이나, 국제사법의 지정의 취지에 반하지 않는 한 직접반정을 원칙적으로 허용하는 국제사법의 원칙에 위배되며, 따라서 제60조(국제사법 제94조)의 경우를 배제한 것은 논리적으로는 철저하지 못하다는 비판을 면할 수 없다.[29] 만일 반정을 허용한다면 명시적(또는 공개적) 반정 또

---

26) 개정시안해설, 60면 참조.

27) 대법원 1989. 7. 25. 선고 88다카22411 판결; 대법원 1991. 12. 10. 선고 90다9728 판결은 이를 명확히 하였다.

28) 저자는 과거 공청회에서 이 점을 분명히 지적하였다. 법무부, 「섭외사법 개정 공청회」 (2000), 26-27면 참조.

29) 법무부, 해설, 48면은 이를 "선박에 관한 물권의 준거법을 선적국법으로 정한 이유는 선박에 관한 이해관계자들의 예측가능성을 높이고자 하는 데 있는데, 반정이 적용될 경우 이러한 예측가능성이 깨져버리고, 또한 반정이 적용될 경우 선적국의 국제사법 규정을 확인하는 것도 쉬운 일이 아니므로 신속을 요하는 해상분쟁 처리의 요청에 부응하기 위해서이다"라고

는 숨은 반정에 의하여 우리 법을 적용할 기회가 늘어날 것임에도 불구하고 이를
전면 배제한 결과 선적국법이 준거법이 되는 폐해가 커지게 된다.

한 가지 주의할 것은 반정이 배제되는 것은 제94조의 경우이고, 제95조(선박
충돌)와 제96조(해난구조)의 경우는 반정이 허용된다는 점이다. 이는 불법행위와
사무관리의 경우 원칙적으로 반정이 허용되는 것과도 일관성이 있다.

(바) 그 밖에 제1항의 규정을 적용하는 것이 국제사법의 지정 취지에 반하는 경우(제6호)
이에 따르면 반정을 인정하는 것이 국제사법의 지정의 취지에 반하는 경우에는
반정이 허용되지 않는다. 따라서 앞으로 반정의 허용이 국제사법이 정한 지정 취
지에 반하는지의 여부가 실무상 중요한 쟁점이 될 것이고, 이 분야에서의 학설의
활발한 논의와 판례의 집적이 기대된다. 국제사법의 지정의 취지라 함은, 국제사
법의 준거법지정규칙에 의하여 정형화된 연결점에 따른 연결원칙이 특별한 목적
(besonderer Zweck)에 봉사하는 경우를 의미한다.[30] 왜냐하면 만일 그렇지 않다면
반정을 인정하는 것은 가장 밀접한 관련이 있는 법을 적용한다는 국제사법의 지
정의 취지에 항상 위반되어 반정은 아예 허용될 여지가 없기 때문이다. 다만 연결
점을 상대적으로 반정에 친한 연결점과 반정에 적대적인 연결점으로 구분하는 견
해도 있다. 이는 국적과 같이 추상적이고 일반적인 연결점의 경우 반정에 친한 데
반하여, 구체적이고 개별화된 연결점의 경우 반정에 친하지 않다고 구별한다.[31]
독일에서는 예외조항을 적용하여 가장 밀접한 관련이 있는 법을 준거법으로 지정
하는 경우에는 반정을 불허하는 견해가 다수설이다.[32]

국제사법에 따른 반정의 허용 여부는 각 법률 분야별 논의에서 다룰 사항이
나, 독일 민법시행법 제4조의 해석론을 참고할 때 국제사법에 따라 반정의 허용
여부가 문제 되는 사안으로는 다음의 예들을 생각할 수 있다.[33]

설명한다.
30) Junker, §8 Rn. 20.
31) Kurt Siehr, Engste Verbindung und renvoi, Michael Coester *et al.* (Hrsg.), Privatrecht in Europa: Vielfalt, Kollision, Kooperation. Festschrift für Hans Jürgen Sonnenberger zum 70. Geburtstag (2004), S. 675. 이는 단계적 연결의 최후 연결점인 가장 밀접한 관련이 있는 준거법을 후자의 예로 든다.
32) Junker §8 Rn. 26. 반면에 소수설인 HK BGB/Dörner, Schulze, Bürgerliches Gesetz─buch, 10. Auflage (2019), Art. 4 Rn. 10은 저자와 동지로 보인다.
33) 공청회 당시의 개정시안은 아래와 같다.
"제9조(반정) ① 이 법에 의하여 외국법이 준거법으로 지정되고 그 국가의 국제사법에 의하

첫째, 선택적 연결의 경우 반정이 제한될 수 있다. 즉, 법률행위의 방식 또는 유언의 방식에 관하여 국제사법은 다양한 선택적 연결을 인정함으로써 'favor negotii(법률행위에 유리하게)' 원칙을 따른다(제31조, 제78조). 이는 가능한 한 법률행위 또는 유언의 방식 내지 형식상 유효성을 쉽게 인정하기 위한 것인데, 만일 반정에 의해 선택적 연결이 부정되거나 선택적 준거법에 의하여 방식의 유효성이 부정된다면 위 취지에 반한다. 따라서 이 경우에는 반정은 허용되지 않는다. 친자관계의 성립에 관하여 선택적 연결을 규정한 경우에도 마찬가지이다. 즉 선택적 연결의 결과 준거법이 된 본국의 국제사법이 우리 법으로 반정함으로써 선택적 연결이 부정되는 경우에는 선택적 연결을 채용한 입법 취지에 반할 수 있다.

둘째, 종속적 연결의 경우, 예컨대 불법행위를 계약의 준거법에 종속적으로 연결하는 경우와 같이(국제사법 제52조 제3항) 그 취지가, 복잡한 법률관계를 하나의 법질서에 연결하고자 하는 경우에는 반정이 제한될 수 있다. 그렇지 않으면 양자를 동일한 준거법에 연결하고자 한 취지가 몰각될 수 있으므로, 계약과 불법행위 양자에 대해 반정을 허용할 것은 아니라고 본다.[34] 그러나 국제사법(제65조)이 부부재산제의 준거법을 혼인의 일반적 효력의 준거법에 의하도록 한 것은 입법기술의 문제이므로 그 경우에는 반정이 제한되지 아니한다.

셋째, 위에서 본 것처럼 일본 법적용통칙법(제41조)(법례 제32조도 같다)은 당사자의 본국법이 준거법이 되는 경우에는 반정을 적용하지 않는다. 그러나 국제사법에 따르면 그 경우에도 반정을 허용할 수 있다. 다만 부부 공통의 본국의 국제사법이, 예컨대 부(夫)의 주소지법으로서 한국법으로 반정하는 경우와 같이 남녀평등의 원칙에 반하는 때에는 공서조항에 의해 반정을 부정해야 할 것이다.[35] 일본 법례는 그 경우 일률적으로 반정을 부정하는 데 반하여, 국제사법에서는 이를 허용하되, 외국의 국제사법의 내용 여하에 따라 그를 적용한 결과가 공서에 반하는 경우에 한하여 이를 부정한다는 점에서 차이가 있다.

넷째, 구 국제사법은 불법행위지법을 준거법으로 한다고 규정함으로써 격지

면 대한민국 법이 적용되어야 하는 경우에는 대한민국의 실질법에 의한다. 다만 그것이 이 법의 지정 취지에 반하는 경우에는 그 국가의 실질법이 지정된 것으로 본다.
② 당사자는 합의에 의하여 준거법을 선택하는 경우 실질법만을 선택할 수 있다. 또한 이 법에 의하여 계약의 준거법으로 지정되는 법은 해당 국가의 실질법을 의미한다".

34) Kropholler, S. 172.
35) Kropholler, S. 171.

불법행위의 경우 섭외사법에서와 마찬가지로 행동지와 결과발생지의 법이 모두 준거법이 될 수 있다는 입장을 견지한 것으로 해석되었다. 양자의 관계에 관하여 우리 법상 정설은 없었으나 대법원판결[36]은 피해자의 선택권을 인정하는데, 그 근거는 피해자를 두텁게 보호하려는 데 있다. 국제사법(제52조 제1항)은 이를 명시한다. 그렇다면 예컨대 행동지인 외국의 국제사법이 결과발생지인 한국법으로 반정하는 경우 이를 인정하는 것은 국제사법의 취지에 반하므로 허용되지 않는다고 본다.

다섯째, 문제 되는 것은 예컨대 제64조(혼인의 일반적 효력) 제3호와 같이 국제사법이 단계적 연결의 최후 단계로 가장 밀접한 관련이 있는 곳의 법(최밀접관련지법)을 준거법으로 명시한 경우에 반정이 허용되는가이다. 이 경우 반정이 허용되지 않는다는 견해가 가능하나 이를 허용해야 할 것이다. 왜냐하면 그 경우만이 아니라 국제사법의 모든 연결규정은 가장 밀접한 관련이 있는 법을 지정하는 것인데, 유독 단계적 연결의 최후 단계로서 가장 밀접한 관련이 있는 법을 명시한 경우에만 반정을 배제할 이유가 없기 때문이다.[37]

여섯째, 제22조 제2항이 열거하지는 않으나 국제사법 제9장(어음·수표)에 관한 조항의 경우에는 원칙적으로 반정은 허용되지 않는다고 본다. 왜냐하면 그 조항들은 당해 분야의 저촉규범을 통일하기 위한 조약에 근거한 것이기 때문이다. 그러나 명시적으로 전정을 허용하는 조항(제80조 제1항 단서)이 있는 경우에는 예외이다.[38] 주의할 것은 제80조 제1항은 전정을 허용하는데, 당초 위 조문은 전정만이 아니라 직접반정도 허용하는 것이므로[39] 직접반정과 전정을 허용하는 것이 타당하다.

---

36) 징용사건에 관한 대법원 2012. 5. 24. 선고 2009다22549 판결(미쓰비시 사건 판결)은 행동지와 결과발생지가 복수국가에 소재하는 경우 피해자가 자신에게 유리한 법을 불법행위의 준거법으로 선택할 수 있다고 보았다.

37) Kropholler, S. 170 참조. 독일에서는 그 경우 반정을 불허하는 견해가 있으나, Kropholler, S. 170은 경우를 나누어 예컨대 혼인의 효력의 준거법에서처럼 가장 밀접한 관련이 보조적 연결점일 때에는 반정을 허용하나 예외조항일 때에는 허용하지 않는다. 이처럼 단계적 연결 시 최후의 연결점으로서 등장하는 밀접한 관련이 있는 법의 경우 반정을 허용하는 것이 독일의 다수설로 보인다. Junker, §8 Rn. 25. 이를 'bloße Auffangklauseln'과 'echte Aus-weichklauseln im engeren Sinne'로 구분하기도 한다. MünchKommBGB/von Hein, Art. 4 Rn. 32 참조.

38) 그 밖에도 최흥섭, 145면은 보정적 연결의 경우에도 반정이 허용되지 않는다고 본다.

39) 서희원, 98면; 이호정, 448면 참조.

(7) 반정의 확대에 따른 실무의 변화

국제사법이 반정이 허용되는 범위를 확대한 결과 다음과 같은 실무상의 변화
가 예상된다.

첫째, 국제사법(제22조 제2항)이 명시적으로 반정을 금지하는 경우가 아닌 한,
법원과 당사자들은 국제사법에 의해 지정된 외국의 저촉법, 즉 국제사법을 검토
하여 동법이 한국법으로 반정하고 있는지의 여부를 파악하지 않으면 아니 된다.
따라서 앞으로는 외국 국제사법에 대한 연구가 더 중요하게 된다.[40] 예컨대 한중
관계가 점차 밀접하게 되는 현실에 비추어 반정의 적용 여부를 판단하기 위해서
도 중국의 국제사법에 대한 이해가 요청된다.

둘째, 국제사법(제22조 제2항)이 명시적으로 반정을 금지하는 경우에 해당하
지 않는 한, 준거법 결정에 불만이 있는 당사자는 반정의 적용을 주장할 것이다.
물론 국제사법은 한국법으로의 반정, 즉 직접반정만을 허용하므로 당사자로서는
준거법이 한국법이 됨으로써 자기에게 유리한 결과가 초래되는 경우에만 그의 적
용을 주장할 것이다.

(8) 숨은 반정의 문제

외국의 저촉법규정이 한국법으로 반정한다면 이는 '명시적 반정(ausdrük-
kliche Verweisung)'인데, 이와 달리 외국의 국제재판관할규정 등에 숨겨져 있는 저
촉법규정에 의하여 한국법으로 반정하는 경우를 '숨은 반정(hidden *renvoi*, ver-
steckte Verweisung)' 또는 '가정적 반정(hypothetische *renvoi*)'이라 한다.

영미에서는 국제재판관할규칙 속에 저촉규정이 숨겨진 경우가 많다. 예컨대
영미의 국제재판관할규칙은 어떤 경우에 내국 법원이 국제재판관할을 가지는가만
을 규정하고, 관할을 가지는 경우 법정지법(정확히는 법정지의 실질법)을 준거법으
로 적용하는데, 이러한 국제재판관할규칙에는 법원은 법정지법을 적용한다는 저
촉규칙, 즉 법정지법이 준거법이라는 저촉규칙이 숨겨져 있다고 할 수 있다는 것
이다.[41] 실제로 대법원은 국제사법의 해석론으로 구 국제사법 제9조를 유추적용

---

40) 이와 관련하여 한 가지 지적할 것은, 종래 우리 법원은 과거 1971년 미국법률협회(American
Law Institute)가 공표한 Restatement of the Law (Second): Conflict of Laws를 기초로 미
국의 국제사법규칙을 판단하고 있으나, 정확하게는 당해 주의 판례 또는 입법에 나타난 국
제사법규칙을 검토하여야 할 것이라는 점이다.

41) 숨은 반정의 법리는 독일의 Neuhaus가 1962년 처음 제기하였다고 소개된다. 최공웅, 697면;

하여 숨은 반정을 명시적으로 허용한 바 있다.

즉, 대법원 2006. 5. 26. 선고 2005므884 판결[42]은 미국 국적을 보유하고 한국에 거주하는 부부 쌍방이 모두 선택에 의한 주소(domicile of choice)를 한국에 형성한 상태에서 남편(원고)이 처(피고)를 상대로 한국 법원에 이혼, 친권자 및 양육자지정 청구의 소를 제기한 사안에서, 구 국제사법 제39조, 제37조 제1호에 의하면 이혼에 관하여는 부부의 동일한 본국법이 제1차적으로 적용되고, 미국은 지역에 따라 법을 달리하므로 구 국제사법 제3조 제3항에 따라서 미국 국적을 보유한 원피고 간의 이혼청구사건 등의 준거법을 결정함에 있어서는 종전 주소지를 관할하는 미주리주의 법규정 등을 검토해야 하는데, 미주리주의 법과 미국의 국제사법에 관한 일반원칙 등에 의하면 한국 법원에 제기된 이혼, 친권자 및 양육자지정청구에 관해서는 원피고의 현재 주소가 소속된 법정지의 법률이 준거법이 되어야 하므로, 구 국제사법 제9조 제1항을 유추적용한 '숨은 반정'의 법리에 따라 법정지법인 한국 민법을 적용해야 한다고 판시하였다. 위 사건에서 우리 법원이 만일 미주리주법을 적용했더라면 결론이 달라졌을 것이라는 점에서 과연 국제사법의 기능은 무엇인가, 반정은 국제사법의 목적에 부합하는가 등의 근본적인 의문이 제기된다.[43]

木棚照一, "隱れた反致", 別册 ジュリスト国際私法判例百選 No. 185(2007), 15면. 그러나 이종혁, "이혼의 준거법의 결정방법 및 규율범위와 숨은 반정의 법리의 재고찰 – 대법원 2021. 2. 4. 선고 2017므12552 판결을 계기로 삼아 –", 국제사법연구 제28권 제1호(2022. 6.), 513면 註 49에 따르면, 위 법리는 Paul Heinrich Neuhaus, OLG Celle: EGBGB Art. 22, 27; engl. AdoptionsG v. 1950, JuristenZeitung (JZ)(1954), S. 702ff.의 판례평석에서 최초로 제시되었고 그 내용이 Paul Heinrich Neuhaus, Die Grundbegriffe des internationalen Privatrechts (1962), S. 190ff.에 편입되었다고 한다.

42) 위 판결의 평석은 석광현, "2006년 국제사법 분야 대법원판례: 정리 및 해설", 국제사법연구 제12호(2006), 594면 이하; 김시철, "주한 미국인 부부의 이혼 및 미성년자녀에 관한 양육처분 등에 관하여", 저스티스 통권 제96호(2007. 2.), 237면 이하 참조.

43) 그러나 대법원은 캐나다인 부부의 이혼사건을 다룬 2021. 2. 4. 선고 2017므12552 판결에서 숨은 반정의 가능성을 고려하지 않았다. 저자는 당해 사건에서 캐나다법에 따라 한국의 국제재판관할이 인정되지 않을 가능성이 크므로 결국 숨은 반정이 허용되지 않는 사안이라고 생각하나 숨은 반정을 고려하지 않은 것은 잘못이라고 비판하였다. 석광현, "외국인 부부의 이혼사건에서 이혼·재산분할의 국제재판관할과 준거법", 안암법학 제61호(2021. 5.), 680면 이하 참조. 대법원 판결에 따라 하급심에서도 이혼사건에서 숨은 반정을 인정한 판례들이 있다. 예컨대 서울가정법원 2014. 9. 2. 선고 2013르2901 판결 (확정)(이동희, "국제이혼 관련 재산분할의 실무와 과제", 국제사법연구 제24권 제2호(2018. 12.), 46면에서 재인용). 그 전에도 숨은 반정의 법리를 인정한 하급심 재판례가 있다. 서울가정법원 1972. 10. 31. 선고 71드

국제사법상 숨은 반정이 허용되려면 다음 요건이 구비되어야 한다.[44]

① 우리 국제사법에 의하여 연결대상의 준거법으로 외국법이 지정될 것.

② 당해 외국에 연결대상에 대한 독립적인 저촉법규칙이 없을 것. 그러한 저촉법규칙이 있으면 명시적 반정이 된다.

③ 당해 외국의 국제재판관할규칙에 따르면[45] 우리나라에 국제재판관할이 있을 것. 문제는 우리나라가 전속관할을 가져야 하는가이다. 저자는 비전속관할(또는 임의관할)의 경우 외국법이 선택적 연결을 하는 경우와 유사하므로 숨은 반정을 인정할 수 있다는 견해를 피력하였으나 논란의 여지가 있다.[46] 위 대법원판결로부터 이에 관한 대법원의 태도를 알 수는 없다.

④ 당해 국가가 자국에서 재판할 경우 법정지법(*lex fori*), 즉 법정지의 실질법을 적용할 것. 미국의 어느 주에 관할권이 있는 경우에는 당해 주법을 적용하므로 그 경우 만일 우리나라에 관할권이 인정된다면 미국으로서는 한국법으로 반정을 한다는 것이다. 숨은 반정도 직접반정의 경우에만 허용된다.

⑤ 반정을 허용하는 것이 우리 국제사법의 지정 취지에 반하지 아니할 것. 국제사법 제22조 제2항 제6호에 따르면 반정을 허용하는 것이 국제사법의 지정 취지에 반하는 경우 반정은 허용되지 않는데, 제22조를 숨은 반정에도 유추적용한다면 이 점은 숨은 반정의 경우에도 같다. 이혼에서 숨은 반정을 허용하는 것이 우리 국제사법의 지정 취지에 반하는 것으로 보이지는 않는다.

2122 판결, 춘천지방법원 1975. 11. 11. 선고 7드16 판결, 서울가정법원 1977. 2. 2. 선고 76드2064 판결이 있었다고 한다. 최공웅, 국제소송 개정판(1988), 698−699면 註 109 참조.

44) 상세는 석광현(註 42), 596면 이하 참조.

45) 이와 달리, 우리나라에서 재판하기 위한 요건으로서의 국제재판관할, 즉 직접관할이 있는가는 우리의 국제재판관할규칙에 따른다. 그런데 위 대법원판결의 사안에서 원고와 피고가 모두 한국에 주소를 두고 있었으므로 직접관할은 별로 문제 되지 않았고 미주리주의 국제재판관할규칙에 따라 우리나라에 국제재판관할이 있는가는 숨은 반정을 인정하기 위한 요건으로서 더 큰 의미가 있었다. 그러나 대법원판결은 주로 전자의 맥락에서 이를 검토하였다.

46) Staudinger/Rainer Hausmann, EGBGB/IPR, 13. Auflage (1996), Art. 4 Rn. 78. 전속관할일 것을 요구하는 견해를 '중간설'이라고 하는데, 신창선·윤남순, 163면은 이를 소개하나 우리 국제사법의 해석론으로 그를 따르지는 않는다. 숨은 반정의 문제를 처음 제기한 Neuhaus는 전속관할을 요구하였으나 그 후 독일의 유력설과 판례는 경합적 관할의 경우에도 숨은 반정을 인정한다고 한다. 木棚照一(註 41), 15면.

중국과의 사이에서도 이런 반정이 발생할 수 있는지 검토할 필요가 있다. 왜냐하면 중국 섭외민사관계법률적용법(제27조)은 재판상 이혼에 대해 법정지법을 적용할 것을 규정하고 있기 때문이다.[47]

그 밖에도 우리 국제사법에 의하여 상계의 준거법으로 영국법이 지정되고, 특히 절차의 성질을 가지는(따라서 법원 판결에 의하여 효력이 발생한다) 영국 보통법의 상계가 문제 되는 경우 숨은 반정을 인정하는 견해가 있다.[48] 그러나 이는 적절하지 않다.[49] 영국 보통법상 상계를 우리 법의 시각에서 보아 실체의 문제로 성질결정한다면 우리 법원으로서는 영국 보통법을 적용해야 하지, 영국법에서 절차로 성질결정한다는 이유로 숨은 반정을 허용한다면 실체적 성질결정은 의미를 상실할 것이기 때문이다.[50] 더욱이 국제사법 제22조는 제1항에서 반정을 허용하면서도, 제2항에서는 반정이 허용되지 않는 경우를 열거하므로 상계의 준거법[51]이 계약의 준거법인 때에 숨은 반정은 허용되지 않는다.[52]

(9) 준거법 합의 조항의 실례

실무상 국제금융거래(기타 국제거래)에서 뉴욕주법(기타 외국법)을 준거법으로 하는 계약서는 다음과 같은 문언을 넣음으로써 반정을 피하고 당사자들이 뉴욕주(기타 외국)의 실질법을 준거법으로 합의함을 명확히 한다. 우리 국제사법(제22조 제2항 제1호)은 준거법 합의 시는 반정을 허용하지 않으므로 이는 불필요하고 가

---

47) 수원지방법원 안산지원 2015. 7. 3. 선고 2014드단8395 판결은 이런 취지로 반정에 의하여 준거법이 한국법이라고 보았다. 그러나 중국의 국제재판관할규칙에 따라 한국이 국제재판관할을 가지는지를 검토하지는 않은 것으로 보이므로 명시적 반정을 인정한 것처럼 보인다.

48) 섭외사법의 해석론으로 이호정, 163면. 국제사법의 해석론으로는 김상훈, "민사소송상 상계의 국제재판관할 및 그 준거법", 한림법학 FORUM 제21권(2010), 106면.

49) 이헌묵, "국제적 상계에 대한 준거법", 국제거래법연구, 제18집 제1호(2009), 140면도 동지.

50) 일반론으로서는 성질결정의 상이로 말미암아 반정이 행해지는 것을 허용하나(최흥섭, 149면 이하도 동지), 절차와 실체의 성질결정이 상이한 경우에는 반정을 인정할 것이 아니라고 본다. 참고로 Heinz−Peter Mansel, Prescription, Encyclopedia, Vol. 2, p. 1369, p. 1376 이하는, 대륙법계의 실체적 성질결정과 영미의 절차적 성질결정이 충돌되는 사안에서 반정을 허용하는 견해와 부정하는 견해가 있다고 소개하면서 허용하는 견해도 그 경우 반드시 반정을 받아들여야 하는 것은 아니라고 한다.

51) 이는 상계에 관한 해설 부분에서 보듯이 학설에 따라 수동채권의 준거법일 수도 있고, 자동채권과 수동채권의 누적적용일 수도 있다.

52) MünchKomm/Spellenberg, Band 10, Rom Ⅰ−VO, Art. 17 Rn. 14; Reithmann/Martiny/Martiny, Rn. 368. 독일에서도 숨은 반정을 인정하는 견해도 있다. Kegel/Schurig, S. 754.

사 그런 조항이 없더라도 동일한 효력이 발생한다.[53] 그러나 뉴욕주법원 또는 기타 법원이 재판할 경우에 대비하여 규정을 두는 것이라고 이해할 수 있다.

"This agreement is made, executed, and delivered in New York, New York, and any controversy arising hereunder or in relation to this agreement shall be gov‐erned by and construed in accordance with the law of the State of New York, without giving effect to its conflict of law rules."

(10) 전정이 문제 되는 사례

회사의 속인법을 결정할 때 설립준거법설에 의할 경우 별 문제가 없으나, 본거지법설에 따를 경우 예컨대 델라웨어주법에 따라 설립되었으나 주된 사무소를 뉴욕주에 둔 법인의 경우 본거지인 뉴욕주에서는 설립을 위한 절차를 취한 바 없으므로 법인격의 존재, 즉 법인격이 부인될 수 있다.[54] 그러나 독일에서처럼 전정에 의하여 법인격을 인정할 수 있다면 본거지법설의 엄격성이 완화된다.[55]

국제사법(제16조)은 원칙적으로 설립준거법설을 취하므로 문제가 없다.

---

53) 우리 하급심판결 중에는 위 조항의 취지를 오해한 것도 있다. 예컨대 서울행정법원 2008. 6. 19. 선고 2007구합26322 판결은 당사자가 근로계약의 준거법을 한국법으로 지정하면서 위와 유사한 문언을 사용한 데에 대하여 "위 근로계약서 8.5항 후단은 위 근로계약에 관하여 국제사법 원칙을 적용하지 않는다고 명시하나, 국제사법은 당사자의 약정으로 배제할 수 없는 점, 위 약정의 취지는 위 근로계약의 준거법이 한국법이고 국제사법의 원칙을 적용하여 위와 같은 준거법약정의 효력을 부인하지 못하도록 한 것이라는 점 등에 비추어 보면 효력이 없다"라는 취지로 판시하였다. 그러나 그 문언의 취지는 준거법으로 한국의 국제사법이 아니라 실질법을 선택하는 것이지(이런 취지는 우리 국제사법 제22조 제2항 제1호와 제2호에 부합한다) 한국 국제사법의 적용을 배제하는 것은 아니다.
54) 다만 한미 간에는 조약에 의하여 문제가 해소된다. 실제로는 미국 회사의 경우 이 문제는 한미조약(미국 회사라면 1957. 11. 7. 발효된 한미우호통상항해조약 제22조 제3항)으로 해결된다. 왜냐하면 동항은 "일방체약국의 영역내에서 관계법령에 기하여 성립한 회사는 당해 체약국의 회사로 인정되고 또한 타방체약국의 영역내에서 그의 법률상의 지위가 인정된다"(공식 국문본)라고 규정하기 때문이다. 이런 조약이 없는 국가와는 여전히 문제가 있다. 뒤의 제30조 해설 참조.
55) 이에 관한 독일 판례의 소개는 이병화, "국제회사법상 반정의 적용문제", 진산 기념논문집 제1권(2011), 320면 이하 참조.

(11) 외국 국제사법의 적용

반정이 허용되는 범위 내에서는 우리 국제사법은 외국의 국제사법을 지정한다. 이 경우 우리 법원은 외국의 국제사법을 적용하게 된다. 따라서 성질결정과 연결점을 외국의 국제사법의 입장에서 판단해야 한다. 즉, 법정지 법원은 자국 국제사법을 적용하는 것이 원칙이나 반정이 허용되는 경우에는 예외적으로 외국 국제사법도 적용하게 된다.

(12) 근자의 입법론

첫째, 입법론으로 간접반정, 전정과 이중반정을 허용하자는 견해가 있다.[56] 위에서 본 것처럼 이중반정의 약점은 양국이 모두 이를 따를 경우 발생하는데 그 경우 반정을 깨뜨리거나 삼중반정으로 나아가게 된다.[57] 이를 인정한다면 준거법의 지정이 복잡하게 되고, 구 섭외사법하에서부터 유지된 태도라는 점을 고려하면 굳이 개정할 필요는 없다고 본다. 이와 별개로 입법론으로는 제2항에 추가할 사항이 있는지 검토할 필요가 있다.[58] 둘째, 근자에는 우리나라에서도 숨은 반정에 대하여 부정적인 견해가 있는데[59] 이는 해석론이다. 우리 학설은 대체로 숨은 반정을 지지한다. 숨은 반정은 독일 특유의 법리인데, 저자도 강한 거부감은 없지만, 대법원이 충분한 검토 없이 다소 성급하게 수용한 것은 부정하기 어렵다. 셋째, 국제재판관할합의의 성립과 유효성의 준거법에 관하여 국제사법 제8조가 제기하는 반정의 문제점이 있다. 즉 제8조는 이미 발효된 헤이그국제사법회의의 2005년 "관할합의에 관한 협약"(제5조 제1항)과 "민사 및 상사(사건)의 재판관할과 재판의 집행에 관한 유럽의회 및 이사회의 규정(recast)(번호 1215/2012)"("브뤼셀 I Recast")(제25조)의 태도를 참조하여 국제재판관할합의의 유효성의 준거법을 합의관할 부여국의 법(그 국가의 국제사법 포함)이라고 명시한다. 이는 국제사법지정이

56) 장준혁, "국제상속법의 입법론", 국제사법연구 제27권 제1호(2021. 6.), 375면 이하, 문안은 385면 참조. 이호정, 159-160면은 Kegel(독일의 소수설)을 따라 섭외사법의 해석론으로 이중반정을 허용하였다.
57) Kegel/Schurig, S. 394ff. 참조.
58) 예컨대 독일 민법시행법(제8조 제4항)은 동항의 대리의 준거법 지정이 실질법 지정임을 명시한다. 이는 우리의 연결원칙이 얼마나 보편적인 것인가에 달려 있다.
59) 이종혁, "이혼의 준거법의 결정방법 및 규율범위와 숨은 반정의 법리의 재고찰-대법원 2021. 2. 4. 선고 2017므12552 판결을 계기로 삼아-", 국제사법연구 제28권 제1호(2022. 6.), 522면 이하 참조.

다. 그런데 외국법원에 관할이 부여된 경우 그 국가의 국제사법이 제3국법으로 전정을 하거나 한국법으로 직접반정을 하는 경우 처리가 문제 된다. 제8조가 예외를 명시하므로 그 경우 전정을 허용할 것이나, 직접반정의 경우 국제사법(제22조 제1항)을 적용하여 반정의 고리를 끊을 수 있는가는 의문이다.[60] 이 문제는 우선 해석론으로서 해결하고 필요한 경우에 입법으로 명시할 사항이다.

---

60) 이 점은 석광현, 국제재판관할법, 101면 이하 참조.

10. 공서조항의 개정

섭외사법	국제사법
제5조(사회질서에 반하는 외국법의 규정) 외국법에 의하여야 할 경우에 있어서 그 규정이 선량한 풍속 기타 사회질서에 위반하는 사항을 내용으로 하는 것인 때에는 이를 적용하지 아니한다.	제23조(사회질서에 반하는 외국법의 규정) 외국법에 따라야 하는 경우에 그 규정의 적용이 대한민국의 선량한 풍속이나 그 밖의 사회질서에 명백히 위반될 때에는 그 규정을 적용하지 아니한다.

[입법례]
 • 독일 민법시행법 제6조[공서]
 • 스위스 국제사법 제17조[유보조항]
 • 일본 법례 제30조/법적용통칙법 제42조[공서]
 • 중국 섭외민사관계법률적용법 제10조

가. 개요

구 국제사법에서는 섭외사법의 규정취지를 보다 명확히 하고 공서조항의 예외적 성격을 강조하였다. 국제사법도 이런 태도를 유지한다.

나. 주요내용

(1) 공서조항의 취지

국제사법은 외국적 요소가 있는 모든 사안에 대해 항상 우리 법을 적용할 것이 아니라 다양한 연결정책을 고려하여 법률관계, 보다 정확히는 연결대상별로 적절한 연결점을 정하여 한국법 또는 외국법을 준거법으로 지정한다. 이는 외국법도 문명국가의 법으로서 사안에 따라 적용하겠다는 입법자의 개방적 자세를 보여주는 것이다. 그러나 구체적 사건에서 외국법을 적용한 결과가 우리나라의 본질적 법원칙, 즉 기본적인 도덕적 신념 또는 근본적인 가치관념과 정의관념에 반하여 우리가 수인(受忍)할 수 있는 범위를 넘는 때에는 외국법의 적용을 배제할 수 있도록 한다. 이것이 공서조항의 방어적 또는 소극적 기능이다.

(2) 공서조항이 적용되기 위한 요건

(가) 준거법이 외국법으로 지정될 것   제23조로부터 알 수 있듯이, 공서조항이 적용되는 것은 국제사법에 의하여 준거법이 외국법으로 지정된 경우이다.

이 점을 고려하고 제21조 및 제22조의 문언과의 균형을 고려한다면, 제23조와 같이 "외국법에 의하여야 하는 경우에"라는 것보다는 "이 법에 의하여 외국법이 준거법으로 지정된 경우에"라고 하는 편이 나을 것이다.

(나) 외국법을 적용한 결과가 우리의 공서에 명백히 반할 것　　　공서조항이 적용되기 위하여는 준거법인 외국법을 적용한 결과가 우리의 공서에 반하여야 한다. 섭외사법은 "외국법에 의하여야 할 경우에 있어서 그 규정이 선량한 풍속 기타 사회질서에 위반하는 사항을 내용으로 하는 것인 때에는 이를 적용하지 아니한다"라고 규정하여 '외국법의 규정'이 선량한 풍속 및 사회질서에 반하는 내용일 때 항상 그 적용을 배제하는 것과 같은 취지로 규정하고 있었으나, 국제사법상 공서의 원칙은 추상적인 외국법 자체를 비난하는 것이 아니라 외국법을 적용한 결과로 인해 자국의 기본적인 사회질서가 파괴될 우려가 있는 경우 이를 막기 위한 것이므로 외국법의 내용 자체가 아니라(즉 추상적 규범통제가 아니라) 외국법을 적용한 결과가 문제 됨을 명확히 한다.[1] 예컨대 사우디아라비아인 또는 요르단인이 한국에서 중혼을 하는 것을 허용할 수는 없지만, 그가 본국법에 따라 이미 중혼을 하였다면 제2부인의 부양청구권과 같이 그에 따른 개별적 효력을 주장하는 것은 공서위반이 되지 아니하고, 또한 그들의 자녀에게 혼인 중의 출생자로서 부에 대한 법정상속권을 인정하여야 한다.[2]

또한 공서조항이 적용되기 위하여는 외국법을 적용한 결과가 우리나라의 공

---

1) 2001년 개정과정에서 법제처의 심의를 거치면서 "적용한 결과가"라는 표현이 "적용이"로 수정되었으나 본문과 같이 해석하여야 한다. 호문혁, "외국판결의 공서위반 판단의 대상에 관한 연구—강제징용 사건 관련 대법원 판결에 대한 검토를 중심으로", (서울대학교) 법학평론 제6권(2016. 4.), 78면은 "민사소송법 제217조 상의 공서 규율은 외국판결을 승인한 '결과'가 공서에 위반되는 경우에 승인을 거부할 수 있다는 것이고, [구] 국제사법 제10조의 공서양속 규율은 외국의 준거법의 '내용 자체'가 우리나라 공서에 반하는 내용일 때에 그 법률을 적용하지 않는다는 것이다"라고 하나 이는 잘못이다. 즉 구 국제사법 제10조는 외국법에 대하여 '추상적 규범통제(abstrakte Normenkontrolle)'를 허용하지 않는다. von Hoffmann/Thorn, §6 Rn. 150 참조. 법제처가 문언을 수정하지 않았더라면 조문만 보더라도 이런 오해는 피할 수 있었을 것이다.

2) Erik Jayme, Methoden der Konkretisierung des ordre public im Internationalen Privat—recht (1988), S. 34; 이호정, 220면. 후자는 이를 공서위반이 되려면 외국법은 사건의 보조논점(Nebenpunkt)이 아니라 기본논점(Hauptpunkt)에 관련되어야 한다고 설명하고 Kegel/Schurig, S. 527도 동지로 보이나 그 취지가 다소 불분명하다. 어쨌든 선결문제(Vorfrage)라고 하여 공서위반이 아니라는 취지는 아니고 개별적으로 검토해야 한다는 취지로 보인다. 독일에서는 이를 '상대성(Relativität)'의 문제로 논의하기도 한다.

서에 '명백히' 위반되어야 한다. 따라서 외국법을 적용한 결과가 우리의 공서에 위
반되는지 여부가 분명하지 않은 경우에는 공서조항을 적용할 수 없다. 이는 공서
조항의 남용을 막기 위한 것으로, 독일 민법시행법(제6조)과 로마Ⅰ규정(제21조)
(로마협약 제16조도 같다) 등 국제규범의 태도와도 일치한다.[3]

　　(다) 사안의 내국관련성　　　　공서위반의 정도는 사안의 내국관련성(또는 내
국관련)과의 관계에서 상대적으로 파악해야 한다.[4] 즉 내국관련성이 크면 외국법
적용의 결과가 우리나라의 선량한 풍속 및 사회질서 위반의 정도가 약하더라도
공서위반이 될 수 있으나, 반대로 내국관련성이 작으면 외국법 적용의 결과가 선
량한 풍속 및 사회질서 위반의 정도가 큰 경우에만 공서위반이 될 수 있다.[5]

　　여기에서 사안이라 함은 당사자를 포함하는 넓은 개념이다.

　　(라) 사안의 현재관련성　　　　현재의 근본적인 가치관념과 정의관념이 관철되
기 위하여는 사안이 현재와의 관련성(Gegenwartsberührung)을 가져야 한다.[6] 따라
서 현재 우리나라의 근본적인 가치관념과 정의관념에 미달하는 저질의 외국법이
적용될 사안이 현재로부터 먼 과거 시점의 것일수록 공서의 개입 여지는 더 작아
진다.[7]

　　요컨대 국제사법에 의하여 준거법으로 지정된 외국법의 적용을 공서위반을
이유로 배제하려면, 외국법을 적용한 결과가 ① 한국의 법원칙에 반하고, ② 그
법원칙이 본질적인 것, 즉 기본적인 도덕적 신념 또는 근본적인 가치관념과 정의
관념에 속하는 것이어야 하며,[8] ③ 그 상위가 중대하여 우리가 수인할 수 있는

---

3) 헤이그국제사법회의에서 채택한 조약은 자에 대한 부양의무의 준거법에 관한 1956년 협약 이
　래 이러한 문언을 사용한다.

4) 이호정, 220면; 신창선·윤남순, 183면; Kropholler, S. 246; Kegel/Schurig, S. 527.

5) 외국판결의 승인 맥락에 관한 것이나 대법원 2012. 5. 24. 선고 2009다22549 판결은, "외국판
　결을 승인한 결과가 대한민국의 선량한 풍속이나 그 밖의 사회질서에 어긋나는지는 그 승인
　여부를 판단하는 시점에서 외국판결의 승인이 대한민국의 국내법 질서가 보호하려는 기본적
　인 도덕적 신념과 사회질서에 미치는 영향을 <u>외국판결이 다른 사안과 대한민국과의 관련성의
　정도에 비추어 판단하여야 하고</u>"라고 하여 '사안의 내국관련성'이라는 개념을 도입하였다(밑
　줄은 저자가 추가함). 국제사법과 민사소송법 공서의 비교는 한승수, "우리 법상 公序 條項에
　관한 개괄적 비교-민법, 국제사법 및 민사소송법의 규정을 중심으로", 중앙법학 제21권 제1
　호(2019. 3.), 8면 이하 참조.

6) Jayme(註 2), S. 34; Kegel/Schurig, S. 528.

7) 이호정, 220면; Kegel/Schurig, S. 537.

8) 이 점에서 공서조항은 상이한 문화적 가치가 충돌하는 상황에서 외국의 문화적 가치를 적용
　할 수 있는 한계를 획정함으로써 우리의 근본적 가치를 지키는 기능을 한다.

범위를 넘어야 하는데, 이러한 요건의 구비 여부는 내국관련성 및 현재관련성과의 관계에서 상대적으로 판단하여야 한다.[9]

(3) 국제적 공서

국제사법이 말하는 "선량한 풍속 그 밖의 사회질서"란 민법 제103조가 규정하는 '국내적 공서(internal 또는 domestic public policy)'와는 구별되는 '국제적 공서(international public policy)'를 의미한다.[10] 이는 공서위반의 여부를 판단함에 있어 국내적 기준에만 따를 것이 아니라 외국의 관념도 참작할 것을 요구하는 것을 지적하는 점에서는 적절하나, 국제적으로 타당한 공서의 개념이 있는 것처럼 오해를 하여서는 아니 된다. 즉 공서위반은 결국 각 국가가 판단할 사항이고, 제23조에서 문제 되는 것은 한국의 관념에 따라 판단된 공서위반임을 주의해야 한다. 이를 '공서개념의 국가성'이라고 표현한다.[11]

만일 이를 민법상의 공서로 보아 외국법 적용의 결과가 우리 민법상의 공서

---

9) Jayme(註 2), S. 33; Kegel/Schurig, S. 537 참조.
10) 다만 '국제적 공서'라는 개념은 다양한 의미로 사용되고 '국가적 공서(national public poli-cy)'에 대응하는 개념, 즉 다수 국가의 법에 의하여 공통적으로 인정되는 공서를 의미하는 것으로 사용되기도 한다. 이를 'transnational public policy'라고 부르기도 한다. 국제적 공서와 국내적 공서의 구별은 특히 프랑스(예컨대 Batifol/Lagarde, *Droit international privé*, *Tome* 1, 8. éd. (1993), n. 354)와 이탈리아에서 익숙한데, 독일에서는 오해의 소지가 있어 널리 이용되지 않는 것으로 보인다. Münchener Kommentar zum BGB, Band 10, 5. Aufl. (2010), EGBGB, Art. 6 Rn. 19 (Sonnenberger 집필부분). 그러나 대리모에서 미국 재판의 승인을 다룬 독일 연방대법원 결정은 국제적 공서임을 명시한다. 그 후 미국 콜로라도주 판결을 승인한 독일 연방대법원 2018. 9. 5. 결정(NJW – RR 2018, 1473; StAZ 2019, 14 m. Anm. Tobias Helms)은 위 결정에 대한 비판을 반박하면서 기존 견해를 강화하였다. 이병화, "국제적 공서문제에 관한 연구", 비교사법 제12권 제2호(2005. 5.), 412면 이하도 참조. 한편 국제중재의 맥락에서는 국제적 공서의 개념이 널리 인정된다. 중재판정의 승인에 관하여 프랑스 신 민사소송법(제1502조)은 명시적으로 '국제적 공서(ordre public international)'라는 개념을 사용하였다(2011. 5. 1. 개정). 또한 국제법협회(ILA)의 국제상사중재위원회는 승인거부사유인 공서에 관한 보고서(Report on Public Policy as a Bar to Enforcement of Inter-national Arbitral Awards)를 2002년 채택하였는데 이는 승인거부사유인 공서가 국제적 공서임을 분명히 하였다. 상세는 P. Mayer and A. Sheppard, Final ILA Report on Public Policy as a Bar to Enforcement of International Arbitral Awards, 19 Arbitration International No. 2 (2003), pp. 249 – 263 참조. 민법, 국제사법과 민사소송법상의 공서 개념을 비교한 근자의 글은 한승수, "우리법상 公序 條項에 관한 개괄적 비교 – 민법, 국제사법 및 민사소송법의 규정을 중심으로", 중앙법학 제21권 제1호(통권 71호)(2019), 7면 이하 참조.
11) 이호정, 219면.

에 반한다는 이유로 외국법의 적용을 배제한다면 국제사법규정의 대부분은 무의
미하게 된다.[12] 따라서 국제사법 제23조의 공서를 국제적으로 통용되는 공서로
보는 것은 옳지 않으나, 그것을 민법(제103조) 등 실질법상의 공서와 동일시하는
것도 옳지 않으므로 이를 민법상의 공서와 구별하기 위하여 '국제적 공서'라고 부
른다. 즉, 모든 국내적 공서위반이 제23조가 말하는 공서위반이 되는 것은 아니라
는 점을 설명하기 위하여 '국제적 공서' 개념을 사용하는 것이다. 국제적 공서라는
개념의 필요성을 부정하는 견해도 제23조의 공서는 국내적 공서의 일부라는 점
(즉 양적으로 제한된 국내적 공서라는 점)은 부정할 수 없을 것이다.

　　외국중재판정의 승인 및 집행에 관한 것이기는 하나, 대법원 1990. 4. 10. 선
고 89다카20252 판결은 " … 그 국가의 공공의 질서에 반하는 경우에는 집행국 법
원은 중재판정의 승인과 집행을 거부할 수 있게 규정하고 있는바, 이는 <u>중재판정
이나 승인이 집행국의 기본적인 도덕적 신념과 사회질서를 보호하려는 데 그 취
지가 있다 할 것이므로 그 판단에 있어서는 국내적인 사정뿐만 아니라 국제적 거
래질서의 안정이라는 측면도 함께 고려하여 제한적으로 해석하여야 할 것이다.</u>

---

12) 이호정, 219면; 신창선·윤남순, 184면. 만일 국제사법 제23조의 공서를 민법상의 공서와 동
일시하면 예컨대 이혼의 준거법인 외국법이 파탄주의를 따르는 경우 내국관련성이 있는 사
안에서는 우리 법원은 이를 적용할 수 없게 될 것이다. 그러나 국제적 공서개념하에서는 파
탄주의를 취한 외국 이혼법의 적용이 당연히 공서위반은 아니다. 외국판결 승인의 맥락에서
Dieter Martiny, Handbuch des Internationalen Zivilverfahrensrechts; Band Ⅲ/1 Kap. I
(1984), Rn. 1057ff. 참조. 참고로 일본 민법상 신의칙에 반하는 유책배우자의 이혼청구는 허
용되지 않는데, 동경가정재판소 2007. 9. 11. 판결은 파탄주의에 기하여 유책배우자의 이혼
청구를 인용한 호주 연방법원 판결의 승인을 공서에 반한다고 보아 거부한 바 있다. 增田 晋
(編), 環太平洋諸國(日·韓·中·米·豪)における外國判決の承認·執行の現狀(2013), 210－211면 참
조(增田 晋 집필부분). "선량한 풍속 기타 사회질서"를 규정한 민법 제103조의 해석에 관하
여 통설은 '선량한 풍속'은 "사회의 일반적 도덕(윤리)관념, 모든 국민에게 지킬 것이 요구되
는 최소한도의 도덕률"을 의미하고 '사회질서'는 "국가·사회의 공공적 질서 또는 일반적 이
익"을 말한다고 본다. 곽윤직·김재형, 민법총칙 제8판(2012), 274면. 민법상 공서에 관하여
는 이동진, "公序良俗과 契約 當事者 保護", 서울대학교 대학원 법학박사학위논문(2011. 2.),
33면 이하 참조. 그러나 양자는 모두 법적으로 보호되고 있는 우리의 기본질서를 의미하고,
양자를 개념적으로 완전히 분리하는 것도 불가능하므로 이를 다른 개념으로 이해할 것이 아
니라 그 전체를 하나의 개념으로 이해하는 것이 타당하다는 견해도 있다. 외국재판 승인의
맥락에서 윤성근, "외국판결 및 중재판정승인거부요건으로서의 공서위반", 국제사법연구 제
20권 제2호(2014. 12.), 447면. 외국판결 승인의 맥락에서 대법원 2009. 6. 25. 선고 2009다
22952 판결은 외국법원에서 확정된 이혼판결의 이혼사유인 결혼의 파탄이 우리 민법이 정
한 이혼사유가 아니고, 위 외국판결의 재산분할 방식이 한국과 차이가 있으며, 위 외국판결
에서 지급을 명한 배우자 부양료가 한국에서는 인정되지 않는다는 사정만으로는, 위 외국판
결의 승인이 한국의 공서에 위반된다고 할 수 없다고 판시하였다.

…"라는 취지로 판시하였는데,13) 이는 외국중재판정의 승인거부사유인 공서가 국내적 공서와 구별되는 국제적 공서임을 판시한 것으로 제23조의 공서의 취지에 관하여도 타당하다.

준거법의 맥락에서 국내적 공서와 국제적 공서의 관계는 아래와 같다.

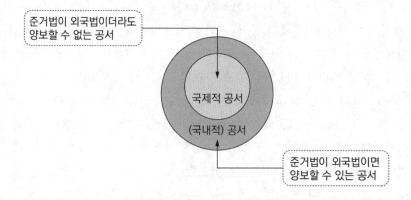

무엇이 우리의 공서 그중에서도 국제적 공서에 해당하여 준거법이 외국법인 때에도 포기할 수 없는 가치인지의 판단은 매우 어렵다. 결국 공서위반 여부의 판단은 구체적 사안에서 개별적으로 이루어져야 한다. 예컨대 외국법을 적용한 결과 우리 헌법이 보장하는 인간의 기본권이 침해되는 때에는 여기의 공서위반이 될 수 있는데,14) 이는 헌법은 우리의 근본규범으로서 우리나라의 기본적인 도덕적 신념 또는 근본적인 가치관념과 정의관념을 반영하는 것이기 때문이다.15) 다

---

13) 중재판정의 집행에 관한 대법원 1995. 2. 14. 선고 93다53054 판결도 동지.

14) 스페인 사건에서 독일 연방헌법재판소 1971. 5. 4. 결정(BVerfGE 31, 58)은, 구체적 사건에서 독일의 저촉법에 따라 지정된 외국법을 적용한 결과가 독일 기본법이 정한 당사자의 기본권을 침해할 수는 없다고 선언하였고, 그 결과 저촉법규범도 기본권에 의한 통제하에 놓이게 되었다(사건은 국제사법 제63조에 관한 해설 참조). 이를 설명함에 있어서 독립적인 국제헌법(또는 헌법 저촉법)이론을 개발하려는 소수설도 있었으나 판례와 다수설은 헌법을 공서에 기한 유보에 통합하고자 하였다. 공서조항인 독일 민법시행법(제6조 2문)은 그 다른 국가의 법규범의 적용이 기본권과 상용되지 않는 경우에는 적용이 배제됨을 명시함으로써 후자의 견해를 채택하였다. Dirk Looschelders, Die Ansstrahlung der Grund— und Menschenrecht auf das Internationale Privatrecht, Rabels Zeitschrift 65 (2001), S. 474 참조. 독일 민사소송법 제328조 제1항 제4호와, 가사비송사건절차법(FamFG) 제109조 제1항 제4호도 외국재판 승인거부사유로 공서위반을 열거하면서 기본권 위반을 특별히 언급한다.

15) 외국판결의 승인의 맥락에서 내려진 것이기는 하나 우리 대법원 2012. 5. 24. 선고 2009다22549 판결(미쓰비시 사건 판결)은, 일본판결 이유는 일제강점기의 강제동원 자체를 불법이라고 보는 한국 헌법의 핵심적 가치와 정면으로 충돌하는 것이어서 이런 판결 이유가 담긴

만 기본권이 외국법의 적용을 배제하는지 여부와 그 배제하는 범위는 구체적 사안별로 검토해야 한다.[16] 따라서 우리 헌법의 원칙에 반하는 외국법의 적용이 당연히 국제사법상으로도 공서위반이 되는 것은 아니므로 우리 법질서가 지키고자 하는 가치가 무엇인지를 성찰하여 그 경계를 획정하기 위한 노력을 해야 한다.[17] 그 연장선상에서 오늘날 점증하는 인권의 중요성에 비추어 인권규범으로서의 공서의 기능을 더 검토할 필요가 있다.[18]

(4) 기준시점

외국법을 적용한 결과가 우리나라의 공서위반이 되는지를 판단하는 기준시점은 판결 시이다.[19] 이는 우리 사법질서의 불가침적 핵심은 시대에 따라 가변적이기 때문인데, 그런 의미에서 공서는 현재의 공서를 의미한다.[20]

일본판결을 그대로 승인하는 결과는 그 자체로 한국의 공서에 어긋나므로 한국에서 일본판결을 승인할 수 없다는 취지로 판시하였다. 대법원 2012. 5. 24. 선고 2009다68620 판결(신일본제철 사건 판결)도 같은 취지이다. 위 판결들은 실체적 공서위반 여부의 판단에서 헌법적 가치를 도입한 것은 커다란 의의가 있다. 종래 우리나라에서는 소홀히 취급되었으나, 앞으로 민사소송법 제217조 제3호의 공서와 국제사법 제23조의 공서를 판단함에 있어서 헌법적 가치에 관심을 기울일 필요가 있다. 위 판결이 다룬 준거법 논점은 석광현, "강제징용사건의 준거법", 남효순 외, 일제강점기 강제징용사건 판결의 종합적 연구(2015), 93면 이하; 석광현, 제6권, 665면 이하 참조. 헌법과 협의의 국제사법의 관계는 우선 안춘수, 헌법, 국제사법, 355면 이하 참조. 위 안춘수, 356면이 소개하듯이 협의의 국제사법과 헌법과의 관계는 세 가지 관점에서 논의할 수 있다. 첫째, 국제사법의 기초를 헌법상 평등의 원칙에서 찾을 수 있는가, 둘째, 헌법이 저촉규범(연결점의 선택)에 미치는 영향과 셋째, 준거법인 외국법 적용이 헌법에 위반되는 경우 적용 배제가 그것이다. 그러나 그 밖에도 국제재판관할, 외국재판의 승인·집행, 남북한 주민 간의 법률관계와, 인권과 국제사법의 관계 등을 검토할 필요가 있는데 이런 포괄적 논의는 석광현, "국제사법에 대한 헌법의 영향", 저스티스 통권 제170-3호(2019. 2. 한국법률가대회 특집호Ⅱ), 489면 이하 참조. 이는 석광현, 정년기념, 231면 이하에 수록되었다.

16) 이호정, 222면.

17) 외국법이 혼인에 의하여 처가 남편의 성을 따르도록 규정함으로써 우리 헌법이 정한 양성평등의 원칙에 반하더라도 그것이 국제사법상 당연히 준거법공서위반이 되는 것은 아니다. 신창선·윤남순, 186면은 이 점을 지적한다.

18) 국제사법 맥락에서 인권의 의미는 석광현, 정년기념, 276면 이하 참조.

19) 이호정, 220면; Kegel/Schurig, S. 537; Jayme(註 2), S. 33.

20) 이호정, 221면; Kegel/Schurig, S. 537.

(5) 공서에 의한 외국법 배제의 효과

국제사법은 외국법의 적용이 우리나라의 공서에 명백히 반하는 경우 외국법을 적용하지 않는다는 점만을 명시하나, 공서위반의 경우 반대되는 우리 법이 적용된다고 해석한다. 예컨대 이혼을 금지하는 필리핀법은 이를 허용하는 우리 법에 의하여 대체된다. 반면에 우리 법상 그러한 공백을 보충할 규정이 없는 경우는 규정의 흠결이 있게 되고, 이 경우 외국법에 최소한으로 간섭하는 것(*minimum d'atteinte portée à loi étrangère*)이 타당하다.[21] 이에 따르면 예컨대 외국법이 소멸시효를 인정하지 않는 경우 우리 법에 의하여 소멸시효를 인정하고 나아가 그 기간, 정지와 중단 등의 문제를 해결해야 하는데, 이때 적응(Anpassung, Angleichung, adaptation)의 문제가 발생한다.

(6) 특별공서

불법행위의 준거법에 관한 제52조 제4항은 "제1항부터 제3항까지의 규정에 따라 외국법이 적용되는 경우에 불법행위로 인한 손해배상청구권은 그 성질이 명백히 피해자의 적절한 배상을 위한 것이 아니거나 또는 그 범위가 본질적으로 피해자의 적절한 배상을 위하여 필요한 정도를 넘을 때에는 인정하지 아니한다"라고 규정한다. 이를 제23조와 대비시켜 '특별공서'라고 부른다. 이는 섭외사법(제13조 제3항)과 같은 취지이다.

(7) 적극적 공서

공서는 국제사법에 의해 준거법으로 지정된 외국법의 적용을 배제한다. 이를 '공서의 소극적 기능(negative Funktion)'이라고 부른다. 이와 대비되는 것으로서 과거 독일에서는 준거법이 외국법임에도 불구하고 사회·경제정책적인 목적을 추구하는 법정지의 강행법규가 적용되는 현상을 '공서의 적극적 기능(positive Funktion)'이라고 설명하기도 하였다. 그러나 위에 언급한 바와 같이 국제사법은 법정지의 국제적 강행법규에 관하여 공서조항인 제23조와 별도로 제20조를 두고 있으므로 그러한 법정지의 국제적 강행법규의 적용근거를 적극적 공서 또는 공서의 적극적 기능으로 설명하는 것은 이제는 설득력이 없다.

---

21) 이호정, 223면; Kegel/Schurig, S. 539; Jayme(註 2), S. 35.

공서의 원칙은 우선 통상의 국제사법의 방법론, 즉 연결대상(대체로 법률관계)으로부터 출발하여 국제사법에 의하여 외국법이 준거법으로 지정되고 그를 적용한 결과가 내국의 공서에 반하는 경우에 비로소 작용하므로 외국법의 내용이 문제 되는 데 반하여, 법정지의 국제적 강행법규는 외국법이 준거법으로 지정되는 과정을 거치지 않고 나아가 외국법의 내용에 관계없이 직접 적용되는 점에서 공서의 원칙과는 구별된다. 즉, 전자는 거절의 과정임에 반하여 후자는 선택의 과정인 셈이다.

(8) 국제사법 제23조의 공서와 민사소송법 제217조의 공서

국제사법 제23조는 준거법인 외국법을 적용한 결과가 우리의 공서에 반하는 경우 그의 적용을 배제하는 기능을 하는 반면에, 민사소송법 제217조 제1항 제3호의 공서는 외국판결을 승인하는 것이 우리의 공서에 반하는 경우 그 승인을 차단하는 기능을 한다. 양자는 우리나라의 본질적인 법원칙, 즉 기본적인 도덕적 신념 또는 근본적인 가치관념과 정의관념에 반하는 외국법의 적용(준거법공서의 경우) 내지 외국판결의 승인(승인공서의 경우)을 거부함으로써 국내법질서를 보호하는 방어적 기능을 하는 점에서 동일하고, 그 판단기준도 별 차이가 없다고 본다. 다만 국제사법 제23조의 공서는 준거법이 외국법인 경우에만 적용되지만 민사소송법 제217조의 공서는 그런 제한이 없다.[22]

그러나 국제사법 제23조의 공서와 비교할 때 민사소송법 제217조의 공서를 적용하기 위하여는 더욱 엄격한 요건이 요구된다. 즉, 승인국 법관이 직접 재판하였더라면 국제사법의 공서조항에 따라 적용을 배제했을 외국법을 외국법원이 적용하여 재판하였더라도 이를 이유로 당연히 외국재판의 승인이 배제되는 것은 아니다. 이러한 현상을 '공서의 완화된 효력(*effet atténué de l'ordre public*)' 또는 '완화된 공서이론(Theorie vom *ordre public atténué*)'이라고 부른다.[23] 그렇다면 우리 법원에 제소한 경우와 비교할 때, 외국법원에 제소해서 외국법원의 재판, 그것도 패소판결을 받아 오는 경우에는 한국인 원고의 구제가 상대적으로 더 어렵게 된다.

---

22) 외국법원이 준거법이 한국법이라고 판단하여 재판한 경우 비록 한국법을 잘못 적용하였더라도 그 자체로는 공서위반은 아니지만, 그 결과 한국법 질서가 보호하려는 기본적인 도덕적 신념과 사회질서에 반한다면 승인이 거부될 수 있다. Dieter Martiny, Handbuch des Internationalen Zivilverfahrensrechts, Band III/1 Kap. I (1984), Rn. 1037도 동지.
23) Martiny(註 22), Rn. 1041.

(9) 공서위반이 문제 된 사례[24]

(가) 섭외사법하의 파양청구에 관한 서울가정법원 1996. 10. 31. 선고 94드89245 판결 이 사건에서는 섭외사법하에서 입양의 준거법인 외국법이 파양을 전면 불허하는 경우 그의 적용이 공서위반인지가 다루어졌는데, 법원은 아래의 취지로 설시하면서 공서위반이라고 판단하였다.

> "이 사건 소송은 한국 국적을 가지고 한국에 주소를 둔 양자인 원고가 미국 국적을 가지고 알라바마주에 주소를 가지고 있던 양친인 피고를 상대로 파양을 구하는 것이다. ⋯ 파양은 양친의 본국법에 의하므로 이 사건의 준거법은 미국 알라바마주 법률이다. 그런데, 알라바마주의 법에 따르는 한 어떠한 경우에도 원고와 피고는 파양할 수 없다. 그러나, 이를 관철하는 경우에는 피고가 원고를 악의로 유기한 채 장기간에 걸쳐 아무런 연락도 없고 행방조차 알 수 없는 데다가 양자인 원고가 그 관계의 청산을 간절히 바라고 있음에도 불구하고 원고로 하여금 형식적으로 양친자 관계를 유지하도록 강요하는 것은 양자의 복지를 주된 목적으로 하는 양자제도의 본질에 반하고 우리의 선량한 풍속 기타 사회질서에도 위반되므로, 섭외사법 제5조의 규정에 따라 알라바마주의 법률이 적용될 수 없고 우리나라 법률이 준거법이 된다."

참고로 우리나라에서는 과거 계약형입양제도와 단순입양(simple adoption)제도만이 인정되었으나 민법 개정에 의하여 2008. 1. 1.부터 그에 추가하여 선고(허가, 재판)형(Dekretsystem)입양제도이자 완전입양(full adoption)제도인 친양자제도가 도입되었다. 친양자 입양을 하려는 자는 가정법원에 친양자 입양의 청구를 해야 하는데, 친양자는 부부의 혼인 중 출생자로 보고, 친양자의 입양 전의 친족관계는 청구에 의한 친양자 입양이 확정된 때에 종료한다(민법 제908조의3). 미국의 경우 완전입양이고 파양은 인정되지 않는다. 우리나라와 일본에서는 친양자의 경우에도 예외적으로 파양이 인정된다.

(나) 섭외사법하에서 이혼의 준거법에 관한 서울가정법원 1981. 3. 11. 선고 79드2574 심판   이 사건에서는 섭외사법하에서 이혼의 준거법인 외국법이 이혼을 전면 불허하는 경우 그의 적용이 공서위반인지가 다루어졌는데, 법원은 아래의

---

24) 우리 법원 판결은 아니나 과거 일본에는 준거법인 한국의 구 민법의 친권자지정규정이 일본의 공서에 반한다고 한 최고재판소 판결이 있다. 1977. 3. 31. 민사판례집 31권 2호, 365면. 이 판결과 한국법의 적용이 일본의 공서에 반한다고 판시한 기타 일본 판결의 소개는 정구태, "한국 민법 제865조 제2항의 적용과 국제적 공서", 가족법연구 제29권 제2호(2015. 7.), 241면 이하 참조.

취지로 설시하면서 공서위반이라고 판단하였다.

> "… 청구인은 한국 국적을 가진 여자이고, 피청구인은 필리핀공화국의 국적을 가진
> 남자인데, … 이 건 이혼심판청구는 섭외적 사법관계에 속하는 사건인바, 섭외사법 제
> 18조에 의하면 부(夫)인 피청구인의 본국법, 즉 필리핀공화국의 이혼에 관한 법률이
> 그 준거법이 될 것이나, 필리핀공화국의 민법에 해당하는 법률 제386호 제97조에 따
> 르면 처의 간통이나 부의 축첩 등의 사유가 있는 경우에 법정 별거소송을 인정하고
> 있을 뿐, 이혼제도 자체를 인정하지 않고 있다고 해석되며, 같은 법 제15조는 섭외적
> 법률관계에 있어서 소위 본국법주의를 채용하고 있으므로 반정이 적용될 여지도 없
> 다. 따라서 필리핀공화국 법률의 적용을 고집한다면 청구인은 어떠한 경우에도 이혼
> 할 수 없다는 부당한 결과가 되는데 이는 협의이혼은 물론 재판상 이혼도 비교적 넓
> 게 인정하는 우리 법제도에 비추어 공서양속에 반하므로 섭외사법 제5조에 의하여 필
> 리핀공화국의 법률을 적용하지 아니하고 우리 민법을 적용한다."

　　(다) 섭외사법하에서 도박 관련 대출채무의 준거법에 관한 서울지방법원 1999. 7. 20.
선고 98가합48946 판결　　　　미국 네바다주의 카지노가 한국인을 상대로 대출
금반환청구를 한 사건에서, 섭외사법하에서 대출계약의 준거법인 네바다주법이
대출계약의 유효성을 인정하는 경우 그의 적용이 공서위반인지가 다루어졌는데,
법원은 아래의 취지로 설시하면서 공서위반이라고 판단하였다.[25]

> "일정한 도박채무의 유효성과 법적 절차에 의한 도박채무의 강제회수를 보장하고 있
> 는 미국 네바다주법의 규정은 도박행위를 엄격하게 제한하는 한국의 강행법규에 명백
> 히 위배되고, 위 규정을 적용하여 도박채무의 유효성을 인정하고 법적 절차에 의한 도
> 박채무의 강제회수에 조력하는 것은 한국의 사법질서를 중대하게 침해하는 결과를 초
> 래할 뿐만 아니라 위 규정을 적용하지 않는 것이 국제사법질서를 현저하게 무시하게
> 되는 결과를 초래한다고 볼 수 없으므로 위 규정은 섭외사법 제5조에서 규정하고 있
> 는 한국의 선량한 풍속 기타 사회질서에 위반하는 것이라고 보지 않을 수 없고, 따라
> 서 카지노 도박장에서 사용되는 칩을 빌려주는 것을 내용으로 한 신용대부약정의 성
> 립 및 효력에 관하여는 섭외사법 제5조의 규정에 따라 당사자들이 합의한 네바다주법
> 의 규정을 적용하지 아니하고 법정지법인 한국의 규정을 적용함이 상당하다."[26]

---

25) 서울고등법원 2018. 4. 13. 선고 2017나2031522 판결[국제사법연구 제24권 제2호(2018.
　　12.), 470면]은 약속어음금 청구 사건에서 유사한 취지로 판시하였다.
26) 그러나 제도적으로 허용된 도박을 위한 자금을 대출하였다면 그것은 일반 도박과 달리 볼
　　여지가 있다. 실제로 강원랜드에서 도박을 하기 위하여 원고로부터 900만 원을 빌려 강원랜

(라) 섭외사법하에서 소멸시효에 관한 대법원 1995. 2. 14. 선고 93다53054 판결
이 사건은 준거법의 적용이 아니라 외국중재판정의 집행에 관한 것인데, 위 대법
원판결은 "준거법인 외국법상 소멸시효기간이 30년으로서 우리법상의 그것보다
길고[27] 또한 우리 소멸시효규정이 강행규정이라고 하더라도 그것만으로 외국중재
판정을 집행하는 것이 공서에 반한다고 할 수 없다"라고 판시하였다. 이는 정당하
나, 만일 우리 법상 시효에 걸리는 권리에 대해 시효소멸을 전혀 인정하지 않는다
면 공서에 반하는 것으로 볼 여지가 있다.

(마) 상표권침해에 기한 금지청구와 이전등록청구의 준거법에 관한 서울중앙지방법원
2007. 8. 30. 선고 2006가합53066 판결　　　　　도메인이름을 둘러싼 사건에서,[28]
법원이 준거법이라고 판단한 미국의 '반사이버스쿼팅 소비자보호법(ACPA)'을 적
용하여 피고가 가지는 미국 상표권에 기하여 우리나라에서의 도메인이름의 등록
말소(사용금지)나 이전등록을 인정하는 것이 공서위반인지가 다루어졌는데, 법원
은 공서위반이라고 판단하였다. 즉 서울중앙지방법원 2007. 8. 30. 선고 2006가합
53066 판결은 미국 상표권에 기초한 도메인이름의 사용금지청구와 이전등록청구
에 관하여 그 법률관계의 성질을 상표권의 효력으로 보아 그 준거법은 구 국제사
법 제24조에 따라 침해지법, 즉 등록국인 미국법이라면서 아래의 취지로 판시하
였다.[29]

드에서 카지노 도박을 한 피고가 변제하지 않자 원고가 제기한 대여금 반환청구소송에서 창
원지방법원 마산지원 2011. 10. 6. 선고 2011가소7304 판결은 "도박은 불법이어서 빌린 돈
을 변제할 의무가 없다"라며 원고의 청구를 기각하였으나 창원지방법원 2012. 10. 31. 선고
2011나16145 판결은 "강원랜드 카지노는 폐광지역 개발 지원에 관한 특례법에 따라 운영되
는 곳으로 선량한 풍속, 기타 사회질서에 위반되지 않아 불법원인급여에 해당하지 않는다"
라며 1심 판결을 취소하고 원고 승소 판결을 하였다. 그렇다면 본문의 결론이 장래에도 유
지될 것으로 기대하기는 어려울 것이다.

27) 대법원 판결문상으로는 불분명하나 당해 사건에서 문제 된 것은 상인 간의 노우하우계약상
의 권리이므로 상사채권으로서 5년의 시효에 걸린다. 원심판결인 서울고등법원 1993. 9. 14
선고 92나34829 판결도 같은 취지로 판시하였다.

28) 이는 한국인인 원고가, 부정한 목적으로 피고의 영업표지와 유사한 도메인이름을 등록·보
유하고 있다는 이유로 그 도메인이름을 피고에게 이전하도록 명한 미국 국가중재위원회의
통일도메인이름분쟁해결정책(UDRP)에 따른 결정에 불복하는 취지로 피고를 상대로 피고의
도메인이름에 대한 사용금지청구권과 이전등록청구권이 존재하지 아니한다는 확인을 구하
는 소를 서울중앙지방법원에 제기한 사건이다.

29) 공서위반에 관한 위의 설시는 수긍할 수 있으나 이 사건에서 침해지국은 미국이 아니라 한
국이라고 본다.

"한국이 채용한 상표권에 관한 속지주의의 원칙에 따르면 각국의 상표권은 해당국의 영역 내에서만 효력을 가짐에도 불구하고 미국 상표권에 기초하여 한국에서의 도메인 이름의 등록말소(사용금지)나 이전등록을 인정하는 것은 미국 상표권의 효력을 한국에 미치게 하는 것과 실질적으로 동일한 결과를 가져오게 되어 속지주의의 원칙에 반한다. 또한 양국 사이에서 상대국의 상표권의 효력을 자국에서도 인정하는 조약도 없으므로, 미국 상표권의 침해행위에 대하여 미국 ACPA를 적용한 결과 한국 내에서 그 침해행위의 금지의 효과로서 도메인이름의 사용금지의무나 이전의무를 인정하는 것은 한국의 상표법 질서의 기본이념에 비추어 받아들일 수 없다. 따라서 미국 ACPA의 규정들을 적용하여 원고에게 도메인이름의 사용금지의무와 이전등록의무를 인정하는 것은 국제사법 제10조에서 말하는 한국의 사회질서에 반하는 것이므로 미국 ACPA를 적용하지 않는다."

(바) 유류분을 알지 못하는 외국법이 상속의 준거법인 경우

상속의 준거법인 외국법이 유류분권(Pflichtteilsrecht, compulsory portion, forced heirship)과 실질적인 필연상속권(Noterbrecht)을 알지 못한다면 동법의 적용이 우리 공서에 반하는지는 논란의 여지가 있다. 이에 관하여는 상속의 준거법을 정한 제77조에서 논의한다.

(사) 대리모　　　　　　외국판결의 승인의 맥락에서, 일본 최고재판소의 2007. 3. 23. 판결은, 미국의 대리모에 의하여 아이들이 태어난 미국 네바다주법원이 선고한 의뢰인 부부와 아이들 간의 친자관계를 인정하는 판결의 승인을 거부하였다.[30] 최고재판소는 친자관계는 신분관계의 가장 기본적인 요소이므로 그 기준은 일의적(一義的)이고 명확하지 않으면 아니 된다는 것을 전제로 하면서, 일본 민법의 해석상 출산한 여성(대리모)을 아이의 모라고 인정할 수밖에 없으므로 정자와 난자를 제공한 부부와 대리모가 출산한 아이 간의 친자관계를 인정할 수 없다고

---

30) 일본인 부부는 자신들의 난자와 정자로 수정된 수정란을 미국인 여성에게 이식하였고 대리모는 미국 네바다주에서 쌍둥이를 출산하였다. 위 부부는 네바다주법원으로부터 친자관계를 인정받은 뒤 일본의 행정당국에 출생신고를 하였으나 행정당국은 이를 수리하지 않았다. 위 부부는 동경가정재판소에 불수리처분의 취소를 구하는 심판을 제기하였으나 각하되자 동경고등재판소에 즉시항고하였다. 동경고등재판소는 2006. 9. 위 부부와 아이들 간의 친자관계를 인정하는 네바다주의 판결이 공서양속에 위반되는 것도 아니고 무엇보다 아이들의 복지를 우선해야 한다는 이유로 제1심결정을 취소하고 행정당국에 출생신고의 수리를 명하였고, 행정당국은 최고재판소에 항고하였다. 최고재판소는 출생신고불수리처분은 정당하다고 판단하였다. 평석은 우선 竹下啓介, 國際私法判例百選, 제2판(2012), 140면 이하 참조.

보고, 일본 민법이 실친자(친생자)관계를 인정하지 않는 자들 간에 그의 성립을 인정하는 내용의 네바다주의 재판은 일본 법질서의 기본원칙 내지 기본이념과 상용되지 않는 것으로서 공서양속에 반하므로 그 효력을 인정할 수 없다는 취지로 판시하였다.[31)

(아) 징용사건: 법인격의 동일성에 관한 외국법의 적용　　　　이는 일제시대 강제징용을 당했던 한국인들이 구 미쓰비시의 후신인 미쓰비시(三菱)중공업을 상대로 일본 히로시마지방재판소에 제소하여 청구기각판결을 받고 항소하여 항소심에 소송계속 중 2000. 5. 1. 부산지방법원에 피고를 상대로 ① 강제연행 및 강제노동 등과 안전귀국의무 위반을 이유로 하는 손해배상과 ② 미지급임금 등의 지급을 구한 사건이다.

제1심은 본안을 심리하고 청구를 기각하였다. 원고들의 항소에 따라 소송이 부산고등법원에 계속 중 일본판결이 확정되자 부산고등법원은 그것이 승인요건을 구비한다고 보아 그 기판력을 인정하고 청구를 기각하였다. 그러나 대법원 2012. 5. 24. 선고 2009다22549 판결은, 일본판결의 이유는 일제강점기의 강제동원 자체를 불법이라고 보는 우리 헌법의 핵심적 가치와 정면으로 충돌하므로 이는 승인될 수 없다면서 원심판결을 파기, 환송하였다.[32)

이는 우리 법원이 구 민사소송법 제217조 제3호의 공서위반을 이유로 외국판결의 승인을 거부한 사건이나, 대법원은 준거법에 관하여 판단하는 과정에서 법인격을 판단하는 준거법인 일본 회사법의 적용은 우리나라의 공서에 반한다고 판시하였다. 즉, 피고는 원고들이 원래 책임을 물어야 할 구 미쓰비시와 피고는 별개의 법인이라고 항변하였던바, 대법원은 준거법인 일본법을 적용하면 원고들은 구 미쓰비시에 대한 채권을 피고에 대하여 주장할 수 없게 되는데, 구 미쓰비시가 피고로 변경되는 과정에서 피고가 구 미쓰비시의 영업재산, 임원, 종업원을 실질적으로 승계하여 회사의 인적, 물적 구성에는 기본적인 변화가 없었음에도, 전후처리 및 배상채무 해결을 위한 일본 국내의 기술적 입법을 이유로 구 미쓰비시의 원고들에 대한

---

31) 이는 윤진수, "補助生殖技術의 家族法的 爭點에 대한 근래의 動向", 서울대학교 법학 제49권 제2호(통권 제147호)(2008), 86면에도 소개되어 있다.
32) 위에서 언급한 것처럼 앞으로 우리가 외국판결의 승인은 물론 국제사법 제23조의 공서위반 여부를 판단함에 있어서 헌법적 가치에 관심을 기울일 필요가 있다. 헌법은 우리의 근본규범으로서 우리나라의 기본적인 도덕적 신념 또는 근본적인 가치관념과 정의관념을 반영하는 것이기 때문이다.

채무가 면탈되는 것은 우리의 공서양속에 비추어 용인할 수 없다고 판시하였다.

그러나 구 미쓰비시와 피고가 동일한 법인격을 가진다고 판단하기보다는, 별개의 법인격을 인정하면서 그럼에도 불구하고 구 미쓰비시의 원고등에 대한 채무가 면탈되는 결과는 준거법공서에 반하므로 피고가 원고등에 대한 구 미쓰비시의 채무를 승계하였다는 식으로 일본법질서에 최소한의 간섭을 할 여지도 있지 않았을까 생각된다.

11. 그 밖의 고려사항들

가. 성질결정에 관한 규정

성질결정에 관한 규정을 총칙에 두어야 한다는 주장이 있었으나,[1] 이는 학설·판례에 맡길 사항이라고 판단되어 연구반초안에서부터 그러한 주장은 채택되지 않았다.

나. 인적으로 법률을 달리하는 국가

일본 법례(제31조)와 법적용통칙법(제40조)에서 보듯이 당사자가 인적으로 법률을 달리하는 국가의 국적을 가지는 경우 본국법 또는 상거소의 결정을 위한 규정을 두자는 견해가 위원회의 논의과정에서 제기되었으나, 직접 그러한 취지의 규정을 두는 것은 다소 이례적이고[2] 굳이 규정을 두지 않더라도 학설·판례에 의해 동일한 결론을 끌어낼 수 있다는 이유로 규정을 두지 않기로 하였다.

다. 조약에 관한 규정

조약과 국제사법의 관계를 명시하는 입법례도 있고,[3] 개정연구반에서는 국제사법에서도 이를 명시할지에 관하여 논의가 있었으나, 당시 우리나라는 준거법에 관한 국제사법 분야의 조약에 가입한 실적이 별로 없었고, 조약과 국제사법의 관계는 조약과 국내법의 관계에 관한 일반원칙에 맡기면 될 것이라는 이유로 별도의 규정을 두지 않기로 하였다.

---

1) 장문철, 220면.
2) 독일 민법시행법 제4조 제3항은 지역적 또는 인적으로 법질서를 달리하는 경우를 '부분법질서(Teilrechtsordnung)'라는 개념에 포괄하여 규정한다.
3) 독일 민법시행법 제3조 제2항은 다음과 같이 규정한다.
"국제법적 합의 안에 포함되어 있는 규율들은, 직접 적용될 수 있는 내국법으로 되어 있는 한 이 법률의 규정에 우선한다. 유럽공동체의 법령의 규율들은 영향을 받지 아니한다".

Ⅲ. 사람(제2장)

사람에 관한 제2장은 자연인에 관한 조항(제26조 – 제29조)과 법인 및 단체에 관한 조항(제30조)으로 구성된다.

1. 권리능력에 관한 조항의 신설

섭외사법	국제사법
〈신설〉	제26조(권리능력) 사람의 권리능력은 그의 본국법에 따른다.

[입법례]
- 독일 민법시행법 제7조[권리능력]
- 스위스 국제사법 제34조[권리능력]
- 중국 섭외민사관계법률적용법 제11조

가. 개요
섭외사법에 흠결이 있었던 권리능력에 관하여 명문의 규정을 두었다.

나. 주요내용

(1) 권리능력의 준거법 명문화
사람의 능력과 신분은 각국의 역사·풍습·윤리관 등에 기초를 두고 있으므로 속인법(*lex personalis*, personal law, Personalstatut), 그중에서도 본국법에 의한다는 것이 우리 법을 포함한 대륙법계 국제사법의 전통적 원칙이다.[1] 연결점으로서 국적이 가지는 장점과 그에 대한 비판은 앞의 제16조의 설명(나. (4) 국적과 국제사법)에서 논의한 바와 같다. 섭외사법은 제6조 제1항에서 "사람의 능력은 그 본국법에 의하여 이를 정한다"라고 규정하였으나, 동 조항의 표제가 행위능력으로 되어 있고 내용상으로도 행위능력에 관한 것으로 해석되었기 때문에, 결국 섭외사

---

[1] 반면에 영미법계에서는 전통적으로 주소를 연결점으로 본다. 이러한 본국법과 주소지법의 대립을 해결하기 위한 것이 헤이그국제사법회의의 1955. 6. 15. "본국법과 주소지법의 저촉을 규율하기 위한 협약(Convention relating to the settlement of the conflicts between the law of nationality and the law of domicile)"이나 이는 발효되지 못하였다. 흥미로운 것은 중국 국제사법 제11조와 제12조가 자연인의 권리능력과 행위능력의 준거법을 상거소지법으로 지정하는 점이다.

법에는 권리능력에 관한 준거법 규정이 존재하지 아니하였고, 해석론에 의하여 준거법을 결정할 수밖에 없었다. 따라서 구 국제사법에서는 섭외사법상 규정의 흠결을 보완하기 위하여 권리능력에 관한 준거법 규정을 신설하였다. 국제사법은 이런 태도를 유지한다.

제26조의 사람은 자연인을 의미한다.

(2) 권리능력의 시기와 종기의 문제

국제사법 제26조의 권리능력은 일반적 권리능력, 즉 권리와 의무의 주체가 될 수 있는 일반적·추상적 자격을 의미한다.

한편 권리능력은 통상 그 시기나 종기와 관련하여 문제가 되는데, 연구반초안(제12조 제2항)에서는 그에 관하여 스위스 국제사법(제34조 제2항)과 같이 그 권리능력을 전제로 하는 법률관계의 준거법에 의하도록 규정하였으나,[2] 위원회에서는 학설상의 대립이 있으므로 권리능력에 대한 본국법 원칙만을 선언하고 명시적 규정을 두지 않기로 하였다. 따라서 이 문제는 판례와 학설에 의해 해결해야 할 것이다.

국제사법은 개별적 권리능력(예컨대 부동산을 취득할 수 있는 능력, 불법행위능력, 후견능력과 상속능력 등)에 관하여는 규정을 두지 않는다. 이는 문제 된 개개의 권리관계의 준거법에 따른다는 견해가 유력하다.[3]

---

2) 연구반초안해설, 33면.
3) 이호정, 229면; 최흥섭, 213면.

2. 실종선고에 관한 조항의 개정

섭외사법	국제사법
제8조(실종선고) 외국인의 생사가 분명하지 아니한 경우에 있어서는 법원은 대한민국에 있는 재산 및 대한민국의 법률에 의하여야 할 법률관계에 관하여서만 대한민국의 법률에 의하여 실종의 선고를 할 수 있다.	구 국제사법 제12조(실종선고) 법원은 외국인의 생사가 분명하지 아니한 경우에 대한민국에 그의 재산이 있거나 대한민국 법에 의하여야 하는 법률관계가 있는 때, 그 밖에 정당한 사유가 있는 때에는 대한민국 법에 의하여 실종선고를 할 수 있다. 국제사법 제27조(실종과 부재) ① 실종선고 및 부재자 재산관리는 실종자 또는 부재자의 본국법에 따른다. ② 제1항에도 불구하고 외국인에 대하여 법원이 실종선고나 그 취소 또는 부재자 재산관리의 재판을 하는 경우에는 대한민국 법에 따른다.

[입법례]
- 독일 민법시행법 제9조[사망선고]: 본국법주의 채택, 독일의 예외적 관할 인정, 사망선고 사망확정·생존추정·사망추정을 함께 규율
- 스위스 국제사법 제41조[실종선고]: 스위스의 예외적 관할 인정
- 일본 법례 제6조: 섭외사법과 동일/법적용통칙법 제6조[실종선고]
- 중국 섭외민사관계법률적용법 제13조

가. 개요

실종선고는 권리능력의 소멸에 관한 문제이므로 원칙적으로 당사자의 본국법에 의한다. 다만 당사자의 본국에만 실종선고의 관할을 인정한다면 부당한 사태가 발생할 수 있다. 예컨대 외국인에 관한 법률관계가 우리나라에서 문제 되고 있을 경우 외국인의 본국에서 실종선고가 이루어지지 않는 한 그 법률관계는 확정되지 않고 불안정한 상태로 방치된다. 사실 실종선고의 필요성은 부재자를 둘러싼 법률관계가 문제 되고 있는 나라에서 더욱 클 것이며, 그곳이 우리나라인 경우에는 우리의 관할을 명시할 필요가 있다.

섭외사법(제8조)도 특별한 경우에 우리 법원이 우리 법에 따라 외국인에 대한

실종선고를 할 수 있도록 예외적 관할을 규정하고 있었다. 그러나 그 적용범위가 너무 좁았으므로 구 국제사법(제12조)은 우리 법원의 예외적 관할의 적용범위를 다소 확대하였다. 반면에 국제사법(제24조)은 우리 법원이 특별관할을 가지는 경우를 명시하고, 제27조에서는 실종선고 등의 준거법으로 원칙적으로 본국법을 지정하되, 다만 외국인에 대하여 우리 법원이 실종선고 등을 하는 경우 예외적으로 한국법을 준거법으로 지정한다.

나. 주요내용
(1) 구 국제사법에 의한 예외적 관할의 확대

실종선고는 권리능력의 소멸에 관한 문제이므로 원칙적으로 당사자의 본국법에 의한다. 다만 본국에서 실종선고를 하지 아니하거나 또는 본국에 실종선고 제도가 없는 경우에 실종된 외국인의 신분상 및 재산상의 법률관계가 불확정한 상태로 방치되므로 섭외사법은 제8조에서 특별한 경우에 한국에서도 외국인에 대한 실종선고를 할 수 있도록 예외적 관할을 규정하고 있었다.

그러나 섭외사법 제8조가 규정하고 있는 예외적 관할은 그 적용범위가 너무 좁아 필요한 모든 경우를 포함시키지 못하였다. 예컨대 외국인 부재자의 처가 대한민국에 주소나 국적을 가지고 있는 경우에는, 비록 부재자가 대한민국에 재산을 가지거나 또는 대한민국법에 의하여야 하는 법률관계가 없다 하더라도 법률관계의 확정을 위하여 우리나라에서 부재자인 부에 대하여 실종선고를 할 필요가 있다는 것이다. 따라서 구 국제사법에서는 이에 대처하기 위해 '기타 정당한 사유'가 있는 경우에도 우리 법원이 실종선고를 선고할 수 있도록 함으로써 섭외사법이 규정하는 예외적 관할의 범위를 다소 확대하였다. '그 밖에 정당한 사유'라는 문언은 독일 민법시행법(제9조 제2문) 및 독일 실종법(제12조 제2항)의 취지를 참조한 것이다.

즉 구 국제사법은 외국인의 본국에 실종선고를 할 수 있는 원칙적 관할이 있음을 전제로 하되 이를 명시하지는 않고, 다만 우리 법원이 예외적으로 관할을 가지는 경우만을 규정하였다. 이 점에서는 구 국제사법은 섭외사법과 동일하나, 우리 법원이 관할을 가지는 범위를 다소 확대한 점에 차이가 있었다.[1] 이는 성질상 비송사건에 대한 국제재판관할을 규정한 것이었다. 구 국제사법에서는 예컨대 외국인의 일상거소가 한국에 있더라도 한국에 그의 재산이 있거나 한국법에 의하여

---

[1] 학설로는 '본국'과 '주소지 및 거소지'가 대등하게 관할을 가진다는 견해도 있다.

야 하는 법률관계가 있거나 그 밖에 정당한 사유가 있는 경우가 아닌 한 한국법원이 실종선고를 할 관할이 없었고 따라서 한국법을 적용할 수 없었으나, 국제사법에 따르면 그 경우에도 한국 법원이 특별관할을 가지고 한국법을 적용하여 실종선고 등을 할 수 있다는 점에서 차이가 있다. 그 경우 본국관할의 원칙을 벗어나지만 외국인의 최후 일상거소가 한국에 있다면 대부분 한국에 그의 재산이 있거나 한국법에 의하여야 하는 법률관계가 있거나 그 밖에 정당한 사유가 있을 것이므로 차이는 축소된다.

(2) 국제사법에 의한 특별관할의 명시

구 국제사법에서 더 나아가 국제사법(제24조)은 국적, 일상거소, 재산소재 또는 한국법에 따른 법률관계2)와 정당한 사유를 연결점으로 하여 우리 법원에 특별관할을 인정한다.3) 제27조는 실종선고 등의 준거법으로 원칙적으로 본국법을 지정하되, 다만 외국인에 대하여 우리 법원이 실종선고 등을 하는 경우 예외적으로 한국법을 준거법으로 지정한다. 이에 따르면 우리 법원이 재판하는 경우 본국법 원칙이 상당 부분 법정지법인 한국법에 의하여 대체되는 결과가 된다.

(3) 부재자 재산관리의 국제재판관할과 준거법의 명시

실종선고만을 언급하던 구 국제사법과 달리 국제사법(제27조)은 실종선고와 별도로 부재자의 재산관리에 관하여도 규정을 둔다. 즉 부재자 재산관리는 부재자의 본국법에 따르는 것이 원칙이나, 그럼에도 불구하고 외국인에 대하여 법원

---

2) 다만 이 경우는 관할이 양적으로 제한된다. 실종선고의 경우 관할을 양적으로 제한하는 데 대하여는 실종선고의 효과는 부재자의 사망을 간주하는 것인데, 제한된 범위 내에서만 사망간주를 한다면 파행적 법률관계가 발생하게 되어 문제라는 지적이 있었다. 이광우, 토론문, 국제사법학회 2022년 연차학술대회 발표자료, 244면.

3) 조문은 아래와 같다.
"제24조(실종선고 등 사건의 특별관할) ① 실종선고에 관한 사건에 대해서는 다음 각 호의 어느 하나에 해당하는 경우 법원에 국제재판관할이 있다.
 1. 부재자가 대한민국 국민인 경우
 2. 부재자의 마지막 일상거소가 대한민국에 있는 경우
 3. 부재자의 재산이 대한민국에 있거나 대한민국 법에 따라야 하는 법률관계가 있는 경우. 다만, 그 재산 및 법률관계에 관한 부분으로 한정한다.
 4. 그 밖에 정당한 사유가 있는 경우."
관할규칙의 해설은 석광현, 국제재판관할법, 199면 이하 참조.

이 부재자 재산관리의 재판을 하는 경우에는 한국법이 준거법이 된다. 그렇게 함으로써 우리 법원이 친숙한 우리 법을 적용하여 재판할 수 있다. 이는 후견의 경우 준거법이 원칙적으로 피후견인의 본국법이나, 한국 법원이 국제재판관할을 가지고 후견사건에 관하여 재판하는 경우 일정한 범위 내에서 한국법을 준거법으로 지정하는 제75조와 유사하다.

제27조는 부재자의 재산관리에 한정된 것이나, 우리가 재산관리의 준거법에 대하여 관심을 가지는 계기가 될 것이다. 예컨대 상속재산의 관리(상속재산의 준거법이 분열되는 경우 포함)와 도산재단의 관리 등 재산관리에 대하여는 종래 우리나라에서는 별로 관심을 가지지 않는 경향이 있는데, 앞으로는 그에 대하여 더 큰 관심을 가질 필요가 있다.

3. 행위능력에 관한 조항의 개정

섭외사법	국제사법
제6조(行爲能力) ① 사람의 능력은 그 本國法에 의하여 이를 정한다.	제28조(행위능력) ① 사람의 행위능력은 그의 본국법에 따른다. 행위능력이 혼인에 의하여 확대되는 경우에도 또한 같다. ② 이미 취득한 행위능력은 국적의 변경에 의하여 상실되거나 제한되지 아니한다.

[입법례]
- 독일 민법시행법 제7조[행위능력]: 본국법주의 채택, 혼인에 의한 성년의제도 행위능력의 문제로 해결, 국적 변경으로 인한 행위능력의 침해 불허
- 스위스 국제사법 제35조[행위능력]: 주소지법주의 채택
- 일본 법례 제3조 제1항: 본국법주의 채택/법적용통칙법 제4조[행위능력]
- 중국 섭외민사관계법률적용법 제12조

가. 개요

구 국제사법에서는 행위능력의 준거법에 관한 섭외사법의 본국법주의를 유지하면서 성년의제와 국적 변경과 관련된 규정을 추가하였다. 국제사법도 이런 태도를 유지한다.

나. 주요내용

(1) 혼인에 의한 성년의제

혼인에 의한 성년의제의 경우 그 준거법을 당사자의 본국법으로 명시한다(제1항 후문). 우리의 과거의 통설은 이를 혼인의 효력의 문제로 이해하였으나, 외국의 학설은 성년의제제도의 취지를 혼인한 남녀의 경우 자연적 연령이 성년에 도달하지 아니하더라도 성년과 동일하게 취급하는 것으로 이해하여 이를 행위능력의 문제로 보는 것이 일반적이다. 또한 독일 등의 입법례는 실제 후자의 입장을 취하고 있다. 따라서 성년의제의 경우 성질결정상의 다툼을 종식시키기 위하여 이를 행위능력의 문제로 보아 당사자의 본국법을 적용하도록 명시한다.

(2) 국적 변경과 이미 취득한 행위능력의 상실 또는 제한

당사자가 이미 취득한 행위능력은 그 후의 국적변경으로 인해 상실되거나 제한되지 않는다(제2항). 이는 과거부터 학설에 의해 그 타당성이 인정되었던 견해

이다. 이는 국제사법의 다른 조문과 달리 준거법을 지정하는 것이 아니라 실질법적 효과를 명시하는 규정이나, 제1항이 정하는 변경주의를 배제하는 범위 내에서는 저촉규범으로서의 성질도 있다고 할 수 있다.

(3) 내국거래 보호조항의 분리

섭외사법 제6조 제2항과 제3항은 이른바 '내국거래 보호조항'인데, 구 국제사법에서는 이를 별도의 독립된 조항으로 분리하고 그 내용을 다소 수정하였고 국제사법(제29조)도 이런 태도를 유지한다. 이에 관하여는 아래 제29조에 관한 해설에서 논의한다.

4. 한정치산 및 금치산에 관한 조항의 개정과 삭제

섭외사법	국제사법
제7조(한정치산 및 금치산) ① 한정치산 및 금치산의 원인은 한정치산자 또는 금치산자의 本國法에 의하고 그 선고의 효력은 선고를 한 국가의 법에 의한다. ② 대한민국에 주소 또는 거소가 있는 외국인이 그 本國法에 의하여 한정치산 또는 금치산의 원인이 있을 때에는 법원은 그 자에 대하여 한정치산 또는 금치산의 선고를 할 수 있다. 그러나 대한민국의 법률이 그 원인을 인정하지 아니하는 때에는 그러하지 아니하다.	구 국제사법 제14조(한정후견개시, 성년후견개시 심판 등) 법원은 대한민국에 상거소 또는 거소가 있는 외국인에 대하여 대한민국 법에 의하여 한정후견개시, 성년후견개시, 특정후견개시 및 임의후견감독인선임의 심판을 할 수 있다.[1] 국제사법 삭제(제75조에 통합)

[입법례]
- 독일 개정 전 민법시행법 제8조[금치산선고]: 국제사법 내용과 동일하였으나 현재 삭제되어 효력 상실
- 일본 법례 제4조, 제5조: 1999년 성년후견제도의 도입에 관한 민법 개정으로 종전의 금치산 및 준금치산(한정치산) 제도 대체. 법례의 내용은 섭외사법과 동일/법적용통칙법 제5조[후견개시의 심판등]

가. 개요

과거 한정치산 및 금치산의 문제는 행위능력의 제한문제이므로 행위능력의 준거법에 관한 구 국제사법 제13조에 의하여 해결될 수 있었다. 따라서 구 국제사법(제14조)에서는 한정치산과 금치산의 준거법을 별도로 규정하지 않고, 단지 우리 법원이 우리 법에 따라 선고할 수 있는 예외적 관할에 관하여만 규정하였다. 즉 구 국제사법은 사람에 관한 제2장에서 행위능력에 이어 행위능력을 박탈하거나 제한하는 제도인 한정치산 및 금치산선고에 관한 규정을 두었다.[2]

그러나 인구의 고령화가 빠르게 진행됨에 따라 노인을 보호할 필요성이 커지고 장애인 복지의 중요성에 대한 인식 제고에 따라 의사결정이 어려운 성년자와 장애인의 보호가 중요한 사회문제가 되었다.[3] 이에 대처하고자 각국은 성년자보

---

1) 소개는 최흥섭, "새로운 성년후견제의 도입에 따른 국제사법 규정의 개정 문제와 적용 문제", 인하대학교 법학연구 제16집 제3호(2013. 11.), 1면 이하 참조.
2) 구 국제사법의 해석론은 석광현, 해설(2003), 195면 이하 참조.
3) UN장애인권리협약 제12조는 "당사국은 장애인들이 삶의 모든 영역에서 다른 사람들과 동등한 조건으로 법적 능력을 누려야 함을 인정하여야 한다"라고 규정하고(제2항), "당사국은 장

호법제를 도입하였는데, 성년자의 국제적 이동이 빈번하고 성년자가 여러 국가에 재산을 보유하는 현상이 늘어남에 따라 이 분야에서도 국제사법, 구체적으로 국제성년후견법이 중요한 의미를 가진다.[4] 한국도 2013년 7월 시행된 개정 민법을 통하여 성년후견제(또는 성년자 후견제도)를 도입하였다. 과거 민법이 규정한 금치산·한정치산제도는 개인의 행위능력을 일률적으로 박탈하거나 제한하는 점에서 낙인(烙印)을 찍는 효과가 있을 뿐만 아니라 보호가 필요한 사람들에게 효율적인 조력을 제공한다는 측면에서도 미흡하였기에[5] 금치산과 한정치산을 협의의 성년후견과 한정후견제도로 대체하였고 그 밖에도 특정후견과 임의후견(또는 후견계약)을 새로 도입하였다.[6] 이와 함께 성년자 후견제도에 대한 공시절차를 마련하고자 '후견등기에 관한 법률'을 제정하였다. 후견인의 선임은 후견등기부에 기록되어야 한다.

이처럼 민법에서 성년자 후견제도를 도입하면서 행위능력을 박탈 또는 제한하는 기존의 행위무능력제도에 대신하여 보호가 필요한 사람(즉 제한능력자)에게 효율적인 조력을 제공하는 측면을 중시하는 성년후견제도를 도입하였음을 고려하여 우리나라는 잠정적 조치로서 민법 부칙(제3조)에서 5년 동안 한정치산 또는 금치산을 한정후견 또는 성년후견으로 읽도록 하였고,[7] 마침내 2022년 국제사법 개정을 계기로 구 국제사법 제14조를 삭제하고 후견에 관한 사건의 특별관할을 제

애인들이 그들의 법적 능력을 행사하는 데 필요한 지원을 받을 기회를 제공받을 수 있도록 적절한 입법 및 기타 조치를 취하여야 한다"라고 규정한다(제3항). 동조의 취지는 박인환, "유엔장애인권리협약 제12조와 성년후견제도의 개혁과제", 정태윤·지원림 교수 논문집: 새봄을 여는 민법학(2023), 251면 이하 참조.

4) 성년후견에 관한 국제적 배경은 김문숙, "부양사건과 성년후견사건의 국제재판관할에 관한 입법론", 국제사법연구 제19권 제2호(2013), 181면 이하 참조. 근자에 우리나라에서도 신격호 롯데그룹 회장의 성년후견과 배우 윤정희씨의 성년후견이 사회적 관심사가 된 바 있다. 전자는 일본에서도 활동하였고 재산을 가지고 있으며, 후자는 오랜 기간 프랑스에 거주하고 있고 프랑스 법원의 후견개시 재판이 있었다고 하므로 국제재판관할과 외국재판의 승인이라는 국제적 성년후견의 문제를 제기한다. 그러나 서울가정법원 2022. 3. 24.자 2020후개10406 심판은 마치 순수한 국내사건인 것처럼 국제재판관할과 준거법에 관하여 아무런 언급을 하지 않는다.

5) 윤진수, 283면.

6) 따라서 이제는 민법상 '(행위)무능력자'가 아니라 '제한능력자'라는 개념을 사용한다.

7) 과거 민법 부칙 제3조(다른 법령과의 관계)는 "이 법 시행 당시 다른 법령에서 "금치산" 또는 "한정치산"을 인용한 경우에는 성년후견 또는 한정후견을 받는 사람에 대하여 부칙 제2조 제2항에 따른 5년의 기간에 한정하여 "성년후견" 또는 "한정후견"을 인용한 것으로 본다"라고 규정하였다.

61조에서 규정하면서[8] 후견개시심판을 포함하는 후견의 준거법을 제75조에서 규율한다. 이는 제75조에서 논의한다.

---

8) 다만 체계적인 측면에서 민법이 능력에 관한 제2장 제1절에서 성년후견개시의 심판(제9조), 한정후견개시의 심판(제12조)과 특정후견의 심판(제14조의2) 등에 관한 조문을 두고 있음을 보면 국제사법에서 성년후견개시의 심판에 관한 조문을 능력에 관한 제2장에서 삭제한 것이 적절한지는 논란의 여지가 있다. 우리보다 앞서 성년후견제도를 도입한 일본의 법적용통칙법(제5조)은 기존 체제를 유지하면서 한정치산과 금치산에 관한 조문을 후견개시의 심판에 관한 조문으로 대체하였다. 반면에 독일은 과거 행위능력의 박탈·제한(Entmündigung)에 관한 구 민법시행법 제8조를 삭제하고 후견·부조와 보호(Vormundschaft, Betreuung und Pfleg-schaft)에 관한 제24조만을 둔다.

5. 내국거래보호에 관한 조항의 개정

섭외사법	국제사법
제6조(行爲能力) ② 외국인이 대한민국에서 법률행위를 한 경우에 있어서 그 외국인이 本國法에 의하면 무능력자인 경우라 할지라도 대한민국의 법률에 의하여 능력자인 때에는 이를 능력자로 본다. ③ 전항의 규정은 친족법 또는 상속법의 규정에 의한 법률행위 및 외국에 있는 부동산에 관한 법률행위에는 이를 적용하지 아니한다.	제29조(거래보호) ① 법률행위를 한 사람과 상대방이 법률행위의 성립 당시 동일한 국가에 있는 경우에 그 행위자가 그의 본국법에 따르면 무능력자이더라도 법률행위가 있었던 국가의 법에 따라 능력자인 때에는 그의 무능력을 주장할 수 없다. 다만, 상대방이 법률행위 당시 그의 무능력을 알았거나 알 수 있었을 경우에는 그러하지 아니하다. ② 제1항은 친족법 또는 상속법의 규정에 따른 법률행위 및 행위지 외의 국가에 있는 부동산에 관한 법률행위에는 이를 적용하지 아니한다.

[입법례]
- 로마협약 제11조[무능력]/로마규정 제13조: 계약에 한정하여 규정
- 독일 민법시행법 제12조[타방 계약당사자의 보호]: 문면상 법률행위가 아니라 계약에 한정하여 규정한 것 외에는 국제사법과 동일
- 스위스 국제사법 제36조[거래보호](자연인의 경우): 법률행위 전반에 관하여 규정, 제158조[대리(대표)권의 제한](단체의 경우)
- 일본 법례 제3조 제2항, 제3항: 우리 섭외사법과 동일/법적용통칙법 제4조 제2항, 제3항

가. 개요

섭외사법은 행위능력에 관한 제6조에서 내국거래의 안전을 보호하기 위한 조항을 두었으나, 구 국제사법(제15조)에서는 이를 별도의 조항으로 독립시키고 내국에서의 거래뿐만 아니라 외국에서의 거래도 보호의 대상에 포함시키기 위하여 그 형식과 내용을 변경하였다. 국제사법(제29조)도 이런 태도를 유지한다.

나. 주요내용

(1) 거래보호 조항의 형식과 내용의 변경

거래의 보호(Verkehrsschutz), 정확히는 '거래 안전의 보호'에 관한 내용을 섭외사법의 행위능력의 규정으로부터 분리하여 별도의 조항으로 만든 것은 그 내용의 중요성을 강조함과 동시에 거래를 보호할 필요가 있는 그 밖의 경우(예컨대 법정대

리 또는 법인 등의 경우)에도 이 조항을 원용할 수 있도록 하기 위해서이다. 섭외사법의 해석상으로도 법인의 경우에 유추적용할 수 있다는 견해가 유력하였다.[1]

또한 제29조는 행위능력에만 한정되는 것이 아니라 권리능력의 제한의 경우에도 의미를 가진다. 즉 외국법인의 권리능력이 제한되는 경우(예컨대 *ultra vires*의 경우) 제29조가 거래보호를 달성할 수 있을 것이다. 섭외사법의 해석상으로는 행위능력에 관한 제6조 제2항을 유추적용하여 동일한 결론을 도출하는 경향이 있었으나[2] 국제사법하에서는 제29조를 바로 적용할 수 있을 것이다. 이 점을 고려한다면 제29조를 제30조 뒤에 두는 것이 체제상 더욱 바람직하였을 것으로 본다. 법인의 경우에 제30조가 구체적으로 어떻게 적용되는가는 제30조의 해설에서 논의한다.

섭외사법은 제6조 제2항에서 행위무능력으로 인한 거래보호와 관련하여 내국법이 적용되는 경우만을 규정하였으나, 국제사법에서는 위 조항을 내국법이 적용되는 경우뿐만 아니라 외국법이 적용되는 경우도 포함하는 쌍방적(또는 양면적) 저촉규정으로 바꾸어 내국뿐만 아니라 외국에서의 거래도 보호할 수 있도록 하였다. 다만 거래보호의 정신에 비추어 상대방이 악의이거나 또는 선의이더라도 과실이 있는 경우에는 그 보호대상에서 배제하였다. 또한 거래보호는 양 당사자 간의 거래가 동일 국가 안에서 이루어진 경우에만 의미가 있으므로 이 점도 분명히 밝혔다(제1항).

거래보호 조항이 적용되는 것은 반드시 계약의 경우에 한정되는 것은 아니다. 따라서 섭외사법의 경우와 마찬가지로 법률행위를 중심으로 규정한다.

한 가지 흥미로운 것은 "행위자가 그의 본국법에 따르면 무능력자(제한능력자)이더라도 법률행위가 있었던 국가의 법에 따라 능력자인 때에는"이라는 요건을 판단할 때 외국의 성년후견심판의 승인이 개입할 여지가 있다는 점이다. 이런 맥락에서 섭외사법하에서 또한 국제사법하에서 외국의 성년후견심판의 효력을 논의하면서 심판지 – 행위지 – 법정지(한국)의 상호관련을 검토하는 견해[3]이 있다. 그러나 후견심판의 승인 시에는 준거법 통제를 할 근거는 없다. 또한 거래의 안전을 보호할 필요에서 그런 견해를 취하기도 하나 이는 제29조의 맥락에서 검토할 사항이다.[4] 즉 "행위자의 본국법에 따르면 무능력자(제한능력자)"인지를 판단할

---

1) 이호정, 248면.
2) 이호정, 248면.
3) 예컨대 김용한·조명래, 222면 이하(섭외사법하에서); 안춘수, 202면 이하(국제사법하에서) 참조.

때와 "법률행위가 있었던 국가의 법에 따라 능력자"인지를 판단할 때에는 외국비
송재판의 본국에서의 승인 여부와 행위지국에서의 승인 여부도 각각 고려해야 한
다는 것이다.[5] 이는 마치 독일인 부부가 일본에서 이혼재판을 받은 뒤 한국에 정
착하여 삶을 영위하는 경우 한국에서 그들이 부부인지를 판단하는 때에 독일법만
에 의하는 것이 아니라 일본 이혼재판이 독일에서 승인되는지(독일법상 부부인지를
판단할 때) 또는 한국에서 승인되는지(한국법상 부부인지를 판단할 때)를 고려해야
하는 것과 마찬가지다.

　　주의할 것은, 한국이 법정지라고 하여 당연히 그 승인이 문제 되는 것은 아
니고 그 쟁점이 무엇인지 특히 그것이 선결문제인지와 기준시점이 언제인지를 고
려해서 판단할 사항이라는 점이다. 예컨대 법률행위의 유효성이 문제 되는 성년
후견의 경우에는 특정 시점이 기준이 된다면 성년후견재판의 한국에서의 승인은
문제 되지 않을 수 있다.

(2) 거래보호 조항의 적용이 없는 경우

　　거래행위가 아닌 신분행위[6] 및 행위지 외의 부동산에 관한 법률행위에는 섭
외사법과 같이 거래보호 조항이 적용되지 않음을 명확히 규정하였다(제2항). 국제
사법은 제1항을 쌍방적 저촉규정으로 변경하면서 그와 같이 바뀐 내용과 통일을
기하기 위하여 섭외사법 제6조 제3항의 '외국에 있는 부동산'이라는 문구를 '행위
지 이외의 국가에 있는 부동산'으로 구체화하였다.

---

4) 최흥섭, "새로운 성년후견제도의 도입에 따른 국제사법 규정의 개정 문제와 적용 문제", 법학
　연구 제16집 제3호(인하대학교 법학연구소, 2013), 24－25면도 동지.
5) 위 견해들은 구 국제사법 제15조의 요건, 즉 행위자와 상대방이 행위 당시 동일 국가 내에 있
　는지를 검토하지 않고 단순히 행위지만을 고려하는데 이는 국제사법상 근거가 없다.
6) 신분행위의 특수성을 실질법과 국제사법의 맥락에서 '가족법/재산법의 준별론'에 근거하여 설
　명하는 흥미로운 견해가 있다. 김혜원, "외국법에 따른 동성혼(同性婚)을 어떻게 취급할 것인
　가? －가족법/재산법 준별론에 대한 비평과 동성혼을 둘러싼 법적의사결정에 대한 서론－" 석
　광현헌정논문집, 348면 이하 참조.

6. 법인과 단체의 준거법에 관한 조항 신설: 국제회사법

섭외사법	국제사법
<신설> 제29조(상사회사의 行爲能力) 상사회사의 行爲能力은 그 영업소 소재지의 법에 의한다.	제30조(법인 및 단체) 법인 또는 단체는 그 설립의 준거법에 따른다. 다만, 외국에서 설립된 법인 또는 단체가 대한민국에 주된 사무소가 있거나 대한민국에서 주된 사업을 하는 경우에는 대한민국 법에 따른다.

[입법례]
• 스위스 국제사법 제154조 제1항[단체의 준거법]
• 중국 섭외민사관계법률적용법 제14조

가. 개요

섭외사법은 법인 및 단체의 속인법에 관하여 아무런 규정을 두지 않아 학설이 대립되었으나, 구 국제사법에서는 설립준거법설(incorporation theory)을 원칙으로 삼되, 일정한 요건이 구비되는 경우 예외적으로 본거지법설(real seat theory)을 채택하는 명시적인 규정을 마련하였다. 구 국제사법이 국제법인법 내지 국제단체법에 관한 명문의 규정을 두어 회사 및 단체의 속인법을 입법적으로 해결하였다는 점은 큰 의의가 있다. 국제사법도 구 국제사법의 태도를 유지한다. 조문에서 '회사'를 언급하지 않으므로 잘 인식하지 못하는 실무가들도 있으나, 제30조는 국제법인법만이 아니라 실무상 중요한 '국제회사법'의 원칙을 정한 조문이라는 점에서 회사가 당사자가 되는 국제거래법의 영역에서도 대단히 중요한 의미를 가진다.

나. 주요내용

(1) 섭외사법의 입장

섭외사법은 법인과 단체의 속인법(*lex societatis*)[1])에 관하여 아무런 규정을 두지 않고 단지 제29조에서 "상사회사의 행위능력은 그 영업소 소재지법에 의한다"라고 규정할 뿐이었다. 따라서 종래 법인과 단체의 속인법에 관하여는 법인이나 단체의 설립 당시 준거한 법률을 속인법으로 보는 '설립준거법설'과 법인이나 단체의 본거지를 속인법으로 보는 '본거지법설'이 크게 대립하였고, 그 밖에도 제한

---

1) 일본에서는 이를 '종속법'이라고 부르는 경향이 있으나 우리나라에서는 널리 사용되지는 않는다.

설립준거법설과 절충설 등이 주장되었다. 제한설립준거법설은 원칙적으로 설립준거법을 따르되 회사와 그 국가 간에 현실적인 연결이 없는 경우 본점 소재지법을 적용하고,[2] 절충설은 본점소재지법을 표준으로 하되 사기적 탈법행위를 예방하기 위해 본점 소재지와 영업중심지가 상이한 경우 영업중심지를 보충적인 표준으로 삼는다.[3]

한편 섭외사법 제29조의 취지에 관하여는 견해가 나뉘었다. 즉, 설립준거법설은, 상사회사의 행위능력은 설립준거법에 따를 것이되, 제29조는 행위지의 거래를 보호하기 위해 문제 된 당해 영업소 소재지법을 적용하는 것이라고 보므로, 제29조의 '영업소'를 문제 된 영업소로 이해하였다.[4] 반면에 본거지법설은 제29조를 섭외사법이 본거지법설을 취하는 근거로 보았다. 즉, 제29조의 영업소는 주된 영업소를 말하므로 제29조는 결국 상사회사의 행위능력은 본거지법에 의한다고 규정한 것이라고 하였다. 다만 후자는 외국회사가 본거지법에 의해 행위능력이 없더라도 섭외사법 제6조 제2항[5]을 유추적용하여 내국거래의 안전을 보호하기 위해 행위능력을 인정할 것이라고 하였다.[6]

요컨대 섭외사법의 해석상으로는 어느 견해든 제29조를 논리적으로 설명할 수는 있었으므로 제29조를 근거로 섭외사법이 어느 견해를 취했다고 보기는 어려웠다.

---

2) 서희원, 345면.
3) 김용한·조명래, 383면. 독일에는 그 밖에도 설립준거법설의 변형이라고 할 수 있는 ① Differenzierungstheorie(분화설 또는 개별화설)와 ② Überlagerungstheorie(중층설) 등이 있다. 전자는 내부관계와 외부관계를 구별하여 내부관계에 대하여는 설립준거법설을 따르고, 외부관계에 대하여는 Vornahme-(실행준거법), Wirkungs-(효력준거법) 또는 Organisations- 또는 Innenstatut(조직준거법) 중 그때그때 거래 또는 제3자에게 유리한 법을 적용하고, 후자는 회사의 내부관계와 외부관계에 대해 모두 설립준거법을 적용하나 본거지의 강행법규가 제3자에게 유리한 경우 설립준거법은 그에 의해 배제된다고(überlagert) 한다. 석광현, 제2권, 193면 이하; 이병화, "국제적 법인에 관한 국제사법적 고찰", 저스티스 통권 제124호(2011. 6.), 389면 이하 참조. 위 양자와 아래에서 언급하는 결합설을 절충설로 분류하기도 한다.
4) 신창선, 국제사법(1999), 424면.
5) 섭외사법 제6조 제2항은 "외국인이 대한민국에서 법률행위를 한 경우에 있어서 그 외국인이 본국법에 의하면 무능력자인 경우라 할지라도 대한민국의 법률에 의하여 능력자인 때에는 이를 능력자로 본다"라고 규정하였다.
6) 이호정, 445면.

(2) 설립준거법설의 채택

구 국제사법에서는 법적 불안정을 제거하고, 완결된 국제사법 체제를 지향하기 위하여 법인 또는 단체의 속인법을 명시하되, 원칙적으로 설립준거법설을 취하기로 하였다.[7] 그 이유는 영미법계에서 널리 인정되는 설립준거법설을 취할 경우 속인법이 고정되고 그 확인이 용이하므로 법적 안정성을 확보할 수 있으며, 설립자들의 당사자의사를 존중할 수 있다는 장점이 있는 데 반하여, 대륙법계, 특히 독일의 통설이던 본거지법설[8]에 따르면 본거지의 개념이 애매하여 그 결정이 쉽지 않고, 본거지를 이전한 경우 준거법이 변경되는 문제가 있기 때문이었다. 여기에서 본거가 무엇인지에 관하여는 '사실상의 주된 사무소', 관리중심지(또는 영업중심지)라는 견해 등이 있었다.[9] 구 국제사법은 본거라는 개념을 사용하지 않았으나 국제사법은 제3조 제3항에서 일반관할의 연결점의 하나로 정관상의 '본거지'라는 용어를 처음으로 도입하였다.

또한 본거지법설에 따르면, 반정과 전정을 인정하지 않는 한 설립준거법 소속국과 본거지법 소속국이 일치하지 않는 다수의 외국법인의 경우 그 법인격을 부정하게 될 우려가 있다는 점도 고려되었다.[10] 예컨대 델라웨어주법에 따라 설

---

7) 입법론으로 설립준거법설을 주장했던 견해는 오승룡, "국제상사법", 국제사법연구(1999), 417면; 법무부, 국제화시대의 섭외사법 개정방향(1999) 제7장 국제상사법, 274면; 신창선, 국제사법(1999), 255면도 참조.

8) 본거지의 개념에 관하여 정관 내지 설립등기상의 본거지라는 견해도 있으나, 다수설에 따르면 이는 사실상의 주된 사무소(또는 사실상의 본점)를 말한다. 석광현, "한국에서 주된 사업을 하는 외국회사의 법인격과 당사자능력: 유동화전업 외국법인에 관한 대법원 판결과 관련하여", 선진상사법률연구 제90호(2020. 4.), 33면. 따라서 본거지는 경영중심지와는 구별된다. 번역의 문제로서 place of business와 establishment를 모두 영업소라고 번역하는 경우 혼란스러우므로 전자를 '영업장소/영업지', 후자를 '영업소'라고 번역할 수도 있다.

9) 전자는 석광현, 제2권, 196면; 후자는 이병화(註 3), 390-391면. 후자는 경영중심지(central administration)를 의미하는 것으로 보인다.

10) Karl Firsching/Bernd von Hoffmann, Internationales Privatrect, 5. Auflage (1997), Rn. 26-27. 이에 대해 안춘수, 한국국제사법학회 제8차 연차학술대회 《제1분과 토론자료》(2000), 7면은 어느 한 나라의 법에 따라 설립된 법인의 권리능력을 여러 나라에서 승인하는 것이 가능하기 때문에 "본거지법설에 따른다 하여 설립준거법 소속국과 본거지법 소속국이 일치하지 않는 경우 필연적으로 법인격을 부인하게 되는 것은 아니"라고 한다. 안춘수 교수는 이를 전제로 본거지법설을 지지하였다. 생각건대 외국법인의 승인(또는 인허)이라는 개념을 별도로 인정할 필요는 없으며, 본거지법설을 취한다면 본거지법인 외국법에 따라 권리능력을 가지는 회사로 설립된 외국법인에 대해 우리나라에서도 법인으로 인정하면 족하다. 본거지법설을 따르면서 외국법에 따라 법인이 설립되면 그것이 어느 국가의 법이든 간

립되었지만 본거를 뉴욕주 등지에 가지고 있는 많은 미국 법인의 법인격을 부정
할 수 없고,[11] 또한 국내기업들도 금융 또는 조세상 편의 등의 이유로 외국의 '조세
피난처(tax haven)'에 특수목적회사(special purpose company 또는 special purpose
vehicle)를 설립한 예가 많이 있는데[12] 이러한 법인의 법인격을 부정할 수는 없다
는 것이다. 설립준거법설이 널리 인정되는 미국에서는 준거법 선택의 자유가 투
자자는 물론 사회경제적 이익을 증진시켰다고 평가한다.[13][14]

에 법인격을 인정할 수는 없다. 이는 승인(인허)의 범위를 넘는 것이다. 석광현, 제2권, 194-195면.

11) 다수설과 판례가 본거지법설을 취하는 독일의 경우, 위 사안에서 본거지법인 뉴욕주법이 미국 법인의 속인법이 되어야 할 것이나, 뉴욕주의 저촉법에 의하면 설립준거법인 델라웨어주법이 속인법이 된다. 독일 민법시행법(제4조 제1항)은 전정을 허용하므로 독일 법원은 델라웨어주법을 미국법인의 속인법으로 보게 되는 것이다. 즉 반정 및 전정에 의해 본거지법설의 엄격성이 완화된다. 석광현, 제2권, 200면. 근자에는 독일에서도 유럽사법재판소의 일련의 판결들(1999. 3. 9. Centros 사건(C-212/97), 2002. 11. 5. Überseering 사건(C-208/00), 2003. 9. 30. Inspire Art 사건(C-167/01), 2005. 12. 13. SEVIC 사건(C-411/03), 2008. 12. 16. Cartesio 사건(C-210/06), 2011. 11. 29. National Grid Indus 사건(C-371/10)과 2012. 7. 12. VALE 사건(C-210/06) 등)에 의하여 본거지법설의 입지가 약화되었다. 소개는 정성숙, "유럽회사법의 발전동향: 영업소의 설치·이전의 자유와 회사조직형식을 중심으로", 비교사법 제14권 제1호(통권 제36호)(2007. 3.), 445면 이하; 이병화(註 3), 409면 이하; 김화진·송옥렬, 기업인수합병(2007), 86면 이하 참조. 독일의 국제회사법의 입법론은 Hans J. Sonnenberger (Hrsg.), Vorschläge und Berichte zur Reform des euro-päischen und deutschen internationalen Gesellschaftsrechts (2007), S. 10f. 참조. 유럽연합(집행)위원회의 위탁에 따라 2017. 4. 4. "Study on the Law Appliable to Companies"라는 보고서가 간행되었는데 이는 새로운 Rome V 규정의 제정을 제안하였다(출발점은 설립준거법설).

12) 2013. 6. 4. 기업경영평가 사이트인 'CEO스코어'에 따르면 국내 30개 그룹 중 파나마, 케이만제도, 버진아일랜드 등 7개 조세피난처에 종속법인을 설립한 그룹은 16개이고 종속법인은 281개에 달하는데, 최다 법인을 소유한 그룹은 STX로, 파나마에 설립한 선박금융 관련 특수목적법인(SPC)의 수는 모두 94개라고 하였다. http://news.chosun.com/site/data/html_dir/2013/06/04/2013060402037.html?news_Head1 참조. 해외 종속법인이 제30조 단서에 해당하는 때에는 그 법인격이 부정될 수 있다.

13) 대표적인 저작이 Roberta Romano, The Genius of American Corporate Law (Aei Studies in Regulation and Federalism)(1993)이라고 한다.

14) 반면에 독일, 프랑스 등 대륙법의 주류적 입장인 본거지법설은 본거지법을 회사의 속인법으로 본다. 이는 법인과 가장 밀접한 관련을 가지는 곳은 그 본거지라는 것을 전제로, 사실상의 주된 사무소의 법을 준거법으로 함으로써 회사와 거래하는 상대방의 거래이익을 보호하는 장점이 있다. 독일에서 이것이 선호되는 이유는, 독일 회사들이 외국에서 영업할 경우 당해 시장에서 적응하는 동시에 번잡을 피하기 위해 당해 국가의 법을 선택하고, 독일 시장에 진출하는 외국회사들에 대해 설립준거법을 승인할 경우 외국회사법이 과도하게 유입되며,

(3) 본거지법설의 예외적인 적용

다만 설립준거법설을 따를 경우 발생할 수 있는 내국거래의 불안정을 예방하기 위하여, 구 국제사법은 외국법에 의해 설립된 법인 또는 단체라도 대한민국에 주된 사무소를 두거나 대한민국에서 주된 사업을 하는 경우에는 설립준거법이 아니라 대한민국 법에 의하도록 예외를 규정하였다(단서).[15] 국제사법도 이런 태도를 유지한다.

당초 연구반초안(제18조)은 이러한 규정을 두지 않았는데,[16] 그 이유는 설립준거법설을 따르더라도 외국법에 의해 설립된 회사의 본거가 한국에 있는 경우 거래보호는 상법에 의해 달성될 수 있다고 보았기 때문이다. 즉 당시 상법 제617조가 '의사외국회사(擬似外國會社)'[17]라는 표제하에 "외국에서 설립된 회사라도 대한민국에 그 본점을 설치하거나 대한민국에서 영업할 것을 주된 목적으로 하는 때에는 대한민국에서 설립된 회사와 동일한 규정에 의하여야 한다"고 규정하였기 때문이다.[18] 이는 외국회사의 국내법상 취급에 관한 외인법의 규정이다. 그러나

특히 근로자의 보호를 위한 공동결정(Mitbestimmung)이 발기인의 임의에 맡겨질 우려가 있어 이를 피하기 위한 것이라고 한다. Kropholler S. 493.

15) 국제회사법에 관한 논의는 석광현, 제2권, 193면 이하; 오승룡, "국제상사법", 국제사법연구(1999), 400면 이하 참조. 근자의 논의는 김태진, "회사의 국제적인 조직변경 ─ 외국 회사가 관련된 경우를 중심으로 ─ ", BFL 제42호(2010. 7.), 20면 이하; 이병화(註 3), 378면 이하 참조. 어떤 법인이 외국법인인지를 결정할 필요성은 민법, 회사법, 세법과 국제법 등에서도 제기된다. 국제적 합병에 관하여는 김태진, "국제 합병 논의를 위한 비교법적 검토 ─ SEVIC Systems AG 사건을 중심으로 ─ ", 선진상사법률 제54호(2011. 4.), 1면 이하; 김태진, "국제적인 합병 체제를 위한 고찰: SEVIC Systems AG 사건 이후 유럽연합 사법재판소(ECJ) 판결 분석", 한양대 법학논총 제31집 제2호(2014), 377면 이하; 송종준, "Cross ─ Border M&A의 법적 기반조성 방안에 관한 연구 ─ 국제적 합병을 중심으로 ─ ", 선진상사법률 제90호(2020. 4.), 1면 이하 참조.

16) 연구반초안 제18조. 연구반초안해설, 43면 참조.

17) 제617조의 표제는 그 후 '유사외국회사'로 수정되었으나 이는 잘못이다. 의사(擬似)는 사이비라는 뜻이고 유사는 비슷하다는 뜻이기 때문에 양자는 다른데 상법을 위와 같이 개정한 것은 이해할 수 없다.

18) 상법 제617조는 2005년 일본회사법 제정 전의 구 상법 제482조를 모델로 한 외인법 조문이고 준거법을 정하는 국제사법 조문은 아니었다. 일본 구 상법 제482조는 1899년 제정된 일본 구 상법 제258조와 동일하다. 후자는 이탈리아 구 상법 제230조 제4항을 계수한 것인데 이탈리아법은 1942년 구 민법 제2505조로 승계되었다가 1995년 전면개정된 이탈리아 국제사법 제25조 제1항 제2문으로 이동되었다고 한다. 황남석, "유사외국회사에 관한 고찰", 전남대학교 법학논총 제39권 제2호(2019. 5.), 166면 참조. 이탈리아 국제사법 제25조 제1항 제2문은 우리 국제사법 제16조 단서와 문언은 유사하나 이는 의사외국회사에 대하여 본거지

국제사법에 이러한 국제사법적 규범을 두는 것이 적절하고, 회사만이 아니라 기타 법인과 그 밖의 단체에 관하여도 거래의 안전을 보호할 필요가 있다는 이유로 이러한 취지를 국제사법에 명시하기로 하였다.[19]

　　주의할 것은, 제30조 단서는 설립준거법과 본거지법이 상이한 모든 경우에 적용되는 것이 아니라 그중에서 비교적 극단적인 사안, 즉 한국에 본거를 둔 의사(擬似)외국회사에만 적용된다는 점이다.[20] 주된 사무소를 한국이 아니라 준거법 소속국 이외의 제3국에 두는 경우까지 보호하도록 단서의 적용범위를 확장하자는 견해가 채택되지 않은 결과 제30조 단서는 일면적 저촉규정이 되었다. 따라서 이를 양면적(또는 전면적) 저촉규정으로 확대해석할 것은 아니다.[21] 만일 그렇게 확대해석한다면 설립준거법 소속국과 본거지가 상이한 많은 회사에 관한 한 본문이 설립준거법설을 취한 취지가 몰각될 것이기 때문이다. 이에 대해 어떤 견해를 취하는가에 따라, 중국회사의 한국거래소 상장 시 이용되는 방법, 즉 예컨대 중국회사가 직접 한국에 주권을 상장하는 것이 아니라 케이만아일랜드에 지주회사를 설립하고 그의 주권을 상장하는 경우 케이만아일랜드 지주회사(중국 자회사의 주식 100%를 보유하는)의 속인법이 달라질 수 있다.

　　결국 제30조는 이탈리아 국제사법(제25조 제1항)과 문면상 유사하다.[22] 또한 제30조의 태도는, 실질적인 외국관련이 있으면 설립준거법설을 취하고 외국관련

　　법설을 적용하는 것이 아니라 법인격을 승인하면서 이탈리아법을 보충적으로 적용하라는 취지로 보인다. Lombardo/Mucciarelli, Carsten Gerner−Beuerle *et al.* (eds.), The Private International Law of Companies in Europe (2019), p. 493.

19) 설립준거법설을 따를 경우 국제적 강행규정에 의한 특별연결을 고려해야 하는데 독일에서는 첫째, 거래의 안전, 둘째, 채권자의 보호와 셋째, 사원(특히 소수사원)의 보호가 그에 속한다는 견해가 유력하다. Kropholler, S. 575. 독일에는 그 밖에도 공동결정제가 있다.

20) 가장 극단적인 사안은 한국에 본거를 둔 회사가 외국과는 설립준거법 외에 아무런 관련이 없는 경우이다.

21) 전(양)면적 저촉규범으로 본다는 것은 예컨대 한국법에 따라 설립되었지만 어느 외국에 주된 사무소가 있거나 주된 사업을 하는 경우 당해 외국법을 적용하고, 나아가 A국법에 따라 설립되었지만 B국에 주된 사무소가 있거나 B국에서 주된 사업을 하는 경우 B법에 의한다는 의미이다. 안춘수, 1판, 207면은 이를 쌍방적 저촉규정으로 확대해석하는 것이 타당하다고 하였으나 안춘수, 214면에서는 그에 부정적인 견해를 취한다.

22) 그러나 국제사법 제30조 단서와 같은 사안의 경우 그 회사는 이탈리아에서 국내 회사 및 외국회사의 이중적 지위를 가진다고 한다. Peter Behrens, Connecting factors for the deter−mination of the proper law of companies, Festschrift für Ulrich Magnus zum 70. Geburtstag (2014), S. 365. 그렇다면 이는 우리 국제사법과는 다르다.

이 없으면 본거지법설을 취하는 Zimmer의 결합설(Kombinationslehre)과 유사하다고 볼 수 있으나,[23] 위에서 본 것처럼 더 극단적인 사안에만 적용한다는 점에서 차이가 있다.

흥미로운 것은 중국 섭외민사관계법률적용법이다. 동법 제14조는 법인 등의 준거법을 등록지법으로 하면서도 법인의 주된 영업지와 등기지가 일치하지 않는 경우에는 주된 영업지의 법률을 적용할 수 있다고 규정한다. 이는 설립준거법설과 본거지법설에 선택적으로 연결하는 것인데, 문제는 제14조가 중국 법원이 준거법을 선택함에 있어서 따라야 할 지침 내지 기준을 제시하지 않으므로 결국 법관이 재량으로 결정하게 되어 그 결과를 예측하기 어렵다는 점이다.

(4) 제30조 단서(본거지법설)의 적용과 엄격성의 완화

제30조 단서는 국제금융거래 등을 위해 조세피난처에 설립되는 특수목적회사와의 관계에서 문제를 제기한다. 즉, 국내 기업들은 금융상의 편의 등을 위하여 외국의 조세피난처에 특수목적회사를 설립하기도 하는데, 만일 그러한 회사가 한국에서 영업할 것을 주된 목적으로 하는 때에는 한국법에 의하므로 법인격이 부정될 가능성이 있다는 것이다.[24] 만일 그렇다면 위에서 설명한 바와 같이 국제사법에서 본거지법설을 취하지 않았던 하나의 이유, 즉 설립준거법 소속국과 본거지법 소속국이 일치하지 않는 외국법인의 경우 법인격이 부정될 가능성이 顯在化하게 되고, 그 결과 설립준거법설을 원칙으로 채택한 의미가 상당 부분 상실된다는 비판이 있을 수 있다.

그러나 제30조 단서가 없더라도 이러한 비판은 상법 제617조의 해석상 이미 있었던 것이고 국제사법에 의해 비로소 제기되는 문제는 아니다. 하지만 제30조 단서를 명시한 결과 문제가 보다 선명하게 부각되는 점은 사실이다. 즉, 상법 제617조(일본 구 상법 제482조와 유사)의 "같은 규정에 따라야 한다"의 의미에 관하여는 일본에서는 견해가 나뉘었으나 다수설은 회사의 설립부터 청산의 종결까지의

---

23) Daniel Zimmer, Internationales Gesellschaftsrecht (1996), S. 232ff.

24) 이런 회사를 의사(擬似)외국회사(pseudo-foreign company 또는 Scheinauslandsgesell-schaft)라고 부르기도 한다. 2011. 4. 14. 개정된 상법 제617조는 '유사외국회사'라는 제목 하에 "외국에서 설립된 회사라도 대한민국에 그 본점을 설치하거나 대한민국에서 영업할 것을 주된 목적으로 하는 때에는 대한민국에서 설립된 회사와 같은 규정에 따라야 한다"라고 규정한다. 표현만 달라졌을 뿐 구 상법과 실질은 같다. '유사'라는 표현이 잘못된 것임은 위에서 지적하였다.

모든 규정을 포함하는 것으로 이해하였고[25] 같은 취지의 하급심 판결[26]도 있었다. 우리나라에서도 과거 일본처럼 견해가 나뉘고 있다.[27] 일본의 다수설에 의하면, 그러한 외국회사는 일본(또는 한국)에서 다시 설립절차를 밟아 설립되지 않는한 법인격이 인정되지 않아 법인으로서 활동할 수는 없게 된다. 그러나 설립에 관한 규정을 제외하고 일본의 회사와 동일한 규정을 적용하면 족하다는 유력한 소수설도 있었다.[28]

반면에 상법 제617조와 달리 국제사법 제30조 단서는 해석상 별로 의문의 여지를 남기지 않는다. 왜냐하면 제30조는 법인 또는 단체의 준거법을 정한 조항이므로 제30조 단서의 경우 대한민국법에 의할 사항은 법인 또는 단체의 준거법에 의해 규율되는 사항이고 이는 결국 설립(법인격이 있기 위한 전제)부터 소멸까지의 모든 사항을 포함하기 때문이다. 이렇게 함으로써 외국 기업이 회사법적 규제가 느슨한 외국법에 따라 회사를 설립하고 한국에서 주된 영업을 하는 것을 근본적으로 막는 일반예방적 위하(威嚇)를 달성할 수 있다.[29]

---

25) 山田鐐一/佐野 寬, 國際取引法(1992), 51면. 신창선·윤남순, 229면 註 22도 "속인법에 의하여야 할 사항도 전부 한국법에 의하게 된"다고 하여 이 견해를 취한다. 다만 일본은 2004년 개정된 신회사법(제2조 제2호)에서 외국회사를, 외국의 법령에 준거해 설립된 법인 그 외의 외국의 단체이며, 회사와 동종의 것 또는 회사와 유사한 것"이라고 정의한다.

26) 東京地方裁判所 1954. 6. 4. 판결. 判夕40号, 73면.

27) 손주찬·정동윤(편집대표), 註釋 商法(VI)[會社(5)](1999), 255면; 한국상사법학회, 株式會社法大系Ⅲ(2013), 787면(김연미 집필부분).

28) 학설의 소개는 上柳克郎/鴻 常夫/竹內昭夫(編), 新版 注釋會社法 13(1990), 534-535면 참조. 권남혁, "外國會社의 國內法上의 地位", 會社法上의 諸問題[下] 재판자료 제38집(1987), 519면은 소수설을 따른다. 한국상사법학회, 株式會社法大系Ⅲ(2013), 788면(김연미 집필부분)은 다수설을 따르면서 국내회사법의 적용을 피하기 위하여 외국법에 따른 설립절차를 고의적으로 탈법한 경우에만 제617조를 적용하고, 단순히 한국 내 자산의 취득과 보유, 담보권의 취득과 실행, 독립적 국내 보조상을 통한 국내영업 등은 제617조의 적용대상이 아니라고 보거나, 아니면 소수설을 취하는 것이 적절하다고 한다. 일본 구 상법 제482조는 2005년 일본 회사법이 제정되면서 제821조(의사외국회사)가 되었는데, 그에 따르면 일본에 본점을 두거나 일본에서 사업을 행하는 것을 주된 목적으로 하는 외국회사(의사(擬似)외국회사)는 일본에서 거래를 계속할 수 없고(제1항), 이에 위반하여 거래를 한 자(대표자 등)는 그 상대방에 대하여 외국회사와 연대하여 당해 거래에 의하여 발생한 채무를 변제할 책임을 진다(제2항). 그러나 현행 일본 회사법하에서는 의사(擬似)외국회사도 법인격을 가지고 외국회사 등기를 할 수 있다(제818조 제1항, 제933조 제1항). 우리 법상의 구체적인 논의는 정동윤 집필대표, 주석 상법[회사VII], 제5판(2014), 52면 이하(천경훈 집필부분) 참조.

29) Peter Behrens, Das Internationale Gesellschaftsrecht nach dem Überseeing-Urteil des EuGH und den Schlussanträgen zu Inspire Art, IPRax (2003), S. 194. 김연·박정기·김인

요컨대 국제사법 제30조 단서의 결과 본거지법설을 따를 경우 국내기업들이 금융상의 편의 등을 위하여 외국의 조세피난처에 특수목적회사를 설립하고, 그러한 회사가 한국에서 주된 영업을 하는 경우에는 한국에서 설립절차를 다시 밟지 않는 한 법인격이 인정될 수 없고, 우리 법상으로는 민법상의 조합 또는 설립 중의 회사로 취급되거나, 만일 사단의 실체를 구비한다면 권리능력 없는 사단으로 취급될 것이다.[30] 따라서 실무상 위와 같은 목적으로 외국에 SPC를 설립하는 경우에는 한국에 본점을 두거나 한국에서 주된 사업을 하는 것으로 인정되지 않도록 주의할 필요가 있으나 실무상 이 점에 대한 인식이 부족한데, 제30조 단서는 사문화되었다는 주장도 있는 것 같다. 저자가 지적한 델라웨어주법에 따라 설립된 쿠팡, Inc.[31]와 유동화전업 외국법인에 관한 대법원 판결[32]의 사안을 제외하고는 그것이 적용된 사례는 알지 못한다.

어쨌든 이는 상법의 해석상 이미 존재했던 문제점이나, 국제사법 제30조 단서에 의해 더 명백하게 되었다. 다만 설립준거법설을 지지하는 입장에서는 제30조 본

유, 287면도 유사한데, 이런 취급은 프랑스 학설과 유사한 것으로 보인다. Behrens, S. 368. 즉 프랑스에서는 외국회사에 대해 프랑스 회사법을 적용하는 대신 법인으로 인정하지 않는다고 한다.

30) 예컨대 한국 내 자산을 유동화하기 위해 외국에 특수목적회사를 설립하고 그 회사가 자산을 보유하는 경우 그 회사가 한국에서 주된 영업을 한다면 단서가 적용될 것이나 논란의 여지가 있다. 일본의 논의는 김연미, "상법상 외국 회사의 지위", BFL 제42호(2010. 7.), 16면 참조.

31) 저자는 구 국제사법 제16조 단서의 사례로 쿠팡, Inc.의 문제를 다루었다. 2021년 3월 뉴욕 증시 상장을 위한 투자설명서를 보면 쿠팡, Inc.가 주된 사무소(principal executive office와 corporate headquarters)를 서울에 두었다. 아마도 과거 Coupang, LLC는 외국인투자 촉진법에 따라 당국에 외국인투자 신고서/허가신청서를 제출하였고, 사무실을 임차하기 위하여 계약을 체결하였을 텐데 그 맥락에서 한국에서 법인격이 문제 된다. 다만 Coupang, Inc.의 경우 1957. 11. 7. 발효된 "대한민국과 미합중국간의 우호·통상 및 항해조약"(제22조 제3항)이 "일방체약국의 영역내에서 관계법령에 기하여 성립한 회사는 당해 체약국의 회사로 인정되고 또한 타방체약국의 영역내에서 그의 법률상의 지위가 인정된다"라고 규정하므로 문제가 해결된다. 논점은 석광현, "쿠팡은 한국 회사인가-쿠팡의 뉴욕 증시 상장을 계기로 본 국제회사법-", 법률신문 제4870호(2021. 2. 25.), 11면; 석광현, 정년기념, 316면 이하 참조. 유사한 취지의 미독 조약의 조문(제25조 제5항)에 대하여 독일 연방대법원은 조약상의 저촉규범으로서 국내법에 우선한다고 판시하였다. 예컨대 BGH, 13. 10. 2004. JZ 2005, 298 = IPRax 2005, 340 참조. Jürgen Basedow, Aliens law, Encyclopedia, Vol. 1, p. 55는 위 판결이 외인법과 저촉규범으로서의 이중기능을 인정하였다고 평가한다.

32) 이는 대법원 2015. 10. 29. 선고 2013다74868 판결인데 그에 대한 비판은 석광현, "한국에서 주된 사업을 하는 외국회사의 법인격과 당사자능력: 유동화전업 외국법인에 관한 대법원 판결과 관련하여", 선진상사법률연구 제90호(2020. 4.), 33면 이하; 석광현, 정년기념, 300면 이하 참조.

문만 두고 단서는 삭제함으로써 설립준거법설로 일원화하자는 입법론이 있다.[33][34]

제30조 단서(본거지법설)를 엄격하게 적용하는 경우 발생하는 문제의 해결방안으로는 아래를 고려할 수 있다.

첫째, 제30조 단서를 적용한 결과를 완화하는 것이다. 즉 2002. 7. 1. 독일 연방대법원 판결[35]은 본거지법설을 완화하여 의사외국회사가 부존재하는 것으로 취급하는 대신 이를 사안에 따라 독일 민법상의 조합 또는 인적회사로 봄으로써 권리능력을(따라서 당사자능력도) 인정한 바 있다. 이를 '수정된(완화된) 본거지법설' 또는 '신본거지법설'이라고 하는데, 독일 연방대법원이 이를 채택한 이유는 전통적인 본거지법설에 따라 권리능력을 부정할 경우 본거지법설이 추구하는 보호목적(이는 회사와 거래하는 상대방의 거래이익)을 훼손하여 비생산적이고, 또한 당사자능력을 부정하는 것은 유럽인권협약에도 반한다는 것이다.[36] 다만 수정된 본거지법설을 취함으로써 본거지법설 고유의 보호목적을 충족하고 이를 공평하게 취급할 수 있다고 하나[37] 그에 따른 법률효과가 충분히 명확하지 않다는 비판이 있다.[38][39] 그 밖에도 그런 회사와 거래한 상대방을 보호하기 위해 권리외관이론을 원용하여 존재하지 않는 회사를 상대로 청구를 허용하거나, 법인격부인의 법리를 적용하는

---

33) 천경훈, "상법상 외국회사 규정의 몇 가지 문제점: 2011년 개정의 분석과 비판을 겸하여", 상사법연구 제32권 제4호(통권 제81호)(2014. 2.), 265면은 설립준거법설을 지지하면서 구 국제사법 제16조 단서를 삭제하고 본문만 두자고 주장하였다. 신창선·윤남순, 229면 註 22도 상법 제617조로써 우리나라에서의 거래 안전을 보호할 수 있다고 한다.

34) 자산유동화만을 생각한다면 그 경우 예외를 인정하기 위하여 자산유동화법에 "자산유동화업무를 전업으로 하는 외국법인에는 국제사법 제30조 단서를 적용하지 아니한다"라는 취지의 특례조항을 넣는 방안을 고려할 수 있으나, 단지 자산을 보유하기만 한다면 단서에 해당되지 않는다고 볼 수 있을 것이다. 석광현, 정년기념, 305면 이하 참조.

35) BGHZ 151, 204 = NJW 2002, 3539.

36) von Bar/Mankowski, Band II, §7 Rn. 137. 신본거지법설의 소개는 석광현, 정년기념, 292면 이하 참조.

37) von Bar/Mankowski, Band II, §7 Rn. 138f.; Junker, §13 Rn. 44. MünchKommBGB, Band 12, 7. Auflage (2018), Rn. 425, Rn. 486 (Kindler 집필부분)도 수정된 본거지법설을 지지한다.

38) 예컨대 공개회사에 적용될 수 있는지 기타 세부적 법률효과가 불분명하다는 점을 지적한다. von Bar/Mankowski, Band II, §7 Rn. 143f.

39) 더욱이 민법상 조합으로서 권리능력을 인정하기 어려운 우리 법상으로는 법인격을 인정하지 않는다면 그 법률효과가 더욱 애매하게 된다. 저자는 우리 법상으로는 민법상의 조합 또는 설립 중의 회사로 취급되거나, 만일 사단의 실체를 구비한다면 권리능력 없는 사단으로 취급될 것이라는 견해를 피력하였는데(석광현, 제2권, 341면) 그에 따르면 권리능력을 인정할 수는 없다. 따라서 우리가 독일 이론을 그대로 따르기는 어렵다.

경우와 유사하게(설립준거법에 따라 법인격을 부인할 사안은 아니더라도) 사원 또는
실제 행위자에게 책임을 부담시키는 견해도 있다.[40] 요컨대 독일의 수정된 본거
지법설을 따르면 회사의 권리능력은 유지될 수 있으나 사원은 유한책임을 주장할
수 없게 된다.

둘째, 단서가 적용되는 경우 그 회사와 거래한 상대방을 보호하기 위해 권리
외관이론을 원용하여, 존재하지 않는 회사를 상대로 청구를 허용하거나, 법인격부
인의 법리를 적용하는 경우와 유사하게(엄밀하게는 설립준거법에 따라 법인격을 부인
할 사안은 아니더라도) 사원 또는 실제로 행위한 자에게 책임을 물을 수 있다는 견
해[41]를 따르는 것이다.[42]

(5) 제30조 단서를 삭제하는 경우 발생하는 문제

문제는 제30조 단서를 삭제할 경우 발기인들이 회사법상 규제가 매우 느슨한
외국법에 따라 법인을 설립하고 한국에서 주된 사업을 할 가능성이 있는데 그 경
우 상법 제617조 이하의 규정이 외국회사에 대하여 거래 안전을 위한 적절한 통
제 수단인가라는 점이다. 만일 그것으로 부족하다면 그 경우 국제적 강행규정에
의한 특별연결을 고려해야 하는데 그 경우 거래 안전, 채권자 보호와 사원(특히 소
수사원) 보호 등이 문제 될 것이다.[43]

위와 같은 문제점을 고려한다면 일본 회사법처럼 개정하는 방안도 고려할 수
있다. 다만 이는 외국회사의 법인격을 인정하면서 영업활동에 대하여 일본 회사
법을 적용하여 규제하는 방안으로 외인법적 접근방법이다.

한 가지 지적할 것은, 가사 제30조 단서를 삭제하여 설립준거법설로 일원화
하더라도 상법 제617조와의 관계가 문제 된다는 점이다. 회사법의 논점에 관하여
국제사법에 따라 속인법인 설립준거법이 규율하는 사항과 한국 상법이 규율하는
사항이 분열되는데 양법의 규율범위를 정확히 획정하기 어렵다. 예컨대 주식회사

---

40) Kropholler, S. 573.

41) Kropholler, S. 573.

42) 이와 달리 제30조 단서의 해석상 한국에서 주된 영업활동을 하는 의사외국회사의 법인격은
인정하면서 마치 상법 제617조의 해석상 과거 소수설처럼 해석하는 방안도 주장될 여지는
있다.

43) Kropholler, S. 575. 물론 독일에 특유한 문제로 근로자의 공동(의사)결정제가 있다. 최흥섭,
239면은 상법 제614조 이하를 국제적 강행규정으로 보는 것 같아 흥미로운데, 이는 외인법
의 법적 성질과도 관련된 문제이다.

라면 권리능력의 범위와 주식은 델라웨어주법에 따르는데 만일 한국에서 상장한
다면 델라웨어주법이 정한 차등의결권주식을 발행할 수 있는지 궁금하다(상장규정
상 제한은 논외로 하고).

어쨌든 제30조를 개정하더라도 상법 제617조가 여전히 적용된다면 일원화의
목적 달성을 할 수 없으므로 제617조의 범위를 명확히 하는 작업과 병행하여야
한다. 물론 제30조 단서를 삭제하면서 일본처럼 상법 조문을 개정한다면[44] 그런
문제는 발생하지 않는다. 다만 이는 외국회사의 법인격을 인정하면서 영업활동에
대하여 일본 회사법을 적용하는 외인법적 접근방법이다.

(6) 미국의 이른바 'outreach statute'에 관한 논의

국제사법 제30조 단서에서 보는 바와 같은, 거래 안전 등을 이유로 설립준거
법설을 제한하려는 태도는 미국에서도 보인다. 즉, 미국의 많은 회사는 델라웨어
주법에 따라 설립되는데, 미국에서는 회사의 속인법에 관하여 설립준거법설[45]을 따
르므로 다른 주의 법원들은 회사법상의 쟁점에 관하여 델라웨어주법을 적용한다.
그런데 이에 반발한 일부 주, 예컨대 캘리포니아주 회사법(California Corporations
Code) 제2115조는 다른 주에서 설립된 회사이더라도 두 가지 요건[46]을 구비함으
로써 캘리포니아에서 중대한 영업접촉(significant business contacts)을 확립한 때에
는 캘리포니아주가 그 회사의 내부사항을 규율할 권리가 있음을 명시한다. 따라
서 캘리포니아주 법원에서 회사법적 쟁점이 다투어지는 경우 법원은 델라웨어주
법에 따라 설립된 회사에 대하여도 캘리포니아주법을 적용할 수 있다. 이를 둘러

---

44) 일본의 개정 회사법(제821조)에 따르면 일본에 본점을 두거나 일본에서 사업을 행하는 것을
   주된 목적으로 하는 외국회사(의사(擬似)외국회사)는 일본에서 거래를 계속할 수 없고(제1
   항), 이에 위반하여 거래를 한 자(대표자 등)는 그 상대방에 대하여 외국회사와 연대하여 당
   해 거래에 의하여 발생한 채무를 변제할 책임을 진다(제2항). 그러나 일본 회사법 하에서는
   의사(擬似)외국회사도 법인격을 가지고 외국회사 등기를 할 수 있다(제818조 제1항, 제933
   조 제1항). 우리 법상의 구체적인 논의는 정동윤 집필대표, 주석 상법[회사VII], 제5판
   (2014), 52면 이하(천경훈 집필부분) 참조.
45) 미국에서는 이를 'internal affairs doctrine (IAD)'이라고도 한다. 이를 '내부문제(또는 사항)
   의 법리'라고 부를 수 있다.
46) 첫째는 그 회사 영업의 50%를 초과한 부분이 캘리포니주에서 이루어져야 한다(영업은 주내
   자산, 매출수입과 임금배분 등에 의해 산출된다)는 것이고, 둘째는 캘리포니아에 등록주소를
   둔 사람들이 의결권 있는 주식의 50%를 초과하여 보유하여야 한다(다만 연방증권거래소에
   상장된 주식을 가진 회사는 제외)는 것이다.

싸고 캘리포니아주와 델라웨어주 간에 논쟁이 발생하였고 위헌 시비도 제기되었다. 델라웨어주 법원은 캘리포니아주법이 연방헌법에 반한다고 선언하지는 않았지만 그의 합헌성을 의문시하였다.[47]

(7) 그 밖의 거래보호의 필요성

연구반초안(제18조 제2항)은 거래의 안전을 보호하기 위하여 스위스 국제사법(제158조)의 예에 따라 "상대방의 상거소 또는 주된 사무소를 가지는 국가의 법이 인정하지 아니하는 능력의 제한 또는 그 기관 또는 대리인의 대표권 또는 대리권의 제한을 주장할 수 없다"라는 취지를 명시하였으나,[48] 거래보호에 관하여는 자연인에 관한 국제사법 제29조 제1항(구 국제사법 제15조 제1항에 상응)을 유추적용할 수 있고, 또한 그렇게 하는 것이 더 바람직하다는 이유로 별도의 규정을 두지 않았다. 그러나 법인의 경우 행위능력의 제한 문제는 현실적으로는 그 기관 또는 대리인의 대표권 또는 대리권의 제한의 경우에 제기될 것이라는 점을 고려한다면 명시적인 규정을 두는 것이 바람직했을 것으로 생각된다. 이러한 견해를 관철하지 못한 것은 국제사법의 규정방식과 스위스 국제사법의 규정방식 간의 구체적인 차이 및 양자의 장단점에 대한 충분한 검토가 이루어지지 않았기 때문이라고 할 수 있다.

"상사회사의 행위능력은 그 영업소 소재지법에 의한다"라는 섭외사법 제29조는 삭제되었으므로 국제사법하에서는 회사의 행위능력은 원칙적으로 설립준거법에 의하고, 거래보호를 위하여 필요한 경우에는 제29조 제1항이 유추적용될 수 있을 뿐이다. 그러나 상대방이 법률행위 당시 그의 무능력을 알았거나 알 수 있었을 경우에는 상대방은 보호받을 수 없다(제1항 단서).

이와 같이 거래보호에 관한 제29조는 법인 등의 경우에도 원용할 수 있다. 그렇게 하기 위해서는 법률행위를 한 자와 상대방이 동일한 국가 안에 있을 것이 요구되는데, 법인의 경우 법인을 위하여 실제로 법률행위를 한 대표자 또는 대리

47) VantagePoint Venture Partners 1996 v. Examen, Inc., 871 A.2d 1108, 1116 (2005). 위 논쟁에 관하여는 Matt Stevens, Internal Affairs Doctrine: California Versus Delaware in a Fight for the Right to Regulate Foreign Corporations, 48 B.C.L. Rev. 1047 (2007) 참조. 독일 문헌은 Werner Ebke, Internationale Gesellschaftsrecht, Werner F. Ebke/Siegfried H. Elsing/Bernhard Großfeld/Gunther Kühne (Hrsg.), Das deutsche Wirtschaftsrecht unter dem wachsenden Einfluss des US−amerikanischen Rechts (2010), S. 186ff. 참조.
48) 연구반초안해설, 43면.

인을 기준으로 판단해야 한다. 여기에서 동일한 국가라 함은, 정확히는 어떤 법이 통용되는 영토적 단위(즉 법역)를 말한다. 예컨대 뉴욕주와 캘리포니아주라면 동일한 국가가 아니다. 그 경우 국적이 연결점은 아니므로 국제사법 제16조가 곧바로 적용되지는 않으나 동조를 유추적용하여 그와 같이 해석해야 할 것이다.

주목할 것은, 위에서 보았듯이 스위스 국제사법(제158조)에 따르면 법률행위 당시 행위자와 상대방이 동일한 국가에 있을 요건은 요구되지 않으므로 우리 국제사법보다 그 적용범위가 더 넓기에 그 경우 그 상대방이 제한을 알았거나 또는 알 수 있었을 경우에 해당하는지가 중요한 쟁점이 된다는 점이다.[49]

(8) 제30조가 적용되는 단체의 범위

제30조는 조문이 명시하는 바와 같이 법인과 단체에 적용된다. 따라서 법인격이 있는 회사에 적용됨은 의문이 없고, 법인격이 없는 회사(또는 단체)에도 적용된다. 예컨대 독일의 합명회사(OHG)와 합자회사(KG), 영미의 partnership의 경우처럼 법인격이 없는 회사와 권리능력 없는 사단의 경우 '법인격이 없는 인적 결합(nichtrechtsfähige Personenverbindungen)'으로서 제30조에 따라 준거법을 결정해야 한다.[50] 또한 미국의 어느 주법에 따라 설립된 partnership이 당해 주법상 법인격이 없다면 한국에서도 법인격을 가질 수는 없고, limited partner가 당해 주법상 유한책임을 진다면 이는 당해 주법에 의할 사항이므로 우리나라에서도 유한책임이 인정될 것이다. 독일법에 따라 설립된 합자회사(KG)의 경우에도 마찬가지이다.

이에 대하여 독일의 합명회사는 독일법상 권리능력이 없지만 한국의 합명회사는 법인이라는 점에 주목하여, 만일 독일의 합명회사가 한국에서 거래를 하는 경우에는, 외국인이 대한민국에서 법률행위를 한 경우에 있어서 그가 본국법에 의하면 행위무능력자이더라도 한국법에 의하여 행위능력자인 때에는 이를 행위능력자로 본다는 취지의 섭외사법(제6조 제2항. 국제사법 제15조 제1항에 상응)을 유추적용하여 이 거래에 대해서는 권리능력자로 취급할 수도 있다는 견해가 있다.[51]

---

49) 우리나라에서 이 점이 문제된 사안은 알지 못한다.

50) 스위스 국제사법(제150조 제1항)도 "이 법률의 의미에 있어서의 단체라 함은 조직된 인적 결합체(organiserte Personenzusammenschlüsse)와 조직된 재산통일체를 말한다"라고 하는데, 그에는 법인격 없는 인적 결합과 영미의 partnership 또는 business association이 포함된다. Zürcher Kommentar/Vischer, Art. 150 Rn. 6.

51) 이호정, 253면.

하지만 만일 이러한 결론을 인정한다면 설립준거법에 따라 사원들이 의무를 부담할 사항에 대해 합명회사 자체가 마치 권리능력자인 것처럼 의무를 부담하게 되는데, 실제로 어떻게 그것이 가능한가라는 의문이 생긴다. 즉, 행위능력의 경우에는 일방당사자의 행위능력이 없거나 제한되더라도 그를 행위능력자로 취급하여 문제 된 행위를 취소하거나 무효라고 주장할 수 없도록 하는 점에서 거래 안전을 보호하는 것이 가능하다. 또한 권리능력의 경우에도 예컨대 권리능력 외의 행위를 한 경우 이를 권리능력 범위 내의 행위로 인정함으로써 거래 안전을 보호할 수 있다. 그러나 여기에서와 같이 권리능력 자체가 부정되는 때에는 권리능력을 인정하는 것은 논리적으로 불가능하므로 국제사법 제29조 제1항(섭외사법 제6조 제2항과 구 국제사법 제15조 제1항에 상응)을 그런 경우에까지 유추적용하는 것은 무리라는 것이다. 따라서 독일의 합명회사가 법률행위를 한 경우에는 원칙으로 돌아가 독일법이 정하는 바에 따라 합명회사의 사원들이 의무를 부담한다고 볼 수 있을 것이다.[52]

여기에서 '단체'라 함은 사단과 재단을 포함한다. 단체를 일반적인 의미, 즉 사람들의 결합인 '인적 단체(Personenverband)'라는 의미로 사용하면 재단을 포함하지 않겠지만, 단체를 '결사체(Vereinigung)'라는 광의로 사용하면 재단도 포함한다.[53] 종래 국제사법(제30조)에서 말하는 단체는 사단과 재단을 포함하는 것으로 이해되고 있다.

제30조에서 말하는 단체의 개념과 관련하여 '조합'에도 제30조가 적용되는지가 문제 된다. 조합은 우리 민법에서 보듯이 계약이므로, 조합원들 간의 내부적인 관계는 국제계약에 관한 국제사법 제45조 이하에 의하여야 할 것이나, 조합이 조합원들 간의 개별적 권리·의무에 그치지 않고 조합계약에 따라 그 자신의 조직을 가지는 경우에는 조합에 대해서도 제30조가 적용된다고 보는 견해가 가능하다.[54] 또는 조합의 내부관계는 계약에 의하고, 외부관계는 제30조에 의한다는 견

---

52) 상세는 석광현, 제2권, 201면 참조. 그러나 이에 대하여는 아래와 같이 반론을 할 수 있다. 첫째, 독일의 수정된 본거지법설에 따르더라도 권리능력을(그리고 당사자능력도) 인정하므로 위의 경우 권리능력을 인정하는 것이 논리적으로 불가능한 것은 아니다. 둘째, 본거지법설을 따라서 능력을 부정하는 경우에도 권리외관이론을 원용하여, 존재하지 않는 회사를 상대로 청구를 허용할 수 있다고 하였으니 여기에서도 안 된다고만 할 이유는 없다.

53) 송호영, 법인론 제2판(2015), 25면.

54) 이호정, 252면 참조. Kegel/Schurig, S. 590. 스위스 국제사법 제150조는 이런 접근방법을 따른다. 동조에서 말하는 'Gesellschaft' 또는 'société'는 단체라고 번역한다.

해도 가능할 것이다.[55] 근자에는 우리 민법상 조합은 국제사법상 명시되는 '단체'의 개념에 포섭되기 어려우므로 법인과 단체에 관한 준거법 조항이나 국제재판관할 조항은 조합에 관하여 적용되기 어렵다면서 이는 기본적으로 국제사법상 계약에 관한 규율에 따라 처리할 것이라는 견해[56]도 있다.

어느 견해에 의하든, 국제사법이 법인 및 단체의 속인법에 관하여 원칙적으로 설립준거법설을 취했으므로 조합이 국제계약법에 따르는지 아니면 국제단체법에 따르는지의 구별은 실익이 크지는 않으나 전혀 없는 것은 아니다.

실제로 조합의 준거법은 예컨대 국제적으로 흔히 행해지는 조인트벤처계약(합작투자계약) 또는 주주간계약(shareholders agreement)[57]의 준거법과 관련하여 문제 된다. 조인트벤처계약을 계약의 문제로 성질결정한다면 당사자자치가 타당하므로 당사자들은 그 준거법을 자유롭게 지정할 수 있는 데 반하여, 이를 단체의 문제라고 본다면 합작투자회사의 설립준거법과 동일한 준거법을 합작투자계약의 준거법으로 지정해야 하기 때문이다. 조인트벤처계약은 계약의 문제로 성질결정하는 것이 일반적이고[58] 따라서 당사자자치의 원칙이 타당하다고 본다. 다만 그렇더라도 경계획정의 어려움을 고려하여 합작투자회사의 설립준거법 소속국법을 그 준거법으로 지정하는 것이 실무의 경향이다. 즉 예컨대 외국 회사와 한국 회사가 조인트벤처계약(합작투자계약)을 체결하고 한국에 주식회사를 설립하는 경우

---

55) 이종혁, "국제물품매매협약(CISG)의 직접적용에 관한 우리 재판례에 대한 관견", 국제사법연구 제27권 제1호(2021. 6.), 254면 註 88은 조합의 준거법에 관한 우리 학설을 아래와 같이 정리한다(국제사법 조문으로 수정함). ① 제30조에 의한다는 견해(신창선·윤남순, 232면; 신창섭, 206면(다만 조직 내부관계에는 제30조의 유추적용 인정); 안춘수, 215면 이하) ② 제45조, 제46조에 의한다는 견해(이필복, "법인과 단체의 실체적, 절차적 준거법", 국제사법연구 제25권 제2호(2019), 97면), ③ 내부관계는 제45조, 제46조에 의하고 외부관계는 제30조에 의한다는 견해와 ④ 조합이 개별적 권리의무의 형성에서 나아가 조합계약에 따른 독자적인 조직을 가지는 경우에는 법인의 속인법에 의한다(그 단계에 이르지 못한 경우는 계약의 준거법에 따른다)는 견해(이호정, 252면)가 그것이다. 저자는 과거 ③과 ④가 가능하다고 쓰면서 실익은 크지 않다고 썼다.

56) 한승수, "개정 국제사법과 조합에 관한 槪說", 국제사법연구 제29권 제1호(2023. 6.), 345면 이하 참조.

57) 주로 국내계약을 다룬 것이기는 하나 주주간계약의 내용은 김성민, M&A 계약의 해부: 주식매매계약서 및 주주간계약서의 작성 방법과 유의사항(2024), 290면 이하 참조.

58) 대법원 2007. 9. 6. 선고 2005다38263 판결은 합작투자계약이 본질적으로 조합계약이라고 판시하였다. 정재오, 조인트벤처(2017), 137면은 우리 법상 조인트벤처는 재산 없는 내적 조합이라고 본다. 독일에서도 조인트벤처계약을 민법상의 조합 그중에서도 내적 조합으로 성질결정하는 견해가 유력하다. Reithmann/Martiny/Göthel, Rn. 6.2613.

실무상 통상은 한국법을 조인트벤처계약(합작투자계약)의 준거법으로 지정한다. 하지만 논리적으로는 양자의 준거법을 달리 정할 수 없는 것은 아니다.[59]

제30조는 법인에 적용되므로 사단법인뿐만 아니라 재단법인에도 적용된다. 나아가 위에서 본 것처럼 제30조는 권리능력 없는 사단에도 적용되고 경우에 따라서는 조합에도 적용될 수 있는데, 문제는 권리능력 없는 재단에도 적용되는가이다. 권리능력 없는 재단이 단체라면 당연히 이를 당연히 긍정할 수 있으나 권리능력 없는 재단이 단체인지는 단체의 개념정의[60]에 따라 달라진다. 그러나 제30조의 체계상 그것이 재단법인에도 적용되므로 법인격이 없는 재단에도 적용될 수 있다고 본다(가사 재단이 단체가 아니라는 견해를 취하더라도 그렇게 볼 수 있을 것이다).[61]

(9) 속인법이 규율하는 사항의 범위(또는 속인법의 적용범위)

과거 위원회에서는 법인과 단체의 준거법이 규율하는 사항의 범위, 즉 속인법의 적용범위를 규정할 것인지에 관하여 논의하였으나 구 국제사법에서 준거법의 적용범위에 관하여 별도의 규정을 둔 예가 없고, 이는 학설·판례에 의해 해결할 수 있다는 이유로 규정을 두지 않기로 하였다. 국제사법도 이런 태도를 유지한다.

사견으로는 회사의 속인법은 회사의 설립, 권리능력의 유무와 범위, 행위능력, 조직과 내부관계, 사원의 권리와 의무 및 사원권의 양도,[62] 합병 등 회사의 설립부터 소멸까지 법인 또는 단체의 모든 사항을 규율한다.[63] 이와 달리 회사의

---

59) 제30조 단서가 적용되는 사안에서는 회사의 속인법(한국법)과 조인트벤처계약의 준거법(설립준거법인 외국법)이 상이하게 될 것이다. 다만 조인트벤처계약 또는 주주간계약의 준거법이 외국법이더라도 회사의 속인법인 한국 회사법의 강행규정은 배제되지 않으므로 그에 반하는 범위 내에서는 계약으로서 효력이 없을 것이다. 예컨대 최문희, "이사회의 권한에 관한 주주간 계약의 효력과 미국 Moelis 판결", 법률신문 제5210호(2020. 9. 19.), 10면 소개 참조 (주주간계약이 이사회의 권한을 침해하는 범위 내에서는 효력이 없다). 이는 문제가 된 쟁점이 계약법의 대상이 아니라 결국 (국내적) 강행규정인 회사법의 대상이기 때문이지, 회사법의 관련 규정이 국제적 강행규정이기 때문이 아니다.

60) 위에서 보았듯이 단체를 결사체라는 광의로 사용하면 재단도 당연히 그에 포함되나, 일반적인 의미, 즉 사람들의 결합인 인적 단체라는 의미로 사용하면 포함되지 않는다. 송호영(註 53), 25면은 단체는 'Verband', 영리 아닌 목적으로 결합된 사단을 'Verein'이라고 소개하고, 독일어의 Körperschaft(조합은 포함하지 않는 단체)를 '사단체'라고 번역한다.

61) 신창선·윤남순, 232면; 최흥섭, 240면도 동지.

62) 전에도 밝힌 바와 같이, 사원권의 양도는 속인법에 따르나 그 법에 따라 사원권을 표창하는 주권의 교부가 필요하다면 후자는 유가증권 자체의 준거법, 즉 주권 소재지법에 따른다. MünchKomm/Kindler, Band 11, IntGesR, Rn. 611, 612.

속인법의 적용범위는 회사의 내부사항(internal affairs), 즉 조직법상의 문제에 한정된다는 견해도 있으나[64] 이는 적절하지 않다. 왜냐하면 회사의 속인법이 회사의 내부사항 내지는 조직법상의 문제를 규율함은 물론이나, 회사의 채권자에 대해 회사재산만이 책임재산이 되는지의 여부와, 회사의 채권자에 대한 사원의 개인적인 책임의 유무 등도 회사의 속인법에 따를 사항임은 의문이 없는데, 이를 회사의 내부사항이라고 볼 수는 없기 때문이다.[65] 예컨대 계약 또는 불법행위에 의하여 회사가 채무를 부담하는 경우 회사의 주주가 그에 대해 개인적으로 채무 또는 책임을 부담하는지는 회사의 속인법에 의한다는 것이다.[66] 대법원 2018. 8. 1. 선고 2017다246739 판결도 구 국제사법 제16조 본문의 적용범위는 법인의 설립과 소멸, 조직과 내부관계, 기관과 구성원의 권리와 의무, 행위능력 등 법인에 관한 문

---

63) 스위스 국제사법 제155조는 법적 성질, 성립과 소멸, 권리능력과 행위능력, 명칭 또는 상호, 조직, 내부관계, 특히 단체와 그 구성원과의 관계, 단체법적 규정의 위반에 기한 책임, 단체의 채무에 대한 책임과 단체의 조직에 기하여 행위하는 자의 대리를 단체의 준거법이 규율하는 사항으로 열거하는데 이는 우리 국제사법의 해석론으로서도 대체로 타당하다. 따라서 출자자의 주식 등이 외국법인이 발행한 것이라면, 구 국세기본법 제40조 제1항 제2호에서 법인의 제2차 납세의무 성립요건 중 하나로 정한 '법인의 정관에 의하여 출자자의 주식 등의 양도가 제한된 경우'에 해당하는지는 원칙적으로 회사의 속인법에 따라 판단하여야 한다. 실제로 종합소득세부과처분 취소 등 사건에서 대법원 2024. 9. 12. 선고 2021두51881 판결은, 원심은 외국법인인 원고의 정관을 해석하면서 우리 상법이 그 준거법이 된다는 전제에서 상법을 적용하여 판단하였으나, 원고 정관의 해석 및 효력 문제는 특별한 사정이 없는 한 구 국제사법 제16조 본문에 따라 원고의 설립준거법인 홍콩법에 의하여 확정하여야 한다고 판시하면서 원심판결(서울고등법원 2021. 8. 27. 선고 2020누57686 판결)을 파기하고 자판하였다.

64) 오승룡, "국제상사법", 국제사법연구(1999), 403면; 김태진(註 15. BFL), 21면. 물론 독일의 분화설은 외부관계와 내부관계를 구분하는 점에서 유사한 면이 있으나 이 견해는 바로 그 이유 때문에 비판을 받고 있다.

65) 널리 수용되고 있지는 않지만, 근자에는 투자설명서의 부실기재에 따른 책임 기타 발행인의 책임에 대해서도 설립준거법설을 적용해야 한다는 주장도 있다. Wolf-Georg Ringe/Alexander Hellgardt, Transnational Issuer Liability after the Financial Crisis: Seeking a Coherent Choice of Law Standard, Duncan Fairgrive/Eva Lein (eds.), Extraterritoriality and Collective Redress (2012), para. 22.01 이하 참조. 상세는 이종혁, "국제적 증권공모발행에서 투자설명서 부실표시책임의 연구—준거법 결정원칙을 중심으로—", 서울대학교 대학원 법학박사학위논문(2019. 6.); 이종혁, 국제자본시장법시론-국제적 증권공모발행에서 투자설명서책임의 준거법-(2021) 참조(이하 후자를 인용한다).

66) 속인법의 적용범위를 회사의 내부사항에 한정하는 위 견해는 그 경우 계약 또는 불법행위의 준거법이 주주의 개인적인 채무 또는 책임의 유무를 규율한다고 보는지 아니면 이를 어떻게 설명하는지 궁금하다.

제 전반을 포함하는 것으로 보아야 한다고 판시하고, 나아가 "법인의 구성원이 법인의 채권자에 대하여 책임을 부담하는지 및 책임을 부담한다면 범위는 어디까지인지 등에 관하여도 해당 법인의 설립준거법에 따라야 한다"라고 명확히 판시하였다.

물론 회사의 모든 대외적 관계가 속인법에 따르는 것은 아니고 계약이나 불법행위와 같이 회사의 행위로 인하여 형성되는 법률관계는 각 그 준거법에 따르므로 그 경계를 획정해야 한다. 논자에 따라서는 회사의 법률행위적인 대외관계는 그것이 법인이라는 속성으로부터 특별관계(Sonderbeziehung)가 발생하는 범위 내에서만 속인법에 따른다고 설명하기도 한다.[67][68]

실무상 주목할 것은, 주식과 이를 표창하는 유가증권을 대상으로 하는 약정담보물권은 담보대상인 권리의 준거법에 의하므로(제37조) 결국 회사의 속인법이 주식과 주권의 약정담보물권의 준거법이 된다는 점이다.

또한 종래 실무상 한국 회사가 외국에서 유로채(Eurobond) 등의 사채(나아가 외국채 또는 국제채)를 발행하는 경우 준거법의 적용범위가 논의되고 있는데, 실무는 이 경우 사채에 화체된 사채권자의 권리와 사채관리회사(구 상법상 수탁회사) 및 사채권자집회에 관한 사항은 모두 사채의 준거법에 따를 사항이므로 그의 준거법이 외국법인 경우 상법은 적용되지 않는다는 견해를 따랐다.[69] 준거법이 뉴

---

67) 석광현, "한국에서 주된 사업을 하는 외국회사의 법인격과 당사자능력: 유동화전업 외국법인에 관한 대법원 판결과 관련하여", 선진상사법률 제90호(2020. 4.), 44면 참조. 상법 제401조가 정한 주식회사 이사의 제3자에 대한 책임 등도 법인의 기관이 법인 또는 구성원을 상대로 단체법적 규정에 기하여 부담하는 책임의 요건과 효과이므로 법인의 속인법에 의하여 규율된다는 견해도 있다. 이필복, "법인과 단체의 실체적, 절차적 준거법", 국제사법연구 제25권 제2호(2019. 12.), 110면. 그러나 김태진, "대표소송·다중대표소송에 관한 국제회사법적 검토─해외자회사 이사를 상대로 한 다중대표소송 可否에 관한 試論을 겸하여─", 경영법률 제34집 제3호(2024. 4.), 277면 註 88은 상법 제401조의 법적 성격을 불법행위책임의 특칙 또는 특수불법행위로 보면서 그에 대하여 의문을 표시한다.

68) 근자에는 상법(제406조의2)이 개정되어 주주대표소송의 원고적격이 확장된 새로운 소송제도인 다중대표소송이 도입되었다. 동조 제1항은 "모회사 발행주식총수의 100분의 1 이상에 해당하는 주식을 가진 주주는 자회사에 대하여 자회사 이사의 책임을 추궁할 소의 제기를 청구할 수 있다"라고 규정한다. 다중대표소송의 절차법적 측면은 사법정책연구원, 다중대표소송에 관한 연구(2021) 참조.

69) 석광현, 제1권, 615면 이하 참조. 진전된 논의는 석광현, 제3권, 587면 이하 참조. 일본법을 준거법으로 하는 사무라이채의 발행 시 일본 상법의 적용 여부, 특히 사채권자집회 및 사채관리회사의 설치강제에 관하여는 江頭憲治郎, "商法規定の國際的適用關係", 國際私法年報 第2号(2000), 141면 이하 참조. 투자자가 사채를 간접보유하는 경우 발행회사에 대한 관계에서 누가 사채권자인지 다투어진 사건이 있다. 대법원 2010. 1. 28. 선고 2008다54587 판결

욕주법인 해외사채를 발행한 한국전력공사가 사채발행조건의 변경을 위하여 사채
권자집회 결의허가를 신청한 사건에서 서울지방법원 2002. 9. 25.자 2002비합37
결정은, 사채조건의 추가, 삭제, 변경과, 사채발행조건의 변경을 위하여 사채권자
집회를 여는 것은 사채에 관한 채권·채무의 변경을 위한 절차에 관한 것이어서
결국 계약법적 문제에 귀착되므로 사채권자집회에 관한 사항도 당사자의 계약이
나 사채의 준거법에 따라 해결할 사항이라고 보고 그 부분에 대한 신청을 기각하
였다. 이는 종래의 실무와 부합하는 판단으로서 정당하다. 그런데 우리나라도 일
본을 따라 2011년 4월 상법 개정을 통하여 사채관리회사제도를 도입하였으므
로70) 개정 상법하에서 위 논점들을 다시 검토할 필요가 있으나 별로 달라질 것은
없는 것으로 보인다.

　한 가지 흥미로운 것은 권리와 의무의 부분적 포괄승계71)가 발생하는 회사분
할의 경우이다. 저자는 회사의 합병에 관한 논의가, 비록 범위는 제한되더라도 회사
의 물적 분할의 경우에도 원칙적으로 타당하거나 유추적용될 수 있다고 본다.72)

은 "내국법인이 기명식 해외전환사채를 영국법을 준거법으로 하여 발행하면서 외국법인을
수탁자로 하는 신탁계약을 체결하고 그에 따라 유럽포괄사채권을 발행한 사안에서, 위 사채
의 청산기관에 계좌를 개설한 계좌보유자들과 다시 계좌를 개설한 개인 투자자 등은 발행회
사에 대하여 사채권자의 지위에 있다거나 직접 금전지급청구권이 있음을 주장할 수 없다"라
는 취지로 판시하였다. 평석은 심인숙, "회사분할시 유로본드 투자자의 법적 지위", 민사판
례연구 제32집(2010), 697면 이하(이는 원심판결의 평석이다); 오영준, "유럽포괄사채권이
발행된 기명식 해외전환사채에 관한 법률관계 ― 대상판결: 대법원 2010. 1. 28. 선고 2008
다54587 판결 ― ", BFL 제44호(2010. 11.), 85면 이하; 장근영, "외화증권 예탁법제에 관한
개선방안", 증권법연구 제13권 제3호(2012), 229면 이하; 허항진, "외국법을 준거법으로 발
행한 포괄사채권의 사채권자와 사채권의 행사주체", 상사판례연구 제23권 제3호(2010), 171
면 이하; 천창민, "외화증권 예탁법리의 정립 방향에 관한 고찰: 대법원 2010. 1. 28. 선고
2008다54587 판결에 대한 평석을 겸하여", 국제사법연구 제20권 제2호(2014. 12.), 123면
이하 참조. 대법원 판결은 투자자의 사채권자 지위를 부정하였는데 이런 결론은 타당하다.
허항진, 천창민과 장근영은 모두 대법원판결의 결론은 지지하나 준거법의 판단이 잘못되었
다고 비판한다. 김건식·정순섭, 제4판, 692면 註 68은 다른 각도에서 쓴다. 구 증권거래법이
적용되지 않는다는 점에 대해 신탁이 아니라는 이유로 타당하다는 취지이므로 논점이 다르다.
70) 해설은 권종호, "사채관리회사제도의 운영상의 쟁점과 과제", 상사법연구 제31권 제2호(통권
제75호)(2012), 181면 이하 참조.
71) 분할합병이 문제 된 대법원 2011. 8. 25. 선고 2010다44002 판결에서 대법원은 분할 또는
분할합병으로 인한 권리의무의 승계는 포괄승계라는 취지로 판시하였다. 다만 여기의 포괄
승계는 상속·합병에서와 같은 의미의 포괄승계는 아니고, 분할계획 또는 계약에서 정해진
것은 개개의 재산별 이전행위를 요하지 않고 일괄하여 이전된다는 의미이다. 이철송, 회사
법강의 제31판(2023), 1178면.

(10) 법인격부인론과 대법원판결의 국제사법적 사고의 빈곤[73]

법인격부인론을 최초로 도입한 것으로 평가되는 대법원 1988. 11. 22. 선고 87다카1671 판결은 홍콩인들이 편의치적에 의해 설립한 리베리아(또는 라이베리아) 회사의 법인격을 부인하였다. 즉, 섭외사법하에서 선고된 위 대법원판결은 홍콩인들이 편의치적에 의해 설립한 리베리아 회사의 법인격을 부인하였는데, 문제

---

72) 따라서 비록 중국 회사법상 회사의 물적 분할제도가 없더라도, 중국법이 합병과 같은 권리 의무의 포괄승계라는 법리를 아는 이상 총괄준거법인 속인법상의 법률의 규정에 의한 권리의 부분적 포괄승계가 이루어지는 경우 그 효과를 인정해야 하고, 다만 개별준거법상 포괄승계를 제3자에게 대항하거나 처분하기 위하여 당국의 허가나 등기·등록이 필요한 경우 그 요건이 구비되어야 한다. 중국 회사법이 알지 못하는 외국회사의 물적 분할이 있는 경우, 중국 국제사법상으로도 적응(adaptation. 또는 조정)의 법리에 의하여 문제를 해결할 가능성을 충분히 예상할 수 있다. 우리 법제가 알지 못하는 '낯선 법현상(fremdartige Rechtserscheinungen)'과 조우하는 경우 우리는 적응의 법리에 따라 준거법하에서와 유사한 실질법상의 효과를 부여할 수 있고 또한 부여해야 하기 때문이다. 따라서 회사의 합병의 경우 중국법이 규율하는 재산(예컨대 동산, 부동산)에 대한 물권과 저작권이 중국에서 승계될 수 있다면 그러한 법리가 회사의 물적 분할에도 (유추)적용될 수 있을 것이다. 그런데 중국 법원들이 국제사법적으로 유연한 해결방안을 취하여 한국법상 발생한 부분적 포괄승계의 효과를 중국법상으로도 인정하고 있으므로 중국 회사법이 회사의 물적 분할제도를 모른다는 이유만으로 중국법상 부분적 포괄승계의 효과를 부정할 이유는 전혀 없다. 대법원 2024. 5. 9. 선고 2020다250561 판결은 아래의 취지로 판시하였다. "저작재산권 승계의 원인이 된 법률관계인 이 사건 물적 분할은 법인의 설립에 관한 것이므로 구 국제사법 제16조 본문에 따라 피고 설립의 준거법인 대한민국의 상법이 준거법이 된다. 분할로 신설된 회사는 분할회사의 권리와 의무를 분할계획서에서 정하는 바에 따라 승계하므로(상법 제530조의10), 특별한 사정이 없는 한 피고가 분할계획서에서 정한 대로 소외 회사의 중국 내 저작재산권을 승계한다고 볼 여지는 있다. 그렇지만 소외 회사의 중국 내 저작재산권의 이전이 가능한지 여부와 그 이전과 귀속에 어떠한 절차나 형식의 이행이 필요한지 여부 등의 법률관계에 관하여는 구 국제사법 제24조에 따라 보호국법이 준거법이 되는데, 뒤에서 보는 바와 같이 이 사건에서 보호국법은 중국의 법률이므로, 중국의 법률을 적용하여 위 사항을 판단해 보아야 한다." 위 판결 선고 전 논점의 소개와 검토는 이주연, "국제 저작권침해소송에서 준거법 문제", 특별소송실무연구회, 특별법연구 제18권(2022), 542면 이하 참조.

73) 문제점의 지적은 석광현, "외국회사의 법인격 부인(否認)", 법률신문 제3680호(2008. 9. 8.), 15면 참조. 상세는 김태진, "법인격부인론에 관한 국제사법적 검토", 국제사법연구 제14호(2008), 209면 이하 참조. 이병화(註 3), 405면 이하도 참조. 미국법의 태도는 King Fung Tsang, Applicable Law in Piercing the Corporate Veil in the United States: A Choice with No Choice, Journal of Private International Law, Vol. 10 No. 2 (2014), p. 227 이하 참조. 이는 미국 법원이 보충적 규칙으로서 법정지법을 적용하고 있음을 비판하고 설립준거법설을 적용하되, 필요한 경우 예외를 허용할 것을 제안한다. 법인격부인론은 국제재판관할의 맥락에서도 문제 된다. 장준혁, "미국 재판관할법상의 법인격부인론", 국제사법연구 제22권 제2호(2016. 12.), 333면 이하 참조.

는 위 사건에 있어 법인격이 부인된 회사가 리베리아 회사였으므로 법인격을 부인하기 위해 리베리아 회사법과 한국법 중 어느 법을 적용할 것인가라는 국제사법적 고려가 선행되었어야 한다는 점이다. 대법원판결은 위 사건에서 아마도 법인격부인의 준거법을 한국법으로 본 것으로 짐작되나 만일 그렇다면 그 근거를 제시했어야 한다.

그 후 대법원 2006. 8. 25. 선고 2004다26119 판결에서는 한국 회사(KT)의 필리핀 자회사의 법인격부인이 문제 되었는데, 대법원은 법인격을 부인하지는 않았지만 추상적 법률론으로 객관적 요건과 주관적 요건을 요구하였다. 나아가 대법원 2006. 10. 26. 선고 2004다27082 판결은 한국 회사의 브리티시 버진아일랜드 자회사의 법인격을 부인하였다. 그런데 위 사건들에서도 대법원은 외국회사의 법인격부인 여부 판단 시 '준거법'을 고려하지 않았다. 이는 대법원의 국제사법적 사고의 빈곤을 보여주는 예이다.[74]

외국회사의 법인격부인이 문제 되는 사안이라면 법원으로서는 우선 법인격부인의 준거법을 결정하고, 그 준거법에 따라 법인격부인을 위한 요건의 구비 여부와 효력을 판단하여야 한다. 구 국제사법(제16조)의 해석상 제3자가 회사의 채무에 관하여 사원에게 책임을 물을 수 있는지, 즉 책임실체파악은 원칙적으로 회사의 속인법(즉 원칙적으로 설립준거법)에 따를 사항이다. 왜냐하면 법인격부인은 법인과 그의 배후에 있는 사원 간의 '법적 분리의 원칙'[75]에 대한 예외를 인정하는 것이므로, 이는 문제 된 종류의 단체에 대하여 법인-사원의 법인격 분리를 인정하고, 그러한 단체의 조건을 설정한 법질서만이 결정할 수 있는 사항이기 때문이다. 즉, 법인격부인에 대해 그 법질서가 전적으로, 또는 가장 커다란 이해관계를 가진다.[76]

---

74) 상세는 석광현, 제2권, 212면 이하 참조.
75) 분리의 원칙에 관한 우리 문헌은 송호영(註 53), 28면 참조. 송호영(註 53), 225면은 실정법과의 조화를 강조하면서 정의, 형평과 신의칙 등 추상적 논리에서 근거를 찾기보다는 문제된 사례에 적용될 수 있는 규범을 먼저 찾고 여의치 않은 경우 신의칙을 통하여 가능한 유사규범의 합리적 해석을 통하여 문제를 해결하자는 독일의 규범적용설이 우리 법에도 적합하다고 한다.
76) 다만 우리가 볼 때 당해 사안에서 법인격이 부인되어야 마땅함에도 불구하고 속인법이 법인격부인을 전혀 허용하지 않는다면 우리의 공서가 개입할 수 있고, 그 경우 대법원판례가 정립한 법인격부인의 법리가 적용될 수 있다. 이처럼 공서위반을 이유로 하는 외국법의 적용배제는 외국법에 최소한으로 간섭하는 것이어야 하므로 설립준거법 소속국에 법인격부인의 법리가 있다면 그를 적용해야지 우리 법리를 대폭 동원하거나 공서를 원용할 것은 아니다.

주목할 것은 부산지방법원 2008. 11. 13. 선고 2007가단105286 판결이다. 이는 법인격의 부인에 의한 책임귀속의 문제는 법인의 속인법(屬人法)에 따라 결정되어야 한다고 판시하였다.[77] 그 후 서울중앙지방법원 2013. 8. 23. 선고 2012가합10763 판결과 서울고등법원 2013. 9. 6. 선고 2012나65098 판결도, 법인격부인 여부는 구 국제사법 제16조에 따라 회사의 설립 준거법에 의하여 판단하여야 한다고 판시한 바 있다. 그러던 중 대법원은 일제강점기 징용피해자들이 일본 회사들을 상대로 미지급임금과 손해배상을 청구한 사건에서 과거 구 회사가 전후에 설립된 신 회사와 동일한 법인인지를 판단하는 준거법은 설립준거법 또는 본거지법인 일본법이라고 보면서, 일본법을 적용한 결과가 한국의 공서에 반한다는 이유로 일본법의 적용을 배척하고 대신에 한국법을 적용하여 양자를 동일한 법인으로 인정하였다.[78] 이 점에서 위 대법원 판결은 외국회사의 법인격부인에 대하여 당연히 한국법을 적용하던 과거의 판례에 비하면 진일보한 것이다.

그러나 법인격부인의 문제가 항상 회사의 속인법에 따르는 것은 아니다. 종래 실질법상 법인격부인의 유형론이 유력한데, 독일과 일본에서는 국제사법상으로도 유형별로 상이한 연결원칙을 정하는 견해가 유력하다. 문제는 실질법상 법인격부인의 유형론이 다양하고 국제사법상으로도 견해가 나뉘며, 실질법상의 유형화와 국제사법상의 유형화가 동일하지 않다는 점이다. 예컨대 자회사가 계약을 체결하였으나 여러 사정에 비추어 모회사가 계약의 당사자로 인정되는 사안과 같이, '법인격부인'이 아니라 '당사자 확정'의 문제로 해결할 사안도 있는데, 그 경우 계약의 효과가 누구에게 귀속하는가의 문제는 계약의 해석을 통해 결정할 사항이므로 문제 된 계약의 준거법에 따른다. 앞으로 법인격부인이 문제 되는 사안을 유형화함으로써 정치한 법리를 발전시킬 필요가 있다.

이에 대하여, 종래에는 법인격부인을 속인법의 문제로 보아 일률적으로 해결하고자 하였으나 법인격부인의 법리는 법인격의 존부를 문제삼는 것이 아니라 어

또한 법인격부인의 법리를 국제적 강행법규라고 보는 견해도 가능하나 이처럼 준거법소속국의 법인격부인의 법리를 적용해야 한다고 보는 저자는 이를 지지하지 않는다.

[77] 저자의 문제 제기를 계기로 상법학자들이 법인격부인의 준거법을 소개하기 시작한 점도 주목할 만하다. 예컨대 이철송(註 71), 51면 참조.

[78] 대법원 2012. 5. 24. 선고 2009다22549 판결(미쓰비시 사건); 대법원 2012. 5. 24. 선고 2009다68620 판결(신일본제철, 정확히는 신일철주금 사건). 김건식, "법인격과 법인격 부인법리 —우리 판례를 중심으로—", BFL 제69호(2015. 1.), 33면은 이를 법인격부인의 준거법을 일본법이라고 본 것으로 소개한다.

느 특정사안에서 회사의 법인격을 부인하고 그 배후의 자에게도 책임을 묻기 위한 것이므로 구체적인 사안별로 준거법을 결정해야 한다면서 조금 더 많은 판례가 축적된 후 이를 유형화하여 입법을 하는 것이 바람직하다는 견해[79]가 있다. 위에 적은 것처럼 우리 법원은 법인격부인에 대하여 속인법에 관계없이 한국법을 적용하였고 비교적 근자에 이르러 비로소 속인법을 적용하기 시작하였으므로 속인법을 일률적으로 적용하였다는 비판은 다소 지나치다. 다만 위 견해가 유형화의 필요성을 지적하는 것은 타당하다. 아직 이 점에 대하여는 문제의식과 연구가 부족하므로 현재로서는 법인격부인의 준거법을 입법하는 것은 시기상조이고 당분간 판례와 학설의 발전에 맡기는 편이 적절하다.

(11) 업무집행 지시자의 책임의 준거법

실무상 논란이 있는 또 다른 논점 중의 하나는 구 상법 제401조의2가 정한 업무집행 지시자 등의 책임이었다. 즉 구 상법은 이사의 제3자에 대한 책임을 정한 제401조에 이어서 업무집행 지시자(즉, 회사에 대한 자신의 영향력을 이용하여 이사에게 업무집행을 지시한 자와 이사가 아니면서 명예회장 · 회장 · 사장 · 부사장 · 전무 · 상무 · 이사 기타 업무를 집행할 권한이 있는 것으로 인정될 만한 명칭을 사용하여 회사의 업무를 집행한 자 등)는 악의 또는 중대한 과실로 인하여 그 임무를 해태한 때에는 이사처럼 제3자에 대하여 연대하여 손해를 배상할 책임이 있다고 규정하였다. 문제는 업무집행 지시자의 책임에 관한 상법 규정이 외국회사에도 적용될 수 있는가이다. 대법원 2006. 8. 25. 선고 2004다26119 판결은 외국 자회사(한국 회사의 필리핀 현지법인)에 대해 지시를 내린 한국 회사인 모회사가 구 상법 제401조의2상의 업무집행 지시자에 해당한다고 판시하였는데, 이는 외국회사인 자회사에 대하여도 동조가 적용되는 것을 전제로 업무집행 지시자로서의 모회사의 책임을 인정한 것이다.[80] 그러나 법원으로서는 우선 구 상법 제401조의2에 따른 업무집행 지시자의 책임의 성질을 결정하고 그 준거법을 결정했어야 한다. 만일 유력설처럼[81] 이를 회사법이 특별히 정한 법정책임이라고 성질결정하고, 위 대법원 판결의 설

---

79) 정병석, "해상법 분야의 국제사법 준거법 조항 개정을 위한 입법론적 검토", 국제사법연구 제28권 제1호(2022. 6.), 730면.

80) 다만 당해 사안에서 구 상법 제401조의2에 따른 책임은 부정되었다. 현행 상법 제401조의2는 문언이 조금 달라졌으나 위에서 논의하는 국제사법적 논점은 다를 바 없다.

81) 이철송(註 71), 841면 참조.

시처럼 회사의 기관으로서 인정되는 직무상 충실 및 선관의무 위반의 행위로 인한 것으로 파악한다면 이는 회사의 속인법이 규율할 사항이므로 설립준거법이 외국법인 자회사에 대하여 상법을 적용할 것은 아니었다고 본다.[82]

(12) 국제회사법과 국제자본시장법

회사에 관하여 보면 제30조는 국제회사법의 연결원칙을 정한 것이다. 외국회사의 한국거래소 상장 시 상장 및 자본시장 관련 국내규범에는 ① 회사법, ② "자본시장과 금융투자업에 관한 법률"(자본시장법)과 ③ 거래소 상장규정[83]이 있는데, 대부분의 국가는 이처럼 3층으로 구성된 규범을 잘 결합함으로써 소기의 목적을 달성하고 그들 간의 상호 저촉과 중첩을 피하도록 설계한다.[84][85]

실질법상 회사법과 자본시장법이 구별되듯이 국제사법의 맥락에서도 국제회사법과 국제자본시장법을 구별할 필요가 있다. 국제적인 적용범위의 맥락에서 바라보면 상장규정의 적용범위는 그 자체에 의하여 비교적 명확히 규정된다.

위에서 본 것처럼 회사의 속인법은 회사의 설립, 권리능력의 유무와 범위, 행위능력, 조직과 내부관계, 사원의 권리와 의무 및 사원권의 양도, 합병 등 회사의 설립부터 소멸까지 법인 또는 단체의 모든 사항을 규율한다. 한편 자본시장법은 대체로 투자자의 보호와 자본시장의 건전한 발전을 목적으로 한다. 회사법과 자본시장법의 적용범위는 각각 국제회사법과 국제자본시장법의 법리에 의하여 규율

---

82) 회사법상의 법정책임의 준거법 결정이 문제 되는 사안은 다중대표소송의 경우도 있다. 학설과 논의는 김태진, "대표소송·다중대표소송에 관한 국제회사법적 검토─해외자회사 이사를 상대로 한 다중대표소송 可否에 관한 試論을 겸하여─", 경영법률 제34집 제3호(2024. 4.), 279면 이하 참조. 준거법에 관하여 위 김태진, 279면은 일본 문헌을 참조하면서 ① 모회사 속인법설, ② 자회사 속인법설, ③ 모회사와 자회사의 속인법 분할적용설, ④ 모회사와 자회사의 속인법 중첩적용설을 소개한 뒤 ③을 지지한다. 그에 따르면 통상의 대표소송처럼 자회사 속인법에 의하여 주주가 대표소송을 제기할 수 있는지를 판단하여 모회사가 자회사의 주주로서 대표소송제기권이 인정되는 것을 전제로 다시 모회사를 위하여 모회사의 주주가 다중대표소송을 제기할 수 있는지는 모회사 속인법에 의한다고 본다.

83) 우리나라에서는 한국거래소의 유가증권시장상장규정 및 코스닥시장상장규정 등을 말한다.

84) Ian MacNeil and Alex Lau, International Corporate Regulation: Listing Rules and Overseas Companies, 50 International and Comparative Law Quarterly (2001), p. 787 이하 참조.

85) 그 밖에도 우리나라에서 주권을 발행한다면 주권에 대한 국제물권법적 문제가 있으므로 어떤 쟁점이 어느 영역의 법에 속하는가를 판단하고 그의 준거법에 따라 해결하여야 한다. 다만 간접보유증권에 대한 국제적 증권거래에서는 증권에 대한 물권적 문제는 별 의미가 없다.

되므로 양자의 경계를 적절히 획정할 필요가 있는데, 이는 성질결정의 문제이다. 기본적으로 자본시장의 신뢰성이나 안정성을 보호하거나 투자자보호와 관련되는 것은 국제자본시장법의 쟁점이라고 할 수 있다. 국제자본시장법의 논점은 다양한데,[86] 자본시장법의 역외적용을 정한 제2조의 문제도 그의 일환으로 검토할 필요가 있다. 이는 아래 특수불법행위에 관한 부분(제52조)에서 논의한다.

 우리 국제사법을 포함하여 대부분의 국제사법은 자본시장법 쟁점의 연결원칙을 명시하지 않는다.[87] 그 이유는 자본시장법의 규율대상이 다양하고 그 법리가 아직 충분히 발전되지 않은 탓이다. 그러한 쟁점은 성질결정에 따라 불법행위 등 전통적 연결원칙에 의하여 연결해야 하나, 근자에 유럽에서는 대상을 유형화하여 각각 연결원칙을 정립하려고 노력하는 중인데, 일부 영역(내부자거래나 공개매수 등)에서는 통일적 연결원칙이 도입되었다. 그런데 우리 자본시장법(제2조)은 역외적용을 명시하므로 그것이 준거법의 결정에서 가지는 의미를 분석할 필요가 있다. 자본시장법은 공법적 성질을 가지는 '자본시장질서법'(또는 '자본시장조직법')과 사법적 성질을 가지는 '자본시장거래법'으로 구분된다. 자본시장거래법에는 거래소 내외에서 행해지는 거래가 포함되고 이는 대체로 국제사법규칙에 따라 결정되는 준거법에 의해 규율된다. 또한 자본시장규제는 그 성질에 따라 ① 공법적 규제를 내용으로 하는 행정규제(상장 허용 여부 포함), ② 행정규제 기타 자본시장법 위반으로 인한 민사책임을 규율하는 민사규제와 ③ 행정규제 위반에 대한 형사처

---

86) 국제자본시장법의 다양한 논점은 석광현 · 정순섭, "국제자본시장법의 서론적 고찰: 역외적용 및 역외투자자문업자 등의 특례를 중심으로", 증권법연구 제11권 제2호(2010. 8.), 27면 이하; 석광현, "동시상장 기타 자본시장 국제화에 따른 국제사법 문제의 서론적 고찰", 국제사법연구 제20권 제2호(2014. 12.), 29면 이하; 석광현, 제6권, 337면 이하; 이종혁, 국제자본시장법시론－국제적 증권공모발행에서 투자설명서책임의 준거법－(2021); 석광현 · 이종혁, 온주 자본시장과금융투자업에관한법률 제2조, 2024. 7. 11. 자본시장법 [6] 이하 참조. 다양한 논점은 허항진, 국제증권시장의 법과 실무(2009) 참조. 이 책은 국제증권거래 내지는 국제자본시장법에 관한 다양한 논점을 모은 점에서는 큰 의의가 있으나 그 책이 제시하는 해결방안들은 더 면밀하게 검토할 필요가 있다. 천창민, "외국주식의 상장과 투자자 보호에 관한 고찰", 민사판례연구 제35집(2013), 991면 이하는 국제공개매수와 기타 국제증권거래의 준거법 논점을 다루고 있다. 독일의 논의는 우선 Dorothee Einsele, Kapitalmarktrecht und Internationales Privatrecht, Rabels Zeitscrhift 81 (2017), S. 781ff. 참조. 근자에 활발히 논의되는 ESG는 다양한 법 분야와 관련되는데 일차적으로 회사법 및 자본시장법(특히 공시의무)과 밀접하게 관련된다. 그렇다면 이에 관한 법제의 차이는 국제회사법과 국제자본시장법의 쟁점을 제기할 것이나 구체적 내용은 각국의 입법에 따라 결정될 것이다.

87) 스위스 국제사법은 제156조에서 규정을 두고 있다.

별을 내용으로 하는 형사규제로 구성되는데, 대체로 ①과 ③은 자본시장질서법에, ②는 자본시장거래법에 속한다. 그런데 적용범위의 결정에 있어 각 분야는 상이한 원리를 따르므로 자본시장법의 국제적 적용범위와, 역외적용을 명시한 자본시장법 제2조가 가지는 의미도 분야별로 논의하여야 한다.

(13) 상법 회사편의 국제적 적용범위

상법 중 상장회사에 관한 특례규정, 즉 상장회사의 지배구조에 관한 규정(제3편 제4장 제13절 상장회사에 대한 특례. 제542조의2 이하)은 2009년 상법에 편입되었다. 이제는 우리나라에 상장된 외국회사들도 여럿 있는데, 문제는 이러한 특례규정이 속인법이 외국법인 외국회사에는 적용되지 않는지(1설), 상장회사인 한 회사의 속인법에 관계없이 적용되는지(2설), 아니면 개별조문의 취지에 따라 달리 해석할지(3설)가 분명하지 않다는 점이다. 엄밀히 말하면 이는 국제사법의 문제가 아니라, 상법에 포함된 외인법의 문제이다.

우리 상법은 원칙적으로 회사의 속인법이 우리 법인 경우에 적용되므로 1설이 설득력이 있다고 보나,[88] 만일 속인법이 한국법인 경우에만 적용된다는 견해를 취하지 않는다면 입법론적으로는 제13절의 관련 규정이나 외국회사에 관한 제6장(즉 제614조 이하)에 제13절의 적용범위를 명시하는 것이 옳았을 것이다. 논리적으로는 우리나라에 상장하는 외국회사에 대하여 속인법의 강행규정에 반하지 않는 범위 내에서 상장규정을 통하여 상법을 준수하도록 하는 것은 가능하고, 우리 실무도 그런 원칙을 따르고 있는 것으로 보이는데, 문제는 그 경우 속인법의 강행규정에 반하는지 여부의 판단이다.

자본시장법은 외국회사에 대한 특례를 두어 해결하므로(예컨대 제165조, 제165조의2 제1항 참조) 그에 관한 한 이런 문제는 원칙적으로 제기되지 않는다. 그러나 자본시장법의 조문 중에도 외국회사에의 적용 여부가 문제 되는 조문들이 없지는

---

88) 이 점은 석광현, "상장회사에 관한 상법의 특례규정과 國際私法的 思考의 빈곤: 외국회사를 중심으로", 법률신문 3895호(2010. 12. 9.), 14면에서 지적하였다. 그러나 장영수, "외국 기업의 국내 공모 및 상장에 따른 제반 법률문제", BFL 제42호(2010. 7.), 78면; 김연미, "상법상 외국 회사의 지위", BFL 제42호(2010. 7.), 10면은 2설을 취한다. 한국거래소의 실무도 동지로 보인다. 즉, 한국거래소는 상법상의 상장회사에 관한 특례규정과 상장규정에서 정한 제반 상장요건 등을 반영하여 상장예정 외국 기업의 정관개정사항을 표준화하여 시장에 제시한다고 한다. 위 장영수, 78면. 하지만 상법규정에 따라서는 상법의 다른 조항에 대한 특례로 규정하므로 반드시 그렇게 보기는 어렵다.

않다(예컨대 제320조 참조).

(14) 국제적 기업집단[89]의 문제

상법 제342조의2 제1항은 자회사가 모회사의 주식을 취득하는 것을 금지하는데, 실무상 논란이 있는 쟁점은 외국회사인 자회사에게도 위 금지가 적용되는가이다. 우선 생각할 수 있는 견해는 외국회사인 자회사에 대하여는 상법이 적용되지 않는다는 것이다. 그러나 자회사의 모회사주식 취득을 금하는 이유는 모회사에 대해 자기주식 취득과 같은 효과가 있기 때문이라는 것이므로[90] 모회사가 한국회사라면 외국회사인 자회사가 모회자주식을 취득하는 것은 본조의 적용대상이나, 반대로 한국회사인 자회사가 외국의 모회사주식을 취득하는 것은 본조의 적용범위 외라고 보게 된다.[91] 이에 따르면 위 조항은 모회사의 속인법이 우리 법인 경우에 적용된다는 것인데 이는 설득력이 있어 보이나 논란의 여지가 있다. 외국자회사의 모회사주식 취득은 특히 삼각합병(triangular merger)[92]의 경우에 이용된다.

한편 주식법(AktG)(제15조부터 제22조, 제3편 제291조부터 제328조)에 결합기업에 관한 체계적 규정을 두는 독일에서는 지배 · 종속의 관계에 있는, 속인법을 달리하는 복수 법인 간에 발생하는 저촉법적 문제를 국제콘체른법으로 다루는데 그 경우 종속기업의 속인법에 의하는 것을 원칙으로 한다.[93] 따라서 독일 주식법 제

---

89) 독일과 일본에서는 기업집단 대신 '결합기업(verbundene Unternehmen)'이라고 한다. 최문희, "기업집단에서 종속회사의 채권자보호의 법리", BFL 제59호(2013. 5.), 38면.

90) 이철송(註 71), 435면. 자회사 또는 손회사로 외국회사가 개입하는 경우 상호주보유(나아가 순환출자)의 제한 여부와 위반 시 의결권의 제한 등의 효과는 제한의 근거, 어느 회사의 의결권이 제한되는지, 설립준거법인 외국법의 태도 등을 고려하여 판단할 필요가 있다. 국제적 상호주보유의 효과는 우선 이철송(註 71), 443면 참조.

91) 이철송(註 71), 437면; 김태진(註 15. BFL), 23−24면; 송종준(註 15), 22면 참조. 독일 주식법 제71d조도 상법 제342조의2와 유사한 취지의 규정을 두고 있는데, 그의 해석과 관련하여 MünchKomm/Kindler, Band 11, IntGesR, Rn. 808도 위와 유사한 태도를 취한다.

92) 삼각합병이란 합병의 대가로 모회사의 주식을 제공하는 경우의 합병을 말한다. 이 경우 실질적으로 타회사가 자회사가 된다.

93) 이에 관하여는 MünchKomm/Kindler, Band 11, IntGesR, Rn. 756ff. 참조. 우리 문헌은 우선 이병화(註 3), 409면 이하 참조. 실질법의 비교법적 검토는 송옥렬 · 최문희, "기업결합에 대한 회사법적 규율의 국제적 동향 및 상법상 도입방안", 서울대학교 금융법센터(2012); 김건식, 회사법 연구 I (2011), 322면 이하 참조. 개관은 천경훈, "기업집단의 법적 문제 개관", BFL 제59호(2013. 5.), 6면 이하 참조.

3편은 자회사가 독일회사인 경우에 적용된다. 그러나 이는 실질법상 콘체른을 경제적 단일체로 파악하는 독일 특유의 사회경제적 배경을 전제로 하는 것이므로[94] 우리가 독일식의 국제콘체른법을 바로 도입할 수는 없을 것이다. 국제콘체른법의 연결원칙, 국제콘체른의 준거법이 규율하는 사항의 범위와 국제콘체른법과 국제회사법의 관계 등에 관하여 더 관심을 가질 필요가 있다.

(15) 회사의 조직변경과 국제적 합병

근자에는 회사의 본거를 다른 국가로 옮기거나, 속인법이 다른 회사 간에 이루어지는 국제적 조직변경('조직재편'이라고 부르기도 한다) 또는 합병에 수반되는 국제사법 논점이 다루어지고 있다.[95] 스위스 국제사법(제161조 이하)은 회사의 본거의 이동(Sitzverlegung)에 관하여 1989. 1. 1. 시행 당시부터 국내로의 이동과 외국으로의 이동으로 나누어 규정을 두었고, 국제적 합병에 관하여는 2004. 7. 1. 조문(제163a조부터 제163d조)을 신설하여 외국으로부터 스위스 국내로의 합병과, 스위스로부터 외국으로의 합병으로 구분하여 합병의 준거법과 합병계약의 준거법 등을 규율하고 있다.[96] 나아가 회사의 분열과 재산의 이전에 대하여는 합병에 관한 규정을 유추적용하고, 그 밖의 점에 관하여는 분열하는 또는 재산을 이전하는 회사의 준거법에 따른다(제163d조). 그러나 종래 우리 회사법상으로는 외국회사와 우리 회사 간의 합병은 허용되지 않는다는 견해가 유력하다.[97]

(16) 회사법 쟁점의 성질결정을 잘못한 하급심 판결의 소개[98]

베트남 유한회사의 지분을 양도하는 계약을 체결한 당사자 간에 지분양도의

---

94) 김순석, "결합기업의 회사법상 쟁점에 관한 검토", 상사법연구 제32권 제1호(2013. 5.), 81면.

95) 이에 대하여는 우선 MünchKomm/Kindler, Band 11, IntGesR, Rn. 854ff. 참조. 우리 문헌은 김태진(註 15. BFL), 25면; 김화진, "독일의 기업금융과 자본시장의 최근 변화 ― 우리나라 기업금융과 자본시장 제도 개선에의 시사점 ― ", 서울대학교 법학 제43권 제2호(2002. 6.), 46면 이하도 참조. 후자는 다이믈러(독일 회사)와 크라이슬러(미국 회사) 합병사례를 소개하면서 그 과정에서 세계 최초로 등장한 글로벌 주식(Global Registered Share: GRS)(신설 독일 회사인 다이믈러―크라이슬러의 주식)과, 독일과 미국 양국의 법제의 차이에서 발생하는 다양한 문제를 어떻게 해결하였는지를 소개한다.

96) 소개는 Florence Guillaume, The Law Governing Companies in Swiss Private Interna―tional Law, YBPIL Vol. 6 (2004), p. 279 이하 참조.

97) 김태진(註 15. BFL), 25면; 김화진·송옥렬(註 11), 85면.

98) 상세는 석광현, 정년기념, 321면 이하 참조.

유효성, 원상회복 여부 등에 관한 분쟁이 발생하였다. 지분양도계약의 준거법이 베트남법이더라도 양도인인 한국 주식회사가 회사의 의사결정을 위하여 한국 상법이 정한 주주총회의 특별결의를 거쳐야 하는지는 회사법이 규율할 사항이다. 이는 계약의 문제가 아니라 회사의 문제이기 때문이다.[99]

그런데 서울고등법원은 아래 판결에서 설령 지분양도계약의 준거법이 베트남법이라고 하더라도 한국 상법이 정한 주주총회의 특별결의를 거쳐야 하는지는 한국법이 규율한다고 제대로 판단하였는데, 흥미로운 것은 그 근거를 회사법상의 문제라는 성질결정에서 구하는 대신 주주총회 특별결의를 거치도록 규정한 구 상법 제434조가 국제적 강행규정이라는 데서 구하였다. 즉 서울고등법원 2017. 1. 17. 선고 2016나2015158 판결은 아래와 같이 판시하였다.

> "설령 이 사건에 적용되어야 할 준거법이 베트남 법이라고 하더라도, 원고의 청구원인 중 한국 구 상법 제374조 제1항 제1호 위반을 이유로 한 부분에 관하여는 한국 법률이 그대로 적용되어야 한다. 왜냐하면 [구] 국제사법 제7조는 국제적 강행규정의 강행적 적용을 규정하고 있는데, 구 상법 제374조 제1항 제1호는 '회사가 영업의 전부 또는 중요한 일부의 양도' 행위를 할 때에는 동법 제434조에서 정하는 주주총회 특별결의를 거치도록 규정하고, 이는 회사의 수익의 원천이 되는 영업의 전부 또는 일부를 주주총회의 특별결의에 의하여만 양도될 수 있도록 함으로써 주주권을 보호하고 회사의 계속기업으로서의 존속을 보장하고자 하는 취지이므로 '국제적 강행규정'이라고 봄이 상당하기 때문이다. 그렇게 보지 않는다면, 한국 회사의 주요 자산을 해외로 처분하면서 그 양도계약의 당사자가 구 상법 제374조 제1항 제1호과 같은 규정이 없는 국가의 법을 준거법으로 선택할 경우 위 조항의 적용이 배제되어 그 입법목적을 달성할 수 없게 되는바, 이러한 결과는 한국 회사법 질서의 근간을 해하는 것으로서 그대로 용인될 수 없다."

그러나 위 사안에서 주주총회의 특별결의요건을 정한 한국 상법은 회사법이 규율할 사항이기 때문에 그 준거법으로서 적용되는 것이지, 법정지의 국제적 강행규정으로서 적용되는 것이 아니다. 위 서울고등법원의 판시는 국제사법상 성질결정을 오해한 것으로 잘못이다.[100]

---

99) 한국의 구 상법이 적용되는 경우 주주총회의 특별결의 없이 한 지분양도계약의 유효성을 규율하는 준거법은 논란의 여지가 있으나(결국 한국 상법에 따른다), 위 판결은 그것이 아니라 그에 앞서 지분양도계약의 준거법이 베트남법인 경우 구 상법의 적용 여부의 문제를 다룬 것이다. 석광현, 정년기념, 343면 이하 참조.

(17) 국제회사법과 국제계약법

계약의 준거법은 국제계약의 성립, 해석, 유효성과 효력을 규율한다. 우리 국제사법(제45조 이하)은 국제계약의 준거법에 관하여 '당사자자치의 원칙'을 채택하고, 당사자가 준거법을 지정하지 않은 경우 계약과 가장 밀접한 관련이 있는 국가의 법을 준거법으로 지정하면서, 법관의 판단을 돕기 위해 유럽공동체의 1980년 로마협약을 본받아 '특징적 이행'에 기초한 추정을 도입하였다.

국제계약법과 국제회사법의 접점에서 의미 있는 것은 사채 발행과 투자자 보호의 문제이다. 사채의 준거법을 논의함에 있어서는 사채권이 표창하는 권리의 준거법과 사채권 자체에 대한 물권의 준거법을 구별해야 하는데, 전자는 계약의 준거법에 따를 사항이다. 우리 상법은 사채권자의 보호를 위한 조문을 두고 있으나, 위에서 언급한 바와 같이 이는 회사의 조직이나 경영에 관한 사항은 아니므로 속인법의 일부로서 적용되는 것은 아니다.

국제회사법과 국제계약법의 성질결정을 잘못한 하급심 판결은 위에서 소개하였다.

---

100) 반면에 대구고등법원 2023. 2. 7. 선고 2022나24927(본소), 2022나24934(반소) 판결은 아래와 같이 제대로 판시하였다. "이 사건 제조 및 구매계약("이 사건 계약")의 성립 및 유효성의 준거법은 당사자들이 지정한 필리핀국 법이다. 피고는 한국법에 따라 설립된 법인이므로, 이 사건 계약 체결에 대하여 주주총회 등의 승인이 필요한지 여부, 승인을 결여한 위 계약의 효력 등에 관한 준거법은 구 국제사법 제16조 본문에 따라 한국법이다. 계약의 성립 및 유효성과 관련이 있더라도 당사자의 능력, 대리권의 존재와 같은 문제들은 구 국제사법 제11조(권리능력), 제13조(행위능력), 제18조(임의대리)에서 별도로 준거법을 규율하므로 위 각 조항에 따라 준거법이 결정되고, 위 구 국제사법 제29조 제1항에 의한 계약의 준거법에 따라 준거법이 정해지지 않는다. 법인이 법률행위를 하는 데 상법상 요구되는 주주총회 등의 승인을 결여한 경우의 효력 등의 문제는 거래 당사자뿐만 아니라 회사의 주주, 채권자 기타 제3자의 이해관계에도 영향을 미칠 수 있는 회사법적 쟁점인데, 만일 이러한 문제에 대하여도 당사자 자치를 허용한다면 당사자가 한국 상법과 같은 제한이 없는 국가의 법을 준거법으로 선택함으로써 상법 규정의 적용을 용이하게 배제할 수 있게 되는 결과가 초래된다".

7. 성명에 관한 조항의 규정 여부

성명(엄밀하게는 '성(姓)' 또는 '성씨'이나 이하 성명과 호환적으로 사용한다)은 다음과 같은 네 가지 목적에 봉사한다.[1] 첫째, 성명은 사람의 정체성의 기초가 되고(즉, 사람의 인격의 일부를 이룬다), 둘째, 성명 중에서 성씨는 특정한 가족에의 귀속을 나타내며, 셋째, 사람을 특정(또는 식별)하는 기능을 하고(국가는 성의 이러한 특정기능에 관심을 가진다),[2] 넷째, 사회에의 통합을 보여주는 가시적인 기호이다. 둘째 기능을 강조하면 아래에서 보듯이 가족법상의 사건(혼인 또는 입양)에 의한 성명의 취득과 변경의 준거법 결정 시 당해 사건의 준거법에 따르도록 하는 경향이 있다.[3]

국제혼인이 증가함에 따라 국제성명법은 점차 그 중요성이 커지고 있다. 독일 민법시행법 제10조는 성명에 대하여 독립적인 연결원칙을 두고 있으나[4] 우리 국제사법에는 그런 규칙이 없다. 성명은 자연인의 문제이므로 자연인에 관한 조문들에 이어서 즉 법인에 관한 제30조에 앞서 다루는 것이 체계적일 것이나 우리 국제사법에 별도의 조문이 없으므로 여기에서 논의한다.

가. 2001년 입법과정의 논의

연구반초안(제17조)은 성명에 관한 연결원칙으로 제1안으로서 "사람의 성명은 그의 본국법에 의한다"라는 취지의 규정을 두었다. 이는 성명은 당사자의 인격권에 관한 문제라는 측면을 강조하고, 성명에 대한 사법적 측면과 공법적 측면을 일치시킬 수 있는 장점이 있기 때문이었다. 그러나 종래와 같이 부부간의 성, 자

---

1) Bureau D. Muir Watt H., *Droit international privé*, Vol. 2 (2007), p. 26 (Matthias Lehmann, What's in a Name? Grunkin-Paul and Beyond, YBPIL Vol. 10 (2008), p. 136에서 재인용). Kropholler, S. 325은 위 첫째 내지 셋째의 기능을 언급한다.

2) 이런 맥락에서 성명은 공적 이익과 관련되는데 이 점은 무엇보다도 여러 국가에서 성명의 획득 및 변경을 공부에 기재하고, 성명의 사용 및 변경을 공법적으로 규율한다는 사실에서 잘 드러난다. 논자에 따라서는 국제성명공법(das internationale öffentliche Namensrecht)과 국제성명사법을 구별하여 논의하기도 한다. Junker, §13 Rn. 21.

3) Kropholler, S. 325.

4) 독일 민법시행법 제10조는 객관적 준거법의 국적을 연결점으로 삼고 제2항과 제3항에서 부부의 성씨와 자녀의 성씨에 관하여 당사자자치를 허용하는데, 준거법이 될 수 있는 후보를 제한적으로 열거한다(부모 일방의 본국법 그리고 부모 일방의 상거소지가 독일인 경우 독일법). 또한 자녀의 성씨의 경우 그에 더하여 양육권자의 본국법 선택을 허용하는데 그 결과 예컨대 모가 재혼한 경우 계부의 본국법을 선택할 수 있게 된다. 그 경우 형제자매의 성씨동일성이 훼손된다. Junker, §13 Rn. 29.

녀의 성에 대해서는 혼인의 효력의 준거법과 친자관계의 준거법에 의한다는 견해
도 유력하였고, 성명과 관련된 문제에 대해서는 더 검토가 필요하다는 이유로 결
국 규정을 두지 않기로 하였다.5) 따라서 이 문제는 해석론에 맡겨지게 되었다.

나. 국제사법의 해석론

(1) 혼인에 의한 배우자의 성

민법은 부부의 성에 관하여 아무런 규정도 두고 있지 않으므로 혼인 후에도
부부는 각자 본래의 성을 그대로 유지한다. 전통적인 유교의 관념에 따르면 성은
부계혈통의 표지로서 변할 수 없는 것으로 관념되었고, 성을 바꾼다는 것은 '천지
음양이 전도'되는 것으로 생각되었다.6)

국제사법에는 성씨의 준거법에 관한 규정이 없는데 해석론은 나뉘고 있다.
즉 성명은 당사자의 인격권에 관한 문제라는 측면7)과 성명에 대한 사법적(私法的)

---

5) 연구반초안은 다음과 같다. 연구반초안해설, 42면.
　　"제17조 (성명)
　　[제1안] 사람의 성명은 그의 본국법에 의한다.
　　[제2안] 삭제
　　　□ 개정취지: 부부간의 성(姓), 자(子)의 성(姓)에 대해서는 종래 혼인의 효력의 준거법과
　　　　　친자관계의 준거법에 의한다는 것이 일반적 견해였으나, 오늘날에는 당사자의 인격권문
　　　　　제로 보아 그의 속인법(본국법)에 의하는 추세가 강하다. 따라서 이 규정을 통해 성(姓)
　　　　　의 성질결정에 대한 논란을 종식시키고 성명의 문제가 당사자의 개인적 이익에 관계된
　　　　　것임을 분명히 하고자 했다. 더구나 이러한 준거법을 통해 성명에 대한 사법적(私法的)
　　　　　측면을 공법적(公法的) 측면과 일치시킬 수 있는 장점도 있다. 그러나 종래의 통설을 부
　　　　　정하고 새로운 경향에 따라 명시적 규정을 두는 것에 대한 강한 반대의견이 제시되어
　　　　　이 규정을 두지 않는 것을 제2안으로 만들었다.
　　　□ 입법례
　　　　　오스트리아 국제사법 제13조[성명], 스위스 국제사법 제37조[성명], 독일 민법시행법 제
　　　　　10조[성명]."
　　국제사법의 해석론은 최흥섭, "國際私法에서 姓名準據法 — 독일법을 중심으로 — ", 국제사법
　　연구 제7호(2002), 74면 이하 참조.
6) 김주수·김상용, 친족·상속법 11판(2013), 323면.
7) 대법원 2005.11.16. 자 2005스26 결정은 이름(성명)은 특정한 개인을 다른 사람으로부터 식별
　　하는 표지가 됨과 동시에 이를 기초로 사회적 관계와 신뢰가 형성되는 등 고도의 사회성을
　　가지는 일방, 다른 한편 인격의 주체인 개인의 입장에서는 자기 스스로를 표시하는 인격의 상
　　징으로서의 의미를 가지는 것이고, 나아가 이름(성명)에서 연유되는 이익들을 침해받지 아니
　　하고 자신의 관리와 처분 아래 둘 수 있는 권리인 <u>성명권</u>의 기초가 되는 것이며, 이러한 <u>성명</u>
　　<u>권은 헌법상의 행복추구권과 인격권의 한 내용을 이루는 것</u>이어서 자기결정권의 대상이 되는
　　것이므로 본인의 주관적인 의사가 중시되어야 하는 것이라고 판시한 바 있다.

측면과 공법적 측면을 일치시킬 수 있는 장점을 고려하여 국적을 연결점으로 하는 견해와 혼인의 효력의 준거법에 의한다는 견해[8]가 주장될 수 있다. 이혼의 경우에도 배우자의 성 변경의 문제가 있는데, 이는 혼인의 경우와 동일한 원칙에 따라야 한다.

주목할 것은 가족관계등록의 실무는 혼인의 효력의 준거법에 따르고 있다는 점이다. 즉, 호적선례(200308-1)는, 한국인 남자와 일본인 여자가 일본국 방식에 의하여 혼인을 하여 그 혼인계와 일본법에 따라 일본인 여자의 성이 한국인 남자의 성으로 변경되었다는 내용의 수리증명서를 첨부하여 혼인신고를 하였을 경우 이를 수리하여 호적기재를 하여야 하는지를 판단한 사안에서, "혼인을 하면 성이 변경되는가"의 문제는 혼인의 신분적 효력에 관한 것인바[9] 우리 (구) 국제사법 제37조에 의하면 혼인의 일반적 효력은 부부의 동일한 본국법, 부부의 동일한 상거소지법, 부부와 가장 밀접한 관련이 있는 곳의 법의 순위에 의하게 되어 있고, 이 사안의 경우는 부부의 동일한 상거소지법을 따라야 할 것이므로 일본법에 의하여 외국인 배우자의 성은 혼인과 더불어 변경된 성을 기재하여야 할 것이라고 하였다. 또한 혼인으로 인하여 성이 변경되는 것은 일본방식의 혼인에 따르는 '부속문제'에 불과하기 때문에 공서에 관한 (구) 국제사법 제10조에 의하여 배척될 것도 아니라고 설명하였다. 이러한 태도는 그 후 2005. 4. 22. 호적선례(200504-2)와 가족관계등록선례(200910-2) 등에서도 유지되고 있다.[10]

그러나 혼인의 일반적 효력의 준거법에 따를 경우 동일한 본국법과 일상거소지

---

8) 신창선·윤남순, 349면은 부부의 성은 혼인의 효력의 준거법에 의할 사항이라고 한다.

9) 이런 견해를 전제로 하다면 호적선례로 이를 구체화하는 것은 문제가 없으나, 국제사법의 해석상 그런 견해가 타당하지 않다면 이를 호적선례로 변경할 수는 없다.

10) 참고로 일본에는 대체로 신분관계준거법설, 인격권설과 씨명(氏名)공법이론이 있다. 씨명공법이론은 씨명은 개인의 특정 수단으로서 공법적 요청이 강하고, 여권제도를 통하여 본국에 의하여 규율되는 것이 기대되므로 전적으로 국적에 의한다고 보는데 일본의 호적실무는 씨명공법이론을 이론적 근거로 삼고 있다고 한다. 木棚照一(編著), 國際私法(2016), 240면 참조. 우리의 실무가 이에 부합하는지는 검토할 필요가 있다. 일본은 "부부는 혼인의 때에 정하는 바에 따라 부 또는 처의 성을 칭한다"라고 규정한 민법(750조)에 따라 부부는 서로 다른 성을 사용할 수 없다. 결혼 후엔 남편이나 아내의 성으로 통일하라는 뜻이다. 1898년 메이지(明治) 헌법 당시 서구 사회를 모방해 민법에 도입됐다. 그에 따라 과거 일본에선 부부의 90% 이상이 아내가 남편의 성을 따랐다고 한다. http://news.chosun.com/site/data/html_dir/2019/07/20/2019072000233.html 기사 참조. 유럽연합에는 국적, 상거소, 가족관계 준거법에 연결하는 국가들과 저촉규칙이 없는 보통법계 국가의 4가지 유형이 있다고 한다.

법이 없는 때에는 부부와 가장 밀접한 관련이 있는 법을 판단하는 것이 쉽지 않고, 또한 이를 인격권의 문제로 보아 속인법에 따르도록 하는 것이 공법상의 성씨와 일치시킬 수 있다는 장점이 있으며, 나아가 독일 민법시행법(제10조 제1항)은 부부의 성의 문제를 인격권의 문제로서 본국법에 따를 사항이라고 명시하고 있음을 고려한다면 부부의 성의 문제를 그의 속인법에 따를 사항이라고 볼 여지도 있다.11)

  성씨의 문제의 중요성에 비추어 이는 입법적으로 해결하는 것이 바람직하다고 본다. 다만 만일 국제사법에 조문을 두어 이를 속인법에 의할 사항으로 명시한다면 충분한 경과규정을 두거나 기존의 법상태를 유지할 수 있도록 함으로써 혼란이 야기되지 않도록 해야 할 것이다. 다만 그렇게 하더라도 어느 정도의 혼란은 불가피하므로 이를 피하기 위하여 장래 입법론으로서 당사자의 준거법 선택권을 도입하는 방안을 고려할 필요가 있으나, 이에 대해서는 파행적 성명관계를 초래한다는 이유로 부정적인 견해가 있다.12)

---

11) 속인법에 따른다는 말은 남편의 성은 남편의 속인법에 따르고 부인의 성은 부인의 속인법에 따른다는 취지로 보이나, 부부 중 일방의 속인법은 부부의 성이 동일할 것을 요구하고 상대방의 속인법은 다를 것을 요구한다면 이런 충돌을 어떻게 처리할지 의문이다.

12) 최흥섭, "국제사법에서 성명준거법 ─ 독일법을 중심으로", 국제사법연구 제7호(2002), 74면. 이는 과거 우리 실질성명법이 성씨 선택을 허용하지 않는 점도 고려한 것이었으나 최흥섭, 233면은 그 사이 민법 개정으로 부모가 자녀의 성으로 모의 성을 선택할 수 있고 자녀의 복리를 위하여 성씨의 변경도 가능하게 된 점을 고려하여 이제는 국제성명법에서 준거법 선택을 긍정적으로 볼 여지가 있다고 평가한다. 참고로 헌법재판소 2005. 12. 22. 선고 2003헌가 56 결정은 부계성본주의 자체가 헌법에 반하는 것은 아니라고 판단하였으나 부성주의를 강요하는 것이 부당한 경우에 대해서도 예외를 규정하지 않은 것은 헌법에 반한다고 판시하였다. 주목할 것은 독일 민법시행법(제10조)은 성명에 대하여 본국법을 준거법으로 지정하고 있으나, 개정의 결과 2025. 3. 1.부터는 원칙적으로 상거소지법이 준거법이고 다만 본국법을 선택할 수 있게 된다는 점이다. Silvia Deuring, Die Geschlechtszugehörigkeit im Internationalen Privatrecht: Bemerkungen zum neuen Art. 7a EGBGB, IPRax (2024), S. 435. 또한 근자에 Gesetz über die Selbstbestimmung in Bezug auf den Geschlechtseintrag und zur Änderung weiterer Vorschriften (성별 등록에 관한 자기결정과 기타 규정의 개정에 관한 법률) 제11조에 의하여 신설되어 2024. 11. 1. 시행된 독일 민법시행법 제7a조는 성별 귀속(Geschlechts-zugehörigkeit)의 준거법도 본국법에 따르도록 하면서, 독일에 상거소를 가지는 사람은 성별 변경을 위하여 독일법을 선택할 수 있도록 규정하고 나아가 성별 변경 하에 또는 그와 관련하여 성명을 변경하는 경우에도 독일법의 선택을 허용한다. 성별의 최초 결정과 그 후의 변경의 준거법 결정에서 국적을 연결점으로 선택한 것은 인법과 친족·상속법 영역에서 근자에 상거소가 연결점으로서 점차 득세하고 있음에 비추어 이례적이나, 성별은 사람에 부수하는 속성이라는 점과 흔히 본국법의 증명서에 의하여 증명된다는 점을 고려한 결과이다. 소개는 위 Deuring, S. 433ff.; Alix Schulz, Geschlechtliche Selbstbestimmung im IPR - Auf dem Weg zu einem neuen Art. 7a EGBGB, IPRax (2024), S. 28ff., 상세는 Alix Schulz,

근자에는 독일 민법시행법을 참고하여 우리 국제사법에도 성명의 준거법 일반에 대하여 본국법주의를 명시하자는 견해가 있다.[13] 그러나 2001년 섭외사법 개정 시에도 그런 취지의 제안이 채택되지 않았는데, 그 후 충분한 연구가 축적되지 않은 상황에서 과거와 동일한 제안을 하는 것이 타당한지는 의문이다. 특히 본국법주의를 채택하자면 독일처럼 제한적으로 준거법의 선택을 허용할지[14] 복수국적자의 취급(다른 규정이 없으면 국제사법 제16조 제1항이 적용된다)과 경과조치 등을 고려하고, 아래 언급하는 ICCS 협약 나아가 국제성명공법과 국제성명사법의 관계 등도 더 검토하여 더 신중하게 접근할 필요가 있다.[15] 특히 종래 우리 실무가 법적 근거가

Geschlechtliche Selbstbestimmung im Internationalen Privatrecht (2024) 참조. 참고로 독일 민법은 혼인성(姓)(Ehename)과 자(子)의 출생성(姓)(Geburtsname)이라는 개념을 사용한다. 관련된 실질법상의 논의는 이동수, "독일의 성별기록자기결정법의 기본 내용과 가족법 관련 문제에 대한 소고", 가족법연구 제38권 제3호(2024. 11.), 151면 이하 참조.

13) 이종혁, "친생자관계의 성립 및 효력의 준거법에 관한 입법론", 가족법연구 제36권 제3호 (2022. 11.), 139면 이하는 제29조의2(성명)를 신설할 것을 제안하나 준거법의 선택은 규정하지 않는다. 그러나 이는 경과규정에 관하여는 별다른 제안을 하지 않는다. 본국법주의의 도입으로 인하여 준거법의 변경이 발생한다면 구 성씨를 유지할 수 있는지가 문제 된다. 이는 기본적으로 신 준거법이 규율할 사항이나 구 성씨를 계속 사용할 수 있도록 허용하는 것이 바람직하다. 성씨는 인간의 정체성의 문제로서 인권법 차원에서도 보호되어야 하기 때문이다. MünchKomm/Lipp, Band 12, 8. Auflage (2020), EGBGB. Art. 10 Rn. 174, 또한 성씨의 특성을 고려하고 '파행적 성명관계(hinkende Namensverhältnisse)'를 피하자면 네덜란드 국제사법처럼 법상태의 승인근거를 명시하는 방안도 검토할 필요가 있다.

14) 위에서 언급하였듯이 최흥섭, 233면은 과거와 달리 민법이 개정되어 부모가 자녀의 성으로 모의 성을 선택할 수 있고, 성씨의 변경도 가능하게 된 점을 고려하여 준거법 선택을 긍정적으로 볼 여지가 있다고 평가한다. 그러나 우리로서는 종래 국제성명법에 대한 문제의식과 논의가 부족한 점을 고려할 때 준거법의 선택을 인정하기는 어렵다고 본다. 주목할 것은, 근자에 독일에는 국제성명법을 개정/단순화하자는 논의가 있고(독일 법무부와 내무부의 주요 쟁점 문서 참조), 유럽연합 차원에서 국제성명법에 관한 규정을 만들자는 제안과 그에 따른 초안인데 그 맥락에서 첫째, 성씨의 객관적 준거법 결정 시 국적 대신 일상거소를 연결점으로 삼고, 둘째, 당사자자치를 확대하는(부모 일방의 국적만이 아니라 상거소지법의 선택도 허용하는) 견해가 유력하게 주장되고 있다. 이런 견해는 독일 국제사법회의가 2022년 11월 제안한 독일 민법시행법 제10조의 개정안과 독일 법무부가 2023년 4월 11일 제출한 개정안에도 반영되고 있다. 독일 국제사법회의의 결의는 Heinz−Peter Mansel, IPRax (2023), S. 326f. 참조. 소개는 Anatol Dutta, Überlegungen zu einer Reform des (deutschen) internationalen Namensrechts, IPRax (2023), S. 227ff. 참조. Robert Freitag, Für mehr Rechtswahlfreitheit im Internationalen Namensrecht!, IPRax (2023), S. 347ff. 참조. 법무부 초안은 https://www.bmj.de/SharedDocs/Gesetzgebungs−verfahen/Dokumente/RefE_Namens recht.pdf. 참조.

15) 나아가 우리는 종래 성씨를 한글 · 한자로 표기하므로 한자문화권이 아닌 외국의 철자 및 표기와 충돌이 발생하지 않겠지만 장래 외국인의 등록범위가 확대되면 문제가 발생할 가능성

있는지와 그의 문제점이 무엇인지를 정확히 파악하여야 한다. 입법론적 제안은 이런 선행작업이 충실히 이루어진 상태에서 하는 것이 적절하다고 본다.

우리는 성씨를 한글·한자로 표기하므로 외국 표기와 충돌이 발생하지 않을 것이다. 다만 외국인의 등록범위가 확대되면 문제가 발생할 가능성이 있다.

(2) 자녀의 성(姓)

국제사법은 자녀의 성에 관하여 조문을 두고 있지 않다. 해석론으로는 부부의 성의 경우와 마찬가지로, 성은 자녀의 인격권에 관한 문제라는 측면과 성에 대한 사법적 측면과 공법적 측면을 일치시킬 수 있는 장점을 고려하여 자녀의 국적에 연결한다는 견해[16]와, 친자관계의 준거법에 따르는 견해[17]가 주장될 수 있다. 위에서 본 바와 같이 배우자의 성(姓)이 혼인의 효력의 준거법에 의한다는 호적선례와 논리적인 일관성이 있자면 자녀의 성도 친자관계의 준거법에 따라야 할 것이나 종래의 실무는 준거법과 관련 없이 이루어지는 것으로 보이는데, 그 근거가 무엇인지는 불분명하다.[18] 국제사법 제45조에 따르면, 부모·자녀 간의 관계는 부모와 자녀의 본국법이 모두 동일한 경우에는 그 법에 의하고, 그 외의 경우에는 자녀의 일상거소지법에 의하므로 가족이 모두 우리나라에 일상거소를 가지는 경우 우리 법이 준거법이 될 것이다. 실무적으로는 그런 사안 중 대다수의 경우 본국법, 특히 국제사법 제16조에 의하여 걸러진 본국법이 한국법인 경우가 많을 것이다. 따라서 자녀의 국적에 의하든[19] 친자관계의 준거법에 의하든 한국법이 준

이 있다. 외국인의 성명의 철자 및 표기에 관하여는 "외국의 국호, 지명 및 인명의 표기에 관한 사무처리지침"(가족관계등록예규 제451호. 개정 2015. 1. 8. 제621호)이 있으나 충분하지는 않다. 성명을 다른 문자로 표기할 경우 유럽연합의 Konstantinidis 사건(C-168/91)에서처럼 철자 및 표기의 문제가 발생할 수 있다.

16) 연구반초안(제17조)은 사람에 관한 장에서 사람의 성명은 그의 본국법에 의한다는 조항을 두었으나 이는 삭제되었다. 그러나 복수국적자의 경우 국제적인 성명의 동일성 유지는 한계가 있다. 예컨대 널리 알려진 가수 전소미의 경우 부가 네덜란드와 캐나다의 이중국적자이고 모가 한국인인 탓에 3개국의 국적을 가지고 있으며 한국에서는 민법 제781조 제2항에 근거하여 모의 성을 따른 것이라고 한다.

17) 이호정, 408면; 김연·박정기·김인유, 444면.

18) 종래의 실무는 한국인 부와 외국인 모 사이의 혼인 중의 자녀의 경우에는 한국인 간에 출생한 혼인 중의 자녀와 동일하게 처리하고(가족관계등록예규 제394호 제13조), 한국인 모와 외국인 부 사이의 혼인 중의 자녀의 경우에는 외국인 부의 성을 따르거나 한국인 모의 성과 본을 따라 신고할 수 있다(가족관계등록예규 제327호).

19) 만일 국적에 연결하는 견해를 취한다면, 자녀가 복수국적을 가지는 경우, 즉 부와 모의 성이

거법이 되는 경우가 많을 것으로 생각된다. 특히 우리 국적법(제2조)은 부모 양계 혈통(연)주의를 취하므로 외국인 부와 한국인 모 사이에 태어난 자는 일단 이중국 적자가 되므로 국적을 연결점으로 삼는 한 성씨의 준거법은 한국법이 된다.

그러나 한편 종래 실무는 민법 제781조, 특히 제2항에 따라 이루어지는 것으로 보이기도 한다. 제2항은 '모'라고만 하나 이는 한국인인 모를 의미한다.

제781조(자의 성과 본) ① 자는 부의 성과 본을 따른다. 다만, 부모가 혼인신고시 모의 성과 본을 따르기로 협의한 경우에는 모의 성과 본을 따른다.
② 부가 외국인인 경우에는 자는 모의 성과 본을 따를 수 있다.

즉 제2항에 따르면 부가 외국인인 경우 자녀는 부의 성과 본을 따르거나 한국 인인 모의 성과 본을 따를 수 있다는 것이다.[20] 그러나 위 민법 제781조는 자녀의 성의 준거법이 한국법인 경우에 비로소 적용된다고 보아야 할 것이다.[21] 따라서 만 일 그 준거법이 한국법이 아니라면 제781조 제2항을 적용할 수는 없다고 본다.[22]

(3) 국제민사신분위원회(CIEC)

참고로, 개인의 민사신분 문제에 대한 국제적 협력을 촉진하고 국제적으로 호적부서의 운영을 촉진하기 위해 설립된 정부간 기구인 '국제민사신분위원회 (International Commission on Civil Status. ICCS)'(프랑스어로는 '*Commission Internatio-*

달라 자가 복수국적을 취득하는 경우 어느 국적이 연결점이 되는가가 문제 되는데, 이 경우 에도 국제사법 제16조 제1항 단서가 적용될 수 있는지는 논란의 여지가 있다. 국제사법이 규율하지 않는 쟁점의 해결을 위하여 국제사법규정을 유추적용하는 것이기 때문이다.

20) 민법 조문은 위와 같이 읽히나, 가족관계등록예규 제414호, 제11조 제2항에 따르면 이 경우 반드시 모의 성과 본을 따라야 한다고 한다. 제2항은 아래와 같다.
"제1항의 대한민국 국민인 모의 혼인외의 자는 대한민국 국민이므로 그 모가 부라고 인정하 는 사람이 외국인인 경우, 그 부가 인지하기 전에는 외국인의 성을 따르게 하여 가족관계등 록부에 기록을 하게 할 수는 없고 모의 성과 본을 따라 기록하여야 한다".

21) 반면에 위 조문은 동조의 요건이 구비되는 한 자의 성의 준거법에 관계없이 적용된다는 견 해도 주장될지 모르겠다. 윤진수(편), 주해친족법 제1권(2015), 73면 이하(최준규 집필부분) 를 보아도 준거법에 대한 고려가 없다.

22) 실질법의 논점은 양현아, "최근 여성차별철폐협약(CEDAW)의 한국정부에 대한 권고사항", 서울대학교 법학 제54권 제3호(통권 제168호)(2013. 9.), 227면 이하; 오병철, "자녀의 성과 본에 대한 연구－다문화가정을 중심으로－", 가족법연구 제30권 1호(2016. 3.), 31면 이하; 남윤삼, "미국 성명법에서 자녀의 성(姓) 결정과 이름 부여에 관한 논쟁", 국민대학교 법학 논총 제28권 제3호(2016), 107면 이하 참조.

nale de l'Etat Civil', CIEC)가 채택한 협약들이 있다. 즉 1958년 성명의 변경에 관한 협약(협약 번호 4. 이스탄불협약)(제3조), 1973년 민사신분등록부에의 등록에 관한 협약(협약 번호 14. 베른협약), 1980년 "성명의 준거법에 관한 협약"(협약 번호 19. 뮌헨협약)과 2005년 성명의 승인에 관한 협약(협약 번호 31. 안탈리아협약) 등이 있다. ICCS는 1948. 9. 29. 네덜란드 암스테르담에서 설립되었고, 1950. 9. 25. 국제민사신분위원회에 관한 의정서(Protocol on the International Commission on Civil Status)를 채택하였다.[23] 이스탄불협약은 공법적인 성명변경에만 관계되고 혼인, 이혼과 입양 등 사법적인 성명변경에는 관련이 없다(동 협약 제1조).[24]

(4) 외국에 등록한 성씨의 승인

유럽사법재판소는 이른바 '법상태의 승인'을 사람의 성씨에서도 인정한 바 있다. 2008. 10. 14. Grunkin and Paul 사건 판결이 그것이다.[25] Grunkin and Paul 사건 판결에서 유럽사법재판소는 어떤 사람이 출생국과 주소지국에서 성명을 유효하게 획득하였다면 다른 회원국은 자신의 국제사법과 실질법에 관계없이 이를 승인해야 한다고 판시함으로써 법상태의 승인을 신분관계인 성명법에서도 인정하였다. 결국 유럽연합은 EU기능조약의 기본적 자유로부터 적어도 국제성명법과 국제회사법의 영역에서 다른 회원국에서 형성된 법상태의 승인을 의무로서 요구하고 있다고 평가된다.[26] 이런 기초 위에서 국제성명법에 관한 규정을 제정하자는 제안이 있고 학자들에 의하여 성안된 초안이 2016년에 발표된 바 있다.[27]

네덜란드에서는 이런 상황을 고려한 입법이 이루어졌다. 2011년 개정되어 2012년 1월 발효된 네덜란드 국제사법(민법전 제10편)에 따르면 성명의 준거법은 본국법이다(제10:19조 또는 제10편의 제19조). 그러나 네덜란드 국제사법(제10:24조 또는 제10편의 제24조 제1항)은 외국에서 등록된 성명은 네덜란드에서 승인됨을 명시한다.

---

23) 과거 멕시코도 회원국이었다. 소개는 Walter Pintens, CIEC/ICCS (International Commission on Civil Status), Encyclopedia, Vol. 1, p. 330 이하 참조(이는 10개 회원국이 있다고 소개하나 2022년에는 5개 회원국으로 줄어들었다). 2024. 9. 13. ICCS는 35번째의 협약(혼인능력 및 등록 동반자관계 체결능력 증명서 발급에 관한 협약)을 채택하였다.

24) Junker, §13 Rn. 21.

25) 사안과 논점의 소개는 석광현, 정년기념, 674면 이하 참조.

26) Junker, §5 Rn. 20f.

27) Rolf Wagner, Zwanzig Jahre justizielle Zusammenarbeit in Zivilsachen, IPRax (2019), S. 196, Fn. 167 참조.

Ⅳ. 법률행위(제3장)

법률행위에 관한 제3장은 법률행위의 방식(제31조)과 임의대리(제32조)에 관한 2개의 조문으로 구성된다. 섭외사법(제9조 이하)은 채권계약의 준거법에 관하여도 법률행위를 중심으로 규정하는 방식을 취하였으나,[1] 국제사법(제45조 이하)은 계약을 중심으로 규정하는 점에 차이가 있다. 다만 국제사법은 방식과 임의대리에 관한 한 법률행위를 중심으로 규정한다.[2] 즉, 아래 제45조에 관한 설명에서 보듯이 국제사법은 국제계약법 분야는 계약을 중심으로 규정하되 법률행위 개념이 유용하다고 생각되는 분야에서는 이를 사용하는데, 그러한 분야가 바로 법률행위의 방식과 임의대리라고 본 것이다.

---

[1] 일본의 법적용통칙법 제2절은 여전히 이런 체제를 유지하면서 소비자계약과 근로계약에 관한 특칙을 추가하고 있다.

[2] 제3장에 포함된 조항은 아니지만 위에서 언급한 바와 같이 거래보호에 관한 국제사법 제29조도 법률행위를 중심으로 규정한다.

1. 법률행위의 방식에 관한 조항의 개정

섭외사법	국제사법
제10조(법률행위의 방식) ① 법률행위의 방식은 그 행위의 효력을 정한 법에 의한다. ② 행위지법에 의하여 한 법률행위의 방식은 전항의 규정에 불구하고 이를 유효로 한다. 그러나 당사자의 의사에 의하여 법률행위의 효력을 정한 법이 있는 때에는 그 법이 정한 법률행위의 방식에 의하여도 효력이 있다. ③ 전2항의 규정은 물권 기타 등기하여야 할 권리를 설정하거나 처분하는 법률행위에 관하여는 이를 적용하지 아니한다.	제31조(법률행위의 방식) ① 법률행위의 방식은 그 행위의 준거법에 따른다. ② 행위지법에 따라 한 법률행위의 방식은 제1항에도 불구하고 유효하다. ③ 당사자가 계약체결 시 서로 다른 국가에 있을 때에는 그 국가 중 어느 한 국가의 법에서 정한 법률행위의 방식에 따를 수 있다. ④ 대리인에 의한 법률행위의 경우에는 대리인이 있는 국가를 기준으로 행위지법을 정한다. ⑤ 제2항부터 제4항까지의 규정은 물권이나 그 밖에 등기하여야 하는 권리를 설정하거나 처분하는 법률행위의 방식에는 적용하지 아니한다.

[입법례]
- 로마협약 제9조[방식]/로마Ⅰ 제11조[방식]
- 독일 민법시행법 제11조[법률행위의 방식]
- 스위스 국제사법 제124조[계약의 방식]
- 일본 법례 제8조, 제22조: 법률행위 일반에 관하여는 그 효력의 준거법에 선택적으로 연결(제8조), 친족법상의 법률행위에 대해서는 그 성립의 준거법에 선택적으로 연결(제22조)/법적용통칙법 제10조

가. 개요

구 국제사법이 법률행위의 방식에 관하여 그 행위의 실질의 준거법 또는 행위지법에 의하도록 하고(제1항, 제2항), 물권행위에 대하여는 행위지법의 적용을 배제한 것(제5항)은 섭외사법과 동일하다. 다만 법률행위의 성립을 용이하게 하기 위해 방식상의 특칙을 추가하였다(제3항, 제4항). 국제사법도 이런 태도를 유지하나 표현만 수정되었다.

나. 주요내용

(1) 법률행위의 방식(제1항)

법률행위의 방식이란 법률행위가 성립하기 위하여 필요한 의사표시의 외부적 표현방법(예컨대 증여에 있어 서면의 방식, 유언에 있어 자필방식이나 증인의 참여 등) 등을 말한다.[1] 방식(Form)의 문제를 실질적 요건과 대비하여 '형식적 요건', '형식적 유효성(formal validity)' 또는 '방식상의 유효성(Formgültigkeit)'이라고도 한다.

제1항은 "법률행위의 방식은 그 행위의 준거법에 따른다"라고 하나 이는 정확한 표현은 아니다. 왜냐하면 행위의 준거법에는 행위의 방식의 준거법도 포함되기 때문이다. 따라서 법률행위 중 방식을 제외한 것을 법률행위의 '실질' 또는 '내용'이라고 부르므로,[2] 연구반초안(제19조 제1항)에서는 "법률행위의 방식은 그 법률행위의 실질의 준거법에 의한다"라고 규정하였으나,[3] 위원회에서는 이러한 표현이 익숙하지 않다는 이유로 '실질의'라는 표현이 삭제되었다.

국제사법은 섭외사법과 마찬가지로 '계약'이 아니라 '법률행위'의 방식에 관하여 규정한다. 이 점에서 국제사법은 독일 민법시행법(제11조)과 동일하나, 스위스 국제사법(제124조)이나 로마협약과는 다르다. 이는 방식의 문제는 단순히 채권적인 계약만이 아니라 물권행위와 친족 · 상속법상의 법률행위에도 적용되고, 계약만이 아니라 단독행위에도 적용되기 때문이다.

그러나 이처럼 규정하더라도 예컨대 소비자계약(제47조 제3항)의 경우처럼 국제사법이 별도의 규정을 두는 경우에는 그것이 우선한다.

제45조 제5항에 언급된 준거법 선택에 관한 당사자의 합의의 방식에 대하여도 제31조가 적용되며, 이 경우에도 당해 합의가 유효하다면 적용될 준거법이 적용된다.[4]

당사자자치의 원칙을 정한 제45조를 보면 국제사법은 섭외사법과 비교할 때 법률행위의 비중을 다소 약화시켰으나, 방식(제31조), 대리(제32조) 및 거래보호(제

---

1) 로마협약 보고서(Giuliano/Lagarde 보고서, Official Journal of the European Communities, 1980. 10. 31., No C 282/29)는, 동 협약상 방식이라 함은 의사표시를 하는 자를 구속하기 위하여 필요하고 그것이 없으면 의사표시가 완전히 효력을 가지지 않게 되는 모든 외부적 표시(every external manifestation)라고 한다.

2) 영어로는 'substance', 독일어로는 'Substanz' 또는 'Inhalt'라 한다. Kropholler, S. 310. 신창선 · 윤남순, 235면은 방식과 대비되는 개념을 '실질'이라 한다.

3) 연구반초안해설, 45면.

4) 계약을 중심으로 규정하는 로마협약(제3조 제4항)은 이 점을 명시한다.

29조)에 관하여는 여전히 계약이 아니라 법률행위를 중심으로 규정한다.

(2) 법률행위의 준거법: 준거법의 분열과의 관계

섭외사법 제10조는 법률행위의 '효력'의 준거법이 법률행위의 방식의 준거법이 된다고 규정한 데 반하여 국제사법은 단순히 "법률행위의 방식은 그 행위의 준거법에 따른다"라고만 규정한다. 그런데 국제사법(제45조)은 아래에서 보는 바와 같이 계약 준거법의 분할지정을 명시적으로 허용하므로, 예컨대 계약의 성립과 효력의 준거법이 다른 경우 그중 어느 법에 의하여 계약의 방식을 정할지가 문제 된다.[5]

일본의 법례는 법률행위의 방식의 준거법에 관하여 섭외사법 제10조에 상응하는 조문(제8조)을 존치하고, 1989년 개정된 국제친족법 분야에서는 제22조를 신설하여 "제14조 내지 전조에 열거한 친족관계에 대한 법률행위의 방식은 그 행위의 성립을 정하는 법률에 의한다"라고 규정하였다. 이런 접근방법은 법적용통칙법(제10조와 제34조)에서도 유지되고 있다.

그러나 국제사법은 국제친족법에서 그러한 별도의 규정을 두지 않고 제31조에서 "그 행위의 준거법에 의한다"라고 할 뿐이고, 성립의 준거법인지 효력의 준거법인지를 명시하지 않는다. 이 점에 관하여 개정연구반에서도 논의가 있었으나 일본과 같은 규정을 두지 않은 국제사법의 취지는 준거법의 분열에 의하여 법률행위의 준거법이 여러 개인 경우에는 문제 된 방식요건과 가장 밀접한 관련이 있는 부분의 준거법을 적용하라는 취지라고 생각한다.[6] 이는 대체로 법률행위의 성립의 준거법이 될 것이다. 참고로 독일 민법시행법(제11조 제1항)은 "그 대상을 이루는 법률관계의 준거법"이 법률행위의 방식의 선택적 준거법이 된다고 하는데, 이도 국제사법과 유사한 취지라고 본다.

---

5) 또한 해상적하보험계약에서 영국법 준거약관을 사용하면서 "<u>보험증권상 발생하는 모든 책임 문제는</u> 영국의 법률과 관습에 의하여 규율된다"라거나 "보험증권에 포함되어 있거나 또는 보험증권에 첨부되는 어떠한 반대되는 규정이 있음에도 불구하고 <u>이 보험은 일체의 전보청구 및 결제에 관해서</u> 영국의 법률과 관습에만 의한다"라는 제한적 문언을 사용하는 경우 대법원은 준거법을 분할지정한 것으로 보므로 보험계약의 방식의 준거법이 문제된다. 이는 석광현, "해상적하보험계약에서 영국법 준거약관의 국제사법상 문제점: 준거법의 분할(부분지정)에서 발생하는 어려움을 중심으로", 한국해법학회지 제45권 제1호(2023. 4.), 171면 이하 참조.

6) 이는 로마협약 제9조 제1항과 같은 취지이다.

(3) 행위지법의 선택적 적용(제2항)

제2항은 섭외사법과 마찬가지로 행위지법에 의한 법률행위의 방식을 유효하다고 규정한다. 이는 "장소는 행위를 지배한다(locus regit actum)"라는 전통 국제사법의 오랜 원칙에 근거한 것이다.[7] 과거 섭외사법하에서 제1항과 제2항의 관계에 관하여는 효력준거법주의를 원칙, 행위지법주의를 예외로 이해하는 견해[8]와 양자를 대등한 원칙으로 보는 견해[9]가 있었는데, 이러한 대립은 국제사법하에서도 계속될 수 있으나 후자가 더 설득력이 있다고 본다.

(4) 격지자 간 계약의 특례(제3항)

상이한 국가에 소재하는 당사자들 간에 체결된 계약의 경우에는 행위지를 결정해야 하는 국제사법의 고전적인 문제가 제기되는데, 섭외사법의 해석으로는 이법지역자 간의 법률행위의 행위지를 규정한 제11조 제2항이 이 경우에도 적용되는지에 관하여 견해가 나뉘었다. 다수설[10]인 부정설은 제11조 제2항이 "계약의 성립 및 효력에 관하여는"이라고 규정하고 있고, 나아가 동조는 당사자의사 추정으로서의 행위지 결정에 관한 규정임을 전제로, 당사자의 의사와 관계가 없는 제10조 제2항의 경우에는 적용이 없다고 보았다. 이에 따르면 섭외사법상 행위지결정에 관한 규정이 없었던 셈인데, 그 경우 청약지와 승낙지법이 정한 방식이 누적적으로 적용된다는 견해[11]와 청약은 청약지법, 승낙은 승낙지법의 방식을 각각 구비하여야 한다는 견해[12]가 나뉘었다.

국제사법에서는 이른바 'favor negotii(법률행위에 유리하게)'의 원칙에 따라 법률행위의 방식요건 구비를 용이하게 하기 위하여 상이한 국가에 소재하는 당사자 간에 체결된 계약의 경우 관련 국가 중 어느 한 국가의 법의 요건을 충족하면 방식상 유효한 것으로 하였다(제3항).

이 경우 제3항에 따르면 "계약체결 시"가 기준이 되는 것처럼 보인다. 그러나

---

7) 이는 당초 실질을 포함한 법률행위 전체에 관한 것이었으나 근자에는 법률행위의 방식에 관한 원칙으로 이해되고 있다고 한다. 신창선·윤남순, 233면.
8) 예컨대 김용한·조명래, 243면.
9) 이호정, 262면.
10) 김용한·조명래, 239-240면; 서희원, 186면; 신창선, 국제사법(1999), 274면. 이호정, 265면은 반대.
11) 김용한·조명래, 239-240면.
12) 서희원, 187면.

예컨대 승낙의 의사표시를 외부적으로 한 시점과, 계약의 준거법에 따라 결정되는 계약의 체결시점이 다를 수 있는데, 여기의 계약체결 시라 함은 그 문면에도 불구하고 후자가 아니라 전자로 이해해야 할 것이다.

기술적 논점으로서, 제3항은 "당사자가 계약체결 시 서로 다른 국가에 있을 때에는 … 법에서 정한 <u>법률행위의 방식</u>에 따를 수 있다"(밑줄은 저자가 추가함)라고 규정하나, 이는 법률행위 일반에 관한 것이 아니라 계약에 관한 조항이므로 "당사자가 계약체결 시 서로 다른 국가에 있을 때에는 … 법에서 정한 <u>계약의 방식</u>에 따를 수 있다"라고 하는 것이 더 적절할 것이다.

(5) 대리의 경우 행위지의 결정(제4항)

국제사법에서는 대리인에 의한 법률행위의 경우 대리인이 있는 국가를 기준으로 행위지를 정함으로써 그 결정기준을 명확히 한다. 제4항은 행위지법을 정한다고 규정하므로 제2항뿐만 아니라 제3항에 규정된 행위지법을 정하는 경우에도 적용된다.[13)]

(6) 물권 기타 등기하여야 하는 권리를 설정·처분하는 법률행위(제5항)

물권이나 그 밖에 등기하여야 하는 권리를 설정하거나 처분하는 법률행위의 방식에는 제2항부터 제4항까지의 규정, 즉 행위지법에의 선택적 연결은 적용하지 아니한다. 따라서 이는 제1항, 즉 물권행위(즉 물권)의 준거법에 따른다. 상속포기는 신분권과 관련된 포괄적인 권리·의무의 승계에 관한 것이므로, 제5항에서 행위지법의 적용을 배제하고 있는 '물권 기타 등기하여야 하는 권리를 정하거나 처분하는 법률행위'에 해당하지 않는다. 대구고등법원 2015. 4. 22. 선고 2014나2007 판결(상고기각 확정)은 이를 명확히 판시하였다.

(7) 소비자계약의 방식

소비자계약의 방식에 관한 특칙은 여기에서 규정하는 대신 소비자계약에 관

---

13) 구 국제사법의 제4항은 " …대리인이 있는 국가를 기준으로 제2항에 규정된 행위지법을 정한다"라고 하고 있었으나 2022년 개정 시 문언이 수정되었다. 제4항이 그렇게 규정한 것은, 당초 2000년 연구반초안(제19조 제3항)과 개정시안(제17조 제3항)이 제대로 규정하였는데, 최종적으로 문언을 정리하는 과정에서 제2항이 제2항과 제3항으로 분리되었음에도 불구하고 제4항의 문언이 미처 정비되지 않은 탓이었다.

한 조항에 두었다(제47조 제3항 참조). 그러나 국제사법은 근로계약의 방식에 관하여는 특칙을 두지 않는다. 이는 근로계약의 경우 계약의 성립 단계보다는 계약의 내용과 해고가 특히 문제 되기 때문이라고 설명하기도 한다.[14]

(8) 섭외사법 제10조 제2항 단서의 삭제

섭외사법 제10조 제2항 단서는 당사자의 의사에 의하여 법률행위의 효력의 준거법과 방식의 준거법을 일치시킬 수 있도록 한 규정으로 해석되었다. 그러나 섭외사법에서도 당사자자치의 원칙상 법률행위의 효력의 준거법과 방식의 준거법은 일치될 수 있었기 때문에 제10조 제2항 단서는 무용한 규정으로 인식되었으므로 국제사법에서는 이를 삭제하였다.

(9) 부동산에 관한 계약에 관한 특칙

연구반초안(제19조 제5항)은 로마협약(제9조 제6항) 및 독일 민법시행법(제11조 제4항)과 마찬가지로 부동산에 대한 물권 또는 사용을 목적으로 하는 권리에 관한 계약의 방식에 관하여 부동산 소재지의 강행규정에 의한다는 취지의 조항[15]을 두었으나, 우리는 이러한 개념에 익숙하지 않고, 이를 굳이 규정하지 않아도 될 것이라는 이유로 동 조항은 위원회의 논의과정에서 삭제되었다. 국제사법도 마찬가지다.

(10) 단독행위

위에서 언급한 바와 같이 제31조는 계약만이 아니라 단독행위에도 적용된다. 따라서 계약의 해지와 대리권을 수여하는 수권행위와 같은 단독행위의 방식도 제31조에 의하므로 수권행위의 행위지 또는 대리의 준거법에 의하는 것으로 된다. 단독행위의 경우 행위지는 의사표시를 수령한 곳이 아니라 발송한 곳으로 볼 것이다.[16] 참고로 계약을 중심으로 규정하는 로마협약도 제9조의 방식 규정이 계약

---

14) 유혁수 외(편), 일본법 강의(2021), 389면(김언숙 집필부분). 그러나 이에 대하여는 합리적 근거가 없다는 비판이 있다.

15) 구체적인 문언은 "⑤ 제1항 내지 제3항의 각 규정에도 불구하고 부동산에 대한 물권 또는 사용을 목적으로 하는 권리에 관한 계약의 방식은 그 부동산이 소재하는 국가의 강행규정에 의한다. 다만 그 강행규정이 계약의 체결지와 준거법에 관계없이 적용되는 경우에 한한다" 라는 것이다. 연구반초안해설, 45면.

16) MünchKomm/Spellenberg, Band 10, Art. 11 Rn. 125f. 참조. 독일은 법률행위의 방식에 관

뿐만 아니라 청약, 승낙, 계약의 해제, 해지 또는 채무의 면제 등과 같이 계약에 관계되는 일방적인 행위에도 적용됨을 명시한다(제4항). 이 점은 로마 I (제11조)도 마찬가지이다.

(11) 영미의 사기방지법(statute of frauds)[17]

사기방지법은 당초 영국이 사기적인 당사자가 날조된 계약으로부터 권리를 획득하는 것을 막고자 1677년 사기방지법(Act for prevention of Frauds and Perjuries)을 제정함으로써 도입된 것이다. 그러나 그것이 계약의 구속으로부터 부당하게 벗어나는 수단으로 남용되자 영국 판사들은 그 적용범위를 제한하여 19세기 말 사실상 형해화되었으며 마침내 1954년 법개혁(계약이행강제)법(Law Reform (Enforcement of Contracts) Act)에 의하여 상당 부분 폐기되었다. 그러나 미국에서는 아직 유지되고 있는데 대표적으로 통일상법전(§ 2 – 201)에 따르면 미화 500불[18] 이상의 매매계약은 원칙적으로 서면에 의하지 않으면 강제할 수 없다. 사기방지법의 원칙의 성질결정에 관하여 그것이 절차인지 실체인지, 실체라면 그것이 실질의 문제인지 아니면 방식의 문제인지는 논란의 여지가 있으나 일응 방식의 문제라고 본다.

법률행위의 방식요건이 점차 완화됨에 따라 통상 이는 실무상 크게 문제 되지 않으나 근자에는 전자문서에 관하여 논란이 있다. 즉 "전자문서 및 전자거래 기본법"(전자문서법) 제4조의2는 "전자문서의 서면요건"이라는 표제하에 "전자문서가 일정한 요건을 모두 갖춘 경우에는 그 전자문서를 서면으로 본다. 다만, 다른 법령에 특별한 규정이 있거나 성질상 전자적 형태가 허용되지 아니하는 경우에는 서면으로 보지 아니한다"라고 규정하는데, 이는 방식의 준거법이 한국법인 경우에 적용된다고 본다.

(12) 친족법상의 법률행위의 방식

위에서 언급한 것처럼 일본의 법적용통칙법은 법률행위의 방식에 관한 준거법에 관하여 제10조를 두는 외에 제34조 제1항에서는 "제25조부터 전조까지 규정

한 제11조를 두고 있으나 로마 I 이 적용되는 범위 내에서는 로마 I (제11조)이 우선한다.

17) 상세는 석광현, 국제매매법, 80면 참조.

18) 2003년 작성된 통일상법전 개정안은 이를 5,000불로 인상하였으나 이 개정안은 공식적으로 철회되었다.

하는 친족관계에 대한 법률행위의 방식은 당해 법률행위의 성립에 대하여 적용하여야 하는 법에 의한다"라고 규정하고, 제2항에서는 "전항의 규정에도 불구하고 행위지법에 적합한 방식은 유효로 한다"라고 규정한다. 이는 결국 제10조 제1항 및 제2항과 유사하다.

그러나 우리 국제사법은 친족에 관한 장에서 법률행위의 방식에 관하여 별도의 규정을 두지는 않는다. 따라서 친족에 관한 제7장에서 특칙을 두지 않는 한 원칙적으로 제31조가 친족법상의 법률행위의 방식에도 적용되어야 할 것처럼 보이나 개별적으로 검토해야 한다.[19]

제63조 제2항은 혼인의 방식(예컨대 혼인신고가 필요한지도 이에 포함된다)에 관한 특칙을 두어 혼인거행지법 또는 당사자 일방의 본국법에 의하도록 함으로써 방식요건을 완화한다.[20] 법률행위의 방식에 관한 일반원칙(제31조)에 따르면 혼인의 방식은 혼인거행지법 또는 혼인의 준거법에 의하는데, 이 경우 혼인의 준거법은 혼인의 성립의 준거법이다. 그런데 혼인의 성립에 관하여 국제사법은 배분적 연결을 취하므로 일반원칙에 따르면 양 당사자의 본국법의 방식을 누적적으로 충족해야 한다는 결론이 되나 이를 요구하지 않는다. 즉 혼인의 방식에 대하여는 제63조 제2항이 적용되고 제31조의 적용은 배제된다.

인지와 계약형입양의 방식은 법률행위의 방식의 문제로서 제31조에 의하여 규율되나, 계약형입양이 가능한지, 아니면 선고형입양이 필요한지는 방식의 문제가 아니라 실질의 문제로서 입양의 준거법이 결정한다.

이혼의 방법이라고 하는 협의이혼과 재판상이혼은 이혼의 방식의 문제가 아니라 실질의 문제로 이해한다. 상세는 제66조에 대한 해설에서 논의한다. 다른 친족법상의 법률행위에 대해 더 정치한 규정을 둘 필요가 있는지는 더 검토할 사항이다.

(13) 상속법상의 법률행위의 방식[21]

국제사법은 상속에 관한 장(제8장)에서 상속법상의 법률행위의 방식에 관하여 별도의 규정을 두지 않으나, 유언의 방식에 관하여는 제78조 제3항에 특칙을

---

19) 윤진수/장준혁, 주해상속법 제2권, 1247면도 동지.
20) 독일의 경우 외국에서 혼인이 체결된 경우에는 법률행위의 방식에 관한 일반원칙이 적용된다는 점에서 우리와 차이가 있다.
21) 상세는 석광현, "국제가사사건을 다루는 법률가들께 드리는 고언(苦言)Ⅱ", 국제사법연구 제30권 제1호(2024. 6.), 57면 이하 참조.

두고 있다.

근자에 상속에 관한 법률행위의 방식이 문제가 된 사건이 있다. 즉 대구고등법원 2015. 4. 22. 선고 2014나2007 판결은, 일본에 거주하는 피상속인(한국인)의 사망 후 상속인들이 일본 법원으로부터 상속포기기간의 연장결정을 받고 일본 법원에 상속포기 신고를 하여 수리된 사안에서 상속 포기기간의 연장과 포기 신고는 법률행위의 방식의 문제이므로 구 국제사법 제17조 제2항에 따라 행위지법(일본법)에 의할 수도 있다고 보고 일본에서 한 상속포기는 행위지법에 따른 것으로 유효하다고 판시하였다.

상속포기의 법원에의 신고는 법률행위의 방식의 문제로 성질결정할 수 있으므로 위 판결을 수긍할 여지가 있으나, 상속포기 신고의 기간과 그의 연장은 실질인 상속의 준거법에 따를 사항이라고 본다.[22]

그에 따라 상속포기의 신고를 상속 준거법인 한국법에 따라 가정법원에 하여야 하더라도(민법 제1041조), 일본 법원에 한 신고를 한국 가정법원에 한 신고와 동일시할 수 있는데, 저자는 이를 일종의 '대용'의 문제로 본다. 즉 내국 실질규범의 구성요건이 외국에서 행해진 법현상에 의한 대체를 허용하고, 외국법의 현상이 내국 실질규범이 요구하는 구성요건과 기능적 등가성(funktionale Gleichwertigkeit)을 가지는 경우 대용의 법리에 따라 내국 실질규범의 구성요건이 구비된 것으로 보아 법률효과를 인정할 수 있다. 따라서 상속인들이 신고기간을 연장받아 상속포기의 신고를 하는 것은 상속준거법인 한국법에 따를 사항이지만 일본 법원으로부터 신고기간을 연장받아 신고를 하였다면 대용의 법리에 따라 유효하다고 볼 수 있다.

한편 위 사건에서는 상속인들의 신청에 따라 상속포기 신고기간이 일본 법원에 의하여 연장되었는데, 그것이 유효한지는 외국 비송재판의 승인의 문제이다. 준거법인 우리 민법(제1019조 제1항 제2문)이 상속포기 신고기간을 법원이 연장할 수 있음을 명시하나 이는 한국 법원만 할 수 있다는 취지는 아니므로 일본 법원이 한 연장재판도 외국 비송재판의 승인요건이 구비되면 유효하다. 즉 위 사건에서 일본 법원으로부터 기간 연장을 받아 신고한 것은 외국 비송재판 승인의 법리 또는 대용의 법리에 따라 유효할 수 있다는 것이다. 저자는 위 판결이 "상속포기 기간의 연장결정을 국내 가정법원에서 받을 것인지 외국 가정법원에서 받을 것인지의 문제는 법률행위의 방식에 관한 것"이라고 판시한 점에는 동의하지 않는다.

---

22) 윤진수/장준혁, 주해상속법 제2권, 1239면도 동지.

2. 임의대리에 관한 조항의 신설

섭외사법	국제사법
<신설>	제32조(임의대리) ① 본인과 대리인 간의 관계는 당사자 간의 법률관계의 준거법에 따른다. ② 대리인의 행위로 인하여 본인이 제3자에 대하여 의무를 부담하는지 여부는 대리인의 영업소가 있는 국가의 법에 따르며, 대리인의 영업소가 없거나 영업소가 있더라도 제3자가 알 수 없는 경우에는 대리인이 실제로 대리행위를 한 국가의 법에 따른다. ③ 대리인이 본인과 근로계약 관계에 있고, 그의 영업소가 없는 경우에는 본인의 주된 영업소를 그의 영업소로 본다. ④ 본인은 제2항 및 제3항에도 불구하고 대리의 준거법을 선택할 수 있다. 다만, 준거법의 선택은 대리권을 증명하는 서면에 명시되거나 본인 또는 대리인이 제3자에게 서면으로 통지한 경우에만 그 효력이 있다. ⑤ 대리권이 없는 대리인과 제3자 간의 관계에 관하여는 제2항을 준용한다.

[입법례]
• 스위스 국제사법 제126조[대리]
• 중국 섭외민사관계법률적용법 제16조
• 대리의 준거법에 관한 1978년 헤이그협약(Convention on the Law Applicable to Agency) 제14조, 제15조[1)]
• 독일 국제사법 제8조[임의대리][2)]

가. 개요

섭외사법상 대리의 준거법에 관하여 명문의 규정이 없었으므로 그간 학설과 판례에 의하여 해결되어 왔다.[3)] 따라서 구 국제사법에서는 법적 안정성과 예측가능성을 제고하기 위하여 임의대리(voluntary or consensual agency)에 관한 규정

---

1) 협약에 관한 국내자료는 Mueller–Freienfels(이은영 역), "대리에 적용되는 법에 관한 헤이그협약", 서울대학교 법학, 제18권 제2호(1978), 183면 이하; 최흥섭, "1978년의 대리준거법에 관한 헤이그협약(The 1978 Hague Convention on the Law Applicable to Agency)과 우리법", 진산 기념논문집, 제1권, 264면 이하 참조.
2) 과거 독일 민법시행법에는 대리의 준거법에 관한 조문이 없었으나 제8조가 신설되었고 이는 2017. 6. 17. 시행되었다. 조문은 석광현, 정년기념, 575면 참조.
3) 섭외사법상의 대리의 준거법에 관한 한국과 과거 독일의 학설은 안춘수, "代理權의 準據法", 佑齋 李鳴九博士 華甲紀念論文集[Ⅲ], 現代法學의 理論(1996), 663–669면; 이규호, "미국에서 대리에 관한 준거법", 진산 기념논문집 제1권, 286면 이하 참조.

을 신설하였다. 다만 선장의 대리권에 관하여는 해상의 장(제94조)에서 별도로 규
정한다. 법정대리는 본인의 의사가 아니라 법률의 규정에 의하여 직접 발생하므
로 대리권의 발생원인이 되는 법률관계의 준거법에 의하면 충분하다[4]고 보아 구
국제사법에서도 그에 관한 별도의 규정을 두지 않았다. 예컨대 부모의 법정대리
권은 친자관계에 관한 제72조, 후견인의 법정대리권은 후견의 준거법을 정한 제
75조에 의하여 결정되는 준거법에 따른다.

국제사법은 구 국제사법의 태도를 유지한다.

나. 주요내용

(1) 대리의 3면관계

실질법인 우리 민법 이론상 대리관계를 3면관계로 파악하는 것에 상응하여
국제사법도 첫째, 본인과 대리인의 관계(대리권의 관계),[5] 둘째, 대리인과 상대방
간의 관계(대리행위(Hauptgeschäft)의 관계)와 셋째, 대리행위의 효과가 본인에게 귀
속하는 관계(대리효과의 관계)[6]를 구별하고, 대리효과는 대리권의 관계 및 대리행
위의 관계와 독립하여 별도로 연결된다는 입장을 취하였다. 즉, 국제사법은 첫째
관계에 관하여는 제1항에서, 셋째 관계에 관하여는 제2항에서 규율하고, 둘째 관
계에 관하여는 별도의 규정을 두지 않는데, 그에 대하여는 대리행위가 계약이라
면 제45조 이하가 적용된다.

(2) 본인과 대리인 간의 관계(제1항)

대리에 있어 본인과 대리인 간의 내부관계는 본인과 대리인 간의 법률관계의
준거법에 따른다. 즉, 대리권은 많은 경우 위임계약, 고용계약, 도급계약 또는 대
리상계약(체약대리상의 경우)[7] 등에 기초하여 부여되는데, 본인과 대리인 간의 내
부관계는 그러한 계약의 준거법에 따른다는 것이다. 연구반초안에서는 내부관계
는 본인과 대리인 간의 "계약의 준거법"에 의한다고 규정하였으나,[8] 대리인과 본

---

[4] 최흥섭, 251면도 동지.
[5] 이를 '원인관계' 또는 '대리의 내부관계(internal relationship)'라고 부른다.
[6] 이러한 본인과 제3자의 관계를 '외부관계(external relationship)'라고 부른다.
[7] 대리상은 상업사용인이 아니라 독립한 상인이지만, 특정한 상인, 즉 본인과 계속적 관계를 맺
   고 영업활동을 보조하는 자이다.
[8] 연구반초안해설, 47면.

인 간에 항상 계약관계가 존재하는 것은 아니고 단독행위인 수권행위에 따른 법률관계만이 존재할 수도 있음을 고려하여 위원회의 논의과정에서 계약이 아니라 "당사자 간의 법률관계의 준거법"에 의하는 것으로 수정하였다.9) 다만 본인과 대리인 사이에 계약 없이 수권행위만 존재하는 경우 그들 간의 법률관계의 준거법은 무엇인가라는 의문이 있다.10)

제1항의 결과 본인과 대리인 간에서 본인이 대리권을 수여함으로써 대리권이 발생하였는지, 대리권의 내용, 범위, 소멸과 대리인이 권한을 넘은 행위를 함으로써 본인에 대하여 부담하는 책임 등은 내부관계의 준거법에 따를 사항이다. 예컨대 표현대리가 성립하기 위한 요건은 본인과 제3자 간의 관계의 문제로서 제3항이 정한 대리의 준거법에 따를 사항이지만, 그 요건의 하나로 대리권의 존재가 전제가 되는 그 경우 그러한 대리권의 존재 여부와 범위는 제1항에 의하여 결정되는 내부관계의 준거법에 의한다.11)

(3) 대리인과 상대방 간의 관계

한편 대리인과 상대방 간의 관계, 즉 대리행위라 함은 대리인이 본인을 위하여 상대방과 하는 행위, 예컨대 매매계약을 가리킨다. 따라서 이에 대해서는 법률행위, 특히 계약에 관한 제45조 이하의 규정이 적용된다.

(4) 본인과 제3자 간의 관계(제2항)

한편 본인과 제3자의 관계는 대리인이 영업소를 가지고 있는 경우에는 영업소 소재지국법에 의하고, 영업소가 없거나 영업소가 있더라도 제3자가 이를 알 수 없는 경우에는 대리행위지법(*lex loci actus*)에 의한다.

전자는 실무상 쉽게 파악할 수 있는 비교적 고정된 기준을 제시하는 장점이 있고, 또한 대리인은 법적 거래 시 그 장소에서 경제적 활동을 영위하므로 연결점으로서 조작의 위험이 적고 대리행위지처럼 우연한 요소에 의하여 결정되는 것도

---

9) 이러한 의미에서 섭외사법하에서 대리인과 본인의 관계는 수권행위의 준거법에 의한다는 견해가 있었다. 이는 계약이 존재하는 경우에는 수권행위의 준거법은 그 계약의 준거법과 동일하다고 하였다. 신창선, 국제사법(1999), 267면.
10) 최흥섭, 252면 註 33은 구 국제사법하에서 이 경우 기본계약의 준거법에 따를 사항이라는 것처럼 보이나 문제는 계약관계가 없는 경우이다.
11) 최흥섭, 252면도 동지.

아니라는 장점이 있다.[12] 한편 후자는 거래를 보호하기 위한 것으로서, 대법원 1987. 3. 24. 선고 86다카715 판결과 대법원 1988. 2. 9. 선고 84다카1003 판결 등의 태도를 반영한 것이기도 하다.[13]

전자의 예로는 영업소를 가진 체약대리상이 본인을 대리하여 계약을 체결하는 경우를 들 수 있다. 대리상처럼 영업으로서 대리를 하는 경우 대리행위지에 착안하는 것은 적절하지 않고, 경우에 따라 대리행위지의 결정이 용이하지 않으며 대리인이나 상대방에 의하여 대리행위지가 조작될 우려도 있다.[14] 대리인과 본인 사이에 근로계약관계가 존재하고 대리인이 그 자신의 영업소를 가지고 있지 아니한 때에는 외부에서 인식할 수 있는 본인의 주된 영업소를 대리인의 영업소로 본다(제3항).

2000년 연구반초안(제20조 제4항)은 근로계약뿐만 아니라 대리인이 본인과 위임계약 등 계속적인 계약관계에 있는 경우에도 마찬가지로 규정하였으나, 위원회의 논의과정에서 위임계약 등은 삭제되었다. 당초 위임계약을 넣었던 것은 우리 기업들의 실무상 회사의 임원인 이사가 대표이사의 위임장을 받아 외국에서 회사를 대리하여 계약을 체결하는 예가 빈번한데, 이 경우 상대방이 그러한 사실을 알고 있으므로 그 경우 대리의 준거법이 한국법이 되도록 하기 위한 것이었다. 그러나 이 조항이 삭제되었으므로 그 경우는 일반원칙에 따라 대리행위지법에 의해야 할 것이라는 견해와, 그 경우에도 근로계약이 존재하는 경우와 실질적인 차이가 없다고 보아 제3항을 유추적용할 것이라는 견해가 나뉠 수 있지 않을까 생각된다.

(5) 대리의 준거법에 관한 당사자자치의 인정

국제사법에서는 일정한 요건하에 당사자가 임의대리의 준거법을 지정할 수 있음을 명확히 함으로써 당사자자치를 제한적으로 허용한다(제4항). 이 경우 2000

---

12) Simon Schwarz, Das Internationale Stellvertretungsrecht im Spiegel nationaler und su−pranationaler Kodifikationen, Rabels Zeitschrift Band 71 (2007), S. 748. 이 문헌은 우리 국제사법도 인용한다. 2017. 6. 20. 국제사법 및 국제민사절차법 규정의 개정법률(제5조)에 의하여 대리에 관한 조문(제8조)이 민법시행법에 신설되었다. 간단한 소개는 석광현, 정년기념, 561면 이하 참조.

13) 이는 비교법적으로 가장 널리 인정되고 있는 연결원칙이다. Schwarz(註 12), S. 756, Fn. 130 참조. 소수설인 MünchKomm/Spellenberg, Vor Art. 11 EGBGB Rn. 145f.는 행위의 준거법에 따른다.

14) 대리행위지는 우연한 요소에 의하여 결정되고, 모바일 전자통신의 시대에 안정성이 부족하다는 비판을 받고 있다. Schwarz(註 12), S. 758 참조.

년 개정연구반 및 위원회의 논의과정에서 준거법을 선택하기 위한 요건으로서 대리권을 증명하는 서면(예컨대 위임장)에 명시되거나 본인 또는 대리인에 의하여 제3자에게 서면으로 통지되어야 한다는 견해와 "대리의 준거법에 관한 1978년 헤이그협약"(제14조)처럼 상대방을 보호하기 위해 본인 또는 상대방이 서면에 의해 이를 표시하고 상대방 또는 본인이 그에 대해 동의해야 한다는 견해가 있었으나, 후자는 지나치게 부담스럽다는 이유로 전자가 채택되었다. 전자는 당시 독일에서 유력한 견해였다.[15) 준거법의 지정은 원칙적으로 행위 당시에 있어야 할 것이다. 아래 소개하는 서울고등법원 2013. 11. 29. 선고 2012나23025 판결은 가정적인 판단에서 준거법의 사후적 합의가 가능하다고 설시하였다.[16)

(6) 무권대리인과 제3자 간의 관계

대리권을 가지지 않은 대리인과 제3자와의 관계에 대하여는, 제2항에 의해 결정되는 본인과 제3자 간의 외부관계에 적용되는 법에 따르도록 한다(제5항). 2000년 연구반초안(제20조 제5항)은 이 경우 대리행위지법을 적용할 것이라는 견해(제1안. 스위스 국제사법 제126조 제4항, 대리의 준거법에 관한 헤이그협약 제15조 참조)와 대리행위의 준거법에 의한다는 견해(독일의 유력설)[17)를 반영하여 두 개의 안을 제시하였으나[18) 위원회에서는 전자가 채택되었다.

이는 본인이 제3자에게 의무를 부담하는지의 여부를 판단하는 준거법과 무권대리인의 제3자에 대한 관계를 규율하는 법을 동일하게 함으로써 양자 간에 저촉이 발생하지 않도록 하기 위한 것이다.[19)

---

15) Kropholler, S. 307 참조.
16) 서울고등법원 판결은 회사의 표현대표에 관한 법률관계는 회사의 속인법에 따라야 한다는 견해를 표명하였지만, 그와 달리 대리의 법리와 유사하므로 구 국제사법 제18조 제2항을 유추적용하되 같은 조 제4항의 해석에 따라 거래관계의 제3자와 본인 간에 당사자자치를 허용해서 사후적인 합의도 허용된다는 견해도 있을 수 있다고 판시한 바 있다.
17) 안춘수(註 3), 671면은 섭외사법의 해석상 이 견해를 취하는 것으로 보인다.
18) 임의대리에 관한 연구반초안 제20조 제5항은 다음과 같다. 연구반초안해설, 47면.
 "[제1안] 대리권을 가지지 아니한 대리인과 제3자간의 관계는 제2항에 의하여 지정되는 법에 의한다.
 [제2안] 대리권을 가지지 아니한 대리인과 제3자간의 관계는 대리행위의 준거법에 의한다".
19) 여기에서 제5항은 제2항만을 준용하지만, 제5항은 제3항과 제4항의 유추적용 여부를 해석에 맡긴 것으로 보는 견해가 있고, 이는 나아가 무권대리에도 제32조 제2항만이 아니라 제2항부터 제4항을 준용하는 것이 입법론적으로 타당하다고 지적한다. 장준혁, 2019년 민사판례

결국 임의대리의 준거법에 관한 제32조는 대체로 스위스 국제사법(제126조)과 유사하게 되었으나, 일정한 요건하에 당사자자치를 도입한 점과, 계약에 관한 장이 아니라 법률행위에 관한 장에서 규정하는 점이 다르다.

(7) 적용범위

대리의 준거법은 대리권의 수여, 존부, 내용, 범위와 소멸을 규율한다.[20] 현명주의가 타당한지도 대리의 준거법에 따를 사항이다.[21] 대리에 관한 조항은 채권적인 계약뿐만 아니라 물권행위와 가족법상의 법률행위에도 원칙적으로[22] 적용되므로 법률행위의 방식에 관한 조항과 마찬가지로 법률행위에 관한 제3장에서 규정하였다. 그러나 대리의 대상으로 되는 행위의 특수성으로 인하여 제32조의 원칙을 적용하기에 적절하지 않은 경우가 있다. 독일에서 논의되는 것으로는 예컨대 부동산의 처분에 관한 대리의 경우 부동산 소재지법에 의하는 것, 거래소에서의 중개인의 행위가 거래소 소재지법에 의하는 것과 소송행위의 대리의 경우 법정지법에 따르는 것 등이 있다.[23]

연구회 발표자료, 43면. 이는 설득력이 있다.

[20] Kropholler, S. 307−308.

[21] 양석완, "선박관리회사의 대리와 위탁계약에 따른 당사자 및 제3자 관계 분석−영미법과 우리나라법과의 비교를 중심으로−", 통상법률 통권 제124호(2015. 8.), 40면 이하는 영미의 대리법과 우리의 대리법을 비교하는 점에서 일부 유용한 정보를 담고 있으나, 선박관리계약의 준거법에 따라 이런 효과의 차이가 발생하는 것으로 설명하는 점에서 의문이다. 대법원 2019. 12. 27. 선고 2017다208232(본소), 2017다208249(반소) 판결은 현명주의에 관한 영국법의 법리를 아래와 같이 정리한 바 있다. 즉 "본인으로부터 보험계약 체결의 대리권을 수여받은 대리인이 상대방에게 본인의 신원을 현명하지는 않았으나 본인의 존재를 노출하여 상대방이 본인의 존재를 알고 있는 경우에는 현명되지 않은 본인(unnamed/unidentified principal)이 보험계약상 권리·의무를 부담할 수 있다. 또한 대리인과 보험계약을 체결한 상대방이 본인의 존재를 알지 못한 경우에도, 대리인이 그 노출되지 않은 본인(undisclosed principal)으로부터 보험계약 체결에 관한 대리권을 수여받아 보험계약 체결 당시 본인을 위하여 보험계약을 체결한다는 의도를 가지고 있었고, 보험계약의 내용상 노출되지 않은 본인이 계약의 당사자가 되는 것을 금지하는 내용이 없다면 노출되지 않은 본인이 보험계약상 권리·의무를 부담할 수 있다는 것이다". 위 판결의 국제사법 논점에 대한 평석은 석광현, "선박보험계약의 준거법이 규율하는 사항(변제공탁과 비현명대리의 포함 여부)과 선체용선계약 및 부당이득의 준거법", 경희법학 제56권 제1호(2021. 3.), 145면 이하 참조.

[22] 임의후견의 경우 논란이 있다. 이는 후견 참조. 최흥섭, 236면은 구 국제사법 제18조는 국제거래를 상정한 것이므로 물권행위의 대리나 가족법적 계약의 대리에는 적용되기 어려울 것이라고 하나 동의하기 어렵다. 제18조는 국제적인 물권행위와 가족법상 계약에도 대리가 허용되는 범위 내에서는 적용될 수 있다.

또한 무권대리의 경우 본인이 표현대리인 또는 무권대리인의 행위에 구속되는지도 대리행위의 효과의 귀속의 문제로서 제2항 내지 제4항에 의하여 결정되는 대리의 준거법에 따를 사항이다.24) 제32조는 표현대리와 무권대리를 언급하지 않으므로 양자의 준거법에 관하여는 흠결이 있다는 견해도 가능하나, 제5항의 취지, 즉 무권대리에서 무권대리인의 책임에 대하여 본인의 구속 여부의 준거법과 동일한 법을 지정하는 것을 고려할 때, 본인이 무권대리인의 행위에 구속되는지도 제2항에 따를 사항이다. 또한 구 국제사법 제18조의 입법에 영향을 미친 1990년 대법원 판결도 바로 표현대리의 성부에 관하여 행위지법을 적용한 것이었고, 간접강제를 명한 외국중재판정의 승인 및 집행을 다룬 대법원 2018. 11. 29. 선고 2016다 18753 판결도 표현대리에 의하여 본인이 책임을 지는지에 대하여 구 국제사법 제 18조를 적용하여 판단하였다. 따라서 국제사법을 반드시 개정할 필요는 없으나 장래 개정할 기회에 더 명확히 규정하는 데는 이의가 없다.

참고로 임의대리의 준거법을 정한 독일 민법시행법 제8조는 2017. 6. 20. 국제 사법 및 국제민사절차법 규정의 개정법률(제5조)에 의하여 신설되었는데, 이는 ① 당 사자자치를 명시적으로 허용하고, ② 대리인이 영업활동으로 행위하는 경우, 근로 자로 행위하는 경우와 그 밖의 경우를 구분하여 대리인의 영업소, 본인의 영업소와 대리행위지를 각각 연결점으로 삼는 점은 우리 국제사법과 유사하다. 그러나 독일 법은 반정을 원칙적으로 배제하나(예외 있음), 우리 법은 반정에 관하여 언급하지 않는 대신 대리의 내부관계에 관한 조문을 두고, 무권대리에서 대리인의 책임의 준 거법을 명시하는 점에 차이가 있다.25) 양자 모두 무권대리와 표현대리의 경우 본인 이 책임을 지는지는 언급하지 않으나 대리의 준거법에 따른다고 본다.26)

---

23) Kropholler, S. 307.
24) 우리 법의 해석상 최흥섭, 255면도 동지. 반면에 신창섭, 229면은 표현대리의 경우 본인이 대리인의 행위에 구속되는지를 결정하는 준거법은 제5항을 적용할 것이라고 하나, 제5항은 제2항을 준용하므로 결론은 같다.
25) 독일 민법시행법은 부동산 또는 그에 대한 권리의 처분에서 임의대리에 대하여 부동산 소재 지법 등 그의 준거법을 적용하고(제6항), 대리의 준거법 원칙이 거래소에서의 행위와 경매 에서의 임의대리에 적용되지 않음을 명시한다(제7항). 또한 일상거소 결정을 위한 지침을 둔다(제8항). 우리 국제사법(제32조)에는 제6항과 제7항에 상응하는 조문이 없으나 제21조 를 고려하여 해석론으로서 그와 동일한 결론을 취하는 것이 바람직하고, 소송행위의 대리의 경우 법정지법을 적용해야 한다고 본다.
26) 우리 법상 최흥섭, 255면도 동지임은 위에서 보았고, 독일 민법시행법 제8조는 표현대리와 무권대리를 언급하지 않으므로 그것이 대리의 준거법에 따를 사항인지에 관하여 논란이 있

회사의 경우 누가 회사를 대표할 권한이 있는지와 그의 대표권의 범위는 제30조의 해설에서 보듯이 회사의 속인법이 결정할 사항이다. 다만 회사의 기관이 권한 없이 또는 권한을 넘어서 한 대표행위의 효과의 귀속문제, 즉 본인과 제3자 간의 관계에 대하여는 제2항을 유추적용할 수 있는지에 관하여는 논란의 여지가 있다. 긍정설은 대표의 법리는 대리의 법리와 유사한 면이 있으므로[27] 이를 긍정한다. 우리 국제사법의 해석상 제2항을 유추적용한다면 아마도 회사의 영업소를 기관의 영업소로 볼 것이므로[28] 영업소 소재지법이 준거법이 될 것이다.[29] 서울고등법원 2013. 11. 29 선고 2012나23025 판결은 회사의 표현대표에 관한 법률관계는 회사의 대표 기관과 그 대외 관계 및 책임 귀속에 관한 것으로서 회사의 속인법에 따라야 한다는 견해(준거법은 뉴욕주법)를 지지하였으나, 그와 달리 이는 대리의 법리와 유사한 것으로서 구 국제사법 제18조 제2항을 유추적용하되, 동조 제4항의 해석에 따라 거래관계의 제3자(당해 사건의 원고)와 본인(당해 사건의 피고 회사) 간에 당사자자치를 허용해서 사후적인 합의도 허용된다는 견해(준거법은 한국법)가 있을 수 있다면서 가사 그에 따르더라도 동일한 결론에 이른다고 판시한 바 있다. 대법원은 뉴욕주법에 따른 결론이 타당하다고 판시하였다.[30]

(8) 반정

대리의 경우 반정을 인정하는 것은 거래의 안전을 보호하고자 하는 국제사법의 취지에 반한다는 점에서 반정은 배제된다고 볼 수 있다.[31] 하지만 명문의 규정

으나 본문처럼 본다. MünchKomm/Spellenberg, 7. Auflage, EGBGB, Art. 8 Rn. 131.

27) 실질법인 우리 민법(제59조 제2항)은 법인의 대표에 관하여는 대리에 관한 규정을 준용한다고 규정한다.

28) 제3항이 본인과 근로계약관계에 있는 대리인의 영업소가 없는 경우 본인의 주된 영업소를 그의 영업소로 본다고 규정하는 점을 고려하면 그럴 것이다.

29) 과거 독일에서는 회사의 기관이 권한 없이 또는 권한을 넘어 행위한 경우 원칙적으로 행위지법에 따를 것이지만, 회사의 속인법이 거래 상대방인 제3자에게 보다 유리한 때에는 거래의 안전을 위하여 제3자는 속인법을 원용할 수 있다는 견해가 유력하다. MünchKomm/Kindler, IntGesR, Rn. 585; Spahlinger/Wegen, Internationales Gesellschaftsrecht in der Praxis (2005), Rn. 293. 독일 구 민법시행법에는 우리 국제사법 제32조에 상응하는 조문은 없었으나 통설은 그와 같이 해석하였다. 독일 현행 민법시행법 제8조는 상거소를 언급하고 필요시 로마 I 제19조 제2항을 원용한다.

30) 대법원 2017. 9. 21. 선고 2014다7933 판결.

31) Kropholler, S. 309 참조.

이 없으므로 견해가 나뉠 수 있다. 독일 민법시행법 제8조는 임의대리의 준거법지정은 사항규정임을 명시함으로써 반정을 배제한다. 참고로 반정에 관한 것은 아니나, 독일에서는 과거 표현대리의 경우 본인은 독일 구 민법시행법 제31조 제2항(국제사법 제29조 제2항에 상응)을 유추적용하여 보호를 받을 수 있을 것이라는 견해가 있었다.[32]

---

32) Junker, IPR(1998), Rn. 38.

V. 물권(제4장)

물권에 관한 제4장 제1절은 물권에 관한 부분(제33조 – 제37조)으로 구성된다. 구 국제사법에서는 지식재산권의 보호에 관한 제24조가 제4장에 포함되었으나 이는 2022년 개정 시 독립하여 제5장이 되었다.

과거 섭외사법은 물권에 관하여 하나의 조항(제12조)만을 두었던 데 반하여, 구 국제사법과 이를 따른 국제사법에서는 물권에 관한 기본원칙을 정한 조문(제33조), 운송수단(제34조), 무기명증권(제35조), 이동 중인 물건(제36조)과 채권 등에 대한 약정담보물권(제37조)을 정한 조문으로 개편되었다. 그중 무기명증권에 관한 조항(제35조)은 섭외사법의 제3장(상사에 관한 규정)에 있던 것을 다소 수정하여 옮긴 것이다. 다만 선박에 대한 물권에 관하여는 제10장 제94조에서 특칙을 두고 있다. 이처럼 물권에 관한 연결원칙의 다양화는 소재지법원칙이 다양한 물건 나아가 증권 기타 무형자산에는 타당할 수 없음을 반영한 것이다. 이러한 연결원칙이 포괄적 담보권에 대하여도 적절한지 더 검토할 필요가 있다.

1. 물권의 준거법에 관한 조항의 개정

섭외사법	국제사법
제12조(물권 기타 등기하여야 할 권리) ① 동산 및 부동산에 관한 물권 기타 등기하여야 할 권리는 그 목적물의 소재지법에 의한다. ② 전항에 규정한 권리의 득실변경은 그 원인된 행위 또는 사실이 완성할 때의 목적물의 소재지법에 의한다.	제33조(물권) ① 동산 및 부동산에 관한 물권 또는 등기하여야 하는 권리는 그 동산·부동산의 소재지법에 따른다. ② 제1항에 규정된 권리의 취득·상실·변경은 그 원인된 행위 또는 사실의 완성 당시 그 동산·부동산의 소재지법에 따른다.

[입법례]
- 독일 민법시행법 제43조[물건에 대한 권리]
- 제1항 → 소재지법주의/제2항 → 치환의 법리 선언/제3항 → 외국에서 이루어진 물권변동과정의 내국에서의 효력
- 스위스 국제사법
- 제99조 제1항 → 부동산에 대한 물권의 소재지법주의
- 제100조 제1항 → 동산물권의 득실변경은 해당 과정 완료 시점에서의 소재지법/제2항 → 동산물권의 내용, 행사에 관한 소재지법주의
- 제102조 제1항 → 내국 도착 동산에 대하여 외국에서 이루어진 물권변동 과정의 국내에서의 효력/제2항 → 외국에서 유효한 소유권 유보로서 국내의 요건을 갖추지 아니한 경우 3개월간 유효[1]/제3항 → 전항의 소유권유보는 선의의 제3자에 대해 효력 없음
- 일본 법적용통칙법 제13조[물권 및 그 밖의 등기를 하여야 하는 권리]
- 중국 섭외민사관계법률적용법 제36조, 제37조

가. 개요

구 국제사법은 섭외사법과 규정 내용은 동일하나, 의미를 명확히 하기 위하여 표제와 조항 내용의 일부의 표현을 다소 수정하였다. 국제사법은 구 국제사법의 태도를 유지한다.

---

* 국제물권법에서 인용하는 아래 주요 문헌은 [ ] 안의 인용약어를 사용한다.
석광현, "國際的인 證券擔保去來의 準據法 — PRIMA와 관련하여 — ", 증권법연구 제3권 제1호(2002)[석광현, PRIMA]; 천창민, "국제적 유가증권거래의 준거법 — 헤이그유가증권협약을 중심으로 — ", 국제사법연구 제10호(2004. 12.)[천창민, 증권협약]; 천창민, "간접보유증권의 국제재판관할과 준거법: 간접보유증권에 관한 국제사법상 연결규칙의 신설을 제안하며", 국제사법연구 제19권 제1호(2013. 6.)[천창민, 간접보유증권]; 천창민, "국제사법상 물권 관련 규정에 관한 소고", 재산법연구 제40권 제1호(2023. 5.)[천창민, 국제물권법].
1) 스위스 민법(제715조 제1항)에 의하면 소유권유보가 존속하기 위해서는 공부에 등록되어야 한다. 따라서 이러한 요건을 구비하지 못하는 외국법상의 소유권유보는 물건이 스위스에 도착하면 소멸하게 된다. 이러한 경우 권리자를 구제하기 위해 위 규정을 둔 것이다.

나. 주요내용

(1) 표제의 변경

제33조는 물권의 준거법에 관한 기본원칙을 규정하는 조항이므로 표제를 섭외사법의 '물권 기타 등기하여야 할 권리'가 아니라 '물권'이라고 규정한다.[2] 그러나 본문의 "동산 및 부동산에 관한 … 등기하여야 할 권리"는 "동산 및 부동산에 관한 … 등기하여야 하는 권리"로 단순히 표현만 수정되었을 뿐이고 존치되었다. 과거 섭외사법하에서 '등기하여야 할 권리'의 예로 논의되었던 것은 부동산의 임차권과 환매권이었는데, 그 경우에도 권리의 성립 및 그 밖의 효력은 임대차계약과 매매계약의 준거법에 의하고, 다만 임차권이나 환매권의 등기로 인하여 발생하는 물권적 대항력만이 제12조에 의한다는 견해가 유력하였다.[3] 이 점을 반영하여 연구반초안(제36조 제1항)에서는 "동산 및 부동산에 관한 물권 또는 그에 관한 물권 이외의 권리 중 등기에 의하여 발생하는 물권적 효력은 그 목적물의 소재지법에 의한다"라고 명시하였으나,[4] 2000년 위원회의 논의과정에서 그 취지가 불명

---

2) 구 국제사법에서는 '물권의 준거법'이었다. 소개는 천창민, 국제물권법, 139면 이하 참조. 가상자산 거래의 국제물권법적 측면은 천창민, "디지털자산 거래의 물권적 측면에 관한 준거법", 국제사법연구 제29권 제2호(2023. 12.), 173면 이하(이는 우리 국제사법의 해석론과 입법론의 방향을 간단히 제시한다); 천창민, "가상자산 거래의 물권법적 측면에 관한 연구 – UNIDROIT의 디지털자산 프로젝트 논의를 중심으로 –", 서울대학교 법학 제63권 제1호(2022. 3.) 43면 이하 참조. 상세는 UNIDROIT, Digital Assets and Private Law Principle 2(2)(2023), Section Ⅱ, Principle 5 Applicable Law 참조. 이는 물권적 측면의 준거법으로 디지털 자산 자체 또는 디지털 자산 등록시스템이 준거법을 명시하도록 하는 의미의 당사자자치 원칙과, 다른 연결원칙들(발행인이 있는 가상자산의 경우 발행인의 정관상의 본거지 법 등)을 제시하고, 보관 관련 쟁점에 대하여는 보관계약의 준거법이 규율하도록 한다. 위 원칙의 개관은 김상중, "가상자산의 지배와 민사법적 성질: UNIDROIT의 디지털자산 원칙과 스위스 DLT 법률의 내용 및 국내 논의에 대한 시사점", "디지털 시대의 점유와 지배원리"라는 주제로 2024. 9. 20. 개최된 (사)한국사법학회 창립 30주년 기념학술대회 발표자료집, 121면 이하도 참조. 금융거래와 관련된 국제사법 측면은 이정수, "가상자산의 국제사법적 쟁점에 관한 시론적 고찰: 금융거래를 중심으로", 국제사법연구 제29권 제1호(2023. 6.), 375면 이하; 박준·한민, 금융거래와 법 제4판(2024), 1186면 이하 참조. 물권법적 측면은 Christiane Wendehorst, Proprietary Rights in Digital Assets and the Conflict of Law, Andrea Bonomi et al., (eds), Blockchain and Private International Law (2023), Chapter 5 (pp. 101 – 127) 참조. 이 단행본은 블록체인을 둘러싼 국제사법 논점을 망라적으로 매우 인상 깊게 다루고 있다. HCCH, Developments with respect to PIL Implications of the Digital Economy Document, Prel. Doc. No 4 REV of January 2022도 참조.

3) 신창선, 국제사법(1999), 287면.

4) 연구반초안해설, 77면.

하다는 이유로 채택되지 않았다. 따라서 "동산 및 부동산에 관한 … 등기하여야 하는 권리"의 정확한 의미는 학설과 판례에 맡겨지게 되었다.

제33조는 섭외사법과 마찬가지로 소재지법주의(lex rei sitae principle)를 취하는데, 동산과 부동산을 구별하지 않는 동칙주의(同則主義)를 규정한 것이다. 부동산의 경우에는 일찍이 중세 법규분류학설에서도 소재지법주의가 인정되었고, 동산에 관하여는 더 늦게 소재지법주의가 받아들여졌다.[5] 소재지법주의는 무엇보다도 물건 소재지의 이해(利害)와 거래 안전의 보호에 적합하다는 장점이 있으나, 부동산의 경우와 달리 동산의 경우는 이는 제한적이며 '준거법의 변경(Statutenwechsel, conflit mobile)(또는 준거법의 변동)'이라는 까다로운 문제를 초래한다.[6]

제33조의 적용대상인 물건이 무엇인가는 성질결정의 문제이므로 총론에서 본 성질결정이론을 따른다. 한편 제33조가 동산과 부동산이라는 체계개념을 사용하므로 동산과 부동산 개념도 성질결정의 준거법에 따를 사항이나, 이는 물권의 준거법인 소재지법이 결정한다는 견해가 우리나라의 다수설이다.[7] 이는 성질결정의 일반이론에 대한 예외인데 그 근거는 불분명하다.[8] 독일 민법시행법 제43조 제1항은 "물건에 대한 권리는 그 물건이 소재하는 국가의 법에 의한다"라고 규정하고 부동산 또는 동산을 언급하지 않으므로 독일에서는 무엇이 부동산이고 동산

---

5) 영국에서는 과거에는 동산의 경우 소유자의 주소지법을 적용하던 시절이 있었으나 이제는 소재지법이 정착되었다. Cheshire/North/Fawcett, p. 1212. 유럽대륙에서도 마찬가지이다. 이는 상속의 경우 부동산과 동산을 구분하여 여전히 달리 취급하는 상속분열(할)주의를 취하는 것과는 다르다. 동칙주의는 독일에서는 19세기에 이르러 수용되었는데 Savigny도 그의 확산에 기여하였다.

6) Kropholler, S. 554ff. 이칙주의(異則主義)는 동산의 경우 소재지가 용이하게 변경될 수 있으므로 소재지법을 따를 경우 권리관계가 불안정 내지 불확정하게 될 우려가 있음을 근거로 하였으나, 그 후 경제의 발전에 따라 소유자의 주소지도 고정적이지 않게 되었으므로 이칙주의에 따를 경우 오히려 거래의 안전과 원활을 저해할 우려가 있다는 점이 지적되고 있다. 신창선 · 윤남순, 245면 이하 참조.

7) 이호정, 269면; 최흥섭, 90면 註 25.

8) 천창민, 국제물권법, 142면 註 19는 "동산과 부동산의 구분에 대한 문제는 우리 국제사법이 법문에서 물건이 아니라 동산과 부동산이라는 용어를 사용하므로 국제사법자치설에 따라 우리 국제사법에 따라야 할 것"이라면서도 "그러나 통상 대륙법계 국제사법에서 동산과 부동산의 구분 문제는 해당 동산 또는 부동산의 소재지법에 따르도록 하고 있고, 그 구분의 실익도 소재지에 있으므로 국제사법 해석론의 예외로서 소재지법에 의한다는 견해(준거법설)를 취한다"라는 취지로 설명한다. 이는 동의하기 어렵고, 근거를 찾자면 오히려 제33조는 물건을 동산과 부동산으로 풀어서 규정한 것뿐이라고 볼 수 있을 것이다. 이런 견해에 따르면 제35조가 정한 무기명증권의 개념도 소재지법에 따르는지 궁금하다.

인지가 물건 소재지법에 의한다는 점은 자연스럽다.[9]

국제사법이 특칙을 두고 있는 운송수단, 무기명증권과 이동 중인 물건은 제33조가 규율하는 물건에서 제외된다. 선박(제94조)의 경우도 마찬가지다.

(2) 소재지의 변경 또는 준거법의 변경

(가) 단순한 준거법의 변경   외국에서 물건의 소유권이 매수인에게 이미 양도된 경우처럼 물권법적 요건이 완성된 후에 물건이 국내에 들어온 경우 외국법에 따른 기성사실(*fait accompli*)은 국내에서도 존중된다(영국에서는 이를 '기득권(vested right)'으로 설명한다). 따라서 이 경우 한국법에 의해 다시 소유권 양도의 요건을 구비할 필요는 없다. 독일에서는 이처럼 '완성된 구성요건(abgeschlossener Tatbestand)'이 존재하는 경우 '단순한 준거법의 변경(schlichter 또는 einfacher Statutenwechsel)'이 있다고 한다. 예컨대 일본에 소재하는 물건을 한국으로 수입하는 국제적 송부매매의 경우에는 물건 소재지법인 일본법상 매매계약 체결에 의해 소유권이 매수인에게 이전되므로 계약 체결 즉시 적어도 당사자 사이에서는 일본민법에 따른 소유권의 이전이 일어나고 그 후 소재지의 변경은 영향이 없다.[10]

단순한 준거법의 변경 후의 기존물권의 내용과 행사: 위에서 본 바와 같이 매수인이 외국법에 따라 물건의 소유권을 취득한 경우 또는 담보권자가 외국법에 따라 이미 담보권을 취득한 물건이 국내에 들어온 경우와 같이 물권이 준거법의 변경 전에 발생하였지만, 신소재지에서 준거법의 변경 후에 행사되는 경우에 문제가 발생한다.[11] 후자는 외국법에 따른 담보권이 한국의 담보권의 성립요건을 구비하는 것을 전제로 한다.

연구반초안(제36조 제3항)은 이에 관하여 "다른 국가에서 물권이 설정된 물건

---

9) 스위스 국제사법 제97조와 제98조는 부동산과 동산을 직접 언급하는 점에서 우리 국제사법과 같다. 그럼에도 불구하고 부동산과 동산의 개념은 소재지법에 따른다는 견해가 유력한데 (Zürcher Kommentar/Müller-Chen, Art. 97 Rn. 6ff.는 그 근거로 루가노협약과 일관된 결론을 도출할 수 있다는 점과 제99조는 양면적 저촉규범이라는 점 등을 든다. 그러나 Schnyder/Liatowitsch, Rn. 693은 법정지법을 적용한다), 일본 법적용통칙법(제13조)도 동산과 부동산을 언급하는데 학설은 역시 소재지법에 의한다고 본다.

10) 반대의 사안, 즉 한국으로부터 일본으로의 수출의 경우는 아래에서 설명하는 가중된 준거법의 변경의 예이다.

11) 독일에서는 이러한 경우를 '혼합된 구성요건(gemischter Tatbestand)'이라고 부르기도 한다. Junker, IPR(1998), Rn. 486. 그러나 이러한 표현은 널리 사용되는 것으로 보이지는 않는다.

이 국내에 들어온 경우 그 물권은 한국의 법질서에 반하여 행사될 수 없다"라는 조항을 두어 '준거법의 변경'의 경우 물권법정주의를 소극적으로 선언하는 규정을 두었다. 이는 외국에서 물권(예컨대 담보물권)이 설정된 물건이 한국 내로 반입된 경우, 외국법에 따른 물권의 효력이 한국법이 알지 못하는 것이거나 한국법의 그 것과 다르다면 외국법에 따른 물권의 효력을 그대로 인정할 것이 아니라 한국의 물권법질서에 위반하지 않는 범위 내에서 효력이 있음을 선언한 것이었다. 즉, 외국에서 성립한 물권이 한국의 물권의 성립요건을 구비한다면 외국법에 따른 물권의 효력을 부인하는 것이 아니라 가능한 한 한국법상의 물권 중에서 유사한 내용의 물권의 효력을 인정하거나, 외국에서 인정하는 효력의 일부만을 제외함으로써 외국법상의 물권의 효력을 존중하는 취지에서 이른바 '치환(置換)' 또는 '전치(轉置) (Transposition 또는 Umsetzung)'의 법리를 명시한 것이었다.12) 그러나 치환의 결과 물권이 신 소재지에서 소멸하거나 변경되는 것은 아니므로 후에 물건이 다시 구 소재지로 복귀한 때에는 본래의 물권이 회복된다. 국제사법상 치환의 법리가 필요한 이유는 우리 민법(제185조)이 물권법정주의(principle of *numerus clausus*)를 취하고 있기 때문이다.13)

이처럼 동산의 소재지변경에 의하여 준거법의 변경이 발생하는 경우 치환의 법리가 중요한 의미를 가지지만, 준거법의 변경이 없더라도 외국법에 따라 설정된 담보물권에 기하여 우리나라에서 강제집행을 하는 경우에도 치환의 법리가 적용된다. 예컨대 외국 선적의 선박에 대해 한국에서 선박저당권에 기한 강제집행이 행해지는 경우 선박저당권의 준거법은 선적국법이므로(국제사법 제94조) 준거법의 변경은 없다. 그러나 이 경우 외국법에 따른 선박저당권을 우리나라의 강제집행절차 또는 도산절차 내에서 어떻게 취급할 것인가와 관련하여 치환의 법리가

---

12) 반면에 외국법에 따른 권리를 그대로 수인하는 수인이론(受忍理論)(Hinnahmetheorie)도 있다. Junker, §17 Rn. 48. 치환에 관한 우리 문헌은 김성호, "상사매매의 목적물에 설정된 담보물권의 준거법", 국제거래법연구 제9집(2000), 373면 이하 참조.

13) 이런 문제점은 영국법상 예컨대 기업의 현재 또는 장래의 모든 재산을 담보로 제공하는 floating charge(浮動담보)가 설정된 뒤 담보목적물의 일부가 한국에 들어온 경우 그의 취급이 문제 되는데, 독일의 다수설은 그에 대하여 양도담보의 효력을 부여한다. Junker, §17 Rn. 51. von Bar/Mankoski, Band Ⅱ §3 Rn. 67은 부동담보가 확정(crystallization)에 의하여 fixted charge가 되었는지에 따라 달리 취급한다. 상세는 Manfred Wenckstern, Die englische Floating Charge im deutschen Internationalen Privatrecht, Rabels Zeitschrift 56 (1992), S. 624ff. 참조.

적용된다. 다만 외국법에 따라 설정된 선박저당권은 우리 법상의 선박저당권에 상응하는 기능을 가지므로 치환의 법리가 문제 되거나 의식되지 않을 뿐이다. 하지만 만일 준거법인 외국법에 따라 설정된 담보물권이 우리 법이 알지 못하는 권리라면(예컨대 채권에 대하여 미국 통일상법전 Article 9에 따른 security interest가 설정된 경우) 이를 우리나라에서 행사하는 때에는 치환의 법리가 의미를 가진다.

스위스 국제사법 제100조 제2항은 "동산에 대한 물권의 내용과 행사는 물건의 소재지의 법에 의한다"라고 하여 이러한 취지를 명시하고, 독일 민법시행법(제43조 제2항)도 "권리가 성립되어 있는 물건이 다른 나라에 들어가면 그 권리는 이 국가의 법질서에 반해서 행사될 수 없다"라고 하여 이를 명시한다. 그러나 개정작업의 논의과정에서 국제사법에 치환의 법리를 명시하는 조항을 두지 않더라도 동일한 결론을 도출할 수 있다는 이유로 동 조항은 위원회에서 삭제되었다. 개인적으로는 과거 우리나라에서 치환의 법리가 충분히 논의되지 않았던 점을 고려한다면, 명시적인 규정을 두는 편이 바람직하였을 것이다.[14]

(나) 특별한 준거법의 변경   독일에서는 물권법적 요건이 실현되는 과정에서, 즉 물권법적 요건이 구 소재지법상 부분적으로만 충족된 상태에서 물건의 소재지가 변경되는 경우를 '개방된 구성요건(offener Tatbestand)' 또는 '연장된 구성요건(gestreckter Tatbestand)'이라고 하고, 이 경우 '특별한(또는 가중된) 준거법의 변경(qualifizierter Statutenwechsel)'이 있다고 한다.[15]

(ㄱ) 소유권의 이전: 물권법적 요건이 실현되는 과정에서 물건이 국내에 들어온 경우에는 권리의 득실변경은 그 원인된 행위 또는 사실의 완성 당시[16] 그 목적물

---

14) 신창선, 한국국제사법학회 제8차 연차학술대회 《제3분과 토론자료》 (2000), 2면도 동지.

15) Junker §17, Rn, 54ff. 최흥섭, "비계약적 채무관계 및 물건에 대한 새로운 독일국제사법규정의 성립과정과 그 내용", 국제사법연구 제5호(2000), 161면은 이를 '조건부 준거법변경'이라고 한다. 최흥섭, 268면도 같다.

16) 참고로 시효취득에 관하여 대법원 2023. 10. 26. 선고 2023다215590 판결(대마도에서 훔쳐온 서산 부석사 고려 불상사건)은, 동산의 점유자가 점유취득시효의 완성으로 소유권을 취득하였는지 판단하는 준거법은 취득시효기간 만료 시점에 목적물인 동산이 소재한 곳의 법이고, 특별한 사정이 없는 한 그 목적물이 역사적·예술적·학술적 가치를 지니고 있는 것이라고 하여 다르게 볼 수 없다는 취지로 판시한 바 있다. 원심판결은, 일본 최고재판소는 이른바 권리능력 없는 사단이 점유하는 부동산을 법인격을 취득한 이후 해당 법인이 점유를 승계하는 경우에도 일본국 민법 제187조 제1항이 적용되는 것으로 해석하여 해당 부동산의 시효취득에 대하여 그 법인격 취득일을 기산점으로 선택할 수 있다는 견해를 취하고 있고, 이에 따라 피고보조참가인(1953. 1. 26. 일본국 법에 따라 일본 나가사키현 쓰시마시 소재 사찰인

의 소재지법에 의한다(섭외사법 제12조 제2항과 국제사법 제33조 제2항). 이의 사례는 물건의 국제적인 매매가 운송을 수반하는 이른바 '국제적 송부매매(internationaler Versendungskauf)'의 경우이다.

조문만으로는 그의 취지가 다소 애매하다. 준거법이 결정되기 전에는 '그 원인된 행위 또는 사실'이 무엇인지 판단하기 어렵고 따라서 '그 원인된 행위 또는 사실의 완성 당시 그 목적물의 소재지'를 결정하기 어렵기 때문이다. 저자로서는 우선 물권법적 요건이 실현되는 과정에서, 즉 물권법적 요건이 구 소재지법상 부분적으로만 충족된 상태에서 물건의 소재지가 변경되는 경우에는 아래와 같이 처리한다.

우선 계약 체결 당시 소재지법에 의하여 그 원인된 행위 또는 사실의 완성 여부를 판단하여 만일 완성되었으면 그 법에 의하고, 만일 완성되지 않았으면 신 소재지법에 따라 판단한다. 따라서 예컨대 한국에 있는 물건을 일본으로 수출하는 경우에는— 즉, 매매계약의 체결과 인도 사이에 물건의 소재지가 변경된다 — 물건 소재지법인 한국법상 소유권이전을 위하여 물건의 점유의 이전이 필요하므로(원인된 행위는 물권변동의 원인을 말하는 것으로서 우리 법에 따르면 채권계약만이 아니라 인도를 포함한다) 한국법상은 물권변동의 요건이 구비되지 않은 결과 매매계약의 체결만으로 소유권이 이전되지 않으나, 물건이 일단 일본에 도착하면 물권변동은 신소재지법인 일본법에 따르므로 일본법상의 요건을 구비한 것이 되어 그 때 매수인에게 소유권이 이전된다.[17] 반면에 일본에 소재하는 물건을 한국으로 수입하는 경우에는 위에서 본 것처럼 물건 소재지법인 일본법상 매매계약 체결에 의해 소유권이 이전되므로 계약 체결 즉시 당사자 사이에서는 일본 민법에 따라

관음사를 주요 사무소로 하여 법인으로 성립한 종교법인)은 이 사건 불상에 관하여 자기의 점유만을 선택하여 1953. 1. 26.부터 점유개시를 주장하고 있는바, 위 인정사실에 의하면 피고보조참가인의 이 사건 불상에 관한 점유는 1953. 1. 26.부터 2012. 10. 6.까지 소유의 의사로 평온, 공연하게 계속된 것으로 추정된다. 따라서 피고보조참가인이 1953. 1. 26.부터 20년간 이 사건 불상을 점유함으로써 1973. 1. 26. 이 사건 불상에 관한 취득시효가 완성되었으므로, 피고보조참가인은 위 취득시효가 완성된 때 이 사건 불상의 소유권을 취득하였다고 봄이 상당하다"라고 판시하였다. 대법원 판결도 위 결론을 인용하였다.

17) 이호정, 272−274면 참조. 이는 그 경우 일본법이 소유권의 이전을 인정하는 것을 전제로 한다. 다만 일본에 도착 즉시 소유권이 이전되는 것이 아니라 일본법에 따라 소유권 이전을 위한 물권적 합의를 다시 하거나, 당사자가 이를 유지하려는 것으로 인정되어야 비로소 소유권이 이전된다는 견해가 있다. 수입화물의 소유권이전에 관한 상세한 논의는 석광현, 제3권, 51면 이하 참조.

매수인에게 소유권이 이전된다. 결국 완성 당시 소재지를 찾는 대신, 구 소재지법
상 요건이 완성되었는지를 검토하여 완성되었으면 그 법에 의하고, 아니라면 신
소재지법에 의한다는 것이다.[18]

(ㄴ) 담보권의 경우: 위에서 본 바와 같이 외국법에 따라 이미 담보권이 설정된
물건이 국내에 들어온 경우처럼 물권이 준거법의 변경 전에 발생하였지만 신소재
지에서 준거법의 변경 후에 행사되는 경우에는 단순한 준거법의 변경에 해당하고
치환의 법리의 적용이 문제 되나, 만일 외국법상의 담보권이 성립되지 못한 상태
에서 물건의 소재지가 변경되고 신소재지법의 담보권의 성립요건(또는 대항요
건)[19]을 구비하지 못하는 경우에는 특별한 준거법의 변경이 있게 된다. 그 경우에
는 담보권자는 일정한 기간 내에 신소재지의 성립요건을 구비하여야 담보권(또는
우선권)을 취득하고 유지할 수 있다.

또한 국제적인 소유권유보부(retention of title) 매매의 경우 구 소재지법에 의
하면 소유권유보가 성립하지만 신소재지법의 요건을 구비하지 못하는 경우에는
스위스 국제사법에서와 같은 구제조치가 없다면, 소유권유보는 효력을 상실하게
될 것이다.[20] 스위스 국제사법(제102조 제2항)에 따르면, 어떤 동산이 스위스에 도
착하고 그에 대하여 외국에서 스위스법의 요건을 갖추지 아니한 소유권유보가 유

---

18) 유사한 사안을 다룬 대법원 2018. 3. 15. 선고 2017다240496 판결이 있다. 이는 운임 및 보
험료 포함(또는 운송비·보험료지급인도 CIP) 조건으로 매수인을 수하인으로 하여 항공화물
운송인에게 운송물을 위탁하는 방법으로 물품을 인도하기로 하는 수출입매매계약이 체결된
사안인데, 직접적으로는 피보험이익이 문제 되었으나 그 과정에서 소유권 이전도 문제가 되
었다. 목적지인 파라과이법도 우리 법처럼 소유권이전을 위하여 점유의 이전을 필요로 하는
데, 대법원은 특별한 사정이 없는 한 몬트리올협약상 물품이 도착지에 도착함으로써 매수인
이 운송인에 대하여 물품의 인도청구권을 취득하였을 때에 매도인으로부터 매수인에게 물품
의 인도가 이루어지고 그 소유권이 매수인에게 이전된다고 판시하였다. 평석은 김윤종, "국
제해상보험계약의 주요 쟁점 – 대법원 판례의 동향을 중심으로 –", 국제거래법연구 제31집
제2호(2022. 12.), 163면 이하 참조.
19) 우리 법상은 담보물의 점유의 이전 또는 등기, 등록이 대체로 성립요건이나 국가에 따라서
는 이를 대항요건으로 취급한다. 미국 통일상법전(제9–301조 이하)은 대항요건의 구비를
'완성(perfection)'이라 한다.
20) 소유권유보부매매에 관한 실질법과 국제사법에 관한 비교법적 검토는 Jacobien W. Rutgers,
International Reservation of Title Clauses (1999) 참조. 우리 기업이 미국에 수출 시 소유권
유보를 하였다면 수출화물을 대상으로 담보계약서(security agreement)와 담보명세서
(financing statement)를 작성하여 구매대금담보권(purchase money security right)으로 등
록할 필요가 있다.

효하게 성립되어 있던 때에는 소유권유보는 스위스에서 3개월 동안은 유효하게 존속하므로 소유권유보부 매도인은 3개월 내에 스위스법상 필요한 등록요건을 구비하면 된다. 그러나 우리 법은 동산에 대한 소유권유보를 위하여 등록과 같은 요건을 요구하지 않으므로 외국법상 소유권유보가 유효하게 성립한 물건이 한국으로 수입된 통상적인 경우 소유권유보는 한국법상으로도 여전히 효력을 가질 것이다.21) 그 경우 소유권유보부 매도인의 권리를 소유권으로 취급할지, 담보권으로 취급할지는 우리 실질법의 문제이다.

(3) 외국에서 이루어진 물권법적 요건의 평가

물권법적 요건이 실현되는 과정에 물건이 국내에 들어온 경우에는 원칙적으로 신소재지법인 한국법이 전과정을 지배한다. 그런데 예컨대 취득시효의 기간이 진행 중에 국내에 들어온 물건과 같이, 권리의 취득이 외국에서 완성되지 아니한 경우 외국에서 이루어진 과정을 국내에서 이루어진 것으로 볼지가 문제 된다. 또한 위의 특별한 준거법의 변경에 관한 사례에서 본 바와 같이 외국에서 이루어진 물권적 합의가 국내에서 이루어진 것으로 볼 수 있는지도 문제 된다.

과거 개정작업의 논의과정에서 독일 민법시행법(제43조 제3항)이나 스위스 국제사법(제102조 제1항)과 같이, 외국에서 이루어진 과정을 국내에서 이루어진 것으로 본다는 취지만을 규정하는 견해(제1안), 국제사법과 같은 견해(제2안)와 양자를 결합한 견해(제3안)가 있었으나, 직접적 규정을 두지 않는 제2안이 채택되었다.22) 따라서 이 문제는 섭외사법에서와 마찬가지로 학설·판례에 의해 해결해야 할 것이나, 외국에서 이루어진 과정을 국내에서 이루어진 것으로 보아야 할 것이다.23)

---

21) 이는 독일 연방대법원의 유명한 선례(편물기계 사건. BGH 2. 2. 1966, BGHZ 45, 95)와 동일한 결론이다.

22) 이를 반영한 연구반초안 제36조 제2항은 다음과 같다.
"[제1안] 국내에 들어온 물건에 대한 전항의 권리의 취득이 외국에서 완성되지 아니한 경우 외국에서 이루어진 과정은 국내에서 이루어진 것으로 본다.
[제2안] 전항에 규정된 권리의 득실변경은 그 원인된 행위 또는 사실의 완성 당시 그 목적물의 소재지법에 의한다.
[제3안] 전항에 규정된 권리의 득실변경은 그 원인된 행위 또는 사실의 완성 당시 그 목적물의 소재지법에 의한다. 다만 국내에 들어온 물건의 경우 외국에서 이루어진 과정은 국내에서 이루어진 것으로 본다".

23) 따라서 취득시효기간의 계산에 있어서는 '비례계산주의'가 아니라 '통산주의'가 타당하다고 본다. 신창선·윤남순, 258면.

그렇다면 명시적으로 규정하는 편이 바람직하였다고 본다.

(4) 동산에 대한 물권과 당사자자치

스위스 국제사법(제104조)은 동산 물권의 취득·상실에 관하여 당사자자치를 인정하나(다만 제3자에게 대항 불가), 국제사법은 이를 채택하지 않았으므로 국제사법상 이는 허용되지 않는다. 하지만 장기적인 입법론으로 이를 검토할 필요가 있다. 즉 동산의 물권변동에 관하여 스위스 국제사법처럼 당사자 간에만 효력을 가지는 당사자자치의 허용을 전향적으로 검토할 필요가 있다. 독일에도 이를 지지하는 유력설이 있다.[24]

흥미로운 것은 동산물권에 관하여 광범위한 당사자자치를 허용하는 중국 섭외민사관계법률적용법 제37조이다. 그러나 동산물권의 내용에 대해서까지 당사자자치를 허용하면 중국물권법(제5조)이 정한 물권법정주의에 반하게 되는 문제가 있으므로 그 범위를 그렇게까지 넓히는 것은 바람직하지 않다.

(5) 제33조의 적용범위

제33조는 모든 동산 및 부동산에 대한 물권에 적용되나, 국제사법이 특칙을 두고 있는 대상, 즉 운송수단(제34조), 무기명증권(제35조), 이동 중인 물건(제35조)과 선박(제94조)에 대하여는 적용되지 않는다. 또한 제33조는 동산 및 부동산에 대한 모든 물권에 적용되므로 약정담보물권에 적용됨은 물론이나, 법정담보물권의 경우에는 논란의 여지가 있다. 즉, 국제사법(제94조 제1호)은 선박우선특권에 대해서는 선적국법이 준거법이 됨을 명시하는 외에는 법정담보물권에 관하여 규정하지 않으므로 이는 학설·판례에 의하여 해결할 사항이다.[25]

법정담보물권의 준거법에 관하여는 종래 섭외사법의 해석상 물건의 소재지법이라는 견해가 유력하였으나, 물건의 소재지법과 피담보채권의 준거법을 누적적용하는 견해와, 법정담보물권의 성립과 효력을 구분하여 전자에 관하여는 물건

---

24) Jürgen Basedow, "*Lex situs* and Beyond-the Case of Movables", 국제사법연구 제22권 제2호(2016. 12.), 437면 이하는 소재지법주의가 국제무역에 장애가 됨을 지적하고 당사자 간에만 효력을 가지는 준거법합의를 허용할 것을 주장한다. Jürgen Basedow, The *Lex Situs* in the Law of Movables: A Swiss Cheese, YBPIL Vol. ⅩⅧ 2016/2017 (2018), p. 1 이하도 있다. 다만 그 구체적 내용은 더 검토할 필요가 있다.

25) 동산에 대한 약정담보물권의 준거법에 관한 비교법적 고찰은 Michael Bridge/Robert Stevens (eds.), Cross−Border Security and Insolvency (2001), p. 121 이하 참조.

의 소재지법과 피담보채권의 준거법을 누적적용하고, 후자에 관하여는 물건 소재
지법에 의하는 견해 등도 주장되었다.[26] 독일 민법시행법 제45조 제2항은, 운송
수단에 대한 법정담보권의 성립은 피담보채권의 준거법에 따르도록 하고, 담보권
의 순위에 대하여는 소재지법에 따르도록 한다.

(6) 물권의 준거법과 계약의 준거법의 구별

물권의 준거법을 정한 국제사법 제33조는 소재지법원칙을 명시한다. 한편 계
약의 성립과 효력은 계약의 준거법에 의하나(제45조 이하), 여기에서 '계약'은 채권
계약을 말하므로 물권적 합의는 계약의 준거법이 아니라 물권의 준거법에 의하여
규율된다. 실무상 계약과 물권적 합의가 동시에 행해지는 경우가 많고, 물권변동
에 관하여 의사주의를 취하는 법제에서는 매매계약을 체결함으로써 물권의 이전
이라는 효과가 발생하더라도, 국제사법상으로는 계약의 채권법적 측면과 물권법
적 측면을 구별하여야 한다.[27] 양자는 상이한 연결정책을 반영하기 때문이다. 이
런 구별은 우리처럼 채권과 물권을 준별하면서 물권행위 개념을 인정하는 법제에
서는 물론이고 그렇지 않은 영미에서도 인정된다.

또한 물권행위의 유인성 또는 무인성은 물권의 준거법에 따른다고 본다. 따
라서 예컨대 매매계약이 그 준거법상 무효인 경우에 그로 인하여 처분행위인 물
권행위도 무효가 되는지는 매매계약의 준거법이 아니라 물건의 소재지법에 따를

---

26) 법정담보권의 준거법에 관하여는 오승룡, "섭외사법 개정을 둘러싼 국제물권 · 지적재산권의
고찰", 법조 통권 536호(2001. 5.), 107면 註 26; 법무부, 해설, 84면 註 39; 일본의 학설은
서헌제, "선박우선특권과 선박저당권에 관한 CMI설문서에 대한 문답", 私法研究 1: 契約法
의 特殊問題(1983), 219－220면 참조. 선박의 경우 일본의 통설은 기국법주의와 피담보채권
의 누적적용설이라고 한다. 손주찬, "海商法의 統一法性과 섭외사법", 한국해법학회지 제22
권 제1호(2000. 4.), 6면 註 1 참조. 과거 독일에서는 동산(운송수단 이외의)에 대한 유치권
과 법정질권(gesetzliche Pfandrecht)에 관하여는 물건에 관한 일반원칙(즉 소재지법)을 따
를 것이라는 견해가 유력하였다. MünchKomm/Kreuzer, Band 10: EGBGB, 3. Auflage
(1998), Nach Art. 38 Anh. Ⅰ Rn. 104ff.

27) 필리핀 소재 기계의 소유권 변동을 다룬 대법원 2008. 1. 31. 선고 2004다26454 판결은 구
국제사법 제19조를 인용한 뒤, 일련의 매매계약의 체결 당시 "목적물인 이 사건 기계가 필리
핀국 내에 있었으므로 각 매매계약에 관하여는 필리핀국법을 적용하여 그 법률효과를 판단하
여야 한다"라고 판시하였다. 그러나 밑줄 부분의 설시는 매매계약의 준거법과 물권의 준거
법을 명확히 구분하지 못한 것으로서 부적절하다. 이 점은 석광현, "외국 소재 동산 소유권
이전의 준거법과 대법원판결들의 오류", 법률신문 제3960호(2011. 8. 18.), 11면에서 지적하
였다.

사항이라는 것이다.[28)]

　유사한 쟁점은 M&A에서도 제기된다. 주식거래(share deal)의 경우 당사자들이 주식매매계약의 준거법을 영국법이나 뉴욕주법으로 선택하더라도 준물권행위인 주식양도는 회사의 속인법에 따르고,[29)] 자산거래(asset deal)의 경우에도 당사자자치의 원칙에 따르는 자산매매계약과 달리 자산양도는 자산별로 해당 준거법(물건의 소재지법, 채권의 준거법과 지식재산권의 보호국법 등)에 따른다.

(7) 인코텀즈와 물권변동

　주의할 것은, 우리나라에서는 종종 오해되고 있지만[30)] "국내·국제거래조건의 사용에 관한 ICC규칙(ICC rules for the use of domestic and international trade terms)"[31)]을 적용하기로 당사자들이 합의한 경우 Incoterms는 물건의 소유권이전과는 직접 관련이 없다는 점이다.[32)] 과거 이런 오해가 널리 퍼져 있었으나 저자가 문제점을 지적한 뒤 어느 정도 정리가 된 것으로 생각했더랬는데, 근자에도 유사한 주장[33)]이 있음을 보면 그런 것도 아닌 듯하다.

---

28) Kropholler, S. 556.

29) 하지만 유럽연합에서는 지식재산권 양도의 경우 채권양도의 준거법처럼 계약의 준거법에 따른다는 견해가 점차 유력해지고 있는 것으로 보인다.

30) 예컨대 강이수, 國際貿易慣習論(1993), 302면은 "C.I.F.매매계약의 준거법이 한국법인 경우에는 특히 물품의 소유권 이전문제에 관하여는 우리나라 법칙 아래에서의 독자적인 이론구성이 필요하다"라고 하여 물권변동의 준거법이 채권계약의 준거법과 구별됨을 분명히 하지 못하고 있다. 다만 운송 중의 물품의 처분에 관하여 도착지법설을 소개하기는 한다(위 강이수, 302면 註 45).

31) 과거에는 "무역조건의 해석에 관한 국제규칙(International Rules for the Interpretation of Trade Terms. Incoterms)"이었으나 2010년 개정 시 명칭이 변경되었다.

32) Jan Ramberg, ICC Guide to Incoterms 2000 (1999), p. 12는 이 점을 분명히 지적한다. 국제물품매매에 관한 영국의 문헌들이 F.O.B.계약과 C.I.F.계약을 구분하여 소유권 이전시기를 논의하고 있으나 이는 동산의 소유권이전을 위하여 점유이전을 요구하지 않는 영국법이 물권변동의 준거법임을 전제로 하는 것이다. 대한상공회의소·ICC한국위원회, 인코텀즈 2000 (2000), 121면도 영국 문헌의 소개이다. 서헌제, 국제거래법 제2판(2000), 143면처럼 이를 무비판적으로 따르는 것은 부적절하다. 다만 F군에서 운송인이 매수인의 이행보조자로서 물품의 점유를 취득하는 경우라면 운송인이 물품의 점유를 취득하는 때에 매수인이 소유권을 취득할 수 있다. 그러나 이는 인코텀즈에 따른 직접적 결과는 아니다. 영국법의 논의는 Alexnander von Ziegler et al. (eds.), Transfer of Ownership in International Trade, Second Edition (2011), p. 135 이하 참조.

33) 예컨대 이원정, "CIP조건의 국제물품매매계약에서 항공화물에 대한 피보험이익-대법원 2018. 3. 15. 선고 2017다240496 판결을 중심으로-", 한국해법학회지 제42권 제2호(2020. 11.),

예컨대 영국의 매도인이 신용장에 기하여 C.I.F. 조건으로 한국의 수입자에게 물건을 수출한 경우, 물건의 위험은 C.I.F. 조건에 따라 물건을 적재한 때(과거에는 물건이 본선의 난간을 통과하는 때) 매수인에게 이전되나 물건의 소유권이 그와 동시에 매수인에게 이전되는 것은 아니다.[34] 민법의 형식주의하에서는 매수인은 개설은행에게 대금을 지급하고 선하증권을 수령함으로써 물건의 점유를 취득하여야 비로소 물건에 대한 소유권을 취득할 수 있다. 따라서 물건이 점유 없이 소유권취득을 허용하는 국가에 소재하는 특정물이고, 당사자들이 계약 체결 시 매수인에게 소유권이 이전되는 것으로 합의하였다면 모르겠지만, 그 외의 수입거래라면, 물권변동의 준거법은 한국법이 되므로 적어도 제3자에 대한 관계에서는 매수인이 물건의 점유를 취득하는 때보다 앞선 시점으로 당사자들이 합의에 의하여 소유권 이전시기를 앞당길 수는 없다.

이 경우 또 하나 주의할 것은, 물권변동은 매매계약의 준거법에 따라 규율되는 것이 아니라 물권변동의 준거법에 의하며,[35] 또한 제33조에 관하여 본 바와 같이 현재의 해석론으로서는 물권변동의 준거법에 관한 한 당사자자치가 허용되지 않는다는 점이다.

이와 관련하여 주의할 것은 선박건조계약의 준거법에 관한 논의이다. 일부 논자는 선박건조계약의 준거법이 영국법이면 1979년 물품매매법(Sale of Goods Act 1979)이 적용되므로 건조 중의 선박 내지 완성 직후 선박에 대한 소유권이 우리나라의 선박건조자에 귀속하는 데 반하여, 선박건조계약의 준거법이 한국법이

353면 이하는 인코텀즈가 매매당사자 간에 소유권의 이전시기를 판단함에 있어 가장 중요한 지침이라고 한다. 그러나 이는 잘못이다. 결정적인 것은 물권변동의 준거법이고 인코텀즈는 동법에 따른 요건(특히 점유이전)의 구비 여부 판단 시 판단자료일 뿐이다. 더욱이 인코텀즈에 따라 인도의무의 이행을 완료하더라도 이는 계약상 인도의무를 이행하였다는 것과 (대체로) 위험이 이전되었음을 의미할 뿐이지 그 시점에 매수인에게 점유가 이전되는 것은 아니다. 물론 경우에 따라 매수인이 간접점유를 취득하는 사안이 있을 수 있다.

34) 물론 매매계약 당시 물건이 영국에 있는 특정물이고 당사자들의 의사가 그렇다면 영국법에 따라 계약체결 시 소유권이 이전될 수 있다. 그렇더라도 이는 인코텀즈의 조건에 따른 결과는 아니다. 상세는 석광현, 제3권, 57면 이하 참조.

35) 영국에서도 물권관계는 계약과 명백히 구분한다. Cheshire/North/Fawcett, p. 1212는 'contractual rights'와 'proprietary rights'를 구분한다. Collier, J.G., Conflict of Laws (1994), p. 243은 더 명백하게 'contractual issues'와 'proprietary questions'를 구분하는 것이 결정적이라고 한다. 이런 구별은 미국에서도 같다. Eugene F. Scoles/Peter Hay/Patrick J. Borchers/ Symeon C. Symeonides, Conflict of Laws, Fifth Edition (2010), §19.12.

면 그 계약이 도급인지 매매인지에 따라 소유권의 귀속이 달라지므로36) 선박건조자의 입장에서는 소유권을 확보할 수 있는 영국법을 준거법으로 하는 것이 바람직하다고 한다. 그러나 이는 정확한 것은 아니다.

선박건조계약의 준거법에 따라 계약의 성질과 당사자의 의사해석이 달라질 수 있으므로 계약의 준거법이 소유권의 귀속에 간접적으로 영향을 미칠 수 있다. 그러나 한국에서 건조 중인 선박 내지 완성 직후 선박에 대한 소유권의 귀속은 엄밀하게는 선박건조계약의 준거법이 아니라 물건 소재지인 우리 물권법이 규율하는 사항이고, 당사자의 의사가 관철될 수 있는 범위는 물건 소재지의 물권법 질서에 의하여 영향을 받으므로,37) 소유권의 이전시기를 정확히 파악하자면 당사자의 의사는 물론이고 계약의 준거법과 소재지의 물권법의 상호작용을 정확히 파악하여야 한다.

다만 완성된 선박의 소유권 양도에 관하여는 당사자가 합의할 수 있으므로 소재지법이 개입하는 것은 인도 전에 건조 중의 선박 소유권을 발주자에게 이전하기로 합의하는 경우이다. 또한 선박의 물권은 제33조가 아니라 제94조에 의하여 규율되므로 그 점도 유의해야 한다.38) 우리 법의 해석상으로도 선박건조자가 선수금등을 받아 선박을 건조하더라도 그것이 전액 선박건조를 위한 재료에 투입되는 것은 아니고 선박건조자가 재료를 직접 제공한다는 이유로 선박건조자가 소유권을 취득한다는 견해39)가 있다. 국제선박건조계약의 압도적 실무에 따르면 건조기간 동안 소유권은 선박건조자가 보유하고 Protocol of Delivery and Acceptance의 작성 시 매수인에게 이전되는 것이라고 한다.40) 물론 이는 물권의 준거법이 허용

---

36) 양자의 차이는 김인현, "선박건조 표준계약서(SAJ)에 대한 연구", 한국해법학회지 제34권 제2호(2012. 11.), 155면, 176면 참조.

37) Simon Curtis, The Law of Shipbuilding Contracts, 4th edition (2012), p. 136도 유사하다. 단적으로 이른바 'continuous transfer of title' 조항에 따라 건조 중인 선박의 소유권이 인도 전에 매수인에 이전되는 것으로 합의하더라도 이는 소재지법상 허용되지 않아 무효가 될 수 있음을 주의해야 한다. 위 Curtis, p. 139도 이 점을 지적한다.

38) 제33조에 따르면 물건 소재지법이 규율하는 데 반하여 제94조에 따르면 선적국법, 즉 등록국법이 선박 소유권을 규율한다. 문제는 그 전환시점이 언제인가라는 점이다.

39) 김인현(註 36), 176면.

40) Curtis(註 37), p. 135. 계약의 준거법이 우리 법인 경우에도 선박건조자로서는 건조 중의 선박과 완성된 선박의 소유권이 자신에게 있음을 계약서에 명시하는 것이 바람직하다. 다만 완성된 선박의 소유권 귀속에 관한 합의는 유효하나, 건조 중의 선박의 소유권귀속에 관한 합의의 효력은 한계가 있을 것이다.

하는 범위 내에서 가능할 것이다.

(8) 문화재의 특수성

국제사법 제33조에 따르면 동산에 관한 물권은 그 목적물의 소재지법에 의한다. 국제사법상 또는 문화재보호법상 특칙이 없는 이상 이러한 소재지법원칙은 도난당한 문화재[41] 또는 불법반출된 문화재에도 적용된다고 보는 것이 전통적인 견해이다. 이에 따르면 한국으로부터 도난당한 문화재가 외국에서 거래되는 경우 취득자의 선의취득 여부는 취득 당시 소재지인 당해 외국법에 의할 사항이다. 가사 기원국(state of origin)[42]인 우리 법상 문화재의 선의취득이 불가능하더라도 소재지법상 가능하다면 선의취득의 대상이 될 수 있고, 반대로 문화재가 선의취득의 개념을 인정하지 않는 영미법계에 있다면 선의취득이 인정되지 않아 진정한 소유자는 문화재를 찾아올 수 있다.[43]

그러나 근자에는 도난 및 불법반출로부터 문화재를 보호해야 한다는 실질법적 가치는 우리나라만이 아니라 국제사회의 공통된 가치로서 존중되고 있다. 또한 소재지법원칙을 관철할 경우 국가에 따라 소유권취득의 요건이 상이하므로 문

---

41) 과거 우리 문화재보호법은 문화재라는 개념을 사용하였으나 2024. 5. 17.부터 국가유산법제가 시행됨에 따라 국가유산이라는 개념을 도입하고 문화재라는 개념은 사용하지 않는다. 그러나 문화재라는 개념은 국제적으로 사용되고 있고 한국도 가입한 1970년 협약의 핵심개념이기도 하므로 저자는 문화재라는 개념을 사용한다. 신법제에 대한 비판은 석광현, "2024년 개편된 국가유산법제와 유네스코 체계의 정합성: 국가유산·문화유산·자연유산의 개념을 중심으로", 국제거래법연구 제33집 제1호(2024. 7.), 169면 이하 참조.

42) 이를 '원천국' 또는 '출처국'이라고 번역하기도 한다.

43) 실제로 선의취득 여부가 다투어진 사건이 있다. 이는 원고가 미국의 인터넷 경매 사이트에서 미국 버지니아 주에 있었던 도품(盜品)인 '인조계비 장렬왕후 어보(御寶)'를 낙찰 받은 뒤 피고(대한민국) 산하 국립 고궁박물관에 매수 신청을 하면서 위 어보를 인도하였는데, 국립 고궁박물관이 위 어보가 도난품에 해당한다는 이유로 매입 및 반환을 거부하자 원고가 피고를 상대로 위 어보의 반환을 청구한 사안이다. 서울고등법원 2018. 9. 20. 선고 2017나2053997 판결(심리불속행으로 확정)은 원고가 위 경매 사이트에서 낙찰받을 당시 위 어보가 미국 버지니아 주에 있었던 점 등을 고려하면, <u>원고가 위 어보에 관한 소유권을 취득하였는지 여부에 관한 준거법은 소재지인 버지니아주법이라고 판단하고</u>, 나아가 영미법에서는 도품에 관하여 '누구도 자신이 가지지 않는 것을 양도할 수 없다(nemo dat quod non habet)'는 원칙이 지배하고 있어 선의취득을 인정하고 있지 않고, 버지니아주 상법 또한 제8.2−403조 제1항에서 도품에 대한 선의취득을 인정하지 않으므로, <u>원고는 위 어보에 관한 소유권을 취득하지 못하였다고 판단하였다.</u> 이 경우에는 위에 언급한 한국 → 일본으로의 매매계약에서와 달리 한국 영역에 들어오는 순간 선의취득을 할 수는 없다.

화재 도둑과 밀거래자가 처분지를 약삭빠르게 선택함으로써 이를 남용할 가능성
이 있다. 실제로 이런 문제점을 단적으로 보여주는 유명한 사례는 1979년 영국의
Winkworth v Christie 사건[44]이다. 국가로서도 흔히 절취 또는 불법반출에 의하
여 그의 영토로부터 문화재가 염가에 대량 유출되는 것을 막는 데에 대해 이해관
계가 있다. 뿐만 아니라 문화재의 경우 통상의 물건에 비해 거래 안전을 보호할
필요성이 약하다는 근거로 취득 시의 소재지법이 아니라 ① 절취 시의 소재지법,
즉, 절취지법(*lex furti*)을 적용하자는 견해와 ② 기원국법(*lex originis*)을 적용해야
한다는 견해가 점차 국제적으로 세를 얻어가고 있는데, 근자에는 우리나라에서도
후자를 지지하는 견해가 있고,[45] 기원국법을 출발점으로 하면서도 실질적으로 더
밀접한 관련이 있는 국가가 있고 선의취득자를 보호하기 위하여 당해 국가의 법
을 적용할 필요성이 있는 경우 예외적으로 당해 국가의 법을 제3국의 국제적 강
행규정으로 적용 내지 고려하자는 견해도 있다.[46][47]

---

44) [1980] 1 Ch. 496 = [1980] 2 W.L.R. 937 = [1980] 1 All E. R. 1121.
   사안은 다음과 같다. 원고(William Wilberforce Winkworth)는 런던에 거주하는 자로서 예
   술품 수집가이다. 원고 소유이던 일본의 예술품이 영국에서 절취되어 이탈리아로 반출되고
   그곳에서 이탈리아인이 이를 선의로 매수하였다. 매매계약은 이탈리아에서 체결되었고 그
   준거법은 이탈리아법이었다. 매수인인 이탈리아인은 예술작품을 런던으로 반입하여 경매회
   사인 크리스티에서 경매에 붙였다. 이 사실을 알게 된 원고는 크리스티(제1피고)와 이탈리
   아 경매의뢰인(제2피고)을 상대로 예술품의 반환을 구하는 소를 제기하였다.
   이에 대해 영국 법원은 국제사법상 준거법을 문화재의 소유권양도가 발생하였던 이탈리아
   법으로 판단하고 이탈리아 민법(제1153조와 제1154조)을 적용하여 당해 물건의 도난사실을
   몰랐던 매수인은 선의취득자로 간주되어 매수와 동시에 당해 문화재에 대한 완전한 소유권
   을 취득한 것으로 보았다.
45) 송호영, "海外로 不法搬出된 文化財의 民事法上 返還請求法理에 관한 硏究", 비교사법 제11
   권 제4호(상)(통권 제27호)(2004. 11.), 251면 이하; 송호영, "문화재반환사건에 있어서 민법
   및 국제사법상 몇 가지 쟁점 — 1995년 UNIDROIT문화재환수협약의 관련규정을 고려하여
   —", 국제사법연구 제15권(2009), 298면 이하; 송호영, "국제사법상 문화재의 기원국법주의
   에 관한 연구", 재산법연구 제30권 제1호(2013. 5.), 95면 이하는 기원국의 판단기준으로
   Jayme 교수 등의 의견을 참조하여 신앙적 가치, 창작자의 국제적 정체성, 문화재의 생성지,
   문화재로 존치하는 곳(Bestimmungsort), 문화재의 소재지, 발견지, 문화재가 계수된 곳과
   역사적 관련성 등 8개의 기준을 제시한다. 아직 이는 주류적인 견해는 아니다. 석광현, "국
   제적 불법거래로부터 문화재를 보호하기 위한 우리 국제사법(國際私法)과 문화재보호법의
   역할 및 개선방안", 서울대학교 법학 제56권 제3호(2015. 9.), 136면 이하 참조.
46) 이필복, "국제적인 문화재 거래와 국제적 강행규정 — 기원국의 국제적 강행규정을 중심으로
   —", 국제사법연구 제27권 제1호(2021. 6.), 128면은 문화재에 관한 물권에 대하여 원칙적으
   로 소재지법을 따르되 구체적인 상황하에서 예외적으로 법정지 또는 기원국 등 제3국의 국
   제적 강행규정을 적용 내지 고려하는 방안을 적극적으로 검토하자는 견해를 피력하고, 김민

스위스에서도 유사한 논의가 있는데, 이런 견해는 국제법협회(Institut de Droit International)가 1991년 "어느 기원국의 문화유산에 속하는 예술품의 소유권의 양도는 그 국가의 법에 따른다"라고 결의함으로써 기원국법주의를 채택하였음을 유력한 근거로 제시한다. 그러나 다수설은 스위스 국제사법 제100조 제1항이 취하는 소재지법주의가 문화재에 대하여도 타당하다고 본다.[48]

위에서 소개한 대법원 2023. 10. 26. 선고 2023다215590 판결(대마도에서 훔쳐온 서산 부석사 고려 불상사건)은, 동산의 점유자가 점유취득시효의 완성으로 소유권을 취득하였는지 판단하는 준거법은 취득시효기간 만료 시점에 목적물인 동산이 소재한 곳의 법이고, 특별한 사정이 없는 한 그 목적물이 역사적·예술적·학술적 가치를 지니고 있는 것이라고 하여 다르게 볼 수 없다는 취지로 판시하였는데, 이는 문화재의 경우 일반 동산에 적용되는 소재지법주의 대신 '기원국법주의'가 타당하다는 견해를 배척한 것으로 본다.[49]

위 고려 불상 사건의 판결들(특히 원심과 대법원의 판결들)은 문화재 소유권의 국제사법적 논점을 다룬 사건으로 한국의 국제문화재사법 또는 국제문화유산사법에서 중요한 의미를 가지는 판결들이다.[50]

경, 국제계약과 국제적 강행규정(2022), 115면 註 179도 동지이나 저자는 이를 지지하지 않는다. 독일에서 주장되는 기원국법설은 예컨대 분실 또는 도난과 같은 선결문제와 선의취득이나 시효취득과 관련하여, 즉 문화재의 반환청구 가부에 관하여 기원국법을 적용하자는 것이지 물권의 모든 문제에 기원국법을 적용하자는 것은 아니다. 따라서 우리가 소재지법설을 따른다는 것은 그런 제한된 논점들에 대하여 기원국법이 아니라 소재지법을 따른다는 의미이다. 그런데 그런 논점들에 대하여 기원국법을 제3국의 국제적 강행규정으로 적용 내지 고려하는 것은 마치 왼손으로 버린 것을 오른손으로 다시 줍는 셈이 된다.

47) 참고로 2016. 8. 1.자로 과거 독일 문화재반환법(KultGüRückG)을 대체한 문화재보호법(KGSG)은 제54조 제1항과 제72조에서 국제물권법에 대한 특칙을 둔다. 소개는 석광현, 정년기념, 568−569면; 송호영, "독일의 새로운 문화재보호법(KGSG)에 관한 고찰", 국제사법연구 제28권 제2호(2022. 12.), 360면 이하 참조.

48) Zürcher Kommentar/Heini, Art. 100 Rn. 32. 뉴욕주의 준거법 결정원칙은 우선 최성호, "도난예술품의 국제적 거래에 있어 준거법의 선택−뉴욕주의 국제사법을 중심으로", 경북대학교 법학연구원, 법학논고 제42집(2013), 349면 이하 참조.

49) 이런 의견은 석광현, "부석사 '불상' 일본 반환 판결에 대한 유감"을 읽고, 법률신문 제5131호(2023. 11. 20.), 14면에서 피력한 바 있다. 석광현, ""'부석사 불상 일본 반환판결에 대한 유감' 반론에 대하여"를 읽고", 법률신문 제5153호(2024. 2. 8.), 10면도 참조. 김영석, "불법반출된 문화재를 둘러싼 법률관계와 국제사법", 대법원판례해설 제137호(2024. 6.), 381면의 해설도 위 견해를 지지한다.

50) 유감스럽게도 제1심 판결은 국제문화재사법 논점을 전혀 언급하지 않았다. 위 판결의 논점

　　문화재 보호와 관련해서는 제20조의 해설에서 언급한 UNIDROIT 문화재환수
협약, 즉 1995년 채택되고 1998. 7. 1. 발효된 "도난 또는 불법반출된 문화재에 관
한 협약(Convention on Stolen or Illegally Exported Cultural Objects. 이하 "유니드로와협
약"이라 한다)"을 주목할 필요가 있다. 이는 특히 아래 두 가지 점에서 그러하다.[51]

　　첫째, 유니드로와협약(제2장)은 도난문화재의 회복에 관하여 통일적인 실질법
규범을 두고 있다. 도난문화재의 회복에 관한 제2장은 국제사법적 해결을 하는 대
신 "도난된 문화재의 점유자는 이를 반환하여야 한다"라는 규정, 즉 통일적인 실
질법규범을 둠으로써 이 문제를 해결한다. 특히 주목할 것은 유니드로와협약은
결코 소유권의 문제를 해결하고자 하는 것이 아니고, 기원국을 떠나지 말아야 했
던 문화재의 기원국으로의 물리적 반환을 실현하고자 한다.

　　둘째, 위 협약(제3장)은 체약국인 문화재의 기원국의 문화재보호법을 국제적
강행규정으로서 존중할 의무를 부과한다. 국제사법 제20조에 관하여 위에서 언급
한 바와 같이 협약(제3장)은 널리 적용되는 조약으로서는 처음으로 강행적인 외국
공법규범의 적용을 의무화했다는 평가를 받고 있다.

　　위 협약은 소급효가 없으나 우리도 그에 가입하는 방안을 적극 검토할 필요
가 있다.

(9) 국가의 수용행위와 국가행위이론

　　국가행위이론(act of State doctrine)이라 함은, 어느 국가의 법원은, 타국이 자
국 영역 내에서 행한 고권적 행위에 대하여는 가사 그것이 국제법위반이라고 주
장되더라도 사법적 심사를 하지 않는다는 이론이다. 이 이론은 미국 법원에 의하
여 국내법의 원칙으로 발전된 것으로,[52] 카스트로 혁명 후 쿠바 정부가 미국인 소

　　과 비판은 석광현, "대마도에서 훔쳐 온 고려 불상의 서산 부석사 반환을 명한 제1심판결의
　　평석: 국제문화재법의 제문제", 국제사법연구 제23권 제1호(2017. 6.), 3면 이하 참조. 다행
　　스럽게도 대전고등법원 2023. 2. 1. 선고 2017나10570호 판결은 저자가 지적한 다양한 국제
　　문화재법 논점을 정면으로 다루었다(아쉽게도 저자의 논문을 인용하지는 않았지만). 그의
　　소개와 평석은 류재현·황성재, "'고려 서주(瑞州) 부석사' 관음상 사건과 국제문화재법", 국
　　제사법연구 제29권 제1호(2023. 6.), 235면 이하 참조. 대법원 판결의 해설은 김영석(註 49),
　　374면 이하 참조.

51) 유니드로와협약의 상세는 석광현·이규호, 「1995년 UNIDROIT협약」가입 영향 검토 및 국
　　내법 개정안 연구", 국외소재문화재재단 정책연구-2015-002 (2015); 이근관, "유니드로와
　　협약 가입을 위한 국내법 개정방향 연구 최종결과보고서"(2007. 12), 15면 이하 참조.

52) 정인섭, 신국제법강의 — 이론과 사례 제13판(2023), 272면. 위 이론의 역사적 배경은 Gary

유의 쿠바 내 설탕공장을 보상 없이 국유화한 것에 대해 미국 법원이 그 합법성 여부를 심사할 수 없다고 판단함으로써 결국 국제법에 위반된 쿠바 법령의 실효 성을 확인한 Banco Nacional de Cuba v. Sabbatino 사건 판결[53]을 계기로 유명 하게 되었다. 이는 미국에 특유한 사법적 자제의 표현임과 동시에 외국과의 분쟁 은 국내 법원이 심사하기보다는 외교의 영역에 맡기는 것이 좋다는 실용적 사고 의 표현이라고 한다.[54] 영국에서도 유사한 법리가 인정된다.[55]

그러나 이런 법리는 유럽 대륙법계에서는 인정되지 아니한다.[56] 즉 유럽 대륙법계 국가에서는 예컨대 A국이 자국 내 B국 국민 재산을 몰수하는 경우 국제사법원칙에 따라 국유화법령의 유효성을 판단할 수 있다고 본다.[57] 종래 국가행위이론이 가장 문제 되는 것은 국가의 수용행위이나 그에 한정되는 것은 아닌데, 이를 더 밀고 나가면 외국판결의 승인 및 집행 시에도 우리나라는 외국판결이 유효인지 무효인지를 심사할 수 없게 된다는 부당한 결론이 된다. 따라서 가사 위 법리를 수용하더라도 그 한계를 정확히 파악해야 할 것이다.

국가행위이론은 주권면제 및 전속적 국제재판관할[58]과 밀접한 관련을 가지

B. Born/Peter Rutledge, International Civil Litigation in United States Courts 4th Edition (2006), p. 751 이하 참조.

53) 376 U.S. 398 (1964).

54) 정인섭(註 51), 272면; 석광현, 정년기념, 714면 이하 참조. 상세는 김대순, 국제법론 제16판 (2011), 460면 이하 참조.

55) 영국 대법원 2017. 1. 17. Belhaj & Anor v Straw & Ors (Rev 1) [2017] UKSC 3 사건 판결, paras. 11 & 38 참조. 위 판결은 외국국가행위이론을 3가지 의미로 사용된다고 구분하여 설명한다. 첫째는 국제사법규칙으로서 외국의 법률은 그 국가에 소재하는 동산 또는 부동산에 관한 한 통상 승인되고 유효한 것으로 취급된다는 규칙이고, 둘째는 국내 법원이 외국의 주권적 행위에 대하여 그의 유효성을 심사하지 않는다는 규칙이며, 셋째는 국내법원은 외국의 주권적 행위에 대하여 비록 외국의 관할 밖에서 행하여진 것이더라도, 사법적 판단을 자제한다는 규칙이다(또는 non-justiciable하다).

56) 특히 독일에서는 영미의 국가행위이론은 국제관습법상의 근거가 없다고 본다. Geimer, IZPR, Rz. 466; Heinrich Nagel/Peter Gottwald, Internationales Zivilprozessrecht, 8. Auflage (2020), Rz. 2.32도 같다.

57) 정인섭(註 52), 273면. 그러나 일본 하급심 판결(동경고등재판소 1953. 9. 11. 판결)은 이란 정부의 국유화 조치의 효력에 대하여 판단할 수 없다는 취지로 설시하여 국가행위이론을 채택한 것으로 보인다. 橫山潤, "國有化法の涉外的效力", 涉外判例百選 第3版 別冊 ジュリスト No. 133 (1995), 71면은 그런 국제법 원칙은 없다고 비판한다. 김대순, 521면 이하는 국가행위이론과 국제사법의 차이를 소개하나 타당성은 의문이다.

58) 예컨대 우리 국제사법(제10조 제2호와 제4호)도 예컨대 외국 법인의 설립 또는 외국에 등록된 특허권의 성립과 유효성 등에 대하여 당해 외국의 전속적 국제재판관할을 인정한다. 그

는 흥미로운 주제이다. 따라서 종래 우리나라에서는 주로 국제법학에서 관심을 가지고 있으나 국제사법학에서도 더 관심을 기울일 필요가 있다.

러나 그런 사항이 다른 소의 선결문제가 되는 경우에는 우리 법원이 판단할 수 있다. 그 경우 국가행위이론이 개입할 여지가 있다(위 이론을 수긍한다면).

2. 운송수단에 관한 조항의 신설

섭외사법	국제사법
〈신설〉	제34조(운송수단) 항공기에 관한 물권은 그 항공기의 국적이 소속된 국가의 법에 따르고, 철도차량에 관한 물권은 그 철도차량의 운행을 허가한 국가의 법에 따른다.

[입법례]
• 독일 민법시행법 제45조 제1항[운송수단: 항공기, 선박 및 궤도운송차량에 대한 본원국법주의
• 스위스 국제사법 제107조[운송수단: 개별법에 유보

가. 개요

항공기, 철도차량과 같은 운송수단은 성질상 계속 이동하는 물건이므로 물권의 일반적 준거법인 목적물 소재지법에 의할 경우 수시로 준거법이 변경되어 법적 안정성을 확보할 수 없다. 또한 운송수단의 경우 목적물의 소재지가 밀접한 연결점이라고 하기도 어렵다. 섭외사법은 선박의 물권에 관하여만 특칙을 두었을 뿐이나(제44조), 그 밖의 운송수단에 관하여도 일정한 장소에 준거법을 고정시킬 필요가 있으므로 구 국제사법에서는 그 밖의 운송수단의 물권의 준거법에 관하여도 소재지법주의에 대한 예외를 인정하는 내용을 신설하였다. 국제사법도 이런 태도를 유지한다.

나. 주요내용

(1) 소재지법주의의 예외

운송수단은 성질상 계속적으로 이동하는 물건이므로 목적물 소재지법에 의하여 준거법을 정하는 것이 기술적으로 곤란하며, 논리적으로도 타당하지 않기 때문에 목적물 소재지에 갈음하여 다른 연결점을 결정할 필요가 있다. 국제사법에서는 운송수단의 특성을 고려하여 항공기에 관한 물권의 경우 그 국적소속국의 법을, 철도차량에 관한 물권의 경우 그 운행허가국의 법을 각 준거법으로 정하였다. 선박에 대하여는 제94조가 별도의 규정을 두고 있다.

항공기의 경우 국적소속국과 등록국 중 어느 것을 연결점으로 정할 것인지에 관하여는 논란이 있었으나, 우리 항공법의 예에서 보듯이 항공기는 등록국의 국적을 취득하므로 양자는 원칙적으로 동일하다는 이유로 국적소속국을 채택하였

다.[1][2] 독일 민법시행법(제45조 제1항)도 동일하다. 이는 선박의 경우 국제사법 제94조가 규정하는 선적국에 상응하는 것이다.

2000년 당시 실정으로는 철도차량에 관한 준거법을 정할 현실적인 필요는 없었으나, 장래 통일 이후에, 또는 그 전이라도 한국의 철도차량이 북한을 경유하여 중국 또는 제3국으로 운행할 가능성에 대비하여 철도차량에 대한 물권의 연결원칙을 규정하였다. 이 경우 연결점으로 운행허가국을 선택한 것은 독일 민법시행법(제45조 제1항 제3호)의 예를 참조한 것인데, 그의 의미는 철도차량의 본원국(本源國)(Herkunftsstaat)으로서의 당해 철도차량을 운행할 수 있도록 허가한 국가(Staat der Zulassung)를 말하는 것이지, 단순히 자국 내 일정구간에서의 통행을 허가한 국가를 의미하는 것은 아니다. 예컨대 장차 한국의 철도차량이 북한, 중국을 거쳐 러시아를 운행하는 경우 철도차량의 운행허가국은 철도차량의 실제 소재지에 관계없이 한국이지 구간별로 한국, 북한, 중국 또는 러시아가 되는 것은 아니다.

(2) 선박 및 자동차의 경우

운송수단 중 선박에 관하여는 해상의 장(제10장. 제94조)에서 별도로 규정하기 때문에 물권의 장에서는 규정을 두지 않았다.

한편 자동차에 관하여는 등록지를 연결점으로 정할 필요가 그다지 크지 않고, 그보다는 자동차의 소재지법에 연결하여도 별다른 문제가 없을 것으로 판단하여 별도의 규정을 두지 않고 일반원칙에 따르도록 하였다. 따라서 예컨대 밀수한 자동차에 대한 소유권의 취득은 당해 자동차의 소재지의 입법정책에 따르고 일반적인 동

---

1) 우리나라도 가입한 "국제민간항공에 관한 시카고협약(Convention on the International Civil Aviation)" 제17조, 제18조에 따르면 항공기는 등록된 국가의 국적을 갖고, 동시에 2개 이상의 국가에 등록될 수 없다. 체약국에서의 항공기의 등록과 등록의 이전은 당해 국가의 법규에 의한다(동 협약 제19조). 우리 항공사업법에 따른 국내·국제 항공운송사업을 경영하려는 자는 국토교통부장관의 면허를 받아야 하고(제7조 제1항), 우리 항공안전법에 따라 국토교통부장관에게 항공기를 등록하여야 하는데, 등록된 항공기는 대한민국의 국적을 취득하고 이에 따른 권리와 의무를 갖는다(항공안전법 제7조와 제8조). 항공기에 대한 저당권의 득실변경은 항공안전법 제11조 제1항에 따른 항공기 등록원부에 등록하여야 그 효력이 생긴다(자동차 등 특정동산 저당법 제5조). 선박의 경우와 달리 항공기 관련법은 등기와 등록을 구별하지 않는다.
2) 따라서 대한항공이나 아시아나항공이 외국으로부터 금융리스방식에 의하여 항공기를 도입하는 경우 그 항공기는 한국의 국적을 취득하므로 항공기저당권의 준거법은 한국법이 되고 그에 대하여 한국 변호사가 작성하는 법률의견서가 인출이 일어나기 위한 선행조건서류의 하나가 된다. 따라서 한국 변호사가 계약서를 작성하는 것이 관행이었으나, 외국 변호사가 작성하는 경우에는 한국 변호사가 반드시 검토하여야 한다.

산과 마찬가지로 선의취득의 인정 여부를 결정하는 것이 거래이익에 합치할 것이다.[3] 과거 자동차저당법, 소형선박저당법과 항공기저당법이 있었으나 이제는 모두 폐지되고 '자동차 등 특정동산 저당법'(특정동산저당법)[4]으로 대체되었다.

(3) 담보권에 관한 국제적인 통일법의 고려

담보권 일반에 관한 것은 아니고 저촉법의 통일에 관한 것은 아니지만, UNIDROIT와 국제민간항공기구(ICAO)의 주도하에 항공기와 같은 고가의 이동장비에 대해 담보권의 설정과 실행을 원활하게 함으로써 금융기관의 대출위험을 낮추고 금융비용을 절감하며 담보부채권의 유동성을 제고하기 위한 방안으로 국제적 담보권에 관한 협약을 제정하는 작업이 추진되어 2001년 11월 "이동장비에 대한 국제적 권리에 관한 협약(Convention on International Interests in Mobile Equipment)"(케이프타운협약)과 항공기의정서(Protocol to the Convention on Inter-national Interests in Mobile Equipment on Matters specific to Aircraft Equipment)가 채택되었다.[5] 이어서 2007년 "철도차량의정서(Luxembourg Protocol to the Conven-tion on International Interests in Mobile Equipment on Matters specific to Railway Rolling Stock)"가 룩셈부르그에서 채택되었고, "우주자산의정서(Protocol to the Convention on International Interests in Mobile Equipment on Matters specific to Space Assets)"가 2012년 3월 베를린에서 채택되었으며, 그 후에는 "광업장비, 농업장비와 건설장비에 대한 의정서(MAC 의정서. Protocol to the Convention on International Interests in Mobile Equipment on Matters specific to Mining, Agricultural

---

3) 참고로 독일에서는 개인적인 용도에 사용하는 자동차의 경우와 영업용 자동차를 나누어 전자는 소재지법에, 후자는 운행허가국의 법에 따를 것이라는 견해도 있으나 일반적으로 소재지법에 따를 것이라는 견해가 유력하다. Junker, §17 Rn. 21. 다만 제46조에 의한 예외 가능성을 인정한다. 일본은 운송수단에 대한 별도의 조문이 없어 학설이 나뉘나 최고재판소 2002. 10. 29. 판결은 자동차를 운행 용도에 제공가능성이 있는가에 따라, 가능성이 있으면 이용의 본거지법을, 가능성이 없으면 물리적 소재지법을 적용할 것이라는 취지로 판시하였다. 문제는 운행가능성과 이용의 본거지의 판단기준이다. 神前 禎, "自動車の所有權", 國際私法判例百選[別冊 Jurist No. 210], 제2판(2012), 55면 이하 참조.

4) 법률 제14116호로 2017. 3. 30. 시행.

5) 이에 관하여는 석광현, 제2권, 528면 참조. 상세는 윤여균·장선, 운송장비의 국제담보권협약 연구(법무부, 2001) 참조. 협약 채택 후의 논의는 석광현, "항공기에 대한 국제적 담보거래 — 케이프타운협약과 항공기의정서를 중심으로 —", 국제거래법학회지 제12집(2003. 12.), 163면 이하 참조. 케이프타운협약과 항공기의정서는 2006. 3. 1. 발효되었다. 철도차량 의정서는 2024. 3. 8. 발효되었다(다만 제23조 제외).

and Construction Equipment)"가 2019년 11월 채택되었다.[6] 이는 모두 실질법의 통일을 위한 것이다. 케이프타운 협약과 의정서들은 현재 일정한 동산들에 대한 진정한 국제적 담보권제도의 가장 좋은 예라고 할 수 있다. 우주자산의정서와 MAC 의정서는 아직 발효되지 않았다.

또한 "담보법에 관한 입법지침(Legislative Guide on Secured Transactions)"을 작성하기 위한 UNCITRAL 제Ⅵ작업반(담보법 작업반)의 작업이 진행되어 2007년 12월 채택되었다. 이는 담보법의 일부로서 담보권에 관한 국제사법규칙을 포함하고 있다.[7] 2012. 6. 11. 시행된 우리나라의 "동산·채권 등의 담보에 관한 법률"(동산채권담보법)은 동 지침의 영향을 받았다. 동산채권담보법은 기존의 물권에 추가하여 동산등기담보권과 채권등기담보권이라는 새로운 물권을 창설한 점에 특색이 있다.[8] 나아가 국제거래법위원회는 위 입법지침을 기초로 2016. 7. 1. 담보거래에 관한 모델법(Model Law on Secured Transactions)을 채택하였다.[9]

---

[6] 소개는 이재규, "Cape Town 협약 — MAC의정서 예비 초안에 관한 연구", 저스티스 통권 제164호(2018. 2.) 276면 이하 참조.

[7] 상세는 석광현, UNCITRAL 담보권 입법지침 연구(법무부, 2010), 649면 이하 참조. 동 지침이 우리 법에 시사하는 바는 석광현, "UNCITRAL의 담보권 입법지침과 우리나라의 동산·채권담보제", 통상법률 통권 제88호(2009. 8.), 173면 이하 참조.

[8] 동산채권담보법의 상세는 김현진, 동산·채권담보권 연구(2013) 참조.

[9] 조문은 http://www.uncitral.org/pdf/english/texts/security/ML_ST_E_ebook.pdf 참조. 모델법의 상세는 권영준, 담보거래에 관한 UNCITRAL 모델법 연구(2018) 참조.

3. 무기명증권에 관한 조항의 수정

섭외사법	국제사법
제31조(無記名證券) 無記名證券의 취득에 관한 사항은 그 취득지법에 의한다.	제35조(무기명증권) 무기명증권에 관한 권리의 취득·상실·변경은 그 원인된 행위 또는 사실의 완성 당시 그 무기명증권의 소재지법에 따른다.

[입법례]
• 섭외사법 제31조[무기명증권]
• 중국 섭외민사관계법률적용법 제39조
• 헤이그증권협약[1]

가. 개요

섭외사법은 무기명증권의 취득만을 규정하고 있었으나, 구 국제사법에서는 제33조의 예에 따라 취득만이 아니라 무기명증권에 관한 권리의 득실변경 전반에 관하여 규정하고, 규정의 위치를 상사에 관한 규정으로부터 물권에 관한 장으로 이전하였다. 무기명증권은 권리를 화체하고 있을 뿐만 아니라 그 자체가 마치 동산처럼 취급되기 때문에 그 권리의 득실변경에 관하여 무기명증권 자체의 소재지법에 따르도록 하는 것이다. 국제사법도 이런 태도를 유지한다.

무기명증권 이외의 증권(지시증권과 기명증권 등)에 관하여는 제37조가 적용되므로 제36조와 제37조의 순서를 바꾸어 제37조를 제35조에 이어서 두는 편이 바람직할 것이다.[2]

---

1) 이와 대비되는 것이 "중개된 증권을 위한 실질법규칙에 관한 UNIDROIT협약", 즉 제네바증권협약이다. 이는 아래에서 소개한다.
2) 천창민, 국제물권법, 165면 註 129도 동지.

나. 주요내용

(1) 무기명증권에 관한 권리

무기명증권에 관한 권리에는 '무기명증권 자체에 대한 권리'와 '무기명증권에 의하여 화체된 권리'가 포함된다. 유가증권 자체에 대한 권리는 무기명증권이 아닌 다른 증권의 경우에도 당해 증권의 소재지법(*lex cartae sitae*)[3]에 의할 것이나 (별도 조문은 없으나),[4] 무기명증권의 경우는 당해 증권과 그에 화체된 권리를 동일시할 수 있으므로 화체된 권리도 증권의 소재지법에 의한다는 것이다. 제35조의 취지는 바로 여기(양자를 모두 증권 소재지법이 규율한다는 점)에 있다.[5] 주의할 것은, 국제사법에 규정은 없으나 유가증권의 준거법을 논의함에 있어서는 '유가증권에 화체된 권리의 준거법(Wertpapierrechtsstatut 또는 Hauptstatut)'과 '유가증권 자체의 준거법(Wertpapiersachstatut)'을 구분해야 한다는 점이다.[6]

---

3) 또는 '*lex rei cartae sitae*'. 예컨대 MünchKomm/Kindler, Band 11, IntGesR, Rn. 612는 *rei*를 넣으나 여기에서는 간단히 쓴다.

4) 그렇다고 해서 저자가 무기명증권이 아닌 증권에도 증권 자체에 대한 권리는 소재법에 따른다는 점을 제35조가 규정하고 있다고 설명하는 것은 아니다. 천창민, 국제물권법, 172면 註 166은 저자의 견해를 오해한 것이다.

5) 이호정, 271면 참조.

6) 전자(권리준거법)는 유가증권에 화체된 권리의 내용에 따라 상이하나, 후자(증권 자체 준거법)는 유가증권 자체에 대한 소유권 기타 제한물권 등의 취득, 상실에 관한 준거법으로 이는 동산에 준하여 증권 소재지법이다. MünchKomm/Wendehorst, Band 11, Art. 43 Rn. 194; Staudinger/Stoll, Int SachenR (1996), Rn. 412ff. 참조. 그러나 어떤 증권이 무기명증권인지와 증권에 화체된 권리의 내용 등은 화체된 권리의 준거법에 따른다. 이제는 최흥섭, 272면; 천창민, 국제물권법, 173면도 이를 명확히 쓴다. 다만 간접보유증권의 경우에도 이런 구별이 의미가 있는가는 논란이 있다. 독일의 통설은 이를 인정하나(그렇더라도 종이 자체가 없으면 후자의 의미는 변형된다) 이런 구별을 부인하고 통일적으로 증권예탁준거법(Wertpapierdepotstatut)에 연결하는 견해가 있다. MünchKomm/Wendehorst, Band 11, Art. 43 Rn. 214f. 참조. 통설은 증권의 성질과 권리의 내용과 변경 등을 판단함에 있어서는 여전히 의미가 있다고 본다. 예컨대 Staudinger/Stoll, Int SachenR (1996), Rn. 415 참조. 어쨌든 유가증권의 준거법의 논점을 알아야 다이믈러–크라이슬러 합병 후 세계 최초로 발행된 '글로벌 주식(Global Registered Share: GRS)'을 둘러싼 논의를 이해할 수 있다. 김화진, "독일의 기업금융과 자본시장의 최근 변화 – 우리나라 기업금융과 자본시장 제도 개선에의 시사점 – ", 서울대학교 법학 제43권 제2호(2002. 6.), 50면 이하 참조. 근자에는 전자증권이 도입됨에 따라 증권 자체의 준거법은 의미를 상실하게 되었다. 이를 "증권 소재지 연결개념의 침식(Erosion der Anknüpfungsidee der *lex cartae sitae*)"이라고 부르기도 한다. Junker, §17 Rn. 33에 인용된 Staudinger/Mansel, Art. 43 Rn. 30. 그러나 Junker, §17 Rn. 33은 여전히 화체된 권리의 준거법(Rechtsstatut)과 증권 자체의 준거법(Sachstatut)을 구분한다. 흥미로운 것은, 가상자산 특히 외재적 토큰의 준거법 논의에서도 유력설이 유가증권의 준거법에서처럼 Hauptstatut와

이러한 저자의 견해와 달리, "여기서 <u>무기명증권에 관한 권리는 무기명증권 자체에 대한 권리를 말하며, 무기명증권에 의하여 화체된 권리를 의미하는 것은 아니다.</u> 즉 무기명증권 자체에 대한 소유권을 취득하는지 여부를 판단하는 준거법이 무기명증권의 소재지법이고, 무기명증권의 소지인이 무기명증권에 의하여 화체된 권리의 주체가 될 수 있는지 여부는 바로 그 권리의 준거법에 의하여 별도로 결정되는 것이다. 물론 대부분의 경우 무기명증권은 곧바로 권리를 화체하고 있어 무기명증권에 대한 권리는 바로 증권에 의하여 화체된 권리를 의미할 것이므로 증권 이외에 화체된 권리가 별도로 문제 되지는 않을 것"이라는 견해가 있다(밑줄은 저자가 추가함).[7] 그러나 이러한 해석은 제35조의 취지에 반하는 것으로서 옳지 않다. 위에 적었듯이 별도 조문은 없지만, 유가증권 자체에 대한 권리는 무기명증권만이 아니라 지시증권의 경우에도 증권 소재지법에 의한다.[8] 만일 위의 견해와 같다면 무기명증권에 관하여 별도의 규정을 둘 이유가 없다.

물론 어느 유가증권이 유가증권인지, 나아가 무기명증권인지 여부는 당해 증권에 화체된 권리의 준거법에 의하여 결정되어야 할 것이다.[9][10]

그런데 제35조가 무기명증권에 관한 권리의 '취득'만이 아니라 '변경'에 대하여도 소재지법이 적용된다고 규정하는 탓에 마치 무기명증권에 화체된 권리의 내용의 변경(예컨대 무기명사채의 이자율의 변경)에 대하여도 무기명증권의 소재지법이 적용되는 것처럼 읽힐 소지가 있다. 그러나 무기명증권에 화체된 권리의 변경은 여전히 그 권리의 내용에 관한 문제로서 화체된 권리의 준거법에 의할 것이지 소재지법에 의할 사항이 아니다. 그러므로 제35조가 규정하는 '변경'은 무기명증권에

Token－Sachstatut를 논의하여 구별하는 점이다. Christiane Wendehorst, Digitalgüter im Internationalen Privatrechts, IPRax (2020), S. 495.

7) 오승룡, "섭외사법 개정을 둘러싼 국제물권·지적재산권의 고찰", 법조 통권 536호(2001. 5.), 536호, 99면.

8) 이호정, 271면은 이를 명확히 지적한다.

9) MünchKomm/Wendehorst, Band 11, Art. 43 Rn. 195. 그 구체적인 범위에 관하여는 다소 논란이 있다.

10) 항공화물운송장(Air Waybill)의 유가증권성을 논의함에 있어서도 그를 결정하는 준거법에 대한 판단이 선행되어야 할 것이다. 선하증권과 같은 물품증권의 인도증권성은 물품증권에 기재된 법에 의한다는 견해(스위스 국제사법 제106조 제1항)와 목적지법에 의한다는 견해(독일의 유력설) 등이 나뉘나 후자가 설득력이 있다. 반면에 어떤 선하증권이 유가증권인지, 나아가 지시증권(또는 기명증권)인지는 본문에 적은 것처럼 선하증권에 화체된 권리의 준거법에 의한다.

화체된 권리에 대하여는 적용되지 않고, 단지 무기명증권 자체에 대한 권리의 변경(예컨대 무기명증권의 점유권의 변경)에 대하여만 적용될 수 있을 것이다. 국제사법 제35조는 이런 취지를 명확히 규정하지 않으나 그렇게 해석해야 할 것이다.

즉, "무기명증권에 관한 권리의 득실변경"이라고 할 때 '무기명증권에 관한 권리'에는 무기명증권 자체에 대한 권리와 무기명증권에 화체된 권리가 모두 포함되고, 이는 그러한 두 가지 권리의 '득실'에는 모두 타당하지만, '변경'에 관한 한 '무기명증권에 관한 권리'는 '무기명증권 자체에 대한 권리'만을 의미한다고 해석한다.[11] 이를 표로 정리하면 아래와 같다.

조 문		올바른 해석론	
대상인 권리	대상인 현상	대상인 권리	대상인 현상
무기명증권에 관한 권리	득실변경	무기명증권 자체에 대한 권리	득실변경
		무기명증권에 화체된 권리	득실[12]

이러한 해석상의 혼란 내지 문제가 발생한 원인은, 섭외사법 제31조의 개정 과정에서 충분한 고려 없이 제35조의 문언을 제33조 제2항의 문언과 일관되게 하고자 '취득에 관한 사항'을 '득실변경'으로 수정하였기 때문이다. 입법론으로는 올바른 해석론을 제35조에 명확히 규정하는 것이 바람직하다.

(2) 무기명증권을 대상으로 하는 약정담보물권

무기명증권을 약정담보물권의 대상으로 제공할 경우, 그 준거법의 결정은 제35조에 의하는지, 아니면 약정담보물권에 관한 제37조에 의하는지가 문제 될 수 있다. 제35조가 무기명증권에 관한 권리의 득실변경을 규정하고 있으므로 무기명증권에 대한 약정담보물권도 제35조에 의해야 할 것이다. 이를 명백히 하고자 제37조 단서에서 무기명증권을 대상으로 하는 약정담보물권은 제35조에 의한다는 취지를 명시한다. 이는 무기명증권에 관한 약정담보의 설정에 관한 종래의 실무

---

11) 오승룡(註 7), 99면; 천창민, 국제물권법, 173면도 동지.
12) 저자는 '무기명증권에 관한 권리'에는 무기명증권에 화체된 권리가 포함된다고 보지만, 어떤 증권이 무기명증권인지와 증권에 화체된 권리의 내용 등은 화체된 권리의 준거법에 따른다는 점은 위에서 지적한 바와 같다.

에 부합하는 것이기도 하다.

(3) 예치되어 있는 무기명증권의 경우 – 무기명증권의 부동화의 경우

(가) 제35조의 적용 여부   위에서 본 바와 같이 제35조는 증권의 교부에 의해 무기명증권의 처분이 일어나는 통상적인 경우에 적용된다. 그런데 증권의 실물은 어느 중개기관에 예탁되어 움직이지 않고 계좌이체에 의해 무기명증권에 관한 권리가 처분되는 유가증권의 부동화(immobilization)의 경우 제35조의 적용 여부가 문제 된다.[13] 부동화의 경우에는 마치 동산처럼 취급된다는 무기명증권의 특성이 사장되고, 무기명증권의 소재지가 결정적 의미를 갖지 않으므로 제35조가 적용되지 않는다고 본다. 더욱이 그 경우 무기명증권 실물의 소재지는 우연적인 요소에 의해 결정되므로 그에 의하는 것은 부적절하다. 그 근거는 제35조의 취지를 고려한 합리적 해석 또는 예외조항(국제사법 제21조)에서 구할 수 있을 것이다.

(나) 해석론에 의한 연결원칙   그러면 문제는 부동화된 무기명증권, 보다 정확하게는 계좌보유자(account holder)의 권리의 처분의 준거법을 어떻게 결정할 것인가이다. 이는 국제사법의 지도원리인 당해 법률관계 또는 쟁점과 가장 밀접한 법을 탐구함으로써 결정할 것인데 이를 위하여 아래의 논점을 검토할 필요가 있다. 아래에서는 간접보유증권을 보유하는 자가 이를 담보제공하는 경우를 중심으로 논의한다.

(ㄱ) 처분 또는 담보의 목적물과 준거법의 결정   만일 예탁된 무기명증권을 목적물이라고 본다면(look – through approach를 따를 경우) 중개기관의 존재는 무시되고 담보설정자의 권리가 예탁된 증권의 반환채권인지, 아니면 그 증권에 대한 공유지분인지를 구별해야 한다. 만일 전자라면 채권의 준거법에 따를 것이고, 후자라면 그 증권이 화체하는 권리에 따라, 즉 유가증권의 성질에 따라 준거법이 결정된다. 구 증권거래법과 "자본시장과 금융투자업에 관한 법률"은, 주주 또는 사채권자가 중간에 개재하는 증권회사를 관통하여 증권예탁원에 예탁되어 있는 유

---

13) 유가증권의 부동화는 예컨대 ① 사채의 발행인이 무기명증권인 포괄증권을 발행하여 중앙예탁기관에 예탁하는 경우와, ② 발행인이 확정적인 채권을 발행하였지만 투자자가 이를 중개기관에 예탁하는 경우에 발생하는데, 만일 제35조를 적용한다면 ①의 경우 포괄증권의 소재지법이 준거법이 되고, ②의 경우 무기명증권 실물의 소재지법이 준거법이 될 것이다. 무기명증권이란 증권상 특정한 권리자를 표시하지 않고 증권의 소지인을 권리자로 인정하는 유가증권이므로 무기명증권의 무권화, 보다 정확히는 무기명증권성을 유지하는 무권화란 있을 수 없다.

가증권에 대해 공유지분을 가지는 것으로 이해하므로 우리는 이런 접근방법에 익숙하다. 그러나 국제적인 유가증권거래에서는 이러한 이해를 관철하기가 어렵다. 반면에 만일 담보설정자가 중개기관에 대하여 가지는 권리와 그를 통하여 가지는 무기명증권에 대한 권리(예컨대 beneficial interest 또는 security entitlement 등)를 담보목적물이라고 본다면(이른바 PRIMA[14])를 따를 경우) 중재기관(또는 계좌) 소재지법이 가장 밀접한 관련이 있는 법으로서 무기명증권의 약정담보물권의 준거법이 될 것이다. 논란의 여지가 있으나 그 경우 그 권리를 제37조에 규정된 "그 밖의 권리"로 볼 수 있다는 견해도 주장될 수 있다.[15]

사견으로는 후자, 즉 PRIMA가 더 설득력이 있고, 국제적 증권거래의 현실을 직시한다면 궁극적으로는 이를 취할 수밖에 없다고 본다.[16] 그렇다면 무기명증권이 부동화된 경우 무기명증권(더 정확히는 계좌보유자의 권리)의 처분의 준거법은 담보권자의 권리가 기재되는 계좌소재지법(또는 중개기관소재지법)이 된다.[17] 그러

---

14) 이는 'place of the relevant intermediary approach(관련중개기관 소재지 중심의 접근방법)'를 말한다. 통일상법전(Article 8)상의 증권권리(security entitlement)에 관하여는 김이수, "證券間接保有法理의 再構成에 관한 硏究", 서울대학교 박사학위논문(2003. 2.), 154면 이하 참조. 위 논문은 국제사법상의 쟁점도 다루는데 아래에서 언급하는 헤이그증권협약은 전혀 언급하지 않았고 우리 국제사법상의 해석론을 제시하면서도 저자가 이미 발표한 바 있는 해석론에 대한 언급 없이 미국 통일상법전의 결론을 따랐다. 이는 정말 뜻밖이었다.

15) 다만 여기에서 '그 밖의 권리'를 무엇으로 볼지는 무권화된 유가증권의 법적 성질을 어떻게 보는가(즉, 가치권이론, 장부증권이론, 전자적 권리표창이론 등)에 따라 다를 수 있다. 무권화에 관한 실질법상의 논점을 다룬 "전자증권제도 도입에 따른 법적 과제"(상사법연구 제22권 제3호(통권 제39호)/특집호(2003))와 증권예탁원, 증권예탁결제제도 전정판(2003), 464면 이하 참조.

16) 예컨대 우리 투자자가 증권회사와 한국예탁결제원(KSD)을 통하여 외화증권에 투자하는 경우 예탁결제원은 어느 국가의 증권인가에 따라 주권에 대한 공유지분, 수익권 또는 증권권리를 취득하게 된다. 즉 투자자가 간접보유증권에 대하여 가지는 권리에 대한 법적 구성을 달리하는 복수 체제가 관여하는 국제적 증권거래에서 어느 하나의 접근방법을 관철할 수는 없다. 과거 비슷한 체제를 가졌던 독일 투자가가 중앙예탁기관 간 연계방식을 통하여 한국 증권을 취득하더라도 독일 투자자에게 우리나라에 혼장임치된 증권에 대한 공유지분을 인정할 수는 없었다. 우리 자본시장법은 이 점을 제대로 고려하고 있지 못하였다(제320조). 이를 해결하고자 독일에서는 'Wertpapierrechnung'과 'Gutschrift in Wertpapierrechnung(유가증권계정상의 증가기재)'이라는 개념을 활용하였다. 임중호, 독일증권예탁결제제도(1996), 357면. 森下哲郎, "국제증권결제법제의 전개와 과제", BFL 제3호(2004. 1.), 107면은 이를 '유가증권계정지분'이라 한다. 다만 이제는 독일과 한국이 모두 전자증권(등록)제도를 도입하였기 때문에 과거의 논의는 더 이상 타당하지 않다.

17) 천창민, 국제물권법, 175면도 "국제사법 제35조 및 제37조의 해석상 간접보유증권에 관해서는 직접 보유를 염두에 둔 동 규정을 그대로 적용하는 것은 무리이고, … 제21조 예외규정에

나 일반원칙을 간접보유증권에도 그대로 적용하는 견해[18])도 있다.

　이와 관련하여 주목할 것은 헤이그국제사법회의의 2006년 "중개기관에 보유하는 증권에 관한 일부 권리의 준거법에 관한 협약(Convention on the Law Appli－cable to Certain Rights in respect of Securities held with an Intermediary)"("헤이그증권협약")이다.[19])　이는 PRIMA를 변형한 연결원칙, 정확히는 '계좌약정접근방법(account agreement approach. AAA)'을 취하고 있다.[20])　전자를 '사실상의(Factual) PRIMA', 후자를 '계약상의(Contractual) PRIMA'라고 부르기도 한다.[21])　저자는 과거 우리나라도 협약 가입을 전향적으로 검토할 필요가 있다고 썼는데, 동 협약은

　　따라 유럽연합과 같이 계좌관리지법이라는 객관적 연결을 하는 것이 바람직한 해석론"이라고 한다.

18) 윤남순, "간접보유증권의 준거법결정", 상사판례연구 제24집 제2호(2011. 6.), 563면 이하 참조.

19) 이는 2002년 12월 헤이그국제사법회의에서 채택되었고 미국의 비준으로 2017. 4. 1. 발효되었다. Simon Schwarz, Globaler Effektenhandel: Eine rechtstatsächliche und rechts－vergleichende Studie zu Risiken, Dogmatik und Einzelfragen des Trading, Clearing und Settlement bei nationalen und internationalen Wertpapiertransaktionen (2016), S. 859ff.는 협약의 접근방법을 지지한다. 저자는 과거 '유가증권협약'이라고 하였으나 자본시장법은 '증권'이라는 용어를 사용하므로 본문과 같이 수정하였다. 흥미로운 것은 가상자산에 대한 물권적 권리의 준거법 논의에서도 PRIMA와 유사한 Place of the Relevant Operating Administrator (PROPA), 나아가 Location of the Issuer Master Account (LEMA)와 Primary Residence of the Private Incryption Master key－holder(PREMA) 등이 하나의 가능성으로 검토되는 점이다. 이는 가상자산에서도 간접보유증권에서처럼 자산 실물이 아니라 장부기재가 중요한 의미를 가지기 때문이다.

20) 국제적 증권담보거래를 가능하게 하고, 그와 관련된 법적 안정성을 제고하기 위해 담보제공자가 자신의 계좌를 개설하고 그를 통하여 증권을 보유하는 예탁기관 또는 중개기관(intermediary)의 소재지의 법을 준거법으로 하자는 견해가 주장되어 지지를 받았다. 이러한 PRIMA는 유럽연합에서 지침으로 채택되어 다수 회원국들에서 국내법화되었다(예컨대 독일 증권예탁법 제17a조). 헤이그증권협약의 예비초안은 PRIMA를 따랐으나, 최종안은 미국의 통일상법전의 접근방법과 유사하게 간접보유증권의 처분에 대해 계좌약정의 준거법을 적용하는 접근방법을 취하였다. 예비초안에 관하여는 석광현, PRIMA, 97면 이하를, 협약에 대하여는 석광현, 제4권, 277면 이하; 석광현, 제4권, 341면 이하(보론); 천창민, 증권협약, 233면 이하; 그 밖에 국제사법연구 제11호(2005), 제1장에 수록된 논문들을 참조. 독일 증권예탁법에 관하여는 MünchKomm/Wendehorst, Band 11, Art. 43 Rn. 240ff. 참조. FMLC, Distributed Ledger Technology and Governing Law: Issues of Legal Uncertainty, March 2018, para. 6.4도 참조.

21) Guy Morton, The 2006 Securities Convention: background, purpose and future, Thomas John et al., The Elgar Companion to the Hague Conference on Private International Law (2020), p. 347 참조.

2017. 4. 1. 발효되었으나 미국, 스위스[22]와 모리셔스만이 가입하여 당초 목표 달성에 실패하였다. 헤이그증권협약은 결국 당사자들이 간접보유증권에 대하여 소재지에 관계없이 영국법 또는 뉴욕주법에 따라 담보 제공을 가능하게 하는데, 다른 국가들로서는 이런 결론을 정치적으로 수용할 수 없기 때문이다.[23]

한편 헤이그증권협약이 저촉법의 통일을 위한 것인 데 반하여 UNIDROIT에 의하여 2009년 10월 채택된 "중개된 증권을 위한 실질법규칙에 관한 UNIDROIT 협약(UNIDROIT Convention on Substantive Rules for Intermediated Securities)", 즉 제네바증권협약은 헤이그증권협약이 간접보유증권에 관한 저촉규범, 즉 국제사법규범의 통일을 목표로 한 것과는 달리 실질법규범을 조화시키려는 것이다.[24]

(ㄴ) 증권계좌의 관리지에 관한 당사자의 합의의 효력   국제사법의 해석론상 간접보유하는 무기명증권(또는 계좌보유자의 권리)의 처분의 준거법은 계좌소재지법, 즉 관련중개기관 소재지의 법이 되는 것은 그곳에서 계좌권리자의 권리의 이전에 관한 장부기재(booking) 등 계좌관리가 실제로 행해지기 때문이다. 이러한 계좌소재지법은 통상 관련중개기관 소재지법이고, 이는 통상 계좌약정의 준거법과 동일할 것이다.

문제는 실제로 증권계좌를 관리하는 중개기관이, 당사자들의 증권계좌를 관리하기로 합의한 중개기관과 상이한 국가에 있는 경우이다. 이 경우 계좌의 사실적 관리를 중시한다면, 실제로 증권계좌를 관리하는 중개기관 소재지법이 준거법이 되어야 하고, 증권계좌를 관리하기로 합의한 중개기관 소재지법이 준거법이 될 수는 없다. 즉 미국 통일상법전(제8–110조, 제9–305조)은 당사자들의 합의를 존중하고, 이해관계인들이 쉽게 특정할 수 있는 하나의 법체계(single, readily identifiable body of law)를 지정하자는 정책적 고려를 강조하여 당사자들이 합의한 중개기관 소재지법을 준거법으로 인정하고, 헤이그증권협약(제4조)은 일차적으로

---

22) 스위스는 헤이그증권협약에 서명하였고 이를 계기로 국제사법을 개정하여 2010. 1. 1. 간접보유증권에 관한 조문(제7a장. 제108a조–제108d조)을 추가하였다.

23) Morton(註 21), p. 347 참조.

24) 여기에서 'substantive rules'라 함은 헤이그증권협약이 통일한 저촉법(또는 국제사법)에 대비되는 '실질법'을 말하는 것이지 절차법에 대비되는 '실체법'을 가리키는 것이 아니다. 상세는 UNIDROIT 홈페이지의 공식주석 초안 참조. 우리 문헌은 우선 박철영, "제네바증권협약의 제정과 국내 증권법의 과제", 증권법연구 제11권 제1호(2010), 305면 이하 참조. 양자를 다룬 것으로는 Changmin Chun, Cross–Border Transactions of Intermediated Securities: A Comparative Analysis in Substantive Law and Private International Law (2012) 참조.

계좌보유자와 관련중개기관이 합의한 계좌약정의 준거법에 따르도록 하나, 국제
사법의 해석론으로서는 증권계좌의 관리지에 관한 합의 또는 준거법합의에 따라
중개기관 소재지를 결정하는 것은 곤란하다.

    (ㄷ) Super PRIMA의 문제   위의 결론은 담보설정자와 담보권자가 동일
한 국가에 소재하는 중개기관에 계좌를 가지고 관련 계좌약정의 준거법이 동일한
경우 별 어려움이 없으나, 담보설정자와 담보취득자가 상이한 국가에 소재하는
중개기관을 통하여 증권계좌를 보유하고 양도의 방법에 의해 담보를 제공하는 경
우25) 어려운 문제가 제기된다. 만일 예탁되어 있는 무기명증권을 담보목적물로
본다면(look-through approach를 따를 경우) 위 사안은 명백히 무기명증권(그의 지
분)의 담보제공이라는 하나의 거래이므로 단일한 준거법에 따라야 할 것이다. 그
러나 만일 담보설정자가 중개기관에 대하여 또한 그를 통하여 가지는 일체의 권
리를 담보목적물이라고 본다면, PRIMA를 따를 경우 판단이 용이하지 않다. 후자
의 경우, 헤이그증권협약처럼 양도담보거래를 세 개의 구성부분, 즉 ① 담보설정
자의 중개기관에서의 담보설정자의 권리의 소멸, ② 위 중개기관의 상위 중개기
관에서의 담보설정자의 중개기관과 담보권자의 중개기관 간의 권리의 이전과 ③
담보권자의 중개기관에서의 담보권자의 권리의 취득으로 분해하여 각각에 대해
관련중개기관 소재지의 법을 적용하는 견해도 가능할 것이다. 한편 담보권의 설
정이라는 하나의 거래를 그와 같이 분석적으로 이해하는 데 반대하고 이를 단일
한 준거법에 의해 규율해야 한다는 견해가 가능하고, 그 경우 하나의 법을 선택하
자면 결국 담보권자의 권리가 기재되는 계좌소재지법이 유력할 것이다. 따라서
국제사법의 해석론으로는 이 문제의 결론은 불분명하다.

다. 장래 국제사법의 개정방향: 간접보유증권의 처분의 준거법

    입법론적으로는 간접보유증권, 즉 예치되어 있는 무기명증권과 기타 유가증
권의 처분의 준거법을 국제사법에 명시하는 방안이 바람직하다. 어느 경우이든
PRIMA 또는 이를 다소 수정한 연결원칙을 명시해야 할 텐데,26) 그 경우 다음과

---

25) 이는 헤이그국제사법회의의 특별위원회에서 'Super PRIMA의 문제' 또는 '37면 문제'로 논의
    된 쟁점이다.
26) 참고로 대만 국제사법(제44조)은 "증권집중보관인에게 보관된 유가증권의 권리의 취득, 상
    실, 처분 또는 변경은 집중보관계약에 명시된 준거법에 의한다. 집중보관계약에서 준거법을
    명시하지 아니한 경우 가장 밀접한 관련이 있는 지역의 법에 의한다"라고 규정한다. 이는

같은 세 개의 원칙을 고려할 수 있다.27)

첫째, 계좌약정(account agreement)의 당사자 간의 권리와 의무는 계좌약정의 준거법에 의한다. 계좌약정의 준거법은 계약의 연결원칙을 정한 제45조 이하에 의하여 결정된다.

둘째, 중개기관에 보유된 증권에 대한 계좌이체를 통한 처분은 처분의 수익자를 위한 계좌이체가 직접 기재되는 계좌부를 관리하는 중개기관의 사무소 소재지(달리 표현하면 이를 '계좌소재지'라고 할 수 있다) 국가의 법에 의한다. 제1안으로서 간접보유증권의 처분, 즉 물권적 측면에 관하여는 PRIMA가 적용됨을 명시하자는 것이다.28) 그 전제로서 증권계좌에 증권을 증가기재함으로써 발생하는 권리의 법적 성질 및 중개기관과 제3자에 대한 권리의 법적 성질과 효력도 PRIMA에 따른다(만일 이에 대하여 논란의 여지가 있다면 이를 명시할 수 있다). 이에 따르면 간접보유증권에 대해 설정할 수 있는 담보권의 내용도 계좌소재지법에 의하게 된다. 이와 달리 헤이그증권협약이 취하는 태도를 제2안으로 고려할 수 있을 것이다.

셋째, 중개기관에 보유된 증권의 보유자가 발행인에 대하여 가지는 권리와 의무는 당해 증권에 표창된 권리의 준거법에 의한다.

참고로 "주식·사채 등의 전자등록에 관한 법률"(전자증권법)이 법률 제14096호로 2016년 3월 제정되어 2019. 9. 16. 시행되었다. 그러나 전자증권법이 시행되어 실질법이 달라지더라도 그것이 우리 국제사법상의 준거법 결정원칙에 직접적인 변화를 초래하는 것은 아니다.29) 그러나 일본 사채·주식 등의 대체에 관한 법률은 우리 전자증권법과 달리 투자자가 2단계를 넘어 외국중개기관을 통하여 보유하더라도 직접보유로 처리될 수 있으므로 외국 투자자가 일본에 등록된 사채·주식 등을 직접보유하는 방식이 되어 중개기관 소재지가 아니라 일본법이 준거법이 될 수 있을 것이다.30)

2011년 5월 26일 발효한 개정 국제사법에 의해 신설된 것으로 헤이그증권협약의 영향을 받은 것이다. 대만 국제사법문 조문은 국제사법연구 제17호(2011), 515면 이하 참조.

27) 아래는 국제사법학회가 중심이 되어 2012년 11월 법무부에 제출한 "국제사법 개정 방안 연구"라는 보고서에서 저자가 집필한 부분이다. 그 후에 발표된 개정안은 천창민, 간접보유증권, 481면 이하 참조.

28) 이는 계좌약정의 준거법에 의하도록 하는 헤이그증권협약의 태도와는 다르고 예비초안의 태도와 유사하다.

29) 천창민, "전자증권의 국제사법적 쟁점", BFL 제96호(2019. 7.), 102면도 동지.

30) 직접보유라 함은 증권의 실물이 발행되어 투자자가 증권을 직접 점유하거나 발행인(또는 그

참고로 위에서 보았듯이 독일은 전자유가증권법(Gesetz über elektronische Wertpapiere. eWpG)을 제정하여 2021. 6. 10. 발효시켰는데, 동법이 저촉법규칙(제32조)도 두고 있음은 주목할 만하다.[31]

대리인)의 계좌부에 투자자가 권리자로 기재(또는 등록)됨으로써 발행인과 직접적 법률관계를 가지는 경우를 말한다.

[31] 소개는 Felix M. Wilke, Das IPR der elektronischen Wertpapiere, IPRax (2021), S. 502f. 참조. 조문은 석광현, 정년기념, 572면 註 116 참조.

4. 이동 중인 물건에 관한 조항의 신설

섭외사법	국제사법
〈신설〉	제36조(이동 중인 물건) 이동 중인 물건에 관한 물권의 취득·상실·변경은 그 목적지가 속하는 국가의 법에 따른다.

[입법례]
- 스위스 국제사법 제101조[이동 중인 물건], 제104조[법의 선택]
- 중국 섭외민사관계법률적용법 제38조

가. 개요

'이동 중인 물건' 또는 '운송 중인 물건(res in transitu)'에 관하여 소유권의 이전 또는 질권 기타 담보권의 설정과 같은 처분이 이루어진 경우 준거법의 결정이 문제가 된다. 이동 중인 물건, 즉 국제적 운송 도중에 처분되는 물건의 경우 물건의 소재지가 밀접한 연결점이라고 하기 어렵고, 만일 소재지법원칙을 관철한다면 연결점이 계속 변경되어 법적 안정성이 저해되므로 운송수단의 경우와 마찬가지로 물권의 득실변경을 하나의 고정된 장소에 연결할 필요가 있다. 따라서 구 국제사법(제22조)은 소재지법원칙에 대한 예외로서 이동 중인 물건에 관한 물권의 득실변경은 그 물건이 향하고 있는 '목적지법(lex destinationis)'에 따르도록 규정하였다. 국제사법(제36조)도 이런 태도를 유지한다.

나. 주요내용

(1) 목적지법에의 연결

이동 중인 물건에 대한 처분은 목적물의 이동 또는 운송의 종료와 더불어 현실적인 효과를 발생하므로 물건이 향하고 있는 목적지가 가장 밀접한 관련이 있는 것으로 볼 수 있다. 따라서 국제사법에서는 이동 중인 물건에 관한 물권의 득실변경에 대하여 목적지법에 의하도록 한다. 이는 스위스 국제사법(제101조)이나 독일의 통설과 마찬가지이다.[1] 목적물이 여러 장소를 경유하는 경우에는 최종 목

---

1) 독일에서는 이 경우 당사자자치를 인정하는 견해도 유력하게 주장되고 있다. 스위스 국제사법 제104조는 당사자자치를 인정한다. 흥미로운 것은 중국 섭외민사관계법률적용법이다. 즉 섭외민사관계법률적용법 제38조는 "당사자는 협의로 운송 중 동산물권 변동의 준거법을 선택할 수 있다. 당사자가 선택하지 아니한 경우에는 운송 목적지 법률에 의한다"라고 규정하는데

적지의 법을 기준으로 판단해야 할 것이다. 대법원 2018. 3. 15. 선고 2017다240496 판결[2])은, 운임 및 보험료 포함(CIP. 운송비·보험료지급인도 포함이라고도 한다) 조건으로 매수인을 수하인으로 하여 항공화물운송인에게 운송물을 위탁하는 방법으로 물품을 인도하기로 하는 수출입매매계약에서 소유권 이전을 다루면서 목적지인 파라과이법을 적용한 것으로 보이나, 이는 이동 중인 물건의 처분이 있는 사안이 아니라 단순히 운송 중에 물건이 도난된 사건에서 소유권이 매수인에게 이미 이전되었는가를 다룬 것일 뿐이다.[3]

(2) 물품증권이 발행된 경우[4]

한편 선하증권, 창고증권, 화물상환증과 같이 물건에 관한 권리[5]를 표창함으로써 물건의 처분을 가능하게 하는 증권(document of title) — 이를 '물품증권(Warenpapier)' 또는 '인도증권(Traditionspapier)'이라 한다[6] — 이 발행된 경우 이동

이는 스위스 국제사법보다도 더 넓게 당사자자치를 허용하는 것으로 문제가 있다. 스위스 국제사법은 연결대상을 동산 물권의 득실에 한정하고, 준거법이 될 수 있는 법도 발송지법, 목적지국과 원인행위의 준거법에 한정하며, 준거법의 선택을 제3자에게 대항할 수 없음을 명시하나 중국법에는 이런 제한이 없다.

2) 평석은 이원정, "CIP조건의 국제물품매매계약에서 항공화물에 대한 피보험이익 – 대법원 2018. 3. 15. 선고 2017다240496 판결을 중심으로–", 한국해법학회지 제42권 제2호(2020. 11.), 327면 이하; 최석범, "해상손해 보상을 위한 피보험이익의 귀속에 관한 한국의 최근 판례 소고", 물류학회지 제28권 제5호(2018. 10.), 41면 이하 참조. 김윤종, "국제해상보험계약의 주요 쟁점 – 대법원 판례의 동향을 중심으로–", 국제거래법연구 제31집 제2호(2022. 12.), 163면 이하도 참조.

3) 김윤종(註 2), 182면은 "(구) 국제사법은 '이동 중의 물건'에 관한 물권의 득실변경을 그 목적지법에 의하도록 규정하고 있으므로(제22조), 해당 운송물의 소유권 이전에 관하여는 파라과이법이 적용된다고 볼 수 있다"라고 하나 그 근거는 부적절하다. 물론 도난이 개재하였지만 매도인과 매수인 간의 물권변동의 문제라면 이는 구 국제사법 제19조(국제사법 제33조) 제2항을 적용할 사안이다.

4) 석광현, 제2권, 91면 이하 참조.

5) 그러나 엄밀하게 말하자면 이는 물건에 대한 권리를 표창하는 것은 아니고 물건에 대한 인도청구권 내지는 반환청구권을 표창하는 것이다.

6) 우리 상법상으로는 선하증권에 의하여 증권상에 표창된 채권을 행사할 수 있는 자에게 선하증권을 교부한 때에는 운송물을 인도한 것과 동일한 효력이 생기며(제820조, 제133조), 이러한 의미에서 선하증권을 인도증권이라 한다. 선하증권의 물권적 효력이 인정되기 위하여는 이와 같이 선하증권이 인도증권일 것이 전제가 되는데, 이를 결정하는 준거법이 문제가 된다. 독일의 다수설은 목적지국법에 따른다고 하나(Staudinger/Stoll, Int SachenR (1996), Rn. 370), 스위스 국제사법은 발행인이 선하증권에서 지정한 법이, 그것이 없는 때에는 발행지법이 준거법이 된다고 한다(제106조 제1항). 독일의 다수설은 선하증권의 물권적 효력에 관하

제3장 국제사법의 조문별 해설

중인 물건에 대한 물권에 관하여는 논란이 있어 명문의 규정을 두지 않았다. 즉, 연구반초안은 증권 소재지법에 의한다는 제1안(스위스 국제사법 제106조 제2항)과, 그 경우에도 목적지법에 의한다는 제2안(독일의 다수설)을 규정하였으나,[7] 위원회의 논의 결과 규정을 두지 않고 학설·판례에 맡기기로 하였다. 또한 아직 불완전하지만, 관련 실질법이 세계적으로 통일되어 가고 있으므로 어느 견해에 의하든 실제적인 차이는 크지 않을 것이라는 점도 고려되었다.[8]

증권 소재지법에 의할 것이라는 견해는, 당해 물품증권이 무기명증권인가의 여부에 관계없이 증권 소재지법을 적용할 것이다. 반면에 목적지법에 의한다는 견해는 아마도 다음과 같이 설명할 것이다. 즉, 무기명증권에 대하여는 제35조가 적용되나, 물품증권의 경우에는 무기명증권이더라도 제35조가 아니라 목적지법에 의한다. 왜냐하면 사채권이나 주권의 실물이 처분되는 경우 무기명증권은 '화체된 권리＝유가증권'이라는 공식이 타당하므로 화체된 권리도 증권 소재지법에 따르나, 물품증권의 경우에는 물건에 대한 처분이 증권에 의해 이루어지더라도 이는 물건 자체를 화체하는 것이 아니라 물건에 대한 반환청구권만을 화체하므로, 물건에 대한 처분은 물건의 처분에 관한 합의와, 그에 추가하여 점유의 이전 수단으로서 물품증권을 교부하는 것이기 때문이다. 즉, 이 경우에는 '유가증권＝물건'이 아니라 유가증권은 점유 이전의 수단에 불과하므로 국제사법 제35조가 아니라 제36조가 적용되는 사안이라는 것이다.[9]

선하증권이 발행된 경우에도 예외적으로 선하증권에 의하지 않고 운송물이 처

여 목적지국법을 취하는 것과 일관성이 있다.

7) 연구반초안의 조문은 다음과 같았다.
   "제39조(이동중의 물건)
   [제1안] 이동중의 물건에 대한 물권의 득실변경은 그 목적지법에 의한다. 다만 이동중인 물건에 대한 권리를 표창하는 증권이 발행되고 물권의 득실변경이 그 증권에 의하여 이루어지는 경우에는 그 증권의 소재지법에 의한다.
   [제2안] ① 이동중의 물건에 대한 물권의 득실변경은 그 목적지법에 의한다.
   ② 전항의 물건에 대한 권리를 표창하는 증권이 발행되고 물권의 득실변경이 그 증권에 의하여 이루어지는 경우에도 동일하다".
   이에 대해 선하증권이 복본으로 발행된 경우 소지인이 복수가 되고 서로 다른 국가에 속할 경우 문제가 발생할 수 있으므로 목적지법을 적용하는 것이 간명할 것이라는 견해가 있었다. 정해덕, 한국국제사법학회 제8차 연차학술대회《제7분과 토론자료》(2000), 2면.

8) 어느 견해에 의하든 '운송증권 자체에 대한 물권'(예컨대 점유의 이전)의 준거법은 증권 소재지법(*lex cartae sitae*)이다.

9) 흥미로운 것은 상법 제862조가 규정하는 전자선하증권인데 이는 해상편에서 언급한다.

분될 수 있음을 고려한다면 목적지국법에 의하는 것이 설득력이 있다.[10] 다만 어느 견해를 따르든 예외를 인정해야 할 것이다. 예컨대 첫째, 이동 중인 물건이 어느 곳에서 압류되고 처분된 경우와 같이 처분시점에 어느 장소에 확정적으로 머무르는 때에는 동산 소재지법으로서 그곳의 법을 적용해야 한다. 둘째는 물건에 대한 권리와 유가증권에 대한 권리가 상충하는 경우인데, 이는 아래 (4)에서 논의한다.

(3) 다른 조문(제33조, 제35조 및 제37조)과의 관계

제36조가 적용되는 것은 이동 중인 물건에 대해 처분행위가 있는 경우이다. 따라서 이러한 처분 없이 매도인이 매수인에게 물건을 송부하는 단순한 송부매매(Versendungskauf)의 경우에는, 위에서 본 바와 같이 제36조가 아니라 제33조만이 적용된다. 제35조와의 관계는 위 (2)에서 설명하였다.

제37조와의 관계는 제37조에 관한 부분에서 논의한다.

(4) 유가증권과 물건 자체에 대한 권리의 우선순위

물건 자체에 대한 권리와, 물건에 대한 권리를 화체하고 있는 유가증권에 대한 권리가 상호 충돌하는 경우 그 우선순위를 어느 법에 의하여 결정할 것인지가 문제 될 수 있다. 예컨대 어느 동산에 관한 권리를 화체하고 있는 물품증권이 유통되고 있는 상태에서, 유가증권에 의하지 아니하고 그 물건에 대한 선의취득이 이루진 경우 물품증권의 소지인과 물건의 선의취득자 사이의 우선순위를 어느 법에 따라 결정할 것인지가 문제 된다. 위원회의 논의과정에서 위와 같은 경우 물건 자체의 준거법이 더 밀접한 관련이 있으므로 그러한 취지의 명문의 규정을 두자는 의견이 있었으나,[11] 규정을 두지 않더라도 해석을 통하여 동일한 결론에 이를 것이라는 판단에 따라 규정을 두지 아니하였다.

(5) 인코텀즈와 물권변동

제33조에서 설명한 바와 같이 국제적인 물권변동은 인코텀즈와는 직접 관련이 없다. 이동 중인 물건에 대해 처분이 행해지는 경우에도 마찬가지이다.

---

10) 저자는 과거 견해를 유보하였으나 그 후 위의 견해를 취하였다. 신창선·윤남순, 257면은 증권 소재지법설을 취한다.
11) 스위스 국제사법 제106조 제3항은 명문의 규정을 두고 있다.

5. 약정담보물권에 관한 조항의 신설

섭외사법	국제사법
〈신설〉	제37조(채권 등에 대한 약정담보물권) 채권·주식, 그 밖의 권리 또는 이를 표창하는 유가증권을 대상으로 하는 약정담보물권은 담보대상인 권리의 준거법에 따른다. 다만, 무기명증권을 대상으로 하는 약정담보물권은 제35조에 따른다.

[입법례]
- 스위스 국제사법 제105조 제2항[채권, 유가증권 및 기타의 권리에 대한 담보권 설정]
- 중국 섭외민사관계법률적용법 제39조, 제40조
- 미국 통일상법전(Uniform Commercial Code) Article 9, Section 9-301-9-307 및 9-316[1]

가. 개요

구 국제사법은 섭외사법하에서의 학설에 따라 채권(債權), 주식 그 밖의 권리를 대상으로 하는 약정담보물권의 경우 그 권리의 준거법에 따르도록 하고, 이를 표창하는 유가증권에 대한 약정담보물권의 경우도 동일한 취지의 조문을 신설하였다. 국제사법도 이런 태도를 유지한다.

나. 주요내용

(1) 권리를 목적으로 하는 약정담보물권의 준거법

유형의 물건에 대한 약정담보물권은 물권의 문제로서 제33조에 따라 전적으로 담보권이 설정되는 목적물의 소재지법에 의한다는 데 이론이 없다.

---

1) 이러한 규정들은 2001. 7. 1.자로 개정된 것인데, 이는 실질법규정뿐만 아니라 국제사법규정도 둔다. 통일상법전에 따른 담보의 준거법에 관하여는 우선 Hans Kuhn, Multi－State and International Secured Transactions under Revised Article 9 of the Uniform Commercial Code, 40 Virginia Journal of International Law 1009 (2000); Hans Kuhn, Neufassung des Kollisionrechts für Mobillarsicherungsgeschäfte in den Vereinigten Staaten von Amerika, IPRax (2000), S. 332ff.를 참조. 조문은 IPRax (2000), S. 337ff.에도 수록되어 있다. 동산담보제도에 관한 미국의 실질법의 소개는 박훤일, "개정 미 동산담보법의 국내 擔保法制에 대한 시사점", 경희법학 제37권 제1호(2002. 12.), 3면 이하; 남윤삼, "담보제도의 개선 ― 동산담보제도의 도입 및 개선을 위한 비교법적 고찰 ―", New Millennium 法·法 環境의 變化와 그 對應策 제2회 한국법률가대회 논문집(2000), 206면 이하; 남윤삼, "우리나라 動産擔保制度의 改善方向(下)", 사법행정 통권 459호(1999. 3.), 24면 이하를 참조. 마지막 글은 개정 전 통일상법전 Article 9의 소개이다.

그러나 물건이 아닌 채권(債權)2) · 주식 또는 기타의 권리를 담보로 하는 경우 (예컨대 권리질)에는 준거법의 결정에 관하여 견해가 나뉘었다. 섭외사법 제12조와 국제사법 제33조가 목적물의 소재지법에 의하도록 한 것은 그 목적인 권리가 유체물인 것을 전제로 한 것인데, 권리질 또는 권리에 대한 양도담보의 경우에는 그 목적인 권리가 유체물에 상당하므로 그 목적인 권리 자체의 준거법에 의하는 것이 합리적이다. 제37조는 이를 명문화한 것이다. 이에 의하면 채권질은 채권의 준거법에 의하고, 주식질은 주식회사의 속인법에 의한다.

제37조의 "그 밖의 권리"에는 예컨대 주식 이외의 사원권과 주식예탁증서 (depository receipts)상의 권리가 포함되고,3) 지식재산권 등의 권리도 이에 포함될 수 있다. 특히 지식재산권의 자산가치가 증대됨에 따라 지식재산권에 대한 담보권 설정이 점차 중요해지고 있는데 그의 준거법은 제40조에 따라 결정되는 지식재산권의 준거법에 따른다. 또한 논란의 여지가 있지만 제35조에 관한 설명에서 본 바와 같이, 간접보유증권에 대하여 계좌보유자가 가지는 권리도 이에 해당한다고 보는 견해도 주장될 여지가 있다.

(2) 유가증권을 목적으로 하는 약정담보물권의 준거법

제37조는 권리질 또는 양도담보뿐만 아니라 채권 · 주식 그 밖의 권리를 표창하는 유가증권을 대상으로 하는 약정담보물권에도 적용되는데, 이는 화체된 권리의 준거법에 의한다. 따라서 사채권과 같이 화체된 권리가 채권인 경우 채권계약에서처럼 당사자자치가 인정되어 당사자가 지정한 법이 채권을 목적으로 하는 약정담보물권의 준거법이 되나, 주식의 경우 회사의 속인법이 주권을 목적으로 하는 약정담보물권의 준거법이 된다.

다만 이에 의하면, 담보설정자가 다양한 종류의 유가증권을 묶어 담보로 제공하고자 하는 경우 화체된 권리의 준거법이 구구하게 되어 현실적으로 담보제공

---

2) 법문은 "채권"이라고 하나 이는 '債券'이 아니라 '債權'이다. '株券'이 아니라 '株式'과 병렬한 점과, 그에 이어 "… 이를 표창하는 유가증권"이라는 표현이 나오는 점에 비추어 의문이 없다. 법무부, 해설, 83면도 이 점을 명확히 하고 있다.

3) 다만 한국결제원이 발행하는 KDR이 표창하는 권리의 성질은 논란이 있다. 자본시장법(제4조 제8항)은 증권예탁증권이란 제2항 제1호부터 제5호까지의 증권을 예탁받은 자가 그 증권이 발행된 국가 외의 국가에서 발행한 것으로서 그 예탁받은 증권에 관련된 권리가 표시된 것이라고 정의한다. 논의는 박철영, "증권예탁증권(KDR)의 법적 재구성", 증권법연구 제13권 제1호(2012), 183면 이하 참조. 권리의 성질은 준거법의 결정에도 영향을 미친다.

이 어렵게 되는 문제가 있다. 스위스 국제사법(제105조 제2항)은 이러한 불편을 고려하여 채권과 유가증권에 대한 담보권의 설정은 담보권자의 상거소지법에 의한다고 규정한다. 이는 국제사법의 논리적인 체계에 따른 것이라기보다는 매우 실용적인 접근방법이다. 그러나 우리 국제사법은 이러한 입장을 따르지 않고 전통적인 원칙을 따랐다. 다만 무기명증권의 경우는 마치 동산처럼 취급되므로 화체된 권리의 준거법이 아니라 무기명증권 자체의 소재지법에 의한다. 제37조 단서는 이 점을 명확히 하기 위한 것이다. 어떤 증권이 과연 유가증권인지, 나아가 지시증권(또는 기명증권)인지는 증권에 화체된 권리의 준거법에 의하여 판단할 사항이다.

국제사법 제37조는 유가증권에 화체된 권리의 준거법을 정한 것이고, 유가증권 자체에 대한 권리의 준거법을 정한 것은 아니다. 예컨대 기명주식에 대한 질권을 설정하는 경우, 질권 설정의 가부와 설정 방법 및 효력은 기명주식에 화체된 권리, 즉 사원권의 준거법인 당해 주식회사의 속인법에 의할 사항이나, 만일 당해 속인법상 (우리 상법에서처럼) 질권설정의 합의와 주권의 교부가 필요하다면 그 경우 주권의 교부(즉 주권에 대한 점유이전) 방법은 주권 자체에 대한 권리의 준거법, 즉 주권의 소재지의 법에 따른다는 것이다. 다만 무기명증권의 경우는 증권의 양도와 처분에 관한 한 이러한 구별이 불필요하므로 양자는 제35조에 의하여 소재지법에 의하여 통일적으로 규율된다.[4]

(3) 예치되어 있는 유가증권에 대한 약정담보물권

(가) 제37조의 적용 여부   제37조를 신설한 것은, 무기명증권의 경우는 국제사법이 기본적인 원칙을 두고 있으나 기타 유가증권의 경우는 규정을 두지 않으므로 무기명증권과의 균형상 기본적인 원칙을 규정하기 위한 것이다. 제37조는 유가증권의 배서·교부 또는 교부에 의해 유가증권에 대한 권리의 득실변경이 일어나는 통상적인 경우, 즉 증권의 실물이 발행되는 경우에 적용된다. 그러나 무

---

4) 위에서 보았듯이 유가증권의 준거법을 논의함에 있어서는 '유가증권에 화체된 권리의 준거법'과 '유가증권 자체의 준거법'을 구분해야 한다. 전자는 유가증권에 화체된 권리의 내용에 따라 다른데 국제사법 제37조는 이를 명시한다. 후자는 유가증권 자체에 대한 소유권 기타 제한물권 등의 취득, 상실에 관한 준거법으로, 국제사법에 별도의 규정이 없으나 이에 대하여는 제33조가 정한 동산에 준하여 증권 소재지법이 준거법이 된다. Staudinger/Stoll, Int SachenR (1996), Rn. 412ff. 참조. 동일한 논리로, 유가증권의 소재지법에 따라 증권에 대한 소유권을 취득한 자가 유가증권에 화체된 권리를 취득하는가는 후자의 준거법이 결정한다.

기명증권의 부동화에 관하여 논의한 바와 같이, 무기명증권 이외의 유가증권의 부동화 또는 무권화의 경우에까지 제37조가 "곧바로" 적용되는 것은 아니다. 예컨 대 준거법이 영국법인 사채가 무권화에 의해 발행된 경우 한국의 투자자가 이를 독일에 소재하는 중개기관을 통하여 보유한다고 하자. 투자자가 위 사채를 담보로 제공할 경우 만일 제37조가 곧바로 적용된다면 담보의 준거법은 영국법이 될 것이나 이는 타당하지 않다는 것이다. 이 경우 계좌소재지법(즉 관련중개기관 소재지법)인 독일법을 적용하여야 한다.[5] 그것이 가장 밀접한 관련이 있는 법이기 때문이고, 이는 한국의 투자자의 권리가 제37조가 말하는 '그 밖의 권리'에 해당된다고 볼 여지도 있다. 따라서 제37조가 곧바로 적용되지 않는다는 것, 즉 유가증권의 실물이 발행된 경우처럼 유가증권에 화체된 권리의 준거법에 의한다는 방식으로 적용되는 것은 아니라는 의미이지, 제37조가 전혀 적용되지 않는다는 의미는 아님을 주의해야 한다.

　　(나) 해석론에 의한 연결원칙　　　　이에 관하여는 아래의 차이를 제외하고는 위 제35조의 해석론에서 논의한 것이 대체로 타당하다.

　　첫째, 무기명증권의 경우 부동화만 문제가 되고 엄격한 의미의 무권화(de-materialization)는 가능하지 않지만, 제37조가 적용되는 기타 유가증권의 경우에는 무권화도 가능하고 그 경우에도 동일한 문제가 제기된다. 따라서 제35조의 논의에서는 예탁되어 있는 유가증권 또는 무기명증권이라는 표현을 사용하였지만, 제37조의 맥락에서는 예탁된 유가증권이 있는 경우는 물론 유가증권의 실물이 발행되지 않아 유가증권의 예탁이 아예 없는 경우도 논의의 대상이 된다.

　　둘째, 증권의 실물이 발행되는 무기명증권의 경우 증권 소재지법이 준거법이 되지만, 실물이 발행되는 기타 유가증권의 경우에는 증권에 화체된 권리의 준거법과 증권 자체에 대한 권리의 준거법을 구별해야 한다. 물론 증권 자체에 대한 권리에 관한 한, 기타 유가증권이 부동화된 경우에도 무기명증권의 부동화에서 마찬가지로 증권 소재지법은 의미가 없고, 또한 기타 유가증권이 무권화된 경우 증권이 존재하지 않으므로 증권 소재지법은 처음부터 문제 되지 않는다. 따라서 남는 것은 증권에 화체된 권리의 준거법이나 이것도 의미를 가지지 않는다. 왜냐하면 간접보유의 경우 특히 다층보유의 경우에는 투시접근방법은 관철될 수 없고 결국 PRIMA가 타당하다고 볼 수밖에 없기 때문이다.

─────────────

5) 천창민, 국제물권법, 179면도 동지.

요컨대 무기명증권 이외의 유가증권이 부동화 또는 무권화된 경우 유가증권 (더 정확히는 계좌보유자의 권리)의 처분의 준거법은 담보설정자(즉 계좌보유자)의 권리의 준거법이 된다. 이는 통상 중개기관 소재지법과 동일한 법일 것이다.

(4) 채권·주식 그 밖의 권리 또는 이를 표창하는 유가증권의 득실변경의 준거법

무기명증권에 대한 권리의 득실변경에 관하여는 제37조가 제33조의 체제를 따라 규정하고 있으나, 제37조는 채권·주식 그 밖의 권리 또는 이를 표창하는 유가증권에 대한 권리의 득실변경이 아니라, 그를 대상으로 하는 약정담보물권만을 규정한다. 이는 제37조가 물권에 관한 규정이기 때문이다. 다시 말하자면, 채권· 주식 그 밖의 권리 또는 이를 표창하는 유가증권에 대한 권리의 양도 등은, 특히 그에 관한 채권적 행위는 물권에 관한 제4장에서 규정할 사항이 아니라는 것이다.

그러나 해석상으로서는 채권·주식 그 밖의 권리 또는 이를 표창하는 유가증권에 대한 권리의 득실변경, 특히 그의 준물권행위에 대하여는 그에 화체된 권리의 준거법에 따라야 할 것이다. 그렇게 함으로써 처분의 일종인 양도와 담보권 설정에 대해 동일한 준거법을 적용할 수 있기 때문이다.[6] 그 경우에도, 위에 언급한 바와 같이 '유가증권 자체'에 대한 소유권 기타 제한물권 등의 득실변경의 준거법은 동산에 준하여 증권 소재지법(*lex cartae sitae*)에 의한다.

(5) 채권에 대한 약정담보물권의 준거법과 채권양도의 준거법의 관계

섭외사법하에서는 권리질의 준거법은 권리의 준거법이라고 보고, 따라서 채권질권의 준거법은 채권 자체의 준거법이라고 보면서도, 섭외사법 제14조를 고려하여 채권질권을 설정하기 위해서는 채무자 주소지법에 의한 제3자에 대한 대항

---

6) 흥미로운 것은 스위스 국제사법(제105조)이다. 동조는 채권, 유가증권 및 기타의 권리에 대한 담보권의 준거법에 관하여 당사자자치를 허용하면서(다만 제3자에게 대항 불가), 준거법 선택이 없으면 채권과 유가증권에 대한 담보권의 설정은 담보권자의 상거소지법에 의하고, 기타 권리에 대한 담보권은 그 권리의 준거법에 의하도록 한다. 문면에 충실하게 담보권에 대하여는 제105조를 적용하고 증권의 양도에 대하여는 제100조(우리 국제사법 제33조에 상응)를 적용하는 견해가 유력한 것으로 보인다. 증권 자체의 준거법을 그렇게 이해하는 것은 문제가 없으나, 증권에 화체된 권리에 대하여 그렇게 본다면 증권에 화체된 권리의 양도와 담보권에 대한 준거법이 상이하게 된다. 실무적으로 다양한 주식, 채권을 담보로 제공하는 경우가 많은데, 천창민, 국제물권법, 178면은 모든 주식과 채권 각각의 준거법을 적용하는 경우에는 실무적으로 많은 어려움을 초래하므로 실용적인 관점에서 스위스 국제사법 제105조 제2항처럼 담보권자의 상거소지법으로 연결하는 것도 고려해 볼 필요가 있음을 지적한다.

요건을 구비해야 한다고 보았다.[7] 이는 채권질권의 준거법과 채권양도의 준거법 간의 일관성을 유지하기 위한 것이다.

국제사법상으로는 채권질의 준거법과 채권양도의 준거법이 모두 채권 자체의 준거법에 의하므로 일응 이런 문제가 제기되지 않는 것으로 보인다. 즉 국제사법 제37조에 의하면 물권행위인 채권질권설정계약의 준거법은 채권 자체의 준거법이 되고, 제54조에 의하면 채권계약에 대해서는 계약의 준거법이 적용되며, 채권의 양도가능성, 효력 등은 채권 자체의 준거법에 의한다.

그러나 문제는 준물권행위인 채권양도의 준거법이다. 즉, 채권질권설정계약과 균형을 맞추자면 준물권행위의 준거법도 채권 자체의 준거법이 되어야 할 것이나, 제54조 제1항의 문면에 충실하자면,[8] 또한 당사자들은 통상 준물권행위를 의식하지 못하므로 준물권행위의 준거법도 그의 원인행위인 매매계약과 같은 계약의 준거법에 의한다고 본다면 그 범위 내에서는 채권양도의 준거법과 채권질권설정계약의 준거법이 다르게 될 것이다. 이는 더 검토할 문제이다.

(6) 물품증권의 특수성

물품증권의 경우 담보목적물은 물건이지 증권에 화체된 권리, 즉 목적물의 반환청구권이 아니다. 물품증권의 교부는 물건에 대한 점유이전의 수단일 뿐이다. 따라서 예컨대 선하증권에 의해 운송 중인 물건에 대한 담보를 설정하는 경우에는 제37조에서 말하는 유가증권을 대상으로 하는 담보의 문제가 아니라 이동 중인 물건에 대한 담보의 준거법의 문제이다. 그러므로 이 경우 제36조가 적용되어야 하고 제37조가 적용되는 것이 아니다. 물품증권이 무기명증권인 경우에도 마찬가지이다.

(7) 법정담보물권의 준거법

제37조는 문언 그대로 약정담보물권에만 적용되며 유치권과 같은 법정담보물권에는 적용되지 아니한다. 법정담보물권의 준거법에 관하여는 위 제33조에 대한 해설에서 논의하였다.

---

7) 신창선, 국제사법(1999), 284-285면.
8) 이를 둘러싼 견해의 대립은 채권양도에 관한 제54조 제1항에서 논의한다.

(8) 담보물권의 실행의 준거법

국제사법은 담보물권의 실행의 준거법에 관하여는 별도의 규정을 두지 않는데 이는 담보물권의 준거법에 따를 사항이다. 물론 담보물권의 실행이 법원의 절차에 의하는 경우 절차는 법정지법에 의한다.[9] 담보물권의 준거법과 실행지가 일치하는 경우에는 별 문제가 없으나, 양자가 일치하지 않는 경우 위에서 본 바와 같이 물권법정주의와 관련하여 치환의 법리가 적용될 여지가 있다. 또한 담보물의 소재지가 변경됨으로써 준거법이 변경되는 경우에는 준거법 변경에 관한 위의 논의가 타당하다.

---

9) 대법원 1994. 6. 28.자 93마1474 결정은 " … 해상우선특권에 의하여 담보된 채권의 종류와 특권의 순위는 선적국법에 의해 결정할 것이지만, 그러한 해상우선특권이 우리나라에서 실행되는 경우에는 그 실행방법은 우리나라의 절차법에 의하여 규율되어야 한다. … 채권자가 위 나라의 해상우선특권(선박우선특권)에 기하여 채무명의 없이도 압류할 수 있는지의 여부는 우리나라의 법률에 의하여 결정해야 한다"라고 판시하였다.

6. 신탁

신탁은 기본적으로 재산에 대하여 관리·처분권을 가지는 법적 주체와 실질적(또는 경제적) 주체의 분열을 인정하는 제도인데, 이를 통하여 법인을 설립하지 않으면서도 일정한 재산을 출연자와 관리자의 도산으로부터 절연된 독립한 재산(segregated funds 또는 ring fenced funds)으로 전환할 수 있는 장점이 있으므로 현재 전세계적으로 자선신탁, 증권투자신탁과 부동산신탁 등 다양한 형태로 활용되고 있다. 우리나라는 기본적으로 대륙법계에 속하나, 신탁법에 관한 한 영미의 신탁을 도입하여 양 법계의 법리가 혼재하는 혼합법계에 속한다.

여기에서는 신탁계약에 의하여 설정되는 생전신탁을 중심으로 신탁의 준거법에 관한 우리 법의 해석론을 살펴본다.[1] 주의할 것은, 여기에서 다루는 것은 (신탁계약이 아니라) 신탁의 준거법이라는 점이다.[2] 우리 국제사법은 신탁의 준거법을 명시하지 않으므로[3] 신탁의 준거법은 우리 국제사법의 대원칙, 즉 해당 법률관계 또는 쟁점과 가장 밀접한 관련이 있는 국가의 법이 된다.

주목할 것은 우리나라는 가입하지 않았지만, 1985. 7. 1. "신탁의 준거법과 승인에 관한 헤이그협약"(이하 "신탁협약"이라 한다)이 채택되어 발효되었다는 점이다. 신탁협약은 1992. 1. 1. 영국, 호주와 이탈리아 등지에서 발효되었고, 특히 대륙법계 국가인 이탈리아, 네덜란드와 스위스가 협약에 가입한 점은 주목할 만하다.

---

* 신탁에 관한 논의에서 인용하는 아래 주요 문헌은 [ ] 안의 인용약어를 사용한다.
  김언숙, "국제신탁의 준거법에 관한 연구", 국제사법연구 제23권 제2호(2017. 12.)[김언숙]; 이필복, "헤이그 신탁협약 분석 및 협약 가입에 관한 검토", 서울대학교 대학원 법학석사학위 논문(2014. 8.)[이필복]; 정순섭, 신탁법(2021), 726면 이하[정순섭]; 장준혁, "국제신탁법: 해석론과 입법론", 국제사법연구 제28권 제1호(2022. 6.)[장준혁], 근자의 논의는 이필복, 온주 국제사법 [후주] 제55조: 신탁, 2023. 7. 5. 참조.
1) 이 부분은 석광현, 제4권, 551면 이하를 축약한 것이나, 저자의 연구가 부족하여 더 다듬어야 한다. 그럼에도 불구하고 이를 포함시킨 것은 신탁의 국제사법적 논점에 대한 법률가들의 관심을 촉구하기 위함이다. 과거 저자가 이런 지적을 한 뒤 그나마 위 참고문헌에 언급한 몇 편의 글이 발표되었다.
2) 이런 의미에서 신탁의 준거법은 예컨대 상속이나 부부재산제의 준거법과 마찬가지로 '총괄준거법(Gesamtstatut)'의 성질을 가지는 탓에 개별준거법에 의하여 깨질 수 있다.
3) 중국 국제사법은 신탁을 하나의 독립적인 연결대상으로 파악하면서 그 준거법을 명시한다. 즉, 제17조는 "당사자는 신탁의 준거법을 협의로 선택할 수 있다. 당사자가 선택하지 아니한 경우에는 신탁재산의 소재지 법률 또는 신탁관계의 발생지 법률에 의한다"라고 규정한다.

가. 신탁계약에 의하여 설정되는 생전신탁의 준거법

우리나라에는 체계적인 논의가 부족하지만,[4] 독일에는 신탁의 성질결정에 있어서는 회사법적(또는 단체법적)으로 성질결정하는 견해, 채권법적－물권법적으로 성질결정하는 견해 등이 있는데, 그에 따라 신탁의 연결원칙이 달라진다.

(1) 회사법적(또는 단체법적) 연결

독일에서는 신탁과 회사(또는 단체)의 기능적 유사성에 착안하여 신탁을 회사법적(또는 단체법적)으로 또는 재단(Stiftung)으로 성질결정하는 견해가 있는데, 이는 신탁의 준거법을 정함에 있어서 회사의 설립 또는 법적으로 조직된 특별재산의 설립에 관한 연결원칙을 유추적용한다. 이에 따르면 신탁의 설정과 신탁의 사무처리를 분할하여 각각 상이한 준거법에 따르도록 하는 것은 허용되지 않는다. 이에 대하여는, 신탁은 법인격이 없고, 또한 위탁자(이하 편의상 '신탁설정자'와 호환적으로 사용한다)(자익신탁의 경우) 또는 수익자(타익신탁의 경우)의 이익을 추구하는 것이지 위탁자와 수탁자 및 수익자의 공동의 이익을 추구하는 것은 아니므로 회사법적(또는 단체법적) 연결은 근거가 없다는 비판이 있다.

(2) 채권(법)적 법률관계와 물권(법)적 법률관계를 구분하는 견해

독일에서는 독일법상의 신탁(Treuhand)을 채권적 측면과 물권적 측면으로 구분하여 채권법적 측면은 국제계약의 준거법에 따르도록 하고, 신탁재산의 이전 등은 그 종류에 따라 물건 소재지법, 채권의 준거법, 사원권의 준거법에 따른다는 견해가 유력하고, 이는 영미법계의 신탁에도 같은 법리를 적용하는데, 영미법계의 신탁에 상응하는 법제도는 독일법에는 없으므로 이러한 구분이 불가피하다고 한다.[5] 이에 따르면 채권법적 측면의 준거법은 계약에 관한 일반원칙[6]에 따른다.

---

4) 아래에서 소개한 바와 같이 근자에는 우리나라에서도 견해들이 제시되고 있으나 아직 체계적인 논의는 부족한 상황이므로 독일의 논의를 소개한다.

5) MünchKomm/Kindler, Band 11, IntGesR, Rn. 310ff. 영미와 독일 신탁의 비교는 소재선/이창규, "신탁제도에 관한 연구: Trust와 Treuhand의 비교를 중심으로", 원광법학 제32권 제4호 (2016), 119면 이하 참조.

6) 이는 과거에는 독일 민법시행법 제27조 이하에 규정되었으나 2009. 12. 17. Rome Ⅰ의 발효를 계기로 구 민법시행법 제27조부터 제37조는 삭제되었다. 다만 제29a조는 조금 개정되면서 제46b조가 되었다. 김언숙, 199면은 일본의 견해를 인용하면서 독일의 경우는 생전신탁과 유언신탁을 구분하여 생전신탁의 경우는 채권적 법률관계로 성질결정하는 것이 통설적인 견해

즉, 당사자자치가 타당하고 준거법 지정이 없으면 계약과 가장 밀접한 관련이 있는 국가의 법이 준거법이 되는데, 이는 신탁재산의 관리지 또는 소재지, 수탁자의 본거지 또는 당사자 간에 존재하는 법률관계의 준거법이다. 한편 물권법적 측면은 물건 소재지법에 따른다.

일본에서도 과거 구 법례(이는 법적용통칙법의 경우도 같다)는 우리 국제사법과 마찬가지로 신탁을 독립한 단위법률관계(즉 연결대상)로서 규정하지 않는데, 예컨 대 石黑一憲 교수[7]는, 과연 준거법 선택상 항상 신탁이라고 하는 것을 독자의 것으로서 취급하여 다른 문제와 구별하여 별도의 준거법을 정해야 할 것인가에 대해 의문을 표시하고 신탁협약에 대해 다소 비판적인 태도를 취하면서, 구 법례의 해석상 제7조(법률행위), 제10조(물권)와 제11조(법정채권) 등의 규정에 의하여 적절히 준거법을 정하고 실질법 레벨에서 다른 문제와 함께 신탁의 문제를 취급하면 충분하다고 하였다. 이에 따르면 신탁의 준거법 결정은 국제사법이 정한 기존의 단위법률관계에 관한 저촉법규칙에 어떻게 포섭되는가의 문제이다.[8]

한편 독일에는 위와 유사하지만, 법률행위에 의한 생전신탁에 관한 한 이를 채권법적으로 성질결정하여 통일적으로 연결하는 견해도 유력한데,[9] 이는 신탁에 관한 다양한 쟁점을 통일적으로 연결하는 신탁협약에 접근한 것이고, 신탁의 준거법 결정에 있어 당사자자치의 원칙이 적용되는 것을 쉽게 설명할 수 있다. 그러나 (영미법상) 신탁의 설정은 신탁재산의 이전을 포함하므로 그 점에 대해서까지 채권법적 성질결정을 관철하여 당사자자치를 허용할 수는 없다. 또한 채권법적 측면에 대해 국제계약의 법리를 적용하는 데 대하여는 영미법상 신탁은 반드시

이고, 유언신탁의 경우는 상속의 문제로서 성질결정하여 상속의 준거법에 의한다는 학설과 판례의 공통된 입장이라고 소개한다. 그러나 Anatol Dutta, Trust, Encyclopedia, Vol. 2, p. 1756은 BGH의 1959년 판결(NJW 1317)과 1968년 판결(WM, 1170)을 인용하여 같은 취지로 설명하면서도 신탁의 물권적 측면은 소재지법에 따른다고 부언한다.

7) 石黑一憲, 국제사법 신판(1990), 316면.

8) 일본 주석국제사법 제1권/神前禎, 348면도 이런 접근방법을 전제로 논의한다. 예컨대 신탁계약의 객관적 준거법에 관하여는 특징적 급여를 행하는 당사자의 상거소지법이 가장 밀접한 관련이 있는 것으로 추정되는데(제8조) 이 경우 수탁자를 특징적 급여를 행하는 당사자로 본다. 위 책, 363면. 한편 수탁자가 제3자와 한 행위를 수익자가 취소할 수 있는지가 신탁재산의 준거법에 따를지 아니면 신탁의 준거법에 따를지가 논란이 있으나 일본 최고재판소 1994. 3. 8. 판결은 전자를 취하였다고 한다. 일본 주석국제사법 제1권/神前禎, 358 – 359면. 일본 학설의 상세는 김언숙, 185면 이하 참조.

9) Georg Wittuhn, Das internationale Privatrecht des trust (1987), S. 120ff. 참조.

신탁계약에 의하여가 아니라 신탁설정자의 일방적인 행위에 의하여도 설정될 수 있으므로 부적절하다는 비판이 있다.[10]

(3) 내부관계와 외부관계를 구별하는 견해

독일에서는 신탁의 내부관계(신탁설정자, 수탁자와 수익자 간의 관계)와 외부관계를 구별하면서 내부관계 및 그와 밀접하게 관련된 관계에서는 채권법적인 통일적 연결을 관철하고, '수탁자 및 수익자'와 제3자에 대한 관계, 즉 외부관계를 별도로 연결하는 견해가 있다.[11] 이 견해는 수탁자와 수익자 간의 관계를 채권법적으로 통일적으로 연결하는 점에서, 위에서 본 채권-물권을 구별하는 견해와 다르다. 즉, 이는 내부관계에서 물권적 측면을 물권의 준거법에 따르도록 하는 데 반대하고 채권의 준거법에 의할 것이라고 한다. 이 견해도 신탁에 의해 발생하는 물권적인 지위는 물권의 소재지법에 반할 수는 없음을 인정한다. 그러나 이는 신탁에만 특유한 것은 아니고 개별준거법(Einzelstatut)이 총괄준거법(Gesamtstatut)을 깨뜨리는 현상이라고 설명한다.[12]

한편 외부관계('수탁자 및 수익자'와 제3자 간의 관계)에 대하여는 두 가지 가능성이 있는데, 하나는 이를 물권법적으로 성질결정하여 물권의 준거법에 따르는 견해이고, 다른 하나는 영미의 신탁을 그에 상응하는 기능을 하는 독일법상의 제도, 즉 'fiduziarische Verwaltungstreuhand'로 보고, 독일법에 따라 채권적으로 성질결정하는 견해이다.[13]

(4) 사견

지금으로서는 둘째 견해가 설득력이 있으나 셋째 견해와 실제로 큰 차이는 없어 보인다. 그러나 우선 영미신탁에 따라 수익자가 가지는 형평법상의 권리 또는 실질적 소유권의 준거법 결정 시 차이가 있다. 예컨대 영국법이 준거법인 신탁을 구성하는 재산이 한국에 소재하는 경우 수탁자가 신탁에 반하여 신탁재산을 제3자에게 양도한 사안에서 수익자의 추급의 가부와 그 범위가 달라질 수 있

---

10) Staudinger/Stoll, Int SachenR (1996), Rn. 174.

11) MünchKomm/Wendehorst, Band 11, Art. 43 Rn. 49 참조.

12) MünchKomm/Wendehorst, Band 11, Art. 43 Rn. 52.

13) MünchKomm/Wendehorst, Band 11, Art. 43 Rn. 53 참조. 신탁재산을 침해한 제3자에 대한 수익자의 불법행위 채권은 로마Ⅱ에 의하여 규율된다.

다.[14) 또한 채권법적으로 통일적인 연결을 하더라도, 아래 신탁협약(제15조)에서 보듯이 신탁의 준거법의 적용은 일정한 범위 내에서 강행규정에 의하여 배제된다. 그렇다면, 신탁계약에 의한 생전신탁에 논의를 한정할 경우, 우리 법의 해석론으로서도 결과적으로 신탁협약에 접근한다. 따라서 현재는 어렵더라도 장차 신탁을 하나의 독립한 연결대상으로 파악하면서 통일적으로 연결하는 신탁협약의 태도를 우리 법의 해석론으로서 수용하는 방향이 바람직하다.[15) 물론 그 경우 신탁협약(제11조 및 제15조)을 고려하면서 별도의 연결원칙이 타당한 쟁점을 구체화할 필요가 있다.

참고로, 수익자의 권리의 성질결정은 수익권의 준거법, 나아가 수익권에 대한 담보권의 준거법 결정에 영향을 미친다. 국제사법 제37조에 따르면 채권(債權)·주식 그 밖의 권리 또는 이를 표창하는 유가증권을 대상으로 하는 약정담보물권은 담보대상인 권리의 준거법에 따르기 때문이다. 수익권을 채권과 물권 중 어느 것으로 성질결정하든 간에 담보권의 준거법은 수익권의 준거법이 될 것이나, 이를 물권으로 성질결정한다면 당사자자치가 허용되지 않고 신탁재산의 소재지법이 준거법이라는 견해가 주장될 수 있다. 2012. 7. 26. 시행된 개정 신탁법(제78조 이하)이 수익증권 발행신탁 제도를 도입하였으므로 수익권의 준거법도 더 큰 의미를 가지게 되었다.[16)

저자는 우리 법이 영미의 신탁개념을 수용하여 신탁법이라는 실질법을 두고 있으므로 신탁을 하나의 연결대상으로 파악하는 견해를 선호한다. 그것이 국제사법상 성질결정의 일반이론과도 부합하고 신탁협약 가입에의 거부감도 완화할 수 있는 길이다. 다만 그처럼 통일적으로 연결하자면 신탁협약에서 보듯이, 신탁협약

---

14) 수탁자가 의무에 반하여 신탁재산을 처분한 경우 독일법상 추급권이 인정되지 않으나, 영국법상은 넓은 범위 내에서 추급권이 인정되고, 우리 법상은 영미의 그것보다는 좁은 범위 내에서 추급(신탁위반 법률행위의 취소에 관한 제75조 참조)과 물상대위(신탁재산의 범위에 관한 제27조 참조)가 허용된다. 그러나 채권법적으로 성질결정하더라도 영국법의 적용을 관철할 수는 없고 우리 신탁법상 수익자에 상응하는 권리를 행사하는 데 그친다고 보므로 결국 채권법적 성질결정과 물권법적 성질결정의 차이는 상당히 축소된다.

15) 통일적으로 연결하는 견해를 '통일설', 법률관계를 구분하는 견해를 '비통일설'이라고 부를 수 있는데, 일본에서는 전자를 '일체설', 후자를 '분해설'이라 부른다. 소개는 김언숙, 191면 이하 참조.

16) 일본에는 신탁재산의 변경에도 불구하고 준거법의 동일성을 유지할 수 있는 장점이 있음을 근거로 이는 신탁의 준거법에 의할 것이라는 견해가 있다. 일본 주석국제사법 제1권/神前禎, 358면.

이 규율하지 않는 사항, 즉 첫째, 신탁행위(또는 신탁설정행위)의 준거법과 둘째, 수탁자로의 재산 이전의 유효성의 준거법을 별도로 지정할 필요가 있고,[17] 신탁의 준거법에도 불구하고 신탁협약(제15조)에서 보듯이 인접 법 영역의 강행규정에 의한 제한을 인정할 수밖에 없으므로 그의 구체적 내용을 더 검토할 필요가 있다.

해석론으로서는 우선 신탁을 하나의 연결대상으로 성질결정하여 통일적으로 연결할지,[18] 아니면 예컨대 채권적/물권적 측면 또는 달리 구분하여 연결할지가 문제 되고, 또한 유언신탁의 성질결정을 어떻게 할지(유언신탁에서 상속과 신탁의 준거법의 관계는 무엇인지) 문제 된다. 즉 유언신탁의 경우 ① 생전신탁과 동일하게 취급할지,[19] ② 독일처럼 상속법적으로 성질결정하여 상속준거법에 따르도록 할지, 아니면 ③ 제3의 길을 모색할지가 문제 된다. 유언신탁에서 신탁설정행위(즉 유언의 내용)가 신탁의 문제인지 상속의 문제인지는 견해가 나뉜다. 유언신탁에 관하여는 국제상속법에 관한 해설에서 논의한다. 다만 유언신탁의 경우에도 신탁재

---

17) 신탁행위인 전자는 신탁계약(생전신탁)이거나 유언의 (실질적) 내용인 신탁설정행위(유언신탁)를 말하고, 후자는 재산 이전의 준거법이다. 신탁계약의 경우 당사자자치의 원칙이 타당한데, 문제는 유언신탁의 경우 '유언에 의하여 행하여지는 법률행위'인 신탁설정행위(신탁이 아니라)의 준거법이다. 수탁자로의 재산의 이전은 생전신탁의 경우 예컨대 물권 양도의 준거법에 따르고, 유언신탁의 경우 예컨대 포괄유증의 문제로서 상속의 준거법에 따른다. 이 점은 장준혁, "국제상속법의 입법론", 국제사법연구 제27권 제1호(2021. 6.), 372면도 같다. 참고로 Cheshire, North & Fawcett, 15th edition, p. 1385는 양자를 선결문제로 다루는데, 전자 신탁설정증서(instrument of creation of the trust)의 준거법은 유언의 준거법이라고 하고, 후자는 재산 이전의 준거법이므로 재산이 물건이라면 그 소재지법이라고 한다. 다만 위 책에서 말하는 유언의 준거법은 아마도 유언 자체의 준거법을 말하는 것으로 보여 유언 자체의 준거법과 유언의 내용의 준거법을 구분하는 우리로서는 수용하기 어렵다. 신탁의 준거법이 규율하는 사항에 관하여는 이필복, "신탁의 준거법이 규율하는 사항의 범위", 국제사법연구 제30권 제2호(2024. 12.), 137면 이하 참조.

18) 한국 신탁법 해설서로서는 아마도 최초로 국제신탁을 체계적으로 다룬 정순섭, 726면은 우리 학설(① 신탁협약처럼 통일적 연결을 하면서 신탁재산이 한국에 있는 경우 한국법에 의한 제한을 두는 견해, ② 신탁의 법률관계를 기능적으로 분할하여 개별 법률관계의 쟁점에 따라 준거법지정규칙을 적용하는 견해와 ③ 채권적으로 성질결정하여 채권의 준거법을 적용하고 제3자에 대한 관계에서 적용범위를 개별적으로 판단하는 견해)을 소개한다. 그 후 장준혁, 486–487면은 기존 견해와 달리 ④ 비법인재단에 준하는 실체를 가진 신탁은 비법인재단으로 성질결정하여 제30조(법인 및 단체)에 의하고, 그런 실체가 없는 신탁은 무명의 채권관계로 다루어 법률행위와 계약에 관한 조문들을 유추적용한다. 근자에는 선박 신탁도 논의되고 있다. 권성원, "선박 신탁의 법리와 선박소유권 귀속에 관한 연구", 한국해법학회지 제46권 제2호(2024. 8.), 63면 이하 참조.

19) 정순섭, 732면; 김언숙, 199면과 이필복, 129면 이하, 신탁협약도 이런 태도이다. 우리 법상의 학설은 정순섭, 726면 이하; 장준혁, 474면 이하 참조.

산의 수탁자로의 이전은 신탁준거법의 규율대상이 아니다. 또한 유언신탁의 경우
에도 신탁협약(제15조)에서 보듯이 인접 법 영역의 강행규정에 의한 제한을 인정
할 수밖에 없는데, 이는 상속법과의 관계에서 특히 문제 된다. 예컨대 유언신탁에
의한 신탁재산도 유류분에 관한 강행규정의 적용을 배제할 수는 없다.[20]

입법론으로 우리 국제사법에 신탁의 준거법지정규칙을 도입할지를 검토해야
하는데, 이는 신탁협약 가입 여부와 함께 검토할 사항이다. 이를 위하여는 우선 현
재의 해석론을 확인할 필요가 있다. 국제상속 기타 국제거래의 실무상 신탁의 준거
법 결정에 어려움이 있어 문제를 해결할 실제적 필요성이 크다면 이를 적극 검토하
여야 하나 만일 그런 상황이 아니라면 당분간은 현상유지를 선호할 여지도 있다.

나. 신탁협약[21]

신탁의 실질법에 관한 법계의 차이에 상응하여 국제사법규칙 또한 차이가 있
는데, 국제사법규칙을 통일하기 위한 국제적인 노력의 결과 1984년 10월 개최된
헤이그국제사법회의의 제15차 회기에서 신탁협약이 채택되었다. 위에서 보았듯이
신탁협약은 영국뿐만 아니라 대륙법계국가인 이탈리아, 네덜란드와 스위스에서
발효되었다.[22] 신탁협약을 살펴보는 것은 그 자체로서도 의미가 있고, 우리 법상
신탁의 준거법에 관한 해석론을 전개하는 데에도 도움이 되며, 우리 기업들이나
은행들이 관여하는 국제금융거래에서 신탁의 준거법이 영국법이 되는 일이 빈번
하므로 신탁협약을 이해할 현실적인 필요가 있다. 미국은 신탁협약에 서명하였지
만 비준하지 않았고, 미국에서 신탁법은 각주의 입법관할권에 속하는 사항이며
통일적인 국제사법규칙은 존재하지 않으므로 뉴욕주법이 신탁계약의 준거법이 되
는 경우 뉴욕주의 국제사법규칙을 이해할 필요가 있다.

신탁협약의 제Ⅱ장은 신탁의 준거법의 결정원칙을 두고 있다. 이는 실질법을
지정하는 이른바 '사항규정지정(실질법지정)'이고 반정(renvoi)은 배제된다(제17조).

---

20) 자유유증주의에 기초한 신탁제도와 유류분제도의 충돌은 해소하기 가장 어려운 문제 중의
하나로 취급된다고 설명하기도 한다. 이필복, 94면.
21) 신탁협약의 소개는 석광현, "신탁과 국제사법", 정순섭·노혁준 편저, 신탁법의 쟁점(제2권)
(2015), 358면 이하; 상세는 이필복, 16면 이하; Jonathan Harris, The Hague Trusts Con-
vention: Scope, Application and Preliminary Issues (2002) 참조.
22) 스위스는 신탁협약에 가입하면서 국제사법을 개정하여 2007. 7. 1. 신탁에 관한 조문(제9a
장. 제149a조 – 제149e조)을 추가하였다.

국제사법상 어느 국가의 법을 준거법으로 지정하는 것은 당해 준거법을 적용한 효과를 인정하는 것이므로 준거법의 지정과 준거법 적용의 효과의 승인을 구별할 필요는 없다. 그러나 신탁의 개념 자체를 알지 못하는 대륙법계 국가들이 있으므로 신탁협약은 제Ⅱ장과는 별도로 제Ⅲ장에서 신탁의 승인의 함의와 효과를 명시한다. 우리의 관심사는 신탁의 준거법이므로 아래에서는 제Ⅱ장의 주요내용을 소개한다.

(1) 당사자자치(제6조)

신탁은 위탁자가 선택한 법에 의하여 규율되는데, 다만 그 선택은 신탁을 설정하는 증서 또는 신탁을 증명하는 서면의 조건에 명시되거나 묵시되어야 한다. 선택될 수 있는 법의 범위는 제한이 없다. 선택된 법과 신탁 간에 (실질적) 관련이 존재해야 한다는 제안이 있었지만 채택되지 않았다. 그러나 선택된 준거법이 신탁제도 일반 또는 관련된 유형의 신탁을 규정하지 않는 경우에는 선택은 효력이 없고 제7조에 따라 객관적 준거법이 적용된다(제6조 제2항). 신탁의 일부에 대해 준거법을 선택한 경우 그 준거법이 신탁을 규정하지 않는 경우에도 선택은 무효이다. 신탁협약은 명시하지 않지만 외국적 요소가 있는 신탁에 적용되는 것을 전제로 하고 있다.

(2) 객관적 연결(제7조) ─ 가장 밀접하게 관련된 법

신탁의 준거법이 선택되지 않은 경우 또는 선택이 있지만 그의 효력이 인정될 수 없는 경우 신탁은 그것이 가장 밀접하게 관련된 법에 의하여 규율된다(제6조 제2항). 신탁이 가장 밀접하게 관련된 법을 확정하는 데 있어서는 특히 다음 네 가지 요소들, 즉 ① 위탁자가 지정한 신탁사무의 수행지, ② 신탁자산의 소재지, ③ 수탁자의 거소 또는 사업소 소재지와 ④ 신탁의 목적과 그것이 달성되는 장소를 고려하여야 한다(제7조). 가장 밀접한 관련이라는 기준이 예견가능성을 해하는 것은 사실이지만, 이 조항은 예외적인 경우에만 적용되며, 신탁의 개념에 친한 영미법계에서도 아직 만족할 만한 객관적 연결의 연결점을 발전시키지 못한 점에서 이를 지나치게 강조할 것은 아니라는 견해도 있다.

(3) 준거법의 분열(dépeçage)과 준거법의 변경

신탁의 준거법을 정함에 있어서, 분리할 수 있는 신탁의 부분, 특히 신탁사무에 관한 사항은 다른 법에 의하여 규율될 수 있다(제9조). 신탁은 장기간 존속하므로 존속기간 중 신탁의 준거법을 변경할 필요가 있는데, 신탁협약(제10조)에 의하면 준거법의 변경이 가능한지, 만일 가능하다면 어떤 조건하에 가능한지는 신탁의 유효성의 준거법에 따른다. 즉 신탁협약은 준거법을 변경할 수 있다는 실질법상의 원칙을 규정하는 대신, 준거법의 변경은 신탁의 유효성의 준거법에 의한다는 저촉법적 원칙을 규정하는 방식을 취한다.

(4) 신탁의 준거법이 규율하는 사항과 규율하지 않는 사항 — 선결문제

제8조는 신탁의 준거법이 신탁의 유효성,[23] 해석 및 효력과 신탁의 사무처리를 규율함을 명시하고, 또한 신탁의 준거법이 규율하는 사항을 예시한다. 이는 ① 수탁자들의 선임, 사임 및 해임, 수탁자로 행위할 수 있는 능력과 수탁자의 지위 이전, ② 수탁자들 간의 권리·의무, ③ 신탁재산의 관리·처분, ④ 수탁자들의 투자권한, ⑤ 신탁의 존속기간과 신탁의 수익을 유보하는 권한에 대한 제한, ⑥ 수탁자들과 수익자들 간의 관계와 ⑦ 신탁재산의 분배 등이다. 신탁협약은 신탁의 존재의 준거법을 언급하지 않으나 유효성과 동일한 법에 따른다고 본다. 따라서 협약상 신탁의 준거법은 원칙적으로 신탁에 관한 모든 사항을 규율한다.

그러나 신탁협약은 유언, 또는 기타 자산을 수탁자에게 이전하는 기타 행위의 유효성에 관한 선결문제에는 적용되지 않는다(제4조). 신탁이 신탁협약의 요건을 구비하기 위하여는 신탁자산이 수탁자에게 유효하게 이전되어 수탁자의 지배하에 놓여야 하지만 그 자체는 협약의 적용범위로부터 배제된다. 즉 신탁협약에 따른 신탁의 준거법은 신탁의 성립(creation) 또는 설정(establishment)과 신탁 자체의 유효성을 규율하지만, 신탁설정의 원인이 되는 유언 또는 그 밖의 수탁자로의

---

23) 여기에서 말하는 유효성은 실질적 유효성을 말하는데, 선결문제는 협약의 적용범위로부터 제외되므로 그에 포함되지 않는다. 영구축적금지(rule against accumulation) 또는 영구권금지규칙(rule against perpetuities)는 이에 포함될 것으로 보이나, 경우에 따라서는 신탁 자체가 아니라 설정행위에 관한 것이라고 한다. 보고서, para. 56. 그 밖에도 D. J. Hayton, The Law of Trusts (2003), p. 74 이하는 영국법상 신탁의 유효요건으로 이른바 '3대 확실성', 즉 신탁설정의사(intent), 신탁 대상물(subject-matter)과 신탁 수익자(beneficiaries 또는 objects 라고도 한다)의 확실성과 관리의 실행가능성(administrative workability) 등을 다룬다.

자산이전 행위의 유효성을 규율하지는 않는다는 것이다. 보고서는 이러한 구별을
'로켓(rocket)'과 '발사대(launcher)'라는 이미지를 사용하여 비유적으로 설명하는데,
즉 신탁이라는 로켓을 일단 궤도에 진입시키기 위하여 예컨대 유효한 유언, 증여
또는 기타 법적 효력을 가지는 행위라는 발사대가 필요한데, 신탁협약은 로켓만을
규율하고 발사대는 규율하지 않는다는 것이다. 신탁협약이 규율하지 않는 쟁점은
일반원칙으로 돌아가 법정지의 국제사법에 의하여 결정되는 준거법에 따른다.

7. 국제유가증권법의 정비

종래 국제유가증권법 중 국제어음[1]·수표법에 관하여는 섭외사법에 비교적 정비된 규정이 있고, 이는 국제사법에서도 유지되고 있다. 그러나 사채권, 주권 기타 유가증권에 관한 국제유가증권법은 전혀 규정이 없었다. 국제사법은 구 국제사법과 마찬가지로 그중 무기명증권(제35조)과 사채권 및 주권 등에 대한 약정 담보물권(제37조)에 관하여 조항을 신설하였다는 점에서 진일보한 것이라고 평가할 수 있다.

그러나 사채권, 주권 기타 유가증권의 준거법 전반에 대한 보다 체계적인 저촉규범을 둘 필요가 있다고 본다. 그 경우 사채권에 관한 저촉규범과 어음·수표에 관한 저촉규범은 어느 정도 체계적인 관련 내지는 일관성을 가져야 할 것이고, 다만 물품증권의 특수성을 충분히 고려해야 할 것이다. 따라서 물품증권에 관하여는 스위스 국제사법(제106조)처럼 별도의 조항을 두는 것이 적절하지 않을까 생각된다. 2000년의 개정작업에서는 국제유가증권법에 관한 원칙에 관하여 합의를 보지 못했기 때문에 독립적인 규정을 둘 수 없었지만 이를 정비하는 방안을 장기적인 과제로 고려해야 할 것으로 생각된다.

물론 "국제환어음 및 국제약속어음에 관한 협약(United Nations Convention on International Bills of Exchange and International Promissory Notes)"과 같이 유가증권

---

1) 우리 법은 국제어음을 정의하지 않으므로 이는 국제사법의 일반이론에 따라야 할 것이다. 흥미로운 것은 대법원 1998. 4. 23. 선고 95다36466 전원합의체판결이다. 다수의견은 국내어음이란 국내에서 발행되고 지급되는 어음을 말하는 것이므로 국내어음인지 여부는 어음면상의 발행지와 지급지가 국내인지 여부에 따라 결정된다고 판시하였는데 이는 근거가 있는지 의문이다. 예컨대 외국에서 배서가 이루어질 수도 있다. 만일 국내어음이라는 개념이 꼭 필요했다면 국내에서 발행되어 유통되고 지급되는 어음이라고 하는 것이 더 적절하다. 보충의견은 "국제어음은 발행지의 기재가 없으면 무효"라는 취지로 설시하였으나, 섭외사법과 국제사법상 어음요건은 서명지법에 따를 사항이지 우리 어음법에 따를 사항이 아니다. 보충의견으로서는 "준거법이 우리법인 국제어음은 발행지의 기재가 없으면 무효"라고 설시했어야 한다. 이는 섭외사법적 사고의 빈곤을 보여준다. 그에 추가하여 아래와 같은 비판을 할 수 있다. 즉 우리 어음법은 1930년 제네바통일어음협약을 수용한 것인데 협약이 달성하고자 하는 통일성을 깨면서까지 협약과 달리 해석할 이유도 없다. 즉 제네바통일어음협약은 국제어음만이 아니라 국내어음도 규율하는 점에 특색이 있고, 이 점에서 국제어음만을 규율하는 국제연합의 1988년 "국제환어음 및 국제약속어음에 관한 협약"과 다르다. 이런 적용범위의 차이는 국제거래규범의 통일(내지 조화)의 관점에서 매우 중요한 착안점이므로 법원이 쉽게 무시할 사항은 결코 아니다. 그런데 다수의견은 발행지에 관한 한 이를 부정하고 제네바통일어음협약이 배척한 국내어음/국제어음의 구별을 도입하는 결과를 초래한다.

법에 관하여 국제적으로 통일된 실질규범이 존재하는 범위 내에서는 그에 의할 것이다.

이와 함께 정비해야 할 논점 중의 하나가 제권판결의 준거법이다. 이는 국제사법 제87조에 관한 부분에서 논의한다.

Ⅵ. 지식재산권(제5장)

1. 지식재산권에 관한 조항의 신설

섭외사법	국제사법
<신설>	제40조(지식재산권의 보호) 지식재산권의 보호는 그 침해지법에 따른다.

[입법례]
• 스위스 국제사법 제110조 제1항[무체재산권의 준거법]
• 중국 섭외민사관계법률적용법 제48조, 제49조, 제50조

가. 개요

과거 섭외사법은 지식재산권[1] 또는 지적재산권(이하 양자를 호환적으로 사용한

---

* 국제지식재산권법에서 인용하는 아래 주요 문헌은 [ ] 안의 인용약어를 사용한다.
김언숙, "직무발명 및 업무상 저작물에 관한 국제사법상의 문제", 국제사법연구 제17호 (2011)[김언숙]; 문선영, "직무발명에 관한 섭외적 법률관계의 준거법", 한국특허법학회(편), 직무발명제도 해설(2015)[문선영]; 석광현, "외국저작권 침해의 준거법", 서울지방변호사회 판례연구 제23집(1)(2009)[석광현, 저작권 침해]; 석광현, "국제라이선스계약의 준거법 결정에서 당사자자치의 원칙과 그 한계: FRAND 선언을 통한 라이선스계약의 성립 여부를 포함하여", 국제사법연구 제24권 제1호(2018. 6.)[석광현, 라이선스]; 석광현, "포레스트 매니아 사건 판결들의 그늘: 베른협약의 실종과 동 협약상 모바일 게임저작물의 보호를 다룰 기회의 상실", 국제사법연구 제29권 제2호(2023. 12.)[석광현, 베른협약]; 손경한, "지식재산의 준거법에 관한 입법 방안", 국제사법연구 제21권 제1호(2021. 6.)[손경한, 입법 방안]; 이규호, "직무발명에 관한 섭외적 법률관계에 적용될 준거법", 국제사법연구 제22권 제2호(2016. 12.)[이규호, 직무발명의 준거법]; 이주연, "국제 저작권침해소송에서 베른협약 제5조 제2항 적용의 문제점", 국제사법연구 제24권 제1호(2018. 6.)[이주연, 베른협약]; 이주연, "국제 지식재산사건에서 준거법을 판단한 우리 법원 판결의 동향과 분석", 국제사법연구 제27권 제1호(2021. 6.)[이주연, 동향과 분석]; 이주연, "메타버스 환경에서 발생한 국제 저작권 분쟁과 그 해결방안에 대한 연구", 국제사법연구 제28권 제2호(2022. 12.)[이주연, 메타버스]; 이호정, "知的財産權의 準據法", 知的財産權法講義(정상조 편)(1997)[이호정, 지재권]; 이호정·정상조, "涉外知的財産權法 試論 ─ 知的財産權의 準據法 ─", 서울대학교 법학 제39권 제1호(통권 제106호)(1998. 5.)[이호정·정상조]; 전우정, "메타버스 속 지식재산권 관련 국제분쟁 해결─국제재판관할, 준거법, 중재조항에 관하여─", 국제거래법연구 제32집 제1호(2023. 7.)[전우정]; 조영선 외, "국제적 지식재산권 분쟁의 준거법에 관한 비교법적 연구", 법원행정처 정책연구(연구보고서 2023-10) (2023)[조영선 외].
1) 법문은 과거 '지적재산권'이었으나 2011. 5. 19. '지식재산권'으로 개정되었다. 우리 법상 '지적 재산권'이라는 용어의 사용에 관하여는 박준석, "무체재산권·지적소유권·지적재산권·지식

다)에 관하여 아무런 규정을 두지 않았으나 구 국제사법에서는 지적재산권에 관한 조문(제24조)을 신설하였다. 2000년 연구반초안은 지적재산권에 관한 조항을 별도의 장(제7장 제41조)에 두었고 이 점은 위원회의 개정시안(제7장 제37조)도 마찬가지였으나[2] 법제처의 심의과정에서 조문이 하나뿐이라는 이유로 물권에 관한 제4장에 통합되었다. 그러나 2022년 개정 시 국제재판관할규칙이 신설됨에 따라 지재권에 관한 규칙은 제5장으로 독립되었고 구 국제사법 제24조는 제40조가 되어 제2절에 규정되었다.

지식재산권에 관한 주요 쟁점은 첫째, 지식재산권의 성립과 내용 등 지식재산권 자체의 준거법, 둘째, 지식재산권의 사용허락에 관한 라이선스계약과 같이 지식재산권에 관한 국제계약의 준거법, 셋째, 지식재산권의 침해를 이유로 하는 손해배상 또는 침해금지의 준거법과 넷째, 지식재산권의 최초귀속(initial owner-ship. 또는 원시취득)의 준거법 등으로 구분할 수 있다.[3]

국제사법은 지식재산권에 관한 준거법 조항을 두나, 조문상으로는 지식재산권 전반에 관하여 규정하는 대신 '지식재산권의 보호'에 범위를 한정하여 침해가 발생한 국가의 법을 준거법으로 지정한다. 그러나 이는 첫째, 셋째와 넷째의 쟁점의 준거법도 함께 지정한 것으로 이해할 수 있다.

나. 주요내용

(1) 보호국법주의의 채택

지식재산권은 일국의 경제체제나 정책과 밀접한 관련을 맺고 있고 그 권리의 인정 여부와 범위가 국가에 따라 상이한 속지적인 성격을 가지며 — 즉, 지적재산권에 대하여는 속지주의[4]가 타당하다 — , 그 효력도 이를 부여한 국가 내에 한정

재산권 – 한국 지재법 총칭(總稱) 변화의 연혁적·실증적 비판 –", 서울대학교 법학 제53권 제4호(2012. 12.), 109면 이하 참조.

[2] 지식재산권은 종래 배타적 권리라는 점에서 물권에 준하는 성질을 가지고, 지식재산권의 침해는 불법행위, 사용허락은 계약의 문제이므로 채권적 성질을 가지는 점을 고려하여 지식재산권에 관한 장을 물권과 채권에 관한 장의 사이에 두었다. 스위스 국제사법도 물권(제7장)과 채권(제9장)의 사이에 지식재산권에 관한 제8장을 두고 있다.

[3] 그 밖에도 지적재산권의 양도 등도 문제 된다.

[4] 속지주의는 다의적인 개념이나, 우리나라에서는 "지적재산권의 성립·소멸과 그 내용은 그 지적재산권을 부여한 국가의 법률에 의하여서만 결정되고 그 효력도 부여국(예컨대 특허권의 등록국 또는 저작권에 기한 보호를 긍정하는 국가)의 영토주권이 미치는 범위 내에서만 인정된다는 원칙"이라고 설명한다. 서정우, "공업소유권의 국제적 보호와 국제사법", 재판자료 제

되는 경향이 있다. 과거 우리나라에서는 지식재산권과 관련된 국제사법적 논점에 대한 관심이 매우 작았기 때문에 이런 상황을 개선하고자 구 국제사법에서는 지적재산권의 준거법에 관한 조항을 신설하면서 지적재산권에 관한 조약과 다수의 입법과 학설에 의해 널리 인정되는 '보호국법주의'를 명시적으로 규정하였다.[5]

당초 2000년 연구반초안에서는 지적재산권의 준거법에 관한 조항을 두는 제1안과 이를 두지 말자는 제2안이 있었으나,[6] 2000년 위원회는 제1안을 채택하되

33집, 섭외사건의 제문제[상](1986), 579면. 이는 일본 최고재판소 1997. 7. 1. 判決(民集51卷 7号, 2299面)이 설시한 속지주의 개념과 유사하다. 따라서 어떤 권리자가 가지는 지적재산권은 '복수의 국내법에 따른 지적재산권들의 집합'인데, 이것이 케겔의 '다발이론(Bündeltheorie)'이다. Alexander Peinze, Internationales Urheberrecht in Deutschland und England (2002), S. 11 (Soergel—Kegel, Rn. 22, Anh. Nach Art 12.를 인용하면서). 다발이론의 실익을 보여주는 사안은 석광현, "구름빵 사건과 저작권의 국제적 보호", 법률신문 제4885호 (2021. 4. 26.), 19면 참조. 대법원 2015. 7. 23. 선고 2014다42110 판결도 "특허권의 속지주의 원칙상 물건의 발명에 관한 특허권자가 그 물건에 대하여 가지는 독점적인 생산·사용·양도·대여 또는 수입 등의 특허실시에 관한 권리는 특허권이 등록된 국가의 영역 내에서만 효력이 미"친다고 판시하였다. 안춘수, "국제지식재산권법의 몇 가지 기초적 관점에 관하여", 연세대학교 법학연구 제26권 제1호(2016. 3.), 135면 이하; 김인호, "국제지식재산권 침해에 대한 보호국법의 적용과 그 한계", 인권과 정의 제429호(2012. 11.), 92면 이하도 참조. 김인호 교수는 구 국제사법하에서 지재권침해를 불법행위에 관한 장에 함께 규정하자고 제안하였으나, 저자는 지재권에 관한 별도의 장을 두어 지재권의 성립과 유효성, 침해, 계약과 최초귀속 등을 함께 규율하는 방안을 선호한다. 2022년 국제사법 개정 시 지재권에 관한 제5장이 독립하였으므로 이제는 문제 되지 않는다. 주의할 것은, 위에서 말한 케겔의 '다발이론'은, 종래 저작권법상 저작권이 복제권, 공연권, 2차적 저작물작성권 등 다양한 지분적 권리를 포함하는 '권리의 다발'이라는 의미와 구별되는 국제사법학상의 '다발이론'이라는 점이다. 석광현, 제5권, 122면 참조.

5) 대법원 2015. 1. 15. 선고 2012다4763 판결은 구 국제사법 제24조가 속지주의의 원칙에 기초하여 지식재산권의 보호에 관하여 규정하고 있는 조문이라고 판시하였다. 또한 세법에 관한 것이기는 하나, 대법원 2014. 11. 27. 선고 2012두18356 판결에서 대법원은 미국법인이 특허권을 국외에서 등록하였을 뿐 국내에는 등록하지 아니한 경우에는 미국법인이 그와 관련하여 지급받는 소득은 그 사용의 대가가 될 수 없으므로 이를 국내원천소득으로 볼 수 없다고 판시한 바 있다. 즉 대법원은 한미조세협약(제6조 제3항, 제14조 제4항)은 특허권의 속지주의 원칙상 특허권자가 특허물건을 독점적으로 생산, 사용, 양도, 대여, 수입 또는 전시하는 등의 특허실시에 관한 권리는 특허권이 등록된 국가의 영역 내에서만 효력이 미친다고 보아 미국법인이 국내에 특허권을 등록하여 국내에서 특허실시권을 가지는 경우에 그 특허실시권의 사용대가로 지급받는 소득만을 국내원천소득으로 정하였을 뿐이고, 한미조세협약의 해석상 특허권이 등록된 국가 외에서는 특허권의 침해가 발생할 수 없어 이를 사용하거나 사용의 대가를 지급한다는 것을 관념할 수도 없다고 설시하였다.

6) 연구반초안은 다음과 같다.
"제41조(지적재산권의 보호)

그 문언을 다소 수정하였다.[7)]

　여기에서 '보호국(Schutzland, protecting country)'이라 함은, "그의 영토 내에서 문제가 된 지적재산권을 어떠한 형태로든 사용하거나, 제3자에 대해 방어하고자 하는 국가", 간단히 말하자면 "그의 영토에 대하여 지적재산권의 보호가 청구되고 있는 국가"를 의미한다.[8)] 특허권 침해의 경우 "보호가 청구되고 있는 국가"는 표현상으로는 마치 소를 제기함으로써 보호를 구하는 국가, 즉 법정지국처럼 들리지만 이는 '법정지국'이 아니라 특허권이 그곳에서 침해되었다고 주장함으로써 그곳에서의 보호를 요구하는 국가, 즉 '침해지국'을 말한다. 예컨대 영국에서 지식재산권을 침해하였음을 이유로 한국에 주소를 둔 한국인 피고를 상대로 한국에서 손해배상청구의 소를 제기하는 경우, 법정지는 한국이지만 보호국은 영국이므로 영국법이 준거법이 된다. 이처럼 법정지국은 보호국과 반드시 일치하는 것은 아니다. 이 경우 보호국은 그곳에서 권리가 침해된, 보다 정확히는 그곳에서 침해되었다고 주장된 당해 국가를 말한다.[9)10)] 대법원 2024. 5. 9. 선고 2020다250561

　[제1안] 지적재산권은 사용 또는 침해행위가 행하여진 국가의 법에 의한다.
　[제2안] 삭제".

7) 만일 제24조를 두지 않으면 우리 법률가들이 국제지식재산권법 논점에 대한 문제의식을 가질 수 없을 것을 우려하여 조문을 두고자 노력하였고 이를 관철하였다. 그럼에도 불구하고 다수의 우리 법률가들은 국제지식재산권법 논점의 존재를 충분히 인식하지 못하였다. 또한 필자는 2008년 아이비 뮤직비디오 사건 판결에 대한 글에서 서울중앙지방법원 지재권 전담재판부가 국제지식재산권법 논점을 정확히 포착한 점을 높이 평가하면서도, 근거 없이 일본 최고재판소 판례를 추종한 것은 구 국제사법 제24조에 반하는 잘못이라고 비판하였다. 구 국제사법에 조문을 두었으니 우리 법관들이 국제저작권 분쟁 해결 시 베른협약(보충적으로 구 국제사법)으로부터 보호국법주의를 도출할 것을 기대하였고, 2008년 탄줘잉 사건 판결은 그런 기대에 부응하였다. 그러나 포레스트 매니아 사건 판결들에서 베른협약과 국제사법이 실종된 것을 보면 국제지식재산권법에 대한 우리 법관들의 문제의식이 섭외사법 시절로 퇴보하였다는 의구심이 든다. 전 세계적으로 베른협약의 해석론이 나뉘는 상황에서 올바른 판단을 기대하였으나 우리 법관들은 베른협약과 국제사법을 무시하였고 국제적 논의의 포럼 참가를 거부하였다. 비판은 석광현, 베른협약, 237면 참조.

8) MünchKomm/Drexl, Band 11, IntImmGR, Rn. 10; 이호정, 지재권, 653면; 이호정·정상조, 119면.

9) 과거 오승종, 저작권법(2008), 1376면; 이해완, 저작권법(2007), 785면은 베른협약은 법정지법주의를 전제로 한 내국민대우의 원칙을 기본원칙으로 한 결과 저작권의 경우 준거법의 결정이라는 국제사법 문제는 거의 일어나지 않으며, 저작권자에 의하여 저작권침해소송이 제기되었을 경우 법원은 거의 언제나 자신의 국내법을 적용하면 된다고 설명하였다. 그러나 저자는 베른협약은 법정지법주의가 아니라 보호국법주의를 취하고 있고, 법정지와 보호국은 대체로 일치하지만 반드시 일치하는 것은 아니라는 점에서 이러한 설명은 부정확하다고 지적한

판결과 대법원 2024. 5. 9. 선고 2020다250585 판결은 "여기서 말하는 '보호가 주장되는 국가'란 그 영토 내에서의 침해행위에 대하여 보호가 주장되는 국가로서 침해지 국가를 의미한다"라고 판시하였다.

　　나아가 보호국은 권리를 부여한 국가(등록국)와 동일한 개념은 아니다. 예컨대 A국(영국)에서 등록된 권리를 B국(독일)에서 침해하였음을[11] 주장하여 원고가 피고 주소지인 C국(한국)에서 손해배상을 구하는 소를 제기한 사례를 상정하자. 그 경우 권리의 부여국(등록국)은 A국(영국)이고, 침해국, 즉 보호국은 B국(독일)이며 법정지국은 C국(한국)이다. 다만 실제로는 원고가 등록국에서 제소함으로써 권리의 보호를 요구하는 경우가 많으므로 보호국법 대신 등록국법을 준거법이라고 설명하기도 하나 보호국법이 포괄적 설명에 더 적절하다.

　　현저한 지리적 명칭인 'AMERICAN'과 대학교를 의미하는 단어인 'UNIVERSITY'가 결합된 표장(AMERICAN UNIVERSITY)에 대하여 한국에서 서비스표 등록을 할 수 있는지가 다투어진 사건에서 대법원 2018. 6. 21. 선고 2015후1454 전원합의체 판결이[12] 상표권의 성립, 유·무효 또는 취소 등의 준거법이 등록국법이라고

바 있다. 그 후 오승종, 저작권법 제2판(2012), 1337면은 베른협약이 보호국법주의를 취하고 있음을 인정한다.

10) 즉 베른협약 제5조 제2항이 말하는 "보호가 주장되는 국가(country where protection is claimed)"를 "그의 영토에 대하여 지적재산권의 보호가 청구되고 있는 국가(country for which [또는 for whose territory] protection is claimed)", 즉 "그의 영토 내에서 문제가 된 저작권을 어떠한 형태로든 사용하거나, 제3자에 대해 방어하고자 하는 국가"로 이해한다. 석광현, 제5권, 113면, 130면 참조.

11) 이 경우 영국에 등록된 권리를 독일에서 침해할 수 있는지는 논란이 있을 수 있으나, 침해행위를 구성하는 행위의 일부가 영국과 독일에서 행해진 경우에는 독일에서의 침해를 인정할 수 있을 것이다. 그러나 지적재산권의 속지주의를 강조하는 입장에서는 이를 부정하는 경향이 있다.

12) 위 사건에서 주된 쟁점은 위 사건 출원서비스표(AMERICAN UNIVERSITY)가 현저한 지리적 명칭으로 된 상표의 등록을 불허하는 구 상표법 제6조 제1항 제4호 등에 해당하여 서비스표 등록을 할 수 없는지였다. 특허청은 지리적 명칭으로 된 상표의 등록을 불허하는 구 상표법 제6조 제1항 제4호 등에 해당한다는 이유로 위 서비스표 등록출원에 대하여 거절결정을 하였고 원고가 위 거절결정을 취소해 달라며 특허심판원에 불복심판을 청구하였으나 특허심판원은 원고의 청구를 기각하는 심결을 하였다. 특허법원(원심)은 원고의 청구를 인용하고 심결을 취소하였다. 대법원은 위 서비스표가 그 구성 자체로는 본래의 지리적 의미와 기술적 표장으로 식별력이 없으나, 표장에 대한 수요자들의 개별적·구체적인 인식 여하에 따라 새로운 출처가 형성될 수 있는 것으로 보는 것이 합리적임을 전제로 '현저한 지리적 명칭과 다른 식별력 없는 표장이 결합하여 새로운 관념을 낳거나 새로운 식별력을 형성한 경우'에 해당한다고 보아 위 사건 출원서비스표는 서비스표 등록이 가능하다고 판시하고 상고를 기각하였

판시하였음을 이유로 대법원이 보호국법을 준거법으로 인정한 것이 아니라고 주장할 여지도 있으나13) 등록을 통한 보호를 구하는 국가라는 의미에서 여기의 등록국은 당연히 보호국이다. 다만 보호를 요구하는 형태가, 등록 지재권의 경우 등록국에서, 침해의 경우 침해지국에서 보호를 요구하는 형태로 발현되는 것이다.

그러나 보호국이 반드시 침해국과 동일한 것은 아니다. 왜냐하면 침해국이라 함은 특허권의 침해의 경우에는 보호국과 일치하지만, 권리자가 침해 이외의 형태로 보호를 구하는 경우 보호국은 침해국이 아니기 때문이다. 예컨대 권리의 발생, 양도와 관련하여 보호국이라 함은 그의 영토에 대해 보호가 청구되고 있는 국가이지 침해국은 아니다. 요컨대 보호국이라 함은 권리의 귀속, 발생, 양도, 침해 등의 경우에 두루 사용할 수 있는, 즉 다양한 태양(態樣)의 보호를 포괄하는 일반적 표현이다.

지식재산권 침해에 관하여 보호국법주의를 취하는 근거는, 보호국법을 적용하게 되면 내국인과 외국인에게 동일한 실질법을 적용하게 되어 속지주의와 내국민대우의 원칙을 가장 잘 실현할 수 있다는 점에도 있다.14)

다만 제40조가 지식재산권의 모든 분야에 관하여 보호국법주의를 명시하는

다. 제1 별개의견은 대학교 명칭에 대해서는 구성 자체로 본질적인 식별력이 인정된다고 보았고, 제2 별개의견은 지정상품의 종류 등에 따라 식별력 인정 여부를 달리 보아야 한다고 판시하였다. 다만 구 상표법의 적용을 위한 전제로서 대법원은 "상표권은 등록국법에 의하여 발생하는 권리로서 등록이 필요한 상표권의 성립이나 유·무효 또는 취소 등을 구하는 소는 일반적으로 등록국 또는 등록이 청구된 국가 법원의 전속관할에 속하고(대법원 2011. 4. 28. 선고 2009다19093 판결 등 참조), 그에 관한 준거법 역시 등록국 또는 등록이 청구된 국가의 법으로 보아야 한다. 따라서 원고가 미국 법인이라고 하더라도 우리나라에서 서비스표를 등록받아 사용하기 위하여 우리나라에 등록출원을 한 이상 그 등록출원의 적법 여부에 관한 준거법은 우리나라 상표법"이라고 판시하였다. 대법원의 결론은 타당하나 대법원이 그 근거로 구 국제사법 제24조를 언급하지 않은 점은 유감이다. 제24조의 적용범위에 관하여 논란이 있음을 의식한 탓인지 모르겠으나, 만일 그 근거가 제24조가 아니라면 그렇게 판단한 근거를 밝혔어야 마땅하다.

13) 이주연, 동향과 분석, 80면은, 대법원은 상표권 침해가 아닌 상표권의 성립, 효력, 취소에 관한 사항에 대하여는, 구 국제사법 제24조가 아닌 상표의 속지주의 원칙에 근거하여 준거법을 도출하고 있다고 평가할 수 있다고 하고 제24조의 문언적 표현의 한계가 그 이유가 되었을 것으로 추측한다.

14) European Max Planck Group on Conflict of Laws in Intellectual Property, Conflict of Laws in Intellectual Property: The CLIP Principles and Commentary (2013), p. 301. UNCITRAL의 논의는 손승우, "지식재산담보권에 대한 준거법－UNCITRAL에서의 논의를 중심으로－", 서헌제교수 정년기념집(2015), 556면 이하 참조.

대신 현실적으로 가장 문제 되는 지식재산권 침해의 경우만을 규정하는 방식을 취하고 있으므로 지식재산권의 성립과 내용 등의 문제는 학설과 판례에 맡겨지게 되었다고 볼 수도 있으나, 제40조는 지식재산권 전반에 관한 보호국법주의를 선언한 것으로 보는 것이 타당하다. 저자는 전부터 이런 견해를 피력하였다(물론 위에서 보았듯이 지식재산권에 관한 국제계약은 제외된다). 2000년 위원회에서는 그러한 취지를 명시하고자 하였으나, 기술적으로 보호국법주의를 표시하는 적절한 문언에 관한 합의가 이루어지지 않았던 점이 이를 명시하지 않은 하나의 이유였다.[15] 입법론으로서는 이를 명시하는 것이 바람직하다.[16] 다행스럽게도 대법원 2024. 5. 9. 선고 2020다250561 판결[17]은 이런 취지를 명확히 판시하였다.[18]

---

15) 참고로 지적재산권의 유효성에 관한 과거 섭외사법하의 논의는 다음과 같았다.

특허권의 국제적 보호를 위하여 다양한 조약이 체결되었고, 이는 다른 지적재산권의 경우에도 마찬가지이다. 이러한 조약은 많은 경우 지적재산권의 최소한의 보호만을 규정하고 있을 뿐이고, 특허권 내지는 지적재산권 자체의 준거법에 관하여 직접적인 규정을 두지는 않으나, 이른바 '내국민대우의 원칙(principle of national treatment)'을 정하고 있다. 예컨대 "산업재산권 보호를 위한 파리협약" 제2조, TRIPs 협정 제3조 제1항 등이 그러한 예이다. 이러한 내국민대우의 원칙은 외국인을 내국민과 동일하게 대우하라는 것이므로, 엄밀하게는 외인법상의 규정이라고 할 수 있다. 그런데 일부는 이를 외인법상의 규정으로만 이해하고 저촉법적 내용은 포함되어 있지 않다고 보는 데 반하여, 보다 유력한 견해는 이는 외인법상의 규정일 뿐만 아니라 보호국법(lex (loci) protectionis) 원칙을 정한 조약상의 저촉규범이라고 본다. 나아가 조약이 적용되지 않는 경우, 즉 국내법이 적용되는 경우에도 동일한 원칙을 따를 것이라고 한다. 우리나라에서도 조약이 적용되지 않는 경우에 관하여 보호국법원칙을 국제지적재산권법의 불문의 저촉규정으로 볼 수 있다는 견해가 있다. 이호정, 지재권, 653면. 이러한 보호국법원칙은 저작권의 경우에도 타당하다는 것이 다수의 견해이다. 특허권에 관하여 산업재산권 보호를 위한 파리협약의 규정과 유사한 취지의 규정을 저작권에 관해서는 베른협약 제5조가 규정하고 있으므로, 저작권의 경우에도 보호국법주의가 타당하다는 것이다. 그러나 이에 대해서는 본원국법주의, 즉 본원국(country of origin)의 법을 적용할 것이라는 견해가 유력하게 주장되고 있는데, 이에 의하면 저작권은 인격권과 마찬가지로 전세계적인 보호를 받게 되므로 결국 보편주의가 적용된다. 상세는 석광현, 제5권, 99면 이하 참조.

16) 신창선, 한국국제사법학회 제8차 연차학술대회《제3분과 토론자료》(2000), 6면도 동지. 이성호, "사이버 知的財産權 紛爭에 관한 國際裁判管轄과 準據法", 저스티스 통권 제72호(2003. 4.), 193면은 구 국제사법 제24조를 "지적재산권의 보호는 그 [이용지 또는] 침해지 법에 의한다"라고 수정하자는 견해를 제시하였다. 이는 연구반초안(제41조)과 유사한데 제24조보다는 낫지만 보호국법주의를 정면으로 규정하는 것만은 못하다.

17) 관련 사건인 대법원 2024. 5. 9. 선고 2020다250585 판결도 유사한 취지를 판시하였다(다만 범위가 다소 제한적이다).

18) 과거 서울고등법원 2008. 7. 8. 선고 2007나80093 판결; 대구지방법원 2015. 7. 10. 선고 2014노816 판결들도 동지. 이런 결론은 제40조의 해석을 통하여, 만일 그것이 문언의 한계

위 대법원 판결은 종래 국제저작권법상 논란이 있던 논점들을 정면으로 다루어 판시한 매우 중요한 판결이므로 이를 간단히 소개한다. 즉 ① 문화적·예술적 저작물의 보호를 위한 베른협약 제5조 제2항이 규정하는 보호국법주의는 국제사법에 우선하는 점, ② 보호가 주장되는 국가란 그 영토 내에서의 침해행위에 대하여 보호가 주장되는 국가로서 침해지 국가라는 점,[19] ③ 베른협약이 규정하지 않는 사항은 우리 국제사법에 의하여 준거법을 결정하여야 하는데, 구 국제사법 제24조는 저작권의 침해만이 아니라 저작권의 성립과 내용, 저작권 이전의 가능 여부, 저작권의 이전과 귀속에 어떠한 절차나 형식의 이행이 필요한지 등도 규율한다는 점(이 점은 위에서 언급한 바이다)이 그것이다.[20][21] ③ 부분의 설시를 보면 대법원은 아마도 베른협약은 저작권의 성립과 내용 및 저작권 이전의 가능 여부에 관하여는 규정하지 않는다는 취지로 해석한 것으로 보인다. 다만 위 사건의 쟁점이 아닌 업무상저작물의 최초귀속에 관하여는 설시하지 않은 것으로 보인다.

2001년 섭외사법 개정 작업 당시 구 국제사법 제24조를 둘 수 있을지는 불확실하였으나, 그 후 국제지재권법 쟁점을 다룬 우리 판결들의 증가와 논의의 확산을 보면서[22] 그리고 그것이 독특하지만 이해하기 어려운 법리를 가진 일본에서와

를 넘는다면 제40조의 유추를 통하여 도출할 수 있을 것이다.

19) ①과 ② 부분의 설시는 아래와 같다. "대한민국이 가입한 국제조약은 일반적으로 민법이나 상법 또는 국제사법보다 우선적으로 적용되는데, 베른협약 제5조 제2항("저작권에 대한 보호의 범위와 구제의 방법은 오로지 보호가 주장되는 국가의 법률에 의한다") 보호국법주의를 채택하였으므로 저작권 보호에 관한 외국적 요소가 있는 사건에서는 베른협약 제5조 제2항이 우선 적용되어 보호국법(침해지법)이 준거법이 되고, 여기서 말하는 '보호가 주장되는 국가'란 그 영토 내에서의 침해행위에 대하여 보호가 주장되는 국가로서 침해지 국가를 의미한다".

20) ③ 부분의 설시는 아래와 같다. "베른협약이 준거법에 관하여 적용을 배제하거나 직접적으로 규정하고 있지 않는 사항에 대하여는 법정지의 국제사법에 따라 결정된 준거법이 적용된다. 베른협약은 회사분할에 따른 저작권 승계 여부 등은 규정하고 있지 않으므로, 이러한 사항에 대하여는 법정지의 국제사법에 따라 결정된 준거법이 적용된다. 저작권의 성립과 내용, 저작권의 이전이 가능한지 여부, 저작권의 이전과 귀속에 어떠한 절차나 형식의 이행이 필요한지 여부 등은 저작권의 대세적인 효력이나 저작권 자체의 보호와 밀접하게 관련되어 있으므로, 특별한 사정이 없는 한 이러한 사항에 대하여는 구 국제사법 제24조에 따라 보호국법이 준거법으로 결정되어 적용된다".

21) 한편 위 대법원 판결은 "저작권 이전의 원인이 된 계약 등의 법률관계는 단지 그 목적물이 저작권일 뿐 성질상 저작권의 대세적인 효력이나 저작권 자체의 보호에 관한 것이 아니어서 구 국제사법 제24조에 따라 준거법을 결정할 수는 없고, 그 계약 등의 법률관계에 관하여 적용될 준거법을 별도로 결정하여야 한다"라고 판시하였다. 이 또한 저자가 전부터 주장한 바와 같다.

달리 전개되는 것을 보면서 조문을 두기를 잘하였다고 생각한다. 물론 결정적인 것은 위 2024년의 대법원 판결들이다.

(2) 지식재산권의 침해로 인한 불법행위의 준거법

제40조의 결과 지적재산권의 침해에 대하여는 통상의 불법행위의 경우 제52조에 따라 불법행위지법이 적용되는 것과는 달리 침해지법이 준거법이 된다.[23] 이 점에서 제40조는 제52조에 대한 특칙이라고 할 수 있다. 지적재산권의 침해를 구제수단에 따라 ① 금지청구와 ② 손해배상으로 이원화하여 양자의 성질결정을 달리 하고, 전자에는 지적재산권의 준거법을, 후자에는 불법행위의 준거법을 각각 적용하는 것은 양자를 통일적으로 연결하는 제40조에 반한다.[24] 더욱이 손해배상에 대해 불법행위의 준거법을 적용하는 것은 X-Girl 사건의 대법원 2004. 7. 22. 선고 2003다62910 판결에도 반한다.[25]

---

22) 예컨대 근자의 것으로는 이주연, 동향과 분석, 69면 이하 참조. 물론 그 사이 일본 최고재판소의 판례를 맹종한 서울중앙지방법원 2008. 3. 13. 선고 2007가합53681 판결도 있었고, 포레스트 매니아 판결들처럼 퇴행적인 모습을 보여준 대법원과 하급심 판결들도 있었다. 전자는 석광현, 제5권, 99면 이하; 후자는 석광현, 베른협약, 237면 이하 참조.

23) 지적재산권의 속지주의에 비추어 행동지와 결과발생지는 원칙적으로 동일할 것이므로 그 범위 내에서는 차이가 없다. 그러나 양자가 상이할 수 있다면 문제가 있다. 오승룡, "섭외사법 개정을 둘러싼 국제물권·지적재산권의 고찰", 법조 통권 536호(2001. 5.), 111–112면과 저자는 원칙적으로 침해지를 결과발생지라고 보는 데 반하여, 침해지는 행동지와 결과발생지의 양자를 의미한다는 견해도 있다. 이성호, "사이버 知的財産權 紛爭에 관한 國際裁判管轄과 準據法", 저스티스 통권 제72호(2003. 4.), 195면.

24) 그러나 서울중앙지법 2008. 3. 13. 선고 2007가합53681 판결은 이원적으로 연결하였다. 저자는 이를 비판하는 간단한 평석을 썼고(석광현, "국제지적재산권법에 관한 小考 — 최근 일부 하급심 판결들에 대한 유감을 표시하며 —", 법률신문 제3656호(2008. 6. 9.), 14–15면) 그 후 서울중앙지방법원 2008. 6. 20. 선고 2007가합43936 판결(탄줘잉 사건 판결)에서는 이 점이 시정되었다. 서울고법 2012. 7. 25. 선고 2011나70802 판결도 같은 취지로 제대로 판시하였다.

25) 평석은 석광현, "2004년 국제사법 분야 대법원판례: 정리 및 해설", 국제사법연구 제10호(2004), 446면 이하; 강영수, "지적재산권의 속지주의원칙과 국제사법", 국제사법연구 제11호(2005), 240면 이하; 이석우, "상표권의 속지적 효력 – 대법원 2004. 7. 22. 선고 2003다62910 판결 –", 경성법학 제19집 제1호(2010. 7.), 233면 이하 참조. 구 국제사법 제24조에 따른 우리 판례의 소개는 문선영, "판례로 본 국제적 지식재산 침해 소송의 준거법 – 최근의 하급심 판결을 중심으로 –", 성균관법학 제20권 제3호(2008. 12.), 1108면 이하; 최성수, "지식재산권의 준거법에 관한 우리나라 판례의 검토", 국제사법연구 제19권 제1호(2013. 6.), 283면 이하; 이주연, 동향과 분석, 69면 이하 참조.

과거 일본 법례하에서 최고재판소 2002. 9. 26. 카드리더 사건 판결(그 사건은, 피고가 원고의 미국 특허권을 침해하였다고 주장하면서 미국 특허권에 기하여 피고의 행위의 금지 등을 구한 것이다)[26]은 위와 같이 이원적 성질결정을 하였는데, 그러한 결론의 당부는 논란이 있지만 일본에는 제40조와 같은 조문이 없었기 때문에 그런 결론이 나왔던 것이다. 그런데 명시적인 연결원칙을 둔 국제사법의 해석상 일본 판례를 따르는 것은 커다란 잘못이다.

지재권 침해의 경우 반정이 허용되는지는 논란의 여지가 있다. 국제사법 제22조 제2항이 이 경우 반정을 배제하지 않지만 보호국법주의는 조약에 의하여 널리 인정되는 원칙이라고 보아 반정을 불허할 여지도 있다.[27]

과거 섭외사법의 해석론으로는 특허권 침해는 ① 통상의 불법행위의 준거법에 의한다는 견해와 ② 지적재산권의 준거법, 이른바 보호국법(lex loci protectionis)에 의한다는 견해가 대립되고 있었다.[28] 전자를 불법행위 준거법설, 후자를 보호국법설이라 하였는데, 참고로 이를 소개하면 아래와 같다.

---

26) 강영수, "國際 知的財産權侵害訴訟에 있어서 國際私法的 問題에 관한 硏究 — 屬地主義 原則의 限界 및 그 修正을 중심으로 —", 서울대학교 대학원 박사학위논문(2005), 49면 이하는 위 판결을 'FM신호복조장치사건 판결'이라고 하여 소개한다. 위 사건에서 일본인 원고는, 일본 법인인 피고가 원고의 미국 특허권을 침해하였다고 주장하면서 피고의 침해행위의 금지와 손해배상을 청구하였다. 일본 최고재판소는 금지청구와 손해배상청구를 구별하여 전자는 특허권 효력의 문제로서 등록국인 미국법에 따를 사항이고, 후자에 대하여는 불법행위로서 당시 法例(제11조)에 따라 불법행위지법인 일본법과 법정지법인 일본법을 누적적용하는 것이 타당하다고 판시하였다. 다만 최고재판소는 전자에 관하여 미국 특허법을 역외적용하는 것은 일본의 공서에 반하여 적용할 수 없고, 후자에 관하여는 일본법상 불법행위가 되지 않는다고 보아 결국 원고의 청구를 기각하였다. 일본 학설은 일본 주석국제사법 제1권/道垣內正人, 628면 이하 참조.

27) 최흥섭, 278면은 보호국법이 아닌 다른 법을 적용하는 것은 지정의 취지에 반한다고 보아 반정에 반대한다. 이는 지재권 침해만이 아니라 지재권 전반에 관한 것으로 보인다.

28) 상세는 석광현, 제2권, 572면 이하 참조. 따라서 섭외사법하에서는 "지적재산권의 침해에 따른 손해배상청구권은 일반 불법행위의 준거법에 따라 해결할 수 있을 것이라는 수준의 기본적인 인식이 있었을 뿐"이라는 평가(오승룡, "섭외사법 개정을 둘러싼 국제물권·지적재산권의 고찰", 법조 통권 536호(2001. 5.), 108면)는 정확한 것은 아니다. 비교법적 고찰은 木棚照一(편), 國際知的財産侵害訴訟の基礎理論(2003) 참조. 특히 일본 최고재판소 2002. 9. 26. 판결(判例時報 1802호, 19면 이하)은 외국특허권침해에 관한 일본 최초의 최고법원 판결로서 주목을 받았다. 木棚照一, 위 책, 287면 이하 참조.

(가) 불법행위 준거법설　　　　특허권의 침해는 불법행위를 구성한다. 그런데 섭외사법은 섭외불법행위의 준거법에 관하여 절충주의를 따르고 있었으므로, 특허권의 침해에 대하여 불법행위지법과 법정지법이 누적적으로 적용된다는 견해가 가능하였다.29) 다만 그 경우 불법행위의 성립의 전제인 특허권의 존재는 선결문제인데, 선결문제의 연결에 관한 독립적 연결설에 의한다면 이는 보호국법에 따를 사항이다. 이에 의하면 선결문제의 준거법과 본문제의 준거법이 상이하게 된다. 이러한 입장을 취하는 견해 중에는, 한국인이 외국에서 외국의 특허권을 침해한 경우 당해 특허권이 한국에서 특허권으로 인정되지 않는다면, 절충주의의 결과 한국에서는 불법행위가 성립하지 않는다는 견해도 있었다.

(나) 보호국법설　　　　이는 특허권의 침해는 보호국법에 의한다는 견해인데, 이에는 특허권의 침해를 불법행위로 성질결정하는 견해와, 특허권의 보호의 문제로 성질결정하는 견해가 있었다.30) 특허침해에 있어 보호국법은 결국 침해지국이므로 결과발생지국과 같게 된다. 따라서 보호국법설이 불법행위 준거법설과 다른 점은, 격지불법행위에서 행동지법을 별도로 준거법으로 인정하지 않는 것과, 법정지법의 누적적용을 인정하지 않는 점이다. 국제사법 제40조는 위의 견해 중 보호국법설의 입장을 명확히 한 것이다.

구 국제사법하에서는 제24조가 물권에 관한 규정들과 함께 제4장에 규정되어 있었는데, 이는 초안에서는 독립되어 있던 장을 편의상 제4장에 통합한 것으로서 기술적인 의미를 가질 뿐이다. 따라서 제4장에 포함되어 있었다고 하여 지적재산권 관련 쟁점의 성질결정에 영향을 미치는 것은 아니었다.

국제지식재산권의 문제는 저작권 침해 여부의 전제가 되는 저작권의 존부 등 형사사건의 선결문제로 제기되기도 한다.31)

(3) 지식재산권의 이용에 관한 계약의 준거법

위에서 본 것처럼 제40조는 지식재산권에 관한 준거법, 정확히는 지식재산권 자체와 침해 등의 준거법을 정한 것이고,32) 지식재산권의 이용계약 예컨대 라이

---

29) 최공웅, 636면; 서정우(註 4), 618면 이하 참조.

30) 이호정, 654-655면 참조.

31) 이에 관하여는 류재현, "국제사법연구 형사 사건에서의 국제사법-우리 판례에 대한 검토를 중심으로-", 제25권 제3호(2019. 12.), 67면 이하; 이주연, "국제저작권침해 형사사건에서 법의 적용문제", 계간 저작권 제31권 제3호(통권 123호)(2018), 123면 이하 참조.

선스계약의 준거법은 제45조 이하에 정한 계약의 준거법에 의한다.

라이선스계약의 주관적 준거법과 관련하여 흥미로운 논점은, 표준특허를 가진 특허권자의 FRAND (Fair, Reasonable And Non-Discriminatory terms and conditions) 선언과 경쟁자의 실시행위 등에 의해 라이선스계약 또는 그에 선행하는 어떤 계약관계가 성립하는가라는 점이다. 표준필수특허를 다룬 미국 하급심 판결 중에는 당사자들이 표준화기구에 제출한 FRAND 확약서에 의해 계약이 성립되었고, 이는 모든 회원사들을 구속한다고 인정한 사례들이 있다(예컨대 미국의 Microsoft Corp. v. Motorola Inc., 사건 판결).[33] 반면에 삼성전자가 애플코리아유한

---

32) 위에 언급한 것처럼 그 밖에도 지적재산권의 최초귀속과 양도 등도 문제 된다. 특히 저작권의 최초귀속에 관하여는 본국법을 적용할 것이라는 견해도 유력하게 주장되고 있다. 석광현, 저작권 침해, 219면; 석광현, 제5권, 115면 이하 참조.

33) 영미법계에서는 제3자를 위한 계약이라고 보는 경향이 있음에 반하여 대륙법계에서는 이를 부정하는 경향이 있다. 정상조, "FRAND확약과 특허법상의 구제수단", Law&Technology, 제14권 제5호(2018. 9.), 6면 이하. 나지원, "FRAND 확약의 계약적 효력의 고찰", Law&Technology, 제13권 제3호(2017. 5.), 15면은 (라이선스 계약체결을 위한) 예약이 성립했다고 본다. 준거법을 고려하지 않은 이런 견해 대립의 소개는 의미가 제한적이다. FRAND 선언에 의한 라이선스계약의 준거법 논의는 석광현, 정년기념, 389면 이하 참조. FRAND 확약의 실질법적 논의는 나지원, FRAND 확약의 효력과 표준특허권 행사의 한계(2018) 참조. 미국, 독일, 일본과 우리 판결의 소개는 송재섭, "표준특허에 근거한 권리행사의 한계—침해금지청구권과 손해배상청구권을 중심으로—", 저스티스 통권 140호(2014. 2.), 218면 이하 참조. 유럽연합사법재판소의 2015. 7. 16. Huawei v. ZTE 판결(C-170/13)은 FRAND 선언과 이용자의 실시로 인하여 라이선스계약이 성립하는 것은 아니고 표준특허권자와 이용자가 FRAND에 맞는 라이선스계약에 도달하기 위한 절차를 제시하였다. 소개는 박윤석, "표준필수특허소송의 법률적 쟁점에 대한 고찰 —독일과 영국 사례를 중심으로—", 저스티스 제165호(2018. 4.), 158면; 참고로 아래 영국 High Court 판결(para. 744)도 이를 요약한다. 영국 High Court의 Unwired Planet v. Huawei [2017] EWHC 711 (Pat)도 준거법이 프랑스법상 FRAND 확약에 의하여 제3자를 위한 계약이 성립하였음을 인정하고 실시자인 화웨이가 법원이 FRAND라고 인정하는 글로벌 사용료 결정을 받아들이지 않는다면 금지명령을 발령할 수 있다고 판단하였다. 항소와 상고가 모두 기각되었는데, 영국 대법원은 2020. 8. 26. Unwired Planet v Huawei [2020] UKSC 37에서, 영국 법원이 FRAND 요건에 부합하는 전 세계적 사용료를 결정할 수 있는 국제재판관할이 있고, 영국이 중국보다 더 적절한 법정지라면서 사용료 결정에 관한 논점들에 대하여 판단하였다. 이 사건은 FRAND를 둘러싼 다양한 실질법적 및 국제사법적 논점을 제기한다. 표준필수특허권자의 금지청구가 시장지배적 지위, 특허권 또는 계약상 권리의 남용이 되는지는 현재로서는 준거법인 공정거래법, 특허법과 계약법에 따라 판단할 사항이나, 장래 FRAND에 특유한 법리가 정립될지는 두고 볼 일이다. EU 위원회의 표준필수특허규정 제안(Proposal for a Regulation on Standard Essential Patents)(COM(2023)0232)은 흥미로운데 유럽의회도 2024년 2월 위 제안을 승인하였다. 제안에 대한 Position Statement of the Max Planck Institute for Inno-

회사를 상대로 제기한 특허침해금지소송 사건에서 서울중앙지방법원 2012. 8. 24. 선고 2011가합39552 판결은 준거법인 프랑스 민법상 청약과 승낙 및 제3자를 위한 계약의 법리를 검토한 뒤[34] 표준필수특허의 실시료 조건에 대한 구체적 정함이 없는 FRAND 확약만으로는 라이선스계약에 관한 청약의 의사표시를 한 것이라고 단정할 수 없다고 보고 나아가 제3자를 위한 계약의 성립을 부정하였다.

　　주의할 것은 FRAND 선언에 의한 라이선스계약의 성립 여부를 판단함에 있어서 계약의 준거법을 우선 확인해야 한다는 점이다. 서울중앙지방법원도 결론을 도출함에 있어서 청약과 승낙 및 제3자를 위한 계약에 관한 프랑스 민법의 법리를 검토하였는데 이런 접근방법은 타당하다. 즉 라이선스계약(또는 그에 선행하는 어떤 계약관계)의 성립 여부에 관한 한국 법원과 미국 법원의 결론이 다른 것이 동일한 법의 해석론의 차이에 기인하는지, 아니면 준거법의 차이에 기인하는 것인지를 검토해야 한다. 준거법의 상이를 무시하고 동일한 평면 위에서 FRAND 선언에 의하여 라이선스계약(또는 그에 선행하는 어떤 계약관계)의 성립 여부를 논의하는 것은 잘못이다. 만일 준거법에 따라 라이선스계약이 존재한다면 당사자들 간의 불법행위의 준거법도 계약의 준거법에 종속적으로 연결될 가능성이 있는데,[35] 문

---

vation and Competition of 6 February 2024 on the Commission's Proposal for a Regulation on Standard Essential Patents, Max Planck Institute for Innovation & Competition Research Paper No. 24-03 참조. 위 규정 초안은 SEP 라이선싱의 투명성을 개선하고 거래 비용을 낮추고자 하는데, 이를 위하여 '중앙 전자 SEP 등록부'와 '중앙 전자 데이터베이스'를 구축하고, global FRAND rate의 결정 방법 및 절차와 전문기관의 설립과 FRAND 로얄티 결정을 위한 강행적인 소송 전 조정절차 등을 규정한다. 중국 최고인민법원도 2020년 OPPO v. Sharp 사건과 2022년 OPPO v. Nokia 사건에서 전 세계적 사용료를 결정할 수 있는 국제재판관할을 인정하였다고 한다. Fuyong Ou & Xiaoxiao Zhang, FRAND Anti-suit Injunctions in China: The Emergence, 2024. 11. 2. 개최된 제12회 한중국제사법학회 공동학술대회 발표자료, pp. 7-8. FRAND는 퀄컴 사건에서도 다루어졌다. 공정거래법 논점을 다룬 평석은 주진열, "FRAND 조건 표준필수특허 라이선스 확약과 시장지배력 남용 문제-대법원 2023. 4. 13. 선고 2020두31897 판결을 중심으로-", 경쟁법연구 제48권 (2023. 9.), 349면 이하 참조.

34) 이는 서울중앙지방법원 판결이 설시한 것처럼, 삼성전자가 1998. 12. 14. WCDMA 기술 관련 원고의 표준특허 전체에 관하여 포괄적으로 FRAND 조건으로 실시권을 허여할 준비가 되어 있다는 FRAND 선언서를 유럽전기통신표준협회(ETSI)에 제출하였고, 그 후 2003. 12. 31., 2006. 5. 16., 2007. 8. 7., 이 사건 표준특허 및 그 패밀리 특허에 대하여 FRAND 조건으로 실시권을 허여할 준비가 되어 있다는 선언서(declaration)를 ETSI에 제출하였는데, 위 선언서에는 선언서의 해석, 유효성 및 이행은 프랑스법을 준거법으로 한다고 기재되어 있기 때문이다.

제는 지식재산권 침해의 경우 종속적 연결을 허용할지 여부이다.

제46조에 따라 계약의 객관적 준거법을 결정함에 있어서는 어려운 문제가 있는데 이 점은 제46조의 해설에서 논의한다.

(4) 지적재산권의 최초귀속[36]의 준거법

직무발명[37]의 경우 사용자와 종업원 중 누가 특허권을 취득하는지와 그에 따른 당사자 간의 이해관계를 어떻게 조정할지에 대하여 각국 실질법의 태도가 다르다. 예컨대 사용자에게 특허권이 귀속하면 종업원에게 보상을 받을 권리를 허여하고, 반대로 특허권이 종업원에게 귀속하면 사용자에게 무상 통상실시권을 부여한다.[38] 즉 후자의 경우에는 우리 법상 사용자는 통상실시권을 취득하는데 이는 법정실시권이다.

성질결정에 관한 부분에서 논의한 것처럼, 직무발명에서 특허를 받을 권리의 귀속과 승계, 사용자의 통상실시권의 취득 및 종업원의 보상금청구권에 관한 사항이, 사용자와 종업원 사이의 고용관계를 기초로 한 권리의무 관계로서, 지식재산권의 문제로서 국제사법 제40조에 의할 사항인지, 아니면 고용계약의 준거법에 따를 사항인지가 문제 된다.

학설로는 보호국법설, 고용관계 준거법설 등 다양한 학설[39]이 있는데 대법원

---

35) 흥미로운 것은, 일반적으로 저작물의 이용허락 위반의 효과를 분석할 때, 저작권법의 본질적 내용에 관한 것을 위반한 경우에는 저작권 침해에 해당하지만, 저작권의 비본질적 내용에 관한 방법 및 조건을 위반한 경우에는 단순히 채무불이행 책임만을 진다는 것이 대체적인 해석이라고 하는 점이다. 김병일, "클라우드 환경에서의 오픈소스 라이선스 준수와 책임", 정보법학 제22권 제1호(2018), 33면. 그러나 불법행위의 준거법 지정 시 종속적 연결을 하자면 불법행위가 라이선스계약에 따른 당사자 간의 법률관계를 침해하는 것을 전제로 하는데 이는 저작권 침해를 전제로 하는 것과는 구별해야 한다. 따라서 그 요건과 경계를 설정하여야 한다.
36) 이는 국제적으로 널리 사용되는 'initial ownership'을 직역한 것이다. 이를 '원시취득'의 문제로 논의하기도 한다.
37) 발명진흥법 제2조 제2호는 "직무발명"이란 종업원, 법인의 임원 또는 공무원(이하 "종업원 등"이라 한다)이 그 직무에 관하여 발명한 것이 성질상 사용자·법인 또는 국가나 지방자치단체(이하 "사용자등"이라 한다)의 업무 범위에 속하고 그 발명을 하게 된 행위가 종업원등의 현재 또는 과거의 직무에 속하는 발명을 말한다고 규정한다.
38) 직무발명에 관한 각국 실질법의 차이는 김언숙, 325-328면. 특허법원 국제지식재산권법 연구센터, 각국의 직무발명제도에 대한 비교법적 연구(법원행정처 연구보고서. 2022) 참조.
39) 학설의 소개는 문선영, 333면 이하 참조.

2015. 1. 15. 선고 2012다4763 판결[40]은 직무발명에서 특허를 받을 권리의 귀속과 승계, 사용자의 통상실시권의 취득 및 종업원의 보상금청구권에 관한 사항은 사용자와 종업원 사이의 고용관계를 기초로 한 권리의무 관계에 해당하고, 더욱이 직무발명에 대하여 각국에서 특허를 받을 권리는 하나의 고용관계에 기초하여 실질적으로 하나의 사회적 사실로 평가되는 동일한 발명으로부터 발생한 것이며, 당사자들의 이익보호 및 법적 안정성을 위하여 직무발명으로부터 비롯되는 법률관계에 대하여 고용관계 준거법 국가의 법률에 의한 통일적인 해석이 필요하므로, 직무발명에 관한 섭외적 법률관계에 적용될 준거법은 그 발생의 기초가 된 근로계약의 준거법(당해 사건에서는 한국법)이라고 판시하였다. 위 대법원판결은 직무발명에 의하여 발생되는 권리의무는 구 국제사법 제24조의 적용대상이라 할 수 없고, 직무발명에 관한 섭외적 법률관계에 적용될 준거법은 그 발생의 기초가 된 근로계약의 준거법으로서 구 국제사법 제28조 제1항, 제2항 등에 따라 정하여지는 법률이고 이러한 법리는 실용신안에도 마찬가지로 적용된다고 판시하였다.[41] ALI 원칙(제311조),[42] CLIP 원칙(제3:201조)[43]과 한일공동제안(제308조 제4항)[44]도 대법원 판결의 태도와 유사하다.

주의할 것은, 특허권 및 실용신안권의 최초귀속만이 아니라 그에 수반되는 쟁점, 즉 위 사건 직무발명에 기초하여 외국에서 등록되는 특허권 및 실용신안권에 대하여 원고가 통상실시권을 취득하는지 여부의 준거법도 위 근로계약의 준거법인 한국법이라는 점이다. 따라서 대법원은 피고가 원고와 사이에 체결된 근로계약에

---

40) 평석은 이규호, 직무발명의 준거법, 149면 이하; 이희광, "직무발명에 관한 섭외적 사안의 준거법 결정 – 대법원 2015. 1. 15. 선고 2012다 4763 판결을 대상으로", 충남대 법학연구 제29권 제4호(2018. 11.), 263면 이하 참조. 판례해설은 김창권, "직무발명에 기하여 종업원에 의하여 외국에서 등록되는 특허권 등에 대한 사용자의 통상실시권", 대법원 판례해설 제104호(2015), 169면 이하 참조.

41) 이처럼 특허권 및 실용신안권의 최초귀속은 근로계약의 준거법에 따르더라도 특허권 및 실용신안권의 성립은 여전히 보호국법주의에 따른다.

42) 이는 미국법률협회(American Law Institute. ALI)가 2007년 5월 발표한 "지적재산권: 초국가적 분쟁에서의 관할권, 준거법 및 재판을 규율하는 원칙"을 말한다.

43) 이는 지적재산의 국제사법에 관한 유럽 막스플랑크 그룹(European Max – Planck Group on Conflict of Laws in Intellectual Property. EMPG)이 2011년 11월 발표한 "지적재산권의 국제사법 원칙"을 말한다.

44) 이는 한일 전문가들이 2011년 3월 발표한 "知的財産權의 國際私法原則(韓日共同提案)"을 말한다.

따라 완성된 이 사건 직무발명에 기초하여 외국에서 특허권 및 실용신안권을 등록 받더라도, 원고는 그에 대하여 구 특허법 제39조 제1항 및 이를 준용하는 구 실용 신안법 제20조 제1항45)에 의하여 통상실시권을 가진다고 판단하였다.46)

이와 관련하여 직무발명에 관한 발명진흥법의 규정들(제10조 이하)이 국제적 강행규정인지도 논란이 있는데 만일 이를 긍정한다면47) 예컨대 근로계약의 준거 법이 외국법이더라도 밀접한 관련이 있는 우리 발명진흥법상의 규정들이 법정지 의 국제적 강행규정으로서 적용될 수 있다. 다만 법정지인 한국이 노무제공지라 면 위 규정들이 국제적 강행규정이 아니더라도 객관적 준거법인 한국법이 부여하 는 보호가 국제사법 제48조 제2항에 따라 최소한의 보호로서 관철될 수 있다.

나아가 저작물의 원본이나 복제물을 판매한 경우 국제적 권리소진(특히 병행 수입) 여부가 문제 된다. 과거 권리소진 원칙의 적용범위에 관하여 견해가 나뉘었 다. 국내소진 원칙에 따르면, 저작물의 원본이나 복제물이 외국에서 적법하게 판 매되었더라도 이를 병행수입 행위 등을 통하여 국내로 수입하여 공중에게 다시 판매하는 등 거래에 제공할 경우 배포권이 소진되지 않으므로 저작재산권자의 허 락을 받아야 한다. 반면에 국제소진 원칙에 따르면 저작물의 원본이나 복제물이 세계 어느 나라에서든 일단 적법하게 판매 등의 방법으로 거래에 제공된 이상 배 포권은 소진되고 그 후 그것을 국내에 수입하여 다시 거래에 제공하는 경우에도

---

45) 대법원은 당해 사건에 적용되는 법률은, 이 사건 직무발명의 완성 당시에 시행 중이던 구 특 허법(2006. 3. 3. 법률 제7869호로 개정되기 전의 것) 제39조 제1항 및 구 특허법을 준용하 는 구 실용신안법(2006. 3. 3. 법률 제7872호로 개정되기 전의 것) 제20조 제1항이라고 판시 하였다.

46) 한 가지 의문은 대법원이 이를 성질결정의 문제로 해결한 것인지 아니면 준거법만을 결정한 것인가라는 점이다. 직무발명의 귀속에 관하여 근로계약의 준거법에 따른다는 것은 근로계 약의 준거법 소속국의 직무발명의 귀속에 관한 법을 적용한다는 것이지(마치 종속적 연결처 럼) 계약의 문제로 성질결정하여 계약법을 적용한다는 취지는 아니라고 볼 수 있다. 손경한, 입법 방안, 47면은 "고용계약이라는 채권적 법률관계에 적용될 근로계약의 준거법에 관한 국제사법규정을 물권적 법률관계인 특허받을 권리의 귀속 문제에 적용한 것은 그 법률관계 의 성질결정에 있어 오류를 범한 것"이라고 비판한다. 이에 따르면 ALI 원칙, CLIP 원칙과 한일공동제안이 모두 성질결정을 잘못한 것이 된다. 이는 종속적으로 연결한 것이지 성질결 정을 달리 한 것은 아니다. 예컨대 청구권이 경합하는 사안에서 불법행위의 준거법을 계약 의 준거법에 종속적으로 연결한다면 이는 가장 밀접한 관련이 있는 법을 적용하면서 당사자 의 신뢰를 보호하기 위한 것이지 불법행위를 계약으로 성질결정하기 때문은 아니다.

47) 김언숙, 346면. 일본에서는 직무발명에 관한 특허법의 규정들이 국제적 강행규정이라는 것 이 다수설 및 판례의 입장이라고 한다.

배포권을 행사할 수 없다.[48] 근자에 저작권의 국제적 권리소진을 인정한 최초의 대법원 판결이 선고되었다. 즉 대법원 2023. 12. 7. 선고 2020도17863 판결은 저작재산권자의 허락을 받아 저작물의 원본이나 그 복제물이 판매 등의 방법으로 거래에 제공되었다면 저작재산권자는 그와 관련된 보상의 기회를 가졌던 것이고, 이미 거래에 제공된 저작물의 원본이나 그 복제물은 그 이후에는 자유롭게 유통될 필요가 있으므로 해당 저작물의 원본이나 그 복제물에 대한 배포권은 그 목적을 달성하여 소진된다고 판시하고, 우리 저작권법 제20조[49]가 저작재산권자의 배포권에 관한 권리소진의 원칙을 명문으로 정하고 있음을 확인한 뒤 국제적 소진에 관하여 아래 취지로 설시하였다.[50]

> "저작물의 원본이나 그 복제물이 외국에서 판매 등의 방법으로 거래에 제공되지 않고 곧바로 국내로 수입되어 그 소유권이나 처분권이 이전된 경우에는 저작권법 제20조 단서에서 정한 바에 따라 해당 저작물의 원본이나 그 복제물에 대한 배포권 소진 여부를 판단하여야 하는 한편, 외국에서 저작재산권자의 허락을 받아 판매 등의 방법으로 거래에 제공되었던 저작물의 원본이나 그 복제물을 국내로 다시 수입하여 배포하는 경우에도 특별한 사정이 없는 한 저작권법 제20조 단서에서 정한 효과가 인정될 수 있다."

병행수입의 경우 저작권 침해는 민사사건만이 아니라 형사사건에서도 문제되는데, 종래 우리나라에서는 별로 의식되고 있지 않으나, 한국에서의 침해가 문제 되는 경우 준거법은 보호국법인 한국법이므로 한국법이 국제소진 원칙을 취하는지 아니면 국내소진 원칙을 취하는지에 따라 결정된다는 점을 유념하여야 한다.

---

48) 우리 학설 및 다른 나라의 입법례와 해석론은 오승종, 저작권법 제5판(2021), 596면 이하 참조. 위 오승종, 599면은 해석론으로 배포권의 국제소진을 지지한다. 일본 저작권법(제26조의 2 제1항 제5호)은 이를 명문의 규정을 두어 해결한다.

49) 조문은 "저작자는 저작물의 원본이나 그 복제물을 배포할 권리를 가진다. 다만 저작물의 원본이나 그 복제물이 해당 저작재산권자의 허락을 받아 판매 등의 방법으로 거래에 제공된 경우에는 그러하지 아니하다"라고 규정한다.

50) 상표법에 관하여는 대법원 2006. 10. 13. 선고 2006다40423 판결이 일정 요건하에 국제소진 원칙을 인정한 바 있다. 오승종(註 48), 590면은, 특허권자나 상표권자의 경우 권리소진의 원칙에 의하여 권리 전체를 잃게 되지만, 저작권자의 경우에는 배포권 이외의 다른 저작재산권이나 저작인격권은 소멸되지 않는다는 차이가 있음을 지적한다.

(5) 지적재산권에 관한 조약과의 관계

제40조는 일차적으로 지적재산권에 관한 조약이 없거나 적용되지 않는 경우의 저촉규범으로서 의미를 가진다. 만일 특허권, 상표권, 저작권 등 지적재산권의 종류별로 관련 조약이 이미 저촉규범을 두고 있다면 그것이 우선 적용되므로 국제사법 조항은 별 의미가 없을 것이나, 그렇지 않다면 국제사법 조항은 조약이 적용되는 경우에도 저촉규범으로서의 의미를 가지게 될 것이다.[51] 따라서 지적재산권 관련 조약에 저촉규범이 포함되어 있는지의 여부와 그의 정확한 적용범위 등을 더 세밀하게 검토할 필요가 있다.

(6) 저작권의 특수성

제40조의 보호국법주의는 특허권 기타 산업재산권에 적용됨은 명백한데[52] 나아가 저작권의 경우에도 적용된다.[53] 그러나 이에 대해서는 외국에서는 본원국법주의, 즉 본원국(本源國)(country of origin. 이를 '본국'이라고 번역하기도 한다)의 법을 적용할 것이라는 견해가 유력하게 주장되고 있는데, 그에 의하면 저작권은 인격권과 마찬가지로 전세계적인 보호를 받게 되므로 결국 보편주의의 적용을 받게 된다. 그러나 본원국법설에 따르더라도, 아래에서 보듯이 "문학적·예술적 저작물의 보호를 위한 베른협약(Berne Convention for the Protection of Literary and Artistic Works)"("베른협약")[54]의 해석상 저작권의 침해에 관한 한 보호국법설에 따라야 한

---

51) 저자는 전부터 이런 견해를 취한다. 서울고등법원 2012. 7. 25. 선고 2011나70802 판결도 동지다. 제40조를 우선 적용하여야 한다는 견해도 있다. 이주연, 베른협약, 67면 이하 참조.

52) 보호국법주의를 내국민대우의 원칙 및/또는 속지주의로부터 도출한다면 특허권과 상표권의 경우도 파리협약이 정한 내국민대우의 원칙과 속지주의의 결합으로부터 보호국법주의가 도출된다고 보게 된다. 종래 내국민대우의 원칙을 외인법상의 규정으로만 이해하고 저촉규범은 포함되어 있지 않다고 보는 견해도 있으나, 독일의 통설과 판례는 내국민대우의 원칙으로부터 저촉규범이 도출된다고 보는데 그 경우 연결원칙은 보호국법주의라고 본다. 석광현, 제5권, 110면 이하 참조.

53) 독일에서는 저작권에도 보호국법주의가 타당하다는 것이 과거부터 다수설이었다. Münch Komm/Kreuzer, Band 10: EGBGB, 3. Auflage (1998), Nach Art. 38 Anh. Ⅱ Rn. 112; 이제 이 점은 로마Ⅱ에 의하여 명백하다. 로마Ⅱ 전문 제26항 참조. James J. Fawcett/Paul Torremans, Intellectual Property and Private International Law, second edition (2011), para. 13.45 이하. 특허권에 관하여 산업재산권 보호를 위한 파리협약의 규정과 유사한 취지의 규정을 저작권에 관해서는 베른협약 제5조가 규정하고 있으므로, 저작권의 경우에도 보호국법주의가 타당하다는 것이다. 일본에서도 다수설이다. 이성호, "사이버 知的財産權 紛爭에 관한 國際裁判管轄과 準據法", 저스티스 통권 제72호(2003. 4.), 193면도 동지.

다는 견해가 유력하다. 만일 관련 조약의 해석상 본원국법설에 의하여야 한다면 당해 조약이 적용되는 범위 내에서는 제40조에도 불구하고 당해 조약에 따라야 할 것이다. 베른협약이 라이선스계약의 준거법에 관하여는 규정을 두지 않는다는 점은 논란이 없다.

2001년 섭외사법을 개정하는 과정에서 구 국제사법 제24조를 둘 것인지, 두더라도 그 적용범위를 모든 지적재산권에 적용되는 것으로 할지 아니면 예컨대 저작권을 배제할 것인지에 관하여는 별로 논의되지 않았다. 저자는 개인적으로는, 저작권에 관하여 본원국법이 유력하게 주장되고 있기 때문에 저작권에 관하여는 제24조의 적용을 배제하는 방안도 고려하였으나, 그렇게 할 경우 자칫 제24조의 채택 자체가 무산될 우려가 있었기 때문에 이러한 견해를 제시하지는 않았다. 저자로서는 종래 우리나라에서는 지적재산권과 관련한 국제사법적 논점이 있다는 것조차 제대로 인식되고 있지 않기 때문에 우선 제24조를 두는 것이 중요하다고 판단하였다. 2000년 위원회의 논의과정에서 제24조를 삭제하자는 의견도 있었으나 결국 이를 두자는 견해가 채택되었다. 어쨌든 장래에는 제40조 및 조약과의 관련 하에서 지적재산권의 종류에 따른 개별적인 검토가 필요하다.

저자는 베른협약 제5조의 제2항을 근거로 베른협약은 보호국법주의를 취하고 있다고 보는데, 이것이 세계적으로 유력한 견해이다.[55] 본 더치 사건에서 서울고등법원 2008. 7. 8. 선고 2007나80093 판결은 베른협약 제5조 제1항은 내국민대우의 원칙을, 제5조 제2항은 보호국법주의를 채택하고 있다고 보았다. 탄줴잉

---

54) 베른협약은 저작물이 외국에서 보호받아야 할 최소 조건을 규정하는데, 이는 1886년 스위스 베른에서 채택되었고 그 후 여러 차례 개정되어 현재 발효 중인 것은 1971년 개정된 파리 의정서이다.

55) 상세는 석광현, 제5권, 110면 이하 참조. 서울고등법원 2012. 7. 25. 선고 2011나70802 판결도 동지. 문화경, "국제적 저작권 분쟁의 준거법 결정에 있어 베른협약과 국내법의 적용상 문제", 전남대학교 법학논총 제33집 제2호(2013. 8.), 219면 이하; 이주연, 베른협약, 67면 이하 참조. 서울중앙지방법원 2019. 1. 25. 선고 2017가합576442 판결은 베른협약은 저작물 일반에 관한 규정을 두고 있지 않다고 확인한 뒤 만일 침해지국에 따를 경우 침해지국법에 따라 저작권자가 바뀔 수 있는 점과 이용허락을 받으려는 자가 어느 당사자와 계약을 체결해야 하는지 불안정한 상태에 놓이는 문제점을 지적하면서 저작권의 권리자, 권리의 성립 및 소멸, 양도의 사안에 관하여는 저작물이 최초로 발행된 곳이나 저작자의 거주지 내지 소재지와 같은 저작물의 본국법에 따라야 한다고 판시하였다. 국제사법의 해석상 최경진, "Web 2.0 시대의 저작권 소송과 준거법", 지식재산연구 제3권 제2호(2008. 12.), 88면도 동지. 그러나 항소심인 서울고등법원 2020. 6. 25. 선고 2019나2013948 판결은 저작권의 준거법이 한국법이라고 본 결론은 동일하나 국내 법인들 간의 분쟁이라는 점을 근거로 들었다.

사건에서 서울중앙지방법원 2008. 6. 20. 선고 2007가합43936 판결도 베른협약이 보호국법주의를 취하고 있는 것으로 보았다.[56]

　　반면에 베른협약이 본국법주의를 취하고 있다는 판결도 있다. 미르의 전설2의 저작권이 문제 된 사건, 즉 전기아이피－액토즈 사건에서 서울고등법원 2021. 1. 28. 선고 2019나2049565 판결은 본국법주의를 택하였다.[57] 피고 회사는, 미르의 전설2에 관한 중국에서의 저작재산권자가 누구인지는 보호국법주의 원칙에 따라 보호국인 중국의 법이 되어야 하고, 공동저작물에 대한 저작재산권 지분의 이전은 전원의 합의가 없으면 불가능한데(중국 저작권법 제2조, 중국 저작권법실시조례 제9조), 피고 회사는 미르의 전설2의 저작재산권 지분 양도에 관하여 원고 위메이드와 합의하거나 동의해준 적이 없으므로, 원고 위메이드의 저작재산권 지분은 원고 전기아이피에 이전되지 않았다고 주장하였다. 법원은 아래 이유로 피고 회사의 위 주장을 배척하였다. 즉 "물적분할에 의하여 원고 전기아이피가 미르의 전설2의 저작권 등을 승계하였는지에 관한 문제는 저작권의 권리자, 권리의 성립 및 소멸, 양도의 사안에 관한 사안으로 대한민국 법인인 원고들과 피고 회사 모두에게 적용되는 상법과 미르의 전설2의 저작권 귀속에 관한 본국법인 대한민국 저작권법에 따라 판단하여야 한다. 물적분할로 미르의 전설2의 저작권 귀속이 어떻게 되는지는, 피고 회사가 주장과 같이 보호국법이 준거법이 된다고 하더라도 국내 법인인 원고들과 피고 회사에게 모두 적용되는 국내 법률로 보아야 한다. 피고 회사 주장의 저작재산권 침해 문제는 국내에서의 원고들과 피고 회사 사이의 문제

---

56) 서울고등법원 2008. 7. 8. 선고 2007나80093 판결은 베른협약 제5조 제1항은 내국민대우의 원칙을, 제5조 제2항은 보호국법주의를 채택하고 있다고 보았다. 서울중앙지방법원 2008. 3. 13. 선고 2007가합53681 판결(아이비 뮤직비디오 사건)과 서울중앙지방법원 2008. 6. 20. 선고 2007가합43936 판결(탄쥐잉 사건)도 제5조 제2항이 보호국법주의를 채택하고 있다고 보았다. 특히 아이비 뮤직비디오 사건 판결은 저작재산권의 경우 베른협약 제5조 제2항을 근거로, 저작인격권의 경우 제6조의2 제3항을 근거로 보호국법주의를 취한 것으로 보았다. 위 판결들에 대한 평석은 석광현, 제5권, 148면 이하 참조. 탄쥐잉 사건 판결과 기타 맨소래담 광고 사건, 본 더치 사건과 데스페라도 사건 등의 판결은 하상익, "저작권 관련 국제분쟁과 국제사법 ― 2008년에 선고된 하급심 판결들을 중심으로 ―", 국제사법연구 제14호(2008), 21면 이하 참조. 서울고등법원 2013. 1. 23. 선고 2012나24622 판결(위 탄쥐잉 사건의 항소심 판결)과 서울고등법원 2012. 7. 25. 선고 2011나70802 판결도 동지다.

57) 소개는 이주연, 동향과 분석, 69면; 조영선 외, 59면 참조. 이에 대하여는 종래의 확립된 바와 달리 저작권의 귀속에 본원국법을 적용한 것은 수용하기 어렵다는 비판이 있다. 류재현, "국제지적재산권 분쟁의 준거법-비등록재산권에 대한 본원국법주의의 당부 검토", 석광현헌정논문집, 235면 이하 참조.

이고, 나아가 <u>저작권 귀속 이후에 발생하는 저작권 침해 문제를 들어 저작권 귀속
과 관련한 준거법이 달라진다고 하면 침해지국의 법률에 따라 저작권자가 바뀌게
되는 불합리한 문제가 발생한다</u>".(밑줄은 저자가 추가함)[58]

위에서 국제사법 제40조와 지적재산권에 관한 조약의 관계를 언급하였는데,
베른협약과의 관계에서 베른협약이 자기집행성이 있는지에 대하여 의문을 표시하
는 견해가 있으나[59] 저자는 자기집행성을 긍정한다.

근자에 국제저작권법 논점에 대한 우리 법원의 무지를 드러낸 판결들이 있
다. 2013년 4월경 '매치–3–게임' 형태인 '팜히어로사가' 게임("원고 게임물")을 개
발하여 페이스북 플랫폼 등으로 출시한 원고(몰타국 회사)는 원고 게임물의 저작권
자이다. 피고(한국 회사)는 젠터테인(홍콩 회사)이 개발한 포레스트 매니아 게임을
라이선스 받아 카카오톡 플랫폼으로 포레스트 매니아 게임의 한국어버전("피고 게
임물")을 출시하여 구글 플레이 스토어 등을 통하여 제공하였다. 원고는 저작재산

---

58) 또한 서울중앙지방법원 2019. 1. 25. 선고 2017가합576442 판결에서 법원은 "만일 원고 주
장처럼 베른협약 제5조 제2항을 확대 해석하여 침해지국에 따라 저작권자의 귀속이 달라진
다고 해석한다면, 동일한 저작물에 대하여 침해지국의 법률에 따라 저작권자가 바뀔 수 있
게 되고, 그 저작물에 대한 이용허락을 받으려는 제3자가 어느 당사자를 상대로 이용허락계
약을 체결하여야 하는지 불안정한 상태에 놓이게 된다고 지적하고, 저작권의 권리자, 권리
의 성립 및 소멸, 양도의 사안에 관하여는 저작물이 최초로 발행된 곳이나 저작자의 거주지
내지 소재지와 같은 저작물의 본국법에 따라 판단되어야 한다."라는 취지로 판시하고 본국
은 한국이라고 보았다. 그러나 항소심인 서울고등법원 2020. 6. 25. 2019나2013948 판결은
저작권의 준거법이 한국법이라고 본 결론은 동일하나 국내 법인들 간의 분쟁이라는 점을 근
거로 들었다.

59) 이주연, 베른협약, 72면 이하(특히 102면)는 베른협약에 저촉규범이 있는지는 논란이 있고
또한 베른협약 제2조 제6항과 제36조를 근거로 그리고 자기집행성을 부정하던 미국의 논의를
참조하여 우리 법상 베른협약의 자기집행성에 의문을 가지고 더욱이 베른협약 제5조 제2항은
국제 저작인접권침해소송에서는 준거법 판단의 직접 근거가 될 수 없는 한계가 있다는 점을
고려하여 베른협약보다는 국제사법에 의하여 준거법 문제를 해결하자고 한다. 그러나 저자
는 베른협약이 저촉규범을 두고 있음을 인정하면서 그런 조문들(제5조 제2항과 제14조의2)
의 경우 별도 입법 없이도 국제사법에 우선하여 적용된다고 본다. 한국에서는 헌법에 의해
체결·공포된 조약과 일반적으로 승인된 국제법규는 국내법과 같은 효력을 가지게 되고(헌
법 제6조 제1항)(일원론), 또한 만일 어떤 입법이 필요하다고 본다면 저작권법 제3조 제1항
(외국인의 저작물은 대한민국이 가입 또는 체결한 조약에 따라 보호된다)을 그런 입법으로
볼 수 있다. 국제 저작인접권침해에 대하여 베른협약이 직접 적용되지 않고 1961년 '실연
자·음반제작자 및 방송사업자의 보호를 위한 국제협약'(로마협약) 등 다른 조약에 저촉규범
이 없는 탓에 우리 국제사법을 적용하여야 하더라도 그것이 베른협약이 규율하는 사항을 저
작인접권침해와 동일하게 취급할 근거가 되지는 않는다.

권 침해를 이유로 피고에 대해 저작권 침해행위의 정지 및 손해배상을 청구하였다. 제1심과 원심 법원은 저작권 침해의 성립을 부정하였으나, 대법원 2019. 6. 27. 선고 2017다212095 판결은 이를 긍정하여 원심 판결을 파기하고 사건을 환송하였다. 이 사건은 국제저작권침해사건이므로 우리 법원들은 1차적으로 베른협약, (베른협약에 저촉규범이 없다면) 2차적으로 국제사법에 따라 원고 게임물에 대한 저작권의 귀속과 성립의 준거법 나아가 저작권 침해의 준거법을 판단하였어야 한다. 그러나 우리 법원들은 베른협약과 국제사법을 전혀 고려하지 않은 탓에 저촉법 차원에서는 매우 아쉬운 판결이다. 위 대법원 판결은 실질법 차원에서는 커다란 의미가 있는 판결이라고 평가를 받고 있으나,[60] 대법원 판결 기타 하급심 법원 판결에서 베른협약과 국제사법은 실종되었고, 법원은 모바일 게임저작물에 관한 저촉법 논의를 선도할 수 있는 절호의 기회를 날려버렸다.[61] 이런 이유로 저자는 위 대법원 판결은 국제사회에 내어놓기는 부끄러운 판결이라고 평가하였다.[62]

다행인 것은, 위에서 언급한 대법원 2024. 5. 9. 선고 2020다250561 판결과 대법원 2024. 5. 9. 선고 2020다250585 판결이 "저작권 침해에 관하여 베른협약(제5조 제2항)이 보호국법주의를 채택하고 있으므로 동항이 우선 적용되고, 저작권의 성립과 내용, 저작권의 이전이 가능한지 여부, 저작권의 이전과 귀속에 어떠한 절차나 형식의 이행이 필요한지 여부 등은, 저작권의 대세적인 효력이나 저작권 자체의 보호와 밀접하게 관련되어 있으므로, 특별한 사정이 없는 한 법정지의 국제사법인 구 국제사법 제24조에 따라서 보호국법이 준거법으로 결정되어 적용된다"라는 취지로 판시한 점이다. 나아가 위 판결은 저작권 이전의 원인이 된 계약 등의 법률관계는 단지 그 목적물이 저작권일 뿐 성질상 저작권의 대세적인 효력이나 저작권 자체의 보호에 관한 것이 아니어서 구 국제사법 제24조에 따라 준거

---

60) 위 대법원 판결은 실질법 차원에서는 아래 두 가지 점에서 커다란 의미가 있다고 평가된다. 첫째, 복합저작물인 원고 게임물이 창작성을 구비하여 저작물로서 보호대상인지(저작권의 성립의 문제)와 둘째, 원고 게임물과 피고 게임물 간에 실질적 유사성의 존부이다(저작권 침해의 문제). 대법원은 원고 게임물을 저작물로 인정하고, 피고 게임물은 원고 게임물의 제작 의도와 시나리오가 기술적으로 구현된 주요한 구성요소들의 선택과 배열 및 유기적 조합에 따른 창작적 표현형식을 그대로 포함하고 있다며 실질적 유사성을 긍정하였다.

61) 우리 판결들이 드러낸 저촉법적 사고의 빈곤에 대한 상세한 비판은 석광현, 베른협약, 237면 이하 참조.

62) 석광현, "포레스트 매니아 판결들의 그늘: 베른협약·국제사법의 실종과 게임저작물에 대한 저작권의 준거법을 다룰 기회의 상실", 법률신문 제5182호(2024. 6. 3.), 13면 참조.

법을 결정할 수는 없고, 그 계약 등의 법률관계에 관하여 적용될 준거법을 별도로 결정하여야 한다"라고 판시하였다.

저자는 위 판결들이 저촉법적 논점을 정면으로 다루어 베른협약과 구 국제사법을 적용한 점을 환영한다. 다만 위 판결들에서 문제 된 저작권침해는 계약관계가 있는 당사자 간에 발생하였으므로 계약 준거법인 한국법에 종속적 연결을 하여야 하는지도 다투어졌는데, 대법원은 그에 대하여는 명시적으로 판단하지 않은 것 같지만, 다른 한편으로는 이를 배척한 것처럼 보이기도 하는데, 만일 이를 받아들였다면 저작권 침해의 준거법이 한국법이 되어 원심의 결론을 배척할 이유는 없었다고 볼 수 있기 때문이다.

저작권의 최초귀속에 관하여는 본국법을 적용할 것이라는 견해도 유력하게 주장되고 있다.[63]

(7) 미국 지식재산권법의 역외적 적용의 문제

과거 미국의 특허법과 저작권법은 역외적 효력을 가지지 않는다는 것이 원칙이므로 미국 영토 밖에서 일어난 침해행위에 대해 원칙적으로 적용되지 않는다고 보았다. 하지만 그 후 역외적용을 인정하는 방향으로 가고 있다. 예컨대 1984년에 추가된 미국 연방특허법 271조 (f)항은 역외적용을 명시하고 있고, 저작권의 경우에도 역외적용을 인정한 하급심 판결들이 있다. 저작권과 달리 미국 법원 판결들은 미국 영토 밖에서의 침해행위에 대해 연방상표법의 적용을 쉽게 인정하였다.[64] 이처럼 외국에서의 상표권 침해행위에 대해 법정지인 미국의 상표법을 적용하는 것을 미국 상표법의 "역외적 적용"이라고 부르기도 한다.[65] 미국법의 역

---

63) 석광현, 저작권 침해, 219면; 석광현, 제5권, 115면 이하 참조.

64) 예컨대 Steele v. Bulova Watch Co., 344 U.S. 280, 286 (1952).

65) 이호정 · 정상조, 124–126면. 김석호, "미국 상표법의 역외적용 — <영향이론(Effect Doctrine)> 의 기원을 찾아서 —", 통상법률 통권 제50호(2003. 4.), 41면 이하; 문화경, "미국 지식재산 권법 역외적용의 사례를 통하여 본 우리나라 지식재산권법의 역외적용 가능성과 한계", 경북대학교 법학논고 제43집(2013. 8.), 264면 이하; 대법원 2019. 10. 17. 선고 2019다222782, 22799(병합) 판결은 "특허권의 속지주의 원칙상 물건의 발명에 관한 특허권자가 물건에 대하여 가지는 독점적인 생산 · 사용 · 양도 · 대여 또는 수입 등의 특허실시에 관한 권리는 특허권이 등록된 국가의 영역 내에서만 효력이 미치는 것이 원칙이다. 그러나 국내에서 특허발명의 실시를 위한 부품 또는 구성 전부가 생산되거나 대부분의 생산단계를 마쳐 주요 구성을 모두 갖춘 반제품이 생산되고, 이것이 하나의 주체에게 수출되어 마지막 단계의 가공 · 조립이 이루어질 것이 예정되어 있으며, 그와 같은 가공 · 조립이 극히 사소하거나 간단하여 위

외적용은, 법규로부터 출발하여 그의 적용범위를 획정하는 방식이라는 점에서, 국제지적재산권법의 경우 통상의 국제사법규범과 마찬가지로 법률관계로부터 출발하여 준거법을 찾는 대륙법계의 국제사법이론과는 상이하다. 우리는 사법(私法)적 영역 중 지식재산권법처럼 속지주의가 타당한 영역과,[66] 공법적 영역(다만 지식재산권 관련 문제이더라도 국경조치는 공법적 영역에 속한다)에서 한국법의 역외적용을 논의할 수 있다. 반면에 부정경쟁방지 및 영업비밀보호에 관한 법률(부정경쟁방지법)처럼 (적어도 한국에서) 국제사법이 정한 통상의 연결원칙에 따르는 영역에서는 그에 따르면 되고 준거법 지정을 한국법의 역외적용이라고 할 이유가 없다.[67] 다만 사법(민사책임)규정이 통상의 연결원칙이 아니라 국제적 강행규정으로서 특별연결되는 경우에는 역외적용일 수도 있다. 후자에 관한 한 우선 해석론으로 문제를 해결할 필요가 있다. 미국 연방상표법의 역외적용은 상표법의 속지주의에 대

와 같은 부품 전체의 생산 또는 반제품의 생산만으로도 특허발명의 각 구성요소가 유기적으로 결합한 일체로서 가지는 작용효과를 구현할 수 있는 상태에 이르렀다면, 예외적으로 국내에서 특허발명의 실시제품이 생산된 것과 같이 보는 것이 특허권의 실질적 보호에 부합한다"라고 판시하였다. 평석은 이주환, "특허침해의 역외적용에 대한 우리 대법원의 태도 - 대법원 2019. 10. 17. 선고 2019다222782, 22799 판결을 중심으로 -", 선진상사법률연구 제94호(2014. 4.), 189면 이하 참조. 이규호, "지식재산법의 역외적용", 국제사법연구 제28권 제1호(2022. 6.), 243면 이하는 특허권법, 상표법, 저작권법과 부정경쟁법의 역외적용을 논의한다. 미국, 유럽, 일본과 중국의 특허침해소송의 소개는 과학기술정보통신부·KEA(한국전자정보통신산업진흥회), 국제특허분쟁대응 표준 Manual, 개정3판(2018), 77면 이하 참조. 그러나 미국 연방대법원은 2023. 6. 29. Abitron Austria GmbH v. Hetronic International 사건 판결(600 U.S. 412 (2023))에서 상표권 침해를 금지하는 연방상표법(Lanham Act)의 두 개 조항(15 U.S.C. §1114 (1)(a)과 §1125 (a)(1))은 역외적용되지 않으며 '상업적 침해사용(infringing use in commerce)'이 국내에서 이루어지는 경우에만 적용된다고 판시하였음을 주목할 필요가 있다. 연방대법원은 상표 침해 조문에 역외적용을 긍정하는 "명확하고 긍정적인 표시"가 없으므로 연방상표법의 역외적용을 부정하는 추정으로부터 출발하였다. 이 판결은 증권거래법에 관한 2010년 Morrison v. National Australia Bank Ltd. 사건 판결과 마찬가지로 미국법의 역외적용을 제한하려는 연방대법원의 태도를 보여준다.

66) 이 경우 미국처럼 접근하는 것이 아니라 국제사법이 정한 보호국법주의에 따라 한국법이 준거법인 경우 실질법인 한국법의 적용범위가 속지주의를 따르지 않고 역외적용에 의하여 확대되는 것으로 볼 수 있다.

67) 반면에 사비니의 국제사법이론을 전면적으로 수용한 적이 없고, 유럽과 달리 사비니가 확립한 공·사법의 명확한 구별을 채택하지도 않은 미국에서는 상황이 다르다는 평가가 있다. Ralf Michaels, Towards a Private International Law for Regulatory Conflicts, Japanese Yearbook of International Law, Vol. 59 (2016), p. 182 참조. 더욱이 Brainerd Currie의 정부이익분석이론에 따르면 사법(私法)을 포함한 모든 입법이 정부의 규제이익을 표현하는 규제로 보게 된다.

한 예외를 인정하는 것인데, 앞으로 논의를 더 지켜보아야 할 것이다.

(8) 지식재산권 분야의 국제사법규범 정립을 위한 근자의 국제적 노력

지식재산권을 둘러싼 국제적 분쟁이 증가함에 따라 이를 합리적으로 해결하기 위하여 근자에는 여러 그룹이 국제재판관할, 준거법과 외국판결의 승인·집행을 규율하는 국제사법규범을 성안하는 작업을 추진하였다. 미국법률협회(American Law Institute. ALI)는 "지적재산권: 초국가적 분쟁에서의 관할권, 준거법 및 재판을 규율하는 원칙"(ALI 원칙)을 2007년 5월 발표하였고,[68] 지적재산의 국제사법에 관한 유럽 막스플랑크 그룹(European Max – Planck Group on Conflict of Laws in Intellectual Property. EMPG)[69]도 2011년 11월 "지적재산권의 국제사법 원칙"(CLIP 원칙)을 발표하였다.[70] 공동작업을 추진한 한일 전문가들도 2011년 3월 "知的財産權의 國際私法原則(韓日共同提案)"[71](이하 "한일공동제안"이라 한다)을 발표한 바 있다. 그 밖에도 비교적 근자에 국제법률협회(ILA)는 위 논점들과 지재권분쟁의 중재가능성에 관한 지침을 마련하는 작업을 한 결과 2021년 초 ILA Guidelines on Intellectual Property and Private International Law (Kyoto Guidelines)를 채택하였

---

68) 이 원칙은 지적재산권과 관련한 국제재판관할, 준거법과 외국판결의 승인과 집행에 관한 규칙을 규정하고 있다. American Law Institute, Intellectual Property: Principles Governing Jurisdiction, Choice of law and Judgments in Transnational Disputes 2007 (2008) 참조.

69) 이는 독일 막스 플랑크 연구소(Max Planck Institut. MPI)를 중심으로 한 국제사법 전문가그룹이다.

70) ALI 원칙과 CLIP 원칙의 소개는 석광현, "국제지적재산권분쟁과 國際私法: ALI 원칙(2007)과 CLIP 원칙(2011)을 중심으로", 민사판례연구 제34집(2012), 1065면 이하 참조. CLIP 원칙의 상세는 European Max Planck Group on Conflict of Laws in Intellectual Property(註 14), 참조.

71) 이는 우리의 일부 전문가들이 일본 木棚照一 교수의 주도하에 공동작업을 통하여 성안한 것이다. 조문은 木棚照一, 知的財産權に關する國際私法原則(日韓共同提案), 早稻田大學グローバルCOE《企業法制と法創造》綜合研究所, "企業と法創造" 제7권 제6호(통권 제28호)(2011. 3.), 65면 이하 참조. 원칙의 일문 및 영문 텍스트는 67면 이하, 112면 이하 참조. 이는 木棚照一 編著, 知的財産の國際私法原則研究 — 東アジアからの日韓共同提案 — (2012)라는 단행본으로 간행되었다. 한글본은 "知的財産權에 관한 國際私法原則(韓日共同提案)"라는 제목으로 국제사법연구 제17호(2011), 533면 이하 참조. 그 밖에도 "일본법의 투명화" 프로젝트에 따른 일본 교수들의 제안도 있다. 투명화안에 관하여는 河野俊行(編), 知的財産權と涉外民事訴訟(2010), 2면 이하(개관), 209 – 371면(상세) 참조. 영문 소개는 Jürgen Basedow/Toshiyuki Kono/Axel Metzger, Intellectual Property in the Global Arena (2010)에 수록된 논문들과 텍스트 참조.

다.72)

제40조가 지식재산권의 침해에 대하여 통일적으로 보호국법에 연결하는 점은 명백한데, 한 가지 의문은 지식재산권 침해에 대한 구제수단을 부당이득 또는 사무관리로 구성하는 경우에도 보호국법에 연결할 수 있는가이다. 종래 우리나라에서 이 점은 별로 논의되고 있지 않으나, CLIP 원칙(제3:605조 제1호, 제2호)을 보면 그런 접근방법도 가능하고, 우리 국제사법의 해석론으로서도 주장할 여지가 있을 수 있다.73)

(9) 장래의 과제

지식재산권의 준거법에 관하여는 아래 논점을 검토할 필요가 있다.74)

첫째는 국제사법하에서 지식재산권 침해의 경우 국제사법 제52조와 제40조의 관계이다. 위에서 언급한 바와 같이, 제40조가 제5장에 포함되어 있다고 하여 지식재산권 관련 쟁점의 성질결정에 영향을 미치는 것은 아니다. 그러므로 예컨대 지식재산권의 침해의 준거법이 외국법인 경우 외국법 적용의 결과 가해자가 과도한 손해배상채무를 부담하게 된다면 그의 적용은 불법행위의 준거법인 외국법의 적용을 배제하는 국제사법 제52조 제4항에 의해 배제될 수 있을 것이다. 이 점에 관하여 2000년 11월에 있었던 공청회에서 의문이 제기되었기 때문에75) 위원회에서 이를 명문으로 규정하자는 견해가 제기되었고 저자도 이를 지지하였으나, 굳이 규정하지 않더라도 동일한 결론을 끌어내는 데 별 의문이 없을 것이라는 이유로 규정을 두지 않기로 하였다. 그러나 사견으로는 명확히 하기 위해 규정을 두는 것이 바람직했을 것으로 본다. 다만 분명한 것은, 불법행위의 준거법에 관하여 행위지법원칙을 정한 제52조 제1항은 제40조에 배치되므로 적용될 수 없다는 점이다.

이와 관련하여 오승룡 변호사는 "지적재산권의 침해가 일반 불법행위와 모든

---

72) 이에 관하여는 Journal of Intellectual Property, Information Technology and Electronic Commerce Law, Volume 12 (2021) 참조. 국문번역은 이규호 · 이종혁, "지식재산과 국제사법에 관한 ILA 가이드라인", 국제사법연구 제27권 제1호(2021. 6.), 679면 이하 참조.

73) European Max Planck Group on Conflict of Laws in Intellectual Property(註 14), p. 339, 3:605.C02－03.

74) 상세는 석광현, 제5권, 142면 이하 참조. 구체적이지는 않으나 입법의 방향은 손경한, 입법방안, 3면 이하 참조.

75) 법무부, 섭외사법 改正 公聽會(2000), 55－56면(유영일 판사의 토론자료) 참조.

경우에 반드시 동일하다고 단정하기 어렵고 또한 지적재산권 자체의 특성을 가지고 있을 수 있기 때문에 향후 학설·판례에 의하여 위 조항들의 적용 여부를 결정하도록 하는 것이 보다 적절하다는 취지에서 별도로 규정하지 아니하였다"라고 설명하였다.76) 그러나 책임제한에 관한 제52조 제4항에 관하여는 명백히 위와 같은 이유로 규정을 두지 않았다. 특히 제52조 제4항이 적용되지 않는다면 문제가 있다는 지적이 공청회에서 이미 제기된 바 있었기 때문에 그에 대한 명확한 결론을 취할 필요가 있었다. 따라서 해석론상 이 점에 대해 명확한 답이 가능하기 때문에 이를 명시하지 않은 것이지, 이를 향후 학설·판례에 맡길 의도는 아니었다.77)

　　나아가 국제사법 제53조에 따라 당사자들이 한국법을 지적재산권의 침해에 대한 준거법으로 합의하는 것이 가능한지에 관하여는 일반원칙에 따라 가능하다는 견해와, 지적재산권의 특수성에 비추어 가능하지 않다는 견해가 나뉠 수 있을 것으로 생각된다.78)

　　또한 베른협약하에서 국제사법 제52조 제2항과 제3항 및 제53조가 적용될 수 있는가라는 의문도 제기된다. 베른협약이 적용되는 사건에서도 제52조 제3항(종속적 연결원칙)을 적용해야 하는지는 논란의 여지가 있으나 긍정해야 할 것이다.79) 다만 제53조(사후적 합의)의 적용은 제52조 제3항과 반드시 함께 가야 하는

---

76) 오승룡, "섭외사법 개정을 둘러싼 국제물권·지적재산권의 고찰", 법조 통권 536호(2001. 5.), 112면.

77) 신창선·윤남순, 262면은 제32조 제4항을 적용할 수는 없으나 제10조를 활용할 수 있다고 한다.

78) 법무부, 해설, 87-88면.

79) 구 국제사법상 학설은 나뉘는데, 최흥섭, 276면은 부정설을 취하나 이는 종속적 연결원칙을 정한 제52조 제3항에 관한 것은 아니고, 제52조 제4항과 사후적 합의를 규정한 국제사법 제53조에 관한 것이다. 반면에 김연·박정기·김인유, 327면; 신창섭, 254면은 긍정설을 취하나 제52조 제3항에 관한 것은 아니고, 제52조 제4항과 제53조에 관한 것으로 보인다. 안춘수, 257면은 제52조 제3항과 제53조의 적용가능성을 긍정한다. 저자는 종속적 연결을 허용해야 한다고 보는데 이는 베른협약이 적용되는 사건에서도 동일하다고 본다. 더욱이 국제사법 제21조 제1항은 '예외조항'을 두고 있는데, 이는 준거법 결정에서의 대원칙을 명시한 것이고, 국제사법 제52조 제3항은 바로 제21조를 구체화한 것이므로 제52조 제3항이 아니더라도 제21조에 의하여 종속적 연결원칙을 인정할 여지가 있다. 최성수, "지식재산권의 준거법에 관한 우리나라 판례의 검토", 국제사법연구 제19권 제1호(2013. 6.), 298면도 동지. 손경한, "국제지적재산소송원칙의 정립-한국의 입장에서-", 성균관법학 제20권 제3호(2008. 12.), 1091-1092면은 긍정하나 이는 입법론이다. 문제는 베른협약이 적용되는 저작권 침해의 경우는 어떤가라는 점이다.

것은 아니므로 논란의 여지가 있다. 다만 보호국법이 아닌 다른 법에 의하여 지재권이 보호될 수 있는가라는 의문은 여전히 있다. 그렇다면 당사자의 합의를 허용하더라도 이는 손해배상의 유무와 범위에 한정된다는 견해도 주장될 수 있다.

둘째, 예컨대 인터넷에 의한 저작물의 불법배포와 같은 편재적(遍在的) 침해(ubiquitous infringement)의 경우 베른협약상 그리고 우리 국제사법상 어떻게 적절한 연결원칙을 도출할지의 문제이다. 편재적 침해의 경우에도 보호국법주의를 관철한다면 법원은 각 국가에서 발생한 저작권침해 부분에 대하여 보호국법주의에 따라 각각 준거법을 결정하여 적용하는 배분적 연결을 하게 되나, 이는 현실적으로 불가능하거나(모든 침해국을 특정할 수 없는 경우) 바람직하지 않다. 따라서 이러한 상황에 대처하기 위한 별도의 연결원칙이 필요한데 이는 준거법을 어떻게 단일화 또는 단순화할지의 문제이다. 그 경우 저작권 침해 전체에 대하여 가장 밀접한 관련이 있는 법을 적용하고,[80] 그런 법을 결정할 수 없는 경우에 대한 보충적 규칙으로서 침해했다고 주장된 사람의 상거소 또는 영업의 중심지가 있는 국가와 가장 밀접한 관련이 있다고 추정하는 방안 등을 고려할 수 있다. 이 점에서는 ALI 원칙이 도움이 된다.

셋째, ALI 원칙과 CLIP 원칙을 좀 더 치밀하고 체계적으로 검토하여 수용할 수 있는 것은 해석론과 입법론을 통하여 수용할 필요가 있다.

넷째, 지식재산권의 유형별로, 그리고 지식재산권을 둘러싼 분쟁의 쟁점의 유형별로 더 정밀한 분석을 할 필요가 있다.[81] 물론 그 경우 상당 부분 공통점을 발견하게 될 것이나 그들 간의 이동(異同)을 검토하는 것은 의미가 있다. 나아가 주지저명상표의 부정사용과 같이 종래 부정경쟁방지 및 영업비밀보호에 관한 법률에 의하여 규율되는 쟁점의 준거법,[82] 도메인이름에 관한 분쟁의 준거법[83]과

---

80) 예외조항을 활용하여 편재적 침해의 경우 준거법을 통일할 수 있을 것이라는 견해도 있다. 전우정, 176면. 인터넷 환경에서 준거법의 단순화함으로써 보호국법주의의 한계를 극복하기 위한 노력과 한계는 조영선 외, xi 참조.

81) 예컨대 지적재산권의 최초귀속에 관하여 어느 견해를 따르든 간에 직무발명 또는 직무상 저작물의 경우 근로계약에 종속적 연결을 할지도 검토해야 한다. 이에 관하여는 위에 언급한 통상실시권에 관한 대법원 2015. 1. 15. 선고 2012다4763 판결 참조.

82) 우리나라에서는 종래 이에 관한 국제사법적 고려가 부족하다.

83) 이에 대하여는 대법원 2008. 2. 1. 선고 2004다72457 판결과 대법원 2008. 4. 24. 선고 2005다75071 판결 및 후자의 해설인 김운호, "UDRP에 의한 조정결정에 따른 도메인 강제이전과 부당이득의 성립 여부", 대법원 판례해설 제75호(2008년 상권), 394면 이하 참조. 후자에 대한 평석으로는 강영수, "UDRP의 拘束力과 도메인이름 關聯 國際紛爭의 準據法", 민사판례

퍼블리시티[84]를 둘러싼 분쟁의 준거법도 검토할 필요가 있다. 특히 영업비밀 침해의 성질결정에 관하여는 아래에서 보는 바와 같이 견해가 나뉘고 있음도 주목할 필요가 있다. 즉 이를 불법행위로 성질결정하면 그 준거법은 국제사법 제52조에 의하여 결정되는 데 반하여 만일 그것이 지식재산권 침해라면 준거법은 국제사법 제40조에 의하여 결정되는데 양자를 절충한 견해도 있다. 또한 WIPO 인터넷조약(WCT와 WPPT)상 공중이용제공권의 침해의 국제재판관할과 준거법도 관심의 대상이 되고 있다.[85] 메타버스와 관련된 국제지식재산권법 내지 국제사법 논점도 논의되고 있다.[86]

국제지식재산권법과 관련하여 우리나라에서도 속지주의 원칙은 오늘날과 같은 글로벌시대에는 맞지 않으므로 극복해야 될 개념이라는 주장이 있다.[87] 그런 주장이 설득력이 없지는 않으나, 조약과 국제사법상 법적 근거가 있는 속지주의 원칙을 현실적 요청만으로 쉽게 배척할 수는 없다. 저자로서는, 속지주의 원칙의

연구 제32집(2010), 653면 이하; 임채웅, "도메인이름을 둘러싼 분쟁에 관한 연구", 인터넷법률 통권 제47호(2009. 7.), 181면 이하도 있다(이득지의 결정은 197면 이하 참조). 그 후 위 사건을 마무리 짓는 대법원 2011. 5. 26. 선고 2009다15596 판결이 선고되었고 원고의 청구는 결국 기각되었다.

84) 퍼블리시티의 법적 성질에 관하여는 우선 박준석, "퍼블리시티권의 법적 성격 — 저작권과 상표 관련 권리 중 무엇에 더 가까운가?", 산업재산권 30호(2009), 327면은, 퍼블리시티권이 재산권으로 지적재산권의 일종이라는 점에는 우리나라의 주류적인 학설이나 판례의 의견이 공통된다고 지적하면서 퍼블리시티권의 법적 성격은 저작권의 법리보다는 부정경쟁방지법의 법리에 가깝다고 본다. 학설의 소개는 권태상, 퍼블리시티권의 이론적 구성 — 인격권에 의한 보호를 중심으로 — (2013) 참조. 이는 퍼블리시티권을 인격권의 일부로 파악한다. 준거법의 논의는 우선 이규호, "엔터테인먼트분야의 새로운 법적 과제; 퍼블리시티권에 관한 국제엔터테인먼트분쟁에 있어 준거법 지정", 스포츠와 법 제12권 제2호(2009. 5.), 39면 이하; 오석웅, "인터넷에 의한 국제퍼블리시티권침해의 준거법", 스포츠와 법 제14권 제1호(2011. 2.), 85면 이하 참조.

85) 이에 관하여는 이주연, "WIPO 인터넷조약(WCT와 WPPT)상 공중이용제공권과 그 권리침해에 관한 연구: 저작권법과 국제사법의 관점에서", 한양대학교 대학원 법학박사학위논문(2017. 8.) 참조.

86) 이에 관하여는 이주연, 메타버스, 259면 이하; 전우정, 143면 이하 참조.

87) 예컨대 손경한, "지식재산의 준거법에 관한 입법 방안", 국제사법연구 제27권 제1호(2021. 6.), 18면은 "국제거래의 증가와 정보사회의 도래로 지식재산권이 이를 부여한 일국 내에서만 적용되지 않고 역외적용되며, 지식재산권의 소진이 일국 내에서만 인정되는 것이 아니라 국제적으로도 소진이 인정되고 속지주의에 따른 일국 내 지식재산 실용의무의 부과와 그 강제가 문제 되지 않는 세상이 되어 각국 지재권독립의 원칙은 형해화하기에 이르렀다"라고 주장한다.

법적 근거와 적용범위를 명확히 하고 그것을 기술의 발달로 인해 변화된 현대의
상황에서 판례를 통하여 어떻게 운용할지를 검토한 뒤, 필요한 범위 내에서 규범
의 장래 개정방안을 제시하는 단계적 접근방법이 적절하다고 본다.[88]

참고 1. 우리 법상 영업비밀 침해의 준거법[89]

지식재산기본법(제3조 제3호)은 "지식재산권이란 법령 또는 조약 등에 따라 인정되거
나 보호되는 지식재산에 관한 권리를 말한다"라고 규정한다. "부정경쟁방지 및 영업비
밀보호에 관한 법률"(부정경쟁방지법)(제1조)은, 동법은 국내에 널리 알려진 타인의
상표・상호(商號) 등을 부정하게 사용하는 등의 부정경쟁행위와 타인의 영업비밀을
침해하는 행위를 방지하여 건전한 거래질서를 유지함을 목적으로 한다. 한편 부정경
쟁방지법(제2조 제2호)상 영업비밀이란 공공연히 알려져 있지 아니하고 독립된 경제
적 가치를 가지는 것으로서, 비밀로 관리된 생산방법, 판매방법, 그 밖에 영업활동에
유용한 기술상 또는 경영상의 정보를 말한다. 이들을 묶어 보면 부정경쟁방지법은 타
인의 영업비밀 자체를 권리로서 보호하기보다는 타인의 영업비밀을 침해하는 행위를
방지하는 소극적 방법을 통하여 건전한 거래질서를 유지하는 데 그 목적이 있다. 나아
가 부정경쟁방지법은 영업비밀 자체의 권리성을 인정하지 않으므로 영업비밀은 지식
재산의 성질은 있더라도 독점적 지위를 가지는 지재권은 아니다. 단적으로 부정경쟁
방지법에 의한 영업비밀의 보호는 특허법상 보호와 달리 물권을 부여하는 방식의 보
호가 아니며, 미국에서 말하는 property rule v. liability rule, 즉 물권 부여에 의한 보
호방식과 불법행위 규제에 의한 보호방식이라는 규율방향 중 후자를 취한 것이다. 또
한 지재권은 일정한 권리를 일정한 기간 동안만 향유할 수 있는 반면에, 영업비밀은
일정한 기간 동안 보호하는 것이 아니라는 점에서도 영업비밀을 지재권과 같은 권리
로 파악할 것은 아니다. 여기에서는 영업비밀을 다루나 이런 논의는 저명상표를 부정
하게 사용하는 등의 부정경쟁행위에도 타당하다.

2. 통상 문제 되는 영업비밀 침해의 성질결정

원고가 영업비밀 침해를 이유로 피고를 상대로 일정한 기술정보의 공개 및 가동 중
단 등 일정한 행위의 금지, 일정한 설계도면 등의 폐기와 손해배상을 청구하는 사안을
보자. 이것이 불법행위인지 지재권 침해인지 문제 된다.

불법행위로 성질결정하는 견해. 영업비밀 침해는 제52조가 규정하는 불법행위의 특
수형태인 부정경쟁행위의 하나이므로 불법행위로 성질결정된다. 영업비밀 침해행위에
기한 금지 기타 폐기청구권이 영업비밀 침해(또는 그 우려)로 인하여 발생하고 영업

---

88) 이 점은 김언숙, 333면이 이미 지적한 바이다. 김언숙 교수는 이를 위해서는 먼저 실질법상
의 속지주의와 저촉법상의 속지주의를 명확하게 구분하여 논의할 필요가 있으며, 그것을 바
탕으로 양자의 관계를 명확히 해 나가는 것이 중요하다고 지적한다.
89) 이 점은 아래 불법행위의 준거법을 정한 제52조에 대한 해설에서도 논의한다.

비밀 침해가 불법행위인 이상 금지청구 등도 불법행위로 성질결정된다.

지재권 침해로 성질결정하는 견해. 영업비밀을 지재권의 하나로 보면 영업비밀 침해에 따른 손해배상청구 및 금지 기타 폐기청구는 제40조가 정한 지재권 보호의 문제로 성질결정되고 모두 침해지법(즉 보호국법)에 따른다.

절충설. 영업비밀을 지재권 부분과 비지재권 부분으로 구분하여 지재권 부분은 저작권과 산업재산권으로 나누어야 함을 전제로, 비지재권 분야에는 제52조를 적용하나, 지재권 분야의 저작물(영업비밀이 적힌 연구노트, 장부, 설계도, 고객명부 등 저작물에 해당하는 경우)과 영업비밀로서 중첩적 보호가 가능한 부분은 제40조와 제52조 중 선택을 허용한다. 결국 중첩적 보호가 가능한 영업비밀 보유자가 영업비밀을 저작권으로서 보호받고자 하는 경우 제40조가 적용되며, 영업비밀로서 보호받고자 하는 경우 제52조가 적용된다.

소결. 아래 이유로 저자는 영업비밀 침해를 불법행위로 성질결정한다.

첫째, 영업비밀은 우리 법상 지재권이 아니다. 영업비밀의 보호는 특허권이나 저작권처럼 물권적 지위를 부여하는 방식이 아니다. 영업비밀보호제도는 특허권이나 저작권 등 다른 지재권으로 보호받기 어려운 기술적 정보(설계도면, 온도 성분에 관한 기술적 노하우 등)이더라도 법적으로 보호받을 수 있게 함으로써 특허제도 내지 저작권제도를 보완하므로 우리 법상 영업비밀은 그 자체로는 지식재산권이 아니다. 성질결정을 위하여 비교법적으로 획득된 기능개념을 파악함에 있어서는 광범위한 비교법적 연구가 필요하다. 이 점에서 2013년 EU 집행위원회가 발간한 "영업비밀보호법제에 관한 연구보고서(Study on Trade Secrets and Confidential Business Information in the Internal Market)"에 따르면 영업비밀 보호에 관한 통일된 법체계는 없고 EU, 미국, 스위스, 일본 등에서 영업비밀의 통일적 개념이 없는데, TRIPs 협정이 "알려지지 않은 정보"를 일종의 지재권으로 파악하고, 많은 국가에서 영업비밀과 지재권의 밀접한 관계가 논의되지만, EU 가입국의 대부분은 영업비밀에 지재권의 성질을 부여하지 않는다. 한편 지재권 관련 국제사법규칙을 정한 근자의 국제적 원칙들의 태도는 영업비밀을 지재권으로 보지 않는 것과 보는 것으로 나뉜다.

둘째, 지재권의 경우 속지주의가 적용되므로 외국에만 등록되고 한국에는 등록되지 않은 외국 특허권을 한국에서 침해하는 것은 원칙적으로 불가능하나, 속지주의가 적용되지 않는 영업비밀의 경우 외국 회사가 보유하는 영업비밀을 한국에서 사용 내지 공개함으로써 직접 침해하거나, 외국의 영업비밀을 외국에서 부정취득한 뒤 한국에서 사용하거나 공개함으로써 침해할 수도 있다. 영업비밀의 경우 속지주의가 타당하지 않으므로 영업비밀의 침해에 대하여 국제사법적으로도 보호국법주의를 고집할 이유가 없다.

셋째, 영업비밀을 지재권과 구별하는 태도는 로마Ⅱ에서도 인정된다. 즉 로마Ⅱ는 불법행위 일반의 준거법을 규정하고(제4조), 지재권 침해에 대하여는 보호국법주의를 명시하는데(제8조), 전적으로 특정한 경쟁자의 이익에 영향을 미치는 부정경쟁행위에

대하여는 불법행위 일반의 준거법을 정한 제4조를 적용한다(제6조 제2항). 즉 로마Ⅱ
는 부정경쟁행위에 대하여 별도의 연결원칙을 두므로 국제사법과 다른 것처럼 보이나
전적으로 특정한 경쟁자의 이익에 영향을 미치는 부정경쟁행위의 경우 불법행위의 일
반원칙에 따르므로 다를 바 없다. 이러한 로마Ⅱ의 태도는 국제사법의 해석론으로도
타당하다. 영국의 유력설은 로마Ⅱ의 해석상 영업비밀 침해를 지재권 침해가 아니라
부정경쟁행위로 취급하는 근거는 영업비밀의 소극적 성질 때문이라고 한다. 특허권
등 지재권의 경우 적극적 효력과 소극적 효력이 있음에 반하여, 영업비밀의 경우 소극
적 효력만 있다는 것이다.[90]

넷째, 그 밖에도 영업비밀 침해의 특성상 그에 대하여 침해지라는 단일한 연결점을
정한 국제사법(제40조)의 경직된 원칙을 적용하는 것은 불합리하고, 불법행위로 성질
결정하여 다양한 연결점의 선택 가능성을 열어 두어야 한다는 비판도 있다(종속적 연
결원칙 등을 통하여 경직성을 완화할 수 있는지는 논란이 있다).

또한 근자의 지재권에 관한 국제사법규칙 중 일부가 영업비밀을 지재권으로 보는
것은 장래 방향을 제시한 것으로 볼 수 있으나, 영업비밀을 지재권으로 보지 않는 국
제사법의 해석상 수용하기 어렵다. 서울고등법원 2021. 6. 24. 선고 2019나2058149 판
결(대법원 2021. 6. 24. 선고 2021다220598 심리불속행기각 판결로 확정)도 영업비밀
침해에 대하여 불법행위의 준거법을 적용하였다.[91]

(10) 저자가 생각하는 입법의 방향

국제사법에 ALI 원칙, CLIP 원칙이나 한일공동제안과 같은 정도로 정치한 연
결원칙을 규정하지는 못하더라도 지식재산권의 준거법에 관한 제2절의 조문을 4개

---

90) 일본에는 첫째, 부정경쟁을 불법행위로 성질결정하여 법례(제11조)(법적용통칙법 제17조에
상응)를 적용하는 견해, 둘째, 법례 제11조가 적용되지 않는 특수한 불법행위로 조리에 의하
여 시장지법을 적용하는 견해와 셋째, 부정경쟁을 유형화하여 시장형 부정경쟁에 관하여는
시장지법을 적용하고, 개별형 부정경쟁에 관하여는 법례 제11조를 적용하는 견해가 있고 그
중 셋째가 유력한데, 그에 따르면 부정경쟁행위의 유형 가운데 산업스파이나 노하우 침해
등과 같이 특정한 사람에 대한 행위가 문제 되는 유형에 관하여는 당사자 간의 상호관계가
중심이 되므로 일반불법행위의 준거법 결정 기준에 의한다.

91) 위 판결은 "영업비밀은 특허권이나 저작권 등과 같이 그 자체의 독점적·배타적 권리성을
인정하여 관련 법률관계를 규율하기보다는 부정적 수단에 의한 침해행위로서의 불법행위를
규제함으로써 보호하고 있는 점을 고려하면, 그 보호에 관한 준거법을 정하는 국제사법적
관점에서 볼 때 영업비밀 침해와 효력에 관하여는 지재권에 관한 준거법이 아니라 불법행위
에 관한 준거법에 의함이 상당하다"라고 판시하였다. 소개는 이주연, "2022년 개정 국제사
법상 지식재산권 관련 소의 국제재판관할 문제: 총칙과 각칙의 검토", 국제사법연구 제21권
제1호(2022. 6.), 215면 참조. 섭외사건이 아닌 가처분사건에서 부정경쟁행위를 불법행위로
인정한 판결들이 있다. 대법원 2010. 8. 25.자 2008마1541 결정 등.

로 나누어 대체로 아래의 방향으로 규정하는 것이 바람직하다.[92]

첫째, 계약의 준거법. 지식재산권의 양도 또는 실시 등의 허락에 관한 계약은 계약의 준거법에 관한 원칙에 의한다. 문제는 당사자의 준거법합의가 없는 경우인데, 이 경우 계약에 가장 밀접한 관계가 있는 곳의 법에 의하도록 하며, 법원은 일정한 요소[93]를 고려하여, 이용자의 상거소지가 보다 밀접한 관련을 가진다고 판단하는 경우에는 그의 상거소지법을 적용한다고 규정함으로써 결국 이용자의 상거소지법을 우선시키면서도 달리 판단할 가능성을 열어 놓는 것도 하나의 방안이다. 한일공동제안(제307조 제1항)이 이러한 태도를 취한다.

둘째, 지식재산권의 성립과 유효성 등의 준거법. 지식재산권의 성립, 유효성, 권리의 내용, 소멸 등 지식재산권 자체와 관계되는 문제는 보호국법에 의한다. 국제사법의 해석론으로서는 이 경우 준거법의 사전합의는 허용되지 않는다. 그러나 한일공동제안(제302조 제1항)은 지식재산권의 성립, 유효성, 소멸 등 지적재산권 자체와 관계되는 문제에 대하여도 준거법의 사전적 합의를 허용하면서 그 합의의 효력을 당사자 간에 한정함으로써 당사자자치의 범위를 확대하는 점에서 매우 전향적이다. 그러나 이에 대하여는 당사자자치원칙의 한계를 넘는다는 비판과, 준거법합의의 효력을 당사자 간에 한정함으로써 분쟁해결을 지나치게 상대화한다는 비판을 할 수 있다.

셋째, 지식재산권의 침해의 준거법. 지식재산권의 침해와 구제방법은 보호국법에 따른다. 다만 당사자가 보호국법과 다른 준거법을 사후적으로 합의한 경우에는 그러하지 아니하다. 사전적 합의를 허용할지도 검토할 필요가 있다. 해석론으로서 사후적 합의를 허용하는 경우 구제수단에 대하여만 이를 허용할 여지도 있다.[94] 여기에서 국제사법 제52조(제2항, 제3항, 제4항)와의 관계를 명시할 필요가

---

92) 이는 손경한 외, 국제사법 개정 방안 연구(2014), 339면 이하(석광현 집필부분)에서 논의한 바 있다. 저자는 구 국제사법하에서 준거법에 관한 조문을 물권에 관한 장으로부터 독립시킬 것을 주장하였으나 김인호, "국제지식재산권 침해에 대한 보호국법의 적용과 그 한계", 인권과 정의 통권 제429호(2012. 11.), 115면은 지적재산권 침해는 불법행위의 성질을 가지므로 불법행위와 함께 규정하자는 견해를 피력한 바 있다. 근자의 논의는 손경한(註 79), 3면 이하도 참조.

93) 이는 ① 지적재산의 실시 등에 대해 명시적 혹은 묵시적으로 부담하는 의무, ② 허락된 권리가 전용적인가 아닌가에 관한 성질과 ③ 지적재산권의 주된 실시 등의 지(地)와 당사자의 상거소와의 관계이다(한일공동제안 제307조 제2항).

94) ILA 지침 제25조 제2항은 이런 취지를 명시한다.

있다. 예컨대 지재권 침해는 불법행위의 성질을 가지는데 그 경우 종속적 연결을
인정할지는 위에서 보았듯이 논란의 여지가 있다. 다만 지식재산권의 침해가 불
특정 및 다수의 국가에서 발생하거나 또는 발생할 우려가 있는 경우, 즉 편재적
(遍在的) 침해의 경우에는, 법원은 그 침해에 대해 전체적으로 가장 밀접한 관련을
가지는 국가의 법을 적용할 수 있도록 할 필요가 있다.

　　넷째, 지식재산권의 최초의 권리귀속. 지식재산권의 최초의 권리귀속은 보호
국법에 의한다. 다만 그럼에도 불구하고 지식재산권이 고용계약 그 밖의 당사자
간에 이미 존재하는 관계에서 발생하는 경우에는 그 계약 또는 관계의 준거법에
따른다고 규정하는 것이 바람직하다. 이는 직무발명 또는 직무저작의 귀속에 관
한 원칙을 명시하기 위한 것이다. 위에서 언급한 바와 같이, 대법원 2015. 1. 15.
선고 2012다4763 판결이 이미 그런 견해를 채택하였으므로 반드시 명시하여야 하
는 것은 아니다.

VII. 채권(債權)(제6장)

채권에 관한 제6장 제2절은 3개 부분, 즉 첫째, 계약채권에 관한 조항(제45조 －제49조), 둘째, 법정채권에 관한 조항(제50조－제53조)과 셋째, 양자에 공통되는 것으로서 채권양도 및 채무인수와 법률에 의한 채권의 이전에 관한 조항(제54조－ 제55조)으로 구성된다.

첫째, 계약채권에 관한 부분은, 과거 섭외사법이 법률행위를 중심으로 법률 행위의 성립 및 효력(제9조), 법률행위의 방식(제10조) 및 이법지역자 간의 법률행 위(제11조)를 규정하였던 데 반하여, 국제사법에서는 구 국제사법과 마찬가지로 당사자자치(제45조), 객관적 준거법(제46조), 소비자계약(제47조), 근로계약(제48조) 과 계약의 성립 및 유효성에 관한 조항(제49조)을 계약을 중심으로 정비하고, 법률 행위의 방식을 법률행위에 관한 제3장에서 규정한다(제31조). 계약채권에 관한 국 제사법의 연결원칙은 로마협약을 참조하면서 일부 수정한 것인데, 로마협약의 일 부 조항은 총칙에 규정하였다. 소비자계약과 근로계약에 관한 조항의 경우 구 국 제사법에서는 국제재판관할규칙과 준거법규칙을 한 조문에서 묶어서 규정하였으 나 2022년 개정 시 양자가 별개의 조문으로 분리되었다. 이처럼 우리 국제사법이 로마협약을 크게 참조한 결과[1] 유럽연합의 준거법지정규칙과 상당히 유사하게 되었으나, 유럽연합이 2009년 로마협약을 로마 I 로 전환하면서 규칙을 일부 수정 한 탓에 차이가 커졌다. 우리로서는 로마 I 이 도입한 개정내용을 면밀히 분석해 서 국제사법의 해석론과 입법론에 참고할 필요가 있다. 로마 I 은 뒤(6.)에서 간단 히 소개한다.

둘째, 법정채권에 관한 부분은, 과거 섭외사법이 하나의 조항(제13조)에서 사 무관리, 부당이득 및 불법행위를 통합하여 규정하였던 데 반하여, 구 국제사법에 서는 사무관리(제30조), 부당이득(제31조)과 불법행위(제32조)를 각각 별도의 조항 으로 독립시키고, 3자에 공통되는 준거법의 사후적 합의 조항(제33조)을 두는 방 향으로 개편하였고 국제사법도 이런 체제를 유지하고 있다. 이 분야의 가장 큰 특

---

1) 2007년 1월부터 시행된 일본의 법적용통칙법과 2011. 4. 1. 발효된 중국의 섭외민사관계법률 적용법도 로마협약의 영향을 받은 결과 국제계약의 준거법결정에 관한 한 한·중·일의 국제 사법규칙이 상당히 유사하게 되었다. 이는 동북아 3국이 상호교류를 한 결과가 아니라 각각 유럽연합의 국제사법규칙을 참조한 결과이다. 앞으로는 3국이 국제사법규칙을 통일 내지 조 화시키기 위하여 노력해야 한다.

징은 섭외사법이 채택하였던 이른바 원인사실발생지법원칙을 다른 특칙들에 의해 완화한 점이다. 법정채권은 '계약외채권' 또는 '비계약채권'이라고도 하나, 여기에서는 편의상 '법정채권'이라고 한다.2) 섭외사법의 개정 당시에는 고려할 수 없었지만, 지금으로서는 계약외채권의 준거법에 관한 한 2007년 7월 채택되고 2009년 1월 유럽연합에서(덴마크 제외) 발효된 "계약외채무의 준거법에 관한 유럽의회 및 이사회규정"(로마Ⅱ규정)3)을 해석론과 입법론상 참고할 필요가 있다.4)

셋째, 계약채권과 법정채권에 공통되는 부분을 보면, 과거 섭외사법은 채권양도의 제3자에 대한 효력에 관하여만 단지 하나의 조항(제14조)을 두었던 데 반하여, 국제사법에서는 구 국제사법과 마찬가지로 채권양도 및 채무인수(제54조)와 법률에 의한 채권의 이전(제55조)에 관하여 각각 규정한다. 이는 섭외사법의 흠결을 보충함으로써 보다 완비된 국제사법체계를 지향하기 위한 것이다. 채권양도와 법률에 의한 채권의 이전에 관하여는 로마협약을 부분적으로 수정하여 수용하였다.

---

2) 유럽연합은 "계약외채무의 준거법에 관한 2007. 7. 11. 유럽의회 및 이사회의 No 864/2007 규정"(Regulation (EC) No 864/2007 of the European Parliament and of the Council of 11 July 2007 on the law applicable to non−contractual obligations)을 채택하였는데 이것이 Rome Ⅱ이다. 이는 2009. 1. 11.부터 발효되었다.

3) 로마Ⅱ에 관하여는 Andrew Dickinson, The Rome Ⅱ Regulation: The Law Applicable to Non−Contractual Obligations (2008); Richard Plender/Michael Wilderspin, The European Private International Law of Obligations, Third Edition (2009); Gralf−Peter Calliess, Rome Regulations: Commentary on the European Rules of the Conflict of Laws (2011), p. 357 이하 참조. 우리 문헌으로는 우선 석광현, "계약외채무의 준거법에 관한 유럽연합 규정(로마Ⅱ)", 서울대학교 법학 제52권 제3호(통권 제160호)(2011. 9.), 245면 이하; 김인호, "일반 불법행위 및 제조물책임과 환경손해의 특수 불법행위에 관한 국제사법 규정의 입법적 검토", 법제연구 제43호(2012. 12.), 173면 이하; 권종걸, "법정채무의 준거법에 관한 EU 규정 분석−미국 국제사법에 중점을 둔 비판−", 중앙법학 제14집 1호(2012. 3.), 227면 이하 참조.

4) 브렉시트 이후 영국에서는 로마Ⅱ가 직접 적용되는 대신 The Law Applicable to Contractual Obligations and Non−Contractual Obligations (Amendment etc.) (EU Exit) Regulations 2019에 의하여 대체되었고 이는 The Jurisdiction, Judgments and Applicable Law (Amend−ment) (EU Exit) Regulations 2020에 의하여 일부 개정되었는데 그에 의하여 로마Ⅱ가 계속 적용된다. 소개는 남기정, "브렉시트 이후 해상책임보험의 보험자에 대한 제3자 직접청구권의 행사에 관한 고찰", 해사법연구 제34권 제2호(2022. 7.), 23면 참조. 우리도 앞으로 영국 국제사법의 발전에 더 큰 관심을 가질 필요가 있다.

1. 당사자자치에 의한 계약의 준거법에 관한 조항의 개정

섭외사법	국제사법
제9조(법률행위의 성립 및 효력) 법률행위의 성립 및 효력에 관하여는 당사자의 의사에 의하여 적용할 법을 정한다. 그러나 당사자의 의사가 분명하지 아니한 때에는 행위지법에 의한다.	제45조(당사자 자치) ① 계약은 당사자가 명시적 또는 묵시적으로 선택한 법에 따른다. 다만, 묵시적인 선택은 계약내용이나 그 밖의 모든 사정으로부터 합리적으로 인정할 수 있는 경우로 한정한다. ② 당사자는 계약의 일부에 관하여도 준거법을 선택할 수 있다. ③ 당사자는 합의에 의하여 이 조 또는 제46조에 따른 준거법을 변경할 수 있다. 다만, 계약체결 후 이루어진 준거법의 변경은 계약 방식의 유효 여부와 제3자의 권리에 영향을 미치지 아니한다. ④ 모든 요소가 오로지 한 국가와 관련이 있음에도 불구하고 당사자가 그 외의 다른 국가의 법을 선택한 경우에 관련된 국가의 강행규정은 적용이 배제되지 아니한다. ⑤ 준거법 선택에 관한 당사자 간 합의의 성립 및 유효성에 관하여는 제49조를 준용한다.

[입법례]
- 로마협약 제3조[법선택의 자유][1] / 로마 I 제3조[법선택의 자유]
- 독일 구 민법시행법 제27조[자유로운 법선택]
- 스위스 국제사법 제116조[법의 선택]
- 일본 법적용통칙법 제7조[당사자에 의한 준거법의 선택], 제9조[당사자에 의한 준거법의 변경]
- 중국 섭외민사관계법률적용법 제41조 1문
- 헤이그국제사법회의의 2015년 "국제상사계약준거법원칙"[2]

---

* 국제계약법에서 인용하는 아래 주요 문헌은 [ ] 안의 인용약어를 사용한다.

김인호, "국제계약법 분야의 국제사법 개정을 위한 입법론적 쟁점", 국제사법연구 제27권 제2호(2021. 12.)[김인호, 국제계약법]; 김인호, "2022년 국제거래법 중요판례평석", 인권과정의 제513호(2023. 5.)[김인호, 중요판례]; 김인호, "로마 I 규정에 기초한 객관적 연결에 의한 국제계약의 준거법 결정에 관한 입법적 검토", 국제사법연구 제19권 제1호(2013. 6.)[김인호, 로마 I 규정]; 안춘수, "국제사법상 당사자자치", 진산 기념논문집 제1권[안춘수, 당사자자치]; 여태식·서완석, "로마협약 제3조 및 제4조를 둘러싼 최근 유럽에서의 논의와 그 시사점에 관한 연구", 상사법연구 제26권 제1호(2007)[여태식·서완석]; 윤남순, "EU법상 국제운송계약의 준거법 -「로마규칙」을 중심으로-", 고려법학, 제71권(2013. 12.)[윤남순, 운송계약].

1) 로마협약에 관한 우리 문헌으로는 우선 석광현, 제1권, 53면; 여태식·서완석, 345면 이하 참조. 로마 I 에 관한 우리 문헌은 최흥섭, EU 국제사법, 44면 이하 참조.
2) 이는 2015년 채택된 "Hague Principles on Choice of Law in International Commercial Contracts"를 말한다. 소개는 Marta Pertegás and Brooke Adele Marshall, "Intra－regional reform in East Asia and the new Hague Principles on Choice of Law in International

가. 개요

섭외사법은 법률행위의 준거법을 명시하였으나, 구 국제사법은 국제계약의 준거법에 관하여 당사자자치의 원칙을 선언하고(제1항), 당사자가 선택한 법, 즉 주관적 준거법(subjective governing law)에 관하여 준거법의 분열, 준거법의 사후적 변경, 국내계약에 대한 외국법 준거법 지정의 가부, 준거법합의의 성립과 유효성에 대한 준거법 등 관련 논점들에 대하여 명문의 규정을 둠으로써 해석상의 논란을 해소하였다. 국제사법은 구 국제사법의 태도를 유지한다.

나. 주요내용

(1) 섭외사법의 입장

채권적 법률행위, 특히 채권계약의 성립과 효력의 준거법을 당사자의 의사에 따라 결정하는 '당사자자치(party autonomy, *l'autonomie de la volonté*, Parteiautonomie)의 원칙'은 세계 각국의 입법례에서 널리 채용되고 있다. 섭외사법도 제9조에서 위 원칙을 채택하고 있었으나, 매우 간결한 규정만을 두었을 뿐이므로 당사자자치의 원칙과 관련된 여러 가지 논점에 대하여 해석상 논란이 많았다.

당사자자치라는 연결원칙의 정책적 근거에 관하여는 종래 실질법상의 당사자의 자유, 즉 '사적 자치(Privatautonomie)' 또는 '계약자유(freedom of contract)'의 원칙의 연장으로 설명하거나,3) 국제계약의 경우 조직적인 중점이 존재하지 않기 때문에 연결곤란이 발생하므로 이를 피하기 위하여 부득이 채택한 '궁여지책적인 해결방안(Verlegenheitslösung)'이라고 설명한다. 종래 우리나라에서는 전자를 적극

Commercial Contracts", 국제사법연구 제20권 제1호(2014. 6.), p. 391 이하 참조. 우리 법의 시각은 Kwang Hyun Suk, South Korea Section, Daniel Girsberger *et al.*, Choice of Law in International Commercial Contracts: Global Perspectives on the Hague Principles (2021), Chapter 37: pp. 662－677 참조.

3) 독일에서는 이처럼 '당사자자치'와 '사적 자치'를 구별하나 영어로 'party autonomy'라고 할 때에는 양자를 구별하지 않는 경향이 있다. 국제사법상 '법의 공시(*professio juris*)'라는 것은 원래 문서의 모두에 "○○ 부족에 속하는 나, 아무개는 … 행위를 한다"라는 식으로 자신에게 적용되는 부족법을 명시하는 것이었으나(이호정, 37면), 근자에는 문서에 준거법을 명시적으로 규정하는 것 또는 그런 권리의 의미로 사용되기도 한다. Yuko Nishitani, Mancini und die Parteiautonomie im Internationalen Privatrecht (2000), S. 27는 제한된 당사자자치를 의미한다고 설명한다. 당사자자치의 원칙 전반은 Alex Mills, Party Autonomy in Private International Law (2018) 참조.

적 근거, 후자를 소극적 근거라고 설명하는데, 사견으로도 당사자자치의 근거로 양자를 모두 드는 것이 적절하다고 본다.[4]

당사자자치는 상당 부분 당사자이익과 거래이익에 부합하고, 무엇보다도 국제 거래에서 요청되는 당사자의 기대를 보호함으로써 법적 안정성에 기여한다는 장점을 가지고 있다.[5] 당사자자치의 원칙은, 법률관계로부터 출발하여 각 법률관계의 본거(Sitz, seat)를 탐구함으로써 특정 법률관계와 가장 밀접한 관련(또는 최밀접관련)이 있는 국가의 법을 당해 법률관계의 준거법으로 지정하는 사비니의 방법론에 기초한 국제사법의 대원칙과 충돌되는 요소가 있으나[6] 위의 이유로 정당화된다. 따라서 당사자가 준거법을 선택하지 않은 경우에는 아래 제46조에서 보듯이 가장 밀접한 관련이 있는 국가의 법을 준거법으로 한다는 원칙으로 돌아가게 된다.

국제계약의 준거법 결정에 있어 당사자자치의 원칙의 창시자가 누구인가에 관하여는 논란이 있다. 종래 16세기 프랑스의 Dumoulin을 최초의 주장자라고 보아 왔으나[7] 1955년 Gamilscheg의 비판을 받은 것을 계기로 19세기 이탈리아의 Mancini라는 견해가 유력하다.[8] 지금은 당사자자치가 널리 인정되고 있으나 당사

---

4) 상세는 석광현, "한국인 간에 일본에서 체결된 근로계약의 준거법", 민사판례연구 제31집 (2009), 587−589면; 석광현, 제5권, 21면 이하 참조. Stefan Arnold, Gründe und Grenzen der Parteiautonomie im Europäischen Kollisionsrecht, Stefan Arnold, Grundfragen des Europäischen Kollisionsrechts (2016), S. 29, Fn. 38은 당사자자치의 원칙이 궁여지책이라는 폄훼적 표현을 거부한다.

5) Reithmann/Martiny/Martiny, Rn. 86. 당사자자치의 근거와 한계는 최흥섭, "국제사법에서 당사자자치", 국제사법의 현대적 흐름(2005), 175면 이하; 안춘수, 당사자자치, 219면 이하 참조. Jürgen Basedow, Theorie der Rechtswahl oder Parteiautonomie auf Grundlage des Internationalen Privatrechts, Rabels Zeitschrift 75 (2011), S. 57은 당사자자치의 근거를, 사적인 의사표시를 통하여 자신을 특정 법질서에 복종시키고자 하는 개인의 전국가적(前國家的) 주관적 권리(vorstaatliches subjektives Recht)에서 구한다. Jürgen Basedow, The Law of Open Societies−Private Ordering and Public Regulation of International Relations: General Course on Private International Law (2013), para. 239 이하 참조.

6) 저자는 본문처럼 보나, 유력설은 당사자자치는 가장 밀접한 관련이 있는 법을 적용한다는 국제사법의 정의를 구체화하는 기능적 수단이라고 본다. Stefan Arnold(註 4), S. 28ff. 국제사법 제21조는 최밀접관련원칙을 정한 것이나 당사자가 준거법을 지정한 경우 위 원칙을 관철하지 않고 예외를 인정하는데 이는 본문과 같은 태도라고 할 수 있다.

7) 이인재, "계약의 준거법에 관한 당사자자치의 원칙", 李好珽敎授 화갑기념논문집: 법률행위론의 사적전개와 과제(1998), 385면 참조.

8) 이호정, 48면; Vischer/Huber/Oser, Rn. 29; 최흥섭(註 5), 179면; Peter Nygh, Autonomy in International Contracts (1999), p. 8도 동지. 상세는 Yuko Nishitani, Mancini und die Parteiautonomie im Internationalen Privatrecht (2000) 참조.

자자치가 인정된 것은 그리 오래된 것은 아니다.[9]

(2) 당사자자치(제1항)

국제사법은 제1항에서 "계약은 당사자가 명시적 또는 묵시적으로 선택한 법에 따른다"라고 하여 당사자자치의 원칙을 선언한다. 이 점은 섭외사법도 마찬가지인데, 다만 섭외사법은 법률행위를 중심으로 규정하였으나, 국제사법은 계약을 중심으로 당사자자치의 원칙을 규정하고, 조문도 법률행위가 아닌 채권에 관한 제6장에 둔다. 이는 계약이 가장 중요한 채권적 법률행위이고, 물권행위와 친족법 및 상속법의 법률행위에 대하여는 별도의 규정이 있기 때문이다. 국제사법은 섭외사법과 비교할 때 이 점에서 법률행위의 비중을 약화시킨 것이나, 방식과 대리에 관하여는 여전히 법률행위를 중심으로 규정한다.[10]

국제사법에 따르면, 당사자가 선택할 수 있는 준거법은 당해 계약과 실질적인 관련이 있는 법에 한정되지 않으며 중립적인 법의 선택도 가능하다. 국제사법 제45조의 취지를 이렇게 해석해야 한다.[11] 위에서 본 것처럼 국제사법 제21조 제

---

9) 예컨대 1934년 Restatement (First) of Conflict of Laws의 보고자인 미국의 Beale은 준거법을 국가주권의 문제로 보고 당사자의 힘이 미치는 범위를 넘는 것으로 보았기에 Restatement (First)는 당사자자치를 명시하지 않음으로써 그에 대하여 부정적인 태도를 암시하였다. 석광현, 제5권, 20면 註 31 참조.

10) 저자는 연구반의 일원으로 국제계약법 부분의 초안을 작성하면서 당초 법률행위라는 개념을 완전히 배제하는 방안을 고려하였다. 이는 영미법계는 법률행위라는 개념을 알지 못하고 CISG나 UNIDROIT의 국제상사계약원칙에서 보듯이 계약법 분야의 국제규범에는 그런 개념이 채택되고 있지 않기 때문이다. 그러나 대륙법계에 속하는 우리 민법상 법률행위의 중요성과 법률행위 개념의 유용성을 고려하여 이를 배제하는 대신 국제계약법 분야는 계약을 중심으로 규정하되, 법률행위 개념이 유용한 제한된 분야에서는 이를 사용하기로 하였다. 국제사법의 문언은 이처럼 우리 법의 특수성과 법률행위 개념의 국제적 유용성의 한계에 대해 숙고한 결과이다.

11) 그러나 미국의 통일상법전(UCC) §1-105에 따르면 당사자는 당해 거래와 합리적인 관련(reasonable relation)을 가지는 주 또는 국가의 법을 선택할 수 있을 뿐이고, 아무런 관련이 없는 중립적인 준거법의 선택은 허용되지 않는다. Restatement (Second), §187(2)(a)도 실질적 관련성 또는 선택의 합리적 근거를 요구한다. 2001년 개정된 통일상법전(§1-301(c)(2))은 아무런 관련성을 요구하지 않으므로 만일 이것이 여러 주에 의하여 채택되었더라면 당사자자치의 범위가 확대되었을 것이나 이는 US Virgin Island만 채택하였기에 무의미하다. Symeon Symeonides *et al.*, Daniel Girsberger, Choice of Law in International Commercial Contracts: Global Perspectives on the Hague Principles (2021), para. 68.12. 다만 뉴욕주의 일반채무법(General Obligations Law) Section 5-1401 제1항은 25만 달러 이상의 거래에 관하여는 당사자들은 합리적 관련이 없더라도 뉴욕주법을 준거법으로 지정

2항은 당사자가 합의에 의하여 준거법을 선택한 경우 예외조항의 적용을 배제하는데, 이는 국제사법이 이러한 입장을 취하고 있음을 명확히 한 것이다.

그러나 당사자자치에 한계가 없는 것은 아니다. 왜냐하면 명백히 자의적(恣意的)이고 장난에서 비롯된 준거법 선택의 효력은 인정될 수 없기 때문이다. 영미에서는 이와 관련하여 전통적으로 "준거법의 선택은 선의로써(bona fide) 한 것이어야 한다"라는 취지의 요건을 요구하는 경향이 있으나,[12] 주관적인 제한을 두지 않는 국제사법의 해석으로는 그런 제한의 부과는 부적절하다.[13]

국제사법의 해석으로는, 당사자자치의 원칙에는 우리 국제사법 자체에 의한 한계가 있다. 즉 당사자자치의 허용 여부와 그 한계는 법정지가 한국인 경우 우리 국제사법이 결정할 사항이다.[14] 구 국제사법하에서 대법원 1997. 9. 9. 선고 96다20093 판결은 국제재판관할합의가 "현저하게 불합리하고 불공정한 경우에는 그 관할합의는 공서양속에 반하는 법률행위에 해당하는 점에서도 무효라 할 것이다"라고 판시하였던바, 준거법의 합의도 "현저하게 불합리하고 불공정한 경우에는 공서양속에 반하는 법률행위"가 되어 무효라고 볼 수 있다.[15]

할 수 있도록 허용한다. 이 문제는 우리나라에서는 '당사자자치의 양적 제한'의 문제로 논의되었으나 그러한 관련의 존재를 요구하지 않는 견해가 통설이다. 과거 이태희, 國際契約法理論과 實務, 증보판(1989), 109면은 어떠한 관련이 있는 법이어야 하고 아무 관련이 없는 법은 허용되지 않는다고 하였다. 상세는 석광현, 제1권, 13면 이하 참조.

12) Vita Foods Products Inc. v Unus Shipping Co. (1939) AC 277.
13) Vischer/Huber/Oser, Rn. 88f. 참조.
14) 약관에 의하여 준거법을 지정하는 경우에도 이런 제한이 적용된다. 이에 관한 논의는 석광현, "영국법이 준거법인 한국 회사들 간의 선박보험계약과 약관규제법의 적용 여부", 저스티스 통권 제149호(2015. 8.), 210면 참조. 주목할 것은 개별약정이 되기 위한 요건이다. 실질법의 맥락에서 대법원 2013. 9. 26. 선고 2012다1146 전원합의체 판결에 따르면, 당사자가 특정 조항에 관하여 개별적인 교섭을 거침으로써 상대방이 자신의 이익을 조정할 기회를 가졌다면 약관규제법의 규율대상이 아닌 개별약정이 된다. 위 대법원 판결은 "이때 개별적인 교섭이 있었다고 하기 위해서는 그 교섭의 결과가 반드시 특정 조항의 내용을 변경하는 형태로 나타나야 하는 것은 아니고, 계약 상대방이 그 특정 조항을 미리 마련한 당사자와 대등한 지위에서 당해 조항에 대하여 충분한 검토와 고려를 한 뒤 그 내용을 변경할 가능성이 있었다고 인정되면 된다(대법원 2008. 7. 10. 선고 2008다16950 판결 등 참조)"라고 판시하였다.
15) 대법원 2015. 3. 20. 선고 2012다118846(본소), 2012다118853(반소) 판결은 영국법 준거약관을 사용하는 것이 한국의 공익이나 공서양속에 반한다거나 피고의 이익을 부당하게 침해하는 것이라고 볼 수 없으므로 준거법은 유효하다고 판시한 원심판결(서울고등법원 2012. 11. 22. 선고 2012나7207(본소), 7214(반소) 판결)의 판단을 정당하다고 수긍하였는데, 한국의 공익에 반하거나 피고의 이익을 부당하게 침해하는 경우에는 준거법합의가 무효라는 취

섭외사법상 당사자의 준거법 선택은 명시적 선택뿐만 아니라 묵시적 선택도 포함한다고 해석되었는데16) 국제사법은 이 점을 명시한다. 다만 묵시적 선택이 부당하게 확대되는 것을 방지하고자 묵시적 선택은 계약내용이나 그 밖의 모든 사정으로부터 합리적으로 인정될 수 있는 경우로 제한한다(제1항).

명시적 지정을 인정하는 데는 별 어려움이 없으나, 어떤 경우에 당사자의 묵시적 지정을 인정할 수 있는가는 어려운 문제이다. 추상적으로는 개별 사안에서 당해 사안의 구체적인 제반사정(제45조 제1항이 말하는 "계약내용이나 그 밖의 모든 사정")을 고려하여 당사자의 의사를 추단해야 하나 구체적 기준을 제시하기는 어렵다. 통상 당사자의 묵시적 지정을 추단케 하는 요소 또는 사정의 예로는, 어떤 특정한 법의 규정의 지정, 어떤 국가의 법에 기초한 유전스(관행)의 지정, 어떤 국가의 법에 기초한 약관의 합의 또는 계약서식의 이용, 통일된(또는 공통된) 이행지의 합의, 준거법의 명시적 지정을 포함하는 다른 계약과의 관련성, 일정한 국가의 동일한 재판적이나 중재합의의 약정과 소송과정에서 표명된 준거법에 관한 당사자의 의견의 일치 등을 든다.17)18) 과거 우리 법원, 특히 대법원은 당사자의 묵시적 지정을 인정하는 데 있어 상당히 소극적이었다. 즉 하급심판결 중에는 묵시적 지정을 인정한 사례가 없지는 않지만, 대법원은 섭외사법하에서, 추상적 법률론으로는 묵시적 지정이 가능함을 언급하였지만, 실제로 구체적 사건에서 당사자의

지인지는 다소 의문이다.

16) 섭외사법 제9조의 문면상으로는 "그러나 당사자의 의사가 분명하지 아니한 때에는 행위지법에 의한다"라고 하여 마치 당사자의 명시적인 준거법 선택이 없으면 곧바로 행위지법에 의하는 것처럼 보이나 이는 묵시적 선택을 배제하는 것은 아니었다.

17) 참고로 윤남순, "국제거래에서의 준거법의 묵시적 선택", 경영법률 제18집 제1호(2007. 10.), 535면 이하는 당사자의 묵시적 지정을 추단케 하는 요소로서 표준서식의 사용, 거래관행, 중재조항과 관할권조항, 주변상황, 계약 체결 이후의 행위와 기타 요소를 열거한다. 상세는 석광현, 제5권, 23면 참조.

18) 묵시적 지정을 추단케 하는 사정은 당사자의 의도를 추단케 하는 사정이지, 당사자의 상거소, 국적, 계약 체결지 또는 이행지와 같이 객관적 연결점을 구성하는 사정이 아니라는 견해(김인호, 국제계약법, 597면 이하; 김인호, 중요판례평석, 276면)도 있으나, 묵시적 지정을 추단케 하는 지표로서 객관적 사정이 가지는 중요성은 비교적 작겠지만 제45조 제1항이 "계약내용이나 그 밖의 모든 사정"을 언급하므로 아예 배제할 것은 아니다. 대법원 2022. 7. 28. 선고 2019다201662 판결도 주식상환약정의 준거법을 판단하면서 주식 대여 대가로 한국 원화로 산정한 이자를 받기로 한 점, 계약서가 한국어로 작성되었고 다른 언어본은 없는 점, 그 밖에 채권자의 국적, 주소, 구 채무자의 설립준거법, 본점소재지 등이 한국인 점과 한국 법원을 위한 전속적 관할합의를 한 점 등 객관적 사정을 종합하여 한국법을 준거법으로 하는 묵시적 지정이 있다고 보았다.

묵시적 지정을 탐구하기 위한 노력을 하는 대신 곧바로 행위지법을 적용하는 경향을 보여주었기 때문이다.[19] 이런 태도는 시정되어야 하는데, 근자에 위에 언급한 대법원 2022. 7. 28. 선고 2019다201662 판결이 묵시적 지정을 인정한 바 있어 앞으로는 달라질 것으로 기대한다. 위 판결은 "… 준거법에 관한 묵시적 선택을 인정할 때에는 계약내용을 기초로 하여 계약당사자의 국적이나 설립준거법, 주소나 본점소재지 등 생활본거지나 주된 영업활동지, 계약의 성립 배경과 그 경위 등 객관적 사정을 종합적으로 고려하여 신중하게 판단해야 한다"라고 판시한 바 있다.

소송과정에서 표명된 준거법에 관한 당사자의 의견의 일치를 준거법의 묵시적 합의로 볼 수 있는지는 논란이 있는데 이는 뒤(4.)에서 논의한다.

주관적 준거법과 관련하여, 준거법이 될 수 있는 것은 특정국가의 법에 한정되는지, 아니면 조약 또는 '상인법(lex mercatoria)'을 준거규범으로 합의할 수 있는지가 문제 된다. 이를 '비국가법(non-state law)의 준거법 적격성'의 문제로 논의하기도 한다.

전통적인 국제사법이론에 따르면 계약의 준거법은 어느 국가의 법체계(national system of law)가 되는 것이 당연하였고, 어느 국가의 법이 아닌 법규범의 선택은 준거법의 지정으로서 효력이 없으며, 따라서 그 경우 객관적 준거법이 계약을 규율한다. 이는 어느 국가의 법만이 당사자들의 권리·의무와 그의 집행을 위한 구제수단을 망라적으로 규율할 수 있음을 주된 근거로 한다.[20] 또한 법규범의 내용은, 특히 그것이 상인법과 같이 체계화되지 않은 경우 명확하지 않다는 데에도 이유가 있다.

이 문제에 대해 어떤 입장을 취하는가에 따라 당사자들이 예컨대 "국제물품매매계약에 관한 UN협약"(CISG. 이는 조약으로서 적용되지 않는 경우를 전제로 한다)[21] 또는 UNIDROIT의 국제상사계약원칙을 매매계약에 적용하기로 합의한 경우 이것이 뒤(7)에서 논의하는 저촉법적 지정인지, 실질법적 지정인지의 여부가 달라진다. 만일 후자라면, 당해 계약은 객관적 준거법의 강행법규에 의한 제한을 받게 된다. 물론 매매계약에 관한 한 강행법규가 많지 않으므로 그 범위 내에서는 이러한 차이는 큰 실익은 없을 것이다.

---

19) 상세는 석광현, 제5권, 24면 이하 참조.
20) Nygh(註 8), p. 61.
21) 이는 예컨대 조약의 적용범위에 속하지 않는 사건에서 당사자들이 조약을 적용하기로 합의한 경우를 말한다.

국제사법은 이에 관하여 주관적 준거법의 경우와 객관적 준거법의 경우를 용어상 구별한다. 즉 객관적 준거법에 관한 제46조 제1항이 "가장 밀접한 관련이 있는 <u>국가의 법</u>에 따른다"(밑줄은 저자가 추가함)라고 규정하는 것과는 달리 제45조 제1항은 "계약은 당사자가 명시적 또는 묵시적으로 선택한 <u>법</u>에 따른다"(밑줄은 저자가 추가함)라고 규정한다. 따라서 문면상으로는 객관적 준거법의 경우에는 어느 국가의 법이어야 함이 명백하나, 주관적 준거법의 경우에는 견해가 나뉠 수 있다.[22][23] 저자는 소극적인 견해를 취하나, 헤이그국제사법회의가 2015년 채택한 국제상사계약준거법원칙(Principles on Choice of Law in International Commercial Contracts)은 절충적 태도를 취하고 있다.[24]

참고로 중재법(제29조 제1항)은 "중재판정부는 당사자들이 지정한 법에 따라 판정을 내려야 한다. …"라고 하여 문면상으로는 계약의 준거법에 관한 한 국제사법과 거의 유사한 규정을 두고 있다. 그러나 소송과 비교할 때 중재의 경우에 더 자유로운 해석을 따르는 경향이 있다.[25] 중재에서 당사자자치가 더 넓게 인정되는 것은, 국가기관인 법원은 분쟁을 공적으로 해결하는 주체로서 법원의 판례는

---

22) 이 점은 로마협약을 로마 I 로 개정하는 과정에서 논란의 대상이 되었다. 최종적으로 채택되지는 않았지만 2005년 12월 위원회 초안(COM (2005) 650 final)(제3조 제2항)은 당사자들이 국제적으로 또는 공동체 내에서 승인된 계약의 실질법 원칙과 규칙을 준거법으로 선택하는 것을 허용하였다. 이는 UNIDROIT의 국제상사계약원칙, 유럽계약법원칙과 유럽계약법 공통참조기준 초안(DCFR) 등의 선택을 허용하면서 '법의 일반원칙' 또는 상인법(*lex mercatoria*)의 선택은 허용하지 않는 것이다. 그러나 양자의 구별이 어렵다는 등의 이유로 결국 채택되지 않았다.

23) 스위스 국제사법의 해석론은 Vischer/Huber/Oser, Rn. 118ff. 참조.

24) 헤이그국제사법회의의 국제상사계약 준거법원칙은 법적 안정성을 확보하고자 타협안을 채택하였다. 즉 당사자가 준거법으로 선택할 수 있는 법은 특정국가의 법률에 한정되지 않고, 국제적, 초국가적 또는 지역적 수준에서 중립적이고 균형 잡힌 일련의 규칙들로서 일반적으로 승인되는 법의 규칙일 수 있으나(제3조), 선택될 수 있는 법의 규칙은 ① 일련의 규칙(a set of rules)이고, ② 중립적이며 균형 잡힌 규칙이어야 하며, ③ 국제적, 초국가적 또는 지역적 수준에서 ④ 일반적으로 승인된 것이어야 한다. 국제상사계약원칙, 유럽계약법원칙과 유럽계약법 공통참조기준 초안(DCFR) 등이 그런 예이다. 따라서 당사자들은 특정국가의 법만이 아니라 법의 규칙 중에서 위 요건을 구비하는 것을 준거법(또는 준거규범)으로 선택할 수 있지만, 위 요건을 구비하지 못하는 것(예컨대 상인법 또는 법의 일반원칙)을 선택할 수는 없다. 상세는 석광현, "헤이그 국제상사계약 준거법원칙", 鎭武 徐憲濟 先生 停年紀念集 (2015), 286면 이하 참조. 법제처, 세계법제정보센터의 2015년 11월 자료로 "2015 국제상업 계약을 위한 준거법 선택에 관한 원칙 (헤이그원칙) 설명서(상)(하)"가 있으나 번역상 오류가 많아 별로 가치가 없다.

25) 중재법상 분쟁의 실체의 준거법은 아래 제4장 보론 I 참조.

공표되고 선례를 정립하는 역할을 하는 탓에 법리적 정확성을 요구하는 데 반하여, 사적 분쟁해결수단인 중재에서 중재판정부는 개별사건에서 정의를 실현하는 것을 목적으로 하기 때문이다.[26]

　　당사자의 명시적 또는 묵시적 지정이 현실적 당사자의사인 데 반하여, 당사자들이 실제로 의욕하지는 않았지만 만일 어떤 것을 원하였다면 원하였을 것이라고 생각되는 바를 '가정적 당사자의사(hypothetischer Parteiwille)'라고 부른다.[27] 우리 대법원 2004. 6. 25. 선고 2002다56130, 56147 판결과 대법원 2007. 11. 15. 선고 2006다72567 판결은 "계약의 당사자 사이에 준거법 선택에 관한 명시적 또는 묵시적 합의가 없는 경우에도 당사자의 국적, 주소 등 생활본거지, 사용자인 법인의 설립 준거법, 노무 급부지, 직무 내용 등 근로계약에 관한 여러 가지 객관적 사정을 종합하여 볼 때 근로계약 당시 당사자가 준거법을 지정하였더라면 선택하였을 것으로 판단되는 가정적 의사를 추정하여 준거법을 결정할 수 있다"라고 판시한 바 있다. 이들은 섭외사법이 적용된 사건들이다. 그러나 가정적 당사자의사에 기한 준거법의 결정은 구 국제사법과 국제사법하에서는 허용되지 않는다.[28] 국제사법상 묵시적 지정도 위와 같이 제한되고, 국제계약의 객관적 준거법은 그 계약과 가장 밀접한 관련이 있는 국가의 법이기 때문이다.

　　나아가 가정적 당사자의사에 대하여는 다음과 같은 비판을 할 수 있다. 첫째, 가정적 당사자의사는 마치 법관이 심리학적 추론에 의하여 추정적 계약내용을 회고적으로 탐구하여야 한다는 인상을 불러일으키므로 부적절하다. 둘째, 이를 진지하게 받아들일 경우 법관으로 하여금 계약체결에 있어 틀림없이 자신에게 유리한 규정을 관철시킬 수 있었을 경제적으로 우월한 당사자와 같은 편으로 만들 것이다. 셋째, 이에 의하면, 해석을 요하는 계약에 기초하여 당사자 사이에서 지금 무

---

26) Ralf Michaels, Non‒State Law in the Hague Principles on Choice of Law in International Contracts, SSRN‒id2386186, p. 18(이 논문은 *Liber Amicorum* for Hans Micklitz, Varieties of European Economic Law and Regulation (2014), p. 43 이하에 수록되었으나 여기에서는 전자를 인용한다). 따라서 중재판정의 선례로서의 가치는 판결과 비교하여 낮을 수밖에 없다.

27) 가정적 당사자의사에 대한 논의는 석광현, 제5권, 3면 이하 참조. 대법원 2008. 2. 1. 선고 2006다71724 판결도 유사한 취지로 판시하였다. 상세는 석광현, 국제매매법, 456면 참조. 반면에 대법원 2022. 1. 13. 선고 2021다269388 판결은 묵시적 선택을 언급하면서도 가정적 의사는 언급하지 않음으로써 과거의 대법원 판결과 결별한 것으로 보인다.

28) 그러나 가능하다는 견해도 있다. 장준혁, "준거법에 관한 국제사법 2001년 개정과 후속 판례의 회고", 국제사법연구 제20권 제1호(2014. 6.), 133‒134면.

엇이 법이어야 하는가를 판단함에 있어서 계약체결 이후 발생한 사정과 발전을 고려하는 것은 애초부터 허용되지 않는다. 그러나 그런 제한은 중대하게 부당한 결과를 초래할 수 있다.

미국처럼 지역에 따라 법이 다른 연방국가의 경우 통상 주법이 계약의 준거법이 될 것이나,[29] 예외적으로 미국 해사법(admiralty law)과 같이 연방법이 규율하는 영역에 관한 한 연방법이 당사자자치에 의하여 해사계약의 준거법이 될 수 있다. 대법원 2012. 10. 25. 선고 2009다77754 판결도 "… 연방제국가라고 하더라도, 어느 법률관계에 관하여 그 국가 전체에 통일적으로 적용되는 연방법이 존재한다면 적어도 그 법률관계에 관하여는 연방법이 적용되어 지역에 따라 법을 달리한다고 할 수는 없으므로, 당사자가 그 법률관계에 관한 준거법으로 연방제국가의 법을 준거법으로 선택한 약정은 그 국가의 연방법을 준거법으로 선택한 약정으로서 유효하다"라고 판시함으로써 이를 긍정하였다.[30][31]

이례적이기는 하나 당사자들이 계약의 준거법을 복수 국가의 법으로 지정한 경우의 처리도 문제 된다.[32]

---

29) 그럼에도 불구하고 당사자들이 연방법을 계약의 준거법으로 합의하였다면 그런 합의는 무효라는 견해와, 이는 지나치고 미국의 어느 주법을 선택한 것이라는 범위 내에서는 효력을 인정하는 것이 당사자의 의사에 부합한다는 견해가 있다. Vischer/Huber/Oser, Rn. 169. 대법원 2012. 10. 25. 선고 2009다77754 판결은, 그 경우 선택된 법이 … 연방제국가의 법이라는 사정만으로 그러한 준거법 약정이 당연 무효라고 보아서는 아니 되고 계약문언, 계약전후의 사정, 거래관행 등 모든 사정을 고려하여 당사자가 그 국가의 어느 지역의 법을 지정한 것으로 합리적으로 인정되는지 여부까지 살펴보아야 한다고 하여 후자를 지지하였다.

30) 위 대법원 판결에 대한 평석은 김성진, "국제용선계약과 연료공급계약상의 분쟁해결에 있어서 국제재판관할 및 준거법에 관한 연구 – 대법원 2012.10.25. 선고 2009다7754 판결과 미국 해사법의 손해전부구상 법리를 중심으로 –", 단국대학교 법학논총 제38권 제3호(2014. 9.), 441면 이하 참조. 이는 국제사법 측면에서는 위 판결이 타당하지만, 실질법 차원에서는 전부구상의 법리를 적용할 것이 아니라 비교과실을 기본으로 하여 분담보상의 법리를 적용했어야 한다고 비판한다.

31) 위 사건의 원심인 서울고등법원 2009. 8. 20. 선고 2007나27566 판결은, 미국의 경우 모든 해사사건은 연방법원이 관할하고 그 해사 사건에 관해 미국 해사법(admiralty law)이 연방 전체에 통일적으로 적용되며 그 해사법은 해사 계약 및 해사 불법행위를 규율한다고 판단하고, 해사법의 일반적인 법원(法源)은 (1) 일반 해사법, (2) 연방법률, (3) 국제합의와 (4) 해사에 관련된 주법이 있다고 판시하였다.

32) 대리상계약에 대하여 '본 계약의 효력, 성립 및 이행은 대한민국법 및 쿠웨이트법에 의해 규율되고 해석되어야 한다'고 규정한 사안에서 서울고등법원 2023. 9. 14. 선고 2022나 2004944 판결이 당사자들의 합의에 따라 위 사건 계약의 준거법은 한국법 및 쿠웨이트법이라고 판단하였음은 흥미롭다. 김인호, "2023년 국제거래법 중요판례평석", 인권과정의 제

(3) 준거법의 분열 또는 분할(제2항)

계약의 방식을 제외한 부분, 즉 계약의 실질(substance, Substanz)의 구성부분에 관하여 각기 다른 준거법을 지정하는 준거법의 분열 또는 분할(*dépeçage*)이 허용되는지에 관하여는 섭외사법상 학설이 나뉘었다. 그러나 당사자의 이익을 존중하고, 이미 이를 허용한 대법원 1998. 7. 14. 선고 96다39707 판결과 국제조류를 고려하여 구 국제사법에서는 이를 명시적으로 허용하였다(제2항). 국제사법도 같다. 다만 준거법의 분열이 가능하기 위해서는 '부분문제(Teilfrage)' 또는 문제 된 '쟁점(issue)'이 다른 부분과 논리적으로 분할 가능한 것이어야 하고, 그 경우 준거법의 분열이 논리적으로 양립할 수 있어야 하므로 준거법의 분열에는 내재적인 한계가 있다.[33]

우리 법원에서 준거법의 분열이 문제 된 사안은 런던보험자협회(현재는 런던국제보험자협회)[34]의 영국법준거약관이 사용된 적하보험계약의 준거법이다. 적하

521호(2024. 5.), 163면 이하는 위 판결(제1심인 서울중앙지방법원 2022. 1. 21. 선고 2020가합604576 판결도)과, 복수의 법을 준거법으로 정하고 있는 사안에서 법원이 사안과의 관련성의 정도를 고려하여 준거법을 선택 결정할 수 있다고 판시한 서울고등법원 2022. 1. 27. 선고 2020나2012958 판결을 소개하고(그 경우 법원의 선택이 있을 때까지 계약의 준거법 결정이 어려움을 지적한다), 법원이 구체적으로 어느 법에 따를지를 먼저 판시하지 않은 점을 아쉽다고 비판한다. 복수의 법을 지정한 경우 어느 법을 적용하든 동일한 결과에 이르는 범위 내에서는 문제가 없으나, 그렇지 않은 경우 특히 계약의 효과가 양법상 상이한 경우의 처리가 궁금한데, 경우에 따라 그런 선택은 일정 범위(양국법의 내용이 동일한 범위) 내에서 유효할 수도 있으나 그 범위가 불분명하다면 분할될 수 없는 것이라서 준거법 선택 전부가 무효가 될 수도 있고, 만일 유효라면 해결방안이나 지침을 제시할 필요가 있다. 참고로 국제계약상 당사자들이(특히 일방이 국가인 경우) 특정 국가의 법이 국제법 또는 법의 일반원칙과 일치하는 범위 내에서만 적용하거나, 양 당사자의 국가법이 공통된 범위 내에서만 적용하기로 합의하기도 한다(combined laws 또는 '*tronc commun* doctrine'이라고 한다). 후자는 영국과 프랑스 간의 유로터널 프로젝트와 관련된 Channel Tunnel 사건에서 채택된 바 있다.

33) 예컨대 매도인의 권리의 준거법을 영국법으로 하고, 매수인의 의무의 준거법을 한국법으로 하는 것은 논리적으로 허용되지 않는다. 본문처럼 국제사법상 준거법의 분열이 가능하기는 하지만 그것이 바람직한 것은 아니라는 비판도 있다. 반면에 계약의 성립과 효력의 준거법을 그 유효성의 준거법과 달리 지정하거나, 계약상 권리의 소멸시효의 준거법을 계약의 다른 부분의 준거법과 달리 지정하는 것은 가능하다. 전자는 국제물품매매계약에 관한 UN협약(CISG)에서 보는 바와 같고, 후자는 "국제물품매매의 시효에 관한 협약"과 부속의정서에서 보는 바와 같다.

34) 과거 런던보험자협회(Institute of London Underwriters. ILU)와 런던국제보험재보험시장협회(London International Insurance and Reinsurance Market Association. LIRMA)가 합병함에 따라 1999. 1. 런던국제보험자협회(International Underwriting Association of London. IUA)가 설립되어 표준약관의 작성 주체가 되었다.

보험계약의 경우 실무상 세 가지 유형의 약관이 사용되고 있는 것으로 보인다. 첫째는, 당사자가 "<u>본건 보험계약은</u> 영국의 법과 실무에 따른다(The insurance is subject to English law and practice.)"라는 문언이고,[35) 둘째는, "<u>이 보험증권상 발생하는 모든 책임문제는</u> 영국의 법률과 관습에 의하여 규율되어야 한다(All questions of liability arising under this policy are to be governed by the laws and customs of England.)"라는 문언이며, 셋째는 "이 보험증권에 포함되어 있거나 또는 이 보험증권에 첨부되는 어떠한 반대되는 규정이 있음에도 불구하고 <u>이 보험은 일체의 전보청구 및 결제에 관해서</u> 영국의 법률과 관습에만 의한다(Notwithstanding anything contained herein or attached hereto to the contrary, this insurance is understood and agreed to be subject to English laws and practice only as to liability for and settlement of any and all claims.)"라는 문언이다(밑줄은 저자가 추가함). 대법원은 둘째와 셋째의 문언에서는 부분지정설을 취하고 있다.[36)

저자는 대법원이 과거 둘째의 문언에서는 전부지정설을 취한 것으로 이해하였으나, 대법원 2016. 6. 23. 선고 2015다5194 판결은 둘째의 유형에서 "이 사건 보험계약 전부에 대한 준거법을 지정한 것이 아니라 보험자의 '책임' 문제에 한정

35) 둘째와 셋째 약관을 사용하는 적하보험과 달리 선박보험에서는 첫째 유형의 약관을 사용하는데, 그 이유는 아마도 적하보험의 경우는 선박보험과 달리 거의 대부분 재보험을 국내에서 소화하고 해외로 출재하지 않기 때문에 계약 전부의 준거법을 영국법으로 지정할 필요가 없기 때문일 것이라는 견해도 있다. 서동희, "해상보험과 영국법", 해상·보험법연구 제4권 제1호(2008), 197면. 반면에 일본에서는 선박보험의 경우에도 책임과 결제에 대하여만 영국의 법과 실무(practice)를 적용하고, 그 밖의 쟁점에 대하여는 일본의 법과 실무(practice)를 적용한다는 조항을 사용한다고 한다. Satoshi Nakaide, Marine insurance law in Japan: a structure based on a combination of civil law and English marine policy wordings, Journal of Business Law (2015), p. 417(김영석, "상법상 해상보험계약의 주요내용과 위험 변경에 따른 효과—영국해상보험법과의 비교·검토를 포함하여—", 국제거래법연구 제31집 제2호(2022. 12.), 55면 註 87에서 재인용). 그러나 현재 재보험의 경우 한국법이 준거법인 경우도 많고, 재보험 분쟁의 관할을 한국으로 한 경우도 많이 있으므로 재보험 때문에 원보험의 준거법을 영국법으로 한다는 주장은 더 이상 100% 설득력을 가지기 어려울 것이라는 의견도 있다(이 점은 정병석 변호사의 설명을 따른 것이다).

36) 예컨대 전자는 대법원 1991. 5. 14. 선고 90다카25314 판결, 후자는 대법원 1998. 7. 14. 선고 96다39707 판결 참조. 부분지정설의 지지자는 김윤종, "국제해상보험계약의 주요 쟁점—대법원 판례의 동향을 중심으로—", 국제거래법연구 제31집 제2호(2022. 12.), 167면 註 13 참조. 이헌묵, "준거법의 분열에 관한 연구", 국제사법연구 제22권 제2호(2016. 12.), 65면; 이필복, "해상적하보험상 준거법 약관의 유형과 피보험자의 최대선의의무—대법원 2018. 10. 25. 선고 2017다272103 판결의 평석—", 2019년도 법관연수 어드밴스 과정 연구논문집 (2020), 588면도 같다.

하여 영국의 법률과 관습에 따르기로 한 것이므로 보험자의 책임에 관한 것이 아
닌 사항에 관하여는 이 사건 보험계약과 가장 밀접한 관련이 있는 우리나라의 법
이 적용된다고 할 것인데"라고 판시함으로써 부분지정설을 취하였기에 대법원의
태도를 위와 같이 수정한다. 저자가 과거 위 대법원 판결이 전부지정설을 취한 것
으로 이해하였던 이유는, 저자는 과거 중요한 사항의 고지는 보험계약의 성립 시
까지 이행되어야 하는 점에서 고지의무를 보험계약의 성립·유효성의 문제로 성
질결정해야 한다고 보았는데, 대법원은 고지의무의 준거법을 영국법이라고 판단
하였기 때문이다.

그러나 고지의무와 그것이 확대된 최대선의의무를 보험계약의 성립·유효성
의 문제로 파악하지 않고 보험계약 체결 후에도 계속되는 의무라면 그의 성질결
정이 어렵게 된다. 근자에는 보험계약상 최대선의의무는 계약의 체결 전이나 체
결과정뿐만 아니라 보험계약의 이행·종료의 전 과정에 걸쳐 계속적으로 요구된
다고 본다. 대법원 2018. 10. 25. 선고 2017다272103 판결은 영국 해상보험법상
최대선의의 의무는 보험계약 체결 단계만이 아니라 그 이후에도 준수되어야 하는
원칙이나 다만 계약 성립 이후에는 그 정도가 완화된다고 판시하였다.[37] 2018년
판결의 사안에서는 제2유형이 사용되었는데 영국법상 고지의무/최대선의의무의

---

37) 위 대법원 판결은 아래와 같이 판시하였다. "영국 해상보험법(Marine Insurance Act 1906)
제17조는 '해상보험계약은 최대선의(utmost good faith)에 기초한 계약이며, 만일 일방당사
자가 최대선의를 준수하지 않았을 경우 상대방은 그 계약을 취소할 수 있다'고 규정한다. 영
국 해상보험법상 최대선의의무는 해상보험계약의 체결·이행·사고 발생 후 보험금 청구의
모든 단계에서 적용된다. 특히 계약의 체결 단계에서 가장 엄격하게 요구된다. 즉, 이러한
최대선의의 원칙에 기초하여 같은 법 제18조는 피보험자가 계약 체결 전에 알고 있는 모든 중
요한 사항을 보험자에게 고지하도록 규정하고, 제20조는 피보험자 등이 보험계약 체결 이전
계약의 교섭 중에 보험자에게 한 모든 중요한 표시는 진실하여야 한다고 규정한다. … 보험
계약의 이행 단계에서도 최대선의의무를 광범위하고 일반적인 의무로 인정하면 피보험자에
게 과도한 부담을 초래하고 계약관계의 형평을 훼손할 우려가 있다. 따라서 일단 계약이 성
립된 이후에는 계약 상대방의 편의를 증대시키기 위하여 적극적으로 행동할 것을 요구하는
정도에는 이르지 않고 상대방에게 손해를 일으키거나 계약관계를 해치지 않을 의무로 완화
된다고 보아야 한다[Manifest shipping Co. Ltd v Uni-Polaris shipping Co. Ltd. (The
Star Sea), [2001] Lloyd's C.L.C.608]. 특히 영국 해상보험법상 보험계약 계속 중 기존 계약
의 내용을 추가 또는 변경할 때에는 해당 변경사항과 관련하여 중요한 사항에 대하여만 고
지의무를 부담하는 것이지, 제18조에 규정된 고지의무와 같이 모든 중요한 사항에 대하여
고지하여야 하는 것은 아니다". 학설은 이정원, "보험계약의 변경과 최대선의의무의 관계-
대법원 2018. 10. 25. 선고 2017다272103 판결의 평석을 중심으로-", 동아법학 제85호
(2019), 151면 참조.

내용을 상세히 논의하면서도 그의 준거법에 대하여 판시하지 않은 것은 아쉽다. 과거부터 제2유형에서 고지의무/최대선의의무의 성질결정과 준거법에 관한 논란이 있었고, 이는 여러 나라가 공유하는 논점이었기에 더욱 그러하다.[38]

반면에 저자는 첫째 유형의 경우 보험계약 전체에 대해 영국법을 준거법으로 지정한 것으로 보지만, 둘째와 셋째 유형의 경우에는 보험계약의 준거법은 한국법이고(객관적 연결에 의하여) 위 문언은 준거법 지정(뒤 (7)의 저촉법적 지정)이 아니라 영국법을 계약의 내용으로 편입한 것(뒤 (7)의 실질법적 지정)으로 본다.[39] 그것이 당사자의 의사에 부합하고, 나아가 제55조에 관한 논의에서 보듯이 보험자대위 등의 경우에 준거법 결정을 쉽게 할 수 있다는 장점이 있다. 만일 대법원처럼 부분지정으로 본다면, 통상 계약의 준거법이 규율하는 사항을 모두 다시 성립·유효성의 준거법이 규율하는 사항과 책임(또는 계약의 효력)의 준거법이 규율하는 사항으로 구분해야 하는 어려움이 초래된다.[40][41]

나아가 대법원판결처럼 둘째와 셋째의 문언을 부분지정으로 보는 경우, 보험계약의 성립의 준거법이 한국법이라면 보험계약의 유효성도 한국법에 따르게 될 것이므로, 우리 약관규제법의 편입통제, 해석통제와 내용통제(또는 불공정성통제)[42]가 모두 적용된다는 점을 주의해야 한다.[43] 일반적으로 편입통제는 계약의

---

38) 이 점은 석광현, "해상적하보험계약에서 영국법 준거약관의 국제사법상 문제점: 준거법의 분할(부분지정)에서 발생하는 어려움을 중심으로", 한국해법학회지 제45권 제1호(2023. 4.), 193면에서 지적하였다.

39) 석광현, 제2권, 50면 이하; 석광현, 제3권, 189면 이하 참조. 종래 예컨대 계약의 성립과 효력을 구분하여 각각 준거법을 달리 정할 수는 있으나, "보험증권상 발생하는 책임문제" 또는 "일체의 전보청구 및 결제"와 같은 논점은 보험계약의 다른 부분과 분리하여 별도의 준거법을 정하기에는 적합하지 않다고 본다(논리적으로 불가능하지는 않더라도).

40) 예컨대 첫째, 고지의무와 최대선의의무가 성립·유효성과 책임 중 어느 것에 포섭되는지, 둘째, 보험계약 해석의 준거법이 한국법인지 아니면 문제 되는 계약조항이 성립·유효성과 책임 중 어느 것인지에 따라 구별해야 하는지, 셋째, 보험자의 변제공탁의 가부가 보험자의 책임 문제로서 영국법에 따를 사항인지, 넷째, 보험자의 대위가 보험계약의 성립·유효성과 책임의 준거법 중 어느 것에 따르는지 등이 문제 된다. 또한 피보험이익의 존재와 내용, 보험금청구권의 양도가능성, 양도의 방법 및 효력과 소멸시효, 보험증권의 유가증권성과 계약의 방식의 준거법도 문제 된다. 상세는 석광현(註 38), 171면 이하 참조.

41) 책임보험에서 피해자의 보험회사에 대한 직접청구권의 준거법도 문제된다. 대법원 2017. 10. 26. 선고 2015다42599 판결처럼 피해자의 보험자에 대한 직접청구권의 행사가 보험계약의 준거법에 따를 사항이라고 보면, 책임보험계약의 준거법이 분열된 사안에서(영국법이 규율하는 사항이 책임에 한정된 경우) 직접청구권의 준거법이 책임의 준거법인지가 문제 될 수 있다. 이 점은 불법행위에 관한 부분에서 논의한다.

성립의 문제이고, 내용통제는 계약의 효력이 아니라 유효성의 문제이기 때문이다.[44][45] 약관의 통제에는 그 밖에도 해석통제가 있는데 이도 계약의 준거법에 따를 사항이다.

보험계약의 준거법으로 영국법이 선호되는 현실에서 영국 법원은 위의 문헌을 저촉법적 지정으로 보려는 경향이 있으나, 처지가 다른 우리로서는 그렇게 하기는 주저된다. 요컨대 저자가 실질법적 지정설을 취하는 주요 이유는 세 가지다. 첫째, 부분지정설로부터 발생하는 준거법 결정상의 어려움을 피할 수 있고, 둘째, 해상적하보험계약에서 영국 보험법의 압도적 우위를 다소나마 완화하자는 정책적 이유이며, 셋째, 당사자들은 보험계약을 영국의 법과 관습(또는 실무)에 따른다고 하였는데 그중 법의 선택은 부분지정이지만 관습(또는 실무)의 선택은 실질법적 지정이라고 구분하여 달리 취급하는 것은 자연스럽지 않다는 점이다. 물론 시장에서 준거법이 한국법인 적하보험계약이 수용되지 않는다면 어쩔 수 없지만 과연 그런지를 우선 확인하고, 한국법을 준거법으로 하기 위하여 업계의 수요에 부응할 수 있도록 우리 해상보험법의 내용을 개선하여야 한다.

(4) 준거법의 사후적 변경(제3항)

국제사법은 당사자의 이익을 존중하기 위하여, 명시적 선택 또는 묵시적 선택에 의해 결정된 계약의 준거법을 당사자들이 사후적으로 변경하는 것을 허용한다. 사후적 변경은 당사자의 의사에 따라 소급효를 가질 수도 있고 그렇지 않을 수도 있다.[46] 그러나 소급효를 가지는 경우에도 이는 계약의 방식과 제3자의 권

---

42) 대법원 2013. 2. 15. 선고 2011다69053 판결은 "약관규제법에 근거하여 약관에 대하여 행하는 구체적 내용통제는 개별 계약관계에서 당사자의 권리·의무를 확정하기 위한 선결문제로서 약관조항의 효력 유무를 심사하는 것이므로, 법원은 약관에 대한 단계적 통제과정, 즉 약관이 계약에 편입되었는지 여부를 심사하는 편입통제와 편입된 약관의 객관적 의미를 확정하는 해석통제 및 이러한 약관의 내용이 고객에게 부당하게 불이익을 주는 불공정한 것인지를 살펴보는 불공정성통제의 과정에서, 개별사안에 따른 당사자들의 구체적인 사정을 고려해야 한다"라는 취지로 판시하였다.

43) 물론 약관규제법 제15조와 동법시행령 제3조는 국제적으로 통용되는 보험업의 약관 등에 대하여는 약관규제법의 일부조항(제7조 – 제14조)의 적용을 배제한다.

44) Reithmann/Martiny/Martiny, Rn. 294.

45) 약관의 내용통제는 고객의 합리적 무관심으로 인한 구조적 시장실패를 치유하고 고객의 실질적 자기결정을 보호하기 위한 것이다. 김진우, "강행적 계약법: 강행적 소비자계약법의 정당화사유 및 상호관계를 중심으로", 법조 제736호(2019), 207면 이하 참조.

리에 영향을 미치지 않는다(제3항).

　　주의할 것은, 소송 중 당사자의 태도 특히 당사자들이 모두 특정한 법질서를 원용하여 소송을 수행하는 경우 묵시적 지정을 인정할지, 아니면 그에 추가하여 당사자들이 준거법을 인식하면서 특정 법질서에 복종하려는 의사를 표시하는 객관적 사정을 요구함으로써 보다 엄격한 태도를 취할지이다. 한국인들 간에 일본에서 체결된 근로계약의 준거법에 관한 대법원 2007. 11. 15. 선고 2006다72567 판결은, 섭외사법의 해석론으로서, 준거법의 사후적 변경을 고려하지 않고 근로계약의 내용이 된 문제의 약정의 준거법이 일본법이라고 판단하였다. 그러나 위 사건에서 당사자들은 제1심법원과 원심법원의 소송과정을 통하여 준거법을 전혀 다투지 않았는데, 그렇다면 가사 당사자들이 문제 된 약정 체결 당시 일본법을 준거법으로 지정하였더라도 이를 사후적으로 한국법으로 변경한 것으로 볼 여지가 있었다는 점에서 그 점에 대한 심리와 판시를 할 필요성이 있었다고 본다.[47)]

　　다만 결론적으로는 준거법의 사후적 변경을 인정하자면 당사자들이 준거법의 선택 가능성을 인식하고 있어야 하고, 단순히 소송절차에서 비로소 당해 사건에 적용할 규범에 관하여 쌍방 당사자가 일치하는 의견을 진술하였다고 해서 이를 준거법 등에 관한 합의가 성립된 것으로 볼 수는 없다.

　　참고로 대법원은 소송절차에서 비로소 당해 사건에 적용할 규범에 관하여 쌍방 당사자가 일치하는 의견을 진술하였다고 해서 이를 준거법 등에 관한 합의가 성립된 것으로 볼 수는 없다는 취지로 판시하였다.[48)] 또한 매매협약에 명문규정이 없는 소멸시효의 쟁점에 적용될 준거법과 관련하여 대법원 2022. 1. 13. 선고

---

46) 일반적으로 계약체결 시로 소급하여 효력을 가진다고 봄이 당사자의 의사와 합치할 것이다. 스위스 국제사법(제116조 제3항)은 소급효가 있음을 명시한다.

47) 물론 어떤 요건하에서 묵시적 합의를 인정할지와 과연 그런 요건의 구비 여부는 사실관계를 보아야 한다. 저자는 본문과 같은 비판을 하였으나 그렇다고 해서 결론적으로 준거법이 변경되었다는 취지는 아니다. 그 후 본문에서 보듯이 견해를 더 정리하였다.

48) 구체적으로 출발지가 대한민국이고 도착지는 아이티 공화국이었던 운송계약에 대해서 국제협약인 몬트리올 협약이 준거법이 될 수 있는지가 문제 된 사안에서, 대법원 2016. 3. 24. 선고 2013다81514 판결은 아래와 같이 판시하였다. "당사자자치의 원칙에 비추어 계약 당사자는 어느 국제협약을 준거법으로 하거나 그중 특정 조항이 당해 계약에 적용된다는 합의를 할 수 있고 그 합의가 있었다는 사실은 자백의 대상이 될 수 있지만, 소송절차에서 비로소 당해 사건에 적용할 규범에 관하여 쌍방 당사자가 일치하는 의견을 진술하였다고 해서 이를 준거법 등에 관한 합의가 성립된 것으로 볼 수는 없다. 소송대리인이 그러한 합의를 하려면 소송대리권의 수여 외에 별도로 정당한 수권이 있어야 함은 물론이다".

2021다269388 판결도 "(구) 국제사법 제25조 제1항에서 계약의 준거법을 당사자가 자유롭게 선택할 수 있도록 하면서도 그것이 부당하게 확대되는 것을 방지하기 위하여 묵시적인 선택은 계약 내용 그 밖에 모든 사정으로부터 합리적으로 인정할 수 있는 경우로 제한하고 있으므로, 준거법에 관한 명시적인 합의가 없더라도 묵시적인 합의를 인정할 수도 있으나 소송절차에서 당사자가 준거법에 관하여 다투지 않았다는 사정만으로는 준거법에 관한 묵시적 합의를 인정하기 어렵다"라는 취지로 판시하여 같은 취지로 보인다.

법원이 판단하기에 문제 된 법률관계의 준거법이 외국법인데도 불구하고 당사자들이 준거법을 주장·입증하거나 다투지 않는 경우에는, 실무상으로는 당사자들의 동의를 구하여 준거법을 한국법으로 합의한 것으로 조서를 정리하는 것이 바람직할 것이다. 물론 이는 당사자자치가 허용되는 국제계약 등의 경우에 가능한 방법이다.

제47조와 제48조의 객관적 준거법도 변경할 수 있는가라는 의문이 있다. 제45조 제3항이 제45조와 제46조만을 언급하므로 제46조가 아니라 제47조 또는 제48조에 의하여 객관적 준거법이 결정되는 소비자계약 또는 근로계약의 경우에는 사후적으로 준거법을 변경할 수 없다는 견해도 주장될 수 있으나 저자는 동의하지 않는다. 이는 소비자계약에 관한 제47조에서 논의한다.

(5) 순수한 국내계약과 외국법 준거법의 지정(제4항)

외국법을 준거법으로 지정한 것을 제외한 다른 점에서는 외국적 요소가 전혀 없는 순수한 국내계약에 대하여 당사자들이 외국법을 준거법으로 지정할 수 있는가에 관하여는 섭외사법하에서는 논란이 있었는데, '승인할 만한 이익(anerkennswertes Interesse)'이 있어야 한다는 이유로 이를 부정하는 견해가 유력하였다.[49] 종래 국내해상화물운송과 관련된 적하보험계약과 선박보험계약의 경우 별다른 문제의식 없이 영국법준거약관을 사용하고 있는 것으로 보이는데 만일 (준거법을 제외한 다른 점에서) 순수한 국내사건에 대해 외국법을 준거법으로 지정할 수 없다면, 그러한 적하보험계약의 경우 영국법이 준거법이 될 수 없을 것이다.[50] 즉 이 점에 관

---

[49] 이호정, 281면.

[50] 그 밖에 외국적 요소가 없는 국내계약의 경우에도 영국법을 준거법으로 합의하기도 한다. 이러한 폐해를 지적한 글로는 석광현, "외국법제로의 과도한 도피와 國際私法的 思考의 빈곤", 법률신문 제3926호(2011. 4. 11.), 13면 참조.

하여 섭외사법하에서는 검토가 충분하지 않았다.

구 국제사법은 당사자자치를 존중하여 이를 원칙적으로 허용하되, 국내법의 강행규정(예컨대 약관규제법)이 여전히 적용됨을 명확히 함으로써 그로 인하여 발생할 수 있는 폐해를 방지하였다(제4항).[51] 국제사법도 같다. 외국법을 준거법으로 지정한 것에 추가하여 외국법원을 관할법원으로 합의하거나 외국을 중재지로 하는 중재합의를 하더라도 제4항이 적용된다. 국제사법은 로마협약(제3조 제3항)과 달리 이 점을 명시하지 않으나 그렇게 해석할 것이다. 또한 국제사법은 국내계약인지의 여부를 판단하는 기준 시점을 명시하지 않으나 '계약체결 시'를 기준으로 해야 할 것이다. 로마협약은 이 점을 명시한다.

종래 별로 논의가 없지만, 예컨대 부산으로부터 인천으로 선박운송되는 적하에 관하여 영국법준거약관을 사용하여 보험계약을 체결할 경우 만일 그것이 준거법을 영국법으로 지정하는 것이라면 국제사법 제45조 제4항이 적용되므로 약관규제법이 여전히 적용된다.[52] 물론 국제적으로 통용되는 보험약관의 범위 내에서는 약관규제법의 일부의 적용이 배제된다. 우리 법원은 이에 대한 인식이 부족하다. 예컨대 대법원 2010. 9. 9. 선고 2009다105383 판결이 그렇다.[53] 위 판결의 사안에서 리스이용자인 한국 회사는 한국 보험회사와 (한국선적의) 국내용 선박에 대해 보험계약의 준거법을 영국법으로 지정하였다. 그 사건에서 약관규제법상의 설명

---

51) 이를 보여주는 사례가 대법원 2010. 9. 9. 선고 2009다105383 판결이다. 위 판결의 사안에서 리스이용자인 한국회사는 한국보험회사와 (한국 선적의) 국내용 선박에 대해 보험계약의 준거법을 영국법으로 지정했다. 그 사건에서 약관규제법상의 설명의무의 존부가 다투어졌는데 대법원은 이를 긍정하였다. 대법원판결은 그 근거를 밝히지 않았지만 구 국제사법 제25조 제4항에 근거한 것으로 보이는데 만일 그렇다면 타당하다. 제4항은 당사자자치를 허용하는 것이 아니라 그 경우 준거법의 지정은 실질법적 지정이 된다고 파악하기도 한다. 안춘수, 당사자자치, 238면. 반면에 김인호, "순수 국내계약에 대한 국제사법규정의 비판적 고찰", 국제사법연구 제26권 제1호(2020. 6.) 227면은 저촉법적 지정으로 본다. 석광현, "영국법이 준거법인 한국 회사들 간의 선박보험계약과 약관규제법의 적용 여부", 저스티스 제149호(2015. 8.), 217면도 참조.

52) 국제적으로 통용되는 보험약관의 범위 내에서는 약관규제법이 일부 배제된다. 약관규제법 제15조와 동법시행령 제3조는 국제적으로 통용되는 운송업, 금융업 및 보험업의 약관 등에 대하여는 약관규제법의 일부조항(제7조–제14조)의 적용을 배제한다. 이에 관하여는 석광현, 제3권, 153면 이하 참조. 선박보험계약의 외국적 요소의 존부에 관하여 판단한 서울고등법원 2012. 10. 25. 선고 2012나7207 판결도 참조. 이는 제1조의 해설에서 소개하였다.

53) 간단한 평석은 석광현, "약관규제법은 국제적 강행규정인가", 법률신문 제3920호(2011. 3. 21.), 13면. 독일에는 약관규제법을 통상의 국제사법의 영역에서 제외하여 전적으로 경제저촉법의 문제로 다루자는 소수설도 있다.

의무의 존부가 다투어졌는데, 대법원은 이를 긍정하여 보험자는 보험계약자에게 영국 해상보험법상의 워런티의 의미 및 효과에 대하여 설명할 의무가 있다고 보았다. 그러나 보험계약의 준거법이 영국법이라면 약관규제법은 적용되지 않으므로 그러한 결론은 이해하기 어렵다. 물론 저자는 보험계약은 준거법 지정 외에는 외국적 요소가 없는 순수 국내계약이어서 국제사법에 따라 국내적 강행규정인 약관규제법이 적용된다고 보므로 위 판결의 결론은 옳다. 다만 대법원은 과거 그런 법리를 채용한 적이 없고 판결문 자체도 근거를 제시하지 않으므로 위 판결이 약관규제법을 적용한 근거는 분명하지는 않으나 저자로서는 대법원이 그런 논리를 따른 것으로 선해하였다.54) 따라서 위 판결을 근거로 대법원이 약관규제법을 국제적 강행규정으로 보았다고 평가하는 것은 옳지 않다. 그 후 대법원 2015. 3. 20. 선고 2012다118846(본소), 2012다118853(반소) 판결에서 대법원은 약관규제법이 국제적 강행규정이 아님을 재확인하고, 위 2010년 대법원 판결은 선박보험계약이 준거법 지정 외에 외국적 요소가 없는 순수 국내계약인 사안에 관한 것으로서, 외국적 요소가 있는 사건과는 사안을 달리하므로 외국적 요소가 있는 사건에서 원용하기에 적절하지 아니하다고 판시하여 저자의 이해가 올바른 것임을 확인하였다.55)

다만 제4항의 결과 당사자가 외국법을 준거법으로 지정하더라도 법정지인 한국의 강행규정, 더 정확히는 국내적 강행규정이 배제되지 않으므로 당사자자치의

---

54) 평석은 이정원, "영국법 준거약관과 보험자의 설명의무 — 대판 2010. 9. 9., 2009다105383의 평석을 중심으로—", 저스티스 통권 제122호(2011. 2.), 212면 이하 참조.

55) 그러나 이와 관련하여 더 생각할 바가 있다. 예컨대 한국 회사가 외국 회사인 선박소유자로부터 준거법이 영국법인 용선계약을 체결한 뒤 이를 기초로 한국 회사 간에 재용선계약(또는 재재용선계약)을 체결하는 경우 재용선계약(또는 재재용선계약)이 외국적 요소가 있는지, 한국 선주(또는 화주)와 한국 보험사 간에 국내에서 사용되는(또는 운송되는) 보험목적에 대하여 영국법이 준거법인 보험계약을 체결하는 경우 재보험의 필요성을 들어 외국적 요소를 인정할 수 있는지가 문제 된다. 이를 인정하기는 쉽지 않으나(선박보험에 관한 대법원 2010. 9. 9. 선고 2009다105383 판결 참조) 흥미로운 것은 스왑계약에 관한 영국 High Court의 2016. 3. 4. Banco Santander Totta S.A. v Companhia de Carris de Ferro de Lisboa S.A. and ohters 판결이다. [2016] EWHC 465. 2017. 6. 15. Dexia Crediop SpA v Comune di Prato 판결 [2017] EWHC Civ. 428도 동지. 이는 back-to-back 거래가 필요한 외국금융시장에의 접근(access to foreign financial markets) 필요성을 고려하여 당해 거래의 국제성을 인정하여 우리 국제사법(제45조 제4항)의 모델인 로마협약(제3조 제3항)의 적용을 부정한 바 있다. Catalina Avasilencei and Gilles Cuniberti. Chapter 22: Financial markets: Banco Santander v. Transport Companies, Horaia Muir Watt *et al.* (eds.), Global Private International Law (2019), p. 464 이하 참조.

효력이 제한되고 실질법적 지정의 경우와 유사한 효과를 가진다. 다만 이런 법적 효과를 설명하는 방법에는 아래 두 가지 견해가 가능하다.56)

① 실질법적 지정설. 그 경우 당사자의 합의는 실질법적 지정으로 즉 외국법을 계약에 편입한 것에 불과하다고 본다. 적어도 소송에서는 당사자자치의 원칙이라는 명목하에 실질법상의 계약자유의 원칙의 한계를 잠탈하는 것을 허용할 것은 아니라는 점을 강조하면 이 견해가 자연스럽다. 합리적 범위를 넘는 과도한 외국법의 적용에 반대한다면 더욱 그러하다.

② 효력이 제한된 저촉법적 지정설. 그 경우 효력이 제한된 준거법 지정(즉 제한된 당사자자치)을 허용하는 것이라고 본다. 이는 제45조 제4항의 입법취지를 당사자자치를 가급적 넓게 허용하려는 정책적 고려의 산물이라고 보고 그것이 당사자의 의사에도 부합한다고 본다. 아니면 당사자의 의사에 의해 외국적 요소가 있다고 보면서 그의 남용을 제한한 것이라 할 수도 있다. 그 경우 객관적 준거법 소속국의 국내적 강행규정을 배제하지 못하는 점에서 그 효력이 제한되기는 하지만 여전히 저촉법적 지정이라는 것이다.

국제사법 제1조에 관하여 언급한 것처럼 국제사법은 외국적 요소(또는 외국과 관련된 요소)가 있는 법률관계에만 적용된다는 견해에서는, 외국법을 준거법으로 지정한 것을 제외한 다른 점에서 외국적 요소가 전혀 없는 순수한 국내계약에 관한 제4항은 국제사법에 둘 이유가 없다고 주장할 여지도 있다. 그러나 계약의 '국제성(international character)'을 판단하는 기준에 관하여 논란이 있는데, 견해에 따라서는 준거법이 외국법으로 지정된 것 자체에 의하여 계약이 국제성을 가진다는 견해도 있고, 섭외사법하에서 제기되었던 문제를 해결할 현실적 필요가 있음을 고려하여 제4항을 둔 것이다.57) 로마협약에도 제4항과 같은 조항이 있다.58) 우리 국제사법은 외국적 요소가 있는 국제계약의 개념을 정의하지 않는다.59)

---

56) 상세는 석광현, "영국법이 준거법인 한국 회사들 간의 선박보험계약과 약관규제법의 적용 여부", 저스티스 제149호(2015. 8.), 217면; 석광현, 제6권, 105면 이하 참조.
57) 제4항을 근거로, 국제사법이 준거법 외에는 외국적 요소가 없는 계약을 국제계약으로 본 것인가는 논란의 여지가 있다.
58) 다만 로마협약은 국제성을 가지는 사안에만 적용된다는 규정을 두고 있지 않다. 석광현, 제1권, 59면 참조.
59) 우리 실정법이 국제계약이라는 개념을 사용하는 예는 많지 않은데, 구 독점규제 및 공정거래법("공정거래법")은 국제계약이라는 개념을 정면으로 사용하였음은 흥미롭다. 공정거래법 제8장의 제32조는, 사업자 또는 사업자단체가 부당한 공동행위, 불공정거래행위 및 재판매

주의할 것은 외국적 요소라고 하더라도 그 의미가 제1조와 제45조에서 다르다는 것이다. 즉 준거법 지정 외에는 외국적 요소가 없는 국내계약이더라도 외국 준거법 지정이 있다면 국제사법 제1조에 해당되어 국제사법의 적용대상이나, 제45조 제4항의 맥락에서는 준거법 지정 외에 외국적 요소가 없는 계약으로서 제4항의 규제를 받기 때문이다.

(6) 준거법지정계약(제5항)

국제사법은 구 국제사법과 마찬가지로 준거법합의, 즉 준거법지정계약(choice of law agreement, *contrat de choix de la loi applicable*, Verweisungsvertrag)의 성립과 유효성에 관한 준거법에 대하여도 당사자자치의 원칙이 적용됨을 명시한다(제5항).[60] 섭외사법하에서 우리나라에서는 이는 어느 실질법이 아니라 법정지의 국제사법에 의할 것이라는 견해[61]가 유력했었지만, 법정지의 국제사법은 현실적으로 아무런 기준을 제시하지 못하는 단점이 있고, 당사자들의 의사를 존중한다면 당사자들이 선택한 준거법인 실질법에 따라 판단해야 할 것이다.[62] 그 결과 국제사법은 주된 계약(main contract, *contrat principal*, Hauptvertrag)에 대해서는 제49조에서, 준거법 지정계약에 대해서는 제45조 제5항에서 이른바 'bootstraps rule'을 취한 것이다. 후자를 가리켜 'double bootstraps rule'이라고 부르기도 한다.[63]

당사자가 선택한 법에 의하여 준거법 합의의 성립과 유효성을 판단하는 것은 준거법 합의가 유효하기 때문이 아니라 당사자가 준거법을 선택하였다는 사실(Tatsache)에 근거한 것이라고 설명한다면, 일부의 주장처럼 논리적인 순환론에 빠

가격유지행위에 해당하는 사항을 내용으로 하는 것으로서 대통령령이 정하는 국제적 협정이나 계약을 체결하는 것을 원칙적으로 금지하고, 공정거래위원회에 그러한 불공정거래행위의 유형 및 기준을 정할 수 있는 권한을 부여하였다. 문제는 공정거래법의 역외적용을 명시한 제2조의2와 국제계약에 관한 제8장의 관계가 불분명하다는 점인데, 2004년 말 제2조의2를 신설할 당시 제8장과의 관계를 명확히 할 필요가 있었다고 본다. 그러나 제8장은 2016. 3. 29. 개정에 의하여 삭제되었다.

60) 준거법 선택합의에 관하여는 Maria Hook, The Choice of Law Contract (2016); Alex Mills, Party Autonomy in Private International Law (2018) 참조.
61) 예컨대 김용한·조명래, 264면; 서희원, 206면. 신창선, 국제사법(1999), 297-298면은 이를 "국제사법에 있어서의 실질법적 해결"의 예라고 하였다.
62) 이호정, 283면.
63) Peter Kaye, The New Private International Law of Contract of the European Community (1993), pp. 270-274.

지는 것은 아니다.[64] 만일 법정지의 국제사법 또는 실질법에 의한다면, 법정지가 결정되기 전에는 준거법을 결정할 수 없게 되므로 계약체결 시점에서는 준거법지정계약의 성립과 유효 여부를 알 수 없다는 문제가 있다.

위 제31조에 관한 해설에서 언급한 바와 같이, 국제사법은 계약의 방식에 관하여는 이러한 원칙을 명시하지 않으나, 방식의 경우에도 그것이 유효하였더라면 적용되었을 준거법에 의하여야 할 것이다.

(7) 실질법적 지정과 저촉법적 지정

주의할 것은, 제45조에 따른 준거법의 선택은 '저촉법적 지정'을 말하는 것으로 '실질법적 지정'과는 구별해야 한다는 점이다. 후자는 당사자들이 계약의 내용을 구체적으로 규정하는 대신, 특정 외국법을 참조 내지 언급함으로써 동법을 계약의 내용으로 편입하는 것을 말하며, 이는 마치 계약의 내용에 약관을 편입하는 것과 유사하다.[65] 따라서 후자의 경우, 당사자가 준거법을 선택하지 않은 때에는 제46조에 따라 결정되는 객관적 준거법의 적용을 받으면서 그 준거법이 허용하는 범위 내에서 당사자들이 계약에 편입한 외국법이 당해 계약의 내용이 된다. 즉 후자의 경우, 전자와 달리 객관적 준거법의 강행법규에 의한 제한을 받는다는 점에서 차이가 있게 된다.

그 밖에도 저촉법적 지정의 경우 준거법으로 지정된 외국법은 원칙적으로 계약체결 시의 외국법으로 고정되지 않으므로 준거법 지정 후 외국법이 개정된 때에는 개정된 법이 적용되나(물론 당해 외국법의 경과규정에 따른다),[66] 실질법적 지

---

64) MünchKomm/Martiny, Band 10, Art. 3 Rome I‒VO, Rn. 105. 상세는 제49조의 해설 참조.

65) 독일어로는 'kollisionsrechtliche Verweisung(저촉법적 지정)'과 'materiellrechtliche Verweisung (실질법적 지정)'으로 구분한다. 후자를 '외국법의 실질법적 편입(materiellrechtliche Inkor‒poration ausländischen Rechts)'이라고도 한다. 영국과 프랑스에서는 확립된 것은 아니나 전자를 'choice of proper law', *chois de la loi applicable*', 후자를 'incorporation by ref‒erence', *incorporation de la loi choisie dans le contrat*'라고 한다. 실질법적 지정을 사용할 경우 그것을 반정의 맥락에서 준거법이 속하는 국가의 저촉법이 아닌 실질법을 지정하는 것, 즉 실질법지정과 혼동해서는 아니된다. 즉 '실질법적 지정'과 '실질법지정'(또는 사항규정지정)을 구별하여야 한다.

66) 이 경우에도 당사자가 합의로써 준거법인 외국법을 특정시점의 그것으로 고정시킬 수 있는데, 그 대표적인 예가 준거법의 'Versteinerung(동결)'이다. 이와 유사하나 구별되는 개념으로서 예컨대 외국투자자가 국가와 체결하는 계약에서 사용되는 이른바 'stablisation clause

정에 의하여 외국법이 계약의 내용이 되는 경우에는, 계약체결 후에 당해 외국법이 개정되거나 폐지되더라도 일단 계약의 내용으로 편입된 외국법의 내용은 영향을 받지 않는다. 또한 저촉법적 지정의 경우, 준거법으로 지정된 외국법도 법으로 취급되므로 법원은 직권으로 외국법을 조사하여야 하나, 실질법적 지정의 경우 외국법은 계약의 내용이 될 뿐이므로 당사자가 외국법의 내용을 입증해야 한다고 볼 여지가 있다.[67]

그러나 국제사법 제20조가 명시하는 바와 같이 저촉법적 지정의 경우에도 법정지의 국제적 강행법규의 적용은 배제되지 않는다. 우리 법상 국제적 강행법규의 예는 제20조에 관한 해설에서 설명하였다.

양자의 구별은 원칙적으로 당사자의 의사표시 해석의 문제인데,[68] 당사자의 의사가 불분명한 경우, 준거법을 분할하면 규범의 충돌을 초래하고 법질서의 통일성과 내적 판단의 일치를 해할 수 있으므로 가급적 계약(실질)의 준거법을 분할하지 않는 편이 바람직하다고 본다.

종래 실무상 저촉법적 지정과 실질법적 지정의 구별이 문제 되었던 것은 ① 해상적하보험계약상의 영국법준거약관과 ② 선하증권의 지상약관(clause paramount)이다.

① 보험계약 전체에 대하여 영국법을 적용하기로 하는 경우에는 저촉법적 지정이지만, 보험계약의 일부에 대하여만 영국법을 적용하기로 하는 영국법준거약관의 법적 성질에 관하여 저자는 이를 실질법적 지정으로 이해하나,[69] 대법원

(안정화조항)'가 있다. 이는 일방 계약당사자인 국가가 계약체결 후 법을 개정하거나 기타 상대방에게 불리한 조치를 취하지 않고 그러한 조치를 취하더라도 기존계약에는 적용하지 않겠다고 확약하는 조항을 말한다. 안춘수, "凍結條項과 安定化條項", 국제사법연구 제3호(1998), 687−701면; Reithmann/Martiny/Martiny, Rn. 108 참조. 그러나 이와 달리 안정화조항(법의 변화에 대응하기 위한 조항)에는 ① 동결조항(freeze−out clause)과, ② 경제적 균형조항(economic equilibrium clause)(경제적 사정에 중대한 변화를 가져오는 국가권력의 행사가 있는 경우 계약조건의 재협상의무를 정한 조항)이 있다고 설명하기도 한다. 류권홍, 국제 석유·가스 개발과 거래 계약(2011), 296면 이하; 정영철, 국제거래법: 에너지(2012), 434면 이하 참조.

67) 상세는 석광현, 제1권, 9면 참조.

68) 석광현, 제2권, 57면. 대법원 2018. 3. 29. 선고 2014다41469 판결도 동지. 후자의 해석은 임상민, "선하증권상 계약책임의 준거법과 지상약관에 의한 준거법의 분할−대법원 2018. 3. 29. 선고 2014다41469 판결을 중심으로−", 해사법의 제문제(부산판례연구회 창립 30주년 기념. 2018), 401면 이하 참조.

69) 영국법준거약관의 법적 성질에 관하여는 석광현, 제2권, 50면 이하, 국제사법 제45조 제2항 해설 참조.

1998. 7. 14. 선고 96다39707 판결[70])과 대법원 2016. 6. 23. 선고 2015다5194 판결 등은 영국법준거약관을 보험계약에 따른 전보청구 및 결제에 관하여만 영국법을 준거법으로 지정한 것, 즉 부분지정으로 보았다.

한편 ② 선하증권의 지상약관의 법적 성질에 관하여 저자는, 지상약관이 예컨대 조약인 헤이그규칙을 직접 적용하는 경우와, 헤이그규칙을 국내법화한 입법을 적용하더라도 당해 국내법의 적용요건을 구비하지 못하는 경우에는 실질법적 지정으로 보았다.[71]) 그러나 대법원 1999. 12. 10. 선고 98다9038 판결[72])은, 명시적으로 밝히지는 않았으나 지상약관 및 멕시코책임조항이 포함된 선하증권의 준거법에 관하여 이를 준거법의 부분지정으로 본 것이라고 생각된다. 반면에 대법원 2018. 3. 29. 선고 2014다41469 판결[73])은 아래와 같이 판시하였는데, 이는 저자의 견해와 동지라고 본다.

"선하증권에 일반적인 준거법에 대한 규정이 있음에도 운송인의 책임범위에 관하여 국제협약이나 그 국제협약을 입법화한 특정국가의 법을 우선 적용하기로

---

70) 이에 대한 평석은 석광현, 제3권, 189면 이하 참조. 대법원 1991. 5. 14. 선고 90다카25314 판결은 구 상법 제663조에 따라 불이익변경 금지의 원칙이 해상적하보험에 적용됨에도 불구하고, 영국법준거약관이 유효하다고 선언하였다. 위에서 언급한 것처럼 저자는 그 경우 보험계약 전체의 준거법이 영국법이라는 입장을 취한 것으로 이해하였지만 대법원은 그도 부분지정으로 본다.

71) 지상약관(paramount clause)은, 선하증권의 다른 조건에도 불구하고 선하증권에 따른 법률관계에 헤이그-비스비규칙이 직접 적용된다고 규정하거나, 또는 특정국가(선적항 또는 양륙항)에서 적용되는 헤이그-비스비규칙이 적용된다는 취지의 조항인데, 이는 헤이그-비스비규칙의 비체약국 법원이 운송인이 선하증권의 이면약관에 기초하여 그의 면책을 주장하는 것을 금지하도록 함으로써 동 규칙의 실효성을 확보하기 위한 것이다. 지상약관의 법적 성질에 관하여는 석광현, 제2권, 84면 이하; 석광현, 제5권, 248면 이하 참조. 다만 우리 선사들이 사용하는 지상약관의 경우 헤이그규칙을 입법화한 국내법을 지정하는 경우로서 동법의 적용요건이 구비된 때에는 저촉법적 지정이라고 보았다.

72) 이에 관한 간단한 평석은 정해덕, "강도행위의 화물멸실과 해상운송인의 책임", 판례연구 제14집, 서울지방변호사회(2001), 285면 이하; 김인현, 海商法硏究(2002), 690면 이하 참조.

73) 평석은 김인현, "선하증권으로 지정된 지상약관상 준거법인 미국 COGSA의 효력-대법원 2018. 3. 29. 선고 2014다41469 판결-", 한국해법학회지 제40권 제2호(2018. 11.), 253면 이하(미국 COGSA 단위당 500달러 책임제한은 유효함); 안태건, "선하증권의 준거법조항과 지상약관에 대한 판례 연구", 중앙대학교 전자무역연구 제16권 제4호(2018), 285면 이하; 최성수, "선하증권상 지상약관과 종속적 연결에 의한 불법행위의 준거법-대법원 2018.3.29. 선고 2014다41469 판결을 중심으로-", 외법논집 제43권 제4호(2019), 227면 이하; 이정원, "국제사법상 당사자자치의 원칙과 지상약관-대법원 2018. 3. 29. 선고 2014다41469 판결의 평석을 중심으로 -", 법학연구 제60권 제4호 (2019. 11.), 137면 이하 참조.

하는 이른바 '지상약관(Clause Paramount)'이 준거법의 부분지정(분할)인지 해당 국제협약이나 외국 법률규정의 계약 내용으로의 편입인지는 기본적으로 당사자의 의사표시 해석의 문제이다. 일반적 준거법 조항이 있음에도 운송인의 책임범위에 관하여 국제협약을 입법화한 특정 국가의 법을 따르도록 규정하고, 그것이 해당 국가 법률의 적용요건을 구비하였다면, 특별한 사정이 없는 한 운송인의 책임제한에는 그 국가의 법을 준거법으로 우선적으로 적용하는 것이 당사자의 의사에 부합한다."

(8) 채무이행의 태양

우리나라에서는 과거 '채무이행의 방법' 등을 규율하는 법을 '보조준거법(Nebenstatut)'이라고 하고, 이는 준거법이 허용하는 범위 내에서 그 법률행위를 구성하는 일정한 요소에 대하여 특히 준거법 소속국 이외의 법률이 적용되는 경우를 의미한다고 하며, 계약의 해석을 규율하는 법을 또 다른 예로 들었다.[74] 그러나 이러한 설명은 적절하지 않다. 보조준거법은 만일 그것이 명칭대로 '준거법'이라면, 준거법의 분열이 허용됨을 전제로, 계약의 성립 및 효력의 준거법, 즉 '주된 준거법(Hauptstatut)'에 대비되는 그 밖의 상대적으로 덜 중요한 쟁점의 준거법을 의미하는 것으로 이해할 수 있으나[75] 굳이 그런 개념을 사용할 필요는 없다. 반면에 우리 학설처럼 "준거법이 허용하는 범위 내에서 그 법률행위를 구성하는 일정한 요소에 대하여 다른 법률이 적용되는 경우"라면 이는 계약의 내용이 될 뿐이므로 준거법이 아니라 아래에서 보는 실질법적 지정에 해당한다.[76]

그렇더라도 채무이행의 방법 내지 태양(manner of performance, Art und Weise der Erfüllung)에 관하여 이행지법(lex loci solutionis)을 적용하거나 고려할 수 있다

---

74) 황산덕/김용한, 新國際私法(1976), 226면; 김용한·조명래, 274면.

75) 계약의 해석에 대해 계약의 성립, 효력과 다른 준거법이 지정되는 경우 해석의 준거법은 다른 준거법과 마찬가지로 준거법이고 이는 준거법의 분열의 사례이다.

76) 채무이행의 방법의 준거법을 정면으로 인정한다면 이는 준거법이나, 로마협약처럼 단지 이행지법을 고려할 뿐이라면 이는 준거법과는 다른 지위를 가진다. 즉 로마협약(제10조 제2항)과 로마 I(제12조 제2항)에 따르면 채무이행의 방법에 관하여 법원은 이행지법을 적용해야 하는 것이 아니라 이를 고려해야 하므로 법원은 이행지법의 적용 여부에 관하여 재량권을 가진다. 대용급부권을 이러한 예로 보는 견해도 있다. 변제공탁을 채무이행의 방법의 문제로 보는 소수설도 있다. 석광현, "선박보험계약의 준거법이 규율하는 사항(변제공탁과 비현명대리의 포함 여부)과 선체용선계약 및 부당이득의 준거법", 경희법학 제56권 제1호 (2021. 3.), 145면 이하 참조.

는 법리가 국제사법상 널리 인정되는데, 이런 법리를 우리 국제사법상 허용할 수 있는지가 문제 된다. 예컨대 공휴일에 관한 규칙, 물건의 검사의 방법, 물건을 거부할 경우에 취할 조치 등을 그러한 예로 든다.[77] 위 법리는 준거법과 이행지법의 충돌을 피함으로써[78] 실제 이행지에서 채무자의 급부의 실현이 불가능하게 되거나 기대할 수 없을 정도로 어렵게 되는 것을 막기 위한 것인데,[79] 그 근거를 이행의 방법 내지 태양은 여러 모로 '법적인 지역풍토(juristische Ortsklima)'에 의존하므로 그를 고려함으로써 채무자의 신속한 이행행위를 가능하게 하는 실천적 근거가 있다거나, 당사자가 그의 환경을 이루는 법의 고려라는 보호할 만한 이익을 가지기 때문이라고 설명하기도 한다.[80] 채권의 준거법이 영국법임에도 불구하고 종래 우리나라의 당사자들과 법원은 변제공탁이 허용됨을 당연시하였는데, 이를 채무이행의 방법 내지 태양의 문제로 보기는 어려우므로 근거가 없다. 다만 그렇더라도 채무이행의 방법 내지 태양에 관하여는 이행지법을 적용하거나 고려한다는 것이 국제사법의 전통적인 이론이었고 지금도 수긍할 여지가 있다.[81]

(9) 단독행위의 준거법

위에 언급한 바와 같이 제45조는 계약을 중심으로 규정한다. 실제로는 대리권을 수여하는 수권행위를 제외한다면 단독행위의 준거법이 문제 되는 예는 많지 않을 것이다. 다만 우선 생각할 수 있는 예는 신용장(letter of credit)의 경우이다. 저자는 신용장의 개설에 의하여 개설은행과 수익자 간에는 계약관계가 성립한다고 보므로 적절한 예는 아니나, 만일 저자와 달리 이를 단독행위로 이해하더라도 수익자와 개설은행의 법률관계가 채권관계임은 명백하므로 그 준거법은 국제적으

---

77) 사례는 석광현, 제1권, 88면 註 206 참조. 그 밖에 하자 있는 채무의 이행의 경우 채권자가 취할 조치 등도 거론된다. 스위스 국제사법 제125조는 "이행과 검사의 태양은 그것이 사실상 행하여지는 국가의 법에 의한다"라고 규정함으로써 위 원칙을 명시한다. 대용급부의 문제도 채무의 이행의 태양으로 논의되기도 한다. 채무자의 대용급부권을 규정한 우리 민법 제378조의 국제사법적 의미는 석광현, 제1권, 42면 이하 참조.

78) Reithmann/Martiny/Martiny, Rn. 3.228.

79) Rauscher/Robert Freitag, EuZPR · EuIPR, Band Ⅲ. 4. Auflage (2016), Art. 12 Rom Ⅰ −VO, Rn. 10.

80) Zürcher Kommentar/Girsberger/Furrer, Art. 125 Rn. 9ff.

81) 석광현, 정년기념, 446면 註 129과 석광현, "선박보험계약의 준거법이 규율하는 사항(변제공탁과 비현명대리의 포함 여부)과 선체용선계약 및 부당이득의 준거법", 경희법학 제56권 제1호(2021. 3.), 158면에서 이런 견해를 피력하였다.

로 널리 인정되는 당사자자치의 원칙에 따라 결정된다고 본다.[82]

단독행위는 당사자 일방만의 의사표시에 의하여 성립하는 법률행위이므로, 예컨대 취소, 해제, 상계, 면제 등의 단독행위의 성립 또는 효력은 관련된 계약의 성립 또는 효력의 문제로서 그 계약의 준거법에 의하여야 하지, 그 단독행위에 대해 행위자가 계약과는 별도로 자유로이 준거법을 정할 수는 없다.[83] 매매계약을 취소 또는 해제할 수 있는 경우 취소 또는 해제라는 단독행위의 성립 및 효력은 그 매매계약의 준거법에 따를 사항이라는 것이다.

법률행위의 방식에 관하여는 위에서 본 바와 같이 제31조에 따른다.

(10) 과도한 당사자자치 원칙에 따른 폐해와 그에 대한 대응

당사자자치의 원칙은, 당사자들로 하여금 구속을 받지 않고 법역을 넘을 수 있게 함으로써 공적 규제(public regulation)와 사적 선택(private choice) 간의 관계를 역전시켰고 법률이라는 상품과 사법서비스를 위한 경쟁시장을 발생시켰기에 이제는 더 이상 자유주의 국가 공동체의 호의적 감독하에 견고하고 편협한 제약으로부터 사적 기업을 해방시키는 데 기여하는 것이 아니라, 오히려 규제되지 않는 경제에서 국가의 공적 규제를 처분 가능한 사적 재화로 전환시킨다는 비판을 받기도 한다.[84] 근자에는 Song Mao 사건(캄보디아), Trafigura 사건(코트디부아르)

---

82) 참고로 객관적 준거법의 결정에 관하여 대법원 2000. 6. 9. 선고 98다35037 판결은 매입은행과 개설은행 간의 법률관계의 준거법을 판단함에 있어서 "섭외사법 제9조 및 제11조 제1항에(밑줄은 저자가 추가함) 따라 행위지법인 신용장 개설은행이 지급확약의 의사표시를 통지한 개설은행 소재지에서 시행되는 법인 중국법이 준거법이 된다고 할 것이고"라고 판시하였는데, 위 판결이 '격지자간의 계약'의 준거법을 정한 섭외사법 제11조 제2항이 아니라 의사표시에 관한 제1항만을 언급한 것을 보면 아마도 매입은행과 개설은행 간, 나아가 개설은행과 수익자의 관계를 계약관계가 아니라 단독행위로 본 것이 아닐까 생각된다. 그러나 대법원 2011. 1. 27. 선고 2009다10249 판결은, 매입은행인 한국의 은행이 신용장 개설은행인 일본의 은행을 상대로 신용장대금 및 지연손해금의 지급을 구하는 소를 제기한 사건에서, 구 국제사법 제26조 제1항에 따라 신용장 개설은행의 소재지법인 일본법이 계약과 가장 밀접한 관련이 있는 국가의 법으로서 준거법이 된다고 판시하였다. 이는 개설은행과 매입은행 간에 계약관계가 존재한다고 본 것이므로 위 2000년 대법원 판결과는 다르다. 위 판결이 구 국제사법 제26조 제2항이 도입한 이른바 '깨어질 수 있는 추정'의 접근방법을 언급하지 않은 이유는 잘 이해되지 않으나 적절하지 않다고 본다. 이에 대해 대법원이 제26조 제2항의 추정규정을 한정적인 것으로 보았기 때문이라고 이해하는 견해가 있으나(정구태, "국제항공여객운송계약에서의 오버부킹과 약관규제법의 적용 여부", 외법논집 제39권 제4호 (2015. 11.), 24면) 그렇게 보기는 어렵다.

83) 신창선·윤남순, 292-293면.

과 Doe v. Nestle 사건(코트디부아르) 등에서 보듯이, 여러 나라에 걸쳐 재화와 서
비스를 생산·유통하는 '세계적 가치사슬' 또는 '공급망(또는 공급 사슬. global value
chain or supply chain)'으로 표현되는 후기자본주의사회가 노정하는 당사자자치 원
칙의 극대화로 인하여 초래되는 폐해를 지적하면서 국제사법 차원의 개선 방안을
고민하고 모색하는 노력이 보인다. 이는 국제사법과 국제인권법의 접점에 있는
논점이므로 국제사법학에서도 관심을 가져야 한다. 우리는 아직도 당사자자치 원
칙의 정립을 위하여 노력하는 중이지만, 국제사법 선진국에서는 국제사법과 인권
법의 접점에 있는 이런 논점들을 고민하고 개선하고자 노력하는 국제사법학자들
이 있다. EU 국가들의 공급망실사법도 그런 고민과 노력의 산물이다. 즉 EU 국가
들은 다국적기업들의 의무를 규정하는 공급망실사법을 제정하였는데,[85] 영국의
2015년 현대노예법(Modern Slavery Act), 프랑스의 2017년 실사의무법(*loi sur le de-
voir de vigilance*)과 독일의 2023년 공급망실사법(Lieferkettensorgfaltspflichtengesetz.
LkSG) 등이 그런 사례이다. 이처럼 ESG 등과 관련된 의무를 규정한 법률들이 제
기하는 국제사법 논점들에 대하여도 관심을 가질 필요가 있다.[86]

---

84) Horatia Muir Watt, Autonomising financial markets: Lehman Brothers v. BNY Corporate
Trustee, Horatia Muir Watt *et al.* (eds.), Global Private International Law (2019), p. 278
이하 참조. 이는 석광현, 정년기념, 548면 註 34에서 지적한 바 있다.

85) 西谷祐子, "Corporate Due Diligence and Conflict of Laws － "Business and Human
Rights" in Asia －", 국제사법연구 제28권 제1호(2022. 6.), 829면 이하 참조. 우리 문헌은
서영수, "기업의 사회적 책임과 국제사법: 해외 자회사의 불법행위에 관하여 모회사에 책임
을 추궁하는 소송의 국제재판관할과 준거법－영국 대법원 Vedanta v Lungowe (2019) 사건
및 Okpabi v Shell (2021) 사건－", 2024. 6. 13. 국제사법학회 판례연구회 발표자료 참조.
이는 해외직접책임(Foreign Direct Liability) 청구와 관련하여 브뤼셀 I bis와 로마 II 의 개정
안 그리고 EU 공급망 실사지침에 따른 국내 입법의 최우선강행규정성 등을 소개한다. 개관
은 김효정, "국제적 공급계약에서의 ESG 관련 의무의 범위－사회적 요소 관련 의무를 중심
으로－", 국제거래법연구 제31집 제2호(2022. 12.), 1면 이하도 참조. 다른 나라의 입법 상황
은 장혜진/최윤정, "ESG 환경에서의 공급망 실사법", 환경법연구 제45권 1호(2023. 4.), 260
면 이하 참조. 국제사법의 역할은 Ralf Michaels/Veronica Ruiz Abounigm/Hans Van Loon
(eds.), The Private Side of Transforming Our World: UN Sustainable Development Goals
2030 and the Role of Private International Law (2021) 참조.

86) 이에 관하여는 우선 Giesela Rühl, Cross－border Protection of Human Rights: The 2021
German Supply Chain Due Diligence Act (2022). Borg－Barthet, Živković *et al* (eds),
Gedächtnisschrift in honor of Jonathan Fitchen (2022), Available at SSRN: https://ssrn.
com/abstract＝4024604.

2. 객관적 연결에 의한 계약의 준거법 규정의 개정

섭외사법	국제사법
제9조(법률행위의 성립 및 효력) 법률행위의 성립 및 효력에 관하여는 당사자의 의사에 의하여 적용할 법을 정한다. 그러나 당사자의 의사가 분명하지 아니한 때에는 행위지법에 의한다. 제11조(異法地域者間의 법률행위) ① 법을 달리하는 곳에 있는 자에 대하여 한 의사표시는 그 통지를 한 곳을 행위지로 본다. ② 계약의 성립 및 효력에 관하여는 그 청약의 통지를 한 곳을 행위지로 본다. 그 청약을 받은 자가 승낙을 한 때에 그 청약의 발신지를 알지 못한 때에는 청약자의 주소지를 행위지로 본다.	제46조(준거법 결정 시의 객관적 연결) ① 당사자가 준거법을 선택하지 아니한 경우에 계약은 그 계약과 가장 밀접한 관련이 있는 국가의 법에 따른다. ② 당사자가 계약에 따라 다음 각 호의 어느 하나에 해당하는 이행을 하여야 하는 경우에는 계약체결 당시 그의 일상거소가 있는 국가의 법(당사자가 법인 또는 단체인 경우에는 주된 사무소가 있는 국가의 법을 말한다)이 가장 밀접한 관련이 있는 것으로 추정한다. 다만, 계약이 당사자의 직업 또는 영업 활동으로 체결된 경우에는 당사자의 영업소가 있는 국가의 법이 가장 밀접한 관련이 있는 것으로 추정한다. 1. 양도계약의 경우에는 양도인의 이행 2. 이용계약의 경우에는 물건 또는 권리를 이용하도록 하는 당사자의 이행 3. 위임·도급계약 및 이와 유사한 용역제공계약의 경우에는 용역의 이행 ③ 부동산에 대한 권리를 대상으로 하는 계약의 경우에는 부동산이 있는 국가의 법이 가장 밀접한 관련이 있는 것으로 추정한다.

[입법례]
• 로마협약 제4조[법의 선택이 없는 경우의 준거법]/로마 I 제4조[법의 선택이 없는 경우의 준거법]
• 독일 구 민법시행법 제28조[법선택이 없는 경우의 준거법]
• 스위스 국제사법 제117조[법의 선택의 결여]
• 일본 법적용통칙법 제8조[당사자에 의한 준거법의 선택이 없는 경우], 제9조[당사자에 의한 준거법의 변경]
• 중국 섭외민사관계법률적용법 제41조 2문

가. 개요

당사자가 준거법을 선택하지 아니한 경우 계약의 준거법, 즉 객관적 준거법 (objective governing law)의 결정에 관하여 구 국제사법은 섭외사법의 행위지법원칙을 폐지하고 계약과 가장 밀접한 관련이 있는 국가의 법에 의하도록 하였다. 국제사법은 이런 태도를 유지한다.

나. 주요내용

(1) 섭외사법의 입장

섭외사법 제9조 단서는 당사자가 준거법을 지정하지 않은 경우의 준거법의 결정에 관하여 행위지법원칙을 채택하였다. 그러나 행위지법원칙은 다양한 유형의 계약의 특성을 전혀 고려하지 않은 지나치게 기계적이고 도식적인 원칙으로서, 공간적 이동이 용이하게 된 현대사회에서 행위지는 당사자의 편의 등 우연한 사정에 의하여 결정되는 경우가 많으므로 행위지를 연결점으로 삼는 것은 부적절하다.

또한 섭외사법에 따르면, 이법지역(異法地域) 간의 법률행위(Distanzgeschäft)의 경우 행위지를 결정하기 위한 원칙이 필요한데, 제11조 제2항은 계약의 성립 및 효력에 관하여 그 청약의 통지를 한 곳을 행위지로 봄으로써 청약의 발신지에 중점을 두었다. 그 이유는 청약이 계약의 내용을 정하고 이것이 근원이 되며 승낙은 그것에 동의를 표하는 것이므로 청약이 주위(主位)에 있고, 승낙은 객위(客位)에 있다는 것이었다.[1] 그러나 이와는 달리 청약은 승낙에 의하여 비로소 계약으로 성립하게 되므로 후자가 계약에 구속력을 부여하는 최후의 행위(the last act necessary to give the contract binding effect)로서 주위적 지위에 있다고 볼 여지도 있으므로 그러한 결론이 논리필연적인 것은 아니다.

행위지법원칙은 이른바 '확고하고 엄격한 규칙(hard and fast rule)'의 전형으로서, 당사자가 준거법을 지정하지 않은 경우 법원에게 실무상 적용하기 쉬운 규칙을 제공했던 것은 사실이나, 국제사법의 이념에 반하는 원칙으로서 시대착오적이라는 비판[2]을 면할 수 없었다.

(2) 가장 밀접한 관련이 있는 국가의 법의 적용(제1항)

섭외사법에 대한 비판을 고려하여, 구 국제사법에서는 로마협약 등 조약과 외국의 입법례를 따라 행위지법원칙을 버리고 "계약과 가장 밀접한 관련이 있는 국가의 법(최밀접관련국법)"을 준거법으로 지정하였다(제1항). 국제사법도 같다. 따라서 국제사법하에서는 격지자 간의 계약의 경우 행위지를 결정하기 위한 의제적

---

1) 유지담, "涉外的 債權契約의 準據法決定", 법원행정처 재판자료 제6집(1980), 192면.
2) Friedrich K. Juenger, Contract Choice of Law in the Americas, 45 Am. J. Comp. L. 198 (1997).

인 규정은 필요하지 않다. 위에 언급한 바와 같이, 제1항에 따르면 "그 계약과 가장 밀접한 관련이 있는 <u>국가의 법</u>"(밑줄은 저자가 추가함)이 준거법이 되므로, 논란의 여지가 있으나, 상인법(*lex mercatoria*)과 같이 특정 국가의 법이 아닌 규범, 즉 '비국가법(non – state law)'이 준거법 또는 준거규범이 되기는 어려울 것이다.

(3) 가장 밀접한 관련이 있는 국가의 법의 추정 – 특징적 이행 – (제2항)

당사자들이 준거법을 지정하지 않은 경우 가장 밀접한 관련을 가진 국가의 법을 준거법으로 하는 것은 요즈음 국제적으로 널리 인정되고 있는 연결원칙이다. 그러한 법의 결정을 전적으로 법관에게 일임하거나(국제계약의 준거법에 관한 미주간 협약(Inter – American Convention on the Law Applicable to International Contracts. 일명 멕시코시티협약) 제9조), 법관이 그러한 결정을 함에 있어 고려할 다양한 연결점과 지침의 기능을 하는 관련 정책과 이익만을 제시하는 방법도 있으나(Restatement (Second), Conflict of Laws, 제188조 제2항), 국제사법은 구 국제사법과 마찬가지로 로마협약과 스위스 국제사법의 예를 따라 법관의 판단을 용이하게 하기 위해 '특징적 이행(또는 給付)(characteristic performance)'을 기초로 하는 추정규정을 둔다. 즉 양도계약(매매계약과 증여계약처럼 권리를 양도하는 계약)에 있어 양도인의 이행 등과 같이 계약의 특징적 이행을 해야 하는 경우에는 그 당사자가 계약체결 시 일상거소(자연인의 경우), 주된 사무소(법인 또는 단체의 경우)[3] 또는 영업소(직업상 또는 영업상 계약의 경우)를 가지는 국가를 당해 계약과 가장 밀접한 관련을 가지는 국가로 추정하고(제2항), 부동산에 대한 권리를 대상으로 하는 계약의 경우 부동산 소재지국을 당해 계약과 가장 밀접한 관련을 가지는 국가로 추정한다(제3항). 영업소가 복수 존재하는 경우에는 당해 계약과 가장 밀접한 관련이 있는 영업소가 기준이 된다.

주의할 것은, 그러한 특징적 이행을 해야 하는 당사자의 의무의 이행지가 아니라, 특징적 이행을 해야 하는 당사자의 일상거소, 주된 사무소 또는 영업소 소재지 국가와 밀접한 관련을 가지는 것으로 추정된다는 점이다. 이는 계약에 관한 소의 특별관할을 규정한 국제사법 제41조가 제1항에서 열거하는 세 가지 유형의

---

3) 로마협약은 '경영중심지(central administration)'를 연결점으로 사용하였으나 우리 국제사법은 이를 채택하지 않았다. 개념이 다소 생소한 탓도 있었다. 그러나 2022년 개정된 국제사법 제3조 제3항은 일반관할의 맥락에서 경영중심지를 받아들였다.

계약에 대하여는 특징적 이행에 착안하여 그 의무 이행지 관할을 규정하는 것과 다른 점이다.

특징적 이행은 계약을 그것이 일부를 이루는 사회·경제적 환경과 본질적으로 연결짓는 기능을 하기 때문에 그를 통하여 추정기능을 인정하는 것이며, '밀접한 관련'이라고 하는 매우 애매한 개념을 보다 구체화하고 객관성을 부여함과 동시에 준거법 선택이 없는 경우의 준거법 결정의 문제를 단순하게 한다는 장점이 있다고 설명된다.[4] 그 밖에도 특징적 이행을 하는 당사자가 통상 계약관계에서 반복적인 행위를 하는 사람(repeat player)이므로 만일 계약이 다양한 법질서에 의해 규율된다면 더 불리한 영향을 입게 되는 까닭에 그 법을 적용하는 것이 효율성을 제고할 수 있다고 설명하기도 한다.[5] 특징적 이행에 대해서는 비판이 있으나,[6] 우리의 경우 막연히 가장 밀접한 관련이 있는 국가의 법을 지정하라고만 하거나, 그에 추가하여 접근방법(approach)만을 규정할 경우 법관은 물론 당사자들에게 과도한 법적 불안정을 부담시킬 것이라는 점에서 현실적인 수단으로서 이를 도입한 것이다.[7]

우리 국제사법에서는 로마협약이나 스위스 국제사법처럼 직접 특징적 이행이라는 용어를 정면으로 사용하지는 않고 계약을 특징짓는 이행의 예를 열거하는 방법을 이용하였다(제2항 제1호─제3호). 제2항에서 "다음 각 호의 어느 하나에 해당하는 이행"이라 함은 바로 특징적 이행을 의미한다. 위원회에서 '특징적 이행' 또는 '특징적 급부(급여)'라는 용어를 정면으로 사용하자는 견해도 있었지만, 이는 종래 우리나라에서는 익숙하지 않은 개념이라는 이유로 명시하지 말자는 견해가 채택되었다.[8] 따라서 제2항의 문언을 정리하는 데 기술적인 어려움이 있었고, 그

---

4) 석광현, 제1권, 69면 참조. 특징적 이행의 개념은 여태식·서완석, 358면 이하 참조.

5) Dennis Solomon, The Private International Law of Contracts in Europe: Advances and Retreats, 82 Tulane Law Review, 1715 (2008).

6) 멕시코시티협약의 성안과정에서 이를 채택하자는 제안이 있었으나 거부되었다. Friedrich K. Juenger, The Inter─American Convention on the Law Applicable to International Contracts: Some Highlights and Comparisons, 42 Am. J. Comp. L. 381, 389 이하 (1994).

7) 흥미로운 것은 중국 섭외민사관계법률적용법의 태도이다. 제41조는 계약의 객관적 준거법에 관하여 특징적 이행을 할 당사자의 상거소지법 또는 계약과 가장 밀접한 관련이 있는 곳의 법을 선택적으로 지정하나, 법원이 어떤 기준에 의하여 준거법을 선택할지, 그리고 전자가 가장 밀접한 관련이 있는 법이 아니더라도 적용하라는 것인지 의문이다.

8) 당시 일본의 비교적 젊은 교수들로 구성된 국제사법입법연구회가 작성하여 1994년 10월 10일 일본 국제사법학회에 보고하고, 민상법잡지 제112권(1996) 제2호 및 제3호에 발표한 "契

결과 제2항의 문언을 이해하기가 다소 어려운 면이 있음은 사실이나, 위와 같은 배경을 이해한다면 보다 쉽게 이해할 수 있을 것이다. 기술적으로는 특징적 이행이라는 용어를 사용하는 편이 바람직했을 것이다.

저자는 과거 독일어의 'charakteristische Leistung'을 '특징적 급부(또는 급여)'[9]라고 번역하였으나, '급부(급여)'는 민법학에서는 흔히 사용되는 개념이지만 급여와 이행이 엄격히 구분되어 일관성 있게 사용되는 것으로 보이지 않고, 로마협약의 영문본은 이를 'characteristic performance'라고 하는 데서 보듯이 영미법계에서는 그러한 구분이 사용되지 않으며, 이행이라고 하더라도 의미의 전달에는 지장이 없고 '특징적 이행'이라는 표현이 이해하기 쉽다는 점을 고려하여 연구반초안 작성 당시부터 급부(또는 급여) 대신 이행이라는 표현을 사용하였다.[10]

국제사법은 명시하지 않지만, 제2항은 특징적 이행을 예시적으로 열거하는 것으로 이해하여야 한다. 위원회에서는 이 점에 관하여도 제2항이 예시적임을 명시하자는 견해가 있었으나, 이를 명시하지 않더라도 그 취지를 이해할 수 있고, 필요하다면 이를 국제사법의 해설에서 명시하면 족할 것이라는 이유로 이를 명시하지 않았다. 따라서 스위스 국제사법(제117조 제3항)이 열거하는 바와 같이, 임치계약의 경우에는 수치인의 이행이, 손해담보계약(Garantievertrag) 또는 보증계약의 경우에는 담보의무자 또는 보증인의 이행이 특징적 이행이다.

국제사법하에서 가장 밀접한 관련이 있는 국가의 법을 탐구함에 있어서 판단이 용이하지 않은 사안이 발생할 수 있을 것이나, 이는 판례의 집적과 학설에 의해 거래의 유형에 즉응하여 적절히 해결해야 할 것이다.[11]

또한 국제사법은 명시하지 않으나, 특징적 이행을 정할 수 없는 때에는 제2항

約, 不法行爲 등의 準據法에 관한 法律試案"은 이러한 규정방식을 취하였다. 이하 "일본시안"이라 한다. 이에 관하여는 장준혁 교수가 1995. 10. 28. 국제사법학회의 연차학술대회에서 발표한 바 있는데, 그 조문은 장준혁, "일본의 1989년 改正法例 및 1995년 개정시안에 대한 개관", 국제사법연구 제3호(1998), 209면 이하에, 그에 대한 소개는 184면 이하에 각각 수록되어 있다. 2001년의 개정에서는 일본시안은 시안이라는 점과, 그것이 일본 국제사법학계의 입장을 대변하는 것은 아니라는 점을 고려하여 단순히 참고하는 정도에 그쳤다.

9) 저자는 과거 '급부'라는 표현을 사용하였으나 민법에서 '급여'라 하므로 양자를 호환적으로 사용한다.

10) 연구반초안해설, 88면.

11) 다양한 국제계약의 유형별로 준거법의 결정을 포함한 국제계약법의 제논점을 다룬 자료로는 Christoph Reithmann/Dieter Martiny, Internationales Vertragsrecht, 9. Auflage (2021), S. 1215ff. (Rz. 8.1ff.)가 충실하다.

의 추정은 적용되지 않으며, 나아가 제2항과 제3항에 따라 어느 국가가 밀접한 관련을 가지는 것으로 추정되더라도 전체적인 사정으로 보아 계약이 다른 국가와 보다 밀접한 관련을 가지는 때에도 제2항 또는 제3항의 추정은 적용되지 않는다. 우리 국제사법 및 일본의 법적용통칙법과 달리 로마협약(제4조 제5항)은 그 경우 추정이 무시된다는 점을 명시적으로 규정하였다. 우리 국제사법이 이를 규정하지 않은 것은, 엄밀하게 말하자면 그 경우에는 추정이 깨어지고 제1항의 원칙으로 돌아가 가장 밀접한 관련이 있는 국가의 법이 준거법이 되는 것이므로 제2항과 제3항이 적용되지 않는다고 할 것은 아니고, 더욱이 추정이 깨어진다는 규정을 두지 않더라도 동일한 결론이 될 것이기 때문이다. 요컨대, 제2항은 추정규정이므로 궁극적으로는 밀접한 관련이라는 기준에 의하여 준거법을 결정해야 하지, 추정규정에 추정 이상의 의미를 부여할 수는 없다. 주의할 것은, 그 경우 가장 밀접한 관련이 있는 법이 계약의 준거법이 되는 것은 국제사법 제46조 제1항에 따른 결과이지 국제사법 제21조를 적용한 결과는 아니라는 점이다.[12] 이는 제46조 제2항의 추정을 깨뜨리는 것이지 제46조 제1항의 규칙을 깨뜨리는 것은 아니기 때문이다. 더욱이 국제사법 제21조를 널리 활용하는 것은 바람직하지 않다.

　　제46조를 적용함에 있어서 실무상 문제는 어떤 경우에 과연 추정이 깨어지고 가장 밀접한 관련이 있는 국가의 법을 적용할 것인지인데, 추정을 쉽게 깨뜨릴지 아니면 예외적인 경우로 한정하여 엄격한 요건하에 깨뜨릴지의 문제이다. 뒤의 (6)에서 설명하는 바와 같이 유럽연합에서는 이에 관한 회원국 법원 간의 견해 차이가 발생하였고 이를 극복하기 위하여 로마 I에서 이 점을 개정하였다. 국제사법의 해석으로는 엄격한 요건하에서만 추정이 깨지는 방향으로 실무를 운영하는 것이 바람직하다. 근자에는 한국에도 로마 I을 따라 국제사법 제46조를 개정하자는 입법론도 있으나,[13] 추정의 복멸에 대한 문제의식과 검토가 부족한 상황에서 새 것만 좇을 것은 아니다.[14] 특징적 이행은 당초 가장 밀접한 관련이 있는 국가를

---

12) 그러나 여태식·서완석, 372면은 제21조와의 관련하에서 논의한다. 나아가 제46조 제1항에 의하여 결정된 준거법은 당해 계약과 가장 밀접한 관련이 있는 법이므로 그것이 국제사법 제21조에 의하여 배제될 가능성은 없을 것이다.

13) 김인호, 로마 I규정, 582면; 이헌묵, "국제사법 제26조 제2항의 세 가지 유형의 계약의 준거법", 통상법률 제132권(2016. 12.), 32면 참조. 참고로 헤이그국제상사계약준거법원칙은 계약의 객관적 준거법의 결정에 관하여는 규정을 두지 않는다.

14) 이런 취지의 자세는 양창수, 민법입문 제4판(2007). 248면 이하 참조.

탐구하는 과정에서 추정의 근거를 제공하는 수단으로서 도입되었던 것이므로 이를 고정된 규칙으로 전환하는 것은 주저된다. 더욱이 국제계약의 다양한 사안을 고려할 때, 로마 I 은 법적 안정성과 유연성 간의 적절한 균형을 도모한 로마협약의 체제(이 점은 로마 I 의 전문 제16항도 명시한다)를 변경하여 법적 안정성을 지나치게 강조한 것이라는 점에서 문제가 있다.15) 추정을 깨뜨리는 것은 고정된 규칙의 예외를 인정하는 것보다 훨씬 용이하다. 이는 결국 국제계약의 준거법결정에 있어 고정된 규칙을 엄격하게 적용함으로써 달성되는 법적 안정성과, 법관에게 구체적 사건의 제반사정을 고려하여 준거법을 결정할 수 있는 재량을 인정함으로써 달성되는 유연성 및 구체적 타당성을 어떻게 형량할지의 문제인데, 우리는 깨어질 수 있는 추정을 유지함으로써 로마 I 보다는 유연성을 인정하되, 로마협약하의 영국 판결들보다는 엄격한 요건하에 추정을 깨뜨리도록 하자는 것이다. 우리 법원들은 추정을 쉽게 깨지는 않는 것으로 보인다.16)

요컨대 필자는 로마 I 을 따르자는 견해를 지지하지 않는다. 다만 필요하다면 로마 I 을 참조하여 특징적 유형을 더 세분화하여 추정규정을 두는 것과 제46조 제2항의 열거가 예시적임을 명시하는 데는 이의가 없다.17)

또한 관할규칙(제41조 제1항)과 준거법지정규칙(제46조 제2항)이 모두 3개 계약유형을 열거하면서 특징적 이행에 착안하여 이행지관할과 준거법 추정규정을 두는데, 전자(물품공급계약, 용역제공계약과 양자의 결합)와 후자(양도계약, 이용계약과 위임·도급계약)의 계약유형이 다르다는 점은 주목할 만하다. 전자는 브뤼셀 I bis(제7조)와 헤이그국제사법회의의 1999년 예비초안(제6조)을, 후자는 스위스 국제사법(제117조)을 참조하면서 의도적으로 차이를 둔 것인데 정합성을 제고할 필

---

15) 이 점은 로마 I 의 성안과정에서 유럽연합 (집행)위원회와 유럽의회의 초안에 대한 Max Planck Institute for Comparative and International Private Law, Comments on the European Commission's Proposal for a Regulation of the European Parliament and the Council on the Law applicable to Contractual Obligations (Rome I), para. 42 이하 참조. 이 견해는 로마 I 처럼 다양한 계약유형을 열거하지만 이를 고정된 규칙이 아니라 추정규칙으로 규정한다.

16) 이런 맥락에서 추정을 깨뜨린 우리 판결들을 찾아 검토할 필요가 있다. 추정규정을 적용하지 않고 가장 밀접한 관련이 있는 법을 지정한 판례들은 보이나 추정을 깨뜨린 판결은 잘 보이지 않는다.

17) 반면에 김인호, 로마 I 규정, 614-615면은 유형을 열거할 경우 제한적 열거인지 예시적 열거인지에 관하여 혼란이 발생할 수 있고 유형의 선별이 자의적일 수 있으므로 특징적 이행의 구체적 예를 예시하는 것은 지지하지 않는다.

요는 없는지 검토할 필요가 있다.

흥미로운 것은, 유럽연합에는 로마Ⅰ의 문언에도 불구하고 로마Ⅰ이 여전히 깨어질 수 있는 추정의 체계를 유지하고 있다는 견해가 유력한 것으로 보이는 점이다.18) 그러나 이는 적어도 문언에는 반하는 것이며 입법자의 의사에도 반하는 것이라고 생각된다. 더욱이 "추정-추정의 복멸(또는 번복)" 관계를 "원칙-예외" 관계와 동일시한다면, 제21조(예외조항)를 두고 있는 우리 국제사법하에서는 연결원칙을 정한 국제사법 조문은 모두 추정규정으로 전락하게 된다. 이는 원칙을 깨고 예외를 적용하기 위해서는 추정을 깨는 것보다 더 높은 문턱(threshold)을 넘어야 한다19)는 점에 반하는 태도로서 받아들일 수 없다.

(4) 추정의 예외 - 부동산에 관한 계약 - (제3항)

부동산에 대한 권리를 대상으로 하는 계약의 경우에는 특징적 이행에 기초한 제2항의 추정이 적용되는 것이 아니라, 부동산이 소재하는 국가의 법이 가장 밀접한 관련이 있는 것으로 추정된다.20) 여기에서 "부동산에 대한 권리"라 함은 부동산에 대한 물권뿐만 아니라 부동산에 대한 임차권 등 채권적 권리를 포함한다.21) 따라서 부동산 매매계약뿐만 아니라 부동산 임대차계약도 제3항에 따른다. 로마협약은 "부동산에 대한 물권 또는 부동산의 용익권을 대상으로 하는 계약"이라고 하여 이러한 취지를 명확히 규정한다. 부동산에 대한 권리를 대상으로 하는 계약에 부동산신탁이 포함되는지는 논란의 여지가 있다.

(5) 그 밖의 추정의 예외

로마협약(제4조 제4항)은 물품운송계약(contract for the carriage of goods)에는 제2항의 추정규정을 적용하지 않는 대신 적하지, 양하지 또는 송하인의 주된 사무

---

18) 예컨대 Peter Mankowski, Die Rom I-Verordnung-Änderungen im europäischen IPR für Schuldverträge, Internationales Handelsrecht (2008), S. 137; Peter Stone, EU Private International Law, 3rd Edition (2014), p. 312.
19) Franco Ferrari/Stefan Leible (Eds.), Rome I Regulation: The Law Applicable to Contractual Obligations in Europe (2009), p. 30 (Ulrich Magnus 집필부분).
20) 국제사법은 이런 취지를 명시하지는 않지만 해석상 그렇게 보아야 할 것이다. 로마협약(제4조 제3항)은 그런 취지를 명시하였다.
21) 제46조는 채권계약에 관한 규정이므로, 엄밀히 말하자면 부동산에 대한 물권을 설정하는 계약, 즉 물권계약에 대해서는 제26조를 적용할 것은 아니다.

소가 운송인이 계약체결 시점에 주된 영업소를 가지는 국가에 있는 때에는 그 국가와 가장 밀접한 관련을 가지는 것으로 추정된다는 규정을 두었으나,[22] 국제사법은 스위스 국제사법과 마찬가지로 이러한 예외를 규정하지 않는다.[23] 따라서 물품운송계약의 경우에도 원칙적으로 제2항의 추정규정이 적용되며, 반드시 로마협약처럼 연결점의 중첩을 근거로 추정해야 하는 것은 아니다. 그러나 과연 모든 운송계약에 대해 그런 추정이 적절한지는 구체적 사건에서 법관이 판단해야 하고 그 경우 로마협약의 조항을 참작할 여지가 있다.

해상물건운송계약과 해상여객운송계약에 대해 해상에 관한 장에 별도의 규정을 두자는 견해도 있으나[24] 굳이 그렇게 할 필요는 없다. 즉 해상운송계약만을 떼어 내어 별도의 규정을 둘 필요는 없다는 취지이다.[25] 반면에 로마 I처럼 운송계약에 대한 별도의 규정을 두는 방안은 신중하게 고려할 필요가 있으나 가사 그렇게 하더라도 해상운송계약에 관한 별도의 규정은 두는 것은 의문이다. 국제운송계약 일반에 관한 연결원칙과 조약에 규정된 통일실질법으로서 해결하는 것이 바람직할 것으로 생각되나, 더 검토할 필요가 있다.[26]

---

22) 로마 I은 이런 추정을 버리고 고정된 규칙을 도입하였다. 즉 제5조는 운송계약이라는 제목 하에 물품운송계약과 여객운송계약을 구분하여 준거법을 규정한다. 상세는 아래(6)에서 소개한다.

23) 연구반초안은 제4항에서 다음과 같은 조항을 두고 있었다.
   "제2항의 규정에도 불구하고 물품운송계약의 경우 운송인이 계약체결 당시 주된 영업소를 가지는 국가 안에 적하지(積荷地), 양하지(揚荷地) 또는 송하인(送荷人)의 주된 영업소가 있는 때에는 그 국가의 법이 가장 밀접한 관련이 있는 것으로 추정된다."
   이러한 연구반초안에 대해 그에 의하면 준거법을 결정할 수 없는 경우가 생길 수도 있다는 지적이 있었다. 손주찬, "섭외사법(涉外私法) 개정시안(제10장 해상)의 검토㉟", 해양한국(2000. 10.), 136면. 그러나 이는 제4항이 추정규정임을 오해한 것으로서 타당하지 않다. 제1항의 원칙에 따라 가장 밀접한 관련이 있는 국가의 법이 준거법이 되며, 제4항은 단지 추정규정일 뿐이다. Vischer/Huber/Oser, Rn. 465는 로마협약과 비교하여 스위스 국제사법이 우월하다고 한다. 이는 편의치적과 관련된 문제이기도 하다.

24) 손주찬(註 23), 136−137면.

25) 따라서 저자의 견해를 국제운송계약에 대한 별도의 규정을 두자는 견해와 대비시키는 식의 설명(윤남순, "EU법상 국제운송계약의 준거법−「로마 I 규칙」을 중심으로−", 고려법학 제71호(2013. 12.), 18면)은 부적절하다.

26) 유럽연합에서는 용선계약의 경우 그 유형에 따라 구분하여 논의한다. 예컨대 선체용선의 경우에는 운송계약이 아니라 선박임대차계약이므로 운송계약에 관한 로마I 제5조가 아니라 제4조 제2항이 적용된다. Reithmann/Martiny/Mankowski, Rn. 6.2066.

(6) 준거법의 분열 또는 분할

국제사법은 객관적 연결의 경우 계약의 준거법의 분열에 관하여 규정을 두지 않는다. 논리적으로 불가능한 것은 아니나 실제로는 드물 것이다. 흥미로운 것은, 준거법의 분열이 가능함을 명시하였던 로마협약 제4조 제1항 2문이 로마 I 에서는 삭제되었다는 점이다. 27) 다만 위에서 본 것처럼 이행의 태양에 대하여 이행지법을 적용한다면 준거법의 분열을 인정하는 것이 된다.

(7) 객관적 준거법의 결정이 문제 되는 사례

(가) 라이선스계약   국제사법은 구 국제사법과 마찬가지로 지적재산권과 관련된 라이선스계약(또는 지적재산권이용계약)의 준거법에 관하여 특칙을 두지 않는다.28) 국제사법의 해석으로는 라이선스계약에 따라 특징적 이행을 하는 당사자의 상거소지법이 가장 밀접한 관련이 있는 것으로 추정되는데, 라이선스계약도 제46조 제2항 제2호의 이용계약이므로 라이선서(licensor)의 상거소(법인의 경우 주된 사무소, 영업활동의 경우 영업소)가 있는 국가의 법이 가장 밀접한 관련이 있는 것으로 일응 추정되고, 궁극적으로는 라이선스계약과 가장 밀접한 관련이 있는 국가의 법이 준거법이 되어야 할 것이다. 문제는 라이선서와 라이선시(licensee) 중 누가 특징적 이행을 하는 자인가인데, 이에 관하여는 전부터 견해가 나뉜다. 생각건대 라이선스계약의 구조와 태양의 다양성에 비추어 이는 일률적으로 판단하기는 어렵고 라이선스계약을 둘러싼 구체적인 상황에 따라 개별적으로 검토해야 할 사항으로 보인다.29)

저작권 라이선스계약의 경우처럼 라이선시가 단순히 로열티 지급의무만을 부담하는 경우에는 라이선서가 특징적 이행 의무를 해야 하는 당사자이나, 복잡한 라이선스계약의 경우에는 특징적 이행 자체 또는 이를 이행하는 당사자의 결

---

27) 이는 '계약' 또는 '계약 전체'의 준거법이라고 할 때 '계약'을 무엇으로 보는가에 따라 달라질 수 있는데, 아마도 계약의 성립, 유효성, 효력과 해석 정도로 파악하는 것이 아닌가 짐작된다.

28) 스위스 국제사법(제122조 제1항)은 라이선서의 상거소지법을 적용하나, 개정 전의 오스트리아 국제사법(제43조 제1항)은 반대로 라이선시의 국가의 법을 적용하였다. 후자는 1998년 12월 1일자로 폐지되고 로마협약에 의해 대체되었다. 이는 스위스는 주로 라이선서의 국가임에 반하여 오스트리아는 라이선시의 국가라는 차이에서 비롯된 것으로 보인다.

29) 계약의 유형별 검토는 Rauscher/Thorn, EuZPR/EuIPR, Art 4 Rom I-VO (2011), Rn. 123ff.; 이헌묵(註 13), 15면 이하 참조. 우리 법의 논의는 석광현, 정년기념, 364면 이하 참조.

정이 어려우므로 그때에는 가장 밀접한 관련이 있는 국가를 정해야 하는데, 보호국이 가장 밀접한 관련을 가지는 것으로 볼 여지도 있을 것이다.[30][31]

흥미로운 것은 유럽연합의 논의이다. 우리 국제사법은 스위스 국제사법(제117조)을 참조하여[32] 제46조 제2항 제2호에서 이용계약의 경우에는 물건 또는 권리를 이용하도록 하는 당사자의 이행이 특징적 이행임을 명시하는 데 반하여 로마협약과 로마 I에는 이용계약에 관한 조항이 없으므로 유럽연합에서는 라이선스계약이 용역제공계약인지를 둘러싸고 논란이 있다. 유력설은 이를 부정하고, 라이선스계약의 준거법은 용역계약에 관한 로마 I제4조 제1항 b호가 아니라 기타 계약에 관한 제2항에 따라 특징적 이행을 하여야 하는 당사자의 상거소지국법이라고 본다.[33] 그에 따르면 논란의 핵심은 특징적 이행을 하는 당사자는 누구인가인

---

30) 지적재산권이용계약의 경우 이용하는 당사자의 이행을 특징적 이행으로 보아야 하므로 이를 제2호의 적용범위로부터 제외하여야 한다고 하면서 제2호의 "이용계약의 경우에는"을 "이용계약의 경우(지적재산권이용계약을 제외한다)에는"으로 수정하자는 견해가 있다. 이성호, "사이버 知的財産權 紛爭에 관한 國際裁判管轄과 準據法", 저스티스 통권 제72호(2003. 4.), 188-189면. 그러나 다음의 이유로 이는 지지하기 어렵다. 첫째, 제2호가 라이선스계약(또는 지적재산권이용계약)에 적용되더라도 이는 추정규정에 불과하므로, 만일 위 개정의견이 지적하듯이 라이선스계약(또는 지적재산권이용계약)의 경우 항상 이용하는 당사자의 이행이 특징적 이행이라면, 라이선스계약(또는 지적재산권이용계약)과 가장 밀접한 관련이 있는 국가의 법은 이용하는 당사자의 상거소(법인의 경우 주된 사무소, 영업활동의 경우 영업소)가 있는 국가의 법이 될 것이므로 결론은 동일하게 될 것이다. 둘째, 라이선스계약(또는 지적재산권이용계약)이라고 하더라도 예컨대 라이선시가 단순히 일시불로 이용료를 내는 것에 그치는지, 아니면 지적재산권을 사용하여 물품을 제조, 판매하고 로열티를 지급할 의무 등을 부담하는지의 여부 기타 계약에 따른 당사자들의 권리, 의무 기타 사실관계에 따라 라이선서 또는 라이선시의 의무가 특징적인 이행이 될 수 있고 경우에 따라서는 그의 결정이 어려운 경우도 있으므로 개정의견처럼 항상 라이선시의 이행이 특징적 이행이라고 단정할 수도 없다.

31) 이와 관련하여 하나의 라이선서가 하나의 라이선시에게 복수 국가에서 지적재산권을 이용할 수 있도록 허락하는 라이선스계약에서는 복수의 준거법이 있게 되므로 부당하다는 비판도 있으나 이 경우 일차적 보호국법을 전체의 준거법으로 보자는 견해가 있다. James J. Fawcett/Paul Torremans, Intellectual Property and Private International Law, second edition (2011), para. 14.94.

32) 스위스 국제사법은 더 나아가 제122조 제1항에서 무체재산에 관한 계약은 무체재산권을 양도하거나 또는 무체재산권의 이용을 허용하는 자가 그의 상거소를 가지고 있는 국가의 법에 의한다고 명시한다. 우리 국제사법에는 없는 조항이다. 스위스에서도 제122조 제1항에도 불구하고 라이선스계약에서 가장 밀접한 관련이 있는 국가의 법을 찾기 위한 논의가 있는 그 과정에서 유럽연합의 논의를 참고한다. Zürcher Kommentar/Vischer, Art. 122 Rn. 18ff. 참조.

33) 라이선스계약에 따라 지식재산권의 보유자가 그 권리를 보유하면서 당해 지적재산의 실시

데, 이에 관한 유럽연합의 논의는 우리 국제사법상 특징적 이행을 하는 당사자, 나아가 계약과 가장 밀접한 관련이 있는 국가를 결정하는 데 참고가 된다.

독일에서는 하나의 라이선시와 계약을 체결하는 경우에는 원칙적으로 라이선서가 계약의 특징적 이행을 하는 당사자이므로 그의 영업소 소재지법이 준거법이 되고, 라이선서가 수개국에 산재하는 라이선시(licensee)들에게 이용허락을 하는 경우에는 라이선서의 영업소 소재지법이 준거법이 되나, 라이선시가 전용실시권을 가지는 경우 및/또는 물품의 제조, 판매, 마케팅 등 지식재산권의 이용 내지 실행의무 등을 부담하는 경우에는 라이선시의 영업소 소재지법이 준거법이 된다는 견해와, 어느 경우든 보호국이 가장 밀접한 관련을 가지므로 보호국법을 적용해야 한다는 견해 등이 있다.[34]

한편 영국에서는 특허권 라이선스의 경우 로마협약의 해석상 라이선서의 상거소지법, 라이선시의 상거소지법과 보호국법을 적용할 것이라는 견해가 주장되었던바,[35] 이 점은 로마 I하에서도 유사하다. 유력설은 로마협약의 해석론으로서 단순한 라이선스계약의 경우를 제외하고는 대부분의 라이선스계약의 경우 특징적 이행을 결정할 수 없으므로 제4조 제2항의 추정규정이 적용될 수 없고 결국 제4조 제5항에 따라 가장 밀접한 관련을 가지는 국가의 법을 적용해야 하는데, 이는 보호국법이며 이는 통상 이용이 행해지는 국가라고 한다.[36] 로마 I하에서는 이는 제4조 제1항 또는 제2항에 따라서 준거법이 결정될 수 없는 경우에 해당하므로 그 계약은 가장 밀접한 관련을 가지는 국가의 법을 적용해야 한다는 식으로 논의가 전개된다.

계약의 준거법이 어느 국가의 법이든 간에 라이선서가 가지는 지식재산권의 존재, 범위, 라이선스 가능성 등과 같이 지식재산권 자체에 관한 사항은 보호국법

및 사용권을 타인에게 이용·허락하고 그에 상응하는 대가인 로열티를 지급받는 것을 주된 내용으로 하므로 용역의 제공이라고 보기는 어렵다는 견해가 유력하다. 상세는 Peter Mankowski, Contracts Relating to Intellectual or Industrial Property Rights under the Rome I Regulation, Stefan Leible/Ansgar Ohly, Intellectual Property and Private International Law (2009), p. 39ff. 참조. 국제재판관할의 맥락에서 유럽연합사법재판소의 2009. 4. 23. Falco v Weller-Lindhorst 사건 판결(C-533/07)은 이런 취지로 판시하였다.

34) Rauscher/Thorn, EuZPR/EuIPR, Art 4 Rom I-VO (2011), Rn. 124; 이호정, 지재권, 657면 이하 참조.

35) James J. Fawcett/Torremans, Paul, Intellectual Property and Private International Law (1998), p. 561.

36) 상세는 Fawcett/Torremans(註 31), para. 14.68 이하 참조.

에 따른다. 준거법이 외국법인 라이선스계약의 경우에도 법정지의 국제적 강행법규의 적용은 배제되지 않는데(국제사법 제20조), 독점금지법이 국제적 강행법규로서 적용될 수 있다.

    (나) 신용장(letter of credit)[37]   개설은행과 수익자 간의 법률관계 기타 신용장에 따른 법률관계의 준거법이 종종 문제가 된다. 왜냐하면 예컨대 독립·추상성의 원칙에 대한 예외 내지는 사기적인 청구의 예에서 보는 바와 같이 국제상업회의소의 신용장통일규칙(UCP)[38]만으로는 신용장과 관련된 법률관계를 충분히 규율할 수 없어 준거법에 의하여 보충하지 않을 수 없기 때문이다. 신용장의 준거법을 논의함에 있어서 중요한 것은, 관련 당사자들 간의 법률관계별로 구분하여 준거법을 판단해야 한다는 점이다. 특히 문제 되는 것은 ① 개설은행과 수익자 간의 법률관계와, ② 개설은행과 매입은행 간의 법률관계의 준거법이다. 우선 ①에 관하여는 신용장에 준거법이 지정되지 않은 경우 섭외사법(제9조 및 제11조)하에서는 개설은행이 의사표시를 한 곳으로서 개설은행 소재지법이 준거법이 되었으나, 국제사법하에서는 개설은행 소재지법이 특징적인 이행을 하는 당사자의 영업소 소재지법으로서 준거법이 될 가능성이 크다.[39] 즉 개설은행 소재지법이 준거법이 되는 결론은 동일하나 논리적인 근거가 다르다. 한편 ② 즉 개설은행과 매입은행의 법률관계에 관하여도, 그들 간에 위임계약이 존재하지 않는 한 동일한 이유로 개설은행 소재지법이 준거법이 될 가능성이 크다.[40]

    실제로 대법원 2011. 1. 27. 선고 2009다10249 판결은, 매입은행인 한국의 은

---

37) 신용장의 준거법에 관하여는 석광현, 제1권, 146면 이하; 이헌묵, "화환신용장의 중간은행의 법률관계와 독립적 은행보증의 제2의 은행의 법률관계에 대한 준거법", 국제사법연구 제17호(2011), 364면 이하; 채동헌, "국제적 대금결제에 있어 신용장 거래의 준거법", 진산 기념논문집 제1권, 94면 이하 참조.

38) 최근 것은 2007년 제6차 개정 간행물 제600호로 개정되어 2007년 7월 1일자로 시행되는 통일규칙이다. UCP 600에 관하여는 우선 대한상공회의소·ICC Korea·전국은행연합회, UCP 600[제6차 개정 신용장통일규칙] 공식번역 및 해설서(2007) 참조.

39) 김인호, "국제무역거래에서의 대금의 결제방법은 케르베로스(Kerberos)의 세 개의 머리인가", 선진상사법률연구 제55호(2011. 7.), 46면도 동지.

40) 김인호(註 39), 46면도 동지. 과거 대법원 2000. 6. 9. 선고 98다35037 판결은, 매입은행과 개설은행 간의 법률관계의 준거법을 판단함에 있어서, 섭외사법 제9조 및 제11조 제1항에 따라 행위지법인 신용장 개설은행이 지급확약의 의사표시를 통지한 개설은행 소재지에서 시행되는 법인 중국법이 준거법이 된다고 보았다. 다만 김인호, 로마 I 규정, 578면은 신용장거래에서 당사자별로 준거법을 달리 지정하는 데 대해 부정적인 견해를 피력한다.

행이 신용장 개설은행인 일본의 은행을 상대로 신용장대금 및 이에 대한 지연손해금의 지급을 구하는 소를 제기한 사건에서, 구 국제사법 제26조 제1항에 따라, 환어음 등의 매입을 수권하고 신용장대금의 상환을 약정하여 신용장대금 상환의무를 이행하여야 하는 신용장 개설은행의 소재지법인 일본법이 계약과 가장 밀접한 관련이 있는 국가의 법으로서 준거법이 된다고 판시하였다. 그러한 결론 자체는 문제가 없으나, 대법원판결이 특징적 이행에 기초한 추정(제26조 제2항) 과정을 생략한 채 구 국제사법 제26조 제1항에 따라 결론을 내린 이유는 잘 이해되지 않는다.[41] 논리적으로는 특징적 이행을 하는 당사자가 개설은행이라고 보고 개설은행의 소재지법인 일본법이 가장 밀접한 관련이 있는 국가의 법으로 추정되는데,[42] 그 추정을 깨뜨릴 사정이 없으므로 결국 일본법이 준거법이라고 판단하는 것이 옳았을 것이다.

(다) 선하증권[43]　　　　　우리 상법상 선하증권의 효력을 채권적 효력과 물권적 효력으로 구분하는 것에 상응하여 선하증권에 따른 법률관계의 준거법도 채권적 법률관계와 물권적 법률관계를 나누어 보아야 한다.[44] 선하증권의 채권적 법

---

41) 위 대법원판결은 구 국제사법 제26조 제2항의 열거를 한정적 열거로 보고 매입은행과 개설은행 간의 관계는 그 어느 것에도 해당하지 않으므로 제2항을 적용하는 대신 제1항을 적용한 것이라는 평가가 있다. 정구태, "국제항공여객운송계약에서의 오버부킹과 약관규제법의 적용 여부", 외법논집 제39권 제4호(2015. 11.), 24면 註 22. 평석은 이연, "국제항공여객운송계약의 준거법에 관한 연구-대법원 2014. 8. 28. 선고 2013다8410 판결을 계기로-", 국제사법연구 제28권 제2호(2022. 12.), 303면 이하도 참조. 실무상 이용되는 항공권 구매계약 즉 항공 여객 운송 주선계약의 법적 성질은 준위탁매매라는 견해가 유력하다. 이창재, "항공여객운송계약의 법적 쟁점", 기업법연구 제36권 제3호(2022. 9.), 168면; 위 이연, 322면.

42) Rauscher/Thorn, EuZPR/EuIPR, Art 4 Rom I-VO (2011), Rn. 123ff. Article 4 Rom I-VO, Rn. 52. 위 판결의 평석은 이정원, "신용장거래에서 개설은행과 매입은행의 주의의무와 준거법 — 대법원 2011. 1. 27. 선고 2009다10249 판결의 평석을 중심으로 —", 중재연구 제22권 제1호(2012. 3.), 65면 이하 참조.

43) 선하증권의 준거법에 관하여는 석광현, 제2권, 81면 이하; 석광현, 제5권, 243면 이하; 송해연, "해상보험계약과 선하증권의 준거법약관에 대한 우리 법원의 해석과 이에 대한 고찰", 한국해법학회지 제38권 제1호(2016. 4.), 275면 이하 참조. 근자의 논의는 이상협, "선하증권의 준거법에 관한 법적 고찰", 한국해법학회지 제46권 제2호(2024. 8.), 117면 이하 참조. 상세는 이상협, "船荷證券 裏面約款에 관한 研究", 고려대학교 대학원 법학박사 학위논문 (2021. 2.) 참조.

44) 근자에는 운송을 위한 선하증권거래는 일종의 도급계약으로서 구 국제사법 제26조 제2항 제3호에 따라 운송용역을 이행하는 선하증권 발행인의 소재지법을 최밀접관련국법으로 추정할 수 있음을 전제하면서도, 위 추정규정을 원용하지 않고 선하증권의 발행지, 화물의 선적장소 및 송하인의 주소지가 있는 국가를 선하증권과 가장 밀접한 관련이 있는 국가로 보아

률관계는 기본적으로 선하증권의 적법한 소지인과 운송인 간의 채권적 법률관계를 말하는데 이는 선하증권의 준거법(Konnossementsstatut)에 의하여 판단하여야 한다. 선하증권의 준거법은 운송계약의 준거법과 마찬가지로 명시적 또는 묵시적으로 지정될 수 있는데,[45] 한국 선사들이 발행하는 선하증권은 대체로 준거법조항을 두고 있으므로 선하증권의 준거법 결정은 통상은 문제 되지 않으나, 준거법조항이 없는 경우 준거법의 결정이 문제 된다.

선하증권이 준거법을 지정하지 않은 사안에서 대법원 2003. 1. 10. 선고 2000다70064 판결[46]은 섭외사법의 해석상 선하증권의 발행지법이 선하증권의 객관적 준거법이 된다고 판시하였다. 섭외사법하에서는 그렇게 해석할 여지가 없지 않았지만[47] 국제사법하에서는 선하증권과 가장 밀접한 관련을 가지는 법이 준거법이 된다. 참고로 독일에서는 선하증권의 객관적 준거법은 합의한 목적지국법이라는 견해가 유력하다.[48] 우리나라에서는 목적지국이라는 견해,[49] 선하증권 발행

그 국가의 법을 준거법으로 적용한 판례(서울고등법원 2015. 4. 21. 선고 2014나30256판결)를 소개하고, 선하증권을 둘러싼 법률관계가 채권관계만이 아니라 선하증권의 물권적 효력(예컨대 운송목적물의 소유권 귀속)의 준거법도 문제 되므로 선하증권의 준거법을 선하증권의 발행지 등의 법으로 하여 선하증권에 의하여 표창되는 물품의 거래의 안전과 법률관계의 획일적 처리에 도움이 될 수 있다는 점에서 긍정적이라고 평가하는 견해(손경한, "계약적 채무의 준거법에 관한 한국 판례의 최근 동향", 국제사법연구 제22권 제2호(2016. 12.), 116면)가 있는데 이는 흥미롭기는 하나 아무런 근거가 없다. '선하증권거래'가 정확히 무엇을 말하는지 불분명하나 선하증권은 운송계약과는 구별되는 유가증권이고 그 자체가 도급계약이 아니다. 선하증권의 채권적 효력의 준거법과 물권적 효력의 준거법을 구별하여야 한다.

45) 이는 선하증권에 화체된 권리가 채권적 권리이기 때문이다. 우리 국제사법에 명문의 규정은 없으나 유가증권의 준거법을 논의함에 있어서는 '유가증권에 화체된 권리의 준거법'과 '유가증권 자체의 준거법'을 구별해야 함은 제35조의 해설에서 언급하였다.

46) 대법원판결은 용선계약상의 중재조항이 선하증권에 편입되어 선하증권의 소지인과 운송인 사이에서도 효력을 가지는지의 여부는 선하증권의 준거법에 의할 것이라고 하고 그의 준거법을 본문과 같이 결정하였다. 평석은 석광현, 제4권, 457면 이하; 석광현, 중재법연구 제1권, 465면 이하; 채동헌, "용선계약상의 중재조항과 선하증권에의 편입", 대법원판례해설 통권 제44호(2003년 상반기), 244면 이하 참조. 용선계약 선하증권의 경우는 편입 여부에 따라 처리할 수 있으나 개품운송계약의 경우는 별도로 객관적 준거법을 결정할 필요가 있다.

47) 저자는 이에 대해 비판적인 견해를 피력한 바 있다. 석광현, 제2권, 85면 註 12 참조.

48) Reithmann/Martiny/Mankowski, Rn. 6.2015. Reithmann/Martiny/Mankowski, 9. Auflage (2022) Rn. 15.193도 같다. 선하증권은 화물인도청구권을 표창하는 증권인데 위 권리는 목적항에서 행사되어 그 가치를 실현하는 점, 유가증권의 특성에 비추어 그 거래에 관여하는 제3자들의 사전 예측가능성을 확보할 수 있는 점과 선하증권을 둘러싼 분쟁은 화물의 손상을 이유로 하는데, 손상된 화물은 운송 후 목적항에 있다는 점 등을 근거로 한다. 독일에서는 이것이 관습법(Gewohnheitsrecht)이 되었다고 한다. 상세는 Reithmann/Martiny/

지법이라는 견해[50]와 선하증권에 의하여 증명되는 운송계약의 준거법이라는 견해[51]가 보인다.

선하증권에 따른 당사자들의 권리, 의무는 선하증권의 채권적 효력의 문제로서 선하증권의 준거법에 따르나, 선하증권의 유통성으로부터 발생하는 사항(예컨대 피배서인이 배서인보다 강력한 권리를 취득할 수 있는지의 여부)은 그에 포함되지 않는다.[52]

한편 선하증권의 물권적 효력에 관하여는 독일의 다수설은 목적지국법에 따른다고 하나, 스위스 국제사법(제106조 제1항)은 발행인이 선하증권에서 지정한 법이, 그것이 없는 때에는 발행지법이 준거법이 된다고 한다.

(라) 보험계약　　　　　우리 국제사법의 해석상 보험계약은 용역제공계약이고 특징적 이행을 하는 자는 보험자이다.[53] 우리나라에서 실무상 흔히 문제 되는 것은 해상보험이고 그 경우 영국법 준거약관에 따라 영국법이 준거법으로 지정되고 있는데, 특히 준거법의 분할지정이 문제 된다. 그 밖에는 유럽연합에서 보는 바와 같은 보험계약을 위한 별도의 연결원칙을 도입할 필요성은 별로 없을 것으로 본다.[54]

(마) 국제재판관할합의[55]　　　　　국제재판관할합의와 관련한 준거법에 관하여

Mankowski 참조. 채권관계에서 의무이행지를 중시하던 과거의 태도도 이를 정당화하는 요소였다. Peter Mankowski, Seerechtliche Vertragsverhältnisse im Internationalen Privatrecht (1995), S. 180.

49) 서울중앙지방법원 2018. 12. 5. 선고 2017가합525239 판결. 그의 평석인 김재희, "선하증권의 객관적 준거법 결정에 대한 논의", 한국해법합회지 제43권 제1호(2021. 5.), 236면은 이런 결론을 지지한다.

50) 최성수, "해상운송계약에서 준거법의 결정", 아주법학 제9권 제1호(2015. 5.), 137－138면은 선하증권의 준거법은 발행지법이라고 하면서 그것이 가장 밀접한 관련이 있는 법이라고 한다.

51) 이상협, "선하증권의 준거법에 관한 법적 고찰", 한국해법학회지 제46권 제2호(2024. 8.), 137면.

52) 이는 로마협약의 적용범위와 관련된 논점이기도 하다. 석광현, 제1권, 61면 참조.

53) 로마협약의 해석상 Giuliano/Lagarde 보고서, 관보 C 282/20.

54) Dai Yokomizo(橫溝 大), Law Applicable to Insurance Contracts: Is it Necessary to Introduce Specific Choice－of－Law Rules, 제3회 한국 · 일본 국제사법학회 공동학술대회 발표자료는 일본법의 관점에서 이를 검토하고 보험계약에 대하여 별도의 연결원칙과 책임보험에서 피해자의 보험자에 대한 직접청구권에 관한 규정을 신설할 필요성을 부정한다. 그러나 필자는 직접청구권에 관하여는 불법행위에서 언급하는 바와 같이 입법론으로서 규정을 두는 방안을 검토할 필요가 있다.

55) 관할합의의 객관적 준거법만이 아니라 주관적 준거법이 문제 되므로 반드시 여기에 써야 할 것은 아니나 주로 문제 되는 것은 후자이므로 여기에서 논의한다. 상세는 석광현, 국제재판관할법, 96면 이하; 석광현, "2022년 개정 국제사법에 따른 국제재판관할합의의 제문제", 경희법학 제57권 제2호(2022. 6.), 3면 이하 참조.

는 논란이 있으나, 저자는 종래 국제재판관할합의의 법적 성질에 관계없이,[56] 남
용에 대한 통제의 문제를 포함한 관할합의의 유효요건(허용요건 또는 적법요건), 방
식과 효력은 법정지법에 의하여 판단할 사항이라고 보고 있다.[57] 반면에 관할합
의의 성립과 유효성(실질적)은 법정지의 소송법이 별도의 규정을 두지 않는 한, 통
상의 국제계약과 마찬가지로 법정지의 국제사법이 지정하는 준거법에 의할 사항
이다. 관할합의가 주된 계약의 일부를 이루는 경우, 즉 관할합의조항으로 포함되
는 통상적인 경우 주된 계약의 준거법이 관할합의의 성립과 유효성(실질적)의 준
거법이 될 것이다. 여기의 주된 계약의 준거법은 명시적 또는 묵시적으로 지정된
주관적 준거법을 말한다. 그것이 당사자의 이익에 부합할 것이다.[58] 다만, 여기에

---

56) 일부 견해는 국제재판관할합의의 법적 성질, 즉 그것이 소송행위(소송계약)인지 사법상의
계약인지 또는 절충적 성질인지를 결정하고, 그에 따라 소송행위이면 법정지법을, 사법상의
계약이면 법정지 국제사법에 따라 결정되는 준거법을 각 적용하는 방법으로 준거법을 추론
한다. 나아가 국제재판관할합의의 법적 성질을 논의하는 실익이 준거법의 결정에 있다고도
한다. 그러나 독일의 유력한 견해는 국제재판관할합의의 법적 성질을 소송행위라고 보더라
도 방식이나 효력처럼 민사소송법이 직접 규정을 두고 있는 사항이 아닌 국제재판관할합의
의 성립 및 유효성(예컨대 의사표시의 하자)은 법정지의 국제사법에 따라 결정되는 준거법
에 의할 것이라고 본다. 사견으로는 후자가 타당하고, 국제재판관할합의의 법적 성질로부터
그의 준거법을 추론하려는 시도는 적절치 않다. 한충수, "국제재판관할합의에 관한 연구",
연세대학교 대학원 박사학위논문(1997), 66면 이하도 동지. 더욱이 첫째, 소송행위의 개념에
관하여 요건과 효과를 기준으로 하는 학설과 효과만을 기준으로 하는 학설이 있으므로 국제
재판관할합의의 법적 성질도 양자 중 어느 학설을 취하는가에 따라 좌우되고, 둘째, 정치한
소송행위의 개념을 알지 못하는 영미에서는 이런 견해가 통용될 수도 없다. 영미에서는 단
지 절차인가 실체인가만이 논의된다. 중재합의에 관하여도 대체로 동일한 논리가 타당하다.
저자는 관할합의도 중재합의처럼 "절차법적(또는 소송법적) 법률관계에 관한 실체법(사법)
상의 계약" 또는 "소송상의 관계에 대한 실체법상의 계약"이라거나 "소송법적 효과를 수반
하는 특수한 사법(私法)상의 계약"이라고 본다. 석광현, 국제중재법 제1권, 110면; 석광현,
국제재판관할법, 126면. 그러나 발전적 사법계약설도 있는데, 학설은 한승수, "국제재판관할
합의의 위반과 손해배상책임", 국제사법연구 제25권 제1호(2019. 6.), 22면 이하 참조.
57) Geimer, IZPR, Rz. 1677, Rz. 1757.
58) 저자는 과거 주된 계약의 준거법에는 객관적 준거법도 포함된다고 썼으나(석광현, 제2권,
220면) 객관적 준거법은 배제된다고 본다. 객관적 준거법을 기초로 당사자의 의사에 부합한
다고 볼 수 없고, 저자가 중재합의의 준거법에 관하여 쓴 것(석광현, 국제중재법, 제1권,
117면, 274면)과도 일관성이 없기 때문이다. 주된 계약의 준거법에 관한 명시적 또는 묵시
적 합의가 없는 때에는 당사자가 선택한 법정지 소속국법을 관할합의의 준거법으로 보아야
할 것이다. 근자에는 헤이그국제사법회의 관할합의협약(제5조, 제6조와 제9조)에서 보듯이
당사자가 선택한 법정지 소속국법을 준거법으로 보는 견해가 유력해지고 있다. 브뤼셀 I 을
개정한 것으로서 2012년 12월 공표되고 2015. 1. 10.부터 적용될 유럽연합의 '브뤼셀 I
Recast'(제25조 제1항)도 그런 태도를 취한다. 어쨌든 당사자들은 관할합의의 성립과 유효성

서 '법정지'가 무엇을 말하는지가 다소 애매한데, 소가 계속한 법정지가 그에 해당할 것이나, 배제적 합의의 경우, 특히 남용통제와 관련해서는 '관할이 배제된 법정지(*forum dorogatum*)'도 포함시켜야 할 것이다. 따라서 한국 기업 또는 소비자가 가지는 국제재판관할에 관한 이익이 관할합의에 의하여 부당하게 박탈된 때에는 법정지가 외국이더라도 우리 법(약관규제법을 포함)에 의하여 관할합의가 허용되지 않을 수 있다.[59)]

저자는 종래 위와 같은 견해를 따랐는데, 2022년 개정 시 국제사법에 관할합의에 관한 제8조가 신설되면서 그런 태도가 명문화되었다고 할 수 있다. 즉 관할합의의 유효요건, 방식과 효력은 법정지법(한국 국제사법)이 직접 규율하고, 관할합의의 성립과 유효성의 준거법은 합의된 법정지 국가의 법인데,[60)] 이는 당해 국가의 국제사법규범을 포함하는 총괄지정임을 주의하여야 한다.

(바) 국제중재합의[61)]   중재합의, 보다 정확히는 중재합의의 성립 및 (실질적) 유효성의 준거법을 논의함에 있어서는 1958년 "외국중재판정의 승인 및 집행에 관한 국제연합협약"(즉 뉴욕협약)이 적용되는 경우와 적용되지 않는 경우를 구분하고, 각각에 대하여 집행단계, 항변단계와 중재단계를 구분할 필요가 있다. '집행단계'라 함은 일방당사자가 외국에서 받은 중재판정을 내국에서 집행하기 위하여 필요한 절차를 밟는 사안을, '항변단계'라 함은 중재합의에도 불구하고 일방당사자가 법원에 소를 제기하고 상대방이 항변으로 중재합의의 존재를 주장하여 소의 각하 또는 중지를 구하는 사안을 말한다. '중재단계'라 함은 일방당사자가 중

(실질적)에 대하여 주된 계약의 준거법과 별도의 준거법을 지정할 수 있다. 특히 관할합의가 주된 계약과 별도의 계약에 의하는 경우에 그럴 가능성이 크다.

59) 외국에서 재판하고 그 재판의 승인 및 집행이 우리나라에서 문제 되는 경우에도 우리 법의 요건에 비추어 관할합의의 효력을 판단할 수 있다는 말이다. "일방 당사자로부터 스위스법이 정하는 재판적이 부당하게 박탈되는 경우에는 재판적의 합의는 무효"라고 명시하는 스위스 국제사법(제5조 제2항)은 이런 입장을 취한 것이다.

60) 국제재판관할합의의 준거법은 석광현, 국제재판관할법, 100면 이하 참조. 다만 제8조가 관할합의의 무효사유로 합의관할 부여국법상 관할합의가 효력이 없는 경우라고 규정하므로 두 개의 의문이 있다. 첫째, 이는 유효성(실질적)만이 아니라 합의관할이 부여된 국가 법(준거법 지정규범 포함)의 유효요건이 구비되지 않아 무효인 경우도 포함하는가. 둘째, 한국의 관할을 배제하고 외국에 합의관할을 부여하는 경우 합의관할이 부여된 국가 법(준거법 지정규범 포함)의 유효요건도 적용되는가라는 점이 그것이다. 이는 더 검토할 필요가 있다.

61) 중재합의의 객관적 준거법만이 아니라 주관적 준거법이 문제 되므로 반드시 여기에 써야 할 것은 아니나 주로 문제 되는 것은 후자이므로 여기에서 논의한다.

재합의를 근거로 중재신청을 하여 중재인이 중재절차를 진행하는 사안을 말한다. 여기에서는 뉴욕협약이 적용되는 경우를 중심으로 위 세 가지 준거법을 간단히 살펴본다.[62)

중재합의가 성립하려면 의사의 합치가 있어야 한다. 또한 중재합의가 유효하려면 당사자가 능력이 있고, 의사표시의 하자가 없으며 선량한 풍속 기타 사회질서에 반하지 않는 등의 유효요건을 구비하여야 한다. 후자가 중재합의의 (실질적) 유효성의 문제이다.

① 집행단계   뉴욕협약(제5조 제1항 a호)은 외국중재판정의 승인 또는 집행의 거부사유(이하 "승인거부사유"라고 한다)의 하나로 "중재합의가 당사자들이 준거법으로서 지정한 법령에 의하여 또는 지정이 없는 경우에는 판정을 내린 국가의 법령에 의하여 무효인 경우"를 규정한다. 따라서 집행단계에서 중재합의의 성립과 (실질적) 유효성은 당사자들이 중재합의의 준거법으로 지정한 법에 의하고, 지정이 없는 경우 중재판정지국법에 의한다. 준거법의 지정은 묵시적 지정도 포함한다.

실무상 문제는, 중재합의의 준거법의 명시적 지정은 없으나 당사자들이 주된 계약의 준거법을 지정한 경우 이를 중재조항의 묵시적 준거법지정으로 볼 수 있는가이다. 부정설은 중재합의의 독립성과 절차적 성격을 근거로 이를 부정하고 중재지법을 중재합의의 묵시적 준거법으로 보나, 당사자들이 주된 계약의 준거법을 지정한 때에는 그 법을 중재조항의 준거법으로 묵시적으로 지정하였다고 추정함이 당사자의 의사에 부합한다. 반면에 주된 계약의 준거법이 객관적으로 연결되는 경우는 중재지법이 중재조항의 준거법이 된다. 저자는 종래 국제재판관할합의와 중재합의의 준거법의 맥락에서 대체로 유사한 접근방법을 따랐다. 그러나 국제사법(제8조 제1항 제1호)이 국제재판관할합의의 성립과 유효성에 대하여 준거법지정규칙을 명시하므로 양자가 달라져야 하는데, 이 점은 장래의 과제이다.

② 항변단계   뉴욕협약 제2조 제3항은 "당사자들이 중재합의를 한 사항에 관한 소송이 제기되었을 때에는 체약국의 법원은 전기 합의를 무효, 실효 또는 이행불능이라고 인정하는 경우를 제외하고 일방당사자의 청구에 따라서 중재에 부탁할 것을 당사자에게 명하여야 한다"라고 규정하므로, 법원은 항변단계에서 중재합의의 무효 등을 판단하는 준거법을 결정할 필요가 있다. 법원이 어느 단

---

62) 상세는 석광현, 국제민사소송법, 506면 이하; 석광현, 국제중재법 제1권, 113면 이하 참조.

계에서든 동일한 준거법을 적용함으로써 내적인 판결의 일치를 달성할 수 있고, 만일 항변단계와 집행단계에서 상이한 준거법을 적용한다면 뉴욕협약을 일관성 있게 적용할 수 없으므로 집행단계에서 중재합의의 준거법을 정한 뉴욕협약의 원칙이 항변단계에도 적용(또는 유추적용)될 수 있다고 본다.

③ 중재단계   중재단계의 경우에도 중재인은 중재합의의 준거법을 결정할 필요가 있는데, 이 경우에도 뉴욕협약(제5조 제1항 a호)의 원칙을 유추적용해야 할 것이다.

④ 약관에 의한 중재합의 경우 약관규제법의 적용 여부   약관규제법 제14조는 소제기의 금지 등이라는 제목하에, 고객에 대하여 부당하게 불리한 '소제기의 금지조항'을 무효라고 규정하는데 중재조항은 소제기의 금지조항에 포함된다. 따라서 제14조가 국제상거래에서 사용되는 약관에 포함된 중재합의, 즉 중재조항에서 가지는 의미가 문제 된다. 이 경우 첫째, 중재조항이 당사자 간의 합의의 일부를 이루는가라는 편입통제와, 둘째, 중재조항의 내용에 대한 내용통제가 문제된다. 편입통제에 관하여는, 뉴욕협약이 적용되는 범위 내에서는 그에 따라야 하고 우리 약관규제법을 적용할 것은 아니다. 반면에 뉴욕협약은 내용통제에 관하여 규정하지 않으므로, 만일 한국법이 준거법이면 약관규제법의 내용통제에 관한 조항은 여전히 적용된다. 문제는 어느 경우에 한국법이 준거법이 되는가인데, 이는 중재합의의 허용요건의 문제이므로 법정지법에 따른다고 본다. 여기에서 '법정지'의 개념에 관하여는 논란의 여지가 있다.

그 밖에도 중재합의의 방식(또는 형식적 유효성)의 준거법, 중재합의의 효력의 준거법이 문제 되나 그에 관한 논의는 생략한다.[63]

---

63) 상세는 석광현, 국제민사소송법, 509면 이하 참조.

3. 소비자계약의 준거법에 관한 조항의 신설

섭외사법	국제사법
<신설>	제47조(소비자계약) ① 소비자계약의 당사자가 준거법을 선택하더라도 소비자의 일상거소가 있는 국가의 강행규정에 따라 소비자에게 부여되는 보호를 박탈할 수 없다. ② 소비자계약의 당사자가 준거법을 선택하지 아니한 경우에는 제46조에도 불구하고 소비자의 일상거소지법에 따른다. ③ 소비자계약의 방식은 제31조 제1항부터 제3항까지의 규정에도 불구하고 소비자의 일상거소지법에 따른다. *제42조(소비자계약의 관할) ① 소비자가 자신의 직업 또는 영업활동 외의 목적으로 체결하는 계약으로서 다음 각 호의 어느 하나에 해당하는 경우 대한민국에 일상거소가 있는 소비자는 계약의 상대방(직업 또는 영업활동으로 계약을 체결하는 자를 말한다. 이하 "사업자"라 한다)에 대하여 법원에 소를 제기할 수 있다. 1. 사업자가 계약체결에 앞서 소비자의 일상거소가 있는 국가(이하 "일상거소지국"이라 한다)에서 광고에 의한 거래 권유 등 직업 또는 영업활동을 하거나 소비자의 일상거소지국 외의 지역에서 소비자의 일상거소지국을 향하여 광고에 의한 거래의 권유 등 직업 또는 영업활동을 하고, 그 계약이 사업자의 직업 또는 영업활동의 범위에 속하는 경우 2. 사업자가 소비자의 일상거소지국에서 소비자의 주문을 받은 경우 3. 사업자가 소비자로 하여금 소비자의 일상거소지국이 아닌 국가에 가서 주문을 하도록 유도한 경우 ② 제1항에 따른 계약(이하 "소비자계약"이라 한다)의 경우에 소비자의 일상거소가 대한민국에 있는 경우에는 사업자가 소비자에 대하여 제기하는 소는 법원에만 제기할 수 있다.

[입법례]
- 로마협약 제5조[소비자계약]/로마 I 제6조[소비자계약]
- 독일 구 민법시행법 제29조[소비자계약]
- 스위스 국제사법 제120조[소비자와의 계약]
- 일본 법적용통칙법 제11조[소비자계약의 특례]
- 중국 섭외민사관계법률적용법 제42조

가. 개요

오늘날 실질법의 영역에서 계약자유의 원칙은 상당한 제한을 받게 되었고 이는 특히 사회·경제적 약자인 소비자 또는 근로자를 보호하기 위한 법규에서 현저한데, 이러한 조항들은 당사자들이 합의에 의하여 적용을 배제할 수 없는 강행규정의 성질을 가진다. 그런데 만일 당사자들이 외국법을 준거법으로 지정함으로써 실질법상의 제한을 임의로 회피할 수 있다면 실질법의 입법취지가 잠탈되므로 이들 약자를 보호하기 위한 저촉법적 차원의 고려가 요청된다. 따라서 국제사법은 구 국제사법과 마찬가지로 소비자계약에 있어 국제사법적 차원의 보호조치로서 당사자자치의 원칙을 제한하고(제1항), 객관적 준거법의 결정 및 계약의 방식에 관하여도 일반원칙을 수정하여 소비자의 상거소지법에 의하도록 한다(제2항−제3항).

　　이것이 '국제사법에서의 약자보호(Schutz des Schwächeren im Internationalen Privatrecht)'의 문제이다. 전통적 국제사법이론은 국제사법적 정의(正義)와 실질법적 정의(正義)를 준별하고 전자는 법의 적용에만 관계되고 준거법으로 지정된 실질법의 내용에는 관여하지 않는다는 것이었고[1] 섭외사법은 이러한 토대 위에 서 있었으나, 국제사법은 이러한 원칙을 수정하여 사회·경제적 약자인 소비자와 근로자의 보호라는 실질법적 정의를 저촉법적 차원에서 고려하여 당사자자치를 제한하고 객관적 준거법의 결정에 관하여도 특칙을 둔다. 그러나 국제사법의 태도는, 개별사안에서 약자를 가장 강력하게 보호하는 최상의 결과를 가져오는 이른바 'better−law approach'와는 방법론상의 차이가 있다. 왜냐하면 국제사법의 경우 법적용의 이익은 개별 사안별로가 아니라 유형화된 사안별로 검토, 교량되는 것이기 때문이다. 그러나 제47조에 의해 소비자의 상거소지법이 당연히 소비자계약의 준거법이 되거나, 당사자의 준거법 선택이 실질법적 지정으로 격하되는 것은 아니다.

　　소비자에게 특별한 보호를 부여하는 근거로는 아래와 같은 다양한 정책적 근거가 제시된다.[2] 첫째, 소비자는 구조적으로 취약하므로 상대방인 사업자와 교섭

---

* 국제소비자계약법에서 인용하는 아래 주요 문헌은 [ ] 안의 인용약어를 사용한다.
　이연, "국제사법상 소비자보호에 관한 연구−국제계약의 준거법 결정에서 당사자자치 원칙의 제한을 중심으로−", 서울대학교 대학원 법학박사학위논문(2022. 2.)[이연, 소비자보호]; 이병준, "전자상거래를 통한 해외구매 대행서비스와 관련된 소비자법 및 국제사법상의 쟁점", 성균관법학, 제26권 제4호(2014. 12.)[이병준, 전자상거래]; 이병준, "국제거래와 약관규제법", 국제거래법연구 제31집 제1호(2022. 7.)[이병준, 약관규제법],
1) 이러한 원칙을 "국제사법적 정의는 실질사법적 정의에 우선한다"라고 표현하기도 한다. Gerhard Kegel, Internationales Privatrecht, 6. Auflage (1987), S. 81; 이호정, 16−18면 참조.
2) 이하의 논의는 이연, 소비자보호, 39면 이하 참조.

력의 격차가 있다. 즉 계약의 일방 당사자가 무지, 무경험으로 인하여 약자의 지위에 있고 상대방 당사자가 이를 이용하여 약자인 상대방을 금전적으로 착취한다면 계약자유는 제한될 수 있는데 이러한 격차는 소비자계약에서 비교적 전형적이라는 것이다. 이는 소비자의 열등성, 협상력 불균등, 거래상 지위의 불균등 등으로 설명되기도 한다. 둘째, 정보의 비대칭성이다. 즉 소비자는 일반적으로 상품 또는 서비스를 계약 체결 후에 사용 또는 체험하므로 사업자로부터 적절한 고지를 받지 않는 한, 상품 또는 서비스의 품질을 제대로 파악할 수 없다는 것이다. 셋째, 소비자의 이상적인 선택을 기대할 수 없다는 것이다. 즉 현실적으로 소비자는 약관의 형태로 제공되는 계약을 자세히 읽어보지 않는 것이 일반적이고 당시의 기분이나 과도한 자신감의 영향을 받기 때문에 준거법 선택 시에도 엄밀한 분석을 거치지 않고 즉흥적, 직관적으로 판단할 가능성이 있다는 것이다.

그러나 미국은 이런 접근방법을 따르는 대신 개별 사안에서 법관이 구체적인 사정을 고려하여 필요한 경우 당사자자치를 제한하는 접근방법을 취한다.[3]

소비자계약은 대개 소규모로 이루어지므로 2001년 구 국제사법 제27조를 신설할 당시 그 연결원칙이 실익이 있을까라는 의문이 없었던 것은 아니나 소비자계약의 범위가 넓은 점과, 소비자의 국제적 전자상거래가 점증하고 있음을 고려한다면(소비자의 직구 또는 공구의 증가) 실익이 커질 것으로 예상되었다. 이 점은 구 국제사법 제27조의 관할규칙의 경우도 마찬가지였다.

나. 주요내용

(1) 소비자와 소비자계약의 범위

(가) 일반론　　　　　로마협약(제5조 제1항)은 동산의 공급, 용역의 제공과 그러한 거래를 위하여 금융을 제공하기 위한 계약을 소비자계약이라고 하고, 스위스 국제사법(제120조 제1항)은 "소비자의 통상적인 소비의 급부(급여)에 관한 계약"이라고 하나,[4] 구 국제사법은 이러한 정의를 두지 않았는데, 이는 구 국제사법이 로마협약을 참고하였으나 그대로 따른 것이 아님을 보여준다. 구 국제사법의 해석론으로도 로마협약이 참고가 될 것이나, 국제사법이 그 범위를 제한하지 않은 이

---

3) Symeon C. Symeonides, The Hague Principles on Choice of Law for International Contracts: Some Preliminary Comments, 61 Am. J. Comparative Law 873, 881 (2013).

4) 스위스 국제사법상의 소비자계약의 정의는 로마협약의 그것보다 넓다. Vischer/Huber/Oser, Rn. 724.

상 스위스 국제사법에서와 마찬가지로 로마협약의 경우보다 소비자계약의 범위를
더 넓게 해석해야 함은 물론이다.5) 국제사법은 이런 태도를 유지하면서 다만 구
국제사법과 달리 소비자계약을 정의하나 이는 기술적 사항이지 그 범위를 제한한
것은 아니다. 2009년 시행된 로마 I(제6조)은 구 국제사법과 국제사법처럼 위의 제
한을 삭제하고 소비자계약의 범위를 확대하였다.

소비자기본법(제2조 제1호)은 소비자를 "사업자가 제공하는 물품 또는 용역(시
설물을 포함한다)을 소비생활을 위하여 사용(이용을 포함한다)하는 자 또는 생산활동
을 위하여 사용하는 자로서 대통령령이 정하는 자"라고 정의한다. 그러나 국제사
법 제42조/제47조는 소비자가 직업 또는 영업활동 외의 목적으로 체결하는 계약
에 한하여 적용되므로 소비자기본법의 위 정의 중 사업자가 제공하는 물품 또는
용역을 생산활동을 위하여 사용하거나 이용하는 자에게는 대체로 적용되지 않을
것이다. 개인투자자가 하는 국제적 증권거래도 소비자계약에 포함될 수 있다. 이
익을 얻으려는 의사가 있다는 이유만으로 직업 또는 영업활동의 목적으로 체결하
는 계약이 되는 것은 아니기 때문이다. 다만 거래의 성질상 제42조/제47조를 적
용하기에 적절하지 않은 경우가 있다. 요컨대 제42조/제47조의 소비자계약의 구
체적인 범위는 국제사법상의 소비자의 보호라고 하는 제42조/제47조의 입법취지
를 고려해서 판단해야 한다.

(나) 국제사법에 따른 소비자와 소비자계약의 범위(제1항)   제42조/제47조가
적용되기 위하여는 "소비자가 자신의 직업 또는 영업활동 외의 목적으로 체결하
는 계약"이어야 하고, 또한 상대방이 직업 또는 영업활동으로 계약을 체결하는 자
(즉 사업자)이어야 한다.6) 구 국제사법은 '소비자의 상대방'이라고 하여 상대방이
사업자인지 소비자인지를 묻지 않는 것처럼 보일 수 있었으나 소비자의 보호라는

---

5) 예컨대 로마협약상으로는 금융계약이 소비자계약이 되기 위해서는 동산의 공급 또는 용역의
   제공을 위하여 금융을 제공하기 위한 계약이어야 한다. 따라서 동산의 공급 또는 용역의 제
   공과 관계가 없는 소비자금융의 제공은 소비자계약이 아니라고 본다. 그러나 국제사법상으로
   는 반드시 그렇게 제한적으로 해석할 것은 아니다. 로마 I(제6조)에서는 소비자계약의 범위가
   확대되었다.
6) 이와 관련하여 의문이 제기된다. 첫째, 소비자가 일부는 소비자로서, 동시에 다른 일부는 직
   업 또는 영업활동의 목적으로 체결하는 이른바 혼합목적을 가진 계약이 소비자계약에 포함되
   는지는 논란이 있다. 부정설도 있으나 주된 목적을 기준으로 판단하는 견해도 있다. 이병준,
   약관규제법, 181면 이하 참조. 둘째, 근로자가 작업용 공구를 구매하는 계약이 소비자계약인
   지 아니면 직업활동의 목적으로 체결하는 계약이므로 소비자계약이 아닌지는 논란이 있으나
   후자가 설득력이 있다. 논의는 이병준, 약관규제법, 180면 이하 참조.

입법취지에 비추어 사업자에 한정되는 것으로 보았다. 국제사법(제42조 제1항)은 "계약의 상대방(직업 또는 영업활동으로 계약을 체결하는 자를 말한다. 이하 "사업자"라 한다)"이라고 규정하여 이런 취지를 명시한다.

(다) 구 국제사법과 국제사법의 변화와 국제사법의 해석론　　　　　　　사회·경제적 약자인 소비자, 특히 '수동적 소비자(passive consumer)'를 보호하기 위하여 구 국제사법(제27조)은 준거법과 국제재판관할의 맥락에서 특칙을 두었는데(제4항-제6항), 여기의 관할이 '보호적 관할'이다.

구 국제사법상 제27조 제1항 제1호가 정한 보호 대상인 소비자가 되기 위하여는 ①-1 소비자의 상대방이 계약체결에 앞서 소비자의 상거소지 국가에서 광고에 의한 거래의 권유 등 직업 또는 영업활동을 행하거나, 또는 ①-2 그 국가 외의 지역에서 그 국가로, 즉 그 국가를 향하여(국제사법 제42조 제1항 제1호에서는 위 문언이 "일상거소지국 외의 지역에서 소비자의 일상거소지국을 향하여"라고 수정되었다) 광고에 의한 거래의 권유 등 직업 또는 영업활동을 행하고, 또한 ② 소비자가 그 국가에서 계약체결에 필요한 행위를 하여야 했다. 반면에 국제사법(제42조)은 원칙적으로 구 국제사법의 태도를 유지하나, 관할규칙과 준거법지정규칙을 분리하기 위하여 조문을 나누면서 ②의 요건을 수정함으로써 소비자의 범위를 다소 확대한 결과 능동적 소비자도 일부 포함될 수 있다. 가상공간에서 행해지는 국제적인 소비자거래에도 기본적으로는 위의 논의가 타당한데, ①-2의 요건은 특히 전자상거래를 염두에 둔 것이다.

국제사법 제42조/제47조의 소비자가 되기 위해서는 제42조 제1항이 정한 3가지 조건 중 어느 하나가 구비되어야 한다.

첫째, 제42조 제1항 제1호의 소비자계약이 되기 위하여는 ①-1 사업자가 계약체결에 앞서 소비자의 일상거소지국에서 광고에 의한 거래의 권유 등 직업 또는 영업활동을 행하거나, ①-2 일상거소지국 외의 지역에서 일상거소지국을 향하여 광고에 의한 거래의 권유 등 직업 또는 영업활동을 행하고, ② 또한 그 계약이 사업자의 직업 또는 영업활동의 범위에 속하여야 한다. 예컨대 외국의 사업자가 한국에서 광고에 의한 거래의 권유 등 영업활동을 하거나, 한국에서 그러한 활동을 하지는 않았더라도 통신수단 또는 인터넷을 통하여 한국을 향하여 광고에 의한 거래의 권유 등 영업활동을 한 경우, 즉 통신판매나 인터넷에 의한 판매도 이에 해당될 수 있다. 그러나 한국인이 스스로 외국에 여행을 가서 현지에서 기념품을 구입한 경우에는 제47조는 적용되지 않는다.

①-2는 인터넷에 의하여 체결되는(또는 전자거래에 의한) 소비자계약을 고려한 것으로 '지향된 활동기준(targeted activity criterion 또는 'directed to' criterion)'을 도입한 것이다. 지향된 활동기준은 보호대상을 지향지에 상거소를 가진 수동적(원칙적으로) 소비자로 한정함으로써 그 범위를 제한한다.[7] 단순히 광고를 게재하고 소비자가 접속할 수 있는 수동적 웹사이트를 개설한 것만으로는 영업활동의 '지향'에 해당하지 않지만, 소비자가 사이트에 접속하여 클릭함으로써 주문하고 대금을 결제할 수 있는 상호작용적 웹사이트를 한국어 또는 영어로 개설하고 운용한 것은 특정국가(한국)를 지향한 영업활동으로 볼 수 있다.[8][9] 즉, 한국에 상거소를 가지는 소비자가 스스로 사업자의 웹사이트를 방문하여 인터넷을 통하여 계약을 체결한 경우 능동적 요소가 있지만, 제42조/제47조의 보호를 받을 수 있어야 한다는 점에서 수동적 소비자와 능동적 소비자의 구분은 가상공간에서는 현실공간에서와 다른 의미를 가지게 된다.

그러나 이를 전면적으로 긍정한다면 예컨대 영어로 작성된 웹사이트를 통하여 영업활동을 하는 사업자의 경우 전 세계를 향하여 지향된 영업활동을 하는 것

---

7) 인터넷에 의한 지재권 침해(국제사법 제39조)와 불법행위(국제사법 제44조)의 경우 지향된 활동기준이 결과발생지의 관할이 지나치게 확대되는 것을 통제하거나 결과발생지의 한 유형을 열거하는 것과 다르다.

8) 이는 마치 Zippo Manufacturing Co. v. Zippo Dot Com, Inc. 사건 판결에서 펜실바니아주 법원이 웹사이트를 운영하는 유형을 3가지로 분류하여 달리 취급하는 것, 즉 'sliding scale approach'와 유사하다. 저자와 달리 고형석, "해외구매계약에서의 소비자보호에 관한 연구", 민사법의 이론과 실무 제18권 제1호(2004), 120면은 소비자가 사업자로부터 이메일을 받고 계약을 체결하였다면 수동적 소비자이지만 그런 광고 없이 사이트에 접속하여 계약을 체결한 경우에는 수동적 소비자가 아니라고 본다. 그러나 대법원 2014. 8. 28. 선고 2013다8410 판결은 인터넷에 의하여 체결된 계약에서 긍정설을 당연한 전제로 하고 있다고 보인다. 지향된 활동을 다소 제한적으로 보는 견해는 고려할 수 있으나 이는 너무 제한적이다.

9) 이병준, 전자상거래, 436면; 김현수, "국경 간 전자상거래에서의 소비자계약과 분쟁해결", 소비자문제연구 제46권 제2호(2015. 8.), 197면 이하; 이병화, "국제소비자계약에 관한 국제사법적 고찰", 국제사법연구 제21권 제1호(2015. 6.), 384면도 동지. 그러나 고형석, "해외구매계약에서의 소비자보호에 관한 연구", 민사법의 이론과 실무 제18권 제1호(2014. 12.), 119면은 반대한다. 광고 이메일 같은 것이 먼저 소비자에게 왔으면 몰라도 그렇지 않으면 능동적 소비자라고 한다. 이런 상황이 문제 되는 해외직구에 관하여는 석광현, "해외직접구매에서 발생하는 분쟁과 소비자의 보호: 국제사법, 중재법과 약관규제법을 중심으로", 서울대학교 법학 제57권 제3호(2016. 9.), 73면 이하; 석광현, 제6권, 167면 이하 참조. 근자의 문헌으로는 우선 Julia Hörnle, Internet Jurisdiction Law and Practice (2021), p. 331 이하 참조.

으로 지나치게 확대될 가능성이 있으므로 이를 적절히 제한할 필요가 있다. 이를 위하여는 "사업자의 지향된 활동의 존재" 여부의 판단기준을 제시한 유럽사법재 판소의 판결이 참고가 된다. 즉 직접적으로는 국제재판관할을 다룬 사건이나, 유 럽사법재판소는 Pammer[10] and Hotel Alpenhof[11] 사건을 병합한 판결(C-585/08 and C-144/09)에서 소비자의 주소지에서 사업자 또는 중개업자의 웹사이트에 접속 (또는 열람) 가능한 것만으로는 사업자의 지향된 활동의 존재를 인정하기에 부족 하고, 사업자의 이메일 주소와 기타 세부 연락처를 언급하거나 영업소국에서 일 반적으로 통용되는 언어 또는 통화를 사용한 것만으로는 부족하며, 사업자가 소 비자 주소지국의 소비자들과 영업활동을 하는 것을 상정하였음(envisaging doing business with consumers)을 확인할 수 있어야 한다고 보았다.[12]

또한 유럽사법재판소는 사업자의 활동의 국제성을 인정하는 증거가 될 수 있 는 요소로 "다른 회원국으로부터 사업자가 설립된(established) 국가로 가는 여행 일정의 언급, 사업자 설립지국에서 일반적으로 사용하지 않는 언어 또는 통화를 사용함으로써 그 다른 언어에 의한 예약 또는 예약 확인을 가능하게 하는 것, 국 가코드를 포함한 사업자 전화번호의 언급, 사업자가 설립된 국가 외의 회원국에 소재하는 소비자로 하여금 자신의 웹사이트에의 접속을 촉진하기 위하여 인터넷 검색업체에 비용을 지출하는 것, 사업자가 설립된 회원국 이외 국가의 최상위 도 메인을 사용하는 것과 사업자가 여러 회원국에 주소를 둔 고객들로 구성된 고객 망을 언급하는 것" 등을 예시하였다.[13] 해당 웹사이트가 사업자의 것인지 아니면 사업자를 대리하는 중개회사의 것인지는 상관없다.[14] 그리고 브뤼셀 I(제15조 제 1항 c)의 해석상 계약이 반드시 격지에서 체결되어야 하는 것은 아니므로 사업자 가 소비자의 일상거소지국을 향하여 영업활동 등을 하였다면 소비자가 사업자의 국가로 여행을 가서 그곳에서 계약을 체결하더라도 제42조가 적용된다.[15] 다만

---

10) Peter Pammer v. Reederei Karl Schlüter GmbH & Co KG (C-585/08). 사안은 이연, 소비 자보호, 164면 註 680 참조.

11) Hotel Alpenhof GesmbH v Oliver Heller (C-144/09). 상세는 이연, 소비자보호, 164면 註 681 참조.

12) Pammer and Hotel Alpenhof 사건 판결, para. 76. 상세는 이연, 소비자보호, 164면 이하 참 조. 독일어본은 "… dass der Gewerbetreibende Geschäfte mit Verbrauchern tätigen wollte"라고 하여 오히려 "거래를 하고자 의욕하였음"이라고 보인다.

13) Pammer and Hotel Alpenhof 사건 판결, para. 83.

14) Pammer and Hotel Alpenhof 사건 판결, para. 89.

이렇게 해석한다면 지향을 상대적으로 엄격하게 볼 필요가 있다. 특히 사업자 활동의 국제적 성격, 사업자의 설립지가 아닌 국가의 언어와 통화의 사용 여부, 웹사이트의 내용, 사업자의 종래의 영업활동, 사용된 인터넷 도메인의 종류와 인터넷을 통하거나 기타 방법에 의한 광고 가능성을 이용하였는지 등을 고려할 필요가 있다.

또한 제42조 제1항과 같이 사업자가 소비자의 상거소지 국가를 향하여 영업활동을 하는 경우 수동적 소비자를 보호한다면, 사업자는 소비자들이 컴퓨터를 통하여 웹사이트에 접속할 수 있는 모든 국가들의 법이 적용될 위험에 노출된다. 이 경우 사업자가 그의 위험을 합리적으로 통제하는 방안으로서 생각할 수 있는 것이 '부인문구(disclaimer)'인데, 그의 효력을 어떤 요건하에 인정할지가 문제이다. 사업자가 웹사이트에 부인문구를 표시한 것만으로는 부족하고, 그에 추가하여 적어도 특정한 국가로부터 웹사이트에 접속하는 것을 차단하기 위한 기술적인 조치를 취하거나, 계약의 체결 전에 소비자의 일상거소를 확인할 수 있도록 거래구조를 짜기 위한 조치 등을 취한 경우에는 당해 국가의 법의 적용을 부정할 수 있을 것이다.[16)]

한편 구 국제사법(제27조 제1항 제1호)은 ② 소비자가 상거소지 국가에서 계약 체결에 필요한 행위를 할 것을 요구함으로써 능동적 소비자를 보호하기에는 부족하였다. 즉, 전자상거래에서는 소비자는 상거소지 국가 외의 국가에서도 컴퓨터를 통하여 계약을 체결할 수 있고 그 경우에도 소비자를 보호할 필요성이 있는데, 제27조 제1항 제1호에 따르면 그런 소비자는 보호의 대상에서 배제되므로 위 요건의 타당성은 의문이었다. 따라서 저자는 브뤼셀 I(제15조)을 참조하여 이 점을 개선할 필요가 있음을 지적하였다.[17)] 이 점을 고려하여 국제사법(제42조 제1항 제1

---

15) 유럽사법재판소 2012. 9. 6. Daniela Mühlleitner v. Ahmad Yusufi and Wadat Yusufi 사건 (C-190/11), para. 45.

16) Lawrence Collins *et al.* (eds.), Dicey & Morris The Conflict of Laws, Volume 2, 13th edition (2000), para. 33–011, n. 31 참조.

17) 이 점을 고려하여 브뤼셀 I(제15조 제1항 c호)은 "소비자가 상거소지국가에서 계약체결에 필요한 행위를 할 것"이라는 요건을 삭제하고, 소비자의 상대방이 소비자의 주소지 국가에서 상업적 또는 직업적 활동을 추구하거나, 어떠한 수단에 의하여든 그 국가 또는 그 국가를 포함한 수개의 국가를 지향하여 그러한 활동을 행하고, 그 결과 계약이 체결된 경우 그 계약이 그러한 활동의 범위에 속한다면 그를 근거로 소비자를 위한 관할을 규정함으로써 능동적 소비자도 보호의 대상으로 한다. 따라서 제1항 c호의 요건이 구비되는 한 수동적 소비자만이 아니라 스스로 외국에 가서 계약을 체결한 능동적 소비자도 보호의 대상이 된다. 물

호)은 위 요건을 삭제하고 일정한 요건하에 능동적 소비자를 포함하도록 규정함
으로써 적용범위를 확대하였다.

따라서 국제사법하에서는 다른 요건이 구비된다면 소비자가 한국에서 계약
체결에 필요한 행위를 한국에서 하지 않고 외국에서 인터넷을 통하여 한 경우에
도 제42조/제47조가 적용된다. 그러나 모든 능동적 소비자를 포함시킨 것은 아니
다.18) 브뤼셀 I(제15조)은 소비자의 상대방이 소비자의 주소지 국가에서 상업적 또
는 직업적 활동을 추구하거나, 어떠한 수단에 의하여든 그 국가 또는 그 국가를
포함한 수 개의 국가를 지향하여 그러한 활동을 행하고, 그러한 활동의 범위 내에
속하는 계약이 체결된 경우 그를 근거로 소비자를 위한 국제재판관할을 규정하는
데, 국제사법은 그런 태도를 준거법과 국제재판관할의 맥락에서 받아들인 것이다.
여기에서 밑줄 친 요건은 사업자가 소비자의 일상거소지국에서 직업 또는 영업활
동을 하는 경우든 소비자의 일상거소지국 외의 지역에서 소비자의 일상거소지국
을 향하여 직업 또는 영업활동을 하는 경우든 충족되어야 한다.

여기에서 소비자의 계약체결은 소비자의 일상거소지국에서의 사업자의 활동 또
는 소비자의 일상거소지국을 지향한 사업자의 활동에 귀속될 수 있는 것이라는 의
미에서 사업자의 활동 내지 지향과 소비자의 계약 체결 간에 인과관계가 있어야 하
는지는 논란이 있다. 소비자를 두텁게 보호하자면 이를 요구하지 않을 것이다.19)

론 그 전제로서 상대방이 통신수단 또는 인터넷을 통하여 소비자 상거소지 국가인 한국을
향하여 광고에 의한 거래의 권유 등 영업활동을 할 것이 필요하다. 다만 이 경우에도 인과
관계가 필요한지는 논란이 있다. Kropholler/von Hein, EuGVO, Art 15 Rn. 26;
Rauscher/Staudinger, EuZPR/EuIPR (2011), Art 15 Brüssels I – VO, Rn. 18; Peter
Mankowski, Muss zwischen ausgeichteter Tatigkeit und konkretem Vertrag bei Art. 15
Abs. 1 lit. c EuGVVO ein Zusammenhang bestehen?, IPRax (2008), S. 335 참조. 우리 법
상으로도 논란의 여지가 있다.
18) 이 점에서 일본 개정 민사소송법(제3조의4)과는 다르다. 물론 일본은 특별한 사정(제3조의
9)에 의하여 제한할 것이다.
19) 브뤼셀 I(제15조)의 해석상 사업자의 지향된 활동과 소비자계약 간에 내적 관련 또는 인과
관계가 필요한지는 논란이 있는데, 국제사법의 해석상 유사한 논란이 있을 수 있다. 서울고
등법원 2014. 10. 1. 선고 2013나2020326 판결과 상고심인 대법원 2015. 7. 23. 선고 2014다
230580 판결은 현행법의 해석상 인과관계를 요구한 것으로 보인다. Reithmann/Martiny/
Martiny, Rn. 6.2292는 로마 I의 해석상 인과관계가 필요하다고 한다(Kropholler/von Hein,
EuGVO, Art 15 Rn. 26; Dicey, Morris & Collins, para. 11 – 360도 동지). 유럽연합사법재
판소는 2013. 10. 17. Lokman Emrek v. Vlado Sabranovic 판결(C – 218/12)에서 브뤼셀 I
(제15조 제1항 c호)이 지향된 행위와 소비자계약의 체결만 요구하고 양자 간의 인과관계를
요구하지 않는데도 추가적 요건을 요구하는 것은 규정의 목적에 반하고, 특히 사업자의 웹

둘째, 제42조 제1항 제2호는 사업자가 소비자의 일상거소지국에서 소비자의 주문을 받은 경우이다. 사업자가 소비자의 상거소지에서 대리인을 두고 그를 통하여 소비자의 주문의 의사표시를 받은 경우도 이에 포함된다. 다만 인터넷거래의 맥락에서 외국의 사업자가 소비자의 일상거소지국인 한국에서 주문을 받았는지에 대한 판단은 용이하지 않다. 예컨대 미국 사업자가 미국에서 개설한 웹사이트에 한국의 소비자가 접속하여 주문한 경우에 사업자의 입장에서는 미국에서 주문을 받은 것이나 소비자의 입장에서는 물리적 소재지인 한국에서 주문한 것으로 주장할 여지가 있기 때문이다.

셋째, 제42조 제1항 제3호는 사업자가 소비자로 하여금 소비자의 일상거소지국이 아닌 국가에 가서 주문을 하도록 유도한 경우이다. 예컨대 'border−crossing excursion−selling(국경을 넘는 유람판매)'이 이에 해당된다. 우리나라에서도 이런 유형의 여행 패키지 상품도 있는 것으로 보인다.[20]

(라) 제42조의 적용범위에 관한 그 밖의 논점   종래 소비자와 소비자계약의 범위에 관하여는 특히 자연인이 아닌 소비자, 무상계약인 소비자계약, 운송계약, 일상거소지 외 용역제공계약과 금융 관련 소비자계약 등이 논란이 있다. 근자의 판결들은 문언에 충실한 해석을 하였으나 저자는 목적론적 축소를 허용하는 견해를 피력하였다.[21] 이런 논점은 국제사법하에서도 동일하게 제기되는데, 이를 부연하면 다음과 같다.[22]

첫째, 소비자는 자연인에 한정되는가. 사회·경제적 약자의 보호라는 취지에 비추어 해석상 소비자는 자연인에 한정된다는 견해가 유력하다. 특히 제47조 제1항 제3호가 "소비자의 상대방이 소비자로 하여금 외국에 가서 주문을 하도록 유도한 경우"라는 문언을 보면 이런 결론을 지지할 수 있다.[23] 의문을 없애기 위하

사이트를 통하여 계약을 체결하지 아니한 소비자의 경우 인과관계에 대한 증명책임을 부담하게 되어 소송을 포기하게 되는 탓에 소비자보호를 약화시킨다는 이유로 인과관계를 요구하지 않았다. 이헌묵, "국제사법 제27조에 의해 보호되는 소비자계약의 범위와 수동적 소비자가 되기 위한 요건의 분석", 소비자문제연구 제49권 제2호(2018. 8.), 207면 이하도 참조.

20) 2015년 우리 민법에도 여행계약에 관한 조문이 제3편 제2장 제9절의2로 추가되었다. 예컨대 제674조의2(여행계약의 의의)는 "여행계약은 당사자 한쪽이 상대방에게 운송, 숙박, 관광 또는 그 밖의 여행 관련 용역을 결합하여 제공하기로 약정하고 상대방이 그 대금을 지급하기로 약정함으로써 효력이 생긴다."라고 규정하여 운송, 숙박, 관광 등이 결합된 여행 패키지 상품을 규율한다.

21) 석광현, 제6권, 124면 이하; 이연, 소비자보호, 252면 이하 참조.

22) 상세는 석광현, 제6권, 124면 이하 참조; 이연, 소비자보호, 252면 이하 참조.

여 이를 조문에 명시할 수도 있다.[24)

둘째, 국제사법은 유상성을 언급하지 않는데, 무상계약에도 제47조가 적용되는지는 논란이 있다. 구글 사건[25)에서 서울중앙지방법원 2015. 10. 16. 선고 2014가합38116 판결은 "구 국제사법 제27조의 조문상 유상계약에 한정된다고 볼 근거가 없다고 보아, 비록 피고 구글 Inc.가 구글 서비스와 같은 용역을 무상으로 제공하더라도 소비자계약의 범위에서 제외할 수는 없다"라는 취지로 판시하였다. 구글 서비스를 사용하는 소비자는 '경로의존성'이 생겨서 이를 변경하기는 쉽지 않고, 소비자가 데이터를 제공하므로 이는 진정한 무상계약이 아니라고 볼 수 있으나, 진정한 무상계약에도 적용되는지는 논란의 여지가 있다. 입법론으로는 우선 방침을 정한 뒤 국제사법의 개정을 고려할 수 있다. 위 사건의 원심 판결인 서울고등법원 2017. 2. 16. 선고 2015나2065729 판결과 대법원 2023. 4. 13. 선고 2017다219232 판결은 모두 위 사건에 소비자계약에 관한 구 국제사법 제27조의 적용을 긍정하였다. 위 대법원 판결은 무상계약에도 적용되는지는 판시하지 않고 다만 "구 국제사법 제27조 제1항은 상거소지국에서 확인할 수 있는 상대방의 광고 등에 이끌려 그 국가에서 계약체결에 필요한 행위를 하게 된 수동적 소비자가 가지는 상거소지국의 소비자보호규정 적용에 대한 합리적 기대를 보호하면서, 외국법원 등에 소를 제기하는 데 어려움이 있는 소비자의 재판청구권을 실질적으로 보장하기 위한 것이다. 따라서 이러한 구 국제사법 제27조의 목적과 취지를 고려한다면 이를 소비자에게 불리하게 해석하는 데에는 신중해야 하므로, 상대방이

---

23) 석광현, 제6권, 131면 이하 참조. 그러나 소비자기본법 제2조 제1항과 동법 시행령 제2조에 따라 여기의 소비자에 "사업자가 제공하는 물품 또는 용역을 생산활동을 위하여 사용하는 자"도 포함된다는 견해도 있다.
24) 로마협약(제5조)은 이 점을 명시하지 않았으나 로마 I(제6조 제1항)은 소비자는 자연인임을 명시한다.
25) 이 사건에서 원고들은 피고들(구글코리아와 구글 Inc.)이 제3자에게 원고들의 개인정보·서비스 이용내역을 제공한 현황을 공개할 것을 요구하는 내용의 '정보제공 여부 및 정보제공 내역 제공요청서'를 발송하였는데, 피고 구글코리아는 답변하지 않았고, 피고 구글 Inc.는 답변할 수 없다는 취지로 답변함으로써 구 정보통신망 이용촉진 및 정보보호 등에 관한 법률 제30조 제2항, 제4항의 적용 여부가 문제 된 사건이다. 대법원은 위 조항들은 정보통신서비스 이용자의 개인정보에 관한 권리를 보장하기 위한 조항으로서 헌법상 개인정보자기결정권을 구체화한 것으로, 구 정보통신망법의 목적과 취지, 개인정보 보호를 위한 위 조항들의 기능과 역할 및 그 위반 시 정보통신서비스 제공자 등에 부과되는 제재 등을 종합하면 강행규정에 해당한다고 판시하였다. 원심판결은 위 조항의 국제적 강행법규성을 정면으로 부정하였는데, 대법원은 이런 결론을 인용하였다.

소비자의 나이, 성별, 위치, 행동 패턴 등에 관한 정보를 활용하는 등으로 수익을 창출하고 있는 경우에는 그 소비자가 계약상 상대방에게 직접 지급하는 사용료 등 대가가 없다고 하더라도, 특별한 사정이 없는 한 그와 같은 사유만으로 구 국제사법 제27조 제1항 제1호에 따른 소비자계약에서 제외할 수 없다"라고 판시하였다(밑줄은 저자가 추가함).[26]

셋째, 운송계약인 소비자계약. 로마협약과 로마 I은 운송계약에 대하여는 소비자계약의 특칙을 적용하지 않는다. 이는 운송계약에 관하여 다수 고객의 상거소지법을 적용할 수 없음이 명백할 뿐만 아니라 그에 관하여는 다수의 조약이 있음을 고려한 것이다. 우리 국제사법에는 상응하는 규정이 없다. 2001년 섭외사법 개정 당시 국제사법에도 로마협약과 유사한 취지의 조항을 두자는 견해가 있었으나, 이는 개정연구반에서부터 채택되지 못하였다. 그 이유는 우리나라의 경우 이 분야에서의 조약이 가지는 의미를 정확히 알지 못한다는 것이었는데, 스위스 국

---

26) 또한 위 대법원 판결은 "외국에 주소나 영업소를 두고 있어 한국 법령 외에 외국 법령도 함께 준수해야 하는 정보통신서비스 제공자 등이 그 외국 법령에서 해당 정보의 공개를 제한하고 있다는 등의 이유로 열람·제공을 거부하는 경우에는, 그와 같은 내용의 외국 법령이 존재한다는 사정만으로 곧바로 정당한 사유가 존재한다고 볼 수는 없지만, 열람·제공의 제한이나 거부에 정당한 사유가 있는지를 판단함에 있어 그와 같은 외국 법령의 내용도 고려할 수 있다고 전제하고, 외국 법령에서 비공개의무를 부여한 경우에까지 해당 정보를 열람·제공하도록 강제하는 것은 정보통신서비스 제공자 등에게 모순된 행위를 강요하는 것이어서 가혹한 측면이 있고, 특히 그와 같은 사항이 국가안보, 범죄수사 등을 위한 활동에 관한 것인 경우에는 그 정보의 공개로 해당 국가의 이익을 해칠 우려가 있어 국제예양에 비추어 보더라도 바람직하다고 볼 수 없다"라고 판시하였다. 나아가 "결국 한국 법령 외에 외국 법령도 함께 준수해야 하는 지위에 있는 정보통신서비스 제공자 등이 구 정보통신망법 제30조 제4항에 따른 필요한 조치를 모두 이행하였는지 여부는, 해당 외국 법령에 따른 비공개의무가 한국의 헌법, 법률 등의 내용과 취지에 부합하는지, 개인정보를 보호할 필요성에 비해 그 외국 법령을 존중해야 할 필요성이 현저히 우월한지, 이용자가 열람·제공을 요구하는 정보에 관하여 해당 법령에서 요구하는 비공개요건이 충족되어 정보통신서비스 제공자 등이 실질적으로 비공개의무를 부담하고 있는지 등까지를 종합적으로 고려하여야 한다"라는 취지로 판시하였다. 평석은 이종혁, "구글 서비스 약관상 전속관할합의 및 준거법합의의 효력이 개인정보자기결정권에 근거한 정보제공 및 손해배상 청구에도 미치는가?— 대법원 2023. 4. 13. 선고 2017다219232 판결에 대한 평석 —", 2024. 9. 12. 국제사법학회 산하 국제사법판례연구회 제16회 정기연구회 발표자료(ppt 자료). 과거 대법원 2014. 5. 16. 선고 2012두13689 판결도 유사한 취지로 판시한 바 있고, 대법원 2023. 4. 13. 선고 2020두31897 판결도 '공정거래법 적용에 의한 규제의 요청에 비하여 외국 법률 등을 존중해야 할 요청이 현저히 우월하다고 보기 어려운 이상 예외적으로 공정거래법의 적용이 제한되는 경우에 해당한다고 볼 수 없다'고 한 원심의 판단을 인용한 바 있다.

제사법(제120조)이 이러한 예외를 두지 않고 있다는 점도 고려되었다. 저자는 구 국제사법의 해석상 부정설을 지지하였다. 대법원 2014. 8. 28. 선고 2013다8410 판결(에어 프랑스 사건)은 긍정설을 채택하였는데, 이는 문언에 충실한 해석으로 소비자를 두텁게 보호한다. 저자는 여전히 부정설을 지지한다. 논거는 ① 소비자계약에서 제47조의 특칙과 운송조약의 관계가 불분명하고, ② 사고 발생 시 소비자계약인 운송계약(예컨대 항공운송계약)의 준거법이 승객별로 달라지고 종속적 연결의 결과 불법행위의 준거법도 달라진다.[27] 그 경우 동일 항공편을 이용하는 승객 간의 형평성에 문제가 있고, 항공사의 관점에서는 승객과 위험의 관리에 불편과 불확실성을 초래하여 거래비용을 상승시킬 위험이 있다.

　　참고로 서울중앙지방법원 2011. 1. 14. 선고 2007가합80850 판결은 뱌르샤바 협약이 적용되는 사안으로 캄보디아에서 발생한 여객기 추락사고의 유가족이 캄보디아 항공사를 상대로 제기한 손해배상청구소송에서 저자와 같은 결론을 따랐다. 위 사건에서 대한민국과 캄보디아 왕국이 모두 "1929. 10. 12. 바르샤바에서 서명된 국제항공운송에 있어서의 일부 규칙의 통일에 관한 협약을 개정하기 위한 의정서"(헤이그 의정서)의 비준국이고, 더욱이 원고와 피고가 '바르샤바 협약'을 적용하기로 합의하였는데, 이는 헤이그 의정서에 의하여 개정된 '바르샤바 협약'을 뜻하는 것으로 보았다. 나아가 위 판결은 바르샤바 협약에는 항공운송 중 인명사고가 발생한 경우 손해배상액의 산정방법에 관하여는 구체적인 규정이 없으므로 위 협약을 보충하는 준거법은 법정지법인 대한민국의 국제사법에 따라 정해져야 한다고 판단하였다. 위 판결은 위 사건 불법행위의 준거법을 결정하는 과정에서 구 국제사법 제32조 제3항이 정한 종속적 연결원칙에 따라 운송계약의 준거법을 판단하였는데, 당사자들이 계약의 준거법을 명시적 또는 묵시적으로 선택하였음을 인정할 증거가 없으므로 의무이행자인 피고인 캄보디아 항공사의 주된 사무소가 있는 국가의 법이 가장 밀접한 관련이 있는 것으로 추정되므로 캄보디아법이 준거법이라고 판단하였다. 그러나 위 사건에서 망인들은 관광 목적으로 캄보디아에 간 것인데, 항공운송계약은 주식회사 하나투어가 망인들의 명의로 체결하였다고 하므로 이는 구 국제사법 제27조가 정한 소비자계약의 범위에 해당하는 것일

---

27) 이는 국제사법상 불법행위로 인하여 소비자계약이 침해된 경우 종속적 연결이 허용됨을 전제로 한 것이다. 그러나 유럽연합에서는 계약관계에 있는 소비자와의 사이에서 종속적 연결을 허용할지, 불허할지 아니면 구체적 사안별로 검토하여 해결할지는 논란이 있다. Rauscher/Unberath/Cziupka, EuZPR/EuIPR, Rn. 98ff. 참조(이는 저자와 동지다).

수 있고, 그렇다면 과연 위 사건에 구 국제사법 제27조가 항공운송계약에도 적용되는지를 검토할 필요가 있었을 텐데, 만일 이를 긍정한다면 망인들의 상거소지인 한국법이 준거법이 되었을 것이다.[28] 위 판결의 결론은 항공운송계약에 구 국제사법 제27조를 적용하지 않은 점에서 저자의 견해와 동일하나, 위 논점에 대한 검토가 이루어지지 않은 점은 아쉽다.

넷째, 일상거소지 외에서 용역을 제공하는 소비자계약. 로마협약과 로마 I은 어떤 소비자계약이 그 적용범위에 속하더라도 계약에 따른 용역이 전적으로 소비자의 일상거소지 외에서 제공되는 경우 소비자계약의 특칙을 적용하지 않으나 우리 국제사법에는 상응하는 규정이 없다. 호텔숙박계약과 어학교육과 같이 소비자의 상거소지 외에서 배타적으로 용역이 제공되는 경우에는 제5조가 정하는 특별한 조치들이 적절하지 않다는 이유에서이기도 하다. 로마 I(제6조)은 적용범위에 관한 로마협약의 이런 태도를 대체로 유지하면서도 보다 정치하게 규정한다. 국제사법에도 로마협약과 유사한 취지의 조항을 두자는 견해가 있었으나, 이는 개정연구반에서부터 채택되지 못하였다. 따라서 국제사법의 해석상 로마협약에서와 마찬가지로 소비자의 일상거소지 외에서 배타적으로 용역이 제공되는 경우 제47조를 적용할 것인가에 관하여 견해가 나뉠 수 있으나, 저자는 부정설을 취하였다.[29] 그러한 결론을 도출하는 것은 제47조의 목적론적 축소를 통하여 가능하다고 보았다. 그러나 에어 프랑스 사건에서 대법원 2014. 8. 28. 선고 2013다8410 판결은 당해 사건의 쟁점이 아님에도 불구하고 추상적 법률론으로 긍정설을 채택하였다. 이는 문언에 충실한 해석으로서 소비자를 두텁게 보호하는데,[30] 이를 지지하는

---

28) 다만 그러면서도 위 판결은 캄보디아 왕국의 경우 불법행위에 대하여 '계약과 기타 책임에 관한 법률' 제121조에서 '과실로 타인에게 손해를 가한 자는 그 손해를 배상하여야 할 책임이 있다. 비록 그 손해가 의도하지 않은 부주의 또는 과실에 의한 것이라도 가해자는 그 손해를 배상할 책임이 있다.'고 규정하고 있을 뿐 구체적인 손해배상의 범위의 산정에 대한 법규정은 없는 것으로 보이고, 항공기 사고로 인한 인명사고 발생 시 그 손해의 산정방법에 대한 국제적인 관습법의 존재 역시 확인되지 아니하므로, 이 사건 소에서 바르샤바 협약을 보충할 준거법은 원칙적으로 조리에 의하되, 이에 가장 유사하다고 인정되고 현실적으로 확인가능한 법정지법인 대한민국법에 의하여 판단하였다.

29) Vischer/Huber/Oser, Rn. 725−726은 우리 국제사법과 마찬가지로 명문의 규정을 두지 않는 스위스 국제사법의 해석상 목적론적 축소에 의하여 동일한 결론을 지지한다. 상세는 석광현, 제6권, 124면 이하; 이헌묵, "국제사법 제27조에 의해 보호되는 소비자계약의 범위와 수동적 소비자가 되기 위한 요건의 분석", 소비자문제연구 제49권 제2호(2018. 8.), 207면 이하 참조.

견해도 있다.[31] 저자는 여전히 부정설[32]을 지지한다. 논거는 제47조의 근거는 소비자에게 친숙한 법을 적용하는 것인데, 소비자계약에 따른 용역이 전적으로 소비자의 일상거소지국 외의 국가에서 제공된다면 소비자가 그런 기대를 가지기 어렵고 설사 그렇게 기대하더라도 이를 보호하는 것은 사업자의 관점에서는 기대하기 어렵다는 점이다. 위의 결론은 제47조의 목적론적 축소를 통해 가능하다. 입법론으로는 우선 방침을 정한 뒤 국제사법의 개정을 고려할 수 있다.[33]

다섯째, 금융 관련 소비자계약. 국제사법은 금융투자상품 기타 금융 관련 소비자계약에 관하여 특칙을 두지 않지만, 로마 I은 금융 관련 거래에 대하여 소비자계약의 특칙을 적용하지 않는다. 우리 판례는 보지 못하였으나, 로마 I과 유사한 제외조항을 국제사법에 신설하자는 제안[34]이 있다. 문언에 충실하자면, 로마 I이 제외하는 유형의 금융 관련 소비자계약의 경우에도 제47조가 적용될 것이나, 그렇게 한다면 실제로 불합리한 결과가 발생할 수 있으므로[35] 비록 제외조항이 없더라도 해석상 제47조는 로마 I에서 규정한 금융 관련 계약의 5개 유형 중 첫째부터 셋째 유형의 소비자계약에는 적용되지 않는다고 볼 필요가 있다. 입법론으로는 우선 방침을 정한 뒤 국제사법의 개정을 고려할 수 있으나 경우를 나누어 면밀하게 검토해야 한다.

여섯째, 준거법과 국제재판관할의 병행을 고려할 필요가 있다. 우리 국제사

---

30) 위 판결의 사안과 논의는 석광현, 제6권, 178면 이하 참조.
31) 예컨대 권창영, "항공권의 초과예약(Overbooking)에 관한 항공사의 민사책임", 항공우주정책·법학회지 제31권 제1호(2016. 6.), 130면; 정구태, "국제항공여객운송계약에서의 오버부킹과 약관규제법의 적용 여부 再論－대법원 2014. 8. 28. 선고 2013다8410 판결－", 성균관법학 제30권 제4호(2018), 280면 이하. 학설은 위 정구태, 277면 이하 참조.
32) 이연, 소비자보호, 257면 이하(이연, "국제항공여객운송계약의 준거법에 관한 연구－대법원 2014. 8. 28. 선고 2013다8410 판결을 계기로－", 국제사법연구 제28권 제2호(2022. 12.), 319－320면도 같다); 정구태, "국제항공여객운송계약에서의 오버부킹과 약관규제법의 적용 여부", 외법논집 제39권 제4호(2015. 11.), 19면 이하(정구태 교수는 그 후 긍정설로 견해를 변경하였다).
33) 김인호, 국제계약법, 627면 이하는 입법론으로 규정을 두자고 한다.
34) 윤남순, "EU법상 금융투자상품계약의 준거법", 국제사법연구 제19권 제2호(2013. 12.), 251면은 로마 I을 검토하고 결론적으로 우리 국제사법에도 로마 I 제6조 제4 d호 및 e호와 유사한 취지의 조문을 신설하자고 제안한다(289면). 그러나 굳이 그렇게 할 필요는 없다. 논의는 석광현, 제6권, 148면 이하 참조.
35) 예컨대 어떤 한국 회사가 준거법이 영국법인 유로채를 발행할 때 외국 소비자의 일상거소지국의 강행규정이 적용될 것이나 이는 바람직하지 않다.

법은 관할규칙과 준거법지정규칙에서 동일한 소비자개념을 사용하여 문언상 양자의 병행을 명시하기 때문이다.[36] 따라서 위의 논의에 따라 준거법지정규칙의 전부 또는 일부를 개정한다면 관할규칙의 맥락에서 병행이 바람직한지를 검토하여야 한다. 유럽연합의 브뤼셀체제와 로마체제에서는 이런 차이가 이미 드러났는데, 그 것이 단순히 시차(時差)의 문제인지 아니면 관할규칙과 준거법지정규칙이 추구하는 가치가 다른 때문인지를 더 검토해야 한다. 생각건대 우선 관할규칙과 준거법지정규칙의 병행이 바람직한 부분과 그렇지 않은 부분을 구분할 필요가 있는데,[37] 근자에 우리나라에서도 이런 접근방법을 취하는 견해가 제시된 바 있다.[38]

근본적으로 저자는 국제사법에 예외를 명시하더라도 망라적으로 규정하기는 어려우므로, 비록 제외규정이 없더라도 목적론적 축소에 의하여 제외되는 영역의 존재를 부정할 것은 아니라고 본다. 물론 그 범위는 매우 제한적이어야 한다.[39]

그 밖에도 제42조/제47조의 적용범위와 관련하여 몇 가지 의문이 있다.

소비자계약 체결 후 소비자가 소비자계약상 채권을 다른 사업자에게 양도한 경우 소비자보호에 관한 규정은 여전히 적용된다고 본다.[40] 소비자가 계약 체결

---

36) 유럽연합에서는 브뤼셀체제와 로마체제에서 소비자 보호의 범위에 차이가 있는데 이는 일부는 성질상 달리 취급할 필요가 있기 때문이고 일부는 개정의 시차가 있기 때문일 것이다. 어쨌든 우리 국제사법은 유럽연합의 체제와는 차이가 있다.

37) 예컨대 소비자계약에서 준거법의 맥락에서보다 국제재판관할의 맥락에서 소비자의 개념이 더 확대되었다. 유럽사법재판소의 2019. 10. 3. Jana Petruchová v. FIBO Group Holdings Limited 사건 판결(C-208/18)에서 유럽사법재판소는 소비자인지를 판단함에 있어서 금융계약에 따라 수행된 거래의 가액, 그런 계약의 체결과 관련된 재정적 손실위험의 정도, 금융상품 분야에서 그가 가지고 있는 지식, 전문지식 또는 그 거래에서 그의 적극적인 행위는 원칙적으로 관련이 없고, 다른 한편으로는 금융상품이 로마 I(제6조)의 범위에 속하지 않는다는 사실도 원칙적으로 관련이 없다고 판시하였다. 위 범위 내에서는 관할규칙과 준거법지정규칙이 병행하지 않는다.

38) 이런 관점에서의 검토는 이연, 소비자보호, 185면, 269면 이하 참조.

39) 예컨대 로마 I(제6조 제4항 c호)은 "94/47/EC 지침의 의미에 속하는 시분할방법에 의한 부동산 사용을 위한 권리에 관한 계약을 제외한 부동산에 대한 물권 또는 부동산의 임대차에 관한 계약"을 소비자보호에서 제외하는데 이는 그런 계약은 부동산 소재지국과 가장 밀접한 관련이 있어 그 국가의 법원이 사실관계를 파악하고 그 국가의 법을 적용하는 것이 효율적이기 때문이다. 반면에 우리 국제사법에는 조문이 없으므로 해석상 동일한 결론을 도출할 수 있는지는 의문이 있는데 판례는 배제조항이 없으므로 적용된다고 볼 것이나 예외조항과의 관계도 문제가 된다. 김인호, 로마 I 규정, 627면 이하; 이연, 소비자보호, 288면은 입법론으로 부동산에 관한 규정도 두자고 한다.

40) 이병준, 약관규제법, 182면도 동지.

후 일상거소지를 변경한 경우에는 구 일상거소지를 기준으로 제42조/제47조의 적용 여부를 판단한다.[41]

사업자가 거래상대방이 소비자인 것을 알지 못하고 그에 대하여 상당한 이유가 있는 경우에는 어떤지가 문제 된다. 일본 법적용통칙법은 명문의 규정(제11조 제6항)을 두어 해결하는데, 이는 사업자가 소비자가 아니라고 오인하고 그에 대해 상당한 이유가 있으면 소비자보호에 대한 예외를 인정한다. 우리 법에는 조문이 없으나 일본에서와 동일한 결론을 도출할 수 있을 것이나, 구체적인 요건은 논란의 여지가 있다.[42]

이러한 소비자계약에는 보험계약이 포함된다. 그러나 유럽연합에서는 보험계약은 채권계약이므로 성질상 로마협약에 의하여 규율될 사항이나 보험계약에 대하여는 유럽공동체의 지침이 준거법 결정에 관한 특별한 규정을 두고자 했기 때문에 로마협약(제1조 제3항, 제4항)은 유럽공동체 내에 소재하는 위험에 관한 보험계약을 적용범위로부터 배제하였다.[43] 그러나 재보험계약과 기타 로마협약의 적용범위에 속하는 보험계약에 대해서는 소비자계약에 관한 원칙이 적용된다.[44] 반면에 로마 I(제7조)은 이를 개선하여 보험계약을 3개 유형으로 구분하고 ① 대위험(Großrisiko, large risk)에 대한 보험계약(당사자자치에 따르고 선택이 없으면 보험자의 상거소지법), ② 대량위험(Massenrisiko. 다수의 私人의 위험)에 대한 보험계약(위험소재지에 따라 상이)과 ③ 재보험계약(통상의 계약 준거법규정)에 대하여 복잡한 연결규칙을 둔다.[45]

---

41) 이병준, 약관규제법, 182면. 관할의 맥락에서 서영수, "국제부양사건의 합의관할·변론관할·관련관할－국제사법의 보호적 관할규정의 비판적 검토를 중심으로－", 서울대학교 법학전문대학원 법학전문석사 학위논문(2024. 2.), 44면은 관할의 맥락에서 이를 부정한다.

42) 참고로 국제물품매매계약에 관한 UN협약 제2조 a호를 보면 협약은 원칙적으로 소비자계약에는 적용되지 않지만, 매도인이 계약체결 전이나 그 체결 시에 물품이 그와 같은 용도로 구입된 사실을 알지 못하였고, 알았어야 했던 것도 아닌 경우에는 협약이 적용된다.

43) 과거 유럽연합의 보험계약 준거법규정은 지극히 복잡하여 "저촉법의 지옥(Hölle des Kollisionsrechts)"으로 간주되었다. 배경과 논의는 von Bar/Mankowski, Band Ⅱ, §1, Rn 738ff. 참조.

44) 로마협약의 적용범위에서 제외되지 않는 보험계약은 제6조의 소비자계약으로 취급된다. 보고서, 23면. 스위스 국제사법상으로는 보험계약은 소비자계약으로 취급된다.

45) Junker, 3. Auflage, §15 Rn. 57ff. 다만 매우 제한된 범위의 보험계약을 그 적용범위로부터 제외한다(제1조 제2항 j호).

(2) 당사자자치의 제한(제1항)

전 세계적으로 소비자계약의 준거법을 정함에 있어서는 당사자자치 원칙의 인정 여부와 그 정도에 따라 4개의 상이한 입법 모델이 있다.[46] 이는 '완전한 당사자자치 모델'(미국), '제한적인 당사자자치 모델'(중국), '더 유리한 법 모델'(유럽연합, 한국, 일본[47] 등)과 '당사자자치 부정 모델'(스위스 등)이 그것이다. 스위스 국제사법(제120조)은 당사자자치의 원칙을 아예 배제하고, 로마협약(제5조)(로마 I 제8조도 같다)이나 한국의 국제사법은 준거법의 선택을 허용하되 소비자의 환경을 이루는 법이 제공하는 보호를 박탈하지 못하도록 한다. 이러한 접근방법의 대립은 사회·경제정책적인 가치판단의 문제이다. 우리 국제사법 제47조는 유럽연합의 모델을 따라 소비자계약의 경우에도 당사자는 국제사법 제45조의 원칙에 따라 준거법을 자유로이 선택할 수 있으나, 당사자의 법의 선택은, 당사자가 준거법을 선택하지 않는 경우에 적용될 객관적 준거법, 즉 소비자의 상거소지법의 강행법규가 소비자에게 부여하는 보호를 박탈할 수 없다(제1항). 즉 준거법 합의에도 불구하고, 소비자의 환경을 이루는 법의 강행규정이 부여하는 보호를 관철시키고자 한다.

(가) 강행규정   여기의 강행규정은, 위에서 본 제45조 제4항과 아래에서 보는 근로계약에 관한 제48조 제1항의 그것과 같이 "당사자의 계약에 의하여 배제될 수 없는 법규", 즉 국내적(또는 단순한) 강행법규를 의미한다.[48] 이 점에서 제20조의 국제적 강행법규와는 다르다. 그러나 소비자의 보호를 위한 강행법규 중에도 입법자의 의사에 따라서는 국제적 강행법규가 있을 수 있는데, 그러한 조항들에 대하여는 제47조뿐만 아니라 제20조가 적용된다.

우리나라의 경우 이러한 국내적 강행법규에 해당하는 법으로서는 예컨대 방문판매등에 관한 법률(이하 "방문판매법"이라 한다), 할부거래에 관한 법률(이하 "할부거래법"이라 한다), 전자상거래등에서의 소비자보호에 관한 법률(이하 "전자상거래

---

46) 입법 모델의 소개는 이연, 소비자보호, 61면 이하 참조.

47) 우리 국제사법은 로마협약처럼 소비자에게 더 유리한 법 모델을 채택한 것인 데 반하여 일본의 법적용통칙법은 '제한적인 당사자자치' 모델에 가깝다는 평가도 있다. 이연, 소비자보호, 61면 이하 참조.

48) 그러나 위 강행규정을 국제적 강행규정이라고 보는 견해도 있다. 이병화, "국제소비자계약에 관한 국제사법적 고찰", 국제사법연구 제21권 제1호(2015. 6.), 371면. 소비자계약의 문제는 원격의료와 "의료 해외진출 및 외국인환자 유치 지원에 관한 법률"(의료해외진출법)의 맥락에서도 발생한다. 김현아, "국제적 원격의료에 관한 국제사법적 쟁점", 소비자법연구 제6권 제1호(2020. 3.), 115면 이하 참조.

법"이라 한다)과 약관규제법 등을 들 수 있을 것이다.[49]

(나) 소비자에게 부여되는 보호의 박탈 금지   여기에서 "소비자에게 부여되는 보호"라 함은 소비자와 체결하는 계약에 관한 사항, 즉 계약의 성립, 유효성, 효력 기타 거래조건에 관한 것이거나 거래조건에 직접 영향을 미치는 것이어야 하고, 관련 법률이 소비자의 상대방에게 부과하는 의무를 통하여 간접적으로 부여되는 보호에까지 미치는 것은 아니다. 예컨대 소비자기본법(제18조 이하)에 의하면, 사업자는 국가 등의 소비자권익 증진시책에 적극 협력하고, 소비자단체 등의 소비자 권익증진과 관련된 업무의 추진에 필요한 자료 및 정보제공 요청에 적극 협력하여야 하며, 물품 등으로 인하여 소비자에게 생명·신체 또는 재산에 대한 위해가 발생하지 아니하도록 필요한 조치를 강구하여야 하고, 물품 등을 공급함에 있어서 소비자의 합리적인 선택이나 이익을 침해할 우려가 있는 거래조건이나 거래방법을 사용하여서는 아니 된다. 그러나 이런 사항은 제1항과는 직접 관련이 없다. 그러한 조항이 외국 사업자에게까지 적용되는가는 별도의 기준에 따라 판단할 사항이다.

(다) 소비자에게 유리한 조건   예컨대 소비자계약의 경우 계약체결 후에 소비자에게 철회권을 인정하는 법제를 보자. 이 경우 만일 준거법이 7일의 철회기간을 부여하는 데 반하여 소비자의 일상거소지법이 5일의 철회기간을 부여한다면, 준거법이 소비자에게 더 유리하므로 7일의 철회기간이 부여된다. 반면에 반대의 상황, 즉 준거법이 5일의 철회기간을 부여하는 데 반하여 소비자의 일상거소지법이 7일의 철회기간을 부여한다면 7일의 철회기간은 박탈되지 않는다. 이런 비교방식을 쟁점별 비교(issue-by-issue comparison)[50]라고 한다. 다만 다수의 조항이

---

49) 이러한 법의 일부가 국제적 강행법규에 해당하는가에 관하여는 논란의 여지가 있다. 예컨대 방문판매법 제45조는 제7조-제10조, 제16조-제19조, 제28조-제30조의 규정의 1에 위반한 약정으로 소비자에게 불리한 것은 그 효력이 없다고 규정한다. 그러나 약관규제법 이외의 법들은 국제거래에 대한 적용은 특별히 고려하고 있지는 않다. 흥미로운 것은 2021년 3월 입법예고되었던 전자상거래법 개정안이다. 개정안 제5조는 "국외행위에 대한 적용"이라는 제목하에 "이 법은 국외에서 이루어진 행위라도 국내 소비자에게 영향을 미치는 경우에는 적용한다"라고 규정하여 역외적용 조항을 두었으나 이는 비판을 받아 결국 삭제되었다. 그런 규정은 국제사법상의 소비자보호와 정합성이 없다. 비판은 석광현, "전자상거래법의 역외적용과 소비자의 보호", 법률신문 제4904호(2021. 7. 5.), 12면; 김현아, "전자상거래법 개정안의 역외적용 규정에 대한 비판적 斷想", 국제사법연구 제28권 제1호(2022. 6.), 337면 이하 참조.

50) Giesela Rühl, Party Autonomy in the Private International Law of Contracts: Transatlantic

존재하는 법규 전체를 비교하여 어느 법이 우월한지를 판단하는 추상적 방식은 거의 불가능한 반면, 문제 된 구체적인 청구에서 어느 법이 소비자에게 더 우월한 보호를 부여하는지에 대하여는 가늠할 수 있으므로, 이를 위하여 법원은 문제 되는 구체적 청구와 관련하여 당사자가 선택한 법과 소비자의 일상거소지법이 소비자에게 제공하는 보호수준을 전반적으로 평가하기 위하여 양 법질서 법률 전체를 참조하여야 한다.[51]

(3) 객관적 준거법의 결정(제2항)

당사자가 준거법을 선택하지 않은 경우 소비자계약은 객관적 준거법의 결정에 관한 일반원칙을 정한 제46조에 따르는 것이 아니라 소비자의 일상거소지법에 의한다(제2항).

(가) 국제사법의 원칙   당사자가 준거법을 선택하지 않은 경우 소비자계약은 객관적 준거법의 결정에 관한 일반원칙을 정한 제46조에 따르는 것이 아니라 소비자의 일상거소지법에 의한다(제2항). 만일 제46조를 따른다면 사업자가 특징적인 이행을 하는 당사자이므로 그의 영업소 소재지법이 준거법이 될 개연성이 크다. 따라서 소비자의 보호를 위해 그에 대한 특칙을 명시한 것이다.[52] 국제사법상 일상거소의 개념에 관하여 유력설은 이를 '생활의 중심지'로 이해하고 우리 민법의 주소 개념과 원칙적으로 동일하다고 본다.

(나) 소비자계약의 객관적 준거법과 예외조항의 적용   국제사법 제21조는 국제사법에 따라 지정된 준거법이 해당 법률관계와 근소한 관련이 있을 뿐이고, 그 법률관계와 가장 밀접한 관련이 있는 다른 국가의 법이 명백히 존재하는 경우에는 그 다른 국가의 법에 따른다고 규정함으로써 가장 밀접한 관련이 있는 법을 적용한다는 국제사법의 대원칙을 관철하고자 한다.[53] 그런데 제47조는 예외조항

Convergence and Economic Efficiency, CLPE Research Paper Vol. 03 No. 01, 2007, p. 591.

51) Gralf–Peter Calliess (ed.), Rome Regulations: Commentary on the European Rules of the Conflict of Laws, 2nd (2015), Art. 6 para. 77.

52) 제2항은 당사자가 준거법을 선택하지 아니한 경우에 소비자의 일상거소지법을 소비자계약의 준거법으로 지정하나, 입법론적으로는 이 경우에도 객관적 준거법에 관한 일반원칙을 정한 제46조에 따라 준거법을 정하고, 다만 소비자의 상거소지법이 부여하는 보호를 관철하는 것도 고려할 수 없는 것은 아니다.

53) 다만 제21조 제2항은 "당사자가 합의에 따라 준거법을 선택하는 경우에는 제1항을 적용하지

이 추구하는 가장 밀접한 관련이 있는 국가의 법의 적용보다는 사회·경제적 약
자인 소비자의 보호라는 실질법적 가치를 고려한 것이므로, 명시적 조항이 없더
라도 그 경우 소비자보호를 포기하고 다른 최밀접관련국법을 적용하는 것은 적절
하지 않다는 견해가 주장될 수 있다. 실제로 2001년 섭외사법의 개정과정에서 당
초 연구반초안은 소비자보호를 위한 조항, 즉 구 국제사법(제27조)에 의해 준거법
이 지정된 경우 예외조항의 적용이 배제됨을 명시하는 방안을 제1안으로 제시하
였으나54) 이는 학설에 맡기자는 이유로 삭제되었다.

　　반면에 소비자계약과 마찬가지로 사회경제적 약자인 근로자를 보호하기 위
하여 국제사법은 근로계약에 관한 제48조에서 제47조와 유사한 구조를 취하고 있
는데 그 경우에도 유사한 의문이 제기된다. 하지만 로마협약(제6조 제2항)과 로마 I
(제8조 제4항)은 근로자를 보호하기 위하여 근로계약의 준거법에 관한 특칙을 두
면서도 객관적 준거법의 경우 가장 밀접한 관련이 있는 국가의 법을 적용하도록
명시한다.55) 이는 국제근로계약관계는 매우 다양한 양상으로 전개되므로 객관적
준거법만으로 모든 문제가 합리적으로 해결될 수 없기 때문이다.56) 로마협약은
그러면서도 소비자계약의 객관적 준거법에서는 최밀접관련국법 적용을 관철하지
는 않는 점에서 적어도 명문 규정상으로는 소비자계약과 근로계약의 취급을 달리
하는데, 이처럼 양자를 구분하여 달리 취급하는 것이 정당한지는 논란의 여지가
있다. 스위스 국제사법의 해석상 소비자계약의 경우도 일반적 예외조항(제15조)의
적용을 인정하는 견해가 있는데,57) 우리 국제사법의 해석론으로도 동일한 견해가

아니한다"라고 명시한다. 이는 당사자자치의 원칙을 존중하기 위한 것이다.
54) 연구반초안 제9조 제2항은 다음과 같다. 연구반초안해설, 27면. 조문은 석광현, 2001년 개정
國際私法 해설 제2판(2003), 491면에도 수록되어 있다.
"전항의 규정은 다음 각호의 경우 이를 적용하지 아니한다.
1. 당사자가 합의에 의하여 준거법을 선택한 경우
[제1안] 2. 제44조에 의하여 준거법이 지정된 경우
[제2안] 제2호 삭제".
55) 석광현, 국제사법 해설(2013), 359면도 국제사법의 해석상 예외조항인 제21조를 근거로 로
마체제에서와 동일한 해석이 가능하다는 견해를 피력한다. 그러나 위 석광현, 156면은 소비
자계약에 관하여는 명시적 조항이 없더라도 소비자보호를 포기하고 가장 밀접한 관련이 있
는 다른 국가의 법을 적용하는 것은 적절하지 않다는 견해를 피력하여 일관성이 있는지 의
문이다.
56) 최흥섭, 307–308면.
57) Anton K. Schnyder/Manuel Laitowitsch, Internationales Privatrecht – und Zivilverfahrensrecht
3. Auflage (2011), Rn. 759, Rn. 764.

주장될 수 있다.

(4) 소비자계약의 준거법이 규율하는 사항

(가) 일반원칙   국제사법은 계약의 성립과 유효성이 계약의 준거법에
의하여 규율됨을 명시하는 외에는 준거법이 규율하는 사항의 범위를 명시하지 않
는다. 그렇더라도 계약의 준거법은 계약의 해석과 성립, 계약에 따라 당사자가 부
담하는 채무의 내용, 이행과 소멸, 채무불이행의 결과(계약해제의 가부, 요건과 손해
배상의 종류, 요건과 범위 등), 계약 무효의 결과, 법률상의 추정 및 입증책임의 분배
등을 규율한다. 이는 소비자계약의 경우에도 마찬가지다.

계약준거법의 사후적 변경에 관하여 규정하는 제45조 제3항이 제45조와 제
46조만을 언급하므로 제47조에 의하여 객관적 준거법이 결정되는 소비자계약의 경
우에는 사후적으로 준거법을 변경할 수 없다는 견해도 주장될 수 있다.[58] 그러나
아래의 이유로 이에는 동의할 수 없다. 이 점은 근로계약의 경우에도 마찬가지다.

첫째, 제47조는 제45조가 정한 당사자자치의 원칙을 전제로 하면서 그에 대
한 특칙을 정한 것이다. 예컨대 제47조는 준거법의 분열에 대하여 언급하지 않으
나 그것이 준거법의 분열이 불가능하다는 것은 아니다. 마찬가지로 준거법지정계
약의 준거법을 정한 제45조 제5항은 제47조의 경우에도 적용된다. 둘째, 제47조
의 경우에도 당사자자치를 허용하면서 그 효력을 제한하는 것일 뿐이므로 준거법
의 사후적 변경을 막을 이유가 없다. 중요한 것은 당사자들이 사후적인 합의에 의
하여 객관적 준거법이 아닌 준거법을 지정하더라도 소비자를 보호하기 위한 객관
적 준거법의 강행규정의 보호는 박탈할 수 없다는 것이다. 다만 확실성을 위하여
입법론으로 명시하는 데는 이견이 없다.

(나) 소비자계약의 방식(제3항)   소비자계약의 방식에 대하여는 법률행위
의 방식에 대한 일반원칙(제17조)이 적용되는 것이 아니라 소비자의 상거소지법에
의하는데, 이는 소비자를 보호하기 위한 것이다. 예컨대 소비자의 상거소지법이
이른바 사기방지법(statute of frauds)[59]에 의해 서면성을 요구하는 경우 소비자계

---

58) 김인호, 국제계약법, 603면 이하의 입법론 참조.
59) 이는 일정한 행위에 대해 일정한 방식요건을 요구하는 법률을 말하는데, 반드시 소비자계약
과 관련되는 것은 아니다. 영국에는 1677년 사기방지법(Statute of Frauds)이 있었으나 이는
1954년 상당 부분 폐지되었다. 그러나 미국 통일상법전(제2-201조)에 따르면, 미화 500 달
러 이상의 가격의 물건에 관한 매매계약은 원칙적으로 그 계약의 체결을 표시하기에 충분한

약의 준거법에 불구하고 그 요건을 구비해야 한다. 우리나라의 할부거래법 제6조도 할부계약의 서면주의를 요구하므로, 소비자의 상거소가 한국인 때에는 서면성을 구비해야 한다.[60] 나아가 할부거래법 제6조 제1항의 요건을 구비하지 못하거나 그 내용이 불확실한 경우에는 소비자와 할부거래업자 간의 특약이 없으면 그 계약내용은 어떠한 경우에도 매수인에게 불리하게 해석되어서는 아니 된다(제6조 제4항). 서면성이 요구되는 경우 그것이 계약의 방식요건인지 아니면 단순한 입증방법의 제한인지를 구별할 필요가 있다.

(5) 국제거래에서의 소비자보호와 약관규제법의 적용

(가) 섭외사법하에서의 견해　　　　섭외사법하에서는 약관규제법의 적용범위에 관한 논의가 별로 없었으나 저자는 아래 취지의 견해를 피력하였다.[61]

"약관규제법은 불공정한 내용의 약관을 규제하여 건전한 거래질서를 확립함으로써 소비자를 보호하는 것을 목적으로 하는데(동법 제1조), 국제거래에서의 소비자보호와 관련하여 우선 다음과 같은 두 가지 의문이 제기된다.

첫째, 약관규제법(제14조)은 고객에게 부당하게 불리한 관할합의조항은 무효로 하면서도 계약의 준거법을 외국법으로 지정하는 내용의 준거법조항이 약관에 포함된 경우 이를 규제하는 조항을 두고 있지 않은데 이를 어떻게 통제할 것인가.

이에 관하여는 우리나라에서는 종래 별로 논의가 없는 것으로 보이나, 사견으로는 입법론으로서는 물론이고 해석론으로서도 ① 미국의 Restatement (Second) 내지는 개정 전 독일 약관규제법에서 보는 바와 같이 일정한 경우 준거법조항 자체를 무효로 하는 접근방법과, ② 로마협약과 같이 당사자가 선택한 준거법의 적용을 부분적으로 제한하는 접근방법을 생각할 수 있을 것으로 보인다. 다만, 전자의 입장을 취한 것으로 볼 수 있는 대법원판결이 있음은 주목할 만하다. 즉 적하보험계약에 포함된 영국법 준거약관에 관하여 대법원 1991. 5. 14. 선고 90다카25314 판결은 동 약관에 의하여 영국법이 준거법으로 지정되었다고 보면서도 "… 동 약관이 … 합리적인 범위를 초과하여 보험계약자에게 불리하게 된다고 판단되는 것에 한하여 무효가 된다"라고 판시

문서가 있는 경우가 아니면 강제할 수 없다(not enforceable).

60) 방문판매법 제7조 제1항도 계약체결 전에 방문판매자 등이 계약내용을 설명하고 그 내용을 기재한 계약서를 교부할 것을 요구한다.

61) 석광현, "섭외사법의 改正에 관한 立法論 — 國際契約法 분야 —", 법무부, 국제화시대의 섭외사법 개정방향, 법무자료 제226집(1999. 5.), 제4장 국제계약법, 105면 이하; 국제사법연구 제4호(1999), 322면 이하 참조. 위 본문의 문언은 註를 본문에 넣는 등 일부 수정한 것이다.

하여 준거법조항에 대한 통제가능성을 시사하였다.

둘째, 외국법이 준거법으로 유효하게 지정된 경우에도, 약관규제법을 적용하거나 그 취지를 고려하는 것이 가능한가.

과거 독일 약관규제법 제12조는 외국법이 준거법으로 지정되더라도 일정한 요건이 구비되는 경우 독일 약관규제법은 "고려되어야 한다(zu berücksichtigen)"고 규정하였으나, 동조는 1996. 7. 25.자로 "적용된다(anzuwenden)"는 것으로 개정되었는데 이는 소비자보호를 위한 유럽연합이사회의 1993. 4. 5. 지침에 따른 것이다. 그러나, 약관규제법은 이러한 조항을 두고 있지 않으므로 동법은 우리 법이 준거법인 경우에만 적용된다는 견해와, 반대로 소비자의 보호를 위하여 해석론으로서도 일정한 요건이 구비되는 경우 약관규제법을 직접 적용하거나(현행 독일 약관규제법) 그 취지를 고려할 수 있다는(개정 전 독일 약관규제법) 견해가 주장될 수도 있을 것이다."

(나) 구 국제사법/국제사법하에서의 견해[62]   논의의 방향: 구 국제사법에서 소비자보호를 위한 국제사법 차원의 조치가 취해짐에 따라 국제거래에서의 소비자보호, 특히 약관의 사용과 관련한 소비자보호의 문제를 더 체계적으로 검토할 필요가 있게 되었다. 저자는 아래와 같은 견해를 피력하였다. 이는 국제사법하에서도 마찬가지이다.

국제거래에서의 약관에 대한 통제는 두 단계로 나누어 볼 필요가 있다. 첫째는 약관에 포함되어 있는 준거법합의, 즉 준거법조항 자체에 대한 통제이고, 둘째는 외국법이 주된 계약(예컨대 매매계약)의 준거법으로 유효하게 지정된 경우 계약의 일부가 되는 약관의 편입과 내용에 대한 통제이다.

우선 전자에 관하여 보면, 국제사법(제49조)에서 보는 바와 같이 계약의 성립 및 효력은 당해 계약의 준거법에 의하나, 어떠한 준거법의 지정의 허용 여부는 법정지의 국제사법에 따를 사항이다. 만일 전자에 의해 준거법조항이 무효가 된다면 준거법합의가 없는 것이 될 것이다. 우리 약관규제법은 준거법조항에 대한 통제에 관하여는 규정을 두지 않으나,[63] 위에서 언급한 바와 같이 미국의 Restatement

---

62) 상세는 석광현, 제3권, 151면 이하 참조. 약관에 의한 국제거래에서 제기되는 국제사법적 논점에 대한 우리나라의 체계적 검토는 위 글의 당초 논문, 즉 석광현, "國際去來와 약관의규제에관한법률의 적용", 국제사법연구 제9호(2003. 12.), 81면 이하에서 비롯되었다고 믿는다. 저자는 과거 약관이 널리 사용되는 국제금융거래를 다루는 변호사였기 때문에 이에 대한 문제의식을 가질 수 있었다. 다만 행정적 규제에 관하여는 실무는 이루어지고 있으나 아직도 이론은 빈약하다.

63) 해석론으로 해결하는 것이 좋겠다는 이유로 규정을 두지 않았다고 한다. 이은영, 약관규제법(1994), 358면.

(Second)[64]와 개정 전 독일 약관규제법[65]에서처럼 일정한 경우 준거법조항 자체를 배제할 수 있을 것이다. 다만 준거법을 외국법으로 지정하는 약관의 준거법조항은 그 약관이 계약의 일부로 편입되었다면 통상 유효할 것이나 예외적인 경우 무효가 될 수 있는데, 그 예외적인 상황을 구체화하는 것은 앞으로의 과제이다.[66]

---

64) 제2차 Restatement 제187조 Comment b는 부합계약(adhesion contract)에 포함된 준거법 선택을 인정한다면 사실상 협상 가능성이 없는 약자에게 본질적(substantially)으로 부당하게 되는 때에는 법원은 그 조항의 적용을 거부할 수 있다고 한다.

65) 구 독일 약관규제법 제10조 제8호는, 약관에 의하여 외국법을 준거법으로 선택하기 위하여는 '승인할 만한 이익(anerkennenswertes Interesse)'이 있어야 하고 그러한 이익이 없는 약관의 준거법조항을 무효라고 규정하였다. 동조는 1986. 9. 1. 삭제되었는데 이는 준거법선택의 자유를 인정하는 개정 민법시행법(EGBGB)의 원칙과 부분적으로 상치되기 때문이었다. 그 후에는 소비자는 구 민법시행법 제27조, 제29조와 제29a조에 의해 보호되었다. 위에서 본 바와 같이 독일 약관규제법 제12조는 1996. 7. 25. "적용된다(anzuwenden)"는 것으로 개정되었는데, 보다 정확히 말하자면, 개정된 독일 약관규제법은 "계약이 독일과 밀접한 관련(enger Zusammenhang)을 가지는 때에는 준거법이 외국법이더라도 약관규제법의 조항이 적용된다. 일정한 요건이 구비되면 그러한 밀접한 관련이 있는 것으로 추정된다"라는 취지로 규정하였다. 일정한 요건의 내용은 변경되지 않았다. 또한 직접 소비자계약과 관련한 조항인 제24a조도 추가되었다. 그러나 독일 약관규제법의 실체법 관련 규정은 2002. 1. 1. 개정된 독일 민법(BGB)의 제2편 제2장(약관에 의한 법률행위상의 채권관계의 형성(제305조 -제310조))에 편입되었고, 절차법 관련 규정은 Gesetz über Unterlassungsklagen bei Verbraucherrechts- und anderen Verstößen(Unterlassungsklagengesetz. UKlaG. 소비자 권리침해 및 기타 침해 시의 부작위소에 관한 법률)에 통합되었다. 최병규, "독일 약관규제법(AGB-Gesetz) 폐지와 변화", 상사법연구 제21권 제1호(통권 제33호)(2002), 63면 이하 참조. 외국법을 준거법으로 선택함으로써 약관규제법의 적용을 회피하는 문제에 관한 근자의 독일의 논의는 Antonia Sommerfeld, AGB-Reform und Rechtsflucht: Bedeutung der Rechtsflucht für die AGB-Reformdebatte im unternehmerischen Rechtsverkehr (2021) 참조.

66) 참고로 국제재판관할합의에 관한 대법원 1997. 9. 9. 선고 96다20093 판결은 한국 법원의 관할을 배제하고 외국법원을 관할법원으로 하는 전속적인 국제재판관할합의는 현저하게 불합리하고 불공정한 경우에는 공서양속에 반하는 법률행위에 해당하는 점에서도 무효라고 판시하였던바, 이러한 취지를 준거법합의에도 유추적용하여 준거법합의가 현저하게 불합리하고 불공정한 경우 공서양속에 반하는 법률행위로서 무효라고 볼 수 있을 것이다. 실제로 대법원 2010. 8. 26. 선고 2010다28185 판결은, "이 사건 계약이 캐나다 온타리오주법을 준거법으로 정함으로써 현저하게 불합리하거나 불공정한 결과가 초래된다고 볼 근거가 없어 약관에 의한 준거법 약정은 유효하다"라고 판단한 원심판결을 지지하였다. 간단한 평석은 석광현, "약관규제법은 국제적 강행규정인가", 법률신문 제3920호(2011. 3. 21.), 13면 참조. 이와 달리 준거법약관의 경우 사업자가 이를 일방적으로 지정한 법인 경우가 많으므로 고객이 명시적으로 이를 승인하였다는 사정이 없는 한 준거법지정에 관한 당사자자치의 원칙은 적용되지 않는다는 과격한 견해(손경한, "강행규정의 국제적 적용", 변호사 제55집(2022), 76면)도 있으나 이는 법적 근거가 없고 우리 기업들의 국제거래를 사실상 불가능하게 만들

하지만 준거법조항이 무효가 되는 것은 이례적이고, 특히 기업 간에 약관에 의하여 이루어지는 국제거래의 경우는 더욱 그러할 것이므로 국제거래에서의 약관에 대한 통제는 내용에 대한 통제가 더 중요한 의미를 가질 것으로 생각된다.

① 약관규제법 제15조와 국제사법적 함의(含意)   국제사법의 해석에 들어가기 전에 우선 약관규제법 제15조를 검토할 필요가 있다. 만일 약관규제법이 준거법이 외국법인 경우 약관규제법의 적용 여부에 관하여 규칙을 두고 있다면 그에 따라야 할 것이기 때문이다.

약관규제법 제15조와 동법시행령 제3조는 국제적으로 통용되는 운송업, 금융업 및 보험업의 약관[67] 등에 대하여는 약관규제법 제7조─제14조의 적용을 배제한다. 문언상으로는 편입에 관한 제3조와 내용통제에 관한 일반원칙인 제6조는 적용이 배제되지 않으므로 약관의 편입에 대한 통제와 일반원칙에 의한 내용통제가 가능할 것으로 보이나, 대법원 1999. 12. 10. 선고 98다9038 판결은 대통령령으로 정하는 특정업종들의 약관에는 일반조항인 제6조는 적용되지 않는다고 판시하였다.[68] 사견으로는 대법원판결을 지지하지 않지만[69] 아래에서는 일단 이를 전

것이다.

[67] 이것의 의미에 관하여는 논란이 있다. 즉 학설은 "약관이 국제적으로 통용되는 경우란 ① 당해 거래업종에 관하여 국제협약이나 국제표준약관이 존재하는 경우, ② 다국적기업이 국내에서 영업하는 경우로서 국내와 다른 나라의 영업에 공통되는 약관을 사용하는 때 등을 말한다"라고 한다. 사견으로는 국제적으로 통용되는 약관이라 함은, 특정업종에 속하는 국제거래에서 당해 거래의 유형의 계약을 체결하는 사람들에게 널리 알려져 있고 또한 통상적으로 합의에 의해 적용되는 약관을 가리키는 것으로 풀이한다. 따라서 ①은 문제가 없지만 ②는 이에 해당하지 않는다고 본다. 약관규제법 시행령에서 정한 업종은 1987. 7. 1. 제정 당시 정한 이후 30여 년간 변경된 바 없다(다만 수출보험법의 명칭이 2010. 4. 5. 무역보험법으로 개정되었다).

[68] 판례공보 제98호(2000. 1. 15.), 154면. 대법원판결의 근거는, 약관이 구체적으로 무효가 되는 경우들을 규정한 제7조─제14조에 대하여 약관이 일반적으로 무효가 되는 경우를 포괄적으로 규정하고 있는 제6조가 적용되게 되면 구체적 무효조항들의 적용을 배제하는 제15조의 규정 취지가 거의 완전히 몰각되는 불합리한 결과를 가져오게 된다는 것이었다. 대법원 2002. 5. 24. 선고 2000다52202 판결; 대법원 2002. 5. 28. 선고 2000다50299 판결도 동지. 김영갑, "약관규제의 법리와 수정해석의 문제", 법조 제46권 제1호(통권 제484호)(1997. 1.), 89면은 판례를 지지한다.

[69] 일반조항과 개별적 무효조항을 구별하는 우리 약관규제법의 규정방식은 2002. 1. 1. 독일 민법에 통합되기 전의 원래 독일의 약관규제법(제24조 제1항)이 상인 간의 거래에 대해 규정한 방식을 국제거래에 차용(借用)한 것인데, 독일법은 상인은 자신의 이익을 보호할 수 있으므로 그 경우 기계적·형식적으로 무효라고 하는 대신 법원이 탄력적으로 약관의 유효, 무효를 판단할 수 있게 하기 위한 것이다. 대법원판결은 이러한 탄력적인 해석의 가능성을 고려

제로 한다.

이처럼 특정업종의 약관에 대해 약관규제법의 적용을 배제하는 제15조의 국제사법적 함의(含意)에 대하여는 다음과 같은 두 가지 해석 가능성이 있다.

1설 – 준거법이 한국법인 경우를 전제로 한 것이라는 견해. 이는 준거법이 한국법이면 당연히 약관규제법이 적용되어야 할 것이나, 국제거래라면 약관규제법상의 규제를 자제하겠다는 취지라고 본다. 준거법이 외국법인 경우는 아마도 약관규제법은 적용되지 않는다고 볼 것이다.

2설 – 당해 거래의 준거법에 관계없이 국제거래의 경우 약관규제법상의 규제를 포기하는 취지라고 본다. 약관규제법은 당사자들이 합의에 의해 그의 적용을 배제할 수 없다는 점에서 일단 국내적 강행규정임은 의문이 없는데,[70] 2설은 더 나아가 약관규제법은 준거법이 외국법이더라도 적용이 배제되지 않는 국제적 강행법규 또는 직접적용법의 성질을 가지므로 일정한 거래에는 준거법에 관계없이 적용되지만, 제15조는 그 경우 특정업종의 약관에 대하여는 약관규제법상의 규제를 포기하겠다는 취지라고 본다. 즉 제15조로부터 약관규제법의 국제적 강행법규성을 도출하려는 견해이다.

입법자의 의사가 1설을 전제로 한 것이라면 약관규제법 제15조의 국제사법적 함의는 전혀 없다는 것이 된다. 반면에 2설을 취한다면 국제사법적 함의를 가지는 것이 된다. 사견으로는 입법자의 의사는 1설을 전제로 한 것으로 짐작되고

하지 않은 것으로서 부당하다. 제7조–제14조의 규정을 보면 "상당한 이유 없이" 또는 "부당하게"라는 요건을 요구함으로써 "평가가능성이 있는 조항"(예컨대 제7조 제2호, 제3호)과 그에 해당하면 곧바로 무효가 되는 "평가가능성이 없는 조항"(예컨대 제7조 제1호, 제13조)이 있다. 평가가능성이 없는 조항의 경우에는, 만일 제7조–제14조가 적용된다면 곧바로 무효가 되는 데 반하여, 제6조가 적용되면 법원은 일반원칙에 따라 약관의 유·무효를 판단할 수 있게 되어, 평가가능성이 없는 조항이 평가가능성이 있는 조항으로 전환된다. 한편 평가가능성이 있는 조항의 경우도 제6조의 적용을 인정할 실익이 있다. 예컨대 평가가능성이 있는 조항의 경우 제7조–제14조가 적용되면 당해 약관조항을 그 자체로 평가해서 유·무효를 판단해야 하나, 제6조를 적용하면 제7조–제14조에 해당되는 조항이 있더라도 소비자가 그 대신 다른 조항에서 사업자로부터 양보를 얻어냈다면 전체적으로 평가하여 제6조에 위반되지 않는 것으로 평가할 가능성이 있다. 따라서 약관규제법 제15조의 해석론으로는 특정업종의 약관의 경우 법문에 충실하게 약관규제법의 개별적 무효조항(제7조–제14조)은 적용되지 않지만 약관의 편입에 관한 제3조와 내용통제에 관한 일반조항인 제6조는 적용된다고 보는 것이 설득력이 있다. 김진우, "금융거래에서의 약관에 대한 사법적 통제", 민사판례연구 제37집(2015), 1167면도 저자와 동지다.

70) 이은영(註 63), 54면.

1설이 설득력이 있다고 본다. 2설과 같이 제15조로부터 약관규제법의 국제적 강행법규성을 도출하는 것은 설득력이 없다.[71] 2설의 문제는, 우리 약관규제법이 모든 국제거래에 적용될 수는 없을 것이므로 합리적인 적용범위를 정할 수 있어야 하는데, 약관규제법은 아무런 기준을 제시하지 않는다는 점이다. 어느 견해를 따르든 분명한 것은, 약관규제법의 일부조항은 특정업종의 약관에 대해서는 적용되지 않는다는 것이다.

　② 약관의 편입과 내용에 대한 통제　　　　이상의 이해를 전제로 국제사법의 해석론을 검토한다.

　㈀ 약관규제법은 국제적 강행법규인가　　　　여기에서는 더 나아가 약관규제법의 다른 조항과 동법 전체로부터 약관규제법이 국제적 강행법규인지를 검토한다. 사견으로는 약관규제법은 독일의 과거 약관규제법과 달리 일정한 요건하에 외국법이 준거법임에도 불구하고 고려해야 한다거나 적용해야 한다는 조항을 두지 않

---

71) 이처럼 저자는 약관규제법의 국제적 강행법규성을 부정하는데, 서울고등법원 2007. 10. 12. 선고 2007나16900 판결(확정)은 아래와 같이 판시하여 같은 견해를 취하였다. "외국법이 준거법인 경우에도 적용하여야 할 우리 법의 강행규정이란, 국제사법 제7조 자체에서 규정하고 있는 바와 같이 그 입법목적을 고려하여야 하고, 이는 그 법규정을 적용하지 않으면 우리의 법체계와 사회질서 및 거래 안전 등에 비추어 현저하게 불합리한 결과가 야기될 가능성이 있어 이를 강제적으로 적용하는 것이 필요한 경우이거나, 법규정 자체에서 준거법과 관계없이 적용됨을 명시하고 있거나 혹은 자신의 국제적 또는 영토적 적용범위를 스스로 규율하고 있는 경우 등을 의미한다고 할 것인바, 원고가 주장하는 약관규제법 제3조의 명시·설명의무 규정이 위와 같은 강행규정에 해당한다고 보기 어렵다". 대법원 2010. 8. 26. 선고 2010다28185 판결도 동지로 판단하였으나 공정거래법의 적용을 당연한 전제로 하면서도 그 근거는 밝히지 않는다. 대법원이 이 쟁점에 대해 더 치밀한 판단을 하지 않은 것은 아쉽다. 간단히는 석광현, "약관규제법은 국제적 강행규정인가", 법률신문 제3920호(2011. 3. 21.), 13면 참조. 상세는 석광현, "영국법이 준거법인 한국 회사들 간의 선박보험계약과 약관규제법의 적용 여부", 저스티스 통권 제149호(2015. 8.), 196면 이하 참조. 대법원 2015. 3. 20. 선고 2012다118846(본소), 2012다118853(반소) 판결은 위 2010년 판결의 취지를 재확인하였다. 후자에 대한 평석은 석광현, "영국법이 준거법인 한국 회사들 간의 선박보험계약과 약관규제법의 적용 여부", 저스티스 통권 제149호(2015. 8.), 196면 이하 참조. 그러나 이헌묵, "국제적 강행규정의 판단기준", 인권과 정의 제442호(2014. 6.), 100면은 약관규제법은 국제적 강행규정이라는 견해를 피력한다. 참고로 약관규제법과 달리 영국의 1977년 불공정계약조건법(Unfair Contract Terms Act 1977. UCTA)은 국제적 강행법규이다. 다만 주관적 준거법이 외국법이더라도 동법이 적용되나, 객관적 준거법이 외국법인 경우는 그러하지 아니하다. 영국에서는 객관적 준거법이 외국법이더라도 관철되는 국제적 강행법규를 'complete overriding effect'가 있는 법률(예컨대 Employment Rights Act 1996)이라 하고, 이와 구별하여 UCTA를 'limited overriding effect'가 있는 법률이라 한다. Cheshire/North/Fawcett, p. 732.

으므로 해석론으로서는 약관규제법을 국제적 강행법규로 보기는 어렵다. 즉 약관
규제법을 국제적 강행법규로 보려면 준거법이 외국법인 경우에도 동법을 적용하
려는 입법자의 의지를 읽을 수 있어야 하나 동법상 이러한 의지가 표현되어 있지
않다. 특히 국제사법 제47조가 동조에 정한 요건을 구비하는 소비자계약의 경우
에도 원칙적으로 준거법합의를 유효한 것으로 인정하고 제한된 범위 내에서만 소
비자의 상거소지인 우리 법의 보호를 관철하는 데 그치고 있으므로, 아무런 제한
없이 모든 약관거래에 대해 외국법이 준거법임에도 불구하고 약관규제법을 강행
적으로 적용하려는 것은 균형이 맞지 않는다.

또한 약관규제법을 국제적 강행법규로 보는 경우에도 약관이 사용되는 모든
국제거래에 약관규제법을 적용할 수 없음은 명백하므로 그 적용범위를 제한하는
기준이 필요한데, 약관규제법의 해석으로부터 기준을 도출하기가 어렵다. 이러한
요건을 제시함이 없이 약관규제법은 국제적 강행법규라고 주장하는 것은 매우 공
허하다.72) 나아가 약관을 이용한 B2B, 특히 대기업 간의 국제거래에서 약관제안
자의 상대방이 한국 기업이라는 이유로 우리 약관규제법의 통제를 관철하는 것은
국제거래의 안전을 해한다.

그렇다면 일반원칙으로 돌아가 준거법이 외국법인 약관의 경우 우리 약관규
제법은 적용되지 않으므로 약관규제법상의 편입통제와 내용통제는 모두 적용되지
않는다. 즉 약관의 명시·설명의무를 정한 제3조, 제6조와 제7조 - 제14조도 모두
적용되지 않는다. 약관규제법의 적용 여부에 관하여 섭외사법하에서는 논란의 여
지가 있었지만, 국제사법이 제47조를 둔 결과 이제는 그의 반대해석에 의하여 그
와 같이 해석하는 것이 설득력이 있다.73)

(L) 국제사법 제47조가 적용되는 소비자계약의 경우　　　　제47조 제1항은 동항
의 요건을 구비하는 소비자계약의 경우에도 당사자자치를 허용하되 다만 소비자
의 상거소지 국가의 강행규정에 의하여 소비자에게 부여되는 보호를 박탈할 수

---

72) 그러나 입법론으로는 일정한 요건 하에 약관규제법을 국제적 강행법규로 명시하는 방안을
검토할 필요가 있는데, 그 경우 보호의 대상을 국제사법 제47조 제1항의 요건에서 보듯이
수동적 소비자 또는 그에 준하는 자에 한정해야 할 것이다. 다만 제47조 제1항의 범위를 확
대한다면 약관규제법의 경우에도 그와 병행해야 할 것이다.

73) 따라서 예컨대 한국 회사(A)가 미국 뉴욕주의 회사(B)와 계약을 체결하면서 B의 약관을 적
용하기로 합의하였는데 그 준거법이 뉴욕주법이라면 우리 약관규제법은 적용되지 않는다는
것이다. 이는 외국사업자도 약관규제법상의 사업자에 포함된다는 것을 전제로 한다.

없다고 규정한다. 당사자자치를 허용한다는 것은 준거법인 외국법이 적용되고 우리 약관규제법은 적용되지 않는다는 것을 의미한다.

여기서 강행규정이라 함은 당사자가 합의에 의하여 그 적용을 배제할 수 없는 국내적(또는 단순한) 강행규정을 말하는데, 약관규제법은 이에 해당하므로 준거법이 외국법이더라도 소비자의 상거소지가 한국이라면, 편입통제와 내용통제를 포함하여 약관규제법이 소비자에게 부여하는 보호는 박탈되지 않는다. 그러나 약관규제법은 특정업종의 약관에는 적용되지 않으므로 그 경우에는 약관규제법에 따른 부여가 보호될 수 없다.

요컨대 준거법이 외국법이면 우리 약관규제법은 적용되지 않으나, 국제사법 제47조가 적용되는 소비자계약의 경우 약관규제법이 적용되는 업종의 약관이라면 준거법이 외국법이더라도 약관규제법의 보호가 관철되는 데 반하여, 약관규제법이 적용되지 않는 특정업종의 약관이라면 약관규제법의 보호는 부여되지 않는다.[74]

그러나 국제적으로 통용되는 특정업종의 약관의 경우 약관규제법이 스스로 그의 적용을 포기하는 것은 입법론적으로 타당하지 않다고 본다. 이 경우 약관의 타당성이 어느 정도 국제적으로 검증되었을 것이므로 약관규제법이 개입할 필요는 실제로는 별로 크지 않겠지만 그렇더라도 약관규제법이 스스로 규제의 포기를 선언할 것은 아니다. 이 부분은 약관규제법의 개정이 필요할 것으로 생각된다.

(ㄷ) 국제사법 제47조가 적용되는 소비자계약이 아닌 경우　　이에는 소비자와 체결한 계약이지만 제47조 제1항의 요건을 구비하지 않는 경우와 대기업 간의 계약과 같이 아예 소비자계약이 아닌 경우가 포함된다. 이 경우에도 준거법이 외국법이면 우리 약관규제법은 적용되지 않고, 나아가 국제사법 제47조가 적용되지 않는 소비자계약이므로 제47조에 따른 약관규제법의 보호도 부여될 여지가 없다.

(ㄹ) 장래의 과제　　어쨌거나 구 국제사법 제27조/국제사법 제47조의 시행에 따라, 약관규제법의 적용을 포함하여 국제거래에서의 소비자보호의 문제를 더 체계적으로 검토할 필요가 있다. 또한 앞으로는 소비자보호를 위한 각종 국내법을 제정함에 있어서도 국제거래에서의 적용을 고려해야 한다. 전자상거래법은 이 점에서 미흡하다는 지적을 피할 수 없다.

---

74) 따라서 예컨대 한국 소비자(C)가 미국 뉴욕주의 회사(B)와 계약을 체결하면서 B의 약관을 적용하기로 합의하였는데 그 준거법이 뉴욕주법이라면, 그 약관이 약관규제법이 적용되는 업종의 약관이라면 우리 약관규제법은 적용되지 않지만 C는 국제사법 제27조 제1항에 의하여 보호받을 수 있다는 것이다.

이상의 논의를 정리하면 다음과 같다.

《준거법이 외국법인 국제거래에 대한 약관규제법의 적용 여부와
약관규제법상의 보호의 부여 여부》

구 분	약관규제법이 적용되는 업종의 약관인 경우(예컨대 국제매매)	약관규제법이 적용되지 않는 특정업종의 약관인 경우 (예컨대 국제금융)
제47조의 소비 자계약인 경우	약관규제법 부적용 단, 약관규제법상의 보호 부여	약관규제법 부적용 약관규제법상의 보호 부여되지 않음 ([6], 7－14)*
제47조의 소비 자계약이 아닌 경우	약관규제법 부적용 약관규제법상의 보호 부여되지 않음	약관규제법 부적용 약관규제법상의 보호 부여되지 않음 ([6], 7－14)*

주의할 것은 위 표는 준거법이 외국법인 경우라는 점이다. 따라서 준거법지 정계약이 예외적으로 무효가 되지 않는 한 위 표의 모든 경우 약관규제법은 적용 되지 않는다. 다만 국제사법 제47조의 소비자계약에 해당하는 경우 약관규제법의 보호가 관철될 수 있을 뿐이다. * 표시한 경우 제6조는 대법원판례에 따르면 적용 되지 않으나 사견에 따르면 적용된다. 위 표에서 "약관규제법상의 보호"가 부여되 는 경우 약관규제법이 준거법의 일부로서 적용되는 것은 아니지만 약관규제법상 의 보호가 '최소한의 보호(minimum protection)'로서 부여되므로 결과적으로는 적 용되는 것과 유사하게 된다.

(다) 행정적 규제의 문제[75]　　　　　위의 논의는 약관규제법의 사법적(私法的) 측면이다. 이와 별개로 공정거래위원회의 추상적 규범통제, 즉 행정적 규제의 문 제가 있다. 이는 국제거래와 관련한 약관규제법 제3장의 적용범위의 문제이다. 여 기에는 두 가지 가능성이 있다.

첫째는 그 경우 약관규제법은 적용되지 않지만, 국제사법은 약관규제법이 한 국에 일상거소를 둔 소비자(자연인)에게 부여하는 보호를 관철하므로 공정거래위 원회는 약관에 대한 행정적 규제를 할 필요가 있고 할 수 있다는 것이다. 둘째는

---

75) 행정적 규제에 관하여는 석광현, "약관규제법은 국제적 강행규정인가", 법률신문 제3920호 (2011. 3. 21.), 13면[제5권, 232면 이하]; 이선희, "외국 사업자의 약관에 대한 심사 및 집 행", 경쟁법연구 제41권(2020. 5.), 211면 이하 참조.

행정적 통제는 사법적(私法的) 통제와 다르다는 것이나 이 경우 그 기준이 모호하다. 예컨대 외국회사가 한국에서 영업을 하는 경우(예컨대 외국회사의 한국 내 영업소 또는 지점이 준거법이 외국법인 약관을 사용하는 경우), 약관규제법의 실체법적 조항은 적용되지 않더라도, 약관에 대한 행정적 통제를 할 필요성은 존재할 수 있다는 것이다. 후자를 따른다면 우리나라에서 영업을 하는 한 행정적 통제가 개입할 수 있다는 것이다.[76][77] B2C 거래의 경우 한국 소비자의 보호를 위하여 국제사법의 소비자계약에 관한 조문이 준거법에 관계없이 적용되므로 공정거래위원회가 행정적 통제를 할 수 있음은 의문이 없는 반면에 B2B 거래의 경우 그 근거를 명시할 필요가 있다. 이를 위하여는 약관규제법을 개정할 필요가 있다.

---

76) 저자는 과거 석광현, 국제사법 해설(2013), 338면에서 아래와 같이 소개하였다.
"주목할 것은 공정거래위원회는 2003. 2. 18.자 의결((약)제2003－015호(사건번호 2002약제1634))로써 TOEFL의 주관 사업자인 미국 Educational Testing Service (ETS)에 대하여 약관규제법에 위배되는 불공정약관조항을 수정 또는 삭제하도록 하는 시정명령을 의결하였고, ETS는 위원회 의결내용을 수용하고 불공정조항을 시정하겠다는 의사를 통보한 점이다. 이 의결은 준거법에 관하여 판단하지 않은 채 TOEFL시험약관이 약관규제법 제2조 제1항의 약관이라고 판단하고 시정명령을 발한 것인데 사업자가 이를 수용한 결과 더 이상 논의가 이루어지지 않았다는 점에서 아쉬움이 있다."

77) 그 밖에도 구글이 홈페이지를 개설하여 한국 내에서 광고대행사업을 영위하면서 그 약관에 캘리포니아주법을 준거법으로, 캘리포니아 주 산타클라라 카운티 법원을 관할법원으로 지정한 사안에서 공정거래위원회는 그 이용자가 주로 한국인들인 점 등 동 계약의 모든 요소가 한국과 관련이 있다는 이유로 구 국제사법 제25조 제4항을 근거로 약관규제법을 적용한 바 있다고 한다. 공정거래위원회 시정권고 제2007－019호(2007. 2. 26. 의결, 2007약관0421사건; 공정거래위원회 (약)제 2003 －015호(2003. 2. 18. 의결, 2002약제1634호. 평석은 장경환, "주요약관심결례 쟁점분석", 경희법학 제42권 제2호(2007), 481면 이하 참조. 결국 약관규제법은 B2B와 B2C를 구별하여 달리 취급하지 않는다. 이는 위(註 75)에서 언급한 약관규제법상의 행정적 규제의 예인데, 문제는 국제거래와 관련한 약관규제법 제3장의 적용범위이다. 즉 약관규제법의 실체법적 규정은 준거법이 우리 법인 경우에만 적용된다고 하였는데 약관규제법 제3장에도 동일한 법리가 적용되는가가 문제 된다. 근자의 이선희, "약관의 행정규제 측면에서 본 약관규제법의 해석론과 입법론－숙박플랫폼 약관조항에 대한 대법원 2023. 9. 21. 선고 2020두41399 판결과 관련하여", 2024. 12. 20. 개최된 한국사법학회 동계 공동학술대회 발표자료, 186면은 약관규제법(즉 우리 법)이 준거법이 아닌 경우에도 행정규제가 가능하다고 본다. 위 대법원 판결(부킹닷컴 사건)을 계기로 온라인 숙박플랫폼의 약관조항에 대하여 약관규제법이 적용될 수 있는지, 숙박플랫폼이 약관규제법상의 사업자인지 그리고 약관규제법의 구체적 규범통제와 추상적 규범통제의 관계 등에 관하여 다양한 견해가 제시되었다. 학설은 위 이선희, 발표자료, 176면 이하 참조. 저자는 준거법이 외국법인 경우 약관규제법 제2장과 제3장의 적용범위에 관하여 2003년 문제를 제기하였는데, 위 대법원 판결을 계기로 이 점이 논의되고 있음은 늦었지만 환영할 만한 일이다.

(6) 관할규칙과 준거법지정규칙의 상호관계: 관할과 준거법의 병행

국제사법은 국제재판관할과 준거법의 맥락에서 동일한 소비자와 소비자계약의 개념을 사용한다. 따라서 법문상 양자의 적용범위는 정확히 일치하므로 별개의 조문에서 이를 규율함에도 불구하고 양자는 병행(Gleichlauf)한다. 즉 한국 법원이 소비자계약에서 제42조에 따라 국제재판관할을 가지는 때에는 제47조에 따라 소비자계약의 객관적 준거법이 한국법이거나, 외국법을 준거법으로 지정한 경우에는 한국법이 최소한의 보호로서 관철된다. 소비자계약에서 국제재판관할과 준거법의 병행은 소비자 국가의 법원이 법정지법을 적용할 수 있도록 함으로써 인터넷 시대에 저렴한 비용으로 분쟁을 효율적으로 해결할 수 있게 하는 장점이 있다는 견해도 있다.[78] 그러나 양 규칙이 점차 정치하게 됨에 따라 장래 이를 유지할 수 있을지는 의문이다.

소비자계약에서 관할규칙과 준거법지정규칙의 병행이 바람직한지 아닌지는 일률적으로 판단할 것이 아니라 분야를 나누어 양자의 병행이 바람직한 부분과 그렇지 않은 부분을 구분할 필요가 있다. 위에서 언급한 것처럼 우리나라에서도 근자에 이런 접근방법을 취하는 견해가 제시된 바 있다.[79]

(7) 소비자계약과 역외투자자문업자와 역외투자일임업자의 규제

자본시장법은 역외투자자문업자와 역외투자일임업자에 대하여 특례규정을 둔다. 즉 제100조는 국내에 영업소를 전혀 가지고 있지 않은 동 업자들의 영업상 특징을 고려하여 국내투자자의 보호를 도모한다는 취지에서 영업행위와 관련한 특례규정을 둔 것이다. 이는 이른바 '국경 간 거래'를 염두에 둔 것이다. 특히 제100조 제3항은 준거법에 관하여 아래와 같이 규정한다.

> "역외투자자문업자 또는 역외투자일임업자는 국내 거주자와 체결하는 투자자문계약 또는 투자일임계약 내용에 그 계약에 대하여 국내법이 적용되고 … 내용을 포함하여야 한다"(생략 부분은 국내법원의 관할을 명시하여야 한다는 것이다).

---

78) Jürgen Basedow, Eine Einleitende Orientierung, Jan von Hein/Giesela Rühl (eds.), Kohärenz im Internationalen Privat – und Verfahrensrecht der Europäischen Union (2016), S. 16.

79) 이런 관점에서의 검토는 이연, 소비자보호, 185면, 269면 이하 참조.

제100조 제3항은 구 간접투자자산운용업법시행령 제147조의 규정을 법률로 옮긴 것이다. 이는 국내 입법으로서는 매우 이례적이다. 그러나 국제사법 제47조에 비추어 볼 때, 다른 국제계약을 배제하고 역외투자자문업자 또는 역외투자일임업자와 체결하는 투자자문계약 또는 투자일임계약에 한정하여, 국내 거주자가 개인투자자인지 전문적인 기관투자자인지에 관계없이 준거법의 맥락에서 매우 강력한 보호를 관철하는 제100조 제3항은 균형을 잃은 것이다.

(8) 국제중재에서 소비자계약의 준거법

소비자계약상의 분쟁이 중재에 회부되는 경우에도 소비자를 보호할 필요가 있으나 중재법에는 국제사법 제47조에 상응하는 조문은 없다. 소비자계약에 관한 국제중재의 경우 중재법(제29조)이 정한 당사자자치 원칙이 전면 타당한지, 아니면 소비자보호를 규정한 국제사법의 특칙이 유추적용되어야 하는지에 관하여는 논란의 여지가 있다.[80]

---

80) 상세는 석광현, 국제중재법 제2권(2019), 237면 이하 참조.

4. 근로계약의 준거법에 관한 조항의 신설

섭외사법	국제사법
<신설>	제48조(근로계약) ① 근로계약의 당사자가 준거법을 선택하더라도 제2항에 따라 지정되는 준거법 소속 국가의 강행규정에 따라 근로자에게 부여되는 보호를 박탈할 수 없다. ② 근로계약의 당사자가 준거법을 선택하지 아니한 경우 근로계약은 제46조에도 불구하고 근로자가 일상적으로 노무를 제공하는 국가의 법에 따르며, 근로자가 일상적으로 어느 한 국가 안에서 노무를 제공하지 아니하는 경우에는 사용자가 근로자를 고용한 영업소가 있는 국가의 법에 따른다.

[입법례]
- 로마협약 제6조[개별적 근로계약]/로마 I 제7조[개별적 근로계약]
- 독일 구 민법시행법 제30조[개별적 근로계약과 근로관계]
- 스위스 국제사법 제121조[근로계약]
- 일본 법적용통칙법 제12조[노동계약의 특례]
- 중국 섭외민사관계법률적용법 제43조

가. 개요

국제사법에서는 소비자계약에 관한 제47조와 마찬가지로 사회·경제적 약자인 근로자를 보호하기 위한 국제사법적 차원의 조치로서 외국적 요소가 있는 근로계약에 관하여 당사자자치의 원칙을 제한하고(제1항), 객관적 준거법의 결정에 관하여도 일반원칙을 수정한다(제2항). 이 점은 구 국제사법과 같다. 소비자계약과 달리 근로계약의 경우 방식에 대한 특칙은 두지 않는다.

나. 주요내용

(1) 종래의 논의와 섭외사법의 해석론

섭외사법은 외국적 요소가 있는 고용계약 또는 근로계약(이하 문맥에 반하지 않는 한 "국제근로계약" 또는 "근로계약"이라 한다)의 준거법에 관하여 별도의 규정을 두지 않았다. 따라서 과거 국제근로계약의 준거법에 관하여는 ① 근로 관련 법규의 강행성을 고려하여 근로계약에 대하여는 아예 당사자자치의 원칙이 적용되지 아니한다는 견해와 ② 근로계약도 채권계약이므로 기본적으로는 당사자자치의 원칙에 의할 것이라는 견해가 있었다.[1] 그중에서 ②의 입장이 유력했던 것으로 보이는데, 그러한 입장을 취하면서도 노동관계에 관한 공법적 규제는 노무제공지의 법에 의해 규제된다거나,[2] 노동법은 일국의 경제정책적 또는 사회정책적 요청에 기하여 토착적 성격을 띠고 그 나라의 행정기구와 밀접하게 관련되어 있기 때문에 노무의 급부지가 내국인 경우에는 언제나 필수적으로 적용된다는 견해[3]가 유력했던 것으로 생각된다.[4] 따라서 당사자가 국제근로계약의 준거법을 외국법으로 지정하더라도 노무제공지가 한국이라면, 전자를 따를 경우 우리의 근로기준법과 노동조합법은 — 그것이 공법적 규제라면 — 적용되고, 후자를 따를 경우 공법적 규제인가에 관계없이 항상 적용되는 것이 된다. 그러나 이러한 견해는 아래에서

---

* 국제근로계약법에서 인용하는 아래 주요 문헌은 [ ] 안의 인용약어를 사용한다.
　김문환, "해외 한국인근로자의 국제사법상 문제", 국제사법연구 창간호(1995)[김문환]; 김인호, "국제근로계약의 준거법에 대한 비판적 검토-국제운송관계를 중심으로 -", 인권과정의 제441호(2014. 5.)[김인호, 근로계약]; 김지형, "국제적 근로계약관계의 준거법", 저스티스 통권 제68호(2002. 8.)[김지형]; 석광현, "국제근로계약과 근로자보호", 노동법학 제13호(2001) [석광현, 근로계약]; 신승한·전영우, "선원법상 선원근로계약의 준거법 선택에 관한 연구-비거주선원의 근로계약을 중심으로-", 해사법연구 제30권 제3호(2018. 11.)[신승한·전영우]; 윤남순, "국제사법상 근로계약의 준거법", 경영법률 제26권 제2호(2016. 1.)[윤남순, 근로계약]; 이병화, "국제근로계약에 관한 국제사법적 고찰", 국제사법연구 제20권 제1호(2014. 6.) [이병화, 근로계약]; 이헌묵, "근로계약의 준거법에 관한 연구", 비교사법 제25권 제3호(통권 제82호)(2018. 8.)[이헌묵, 근로계약].

1) 김문환, 58면; 김지형, 243면 이하; 석광현, 근로계약, 1면 이하 참조. 스위스 국제사법(제121조)은 근로계약에 관하여 당사자자치를 인정하되, 준거법이 될 수 있는 법을 근로자의 상거소지, 사용자의 영업소, 주소 또는 상거소지법으로 제한한다. 근자의 논의는 김인호, 25면 이하; 이병화, 근로계약, 341면 이하; 윤남순, 근로계약, 633면 이하; 이헌묵, 근로계약, 969면 이하 참조. 다만 2004년 제정된 외국인근로자의 고용 등에 관한 법률은 고용허가(제8조)와 표준근로계약서 사용(제9조)을 명시하므로 이를 유의해야 한다.

2) 이호정, 287면.

3) 신창선, 국제사법(1999), 320-321면.

4) 일본 법례는 섭외사법과 유사하였다. 일본 동경지방재판소 1965. 4. 26. 결정의 사안은 비행요원의 공급을 목적으로 하는 미국 캘리포니아주의 법인이 고용하여 일본항공에 파견한 미국인의 해고와 관련된 사안이다. 그 사안에서 해고의 효력에 관하여 일본 노동조합법의 적용이 문제 되었는데 동경지방재판소는 노동조합법을 적용하여 해고가 무효라고 판단하였다. 신창선, 국제사법(1999), 321면 참조. 尾崎正利, "雇傭契約", 別冊ジュリスト, No. 133, 涉外判例百選 [第3版](1995), 80-81면 참조. 과거 일본 판례의 소개는 최공웅, 445면 이하 참조. 일본 법례의 해석론은 米津孝司, 國際勞動契約法の研究(1997), 183면 이하도 참조. 그러나 일본 법적용통칙법 제12조는 우리 법과 유사하게 근로계약에 관한 특칙을 두고 있다. 국제근로계약의 준거법에 관하여는 Louise Merrett, Employment Contracts in Private International Law (2011), p. 173 이하; Uglješa Grušić, The European Private International Law of Employment (2015), p. 137 이하 참조.

보는 대법원판결과 양립하지 않는다는 어려움이 있었다.

국제근로계약의 유형으로는 ① 과거 우리 기업들의 중동 진출을 계기로 흔히 제기되었던 것과 같이, 우리 기업이 외국에서 노무에 종사하게 하기 위해 한국인 근로자들과 한국에서 근로계약을 체결한 경우,5) ② 외국기업의 한국 지점 또는 사무소가 한국인 직원을 고용하면서 근로계약의 준거법을 외국법으로 한 경우, ③ 한국 기업이 외국인을 고용하면서 근로계약의 준거법을 외국법으로 한 경우6) 및 ④ 한국 기업이 외국인을 고용하면서 근로계약의 준거법을 한국법으로 한 경우 등이 있다.7) ④는 근자에 한국 내 외국인 근로자들의 취업 증가와 관련하여 외국인 근로자가 출입국관리법을 위반한 점에서 문제 되었다.8) 그 밖에도 외국회사가 외국법을 준거법으로 하여 외국인 직원을 고용하고 한국에 파견하여 근무시키는 경우9)와 기타 '파견근로자 보호 등에 관한 법률'(파견법)에서 보듯이 근로자 파견사업을 업으로 취급하는 경우도 있다.

과거 섭외사법하에서 가장 활발히 논의되었던 것은 ①의 사안인데, 대법원 1970. 5. 26. 선고 70다523, 524 판결은, 공영건업주식회사가 국내에서 1년간 월남에서 취업시킬 기술자를 모집하여 고용계약을 체결하여 월남에서 취업시키다가 작업량이 줄었음을 이유로 중간에 해고하자, 근로자들이 근로기준법 제38조에 의해 고용약정기한까지의 휴업수당지급을 청구한 사건에서, "… 근로기준법은 대한민국의 국민 간에서의 고용계약에 의한 근로인 이상 그 취업장소가 국내이거나 국외임을 가리지 않고 적용될 성질의 법률"이라고 하여 근로기준법이 적용된다고 판시하였다. 그 결과 근로계약에 대하여도 근로기준법이 적용된다는 결론이 확립

---

5) 이 경우는 외국적 요소가 없다는 견해도 있을 수 있으나, 노무제공지가 외국이라는 점에서, 따라서 외국의 노동관련 법규의 규제를 받을 것이라는 점에서, 극히 단기간이 아닌 한, 이는 외국적 요소가 있다고 본다.

6) ②와 ③의 경우 실무가들은 준거법에도 불구하고 노무의 제공지인 우리나라의 근로관계법규가 당연히 적용된다고 보는 경향이 있다. 다만 그 논거에 관하여는 여러 가지 견해가 주장될 수 있다.

7) 심흥섭, "국제적 근로관계의 관할과 준거법에 관한 연구", 고려대학교 법학석사학위논문 (2012. 6.), 25면 이하는 근로자, 사용자와 노무제공지를 기준으로 국제적 근로관계를 유형화한다.

8) 대법원 1995. 9. 15. 선고 94누12067 판결은 섭외적 법률관계임을 전제로 우선 준거법을 결정하고 준거법과의 관련하에서 근로관계법규의 적용 여부를 문제삼지 않고, 섭외적 요소를 무시하고 단지 출입국관리법 위반의 논점만을 검토한 것으로 보인다.

9) 위(註 4)에 언급한 일본 동경지방재판소 1965. 4. 26. 결정은 이러한 사안으로 보인다.

되었는데, 그에 대하여는 "근로기준법이 강행법규로서 우리 국민 간에 있어서는 속인적으로 적용된다는 의미에서 강행법규가 적용되는 섭외적 생활관계의 속인주의를 선언한 획기적인 판례"라는 평가가 있었다.[10]

그러나 그러한 태도에 대하여는 세월이 흐른 뒤이기는 하나 저자는, 위 판결의 결론의 당부에 대하여도 논란의 여지가 있을 수 있고, 결론에 찬성하더라도 판결이 속인주의를 논거로 하는 것은 부당하고, 법원으로서는 우선 당해 근로계약의 준거법을 판단하여 우리 법이 준거법이라면 근로기준법은 준거법의 일부로서 적용된다고 보거나,[11] 아니면 근로기준법은 준거법에 관계없이 별도의 연결원칙에 의하여 적용된다는 이론구성을 했어야 한다는 비판을 하였다.[12] 속인주의는 결론을 정당화하기 위해 동원된 논리적인 도구였지만 합리적인 근거가 없다. 그러나 그 이상의 활발한 논의는 없었던 것으로 보인다.[13]

(2) 당사자자치의 제한(제1항)

구 국제사법은 국제근로계약도 기본적으로 채권계약의 성질을 가지는 점을 인정하여 당사자자치의 원칙에 의할 것이라는 견해를 취하면서, 근로자를 보호하기 위해 일정한 범위 내에서 이를 제한하였고 국제사법도 이런 태도를 유지한다. 구 국제사법에 의해 비로소 국제근로계약의 국제사법상의 지위가 명확하게 되었다고 할 수 있다. 즉 구 국제사법(제28조)은 소비자계약에 관한 구 국제사법 제27조와 마찬가지로 사회·경제적 약자인 근로자를 보호하기 위한 국제사법적 차원의

---

10) 최공웅, 440면.

11) 김문환, 59면은 이런 견해를 취한다. 다만 섭외사법하에서 김문환 교수는 한국법이 준거법으로 되더라도 한국의 근로기준법 중 공법규정은 원칙적으로 적용되지 않고 노동지인 월남의 근로기준법의 공법규정이 적용된다고 한다. 후자의 점은 이호정, 287면도 동지로 보인다. 공법이라는 이유만으로 적용이 배제된다고 보는 것은 적절하지 않음은 위 제19조에 관한 해설에서 논의하였다.

12) 석광현, 제2권, 30면. 근로기준법이 국제적 강행규정인가는 논란의 여지가 있고 개별 조항을 검토할 필요가 있으나 대체로 국제적 강행규정성을 인정하기는 어려울 것이다. 참고로 서울행정법원 2015. 10. 6. 선고 2016구합54565 판결은 약관의 규제에 관한 법률의 국제적 강행법규성을 부정한 대법원 2010. 8. 26. 선고 2010다28185 판결의 법리를 따랐음을 명시하면서 근로기준법의 국제적 강행법규로서의 성격을 부인한 바 있다. 부산지방법원 2024. 10. 10. 선고 2024나44204 판결(확정)도 근로기준법의 퇴직금 등 관련 규정 내용이 국제적 강행규정에 해당한다고 보기는 부족하다고 판시하였다.

13) 국제사법에 대한 입법론적 비판은 김인호, 근로계약, 25면 이하 참조.

조치로서 근로계약에 관하여 당사자자치의 원칙을 제한하고(제1항), 객관적 준거법의 결정에 관하여도 일반원칙을 수정하였다(제2항). 국제사법도 이런 태도를 유지한다.

준거법의 결정과 관련하여 근로자를 보호하고자 하는 경우 당사자자치의 원칙을 제한하는 방법에는 준거법의 선택을 아예 배제하는 방법, 당사자가 선택할 수 있는 준거법을 일정한 범위 내로 제한하는 방법과 준거법의 선택을 허용하되 근로자의 노무제공지의 법이 제공하는 보호를 박탈하지 못하도록 하는 방법[14] 등이 있는데, 당사자자치를 완전히 배제하는 것은 과도한 제한이라고 보아 국제사법은 로마협약을 따라 마지막 입장을 취하였다. 이는 소비자계약의 경우와 마찬가지이다.[15]

따라서 근로계약의 경우에도 당사자는 제45조의 원칙에 따라 준거법을 자유로이 선택할 수 있다. 그러나 당사자의 준거법 선택은, 당사자가 준거법을 선택하지 않은 경우에 적용될 객관적 준거법의 강행법규가 근로자에게 부여하는 보호를 박탈할 수 없다(제1항). 이는 당사자의 준거법 선택이 당사자 간의 대등한 합의의 산물이 아닐 수 있으므로 노무제공지의 법, 기타 객관적 준거법에 의한 보호를 관철함으로써 근로자를 보호하기 위한 것이다. 그러나 당사자가 선택한 준거법이 객관적 준거법보다 유리한 보호를 부여하는 때에는 이를 금할 이유가 없으므로 당사자가 선택한 법에 의한다. 준거법의 결정과 관련하여 국제사법이 도입한 근로자 보호의 핵심은 바로 여기에 있다.

소비자계약에 관한 제47조에서 설명한 바와 같이, 이는 국제사법적 정의와 실질법적 정의를 준별하면서 전자는 법의 적용에만 관계되고 준거법으로 된 실질법의 내용에는 관여하지 않는다는 취지의 전통적 유럽 국제사법이론의 원칙을 수정한 것이다.

여기에서 말하는 강행법규는 당사자의 합의에 의하여 적용을 배제할 수 없는 법규를 말한다. 이러한 강행법규를 위에서 언급한 국제적 강행법규와 대비하여 '국내적 강행법규'[16]라고 부른다. 따라서 어떠한 노동법규가 그러한 강행법규에

---

14) 이는 결국 당사자에게 유리한 법을 적용하는 것이다. 독일에서는 이를 'Günstigkeitsprinzip (유리의 원칙)' 또는 'Mindeststandardschutzprinzip(최저기준보장원칙)'이라고 한다. 혼인 방식의 맥락에서 최흥섭, 346면은 전자를 '수혜원칙'이라고 번역한다.

15) 소비자계약의 준거법을 정함에 있어서는 당사자자치 원칙의 인정 여부와 그 정도에 따라 4개의 상이한 입법 모델이 있음은 위에서 보았다.

해당하는지가 문제 된다. 근로기준법은 "이 법에 정한 기준에 미치지 못하는 근로 조건을 정한 근로계약은 그 부분에 한하여 무효로" 하므로 이는 원칙적으로 당사자가 적용을 배제할 수 없는 강행법규이나,[17] 근로자보호를 위한 노동법규가 국제적 강행규정의 성질을 가질 수도 있는데, 그에 대하여는 제48조 외에 제20조도 적용될 것이다.

그러나 제48조와 같은 접근방법에 대해서는, 하나의 완결된 법체계 중에서 일부 유리한 부분만을 추출하여 결합하는 것은 부적절하다는 비판이 있고, 두 개의 법질서가 하나의 논점에 관하여 입장이 다른 경우 어려움이 없으나, 동일한 사안에서 근로자에게 상이한 권리와 구제수단을 인정하는 경우 양자를 비교하여 근로자에게 더 유리한 법을 판단하는 것이 매우 어려울 수 있다.[18] 독일에는 비교방법으로 Einzelvergleich(개별비교), Gesamtvergleich(총괄비교)와 Gruppenvergleich(유형비교 또는 그룹비교)를 들고 최후의 방법을 지지하는 견해가 유력한데, 그 경우 비교대상인 유형의 설정이 핵심적 과제가 된다.[19]

제48조는 개별적 근로계약에만 적용되고 단체협약 등 단체적 노사관계에는 적용되지 않는다(단체협약의 준거법은 뒤의 (8) 참조). 다만 '근로계약'은 우리 법상 개별적 근로계약을 의미하므로 굳이 개별적 근로계약이라고 명시하지 않더라도 무방하다고 보아 단순히 근로계약이라고 하였다.

제48조는 '고용계약' 대신 '근로계약'이라는 용어를 사용하는데, 그 이유는 국

---

16) 또는 '단순한 강행법규'라고도 한다.

17) 임종률, 노동법 제2판(2000), 302면.

18) 비근한 예를 들자면, 만일 해고예고기간만을 비교한다면 기간의 장·단기에 의해 어느 법이 유리한지 의문이 없을 것이나, 만일 A국의 법이 B국의 법과 비교하여 해고예고기간은 단기이지만 더 많은 해고예고수당(우리 근로기준법 제26조에 따르면 30일분 이상의 통상임금)을 지급하는 경우와 같이 비교가 쉽지 않은 사안이 있을 수 있다.

19) 일본의 법적용통칙법(제12조 제1항)은 당사자자치를 허용하면서도 비교의 어려움을 고려하여 법원이 주관적 준거법과 객관적 준거법을 직권으로 비교하도록 하지 않고 노동자가 당해 노동계약과 가장 밀접한 관계가 있는 곳의 법 중 특정의 강행규정을 적용하여야 하는 취지의 의사를 사용자에 대해 표시한 때에 한하여 그 강행규정을 적용하도록 한다. 이에 대하여는 근로자에게 특정의 강행법규의 주장책임을 부과하여, 관계된 실질법의 내용을 정확하게 이해한 뒤에 그 강행법규 중의 구체적인 법적 주장을 할 것을 요구하는 것은 근로자에게 과도한 부담을 부과하는 것으로서 근로자보호의 효과를 空洞化할 위험이 있고, 사용자의 이익 보호에 지나치게 기울어진 것이라는 입법론적 비판이 있다. 석광현, "國際勤勞契約의 準據法에 관한 韓國과 中國國際私法의 異同", 전북대학교 법학연구 통권 제31집(2010. 12.), 318면 이하 참조.

제사법 차원에서의 보호를 필요로 하는 자는 종속적 노동을 제공하는 근로자이기 때문이라고 할 수 있다. 따라서 동조는 종속적 노동을 제공하는 근로계약 (Arbeitsvertrag)[20]에만 적용되고, 자주적(비종속적)인 노동을 제공하는 고용계약 (Dienstvertrag)에 대해서는 적용되지 않는다.[21] 물론 종래 노동법학계에서 근로계약과 고용계약의 개념 및 양자의 관계에 관하여는 논란이 있고, 섭외사법의 개정 과정에서도 위의 논점에 대한 명확한 논의가 없었기 때문에 이러한 해석에 대하여는 논란의 여지가 있다. 또한 구체적인 사안에서 양자의 구별이 용이하지 않은 경우도 있을 수 있다.

제48조와 관련하여 다음과 같은 의문이 있다. 즉 예컨대 우리나라에 있는 외국인 회사의 지점에 근무하는 외국인이 본국에서 고용되면서 외국법을 준거법으로 합의한 경우에도 제1항이 적용되는가이다. 제1항은 달리 적용범위를 제한하고 있지 않으므로 그가 일상적으로 우리나라에서 노무를 제공한다면 제1항의 적용을 배제할 수 없을 것이다. 그 점에서 제1항은 우리나라에서 노무를 제공하는 근로자의 보호를 위한 매우 강력한 수단이 된다. 하지만 실무적으로 당해 외국인이 한국에서 소를 제기한다면 제1항이 적용되어 그러한 결과가 될 것이나, 외국인이 현실적으로 한국에서 소를 제기할 가능성은 크지 않을 것이다.

과거 사회적인 쟁점이 되었던 것은, 우리 기업의 외국 현지법인이 외국에서 근로자들을 모집하여 한국의 모기업에 산업연수생[22]으로 보낸 사안에서 우리나라의 근로기준법과 최저임금법의 적용 여부였다. 그들은 외국의 현지법인과 계약을 체결했을 뿐만 아니라 임금을 외국의 현지법인으로부터 수령하므로 우리 노동법은 적용되지 않는다는 견해가 보인다. 그러나 그들이 일상적으로 노무를 제공하는 곳은 한국이므로 만일 당사자들이 근로계약의 준거법을 지정하지 않았다면 구 국제사법 제28조 제2항에 의해 한국법이 준거법이 되고, 만일 준거법을 외국법으로 지정하였다면 제28조 제1항에 의해 한국법이 부여하는 보호를 박탈할 수 없으

---

20) 근로기준법(제2조 제1항 제4호)은 근로계약의 개념을 규정하고 있다. 물론 국제사법의 근로 계약의 개념이 근로기준법의 그것과 반드시 일치하는 것은 아니다.

21) MünchKomm/Martiny, Band 10, Rom I - VO, Art. 8. Rn. 18.

22) 과거 시행되던 산업연수제는 그간 '연수생'이란 이름하에 합법적으로 노동력을 '착취'하게 한 불합리한 제도라는 비판을 받았다. 국회는 외국인 근로자에 대한 규율을 체계화하기 위하여 2003년 8월 '외국인근로자의 고용 등에 관한 법률(외국인고용법)'을 법률 제6967호로 제정하여 2004. 8. 17.부터 시행하고 있다. 즉 위 법률에 의하여 2004년 고용허가제가 도입되었다.

므로 어느 경우이든 우리나라의 근로기준법과 최저임금법이 적용되는 점은 차이가 없었다. 그들이 산업연수생이라고 하지만 산업연수생도 근로자에 해당하고, 다만 산업연수생이라는 특성상 일정한 범위 내에서 통상의 근로자와 상이한 대우를 받을 수 있는가의 여부는 실질법의 문제로서 별도로 검토할 사항이었다.

실제로 대법원 2006. 12. 7. 선고 2006다53627 판결은, 중국인 근로자들이 국내 회사의 중국 현지법인과 출국연수약정 명목의 계약을 체결하고 해외투자법인 산업연수생의 신분으로 입국하여 국내 회사에서 근로를 제공한 사안에서, 국내 회사가 중국 현지법인에 전액 출자하였고, 출국연수계약의 내용이 단순히 기술연수에 그치지 않고 국내 회사가 지시하는 바에 따라 1일 최소한 8시간 동안 근로를 제공하고 그 대가로 임금을 받기로 되어 있으며, 이에 따라 중국인 근로자들이 기술 연수는 거의 받지 못한 채 약 1년 6개월 동안 국내 회사의 공장에서 국내 근로자들과 마찬가지로 회사의 지시·감독하에 근로를 제공하였고, 상시로 연장근로와 야간근로까지 하고 그에 대한 수당을 받아온 점 등에 비추어 볼 때 중국인 근로자들이 근로기준법 및 최저임금법상의 근로자에 해당한다고 판시한 바 있다.

용어의 문제로 민법은 '고용계약', '사용자', '노무자', '노무의 제공'이라는 용어를 사용하나, 근로기준법은 '근로계약', '사용자', '근로자', '근로 제공'이라는 용어를 사용한다. 제48조에서 보는 바와 같이 국제사법은 대체로 근로기준법의 용어체계를 따르고 있으나 '노무를 제공'한다는 표현을 사용한다. 그러나 '근로를 제공'한다고 하는 것이 일관성이 있을 것으로 생각된다.

(3) 객관적 준거법의 결정(제2항)

(가) 국제사법의 원칙   한편 당사자가 준거법을 선택하지 않은 경우에는, 근로자가 계약의 이행으로 일상적으로 그의 노무를 제공하는[23] 국가의 법, 또는 근로자가 노무를 일상적으로 어느 하나의 국가 내에서 제공하고 있지 아니한 경우에는 근로자를 고용한 영업소가 소재하는 국가의 법이 준거법이 된다(제2항). 이러한 입장은 근로계약의 연결에 있어서 근로지(locus laboris. 또는 노무제공지)와 사용자의 영업소를 중시하는 입장이다. 근로자가 일시적으로 다른 국가에서 노무

---

[23] 참고로 근로기준법 제2조 제1항 제1호는 "근로자"란 직업의 종류와 관계없이 임금을 목적으로 사업이나 사업장에 근로를 제공하는 사람을 말한다고 정의함으로써 노무가 아니라 근로라는 개념을 사용한다.

를 제공하더라도 그에 의하여 일상적 노무 제공지 국가가 변경되는 것은 아니다. 로마협약과 달리 국제사법은 이를 명시하지 않지만 이는 해석상 당연하다.[24] 즉 일시적인 국제적 근로자파견의 경우 파견근무를 실제로 하고 있는 실제적 노무 제공지 국가와 파견을 보낸 국가 중 어느 곳이 일상적 노무 제공지인지가 문제인데, 근로자가 파견기간 종료 후 파견한 회사로 복귀하게 되어 있다면 파견기간에 관계없이 파견한 회사의 소재지가 일상적 노무 제공지라는 것이다.[25]

한편 근로자가 일상적으로 어느 하나의 국가에서 노무를 제공하는 것이 아니라 그 국가를 기점으로 다른 국가에서도 노무를 제공하는 경우를 규율하기 위하여 로마 I(제8조 제2항)은 "당사자들이 개별적 근로계약의 준거법을 선택하지 않은 한, 계약은 근로자가 계약의 이행으로 그곳에서, 또는 그것이 없는 경우 그곳으로부터, 일상적으로 그의 노무를 제공하는 국가의 법에 의하여 규율된다"라고 규정한다. 여기에서 "그로부터 일상적으로 노무를 제공하는"이라는 규정은 특히 항공승무원의 근로계약에 있어 기지(base)를 주된 연결점으로 도입하려는 취지인데, 예컨대 항공승무원이 기지로부터 근무를 배정받고 기지에서 탑승수속이나 안전점검 등의 다른 업무를 수행하는 '기지(基地)원칙(base rule)'을 적용할 수 있다.[26] 로마협약(제6조 제2항)은 그런 취지의 조문을 두지 않았는데, 로마협약하에서도 그러한 해석론이 있었다. 우리 국제사법은 로마협약과 유사한데, 입법론으로 로마 I의 태도를 반영할 수 있을 것이다.[27]

위에서 언급한 대법원 1970. 5. 26. 선고 70다523, 524 판결의 사안의 경우 국제사법에 따르면, 우선 당해 근로계약의 준거법을 판단하여 한국법이 준거법이면 근로기준법(또는 휴업수당에 관한 조항)은 준거법의 일부로서 적용된다고 보거나(제19조), 아니면 근로기준법(또는 휴업수당에 관한 조항)은 준거법에 관계없이 별도

---

24) 노무 제공지법의 적용은 근로자의 기대에 부응하고 사용자로서도 예측가능성이 있으며, 노동시장의 질서유지라는 관점에서도 적합하기 때문이라고 설명한다. 유혁수 외(편), 일본법강의(2021), 389면(김언숙 집필부분). 최흥섭, 307면은 근로관계는 노무제공지의 근로환경 속에서 이루어지므로 근로자를 위하여 지정한 것이라고 설명한다.

25) 최흥섭, 307면.

26) 김인호, 근로계약, 31면 참조. 이는 당초 브뤼셀협약 제5조 제1호 후단을 해석한 유럽사법재판소 판례(1997. 1. 9. Rutten v. Cross Medical 사건. C-383/95)에서 비롯된 것으로 2015년 브뤼셀 I a 제21조 제1항 b호 i)에 추가되었던 것이다. BeckOGK/Knöfel, 1.12.2021, Rom I-VO Art. 8 Rn. 61.

27) 김인호, 근로계약, 31면도 동지. 윤남순, 근로계약, 640면도 기지원칙을 소개한다.

의 연결원칙에 의하여 적용된다고(제20조) 판단할 여지가 있을 것이다. 사견으로
는 휴업수당에 관한 조항은 당사자 간의 합의에 의해 그 적용을 배제할 수 없는
법규로서 강행법규에 속하는 것이지만, 국제사법 제20조가 말하는 국제적 강행법
규에 속하는 것은 아니라고 생각된다. 따라서 위 사안의 근로계약의 준거법이 한
국법이라고 전제한다면, 월남의 노동법이 더 유리할 경우 그에 의할 것이나, 한국
법이 더 유리하다면 준거법인 한국법이 적용될 사안이라고 할 것이다.

  (나) 근로계약의 객관적 준거법과 예외조항의 적용   국제사법 제21조는 예외
조항을 두고 있으므로 국제사법 제48조 제2항에 의하여 지정된 객관적 준거법이
해당 근로계약과 근소한 관련이 있을 뿐이고, 그 근로계약과 가장 밀접한 관련이
있는 다른 국가의 법이 명백히 존재하는 경우에는 그 다른 국가의 법에 의하여야
하는지가 문제 된다. 로마협약(제6조 제2항)과 로마 I(제8조 제4항)은 근로자를 보호
하기 위하여 근로계약의 준거법에 관한 특칙을 두면서도 객관적 준거법의 경우
가장 밀접한 관련이 있는 국가의 법을 적용하도록 명시한다.[28] 위에서 언급한 것
처럼 로마협약은 그러면서도 소비자계약의 객관적 준거법에서는 최밀접관련국법
적용을 관철하지는 않는 점에서 적어도 명문 규정상으로는 소비자계약과 근로계
약의 취급을 달리하는데, 이처럼 양자를 구분하여 달리 취급하는 것이 정당한지
는 논란의 여지가 있다.

  국제사법 제48조는 명시하지 않으나 총칙(제21조)에 일반적 예외조항이 있으
므로 그에 의하여 유럽연합에서와 동일한 결론을 도출할 수 있다. 문제는 제48조
는 예외조항이 추구하는 가장 밀접한 관련이 있는 국가의 법의 적용보다는 사회·
경제적 약자인 근로자의 보호라는 실질법적 가치를 고려한 것이므로, 근로자의
보호를 포기하고 가장 밀접한 관련이 있는 다른 국가의 법을 적용하는 것은 적절
하지 않다는 점이다. 우리나라에서는 이 경우 예외조항의 적용을 긍정하는 견해
가 유력한 것으로 보이나,[29] 충분한 논의가 있는 것은 아니다.

---

28) 저자는 과거 석광현, 국제사법 해설(2013), 359면에서 구 국제사법의 해석상 예외조항인 제
   8조를 근거로 로마체제에서와 동일한 해석이 가능하다는 견해를 피력하면서도 소비자계약
   에 관하여는 명시적 조항이 없더라도 소비자보호를 포기하고 가장 밀접한 관련이 있는 다른
   국가의 법을 적용하는 것은 부적절하다는 견해를 피력하여(석광현, 156면) 일관성이 부족한
   면이 있다.
29) 석광현, 국제사법 해설(2013), 359면; 최흥섭, 308면. 다만 실제로 일상적인 노무제공지국법
   이 아닌 다른 법이 가장 밀접한 관련이 있는 국가의 법이 될 가능성은 크지 않을 것이다.

(4) 근로계약의 준거법이 규율하는 사항

(가) 일반원칙　　　　국제사법은 계약의 성립과 유효성이 계약의 준거법에 의하여 규율됨을 명시하는 외에는 준거법이 규율하는 사항을 명시하지 않는다. 그렇더라도 계약의 준거법은 계약의 해석과 성립, 계약에 따라 당사자가 부담하는 채무의 내용, 이행과 소멸, 채무불이행의 결과(계약해제의 가부, 요건과 손해배상의 종류, 요건과 범위 등), 계약 무효의 결과, 법률상의 추정 및 증명책임의 분배 등을 규율한다. 이는 근로계약과 소비자계약의 경우에도 마찬가지다.

계약준거법의 사후적 변경에 관하여 규정하는 제45조 제3항이 제45조와 제46조만을 언급하므로 제48조에 의하여 객관적 준거법이 결정되는 근로계약의 경우에는 사후적으로 준거법을 변경할 수 없다는 견해도 주장될 수 있으나[30] 소비자계약에서 논의한 바와 같이 저자는 아래 이유로 동의하지 않는다.

첫째, 제48조는 제45조가 정한 당사자자치의 원칙을 전제로 하면서 그에 대한 특칙을 정한 것이다. 예컨대 제48조는 준거법의 분열에 대하여 언급하지 않으나 그것이 근로계약의 경우 준거법의 분열이 불가능하다는 것은 아니다. 마찬가지로 준거법지정계약의 준거법을 정한 제45조 제5항은 제48조의 경우에도 적용된다. 둘째, 제48조의 경우에도 당사자자치를 허용하면서 그 효력을 제한하는 것이므로 준거법의 사후적 변경을 막을 이유가 없다. 중요한 것은 당사자들이 사후적인 합의에 의하여 객관적 준거법이 아닌 준거법을 지정하더라도 근로자를 보호하기 위한 객관적 준거법의 강행규정의 보호는 박탈할 수 없다는 것이다. 다만 확실성을 제고하고자 국제사법에 명시적인 조문을 두는 데는 이견이 없다.

(나) 근로계약의 방식　　　　소비자계약의 방식에 관하여 제47조가 소비자의 일상거소지법에 따른다는 특칙을 두는 것과 달리 근로계약에 관한 제48조는 근로계약의 방식에 관하여는 특칙을 두지 않는다. 이는 근로계약의 경우 계약의 성립 단계보다는 계약의 내용과 해고가 특히 문제 되기 때문이라고 설명하기도 한다.[31] 따라서 근로계약의 방식에 관하여는 법률행위의 방식에 관한 일반원칙이 타당하다. 다만 근로계약의 방식에 관하여 외국인고용법 제9조는 '근로계약'이라는 제목하에 "사용자가 제8조 제4항에 따라 선정한 외국인근로자를 고용하려면

---

30) 김인호, 국제계약법, 603면 이하의 입법론 참조.
31) 유혁수 외(편), 일본법 강의(2021), 389면(김언숙 집필부분). 그러나 독일에서는 이에 대한 비판도 있다.

고용노동부령으로 정하는 표준근로계약서를 사용하여 근로계약을 체결하여야 한다”라고 규정하는데, 이는 동법의 적용요건이 구비되는 한 계약의 준거법에 관계없이 적용된다고 본다.[32]

  (다) 직무발명의 최초귀속   직무발명에서 특허를 받을 권리의 귀속과 승계, 사용자의 통상실시권의 취득 및 종업원의 보상금청구권에 관한 사항이, 사용자와 종업원 사이의 고용관계를 기초로 한 권리의무 관계로서 고용계약의 준거법에 따를 사항인지 아니면 지식재산권의 문제로서 국제사법 제40조에 의할 사항인지가 문제 된다. 지식재산권 침해의 준거법을 정한 제40조에서 설명한 바와 같이, 대법원 2015. 1. 15. 선고 2012다4763 판결은 직무발명에 의하여 발생되는 권리의무는 구 국제사법 제24조(국제사법 제40조에 상응)의 적용대상이라 할 수 없고, 직무발명에 관한 섭외적 법률관계에 적용될 준거법은 그 발생의 기초가 된 근로계약에 관한 준거법으로서 구 국제사법 제28조 제1항, 제2항 등에 따라 정하여지는 법률이며 이러한 법리는 실용신안에 관하여도 같다고 판시하였다. 이런 태도는 ALI 원칙(제311조), CLIP 원칙(제3:201조) 및 한일공동제안(제308조 제4항)과 유사하다. 이를 직무발명의 귀속을 근로계약의 문제로 성질결정한 것으로 볼 수도 있고[33][34] 그와 달리 지재권의 문제로 성질결정하면서도 근로계약의 준거법에 종속적 연결한 것으로 볼 수도 있을 것이다.[35]

(5) 선원근로계약의 문제

  근로자에는 다양한 유형이 있는데, 선원에 대하여는 선원법이라는 특별법이 있다. 예컨대 우리 선원법(제2조 제9호)은 선원근로계약을 정의하는데, 이는 선원

---

32) 만일 선원법 제3조 제1항에 따라 선원법이 준거법에 관계없이 적용된다고 본다면 선원근로계약서의 작성 및 신고를 정한 선원법 제43조도 국제적 강행규정이라고 볼 것이다.

33) 예컨대 김언숙, “직무발명 및 업무상 저작물에 관한 국제사법상의 문제”, 국제사법연구 제17호 (2011), 340면 이하는 “고용관계를 전제로 한 직무발명과 업무상 저작물의 문제는 고용관계를 전제로 하지 않는 귀속 문제와는 성질결정을 달리한다”라고 한다.

34) 손경한, “지식재산의 준거법에 관한 입법 방안”, 국제사법연구 제21권 제1호(2021. 6.), 47면은 “고용계약이라는 채권적 법률관계에 적용될 근로계약의 준거법에 관한 국제사법규정을 물권적 법률관계인 특허받을 권리의 귀속 문제에 적용한 것은 그 법률관계의 성질결정에 있어 오류를 범한 것”이라고 비판한다. 이에 따르면 ALI 원칙, CLIP 원칙과 한일공동제안이 모두 성질결정을 잘못한 것이 된다.

35) ILA Guidelines on Intellectual Property and Private International Law (Kyoto Guidelines) 제20조 제1항 b호와 Short Comments, para. 11 참조.

이 승선(乘船)하여 선박소유자에게 근로를 제공하고 선박소유자가 근로에 대하여 임금을 지급하는 것을 목적으로 체결된 계약을 말한다. 선원법은 근로기준법에 대한 특별법의 성질을 가진다(선원법 제5조 참조).[36]

선원근로계약의 경우에도 제48조가 적용되므로 원칙적으로 당사자자치의 원칙이 타당하나 객관적 준거법의 강행법규가 부여하는 보호를 박탈할 수는 없다. 적용범위를 정한 선원법 제3조 제1항[37]을 근거로 동항이 정한 범위 내에서는 선원법이 강행적으로 적용된다고 보는 견해[38]도 있으나 이는 설득력이 있다고 보기 어렵다.[39] 한국법이 준거법인 경우 그러한 강행법규에는 근로기준법뿐만 아니라

---

36) 양자의 관계는 오영두, "선원법과 근로기준법의 비교 연구", 부산판례연구회 창립 30주년 기념: 해사법의 제문제(2018), 215면 이하 참조. 실질법의 논점은 이영욱, "선원법상 선원근로계약의 몇 가지 문제", 부산판례연구회 창립 30주년 기념: 해사법의 제문제(2018), 247면 이하 참조.

37) 조문은 아래와 같다.
"이 법은 특별한 규정이 있는 경우를 제외하고는 「선박법」에 따른 대한민국 선박 … 대한민국 국적을 취득할 것을 조건으로 용선(傭船)한 외국선박 및 국내 항과 국내 항 사이만을 항해하는 외국선박에 승무하는 선원과 그 선박의 선박소유자에 대하여 적용한다".

38) 신승한·전영우, 91면; 이정원, "선원근로계약의 준거법 결정원리", 해사법연구 제32권 제3호(2020. 11.), 15면. 따라서 한국 기국선박에 승선하고 있는 비거주선원에 대한 선원근로계약에는 한국 선원법만이 적용된다고 한다. 이안의, "선원의 재해보상에 관한 연구(편의치적 선박을 중심으로)", 연세대학교 대학원 법학박사논문(2016. 2.), 70면은 선원법 제3조 제1항이 일방적 저촉규정이라고 하는데 아마도 국제적 강행규정이라는 취지로 보인다. 이헌묵, 근로계약, 991면 註 54도 같다. 따라서 선원법 제3조 제1항에서 벗어나 당사자자치를 보장할 수 있도록(즉 비거주선원에 대하여 당사자가 선원국법을 준거법으로 선택할 수 있도록) 선원법을 개정하여야 한다는 입법론도 있다(신승한·전영우, 105면 이하). 위 이정원, 16면도 동지다. 반면에 선원법 제3조의 의미에 대하여는 선원근로계약의 준거법에 관하여 선적국법을 따르고 있다는 견해도 있다. 김지형, 241−242면.

39) 그 이유는 아래와 같다. 첫째, 선원법 제3조 제1항이 "특별한 규정이 있는 경우를 제외하고는"이라고 명시하는데, 국제사법도 그에 포함되는 것으로 볼 수 있다. 둘째, 선원법 제3조 제1항은 공법 및 형사 관련 규정들을 포함하는 선원법 전반의 원칙적인 적용범위를 정한 것이지 근로조건 등 사법적(私法的) 법률관계에 대하여 당사자자치를 전면 배제한다거나, 사법적(私法的) 법률관계에 관한 선원법의 규정을 모두 국제적 강행규정으로 한 것은 아니다. 셋째, 예컨대 선원법의 적용대상인 선원근로계약의 준거법을 외국법으로 지정할 경우 그 효력을 인정하더라도 한국 선원법의 근로계약 관련 조항은 강행규정으로서 적용이 배제되지 않으므로 근로자의 보호에 문제가 발생하지 않는다. 넷째, 2001년 구 국제사법 제28조(국제사법 제48조에 상응)가 신설되기 전에는 근로계약의 준거법 결정원칙에 관한 조문이 없었고 학설도 나뉘었으므로 혹시 위와 같이 볼 근거가 있었다고 하더라도 동조가 신설됨으로써 그런 견해는 근거를 상실하였다(이에 관하여는 권창영, 선원법 해설(2022), 108면 이하의 독일 학설 참조). 다만 선원법의 개별조문을 검토하여 국제적 강행규정으로 볼 수 있는 조문인지

그에 대한 특별법인 선원법이 포함된다. 그런데 운송수단이라는 선박의 특수성 때문에 국제운송에 사용되는 선박의 경우 객관적 준거법의 결정이 문제 된다.

(가) 통상적인 경우　　　국제사법에 의하면 객관적 준거법은 근로자가 일상적으로 어느 한 국가 안에서 노무를 제공하는 경우 당해 국가의 법이 되고, 그렇지 않은 경우에는 사용자가 근로자를 고용한 영업소 소재지 국가의 법이 된다. 근로자가 국제운송이나 원양어업에 사용되는 선박에서 노무를 제공하는 탓에 장소적으로 일상적 노무제공지를 쉽게 정하기 어려운 경우 근로계약의 준거법에 관하여는 다음 세 가지 견해가 가능할 것으로 생각된다.[40]

첫째, 선적국이 근로자가 일상적으로 노무를 제공하는 국가이므로 선적국법이 준거법이라는 견해. 다만 그 근거에 관하여는 선박은 '영토의 *浮動部分*'이라는 표현에서 보는 바와 같이 선원은 선적국의 영토인 선박에서 노무를 제공한다고 주장할 여지가 있으나, 이는 비유적인 표현이지 법적으로 선박을 선적국의 영토라고 볼 수는 없으므로[41] 선원이 선적국에서 일상적으로 노무를 제공한다고 보기는 어렵다. 다만 선원이 지리적으로 선적국의 영토에서 노무를 제공하는 것은 아니더라도, 선박은 선적국의 관할권에 복종하므로 국가주권의 행사와 그에 대한 복종이라는 관점에서는 선박을 영토의 일부와 유사하게 볼 여지가 있을 것이다.[42]

둘째, 근로자가 일상적으로 노무를 제공하는 국가는 존재하지 않으므로 사용자가 근로자를 고용한 영업소 소재지국법이 준거법이라는 견해.[43]

를 분석할 필요는 있다. 선원근로관계와 국제사법에 관하여는 위 권창영, 104면 이하; 이정원(註 38), 6면 이하 참조.

40) 우리 국제사법상 실제로 견해가 나뉘는 것은 아니나 유럽연합에서의 논의를 보면 우리나라에서도 견해가 나뉠 수 있다. Ulrich Drobnig/Jürgen Basedow/Rüdiger Wolfrum (Hrsg.), Recht der Flagge und „Billige Flaggen" — Neuere Entwicklungen im Internationalen Privatrecht und Völkerrecht (1990), S. 59f. 참조. 김지형, 264면도 참조.

41) 이한기, 國際法講義 新訂版(1997), 366면. 그러나 최종현, 해상법 상론 제2판(2014), 96면은 여전히 그렇게 보는데 그 근거를 해양법협약에서 구한다.

42) Kropholler, S. 488. 참고로, 선내의 인원과 화물은 그 국적 여하를 막론하고 선적국의 배타적 관할권에 복종한다. UN 해양법협약 제92조 제1항.

43) 로마협약에 대한 Giuliano/Lagarde의 보고서는 이런 입장을 취한다. 정해덕, 한국국제사법학회 제8차 연차학술대회《제7분과 토론자료》(2000), 2－3면도 이런 입장으로 보인다. 특히 3면에서 개정안은 선원근로계약에 관하여 선적국법이나 선주의 본점소재지법에 의할 수 있는 근거가 없다고 한다. 나아가 선원법 제103조 제2항이 규정하고 있는 선원관리사업자의 영업소 소재지를 제2항의 "사용자가 근로자를 고용한 영업소"로 볼 수 있는지를 검토할 필요가 있음을 지적하였다.

셋째, 가장 밀접한 관련이 있는 국가를 판단해서 준거법을 결정할 것이라는 견해. 즉 모든 사정을 고려해서 가장 밀접한 관련이 있는 국가의 법을 결정해야 할 것이고, 그 경우 선적국에 중요한 비중을 인정함으로써 선적국법을 준거법으로 본다.

생각건대 선적국을 일상적인 노무제공지라고 볼 여지도 있고, 그렇지 않더라도 가장 밀접한 관련이 있는 국가의 법으로 볼 수 있다는 점에서 첫째와 셋째의 견해가 설득력이 있다. 대법원 2007. 7. 12. 선고 2005다39617 판결은 첫째 견해를 취하였다.[44] 흥미로운 것은, 선원근로계약과 달리 항공기 조종사의 근로계약에 관한 대법원판결[45]은, 불가리아 국적의 항공기 조종사들과 그들을 파견 받은 아시아나항공 간의 근로계약의 존부에 관하여 "명시적인 근로계약이 체결되지 않은 사건에서, 항공기 조종사들의 일상적인 노무급부지가 우리나라라고는 볼 수 없"다고 판시하였다는 점이다. 이 사건에서 대법원은 아시아나항공과 파견받은 항공기 조종사들 간에 근로계약관계의 존재를 부정하였다.

(나) 편의치적의 경우   그러나 전형적인 편의치적의 경우,[46] 즉 선적이 당해 국가와 유일한 관련인 경우에는 예외조항에 의해 선적국법이 아니라 가장 밀접한 관련이 있는 국가의 법을 준거법으로 보아야 할 것인데, 그 경우 실질선주의 법(Reedereisitz)이 유력할 것이다.[47]

---

44) 평석은 석광현, "선박우선특권과 피담보채권(선원임금채권)의 준거법", 판례연구 제22집(1) (서울지방변호사회, 2008. 8.), 125면 이하; 석광현, 제5권, 293면 이하 참조. 다만 이 사건도 편의치적인 사건이다. 그렇다면 편의치적의 경우 선박우선특권에 대하여 예외조항을 적용한 대법원 2014. 7. 24. 선고 2013다34839 판결에 의하여 이 점도 달라진 것인가는 의문이 있다. 한편 대법원 2002. 6. 14. 선고 2001다2112 판결의 사안에서는 미국인이 소유하는 리베리아 선적의 선박에서 승무 중 사망한 한국인 선원의 유족이 선원재해보상을 청구한 사건이라는 점에서 외국적 요소가 있는 법률관계임에도 불구하고 전혀 국제사법적 검토가 이루어지지 않았던 것으로 보이는 점에서 유감이다. 권창영, "해외취업선원의 재해보상 — 대상판결: 대법원 2002. 6. 14. 선고 2001다2112 판결 — ", 저스티스 통권 제74호(2003. 8.), 211면은 이 점을 적절히 지적하고 있다.

45) 대법원 2004. 6. 25. 선고 2002다56130, 56147 판결. 소개는 석광현, "2004년 국제사법 분야 대법원판례: 정리 및 해설", 국제사법연구 제10호(2004), 433면 이하 참조.

46) 헌법재판소 1998. 2. 5. 선고 96헌바96 전원재판부 결정은 "편의치적은 내국인이 외국에서 선박을 매수하고도 우리나라에 등록하지 않고 등록절차, 조세, 금융면에서 유리하고 선원노임이 저렴한 제3의 국가에 서류상의 회사(Paper Company)를 만들어 그 회사소유의 선박으로 등록하는 것을 말한다"라고 판시한 바 있다.

47) MünchKomm/Martiny, Band 10, Rom I—VO Art. 8 Rn. 76; Peter Mankowski, Seerechtliche Vertragsverhältnisse im Internationalen Privatrecht (1995), S. 481, 494, 500; Kropholler,

이런 맥락에서 예외조항을 최초로 적용한 대법원 판결인 대법원 2014. 7. 24. 선고 2013다34839 판결은 주목할 만하다. 위 판결은 "선원의 임금채권을 근거로 하는 선박우선특권의 성립 여부나 선박우선특권과 선박저당권 사이의 우선순위를 정하는 준거법은 원칙적으로 선적국법이나, 선박이 편의치적이 되어 있어 그 선적만이 선적국과 유일한 관련이 있을 뿐이고, 실질적인 선박소유자나 선박 운영회사의 국적과 주된 영업활동장소, 선박의 주된 항해지와 근거지, 선원들의 국적, 선원들의 근로계약에 적용하기로 한 법률, 선박저당권의 피담보채권을 성립시키는 법률행위가 이루어진 장소 및 그에 대하여 적용되는 법률, 선박경매절차가 진행되는 법원이나 경매절차에 참가한 이해관계인 등은 선적국이 아닌 다른 특정국가와 밀접한 관련이 있어 앞서 본 법률관계와 가장 밀접한 관련이 있는 다른 국가의 법이 명백히 존재하는 경우에는 다른 국가의 법을 준거법으로 보아야 한다"라는 취지로 판시하였다. 이 사건의 결론은 정당하다고 볼 여지도 있으나, 그 결론이 편의치적에 관한 기존 대법원판결들과 정합성이 없고, 예외조항은 엄격한 요건 하에 예외적으로만 적용됨을 밝히지 않은 점과 예외조항에 의하여 적용되는 한국법이 규율하는 사항의 범위를 명확히 하지 않은 점 등 여러 모로 아쉬움이 있다. 예외조항은 준거법 결정과정에서 불확실성을 도입하는 것이 사실이나, 이는 구 국제사법 제8조의 도입 시 예상된 것으로 최밀접관련국법을 적용한다는 국제사법의 대원칙을 관철하기 위한 것으로 부득이하다.

준거법 지정의 예외를 규정한 국제사법 제21조와, 근로자의 보호를 위해 준거법 지정의 특칙을 규정한 국제사법 제48조의 취지를 고려한다면 이렇게 해석해야 할 것이다. 그런데 이러한 견해에 의하면, 편의치적을 하는 이유 중의 하나가 선원을 상대적으로 두텁게 보호하는 우리 선원법과 근로기준법 등의 적용을 배제하기 위한 것인데, 실질선주의 법으로서 한국법이 적용되므로 선주 측에는 편의치적을 한 본래의 목적의 일부를 달성할 수 없게 된다. 이 점은 국제사법에 따른 중요한 변화의 하나이다. 물론 섭외사법의 해석론으로도 동일한 결론을 도출하는 것이 불가능하지는 않았으나, 국제사법에서는 그 점이 보다 명확하게 되었다.[48)]

S. 489; Drobnig/Basedow/Wolfrum (Hrsg.)(註 40) S. 62. 독일의 학설대립은 Mankowski, S. 466f.; 김지형, 264면 참조.

48) 관세포탈죄의 성립에 관한 대법원 1994. 4. 12. 선고 93도2324 판결의 다음과 같은 취지의 설시는 참고할 만하다.
"… 그러나 다른 한편으로는 우리나라에 거주하는 자가 외국에 있던 선박의 사실상 소유권 다만 제21조에서 논의한 바와 같이 편의치적이라고 하여 당연히 그렇게 되는 것은 아니며 사안에 따라 신중히 검토하여야 한다.49)

나아가 편의치적의 경우 결과적으로 법인격을 부인한 대법원판결들50)이 있음도 주목할 필요가 있다.

위에서 본 바와 같이 선원법은 선원근로계약의 객관적 준거법이 한국법인 경

내지 처분권을 취득하고 나아가 그 선박이 우리나라에 들어와 사용에 제공된 때에는 형식적으로는 그 선박이 우리나라의 국적을 아직 취득하지 않았더라도 실질적으로는 관세부과의 대상이 되는 수입에 해당한다고 보는 것이 실질과세의 원칙에 비추어 타당할 것이므로 (국적취득조건부 용선에 관한 당원 1983. 10. 11. 선고 82누328 판결 참조) 외국의 선박을 국내거주자가 취득함에 있어서 이른바 편의치적의 방법에 의하여 외국에 서류상으로만 회사를 만들어 놓고 그 회사(이른바 paper company)의 소유로 선박을 등록하여 그 선박이 외국의 국적을 취득하게 한 다음 이를 국내에 반입하여 사용에 제공한 때에도 위에서 말하는 관세법상의 수입에 해당한다고 할 것이다.

그리고 선박소유자가 소속된 국가 또는 실제 그 선박의 운항에 관한 중추기업이 소재하는 국가와는 별도의 국가에 형식적으로 개인명의 또는 법인을 설립하여 그 명의로 선박의 적을 두고 그 나라의 국기를 게양하는 이른바 편의치적제도 그 자체가 위법한 것이라고 할 수는 없더라도 그것이 관세포탈의 수단으로 이용되는 경우에는 이는 관세법 제180조 제1항 소정의 사위 기타 부정한 방법에 해당한다고 할 것이며 특히 일반적으로 수입면허를 받지 아니하고 물품을 수입하는 것은 그 자체가 관세포탈죄의 구성요건인 사위의 방법에 해당한다고 할 것이므로(당원 1984. 6. 26. 선고 84도782 판결 참조), 정상적인 방법으로는 수입허가를 받을 수 없는 선박을 수입하기 위하여 위와 같이 편의치적의 방법에 의하여 선박을 수입하고도 단순히 수리목적으로 입항한 것처럼 허위신고하였다면 이는 관세포탈죄의 구성요건인 사위 기타 부정한 방법에 해당한다고 보기에 부족함이 없으며, 관세의 부과대상이 되는 물품에 대하여 수입면허를 받음이 없이 무단으로 수입한다는 인식이 있는 이상 조세포탈의 범의 또한 있는 것이다".

49) 저자는 대법원 2014. 7. 24. 선고 2013다34839 판결이 선고되기 전 대법원 판결에 대하여 아래와 같이 평가한 바 있다. 즉 위 "대법원 2007. 7. 12. 선고 2005다39617 판결은 편의치적 여부에 관하여 판단하지 않았으므로, 편의치적에 해당하지 않는 것으로 보았는지, 아니면 편의치적임에도 불구하고 통상의 선원근로계약의 경우와 동일한 연결원칙을 따른다고 본 것인지는 분명하지 않다. 이 점을 분명히 하지 않은 것은 아쉽다. 아마도 대법원이 문제의식이 없었던 것은 아니겠지만, 편의치적이라는 이유로 실질선주의 법을 선원근로계약의 준거법으로 보는 것은 그 파급효과가 매우 크므로 대법원으로서는 선뜻 취하기는 쉽지 않을 것이다".

50) 대법원 1988. 11. 22. 선고 87다카1671 판결, 대법원 1989. 9. 12. 선고 89다카678 판결, 대법원 1992. 3. 10. 선고 91다12462 판결은 외국회사의 법인격을 부인하였다. 판결의 소개는 정병석, "海商法上 몇 가지 問題에 대한 判例의 動向", 민사판례연구 제20집(1998), 642면 이하; 윤윤수, "便宜置籍船(Ship under Flags of Convenience)", 외국사법연수논집[13] 재판자료 제73집(1996), 528면 이하; 정해덕, "船舶執行에 관한 硏究", 경희대학교 대학원 박사학위논문(2000), 109면 이하 참조.

우 강행법규로서 적용된다. 선원법 제2조는 선원법의 적용범위를 정하고 있으므로[51] 제2조에 해당하는 경우에는 외국선박에서 노무 또는 근로를 제공하는 선원에 대해서도 선원법이 적용되어야 할 것으로 보인다.[52]

(6) 법정지의 국제적 강행법규의 적용

위에서 본 바와 같이 당사자가 준거법을 지정했더라도 객관적 준거법의 강행법규가 부여하는 보호는 박탈되지 않는다. 또한 근로계약의 준거법에 관해 당사자자치가 인정되지만, 근로관계법규는 상당 부분 공법 또는 국제적 강행법규의 성질을 가지고 있고 그의 적용범위는 별도의 원칙에 의해 규율된다는 점에서, 근로계약의 준거법이 규율하는 사항의 범위는 제한적일 수밖에 없다. 따라서 국제사법하에서는 근로계약의 준거법이 규율하는 사항과, 준거법에 관계없이 적용되는 근로관계법규의 구별이 중요하다. 국제적 강행법규의 성질을 가지는 근로관계법규의 범위는 국가에 따라 다를 것이나, 그 사례는 앞으로 구체화할 필요가 있다.[53] 다만 이 경우 하나의 법률 전부를 일률적으로 파악할 것이 아니라 조문별로 그 성질을 판단하여야 한다.

---

51) 선원법 제2조 제1항에 따르면 선원법은 선박법에 의거하여 대한민국 선박(어선법에 의한 어선을 포함한다)과 대한민국 국적을 취득할 것을 조건으로 용선한 외국선박 그리고 국내항 사이만을 항행하는 외국선박에 승무하는 선원과 그 선박의 소유자에 대하여 적용하나, 단서에 정한 선박에는 적용되지 않는다.

52) 한 가지 의문은 선박소유자와 선장 간에 선원근로계약관계가 있는가라는 점이다. 선장의 선임행위는 고용과 위임의 혼합계약이라는 견해가 우리의 다수설이나(최종현, 93면), 그것이 선원법과 부합하는지 다소 의문이다. 선원법상 선원은 선박소유자와 사이에 근로계약관계가 있는데(제2조 제9호에 따르면 "선원근로계약"이란 선원은 승선(乘船)하여 선박소유자에게 근로를 제공하고 선박소유자는 근로에 대하여 임금을 지급하는 것을 목적으로 체결된 계약을 말한다), 선장도 선원이기 때문이다. "선장"이란 해원(海員)을 지휘·감독하며 선박의 운항관리에 관하여 책임을 지는 선원을 말하고(제2조 제3호), "선원"이란 선원법이 적용되는 선박에서 근로를 제공하기 위하여 고용된 사람을 말한다(다만, 대통령령으로 정하는 사람은 제외한다).

53) 다만 대부분의 해사 관련 기국들이 한국에서도 조약 제2218호로 발효한 2006년 해사노동협약(Maritime Labour Convention)을 비준하였는데 당사국들은 해사노동협약을 이행할 의무가 있으므로 해사노동협약의 강행규정은 선원근로계약의 맥락에서도 국제적 강행규정으로 보아야 한다는 견해가 있다. 신승한·전영우, 97면; 이정원(註 38), 16면; 권창영, 선원법 해설(2022), 116면. 따라서 동 협약을 선원법과 비교할 필요가 있다. 신동윤, "선원의 노동기본권과 근로조건에 관한 선원법과 해사노동협약의 비교분석", 서울法學 제22권 제1호(2014. 5.), 163면 이하 참조.

예컨대 외국인고용법에 따른 "외국인근로자"란 한국의 국적을 가지지 아니한 사람으로서 국내에 소재하고 있는 사업 또는 사업장에서 임금을 목적으로 근로를 제공하고 있거나 제공하려는 사람을 말한다.54) 외국인고용법 제22조는 "사용자는 외국인근로자라는 이유로 부당하게 차별하여 처우하여서는 아니 된다"라고 규정하고, 또한 동법 제8조 제1항은 외국인근로자 고용허가를 명시하는데 이런 조항들은 동법의 요건이 구비되면 근로계약의 준거법에 관계없이 적용되어야 할 성질의 규정이므로 국제적 강행규정이라고 본다.55)

파견근로와 관련하여 주의할 것은, 국제사법 제48조가 적용되는 것은 파견사업주와 파견근로자 간의 근로계약관계이고, 파견사업주와 사용사업주 간의 계약관계는 그와 별개의 계약으로서 그의 준거법은 제45조 이하의 계약의 준거법지정규칙에 따라 결정된다는 점이다.56) 즉 통상의 경우 사용사업주와 파견근로자 간에는 근로계약관계가 존재하지 않는다.57) 그러나 파견근로자 보호 등에 관한 법률(파견법)은 제6조(파견기간) 제1항에서 "근로자파견의 기간은 제5조 제2항에 해당하는 경우를 제외하고는 1년을 초과하여서는 아니 된다"라고 규정하고, 제6조의2(고용의무) 제1항은 "사용사업주가 다음 각 호의 어느 하나에 해당하는 경우에는 해당 파견근로자를 직접 고용하여야 한다"라고 규정하는데, 이런 종류의 규정은 성질상 파견사업주와 파견근로자 간의 근로계약의 준거법에 관계없이 적용되어야 할 것이다.58)

또한 "남녀고용평등과 일·가정 양립 지원에 관한 법률"(남녀고용평등법)의 적용범위를 정한 동법 제3조 제1항은 "남녀고용평등법은 대통령령으로 정하는 사업

---

54) 다만 출입국관리법 제18조 제1항에 따라 취업활동을 할 수 있는 체류자격을 받은 외국인 중 취업분야 또는 체류기간 등을 고려하여 대통령령으로 정하는 사람은 제외한다. 외국인고용법 제2조.

55) 다만 외국인고용법은 외인법이라고 할 수 있는데 그렇다면 지정규범이 아니라 실질규범이므로 외인법과 국제적 강행규정의 관계는 더 검토할 필요가 있다.

56) 윤남순, 근로계약, 658면 이하는 이 점을 지적한다. 이는 파견사업주와 사용사업주 간의 계약을 '임대계약'이라 하나 파견법(제20조 등)은 이를 '근로자파견계약'이라 한다.

57) 이런 이유로 윤남순, 659면은 사용사업주와 파견근로자 간의 근로계약관계의 존재를 부정한 대법원 2004. 6. 25. 선고 2002다56130, 56147 판결의 결론은 당연하다고 한다.

58) 다만 근로자의 노무제공지가 한국이어야 적용되는지 기타 무엇이 기준인지는 분명하지 않은데, 이 점은 더 검토할 필요가 있다. 참고로 독일의 "초국경적으로 국내에 파견되어 고용된 근로자를 위한 강행적 근로조건에 관한 법률"(Arbeitnehmer−Entsendegesetz. AEntG)은 그 적용범위를 명시하므로 참고가 된다.

을 제외하고는 근로자를 사용하는 모든 사업 또는 사업장에 적용한다"라는 취지
로 규정하는데, 이는 그 요건이 구비되는 한 근로계약의 준거법에 관계없이 적용
되어야 할 것이므로 사법적(私法的) 법률관계를 규율하는 동법의 조항들은 국제적
강행규정에 해당할 것으로 보인다.

나아가 "가사근로자의 고용개선 등에 관한 법률"(가사근로자법)은 가사근로자
의 근로조건과 가사서비스 제공기관의 인증 등에 관한 사항을 정함으로써 가사서
비스와 관련하여 양질의 일자리를 창출하고 가사근로자의 고용안정과 근로조건
향상을 도모하는 것을 목적으로 하는데, 가사서비스 제공기관의 사용자와 체결하
는 근로계약의 준거법이 비록 외국법이더라도 가사서비스의 제공이 한국 내에서
제공되는 경우라면, 논란의 여지가 있으나 사법적 법률관계를 규율하는 동법의
조항들은 노무제공지가 한국이라면 준거법에 관계없이 적용되는 국제적 강행규정
이라고 볼 여지가 있다.

그 밖의 사례는 더 검토할 필요가 있으나 일단 외국적 요소가 있음에도 불구
하고 노무제공지가 한국인 경우에 당연히 적용되는 것을 상정하는 조문들은 국제
적 강행규정에 해당할 가능성이 클 것이다.

참고로 1978년 잉글랜드와 웨일즈의 고용보호법(Employment Protection Act)
제141조와 제153조 제5항은 근로계약의 준거법과 관계없이 영국에서 근로하는
사람에게 적용된다고 규정하는데, 이는 국제적 강행규정의 한 예이다.[59] 참고로
독일에서는 중증장애자법률(Schwerbehindertengesetz)을 국제적 강행법규의 예로
든다. 근로자에게 유리한 방향으로서의 변경이 가능하다면 국제적 강행법규에 해
당하지 않으나, 쌍방으로의 변경이 규제되는 때에는 국제적 강행법규라고 보는
견해도 있다.[60]

(7) 소결

위의 논의를 정리하면, 국제사법에 따른 국제근로계약의 준거법은 다음과 같
이 결정된다.

① 제48조에 따라 근로계약의 주관적 준거법 또는 객관적 준거법을 결정한

---

59) Louise Merrett, Employment Contracts in Private International Law (2011), para. 7.48 이
   하 참조.
60) 독일법상 노동법 분야의 국제적 강행규정의 예는 Carsten Müller, International zwingende
   Normen des deutschen Arbeitsrechts (2005), 265ff. 참조.

다. 이 경우 준거법 소속국의 강행법규에 해당하는 노동법규는 준거법의 일부로
서 적용된다.[61] 준거법 소속국의 법 중 공법적 성질을 가지는 법도 공법이라는 이
유만으로 적용이 배제되지는 않는다(제19조).[62]

　　② 주관적 준거법의 적용은 유리의 원칙에 의해 제한될 수 있다(제48조 제1항).
즉 당사자가 지정한 준거법이 객관적 준거법과 상이하다면, 객관적 준거법의 강
행법규가 부여하는 최소한의 보호가 관철된다.

　　③ 주관적 준거법과 객관적 준거법은 모두 법정지의 국제적 강행법규에 의하
여 제한될 수 있다(제20조). 즉 입법목적에 비추어 준거법에 관계없이 해당 법률관
계에 적용되어야 하는 한국의 강행규정은 준거법이 외국법인 경우에도 적용된다.

　　다만 한국법이 준거법도 아니고, 노무제공지법도 아닌데 법정지의 국제적 강
행법규로서 개입하는 것은 가능하나 과연 어떤 실례가 있을지는 더 생각해 보아
야 할 것이다. 국제사법하에서의 국제근로계약법의 난제는 여기에 있다.[63] 근로
자에게 유리한 방향으로서의 변경이 가능하다면 국제적 강행법규에 해당하지 않
으나, 쌍방으로의 변경이 규제되는 때에는 국제적 강행법규라고 보는 견해도 있
다. 우리 법상 위에서 언급한 법률들을 생각할 수 있으나 더 검토할 필요가 있다.

　　근로계약의 준거법의 문제는 주한미군에 근무하는 한국인 근로자들에 대한
근로기준법 등 한국 노동법의 적용 여부와도 관련된다. 왜냐하면 한국의 법원에
소가 제기되면, 법원으로서는 국제사법에 따라 국제근로계약의 준거법을 결정하
고 근로기준법의 적용 여부를 검토하여야 하기 때문이다. 과거에는 이른바 절대
적 주권면제이론에 의해 우리 법원의 재판권이 부인되었으므로 준거법의 결정이
아예 문제 되지 않았지만, 제한적 주권면제론을 취한 대법원 1998. 12. 17. 선고
97다39216 전원합의체 판결[64] 이후에는 상황이 달라졌다. 즉 재판권에 관한 판례
의 변경과, 섭외사법의 개정에 의하여 한국인 근로자를 보호하기 위한 법적인 근
거가 상대적으로 강화되었다. 다만 이는 한미행정협정과의 관련하에서 검토해야
한다는 점에서 까다로운 문제이다.[65]

---

61) 특별연결이론에 의해 적용된다는 견해도 가능하다.
62) 김문환, 59면은 근로기준법 중 공법적 성질을 가지는 규정은 그 이유만으로 적용을 배제하
　　나 이는 국제사법하에서는 타당하지 않다.
63) 구별기준에 관한 독일 학설은 米津孝司(註 4), 76면 이하; 김지형, 269면 이하 참조.
64) 위 전원합의체 판결에 대하여는 석광현, 제2권, 217면 이하 참조.
65) 한미행정협정에 관하여는 이장희·장주영·최승환, 韓－美 駐屯軍地位協定 硏究 제7장 勞務

(8) 단체협약의 준거법

근로자의 단체인 노동조합이 사용자 또는 사용자단체와 노동조건 등에 관하여 합의에 의하여 서면으로 체결하는 협정인 단체협약은 개별적 노사관계 및 집단적 노사관계에 관한 기준을 설정함으로써 일정기간 노사관계를 안정시키는 기능을 하는데, 이는 개별적 근로계약이 아니므로 제48조의 적용대상에 포함되지 않는다.

단체협약의 준거법에 관하여는 국제사법 제45조와 제46조가 적용된다는 견해[66]가 있다. 독일에서는 로마 I의 해석상 ① 당사자자치를 전면 부정하는 견해와, ② 단체협약을 채권법적 부분(단체협약의 당사자인 노동조합과 사용자 간의 권리와 의무를 규율하는 사항들)과 규범적 부분(즉 근로조건 기타 근로자의 대우에 관한 사항들)으로 구분하여 전자에서만 당사자자치를 허용하는 견해도 있으나,[67] ③ 채권법적 부분과 규범적 부분 모두에 대하여 당사자자치를 허용하는 견해[68]가 유력하다. 단체협약이 제48조의 적용대상이 아니라면 그에 대하여는 제45조와 제46조를 적용해야 할 것이다.[69]

우리나라에서는 실무적으로 해운수산 산업계에서는 비거주선원(출입국관리법 제31조에 따라 외국인등록증을 받지 아니한 외국인 선원을 말한다)에게는 별도의 단체협약을 체결하여 제3국 법률을 준거법으로 선택하고 있다[70]고 한다. 당사자의 선

條項의 문제점과 改正方向(2000), 156면 이하 참조.

66) 김인호, 근로계약, 27면.
67) Reithmann/Martiny/Martiny, 8. Auflage, Rn. 6.2998.
68) von Bar/Mankowski, Band Ⅱ, §1 Rn. 671; Rauscher, Rn. 1287. 상세는 MüKoBGB/ Martiny, 8. Aufl. 2021, Rom I-VO Art. 8 Rn. 157 참조.
69) 단체협약은 노동조합과 사용자측 사이의 계약임에도 불구하고 사용자와 개별 근로자 사이의 근로계약을 규율하는 규범적 효력을 가진다(노동조합법 제33조). 그 근거는 단체협약의 법적 성질을 어떻게 파악하는가에 따라 법규범설과 계약설이 있고, 후자는 다시 대리설과 단체설, 복합설과 수권설로 나뉜다. 학설은 임종률, 노동법 제19판(2020), 153면 이하 참조. 단체협약의 준거법은 단체협약의 법적 성질과도 관련하여 검토할 필요가 있다. 단체협약의 규범적 효력을 강행적 효력과 직접적 효력으로 나누어 설명하기도 한다. 김형배·박지순, 노동법강의 제9판(2020), 542면 이하.
70) 신승한·전영우, 84면. 종래 우리나라의 비거주선원의 선원근로계약은 외항상선의 경우 전국해상산업노동조합연맹과 한국선주협회가 체결한 단체협약에 따라 계약이 체결되고, 내항상선의 경우 전국해상선원노동조합연맹과 한국해운조합이 체결한 단체협약에 따라 계약이 체결되고 있으며, 원양어선의 경우 전국원양산업노동조합과 한국원양산업협회가 체결한 단체협약에 따라 체결하고 있다고 한다. 신승한·전영우, 86면. 이정원(註 38), 11면 이하도 참조.

택이 없으면 제46조에 따라 단체협약과 가장 밀접한 관련이 있는 국가의 법이 준 거법이 되는데, 그의 결정에 관하여도 견해가 나뉜다.

단체협약의 준거법상 유효한 단체협약이 (개별적) 근로계약에 어떤 영향을 미 치는지는 단체협약의 준거법에 의한다는 견해[71]도 있고 근로계약의 준거법이 결 정한다는 견해[72]도 있다.

참고로 단체협약은 노동조합을 통한 단체교섭의 결과 노동조합과 사용자 사 이의 서면 합의에 의하여 체결되는데, 단체협약에 정한 근로조건 기타 근로자의 대우에 관한 기준에 위반하는 취업규칙 또는 근로계약의 부분은 무효이며, 근로 계약에 규정되지 아니한 사항 또는 제1항의 규정에 의하여 무효가 된 부분은 단 체협약에 정한 기준에 의한다(노동조합 및 노동관계조정법 제33조). 따라서 단체협약 의 규정과 다른 합의나 약정은 강행적으로 배제되며, 노동조합과 사용자 또는 사 용자 단체 사이에서 체결된 협약규정은 개별 근로자와 사용자 사이의 개별적 근 로관계를 직접 규율한다. 우리 노동조합법의 해석상 단체협약에서 정한 기준보다 불리한 내용을 정한 취업규칙이나 근로계약의 부분은 무효이고 그 부분에 관하여 는 단체협약이 보충적으로 적용된다.[73] 또한 노동조합법 제35조는 "일반적 구속 력"이라는 표제하에 하나의 사업 또는 사업장에 상시 사용되는 동종의 근로자 반 수 이상이 하나의 단체협약의 적용을 받게 된 때에는 당해 사업 또는 사업장에 사용되는 다른 동종의 근로자에 대하여도 당해 단체협약이 적용된다고 규정함으 로써 단체협약의 효력을 확장한다.[74] 따라서 단체협약의 준거법이 한국법인 경우 우리 노동조합법에 따라 단체협약의 효력이 확장될 것이다.

---

71) MüKoBGB/Martiny, 8. Aufl. 2021, Rom I−VO Art. 8 Rn. 161.

72) Rauscher, Rn. 1287.

73) 반면에 노동조합법의 해석상 단체협약에서 정한 기준보다 유리한 내용을 정한 취업규칙이나 근로계약의 부분도 무효가 되는지는 논란이 있다. 유효설(편면적용설)은 단체협약의 근로조 건을 최저기준으로 파악하여 단체협약의 규범적 효력을 편면적으로만 인정하나, 무효설(양 면적용설)은 이를 최저기준과 최고기준으로 파악하여 단체협약의 규범적 효력을 양면적으로 인정한다. 학설은 임종률(註 69), 162−163면; 김형배·박지순(註 69), 542면 참조.

74) 독일에서는 단체협약의 구속력은 단체협약의 영역에 중점(重點. Schwerpunkt)이 있는 근로 관계에만 미친다는 견해가 유력하다. 일반적 구속력에 관한 규정이 국제적 강행규정인가는 논란이 있다. MüKoBGB/Martiny, 8. Aufl. 2021, Rom I−VO Art. 8 Rn. 163 참조. 단체협 약의 효력이 확장되는 다른 예로는 "지역적 구속력"이 있다. 즉 하나의 지역에서 종업하는 동종 근로자 3분의 2 이상이 하나의 단체협약의 적용을 받게 된 때에는 행정관청은 당해 지 역에서 종업하는 다른 동종 근로자와 그 사용자에 대하여도 당해 단체협약을 적용한다는 결 정을 할 수 있다(노동조합법 제36조 제1항).

한편 예컨대 고용과 밀접한 관련이 있는 산재보험법, 고용보험 기타 사회보장법상의 쟁점들도 제48조의 적용범위로부터 제외되는데, 이들은 근로계약이 아니라 사회보장법의 문제로 성질결정되어 국제사회보장법에 의하여 결정되는 준거법에 따른다.[75] 이런 법률들 중 산재보험법과 고용보험법은 연결점을 고용지로 삼고 있으므로 고용지가 한국이라면 고용계약의 준거법에 관계없이 외국인에 대하여도 적용된다.

일본의 법적용통칙법[76]은 소비자계약에 관한 특칙에서 노동계약을 명시적으로 배제한다. 우리는 이런 규정을 두지는 않으나 해석상 근로계약에는 소비자계약의 규정은 적용되지 않는다고 본다.

(9) 관할규칙과 준거법지정규칙의 상호관계: 관할과 준거법의 병행

우리 국제사법은 국제재판관할과 준거법의 맥락에서 동일한 근로계약의 개념을 사용하고, 일상적인 노무제공지를 특별관할의 연결점으로 삼는다. 따라서 차이가 없지는 않지만(예컨대 최후의 일상적인 노무제공지가 관할을 가지는 경우와, 사용자가 근로자를 고용한 영업소 소재가 국가의 법이 준거법인 경우) 법문상 양자의 적용범위는 일치하므로 양자는 병행한다. 즉 한국 법원이 근로계약에서 제43조에 따라 국제재판관할을 가지는 때에는 대체로 제48조에 따라 근로계약의 객관적 준거법이 한국법이거나, 한국법이 최소한의 보호로서 관철된다(외국법을 준거법으로 지정한 경우). 근로계약에서도 국제재판관할과 준거법의 병행은 근로자의 일상적인 노무제공지 국가의 법원이 법정지법을 적용할 수 있도록 함으로써 저비용으로 분쟁을 효율적으로 해결할 수 있게 하는 장점이 있다. 근로계약의 경우 소비자계약의 경우와 달리 브뤼셀체제에서도 양자의 병행은 유지되고 있다.

---

[75] 상세는 석광현, "외국인에 대한 한국 사회보장법의 적용: 외인법에서 저촉법인 국제사회보장법으로", 국제사법연구 제27권 제2호(2021. 12.). 669면 이하 참조. 결론은 김인호, 근로계약, 441면도 동지. 고용보험법 기타 개별 사회보장법률들은 저촉규정이 아니라 대체로 외국인에 대한 특례를 두는데 이는 외인법의 성질을 가진다. 다만 고용을 전제하는 산재보험법은 근로자의 국적과 근로계약의 준거법을 불문하고 고용지가 한국이면 적용되는 점에서 고용지를 연결점으로 하는 일면적 저촉규정을 두고 있다고 할 수 있다. 위 석광현, 669면.

[76] 일본 법적용통칙법 제11조(소비자계약의 특례) 제1항은 "소비자(개인(사업으로서 또는 사업을 위하여 계약당사자로 되는 경우에 있는 자를 제외한다)이라고 한다. 이하 본조에서 동일)와 사업자(법인 그 밖의 사단 또는 재단 및 사업으로서 또는 사업을 위하여 계약당사자로 되는 경우에 있어서의 개인을 말한다. 이하 본조에서 동일)의 사이에서 체결되는 계약(노동계약을 제외한다. 이하 본조에서 「소비자계약」이라고 한다)"라고 규정한다.

(10) 근로기준법 적용의 전제가 되는 근로자의 수

근로계약의 문제는 아니나, 최근에 근로기준법 적용의 전제인 근로자의 수에 관하여 주목할 만한 두 건의 대법원 판결이 선고되었기에 소개한다.

첫째는 근로기준법 적용 단위의 판단기준을 판시한 대법원 2024. 10. 25. 선고 2023두57876 판결이다. 이는 국제근로계약 사건은 아니나, 대법원은 원칙적으로 법인격이 다르면 하나의 사업(장)이 아니지만, 실질적으로 동일한 경제적, 사회적 활동단위라고 볼 수 있는 특별한 사정이 있으면 법인격이 달라도 하나의 사업(장)이 될 수 있다는 취지로 판시하였다.

둘째는 적용범위를 정한 근로기준법 제11조 제1항은 "근로기준법은 상시 5명 이상의 근로자를 사용하는 모든 사업 또는 사업장에 적용한다"라고 규정하는데, 여기에서 외국계 기업의 상시 근로자 수는 원칙적으로 국내 상시 근로자 수를 말하는 것이고 외국에 있는 본사 근로자 수와 합산하지 않는다는 취지로 판시한 대법원 2024. 10. 25. 선고 2023두46074 판결이다.[77] 이 판결의 원심(서울고등법원 2023. 6. 8. 선고 2022누44493 판결)은 준거법으로 근로기준법이 적용되고, 상시 근로자 수를 판단할 때 국내 법인과 외국 법인을 달리 볼 이유가 없으므로 참가인 본사가 외국에서 사용하는 근로자 수까지 합산하여야 함을 전제로 참가인 본사의 외국 상시 근로자수를 합산하면 5명 이상이므로 근로기준법이 적용되고, 부당해고에 해당한다고 판시하였으나 대법원은 그와 달리 판단하고 원심판결을 파기 환송하였다.

---

[77] 참고로 독일 연방노동법원 판결은 근로자 수를 기준으로 적용범위를 정하는 독일 해고제한법(제23조)의 해석상 국내 근로자 기준설을 따르고 있다. 예컨대 BAG, Urteil vom 26. 3. 2009 – 2 AZR 883/07. ErfK/Kiel, 24. Aufl. 2024, KSchG § 23 Rn. 6은 이를 지지한다. 반대 견해도 있다. 과거 독일 판결의 강력한 근거는 속지주의에 있었으나, 2008. 1. 17. 판결(BAGE 125, 274 = NJW 2008, 2665 = NZA 2008, 872) 이후에는 속지주의를 버리고 개념상 사업/사업장이 독일 내에 있을 것을 요구한다.

5. 계약의 성립 및 유효성에 관한 조항의 신설

섭외사법	국제사법
〈신설〉	제49조(계약의 성립 및 유효성) ① 계약의 성립 및 유효성은 그 계약이 유효하게 성립하였을 경우 이 법에 따라 적용되어야 하는 준거법에 따라 판단한다. ② 제1항에 따른 준거법에 따라 당사자의 행위의 효력을 판단하는 것이 모든 사정에 비추어 명백히 부당한 경우에는 그 당사자는 계약에 동의하지 아니하였음을 주장하기 위하여 그의 일상거소지법을 원용할 수 있다.

[입법례]
- 로마협약 제8조[합의와 실질적 유효성]/로마Ⅰ 제10조[합의와 실질적 유효성]
- 독일 구 민법시행법 제31조[합의와 실질적 유효성]
- 스위스 국제사법 제123조[청약에 대한 침묵]

가. 개요

구 국제사법에서는 계약의 성립과 유효성(validity)이 계약의 준거법에 의하여 규율됨을 명시하고, 다만 계약의 성립에 대해 계약의 준거법을 적용하는 것이 명백히 부당한 경우 당사자가 일상거소지법을 원용할 수 있도록 하였다. 국제사법도 이런 태도를 유지한다.

나. 주요내용

(1) 계약의 성립 및 유효성의 준거법(제1항)

섭외사법상 계약의 준거법이 규율하는 사항으로는 계약의 성립과 유효성, 계약의 해석, 채무의 이행과 소멸, 채무불이행의 결과 등을 들었다. 국제사법 제49조는 그중 계약의 성립과 유효성(validity)이 계약의 준거법에 의하여 규율됨을 명시한다. 구 국제사법 제29조(국제사법 제49조)의 의미에 관하여 법무부, 해설[1]은 위와 같은 취지, 즉 계약의 준거법이 규율하는 사항의 범위를 정하는 취지로 설명하였다. 그러나 위에서 본 것처럼 구 국제사법 제25조는 "계약은 당사자가 … 선택한 법에 의한다"라고 규정하고, 제26조는 "… 계약은 … 가장 밀접한 관련이 있는 국가의 법에 의한다"라고 규정하며 거기에서 말하는 연결대상으로서의 "계약"에는

---

[1] 법무부, 해설, 108면.

계약의 성립, 해석, 나아가 채무의 이행과 소멸 등을 포함하는 당사자의 권리·의무로서의 계약의 '효력'이 포함된다. 따라서 제29조(국제사법 제49조)에서 계약의 성립과 유효성에 관하여 명시적 규정을 둔 것은, 계약의 준거법이 규율하는 사항의 범위를 정하는 것이라기보다는[2] 계약의 준거법은 계약이 유효하게 성립한 경우에 비로소 적용될 수 있을 뿐이므로, 계약의 성립 및 유효성은 계약의 준거법에 의해 규율된다는 것은 논리적으로 가능하지 않다는 식의 주장[3]을 배척하고 이 문제를 입법적으로 해결하기 위한 것이다.

즉 당사자가 계약의 준거법을 선택한 경우, 그 계약의 성립 및 유효성은 만일 당해 계약이 유효하다면 당해 계약의 준거법이 될 법, 즉 당사자가 선택한 법에 의한다는 것이다(제1항). 당사자가 선택한 법에 의하여 준거법 합의의 성립과 유효성을 판단하는 것은 준거법 합의가 유효하기 때문이 아니라, 적어도 그 법이 적용된다는 데 대한 외관(Anschein)을 불러일으켰기 때문이라거나, 당사자가 준거법을 선택하였다는 사실(Tatsache)에 근거한 것이라고 설명하기도 한다.[4] 따라서 예컨대 당사자 간에 유효한 계약이 존재하는가의 여부도 당사자들이 합의한 당해 준거법에 의한다.[5] 영국에서는 이러한 원칙을 'bootstraps rule'이라고 부른다.

여기에서 '계약의 성립'이란, 청약과 승낙에 의한 주된 계약[6]의 성립을 말한

---

2) 그렇다고 해서 제29조가 계약의 성립과 유효성이 계약의 준거법에 의하여 규율됨을 명시하는 것이라는 점을 부정하는 것은 아니다.

3) 대법원 1987. 3. 24. 선고 86다카715 판결은 다음과 같이 판시하였다.
"또한 원심이 … 위 협약을 체결할 때 협약으로부터 발생하는 법률관계에 관하여 캘리포니아주법을 적용하기로 약정되어 있다고 판단하면서 표현대리권과 무권대리의 추인의 문제는 그것이 거래 안전의 보호를 위한 제도이므로 위 약정에 따라 캘리포니아주법의 적용을 받게 된다고 설시하고 있는바, 소론과 같이 표현대리나 무권대리의 추인에 관한 문제는 협약이 유효하게 성립된 것을 전제로 비로소 적용될 수 있는 협약내용의 해석이나 시행에 관한 문제가 아니므로 협약의 효력을 다투는 이 사건에 있어 그 계약의 약정에 따라 캘리포니아주법을 적용한다고 한 이유설명은 잘못이라 하겠으나 …"(밑줄은 저자가 추가함).

4) MünchKomm/Martiny, Band 10, Art. 3 Rom I-VO Rn. 6.

5) 제49조는 섭외사법하의 유력설(이호정, 287면)과는 일치하나, 과거 우리나라의 다수설은 이와 달리 "준거법지정행위 자체의 유효성 여부는 국제사법이 결정할 문제이고 실질법이 결정할 문제는 아니라"고 설명하였다. 서희원, 206면; 김용한·조명래, 264면; 류지담, "섭외적 채권계약의 준거법결정", 재판자료 제6집(외국사법연수논집 제2권)(1980), 176면. 즉 과거의 다수설은 실질법설이 아니라 국제사법 자체설이었다. 참고로 국제사법 Restatement (Second) 제187조 comment b에 따르면, 불실표시, 강박, 부당한 영향 또는 착오 등의 문제는 법정지법에 의할 사항이다.

6) main contract, contrat principal, Hauptvertrag. 이는 준거법합의 또는 준거법지정계약과 대

다. 약관이 계약에 편입되는가의 여부도 그 계약의 준거법에 따를 사항이다.[7] 해
상적하보험계약의 영국법준거약관에 관하여 대법원 1991. 5. 14. 선고 90다카
25314 판결 등 다수의 대법원판결은 보험계약 전부에 대하여 영국법이 준거법으
로 지정된 것으로 보아왔으나,[8] 대법원 1998. 7. 14. 선고 96다39707 판결은 부분
지정설을 취하였던바, 후자에 따르면 전자에 따를 경우와는 달리 보험계약의 성
립 여부와 약관의 편입 여부는 한국법에 따른다.[9]

'계약의 유효성'이란 '계약의 형식(또는 방식)상의 유효성(formal validity)'과 대
비되는 '계약의 실질적 유효성(substantial or material validity)'을 말한다. 따라서 후
자는 청약 또는 승낙의 유효성(착오, 사기 또는 강박 등 의사표시의 하자에 의한 영향)
과 선량한 풍속 기타 사회질서 위반 등과 관련된 계약의 적법성 등을 포함한다.[10]
그러나 계약의 유효성에 관계되는 것이더라도 당사자의 능력과 대리권의 존재와
같은 사항은 각각 국제사법 제26조, 제28조와 제32조에 의하여 별도로 연결되며
계약의 준거법에 의해 규율되는 사항은 아니다.

주의할 것은, 계약의 유효성은 계약에 따른 당사자들의 권리·의무, 즉 '효력
(effect, Wirkung)'과 구별해야 한다는 점이다.[11] 계약의 효력은 효력의 내용의 문
제인 데 반하여 유효성은 '효력의 유무'의 문제일 뿐이다.

또한 위에서 언급한 바와 같이, 제45조 제5항은 "준거법 선택에 관한 당사자
간 합의의 성립 및 유효성에 관하여는 제49조를 준용한다"라고 규정하는데, 이는
위에서 논의한 '주된 계약'뿐만 아니라 그와 논리적으로 독립한 계약인 준거법합
의 또는 준거법지정계약도 마찬가지로 준거법합의가 유효하게 성립하였더라면 국

비되는 계약 자체를 가리킨다. 예컨대 당사자들이 매매계약을 체결하면서 준거법을 영국법으
로 지정한 경우 주된 계약은 매매계약이고, 준거법합의는 그의 일부를 구성한다.

7) Kropholler, S. 456; von Bar/Mankowski, Band Ⅱ, §1 Rn. 789.
8) 이 점은 다소 논란의 여지가 있다.
9) 이에 관하여는 석광현, 제2권, 50면 이하 참조.
10) UNIDROIT 국제상사계약원칙(2016), 제3장이 계약의 유효성(validity)의 문제로서 다루는
제논점은 문제의 범위를 이해하는 데 참고가 된다. 물론 제29조의 '계약의 유효성'이 무엇을
포섭하는지는 우리 국제사법상 성질결정의 문제이므로 위 원칙에 의해 구속되지는 않는다.
11) 효력과 유효성의 구별은 조약의 올바른 이해를 위하여도 필요하다. 예컨대 국제물품매매계
약에 관한 유엔협약(CISG)은 매매계약의 성립과 그러한 계약으로부터 발생하는 당사자들의
권리와 의무만을 규율하며, 계약의 'validity'에 대하여는 적용되지 아니한다(동 협약 제4조).
여기에서 'validity'는 유효성을 의미하므로 이를 효력으로 번역하는 것은 적절하지 않다.
CISG에 관하여는 석광현, 국제매매법, 49면 이하 참조.

제사법에 의하여 적용되어야 하는 준거법에 따라 판단해야 함을 명시한 것이다. 이런 설명으로부터 보듯이 제45조 제5항(즉 제49조의 준용)은 주관적 준거법의 경우에 적용되고 객관적 준거법에는 적용되지 않는다.

문제는 계약의 성립이 다투어지는 상황에서 제1항이 말하는 계약이 유효하게 성립하였더라면 적용되었을 준거법[12])을 인정하기 위한 요건이 무엇인가라는 점이다. 특히 준거법조항이 약관에 포함되거나 상인의 확인서면에 포함되는 경우 당사자의 합의의 외관(Anschein)이 존재하는가를 둘러싸고 논란이 있다.[13] 계약이 유효하게 성립하였더라면 적용되었을 준거법을 인정할 수 없는 때에는 법정지 국제사법에 의하여 해결해야 할 것이다.

(2) 계약의 성립을 부정하기 위한 상거소지법의 원용(제2항)

한편 위의 원칙을 관철할 경우 당사자의 일방에게 예측하지 않은 불이익을 줄 수 있으므로, 제49조 제2항은 제1항에 따라 당사자의 행위의 효력을 판단하는 것이 모든 사정에 비추어 명백히 부당한 경우에는 그 당사자는 계약에 동의하지 아니하였음을 주장하기 위하여 그의 일상거소지법을 원용할 수 있도록 하였다(제2항).

예컨대 당사자들이 구술로 중요한 계약조건에 관하여 합의한 뒤에 일방당사자가 계약조건을 확인하는 서면, 즉 '상인의 확인서면(kaufmännisches Bestätigungs－schreiben)'을 송부하면서 그것이 계약조건임을 선언한 데 대해 상대방이 침묵한 경우 이러한 문제가 발생한다. 이 경우 독일법이 준거법이라면 상대방의 침묵은 확인서면을 승낙한 것으로 해석될 수 있는데,[14] 제2항의 취지는 그런 경우 상대방은 이를 막기 위하여 자신의 일상거소지법을 원용할 수 있다는 것이다.[15]

또한 청약이 구속력을 가지는가에 관하여는 대륙법계에서는 이를 인정하나,

---

12) 이를 '가정적 계약준거법'(hypothetisches Vertragsstatut)이라고도 한다. Vischer/Huber/Oser, Rn. 157. 이런 문제는 로마 Ⅱ(제12조)의 해석상 계약체결상의 과실책임의 준거법을 결정하는 맥락에서도 제기된다. 즉 로마 Ⅱ 제12조 제1항에 따르면, 계약체결 시점 이전의 거래관계로부터 발생하는 계약외 채무, 즉 계약체결상의 과실책임의 준거법은, 계약에 적용되는 준거법 또는 계약이 체결되었더라면 적용되었을 법이기 때문이다.

13) 상세는 Vischer/Huber/Oser, Rn. 154ff. 참조. 이는 그 경우 법정지법을 적용할 것이라고 하면서 명백성(Eindeutigkeit)을 요구하는데 구체적인 내용은 법정지의 계약법이 아니라 국제적인 실질규범으로부터 도출할 것이라고 한다.

14) 이호정, 256면 이하 참조.

15) 섭외사법하에서는 견해가 나뉘었다. 신창선, 국제사법(1999), 317면 참조.

영미법계에서는 부정하는 경향이 있다. 따라서 준거법에 따르면 청약의 구속력이 인정되더라도, 상대방은 자신의 일상거소지법을 원용하여 구속력을 부인하고 청약을 철회함으로써 계약의 성립을 부인할 수 있게 된다.[16]

제2항은 제1항과 달리 계약에 동의(즉 계약의 성립)에만 적용되고, 유효성에는 적용되지 않는다. 제2항의 경우 당사자의 일상거소지법은 준거법이 되는 것이 아니라 단지 이른바 'veto 효력(Veto-wirkung)'만을 가질 뿐이다.[17] 제2항은 준거법에 따라 당사자의 행위의 효력을 판단하는 것이 모든 사정에 비추어 '명백히' '부당한' 경우에 한하여 적용되는 점에서 그 범위가 로마협약(제8조 제2항)이나 로마 I(제10조 제2항)보다도 제한적임을 주목해야 한다. 이는 동의하지 아니하였음을 주장하는 자가 입증해야 한다.

(3) 약관에 포함된 준거법 조항의 충돌

계약의 성립과 관련하여 "battle of forms(서식의 전쟁 또는 약관의 충돌)"의 경우 제49조 제2항이 적용되는지가 문제 될 수 있다. 즉 양 당사자가 충돌하는 각자의 서식 또는 약관에 의하여 계약을 체결하고자 한 경우 계약의 성립 여부와 계약의 내용에 관하여는 국가에 따라 태도가 상이한데,[18] 이는 원칙적으로 계약의 준거법에 의할 사항이고 제2항에 의할 사항은 아니다.[19] 다만 계약의 성립이 다

---

16) 이러한 의미에서 제2항이 "계약에 동의하지 아니하였음을 주장"한다는 것은 정확히는 계약의 성립에 동의하지 아니하였음을 주장하는 것을 말한다. 국제사법상 약인(consideration)을 청약의 구속력 또는 계약의 성립요건, 유효성과 방식 중 어느 것으로 성질결정할지는 논란이 있는데, 만일 이것이 성립요건, 그중에서도 동의의 문제라면 제2항에 포섭될 여지도 없지 않다. 참고로 2016년 국제상사계약원칙(제3.1.2조 주석)은 이를 계약의 유효성의 문제로 논의한다.

17) MünchKomm/Martiny, Band 10, Rom I-VO, Art. 10 Rn. 233. 이에 관한 우리 문헌은 우선 김인호, "국제계약의 성립에 대한 당사자의 상거소지법의 저지 기능", 법조 통권 618호(2008. 3.), 226면 이하 참조.

18) 실질법의 영역에서 이에 대하여는 승낙자의 약관이 우선한다는 "last shot principle"과 원칙적으로 양자의 약관 중 일치하는 범위 안에서 이를 내용으로 하는 계약이 성립한다는 "knock-out doctrine" 등이 있다. UNIDROIT의 2016년 국제상사계약원칙 제2.1.22조(Battle of Forms)와 유럽계약법원칙 제2:209조(Conflicting General Conditions)는 후자를 취한다. 우리 민법의 입법론으로 이를 지지하는 견해가 있다. 지원림, "계약의 성립에 관한 입법론적 고찰", 법조 통권 527호(2000. 8.), 200면.

19) Vischer/Huber/Oser, Rn. 823도 동지. 계약의 성립과 관련한 실질법상의 논점들은 우선 UNIDROIT의 국제상사계약원칙 제3장 참조. 저촉법적 논점은 Vischer/Huber/Oser, Rn. 816f., Rn. 154ff. 참조.

투어지는 상황에서는 제1항이 말하는 계약이 유효하게 성립하였더라면 적용되었을 준거법을 인정하기 위한 요건이 무엇인가라는 문제가 선명하게 부각되는데, 특히 각 당사자가 상이한 준거법조항을 포함한 약관(또는 서식)을 송부함으로써 서식전쟁이 있는 경우 준거법지정계약의 준거법에 관하여 약관의 충돌이 발생한다. 이 경우 준거법의 지정에 관하여 종래 다양한 견해가 있으나, 아직 그의 해결방안에 관한 정설은 없는 상태이다.

로마 I의 해석론으로는 충돌제거이론이 유력한데, 그에 따르면 상이한 준거법을 지정하는 경우 제3조가 적용되지 않고 준거법은 객관적으로 결정되어야 한다.[20] 헤이그국제사법회의의 '국제상사계약 준거법원칙'은 흥미로운 제안을 한다.[21] 우선 당사자의 일방만이 약관에서 준거법을 지정하고 상대방은 준거법을 지정하지 않은 경우에는 합의되었다고 주장된 법(the law purportedly agreed to)이 준거법이 된다(제6조 제1항 a호). 한편 제6조 제1항 b호는 당사자가 약관에서 상이한 준거법을 지정한 상황을 두 개의 경우로 구분하여 규정하는데, ① 충돌하는 약관에서 지정된 두 개의 준거법하에서 동일한 법이 적용되는 경우에는 그 법이 준거법이 되고, ② 충돌하는 약관에서 지정된 두 개의 준거법 하에서 상이한 법이 적용되는 경우에는 준거법의 합의가 없는 것이 되어—이 경우 국제사법차원에서 충돌제거규칙이 적용된다—준거법은 객관적으로 결정된다. 제6조 제1항 b호의 접근방법은 참신하지만 선뜻 수긍하기는 주저된다. 그 이유는 아래와 같다.

첫째, 제6조 제1항 b호는 준거법지정계약의 준거법을 결정하는 단계에서 양당사자가 지정한 각 실질법의 내용을 파악하여 그것이 제시하는 해결방안을 적용한 결과에 따라 준거법을 결정하는 점에서 이례적이고 그 적용이 복잡하고 부담

---

20) Staudinger/Magnus (2002), Art 31 Rn. 32 참조(이는 독일 구 민법시행법 제31조에 대한 설명이다).

21) 상세는 Thomas Kadner Graziano, Solving the Riddle of Conflicting Choice of Law Clauses in Battle of Forms Situation: The Hague Solution, YBPIL Vol. 14 (2013), p. 71 이하 참조. 그러나 Ole Lando, p. 309는 이를 비판하고 충돌제거이론을 채택했어야 한다는 의견을 피력한다. 소개는 석광현, "헤이그 국제상사계약 준거법원칙", 서헌제 교수 정년기념[논문]집(2015. 2.), 294면 이하 참조. 우리 법의 해석론은 김성민, "계약법상 서식의 충돌에 관한 연구", 서울대학교 대학원 법학박사학위논문(2012. 2.), 174면 이하 참조. 독일 학설은 이병준, 약관규제법, 194면 이하 참조. 헤이그 국제상사계약 준거법원칙에 관하여는 일종의 국가별 보고서가 있다. 한국법 부분은 Kwang Hyun Suk, South Korea Section, Daniel Girsberger et al., Choice of Law in International Commercial Contracts: Global Perspectives on the Hague Principes (2021), Chapter 37: pp. 662-677 참조.

스럽다. 둘째, 그 연장선상에서 우리나라처럼 약관의 충돌을 어떻게 해결할지에 관하여 실질법이 확정되지 않은 국가들이 많은 현재 특히 그러하다. 셋째, 제6조 제1항 b호의 접근방법에 따르면 예컨대 당사자 X는 약관에서 A국법을 지정하고, 당사자 Y는 약관에서 B국법을 명시적으로 지정했음에도 불구하고, 경우에 따라서는 지정된 두 개의 법을 적용한 결과 Y의 약관(즉 B국법)이 지정되는 결과가 되는데, 그 경우 X는 명백히 A국법을 지정했음에도 불구하고 B국법이 적용되는 결과를 당사자가 합의한 결과라고 설명하는 것은 어색하다. 국제사법 차원의 충돌배제규칙을 따르는 것이 가장 간명하기는 하나 이는 더 검토할 문제이다. 우리 국제사법은 계약준거법원칙 제6조 제1항 b호에 상응하는 규정은 두지 않는데, 종래별로 논의가 없으나 해석론으로서는 다양한 견해가 주장될 수 있다.

우리 중재법에도 계약준거법원칙 제6조 제1항 b호에 상응하는 규정은 없고 해석론으로서는 다양한 견해가 주장될 수 있다.

(4) 준거법의 적용범위: 계약의 준거법이 규율하는 사항의 범위

연구반초안(제46조)은 구 국제사법 제29조와 같이 계약의 성립과 유효성만을 규율하는 조문을 두는 대신, 계약의 성립과 유효성을 포함하여 계약의 준거법이 규율하는 사항을 함께 규정하는 형태의 조문을 두되, 반면에 제29조 제2항과 같은 규정은 두지 않았다.[22] 이는 구 국제사법 제29조와 로마협약 제10조를 결합한 조문이나, 위원회의 논의과정에서 위 조항을 두지 않기로 결정하였다. 그 이유는,

---

22) 당시에는 제46조에 규정되어 있었다. 연구반초안해설, 97면 참조.
"제46조(계약의 준거법의 적용범위) ① 계약의 준거법은 계약의 성립, 유효성, 해석, 채무의 이행과 소멸, 채무불이행의 결과, 계약 무효의 결과, 법률상의 추정 및 입증책임의 분배 등을 정한다.
② 채무의 이행의 태양, 방법 및 하자 있는 채무의 이행의 경우 채권자가 취하여야 할 조치에 관하여는 이행이 행하여지는 국가의 법을 고려하여야 한다."
연구반초안의 해설은 다음과 같이 그 취지를 설명한다.
"섭외사법은 계약의 성립이 그 준거법에 의해 규율됨을 명시하고 학설은 계약의 유효성도 계약의 준거법에 의해 규율됨을 인정하는바, 국제사법에서는 그 취지를 명시하였다. 나아가 계약 무효의 결과에 대하여도 계약의 준거법이 적용되도록 함으로써 계약이 무효 또는 취소된 경우 부당이득의 준거법을 계약의 준거법에 의하도록 명시하였다. 이는 부당이득에 관한 조항과도 일치하는 것이다. 채무의 이행의 태양과 방법 등에 관하여는 종래 보조준거법으로 설명하는 경향이 있었으나 이에 대하여는 이행지법을 고려하도록 하였다. 이를 준거법으로 하지 않고 고려하도록 한 것은 법관에게 탄력적인 운용가능성을 부여하기 위한 것이다".

국제사법에 준거법이 규율하는 사항의 범위를 정한 규정이 없다는 것과, 계약의 준거법이 규율하는 사항 중 일부에 관하여 논란이 있을 수 있으므로 이를 학설과 판례에 맡기자는 것이었다.

　위와 같은 명시적인 조문이 없더라도, 계약의 준거법은 계약의 해석과 성립, 계약에 따라 당사자가 부담하는 채무의 내용,[23] 이행과 소멸(소멸시효 포함), 채무불이행의 결과(계약해제의 가부, 요건과 손해배상의 종류, 요건과 범위 등), 계약 무효의 결과,[24] 법률상의 추정 및 증명책임의 분배 등을 규율한다고 본다. 위원회의 논의과정에서 증명책임의 분배가 계약의 준거법에 따를 사항이라는 데 대해 의문이 제기되었으나, 사견으로는 법률상의 추정과 증명책임은 실체에 속하는 사항이거나 적어도 실체와 밀접한 관련이 있는 사항으로서 계약의 준거법에 의할 사항이라고 본다. 로마협약(제14조 제1항)과 로마 I(제18조 제1항)은 이를 명시하고, 해상적하보험의 영국법준거약관에 관한 대법원 1991. 5. 14. 선고 90다카25314 판결도 이러한 결론을 당연한 것으로 보았다.[25] 다만 사실상의 추정에 대해서는 논

---

23) 따라서 계약상 당사자들이 최선의 노력을 하기로 합의한 경우 그 내용도 계약의 준거법에 의해 결정되는데, 그 내용은 준거법에 따라 다르다. 권영준, "최선노력조항(best efforts clause)의 해석", 서울대학교 법학 제55권 제3호(2014. 9.), 67면 이하 참조. 위 권영준, 100면 이하가 제시하는 결론은 우리 민법의 해석론이지 보편타당한 법리는 아니다. M&A 계약에서 거래 대상 기업이 미래에 특정 목표치를 달성할 경우 매수인이 매도인에게 추가 금액을 지급하기로 하는 조항(언아웃 조항)에 포함된 당사자의 노력의무에 관하여는 김도경, "M&A계약에서 언아웃(earn－out) 조항의 해석", 선진상사법률 제108호(2024. 10.), 174면 이하 참조.

24) 계약무효의 결과의 준거법이 계약의 준거법이라면 예컨대 계약무효로 인한 부당이득반환의무 또는 원상회복의무의 준거법과의 관계가 문제 된다. 국제사법은 부당이득은 이득발생지법에 의할 것이라고 규정하면서도 부당이득이 계약에 기하여 행하여진 이행으로부터 발생한 경우에는 계약의 준거법에 종속적으로 연결하므로 계약의 준거법에 의하든 부당이득의 준거법에 의하든 결과는 같다. 유럽에서는 계약의 준거법은 로마 I, 부당이득의 준거법은 로마 II에 의하는데, 전자가 후법이자 특별법으로서 후자에 우선한다고 본다. Rauscher/Freitag, EuZPR/EuIPR, Bearbeitung 2011, Rom I-VO, Rn. 12.

25) 즉 대법원판결은 다음과 같이 판시하였다.
"… 영국해상보험법 및 영국법원의 판례에 의하면 <u>열거책임주의가 적용되는 분손부담보조건의 적하보험계약에 있어서 피보험자가 보험자로부터 손해를 전보받기 위하여는 손해가 보험증권상에 열거된 부보위험으로 인하여 발생하였다는 적극적 사실을 입증하여야 함이 일반적인 원칙이기는 하나, 이 사건과 같이 화물이 선박과 함께 행방불명된 경우에는 현실전손으로 추정되고(영국 해상보험법 제58조), 그 현실전손은 일응 부보위험인 해상위험으로 인한 것으로 추정되어 보험자는 전보책임을 면할 수 없는 것이며, 이러한 추정은 보험자가 부보위험이 아닌 다른 위험 내지 면책위험으로 인한 것일 가능성이 있음을 주장하고 그 가능성이 보다</u>

란이 있을 수 있다.

실무상 특히 중요한 의미를 가지는 것은 계약에 따른 채무불이행의 결과, 즉 계약위반에 대한 구제방법이다. 계약이 정한 바에 따른 강제이행, 즉 특정이행(specific performance)이 가능한지는 법계에 따라 다른데, 계약위반에 대하여 원칙적 구제방법으로 강제이행을 허용하고 보충적으로 손해배상을 허용하는 법제(독일)가 있고, 양자를 선택적으로 허용하는 법제(한국)도 있는데, 영미법에서는 전통적으로 손해배상이 원칙적 구제방법이고 특정이행은 법원의 재량에 의하여 인정되는 예외적 구제수단이다.[26] 특정이행이 허용되는가도 계약의 준거법에 따를 사항이나, 성질결정의 문제와 관련하여 논란의 여지가 있다.[27]

다만 국제사법의 해석상 채무의 이행의 태양, 방법 및 하자 있는 채무의 이행의 경우 채권자가 취하여야 할 조치에 관하여 이행이 행하여지는 국가의 법을 고려해야 한다고 볼 수 있는지에 대하여는, 국제사법이 준거법이 아닌 법을 고려한다는 취지의 규정을 두고 있지 않으므로 논란의 여지가 있다. 왜냐하면 전통적인 이론에 따르면, 특정한 연결대상에 대해 준거법으로 지정되면 적용되고, 준거법이 아니면 적용되지 않을 뿐이지, 양자 사이에 법원의 재량에 의해 적용 여부가 결정되는 중간적인 지위를 부여하는 것은 근거가 없기 때문이다. 이는 더 검토를 할 필요가 있다.

참고로 채무이행의 방법 내지는 태양의 문제는 이행지법(*lex loci solutionis*)에 따른다는 것이 국제사법의 전통적인 이론이었고[28] 그 이론은 지금도 수긍할 여지

우월하거나 동일함을 입증하는 경우에 한하여 깨어지는 것이다. …"(밑줄은 저자가 추가함).

[26] 대법원 2017. 5. 30. 선고 2012다23832 판결도 "미국법원은 손해배상(Damages)이 채권자에게 적절한 구제수단이 될 수 없는 경우에 형평법(equity)에 따라 법원의 재량에 의하여 계약에서 정한 의무 자체의 이행을 명하는 특정이행 명령(decree of specific performance)을 할 수 있다"라고 판시한 바 있다.

[27] 종래 대륙법계에서는 특정이행을 실체로, 영미법계에서는 절차로 성질결정하는 경향이 있다. T. M. Yeo, Choice of Law for Equitable Doctrines (2004), para. 4.22도 참조. 참고로 CISG(제28조)는 특정이행을 허용하면서도 체약국이 CISG가 적용되지 않는 매매계약에 대해 국내법에 따라 특정이행을 명하는 판결을 선고하지 아니할 경우에는 법원은 특정이행을 명하지 않을 수 있도록 함으로써 절충적 입장을 취한다.

[28] 스위스 국제사법 제125조는 이를 명시한다. 예컨대 대용급부의 문제도 채무의 이행의 태양으로 볼 수 있다. 석광현, "선박보험계약의 준거법이 규율하는 사항(변제공탁과 비현명대리의 포함 여부)과 선체용선계약 및 부당이득의 준거법", 경희법학 제56권 제1호(2021. 3.), 154면 이하 참조. 채무자의 대용급부권을 규정한 우리 민법 제378조의 국제사법적 의미에 관하여는 석광현, 제1권, 42면 이하 참조.

가 있다. 우리 학설은 이를 보조준거법으로 설명하는 경향이 있었으나, 이는 적절
하지 않음은 위 제45조 제2항에 관한 해설에서 지적한 바와 같다.[29)]

계약의 준거법이 규율하는 사항의 범위를 보면 준거법이 법적으로나 실무적
으로 매우 중요함을 알 수 있다. 그리고 계약법은 아직도 국가에 따라 많은 차이
가 있으므로 준거법인 외국 계약법의 내용에 대한 충분한 이해 없이 막연히 외국
계약법이 우리 계약법과 유사할 것으로 믿고 함부로 외국법을 준거법으로 선택하
는 것은 매우 위험하다.

예컨대 M&A 관련 계약에서 영미의 실무상 발전되어 온 '진술 및 보장
(representations and warranties) 조항'도, 그것이 준거법이 한국법인 주식매매계약서
에 포함되었다면 원칙적으로 한국법에 따라 해석되어야 한다.[30)31)] 독일에는 해석

---

29) 변제공탁을 이행의 태양으로 볼 수 있는지는 석광현, "선박보험계약의 준거법이 규율하는
   사항(변제공탁과 비현명대리의 포함 여부)과 선체용선계약 및 부당이득의 준거법", 경희법
   학 제56권 제1호(2021. 3.), 156면 이하 참조(결론적으로 부정). 참고로 이행행위지와 이행
   결과발생지가 상이한 경우 의무이행지는 양자를 모두 포함한다고 보기도 한다. Rauscher/
   Thorn, EuZPR/EuIPR, Rn. 64. 그러나 영국법상으로는 채무자 송금의 출발지가 아니라 채권
   자가 수령하는 곳이 이행지라고 한다. Mann, para. 16.32(Libyan Arab Foreign Bank v
   Bankers Trust Co, [1989] 1 QB 728을 인용하면서).

30) 인천정유 사건에서 서울중앙지방법원 2007. 12. 18. 선고 2002가합54030 판결은 "M&A 계
   약상의 진술과 보증 제도는 영미법상 M&A 계약에서 유래한 것으로서, 우리 민법상의 하자
   담보책임과는 유사한 면도 있으나 단순히 이를 구체화한 것에 불과하다고 보기 어려우므로,
   이를 해석함에 있어서는 <u>우리나라 법원리에 어긋나지 않는 범위 내에서 영미법상의 해석론과
   거래의 관행 등을 참고하여야 할 것</u>"이라고 판시한 데 반하여, 항소심인 서울고등법원 2012.
   6. 21. 선고 2008나19678 판결은 "진술 및 보증 조항은 그 연혁적·이론적 배경이 영미법계
   국가에 있고, … 진술과 보증의 대상이 되는 사항의 범위가 계약의 목적물에만 그치지 않고
   계약 당사자 자신에 대한 사항과 같이 당해 계약에 관한 사항 전반에 대해 미치는 등 일반
   적인 하자담보책임과는 차이점이 있으나 … 진술 및 보증 조항은 민·상법상의 하자담보책
   임과 유사한 제도이다. … 당사자 간의 구체적 약정이 있다면 이러한 개별약정을 우선하여
   적용해야 하고, 명시적인 합의가 없어 불명확한 부분에 대하여는 <u>진술 및 보증 조항의 기능,
   위 조항의 목적, 당사자의 진정한 의사 등을 종합적으로 고려하여 합리적으로 해석해야 하지
   만, 이 경우에도 신의성실의 원칙, 공평의 이념 등 우리 법제의 기본적 원칙을 벗어나는 해석
   은 허용될 수 없다</u>"라는 취지로 판시함으로써 뉘앙스에 차이가 있다. 후자의 판결에서는 "준
   거법이 대한민국법인 이상"이라는 문언을 넣었더라면 좋았을 것이다. 상고심인 대법원
   2015. 10. 15. 선고 2012다64253 판결은, 처분문서의 해석에 관한 기존 법리에 따라, 진술
   및 보증 조항의 문언의 객관적 의미가 명확하다면 특별한 사정이 없는 한 문언대로의 의사
   표시의 존재와 내용을 인정하여야 하고, 또한 <u>계약상의 책임을 공평의 이념 및 신의칙과 같
   은 일반원칙에 의하여 제한하는 것은 자칫하면 사적 자치의 원칙이나 법적 안정성에 대한 중
   대한 위협이 될 수 있으므로 신중을 기하여 극히 예외적으로 인정하여야 한다는 전제하에 악

방법과, 외국법에 근거한 계약조항의 이해와 의미를 구분하여, 전자는 준거법(독일
법)에 따르고, 후자는 계약조항의 배경인 외국법에 따르는 것으로 본 연방대법원 판
결들도 있으나,[32] 유력설은 대체로 독일 법원은 준거법의 해석방법과 배경인 외국
법에 따른 계약조항을 적절히 결합하고 이를 유연하게 적용한다고 평가한다.[33]

또한 일본조선공업회(The Shipbuilders' Association of Japan)는 일본법이 준거
법이 될 것을 염두에 두고 선박건조계약의 표준양식(SAJ Form)[34]을 작성하였는데,

의의 주식양수인에 대하여도 주식양도인의 진술 및 보증 위반으로 인한 손해배상책임을 인
정하고 항소심판결을 파기하였다. 대법원판결에 대한 평석은 정영철, "주식매수인이 악의인
경우 진술과 보장위반을 이유로 한 손해배상청구가 가능한지 여부―대상판결: 대법원 2015.
10. 15. 선고 2012다64253 판결―", 신진상사법률연구 통권 제73호(2016. 1.), 197면 이하
(원심판결 지지); 이동진, "기업인수계약상 진술 보증약정위반과 인수인의 악의", 서울대학
교 법학 제57권 제1호(통권 제178호)(2016. 3.), 161면 이하 참조(계약서 문언을 중시하여
손해배상책임을 긍정한 대법원의 결론 지지. 이론구성은 잘못이나(일반적으로 악의의 인수
인의 책임추궁을 허용한 대상판결의 논리에는 문제가 있고, 오히려 원심판결의 논리가 설득
력이 있다고 한다) 이 사건에서 양도인과 인수인이 모두 악의였으므로 결론은 타당하다는
것이다). 기업인수계약의 맥락에서 우리 민법상 진술·보증에 관하여는 오태헌, "기업인수계
약상 진술·보증에 관한 연구", 서울대학교 대학원 법학박사학위논문(2017. 2.) 참조. 주로
국내계약을 다룬 것이기는 하나 주식매매계약의 내용은 김성민, M&A 계약의 해부: 주식매
매계약서 및 주주간계약서의 작성 방법과 유의사항(2024), 28면 이하 참조.
31) 영국법상 과실에 의한 불실표시의 경우 피해자가 표시자에게 손해배상책임을 물을 수 없었
기에(1889년 Derry v Peetk 사건 판결, 14 App. Cas. 337 (1887) 37 Ch. d. 541), 이를 계약
조항으로 하여 담보책임을 부담시키고자 한 데서 진술 및 보장조항의 연원이 유래되었다고
한다. 김태진, "M&A계약 체결시 고지의무 위반에 관한 고찰", 민사판례연구 제37집(2015),
655면 註 21 참조. 국제계약에 통상적으로 포함되는 boilerplate 조항의 의미도 준거법의 배
경하에서만 정확히 이해할 수 있다. Giuditta Cordero-Moss (ed.), Boilerplate Clauses,
International Commercial Contracts and the Applicable Law (2011), p. 115 이하 참조. 계
약의 준거법과 계약서의 법적 배경이 다른 경우(acting under wrong law) 어느 것에 따라
계약을 해석할지에 관하여는 위 책, p. 189 이하 참조. 또한 계약상 당사자들이 최선의 노력
을 하기로 합의한 경우 그 내용도 계약의 준거법에 의해 결정되는데 그 내용은 준거법에 따
라 다르다. 권영준, "최선노력조항(best efforts clause)의 해석", 서울대학교 법학 제55권 제
3호(2014. 9.), 67면 이하 참조.
32) 독일의 논의는 Magnus, in Cordero-Moss(註 31), p. 189 이하 참조. 후자는 외국의 언어관
용에 따라 판단하여야 한다고 한 제국재판소 판결들도 있다.
33) 이는 나아가 계약의 해석은 원칙적으로 계약의 준거법에 따를 사항이고 다만 예외적으로
'해석의 준거법(lex interpretionis)'을 외국법으로 선택한 것이 명확한 경우 그에 따르는데
영미식 계약의 사용만으로는 그러한 선택으로 볼 수는 없다고 한다. Magnus, in
Cordero-Moss(註 31), p. 191.
34) 선박건조계약의 표준양식은 이정원, "선박건조계약상 발주자와 건조자의 법률관계에 관한
고찰―계약불이행 사유와 그 법률효과를 중심으로―", 선진상사법률연구 통권 제62호

실무적으로 영국법을 동 계약의 준거법으로 지정함으로써 여러 가지 문제가 발생하고 있다고 한다.[35] 이 또한 국제계약의 준거법이 가지는 의미를 정확히 이해하지 못한 데서 발생하는 문제이다.[36]

종래 논란이 있는 것은 소멸시효와 제척기간이다. 이는 모두 실체의 문제로서 계약의 준거법에 따를 사항이다. 이와 구별되는 절차적 개념으로는 제소기간(출소기간)을 사용하는데, 영어로는 흔히 'limitation period'라고 하므로 용어만으로 판단할 것이 아니라 기간 경과의 효과를 고려하여 파악할 필요가 있다.[37] 종래 우리나라에서는 제소기간을 제척기간과 동일한 의미로 사용하기도 하나, 개념적으로는 기간 경과로 인하여 제소할 수 없게 되는 절차적 효과를 가지는 경우에만 제소기간이라고 할 필요가 있다. 이를 정리하면 아래와 같다.

	기간 준수방법		기간 경과의 효과	
소멸시효 기간	제소/재판 외 권리행사		다수설·판례	실체법적 효과(권리상실)
			소수설	소멸 주장 원용권 발생
제척기간	다수설	제소	실체법적 효과(권리상실)	
	판례	제소/재판 외 권리행사		
제소기간	제소		절차법적 효과(제소불가)[38]	

(2013. 4.), 110면 참조.

35) 이철원, "SAJ 선박건조표준계약에 대한 영국 판례 검토", 한국해법학회지 제35권 제1호 (2013. 4.), 111면 이하; 김인현, "선박건조 표준계약서(SAJ)에 대한 연구", 한국해법학회지 제34권 제2호(2012. 11.), 151면 이하 참조.

36) 근자에 해상법 전문가들이 이런 현상에 대해 우려를 표시하면서 가급적 한국법을 준거법으로 지정하고 한국에서 분쟁을 해결하자고 제안하는 점은 다행이다(김인현, "한국 해사법정 및 한국 준거법 활용현황과 그 활성화 방안", 한국해법학회지 제34권 제1호(2012. 4.), 56면 이하는 해사사건 전반에 관하여 이런 문제점을 지적한다). 그러나 이를 실현하기 위하여는 국제거래에서 계약의 준거법이 가지는 의미를 정확히 이해함은 물론, 한국법을 준거법으로 하는 정치한 표준선박건조계약을 작성하고, 나아가 그 계약에 따른 당사자들의 권리와 의무에 관한 우리 민법 등 실질법의 해석론이 상당히 정립되어야 한다. 따라서 이를 실현하기 위하여는 조선업계와 우리 법률가들의 비상한 노력이 요구된다.

37) 이 점은 석광현, "외국선박에 대한 선박우선특권의 제척기간과 행사방법의 성질결정과 준거법", 국제사법연구 제25권 제2호(2019. 12.), 370면 이하 참조.

(5) 당사자인 회사의 의사결정방법의 잘못이 국제계약에 미치는 영향

베트남 유한회사에 관한 지분양도계약을 체결한 당사자들(한국 회사와 한국인) 간에 지분양도의 유효성, 원상회복여부 등에 관한 분쟁이 발생한 사안에서, 서울 고등법원 2017. 1. 17. 선고 2016나2015158 판결은 위 지분양도계약과 가장 밀접 한 관련이 있는 국가는 한국이라고 보아야 하므로 위 계약에 따른 원고와 피고의 법률관계의 준거법은 한국법이라고 판단하였다. 대법원 2017. 8. 23. 선고 2017다 213937 판결도 이런 결론을 지지하였는데, 이런 판단은 타당하다.

나아가 서울고등법원 판결은 "설령 이 사건에 적용되어야 할 준거법이 베트 남법이라고 하더라도, 원고의 청구원인 중 한국 구 상법 제374조 제1항 제1호 위 반을 이유로 한 부분에 관하여는 한국 법률이 그대로 적용되어야 한다고 판시하 고, '회사가 영업의 전부 또는 중요한 일부의 양도' 행위를 할 때에는 구 상법 제 434조에서 정하는 주주총회 특별결의를 거치도록 규정하는 구 상법 제374조 제 1항 제1호는 [구] 국제사법 제7조가 정한 '국제적 강행규정'"이라는 취지로 판단 하였다.

채권계약인 지분양도계약의 준거법이 베트남법이더라도 회사법상의 쟁점, 즉 양도인인 한국 주식회사가 회사의 의사결정을 위하여 한국 상법이 정한 주주총회 의 특별결의를 거쳐야 하는지는 계약법상의 문제가 아니라 회사법상의 문제이므 로 국제회사법의 법리에 따라 속인법인 한국 상법에 따를 사항이다. 즉 주주총회 의 특별결의요건을 정한 한국 상법은 회사법이 규율할 사항이기 때문에 그 준거 법으로서 적용되는 것이지, 지분양도계약의 준거법이 베트남법임에도 불구하고 법정지의 국제적 강행규정으로서 적용되는 것이 아니다. 즉 서울고등법원의 판시 는 회사법상의 쟁점과 계약법상의 쟁점을 구분하여 준거법을 달리 정하는 근거를 설명한 것이지, 회사법을 국제적 강행법규로 보는 근거는 아니다.[39] 이 점에서 서 울고등법원의 판단은 잘못이다.

다만 여기에서 논의하는 것은, 회사법상 필요한 절차를 거치지 않은 것이 당 해 계약에 미치는 효력은 회사의 속인법에 의하는가 아니면 계약의 준거법에 의 하는가라는 문제이다. 이는 회사의 속인법인 한국 상법이 규율하는 사항이라고

---

38) 이는 민사소송법학상의 제소기간이다. 반면에 제소기간의 도과로 실체법적 효과(권리상실)를 인정하는 견해도 있으나(주로 민법학에서) 그 경우 제척기간을 사용하는 편이 바람직하다.

39) Stephan R. Göthel (Hrsg.), Grenzüberschreitende M&A – Transaktionen: Unternehmenskäufe, Umstrukturierungen, Joint Ventures, SE, 4. Auflage (2015). §8 Rn. 83 도 동지.

본다.[40] 국제사법 제49조 제1항은 계약의 성립 및 유효성은 그 계약이 유효하게 성립하였을 경우 적용되는 준거법에 의하여야 한다고 규정하지만, 계약의 유효성에 관계되는 사항이더라도 당사자의 권리능력과 행위능력 및 대리권의 존재와 같은 사항은 각각 국제사법 제26조, 제28조와 제32조에 의해 별도로 연결되는 것이지 계약의 준거법에 의해 규율되는 사항은 아니다. 양도계약의 당사자인 회사가 의사결정을 위하여 필요한 회사절차를 거치지 않은 경우에도 한국 상법상 그 양도의 효력이 부정되는데, 이는 행위능력과 유사하게 계약의 준거법이 아니라 회사법이 규율할 사항이다. 즉 이 경우 원고의 주주총회 특별결의의 필요성은 물론 한국 상법에 의하여 규율되지만 더 나아가 그에 위반한 행위의 유효성도 마찬가지로 한국 상법에 의하여 결정된다는 것이다.

---

40) 상세는 석광현, 정년기념, 343면 참조.

6. 국제사법과 대비한 로마 I의 특징

우리 국제사법의 채권편에 커다란 영향을 미친 유럽연합의 로마협약은 로마
I로 개정되면서 여러 가지 점에서 달라졌는데, 그 점은 관련되는 곳에서 단편적
으로 언급하였으나 이를 여기에서 간단히 정리한다. 이는 우리 국제사법의 입법
론과 해석론에 시사점을 줄 수 있기 때문이다.[1]

(1) 계약의 객관적 준거법의 지정: 고정된 규칙의 도입과 깨어질 수 있는 추정의 폐기

(가) 계약일반   계약의 객관적 준거법을 결정함에 있어서 로마협약의
해석상 영국 법원은 예외조항(제4조 제5항)을 적용하여 특징적 이행에 기초한 추
정을 비교적 쉽게 깨뜨린 반면에[2] 네덜란드와 독일 법원은 이를 엄격하게 적용한
결과 저촉규범의 통일적 해석을 저해하는 현상이 발생하였다. 이러한 우려를 불
식하고자 유럽연합은 로마 I에서 이 점을 개정하였다. 즉 유럽연합의 입법자들은
로마 I(제4조)에서 "특징적 이행에 기초한 깨어질 수 있는 추정"을 규정하는 대신 8
개 유형의 계약에 대하여 '고정된 규칙(fixed rules)'(또는 '확고한 규칙')을 도입하고
(물론 그러한 규칙은 특징적 이행에 기초한 것이다) 그 밖의 유형의 계약 또는 혼합계

---

1) 우선 양자는 법형식이 상이하나 이는 우리의 관점에서는 큰 관심의 대상은 아니다. 로마 I 의
   간략한 소개는 한애라, "계약의 주관적 및 객관적 준거법에 관한 로마협약, 국제사법, 로마 I
   규정의 흐름", 국제규범의 현황과 전망 – 2012년 국제규범연구반 연구보고 및 국제회의 참가
   보고 – (2013), 17면 이하 참조.
2) 영국 법원은 제4조 제2항을 약한 추정으로 이해하고 의무이행지가 영국인 경우 제5항을 원용
   하여 추정을 쉽게 깨뜨리고 영국법이 최밀접관련국법이라고 판단하는 경향을 보였다. 예컨대
   2001년 Definitely Maybe (Touring) Ltd. v Marek Lieberberg Konzertagentur G.M.B.H. 사
   건에서 Morison 판사는 "주된 이행자의 영업소 소재지(the place of business of the principal
   performer)와 의무이행지가 상이한 경우" 사안의 요소가 의무이행지와 더 밀접한 관련이 있
   다면 제2항의 추정은 당연히 깨뜨려야 한다고 판시하였다. 영국 판례의 소개는 여태식·서완
   석, "로마협약 제3조 및 제4조를 둘러싼 최근 유럽에서의 논의와 그 시사점에 관한 연구", 상
   사법연구 제26권 제1호(2007), 363면 이하 참조. 객관적 준거법에 관한 로마협약과 로마 I의
   차이는 강추나, "국제계약의 객관적 준거법의 결정 — 契約上 債務의 準據法에 관한 유럽共同
   體 規程을 중심으로 — ", 서울대학교 대학원 법학석사학위논문(2013. 8.) 참조. 제4조 제5항
   의 적용상의 차이는 Ulrich Magnus, Article 4 Rome I Regulation: The Applicable Law in
   the Absence of Choice, Franco Ferrari/Stefan Leible (Eds.), Rome I Regulation: The Law
   Applicable to Contractual Oblitions in Europe (2009), p. 31, Fn. 16 참조. 계약 또는 관련
   부분과 최밀접관련국법을 결정함에 있어 거래의 이행지를 연결점으로 하는 것이 영국법의 주
   류적 견해라고 한다. Dicey, Morris & Collins on The Conflict of Laws, 15th ed (2012),
   para 32 – 073 참조.

약의 경우 특징적 이행을 해야 하는 당사자의 상거소 소재지법을 준거법으로 규정하되, 다만 모든 사정에 비추어 계약이 그러한 준거법 이외의 법과 명백히 더 밀접한 관련이 있는 것이 분명한 때에는 더 밀접한 법을 적용하도록 하는 예외규정을 두었다. 고정된 규칙을 정한 로마 I(제4조 제1항)이 열거하는 8개 계약과 그 준거법은 아래와 같다.[3]

계약유형	준거법
1. 물품의 매매계약	매도인의 상거소 소재지국법
2. 용역제공계약	용역제공자의 상거소 소재지국법
3. 부동산의 물권 또는 부동산의 임대차와 관련된 계약	부동산 소재지국법
4. 6개월 이하의 임시적 부동산 임대차계약	임차인이 자연인이고 임대인과 같은 국가에 상거소를 가지는 경우에는, 임대인의 상거소소재지국법
5. 프랜차이즈(가맹상 또는 가맹점 사업자)[4]계약	가맹상(franchisee)의 상거소 소재지국법
6. 판매점계약	판매상(distributor)의 상거소 소재지국법
7. 경매에 의한 물건의 매매계약	경매가 행해지는 국가의 법
8. 금융증권[5]의 이익에 대한 매매가 일어나거나 일어나도록 촉진하는 다자간 체계 내에서 체결된 계약	다자간 체계(또는 체제)를 규율하는 법
기타 계약	특징적 이행을 해야 하는 당사자의 상거소 소재지국법

---

3) 로마 I에 따른 객관적 준거법 결정의 상세는 김인호, 로마 I 규정, 553면 이하 참조. 프랜차이즈계약의 객관적 준거법 결정에 관하여 국제사법상 로마 I과 동일한 결론에 이른다고 단언하기는 어렵다. 김인호, 로마 I 규정, 559면 이하; 한승수, "국제프랜차이즈계약에서의 국내 가맹사업자 보호와 소송상 준거법", 서울대학교 법학 제58권 제3호(통권 제184호)(2017. 9.), 111면. 반면에 동일한 결론에 이른다는 견해는 이헌묵, "국제사법 제26조 제2항의 세 가지 유형의 계약의 준거법", 통상법률 제132조(2016. 12.), 20면; 김나래, "로마 I 규정에 의한 준거법 결정에 대한 제반 연구", 이화여자대학교 대학원 법학과 석사학위논문(2014), 78면. 로마협약하에서 독일에서는 가맹본부의 이행을 특징적 이행으로 보는 견해와 가맹점사업자의 이행을 특징적 이행으로 보는 견해가 나뉘었다. Reithmann/Martiny/Dutta, Rn. 6.1310 이하. 독일은 가맹계약 형태의 복잡성을 들어 단일한 규정을 두는 것을 반대했다고 한다.
4) 상법(제168조의6)은 '가맹상'이라는 용어를 사용하나, "가맹사업거래의 공정화에 관한 법률"

제46조의 해설에서 언급한 바와 같이 우리로서는 굳이 로마 I을 따라 국제사법을 개정할 필요는 없고, 엄격한 요건하에서만 추정이 깨지는 것으로 실무를 운영함으로써 해석론으로 해결하는 편이, 준거법 결정에 있어 법적 안정성과 유연성의 균형을 달성하는 점에서 바람직하다고 본다.

(나) 운송계약의 경우   로마협약(제4조 제4항)은 물품운송계약에는 특징적 이행에 기초한 추정규정을 적용하는 대신 적하지, 양하지 또는 송하인의 주된 사무소가 운송인이 계약체결 시점에 주된 영업소를 가지는 국가에 있는 때에는 그 국가와 가장 밀접한 관련을 가지는 것으로 추정하였다. 그러나 로마 I은 추정 대신 고정된 규칙을 도입하였다. 즉 제5조는 운송계약이라는 제목하에 물품운송계약과 여객운송계약을 구분하여 다음과 같이 준거법을 규정한다.

물품운송계약의 준거법이 제3조에 따라 합의되지 아니하는 한, 수령지, 인도지 또는 송하인의 상거소가 운송인의 상거소지국에 있는 경우에는 그 국가의 법이 준거법이 된다. 이러한 요건이 충족되지 않으면 당사자들이 합의한 인도지가 소재하는 국가의 법이 적용된다. 한편 여객운송계약의 경우, 당사자들이 제2호에 열거된 법 중에서 선택하지 않는 한, 출발지 또는 목적지가 여객의 상거소지국에 있는 경우에는 그 국가의 법이 준거법이 된다. 이러한 요건이 충족되지 않으면 운송인의 상거소지국의 법이 적용된다. 당사자들이 선택할 수 있는 여객운송계약의 준거법은 여객 또는 운송인의 상거소지국, 운송인의 경영중심지국, 출발지국과 목적지국의 법에 한정된다. 어느 경우든 당사자가 준거법을 선택하지 않은 때에는, 사안의 모든 사정으로부터 보아 그 계약이, 제1항 또는 제2항에 표시된 국가 이외의 다른 국가와 명백히 더욱 밀접한 관련을 가지는 것이 확실한 경우 그 다른 국가의 법이 적용된다.

(2) 제3국의 최우선 강행규정의 취급의 변화

국제적 강행규정의 취급에 관하여 로마협약은 2가지로 구분하였다. 즉, 법정지의 강행규정은 로마협약에 따라 결정되는 준거법에 관계없이 적용되나(제7조 제

(제2조 제3호)은 '가맹점사업자'라는 용어를 사용한다. 상법은 그 상대방을 '가맹업자'라고 하나, "가맹사업거래의 공정화에 관한 법률"은 '가맹본부'라고 한다. 통일적인 용어를 사용하는 것이 바람직함은 물론이다.

5) 윤남순, "EU법상 금융투자상품계약의 준거법", 국제사법연구 제19권 제2호(2013. 12.), 251면 이하는 'financial instruments'를 '금융투자상품'이라고 번역한다.

2항), 사안과 밀접한 관련을 가지는 다른 국가(법정지가 아닌 제3국)의 강행규정에 대하여는 그 성질과 목적 및 그 적용 또는 부적용의 결과 발생하게 될 효과를 고려하여 법원이 효력을 부여할 수 있었다(제7조 제1항). 제1항에 대하여는 로마협약의 협상단계에서부터 일부 회원국들의 반대가 있었기에 타협안으로서 각 회원국에게 동조의 적용을 유보할 수 있도록 허용하였는바(제22조) 영국과 독일 등이 제7조 제1항의 적용을 유보하였다.

반면에 로마 I(제9조)은 국제적 강행규정 대신 '최우선 강행규정(overriding mandatory provisions)'[6]이라는 개념을 사용하면서, 이를 "그의 정치적, 사회적 또는 경제적 조직과 같은 국가의 공익을 보호하기 위하여 그를 존중하는 것이 결정적인 것으로 간주되는 결과, 로마 I상 달리 계약에 적용되는 준거법에 관계없이, 그의 범위에 속하는 모든 상황에 적용되는 규정"이라고 정의한다.[7] 나아가 로마 I(제9조 제3항)은 로마협약 제7조 제1항을 개정하여 첫째, 밀접한 관련이 있는 제3국의 범위를 의무이행지인 국가로 한정하고, 둘째, 국제적 강행규정의 범위도 제3국의 모든 간섭규범이 아니라 계약의 이행을 불법한(unlawful, unrechtmäßig, illégale) 것으로 만드는 간섭규범에 한정한다.[8]

이는 결과적으로 국제(금융)계약의 준거법으로 선호되는 영국법[9]의 입장을 반영한 것이다. 그렇지 않으면 영국 법원이 영국법을 적용함에 있어서 커다란 불확실성이 초래될 것이고 이는 바로 국제금융시장의 불확실성으로 연결될 것이라는 우려가 컸다. 이에 대하여는 '마치 국제사법의 석기시대로의 퇴보(Rückschritt

---

6) 이를 '우선강행규정'이라고 번역하기도 한다. 손경한, "계약적 채무의 준거법에 관한 한국 판례의 최근 동향", 국제사법연구 제22권 제22호(2016. 12.), 131면. 그러나 '우선강행규정' 또는 '우선적 강행규정'은 강행규정이 우선한다는 취지로 읽힐 가능성이 있다.

7) 위 정의는 유럽사법재판소가 1999. 11. 23. 선고한 형사사건인 Arblade 사건 판결의 정의를 따른 것인데, 이는 로마 II에서도 사용될 수 있다. 로마 II 전문 제7항 참조.

8) 제3항은 "계약으로부터 발생하는 의무가 이행되어야 하거나 또는 이행된 국가의 법의 최우선 강행규정에 대하여는, 그러한 강행규정이 계약의 이행을 불법한 것으로 만드는 한에서는 효력을 부여할 수 있다. 그러한 규정에 효력을 부여할지를 결정함에 있어서는 그 성질과 목적 및 그의 적용 또는 부적용의 결과를 고려하여야 한다"라고 규정한다. 로마 I에 따른 국제적 강행규정은 석광현, "국제적 불법거래로부터 문화재를 보호하기 위한 우리 국제사법(國際私法)과 문화재보호법의 역할 및 개선방안", 서울대학교 법학 제56권 제3호(2015. 9.), 139면 이하; 김민경, 국제계약과 국제적 강행규정(2022) 참조.

9) 영국 법원의 Ralli Bros. v Compania Naviera Sota y Aznar (1920) 참조. 이를 기초로 영국 변호사들은 그 취지를 담은 내용을 법률의견서에 담고 있었다. 문언은 석광현, 정년기념, 441면 참조.

gleichsam in die Steinzeit des IPR)'라는 신랄한 비판[10]도 있으나 호의적인 평가[11]도 있다.

반면에 로마 I도 법정지의 최우선 강행규정에 대하여는 로마협약 제7조 제2항과 같은 취지의 규정을 두고 있다(제9조 제2항).

(3) 상계의 준거법의 명시

로마협약은 규정을 두지 않았으나 로마 I(제17조)은 상계는 수동채권의 준거법에 의한다는 점을 명시한다. 이 점은 뒤(13)에서 논의한다.

---

10) Peter Mankowski, Die Rom I—Verordnung—Änderungen im europäischen IPR für Schuldverträge, Internationales Handelsrecht (2008), S. 148.

11) Ole Lando/Peter Arnt Nielsen, The Rome I Regulation, Common Market Law Review, Volume 45 (2008), p.1721f.

7. 사무관리에 관한 조항의 개정

섭외사법	국제사법
제13조(법정채권의 성립 및 효력) ① 事務管理, 不當利得, 또는 不法行爲로 인하여 생긴 채권의 성립 및 효력은 그 원인된 사실이 발생한 곳의 법에 의한다.	제50조(사무관리) ① 사무관리는 그 관리가 행하여진 곳의 법에 따른다. 다만, 사무관리가 당사자 간의 법률관계에 근거하여 행하여진 경우에는 그 법률관계의 준거법에 따른다. ② 다른 사람의 채무를 변제함으로써 발생하는 청구권은 그 채무의 준거법에 따른다.

[입법례]
- 로마Ⅱ 제11조, 제14조 이하
- 독일 민법시행법 제39조[사무관리]
- 일본 법적용통칙법 제14조[사무관리 및 부당이득], 제15조[명확히 보다 밀접한 관계가 있는 곳이 있는 경우의 예외], 제16조[당사자에 의한 준거법의 변경]
- 중국 섭외민사관계법률적용법 제47조

가. 개요

섭외사법은 법정채권이라는 표제하에 사무관리, 부당이득 및 불법행위를 하나의 조문에 통합하여 규율하였으나, 구 국제사법은 삼자를 분리하여 별개의 조문으로 규정하였다. 제30조에서는 사무관리(*negotiorum gestio*)에 관하여 사무관리지법원칙을 유지하되(제1항 본문), 종속적 연결을 명문화하였다(제1항 단서 및 제2항). 국제사법도 이런 체제를 유지한다.

나. 주요내용

(1) 사무관리지법원칙의 유지(제1항 본문)

섭외사법은 사무관리, 부당이득 및 불법행위를 함께 표현하기 위하여 "원인된 사실이 발생한 곳"이라고 하였으나, 국제사법은 구 국제사법(제30조)과 마찬가지로 사무관리만을 지칭하기 위하여 "그 관리가 행하여진 곳"이라는 표현을 사용한다. 사무관리로서의 성질을 가지는 해양사고구조에 관하여는 섭외사법(제47조) 및 구 국제사법(제62조)과 같이 제96조에서 별도의 규정을 둔다.

(2) 종속적 연결의 도입(제1항 단서 및 제2항)

국제사법은 구 국제사법(제30조)과 같이 섭외사법의 원인사실발생지법원칙 내지는 사무관리지법원칙을 유지하면서도, 예외적으로 당사자 사이에 존재하는 법률관계에 기하여 사무관리가 행해진 경우 그 법률관계의 준거법을 사무관리의 준거법으로 한다(제50조 제1항 단서). 이는 종속적 연결을 수용한 것인데, 종속적 연결은 저촉법상 신뢰의 원칙의 표현이다. 이는 당사자 간의 기존 법률관계에 기하여 당사자들이 가지고 있는 정당한 기대를 존중하는 것을 그 이론적 기초로 한다. 또한 종속적 연결에 의하여 성질결정의 어려움을 피하고, 청구권경합에 따른 어려운 문제를 완화하며, 당사자의 신뢰를 바탕으로 하나의 법질서에로의 연결을 도모함으로써 내적·외적 판단을 일치시키고 일관성 있는 법적 판단을 가능하게 한다는 점에서 저촉법적 정의를 도모한다.[1] 당사자 사이에 계약관계가 있으나 일방 당사자가 그 범위를 넘어서 의무 없이 관리를 한 경우가 그러한 예이다.

　타인의 채무의 변제라는 사무관리로 인하여 발생하는 청구권(즉 구상청구권)에 대해서는 그 채무의 준거법에 의한다(제50조 제2항). 이는 독일 민법시행법(제39조 제2항)을 참조한 것이다. 타인의 채무의 변제로 인하여 사무관리가 성립하기 위해서는 논리적으로 타인의 채무가 변제로 인하여 소멸할 것이 전제되는데, 이는 그 채무의 준거법에 따라 판단될 사항이라는 점에서, 사무관리로 인한 청구권과 그 채무와의 사이에 밀접한 관련이 있기 때문이다. 즉 채무의 준거법에 대한 종속적 연결을 인정한 것이다. 만일 이 경우 섭외사법에서처럼 사무관리지법원칙을 따른다면 지급이 행해진 곳의 법이 준거법이 될 것이나 이는 매우 우연적이고, 관리자에 의해 일방적으로 결정된다는 점에서 연결점으로서 적절하지 않다.

(3) 공통의 속인법의 적용

　제50조는 불법행위에 관한 제52조와는 달리 공통의 속인법을 준거법으로 지정하지 않는다. 그렇더라도 제50조와 예외조항(제21조 제1항)의 결합에 의해 동일한 결론을 도출할 수 있을 것이다. 사무관리가 발생한 후 당사자들은 법정지법인 한국법을 준거법으로 합의할 수 있다(제53조).

---

1) 법무부, 해설, 111면 註 62; 유영일, "국제불법행위 등 법정채권의 준거법에 관한 소고", 법조 통권 536호(2001. 5.), 134면. 종속적 연결에 관한 간단한 소개는 위 유영일, 132면 이하 참조. 이호정, 290-291면은 섭외사법하에서 그런 견해를 취하였다.

8. 부당이득에 관한 조항의 개정

섭외사법	국제사법
제13조(법정채권의 성립 및 효력) ① 事務管理, 不當利得, 또는 不法行爲로 인하여 생긴 채권의 성립 및 효력은 그 원인된 사실이 발생한 곳의 법에 의한다.	제51조(부당이득) 부당이득은 그 이득이 발생한 곳의 법에 따른다. 다만, 부당이득이 당사자 간의 법률관계에 근거한 이행으로부터 발생한 경우에는 그 법률관계의 준거법에 따른다.

[입법례]
- 로마Ⅱ 제10조, 제14조 이하[1]
- 독일 민법시행법 제38조[부당이득]
- 스위스 국제사법 제128조[부당이득의 준거법]
- 일본 법적용통칙법 제14조[사무관리 및 부당이득], 제15조[명확히 보다 밀접한 관계가 있는 곳이 있는 경우의 예외], 제16조[당사자에 의한 준거법의 변경]
- 중국 섭외민사관계법률적용법 제47조

가. 개요

섭외사법은 법정채권이라는 표제하에 사무관리, 부당이득 및 불법행위를 하나의 조문에 통합하여 규율하였으나, 구 국제사법은 삼자를 분리하여 별개의 조문으로 규정하였다. 구 국제사법은 부당이득지법주의를 유지하되(본문), 이른바 급부(급여)부당이득의 경우 종속적 연결을 수용하였다(단서). 국제사법도 이런 태도를 유지한다.

나. 주요내용

(1) 부당이득지법주의의 유지(본문)

국제사법은 구 국제사법(제51조)과 마찬가지로 섭외사법의 '원인사실발생지법 원칙'을 유지한다. 다만 섭외사법은 사무관리, 부당이득 및 불법행위를 함께 표현하고자 "원인된 사실이 발생한 곳"이라고 하였으나, 구 국제사법에서는 부당이득만을 지칭하기 위하여 "그 이득이 발생한 곳"이라는 표현을 사용하였다.[2] 이득지와 손실발생지가 상이한 경우 한국에서는 이득지법이 준거법이 된다는 견해[3]가

---

1) 이에 관하여는 오석웅, "계약외채무의 준거법에 관한 유럽연합 규정(로마Ⅱ)에 있어서 부당이득의 준거법", 국제사법연구 제22권 제2호(2016. 12.), 73면 이하 참조.
2) 그러나 원인사실발생지와 이득지가 동일한 것은 아니라는 견해도 가능하다.
3) 대법원 2008. 4. 24. 선고 2005다75071 판결; 대법원 2011. 5. 26. 선고 2009다15596 판결; 김

유력하나, 외국에서는 (침해부당이득의 경우) 격지불법행위에서처럼 침해지법과 이득지법이 모두 준거법이 될 수 있다는 견해[4]도 있다.

　　부당이득의 성질을 가지는 공동해손에 관하여는 섭외사법(제44조 제7호, 제8호)과 마찬가지로 제94조 제5호에서 별도의 규정을 두었다. 주의할 것은 부당이득의 준거법에 관하여는 준거법의 사후적 합의(제53조)가 가장 우선하고, 그 다음이 종속적 연결(제51조 단서), 그 다음이 공통의 속인법이고(명문 규정은 없으나 뒤의 (3) 참조), 이러한 특칙이 적용되지 않는 경우에 비로소 이득지원칙(제51조 본문)이 적용된다는 점이다.

(2) 종속적 연결의 도입(단서)

　　국제사법은 예외적으로 부당이득이 당사자 간의 법률관계에 기하여 행하여진 이행으로부터 발생한 경우 그 법률관계의 준거법을 부당이득의 준거법으로 지정한다. 예컨대 당사자가 계약에 기한 의무를 초과하여 이행한 경우 계약의 준거법이 부당이득의 준거법이 된다는 것으로, 이는 종속적 연결을 수용한 것이다. 문면상으로는 제51조 단서는 "부당이득이 당사자 간의 법률관계에 근거한 이행으로부터 발생한 경우에는"이라고 하여 마치 유효한 법률관계, 예컨대 유효한 계약이 존재해야 하는 것처럼 보이나, 이는 급부부당이득의 경우 종속적 연결을 수용한 것으로, 계약에 기하여 이행이 행해졌으나 계약이 무효이거나 취소 또는 해제되는 경우에도 적용된다. 즉 이 경우 부당이득은 바로 이행의 근거가 된 계약 자체의 준거법에 따른다.

운호, "UDRP에 의한 조정결정에 따른 도메인 강제이전과 부당이득의 성립 여부", 대법원 판례해설 제75호(2008년 상권), 430면; 강영수, "UDRP의 拘束力과 도메인이름 關聯 國際紛爭의 準據法", 민사판례연구 제32집(2010), 685면도 동지. 이런 태도는 로마Ⅱ(제10조 제3항)도 같다. 부당이득에 관한 로마Ⅱ의 소개는 오석웅, "계약외채무의 준거법에 관한 유럽연합 규정(로마Ⅱ)에 있어서 부당이득의 준거법", 국제사법연구 제22권 제2호(2016. 12.), 73면 이하 참조. 섭외사법 하에서 서울고등법원 1976. 9. 10. 선고 73나1888 판결도 다음과 같이 판시함으로써 같은 결론을 취하였다.
"미국 노동성이 위 피고들에게 지급한 금원이 부당이득이 되는가의 여부는 섭외사법 제13조 1항에 의하여 그 원인된 사실이 발생한 곳의 법률이 그 준거법이 된다고 할 것이고, 그 원인된 사실이 발생한 곳이라 함은 이들의 직접 원인이 된 그 재화의 이전이 현실로 행하여진 것을 기준으로 해야 될 것 …." 국제사법하에서 서울고등법원 2016. 9. 22. 선고 2016나 2013565 판결(확정)은 외국법인이 원고가 한국 법인인 피고의 한국 내 소재 계좌로 송금한 금원을 반환을 구하는 소에서 이득 발생지는 한국이라고 판단하였다.
4) 예컨대 von Hoffmann/Thorn, §11 Rn. 5.

이와 같이 계약이 무효, 취소되거나 해제된 경우 부당이득의 문제가 발생하는데, 만일 계약과 부당이득의 준거법이 상이하고 양자가 상호 저촉되는 결론을 요구한다면[5] 매우 까다로운 적응(조정)의 문제가 발생한다. 그러나 종속적 연결에 의하여 이를 피할 수 있다. 종속적 연결의 근거는, 급부부당이득의 기능이 무산된 채권관계를 청산하는 데 있으므로 그 채권관계와 밀접한 관련이 있는 법이 준거법이 되어야 한다는 것이다. 나아가 부당이득반환청구권을 무산된 채권관계를 청산하는 다른 구제수단(즉 해제 또는 손해배상청구권)과 동일한 준거법에 의하도록 함으로써 상이한 법질서의 적용으로 인한 모순·저촉을 회피하는 것이 합목적적이라는 것이다.[6] 만일 이 경우 부당이득지법에 의한다면, 부당이득지는 매우 우연한 사정에 의해 결정되거나, 그렇지 않더라도 당사자 간의 관계와 아무런 관련이 없을 수 있기 때문에 부적절하다는 것이다.[7]

참고로 독일 민법시행법(제38조)은 부당이득을 기능적 차이에 따라 급부부당이득, 침해부당이득과 기타의 부당이득으로 나누어(유형론[8]) 급부부당이득반환청구권(Leistungskonkdiktion)은 급부와 관련된 법률관계에 적용되는 법에 의하고, 침해부당이득반환청구권(Eingriffskondiktion)은 침해발생지법에 의하며,[9] 그 밖의 부당이득반환청구권[10]은 부당이득발생지법에 의한다고 규정한다.[11] 그러나 실질법

---

5) 구 섭외사법하에서는 계약의 무효 여부는 계약의 준거법에 의하는 데 반하여, 계약이 무효가 됨으로써 이미 제공한 급부를 부당이득으로 반환해야 하는지는 부당이득의 성립의 문제로서 섭외사법 제13조에 의하여 결정되는 부당이득의 준거법에 의하는 것으로 해석되었다. 이처럼 부당이득의 원인관계와 부당이득 자체의 문제를 구별하는 섭외사법의 태도에 대하여는 입법 론적 비판이 있었다. 이호정, 293면.

6) Kropholler, S. 517. 법무부, 해설, 114면도 유사한 설명을 한다. 안춘수, "국제부당이득법 小考", 비교사법 제19권 제1호(통권 제56호)(2012. 2.), 129면 이하도 참조.

7) 유영일, "국제불법행위 등 법정채권의 준거법에 관한 소고", 법조 통권 536호(2001. 5.), 140면 참조.

8) 유형론(설)과 통일설에 관하여는 김형배, 사무관리·부당이득(2003), 69면 이하 참조.

9) 독일에서는 침해부당이득은 많은 경우 불법행위를 구성하므로 침해지법을 침해부당이득의 준거법으로 함으로써 부당이득과 불법행위의 준거법을 일치시킬 수 있다는 장점이 있다고 설명한다. Kropholler, S. 517.

10) 부당이득의 유형은 논자에 따라 다소 차이가 있으나, 급부부당이득과 비급부부당이득으로 양분하고 후자를 침해부당이득, 비용지출부당이득과 구상부당이득으로 구분하는 견해가 유력하다. 김형배(註 8), 67면 이하. 윤진수, "부당이득법의 경제적 분석", 서울대학교 법학 제55권 제3호(2014. 9.), 111면 이하도 참조. 이는 '급여부당이득'이라는 용어를 사용한다.

11) 이는 독일 민법시행법의 개정 전에도 학설상 인정되었다. 예컨대 MünchKomm/Kreuzer, Band 10: EGBGB, 3. Auflage (1998), Ⅰ Vor Art. 38 Rn. 1ff. 참조. 독일에서는 로마Ⅱ가

인 우리 민법이 부당이득의 발생원인 내지 유형을 단일화함으로써 통일적 원칙하에 파악하고 있음(이른바 통일설)을 고려하여,[12] 국제사법에서는 부당이득을 유형화하여 각각 연결원칙을 규정하는 대신 부당이득 전반에 관하여 일원적인 연결원칙을 규정하고, 다만 가장 밀접한 관련을 가진 준거법을 지정한다는 취지에서 급부와 관련된 경우에만 종속적 연결을 인정하였고(단서),[13] 그 경우에도 급부부당이득이라는 표현은 사용하지 않았다. 따라서 우리 법의 해석으로는 침해부당이득의 경우에도 부당이득지법이 준거법이 되어야 할 것이다. 다만 사안에 따라서는 침해지법이 가장 밀접한 관련이 있는 법으로서 국제사법 제21조에 의하여 준거법이 될 수 있다.[14]

흥미로운 것은 도메인이름에 관한 대법원 2011. 5. 26. 선고 2009다15596 판결이다. 위 사건에서는 한국에 주소를 둔 원고(한국인)가 인터넷 도메인이름 "hpweb.com"을 등록하여 사용하던 중 피고(미국 회사)가 미국에 등록된 자신의 상표권이 침해되었다는 이유로 국제인터넷주소관리기구(ICANN)의 '통일 도메인이름 분쟁해결정책(UDRP)'에 따라 분쟁해결기관인 미국의 국가중재위원회에 분쟁조정신청을 하고 그 결정에 따라 미국 버지니아주에 소재하는 도메인이름의 등록기관이 피고에게 이전등록을 하였는데, 이것이 부당이득[15]이 성립하는지가 다투어졌다.

대법원판결은 위 이전등록에 의해 피고가 도메인 이름에 관한 권리를 보유하게 됨으로써 그 이득이 발생한 곳은 피고의 본사 소재지인 미국 캘리포니아주이

2009. 1. 11. 시행되었음에도 불구하고 제38조 내지 제42조는 여전히 존속한다. 이는 로마 II가 프라이버시와 인격권 침해 및 원자력손해 등에는 적용되지 않는 점을 고려하여(제1조 제2항 g호와 f호) 그 경우 민법시행법의 연결규칙이 적용되도록 하기 위한 것이라고 한다. 그러나 로마 II가 규율하는 사항에 관한 한 그것이 우선한다.

12) 학설로서는 우리나라에서도 부당이득유형론 내지는 비통일설이 점차 유력하게 주장되고 있다. 민법상의 부당이득의 유형론에 관하여는 우선 김형배(註 8), 66면 이하 참조.

13) 오스트리아 국제사법 제46조도 같은 입장을 취하고 있다. 유영일, "국제불법행위 등 법정채권의 준거법에 관한 소고", 법조 통권 536호(2001. 5.), 139면; 법무부, 해설, 113 – 114면은 독일은 급부부당이득뿐만 아니라 침해부당이득의 경우에도 종속적 연결을 명문화하고 있다고 하는데, 그렇게 이해할 여지가 있으나 후자의 경우를 굳이 종속적 연결로 볼 이유는 없다.

14) 이헌묵, "도메인이전에 따른 부당이득반환청구사건에서의 준거법", 법률신문 제4003호(2012. 1. 30.), 12면은 이 점을 지적한다. 상세는 이헌묵, "도메인이름 이전동록에 따른 부당이득의 준거법과 국제사법 제31조의 개정의 필요성", 국제거래법연구 제21집 제2호(2012), 121면 이하 참조.

15) 이는 침해부당이득의 유형에 해당된다.

므로, 원고의 부당이득반환채권의 성립 및 효력에 관하여 캘리포니아주의 법이 준거법이 된다고 판시하였다. 이는 이득지와 손실지가 다른 경우 이득지법이 준거법이 된다는 취지로 보인다.[16) 다만 이득지를 결정함에 있어서 이득자의 재산의 중심에 착안할 것이 아니라, 문제 된 개별재산이 이전된 곳에 착안해야 한다는 견해가 유럽에서는 유력한 데 반하여[17) 위 대법원판결은 재산의 중심에 착안한 것으로 보이기도 한다.[18) 당해 재산, 즉 도메인이름에 착안한다면 등록기관 소재지인 버지니아주법이 준거법이 되어야 할 것이기 때문이다.

이득지의 결정에 관한 하급심판결이 있다. 서울북부지방법원 2012. 2. 22. 선고 2009가합7285 판결은 아래와 같이 판시함으로써 금원을 수령한 곳을 이득지라고 보았다. "캘리포니아주법상 부당이득(Unjust Enrichment)은 타인의 손실로 인해 적절한 법적인 근거가 없는 부당한 이익을 얻는 경우에 성립하는바, 피고는 원고로부터 아무런 계약관계 없이 8차분 대금 명목으로 미화 290,400달러를 지급받음으로써 부당한 이익을 얻고 원고에게 손실을 가하였으므로 이를 부당이득으로 반환하여야 한다."

가집행선고부 제1심판결에 기하여 금원을 지급하였다가 상소심판결의 선고

---

16) 손실지 또는 손실을 초래한 행위지가 아니라 이득이 들어온 장소(즉 이득지)라는 견해는 로마 II에 따른 이득지의 결정의 맥락에서 Rauscher, Rn. 1499 참조. 신창선·윤남순, 317면은 이득의 직접적 원인이 된 재화의 이전이 현실로 이루어진 곳이라고 한다.

17) Peter Huber/Ivo Bach, Rome II Regulation (2011), Art. 10 No. 27. 유럽사법재판소의 2004. 6. 10. Kronhofer 사건 판결(C‑168/02)도 같은 취지로 보인다. 소개는 이종혁, 국제자본시장법시론－국제적 증권공모발행에서 투자설명서책임의 준거법－(2021), 135면 이하 참조.

18) 이헌묵, "도메인이름 이전등록에 따른 부당이득의 준거법과 국제사법 제31조의 개정의 필요성", 국제거래법연구 제21집 제2호(2012. 12.), 123면; 천창민, "2001년 전부개정「국제사법」에 따른 법정채권 분야 20년 판례 회고", 국제사법연구 제27권 제2호(2021. 12.), 366면은 대법원이 그 근거를 밝히지 않은 데에 대하여 유감을 표시한다. 흥미로운 것은 신창선·윤남순, 315면의 평가인데, 이는 위 대법원 판결이 위 사안을 침해부당이득으로 보고 원고에게 이 사건 도메인이름의 사용금지를 구할 실체법적 권리가 있는지 여부를 불법행위에 기하여 판단한 것이라고 본다. 그러면서 로마 II(제10조)에서 침해부당이득의 경우 부당이득의 준거법을 불법행위의 준거법에 종속적으로 연결하는 점을 소개한다. 그러나 저자는 위 판결의 태도를 그렇게 이해하지 않는다. 대법원 판결이 원고에게 이 사건 도메인이름의 사용금지를 구할 실체법적 권리가 있는지 여부는 부당이득의 준거법이 아니라 별도의 준거법에 따라 판단하여야 한다고 한 것은 사실이나 그것이 불법행위의 준거법에 따라 판단할 사항이라고 판시하지는 않았다. 솔직히 필자로서는 대법원 판시의 근거를 이해할 수 없다. 또한 대법원이 종속적 연결을 한 것도 아니다. 우리 국제사법의 해석상으로는 침해부당이득의 경우 불법행위지법에 종속적으로 연결할 근거는 없다.

에 의해 그 가집행선고가 실효됨에 따라 금원의 수령자가 부담하게 되는 원상회복의무의 준거법이 다투어진 사건에서, 대법원 2015. 2. 26. 선고 2012다79866 판결은 원상회복의무는 성질상 부당이득의 반환채무이지만(대법원 2005. 1. 14. 선고 2001다81320 판결 참조), 이러한 원상회복의무는 가집행선고의 실효가 기왕에 소급하는 것이 아니기 때문에 본래부터 가집행이 없었던 것과 같은 원상으로 회복시키려는 공평의 관념에서 민사소송법이 인정한 법정채무이므로, 국제사법 제31조 단서에 정한 '부당이득이 당사자 간의 법률관계(당해 사건에서는 준거법이 영국법인 독립적 보증)에 기하여 행하여진 이행으로부터 발생한 경우'에 해당한다고 볼 수 없다고 (즉 종속적 연결의 대상이 아니라고) 판시하였다. 이에 대하여 법원이 종속적 연결을 했어야 한다는 비판이 있다.[19] 그러나 이런 비판과 달리 저자는 가지급으로 인해 변제의 효과가 발생하지 않는 데서 보듯이 가집행선고의 실효에 따른 반환을 절차의 문제로 성질결정하고(정확히는 실체 및 절차와 관련되는 사항이나 사법정책적 고려를 중시하여 절차에 준하여 법정지법인 한국법을 적용한다) 대법원도 동일한 견해를 취하였다고 이해하므로 대법원이 종속적 연결을 배척한 것은 타당하다고 본다.[20]

(3) 공통의 속인법의 적용

제51조는 사무관리의 경우와 마찬가지로, 불법행위에 관한 제52조와는 달리 공통의 속인법을 준거법으로 하는 규정을 두지 않는다. 그러나 그러한 규정이 없더라도 제51조와 준거법지정의 예외조항(제21조 제1항)의 결합에 의해 동일한 결론을 도출할 수 있다.

부당이득이 발생한 후 당사자들은 법정지법인 한국법을 준거법으로 합의할 수 있다(제53조).

---

19) 이헌묵, "외국법이 적용되는 소송에서 가지급물반환의무의 준거법과 관련한 몇 가지 문제점 —대법원 2015. 2. 26. 선고 2012다79866 판결을 중심으로—", 국제사법연구 제22권 제1호 (2016. 6.), 111면 이하. 이헌묵 교수는 가집행선고의 실효로 인한 가지급물 반환의무를 실체로 성질결정하면서 대법원판결도 그런 태도를 취하였다고 이해한다.

20) 상세는 석광현, "가집행선고의 실효로 인한 가지급물 반환의무의 준거법", 국제사법연구 제22권 제1호(2016. 6.), 507면 이하; 석광현, 제6권, 223면 이하 참조.

9. 불법행위에 관한 조항의 개정

섭외사법	국제사법
제13조(법정채권의 성립 및 효력) ① 事務管理, 不當利得, 또는 不法行爲로 인하여 생긴 채권의 성립 및 효력은 그 원인된 사실이 발생한 곳의 법에 의한다. ② 전항의 규정은 외국에서 발생한 사실이 대한민국의 법률에 의하면 不法行爲가 되지 아니하는 때에는 이를 적용하지 아니한다. ③ 외국에서 발생한 사실이 대한민국의 법률에 의하여 不法行爲가 되는 경우일지라도 피해자는 대한민국의 법률이 인정한 손해배상 기타의 처분 이외에 이를 청구하지 못한다.	제52조(불법행위) ① 불법행위는 그 행위를 하거나 그 결과가 발생하는 곳의 법에 따른다. ② 불법행위를 한 당시 동일한 국가 안에 가해자와 피해자의 일상거소가 있는 경우에는 제1항에도 불구하고 그 국가의 법에 따른다. ③ 가해자와 피해자 간에 존재하는 법률관계가 불법행위에 의하여 침해되는 경우에는 제1항 및 제2항에도 불구하고 그 법률관계의 준거법에 따른다. ④ 제1항부터 제3항까지의 규정에 따라 외국법이 적용되는 경우에 불법행위로 인한 손해배상청구권은 그 성질이 명백히 피해자의 적절한 배상을 위한 것이 아니거나 또는 그 범위가 본질적으로 피해자의 적절한 배상을 위하여 필요한 정도를 넘을 때에는 인정하지 아니한다.

[입법례]
- 로마Ⅱ 제4조부터 제7조, 제14조 이하
- 독일 민법시행법 제40조[불법행위]
- 스위스 국제사법 제133조[법의 선택의 결여의 경우]
- 일본 법적용통칙법 제17조[불법행위], 제20조[명확히 보다 밀접한 관계가 있는 곳이 있는 경우의 예외], 제21조[당사자에 의한 준거법의 변경], 제22조[불법행위에 대한 공서에 의한 제한]
- 중국 섭외민사관계법률적용법 제44조

가. 개요

섭외사법은 법정채권이라는 표제하에 사무관리, 부당이득 및 불법행위를 하나의 조문에 통합하여 규율하였으나, 구 국제사법은 삼자를 분리하여 별개의 조문으로 규정하였다. 구 국제사법은 섭외사법이 취했던 절충주의를 버리고 '불법행위지법주의(*lex loci delicti* [*comissi*])' 내지는 '행위지원칙(Tatortprinzip)'으로 일원화하되(제1항), 공통의 속인법(제2항), 종속적 연결(제3항)[1] 및 준거법의 사후적 합의

---

* 국제불법행위법에서 인용하는 아래 주요 문헌은 [ ] 안의 인용약어를 사용한다.
   김인호, "일반 불법행위 및 제조물책임과 환경손해의 특수 불법행위에 관한 국제사법 규정의 입법적 검토", 법제연구 제43호(2012. 12.)[김인호, 입법적 검토]; 김인호, "從屬的 連結에 의한 不法行爲의 準據法", 인권과 정의 통권 제392호(2009. 4.)[김인호, 종속적 연결]; 석광현,

(제53조)를 도입함으로써 불법행위지법주의를 완화하였다. 또한 불법행위에 의한 손해배상책임을 제한하는 조항을 완화하고 취지를 명확히 하였다(제4항).[2][3] 국제사법은 이런 태도를 유지하는데, 다만 2022년 국제재판관할규칙을 신설하는 것을 계기로 격지불법행위의 준거법 지정에 관한 규정을 도입하였다.

"계약외채무의 준거법에 관한 유럽연합 규정(로마Ⅱ)", 서울대학교 법학 제52권 제3호(통권 제160호)(2011. 9.)[석광현, 로마Ⅱ]; 유영일, "국제불법행위 등 법정채권의 준거법에 관한 소고", 법조 통권 536호(2001. 5.)[유영일]; 이종혁, 국제자본시장시론: 국제적 증권공모발행에서 투자설명서책임의 준거법(2021)[이종혁, 자본시장법]; 이종혁, "주월한국군 피해자 베트남인의 국가배상소송과 저촉법: 체계제법(體系際法), 시제법, 국제사법", 국제사법연구 제29권 제1호(2023. 6.)[이종혁, 국가배상 저촉법]; 최종길, "불법행위의 준거법", 저스티스 제10권 제1호(1972. 12.)[최종길].

1) 최종길, 91면과 임치용, 국제화 시대의 섭외사법 개정방향, 법무자료 제226집(1999), 175면 이하는 '부수적 연결'을, 최공웅, 525면은 '부속적 연결'이라 한다. 일본에서는 주로 '부종적 연결'이라고 하는 것으로 보인다.

2) 섭외사법하에서의 개정방향에 관한 논의는 석광현, "섭외불법행위의 준거법결정에 관한 소고 －공통의 속인법에 관한 대법원판결을 계기로 본 섭외사법의 적용범위와 관련하여－", 법조 통권 456호(1994. 9.), 37면 이하 참조. 그에 앞선 입법론은 최종길, 81면 이하 참조. 국제사법의 연결원칙의 단계는 최종길, 92면의 제안과 같고 다만 공통의 속인법 적용 시 연결점이 일상거소인지 주소인지와, 당사자자치를 사후적으로 법정지법에 제한하는 점이 다르다.

3) 미국의 경우 1934년 제1차 국제사법 Restatement(제377조)는 이른바 기득권이론에 기하여 원칙적으로 모든 불법행위에 대하여 행위지원칙을 채택하였다. 그러나 교통수단의 발달과 광범위한 계층으로 하여금 그러한 수단의 보유를 가능케 한 경제발전 및 불법행위 유형의 다양화는 행위지원칙의 한계를 노정하였다. 따라서, 1971년 제2차 국제사법 Restatement는 "불법행위의 쟁점에 관한 당사자들의 권리와 책임은 당해 쟁점에 관하여 사건 및 당사자들과 가장 중요한 관계(the most significant relationship)를 가지는 국가(주)의 법에 따라 결정된다"라고 하여(제145조) 준거법결정의 규칙(rules)을 규정하는 대신 기법(technology) 내지는 접근 방법(approach)을 규정하였다. 나아가 제2차 Restatement는 제146조－제155조에서 인신침해 등 개별불법행위에 대하여 특칙을 두고, 제156조－제174조에서는 불법행위의 주요 쟁점에 관한 상세한 규정을 두고 있다. 그 외에도 20세기 중반 특히 1960년대 이후 국제사법의 혁명이라는 방법론상의 변화를 초래한 다양한 접근방법은 불법행위법 분야에서 현저하였는데 그러한 방법론에 의하여 불법행위의 준거법을 결정하려는 다양한 시도가 학설과 판례에 의해 행해졌다. governmental interests analysis approach (Brainerd Currie), principles of preference approach (Cavers), functional approach (von Mehren/Trautman과 Weintraub)와 better law approach (Leflar), *lex fori* approach (Ehrenzweig) 등이 그 예이다. 미국 이론의 소개는 임치용, "미국 국제사법(저촉법)의 현황－준거법의 결정을 중심으로－", 국제사법연구 제3호(1998), 217면 이하 참조.

나. 주요내용

(1) 구 국제사법에 따른 불법행위지법주의의 일원화(제1항)

섭외사법은 '원인사실발생지법원칙', 즉 행위지(법)원칙을 취하는 한편(제13조 제1항), 법정지법을 누적적으로 적용함으로써(제13조 제2항, 제3항) 이른바 절충주의를 취하였다. 그러나 구 국제사법은 절충주의를 폐지하고 행위지원칙으로 일원화하였다.[4][5] 이것이 국제불법행위법에 관한 가장 중요한 개정의 착안점이었다. 행위지원칙의 근거는, 불법행위제도는 정의·공평의 관념하에 피해자의 손해전보의 도모와 사회보호를 목적으로 하는데, 피침해이익 및 사회보호와 밀접한 관계를 가지는 것은 행위지이고, 가해자와 피해자가 예측 내지 평가할 수 있는 것은

---

4) 절충주의는 double actionability(이중소구가능성 또는 이중제소가능성)를 요구하는 과거 영국의 이론과 유사한 입장이다. 영국의 경우 종전에는 1870년도 Phillips v Eyre 사건 판결(LR 6 QB 1)에 따라, 피해자가 영국에서 불법행위에 기한 손해배상청구소송에서 승소하기 위하여는 우선 당해 불법행위가 영국법상 소구할 수 있어야(actionable) 하고 또한 불법행위지법상 정당하지 않을(not justifiable) 것이 요구되었다. Phillips v Eyre 사건은 자메이카 총독이던 Edward John Eyre가 지역 반란을 무자비하게 진압한 행위가 폭행과 불법감금 등의 불법행위(사람에 대한 불법침해와 불법감금)라고 주장하면서 일부 자메이카인들이 제소한 사건이다. Eyre는 총독직 사임 직전 식민지 의회로 하여금 비상계엄 후 선의로 한 진압행위에 대해 면책을 정한 법률을 제정하게 하였으므로 위 행위는 자메이카법상 정당한 것이었고 영국에서는 소구할 수 없었다는 이유로 청구는 기각되었다. 반면에 스코틀랜드는 그보다 엄격한 double actionability를 요구하였다. 그러나 영국은 귀족원(House of Lords)의 1971년 Chaplin v Boys 사건 판결 이래 원칙적으로 이중소구가능성을 요구하되 예외적으로 유연한 처리(이 판결은 공통의 속인법(동시에 법정지법)인 영국법을 적용하였다)를 인정하고 있는 것으로 이해되었다. 과거 영국의 학설과 판례는 Cheshire/North, Private International Law 12th ed. (1992), pp. 528 – 549 참조. 특히 영국의 Morris는 불법행위지법주의에 대신하는 유연한 방법으로서 계약의 준거법결정에 관한 이른바 고유법(proper law) 이론을 불법행위에 적용할 것을 주장하였다. 그러던 중 '영법사상 최초의 국제불법행위법의 포괄적 입법으로 큰 의의를 가지는 것'이라고 평가되는 The Private International Law (Miscellaneous Provisions) Act 1995(1995년 국제사법 (잡칙) 법률)가 제정되었는데 동 법률은 이중소구가능성원칙을 원칙적으로 폐지하고(제10조) 불법행위지법주의를 일반규칙으로서 명시하면서(제11조) Boys v Chaplin 사건 판결에서와 같은 불법행위지법주의에 대한 예외를 규정하고(제12조), 다만 명예훼손과 외국법상 그와 유사한 사건은 적용범위에서 제외한다(제9조 제3항, 제13조). 따라서 그런 예외의 경우 종전 규칙이 적용된다. 상세는 이호정, "불법행위에 관한 영국의 법선택규칙의 소묘", 서울대학교 법학 제41권 제1호(통권 제114호)(2000. 3.), 1면 이하 참조. 석광현, "최종길 교수님의 '불법행위의 준거법' 解題", 최종길 교수 50주기 추모논문집(2023), 175면 이하도 참조. 그러나 영국의 전통적 원칙은 대부분 로마Ⅱ에 의하여 대체되었고 로마Ⅱ가 규율하지 않는 명예훼손은 전통적 원칙에 따른다. Cheshire/North/Fawcett, p. 766.

5) 흥미로운 것은 2007년 1월 발효된 일본의 법적용통칙법(제22조)은 여전히 절충주의를 유지하고 있는 점이다.

불법행위지법이라거나,[6] 각자 행위지의 법질서에 합치하도록 그의 행위를 조종하는 것이 모든 사람의 이익, 즉 거래이익에 부합하기 때문이라고 설명한다.[7] 대법원 1979. 11. 13 선고 78다1343 판결은 행위지원칙의 근거를 "불법행위가 행하여진 사회적 조건을 고려하여 그곳에서의 법의식을 기준으로 판단하여 처리하는 것이 일반적으로 국내법을 적용해서 처리하는 것보다 형평의 견지에서 합리적이고 실제적이며 당사자의 기대에도 상응한다"라고 판시하였다.

섭외사법은 사무관리, 부당이득 및 불법행위를 함께 표현하고자 "원인된 사실이 발생한 곳"이라고 하였으나, 구 국제사법(제32조)에서는 불법행위만을 지칭하기 위하여 "그 행위가 행하여진 곳"이라고 하였고, 국제사법에서는 이런 태도를 유지하면서 다만 격지불법행위를 명확히 다루기 위하여 "그 행위를 하거나 그 결과가 발생하는 곳"이라는 표현을 사용한다. 이런 장소는 불법행위 시를 기준으로 결정된다.

다만 구 국제사법에 의하면(국제사법도 같다) 행위지원칙은 법정지법의 사후적 합의(제53조), 종속적 연결(제52조 제3항)과 공통의 속인법(제52조 제2항)이 적용되지 않는 경우에 적용된다. 주의할 것은, 준거법의 사후적 합의(제53조)가 가장 우선하고, 그 다음이 종속적 연결(제52조 제3항), 그 다음이 공통의 속인법(제52조 제2항)이고 이러한 특칙이 적용되지 않는 경우에 비로소 행위지원칙(제52조 제1항)이 적용된다는 점이다. 따라서 행위지원칙은 구 국제사법과 국제사법하에서는 사실상 보충적 원칙으로 격하되었다고 평가할 수 있으나, 구 국제사법과 국제사법도 행위지원칙을 고수하면서 이를 완화하고자 그에 우선하는 연결원칙을 도입하였다고 설명할 수도 있다.

불법행위의 성질을 가지는 선박충돌에 관하여는 국제사법은 섭외사법(제45조, 제46조) 및 구 국제사법(제61조)과 같이 별도의 조문(제95조)을 둔다.

(2) 구 국제사법상 격지불법행위[8]의 준거법

이 부분은 구 국제사법과 국제사법의 태도가 다르므로 우선 구 국제사법을 설명한 뒤 국제사법의 변화를 논의한다.

---

6) 신창선 · 윤남순, 318면.
7) 이호정, 294면. 이를 달리 표현하자면, 행위조종과 손해의 공평한 분담이라는 두 가지 기능으로 설명할 수 있다. 전자는 행동지법을, 후자는 결과발생지법을 정당화하는 근거가 된다.
8) 유영일, 124면은 이를 '원격지 불법행위'라고 부른다.

(가) 행동지와 결과발생지   구 국제사법(제32조 제1항)은 행위지원칙을 일원화하였으나 "그 원인된 사실이 발생한 곳의 법에 의한다"라는 표현을 "그 행위가 행하여진 곳의 법에 의한다"라고 정비하였을 뿐이고, 행동지와 결과발생지가 상이한 격지불법행위(Distanzdelikt)의 준거법 지정에 관한 별도의 규정을 두지 않았다. 따라서 격지불법행위의 준거법 결정은 판례와 학설에 의해 해결할 사항이었다.

행동지는 구성요건에 해당하는, 외부적 효력을 가지는 실행행위가 행해진 곳이고, 대체로 불법행위 시에 행위자가 있는 곳으로 그의 판단은 결과발생지와 비교하면 상대적으로 용이하다. 한편 결과발생지라 함은 불법행위규범에 의하여 보호되는 법익이 불법행위에 의하여 직접 침해된 장소(즉 법익침해 당시 당해 법익의 소재지)를 말하고,9) 궁극적인 손해가 발생한 장소인 손해발생지(Schadensort)와는 구별된다.10) 손해발생지는 원칙적으로 준거법을 정하는 데 있어서 의미를 가지지 아니한다. 여기의 결과발생지는 직접적인 법익침해지만을 말하는 것이지 그로부터 파생되는 이차적(또는 간접적) 결과발생지는 포함하지 않는다. 2007년 7월 유럽연합이 채택한 "계약외채무의 준거법에 관한 유럽의회 및 이사회규정"("로마Ⅱ규정" 또는 "로마Ⅱ")11) 제4조 제1항은 "… 불법행위로부터 발생하는 계약외채무의 준거법은, 손해를 초래하는 사건이 발생한 곳에 관계없이 그리고 그 사건의 간접적 결과가 발생한 국가에 관계없이 손해12)가 발생한 국가의 법이다"라고 규정함으로

---

9) Kropholler, S. 523.

10) 대법원판결은 이를 "손해의 결과발생지"라고 표현한다. 예컨대 대법원 1994. 1. 28. 선고 93다18167 판결, 대법원 2008. 4. 24. 선고 2005다75071 판결 참조. 그러나 엄밀하게는 결과발생지라 함은 위에서 설명한 것처럼 법익침해 당시 당해 법익의 소재지를 말하고, 손해가 발생한 장소인 손해발생지(Schadensort)와는 구별된다. 이호정, 303면. 그 후 대법원 2019. 4. 23. 선고 2015다60689 판결에 이르러 대법원은 "국제사법 제32조 제1항에서 말하는 불법행위가 행하여진 곳에는 손해의 결과발생지로서 법익침해 당시 법익의 소재지도 포함된다"라고 판시하였다. 평석은 이필복, "해상운송인의 손해배상책임에 관한 재판관할합의와 준거법", 해사판례 연구(6), 해양한국 제549호(2019. 6.), 86면 이하 참조(http://www.monthly maritimekorea.com/news/articleView.html?idxno=24176). 그러나 결과발생지를 불법행위의 보호법익에 따라 구분하는 견해도 있다. 즉 결과발생지는 신체나 물건 침해의 경우에는 침해지이나, 순수재산손해의 경우에는 손해지라는 것이다. 최흥섭, 316면 註 114.

11) No 864/2007.

12) 프랑스법계의 책임법에는 '법익침해'라는 개념이 사용되지 않기 때문에 덜 정확하나 손해발생지라는 개념을 사용한 것이라고 한다. 석광현, 로마Ⅱ, 258면 참조. 반면에 불법행위의 성립요건으로서 독일은 일정한 법익(생명, 신체, 건강, 자유 등)·권리(소유권 등) 침해와 보

써 이 점을 명시한다. 이차적 결과발생지는 우연적이고, 이를 포함할 경우 결과발생지가 부당하게 확장될 수 있기 때문이다.

흥미롭게도 준거법의 맥락에서 도메인이름에 관한 대법원 2008. 4. 24. 선고 2005다75071 판결(제2차 환송판결)은 불법행위로 인하여 경제적 손실을 입게 된 이차적(또는 간접적) 결과발생지를 결과발생지에 포함시킨 것으로 보이는데, 과연 그런 취지인지는 논란이 있다.[13]

그러나 다양한 사안에서 결과발생지의 결정은 어려울 수 있다.[14] 부작위에 의한 불법행위의 경우 결과발생지는 그를 보호하기 위하여 결과(또는 손해)회피의무가 존재하는 법익이 침해된 장소를 말한다.[15]

호법규위반을 요구하나(개별적 성립요건주의), 이와 달리 프랑스법계는 고의·과실에 의한 손해라는 일반조항을 두는데(일반적 성립요건주의), 그 경우 손해야기와 일반조항을 제한하는 표지도 성립요건에 속하고 그의 실현이 결과발생지를 결정하는 점을 고려하여 손해발생지를 연결점으로 채택하면서 이를 직접적 손해발생지에 한정한 것이라는 설명도 있다. Rauscher, Rn. 1379, Rn. 1389.

13) 김운호, "UDRP에 의한 조정결정에 따른 도메인 강제이전과 부당이득의 성립 여부", 대법원 판례해설 제75호(2008년 상권), 443−444면은 위 판결이 그런 취지는 아니고 직접적 법익침해지가 한국이라고 설명한다. 위 판결의 사안에서 피고가 분쟁해결기관의 조정결과에 따라 도메인이름의 이전등록을 해감으로써 원고는 도메인이름을 상실하였는데, <u>일반적으로 결과발생지는 법익의 소재지이므로 위 사건에서 문제 된 버지니아주의 등록기관을 통하여 등록된 도메인이름의 소재지는 버지니아주라고 볼 수 있었음에도 불구하고 위 판결은 도메인이름의 사용수익권의 상실이라는 법익침해가 한국에서 일어난다고 보았다.</u> 그 근거는 도메인이름 등록인의 주된 권리가 도메인이름의 등록·사용권이고, 위 사용권은 등록료를 납입하는 한 계속적 권리인데, 피고가 도메인이름을 가져감으로써 원고가 한국에서 도메인이름을 사용하지 못하게 되었다는 것, 즉 도메인이름의 사용이 원고의 주소지/주된 사무소 소재지인 한국을 중심으로 일어나기 때문이라는 것이다. 이처럼 준거법이 한국법임을 전제로 하면서, 위 판결은 피고가 분쟁해결기관의 조정결과에 따라 도메인이름을 이전받은 행위는 위법하지 않다는 이유로 불법행위의 성립을 부정하였다. 위 판결이 과연 이차적(또는 간접적) 결과발생지를 결과발생지에 포함시킨 것인지와 그것이 장래 다른 사건에서 결과발생지의 결정에 어떤 영향을 미칠지는 두고 볼 일이다. 앞서 제1차 환송판결인 대법원 2005. 1. 17. 선고 2002다 59788 판결은 국제재판관할에 관하여, 그리고 대법원 2011. 5. 26. 선고 2009다15596 판결은 부당이득의 준거법에 관하여 각각 의미 있는 판시를 하였다.

14) 예컨대 앞에서 언급한 도메인이름의 침해, 순수 재산적 손해를 발생시키는 불법행위(예컨대 자본시장 불법행위)(뒤에서 논의)와 명예훼손의 경우 결과발생지의 결정은 논란이 있다. 또한 사망사고와 같은 불법행위로 인한 가족의 정신적 고통의 경우 결과발생지가 행동지인지, 친족이 사망소식을 인지한 곳(Ort der Warnehmung)인지 아니면 친족의 일상거소지인지는 논란이 있다. 일실이익의 경우도 상속구성을 한다면 사고지가 결과발생지일 것이나 부양구성을 한다면 부양권을 상실한 가족의 일상거소지가 결과발생지라는 주장도 가능하다.

15) MüKoBGB/Junker, 8. Aufl. 2021, EGBGB Art. 40 Rn. 31.

과거 독일에서는 행동지와 결과발생지가 상이한 경우, 그리고 양자 또는 그 하나가 수개국에 있는 경우에는 그 어느 것이든 준거법이 될 수 있다고 하고, 피해자에게 선택권을 인정하며, 피해자가 준거법을 선택하지 않은 경우에는 법원이 직권으로 피해자에게 유리한 법을 선택할 것이라고 하였다.[16] 전자를 '遍在主義(Ubiquitätsprinzip)'[17], 후자를 '유리의 원칙(Günstigkeitsprinzip)'이라고 한다. 그러나 1999년 개정의 결과 독일 민법시행법(제40조 제1항)은 행동지법을 원칙으로 하고, 피해자에게 결과발생지법의 적용을 요구할 수 있는 선택권을 인정한다. 다만 피해자는 제1심에서 조기 제1회 기일의 종결 시 또는 서면 선행절차의 종결 시까지 선택권을 행사해야 한다.

스위스 국제사법(제133조 제2항)은 격지불법행위의 경우 가해자가 그 국가에서의 결과 발생을 예견했어야 하는 경우에는 결과발생지법을 우선하고 그렇지 않은 경우에는 행동지법에 따른다는 점에서 독일법과는 차이가 있다.

연구반초안은 이와 유사한 취지의 규정을 두었으나,[18] 이는 위원회에서 채택되지 않았다. 주된 이유는 행동지와 결과발생지의 관계에 관하여 위원들 간에 합의된 원칙을 도출할 수 없었기 때문이었다.[19]

---

16) Gerhard Hohloch, Das Deliktsstatut, Grundlagen und Grundlinien des internationalen Deliktsrechts (1984), S. 104. 행동지 및/또는 결과발생지가 복수로 존재하는 경우의 불법행위를 독일에서는 '散在不法行爲(Streudelikt)'라고 하는데, 인터넷상의 지적재산권침해에서 특히 그러하다. 주로 복수의 결과발생지가 문제 되나, 복수의 행동지가 있을 수도 있다. 이종혁, 자본시장법, 120면 이하는 4개의 학설, 즉 일원적 연결설, 배분적 연결설(모자이크 방식), 수정 일원적 연결설과 절충설로 분류한다.

17) 최흥섭, "비계약적 채무관계 및 물건에 대한 새로운 독일국제사법규정의 성립과정과 그 내용", 국제사법연구 제5호(2000), 143면은 이를 '도처원칙'이라고 한다. 그 이유는 '遍在主義'는 어려운 한자말이고 한글만으로는 遍在인지, 偏在인지 알 수 없기 때문이라고 한다. 그러나 도처(到處)라는 말도 꽤 어려운 한자말이고 정확하지 않다는 문제가 있다. 즉 遍在主義는 "도처에 있다는 원칙"인데, 단순히 도처원칙이라고 하면 도처에 있다는 것인지 없다는 것인지 의미가 전달되지 않는다. 의미가 정확하다면 번역어는 개인적 취향의 문제이겠지만, 도처원칙은 의미 전달에 문제가 있다는 것이다.

18) 연구반초안 제49조는 다음과 같이 규정하였다. 연구반초안해설, 99면.
"제49조(불법행위) ① 불법행위는 그 원인된 행위가 행하여진 곳의 법에 의한다. 그러나 그 결과가 원인된 행위가 행하여진 국가 외의 지역에서 발생하고 가해자가 이를 예견하였거나 예견할 수 있었을 경우 피해자의 선택에 의하여 결과발생지법에 의할 수 있다. 이러한 피해자의 선택은 본안에 관한 최초 변론기일이 종료하기 전까지 명시적이고 확정적으로 이루어져야 한다".

19) 그러나 위원들 간에 구체적인 안에 대해 의견대립이 있었다기보다는 설득력 있는 대안이 제

한편 일본에서는 과거 행동지법설과 결과발생지법설이 있었으나, 불법행위의 태양의 다양성과 불법행위제도가 가지는 기능도 일률적이지 않음을 고려하여 일종의 절충설로서 과실책임의 원칙이 지배하는 개인 간의 우발적인 일상의 불법행위에 관하여는 행동지법을, 무과실책임의 원칙이 지배하는 기업에 의한 불법행위에 관하여는 결과발생지법을 각각 적용하는 견해가 주장되어 다수설이 되었었다.[20] 그러나 일본의 법적용통칙법(제17조)은 결과발생지법을 우선시키면서도, 다만 결과발생지에서 결과의 발생이 통상 예견할 수 없는 것이었던 때는 가해행위가 행하여진 곳의 법에 의한다.

과거 우리 학설로는 결과발생지를 불법행위지로 정하되, 구 국제사법 제8조에 의하여 사안과 가장 밀접한 관련이 있는 곳의 법으로 정하는 견해,[21] 피해자로 하여금 행동지와 결과발생지 중에서 택일하도록 하고 법원이 구 국제사법 제8조에 의하여 당해 사안과 보다 밀접한 관련이 있는 곳을 발굴하도록 하는 견해[22] 등이 있었다. 저자는 구 국제사법의 해석론으로는, 행동지와 결과발생지가 상이한 경우 결과발생지를 우선시키는 것이 적절할 것으로 보았다. 왜냐하면 현대 불법행위법에서는 '법익의 보호(Rechtsgüterschutz)'가 '행위의 불법(Handlungsunrecht)'보다 전면에 서므로 법익침해지, 즉 결과발생지를 우선시켜야 할 것으로 판단되기 때문이다.[23] 그러나 명문의 규정이 없는 이상 편재주의를 배척하기는 어렵다. 편재주의를 취할 경우 법원이 직권으로 결과발생지법을 적용해야 하는지, 아니면 원고가 결과발생지법의 적용을 주장하는 경우에 비로소 결과발생지법을 적용할 것인지의 판단은, 스위스 국제사법과 독일법이 상이한 연결원칙을 두고 있는 데서 보는 바와 같이 상당히 어려운 문제이다.

(나) 구 국제사법상 판례의 태도   불법행위지의 개념에 관하여 과거 대법원 판례[24]는, "섭외사법 제13조 제1항 소정의 '원인된 사실이 발생한 곳'이라 함

시되지 않았다. 독일의 개정 민법시행법에 대해서는 독일에서도 비판이 있음을 고려하여 이를 따르기는 주저되었다.

20) 山田鐐一, 366면.

21) 신창섭, 3판, 263면. 또한 신창섭, 3판, 265면은 반독점행위와 불공정거래행위의 경우 피해자의 이익을 고려하여 불법행위지는 그 행위가 있었던 곳이 아니라 피해가 발생한 곳이라고 하였다.

22) 신창선, 308면.

23) Kropholler, S. 525 참조.

24) 대법원 1983. 3. 22. 선고 82다카1533 전원합의체 판결; 대법원 1985. 5. 28. 선고 84다카

은 불법행위를 한 행동지뿐만 아니라 손해의 결과발생지도 포함하므로 화물을 운
송한 선박이 대한민국의 영역에 도착할 때까지도 손해발생이 계속되었다면 대한
민국도 손해의 결과발생지에 포함된다고 보는 것이 타당하고, 이 경우 대한민국
의 영역에 이르기 전까지 발생한 손해와 그 영역에 이른 뒤에 발생한 손해는 일
련의 계속된 과실행위에 기인하는 것으로서 명확히 구분하기 어려우므로 통틀어
그 손해 전부에 대한 배상청구에 관하여 대한민국법을 준거법으로 정할 수 있는
것이다"라고 판시한 바 있다. 그러나 위 판례의 취지가 피해자에게 행동지법과 결
과발생지법의 선택권을 인정한 것인지, 법원이 선택의무를 진다는 것인지, 아니면
행동지와 결과발생지 중 어느 하나가 우리나라인 경우에는 우리 법이 준거법이
된다는 것인지는 명확하지 않았다.[25]

　　그러던 중 고엽제소송에서[26] 제조물책임의 준거법에 관하여 서울지방법원
2002. 5. 23. 선고 99가합84123 판결은 피해자가 준거법을 선택할 수 있다고 판시
한 바 있다.[27] 나아가 서울고등법원 2006. 1. 26. 선고 2002나32662 판결도 대체

---

　　966 판결.

25) 박찬주, "섭외불법행위에 관한 준거법", 섭외사건의 제문제(하), 재판자료 제34집(1986), 216면; 이병화, "섭외불법행위에 관한 연구", 이화여자대학교 대학원 박사학위논문(1992), 283면도 동지. 그러나 이재홍, "국제계약에 관한 일반적인 문제", 섭외사건의 제문제(상), 재판자료 제33집(1986), 37-38면과 고승덕, "국제적인 명예훼손사건에 있어서 적용할 법과 소송절차에 관하여—한국법과 미국법을 중심으로—", 언론중재(1993 가을호), 15면은 우리나라가 당해 사건에 관련되는 한 우리 법을 적용함으로써 우리 법의 적용범위를 확장하려는 취지로 이해한다.

26) 사안은 월남전에 참전했던 한국군인들이 미국의 다우케미칼과 몬산토를 상대로 제조물의 하자로 인한 손해배상을 구한 것이다.

27) 동 판결은 섭외사법 제13조 제1항의 해석론으로서 "불법행위의 특수한 유형인 제조물책임 소송에 있어서 가해행위지는 생산지, 취득지, 시장유통지뿐만 아니라 사용지까지 모두 포함하는 개념이므로 당해 사건의 준거법은 가해행위지법으로서 생산지법인 미합중국법, 사용지법인 월남법, 결과발생지법으로서 한국법"이라는 취지로 판시하고, "준거법이 복수로 지정된 경우에는 그 각각의 법률은 모두 그 지정을 정당화하는 이익에 의하여 뒷받침되고 그 이익의 우열을 판단할 수 없으므로, … 각 준거법을 적용하였을 때 원고가 다른 준거법을 적용할 때보다 더 유리한 판결을 받을 수 있는 준거법이 있다면 그 법률을 적용할 수 있고, 그 유리·불리의 여부는 법원이 아닌 원고가 판단하여야 할 것이다(각 준거법의 택일적 적용 또는 주장도 가능하다)"라는 취지로 판시하였다. 제1심판결은 원고들이 변론에서 한국법에 근거하여 법률요건 및 효과를 주장함에 비추어 준거법으로서 한국법을 선택하였다고 보았다. 그러나 유럽연합사법재판소는 2014. 1. 16. Kainz v. Pantherwerke 사건 판결(C-45/13)에서 브뤼셀 I 규정의 해석상 제조물책임에서 가해행위지는 제조지이지 판매지나 취득지가 아니라고 판시하였다.

로 동지로 판시하였으나, 부가적으로 원고가 복수의 준거법이 적용될 수 있는 상황에서 특정한 준거법이 시행되는 국가를 법정지로 선택한 것은 특별한 사정이 없는 한 그 법정지의 법률을 적용받고자 하는 의사를 표시한 것으로 해석함이 합리적이라는 이유로 한국법을 준거법으로 적용하여야 한다고 판단하였다.[28] 한국법을 준거법이라고 판단하는 근거를 법정지의 선택에서 구한 점은 설득력이 떨어진다. 과거 독일 유력설은 제조물책임의 경우 결과발생지를 판단함에 있어서 취득자(그리고 그의 가족 또는 종속적 근로자)와 제3자를 구분하였다. 전자의 경우 취득지, 후자의 경우 법익침해지라고 하였다.[29]

한편 예컨대 사기, 배임, 투자설명서책임 또는 전문가책임 등으로 인한 불법행위처럼 어떤 유형물이나 생명, 신체 등의 침해 없이 재산상 손해만이 발생하는 '순수(또는 순전한) 재산상 손해(reine Vermögensschäden, pure economic loss)'[30][31]의 경우 결과발생지를 결정하기 어렵다. 근자에는 우리나라에도 준거법의 맥락에서 순수 재산적 손해를 발생시키는 불법행위(자본시장 불법행위를 예시한다)에서는 결과발생지가 없으므로 행동지만을 기준으로 불법행위지를 확정하여야 한다는 견해[32]가 있다.

---

28) 고엽제소송의 경우 가해자와 피해자 간에 계약관계가 존재하지 않으므로 종속적 연결의 가능성은 없다. 준거법 결정의 맥락에서 고엽제소송에 관한 대법원 2013. 7. 12. 선고 2006다17539 판결은 제조물책임을 불법행위로 성질결정하고 있을 뿐이고 격지불법행위의 준거법 결정에 관하여 과거의 판결에서 더 진전된 설시를 하지는 않았다.

29) von Hoffmann/Thorn, §3 Rn. 49 참조.

30) 실질법의 맥락에서 최흥섭, "한국법의 불법행위책임에서 순수경제적 손실－유럽통일민사법안(DCFR)과의 비교를 중심으로－", 민사법학 71호(2015. 6.), 202면은 유형적 법익의 침해의 결과로 발생하는 경제적 손실이 '부수적 경제적 손실'인 데 반하여, 피해자에게 그러한 인적 또는 물적 법익의 침해가 개입되지 않고 발생하는 경제적 손실을 '순수 경제적 손실'이라고 한다. 반면에 이종혁, 자본시장법, 129면은 무형재산인 금전과 증권에 관한 불법행위를 예로 드나 그 범위가 다소 모호하다. 여기에서는 일단 본문의 예를 전제로 논의한다. 김인호, 입법적 검토, 177면은 경제적 불법행위로 논의한다.

31) 관할의 맥락에서도 신체 또는 물건이 손상된 경우가 아니라 사기에 의해 재산을 처분한 경우와 같이 순수 재산적(또는 경제적) 손실(pure economic loss)만 있는 경우에는 손해발생지의 관할을 인정하는 것이 독일의 다수설과 판례이나, 소수설은 이 경우 결과발생지가 없으므로 행동지에 착안한다. 이러한 사례에서 손해발생 또는 결과발생지에 관하여는 다수의 영국 판례가 있다.

32) 이종혁, 자본시장법, 132면 이하. 이를 전제로 이종혁 교수는 자본시장 불법행위에서는 결과발생지가 없으므로 투자설명서책임의 준거법은 행동지, 즉 공모지이자 공모신고의무지인 시장지법이라고 본다. 순수 재산적 손해의 준거법은 이종혁, 자본시장법, 127면 이하 참조.

주목할 것은 징용사건에 관한 대법원 2012. 5. 24. 선고 2009다22549 판결(미쓰비시 사건 판결)인데, 이는 행동지와 결과발생지가 복수국가에 소재하는 경우(앞에서 언급한 산재불법행위) 피해자는 자신에게 유리한 법을 불법행위의 준거법으로 선택할 수 있음을 인정하였고,[33] 이미 원고들은 일본법이 적용된 일본소송에서 패소한 점에 비추어 자신들에게 보다 유리한 준거법으로 한국법을 선택하려는 의사를 가지고 있다고 추인되므로, 법원은 한국법을 준거법으로 적용하여야 한다고 판시하였다.

이와 달리 행동지와 결과발생지가 상이한 경우 기계적으로 어느 하나를 준거법으로 볼 것이 아니라 국제사법의 혁명을 초래한 미국 국제사법이론에서 보는 바와 같이 여러 가지 요소를 고려하여 사안별로 탄력적으로 준거법을 결정할 것이라는 견해도 주장될 여지가 없지는 않다.[34]

다만 법익침해로부터 피해자의 보호를 목적으로 하는 것이 아니라 위험한 행위의 발생의 방지를 목적으로 하는 보호법규(교통법규 등)에 관하여는 언제나 위험한 행위가 행해진 장소의 법을 적용하거나 고려하여야 한다.[35]

(다) 국제사법의 태도   2022년 국제사법 개정 시 국제사법(제44조)에서 불법행위에 관한 소의 특별관할을 정하면서 행동지와 결과발생지를 명시하므로, 불법행위지법을 준거법으로 정한 조문의 처리가 문제 되었다. 종래 판례는 준거법의 맥락에서 불법행위지를 행동지와 결과발생지를 포함하는 것으로 보면서 피해자에게 선택권을 인정하는 취지로 이해되었는데, 국제사법 제44조를 신설하면서 준거법 조문을 그대로 둔다면 격지불법행위의 처리 시 과거와는 다른 결론을 지시하는 것으로 오해될 여지가 있기 때문이었다. 이런 오해를 피하고자 국제사법은 제52조 제1항을 수정하여 "불법행위는 그 행위를 하거나 그 결과가 발생하는 곳의 법에 따른다"라고 규정함으로써 선택적 연결원칙을 명시한다. 그러나 피

---

33) 위 판결은 엄밀하게는 행동지와 결과발생지가 복수국가에 소재하는 경우이나, 격지불법행위에 대하여도 대법원이 아마도 동일한 원칙을 적용할 것으로 생각된다.

34) 임치용, "國際私法에 있어서 事務管理·不當利得·不法行爲", 국제사법연구 제7호(2002), 163면은 격지불법행위의 경우 당해 사안에 가장 긴밀한 관계를 갖고 또한 실질법의 입법취지나 목적 등을 고려하여 양자 중 하나를 법원이 선택하여 결정할 수밖에 없다고 한다.

35) 섭외사법하에서 이호정, 314면도 동지. 로마Ⅱ 제17조는 "책임이 있다고 주장된 자의 행위를 평가함에 있어서는, 책임을 발생시키는 사건이 행해진 장소와 시간에 그곳에서 시행중인 안전과 행위에 관한 규칙을 사실의 문제로서 그리고 적절한 범위 내에서 고려하여야 한다"라고 규정한다.

해자에게 선택권을 부여할지 아니면 법원이 선택해야 하는지에 관하여는 명시하지 않고 판례에 맡긴다. 문제는 선택권을 인정하더라도 불법행위지법에 우선하는 원칙들, 즉 종속적 연결, 공통의 속인법과 당사자의 합의가 있는 경우에는 선택권이 배제되는 결과가 되는데, 그것이 과연 정책적으로 바람직한지는 논란의 여지가 없지 않다.

다만 불법행위의 특별관할을 정한 제44조는 행동지와 결과발생지의 관할을 모두 인정하면서도 결과발생지의 경우 예견가능성을 요구하는데, 준거법을 정한 제52조는 예견가능성을 요구하지 않는 점에서 불균형이 있다(입법론으로는 준거법의 맥락에서도 결과발생지의 경우 예견가능성이 필요한데, 해석론으로서도 동일한 결론을 도출하여야 할 것이다). 위에서 언급한 것처럼 사망사고와 같은 불법행위로 인한 가족의 정신적 고통의 경우 결과발생지가 행동지인지, 친족이 사망소식을 인지한 곳(Ort der Warnehmung)인지 아니면 친족의 일상거소지인지는 논란이 있다. 인지장소가 독일의 전통적 다수설이라고 하나[36] 이는 가해자의 예견가능성이 없다는 문제가 있다(특히 어느 가족이 객지에 체류 중 인지한 경우). 따라서 그 경우 원칙적으로 인지장소가 아니라 행동지법이 준거법이라는 견해도 있다.[37] 우리 국제사법의 해석상 준거법 맥락에서도 결과발생지의 경우 예견가능성을 요구하고 입법론으로는 이를 명시하는 방안을 고려할 필요가 있다.

나아가 인터넷에 의한 가상공간에서의 명예훼손처럼 결과발생지가 다수의 국가로 확산되는 경우의 처리도 문제 되는데, 이는 뒤의 (7)에서 논의한다.

(3) 일상거소에 근거한 공통의 속인법의 채택(제2항)

구 국제사법은 가해자와 피해자의 공통의 속인법을 준거법으로 하는 조항을 신설하되 국적이 아닌 일상거소를 기준으로 하였다(제32조 제2항). 국제사법도 이런 태도를 유지한다(제52조 제2항). 과거 대법원 판결은 카타르에서 근무 중이던 동료 근로자가 초래한 교통사고로 인하여 피해를 입은 근로자가 귀국 후 고용자인 회사를 상대로 사용자책임을 물은 사건에서 한국법을 준거법으로 보았다. 다만 그 근거는 공통의 속인법이 아니라 당해 사건의 섭외사건성을 부정함으로써

---

36) Jan von Hein, Das Günstigkeitsprinzip im Internationalen Deliktsrecht (1999), S. 309.

37) 이는 손해를 입은 경우 제3자의 청구권을 독립적으로 연결할지 아니면 직접피해자의 청구권에 종속적으로 연결할지의 문제와도 관련된다.

섭외사법의 적용 자체를 부정한 것이었다.

대법원 판결에 앞서 서울민사지방법원 1970. 11. 24. 선고 10가8895 판결은 월남에서 일어난 한국군인 사이의 총기오발 사고를 원인으로 한 대한민국 상대의 손해배상 청구소송에서 한국법을 적용하면서 상세한 이론전개를 하였는바,[38) 이는 당시 미국 뉴욕 대학에서 국제사법을 공부하고 돌아온 민병국 판사가 미국의 Babcock 판결의 이론전개를 응용한 기발한 판결이었다고 한다.[39)

위 대법원 판결에 대하여는 대법원이 공통의 속인법의 법리를 적용한 것이라는 평가[40)도 있으나 대법원은 섭외사건성을 부정하고 한국법을 적용한 것이지 섭외사건성을 긍정하면서 '법관에 의한 法形成(richterliche Rechtsfortbildung)'[41)을 통하여 불법행위의 연결원칙의 하나로서 공통의 속인법의 법리를 도출하여 적용한 것은 아니므로 위 평가는 부정확하다. 따라서 저자는 만일 대법원이 법형성의 방법을 통하여 섭외사법 제13조의 적용범위를 제한하고 공통의 속인법이라는 연결원칙

---

38) 위 서울민사지방법원의 판결은 섭외적인 요소가 포함된 불법행위사건에서 섭외성을 부정하고 섭외사법의 적용을 거부한 최초의 판결이었다. 최공웅, 528면. 다만 국가배상법상의 책임은 공법의 문제라는 견해도 있으므로 통상의 섭외사건과 달리 국제사법의 대상이 아니라고 볼 여지도 있다. 이종혁, 국가배상 저촉법, 267면 이하; 이종혁, "주월한국군 피해 베트남인의 국가배상소송과 저촉법 – 체계제법, 시제법, 국제사법", 人權과 正義의 民法學: 최종길 교수 50주기 추모논문집(2023), 853면 이하 참조.

39) 최공웅, "韓國國際私法의 回顧와 展望(上)", 법률신문 제2316호, 14면; 최공웅, 140면. 카타르사건의 대법원 판결에 대하여 "위 大法院判決은 急變하는 現代社會에 있어서 涉外私法의 古典的인 원칙을 그대로 적용할 수 없는 경우에 具體的으로 타당성 있는 결론을 내리기 위해 價値指向的인 국제사법의 새로운 方法論을 제시한 것으로 중요한 의미를 갖는다"라는 평가가 있다. 위, 최공웅, 14면.

40) 이호정, 305 – 306면; 장준혁, "브레이너드 커리의 통치이익분석론에 관한 연구," 서울대학교 대학원 법학석사 학위논문(1994. 2.), 117 – 118면. 장준혁, 법률검토의 방법(2022), 146면은 "공통의 속인법에의 연결(또는 불법행위지가 우연적이고 형식적인 경우에 한하여 그렇게 한다)이라는 예외규칙이 판례에 의하여, 해석의 한계를 넘어 창설되었다"라고 평가하나, 사건의 섭외성을 부정함으로써 섭외사법의 적용을 아예 차단한 대법원이 공통본국법주의를 채택하였다는 평가는 왜곡일 뿐이다. 대법원은 위 판결에서 섭외사법상 국제불법행위의 연결원칙으로서 공통본국법주의를 창설한 것이 아니다. 위 장준혁, 145면은 대법원이 "초법률적 법형성이라는 비상수단을 쓰기 위하여, 의식적으로 위트 있게 순수한 국내적 법률관계라는 식의 궤변을 사용한 것"이라는 취지로 평가하나, 대법원이 법형성을 한 것도 아니고 궤변을 위트로 분식(粉飾)할 것은 아니다. 저자는 석광현(註 2), 37면 이하에서 위 판결을 비판하고 대법원이 섭외성을 부정할 것이 아니라 법형성인 목적론적 축소로 접근해야 했음을 지적한 바 있다. 상세는 석광현(註 4), 202면 註 97 참조.

41) 국제사법의 흠결을 해소하는 법관의 법형성은 석광현, 제6권, 154면 이하, 245면; 장준혁(註 40), 139면 이하 참조.

을 도출하였더라면 국제사법의 발전에 획기적 계기가 될 수 있었지만 대법원이 당해 사건의 섭외사건성을 부정한 것은 논리적으로 잘못이라고 비판하였다.[42]

이러한 연결원칙(공통의 속인법 적용)의 원조가 된 판결은 미국 뉴욕주 대법원(Court of Appeal)의 Babcock v. Jackson (1963) 사건 판결[43]이었다.

한편 법인의 경우 일상거소를 어떻게 결정할 것인지가 문제 되는데, 연구반 초안은 독일 민법시행법(제40조 제2항)을 따라 주된 사무소(Hauptverwaltung. 또는 경영중심지)를 기준으로 하는 규정을 두었으나,[44] 위원회의 논의 결과 규정을 삭제하였다. 영업소가 관련된 경우 영업소 소재지를 일상거소에 상응하는 것으로 보아야 함은 의문이 없으나, 그 밖의 경우 사실상의 주된 사무소, 정관상의 주된

---

[42] 세월이 한참 흐른 뒤이기는 하나, 저자는 위 대법원판결이 섭외성을 부정한 것은 큰 잘못이고, 섭외성을 부정하는 잘못을 저지른 위 대법원판결이 새로운 방법론을 제시한 것이라고 높이 평가하는 것도 옳지 않다고 비판한 바 있다. 석광현, 제1권, 193면 이하 참조. 사실 최종길, 81면 이하에 섭외사법의 해석론으로 공통속인법주의를 도입한 바 있었으므로 대법원이 당시 이 견해를 경청하였더라면 섭외성을 인정하면서도 한국법을 준거법으로 지정할 수 있었을 것이라는 점에서(절충주의는 부정할 수 없더라도) 안타깝다. 또한 영국 귀족원의 1969년 Boys v Chaplin 사건은 당사자의 공통속인법(주소지법)을 준거법으로 적용한 대표적인 사례인데, 대법원이 위 논문도 소개하는 영국 판결로부터도 배우지 못한 것도 아쉬운 점이다. 상세는 석광현(註 4), 175면 이하 참조. 참고로 일본에는 한참 뒤 스키투어 사건에서 일본인 간에 캐나다 스키장에서 발생한 충돌사고를 이유로 불법행위 책임을 물은 사건이 있었는데, 일본 하급심은 섭외성을 인정하면서 불법행위지법과 법정지법의 누적적용을 명시한 당시 법례의 규정에도 불구하고 가장 밀접한 관련이 있는 법으로서 일본법을 적용한 바 있다. 당사자들은 일본법이 적용되는 것을 전제로 주장하였다고 한다. 千葉地裁, 1997. 7. 24. 판시 1639, 86 참조. 간단한 평석은 高杉直, 原因事実発生地(3), 櫻田嘉章·道垣内正人 (編), 國際私法判例百選, 別冊ジュリスト No. 172 (2004), 62–63면 참조.

[43] 191. N.E. 2d. 279 위 사건에서 뉴욕주에 거주하는 Babcock(여성)은 역시 뉴욕주에 거주하는 Jackson 부부의 초청에 따라 그들의 승용차를 함께 타고 주말 여행차 캐나다로 행하였는데, 캐나다 온타리오주에서 Jackson(남편)이 교통사고를 일으켜 부상을 입었다. 사고 당시 온타리오주의 법률에 의하면 호의동승의 경우 운전자는 고의 또는 중과실이 있는 경우에만 책임이 있으므로 Mr. Jackson은 온타리오주법에 의하면 책임이 없으나, 뉴욕주법에는 이런 제한이 없었다. 뉴욕주 법원은 뉴욕주와 온타리오주의 이익을 비교교량한 결과 뉴욕주의 이익이 월등하게 우위에 있다고 지적하고, 불법행위지법인 온타리오주법 대신 당사자의 속인법인 뉴욕주법을 적용하여 Jackson(남편)의 책임을 인정하였다. 위 판결의 소개는 최종길, 86면; 이호정, 307면 참조. 상세한 소개와 평가는 오승룡, "불법행위 준거법에 관한 뉴욕주의 주요 판례", 국제사법연구 제4호(1999), 129면 이하 참조.

[44] 연구반초안 제49조 제2항은 다음과 같다. 연구반초안해설, 100면.
"가해자와 피해자가 불법행위의 발생 당시 동일한 국가 안에 일상거소를 가지고 있는 경우 전항의 규정에도 불구하고 그 국가의 법에 의한다. 법인 또는 단체의 경우에는 그 주된 사무소가 있는 장소, 영업소가 관련된 경우에는 그 영업소가 있는 장소를 일상거소로 본다".

사무소 또는 설립준거법 소속국 중 어느 것을 기준으로 할지에 관하여 논란이 있었기 때문에 해석론에 맡긴 것이다.

생각건대 법인의 경우 자연인의 일상거소에 상당하는 것은 사실상의 주된 사무소라고 할 수 있다.[45] 국제사법이 법인의 속인법에 관하여 설립준거법설을 취하므로 설립준거법 소속국이 기준이 되어야 한다는 견해도 가능하나, 일상거소가 사실적 요소가 강한 개념임을 고려한다면 그렇게 볼 것은 아니다. 국제계약의 객관적 준거법 지정 맥락에서 국제사법 제46조가 법인의 주된 사무소를 자연인의 일상거소지에 상응한다고 보는 것도 이러한 고려에 근거한 것이다.[46] 다만 이에 대하여 제2항은 일상거소를 기준으로 공통의 속인법을 판단하는데, 일상거소는 자연인을 전제로 하는 개념이고 법인의 경우에는 존재하지 않으므로 제2항은 법인에는 적용되지 않는다는 견해도 주장될지 모르겠으나 위의 경위에 비추어 보면 이는 국제사법의 해석론으로서는 설득력이 없다.

또한 조문은 "가해자와 피해자 간에"라고 하나, 피해자의 행위에 대하여 사용자인 법인을 상대로 불법행위책임(즉 사용자책임)을 묻는 사안을 고려한다면 그 경우 직접적인 가해자는 피용자이므로 가해자보다는 배상의무자(der Ersatzpflichtige)라는 독일 민법시행법(제40조 제2항)의 표현이 더 정확한데, 우리도 그렇게 해석해야 할 것이다.[47] 또한 피해자가 사망하여 상속인이 손해배상청구를 하는 경우에도 피해자를 기준으로 위 조문을 적용해야 할 것이다.[48] 위에서 언급한 카타르 사

---

45) Vischer/Huber/Oser, Rn. 241-242. 그러나 스위스에서는 법인의 경우 공통의 속인법은 스위스 국제사법 제21조 제3항에 따른다는 견해가 있는데, 그에 의하면 일차적으로 정관이나 설립계약에 기재되어 있는 본거가 기준이 되고, 그것이 없는 경우 사실상의 본거가 기준이 된다(제21조 제2항). Zürcher Kommentar/Heini, Art. 133 Rn. 5.

46) 로마협약은 '주된 사무소 또는 영업소(principal place of business)'라고 하는 대신 '경영의 중심(central administration)'이라고 한다.

47) 엄밀하게는 사용자책임을 묻는 경우 종속적 연결이 가능한지가 문제 되는데, 이는 사용자책임의 본질과 관련된다. 피해자가 동료 근로자를 상대로 제소한다면 종속적 연결이 인정될 수 없다. 만일 사용자책임의 본질을 우리 민법의 통설 판례처럼 피해자의 피용자에 대한 배상청구권을 보장하기 위한 대위책임이라고 이해할지 아니면 사용자의 자기책임인지에 따라 달리 볼 여지가 있다는 것이다. 그러나 저자로서는 그의 본질을 어떻게 보건 간에 사용자책임을 묻는 경우 종속적 연결을 인정하는 것이 설득력이 있다고 본다.

48) 다만 우리 민법처럼 일단 망인이 손해배상채권을 취득하고 유가족이 이를 상속하는 이른바 상속구성설을 취하면 이는 당연한 결론이나, 부양구성설을 취하면 논란의 여지가 없지는 않다. 하지만 당사자의 신뢰를 보호하고 불법행위와 계약을 통일적으로 연결한다는 종속적 연결의 취지를 고려한다면 그 경우에도 동일한 결론이 타당하다고 본다. Zürcher Kommentar/

건 기타 대법원판결들의 사안도 피해자의 유가족 또는 피해자가 가해자의 사용자
인 회사를 상대로 소를 제기한 사건이었다.

그러나 예컨대 외국에서의 불법행위에 대해 한국법이 공통의 속인법으로서
준거법이 되더라도 불법행위의 성립 여부를 판단함에 있어서는 행위지의 안전규
정과 행동규정들을 고려해야 한다. 스위스 국제사법(제142조 제2항)과 로마Ⅱ(제17조)
는 이를 명시하는데, 우리 국제사법의 경우 규정이 없더라도 그와 같이 해석해야
할 것이다.[49] 주의할 것은, 이 점은 비단 공통의 속인법이 준거법이 되는 경우만
이 아니라 결과발생지법이 준거법이 되는 경우에도 마찬가지라는 점이다.

제2항은 동일한 국가 안에 가해자와 피해자의 상거소가 있는 경우를 언급하
고 있으나, 보다 정확히는 여기의 국가라 함은 어떤 법이 통용되는 영토적 단위를
말한다. 예컨대 가해자와 피해자의 일상거소가 각각 뉴욕주와 캘리포니아주에 있
다면 문면상으로는 이 경우 양자의 일상거소지가 미국에 있으므로 제2항이 적용
되어야 할 것처럼 보이나, 그 경우 법을 달리하는 각 주는 별개의 국가로 취급되
어야 한다. 따라서 가해자와 피해자의 일상거소가 동일한 주에 있는 경우에만 그
주의 법이 불법행위의 준거법이 된다.[50]

(4) 종속적 연결의 채택(제3항)

국제사법 제52조 제3항은 종속적 연결을 규정한다. 이를 '부수적 연결', '부종
적 연결'이라고 부를 수도 있고 '이차적 연결'이라고 부르기도 하는데, 우리 국제
사법학에서는 대체로 '종속적 연결'이라는 용어를 사용한다.[51]

이에 의하면 예컨대 당사자 간에 계약관계가 있는 경우 불법행위가 동시에
계약관계를 침해하는 때에는 불법행위와 함께 채무불이행이 성립하는데, 이 경우
행위지원칙에 따를 것이 아니라 계약의 준거법, 더 정확히는 계약의 준거법 소속
국의 불법행위법이 불법행위의 준거법이 된다. 종속적 연결은 예외조항인 국제사

Heini, Art. 133 Rn. 22 참조.

49) 유영일, 130면.

50) 로마Ⅱ 제25조는 이런 취지를 명시한다. 즉 그 경우 제16조 제3항을 유추적용하여야 한다.
오석웅, "당사자자치의 원칙과 불통일법국법의 지정", 국제사법연구 제25권 제2호(2019.
12.), 24면도 동지. 이필복, "국제사법 총칙과 해상 편에 관한 재판례를 통해 본 국제사법 20
년의 회고와 과제", 국제사법연구 제27권 제2호(2021. 12.), 543면 註 49는 유추적용에 의문
을 표시한다.

51) 유영일, 132면; 최흥섭, 318면 참조.

법 제21조의 취지를 구체화한 것이므로 가사 제52조 제3항이 없더라도 제21조를 통하여 동일한 결론에 이를 수 있으나 이 점을 더 명확히 하기 위하여 제52조 제3항은 이를 명시한다.[52] 이는 가장 밀접한 관련이 있는 법을 적용한다는 국제사법적 정의(正義)뿐만 아니라, 동시에 신뢰원칙(Vertrauensprinzip)과 법적 안정성에 기여한다.[53] 종속적 연결을 위해서는 기존의 법률관계와 불법행위 간에 내적인 관련이 있어야 하는데, 이를 위하여 국제사법은 기존의 법률관계가 불법행위에 의하여 침해될 것을 요구한다.

　　문면으로부터 알 수 있듯이, 계약의 준거법은 제45조에 따른 주관적 준거법이든 당사자의 지정이 없어 제46조에 따라 결정되는 객관적 준거법인지는 묻지 아니한다.

　　주의할 것은, 계약의 준거법이 불법행위의 준거법이 된다는 것이지, 불법행위책임이 성립하지 않고 계약책임만을 인정한다는 것은 아니라는 점이다. 따라서 만일 계약의 준거법이 한국법이라면 불법행위의 준거법도 한국법이 되므로 결국 피해자는 대법원 판례가 취하는 청구권경합설의 입장에 따라 계약책임을 물을 수도 있고 불법행위책임을 물을 수도 있다. 즉 청구권경합 여부는 종속적 연결에 의하여 지정된 불법행위(그와 동시에 계약도)의 준거법 소속국의 실질법이 정할 사항이다.[54] 이는 불법행위를 계약의 준거법에 종속적으로 연결하는 것이지, 불법행위를 계약의 문제로 성질결정하는 것은 아니다.

　　과거 섭외사법하에서 대법원판결은 해상운송물의 멸실에 관하여 청구권경합

---

52) 흥미로운 것은, 종속적 연결이 국제사법 제21조에 의하여 배제될 수 있는가이다. 예컨대 당사자가 계약의 준거법으로 당해 사안과 아무런 관련이 없는 법을 지정한 사안에서 만일 종속적 연결을 따른다면 불법행위의 준거법은 계약준거법 소속국법이 되겠지만 그 경우 제21조의 결과 불법행위지법이 불법행위의 준거법이 될 수 있는가라는 점이다. 김인호, 종속적 연결, 98면은 이를 긍정하나(이종혁, 자본시장법, 189면도 동지) 이는 종속적 연결을 인정하는 취지에 반하므로 그 경우에도 종속적 연결을 관철해야 할 것이다. 더욱이 독일 민법시행법이나 로마II처럼 밀접한 관련의 체계하에서 그의 예시로서 당사자 간의 기존 법률관계에 종속적으로 연결하는 것이 아니라 종속적 연결을 하나의 연결원칙으로 규정하는 우리 국제사법하에서는 이런 견해가 더 설득력이 있다고 본다. 로마II 제4조의 해석상 논란이 있다. BeckOGK/Rühl, 1.12.2017, Rom II-VO Art. 4 Rn. 115은 부정설이나 Rauscher/Unberath/Cziupka, EuZPR/EuIPR (2011), Rn. 96은 긍정설이다.

53) Kropholler, S. 531.

54) 만일 프랑스법이 준거법이라면 채권자는 계약책임만을 물을 수 있다. 여하윤, "프랑스 민법상 계약책임과 불법행위책임의 관계", 서울대학교 법학 제50권 제2호(2009. 6.), 568면 이하 참조.

설을 취하였는데, 계약책임의 준거법이 영국법이고 불법행위책임의 준거법이 한국법인 국제적 사건에서도 대법원 1983. 3. 22. 선고 82다카1533 전원합의체 판결은 국제사법적 고려 없이 청구권경합설의 입장을 취하였다.[55][56] 만일 위 대법원 판결이 국제사법적 논점, 즉 불법행위의 준거법이 한국법이고 계약책임의 준거법이 영국법인 사안에서 청구권경합 또는 법조경합 등의 문제를 어느 법에 따라 판단할 것인가를 전혀 고려하지 않았다면, 대법원이 다루지 않은 쟁점에 대해 국제사법이 명시적인 해결지침을 제공하는 것이다. 따라서 국제사법은 대법원판결의 종래의 입장과 충돌되는 것은 아니다.

반면에 만일 위 대법원판결이 불법행위의 준거법이 한국법이고 계약책임의 준거법이 영국법인 사안에서 청구권경합의 문제를 불법행위의 준거법에 따라 결정할 사항이라고 판단한 것이라면 국제사법은 대법원판결과 상치되는 것이라고 할 수 있다. 어쨌든 이러한 대법원판결의 논리전개는 구 국제사법과 국제사법하에서는 유지될 수 없다. 구 국제사법하에서 실제로 대법원 2012. 10. 25. 선고 2009다77754 판결은 구 국제사법 제32조 제3항을 인용한 뒤 종속적 연결에 의하여 불법행위의 준거법을 결정한 바 있다.[57] 대법원 2018. 3. 29. 선고 2014다

---

55) 이에 대한 비판은 석광현, 제2권, 94면 이하 참조(위 판결은 청구권경합 여부를 결정하는 준거법에 대한 판단을 누락한 것이다). 참고로 과거 법례하에서 일본에는 一体的法性決定說과 準據法指定竝立說 등이 있었다. 국제사법은 성질결정의 단계에서는 계약책임과 불법행위책임으로 성질결정됨을 전제로 하면서, 연결단계에서는 가장 밀접한 관련이라는 원칙을 관철시킴으로써 양자의 준거법을 단일화하는 것이므로 일본의 위 양 학설의 어느 것과도 동일하지 않다. 국제사법의 해석론으로서 일본에서와 같은 학설의 대립이 존재할 여지는 없을 것으로 본다. 일본의 학설은 國友明彦, 國際私法上の當事者利益による性質決定(2002), 34면 이하 참조.

56) 이 사건의 불법행위지의 결정도 쉽지 않다. 대법원 판결은 " … 섭외사법 제13조 제1항의 원인된 사실이 발생한 곳이라 함은 불법행위를 한 행동지 뿐만 아니라 손해의 결과 발생지도 포함하므로 화물을 운송한 선박이 한국의 영역에 도착할 때까지도 손해발생이 계속되었다면 한국도 손해의 결과발생지에 포함된다고 보는것이 타당하고, 이 경우 한국의 영역에 이르기 전까지 발생한 손해와 그 영역에 이른 뒤에 발생한 손해는 일련의 계속된 과실행위에 기인한 것으로서 명확히 구분하기 어려우므로 통틀어 그 손해 전부에 대한 배상청구에 관하여 한국법을 준거법으로 정할 수 있다"라는 취지로 판시하였다.

57) 위 판결은, 가해자와 피해자 간에 존재하는 법률관계가 불법행위에 의하여 침해되는 경우에 불법행위에 대한 준거법은 불법행위지법이 아니라 그 침해되는 법률관계의 준거법이 우선적으로 적용된다고 설시하고, 원심이 위의 법리에 따라, 피고가 연료공급계약에 따라 공급한 연료가 선박의 연료유로 사용하기에 부적법하여 불법행위를 저질렀다는 원고의 청구원인 주장에 관하여 연료공급계약의 준거법인 미국 해사법이 적용된다고 판단한 것은 타당하다고

41469 판결도 같은 취지이다.[58]

　　제3항은 종속적 연결의 요건으로 단순히 가해자와 피해자 간에 존재하는 법률관계가 불법행위에 의하여 침해되는 것을 들고 있으므로 당사자 간의 법률관계가 계약관계에 한정되지 않음은 명백하다. 예컨대 당사자 간에 회사법상 또는 가족법상의 법률관계가 존재하는 경우에도 그들 간에 발생하는 불법행위가 기존 법률관계를 침해하는 때에는 제3항의 종속적 연결에 따라 당해 법률관계의 준거법에 의한다.

　　또한 예컨대 A와 B 간에 계약관계가 있는데, A가 B에 대해 불법행위를 한 경우 그것이 만일 동시에 당해 계약관계를 침해한 때에는 종속적 연결이 적용되어야 할 것이나, 당해 계약과 아무런 관련이 없는 불법행위를 한 경우라면 그때는 종속적 연결을 할 이유가 없고 불법행위의 준거법은 독자적으로 결정되어야 한다. 우리 법의 개념으로 말하자면 통상 청구권경합이 문제 되는 사안의 경우 종속적 연결을 하게 될 것이다. 이 경우 종속적 연결을 하기 위하여 구비되어야 하는 요건을 더 명확히 할 필요가 있다.[59] 또한 당사자 간에 계약관계가 있어 종속적 연결을 하고자 하는 경우 만일 계약의 준거법에 따라 실질법상의 계약책임이 부정된다면 그 경우에도 종속적 연결을 해야 하는지가 문제 된다. 만일 이를 부정한다면 통상의 원칙으로 돌아가 불법행위지법이 불법행위의 준거법이 될 것이고, 만일 격지불법행위라면 피해자는 자기에게 유리한 법을 선택하여 불법행위 책임을 물을 가능성이 있다. 반면에 당사자의 일관성 있는 주장에 의하여 계약책임을 물을 수 있는 사안이라면, 비록 실질법상 계약책임이 부정되더라도 그에 관계없이 불법행위의 준거법을 계약준거법에 종속적으로 연결하여야 할 것이다. 그것이 종속적 연결을 인정하는 근거, 즉 당사자들의 신뢰보호에 충실한 연결원칙이기

판시하였다.

58) 위 판결은 갑 회사가 을 외국법인과 매매계약을 체결하여 국내로 수입한 화물이 운송 중 상품성이 없을 정도로 사양이 이탈되는 사고가 발생하자, 위 화물에 관하여 갑 회사와 해상적하보험계약을 체결한 병 보험회사 등이 갑 회사에 보험금을 지급하고 갑 회사가 소지하고 있던 선하증권을 교부받아 화물을 운송한 정 외국법인을 상대로 불법행위에 따른 손해배상책임을 구한 사안에서, 선하증권 소지인인 병 회사 등과 운송인인 정 법인 사이의 법률관계는 원칙적으로 선하증권의 준거법에 의하여야 하고, 그 법률관계가 정 법인의 불법행위에 의하여 침해된 경우에 적용할 준거법 역시 구 국제사법 제32조 제1항, 제3항에 따라 선하증권의 준거법이라는 취지로 판단하였다.

59) 유영일, 141면은 이 경우에도 종속적 연결의 타당성이 결여되면 예외조항(제8조)을 원용할 수 있다고 한다.

때문이다.[60] 후자가 설득력이 있다.

　또한 종속적 연결과 관련하여 까다로운 문제는 원고가 소송에서 불법행위책임만을 묻는 경우 소송물이론과의 관계이다. 이 경우 국제사법에 따르면 계약의 준거법 소속국의 불법행위법에 의하므로, 만일 당해 국가가 계약책임과 불법행위책임의 관계에 관하여 법조경합설을 취한다면 법원은 계약책임을 인정해야 할 것이다. 그러나 이는 구소송물이론에서는 허용되지 않을 것으로 생각된다. 또한 그 경우 청구기각은 부당하다. 따라서 결국은 계약의 준거법 소속국의 불법행위법을 적용해야 한다는 결론이 되는데, 이는 국제사법의 법리가 소송물이론에 의해 굴절되는 결과라고 할 수 있다.[61] 물론 원고가 계약책임과 불법행위책임을 같이 묻는다면 당해 국가의 법조경합설에 따라 계약책임만을 인정하게 될 것이므로 문제될 것이 없다.

　상법이 1991. 12. 31. 개정됨에 따라 선하증권에 기재된 면책약관은 운송계약상의 채무불이행책임뿐만 아니라 불법행위책임에도 적용된다(구 상법 제789조의3 제1항. 상법 제798조 제1항에 상응). 이를 근거로 해상운송계약에 관한 한 청구권경합설과 법조경합설의 대립은 의미를 상실하였다는 견해가 있다. 계약책임과 불법행위책임 양자의 준거법이 모두 한국이라면 그렇게 볼 수 있으나 준거법이 외국법인 국제해상운송계약의 경우는 그렇게 간단하지가 않다.

　우리나라가 만일 조약인 헤이그-비스비규칙에 가입했다면 동 조약의 적용범위에 속하는 한 책임의 성질이 계약책임인지 불법행위책임인지에 관계없이 동 조약에 의해 처리될 수 있었을 것이다. 그러나 우리나라가 헤이그-비스비규칙에 가입하는 대신 그의 내용을 상법에 편입하면서 국제사법에 대한 특칙이라고 할 수 있는 조약의 적용범위에 관한 조항(제10조)을 누락하였기 때문에 우리는 여전히 국제사법에 따라 선하증권의 준거법을 판단할 필요가 있다. 즉 섭외사법하에서는 상법은 계약책임의 준거법과 불법행위의 준거법이 모두 우리 법인 경우에

---

60) 스위스 국제사법의 맥락에서 Zürcher Kommentar/Heini/Göksu, Art. 133 Rn. 18의 논의 참조.
61) 이러한 결론에 대해서는 이견이 있을 수 있다. 이와 관련하여 당사자가 한국법에 의한 불법행위책임을 물었는데 법원이 영국법에 의한 불법행위책임을 인정할 수 있는가에 관하여도 논란의 여지가 있으나 이는 법적인 평가의 문제이므로 소송물은 동일하고 따라서 가능하다고 본다. 즉, 동일한 사실관계를 기초로 불법행위책임을 묻는 경우 준거법이 한국법인가 영국법인가는 공격방법의 차이에 불과하다. 이인재, "외국법의 적용과 조사", 재판자료 제34집 (1986), 섭외사건의 제문제(下), 529면도 동지. 최공웅, 230면도 동지로 보인다.

비로소 적용되었으나, 국제사법하에서는 양자의 준거법이 모두 우리 법인 경우는 물론이고, 계약책임의 준거법이 우리 법인 경우에도 상법이 적용될 수 있을 것이다. 불법행위의 준거법은 국제사법(제52조 제3항)에 따라 계약의 준거법에 종속적으로 연결되기 때문이다.

그러나 위 대법원 전원합의체 판결의 사안처럼 만일 종속적 연결원칙이 없었다면 계약책임의 준거법은 영국법이고 불법행위책임의 준거법은 한국법이어야 할 사안의 경우, 국제사법이 종속적 연결원칙을 도입한 결과 불법행위책임의 준거법은 한국법이 아니라 영국법이 된다. 따라서 계약책임과 불법행위책임의 준거법은 모두 영국의 계약법과 불법행위법이 되므로 위 상법 조항이 적용될 여지가 없고, 이 경우 계약책임과 불법행위책임의 경합 여부는 영국법이 결정할 사항이다.[62]

이 점은 앞으로 우리나라가 조약에 가입하거나 그의 내용을 국내법에 편입할 때 유념해야 한다. 특히 유엔총회는 2008년 12월 물품운송계약에 관한 새로운 조약인 "전부 또는 일부가 해상운송인 국제물품운송계약에 관한 국제연합협약(로테르담규칙)(United Nations Convention on Contracts for the International Carriage of Goods Wholly or Partly by Sea)"을 채택하였는데,[63] 지금으로서는 가능성은 크지 않지만 만일 우리나라가 위 규범을 받아들인다면 그때는 조약에 가입하여야지 이를 상법에 구겨넣을 것은 아니다.

마지막으로 주의할 것은, 불법행위의 준거법이 계약의 준거법 소속국법에 종속적으로 연결되는 경우에는 국제사법(제22조 제2항 제6호)에 따라 반정(더 정확히는 직접반정)이 허용되지 않는다는 점이다. 이는 제22조에서 설명하였다.

(5) 손해배상액의 제한(제4항)

불법행위의 효과인 손해배상의무의 발생과 손해배상액의 산정은 불법행위의 준거법이 규율할 사항이므로[64] 외국법이 준거법이 될 수 있다. 다만 외국법에 따

---

62) 참고로 영국법상으로는 일반적으로 계약책임과 불법행위책임의 경합이 인정되나, 면책약관에 의하여 계약책임을 배제하는 경우 불법행위책임을 묻는 것은 영국의 해상물품운송법 (Carriage of Goods by Sea Act. COGSA)의 입법취지에 반하는 것으로서 허용되지 않는다고 한다. 이주흥, 海上運送法(1992), 378면.

63) 조약의 소개는 한국선주협회[편], 로테르담 규칙: 제정과 발효, 협약의 주요내용 해설, 우리나라 대책(2009). 조약안의 개관은 김인현, "유엔 운시트랄의 새로운 운송법 조약안의 주요내용", 한국해법학회지 제28권 제2호(2006. 11.), 7면 이하 참조.

64) 불법행위의 준거법은 불법행위의 성립과 효과를 규율한다. 따라서 불법행위능력, 위법성, 인

른 손해배상의 성질이 명백히 피해자의 적절한 배상을 위한 것이 아니거나 또는
그 범위가 본질적으로 피해자의 적절한 배상을 위하여 필요한 정도를 넘을 때에
는 인정하지 아니한다. 성질에 착안한 전자의 예는 미국의 보통법상 인정되는 바
와 같은 '징벌적 손해배상(punitive damages)'에서 전보배상을 넘는 부분과, 미국의
제정법인 1914년 Clayton Act(제4조) 또는 RICO—Act('RICO법' 또는 '부패조직척결
법'이라고 부른다. 제1964조)에 의해 인정되는 3배배상(treble damages)[65]에서 100%
를 넘는 부분을 들 수 있고, 후자의 예는 '지나치게 과도한 손해배상(grossly ex—
cessive damages)'을 들 수 있다. 후자의 경우 섭외사법상으로는 한국법에 의한 손
해배상액을 넘는 범위 내에서는 외국법의 적용이 전면적으로 배제되었으나, 국제
사법에 따르면 "본질적으로" 넘는 범위 내에서만 외국법의 적용이 배제될 뿐이므
로 어느 정도의 차이는 수인(受忍)해야 한다는 점에서 차이가 있다. "본질적으로"
라는 제한은 당초 연구반초안에는 없었으나[66] 위원회의 논의과정에서 구 국제사

과관계, 귀책사유, 손해배상청구권자, 청구권의 양도가능성과 상속가능성, 공동불법행위자
간의 구상권, 불법행위 채권의 소멸시효, 손해배상의 방법, 종류, 범위, 금액과 금지청구권
등은 준거법에 의하여 규율된다. 이호정, 314－315면; 신창선·윤남순, 326면. 손해에 대한
비교법적 고찰은 신동현, 민법상 손해의 개념－불법행위를 중심으로－(2014) 참조. 따라서
불법행위로 인한 손해배상채권이 상속 준거법상 상속재산에 해당하더라도, 만일 손해배상채
권이 불법행위의 준거법상 상속가능성이 없으면 "개별준거법이 총괄준거법을 깨뜨린다"라는
원칙에 따라 이는 상속될 수 없다. 出口耕自, 論點講義 國際私法(2015), 414면 이하 참조. 채
무의 상속성에 관한 것이나 유사한 취지의 일본 판례가 있다. 즉 캘리포니아에서 발생한 교
통사고의 피해자가 사망한 가해자의 부모(상속인)에게 손해배상청구를 한 사건에서 일본 법
원은 상속의 준거법인 일본법과 불법행위의 준거법인 캘리포니아주법을 누적적용하여 채무
의 상속성이 일본법상은 인정되나 캘리포니아주법상은 인정되지 않는다고 하여 청구를 기각
하였다. 大阪地方裁判所 1987. 2. 27. 判時 제1263호, 32면 참조.

65) Clayton Act의 소개는 법무법인(유한) 태평양, 우리 기업을 위한 미국소송 실무가이드
(2022), 301면 이하 참조. RICO—Act는 "Racketeer Influenced and Corrupt Organization
Act"인데, 증권사기를 포함한 일정한 조직범죄를 하는 일체의 기업에 참여하는 것을 범죄로
규정하고 행위자에 대한 형사처벌(제1963조)과 함께 민사구제(제1964조)를 규정한 연방법
률이다. 민사구제에는 검찰총장에 의한 'equitable remedies'와 피해자에 의한 손해배상청구
가 있는데 3배배상은 후자에 속한다(제1964조 c)항). 개관은 최나진, "미국 조직범죄법
(RICO)에 대한 개관", 조선대학교 법학논총 제22권 제1호(2015. 4.), 185면 이하 참조(다만
국문초록상 RICO—Act의 영문명칭은 부정확하다).

66) 개정연구반 초안 제51조는 다음과 같이 규정하였다. 연구반초안해설, 101면.
"제51조(불법행위로 인한 손해배상책임의 제한)
제49조 또는 제50조의 규정에 의하여 외국법이 적용되는 경우 불법행위로 인한 손해배상청
구권은 그 성격이 피해자의 현실적 손해의 보상을 위한 것이 아니거나 그 범위가 피해자의
적절한 보상을 위해 필요한 정도를 넘는 경우 인정되지 아니한다".

법에 추가된 것으로 독일의 개정된 민법시행법(제40조 제3항)을 참고한 것이다.

우리는 2000년 섭외사법 개정 당시 독일 민법시행법 제40조 제3항의 제1호와 제2호를 수용하면서도 제3호[67]는 수용하지 않았다. 제3호는 "다른 국가의 법에 의한 청구권은 그것이 독일을 구속하는 협약의 책임법적 규정에 반하는 범위 내에서는 주장될 수 없다"라고 명시한다. 즉 준거법인 외국법을 적용하는 경우 그것이 독일이 당사국인 조약의 책임법적 규정에 반하면 별도의 쿠션 없이 외국법을 적용하지 않는다는 것이다. 이 조문은 책임제한을 정한 조약에서 문제 된다.[68]

또한 섭외사법은 불법행위의 효력과 관련하여 기타 처분을 일체 불허하였으나, 국제사법은 구 국제사법과 마찬가지로 이런 제한을 두지 않는다. 따라서 섭외사법에 의하면, 불법행위의 준거법인 외국법이 불법행위에 대한 구제수단으로서 원상회복을 인정하더라도 우리 민법상 원상회복은 원칙적으로 허용되지 않으므로 이는 허용되지 않았다.[69] 그러나 국제사법은 이러한 제한을 두지 않으므로 준거법에 따른 원상회복 또는 그 밖의 처분도 공서에 반하지 않는 한 가능하다.

징벌적 손해배상 또는 과도한 손해배상을 명한 외국판결은 공서에 의해 그 승인 및 집행이 제한될 수 있는데(민사소송법 제217조 제1항 제3호와 제217조의2), 제4항은 그와 유사한 면이 있으나 이는 외국법의 적용을 배제하는 기능을 하고, 민사소송법은 외국판결의 승인 및 집행을 제한하는 기능을 하는 점에서 차이가 있다. 다만 외국판결의 승인 및 집행의 경우에도 외국판결이 지급을 명한 손해배상액이 우리의 잣대에 따라 산정한 것과 다르더라도 어느 정도의 차이는 수인(受忍)해야 하는데,[70] 이는 섭외사법이 아니라 국제사법과 입장을 같이하는 것이라고

즉 이에 의하면 섭외사법에서와 마찬가지로 한국법에 따른 금액으로 제한된다.

67) 제40조 제3항은 아래와 같다.
"다른 국가의 법에 의한 청구권은 다음의 범위 내에서는 주장될 수 없다.
1. 그 청구권이 피해자의 적절한 배상을 위해 필요한 것을 본질적으로 넘는 경우
2. 그 청구권이 피해자의 적절한 배상과는 명백히 다른 목적을 가지는 경우, 또는
3. 그 청구권이 독일을 구속하는 협약의 책임법적 규정에 반하는 경우".

68) 우리가 위 조문을 수용하지 않은 이유는 불분명하다. 위 독일법 제3호의 취지는 MüKo-BGB/Junker EGBGB Art. 40, beck-online, Rn. 110ff. 참조. 조문이 없으므로 그 경우에도 제52조 제4항에 따라야 한다는 견해와 독일처럼 해석해야 한다는 견해가 주장될 수 있다. 2014년 개정 시 추가된 민사소송법 제217조의2 제1항이 "대한민국이 체결한 국제조약의 기본질서"라고 조약을 언급하는 점은 흥미롭다.

69) 신창선, 국제사법(1999), 335면.

70) 이에 관하여는 서울지방법원동부지원 1995. 2. 10. 선고 93가합19069 판결과 석광현, 제1권,

할 수 있다. 제4항이 적용되기 위해서는 공서에 관한 제23조에서 언급한 바와 마찬가지로 당해 사안이 내국관련이 있어야 한다.

이와 관련하여 한 가지 주목할 것은, 제40조에 관한 위의 해설에서 논의한 바와 같이, 지식재산권의 침해의 준거법이 외국법인 경우 그 외국법 적용의 결과 가해자가 과도한 손해배상채무를 부담하게 된다면 그의 적용은 제52조 제4항에 의해 배제될 수 있다는 점이다.

(6) 국제사법 제52조 제4항의 개정 필요성과 해석론

위와 같은 배경하에서 구 국제사법(제32조)이 채택되었고 국제사법(제52조)은 이를 유지하는데, 그 후 "하도급거래 공정화에 관한 법률"(하도급법)(제35조 제2항)을 통하여 2011년 6월 3배배상제도를 처음 도입하고, 이어서 공정거래법에서도 사업자의 부당한 공동행위 등에 대하여 3배배상제도를 도입하였으며, 그 후 개인정보, 근로관계, 지적재산권, 소비자보호 등 다양한 분야에서 개별 법률의 개정을 통해 일정한 행위 유형에 대하여 3배 내지 5배를 한도로 하여 손해전보의 범위를 초과하는 손해배상을 허용하는 규정을 도입하였다.[71] 이런 손해배상법제의 변화가 국제사법 제52조 제4항의 적용에 영향을 미치는지와 제4항의 개정 필요성이 문제 된다.

위 조문의 해석과 직접 관련된 것은 아니고, 3배배상의 지급을 명한 하와이주 재판의 승인 및 집행이 문제 된 사안에서 대법원 2022. 3. 11. 선고 2018다231550 판결이 선고되었는데, 대법원은 아래의 취지로 판시하였다.

381면 이하 참조.

[71] 하도급법은 원사업자는 원칙적으로 수급사업자의 기술자료를 본인 또는 제3자에게 제공하도록 요구하여서는 아니되지만, 예외적으로 정당한 사유를 입증하여 수급사업자에게 기술자료를 요구할 경우에는 요구목적 등 일정한 사항을 해당 수급사업자와 미리 협의하여 정한 후 그 내용을 적은 서면을 해당 수급사업자에게 주어야 하며, 원사업자는 취득한 기술자료를 자기 또는 제3자를 위하여 유용하여서는 아니 된다고 규정한다(제12조의3). 원사업자가 위 조항을 위반하여 취득한 기술자료를 유용함으로써 손해를 입은 자가 있는 경우에는 그 자에게 발생한 손해의 3배를 넘지 아니하는 범위에서 배상책임을 진다(제35조 제2항)(다만, 원사업자가 고의 또는 과실이 없음을 입증한 경우에는 그러하지 아니하다). 이는 우리 법상 처음으로 징벌배상제도를 도입한 것이라고 하나(법률신문 제3966호)(2011. 9. 8. 기사), 통상적인 징벌배상은 아니고 3배배상제도이다. 제35조 제2항 제2호는 5배배상을 규정한다. 국회는 2013. 4. 30. 경제민주화 추진의 일환으로 하도급법 개정안을 의결하여 3배배상의 범위가 확대될 예정인데, 앞으로 제52조와의 관계에서 이를 어떻게 평가할지는 더 검토할 사항이나 하나의 방안은 이를 과도한 손해배상의 문제로 처리하는 것이다.

> "손해배상제도가 손해전보를 원칙으로 하면서도 개별 법률을 통해 특정 영역에서 그에 해당하는 특수한 사정에 맞게 손해전보의 범위를 초과하는 손해배상을 허용하는 점에 비추어 보면, 손해전보의 범위를 초과하는 손해배상을 명하는 외국재판이 손해배상의 원인으로 삼은 행위가 적어도 한국에서 손해전보의 범위를 초과하는 손해배상을 허용하는 개별 법률의 규율 영역에 속하는 경우 그 외국재판의 승인이 손해배상 관련 법률의 기본질서에 현저히 위배되어 허용될 수 없는 정도라고 보기 어렵다. 이때 외국재판에 적용된 외국 법률이 실제 손해액의 일정 배수를 자동적으로 최종 손해배상액으로 정하는 내용이더라도 그것만으로 그 외국재판의 승인을 거부할 수는 없고, 한국의 관련 법률에서 정한 손해배상액의 상한 등을 고려하여 그의 승인 여부를 결정할 수 있다."[72]

이런 취지를 고려한다면 이제는 준거법의 맥락에서도 3배배상의 지급을 규정하는 외국법이 명백히 피해자의 적절한 배상을 위한 것이 아니라고 단정할 수는 없다. 그렇다면 당분간은 위 대법원 판결을 고려하여 3배배상의 지급을 명하는 외국의 법률이, 한국에서 손해전보의 범위를 초과하는 손해배상을 허용하는 개별 법률의 규율 영역에 속하는지 여부에 따라 적용 여부를 판단하여야 하는가라는 의문이 제기된다.

제52조 제4항은 불법행위의 준거법 적용의 맥락에서, 민사소송법 제217조의2는(제217조 제1항 제3호와 더불어) 외국재판 승인의 맥락에서 작동하지만, 한국의 기본적인 도덕적 신념 또는 근본적인 가치관념과 정의관념을 보존하는 방어적 기능을 하는 점은 같으므로 양자의 동조 내지 조화가 필요하다. 저자는 과거 우리 실질법상 3배배상의 확산을 목도하면서 민사소송법 제217조의2의 개정을 제안한 바 있다. 그 후 위 대법원 판결이 나왔다. 위 대법원 판결 전에 저자는 구 국제사법 제32조의 개정안을 제안한 바 있는데[73] 이제는 제52조 제4항의 개정이 현실적

---

72) 소개는 이종욱, "손해전보의 범위를 초과하는 손해배상을 명하는 외국재판의 승인 및 집행 – 공서 요건을 중심으로 – ", 국제거래법연구 제31집 제2권(2022. 12.), 123면 이하 참조.

73) 저자는 2012. 1. 10. 국회에서 개최된 민사소송법 개정안 공청회에서 이 점을 처음 지적하였고 석광현, 국제민사소송법, 434면 이하에서 이를 소개하였다. 그 후 필자는 비전보적 배상(징벌배상과 3배배상)과 과도한 전보적 손해배상을 구분하여 개정안을 제안한 바 있다. 석광현, 정년기념, 524면 이하 참조(이는 2017. 8. 24. 한국국제사법학회 정기연구회 발표 원고에 기초한 국제사법연구 제23권 제2호(2017. 12.), 245면 이하를 수정·보완한 것이다). 하상익, "손해배상에 관한 외국재판의 승인-배액(倍額) 배상제도를 중심으로 – ", 민사재판의 제문제 제27권(2020), 787면 이하도 참조.

과제가 되었다. 국제사법의 해석론으로 문제를 적절히 해결할 수 있는지 의문이 있고 이제는 더 이상 손해배상의 성질에 착안하기 어려우므로(대법원이 실제 손해를 넘는 실질적인 배상의 지급을 명한 외국판결을 승인할 수 있다고 판시하였기에) 제52조 제4항을 개정하는 편이 바람직할 것이다. 그 과정에서 국제사법상 과도한 전보배상의 취급도 정리하고, 입법부와 사법부의 불협화음이 드러난 민사소송법 제217조의2(제217조 제1항 제3호와 함께)도 개정할 수 있을 것이다.[74]

(7) 불법행위의 유형별 특칙의 유보

섭외사법(제45조, 제46조)과 구 국제사법이 별도의 규정을 두고 있는 선박충돌의 경우(제61조, 국제사법 제95조에 상응) 및 지적재산권 침해(제24조, 국제사법 제40조에 상응)의 경우 외에, 제조물책임,[75] 경쟁방해 등 불법행위의 유형별로 특별한 연결원칙을 둘 것인가에 대하여는 과거 개정연구반에서부터 논란이 있었다. 논의 결과 연구반초안은 특수불법행위에 대한 특칙을 명문화하는 것이 어렵고 이미 총칙(구 국제사법 제8조, 국제사법 제21조에 상응)에 예외조항이 있기 때문에 특칙을 두지 않더라도 무방하다는 입장(제1안), 불법행위는 실무상 발생빈도가 높은 중요한 사안이고 그 조문 자체로서 완전한 참고기능을 할 수 있도록 규정을 만드는 것이 바람직하며, 섭외사법의 해석, 적용에 있어 우리 법원이 과거 소극적인 자세를 취

---

74) 위에서는 온건하게 '불협화음'이라고 표현하였다. 석광현, 정년기념, 505면, 528면 이하 참조. 석광현, 정년기념, 30면에서는 "입법부와 사법부의 충돌?"이라고 적었다.

75) 제조물책임에 관한 국제사법상의 논점은 석광현, 제1권, 217면 이하 참조. 근자에는 인공지능(AI)의 활발한 이용에 수반하여 제조물책임이 논의되고 있다. 예컨대 Stefan Arnold, Künstliche Intelligenz und Parteiautonomie - Rechtsfähigkeit und Rechtswahlfähigkeit im internationalen Privatrecht, IPRax (2022), S. 13ff.; Bettina Heiderhoff: Internationale Produkthaftung 4.0 - Welche Wertungen sollten das Kollisionsrecht für autonome Systeme prägen?, IPRax (2021), S. 409ff. 참조. 근자에 김성호, "계약외채무의 준거법에 관한 유럽연합 규정상 제조물책임의 준거법", 국제사법연구 제29권 제2호(2023. 12.), 53면 이하가 있으나 인공지능이 제기하는 제조물책임의 논점은 다루지 않는다. 자율주행과 관련한 실질법의 논의는 한국법학원, 자율주행자동차, 자율운항선박 도입에 따른 상법 및 제조물책임법 개정방안 연구(2023) 참조. 그러나 유체물이 아닌 순수한 소프트웨어 자체는 물건이 아니므로 제조물이 아니다. 이런 문제를 개선하고자 유럽연합은 2022년 9월 제조물의 정의를 확장하는 등 제조물책임지침을 개정한 결과 새로운 제조물책임지침이 제정되었다. 개정지침의 소개는 심소연, "유럽연합(EU) 제조물책임 입법례", 국회도서관 최신외국입법정보 2024-23호 참조. 회원국들은 위 지침에 따라 국내입법을 할 것으로 기대된다. 유럽연합법과 미국법의 비교는 Sarah Sammeck, Die internationale Produkthaftung nach Inkrafttreten der Rom II-VO im Vergleich zu der Rechtslage in den USA (2017) 참조.

한 점을 고려한다면 다소 중복되는 감이 있더라도 특칙을 명문화하는 것이 바람직하다는 입장(제2안)과 스위스 국제사법이나 일본시안(제9조-제12조)과 같이[76] 제조물책임, 경쟁방해, 임미시온 등의 특수불법행위 분야에 관한 준거법 지정의 타당성을 담보하기 위하여 유형별로 명문의 규정을 둘 필요가 있다는 입장(제3안)을 제시하였다.[77] 다만 제3안에 따른 구체적인 문안은 제시되지 않았다.

위원회의 논의 결과 제1안이 채택되었다. 위에 적은 이유 외에도 민법 기타 특별법 등 실질법 분야의 발전이 아직 충분하지 않다는 점과,[78] 1999년에 개정된 독일 민법시행법이 특칙을 두고 있지 않다는 점도 고려되었다. 따라서 국제사법 하에서는 불법행위지법을 적용하는 것이 적절하지 않다고 판단되는 예외적인 경우에는 국제사법 제21조(구 국제사법 제8조에 상응)(예외조항)를 활용함으로써 바람직한 연결원칙을 도입해야 할 것이다. 예컨대 부정경쟁 또는 경쟁제한으로 인한 불법행위의 경우 시장지법을 적용하는 것을 들 수 있다. 주의할 것은, 특수불법행위에 대하여 국제사법 제52조와 제21조를 결합하여 연결원칙을 도출한다면 특수불법행위의 유형에 따라서는 행동지법과 결과발생지법에의 선택적 연결이 배제되거나 수정될 수 있고, 제52조 제2항과 제3항 및 제53조의 적용 여부는 개별적으로 검토해야 한다는 점이다.[79] 즉 특칙을 두어 입법적으로 해결하지 않은 탓에 특수불법행위의 유형별 연결원칙의 결정과 그에 우선하는 원칙의 적용 여부와 범위의 측면에서 불확실성의 요소가 크게 되었다.

---

76) 조문은 장준혁, "일본의 1989년 改正法例 및 1995년 개정시안에 대한 개관", 국제사법연구 제3호(1998), 210면 이하. 그러나 2007. 1. 1.부터 시행된 일본의 법적용통칙법은 제조물책임(제18조)과 명예 또는 신용 훼손(제19조)에 관하여 특칙을 두고 있다.

77) 연구반초안 제49조 제4항은 다음과 같다. 연구반초안해설, 100면, 103면 참조.
"[제1안] 삭제
[제2안] 제조물의 하자, 부정경쟁, 경쟁제한, 인격침해 기타 특수한 유형의 불법행위의 경우 법원은 제1항에 의하여 지정된 준거법을 적용하는 것이 부적절하다는 사정이 명백히 존재한다고 판단하는 때에는 그러한 불법행위의 특성에 비추어 준거법을 달리 적용할 수 있다.
[제3안] 특칙을 두는 방안".

78) 유영일, 147-148면. 당시에는 제조물책임법이 시행되지 않은 이상 제조물책임에 관한 실법 분야의 발전이 충분하지 않다는 취지라고 생각되나, 당시로서도 제조물책임법이 이미 제정되어 2002. 7. 1. 시행될 예정이었으므로 그러한 지적은 다소 의문이었다. 어쨌든 중요한 이유는 저촉법 분야의 연구 부족이었다.

79) 우리 법의 해석론은 석광현, 로마Ⅱ, 296면 이하 참조.

아래에서는 스위스 국제사법과 로마 Ⅱ를 중심으로 불법행위의 유형별 특칙을 간단히 소개한다.[80][81] 그리고 스위스 국제사법과 로마 Ⅱ가 다루는 특수불법행위의 유형은 아니지만 특수한 취급을 받은 국가배상책임을 말미에서 간단히 언급한다.

(가) 제조물책임   스위스 국제사법(제135조)은 헤이그국제사법회의의 1973년 "제조물책임의 준거법에 관한 협약(Convention on the Law Applicable to Products Liability)"을 따르지 않고 별도의 연결원칙을 규정하고 있다. 그에 따르면, 피해자는 가해자의 영업소 소재지 또는 그것이 없는 경우 일상거소지법과 제조물의 취득지법 중 선택할 수 있는바, 피해자에게 선택권을 인정한 것은 그를 두텁게 보호하기 위한 것이다. 그러나 가해자가 제조물이 취득지에서 가해자의 동의 없이 거래된 것을 증명하는 경우 취득지법은 배제되는데, 이는 취득지법이 지나치게 확대되는 것을 막기 위한 것이다. 제조물이 여러 단계를 거쳐 유통된 경우, 피해자가 취득자인가 아니면 제3자인가에 따라 취득지를 달리 결정할 것인가에 관하여는 견해가 나뉘고 있는 것으로 보인다.[82][83]

---

80) 섭외사법의 개정작업을 할 때와 달리 이제는 로마 Ⅱ 규정이 발효되었으므로 이를 참고할 필요가 있다. 2009. 1. 11. 발효한 로마 Ⅱ 규정은 제4조에서 불법행위의 일반적인 연결원칙을 두고, 특수불법행위에 관하여 별도의 연결원칙을 두고 있다. 예컨대 제조물책임(제5조), 부정경쟁과 경쟁제한행위(제6조), 환경손해(제7조), 지적재산권침해(제8조), 쟁의행위(제9조), 공통의 상거소지법(제4조 제2항), 더 밀접한 법률의 적용(제4조 제3항), 당사자합의(제14조). 다만 명예훼손은 장래의 과제로 미루었다. 계약체결상의 과실책임에 대하여는 불법행위가 아닌 별도의 쟁점으로 성질결정하여 특칙(제12조)을 둔다. 상세는 석광현, 정년기념, 259면 이하; 이종혁, "불법행위의 준거법에 관한 우리 국제사법과 로마 Ⅱ 규정의 비교연구", 국제사법연구 제25권 제2호(2019. 12.), 221면 이하 참조. 또한 우리나라도 공정거래법(제3조)에 역외적용에 관한 규정을 두었으므로 과거와는 상황이 다르며 제3조의 국제사법적 함의를 검토하여야 한다.

81) 특수불법행위의 준거법 결정에 관한 우리 구 국제사법의 해석론은 석광현, 로마 Ⅱ, 296면 이하 참조. 제조물책임에 관하여는 한승수, "계약외채무의 준거법에 관한 유럽연합 규정(로마 Ⅱ규정)과 우리 국제사법상 제조물책임의 준거법 – 개정 제조물책임법에 관한 논의를 포함하여 –", 서울法學 제26권 제1호(2018), 143면 이하; 김용진, "Rome Ⅱ – 법상 특별연결규정에 관한 분석과 한·EU FTA에 미치는 영향 – 제조물책임소송에의 준거법을 중심으로 –", 인권과 정의 제417호(2011), 76면 이하 참조.

82) 과거 독일의 학설은 MünchKomm/Kreuzer, Band 10: EGBGB, 3. Auflage (1998), Art. 38 Rn. 200f. 참조. 이제는 로마 Ⅱ 제5조에 의하여 규율된다. 해석론은 석광현, 로마 Ⅱ, 276면 이하; 김성호, "계약외채무의 준거법에 관한 유럽연합 규정(로마 Ⅱ)상 제조물책임의 준거법", 국제사법연구 제29권 제2호(2023. 12.). 53면 이하 참조.

83) 주목할 것은 섭외사법하의 것이기는 하나 위에서 보았듯이 고엽제소송에서 제조물책임의 준

참고로 일본의 법적용통칙법은 제조물책임의 준거법에 관한 특칙을 두는데, 동법 제18조는 제조물책임은 피해자가 생산물의 인도를 받은 곳의 법에 의하나, 다만 그곳에서 생산물의 인도가 통상 예견할 수 없는 것이었던 때는, 생산업자 등의 주된 사업소 소재지법에 의한다는 취지로 규정한다. 논란이 있으나, 위 제18조는 고엽제소송의 경우와 같이 유통경로를 통하여 물품을 취득한 자가 아닌 제3자(이른바 bystander)가 피해자인 경우에는 적용되지 않는 것으로 해석된다.

중국 섭외민사관계법률적용법도 제조물책임의 준거법을 명시한다. 제45조에 따르면 제조물책임은 피해자의 일상거소지 법률에 의하고, 피해자는 가해자의 주된 영업지 법률 또는 손해발생지 법률의 적용을 선택하거나 또는 가해자가 피해자의 일상거소지에서 관련된 경영활동을 하지 않는 경우에는 가해자의 주된 영업지 법률 또는 손해발생지 법률에 의한다.

주목할 것은 로마Ⅱ규정의 연결원칙이다. 즉 로마Ⅱ규정(제5조 제1항)에 따르면 제조물책임의 준거법은, 당해 국가에서 제조물이 판매된 것을 전제로, ① 피해

거법에 관한 판결이 선고된 점이다. 즉 서울지방법원 2002. 5. 23. 선고 99가합84123 판결은 섭외사법 제13조 제1항의 해석론으로서 "원인된 사실이 발생한 곳이라 함은 불법행위를 한 가해행위지뿐만 아니라 손해의 결과발생지도 포함하고, 특히 불법행위의 특수한 유형인 제조물책임 소송에 있어서 가해행위지는 생산지, 취득지, 시장유통지뿐만 아니라 사용지까지 모두 포함하는 개념이라고 봄이 상당하므로 당해 사건의 준거법은 가해행위지법으로서 생산지법인 미합중국법, 사용지법인 월남법, 결과발생지법으로서 대한민국법이라 할 것"이라는 취지로 판시하고, 나아가 "준거법이 복수로 지정된 경우에는 … 각 준거법을 적용하였을 때 원고가 다른 준거법을 적용할 때보다 더 유리한 판결을 받을 수 있는 준거법이 있다면 그 법률을 적용할 수 있다고 할 것이고, 그 유리·불리의 여부는 법원이 아닌 원고가 판단하여야 할 것이다(각 준거법의 택일적 적용 또는 주장도 가능하다고 볼 것이다). 다만, 선택된 준거법은 의의, 요건, 효과 등 당해 법률관계에 전체적으로 적용되어야 하므로, 원고는 각 준거법으로부터 자신에게 유리한 일부 요건이나 효과만을 선택적으로 추출하여 주장할 수는 없다"라는 취지로 판시한 바 있다. 서울고등법원 2006. 1. 26. 선고 2002나32662 판결도 대체로 동지로 판시하였으나, 원고가 복수의 준거법이 적용될 수 있는 상황에서 특정한 준거법이 시행되는 국가를 법정지로 선택한 것은 특별한 사정이 없는 한 그 법정지의 법률을 적용받고자 하는 의사를 표시한 것으로 해석함이 합리적이라는 이유로 한국법을 준거법으로 적용하여야 한다고 판단한 점에서 차이가 있다. 대법원 2013. 7. 12. 선고 2006다17539 판결은 염소성 여드름 피해자 39명에 대해 배상책임을 인정한 원심을 확정하고 나머지 피해자들에 대해서는 패소 취지로 사건을 서울고등법원으로 환송하였는데, 이도 섭외사법상 불법행위에서 그 원인이 된 사실이 발생한 곳에는 불법행위를 한 행동지뿐만 아니라 손해의 결과발생지도 포함된다(대법원 1994. 1. 28. 선고 93다18167 판결 등 참조)는 것을 전제로 원심의 판단은 정당하다고 판시하였다. 그러나 위 대법원판결은 명시적으로 피해자가 준거법을 선택할 수 있다고 설시하지는 않았다.

자의 일상거소 소재지법, ② 제조물 취득지법과 ③ 결과발생지법의 순으로 준거법이 된다. 다만 그런 국가에서 당해 제조물이나 동종의 물건이 판매되리라고 합리적으로 예견될 수 없었던 경우에는 ④ 책임이 있다고 주장된 자의 일상거소 소재지법이 준거법이 된다. 그러나 당사자들은 준거법을 합의할 수 있고, 책임이 있다고 주장된 자와 손해를 입은 자가 손해발생 시에 그들의 일상거소를 동일한 국가에 가지고 있는 경우에는 그 국가의 법이 적용되며, 제반사정에 비추어 제1항에서 정한 국가보다 더욱 밀접하게 관련된 국가가 있으면 그 다른 국가의 법이 적용된다. 이는 당사자 간에 기존에 존재하던 계약관계에 근거하여 발생할 수 있다.

헤이그제조물책임협약, 스위스 국제사법(제135조), 일본 법적용통칙법(제18조)과 중국 법률적용법(제45조)이 로마Ⅱ규정과 상이한 연결원칙을 두고 있음은 주목할 만하다.

(나) 경쟁제한으로 인한 불법행위   스위스 국제사법(제137조)에 의하면, 경쟁방해에 기한 청구권은 그 국가의 시장에서 피해자가 방해에 의하여 직접 영향을 입은 국가의 법에 의한다(제1항). 이는 이른바 '영향이론' 또는 '효과이론(Auswirkungsprinzip)'을 규정한 것이다.[84] 왜냐하면 독점규제 및 경쟁제한에 의한 불법행위의 경우 경쟁자의 개인적인 이익만이 아니라 다른 시장참여자, 특히 소비자와 공중의 이익의 보호도 문제 되기 때문에 종래부터 일반불법행위와는 달리 시장지의 법이 중요한 의미를 가지는 것으로 이해되었다.[85]

---

84) 오스트리아 국제사법(제48조 제2항)도 이와 유사한 규정을 두고 있다. 공정거래법의 역외적용에 관한 국제사법적 분석으로는 장준혁, "法廷地 獨占禁止法의 屬地的 適用範圍 ― 美國判例의 比較研究 ―", 서울대학교 대학원 법학박사학위논문(2002) 참조. 우리 공정거래법의 해석론은 186면 이하 참조. 공정거래법의 공법적 측면은 유럽연합 기능조약의 역외적용을 정한 제101조 및 제102조에 의하여 규율된다. 영향이론을 명시한 로마Ⅱ(제6조 제3항)는 양면적 저촉규정인 데 반하여 유럽연합기능조약의 조문은 역외적용을 규정한다. 따라서 양자의 관계가 문제 된다. 만일 우리 공정거래법 제3조가 공법적 규제만을 규정한 것이라면 우리의 상황도 유럽연합과 유사하나, 만일 공정거래법 제3조가 공법적 규제와 민사책임을 함께 규정한 것이라면 우리나라에서는 민사책임에 관하여는 공정거래법 제3조와 국제사법 제52조의 관계가 문제 된다.

85) 과거 독일 학설은 MünchKomm/Kreuzer, Band 10: EGBGB, 3. Auflage (1998), Art. 38 Rn. 231f. 참조. 이제는 로마Ⅱ에 의하여 규율된다. 석광현, 로마Ⅱ, 266면 이하 참조. 과거 일본시안 제11조(경쟁침해)는 다음과 같이 규정하였다.
"[甲안] 시장에 있어서의 경쟁의 자유 또는 공정을 침해하는 행위에 기한 책임은 그 행위의 효과가 발생한 시장지의 법률에 의한다.
[乙안] 부정경쟁행위에 기한 책임은 그 행위의 효과가 발생한 시장지의 법률에 의한다".

주목할 것은 2009. 1. 11. 발효된 유럽연합의 로마Ⅱ규정 제6조 제3항 (a)호는, 경쟁제한으로 인하여 발생하는 계약외채무의 준거법은 그의 시장이 영향을 받거나 받을 가능성이 있는 국가의 법이 된다고 명시하는 점이다. 영향을 받은 시장이 복수국가에 존재하는 경우에 관하여는 제3항 (b)호에서 특칙을 두고 있는데, 그에 따르면 시장이 두 개 이상의 국가에서 영향을 받거나 받을 것 같은 경우에는, 피고의 주소지 법원에서 손해배상을 구하는 자는 영향을 받은 국가 대신 법정지법을 선택하여 그의 청구의 기초로 삼을 수 있다.

우리나라의 공정거래법도 사업자 또는 사업자단체는 공정거래법을 위반함으로써 피해를 입은 자가 있는 경우에는 해당 피해자에 대하여 손해배상책임을 진다고 규정한다(제109조 제1항).[86] 공정거래법위반을 이유로 한 사인(私人)의 금지청구의 허용 여부 및 손해배상과 관련한 논점들, 특히 손해액의 산정도 준거법에 따라 차이가 있다.[87]

(다) 부정경쟁으로 인한 불법행위   스위스 국제사법(제136조)에 의하면, 부정경쟁에 기한 청구권은 그 국가의 시장에서 부정경쟁이 효력을 발휘하는 국가의 법에 의하고, 다만 권리침해가 오로지 피해자의 영업상의 이익에 대하여만 향하여져 있는 때에는 당해 영업소가 소재하는 국가의 법에 의한다. 이도 '영향이론' 또는 '효과이론'을 규정한 것이다. 왜냐하면 부정경쟁에 의한 불법행위의 경우 경쟁자의 개인적인 이익만이 아니라 다른 시장참여자, 특히 소비자와 공중의 이익의 보호도 문제 되므로 종래부터 일반불법행위와는 달리 시장지의 법이 중요한 의미를 가지는 것으로 이해되기 때문이다.

로마Ⅱ규정에 따르면, 부정경쟁행위로부터 발생하는 계약외채무의 준거법은 그곳에서 경쟁관계 또는 소비자의 집단적 이익이 영향을 받거나 또는 영향을 받을

---

86) 법인의 대표기관이 직무에 관하여 또는 업무집행으로 인하여 불법행위를 한 경우가 아닌 한 상법상 주식회사에 대하여는 원칙적으로 민법 제750조에 근거한 손해배상책임을 물을 수 없다(대법원 2011. 7. 28. 선고 2010다103017 판결 등 참조). 반면에 공정거래법 위반행위의 경우 일반 불법행위와 달리 위반행위를 한 행위자 개인의 손해배상책임을 고려하지 않고 사업자의 손해배상책임을 인정하는 점에 특색이 있다. 또한 공정거래법 제109조 제2항은 3배 배상을 규정하고 있음을 주목하여야 한다.

87) 간단히는 장승화, "독점금지법상 금지청구와 손해배상청구", 인권과정의 통권 제299호(2001. 7.), 52면 이하 참조. 우리나라에서도 카르텔 사법의 문제를 직접 다룬 서울중앙지방법원 2023. 11. 23. 선고 2014가합504385 판결(미확정), 즉 초박막액정표시장치(TFT-LCD) 부당공동행위 사건 판결이 선고되었는데, 이는 아래에서 소개한다.

것 같은 국가의 법이나(제6조 제1항), 부정경쟁행위가 전적으로 특정한 경쟁자의 이익에 영향을 미치는 경우―이는 예컨대 영업비밀 침해의 경우[88]를 포함한다― 제4조에 따라 결정된다(제6조 제2항). 경쟁제한으로부터 발생하는 계약외채무에 대해 시장지법을 적용하는 것과 달리 제1항은 '영향을 받은 시장(affected market)'이라는 개념을 사용하지 않지만 시장지와 동일시하는 견해가 다수설로 보인다.

  (라) 인격권침해 또는 명예훼손   스위스 국제사법(제139조)은 언론매체 특히 신문, 잡지, 라디오, 텔레비전, 또는 기타 공개적인 정보수단에 의한 인격의 침해에 기한 청구권에 관하여 피해자의 일상거소지법을 준거법으로 지정한다. 이는 Restatement (Second)(제149조, 제150조)와 유사하나, 스위스 국제사법은 그 밖에 가해자의 영업소 또는 일상거소지법과 결과발생지법 중의 선택을 허용하므로 독일 민법시행법에서 본 바와 같은 문제로부터 자유롭지 못하다.[89] 특히 인격권침해 또는 명예훼손의 문제는 헌법상의 표현의 자유와 결부되므로 한편으로는 표현

---

88) 로마Ⅱ규정(제6조 제1항)은 부정경쟁행위로부터 발생하는 비계약채무의 준거법은, 그곳에서 경쟁적 관계 또는 소비자의 집단적 이익이 영향을 받거나 또는 영향을 받을 것 같은 국가의 법이라고 명시한다. 이는 통상은 시장지법일 것이다. 다만 부정경쟁행위가 전적으로 특정한 경쟁자의 이익에만 영향을 미치는 경우 결과발생지법이 준거법이 된다. 상세는 석광현, "계약외채무의 준거법에 관한 유럽연합 규정(로마Ⅱ)", 서울대학교 법학 제52권 제3호(통권 제160호)(2011. 9.), 266면 이하; 석광현, 제6권, 259면 이하 참조. 종래 우리나라에서 문제 된 사건은 영향을 받는 국가가 한국이기 때문에 우리 법이 준거법이 된 경우라고 할 수 있다. 한편 영업비밀 침해의 결과발생지를 결정함에 있어 보호대상을 영업비밀 자체라고 보면 이는 영업비밀을 침해하는 행위지(즉 부정취득 또는 부정사용지)인 데 반하여, 보호대상을 영업이익(business interest)이라고 본다면 그 비밀을 이용해서 제조하는 물품의 판매지가 결과발생지가 될 여지가 있다고 할 수도 있다. 지재권에 관한 제40조의 해설에서 논의한 바와 같이(참고 1. 우리 법상 영업비밀 침해의 준거법 참조), 우리나라에서는 영업비밀 침해의 준거법에 관하여는 견해가 나뉜다. 예컨대 조영선, "영업비밀 침해로 인한 국제소송에 관한 검토―준거법 문제를 중심으로―", 지식재산연구 제12권 제2호(2017. 6.), 113면 이하는 구 국제사법 제32조(국제사법 제52조에 상응)를 적용하는 데 반하여 최정열·이규호, 부정경쟁방지법 제2판(2017), 509면은 구 국제사법 제24조(국제사법 제40조에 상응)를 적용한다. 이규호, "영업비밀보호법제의 역외적용", 국제거래법연구 제22집 제1호(2022. 7.), 243면 이하도 참조.

89) 로마Ⅱ는 이를 규율하지 않으며 그에 관한 통일규칙의 도입은 연기되었다. 독일 학설은 MünchKomm/Junker, Band 11, Art. 40 Rn. 72f. 참조. 과거 일본시안 제10조(미디어에 의한 인격권침해)는 다음과 같이 규정하였다.
"[甲안] 출판, 방송 기타 불특정다수인에 대한 정보제공수단에 의한 인격권의 침해에 기한 책임은 피해자의 상거소지법에 의한다.
[乙안] 출판, 방송 기타 불특정다수인에 대한 정보제공수단에 의한 인격권의 침해에 기한 책임은 손해가 발생한 곳의 법률에 의한다".

의 자유와, 다른 한편으로는 인격권과 명예의 보호라는 대립하는 법익을 국제사
법적으로 어떻게 형량(衡量)할 것인가라는 어려운 문제를 초래한다. 이런 이유로
유럽연합에서는 로마Ⅱ규정을 채택하면서도 프라이버시와 명예훼손을 포함하여
인격에 관련되는 권리들에 대한 침해로부터 발생하는 계약외채무를 그 적용범위
로부터 제외하고 그에 대한 작업은 뒤로 미루었다(제30조 참조).[90] 반면에 일본 법
적용통칙법(제19조)과 중국의 섭외민사관계법률적용법(제46조)은 규정을 두는데,
양자는 모두 피해자의 일상거소지법을 준거법으로 지정한다.[91]

---

90) 그 후의 논의는 http://conflictoflaws.net에서 Rome Ⅱ Defamation 참조. 이에 대한 입법은
아직도 이루어지지 않고 있으며 입법작업은 휴면상태에 있다. EU의 논의는 천창민, "법정채
권의 준거법 분야 국제사법 개정 검토-주요국 국제사법 관련 규정의 비교를 중심으로-",
국제사법연구 제28권 제1호(2022. 6.), 408면 이하 참조. 우리 실질법상의 논의는 우선 김시
철, "언론·출판의 자유와 인격권의 대립과 조화에 대한 비교법적 검토-미국의 언론·출판
의 자유에 관한 우월적 지위이론, 현실적 악의 원칙 등에 관하여-", 저스티스 통권 제147호
(2015. 4.), 53면 이하 참조. 실질법 관한 것이기는 하나 대법원 2023. 4. 13. 선고 2020다
253423 판결은 초상권 침해행위의 위법성 조각 여부에 대한 판단기준을 제시한 바 있다. 참
고로 표현의 자유를 중시하는 미국에서는 빅테크 플랫폼의 이용자들이 명예훼손의 글을 게
시한 경우 플랫폼은 1996년 통신품위법(Communications Decency Act) 제230조에 의하여
면책될 수 있다. 반면에 대법원 2009. 4. 16. 선고 2008다53812 전원합의체 판결(인터넷포털
명예훼손책임 사건 판결)은 플랫폼은 명예훼손의 피해자로부터 게시물 삭제요구를 받은 때
만이 아니라 요구를 받지 않은 경우에도 명예훼손 게시물이 플랫폼에 기재되지 않도록 차단
할 의무가 있고 이를 게을리한 경우 명예훼손으로 인한 손해배상책임을 진다는 취지로 판시
하였으므로 준거법에 따라 결론이 달라질 수 있다. 우리 판결은 정보통신망법에 따라 도출
된 결론인데, 인터넷에서의 자유를 위축시키는 사이버 검열을 조장하는 판결이라는 비판을
받기도 하였다. 평석은 우선 양형우, "명예훼손에 대한 인터넷 종합 정보제공사업자의 손해
배상책임-대법원 2009. 4. 6. 선고 2008다53812 판결-", 재산법연구 제26권 제2호(2009.
1.), 171면 이하 참조. 미국에서도 제230조의 개폐를 둘러싼 논의가 활발하다. 나아가 외국
판결의 승인 및 집행의 맥락에서도 미국의 2010년 SPEECH (Securing the Protection of
our Enduring and Established Constitutional Heritage) Act 제3조(Recognition of Foreign
Defamation Judgments)는 피고의 행위가 미국 수정헌법 제1조가 정한 free speech right의
행사로서 정당화될 수 있는 경우에는 외국의 명예훼손 판결의 승인 및 집행을 거부하도록
하고자 United States Code, Title 28 (Judiciary and Judicial Procedure), Part Ⅵ
(Particular Proceedings)의 말미에 Chapter 181 (Foreign Judgment)을 추가하였다.
91) 전자는 명예 또는 신용의 훼손 일반에 관하여 규정하나("제17조의 규정에도 불구하고, 타인
의 명예 또는 신용을 훼손하는 불법행위에 의해서 생기는 채권의 성립 및 효력은, 피해자의
일상거소지법(피해자가 법인 그 밖의 사단 또는 재단인 경우에는 그 주된 사업소의 소재지
법)에 의한다"), 후자는 인터넷 또는 기타 방식으로 성명권, 초상권, 명예권, 사생활권 등 인
격권을 침해하는 경우에 관하여만 규정한다("인터넷 또는 기타 방식으로 성명권, 초상권, 명
예권, 사생활권 등 인격권을 침해하는 경우에는 피해자의 일상거소지 법률에 의한다"). 다만
일본법상 프라이버시권 침해에 대하여 명예훼손과 동일하게 제19조를 적용할지 아니면 제

가상공간에서의 인격권침해 또는 명예훼손의 경우에도 위에서 본 것과 유사한 문제가 제기된다. 이러한 전통적인 접근방법과 달리 새로운 접근방법이 주장되고 있음은 주목할 만하다. 즉, Fiona Shevill and a.c. v. Presse Alliance S. A. 사건에서 유럽사법재판소의 1995. 3. 7. 판결은 불법행위지의 특별관할을 규정한 브뤼셀협약 제5조 제3호의 해석에 관하여 신문사 소재지와 신문이 배포된 국가의 재판관할을 모두 인정하였으나, 전자에서는 모든 손해의 배상에 대해 재판관할이 있으나, 후자에서는 당해 국가에서 발생한 손해의 배상에 대하여만 재판관할이 있다는 취지로 판결하였다.

위 사건의 쟁점은 국제재판관할의 문제였으나, 이러한 논의를 불법행위의 준거법에 대하여도 유추적용하려는 견해가 유력하다. 즉 유럽사법재판소가 취한 이른바 '모자이크시스템'에 의하면, 행동지법은 모든 손해의 준거법이 될 수 있으나, 결과발생지법을 준거법으로 하는 경우 이는 그곳에서 발생한 손해에 대하여만 적용된다는 것이다. 이에 의하면 준거법을 달리하는 복수의 불법행위가 병존하게 된다. 독일에서는 인터넷 또는 언론에 의한 인격권침해의 경우 모자이크방식이 전통적인 판례의 태도라고 한다.[92]

요컨대 현재로서는 매스미디어에 의한 명예훼손, 또는 결과발생지가 극도로 확대되는 가상공간에서의 명예훼손의 경우, 복수의 결과발생지법 중 피해자에게 가장 유리한 법을 적용하는 방안은 비현실적이라는 점에서 대안을 찾는 다양한

17조를 적용할지는 견해가 나뉜다고 한다. 천창민, "명예훼손의 국제재판관할과 준거법－일본의 관련 판례를 소재로－", 국제사법연구 제29권 제1호(2023. 6.), 492면 이하 참조. 근자의 논의는 김효정, "인터넷에 의한 명예훼손의 준거법", 국제사법연구 제30권 제1호(2024. 6.), 241면 이하; Symeon C. Symeonides, Infringement of Personality Rights via the Internet: Jurisdiction and Choice of Law, 2 Lex and Forum 311 (2022) 참조. *Institut de Droit International*은 2019년 "인터넷의 사용에 의한 인격권 침해: 재판관할, 준거법 및 외국재판의 승인(Injuries to Rights of Personality Through the Use of the Internet: Jurisdiction, Applicable Law and Recognition of Foreign Judgments)"이라는 제목의 결의(resolution)를 채택하였는데 이는 인터넷에 의한 인격권침해의 국제재판관할, 준거법과 외국재판의 승인에 관한 규범 체계를 제시한다. 소개는 위 김효정, 8면 이하 참조. 외국 문헌은 Dan Jerker B. Svantesson & Symeon C. Symeonides, Cross－border internet defa－mation conflicts and what to do about them: Two Proposals, 19 Journal of Private International Law 137 (2023); Symeon C. Symeonides, Cross－Border Infringement of Personality Rights via the Internet: A Resolution of the Institute of International Law (2021) 참조.

92) MüKoBGB/Junker, 8. Aufl. 2021, EGBGB Art. 40 Rn. 33.

견해가 주장되고 있고, 그 예로서는 행동지법 또는 피해자의 주소지법(또는 일상거소지법)을 준거법으로 하는 단일한 불법행위가 있다고 보는 견해와 결과발생지별로 준거법을 달리하는 복수의 불법행위가 있다고 보는 견해(이른바 모자이크시스템) 등이 있는바, 앞으로의 추이를 지켜보아야 할 것이다.[93]

(마) 환경오염　　　　환경오염, 그중에서도 부동산으로부터 나오는 가해적인 작용에 기한 청구권의 성질결정을 물권으로 할 것인지, 아니면 불법행위로 할 것인지가 논란이 있으나, 스위스 국제사법(제138조)은 이를 불법행위로 보고 피해자의 선택에 따라 그 부동산이 소재하는 국가의 법 또는 그 작용의 결과가 발생한 국가의 법에 의하도록 규정한다.[94]

(바) 계약체결상의 과실책임　　　　계약체결상의 과실책임은 예컨대 M&A 거래를 위한 협상과정에서 협상이 부당파기되거나 계약이 체결되더라도 경우 개시의무 위반(예컨대 불실표시)이 있는 경우 의미가 있는데, 그 책임의 준거법이 문제된다.[95] 계약체결상의 과실책임이 계약의 준거법에 따를 사항인지 아니면 불법행위책임으로서 그 준거법이 따를 사항인지, 아니면 제3의 범주에 속하는 것으로서 독자적인 연결원칙에 따를 사항인지도 문제 된다.[96]

---

93) 가상공간에서의 불법행위의 유형에 따른 행동지와 결과발생지의 결정과 준거법의 검토는 정진명, "가상공간상의 불법행위에 대한 법적 책임 — 저촉법상의 문제를 포함하여 —", 비교사법 제9권 제3호(통권 제18호)(2002. 10.), 226면 이하 참조. 이 견해는 본문에 적은 모자이크 시스템을 지지하고 있으나 일관성이 부족해 보인다. 상세와 우리 법의 입법론은 김효정, "인터넷에 의한 명예훼손의 준거법", 국제사법연구 제30권 제1호(2024. 6.), 241면 이하 참조.

94) 과거 독일의 학설은 MünchKomm/Kreuzer, Band 10: EGBGB, 3. Auflage (1998), Art. 38 Rn. 257f. 참조. 현재는 로마Ⅱ(제7조)에 의하여 규율된다. 석광현, 로마Ⅱ, 271면 이하 참조. 일본시안 제12조(환경오염)는 다음과 같았다.
"환경오염에 의하여 발생한 손해에 대한 책임은 손해가 발생한 곳의 법률에 의한다".

95) M&A의 저촉법적 논점은 정준혁, "국제 M&A 거래의 준거법에 관한 시론", 국제사법연구 제27권 제1호(2021. 6.), 273면 이하; 계약체결상의 과실의 준거법은 최흥섭, "국제사법에서 「계약체결상의 과실」의 준거법", 인하대학교 법학연구, 제15집 제3호(2012. 11.), 527면 이하 참조.

96) 이에 관하여는 우선 최흥섭, "국제사법에서 「계약체결상의 과실」의 준거법", 법학연구, 제15집 제3호(2012), 528면 이하는 우리 국제사법의 해석론으로서 계약체결상의 과실을 5개의 유형으로 구분하여 사안에 따라 불법행위 또는 계약으로 성질결정하고 그에 따른 연결원칙을 적용하면 되고, 입법론으로는 별도 연결원칙을 두지 않는 것이 적절하다고 본다. 교섭의 부당파기에 관하여는 불법행위로 성질결정하되 그 준거법은 가정적 계약에 종속적으로 연결한다. 이는 성질결정의 차원에서는 로마Ⅱ(제12조 제1항)와 다르지만 준거법에 관한 결론은 같다. 아마도 구 국제사법 제32조와 제8조의 결합으로부터 그런 결론을 도출하는 것으로 짐작

(사) 국가배상책임　　　　우리 실질법상 국가배상책임이 공법상의 책임인지 아니면 민사불법행위인지는 논란이 있다. 즉 학설은 대체로 국가배상법은 공법에 속한다고 보나,[97] 우리 법원은 국가배상소송을 민사소송으로 취급하고 국가배상법이 민법의 특별법이라고 본다.[98] 만일 국가배상책임을 공법상의 책임으로 이해한다면 국제사법에서 다룰 이유가 없으나, 만일 이를 민사불법행위로 취급한다면 통상의 불법행위의 준거법을 적용할지 아니면 국가배상법을 적용할지(만일 국가배상섭을 적용한다면 그 근거는 무엇인지) 문제 된다.

독일의 다수설과 판례는 국가배상책임 중에서 고권적 행위(hoheitliches Handeln)로 인한 책임에 대하여는 해당 국가의 국가배상법이 적용되는 반면에, 비고권적 행위에 대한 책임은 통상의 준거법 결정규칙에 따른다고 본다.[99] 고권적 행위와 비고권적 행위의 구별은 재판권면제에 대한 제한적 주권면제론의 기준이 사용된다. 국가배상법의 법적 성질을 공법이라고 보면 이런 설명이 설득력이 있다. 그러나 우리 대법원처럼 국가배상소송을 민사소송으로 취급하고 국가배상법이 민법의 특별법이라고 본다면[100] 국가배상책임에도 국제사법을 적용할 여지가 있다. 다만 그렇더라도 국가배상법은 국가의 책임을 특별히 규율하기 위한 법률이므로 동법의 적용범위에 속하는 한 준거법에 관계없이 국가배상법에 따른 책임을 진다거나, 준거법이 한국법인 경우 국가배상법이 민법의 특별법으로서 적용된다고 설명할 여지가 있다.[101]

우리 하급심 판결의 태도는 아직 불분명하나 나뉘어 있는 것으로 보인다. 예컨대 서울중앙지방법원 2021. 1. 8. 선고 2016가합505092 판결은 위안부 사건에서 "일본 정부는 원고들에게 1인당 1억 원을 지급하라"라고 판결하였는데, 이는 원고들이 한국법을 준거법으로 하여 피고의 불법행위책임을 묻고 있으므로 피고의 불법행위에 기한 손해배상청구권이 성립 여부의 준거법은 한국법이라고 판시하였다. 이는 일본 정부 책임의 준거법이 국제사법에 의하여 지정될 수 있음을 전

된다. 문제는 가정적 계약의 준거법을 어떻게 결정하는가이다.

97) 학설의 소개는 이종혁, 국가배상 저촉법, 294면 이하 참조.

98) 대법원 1962. 3. 15. 선고 4294민상1083 판결, 대법원 1971. 4. 6. 선고 70다2955 판결, 대법원 1975. 5. 27. 선고 75다300 판결 등.

99) Kropholler, S. 534f. 소개는 이종혁, 국가배상 저촉법, 297면 이하 참조.

100) 대법원 1962. 3. 15. 선고 4294민상1083 판결; 대법원 1975. 5. 27. 선고 75다300 판결 등.

101) 우리 법상 학설과 서울중앙지방법원 2023. 2. 7. 선고 2020가단5110659 판결에 대한 평가는 이종혁, 국가배상 저촉법, 300면 이하 참조.

제로 하는 것으로 보인다.[102] 한편 서울중앙지방법원 2023. 2. 7. 선고 2020가단
5110659 판결[103]은 베트남인인 피해자가, 베트남전쟁 당시 한국 해병 제2여단 소
속 군인들이 원고가 살고 있던 마을에서 작전 수행 중 고의로 민간인인 원고와
원고의 오빠에게 상해를 가하고, 원고의 나머지 가족들을 살해하였다고 주장하면
서 한국을 상대로 손해배상을 청구한 사건에서 우리 국가배상법과 민법을 적용하
여 한국의 국가배상책임을 인정한 바 있다. 항소심인 서울중앙지방법원 2025. 1.
17. 선고 2023나14901 판결도 한국의 국가배상책임을 인정하고 항소를 기각하였
다. 주목할 것은 항소심 판결은 "원고가 대한민국 국군의 작전 수행 중 행위로 인
한 피해에 관하여 대한민국의 국가배상책임을 추궁하는 이 사건 사안에는 구 섭
외사법의 적용 또는 그에 의한 매개 없이 국가배상법을 비롯한 대한민국의 법령
이 곧바로 적용되어야 한다"라고 판시한 점이다.

(8) 섭외사법 개정 후 도입된 특별법에 의한 특수불법행위의 준거법[104]

(가) 독점규제 및 공정거래에 관한 법률 위반으로 인한 민사책임　　　흑연전극봉
사건에서 대법원 2006. 3. 24. 선고 2004두11275 판결은, 역외적용을 명시한 규정
이 없던 구 공정거래법의 해석론으로 동법의 역외적용을 최초로 긍정하였는데,
동 사건의 대법원 계속 중 국회는 역외적용을 명시하는 제2조의2를 신설하였고
이는 현재 아래와 같은 제3조가 되었다.

> **제3조(국외에서의 행위에 대한 적용)** 국외에서 이루어진 행위라도 그 행위가 국내 시
> 장에 영향을 미치는 경우에는 이 법을 적용한다.[105]

---

102) 반면에 다른 위안부 사건인 서울중앙지방법원 2021. 4. 21. 선고 2016가합580239 판결(이
　　용수 할머니 등 사건)에서 법원은 재판권이 없다는 이유로 소를 각하하였으나 항소심인 서
　　울고등법원 2023. 11. 23. 선고 2017165 판결은 제1심판결을 취소하고 원고들의 청구를 일
　　부 인용하는 판결을 하였다.
103) 소개와 평가는 이종혁, 국가배상 저촉법, 300면 이하 참조.
104) 여기에서는 이를 특수불법행위의 문제로 논의하나, 아래에서 보듯이 공정거래법과 자본시
　　장법의 역외적용을 명시한 조항들은 불법행위의 범위를 넘어서 행정규제와 형사규제에 있
　　어서도 의미를 가진다는 점을 유념해야 한다. 즉 여기의 논의는 공정거래법과 자본시장법
　　의 국제적 적용범위라는 논점의 일부만을 다룬 것이다.
105) 구법은 "제2조의2(국외행위에 대한 적용) 이 법은 국외에서 이루어진 행위라도 국내시장에
　　영향을 미치는 경우에는 적용한다"라고 규정하였다.

이는 주로 공정거래위원회에 의한 행정규제(예컨대 시정명령과 과징금의 납부명령)를 염두에 둔 것으로 보인다. 그러나 행정규제 외에도 공정거래법 위반으로 인한 민사책임의 문제가 있는데, 제3조가 그 맥락에서도 의미가 있는지는 논란의 여지가 있다. 저자는 전판에서 이 점을 지적하였으나 공정거래법 전문가들은 제3조가 민사책임의 맥락에서 가지는 의미에 대하여는 아직 별 관심을 가지지 않는 것 같다.

우선 위 조문상 '국내시장에 영향을 미치는 경우'의 의미가 문제 되는데, 대법원은 이를 제한적으로 해석하고 있다. 예컨대 대법원 2014. 12. 24. 선고 2012두6216 판결(항공화물운임 담합 사건 중 에어프랑스-케이엘엠(Air France-KLM) 사건)106)은 "구 '독점규제 및 공정거래에 관한 법률'(2007. 8. 3. 법률 제8631호로 개정되기 전의 것, 이하 '공정거래법'이라고 한다) 제2조의2가 국외행위에 관하여 공정거래법을 적용하기 위한 요건으로 '국내시장에 영향을 미치는 경우'라고만 규정하고 있으나, 국가 간의 교역이 활발하게 이루어지는 현대 사회에서는 국외에서의 행위라도 그 행위가 이루어진 국가와 직·간접적인 교역이 있는 이상 국내시장에 어떠한 형태로든 어느 정도의 영향을 미치게 되고, 국외에서의 행위로 인하여 국내시장에 영향이 미친다고 하여 그러한 모든 국외행위에 대하여 국내의 공정거래법을 적용할 수 있다고 해석할 경우 국외행위에 대한 공정거래법의 적용범위를 지나치게 확장시켜 부당한 결과를 가져올 수 있는 점 등을 고려하면, 공정거래법 제2조의2에서 말하는 '국내시장에 영향을 미치는 경우'는 문제 된 <u>국외행위로 인하여 국내시장에 직접적이고 상당하며 합리적으로 예측 가능한 영향을 미치는 경우107)로 제한 해석해야 하고</u>, 그 해당 여부는 문제 된 행위의 내용·의도, 행위의

---

106) 위 판결에 선행하는 대법원 2014. 5. 16. 선고 2012두5466 판결과 대법원 2014. 5. 29. 선고 2012두25132 판결(JAL 사건)도 같은 취지이다. 즉 이런 판결들은 첫째 국내시장에 영향을 미치는 경우를 '국내시장에 직접적이고 상당하며 합리적으로 예측 가능한 영향을 미치는 경우'로 제한적으로 해석하고, 둘째 '국외에서 사업자들이 공동으로 한 경쟁을 제한하는 <u>합의의 대상에 국내시장이 포함되어 있는 경우</u>'에는 그 합의가 국내시장에 영향을 미친다고 판단한 점에서 의미가 있다. 후자의 점은 대법원 2006. 3. 24. 선고 2004두11275 판결(흑연전극봉 사건)도 판시한 바 있다. 일련의 항공화물운임 담합 사건의 소개와 평석은 최지현, "공정거래법 역외적용의 기준과 범위-항공화물운임 담합 판결을 중심으로-", 경제법연구 제15권 제1호(2016. 4.), 35면 이하 참조. 다만 여기의 영향을 '경쟁제한성'으로 파악할지, 아니면 그보다 넓은 개념으로 보면서 금지행위의 유형별로 달리 파악할지는 공정거래법학계에서 논란이 있다. 박세환, "외국사업자에 대한 하도급법 적용", 2024. 11. 8. 개최된 (사)한국경쟁법학회 2024년 총회 및 추계학술대회 발표자료, 53면 참조.
107) 이는 미국 독점지법의 조문들에서 유래한 것으로 보인다. 예컨대 면제를 규정한 조문(46

대상인 재화 또는 용역의 특성, 거래 구조 및 그로 인하여 국내시장에 미치는 영향의 내용과 정도 등을 종합적으로 고려하여 구체적·개별적으로 판단하여야 한다. 다만 국외에서 사업자들이 공동으로 한 경쟁을 제한하는 합의의 대상에 국내시장이 포함되어 있다면, 특별한 사정이 없는 한 그 합의가 국내시장에 영향을 미친다고 할 것이어서 이러한 국외행위에 대하여는 공정거래법 제19조 제1항 등을 적용할 수 있다"라고 판시한 바 있다(이를 '제한적 효과주의'라고 부르기도 한다).

한편 이처럼 동일한 독점규제법 위반 행위에 대하여 복수국의 법률이 적용되는 결과 충돌이 발생할 수 있다. 이는 국제사법의 논점은 아니지만, 규범의 충돌을 해결할 필요가 있는 저촉법의 문제라는 점에서 국제사법에서 말하는 조정(적응)이 필요한 사안과 유사하다.

항공사 국제카르텔 관련 사건에서 대법원 2014. 5. 16. 선고 2012두13689 판결(전일본공수 사건/항공사 국제카르텔 사건)은 국내시장에 영향을 미치는 국외에서 이루어진 외국 사업자의 행위가 외국 법률 등에 따라 허용되는 행위라는 사정만으로 독점규제 및 공정거래에 관한 법률의 적용이 제한되는 것은 아니라고 판시하고, 나아가 동일한 행위에 대하여 국내 법률과 외국의 법률 등이 충돌되어 사업자에게 적법한 행위를 선택할 수 없게 하는 정도에 이른다면 그러한 경우에도 국내 법률의 적용만을 강제할 수는 없으므로, 당해 행위에 대하여 공정거래법 적용에 의한 규제의 요청에 비하여 외국 법률 등을 존중해야 할 요청이 현저히 우월한 경우에는 공정거래법의 적용이 제한될 수 있다고 보아야 한다고 판시한 뒤 그

U.S.Code §40307(a)(4))에서 말하는 "... a direct, substantial, and reasonably foreseeable effect on the commerce of the United States"를 연상시킨다. 셔먼법 제1조, 제2조는 무역·상거래상의 경쟁제한행위와 독점행위를 처벌하도록 규정하면서 외국법인도 그 적용대상에 포함시키는데(제7조), 제6a조에서 "(미국으로의 수입을 제외한) 외국과의 무역·상거래에 관련된 행위는 미국의 무역·상거래에 직접적이고 실질적이며 합리적으로 예견가능한 효과(a direct, substantial, and reasonably foreseeable effect)를 가지는 경우에만 제1조부터 제7조의 적용대상이 된다"라고 하여 효과주의를 명시한다. 인텔사건(C-413/14 P)에서 유럽사법재판소의 2017. 9. 6. 판결도 유사하게 설시한 점은 흥미롭다. „die drei Kriterien der wesentlichen, unmittelbaren und vorhersehbaren Wirkung". BeckOGK/Poelzig/Windorfer/Bauermeister, 1.9.2022, Rom II-VO Art. 6 Rn. 203 참조. 즉 이러한 기준은 미국 및 EU의 집행방향과 큰 틀에서 비슷하다. 박세환(註 105), 47면. 영향의 직접성, 상당성 및 예측가능성 판단은 정재훈, "공정거래법상 역외적용의 판단기준 및 과제—부당한 공동행위, 시장지배적 지위 남용행위, 기업결합 등을 중심으로", 사법 제67호(2024), 21면 이하 참조.

판단기준으로서 당해 행위가 국내시장에 미치는 영향, 당해 행위에 대한 외국 정부의 관여 정도, 국내 법률과 외국 법률 등이 상충되는 정도, 이로 인하여 당해 행위에 대하여 국내 법률을 적용할 경우 외국 사업자에게 미치는 불이익 및 외국 정부가 가지는 정당한 이익을 저해하는 정도 등을 종합적으로 고려하여야 한다고 판시하였다.[108]

다음으로 민사책임의 준거법을 본다. 예컨대 만일 한국의 흑연전극봉 수요업체들이 원고 등 카르텔에 참여한 회사들의 부당공동행위로 입은 손해에 대하여 배상책임을 묻는 소를 우리 법원에 제기할 경우 민사책임의 준거법을 결정할 필요가 있다. 이는 '국제카르텔사법(internationales Kartellprivatrecht)'[109]의 문제이다.

---

[108] 대법원 2014. 5. 16. 선고 2012두5466 판결(항공화물 유류할증료 담합 건)도 동지. 본문의 대법원 판결에 대한 평석은 주진열, "한국 독점규제법의 역외적용 및 면제 요건에 대한 고찰: 항공사 국제카르텔 관련 대법원 2014. 5. 16. 선고 2012두13689 판결을 중심으로", 통상법률 제134호(2017. 4.), 53면 이하 참조. 나아가 소비자계약에서 개인정보가 문제 된 구글 사건에서 대법원 2023. 4. 13. 선고 2017다219232 판결은 아래와 같이 판시하였다. "한편 외국에 주소나 영업소를 두고 있다는 등의 이유로 대한민국 법령 외에 외국 법령도 함께 준수해야 하는 지위에 있는 정보통신서비스 제공자등이 그 외국 법령에서 해당 정보의 공개를 제한하고 있다는 등의 이유로 열람·제공을 거부하는 경우에는, 그와 같은 내용의 외국 법령이 존재한다는 사정만으로 곧바로 정당한 사유가 존재한다고 볼 수는 없지만, 열람·제공의 제한이나 거부에 정당한 사유가 있는지를 판단함에 있어 그와 같은 외국 법령의 내용도 고려할 수 있다고 보아야 한다. 외국 법령에서 비공개의무를 부여한 경우에까지 해당 정보를 열람·제공하도록 강제하는 것은 정보통신서비스 제공자등에게 모순된 행위를 강요하는 것이어서 가혹한 측면이 있고, 특히 그와 같은 사항이 국가안보, 범죄수사 등을 위한 활동에 관한 것인 경우에는 그 정보의 공개로 해당 국가의 이익을 해칠 우려가 있어 국제예양에 비추어 보더라도 바람직하다고 볼 수 없기 때문이다. 결국 대한민국 법령 외에 외국 법령도 함께 준수해야 하는 지위에 있는 정보통신서비스 제공자등이 구 정보통신망법 제30조 제4항에 따른 필요한 조치를 모두 이행하였는지 여부는, 해당 외국 법령에 따른 비공개의무가 대한민국의 헌법, 법률 등의 내용과 취지에 부합하는지, 개인정보를 보호할 필요성에 비해 그 외국 법령을 존중해야 할 필요성이 현저히 우월한지, 이용자가 열람·제공을 요구하는 정보에 관하여 해당 법령에서 요구하는 비공개요건이 충족되어 정보통신서비스 제공자등이 실질적으로 비공개의무를 부담하고 있는지 등까지를 종합적으로 고려하여야 한다." 후자의 판결에서는 국제예양을 언급하였음도 주목할 만하다.

[109] Jürgen Basedow, Weltkartellrecht (1998), S. 39f. 상세는 Jürgen Basedow (ed.), Private Enforcement of EC Competition Law (2007); Jürgen Basedow et al. (eds.), Private Enforcement of Competition Law (2011) 참조. 2000년대에 들어서 경쟁법 영역의 사적소송을 활성화시키고자 많은 연구가 진행되었고, 이 과정에서 유럽연합 (집행)위원회(European Commission)는 2014년 "경쟁법 손해배상 지침"을 공표하였다(Directive 2014/104/EU of … 26 November 2014 of certain rules governing actions for damages under national law for infringements of the competition law provisions of the Member

즉, 종래 연방독점금지법위반에 대하여 셔먼법과 클레이튼법에 기하여 손해배상 등의 사적 구제, 즉 사법적(司法的) 구제를 병용하는 미국과 달리 우리나라는 행정적 구제를 중심으로 한다. 특히 구 공정거래법(제57조 제1항)은 손해배상청구를 위한 시정조치 선확정제도를 두었으므로 행정적 구제가 선호되었으나 현행법은 그것을 폐지하였고, 손해액 입증의 곤란을 완화하기 위한 손해액 인정제도를 도입함으로써 손해배상청구제도의 활성화를 위한 조치를 취하였으므로 우리나라에서도 손해배상청구가 증가하고 있다. 따라서 장래 사적 집행(private enforcement)이 더욱 활성화되면 공정거래법위반에 따른 손해배상책임의 준거법 결정이 문제 될 것이다.[110]

이는 공정거래법 제3조(구 공정거래법 제2조의2)와, 불법행위의 준거법을 정한 국제사법(제52조 이하)의 관계를 어떻게 파악할지의 문제이다. 특히 역외적용이 문제 되는 사안은 '격지불법행위'에 해당하는 사안인데, 그 경우 준거법의 결정에 관하여 종래 논란이 있다. 즉, 민사책임에 관하여도 제3조를 적용하는 견해(공정거래법 적용설)가 1설이라고 할 수 있는데,[111] 이는 제3조를 국제사법에 대한 특별저촉규범으로 보거나, 손해배상책임을 정한 공정거래법 제109조가 제3조에 의하여 국제적 강행규정화된 것으로 보는 견해[112]이다. 만일 그렇게 본다면 공정거래법은

States and of the European Union). 이세인, "LCD 국제카르텔과 손해배상−서울중앙지방법원 2023.11.23. 선고 2014가합504385 판결을 중심으로−", 동아대학교 국제거래와 법 제46호(2024), 15면 참조.

110) 사적 집행과 관련한 국제민사소송법의 논점은 우선 김용진, "국제 카르텔 행위에 대한 사적 집행제도의 발전 현황과 대응 방안", 비교사법 제21권 제1호(통권 64호)(2014. 2.), 157면 이하 참조. 롯데 관련 논점은 우선 김미리, "해외 계열회사의 공정거래법상 취급 및 규제 동향 등에 대한 소개", BFL 제78호(2016. 7.), 94면 이하 참조. 미국의 공정거래 소송의 실무는 태평양, 미국소송, 299면 이하 참조.

111) 상세는 석광현, "독점규제 및 공정거래에 관한 법률의 域外適用", 서울지방변호사회 판례연구 제21집 (2)호(2007. 12.), 9면 이하; 석광현, 제5권, 155면 이하 참조. 주목할 것은 로마 Ⅱ규정 제6조 제3항 (a)호는, 경쟁제한으로 인하여 발생하는 계약외채무의 준거법은 그의 시장이 영향을 받거나 받을 가능성이 있는 국가의 법이 된다고 명시하는 점이다.

112) 김용진, "국제카르텔분쟁사건의 준거법", 법제연구 제44호(2013. 6.), 811면은 구 공정거래법 제2조의2가 공법적 규제와 민사책임의 면에서 가지는 의미를 구분하지 않은 채 동조는 국제적 강행규정이므로 불법행위의 준거법에 관계없이 적용된다고 보는데, 이는 공정거래법적용설 중에서 구법 제2조의2(현행법 제3조)를 국제적 강행규정으로 보는 견해이다. 위 김용진, 809면은 미국의 경우에는 외국의 공법을 준거법으로 삼지 않기 때문에 외국의 독점금지법의 적용은 우리나라를 포함한 대륙법계에서 문제 된다고 한다. 위 김용진, 821−823면은 입법론으로서 다음과 같은 불법행위 유형에 상응한 특칙(즉 시장지법 적용)

민사책임에 관하여 시장지를 연결점으로 삼는 일면적 저촉규정을 두고 있다거나, 민사책임은 공법상의 규제를 따른다는 견해를 주장할 여지도 있는데, 이에 따르면 우리 공정거래법상의 규제가 적용된다면 민사책임의 준거법은 한국법이 될 것이다. 반면에 2설은 민사책임의 연결원칙을 행정규제의 연결원칙과 별개로 구성하는 견해(즉 국제사법 적용설)이다. 즉 제3조는 주로 행정규제 측면에서 논의 및 검토되어 신설되었으므로 이를 행정규제에 한하여 적용되는 것으로 이해하고, 민사책임에 관하여는 종래의 국제사법의 해석론에 따라 불법행위로 성질결정하고 국제사법에 따라 준거법을 결정한다.[113] 어느 견해를 따르는가에 따라 공법적 규제와 민사책임규제의 병행 여부와 종속적 연결의 인정 여부가 달라질 수 있다.

또한 문제는 복수의 시장지가 있는 경우 우리 국제사법상의 처리는 어떤가이다. 시장별로 상이한 법을 적용하거나(모자이크방식), 경우에 따라 국제사법 제21조를 원용하여 준거법을 단일화할 수도 있을 것이다. 만일 결과발생지인 한국법을 적용하거나 공정거래법 제3조에 따라 한국법을 기계적으로 적용하는 대신에 행동지인 외국법을 적용한다면 단일화가 가능할 것이다.[114]

근자에는 카르텔사법을 다룬 하급심 판결이 선고되었는데, 위에 언급한 서울중앙지방법원 2023. 11. 23. 선고 2014가합504385 판결(초박막액정표시장치(TFT—LCD)

을 구 국제사법에 신설할 것을 제안한 바 있다. "제32조의2[경쟁제한행위] ① 경쟁제한행위로 인한 채권관계에는 자국의 시장이 침해되었거나 될 우려가 있는 국가의 법에 따른다. ② 1개 이상의 시장을 침해하였거나 침해할 우려가 있는 경쟁제한행위로 피해를 받은 자는 직접적이고 심각한 침해가 이루어진 국가의 법에 의한 배상을 청구할 수 있다." 이는 로마Ⅱ를 참조한 것이다. 그러나 우리로서는 첫째, 역외적용을 정한 구 공정거래법 제2조의2(현행법 제3조)와 불법행위의 준거법을 정한 국제사법 제52조의 관계를 검토하여야 하고, 둘째, 국제사법에 조문을 둘 필요가 있더라도 특수불법행위 중 경쟁제한행위에 대하여만 연결원칙을 두는 것이 적절한지를 검토하여야 한다.

113) 다만 2설을 따르더라도 공법적 선결문제인 공정거래법 위반 여부는 한국법에 따르는 견해가 유력할 것이나 이도 논란의 여지가 있다. Magnus/Mankowski/Illmer, European Commentaries on Private International Law, Volume Ⅲ, Rome Ⅱ Regulation (2019) Art. 6, Rn. 106 이하는 유럽연합의 논의를 소개한 뒤 민사책임은 로마Ⅱ 제6조 제3항에 따라 지정된 법에 의해 규율되는 본문제인 데 반하여 EU 또는 회원국 국가 경쟁법 위반은 선결문제로서 일방적 저촉규칙에 의하여 독립적으로 그 준거법이 결정된다고 하면서 다만 그에 의하든 아니면 경쟁법 위반도 제6조 제3항에 따라 지정된 법에 의하든 간에 모두 영향이론을 따르므로 실제 결과에는 별 차이가 없다고 한다.

114) 유럽연합에서는 독점규제법의 공법적 측면은 유럽연합 기능조약(제101조와 제102조. 과거 제81조와 제82조)에서 역외적용의 형태로 규정하고, 사법적 측면은 로마Ⅱ에서 양면적 규정으로 해결한다.

사건)이 그것이다.

가해자인 대만 회사들(피고 포함)과 피해자(엘지전자를 포함한 원고들. 다른 원고들은 엘지전자의 해외법인이다)가 계약 당사자였고, 공급계약의 준거법은 명시되지 않았는데, 위 판결은 구 국제사법 제32조 제1항과 역외적용을 명시한 공정거래법 제3조를 언급한 뒤, 아래 사정을 종합하여 한국 민법 및 공정거래법이 손해배상책임의 준거법이라고 보았다. ① 원고들과 피고들이 제3국법을 계약의 준거법으로 합의하였다고 주장하나 증거를 제출하지 못하는 점, ② 피고들은 원고들이 관련 물품공급계약서들의 제출을 거부하고 있다고 주장하지만, 피고들도 계약서들을 더 이상 보관하고 있지 않는 상황에서 원고들이 의도적으로 계약서들의 제출을 거부하고 있다고 단정할 수 없는 점, ③ 원고들은 공정거래법 제56조 및 민법 제750조에 따른 손해배상을 청구하는데, 원고 해외법인들은 원고 엘지전자의 해외 생산법인들로서 하나의 기업집단을 이루고 있는 회사들이므로 손해의 결과발생지는 원고 엘지전자가 소재한 한국으로 볼 수 있는 점, ④ 공정거래위원회는 피고들에 대하여 공정거래법을 적용하여 이 사건 공동행위를 공정거래법 제19조 제1항 제1호, 제3호를 위반한다고 판정하고 과징금 및 시정명령을 부과한 점 등이 그것이다.

구 국제사법 제32조 제3항은 종속적 연결원칙을 명시하였으므로 그에 따르면 불법행위를 관련 물품공급계약의 준거법에 종속적으로 연결할 가능성이 있었는데, 만일 당사자들이 합의한 준거법이 없었다면 법원으로서는 객관적 준거법을 판단할 필요가 있었고, 만일 그 준거법이 외국법이었다면 공정거래법 위반 사건에서도 종속적 연결을 허용할지와 만일 허용한다면 공정거래법 위반의 준거법은 무엇인지를 검토할 필요가 있었으나 위 판결은 이를 고려하지 않은 채 한국법을 준거법으로 보았다.[115] 또한 저자가 2013년 이 책의 전판에서 이 논점을 언급하였음에도 불구하고[116] 위 판결이 역외적용을 규정한 공정거래법 제3조가 공정거래법 위반 행위의 준거법 판단에서 어떠한 의미를 가지는지, 또 불법행위의 준거법을 정한 구 국제사법 제32조와 어떤 관계에 있는지를 전혀 검토하지 않은 것은 아쉬운 점이다.[117]

　　(나) 자본시장법 위반에 따른 민사책임[118]　　　　　　자본시장의 자유화에 따라 국

---

115) 평석은 이세인(註 109), 1면 이하 참조.
116) 석광현, 국제사법 해설(2013), 411면 이하 참조.
117) 참고로 로마Ⅱ는 공정거래법 위반 사건의 경우 종속적 연결을 허용하지 않는다.
118) 상세는 석광현·정순섭, "국제자본시장법의 서론적 고찰 — 역외적용 및 역외투자자문업자

제적인 증권거래로 인한 다양한 법률문제가 제기된다. 예컨대 우리 기업이 외국에서 국제채를 발행할 경우 우리 자본시장법에 따른 증권신고를 요하는지, 투자설명서의 불실기재를 포함한 증권거래에서의 불공정을 저지른 경우 또는 증권 발행 후의 공시의무를 위반한 경우 우리 자본시장법에 따른 책임을 지는지 등이다. 국제적인 증권거래에 따른 쟁점의 준거법 결정이 국제자본시장법의 주된 과제이다. 자본시장과 금융투자업에 관한 법률(자본시장법)에 동 법의 역외적용을 명시한 조항이 포함되었다. 즉 2009. 2. 4. 시행된 자본시장법 제2조는 아래와 같이 규정한다.

> **제2조(국외행위에 대한 적용)** 이 법은 국외에서 이루어진 행위로서 그 효과가 국내에 미치는 경우에도 적용한다.

이러한 조항은 그 경우 우리나라에 입법관할권이 있음을 전제로 하면서, 우리 입법자가 이 문제를 적극적으로 규율하려는 것이다. 종래 미국에서는 증권관련법의 역외적용에 관한 논의가 활발히 이루어졌는데,[119] 그의 맥락에서 'foreign-cubed 증권소송',[120] 즉 외국시장에서 이루어진 증권거래에서 사기적 행위를 이유로 외국 투자자가 외국 발행인을 상대로 제기하는 손해배상청구소송에 대하여 1934년 증권거래(소)법(제10조 b항)과 증권거래위원회(SEC) 규칙(제10b-5조)의 사기금지조항(anti-fraud provision)의 역외적용 여부가 논란의 대상이 되었다. 이에 대해 과거 미국 연방항소법원의 판례는 '효과기준'과 '행위기준'을 종합적으로 고려하여 증권거래(소)법의 역외적용 여부를 결정하였는데,[121] 제2조는

등의 특례를 중심으로 — ", 증권법연구 제11권 제2호(2010), 27면 이하; 석광현·이종혁, 온주 자본시장과금융투자업에관한법률 제2조, 2024. 7. 11. 참조.

[119] 미국 증권관련법의 역외적용의 문제는 두 가지 방향에서 논의된다. 첫째는 미국 외의 국제적 증권발행과 유통에 대하여 1933년 미국 증권법상의 등록·공시요건이 어느 범위 내에서 적용되는가이고, 둘째는 유통시장에서 1934년 증권거래(소)법과 미국 증권거래위원회의 Rule 10b-5의 사기금지조항이 어느 범위 내에서 적용되는가이다. 전자에 관하여는 증권거래위원회(SEC)의 Regulation S와 Rule 144A가 제시한 기준이 중요한 역할을 하나, 후자에 관하여는 명확한 기준이 없는 탓에 연방법원의 판례가 중요한 역할을 한다. 김건식·송옥렬, 미국의 증권규제(2001), 496면 이하; 장근영, "증권공시규정의 역외적용 — Banque Paribas 사례를 중심으로", 한양대학교 법학논총 제22집 제1호(2005), 235면 이하 참조.

[120] 이를 '3면적 외국관련소송'이라고 번역하기도 한다. 김용진, "미국증권법의 역외적 적용에 관한 최근 동향과 미국 증권집단소송에 대한 국내기업의 대응전략", 동아법학 제52호(2011. 8.), 747면.

그 영향(특히 효과기준의 영향)[122]을 받은 것이라고 할 수 있다. 흥미로운 것은, 미국 연방대법원이 2010. 6. 24. foreign-cubed class action인 Morrison v. National Australia Bank Ltd. 사건 판결에서 미국법의 사기금지조항의 역외적용에 대하여 제한적 태도를 취함으로써 역외적용의 범위를 대폭 축소한 점이다.[123]

자본시장법상의 증권규제는 그 성질에 따라 ① 공법적 규제를 내용으로 하는 행정규제,[124] ② 행정규제 위반 또는 기타 자본시장법 위반으로 인한 민사책임을 규율하는 민사규제와 ③ 행정규제를 위반한 데 대한 형사처벌을 내용으로 하는 형사규제로 구성되는데,[125] 국제적 적용범위를 결정함에 있어서 각 분야는 상이

---

121) 효과기준(effects test)은 사기행위가 미국 외에서 행해졌더라도 그 행위가 미국 증권시장 또는 미국 투자자에게 예견가능하고 실질적인 해(forseeable and substantial harm)를 입히는 경우 미국법이 적용된다는 원칙인데 이를 최초로 적용한 판결은 David H. Schoen-baum v. Bradshaw D. Firstbrook, 405 F.2d 200 (2d Cir. 1968) 사건 판결이다. 한편 행위기준(conduct test)은 사기로 인한 결과는 미국 증권시장 또는 미국 투자자와 아무런 관련이 없더라도 그 사기행위가 미국 내에서 행해진 경우 미국법이 적용된다는 원칙인데 이를 최초로 적용한 판결은 Leasco Data Processing Equipment Corp. v. Maxwell, 468 F.2d 1326 (2d Cir. 1972)이다. 김건식·송옥렬(註 119), 496면 이하 참조.

122) 이종혁, 자본시장법, 224면 이하는 자본시장법상 행정규제조항의 국제적 적용범위에 관한 전통적인 이론을 속지주의, 효과주의와 수정효과주의의 셋으로 구분한다.

123) 130 S. Ct. 2869 (2010). 즉 연방대법원은 1934년 증권거래(소)법 제10조 및 SEC 규칙 10b-5의 적용범위를 (1) 미국 증권거래소에 상장된 증권의 거래나 (2) 미국 내에서의 다른 증권의 거래로 한정하였다. 이는 '거래기준(transactional test)'을 도입한 것으로 평가되고 있다. 판결의 소개는 Thomas A Dubbs, Morrison v National Australia Bank: The US Supreme Court Limits Collective Redress for Securities Fraud, Duncan Fairgrive/Eva Lein (eds.), Extraterritoriality and Collective Redress (2012), para. 18.01 이하 참조. 이에 대응하여 미국 의회는 2010. 7. 21. 발효된 Dodd-Frank Act에서 '증권관련법의 사기금지조항의 역외관할권 조항을 추가함으로써 연방대법원의 판결을 뒤집고자 하였다(위 역외관할권 조항은 증권거래위원회의 소송에는 적용되나 사적(私的)인 증권소송(private secu-rities litigation)에는 적용되지 않는다). 그러나 증권관련법의 역외적용을 사물관할권의 문제로 접근한 탓에 과연 Dodd-Frank Act가 Morrison 판결의 결론을 부정한 것인지는 논란이 있었다. 위 판결의 소개와 그 후의 논의는 박권의, "미국 증권관련법상 사기금지조항의 역외적용: 연방대법원의 Morrison v. National Australia Bak Ltd. 판결", BFL 제43호 (2010), 122면 이하; 이종혁, 자본시장법, 216면 이하 참조.

124) 예컨대 발행인이 신고서를 금융위원회에 제출하여 수리되지 아니한 상태에서 증권의 모집 또는 매출을 한 경우 금융위원회는 과징금을 부과할 수 있다(자본시장법, 제119조, 제429조 제1호).

125) 형사처벌은 모든 자본시장법 위반에 대해서가 아니라 시세조종(제176조), 내부자의 미공개정보 이용(제174조)과 거짓 풍문 유포와 같은 부정거래 행위(제178조) 등 일부 불공정거래에만 적용된다(제443조). 구체적 논의는 이종혁, 자본시장법, 233면 이하 참조.

한 원리를 따르므로 국제자본시장법[126)]의 체계도 세 가지 분야로 구분하여 논의
할 필요가 있다. 자본시장법 제2조는 이런 구분을 제대로 고려하지 않은 점에서
문제가 있다.[127)] 즉, 공법의 국제적 적용범위는 속지주의를 전제로 법규로부터 출
발하여 그 적용범위를 획정해야 하는 데 반하여, 사법의 적용 여부는 법률관계로
부터 출발하여 가장 밀접한 관련이 있는 법을 탐구하는 방향으로 검토해야 하고,
형사에 관하여는 형법이 명시적인 규정(제2조, 제3조와 제8조)을 두고 있으므로 이
를 함께 검토해야 함에도 불구하고 제2조는 역외적용이라는 하나의 잣대에 의하
여 해결하기 때문이다.

　　여기에서 우리의 관심사는 위 ②의 자본시장법 위반에 따른 민사책임인데,
공정거래법 제3조에 관한 논의에서 보았듯이 민사책임에 관한 한 제2조를 국제사
법의 특칙이라고 보아야 할 것인지가 문제 되는바, 이를 긍정하는 견해가 1설이라
고 할 수 있다.[128)] 1설(자본시장법 적용설)은 자본시장법이 민사책임에 관하여 시장
지를 연결점으로 삼고 있다고 주장할 여지도 있다. 그와 달리 제2조를 근거로 민
사책임과 행정규제를 통일적으로 연결할 여지도 있다.[129)] 이는 제2조를 국제사법

---

126) 과거에는 '국제증권거래법'의 문제로 논의하였으나 자본시장법의 제정에 따라 위 용어를 사
　　용한다.
127) 자본시장법의 제정과정에서 제2조의 적용범위를 행정규제에 한정할지 아니면 현재와 같이
　　자본시장법 전반으로 확대할지에 관하여는 논란이 있었다.
128) 이 견해를 따르면서 자본시장법 제2조를 양면적 저촉규범이라고 보면, 민사책임에 관한 한
　　'효과가 미치는 곳' 또는 시장지를 연결점으로 삼고 있다고 주장할 여지도 있다(비록 자본
　　시장법이 공정거래법과 달리 시장이라는 표현을 사용하지는 않지만). 따라서 그 경우 국제
　　사법의 대원칙, 즉 당해 법률관계에 가장 밀접한 관련이 있는 법을 탐구해야 하고 그 과정
　　에서 예외조항(국제사법 제8조)을 활용할 필요가 있는데, 예컨대 시장지(Marktort)에 연결
　　할 수도 있을 것이다. 또한 이 경우 행동지와 결과발생지에 선택적으로 연결할지가 중요한
　　문제로 제기된다(2022년 개정된 국제사법 제52조 제1항은 격지불법행위의 준거법을 명시
　　한다).
129) 이에 의하면 선결문제인 행정규제에 관하여 우리 자본시장법이 역외적용되는 사안에서는
　　민사책임에 대하여도 우리 자본시장법이 준거법이 된다. 석광현·정순섭, 52면. 제1설은 민
　　사책임을 정한 사법규정(私法規定)은 일정한 규제목적을 가진 행정법규적 금융규제 규정과
　　일체가 되어 금지효과를 완성하므로 <u>규제의 일체성</u>을 고려하여 그 적용범위를 정할 필요에
　　부응하는 장점이 있다. 자본시장법에는 한 개의 금지규정에 복수의 제재를 중층적으로 조
　　합한 것이나 복수의 규정을 일체적으로 적용함으로써 규제목적을 달성하고자 하는 경우가
　　존재한다. 이에 따르면 자본시장법위반행위가 불법행위, 부당이득 또는 기타의 법률관계로
　　성질결정되는가는 준거법의 결정에 영향을 미치지 않게 된다. 자본시장법의 경우 국제사법
　　의 다른 분야에서처럼 양면적 접근방법이 적절하지 않다고 지적하기도 한다. 즉 자본시장
　　법의 기능에 비추어 각국의 입법자는 자국의 국내자본시장의 적절한 보호를 보장하는 방향

에 대한 특별저촉규범으로 보거나 국제적 강행규정이라고 보는 견해이다. 반면에 2설(국제사법 적용설)은 민사책임의 연결원칙을 행정규제의 연결원칙과 별개로 구성하는 견해이다. 즉 제2조는 주로 행정규제 측면에서 논의 및 검토되어 신설되었으므로 이를 행정규제에 한하여 적용되는 것으로 이해하고, 민사책임에 관하여는 국제사법의 해석론에 따라 불법행위 또는 부당이득 등의 법률관계로 성질결정하고 국제사법에 따라 준거법을 결정한다.130)

어쨌든 자본시장법상 민사책임이 문제 되는 경우는 예컨대 공시규제 위반에 따른 손해배상책임(제119조 이하), 단기매매차익반환의 경우(자금법 제172조), 시세조종

으로 자본시장을 조직하는 데 관심이 있고, 국제자본시장법의 연결점을 결정함에 있어서는 실질법적 가치를 고려하지 않을 수 없으므로 일면적 접근방법이 자연스럽고 그 결과 자국법의 역외적용이 문제 되고, 복수국 자본시장법의 적극적 및 소극적 충돌이 발생하므로 그의 해결이 문제 된다는 것이다. Francisco J. Garcimartín Alférez, Cross－Border Listed Companies, 328 *Recueil des Cours* 9 (2007), para. 76 이하 참조. 자본시장법은 민사·행정·형사제재를 집행의 근간으로 삼는데, 하나의 금지규정이 그의 위반에 대해 민·형사 제재를(경우에 따라 행정제재도) 동시에 부과하는 경우 이를 '하이브리드규정(hybrid statute)이라고 한다. 하이브리드규정은, 동일한 행위에 대하여 민·형사제재를(경우에 따라 행정제재도) 복합적 또는 중첩적으로 부과하므로 예방적 효과를 극대화할 수 있고 입법기술적으로도 편리하므로 미국에서 정치·사회적 격변기였던 19세기 후반에 출현하여 20세기 전반까지 경제·금융·환경 규제 분야에서 집중적으로 제정되었고, 그 과정에서 미국의 전통적 시장중심주의, 연방주의에 기인한 중앙권력 분산 및 정부권한에 대한 불신으로 인하여 정부가 규율해야 할 공공영역에 대한 규제의 상당 부분이 민사소송 특히 집단소송을 통해서 이루어지게 되었다고 한다. 정유철, "자본시장규제와 하이브리드규정: 자본시장법 제178조에 대한 비판적 검토", 서울대학교 법학 제65권 제3호(통권 제212호)(2024. 9.), 158면 이하. 하이브리드규정의 요건은 포괄적·추상적으로 될 수밖에 없으나, 민사책임과 형사책임은 그 지도이념과 증명책임, 증명의 정도 등에서 상이한 원리가 적용되므로 다양한 문제점이 발생하는데, 위 정유철, 200면 이하는 하이브리드규정의 해석론에 관하여 확장해석론(민사적 해석론), 축소해석론(형사적 해석론)과 이원론(민·형사구별론)을 소개한다. 위 논문은 자본시장법 제178조(부정거래행위 등의 금지)를 중심으로 주로 민사·형사 제재를 다루는데, 그 맥락에서 행정제재를 기본적으로 형사제재에 준하여 취급한다. 위 정유철, 158면은 'hybrid statute'라는 용어는 1995년 중반 미국에서 처음 사용되었다고 소개하면서 이를 '하이브리드규정'이라고 번역하나, 하이브리드를 사용하자면 '하이브리드 법령'이 낫다. 우리나라에서는 근자에 공정거래법 기타 규제법 분야에서 하이브리드 법령이 확산되고 있고 때로는 역외적용을 명시하기도 하나, 이는 예측가능성과 법적 안정성을 침해할 우려가 크고 사법적 법률관계에 공법과 규제기관의 과도한 개입을 초래하므로 포괄적인 하이브리드규정의 입법은 지양하여야 한다.

130) 이 경우 규제법위반은 사법(私法)적 청구의 공법적 선결문제(öffentlich－rechtliche Vorfrage des privatrechtlichen Anspruchs)라고 볼 수 있다. MüKoBGB/Wurmnest, Band 13, 8. Auflage (2021), Rom II－VO Art. 6 Rn. 248.

행위에 따른 손해배상책임(제176조)과 내부자거래에 따른 손해배상책임(제174조) 등이다. 위 규정들을 보면, 우리 자본시장법은 매우 구체적인 요건을 규정하고 있고 이는 대체로 우리 자본시장에 상장되어 있는 증권에 관한 행위이므로 적어도 우리 자본시장법의 적용에 관한 한 그 요건의 구비 여부를 판단하면 족할 것으로 보이고, 특별히 국외에서 이루어진 행위의 효과가 국내에 미치는지를 논의할 실익이 별로 없어 보이기도 한다. 그렇더라도 제2조에 의한 역외적용을 인정해야 할 것이다.[131]

　　나아가 자본시장법에 따른 민사책임에 관하여 외국인이 외국에서 한 행위의 효과가 우리나라에 미친다는 이유로 우리 법을 역외적용하는 경우 과연 국제사법상 불법행위지 원칙에 우선하는 연결원칙들, 즉 사후적 합의, 종속적 연결과 공통의 속인법이 적용될 수 있는지를 검토해야 하고 이를 입법적으로 해결할지를 고민해야 한다. 2설을 따른다면 이런 필요성이 매우 크나, 1설을 따른다면 이는 불필요하거나 큰 의미는 없다. 자본시장법상의 민사책임과 관련하여 근자에는 국제사법에 조문을 신설하여 자본시장 불법행위의 준거법으로 직접 영향을 받은 시장지법을 명시하자는 제안도 있다.[132]

　　그러나 다양한 법률관계에 대하여 양면적 저촉규정을 두는 우리 국제사법 하에서는 우리 사법(私法)(또는 민사책임)규정의 역외적용(일면적 저촉규정)과 국제사법 중 준거법규정의 관계를 정리할 필요가 있다. 자본시장 불법행위의 준거법으로 시장지법을 명시하자는 제안의 취지를 이해할 수 있으나, 우선 역외적용을 명시한 조문과의 관계를 해결할 필요가 있고, 국제사법에 특수불법행위의 특칙을 두지 않은 상태이므로 자본시장 불법행위에 대하여만 특칙을 두는 것은 적절하지 않을 수도 있다. 또한 자본시장법과 독점규제법에서 공법규정과 민사책임규정의 관계가 문제 되는데, 양자를 통일적으로 연결할지를 검토해야 한다.

(9) 보험회사에 대한 피해자의 직접청구권

　　우리 상법 제724조 제2항 제1문은 "제3자는 피보험자가 책임을 질 사고로 입은 손해에 대하여 보험금액의 한도내에서 보험자에게 직접 보상을 청구할 수 있다"라고 규정함으로써 피해자인 제3자에게 보험자에 대한 직접청구권을 규정한다. 그런데 피해자가 배상의무자와 책임보험계약을 체결한 보험회사에 대해 직접

---

131) 이종혁, 자본시장법, 242면은 다른 법률과의 관계를 정한 자본시장법 제10조에 제4항을 신설하여 국외행위에 관하여 국제사법의 우위를 명시하자고 제안한다.
132) 이종혁, 자본시장법, 288면.

청구할 수 있는지의 여부를 보험계약의 준거법에 의할 것인지, 아니면 불법행위의 준거법에 의할 것인지가 문제 된다. 독일 민법시행법(제40조 제4항)과 스위스 국제사법(제141조)은, 불법행위와 보험계약의 준거법 중 어느 하나가 이를 인정하는 경우 피해자는 배상의무자의 보험자에 대해 직접 그의 청구권을 주장할 수 있다고 한다. 저자는 2000년 섭외사법 개정 당시 연구반에서 국제사법에도 이와 유사한 취지의 규정을 두자는 견해를 피력한 바 있으나 이 점은 별로 논의되지 않았고 작업반에서 채택되지 않았다. 우리나라에서는 과거 직접청구를 하는 제3자의 권리의 성질결정에 따라 보험계약상의 권리라면 보험계약의 준거법에 따르나, 그것이 불법행위에 따른 권리라면 불법행위의 준거법에 따른다는 견해가 유력하였다.[133]

준거법이 우리 법인 사안에서 대법원은, 상법 제724조 제2항에 의하여 피해자에게 인정되는 직접청구권의 법적 성질은 보험자가 피보험자의 피해자에 대한 손해배상채무를 병존적으로 인수한 것으로서 피해자가 보험자에 대하여 가지는 손해배상청구권이고 피보험자의 보험자에 대한 보험금청구권의 변형 내지는 이에 준하는 권리는 아니라는 태도를 취하고 있다.[134]

대법원 2017. 10. 26. 선고 2015다42599 판결[135]은 이에 관한 판례의 혼란을

---

133) 서영화, "해상의 책임보험과 제3자의 직접청구권", 부산지방변호사회지 제14호(1996), 78면. 상세는 박영준, "책임보험의 제3자 직접청구권(直接請求權)에 관한 고찰(考察) ― 법적 성질과 관련문제점을 중심으로 ―", 상사법연구 제28권 제4호(2010), 223면 이하; 문병일, "보험자에 대한 직접청구권의 법적 성질", 한국해법학회지 제32권 제2호(2010. 11.), 258면 註 42 참조. 서울중앙지방법원 2002. 7. 5. 선고 2001가합36981 판결과 서울고등법원 2003. 3. 14. 선고 2002나46524 판결은, 피보험자와 보험자 사이의 준거법 약정은 피보험자가 보험자에 대하여 보험금을 지급청구하는 경우 그 법률관계를 판단함에 있어 유효하나, 원고의 이 사건 청구는 선박충돌로 인한 선체멸실에 대하여 가해선박의 소유자인 피고 대양해운의 책임보험인 위 피고들에 대하여 불법행위를 이유로 손해배상을 청구하는 것인바, 불법행위를 이유로 하여 제3자가 직접 보험자에게 손해배상을 청구하는 경우에도 위 준거법 약정이 유효할 수는 없고, 오히려 이는 준거법 약정이 없는 경우에 해당하므로 섭외사법 제45조에서 따라 피고 대양해운의 불법행위를 원인으로 한 이 사건 청구에 관한 준거법은 선박의 충돌지인 한국법이므로 원고는 상법 제724조 제2항에 따라 보험자인 위 피고들에 대하여 직접 손해배상을 구할 수 있다고 판단하였다.
134) 대법원 1995. 7. 25. 선고 94다52911 판결과 대법원 2000. 6. 9. 선고 98다54397 판결 등. 과거에는 보험금 청구권설을 취한 판례도 있다. 소개는 전우현, "책임보험계약상 제3자의 직접청구권의 법적 성질–대법원 2017. 10. 26. 선고 2015다42599 판결–", 법조 제67권 제5호(통권 제731호)(2018. 10.), 656면 이하 참조.
135) 이 사건의 원심판결과 제1심 판결은 서울고등법원 2015. 6. 9. 선고 2012나29269 판결과

해결하였으나 여러 가지 문제가 있다. 이는 준거법이 영국법인 책임보험계약의 피보험자에 대하여 한국법에 기한 손해배상청구권을 가지게 된 제3자가 보험자에 대하여 직접청구권을 행사하고자 소를 제기한 사건이다. 주지하듯이 우리 국제사법에는 보험자에 대한 제3자의 직접청구권의 준거법을 직접 지정한 규정은 없다. 대법원은 우선 책임보험계약에서 보험자와 제3자 사이의 직접청구권의 법적 성질을 피보험자가 부담하는 손해배상채무의 병존적 인수라고 파악하고,[136] 채무인수 및 법률에 의한 채권의 이전에 관하여, 이전되는 채무·채권의 준거법에 의하도록 한 구 국제사법 제34조 및 제35조의 기준을 법률에 의한 채무의 인수의 경우에도 참작하여야 한다고 보면서도 제3자의 보험자에 대한 직접청구권의 행사에 관한 법률관계에 대하여는 기초가 되는 책임보험계약의 준거법인 영국법이 가장 밀접한 관련이 있으므로 영국법이 직접청구권의 준거법이 된다고 판시하였다. 나아가 이를 근거로 영국의 1930년 제3자 권리법(Third Parties (Rights against Insurers) Act 1930)상 직접청구권의 행사요건이 구비되지 않았다는 이유로 피해자(주위적 원고)는 보험자(피고)에게 직접청구권을 행사할 수 없다고 판단한 원심을 지지하였다.

위 판결이 주류적 대법원 판결처럼 직접청구권의 법적 성질을 피보험자가 부

서울중앙지방법원 2012. 2. 24. 선고 2009가합119080 판결이다. 평석은 한창완, "책임보험에서 피해자의 직접청구권의 준거법－대법원 2017. 10. 26. 선고 2015다42599 판결－", 일감법학(2018), 259면 이하(이는 대법원 판결을 지지하면서 다만 입법론으로는 선택적 연결을 고려할 필요가 있다고 한다); 최성수, "책임보험계약상 제3자의 직접청구권의 준거법에 관한 대법원 판례의 검토", 아주법학 제13권 제4호(2020), 132면 이하 참조. 영국법의 소개는 백지수, "해상책임보험에서의 직접청구권과 제3자 권리법에 관한 연구－2010년 제3자 권리법이 국내 직접청구권 관련 문제에 미치는 영향을 중심으로－", 한국해법학회지 제40권 제1호(2018. 5.) 148면 이하; 신헌기, "제3자의 보험자에 대한 직접청구권의 준거법－대법원 2017. 10. 26. 선고 2015다42599 판결－", 부산판례연구회 창립 30주년 기념: 해사법의 제문제(부산판례연구회. 2018), 729면 이하(보험계약의 준거법에 따른다는 대법원의 결론을 지지) 참조. 이는 실질법상 피해자의 권리는 법정권리설이라는 일본의 통설을 지지하면서도 저자의 선택적 연결설은 법상 아무런 근거가 없다고 비판하는 탓에(위 신헌기, 750면) 이해하기 어렵다. 근자의 평석은 박형렬, "책임보험계약에서 제3자의 직접청구권의 준거법에 관한 연구―대법원 2017. 10. 26. 선고 2015다42599 판결을 중심으로―", 통상법률 통권 제162호(2014. 2.), 3면 이하 참조. 비판은 석광현, "한국국제사법학회 30년의 회고와 과제: 국제재판관할법의 정립을 넘어 준거법규정의 개정을 향하여", 국제사법연구 제29권 제1호(2023. 6.), 110면 이하; 김재환, "책임보험자에 대한 피해자의 직접청구권의 준거법", 2023. 11. 30. 개최된 한국국제사법학회 발표문 참조.

136) 이는 우리 책임보험법의 법리상 그렇다는 말인데 결국 국제사법 맥락에서도 대법원이 그렇게 성질결정을 하였다는 취지로 이해할 수 있을 것이다.

담하는 손해배상채무의 병존적 인수라고 보면서도 직접청구권의 준거법이 영국법이라고 본 점은 이해하기 어렵다. 피해자의 직접청구권의 법적 성질을 우리 법은 손해배상채무의 법정 채무인수로 파악하고, 영국법은 피보험자의 보험금청구권의 법정양도(statutory assignment. 또는 법정이전)로 파악하는데, 직접청구권의 법적 성질을 손해배상채무의 법정 병존적 인수로 본다면 손해배상채무의 준거법을 적용하는 것이 일관성이 있고, 다른 사건에서 대법원 2022. 7. 28. 선고 2019다201662 판결이 계약에 의한 병존적 채무인수의 효력은 인수되는 채무의 준거법에 의한다고 보았으므로 더욱 그러하다. 만일 위 사건에서 영국법상 직접청구권의 행사요건이 구비되었다면 피해자는 직접청구권을 행사할 수 있었을 텐데, 그런 결론은 영국법상 법정 채권양도의 결과이지 병존적 채무인수의 결과는 아니다. 대법원 판결의 태도는 보험자의 손해배상채무의 병존적 채무인수에서 출발하여 결국 보험금청구권의 법정양도의 효과를 인정하는 셈인데, 이는 성질결정에 반하고, 병존적 채무인수의 준거법을 다룬 2022년 대법원 판결의 취지에도 부합하지 않는다. 즉 불법행위 채무의 병존적 채무인수에서 출발한다면 채무의 준거법인 한국법을 지정하는 것이 자연스럽고(제54조 제2항), 보험금채권의 법정양도에서 출발한다면 채권의 준거법인 영국법을 지정하는 것이 자연스럽다(제54조 제1항). 불법행위의 준거법에 의하든 선택적 연결을 하든 보험자의 의무의 범위는 원칙적으로 보험계약에 따른다고 본다면 그 점 때문에 보험계약의 준거법을 직접청구권의 준거법이라고 볼 이유는 없다.

저자는 국제사법에 명문 규정이 없으므로 해석론상 근거가 약하다고 볼 여지도 있으나, 피해자의 직접청구권은 책임보험계약과 불법행위로 인한 손해배상법의 접점에 있는 것으로서, 피해자에게 우회적인 청구를 피하도록 하고, 나아가 보험계약 자체에 결함이 있더라도 피해자를 보호하기 위한 목적에서 직접 청구를 인정하는 것이라는 취지를 고려한다면, 국제사법의 해석론으로서도 로마 II,[137] 독일 민법시행법(제40조 제4항)이나 스위스 국제사법(제141조)처럼 불법행위와 보험계약의 준거법에 선택적 연결을 하여 어느 하나가 이를 인정하면 직접 청구를 허용할 수 있다는 견해를 피력하였다.[138] 주의할 것은 이를 명시하더라도, 이는 직

---

137) 로마 II(제18조)는 "손해를 입은 사람은 계약외 채무의 준거법 또는 보험계약의 준거법이 허용하는 때에는 책임 있는 자의 보험자를 상대로 직접 청구할 수 있다"라고 규정하므로 법원은 직권으로 유리한 법을 선택하여 적용하여야 한다.

138) 저자는 이런 견해를 석광현, 2001년 개정 국제사법 해설(2001), 242면과 석광현, 해설

접청구권의 존재(따라서 시효)와 태양만을 결정하고, 선택적 연결에 의하여 피해자가 직접청구권을 가지는 경우 보험자의 책임범위 등은 여전히 보험계약의 준거법에 따를 사항이다.[139]

위 대법원 판결이 나온 이상 판례에 의한 올바른 해결은 기대하기는 현실적으로 어려우므로 입법에 의하여 선택적 연결을 명시하자는 견해를 지지한다. 근자에는 선택적 연결을 국제사법에 명시하자는 입법론이 유력하다.[140]

(10) 항공운송사고로 인한 손해배상의 특수성

항공운송사고로 인한 손해배상책임의 준거법에 관하여는 조약이 적용되는 경우를 제외하면 계약과 불법행위에 관한 일반원칙이 적용된다. 물론 그 경우 국

(2003), 297면에서 피력하였으나 해상법학자들과 보험법학자들은 이에 대해 별로 관심을 보이지 않았다. 1999년 개정으로 위 조문이 추가되기 전 독일 연방대법원은 직접청구권은 주로 불법행위적 성질(überwiegend deliktsrechtlicher Natur)을 가진다는 이유로 손해배상채권의 준거법을 적용하였다(예컨대 BGH 1971. 11. 23. 판결. BGHZ 57, 265 = NJW 1972, 387). 통설도 직접청구권을 불법행위채권 또는 준불법행위채권으로 성질결정하였으나 선택적 연결설을 택한 소수설도 있었다. MüKoBGB/Kreuzer, 2. Aufl. (1990), Art. 38 Rn. 125.

139) MüKoBGB/Junker, 8. Aufl. (2021), Rom II—VO Art. 18 Rn. 13. 필자의 해석론도 이를 전제로 하였다. 석광현, 해설(2013), 417면. 그러나 한국에서는 선택적 연결을 하거나 불법행위 채권의 준거법을 적용하면 보험자의 책임범위가 확대될 수 있다는 이유로 보험계약의 준거법을 적용하지 않을 수 없다고 보는 경향이 있고 이 점은 원심판결도 같다. 원심판결은 직접청구권이 인정될 경우 그 내용(보상의 범위, 지급시기 등) 역시 보험계약에 따라 정해질 수밖에 없는 점, 만일 피보험자의 보험금지급청구권의 인정 여부는 보험계약의 준거법에 의하고, 피해자의 직접청구권은 다른 준거법에 따른다면 하나의 계약관계에서 파생되는 밀접한 법률효과에 있어 준거법을 분리시키게 되어 보험계약 당사자의 의사에도 반할 뿐만 아니라 법 해석에 있어 모순 및 충돌의 가능성이 있는 점 등을 들어 보험계약의 준거법이 직접청구권의 준거법이라고 판시하였다. 그러나 본문처럼 볼 수도 있는데 보험자의 항변권 배제와 보험자가 피보험자에 대한 항변권을 피해자에게도 주장할 수 있는지는 논란이 있으므로 선택적 연결을 한다면 이 점을 명확히 할 필요가 있다. 우선 Marianne Micha, Der Direktanspruch im europäischen Internationalen Privatrecht (2011), S. 176 ff. 참조. 이는 유럽연합법의 관점에서 자동차책임보험, 강제책임보험과 임의책임보험으로 구분하여 논의한다. 위 대법원 판결은 "제3자 직접청구권이 인정되는 경우에 보험자가 제3자에 대하여 부담하는 구체적인 책임의 범위와 내용은 책임보험계약에 따라 정해질 수밖에 없고, 책임보험계약에 따라 보험자와 피보험자가 부담하는 권리의무도 변경된다"라고 판시하였는데 그것이 준거법 결정에 어떤 영향을 미쳤는지는 불분명하다.

140) 한창완(註 135), 259면 이하; 신헌기(註 135), 759면; 최성수(註 135), 152면; 천창민(註 91), 411면 등.

제사법(제52조 제3항)에 따른 불법행위의 종속적 연결에 유의하여야 한다. 여기에서 다루는 것은 두 가지 논점이다.

(가) 항공운송 관련 조약과 준거법의 쟁점[141]　　　　　첫째는 우리나라가 가입한 헤이그의정서, 즉 "1929. 10. 12. 국제항공운송에 있어서의 일부 규칙의 통일에 관한 협약("바르샤바협약")을 개정하기 위한 의정서("헤이그의정서")[142] 또는 1999년 "국제항공운송에 관한 일부 규칙의 통일에 관한 협약"("몬트리올 협약")[143]이 적용되는 항공운송에서 항공운송사고로 인한 손해배상청구권자, 손해배상의 종류와 범위의 준거법이다. 일견 위 사항들은 개정협약(헤이그의정서에 의하여 개정된 바르샤바협약) 또는 몬트리올협약에 의하여야 할 것처럼 보이나 실은 그렇지 않다. 그 이유는 개정협약은 국제항공사고로 인한 손해배상의 모든 측면을 규율하지는 않기 때문이다. 개정협약은 승객의 사망 또는 신체상해로 인한 손해에서 손해배상청구권자와 손해배상의 종류, 범위 등을 규율하지 않는데(제24조), 이는 항공사에 대해 누가, 어떤 손해배상청구권을 가지는지를 규율하지 않는다는 것이다. 그 이유는 바르샤바협약을 채택할 1929년 당시 영미법계국가에서 승객 사망 시 손해배상규칙이 발전하지 못했고 있더라도 크게 달랐기 때문이다. 따라서 개정협약상 승객의 사망 또는 신체상해를 이유로 불법행위에 기한 청구를 하는 경우 위 사항들의 준거법이 문제 된다. 그것이 법정지법에 의한다는 점은 널리 인정되나 여기의 법정지법이 국제사법인지 실질법(민법 등)인지는 세계적으로 논란이 있다.

① 설(법정지 국제사법설)　　　　　이는 법정지 국제사법에 의하여 조약이 없었더라면 적용되었을 준거법에 의한다. 미국 연방대법원의 지도적 판결인 Zicherman v. Korean Air Lines 사건 판결[144]은 이를 명시했고 동경지방재판소 1997. 7. 16. 판결도 같다(양자는 자국법을 적용했다). 양자는 1983. 9. 1. 자행된 구소련의 야만적인 KAL 007기 격추 사건에 관한 것이다. 그 논거는, 개정협약은 일부규칙만의 통일을 의도하는 점과, 손해배상청구권자와 그 권리의 내용은 실무상

---

141) 이 문제는 석광현, "국제항공운송사고로 인한 손해배상과 국제사법적 사고의 빈곤", 법률신문 제3816호(2010. 2. 8.)에서 지적한 바 있다.

142) 우리나라는 1967년 1월 헤이그의정서에 가입하였으므로 바르샤바협약은 헤이그의정서에 의하여 개정된 내용대로(즉 개정협약) 국내법과 동일한 효력을 가진다.

143) 우리나라는 2007. 9. 20. 1999년 몬트리올 협약에 가입하였고 이는 2007. 12. 29. 한국에서 발효되었다.

144) 516 U.S. 217, 229 (1996).

중요하므로 ②설을 취할 의도라면 제24조 제2항에서 그를 명시했을 텐데 그러지 않았다는 점이다. ②설을 따르면 법정지와 사건 간의 관련성이 희박할 수 있고 법 정지쇼핑을 조장한다고 비판한다.

②설(법정지 실질법설)   ②설의 논거는, 국제항공운송계약에 대해 국제 사법에 의해 결정된 준거법을 적용하는 데 따른 법적 불확실성을 극복하고 통일 규범을 제정하려는 바르샤바협약의 근본목적에 있다. 이는 제24조 제2항이 제외 된 사항을 묵시적으로 법정지법에 회부했다고 보는 것으로, 법적용이 쉽고 동일 법정지에 제소된 사건에 동일한 실질법을 적용하는 장점이 있다.

생각건대 개정협약의 취지상 ②설이 옳아야 할 것처럼 보이기도 하나 문언상 ①설이 설득력이 있다. 더욱이 조약이 연결원칙을 두지 않으면 일반원칙에 의해 야 한다.[145]

1999년 몬트리올협약(제29조)은 개정협약(제24조)을 수정하여 계약책임과 불 법행위책임에 몬트리올협약이 적용되고 제24조 제2항의 예외가 수화물 및 화물손 해에도 적용됨을 명시하면서 징벌배상을 배제하나, 위 쟁점은 몬트리올협약에서 도 여전히 문제 된다. 대법원 2009. 12. 24. 선고 2008다3527 판결[146]은 모두 한 국법을 적용하였으므로 결론은 ②설과 같지만 위의 논점에 대해 논의하지 않으므 로 그 근거는 알 수 없다.

개정협약 제24조 제2항(또한 1999년 몬트리올협약 제29조)의 의미는 우리 법원 이 진작에 정리했어야 한다. 1983년 KAL 007기 사건을 계기로 미국의 지도적 판

---

145) 소재선, "항공기사고 손해배상청구에 있어서 준거법의 결정에 관한 소고", 한국항공우주정 책·법학회지 제25권 제2호(2010), 11면도 이를 지지한다. 위 소재선, 12면 이하는 일본 문 헌(不破戈, "航空機事故の準據法(一), 愛媛第29卷第1號, 63면(2003)) 등을 인용하면서 항공 기사고의 준거법에 관한 주요판례를 소개한다. 다만 위 글은 계약의 준거법을 논의하면서 는 소비자계약을 전혀 언급하지 않고, 제조물책임의 준거법을 논의하면서는 불법행위의 준 거법을 정한 구 국제사법 제32조를 언급하지 않는 점에서 우리 구 국제사법의 해석론은 아 닌 것으로 보이는데 그렇다고 입법론 같지도 않다. 의정부지방법원 2020. 2. 6. 선고 2019 나200684 판결은 "몬트리올 협약 제19조는 항공운송 지연에 따른 항공운송인의 승객에 대 한 손해배상책임 발생을 규정하고 있을 뿐 그 손해의 구체적 유형, 신체 상해 또는 정신적 손해에 대한 배상 여부 등에 관하여 개별적으로 규정하고 있지 않으므로, 위 협약 제19조 가 다루지 않는 사항에 대하여는 각국법원에 그 판단이 위임되어 있다고 보아야 하고, 이 사건 운송계약과 가장 밀접한 관련이 있는 대한민국의 법률인 민법, 상법 등이 준거법이 되 어 적용된다고 보아야 한다."라고 판시하였다. 이는 다소 애매하나 아마도 ①설로 보인다.
146) 하급심인 서울고등법원 2007. 12. 4. 선고 2006나112603 판결과 서울중앙지방법원 2006. 10. 27. 선고 2003가합13708 판결도 같다.

결과 일본의 하급심판결이 나왔는데, 정작 한국에서는 하급심판결(서울고등법원 1998. 8. 27. 선고 96나37321 판결 등)은 있었지만 위 쟁점은 무시되었다. 이는 우리 법률가의 조약에 대한 이해 부족과 국제사법적 사고의 빈곤에 기인한다.

　　의정부지방법원 2020. 2. 6. 선고 2019나200684 판결은 주목할 만하다. 이 사건에서 법원은 몬트리올 협약 제19조가 규율하지 아니하는 사항(= 항공운송 지연에 따라 승객이 입은 손해의 구체적 유형, 신체 상해 또는 정신적 손해에 대한 배상 여부 등)에 대하여는 각국 법원에 그 판단이 위임되어 있다고 보아야 하고, 위 사건 운송계약과 가장 밀접한 관련이 있는 한국의 법률인 민법, 상법 등147)이 준거법이 되어 적용된다고 보아야 한다고 판시하였다. 반면에 그보다 전에 나온 서울중앙지방법원 2011. 1. 14. 선고 2007가합80850 판결은 바르샤바 협약에는 항공운송 중 인명사고가 발생한 경우 손해배상액의 산정방법에 관하여는 구체적인 규정이 없으므로 위 협약을 보충하는 준거법은 법정지법인 대한민국의 국제사법에 따라 결정하여야 한다고 판단하였다.

　　(나) 항공운송에 관한 상법의 적용　　　　2011. 5. 23. 상법 제896조 이하에 항공운송에 관한 제6편이 신설되었다. 제6편은 항공운송에 관한 통칙(제1장), 항공운송인의 책임원인과 한도 등을 정한 규정(제2장)과 항공기의 추락 또는 물건의 낙하로 인하여 지상 제3자가 입은 손해에 대한 항공기운항자의 책임에 관한 규정(제3장)으로 구성된다.148) 여기에서 언급하는 것은 위 조항의 적용과 관련하여 제기되는 국제사법적 논점이다.

　　첫째는 국내항공운송계약에 당연히 적용되는 제2장이 국제항공운송계약에 대하여도 적용되는가라는 점이고, 둘째는 제3장의 적용범위이다.

　　항공운송에 관한 조문의 성안과정에서 마치 제2장이 국내항공운송계약에만 적용되는 것처럼 설명하는 논자도 있었으나 이는 잘못이다. 상법에 항공운송편을 신설할 경우 이는 상법의 다른 조항과 마찬가지로 준거법이 한국법인 경우에 적

---

147) 한편 상법 제896조 이하는 항공운송인의 책임에 관하여 구체적으로 규정하고 있다.
　　 제907조(연착에 대한 책임) ① 운송인은 승객에 대한 항공운송 지연으로 인한 손해에 대하여 책임을 진다. 다만, 운송인이 손해방지하기 위하여 합리적으로 요구되는 모든 조치를 하였다는 것 또는 그 조치를 하는 것이 불가능하였다는 것을 증명한 경우에는 그 책임을 면한다. ② 1항에 따른 운송인의 책임은 여객 1명당 4천694 계산단위의 금액으로 한다. (이하 생략)

148) 이에 관하여는 법무부, "상법 항공운송편 조문별 해설자료", 선진상사법률연구 통권 제55호 (2011. 7.) 참조.

용된다. 따라서 국제항공운송에 관한 조약에 가입하지 않은 국가들과 한국 간의 국제항공운송계약에 대하여는 우리나라에서 재판할 경우 항공운송계약의 준거법이 한국법이라면 항공운송편이 적용된다. 주의할 것은 여기에서 국제항공운송계약이라 함은 1999년 몬트리올협약(또는 개정협약)에서 말하는 국제항공운송계약의 개념과 일치하지 않는다는 점이다. 위 협약은 국제항공운송계약을 정의하고 있으나,149) 국제사법의 맥락에서 말하는 국제항공운송계약은 국제성(외국적 요소)이 있는 항공운송계약이면 족하기 때문이다.

둘째는, 항공기의 추락 등 사고로 인한 지상 제3자에 대한 항공기운항자의 책임이다. 이에 관한 조약으로는 1952년 "외국항공기에 의하여 지상 제3자에게 발생된 손해에 관한 협약(Convention on Damage Caused by Foreign Aircraft to Third Parties on the Surface signed at Rome on 7 October 1952)"(로마협약)과 동 협약을 개정한 1978년 몬트리올의정서가 있는데, 이는 항공기 운항자의 무과실책임을 규정한다. 한국은 어느 협약에도 가입하지 않았으므로 한국에서 발생한 항공기 추락 등 사고의 경우 민법상 불법행위의 법리에 따라 과실책임의 원칙이 적용된다. 제3장은 외국항공사의 항공기가 한국 내에서 추락 등 사고를 낸 때에도 과실책임의 원칙이 적용되는 것을 시정하고자 국제규범을 기초로 무과실책임원칙을 도입한 것이다. 제3장이 적용되는 것은 항공기의 추락 등 사고가 한국에서 발생한 경우이다. 즉 지상 제3자에 대한 항공기운항자의 책임은 계약관계가 없는 자 간의 책임문제이고 불법행위책임(또는 기타 법정책임)의 문제이므로 그의 준거법에 따를 사항이다. 결국 제3장은 불법행위지가 한국인 경우에 적용되고, 운송계약의 준거법, 항공기의 국적, 항공사의 설립준거법과 피해자의 속인법과는 원칙적으로 관계가 없다.

요컨대 제2장은 항공운송계약의 준거법이 한국법일 때 계약책임과 불법행위책임(종속적으로 연결되는 범위 내에서)에 적용되나, 제3장은 불법행위지가 한국인 경우에 적용되므로 항공기 추락 등 사고 발생지가 한국 내인 때 적용된다.150) 서

---

149) 위 의정서와 협약은 국제운송(international carriage)에 적용되는데 여기에서 국제운송이라 함은 당사자 간 합의에 따라 출발지와 도착지가 2개의 당사국 영역 내에 있거나, 출발지와 도착지가 단일의 당사국 영역 내에 있는 운송으로서 합의된 예정 기항지가 타 국가의 영역 내에 있는 운송을 말한다(협약 제1조 제2항). 이 점은 명확한데, 대법원 2016. 3. 24. 선고 2013다81514 판결은 이를 전제로 한국으로부터 협약 당사국이 아닌 아이티로 가는 화물운송에는 몬트리올협약이 적용되지 않는다고 판시하였다.

150) 상법 제932조는 항공기운항자의 개별적 책임제한과 총체적 책임제한을 도입하였는데, 전자는 그 성질에 따라 운송계약의 준거법 또는 불법행위의 준거법에 따라 판단할 사항이다.

울중앙지방법원 2011. 1. 14. 선고 2007가합80850 판결은 뱌르샤바협약이 적용되는 사안으로 캄보디아에서 발생한 여객기 추락사고의 유가족이 캄보디아 항공사를 상대로 제기한 손해배상청구소송에서 그와 같은 취지를 확인하였다. 위 사건은 소비자계약의 준거법을 정한 제47조의 해설에서 논의하였다.

후자는 선박에 관한 제60조 제4호를 유추하여 항공기의 국적소속국법에 따르는 것으로 볼 가능성이 크다.

10. 법정채권의 준거법의 사후적 합의에 관한 조항의 신설

섭외사법	국제사법
〈신설〉	제53조(준거법에 관한 사후적 합의) 당사자는 제50조부터 제52조까지의 규정에도 불구하고 사무관리·부당이득·불법행위가 발생한 후 합의에 의하여 대한민국 법을 그 준거법으로 선택할 수 있다. 다만, 그로 인하여 제3자의 권리에 영향을 미치지 아니한다.

[입법례]
- 로마 Ⅱ 제14조[1]
- 독일 민법시행법 제42조[법선택]
- 스위스 국제사법 제132조[준거법 일반규정, 법의 선택]
- 일본 법적용통칙법 제16조[당사자에 의한 준거법의 변경]
- 중국 섭외민사관계법률적용법 제44조

가. 개요

구 국제사법은 법정채권 전반에 관하여 당사자 간의 사후적 합의에 의하여 법정지법을 준거법으로 선택할 수 있도록 허용하고, 이를 종속적 연결, 공통의 속인법과 행위지원칙에 우선하도록 하였다. 국제사법은 이런 태도를 유지한다.

나. 주요내용

(1) 당사자자치 원칙의 도입

섭외사법은 법정채권의 준거법에 관하여 당사자자치를 허용하지 않았으나 국제사법은 당사자자치의 원칙을 제한적으로 도입하고 있다. 불법행위에서 당사자자치를 허용하는 것이 일견 의아할 수 있으나, 불법행위의 중점이 피해자의 구제에 있다고 할 수 있고, 불법행위에 기한 청구에서도 당사자들은 소송과정에서 합의 또는 화해를 할 수도 있으므로 그렇게 볼 것만은 아니다. 다만 남용을 우려하여 준거법의 사후적 합의만을 허용하고, 스위스 국제사법처럼 법정지법만을 준거법으로 합의할 수 있도록 그 범위를 제한하였다.

---

1) 이에 관하여는 오석웅, "EU불법행위법에 있어서 당사자자치의 원칙", 국제사법연구 제23권 제1호(2017. 6.), 175면 이하 참조.

(2) 당사자자치의 제한적인 허용

당초 연구반초안은 준거법에 관한 사후적 합의를 허용하기로 하되, 합의할 수 있는 법을 법정지법으로 제한하지 않는 대신 절차상의 혼란을 방지하기 위하여 합의시기를 최초 변론기일 이전으로 제한하는 방안(제1안)과, 합의시기를 제한하지 않는 대신 법정지법만을 준거법으로 합의할 수 있도록 제한하는 방안(제2안)을 선택적으로 규정하였다.[2] 제1안은 준거법이 될 수 있는 법을 제한하지 않는 점에서는 독일 민법시행법(제42조)과 같으나, 합의시점을 제한하는 점에서는 다르다. 제2안은 스위스 국제사법(제132조)과 같다.

위원회는 당사자들의 자유로운 준거법 선택을 허용할 경우 법원에게 부담을 줄 것을 우려하여 제2안을 채택하였다. 따라서 당사자는 국제사법 제50조부터 제52조의 규정에 불구하고 불법행위 발생 후 한국법을 준거법으로 합의할 수 있다. 사후적 합의는 반드시 명시적으로 행해져야 하는 것은 아니며 당사자들이 소송절차에서 준거법을 다투지 않는 경우와 같이 묵시적으로 행해질 수도 있으나, 아래에서 보듯이 일정한 요건이 구비되어야 한다. 이런 제한을 두지 않고 널리 당사자자치를 허용한다면 논리적으로는 준거법의 분열을 막기 어렵다.

제53조는 불법행위에 대하여 당사자의 준거법 합의를 법정지법으로 제한하나, 종속적 연결을 통하여 당사자는 간접적으로 불법행위에 대해서도 법정지법이 아닌 준거법을 합의할 수 있게 된다.[3]

다만 준거법의 사후적 합의로 인하여 제3자의 권리는 영향을 받지 아니한다. 따라서 당사자들이 한국법을 준거법으로 합의하더라도, 보험회사의 책임은 객관적 준거법에 의하여 손해배상책임이 인정되는 경우에만 인정된다.

준거법은 당사자들의 사후적 합의에 의하여 변경될 수 있다. 제53조가 명시하

---

2) 연구반초안은 다음과 같았다. 연구반초안해설, 101면 참조.
　　"제50조(준거법에 관한 사후적 합의)
　　[제1안] 당사자는 제47조 내지 제49조의 각 규정에도 불구하고 사무관리, 부당이득, 불법행위의 원인된 사실이 발생한 후 합의에 의하여 그 준거법을 선택할 수 있다. 그러나 이러한 선택은 본안에 관한 최초 변론기일이 종료하기 전까지 명시적이고 확정적으로 이루어져야 하며, 그로 인하여 제3자의 권리에 영향을 미치지 아니한다.
　　[제2안] 당사자는 제47조 내지 제49조의 각 규정에도 불구하고 사무관리, 부당이득, 불법행위의 원인된 사실이 발생한 후 합의에 의하여 법정지법을 그 준거법으로 선택할 수 있다".
　　제1안은 소송절차가 상당히 진행된 뒤에 당사자가 준거법을 변경하는 것을 막을 필요가 있다는 점에서 합의시기를 제한한 것이다.
3) 김인호, 종속적 연결, 97면.

지는 않으나, 준거법의 합의는 명시적 또는 묵시적으로도 가능하다. 다만 묵시적 선택은 계약에 관하여 제45조 제1항 단서가 규정하는 바와 같이 합의내용 그 밖에 모든 사정으로부터 합리적으로 인정될 수 있는 경우로 한정된다고 본다. 그렇지 않으면 묵시적 선택이 부당하게 확대될 우려가 있기 때문이다. 입법론적으로는 로마Ⅱ 제14조 제1항처럼 제53조에도 그 취지를 명시하는 것이 바람직할 것이다.

특히 당사자자치가 널리 인정되고 널리 알려져 있는 계약과 비교할 때[4] 사후적 합의에 의한 불법행위의 준거법 변경은 상대적으로 더 엄격한 요건하에 인정하는 것이 타당하다고 본다.[5][6] 예컨대 소송 중 당사자의 행태를 통한 불법행위 준거법의 묵시적 합의를 인정하자면 적어도 당사자들이 불법행위 준거법이 외국법이라는 점을[7] 알았어야 하고, 또한 준거법의 선택 가능성을 어느 정도 인식하면서 준거법(즉 외국법)이 아니라 한국법에 복종하려는 의사를 표시해야 한다. 양당사자와 그들의 소송대리인에게 그러한 가능성에 대한 인식이 전혀 없는 상태에서 준거법이 한국법인 것을 전제로 변론하였다는 사실만으로 당사자들이 준거법을 한국법으로 변경하는 묵시적 합의를 하였다고 인정할 수는 없다. 특히 외국적 요소가 있는 불법행위의 준거법에 대한 문제의식이 있는 독일이나 스위스와 달리 그런 문제의식 자체가 부족한 한국에서는 더 엄격한 요건하에서만 불법행위 준거법의 사후 합의를 인정할 수 있다. 즉 준거법의 사후적 변경을 인정하자면 당사자들이 준거법의 선택 가능성을 인식하고 있어야 하고, 단순히 소송절차에서 비로소 당해 사건에 적용할 규범에 관하여 쌍방 당사자가 일치하는 의견을 진술하였다고 해서 준거법 등에 관한 합의가 성립된 것으로 볼 수는 없다는 것이다.

참고로 불법행위에 관한 것은 아니고 매매협약에 명문규정이 없는 소멸시효의 쟁점에 적용되는 준거법과 관련된 것이나, 대법원 2022. 1. 13. 선고 2021다

---

4) 계약 준거법의 사후적 변경에 관하여 대법원 2016. 3. 24. 선고 2013다81514 판결(아이티 사건 판결)에서 대법원은 "소송절차에서 비로소 당해 사건에 적용할 규범에 관하여 쌍방 당사자가 일치하는 의견을 진술하였다고 해서 이를 준거법 등에 관한 합의가 성립된 것으로 볼 수는 없다"라고 판시하였다.

5) Rauscher/Picht, EuZPR/EuIPR, 4. Auflage (2016), Art 14 Rome Ⅱ-VO, Rn. 31, Andrew Dickinson, Rome Ⅱ Regulation (2008), para. 13.23.

6) 묵시적 합의의 성립의 준거법은 무엇인지도 문제 된다. 계약의 경우는 계약의 선택된 준거법인데(제49조 제1항), 불법행위의 경우에도 이를 유추적용해야 할 것이다. 따라서 법정지법만을 선택할 수 있으므로 법정지법인 한국법이 준거법이 된다고 본다.

7) 어느 특정 외국법이 준거법이라는 점까지는 아니더라도 외국적 요소가 있어서 당해 사안에서 외국법이 준거법이 될 가능성이 있음을 알아야 할 것이다.

269388 판결도 "(구) 국제사법 제25조 제1항에서 계약의 준거법을 당사자가 자유롭게 선택할 수 있도록 하면서도 그것이 부당하게 확대되는 것을 방지하기 위하여 묵시적인 선택은 계약 내용 그 밖에 모든 사정으로부터 합리적으로 인정할 수 있는 경우로 제한하고 있으므로, 준거법에 관한 명시적인 합의가 없더라도 묵시적인 합의를 인정할 수도 있으나 소송절차에서 당사자가 준거법에 관하여 다투지 않았다는 사정만으로는 준거법에 관한 묵시적 합의를 인정하기 어렵다"라는 취지로 판시함으로써 같은 취지로 보인다.

(3) 지식재산권의 침해와 준거법의 사후적 합의

지식재산권의 침해에 대한 준거법이 외국법인 경우, 제53조에 따라 당사자들이 한국법을 지식재산권의 침해에 대한 준거법으로 합의하는 것이 가능한지에 관하여는 가능하다는 견해와, 지식재산권의 특수성에 비추어 가능하지 않다는 견해가 나뉠 수 있다는 점은 제40조에의 해설에서 언급하였다.

(4) 해상사건의 경우

준거법이 외국법인 공동해손, 선박충돌 및 해양사고구조에 관하여 당사자들이 사후적으로 한국법을 준거법으로 합의할 수 있는가에 관하여는 논란이 있는데,[8] 이는 아래 해상에 관한 부분에서 논의한다.

---

8) 연구반초안(제67조)은 준거법의 사후적 합의를 명문으로 규정하였다.

11. 국제사법과 대비한 로마II의 특징

로마 II의 체제에 따라 불법행위에 관한 우리 국제사법의 연결원칙을 정리하면 아래와 같다.[1][2]

구분		연결원칙	연결원칙의 완화		
			공통 일상거소지법 (제52조 제2항)	종속적 연결 (제52조 제3항)	당사자자치 (제53조)
불법행위 일반		불법행위지 (제52조 제1항)	가능	가능	가능
제조물책임		특칙 없다	가능할 것	가능할 것	가능할 것
부정경쟁	일반적인 경우	특칙 없다	불명	불명	불명
	특정경쟁자만 영향	특칙 없다	불명	불명	불명
경쟁제한		시장지법 (공정거래법 제3조)	불명	불명	불명
환경손해		특칙 없다	가능할 것	가능할 것	가능할 것
지적재산권 침해		보호국법 (제40조)	불명	불명	불명
쟁의행위		특칙 없다	불명	불명	불명

국제사법은 행위지원칙을 완화하기 위하여 그에 우선하는 연결원칙으로 당사자자치, 종속적 연결과 공통의 일상거소지법을 도입하였으므로 우리에게 로마 II의 연결원칙이 그렇게 낯설지는 않다.[3] 국제사법이 특수불법행위의 연결원칙을 두지 않지만, 지식재산권 침해에 대하여는 제40조에서 로마 II 제8조와 같이 보호국법원칙을 명시하고, 공정거래법에서 로마 II 제6조와 유사한 연결원칙을 두고 있으므로, 아직은 상대적으로 중요성이 떨어지는 환경손해와 쟁의행위에 관한 규정

---

[1] 상세는 석광현, 제6권, 316−317면 참조. 우리 국제사법은 종속적 연결과 별도로 최밀접관련국법을 준거법으로 정한 제21조를 두고 있다.

[2] 위에서 본 것처럼 자본시장과 금융투자업에 관한 법률(제2조)은 공정거래법 제3조와 유사한 연결원칙을 두고 있으나 위 조문들의 국제사법에 대한 특칙인지는 불분명하다. 또한 국제사법(제10장)은 불법행위에 해당하는 선박충돌에 관한 특별규정(제95조)을 두고 있다.

[3] 다만 양자가 동일한 연결원칙을 선택하더라도 반정을 허용하지 않는 로마 II와 달리 우리 국제사법(제22조)은 직접반정을 허용하므로 결과가 다를 수 있다.

을 제외하면 우리 법에 명문의 규정이 없는 특수불법행위는 제조물책임이다. 따라서 우선 그 준거법을 더 면밀히 검토할 필요가 있다. 또한 국제사법(제21조)은 최상위의 연결원칙으로 일반적 예외조항을 두고 있으므로 모든 특수불법행위의 연결원칙에 대해 예외를 인정할 수 있으나, 로마II는 일부 특수불법행위의 경우(부정경쟁과 경쟁제한, 지적재산권 침해 등) 밀접관련국법을 적용하는 회피조항을 적용하지 않음은 주목할 만하다. 요컨대 로마II는 특수불법행위에 관하여 정치하면서도 확고한 연결원칙을 둠으로써 준거법 지정 맥락에서 당사자의 예측가능성과 법적 안정성을 제고하는 데 반하여 우리 국제사법은 그렇지 못하므로 위 표에서 보는 바와 같이 불확실성이 있는 것은 사실이다. 따라서 현재로서는 우리 법원의 역할이 중요하나, 일부는 입법적으로 해결하는 편이 바람직할 것이다.

12. 채권양도에 관한 조항의 개정과 채무인수에 관한 조항의 신설

섭외사법	국제사법
제14조(채권양도) 채권양도의 제3자에 대한 효력은 채무자의 주소지법에 의한다.	제54조(채권의 양도 및 채무의 인수) ① 채권의 양도인과 양수인 간의 법률관계는 당사자 간의 계약의 준거법에 따른다. 다만, 채권의 양도가능성, 채무자 및 제3자에 대한 채권양도의 효력은 양도되는 채권의 준거법에 따른다. ② 채무인수에 관하여는 제1항을 준용한다.

[입법례]
〈채권양도〉
• 로마협약 제12조[채권의 양도]/로마 I 제14조[채권의 양도와 계약상 대위]
• 독일 구 민법시행법 제33조 제1항, 제2항[채권의 양도; 법률에 의한 채권의 이전]
• 스위스 국제사법 제145조[계약에 의한 양도]
• 국제채권양도협약 제22조
• 일본 법적용통칙법 제23조[채권의 양도]
〈채무인수〉
• 입법례 없음

가. 개요

구 국제사법(제34조)은 채권양도에 관한 섭외사법 규정의 연결원칙을 수정하면서 그 적용범위를 확장하였고(제1항), 채무인수에 관한 규정을 신설하여 채권양도에 관한 규정을 준용하도록 하였다(제2항). 국제사법도 이런 태도를 유지한다.

나. 주요내용

(1) 채권양도의 준거법(제1항)[1]

섭외사법은 채권양도의 제3자에 대한 효력에 관하여만 규정을 두었고 당사자 간의 관계에 관하여는 규정을 두지 않았다. 여기의 '제3자'라 함은 채권양도의 당사자, 즉 양도인과 양수인을 제외한 기타의 자를 의미하므로 그에는 채무자도 포함되는 것으로 해석되었다.[2] 섭외사법의 취지는 채권의 준거법에 관계없이 채무자를 보호하기 위한 것이었으나,[3] 채권자의 입장에서 보면 채권의 양도에 대해

---

1) 상세는 석광현, 제4권, 39면 이하 참조.
2) 신창선, 국제사법(1999), 343면.
3) 이와는 달리 섭외사법 제14조의 근거를, 채무자의 주소지를 채권의 소재지로 볼 수 있다는

채무자 주소지법이 개재할 이유가 없으므로 그의 타당성에는 의문이 있었다. 또한 채무자의 주소라 함은, 예컨대 외국은행의 한국지점에 대한 예금채권의 양도의 경우에는 당해 은행지점의 소재지인 한국을 의미하는 것으로 해석되었다.

섭외사법의 해석상으로는 준물권행위로서의 채권양도의 준거법과, 준물권행위와 원인행위(예컨대 채권매매계약)[4] 간의 독립성 및 무인성의 문제는 채권 자체의 준거법에 의한다는 것이 통설이었다.[5]

국제사법은 구 국제사법과 마찬가지로 채권양도의 제3자에 대한 효력뿐만 아니라 채권양도 전반에 대한 준거법을 규정하면서, 양도인과 양수인, 즉 당사자 간의 관계와, 채권의 양도가능성, 채무자 및 제3자에 대한 효력을 구분하여 별도의 연결원칙에 따르도록 한다.

(가) 채권의 양도인과 양수인 간의 관계(제1항 본문)　　　당사자 간의 관계에 있어서는 당사자자치를 인정하여 그들 간의 계약의 준거법에 의하도록 한다(제1항 본문). 당초 연구반초안은 "채권의 양도인과 양수인 간의 의무는 당사자 간의 계약의 준거법에 의한다"라고 규정하였으나,[6] 위원회의 논의과정에서 "의무"가 "법률관계"로 변경되었다. 따라서 문면상으로는 채권양도의 원인이 되는 행위, 예컨대 매매계약으로 인한 당사자 간의 의무만이 아니라, 준물권행위인 채권양도도 매매계약의 준거법에 의한다는 해석이 더 설득력을 얻게 되었다. 저자는 이러한 변경의 의미를 지적하였으나, 위원회가 명백히 이를 의식한 것은 아니다. 따라서 국제사법의 해석론으로서는 문면에 충실하게 매매계약과 채권양도가 모두 매매계약의 준거법에 의한다는 견해와, 과거와 같이 준물권행위인 채권양도의 준거법은 채권 자체의 준거법에 의한다는 견해도 여전히 주장될 수 있을 것이다.[7] 흥미로

점에서 구하는 견해도 주장될 여지가 있다.

[4] 대법원은 채권의 귀속주체 변경을 내용으로 하는 '채권양도계약'과 채권양도의 의무 발생을 내용으로 하는 '양도의무계약'이 법적으로 별개의 독립한 행위라고 본다. 예컨대 대법원 2011. 3. 24. 선고 2010다100711 판결.

[5] 신창선, 국제사법(1999), 341면.

[6] 연구반초안해설, 105면.

[7] 로마협약의 해석론으로서는 견해가 나뉘었다. 독일에서는 제12조 제1항의 '채무(또는 의무)'라 함은 원인행위만을 의미한다는 견해가 다수설이었으나, 영국 등 다른 나라에서는 '채무'는 원인행위뿐만 아니라 양도인과 양수인의 법률관계 전부를 포함한다고 보는 견해가 유력하였다. MünchKomm/Martiny, Band 10: EGBGB, 3. Auflage (1998), Art. 33 Rn. 4-4a. 전자는, 채권양도 자체의 준거법은 채권의 준거법에 따른다고 보나, 후자는 채권양도 자체도 양도인과 양수인 간의 계약의 준거법에 따른다고 본다. 로마 I도 별로 달라진 것이 없다. 로마 I의

운 것은, 로마 I(제14조 제1항)은 로마협약과 달리 "양도인과 양수인의 의무(또는 채무)(mutual obligations of assignor and assignee)"가 아니라 "양도인과 양수인 간의 관계(relationship between assignor and assignee)"라고 명시하는 결과 로마 I의 해석상 견해가 나뉘는 점이다.[8]

통상 채권양도는 별로 의식되고 있지 않고 그에 대해 특별한 요건이 요구되지 않으므로 준거법에 따른 실익이 크지는 않으나, 준물권행위인 채권양도의 준거법과 채권양도와 원인행위 간에 독립성 및 유인성이 인정되는지 여부에 관하여 결론이 다르게 될 수 있으므로 실익이 없는 것은 아니다.

(나) 채권의 양도가능성, 채무자 및 제3자에 대한 효력(제1항 단서)   한편 채권의 양도가능성, 채무자 및 제3자에 대한 채권양도의 효력은 양도의 목적인 채권의 준거법에 의한다(제1항 단서). 채권양도는 채권의 성립에서부터 소멸에 이르기까지 당해 채권과 관련하여 발생하는 일련의 문제의 하나이므로 당해 채권과 가장 밀접한 관련이 있다고 볼 수 있기 때문이다. 채권의 준거법은 통상 양도된 채권의 발생근거인 계약의 준거법이다. 다만 예컨대 영국법 준거약관처럼 계약의 준거법이 분할되어 성립·유효성과 책임(내지 효력)의 준거법이 상이한 경우에는 채권의 준거법이 무엇인지 문제 된다.

특히 채무자와 제3자에 대한 관계에서도 제3자의 이익만이 아니라 양도인, 양수인, 채무자 및 제3자 간의 이익을 균형 있게 고려하면서 채무자의 이익을 중시하여 채무자의 주소지법을 지정하였던 섭외사법과 달리, 국제사법은 양도의 목

성안과정에서 2005년 12월 유럽위원회가 제안한 초안(제13조 제3항)은 채권양도의 제3자에 대한 효력의 준거법을 양도 시 양도인의 상거소 소재지법에 의하도록 규정하였으나 이는 삭제되었다. 로마 I은 로마협약과 마찬가지로 채권양도의 우위(즉 제3자에 대한 효력)를 규율하지 않는다는 견해 등 다양한 견해가 있다. 로마 I(제27조 제2항)은 위원회가 제3자에 대한 채권 양도와 양도된 채권의 다른 사람의 권리에 대한 우위의 문제에 관한 보고서를 제출하도록 요구하는데, 그에 따라 British Institute of International and Comparative Law (BIICL)가 보고서를 제출하였다. 소개와 평가는 Eva – Maria Kieninger: Das auf die Forderungsabtretung anzuwendende Recht im Licht der BIICL – Studie, IPRax (2012), S. 289ff. 참조. 유럽연합에서 이 점이 크게 다투어지는 이유는 영국 City of London으로 대표되는 유럽 은행 및 금융 업계의 이해관계가 관련되기 때문이었다. 근자의 문헌은 Matthias Fervers, Die Drittwirkungen der Forderungsabtretung im Internationalen Privatrecht, Rabels Zeitschrift 68 (2022), S, 617ff. 참조.

8) Rauscher/Freitag, EuZPR/EuIPR, Art 14 Rom I – VO, Rn. 42 참조. 그러나 로마 I의 전문(제38항)은 준물권적 측면에도 적용되어야 한다는 취지를 밝히고 있다.

적인 채권 자체의 준거법에 의하도록 규정한다. 이는 채무자의 법적 지위가 채권자의 변경에 의해 불리하게 되어서는 아니 된다는 채권양도의 기본원칙을 저촉법적 차원에서 고려하고, 섭외사법이 채무자의 주소지법에 의하도록 함으로써 채무자의 이익에 경도되었던 입장을 수정한 것이다. 즉, 섭외사법은 채무자의 보호를 중시하였으나, 국제사법과 같이 채권 자체의 준거법에 의하더라도 채무자의 보호는 충분하며 그것이 합리적이라는 것이다.

따라서 채무자가 양도인에 대하여 가지는 채권을 자동채권으로 하여 상계할 수 있는지를 포함하여 채무자가 양수인에 대해 어떠한 항변권을 가지는지, 채무자가 행한 급부가 채무자를 면책시키는가의 여부, 채권양도의 대항요건인 채무자에 대한 통지 또는 승낙의 요부와, 동일 채권에 대한 이중양도의 경우 누가 우선하는가의 문제도 채권 자체의 준거법에 의한다. 이에 따라 국제금융거래에서 실무적으로는 채권의 준거법이 되는 영국법과 뉴욕주법에 따른 채권양도의 요건을 이해할 필요가 있다.9) 만일 채권 자체의 준거법이 한국법이라면 채무자 기타 제3자에 대항하기 위해서는 국제사법하에서도 여전히 확정일자에 의한 채권양도에 관한 채권자의 통지 또는 채무자의 승낙이 필요하다.10)

스위스 국제사법(제145조 제3항)은 채권양도의 방식은 오로지 양도계약의 준거법에 의한다고 규정하나, 국제사법은 채권양도의 방식에 관하여 별도의 규정을 두지 않으므로 이는 법률행위의 방식에 관한 제31조에 의한다.

로마협약(제12조 제2항)11)은 우선권에 관하여 명시적 규정을 두지 않았으므로 그 준거법에 관하여 견해가 나뉘었는데, 독일의 통설은 제2항은 채권의 이중양도의 경우 어느 것이 우선하는가의 문제를 포함한다고 보았다. 우리 국제사법(제54조 제1항)은 제3자에 대한 효력을 명시하는데, 이중양도의 경우 우선권의 문제도

---

9) 영국 실질법의 입장은 우선 Zweigert/Kötz, 양창수(역), 비교사법제도론(1991), 242면 이하; 이호정, 영국 계약법(2003), 367면 이하 참조. 미국 UCC의 태도는 석광현, 제4권, 66면 참조.
10) 다만 자산유동화에 관한 법률(제7조 제1항)은 채권양도의 대항요건에 관한 특례를 두어 자산유동화계획에 따른 채권의 양도(신탁 또는 반환 포함)에 관하여는 양도인뿐만 아니라 양수인에게도 통지권한을 부여하고, 일정한 경우 일간신문에의 공고로 갈음할 수 있다. 주택저당채권유동화회사법(제6조 제1항)도 마찬가지이다. 자산유동화에 관한 법률이 적용되기 위하여는 채권의 준거법이 한국법이어야 한다.
11) 조문은 "양도된 채권을 규율하는 법은, 채권의 양도가능성, 양수인과 채무자의 관계, 채무자에 대하여 채권양도를 주장하기 위하여 필요한 요건과 채무자에 의한 급부의 면책적 효과를 규율한다"라고 규정한다.

그에 포함되므로 로마협약과는 명백히 차이가 있다.

(다) 우리 국제사법의 연결원칙의 장단점[12]   국제사법의 연결원칙의 장점은 다음과 같다. 첫째, 무엇보다도 양도의 대상인 채권과 가장 밀접한 관련이 있는 법은 채권 자체의 준거법이다. 즉, 채권양도는 채권의 발생부터 소멸까지의 하나의 양태 내지 과정으로 인식되기 때문이다. 둘째, 채권양도의 채무자에 대한 효력은 채권의 준거법에 따르는데, 국제사법하에서는 채권양도의 제3자에 대한 효력과 채무자에 대한 효력이 통일적으로 연결되어 적응의 문제가 발생하지 않는다. 셋째, 이 연결점은 큰 어려움 없이 조사할 수 있고, 양도 시에 그의 법적 기초가 아직 존재하지 않는 경우를 제외하고는 양수인 또는 이중양도의 경우 양수인들에게도 명확하다.

반면에 이 연결원칙의 단점은 다음과 같다. 첫째, 장래채권의 양도와 채권의 일괄양도에 적합하지 않으므로 채권의 양도가능성을 부당하게 제한한다. 즉 장래채권의 경우 준거법의 결정이 어렵고, 일괄양도의 경우 채권의 준거법이 다양한데 그 모든 준거법의 요건을 구비해야 하므로 불편하고 거래비용이 증가한다. 둘째, 양도인의 채권자들로서는 채권의 준거법을 알기 어려우므로 어느 법에 따라 채권양도의 제3자에 대한 공시요건을 구비해야 하는지를 미리 알 수 없게 되어 그들의 이익을 보호하기 어렵다. 셋째, 통상의 상인이나 개인이 채무자가 되는 경우 채권의 준거법에 관한 정보력과 컨트롤 능력이 없으므로 채무자 주소지법에 연결하는 경우와 비교할 때 불안정한 지위에 놓이게 된다.

양도인의 소재지법에 따르도록 하는 UNCITRAL의 국제채권양도협약[13]의 접

---

12) 상세는 석광현, 제4권, 60면 이하; Franco Ferrari/Stefan Leible (Eds.), Rome Ⅰ Regula‐tion: The Law Applicable to Contractual Obligations in Europe (2009), p. 233 이하 참조 (Francisco J. Garcimartín Alférez 집필부분).

13) 이는 국제적인 채권양도 또는 채권의 국제적 양도의 방법을 통하여 저리에 의한 자금조달을 원활하게 하고자 UNCITRAL이 성안한 것이다. 협약의 저촉법규칙은 채무자의 보호보다도 채권양도에 의한 금융을 용이하게 하고 특히 장래채권의 양도와 채권의 일괄양도를 고려한 것이다. 상세는 석광현, 제3권, 616면 이하; 석광현, 국제채권양도협약연구(2002) 참조. 참고로 유럽위원회는 2018. 3. 12. "채권양도의 제3자에 대한 효력의 준거법에 관한 유럽의회 및 이사회 규정 초안(Proposal for a Regulation of the European Parliament and of the Council on the law applicable to the third‐party effects of assignments of claims (COM (2018) 96 final))"을 발표하였다. 이는 원칙으로서 채권양도의 제3자에 대한 효력의 준거법으로 양도인의 상거소지법을 지정하고(제4조 제1항), 그에 대한 예외로서 첫째, 여신기관의 계좌에 예치된 현금의 양도(a호)와 금융증권에서 발생한 채권의 양도(b호)의 제3자에 대한

근방법은 장점이 있음은 물론이지만, 국제사법은 의도적으로 그러한 연결원칙을 채택하지 않았다. 그 이유는, 섭외사법하에서는 채무자의 이익을 고려하여 채무자의 주소지법을 준거법으로 지정하였는데, 갑자기 정반대로 양도인(즉 채권자) 소재지법으로 변경하는 것은 부담스럽고, 국제사법 개정 작업 당시 협약의 채택 전이었으며, 만일 계약채권의 양도에 양도인의 소재지법을 적용하더라도 법정채권에까지 적용할 이유는 없으므로 결국 양자의 연결점을 달리해야 할 것이라는 점과, 이미 존재하는 하나 또는 몇 개의 계약상의 채권을 양도하는 경우에까지 양도인 소재지법을 적용할 합리적인 근거는 없다는 것이었다.

그러나 우리나라에도 장래채권의 양도, 특히 다수채권의 일괄양도를 위하여 양도인 소재지법을 준거법으로 채택하자는 견해가 있다.14) 실무상 특히 국제금융 거래에서 어려움이 있어 필요하다면 개정을 검토할 수 있으나 그런 것이 아니라면 현재로서는 굳이 개정할 필요가 없을 것이다.

(2) 채무인수의 준거법(제2항)

섭외사법은 채무인수에 관한 규정을 두지 않았으나, 구 국제사법에서는 법적 안정성과 예측가능성을 제고하기 위하여 채권양도에 준하여 채무인수에 관한 조항을 신설하였다(제2항). 구 국제사법이 이런 태도를 취한 것은 채무인수는 채권 양도에 대응하므로 균형을 맞추기 위한 것인데, 제2항은 과거 다수설을 명문화한 것이다.15) 따라서 채무의 인수인(신 채무자)과 채무자(구 채무자) 간의 법률관계, 예컨대 채무인수의 원인관계는 당사자 간의 계약의 준거법에 의한다. 다만 채무의 인수가능성, 채권자 및 제3자에 대한 채무인수의 효력(예컨대 채무의 처분의 결과 채무자가 채무를 면하는지의 여부 등)은 인수된 채무의 준거법에 의한다.16) 이와

효력에 대해서는 양도된 채권의 준거법을 적용하고(제4조 제2항), 둘째, 증권화를 위한 채권 양도의 제3자에 대한 효력의 준거법을 양도인과 양수인의 합의로써 양도된 채권의 준거법으로 지정할 수 있도록(제4조 제3항) 허용한다. 이는 당사자들이 원하는 경우, 복수국가에 소재하는 여러 자산보유자의 채권 − 동일한 준거법에 따르는 채권 − 을 증권화하는 경우에 준거법을 단일화하는 종래의 실무를 유지할 수 있도록 하려는 것이다. Explanatory Memorandum, p. 20.

14) 안상진, "채권양도의 準據法에 관한 소고 − ABS에 관한 논의를 포함하여 −", 국제사법연구 제9호(2003), 188면 이하.

15) 과거 일본시안 제13조 제2항도 이와 동일하였다.

16) 연구반초안은 당초 이를 명시한 조문을 두었다. 다만 채권양도에 관하여 본 바와 같이 '법률관계' 대신 '의무'라는 표현을 사용하였다. 독일의 통설도 같다. Rauscher/Freitag, EuZPR/

달리 '채권자에 대한 채무인수의 효력'은 채무인수로 인하여 채무자가 채권자에 대하여 채무를 면하는지 여부 등 채무인수로 인하여 채권자의 지위에 불이익이 없도록 보호하기 위하여 채권자의 권리에 미치는 영향을 의미하는 것이지, 채무인수로 인하여 인수인이 채권자에게 채무를 부담하게 되는 것을 의미하는 것은 아니라는 견해[17]도 보이나 이는 근거가 없다. 면책적 채무인수의 경우 채무인수의 효력(효과)은 인수인이 채권자에 대하여 채무를 부담하는가, 즉 채권자가 인수인에 대하여 채무의 이행을 요구할 수 있는가라는 점에 있으므로 국제사법에서도 달리 해석할 이유가 없기 때문이다.

이처럼 섭외사법 개정 시 구 국제사법에 채무인수에 관한 규정을 신설하여 채권양도에 관한 규정을 준용하도록 하였고, 국제사법도 이런 태도를 유지한다(제54조 제2항). 종래 우리 학설은 제2항은 면책적 채무인수에만 적용된다는 견해를 취하였다.[18] 채권양도에 관한 제1항을 준용하는 이유는 채무인수가 그에 대응하는 것이기 때문인데, 채권이 동일성을 유지하면서 이전되는 채권양도에서처럼 채무가 동일성을 유지하면서 이전되는 것은 면책적 채무인수이기 때문이다. 따라서 면책적 채무인수의 경우 채무의 인수가능성과 채권자 및 제3자에 대한 채무인수의 효력은 인수된 채무의 준거법에 따를 사항이다. 반면에 병존적 채무인수(또는 중첩적 채무인수, 채무가입)의 경우에는 구 채무자의 채권자에 대한 의무는 영향을 받지 않으므로 채권양도에 대응하는 구조가 존재하지 않는다. 병존적 채무인수의 경우 채권자의 관여도 불필요하다.

그러나 주식상환약정에 따른 주식반환채무의 인수 여부가 문제 된 사건에서 대법원 2022. 7. 28. 선고 2019다201662 판결은 학설과 달리 구 국제사법 제34조 제2항이 규정하는 채무인수에는 면책적 채무인수뿐만 아니라 병존적 채무인수도 포함된다고 판시하였다. 즉 위 판결에서 대법원은 병존적 채무인수의 경우 채무자와 인수인 사이의 법률관계는 이들 사이의 계약의 준거법에 의한다고 판시하고, 나아가 채권자에 대한 채무인수의 효력은 인수되는 채무(즉 채권자와 채무자 사이의 법률관계)의 준거법에 의한다고 하고, 따라서 채권자, 채무자, 인수인 사이의 합의를 통해 병존적 채무인수가 이루어진 경우, 인수인이 채권자에 대하여 부담

EuIPR, Art 14 Rom Ⅰ-VO, Band Ⅲ (2015), Rn. 53.

17) 김인호, "2022년 국제거래법 중요판례평석", 인권과정의 제513호(2023. 5.), 276면.

18) 석광현, 2001년 개정 국제사법 해설(2001), 249면; 최흥섭, 326면도 동지.

하는 채무에 관한 준거법은 채권자와 채무자 사이의 법률관계에 적용되는 준거법과 동일하다고 판시하였다.[19]

우리 민법상 병존적 채무인수의 경우 개념상 채무인수인은 채무자와 동일한 채무를 부담한다고 설명하나, 병존적 채무인수는 처분행위가 아니라 의무부담행위인데,[20] 병존적 채무인수의 성질상 구 채무 자체는 기존 준거법에 따르고, 인수인의 채권자에 대한 채무는 별개의 독립적 준거법에 따르며 당사자자치도 가능하고 만일 당사자들의 선택이 없으면 인수인의 일상거소지법이 가장 밀접한 관련이 있는 법이 될 것으로 본다. 사안에 따라 인수되는 채무의 준거법이 인수계약의 준거법도 될 수 있다.[21] 대법원이 학설과 다른 견해를 취한 근거는 불분명한데, 혹시 병존적 채무인수의 개념상 채무인수인이 채무자와 동일한 채무를 부담한다는 점을 의식하여 준거법도 동일해야 한다고 본 것인지 모르겠다.[22] 그러나 양 채무가 완전히 동일해야 한다고 고집할 이유는 없고, 대법원은 양자의 준거법이 다를 수 있음을 이미 인정한 바 있다. 즉 위에서 언급한 2017년 대법원 판결은 책임보험계약에서 보험자와 제3자 사이의 직접청구권에 관한 법률관계는 그 법적 성질이 법률에 의한 손해배상채무의 병존적 인수라고 보았는데, 그러면서도 피해자의 직접청구권의 준거법은 손해배상채권의 준거법이 아니라 보험계약의 준거법이라고 판시하였다. 이는 피보험자가 부담하는 손해배상채무의 준거법은 한국법이고 보험자가 법률에 의하여 병존적으로 인수한 채무의 준거법은 보험계약의 준거법인 영국법이라는 것이다. 즉 양자의 준거법이 달라도 무방함을 대법원이 이미 인

---

19) 위 판결의 사안에서 준거법에 따라 어떤 실익이 있는지는 분명하지 않다. 어쩌면 단순히 준거법만 두고 다툰 것 같기도 하다.

20) 면책적 채무인수의 경우 채권자의 승낙이 계약의 효력발생요건이나, 채무자와 인수인의 합의에 의한 병존적 채무인수의 경우 채권자의 수익의 의사표시는 계약의 성립요건이나 효력발생요건이 아니라 채권자가 인수인에 대하여 채권을 취득하기 위한 요건이다. 대법원 2013. 9. 13. 선고 2011다56033 판결 참조.

21) 채무인수의 준거법을 정한 제54조 제2항과 같은 조문이 없는 독일법의 해석상 Reithmann/Martiny/Martiny, Rn. 3.333도 동지. 이도 개별 사안에서 인수되는 채무의 준거법이 인수계약의 준거법이 될 수도 있음을 인정한다.

22) 저자가 위의 견해를 피력한 뒤 2023. 5. 25. 개최된 한국국제사법학회 정기연구회에서 김영석 부장판사는 법률행위(3자 간 합의)로 병존적 채무인수가 이루어진 때에는 구 채무자가 부담하는 채무와 인수인이 부담하는 채무의 준거법을 동일하게 취급하는 것이 당사자들의 의사와 기대가능성에 더 부합할 여지가 크다는 취지의 견해를 피력하였다. 상세는 김영석, "채무인수의 준거법 등 국제사법의 몇 가지 쟁점에 관한 소고-대법원 2022. 7. 28. 선고 2019다201662 판결을 중심으로-", 국제사법연구 제29권 제2호(2023. 12.), 87면 이하 참조.

정하였다. 더욱이 병존적 채무인수에서 채무자의 채무와 인수인의 채무의 관계를 부진정연대관계로 보는데(인수인이 채무자의 부탁 없이 인수한 경우), 부진정연대채무의 경우 양 채무가 반드시 동일해야 하는 것이 아님은 널리 인정되고 있다. 만일 대법원처럼 고집한다면 준거법이 다른 경우 어떻게 설명할지 궁금하다. 아마도 효력을 부정할 수는 없을 테고 병존적 채무인수 유사의 법률관계라고 하게 될 것이다. 그렇다면 결국 준거법의 동일성을 고집하는 것은 무의미하다. 보증채무의 준거법이 주채무의 준거법과 다를 수 있음을 생각하면 이를 쉽게 수긍할 수 있을 것이다.[23]

채무인수의 방식의 준거법은 제31조에 의한다.

(3) 채권양도의 준거법과 채권에 대한 약정담보물권의 준거법의 관계

이에 관하여는 채권에 대한 약정담보물권에 관한 제37조에서 논의하였다.

(4) 법정채권의 양도 및 법정채무의 인수와 제54조

계약상의 채권 또는 채무뿐만 아니라 법정채권의 양도와 법정채무의 인수에 대하여도 제54조가 적용된다. 이런 취지를 명확히 하기 위하여 계약에 관한 채권과 법정채권에 이어 제54조를 둔 것이다.

(5) 계약인수의 준거법

국제사법은 계약인수의 준거법을 명시하지 않는다. 그러나 종래 계약인수는 인수된 계약에 적용되는 법에 따르는[24] 반면에(이 경우에도 당사자는 계약인수의 준거법을 선택할 수 있다), 계약인수의 기초를 이루는 원인행위는 독립적으로 그 채권계약의 준거법에 따른다고 본다.[25] 이처럼 저촉법적으로도 계약인수를 통일적으

---

23) 이주연, "국제사법 제54조 제2항의 적용범위에 대한 소고－대법원 2022. 7. 28. 선고 2019다 201662 판결을 중심으로 본 면책적 채무인수와 병존적 채무인수의 준거법 논의", 국제사법연구 제29권 제2호(2023. 12.), 121면 이하도 위 대법원 판결에 대하여 비판적이다.

24) Reithmann/Martiny/Martiny, Rn. 421. 대법원 1991. 12. 10. 선고 90다9728 판결도 섭외사법의 해석상 한국 법인인 원고와 네델란드 법인인 소외 게로 등과 사이에 체결된 계약상의 소외 게로의 지위를 네델란드 법인인 피고 켐펜이 인수함에 있어 계약인수가 허용되는지 또는 그 요건과 효과는 어떠한지에 대하여는 인수된 계약 자체의 준거법이 적용된다고 판시한 원심의 판단을 지지하였다. 이는 국제사법하에서도 다를 바 없다.

25) 이호정, 324면.

로 연결해야 하지 이를 채권양도와 채무인수로 분할하여 각각 준거법을 정할 것은 아니다. 참고로 계약인수의 준거법에 관하여 채권양도 및 채무인수의 준거법 결정에 관한 구 국제사법 제34조를 유추적용하여 계약인수 당사자 사이의 법률관계는 계약양수도의 원인계약의 준거법에 의하되, 계약인수의 가능성, 계약의 상대방 및 제3자에 대한 계약인수의 효력은 이전의 대상인 당해 계약의 준거법에 의한다고 판단하여 이전의 대상이 되는 계약의 준거법인 미국 캘리포니아주법이 문제 된 계약인수의 효력을 규율하는 준거법이라고 본 대법원 판결이 있다.[26]

(6) 국제적인 통일법의 고려

위에서 언급한 바와 같이 2001년 12월 국제연합은 국제연합 국제거래법위원회(UNCITRAL)의 주도하에 작성된 "국제거래에서의 채권양도에 관한 협약(United Nations Convention on the Assignment of Receivables in International Trade. 국제채권양도협약)"을 채택하였다. 동 협약(제22조)은 이중양도 및 기타 경합하는 권리자 간의 우선권에 관하여 채권자, 즉 양도인 소재지법을 준거법으로 한다. 이는 무엇보다도 채권자가 익숙한 법을 준거법으로 함으로써 채권양도를 촉진하고, 장래채권의 경우 채권의 준거법을 미리 알 수 없다는 문제를 해소하고, 특히 다수의 채권을 일괄양도하는 경우 개별 채권의 준거법 또는 개별 채무자의 주소지 또는 소재지에 관계없이 단일한 준거법을 적용하도록 함으로써 채권양도를 용이하게 하기 위한 것이다.

---

26) 서울고등법원 2013. 2. 5. 선고 2013나2006955(본소), 2013나75191(반소) 판결(상고심인 대법원 2017. 5. 11. 선고 2015다211128(본소), 2015다211135(반소) 판결은 상고를 기각함으로써 위 결론은 유지되었으나 이 점을 다루지는 않았다). 유정화, 온주 국제사법 제54조, 2023. 7. 5. [8] 참조. 이는 섭외사법하의 판례도 소개한다.

13. 법률에 의한 채권의 이전에 관한 조항의 신설

섭외사법	국제사법
<신설>	제55조(법률에 따른 채권의 이전) ① 법률에 따른 채권의 이전은 그 이전의 원인이 된 구(舊)채권자와 신(新)채권자 간의 법률관계의 준거법에 따른다. 다만, 이전되는 채권의 준거법에 채무자 보호를 위한 규정이 있는 경우에는 그 규정이 적용된다. ② 제1항과 같은 법률관계가 존재하지 아니하는 경우에는 이전되는 채권의 준거법에 따른다.

[입법례]
* 로마협약 제13조[법정대위]/로마 I 제15조[법정대위]
* 독일 구 민법시행법 제33조 제3항[법률에 의한 채권의 이전]
* 스위스 국제사법 제146조[법률에 의한 이전]

가. 개요

법률에 의한 채권의 이전은, 법률에 의하여 채권이 당연히 제3자에게 이전되는 것을 말하며 변제에 의한 대위 또는 보험자의 대위 등이 이에 해당한다. 섭외사법은 법률에 의한 채권의 이전에 관하여 규정을 두지 않았으나, 구 국제사법에서는 법적 안정성과 예측가능성을 제고하기 위하여 법률에 의한 채권의 이전의 준거법에 관한 조항을 신설하였다. 국제사법은 이런 태도를 유지한다.

나. 주요내용
(1) 원인관계의 준거법이 적용되는 경우(제1항)

법률에 의한 채권의 이전은 그 이전의 원인이 된 구채권자와 신채권자 간의 법률관계가 존재하는 경우에는 그 법률관계의 준거법(Kausalstatut 또는 Zessions-grundstatut, 이전원인 준거법)에 의한다(제1항 본문). 따라서 예컨대 보증인이 보증계약에 따라 채무를 변제하거나 또는 보험회사가 보험계약에 따라 보험계약자에게 보험금을 지급한 경우 보증인 또는 보험회사가 채권자의 권리를 대위하는지 여부는 보증계약 또는 보험계약의 준거법에 따른다. 이는 과거 다수설[1]을 따른 것인

---
1) 신창선, 국제사법(1999), 340면; 이호정, 323면.

데, 그 근거는 법률에 의한 채권의 이전은 채권 자체의 발생에 관한 문제가 아니라, 이전원인의 전개에 기여하는 것,[2] 달리 말하자면 신채권자가 이전의 원인이 된 법률관계에 따라 이행을 하였다는 데 대한 보상으로서 일어나는 것이라는 데 있다.[3]

로마협약은 채권자가 채무자에 대하여 계약상의 채권을 가지고 있고 제3자가 채권자를 만족시킨 경우와, 동일한 계약상의 채무를 부담하는 수인들 중 한 사람이 채권자를 만족시킨 경우를 구별하여 별도로 규정하나(제13조 제1항 및 제2항), 국제사법은 이를 통합하였다. 이 점은 스위스 국제사법(제146조 제1항)과 마찬가지이다. 다만 이전되는 채권의 준거법상의 채무자보호 규정은 준거법에도 불구하고 적용된다(제1항 단서). 이는 채무자를 보호하기 위한 것이다.

실무상 문제 된 것은 영국법 준거약관을 포함하는 적하보험계약의 경우 보험자대위의 준거법이다. 즉, ① 전부지정설을 따라 영국법이 적하보험계약 전체의 준거법이라면 위 제55조 제1항에 따라 보험자대위의 문제는 영국법에 따를 사항이지만, ② 만일 대법원 1998. 7. 14. 선고 96다39707 판결처럼 부분지정설을 취하여 보험계약에 따른 전보청구 및 결제의 준거법은 영국법이고, 보험계약의 성립의 준거법은 한국법이라고 본다면 보험자대위의 준거법 결정이 매우 어렵게 된다.[4] ③ 한편 저자와 같이 영국법준거약관을 실질법적 지정이라고 파악한다면[5]

---

2) 신창선, 국제사법(1999), 340면; 이호정, 323면.

3) MünchKomm/Martiny, 5. Auflage, Band 10, Rom I-VO (2010), Rn. 10.

4) 만일 보험계약에 따라 보험자가 부담하는 의무 내지 책임 문제 전부의 준거법이 영국법이라면 보험자대위는 영국법에 따를 사항이나 그 일부(즉 전보청구 및 결제)만이 영국법에 따른다면 그럴 수는 없다. 부분지정설은 이에 대해 답을 제시해야 한다. 흥미로운 것은 서울중앙지방법원 2014. 11. 12. 선고 2013나61298 판결이다(서울중앙지방법원 2020. 1. 10. 선고 2018나15214 판결도 같은 취지이다). 동 판결은 "이는 보험자의 책임 및 보상에 관해서만 영국의 법률 등이 적용된다는 취지이고, 보험자대위 등에 관한 사항에까지 영국의 법률과 관습에 따르기로 한 것으로는 볼 수 없으므로, 보험자대위에 관한 사항은 우리나라의 법률이 적용된다"라고 판시하였으나 이는 부분지정설과 양립되지 않는 것으로서 근거가 없다. 더욱이 위 논거 중 보험자대위에 관한 사항에까지 영국법을 준거법을 지정한 것으로는 볼 수 없다는 부분은 잘못이다. 계약의 성립, 효력과 달리 보험자대위의 준거법은 당사자자치가 허용되지 않기 때문이다. 그러나 대법원 2015. 5. 28. 선고 2012다78184 판결은 부분지정 문언(즉 일체의 전보청구 및 결제에 관해서 영국의 법률과 관습에 의한다)을 사용한 보험계약에서 보험자대위에 대해서까지 영국법이 적용된다고 보기 어렵다고 판시한 서울중앙지법 2012. 7. 27. 선고 2011나31415 판결의 결론을 수용하였다. 부분지정을 지지하는 견해는 이헌묵, "준거법의 분열에 관한 연구", 국제사법연구 제22권 제2호(2016. 12.), 55면 이하 참조. 보험자대위는 보험금을 지급한 이후에 문제 되는 것이고, 이는 보험자의 책임에 관한 사항으로 볼 수 없음을

보험자대위의 문제는 보험계약의 객관적 준거법에 따르게 된다.

만일 보험계약의 준거법이 한국법이라면, 보험계약에 좇아 피보험자에게 보험금을 지급한 보험자는 상법(제682조)에 따라 대위에 의하여 피보험자가 가해자에 대하여 가지는 손해배상채권을 취득하므로 자신의 이름으로 가해자를 상대로 제소할 수 있다. 그러나 만일 보험자대위의 준거법이 영국법이라면, 보험자는 비록 피보험자에게 보험금을 지급함으로써 피보험자의 권리와 구제수단을 대위하더라도 자신의 이름이 아니라 피보험자의 이름으로 권리나 구제수단을 행사하여야 하므로, 채권을 양수하지 않는 한, 영국 법원에서는 피보험자의 명의로 가해자를 상대로 제소하여야 한다. 이 경우 보험자가 피보험자의 이름으로 우리 법원에서 제소하여 소송을 수행할 수 있는가라는 국제민사소송법상의 쟁점(즉 당사자적격의 문제)이 제기되는데, 이에 관하여는 우리나라에는 아직 정설이 없다.[6] 이러한 까다로운 문제를 피하자면 보험자로서는 피보험자의 권리를 양수하고 대항요건을 구비하는 것이 바람직하다.

(2) 채권 자체의 준거법에 의하는 경우(제2항)

구채권자와 신채권자 간의 법률관계가 존재하지 아니하는 경우, 예컨대 제3자가 의무 없이 임의로 변제한 경우 법률에 의한 채권의 이전은 이전되는 채권 자체의 준거법에 의한다(제2항). 이는 스위스 국제사법(제146조 제1항)과 동일하며, 섭외사법하의 유력설[7]도 같았다.

근거로 보험계약과 가장 밀접한 관련이 있는 우리 상법이 적용된다는 견해가 있으나(박원근, "영국법 준거약관이 포함된 해상보험계약의 준거법 결정(대상판결: 대법원 2016. 6. 23. 선고 2015다5194 판결)", 해사법의 제문제(부산판례연구회 창립 30주년 기념. 2018), 437면), 우리는 구 국제사법 제25조(국제사법 제45조)가 아니라 구 국제사법 제35조(국제사법 제55조)를 적용하는 것이므로 이는 근거가 없다. 근자의 문헌은 이필복, "해상적하보험상 준거법 약관의 유형과 피보험자의 최대선의의무-대법원 2018. 10. 15. 선고 2017다272103 판결의 평석-", 2019년도 법관연수 어드밴스 과정 연구논문집(2020), 579면 이하 참조. 부분지정설에 따른 어려움의 상세는 석광현, "해상적하보험계약에서 영국법 준거약관의 국제사법상 문제점: 준거법의 분할(부분지정)에서 발생하는 어려움을 중심으로", 한국해법학회지 제45권 제1호 (2023. 4.), 171면 이하 참조. 보험계약의 준거법에 관한 미국법은 권오정, "해상보험계약상 준거법 조항의 집행가능성에 대한 미국연방대법원 판례 소고", 한국해법학회지 제46권 제2호 (2024. 8.), 315면 이하 참조.

5) 이 점은 석광현, 제2권, 68면; 석광현, 제3권, 197면. 물론 문언에 따라 준거법의 지정으로 볼 경우도 있다.

6) 이 점은 석광현, 제4권, 159면; 석광현, 국제민사소송법, 177면.

이는 법률에 의한 채권의 이전은 채무변제의 효력의 문제라고 할 수 있기 때문이다. 이 경우 채권 자체의 준거법에 의하므로 동법상의 채무자보호 규정은 당연히 적용된다. 따라서 제2항의 경우에는 제1항 단서와 같은 취지의 조항을 두지 않는다.

참고로 대법원 2007. 7. 12. 선고 2005다39617 판결은 "선박우선특권은 일정한 채권을 담보하기 위하여 법률에 의하여 특별히 인정된 권리로서 일반적으로 그 피담보채권과 분리되어 독립적으로 존재하거나 이전되기는 어려우므로, 선박우선특권이 유효하게 이전되는지 여부는 그 선박우선특권이 담보하는 채권의 이전이 인정되는 경우에 비로소 논할 수 있는 것인바, 구 국제사법 제60조 제1호, 제2호에서 선적국법에 의하도록 규정하고 있는 사항은 선박우선특권의 성립 여부, 일정한 채권이 선박우선특권에 의하여 담보되는지 여부, 선박우선특권이 미치는 대상의 범위, 선박우선특권의 순위 등"임을 확인하면서도 "선박우선특권에 의하여 담보되는 채권 자체의 대위에 관한 사항은 포함되어 있지 않다고 해석되므로, 그 피담보채권의 임의대위에 관한 사항은 특별한 사정이 없는 한 (구) 국제사법 제35조 제2항에 의하여 그 피담보채권의 준거법에 의하여야 한다"라는 취지로 판시하였다.[8]

(3) 구상권의 준거법

국제사법은 예컨대 연대채무자 간 또는 보증인의 주채무자에 대한 구상권과 같은 채무자 간의 구상권의 준거법을 명시하지 않는데, 로마협약(제13조)도 문면상으로는 마찬가지였다.[9] 한편 스위스 국제사법(제143조, 제144조)은 법률에 의한 채권의 이전의 준거법과 구상권의 준거법을 명시하는데, 후자에 관하여는 쌍방(예컨대 보증인 A와 구상의무자인 공동보증인 B가 있고 각 보증계약의 준거법이 상이한 경우)의 채무의 준거법을 누적적으로 적용한다.[10] 후자에 따르면 구상권의 행사가

---

7) 예컨대 신창선, 국제사법(1999), 341면 참조.
8) 그러나 피담보채권의 이전은 그렇더라도 담보권의 이전은 선박우선특권의 준거법에 따라야 한다는 견해도 가능하고 만일 그렇다면 양자가 누적적용된다고 주장할 여지가 있다. 아마도 수반성을 고려하여 이 점을 별도로 고려하지 않은 것인지 모르겠으나 더 검토할 필요가 있다.
9) 그러나 아래 보듯이 해석론은 로마협약 제13조로부터 구상권의 준거법을 도출하였다.
10) 채무자 간의 구상권을 정한 제144조는 아래와 같다.
"(1) 어느 채무자는 다른 채무자에 대하여, 쌍방의 채무의 준거법이 허용하고 있는 한 직접적으로 또는 채권자의 법적 지위에 들어섬으로써 구상을 할 수 있다. (2) 구상권의 실행은

상대적으로 어렵게 되는 단점이 있다. 반면에 로마협약 해석상으로는 변제하는 채무자의 채무의 준거법, 즉 보험계약, 보증계약 또는 연대채무의 준거법(바꾸어 말하면 원인관계의 준거법)에 따를 것이라는 견해가 유력하였는데,[11] 로마 I은 이런 취지를 명시한다. 즉 로마 I 제15조는 로마협약 제13조 제1항과 유사하나, 로마 I 제16조는 로마협약 제13조 제2항을 개정하여 구상권의 준거법을 명시한다. 제3자의 채무가 (주)채무에 대해 부차적인 때에는 제15조가, 채무가 동 순위인 경우에는 제16조가 적용되는 것으로 보인다.[12]

국제사법의 해석으로는 로마 I의 해석론과 스위스 국제사법의 해석론이 모두 주장될 수 있으나, 대위의 준거법에 관하여 과거 우리 다수설이 원인관계의 준거법설을 취한 점과, 대위와 구상권의 밀접한 관련을 고려하면 여기에서도 원인관계의 준거법이 규율할 가능성이 크다.[13] 그러나 주채무자와 보증인(또는 손해담보자) 간에 계약 기타 법률관계가 존재하는 경우에는 구상권은 그의 준거법에 따를 사항이라고 본다.[14] 다만 실무적으로는 예컨대 보증인이 주채무자의 부탁에 기해

구상의무자의 채무와 같은 법에 의한다. 채권자와 구상권자간의 관계에만 관계되는 문제는 구상권자의 채무의 준거법에 의한다. (3) 공적 임무를 담당하고 있는 기관에게 구상권이 있는가의 여부는 이 기관의 준거법에 의하여 정하여진다. 구상의 허용 여부와 실행에 대하여는 제1항과 제2항이 적용된다".

11) Reithmann/Martiny/Martiny, Rn. 108, 412. 이에 따르면 먼저 변제하는 자가 유리하게 되는 문제점이 발생한다.

12) MünchKomm/Martiny, Band 10, Art. 16 Rom I‒VO Rn. 4. 한편 로마 II 제20조(복수의 책임)는 "채권자가 동일한 채권에 대하여 책임이 있는 복수의 채무자를 상대로 채권을 가지고 있고, 그 채무자들 중 한 명이 그 권리의 전부 또는 일부를 이미 만족시킨 경우에는, 위 채무자가 다른 채무자들에게 구상을 요구할 수 있는 권리를 가지는지는, 그 채무자의 채권자에 대한 계약외채무의 준거법에 의하여 규율된다"라고 하여 구상권의 준거법에 대하여 원인관계의 준거법에 따르도록 한다. 여기에서도 로마 I 에서와 마찬가지로 먼저 변제하는 채무자가 유리하게 된다. 다만 로마 I 에서는 제16조 제1항 제2문을 두어 다른 채무자의 채무의 준거법상의 항변을 인정하나 로마 II 는 이런 예외를 두지 않는다.

13) 그러나 최흥섭, 330면은 구상권의 준거법이 대위의 준거법과 동일하다고 보는 태도(로마협약)와 다르다고 보는 견해(스위스)를 소개하고 후자가 우리 법의 해석론으로 타당하다고 한다. 서울고등법원 2021. 12. 23. 선고 2020나2046487 판결은 유럽연합 집행위원회의 공동과징금의 납부를 명한 결정에 따른 채무자들 간의 구상관계를 부당이득으로 보아 이득을 받은 구상의무자의 소재지법이 준거법이라고 보았다. 그러나 당해 사건에서 투자자들로서 합작투자계약을 체결한 당사자들이 가납금(provisional payment)의 각 50%씩을 부담하기로 하는 내용의 양해각서를 체결하였으므로 그 계약의 문제라고 보아야 한다면 그 준거법에 따를 사항이라고 볼 수 있다. 어쨌든 위 사건에서 법원은 합작계약의 중재조항에 의하여 중재에 회부할 사항이라는 이유로 소를 각하하였다.

보증을 한 경우와 같이 구상권자와 구상의무자 간에 계약이 존재하는 때에는 상당 부분 당해 계약에 의해 구상권의 문제가 규율될 것이다.

(4) 제55조의 적용범위

로마협약은 계약상의 채권에만 적용되나, 국제사법(제55조)은 이를 계약상의 채권뿐만 아니라 법정채권의 이전에 대하여도 적용되는 것으로 규정하는 점에 차이가 있다.

한편 제55조는 회사의 합병 또는 분할에 의한 권리·의무의 포괄적 승계와 상속에 의한 권리·의무의 포괄적 승계에는 적용되지 않는다. 전자는 국제사법 제30조에 의하여 결정되는 회사의 속인법에, 후자는 국제사법 제77조에 의하여 결정되는 상속의 준거법에 각각 따를 사항이다.

---

14) MünchKomm/Martiny, Band 10, Art. 16 Rom I−VO Rn. 6도 동지로 보인다. 다만 이는 채무자의 채무가 동일한 준거법에 따르는 경우이고, 양자가 상이한 준거법에 따르는 경우에 관하여는 언급하지 않는 것으로 보인다.

14. 그 밖의 고려사항들

구 섭외사법의 개정을 위한 개정연구반에서부터 채권자대위권과 채권자취소권에 관하여는 규정을 두지 않기로 하였다. 따라서 국제사법하에서 이는 섭외사법하에서와 마찬가지로 학설과 판례에 의해 해결되어야 할 것이다.[1] 이 점은 상계와 통화의 준거법의 결정도 마찬가지다. 채권자취소권의 준거법에 관하여는 대법원 판결이 있으므로 이를 먼저 논의한다.

가. 채권자취소권의 준거법

과거에는 채권자취소권의 준거법에 관하여 학설만 있었으나[2] 대법원 2016. 12. 29. 선고 2013므4133 판결은 채권자취소권의 준거법에 관하여 판시하였다. 사안은 러시아국인인 원고가 전 남편과 그의 내연녀를 상대로 채권자취소권을 행사하여 남편이 내연녀와 체결한 한국 소재 아파트 매매계약의 취소 등을 구한 사건이다.[3] 위 판결을 계기로 채권자취소권의 준거법에 관한 논문이 다수 발표되었

---

[1] 일본시안은 다음과 같이 규정하였다.
"제16조(채권자대위) 채권자대위권은 대위의 목적으로 되는 권리의 준거법에 의한다.
제17조(채권자취소권)
[甲안] 채권자취소권은 채무자가 처분의 대상으로 한 권리의 준거법에 의한다.
[乙안] 채권자취소권은 법정지법에 의한다".

[2] 종래 한국에서는 채권의 준거법과 사해행위의 준거법을 누적적용하는 견해가 유력하였다. 신창선·윤남순, 332면; 최흥섭, 332면. 저자는 독일의 경우 1999. 9. 1. 개정된 채권자취소권법 (Gesetz betreffend die Anfechtung von Rechtshandlungen eines Schuldners außerhalb des Konkursverfahrens. AnfG) 제19조에 따라 사해행위의 효력의 준거법에 따르도록 입법적으로 해결되었고 사해행위의 효력의 준거법은 처분행위의 준거법이라는 견해가 유력하다고 소개한 바 있다. 석광현, 제4권, 151면 註 113 참조. 상세는 유정화, 온주 국제사법 [후주] 제55조: 채권자취소권, 2023. 7. 5. 참조.

[3] 대법원 판결에 따른 사안의 상세는 아래와 같다.
러시아국인인 원고와 원심 공동피고 Y는 러시아국에서 혼인하였다가 이혼한 사이인데, Y는 원고와 혼인 중에 한국에서 거주하던 러시아국인인 피고와 내연관계를 맺고, 피고에게 본인 소유의 아파트에 관하여 매매계약을 원인으로 소유권이전등기를 하였다. 원고는 이 사건 소로써, Y에 대해서는 주위적으로 러시아국 법에 따라 체결한 재산분할계약에 따라 위 아파트에 대한 소유권이전등기절차의 이행을 구하고, 예비적으로 러시아 가족법에 의하여 이혼에 따른 재산분할청구로서 이 사건 부동산 1/2 지분에 해당하는 금전 지급을 구하였다. 또 피고에 대해서는 주위적으로는 러시아 가족법상 부부 일방 명의의 재산을 타방의 동의 없이 양도한 경우 양수인이 악의이면 그 양도는 무효인데, 피고는 내연녀이므로 악의의 양수인이라고 하여 피고 명의로 된 소유권이전등기의 말소를 구하였다. 예비적으로는, 위 재산분할계약의

다.4) 여기에서는 위 판결과 학설을 참조하여 채권자취소권의 준거법을 간단히 검토한다.5) 저자로서는 논리적으로는 일응 누적적용설이 설득력이 있다고 보나 도산관재인의 부인권과도 연계하여 폭넓은 검토를 필요로 하므로 단정적인 견해는 유보한다.

2016년 대법원판결은 채권자취소권에 관하여는 가장 밀접한 관련이 있는 법률, 즉 위 사건에서 취소 대상인 법률행위의 준거법(한국법)을 적용해야 한다고 판시하였다. 위 사건에서 원심 판결(부산가정법원 2013. 8. 22. 선고 2013르106 판결)은 과거 다수설에 따라 피보전채권의 준거법(러시아법)과 사해행위의 준거법(한국법)을 누적적용하여야 함을 전제로 러시아법상 채권자취소제도가 없다는 이유로 그 부분 청구를 기각하였다.6) 그러나 위 대법원 판결은, 채권자취소권의 행사에서

이행불능을 이유로 Y에 대하여 가지는 손해배상청구권 또는 이혼으로 인한 재산분할청구권 및 위자료청구권을 피보전채권으로 하여, 이 사건 매매계약에 대한 사해행위취소 및 원상회복으로 그 소유권이전등기의 말소등기절차의 이행을 구하였다. 대법원 판결은 채권자취소권인 예비적 청구에 관한 판단이다. 위 사건의 주위적 청구에서는 채권자취소권의 문제인지 아니면 러시아법에 따르는 부부재산제의 문제인지라는 성질결정의 쟁점이 있었다. 채권자취소권에 앞서 부부재산제를 검토할 필요가 있었음을 지적하는 견해로는 장준혁, "부부재산제와 채권자취소권의 준거법 결정과 그 적용", 판례실무연구[XⅢ](2017), 918면; 최흥섭, 333면 참조.

4) 이헌묵, "채권자취소권의 준거법에 관한 비교법적 연구", 저스티스 제152호(2016. 3.), 115면 이하(결론적으로 사해행위가 행해진 곳의 법을 적용한다. 그러나 최흥섭, 333면은 이헌묵이 재산소재지법을 적용한 것으로 본다); 장준혁(註 3), 876면 이하(결론적으로 부부재산제의 준거법에 부종적으로 연결하여 그 법을 따를 것이라고 한다)[최흥섭, 333면은 장준혁이 부부재산제로 성질결정한 것으로 본다]; 정구태, "이혼시 재산분할청구권 및 위자료청구권 보전을 위한 채권자취소권의 준거법 – 대법원 2016. 12. 29. 선고 2013므4133 판결 –", 사단법인 아시아문화학술원, 인문사회21 제8권 제2호(2017. 4.), 1105면 이하; 김윤종, "외국적 요소가 있는 채권자취소권의 준거법(2016. 12. 29. 선고 2013므4133 판결: 공2017상, 227)", 대법원판례해설, 제109호(2016. 하)(2017), 587면 이하; 한애라, "채권자취소권의 준거법에 관한 연구", 국제사법연구 제24권 제1호(2018. 6.), 165면 이하 참조. 외국문헌은 Ilaria Pretelli, "Cross–Border Credit Protection Against Fraudulent Transfers of Assets: Actio Pauliana in the Conflict of Laws", YBPIL Vol. XⅢ (2011), p. 589 이하 참조. 미국의 2014년 Uniform Voidable Transactions Act (UVTA)(제10조 b항)는 채무자의 주소지법을 준거법으로 지정한다. 채권자취소권의 준거법에 관한 입법례와 학설은 유정화, "국제거래에서 채권자취소권의 준거법 결정에 관한 연구", 서울대학교 대학원 법학석사학위논문(2019), 58면 이하 참조.

5) 실질법에 관하여는 이순동, 채권자 취소권(3판)(2017); 오시영, 채권자 취소권(2010); 전원열 외, 사해행위취소 및 부인권제도에 관한 개선방안 연구(2017) 참조.

6) 제1심판결(부산가정법원 2012. 12. 21. 선고 2011드단14172 판결)은 사해행위의 준거법, 원인행위 내지 물권행위의 준거법, 채권자취소권은 일종의 부당이득 내지 불법행위규정의 성격을 가지는데, 구 국제사법 제31조와 제32조의 해석상 한국법이 부당이득 내지 불법행위의 준거

피보전권리는 단지 권리행사의 근거가 될 뿐이고 취소 및 원상회복의 대상이 되는 것은 사해행위이며, 사해행위 취소가 인정되면 채무자와 법률행위를 한 수익자 및 이를 기초로 다시 법률관계를 맺은 전득자 등이 가장 직접적으로 이해관계를 가지게 되므로 거래의 안전과 제3자의 신뢰를 보호할 필요도 있다고 지적하고, 이러한 요소 등을 감안하면, 외국적 요소가 있는 채권자취소권의 행사에서 가장 밀접한 관련이 있는 국가의 법은 취소대상인 사해행위에 적용되는 국가의 법이라고 판시하였다.[7] 위 사건에서는 문제 되지 않았으나 사해행위가 채권행위를 말하는지 물권행위를 말하는지 아니면 양자를 모두 말하는지는 불분명하다. 다만 대법원이 구 국제사법 제26조를 들어 준거법을 논의한 것을 보면 아마도 채권행위의 준거법을 채택한 것 같다. 위 사건에서 양자 모두 한국법이므로 실익은 없으나 양자가 상이한 경우에는 실익이 있게 된다.

일반론으로는 대법원처럼 연결대상과 가장 밀접한 관련이 있는 법을 준거법으로 지정하는 것은 타당하나, 가장 밀접한 관련이 있는 법의 탐구는 추상적으로 흐를 가능성이 크다. 대법원으로서는 가장 밀접한 관련을 구체화하는 과정에서 연결대상의 성질결정을 거쳐 관련 이익을 형량하고 다양한 요소와 연결정책을 고려한 뒤 준거법을 결정해야 하며, 또한 반드시 하나의 법이 준거법이 되어야 하는 것은 아니고 누적적 연결의 가능성도 고려할 필요가 있는데, 대법원이 이런 과정을 충실히 따랐다고 보기는 어렵다는 점에서 아쉬움이 있다.

나. 채권자대위권의 준거법

일본의 통설은 채권자대위권의 경우에도 채권자취소권과 마찬가지로 채권의 준거법과 채권자대위권의 목적, 즉 대위행사의 대상이 되는 권리의 준거법을 누적적으로 적용할 것이라고 한다.[8] 반면에 우리나라에서는 종래 채권자대위권의 경우 학설은 채권자취소권과 달리 제3자 이익 보호의 문제가 없기 때문에 대위행위의 대상인 권리의 준거법을 고려할 필요가 없다는 견해(즉 피보전채권의 준거법설)[9]가 유력하나, 양자를 누적 적용하는 누적설[10]도 있다. 종래 민법상으로는 채

법이 되는 점을 고려하여 한국법이라고 판단하였다.

7) 최흥섭, 332면은 제3자를 해치면서까지 채권자를 보호해야 할 특별한 이유가 없다는 이유로 대법원 판결을 비판하면서 누적적용설을 지지한다.

8) 일본 주석국제사법 제1권/北澤安紀, 568 – 569면.

9) 신창선 · 윤남순, 332면; 신창섭, 312 – 313면. 서울고등법원 2024. 8. 21. 선고 2022나2040674

권자취소권을 채권자대위권과 마찬가지로 채권의 효력의 문제로 이해하는데, 대법원은 채권자취소권의 준거법에 관하여 누적적 연결을 배척하였다. 따라서 대법원의 그런 태도가 채권자대위권의 준거법 지정에 어떤 영향을 미치는지도 검토할 필요가 있다.[11][12]

참고로 채권자대위권의 준거법에 관하여 서울고등법원 2018. 11. 9. 선고 2015나2034008 판결(확정)은, 채권자가 채무자를 대위하여 소를 제기한 사건에서 채권자대위권 행사요건의 충족 여부 판단은 소송요건으로서 소송절차에 관한 사항이므로 법정지법인 한국법에 따를 사항이라고 판시하고, 나아가 채무자의 제3채무자에 대한 권리의 존부 판단의 준거법은 해당 권리관계의 발생원인이 되는 법률관계의 준거법이라고 판단하였다. 여기에서는 당사자적격의 문제와 준거법의 문제를 일단 구별할 필요가 있는데, 저자는 다른 기회에 채권자대위권의 본질을 실체법적으로 파악한다면 채권자대위권의 준거법에 의하여 대위채권자의 소송담당권한의 유무를 판단하는 것이 적절하다는 견해를 피력한 바 있다.[13] 물론 이는 법정지법이 제3자의 소송담당을 허용하는 것을 전제로 하는데, 더 체계적으로 검토할 필요가 있다.

다. 상계의 준거법

성질결정에 관한 부분에서 논의한 바와 같이 우리 법상 상계는 실체의 문제로 성질결정되는데, 자동채권과 수동채권의 준거법이 다른 경우 상계의 준거법이 문제 된다.[14] 과거 우리나라에서는 양 채권의 준거법을 누적적용하는 견해가 유

판결(미확정)도 동지인데, 이는 '피보전채권의 준거법' 대신 '피대위권리 준거법'이라고 한다.

10) 김연 · 박정기 · 김인유, 386면.

11) 상세는 유정화, 온주 국제사법 [후주] 제55조: 채권자대위권, 2023. 7. 5. 참조.

12) 나아가 주주대표소송의 준거법도 논란이 있다. 原田央/マンタ · タン, 株主代表訴訟に関する 国際私法上の諸問題─国際会社法基礎理論再検討の準備作業を兼ねて, 商事法務 No. 2211 (2019. 10. 5.), 51頁 이하; King F. Tsang, International Multiple Derivative Actions, Vanderbilt Journal of Transnational Law, Volume 52 (2019) 75 참조. 우리 문헌은 김태진, "대표소송 · 다중대표소송에 관한 국제회사법적 검토─해외자회사 이사를 상대로 한 다중대표소송 可否에 관한 試論을 겸하여─", 경영법률 제34집 제3호(2024. 4.), 279면 이하 참조.

13) 석광현, 국제민사소송법, 171면.

14) 상계와 유사하나 구별해야 하는 개념으로 공제가 있다. 대법원 2024. 8. 1. 선고 2024다 227699 판결은 아래와 같이 판시하였다. "공제는 복수 채권 · 채무의 상호 정산을 내용으로 하는 채권소멸 원인이라는 점에서 상계와 유사하다. 그러나 공제에는 원칙적으로 상계적상,

력하였으나,[15] 유럽에서는 수동채권의 준거법을 적용한다는 견해가 유력하다. 상
계의 요건에 관하여는 논리적으로는 누적적용설을 취할 여지도 있지만 이는 법률
비용을 증가시키고 상계를 어렵게 하는 문제가 있으며, 특히 상계의 효력에 관한
양 법의 충돌을 해결하는 데 있어 어려움이 있다.[16] 근자에는 우리나라에서도 수
동채권의 준거법을 적용하는 견해가 유력해지고 있는데,[17] 이는 채무자의 상계에
의하여 자신의 의사에 반하여 채권을 상실하게 되는 채권자(상계하는 자가 볼 때 수
동채권의 채권자)의 이익을 보호할 수 있다는 점에서 설득력이 있다.[18] 로마협약은
상계의 준거법을 규정하지 않았으나 로마 I(제17조)은 당사자 간에 상계권에 관한
합의가 없는 경우 상계의 준거법은 수동채권의 준거법이라는 점을 명시한다.[19]

> 상계 금지나 제한, 상계의 기판력 등 상계에 관한 법률 규정이 적용되지 않는다는 점, 부동
> 산 임대차관계 등 특정 법률관계에서는 일정한 사유가 발생하면 원칙적으로 공제의 의사표
> 시 없이도 당연히 공제가 이루어진다고 보는 점 등에서 공제는 상계와 구별된다. 또한 공제
> 는 상계 금지나 제한과 무관하게 제3자에 우선하여 채권의 실질적 만족을 얻게 한다는 점에
> 서 상계보다 강한 담보적 효력을 가진다. 한편 계약자유의 원칙에 따라 당사자는 강행규정
> 에 반하지 않는 한 공제나 상계에 관한 약정을 할 수 있으므로, 공제나 상계적상 요건을 어
> 떻게 설정할 것인지, 공제 기준시점이나 상계적상 시점을 언제로 할 것인지, 공제나 상계의
> 의사표시가 별도로 필요한지 등을 자유롭게 정하여 당사자 사이에 그 효력을 발생시킬 수
> 있다. 또한 공제와 상계 중 무엇에 관한 약정인지는 약정의 문언과 체계, 약정의 경위와 목
> 적, 채권들의 상호관계, 제3자의 이해관계 등을 종합적으로 고려하여 합리적으로 해석하여
> 야 한다".

15) 신창선, 319면(신창선 · 윤남순, 332면도 같다); 임치용, "채권양도 및 상계의 준거법 — 외국
    파산절차의 국내적 효력과 관련하여 — ", 진산 기념논문집 제1권, 363면.
16) 예컨대 상계의 효력에 관하여 자동채권의 준거법은 소급효를 인정하고(예컨대 한국법과 독
    일법) 수동채권의 준거법은 소급효를 부정하는 경우(예컨대 영국 보통법) 누적적용설은 그
    해결방안을 제시해야 한다.
17) 섭외사법하에서 이호정, 321면. 구 국제사법하에서 박영복, "매매협약(CISG) 적용 사안에 있
    어서의 상계", 국제거래법연구 제29집 제1호(2010), 138면 참조. 한편 수동채권의 준거법이
    원칙적으로 상계의 준거법이 되고, 예외적으로 채무자가 채무의 존속에 대하여 이익을 가지
    는 점에 대하여 주장 · 입증하는 경우 양 채권의 준거법이 중첩적용된다는 견해도 있다. 이헌
    묵, "국제적 상계에 대한 준거법", 국제거래법연구 제18집 제1호(2009), 138면 참조. 최영덕,
    "국제소송에서 상계와 반소에 관한 법리구성: 국제재판관할과 준거법을 중심으로", 충남대
    학교 박사학위 논문(2006. 8.), 140면. 일본의 법례와 법적용통칙법은 규정을 두지 않는데,
    과거 누적적용설이 통설이었으나 근자에는 수동채권 준거법설이 유력해지고 있다. 일본 주
    석국제사법 제1권/北澤安紀, 579면 이하 참조.
18) 입법례는 박영복(註 17), 129면 이하 참조. 최흥섭, 335면도 동지.
19) 상계의 준거법에 관한 EU 국가들의 경향은 Max Planck Institute for Foreign Private and
    Private International Law, Comments on the European Commission's Green Paper on
    the Conversion of the Rome Convention of 1980 on the Law Applicable to Contractual

그러므로 이 견해를 따를 경우 상계의 준거법이 영국법이라면 상계적상의 요건은 영국법에 따라야 하는데, 보통법상의 상계의 경우 상계를 소송상으로만 주장해야 하는지 아니면 일방적 의사표시로 할 수 있는지는 논란의 여지가 있다.[20]

또한 우리 법상 보통법상의 상계를 실체로 성질결정한다면 상계의 효과도 영국 보통법에 따를 사항이나 여기에서 까다로운 문제가 발생한다. 왜냐하면 영국 보통법에 따르면 상계는 법원의 판결에 의하여 효력이 발생하므로 소급효가 없으나, 우리 법처럼 이를 실체로 파악한다면 법원의 판결에 의하여 비로소 효력이 발생한다고 볼 이유는 없기 때문이다.[21] 서울고등법원 2019. 5. 14. 선고 2018나 2031789 판결은, 상계는 반대채권(자동채권)을 이용하여 상대방의 채권(수동채권)을 일방적으로 소멸시키는 효과를 가지므로 상대방 보호의 필요성이 높은 점, 양 측의 준거법을 중첩적으로 적용할 경우 상계가 사실상 곤란해질 수 있고, 이는 당사자들의 기대에 반하거나 형평에 반하는 결과를 초래할 수 있는 점 등을 고려하

Obligations into a Community Instrument and its Modernization Contents, Question 20, para. 3 (p. 89 이하) 참조. 독일처럼 의사표시에 의한 상계제도를 택한 국가에서는 상대방의 보호를 위해 수동채권의 준거법을 준거법으로 보고, 프랑스처럼 자동상계제도를 채택한 국가에서는 누적적용설을 취하며, 영국처럼 전통적으로 절차적 관점에서 상계제도를 파악하는 국가에서는 법정지법을 적용한다고 한다. 상계의 비교법적 검토와 중재에서 준거법 결정은 Christiana Fountoulakis, Set-off Defences in International Commercial Arbitration: A Comparative Analysis (2011) 참조.

20) 성질결정에 관한 해설에서 본 것처럼 영국법에는 '형평법상의 상계(equitable set-off)'와, 1735년 상계법(Statute of Set-Off 1735)에 의한 보통법상의 상계 또는 '독립적 상계/법적 상계(independent set-off/legal set-off)'가 있다. 영국법상 전자는 실체법상의 제도이나, 후자는 절차법상의 제도라고 한다. Rory Derham, Derham on The Law of Set-off, Fourth Edition (2010), paras. 1.11, 2.34.

21) 준거법인 영국 보통법에 충실하자면, 영국 보통법상 상계의 효력은 법원의 판결에 의하여 비로소 발생하므로, 법정지가 한국인 경우 피고의 소송상 항변에 기초한 우리 법원의 판결에 의하여 발생한다고 본다. 소송상 상계에 관하여 독일에서는 이 견해가 유력하다. MünchKomm/Spellenberg, Band 10, Rom I-VO, Art. 17 Rn. 47; Matthias N. Kannen-giesser, Die Aufrechnung im internationalen Privatund Verfahrensrecht (1998), S. 131. 즉, 만일 상계의 준거법인 외국법의 적용이 독일 법원이 알지 못하는 또는 독일 절차법의 강행규정에 반하는 때에는 외국법은 적용될 수 없음을 전제로, 독일법상 형성판결의 개념이 존재하므로 독일 법원이 판결에서 영국 보통법에 따른 소송상의 상계에 관하여 판단하는 데는 문제가 없기 때문이라는 것이다. 우리 문헌은 이헌묵(註 17), 138면 이하 참조. 이헌묵, "영국법상 상계제도와 영국법이 적용되는 채권의 상계와 관련한 국내법상의 문제", 저스티스 통권 제142호(2014. 6.), 41면 이하; 석광현, 제6권, 3면 이하; 이정원, "정기용선계약상 반선의 의미와 준거법", 선진상사법률연구 제101호(2023. 1.), 100면 이하 참조.

여 수동채권의 준거법을 적용하였다.

수동채권 준거법설에 대한 가장 큰 비판은, 그에 따르면 누가 제소하는가에 따라 준거법이 달라질 수 있으므로 당사자의 전략적 행태(상대방의 제소를 유도함으로써 자기 채권의 준거법이 적용되도록 하는 행태)에 의하여 준거법이 조작될 우려가 있다는 점이다.[22] 이러한 불확실성을 고려한다면 입법론적 해결이 바람직하다[23]고 할 수 있으나, 근자에 수동채권 준거법설을 취한 서울고등법원 판결이 있음을 보면 판례와 학설에 의한 해결을 기다리는 것도 가능하다고 본다.

단독행위인 상계와 달리 상계계약의 준거법은 계약의 준거법 결정원칙에 따른다. 상계계약은 다른 계약의 일부로 포함되는 경우가 많은데, 그 경우 그 계약의 준거법에 종속적으로 연결된다.[24]

라. 통화에 관한 문제

(1) 통화의 준거법[25]

국제금융계약의 준거법이 외국법인 경우 채권·채무의 내용과 이행은 당해 외국법에 따라 규율된다.

대출계약과 같이 일정금액의 미달러를 지급할 것을 내용으로 하는 외화채권의 경우 ① 통화의 준거법(*lex monetae*), ② 계약통화(money of contract) 또는 계산통화(money of account)[26]의 준거법과 ③ 지급통화의 준거법을 구별해야 한다. ② 는 채권의 금액을 표시하는 통화이고 ③은 지급을 하는 통화를 의미한다. 지급통

---

22) Kannengiesser(註 21), S. 103. 예컨대 수동채권 준거법설에 따르면 상계를 원하는 당사자 (A)가 먼저 상계를 할 경우 수동채권, 즉 상대방(B)의 준거법이 상계의 준거법이 된다. 그런데 구체적 사안에서 B의 채권의 준거법에 따르면 상계가 불가능하나 A의 채권에 따르면 상계가 가능할 수 있는데, 이 경우 A는 스스로 상계를 하는 대신 지급불능이 임박한 척하거나 상대방의 의무이행이 부담스러운 때에 채권을 행사하는 전략을 구사함으로써 결국 B로 하여금 먼저 상계를 하도록 유도한다는 것이다.

23) 이헌묵(註 17), 158면.

24) Reithmann/Martiny/Martiny, Rn. 367도 동지.

25) 이는 석광현, 제4권, 512면 이하(석광현/정순섭(편저), 국제금융법의 현상과 과제 1(2009) 19면 이하)와 유사하다. 상세는 Charles Proctor, Mann on the Legal Aspect of Money, Sixth Edition (2005)(여기에서 반영하지는 않았지만 이는 제7판(2012)이 있다). Helmut Grothe, Fremdwährungsverbindlichkeiten (1999), 특히 S. 95–235; MünchKomm/Martiny, Band 10, Anh. I zu Art. 9 Rome I–VO Rn. 1ff. 참조. 일본 주석국제사법 제1권/森下哲朗, 649면 이하도 참조.

26) 저자는 과거 이를 '계정통화'라고 하였다.

화는 통상 계약통화와 일치하나 채무자가 대용급부를 하는 경우에는 일치하지 않는다. 한편 통화의 개념과 내용은 통화의 소속국법(즉 통화의 준거법)에 따르고, 채무의 범위에 대한 통화의 효력(통화의 해석, 가치보전조항의 허용성, 현실지급조항(Effektivklausel)의 의미와 효력 등)은 채무의 준거법에 따를 사항이다. 스위스 국제사법(제147조)은 위와 같은 통화의 준거법을 명시한다.

흥미로운 것은 손해배상의 통화이다. 즉, 대법원판결은 채무불이행 또는 불법행위로 인한 손해배상채권의 경우 특별한 사정이 없는 한 원화채권만을 인정한다. 대법원 1997. 5. 9. 선고 96다48688 판결은 "채무불이행으로 인한 손해배상을 규정하고 있는 민법 제394조는 다른 의사표시가 없는 한 손해는 금전으로 배상하여야 한다고 규정하고 있는바, 위 법조 소정의 금전이라 함은 우리나라의 통화를 가리키는 것이어서 채무불이행으로 인한 손해배상을 구하는 채권은 당사자가 외국통화로 지급하기로 약정하였다는 등의 특별한 사정이 없는 한 채권액이 외국통화로 지정된 외화채권이라고 할 수 없다"라는 취지로 판시하였고, 불법행위에 관한 대법원 1995. 9. 15. 선고 94다61120 판결도 유사한 취지로 판시한 바 있다. 그러나 손해배상의 통화는 채권의 발생원인에 따라 계약 또는 불법행위의 준거법에 따를 사항이다.27) 나아가 준거법이 한국법인 경우에도 실제로 외화로 손해가 발생하였음에도 불구하고 그와 같이 경직된 태도를 취하는 것이 타당한지는 의문이다.28) 어쨌든 손해배상의 통화의 준거법이 한국법이라면 실무적으로는 위 판례의 법리가 적용될 것이다. 따라서 실무상으로는 채무불이행 및 불법행위로 인한 손해배상을 청구하는 소송에서 원고가 외화채권으로 청구한 경우 법원은 청구취지 변경을 권유한다고 한다.29)

---

27) MünchKomm/Martiny, Band 10, Anh. I zu Art. 9 Rome I-VO Rn. 13.

28) 이 점은 석광현, 국제매매법, 295면에서도 지적하였다. CISG에 관한 사건에서 서울고등법원 2010. 10. 14. 선고 2010나29609 판결은 금전배상의 원칙을 정한 민법 제394조는 준거법이 한국법인 경우에 적용된다고 판시하였다. 즉, 위 판결은 통화의 준거법을 퀸즐랜드주 법으로 보고 호주 법원이 재판하는 바를 따라 원고의 선택적 청구를 허용하면서 원고의 손실을 가장 잘 반영해 주는 통화로 배상금을 지급할 것이라면서 미화로 지급하도록 판결하였다. 상세는 석광현, "국제물품매매협약(CISG)을 적용한 우리 판결의 소개와 검토", 국제거래법연구 제20집 제1호(2011), 125면 참조.

29) 법원행정처, 국제거래재판실무편람(2006년 개정판), 6면. 그러나 법원행정처, 국제거래재판실무편람(2015), 58면은 그 경우 "청구취지 변경을 유도하여야 한다"라고 한다.

(2) 채권자의 대용급부청구권

민법 제378조는 "채권액이 다른 나라 통화로 지정된 때에는 채무자는 지급할 때에 있어서의 이행지의 환금시가에 의하여 우리 나라 통화로 지급할 수 있다"라고 하여 채무자의 대용급부권을 명시한다. 과거 민법상 채권자에게도 대용급부청구권이 있는가가 다투어졌는데, 대법원 1991. 3. 12. 선고 90다2147 전원합의체 판결은 이를 긍정하였다. 따라서 채무자 및/또는 채권자의 대용권이 채권의 내용 또는 채무의 이행의 문제라면 이는 국제금융계약의 준거법(예컨대 영국법)에 따라 결정될 사항이고 원칙적으로 우리 민법이 개입할 여지는 없다. 그러나 국제금융 계약상의 지급의무의 이행지가 한국이라면 민법 제378조가 적용된다고 볼 수 있다. 그 근거로는 대용권을 지급통화에 관한 문제로서 채무이행의 방법의 문제로 보거나,30) 민법 제378조를 준거법이 외국법인 경우에도 적용되는 '숨은 저촉규범'이라고 보아 준거법에 관계없이 적용된다고 설명할 수 있을 것이다.

(3) 외화지급을 명하는 판결과 대상청구

법원이 국제금융계약이 정한 바에 따라 외화지급을 명하는 판결을 선고할 수 있는지에 관하여 논란이 있는 국가도 있지만,31) 우리나라에서는 종래 별 의문 없이 당연히 가능한 것으로 본다. 이처럼 계약이 정한 매매대금 또는 대출금 등의 외화지급을 명하는 판결이 가능하다는 점에서 우리 법원의 태도는 Miliangos 판결 전의 영국 법원의 태도와는 다르다.

---

30) 서울고등법원 2009. 7. 23. 선고 2008나14857 판결(확정)은 이런 취지로 보인다. 1980년 매매협약(CISG)이 적용되는 매매계약에 관한 사건에서 동 판결은, 대용급부는 구체적인 이행의 방법에 관한 것이고 환산시기 및 환산율은 채무의 실질적 내용에 영향을 미치는 것으로 보기 어려우므로, 대금채권이 실제로 이행되는 장소 혹은 그 이행의 소가 제기된 장소인 한국법을 준거법으로 하여 판단할 것이라는 취지로 판시하였다. 그러나 환산의 기준시기 및 환율은 채무의 실질적 내용에 영향을 미치고(제1심은 미화 1달러 당 916.6원으로, 항소심은 1,236.7원으로 각 환산했다), 민법 제378조의 '이행지'는 법률(또는 계약)상 이행지인지, 사실상 이행지인지는 논란의 여지가 있는데, 한국이 법정지라거나 한국 법원이 지급을 명한다는 이유로 한국법을 적용할 근거는 없다. 송금 지시를 한국에서 하는 것을 근거로 이행지가 한국이라고 본 것인지도 궁금하다. 국제사법상 채무이행의 방법에 대해 이행지법을 적용할 근거도 제시해야 한다.

31) 영국 귀족원(House of Lords)이 Miliangos v George Frank (Textiles) Ltd., [1975] 3 All ER 801에 의하여 과거의 견해를 변경하기 전까지는 영국 법원은 영국 파운드에 의한 지급만을 명하였다. 위 판결의 소개는 정선아, "국제거래에서 손해배상채권의 통화에 관한 연구", 서울대학교 대학원 법학석사 학위논문(2015. 2.), 110면 이하 참조.

한편 대상청구라 함은 본래의 청구가 이행불능 또는 집행불능일 경우에 대비하여 그 이행에 갈음하는 이익, 즉 전보배상을 구하는 것이다. 외국통화의 지급을 명하는 판결도 금전채권의 일종으로 집행할 수 있고 집행불능이라는 것은 있을 수 없으므로 원고가 예비적으로 대상청구를 한 경우에도 법원으로서는 대상지급을 명할 수 없다는 견해도 있지만, 외환허가를 받지 않은 경우처럼 집행불능인 경우도 있으므로 원화지급을 명할 필요가 있고 따라서 대상지급을 명할 수 있다는 견해도 있다. 법원의 실무는 나뉘어 있는 것으로 보인다.

(4) 외환규제

(가) 법정지의 국제적 강행법규   우리 기업이 국제금융거래의 당사자가 되는 경우 우리 법원이 재판한다면 외국환거래법은 법정지의 국제적 강행법규(internationally mandatory rules)로서 준거법에 관계없이 적용된다. 이는 국제사법(제20조)이 명시하는 바이다. 또한 우리나라 은행이 외국(예컨대 인도네시아) 기업과 국제금융거래를 하면서 한국법을 준거법으로 지정한 경우, 우리 법원이 재판한다면 조약이 적용되지 않는 사안에서 외국환거래법은 준거법의 일부로서 또는 특별연결이론에 의하여 적용된다.

(나) 국제금융거래와 IMF 협정   다만 외국환거래에 관하여는 조약인 Articles of Agreement of the International Monetary Fund(이하 "IMF 협정"이라 한다)[32] 제VIII조 2(b)가 국제통화제도의 협력을 위하여 회원국에게 다른 회원국의 외환에 관한 법규를 적용할 의무를 부과하고 있으므로, 외국의 외국환거래법에 대하여는 국제적 강행법규에 관한 일반적인 논의가 타당하지 않고, 회원국은 제3국의 외국환거래법을 적용할 조약상의 의무를 부담한다.[33] 즉 동조 1문은 다음과 같이 규정한다.

---

32) 상세는 Proctor(註 25), Chapter 14; Werner F. Ebke, Internationales Devisenrecht (1991), S. 158ff. 참조. 우리 문헌으로는 개관은 석광현, 제1권, 37면 이하 참조, 상세는 석광현, "국제금융거래에서 제3국의 외국환거래법과 국제적 강행규정의 적용: IMF 협정 제VIII조 2(b)를 포함하여", 국제사법연구 제26권 제1호(2020. 6.), 353면 이하; 석광현, 정년기념, 415면 이하 참조.

33) 이는 국제문화재법(또는 국제문화유산법)에서 UNIDROIT 문화재환수협약(제3장)이 체약국인 문화재의 기원국의 문화재보호법을 국제적 강행규정으로서 존중할 의무를 부과하는 점과 유사하다. 이는 제20조의 해설 참조.

"Exchange contracts which involve the currency of any member and which are contrary to the exchange control regulations of that member maintained or im- posed consistently with this Agreement shall be unenforceable in the territories of any member(가맹국의 통화에 관련된 <u>환계약</u>으로서 이 협정에 합치하여 유지 또는 부과되어 있는 그 가맹국의 <u>환관리 규정</u>에 위배되는 환계약은 여하한 가맹국의 영토 내에서도 이를 <u>시행할 수 없다</u>)."(밑줄은 저자가 추가함)[34]

여기에서 'exchange contract'와 'unenforceable'의 개념이 문제 되는데, ex- change contract의 개념을 넓게 보는 독일, 프랑스 등의 견해와 좁게 보는 영국, 미국의 견해가 나뉜다. Exchange contract의 범위를 넓게 파악하면 그만큼 다른 국가의 외국환거래법을 적용할 가능성이 커지므로 국제금융의 중심지인 영국이나 뉴욕주에서는 종래 'exchange'에 '교환'이라는 의미를 부여하여 그 범위를 제한하는 견해가 유력하다.[35] 이에 의하면 통상의 대출계약과 사채는 이에 해당하지 않으나 이종통화 간의 스왑거래와 이른바 'dual currency bond'는 이에 해당된다. 다만 이는 자본거래에도 위 조항이 적용된다는 견해를 전제로 한다. 만일 자본거래에는 위 조항이 적용되지 않는다고 본다면 대출계약이나 사채가 환계약이라고 보더라도 그에는 제VIII조(2)(b)는 적용되지 않는다.

---

34) IMF 협정은 개정되었으나 제VIII조는 그대로이다. 위 국문은 조약 제631호로서 발효된 제2차 개정의 번역문이다. 필자는 위 "시행할 수 없다"와 "집행할 수 없다"보다 "강제할 수 없다"를 선호한다.

35) 이런 이유로 영국의 관점에서는 제3국의 국제적 강행법규의 개입을 가급적 제한하는 것이 바람직하므로 영국은 로마협약 제7조 제2항(사안과 밀접한 관련이 있는 제3국의 국제적 강행법규를 고려하도록 요구하는 조문)에 대해 유보했었고, 이를 전환한 로마 I(제9조 제3항)에서는 계약의 이행을 불법한 것으로 만드는 이행지국의 국제적 강행법규로 그 범위를 제한하는 영국법의 태도를 관철시켰다.

Ⅷ. 친 족(제7장)1)

(1) 국제친족법의 개관과 특징

친족에 관한 제7장 제1절, 즉 국제친족법(또는 국제가족법. 이하 양자를 호환적
으로 사용한다)은 ① 국제혼인법(제63조 – 제66조), ② 국제친자법(제67조 – 제72조),
③ 국제부양법(제73조)과 ④ 국제후견법(제75조)으로 구분할 수 있다. 2001년 섭외
사법을 개정함으로써 구 국제사법은 일본 법례의 틀을 벗어났으나 국제친족법 분
야에서는 일본법의 영향이 아직도 크게 남은 결과 일본의 법적용통칙법과 유사한
내용을 담고 있다.

국제친족법을 넓게 파악하면 국제상속법도 포함시킬 수 있으나 여기에서는
별도로 다룬다. 논자에 따라 다양한 견해가 가능하나, 준거법 지정규칙인 국제친
족법의 기본이념 내지 특징으로 아래를 들 수 있다.2)

첫째, 저촉법상의 양성평등. 섭외사법은 국제가족법의 분야, 즉 혼인의 효력
(제16조), 부부재산제(제17조), 이혼(제18조) 및 친생자(제19조)에 관하여 부(夫)의
본국법을 준거법으로 하고, 친자 간의 법률관계(제22조)에 관하여 부(父)의 본국법
을 준거법으로 함으로써 헌법이 보장하는 양성평등의 원칙에 반한다는 비판을 받

---

* 제7장 국제친족법에서 인용하는 아래 주요 문헌은 [ ] 안의 인용약어를 사용한다.
   김주수·김상용, 친족·상속법 18판(2022)[김주수·김상용]; 윤진수, 친족상속법 강의 제5판
   (2023)[윤진수]; 석광현, "국제가사사건을 다루는 법률가들께 드리는 고언(苦言)", 가족법연
   구 제30권 1호(2016. 3.)[석광현, 고언 Ⅰ]; 석광현, "국제가사사건을 다루는 법률가들께 드리
   는 고언(苦言)Ⅱ", 국제사법연구 제30권 제1호(2024. 6.)[석광현, 고언 Ⅱ]; 최흥섭, "섭외사법
   개정법률안의 검토 — 제2장(자연인), 제4장(친족), 제5장(상속)", 국제사법학회 8차 연차학술
   대회(2000. 11. 25.) 발표 원고[최흥섭(2000)]; 최흥섭, "개정법률과 國際親族·相續法의 諸問
   題", 법조 통권 536호(2001. 5.)[최흥섭(2001).

1) 친족·상속법에 관한 해설은 과거 법무부, 해설, 129 – 175면을 기초로 저자가 필요한 수정을
   가하여 작성한 것이다. 법무부, 해설은 대체로 개정시안해설 중 최흥섭 교수가 작성한 관련
   부분과, 최흥섭, 법률안 및 최흥섭(2001), 150면 이하를 기초로 작성한 것이다. 이하 그 밖에
   도 최흥섭, "國際親族法과 國際相續法", 국제화시대의 섭외사법 개정방향, 법무자료 제226집
   (법무부, 1999), 180면 이하; 최흥섭, "국제친족법과 국제상속법", 국제사법연구 제4호(1999),
   235면 이하; 최흥섭, "섭외사법개정법률안의 검토 — 자연인, 친족, 상속", 국제사법연구 제6
   호(1999), 379면 이하도 참조.

2) 참고로 松岡 博(編), 國際關係私法入門 제3판(2012), 169면은 ① 저촉법상의 양성평등, ② 자
   (子)의 복지·보호, ③ 연결방법의 다양화, ④ 본국법주의원칙의 완화를 들고 있으나, ③은
   국제가족법의 기본이념을 실현하기 위한 수단일 뿐이므로 이를 국제가족법의 기본이념이라
   고 하기에는 부적절하고 국제가족법의 특징이라고 할 수 있다. 저자가 이를 특징의 하나로
   열거하지 않는 이유는 다른 분야와 비교할 때 정도의 차이라고 보는 탓이다.

았다.3) 구 국제사법은 양성평등의 원칙에 부합하도록 1차적으로 부부의 동일한 본국법, 2차적으로 부부의 동일한 상거소지법을 준거법으로 지정하거나, 남녀차별적인 요소를 배제함으로써 위헌의 소지를 불식하였고(제37조-제39조) 이는 국제사법에서도 유지되고 있다(제64조-제66조).

둘째, 당사자이익과 속인법의 우위. 국제사법에서 고려되는 이익에는 당사자이익, 거래이익과 질서이익이 있고 그 밖에 국가이익도 있으나,4) 국제가족법에서는 당사자이익이 결정적인 의미를 가진다.5) 그 결과 국제가족법의 영역에서는 본국법, 주소지법 또는 일상거소지법 등 속인법이 우위를 가지는데, 그중 어느 것이 연결점으로 채택되는지는 국가에 따라 상이하다. 우리나라의 예를 보자면 섭외사법은 속인법의 연결점으로 국적을 선호하였으나 구 국제사법은 국적에 이어서 일상거소를 연결점으로 채택하였고 이런 태도는 국제사법에서도 유지되고 있다.6)7) 따라서 위에 소개한 일본의 견해가 본국법주의원칙의 완화를 국제가족법의 특색으로 들고 있는 것은 틀린 것은 아니나 저자가 다소 달리 설명하는 것은 국가에 따라 차이가 있음을 명확히 하려는 것이다. 과거 당사자자치의 원칙은 원칙적으로 허용되지 않았으나 근자에는 제한적으로 도입되고 있다. 특히 재산법적 성질이 강한 부부재산제 등의 경우에 그러하다. 당사자이익은 단순히 당사자에게 익숙한 법의 적용만이 아니라 당사자자치를 허용함으로써도 달성된다.8)

---

3) 이에 대해 논자에 따라서는 양성평등의 원칙에 반하는 연결점에 의해 지정된 실질법이 여성에게 유리한 때에는 문제가 없다는 반론을 할 여지도 있으나, 어떤 사람에게 익숙한 법을 지정하는 것 자체가 그를 저촉법적 차원에서 우대하는 것이므로 이런 주장은 설득력이 없다. Kropholler, S. 35에 소개된 1950년 Dölle의 그런 취지의 주장에 대한 1952년 Makarov의 반론 참조.

4) 이호정, 19면 이하 참조.

5) MünchKomm/Sonnenberger, Band 10, 3. Aufl., 1998, EGBGB §4 Rn. 53, Ein IPR, Rn. 83, 635.

6) 이는 일본의 법적용통칙법도 마찬가지이다. 이와 달리 2011. 4. 1. 발효된 중국의 섭외민사관계법률적용법은 사람의 신분, 가족법과 상속법의 연결점으로서 상거소를 채택한다(제11조, 제12조, 제23조, 제31조 등). 이는 우리 국제사법(예컨대 제26조, 제28조, 제64조 등)이 위 사항에 관하여 국적만을 연결점으로 하거나, 상거소를 연결점으로 채택하는 경우에도 국적보다 후순위의 연결점으로 삼는 것과 대비된다.

7) 한국법을 적용하는 것이 한국의 국가이익에 봉사하는 것인가. 대체로 이를 긍정할 수 있을 것이나 항상 그런지는 의문이다. 예컨대 국가가 국제적 강행규정에 의하여 사법질서에 개입하는 경우 물론 그렇지만 국적이라는 통상의 연결점을 통하여 본국법으로서 적용되는 경우 항상 그런지는 의문이다. 만일 이를 전면적으로 긍정한다면 일상거소를 국적보다 우위에 놓는 것은 수용하기 어려울 것이다.

셋째, 사회·경제적 약자인 자녀와 부양권리자의 보호라는 실질법적 가치의 고려. 과거 국제사법은 실질법적 가치를 별로 고려하지 않았다. 그러나 현대의 국제사법은 실질법적 가치를 제한적으로 고려하는데, 이는 가족법 영역에서는 자녀의 복지(또는 복리. 이하 양자를 호환적으로 사용한다)의 보호와 부양권리자의 보호라는 모습으로 나타난다.9) 위 일본의 견해가 자녀의 복지·보호를 열거하는 것은 타당하나 이는 친자관계에서만 타당하므로 일반화하기는 어렵다.

넷째, 신분관계의 특성과 그로부터 발생하는 법률관계의 장기성에 비추어 법적 안전성과 안정성이라는 이익이 중요한 의미를 가진다.10)

다섯째, 국제가사소송의 중요성. 국제가족법의 영역에서는 준거법의 결정이 중요함은 물론이지만, 그에 추가하여 가족관계를 형성하는 형성판결이 중요한 역할을 한다. 즉, 준거법의 결정은 우리 법원이 재판할 것을 전제로 재판의 기준이 되는 준거법을 결정하는 역할을 한다. 그런데 재판에 의한 이혼, 인지 또는 입양 등에서 보는 바와 같이 외국법원이 가족관계에 관한 재판을 하고 그에 의하여 형성된 가족관계가 우리나라에서 승인되는 경우도 흔한데, 그 경우 우리는 준거법에 대한 통제를 하지 않는다. 더욱이 예컨대 가족관계에 관한 사건에서 준거법과 관계없이 국제재판관할을 정한다거나, 외국판결의 승인에서 준거법 통제를 포기함으로써 외국법원이 적용한 준거법에 관계없이 외국판결을 승인하는 현상을 보면 국제민사소송법에 의해 협의의 국제사법이 배제되는 결과가 된다. 이를 가리켜 "국제사법에 대한 국제민사소송법의 우위(Vorrang IZPRs vor IPR)"라고 부르기도 한다.11) 그 결과 국제민사소송법의 독자성이 강화되고 협의의 국제사법의 중요성이 약화되는 측면이 있다. 외국판결을 승인함으로써 외국의 협의의 국제사법 규칙을 승인하는 결과가 되기 때문이다.12) 이처럼 가족법의 영역에서는 국제재판

---

8) 가족법 영역에서 당사자자치는 우선 곽민희, "국제가족법에 있어서의 당사자자치 원칙의 수용", 국제사법연구 제23권 제2호(2017. 12.), 3면 이하 참조.

9) 재산법 영역에서는 우리 국제사법 제47조와 제48조에서 보는 바와 같이 소비자와 근로자의 보호로 나타나고 있다.

10) Gunther Kühne, Methodeneinheit und Methodenvielfalt im Internationalen Privatrecht: Eine Generation nach "Kollisionsnorm und Sachrecht", *Liber Amicorum* Klaus Schurig zum 70. Geburtstag (2012), S. 130.

11) 이는 석광현, 국제민사소송법, 4면 참조.

12) 근자에 유럽연합에서는 이런 현상이 외국법원의 재판만이 아니라 외국에서 외국법에 따라 성립한 혼인과 입양과 같은 사적 행위와 성명의 선택에까지 확산되고 있으나, 이는 그 대상과 요건이 엄격히 규제되는 조약에 따른 행위에만 타당하지 일반적으로 통용되는 것은 아니

관할과 외국판결의 승인 및 집행이라는 국제사법 내지 국제가사소송의 쟁점이 매우 중요함에도 불구하고 우리나라에서는 소홀하게 취급되고 있다. 다만 여기에서는 준거법의 쟁점을 주로 다루므로 절차법적 논점은 간단히 언급한다.

여섯째, 국제공조의 중요성. 전통적인 국제사법은 그 주제로서 국제재판관할, 준거법과 외국판결의 승인 및 집행을 다루어 왔으나 국제가족법 분야에서는 국가 간의 공조가 점차 중요해지고 있다. 예컨대 헤이그국제사법회의의 1980년 "국제적 아동탈취의 민사적 측면에 관한 협약"에서 보는 바와 같이, 전통적으로 민사비송적인 성질을 가지는 분야에서 체약국의 후견적 감독기능을 국제적으로 충실하게 하기 위하여 국가 간 협력을 강화하고 있다. 이런 협력 내지 공조체제는 1993년 "국제입양에서 아동의 보호 및 협력에 관한 협약"과 1996년 "부모의 책임 및 아동의 보호조치에 관한 관할권, 준거법, 승인, 집행 및 협력에 관한 협약" 등에서도 채택되었다. 국제적으로는 이런 공조체제가 점차 확산되어 가고 있다.[13] 이러한 공조는 법원만이 아니라 행정당국이 하는 보호조치를 포함하므로 우리 법상 민사사건의 범위를 넘는다.[14]

(2) 가족생활의 국제화와 국제가족법의 중요성의 증대: 다문화사회로의 전환과 관련하여

과거와 달리 외국인 근로자들이 한국 내에 들어와 한국인 배우자와 혼인을 하거나 처음부터 결혼을 목적으로 국내에 이주하는 결혼이주여성이 꾸준히 증가하고 있다. 또한 한국인들의 생활공간이 전 세계적으로 확대됨에 따라 외국에 거주하는 한국인들도 늘어나고 있다. 이러한 외국인의 국내이주와 한국인의 국외이주의 결과 자연스럽게 국제혼인 또는 다문화혼인(bi-cultural marriages)과 국제이혼이 늘고 있으며, 아동과 성년자의 국제적 보호의 필요성도 점차 커지고 있고, 국제적 아동탈취의 문제도 그에 포함된다. 이러한 상황의 변화에 따라 국제가족법의 역할도 더욱 커지고 있다. 다문화가족 구성원의 안정적 가족생활을 가능하게

다. Dieter Henrich, Anerkennugn statt IPR: Eine Grundsatzfrage, IPRax (2005), S. 422f. 다만 성씨와 회사법의 영역에서는 유럽사법재판소의 판결에 의하여 법상태의 승인이 도입되었다.

13) 이 점은 헤이그국제사법회의의 2000년 "성년자의 국제적 보호에 관한 협약"도 같다.

14) 유럽연합의 브뤼셀 II bis 제1항 제1호는 브뤼셀 II bis가 민사사건에 적용됨을 규정하면서 행정당국이 하는 공법상의 보호조치도 민사사건에 포함됨을 명시한다. 브뤼셀 II bis 전문 제7항도 참조.

함으로써 이들의 삶의 질 향상과 사회통합[15]에 이바지하고자 국회는 2008년 3월 다문화가족지원법[16]을 제정하였으나 이는 국제가족법의 문제를 직접 다루지는 않는다. 우리나라에서는 개인과 가족의 삶이 전과 비교할 수 없을 정도로 국제화된 현실에서 발생하는 다양한 국제가족법적 논점에 대한 관심은 유감스럽게도 아직 별로 크지 않다. 그 이유는 다양하겠지만 국제사법에 대한 몰이해에 기인하는 것이기도 하다. 앞으로 우리 법률가들도 가정생활의 국제화에 수반되는 실질법의 문제만이 아니라 국제가족법은 물론 그와 인접한 국제사회보장법[17]과 국제가사소송법 분야에 대하여 더 많은 관심을 가져야 마땅하다.[18]

---

15) 사회통합이라는 표현은 상거소의 개념에서 사회적 통합론을 연상시킨다. 그 밖에 사회보장의 주요이념으로서 사회통합이라는 개념이 등장한다. 사회보장기본법 제2조 참조.

16) 다문화가족이란 다음 각 목의 어느 하나에 해당하는 가족을 말한다(다문화가족지원법 제2조 제1호).

　가. 재한외국인 처우 기본법 제2조제3호의 결혼이민자와 국적법 제2조부터 제4조까지의 규정에 따라 대한민국 국적을 취득한 자로 이루어진 가족

　나. 국적법 제3조 및 제4조에 따라 대한민국 국적을 취득한 자와 같은 법 제2조부터 제4조까지의 규정에 따라 대한민국 국적을 취득한 자로 이루어진 가족

　상세는 소라미, "젠더와 인권의 관점에서 바라본 다문화가족지원법제 검토", 젠더법학 제2권 제1호(통권 제3호)(2010), 69면 이하 참조. 그 밖에 재한외국인 처우 기본법(외국인처우법. 제10조)도 국가 및 지방자치단체는 재한외국인 또는 그 자녀에 대한 불합리한 차별 방지 및 인권옹호를 위한 교육·홍보, 그 밖에 필요한 조치를 하기 위하여 노력하여야 한다고 규정한다.

17) 이에 관하여는 제3조에 관한 해설과 석광현, 정년기념, 719면 이하 참조.

18) 이에 관하여는 이철우 외, 이민법 제3판(2024), 제11장 결혼이민자와 다문화가족의 법률관계, 455면 이하(곽민희 집필부분); 장준혁, "다문화가족의 국제사법적 쟁점-양자적 이혼승인조약의 체결방안-", 가족법연구 제30권 제3호(통권 제57호)(2016. 11.), 351면 이하 참조.

* 국제혼인법의 구성

여기에서 다루는 국제혼인법은 준거법지정원칙을 내용으로 하는 좁은 의미의 국제혼인법을 말한다. 즉, 여기에서는 우리 실정법인 국제사법 중 준거법지정규칙을 해설하고 국제재판관할규칙의 논의는 생략한다.[1] 우리 국제사법상 국제혼인법의 연결대상은 혼인의 성립(이에는 혼인의 실질적 성립요건과 방식이 있다), 혼인의 일반적 효력, 부부재산제와 이혼으로 구성된다. 반면에 국제재판관할의 맥락에서는 연결대상은 혼인관계에 관한 사건 하나뿐이다. 외국판결의 승인 및 집행은 관련되는 곳에서 간단히 언급한다.

---

* 국제혼인법에서 인용하는 아래 주요 문헌은 [ ] 안의 인용약어를 사용한다.
  김원태, "국제이혼의 법적 문제," 가족법연구 제20권 제1호(2006)[김원태(2006)], 이선미, "국제혼인에서 혼인의사의 부존재와 준거법", 인권과정의 제509호(2022. 11.)[이선미]; 이종혁, "국제가사사건 재판례의 회고와 과제", 국제사법연구 제27권 제2호[이종혁(2021)]; 이종혁, "국제혼인과 국제이혼의 준거법에 관한 입법론", 가족법연구 제36권 제1호(2022. 6.)[이종혁(2022a)]; 이종혁, "이혼의 준거법의 결정방법 및 규율범위와 숨은 반정의 법리의 재고찰 — 대법원 2021. 2. 4. 선고 2017므12552 판결을 계기로 삼아 —", 국제사법연구 제28권 제1호(이는 민사판례연구[XLV](2023)에도 수록됨)[이종혁(2022b)]; 이종혁, "친생자관계의 성립 및 효력의 준거법에 관한 입법론", 가족법연구 제36권 제3호(2022. 11.)[이종혁(2022c)]; 정구태, "혼인합의 부존재를 이유로 한 혼인무효의 소의 준거법 결정 — 대법원 2022. 1. 27. 선고 2017므1224 판결에 대판 비판적 管見 —", 국제사법연구 제28권 제1호(2022. 6.)[정구태]; 南 敏文, 改正法例の解説(1992)[南 敏文].

[1] 혼인관계에 관한 사건에 대하여는 일상거소와 국적을 연결점으로 삼고(국제사법 제56조), 부부 모두를 상대로 하는 경우에는 별도의 국제재판관할규칙을 둔다. 주의할 것은 제56조의 특별관할만이 아니라 일반관할 기타 총칙에 규정된 국제재판관할규칙이 적용된다는 점이다. 상세는 석광현, 국제재판관할법, 257면 이하 참조.

1. 혼인의 성립에 관한 조항의 개정

섭외사법	국제사법
제15조(혼인의 성립요건) ① 혼인의 성립요건은 각 당사자에 관하여 그 本國法에 의하여 이를 정한다. 그러나 그 방식은 혼인거행지의 법에 의한다. ② 전항의 규정은 민법 제814조의 적용에 영향을 미치지 아니한다.	제63조(혼인의 성립) ① 혼인의 성립요건은 각 당사자에 관하여 그 본국법에 따른다. ② 혼인의 방식은 혼인을 한 곳의 법 또는 당사자 중 한쪽의 본국법에 따른다. 다만, 대한민국에서 혼인을 하는 경우에 당사자 중 한쪽이 대한민국 국민인 때에는 대한민국 법에 따른다.

[입법례]
- 독일 민법시행법 제13조[혼인체결], 제11조[법률행위의 방식]
- 스위스 국제사법 제44조[혼인체결의 준거법]
- 일본 법적용통칙법 제24조/법례 제13조: 국제사법과 내용은 동일하고 규정방식에 다소 차이가 있음
- 중국 섭외민사관계법률적용법 제21조
- 1978년 혼인의 거행 및 유효성의 승인에 관한 헤이그협약(Hague Convention on Celebration and Recognition of the Validity of Marriages)(헤이그혼인협약) 제1-6조[1][2]

가. 개요

국제사법은 혼인의 실질적 성립요건은 섭외사법에서와 같이 각 당사자의 본국법에 의하도록 함으로써 배분적 연결을 유지하였다(제1항). 한편 혼인의 형식상의 유효성, 즉 방식은 섭외사법이 규정하던 혼인거행지법 외에 당사자 일방의 본국법에 의하여도 가능하도록 하되, 다만 혼인거행지가 한국이고 일방 당사자가

---

1) 혼인협약에 따르면 혼인거행지국에서 유효하게 체결된 혼인 또는 그 국가에서 추후 유효하게 된 혼인은 제2장에 따르는 것을 조건으로 모든 체약국들에서 유효한 혼인으로 승인되나(제9조 제1항) 승인거부사유가 있다(제11조). 이는 혼인의 방식요건과 실질적 요건의 구비를 쉽게 하는 것이나, 그에 대하여는 너무 완화된 것이라는 비판이 있고 그런 이유로 많은 국가가 가입하지 않았다. 혼인협약은 발효는 되었으나 당사국은 3개국에 불과하다.

2) 스위스 국제사법 제45조에 따르면, 외국에서 유효하게 체결된 혼인은 스위스에서 승인되나, 당사자 일방이 스위스 시민이거나 쌍방이 스위스에 주소를 가지고 있는 때에는 당사자들이 스위스법상의 무효원인을 피할 명백한 의도로 외국에서 혼인을 체결한 경우가 아니어야 한다(제45조). 혼인협약과 스위스 국제사법은 혼인의 유효한 성립의 준거법을 지정하는 대신 외국에서 형성된 혼인관계가 준거법 지정에 관계없이 체약국과 스위스에서 승인된다는 '법상태 또는 법적 상태의 승인(Anerkennung einer Rechtslage)' 개념을 도입한 것이다. 이에 관하여는 석광현, 정년기념, 663면 이하 참조.

한국인인 경우에는 한국법에 의하도록 하였다(제2항). 국제사법은 이런 태도를 유지한다.

국제혼인법은 출입국관리법(§10)이 정한 체류자격은 물론이고 국제사회보장법[3]과도 밀접한 관련을 가진다.

나. 주요내용

(1) 혼인의 실질의 준거법(제1항)

국제사법은 섭외사법과 마찬가지로 단순히 "혼인의 성립요건"이라고 하나 이는 '혼인의 실질적 성립요건' 내지는 '실질'을 의미한다. 이와 대비하여 혼인의 방식(form, Form)을 '형식적 성립요건' 또는 '형식상의 유효성(formal validity)'이라고도 한다. 혼인의 실질과 방식의 구별은 성질결정(characterization, Qualifikation)의 문제로서 기본적으로 법정지법인 한국법에 따를 사항이다.[4]

국제사법이 명시하지는 않지만, 혼인의 실질적 성립요건은 각 당사자에 관하여 혼인 당시, 엄밀하게는 혼인 성립 직전의 본국법에 따라 결정된다.[5] 즉, 성립요건의 준거법은 불변경주의를 따른다. 가사 혼인에 의하여 처의 속인법이 변경되더라도 이러한 사실은 고려되지 않으며, 나아가 부부가 혼인 후 국적을 변경하더라도 이는 혼인의 실질적 성립요건에 영향을 미치지 않는다.

배분적 연결에 대해서는 종래 혼인장애사유가 일면적인지, 아니면 쌍면적인지의 판단이 어려운 경우가 있고, 특히 쌍면적 장애사유(예컨대 근친혼의 금지, 중혼금지)를 인정하는 경우 당사자들의 본국법이 중첩적으로 적용되는 결과 혼인의 성립을 어렵게 하므로 결국 '혼인의 자유'라고 하는 실질법상의 입법정책에 반한다는 비판이 있었지만, 국제사법에서는 구 국제사법과 마찬가지로 동 원칙은 국제

---

3) 국제사회보장법에 관하여는 우선 석광현, 정년기념, 719면 이하 참조.

4) 이 점은 위 총론(제2장 제3절) 참조.

5) Andrae, §1 Rn. 18; Kropholler, S. 328; Staudinger/Mankowski (2010), Art. 13 Rn. 79f.; 이호정, 333면. 그러나 근자에 독일에서는 혼인, 혼인과 유사한 동반자관계 기타 가족법적으로 승인된 생활 및 위험공동체를 통일적으로 거행지법에 연결하는 견해가 유력하게 주장되었고, 독일 국제사법회의는 그런 취지의 입법제안을 하였다. Heinz-Peter Mansel, Zur Libera-lisierung des international Ehe- und Lebenspartnerschaftsrechts des EGBGB: Bemer-kungen zum Ort der Eheschließung und Registerort als Anknüpfungspunkte, IPRax (2022), S. 561ff.의 소개와 IPRax (2021), S. 29ff.에 수록된 Dagmar Coester-Waltjen과 Urs Peter Gruber의 논문 참조.

사법차원에서 양성평등의 원칙에 부합하고, 양 당사자의 본국법을 누적적으로 적용할 경우 혼인의 성립이 어렵게 됨으로써 파행혼이 발생하는 것을 예방하며, 다수의 국가가 본국법주의를 취하므로 국제적 판결의 일치를 도모할 수 있다는 장점을 고려하여 이를 유지하였다.[6]

다만 이런 배분적 연결주의를 따를 경우 가족관계등록 공무원은 외국법에 따른 성립요건을 확인하는 것이 어렵기 때문에 독일 민법 제1309조 제1항은 원칙적으로 외국법이 적용되는(즉 외국인) 배우자로 하여금 본국에서 혼인장애가 존재하지 않는다는 증명서(이른바 Ehefähigkeitszeugnis(혼인능력증명서))를 발급받아 제출하도록 규정한다. 우리나라는 법률에 명문의 규정은 없으나 종래 예규로써 외국인이 본국의 권한 있는 기관이 발행한 당해 신분행위의 실질적 성립요건을 구비하고 있다는 증명서를 제출할 것을 요구한다.[7]

혼인의 준거법은 혼인의 실질적 성립요건을 규율한다. 혼인의 성립요건의 준거법은 혼인의 실질적 유효성의 문제도 함께 규율한다. 실질적 성립요건에는 일방 당사자에게만 관련되는 일면적(또는 일방적) 요건(예컨대 당사자의 합의, 정확히는 혼인의사,[8] 혼인적령(연령)[9]과 보호자 등 제3자의 동의)과, 일방 당사자의 상대방 당사자와의 관계에서 문제 되는 쌍면적(또는 쌍방적) 요건이 있다.

(가) 혼인의사의 의미　　　　위에서 혼인의사는 일면적 요건이라고 하였는데, 국내혼인의 경우 양 당사자에게 혼인신고의사를 넘는 혼인의사의 합치[10]가 있어야 비로소 혼인합의가 있는 것이므로 '일방의 실질적 혼인의사'와 '상대방의 형식적 혼인의사(즉 혼인신고의사)'만으로는 이를 인정할 수 없다. 문제는 국제혼인의 경우에도 그러한 혼인합의가 필요한가, 아니면 한국인인 남편은 실질적 혼인의사

---

6) 최흥섭(2001), 152면 이하. 비판은 南 敏文, 53면 이하 참조.

7) 법원공무원교육원, 친족법·국제호적(2005), 235면. 과거 이는 대법원호적예규 제596호에 따른 것이었다. 안우환, "국제호적의 몇 가지 문제점", 국제사법연구 제12호(2006), 118면. 그러나 이는 2008. 1. 1.부터 시행된 "신분관계를 형성하는 국제신분행위를 함에 있어 신분행위의 성립요건구비 여부의 증명절차에 관한 사무처리지침(가족관계등록예규 제33호)"으로 대체되었다. 법원행정처, 가족관계등록실무[II](2012), 530면 참조.

8) 혼인의사가 없는 경우의 사례로는 아래 가장혼인(위장혼인)을 들 수 있다.

9) 혼인적령에 이르러야 혼인능력(Ehemündigkeit)이 있는데, 이를 국제사법 제28조가 규율하는 일반적 행위능력과 구별하여 '개별적 권리능력'(신창선·윤남순, 231면) 또는 '특별행위능력'(이호정, 238면)이라고 부르기도 한다.

10) 이는 당사자 사이에 사회관념상 부부라고 인정되는 정신적·육체적 결합을 생기게 할 의사의 합치를 말한다. 대법원 2010. 6. 10. 선고 2010므574 판결 참조.

가 있고, 외국인인 부인에게는 형식적 혼인의사가 있는데, 만일 후자가 부인의 본국법상 요구되는 요건을 충족한다면 혼인의 성립요건이 구비되는가이다. 이는 아래에서 대법원 판결과 관련하여 논의한다.

종래 하급심 판결들은 혼인합의의 존재를 요구하면서 혼인 당사자들의 본국법이 상이한 경우 혼인의 실질적 성립요건의 준거법으로 혼인의 유효성을 보다 엄격하게 보는 법을 적용한다고 보는 경향이 있다.[11] 그러나 이에 대하여는 혼인의사는 일면적 요건이므로 각 당사자의 본국법을 적용하면 족하고 위 사안의 경우 우리 법원이 한국법상 필요한 혼인합의의 부존재를 문제삼을 수 없다는 비판이 있는데, 이런 비판은 배분적 연결원칙에 충실한 견해이다.[12]

흥미로운 것은 이 쟁점을 다룬 대법원 2022. 1. 27. 선고 2017므1224 판결이다.[13] 위 판결에서 대법원은 "(구) 국제사법 제36조 제1항을 인용하고 따라서 한국 국민과 베트남 국민 사이에 혼인의 성립요건을 갖추었는지를 판단하는 준거법은 한국 국민에 관해서는 한국 민법, 베트남 국민에 관해서는 베트남 혼인·가족법이다"라는 취지로 판시하여 국제사법이 혼인의 성립요건에 관하여 배분적 연결원칙을 취하고 있음을 확인하였다. 나아가 대법원은 "한국 민법 제815조 제1호는 당사자 사이에 혼인의 합의가 없는 때에는 그 혼인을 무효로 한다고 정하고 있고, 베트남 혼인·가족법 제8조 제1항은 남녀의 자유의사에 따라 혼인을 결정하도록 정하고 있으므로, 한국인 남편인 원고에게만 혼인의사가 있고 상대방인 피고와 혼인의 합의가 없는 때에는 한국 민법과 베트남 혼인·가족법 어느 법에 따르더라도 혼인의 성립요건을 갖추었다고 볼 수 없다"라는 취지로 판시하였다.[14] 배분적 연결원칙에 충실하자면 베트남 여성의 혼인의사가 없는 것은 베트남 혼인·가족

---

11) 예컨대 인천가정법원 2020. 12. 4. 선고 2020르10778 판결(혼인의 무효)(상고기각 확정) 외. 기타는 이종혁, "국제가사사건 재판례의 회고와 과제", 국제사법연구 제27권 제2호(2021. 12.), 458면 註 21 참조.

12) 이종혁(註 11), 458면. 분석적 접근방법은 정구태, 1059면도 같다.

13) 이는 당초 원고인 한국 남성이 주위적으로 혼인무효, 예비적으로 이혼의 소를 제기한 사건인데, 제1심과 원심에서 주위적 청구가 인용되었으나, 대법원의 원심판결 파기 환송 후 원고가 주위적 청구를 취하하였다고 한다. 과거 한국인 남성과 필리핀 여성 간의 혼인이 문제된 사건(대법원 2010. 6. 10. 선고 2010므574 판결의 사건)에서 유사한 쟁점이 있었으나 원심은 필리핀법에 관한 자료가 법원에 제출되지 않았음을 근거로 우리 법을 적용하여 결론을 내렸고 대법원도 준거법을 판단함이 없이 그를 수용하였다.

14) 대법원 2022. 2. 10. 선고 2019므12044(본소), 2019므12051(반소) 판결도 위 판결을 인용하면서 같은 취지로 판시하였다.

법의 문제이므로 한국 민법을 언급할 필요가 없다. 그럼에도 불구하고 대법원이 이를 언급한 점에서 혼인합의를 쌍방의 '실질적 혼인의사'의 합치라고 본 듯하나[15] 그 근거는 불분명하다. 더욱이 배분적 연결원칙에 충실할 경우, 예컨대 베트남법상 형식적 혼인의사만으로 족하다면,[16] 일방의 실질적 혼인의사와 타방의 형식적 혼인의사가 있는 경우 혼인합의를 긍정할 수 있는지가 문제 된다. 혼인의사를 일면적 요건으로 보면 이를 긍정할 수 있다. 대법원으로서는 베트남법상 필요한 혼인의사가 실질적 혼인의사라면 혼인합의의 존재를 부정하였어야 하고, 형식적 혼인의사라면 이를 긍정할 여지가 있었으나 위 판결의 취지는 불분명하다. 이는 혼인의사가 일면적 요건인지 아니면 쌍면적 요건인지의 문제이다.

(나) 혼인장애사유의 성질　　　　혼인의 실질적 성립요건에는 적극적 요건과 소극적 요건이 있는데 후자를 혼인장애사유라 한다. 혼인장애사유에도 일면적 장애사유와 쌍면적 장애사유가 있다. 일방 당사자의 본국법상 쌍면적 장애사유가 존재하는 경우에는 상대방 당사자의 본국법상 그것이 쌍면적 장애사유가 아니더라도 혼인할 수 없다. 문제는 혼인장애의 일면성과 쌍면성을 구별하는 기준이다. 우리 학설은 대체로 혼인장애의 일면성·쌍면성의 구별은 국제사법 해석의 문제라고 보나,[17] 독일에서는 이는 실질법의 해석의 문제라고 본다.[18] 혼인의 성립을 위하여 어떤 요건이 필요한지 그리고 그것이 일면적인지 쌍면적인지는 각국의 혼인법이 결정할 사항이지 국제사법이 결정할 사항은 아니고, 우리 국제사법으로부터는 정확한 원칙을 도출할 수도 없음을 고려하면 후자가 설득력이 있다. 다만 대체로 일면적 요건의 예로는 당사자의 합의(보다 정확히는 혼인의사), 혼인적령과 보호자 등 제3자의 동의를 들 수 있고, 쌍면적 요건의 예로는 동성혼의 금지, 중혼

---

15) 이종혁, "국제혼인과 국제이혼의 준거법에 관한 입법론", 가족법연구 제36권 제1호(2022. 6.), 27면과 이선미, "국제혼인에서 혼인의사의 부존재와 준거법", 인권과정의 제509호 (2022. 11.), 25면은 위 대법원 판결을 그렇게 평가한다. 조은희, "국제사법상 혼인성립과 그 흠결에 관한 준거법의 문제", 제주대학교 국제법무 제16권 제1호(2024), 102–103면은 대법원 판결이 쌍면적 요건으로 보았다고 평가한다.
16) 저자는 이 점에 관한 베트남법의 태도를 확실히 알지 못한다.
17) 신창선·윤남순, 342면; 윤종진, 433–434면; 신창섭, 329면.
18) 이호정, 322면; 横山潤, 国際家族法, 52면. Staudinger/Mankowski, Art. 13 Rn. 227. Staudinger/Mankowski, Art. 13 Rn. 226f.와 MünchKommBGB/Coester, Band 10: Art. 13 Rn. 49f.는 혼인장애사유를 상세히 논의한다. 위 MünchKomm/Coester, Band 10, Art. 13 Rn. 48은 동성혼금지, 근친혼금지 등은 성질상 필연적으로 쌍면적 장애사유이고 모든 나라에서 그렇게 취급되나 그 밖의 사유는 실질법이 결정할 사항이라고 본다.

금지, 근친혼금지, 우성적 또는 육체적·정신적 이유에 의한 혼인금지, 일정기간 동안의 재혼금지와 같은 사회정책적인 혼인금지, 종교상의 혼인장애와 상간자의 혼인금지를 들 수 있다. 그러나 이는 대체적인 분류이고 최종적으로는 각국 혼인법이 장애사유를 설정한 목적을 고려하여 결정해야 한다.

　　(다) 혼인의 실질적 성립요건과 공서위반　　　　　　독일에서는 특히 독일인과 외국인 간의 혼인에 있어 외국의 혼인장애사유가 독일 헌법이 정한 혼인자유의 기본권에 반하는가라는 관점에서 논의되고 있다. 과거 스페인인 사건에서 독일 연방헌법재판소는, 구체적 사건에서 독일의 저촉법에 따라 지정된 외국법을 적용한 결과가 독일 기본법이 정한 당사자의 기본권을 침해할 수는 없다고 선언하였다.[19] 그 결과 국제사법(즉 저촉법)규범도 기본권에 의한 통제하에 놓이게 되었고 저촉법규범의 적용 결과 당사자의 기본권이 침해되는 때에는 독일의 공서조항이 적용될 수 있다고 본다.[20] 우리 국제사법(제23조)은 공서의 맥락에서 기본권을 언급하지 않지만 이러한 해석론은 우리나라에서도 타당하다.

　　공서와 관련하여 주목할 것은, 대법원 2012. 5. 24. 선고 2009다22549 판결(미쓰비시 사건 판결)과 대법원 2012. 5. 24. 선고 2009다68620 판결(신일본제철 사건 판결)이다.[21] 위 판결들은 가사사건에 관한 것은 아니나 외국판결의 승인의 맥

---

19) 사건의 개요는 아래와 같다. 독일에서 혼인하였다가 이혼재판에 의하여 이혼한 독일 여자가 독신인 스페인 남자와 혼인하고자 하였다. 스페인 당국이 독일에서의 혼인에 필요한 스페인 남자의 혼인자격증명서를 발급하지 않자 독일 여자는 독일 법원에 증명서의 면제를 신청하였으나 거절되었다. 독일의 당국(Hahm 고등법원장)이 이를 거절한 이유는, 스페인법은 민사이혼을 허용하지 않으므로 독일 여자의 이혼은 스페인에서는 승인되지 않기 때문이었다. 이에 독일 여자와 스페인 남자는 헌법소원을 제기하였다. 독일 연방헌법재판소 1971. 5. 4. 결정(BVerfGE 31, 58)은 구체적 사건에서 독일의 저촉법에 따라 지정된 외국법(스페인 남자의 혼인의 성립요건에 관한 스페인법)을 적용한 결과가 독일 기본법이 정한 당사자의 기본권을 침해할 수는 없다고 선언하고, 국제사법 규정도 국내법으로서 전면적으로 기본권에 의하여 평가되어야 한다고 판시하였다. 그 결과 1986년 개정된 독일 민법시행법(제6조 제2문)은 외국 법규범의 적용이 기본권과 상용(相容)되지 않는 경우에는 특히 적용되지 아니한다고 명시하게 되었다. 상세는 안춘수, "헌법, 국제사법 그리고 가족법－독일 학설, 판례 및 입법의 변화와 우리 국제사법의 현 위치－", 가족법연구 제18권 제2호(2004. 7.), 365면 이하; 석광현, "국제사법에 대한 헌법의 영향", 저스티스 통권 제170－3호(2019. 2. 한국법률가대회 특집호Ⅱ), 489면 이하 참조.

20) Andrae, §1 Rn. 62.

21) 위 판결들이 제기하는 준거법상의 논점은 석광현, "강제징용배상 및 임금 청구의 준거법", 2013. 5. 10. 서울대학교 법학연구소가 개최한 학술대회 발표 자료 참조. 외국판결 승인의 논점은 석광현, "강제징용배상에 관한 일본판결의 승인 가부", 국제사법연구 제19권 제1호

락에서 공서위반 여부를 판단하면서, 일본의 한반도와 한국인에 대한 식민지배가 합법적이라는 규범적 인식을 전제로 국가총동원법과 징용령을 한반도와 원고 등에게 적용하는 것이 유효하다는 평가를 포함하는 일본판결 이유는 일제강점기의 강제동원 자체를 불법이라고 보는 한국 헌법의 핵심적 가치와 정면으로 충돌하는 것이어서 이런 판결 이유가 담긴 일본판결을 그대로 승인하는 결과는 그 자체로 한국의 공서에 어긋난다고 판시하였는데, 같은 법리가 준거법 적용상의 공서에서도 타당하다. 따라서 우리도 앞으로는 헌법적 가치에 관심을 기울여야 한다. 예컨대 외국법을 적용한 결과 우리 헌법이 보장하는 인간의 기본권이 침해되는 때에는 공서위반이 될 수 있는데, 헌법은 우리의 근본규범으로서 우리나라의 기본적인 도덕적 신념 또는 근본적인 가치관념과 정의관념을 반영하는 것이기 때문이다. 다만 우리 헌법의 원칙에 반하는 외국법의 적용이 당연히 국제사법상 공서위반이 되는 것은 아닐 것이므로 우리 법질서가 지키고자 하는 가치가 무엇인지를 성찰하여 그 경계를 획정하기 위한 노력을 해야 한다.[22] 즉, 기본권이 외국법의 적용을 배제하는지 여부와 그 범위는 구체적 사안별로 검토해야 한다.[23]

　　(라) 혼인요건 흠결의 효과　　　　혼인의 실질적 성립요건이 결여된 경우 그 효과는 침해된(또는 위반된) 법이 결정한다.[24] 예컨대 일방 당사자가 상대방의 사기에 의하여 의사표시를 한 경우처럼 일면적 장애사유가 있는 경우 그 효과는 그 요건에 의하여 보호되는 당사자(또는 문제 되는 당사자)의 본국법을 적용하면 된다.[25]

(2013. 6.), 103면 이하 참조.

22) 예컨대 신창선·윤남순, 186면은, 외국법이 혼인에 의하여 처가 남편의 성을 따르도록 규정함으로써 우리 헌법이 정한 양성평등의 원칙에 반하더라도 그것이 국제사법상 당연히 준거법공서위반이 되는 것은 아니라고 한다. 그러나 이에 대해서는 반론이 가능하다.

23) 이호정, 222면.

24) 이호정, 338면.

25) 신창선·윤남순, 347면; 김연·박정기·김인유, 398면. 일부 논자는 일방 당사자가 사기 또는 강박에 의하여 혼인의 의사표시를 한 경우 그의 본국법상 그것이 혼인의 취소사유라면 그는 취소의 주장을 할 수 있을 뿐이고 가사 상대방의 본국법상 무효사유이더라도 무효의 주장을 할 수는 없다고 한다. 신창섭, 330면; 이종혁(2021), 458면; 정구태, 1059면. 반면에 이호정, 337면; Kegel/Schurig, S. 812는 상대방 당사자의 준거법에 따른 흠결 효과의 주장을 허용하고 동지의 판결로 독일 제국재판소 판결(RGZ 136, 142, 143f.)을 소개한다. 전자는 종래의 실무를 설명하기 어렵다. 혼인무효의 소는 한국 남성이 국내에 입국하지 아니하거나 입국했다가 단기간에 가출한 외국 여성을 피고로 제기하는 경우가 대다수이다. 최미영, "국제결혼과 혼인무효의 소 하급심 판례 동향―한국남성과 외국여성의 중개업체를 통한 국제결혼 중

이런 관점에서 주목할 만한 사건이 있다. 이는 베트남 여성의 혼인 전 출산 경력의 불고지가 혼인취소사유인 사기에 해당되는지를 다룬 대법원 2016. 2. 18. 선고 2015므654, 661 판결이 그것이다. 대법원은 출산경력의 불고지가 우리 민법 (제816조 제3호)상 혼인취소사유인 사기에 해당한다고 볼 수는 없고 이는 국제결혼 의 경우에도 마찬가지라고 판시하였다. 대법원은 위 법리가 국제결혼의 경우에도 마찬가지인 근거를 제시하지 않았으나 그 근거는 혼인의 실질적 성립요건의 준거법 이 국제사법이 정한 배분적 연결원칙에 따라 남편의 본국법인 한국법이기 때문이 다. 이런 이유로 위 판결은 국제사법적 사고의 빈곤을 보여준다는 비판[26]이 있다.

　실무상 한국인과 중국인 간의 혼인 시 중국인 여자, 특히 조선족 여자가 한 국에 입국하기 위한 방편으로 혼인할 의사(즉 혼인의사)가 없음에도 불구하고 가장 혼인을 하여 혼인신고를 하고 나서 한국에 입국한 뒤 가출한 경우 한국인 남편이 혼인의사의 흠결을 이유로 중국인 부인을 상대로 혼인무효소송을 제기하는 사례 가 많이 있었다. 여기에서 중국법에 따른 가장혼인의 유효성이 문제 되는데, 우리 법원은 한국법은 물론 중국법에 따르더라도 혼인의사의 흠결은 혼인무효사유라고 판시하고 있다.[27] 다만 혼인의사의 부존재를 확정하기는 어려우므로 대부분 간접 사실에 의하여 추정할 수밖에 없는데, 실무상으로는 외국인이 상당한 금원을 송 금받은 뒤 한국에 입국하지 않은 채 행방을 감추거나 입국을 거부하는 경우, 입국 하여 바로 자취를 감추거나 외국인등록증을 받자마자 별다른 사유 없이 가출한 경우와 가장혼인이 의심된다는 이유로 비자가 기각된 경우 등에 있어서는 혼인의 사의 결여를 추정하여 혼인무효청구를 받아들이고 그 외의 경우에는 청구취지를 이혼으로 변경하도록 한 뒤 이혼청구를 받아들이고 있다고 한다.[28] 그러나 위에

심으로—", 가족법연구 제37권 제3호(통권 제78호)(2023. 12.), 427면. 법원이 이를 허용하 는 것은, 한국법상 실질적 의사의 합치가 필요하다면서(즉 혼인합의를 쌍면적 요건으로 보 면서) 한국 남성이 합치의 결여를 주장할 수 있다고 설명할 수 있다. 반면에 만일 이를 일면 적 요건으로 본다면 종래의 실무는 한국 남성이 외국법에 따른 흠결 효과를 주장할 수 있다 고 보는 것이다. 만일 한국 남성은 한국법에 따른 흠결 효과만 주장할 수 있다면 가사 외국 법상 실질적 의사가 필요하고 그것이 흠결되면 무효이더라고 그는 외국법 위반을 주장할 수 없어 정당한 실무에 반한다.

26) 이종혁(2021), 460면.
27) 예컨대 서울가정법원 2010. 1. 28. 선고 2009드단66283 판결과 춘천지방법원 2009. 7. 9. 선 고 2009르114 판결 등 참조.
28) 전연숙, "국제가사소송사건의 실태분석 및 개성방안 — 서울가정법원 가사5단독(국제가사소 송사건 전담재판부) 실무례를 중심으로 —," 국제사법연구 제12호(2006), 79면. 공정증서원

언급한 대법원 2022. 1. 27. 선고 2017므1224 판결은 혼인 후 사정을 기초로 혼인
신고 당시 의사를 너무 쉽게 추단하지 말라는 취지의 판결이다. 즉 당사자들이 처
음부터 혼인신고라는 부부로서의 외관만을 만들어 내려고 한 것인지, 아니면 혼
인 이후의 사정(즉 상호 애정과 신뢰가 충분히 뒷받침되지 않은 상태에서 언어 장벽이나
문화적인 부적응, 배우자와 성격 차이 등)으로 혼인을 유지할 의사가 없어지거나 혼
인관계의 지속을 포기하게 된 것인지에 대해서 구체적으로 심리·판단해야 한다
는 것이다.

혼인이 양 당사자의 법을 모두 위반한 경우 그 위반의 효과에 대하여는 보다
엄격한 효과를 규정한 법이 적용된다.[29] 즉 중혼에 대하여 일방당사자의 속인법
에 따르면 혼인이 취소할 수 있고 다른 당사자의 속인법에 따르면 무효인 때에는
혼인은 무효이다.[30] 이는 쌍면적 요건에 관하여 각 당사자의 본국법이 상이한 효
과를 규정한 경우에는 결국 보다 엄격한 효과를 규정한 법이 적용되는 결과가 된
다는 것을 의미한다.[31]

위에서 언급한 대법원 2022. 1. 27. 선고 2017므1224 판결은 "(구) 국제사법
제36조 제1항은 실체법적인 혼인의 성립요건을 판단하기 위한 준거법을 정한 것
이고, [1] 성립요건을 갖추지 못한 혼인의 해소에 관한 쟁송 방법이나 쟁송 이후
의 신분법적 효과까지 규율하고 있는 것은 아니다. 따라서 한국 국민이 당사자 사

본불실기재 및 동 행사 등의 형사유죄판결이 확정된 경우에는 사실인정이 용이하다. 최봉
경, "국제이주여성의 법적 문제에 관한 소고," 서울대학교 법학 제51권 제2호(2010), 147면
도 참조.

29) 이호정, 338면; 안춘수, 309면; 櫻田嘉章, 272면; Andrae, §1 Rn. 165. 다만 위와 같은 결론
을 인정하면서도 그런 법리를 (법률효과의 관점에서) "보다 약한 법의 원칙"이라고 설명하
기도 하고(위 이호정; Kegel/Schurig, S. 812) (흠결에 대한 제재의 관점에서) '엄격법의 원
칙'이라고 설명하기도 하여(신창선·윤남순, 347면; 최흥섭, 343면) 혼란스러우나 관점의 차
이라고 본다(안춘수, 309면은 양자를 충돌되는 것으로 이해한다). 따라서 여기에서는 그런
표현을 피하고 결론만을 적는다.

30) 서울가정법원 1971. 12. 3. 선고 70드637 판결은 중혼이 문제 된 사건에서 우리 법에 따르면
중혼은 혼인의 취소사유이고 필리핀법에 따르면 혼인의 무효사유인데 그 경우 혼인의 유효
성을 보다 부정하는 나라의 법률에 의하여 정하여야 한다면서 필리핀법을 적용하여 혼인을
무효라고 판시하였다. 이호정, 338면 참조. 마찬가지로 서울가정법원 2014. 6. 27. 선고
2013드단91378 판결은 중혼이 문제 된 사건에서 우리 법에 따르면 중혼은 혼인의 취소사유
이고 네바다주법에 따르면 혼인의 무효사유인데 그 경우 혼인의 유효성을 보다 부정하는 나
라의 법률에 의하여 정하여야 한다면서 네바다주법을 적용하여 혼인을 무효라고 판시하였
다. 이종혁(2021), 460면 이하 참조.

31) 櫻田嘉章, 272면.

이에 혼인의 합의가 없어 혼인이 성립되지 않았음을 이유로 혼인의 해소를 구하는 소송에 관하여 [2] 법원은 <u>한국 민법에 따라 혼인무효 여부를 판단할 수 있다</u>"(밑줄과 번호는 저자가 추가함)라고 판시하였다.[32]

우선 [1] 부분의 취지와 근거는 불분명하다. 혼인의 성립요건이 미비한 경우 그의 신분법적 효과(혼인이 무효인지 취소인지 등)는 배분적 연결원칙에 따라 지정된 법 중에서 위반된 법(양 준거법이 모두 위반된 경우 더 엄격한 제재를 규정한 법)이 결정할 사항이고, 구체적 쟁송 방법(혼인 무효/취소의 소를 제기해야 하는지, 기타 방법으로 다툴 수 있는지 등)도 지정된 준거법에 따를 사항이며, 가사재판 등 실체법적 형성의 소에서 형성력은 실체법적 효력이라고 보므로 형성력의 실체법적 내용도 그 준거법에 따를 사항이다. 다만 소 제기 시 절차적 문제(소의 제기방법과 재판의 효력 등)는 법정지법에 따를 사항이다.

한편 위 대법원 판결의 [2] 부분의 취지와 근거도 불분명하다. 하급심 판결들 중에는 혼인합의가 없는 경우가 한국법상의 무효사유이고 베트남법상은 취소사유이므로 그 경우 혼인의 효력은 더 엄격한 법을 적용하여야 한다면서 한국법에 따라 무효라고 판단한 판결들이 있다.[33] 대법원 판결은 한국 민법에 따라 혼인무효 여부를 판단할 수 있다고 하는데, 그에 앞서 베트남법상 필요한 것이 실질적 혼인의사인지 아니면 형식적 혼인의사인지와, 혼인의사의 흠결이 취소사유인지 아니면 무효사유인지를 먼저 밝히고 한국 민법을 적용하는 근거를 밝혔어야 한다. 위 대법원 판결의 사안에서는 한국인 남편에게는 실질적 혼인의사가 있었으므로, 만일 베트남인 여성의 혼인의사의 결여가 베트남법상 취소사유라면 침해된 베트남법에 따라 혼인 취소사유라고 판단하여야 한다. 배분적 연결원칙에 충실하자면, 대법원으로서는 베트남법상 실질적 혼인의사가 필요한지를 먼저 판단한 뒤, 그의 흠결이 베트남법상 취소/무효사유인지를 판단하고 그에 따라 법률효과를 결정하였어야 한다.

혼인요건이 흠결된 경우 혼인당사자들 사이의 혼인유대는 물론 성명(혼인의 효력의 준거법에 따른다고 보는 경우), 부양 및 기타 재산관계와 자녀들에 대한 다양한 부수적 효과도 침해된 법에 의하여 결정된다고 보는 견해가 유력하다.[34]

---

32) 위 판결에 대한 비판은 석광현, 고언 II, 7면 이하 참조.

33) 전주지방법원 2019. 5. 27. 선고 2018르1279 판결(확정)과 대구가정법원 2019. 7. 25. 선고 2018르312 판결(확정). 국제사법연구 제25권 제2호(2019. 12.), 728-729면 참조.

34) 이호정, 338-339면. 반면에 신창섭, 331-332면은 혼인의 무효 또는 취소의 경우 자녀가

(마) 입법론   개정된 독일 민법시행법(제13조 제3항)에 따르면, 외국법이 혼인당사자 일방의 혼인적령의 준거법으로 지정되더라도 혼인 체결 시 일방이 16세 미만인 경우는 무효이고 혼인 체결 시 일방이 16세 이상 18세 미만인 경우는 취소할 수 있다. 이는 유럽으로의 난민이 급증하는 상황에서 2017. 7. 17. 아동혼인(또는 조혼)방지법(Gesetz zur Bekämpfung von Kinderehen)의 제정에 따라 신설된 것으로 준거법이 외국법인 경우에도 관철되는 국제적 강행규정이다. 다른 유럽연합 국가들도 외국에서 행해진 조혼에 대처하기 위한 엄격한 입법을 한 바 있다.

근자에는 한국에서도 독일 등 외국의 입법례를 참고하여 국제사법 제63조 제1항에 "다만, 대한민국에서 혼인을 하는 경우에는 민법 제815조(혼인의 무효), 제816조(혼인취소의 사유)의 적용에 영향을 미치지 아니한다"라는 취지의 단서를 추가하자는 입법론이 있으나,[35] 아래 이유로 동의하기 어렵다. 독일이 민법시행법을 개정한 것은 독일인 남성이 아랍계 국가의 여성들과 혼인 시 혼인적령에 대한 준거법상의 공서 통제가 제대로 작동하지 않은 탓인데, 우선 한국에서는 그런 문제가 실제로 빈번하게 발생하지 않고 필요한 경우 법원이 공서에 의하여 해결할 수 있기 때문이다. 더욱이 지나치게 낮은 혼인적령에 한정하는 독일과 달리 우리 민법의 혼인장애사유 전부를 외국인에게 강요하는 위 제안은 합리적 근거가 없고 혼인의 성립요건에 대하여 국제사법의 출발점인 배분적 연결원칙에 심하게 위반되기 때문이다.[36]

친생추정을 받는지는 혼인 중의 부모·자녀관계를 정한 제67조에 따라, 혼인당사자들 간의 재산반환의 문제는 부당이득으로서 제51조에 따라 결정되는 준거법에 의한다고 본다.

35) 이종혁(2022a), 26면 이하.

36) 위 견해도 우리 민법상의 모든 혼인장애사유를 관철하는 것이 부당하다면 범위를 조정할 수 있다고 한다. 이종혁(2022a), 28면. 그러나 독일 민법시행법 제13조 제3항 제1호에 대하여는 위헌이라는 견해가 있었고 독일 연방대법원은 2018년 11월 위헌법률심판제청을 하였다. 독일 헌법재판소는 2023. 2. 1. 결정에서 다른 적절한 수단이 없으므로 혼인적령 제한이 적절하고 필요하다고 보면서도, 동 조항이 준거법상 유효하게 성립하였으나 독일법상은 무효인 혼인의 효과(부양청구권 등)를 규정하지 않고, 또한 문제 된 당사자가 성년에 이른 뒤 유효한 혼인으로의 전환(또는 승인)을 규정하지 않는 점에서 독일 기본법(제6조 제1항)이 보호하는 혼인의 자유를 제한함에 있어 비례의 원칙에 반한다고 하고, 늦어도 2024. 6. 30.까지는 개정되어야 한다는 취지의 헌법불합치결정과 입법촉구결정을 하였다. 평석은 Coester-Waltjen, Das Unwirksamkeitsverdikt für Kinderehen auf dem Prüfstand der Verfassung, IPRax (2023), S. 350ff. 참조. 결정문은 IPRax (2023), S. 380ff. 참조. 이 논점에 관하여는 '독일 헌법재판소 결정에 비추어 본 기본권과 국제사법'이라는 주제로 2023. 5. 8. 개최된 세미나에서 발표된 Michaels, Radtke, Gössl, Viellechner와 Coester-Waltjen의 논문들이

(2) 혼인의 방식에 관한 선택적 연결(제2항 본문)

신분공무원 또는 성직자 앞에서의 혼인 합의의 선언의 유형과 방법은 혼인의 방식의 문제이다.[37] 혼인의 방식은 주로 종교혼, 민사혼(Zivilehe), 외교혼(영사혼) 및 보통법혼인(Common-Law marriage)과의 관계에서 논의된다.[38]

혼인의 방식에 대하여 예외 없이 혼인거행지법(*lex loci celebrationis*)에 의할 것을 규정한 섭외사법의 태도에 대하여는 많은 비판이 있었다.[39] 이러한 '절대적 거행지법주의'는 혼인의 방식은 혼인거행지의 공서에 속하는 사항이라거나, 혼인거행지의 선량한 풍속 내지는 거래이익과 밀접한 관련이 있기 때문이라고 설명한다.[40] 그러나 절대적 거행지법주의는 당사자에게 많은 불편을 주는데,[41] 당사자에게 이런 불편을 강요하면서까지 혼인의 방식의 공서성(公序性)을 엄격히 고려할 필요는 없으며, 혼인의 자유가 인정되고 있는 오늘날 단순히 거행지법에 따른 혼인의 방식을 갖추지 않았다는 이유만으로 혼인의 성립을 부정하는 것[42]은 부당하

Rabels Zeitschrift 87 (2023), S. 707-805에 수록되어 있다. 조혼에 대한 비교법, 실질법과 국제사법 논의는 Max-Planck-Institut, Die frühehe im Rechtsvergleich: Praxis, Sach-recht, Kollisionsrecht, Rabels Zeitschrift 84 (2020), S. 705f., 단행본은 Nadjma Yassari/Ralf Michaels, Die Frühehe im Recht: Praxis, Rechtsvergleich, Kollisionsrecht, höherrangiges Recht (2021) 참조.

37) Kropholler, S. 335.

38) 보통법혼인이라 함은 미국의 일부 주에서 보듯이 당사자 간의 합의만으로 성립하는 혼인을 말한다. 혼인의 방식과 관련한 구체적 논의는 南 敏文, 58면 이하 참조. '세속혼'이라는 것은 법률상의 용어는 아니나, 혼인의 방식상 성직자의 관여를 요구하는 혼인(즉 종교혼)과 대비되는 개념으로 사용되고 있는 것으로 보인다. 그에 따르면 민사혼이나 보통법혼인이 이에 해당한다.

39) 김용한·조명래, 315면. 상세는 최흥섭(2001), 153면 참조.

40) 이호정, 334면.

41) 과거 한국에 살던 중국인 화교들은 우리 호적법에 따른 혼인신고를 하지 아니한 채 공개 의식 및 2인 이상의 증인만을 요구하는 중화민국 민법 제982조에 따라 의식혼만을 행하고 화교협회에 비치된 호적등기부에 그 혼인사실을 등재하였는데, 이러한 혼인의 방식은 절대적 거행지법주의를 취한 구 섭외사법에 의하면 혼인의 성립을 인정할 수 없기 때문에 법원은 이들 부부의 이혼청구를 각하하였다고 한다. 그러나 이는 일본의 종전태도를 답습한 것으로 불합리한 결과였다는 비판을 받았다. 최공웅, "韓國家族法과 國際私法問題", 가사조정 제2호 (1999. 4.), 23면.

42) 이 점은 외국에서 이루어진 사인 간의 행위가 우리 국제사법에 따른 준거법 통제하에 있음을 여실히 보여준다. 즉 어떤 혼인이 외국에서 유효하게 성립하였다고 해서 당연히 한국에서 유효한 혼인으로 인정되는 것이 아니라, 그것은 우리 국제사법에 따른 준거법에 의한 것(아니면 적어도 그 준거법의 강행적 규정을 준수한 것)이어야 한다. 이처럼 우리 국제사법은 외국에서 형성된 법상태를 승인하는 것이 아니라 준거법 통제라는 접근방법을 취한다.

다는 것이다.

따라서 국제사법에서는 구 국제사법과 마찬가지로 혼인의 보호를 위하여 혼인의 방식의 준거법을 보다 넓게 선택적으로 인정한다. 즉, 혼인거행지법 외에 당사자 일방의 본국법에 의한 혼인의 방식도 유효한 것으로 하였다(제2항 본문). 이는 일본 법례(제13조 제2항과 제3항) 및 법적용통칙법(제24조 제2항과 제3항)과 내용상 동일하며, 다만 규정방식에 차이가 있을 뿐이다.

법률행위의 방식에 관한 일반원칙(제31조)에 따르면 혼인의 방식은 혼인거행지법 또는 혼인의 준거법에 의하는데, 이 경우 혼인의 준거법은 혼인의 성립의 준거법이 된다. 그런데 혼인의 성립에 관하여 국제사법은 배분적 연결을 취하므로 일반원칙에 따르면 양 당사자의 본국법의 방식을 누적적으로 충족해야 할 것이나,[43] 제63조 제2항은 특칙을 두어 혼인거행지법 또는 당사자 일방의 본국법에 의하도록 함으로써 방식요건을 더욱 완화한 것이라고 할 수 있다.

그 결과 종래 혼인거행지법의 예외로서 외국에 있는 내국민 간에 본국법에서 정한 방식에 따라 혼인할 수 있도록 하는 섭외사법 제15조 제2항의 외교혼(또는 영사혼) 규정은 국제사법 제2항 본문에 의하여 포섭되어 무의미하게 되었으므로 삭제되었다. 그러나 이는 외국에 있는 한국인 간에 영사혼이 불가능하다는 의미는 아니다. 영사혼은 외국에 거주하는 자국민이 외국 주재 자국의 외교관(또는 영사관) 앞에서 혼인을 할 수 있도록 하기 위한 것인데, 국제사법하에서도 섭외사법하에서와 마찬가지로 한국인들 간에 영사혼이 허용됨은 물론이고,[44] 그들은 혼인거행지법에 따라 혼인을 거행할 수도 있다. 과거 한국인이 외국에서 외국법의 방식에 의하여 혼인한 때에는 호적법(제40조)에 따라 보고적 신고를 해야 했는데,[45]

---

43) 독일 민법시행법상으로는 이렇게 본다. Kropholler, S. 313.

44) 민법 제814조 제1항은 "외국에 있는 본국민 사이의 혼인은 그 외국에 주재하는 대사, 공사 또는 영사에게 신고할 수 있다"라고 규정한다. 따라서 외국에 있는 한국인들이 혼인하는 경우 방식요건을 구비하자면 첫째, 그 외국에 주재하는 한국의 대사·공사 또는 영사에게 신고하거나, 둘째, 등록기준지 시·읍·면의 장에게 직접 신고를 할 수 있고, 셋째, 국제사법에 따라 혼인거행지법이 정한 방식을 따를 수도 있다.

45) 섭외사법하에서 대법원 1994. 6. 28. 선고 94므413 판결은 이를 명확히 설시하였다.
"섭외사법 제15조 제1항의 규정은 우리나라 사람들 사이 또는 우리나라 사람과 외국인 사이의 혼인이 외국에서 거행되는 경우 그 혼인의 방식 즉 형식적 성립요건은 그 혼인거행지의 법에 따라 정하여야 한다는 취지라고 해석되므로, 그 나라의 법이 정하는 방식에 따른 혼인절차를 마친 경우에는 혼인이 유효하게 성립하는 것이고 별도로 우리나라의 법에 따른 혼인신고를 하지 않더라도 혼인의 성립에 영향이 없으며, 당사자가 호적법 제39조, 제40조에 의

가족관계등록법(제35조 제1항과 제36조 제1항)하에서도 마찬가지다.

여기에서 '혼인거행지'라 함은, 일반적으로는 당사자의 합의만으로 혼인이 성립하는 경우 합의 당시 당사자가 소재하는 곳이고, 혼인식이 필요한 경우 권한이 있는 혼인주재자(신분공무원, 시장 또는 성직자)의 입회하에 공식적인 혼인식이 거행되는 장소를 말하는 것으로 이해된다.[46] 후자의 경우 혼인주재자의 입회가 없는 단순한 결혼식을 행한 장소를 말하는 것은 아니다. 문제는 우리 민법에서 보는 바와 같이 관공서에의 창설적 신고와 수리[47]를 필요로 하는 경우 — 이를 '국가기관 관여형의 혼인'이라고 부르기도 한다[48] — 혼인거행지가 어디인가라는 점이다. 이 경우 그 신고를 받는 등록관청 소재지, 보다 엄밀하게는 기관소속국이 혼인거행지라는 독일의 유력설[49]과, 혼인의사를 외부적으로 표시한 혼인신고서를 작성하여 발송한 곳이 혼인거행지라는 견해가 있는데, 일본에서는 후자가 유력하다.[50]

하여 혼인신고를 한다 하더라도 이는 창설적 신고가 아니라 이미 유효하게 성립한 혼인에 관한 보고적 신고에 불과하다".

46) Staudinger/Mankowski (2010), Art. 13 Rn. 478; Andrae, §1 Rn. 78, Rn. 147. 일본에서는 종래 혼인거행지는 법적으로 혼인을 성립하게 하는 방식이 履踐된 곳을 말한다고 한다. 예컨대 神前 禎, 早川吉尚, 元永和彦, 국제사법 제2판(2006), 169면. 참고로 독일에 상거소를 가지는 나이지리아인들이 비디오를 통하여 미국 유타주 당국 앞에서 한 혼인(이른바 온라인 혼인)에 대하여 2024. 9. 25. 독일 연방대법원 결정(XII ZB 244/22)은 혼인 체결의 의사표시를 한 곳이 중요하므로 혼인거행지는 독일인데 위 사건은 독일법이 정한 방식을 따른 것이 아니라는 이유로 효력이 없다고 판시하였다.

47) 혼인신고의 수리라 함은 혼인신고의 접수와 구별되는 것으로, 혼인신고가 요건을 구비한 경우에 가족관계등록공무원이 그 수령을 인용하는 처분을 말한다. 김주수·김상용, 108-109면. 우리의 가족관계등록법에 상응하는 것은 독일의 신분법(Personenstandsgesetz. PStG)이다. 박진애, "독일 가족개념 확대", 국회 최신 외국입법정보, 2021-12호(통권 제161호)(2021. 6. 8.) 참조.

48) 橫山潤, 国際家族法, 74면.

49) Staudinger/Mankowski (2010), Art. 13 Rn. 480은 한국과 일본의 혼인신고제도는, 당사자 간의 합의만으로 성립하는 혼인과 혼인주재자의 관여 하에 이루어지는 혼인의 중간유형에 속하는 것으로서 특별히 주의할 필요가 있다고 소개하면서, 독일에서 두 한국인이 한국으로 우편으로 혼인신고를 하였다면 혼인거행지는 한국이라고 본다. 한일의 혼인신고제도는 독일인들에게는 익숙하지 않은 혼인의 방식이다. 위에서 소개한 바와 같이 근자에 독일에서는 혼인, 혼인과 유사한 동반자관계 기타 가족법적으로 승인된 생활 및 위험공동체를 통일적으로 거행지법에 연결하자는 견해가 유력하게 주장되고 있는데, 그 경우 당국의 등록이 필요하다면 등록국이 거행지라고 본다. 등록 없이 사인(私人)들만의 행위로 족한 경우에는 표시를 한 곳(Abgabeort der Erklärungen)이라고 본다.

50) 학설은 일본 주석국제사법/橫溝 大, 제2권, 19면 이하 참조. 이종혁(2021), 461면; 이종혁, 온주 국제사법 제63조, 2023. 7. 5. [8]은 혼인거행지는 혼인의사의 표명 당시 쌍방 당사자

혼인거행지의 결정은 예컨대 한국에서 한국인이 외국인(예컨대 일본인)과 혼인식을 올리고 직접 외국(일본)의 국가기관에 우편으로 혼인신고를 제출하는 경우에도 문제 된다. 독일의 유력설에 따르면 신고를 수리하는 행정기관 소재지인 일본을 혼인거행지라고 보나, 일본의 유력설은 혼인신고를 발송한 곳인 한국이라고 본다. 이의 연장선상에서 내국인조항의 적용 여부를 판단함에 있어서도 혼인거행지의 결정이 문제 된다.

구 국제사법(제36조 제2항)은 "혼인거행지"라는 표현을 사용하였으나 국제사법(제63조 제2항)은 "혼인을 한 곳"이라는 표현을 사용한다. 이는 의미의 변화를 의도한 것은 아니고 표현을 순화하려는 의도의 표현이라고 본다. 그러나 혼인의 방식의 문제는 종교혼의 예에서 보듯이 일종의 의식(儀式)과 관련되는 점에서 혼인거행지라는 표현이 더 적절하다. 따라서 그런 의미를 담은 혼인거행지를 굳이 혼인을 한 곳이라고 변경함으로써 의식(儀式)이라는 요소를 희석하고 오해 가능성을 확대할 것은 아니다.

선박상에서 혼인을 거행하는 경우 선박이 영해상에 있으면 영해소속국이 혼인거행지이지만, 공해상에 있으면 기국(선적국)이 혼인거행지라고 본다.[51]

대리혼 또는 장갑혼인.　대부분 국가의 법은 혼인당사자들이 직접 출석하여 혼인을 할 것을 요구한다. 그러나 "사자를 통한 혼인(Heirat durch Boten)" 또는 "대리인을 통한 혼인(Heirat durch Stellvertreter)"이라고 하는 '장갑혼인(Handschuhehe)'을 인정하는 국가들도 있다.[52] 우리 민법상 혼인은 당사자의 실질적인 의사합치를 요구하는 점에서 대리인에 의하여 혼인신고를 할 수는 없으나(가족관계등록법 제31조 제3항, 제71조), 혼인당사자 쌍방이 혼인신고서를 작성하여 우편으로 발송하거나 사자를 시켜 제출할 수는 있다.[53] 사자를 통한 혼인의 경우 혼인의사는 본인이

의 소재지라고 하면서 혼인의 성립을 위하여 행정기관에의 창설적 신고와 수리를 요구하는 우리나라와 일본에서도 마찬가지라고 하여 일본의 다수설을 지지한다.

51) 신창선·윤남순, 347면.

52) 이호정, 334면. 그 경우 이중적(또는 쌍방) 장갑혼과 온라인 혼인에서 혼인 거행지의 결정은 논란이 있다. 근자의 논의는 Claudia Mayer, Relevanz des Orts der Eheschließung für die Bestimmung des Formstatuts bei der doppelten Handschuhe und Online−Ehe, IPRax (2022), S. 593. 대리혼을 허용하는 멕시코법에 따라 쌍방 대리인에 의하여 행해진 혼인이 독일법상으로도 방식상 유효하다고 판시한 독일 연방대법원의 2021. 9. 29. 판결(XII ZB 309/21)도 있다.

53) 등록실무[I], 677면.

결정하고 단지 그 표시만을 사자가 하므로 이는 혼인의 방식의 문제이다.[54] 따라서 혼인의 방식의 준거법이 그 허용 여부를 결정한다. 반면에 대리인을 통한 혼인의 경우 본인 대신 대리인이 혼인의사를 결정하므로(또는 결정한다면) 혼인의 방식뿐만 아니라 혼인의 실질적 요건과도 관련되므로, 혼인방식의 준거법과 혼인의 실질적 성립요건의 준거법이 모두 이를 허용하는 경우에 한하여 가능하다.[55] 문제는 준거법인 외국법에 따라 외국에서 사자 또는 대리인을 통한 장갑혼인이 유효하다면 그의 적용이 우리의 공서에 반하는가인데, 공서위반이라고 보기는 어려울 것이다.[56]

(3) 혼인의 방식에 관한 내국인조항(제2항 단서)

　국제사법은 혼인당사자 중 일방이 한국인이고 또한 그들이 한국에서 혼인하는 경우에는 '내국인조항'을 두어 한국의 혼인 방식에 따르도록 한다(제2항 단서). 이는 위와 같은 경우에 한국법이 아닌 타방 당사자의 본국법에 의한 방식만으로 혼인이 성립되는 것을 인정한다면 그 혼인관계가 우리 가족관계등록부에 전혀 명시되지 않은 채 유효하게 성립되어 가족관계에 혼란을 가져올 수 있으며, 그 혼인관계에서 출생한 자녀의 국적이나 지위가 불안정해지는 문제점을 고려한 것이다. 또한 그 경우 당사자에게 거행지법인 한국법의 방식에 따라 혼인신고를 요구하더라도, 위에서 본 것처럼 한국인이 외국법의 방식에 의하여 혼인을 할 때 보고적 신고를 하게 되어 있는 것(가족관계등록법 제35조 제1항 참조)과 비교하면, 그것이 창설적 신고라는 것일 뿐 실제 내용상의 차이는 없어 특별한 불편을 강요하는 것도 아니다.[57]

　내국인조항을 두어 혼인의 방식에 관한 한국법의 적용을 강제할 경우 이른바 '파행혼(跛行婚)(limping marriage, hinkende Ehe)'을 초래할 가능성이 커진다는 비판이 있을 수 있으나, 위원회에서는 위와 같은 당시 호적 실무상의 문제점을 해소하고, 가족관계에서의 법적 안정성이라는 공적 이익을 위해 이것이 필요하다고 보았다. 참고로 스위스, 오스트리아 등은 자국에서 거행된 혼인의 방식에 대하여 자

---

54) 이호정, 334면; 최흥섭, 343면.
55) 이호정, 335면.
56) 이호정, 335면도 동지.
57) 최흥섭(2000), 7면; 법무부, 해설, 130면 註 81. 그러나 보고적 신고와 창설적 신고 간에 단순한 차이만이 있다고 보기는 어렵다는 생각도 든다.

국인이든 외국인이든 구별 없이 절대적으로 거행지법주의를 취하고 있어 국제사법보다 더욱 엄격하다. 다만 독일 민법시행법(제13조 제3항)은 독일에서의 혼인은 독일법이 규정하는 방식으로만 체결할 수 있다고 하면서 외국인들 간의 혼인의 경우 예외를 인정할 뿐이다. 혼인의 방식을 혼인거행지가 외국인 경우와 내국인 경우로 구분하여 후자의 경우 내국법에 의한 방식을 강제하는 국가에서는 내국인조항의 법정책적 정당성에 관한 논의가 활발하다.58)

　내국인조항의 적용범위와 관련하여, 한국에서 한국인이 일본인과 혼인식을 올리고 직접 일본의 국가기관에 우편으로 혼인신고를 제출하는 경우 혼인거행지의 결정이 문제 된다. 이 경우 만일 혼인거행지가 일본이라면 내국인조항이 적용되지 않지만 한국이라면 내국인조항이 적용된다. 위에 소개한 유력설에 따르면 신고를 수리하는 행정기관 소재지인 일본을 혼인거행지라고 보므로 내국인조항이 적용되지 않으나, 혼인신고를 발송한 곳인 한국을 혼인거행지라고 보는 견해59)에 따르면 내국인조항이 적용된다. 전자에 따르면 내국인조항이 적용되지 않으므로 일본법에 따른 혼인신고로서 방식요건이 구비될 것이나, 후자(혼인거행지가 한국이라는)에 따르면 한국에서 혼인신고가 없으므로 혼인의 방식요건을 구비하지 못한 것이 된다. 위 부부가 한국 소재 일본 영사에게 혼인신고를 제출하고 한국법에 따른 혼인신고를 하지 않는다면 역시 혼인의 방식요건을 구비하지 못한 것이 된다. 실무적으로는 양국에 혼인신고를 하는 것이 가장 확실한 방법이 될 것이다.

　섭외사법의 개정과정에서 내국인조항과 관련하여 한 가지 의문이 제기되었다. 즉 종래 섭외사법하에서는 한국인과 미국인이 미국 대사관에서 혼인을 거행하고 미국 대사관 측에 신고를 한 경우 혼인이 성립한 것으로 보아 왔음에도 불구하고, 구 국제사법에 의하면 이러한 혼인은 더 이상 방식요건을 구비하지 못한 것이 되므로 문제가 있다는 지적이었다. 그러나 이 경우 미국 대사관 내에서 혼인을 거행하더라도 국제사법적으로는 혼인거행지는 한국이므로 일방이 한국인이라면 혼인의 방식은 제36조(국제사법 제63조) 제2항 단서에 따라 한국법에 의하고 따라서 가족관계등록법에 따른 창설적 혼인신고를 하지 않으면 아니 된다. 이러한 결론은 절대적 거행지법주의를 취한 섭외사법하에서와 마찬가지이다. 따라서 구 국제사법/국제사법에 의해 부당하게 변경된다는 지적은 적절하지 않다. 물론 우

---

58) 독일의 논의는 우선 Kropholler, S. 336 참조.
59) 일본에서는 견해가 나뉜다. 소개는 일본 주석국제사법 제2권/橫溝 大, 18-19면 참조.

리 법에 따른 혼인신고를 하지 않아 우리 법상은 효력이 없더라도 미국의 어느
주법에 따라 동 법상 유효한 혼인의 방식요건을 구비하는 것은 별개의 문제이다.
이 경우 결국 파행혼이 성립하게 되는데, 이는 바람직하지 않으므로 일방이 한국
인인 경우 적용되는 내국인조항을 완화하여 영사혼을 하는 경우(우리의 관점에서는
영사에게 혼인신고를 하는 경우) 그것이 외국법상 혼인의 방식요건을 구비한다면 국
내법상으로도 유효한 것으로 취급해야 한다는 점은 입법론으로서 고려할 만하
다.[60] 이와 달리 외국에서 외국인과 혼인한 한국인의 혼인관계가 가족관계등록부
에 기재되지 않은 채 혼인이 성립할 수 있어 바람직하지 않으므로 민법 제814조
제1항을 개정하여 외국에 있는 한국인 사이의 혼인만이 아니라 한국인과 외국인
사이의 혼인도 외국주재 한국의 대사, 영사 등에게 신고할 수 있도록 하는 것이
바람직하다는 견해[61]도 있다.

　　여기에서 더 나아가 우리나라에서도 내국거래의 보호를 위하여 국제사법 제
63조 제2항의 내국인조항을 개정하여 외국인들 간의 혼인에 대하여도 한국에서
혼인을 하는 경우에는 가족관계등록법에 따른 혼인신고를 요하도록 하자는 입법
론이 있다.[62] 그러나 가족관계등록법(제1조)은 국민의 가족관계의 발생 및 변동사
항에 관한 등록과 그 증명에 관한 사항을 규정함을 목적으로 하고 외국인의 혼인
은 등록 대상이 아니므로[63] 이는 현재로서는 의미가 없다. 다만 참고로 근자에 법
무부와 학계는 보편적 출생등록제와 출생통보제를 검토하였던바, 출생통보제를
담은 '가족관계의 등록 등에 관한 법률' 개정안(가등법 §44-3(출생사실의 통보))이
2023. 6. 30. 국회 본회의를 통과하였고 이는 2024. 7. 19. 시행되었다.[64] 참고로

---

60) 일본 주석국제사법 제2권/橫溝 大, 21면도 동지. 엄밀하게는 이는 영사혼의 개념/혼인신고를
　　요하는 법제하에서 영사를 통하여 혼인신고를 하는 경우 혼인거행지가 어디인지와 관련되는
　　문제이다.
61) 최흥섭(2000), 7면. 이종혁(2022a), 33면도 동지.
62) 이종혁(2022a), 26면 이하.
63) 프랑스 민법에 따르면 프랑스에서 아동이 출생하면 5일 이내에 지역 신분관리청에 출생신고
　　를 하여야 하고, 독일에서는 아동이 출생하면 부모의 국적과 관계없이 출생일로부터 1주일
　　이내에 예외 없이 신분관리청에 신고하여야 하며, 일본의 호적법은 적용대상을 일본 국민으
　　로 한정하지 않는다. 최윤철, "외국인아동의 출생등록 등에 관한 법률 제정에 관한 연구",
　　2024. 9. 27. 국회에서 개최된 외국인아동의 출생등록 등에 관한 법률 심포지엄 발표자료,
　　25면과 26면 참조.
64) 허민숙, "보호출산제 논쟁의 지점과 숙고할 사안: 출생통보제 도입에 따른 보완 병행 입법
　　논의에 부쳐", 국회입법조사처 제1호(2023. 7. 6.), 1면. 또한 위기 임산부를 지원하고 보호

우리나라에서도 발효한 아동권리협약(CRC) 제7조 제1항은 "아동은 출생 후 즉시 등록되어야 하며, 출생시부터 성명권과 국적취득권을 가지며, 가능한 한 자신의 부모를 알고 부모에 의하여 양육받을 권리를 가진다"라고 규정한다.[65] 만일 장래 한국에 거주하는 외국인의 신분관계가 우리나라에서도 등록된다면 그때는 위 제안이 의미가 있을 것이다.

(4) 외국에서 성립한 혼인의 승인

위에서 본 것처럼 우리 국제사법은 혼인의 성립과 방식의 준거법을 지정한다. 따라서 지정된 준거법의 요건이 구비되지 않으면 그 혼인의 유효하게 성립한 것으로 인정되지 않는다. 그러나 일부 국가들의 국제사법은 외국에서 성립한 혼인을 승인한다. 스위스 국제사법이 대표적인 예이다.[66] 스위스 국제사법(제45조)에 따르면 스위스에서의 혼인체결의 실질적 요건과 방식은 스위스법에 의하지만, 스위스법에 의한 요건이 충족되지 않더라도, 외국인 간의 혼인은 그것이 혼인당사자 중 일방의 본국법의 요건에 합치하는 경우에는 체결될 수 있다(제44조). 또한 외국에서 유효하게 체결된 혼인은 스위스에서 승인되나(제45조 제1항), 당사자 일

출산을 제도화하기 위한 '위기 임신 및 보호출산 지원과 아동 보호에 대한 특별법' 제정안이 2023년 10월 국회 본회의를 통과하였고 2024. 7. 19. 시행되었다.

[65] 상세는 현소혜, "외국인 아동을 위한 보편적 출생등록제의 도입필요성과 도입방안", 가족법연구 제34권 제2호(2020. 7.), 141면 이하 참조. 비교법적 검토는 이소은, "국내에서 출생한 이주 아동의 출생등록 문제", 가족법연구 제37권 제3호(2023. 12.), 215면 이하 참조. 근자에는 한국에서도 아동의 '출생 등록될 권리'는 기본권이라는 점이 인정되고 있다. 대법원 2020. 6. 8.자 2020스575 결정(가족관계등록법 제57조 관련)과 헌법재판소 2023. 3. 23. 선고 2021헌마975 전원재판부 결정(가족관계등록법 제46조 제2항 관련된 헌법불합치 결정) 참조. UN아동권리협약 제7조 제1항 참조. 위 헌재 결정은 "태어난 즉시 '출생등록될 권리'는 '출생 후 아동이 보호를 받을 수 있을 최대한 빠른 시점'에 아동의 출생과 관련된 기본적인 정보를 국가가 관리할 수 있도록 등록할 권리로서, 아동이 사람으로서 인격을 자유로이 발현하고, 부모와 가족 등의 보호하에 건강한 성장과 발달을 할 수 있도록 최소한의 보호장치를 마련하도록 요구할 수 있는 권리이다. 이는 헌법에 명시되지 아니한 독자적 기본권으로서, 자유로운 인격실현을 보장하는 자유권적 성격과 아동의 건강한 성장과 발달을 보장하는 사회적 기본권의 성격을 함께 지닌다"라고 판시하였다.

[66] 혼인에 관한 것은 아니나 2011년 개정되어 2012년 1월 발효된 네덜란드 국제사법(민법전 제10편)에 따르면 성명의 준거법은 본국법이나(제10:19조), 네덜란드 국제사법(제10:24조)은 외국에서 등록된 성명은 네덜란드에서 승인됨을 명시한다. 이 조문은 Grunkin and Paul 사건 판결의 영향을 받은 것인데, 독일 민법시행법 제48조가 실질법규칙인 것과 달리 법상태의 승인을 명시한다. 석광현, 정년기념, 704-705면 참조.

방이 스위스 시민(Bürger)이거나 쌍방이 스위스에 주소를 가지고 있는 때에는 당
사자들이 스위스법상의 무효원인을 피할 명백한 의도로 외국에서 혼인을 체결한
경우가 아니어야 한다(제45조 제2항).[67] 즉 제45조 제1항은 혼인의 유효한 성립과
방식의 준거법을 지정하는 대신 외국에서 유효하게 성립한 혼인은 스위스에서 승
인된다고 규정함으로써 외국에서 형성된 법상태(혼인관계)가 준거법에 관계없이
스위스에서 승인된다는 원칙을 도입한 것이다.[68] 이것이 '법상태(또는 법적 상태)
의 승인(Anerkennung einer Rechtslage)', '지정에 갈음하는 승인'이다.[69] 중요한 것
은 외국의 법질서가 유효한 혼인의 존재를 인정하는가인데, 다만 스위스 국제사
법 제1장의 공서조항은 적용된다.

　하지만 우리 국제사법은 스위스 국제사법(제45조)의 접근방법을 따르지 않으
므로 우리로서는 국제사법이 지정한 준거법에 반하는 법적 효과는 인정되지 않는
다.[70] 즉 우리 국제사법처럼 혼인의 성립과 방식의 준거법을 지정하는 법제에서
는 지정된 준거법에 따른 혼인만이 유효한 혼인으로서 효력을 가지고 한국에서
인정되는데, 이는 준거법 지정의 결과이므로 별도로 '혼인의 승인'을 운운하지 않
는다.[71] 이는 이혼의 경우에도 마찬가지인데, 특히 협의이혼과 같은 사적(私的) 이
혼이 문제 된다.

---

67) 제2항이 회피유보(Umgehungsvorbehalt)이다. 그 범위를 어떻게 정할지는 논란이 있었다.
　　Zürcher Kommentar/Corinne Widmer Lüchinger, 3. Auflage, Art. 45 Rn. 40ff.
68) Zürcher Kommentar/Corinne Widmer Lüchinger 3. Auflage, Art. 45, Rn. 2는 혼인의 방식
　　과 성립요건의 준거법을 지정하는 독일과 달리 스위스 국제사법은 승인개념을 사용함을 분
　　명히 밝힌다.
69) 이를 '저촉법적 승인(kollisionsrechtliche Anerkennung)'이라고 부르기도 한다. 상세는 석
　　광현, 정년기념, 663면 이하 참조.
70) 다만 잘못된 준거법에 따라 행위를 했더라도 준거법상의 요건이 실제로 구비된다면 유효한
　　행위로 전환될 수는 있을 것이다. 나아가 국제인권법의 관점에서 새로운 접근을 요구하는
　　견해도 주장될 여지가 있다.
71) 하지만 '동성혼의 승인'이라는 표현에서 보듯이 혼인의 승인이라는 표현이 사용되기도 한다.

2. 혼인의 효력에 관한 조항의 개정

섭외사법	국제사법
제16조(혼인의 효력) ① 혼인의 효력은 夫의 本國法에 의한다. ② 외국인이 대한민국 국민의 婚양자가 된 때의 혼인의 효력은 대한민국의 법률에 의한다.	제64조(혼인의 일반적 효력) 혼인의 일반적 효력은 다음 각 호의 법의 순위에 따른다. 1. 부부의 동일한 본국법 2. 부부의 동일한 일상거소지법 3. 부부와 가장 밀접한 관련이 있는 곳의 법

[입법례]
- 독일 민법시행법 제14조[일반적인 혼인효력]
- 스위스 국제사법 제48조[혼인의 일반적 효력의 준거법]
- 일본 법례 제14조/법적용통칙법 제25조[혼인의 효력] → 국제사법과 내용은 동일하고 규정방식에 다소 차이 있음
- 중국 섭외민사관계법률적용법 제23조

가. 개요

섭외사법은 혼인의 효력(또는 효과)을 부(夫)의 본국법에 의하도록 하여 헌법상 남녀평등의 원칙에 위배된다는 비판을 받아왔다. 따라서 구 국제사법은 효력의 준거법을 정함에 있어 헌법상의 남녀평등의 원칙이 관철되도록 하면서 단계적 연결을 도입하였고 국제사법은 이런 태도를 유지한다. 이 조항은 한국인 남성이 혼인 이주여성과 혼인하는 경우는 물론이고, 이주노동자, 특히 외국의 남성 근로자들이 일자리를 찾아 우리나라에 들어온 뒤 한국 여성과 혼인하여 한국에 정착하는 사례가 빈번한 상황에서 그러한 부부 간에 형성된 혼인의 일반적 효력의 준거법에 관한 합리적 기준을 제시한 점에서, 또한 그러한 부부가 한국에 정착하는 경우 결과적으로 한국법이 준거법이 되도록 함으로써 법의 적용을 용이하게 하였다는 점에서 커다란 의의를 가진다. 특히 위 조항은 국제혼인이 비약적으로 증가하고[1] 위와 같은 현상이 발생하기 전에 섭외사법을 개정하여 선제적으로 문제에

---

[1] 보도에 따르면 2009년 기준으로 국제혼인을 한 국민은 모두 3만 3천 300여 명이었고 이는 국제혼인 붐이 한창이던 2002년 1만 5천 200여 명과 비교하면 2배를 훌쩍 넘는 수치라고 하였다. 또한 2000년대 이후 매년 2만-4만 명이 꾸준히 외국인 배우자와 혼인관계를 맺은 것으로 파악됐다고 하였다. 2010. 8. 20. 인터넷조선 기사(http://news.chosun.com/site/data/html_dir/2010/07/16/2010071601611.html?Dep1=news&Dep2=headline1&Dep3=h1_01_rel01) 참조. 2021년 외국인과의 혼인은 총 13,102건으로 2020년(15,341건)보다 14.6%(-2,239건) 감소하였다. 통계청 'e-나라지표' 홈페이지(https://www.index.go.kr/potal/

대처하였다는 점에서 높이 평가할 만하다.

과거 한동안 국제혼인이 증가한 이유는, 대부분 농촌총각 등 국내에서 짝을 찾기 어려운 남성들이 중국이나 동남아시아 등에서 신부를 '긴급수혈'하는 방식으로 결혼하였고, 그 과정에서 상업성을 노리고 시장에 진입하는 무허가 결혼중개업체들이 무분별하고 비정상적인 방법으로 혼인을 중개하였는데, 정부가 이를 제대로 통제하지 못하였기 때문이었다.[2] 그 과정에서 각종 비극적인 사건이 발생하였다. 근자에는 그런 문제점은 상당 부분 해소된 것으로 보이나 아직도 완전한 것은 아니다.

나. 주요내용

(1) 표제의 변경 및 적용범위

국제사법 제64조는 구 국제사법과 마찬가지로 부부재산제(국제사법 제65조)와 부부 간의 부양(국제사법 제73조)을 제외한 모든 혼인의 효력을 규율대상으로 하며, 예컨대 부부 간에 일상가사대리권이 있는지와 배우자 일방의 일상가사행위로 인하여 타방 배우자가 책임을 지는가의 문제도 그에 의한다. 따라서 조문의 표제도 '혼인의 신분적 효력'이 아니라 '혼인의 일반적 효력'이다.[3]

혼인의 효력이라 함은 혼인이 성립하였는가 또는 혼인이 유효한가의 문제가 아니라, 유효하게 성립한 혼인의 결과 어떤 법적 효력 내지 효과가 발생하는가의 문제이다. 그런데 대법원 1996. 11. 22. 선고 96도2049 판결은, "섭외사법 제15조 제1항 단서에 의하면 혼인의 방식은 혼인거행지의 법에 의하도록 되어 있기는 하나, 동법 제15조 제1항 본문은 혼인의 성립요건은 각 당사자에 관하여 그 본국법에 의하여 정한다고 규정하고 있고, 동법 제16조 제1항은 "혼인의 효력은 부(夫)의 본국법에 의한다"라고 규정하므로, 한국 남자와 중국 여자 사이의 혼인이 중국

---

main/EachDtlPageDetail.do?idx_cd=2430) 참조. 2023년 국제결혼 건수는 19,717건이다. 국가통계포털 참조.

2) 과거와 달리 현재의 '결혼중개업의 관리에 관한 법률'(제10조의2)은 국제결혼중개업자로 하여금 이용자와 혼인 상대방에게 필수 신상정보를 사전에 제공하도록 의무화하고 있다. 국제혼인에 관한 제 논점은 우선 현소혜, "국제혼인의 이론과 실무", 민사판례연구 제35집(2013), 1178면 이하 참조.

3) 민법상으로는 혼인의 효과를 '혼인의 일반적 효과'와 '재산적 효과'로 구분한다. 김주수·김상용, 127면 이하 참조. 그러나 종래 섭외사법에서부터 '효력'이라는 표현을 사용하였으므로 국제사법에서도 이를 유지하였다.

에서 중국의 방식에 의하여 성립되었다 하더라도 혼인의 실질적 성립요건을 구비
한 것으로서 유효한지 여부는 부(夫)의 본국법인 한국법에 의하여 정하여져야 한
다는 취지로 설시하였는데 이는 잘못이다. 위 판결은 '혼인의 효력'을 '혼인의 유
효성'의 문제로 오해한 것이다.

혼인의 일반적 효력을 정한 제64조의 연결원칙은 혼인의 재산적 효력과 이혼에도
준용되므로(제65조 제1항과 제66조) 혼인관계의 기본적인 연결원칙(Grundkollisionsnrom)
으로서 매우 중요하다. 독일에서는 이런 의미에서 이를 '가족준거법(Familienstatut)'
이라고 부르기도 한다.[4]

국제사법은 혼인의 일반적 효력의 준거법의 기준시기를 명시하지 않는다. 혼
인관계는 계속적 법률관계이므로 기준시기가 변경될 수 있다.[5]

(2) 단계적 연결의 채택

(가) 3단계 연결   국제사법은 혼인의 효력, 더 정확히는 일반적 효력의
준거법을 결정함에 있어 단계적 연결방법을 채택하고 있다.

1단계로서 신분문제에 있어 기본원칙인 본국법주의에 따라 부부의 동일한 본
국법에 의하도록 하고(제1호), 동일한 본국법이 없는 이(異)국적 부부의 경우에는
2단계로서 부부의 동일한 상거소지법을 준거법으로 삼는다(제2호). 만일 부부의
동일한 상거소지법도 없는 경우에는 최종 3단계로서 부부와 가장 밀접한 관련이
있는 곳의 법(最密接關聯地法)을 준거법으로 지정한다(제3호).

"다음 각호에 정한 법의 순위에 의한다"라는 문언의 취지는, 우선 1단계에 의
하고, 그에 해당하는 법이 없는 경우 2단계에 의하며, 그에 해당하는 법도 없는
경우 3단계에 의한다는 단계적 연결 — 이른바 '폭포연결(Kaskadenanknüpfung)' —
을 정한 것이다. 국제사법의 법문이 다소 불친절한 면이 있으나 그렇게 이해하는
데는 무리가 없다.

혼인의 일반적 효력을 단계적으로 연결하는 방법에는 과거 2018년 이전 독일
민법시행법(제14조)과 오스트리아 국제사법(제18조)이 취하는 바와 같이 5단계를
두는 입법과, 독일 막스 플랑크 외국사법 및 국제사법 연구소의 개정안[6]이나 일

---

4) 독일 민법시행법은 그 밖에 출생자의 지위에 관한 제19조 제1항과 부부의 일방 또는 쌍방에
   의한 입양에 관한 제22조 제1항도 입양의 일반적 효력에 관한 제14조를 준용하므로 우리보다
   더 강력한 지위를 부여한다.
5) 독일 민법시행법의 해석에 관하여 MünchKomm/Looschelders, Art. 14 Rn. 4.

본의 법례(제14조)와 법적용통칙법(제25조)처럼 3단계를 두는 방법이 있다. 5단계설은 "Kegel의 사다리(Kegelsche Leiter)"라고 부르기도 한다.[7] 3단계는 우리 국제사법의 태도를 말하고, 5단계는 동일한 본국법, 과거의 동일한 본국법(현재 일방이 그 본국법을 유지할 경우), 동일한 상거소지법, 과거의 동일한 상거소지법(현재 일방이 그 상거소지법을 유지할 경우)과 밀접한 관련이 있는 곳의 법 순으로 연결하는 방법이다. 부부가 과거에 함께 가지고 있었던 관련성, 즉 최후의 동일한 국적 또는 최후의 동일한 상거소를 연결기준으로 하는 점에서 이를 '관성의 법칙'이라고 부르기도 한다.[8] 위원회의 심의과정에서 양자를 검토한 결과 5단계 연결보다 3단계 연결이 단순하고 명확하며, 과거의 동일한 속인법과 현재의 상거소지법 간에 반드시 전자가 우선한다고 볼 근거가 없다는 이유로 3단계를 선택하였다.[9]

   (나) 동일한 본국법의 의미   한 가지 주목할 것은 국제사법이 부부의 '공통 본국법'이라고 하는 대신에 부부의 '동일한 본국법'이라는 표현을 사용한 점이다. 즉 국제사법은 '공통 본국법(국제사법 제73조 부양 참조)'과 '동일한 본국법'을 구분하여 사용하는데, 양자는 당사자 중 복수국적자가 있는 경우에 실제적인 차이가 있다. 즉 복수국적자의 경우 '동일한 본국법'이 있기 위해서는 국제사법 제16조 제1항 및 제3항에 따라 결정된 본국법과 상대방의 본국법이 일치해야 하나, '공통 본국법'이란 여러 국적 중 상대방과 공통되는 국적이 있을 경우 그 본국법을 의미한다는 것이다.[10] 일본 법례(제14조)와 일본 법적용통칙법(제25조)의 경우도 동일한 규정방식을 취한다.

   즉, 혼인의 효력에 있어서는 형식적으로 국적이 공통된다는 이유만으로 그 법을 준거법으로 하는 것이 아니라 당사자 간에 가장 밀접한 준거법을 정할 필요가 있으므로 당사자의 본국법 간에 완전한 동일성을 요구하는 것이라고 한다. 국

---

6) Kodifikation des deutschen Internationalen Privatrechts: Stellungnahme des Max—Planck—Instituts für ausländisches und internationales Privatrecht zum Regierungsentwurf von 1983, Rabels Zeitschrift 47 (1983), S. 625f. 참조.

7) Kegel이 이런 제안을 하였지만 Kegel은 그에 따른 독일 민법시행법에 찬성하지 않았기 때문에 이렇게 부르는 것은 적절하지는 않다는 비판도 있다. Kropholler, S. 347. Fn. 8. Kegel의 제안은 7단계였다. 이호정, 359면 참조.

8) 橫山潤, 国際家族法, 89면.

9) 우리나라에서도 과거에는 5단계설을 도입하자는 제안도 있었다. 장준혁, "준거법에 관한 국제사법의 2001년 개정과 후속 판례의 회고", 국제사법연구 제20권 제1호(2014. 6.), 166-167면. 아래에서 보듯이 독일이 2018년 개정된 민법시행법(§14)에서 4단계로 이행하였다.

10) 법무부, 해설, 133면.

제사법이 동일한 본국법을 요구하는 것은 당사자 간에 가장 밀접한 법을 정하는 경우이고, 공통의 본국법은 준거법 결정을 보다 널리 인정할 필요가 있을 때 요구된다고 한다. 따라서 부양의 경우에는 혼인의 효력과 달리 부양당사자가 국적을 가지는 법 중 어느 한 법에서 부양이 인정되면 그 법에 의하는 것이 부양권리자의 보호를 도모할 수 있으므로 공통의 본국법으로 정한 것이라고 한다(국제사법 제73조 참조).[11]

　　당초 위와 같은 취지에서 구 국제사법의 표현을 사용한 것이라는 점은 수긍이 가나 그 표현은 다소 미흡하다. 결국 '공통 본국법'과 '동일한 본국법'은 같은 의미라고 보이기 때문이다. 중요한 것은 '공통'이냐 '동일한'이냐가 아니라, '본국법'인지 아니면 '국적소속국법'인지이다. 즉, 동일한 본국법이라고 할 때에는 '동일한 국적소속국법'이 아니라 국제사법 제16조에 의해 걸러진 동일한 본국법을 말하기 때문이다. 따라서 제16조에 의해 걸러진 본국법을 기준으로 판단해야 한다는 것이다. 예컨대 법무부, 해설은 부가 한국과 미국 국적을 가지고, 처가 미국 국적을 가진 경우에 관하여, "이중국적자인 부의 본국법은 구 국제사법 제3조 제1항에 의하여 한국법이 된다. 따라서 부부 간에 '동일한 본국법'은 존재하지 않지만, 부부 간에 미국 국적이 공통되므로 미국법이 '공통 본국법'이 된다"라는 취지로 설명한다. 그러나 사견으로는 이 경우 미국법은 '동일한 국적소속국법'이기는 하지만 구 국제사법(국제사법 제16조)상 공통의 본국법은 아니다. 왜냐하면 본국법이라는 것은 구 국제사법 제3조에 의해 걸러진 본국법을 의미하기 때문이다.

　　이의 연장선상에서 주의할 것은, 국제사법 제16조 제3항에 관하여 설명한 바와 같이, 부부가 모두 미국 국적을 가지고 있으나 일방이 뉴욕주에 주소를 가지고 다른 일방이 캘리포니아주에 주소를 가지고 있는 때에는 동일한 본국법은 없다는 점이다. 왜냐하면 미국과 같은 불통일법국의 경우 본국법은 국제사법 제16조 제3항에 따라 당사자와 가장 밀접한 관련이 있는 지역의 법이 되기 때문이다. 따라서 위의 경우 혼인의 일반적 효력의 준거법은 제64조 제2호에 따라 부부의 동일한 상거소지법이 된다.

　　실효적 본국법의 문제　　　　외국인 근로자가 한국에 와서 한국 여자와 결혼하여 한국에 상거소를 가지는 경우, 섭외사법에 의하면 남편의 본국법인 외국법이 혼인의 효력의 준거법이 되었으나,[12] 국제사법하에서는 혼인의 효력의 준거법은

---

11) 법무부, 해설, 133면 註 83.

상거소인 한국법이 된다. 근자에는 외국인 근로자들이 한국 여자들과 혼인하고 우리나라에 정착하는 사례가 점증하고 있으므로 제64조는 중요한 의미를 가진다.

문제는 위의 사례에서 만일 한국 여자가 혼인에 의해 외국 국적을 곧바로 취득한다면[13] 당해 외국법이 '동일한 본국법'으로서 혼인의 효력의 준거법이 되고, 반면에 외국 국적을 취득하지 않는 경우에는 한국법이 '동일한 상거소지법'으로서 준거법이 되는가의 여부이다.

생각건대 문면상으로는 이를 인정해야 할 것이고 그런 결론이 법적 안정성의 요청에 부합한다고 볼 여지가 있으나, 이를 인정하는 데는 거부감이 있다. 그 경우 만일 한국 여자가 한국 국적을 유지하여 복수국적자가 되면[14] 부부의 공통의 국적소속국법이 존재하지만 그럼에도 불구하고 한국 여자의 본국법은 국제사법 제16조에 의해 한국법이므로 동일한 본국법은 없는 것이 되고 따라서 한국법이 동일한 상거소지법으로서 혼인의 효력의 준거법이 되는 데 반하여, 한국 여자가 한국 국적을 상실하거나 포기하였다고 하여 외국법을 준거법으로 하는 것은 지나치게 기계적이고 형식적이다. 따라서 그 경우에는 동일한 상거소지법으로서 한국법이 혼인의 효력의 준거법이 된다고 본다. 즉, 제64조의 해석상 본국법이 되기 위해서는 혼인 전의 본국법과 같이 실효적인 본국법이어야 하고, 혼인에 의해 즉시 취득하는 국적에 기한 본국법은 제64조 제1호의 본국법이 될 수 없다는 견해도 주장될 여지가 있다.[15] 반면에 이 경우 한국 여자가 혼인에 의해 취득한 외국

---

12) 물론 이는 문면상 그렇다는 말이다. 섭외사법이 헌법에 위반된다고 보는 저자의 입장에서는 섭외사법상으로도 이러한 결론을 수용할 수는 없었다. 종래 법원에서 섭외사법의 위헌 여부에 대해 위헌심판제청을 하지 않았던 것은 아마도 담당판사들의 무관심 때문이었던 것으로 짐작되나, 매우 유감스러운 일이라고 하지 않을 수 없다.

13) 참고로 우리 국적법(제6조 제2항)에 따르면 외국인이 한국인과 혼인하였다고 하여 곧바로 한국 국적을 취득하는 것은 아니고(과거에는 그런 시절이 있었다) 혼인한 상태로 한국에 2년 이상 계속하여 주소가 있거나, 혼인한 후 3년이 경과하고 혼인한 상태로 한국에 1년 이상 계속하여 주소가 있어야 하는 요건을 구비해야 하고, 또한 법무부장관의 귀화허가를 받아야 한다. 이를 '간이귀화'라고 한다.

14) 구 국적법 제15조에 의하면 외국인과 혼인하여 외국 국적을 취득한 자는 6월 이내에 한국국적을 보유할 의사를 신고하면 한국 국적을 상실하지 않았다. 그 경우 그는 복수국적자가 되었으므로 구 국적법 제12조－제14조에 따라 일정한 시기까지 한국 국적을 선택하거나 포기해야 했다.

15) Kropholler, S. 347은 복수국적자의 사례를 들어 '실효적 국적(effektive Staatsangehörigkeit)' 개념을 논의하나, 본문의 논의는 이를 단일국적의 경우에도 확대적용할 것인가의 문제이다. 국제사법의 해석론으로는 그 경우 제21조(준거법 지정의 예외)를 원용할 여지도 있다.

국적을 예컨대 6개월 또는 1년간 유지하는 때에는 그 국적에 기한 본국법을 인정
할 수 있을 것이다.

국제사법은 혼인의 효력의 준거법에 관하여 변경주의를 취하므로 그때에는
당해 외국법이 준거법이 된다.

(다) 동일한 일상거소   동일한 본국법이 없는 때에는 동일한 일상거소지
법이 혼인의 일반적 효력의 준거법이 된다. 총칙에서 논의한 바와 같이 일상거소
(habitual residence) 개념은 헤이그 협약들16)을 비롯한 다수의 조약과 입법례에서
연결점으로 사용되고 있다. 이는 주소(domicile)의 개념이 국가에 따라 상이하여
조약상 주소를 연결점으로 하더라도 국제적 통일을 기할 수 없기 때문에 주소에
대신하는 통일적인 연결점으로서 등장한 것이다. 구 국제사법은 사람, 친족·상속
분야의 준거법을 결정함에 있어 원칙적으로 종래의 본국법주의를 유지하였으나,
국내 거주 외국인의 증가와 국제적인 조류에 부응하기 위하여 구 국제사법은 혼
인의 일반적 효력(제37조)(국제사법 제64조에 상응), 부부재산제(제38조)(국제사법 제
65조에 상응), 이혼(제39조)(국제사법 제66조에 상응) 등의 경우 부부의 동일한 상거
소지법을 국적에 이은 보충적 연결점으로 도입하고, 유언의 방식(제50조 제3항)(국
제사법 제78조에 상응)의 경우 유언자의 상거소지법을 선택적인 연결점으로 도입함
으로써 상거소를 연결점으로 도입하였다. 이에 따라 구 국제사법 제4조에 상거소
가 불명인 때에는 그에 대신하여 거소지법을 적용하라는 취지의 규정을 두었고
국제사법(제17조)도 이를 유지한다.

독일과 일본에서도 사람의 신분, 가족법과 상속법의 연결점으로서 국적이 중
요한 역할을 한다. 즉 국적만을 연결점으로 하거나 상거소를 연결점으로 채택하
더라도 국적보다 후순위의 연결점으로 삼는다. 반면에 중국 국제사법이 자연인의
권리능력(제11조)과 행위능력(제12조), 혼인의 신분적 효력(제23조)과 동산의 상속
(제31조) 등에서 일상거소를 국적에 우선시키는 점은 흥미롭다. 국적과 일상거소
의 순위가 실제적인 차이를 가져오는 것은 예컨대 '한국에 거주하는 동일 본국법
을 가지는 외국인 부부'와 '외국에 거주하는 한국인 부부'의 경우이다.

근자에는 한국에서도 혼인의 일반적 효력의 연결점으로서 일상거소를 국적
에 우선시키는 방향으로 국제사법을 개정하자는 입법론이 있는데 그 근거는 아래

---

16) Beaumont/McEleavy, p. 88 이하 참조. 이를 최초로 채택한 것은 1896년 민사소송협약(제15
조 제1항의 *résidence habituelle*)이다. Kropholler, S. 281.

와 같다.[17] 첫째, 혼인의 일반적 효력의 준거법이 규율하는 사항은 동거·협조·정조의무와 일상가사대리권과 같은 일상적인 혼인생활에 관한 사항인데 외국인 부부가 한국에 1년 정도 거주하였다면 한국과 유대관계가 충분히 형성되었다고 볼 수 있으므로 당사자이익과 거래이익을 고려할 때 우리 민법이 그 부부의 일상적인 혼인생활을 규율하더라도 충분하다는 점, 둘째, 난민의 경우 한국도 가입한 난민의 지위에 관한 협약(제12조 제1항)에 따라 주소지법이 혼인의 효력을 포함한 인적 지위를 규율하므로 본국법이 적용되는 정주외국인과 달리 취급하게 되어 헌법상 평등의 원칙에 반할 여지가 있다는 점과, 셋째, 외국인 부부에 대하여 동일한 본국법의 존재 여부에 따라 준거법을 달리 정하는 것은 헌법상 평등원칙에 반할 여지가 있다는 점이 그것이다.

    저자도 장래 어느 시점에서인가는 일상거소를 국적보다 우위의 연결점으로 삼아야 할 것으로 생각하나 지금이 적시인지는 의문이라 그렇게 개정하는 것은 다소 주저된다.[18] 그 이유는 아래와 같다. 위 견해가 드는 논거 중 가장 중요한 것은 첫째의 것이다. 외국인 부부가 한국에 1년 정도 거주하였다면 한국과 유대관계가 충분히 형성되었다고 볼 수 있다는데, 이는 1년 정도 거주하였다면 한국에 일상거소가 있다고 보는 것이나 항상 그런 것은 아니므로 일상거소의 개념과 그 판단기준을 조금 더 명확히 제시할 필요가 있다. 둘째, 난민의 경우 혼인을 포함한 인적 지위에 관하여 연결점이 주소라는 점을 들어 정주외국인에게도 일상거소지를 연결점으로 삼자는 것은 예외로써 원칙을 흔드는 것이 된다. 난민은 외국 국적을 가질 수도 있고 무국적자일 수도 있는데, 이는 예외적 사안이므로 통상의 외국인의 경우 국적을 연결점으로 삼으면서 난민에게는 스위스 국제사법(제24조 제3항)[19]에서 보듯이 별도 조항을 두어 입법적으로 해결하거나 국제사법(제16조 제2항)을 유추적용하는 편이 바람직하다. 셋째, 개정 시기가 되었다고 하자면 어느 정도 실증적 자료가 필요하다. 예컨대 국적을 연결점으로 삼아 한국에 거주하는 외국인에 대하여 외

---

17) 이종혁(2022a), 44면 이하.

18) 다만 이종혁(2022a), 47면이 이 논점이 연결정책의 문제임을 지적하고, 나아가 이 논점이 실천적 의미를 가지는 사안 중 첫째, '한국에 거주하는 동일 본국법을 가지는 외국인 부부'의 혼인의 일반적 효력의 준거법 문제는 외인법의 문제이자 이민자 내지 정주외국인 정책의 문제라고 보는 점과 둘째, '외국에 거주하는 한국인 부부'의 혼인의 일반적 효력의 준거법 문제는 재외국민정책의 문제라고 지적한 점은 적절하다고 본다.

19) 조문은 "이 법률이 무국적자와 난민에게 적용되어야 하는 때에는 주소가 국적에 갈음한다"라고 규정한다.

국법을 적용하는 사례가 많아져(한국법으로의 직접반정을 감안하여) 법원이 상당한 부담을 느낀다거나, 외국인 이민의 대량유입이 통계자료 등에 의하여 뒷받침되어야 한다는 것이다. 또한 셋째의 논거, 즉 외국인 부부에 대하여 동일한 본국법의 존재 여부에 따라 준거법을 달리 정하는 것은 헌법상 평등원칙에 반할 여지가 있다는 점은 더 근본적인 검토가 필요하다. 만일 그런 주장을 수긍한다면 국적을 연결점으로 사용하는 것 자체에 문제가 있을 수 있기 때문이다.[20]

(3) 부부와 가장 밀접한 관련이 있는 곳의 법과 국제사법 제21조와의 관계

제64조의 취지는 위에서 본 바와 같이 동일한 본국법이 있으면 그에 의하고, 그것이 없으면 동일한 상거소지법에 의하며, 그것도 없는 때에는 부부와 가장 밀접한 관련이 있는 곳의 법에 의한다는 것이다. 그런데 제21조에 의하면 국제사법에 정한 모든 연결원칙에 대해 예외를 인정할 수 있으므로 제21조와 제64조, 특히 제3호의 관계가 문제 된다.

논리적으로는 제3호는 준거법을 찾아가는 통상적인 과정에서의 밀접한 관련이 있는 곳을 찾는 것으로서 제1호와 제2호의 적용이 없는 경우에 보충적으로 적용되는 데 반하여, 제21조는 제64조에 의해 일단 준거법을 찾은 뒤에 예외적으로 그 준거법을 배제하고 다른 준거법을 적용하는 원리로서 기능하는 것으로서 제1호와 제2호에도 불구하고 적용되는 점에 차이가 있다. 그러나 제21조에 따라 부부와 가장 밀접한 관련이 있는 곳의 법이 혼인의 일반적 효력의 준거법이 될 수 있다면 이는 논리적으로는 제3호의 보충적 성격과는 어긋나는 면이 있다고 생각된다.[21] 다만 그런 경우는 매우 이례적일 것이다.

국제사법은 가장 밀접한 관련이 있는 곳을 판단하는 기준을 제시하지는 않는데, 그 경우 제반사정을 고려해야 할 것이다. 독일의 입법이유(Gesetzesbegrün-dung)는 사회적 결합, 공통의 단순 거소, 최후의 공통의 상거소, 당사자가 설정하

---

20) 유럽연합의 혼인과 친권(부모책임)에 관한 규정(브뤼셀 II bis. No 2201/2003) 제3조 제1항은 원고가 법정지국의 국적을 가지는지에 따라 관할을 가지기 위하여 필요한 상거소의 보유기간을 달리하는데(6개월과 12개월) 이것이 국적에 기한 차별금지를 정한 유럽연합기능조약 제18조에 반하는지가 문제 되었다. 이에 대하여 유럽사법재판소 2022. 2. 10. 판결(OE./.VY. C-522/20)은 이는 금지에 저촉되지 않는다고 판단하였다. 소개는 Wolfgang Hau, IPRax (2022), S. 342ff.

21) 개정연구반에서 이에 관한 논의가 있었으나 구 국제사법/국제사법과 같이 두기로 하였다. 이는 구 국제사법 제28조와 로마협약 제6조 제2항과의 관계에서도 논의되었다.

려는 공통의 국적, 당사자가 의도하는 공통의 상거소와 혼인체결지 등을 고려요소로 제시한다.[22]

(4) 서양자(婿養子) 조항의 삭제

1989년의 민법 개정으로 서양자 제도가 폐지되었으므로 구 국제사법에서는 섭외사법 제16조 제2항의 서양자 조항을 삭제하였다. 국제사법도 같다.

(5) 반정

반정은 허용된다. 제3호에 의해 준거법이 결정되는 경우에도 반정이 허용됨은 위 제22조에 관한 해설에서 언급한 바와 같다.

(6) 2018년 독일 민법시행법의 개정: 당사자자치의 도입

흥미로운 것은 독일 민법시행법(제14조)의 태도이다. 혼인의 일반적 효력의 준거법을 정한 개정된 독일 민법시행법 제14조는, 제1항에서 당사자가 일정한 후보(부부 쌍방의 일상거소지국법, 부부 쌍방의 최후 상거소지국법(일방이 이를 유지하는 경우)과 부부 일방의 본국법) 중에서 준거법을 선택할 수 있도록 당사자자치를 허용하고, 제2항에서는 당사자가 준거법을 선택하지 않은 경우 부부 쌍방의 일상거소지국법, 부부 쌍방의 최후 상거소지국법, 부부 쌍방의 본국법과 부부가 가장 밀접한 관련을 가지고 있는 국가의 법의 순으로 단계적 연결규칙을 두고 있다.[23] 독일은 과거 5단계를 규정하였으나 2018년 개정 시 이처럼 4단계로 수정하였고 속인법의 결정에 있어 과거와 달리 일상거소지법을 본국법에 우선시킨다.[24]

즉 독일 민법시행법은 혼인의 일반적 효력과 부부재산제에 대하여 모두 제한적인 당사자자치를 허용하는 데 반하여(당사자자치의 내용은 양자 간에 차이가 있다) 우리 국제사법은 후자의 경우에만 당사자자치를 허용한다.

---

22) BT-Drucks. 10/5632, 41(Kropholler, S. 348에서 재인용).

23) 조문은 석광현, 정년기념, 578면. 상세는 오석웅, "혼인의 효력에 관한 유럽국제사법의 동향 - EU부부재산제 규칙과 개정 독일국제사법(EGBGB)의 내용 -", 국제사법연구 제26권 제1호(2020. 6.), 247면 이하 참조.

24) 과거 제14조는 제1항에서 단계적 연결원칙(우리와 달리 5단계인데 본국법이 상거소지법에 우선한다)을 규정하고, 제2항과 제3항에서 당사자의 선택을 인정한 뒤 제4항에서는 법선택 합의의 방식요건을 명시하였다. 구법의 소개는 윤진수/석광현, 주해친족법 제2권, 1623면 참조.

3. 부부재산제에 관한 조항의 개정

섭외사법	국제사법
제17조(부부재산제) ① 부부재산제는 혼인 당시의 夫의 本國法에 의한다. ② 외국인이 대한민국 국민의 婚養子가 된 때의 부부재산제는 대한민국의 법률에 의한다.	제65조(부부재산제) ① 부부재산제에 관하여는 제64조를 준용한다. ② 부부가 합의에 의하여 다음 각 호의 어느 하나에 해당하는 법을 선택한 경우 부부재산제는 제1항에도 불구하고 그 법에 따른다. 다만, 그 합의는 날짜와 부부의 기명날인 또는 서명이 있는 서면으로 작성된 경우에만 그 효력이 있다. 1. 부부 중 한쪽이 국적을 가지는 법 2. 부부 중 한쪽의 일상거소지법 3. 부동산에 관한 부부재산제에 대해서는 그 부동산의 소재지법 ③ 대한민국에서 행한 법률행위 및 대한민국에 있는 재산에 관하여는 외국법에 따른 부부재산제로써 선의의 제3자에게 대항할 수 없다. 이 경우 외국법에 따를 수 없을 때에 제3자와의 관계에서 부부재산제는 대한민국 법에 따른다. ④ 제3항에도 불구하고 외국법에 따라 체결된 부부재산계약을 대한민국에서 등기한 경우에는 제3자에게 대항할 수 있다.

[입법례]
- 독일 민법시행법 제15조[부부재산제], 제16조[제3자의 보호][1]
- 스위스 국제사법 제52조-제57조[부부재산제의 준거법]
- 일본 법례 제15조/법적용통칙법 제26조[부부재산제]: 국제사법과 거의 동일
- 중국 섭외민사관계법률적용법 제24조
- 헤이그부부재산제협약 제3조-제14조

가. 개요

구 국제사법에서는 부부재산제(또는 혼인의 재산법적 효력)의 준거법을 혼인의 일반적 효력의 준거법과 일치시켰고(제1항), 제한적으로 당사자자치의 원칙을 도입하였으며(제2항), 내국거래 보호조항을 마련하였다(제3항－제4항).

국제사법도 이런 태도를 유지한다.

---

1) EU부부재산제규정(2016/1103)에 따라 개정되었다. 동 규정이 적용되지 않는 범위 내에서 적용되고 당사자자치를 허용하면서 상거소를 국적에 우선시킨다.

나. 주요내용

(1) 혼인의 일반적 효력의 준거법과의 일치(제1항)

부부재산제(matrimonial property regime, Güterstand)의 원칙적 준거법에 관하여는 헌법상의 남녀평등의 원칙을 관철하고, 혼인의 재산적 효력을 혼인의 일반적 효력과 동일한 준거법에 의하도록 하는 것이 타당하다는 이유에서 후자에 관한 규정을 준용하도록 하였다(제1항).

이에 따르면 부부재산제는 동산인가 부동산인가, 나아가 재산의 소재지에 관계없이 단일한 준거법에 따른다. 이를 '부부재산제 통일준거법원칙(Grundsatz der Einheit des Güterstatuts)'이라고 부른다.[2] 그렇더라도 개별준거법에 의한 제한이 있음은 물론이다.

이 경우 그 연결시점을 '혼인 당시'로 할지(불변경주의), 아니면 '현재'로 할지(변경주의)라는 문제가 있는데, 국제사법에서는 섭외사법과는 달리 변경주의를 채택하였다. 섭외사법이 불변경주의를 취했던 이유는 부부재산제의 항구적 성질을 존중하고, 부(夫)의 자의적인 국적변경으로 준거법이 달라짐에 따라 처 및 부부와 거래한 제3자의 불이익을 피하기 위한 것이었다.[3]

국제사법이 변경주의를 취한 것은 부부재산제가 현재의 혼인생활과 밀접한 관련을 갖고 있고, 국제사법에서 부부재산제의 준거법을 혼인의 일반적 효력에 일치시키고 있으므로 그 연결시점도 일치시키는 것이 타당하기 때문이다. 아울러 혼인의 일반적 효력을 정한 국제사법 제64조가 부부의 동일한 속인법을 준거법으로 하고 있으므로 변경주의에 따르더라도 부부 중 일방이 자의적으로 국적을 변경함으로써 유리한 법률관계를 형성할 가능성은 희박하기 때문이다.

변경주의를 취하는 경우 혼인의 존속 중에 준거법이 변경될 수 있는데, 이 경우 종전부터 가지고 있는 재산에 대하여는 새로운 준거법을 적용할 수는 없을

---

2) Kropholler, S. 352.
3) 그러나 연구반초안에서는 준거법 선택이 없는 경우에는 혼인의 재산적 효력의 문제를 신분적 효력의 문제와 일치시키는 것이 타당하다고 보아 변경주의, 즉 '현재'의 법으로 하였다(제1안). 그러나 변경주의에서 나올 수 있는 예측불가능성을 이유로 불변경주의를 택하자는 반대의견이 있어서 이를 제2안으로 제시하였다.
  연구반초안 제2항은 다음과 같다.
  "[제1안] 전항의 규정에 의한 선택이 없는 경우 부부재산제는 혼인의 효력의 준거법에 의한다. [제2안] 전항의 규정에 의한 선택이 없는 경우 부부재산제는 혼인성립 당시 혼인의 효력의 준거법에 의한다".

것이다.[4] 즉, 준거법의 변경은 소급효가 없다.[5] 그러나 준거법의 변경은, 특히 준거법의 선택과 결합하는 경우 저촉법상 및 실질법상 어려운 문제를 제기한다. 왜냐하면 혼인 해소 시점에서 혼인생활의 전 기간에 걸쳐 거주, 재산관계를 명확히 해야 하고, 특히 일상거소를 연결점으로 하는 경우 부부의 재산관계를 복수의 준거법이 시계열적(時系列的)으로 규율할 가능성이 있기 때문이다.

(2) 당사자자치의 원칙의 도입(제2항)

국제사법은 부부재산제에 당사자자치의 원칙을 도입하여 부부의 준거법 선택을 허용하고, 준거법 선택 시에는 이를 우선적으로 적용한다(제2항 본문). 다만 부부재산제의 신분적 측면도 고려하여 준거법으로 선택할 수 있는 법의 범위를

---

4) 주석국제사법(2), 40면(靑木 淸)도 동지.

5) 최흥섭, 124면도 동지. 그러나 이종혁(2022a), 49면은 소급효를 인정한다. 이 점을 다룬 대법원 2023. 12. 21. 선고 2021두52143 판결(미간행)은 소급효를 부정하였다. 해설은 임현태, "부부재산제에 관한 국제사법상 준거법의 판단 기준", 대법원판례해설 제137호(2024. 6.), 336면 이하 참조. 위 판결의 요지는 아래와 같다. 주로 한국에 체류하며 건축사무소 등에서 건축설계사로 근무하였던 갑이 2005년 미국 영주권을 취득하였고, 2014년 출국 후 한국에 입국하지 않은 채 1990년 미국 시민권을 취득한 배우자(을)과 함께 미국에서 거주하다가 사망하자, 을은 1991년부터 2005년까지 갑이 상속/매매 등을 원인으로 취득한 한국 내 부동산 전부와 갑의 사망 시 한국 영업장이 있는 금융기관에 갑의 명의로 예치된 예금 대부분을 상속재산으로 하여 관할 세무서장에게 상속세를 신고하였는데, 세무서장은 위 부동산과 예금 전부를 상속재산으로 하여 상속세를 부과하였다. 대법원은 부부재산제의 준거법은 재산의 취득 시점을 기준으로 정하여야 하므로 구 섭외사법(제17조 제1항, 제38조, 제37조 제1항 제3호)에 따라 위 부동산/예금은 피상속인의 특유재산에 해당한다고 본 원심판단을 수긍하였다. 즉 원심 판결(서울고등법원 2021. 9. 16. 선고 2020누44789 판결)은, 위 부동산 일부 및 보험금의 부부재산제에 관하여는 취득 당시의 구 섭외사법 제17조 제1항에 따라 '혼인당시의 부(夫)의 본국법'인 한국법이 적용되고, 위 부동산 나머지 및 예금의 부부재산제에 관하여는 취득 당시의 구 국제사법(제38조 제1항, 제37조 제3호)에 따라 '부부와 가장 밀접한 관련이 있는 곳의 법'에 의하는데 갑의 체류양상, 소득활동에 비추어 이는 한국법이므로, 위 각 재산이 모두 갑의 특유재산에 해당한다고 판단하여 원고들의 청구를 기각하였다. 반면에 제1심(서울행정법원 2020. 5. 29. 2019구합74126 판결)은, 갑을의 부부재산제에 관하여는 구 국제사법(제38조 제1항, 제37조 제2호)에 따라 '부부의 동일한 상거소지법'인 캘리포니아 법이 적용되고, 캘리포니아 가족법(Cal. Family Code) 제760조(법령에 달리 규정되어 있는 경우 외에는, 혼인한 사람이 이 주에서 거주하는 동안 혼인 중 취득한 모든 재산(동산 또는 부동산)은 소재지에 관계없이 공동재산이라는 취지)에 의하면 갑을이 혼인 중 취득한 재산은 공동재산이므로, 위 부동산 및 예금 중 각 1/2 지분만이 갑의 특유재산으로서 상속재산에 해당한다고 판단한 다음, 제출된 자료만으로는 정당세액을 계산할 수 없다는 이유로 이 사건 상속세부과처분을 전부 취소하였다.

제한한다(제2항 제1호 – 제3호).[6] 또한 선택의 방식에 명확성을 기하기 위하여 일자와 기명날인 또는 서명이 있는 서면에 의하도록 한다(제2항 단서). 일자가 기재되어 있으면 족하고 확정일자가 필요한 것은 아니다.[7]

부부재산제에 당사자자치의 원칙을 도입한 근거는 다음과 같다.[8]

첫째, 1978년 "부부재산제의 준거법에 관한 헤이그협약(Hague Convention on the Law Applicable to Matrimonial Property Regimes)"(이하 "헤이그부부재산제협약"이라 한다)[9]과 최근 다수의 입법례가 당사자자치를 허용하므로 국제적 판결의 일치를 기할 수 있다. 둘째, 부부재산제는 재산적 측면이 강하므로 이를 부부의 의사에 맡겨 그들 간에 자유로운 재산관계의 형성과 관리를 가능하게 하는 것이 타당하다. 셋째, 부부재산제의 객관적 준거법을 결정함에 있어 단계적 연결방법이 도입된 결과 '가장 밀접한 관련이 있는 국가'와 같이 준거법의 예측이 곤란한 경우가 있을 수 있으므로 예측가능성을 확보하기 위해 준거법 선택을 인정하는 것이 바람직하다. 넷째, 부부재산제의 객관적 준거법의 결정에 있어 변경주의를 취하므로 부부재산제의 명확성과 고정성을 바라는 당사자의 의사를 존중해 주는 것이 좋다.

부부재산제(Güterstand)의 준거법을 정한 독일의 구 민법시행법 제15조 및 그와 관련된 제3자의 보호를 정한 구 민법시행법 제16조는 EU부부재산제규정[10]에 따라 폐지되었고, 혼인의 일반적 효력을 정한 제14조는 개정되었는데, 구체적으로 제3항과 제4항은 삭제되었고 제1항과 제2항은 개정되었다. EU부부재산제규정의 주요 준거법지정규칙은 아래와 같다. 배우자는 부부재산제의 준거법을 선택할 수 있는데, 선택할 수 있는 후보는 합의 당시 부부 일방의 상거소지법 또는 본국법이다(제22조). 당사자가 준거법을 선택하지 않은 경우에는 혼인 체결 후 최초의 공통 상거소지법(first common habitual residence), 혼인 체결 시 공통 본국법과 혼인 체

---

6) 이러한 제한을 '준거법의 양적 제한'이라고 부르기도 한다. 복수국적자의 경우에는 그중 어느 국적이라도 그 국적이 있는 국가의 법을 선택할 수 있다. 제2항 제1호에서 '부부 중 일방의 본국법'이라고 표현하지 아니하고 '부부 중 일방이 국적을 가지는 법'이라고 표현한 것은 이러한 이유에서이다.

7) 본문 아래에서 언급하는 헤이그부부재산제협약 제13조도 동일한 취지이다.

8) 법무부, 해설, 137면.

9) 국문번역은 법무부, 헤이그회의 제협약, 199면 이하 참조.

10) 이는 "부부재산제사건에서 재판관할, 준거법, 재판의 승인과 집행 영역에서의 제고된 협력의 시행을 위한 2016. 6. 24. 유럽연합 이사회 규정 번호 2016/1103"을 말한다.

결 시 모든 사정을 고려하여 부부와 가장 밀접한 관련을 가지는 국가의 법의 순서로 준거법이 된다(제26조).11)

(3) 내국거래 보호조항의 마련(제3항, 제4항)

부부재산제의 문제는 거래상대방인 제3자의 이익에도 영향을 미치는데, 특히 준거법이 외국법인 경우 내국에서의 거래를 보호할 필요가 있다. 국제사법은 부부재산제에 단계적 연결을 도입하고 당사자자치도 허용하므로 거래 상대방의 입장에서는 종전에 비해 준거법이 불명확하게 되었다는 점에서 내국거래를 보호할 필요가 더욱 크다.

국제사법은 이 문제를 해결하기 위하여 구 국제사법 및 일본 법례(제15조)와 같이 내국거래 보호조항을 마련하였다. 즉, 준거법이 외국법인 경우 그 외국법에 의해 부부재산계약(prenuptial agreement. 또는 prenub)12)이 체결되고 그것이 한국에서 등기된 경우에는 이를 제3자에게 주장할 수 있다(제4항).13) 그러나 그러한 부부재산계약이 한국에서 등기되지 않았거나 또는 실제로 등기가 불가능한 법정

---

11) 상세는 오석웅, "혼인의 효력에 관한 유럽국제사법의 동향－EU부부재산제 규칙과 개정 독일국제사법(EGBGB)의 내용－", 국제사법연구 제26권 제1호(2020. 6.), 240면 이하 참조.

12) 흔히 '혼인 전 계약' 또는 '혼인 전 합의'라고 번역하는 'prenuptial agreement(또는 prenub)'는 부부재산계약을 포함하나 그에 한정되는 것은 아니고 이혼 시의 재산분할과 자녀의 양육에 관한 사항도 포함하는 것이 일반적이다. 그러나 우리 민법상의 부부재산계약은 혼인기간 중 재산을 어떻게 다룰 것인가, 두 사람 사이의 재산관계는 어떻게 처리할 것인가에 관한 계약을 말하며, 혼인이 종료되면 그 효력을 잃고, 혼인성립 전 또는 혼인 종료 후의 재산관계를 다룰 수 없으므로 이혼을 전제로 한 재산분할계약은 효력이 없다는 견해가 유력하였으나(김주수·김상용, 138면) 근자에는 이혼 시 재산분할의 비율 기타 분할방법을 정할 수 있다는 견해도 있다(윤진수/이동진 주해친족법 제1권, 256면). 한국인과 미국인인 부부가 혼전에 재산분할청구권을 포기하는 내용의 약정을 한 사안에서 서울가정법원 2011. 6. 1. 선고 2010드합2138(본소), 2010드합5120(반소) 판결은, 재산분할청구권을 포기하는 내용의 부부재산계약은 상속개시 전의 유류분권 및 상속권의 포기가 인정되지 않는 점, 혼인 전에는 이혼 시 양쪽의 자산, 수입을 예상하기 곤란하고 혼인 중에 부부의 재산관계가 수시로 변동되는 점 등에 비추어 허용될 수 없다고 판시한 바 있다. 혼전계약 중 이혼 시의 재산분할과 자녀의 양육에 관한 부분은 국제사법 제66조와 제72조에 의하여 결정되는 준거법에 의할 사항이다. 미국법상의 혼전계약은, 박현정, 美國 統一婚姻前契約法(2009) 참조.

13) 과거 우리나라에서는 부부재산계약을 등기한 예가 없었으나 사례가 발생한 바 있고 대법원도 2001. 5. 30. 대법원등기예규 제1022호로 부부재산약정등기사무처리지침을 제정하였다. 법원공보 2001. 7. 1.(제1139호), 28면 참조. 우리 민법(제829조 제4항)에 따르더라도 부부재산계약을 가지고 제3자에게 대항하려면 혼인신고 시까지 등기하여야 한다.

재산제에 있어 외국법이 준거법이 된 경우에는 한국에서 행하여진 법률행위 및 한국에 있는 재산에 관하여 선의의 제3자에게 대항할 수 없도록 하였고, 제3자가 이를 주장할 때에는 한국법에 의하도록 명시하였다(제3항).[14] 이와 같은 조항은 준거법을 정한 것이 아니라 실질법적 효과를 규정한 것으로 이른바 '국제사법 내의 실질법적 해결'의 사례이다.[15]

(4) 서양자(婿養子) 조항의 삭제

민법상 서양자(婿養子)제도의 폐지에 따라 섭외사법(제17조 제2항)의 서양자 조항을 삭제하였다.

(5) 부부재산제의 준거법의 적용범위

부부재산제의 준거법은 부부재산계약과 법정재산제에 모두 적용된다.[16] 그러

---

14) 내국거래 보호 조항이 적용되는 사례는 다음과 같다. 법무부, 해설, 138면 註 87. 한국인 남편 갑과 A국인 처 을이 혼인한 후 한국에 거주하면서 부부재산관계는 A국법에 의한다는 합의를 하였다. 갑이 혼인 후 취득하여 자신 명의로 등기한 한국 내 토지를 무단으로 한국인 병에게 매각하고 소유권이전등기를 하였다. A국법에 의하면 혼인 후 취득한 부동산은 부부의 공동재산이 되어 각자 2분의 1 지분을 갖는다. 을이 병을 상대로 한국 법원에 소유권이전등기말소청구의 소를 제기한 경우 부부재산관계의 준거법이 문제 된다. 만일 병이 선의라면 을은 부부재산계약을 병에게 대항할 수 없으므로 부부재산관계는 한국법에 따르나, 병이 악의라면 A국법에 의한다(국제사법 제65조 제3항). 그러나 만일 부부재산계약을 한국에서 등기했다면 병의 선의·악의를 불문하고 을은 병에 대해 A국법의 적용을 주장할 수 있다(국제사법 제65조 제4항). 근자에 서울고등법원 2020. 10. 16. 선고 2020누43458 판결은 위 조문의 선의의 제3자란 원고 명의로 등기된 이 사건 부동산에 대하여 원고가 소유권자임을 기초로 그와 새로운 법률행위를 한 자를 말하고 여기에는 소유권이나 저당권 등 물권을 취득한 자뿐만 아니라 압류 또는 가압류권자도 포함된다고 봄이 상당하다고 판시하면서 제3자인 성북세무서장이 배우자 지분 부분에 대하여 한 압류처분은 정당하다고 판단하였다. 부부재산제의 준거법인 캘리포니아주법에 따르면 한국 부동산도 부부의 공유로 취급될 것이나 한국 소재 부동산에 대하여 부부 중 일방의 명의로 등기된 부동산을 그의 단독소유로 신뢰하고 압류처분을 한 세무서장에게 대항알 수 없다고 본 것이다. 소개는 유정화. "외국법에 의한 부부재산제와 "개별준거법은 총괄준거법을 깨뜨린다"는 법리-부산가정법원 2012. 12. 21. 선고 2011드단14172 판결(대상판결)과 서울고등법원 2020. 10. 16. 선고 2020누43458 판결(참고판결)-", 한국국제사법학회 국제사법판례연구회 제8회 정기연구회 발표문, 16면 이하 참조.

15) 장준혁, "부부재산제와 채권자취소권의 준거법 결정과 그 적용", 비교법실무연구회, 판례실무연구 XI(2017), 885면 참조.

16) 법정재산제에는 부가이익(또는 잉여)공동제(독일), 소득공동제(프랑스), 소득참여제(스위스), 일반공동제(네덜란드)와 별산제(우리 민법, 영미법계국가), 관리공통제(우리 구민법) 등이

나 부부의 모든 재산에 대한 부부재산제의 특별규율은 부부재산을 구성하는 개개의 재산을 지배하는 법질서에 반하지 않는 범위 내에서만 적용될 수 있다. 즉, 부부재산제의 준거법은 '개별준거법은 총괄준거법을 깨뜨린다'는 원칙[17])에 의해 제한되므로 예컨대 물건의 소재지법이 공유만을 알고 있으나 부부재산제의 준거법이 합유로 규정하는 때에는 물건은 개별준거법에 따라 공유에 속한다.[18]) 또한 부부재산제의 준거법이 배우자의 일방에게 다른 배우자 소유의 부동산 위에 법정저당권을 인정하더라도 당해 부동산 소재지법이 그러한 물권을 허용하지 않는다면

있다. 미국의 경우 일부 주는 공유제를, 일부 주는 별산제를 택하고 있다. 상세는 김주수, 친족·상속법(1999), 148면 이하. 이화숙, 비교부부재산관계법(2000), 75면 이하는 공동제(community property system), 별산제(separate property system)와 절충식제도로 3분한다. 독일의 부가이익공동제도 절충식제도라고 하면서 이는 혼인 중에는 별산제, 혼인 해소 시에는 공동제와 같이 취급한다는 평가도 있다. 민유숙, "부부재산제도와 재산분할제도의 관계", 사법논집 제26집(1995), 235면 이하; 민유숙, "외국의 부부재산제도와 재산분할 제도 및 부양제도－미국법을 중심으로", 사법논집 제31집(2000), 483면 이하; 김상훈, 미국상속법(2012), 76면 이하도 참조. 정소민, "상속법상 배우자의 지위", 법률신문 제4902호(2021. 6. 28.), 14면은 "1990년대 이후 미국 통일검인법(Uniform Probate Code)의 개정 과정을 보면 부양의 관점에서 배우자 상속을 규율하던 전통적 태도에서 벗어나 부부를 경제적 동반자관계(economic partnership)(핵심은 혼인 중 취득한 재산에 대하여 부부에게 균등한 지분을 인정하는 것이다)로 보는 현대적 관점을 적극 수용하여 배우자의 상속분을 강화하고 있다. 미국은 대부분의 주가 보통법상의 부부개별재산제를 채택하고 있고, 프랑스 또는 스페인계 이민자가 정착한 루이지애나, 캘리포니아 등 9개 주만 대륙법계의 부부공동재산제를 채택하고 있다. 통일검인법은 경제적 동반자관계론을 반영하여 부부개별재산제에서도 장기간 결혼생활을 하였으나 혼인 중 재산이 불균형적으로 많이 사망한 배우자의 명의로 되어 있는 경우에 생존 배우자의 상속권을 강화하고 종국적으로는 부부공동재산제를 채택하였을 때의 결과에 근접하도록 배우자 상속제도를 개편하였다"라는 취지로 소개한다. 프랑스법은 김미경, "프랑스 부부재산제에 관한 연구", 부산대학교 대학원 법학과 박사학위논문(2010. 2.) 참조.

17) 이에 관하여는 이호정, 351면; 木棚照一, 國際相續法の硏究(1995), 302면 이하 참조. 독일 구민법시행법(제3a조 제2항)은 위 원칙을 명시하였다. 그러나 일본에서 학설상 인정되는 위 원칙이 독일법의 그것처럼 넓은 것은 아니다. 근자에 일본에서는 상속재산의 구성단계에서 상속준거법과 개별 재산의 준거법을 누적적용하는 독일식 접근방법에 반대하는 견해가 유력하다. 일본 주석국제사법 제2권, 195면 이하(林 貴美) 참조. '개별준거법이 총괄준거법을 깨뜨린다'는 법리에 대한 비판론의 소개는 윤진수/장준혁, 주해상속법 제2권, 1296면 이하 참조. 위 원칙의 적용이 문제 되는 구체적 사례는 위 木棚照一, 328면 이하 참조. 이 문제는 상속의 경우 상속의 포괄준거법과 상속재산 소재지의 개별준거법과의 관계에서도 발생한다. 근자에 위 원칙에 대한 비판론이 한국에도 있는데, 최흥섭, "한국 국제사법에서 총괄준거법과 개별준거법의 관계", 비교사법 제21권 제2호(통권 제65호)(2014. 5.), 597면 이하는 명문 규정이 없는 우리 국제사법의 해석론으로는 위 원칙을 인정할 수 없고 이를 일차적으로 성질결정에 의하여, 이차적으로 적응(조정)에 의해 해결하자고 한다.

18) 구 독일 민법시행법(제3조 제3항)은 위 원칙을 명시하였다.

이는 성립할 수 없다.

　　부부간에 부부재산계약을 체결할 수 있는지, 체결 시기, 부부재산계약의 내용과 변경 가능성 등은 모두 부부재산제의 준거법에 따른다.[19] 예컨대 우리나라에서는 부부재산계약은 혼인종료 후의 재산관계를 정할 수는 없다.[20] 한편 부부재산계약을 체결하기 위한 행위능력이 일반적인 행위능력에 의할 사항인지 아니면 부부재산제의 문제인지는 논란이 있으나 미성년자도 혼인에 의하여 능력자로 될 수 있고 혼인을 할 능력이 있는 자는 비록 미성년자라고 하더라도 부부재산계약을 체결할 수 있는 능력이 있다고 보아야 할 것이므로 이도 부부재산제의 준거법에 의할 사항이라고 본다.[21] 또한 부부재산계약의 방식이 법률행위의 방식의 준거법을 정한 제31조에 따를 사항인지 아니면 부부재산제의 준거법에 의할 사항인지는 논란이 있으나 후자가 설득력이 있다.[22]

　　제4항은 부부재산계약에만 적용됨은 조문상 명백하다.

(6) 참고: 이슬람법의 Morgengabe의 처리

　　Morgengabe (mahr)라 함은 이슬람법상 혼인 전에 남편이 될 자가 부인이 될 자에게 지급할 것을 약속하는 금원(신부에게 주는 선물)[23]으로, 실제로는 혼인 시(특히 혼인 익일 아침)에 일부만 지급하고 나머지는 이혼 또는 사망으로 인한 혼인해소 시에 지급한다. 국제사법상 이슬람법의 신부선물(또는 신랑지참금)의 성질결정에 관하여는 일원적 성질결정을 하는 견해와 다원적 성질결정을 하는 견해가 있는데, 후자는 예컨대 유효한 혼인의 성립에 관한 한 혼인의 성립의 문제이고,

---

19) 신창선·윤남순, 353면.

20) 김주수·김상용, 138면.

21) 신창선·윤남순, 353면.

22) 신창선·윤남순, 353면. 반면에 서희원, 275면과 김용한·조명래, 321면은 법률행위의 방식에 의할 것이라고 한다.

23) 이는 영어로는 'dower'(이를 과부(재)산이라고 번역하기도 한다)라고 번역하는 것으로 보이는데, 아직 확립된 우리 번역어는 없다. 필자는 전에 이를 '지참금'이라고 번역하였으나 최흥섭, 글모음집, 76면 이하는 지참금은 신부 측이 가져가는 것이라는 이유로 이를 '신부선물'이라고 번역한다. 지참금은 통상 신부 측이 가져가나 문화권에 따라서는 신랑 측이 가져가기도 하므로 지참 주체를 표시하여 '신랑지참금'이라고 할 수도 있고, 선물이라면 친지들이 결혼을 계기로 신부에게 주는 선물로 오해될 우려가 있다. 이하에서는 '신부선물' 또는 '신랑지참금'이라고 한다. Mahr의 상세는 Nadjma Yassari, Die Brautgabe im Familienvermögensrecht: Innerislamischer Rechtsvergleich und Integration in das deutsche Recht (2014) 참조.

선물의 지급청구에 관한 한, 그것이 혼인의 존속 중의 것인 때에는 혼인의 일반적 효력 또는 부부재산제의 문제이나, 이혼 또는 이슬람법의 'talaq'(남편에 의한 추방 이혼)[24]에 의한 혼인 해소 시의 청구인 때에는 이혼 배우자 간의 부양의무와 마찬 가지로 이혼의 문제이며,[25] 남편 사망 시에는 유증(Vermächtnis)과 유사한 기능을 하므로 상속의 문제라는 식으로 성질결정을 하는 견해도 있다.[26] 주목할 것은 독 일 연방대법원의 2009. 12. 9. 판결[27]인데, 여기에서 독일 연방대법원은 이를 일 원적으로 성질결정하여 혼인의 효력의 문제로 파악하고, 독일 실질법상 이슬람법 의 신부선물은 혼인 성립 시에 여자에게 제공하기로 하는 혼인계약상의 남자의 약속이라는 보았다. 나아가 2020. 3. 18. 결정[28]에서 독일 연방대법원은 신부선물 약정을 부부재산계약이 아니라 가족법상의 독자적인 계약(familienrechtlicher Ver-trag sui generis)이라고 보면서도 증여계약의 방식규정인 독일 민법 제518조를 유 추적용하여 공증인의 공정증서 방식이 필요하다고 판시하였다.

다만 EU부부재산규정이 시행됨으로써 신부선물약정은 부부재산계약의 일종 으로서 위 규정에 의하여 규율된다는 것이 독일의 통설이다.[29] 우리 국제사법의 해석상 유력설은 이를 부부재산제의 문제로 성질결정하고, 신부선물약정을 일종 의 부부재산계약으로 파악한다.[30] 다만 그러한 독일의 성질결정은 우리 국제사법 상 이혼 시 재산분할을 부부재산제의 문제로 성질결정한다면 자연스럽게 수긍할 수 있으나, 만일 재산분할을 이혼의 문제로 성질결정한다면 그것과 균형이 맞지 않는 면이 있다.

---

24) Talaq은 '추방이혼'이라고 번역한다. 이호정, 329면. 최흥섭, 362면은 '일방적인 부인추방'이 라 한다. 이슬람법의 talaq(추방이혼)이 제기하는 문제는 Andrae, §3 Rn. 136ff. 유대법의 Get(이혼장)가 제기하는 문제는 Andrae, §3 Rn. 140ff. 참조.

25) von Hoffmann/Thorn, §6 Rn. 9. 이 점은 안춘수, "國際私法에 있어서의 性質決定 문제", 비 교사법 제11권 제2호(통권 25호)(2004. 5.). 345면.

26) von Hoffmann/Thorn, §6 Rn. 9 참조. 최흥섭, 글모음집, 80면 이하.

27) NJW 2010, 1528 = IPRax 2011, 85, m. Anm. Prof. Dr. Christine Budzikiewicz. 소개는 최 흥섭, 글모음집, 80면 이하.

28) NJW 2020, 2024 = IPRax 2022, 68, m. Anm. Dr. Nadjma. Yassari. 소개는 최흥섭, 글모음 집, 88면 이하.

29) 최흥섭, 글모음집, 87면.

30) 최흥섭, 글모음집, 91면. 이를 둘러싼 문제를 해결함에 있어서도 신부선물약정은 우리 법이 알지 못하는 제도이므로 이를 우리 법상 독자적인 성질의 계약으로 파악할 수 있다. 여기에 서도 적응 또는 치환의 법리가 이용된다. Junker, §11 Rn. 44.

4. 이혼에 관한 조항의 개정

섭외사법	국제사법
제18조(이혼) 이혼은 그 원인된 사실이 발생한 당시의 夫의 本國法에 의한다. 그러나 법원은 그 원인된 사실이 대한민국의 법률에 의하여 이혼의 원인이 되지 아니할 때에는 이혼의 선고를 하지 못한다.	제66조(이혼) 이혼에 관하여는 제64조를 준용한다. 다만, 부부 중 한쪽이 대한민국에 일상거소가 있는 대한민국 국민인 경우 이혼은 대한민국 법에 따른다.

[입법례]
- 독일 구 민법시행법 제17조[이혼]. 이는 로마Ⅲ가 발효되면서 2012. 6. 21. 개정되었다.
- 스위스 국제사법 제61조[이혼과 별거의 준거법]
- 일본 법적용통칙법 제27조/법례 제16조[이혼]: 국제사법과 거의 동일
- 중국 섭외민사관계법률적용법 제26조, 제27조: 전자는 협의이혼, 후자는 재판상 이혼의 준거법을 정한다.
- EU규정(로마Ⅲ). 이혼 및 법적 별거의 준거법 영역에서 제고된 협력을 시행하기 위한 2010. 12. 20. 이사회규정(No. 1259/2010)[1]

가. 개요

구 국제사법에서는 이혼의 준거법을 혼인의 일반적 효력의 준거법과 일치시켰고(본문), 내국인조항을 별도로 규정하였다(단서). 국제사법도 이런 태도를 유지한다.

나. 주요내용

(1) 혼인의 일반적 효력의 준거법 준용(본문)

섭외사법은 부(夫)의 본국법을 준거법으로 함으로써 헌법상의 남녀평등의 원칙에 반하고, 이혼원인에 관하여 유책주의를 전제로 하고 있었기 때문에 현대이혼법의 파탄주의로의 전환을 반영하지 못하였으며,[2] 준거법의 누적적 적용으로

---

1) 로마Ⅲ은 제한된 범위 내에서 당사자의 준거법 선택을 허용하고, 선택이 없으면 단계적 연결 원칙에 따르는데 그 경우 일상거소가 국적에 우선한다. 상세는 Juliana Mörsdorf‒Schulte, Europäisches Internationales Scheidungsrecht (Rom Ⅲ), Rabels Zeitschrift 77 (2013), S. 786ff. 우리 문헌은 오석웅, "로마Ⅲ규칙에 있어서 이혼 및 법적 별거의 준거법", 가족법연구 제34권 제2호(2000. 7.), 279면 이하 참조.
2) 현대이혼법의 동향은 김주수·김상용, 158면 이하 참조. 영국, 미국, 독일과 프랑스 이혼법의 비교법적 검토는 홍승희, "이혼에서 파탄주의로의 전환 필요성과 법률개정 방안", 가족법연구 제37권 제3호(통권 제78호)(2023. 11.), 261면 이하 참조. 국제이혼에 관한 일본 판례는 김문

이혼가능성을 제한시키고 있어 이혼의 자유라는 각국 실질법의 경향에 역행하고 있는 점 등에서 문제가 있다고 지적되어 왔다. 구 국제사법은 이러한 문제점을 제거하고 또한 이혼은 혼인관계의 해소이므로 혼인의 일반적 효력(또는 효과)의 준거법에 연결시키는 것이 타당하다고 보아 혼인의 일반적 효력의 준거법에 관한 제64조를 준용하도록 하였다(본문). 국제사법도 이런 태도를 유지한다.

이혼의 준거법을 혼인의 일반적 효력의 준거법에 의하도록 하는 근거에 관하여는, 혼인 중의 당사자 간의 의무와 그의 침해의 결과는 밀접하게 관련되므로 양자를 동일한 준거법에 의하도록 하기 위한 것이라는 견해도 있다. 그러나 유책주의가 아니라 파탄주의하에서는 그 설득력은 의문이다.3)

연결의 기준시기에 관하여 불변경주의를 취할 것인지, 아니면 변경주의를 취할 것인지가 문제 되었는데, 구 국제사법에서는 섭외사법과 달리 변경주의를 채택하였다. 왜냐하면 섭외사법이 연결의 기준시기를 이혼 원인의 발생 시로 고정한 것은 유책주의를 전제로 한 것이며, 또한 이혼 원인이 발생한 후에 부(夫)가 자기의 국적을 자의적으로 변경하여 이혼을 어렵게 하거나 또는 쉽게 함으로써 처가 예기하지 못한 결과가 발생하는 것을 방지하기 위한 것이었으나,4) 최근 각국의 실질법인 이혼법은 유책주의가 아닌 파탄주의를 취하고 있거나 파탄주의로 이행하고 있으며, 파탄주의에 의할 경우 국제이혼법에서 중요한 문제는 '현재' 이혼을 인정할 것인지 여부라고 할 수 있기 때문이다. 국제사법도 이런 태도를 유지한다.

이와 관련하여 연구반초안의 제1안은 연결의 기준시기를 절차개시 시점으로 고정시켰다. 그 이유는 현재의 시점으로 하게 되면 이혼소송 제기 후와 사실심 변론종결 시 사이에 국적이나 상거소가 바뀔 수 있어 문제가 복잡하게 되므로 이를 막기 위한 것이었다. 그럼에도 불구하고 이 연결시점은 변경주의의 장점을 모두 갖는다고 할 수 있다. 또한 '소송제기 당시' 등으로 용어를 사용하지 않고 '절차개

숙, "국제사법상의 이혼에 관하여 ― 일본 법례 및 재판례를 중심으로 ―", 아세아여성법학 제4호(2001. 6.), 239면 이하 참조. 파탄주의를 적극적 파탄주의와 소극적 파탄주의로 구분하기도 하는데, 후자는 추상적으로 부부관계의 파탄을 이혼사유로 규정함으로써 이혼원인을 구체적으로 한정하지는 않는 점에서는 파탄주의이나 유책배우자의 이혼청구는 허용하지 않는다. 김나래(2022. 8.), "유책주의와 파탄주의에 관한 최근의 동향", 한국법학원 현안보고서 2022−05호, 3면. 이런 분류를 전제로 우리 대법원 판례는 유책주의에 가까운 소극적 파탄주의를 취한다는 평가도 있다.

3) Kropholler, S. 363.

4) 최흥섭(2001), 157면; 김용한·조명래, 325면.

시 당시'라고 한 것은 특히 우리의 협의상 이혼, 더 나아가 외국의 재판이혼 이외의 이혼방법까지 포섭하기 위한 것이었다. 그러나 이에 대한 의미와 확정의 필요성에 대한 논란이 많아서 연결시점을 삭제하는 내용을 제2안으로 두었다.[5] 당초 당시 독일 민법과 같이 연결의 기준시기를 '소의 제기 시'로 규정하는 방안도 고려하였으나, 우리 민법은 재판상 이혼 외에 협의상 이혼도 인정하고 있는데, 이와 같이 외국에서 협의상 이혼을 하는 경우에는 소의 제기 시가 있을 수 없고 또한 그에 상응하는 시기를 언제로 볼 것인가에 관하여 논란이 있다는 이유로 채택되지 아니하였다.

결국 구 국제사법에서는 연구반초안 중 제2안이 채택되었다. 이처럼 국제사법은 변경주의를 취하므로 이혼시점을 기준으로 준거법을 결정해야 하는데, 실무적으로는 재판상 이혼과 협의상 이혼을 구분할 필요가 있다. 재판상 이혼의 경우 사실심 변론종결 시를 기준으로 할 것이나, 사적 이혼(Privatscheidung)의 경우에는 이혼을 하려는 당사자의 의사가 외부에 표출된 때라고 볼 수 있다.[6] 또한 변경주의를 채택하더라도 혼인의 일반적 효력을 정한 국제사법 제64조에서 부부의 동일한 속인법을 준거법으로 하고 있으므로 부부 일방이 유리한 법률관계를 형성하기 위하여 자의적으로 국적 등을 변경하는 것은 의미가 없게 되었다.

이혼의 준거법에 관하여는 반정이 허용된다. 혼인의 일반적 효력의 준거법에 관한 제64조를 이혼의 준거법에 준용하지만 그를 이유로 반정을 배제할 것은 아니다. 주의할 것은, 중국 섭외민사관계법률적용법 제27조[7]가 재판상 이혼의 준거법으로 법정지법을 적용하므로 한국 법원에서 중국인의 재판상 이혼이 문제 되면 '숨은 반정'이 있을 수 있다는 점이다.[8]

---

5) 연구반초안해설, 54면. 연구반초안은 다음과 같다.
  "제24조(이혼) [제1안] 이혼은 그 절차 개시 당시 혼인의 효력의 준거법에 의한다. 그러나 부부 중 일방이 대한민국에 일상거소지를 가지는 대한민국 국민인 경우에는 이혼은 대한민국법에 의한다.
  [제2안] 이혼은 혼인의 효력의 준거법에 의한다. 그러나 부부 중 일방이 대한민국에 일상거소지를 가지는 대한민국 국민인 경우에는 이혼은 대한민국법에 의한다".
6) 재판상 이혼에서 저자는 과거 제소 시라고 하였으나 견해를 변경한다. 조수정, 한국국제사법학회 제8차 연차학술대회《제6분과 토론자료》(2000), 7면은 협의상 이혼의 경우 협의상 이혼 신청서 제출 시라 한다. 독일에서는 이혼선언(Scheidungserklärung) 시를 기준으로 하는 견해가 유력하나(Münchkomm/von Mehrenfels, Band 10, Art. 17 Rn. 39) 그것이 언제인지는 애매하다.
7) 중국 섭외민사관계법률적용법 제27조는 "재판상 이혼은 법정지 법률에 의한다"라고 규정한다.

(2) 내국인조항의 신설(단서)

국제사법은 구 국제사법과 마찬가지로 부부 중 일방이 한국에 상거소가 있는 한국인인 경우 한국법에 의하도록 하였다(단서). 이는 일본 법례(제16조)[9]의 예를 따른 것인데, 일본과 마찬가지로 우리나라에서도 협의상 이혼제도가 인정되고 있고, 협의상 이혼 신고서를 가족관계등록 공무원이 수리하는 점에서 발생하는 문제점을 해결하기 위한 것이다.

부부 중 일방이 한국에 상거소를 둔 한국인인 경우 그가 협의상 이혼 신고서를 한국에서 가족관계등록 공무원에게 제출하면 가족관계등록 공무원은 이혼의 성립 여부를 검토하기 위해 준거법을 판단해야 한다. 그런데 가족관계등록공무원의 입장에서는 부부의 동일한 본국이 한국이거나 동일한 상거소지가 한국이라면 한국법의 요건을 검토하여 수리하면 되지만, 그러한 연결점이 없다면 가장 밀접한 관련이 있는 곳의 법(最密接關聯地法)을 적용해야 하는데 이는 확정하기가 매우 어렵다. 더욱이 혼인의 효력과 달리 이혼의 경우에는 동일한 상거소지도 없는 경우가 빈번하므로 이러한 문제의 발생가능성은 현실적으로 매우 클 것이다. 따라서 이러한 실무상의 난점을 피하기 위해 단서 규정을 두었다.

내국인조항에 대해 국제사법의 이념에 비추어 바람직하지 못하다는 비판이 있을 수 있으나, 최흥섭 교수는 그 근거를 다음과 같은 취지로 설명한다. 즉, "이는 위에서 본 바와 같은 호적(가족관계등록) 실무상의 현실을 고려할 때 불가피하다고 보았다. 한편 내국인조항의 결과 이혼이 용이해져 이혼의 자유가 보장되는 측면이 있고(예컨대 이혼을 인정하지 않는 국가가 밀접한 관련이 있는 곳이 될 경우), 다음과 같은 이유로 그 내용 또한 반드시 부당하다고 볼 수는 없다. 즉, 위 조항이 적용되는 것은 제3단계인 밀접한 관련이 있는 곳의 법에 한정되며 이러한 경우 실제적으로 한국법이 밀접한 관련이 있는 곳의 법이 되는 경우가 대부분이기 때문이다. 협의상 이혼의 경우에는 타방 당사자와 이혼을 합의한 것이므로 당사자 일방의 본국법인 한국법에 의해 이혼할 수 있다는 의사를 갖고 있다고 보이며, 재판상 이혼의 경우에도 국제재판관할에 있어 피고의 주소지를 원칙으로 삼는 점을 고려할 때 위 조항이 적용되는 것은 한국에 상거소를 둔 한국인을 상대로 한국의

---

8) 대법원 2006. 5. 26. 선고 2005므884 판결 참조. 그러나 중국과의 사이에 숨은 반정을 허용하는 데 대하여는 이견이 있다.
9) 일본의 법적용통칙법 제27조 단서도 같다.

법원에 소를 제기하는 경우라 할 것이므로 결국 어느 때에나 밀접한 관련이 있는 곳은 한국이 될 것이다."10)

　　바로 그러한 이유로 단서는 일방 당사자가 한국인이고 한국에 상거소를 가질 것을 요구하는 것이다.11) 그러나 이에 대해서는 우리나라의 경우 일본과는 달리 협의상 이혼 시 법관에 의한 이혼의사의 확인이 이루어지고 있어서 법관이 이혼의 준거법을 판단할 수 있으므로 단서를 굳이 둘 필요는 없다는 비판이 가능하다.12) 독일 민법시행법(제17조 제3항)은 법적 명확성과 자녀의 보호를 위하여 독일 내에서는 사적 이혼을 허용하지 않고13) 이혼에 관한 법원의 독점권(Scheidungs‒monopol der Gerichte)을 규정하는데(법원에 의한 재판이혼주의),14) 국제사법은 이러한 원칙을 채택하지 않았다.

(3) 특별유보조항의 삭제

　　섭외사법 제18조 단서는 공서의 관점에서 당사자의 본국법 외에 법정지인 한국법에 의하여도 이혼의 원인이 있어야만 이혼이 가능하도록 하였다. 그러나 한국법상 이혼의 원인이 없더라도 외국법의 원인에 의하여 이혼을 인정하는 것이 반드시 공서에 반한다고 할 수 없을 뿐만 아니라, 위 조항이 없더라도 우리 법의 근본원칙에 명백히 반하는 경우에는 공서조항(구 국제사법 제10조)에 의해 외국법의 적용을 배제할 수 있으며, 오히려 섭외사법 제18조 단서에 의하면 준거법이 누

---

10) 최흥섭(2000), 11면; 법무부, 해설, 142면 註 90. 南 敏文, 92면 이하도 동지.
11) 그러나 독일 민법시행법(제17조 제1항 제2문)은 "혼인이 이 준거법에 의하면 이혼될 수 없는 때에는 이혼은 그것을 청구하는 배우자가 이 시점에서 독일인이거나 또는 혼인체결 당시에 독일인이었던 경우에는 독일법에 따른다"라고 하여 국제사법과는 차이가 있다. 원래의 목적은 외국인과 결혼한 독일 여자들에게 독일에서 이혼을 가능하게 하기 위한 것이라고 한다.
12) 최봉경, "국제이주여성의 법적 문제에 관한 소고", 서울대학교 법학 제51권 2‒1호(통권 제155호)(2010), 143면도 '단서'의 입법태도가 오늘날과 같은 국제화된 사회에서 여전히 합리적이라고 할 수 있을지는 의문이라고 지적한다.
13) 따라서 독일에서는 이혼의 장소결정이 중요한데 남편의 일방적 행위인 'talaq'에 의한 사적 이혼의 장소결정에 있어 수령을 요하지 않는 이슬람법상의 talaq와 수령을 요하는 유대법의 talaq을 구분하여 전자의 경우 의사표시를 한 곳이, 후자의 경우 이혼장(Scheidebrief)을 수령한 곳이 준거가 된다는 견해가 유력하다. Kropholler, S. 371‒372. 최흥섭, 글모음집, 99면도 유사하나 Andrae, §3 Rn. 124ff.를 인용하면서 유대법의 경우 이혼장이 랍비위원회의 중개를 거쳐 증인 앞에서 처에게 전달되어야 하는데 이혼장의 수령은 처의 임의에 맡겨져 있다고 소개한다.
14) Kropholler, S. 371.

적적으로 적용되어 이혼가능성이 부당하게 제한된다는 이유로 결국 이를 삭제하였다. 국제사법도 마찬가지다.

(4) 준거법의 적용범위

제66조는 이혼의 성립 및 효력(또는 효과)을 규율한다. 이혼의 가장 중요한 효과(주된 효과)는 혼인의 해소이므로 그것이 이혼의 준거법에 따름은 명백하다. 그리고 재산분할 및 유책배우자의 위자료와 같은 이혼에 따른 부수적 결과도 이혼의 준거법에 의한다. 따라서 실무상 흔히 함께 진행되는 이혼, 위자료와 재산분할 청구는 동일한 준거법에 의하여 규율된다(다만 재산분할에 관하여는 판례가 나뉜다). 특히 이혼 당사자 간의 부양의무에 관하여는 국제사법은 별도의 조항(제73조 제2항)을 두어 이혼의 준거법에 의할 것임을 명시한다. 그러나 이혼에 따른 부수적 결과가 모두 이혼의 준거법에 따르는 것은 아니고 아래와 같이 다른 법률관계로 성질 결정되어야 하는 쟁점들이 있다.

첫째, 이혼배우자의 성씨는 이혼의 준거법이 아니라 각자의 속인법에 의하고,[15] 둘째, 이혼에 따른 자녀의 양육문제, 특히 양육권자의 지정과 면접교섭권(right of visitation)은 이혼의 준거법이 아니라 친자관계의 준거법(제72조)에 의하고[16] 자녀의 양육비는 부양의무의 문제로서 제73조에 따른다. 셋째, 이혼에 따른 부부재산제의 청산문제(즉, 이혼이 부부재산제에 미치는 효과)는 이혼의 준거법이 아니라 부부재산제의 준거법(제65조 제1항)에 의한다는 견해가 유력하다.[17] 여기에서는 이혼 시 재산분할의 준거법과 이혼 시의 위자료의 준거법을 부연한다.

(가) 이혼과 부부재산제 및 재산분할   일반적으로 이혼의 결과 부부재산제는 종료되고 청산관계가 개시하게 된다. 이처럼 이혼이 부부재산제에 미치는 효

---

15) 그러나 성씨의 준거법에 관하여 위에서 본 바와 같이 배우자 간의 성씨의 문제를 혼인의 효력의 준거법에 따를 사항이라고 보는 것이 실무이므로 이혼의 경우에도 이혼의 준거법, 즉 혼인의 효력의 준거법에 따르는 것이 실무일 것이다.

16) 신창선·윤남순, 358면 참조. 판례의 태도는 분명하지 않다. 예컨대 이혼, 친권자 및 양육자 지정이 문제 된 사건에서 대법원 2006. 5. 26. 선고 2005므884 판결과 원심판결인 대구지방법원 2005. 5. 18. 선고 2004르441 판결은 친권자 및 양육자지정의 준거법을 별도로 언급하지 않았고, 특히 원심판결은 "이 사건 이혼과 그에 부수한 친권행사자 및 양육자지정청구에 관한 준거법으로 법정지법인 대한민국 민법을 적용하기로 한다"라고 판시한 점에서 아마도 이혼의 준거법에 의한다는 견해를 따른 것으로 보이기도 한다.

17) 신창선·윤남순, 359면 참조.

과는 이혼의 부수적 결과로서 이혼의 준거법이 아니라, 독립적인 연결대상인 부부재산제의 문제로서 부부재산제의 준거법(제65조 제1항)에 의한다는 것이 우리의 통설이다.[18]

　그러나 부부재산제의 청산과 이혼 시 재산분할청구[19]의 관계는 어려운 문제를 제기한다. 우리 민법은 부부재산제도에 관하여 별산제를 채택하고 있으므로 이혼 시에도 각자 특유재산을 가지면 되고 그들이 부부였음을 고려하여 이를 조정할 필요는 없다고 주장할지 모르겠으나 그런 것은 아니다. 즉 우리 민법상 부부 중 일방의 특유재산은 원칙적으로 재산분할의 대상이 되지 않으나 타방이 적극적으로 그 특유재산의 유지에 협력하여 그 감소를 방지하였거나 그 증식에 협력하였다고 인정되는 경우에는 분할의 대상이 된다(대법원 1993. 5. 25. 선고 92므501 판결 등). 그런데 우리 민법(제839조의2, 제843조)은 일본 민법과 마찬가지로 부부재산제가 아니라 이혼의 절에서 이혼 시에 혼인 중 취득된 공동재산에 대한 재산분할청구권을 규정하므로 이혼 시의 재산분할이 부부재산제의 준거법에 따를 사항인지 이혼의 준거법에 따를 사항인지가 문제 된다. 국제사법상 양자의 준거법이 동일하지 않으므로 이 문제는 실익이 있다.

　우리나라에서는 이혼 시 재산분할청구권은 청산적 요소와 부양적 요소를 포함하고, 견해에 따라서는 위자료의 성질을 가지는 것으로 보는데,[20] 별산제를 취

---

18) 신창선·윤남순, 359면; 김연·박정기·김인유, 419면; 신창섭, 347면; 윤종진, 455; 서희원, 289~290면.

19) 이에 관하여는 우선 민유숙, "이혼시 부부간의 재산분할제도에 관한 연구", 서울대학교 대학원 법학박사학위논문(1992) 참조.

20) 재산분할의 본질에 관하여는 청산설, 부양설, 청산 및 부양설 등이 있다. 대법원은 재산분할제도가 "부부가 혼인 중에 취득한 실질적인 공동재산을 청산 분배하는 것을 주된 목적으로 하는 것"이라고 판시하여 청산이 재산분할의 본질이라고 파악하면서도 "혼인 중 쌍방의 협력으로 형성된 공동재산의 청산이라는 성격에 상대방에 대한 부양적 성격이 가미된 제도"라고 하여 보충적으로 부양적 성격도 인정하여 청산 및 부양설의 입장으로 평가된다. 그러나 재산분할이 위자료를 포함하는 것으로 보는 학설과 대법원 판결도 있다. 예컨대 대법원 2001. 5. 8. 선고 2000다58804 판결은 이혼 시 재산분할은 부부가 혼인 중에 가지고 있던 공동재산을 청산하여 분배함과 동시에 이혼 후 상대방의 생활유지에 이바지하는 데 있지만, 분할자의 유책행위로 인하여 이혼하게 됨으로써 입게 되는 정신적 손해를 배상하기 위한 급부로서의 성질도 가지고 있다고 판시하였다. 그 후 대법원 2013. 6. 20. 선고 2010므4071, 4088 전원합의체 판결의 다수의견에 대한 보충의견과 김용덕 대법관의 별개의견도 "재산분할을 함에 있어 정신적 손해(위자료)를 배상하기 위한 급부로서의 성질까지 포함하여 분할할 수 있다"라고 판시한 바 있다. 그러나 이에 대하여는 양자는 성질과 제도목적이 다르다는 이유로 신랄하게 비판하는 견해가 있다. 정구태, "이혼 시 재산분할청구권의 행사상 일신전

하는 법제에서 재산분할청구권, 특히 청산적 재산분할을 인정하는 근거에 관하여 다양한 견해[21]가 있으나 별산제의 결함을 보완하는 기능을 하는 점은 의문이 없다.[22] 국제사법적으로도 이혼 시의 재산분할을 부부재산의 청산과 이혼 후의 부양으로 구분하여 성질결정하고 부부재산제의 준거법과 이혼 시 부양의무의 준거법에 각각 연결할 여지도 있지만,[23] 이는 당사자의 기대에도 반하고 나아가 불합리한 결과를 초래할 가능성이 있으므로 이혼에 수반하는 재산적 급부로서 상호보완 관계에 있는 양자(위자료를 포함한다면 3자)를 이혼의 준거법에 통일적으로 연결하는 견해가 한국과 일본의 다수설이다.[24] 국제사법(제73조 제2항)상 이혼 배우자 간의 부양은 이혼의 준거법에 의하므로, 다수설에 따르면 이혼, 재산분할과 이혼 배후자 간의 부양의 준거법이 동일하게 되고, 법원에서도 3자를 모두 이혼의 준거법에 의하여 통일적으로 규율하는[25] 장점이 있다. 다만 부부재산제의 준거법과 재산분할청구권의 준거법의 경계획정이라는 어려운 문제를 제기한다.

한편 이혼 또는 사망에 의한 부부재산제의 청산은 부부재산제의 준거법에 따를 사항이라고 할 수 있으므로 이혼 시의 재산분할을 부부재산제로 성질결정하는 견해도 가능한데,[26] 실질법상 잉여공동제를 취하는 독일에서는 부부재산제의 준

속성 – 대법원 2022. 7. 28.자 2022스613 결정 –", 조선대학교 법학논총 제30권 제1호(2023. 4.), 126–127면과 註 31 참조(청산설을 지지하면서).

21) 이에는 부부재산제도와 재산분할제도를 서로 별개의 것으로 보는 견해(별산제설 또는 무관계설), 양자를 통합하여 하나의 공동제로서 파악하면서 재산분할은 그의 논리적 귀결로서 공동재산의 청산절차로 보는 견해(공동제설, 공유설)와 양자의 절충설(내부적 공유설)이 있다. 상세는 민유숙, "부부재산제도와 재산분할제도의 관계," 사법논집 제26집(1995), 240–241면 참조.

22) 이화숙, 347면.

23) 재산분할이 위자료를 포함하는 것으로 본다면 위자료를 별도로 분리하여 이혼의 준거법에 의하는 것으로 볼 것이다.

24) 김원태(2006), 362면; 山田鐐一, 451면; 松岡 博, 207–208면; 일본 주석국제사법 제2권, 61면(靑木 淸); 일본 최고재판소 1984. 7. 20. 판결도 이런 취지로 이해되고 있다.

25) 서울고등법원 2015. 5. 26. 2014르710(본소), 2014르727(반소) 판결은 이혼으로 인한 재산분할청구는 부부재산 약정과는 달리 이혼의 준거법에 따를 사항이라고 판시하였다. 섭외사법 하에서 서울가정법원 1996. 11. 1. 선고 95드27138, 63979 판결은, 재산분할은 이혼에 부수하여 부부간의 재산관계를 조정하는 것이므로 혼인의 효력에 관한 섭외사법 제16조 및 제17조와 이혼에 관한 제18조를 유추적용하여 부(夫)의 본국법에 의할 것이라고 판시한 바 있다. 원·피고가 모두 프랑스인 사건에서 서울가정법원 2005. 9. 28. 선고 2004드합9787 판결도 이혼 및 이에 따른 위자료와 재산분할 관계의 준거법이 프랑스법이라고 판시하였다.

26) 일본에서는 이혼준거법설과 부부재산제의 준거법설이 있는데 전자가 다수설이다. 笠原俊宏,

거법에 따라 그 청산이 이루어지므로 이런 견해가 자연스럽다.[27][28] 이에 따르면 이혼의 준거법에 의하는 이혼 후 부양의무 및 위자료와, 부부재산제의 준거법에 의하는 재산분할의 준거법이 다르게 된다. 우리나라에서는 이혼 시 재산분할이 부부재산제의 준거법에 의한다는 견해는 잘 보이지 않으나 이는 당사자자치를 허용하는 점에서 장점이 있다. 저자는 다수설을 따라 이혼 시 재산분할청구권은 이혼의 준거법에, 부부재산제의 청산(또는 이혼이 부부재산제에 미치는 효과)은 부부재산제의 준거법에 의한다는 견해를 피력한 바 있으나[29] 그 경우 양자의 경계획정

"離婚に伴う慰藉料・財産分与," 국제사법판례백선[제2판](2012), 126면 이하; 일본 주석국제 사법 제2권, 61면(靑木 淸 집필부분) 참조. 부부재산제의 청산과 재산분할의 준거법을 각각 결정하는 견해도 있다.

27) MünchKomm/Siehr (2015), 6. Auflage, Art. 15 Rn. 93; Andrae, §3 Rn. 58; MünchKomm/von Mohrenfels (2015), 6. Auflage, Art. 17 Rn. 27. 실질법상 독일에서는 이혼과 배우자 사망 시에 모두 부부재산제에 의하여 잉여청산이 이루어지나, 오스트리아에서는 이혼 시에는 잉여청산이 이루어지나 배우자의 사망 시에는 아니라고 한다. 그러나 EU에서는 이혼이 부부재산제에 미치는 효과 정확히는 부부재산제의 해소와 재산의 분할, 분배 및 청산(the dis—solution of the matrimonial property regime and the partition, distribution or liquidation of the property)은 EU규정 번호 1259/2010(로마Ⅲ)에 따라 결정되는 이혼의 준거법이 아니라 "부부재산제사건에서의 관할, 준거법, 재판의 승인과 집행 영역에서의 제고된 협력의 실행을 위한 2016. 6. 24. 이사회규정 번호 2016/ 1103"(EU부부재산제규정)에 의하여 결정되는 부부재산제의 준거법이 규율한다. 로마Ⅲ(제1조 제2항 e호, 전문 제10항)와 EU부부재산제규정(제27조 e호) 참조.

28) 그러나 이혼의 효력 준거법을 정한 독일 민법시행법(제17조 제3항)은 연금청산(Versorgungs—ausgleich)(윤진수, 민법논고Ⅳ(2009), 211면은 이를 '사회보장급여의 분할'이라고 번역한다)의 준거법에 관한 특칙을 두므로 이는 부부재산제의 청산과는 별개로 이혼의 준거법에 따른다. 이를 보면 이혼에 따른 재산분할이 논리필연적으로 부부재산제의 준거법에 의해야 하는 것은 아니다. 하지만 독일법이 그와 같이 규정하는 이유는 연금청산은 이혼을 전제로 하며 이혼의 경우에만 인정되기 때문인데, 이러한 성질결정은 과거 독일 연방대법원 판결(1979. 11. 7. 판결, BGHZ 75, 241)의 성질결정을 따른 것이라고 한다. Kropholler, S. 367. 우리 대법원 2014. 7. 16. 선고 2013므2250 전원합의체 판결과 대법원 2014. 7. 16. 선고 2012므2888 전원합의체 판결이 퇴직급여채권과 퇴직연금도 이혼 시 재산분할의 대상이라고 판시하였으므로 국제이혼 시 그 준거법의 결정이 문제 될 것이다. 위 전원합의체 판결들에 대한 평석은 이진기, "재산분할의 대상으로서 장래의 퇴직급여채권 — 대판 2014. 7. 16, 2013므 2250 전원합의체 판결과 대판 2014. 7. 16, 2012므2888 전원합의체 판결을 중심으로 —," 가족법연구 제28권 제3호(2014) , 383면 이하; 현소혜, "공적 연금과 재산분할," 판례실무연구 [Ⅺ](하)(2014), 384면 이하 참조.

29) 석광현, 해설, 470면. 예컨대 재산분할청구권이 아닌 기타 별산제에 따르는 특유재산의 처리 등은 부부재산제의 준거법에 따를 사항이다. 이종혁(2022a), 62(2014)는 일본 문헌을 인용하면서 이혼 시 재산분할은 이혼의 준거법에 의할 것이라고 하는데, 가장 중요한 논거는 재산분할이 부부재산의 청산에 해당하거나, 부양적 요소 및/또는 위자료적 요소가 포함되어

이 문제 되므로 이 점은 더 고민할 필요가 있다.[30]

이혼의 준거법이 한국법처럼 이혼 시 재산분할청구권을 인정하고, 부부재산 제의 준거법이 독일법처럼 이혼 시 재산분할을 부부재산제의 청산의 문제로 보는 국가의 법인 경우 준거법 간의 모순이 있을 수 있는데, 이는 결국 적응의 법리에 의하여 해결하여야 한다.[31] 위 다수설이 다수 판례의 태도이지만,[32] 대법원 2021. 2. 4. 선고 2017므12552 판결의 원심인 서울고등법원 2017. 7. 11. 선고 2016르 22226 판결[33]은 그와 달리 이혼에 따른 재산분할에 대해 부부재산제의 준거법을 적용하였다. 다만 어디로 가든 당해 사건에서는 당사자의 준거법 지정이 없어서 아마도 결과의 차이는 없었을 것이다.

바꾸어 말하자면, 논리적으로는 이혼 시 재산분할을 부부재산제의 청산, 이 혼 후의 부양과 이혼위자료로 구분하여 성질결정하고 각각 부부재산제의 준거법, 부양의무의 준거법과 이혼의 준거법에 각각 연결할 여지도 있지만, 이는 당사자 의 기대에도 반하고 나아가 불합리한 결과를 초래할 가능성이 있으므로 위 3자를 통일적으로 이혼의 준거법에 연결하는 것이 바람직하다.[34] 우리 국제사법(제73조 제2항)에 따르면 이혼 배우자 간의 부양은 이혼의 준거법에 의하므로, 이혼에 따 른 재산분할, 전 배우자 간의 부양과 이혼위자료의 준거법은 모두 동일하고, 실무

있다고 하더라도, 이들은 모두 이혼에 따른 재산적 급부의 일환이어서 상호보완적 성격이 있으므로 서로 다른 준거법에 의하는 것이 부적절하다고 한다.

30) 즉 성질결정의 문제로 일부 해결할 수 있으나 부부재산제의 준거법과 이혼의 준거법 간에 규범의 모순·저촉으로부터 발생하는 문제는 적응의 법리에 의하여 해결해야 한다.

31) 반대로 이혼의 준거법이 독일법처럼 부부재산의 청산 이외의 재산분할청구권을 인정하지 않 는 법이고, 동시에 부부재산제의 준거법이 한국법처럼 재산분할청구권을 인정하지 않는 법 인 경우도 발생할 수 있다. 이 경우에도 어느 하나의 법에 의한 재산분할을 인정해야 하나 그 구체적 내용의 결정은 어려운 문제이다.

32) 예컨대 대법원 2018. 9. 13. 선고 2015므2124, 2131 판결은 위자료 및 재산분할청구에 대하 여 구 국제사법 제39조에 따라 준거법을 결정한 원심 판단(註 25)을 수긍하였다. 이동희, "국제이혼 관련 재산분할의 실무와 과제", 국제사법연구 제24권 제2호(2018. 12.), 44면 註 23은 다수의 사건에서 재산분할을 이혼의 효과로 보아 구 국제사법 제39조와 제37조를 적 용하여 재산분할사건의 준거법을 결정하였으나 구 국제사법 제38조 제1항과 제37조 제3호 를 적용한 소수의 판례가 있다고 소개한다.

33) 소개는 이동희(註 32), 46면 이하 참조. 구 섭외사법하에서 서울가정법원 1996. 11. 1. 선고 95드27138, 63979 판결은, 재산분할은 이혼에 부수하여 부부 간의 재산관계를 조정하는 것 이므로 혼인의 효력에 관한 섭외사법 제16조 및 제17조와 이혼에 관한 제18조를 유추적용 하여 부(夫)의 본국법에 의할 것이라고 판시한 바 있다.

34) 松岡 博, 207－208면; 일본주석국제사법/靑木 淸, 61면.

적으로도 위 3자는 모두 이혼의 준거법에 의하여 통일적으로 규율된다. 실무상 부부가 이혼하는 경우 자녀에 대한 양육권에 관한 분쟁이 함께 처리되는데, 비록 이처럼 이혼, 이혼에 따른 재산분할과 전 배우자 간의 부양과 이혼위자료의 준거법이 동일하게 되더라도, 양육권자의 지정[35]과 양육비[36]는 그와 동일한 준거법에 의하여 규율되는 것은 아니라는 점을 주의해야 한다.

(나) 이혼 시의 위자료　　　　　　이혼 시 일방당사자가 혼인의 파탄에 대하여 책임이 있는 상대방에 대하여 이혼으로 인하여 입게 되는 정신적 손해에 대한 위자료(즉 이혼위자료) 청구에 관하여는 이를 불법행위로 인한 손해배상청구로 볼지, 아니면 이를 이혼 시에 있어서 재산적 급부의 일환으로 보아 이혼의 효력(효과) 내지 이혼에 따른 부수적 결과에 속하는 문제로서 이혼의 준거법에 의하는 것으로 볼지가 문제 된다. 우리나라에서는 후자가 유력하다.[37] 다만 위자료의 지급과 이혼 후 부양의무[38]의 존재 등이 부부재산제의 청산에 어떤 영향을 미치는가는 부부재산제의 준거법에 따를 사항이라는 견해가 유력하다.[39]

반면에 이혼으로 인한 위자료가 아니라 이혼에 이르게 된 원인행위(예컨대 일방의 폭행)에 기한 손해배상청구는 그 자체로서 별도의 불법행위를 구성하므로 그의 준거법에 따른다.[40] 이 경우 불법행위의 준거법은 제52조에 의하여 결정되는

---

35) 친권자·양육자지정과 면접교섭권은 친자 간 법률관계의 준거법에 의할 사항이나 이혼의 준거법으로 일괄하여 연결하는 판례들이 있음은 유감이다.

36) 양육비는 부양의 준거법에 의할 사항이나 이혼의 준거법을 적용한 판례들이 있음은 유감이다.

37) 신창선·윤남순, 358면; 서희원, 288면. 일본의 지배적 학설·판례라고 한다. 松岡 博, 207면도 동지. 서울고등법원 2015. 5. 26. 2014르710(본소), 2014르727(반소) 판결은 이혼으로 인한 위자료 청구는 이혼의 준거법에 따를 사항이라고 판시하였다. 대법원 1993. 5. 27. 선고 92므143 판결은 "이혼위자료청구권은 상대방인 배우자의 유책불법한 행위에 의하여 그 혼인관계가 파탄상태에 이르러 부득이 이혼을 하게 된 경우에 그로 인하여 입게 된 정신적 고통을 위자하기 위한 손해배상청구권으로서, 이는 이혼의 시점에서 확정, 평가되는 것이며 이혼에 의하여 비로소 창설되는 것은 아니라"고 판시하였다. 이는 성질결정에 영향을 미치는 것은 아니라고 본다.

38) 민법은 이혼 후 부양에 관한 명문의 규정을 두지 않는다. 그러나 유력설은 혼인 중 부부의 일방이 가족을 위하여 가사노동에 전념한 결과 경제적 자립능력을 상실하게 되었다면, 경제적 여유가 있는 다른 일방은 적어도 전배우자가 경제적으로 자립할 수 있을 때까지 금전적으로 지원함으로써 혼인 중의 가사와 육아로 인한 희생(경제적 자립능력 상실)에 대하여 보상하는 것이 타당하다고 한다. 김주수·김상용, 240면. 미국의 제도는 우선 민유숙, "미국법에 있어서 이혼 후의 부양(ALIMONY)제도," 재판자료: 외국사법연수논집 제19집(2000), 179면 이하 참조.

39) 신창선·윤남순, 359면.

데, 당해 불법행위는 가해자와 피해자인 부부간에 존재하는 혼인관계를 침해하는 것으로서 종속적 연결원칙에 따라 혼인의 일반적 효력의 준거법, 즉 이혼의 준거법 소속국의 불법행위법에 연결될 가능성이 크다. 그러나 이와 달리 부부라고 하는 특별한 신분관계가 있는 자 간의 불법행위로서 별도로 취급하여야 한다는 이유로 이혼의 준거법에 의한다는 견해도 있다.[41]

(5) 이혼의 방법

우리나라에서는 이혼의 방법에는 재판상 이혼과 협의상 이혼이 있다.

한국에서 재판상 이혼을 할 경우 그 절차는 법정지법인 한국법에 따르며 이혼의 방식은 별 문제 될 것이 없다. 물론 이혼의 준거법은 제66조에 의하여 결정된다.

우리 민법(제836조)에 의하면 협의상 이혼은 혼인과 마찬가지로 신고에 의해 성립하지만, 이혼신고를 위해서는 가정법원의 확인을 받아야 한다. 또한 "가족관계의 등록 등에 관한 규칙"(제75조 제1항, 제2항)에 따르면, 부부 양쪽이 재외국민인 경우에는 두 사람이 함께 그 거주지를 관할하는 재외공관의 장에게 이혼의사확인신청을 할 수 있고, 관할 재외공관이 없는 때에는 인접 지역을 관할하는 재외공관의 장에게 이를 할 수 있다.[42]

문제는 이혼의 행위지가 외국인 경우, 예컨대 일본에서와 같이 일본법에 따르면 법원의 확인 없이 당사자의 의사만에 의하여 협의상 이혼이 성립되는 경우 재외한국인들이 일본에서 일본법이 정한 방식에 따라 법원의 이혼의사의 확인 없이 이혼할 수 있는지 여부이다. 만일 협의상 이혼의 가부가 이혼의 방식의 문제라

---

40) 서희원, 28면 註 50. 일본의 다수설이다. 松岡 博, 207면.

41) 신창선·윤남순, 359면. 그러나 이 견해도 이혼의 준거법 소속국의 불법행위법에 의한다고 보는 것이 아닐까 생각된다.

42) 부부 중 한쪽이 재외국민인 경우에는 재외국민인 당사자는 그 거주지를 관할하는 재외공관의 장에게 협의이혼의사확인신청을 할 수 있고, 관할 재외공관이 없는 경우에는 인접 지역을 관할하는 재외공관의 장에게 이를 할 수 있다. 법원행정처는 2015년 법원행정처 내에 재외국민 가족관계등록사무소를 설치하여 법원공무원이 직접 재외국민 신고에 의한 가족관계 등록사건을 통합하여 처리하고 있다. 이는 재외국민 가족관계등록 업무의 창구를 일원화되고 역량 있고 전문화된 법원공무원이 업무를 처리하여 신속성과 편의성을 향상시킬 목적으로 설치한 것이다. 정보는 http://kfamily.scourt.go.kr/new/office/office01.jsp 참조. 이와 관련하여 재외국민의 가족관계등록 창설, 가족관계등록부 정정 및 가족관계등록부 정리에 관한 특례법(재외국민가족관계법)도 있다.

면, 이는 법률행위의 방식에 관한 일반원칙을 정한 국제사법 제31조에 따라 이혼의 준거법과 행위지법에 선택적으로 연결되므로 이것이 허용된다고 볼 것이나, 법원의 이혼의사의 확인, 협의상 이혼 또는 재판상 이혼은 모두 방식이 아니라 이혼의 방법의 문제로서 실질적 성립요건에 해당한다고 본다. 그렇다면 이는 이혼의 준거법에 따를 사항이므로 법원의 확인이 필요하다.[43] 이혼의 방법을 방식의 문제로 보아 선택적 연결을 허용함으로써 방식요건의 구비를 용이하게 하는 것은 정책적으로도 바람직하지 않다.

이혼의 준거법인 외국법이 일정한 기관에 의한 이혼을 명하더라도 이혼지인 한국에서 그런 방법이 허용되지 않으면 이혼할 수 없을 것이나, 이처럼 이혼의 준거법상 이혼방법을 고집하면 외국인이 한국에서 이혼할 수 없게 된다는 이유로 이혼방법을 넓게 해석하는 견해가 있다. 즉 통설은, 외국법상 종교기관이나 행정기관에 의한 이혼이 허용되는 경우 그 이혼원인이 한국법상 이혼원인에 준한다면 외국인의 이혼 시 우리나라에서 재판상이혼의 방법에 의하여 그에 갈음할 수 있다고 본다.[44] 이혼을 신청하는 당사자의 이익의 보호라는 관점에서 수긍이 가나 종교법원 기타 종교기관에 의한 이혼을 일종의 절차의 문제로 이해하고 우리 법원에서 재판하는 경우에는 우리 법원이 그 역할을 대신할 수 있다고 설명하는 편이 이해하기 쉬울 것이다.[45][46] 이 경우 이혼의 준거법인 외국법상의 이혼원인이 한국법상 이혼원인에 준할 필요가 있는지는 의문이다.

---

43) 신창선·윤남순, 357면. 그러나 한복룡, 293면은 협의이혼을 이혼의 방식의 문제로 구 국제사법 제17조에 따른다고 보아 한국인 부부도 일본에서는 일본의 방식에 따르면 되나, 다만 이때에는 한국법에 따라 한국의 재외공관장에 의한 이혼의사 확인을 받아야 한다고 하여 일관성이 없다.

44) 신창선·윤남순, 357면; 김연·박정기·김인유, 417면; 신창섭, 345면 註 279; 윤종진, 453면. 일본도 같다. 櫻田嘉章, 292면; 溜池良夫, 462면.

45) Andrae, §3 Rn. 57은 이런 취지이다.

46) 그 밖에도 이슬람법에서는 남편이 부인에 대하여 일방적으로 이혼을 선언함으로써 이혼하는 이른바 talaq이 가능하다. 이혼의 준거법이 talaq을 인정하는 국가의 법인 경우 우리 법원이 당사자의 talaq을 기초로 이혼판결을 할 수 있는가라는 의문이 제기된다. 독일에서는 그 경우 첫째, 외국이혼법의 적용이 공서에 반하는지와, 둘째, 그런 식의 활동은 본질상 법원의 권한에 속하지 않기 때문에 불허되는가를 논의한다. 이에 관하여는 Andrae, §3 Rn. 136ff.; Lena-Maria Möller, No Fear of Ṭalaq: A Reconsideration of Muslim Divorce Laws in Light of the Rome III Regulatioln, Journal of Private International Law (2014), Vol. 10-3, p. 461 이하 참조.

(6) 외국의 재판에 의한 이혼

외국에서 재판상 이혼이 행해진 경우에는 외국재판의 승인 및 집행의 문제가 제기되는데, 실무상 국제재판관할[47]과 상호보증의 존재가 가장 문제 된다. 이 경우 법률행위의 방식에 관한 국제사법 제31조는 적용되지 않는다.[48]

외국법원의 이혼판결에 기하여 우리 가족관계등록부에 이혼을 기재하는 경우, 외국판결이 민사소송법이 규정한 승인요건을 구비하는지의 여부를 법원이 신중하게 판단할 기회가 있어야 함에도 불구하고 실무적으로는 가족관계등록 공무원에 의해 만연히 가족관계등록부의 기재가 이루어지고 있다. 가족관계등록 공무원으로서는 대법원예규[49]에 따라 감독법원에 질의하여 외국판결이 승인요건을 구비하는지 여부에 관한 회답을 얻어 처리해야 함에도 불구하고 이러한 절차를 생략한 탓에 우리나라에서는 효력이 없는 이혼을 가족관계등록부에 기재하는 예가 종종 있다. 만일 외국판결에 기한 이혼의 기재를 위하여 집행판결을 요구한다면 이러한 불실한 기재를 예방할 수 있으나, 실무적으로는 집행판결을 거치지 않으므로 불의의 이혼을 당한 피고로서는 우리 법원에서 이혼무효확인의 소를 제기하고, 외국판결이 승인요건을 구비하지 못함을 주장·입증해야 하는 불이익을 받게 된다. 과거 우리나라에서는 이 경우 가족관계등록부 기재를 '광의의 집행'으로 보아 집행판결을 받으라는 식의 이론 구성을 하기도 하였으나 이는 본래의 집행이 아니므로[50] 집행판결을 받으라는 것은 적절하지 않다. 다만 법원이나 적절한 기

---

47) 국제사법 제56조는 혼인관계에 관한 사건의 특별관할을 규정하고 제6조 제3항에서는 관련관할을 규정한다. 이혼사건에 대하여 한국이 국제재판관할을 가지는 경우 양육자지정과 부양료 등 부수적 청구에 대하여 관련관할을 가진다. 상세는 석광현, 국제재판관할법, 250면 이하 참조.

48) 이호정, 368면 참조.

49) 이는 2007. 12. 10. 가족관계등록예규 제173호(외국법원의 이혼판결에 의한 가족관계등록 사무처리지침)와 제175호(외국법원의 이혼판결에 의한 이혼신고)에 따른 것이다. 다만, 외국판결상 피고인 우리 국민이 해당 외국판결에 의한 이혼신고에 동의하거나 스스로 이혼신고를 한 경우 또는 민사집행법에 따라 집행판결을 받은 경우에는 감독법원에 질의할 필요가 없다. 과거 1981. 10. 14. 호적예규 제371호는 외국에서의 이혼판결은 집행판결을 거치지 아니하고 이혼신고를 할 수 있다는 획기적 조치를 취하였는데 그 태도가 유지되고 있다. 법원행정처, 국제가족관계등록 사례집(2009), 104면도 참조.

50) 민사집행법(제26조 제2항)은 집행판결을 청구하는 소에 대해 원칙적으로 채무자의 보통재판적 소재지의 관할을 인정하고, 보통재판적이 없는 때에는 보충적으로 피고의 재산 소재지의 관할을 인정한다. 재산 소재지의 관할을 인정하는 것은 그곳에서 외국판결을 집행할 수 있기 때문이다. 그러나 가족관계등록부(과거 호적) 기재를 위하여 재산소재지의 관할을 인정할 이유는 전혀 없다.

관이 승인요건의 구비 여부를 유권적으로 판단할 필요가 있으므로 독일에서처럼 법원장 또는 적절한 기관이 승인요건의 구비 여부를 스크린할 수 있도록 근거규정을 두는 것이 바람직하다.

(7) 남북한 주민 간의 이혼에 관한 특례

과거 한동안 많은 탈북자가 발생함에 따라 그들이 북한에 남아 있는 배우자와 이혼하고자 우리 법원에 제소하는 사안이 발생하였다. 이 경우 첫째, 홀로 탈북한 배우자가 북한에 있는 배우자를 상대로 이혼청구를 할 수 있는지, 둘째, 한국(남한) 법원에 재판관할권이 있는지, 셋째, 이혼의 전제로서 북한에서의 혼인은 유효하게 성립하였는지, 넷째, 북한주민에게 송달을 어떻게 할 것인지, 다섯째, 이혼의 준거법은 무엇인지 등의 의문이 제기되었다. 이런 문제를 입법적으로 해결하기 위하여 국회는 2007년 1월 "북한이탈주민의 보호 및 정착지원에 관한 법률"을 개정하여 아래 제19조의2를 신설하였고 그 후 개정하였다.

제19조의2(이혼의 특례) ① 제19조에 따라 가족관계 등록을 창설한 사람 중 북한에 배우자를 둔 사람은 그 배우자가 남한에 거주하는지 불명확한 경우 이혼을 청구할 수 있다.

② 제19조에 따라 가족관계 등록을 창설한 사람의 가족관계등록부에 배우자로 기록된 사람은 재판상 이혼의 당사자가 될 수 있다.

③ 제1항에 따라 이혼을 청구하려는 사람은 배우자가 보호대상자에 해당하지 아니함을 증명하는 통일부장관의 서면을 첨부하여 서울가정법원에 재판상 이혼청구를 하여야 한다.

④ 서울가정법원이 제2항에 따른 재판상 이혼의 당사자에게 송달을 할 때에는「민사소송법」제195조에 따른 공시송달(公示送達)로 할 수 있다. 이 경우 첫 공시송달은 실시한 날부터 2개월이 지나야 효력이 생긴다. 다만, 같은 당사자에게 첫 공시송달 후에 하는 공시송달은 실시한 다음 날부터 효력이 생긴다.

⑤ 제4항의 기간은 줄일 수 없다.

위 조문에 의하여, 탈북자가 배우자를 상대로 한국(남한) 법원에 제소할 수 있고, 한국 법원이 국제재판관할권을 가지는 점과 송달은 공시송달에 의할 수 있다는 점이 명확히 되었다. 그러나 여기에서 첫째, 위 사안의 경우 이혼의 준거법이 당연히 한국법인지와 둘째, 실질법의 문제로서 위 조항은 이혼원인을 추가한

것인가라는 의문이 제기되었다. 즉, 위 조문은 탈북자에 대하여 사실상 파탄주의를 적용할 것을 요구하는가라는 등의 의문이 남아 있다. 만일 그렇다면 탈북과 그에 이은 별거라는 이유만으로 이혼을 허용하는 셈이 된다.[51)]

(8) 이혼의 준거법에 관한 입법론

근자에는 이혼의 준거법을 정한 국제사법 제66조를 개정하자는 입법론이 있다. 이는 세 가지 점에서 개정을 제안한다.[52)] 첫째, 내국인조항을 삭제하자는 것이고, 둘째, 이혼의 준거법에 따라 이혼이 이루어지지 않는 경우 법정지법인 우리 법을 적용할 수 있도록 보정적 연결원칙을 도입하며, 셋째, 현재 법원의 실무가 이혼의 준거법이 규율하는 사항에 대하여 혼란스럽고 제자리를 찾지 못하고 있으므로 이혼의 준거법이 규율하는 부수적 효과를 명시하자는 것이다.

첫째의 점을 보면, 내국인조항을 삭제하자는 의견은 수긍할 수 있다. 내국인조항은 일본 법례를 수용한 것인데, 한국의 경우 협의이혼 시 가정법원의 이혼의사 확인제도가 있어 그 절차에서 법관이 준거법을 판단할 수 있으므로 그런 절차가 없는 과거 일본 법제와는 다르다.[53)]

둘째의 점을 보면, 위 견해는 우리 민법이 협의이혼제도를 두고 있으므로 보정적 연결을 도입하는 편이 이혼의 자유의 보장에 기여할 수 있을 것이라면서 이를 허용하는 이탈리아(국제사법 제31조 제2항)와 프랑스(민법 제309조)을 원용한다.[54)] 그러나 이는 준거법 통제에 대한 예외를 인정하는 것이라 주저된다.

마지막으로 셋째의 점을 보면, 국제사법의 해석론으로서는 이혼하는 부부 사이의 상호관계와 그들과 자녀 사이의 관계는 구별되므로 후자에 속하는 친권자 및 양육자지정과 면접교섭권은 국제사법 제72조에 따른 부모·자녀 간 법률관계의 준거법에 의하여야 한다.[55)] 양육비에 관하여도 국제사법 제73조는 부양권리자와 부양의무자를 유형화하여 부양의 준거법을 구별하지 않고 모든 부양의무에 적용하므로, 양육비를 포함한 미성년자녀에 대한 부양의무도 그에 따라야 한다.[56)]

---

51) 특례조항에 관하여는 우선 신영호, "새터민의 이혼소송", 인권과 정의 통권 제368호(2007. 4.), 114면 이하 참조.

52) 이종혁(2022a), 58면 이하.

53) 이종혁(2022a), 60면도 동지. 저자는 이 점을 지적한 바 있다. 석광현, 해설, 470면.

54) 이종혁(2022a), 60면.

55) 이것이 종래의 통설이다. 이호정, 407면 등.

56) 이런 취지의 재판례로는 예컨대 서울가정법원 2009. 3. 20. 2008르2020, 3283 판결(확정) 등

그럼에도 불구하고 친권자·양육자지정과 면접교섭권과 양육비 등이 모두 이혼의 준거법에 의한다는 재판례가 다수라는 지적이 있다.[57] 위 견해는 혼란을 조기에 불식하기 위하여 셋째의 점을 개정하여 법조문에 명시하자고 제안한다.[58] 그러나 판례가 차차 올바른 길을 찾아갈 것으로 기대할 수 있으므로 굳이 개정할 필요는 없다. 다만 국제가사사건을 다루는 법관에 대한 교육 내지 연수를 강화할 필요가 있다.

한편 이혼의 준거법에 관하여 로마Ⅲ와 일부 입법례가 도입한 당사자자치를 도입할지에 관하여는 이를 불허하는 국제사법의 태도를 유지하자는 견해[59]와 당사자자치 도입에 대하여 호의적인 견해[60]가 보인다.

(9) 등록된 생활동반자관계

(가) 생활동반자관계의 준거법의 논점   우리나라에서는 동성의 생활동반자 관계가 허용되지 않고 등록도 할 수 없지만[61] 국가에 따라서는 이를 허용하기도 한다. 독일에서는 과거 동성 간의 법률혼(동성혼)이 허용되지 않았으므로 동성혼에 갈음하는 제도로서 2001년 동성 간의 생활동반자제도가 도입되었다.[62] 그러나

이 있다.

57) 재판례의 소개와 비판은 이종혁(2021), 485면 이하.

58) 이종혁(2022a), 61면 이하.

59) 이종혁(2022a), 59면. 이는 만일 당사자자치를 인정한다면 파탄주의를 취하는 국가로의 준거법 쇼핑이 발생할 우려가 있고 당사자 일방이 교섭과정에서 대등한 지위를 보장 받지 못할 우려가 있음을 지적한다.

60) 곽민희, "국제가족법에 있어서의 당사자자치 원칙의 수용", 국제사법연구 제23권 제2호 (2017. 12.), 27면. 이는 이혼의 경우에도 가장 밀접한 관련이 있는 법을 찾는 데 수반되는 어려움이 있고 국적이 밀접한 관련을 표명하지 못한다는 소극적 근거와, 준거법에 관한 당사자의 예측가능성과 법적 안정성을 확보할 수 있다는 적극적 근거를 제시한다.

61) 우리나라에서도 2014년 "생활동반자관계에 관한 법률안"을 발의하려는 시도가 있었으나 성공하지 못하였다.

62) 독일의 생활동반자 제도는 2001년 '동성결합 차별 종식을 위한 법률: 생활동반자(Gesetz zur Beendigung der Diskriminierung gleichgeschlechtlicher Gemeinschaften: Lebenspartnerschaften)'에 의하여 도입되었다. 소개는 김민중, "독일의 새로운 가족법상의 제도로서의 동성 사이의 생활동반자관계", 가족법연구 제15권 제2호(2001. 12.), 393면 이하; 홍윤선(2014), "독일의 「등록된 생활동반자관계에 관한 법률」의 제정과 주요 내용", 최신외국법제정보, 70면 이하 참조. 그 후의 변화는 이보연, "독일 동성혼 인정 과정을 통해서 본 의회와 연방헌법재판소의 상호작용", 서울법학 제26권 제4호(2019. 2.), 59면 이하; 이정훈, "동성혼과 생활동반자법에 관한 연구—동성생활동반자의 혼인신고 불수리처분에 대한 불복신청 사건(서울서부지방법원 2014호파 1842)을 중심으로—", 원광법학 제32권 제2호(2016. 1.), 82면 이

독일에서는 2017. 7. 20. 제정된 동성 간 혼인체결에 관한 법의 도입을 위한 법률에 의하여 동성혼이 도입됨으로써 동성 간 생활동반자관계는 의미를 상실하였다.[63] 한편 프랑스에서는 1999년 '민사(또는 시민)연대계약(*pacte civil de solidarité.* 또는 연대를 위한 민사협약)'에 관한 1999. 11. 15.자 법률 제99–944호에 의하여 PACS 제도가 도입되었고, 영국에서는 2004년 민사결합법(Civil Partnership Act 2004)에 의하여 2005년 민사결합(civil partnership)제도가 도입되었다.[64]

생활동반자관계에 외국적 요소가 있는 때에는 준거법 결정 등 국제사법적 쟁점이 제기된다. 현재로서는 외국법에 따라 동성의 생활동반자관계가 등록되었더라도 그의 효력을 직접 인정하는 것은 우리의 공서에 반할 가능성이 크지만, 생활동반자 간의 재산관계처럼 외국법에 따라 성립한 생활동반자관계의 개별적 효력을 주장하는 것은 공서위반이 아닐 수 있으므로 준거법을 논의할 실익이 있다.[65] 이에는 동반자의 국적에 따라 다양한 결합유형이 있을 수 있다. 아래에서는 참고로 독일법의 논의를 간단히 소개한다.

국제사법과 달리 독일 민법시행법은 2001. 8. 1. 발효된 제17b조(2001년 2월 생활동반자법률(Lebenspartnerschaftsgesetz)에 의하여 신설)에서 등록된 동성의 생활동반자관계 간의 가족법적 문제의 준거법을 상세히 규정하는데, 이는 2012년 5월 3일 일부 개정되었다.[66] 그러나 독일 민법시행법은 많은 부분에서 로마III과 아래에서 언급하는 EU등록동반자재산규정에 의하여 배제된다. 이성 간의 생활동반자관계 나아가 동성 간의 혼인관계의 준거법에 대하여는 제17b조가 직접 적용되는 것은 아니고 유추적용될 수 있는지는 논란이 있다.[67]

하 참조.

63) 그 결과 2017. 10. 1. 이후로 독일에서는 새로운 생활동반자등록은 허용되지 않는다. 생활동반자법률 제1조.

64) 프랑스 법률은 김수정, "유럽에서의 동성혼 합법화 경향", 가족법연구 제29권 제1호(2015), 228면 이하; 강명원, "프랑스의 등록 동거혼 관련 입법례", 최신 외국입법정보 2024–02호(240), 1면 이하; 영국 법률은 위 김수정, 215면 이하 참조. 이병화, "등록파트너십을 포함하는 혼외동거에 관한 헤이그국제사법회의의 비교법적 동향 분석", 국제사법연구 제26권 제2호(2020. 12.), 537면 이하도 참조.

65) 물론 이 경우 생활동반자관계를 어떻게 성질결정할지가 우선 문제 된다. 독일에서는 구 민법시행법 제17a조가 신설되기 전에는 다양한 견해가 있었으나 가족법, 특히 혼인법적으로 성질결정하여 이를 유추적용하려는 견해가 통설이었다. Dominique Jakob, Die eingetrgene Lebenspartnerschaft im Internationalen Privatrecht (2002), S. 172. 특히 S. 197 이하 참조.

66) 독일 민법시행법의 조문 번역은 석광현, 정년기념, 580면 참조.

우리나라에서는 결혼한 부부와 자녀 등으로 구성된 전통적 가족 형태를 당연
시하는 경향이 있으나, 최근에는 결혼을 하지 않고 함께 사는 비혼동거 가족 등
새로운 유형의 가족이 늘어나면서 생활동반자법을 도입할 필요성에 대한 논의가
활발해지고 있다. 특히 현행 가족 관련 법·제도들이 대부분 전통적 가족 개념 내
지 형태를 전제로 하는 탓에 비혼동거 가족 등 새로운 유형의 가족을 보호하는
데 미흡하므로 이를 입법적으로 보완할 필요가 있기 때문이다.[68] 다만 이는 실질
법의 문제이고 국제사법적 논점에 대하여는 아직 관심이 별로 없다.[69]

　(나) 생활동반자관계의 준거법의 결정[70]　　　　생활동반자관계의 준거법은 우선
EU동반자관계재산규정[71]에 의하여 결정되고 그에 의하지 않는 범위 내에서 독일
민법시행법이 규율한다(민법시행법 제3조 제1항, 제2항). 주의할 것은 EU동반자관계
재산규정은 EU부부재산규정과는 별개의 규정이지만 함께 움직이는데, 이는 유럽
연합 내에서는 부부든 생활동반자든 동일하게 취급하기 위한 것이라고 한다.[72]

　등록된 생활동반자(eingetragene Lebenspartnerschaft)(또는 "등록된 파트너십")의
성립과 해소 및 EU동반자관계재산규정의 적용범위에 속하지 않는 일반적인 효력
은 등록부 관리 국가(또는 등록국. *lex libri*)의 실질법에 의한다(제17b조 제1항).[73] 당

67) 과거 Andrae는 이성 간의 생활동반자관계에 제17b조를 유추적용하고(3. Aulage, §10 Rn.
　　61; §1 Rn. 180), 동성 간의 혼인관계에 대하여는 제17b조를 적용하는 것으로 보았다(§10
　　Rn. 68). 그러나 개정된 제17b조는 등록된 생활동반자관계만이 아니라 동성혼에도 직접 적
　　용된다(제17b조 제4항, 제5항). Andrae, §1 Rn. 190 이하.
68) 법률신문 기사 참조. https://m.lawtimes.co.kr/Content/Article?serial=174305.
69) 다만 이병화(註 64), 537면 이하는 동반자관계에 관한 실질법과 국제사법 분야의 비교법적
　　자료를 정리한 헤이그국제사법회의 자료를 소개한다. 헤이그국제사법회의 자료인
　　Caroline Harnois and Juliane Hirsch, Note on Developments in I 참조.
70) 우리의 경우 우선 생활동반자관계의 성질결정이 문제 된다. 과거 독일에서는 다양한 견해가
　　있었으나 가족법, 특히 혼인법적으로 성질결정하여 이를 유추적용하는 견해가 통설이었다.
71) 이는 "등록된 동반자관계의 재산법적 효력사건에서의 관할, 준거법과 재판의 승인 및 집행
　　의 영역에서의 제고된 협력의 시행을 위한 2016. 6. 24. 이사회 규정 (유럽연합) 번호
　　2016/1104"을 말한다. 독일어는 '생활동반자관계'라는 용어를 사용하나 EU 차원에서는 '동
　　반자관계'라고 한다. 과거에는 등록동반자관계를 규율하는 독립적 규정은 없었고 오히려 기
　　존규정들이 등록동반자관계에 적용되는지가 문제 되었으나 2016년 EU동반자관계재산규정
　　이 채택되었다.
72) 최흥섭, EU국제사법, 167면.
73) 혼인의 성립에 관한 위의 논의에서 언급한 바와 같이 근자에 독일에서는 혼인, 혼인과 유사
　　한 동반자관계 기타 가족법적으로 승인된 생활 및 위험공동체를 통일적으로 거행지법에 연
　　결하자는 견해가 점차 유력하게 주장되고 있다. 독일 국제사법회의는 그런 취지의 입법제안

사자는 준거법을 직접 지정할 수는 없지만 등록국을 선택함으로써 간접적으로 준거법을 선택할 수 있다. 그러나 그 국가는 생활동반자관계의 등록을 허용하는 국가여야 하고, 부부 중 일방이 속하거나 그의 상거소지국이어야 한다(제17b조 제1항, 제10조 제2항). 당사자들이 다른 국가에서 등록하는 경우 준거법이 변경된다. 즉 동일한 사람들 간에 등록된 생활동반자관계가 복수 국가에 존재하는 경우에는 ①에 기술한 효력과 효과에 대하여는 최후에 성립한 생활동반자관계가 성립한 때로부터는 그것이 준거가 된다(제17b조 제3항).[74]

(다) 준거법이 규율하는 사항   등록된 생활동반자관계의 준거법은 그의 성립과 해소 및 EU등록동반자재산규정의 적용범위에 속하지 않는 일반적 효력을 규율한다(제17b조 제1항). 즉 혼인에서처럼 그의 실질적 성립요건, 방식과 그 흠결 시의 효력 등 준거법이 규율하는 모든 사항이 생활동반자관계의 준거법에 의한다. 부부재산제는 EU등록동반자재산규정에 따른다. 생활동반자관계에 따른 부양의무와 상속은 각각 EU부양규정과 EU상속규정에 따른다.[75]

(라) 제3자의 보호와 효력의 제한   성명의 선택에 관한 민법시행법 제10조 제2항과, 독일 소재 혼인주거와 가사용품(또는 가재도구. Haushaltsgegenstände)에 대한 사용권 등에 관하여 독일법을 적용하도록 하는 제17a조[76]는 생활동반자관계에도 준용된다(제17b조 제2항).[77]

을 한 바 있다.

74) 제1항은 연금청산(Versorgungsausgleich)에 관하여도 위 준거법이 적용됨을 명시하면서 일정한 제한을 둔다. 조미경, "독일 離婚法에 있어서의 年金淸算(Versorgungsausgleich)제도", 가족법연구 제6권(1992), 153면 이하 참조.

75) 과거에는 생활동반자관계의 상속법적 효과는 상속의 준거법에 의하나, 그에 따르면 법정 상속권이 인정되지 않는 때에는 그 범위 내에서는 등록국법에 따랐다(구 민법시행법 제17b조 제1항 제2문).

76) 독일 민법상의 가재도구의 분할에 관하여는 서종희, "이혼시 가재도구의 분할— 신설된 독일민법 제1568b조를 참조하여 —", 가족법연구 제27권 제2호(2013. 7.), 37면 이하 참조.

77) 구 민법시행법은 생활동반자관계의 일반적 효력이 다른 국가의 법에 따르는 경우에는, 독일법의 규정이 선의의 제3자에 대하여 외국법보다 유리한 범위 내에서는, 독일 내에 소재하는 동산에는 등록된 생활동반자법 제8조 제1항을, 국내에서 행한 법률행위에 대하여는 제8조 제2항과 독일 민법 제1357조를 적용하였고(제17b조 제2항), 외국에서 등록된 생활동반자관계의 효력은 독일 민법과 생활동반자법에 정한 것을 넘을 수는 없다고 규정하였다(제17b조 제4항). 그러나 독일 다수설은 이는 외국의 생활동반자관계를 독일법상의 생활동반자관계로 격하시키는 것으로서 부당하고 공서조항으로 족하다고 비판하였다. Andrae, §10 Rn. 25. 또한 위 조항은 EU 내에서의 이주와 거주의 자유를 보장하는 유럽연합기능조약(TFEU. 유럽공동체설립조약, 즉 로마조약의 후신이다) 제21조에 반한다는 비판도 있었기에 결국 삭제되

(마) 연금청산   Versorgungsausgleich(연금청산)[78]은 1문에 의하여 준용되는 법에 따른다(제17b조 제1항 2문). 다만 이는 그에 따라 독일법이 적용되는 경우 또는 생활동반자관계의 해소 신청이 계속한 시점에 생활동반자가 속하는 국가들 중 어느 하나의 법이 생활동반자 간의 연금청산을 아는 때에 한하여 행해질 수 있다. 그 밖에는 생활동반자의 1인이 동반자관계가 존속하는 동안 내국의 연금에 대한 기대권을 취득하였던 경우에는 부부의 일방이 신청에 기하여 독일법에 따라 행해질 수 있으나, 연금청산의 실행은 생활동반자 쌍방의 경제적 사정을 고려하여 또한 생활동반자관계의 전 기간을 고려하여 형평에 반하지 아니하는 한도 내에서만 행하여진다(제17b조 제1항 4문).

(10) 동성혼

(가) 동성혼의 준거법의 논점   한국에서는 동성혼(또는 동성혼인. same－sex marriage)은 허용되지 않고 등록도 할 수 없지만 이를 허용하는 국가도 있다. 즉 우리 민법(제826조 등)은 혼인의 당사자를 부부(夫婦)라고 표현하여 당사자가 서로 성(性)이 다를 것을 당연한 전제로 하므로 민법의 해석상 동성혼인을 인정할 수는 없다.[79] 또한 헌법 제36조 제1항은 "혼인과 가족생활은 개인의 존엄과 양성의 평등을 기초로 성립되고 유지되되어야 하며"라고 규정하여 혼인이 이성 간의 결합임을 전제로 하므로 동성혼을 인정하지 않는 것이 위헌이라고 평가할 수도 없다. 다만 당사자들의 행복추구권의 실현을 보장하기 위하여 입법론으로 정면으로 동성혼을 인정하거나 그에 준하는 관계를 허용하는 것이 바람직하다는 견해가 유력하다.[80]

그러나 근자에는 독일,[81] 프랑스[82]와 영국[83]에서는 동성혼이 모두 허용된다.

었다.

78) 조미경(註 74), 153면 이하 참조. 오종근 외(2023), 독일민법전 가족법, 137면도 이를 '연금청산'이라고 번역한다.

79) 서울서부지방법원 2016. 5. 25.자 2014호파1842 결정에서 법원은 남성으로 동성인 갑과 을의 혼인신고에 대하여 관할 구청장이 신고불수리 통지를 하자, 갑과 을이 불복신청을 한 사안에서, 현행법의 통상적인 해석으로는 동성인 신청인들의 합의를 혼인의 합의라고 할 수 없고 합의에 따른 신고를 적법한 혼인신고라고 할 수 없다고 판시하였다. 이에 대하여는 다수의 평석이 있다.

80) 윤진수, 20면 이하.

81) 독일의 동성혼 제도는 2017. 7. 20. 제정된 '동성 간의 혼인체결에 관한 권리의 도입을 위한 법률(혼인개방법)[(Gesetz zur Einführung des Rechts auf Eheschließung für Personen

미국[84])에서도 근자의 연방대법원 판결에 의하여 동성혼이 허용된다. 현재로서는 외국법에 따라 동성혼이 등록되었더라도 그의 효력을 직접 인정하는 것은 우리의 공서에 반한다고 볼 가능성이 클 것이나,[85]) 동성혼의 당사자(또는 동성배우자, 동성결합 상대방) 간의 재산관계처럼 외국법에 따라 성립한 동성혼의 개별적 효력을 주장하는 것은 공서위반이 되지 아니하므로 준거법을 논의할 실익이 있다.[86]) 외국적 요소는 없으나 동성 동반자의 건강보험 피부양자 자격 유무가 다투어진 사건이 있다.[87]) 아래에서는 참고로 유럽연합과 독일법의 논의를 간단히 소개한다.

---

gleichen Geschlechts (Eheöffnungsgesetz))]'에 의하여 도입되어 2017. 10. 1. 시행되었다.

82) 프랑스의 동성혼 제도는 2013. 5. 17. 제정된 '동성 커플에게 혼인을 개방하는 법률' 제2013-404호에 의하여 도입되어 2013. 5. 19. 시행되었다. 소개는 채형복, "프랑스 동성결혼법 - 모두를 위한 '어떤' 결혼인가", 강원법학 54권(2018. 6.), 43면 이하 참조.

83) 영국의 동성혼 제도는 2013. 7. 17. 제정된 2013년 동성 커플 혼인법(Marriage (Same Sex Couples) Act 2013)에 의하여 도입되어 2014. 3. 13. 시행되었다.

84) 미국 연방대법원은 2015. 6. 26. Obergefell v. Hodges, 576 U.S. 644 (2015) 사건 판결에서 각 주가 동성혼을 금지하는 것은 위헌이고 각 주는 동성혼을 허용할 의무가 있다고 판시하였다. 위 판결과 그 후의 논의는 성중탁, "동성(同性)혼에 관한 법적 쟁점과 전망—미국에서의 동성혼 합법화 결정 이후의 논의를 포함하여—", 가족법연구 제31권 제1호(2017. 1.), 230면 이하; 신영현, "미국의 동성혼 관련 판결의 분석과 함의", 가천법학 제9권 제3호(2016. 9.), 168면 이하 참조.

85) 다만 그것이 선결문제인 경우는 그러하지 아니하다.

86) 우리 법상 예컨대 ① 한국에서 외국인-외국인 간 또는 ② 한국에서 한국인-외국인 간의 동성혼의 관계의 성립을 인정할 수 있는지, 나아가 ③ 외국에서 성립한 외국인-외국인 간의 동성혼과 ④ 외국에서 성립한 한국인-외국인 간의 동성혼을 승인할 수 있는지 등의 문제가 제기될 수 있다. ④의 사례로는 한국인 남성과 2015년 영국에서 결혼식을 올리고 혼인증명서를 받은 영국인 남성이 한국 정부에 결혼이민비자를 신청하였으나 거부당한 사례가 보도된 바 있다. 특히 외국에서 동성혼이 성립한 경우 그의 승인이 우리의 공서위반이라고 하더라도 그 결과 모든 맥락에서 혼인의 성립을 전면적으로 부정할 것은 아니고 개별 사안에서 쟁점이 되는 혼인의 효력에 대하여 공서위반 여부를 판단할 필요가 있다. 즉 혼인의 효력을 검토함에 있어서 선결문제인 혼인의 성립 자체가 공서위반을 이유로 부정되더라도 혼인의 효력은 개별적으로 검토하여야 한다는 것이다.

87) 국민건강보험공단은 종래 사실혼 배우자에게도 피부양자 지위를 인정하였는데, 동성 동반자와 결혼식을 올리고 함께 살면서도 동성이라 혼인신고를 하지 못한 원고(남성)도 '사실혼 배우자'로 분류되어 직장가입자인 배우자의 피부양자로 등록되었으나 언론 보도 후 지위를 취소당하고 지난 8개월의 보험료를 납부하라는 고지를 받았다. 원고는 평등원칙 위배와 절차적 문제를 주장하면서 2021년 2월 보험료 부과처분의 취소를 구하는 소를 제기하였다. 1심(서울행정법원 2022. 1. 7. 선고 2021구합55456 판결)은 법률혼뿐만 아니라 사실혼도 이성 배우자 간에만 가능하다고 해석하였고, 동성 간 결합과 이성 간 결합은 본질적으로 같지 않기에 동성배우자에게 피부양자 지위를 인정하지 않는 것이 평등원칙에 위배되지 않는다고 판단하였다. 항소심인 서울고등법원 2023. 2. 21. 선고 2022누32797 판결은 1심 판결을 취

(나) 동성혼의 준거법의 결정　　　　독일의 경우 동성혼의 준거법은 우선 로마Ⅲ에 의하여 결정되고 그에 의하지 않는 범위 내에서 독일 민법시행법이 규율한다(민법시행법 제3조 제1항, 제2항). 즉 로마Ⅲ은 동성혼에도 적용되는데, 다만 동성혼을 허용하지 않는 회원국은 동성혼의 이혼을 선언할 의무를 지지 않는다(제13조).

로마Ⅲ이 시행되면서 특별한 이혼의 효과와 이혼재판에 관하여 규정하였던 구 민법시행법 제17조가 2018. 12. 21. 개정되었고 제17b조 제1항 1문과 4문 등

소하고 원고승소 판결을 하였다. 항소심은 "사실혼 배우자와 동성결합 상대방은 모두 법률적인 의미의 가족관계나 부양의무의 대상에는 포함되지 않는 정서적·경제적 생활공동체라는 점에서 양자가 다르다고 할 수 없어 사실혼 배우자 집단에 대해서만 피부양자 자격을 인정하고, 동성결합 상대방 집단에 대해서 인정하지 않는 것은 성적 지향(性的指向, sexual orientation)을 이유로 본질적으로 동일한 집단에 대한 차별대우에 해당한다"라고 하고, "자의금지원칙에 따른 심사의 경우 '차별의 합리적 이유가 존재하는지'의 여부에 따라 판단하고, 행정청의 어떤 행위가 차별대우로 인정된다면 그 차별에 합리적 이유가 있어 자의적이지 않다는 점은 행정청이 이를 주장·입증할 책임이 있으나, 공단은 합리적 이유에 대해 구체적 주장·입증을 하지 않았기에, 공단은 합리적 이유 없이 동성결합 상대방을 사실혼 배우자와 차별해 피부양자 자격을 박탈했으므로, 평등의 원칙에 위배되어 위법하다"라고 판시하였다. 위 판결은 사회보장제도에서 성적 지향에 근거한 차별을 해서는 아니 된다는 점을 확인한 우리나라 최초의 판결로서 동성배우자도 건강보험상 피부양자 지위를 가질 수 있음을 인정한 점에서 큰 의미가 있다. 다만 항소심 법원이 동성결합을 사실혼 관계로 인정한 것은 아니고, 동성결합 상대방에게 건강보험상 피부양자 이외의 법적 지위를 부여한 것은 아니다. 국민건강보험공단이 2023. 3. 6. 상고하였으나 대법원 2024. 7. 18. 선고 2023두36800 전원합의체판결은 상고를 기각하였다. 대법원은 "국민건강보험법령에서 동성 동반자를 피부양자에서 배제하는 명시적 규정이 없는데도 동성이라는 이유만으로 배제하는 것은 성적 지향에 따른 차별"이고 이는 "함께 생활하고 서로 부양하는 두 사람의 관계가 전통적인 가족법제가 아닌 기본적인 사회보장제도인 건강보험의 피부양자제도에서조차도 인정받지 못함을 의미하는 것으로서, 이는 인간의 존엄과 가치, 행복추구권, 사생활의 자유, 법 앞에 평등할 권리를 침해하는 차별행위이고, 그 침해의 정도도 중하다"라고 하고, "피부양자제도의 본질에 입각하면 동성 동반자를 사실상 혼인 관계에 있는 사람과 달리 취급할 이유가 없다"라며 "동성 동반자도 '동반자' 관계를 형성한 직장가입자에게 주로 생계를 의존하여 스스로 보험료를 납부할 자력이 없는 경우 사실상 혼인관계에 있는 사람과 마찬가지로 피부양자로 인정받을 필요가 있고, 그 요건도 달리 보아서는 안 된다"라고 판시하였다. 그러나 위 판결이 동성혼을 인정한 것은 아니다. 즉 대법원은 "이 사건은 건강보험이라는 특수한 사회보장제도와 관련한 피부양자 인정에서의 형평성 유지에 관한 것으로 건강보험제도와 피부양자제도의 취지, 목적 등을 떠나 생각할 수 없고, 다른 사회보장제도의 경우 각 제도의 취지, 목적 등에 비추어 별도로 판단할 문제이다. 또한 동성 동반자에 대해 사실상 혼인관계에 있는 사람에 준하여 건강보험의 피부양자로 인정하는 문제와 민법 내지 가족법상 '배우자'의 범위를 해석·확정하는 문제는 충분히 다른 국면에서 논의할 수 있다"라고 밝혔다. 위 다수의견과 달리, '배우자'에 '동성 동반자'를 포함시키고자 한다면 입법이나 위헌법률심판제도를 활용하는 방식을 취하는 것이 옳다는 취지의 별개의견이 있다.

이 개정되었으며 그 후 제17b조에는 제4항과 제5항이 신설되었다. 동성혼의 준거법은 아래와 같다.

동성혼에도 생활동반자관계에 적용되는 제17b조 제1항부터 제3항이 적용된다(제17b조 제4항). 이혼 및 혼인결합의 해소 없는 별거의 준거법(제3조 제1항 d호 참조)은 로마Ⅲ에 따른다. 부부재산법적 효력은 EU부부재산제규정에 의하여 결정되는 준거법에 따른다. 성씨의 선택을 정한 제10조 제2항과 혼인주거를 정한 제17a조는 준용된다(제17b조 제4항, 제2항). 당사자들이 다른 국가에서 등록하는 경우 준거법이 변경되는 점도 생활동반자관계와 같다(제17b조 제4항, 제3항). 동성혼의 경우 제13조 제3항(혼인적령), 제17조 제1항부터 제3항(이혼에 대한 특별규정), 제19조 제1항 3문(출생자의 지위), 제22조 제1항 2문과 제3항 1문(입양)과 제46e조(로마Ⅲ 법의 선택)가 준용된다(제17b조 제5항). 동성혼 당사자(또는 동성배우자)는 혼인의 일반적 효력에 관하여 제14조에 따라 준거법을 선택할 수 있다(제17b조 제5항).

준거법의 맥락에서 흥미로운 것은 구 스위스 국제사법이다. 과거 스위스에서는 동성혼이 허용되지 않았는데, 당시 스위스 국제사법(제45조 제3항)은 "외국에서 유효하게 체결된 동성 간의 혼인은 스위스에서 등록된 동반자관계로 승인된다"라고 규정함으로써 외국 동성혼의 효력을 등록된 동반자관계로 격하시켰다(downgrade).[88] 그러나 스위스는 2022. 7. 1.부터 동성혼을 허용하므로 이제는 외국에서 유효하게 성립한 동성혼은 스위스에서도 유효한 혼인으로 승인되는 결과 위 제3항은 동일자로 삭제되었다. 현재 동성혼을 허용하지 않는 우리 법은 생활동반자관계라는 개념을 알지 못하므로 가사 우리 국제사법상 외국의 동성혼이 공서 위반이라고 본다고 하더라도 이를 생활동반자관계로 격하시킬 근거는 없다. 다만 동성혼에 앞서 동성의 생활동반자관계만 먼저 도입된다면 그때에는 그럴 가능성도 없지 않다.

---

88) 참고로 유럽인권재판소와 EU사법재판소는 동성혼의 인정은 개별 회원국의 입법사항이고 아직 확립된 컨센서스가 없으므로 다른 회원국에서 성립된 동성혼을 승인할 의무가 있는 것은 아니지만, 적어도 그들의 관계를 보호할 수 있는 다른 대체 제도로서의 승인(유럽인권재판소 판결) 또는 제3국 국적의 동성배우자의 거주를 보장하기 위한 승인(EU사법재판소 판결) 등은 필요하다는 취지로 판단하였다. 장지용, "외국에서 성립된 동성혼의 승인", 법률신문 제4616호(2018. 6. 28.), 11면에 소개된 유럽인권재판소 2017. 12. 14. Orlandi and Others v. Italy 사건 판결(no. 26431/12); EU사법재판소 2018. 6. 5. Relu Adrian Coman and Others v. Inspectoratul General pentru Imigrări and Ministerul Afacerilor Interne 사건 판결(C-673/16) 등 참조.

　　(다) 준거법이 규율하는 사항　　　　　동성혼의 준거법은 그의 성립과 해소 및 일반적 및 재산적 효력을 규율한다(제17b조 제1항, 제4항). 즉 혼인에서처럼 그의 실질적 성립요건, 방식과 그 흠결 시의 효력 등 준거법이 규율하는 모든 사항이 동성혼의 준거법에 의한다.

* 국제친자법의 구성

국제사법의 제7장, 즉 국제친족법은 국제혼인법(제63조~제66조), 국제친자법(제67조 – 제72조), 국제부양법(제73조)과 국제후견법(제75조)으로 구성된다. 여기에서 다루는 국제친자법은 준거법결정원칙을 내용으로 하는 좁은 의미의 국제친자법을 말한다. 즉, 여기에서는 우리 실정법인 국제사법 중 준거법지정규칙을 해설하고 국제재판관할규칙은 논의하지 않는다.[1] 외국판결의 승인 및 집행은 간단히 언급한다. 국제사법은 제67조부터 제71조에서 다양한 친자관계의 성립에 관한 규정을 두고, 그를 통하여 친자 간의 법률관계가 성립한 경우 그에 따른 친자의 권리·의무관계를 제72조에서 규정하는 방식을 취하고 있다.

국제친자법의 영역에서 주목할 것은 우리나라가 헤이그국제사법회의에서 채택한 아동탈취협약에 가입하여 동 협약이 2013. 3. 1. 한국에서 발효되었다는 점인데, 이를 위하여 국회는 이행법률을 제정하였다. 또한 우리나라는 헤이그국제사법회의의 1993년 "국제입양에서 아동의 보호 및 협력에 관한 협약(Convention on Protection of Children and Co – operation in Respect of Intercountry Adoption)"(이하 "입양협약"이라 한다)에 서명하였고, 입양협약 이행법률의 성격을 가지는 "국제입양에 관한 법률(국제입양법)"이 2023. 7. 18. 공포되었으며, 시행에 즈음하여 2025년 7월 경 비준 예정이라는 점도 주목해야 한다. 1950년대 이래 상당한 규모의 우리 아동들이 해외입양을 위하여 출국하였고 아직도 행해지고 있으며 근자에는 외국으로부터 국내로의 입양(특히 중도입양이라고 하는 계자입양)도 이루어지고 있으므로 입양협약의 중요성은 아동탈취협약보다 더 크다고 할 수 있다. 이는 입양 및 파양의 준거법을 정한 제70조에서 논의한다. 또한 근자에는 아동학대의 증가가 사회문제화됨에 따라 아동학대방지를 위한 새로운 제도의 도입에 관한 관심이 커지고 있는데,[2] 그와 병행하여 국제적인 아동학대의 문제에도 대비하여야 한다.

---

* 국제친자법에서 인용하는 아래 주요 문헌은 [ ] 안의 인용약어를 사용한다.
  김원태, "외국가사재판의 승인·집행에 관한 문제의 검토", 국제사법연구 제6호(2001)[김원태(2001)]; 이종혁, "친생자관계의 성립 및 효력의 준거법에 관한 입법론", 가족법연구 제36권 제3호(2022. 11.)[이종혁(2022c)].

1) 양육권에 관하여는 아동의 상거소지국이 국제재판관할을 가지고(국제사법 제59조), 입양재판에 관하여는 아동이 되려는 사람과 양친이 되려는 사람의 상거소지국이 국제재판관할을 가진다(국제사법 제58조). 상세는 석광현, 국제재판관할법, 257면 이하 참조.

2) 예컨대 김상용, "아동학대방지를 위한 새로운 제도 ─ 피해아동보호명령을 중심으로 ─", 가정상담 제365호(2014. 1.), 11면 이하.

헤이그국제사법회의에서 채택한 1996년 아동보호협약 가입도 그러한 맥락에서
검토할 필요가 있다.

5. 혼인 중의 친자관계에 관한 조항의 개정

섭외사법	국제사법
제19조(친생자) 친생자의 추정, 승인 또는 부인은 그 출생 당시의 母의 夫의 本國法에 의한다. 夫가 子의 출생 전에 사망한 때에는 그 사망 당시의 本國法에 의하여 이를 정한다.	제67조(혼인 중의 부모·자녀관계) ① 혼인 중의 부모·자녀관계의 성립은 자녀의 출생 당시 부부 중 한쪽의 본국법에 따른다. ② 제1항의 경우에 남편이 자녀의 출생 전에 사망한 때에는 남편의 사망 당시 본국법을 그의 본국법으로 본다.

[입법례]
• 독일 민법시행법 제19조[출생자의 지위]: 혼인 중·혼인 외 출생자의 구분 없이 동일하게 규율
• 스위스 국제사법 제68조, 제69조[혈통에 의한 친자관계의 성립의 준거법]
• 일본 법례 제17조/법적용통칙법 제28조: 국제사법과 거의 동일하나 표현 다소 상이[1]

가. 개요

국제사법은 구 국제사법처럼 혼인 중의 친자관계의 성립을 용이하게 하기 위하여 이를 부부 중 일방의 본국법에 의하도록 한다(제1항). 다만 그러면서도 혼인 중의 친자관계와 혼인 외의 친자관계의 성립을 구별하여 상이한 연결원칙을 지정한 섭외사법의 체계를 유지하였는데,[2] 이는 우리 민법이 아직 혼인 중의 친자관계와 혼인 외의 친자관계를 구별하여 성립과 효과(효력)를 달리 규정하고 있음을 고려한 것이다.[3] 이 점에서 친자법에 관한 한 국제사법은 우리 민법과 동일한 발전단계에 있다고 할 수 있다. 우리 민법은 과거와 달리 '적출·비적출'이라는 용어

---

1) 일본에서는 '혼인 중의 출생자'를 '적출자(嫡出子)', '혼인 외의 출생자'를 '非嫡出子'라고 부른다. 김문숙, 온주 국제사법 제67조, 2023. 7. 5. [1] 이하는 일관되게 적출·비적출이라는 표현을 사용하나 여기에서는 가급적 사용하지 않는다.
2) 독일은 1997. 12. 16. "親子法의 개혁에 관한 법률(Gesetz zur Reform des Kindschaftsrechts)" (BGBl. 1997 Ⅰ, 2942)에 의해 종전 민법시행법 제19조–제21조를 개정하여 적출자와 비적출자 간의 국제사법상의 구별을 폐지하였다. 위 법률은 1998. 7. 1. 발효되었다.
3) 예컨대 상속의 경우 혼인 외의 자도 상속을 받을 수 있으나 다만 친자로 인정되어야 한다. 성씨의 경우도 일본 민법 제790조는 양자를 구별하여 규정한다. 친생자관계의 실질법에 관한 비교법적 고찰은 권재문, 親生子關係의 決定基準(2011), 43면 이하 참조. 친자관계의 성립 특히, 부자관계의 추정과 확정방법에 대해서 여러 나라의 실질법은 혼인의 존부를 구별의 중요한 기준으로 삼고 있다. 橫山潤, 國際家族法, 233면. 우리 민법은 혼인 중 출생자에 대하여는 공동친권을 원칙으로 하는 데 반하여, 혼인 외 출생자에 대해서는 부가 인지한 경우 친권행사는 부모의 협의로 친권행사자와 방법을 정하도록 하여 양자를 구별한다. 후자는 제72조의 문제이다.

를 사용하지 않는데, 이는 단순히 호칭상의 문제를 넘어 비적출자에 대한 차별을 철폐하려는 실천적 의지의 표현이라는 평가[4]도 있다.

얼핏 보면 자녀와 어머니 사이에서는 혼인 중이든 혼인 외이든 모의 본국법이 준거법이 되어 동일한 것처럼 보이나, 혼인 중의 부모의 경우에는 자녀와 어머니 사이에도 아버지의 본국법이 적용될 수 있으므로 차이가 있다.

나. 주요내용

(1) 선택적 연결의 인정(제1항)

혼인 중의 친자관계의 성립의 준거법에 관하여는 연구반초안,[5] 개정시안[6]과 국제사법이 모두 상이한 데서 보듯이 상당한 논란이 있었다. 즉, 연구반초안에는 제1안과 제2안이 있었는데, 개정시안에서는 제1안이 채택되면서 자녀의 현재의 상거소지에의 선택적 연결과 친생부인에 관한 단서가 추가되었으나, 공청회를 거친 뒤 국제사법에서는 다시 연구반초안의 제1안이 채택되었다.

(가) 국제사법의 취지   혼인 중의 친자관계에 관한 섭외사법의 연결원칙은 '모의 부(夫)의 본국법'을 준거법으로 함으로써 헌법상의 남녀평등의 원칙에 반한다는 점과,[7] 단일한 연결기준을 따르는 점에 특색이 있었다. 혼인 중의 친자관계의 성립이 주로 부자관계에서 문제가 되는 것은 사실이나, 친생추정제도에서 보는 바와 같이 이는 모의 이익에 불리한 영향을 줄 수 있다. 또한 섭외사법이 채택한 단일한 연결기준도 선택적 연결과 비교할 때 자녀의 이익의 보호라는 관점

---

4) 신영호·김상훈·정구태, 154면.
5) 연구반초안(제25조 제1항)은 다음과 같다. 연구반초안해설, 56면.
   "[제1안] 혼인중의 친자관계는 자(子)의 출생 당시 부부 중 일방의 본국법에 의하여 성립할 수 있다.
   [제2안] 혼인중의 친자관계는 자(子)의 출생 당시 부부 중 일방의 본국법 또는 자(子)의 일상거소지법에 의하여 성립할 수 있다".
6) 개정시안 제1항은 다음과 같다. 개정시안해설, 50면.
   "혼인중의 친자관계의 성립은 자(子)의 출생 당시 부부 중 일방의 본국법 또는 현재 자(子)의 상거소지법에 의한다. 다만 자(子)는 그의 상거소지법에 의하여 혼인중의 친자관계를 부인할 수 있다".
7) 섭외사법 제19조와 동일한 규정을 두었던 일본 구 법례(제17조)가 남녀평등에 위반되는지에 관하여 일본에서는 견해가 나뉘었다. 남녀평등에 반하지 않는다는 견해는 친생부인이 일반적으로 부(父)에게만 인정되는 것과 같이 친자관계의 성립은 부자관계가 중심이 된다는 점을 지적하였다.

에서는 문제가 있었다.

　　이런 문제점을 해결하고, 혼인 중의 친자관계의 성립을 용이하게 하기 위하여(*favor legitimitatis*) 구 국제사법은(따라서 국제사법도) 부부의 본국법[8] 중 어느 하나에 의해 혼인 중의 친자관계가 성립하면 부부 쌍방 모두와 사이에 혼인 중의 친자관계의 성립을 인정하는 선택적 연결방법을 취하였다.[9] 조문은 선택적 연결임을 밝힐 뿐이나 이와 같이 해석하는 것이 타당하다. 입법론으로서는 더 친절하게 어느 하나의 법에 의하여 친자관계가 성립하면 족하다는 취지를 명시하는 것을 고려할 수 있다.

　　조문은 '친자관계'라고 하나 양친자관계의 성립은 제70조가 별도로 규율하므로 여기의 친자관계는 친생자관계를 의미한다. 따라서 친자관계를 친생자관계로 수정하는 것이 좋겠다는 입법론도 있다.[10]

　　다만 이에 대하여는 친자관계는 신분관계의 가장 기본적인 요소이므로 그 기준은 일의적이고 명확하지 않으면 아니 된다는 관점으로부터는 비판의 여지가 있다. 특히 친자관계의 성립만을 생각하면 비교적 단순하지만 상호 우열이 없는 복수의 법질서가 적용되는 결과 예컨대 상이한 사람이 아버지(또는 어머니)로 지정되는 경우(예컨대 이혼 후의 출생)의 처리가 문제 된다. 한국에서는 이혼 후 출생의 문제에 대한 논의가 별로 없고 다만 뒤(2.)에서 보듯이 이를 남편 사망 후 출생의 문제와 함께 다루는 경향이 있다.[11] 독일에서는 이 경우 유리의 원칙(Günstigkeitsprinzip)에 따라 자녀의 복리에 가장 적합한 법질서를 적용할 것이라는 견해가 유력한데, 이를 어떻게 구체화할 것인가에 관하여는 견해가 나뉘고 있다.[12]

---

8) 국제사법이 '부(父) 또는 모(母)'가 아니라 '부부 중 한쪽(구 국제사법상으로는 일방)'이라고 한 것은 혼인 중의 친자관계가 성립되기 전에는 법률상 '부(父)'라고 할 수 없고, 혼인 중의 친자관계가 법률상 혼인의 결과임을 나타내기 위한 것이다. 그러나 혼인 외의 친자관계의 준거법을 정한 제68조 제1항이 "자녀의 출생 당시 아버지의 본국법"(구 국제사법 제41조 제1항은 "자(子)의 출생 당시 부의 본국법")이라는 표현을 사용하는 것을 보면 반드시 그런 것은 아니라고 할 수도 있다.

9) 이는 연구반초안의 제1안이 선택된 것이다.

10) 장준혁, "준거법에 관한 국제사법의 2001년 개정과 후속 판례의 회고", 국제사법연구 제20권 제1호(2014. 6.), 168면. 섭외사법 제19조의 제목은 "친생자"였다.

11) 다만 이호정, 379면은 섭외사법 제19조의 해석론으로 이를 국제사법 안에서 개연성이 더 높은 쪽을 선택하는 사항규정을 개발하여 해결하자고 하였다.

12) MünchKomm/Helms, EGBGB, Art. 19 Rn. 17; BeckOK BGB/Heiderhoff, Hau/Poseck, 65. Edition, Stand: 01.08.2022, Rn. 22ff. 참조. 이들은 독일의 다양한 견해를 소개한다. 시간상

연결시점은 가족관계의 안정을 위하여 가족관계가 성립되는 자녀의 출생 당시로 고정된다(제1항).

친자관계의 성립의 준거법에는 혼인 중의 친생추정의 규정과 친생부인의 규정, 오상혼인 등이 포함된다. 나아가 근자에는 대리모 출생아의 모의 결정이 문제되므로 아래에서는 이를 논의한다.

(나) 친생부인의 문제   섭외사법 제19조는 혼인 중의 친자관계의 부인을 명시하였지만 국제사법은 구 국제사법과 마찬가지로 단순히 혼인 중의 친자관계의 '성립'이라고만 하고 있어 혼인 중의 친자관계의 부인의 준거법이 문제 될 수 있다. 그러나 법무부 해설은 친자관계의 성립은 부인되지 않을 것을 전제로 하므로 이는 당연히 친자관계의 부인을 포함한다고 본다.[13] 여기에서 한 가지 의문이 제기된다. 즉, 법무부 해설의 취지는 친생부인에 관하여도 부부 중 일방의 본국법이 선택적으로 연결된다는 것인데, 문제는 부부의 어느 일방의 본국법이 친생을 부인한다면 친자관계는 부정된다는 의미인가이다. 그 경우 친자관계를 부정할 것이라는 견해도 가능하나, 친자관계의 성립에 관하여 선택적 연결을 인정한 취지는 가능한 한 친자관계의 성립을 용이하게 하기 위한 것이므로, 부부 중 일방의 본국법이 친생을 부인하더라도 다른 일방의 본국법이 친자관계의 성립을 인정하는 때에는 친자관계의 성립을 인정해야 한다는 견해가 더 설득력이 있다.[14]

참고로 일본의 법례(제17조 제1항)는 "부부 일방의 본국법으로서 자의 출생 당시의 것에 의하여 자가 적출인 때에는 그 자는 적출자로 한다"라고 규정하여 국제사법의 문언과는 다소 차이가 있는데,[15] 문언만을 놓고 보자면 법례의 해석

먼저 성립을 인정하는지를 중시하거나(우선주의) 친자관계의 진실성을 중시하는 견해 등이 있다. 입법론으로는 자녀의 일상거소지법에 우선시키자는 견해도 있다. 간단히는 Junker, §19 Rn. 32.

13) 법무부, 해설, 145면.

14) 이와 달리 자(子)가 친자관계의 성립을 부인하는 경우에는 선택적 연결을 적용하여 부부 일방의 본국법 어느 것에 의해서든 친생부인이 인정되면 이를 허용해야 한다고 해석해도 자(子)의 복리의 관점에서 큰 무리가 없다는 견해도 있다. 곽민희, "국제가족법상 아동의 복리", 조선대학교 법학논총 제23집 제2호(2016. 8.), 347면. 김문숙, 온주 국제사법 제67조, 2023. 7. 5. [15]는 원칙적으로 저자와 동지이나 다만 부모 쌍방의 본국법에 의하여 자녀가 친생추정을 받는 경우에도 부모의 일방의 본국법에 의하여 친생부인이 인정되는 때에 이를 인정하는 것이 자녀의 이익이 된다면 친생부인의 선택적 연결을 인정해서 자녀의 적출성은 부정된다고 한다. 친자관계의 성립에서 친생추정을 용이하게 인정하는 것이 반드시 자녀의 이익이 될 수는 없고, 오히려 이를 부인하는 것이 자녀의 이익이 되는 경우도 있음을 지적한다.

상으로는 후자의 견해가 보다 설득력이 있으나, 국제사법의 해석상으로는 논란의 여지가 상대적으로 클 것으로 보인다. 사견으로는 후자가 설득력이 있지만 이 점을 더 명확히 했더라면 하는 아쉬움이 있다.

　　당초 개정시안은 독일 민법시행법 제19조 제1항 제4문과 개정 후의 제20조 제2문을 참고하여, 제1항에 "다만 자(子)는 그의 상거소지법에 의하여 혼인중의 친자관계를 부인할 수 있다"라는 단서를 두었는데, 개정시안해설[16]은 그 취지를 다음과 같이 설명하였다.

> "한편 친자관계의 인정이 언제나 자(子)의 이익이 되는 것은 아니며, 자(子)의 보호를 위해 혼인 중 친자관계를 부인해야 할 때도 있다. 개정안에서 혼인 중 친자관계의 성립을 용이하게 하기 위하여 선택적 연결방법을 취한 결과 원칙적으로 혼인 중 친자관계의 부인은 선택 대상인 모든 법에 의하여 인정되지 않으면 허용할 수 없게 된다. 따라서 개정안에서는 자(子)가 의도하지 않은 친자관계의 성립을 쉽게 모면할 수 있도록 자(子)의 경우 자신이 상거소지를 가지는 법만에 의하여 혼인 중 친자관계를 부인할 수 있도록 하였다(제1항 단서)."

　　그러나 개정시안의 전제가 된 논리, 즉 "선택적 연결방법을 취한 결과 원칙적으로 혼인 중 친자관계의 부인은 선택 대상인 모든 법에 의하여 인정되지 않으면 허용할 수 없게 된다"라는 설명에 대해서도 논란의 여지가 있고(저자는 위 전제를 지지한다), 위에서 본 바와 같이 친자관계의 성립과 부인에 관하여 동일한 준거법을 적용할 것이라고 본 결과 위 단서는 삭제되었다.

　　근자에는 이런 논란을 해소하고자 국제사법처럼 '성립'만이 아니라 '성립 또는 부인'을 연결대상으로 명시하자는 제안이 있으나,[17] 위에서 제시한 저자의 견해도 양자의 선택적 연결을 전제로 하므로 위와 같은 개정만으로는 명확한 결론이 도출되지 않는다는 점에서 선뜻 동의하기 어렵다.

　　참고로 친생부인에 관한 실질법은 특히 친생부인의 소의 청구권자와 제소기간(또는 제척기간)의 면에서 차이가 있다.[18]

---

15) 일본 법적용통칙법 제28조 제1항도 같은 취지이다.
16) 개정시안해설, 50−51면. 최흥섭(2000), 13면.
17) 이종혁(2022c), 130면.
18) 최흥섭, 373면.

(다) 자녀의 상거소지법에의 연결의 거부   친자관계의 성립을 더 용이하게 하고 부양 등 친자관계의 선결문제를 본문제와 함께 해결할 수 있도록 하고자 자녀의 상거소지법에 선택적으로 연결하는 방안이 검토되었다.[19] 그러나 혼인 중의 친자관계는 혼인관계와 밀접한 관련이 있으므로 부부와 관계 없는 자녀를 연결주체로 허용하는 것은 타당하지 않고, 자녀의 상거소지법은 가족관계의 안정성과 명확성을 해칠 수 있다는 점에서 채택되지 않았다.[20]

(라) 혼인의 일반적 효력의 준거법에의 연결의 거부   1998년 7월 개정 전 독일 민법시행법(제19조)의 예[21])에서 보듯이 단일한 연결기준을 따를 경우, 혼인 중의 친자관계의 성립을 혼인의 일반적 효력의 준거법에 의하는 방안을 고려할 수 있다. 이는 혼인 중의 친자관계의 규율은 혼인 및 혼인에 의해 성립된 부부공동체의 구성원이 되는가의 문제라는 점에서 혼인과 불가분의 관계에 있음을 고려한 것이나[22]) 국제사법은 이러한 입장을 따르지 않았다.

그 이유는, 첫째, 친자관계는 부부관계인 혼인관계와 구별되는 점, 둘째, 적출과 비적출은 표리관계에 있으므로 양자의 준거법은 가능한 한 유사하게 하는 것이 좋은데 적출관계의 준거법을 혼인의 효력의 준거법으로 하면 비적출관계에는 전혀 다른 준거법이 지정될 수밖에 없는 점과, 셋째, 혼인의 효력의 준거법을 결정함에 있어서 사용되는 동일한 상거소 또는 가장 밀접한 관련이 있는 곳과 같은 다소 불확정한 개념을 친자관계의 준거법에까지 적용하는 것은 가족관계의 안정을 위하여 적절하지 않다는 점이 고려되었기 때문이다.[23]

(마) 자녀의 본국법에의 연결의 거부   이탈리아 국제사법(제33조 제1항)처럼 자녀의 본국법에의 연결도 검토되었다. 이는 남녀평등의 원칙에 부합하는 장점이 있으나, 그렇게 할 경우 흔히 자녀의 출생 당시를 기준으로 하게 되는데, 자

---

19) 위에 언급한 연구반초안 제2안은 이를 반영한 것이다.

20) 법무부, 해설, 145면. 그러나 개정시안에 대해 최흥섭(2000), 13면은 "그러나 적출문제는 주로 친자관계의 효력이나 부양문제의 선결문제로 제기되는 것이기 때문에 이를 위하여 자의 상거소지법에 의한 적출인정의 필요도 있다는 이유로 현재의 자의 상거소지법도 선택대상으로 추가되었다"다고 설명하였다. 개정시안에 대해 조수정, 한국국제사법학회 제8차 연차학술대회《제6분과 토론자료》(2000), 9-10면은 자의 상거소지에 연결하는 데 대해 반대하였고, 결국 이러한 반대의견이 수용되었다.

21) 개정 후의 제19조 제1항 제3문도 참조.

22) 조수정(註 20), 9면은 이러한 견해를 지지한다.

23) 최흥섭(2000), 12면; 橫山潤, 國際家族法, 162면 이하, 특히 171면은 셋째 점을 지적한다.

녀의 국적은 적출·비적출관계에 따라 결정되므로 순환론에 빠지게 되어 자녀의 국적을 정할 수 없는 경우가 발생하며 또한 복수국적의 문제도 발생할 가능성이 크다는 이유로 거부되었다.[24)]

조문은 '친자관계'라고 하나 양친자관계의 성립은 제43조가 별도로 규율하므로 여기의 친자관계는 친생자관계를 의미한다. 따라서 친자관계를 친생자관계로 수정하자는 입법론도 있다.[25)]

(바) 근자의 입법론   근자에는 일단 친자관계가 성립한 경우 효력상의 차이가 없음에도 불구하고 혼인 중의 친자관계와 혼인 외의 친자관계를 구별하는 이원적 연결원칙을 유지할 이유가 없고, 독일, 스위스, 프랑스와 중국 등도 구별하지 않는다는 이유로 아직 민법이 양자를 구별하기는 하지만 국제사법상으로는 양자의 구별을 폐지할 때가 되었다는 견해가 있다. 문제는 그 경우 어떤 통일적 연결원칙을 도입할 것인가인데, 위 견해는 부모·자녀관계의 성립에 관하여 (i) 자녀의 출생 당시 아버지 또는 어머니의 본국법과 (ii) 출생 당시 또는 현재 자녀의 일상거소지법에 선택적으로 연결하자고 제안하면서 인지와 준정에 관하여는 별도의 연결원칙을 둔다.[26)]

위 제안은 국제사법과 비교하여 아래와 같은 주요 차이가 있다. 첫째, 혼인 중의 친자관계에 대하여 자녀의 출생 당시 또는 현재의 일상거소지법이 연결점으로 새롭게 추가되고, 둘째, 국제사법은 현재의 일상거소를 아버지와의 혼인 외의 친자관계에만 연결점으로 삼으나 위 제안은 어머니에 대하여도 연결점으로 삼

---

24) 최흥섭(2000), 13면. 개정연구반이나 위원회에서 자의 본국법에의 연결이 논의되지는 않았다.

25) 장준혁, "준거법에 관한 국제사법의 2001년 개정과 후속 판례의 회고", 국제사법연구 제20권 제1호(2014. 6.), 168면.

26) 이종혁(2022c), 121면 이하. 개정안(이종혁(2022c), 141면 참조)은 독일 민법시행법 제19조와 유사하나 입법론은 민법시행법과 달리 출생 시와 현재(문제 된 시점)의 일상거소지에 선택적으로 연결한다. 민법시행법 제19조는 기준시점을 명시하지 않는데, 이종혁(2022c), 122면은 독일 다수설을 따라 일상거소를 현재의 일상거소라고 이해하나(Rauscher, Rn. 1001ff. 등) 독일에는 소수설도 있다. Kegel/Schurig, S. 914; Andrae, §7 Rn. 13은 출생 시를 기준으로 삼는다(인지의 경우 인지 시가 기준). 부양의 준거법과 일치시키자면 현재의 일상거소가 되어야 한다. 다만 변경주의를 취하더라도 이를 제한하여 출생 시 친자관계가 인정되면 그 후 준거법이 변경되더라도 그 지위를 상실하지 않는다는 견해가 유력하다. BeckOK BGB/Heiderhoff, 67. Ed. 1.8.2023, EGBGB Art. 19 Rn. 13. 또한 이종혁(2022c), 121면은 민법시행법의 태도는 친자관계의 효력의 준거법에 관하여 반정을 제외하고는 대체로 아동보호협약을 수용한 것이라고 하나 아동보호협약은 여기에서 논의하는 친자관계의 성립 또는 다툼에는 적용되지 않으므로(제4조 a) 오해의 소지가 있다.

으면서 출생 당시의 일상거소지도 포함하고, 셋째, 인지에 대하여 국제사법은 제
68조 제1항에 정한 준거법 외에 인지 당시 인지자의 본국법에도 연결하나, 위 제
안은 스위스 국제사법과 일본 법적용통칙법을 참조하여 인지 당시 자녀의 본국법
을 추가한다.

　　저자는 위 제안을 높이 평가한다. 문제는 개정의 필요성인데, 제안의 기본적
방침은 2001년 섭외사법 개정 시에도 논의되었으나 거부되었고, 구 국제사법의
시행 후 이런 논점이 정면으로 다루어져 논란이 된 사건이나 현재의 연결원칙의
문제점을 드러낸 사건은 아직 보지 못하였으므로 현재로서는 개정 필요성을 수긍
하기가 쉽지 않다. 위 제안의 타당성은 더 깊이 검토할 필요가 있다.

(2) 자녀의 출생 전에 남편이 사망한 경우(제2항)

　　제1항의 경우 자녀의 출생 전에 남편이 사망하는 경우를 대비하여 그 사망
당시의 본국법을 남편의 본국법으로 간주하는 규정을 둔다(제2항). 자녀의 출생
전에 모가 사망한 경우는 상정하기 어렵기 때문에 그에 관한 규정은 불필요한 것
으로 보았다.

　　한편 국제사법은 자녀의 출생 전에 모가 남편과 이혼하여 혼인이 해소된 경
우에 관하여는 명문의 규정을 두지 않으므로 학설·판례에 의해 해결해야 한다.
예컨대 자녀의 출생 전 부모의 혼인이 해소되고 새로운 혼인관계가 성립된 경우,
A남과 B녀가 혼인하여 B녀가 자녀 C를 포태하였는데, C의 출생 전 양인이 이혼
하고 300일 이내이자 B녀가 D남과 재혼한 때부터 200일 후에 C를 출산한 경우
친자관계의 성립의 준거법이 문제 된다. 우리 학설은 출생 당시가 아니라 이혼 당
시 부부(즉 A와 B) 중 한 쪽의 본국법이 준거법이라고 보는 견해가 유력한데, 그
근거는 국제사법 제67조 제2항, 제68조 제3항을 유추적용하여 혼인 해소 당시를
연결시점으로 보는 견해[27]와 제67조 제1항의 '부부'에는 자녀의 출생 당시 혼인관
계가 해소된 부부도 포함된다고 보는 견해[28] 등이 있다. 오스트리아 국제사법 제
21조는 "혼인이 자녀의 출생 전에 해소된 때에는 부부가 해소 당시에 가지고 있

---

27) 윤종진, 460면.

28) 양진섭, 친자관계의 결정(2020), 304-305면. 그러나 김문숙, 온주 국제사법 제67조, 2023.
　　7. 5. [14]는 이는 국제사법 자체의 입장에서 독자적으로 준거법을 결정해야 하는데 결국 법
　　원에 의한 부의 결정에 관한 민법 제845조를 참조하여, 법원이 구체적 사정에 따라 결정할
　　것이라고 한다.

던 속인법에 따라 판단한다"라고 규정하므로 그러한 경우 이혼 당시 본국법이 모의 부의 본국법이 된다. 근자에는 한국에서도 이를 참조하여 혼인관계가 해소된 때가 기준시기임을 명시하자는 입법론[29]이 있다.

반면에 독일 민법시행법 제19조 제1항에는 그에 상응하는 규정은 없는데, 이를 규범충돌의 한 예로서 상호 우열이 없는 복수의 법질서가 적용되는 결과 상이한 부(또는 모)[30] 지정의 문제로 파악하여 그의 해결방안을 논의한다. 그 경우 유리의 원칙에 따라 자녀의 복리에 가장 적합한 법질서를 적용할 것이라는 견해가 유력하나 그 구체적인 방법을 둘러싸고 논란이 있다. 남편의 사망과 이혼은 상황이 다르다는 점[31]과, 독일의 논의 상황을 고려하면 당장 오스트리아의 입법을 따르는 것은 주저되고 독일의 논의를 참조하여 더 깊이 검토한 뒤에 해석론으로 해결할지와 입법으로 해결할지를 먼저 정하고 후자를 선택한다면 그 방향을 논의하는 것이 바람직하다.

(3) 대리모 출생아의 모의 결정

(가) 논점의 소개   근자에는 임신할 수 없는 여성이 대리모를 이용하여 출산하는 대리모의 문제가 사회의 이목을 끌고 있고 이는 외국에서도 같다. 대리모라 함은 "출생한 자녀(또는 대리모 출생아)를 타인에게 인도할 것을 내용으로 하는 당사자 간의 합의(즉 대리모계약)에 의하여 자신의 남편 이외의 자의 정자로 수정한 후 임신 및 출산한 여성"을 말한다.[32] 대리모는 난자의 제공자와 대리모의

---

29) 이종혁(2022c), 132면.

30) 대리모에서 모의 경합이 발생할 수 있다.

31) 사망의 경우 자녀의 출생 당시 부의 본국법은 존재하지 않지만 이혼의 경우 존재하고 다만 부가 누구인지가 문제 된다.

32) 윤진수, "補助生殖技術의 家族法的 爭點에 대한 근래의 動向", 서울대학교 법학 제49권 제2호(통권 제147호)(2008), 80−81면; 윤진수, 210−211면; 김주수 · 김상용, 351면. 우리 법상 대리모의 실질법적 측면은 윤진수(편), 주해친족법 제1권, 672면 이하 제4장 [後註] '보조생식 자녀의 친자관계 결정기준'(권재문 집필부분) 참조. 대리모계약에 관한 비교법적 검토는 한국법학원, "대리모계약에서의 모자관계 결정에 관한 비교법적 검토", 2023년도 대법원 연구보고서(김나래 집필, 정구태 감수)(2023); 김현진, "대리모 계약의 효력과 대리모출생아의 법적 지위−프랑스 법을 중심으로−"와 이소은, "대리모 계약의 효력에 관한 연구−영국과 미국의 입법례를 중심으로", 대법원 비교법실무연구회 157회 연구회(2024. 6. 26.) 발표자료 참조(후자는, 영국법은 임신 · 출산한 여성이 아동의 모가 된다고 규정하면서도, 의뢰 부모가 법원의 친권명령을 통하여 아동의 법적 부모가 될 수 있는 길을 열어두고, 미국 통일친자법은 의뢰 부모가 아동의 부모가 된다는 원칙을 규정하면서도, 일정한 경우 법원이 그

관계에 따라 유전적 대리모(즉 난자를 제공한 여성이 실제로 대리모로서 출산하는 경우)와 출산대리모(gestational surrogacy. 즉 다른 여성의 난자로 체외수정의 방법으로 수정한 수정체를 자궁에 착상시켜 출산하는 경우)로 구분되는데, 임신하고 출산한 대리모와 난자제공자 중 누구를 자녀의 어머니로 인정할지가 문제 되는 것은 출산대리모의 경우이다.33) 근자에는 내국인이 외국인인 대리모를 이용하기도 하는데, 그 경우 국제사법적 논점이 발생한다.34) 그중에서 준거법의 쟁점에는 첫째, 대리모계약의 준거법과 둘째, 친자관계의 성립의 준거법이 있다.

우선 대리모계약의 준거법을 본다. 미국에는 대리모계약의 표준계약서도 있는데, 이는 명시적으로 준거법 선택을 허용한다.35) 국제 대리모계약이 채권계약처럼 당사자자치의 원칙에 따르는지 아니면 친족법상의 계약이라 당사자자치는 허용되지 않는지 논란이 있다.36) 국내 대리모계약의 유효성을 인정하는 국가는 당사자자치를 인정하는 데 반하여 부정하는 국가는 이를 부정하고 당사자의 준거법 선택이 공서위반이라고 볼 가능성이 있다. 대리모가 출산한 출생아(또는 출생자)의 지위는 대리모계약의 준거법과는 직접 관련이 없다. 가사 대리모계약의 내용 중에 대리모가 출생아의 모라는 취지의 합의가 있더라도, 대리모계약의 준거법은 대리모계약의 성립, 유효성과 그 효력 등 계약상의 쟁점을 규율할 뿐이고 대

와 달리 친자관계를 결정할 수 있다고 규정한다고 소개한다). 독일 실질법의 논의는 조은희, "보조생식술에 의해 출생한 자녀의 법적 지위와 친족관계-독일의 보조생식술에 의한 친자관계의 법률문제와 시사점을 중심으로-", 일감법학 제56호(2023. 12.), 487면 이하 참조.

33) 윤진수, 211면.

34) 국제대리모 논의가 공론화되는 계기가 된 미국의 유명한 사건으로는 Baby M 사건이 있다. 532 A.2d 1227 (NJ 1988). 우리 문헌은 전재경, "프라이버시와 범죄적 대리모계약-미국 뉴저지주 대법원의 "Baby M"사건판결을 중심으로", 법조 제37권 제5호(1988), 78면 이하; 이종찬, "代理母契約의 效力과 「아이」에 대한 親權(上); 美國 뉴-저지州 地方法院 判決소개", 법률신문 제1891호(1989. 11. 20.), 10면; 이종찬(하), 제1892호, 10면 참조. 근자의 문헌은 김현진(註 32), 1면 註 4 참조.

35) 미국에는 1973년 처음 채택되고 2002년과 2017년 개정된 통일친자법(Uniform Parentage Act. UPA)이 있다. 이는 동법이 정한 엄격한 요건이 구비되면 대리모계약이 유효함을 전제로 규정한다. 미국 각주의 통일법 채택 상황과 소개는 이소은(註 32), 13면 이하 참조. 동법은 관할과 준거법에 관한 조문(제104조와 제105조)도 두고 있다. 뉴욕주는 통일친자법을 채택하는 대신 독자적으로 '아동 부모 안전법(Child Parent Security Act)'을 제정하였는데 일정한 요건이 구비되면 법원이 친자재판(judgment of parentage)에 의하여 의뢰인 부부를 부모로 결정한다. 소개는 이소은(註 32), 19 이하 참조.

36) 혈통 또는 입양의 준거법을 따를 것이라는 견해도 있다. 학설은 우선 BeckOGK/Stürner 1.8.2022, EGBGB Art. 6 Rn. 387 참조.

리모 출생아의 지위를 직접 규율하지는 않는다.

아래에서는 특히 문제 되는 대리모 출생아의 지위, 즉 대리모 출생아의 모의 결정에 관한 실질법상의 쟁점과 국제사법상의 쟁점을 간단히 논의한다.

(나) 실질법상의 쟁점　　　　　대리모계약은 민법 제103조의 선량한 풍속 기타 사회질서에 반하는 법률행위로서 무효라는 것이 한국의 통설이나 근자에는 유효하다는 견해도 늘고 있다.[37] 한편 대리모 출생아의 모의 결정에 관하여 민법의 해석상 다수설은 출산한 대리모를 모라고 보는데,[38] 그 근거로는 모자관계는 출산이라는 사실에 기인하는 점, 자궁에서 시작하는 사회적 관계가 유전적 요소보다 존중되어야 한다는 점, 유전적 모를 법률상 모로 보면 출산모는 아이를 출산하는 도구로 사용하게 되어 출산모의 인간의 존엄성에 반하는 점, 10개월의 포태기간 중에 태교의 내용에 따라 성격형성과 지적 유전자의 결정이 가능하다는 점 등을 든다.[39] 대리모가 혼인 중이라면 그 아이는 일차적으로 대리모와 그 남편 간의 혼

---

37) 윤진수(註 32), 81-82면.

38) 우리 학설을 소개하는 권재문, "대리출산 자녀의 모자관계 결정기준", 민사법학 제49권 제1호(2010. 6.), 129면 이하, 특히 132면 이하는 출산기준설, 혈연기준설, 의사기준설과 자녀의 복리기준설을 소개하고 혈연모의 입양가능성을 전제한 출산기준설을 지지한다. 참고로 박동섭·양경승, 279면은 아동을 의뢰인 부부의 친생자로 출생신고할 수 있도록 하는 방향으로 입법하는 것이 바람직하다고 한다. 저자로서는 단정적 견해를 피력하기는 어렵지만 잠정적으로는, 우리가 영미와 같은 정도는 아니더라도 어느 정도 촘촘한 규율을 입법에 의해 도입함으로써 의사기준설을 취할 수는 있으나, 입법이 있기 전에는 출산기준설을 따르는 것이 설득력이 있다고 생각한다.

39) 윤진수(註 32), 84면. 또는 육체적 일체성 및 감정적 유대감의 형성을 들기도 한다. 김현진(註 32), 5면. 세월이 좀 흘렀으나 대리모에 관한 실질법 및 국제사법 쟁점을 둘러싼 25개국 법의 소개는 Katarina Trimmings/Paul Beaumont (eds.), International Surrogacy Arrange-ments: Legal Regulation at the International Level (2013), p. 5 이하 참조. 다양한 분석은 앞의 Trimmings/Beaumont (eds.) (2013), p. 439 이하의 General Report on Surrogacy 참조. 우리 법상 대리모의 실질법적 측면에 관한 논의는 이 윤진수/권재문, 주해 친족법 제1권, 제4장 父母와 子 중 [後註] '보조생식 자녀의 친자관계 결정기준' 참조. 외국입법의 간략한 소개는 이동수, "외국에서의 대리모출산과 친자관계 결정의 문제에 관한 소고-독일과 우리나라의 판례의 동향을 중심으로-", 가족법연구 제33권 제2호(2019. 7.), 365면 이하; 최아름 외,"대리모 계약·출산과 관련된 국내외 입법동향 및 국내 의료계와 법조계의 시각차에 대한 검토", 과학기술과 법 제11권 제2호(2020), 386면 이하 참조. 대한산부인과 학회의 자율적 가이드라인은 대리출산에 개입하는 의사 등에게 구체적인 절차적·내용적 기준을 제공하고 있는데, 동 학회의 대리모시술 관련 지침과 국외제도와의 비교는 최아름 외, "대리모 계약·출산과 관련된 국내외 입법동향 및 국내 의료계와 법조계의 시각차에 대한 검토", 과학기술과 법 제11권 제2호(2020), 397면 이하 참조.

인 중 출생자로 추정되고[40) 남편은 친생부인권을 가진다.

(다) 국제사법상의 쟁점   국제사법에는 대리모 출생아의 지위에 관한 별도의 조문은 없으므로 대리모에 의한 출산에서 외국적 요소가 있는 경우 부모의 결정의 준거법이 문제 된다.[41) 이 경우 대리모 출생아의 모의 결정 시 우선 제67조에 의하여 혼인 중의 부모·자녀관계의 성립 여부를 판단하고[42) 그것이 성립하지 않는 경우에는 제68조에 의하여 혼인 외의 부모·자녀관계의 성립 여부를 판단해야 한다.[43)

문제는 제67조를 적용함에 있어서 자녀의 출생 당시 '부부'는 과연 누구인가라는 점이다. 일본에는 분만자 부부, 난자제공자 부부의 어느 일방인지 아니면 쌍방인지가 논란이 있는데, 다수설은 쌍방을 모두 부부로 보고 제67조에 의하여 결정된 혼인 중의 부모·자녀관계의 준거법에 따라 판단하는 것이라고 한다.[44) 예컨대 일본인 부부 A·B가 甲국인 부부 C·D와 대리모계약(대리회태계약)을 체결하고 A·B 부부의 수정란을 D에게 이식하여 D가 E를 출산한 경우, A·B와 E 간에 혼인 중의 친자관계의 성립은 일본법, C·D와 E 간에 혼인 중의 친자관계의 성립은 甲국법에 의하는 것이 된다. 이와 달리 국제사법상 준거법 결정의 기준이 되는 모를 분만자 (D)로 보아 저촉규정을 적용하는 견해도 있는데— 이는 "자를 회태·분만한 자가

---

40) 이렇게 본다면 의뢰인 부부의 혼인 중 출생자로 추정될 수는 없다는 것이 된다.

41) 국제사법상으로는 대리모만이 아니라 더 넓게 '생식보조의료'에 의하여 출산한 아이의 부모의 결정이 문제 된다.

42) 대리모가 혼인 중인 경우 이는 당연하나(우리 민법에 따르면 출생아는 대리모의 배우자의 친생추정을 받는다) 대리모가 미혼인 경우에는 대리모와 혼인 중의 친자관계의 성립은 상정하기 어렵다. 그러나 대리모를 허용하는 국가도 있으므로 그 경우에도 의뢰인 부부와의 관계에서는 혼인 중의 부모·자녀관계의 성립을 검토할 필요가 있다.

43) 그것은 혼인 중의 친자관계가 혼인 외의 친자관계에 비하여 자의 이익을 보호하는 데 더 적합할 것이기 때문이다. 靑木 淸, "親子關係의 成立", 국제사법판례백선 No. 185 (2007. 1.), 119면 참조.

44) 일본 주석국제사법 제2권, 81면(佐野寬); 竹下啓介, 國際私法判例百選 제2판(2012), 140면 이하. 아래 일본 학설은 전자를 따른 것이다. 독일에서는 이는 대리모(Leihmutterschaft 또는 Mietmutterschaft)의 문제로 논의되는데, 그 경우 친자관계는 출생자의 준거법을 정한 민법시행법 제19조에 의하여 결정된다. Andrae, §7 Rn. 84ff. 참조. 자를 분만한 자가 모라고 명시하는 독일 민법 제1591조(1998년 신설)는 독일 출생법의 기본원칙이므로, 준거법인 외국법이 난자를 제공한 여성을 아이의 모라고 인정하더라도 이를 적용하는 것은 독일의 공서에 반하지만, 정자를 제공한 남성을 아이의 부로 인정하는 것은 공서에 반하지 않는다는 결과는 독일 기본법상 양성평등의 원칙에 반하므로 결국 공서위반을 부정해야 한다는 견해가 주장되고 있는 것으로 보인다.

모이다"라는 일본법의 입장을 '일반적인 공서법'으로서 적용한 것이라고 한다 ―, 이에 따르면 C·D와 E 간에 혼인 중의 부모·자녀관계의 성립을 판단한다.[45]

나아가 제68조를 적용함에 있어서 자녀의 출생 당시 '모(어머니)'는 과연 누구인가라는 문제가 제기되는데 이는 제68조의 해설에서 논의한다.

한편 일본법상으로는 일본법이 상정하지 않은 분만자 이외의 부부와 자 간에 친자관계를 인정하거나, 분만자 부부와의 친자관계를 부정하는 외국법의 적용은 공서에 반한다고 본다. 실제로 모의 결정에 관한 일본 최고재판소 2007. 3. 23. 판결[46]도 이런 태도를 따른 것으로 평가되고 있다. 위 판결은 미국의 대리모에 의하여 쌍둥이가 태어난 미국 네바다주 법원의 친자관계를 인정하는 판결의 승인을 거부하였다.[47] 최고재판소는 친자관계는 신분관계의 가장 기본적인 요소이므로 그 기준은 일의적(一義的)이고 명확하지 않으면 아니 된다는 것을 전제로 하면서, 일본 민법의 해석상 출산한 여성(대리모)을 출생아의 모라고 인정할 수밖에 없으므로 정자와 난자를 제공한 부부와 대리모가 출산한 출생아 간의 친자관계를 인정할 수 없다고 보고, 일본 민법이 실친자(친생자)관계를 인정하지 않는 자 간에 그의 성립을 인정하는 내용의 "네바다주의 재판은 일본의 법질서의 기본원칙 내지 기본이념과 상용되지 않는 것으로서 공서양속에 반하므로 그 효력을 인정할 수 없다"라는 취지로 판시하면서[48]

---

45) 전자에 따를 경우 일본법과 甲국법의 내용 여하에 따라 E의 모가 중복되거나 존재하지 않을 수 있게 되는 문제가 있다. 한편 후자에 따를 경우 甲국법에 의하여 C·D와 E 간에 혼인 중의 친자관계가 부정되면 A·B와 E 간에 친자관계가 인정될 텐데 이처럼 C·D의 본국법에 의하여 A·B와 E 간의 친자관계의 성립을 결정하는 것은 법적용통칙법의 기본원칙에 반한다는 비판이 있다. 일본 주석국제사법 제2권, 82면(佐野寬).

46) 民集 61-2, 619면, 判時 1967, 36, 判タ 1239, 120면.

47) 向井亞紀(무카이 아키) 사건에서 일본인 부부는 자신들의 난자와 정자로 수정된 수정란을 미국인 여성에게 이식하였고 대리모는 미국 네바다주에서 쌍둥이를 출산하였다. 위 부부는 네바다주법원으로부터 친자관계를 인정받은 뒤(네바다주법원은 출생증명서의 발행을 명하였다고 한다) 일본의 행정당국에 출생신고를 하였으나 행정당국은 이를 수리하지 않았다. 위 부부는 동경가정재판소에 불수리처분의 취소를 구하는 심판을 제기하였으나 각하되자 동경고등재판소 즉시항고하였다. 동경고등재판소는 2006. 9. 위 부부와 아이들 간의 친자관계를 인정하는 네바다주의 판결이 공서양속에 위반되는 것도 아니고 무엇보다 아이들의 복지를 우선해야 한다는 이유로 제1심결정을 취소하고 행정당국에 출생신고의 수리를 명하였고, 행정당국은 최고재판소에 항고하였다. 최고재판소는 출생신고불수리처분은 정당하다고 판단하였다.

48) 원심인 동경고등재판소는, 일본 민법의 해석상 법률상의 모자관계에 관하여는 자녀를 출산한 여성이 모라고 해석하여야 하고 위 부부를 법률상의 부모라고 할 수는 없다고 하면서도, 네바다주 법원 판결이 일본의 공서양속에 어긋난다고 할 수는 없으므로 출생신고는 수리되

결국 난자제공자 부부와 자 간의 혼인 중의 친자관계를 부정하였다.[49][50]

　　프랑스에도 유사한 사건이 있었고 이는 유럽인권재판소(ECtHR)에서 다루어졌다. 프랑스인 부부는 미국의 출생증명서와 판결에 기하여 프랑스의 신분등록부에 아이를 자신들의 자녀로 등록하고자 신청하였으나 당국은 이를 거부하였다.[51] 프랑스 파기원은 그들의 청구를 인용할 경우 프랑스법상 형사처벌의 대상이고, 프랑스 민법상 무효인 대리모계약을 인정하고 프랑스법상의 '신분의 불가처분성 원칙(l'indisponibilité des l'état des personnes)'에 반하며 신분등록부의 등록(또는 출생증명서의 발급) 거부가 유럽인권협약(제8조) 위반은 아니라고 판단하였다. 위 가족은 프랑스 정부를 유럽인권재판소에 제소하였고, 유럽인권재판소는 2014. 6. 26. 선고한 두 개의 판결에서, 자녀와 신분등록부의 기재를 거부함으로써 법적 부모·자녀관계를 인정하지 않는 것은 유럽인권협약(제8조)이 정한 자녀의 사생활을 존중받을 권리를 침해한다고 판시하였다.[52]

어야 한다고 판시하였다.

49) 다만 위 결정의 보족의견(보충의견)은, 위의 경우 대리모의 동의가 있으면 특별양자(우리 민법상 친양자)가 성립할 여지는 있다고 판시하였다.

50) 준거법의 맥락에서는 의뢰인 부부가 모두 일본인이므로 법적용통칙법 제28조(적출인 자(子)의 친자관계의 성립) 제1항에 의하여 일본법에 따라 적출친자관계의 성립을 판단하면서 일본 민법상 의뢰인 모와 대리모 출생아 간에 모자관계를 인정할 수 없다고 판단하였다.

51) 2쌍의 프랑스인 부부는 남편의 정자와 익명의 제3자의 난자로 만든 수정란을 대리모계약을 체결한 다른 여성으로 하여금 출산케 하였다. 프랑스인 부부는 각각 캘리포니아주 법원과 미네소타주 법원으로부터 생물학적 부모와 자녀 사이의 친자관계를 인정하는 판결을 받았다. 미국의 출생증명서에도 그렇게 기재되었다.

52) Mennesson v. France와 Labassee v. France 사건 판결. 소개는 Family: foreign surrogacy arrangement−child conceived using father's sperm and donor egg, European Human Rights Law Review, Vol. 5 (2014), pp. 546−550; Rainer Frank, FamRZ 2014, S. 1527ff. 등 참조. 우리 문헌은 서종희, "프랑스법상 대리모계약으로 출생한 자의 부모결정기준과 자녀의 복리: 유럽인권재판소 2014년 6월 26일 판결(Mennesson v. France and Labassee v. France)을 계기로", 법학논총 제24권 제1호(2017), 233면 이하; 김현진, "대리모를 둘러싼 프랑스의 법적 동향", 강원법학 제54호(2018. 6.), 71면 이하; 김현진(註 32), 18면 이하 참조. 결국 Mennesson 부부는 2015. 2. 18. 출산 후 15년이 지나서야 두 딸의 프랑스 국적증명서를 받았다고 한다. 그 밖에도 대리모와 관련된 유럽인권재판소 판결들이 있는데 2014. 7. 8. D. and Others v. Belgium (번호 29176/13), 2017. 1. 24. Paradiso and Campanelli v. Italy (번호 25358/12), 2019. 11. 19. C and E v. France (번호 1462/18 및 17348/18)과 2020. 7. 16. D v. France (번호 11288/18) 판결들이 그런 예이다. 개요는 유럽인권재판소 보도부의 출산대리모에 관한 2022년 4월 보도자료(Factsheet-Gestational surrogacy)와 유럽인권재판소 정보공유 플랫폼(ECHR Knowledge Sharing platform)의 ECHR−KS Key Theme-Article 8 Surrogacy (Last updated: 31/08/2023)도 참조.

한편 독일 연방대법원 2014. 12. 10. 결정[53]은 독일법이 비록 대리모를 금지하고 있지만, 독일법상 허용되는 생활동반자인 양인이 미혼인 미국인 대리모를 통하여 자를 출생한 경우 양인 중 일방과 자 간에 유전적 관계가 있음을 전제로, 생활동반자 양인과 친자관계의 존재를 긍정한 캘리포니아주 판결의 승인은 독일의 공서에 위반되지 않는다는 취지로 판시하였다. 학설은 나뉘는데, 일부 유력설은 출생아의 복리 그리고 출생아와 유전적 부모의 기본권을 강조하면서 유전적 부모를 부모로 인정하는 외국재판의 승인은 독일의 공서에 반하지 않는다고 보는 것이 유럽인권협약(제8조)에 부합한다고 하였다.[54]

(라) 대리모의 문제를 해결하기 위한 국제적 노력   국제대리모 문제를 규율하는 국제규범의 시급한 필요성은 널리 인정되고 있다.[55] 헤이그국제사법회의도 이에 대하여 관심을 가지고 2015년부터 작업을 진행하였으며 국제대리모계약으로부터 발생하는 쟁점에 관한 예비보고서[56] 등을 작성한 바 있다. 2022년 3월과 4월에 걸쳐 개최된 전문가 그룹 회의가 개최된 결과 최종보고서가 작성되었으며 2023년 11월에 작업반의 제1차 회의가 개최되었다.[57] 전문가 그룹은 법적 친자관계에 관한 일반적인 국제사법문서와, '국제대리모약정의 결과 성립한 법적 친자관계에 관한 별도 의정서'의 성안을 목표로 한다. 국제대리모의 문제는 국제사법의

---

53) BGHZ 203, 350 = IPRax 2015, 261 = NJW 2015, 479, m. Anm. Bettina Heiderhoff, 485 = FamRZ 2015, 240, m. Anm. Tobias Helms, 245. 그 후 미국 콜로라도주 판결을 승인한 독일 연방대법원의 2018. 9. 5. 결정(NJW–RR 2018, 1473; StAZ 2019, 14 m. Anm. Tobias Helms)은 위 결정에 대한 비판론을 반박하면서 기존 견해를 강화하였다. 일본 문헌은 林貴美, "國境を越えた代理懷胎と公序－ドイツの議論を中心に－", 同志社法学 제68권 제7호 (2017), 627(2775)면 이하 참조.

54) 상세는 Claudia Mayer, Ordre public und Anerkennung der rechtlichen Elternschaft in internationalen Leihmutterschaftsfällen, Rabels Zeitschrift 78 (2014), S. 572ff.; MüKoBGB/ Helms, 9. Aufl. 2024, EGBGB Art. 19 Rn. 69; BeckOK BGB/Heiderhoff, 69. Ed. 1.8.2023, EGBGB Art. 19 Rn. 35, Rn. 45 참조. 위 독일 연방대법원의 2018. 9. 5. 결정과 그에 대한 평석들 참조. 대리모 사건에서 외국재판의 승인 및 집행은 우선 이동수(註 39), 367면 이하 참조.

55) Trimmings/Beaumont (eds.)(註 39), p. 531 이하 참조.

56) 스위스와 영국 등의 상황은 헤이그국제사법회의 상설사무국, The Parentage/Surrogacy Project: An Updating Note, Prel. Doc No 3A, 2015의 Annex Ⅰ 참조. 소개는 이병화, "국제대리모계약을 둘러싼 법적 친자관계 쟁점에 관한 헤이그국제사법회의 최근 동향 분석 및 시사점", 국제사법연구 제23권 제2호(2017. 12.), 37면 이하 참조.

57) Final Report of the Experts' Group on the Parentage/Surrogacy Project (Prel. Doc. No 1 of November 2022).

문제에 그치는 것이 아니라 국제인권법의 문제를 제기한다는 점을 유념해야 한다. 이런 맥락에서 대리모 관계의 형성 전에 양 국가(의뢰인과 대리모의 국가) 중앙당국 간의 밀접한 협력을 요구하는 내용을 헤이그협약에 담아야 한다는 견해58)가 있다.

나아가 대리모제도의 직접적인 해결방안은 아니지만 대리모에 관한 법제의 차이와 그의 통일 내지 조화의 어려움을 고려한다면, 국제대리모 출산의 경우에도 국제입양이 가능하도록 헤이그입양협약 등 국제입양법제를 개선하는 방안도 고려할 필요가 있다.59)

(마) 우리나라의 사례와 법원의 결정   우리나라에서도 출산대리모를 위한 계약이 민법 제103조에 의하여 무효라고 판시하고 출산대리모를 모라고 판시한 서울가정법원 2018. 5. 9.자 2018브15 결정(재항고되어 대법원 2018스37 사건으로 계속 중이다가 재항고 취하로 종결됨)이 있다.60) 이는 한국에서 최초로 대리모계약의 효력과 대리모 출생아의 모의 결정기준에 대해 정면으로 판단한 결정으로서 큰 의미가 있다는 평가를 받고 있다.61) 그러나 위 사건에서 준거법은 전혀 문제 되지 않았으므로 여기에서 위 사건을 더 이상 논의하지는 않는다.62)

---

58) Jüegen Basedow, Aufgabe und Methodenvielfalt des internationalen Privatrechts im Wandel der Gesellschaft, 국제사법연구 제28권 제1호(2022. 6.), 754면(국문 번역은 771면).

59) 그러나 프랑스 파기원 1991. 5. 31. 판결은 출산대리모 계약은 무효이고, 그러한 계약에 의하여 태어난 자녀를 의뢰한 부부의 양자로 하는 것도 양자제도를 왜곡하는 것이어서 허용되지 않는다고 판시하였다고 한다. 윤진수(註 32), 86면 註 81.

60) 즉 부부인 갑과 을이 양인의 수정란을 대리모인 병에게 착상시켜 병이 정을 낳았는데, 갑이 정의 모를 '을'로 기재하여 출생신고를 하였으나, 가족관계등록공무원이 신고서에 기재한 모의 성명(을)과 출생증명서에 기재된 모의 성명(병)이 일치하지 않는다는 이유로 불수리처분을 하자 불복 신청을 하였다. 제1심 법원은 이를 각하하였고(서울가정법원 2018. 2. 14.자 2018호기13 결정), 이에 대하여 신청인이 항고를 하였다. 항고를 기각한 항소심 법원은 출생신고서에 기재된 모(을)의 인적사항과 출생증명서에 기재된 모(병)의 인적사항이 일치하지 아니하므로 갑의 출생신고를 수리하지 아니한 처분은 적법하고, 남편이 배우자 아닌 여성과의 성관계를 통하여 임신을 유발시키고 자녀를 낳게 하는 고전적인 대리모의 경우뿐만 아니라, 부부의 정자와 난자로 만든 수정체를 다른 여성의 자궁에 착상시킨 후 출산케 하는 이른바 '자궁(출산)대리모'도 우리 법령의 해석상 허용되지 아니하고, 이러한 대리모를 통한 출산을 내용으로 하는 계약은 선량한 풍속 기타 사회질서에 위반하는 것으로써 민법 제103조에 따라 무효라고 판시하였다.

61) 김현진, "대리모 출생아의 친자관계-2018. 5. 18. 선고 서울가정법원 2018브15 결정을 중심으로-", 인하대학교 법학연구 제22집 제3호(2019. 9.), 493면 이하; 최성경, "대리모계약의 효력과 모자관계 결정-서울가정법원 2018. 5. 18. 자 2018브15 결정을 계기로 하여-", 홍익법학 제21권 제2호(2020.), 341면 이하 참조.

62) 의뢰인 부부와 대리모가 모두 한국인인 위 사건에서 대리모 출생아가 미국에서 출생하였으

　　다만 이 사건과 위에 소개한 일본인 부부의 대리모 사건을 비교하면 일본인 부부는 미국인 여성을 대리모로 선정하였고, 나아가 네바다주법원으로부터 친자관계를 인정받은 뒤(네바다주법원은 출생증명서의 발행을 명하였다고 한다) 일본에서 출생신고를 함으로써 준거법의 지정과 외국재판의 승인[63]이라는 국제사법의 두 개의 경로를 통하여 목적을 달성하기 위한 법적 장치를 확보하고, 네바다주에서 발행된 출생증명서에 의뢰인인 일본인 모를 출생아의 모로 기재되도록 한 점에서 의뢰인 부부(또는 의뢰 부부)가 대리모 출생아의 부모가 되기 위하여 주도면밀하게 준비한 데 반하여, 우리 사건에서는 대리모가 캘리포니아주에서 출산하였으나, 한국인 여성을 대리모로 선정함으로써 준거법 경로를 스스로 차단하였고, 캘리포니아주법에 따른 대리모계약을 체결하지도 않은 듯하며, 캘리포니아주 법원의 재판도 받지 않았고, 출생자의 분만을 담당한 캘리포니아주 소재 병원이 발행한 출생증명서에도 대리모가 출생아의 모로 기재된 점에서 캘리포니아주법을 적절히 활용함으로써 출산대리모를 이용하는 의뢰인 부부의 목적을 달성하기 위한 준비가 매우 엉성하였다는 점에서 큰 차이가 있다. 이런 차이가 당사자들의 인식 부족에 기인하는지 아니면 국외 대리모 출산에 관하여 법적 조언을 줄 변호사의 부재에 기인하는지 모르겠으나 국제사법적 고려를 제대로 하지 못한 것은 분명하다. 일본 사건에서처럼 더 철저한 준비를 하였더라도 당시 우리 법원이 의뢰인 부부를 부모로 인정하였을 가능성은 크지 않았을 것이나, 다양한 국제사법 쟁점을 마주하여 고민하고, 특히 모의 결정에 관한 공서의 유지와 출생아의 인권 보호라는 가

므로 한국 국적과 함께 미국 국적을 취득하였을 것이고 그렇다면 외국적 요소가 전혀 없는 것은 아니지만 국제사법(제16조)상 그 경우 한국법이 출생아의 본국법으로 취급될 것이므로 그 의미는 제한적이고 친자관계의 성립에 관한 국제사법 제67조와 제68조의 맥락에서 출생아의 국적은 별 의미가 없다.

63) 외국재판의 승인 경로에서는 주로 간접관할요건과 공서위반이 문제 된다. 그러나 승인대상인 외국법원의 '재판'인지도 문제 된다. 캘리포니아주 가족법(§7962(f)(2))에 따른 대리모계약에서 법원의 확인재판에 기하여 대리모가 아니라 의뢰인 모가 출생증명서에 모로 기재된다. 그러나 승인대상인 외국법원의 재판이 되려면 법원이 책임을 지는 어떤 판단이 포함되어야 하고 법원의 역할이 단순히 증서화하는 활동 또는 공증적 기능에 그치는 것으로는 부족하므로 여기의 확인재판은 외국법원의 재판이 아니라는 견해도 주장될 수 있다. 석광현, "우리 대법원 판결에 비추어 본 헤이그 관할합의협약의 몇 가지 논점", 국제사법연구 제25권 제1호(2019. 6.), 490면 참조. Geimer, IZPR, Rz. 2860도 동지. 이것이 재판이더라도 그 경우 국제사법 제57조에 비추어 미국 법원의 간접관할이 인정되는지도 의문이다. 여기에서 대리모 출생아의 일상거소가 어디인지가 문제 된다.

치가 충돌하는 상황을 어떻게 해결할지를 진지하게 고민하는 기회를 가질 수 있었을 것이다.

　　(바) 우리 국제사법상의 잠정적 결론　　　　　　우리 법상 대리모계약이 무효라고 해서 대리모 출생아의 지위에 관하여 준거법인 외국법의 적용이 당연히 공서위반이 되는 것은 아니다. 왜냐하면 후자의 경우 출생자의 최선의 이익을 고려해야 하기 때문이다. 만일 부모·자녀관계의 성립의 준거법이 한국법이라면 출산주의에 따라 대리모가 출생아의 모로 취급될 것이다.[64] 반면에 부모·자녀관계의 성립의 준거법이 대리모 출생아의 지위에 관하여 의뢰인 부부(특히 모)가 대리모 출생아의 부모라고 인정하는 캘리포니아주법이나 네바다주법이라면 그의 적용이 한국의 공서에 반하여 적용을 거부해야 하는가가 문제 된다.[65]

　　이는 더 검토할 사항이나 공서위반 여부에 관한 잠정적 의견은 아래와 같다. 독일의 전통적 견해에 따르면 의뢰인 모를 모라고 인정하는 외국법의 적용은 출산주의를 취하는 한국법에 반하는 것으로서 공서위반이 된다.[66] 그러나 근자의 보다 유연한 견해(독일 연방대법원과 유럽인권재판소의 견해)에 따르면 일정한 요건이 구비되는 경우에는 의뢰인 부부가 대리모 출생아의 부모라고 보는 국가의 법의 적용이 반드시 한국의 공서에 반하는 것은 아니다. 그렇지 않으면 예컨대 출생아에게 장애가 있는 경우, 의뢰인 부부가 이혼하거나 대리모 출산을 후회하는 경우 또는 출생아의 인수와 입양을 거부하는 경우에는 가족에 편입되어 함께 살 수 있는 대리모 출생아의 기본권 내지 인권(예컨대 유럽인권협약 제8조가 정한 사생활을 존중받을 권리)이 침해될 가능성이 있기 때문이다. 일단 출생아가 태어나면, 대리모의 금지라고 하는 일반예방적 목적과 출생아의 복리라고 하는 대립하는 가치를 형량할 필요가 있다. 특히 의뢰인 부부가 대리모 출생아를 대리모로부터 인도받아 한국으로 입국하여 부모로서 양육을 하는 때에는, 가사 의뢰인 부부가 법을 위반하였더라도 그들에게 제재를 가하기 위한 목적으로 대리모 출생아를 고아로 만들거나 무국적자로 만들어서는 아니 된다. 하지만 그렇다고 하여 대리모가 일단 출산을 하면 항상 그렇게 처리하는 것도 올바른 해결이라고 할 수 없으므로 더 정교한 법리를 모색할 필요가 있다.[67]

---

64) 독일 민법 제1591조는 이를 명시한다.

65) 이 경우 만일 위 일본, 프랑스와 독일의 사례에서 보듯이 출생국 법원의 판결까지 받아서 한국에서 의뢰인 부부를 부모로 하여 출생신고를 한다면 준거법 공서의 문제에 더하여 민사소송법에 따른 외국재판의 승인이 우리의 승인공서에 반하는가의 문제도 제기된다.

66) Chris Thomale, Mietmutterschaft (2015), S. 36ff.; Benicke StAZ (2013), S. 106f.

또한 헤이그국제사법회의의 작업도 더 큰 관심을 가지고 지켜볼 필요가 있다.

---

67) 영국에서는 Human Fertilisation and Embryology Act 1990에 따라 출산한 여성이 모로 간주된다고 규정하면서도 일정한 요건이 구비되는 경우 정자 또는 난자를 제공한 부부가 자녀 출생 후 6개월 내 청구하면 법원이 그 자녀를 부부의 법률상 자녀로 보도록 명할 수 있는데 우리도 그런 제도를 도입하자는 견해도 있다. 윤진수, 211면. 영국에는 위 법률을 개정한 Human Fertilisation and Embryology Act 2008이 있고 그 밖에도 대리모 계약법(Surrogacy Arrangements Act 1985)이 있다. 영국법의 태도는 이소은(註 32), 8면 이하; 영국법의 태도는 Paul Torremans (ed.), Cheshire, North & Fawcett: Private International Law, 15th edition (2017), p. 1183 이하 참조. 네덜란드에서는 2023. 7. 4. 국제대리모에 관한 법률안이 발의되었는데 그에 따르면 일정한 조건이 충족되고 수태 전에 법원의 허가가 있으면 의뢰인 부부가 출생 시부터 법률상의 부모로 인정될 수 있다. 또한 외국에서의 재판을 위한 특별한 승인제도를 도입하고 있다고 한다. 중요한 것은 대리출산의 과정이 성실할 것(diligent)이 요구된다고 한다. https://conflictoflaws.net/2023/international-high-tech-surrogacy-and-legal-developments-in-the-netherlands/ 참조. 프랑스의 2022년 국제사법 제정안(제63조)은 "대리모계약이 이를 허용하는 국가에서 체결되었을 경우, 위 계약에 기하여 출생한 자녀의 친자관계는 당사자 중 한 명이 주장하는 경우 해당 국가의 법에 따라 법관에 의하여 성립될 수 있다. 법관은 대리모계약이 해당 국가 법의 규정을 존중하여 체결되고 이행되었는지를 사전에 확인한다. 법관은 비례원칙에 합치하도록 추구된 목적, 관련된 이해관계 특히 자녀의 이익을 고려하고 위 법의 적용이 프랑스 법질서에 미치는 영향을 고려한다"라고 규정하여 법관의 재량을 허용한다. 고유강, "프랑스 국제사법전 제정안 소개 – 친자관계(filiation) 결정의 준거법을 중심으로 –", 2024. 5. 30. 개최된 한국국제사법학회 제165회 정기연구회 발표문, 14면 이하 참조. 프랑스는 민법(제16–7조와 제16–9조)에 의해 대리모 계약의 효력을 절대적으로 부인하고 형법(제227–12조)으로 중개행위와 시술행위를 전면적으로 금지하는데(김현진, "대리모 계약 – 프랑스 법을 중심으로 –", 대법원 비교법실무연구회 157회 연구회(2024. 6. 26.) 발표자료, 16면 이하 참조), 국제사법 제정안이 위와 같은 태도를 보이는 것은 흥미롭다.

6. 혼인 외의 친자관계에 관한 조항의 개정

섭외사법	국제사법
제20조(인지) ① 혼인 외의 출생자의 인지요건은 그 父 또는 母에 관하여는 인지할 때의 父 또는 母의 本國法에 의하여 이를 정하고 그 子에 관하여는 인지할 때의 子의 本國法에 의하여 이를 정한다. ② 인지의 효력은 父 또는 母의 本國法에 의한다.	제68조(혼인 외의 부모·자녀관계) ① 혼인 외의 부모·자녀관계의 성립은 자녀의 출생 당시 어머니의 본국법에 따른다. 다만, 아버지와 자녀 간의 관계의 성립은 자녀의 출생 당시 아버지의 본국법 또는 현재 자녀의 일상거소지법에 따를 수 있다. ② 인지는 제1항에서 정하는 법 외에 인지 당시 인지자의 본국법에 따를 수 있다. ③ 제1항의 경우에 아버지가 자녀의 출생 전에 사망한 때에는 사망 당시 본국법을 그의 본국법으로 보고, 제2항의 경우에 인지자가 인지 전에 사망한 때에는 사망 당시 본국법을 그의 본국법으로 본다.

[입법례]
- 독일 구 민법시행법 제20조[혼인 외의 출생자]: 1998년 개정에 의하여 폐지. 따라서 현재는 혼인 중·혼인 외의 출생자는 구분 없이 모두 제19조의 적용 받음
- 스위스 국제사법 제72조[인지의 준거법]
- 일본 법례 제18조/법적용통칙법 제29조[적출이 아닌 자(子)의 친자관계의 성립]: 국제사법과 다소 차이 있음. 즉, 일본 법적용통칙법은 부와 자의 친자관계의 성립에 관하여 부의 본국법에 의하고, 인지에 관하여는 자의 본국법에의 선택적 연결 인정

가. 개요

섭외사법은 인지(recognition, Anerkennung)만을 규정하였으나, 구 국제사법에서는 인지 외에 혼인 외의 친자관계 성립 일반에 관한 규정을 신설하였고(제1항), 인지에 관하여도 그 성립을 용이하게 하기 위하여 특칙을 추가하였다(제2항). 국제사법도 이런 태도를 유지한다.

나. 주요내용

(1) 혼인 외의 친자관계 성립 일반에 관한 규정 신설(제1항)

섭외사법은 혼인 외의 친자관계의 성립 전반에 관한 규정을 두지 않고 단지 인지만을 규정하고 있었다. 그러나 혼인 외의 친자관계의 성립에는 인지주의(또는 의사주의)만이 아니라, 출생의 사실만으로 이를 확정하는 혈통주의(또는 사실주의)도 있기 때문에, 종래 혼인 외의 친자관계의 성립에 어떠한 준거법 결정기준이 타

당한지에 관하여 다툼이 있었다. 국제사법에서는 구 국제사법과 마찬가지로 법률관계의 명확성을 기하고자 그에 관한 명시적인 규정을 둔다.

구체적으로 이 경우 자녀의 출생 당시 모의 본국법을 원칙적인 준거법으로 하였다(제1항 본문). 부자 간 및 모자 간의 법률관계가 서로 다른 법에 의해 규율됨으로써 모순·충돌되는 문제가 발생되지 않도록 부모 모두의 관계에 통일적으로 적용될 수 있는 준거법을 지정하는 것이 타당한데, 혼인 외의 출생자는 어머니의 국적을 따르는 것이 일반적이므로 자녀의 이익을 고려하여 어머니의 본국법을 원칙으로 한 것이다.1) 다만 흔히 문제가 되는 부자관계의 경우 친자관계의 성립을 용이하게 하기 위하여(*favor paternitas*), 어머니의 본국법에 추가하여, 자녀의 출생 당시 아버지의 본국법과 현재 자녀의 일상거소지법의 선택적 연결을 허용하였다(제1항 단서). 결국 부자관계의 경우, 자녀의 출생 당시 어머니 또는 아버지의 본국법과 현재 자녀의 일상거소지법의 삼자 중 어느 하나에 의해 친자관계가 성립되면 족하다는 것이다.2)

제67조에서 논의하였듯이 대리모에 의한 출산에서 부모·자녀관계의 존부를 판단함에 있어서는 우선 제67조에 의하여 혼인 중의 친자관계의 성립 여부를 판단하고 그것이 성립하지 않는 경우에는 제68조에 의하여 혼인 외의 친자관계의 성립 여부를 판단하여야 한다. 제68조를 적용함에 있어서 자녀의 출생 당시 '어머니'는 과연 누구인가라는 문제가 제기된다. 과거 제68조에서 말하는 어머니는 출산한 어머니를 가리키는 것이 당연하였으나 대리모의 경우에도 그러한지는 논란이 있다. 연결점의 해석은 국제사법의 해석의 문제이므로 한국 국제사법에 따를 사항인데, 여기에서 어머니는 법정지인 한국의 실질법에 따른 어머니가 아니라 성질결정의 일반론에 따라 비교법적 방법을 통하여 어머니라고 주장할 수 있는 사람(Elternprätendent)을 말하는 것으로 보는 견해3)도 있다.

---

1) 그러나 이러한 연결정책에 대해서는 그러면 자(子)의 본국법이라고 하는 것이 더 적절했을 것이라는 비판도 가능하다.
2) 혼인 중인지 여부에 따라 구별하면서 모의 본국법도 혼인 외의 부자관계의 준거법으로 지정하는 우리 법의 태도는 일본 법적용통칙법은 알지 못하는 것으로 이례적이다.
3) Claudia Mayer, Ordre public und Anerkennung der rechtlichen Elternschaft in inter- nationalen Leihmutterschaftsfällen, Rabels Zeitschrift 78 (2014), S. 579; Konrad Duden, Leihmutterschaft im Internationalen Privat- und Verfahrensrecht (2015); S. 68. 아래와 같이 논란이 있으나 독일 민법시행법 제19조 제1항 2문의 부 또는 모의 결정에 관하여도 같다. 즉 2문에 따르면 부 또는 모에 대한 각각의 관계에서는 그 부 또는 모의 본국법에 의할 수도

후자를 따르면 복수의 연결점이 있는 결과 복수국 법이 준거법이 될 수 있는데, 그 경우 유리의 원칙에 따라 아동의 복리에 더 적절한 법을 준거법으로 지정해야 한다는 견해가 유력하다. 어머니가 복수 있는 경우 누구를 우선시킬지에 관하여도 출산모인 대리모를 우선시키는 견해와 의뢰모를 우선시키는 견해가 나뉜다.[4]

준거법이 대리모의 본국법이 되는 경우 그곳이 어머니의 결정에 관하여 법정지법을 적용하는 국가라면(예컨대 미국 캘리포니아주 또는 네바다주) 한국으로 반정이 될 수 있다. 한국 대법원 2006. 5. 26. 선고 2005므884 판결은 이혼사건에서 준거법이 미주리주법이 되어야 하는 사안에서 숨은 반정을 허용하고 준거법이 한국법이라고 판시한 바 있다. 다만 숨은 반정의 법리가 적용되기 위해서는 준거법으로 지정된 외국(예컨대 대리모의 본국법인 미국 캘리포니아주 또는 네바다주)의 국제재판관할규칙에 따라 한국에 국제재판관할이 있어야 하는데, 캘리포니아주의 가족법(California Family Code)(§7962(e))에 따르면 한국은 '의뢰인 부부 거주지국'으로서 국제재판관할을 가질 수 있다. 그렇다면 우리 국제사법상 대리모의 본국법인 미국법(정확히는 캘리포니아주법)이 친자관계의 성립의 준거법이 되어야 하는 사

있는데, 여기에서 모는 법정지의 실질법에 따른 모가 아니라 성질결정의 일반론에 따라 본국법에 따라 모라고 주장할 수 있는 사람(Elternprätendent)을 말한다. 위 Mayer, S. 579; 위 Duden, S. 68; 이동수, "외국에서의 대리모출산과 친자관계 결정의 문제에 관한 소고 – 독일과 우리나라의 판례의 동향을 중심으로 – ", 가족법연구 제33권 제2호(2019. 7.), 396면. 조문은 아래와 같다.

"제19조 출생자의 지위(Abstammung) (1) 자(子)의 출생자의 지위는 그가 상거소를 가지고 있는 국가의 법에 의한다. 그러나 부 또는 모에 대한 각각의 관계에서는 그 부 또는 모의 본국법에 의할 수도 있다. 나아가 모가 혼인한 경우에는 제14조 제1항에 따라 출생 시 혼인의 일반적 효력의 준거법에 의할 수도 있다. 다만, 그 혼인이 이전의 사망에 의해 해소된 경우에는 그 해소의 시점이 기준이 된다". 혈통(Abstammung, filiation) 또는 친자관계를 'Eltern – schaft (parenthood)'라고도 부른다. 유럽연합의 Proposal for a COUNCIL REGULATION on jurisdiction, applicable law, recognition of decisions and acceptance of authentic instru – ments in matters of parenthood and on the creation of a European Certificate of Parenthood (COM/2022/695 final) 참조. 위 조문의 소개는 조은희, "보조생식술에 의해 출생한 자녀의 법적 지위와 친족관계 – 독일의 보조생식술에 의한 친자관계의 법률문제와 시사점을 중심으로 – ", 일감법학 제56권(2023), 503면 이하.

4) MünchKomm/Helms, 8. Auflage (2020), EGBGB Art. 19 Rn. 66ff. 이동수(註 3), 398면도 독일 학설을 소개한 뒤 子의 복리의 실현에 가장 적합한 준거법을 지정할 것이라고 하고, 추상적 이익형량설과 子의 복리의 실질적 평가설을 소개하면서 구체적 타당성의 관점에 서서 子의 복리의 실질적 심사를 중시하는 입장을 기초로 준거법의 충돌의 문제에 접근해야 한다고 하여, 후자를 지지한다.

안에서 숨은 반정의 결과 한국법이 준거법이 될 수 있다. 다만 만일 캘리포니아주 법상 한국에 전속관할이 있어야 한다는 견해를 취한다면 숨은 반정을 인정할 수 없다.

(2) 인지의 선택적 연결의 인정(제2항)

민법상 인지(認知)란 혼인 외의 출생자의 생부나 생모가 이를 자기의 자녀로 승인하고 법률상의 친자관계를 발생시키는 요식의 단독행위를 말하는데,[5] 아버지 또는 어머니가 자신의 의사에 기하여 하는 임의인지와 재판에 의하여 강제하는 강제인지(재판상인지)가 있다. 혼인 외 출생자와의 친자관계의 성립에 관하여 우리 민법은 인지제도를 두고 있으므로 국제사법상으로도 인지의 준거법을 특별히 규정하였다(제2항).[6] 섭외사법은 인지의 요건에 관하여 아버지 또는 어머니에 대해서는 아버지 또는 어머니의 본국법, 자녀에 대하여는 자녀의 본국법에 의하는 배분적 연결방법을 취하였고, 이는 인지의 요건이 당사자들의 신분에 중대한 영향을 미치고 각각 본국의 공익과도 밀접한 관련이 있기 때문이었으나, 인지에 의한 혼인 외의 친자관계의 성립을 어렵게 한다는 비판을 받았다.[7]

따라서 구 국제사법에서는 가능한 한 쉽게 인지가 성립하도록 하기 위하여, 제1항이 정하는 법뿐만 아니라 인지 당시 인지자의 본국법에 의하여도 인지가 가능하도록 선택적 연결방법을 채택하였다. 이는 실질법의 차원에서, 인지를 제한하는 주관주의적 인지론으로부터 인지를 널리 인정하여 사생자의 구제를 도모하는 객관주의적 인지론으로의 추이[8]와 부합한다. 국제사법도 이런 태도를 유지한다.

그 결과 어머니가 인지하는 때에는 자녀의 출생 당시 어머니의 본국법과 인지 당시 어머니의 본국법이 선택적으로 준거법이 되고, 아버지가 인지하는 때에는 자녀의 출생 당시 어머니의 본국법 또는 아버지의 본국법, 인지 당시 자녀의 상거소지법[9]과 인지 당시 아버지의 본국법이 선택적으로 준거법이 된다.

---

5) 다만 인지에 의한 법적 부자관계 성립의 근거와 관련하여 의사주의와 사실주의가 대립한다. 윤진수/현소혜, 주해친족법 제1권, 614면 이하 참조.

6) 인지에 관한 국제사법원칙의 비교법적 소개는 이병화, "국제적 인지에 관한 고찰", 저스티스 통권 제119호(2010. 10.), 341면 이하; 양진섭, 친자관계의 결정(2020), 9면 이하 참조.

7) 비판은 南 敏文, 115면 참조.

8) 김주수, 친족·상속법(1999), 253면.

9) 인지의 경우에 국제사법 제68조 제1항에서 말하는 '현재 자녀의 일상거소지법'은 해석상 인지 당시 자녀의 일상거소지법으로 볼 것이다.

섭외사법은 인지의 요건과 효력을 구분하여 각각 상이한 연결원칙을 적용하였으나,[10] 이는 인지의 요건이 배분적으로 연결되므로 그 준거법을 인지의 효력에 적용할 수 없기 때문이기도 하였다. 그러나 국제사법에서는 인지에 관하여 배분적 연결이 아니라 선택적 연결을 채택하였으므로 이러한 문제가 발생하지 않으며, 또한 인지의 요건과 효력을 나누어 규율할 이유도 없으므로 양자를 통합하여 규정하였다. 그 결과 표현도 '인지'로 통합되었다.[11]

제41조는 인지의 방식에 관하여 규정을 두지 않으므로 제31조에 의하여 이는 인지의 준거법 또는 행위지법에 선택적으로 연결된다.[12]

(3) 자녀의 출생 전에 아버지가 사망한 경우(제3항)

자녀의 출생 전에 아버지가 사망한 경우와 인지자가 인지 전에 사망한 경우를 대비하여 사망 당시 본국법을 그의 본국법으로 간주하는 규정을 두었다(제3항). 위에서 언급하였듯이 여기의 어머니는 출산한 어머니를 가리키므로 자녀의 출생 전에 어머니가 사망한 경우는 상정하기 어렵거나 매우 이례적일 것이기 때문에 그에 관한 규정은 불필요한 것으로 보았다. 기술적으로 절대적으로 불가능한 것은 아니지만 그것은 해석론으로 사망 당시 본국법을 적용할 수 있을 것이다. 다만 위에서 본 것처럼 대리모의 경우를 상정하면 자녀의 출생 전에 어머니(의뢰인 모)가 사망할 가능성도 있다.

(4) 인지의 준거법이 규율하는 사항

인지의 허용 여부, 인지능력, 인지에 필요한 일정한 자의 동의 또는 승낙, 유

---

10) 여기에서 '인지의 효력'이라 함은 인지의 직접적 효과인 친자관계의 성립, 즉 인지된 자녀가 어떤 신분을 취득하는가의 문제를 의미하는 것이지, 인지의 간접적 효과라고 할 수 있는 부 또는 모와 인지된 자녀와의 사이의 권리의무관계는 포함하지 않는 것으로 해석되었다. 신창선, 국제사법(1999), 391면.

11) 최흥섭(2000), 14면; 법무부, 해설, 149면.

12) 대법원 1988. 2. 23. 선고 86다카737 판결도 섭외사법 제20조 제1항, 제2항에 의하여 인지의 요건과 효력은 부의 본국법에 의하되 인지의 방식은 법률행위 방식에 관한 같은 법 제10조에 따라야 할것인즉, 같은 조 제1항에는 법률행위의 방식은 그 행위의 효력을 정한 법에 의한다고 규정하고 제2항에는 행위지법에 의하여 한 법률행위의 방식은 전항의 규정에 불구하고 이를 유효로 한다고 규정하므로, 외국에서 하는 한국인의 인지는 한국법이 정한 방식에 따라 외국에 주재하는 한국의 재외공관의 장에게 인지신고를 할 수도 있고 행위지인 외국법이 정하는 방식에 따라 그 나라 호적공무원에게 인지신고를 할 수도 있다고 판시한 바 있다.

언인지와 사후인지의 허용 여부,[13] 사후인지의 제소기간 등은 인지의 준거법에 의한다.[14] 임의인지가 인정되는지, 강제인지[15](또는 재판상인지)가 인정되는지도 인지의 준거법에 의할 사항이다. 간통자, 태아 또는 사망한 자녀의 인지의 가부, 인지의 취소의 가부와 취소에 관한 문제, 인지의 철회, 인지의 유효성을 다투는 방법과 그 신청권자도 이 준거법에 의한다. 나아가 인지의 효력, 즉 인지의 직접적 효과인 친자관계의 성립(인지된 자가 어떤 신분을 취득하는지)의 문제는 인지의 준거법에 의한다. 반면에 인지의 간접적 효과라고 할 수 있는 아버지 또는 어머니와 인지된 자녀와의 사이의 권리의무관계는 포함하지 않으며 이는 제72조에 의하여 규율된다.

---

13) 우리 민법상으로는 강제인지(제863조. 또는 재판상인지)의 경우와 유언인지(제859조 제2항)의 경우 사후인지가 가능하다. 유언인지의 경우 유언의 효력은 유언자가 사망한 때에 발생하고, 인지의 효력은 혼인 외의 출생자의 출생 시에 소급한다(제860조).

14) 櫻田嘉章, 306면.

15) 미국의 일부 주에서는 강제인지는 인정되지 않는다고 한다. 櫻田嘉章, 306면.

7. 준정(準正)에 관한 조항의 신설

섭외사법	국제사법
〈신설〉	제69조(혼인 외의 출생자) ① 혼인 외의 출생자가 혼인 중의 출생자로 그 지위가 변동되는 경우에 관하여는 그 요건인 사실의 완성 당시 아버지 또는 어머니의 본국법 또는 자녀의 일상거소지법에 따른다. ② 제1항의 경우에 아버지 또는 어머니가 그 요건인 사실이 완성되기 전에 사망한 때에는 아버지 또는 어머니의 사망 당시 본국법을 그의 본국법으로 본다.

[입법례]
- 독일 구 민법시행법 제21조[준정]: 1998년 개정에 의하여 폐지
- 일본 법례 제19조/법적용통칙법 제30조[준정]: 과거 일본 법례는 일차적으로 부의 본국법에 의하고, 그가 없는 때에는 모 또는 자의 본국법에 의하였으므로 국제사법과 다소 차이가 있었으나, 법적용통칙법은 부 또는 모 또는 자(子)의 본국법에 의하므로 국제사법과 유사하게 되었음

가. 개요

준정(準正)은 출생 당시에는 혼인 외의 출생자였던 자녀가 후에 부모의 혼인 등에 의하여 혼인 중의 출생자의 신분을 취득하는 제도를 말한다. 우리 민법은 '혼인에 의한 준정'만을 규정하고 있으나(제855조 제2항), 해석상 '혼인 중의 준정' 및 '혼인 해소 후의 준정'도 인정된다.[1] 혼인에 의한 준정의 경우 부모가 혼인한 때에 준정의 효과가 발생하며(제855조 제2항), 그 밖의 준정의 경우에도 명문의 규정은 없으나 부모가 혼인한 때로부터 혼인 중의 출생자가 된다고 해석되고 있다. 섭외사법은 준정에 관하여 규정을 두지 않았다.[2] 준정은 주로 혼인에 의해 혼인 외의 출생자에게 혼인 중의 출생자의 지위를 부여하는 제도인데, 혼인 중의 출생

---

1) 김주수·김상용, 338면 이하. ① 혼인에 의한 준정은 혼인 전에 출생하여 부에 의해 인지된 자(子)가 부모의 혼인에 의하여 준정되는 것이고, ② 혼인 중의 준정은 혼인 외의 자(子)가 혼인 중에 비로소 부에 의해 인지됨으로써 준정되는 것이며, ③ 혼인해소 후의 준정은 혼인 외의 자(子)가 부모의 혼인 중에 인지되지 않고 있다가 부모의 혼인이 취소되거나 해소된 후에 부에 의해 인지됨으로써 준정되는 것을 말한다.
2) 학설상 준정(또는 원인된 사실 발생) 당시 부의 본국법에 의한다는 견해가 유력하였다. 신창선, 국제사법(1999), 392면; 이호정, 389면.

자와 혼인 외의 출생자를 구별하는 이상 그 의미는 계속 존재하며, 우리 민법도
준정을 인정하므로 국제사법의 차원에서도 준정에 관한 규정이 필요하다. 따라서
구 국제사법에서는 학설상의 논란을 종식시키고 법률관계를 명확히 하기 위하여
준정에 대한 명시적 규정을 신설하였다. 국제사법은 이런 태도를 유지한다.

그러나 국제사법은 독일의 적출선고(언)(Ehelicherklärung)에서와 같이 공적기
관의 관여하에 자녀에게 혼인 중의 출생자의 지위를 부여하는 제도에 관하여는
별도로 준거법을 명시하지는 않는다. 그 이유는 혼인에 의한 준정과 그 밖의 준정
을 구분하는 것은 대체로 혼인에 의한 준정에 혼인의 효력의 준거법을 적용하고
자 하는 것인데,[3] 국제사법은 이런 입장을 취하지 않으므로 양자를 구별할 필요
가 없고, 우리 민법은 적출선고(언)제도를 알지 못하므로 해석에 맡기는 것이 적
절하다는 데 있다.[4]

구 국제사법(제42조)의 표제는 "혼인외 출생자에 대한 준정(準正)"이었으나
국제사법에서는 '준정(準正)'이 삭제되고 "혼인 외의 출생자"가 되었다.[5] 이는 아
마도 이해하기 어려운 용어를 피하기 위한 것으로 보인다. 하지만 준정을 사용하
거나 아니면 "혼인 외의 출생자의 지위 변동"이 나을 것으로 본다.

나. 주요내용

(1) 선택적 연결의 인정(제1항)

준정 역시 성립의 가능성을 넓혀 주기 위해 국제사법에서는 선택적 연결방법
을 취하였다. 준정은 혼인 중의 출생자로서의 신분, 즉 적출성에 관한 문제이자
인지의 문제이기도 하므로[6] 이 두 경우에 모두 적용될 수 있는 준거법을 택하기
로 하였다. 그 결과 아버지 또는 어머니의 본국법 또는 자녀의 상거소지법을 모두
선택적인 준거법으로 하였다. 아버지 또는 어머니의 본국법을 열거한 것은 혼인
중의 친자관계의 성립에 관한 제67조와 균형을 맞춘 것이나, 자녀의 이익을 위해

---

3) 1998년 개정 전의 독일 민법시행법 제21조, 오스트리아 국제사법 제22조 및 제23조.
4) 최흥섭(2000), 15면. 적출선고(언)에 관하여는 이호정, 386면 참조.
5) 저자는 과거 구 국제사법에 대하여 "혼인 외의 출생자가 혼인 중의 출생자로 그 지위가 변동
   되는 경우에 관하여는"이라는 표현은 "준정에 관하여는" 또는 "준정은"이라고 하는 편이 바
   람직하였을 것이라는 의견을 피력하였는데, 국제사법에서 '준정'마저 삭제되었음은 매우 유감
   스러운 일이다.
6) 종래 섭외사법하에서의 통설이었다. 김용한·조명래, 337면. 준정은 '후혼인지'라고도 한다.
   박동섭, 친족상속법(제4판), 281면.

준정을 보다 용이하게 인정하기 위하여 혼인 중의 친자관계의 연결점에 자녀의 상거소지법을 추가한 것이다.[7]

연결의 기준시점은 혼인에 의한 준정 외에 혼인 중의 준정과 혼인 해소 후의 준정도 있으므로 혼인거행 시가 아닌 요건사실 완성 시로 규정하였다.

일본 법례(제19조)는 일차적으로 부의 본국법에 의하고, 그가 없는 때에는 모 또는 자(子)의 본국법에 의하며, 자(子)의 상거소지법 대신 자(子)의 본국법을 규정하는 점에서 국제사법과 차이가 있었다.[8] 그러나 법적용통칙법(제30조)은 부, 모 또는 자(子)의 본국법에 선택적 연결을 함으로써 국제사법과 유사하게 되었다(다만 국제사법은 자녀의 상거소지에 착안하나 일본법은 자(子)의 국적에 착안하는 점에서 연결점이 다르다). 일본의 유력설에 의하면 자(子)의 국적을 선택적 연결점으로 추가한 이유는, 첫째, 자(子)는 준정에 관하여 이해관계를 가지므로 그의 본국법을 무시할 수 없고, 둘째, 적출추정에 관한 제국의 실질법과 비교하여 준정에 관한 각국의 실질법이 상이하므로 자(子)의 이익이라는 관점에서 선택의 폭을 확대할 실익이 있으며, 무엇보다도 셋째, 인지의 준거법하에서는 자(子)가 준정자로서의 지위를 취득할 수 있음에도 불구하고 부모의 본국법하에서는 준정이 성립하지 않는 사태를 피할 수 있다는 데 있다고 한다.[9]

(2) 요건사실 완성 전에 당사자가 사망한 경우(제2항)

준정의 요건사실이 완성되기 전에 관련 당사자가 사망한 경우를 대비하여 사망 당시 본국법을 그의 본국법으로 간주하는 규정도 함께 두었다. 이 규정은 혼인 해소 후의 준정의 경우 또는 국가기관에 의한 준정의 경우 등에서 적용될 수 있을 것이다.

---

7) 최흥섭(2000), 15면; 법무부, 해설, 152면.
8) 일본에서는 과거 그에 대해 혼인 외의 출생자는 모의 국적을 따르는 것이 일반적이므로 자(子)의 본국법에 선택적 연결을 인정하는 것이 얼마나 의미가 있는지는 의문이라는 비판이 있었다.
9) 橫山潤, 276면.

8. 입양 및 파양에 관한 조항의 개정

섭외사법	국제사법
제21조(입양 및 파양) ① 입양의 요건은 각 당사자에 관하여 本國法에 의하여 이를 정한다. ② 입양의 효력 및 파양은 양친의 本國法에 의한다.	제70조(입양 및 파양) 입양 및 파양은 입양 당시 양부모의 본국법에 따른다.

[입법례]
- 독일 민법시행법 제22조[입양]
- 스위스 국제사법 제77조[입양의 준거법]
- 일본 법례 제20조/법적용통칙법 제31조[입양: 국제사법과 내용은 별 차이가 없고, 규정방식에 다소 차이 있음. 일본에서는 입양을 '養子緣組'라 함
- 중국 섭외민사관계법률적용법 제28조
- 헤이그입양협약 제3조-제5조

가. 개요

구 국제사법에서는 입양의 성립을 용이하게 하기 위하여 입양의 성립에 관한 섭외사법의 배분적 연결을 폐지하고, 입양의 성립 및 입양 자체의 효력에 관한 준거법을 양친의 본국법으로 단일화하였으며, 입양의 성립과 관련한 자 등의 동의에 관하여는 별도의 조항을 두어(제44조) 양자의 본국법을 누적적으로 적용하도록 하였다. 국제사법도 이런 태도를 유지한다.

나. 주요내용

(1) 입양의 준거법의 단일화

섭외사법은 입양의 요건을 양친과 양자인 각 당사자의 본국법에 의하도록 하는 배분적 연결방법을 취하였는데, 이는 양친과 양자를 저촉법상 대등한 지위에 두는 것이었다. 그러나 배분적 연결방법은 입양의 성립을 어렵게 할 뿐만 아니라, 입양의 성립과 효력을 분리하여 상이한 준거법에 의하게 한다는 문제점이 있었다. 구 국제사법에서는 다음과 같은 이유로 입양의 요건, 성립 및 효력의 준거법을 양친의 본국법으로 단일화하였는데, 그 결과 입양의 성립이 상대적으로 용이하게 되었다고 할 수 있다.[1] 국제사법도 같다.

---

1) 최흥섭(2000), 15-16면; 법무부, 해설, 153-154면. 이는 독일 구 민법시행법(제22조)의 태

첫째, 입양에 의하여 양자는 양친의 가족 구성원이 된다. 둘째, 입양 후 양자는 통상 양친의 본국의 법적, 사회적 환경 하에서 생활하므로 그 국가가 정하는 요건을 구비할 필요가 있다. 셋째, 여러 명의 양자가 있는 경우에 준거법이 동일하게 된다. 넷째, 최근 양자에게 자동적으로 또는 용이하게 국적을 부여하는 나라가 많으므로 양친의 본국법이 정하는 입양에 관한 법제도를 고려할 필요가 있고, 양친의 본국법이 양자의 본국법이라고 할 수도 있다.[2)]

섭외사법은 연결시점에 대하여 침묵하였으나 학설상 입양 당시로 해석되어 왔으므로 국제사법은 이 점을 명시한다.

입양의 성립은 계약형(Vertragsystem)인가 선고(허가, 재판)형(Dekretsystem)(이하 "선고형입양"이라 한다)인가의 문제를 포함한다. 한편 입양의 효력이란 섭외사법(제21조 제2항)의 경우와 같이 입양의 성립에 따른 직접적 법률효과인 양친자관계의 성립만을 말하고, 양친자 간의 권리의무는 포함하지 않는다.[3)] 후자는 부모·자녀 간의 법률관계의 문제로서 국제사법 제72조에 의할 사항이다.

입양의 결과 양자와 친생부모 및 그 혈족과의 법률적 관계가 단절되는지 여부, 즉 입양이 '완전입양(full adoption, Volladoption)'(또는 단절형입양)인지 '불완전입양' 또는 '단순입양(simple adoption, schwache Adoption)'(또는 비단절형입양)인지는 논란이 있으나 입양의 효력 문제로서 양친의 본국법에 의한다.[4)]

도와 같다. 프랑스 민법(제370–3조)도 입양의 요건을 원칙적으로 양친의 본국법에 따르도록 한다. 프랑스 입양법에 관하여는 이은희, "프랑스법상 행정청에 의한 입양승인", 2024. 12. 6. 한국가족법학회와 한불민사법학회 등이 개최한 공동학술대회 발표자료, 25면 이하; 김은아, "프랑스법에서의 입양의 요건과 효과", 위 발표자료 45면 이하와 김기환, "배우자 또는 동거인 자녀의 입양-프랑스에서의 논의를 중심으로-", 위 발표자료, 73면 이하 참조.

2) 그러나 현소혜, "국제입양의 준거법 결정", 국제사법연구 제24권 제2호(2018. 12.), 107면 이하는 위 논거를 비판하면서 양자의 본국법을 준거법으로 할 것을 주장한다. 중요한 것은 '입양의 성립을 용이하게 하는지 여부'가 아니라 그것이 '아동의 복리에 부합하는지 여부'여야 하며, 입양의 성립요건과 해소에 있어서는 더욱 그러하므로 양친의 본국법주의를 양자의 본국법주의로 전환하고 구 국제사법 제44조(국제사법 제71조에 상응)를 삭제하는 것이 타당하다고 한다. 저자는 입양의 요건에 관하여는 종전처럼 배분적 연결을 하면서 입양의 효과에 관하여는 양친의 본국법에 의하도록 하는 방안은 고려할 여지가 있다고 보나 위 주장에는 동의하지 않는다.

3) 이호정, 400면.

4) Kropholler, S. 421. 그러나 이는 어떤 유형의 입양이 성립한 것인가와 관련된다는 이유로 성립의 문제로 보는 견해도 있다. 横山潤, 国際家族法, 220면 참조. 어느 것으로 보든 양친의 본국법에 의하는 점에서는 차이가 없으나, 일본 법례(제20조 제2항)와 법적용통칙법(제31조 제2항)은 양자와 실제 혈족과의 친족관계의 종료는 양친의 본국법에 의한다는 규정을 두어 입

참고로 입양에 관한 실질법의 입법례는 입양의 성립에 관하여는 계약형양자 법에서 선고형양자법으로, 입양의 효력에 관하여는 불완전입양(또는 단순입양)에 서 완전입양으로 변화되고 있다.[5] 영미법계 국가처럼 입양의 성립에 관하여 선 고형양자법을 취하는 국가는 국제입양에 대해 어느 국가가 국제재판관할을 가지 는지를 우선 문제삼고 재판관할이 긍정되면 법정지법을 적용하는 데 반하여, 대 륙법계 국가처럼 계약형입양법을 취하는 국가는 입양을 하나의 법률관계로 파악 하여 그의 준거법을 문제삼는다.[6] 종래 우리 민법은 계약형입양과 불완전입양만 을 인정하였으나, 2005년 3월 민법이 개정됨으로써 2008년 1월부터 선고형입양 이자 완전입양제도인 친양자제도가 도입되었다. 따라서 입양을 원하는 자는 계약 형입양이자 단순입양제도인 일반양자제도를 선택하거나 친양자제도를 선택할 수 있다. 친양자입양의 경우 재판의 확정에 의해 입양의 효력이 발생하고 입양신고 는 보고적 신고이다.[7] 또한 2012년 2월 민법 개정에 의하여 제867조가 신설됨에 따라 미성년자의 경우 계약형입양에도 가정법원의 허가가 필요하다. 다만 후자의 경우 선고형입양인 친양자입양과 달리 법원의 허가에 의하여 입양의 효력이 발 생하지는 않으므로 이를 선고형 및 계약형과 구별하여 '혼합형'이라고 부르기도 한다.[8]

그러나 입양의 성립에 관하여 양친의 본국법만을 적용하고 양자 측의 법이

법적으로 해결하였다. 이에 대해서는 친생부모와의 법률관계의 준거법을 무시하는 점에서 의 문이 있지만, 친생부모가 완전입양에 동의하는 때에는 단절을 부정할 이유는 없다고 한다. 橫 山潤, 國際家族法, 220면.

5) J. H. A. van Loon, International Co-operation and Protection of Children with regard to Intercountry Adoption, *Recueil des cours*, Vol. 244 (1993), para. 70; 橫山潤, 國際家族法, 205면. 그러나 선고형입양이 항상 완전입양인 것은 아니다. 프랑스에는 완전입양*(adoption plénière)*과 단순입양*(adoption simple)*이 공존하는데, 단순입양도 법원의 판결에 의한다. 프랑 스 민법(제355조). 국제사법 맥락에서의 비교는 위 van Loon, para. 96 이하 참조.

6) 橫山潤, 國際家族法, 204-205면.

7) 김주수·김상용, 400면, 410면.

8) Andrae, §8 Rn. 57. 당사자의 입양계약에 대해 법원의 인가(또는 확인)를 요구하는 입양이 선 고형입양인가, 이를 어떻게 승인할지에 관하여는 견해가 나뉜다. 예컨대 승인의 맥락에서 Dieter Henrich, Internationales Familienrecht (1989), S. 310은 입양요건에 대한 법원의 실 질적 심사를 전제로 이를 선고형입양으로 보나, 김문숙, "친양자제도의 도입으로 인한 국제사 법에의 영향", 국제사법연구 제11호(2005), 320면은 선고형입양이라 함은 완전입양의 효력을 발생하는 입양을 의미한다고 하면서, 계약형에서는 비록 공적 기관이 관여하더라도 선고형입 양과 그 취지를 달리한다며 반대한다. 민법상의 일반입양이 이러한 사례인데, 법원의 허가가 창설적 효력을 가지는 것은 아니므로 이는 여전히 계약형입양이라고 본다.

전혀 고려되지 않는다면 자녀의 이익이 침해되거나 자녀의 보호가 소홀해질 우려
가 있으므로 국제사법에서는 별도의 조항(제71조)을 두어 자녀의 동의에 관하여
자녀의 본국법을 누적적으로 적용하도록 한다. 만일 입양에서 양친의 법과 자녀
의 법에 선택적 연결을 한다면 양친자관계의 성립을 용이하게 할 수 있으나 유괴
나 매매 등을 목적으로 하는 국제입양으로부터 아동을 보호하자면 양친자관계의
성립을 쉽게 하는 것만이 능사는 아니므로 선택적 연결을 취할 수는 없다.9) 이러
한 국제사법의 태도에 대하여는, 실질법 영역에서 입양제도의 중심이 양친이 아
니라 양자로 이동하였고 무엇보다도 아동의 최선의 이익10)이 중요한 의미를 가지
게 된 오늘날 국제사법 차원에서 고려가 부족하다는 비판이 가능하다.11) 이런 취
지를 고려하여 입양의 준거법을 규정하는 독일 구 민법시행법 제22조 제1항은 일
부 수정되었고 제3항에 생활동반자가 추가되었으나, 제1항은 2020년에 다시 개정
되었다.12) 개정된 제22조 제1항은 2020. 3. 31. 발효되었으며 그 전에 완성되지
않은 국제입양에 적용된다. 이는 "독일에서 아동의 입양은 독일법에 따른다. 그
밖의 모든 경우 입양은 입양 시 피입양인13)의 일상거소국의 법에 따른다."라고
규정하는데 이는 우리 국제사법의 모델이 되었던 과거의 연결원칙을 수정한 것이
다. 그 결과 과거 입양의 성립과 효력의 준거법은 양친의 본국법이었는데 이제는
독일에서의 입양의 경우에는 독일법(즉 법정지법)(제22조 제1항 제1문)으로, 그 밖의
경우에는 입양 시 피입양인의 일상거소지법(제22조 제1항 제2문)으로 바뀌었다. 그

---

9) 곽민희, "국제가족법상 아동의 복리", 조선대학교 법학논총 제23집 제2호(2016. 8.), 321면.
10) 연혁적으로 '아동복리(welfare of children)' 또는 '자녀의 최선의 이익(the best interest of child)'이라는 개념은 1925년 영국의 미성년 후견법(Guardianship of Infants Act)과 1938년의 독일 혼인법에서 친권결정의 맥락에서 처음 등장하였다고 한다. 국제적 차원에서 '아동의 최선의 이익'은 아동권리협약 제3조가 아동과 관련된 모든 조치는 '아동의 최선의 이익'을 충분히 고려해야 한다고 규정한 데서 비롯되었다고 한다. 곽민희(註 9), 310면.
11) Kropholler, S. 414.
12) 이는 독일 헌법재판소의 2019. 3. 26. 결정에 따른 개정의 결과이다. 즉 독일 헌법재판소는 혼인하지 않은 가족의 계자입양을 전면 불허하는 것은 위헌이라고 판시하고 이를 가능하게 하는 조문의 도입을 명하였기 때문이다. 그 결과 민법 제1766a조가 신설되었고 민법시행법 제22조 제1항이 개정되었다. 배경은 BT-Drs. 19/15618, S. 1ff. 참조. http://dipbt.bundestag.de/doc/btd/19/156/1915618.pdf 참조. 위 민법 조문에 따르면 부부나 등록된 생활동반자가 아니더라도 확고한 생활공동체(verfestigte Lebensgemeinschaft)로서 공동세대를 구성하는 두 사람은 상대방의 아동을 입양할 수 있다.
13) 근자에 우리 사회에서는 이를 '입양인'이라고 부르는 경향이 있는데 이는 용어의 혼란을 초래한다.

와 함께 제23조에 규정되었던 동의요건은 삭제되었다. 외국법원의 입양재판이 있는 경우는 재판의 승인의 문제로 해결되고, 또한 헤이그 입양협약이 적용되는 경우는 체약국인 입양국의 권한당국이 입양이 입양협약에 따라 이루어졌다고 증명하는 경우에는 입양협약에 따라 (선고형입양이든 계약형입양이든 간에) 승인되므로 제22조 제1항은 외국에서 행해진 계약형입양을 염두에 둔 것이다. 부부의 일방 또는 쌍방에 의한 입양의 경우 '혼인의 일반적 효력의 준거법'으로부터 '양자의 상거소지법'으로의 전환은 입양 시 양자의 이익이 중심에 있기 때문이라고 한다.14) 입양 시라고 시점을 명시한 점은 주목할 만하고, 연결점으로서 국적 대신 상거소를 도입한 것은 국제친족법의 영역에서의 변화를 보여준다.

    그러나 입양의 준거법에 관하여 독일 민법시행법의 태도를 따랐던 우리로서는 독일법의 개정이 우리에게 주는 시사점이 무엇인지15)를 검토하지 않으면 아니 된다. 특히 우리에게는 외국으로의 입양 시 아동을 강력하게 보호하기 위한 입양특례법이 있고 그중의 일부는 국제적 강행규정으로서 준거법이 외국법인 경우에도 적용된다는 점을 유의해야 한다.

    속인법주의를 취하는 대륙법계와 달리 영미법계에서는 입양을 법원 기타 공적 기관에 의한 선언에 의하여 성립하는 것으로 이해하면서 그의 관할권을 결정한 뒤 그 국가의 법을 적용한다.16) 전자를 '저촉법적 접근(conflicts approach)', 후자를 '관할권적 접근(jurisdictional approach)'이라고 한다.17)

    입양은 외국적 요소의 유무에 따라 국내입양과 국제입양으로 구분할 수 있는데, 외국적 요소의 기준에 관하여는 논란이 있을 수 있다. 여기에서는 국제입양과

---

14) BT-Drs. 19/15618, p. 16. 이런 설명은 과거와는 다르므로 선뜻 수긍하기가 쉽지 않다. 상세는 Robert Magnus, Die Neuregelung des internationalen Privat – und Verfahrensrechts der Adoption, IPRax (2022), S. 552ff.

15) 독일 민법시행법의 개정은 석광현, 정년기념, 564면 이하 참조(다만 거기에는 제23조의 동의요건 삭제가 반영되지 않았다). 참고로 우리나라에도 양자의 본국법을 준거법으로 지정하자는 국제사법 개정의견이 있다(현소혜, "국제입양의 준거법 결정", 국제사법연구 제24권 제2호(2018. 6.), 107면 이하). 이는 우리 아동의 외국으로의 입양을 주로 고려한 것이나, 연결원칙을 변경한다면 반대의 경우(즉 외국 아동을 국내로 입양하는 경우) 준거법이 아동의 본국법이 된다는 점을 유념하여야 한다. 즉 한국으로 결혼 이민을 온 여성이 전혼 자녀 또는 친인척 입양을 하는 '중도입국자녀'의 입양의 준거법은 현재 한국법이나, 위 견해에 따르면 양자의 본국법인 외국법이 될 것이다.

16) 김연·박정기·김인유, 435면. van Loon(註 5), para. 9.

17) 김연·박정기·김인유, 436면. van Loon(註 5), para. 102 이하.

해외입양을 일단 호환적으로 사용하되, 입양협약에 관한 설명 부분에서는 그의 정의에 따른다. 특히 국제입양법이 제정됨으로써 국제입양의 개념이 복잡하게 되었다.

(2) 입양과 파양의 준거법의 일치

입양의 준거법을 양친의 본국법으로 일원화함에 따라 파양도 그에 따르도록 하였다. 다만 섭외사법상 파양의 연결시점은 파양 시[18] 또는 파양원인인 사실이 발생한 당시로[19] 해석되었으나, 입양은 성립부터 종료까지 동일한 법에 의해 규율하는 것이 타당하고, 파양은 입양의 성립을 부정하는 것이므로 파양의 준거법을 입양의 성립의 준거법과 일치시킬 필요가 있다는 점 등을 고려하여 파양의 연결시점을 입양과 동일하게 입양 당시로 고정시켰다.[20]

만일 입양 당시의 양친의 본국법이 파양제도를 인정하지 않는 경우 문제가 발생할 수 있으나, 이때에는 공서에 의해 한국법을 적용함으로써 문제를 해결할 수도 있을 것이다. 실제로, 파양을 불허하는 양친의 본국법(외국법)을 파양의 준거법으로 적용하여 형식적인 양친자관계의 존속을 강요하는 것은 양자의 복지를 최우선으로 하는 양자제도의 본질에 반하고 우리의 선량한 풍속 기타 사회질서에도 반한다는 이유로 외국법의 적용을 배제하고 법정지법인 한국 민법을 적용하여 파양을 허용한 하급심판결이 있다.[21]

그러나 만일 우리 민법이 완전입양을 도입하면서 파양을 전면적으로 불허하였다면 그에 대한 평가가 달라질 수 있지만, 완전입양을 도입하면서도 예외적인 사유가 있는 경우에 한하여 파양을 제한적으로 허용하고 있으므로(민법 제908조의5),[22] 만일 외국의 완전입양이 파양을 전혀 불허하는 경우에는 공서위반의 가능성은 여전히 남아 있게 될 것이다.

(3) 부부에 의한 입양의 문제

위원회의 논의 과정에서 부부 중 일방 또는 쌍방이 입양하는 경우에 관하

---

18) 김용한·조명래, 342면.
19) 이호정, 401면.
20) 최흥섭(2000), 16면; 법무부, 해설, 154–155면.
21) 서울가정법원 1992. 4. 23. 선고 91드63419 판결; 서울가정법원 1990. 11. 28. 선고 89드 73468 판결 등.
22) 파양사유는 양친이 친양자를 학대 또는 유기하거나 그 밖에 친양자의 복리를 현저히 해하는 때 또는 친양자의 양친에 대한 패륜행위로 인하여 친양자관계를 유지시킬 수 없게 된 때이다.

여[23] 구 독일 민법시행법(제22조 제1항)[24]처럼 혼인의 일반적 효력의 준거법에 의하도록 하는 별도 규정을 둘지를 검토하였다. 그러나 구 국제사법은 친자관계의 성립에 있어 독일 민법시행법(제19조 제1항)과 달리 혼인의 일반적 효력의 준거법을 준용하지 않는 점, 부부입양의 경우도 입양의 원칙규정인 양친의 본국법에 따르더라도 부당하지는 않다는 점 등을 고려하여 규정을 두지 않았다.[25] 이는 일본의 법례(제20조) 및 법적용통칙법(제31조)과 같은 입장이다.[26]

그러나 독일 구 민법시행법(제22조 제1항)에 따르면 부부 쌍방에 의한 입양은 1개의 입양으로서 파악되는 데 반하여, 국제사법에 따르면 이는 2개의 입양으로 평가되어 부(夫)의 본국법과 부(婦)의 본국법이 각각 준거법이 될 텐데, 양국법이 서로 다른 요건 또는 효력을 부여하는 경우 복잡한 문제를 초래한다. 예컨대 일방의 본국법상 입양이 성립하지 않으면 부부공동입양은 성립하지 않고, 기껏해야 상대방의 본국법에 따른 단독입양이 성립할 수 있을 뿐이다. 나아가 그 경우 부부 일방의 본국법이 공동입양이 아니면 입양을 할 수 없다고 규정하는 때에는 결국 단독입양도 성립할 수 없게 된다.[27]

그러나 독일 민법시행법에서 혼인의 효력의 준거법에 연결하던 부부에 의한 입양에 대한 특칙(제22조 제1항 제2문)은 설득력이 없다는 이유로 2020년 개정 시 삭제되었다.

(4) 입양의 방식

섭외사법과 국제사법은 입양의 방식에 관해 별도의 규정을 두지 않는다. 따라서 계약형입양의 방식은 법률행위의 방식에 관한 국제사법 제31조에 의하므로 입양의 준거법 또는 행위지법에 의한다.[28] 참고로 우리 민법(제878조)에 따르면

---

23) 우리 민법에 의하면 배우자 있는 자는 공동으로 입양을 해야 한다(제874조). 이를 '부부공동입양'이라고 한다.

24) 제22조 제1항은 다음과 같았다.

"제22조(입양) ① 입양은 양친이 입양 시에 속하고 있는 국가의 법에 따른다. 부부의 일방 또는 쌍방에 의한 입양은 제14조 제1항에 따른 혼인의 일반적 효력의 준거법에 따른다".

25) 최흥섭(2000), 16면; 법무부, 해설, 155면.

26) 이는 입법례로서는 이례적이라고 한다. 橫山潤, 国際家族法, 219면.

27) 신창선·윤남순, 373면; 櫻田嘉章, 313면도 동지. 상세는 橫山潤, 国際家族法, 219－220면.

28) 계약형입양이 가능한지, 아니면 선고형입양이 필요한지는 방식의 준거법이 아니라 입양의 준거법이 결정한다. MünchKommBGB/Spellenberg, Band 10, 6. Auflage, Art. 11 EGBGB, Rn. 31; Andrae, §8 Rn. 54.

계약형입양은 혼인과 마찬가지로 당사자 쌍방이 가족관계등록법에 따라 신고하여야 한다.

(5) 선고(허가, 재판)형입양의 승인

외국법원 또는 관할 당국에 의한 선고(허가, 재판)형입양에 대하여는 외국판결의 승인 및 집행에 관한 민사소송법 제217조(구 민사소송법 제203조)가 유추적용되며, 계약형입양을 전제로 한 제70조는 적용되지 아니한다. 외국의 입양판결은 성질상 비송사건에 속하는 것이기 때문이다.

입양에 따른 상속법적 효과. 미국으로 입양된 한국 아동이 한국 친부모의 재산을 상속하는지는 의문이 있다. 완전입양이라면 상속할 수 없어야 할 것이나, 이는 외국재판의 승인에 따른 효력의 문제, 즉 외국의 형성적 재판의 승인 시 형성력의 기준이 문제인데 외국법원이 실제로 적용한 법이 중요하다.

(6) 반정

국제이혼에 관하여 대법원 2006. 5. 26. 선고 2005므884 판결은 반정의 법리를 정한 구 국제사법 제9조를 유추적용하여 숨은 반정의 법리를 정면으로 인정한 바 있으므로[29] 국제입양의 경우에도 우리 법원이 숨은 반정의 법리를 적용할 가능성이 크다. 실제로 섭외사법하에서 서울고등법원 1989. 7. 24. 선고 88르1028 판결은 숨은 반정의 법리를 적용하여(유추적용이 아니라) 입양의 준거법을 양친의 본국법인 미시시피주법이 아니라 한국법으로 본 바 있다.[30]

다. 입양특례법/국제입양법에 따른 국제입양[31]

구 입양특례법은 요보호아동의 입양에 관하여 민법상의 입양에 대한 특칙을

---

29) 위 판결은 미합중국 국적을 보유하고 한국에 거주하는 부부 쌍방이 주소를 한국에 형성한 상태에서 남편(원고)이 처(피고)를 상대로 한국 법원에 이혼, 친권자 및 양육자지정 청구의 소를 제기한 사안에서, 원·피고의 현재 주소가 소속된 법정지의 법률이 준거법이 되어야 할 것이므로, 준거법 지정 시의 반정(反定)에 관한 구 국제사법 제9조 제1항을 유추적용한 '숨은 반정'의 법리에 따라 법정지법인 한국 민법을 적용해야 한다는 취지로 판시하였다. 상세는 제22조 해설 참조.

30) 이종혁(2021), 498면 참조.

31) 상세는 석광현, "국제입양에서 제기되는 國際私法의 제 문제: 입양특례법과 헤이그입양협약을 중심으로", 가족법연구 제26권 제3호(2012. 11.), 374면 이하 참조.

두었는데, 이는 국내에서의 국외입양과 외국에서의 국외입양에서 중요한 의미를 가졌다. 구 입양특례법은 입양아동의 해외이주를 적절히 통제하고 국외입양에 따른 한국 국적상실을 호적부(가족관계등록부)에 기재하기 위한 절차를 규정하였을 뿐이므로 우리 아동은 외국에서 입양재판을 받았고 따라서 우리 법원이 국제사법을 적용할 여지가 없었다. 문제는 우리 법원의 관여 없이 아동이 출국하였으므로 아동의 신분이 상당기간 불확정한 상태에 놓인다는 점이었다. 이를 개선하기 위하여 국회는 2011. 5. 구 입양특례법을 개정하여 그 명칭도 '입양특례법'으로 변경하였고 이는 2012. 8. 5. 발효되었다. 입양특례법은 구 입양특례법과 달리 국제입양의 경우는 물론이고 입양특례법에 따른 국내입양에 대하여도 법원의 허가를 요구하는 점에서 획기적인 변화를 도입한 것이다.

여기에서는 입양특례법에 따른 국외입양의 경우 입양특례법의 적용범위의 문제와(1), 입양특례법의 개정에 따른 우리 아동의 국외입양이 이루어지는 메커니즘의 변화와 그것이 가지는 국제사법적 의미를 살펴본다(2). 이어서 2023. 7. 18. 공포된 국제입양법에 다른 국제입양법제를 논의한다.

(1) 국제사법과 우리 법원의 입양재판 시 입양특례법의 적용범위

입양특례법에 따른 아동의 국외입양을 위하여는 우리 법원의 입양허가를 받아야 하므로 법원은 국제사법 제70조에 따라 양친의 본국법을 적용하고, 동의 요건에 관하여는 제71조에 따라 자녀의 본국법인 우리 법을 적용한다. 주목할 것은, 입양특례법의 일부 조문은 입양의 준거법에 관계없이 국외입양에 적용된다는 점인데,32) 문제는 입법자의 의사가 명확하지 않은 조문들이 있다는 점이다. 여기에서는 간단히만 언급한다.

첫째, 양친과 양자의 자격요건과 입양의 효력. 입양특례법 제9조는 양자의 자격을, 제10조는 양친의 자격을 각각 정하는데, 이들 조문은 입양의 준거법이 외국법이더라도 적용된다.33) 입양의 효력 또는 효과를 정한 입양특례법 제14조에 관

---

32) 그런 취지의 조문을 '국제적 강행법규'라고 부르는데, 국제사법 제20조는 이를 정면으로 도입하였다. 그러나 입양특례법의 접근방법은 입양요건에 관하여 배분적 연결원칙을 취하였던 섭외사법하에서는 정당화될 수 있었으나 국제사법하에서는 바람직하지 않다. 입양특례법에서는 우리의 관점에서 준거법이 외국법이더라도 반드시 관철되어야 하는 요건에 한정하고 기타 입양요건은 입양의 준거법에 맡기는 것이 바람직하다.

33) 서울가정법원 2013. 2. 22. 2012느합356 심판은, 국제사법에 따르면 사건본인의 입양은 입양 당시 양친이 되고자 하는 소외 부부의 본국법인 미국의 입양 관련법에 의하여야 하지만, 사

하여는 위에서 논의하였다.

둘째, 신생아 입양 시 입양숙려제 도입. 입양특례법은 친생부모의 입양동의는 아동의 출생일부터 1주일이 지난 후 이루어지도록 규정한다(제13조 제1항). 이는 동의요건이므로 국제사법 제71조에 따라 우리 아동의 국외입양 시 입양의 준거법이 양친의 본국법인 외국법이더라도 여전히 적용된다.

셋째, 우리 법원의 입양허가제의 도입. 구 입양특례법하에서와 달리 입양특례법은 국내입양은 물론이고, 외국에서의 국외입양에 대하여도 입양허가제를 도입하여 입양을 하려는 자는 가정법원에 입양허가를 청구하도록 하고(제11조, 제19조), 법원의 허가 없이 국내외입양을 행한 자에 대한 벌칙을 도입하고 있다(제44조 제1호). 이는 양자의 복리를 보장하기 위하여 입양특례법에 따른 입양에 대해 선고형입양제도를 전면 도입한 것이다.[34]

국외입양의 경우 제19조, 제14조와 제15조를 묶어 보면 가정법원의 입양허가를 받음으로써 양자는 친양자의 지위를 가지고 그 효력은 가정법원의 인용심판 확정으로 발생한다. 이처럼 과거 우리 아동의 외국에서의 국외입양에서는 가정법원이 철저히 배제되었으나, 입양특례법하에서는 가정법원이 중요한 역할을 담당하므로 가정법원의 전문성 제고가 중요하다.

(2) 입양특례법의 개정에 따른 우리 아동의 국제입양 메커니즘의 변화와 국제사법적 의미

(가) 과거 국제입양의 메커니즘: 외국법원이 한 입양재판의 승인　　　구 입양특례법하에서는 외국법원의 입양재판만이 있을 뿐이었으므로[35] 우리 아동의 국외입

건본인의 본국법인 한국의 입양 관련법에 따른 절차적 요건도 갖추어야 하므로, 사건본인의 본국법인 한국의 입양 관련법에서 요구하는 요건과 절차도 모두 준수하여야 하는바, 입양특례법에서는 양자가 될 수 있는 자의 자격을 규정하므로(제4조 제2호), 사건본인이 입양특례법에 따라 입양이 이루어지기 위해서는 그에 해당해야 한다는 취지로 판시하였다. 그러나 양자의 자격요건은 절차적 요건이 아니다. 입양특례법이 정한 양자와 양친의 자격은 국제적 강행규정으로 설명하는 것이 적절하다. 저자는 석광현, 고언 I, 116면에서 이런 취지의 지적을 하였다. 그 후 서울가정법원 2018. 6. 28.자 2018브25 결정은 입양특례법의 제9조와 제10조는 구 국제사법 제7조(국제사법 제20조에 상응)에 의하여 적용된다고 판시한 바 있다. 법원실무제요/가사[I], 425도 이를 국제적 강행법규로 설명한다.

34) 입양협약이 아동의 출신국에서 입양재판을 할 것을 요구하지는 않으므로 입양협약에 가입하더라도 수령국인 외국에서 입양재판을 하게 할 수도 있다.

35) 그러나 과거 고아입양특례법(1961년 법률 제731호) 제4조는 외국인이 고아를 양자로 하고자 할 때에는 우리 법원의 인가를 받도록 요구하였음은 주목할 만하다. 고아입양특례법은

양, 보다 정확히는 양친자관계의 성립과 친생부모와의 친자관계의 소멸은 외국
입양재판의 승인이라는 메커니즘에 의하였다. 입양재판은 비송사건에 속하므로
국제입양은 비송사건인 외국 입양재판의 승인의 법리에 의한다. 민사소송법은 외
국판결의 승인을 규정하나, 가사소송법과 비송사건절차법은 외국 입양재판의 승
인에 대하여 규정하지 않고 민사소송법 제217조를 준용하지도 않으므로 종래 우
리 법상 외국 입양재판의 승인요건이 무엇인가, 즉 민사소송법이 적용(또는 유추적
용)될 수 있는가라는 쟁점이 정리되지 않은 상태이다. 학설로는 민사소송법 제217
조를 사실상 유추적용하여 그 요건의 일부를 요구하는 견해가 유력하다.[36] 다만
승인요건에 관하여, 대심적 소송이 아닌 비송사건의 경우 송달요건은 문제 되지
않는다는 견해가 유력하고, 상호보증의 요건이 필요한가에 관하여는 견해가 나뉜
다. 부정설도 있지만 명문의 근거가 없으므로 필요하다는 긍정설도 있는데, 판례
는 후자를 취할 가능성이 커 보인다.[37]

　　미국의 많은 주에서는 외국 입양재판의 승인요건으로서 상호보증을 요구하지
않으나, 국가에 따라서는 조약이 없으면 외국판결을 전혀 승인하지 않기도 하므로
그런 국가들과 우리나라 간에는 상호주의가 없다. 따라서 만일 우리가 입양재판의
승인에 대해서도 상호주의를 고집한다면 그런 외국의 입양재판은 당해 국가에서는
효력이 있지만 우리나라에서는 효력이 없어 파행적 법률관계가 발생한다. 따라서
법률로써 비송사건 재판의 승인 시 상호주의요건을 제외하는 것이 바람직하다.

　　외국 입양재판의 승인과 관련하여 근자에 한 가지 주목할 만한 사건이 있었
다. 언론보도에 따르면, 1984년 미국에 입양된 한국인 여성이 세월이 흐른 뒤에
DNA 검사를 통하여 친부를 상대로 우리 법원에서 인지청구의 소를 제기한 결과
이를 인용하는 판결(서울가정법원 2020. 6. 12. 선고 2019드단101345 판결)이 선고되
었다. 그러나 위 한국인이 미국에서 재판상입양을 하였다면 아마도 완전입양을

　　김진, 신국제사법(1962), 348면 이하에도 수록되어 있다. 소개와 비판은 김진, "고아입양특
　　례법", 서울대학교 법학 제4권 제1호·제2호(1962), 124면 이하 참조.
36) 김문숙, "친양자제도의 도입으로 인한 국제사법에의 영향", 국제사법연구 제11호(2005), 320
　　면; 김원태(2001), 66면; 석광현, 국제민사소송법, 428면 이하 참조.
37) 대법원 1971. 10. 22. 선고 71다1393 판결은, 상호보증의 결여를 이유로 미국 네바다주 법원
　　이 선고한 이혼판결의 승인을 거부하였으며, 근자에 이혼 및 양육자지정, 면접교섭권, 재산
　　분할 및 부양료·양육비지급을 명한 캐나다 온타리오주 법원판결에 기한 집행판결을 청구한
　　사건에서, 대법원 2009. 6. 25. 선고 2009다22952 판결도 상호보증이 필요함을 당연한 전제
　　로 상호보증의 존재를 긍정한 바 있기 때문이다.

하였을 것이므로 입양아동과 친부 간에 존재하던 친자관계가 단절되었고 양부모
와 양친자관계가 형성되었을 텐데, 그 상태에서 과연 인지청구를 인용할 수는 있
는가라는 의문이 있다. 한국 법원의 위 인지판결에 의하여 인지의 효과가 발생하
므로 부에 대한 관계에서 위 한국인 여성의 출생 시에 소급하여 친생자관계가 생
긴다(민법 제860조). 그렇다면 친생자관계가 소급적으로 발생하였더라도 그 관계는
그 후 미국의 입양재판에 의하여 단절된 것인가라는 의문이 제기된다. 또한 타인
의 자녀(완전입양에 의한)인 위 한국인 여성에 대하여 그 상태에서 인지청구를 인
용할 수 있는지도 문제 된다.[38) 위 사건에서 인지청구를 인용한 법관도 위 여성이
미국에서 입양되었음은 알았을 텐데 그렇다면 미국의 입양재판에 의하여 친자관
계가 단절되었는지를 검토하지 않은 점은 의문이다. 판결문에는 "미국으로 입양
되었다"라고만 기재되어 있고, 어느 주 법원에서 입양재판이 있었고 그것이 완전
입양인지에 관하여 아무런 판단이 없다.

　　(나) 현행 법제에 따른 국제입양의 메커니즘[39)

　　① 우리 법원의 입양재판의 외국에서의 승인　　　　입양특례법에 따라 우리 법원
이 입양재판을 하는 경우 수령국인 외국에서 그 승인 문제가 제기된다.[40) 우리 입
양재판이 다른 체약국에서 승인될 수 있도록 보장하기 위해 입양협약에 가입할
필요성이 더욱 커졌다고 할 수 있다.

　　② 우리 법원의 입양재판과 외국에서의 재입양　　　　현재는 우리 법원이 입양재
판을 하더라도 외국에서 다시 입양재판을 해야 하는가라는 의문이 제기된다. 종
래 국제입양 시 출신국에서 입양이 행해졌더라도 수령국이 국내법에 따른 입양절

---

38) 우리 법상 다수설은 친양자 입양 후에는 생부는 자녀를 인지하지 못하고, 친양자도 생부를
　　상대로 인지청구를 할 수 없다고 보는데(법원실무제요/가사[Ⅱ], 995면) 그에 따르면 위 판
　　결은 잘못이다. 다만 친양자입양에 대한 동의를 할 수 없었던 경우 입양취소청구를 할 수
　　있다는 점 등의 실익이 있음을 이유로 이를 허용하는 소수설도 있다. 소수설은 친양자입양
　　의 효력이 자의 출생 시로 소급하지 않는 이상 입양 전에 존재하였던 혈연관계를 확인하기
　　위한 인지도 허용된다고 본다. 다만 인지의 효과는 소급하므로 소수설도 인지에 의하여 형
　　성된 친생자관계는 인지와 동시에 친양자 입양의 효력에 의하여 종료한다고 본다. 윤진수/
　　현소혜, 주해친족법 제1권, 910면; 윤진수, 242면.
39) 2025년 7월 국제입양법과 입양협약이 발효되면 이 부분은 달라질 수밖에 없다. 이 점은 아
　　래 국제입양법 해설 참조.
40) 따라서 입양특례법을 개정하는 과정에서 우리 아동들의 주요 수령국인 미국, 캐나다 등지에
　　서 외국 입양재판을 어떤 요건하에 승인하는지를 검토하고 문제가 없음을 사전에 확인할 필
　　요가 있었다.

차를 되풀이하는 경우도 있었다.⁴¹⁾ 이는 아동의 출신국에서 한 입양의 효력이 수
령국에서 인정될지 확신할 수 없는 데 따른 법적 불안정을 없애고, 또한 출신국의
단순입양을 완전입양으로 전환하기 위한 것이다. 국가에 따라서는 완전입양이 된
경우에만 국적을 부여하기 때문이기도 하다. 근자에는 재입양을 거치는 국가는
별로 없는 것으로 보이나, 우리 법원이 입양재판을 한다면 수령국에서 재입양을
하는지를 미리 확인할 필요가 있다. 다만 우리나라가 입양협약에 가입하면 우리
법원의 입양재판은 입양협약이 정한 바에 따라 다른 체약국에서 당연히 승인되므
로 재입양은 불필요하다.

(3) 국제입양법에 따른 우리 아동의 국제입양 메커니즘

국제입양법은 한편으로는 입양협약의 이행법률로서의 의미가 있고 다른 한
편으로는 국제입양의 기본법으로서의 의미가 있다. 이에 관하여는 헤이그입양협
약에 이어서 설명한다.

라. 헤이그입양협약

(1) 서론

국제입양에 관한 중요한 조약으로 헤이그국제사법회의의 1993년 "국제입양
에서 아동의 보호 및 협력에 관한 협약(Convention on Protection of Children and
Co-operation in Respect of Intercountry Adoption)"(이하 "입양협약"이라 한다)이 있
는데¹⁾ 이제 우리도 입양협약 비준을 앞두고 있다.²⁾ 우리 아동의 최대 수령국인

---

41) 과거 독일의 Nachadoption(재입양) 또는 Zweitadoption(제2의 입양).
* 헤이그입양협약에 관하여 인용하는 아래 주요 문헌은 [ ] 안의 인용약어를 사용한다.
  김문숙, "국제입양에 있어서 아동의 보호 및 협력에 관한 헤이그협약—한국의 가입가능성의
  관점에서—", 국제사법연구 제10호(2004)[김문숙, 입양협약]; 김문숙, "친양자제도의 도입으
  로 인한 국제사법에의 영향", 국제사법연구 제11호(2005)[김문숙, 친양자제도]; 석광현, "1993
  년 헤이그국제입양협약(국제입양에 관한 아동보호 및 협력에 관한 헤이그협약)", 국제사법연
  구 제15호(2009)[석광현, 입양협약]; 석광현, "국제입양에서 제기되는 國際私法의 제문제: 입
  양특례법과 헤이그입양협약을 중심으로", 가족법연구 제26권 제3호(2012)[석광현, 국제입양
  과 국제사법]; 석광현, "헤이그입양협약 비준을 위한 2016년 "국제입양에 관한 법률안"에 대
  한 검토", 가족법연구 제31권 제1호(2017)[석광현, 2016년 국제입양법률안]; 석광현, "헤이그
  입양협약 비준을 위한 2018년 "국제입양에 관한 법률안"에 대한 검토", 가족법연구 제33권
  제1호(2019)[석광현, 2018년 국제입양법률안]; 석광현, "헤이그 국제아동입양협약의 이행을
  위한 '국제입양에 관한 법률'의 주요 내용과 문제점", 한양대학교 법학논총 제40집 제3호

미국에서도 입양협약이 2008년 발효된 이상 가입을 더 이상 미룰 수 없다. 입양 협약은 우리나라에서도 발효한 국제연합의 1989년 "아동의 권리에 관한 협약 (Convention on the Rights of the Child)" 또는 간단히 아동권리협약(CRC)에 근거한 것으로 입양협약 가입은 위 아동권리협약에 따른 의무사항이고, 국가인권위원회 도 2005. 4. 11. 결정에서 입양협약 가입을 권고하였다. 우리나라가 2013. 5. 24. 입양협약에 서명하였다는 점은 다행이지만3) 그 후 비준이 늦어진 점은 매우 유감 스러운 일이다. 입양협약의 비준이 지체되었으나 2023년 국제입양에 관한 법률이 제정되고 2025. 7. 19. 시행될 예정이므로 그 무렵 입양협약의 비준이 행해질 것 이다.4)

(2) 입양협약의 주요내용

(가) 입양협약의 구성과 목적   입양협약은 협약의 범위, 국제입양의 요건, 중앙당국과 인가단체, 국제입양의 절차적 요건, 입양의 승인과 효과, 일반조항과 최종규정이라는 7개장 48개 조문으로 구성된다.

(2023. 11.)[석광현, 국제입양법률]; 석광현 외, 헤이그국제아동입양협약 가입 추진방안 연구, 2012년 보건복지부 연구용역 보고서(2012. 12.)[석광현 외]; 석광현 · 이병화, 헤이그국제아동 입양협약에 관한 연구(2010)[석광현 · 이병화]; 안소영, "입양법제의 개선방안 — 헤이그국제입 양협약의 비준에 즈음하여 —", 이화여자대학교 대학원 박사학위논문(2015)[안소영]; 이병화, "가족법 분야의 헤이그국제사법회의 입양협약 — 특히 아동보호와 관련하여 —", 국제사법연 구 제12호(2006)[이병화, 입양협약]; 이종혁, "국제입양법에 따른 국내로의 입양의 요건과 절 차", 국제사법연구 제30권 제2호(2024. 12.)[이종혁, 국제입양]; 장복희, "국제입양에 관한 헤 이그협약과 국내입양법의 개선", 저스티스 제93호(2006)[장복희]; 최흥섭, "국제입양에 관한 헤이그협약", 국제사법연구 제3호(1998)[최흥섭, 입양협약]; 현소혜, "헤이그 입양협약 가입에 따른 국제입양절차 개편방안", 가족법연구 제28권 제2호(2014)[현소혜, 국제입양절차]; 현소 혜, "국제입양의 보충성과 투명성 실현방안", 가족법연구 제35권 제1호(2021)[현소혜, 보충성].
1) 그 밖에도 헤이그국제사법회의의 1965년 "입양에 관한 재판관할, 준거법 및 재판의 승인에 관한 협약"이 있다. 이는 발효되지 않았다. 전에 발효되었다고 적은 것은 잘못이기에 바로 잡 는다.
2) 입양협약에 관하여는 최흥섭, 입양협약, 803면 이하; 김문숙, 입양협약, 379면 이하; 석광현, 입양협약, 421면 이하 참조. 상세는 석광현 · 이병화, 안소영; 이경은, "국제입양에 있어서 아 동 권리의 국제법적 보호", 서울대학교 대학원 법학박사학위논문(2017. 2.)(이는 국제사법이 아니라 국제법적 논의를 담은 것이다) 참조.
3) 헤이그국제사법회의 홈페이지 http://www.hcch.net/index_en.php?act=conventions.status&cid=69 참조.
4) 한국은 입양협약에 서명하였으므로 입양협약의 비준이 남아 있다. 아래에서 입양협약 가입이 라고 하더라도 이는 편의상의 표현이고 입양협약을 비준함으로써 당사국이 된다는 의미이다.

입양협약은 국제입양이 아동에게 최선의 이익이 되도록 국제법에서 인정된 그의 기본적 권리가 존중되면서 이루어지도록 보호조치(통일적 절차)를 확립하고, 그런 보호조치가 준수되고 그렇게 함으로써 아동의 탈취·매매 또는 거래를 방지하도록 체약국 간에 유연한 공조체제를 확립하며, 입양협약에 따라 이루어진 입양을 체약국에서 승인되도록 보장한다(제1조). 입양협약은 국제재판관할과 준거법 결정규범의 통일이나 입양에 관한 국내실질법의 통일을 목적으로 하지 않는다.

(나) 입양협약의 적용범위(제1조-제3조)   입양협약의 적용대상인 '국제입양'이 되기 위하여는 입양 대상인 아동과, 입양을 하는 부부 또는 일인이 상이한 체약국에 상거소를 가져야 하고, 양친이 될 자의 국적은 의미가 없다. 아동의 입양 전 상거소지 국가를 '출신국(State of origin)', 양친(adoptive parents)의 상거소지 국가를 '수령국(receiving State)'이라 한다. 입양협약은 영구적 친자관계를 창설하는 입양만을 대상으로 한다. 입양이 계약형인지 선고형인지와 단순입양인지 완전입양인지는 불문한다. 입양협약은 18세 미만의 아동에만 적용된다(제3조). 제2조 제6호는 입양의 국제성 판단에서 양부모와 양자의 일상거소를 연결점으로 삼으므로 일상거소의 개념과 그 소재지 판단이 중요하다. 앞으로 일상거소의 개념과 판단 기준을 정립할 필요가 있는데, 헤이그국제사법회의 상설사무국은 2018년 "일상거소 및 입양협약의 적용범위에 대한 노트"를 간행하였다.[5] 이 노트는 일상거소의 개념을 명확히 하고, 입양협약상 일상거소의 판단을 위한 일반적 기준을 제시하며, 협약 적용 여부 결정 시 경험한 까다로운 사례들을 소개함으로써 일상거소의 결정과 관련하여 문제가 발생한 경우 체약국들이 일관성을 가지고 해결할 수 있는 방안을 제시한다.[6]

(다) 국제입양의 요건(제4조-제5조)   입양협약에 따른 국제입양을 하기 위하여는 출신국과 수령국의 권한 있는 당국(이하 "권한당국"이라 한다)이 일정한 조치를 취해야 한다.

---

5) The Hague Conference on Private International Law Permanent Bureau, Note on Habitual Residence and Scope of the 1993 Hague Convention on Protection of Children and Co-operation in Respect of Intercountry Adoption (2018). https://assets.hcch.net/docs/12255707-4d23-4f90-a819-5e759d0d7245.pdf. 참조.

6) 소개는 안소영, "헤이그국제아동입양협약의 적용 범위를 결정하는 일상거소에 관한 연구", 이화젠더법학 제15권 제3호(통권 제39호)(2023. 12.), 131면 이하 참조. 구체적 논점은 장지용, "국제입양에서 일상거소 판단의 기준과 사례", 국제사법연구 제30권 제2호(2024. 12.), 3면 이하 참조.

① 출신국 권한당국이 취할 조치　　　　입양협약상 국제입양은 출신국 권한당국이 아동이 입양가능하다고 인정하고, 출신국 내 아동의 위탁 가능성을 적절히 고려한 후 국제입양이 아동에게 최선의 이익이 된다고 결정한 경우에만 가능하다(제4조).[7] 후자는 전문에 포함된 국제입양의 보충성을 명시한 것이다. 또한 권한당국이 동의요건이 충족되었음을 확보하였어야 한다. 모의 동의는 아동의 출생 후에 가능하다.

② 수령국 권한당국이 취할 조치　　　　입양협약에 따른 국제입양은, 수령국 권한당국이 양친이 될 자가 입양할 자격이 있고 입양에 적합하며, 필요한 상담을 받았고, 아동이 수령국에 입국해서 영주할 자격이 있거나 있을 것이라고 결정한 경우에만 가능하다(제5조).

③ 위 조치를 확보하기 위한 방안　　　　제4조와 제5조 요건의 충족 여부는 권한당국이 확인하면 되고 반드시 중앙당국이 확인해야 하는 것은 아니다. 원칙적으로 위 요건이 충족될 때까지는 양친이 될 자와 아동의 부모 기타 아동을 보호하는 자는 접촉할 수 없으나 출신국 권한당국이 정한 조건에 따른 접촉은 가능하다(제29조).[8]

④ 중앙당국과 인가단체(제6조-제13조, 제4장)　　　　입양협약에 따른 국제입양에는 다양한 기관이 관여한다.

체약국은 중앙당국을 지정해야 하는데, 중앙당국의 직무는 ① 상호 협력, 정보교환 및 장애제거 조치, ② 부당한 이득 방지 조치와 ③ 제3장 및 제4장에 따른 직무 등이다.[9] 인가단체는 중앙당국 또는 공적 기관에게 부과된 직무를 수행할 수 있도록 인가를 받은 단체인데 이는 대부분 사적 단체이다. 인가단체는 거의 중앙당국에 준하는 직무를 수행하나, 입양협약(예컨대 제7조 제2항)이 중앙당국이 직접 해야 하는 것으로 명시한 직무는 제외된다.

---

7) 이는 입양협약의 전문과 아동권리협약(제21조 (b)호)의 보충성원칙을 따른 것이다.

8) 또한 가족 내 입양(intrafamily adoption)의 경우 예외가 인정된다. G. Parra-Aranguren이 작성한 입양협약에 대한 Explanatory Report, para. 502. http://www.hcch.net/idex_en.php?act =publications.details&pid=2279&dtid=3 참조.

9) 중앙당국은 입양협약이 정한 바에 따라 그 직무를 공적 기관 및/또는 인가단체에게 위임할 수 있다. 상세는 제7조-제9조 참조.

체약국은 자국법이 허용하는 한도 내에서 일정한 요건을 충족하는 비인가단체 등에게도 제15조부터 제21조에서 정한 절차적 사항에 관한 중앙당국의 기능을 자국에서 수행할 수 있다고 수탁자에게 선언할 수 있다(제22조 제2항).[10] 실제로 상업적 입양알선기관들이 중요한 역할을 하는 미국은 위 선언을 하였다.[11] 반면에 입양협약은, 그러한 비인가단체 또는 개인의 입양알선에 반대하는 국가들은 자국에 상거소를 둔 아동의 입양은 중앙당국의 기능이 제22조 제1항에 따라 공적기관 또는 인가단체에 의하여 행사된 경우에만 이루어질 수 있다고 선언하는 것을 허용한다. 이는 수령국의 제22조 제2항에 따른 선언에 대한 출신국의 대응선언이다.

⑤ 국제입양의 절차적 요건(제14조-제22조)　　　입양절차는 양친이 될 자가 그의 상거소 소재지국의 중앙당국에 입양을 신청함으로써 개시된다(제14조). 입양협약은 수령국과 출신국의 중앙당국이 취할 조치 등 국제입양의 구체적 절차를 상세히 규정한다. 이는 다음과 같다.

---

1) 양친이 될 자 자신의 상거소지국(수령국)의 중앙당국에 대한 입양신청(제14조) → 2) 수령국의 중앙당국의 양친이 될 자에 관한 보고서 작성 및 출신국의 중앙당국으로의 보고서 송부(제15조) → 3) 출신국의 중앙당국의 아동에 관한 보고서 작성 및 수령국의 중앙당국으로의 보고서와 필요서류 송부(제16조) → 4) 출신국의 아동 위탁결정(제17조) → 5) 출신국으로부터 수령국으로의 아동의 이동 및 영주허가를 위한 양국 중앙당국의 협력(제18조) → 6) 아동의 이동(제19조) → 7) 입양완료까지의 경과 등에 관한 양국 중앙당국 상호 간의 통지(제20조)

(ㄱ) 수령국 중앙당국의 보고서 작성과 송부(제15조) 및 출신국 중앙당국의 보고서 작성과 송부(제16조)　　　수령국의 중앙당국은 신청자가 입양할 자격이 있고 입양에 적합하다고 인정하면 그의 신원, 입양 자격과 그 적합성 등에 관한 보고서를 작성하여 출신국 중앙당국에게 송부한다. 한편 국제입양의 대상이 될 수 있는 아동의 등록부를 가지고 있는 출신국 중앙당국은 수령국의 보고서를 기초로 입양가능한 아동을 찾는데 이것이 'matching(결연[12])'이다. 출신국 중앙당국은 입양가능한 아

---

10) 제22조 제2항의 선언을 하는 체약국은 헤이그국제사법회의 상설사무국에 이들 단체 및 개인의 이름과 주소를 통보하여야 한다(제22조 제3항).

11) 헤이그국제사법회의의 홈페이지 http://www.hcch.netindex_en.php?act=convenions.status&cid=69 참조.

동을 찾으면 그의 신원, 입양가능성 등에 관한 보고서를 작성하여 위탁이 아동에게 최선의 이익이 되는지를 결정하고, 아동에 관한 보고서, 동의의 증거와 위탁결정 이유를 수령국 중앙당국에 송부한다.

(ㄴ) 출신국의 아동위탁결정을 위한 요건   일단 아동이 위탁되면 아동과 장래 양친 간에 사실상 관계가 형성되므로 위탁결정 전에 중요한 입양요건들이 모두 구비되어야 한다.[13] 출신국의 위탁결정은 출신국 중앙당국이 양친이 될 자의 동의를 확보하고, 양국의 중앙당국이 입양의 진행에 합의하고, 양친이 될 자가 입양자격이 있고 입양에 적합하다는 것과, 아동이 수령국에 입국하여 영주할 자격이 있거나 있을 것이라고 결정한 경우에만 가능하다(제17조).

(ㄷ) 양국 중앙당국의 출입국 및 영주허가를 위한 협력(제18조) 및 아동의 이동(제19조) 양국의 중앙당국은 아동이 출신국에서 출국하고 수령국에 입국하여 영주할 수 있는 허가를 얻기 위해 필요한 모든 조치를 취한다. 제17조의 요건이 충족된 경우에만 아동은 수령국으로 이동할 수 있는데, 양국 중앙당국은 이동이 안전하고 적절한 상황하에서, 가능하면 양친 또는 양친 될 자와 동반하여 이루어질 것을 확보해야 한다(제19조). 통상 양친이 될 자가 출신국에 와서 아동의 위탁(entrustment)을 받은 뒤 아동을 호송하여(escort) 수령국으로 이동하므로 아동의 위탁(즉 물리적 인도)은 아동의 이동 전에 행해진다.

(ㄹ) 입양 진행과정에 관한 통지(제20조) 및 아동의 이동 후 입양의 경우 중앙당국의 조치(제21조)   양국 중앙당국은 입양과정과 그 과정에서의 조치 등을 서로 통지해야 한다. 수령국으로 이동 후 아동의 입양이 행해지는 경우, 수령국 중앙당국은 양친이 될 자에게 아동을 계속 위탁시키는 것이 아동에게 최선의 이익이 되지 않는다고 판단할 때에는 아동의 보호를 위해 필요한 조치를 취해야 한다.

⑥ 입양의 승인과 효과(제23조-제27조)   입양협약 제5장은 입양의 승인과 그에 따른 효과를 규정한다. 여기에서 입양이 계약형인지 선고형인지는 관계가 없다.[14] 승인된 입양이 계약형이라면 입양계약은 그 준거법에 관계없이 국제입양

---

12) 저자는 과거 '짝찾기'라고 번역하였는데 근자에는 '결연'이라고 한다. 국제입양법(제10조)도 같다.

13) 헤이그국제사법회 상설사무국, Guide to Good Practice: Guide No 1 under the Hague Convention of 29 May 1993 on Protection of Children and Co−operation in Respect of Intercountry Adoption (2008), para. 463.

14) MünchKommBGB/Klinkhardt, Internationales Privatrecht, 5. Auflage (2010) Anhang zu

으로서 효력이 있고, 만일 선고형이라면 입양재판이 어느 체약국에서 선고되었는
가, 재판국이 국제재판관할이 있는가에 관계없이, 또한 승인국의 외국재판 일반의
승인 및 집행에 관한 요건에 관계없이 국제입양으로서 효력이 있다. 계약형입양
이라는 사인(私人)의 행위가 준거법 통제 없이 승인되는 것은 '법상태의 승인
(Anerkennung einer Rechtslage)'인데 이는 입양협약이 법상태의 승인원칙을 도입한
결과이다.15) 즉 입양협약하에서는 입양국에서 형성된 법상태가 공서에 의한 통제
하에(입양협약 제24조) 다른 체약국에서 승인된다.

입양의 효력은 국가에 따라 단순입양과 완전입양으로 구분된다. 출신국과 수
령국의 법제가 상이한 경우 입양국에서 행해진 국제입양의 국제적 효력이 문제
되므로 입양협약은 그 해결방안을 제시한다. 즉, 입양이 입양협약에 따라 행해지
고 입양국의 권한당국이 증명서에 의하여 이를 증명하는 경우에, 그 입양은 자동
적으로 다른 체약국에서 승인된다(제23조 제1항 1문). 위 증명서는 입양이 종결된
(finalized) 뒤에 발행되어야 한다. 여기에서 '입양국(state of adoption)'은 출신국일
수도 있고 수령국일 수도 있다.16) 다만 아동의 최선의 이익을 고려하여 입양이 그
나라의 공서에 명백히 반하는 경우에 한하여 입양의 승인은 거절될 수 있다(제24
조). 예컨대 아동이 탈취된 경우, 동의권자의 동의가 위조되거나 강요된 경우 등
이 그에 해당할 수 있다.

입양의 승인은 (a) 아동과 양친 사이의 법적 친자관계와 (b) 아동에 대한 양친
의 부모로서의 책임의 승인을 포함하고, 또한 만일 (c) 입양국에서 입양이 아동과
그의 친생부모 간에 존재하는 기존의 법률관계를 종료시키는 효력, 즉 단절효를
갖는 경우에는 그의 승인을 포함한다(제26조 제1항). 이처럼 입양의 최소한의 효력
은 입양의 준거법이 아니라 입양협약 제26조 제1항에 의하여 결정되므로 제26조
제1항은 입양효력에 관한 통일적인 실질법규정이다.17)

Art. 22, AdÜ, Rn. 9.

15) 석광현, 정년기념, 701. 입양협약이 적용되지 않는 사안에서 외국법원이 당해 국가의 국제사
법에 따라 법정지법이 아닌 제3국법을 적용하여 형성판결을 한 경우에는 까다로운 문제가
발생한다. 예컨대 외국 입양재판의 결과 완전입양이 성립하는지 단순입양이 성립하는지와
같은 형성력의 범위의 결정기준은 논란이 있으나 독일에서는 외국재판에 적용된 준거법에
따른다는 견해가 유력한데, 이때 준거법이 재판국이 아니어도 무방하고, 또한 준거법 소속국
이 재판국 판결을 승인할 것을 전제로 하는 것도 아니라고 한다. 상세는 Geimer, IZPR, Rz.
2813ff.

16) 보고서, para. 403.

입양이 입양국에서 단절효를 가지는 경우, 수령국과 입양이 승인된 기타 체약국에서 아동은 후자의 국가에서 단절효를 가지는 입양에서 나오는 권리와 동등한 권리를 향유한다(제26조 제2항). 즉, 입양국에서 인정되는 효력이 수령국과 승인국에 확장되는 것이 아니라, 수령국과 승인국에서 각각 자국법상 단절효를 가지는 입양에 상응하는 효력을 가진다. 이는 영미식 승인 개념인데, 이를 '변형모델(transformation model)'이라 한다.[18] 그럼으로써 수령국에 사는 양자들의 출신국에 관계없이 입양의 효력이 동일하게 된다. 한편 협약 제26조 제2항은 외국재판의 승인이나 저촉법 또는 실질법 규정도 아니며, 외국에서 성립한 단절효가 있는 입양을 다른 체약국의 상응하는 입양으로 취급하는 실질법 차원의 대용(代用)의 문제라고 설명하기도 한다.[19] 예컨대 외국에서 입양된 양자가 한국에서 제26조 제1항이 규율하는 최소한의 효력을 넘어 부양청구권과 상속권을 가지는지(사법적 측면)와 국적과 체류자격을 취득하는지(공법적 측면) 등에서 보듯이 입양의 효력이 선결문제로 제기되는 장면에서 문제 된다.[20]

⑦ 일반조항(제28조–제42조)   입양협약은 자국 아동의 입양은 자국에서 행해져야 한다거나 입양에 앞선 수령국에의 아동의 위탁 또는 이동을 금지하는 출신국법에 영향을 미치지 않는다(제28조). 우리나라도 2012년 8월 입양특례법을 개정함으로써 아동의 출국에 앞서 우리 법원의 입양재판을 받을 것을 요구한다. 체약국의 권한당국은 아동의 출생에 관한 정보(특히 병력과 부모의 신원 정보)를 보존해야 하고, 그 국가의 법이 인정하는 경우에는 아동 또는 그 대리인의 정보접근을 허용해야 한다(제30조). 한편 입양협약(제32조)은 국제입양에 관한 활동으로부터 부당한 이득을 얻는 것을 금지하지만, 입양 관여자의 직업상의 합리적 보수 기타 비용과 지출은 허용한다.

---

17) Stephan Lorenz, Adoptionswirkungen, Vorfragenanknüpfung und Substitution, Privatrecht in Europa: Vielfalt, Kollision, Kooperation, Michael Coester, Dieter Martiny und Karl A von Sachsen Gessaphe (Hrsg.), Festschrift für Hans Jürgen Sonnenberger zum 70. Geburtstag (2004), S. 501. 그렇더라도 국내 실질법상 단절효 있는 입양과 완전히 동일한 효력을 부여하는 것은 아니다.

18) Rainer Frank, The Recognition of Intercountry Adoptions in the Light of the 1993 Hague Convention on Intercountry Adoptions, Nigel Lowe and Gillian Douglas (eds.), Families Across Frontiers (1996), p. 593.

19) MüKoBGB/Helms, 8. Aufl. (2020), AdÜb Art. 26 Rn. 3도 동지.

20) '동등한 권리'에 국적과 같은 공법상의 권리도 포함되는지가 논란이 있다.

⑧ 입양협약에 대한 평가   입양협약에 대하여는 아래의 비판이 있다.[21]

첫째, 중앙당국 등의 당국이 개입하므로 입양절차가 복잡하게 된다. 둘째, 입양협약은 최소한의 보호조치만을 규정하고 나머지는 체약국에 일임하므로 법률관계가 복잡하고 불분명하게 된다. 셋째, 그러한 이유로 입양의 성립을 어렵게 하며, 자동승인원칙과 단절효의 인정으로 출신국과 수령국 모두 입양 성립에 쉽게 응할 수 없다. 넷째, 입양협약에 친족 간의 입양과 동일 국적자 간의 입양을 포함시킴으로써 입양의 성립을 어렵게 할 이유는 없었다. 다섯째, 입양협약은 파양을 규율하지 않으므로 이는 파양의 준거법에 의할 수밖에 없다. 여섯째, 승인의 효과를 정한 제26조 제2항의 취지가 애매하고 불합리하다. 그 밖에도 각국의 기관들이 새로운 기준을 충족시키고 새로운 절차를 준수하기 위해 수반되는 비용을 흡수해야 하므로 국제입양의 비용이 증가할 것이라는 비판도 있다. 새로운 제도에 적응해야 하는 입양협약 가입 초기에 특히 그럴 것이다.

이러한 문제점이 있더라도 우리 아동들의 수령국이 대부분 가입한 이상 우리나라도 입양협약을 비준해야 한다. 또한 승인의 효과를 정한 제26조 제2항의 취지가 애매한 점이 있으나, 현재처럼 조약 외에서 입양재판의 외국에서의 승인 및 집행의 메커니즘을 통하는 것보다는 훨씬 낫다. 가사 입양협약에 미비점이 있더라도 우리나라의 입장에서 보자면 총체적으로 입양협약을 비준해야 한다는 결론을 뒤집을 수는 없다.

(3) 장래 우리나라의 입양협약 비준 시 필요한 조치

(가) 이행법률의 제정 및/또는 특례법의 개정[22]   우리나라가 입양협약을 비준하기 위하여는 국회 동의를 받고 이행법률을 제정할 필요가 있다. 구체적으로 첫째, 입양특례법을 개정하여 필요한 최소한의 규정을 담는 방안(일원화 방안)과, 둘째, 입양특례법과 별도로 입양협약 가입을 위한 이행법률을 제정하는 방안(이원화 방안)이 있었다.[23] 국회는 이원화방안을 선택하여 입양특례법의 범위를 국내에

---

21) 최홍섭, 국제입양, 828－829면 참조.

22) 우리나라는 2023년 7월 국제입양법을 제정하였으므로 아래 조치 중 일부는 이미 실현되었다.

23) 입양특례법의 개정방향은 석광현, 국제입양과 국제사법, 365면 이하 참조. 상세는 석광현 외 참조. 입양협약의 가입과 관련한 국내 입법방안과 구체적 절차는 현소혜, 국제입양절차, 69면 이하 참조. 저자는 국회에 발의된 국제입양에 관한 법률안에 대하여 의견을 제시한 바 있다. 석광현, 2016년 국제입양법률안, 105면 이하; 석광현, 2018년 국제입양법률안, 233면 이

서 이루어지는 입양으로 제한하고, 국제입양은 입양협약의 이행을 위하여 신설 법률에 의하여 규율하기로 하여 입양특례법의 제명을 '국내입양에 관한 특별법'으로 변경하고, '국제입양에 관한 법률'을 제정하는 법률안을 성안하였으며, 양자는 2023. 7. 18. 공포되어 2025. 7. 19. 시행될 예정이므로 그 일정에 맞추어 입양협약의 비준이 이루어질 것으로 보인다.

(나) 대외적으로 선언하거나 통지할 사항

① 중앙당국, 공적 기관과 인가단체의 지정   입양업무의 주무부처인 보건복지부가 중앙당국이 되고 아동권리보장원이 공적 기관이 되면 적절할 것이다.

② 입양증명서를 발행할 권한 당국의 지정   업무의 집중과 전문화를 위해서는 중앙당국이 입양증명서를 발행하는 것이 바람직하다.

③ 우리나라의 비인가단체와 개인에 대한 위임 허용 선언과 외국의 비인가단체와 개인에 대한 위임 반대 선언   우리나라는 비인가단체와 개인도 중앙당국의 기능을 한국에서 수행할 수 있다고 선언할 수 있으나 이는 바람직하지 않고 입양특례법에도 반한다. 반면에 한국에 상거소를 둔 아동의 입양은 중앙당국의 기능이 공적 기관 또는 인가단체에 의하여 행사된 경우에만 가능하다는 선언(제22조 제4항)을 할지는 다소 논란이 있으나, 종래의 실무를 고려하여 위 선언을 하는 편이 바람직할 것으로 보인다.

④ 제25조의 선언   제25조에 따른 선언, 즉 체약국 간의 별도협정에 따라 이루어진 입양에 대해서는 입양협약에 기한 승인의무를 지지 않겠다고 선언할 필요가 있다.

(4) 우리나라의 입양협약 비준에 의하여 초래될 국제입양절차의 변화

우리나라가 입양협약을 비준할 경우 기존 입양절차를 변경해야 한다. 아울러 수령국의 관점에서 절차가 어떻게 달라지는가도 미국 등 주요 수령국별로 검토할 필요가 있다.

(가) 국제입양절차의 주도적 진행자와 입양기관의 역할의 변화   입양특례법상으로는 입양기관이 입양절차를 사실상 주도한다.[24] 반면에 입양협약은 국제입양

하 참조. 저자의 제안을 포함한 과거 다양한 법률안 제안에 대한 비판은 현소혜, 보충성, 171면 이하 참조. 국제입양법에 따른 절차는 곽민희, "국제입양법상 국외로의 입양 절차에 관한 검토", 국제사법연구 제30권 제2호(2024. 12.), 29면 이하 이종혁, 국제입양, 75면 이하 참조.

24) 입양의 알선을 담당하는 사적 기관인 입양기관에게 상당한 권한을 부여하는 점이 우리의 기

의 적법절차를 보장하고자 출신국과 수령국의 중앙당국이 주도적 역할을 할 것을 요구하므로 입양기관의 역할이 약화될 수밖에 없다. 다만, 입양협약상 중앙당국의 기능의 일부를 인가단체에게 위임할 수 있으므로 입양기관의 역할을 적절히 규정함으로써 종래 국제입양의 체제와 마찰을 최소화하면서도 입양협약에 따른 적법절차를 보장할 필요가 있다.

(나) 국제입양에 관한 중앙당국 간의 합의   입양협약에 따른 국제입양의 과정에서 출신국과 수령국의 중앙당국이 입양의 진행에 합의하지 않으면 입양이 불가능하다.

(다) 입양절차의 구체적 진행   외국에서의 국외입양의 경우, 외국인으로부터 의뢰받은 입양기관 장이 입양알선을 하려면 보건복지부장관이 발행한 해외이주허가서를 첨부하여 가정법원에 입양허가를 신청해야 한다(입양특례법 제19조 제1항). 입양협약상 우리 아동의 해외이주허가와 입양허가는 "4) 출신국 아동 위탁결정 → 5) 아동의 출신국으로부터 수령국으로의 이동 및 영주허가를 위한 양국 중앙당국의 협력(제18조)"의 일환으로 이루어지게 될 것이다. 우리나라가 입양협약을 비준하면 양친이 될 외국인이 우리 중앙당국으로부터 위임을 받은 우리 입양기관에게 입양알선을 의뢰할 수 있을 것이다. 이 경우 보건복지부장관의 해외이주허가에 이어 법원의 입양재판이 있게 되므로 그때 위탁결정이 있는 것으로 볼 수 있다.

(라) 입양협약 비준이 준거법 결정에 미치는 영향   우리 법원의 입양재판 시의 문제. 입양협약은 다양한 논점에 관하여 통일된 실질법규칙을 두지만, 아동의 입양가능성, 동의권자와 그 범위 및 양친의 입양적합성 등의 입양요건을 규정하지 않으므로 이는 여전히 준거법에 의한다. 다만 입양협약상 양친이 될 사람의 상거소지국과 아동의 상거소지국의 중앙당국이 개입하여 입양절차가 진행되는 탓에 상거소지국과 본국이 다른 경우 어려움이 있을 수 있다.

존 국제입양의 기본적인 틀이다. 우리 입양특례법과 달리 독일에서는 '입양중개기관' 또는 '입양알선기관'(종래 우리의 입양기관과는 역할에 차이가 있다)을 규율한다. 우리 입양특례법은 알선이라는 개념을 사용하기는 하나 중개라는 개념은 사용하지 않는다. 독일은 2021년 입양 중개의 방식과 입양중개기관의 업무범위와 역할을 규정하는 "입양의 알선과 지원 및 대리모 중개금지에 관한 법률"(AdVermiG)을 대폭 개정하여 국내외 입양의 투명성을 강화하였다. 소개는 박신욱, "독일 개정 입양중개법(AdVermiG)으로부터의 시사", 가족법연구 제36권 제2호(2022), 163면 이하 참조(이는 'Vermittlung und Begleitung'을 '중개와 알선'이라고 번역하나 여기에서는 의역하여 '알선과 지원'이라고 한다.

(마) 입양협약 비준이 입양재판의 승인에 미치는 영향　　　우리나라가 입양협약을 비준하면, 해외입양이 입양협약에 따라 행해지고 입양국의 권한당국이 이를 증명하는 경우 그 입양은 다른 체약국에서 자동승인된다(제23조 제1항 1문). 우리 법원이 입양특례법에 따라 입양재판을 하는 경우 이는 친양자 입양의 효력이 있는데, 우리나라의 입양협약 비준 후 그 입양이 입양협약에 따른 것임을 우리나라의 지정된 당국이 증명하면 그 입양재판은 수령국 기타 다른 체약국에서 단절효를 가지는 입양으로서 승인된다.

마. 국제입양법률의 검토

(1) 머리말

위에서 보았듯이 우리나라는 아직 입양협약을 비준하지 않았으나 2023. 7. 18. ‘국제입양에 관한 법률’(“국제입양법률”)과 ‘입양특례법 전부개정법률’이 공포되어 2025. 7. 19. 국제입양법률과 ‘국내입양에 관한 특별법’(“국내입양특별법”)이 시행되는데[25] 정부는 그에 맞추어 입양협약을 비준할 예정이다. 여기에서는 그의 주요 내용을 검토한다.

(2) 국제입양법률의 체제와 과제

국제입양법률은 입양협약의 이행법률로서 의미를 가지고 또한 입양협약이 적용되지 않는 입양(특히 국내로의 입양)을 규율한다.

(가) 국제입양법률의 체제　　　장래 국제입양(입양아동의 일상거소의 국제적 이동을 수반하는)은 입양협약의 적용 여부에 관계없이 국제입양법률에 의하여, 입양특례법 제18조에 따른 국내에서의 국외입양을 포함한 국내입양(입양아동의 일상거소의 국제적 이동을 수반하지 않는)은 국내입양특별법에 의하여 규율된다. 국제입양법률은 ‘국제입양대상아동(요보호아동에 상응)의 외국으로의 입양’과 일반 아동의 국내로의 입양에 적용된다. 국제입양법률은(계자입양을 제외하면) 일반 아동의 외국으로의 입양은 상정하지 않는데, 국제입양법률은 아동입양만을 대상으로 하므로 18세 이상인 사람의 입양에는 적용되지 않는다.

---

25) 상세는 석광현, “헤이그 국제아동입양협약의 이행을 위한 ‘국제입양에 관한 법률’의 주요 내용과 문제점”, 한양대학교 법학논총 제40집 제3호(2023. 9.), 317면 이하 참조. 국제사법학회는 2024. 9. 25. “국제입양에 따른 법률문제의 종합적 검토”라는 대주제로 연차학술대회를 개최하여 입양협약의 비준 및 적용과 관련된 논점들을 논의한 바 있다.

(나) 국제입양법률의 과제   국제입양법률은 두 개의 과제가 있다.

첫째, 국제입양법률은 입양협약의 이행법률이다. 이에는 통상의 국제입양과 배우자의 전혼자녀 입양(계자입양)이 있다. 국제입양법률은 입양기관이 아니라 중앙당국의 주도하에 국제입양이 아동에게 최선의 이익이 된다고 판단되는 경우에만 진행될 수 있도록 한다. 그런 판단은 국내입양특별법에 따라 설치되는 입양정책위원회("위원회")가 할 예정이다. 입양협약과 국제입양법률이 발효되면 국제입양은 양 규범에 따라 이루어지므로 입양협약의 입양절차('헤이그 프로세스')가 국제입양법률하에서 어떻게 진행되는지를 이해하기 쉽게 국제입양법률에 어느 정도 규정할 필요가 있다. 종래 국제적 계자입양은 국제사법(과 지정된 준거법)과 민사소송법에 의하여 규율된다.[26)]

둘째, 입양협약이 적용되지 않는 국제입양과 국제입양법률. 예컨대 러시아 아동이 한국으로 입양되는 경우라면 러시아는 비체약국이므로 입양협약은 적용되지 않지만 국제입양법률은 적용된다. 이 점에서 국제입양법률은 국제아동입양의 기본법의 성질을 가지나 그에 대한 고려가 부족하다.

(3) 국제입양법률의 시행과 입양협약의 비준에 의하여 초래될 변화

국제입양법률과 입양협약이 시행되면 아래 두 가지 변화가 초래된다.

(가) 국제입양절차에서 국가책임의 강화와 중앙당국의 주도   종래 입양기관이 국제입양절차를 주도하였으나 장래에는 중앙당국의 주도하에 이루어지므로 중앙당국 간의 공조가 매우 중요하다.

(나) 입양협약에 따른 입양의 승인: 국제사법과 민사소송법에 대한 예외   입양국의 권한당국이 입양이 입양협약에 따라 이루어졌다고 증명하는 경우 그 입양은 다른 체약국에서 자동적으로 승인된다(제23조 제1항 제1문). 즉 위 요건이 구비되면 선고형입양의 경우 민사소송법이 정한 승인요건의 구비 여부에 관계없이 한국에서 승인되고, 계약형입양의 경우 국제사법이 지정한 준거법의 준수 여부에 관계없이 한국에서 승인된다. 이는 입양협약이 '법상태의 승인'을 명시하기 때문이다.

---

26) 계자 이외의 친척의 입양도 입양협약의 적용대상인데 국제입양법률이 그런 친척 간 입양은 별도로 규정하지 않는 점은 다소 의아하다.

(4) 국제입양법률의 개별 조문의 검토

(가) 정의(제2조)　　　　　입양국. 입양협약 제23조에 따르면 입양국의 권한당국이 입양이 입양협약에 따라 이루어졌다고 증명하는 경우 그 입양은 다른 체약국에서 자동적으로 승인되는데, '입양국(State of adoption)'은 출신국일 수도 있고 수령국일 수도 있다. 그러나 국제입양법률(제2조 제ⅳ호)은 입양협약상 수령국을 '입양국'이라고 정의함으로써 혼란을 초래한다. 이하 '수령국'이라고 한다.

결연. 입양협약은 '결연(matching)'이라는 용어를 사용하지 않지만[27] 국제입양법률(제2조 제7호)은 결연을 "양자가 될 아동에게 적합한 양부모가 될 사람을 결정하는 것"이라고 정의하고 결연 절차와 과정을 규정한다. 입양협약상 결연과정은 위에서 본 바와 같다. 아동의 최선의 이익을 보장하기 위하여는 적절한 양친이 될 자와의 결연이 핵심적이다. 국제입양법률(제10조)에 따르면 보건복지부장관은 위원회의 심의·의결을 거쳐 제9조에 따라 양부모가 될 자격을 갖추었다고 판단한 자와 아동을 결연하여야 한다(계자입양의 경우 제외).

(나) 중앙당국의 지정과 중앙당국 간의 공조　　　　　종래 입양특례법에 따라 입양기관이 국제입양절차를 주도한다. 반면에 입양협약은 적법절차에 따라 국제입양이 이루어지도록 출신국과 수령국 중앙당국의 주도적 역할을 요구한다. 그러나 입양협약도 중앙당국이 그 기능의 일부를 인가된 단체에게 위임할 수 있음을 명시한다(제22조 제1항). 국제입양법률 제5조는 중앙당국을 보건복지부로 지정하고 제11조와 제21조는 중앙당국 간 협의를 명시한다. 새로운 입양법제는 국내입양특별법(제12조)에서 국내입양 활성화 정책에 관한 주요 사항과 입양에 관한 사항을 심의·의결하기 위하여 보건복지부장관 소속으로 위원회를 두도록 하고, 국제입양법률에서도 국제입양대상아동의 결정 단계(제7조 제2항)와 양부모와 양자의 결연 단계(제10조)에서 위원회의 심의·의결을 거치도록 한다. 국제입양법률(제32조)도 보건복지부장관은 일정한 업무를 아동권리보장원, 그 밖에 위탁업무를 수행하는 데에 필요한 시설 및 종사자 등을 갖춘 사회복지법인(종래의 입양기관) 및 단체 등에 위탁할 수 있음을 명시한다.

---

27) 지침서, para. 354. '지침서'라 함은 입양협약에 따른 국제입양의 구체적 실행에 관하여 헤이그국제사법회의 상설사무국이 작성한 The Implementation and Operation of the 1993 Hague Intercountry Adoption Convention: Guide No 1 under the Hague Convention of 29 May 1993 on Protection of Children and Co-operation in Respect of Intercountry Adoption (2008)을 말한다. 한글 번역문도 있다.

(다) 양자 또는 양부모가 될 자격과 동의요건

① 외국으로의 입양의 경우   양자가 될 아동은 첫째, 보건복지부장관이 국제입양대상아동으로 결정한 아동과 둘째, 부부의 일방이 배우자의 친생자를 단독으로 국제입양하려는 경우의 그 친생자(계자)이다(제7조).[28]

양부모가 되려는 사람은 본국법에 따른 양부모가 될 자격을 갖추어야 하나, 계자입양의 경우 국내입양특별법(제18조)에 따른 자격도 갖추어야 한다(제9조). 민법은 일반입양의 경우 배우자가 있는 사람은 부부의 공동입양을 요구하고(제874조), 친양자입양을 위하여는 3년 이상 혼인 중인 부부의 공동입양을 요구하나(제908조의2 제1항 제1호) 국제입양법률/국내입양특별법은 공동입양을 요구하지 않는다. 국제입양법률은 동성혼 또는 동성생활동반자의 양친 자격을 직접 배제하지 않지만 우리 중앙당국의 양부모 자격 심사나 중앙당국 간의 협의 과정에서 사실상 걸러질 수 있다.

국제사법에 따르면 입양의 준거법은 양친의 본국법임에도 불구하고 국제입양법률이 양자와 양부모의 자격을 규정하는 것은 아동 보호를 위하여 준거법에 관계없이 적용하려는 의지를 반영한 것이므로 이는 국제적 강행규정이라고 볼 수 있다. 자격의 문제는 아니나 제8조는 입양의 동의 및 승낙을 명시한다.

② 국내로의 입양의 경우   양자가 될 아동은 출신국 중앙당국으로부터 양자가 될 자격이 있다고 인정받은 아동이어야 한다(제18조). 국제사법에 따르면 양자의 자격은 양부모의 본국법인 한국법이므로 일반입양과 친양자입양의 구분에 따라 민법상 양자의 요건을 구비하여야 한다. 한편 양부모가 되려는 사람은 국내입양특별법 제18조에 따른 양부모가 될 자격 등을 갖추어야 한다(계자입양의 경우는 제외)(제19조). 국제사법에 따르면 양친의 자격은 본국법인 한국법에 따르므로 민법이 정한 일반입양과 친양자입양의 구분에 따라 요건을 구비하여야 한다. 외국으로의 입양의 경우 제8조가 입양의 동의·승낙을 명시하나 국내로의 입양의 경우 양자의 본국법이 규율하는 동의요건은 언급하지 않는다.

(라) 입양협약과 국제입양법률에 따른 국제입양의 구체적 절차   입양협약은 제4장(제14조부터 제22조)에서 국제입양의 절차적 요건을 규정하는데, 국제입양법률은 외국으로의 입양과 국내로의 입양을 나누어 규정한다.

---

28) 다만 외국으로의 입양이 위 두 가지 유형에 한정되는 것은 아닌데 계자 아닌 친척의 입양과 같은 다른 유형의 입양을 어떻게 처리하는지 궁금하다.

① 입양협약에 따른 국제입양절차   입양협약에 따른 국제입양절차는 아래 상자 안에서 밑줄 친 부분(국제입양법률의 규정)을 제외한 부분이다.

---

1) 양친이 될 자의 상거소지국(수령국)의 중앙당국에 대한 입양신청(§14) → 2) 수령국 중앙당국의 양친이 될 자에 관한 보고서 작성 및 출신국 중앙당국으로의 보고서 송부(§15) → 3) 출신국 중앙당국의 아동에 관한 보고서 작성 및 수령국 중앙당국으로의 보고서와 필요서류 송부(§16) → [위원회의 심의·의결(제9조 제2항)/결연(제10조)/국제입양절차 진행 협의서 송부(제11조 제3항)] → 4) 출신국의 아동 위탁결정(§17) → [가정법원의 허가(양부모가 될 사람의 신청. 제12조)와 한국 내 효력 발생과 입양신고(제14조)] → 5) 출신국으로부터 수령국으로의 아동의 이동 및 영주허가를 위한 양국 중앙당국의 협력(§18) → 6) 아동의 이동(§19)[아동의 한국 내 인도(제15조)] → 7) 입양완료까지의 경과 등에 관한 양국 중앙당국 상호간의 통지(§20) → [사후서비스로서 아동 적응보고서의 수령·확인/아동의 외국 국적 취득확인/한국 국적 말소(제16조)]

---

② 국제입양법률에 따른 국제입양절차   국제입양법률은 외국으로의 입양(제2장 제1절)과 국내로의 입양(제2장 제2절)을 나누어 국제입양의 요건과 절차를 규정한다. 전자를 보면 국내절차는 위 상자 안에서 밑줄 친 부분이다. 이 경우 중앙당국인 보건복지부와 입양재판을 담당하는 가정법원이 역할을 적절히 분담하도록 제도를 설계하고 운영할 필요가 있다. 후자에 관하여는 입양의 신청(제20조), 중앙당국 간 협의(제21조), 출신국에서 성립한 입양의 효과(제22조)와 국내에서 성립한 입양의 효과(제23조)를 규정한다.

(마) 외국으로의 입양의 경우 한국 가정법원의 허가와 입양 및 동의요건의 준거법
입양협약이 국제입양에 관하여 통일적인 실질법규칙을 두는 범위 내에서는(예컨대 제26조 제1항이 정하는 최소한의 효력) 준거법 결정은 불필요하다. 그러나 입양협약은 제4조와 제5조에서 규정하는 아동의 입양가능성과 양친의 입양적합성 외의 다른 사항을 직접 규율하지 않으므로 입양재판을 하는 우리 법원은 국제사법에 따라 준거법을 결정해야 한다.

① 입양의 준거법   양부모가 되려는 사람이 아동을 입양하려는 경우 국제입양절차 진행 협의서를 갖추어 가정법원의 친양자 입양 허가를 받아야 하나, 계자입양의 경우로서 일반입양 또는 이에 상응하는 본국법에 따른 입양을 원하는 양부모는 민법 제867조 또는 이에 상응하는 본국법에 따른 가정법원의 허가

를 받을 수 있다(제12조 제1항). 가정법원은 아동의 복리를 위하여 6개월 이내에 허가 여부를 결정하여야 하고, 양부모가 될 사람의 입양 동기와 양육능력, 그 밖의 사정을 고려하여 입양 허가를 하지 않을 수 있는데, 그 경우 이유를 명시하여 서면으로 신청인에게 통지하여야 한다(제12조 제2항, 제3항).

국제사법은 입양 당시 양부모의 본국법을 입양의 요건(동의요건도 포함), 성립과 효력의 준거법으로 지정하지만, 그에 더하여 자녀의 본국법이 정한 동의요건도 구비되어야 한다. 즉 동의요건에 관하여 양법을 누적적으로 적용한다. 양부와 양모의 본국법이 다른 경우에는 각자의 본국법에 의한다. 이때 입양허가는 준거법인 양친의 본국법에 따르므로 동법이 완전입양만 규정하면 그에 따르고 단순입양도 규정하면 선택할 수 있다. 그러나 국제입양법률 제13조는 (계자입양이 아니면) 입양의 효과로서 아동에게 친양자의 지위를 부여하므로 제12조에 따른 가정법원의 허가는 친양자입양 허가여야 하나 그런 제한이 합리적인지는 의문이다.

아동의 출국 전 우리 법원이 입양재판을 하는 경우 법원은 국제사법에 따라 입양의 준거법을 결정하고 이를 적용한다. 다만 양자 또는 양친이 될 사람의 자격을 정하는 국제입양법률 규정(제7조와 제9조)은 국제적 강행규정으로 본다. 그 밖에 어떤 조항이 국제적 강행규정인지는 개별 조문별로 검토하여야 한다.

② 동의요건의 준거법   동의요건의 준거법(또는 '동의준거법')은 동의의 요부와 대체방법, 동의권자와 동의 결여 시의 효과 등을 규율한다. 법원(또는 행정당국)(이하 '법원'만 언급)의 허가가 그에 포함되는지는 논란이 있다. 독일과 일본에서는 견해가 나뉘는데, 저자는 아래 이유로 법원 허가는 입양의 유효한 성립을 위하여 필요한 별개 요건으로서 입양의 준거법에 따를 사항이라는 견해를 선호한다.

첫째, 국제입양법률 제8조(입양의 동의 및 승낙)와 국내입양특별법 제15조(입양의 의사표시), 제16조(입양에 대한 친생부모의 동의)와 제17조(입양 승낙 및 동의의 요건 등)에서 보듯이 우리는 동의 및 승낙을 좁게 파악하고 국제입양법률 제12조가 정하는 가정법원의 허가는 별개로 본다. 둘째, 섭외사법은 입양의 요건에 관하여 배분적 연결을 하였으나 구 국제사법은 입양의 성립을 용이하게 하고자 입양의 성립·효력의 준거법을 단일화하였으며, 동의 또는 승낙에 관하여만 양자의 본국법을 누적적용하였고 국제사법도 마찬가지이다. 만일 법원 허가를 동의와 승낙에 포함시키면 누적적용되는 양자의 본국법의 범위가 확장되고 출신국과 수령국 법원의 허가를 모두 받아야 할 수도 있어 섭외사법 개정 취지가 몰각될 수 있다. 다만 법원 허가를 동의요건으로 보지 않더라도 법원 허가를 요구하는 아동의 본국법(입양특례법 또는 국제입양법률) 규정은 법정지의 국제적 강행규정으로 적용될 수 있다.

이처럼 국제사법상 입양에 대하여는 양부모의 본국법이 적용되고 자녀의 본국법이 정한 동의요건도 구비되어야 하는데, 입양협약에 따르면 입양은 양친이될 사람의 상거소지국과 아동의 상거소지국의 중앙당국이 개입하여 절차가 진행되는 탓에 상거소지국과 본국이 다른 경우 어려움이 발생할 수 있으므로 우리도국제사법상 연결점을 국적이 아니라 상거소지로 수정하는 방안을 진지하게 고민할 필요가 있다. 물론 입양협약에 따라 입양이 이루어지는 경우 국제입양은 자동적으로 승인되고 준거법 통제는 하지 않지만 입양재판을 하는 법원으로서는 여전히 준거법을 판단하여야 하기 때문이다.

(바) 외국으로의 입양의 경우 한국 입양재판의 효력

① 입양협약이 적용되지 않는 현재 상황에서 한국 입양재판의 외국에서의 승인
위에서 보았듯이 2012년 8월 입양특례법의 개정에 의하여 우리 아동은 출국에 앞서 친양자 입양의 효력이 있는 우리 법원의 입양허가를 받게 되었으므로(제11조, 제14조) 한국 입양재판의 수령국에서의 승인이 문제 된다.

② 입양협약에 따른 장래 한국 입양재판의 다른 체약국에서의 승인   장래에는한국에서 입양이 이루어지는 경우 입양협약의 적용 여부에 따라 구분하여야 한다. 문제 된 아동의 수령국이 체약국이면 한국에서 이루어진 입양은 입양협약(제23조)에 따라 다른 체약국에서 승인된다.

③ 국제입양법률과 입양협약의 충돌   국제입양법률에 따르면 외국으로의입양(제2장 제1절)의 경우 입양된 아동은 민법상 친양자와 동일한 지위를 가지는데(제13조 본문), 동조의 입양은 가정법원의 인용심판 확정으로 효력이 발생한다(제14조). 여기에는 몇 가지 문제가 있다.

첫째는 준거법이다. 즉 국제사법(제70조)에 따르면 입양의 효력은 양부모의본국법에 따를 사항이므로 우리 민법상 친양자를 고집할 것은 아니고 양부모의희망에 따라 선택을 할 수 있어야 한다. 가사 친양자를 고집하더라도 '우리 법상의 친양자입양의 효력'보다는 '양부모의 본국법상 친양자입양에 상응하는 효력'이더 정확하다. 둘째는 입양의 승인 효과를 정한 입양협약 제26조와의 관계이다. 즉제13조에 따라 한국 법원이 친양자입양을 위한 재판을 하더라도 다른 체약국에서

그 입양재판의 효력은 입양협약 제26조에 따를 사항이므로 각 체약국에서 완전입양의 효력이 있고 따라서 제13조를 고집할 이유는 없다. 셋째, 입양의 효과도 입양협약이 적용되는 경우(제26조의 문제)와 적용되지 않는 경우(수령국 법에 따른 한국의 계약형입양 또는 입양재판의 승인 문제)를 구분할 필요가 있는데, 국제입양법률은 이를 구분하지 않는 점에서 문제가 있다.

(사) 국제입양에서 사후서비스의 제공

① 외국으로의 입양의 경우　　　　국제입양법률은 국내로의 입양의 경우 입양의 취소만 규정할 뿐 파양은 규정하지 않는데, 외국으로의 입양의 경우 입양의 취소와 파양을 모두 규정하지 않는다. 국제입양의 성립과정에 하자가 있는 경우 그것이 무효(또는 취소)사유인지는 침해된 준거법이 결정한다. 파양(재판상 파양과 협의상 파양의 허용 여부도)은 파양의 준거법에 따른다.

② 국내로의 입양의 경우　　　　국제입양법률은 이 경우 사후 서비스를 규정하면서도(제24조) 외국 아동의 한국 국적 취득은 명시하지 않는다. 그러나 조문을 둘 필요가 있고, 입양협약에 따른 입양으로서 협약준수입양증명서가 작성된 경우 국적을 자동으로 부여하는 방안도 전향적으로 검토하여야 한다.

(아) 국내로의 입양의 경우 체약국인 출신국에서 성립한 입양의 효과

① 입양의 효과　　　　입양협약에 따라 입양이 행해지고 입양국의 권한당국이 이를 증명하는 경우 그 입양은 자동적으로 다른 체약국에서 승인된다(제23조 제1항). 국제입양이 선고형인지 계약형인지는 불문한다. 이처럼 계약형입양이라는 사인(私人)의 행위가 준거법 통제 없이 승인되는 것은 '법상태의 승인'인데 입양협약은 이를 도입한 것이다.[29] 입양의 승인은 (a) 아동과 양친 사이의 법적 친자관계와 (b) 아동에 대한 양친의 부모로서의 책임(친권에 상응)의 승인을 포함하고, 또한 만일 (c) 입양국에서 입양이 단절효를 갖는 경우 그의 승인을 포함한다(제26조 제1항). 이처럼 입양의 최소한의 효력은 입양협약 제26조 제1항에 의하여 결정되므로 이는 입양의 효력에 관한 통일 실질법규정이다.

입양이 입양국에서 단절효를 가지는 경우(즉 완전입양의 경우), 수령국과 입양이 승인된 기타 체약국에서 아동은 "그 국가에서 단절효를 가지는 입양으로부터 나오는 것과 동등한 권리"를 가진다(제26조 제2항). 즉, 입양국에서 인정되는 효력

---

29) 법상태의 승인은 석광현, 정년기념, 663면 이하 참조.

이 확장되는 것이 아니라, 수령국과 승인국에서 각각 자국법상 완전입양에 상응하는 효력을 가진다. 그 결과 입양된 아동은, 수령국과 기타 승인국에서 단절효를 가지는 입양에 의하여 입양된 아동과 동등한 법적 지위와 보호를 받을 수 있고, 수령국에 있는 양자들이 출신국에 관계없이 동일한 입양의 효력을 가진다. 이 논점은 외국에서 입양된 양자가 한국에서 제26조 제1항이 정한 최소한의 효력을 넘어 부양청구권과 상속권을 가지는지(사법적 측면)와 국적과 체류자격을 취득하는지(공법적 측면) 등과 같이 입양의 효력이 선결문제가 되는 경우 제기된다. 다만 제26조 제1항과 제2항은 승인국에서 효력이 있는 아동에게 더 유리한 규정의 적용을 방해하지 않는다(제26조 제3항).

나아가 입양협약 제27조 제1항은 출신국에서 이루어진 입양이 단절효가 없더라도 (a) 수령국 법이 그것을 인정하고, 또한 (b) 입양협약 제4조 (c)와 (d)에 언급한 동의권자의 동의가 그러한 목적으로 주어진 경우 입양을 승인하는 수령국의 전환재판에 의하여 단절효를 가지는 입양으로 전환할 수 있음을 명시한다. 수령국인 우리 권한당국은 전환재판이 입양협약에 따라 행해졌음을 증명하여야 한다. 전환된 입양은 다른 체약국에서 자동적으로 승인된다. 전환재판을 가능하게 하고자 국제입양법률은 출신국에서 성립한 입양이 단절효를 갖지 않음에도 친생부모가 입양에 의해 기존의 친자관계를 종료시키는 데 동의하면 가정법원이 출신국에서 성립한 입양을 친양자입양으로 전환하는 재판을 할 수 있음을 명시하고, 전환재판의 절차 및 심리 등에 관해서는 대법원규칙으로 정하도록 한다(제22조 제1항 단서, 제5항). 전환재판의 신청권자, 토지관할과 요건 등도 규정할 필요가 있는데 대법원규칙으로 족한지 다소 의문이다.

국제입양법률과 입양협약의 충돌. 입양협약 제25조 제1항 (a)와 (b)는 입양의 준거법에 관계없이 입양협약이 적용되는 모든 유형의 입양에 최소한의 효력을 부여하는 데 반하여, 국제입양법률(제22조 제1항)에 따르면 출신국에서 입양이 성립하면 한국에서도 출신국 법에 따른 효력이 발생한다. 그러나 밑줄 친 부분은 입양협약 제26조에 정면으로 반한다. 제22조 제1항을 "대한민국에서도 입양협약에 따라 승인된다"로 수정하고 구체적 효과는 해석에 맡기는 편이 좋다.

② 가족관계등록부의 기재   종래 외국법원의 입양재판에 따라 가족관계등록부에 기재하는 경우 민사집행법 제26조와 제27조가 정한 집행판결이 필요한지는 논란이 있다. 외국판결에 기한 가족관계등록부를 광의의 집행으로 보면 집

행판결이 필요할 수 있다. 외국 입양판결에 따른 가족관계등록의 경우에도 집행 판결은 불필요한데, 다만 이에 대하여는 별도의 예규는 없고 1996. 10. 24. 호적 선례(제4-25호)와 2015년 1월 개정된 가족관계등록예규 제419호(외국법원의 이혼 판결에 의한 가족관계등록사무 처리지침 일부개정예규)에 근거한 실무로 보인다. 전자 는 그 근거로 입양결정(판결)은 국가가 후견적 사무로서 행하는 행정작용에 불과 한 것으로 당사자 간의 분쟁을 전제로 하는 소송에 대한 종국적 재판과는 그 성 질이 다르기 때문이라고 한다. 하지만 그런 근거는 비송사건에 대하여도 민사소 송법 제217조가 적용되는 것을 전제로 하는 대법원 판결과 일관성이 없고, 민사 소송법의 해석론을 예규로써 바꿀 수는 없다. 더욱이 가사사건의 외국판결의 경 우 승인요건의 구비 여부에 관한 판단을 가족관계등록 공무원에게 맡기는 것이 적절한지는 의문이다.[30) 외국의 가사재판에 따른 가족관계등록부에의 기재 시 집 행판결의 요부와 연계하여 해결하여야지 입양재판만 특별히 취급할 것은 아니다. 어쨌든 이제 외국가사재판에 따른 가족관계등록부의 기재 요부를 정리할 필요가 있다.[31)

(자) 국내로의 입양의 경우 입양의 취소와 보호조치　　　국제입양법률(제25조 제1항)은 국내로의 입양의 경우에만 입양의 취소를 규정하면서 국내입양특별법 제 26조를 준용하고, 아동이 일반양자인 경우 민법 규정을 준용한다. 보건복지부장관 은 국내로 입양된 아동의 입양이 취소된 경우, 또는 출신국의 입양전제위탁 결정 후 입국한 아동에 대해 입양절차를 진행하지 않게 된 경우 그 사실을 출신국 중 앙당국에 통보하고, 해당 중앙당국과 협력하여 아동의 보호조치를 강구하여야 한 다(제26조 제2항). 국내입양특별법 제26조(입양의 취소) 제1항은 "양자의 친생의 부 또는 모는 자신에게 책임이 없는 사유로 인하여 제16조 제1항 제3호(친생부모의 소 재를 알 수 없는 등의 사유로 동의를 받을 수 없는 경우)에 해당하게 되어 자신의 동의 없이 입양의 효력이 발생한 경우에는 입양의 사실을 안 날부터 6개월 안에 가정 법원에 입양의 취소를 청구할 수 있다."라고 규정한다. 국내로의 입양 시 입양 준 거법이 한국법이므로 이런 규정을 둔 것 같다. 그러나 동의요건과 그 흠결 시 법

---

30) 과거에는 승인요건의 구비 여부가 명백하지 아니한 경우 가족관계공무원은 감독법원에 질의 하고 그 회답을 받아 처리해야 하였으나, 2015년 1월 개정된 가족관계등록예규 제419호(외 국법원의 이혼판결에 의한 가족관계등록사무 처리지침 일부개정예규)는 질의하여야 하는 경 우를 더 구체적으로 규정하면서 그에 대한 예외를 규정한다.
31) 구체적 방안은 석광현, 국제입양법률, 351면 참조.

률효과는 양자의 본국법이 결정하므로(국제사법 제71조), 동의요건의 문제라면 국
내로의 입양에서 우리 법의 취소사유를 고집할 근거도 없다. 따라서 문언을 "입양
또는 동의요건의 준거법상 입양의 취소사유가 있는 경우에는 양부모 또는 양자는
입양의 사실을 안 날부터 6개월 안에 가정법원에 입양의 취소를 청구할 수 있다."
라는 취지로 수정하여야 한다.

(차) 국제적인 계자입양의 특수성   외국으로의 입양. 입양협약·국제입양
법률은 이러한 가족 내 입양(intra-family adoption)에도 적용되는데, 계자입양은
몇 가지 점에서(제7조, 제9조 제2항, 제10조 제1항, 제11조 제1항, 제12조 제1항, 제13조
와 제15조) 특수하게 취급된다. 국제입양법률은 외국으로의 입양을 정한 제2장 제
1절에서 계자입양에 대한 특칙을 두는 데 문제가 없지는 않다.

국제입양법률 제13조 단서에 따르면 외국으로 입양된 계자는 민법상 일반양
자와 동일한 지위를 가지고, 동조의 입양은 가정법원의 인용심판 확정으로 효력
이 발생하며, 양부모 또는 양자는 가정법원의 허가서를 첨부하여 양자 신고를 하
여야 한다(제14조). 민법(제878조)에 따르면 일반입양은 가족관계등록법에 따라 신
고함으로써 그 효력이 생기는데 왜 여기에서는 인용심판 확정으로 효력이 발생하
는지 의문이다. 계자입양의 경우 제13조 단서가 일반입양의 효력을 부여하므로
이는 입양신고에 의하여 발생하는 것이 민법에 부합한다. 따라서 제14조 제1항에
도 제13조처럼 단서를 두어 계자입양의 경우 한국에서의 효력은 입양신고에 의하
여(인용심판 확정이 아니라) 발생한다고 규정하여야 한다.

국내로의 입양. 국제입양법률은 국내로의 입양에서는 계자입양에 대한 특칙
을 몇 개만 둔다. 종래 계자입양은 국내로의 입양, 주로 결혼 이민자 여성의 전혼
자녀 또는 친인척 입양, 즉 중도입국자녀의 입양에서 문제 되는 점을 고려하면 이
는 다소 의외이다.

(카) 입양협약이 적용되지 않는 국제입양의 문제점   국제입양법률은 입양협
약이 적용되지 않는 국제입양도 함께 규율한다. 국제입양법률은 별도의 장/절로
구분하지 않고 몇 개의 조문(제2조 제5호, 제2조 제6호, 제22조와 제31조 제1항)에서
'협약 비체약국'을 단편적으로 언급한다. 그러나 비체약국에 관한 조항은 비체약
국과의 국제입양만이 아니라, 체약국과의 국제입양이더라도 입양협약의 적용범위
에 속하지 않으면 적용되므로 "협약이 적용되지 않는 국제입양"이라는 표현이 더
정확하다. 구체적 문제점은 아래와 같다.

① 입양협약이 적용되지 않는 경우 입양재판에 의하여 출신국에서 성립한 입양의 효과

입양협약이 적용되지 않는 경우 출신국의 입양재판에 대하여는 입양협약 제 26조가 적용되지 않고 우리 국제사법(또는 국제민사소송법)상 외국 가사재판의 승인 및 집행의 법리가 적용된다. 따라서 국제입양법률 제22조 제2항에서 "협약 비체약국인 출신국의 입양재판에 의해 … 입양이 성립하면"보다는 제6조 제2항처럼 "협약이 적용되지 않는 국제입양에서 출신국의 입양재판에 의해 … 입양이 성립하면"이 정확하다. 제22조 제3항의 경우도 같다.

국제민사소송법의 법리. 국제입양법률 제22조 제2항은 국내로의 입양의 경우 비체약국인 출신국의 입양재판에 의해 입양이 성립하면 민사소송법 제217조의 요건을 갖춘 경우 한국에서도 출신국 법에 따른 효력이 발생한다고 규정한다. 우리 법상 입양재판은 가사비송사건인데 대체로 외국 비송재판은 민사소송법(제217조)에 준하는 요건이 구비되면 그 효력(형성력과 기판력(있으면) 등)이 한국에 확장된다는 '효력확장설'이 유력하다. 다만 소송법적 접근이 당연한 기판력과 달리, 한국에서는 가사재판 등 실체법적 형성의 소에서 형성력은 실체법적 효력이라고 보므로 외국재판의 형성력의 승인이 문제 된다. 실체법적으로는 국제사법에 따른 입양의 준거법 소속국에서 당해 입양재판이 승인될 때 효력이 있으나, 절차법적으로는 민사소송법 제217조에 따라 승인되면 형성력이 한국으로 확장된다. 제217조에 비추어 후자가 타당하다.32) 외국법원의 형성판결(예컨대 이혼판결)이 있으면 형성력의 대세적 효력에 의하여 한국에서도 효력이 발생할 것 같지만 승인되지 않으면 한국에서는 형성력이 인정되지 않는다. 그 결과 파행적 법률관계의 발생이 불가피한데 이는 부득이하다. 국제입양법률 제22조 제2항은 외국의 입양재판에 대하여 민사소송법 제217조가 적용됨을 전제로 하면서 효력확장설을 따라 재판국 법에 따른 기판력(있다면)과 형성력이 한국에도 확장된다는 취지이다. 이는 외국재판 승인의 경로를 따른 것이므로 기본적으로 타당하나 아래와 같은 문제가 있다.

첫째, 승인요건에서는 승인대상, 송달요건과 상호보증요건이 문제 된다. 제 217조 제1항은 확정판결 또는 이와 동일한 효력이 인정되는 재판을 승인대상으로 규정하는데 기판력을 전제한다면 문제가 있다. 다음으로, 비대심적 비송사건(예컨대 비대심적인 라류 비송사건)의 경우 피고 또는 피신청인의 방어권 보장을 위한 송

---

32) 형성판결도 승인이 필요하다. 대법원 1971. 10. 22. 선고 71다1393 판결(상호보증의 부존재를 이유로 네바다주 법원의 이혼판결의 승인을 거부함) 이래 확립된 태도이다.

달요건은 문제 되지 않으나 그 경우에도 사건본인 기타 이해관계인에 대한 통지는 필요하므로 이를 어떻게 고려할지 문제 된다. 마지막으로 입양재판 등 가사비송재판의 승인에도 상호보증이 필요한지는 논란이 있다. 필자는 입양협약이 적용되지 않는 국제입양에서 상호보증요건을 제외하자는 입법론을 피력하였으나 국제입양법률 제22조 제2항은 이를 요구한다. 상호주의를 요구하면 파행적 법률관계가 발생할 가능성이 크다. 이런 문제가 발생하는 근본적 이유는 가사소송법이나 비송사건절차법에 외국재판의 승인에 관한 조문이 없는 탓인데, 학설은 위 논점들을 논의하나 대법원이 고심한 흔적은 보이지 않는다.

둘째, 여기에서 "출신국 법에 따른 효력"의 의미가 문제 된다. 출신국 법이 출신국의 실질법인지 아니면 출신국의 국제사법을 포함하는지는 불분명하다. 논란의 여지가 있으나, 절차법적 효력으로서 기판력(만일 있다면)과 그 범위 및 형성력의 존재는 출신국(즉 재판국) 법에 따르나, 형성력의 실체법적 내용(완전입양인지 단순입양인지)은 당해 사건에 적용된 입양의 준거법에 따른다고 본다. 부정확한 현재 문언 대신 "제217조 제1항에 따른 요건을 갖춘 경우 대한민국에서도 효력이 발생한다."라고 규정하고 구체적 효과는 해석론에 맡기자는 것이다.

셋째, 제22조 제2항에 따라 비체약국인 출신국 입양재판이 승인된 경우 가족관계등록부의 기재도 문제 된다. 제4항은 집행판결이 불필요하다는 취지로 보이나, 승인요건의 구비 여부에 대판 판단을 가족관계등록 공무원에게 맡기는 것이 적절한지는 의문이다.

② 입양협약이 적용되지 않는 국제입양에서 입양재판 이외의 방법으로 출신국에서 성립한 입양의 효과   제22조 제3항은 입양협약 비체약국인 출신국에서 입양재판 외의 방법으로 입양이 성립하면 가정법원으로부터 입양 또는 친양자입양 허가를 받음과 동시에 그에 따른 효력이 발생한다고 규정한다. 논리적으로는 외국에서 준거법인 한국법에 따라 입양계약을 체결한(외국법원 허가를 받아) 경우 그것이 계약형입양의 효력을 가지므로 한국에서 입양신고를 하면 족하다고 볼 수도 있으나 위 조항은 출신국에서 계약형입양이 이루어진 경우 수령국인 한국에서 재입양을 요구하는 것이나 이는 바람직하지 않다.

(5) 개정할 필요가 있는 국제입양법률 조문들

늦었지만 입법자가 국제입양법률을 제정한 것은 매우 다행이나 미흡한 점들이 있으므로 몇 가지 점에서는 개정할 필요가 있다. 첫째, 외국으로의 입양에서 계자의 일반입양을 하는 경우라면 한국에서 입양의 효력은 입양신고에 의하여 발생하므로 제14조 제1항에도 제13조처럼 단서를 두어 계자입양의 경우 한국에서의 효력은 입양신고에 의하여 발생하도록 개정할 필요가 있다. 둘째, 국내로의 입양에서 국제입양법률(제22조 제1항)은 출신국에서 입양이 성립하면 "우리나라에서도 (체약국인) 출신국 법에 따른 효력이 발생한다."라고 규정하나 이는 입양협약 제26조에 반한다. "대한민국에서도 입양협약에 따라 승인된다"라고 개정할 필요가 있다. 셋째, 국내로의 입양에서 국제입양법률(제22조 제2항)은 "제217조 제1항에 따른 요건을 갖춘 경우 우리나라에서도 (비체약국인) 출신국 법에 따른 효력이 발생한다"라고 규정하나 이는 민사소송법 제217조의 해석론에 반한다. "제217조 제1항에 따른 요건을 갖춘 경우 대한민국에서도 효력이 발생한다."라고 개정할 필요가 있다. 넷째, 국제입양법률(제25조 제1항)은 국내로의 입양의 취소를 규정하면서 국내입양특별법 제26조를 준용하고, 아동이 민법상 양자(일반양자)인 경우 민법의 관련 규정을 준용하나 이는 부정확하다. "입양 또는 동의요건의 준거법상 입양의 취소사유가 있는 경우에는 양부모 또는 양자는 입양의 사실을 안 날부터 6개월 안에 가정법원에 입양의 취소를 청구할 수 있다."라는 취지로 개정할 필요가 있다.

9. 동의에 관한 조항의 신설

섭외사법	국제사법
〈신설〉	제71조(동의) 제68조부터 제70조까지의 규정에 따른 부모·자녀관계의 성립에 관하여 자녀의 본국법이 자녀 또는 제3자의 승낙이나 동의 등을 요건으로 할 때에는 그 요건도 갖추어야 한다.

[입법례]
- 독일 민법시행법 제23조[동의]
- 일본 법례 제18조 제1항, 제2항, 제20조 제1항: 국제사법은 동의요건을 통합하여 규정하는 데 반하여, 일본 법례는 이를 개별적으로 규정하는 점에 차이 있음.[1] 일본 법적용통칙법 제29조 제1항, 제2항, 제31조 제1항은 법례와 같음

가. 개요

구 국제사법은 인지, 준정, 입양 등 친자관계의 성립에 있어 자녀를 보호하기 위하여 일괄적인 동의규정을 마련하여 동의요건에 관한 한 누적적 연결방법을 취하였다. 국제사법도 이런 태도를 유지한다.

나. 주요내용

(1) 동의요건에 관한 자녀의 본국법의 누적적 적용

국제사법에서는 가능한 한 친자관계의 성립을 용이하게 하기 위해 선택적 연결방법을 택하였으나,[2] 그것이 반드시 자녀를 위하는 것이라고 단정할 수는 없다. 자녀가 친자 간의 법률관계의 창설을 원하지 않는 경우도 있고, 인지 등으로 창설된 부자 간의 친자관계가 어머니에게 예기치 않은 불이익을 줄 수도 있다. 특히 자녀가 성년인 경우에는 부모가 부양을 받을 목적으로 자녀의 의사에 반하여 인지를 하는 경우도 있을 수 있다.

각국의 실질법은 이에 대비하여 입양을 비롯하여 인지나 준정 시 자녀를 보호하기 위해 자녀나 어머니의 동의나 승낙, 공적 기관의 허가 등을 요구하는 경우가 많다. 만일 자녀의 본국법이 친자관계의 성립에 관하여 자녀 측의 동의 등을 요구한다면 그러한 동의 규정은 자녀의 보호라는 관점에서 국제사법적으로도 적

---

1) 준정에 관한 제19조의 경우에는 이런 조문이 없다.
2) 다만 입양의 경우는 아니다.

용되어야 한다. 왜냐하면 이를 통해 자녀의 보호가 이루어질 뿐만 아니라, 당해 친자관계의 성립을 자녀의 본국에서도 인정받게 될 것이기 때문이다.

섭외사법은 인지와 입양의 성립요건에서 배분적 연결을 취하였기 때문에 자녀의 보호를 위해 동의를 요구하는 실질법이 적용될 수 있었다. 그러나 국제사법은 친자관계의 성립에서 배분적 연결을 버리고 선택적 연결을 채택하였으며, 그 선택대상에 있어서도 자녀의 본국법이 전적으로 배제되었으므로 국제사법상으로 동의 규정이 필요하게 되었다.

저자는 선고형입양에서 법원의 허가를 입양의 성립의 문제로 보아 준거법에 따를 사항이라고 보나,3) 법원 기타 공적 기관의 허가를 동의요건으로 볼 여지도 있다.4) 입양의 준거법인 양친의 본국법에 따라 동의 기타 허가가 필요한 경우에는 이를 충족해야 하고 그에 추가하여 자녀의 본국법이 요구하는 동의요건도 충족해야 한다. 이런 의미에서 이는 누적적 연결이라는 것이다. 주의할 것은, 자녀의 본국법인 우리 법이 법원의 허가를 요구한다고 해서 반드시 한국 법원이 허가를 해야 하는 것은 아니라는 점이다. 비록 외국법원이 허가를 하더라도 그것이 비송사건 기타 외국재판의 승인요건을 구비하고 있다면 가능하다고 보아야 한다. 이런 이유에서 양친이 일본인이고 양자가 한국인인 경우 가정법원의 허가를 받아야 하는데, 그 경우 가정법원이라 함은 한국 가정법원만을 의미하고, 일본 가정재판소가 한국 가정법원의 역할을 대행할 수 없다는 2013. 10. 17. 가족관계등록선례(제201310−1호)에는 동의하기 어렵다.5) 위 선례는 양친이 한국인이고 양자가

---

3) 최흥섭, 384면도 같다. 그러나 최흥섭, 383면은 법원이나 행정기관의 승낙 또는 허가도 동의요건이라고 하여 일관성이 부족하다. 그러나 근자에는 입양특례법상 가정법원의 입양허가는 입양의 성립요건이 아니라 방식인데 그에 대해서는 구 국제사법이 별도로 준거법을 정하지 않으므로 법률행위의 방식의 준거법을 정한 구 국제사법 제17조에 따라 준거법이 결정되어야 하고, 결국 한국이 입양지인 경우 제17조 제2항에 따라 행위지인 입양특례법이 입양의 방식의 준거법이 될 수 있다는 견해(현소혜, "개정「민법」상 입양과「입양특례법」상 입양−체계정합성의 관점에서−", 가족법연구 제27권 제1호(통권 46호)(2013. 3.), 95면)도 보이나 동의하지 않는다. 혼인신고처럼 의사표시를 법원에 대하여 하는 것이라면 법률행위의 방식일 수 있으나 법원의 허가는 그와 다르다. 이혼에서 협의이혼을 이혼의 방식으로 보지 않는 것과 마찬가지이다.
4) 일본 법적용통칙법(제31조 제1항)은 입양에 대한 아동 기타 제3자의 동의 또는 공적 기관의 허가를 언급하는데 그 경우 아동 등의 동의에 대신하는 아동복지기관 등이 공적 기관에 포함되는 데는 이견이 없으나, 계약형입양 또는 선고형입양을 허가하는 법원도 포함하는지는 긍정설과 부정설이 있다. 中西 康 外, 341면.
5) 김문숙, 온주 국제사법 제71조, 2023. 7. 5. [13] 참조. 이 경우 한국 법원의 허가를 동의요건

일본인인 경우에도 마찬가지라고 하고 그 근거로 법원의 허가가 자의 보호를 위한 것이라는 점을 언급하나 그 근거가 잘 이해되지 않는다. 위 선례는 아마도 준거법 소속국 법원만이 입양허가를 할 수 있다는 취지로 보인다(물론 입법으로 그렇게 정할 수도 있으나 우리 법은 그렇게 해석할 이유가 없다). 만일 같은 논리를 따른다면 한국인 간에 외국법원에서 한 이혼재판은 허용되지 않는다는 부당한 결론에 이르게 된다.

　　여기에서 두 개의 논점을 검토할 필요가 있다. 첫째, 외국법원의 허가가 가사소송사건의 재판이라면 외국재판의 승인심사를 통할 사항이라고 볼 수 있으나, 가사비송사건인 경우 일률적으로 외국 비송재판의 승인(가사소송법 제34조를 고려하여 민사소송법 제217조를 유추적용)의 문제인지 아니면 준거법 통제의 문제로 볼지, 아니면 유형별로 구분하여(예컨대 대심적 구조인지 등의 기준에 의하여) 처리할지가 문제 된다.[6] 이 점을 정리할 필요가 있다. 둘째, 후자처럼 계약형입양과 같은 비송재판의 경우 준거법 통제의 문제라고 보더라도 일정한 요건이 구비되면 '대용(代用)의 법리'에 의하여 외국법원의 허가를 우리 법원의 허가와 동등하게 취급할 수 있을 것이다. 위 선례는 이러한 논점을 검토하지 않는 것으로서 부당하다.

(2) 동의요건의 규정방식

　　구 국제사법은 입양을 포함하여 친자관계의 성립에 적용될 일괄적인 동의규정을 별도로 신설하였다. 동의규정을 둘 경우 입법기술적으로 이를 독일 민법시행법(제23조)처럼 별도의 조항으로 묶어서 규정하는 방법과, 일본 법례나 오스트리아 국제사법처럼 인지, 입양, 준정 등 해당 법률관계에 관한 조항에서 각각 규정하는 방법이 있으나 국제사법은 전자를 따른 것이다.

　　이라고 보면 준거법이 한국법이므로 법원의 허가가 필요함은 당연하나, 이를 별개의 성립요건이라고 보면 입양의 준거법이 외국법임에도 불구하고 우리 법원의 허가가 요구되는 것은 입법자가 법원의 허가를 준거법에 관계없이 요구하기(즉 법원의 허가를 요구하는 조문이 국제적 강행규정이기) 때문이라고 설명할 수 있다.

6) 아니면 친양자입양의 경우처럼 입양이 외국법원의 재판에 의하여 성립하는 경우는 외국재판의 승인의 문제이나 계약형입양에 대한 허가의 경우 준거법 심사의 문제라고 구별할 여지도 있는데 그 경우 양자의 경계획정이 문제 된다. 그러나 법원의 실무는 종래 외국비송재판에 대하여도 민사소송법 제217조의 승인요건이 필요함을 당연한 전제로 한다. 예컨대 양육비 지급을 다룬 울산지방법원 2012. 2. 3 선고 2011가단27188 판결 참조. 김영석, 온주 국제사법 외국재판 승인 및 집행, 2023. 7. 5. [4] 참조.

제71조의 경우 자녀의 본국법은 누적적으로 적용되며, 연결의 기준시점은 각 친자관계의 성립 당시 즉 인지 시, 준정 시, 입양 시가 될 것이다. 한편 동의 규정은 친자관계의 성립에만 적용되므로, 예컨대 입양의 효력이나 파양의 경우에는 자녀의 본국법이 적용되지 않는다.

(3) 반정의 배제

제71조는 자녀의 보호를 위해 자녀의 본국법을 누적적으로 적용하는 것이므로 그 취지에 비추어 반정은 허용되지 않는다고 본다.[7] 논란의 여지는 있다.

---

7) Kropholler, S. 423. 그러나 독일 구 민법시행법상으로는 견해가 나뉘었다.

10. 친자 간의 법률관계에 관한 조항의 개정

섭외사법	국제사법
제22조(친자 간의 법률관계) 친자 간의 법률관계는 부의 本國法에 의하고 부가 없는 때에는 모의 本國法에 의한다.	제72조(부모·자녀 간의 법률관계) 부모·자녀 간의 법률관계는 부모와 자녀의 본국법이 모두 동일한 경우에는 그 법에 따르고, 그 외의 경우에는 자녀의 일상거소지법에 따른다.

[입법례]
- 독일 민법시행법 제21조[친자관계의 효력]
- 스위스 국제사법 제82조[친자관계의 효력의 준거법]
- 일본 법례 제21조: 국제사법은 일본 법례(제21조)와 유사하나, 일본 법례는 '부모'가 아니라 '부 또는 모'의 본국법이 자의 본국법과 동일한 경우에 자의 본국법을 적용하는 점에 차이가 있으므로 무엇이 원칙인가에 관해 입장이 다르다고 할 수 있음/법적용통칙법 제32조[친자 간의 법률관계는 법례와 같음
- 중국 섭외민사관계법률적용법 제25조

가. 개요

섭외사법은 친자 간의 법률관계의 성립과 그에 따른 권리·의무관계를 구분하여 전자는 제19조-제21조에서 각각 규율하고, 후자는 제22조에서 일차적으로 부의 본국법, 부가 없는 때에는 이차적으로 모의 본국법에 의하도록 하였다. 그러나 친자관계를 부의 본국법에 의하게 하는 것은 헌법상 남녀평등의 원칙에 어긋나고 또한 자(子)의 이익이라는 측면에서도 바람직하지 못하다.

따라서 구 국제사법은 친자 간의 법률관계의 성립과, 그에 따른 권리·의무관계를 구분하는 체제는 유지하면서 원칙적으로 자(子)의 상거소지법을, 예외적으로 자(子)의 본국법을 후자의 준거법으로 정하였다.[1] 국제사법도 이런 태도를 유지한다. 국제사법 제72조는 섭외사법 제22조와 마찬가지로 혼인 중의 출생자인가의 여부, 또는 친생자인가 양친자인가에 관계없이 모든 친자관계에 통일적으로 적용된다.[2]

---

1) 입법기술상으로서는 이러한 취지를 명확히 하기 위하여 구 국제사법에서 "제40조부터 제43조에 의하여 성립한 부모·자녀 간의 법률관계는 … 의한다"라고 규정하는 것이 바람직하였다고 본다.
2) 이는 국제사법상 동일한 부모 밑에 있는 자를 평등하게 취급하여야 한다는 관념에서 비롯된 것이라고 할 수 있다.

나. 주요내용

(1) 친자 간의 법률관계의 준거법의 결정

(가) 자녀의 일상거소지법과 본국법   섭외사법은 연결의 중심에 부 또는 모를 두었으나, 국제사법에서는 구 국제사법과 마찬가지로 자녀의 이익을 보호하기 위해 연결의 중심에 자녀를 두고 자녀의 일상거소지법을 원칙적 준거법으로 지정한다. 그 이유는 첫째, 법원과 행정기관으로 하여금 익숙한 법정지의 법을 적용하게 함으로써 실무상 편리하고(자녀의 일상거소지가 한국인 경우 한국이 관할을 가지는데(국제사법 제59조) 그를 전제로 한다), 둘째, 관련 당사자들의 환경을 이루는 법이 그들의 가족법적 관계를 규율하도록 함으로써 통상적으로 그들의 저촉법적 이익에도 부합하는 장점이 있기 때문이다.[3] 또한 국제사법에서는 친자관계의 성립에 자녀의 일상거소지법을 허용하고, 부양의무도 부양권리자인 자녀의 일상거소지법에 의하므로 모든 친자관계에 자녀의 일상거소지법을 인정하는 것이 일관되나, 다만 부·모·자녀가 모두 동일한 본국법을 가지고 있는 경우에는 그들의 본국법에 의하는 것이 가정 내의 보호조치가 가능한 점 등을 고려하여 이를 자녀의 일상거소지법에 우선하여 적용하도록 한다.[4]

독일의 민법시행법(제21조)은 혼인 중의 자와 혼인 외의 자를 구별하지 않고 "친자 간의 법률관계는 자(子)가 상거소를 가지고 있는 국가의 법에 의한다"라고 규정하는 데 반하여, 일본 법적용통칙법(제32조)은 "친자 간의 법률관계는, 자(子)의 본국법이 부 또는 모의 본국법(부모의 일방이 사망하거나 알 수 없는 경우에는, 다른 일방의 본국법)과 동일한 경우에는 자(子)의 본국법에 의하며, 그 밖의 경우에는 자(子)의 상거소지법에 의한다"라고 규정한다. 국제사법은 일본 법적용통칙법(제32조)과 유사하나, 부 또는 모의 본국법이 아니라 부, 모 및 자녀의 본국법이 동일한 경우에만 자녀의 본국법을 적용하는 점에서 다르다. 따라서 일본 법적용통칙법에서는 자녀의 본국법이 원칙이고 상거소지법이 예외인 데 반하여,[5] 국제사법

---

3) von Hoffmann/Thorn, §8 Rn. 140 참조(독일 민법시행법 제21조에 대하여).

4) 최흥섭(2000), 17면; 법무부, 해설, 159면. 그러나 정확히 말하자면, 예컨대 혼인 중의 친자관계와 입양의 성립의 경우는 그러하지 않다.

5) 横山潤, 國際家族法, 238－239면. 자(子)의 본국법이 부 또는 모의 본국법과 일치하는 경우 동법은 그 가정의 조국이므로 그 법에 따르게 하는 것이 제21조의 배후에 있는 연결정책이라고 한다. 또한 본국법이 일치하지 않는 경우는, 예컨대 비적출자의 모가 사망한 경우처럼 자(子)에 대한 보호조치가 문제 되는 경우이므로 자(子)의 복지를 위해 관할권을 가지는 국가가 그의 법을 적용하도록 하는 것이 바람직하다고 한다. 横山潤은 상거소의 가변성을 우려한다.

에서는 자녀의 상거소지법이 원칙이고 본국법이 예외라고 할 수 있다. 국제사법은 독일 민법시행법과 일본 법적용통칙법의 입장을 절충한 것이라고 볼 수도 있다.

우리 국제사법은 단계적 연결방법을 따른 것이라고 할 수도 있는데, 일본 법적용통칙법(제41조)은 그 경우 반정을 명시적으로 배제한다. 이는 법인 등의 속인법을 규정한 국제사법(제30조)과 마찬가지로 원칙적 연결과 예외적 연결을 규정한 것인데, 이를 단계적 연결방법이라고 평가할 수도 있으나 우리 국제사법상으로는 이는 표현의 문제일 뿐이다. 국제사법의 해석론으로는 그 경우 반정이 배제되지 않으나 입법론으로는 반정을 배제하는 방안을 고려할 수 있다.6)

(나) 혼인 중의 출생자와 혼인 외의 출생자의 구별　　한편 독일의 1998년 개정 전 민법시행법에 의하면, 양친과 혼인 중의 출생자 간의 법률관계는 제14조 제1항에 따라 혼인의 일반적 효력의 준거법에 따르되, 혼인이 존재하지 않는 때에는 자의 상거소지법이 적용되고(제19조 제2항), 양친과 혼인 외의 출생자 간의 법률관계는 자의 상거소지법에 따랐다(제20조 제2항).7)

입법례로서는 이와 같이 양자를 구별하는 국가(오스트리아)와 구별하지 않는 국가(스위스)가 있는데, 이는 기본적으로 실질법이 친권자를 정함에 있어 양자를 구분하는지의 여부8)와 혼인관계가 존재하는 경우 친자 간의 법률관계를 혼인공동체의 문제로 이해할 것인지의 문제와 관련된다.

우리 민법(제909조)은 혼인 중의 출생자에 대하여는 친권공동행사의 원칙을 규정하는 데 반하여, 혼인 외의 출생자에 대하여는 부가 인지한 경우 부모의 협의로 친권을 행사할 자를 정하도록 하는 점에서 양자를 구분하지만, 국제사법은 섭외사법과 동일하게 저촉법 차원에서 양자를 구별하지 않는다.9)

---

6) 근자에는 제72조는 아동보호협약의 연결원칙을 참조한 것이므로 제22조 제2항에 추가하여 명시적으로 반정을 배제하자는 입법론이 있다. 이종혁(2022c), 137면.

7) Gesetz zur Reform des Kindschaftsrechts vom 16. 12. 1997 (BGBl. 1997 Ⅰ, 2942)에 의해 독일 민법시행법이 개정된 결과 저촉법상의 적출자와 비적출자의 구별이 폐지되었다. Abbo Junker, Internationales Privatrecht (1998), Rn. 564.

8) 橫山潤, 国際家族法, 233면.

9) 최흥섭(2000), 18면은 그 이유를 다음과 같은 취지로 설명한다. 즉 "친자관계의 효력의 준거법을 적출과 비적출로 나누어 별도로 규율하는 방법을 생각해 보았으나, 그렇게 한다면 결국 적출친자관계에서는 혼인의 효력의 준거법에 의할 것인데, 그 결과는 국제사법의 친자관계의 효력의 준거법과 크게 다르지 않을 것이고, 입양의 경우(동일 국적 부부와 이국적 양자의 경우)에 차이가 발생할 수 있는데, 그때에도 혼인의 효력의 준거법보다는 그들이 같이 생활하고 있을 자(子)의 상거소지법에 의하도록 하는 것이 타당하며 자(子)의 보호에도 기여할 수

(2) 친자 간의 법률관계의 준거법의 적용범위

친자관계의 준거법의 범위는 친자관계 자체에 내재하는 직접적인 효력에 그치고, 친자관계에서 파생하는 간접적인 효력에까지 미치지는 않는다고 해석되므로 주로 친권과 부양의무가 규율대상이나,10) 국제사법에 따르면 미성년 자녀에 대한 부양의무(양육비 포함)에도 부양의 준거법을 정한 제73조가 적용되므로 결국 제72조는 친권에 관한 사항들을 규율한다. 구체적으로 제72조는 친권자의 결정 (부모공동친권, 단독친권 등), 아동의 신상감호(감호교육, 거소지정권, 면접교섭권, 아동 반환청구권 등), 아동의 재산관리(재산의 관리권과 수익권, 법정대리권, 재산행위에 대한 동의권 등), 기타 친권(elterliche Gewalt11))의 효력 및 소멸 등에 적용된다.12)

부부의 이혼에 따른 자녀의 친권자의 지정, 양육문제(특히 양육권자의 지정)와 면접교섭권은 이혼의 준거법에 따른다는 견해도 있으나 이는 제72조가 정한 친자관계의 준거법에 의한다고 본다. 즉, 국제사법 제66조에 따른 이혼의 준거법이 규율하는 사항은 주로 부부간의 이해조정의 범위에 한정되고 친자 간의 그것에는 미치지 않는다는 것이다.13) 많은 경우 하나의 소송에서 다루어지는 이혼청구와 친권자 및 양육자지정이 각각 별개의 법에 의하는 것이 바람직한지는 논란의 여지가 있지만 국제사법의 해석론으로서는 부득이하다.

자녀의 성에 대하여 친자관계의 준거법에 의한다는 견해에 의하면 자녀의 성은 제72조에 의하게 될 것이다.14) 참고로 민법(제781조 제1항)에 따르면 자녀는 원칙적으로 부의 성과 본을 따르나, 부가 외국인인 때에는 모의 성과 본을 따를 수 있다. 종래 실무는 준거법과 관련 없이 예규에 따라 이루어지고 있는 것으로 보인

있다"라는 것이다. 친자관계의 준거법과 관련된 연결정책에 관한 더 깊이 있는 논의는 橫山 潤, 国際家族法, 231면 이하 참조.

10) 법무부, 해설, 159면 註 103.

11) 과거에는 'elterliche Gewalt'라는 용어를 사용하였으나 1979년 개정된 독일 민법(제1626조 이하)은 'elterliche Sorge'라는 용어를 사용한다. 친권의 제한에 관한 비교법적 검토는 백승흠, "아동의 최선의 복리와 친권의 제한에 관한 유럽인권재판소 판결의 검토-Lobben and Others v. Norway 판결을 중심으로-", 국제사법연구 제23권 제2호(2017. 12.), 162면 이하 참조.

12) 김연·박정기·김인유, 441면; 최흥섭(2000), 17면.

13) 이호정, 407면; Staudinger/Henrich, EGBGB/IPR: Art 21 EGBGB, Neubearbeitung 2002, Rn. 13.

14) 위에서 언급한 바와 같이 연구반초안(제17조)은 사람에 관한 장에서 사람의 성명은 그의 본국법에 의한다는 조항을 두었으나 이는 결국 삭제되었다.

다. 즉 한국인 부와 외국인 모 사이의 혼인 중의 자녀의 경우에는 한국인 간에 출
생한 혼인 중의 자녀와 동일하게 처리하고(예규 제312호 제13조),[15] 한국인 모와
외국인 부 사이의 혼인 중의 자녀의 경우에는 외국인 부의 성을 따르거나 한국인
모의 성과 본을 따라 신고할 수 있다(예규 제327호).[16] 그러나 이러한 예규가 어떤
근거에 기한 것인지는 불분명하다. 예규의 태도는 위에서 언급한 국제사법 제72
조에 따른 결론은 물론 자녀의 국적에 따른 결론도 아니기 때문이다. 단언할 수는
없으나 부의 성을 따른다는 원칙을 유지하면서 부가 외국인인 경우 민법 제781조
제2항을 적용한 것이 아닌가 생각되기도 한다. 자녀의 성이 가지는 중요성에 대한
인식이 점차 커지고 있음을 고려한다면 우리도 이에 대하여 더 큰 관심을 가져야
한다.[17]

　　근자에는 독일 민법시행법을 참고하여 성명의 준거법 일반에 대하여 본국법
주의를 국제사법에 명시하자는 견해가 있음은 위에서 언급한 바와 같다.[18]

---

15) 등록실무[Ⅱ], 570면; 법원행정처, 국제가족관계등록사례집(2009), 27면.

16) 등록실무[Ⅱ], 571면; 법원행정처, 국제가족관계등록사례집(2009), 27면.

17) 근자에는 우리나라에서 출생하였음에도 불구하고 출생등록조차 되지 않은 아동의 보호를 위
하여 그들을 등록하기 위한 노력이 경주되고 있다. 근자에 발표된 외국인 아동의 출생등록
등에 관한 법률 제정안(제8조 제3항)은 "외국인 아동의 출생 등록 시 자녀의 성명은 부 또는
모의 국적 국가의 문자나 발음으로 표기하고 한글을 병기한다"라고 규정한다. 2024. 9. 27.
국회에서 개최된 외국인 아동의 출생등록 등에 관한 법률(안) 심포지엄 발표자료, 76면 참
조. 이는 표기의 문제만을 다룬 것인데, 그에 앞서 준거법을 고려하여야 한다. 미등록 아동
의 출생등록이 문제되는 사안에서는 제72조에 따른 친자관계의 준거법은 한국법이 될 가능
성이 있다. 민법(제781조 제1항)에 따르면 자녀는 원칙적으로 부의 성과 본을 따르나, 부가
외국인인 때에는 모의 성과 본을 따를 수 있는데, 이는 모가 한국인임을 전제로 한다고 본
다. 그렇다면 위 제정안은 민법에 반할 수 있다. 또한 자녀의 성이 본국법에 따를 사항인지
친자관계의 준거법에 따를 사항인지도 검토하여야 한다. 2025. 1. 9.에도 국회에서 "외국인
아동 출생등록 등에 관한 법률(안)" 공청회가 개최되었는데, 당시 소개된 법률(안)은 조문
번호만 바뀌었을 뿐(제7조 제3항) 내용은 위와 같다. 저자는 2024년 9월 심포지엄에 참석하
여 성씨의 준거법을 고려해야 함을 지적하였으나 개선되지 않음은 유감이다. 준거법 지정
원칙이 없다면 성씨의 등록은 일관성이 없게 될 것이다. 서종희, "외국인아동 출생등록 등에
관한 법률(안)에 관한 소고", 2025. 1. 9. 개최된 "외국인아동 출생등록 등에 관한 법률(안)"
공청회 자료, 15면 이하는 위 법률(안)과 과거 발의되었던 법률(안)들을 소개하나 위 논점은
언급하지 않는다.

18) 이종혁(2022c), 139면 이하.

(3) 친자관계의 준거법과 후견의 준거법의 관계

후견의 준거법을 정한 제75조는 성년후견에 한정되지 않으므로 미성년자에 대한 후견에도 적용된다. 그 결과 제72조에 따르면 미성년자에 대한 친권의 문제는 원칙적으로 친자관계의 준거법에 의하고, 미성년자에 대한 후견은 후견의 준거법(제75조)에 따른다. 즉, 국제사법은 미성년자 후견의 준거법을 피후견인인 자녀의 본국법으로 지정하면서, 친자관계의 준거법을 자녀의 일상거소지법으로 지정함으로써 후견의 준거법과 친권의 준거법을 달리 규정하는데, 이는 아래 제75조의 해설에서 보는 바와 같이 다소 문제가 있다.

제75조가 규율하는 미성년자에 대한 후견은 친권자에 의한 보호가 행해지지 않는 경우에 문제 되므로 양 조문이 직접 충돌되는 것은 아니고, 친권의 소멸은 후견개시의 선결문제이다. 그렇지만 친권의 준거법과 후견의 준거법이 상이한 경우 충돌이 발생할 수 있는데, 이는 적응(또는 조정)의 법리에 의하여 해결할 문제이다. 예컨대 친권의 준거법에 따르면 친권이 상실되어 후견이 개시되어야 하지만 후견의 준거법에 따르면 친권이 상실되지 않아 후견개시사유가 존재하지 않는 경우(소극적 저촉)와, 반대의 경우, 즉 친권의 준거법에 따르면 부모가 친권을 가지는 데 반하여 후견의 준거법상 후견개시사유가 존재하는 경우(적극적 저촉)가 있다. 소극적 저촉의 경우 아동의 보호를 위하여 후견개시사유가 존재하는 것으로 취급하고, 적극적 저촉의 경우 보호의 중복을 피하기 위해 친권을 우선시켜 그 준거법에 따라 부모의 친권을 인정하는 견해가 유력하다.[19] 이는 미성년자의 후견을 친권의 연장으로 보면서 친권법에 우위를 인정하는 셈이다. 이런 견해는 대체로 타당하나, 제75조 제2항 제3호를 고려해야 한다. 즉, 동호는 피후견인을 보호하여야 할 긴급한 필요가 있는 경우 우리 법원이 한국법을 적용하여 후견사무를 처리할 수 있음을 명시하는데, 예컨대 피후견인의 본국법에 의하면 후견개시의 원인이 없어 한국에 있는 피후견인이 보호받을 수 없는 경우 피후견인을 보호하기 위한 것이다. 즉, 위에서 본 적극적 저촉의 경우 긴급한 필요가 있으면 친권자가 있더라도 후견을 개시할 수 있다는 것이다.

이와 달리 국제사법의 해석론으로서 미성년자의 친권과 후견을 통일적으로 연결하는 견해도 주장될 여지가 있다. 즉, 친권을 보완하거나 지지하거나 대체하

---

19) 김문숙, "涉外後見に關する硏究", 아세아여성법학 제3권(2000. 6.), 235면; 신창선·윤남순, 381면.

는 것은 친자관계의 부속물(Annex)로 간주되고 따라서 상이한 법이 적용됨으로써 규범의 저촉이 발생하는 것을 피하기 위해 미성년자에 대한 후견은 제75조가 아니라 제72조에 따라야 한다는 것이다.[20] 이에 따르면 제75조는 성년후견에 대해서만 적용된다고 본다. 이러한 견해는 장점이 없는 것은 아니나 조문의 문언에 비추어 해석론으로서는 어렵다고 본다.

다. 헤이그아동보호협약

친자 간의 법률관계에 관하여는 헤이그국제사법회의가 채택한 1961년 "미성년자의 보호에 관한 당국의 관할 및 준거법에 관한 협약(Convention Concerning the Powers of Authorities and the Law Applicable in respect of the Protection of Minors)"(이하 "미성년자보호협약"이라 한다)[21]과 이를 개정한 1996년 "부모책임과 아동(또는 자녀)의 보호조치와 관련한 관할권, 준거법, 승인, 집행 및 협력에 관한 협약(Convention on Jurisdiction, Applicable Law, Recognition, Enforcement and Co-operation in Respect of Parental Responsibility and Measures for the Protection of Children)"(이하 "아동보호협약"이라 한다)이 있는데 우리나라도 후자의 가입을 검토해야 할 것이다.[22][23]

아동보호협약이 규율하는 사항은 보호조치에 관한 관할권, 준거법, 외국보호조치의 승인 및 집행과 국가 간 협력이다. 아동보호협약의 적용대상인 아동은 18세 미만의 아동이다(제2조).[24]

---

20) 이는 독일 민법시행법의 해석론인데 독일 민법시행법 제24조(후견)는 우리 국제사법 제75조에 상응하고, 제21조(친자관계)는 우리 국제사법 제72조에 상응한다.

21) 국문번역은 법무부, 헤이그회의 제협약, 61면 이하 참조. 미성년자보호협약은 1902년의 "미성년자의 후견을 규율하기 위한 헤이그협약(Hague Convention relating to the Settle-ment of Guardianship of Minors)"(후견협약)을 대체한 것이다. 아동보호협약에 대하여는 Paul Lagarde의 Explanatory Report가 있다. 국내문헌으로는 우선 최흥섭, "미성년자의 보호를 위한 1996년의 헤이그협약", 국제사법의 현대적 흐름(2005), 329면 이하; 석광현, "국제친권·후견법의 동향과 국내입법과제", 서울대학교 법학 제55권 제4호(2014. 12.), 473면 이하; 이병화. "헤이그아동보호협약의 실무적 운용에 관한 해석론적 고찰", 국제사법연구 제29권 제1호(2023. 6.), 505면 이하 참조.

22) 저자는 과거 1961년 미성년자보호협약에의 가입을 고려할 필요가 있다고 적었으나 2002년 1월 1996년 미성년자보호협약이 발효한 이상 이제는 후자에 가입하는 것을 검토해야 한다. 2012. 12. 3. 현재 아동보호협약의 체약국은 39개국이다. 아동보호협약의 국문번역은 최흥섭(註 21), 379면 이하; 법무부(註 21), 307면 이하 참조.

23) 당사국 간에는 1996년 협약이 1961년 협약을 대체한다.

보호조치는 부모책임의 귀속, 행사, 종료, 제한과 그의 위임에 관한 것을 포함한다(제3조 a호). 주목할 것은 아동보호협약은 친권자가 없는 경우 개입하는 아동의 후견(guardianship, curatorship and analogous institutions)(제3조 c호)에 관한 조치도 포함하는 점이다. 즉, 아동에 대한 친권과 후견이 함께 다루어지고 있다. 우리나라가 아동보호협약에 가입하면 우리나라에 상거소를 둔 아동에 대한 친권에 관한 한 아동보호협약이 우선적으로 적용되고 제72조(후견에 관한 제75조와 함께)는 상당 부분(다만 성의 문제처럼 협약이 규율하지 않는 사항은 제외) 의미를 상실할 것이다. 그러나 아동보호협약은 친자관계의 성립 또는 다툼(contesting)에는 적용되지 않는다(제4조 a호). 아동보호협약의 주요내용은 아래와 같다.

(1) 국제재판관할(제Ⅱ장)

제Ⅱ장(제5조 – 제14조)은 다양한 국제재판관할규칙을 두는데, 여기의 관할은 당국이 아동의 신상 및 재산에 대하여 보호조치를 취할 관할을 말한다. 아동보호협약은 원칙적으로 아동의 상거소지국에 관할을 인정한다. 그 이유는 당국의 신속한 개입을 가능하게 하고, 절차로 인한 아동의 부담을 줄이며, 증거 근접성과 아동 및 청년원조제도(Kinder – und Jugendhilfe)와의 근접성을 확보할 수 있기 때문이다.[25] 이는 국제적으로 널리 인정된다. 다만 아동보호협약(제8조 – 제12조)은 상거소지국관할에 대한 예외를 규정한다.

(2) 준거법(제Ⅲ장)

아동보호협약 제Ⅲ장(제15조 – 제22조)은 준거법에 관한 규정들을 두는데, 첫째, 당국의 개입이 있는 경우의 보호조치의 준거법으로서 법정지법원칙과 그에 대한 예외를 규정하고,[26] 둘째, 당국의 개입이 없는 경우, 즉 법률의 작용에 의한 부모책임의 귀속(또는 발생) 및 소멸과 행사의 준거법으로 아동의 상거소지법을

---

24) 탈취협약의 적용대상인 아동은 16세 미만의 아동이다.

25) Rauscher/Rauscher, EuZPR/EuIPR, Brüssel Ⅱa – VO · EG – UntVO · EG – ErbVO – E · HUntStProt 2007 (2010), Art. 8 Rn. 6 참조.

26) 그 근거는 첫째, 관할권을 가지는 당국으로 하여금 가장 잘 아는 자국법을 적용하게 함으로써 당국의 임무를 촉진하고, 둘째, 아동보호협약상 관할권은 아동에게 가장 밀접한 관련이 있는 국가의 당국에 부여되는데, 그 보호조치의 이행도 그 국가에서 이루어질 것이기 때문이다. 다만 아동의 신상과 재산의 보호를 위하여 필요한 경우 체약국의 당국은 실질적 관련을 가지는 다른 국가의 법을 적용하거나 고려할 수 있다(제15조 제2항).

지정하고, 셋째, 일반규정을 두고 있다.

(3) 외국보호조치의 승인 및 집행(제Ⅳ장)

아동보호협약 제Ⅳ장은 외국보호조치의 승인, 집행가능선언 및 집행등록과 구체적인 집행을 구분하여 규정한다. 체약국의 당국이 취한 보호조치는 다른 체약국에서 법률상 당연히 승인되고(제23조 제1항) 실질재심사는 금지된다(제27조). 요청된 국가의 당국은 관할권의 기초가 된 사실인정에 구속된다(제25조). 제23조 제2항은 승인거부사유를 규정한다. 어느 체약국에서 취해진 보호조치를 다른 체약국에서 집행할 필요가 있는 경우 후자의 법률이 정한 절차에 따라 집행가능하다고 선언되거나 집행을 위하여 등록되어야 한다. 각 체약국은 집행가능선언 등에 대해 단순하고 신속한 절차를 적용해야 하나, 구체적 방법은 각 체약국이 결정한다. 집행가능선언 또는 등록은 위 승인거부사유만을 이유로 거부될 수 있다.

(4) 국제공조(제Ⅴ장)

아동보호협약은 중앙당국과 권한당국에 관한 규정을 두고 있다.

유럽연합의 아동보호: 브뤼셀Ⅱbis와 브뤼셀Ⅱter

유럽연합에는 "혼인과 부모책임에서의 재판관할 및 재판의 승인과 집행에 관한 이사회규정," 즉 '브뤼셀Ⅱbis'(또는 브뤼셀Ⅱa)가 있다. 이는 유럽연합 차원에서 탈취협약을 이행하고 보완하는 규범의 기능을 한다. 브뤼셀Ⅱbis는 "혼인 사건 및 부모책임 사건에서 관할과 판결의 승인 및 집행에 관한 2003. 11. 27. 이사회 규정(EC)(번호 2201/2003)(이사회규정 번호 1347/2000을 폐지하는)"을 말한다. 브뤼셀Ⅱbis는 친권(부모책임) 전반을 규율한다.[27]

이는 2022. 8. 1. 시행된 브뤼셀Ⅱter에 의하여 대체되었는데, 브뤼셀Ⅱter를 보면 혼인 사건 관련 규정들은 브뤼셀Ⅱbis의 내용을 대체로 유지하였으나, 부모책임 사건에서는 상당한 수정이 있었다. 아동의 최선의 이익을 보호하고자 국제재판관할규칙을 정비하고, 집행가능선언(*exequatur*)의 폐지 등 부모책임 사건 재판이 다른 회원국에서도 효율적으로 승인·집행될 수 있도록 개선하였으며, 아동의 의견청취권을 강화하였고, 아동탈취사건의 신속한 처리를 위한 조치들을 취하였다. 나아가 법적 별거와 이혼에 관한 법정외 합의의 승인에 관한 규정이 추가되었다.

국제재판관할의 맥락에서 주목할 것은, 브뤼셀Ⅱter(제9조)에 따르면 탈취사건의 경우

---

27) 소개는 곽민희, "헤이그아동탈취협약과 유럽연합의 입법적 대응", 가족법연구 제25권 제2호 (2011), 392면 이하 참조.

탈취 직전 일상거소지국의 관할을 가지지만, 아동이 탈취 후 다른 회원국에서 일상거소를 취득하고, 또한 일정한 요건이 구비되는 경우에는 직전 일상거소지국은 관할을 상실한다는 점이다. 나아가 브뤼셀 II ter(제10조)는 친자관계 사건에서 일정한 요건하에(관할권 행사가 아동의 최선의 이익이 될 것이라는 요건 포함) 관할합의도 허용한다.[28]

---

28) 소개는 석광현, 국제재판관할법, 263면 註 166 참조.

라. 헤이그아동탈취협약[1)]

탈취협약은 국제사법상으로는 친자관계의 문제로 다룰 사항이나 국제사법의 조문이 아니라 탈취협약과 이행법률을 중심으로 논의하므로 이하 별도로 취급한다.

(1) 머리말

타인이 하는 아동의 유괴, 즉 '고전적 유괴(classic kidnapping)'와 대비하여 부

---

* 탈취협약에서 인용하는 아래 주요 문헌은 [ ] 안의 인용약어를 사용한다.

곽민희, "헤이그아동탈취협약과 유럽연합의 입법적 대응," 가족법연구 제25권 제2호[곽민희(2011)]; 곽민희, "헤이그국제아동탈취협약의 국내이행법의 입법평가", 입법평가연구 제7권(2013. 11.)[곽민희(2013)]; 곽민희, "헤이그아동탈취협약의 해석상「중대한 위험」과 子의 利益", 민사법학 제67호[곽민희(2014a)]; 곽민희, "헤이그아동탈취협약의 국내이행입법에 관한 검토 — 일본의 헤이그아동탈취협약 실시법으로부터의 시사 —," 가족법연구 제28권 제2호(2014. 7.)[곽민희(2014b)]; 곽민희, "결혼이민자의 아동탈취와 헤이그 협약의 적용", 가천법학 제8권 제4호[곽민희(2015a)]; 곽민희, "헤이그 국제아동탈취협약 이행현황에 관한 연구 — 중앙당국의 실무상 역할과 기능을 중심으로", 법무부 연구용역 보고서[곽민희(2015b)]; 곽민희, "헤이그 아동탈취협약 적용사건에 관한 각국의 판결 및 이행입법의 쟁점별 분석 — International Child Abduction Database(INCADAT)를 대상으로—", 경상대학교 법학연구 제24권 제1호[곽민희(2016)]; 곽민희, "헤이그 국제아동탈취협약 제13조(1)(b) 중대한 위험의 해석 지침 — 헤이그 국제아동탈취협약 제13조(1)(b)에 관한 모범실무지침으로부터의 시사", 가족법연구 제36권 제1호[곽민희(2022)]; 곽민희, "헤이그 국제아동탈취협약상 청구요건 검토 — 아동의 상거소 및 양육권 침해의 불법성을 중심으로—", 가족법연구 제37권 제1호(2023)[곽민희(2023a)]; 곽민희, "헤이그 국제아동탈취협약에 근거한 아동반환재판 집행 법제의 비교법적 검토", 민사법학 제103호(2023. 6.)[곽민희(2023b)]; 권재문, "협약 이행법률안 주요내용 및 제정취지", 헤이그 국제아동탈취협약 가입안 및 협약 이행법률안에 관한 공청회 자료[권재문(2011)]; 권재문, 헤이그 2018 국제아동탈취협약 사건 수행을 위한 실무가이드[권재문(2018a)]; 권재문(2018b), "헤이그 아동탈취협약과 가족생활에 관한 기본권 — 유럽인권재판소 판례를 중심으로—", 국제사법연구 제24권 제2호[권재문(2018b)]; 권재문, "국제적 아동탈취의 민사적 측면에 관한 협약에 근거한 반환재판의 강제집행", 국제사법연구 제26권 제1호[권재문(2020)]; 석광현, "국제아동탈취의 민사적 측면에 관한 헤이그협약과 한국의 가입", 서울대학교 법학 제54권 제2호(통권 제167호)(2013. 6.)[석광현(2013), 탈취협약]; 이병화, 국제아동탈취의 민사적 측면에 관한 헤이그협약 연구(법무부, 2009)[이병화]; 최성수, "미국 판례에 나타난 헤이그아동탈취협약상 상거소와 결정기준의 설정", 외법논집 제45권 제4호(2021. 11.)[최성수]; Elisa Pérez-Vera, Explanatory Report on the 1980 HCCH Child Abduction Convention [보고서]; Kwang Hyun SUK, Korea's Accession to the Hague Child Abduction Convention, 48 Family Law Quarterly 267 (2014) [Suk, Abduction].
1) 상세는 석광현(2013), 탈취협약, 79면 이하 참조. 곽민희(2014b), 42면 註 48; 곽민희(2013), 189면 이하 참조. 실무적인 논점은 권재문(2018a); 아동 탈취와 관련한 법률지원은 석광현·이병화, 헤이그 국제아동탈취협약상 법률지원시스템 구축에 관한 연구(2017) 참조.

모의 일방, 후견인, 기타 가까운 가족이 하는 아동의 일방적 이동(removal) 또는 유치(retention)를 '아동의 탈취(child abduction)'라고 부른다.[2] 헤이그국제사법회의는 불법탈취된 아동의 신속한 반환을 실현하기 위하여 1980년 "국제적 아동탈취의 민사적 측면에 관한 협약"(이하 "탈취협약"이라 한다)을 성안하였다.[3] 아동반환은 '시간과의 싸움(Kampf gegen die Uhr)'이므로 탈취협약은 약식의 사실확인에 기초한 신속절차를 통하여 불법 탈취된 아동의 신속한 반환과 면접교섭권을 보장한다. 1989년 UN "아동의 권리에 관한 협약(CRC)"을 보완하는 탈취협약은 2013. 3. 1. 우리나라에서 발효되었다. 국회는 2012년 12월 "헤이그 국제아동탈취협약 이행에 관한 법률"(이하 "이행법률"이라 한다)을 제정하였다.[4] 법원에서 사용하는 사건명은 '아동반환청구(헤이그협약)'이다. 일본도 탈취협약의 당사국이다.[5]

(2) 탈취협약의 주요내용

(가) 탈취협약의 구성과 목적　　　　　탈취협약은 적용범위, 중앙당국, 아동의 반환, 면접교섭권, 일반규정과 최종조항을 정한 6개장 45개 조문으로 구성된다.

탈취협약의 목적은 a) 불법적으로(wrongfully) 어느 체약국으로 이동되거나 어느 체약국에 유치되어 있는 아동의 신속한 반환을 확보하고, b) 어느 체약국의 법에 따른 양육권 및 면접교섭권이 다른 체약국에서 효과적으로 존중되도록 보장하는 것이다(제1조). 탈취협약의 목적상 '양육권(rights of custody)'은 아동의 신상보호

---

2) Paul R. Beaumont/Peter E. McEleavy, The Hague Convention on International Child Abduction (1999), p. 1.
3) 이는 1996년 아동보호협약에 대하여 특별법적 지위를 가진다.
4) 탈취협약에 대하여는 Elisa Pérez-Vera의 보고서가 있다. 헤이그국제사법회의는 1999년 이래 탈취협약의 적용사례에 관한 정보를 제공하는 데이터베이스, 즉 "The International Child Abduction Database (INCADAT)"를 운영하고 있다. 그 밖에도 상설사무국의 지침이 있고, 최근에는 조정에 관한 지침도 간행되었다. 아동탈취협약 미가입국으로의 아동탈취에 대해서는 협약이 적용되지 않아 지원할 수 없으므로 이를 예방할 필요가 있다. 양육권자의 동의 없이 아동을 국외로 출국시킬 우려가 있는 경우 법원의 출국제한명령에 따라 법무부장관이 출국금지 또는 정지처분을 할 수 있도록 이행법률 일부개정법률안이 지난 20대 국회에 제출되었으나 특별한 논의 없이 폐기되었다고 한다. 2020년 국제사법학회 연차학술대회, 한창완 토론문 참조.
5) 일본은 국제적인 아동의 탈취의 민사상의 측면에 관한 협약의 실시에 관한 법률을 2013. 6. 19. 공표하였고 이는 2014. 4. 1. 시행되었다. 이는 153개 조문을 담은 방대한 법률로 자족적인 법률의 형식을 취하는 점에 특색이 있다. 상세는 곽민희(2014b), 3면 이하 참조. 그 후 개정된 바 있다.

에 관한 권리와 특히 아동의 거소지정권을 포함하고, '면접교섭권(rights of access 또는 visitation right)'(일본에서는 과거와 달리 현재는 '면회교류권'이라고 한다)은 일정 기간 동안 아동의 상거소 이외의 곳으로 아동을 데려갈 권리를 포함한다(제5조).

(나) 적용범위   탈취협약은 아동, 정확히는 16세 미만의 아동에 적용된다(제4조 2문). 탈취협약이 적용되기 위하여는 양육권 또는 면접교섭권이 침해되기 직전에 아동이 체약국에 상거소를 가지고 있어야 하고, 아동의 현재 소재지가 다른 체약국에 있어야 한다(제4조 1문). 탈취협약은 상거소의 개념을 정의하지 않는다. 종래 한국에서는 상거소를 "사람이 그 생활의 중심을 가지는 장소"로 보는데, 이러한 개념은 기본적으로 탈취협약상으로도 타당하다고 본다. 그러나 아동(특히 유아)의 경우 특수성이 있음은 뒤(라.①)에서 보는 바와 같다.

(다) 중앙당국을 통한 국제공조   탈취협약은 중앙당국 간의 국제공조제도와, 법원 또는 행정당국에 의한 아동반환의 메커니즘이라는 '혼합체계(mixed system)'를 채택하고 있다. 중앙당국은 불법적으로 이동·유치된 아동의 소재파악, 아동의 자발적 반환 확보 또는 분쟁의 우호적 해결 도모, 탈취협약 적용과 관련된 자국법에 관한 일반적 정보 제공과 기타 탈취협약의 운용에 관한 정보 교환 및 탈취협약 적용상 장애 제거 등을 위하여 모든 적절한 조치를 취하여야 한다(제7조). 중앙당국은 행정당국이 될 수 있고 그의 업무도 공법적 성질을 가지는 것을 포함하므로 여기의 국제공조는 우리 법상의 국제민사사법공조의 범위를 넘는다. 이는 민사비송적 성질을 가지는 분야에서 체약국의 후견적 감독기능을 국제적으로 충실하게 하기 위하여 국가 간 협력을 강화하는 것이다.

(라) 불법탈취된 아동의 반환청구   탈취협약의 핵심조항은 제3조와 제12조이다. 아동이 불법하게 이동되거나 유치되었다면, 아동이 소재하는 체약국의 사법당국 등은, 탈취협약이 정한 반환거부사유가 없는 한 원칙적으로 즉시 아동의 반환을 명해야 한다.

① 요건

(ㄱ) 불법한 아동의 탈취 또는 유치로 인한 양육권의 침해   탈취협약에 따른 아동의 반환청구(또는 반환신청. 이하 양자를 호환적으로 사용한다)가 인용되기 위하여는 아동의 이동 또는 유치가 불법한 것이어야 하는데, 그 '불법성'은 이동 또는 유치 직전 아동의 상거소 소재지국(이하 "상거소지국"이라 한다)의 법률에 따라 개인, 시설 등에 부여되고 그가 사실상 행사하던 '양육권'이 침해된 경우에 인정된다(제3조 제1항).

위에서 본 것처럼 종래 우리나라에서는 일상거소라 함은 "사람이 그의 생활의 중심을 가지는 장소"를 말하는 것으로, 통상 일정한 장소에서 상당한 기간 동안 정주(定住)한 사실이 인정되면 그곳이 일상거소로 인정될 것이고, 일상거소가 존재하기 위해 반드시 정주의사는 필요하지 않으며, 주소와 달리 일상거소는 사실적 요소가 강한 개념이라고 본다. 탈취협약상 문제 되는 것은 아동의 일상거소인데, 아동 특히 유아의 경우 독립적으로 상거소를 가질 수 없으므로 특수성이 있다.[6] 참고로 미국 제2순회구 연방항소법원의 Gitter v. Gitter 판결에서 법원은 '부모의 합치된(또는 공유된) 의사(shared intent)'와 '아동의 적응(acclimatization)'을 기준으로 제시하였다.[7]

---

6) 탈취사건에서 서울가정법원 2018. 12. 31.자 2018브30072 결정(재항고심 심리불속행 기각)은 '상거소(常居所, Habitual Residence)'란 일반적으로 사람의 생활의 중심이 되는 장소로서 일정한 장소에서 상당기간 정주(定住)한 사실이 인정되면 족하고, 반드시 정주의사를 필요로 하지 않는 사실상의 개념이라는 점을 전제하면서도, 그러나 유아의 경우 부모가 유아의 거소지정권을 가지고 있는 경우가 많을 뿐만 아니라 유아가 그 새로운 환경에 적응하였는지 여부가 중요한 의미를 가질 수 있는바, 유아의 상거소를 판단하는 기준에 관하여는 아동의 거소지정권이 있는 부모의 의사에 따라 판단하여야 한다는 견해, 유아의 적응 여부에 따라 상거소지를 결정하여야 한다는 견해 등이 주장되고 있으나, 결국 유아와 관련한 위와 같은 제반 사정을 고려하여 사회적·가족적 환경에서 일정 정도의 결합이 인정된 곳을 상거소로 인정할 수밖에 없다고 판시하고, 미국에 있는 청구인(아버지)의 주거지가 사건본인(아동)의 상거소라고 봄이 상당하다고 판시하였다. Jeff Atkins, The Meaning of "Habitual Residence" under the Convention on the Civil Aspects of International Child Abduction and the Hague Convention on the Protection of Children, 63 Okla. L. Rev. 647, 654−657 (2011)은 상거소를 판단함에 있어서 법원이 고려해야 하는 다양한 요소를 부모의 의사에 관한 것(부모의 고용, 주거 구입, 세간(소지품)의 이동, 은행계좌 위치, 운전면허와 전문직 면허의 취득, 혼인의 안전성과 시민권)과 아동의 적응에 관한 것(학교 등록, 사회활동 참여, 체류기간과 연령)으로 구분하여 열거한다. 우리 가정법원의 심판례의 소개는 장지용, "국제입양에서 일상거소 판단의 기준과 사례", 2024. 9. 25. 국제입양에 따른 법률문제의 종합적 검토라는 주제로 개최된 사단법인 한국국제사법학회 2024년 연차학술대회 발표자료집, 107−108면 참조.

7) 396 F.3d 124, 134 (2nd Cir. 2005). 개요는 https://www.incadat.com/en/case/776?summ−language=en#summary−part 참조. 소개는 권재문(2018a), 20−21면; 최성수, 161면 이하 참조. 위 미국 판례가 말하는 적응과 협약(제12조 제2항)의 거부사유인 적응(settled)의 관계가 궁금하다. 참고로 탈취협약상 아동의 상거소 결정에 관하여 캐나다 대법원(Supreme Court of Canada)은 부모의사 기준 접근방법(parental intention approach, 캐나다 하급심 법원의 지배적 견해), 아동 중심 접근방법(child−centred approach)과 혼합적 접근방법(hybrid approach)이라는 세 개의 방법을 고려한 뒤 결국 관련된 모든 실제적 연결과 사정을 고려하는 혼합적 접근방법을 채택하였다. 장지용, "캐나다 대법원 아동의 상거소(Habitual Residence) 판단기준: 2018. 4. 20. Office of the Children's Lawyer v. Balev 사건", 법률신문(2018. 5.) 참조(https://m.lawtimes.co.kr/Content/Info?serial=143009). 2018 SCC 16.

첫째, 아동의 일상거소 인정의 근거가 되는 정주의사는 탈취한 또는 탈취당한 부모 일방의 의사가 아니라 공유된 의사여야 하고, 아동(특히 유아)은 일반적으로 자신이 살 곳을 정할 만한 정신적, 물질적 능력이 없기 때문에 아동의 일상거소는 거소지정권을 가진 사람들의 의사가 일치하는 한 이에 따라 정해지는 것으로 추정된다고 판단하였다. 둘째, 그럼에도 불구하고 아동이 새로운 국가의 환경에 적응함으로써 새로운 일상거소를 획득한 사실이 인정된다면 부모의 최근의 합의와 무관하게 그곳을 일상거소라고 보아야 한다는 것이다.[8] 위 두 가지 기준 중 어느 것이 더 중요한지는 획일적으로 정할 수 없고 개별사안의 특수성에 따라 결정할 사항이나, 아동의 연령과 성숙도에 따라 둘째 기준의 비중이 커진다.[9] 둘째의 기준을 판단함에 있어 거주기간만이 아니라 인간관계(사회활동과 스포츠활동 등)와 학교 생활 등을 근거로 판단할 수 있는 아동의 애착이 중요한 역할을 하는데, 아직 이러한 정서를 발달시킬 수 없는 연령대의 아동에게는 이를 적용할 수 없고 첫째 기준만이 의미가 있다.[10]

미국 연방대법원은 2020. 2. 25. Monasky v. Taglieri 사건 판결[11]에서 아동의 일상거소가 '개별 사건의 특유한 모든 사정(totality-of-the-circumstances standard)'에 따라 정해진다고 판시하였다. 이러한 사정에는 양육부모의 의사와 환경, 아동이 가족과 함께 기한을 정함이 없이 거주하였는지, 양육부모가 한곳에 머물도록 강제되었는지, 부모가 특정 장소를 집으로 정하였는지가 포함되며, 지리적 이동과 시간의 경과, 아동의 나이, 사회적 참여, 의미 있는 인적 및 장소적 유대, 언어 능력, 아동과 부모의 이민 자격, 학교에서의 학업활동과 성취, 부모의 학위, 부모의 고용 안정성, 재산이나 가구의 위치, 부모의 의도, 아동이 물리적으로 위치한 기간, 전에 다른 국가에서의 거주 등 사정도 고려될 수 있다는 취지로 판시

---

https://www.incadat.com/en/case/1389로 소개되어 있다).

8) 당해 사건에서 부모의 합치된 정주의사가 없었고 자녀가 이스라엘에서 적응했다고 인정하기 어렵다는 이유로 이스라엘에서의 거주 기간이 압도적으로 길었음에도 이스라엘을 상거소로 인정하지 않았다.

9) 권재문(2018a), 22; Jeff Atkins, The Meaning of "Habitual Residence" under the Convention on the Civil Aspects of International Child Abduction and the Hague Convention on the Protection of Children, 63 Okla. L. Rev. 647, 661 (2011) 참조.

10) Ahmed v. Ahmed, 867 F.3d 682, 689-690 (6th Cir. 2017). Monasky v. Taglieri 사건 판결에서 연방대법원도 적응은 그런 연령에 있음을 전제로 하였다.

11) 140 S. Ct. 719 (2020). https://www.incadat.com/en/case/1450에는 요약본은 없으나 전문을 볼 수 있다.

하였다.12)

여기에서 말하는 양육권은 법률상 당연히 발생하든, 사법적·행정적 결정에 의하든 또는 그 국가의 법에 따라 법적 효력을 가지는 합의에 의하든 상관없다(제3조 제3항). 주의할 것은 탈취협약의 목적은 준거법상 양육권자가 누구인지를 판단하는 것이 아니라 아동이 탈취되기 전 사실상의 양육을 보호하는 것이라는 점이다. 그렇게 함으로써 상거소지국에서 양육권에 관한 소송을 하라는 것이다.

(ㄴ) 불법성 판단의 준거법   양육권의 침해에 관하여 아동의 탈취 직전 일상거소지국법이 탈취의 불법성 판단의 준거법이 된다. 이런 결론은 탈취협약 제3조로부터 도출된다. 이는 일상거소지국의 국제사법을 포함하는 총괄지정이다.13) 다만 부(또는 모)가 단독양육권을 가지는데 양육권이 없는 모(또는 부)가 아동을 탈취하는 경우와, 부모가 공동양육권을 가지는데 일방이 아동을 무단으로 외국으로 데리고 간 경우 양육권의 침해가 되며, 또한 양육권을 가지는 부모의 일방이 아동을 탈취함으로써 상대방이 가지는 거소지정권을 침해하는 경우에도 양육권의 침해가 된다는 결론은 준거법에 관계없이 대체로 인정될 것이다.

한편 단독양육권을 가지는 부(또는 모)가 일방적으로 아동의 거소를 변경할 수 있는지는 국가에 따라 다른 것으로 보인다.14) 탈취협약(제5조 a호)은 아동의 양육권에 거소지정권이 포함됨을 명시하므로 아동의 국외이동에 대해 동의권을 가지는 자의 동의권이 침해된 때에는 양육권이 침해된다.15) 부모의 일방이 법적으로는 단독양육권이 있지만 상대방 또는 법원의 동의 없이 아동을 외국으로 데리고 가지 말라는 법원의 명령, 즉 '거주지제한(ne exeat)' 명령이 있음에도 불구하고 이를 위반한 경우 양육권의 불법한 침해가 되는지는 논란이 있는데, 과거 미국 연방항소법원의 판결이 나뉘었으나 미국 연방대법원의 2010. 5. 15. Abbott v. Abbott 사건 판결16)(다수의견)은 이를 긍정하였다.

---

12) 상세는 최성수, 153면 이하 참조. 간단한 소개는 장지용, "국제입양에서 일상거소 판단의 기준과 사례", 2024. 9. 25. 국제입양에 따른 법률문제의 종합적 검토라는 주제로 개최된 사단법인 한국국제사법학회 2024년 연차학술대회 발표자료집, 110－111면 참조.

13) MünchKommBGB/Siehr, Band 10, Anh. II zu Art. 21 Rn. 29; 이병화, 26면.

14) Martina Erb－Klünemann, Report on the 1980 Hague Convention and the German Experiences, p. 4. 이는 Hamm 지방법원 판사인 그가 2012. 4. 7. 大阪辯護士會/立命館大學이 마련한 자리에서 한 발표자료이다.

15) 이병화, 33면; Staudinger/Pirrung, EGBGB/IPR: Kindschaftsrechtliche Übereinkommen: Art 19 EGBGB, Dreizehnte Bearbeitung (1994), Rn. 649.

(ㄷ) 불법성 판단을 돕기 위한 장치   아동의 반환 여부를 판단하는 법원은 스스로 불법성을 판단하거나(제14조) 불법성에 관한 증명을 요구할 수 있다(제15조). 아동 탈취의 불법성을 확인함에 있어서, 수탁국(아동의 소재지국)의 사법당국 또는 행정당국은 아동의 상거소지국의 법률 및 사법상 또는 행정상 결정을, 그것이 당해 국가에서 정식으로 인정되는지 여부를 불문하고 직접 고려할 수 있다. 이 경우 (i) 그 외국법의 증명 또는 (ii) 그 밖에 적용될 외국재판의 승인을 위한 특별절차를 거칠 필요가 없다(제14조).

② 국제재판관할   탈취와 관련된 국제재판관할의 논의 시에는 (i) 탈취협약에 따른 아동반환신청사건과 (ii) 본안인 양육권에 관한 사건을 구별해야 한다. 탈취협약은 (i) 즉 아동의 즉각적인 반환에 관하여는 아동 소재지국의 반환의무를 부과함으로써 간접적으로 국제재판관할을 규율하나(제12조), (ii) 본안인 양육권에 관하여는 관할규칙을 명시하지 않지만[17] 탈취 직전 상거소지국이 관할을 가진다는 견해가 유력하다.

③ 절차와 집행

(ㄱ) 반환신청(제8조)   양육권이 침해되어 아동이 이동되거나 유치되었다고 주장하는 개인, 시설 등은 아동의 상거소지의 중앙당국 또는 기타 모든 체약국의 중앙당국에 대하여 아동의 반환을 확보하기 위한 지원을 신청할 수 있다.

(ㄴ) 중앙당국을 통한 조치   신청인은 직접 아동 소재지국의 중앙당국이나 법원에 신청할 수 있고, 신청인 자국(즉 아동의 상거소지국)의 중앙당국에 신청할 수도 있다. 다만 중앙당국을 통한 조치는 당사자에 대한 설득, 알선 등에 의해 탈취자가 임의반환에 동의하는 경우에 한정된다.

(ㄷ) 사법당국 또는 행정당국을 통한 조치   탈취자가 아동을 자발적으로 반환하지 않으면 신청인은 결국 아동 소재지국의 사법당국 또는 행정당국에 반환청구를 해야 한다.

(ㄹ) 반환명령과 그의 집행   탈취협약에 따른 아동의 반환에 관한 결정은 양육권의 본안에 관한 결정으로 간주되지 아니한다(제19조). 아동은 원칙적으로

---

16) 130 S. Ct. 1983 (2010).

17) MünchKommBGB/Siehr, Band 10, Anh. Ⅱ zu Art. 21, Rn. 87; Andrae, §9 Rn. 261. 최흥섭, 392면은 국재재판관할과 준거법은 국내법에 맡겨져 있다는 점을 강조하면서 협약으로부터 도출된다는 데 대하여 부정적이다.

원천국(즉 구 소재지국)으로 반환되어야 하나, 반환 신청인이 더 이상 그곳에 거주하지 않는 경우에는 반환 신청인에게 반환하여야 한다.[18] 탈취협약 제2조는 "체약국은 자국 영토 내에서 협약의 목적 이행을 확보하기 위한 모든 적절한 조치를 취하여야 한다. 이 목적을 위하여 체약국은 이용 가능한 한 가장 신속한 절차를 이용한다"고 하여 체약국의 의무를 일반적으로 규정하는데, 이 점에서 탈취협약은 다른 협약과 달리 현실적인 결과의 달성이 아니라 단지 그러한 결과에 이르도록 의도된 태도를 채택할 것을 요구할 뿐이다.[19] 현재 우리나라에서 법원의 반환명령을 실현하는 방법은 가사소송법상 마류 가사비송 사건의 규정을 준용하는 것이다(이행법률 제12조 제2항 참조).

④ 아동의 반환거부사유   아동이 불법하게 이동되거나 유치되고, 아동이 소재하는 체약국의 사법당국 또는 행정당국에서의 절차개시일에 그 불법한 이동 또는 유치일로부터 1년이 경과하지 아니한 경우, 당해 기관은 즉시 아동의 반환을 명하는 것이 원칙이다(제12조 제1항). 다만 탈취협약(제12조, 제20조와 제13조)은 아래와 같은 5개 반환거부사유를 규정하는데, 이는 엄격하게 해석해야 한다. 아동의 반환을 구하는 소송에서 우리 법원에서도 반환거부사유의 유무가 가장 큰 쟁점이 되는데, 그 경우 INCADAT를 통하여 외국의 사례를 충분히 참조할 필요가 있다.

(ㄱ) 아동의 새로운 환경에의 적응(제12조 제2항)   아동의 불법한 이동 또는 유치일부터 1년의 기간이 경과한 후에 절차가 개시된 경우라도, 사법 또는 행정당국은 아동이 현재 새로운 환경에 적응하였다고 증명되는 경우에는 반환을 명할 수 없다(제12조 제2항). (i) 아동의 불법한 이동 또는 유치일부터 1년이 지난 뒤에 반환신청이 제출되고, (ii) 아동이 현재 새로운 환경에 적응하였다고(settled) 증명되는 경우 법원은 아동의 반환을 거부할 수 있다. 즉 1년 내에 절차가 개시되면 법원은 원칙적으로 반환을 명하여야 하나 1년 경과 후 반환신청이 있는 경우에는 아동의 적응 여부를 심사하여야 한다는 것이다.

(ㄴ) 양육권의 불행사, 동의 또는 추인(제13조 제1항 a호)   아동의 신상보호를 하는 개인, 시설 등이 이동 또는 유치 당시 실제로 양육권을 행사하지 않았거나, 이동 또는 유치에 동의하거나 추인한 경우 이는 반환거부사유가 된다.

(ㄷ) 아동의 중대한 위험   제13조 제1항 b호는 "아동의 반환으로 인하여

---

18) MünchKommBGB/Siehr, Band 10, Anh. Ⅱ zu Art. 21 Rn. 65.
19) 보고서, para. 62.

아동이 육체적 또는 정신적 위해에 노출되거나 그 밖에 견디기 힘든 상황에 처하게 될 중대한 위험이 있음"을 반환거부사유로 열거한다. 이 사유는 반환을 거부하는 피신청인이 주장·입증하여야 함은 문언상 명백하다. 이는 법원의 재량을 인정하는 것으로 보인다. 반환으로 인하여 아동이 구체적 및 현실적으로 육체적 또는 정신적 위해 기타 중대한 위험에 처하게 되는 경우에 한정해야지, 이를 아동의 반환에 수반되는 경제적 또는 교육적 불이익에까지 확대해서는 아니 된다.[20] 즉 이는 아동의 반환에 필연적으로 수반되는 어려움을 넘는 아동의 복리에 대하여 비상하게 중대한 침해가 있는 경우에만 관철될 수 있다.[21] 전형적인 예는 아동을 전쟁지역, 기아지역 또는 전염병 지역으로 반환함으로써 임박한 위험에 빠뜨리는 경우이다.[22] 따라서 아동의 복리라는 명분하에 반환을 거부하는 것은 허용되지 않으나 개별사안에서 그 판단이 어려울 수 있다.[23]

　　나아가 아동의 반환을 받을 부가 과거 아동을 학대하거나 부적절하게 행동한 경우, 우울증과 알코올중독에 빠진 경우 또는 모와 아동에게 폭력을 행사한 경우 등을 든다.[24] 반면에 그것만으로는 부족하고, 상거소지국이 아동의 보호를 위하여 적절한 조치를 취할 수 없거나 취할 용의가 없는 경우에만 제13조 제1항 b호의 사유가 된다고 보는 견해도 있는데, 미국 연방항소법원의 판결은 나뉜다.[25] 아동학대 사실이 과거 1회 있었던 것만으로는 부족하고, 여러 번 있었을 것과 적절한 보호조치가 없으면 그것이 반복될 것이 합리적으로 기대되는 경우여야 할 것이다.[26]

---

20) MünchKomm/Heiderhoff(2020), HKÜ, Art. 13 Rn. 24ff.

21) Kropholler, 402; Bach/Gildenast, Rn. 124.

22) MünchKomm/Heiderhoff(2020), HKÜ, Art. 13 Rn. 25. 중대한 위험에 관한 상세한 논의는 Lowe/ Everall/Nicholls, para. 17.95 이하 참조.

23) 일본의 실시법(제28조)은 위 사유에 해당하는지를 판단하기 위한 해석규정을 두고 있다. 곽민희(2014b), 18면 참조.

24) Cheshire/North/Fawcett, p. 1151 이하. 중대한 위험에 관한 우리 문헌은 우선 곽민희(2014a), 25면 이하 참조. 2020년 Guide to Good Practice Child Abduction Convention: Part VI - Article 13(1)(b)도 참조.

25) Robert G. Spector, A Guide to United States Case Law under the Hague Convention on the Civil Aspects of International Child Abduction, YBPIL Vol. XⅡ (2011), 165. 다만 이것이 언급하는 것은 아동의 심각한 학대 또는 유기(serious abuse or neglect)의 경우이다. 위 Spector, p. 167.

26) Simcox v. Simcox, 511 F.3d 594 (6h Cir. 2008) 참조.

논란이 있는 것은 제13조는 아동의 복리만이 아니라 직전 상거소지국으로 아동을 신속하게 반환하여 그곳에서 양육권에 관한 재판을 받을 수 있도록 하는 것이므로 아동 반환이 아동의 복리에 반한다는 이유로 반환을 거부할 수 있는가라는 점이다.

유럽인권법원은 초기에는 중대한 위험의 인정에 관해 엄격하였으나(2007. 12. 6. Maumousseau 판결[27]), 점차 아동의 최선의 이익에 초점을 맞추는 태도로 전환하고 있다고 한다. 2010. 7. 6. Neulinger and Shuruk v. Switzerland 사건[28]에서 유럽인권법원 대법정(Grand Chamber)은 중대한 위험이 쟁점이 된 사안에서, 아동의 반환명령의 집행은 탈취한 모와 자의 권리를 침해하는 것으로서 유럽인권협약 제8조 위반이라고 판단하였다. 실무적으로는 아동 소재지국 법원이 아동의 반환을 명하면서, 아동의 반환으로 인하여 아동이 육체적 또는 정신적 위해 기타 중대한 위험에 처하지 않도록 반환 신청인으로 하여금 적절한 예방조치를 취하도록 할 수 있는데, 영미법계에서는 이런 목적으로 반환신청을 하는 부(또는 모)와 탈취자인 모(또는 부) 간에 '확약(undertakings)'을 사용한다.[29]

제13조 제1항 b호에 관하여는 이를 엄격하게 해석하는 국가들과 프랑스처럼 완화된 해석을 취하는 국가들이 있다.[30] 이런 맥락에서 주목할 것은 반환거부사유를 판단한 대법원 2018. 4. 17.자 2017스630 결정이다. 일본에서 거주하던 여성이 남편의 폭력 등으로 인하여 자녀들을 데리고 한국으로 이주하자, 남편이 탈취협약에 기해 아동반환을 청구한 사건인데, 대법원은 남편의 여성에 대한 폭력을

---

27) https://www.incadat.com/en/case/942 참조. 소개는 곽민희(2014a), 48면 이하 참조.

28) https://www.incadat.com/en/case/1323 참조. 소개는 곽민희(2014a), 50면 이하; 곽민희(2022), 189면 이하 참조. 곽민희(2014a), 53면은 Neulinger 판결이 요구한 본안판단에 가까운 '심화된 조사'는 당해 사건의 특수성에서 인정된, 즉, 반환명령의 단계에서 집행의 지체로 인해 발생하는 상태에 한정된 적용에 관한 것이지, 그동안의 선례를 변경하는 일반원칙으로 넓게 받아들여서는 안된다고 정리하면서도 그 후의 유럽인권재판소 판결은 그러한 태도를 정면으로 반박하는 듯이 Nelinger 판결을 전면에서 지지하고 있다는 점은 유럽인권법원판결의 향후 경향을 가늠하게 하는 중요한 의미가 있는 것으로 보인다고 한다.

29) 브뤼셀IIter 제27조 제3항은 "법원이 1980년 헤이그협약 제13조 제1항 b호만에 근거하여 아동의 반환 거부를 고려하는 경우에는, 만일 아동의 반환을 구하는 당사자가 아동의 반환 후 그의 보호를 확보하기 위하여 적절한 조치가 취해졌음을 충분한 증거를 제공함으로써 법원이 이를 인정하거나 또는 법원이 달리 이를 인정한다면 아동의 반환을 거부할 수 없다."라고 규정함으로써 그런 취지를 명시한다.

30) 체약국의 견해의 소개는 곽민희(2022), 162면 이하 참조.

자녀가 목격하여 그로 인한 정신적 고통을 겪었고, 자녀들만 돌아갈 경우 겪게 될 심리적 고통 등의 사정을 고려하여 자녀들에게 중대한 위험이 있다고 판단하여 반환청구를 기각한 원심을 긍정하고 재항고를 기각하였다. 대법원의 판시는 아래의 취지이다.

> "법(이행법률) 제12조 제4항 제3호의 반환예외사유는 아동의 신속한 반환으로 인하여 오히려 아동의 구체적이고, 개별적인 복리가 침해되어 발생할 위해를 방지하기 위한 것으로, 그 해석에 있어서는 아동의 권익이 일방 부모의 양육권이나 절차의 신속성 등보다 우선하여 고려되어야 하고, 따라서 아동의 한국으로의 불법적인 이동 또는 유치로 양육권이 침해되어 법원에 아동의 반환을 구한 경우, 반환예외사유로 정한 이행법률 제12조 제4항 제3호의 '중대한 위험'에 상대방인 일방 부모에 대한 잦은 폭력 등으로 인하여 아동에게 정신적 위해가 발생하는 경우와 상거소국에 반환될 경우 적절한 보호나 양육을 받을 수 없게 되어 극심한 고통을 겪게 되는 경우가 포함된다고 전제하고, 반환청구를 받은 법원은 위와 같은 사정 이외에도 그 위험의 정도와 반복될 우려가 있는지 여부, 아동의 반환 전후 양육에 관한 구체적 환경, 반환이 아동에게 미칠 심리적, 육체적 영향 등 기타 일체의 사정을 종합적으로 검토하되 청구인과 상대방의 양육권 등을 고려하여 아동에 대한 최선의 이익이 무엇인지와 반환이 오히려 아동의 복리에 심각한 침해가 되는지 여부를 판단하여야 한다."

이는 아동의 중대한 위험을 다소 완화하여 해석한 것으로 보인다.[31]

헤이그국제사법회의가 발간한 '탈취협약 모범실무지침(2020)'은 중대한 위험의 의미와 판단요소에 관하여 권고적 지침을 제시하였다. 그에 따르면 '중대한 위험'의 판단은 아동이 반환되었을 때의 상황과 그러한 상황이 아동을 중대한 위험에 노출시킬지 여부에 초점을 맞춘다는 점에서 미래 지향적 성격을 가진다고 하고,[32] 위 모범실무지침은 중대한 위험의 예외에 대한 심사 시 필요하고 적합하다면 일상거소국에서의 적절하고 효과적인 보호조치(protective measures)의 가능성에 대한 고려도 포함하여야 한다고 한다.[33] 이러한 효과적인 보호조치가 중대한 위험으로부터 아동을 보호할 수 있는지를 판단함에 있어서는 과거의 행동이나 사

---

31) 곽민희(2022), 168 이하도 동지. 권재문(2018b), 175면 이하도 참조. 간단한 평석인 권영준, "2018년 민법 판례 동향", 서울대학교 법학 제60권 제1호(2019. 3), 376면 이하는 반환에 대한 아동의 이의에 착안하는 것이 쉬웠을 것이라고 한다.
32) 위 지침, para. 35; 곽민희(2022), 179면. 위 지침의 소개는 곽민희(2022), 173면 이하 참조.
33) 위 지침, para. 36; 곽민희(2022), 179면.

건이 결정적인 고려 요소는 아닌데, 지침의 태도는 과거 가정폭력 등의 사실이 인정되더라도 보호조치를 조건으로 반환명령이 내려질 수 있음을 시사하는 것이다.

　　(ㄹ) 반환에 대한 아동의 이의　　　　의견을 고려하는 것이 적절할 정도의 연령과 성숙도에 이른 아동이 반환에 이의를 제기하는 경우 이는 반환거부사유가 될 수 있다(제13조 제2항). 이는 법원의 재량을 인정한다. 제13조 제2항의 반환거부사유가 법원이 직권으로 조사할 사항인지 아니면 반환을 거부하는 자가 입증해야 하는지는 논란이 있다.[34]

　　(ㅁ) 인권 및 기본적 자유 위반　　　　제20조는 "인권 및 기본적 자유 보호에 관한 수탁국의 기본원칙에 의해 허용되지 않는 경우에는 제12조의 규정에 의한 아동의 반환은 거부될 수 있다"라고 규정한다. 아동이 반환될 경우 아동을 탈취한 부 또는 모가 탈취를 이유로 또는 다른 이유로 형사처벌을 받게 되어 아동과 함께 원천국(즉 구 소재지국)으로 갈 수 없는 경우 제20조의 적용을 주장하는 사례들이 있으나, 실제로 제20조를 근거로 아동의 반환을 거부한 사례는 드물다.

　　⑤ 아동의 반환청구 재판의 진행과 본안 판단　　　　아동의 불법한 이동 또는 유치의 통지를 받은 후에는 신청인이 아동 소재지국의 법원에서 양육권의 본안에 관하여 제소하더라도 법원은 본안에 관하여 결정할 수 없다. 다만 아동 소재지국 법원은 (i) 탈취협약에 따른 아동의 반환청구를 기각한 경우와 (ii) 아동의 반환청구가 그 통지를 수령한 후 상당한 기간 내에 제출되지 않은 경우에는 예외적으로 본안에 관하여 판단할 수 있다(제16조). 이는 탈취자가 반환청구에 대응하여 수탁국에서 양육권에 관하여 제소함으로써 탈취협약에 따른 반환청구를 무력화하려는 시도를 막으려는 것이다.[35] 본안 판단을 차단하는 효력을 '차단효'라 한다.

　　(마) 면접교섭권　　　　탈취협약 제21조는 부모 일방의 면접교섭권을 확보하기 위한 규정을 두나 면접교섭권의 확보는 매우 소홀히 취급되고 있다.

　　면접교섭권의 효과적 행사를 추진하거나(organizing) 확보하기 위한 조치를 구하는 신청은 아동 반환신청과 동일한 방식으로 체약국의 중앙당국에 제출할 수 있다(제21조 제1항). 이는 이미 전에 결정된 면접교섭권의 행사를 보호하는 것과, 처음으로 면접교섭권을 확립하는 것(the organization of access rights, *i.e.*, their es-

---

34) Andrae, §9 Rn. 248; Bach/Gildenast, Rn. 142. 그러나 미국의 이행법률(§11603(e)(2))은 반환을 거부하는 자가 입증할 것을 요구한다.

35) Staudinger/Jörg Pirrung, HKÜ (2009), Rn. D 79.

tablishment, the erstmalige Begründung)을 포함한다.[36]

　　중앙당국은 면접교섭권의 평화로운 향유와 그 권리행사를 위한 모든 조건의 충족을 촉진하기 위하여 제7조에 규정된 협력의무를 부담하고, 가능한 한 그러한 권리 행사에 대한 모든 장애를 제거하기 위한 조치를 취하여야 한다(제21조 제2항). 또한 중앙당국은 면접교섭권을 체계화하거나 보호하고 그 권리를 위한 조건의 준수를 확보하기 위하여 절차의 수행을 개시하거나 지원할 수 있다(제21조 제3항).

　　탈취협약상 면접교섭권의 규율은 매우 불충분한 탓에 면접교섭권에 기하여 법원에 청구하는 것은 인정되지 않는다는 견해가 유력하다. 판결로는 부정설을 취한 것이 다수로 보이는데, 그에 따르면 탈취협약은 중앙당국에 면접교섭권 확보를 촉진할 행정적 의무만을 부과하는 셈이다. 반면에 긍정설을 취한 판결도 있는데, 미국 제2순회구 연방항소법원의 2013. 2. 11. Ozaltin v Ozaltin 사건 판결은 면접교섭권을 실행하기 위한 제소도 가능하다고 해석하였다.[37] 탈취협약이 이 점을 명확히 규정하지 못한 것은 유감이다.

(3) 이행법률의 주요내용

　　우리나라는 탈취협약을 위한 이행법률을 제정하였는데, 이는 우리나라가 헤이그협약에 가입하면서 처음 제정한 이행법률이다. 이행법률은 총칙, 아동반환 지원 절차 등, 재판절차와 보칙 등 4개장 17개 조문으로 구성된다.

　　(가) 중앙당국에 대한 신청　　　　우리나라의 중앙당국은 법무부장관이다(이행법률 제4조). 중앙당국이 그 임무를 수행함에 있어서는 다른 기관들의 협력이 필수적이므로 이행법률 제9조는 관계기관에 대한 협조요청과 요청을 받은 기관 장의 협조의무를 명시한다.

　　한국으로의 아동의 불법적 이동 또는 유치로 인하여 탈취협약에 따른 양육권이 침해된 자는 법무부장관에게 아동의 반환을 확보하기 위한 지원 등을 신청할 수 있다(이행법률 제5조 제1항). 반면에 우리 아동이 외국으로 불법적으로 이동된 경우에는, 법무부장관은 다른 체약국으로의 불법적인 이동 또는 유치로 인하여 양육권 또는 면접교섭권이 침해된 자가 아동반환 지원 신청 등을 하는 때에는 아동 소재국 중앙당국으로의 지원 신청서 전달 등 탈취협약에서 정한 범위에서 그에

---

36) 보고서, para. 126.
37) Ozaltin v. Ozaltin, 708 F.3d 355 (2d Cir. 2013).

필요한 지원을 할 수 있다(이행법률 제8조). 상세는 법무부령으로 정할 사항이다.

외국에서 아동을 탈취당한 부모가 한국 중앙당국에 신청을 하거나 법원에 아동의 반환청구를 제기하기 위하여는 한국 변호사의 도움을 받을 필요가 있다. 법무부는 탈취협약의 효율적인 운영을 위하여 필수적으로 요구되는 전문변호사와의 연결시스템을 구축하기 위한 작업을 추진하여 아동을 탈취당한 외국의 부 또는 모의 한국 변호사에의 접근을 지원한다. 우리나라가 취할 연결시스템 유형으로 제1방안(일본처럼 중앙당국인 법무부가 변호사협회로부터 복수(예컨대 3인)의 전문변호사 후보를 추천 받아 소개하는 방안)과 제2방안(변호사협회를 거치지 않고 법무부가 직접 전문변호사명부를 작성하고 관리하면서 직접 복수(예컨대 3인)의 전문변호사 후보를 선정하여 소개하는 방안)이 제시된 바 있고[38] 제2방안은 변호사법 위반 소지가 없지 않아 법무부는 제1방안에 따르면서도 더 소극적으로 시스템의 운용을 대한변협에 맡기고 있는데, 일부 전문성이 부족한 변호사들이 리스트에 포함되어 있는 탓에 신청인에게 실질적인 도움이 되지 못하는 것으로 보이므로 이를 개선해야 할 것이다. 근자에 탈취사건이 증가하고 있음을 고려한다면 이 문제에 더 관심을 가져야 한다.

(나) 법원에 의한 아동반환

① 관할   탈취협약에 따른 아동반환사건은 서울가정법원의 전속관할에 속한다(이행법률 제11조). 이는 관할을 집중함으로써 탈취사건을 다루는 법관의 전문성을 제고하고 경험을 축적하도록 하려는 것이다. 이행법률은 명시하지 않지만, 종래 아동반환사건의 국제재판관할은 아동 소재지 국가에 있는 반면에 본안, 즉 양육권에 관한 사건의 국제재판관할은 아동의 일상거소지국이 가진다고 보았는데, 이제는 국제사법(제59조)이 후자의 사건, 즉 미성년인 자녀 등에 대한 친권, 양육권과 면접교섭권에 관한 사건의 경우 자녀의 일상거소가 한국에 있거나, 부모 중 한쪽과 자녀가 한국 국민인 경우 한국이 국제재판관할을 가짐을 명시한다.

② 청구권자   아동의 한국으로의 불법적인 이동 또는 유치로 인하여 탈취협약에 따른 양육권이 침해된 자는 관할법원에 아동의 반환을 청구할 수 있다(이행법률 제12조 제1항). 탈취협약은 우리 법이 알지 못하던 새로운 권리를 창설

---

38) 석광현·이병화(2017), 275면 이하. 이 책에서 저자들은 일본, 영국, 미국과 호주의 전문변호사 연결시스템을 소개하고, 우리나라가 취할 연결시스템 유형으로 제1방안과 제2방안을 제시한 바 있다. 나아가 이는 법률구조와도 밀접하게 관련되는 문제이다.

한 것이다.

③ 가사소송법의 준용 　　아동의 반환청구에 관하여는 탈취협약, 이행법률 및 대법원규칙으로 정한 바에 따르고, 대법원규칙으로 정한 사항을 제외하고는 가사소송법에 따른 마류 가사비송사건에 관한 규정을 준용한다(이행법률 제12조 제2항).

④ 법원의 가처분 　　법원은 이행법률(제12조 제1항)의 청구 사건에 관하여 아동의 권익 보호 또는 아동의 추가적인 탈취나 은닉을 예방하기 위하여 가사소송법 제62조에 따른 사전처분 또는 제63조에 따른 가처분을 할 수 있다(이행법률 제12조 제3항). 탈취협약은 약식의 절차를 통하여 아동의 신속한 반환을 가능하게 하는 것이므로 이를 위한 사전처분 또는 가처분이 적절한가는 의문이 있으나 현실적 필요성을 고려하여 이를 규정하였다.[39]

⑤ 법원의 아동의 반환거부사유 　　이행법률(제12조 제4항)은 탈취협약을 따라 아동 반환거부사유를 아래와 같이 규정한다. 첫째, 아동의 불법적인 이동 또는 유치일부터 1년이 경과하였고 아동이 이미 새로운 환경에 적응하였다는 사실(제1호. 탈취협약 제12조 제2항 참조). 둘째, 아동을 보호하는 자가 아동의 이동 또는 유치 당시에 실제로 양육권을 행사하지 아니하였다거나 이동 또는 유치에 동의하거나 추인한 사실(제2호. 탈취협약 13조 제1항 a호 참조). 셋째, 아동의 반환으로 인하여 아동이 육체적 또는 정신적 위해(危害)에 노출되거나 그 밖에 견디기 힘든 상황에 처하게 될 중대한 위험이 있는 사실(제3호. 탈취협약 13조 제1항 b호 참조). 넷째, 아동이 반환에 이의를 제기하고, 아동의 의견을 고려하는 것이 적절할 정도의 연령과 성숙도에 이르렀다고 인정되는 사실(제4호. 탈취협약 제13조 제2항 참조). 다섯째, 아동의 반환이 대한민국의 인권 및 기본적 자유 보호에 관한 기본원칙에 의해 허용되지 아니한다는 사실(제5호. 탈취협약 제20조 참조). 아동의 반환을 구하는 소송에서 우리 법원에서도 반환거부사유의 유무가 가장 큰 쟁점이 될 텐데, 그 경우 이행법률보다 탈취협약을 기초로 판단해야 한다.

⑥ 법원의 신속처리 　　법원은 아동반환에 관한 사건의 심판 청구일 또는 조정 신청일부터 6주 이내에 결정에 이르지 못하면 청구인 또는 법무부장관의 신청에 따라 지연이유를 서면으로 알려야 한다(이행법률 제14조). 제3조는 탈취협약 제11조 제1항을, 제14조는 탈취협약 제11조 제2항을 주의적으로 규정한 것이다.

---

39) 가사소송법상 법원은 마류 가사비송사건을 본안사건으로 하여 가압류 또는 가처분을 할 수 있다(제63조).

법원은 사건의 심급별 재판 결과를 지체 없이 법무부장관에게 서면으로 알려야
한다(제12조 제5항).

⑦ 조정　　　　　가사소송법 제50조에 따르면, 마류 가사비송사건에 대하여
가정법원에 소를 제기하거나 심판을 청구하고자 하는 자는 먼저 조정을 신청하여
야 한다. 이행법률의 성안과정에서 가사소송법을 준용하는 방안과, 조정절차를 배
제함으로써 신속하게 처리하는 방안을 검토하였는데, 조정이 오히려 사건의 신속
한 처리에 도움이 될 수 있음을 고려하여 전자를 택하였다.40) 우리나라도 앞으로
탈취협약에 따른 사건을 취급하는 과정에서 전문화된 '법정 외 조정(out of court
mediation)'의 도입을 검토해야 한다. 이는 특히 아동의 자발적 반환을 위한 수단으
로 유용할 수 있다.

⑧ 변론　　　　　법원은 사건이 접수되면 즉시 변론기일을 정하고 상대방의
출석을 명하여야 한다. 가사소송법 제7조는 본인출석주의를 원칙으로 규정하고
제48조는 마류 가사비송사건의 심판은 특별한 사정이 없는 한 사건관계인을 심문
해야 한다고 규정하는데, 신청인의 출석을 명할지는 법원이 적절히 판단하여야
한다. 반환사건의 핵심은 불법탈취된 아동을 신속하게 아동의 탈취 전 상거소로
반환하는 것이므로 변론의 초점도 그에 한정해야 한다. 이행법률 제7조는 "법무
부장관 또는 양육권 침해를 이유로 제5조 제1항의 신청을 한 자는 협약 제16조에
따른 본안 재판 중지를 위하여 관할법원에 아동의 불법적인 이동 또는 유치 사실
을 통지할 수 있다"라고 규정함으로써 법원이 재판을 중지해야 함을 명시한다.

⑨ 아동반환명령의 주문과 상소　　　　　법원이 아동의 반환을 명할 경우 주문에
반환 상대방을 신청인과 상거소지국 중 어떻게 기재할지는 논란이 있으나 신청인에
게 직접 반환하도록 기재할 수 있다.41)

---

40) 헤이그국제사법회의 상설사무국은 조정(mediation)의 중요성에 주목하고 2012년 "Guide to
Good Practice under the Child Abduction Convention–Mediation"을 간행하였다.

41) 윤종섭(2012), 193면; 현낙희(2012), 155면도 동지. 보고서, no. 110은 신청인의 소재지에 관
계없이 법원은 아동을 신청인에게 반환할 것을 명할 수 있다고 한다. 우리 법원의 실무는 청
구인에게 반환을 명하는 것이고, 주문도 "상대방은 청구인에게 사건본인을 반환하라"라는
식으로 기재한다. 법원실무제요/가사[Ⅱ], 1182. 헤이그국제사법회의 홈페이지＜http://www.
incadat.com/index.cfm?act=analysis.show&sl=3&lng=1＞는 협약의 유연한 문언을 고려
하여 법원이 적절한 명령을 할 수 있음을 강조한다. "피청구인 ○○○는 아동(특정) ○○○를
상거소국에 반환하라"라고 기재하는 것이 더 정확하고, 그런 결정이 있는 경우 피청구인이
아동과 함께 상거소국으로 귀국하는 것으로도 이행이 완료된다고 보는 견해가 유력하다는
지적도 있다. 일본에서는 이처럼 탈취협약상 법원이 아동을 상거소지국에 반환해야 함을 전

　　주문에는 아동의 반환을 위하여 필요한 내용, 즉 누가 언제 어떤 조치를 취해야 하는지를 모두 담아야 하고, 반환에 소요되는 비용의 지급도 명시하여야 한다. 반환명령은 심판으로써 하는데,[42] 이는 즉시 집행할 수 있는 것은 아니고 확정되어야 집행할 수 있다. 가사소송법상 심판의 효력은 고지받음으로써 발생하지만 제43조에 따라 즉시항고를 할 수 있는 심판은 확정되어야 효력이 있기 때문이다(제40조). 가사소송법(제42조)에 따르면 법원은 가집행할 수 있음을 명해야 하나 대법원규칙(제8조)은 아동반환청구에 관한 심판에는 그 대상이 유아이더라도 가집행 명령을 붙이지 아니할 수 있다고 규정한다. 실무에서는 1심에서 가집행을 붙이지 않는 경우가 다수이나 붙이는 경우도 있다고 한다.[43] 그에 더하여 반환명령의 실효적인 집행방안을 모색할 필요가 있는데, 이는 협약의 이행만이 아니라 국내 사건에서 아동인도 집행과 함께 개선할 필요가 있다.

　　⑩ 법원의 아동반환명령의 집행 또는 실효성 확보수단　　　　이행법률(제13조)은 법원의 아동반환명령의 실효성을 확보하기 위한 수단을 단계적으로 규정한다. 이는 가사소송법을 준용함으로써 해결되고 별도로 명시해야 하는 것은 아니나 그 취지를 명확히 하기 위하여 이행법률에서 별도로 명시한다. 즉, 법원은 이행명령, 과태료 부과와 감치명령을 할 수 있다.[44] 이행법률이 당사자의 신청을 언급하지 않으므로 당사자의 신청 없이 법원이 직권으로 그런 조치를 할 수 있다는 견해도 있으나, 이행법률(제13조 제4항)이 준용하는 가사소송법(제64조, 제67조 제1항과 제68조)에 따라 아동반환 재판에 대하여도 과태료 부과 외에 이행명령과 감치를 위하여는 당사자의 신청이 필요하다는 견해가 유력하다.[45]

　　대법원의 재판예규인 "유아인도를 명하는 재판의 집행절차"(재특 82-1)는

제로 반환명령을 받은 자는 작위의무를 부담하므로 그 강제집행은 간접강제와 대체집행에 의할 것이라고 한다(실시법 제138조). 일본법은 신청인이 가정폭력 행사자인 경우를 우려한 것인데[곽민희(2014), 20면], 우리 이행법률과 대법원규칙이 이에 관해 침묵하는 것은 다소 아쉽다.

42) 가사소송법 제39조 제1항 제1호.

43) 법원실무제요/가사[Ⅱ], 1182. 대법원규칙이 아동반환청구의 결과 가집행에 따라 아동이 외국으로 이동하면 항고심에서 결론이 바뀌더라도 원상회복이 사실상 불가능한 점을 고려한 것이라고 이해하지만 이는 이행법률에 반하는 것이므로 시정해야 한다.

44) 임재성, "'국제아동탈취협약'의 실무적 문제점", 법률신문 제4480호(2017. 1. 19.), 13면은 실무상의 문제점으로 아동소재파악에 있어서 행정당국의 조력이 절실하다는 점과 아동반환 집행의 특수성을 고려한 절차규정이 필요하다는 점을 지적한다.

45) 법원실무제요/가사[Ⅱ], 1185.

"집행의 방법에 관하여 유아인도는 유체동산인도청구권의 집행절차(민사집행법 제257조)에 준하여 집행관이 강제집행할 수 있다고 규정하면서 이 경우 집행관은 그 집행에 있어서 일반동산의 경우와는 달리 수취할 때에 세심한 주의를 하여 인도에 어긋남이 없도록 하여야 한다고 하고, 다만 그 유아가 의사능력이 있는 경우에 그 유아 자신이 인도를 거부하는 때에는 집행을 할 수 없다"라고 명시하므로 그 경우 집행이 불가능하다. 위 재판예규는 탈취아동에 특유한 것은 아니지만, 실무상으로는 법원이 아동의 연령과 성숙도를 감안하여 아동의 의견을 고려한 뒤 반환거부사유가 없다고 판단하여 반환결정을 하였음에도 불구하고 집행관이 의사능력이 있는 유아가 인도를 거부한다는 이유로 집행을 포기한다고 하는데, 이처럼 집행관이 독자적 판단으로 법원의 결정을 무시하는 것은 잘못이므로 시정하여야 한다.[46]

이와 달리 위 재판예규를 대체하여 2024. 4. 1. 시행된 헤이그 국제아동탈취협약에 따른 아동반환청구 사건의 집행에 관한 예규(재특 2024 – 1. 제1869호)는 탈취협약에 따른 아동의 인도 집행절차에는 위 재판예규를 적용하지 아니하고 그 대신 별도의 예규에 따라야 함을 명시한다. 신예규는 아동의 인도를 위한 집행절차에 관하여는 민사집행법 제257조를 준용하면서, 집행관의 권한을 더 명확히 규정하고(제4조), 아동 관련 전문가를 위촉하여 집행보조자로 참여하여 필요한 조력을 하도록 규정한다(제5조).[47] 문제는 종래 아동반환청구가 인용되더라도 실제 반환이 이루어지지 않는 경우가 대다수라는 지적이 있는데,[48] 신예규에서는 위 밑

---

46) 다만 이는 법원의 반환결정과 집행관의 집행 간에 시차가 크지 않음을 전제로 한다는 한계가 있다. 김상용, "자녀의 인도청구에서 직접강제의 허용 여부 – 자녀의 의사에 반하는 강제집행은 허용될 수 있는가", 가정상담 통권 493호(2024. 9.), 7면 이하는 자녀의 복리라는 관점에서 위 예규를 비판하고 결국 집행은 자녀의 복리실현에 기여할 수 있는가에 따라 결정하여야 한다고 한다. 이는 표준국어대사전을 인용하면서 유아는 생후 1년부터 만 6세까지의 어린아이를 말한다고 하나, 아직 확립된 개념은 없는 것으로 보인다.

47) 예규안에 대한 소개와 비판은 장준혁, "'헤이그국제아동탈취협약에 따른 아동반환청구 사건의 집행에 관한 예규' 제정안에 대한 의견", 법률신문 제5147호(2024. 1. 18.), 12면 참조. 다만 위 글은 예규 제정안에 대한 의견조회 과정에서 작성된 것으로 실제 예규와는 차이가 있다. 예컨대 위 글에서는 예규안 제4조 제4항(집행관이 아동에 대하여 강제력을 사용할 수 없다는 내용)을 언급하였는데 이는 예규에서는 삭제되었다. 직접강제가 가능한지는 독일에서도 과거 논란이 있었으나 2009년 9월 시행된 FamFG 제90조 제2항 1문은 면접교섭의 실행을 목적으로 자녀에 대해 직접강제는 허용되지 않는다고 규정하나 2문은 그 이외의 경우는 자녀에 대한 직접강제가 원칙적으로(즉 자녀복리의 관점에서 정당화될 수 있고 또한 다른 수단이 없는 경우) 가능하다고 규정한다. 소개는 김상용(註 46), 12면 이하 참조.

48) 황윤정, "헤이그 아동탈취협약과 이행법률의 실무상 쟁점", ILA Korea 2024년 춘계발표회

줄 친 부분이 삭제되었기에 집행이 이루어진 사례들이 나오고 있다.[49] 그러나 집행이 되었다고 문제가 없는 것은 아니다. 저자의 지적(법원이 아동의 의견을 고려한 뒤 반환거부사유가 없다고 판단하여 반환결정을 하였음에도 불구하고 집행 시 의사능력이 있는 유아가 인도를 거부한다고 해서 집행관이 독자적 판단에 의하여 집행을 포기하는 것은 잘못이라는 지적)은 탈취협약의 원래의 취지, 즉 법원의 반환결정과 집행관의 집행 간에 시차가 크지 않음을 전제하기 때문이다. 일부 사안처럼 사실심의 심리와 실제 집행 간에 오랜 시간이 흘렀다면 집행관이 잘못한 것이라고 평가하기는 어렵다.

이와 관련하여 집행 단계까지 이르게 된 상황에서 예규상 보장된 절차만을 통해서 집행이 순조롭게 이루어질지 의문을 표시하면서, 집행관이 집행 과정에 적극적으로 개입할 수 있도록 그 권한을 폭넓게 인정할 필요가 있고, 필요 시 경찰의 원조를 요청할 수 있는 규정이 필요하며, 채권자(탈취당한 부모)의 대부분이 외국인이므로 통역 지원 절차도 마련되어야 하고, 집행의 목적은 아동을 일상거소지국으로 반환하는 데 있으므로, 아동을 국외로 인도하는 절차에 대한 고려도 필요하다는 지적[50]이 있다. 법원의 이행명령, 과태료 부과와 감치명령에도 불구하고 법원의 아동 반환명령이 실효성을 상실하게 된다면 이는 우리의 법과 사법제도에 대한 신뢰를 훼손함으로써 법치주의를 심각하게 저해한다. 신예규의 제정은 임시방편이고 근본적으로 우리도 이행법률과 민사집행법을 개정함으로써 우리나라의 탈취협약 이행의 법제와 실무를 개선할 수 있기를 기대한다. 그 과정에서 탈취협약 비준 전부터 인도명령의 강제집행 등 제문제를 주도면밀하게 준비하여 이행법률을 제정하고 이를 개선하고자 이행법률과 민사집행법을 개정한 일본의 입법이 참조가 될 것이다. 다만 저자로서는 탈취협약에 따른 아동 반환명령의 집행은 국내법상의 아동인도명령의 집행과 정합성이 있어야 하므로 우리로서는 이행법률만을 개정하기보다는 가사소송법과 민사집행법상 기본원칙을 정비하고 이행법률에서는 그를 준용하면서 국제성으로 인한 특수성을 반영하고자 필요한 범

발표문(2024. 2. 29.), 60면.

49) 조선일보 2024. 4. 30. 기사 참조. https://www.chosun.com/national/court_law/2024/04/30/6URNXXIUYJEQJMFDTHQ6DSJUA4/. 그러나 사건에 따라 집행 여부와 기간이 달라지는 등의 문제점을 지적하는 보도도 있다. 동아일보 2024. 8. 20.의 "빼앗긴 자녀 되찾으려 하는 외국인 아빠들… '질서' 없는 아동반환청구 강제집행 현장" 참조.

50) 황윤정(註 48), 60면.

위 내에서 특칙을 둘 필요가 있다고 본다. 2012년 제정한 이행법률의 접근방법도 그런 것이었다.

(다) 면접교섭권　　　　이행법률의 성안과정에서 당초 면접교섭권에 관하여도 아동반환에 준하여 관련 조문에서 아동반환과 면접교섭권을 병렬적으로 규정하였으나, 탈취협약은 면접교섭권에 관하여는 법원에 청구하는 것까지 허용하지는 않는다는 견해가 유력한 점을 고려하여 면접교섭권에 관한 조문을 삭제하였다.

(라) 비용의 부담　　　　각 중앙당국은 탈취협약을 적용함에 있어 자신의 비용을 부담하고, 중앙당국과 공공 기관은 어떠한 수수료도 부과하지 않지만, 아동반환을 실시하기 위하여 발생한 경비의 지급을 요구할 수 있다(제26조 제1항, 제2항). 체약국은 유보를 함으로써 변호사 참가비용 또는 재판절차 비용의 지급의무를 자국의 법률구조제도에 의한 책임한도 내로 제한할 수 있는데(제42조), 우리나라는 제26조 제3항의 유보를 선언하였다(이행법률 제15조). 따라서 우리나라는 법률구조법 기타 법령에 따른 법률구조의 적용대상이 되는 경우가 아니면 변호사비용 등 소송비용의 지급의무를 부담하지 아니한다.

(마) 탈취협약에 대한 유보　　　　피수탁국의 중앙당국에 송부되는 모든 신청서 등은 자국 언어로 작성하고, 피수탁국의 공용어 또는 공용어 중의 하나로 된 번역문을 첨부하거나 번역이 곤란한 경우에는 프랑스어나 영어로 된 번역문을 첨부한다. 다만, 체약국은 유보를 함으로써 모든 신청서 등에 프랑스어 또는 영어 중 어느 하나를 사용하는 것을 거부할 수 있는데(제24조), 우리나라는 영어 번역문을 선택하고 그에 상응하는 유보선언을 하였다.

(4) 종래의 실무와 장래의 개선방향[51]

이행법률은 비교적 간결한 내용을 담은 것으로 아쉬움이 없지는 않지만 큰 법리적 문제는 없다고 본다. 특히 그동안 우리나라에서는 아동반환사건이 별로 없었기에 축적된 경험도 없었고 따라서 조약의 이행을 위한 최소의 규정만을 두었다. 특히 법원의 재판을 강제하는 방법은 가사소송법상 기존의 방법을 적용하는 것에 만족하였다. 이행법률의 성안을 위한 작업에 참여하였던 저자로서는 이행법률 초안을 가급적 단순화하고 탈취협약의 해석을 법원에 맡기는 것이 옳다고 생각하였고, 작업반[52]은 아동인도의 집행을 위한 제도(이행명령, 과태료 부과 및 감

---

51) 이 점은 석광현, 정년기념, 83면 이하에 언급한 바 있다.

치명령)는 이미 가사소송법에 구비되어 있었기에 기존의 집행절차를 이용하고자
하였다.53) 솔직히 필자는 현재도 국제아동인도를 위한 새로운 집행절차의 도입은
이행법률의 제정을 계기로 가사소송법을 개정해서 절차를 보완하는 것이 바람직
하다고 본다.54) 그것을 기초로 '국제적' 아동인도에 특유한 사항을 이행법률에 추
가적으로 규정할 수 있다. 실제로 과거 성안되었던 가사소송법 개정안(제143조)은
미성년 자녀 인도청구의 집행에 관한 규정을 신설하였으므로 만일 이것이 시행된
다면 집행절차가 개선될 수 있을 것으로 기대되었으나 이는 개정되지 않았다
(2022년의 개정안은 아래에서 언급한다).55) 일본은 한국보다 늦게 이행법률(일본에서
는 실시법률56))을 제정하였으나 과거 탈취협약에 서명하였으므로 비준함으로써 당
사국과의 사이에서 협약이 2014. 4. 1. 일률적으로 발효한 데 반하여, 협약에 가입
한 한국의 경우 기존 당사국의 수락이 필요한 탓에 EU 회원국들과는 2017. 4. 1.
비로소 발효되었다. 이는 탈취협약의 당사국이 되기 위하여 일본이 치밀하게 준
비하였음을 보여준다.

　이행법률에 대하여는 몇 가지 비판이 제기되었다.

　첫째, 이행법률만으로 재판절차의 실제 흐름을 알 수 없고 관련 법률을 고려
해서 전체 절차를 파악해야 하므로 이행법률은 절차적 집중도 및 접근성이 다소
떨어지고, 일반 가사소송절차와 국제아동탈취반환 절차의 특수성에 기인한 차이
나 아동의 최선의 이익이 충분히 고려되지 않았고57) 재판관할, 양육권 침해와 면
접교섭권 침해의 불법성, 아동의 소재파악을 위한 지원문제와 이행명령의 확보를

---

52) 법무부는 이행법률의 초안을 작성하기 위하여 정식의 위원회가 아니라 task force를 구성하
　　였고 위원장도 없었으며 당시 국제법무과장이 회의를 주재하였다. 저자도 구성원으로 참여
　　하였으나 여기의 논의는 저자의 개인적 생각이다.
53) 저자는 이런 배경을 Suk, Abduction, p. 282에서 설명한 바 있다.
54) 권재문(2018a), 76면 註 101도 동지.
55) 그러나 그것이 탈취협약에 따른 아동인도의 특수성을 반영한 것은 아니다. 소개는 송효진,
　　"가사소송법 개정안에 대한 고찰 —이행의 확보 및 관할에 있어서 미성년 자녀의 복리 보호
　　를 중심으로—", 법조 통권 제723호(2017. 6.), 445 이하 참조. 근자에는 이재석, "유아 인도
　　집행에 관한 규정의 신설 제안", 법률신문 제4935호(2021), 12면도 있다.
56) 일본은 국제적인 아동의 탈취의 민사상의 측면에 관한 협약의 실시에 관한 법률을 2013. 6.
　　19. 공표하였고 이는 2014. 4. 1. 시행되었다. 이는 153개 조문을 담은 방대한 법률로 자족
　　적인 법률의 형식을 취한다. 이는 2019년 민사집행법과 함께 개정되어 2020. 4. 1.부터 개정
　　법률이 시행되고 있다.
57) 곽민희(2014b), 42면 註 48.

위한 문제 내지 반환청구의 실효성 확보수단이라는 관점에서 미흡하다는 등의 비판이 있다.[58] 둘째, 아동의 이익과 복지를 고려하여 강제집행 단계에서 당사자의 자발적 이행을 독려하는 매우 상세한 규정을 두는 일본은 강제집행의 대상이 아동인 점을 고려하여 세심하게 입법한 데 반하여 강제집행에 대해 별도의 조문을 두지 않은 한국의 경우 이행명령 불이행 시 과태료나 감치의 제재 외에 강제집행 방법에서는 해석에 의존할 수밖에 없다면서 입법의 불비를 비판하기도 한다.[59]

저자도 이행법률을 몇 가지 점에서 보완할 필요가 있다는 점을 인정한다. 첫째, 국제재판관할에 관한 규정을 둘 필요가 있다. 둘째, 면접교섭권에 관한 규정을 둘 필요가 있다. 셋째, 조정에 관한 규정도 보완할 필요가 있다.[60] 넷째, 심급의 축소도 고려할 필요가 있다. 다섯째, 아동의 반환거부사유는 군이 열거하지 않더라도 무방하나 열거한 것이 잘못은 아니다. 여섯째, 일본의 이행법률(제28조 제2항)은 탈취협약 제13조 제1항 b호가 정한 반환거부사유를 법률에 명시하고 그런 사유의 유무를 판단함에 있어서 법원이 고려할 사정을 열거한다. 이는 조약을 국내법화 함에 있어서 조약의 내용을 구체화할지 아니면 그 판단을 법원에 맡기는

58) 곽민희(2013), 198면 이하. 법무부는 이행법률 제정 T/F를 구성하여 2010년 3월부터 2011년 4월까지 6차례 회의를 진행하여 법안을 성안하였다. 위원 등에 관하여는 석광현(2013), 탈취협약, 107면 이하 참조. 그러나 곽민희(2013), 190면의 지적(즉 "법률 그 자체의 입법과정은 그야말로 입법과정이라고 할 것 없이 급조되어 만들어지고 사회의 합의나 토론 없이, 특히 이 문제를 고민하는 학자들이나 실무가들의 참여가 없이 만들어졌다"는 지적)은 대단히 부적절하다. 이미 밝힌 바와 같이(석광현, 정년기념, 84면 註 72), 우리의 논의가 부족했다는 지적에는 동의할 수 있으나, 이는 이행법률을 단기간 내에 급조했기 때문이 아니라 헤이그회의의 작업과 국제사법, 특히 국제적 아동탈취의 사례를 심각하게 고민한 적이 별로 없는 우리의 총체적 역량 부족에 기인한다.

59) 김홍엽, "법률의 제·개정과 입법의 세심함", 법률신문 제4350호(2016), 14면. 집행의 문제점과 개선방안에 관하여는 곽민희(2023a), 1면 이하 참조.

60) 우리나라도 앞으로는 일본처럼 탈취협약에 따른 사건을 취급하는 과정에서 전문화된 법정외조정(또는 민간형 조정)의 도입을 검토할 필요가 있다. 그러나 그렇게 하자면 일본처럼 법정외 민간조정에 관한 일반법률을 제정하거나, 이행법률에 근거규정을 마련할 필요가 있다. 근자에는 우리나라에서도 싱가포르조정협약의 비준 가능성을 검토하면서 법정 외 민간조정에 관한 일반법률의 제정에 관한 논의가 있으므로 장래에는 달라질 수 있을 것으로 기대한다. 싱가포르조정협약은 2020년 9월 발효된 "조정에 의한 국제적 화해합의에 관한 국제연합협약"을 말한다. 우리나라는 서명만 하였는데 싱가포르협약은 원칙적으로 조정을 통하여 상사분쟁을 해결하는 국제화해합의에 적용되므로(제1조) 상사가 아닌 가사조정에는 적용되지 않지만 적용범위를 확대할 수도 있다. 그렇더라도 가사조정의 경우 상사조정과 다른 특수성이 있음을 유념하여야 한다.

것이 바람직한지의 문제이다. 이는 탈취협약만이 아니라 조약 가입 시 어떤 접근 방법을 취할 것인가라는 보다 일반적인 성질의 문제와 관련된다. 우리가 별도 규정을 두지 않은 것은 개별적인 사건에서 그 판단을 법원에 맡긴 것인데, 국내법으로 그 판단기준을 제시하는 것이 국제적인 통일기준의 형성에 어떤 영향을 미치는지도 검토할 필요가 있다. 여섯째, 탈취협약에 따라 법원의 아동반환결정이 있더라도 그것이 제대로 집행되지 못하는 사례들이 발생하고 있는데 이것이 가장 큰 문제점이므로 아동반환결정의 집행을 개선할 필요가 있다. 이 점에서 탈취협약의 이행법률에서 아동인도 강제집행에 관하여 정치한 규정을 두고 이를 통하여 민사집행법의 개정을 이끌어 낸 일본의 입법은 우리에게 많은 시사점을 제공한다. 특히 탈취협약에 따른 아동반환은 국내법상의 유아인도와 비교하여 더 신속하게 집행할 필요성이 있고 유아에 한정되지 않고 16세 미만의 아동이라는 점을 고려할 필요가 있다.[61]

이와 관련하여 주목할 것은, 법무부가 가사소송법 전부개정법률(안)을 성안하여 2022. 5. 3. 법무부공고 제2022-124호로써 입법예고를 한 바 있었는데(결국 입법이 되지는 않았다), 제145조가 미성년 자녀 인도청구의 집행에 관한 규정을 신설하여 인도청구의 대상을 유아에서 미성년 자녀로 확대하고, 미성년 자녀 인도청구의 집행법원을 가정법원으로 규정하였던 점이다. 개정안은 일반적인 강제집행 절차와는 달리 미성년 자녀 인도청구의 집행은 집행법원의 허가를 받도록 하고, 집행법원이 자녀의 연령 및 의사능력 유무, 자녀의 의사, 건강 및 심리상태, 자녀의 양육상황과 당사자와 자녀 사이의 상황 및 집행에 따라 자녀가 영향을 받는 정도 등을 종합적으로 고려하여 인도청구 집행의 허가 여부를 결정하도록 하여, 미성년 자녀의 복리를 최대한 보호하고자 한다. 또한 집행법원이 인도청구 집행의 허가 여부를 결정할 때 원칙적으로 당사자를 심문하고 의무 이행을 권고하도록 하며, 인도청구 집행의 채권자는 물론 상대방에게도 즉시항고권을 부여한다. 나아가 미성년 자녀의 인도집행은 집행관이 하도록 하면서, 집행관이 인도집행을 할 때 세심한 주의를 하여 인도(人道)에 어긋남이 없도록 하고 자녀의 자유와 안전에 유의하여야 한다는 주의사항을 규정한다.[62]

---

61) 곽민희(2023a), 17면 이하 참조.

62) 상세는 법무부, 조문별 제·개정이유서 [가사소송법 전부개정법률안], 144면 이하 참조. 이는 상대방의 협력이 필요하므로 먼저 이행명령을 통하여 자발적인 이행을 유도하고(간접강제의 원칙) 예외적으로 이행명령 및 그 위반에 대한 제재의 실효성이 없는 경우와 이행명령

참고로 탈취협약을 이행하고자 1988년 국제아동탈취구제법률(International Child Abduction Remedies Act. ICARA)을 제정한 바 있는 미국은 2014년 "국제아동 탈취의 방지와 반환에 관한 법률(International Child Abduction Prevention and Return Act. ICAPRA)"을 제정하여 체약국의 적극적인 협약 적용을 유도하는데, ICAPRA에 기초하여 작성한 연례보고서 내용에 따라 협약을 준수하지 않는 다른 체약국에 외교적, 경제적 조치 등을 취할 수도 있다. 주목할 것은, 2022년 5월 미국 국무부 보고서에서 한국이 '탈취협약 비준수 성향 국가'로 지정되었다는 점이다.[63] 이는 미국 국내법에 의한 평가인데, 한국이 조속히 개선하지 못한 탓에

의 실효성이 없을 것으로 예상되는 경우 이행명령 절차를 거치지 않고 즉시 미성년 자녀 인도청구의 집행을 실시할 수 있도록 한 것이라고 한다(직접강제의 보충성). 김원태, "가사소송법 전면개정의 검토과제", 가정상담 495호(2024. 11.), 6면. 일본에서는 최고재판소 1963. 9. 17. 판결(民集 17 · 8 · 968)이 자녀인도청구의 실질은 친권 내지 감호권에 근거한 방해배제청구에 불과하다고 판시한 이래 학계와 실무는 인도채무의 성질을 부작위채무로 이해하였으나 일률적으로 파악하기보다는 작위채무로서의 성격도 병존한다고 보거나, 재판관할이나 청구요건 및 판단기준과 관련하여 유형적으로 고찰할 필요성이 제기되었고 아동인도청구의 집행법제를 현실화하였다고 한다. 곽민희(2023a), 61면; 곽민희(2023b), 155면 註 13 참조. 결국 일본의 헤이그조약실시법상 확정된 아동반환을 명하는 종국결정의 집행은 민사집행법상 간접강제와 대체집행에 의하도록 하는데, 대체집행은 ① 채무자의 감호를 해방하는 해방실시와 ② 해방실시를 한 집행관으로부터 아동을 인계받아 상거소지국으로 반환하는 반환실시의 두 단계로 이루어진다고 한다. 민법상 통상의 대체집행과 간접강제의 관계와는 다르고, 부작위채무라는 성질과 대체집행이 상용될 수 있는지 등에 관하여 더 검토할 필요가 있다. 참고로 독일에서는 아동 인도는 국제가사소송법(IntFamRVG) 제44조와 보충적으로 FamFG 제88조 이하에 의하여 이루어진다. Andrae, §9 Rn. 256. 전자에 따르면 당사자가 독일에서 집행권원의 이행을 거부하는 경우 질서수단(Ordnungsmittel. 또는 질서제재), 즉 질서금(Ordnungsgeld)과 질서구금(Ordnungshaft)에 의하여 강제집행을 한다. 즉 법원은 먼저 질서금을 명하고 그것이 이행되지 않는 경우 질서구금을 명한다. 후자는 MüKo−FamFG/Zimmermann, 3. Aufl. 2018, FamFG 참조. 곽민희(2023b), 29면; 곽민희(2023a), 61면은 독일에서도 집행채권자가 채무자의 양육 보호 상황을 배제하고 아동을 인수하여 데려가는 것을 방해하지 않을 부작위채무로 이해한다고 소개한다.

63) 위와 같이 미국 국무부가 발표하는 국제아동탈취 관련 연례보고서에 처음으로 한국이 위와 같이 지정된 탓에 미국으로부터 외교적, 경제적 제재 등을 받을 수 있어 국내 아동반환 사건의 집행 현황을 다시 점검해야 한다는 보도가 있었다. 법률신문 제5003호(2022. 7. 18.), 1면 이하 기사 참조. 불이행 양상 관련 미국 국무부 보고서의 정식 명칭은 "Report on Compliance with the Hague Convention on the Civil Aspects of International Child Abduction"이다(pp. 35−36이 한국 관련 부분). https://travel. state.gov/content/dam/NEWIPCAAssets/pdfs/2022%20ICAPRA%20Annual%20Report.pdf 참조. 위 연례보고서가 아니더라도 탈취협약의 이행에 여러 가지 문제점이 있는 것으로 보인다. 특히 아동을 탈취당한 부가 우리 법원으로부터 반환명령을 받았고 심지어 양육권자로 지정을 받았음에도 불구

2023년과 2024년에도 연거푸 지정되었다. 늦었지만 이를 계기로 우리나라의 협약 이행의 법제와 실무가 개선되기를 기대한다.

(5) 아동탈취와 관련된 형사문제

형사문제는 각국의 국내법에 따라 해결할 사항이다. 우리 법상 부모의 일방이 아동을 불법하게 탈취한 경우 형법상 미성년자 약취·유인죄의 성부가 문제되는데, 실제로 아동의 국제적 탈취가 다투어진 형사사건이 있다.

(가) 다른 보호감독자의 양육권(또는 감호권) 침해와 약취·유인죄의 성립 여부

우선 미성년자 약취·유인죄의 보호법익이 문제 된다. 미성년자를 약취 또는 유인한 자는 10년 이하의 징역에 처하고(형법 제287조), 국외에 이송할 목적으로 사람을 약취, 유인 또는 매매한 자는 3년 이상의 유기징역에 처한다(형법 제289조 제1항). 미성년자 약취·유인죄의 보호법익에 관하여 견해가 나뉘나, 통설은 제1차적 보호법익은 인취된 자의 자유, 제2차적 보호법익은 보호감독자의 감호권이라는 절충설이다. 대법원 2003. 2. 11. 선고 2002도7115 판결도 같다. 즉, 미성년자의 자유 또는 보호감독자의 감호권 중 어느 하나를 침해하면 범죄가 성립하므로 보호감독자도 인취죄의 주체가 될 수 있다.

이런 논점이 다투어진 사건이 있는데, 대전고등법원 2010. 10. 8. 선고 2010노363 판결이 그것이다. 이 사건에서 피고인은 한국인 남편과 혼인하여 한국 내 거주 중 아들(1세)을 출산한 베트남인인데, 피해자인 아들을 베트남으로 이송하였다. 검사는 국외이송약취죄 및 피약취자국외이송죄로 기소하였으나 법원은 무죄를 선고하였다. 그 근거는 ① 피해자 이송 시 만 13개월이 채 안 된 피해자로서는 어머니의 손길이 더 필요했고, ② 당시 직장에 다니던 아버지는 혼자 피해자를 양육하는 것이 사실상 어려웠으며, ③ 피고인이 피해자를 집에 혼자 두는 것이 오히려 친권자로서 보호·양육의무를 방기하는 행위로서 비난받을 수 있고, ④ 베트남은 피해자의 외갓집이므로 피해자가 한국에서 어머니 없이 양육되는 것보다 불리한 상황에 처한 것이라고 단정하기 어려운 점 등을 종합하여, 피고인이 남편과 사전 협의 없이 피해자를 데리고 간 행위는 비록 남편의 감호권을 침해한 것이나 피해자의 이익을 침해하였다고 단정하기는 어렵다는 것이었다. 즉, 위 대법원판결

하고 탈취부모가 이행을 거절하는 사안에서 과태료 부과와 감치명령 등이 실효적이지 못하고 형사처벌을 위한 조치도 제대로 이루어지지 않은 극단적 사례가 있다고 한다.

과 통설에 따르면 다른 보호감독자의 감호권이 침해되면 범죄가 성립하나, 대전 고등법원 판결은 피해자 본인의 이익을 침해한 것이 아니라면 미성년자 약취·유 인죄는 성립하지 않는다고 본 것이다. 이에 대해 대법원 2013. 6. 20. 선고 2010 도14328 전원합의체 판결은 피고인에게 무죄를 선고하였는데, 다수의견 외에 다 수의견에 대한 보충의견과 반대의견이 있다.[64] 만일 위 사건에 대해 탈취협약이 적용된다면 베트남인인 모는, 반환거부사유가 인정되지 않는 한 아동을 한국인인 부에게 반환해야 할 것이다.

    (나) 부작위에 의한 미성년자약취죄   피고인이 면접교섭을 위해 이혼소송 중인 처와 함께 프랑스에서 생활하던 피해아동을 인계받아 한국으로 데려온 후 면접교섭 기간이 종료하였음에도 피해아동을 프랑스로 데려다주지 않은 채 처와 연락을 두절한 후 법원의 유아인도명령 등에도 불응한 사안에서 부작위에 의한 미성년자약취죄의 성립 여부가 논란이 되었다. 이에 대하여 대법원 2021. 9. 9. 선 고 2019도16421 판결은, 부모 중 일방이 별거 또는 이혼 상황에서 면접교섭권을 행사하기 위하여 적법하게 미성년 자녀를 데리고 왔다가 기간 종료 후 상대방에 게 데려다 주지 않은 부작위의 경우에도 행위자의 목적과 의도, 행위 당시 정황과 피해자의 상태 등 여러 사정을 고려할 때 적극적인 작위에 따른 약취행위와 형법 적으로 같은 정도의 행위로 평가할 수 있는 경우에는 형법 제287조 미성년자약취 죄의 약취행위에 해당한다고 판시하였다. 이는 부작위에 의한 미성년자약취를 인 정한 첫 사례라는 평가를 받고 있다.[65]

64) 법률신문 제4137호(2013. 6. 24.), 5면, 10면 참조.
65) 배인구, "2021년 분야별 중요판례 분석 ⑦가족법", 법률신문 제4965호(2022. 2. 24.), 13면. 김현진, 면접교섭권의 남용과 미성년자 약취죄, 가족법연구 제36권 1호(통권 제73호)(2022. 3.), 201면 이하 참조.

* 국제부양법의 구성

국제사법 제7장, 즉 국제친족법은 국제혼인법(제63조~제66조), 국제친자법(제67조－제72조), 국제부양법(제73조)과 국제후견법(제75조)으로 구성된다. 민법은 후견(제4편 제5장) 뒤에 부양(제7장)을 규정하나 국제사법은 부양을 먼저 규정한다. 이는 과거 섭외사법이 부양을 후견 앞에 둔 순서를 유지한 결과인데, 섭외사법에서 그렇게 규정한 이유는 분명하지 않다. 참고로 과거 독일의 구 민법시행법은 부양에 관한 조문(제18조)을 혼인에 관한 조문들 뒤에 두었다. 여기에서 다루는 국제부양법은 준거법결정원칙을 내용으로 하는 좁은 의미의 국제부양법을 말한다. 즉, 여기에서는 우리 실정법인 국제사법 조문의 해설을 위주로 하므로 국제부양법을 좁게 이해하고, 국제재판관할에 관한 논의는 생략한다.

11. 부양에 관한 조항의 개정

섭외사법	국제사법
제23조(부양의무) 부양의 의무는 부양의무자의 本國法에 의한다.	제73조(부양) ① 부양의 의무는 부양권리자의 일상거소지법에 따른다. 다만, 그 법에 따르면 부양권리자가 부양의무자로부터 부양을 받을 수 없을 때에는 당사자의 공통 본국법에 따른다. ② 대한민국에서 이혼이 이루어지거나 승인된 경우에 이혼한 당사자 간의 부양의무는 제1항에도 불구하고 그 이혼에 관하여 적용된 법에 따른다. ③ 방계혈족 간 또는 인척 간의 부양의무와 관련하여 부양의무자는 부양권리자의 청구에 대하여 당사자의 공통 본국법에 따라 부양의무가 없다는 주장을 할 수 있으며, 그러한 법이 없을 때에는 부양의무자의 일상거소지법에 따라 부양의무가 없다는 주장을 할 수 있다. ④ 부양권리자와 부양의무자가 모두 대한민국 국민이고, 부양의무자가 대한민국에 일상거소가 있는 경우에는 대한민국 법에 따른다.

[입법례]
• 독일 구 민법시행법 제18조[부양]: 헤이그부양협약을 비준하면서 그 내용을 편입. 그러나 이는 2011. 5. 23. "부양규정의 시행 및 국제부양절차법의 영역에서의 기존 시행규정과 실시규정의 신규율을 위한 법률(Gesetz zur Durchführung der Verordnung (EG) Nr. 4/2009 und zur Neuordnung bestehender Aus- und Durchführungsbestimmungen auf dem Gebiet des internationalen Unterhaltsverfahrensrechts. EGAUG)"의 제정과 더불어 2011. 6. 18. 폐지됨
• 스위스 국제사법 제49조[부부간의 부양의무], 제83조[친자 간의 부양의무]
• 일본은 헤이그부양협약에 가입하면서 특별법으로 "부양의무의 준거법에 관한 법률"을 제정
• 중국 섭외민사관계법률적용법 제29조
• 헤이그부양협약 제4-11조
• 헤이그아동양육협약/부양의정서
• EU 부양규정: "부양사건의 재판관할, 준거법과 재판의 승인 및 집행과, 공조에 관한 이사회규정"1)

---

* 국제부양법에서 인용하는 아래 주요 문헌은 [ ] 안의 인용약어를 사용한다.
김문숙, "부양사건과 성년후견사건의 국제재판관할에 관한 입법론", 국제사법연구 제19권 제2호(2013. 12.)[김문숙(2013)]; 이병화, "아동양육 및 기타 가족부양의 국제적 청구에 관한 헤이그협약 연구", 저스티스 제112호(2009. 7.)[이병화(2009)]; 이병화, "헤이그국제부양청구협약에의 가입가능성 모색을 위한 해석론적 접근: 특히 중앙당국의 행정적 협력 및 기능을 중심으로", 국제사법연구 제21권 제2호(2015. 12.)[이병화(2015)]; 이병화, "헤이그국제부양청구협약에 있어서 외국부양결정의 승인 및 집행에 관한 해석론적 고찰", 국제사법연구 제24권

가. 개요

구 국제사법에서는 부양권리자의 보호를 위하여 1973년 "부양의무의 준거법에 관한 헤이그협약(Hague Convention on the Law Applicable to Maintenance Obliga‐tions)"(이하 "헤이그부양협약"이라 한다)[2])의 주요내용을 수용하였다. 그 결과 구 국제사법은 헤이그부양협약을 비준하고 그 내용을 민법시행법에 편입한 독일 구 민법시행법(제18조 제1항 – 제5항)과 유사하게 되었다. 국제사법은 이런 태도를 유지한다.

나. 주요내용

(1) 섭외사법의 문제점

섭외사법에 따르면 부양의무의 준거법은 부양의무자의 본국법이었다. 문면상으로는 모든 부양의무의 준거법이 부양의무자의 본국법으로 보였지만, 과거의 통설은 부양의무는 그의 발생원인인 법률관계와 밀접한 관련이 있다고 보아 각각의 원인된 법률관계에 의하도록 해석하였다.[3]) 즉, 부부간의 부양은 혼인의 효력의 준거법에 의하고, 미성년인 자녀에 대한 친자 간의 부양은 친자 간의 법률관계의 준거법에 의하며, 이혼 후의 당사자 간의 부양은 이혼의 준거법에 의하였다. 따라서 섭외사법 제23조는 성년인 자에 대한 부모의 부양, 부모에 대한 성년자녀의 부양, 형제자매와 협의의 친족 간의 부양 등 제한된 범위 내에서만 적용되는 것으로 해석되었다.

그러나 이러한 해석에 의하면 각각의 법률관계에 따라 부양의 준거법이 달라지므로 부양의무에 타당한 준거법이 결정되었다고 보기 어렵고 부양권리자의 보

제1호(2018. 6.)[이병화(2018)]; 이병화, "부양의무의 준거법에 관한 헤이그의정서의 해석론적 고찰", 국제사법연구 제30권 제1호(2024. 6.)[이병화(2024)]; 이종혁, "친생자관계의 성립 및 효력의 준거법에 관한 입법론", 가족법연구 제36권 제3호(2022. 11.)[이종혁(2022c)]; 최흥섭, 「2007년 헤이그 부양준거법 의정서」에 관한 작은 연구", 국제사법연구 제25권 제2호(2019. 12.)[최흥섭(2019)].

1) 간단한 소개는 김문숙(2013), 142면 이하 참조.
2) 이는 헤이그국제사법회의의 1956년 "자(子)에 대한 부양의무의 준거법에 관한 협약(Convention on the Law Applicable to Maintenance Obligations in Respect of Children)"을 대체한 것이다. 헤이그부양협약 제18조. 헤이그부양협약의 국문번역은 법무부, 헤이그회의 제협약, 191면 이하 참조.
3) 이호정, 375면; 신창선, 국제사법(1999), 399면; 박상조·윤종진, 422면.

호에도 충실하다고 할 수 없었다. 또한 부양은 신분적 관계라기보다는 재산적 관계라는 측면이 강하므로 부부간의 부양문제에 혼인의 일반적 효력의 준거법이, 친자 간의 부양문제에 친자 간의 효력의 준거법을 적용하는 것은 타당하지 않다. 더구나 국제사법에 따르면 혼인의 일반적 효력의 준거법이나 친자 간의 효력의 준거법은 일차적으로 부부의 동일한 본국법이나 친자 간의 동일한 본국법이 되는데, 부양문제를 재산적 관계로 보는 한 (또는 그렇지 않더라도) 본국법보다는 부양권리자가 현실적으로 생활하고 있는 곳, 따라서 부양의 필요가 존재하고 그가 부양료를 소비하는 곳의 법을 적용하는 것이 타당하다.4) 그렇게 함으로써 부양의무의 존재와 금액을 결정함에 있어서 그곳의 사회적 환경의 법적 그리고 사실적 조건을 고려할 수 있게 된다.

또한 부양권리자의 부양청구권이 부인되는 경우 그에 대한 공적 부조(또는 공적 부양)는 일상거소지국의 부담이 된다는 점에서도 부양권리자의 일상거소지법에 의하는 것이 타당하다.5) 부양권리자의 상거소지법주의는 속지주의와 연결된다고 하고, 공적부양제도가 확대되고 있는 오늘날 사적 부양과 공적 부양을 동일한 법률에 의해 함께 규율해야 한다는 견해가 유력하고 헤이그부양협약도 이러한 입장에 선 것이라고 설명하기도 한다.6) 아울러 연결주체 역시 우선 부양권리자를 중심으로 하는 것이 부양의 목적에 적합하다.

따라서 구 국제사법에서는 부양을 하나의 독립된 연결대상으로 취급하여 원칙적으로 모든 부양의무의 준거법을 통일하고, 헤이그부양협약의 원칙을 수용하여 부양권리자를 두텁게 보호하고(*favor alimenti.* 부양에 유리하게), 부양의 재산적 특성을 고려하여 준거법 결정원칙을 정하였다.7) 다만 이혼 당사자 간의 부양의무에

---

4) 법무부, 해설, 162면. 이혼 시에는 부양의무도 이혼의 준거법에 따르는데 혼인 중에도 혼인의 효력의 준거법에 따르도록 하는 것이 일관성이 있지 않나라는 생각이 들기도 하나 국제사법은 그렇게 하지 않은 것이다.

5) Kropholler, S. 379. 우리 법상 사회보장이란 출산, … 질병, 빈곤 및 사망 등의 사회적 위험으로부터 모든 국민을 보호하고 국민 삶의 질을 향상시키는 데 필요한 소득·서비스를 보장하는 사회보험, 공공부조, 사회서비스를 말하는데, 공공부조(公共扶助)란 국가와 지방자치단체의 책임 하에 생활 유지 능력이 없거나 생활이 어려운 국민의 최저생활을 보장하고 자립을 지원하는 제도를 말한다(사회보장기본법 제3조 제3호). 공공부조는 최소한의 사회보장으로 '공적 부조(public assistance)' 또는 '사회부조(social assistance)'라고 부르기도 한다. 국민기초생활보장법 제5조의2(외국인에 대한 특례)는 외인법 규정을 두고 있다. 저자는 이를 저촉법규정으로 전환하자는 견해를 피력한 바 있다.

6) 신창선·윤남순, 377면.

관하여는 이혼의 준거법에 의하도록 하였다. 국제사법도 이런 태도를 유지한다.

이러한 국제사법의 입장은 부양권리자의 보호라고 하는 실질법적 가치를 국제사법적 차원에서 고려한 것이라고 할 수 있다.[8]

(2) 부양의무의 원칙적 연결(제1항) - 부양권리자의 상거소지법주의 채택 -

이러한 배경하에 국제사법에서는 부양의 준거법을 원칙적으로 부양권리자의 상거소지법으로 하고, 다만 그에 의하면 부양권리자의 부양청구권이 인정되지 않는 경우에는 예비적으로 부양권리자와 부양의무자의 '공통의 본국법'에 의하도록 한다(제1항). 본문의 결과 동일국 내에 있는 부양권리자들에게 동일한 기준을 적용하며, 부양의무자가 복수인 경우에도 부양의 기준이 하나가 될 수 있다. 단서는 가능한 한 부양권리자가 부양을 받을 수 있도록 함으로써 부양권리자를 보호하기 위한 것이다. 그럼으로써 부양권리자에게 실효적 보호를 부여할 수 있다. 이는 가능한 한 부양권리자가 부양을 받을 수 있도록 함으로써 부양권리자를 보호하기 위한 것이다.

여기에서 '공통 본국법'은 '동일한 본국법'과는 달리 '부부의 쌍방이 국적을 가지는 법'을 의미한다. 즉, 당사자의 일방 또는 쌍방이 복수의 국적을 가진 경우 그 국적 중 공통되는 것이 있으면 그 국가의 법이 공통 본국법이 된다.[9] 저자도 그런 취지와 해석론에는 반대하지 않지만, 그런 취지를 나타내기 위한 표현으로서는 '공통 본국법'은 잘못이라는 점은 위에서 지적한 바와 같다.[10] 다만 국제사법 제65조 제2항 제1호가 '부부 중 한쪽이 국적을 가지는 법'이라는 표현을 사용하는 것을 고려한다면 제1항에서도 '공통 본국법'이라고 하는 대신 '부부 모두가 공통으로 국적을 가지는 법' 또는 '동일한 국적 소속국법'이라고 표현하는 것이 혜

---

7) 독일에서는 유사한 변화가 1986년 개정에 의해 이루어졌다.

8) 이러한 연결의 법정책적인 정당성에 대해 독일에서는 이를 사회적 가치를 충분히 고려한 것이라고 높이 평가하는 견해가 있는가 하면(Kropholler, S. 377), 국제사법이 지나치게 실질법적 가치를 보호하려는 경향에 대해 비판적인 견해도 있다.

9) 최흥섭, 400면.

10) 왜냐하면 복수 국적자의 경우 본국법은 국제사법 제3조에 의하여 걸러진 본국법으로서 국적소속국과는 동일하지 않기 때문이다. '동일한 본국법'의 의미는 위 제64조 제1호에 관한 설명을 참조. 따라서 제73조 제1항에서도 '당사자의 공통 본국법'이 아니라 '당사자 쌍방이 국적을 가지는 법' 또는 '당사자의 공통 국적소속국법'이라는 표현이 적절하고 입법론으로도 이를 수정하는 것이 바람직하다.

이그부양협약(제5조)[11])에도 부합하고 적절하였을 것이다.

헤이그부양협약(제6조)과 독일 구 민법시행법(제18조 제2항)은 부양권리자의 상거소지법과 공통의 본국법이 모두 부양청구권을 인정하지 않는 경우 법정지법에 의하도록 규정한다.

이처럼 원칙적인 준거법에 의한 실질법적 결과가 그와 다른 연결점에 의해 변경되는 것을 '보정적 연결(korrigierende Anknüpfung, Korrektivanknüpfung)'이라고 하는데,[12]) 국제사법은 제73조 제1항 단서에서 동일한 또는 공통의 국적 소속국법으로의 보정적 연결은 규정하나, 법정지법으로의 보정적 연결을 규정하지는 않는다. 그 이유는 우리의 실질법인 부양법이 부양권리자의 보호를 위하여 충분한 것인지에 관하여 의문이 있었기 때문이다.

헤이그부양협약(제4조)과 달리 국제사법이 명시하지는 않지만 부양권리자의 상거소지는 그때그때의 상거소지를 말한다. 만일 부양권리자인 미성년인 자녀가 부양료의 지급을 청구한다면 부양권리자인 자녀의 일상거소가 연결점이 되나, 실무적으로는 양육친(자녀의 양육을 담당하는 부 또는 모)이 비양육친에게 양육비를 청구하는 형태로 제소하므로 국제사법상 부양권리자가 양육친인가라는 의문이 제기될 수 있다. 그러나 양육친이 비양육친에 대하여 양육비의 지급을 청구하는 것은 양육친이 미성년자인 자의 법정대리인으로서 또는 양육자로서 자의 부양청구권을 대신 행사하는 것으로 보는 견해가 설득력이 있다.[13]) 즉 양육비 청구권의 본질은 양육친이 비양육친에 대하여 가지는 권리가 아니라 자의 부모에 대한 부양청구권이다.[14]) 국제사법상으로도 부양권리자는 미성년인 자녀이므로 양육비 청구의 경우에도 자녀의 일상거소가 연결점이 된다고 본다.

당초 연구반초안도 헤이그부양협약을 수용한 것이었으나 국제사법과 비교하여 보다 간결한 내용을 담고 있었다.[15]) 그러나 위원회의 논의과정에서 헤이그부

---

11) 헤이그협약 제5조는 "If the creditor is unable, by virtue of the law referred to in Article 4, to obtain maintenance from the debtor, the law of their common nationality shall apply." (밑줄은 저자가 추가함)라고 규정한다.

12) 신창선·윤남순, 100면; Kropholler, S. 140. 이는 국제사법에 의해 처음 도입되었다. 특별유보조항에 의해 법정지법을 적용하는 것도 보정적 공서라고 부르기도 한다. Junker, Internationales Privatrecht (1998), Rn. 181. 최흥섭, 145면은 이를 '교정적 연결'이라고 부른다.

13) 김주수·김상용, 211면.

14) 김주수·김상용, 212면. 그러나 대법원 2006. 7. 4. 선고 2006므751 판결은 양육비 청구권을 양육친의 권리로 보았다.

양협약의 조항을 더 담는 것이 바람직하다는 견해가 채택되어 규정이 다소 확장
되었다.

　부양권리자를 보호하기 위하여는 부양권리자의 상거소지의 국제재판관할을 인
정할 필요가 있는데, 이를 인정한다면 준거법과 국제재판관할의 병행(Gleichlauf)이
달성된다. 과거에는 우리 법상 이러한 국제재판관할규칙을 해석론상 도입할 수 있
는지, 아니면 입법론적으로 도입할지를 검토할 필요가 있었는데, 2022년 개정된 국
제사법(제60조 제1항)은 부양권리자의 일상거소지의 국제재판관할을 명시한다.

(3) 이혼 시의 부양(제2항)

　다만 이혼 시의 부양은 이혼의 준거법에 따르도록 한다(제2항). 이러한 특칙
을 둔 이유는 이혼의 직접적 효과인 가족관계의 해소와 그 이후의 당사자 간의
부양의무가 밀접하게 관련되어 있기 때문이다.[16] 따라서 이혼한 당사자 간의 부
양의무에 관한 한 국제사법과 섭외사법의 해석론은 유사한 결과가 되나, 국제사
법은 이를 명시한 점에 차이가 있다. 현행 우리 민법상으로는 배우자였던 자 간의
이혼 후 부양청구권이 인정되지 않으므로[17] 이혼 시의 부양의무라는 개념이 생소
하지만, 예컨대 독일 민법(제1570조 이하 참조)에 따르면 일정한 경우 이혼 후에도
전 배우자였던 상대방으로부터 부양을 받을 수 있다. 한편, 프랑스 민법상으로는

---

15) 연구반초안 제31조는 다음과 같다. 연구반초안해설, 68면.
　　"[제2안] ① 부양의 의무는 부양권리자의 일상거소지법에 의한다. 그러나 이혼한 당사자 간
　　의 부양의무는 이혼의 준거법에 의한다.
　　② 부양의무자는 그의 본국법에 의하면 방계혈족 또는 인척간에 부양의무가 없는 경우 이를
　　주장할 수 있다".
16) 독일에서는 그 근거로 이혼 시의 부양의무는 배상으로서의 성격을 가지고, 이혼의 원인과
　　밀접하게 관련되어 있으므로 이혼과 이혼 당사자의 부양의무를 통일적으로 연결하는 것이
　　타당하기 때문이라는 견해가 있으나, 이를 비판하고 입법론으로서는 이혼의 경우도 부양권
　　리자의 상거소지법에 의할 것이라는 견해도 있다. Kropholler, S. 381.
17) 김주수 · 김상용, 240면은 혼인 중 부부의 일방이 가사노동에 전념한 결과 경제적 자립능력
　　을 상실하게 되었다면, 경제적 여유가 있는 다른 일방은 적어도 전 배우자가 경제적으로 자
　　립할 수 있을 때까지 금전적으로 지원함으로써 그러한 희생에 대하여 보상하는 것이 타당하
　　다고 한다. 이혼 후 부양료 청구를 재산분할청구권에서 분리 독립시켜 별도의 청구권으로
　　신설할 필요가 있다는 입법론도 있다. 이화숙, "이혼원인의 변천과 여성(처)의 사회경제적
　　지위의 상관관계", 젠더법학 제2권 제1호(통권 제3호)(2010), 36면. 대법원 2009. 6. 25. 선
　　고 2009다22952 판결은, 캐나다 온타리오주 법원판결에서 지급을 명한 배우자 부양료가 우
　　리나라에서는 인정되지 않는다는 사정만으로는, 위 외국판결의 효력을 인정하는 것이 한국
　　의 선량한 풍속이나 그 밖의 사회질서에 어긋난다고 할 수 없다고 판시한 바 있다.

이혼 후 보상금을 지급받을 수 있는데, 이는 손해배상, 부양료나 생계비청구도 아니고 다만 전 배우자 간의 생활수준의 균등을 목적으로 하는 것이라고 한다.[18]

주의할 것은 "이혼에 관하여 적용된 법"은, 우리 국제사법에 따라 결정되는 이혼의 준거법이 아니라 법원이 실제로 이혼에 적용한 법률을 의미한다. 예컨대 영국 법원에서 영국법을 적용하여 이혼재판을 한 경우, 만일 한국에서 재판했더라면 독일법이 이혼의 준거법이라고 하더라도, 독일법이 아니라 영국 법원이 실제로 이혼에 적용한 영국법이 이혼 당사자 간의 부양의무의 준거법이 된다. 국제사법은 헤이그부양협약을 따라 이 점을 명확히 규정한다.[19]

제2항이 적용되기 위해서는 한국에서 이혼이 이루어지거나 승인되어야 한다. 만일 외국에서 행해진 재판상 이혼이 우리 법상의 승인요건을 구비하지 못하는 경우에는 외국법원이 실제로 적용한 이혼의 준거법이 적용되지 않는다. 그 경우 당사자가 한국에서 다시 이혼재판과 부양을 청구한다면 부양의무는 우리 법원이 적용하는 이혼의 준거법에 따른다.

(4) 방계혈족 간·인척 간 부양의무에 있어 부양의무자의 이의제기권(제3항)

준거법 결정에서 부양의무자를 배제함으로써 나타날 수 있는 부당성을 제거하기 위하여 방계혈족 간 또는 인척 간의 부양의무의 경우 부양의무자의 이의제기권을 인정한다(제3항). 방계혈족과 인척 간의 부양의무를 부정하는 국가도 있고, 또한 인정하더라도 그 범위에 차이가 있는 등 각국의 법제가 상이하다.[20] 만일 당사자 간의 공통 본국법, 그것이 없는 경우에는 부양의무자의 상거소지법이 부양의무를 부정함에도 불구하고 부양권리자의 상거소지법을 적용하여 부양의무를 인정하는 것은 부양권리자를 지나치게 보호하고 부양의무자의 이익을 소홀히 하는 결과가 될 수 있으므로 제3항을 둔 것이다.

---

18) 이화숙, 비교부부재산관계법(2000), 169면 이하 참조.

19) 독일법은 다소 애매하나 그렇게 해석할 것이라고 한다. Kropholler, S. 381f.

20) 우리 민법의 해석상으로도 부모와 자(子), 특히 미성년인 자(子) 및 부부 간의 제1차적 부양의무와 그 밖에 생계를 같이하는 친족 간의 제2차적 부양의무를 구분한다. 김주수·김상용, 596면.

(5) 내국법이 적용되는 특례(제4항)

국제사법은 구 국제사법과 마찬가지로 부양권리자와 부양의무자가 모두 한국인이고 부양의무자가 한국에 상거소를 두는 경우 당사자의 신뢰와 예측가능성을 위해 한국법을 적용하도록 특별규정을 둔다(제4항).

위원회에서의 논의 시 한국인들 간의 부양은 외국적 요소가 없으므로 이는 국제사법의 적용대상이 아니므로 이러한 조항을 둘 필요가 없다는 견해도 있었으나, 부양의무는 원칙적으로 부양권리자의 상거소지법에 의하여 연결되므로(제1항) 부양권리자의 상거소지가 외국이라면 외국적 요소의 존재를 부인할 수는 없다. 따라서 헤이그부양협약(제15조)에 따라 이를 명시하였다.

(6) 반정의 배제

헤이그부양협약(제4조)은 동 협약에 따라 결정되는 부양의무의 준거법은 실질법임을 명시한다.[21] 따라서 국제사법(제22조 제2항 제3호)은 구 국제사법(제9조 제2항 제3호)과 마찬가지로 부양의무의 준거법에 관하여는 반정을 인정하지 않음을 명시한다.[22]

(7) 부양의 준거법이 규율하는 사항

헤이그부양협약(제1조, 제10조)이나 독일 구 민법시행법(제18조 제6항)과 달리 국제사법은 부양의 준거법이 규율하는 사항을 규정하지 않는다. 그러나 국제사법 제73조는 헤이그부양협약을 모델로 한 것이므로 헤이그부양협약과 유사하게 해석해야 할 것이다.

여기에서 문제 되는 것은 부양의무의 선결문제로서[23] 친자관계가 다투어지

---

21) 다만 헤이그부양협약은 실질법 대신 '내국법(internal law)'이라는 표현을 사용한다.

22) 이러한 취지를 분명히 하기 위해 당초 개정시안은 제29조 제1항에서 "부양의 의무는 부양을 받을 권리자가 상거소를 가지는 국가의 실질법에 의한다"라고 규정했었다. 그러나 제9조에 관한 논의에서 본 바와 같이 기술적인 이유로 이를 제9조에 통합하였으므로 본 조에서는 실질법이라는 표현을 사용하지 않았다.

23) 친자관계가 본문제로 다루어지는 경우에는 헤이그부양협약이 적용되지 않고 달리 조약이 없으므로 이는 법정지의 국제사법에 따를 사항이다. Philippe Lortie, Parentage and Inter-national Child Support: Responses to the 2002 Questionnaire and an Analysis of the Issues, Preliminary Document No. 4 of April 2003 for the attention of the Special Commission of May 2003 on the International Recovery of Child Support and other Forms of Family Maintenance, p. 13.

는 경우 그의 준거법이다. 섭외사법의 해석상 이는 선결문제로서 섭외사법에 의하여 독립적으로 연결된다고 보았으나,[24] 헤이그부양협약의 해석상으로는 이는 동 협약이 규율하는 사항으로서 부양의 준거법에 따른다는 견해와, 동 협약은 이에 영향을 미치지 아니하므로 이는 법정지의 국제사법에 따라 독립적으로 연결할 것이라는 견해가 있는데, 1995년과 1999년에 개최된 헤이그국제사법회의의 특별위원회는 전자의 견해를 지지한 바 있다.[25]

실질법의 쟁점이기는 하나 양육비 지급의무의 이행을 확보하기 위한 다양한 방안이 '양육비 이행확보 및 지원에 관한 법률(양육비이행법)'에 도입되었다. 예컨대 감치명령에도 불구하고 양육비 채무를 이행하지 않는 경우 운전면허 정지처분을 할 수 있고(제21조의3), 2022년 8월 16일부터 양육비채무 불이행자에 대한 출국금지 요청 기준이 5,000만 원에서 3,000만 원으로 낮아졌고, 양육비 채무를 3회 이상 지급하지 않은 경우에도 출국금지 요청이 가능하다(제21조의4). 또한 정당한 사유 없이 감치명령을 받은 날로부터 1년 이내에 양육비 채무를 이행하지 않으면 형사처벌(1년 이하의 징역 또는 1,000만 원 이하의 벌금)을 부과할 수 있으나(제27조 제2항) 양육비 국가 선지급제도는 아직 시행되지 않고 있다. 문제는 양육비 채무의 준거법이 외국법인 경우에도 우리 법원이 위 제재를 부과할 수 있는가이다. 위와 같은 제재는 양육비 채무에 내재하는 것은 아니고 우리 법원의 양육비 지급명령의 실효성을 확보하기 위한 수단이라고 생각하면 불가능할 것도 없으나 논란의 여지가 있다.

(8) 헤이그부양협약에의 가입

국제사법은 헤이그부양협약을 수용한 것이나 그와는 별도로 우리나라도 헤이그부양협약에 가입할 필요가 있다.[26] 이상적으로는 우선 헤이그부양협약에 가입하고 또는 그와 동시에 구 국제사법 제46조를 두는 것이 바람직했을 것이나, 헤이그부양협약에의 가입이 언제 이루어질지 모르므로 제46조(국제사법 제73조에 상응)를 먼저 규정한 것이다.[27] 헤이그부양협약과 국제사법(제73조)의 상호관계는

---

24) 이호정, 411면.

25) Lortie(註 23), p. 12.

26) 만일 우리가 위 협약에 가입한다면 체약국과의 관계에서는 위 협약이 국제사법에 우선하여 적용되고, 비체약국과의 관계에서는 국제사법이 적용될 것이다.

27) 최흥섭(2001), 166면은 헤이그부양협약에의 가입이 더 좋은 방법이겠지만 우리 정부가 그런 계획을 가지고 있지 않으므로 차선책으로 그 협약의 내용을 국제사법에 담은 것이라고 설명

다음과 같다.

부양협약	국제사법	부양협약	국제사법
제4조	제1항 본문	제7조	제3항
제5조	제1항 단서	제8조	제2항
제6조	없음	제15조	제4항

다만 아래에서 보는 바와 같이 헤이그국제사법회의가 아동부양협약을 채택하였으므로 헤이그부양협약에의 가입과 함께 아동부양협약에의 가입도 검토할 필요가 있다.

(9) 헤이그국제사법회의의 아동양육협약

헤이그국제사법회의는 부양과 관련된 네 개의 기존 헤이그협약들[28]과 1956. 6. 20. "해외부양회수에 관한 국제연합협약"("뉴욕협약")[29]을 개선하고 행정공조 및 사법공조를 포함하는 새로운 전세계적인 국제협약을 채택하기 위한 작업을 추진하여 새로운 부양협약(즉 아동부양협약)을 채택하였다. 즉 2007년 "아동양육 및 기타 형태의 가족부양의 국제적 회수에 관한 협약(Convention on the International Recovery of Child Support and Other Forms of Family Maintenance)"("Child Support Convention. 이하 "아동양육협약"이라 한다)과, 2007. 11. 23. "부양의무의 준거법에 관한 의정서(Protocol on the Law Applicable to Maintenance Obligations)"(이하 "부양의정서"라 한다)가 채택되었으므로[30] 우리도 그에 관심을 가져야 한다. 의정서를

한다.

[28] 이는 위에 언급한 준거법에 관한 두 개의 헤이그협약과 1958년의 "자(子)에 대한 부양의무에 관한 재판의 승인 및 집행에 관한 협약(Convention on the Recognition and Enforcement of Decisions Relating to Maintenance Obligations in Respect of Children)" 및 1973년의 "부양의무에 관한 재판의 승인 및 집행에 관한 협약(Convention on the Recognition and Enforcement of Decisions Relating to Maintenance Obligations)"을 말한다.

[29] 이는 "United Nations Convention of 20 June 1956 on the Recovery Abroad of Maintenance"이다. 이는 부양권리자의 다른 체약국의 부양의무자에 대한 부양회수를 촉진하고자 발송기관과 수령기관 간의 공조체제를 확립하기 위한 조약이다. 2024년 8월 현재 64개국이 가입하였으나 우리나라는 가입하지 않았다.

[30] 아동양육협약에 관하여는 Alegría Borrás & Jennifer Degeling의 보고서와 William Duncan, the Hague Convention of 23 November 2007 on the International Recovery of Child

별도로 채택한 것은, 부양의무의 준거법에 관하여 대체로 법정지법을 적용하는
영미법계 국가들이 준거법에 관한 통일규칙을 아동양육협약에 포함시키는 것을
원하지 않았기 때문이다.

아동양육협약의 목적은 효율적인 아동양육비와 기타 형태의 가족부양의 국
제적 회수를 보장하기 위한 것이다. 동 협약은 국제적 신청을 처리하는 과정에서
체약국 간의 실효적 공조체제를 확립하고, 체약국에게 부양재판의 취득과 변경
및 그의 승인과 집행을 위한 신청을 가능하게 하도록 하며, 초국경적 부양절차에
의 실효적 접근을 보장하도록 하고, 체약국에서 행해진 부양재판의 승인과 집행
을 위한 광범위한 체제를 확립하며, 신속하고도 단순화된 승인 및 집행절차와, 신
속하고 실효적인 집행요건을 체약국에게 부과하는 등의 다양한 수단을 통하여 그
목적을 달성하고자 한다. 그러나 직접관할규칙은 두지 않는다.[31]

부양의정서는 이전의 헤이그협약과 비교할 때 세 가지 주요 혁신을 도입하였다.
첫째, 부양의정서는 부양권리자의 상거소지법을 주된 연결점으로 유지하고(제3조),
이를 배우자 및 전 배우자(ex-spouses) 간의 부양의무에까지 확대하면서, 일정한
우선권이 있는 부양채권자들의 조("privileged" classes of creditors)의 권리에 대하여
보정적 연결원칙을 도입하여 부양권리자의 지위를 강화하고 있다(제4조).[32] 둘째,
부양의정서는 배우자 및 전 배우자 간의 부양의무에 대하여 밀접한 관련에 기한
회피조항을 도입하였다(제5조). 그 결과 그중 일방이 부양권리자의 상거소지법에
대해 반대하고 그들의 최후의 공통 상거소지법이 더 밀접한 관련이 있는 경우 그

Support and Other Forms of Family Maintenance Comments on its Objectives and Some
of its Special Features, YBPIL Vol. X (2008), p. 313 이하를, 의정서에 관하여는 Andrea
Bonomi의 보고서와 Andrea Bonomi, The Hague Protocol of 23 November 2007 on the
Law Applicable to Maintenance Obligations, YPIL Vol. X (2008), p. 333 이하를 참조. 아
동양육협약은 2013. 1. 1. 발효되었고 부양의정서는 2013. 8. 1. 발효되었다. 부양의정서는
EU 부양규정(제15조)을 통하여 덴마크와 영국을 제외한 유럽연합에서는 그 전에 발효된 바
있다. 미국도 아동양육협약을 비준하여 2017. 1. 1. 발효되었다. 우리 문헌은 이병화(2009),
354면 이하; 이병화(2015), 213면 이하; 이병화(2018), 203면 이하; 이병화(2024), 153면 이
하; 최홍섭(2019), 645면 이하 참조.

31) 국제재판관할규칙의 포함 여부는 논란이 있었으나 합의 도출에 소요되는 대가가 통일규칙을
통한 실제적 효용보다 크다는 이유로 포기되었다. 간접관할에 관한 규정은 포함되어 있다
(제20조 제1항).

32) 상세는 Bonomi의 보고서(註 30), para. 59 이하 참조. 우리 문헌은 김문숙(註 1), 32면 이하
참조.

법을 적용한다. 셋째, 부양의정서는 두 가지 유형의 당사자자치를 도입하였는데, 하나는 특정한 소송절차를 위하여 당사자들이 법정지법을 선택할 수 있는 절차적 합의이고(제7조), 다른 하나는 일정한 조건이 충족되는 경우 제8조에 열거된 법[33] 중에서 언제든지 준거법을 선택할 수 있는 선택권이다(제8조).

지금 당장은 아니지만, 장기적으로는 필리핀의 코피노나 베트남의 라이따이한 기타 외국의 한국인 자녀들이나 그의 어머니가 한국인인 아버지를 상대로 제소할 경우 아동양육협약이 문제 될 수 있다. 물론 이는 관련 국가들의 아동양육협약 가입을 전제로 한다.

실제로 필리핀 아동인 이른바 코피노의 아빠찾기 노력이 진행되어 실제로 한국인 부를 상대로 친자확인의 소를 제기하여 승소판결을 받은 사례가 있다. 예컨대 수원지방법원 성남지원 2015. 5. 28. 선고 2014드단203298, 2015드단200197 판결은 필리핀 여성과 동거하며 두 아들을 낳은 한국인 남성에게 아동이 성년이 될 때까지 매달 양육비를 50만 원씩 지급하고 한 아동의 과거 양육비로 20,000,000원을 지급하라는 명하였고, 서울가정법원 2015. 6. 5. 선고 2014드단311253(본소), 2014드단316302(반소) 판결은 한국인 남성에게 매달 양육비로 30만 원씩 지급하라고 명하였다. 그러나 위 판결들에서 법원은 통상의 국내사건에서 보는 것처럼 사실관계를 설시하고 민법을 적용하여 결론을 내리고 있어 담당 법관들과 변호사의 국제사법적 사고의 결여를 여실히 보여 준다.[34]

다행스러운 것은 근자에 대법원이 잘못을 바로 잡은 점이다. 즉 코피노 사건에서 원심(창원지방법원 2023. 4. 27.자 2022브10014 결정)은 우리 민법이 적용되는 것을 당연한 전제로 상대방의 부양의무에 관해서 판단하였을 뿐 그에 앞서 준거법을 심리하거나 조사하지 않았는데, 대법원 2023. 10. 31.자 2023스643 결정은 원심의 판단에는 직권조사사항인 준거법에 관한 국제사법을 위반하여 재판에 영향을 미친 잘못이 있다고 지적하면서 원심결정을 파기하고 사건을 원심법원에 환송하였다.

---

33) 이는 일방의 본국법, 상거소지국법, 부부재산제의 준거법과 이혼 또는 별거의 준거법이다.
34) 위 사건의 판결문에 '국제사법'과 '준거법'이라는 단어에 대한 언급이 전혀 없음을 보면 담당 법관들은 당해 사건에 국제사법을 적용해야 한다는 인식이 없었던 것 같다. 소개와 비판은 석광현, 고언 I, 97면 이하 참조. 이종혁(2021), 504면도 동지. 참고로 필리핀은 한국이 가입하지 않은 아동양육협약에 가입하여 2022. 10. 1. 발효되었다.

(10) 부양료청구 사건의 국제재판관할

가사사건의 국제재판관할을 논의함에 있어서 주목할 논점의 하나는 양육비 기타 부양료청구 사건인데, 이에 관하여는 제60조와 기타 국제재판관할규칙 참조.

12. 친족관계에 관한 조항의 개정

섭외사법	국제사법
제24조(친족관계) 친족관계 및 친족관계에서 발생한 권리의무에 관하여 본법에 특별한 규정이 없는 경우에는 각 당사자의 本國法에 의하여 이를 정한다.	제74조(그 밖의 친족관계) 친족관계의 성립 및 친족관계에서 발생하는 권리의무에 관하여 이 법에 특별한 규정이 없는 경우에는 각 당사자의 본국법에 따른다.

[입법례]
* 일본 법례 제23조: 섭외사법 및 국제사법과 별 차이 없음/법적용통칙법 제33조[그 밖의 친족관계 등]는 법례와 같음

가. 개요

구 국제사법은 내용은 그대로이나 표제를 명확히 하고, 본문 중 "친족관계"를 "친족관계의 성립"으로 그 취지를 명확히 하였다. 국제사법도 이런 태도를 유지한다.

* 국제후견법의 구성

제7장, 즉 국제친족법은 국제혼인법(제63조 - 제66조), 국제친자법(제67조 - 제
72조), 국제부양법(제73조)과 국제후견법(제75조)으로 구성된다. 국제후견법에 관하
여 국제사법은 제75조 한 개의 조문만을 두고 있다. 여기에서 다루는 국제후견법
은 준거법결정원칙을 내용으로 하는 좁은 의미의 국제후견법을 말한다. 국제재판
관할규칙의 논의는 생략한다. 외국재판의 승인 및 집행은 간단히 언급한다.

입법례에 따라서는 성년자 후견과 미성년자 후견을 구분하여 다른 연결원칙
을 두기도 하고 헤이그국제사법회의의 아동후견에 관한 협약도 그러한 태도를 취
하고 있으나 국제사법 제75조는 양자를 통합적으로 규율한다. 근자에 민법이 개
정되어 성년후견제도가 도입됨으로써 성년후견제도에 대한 사회적 관심이 커졌는
데, 성년피후견인의 재산관리와 신상보호의 문제가 점차 국제화되면서 앞으로는
국제후견법의 중요성이 점차 커질 것으로 예상된다.

13. 후견(後見)에 관한 조항의 개정

섭외사법	국제사법
제25조(후견) ① 후견은 피후견인의 本國法에 의한다. ② 대한민국에 주소 또는 거소가 있는 외국인의 후견은 그 本國法에 의하면 후견개시의 원인이 있을지라도 그 후견사무를 행할 자가 없는 경우 및 대한민국에서 한정치산 또는 금치산을 선고한 때에 한하여 대한민국의 법률에 의한다.	제75조(후견) ① 후견은 피후견인의 본국법에 따른다. ② 법원이 제61조에 따라 성년 또는 미성년자인 외국인의 후견사건에 관한 재판을 하는 때에는 제1항에도 불구하고 다음 각 호의 어느 하나에 해당하는 경우 대한민국 법에 따른다. 1. 피후견인의 본국법에 따른 후견개시의 원인이 있더라도 그 후견사무를 수행할 사람이 없거나, 후견사무를 수행할 사람이 있더라도 후견사무를 수행할 수 없는 경우 2. 대한민국에서 후견개시의 심판(임의후견감독인선임 심판을 포함한다)을 하였거나 하는 경우 3. 피후견인의 재산이 대한민국에 있고 피후견인을 보호하여야 할 필요가 있는 경우

[입법례]
- 독일 민법시행법 제24조[후견·부조와 보호] 실질법은 성년후견법(Betreuungsgesetz)이다.
- 스위스 국제사법 제85조[후견과 기타의 보호조치]
- 일본 법례 제24조, 제25조: 섭외사법과 거의 유사. 제25조는 제24조를 보좌 및 보조에 준용/법적용통칙법 제35조[후견 등]
- 중국 섭외민사관계법률적용법 제30조
- 헤이그국제사법회의의 2000년 성년자보호협약(Convention on the International Protection of Adults)

가. 개요

후견의 준거법에 관하여 구 국제사법은 피후견인의 본국법주의라는 섭외사법의 기본원칙을 유지하되(제1항), 한국에 상거소 또는 거소가 있는 외국인에 대해 예외적으로 한국 법원이 한국법에 따라 후견사무를 행할 수 있는 가능성을 확대하였다(제2항). 국제사법도 이런 태도를 유지한다. 제75조는 성년자와 미성년자의 후견에 모두 적용되나, 미성년자에 대한 보호는 많은 경우 제72조에 따라 정해지는 친자관계에 관한 법률관계의 준거법에 따를 사항이므로 제75조의 주안점은 성년자에게 있다고 할 수 있다.

후견제도는 제한능력자 기타 보호가 필요한 사람을 보호·감독함으로써 그의 재산을 관리하고 그의 법률행위를 대리하거나 필요한 동의를 하도록 하는 제도이다. 제한능력자에는 성년자와 미성년자가 있으므로 후견은 성년자에 대한 후견과

미성년자에 대한 후견으로 나뉜다. 미성년자에 대한 후견은 친권의 연장선상에
있으나 성년자에 대한 후견은 친권과는 별개의 독립된 제도이다.[1]

　　인구의 고령화가 빠르게 진행됨에 따라 노인을 보호할 필요성이 커지고 장애
인 복지의 중요성에 대한 인식 제고에 따라 의사결정이 어려운 성년자와 장애인
의 보호가 중요한 사회문제가 되었다.[2] 이에 대처하고자 각국은 성년자보호법제
를 도입하였는데, 성년자의 국제적 이동이 빈번하고 성년자가 여러 국가에 재산
을 보유하는 현상이 늘어남에 따라 이 분야에서도 국제사법이 중요한 의미를 가
진다.[3] 과거 민법은 금치산·한정치산제도를 두었으나 이는 개인의 행위능력을

---

* 국제후견법에서 인용하는 아래 주요 문헌은 [   ] 안의 인용약어를 사용한다.
　김문숙, "성년후견제도에 관한 국제사법상 쟁점에 관하여 — 한국민법개정후의 대응 —", 국
　제사법연구 제15호(2009)[김문숙(2009)]; 김문숙, "부양사건과 성년후견사건의 국제재판관할
　에 관한 입법론", 국제사법연구 제19권 제2호(2013)[김문숙(2013)]; 김원태, "외국가사재판의
　승인·집행에 관한 문제의 검토", 국제사법연구 제6호(2001)[김원태(2001)]; 김형석, "민법
　개정안에 따른 성년후견법제", 가족법연구 제24권 제2호(2000)[김형석]; 백승흠, 성년후견제
　도론(2005)[백승흠]; 송호열, "독일의 성년후견법제", 민사법이론과 실무 제8권 제2호(2004)
　[송호열]; 이병화, "성년후견제도의 도입에 따른 국제후견법의 재고찰", 비교사법 제13권 제3
　호(2006)[이병화(2006)]; 이병화, "민법상 성년후견제도 도입에 따른 국제사법상 한정치산·
　금치산선고 및 후견제도에 관한 개정방향," 국제사법연구 제19권 제1호(2013. 6.)[이병화
　(2013)]; 이병화, "성년자보호협약에의 가입가능성 모색을 위한 해석론적 고찰", 국제사법연
　구 제28권 제1호(2022. 6.)[이병화(2022)]; 제철웅, "성년후견제도 시행 10년과 새로운 입법
　적 과제", 가족법연구 제37권 제2호(2023)[제철웅(2023)]; 최흥섭, "섭외사법개정법률안의 검
　토 — 제2장(자연인), 제4장(친족), 제5장(상속)", 국제사법학회 8차 연차학술대회 발표자료
　(2000)[최흥섭(2000)]; 최흥섭, "개정법률과 國際親族·相續法의 諸問題", 법조 제536호
　(2001a)[최흥섭(2001a)]; 최흥섭, "성년자의 국제적 보호를 위한 2000년의 헤이그협약," 인하
　대 법학연구 제4권(2001b)[최흥섭(2001b)]; 최흥섭, "새로운 성년후견제의 도입에 따른 국제
　사법 규정의 개정 문제와 적용 문제", 인하대학교 법학연구 제16권 제3호(2013)[최흥섭
　(2013)]; Christoph Benicke, Haager Kinderschutzübereinkommen, IPRax (2013) [Benicke];
　Paul Lagarde, Explanatory Report on the 2000 Hague Protection of Adults Convention [Lagarde].
1) 실질법상 성년후견법제는 요보호자의 상태에 따라 유형을 달리하는 다원론적 구성[예컨대 후
　견(tutelle), 保佐(curatelle)와 일시적·잠정적 보호제도인 사법(司法)적 보호(sauvegarde de
　justice)를 두는 프랑스]과 일원론적 구성방법[예컨대 법적 부조(rechtliche Betreuung)라는
　단일한 유형을 두는 독일]이 있다. 김형석, 113면. 외국 입법례를 소개한 우리 문헌은 백승흠,
　65면 이하 참조.
2) UN장애인권리협약 제12조는 "당사국은 장애인들이 삶의 모든 영역에서 다른 사람들과 동등
　한 조건으로 법적 능력을 누려야 함을 인정하여야 한다"라고 규정하고(제2항), "당사국은 장
　애인들이 그들의 법적 능력을 행사하는 데 필요한 지원을 받을 기회를 제공받을 수 있도록
　적절한 입법 및 기타 조치를 취하여야 한다"라고 규정한다(제3항).
3) 성년후견에 관한 국제적 배경은 김문숙, "부양사건과 성년후견사건의 국제재판관할에 관한 입

일률적으로 박탈하거나 제한하는 점에서 낙인(烙印)을 찍는 효과가 있을 뿐만 아니라 보호가 필요한 사람들에게 효율적인 조력을 제공한다는 측면에서도 미흡하다는 문제가 있었다.[4] 따라서 우리나라도 2013년 7월 시행된 개정 민법을 통하여 성년후견제(또는 성년자 후견제도)를 도입함으로써 금치산과 한정치산제도를 폐지하고 협의의 성년후견과 한정후견제도로 대체하였고 그 밖에도 특정후견과 임의후견(또는 후견계약)을 새로 도입하였다. 그리고 성년자 후견제도에 대한 공시절차를 마련하고자 '후견등기에 관한 법률'을 제정하였다. 후견인의 선임은 후견등기부에 기록되어야 한다.

구 국제사법은 사람에 관한 제2장에서 행위능력에 이어 행위능력을 박탈하거나 제한하는 제도인 한정치산 및 금치산선고에 관한 규정(제14조)을 두었으나 실질법에서 성년자 후견제도를 도입하면서 기존의 행위무능력제도와는 이념적 기초를 달리하는 제도와 규율을 도입하였음(행위능력의 박탈·제한보다는 보호가 필요한 사람에게 효율적인 조력을 제공하는 측면을 강조)을 고려하여 구 국제사법 제14조(특별관할과 그 경우의 준거법 지정)를 삭제하고, 후견에 관한 사건의 특별관할을 제61조에서 규정하면서 후견개시심판을 포함한 후견의 준거법을 제75조에서 규정한다.[5]

법론", 국제사법연구 제19권 제2호(2013. 12.), 181면 이하 참조. 근자에 우리나라에서도 신격호 롯데그룹 회장의 성년후견과 배우 윤정희씨의 성년후견이 사회적 관심사가 된 바 있다. 전자는 일본에서도 활동하였고 재산을 가지고 있으며, 후자는 오랜 기간 프랑스에 거주하고 있고 프랑스 법원의 후견개시 재판이 있었다고 하므로 국제재판관할과 특히 외국재판의 승인이라는 국제적 성년후견의 문제를 제기한다. 그러나 서울가정법원 2022. 3. 24.자 2020후개10406 심판은 마치 순수한 국내사건인 것처럼 국제재판관할과 준거법에 관하여 아무런 언급을 하지 않는다. 이런 식으로 국제사법 논점이 사장(死藏)된다면 한국에서 판례가 아무리 많이 나온들 사건처리에 그칠 뿐이고 우리 법률가들은 국제사법 논점을 다룰 기회조차 가질 수 없다. 즉 프랑스 법원의 후견인선임재판의 승인 여부, 그 요건과 효과, 성년후견인이 겪을 불편함 등을 고민하고 국내법으로 해결하는 데 따른 어려움을 깨달아야 이를 개선하는 수단인 성년자보호협약에 생각이 미치고 가입 여부를 검토할 텐데, 우리 법률가들은 그런 협약의 존재이유를 공감하지 못한다는 것이다. 이 점은 석광현, "국제가사사건을 다루는 법률가들께 드리는 고언 II", 국제사법연구 제30권 제1호(2024. 6.), 41면 이하 참조.

4) 윤진수, 283면.

5) 참고로 우리보다 앞서 성년후견제도를 도입한 일본의 법적용통칙법(제5조)은 기존의 체제를 유지하면서 한정치산과 금치산에 관한 조문을 후견개시의 심판에 관한 조문으로 대체하였다. 실질법상 일본의 성년후견제도는 임의후견과 법정후견으로 구분되고 법정후견은 다시 후견, 보좌, 보조의 세 가지 유형으로 분류된다. 일본은 2000년 민법을 일부개정하고, 후견을 사전에 확보할 수 있도록 "임의후견계약에 관한 법률"을 제정하였으며, 일본의 법정후견제도는 일본 민법 제7조-제21조, 민법 제838조 이하에, 임의후견제도는 임의후견계약에 관한 법률

나. 주요내용

(1) 피후견인의 본국법주의 유지(제1항)

후견은 성년자 후견과 미성년자 후견으로 구분되는데, 통상 성년자 후견은 과거의 금치산·한정치산 선고(민법 개정으로 이제는 후견개시의 심판으로 사실상 대체되었다)[6]와 연결되고, 미성년자 후견은 친자관계의 효력, 즉 친권 문제와 연결되는 것으로서 친권의 연장선상에 있다. 그런데 국제사법(제72조)에서는 친자관계를 원칙적으로 자녀의 일상거소지법에 의하고 예외적으로 자녀의 본국법에 의하도록 하였으므로, 미성년자의 후견 문제에 대하여 피후견인인 자녀의 일상거소지법에 연결하는 방안이 설득력이 있다고 볼 수 있다. 특히 후견 문제는 신분적 측면보다 재산관리라는 재산적 색채가 강하고, 피후견인의 보호를 위한 조치가 실효적으로 행해질 수 있는 곳은 생활의 중심지라는 점에서 볼 때 이러한 방안은 설득력이 있다. 미성년자보호협약(제1조와 제2조)과 아동보호협약(제15조와 제16조)은 일상거소지법주의를 기본으로 하고 있다.[7]

그러나 한국법은 신분문제에 있어 본국법주의를 기본으로 하고 있고, 후견과

에 규정되어 있다. 임의성년후견과 법정성년후견의 공시수단으로 "후견등기등에 관한 법률"을 제정하였다.

6) 반면에 독일 민법시행법은 과거 행위능력의 박탈·제한(Entmündigung)에 관한 구 민법시행법 제8조를 삭제하고 후견·부조와 보호(Vormundschaft, Betreuung und Pflegschaft)에 관한 제24조만 둔다. 독일은 과거 행위능력박탈·제한의 선고(Entmündigung), 후견(Vormund-schaft), 장애보호(Gebrechlichkeitspflegschaft)라는 3가지 제도를 가지고 있었으나 1992년 1월부터 "성년자를 위한 후견 및 감호법의 개정에 관한 법률"을 통하여 특별후견인제도를 도입하였고 1999년 1월 성년후견법개정법(Betreuungsrechtsänderungsgesetz. BTAdG)을 통하여 이를 다시 개정하였다. 외국법의 소개는 송호열, "독일의 성년후견법제", 민사법이론과 실무 제8권 제2호(2004), 29면 이하 참조. 독일법의 상세는 폴커 립/위성훈(번역), 후견법원론(2022) 참조. 참고로 독일은 성년후견제도가 당사자의 의사결정을 대체하는 것을 막고 UN장애인권리협약 제12조 제3항이 정한 바에 따라 '장애인이 법적 능력을 행사하기 위하여 필요한 지원'을 하도록 민법의 성년후견 관련 조문(제1814조 이하)을 전부개정하여 2023년 1월 1일 시행하고 있다. 이는 피후견인의 자기결정권(사적 자치)을 강화하고 법적 후견의 품질을 향상하기 위한 것이라고 한다. 소개는 박인환, "유엔장애인권리협약 제12조와 성년후견제도의 개혁과제", 정태윤·지원림 교수 논문집: 새봄을 여는 민법학(2023), 267면 이하 참조. 상세는 안경희, "2021년 개정 독일 성년후견법의 주요 내용—제1814조 내지 제1834조를 중심으로—", 중앙법학 제23권 제2호(2021. 6.), 105면 이하 참조. 기타 외국 동향은 위 박인환, 266면 註 49 참조.

7) 미성년자보호협약은 1902년의 "미성년자의 후견을 규율하기 위한 헤이그협약"(이른바 "후견협약")을 대체한다. 동 협약 제18조. 반면에 후견협약은 본국법주의를 취하고 있었다. 본국법주의와 상거소지법주의의 소개는 신창선·윤남순, 379면 이하 참조.

밀접하게 관련된 금치산·한정치산에서도 종래 본국법주의를 취하였다. 또한 성년자와 미성년자의 후견을 나누어 규율하는 데에 대한 타당성에 의문이 있다는 이유로 구 국제사법은 결국 성년자와 미성년자의 후견 모두에 관하여 통일적으로 본국법주의를 고수하였다(제48조 제1항).[8] 실질법상 우리 민법도 미성년후견과 성년후견에 대하여 공통적으로 적용되는 규정을 두고 이러한 규정들을 한정후견, 특정후견과 임의후견에 준용하고 있다. 그런데 국제사법이 후견의 관할규칙을 신설하여 피후견인 일상거소지의 관할을 인정함에 따라, 종래 국제재판관할을 함께 규정하는 것으로 이해되었던(다수설에 따를 경우) 후견의 준거법에 관한 구 국제사법(제48조)을 개정하게 되었다. 연결점을 국적이 아니라 아예 일상거소지로 대체하는 방안도 고려하였으나 법무부는 금번에는 준거법지정규칙은 개정하지 않는다는 원칙과, 후견의 준거법으로서 아직은 본국법주의를 지지하는 견해가 유력한 점[9]을 고려하여 원칙적으로 피후견인의 본국법주의를 유지하면서 예외적인 경우 외국인에 대하여 한국법을 적용하는 구 국제사법의 태도를 가급적 유지하기로 하였다. 따라서 큰 원칙을 수정한 것은 아니지만 재판관할에 관한 국제사법(제62조)이 신설됨으로써 구 국제사법 제48조의 규정방식을 수정하지 않을 수 없게 되었다.

결국 국제사법(제75조)은 후견의 준거법에 관하여 피후견인의 본국법주의를 원칙으로 하면서, 제61조에 따라 한국 법원이 후견에 관한 사건의 특별관할을 가지고 재판을 하는 때에는 첫째, 그의 본국법에 따른 후견개시의 원인이 있더라도 그 후견사무를 수행할 사람이 없거나 후견사무를 수행할 사람이 있더라도 후견사무를 수행할 수 없는 경우, 둘째, 한국에서 후견개시의 심판(임의후견감독인선임 심판을 포함)을 하였거나 하는 경우 또는 셋째, 피후견인의 재산이 한국에 있고 피후견인을 보호하여야 할 필요가 있는 경우에는 예외적으로 법정지법인 한국법을 준거법으로 삼는다.[10]

---

8) 법무부, 해설, 168면. 이처럼 친자관계의 준거법에 대해 미성년자의 상거소지법에 의하면서도 미성년자의 후견에 관하여는 그의 본국법에 따르는 것은 1998년 개정되기 이전의 독일의 구 민법시행법과 동일하다. 다만 독일의 경우 미성년자에 관한 후견은 상당 부분 미성년자보호협약에 의해 규율된다.

9) 예컨대 최흥섭(2013), 1면 이하 참조.

10) 참고로 구 국제사법 제48조 제3호를 적용한 서울가정법원 2018. 2. 17.자 2017브30016 결정이 있다. 이 사건에서 법원은 한국 국적 상실 후에도 장기간 국내에 거주한 경우 최소한 한국에 거소가 있는 외국인에 해당한다고 판단한 뒤 한국 내 재산을 소유하고 있을 뿐 아니라 그에 관한 임대차계약을 체결하거나 금융기관으로부터 금원을 차용하는 등의 법률행위를 하

구 국제사법과 대비한 국제사법 제75조의 특색은 아래와 같다.[11)

첫째, 제2항에서는 과거처럼 한국이 예외적으로 관할을 가지는 경우를 명시하는 대신 국제사법(제61조)에 따라 한국이 국제재판관할을 가지는 것을 전제로 한다. 둘째, 성년자 후견과 미성년자 후견을 묶어서 규율하는 구 국제사법의 체제를 유지한다. 셋째, 제1호와 제3호는 구 국제사법 제48조 제1호와 제3호를 가급적 유지하면서 조금 수정한다. 넷째, 구 국제사법 제48조 제2호는 "대한민국에서 한정후견개시, 성년후견개시, 특정후견개시 및 임의후견감독인선임의 심판을 한 경우"인 데 반하여, 국제사법 제75조 제2항 제2호는 이를 "대한민국에서 후견개시의 심판(임의후견감독인선임 심판을 포함한다)을 하였거나 하는 경우"라고 규정한다. 실무상 후견에 관한 사건에는 후견개시사건과 후견감독사건이 포함되는데, 제2호의 취지는 우리 법원이 후견개시심판을 하였다면 후속하는 후견감독사건 기타 후견 관련 사건에는 한국법을 적용하라는 취지라고 이해된다.

다만 그렇게 하면 제1항에서 정한 본국법주의가 상당 부분 무의미하게 된다는 문제가 있다. 물론 우리 법원의 관여 없이 준거법만을 판단하는 상황에서는 제1항이 여전히 의미가 있다. 그러나 제2호가 "대한민국에서 후견개시의 심판을 하는 경우"도 포함하므로 외국인에 대해 후견개시의 원인이 있는지, 또한 그 경우 우리 법원이 후견개시의 재판을 해야 하는지의 준거법도 한국법이 된다. 결국 한국 법원이 개입하는 경우에는 사실상 법정지법원칙이 적용되는 결과가 되므로 그 범위 내에서는 일상거소지법이 적용되어 관할과 준거법의 병행이 이루어지는 셈이다.

참고로 우리 국제사법은 후견의 존속(즉 개시·종료)과 후견의 내용의 준거법을 통일적으로 규율하는 데 반하여, 독일 민법시행법(제24조)은 후견의 개시·종료와 법정후견의 (집행과) 내용에 대해서는 피후견인의 본국법에 의하고,[12) 잠정적 조치와 개시명령에 따른 후견의 내용에 대해서는 후견을 명하는 법정지법에 의하도록 이원화하여 규정하는 점에 특색이 있다.[13) 여기에서 '후견의 내용'이라 함은

고 있고, 현재 한국 내에서 배우자인 소외 2와 사이에 이혼소송을 진행하고 있으며 부친인 망 소외 1의 사망으로 인하여 그 상속과 관련한 법률적 분쟁의 당사자가 될 가능성이 높은 것으로 보이므로 이는 피후견인을 보호하여야 할 긴급한 필요가 있는 경우에 해당한다고 판시하였다. 이종혁(2021), 506면은 이를 소개하고 타당한 판결이라고 평가한다.

11) 제76조는 결국 일본 법적용통칙법 제35조와 유사하나 개정법에는 일본 법적용통칙법 제5조와 같은 조문이 없다.

12) 다만 예외적으로 독일에 일상거소(일상거소가 없으면 거소)가 있는 외국인에 대하여는 독일법에 따라 부조자(Betreuer)가 선임될 수 있다. 독일 민법시행법 제24조 제1항 2문.

'후견사무의 처리(또는 집행)(Durchführung)'를 말하는데 그 내용은 대체로 아래에서 보는 바와 같다. 이러한 사항들은 우리 법상 후견의 준거법에 의할 사항이다.

(2) 후견의 준거법이 규율하는 사항

후견의 준거법이 규율하는 사항은 후견에 관한 제문제, 즉 후견의 종류, 후견의 개시와 그 원인, 피후견인과 후견인 간의 권리의무관계, 후견인의 지명, 선임과 직무 및 후견의 내용 등이다.[14] 후견의 내용은 ⓐ 후견인의 선임, 감독·해임, ⓑ 피후견인과 후견인 간의 권리의무관계,[15] ⓒ 후견인의 법정대리권과 그에 대한 제한, 즉 후견인의 후견사무집행에 대한 법원이나 친족회(한국에서는 2013년 폐지됨) 등에 의한 승인의 요부·내용·방법, ⓓ 기타 후견인의 권리의무 등을 말한다.[16]

우리 민법은 후견제도만을 인정하고 구 민법이나 일본 구 민법과 달리 한정치산자를 위한 보호기관으로서 보좌인제도를 두고 있지 않다. 그에 상응하여 섭외사법에서도 후견에 관한 규정을 보좌에도 준용한다는 취지의 법례 제24조에 상응하는 규정을 두지 않았다. 그러나 만일 우리나라에 있는 외국인에 대해서 구 민법상의 보좌인 또는 독일의 과거 'Pfleger'에 상응하는 문제가 제기된다면, 보좌는 '부분적 또는 작은 후견(Teil – oder kleine Vormundschaft)'에 해당한다고 볼 수 있으므로 그에 대하여는 결국 후견에 관한 규정을 유추적용하는 것이 타당하다.[17]

(3) 미성년자에 대한 후견: 친권의 준거법과 후견의 준거법의 관계

위에서 언급한 것처럼 국제사법은 성년자와 미성년자의 후견 모두에 관하여

---

13) 즉 후견의 개시·변경·종료에 대하여는 피후견인의 본국법에 통일적으로 연결하나, 후견의 내용, 즉 집행에 대해서는 법정후견의 경우 피후견인의 본국법, 법원이 개시하는 후견의 경우 법정지법에 의하도록 이원화한다(법정후견에 관한 한 실무적으로 독일 민법 제1791조와 제1717조가 제24조에 우선하므로 법정후견에 관하여 제1항은 별 의미가 없다고 한다). 아동보호협약은 독일에서 2011년 1월 1일 발효되어 동 협약이 민법시행법에 우선한다. Christoph Benicke, Haager Kinderschutzübereinkommen, IPRax (2013), S. 44.

14) 신창선·윤남순, 381면; 김연·박정기·김인유, 452면; 신창섭, 372면; 윤종진, 482면.

15) 이는 후견인의 보수와 후견인의 재산에 대한 피후견인의 법정담보권, 피후견인의 신상에 대한 후견인의 보호·교양권과 피후견인인도청구권, 후견인의 피후견인의 재산관리권 등을 말한다.

16) 이호정, 414면; MünchKomm/Lipp, 8. Auflage (2020), Art. 24 Rn. 20ff.

17) 이호정, 418면.

본국법주의를 고수한다(제1항). 우리 국제사법상 미성년자에 대한 친권의 문제는 친자관계의 준거법(제72조)에 따르고, 미성년자에 대한 후견은 친권자에 의한 보호가 행해지지 않는 경우에 문제 되는 것으로서 후견의 준거법(제75조)에 따를 사항이라[18] 양자의 준거법이 항상 일치하는 것은 아니나, 미성년자보호협약과 아동보호협약은 미성년자에 대한 친권과 후견을 함께 다루고 있다.

후견의 준거법을 정한 제75조는 미성년자의 후견에도 적용되나, 미성년자에 대한 후견은 친권자에 의한 보호가 행해지지 않는 경우에 문제 되므로 미성년자에 대한 보호는 많은 경우 제72조에 따라 정해지는 친자관계에 관한 법률관계의 준거법에 따를 사항이다. 따라서 제75조의 주안점은 성년자에 있다. 다만 논리적으로는 제75조가 미성년자의 후견에도 적용되는 결과 미성년자에 대한 친권은 원칙적으로 친자관계의 준거법에 의하고(제72조), 미성년자의 후견은 후견의 준거법(제75조)에 의하므로 미성년자 후견의 준거법은 피후견인인 자녀의 본국법이고, 친자관계의 준거법은 자의 일상거소지법이 되는 탓에 후견과 친권의 준거법이 다를 수 있고[19] 그 경우 양자 간에 충돌이 발생할 수 있다.[20] 반면에 아래에서 보듯이 아동보호협약은 양자의 준거법을 통일적으로 규율한다.

제75조가 규율하는 미성년자에 대한 후견은 친권자에 의한 보호가 행해지지 않는 경우에 문제 되므로 양 조문이 직접 충돌되는 것은 아니고, 친권의 소멸은 후견개시의 선결문제이다. 그렇지만 친권의 준거법과 후견의 준거법이 다른 경우 충돌이 발생할 수 있는데, 이는 적응(조정)의 법리에 의하여 해결할 문제이다. 예컨대 친권의 준거법에 따르면 친권이 상실되어 후견이 개시되어야 하지만 후견의 준거법에 따르면 친권이 상실되지 않아 후견개시사유가 존재하지 않는 경우(소극적 저촉)와 반대의 경우, 즉 친권의 준거법에 따르면 부모가 친권을 가지는 데 반

---

18) 이처럼 친자관계의 준거법에 대해 미성년자의 상거소지법에 의하면서도 미성년자의 후견에 관하여는 그의 본국법에 따르는 것은 1998년 개정되기 이전의 독일의 구 민법시행법과 동일하다. 다만 독일의 경우 미성년자에 관한 후견은 상당 부분 아동보호협약에 의해 규율된다.

19) 최흥섭(2000), 18면은 한국에 상거소를 둔 외국인에 대해 한국 법원과 한국법이 개입할 가능성이 있었고 국제사법에서 그 범위가 다소 확대되었으므로 크게 부당한 사태는 생기지 않을 것이라고 한다.

20) 이처럼 친자관계의 준거법에 대해 자녀의 일상거소지법에 의하면서도 후견에 관하여는 피후견인의 본국법에 따르는 것은 독일 민법시행법과 동일하다. 다만 독일의 경우 미성년자에 관한 후견에 대하여는 아동보호협약이 우선적으로 적용된다. 반면에 대만의 경우 친자관계의 준거법은 자의 본국법에 의하고(제55조), 후견은 피후견인의 본국법에 의하므로 양자가 일치하게 된다.

하여 후견의 준거법에 후견개시사유가 존재하는 경우(적극적 저촉)가 있다. 소극적 저촉의 경우 아동의 보호를 위하여 후견개시사유가 존재하는 것으로 취급하고, 적극적 저촉의 경우 보호의 중복을 피하기 위해 친권을 우선시켜 친권의 준거법에 따라 부모의 친권을 인정하는 견해가 유력하다.21) 이는 미성년자의 후견을 친권의 연장으로 보면서 후견의 보충성과 친권법의 우위를 인정하는 셈이다. 이런 견해는 대체로 타당하나, 국제사법(제75조 제2항 제3호)을 고려해야 한다. 즉 동호는 피후견인을 보호하여야 할 긴급한 필요가 있는 경우 우리 법원이 한국법을 적용하여 후견사무를 처리할 수 있음을 명시하는데, 예컨대 피후견인의 본국법에 의하면 후견개시의 원인이 없어, 한국에 있는 피후견인이 보호받을 수 없는 경우 피후견인을 보호하기 위한 것이다. 즉 위에서 본 적극적 저촉의 경우 긴급한 필요가 있으면 친권자가 있더라도 후견을 개시할 수 있음이 이미 법조문에 반영되어 있다는 것이다.

이와 달리 국제사법의 해석론으로서 미성년자의 친권과 후견을 통일적으로 연결하는 견해도 주장될 여지가 있다. 즉 친권을 보완하거나 지지하거나 대체하는 것은 친자관계의 부속물(Annex)로 간주되고 따라서 상이한 법이 적용됨으로써 규범의 저촉이 발생하는 것을 피하기 위해 미성년자에 대한 후견은 제75조가 아니라 제72조에 따라야 한다는 것이다.22) 이에 따르면 제75조는 성년후견에 대해서만 적용된다고 본다. 이런 견해가 장점이 없지는 않으나 조문의 문언상 해석론으로서는 지지하기 어렵다.

그러나 이처럼 후견의 준거법과 친권의 준거법을 달리 규정하는 국제사법의 태도가 입법론적으로 바람직한지는 다소 의문이다.23) 즉, 국제사법은 후견에 대해, 그것이 성년후견인지 미성년(또는 아동) 후견인지를 구분하지 않고 통일적인 연결원칙을 두고 있다. 하지만 미성년후견에 관하여 보면 국제규범의 동향은 친권과 후견을 통일적으로 연결하는 것으로 보이는데, 양자의 기능적 유사성과 양

---

21) 김문숙, "涉外後見に關する硏究", 아세아여성법학 제3권(2000. 6.), 235면; 신창선·윤남순, 381면; 일본 주석국제사법 제2권, 142면(河野俊行).

22) Andrae, 2. Auflage, §6 Rn. 109f. 참조. 이는 독일 구 민법시행법의 해석론인데 구 독일 민법시행법 제24조(후견)는 우리 국제사법 제76조에 상응하고, 제35조(친자관계)는 우리 국제사법 제72조에 상응하는 것이었다. 현재는 독일 민법시행법 제24조가 규율하나 성년자보호협약과 아동보호협약이 우선한다. Junker, §19 Rn. 63ff. 참조.

23) 위 제72조 해설 참조.

자가 단절 없이 유기적으로 연결될 필요성을 고려하면 후자가 설득력이 있다. 입법론으로도 성년과 미성년자(아동)를 구별하여 국제적 동향을 따르는 것이 좋을 것이라는 생각이 든다. 그러나 한국에 일상거소를 둔 외국인에 대해 한국 법원과 한국법이 개입할 가능성이 있었고 국제사법에서 그 범위가 다소 확대되었으므로 크게 부당한 사태는 생기지 않을 것이라는 견해도 있다.[24]

미성년자에 대한 후견의 경우 위에서 언급한 1996년 아동보호협약이 있는데, 우리도 동 협약에의 가입을 신중하게 검토할 필요가 있다. 과거와 달리 외국인 결혼이주자 또는 노동이주자들이 증가함에 따라 외국 국적을 유지한 채 한국에서 생활하는 아동이 증가하고 있고 이런 아동들을 실효적으로 보호하자면 관련 국가 간의 협력이 필요하기 때문이다. 다만 그러한 이주자들의 본국이 대부분 아동보호협약에 가입하지 않은 국가들이라는 점에서 아동보호협약 가입의 실익은 제한적일 것이다.

(4) 외국법원의 후견인선임재판의 승인

외국법원의 후견인선임재판이 있는 경우 한국에서의 그의 승인 및 집행이 문제 된다. 비단 후견인선임재판만이 아니라 외국법원이 취한 보호조치의 승인 및 집행도 문제 된다.

후견인선임은 비송사건인데,[25] 학설로는 종래 민사소송법 제217조를 비송사건에도 사실상 유추적용하여 그 요건의 일부를 요구하는 견해가 유력하다.[26] 다만 승인요건에 관하여, 대심적 소송이 아닌 비송사건의 경우 송달요건은 별로 문제 되지 않는다는 견해가 유력하고, 문제는 상호보증의 요건이 필요한가인데 견해가 나뉜다. 부정설도 있지만[27] 명문의 근거가 없으므로 필요하다는 긍정설도

---

24) 최흥섭(2000), 18면.

25) 우리 법상 이는 라류 가사비송사건이다. 가사소송법 제2조 제1항 제2호 가. 18.

26) 김문숙(2013), 209면; 김원태(2001), 67면. 다만 김원태(2001), 68면은 민사소송법을 유추적용한 것은 아니라고 한다. 2014. 5. 20. 개정된 민사소송법 제217조 제1항 본문은 승인대상으로서 외국법원의 확정판결만을 규정하던 구 ①을 개정하여 "외국법원의 확정판결 또는 이와 동일한 효력이 인정되는 재판"으로 확장하였는데, 그것이 가사사건과 비송사건에 미치는 영향을 고려해야 한다. 제1호 확정재판이라고 하므로 이제는 비송사건에도 제217조의 모든 요건이 적용된다는 견해도 주장될 수 있으나, 위 개정이 특히 가사사건과 비송사건을 염두에 둔 것은 아니므로 필자는 비송사건에 관한 종래의 학설대립은 여전히 가능하다고 본다. 제217조를 개정하는 과정에서 가사사건과 비송사건도 고려하여 그 취지를 명시했더라면 하는 아쉬움이 있다.

있는데 판례도 후자로 보인다. 과거 서울고등법원 1985. 8. 20. 선고 84나3733 판결은 독일인과 혼인하여 독일 국적을 취득한 한국인 모에 대하여 독일인 부가 청구한 자의 인도청구사건에서 독일과 한국 간에는 상호보증이 있다고 판시하였고, 이혼 및 양육자지정, 면접교섭권, 재산분할 및 부양료·양육비지급을 명한 캐나다 온타리오주 법원판결에 기한 집행판결을 청구한 사건에서, 대법원 2009. 6. 25. 선고 2009다22952 판결도 상호보증이 필요함을 전제로 상호보증의 존재를 긍정한 바 있다.

흥미로운 것은 일본 법원의 후견인선임재판을 승인한 하급심 법원 판결이다. 서울고등법원 2012. 11. 16. 선고 2010나21209(본소), 51224(반소) 판결(본소: 대표자선정, 반소: 대납금반환청구)은 본안전항변에 대하여 판단하는 과정에서 일본에 거주하는 한국인에 대하여 일본 법원에서 일본법에 의하여 이루어진 후견에 관한 심판은 한국에서도 유효하다고 판단하면서 다만 거소국법에 의한 후견은 본국법에 의한 후견에 대해서 보충적으로 인정되는 것이므로 본국법에 의하여 후견이 설정되면 위와 같은 예외적인 거소국법에 의한 후견은 종료된다고 판시하였다.[28] 위 판결은, 구 민사소송법 제217조 제1항의 승인요건이 모두 구비된 것으로 판단하고, 나아가 한국법상 후견의 원인이 없음이 명백하다는 등의 특별한 사정이 없다면 일본에 거주하는 한국인에 대해서도 일본법에 의하여 이루어진 후견에 관한 재판(심판)은 한국에서도 유효하다고 판단한 것이다. 위 판결에서는 첫째, 일본 법원의 후견인선임재판이 승인대상인지(판결은 긍정),[29] 둘째, 일본 후견인의 권한이

---

27) 김문숙(2013), 209면.

28) 소개는 노태악, "2012년 국제사법 주요 판례 소개", 국제사법연구 제18호(2012), 533면 이하 참조.

29) 종래 외국 성년후견개시 심판의 승인을 부정하는 견해도 있다. 그에 따르면 외국에서 성년후견개시 심판을 받았더라도 그는 한국에서 완전한 행위능력자로 취급되는데, 이 견해는 성년후견제도의 속지적 성격과 능력제한이 공시되지 않는다는 점을 근거로 제시한다. 김연·박정기·김인유, 278면 이하 참조. 그러나 아래 헤이그국제사법회의의 성년자보호협약이 외국보호조치의 승인 및 집행에 관하여 규정하는 데서 보듯이 성년후견제도의 속지적 성격이 당연한 것은 아니므로 승인될 수 있다고 본다. 공시제도의 불완전성은 국제사법 제29조 또는 그의 유추적용에 의한 거래 안전 보호 장치에 의하여 해결해야 할 것이다. 외국에서 후견심판이 있는 경우 피후견인인 제한능력자가 한 행위의 효력은 외국재판의 승인과 준거법 지정이 교착하는 영역인데 문제는 그가 제3국에서 행위한 경우 그를 제한능력자로 취급할 수 있는가이다. 그 경우 후견심판이 한국의 승인요건을 구비한다면 제3국이 후견심판을 승인하는지에 관계없이 우리로서는 그를 제한능력자로 취급하여야 한다. 이종혁, "국제후견의 국제사법 문제", 박세영 외, 위험사회와 의사결정능력 장애인의 자기결정권 행사의 지원(2023), 258-259면 참조.

한국 내 재산 및 후견사무에도 미치는지(판결은 긍정), 셋째, 일본 법원의 후견인선임재판이 승인되더라도 우리 법원이 한정치산선고를 할 수 있는지(판결은 긍정), 넷째, 우리 법원의 한정치산선고가 있으면 일본의 후견이 자동 종료되는지 아니면 한국 소재 재산 및 후견사무에 관한 한 한국 법원의 조치가 우선하는지(판결은 전자로 봄) 등의 의문을 체계적으로 검토할 필요가 있다. 저자로서는 위 2010년의 판결에도 불구하고 비대심적 재판에 대하여도 민사소송법 제217조를 유추적용할 수 있다고 보므로[30] 위 서울고등법원 판결은 일응 설득력이 있다고 보나 승인요건에 대한 충분한 설시가 없음은 아쉽고, 한국 법원의 후견 개시로 인해 일본 법원의 후견이 자동으로 종료되는지는 의문이다.[31)32)]

    또한 외국법원의 비송재판이 승인되기 위하여는 그것이 기판력이 있어야 하는가라는 의문이 있다. 즉 2014. 5. 20. 개정된 민사소송법 제217조 제1항은 승인대상을 "외국법원의 확정판결 또는 이와 동일한 효력이 인정되는 재판(이하 "확정재판등"이라 한다)"이라고 명시하는데, 유력설은 그 취지를 승인의 대상이 비송재판에 확장되는 것을 막기 위해 확정판결과 동일한 효력, 즉 기판력이 인정되는 재판으로 제한한 것이라고 설명한다.[33] 그러나 이는 다소 의문이다. 가사소송법에는 가사비송심판의 기판력에 관한 규정이 없기 때문에 다수설은 일반적인 비송사건과 마찬가지로 기판력을 부인하는데,[34] 만일 어느 외국이 한국법과 같은 태도를 취한다면 형성력은 있지만 기판력이 없는 외국법원의 가사비송재판은 한국에서 승인될 수 없다는 것이 되기 때문이다. 이 점을 고려한다면 외국법원의 재판, 특히 비송사건의 재판에 기판력이 없다는 이유만으로 승인대상으로서의 적격을

---

30) 김원태(2001), 82면은 이의 유추적용을 긍정한다. 비송재판이 외국법원의 판결에 포함된다는 견해도 있다.

31) 위 판결에 대한 논의는 석광현, 고언Ⅱ, 38면 이하 참조.

32) 또한 근자에 배우 윤정희씨 사건이 여러 차례 보도된 바 있다. 보도에 따르면 윤정희씨의 딸의 청구로 서울가정법원에서 2022년 3월 윤정희씨에 대한 성년후견개시와 성년후견인 선임심판이 있었다. 보도에 따르면 그 전에 프랑스 법원에서 윤정희씨의 딸을 후견인으로 선임하는 재판이 있었다고 하는데 서울가정법원에서 프랑스 비송재판의 승인이 어떻게 다루어졌는지 궁금하다. 그러나 서울가정법원 2022. 3. 24.자 2020후개10406 심판은 마치 순수한 국내사건인 것처럼 국제재판관할과 준거법을 전혀 언급하지 않는다.

33) 이규호, "외국재판의 승인 등에 관한 개정 민소법·민사집행법에 대한 평가", 법률신문 제4252호(2014. 9. 4.), 11면.

34) 법원실무제요/가사[1], 278면; 윤진수/현소혜, 주해친족법, 입양특례법 제11조 註釋도 입양재판의 기판력을 부정한다.

부정할 것은 아니다.[35] 한편으로는 일정한 비송사건의 재판에 기판력을 부여하는 방안도 고려할 필요가 있다.

만일 가사사건의 외국판결에도 상호보증을 요구하면 파행적 법률관계가 발생할 가능성이 커진다는 문제가 있다. 일반적으로 상호보증을 요구함으로써 당사자이익이 침해되는데, 가사사건의 경우는 그 성격상 당사자이익뿐만 아니라 파행적인 신분관계의 창설에 의하여 거래이익과 국가이익[36]도 침해되기 때문에 상호보증을 요구하는 것은 문제가 있으므로 해석상 이를 완화할 필요가 있는데 다만 그 범위와 요건을 더 검토할 필요가 있다.

입법론으로서는 가사사건의 경우 그것이 소송사건이든 비송사건이든 원칙적으로 상호보증의 요건을 요구하지 않는 것이 적절하다.

비송사건의 경우 외국법원의 재판 또는 보호조치의 승인 및 집행을 규율하는 규정을 두는 것이 바람직하고, 그런 입법이 늦어진다면 우선 아래 성년자보호협약에 가입함으로써 문제를 해결하는 방안도 고려할 필요가 있다.

(5) 임의후견의 준거법

성년후견과 관련하여 우리 민법(제959조의14부터 제959조의20)처럼 다수 국가는 임의후견제도(또는 후견계약제도)를 도입하고 있는데[37][38] 민법 제959조 제1항은, "후견계약은 질병, 장애, 노령, 그 밖의 사유로 인한 정신적 제약으로 사무를 처리할 능력이 부족한 상황에 있거나 부족하게 될 상황에 대비하여 자신의 재산

---

35) 석광현, 국제민사소송법, 350면 참조.

36) 당사자이익, 거래이익과 국가이익의 개념은 석광현, 재판관할, 52면 이하 참조.

37) 예컨대 영국의 1985년 지속적 대리권법(Enduring Powers of Attorney Act 1985), 일본의 "임의후견계약에 관한 법률"과 독일의 "성년자의 후견 및 감호에 관한 법의 개혁법률 (Gesetz zur Reform des Rechts der Vormundschaft und Pflegschaft für Volljährige. Betreuungsgesetz. BtG)"과 민법(제1897조 제4항)도 이를 허용한다. 독일법의 소개는 송호열(註 6), 29면 이하 참조. 프랑스 민법도 司法的 보호(la sauvegarde de justice)를 두는데, 과거에는 제491조부터 제491조의6에 있었으나 근자에는 제414조부터 제495조의9가 규율하는데 임의후견(mandat de protection future)에 관하여는 제477조부터 제488조가 규율하고, 2015년에는 가족수권(babilitation familiale)에 관한 제494조의1 이하가 추가되었다. 입법례는 Staudinger/von Hein (2019), Art. 15 ErwSÜ, Rn. 1ff. 참조.

38) 민법(제959조의15)상 임의후견은 임의후견감독인 선임이라는 법원의 관여를 요구하는 점에 특색이 있다. 실질법상 후견계약은 장래형 후견계약, 즉효형 후견계약과 이행형(전환형) 후견계약으로 구분한다.

관리 및 신상보호에 관한 사무의 전부 또는 일부를 다른 자에게 위탁하고 그 위탁사무에 관하여 대리권을 수여하는 것을 내용으로 한다"라고 규정한다.

임의후견제도를 인정하지 않는 국가도 있으나 아래 소개하는 성년자보호협약(제15조와 제16조)은 이를 인정하는 것을 전제로 임의후견(더 정확히는 임의후견인의 대리)의 준거법을 규정한다.[39] 우리 민법상 임의후견은 공증인의 공정증서로 체결된 후견계약에 의하여야 하고, 후견계약은 가정법원이 임의후견감독인을 선임한 때에 효력이 발생하도록 규정하는 탓에(민법 제959조의14 제2항과 제3항) 실제로는 후견계약이 별로 이용되지 않고 있는데, 이런 엄격한 규제는 임의후견의 남용에 대한 우려가 있었기 때문이다.[40] 그러나 성년자보호협약은 단독행위에 의하여 임의후견인에게 대리권을 수여할 수 있음을 당연시한다. 그에 따르면 당사자가 지정한 법,[41] 그것이 없으면 피후견인의 상거소지법이 대리권의 존재, 범위, 변경과 소멸의 준거법이 되나, 대리권 행사의 준거법은 그 행사지 국가의 법이다.

국제사법은 임의후견의 준거법에 관하여 별도의 규정을 두지 않으므로 견해가 나뉠 수 있다. 참고로 후견계약의 성립 및 효력의 준거법에 관하여 일본에는 과거 법례의 해석상 계약의 준거법에 관한 원칙에 의하는 견해[42]와 임의후견의 신분법적 성격을 중시하여 후견의 준거법에 의하는 견해[43]가 있었는데, 법적용통칙법으로 개정하면서도 별도의 조문을 두지 않았기에 여전히 견해가 나뉜다. 생각건대 임의후견과 법정후견은 상호보완관계에 있고, 후견계약은 순수한 재산계약이 아니라 일종의 신분법상의 계약이라고 할 것이므로 임의후견감독인의 선임 등 법원의 감독 등을 고려하면 임의후견도 후견의 준거법에 따른다는 견해가 설득력이 있고 다만 당사자 간의 내부적 관계는 통상의 계약의 준거법에 따른다고 볼 수 있다.[44] 그러나 아래에서 보듯이 성년자보호협약은 임의후견대리의 준거법

---

39) 협약 성안 당시 이는 선진적 업적이었다고 한다. Staudinger/von Hein(2019), Art. 15 ErwSÜ, Rn. 6. 아동의 경우 이는 친권 내지 부모책임의 문제로서 해결된다.

40) 윤진수, 304면.

41) 다만 선택될 수 있는 준거법은 성년자의 본국법, 이전의 일상거소지국법과 재산에 관한 소재지국법에 한정된다.

42) 다만 이에 따르더라도 본인의 보호를 위해 공적 기관의 감독에 따라야 하므로 성년자보호협약 제15조처럼 선택할 수 있는 준거법의 범위를 제한하는 견해가 있다. 山田鏐一, 553면 참조. 국제사법 제45조에 상응하는 구 법례 제7조를 적용한다.

43) 溜池良夫, 531면; 山田鏐一, 554면. 구 국제사법 제48조에 상응하는 구 법례 제22조를 적용한다.

44) 中西 康 外, 371면. 과거 溜池良夫, 531면; 山田鏐一, 554면도 같다. 김연·박정기·김인유,

을 정하고 있고 이는 동 협약의 맥락에서 피후견인과 임의후견인의 내부적 관계 (위임계약 또는 근로계약 등)에는 적용되지 않는데, 그런 계약은 계약의 준거법에 따른다는 것이 독일의 통설이다.[45]

한편 후견계약의 방식에 관하여 민법 제959조의14 제2항은 후견계약은 공정 증서로 체결하여야 함을 명시하는데, 그 준거법에 관하여는 견해가 나뉠 수 있다. 일본에는 후견계약의 방식의 엄격한 요건을 고려하여 이는 임의후견의 실질의 준 거법에 의해야 하고 행위지법에 의한 방식은 인정되지 않는다는 견해[46]와 양자의 선택적 연결을 인정하는 견해도 있다.[47] 그러나 만일 후견의 준거법이 한국법이 라면 행위지에 관계없이 공정증서일 것을 요구하는 민법 제959조의14 제2항은 여 전히 적용되어야 한다는 견해가 유력할 것이다.

여기에서는 성년자보호협약에 따른 임의대리의 준거법과 후견계약의 준거법 을 소개하였다. 예컨대 우리 민법(제959조의14 제3항)에서 보듯이 임의후견감독인 의 선임은 후견계약의 효력발생요건이므로 항상 후견감독인이 선임되어야 하는 데, 그 경우 후견계약의 준거법, 임의대리의 준거법과 후견감독인의 선임과 같은 후견의 준거법의 문제가 제기된다.

후견계약에 의하여 발생하는 대리에 관하여는 통상의 임의대리에 관한 법리 가 타당하다는 것이 일본의 다수설로 보인다.[48] 반면에 성년자보호협약의 당사국 인 독일의 경우 동 협약의 적용범위 내에서는 통상의 임의대리의 준거법(독일 민 법시행법 제8조)이 아니라 협약(제15조 이하)이 정한 임의대리의 준거법이 규율한다 고 구별하는데,[49] 양자의 연결원칙은 여러모로 차이가 있다.[50] 우리 국제사법은

451-452면 註 71도 동지. 예컨대 부부재산계약에 관하여도 국제사법 제45조가 적용되지 않는 것과 유사하다. 이병화(2013), 635면.

45) Staudinger/von Hein (2019), Art. 15 ErwSÜ, Rn. 11; MünchKomm/Lipp, 8. Auflage (2020), Art. 15 ErwSÜ, Rn. 12. 후자는 그 경우 로마 I에 따라 준거법을 정한다.

46) 山田鐐一, 554면.

47) 中西 康 外, 國際私法, 371면. 이는 일본의 후견등기 등에 관한 법률이 임의후견을 포함한 후견의 방식을 정하고 있고 성년피후견인이 외국국적인 경우를 예정한 규정을 두므로(제4조 제1항 제2호), 일본에서 성년피후견인의 본국법에 따라 체결된 임의후견계약도 이 법률에 의해 등기할 수 있다는 점에 그 근거를 구하나(溜池良夫, 531면) 의문이다.

48) 山田鐐一, 554면. 그러나 溜池良夫, 531면은 의문을 표시한다.

49) 독일에서는 성년자보호협약 제15조 이하에 따른 임의대리를 'Vorsorgevollmacht'라고 부르 는데, 독일 민법 제1899조 제2항 2문과 제1901c조 2문이 이에 관한 규정을 둔다. 이를 '장래 임의대리권'(오종근 외(2023), 297면) 또는 '예방적 대리권'(송호열(註 6), 30면)이라고 번역

별도의 규정을 두지 않으므로 기본적으로는 임의대리의 법리가 적용되나, 법원의 허가 등은 대리권한이 행사되는 국가의 법에 따른다고 볼 수 있을 것이다.

다. 성년자보호에 관한 헤이그협약

성년자보호에 관하여는 헤이그국제사법회의가 2000년 채택한 "성년자의 국제적 보호에 관한 협약"(이하 "성년자보호협약"이라 한다)[51]이 있다. 성년자보호협약은 우리나라에서도 2009. 1. 10. 발효한 UN 장애인권리협약을 강화하는 기능을 하므로[52] 우리나라도 성년자보호협약 가입을 검토할 필요가 있다.[53] 성년자보호협약이 규율하는 사항은, 아동보호협약처럼 보호조치에 관한 관할권, 준거법, 외국보호조치의 승인 및 집행과 국가 간 협력이다. 여기에서 성년자라 함은 18세에 달한 자를 말한다.

(1) 국제재판관할(제Ⅱ장)

제Ⅱ장(제5조 – 제12조)은 다양한 국제재판관할규칙을 두는데, 여기의 관할은 당국이 성년자의 신상 또는 재산에 대하여 보호조치를 취할 관할을 말한다. 원칙적으로 성년자의 상거소지국이 관할을 가진다(제5조). 그 이유는 당국의 신속한 개입을 가능하게 하고, 절차로 인한 성년자의 부담을 줄이며, 증거 근접성을 확보할 수 있기 때문이다. 이는 국제적으로 널리 인정되고 있다.[54]

한다. 과거 독일 민법시행법에는 통상의 임의대리의 준거법지정규칙이 없었으나 2017. 6. 17. 제7조가 신설되었다. 통상의 임의대리에 대하여는 헤이그국제사법회의 "대리의 준거법에 관한 1978년 협약"이 있다.

50) 우리도 성년후견에서 후견계약의 준거법에 대하여 관심을 가져야 하고, 임의후견인의 대리와 통상의 임의대리(국제사법 제32조)의 준거법의 관계 그리고 후견계약의 준거법과 후견의 준거법의 관계를 명확히 정리할 필요가 있다.

51) 성년자보호협약에 관하여는 최흥섭, "성년자의 국제적 보호를 위한 2000년의 헤이그협약", 인하대학교 법학연구 제4집(2001), 69면 이하 참조(이는 최흥섭, 현대적 흐름, 395면 이하에도 수록되어 있는데 이하 후자를 인용한다). Kurt Siehr, Das Haager Übereinkommen über den internationalen Schutz von Erwachsener, Rabels Zeitschrift 64 (2000), S. 715f.도 참조.

52) UN장애인권리협약 제12조는 "당사국은 장애인들이 삶의 모든 영역에서 다른 사람들과 동등한 조건으로 법적 능력을 누려야 함을 인정하여야 한다"라고 규정하고(제2항), "당사국은 장애인들이 그들의 법적 능력을 행사하는 데 필요한 지원을 받을 기회를 제공받을 수 있도록 적절한 입법 및 기타 조치를 취하여야 한다"라고 규정한다(제3항).

53) 위 협약에 대하여는 Paul Lagarde의 Explanatory Report가 있다.

54) 다만 난민인 성년자에 대하여는 소재지 관할을 인정한다(제6조).

그러나 성년자보호협약은 상거소지국 관할에 대한 예외를 규정한다. 첫째, 예외적으로 성년자의 본국이 관할권을 가진다(제7조). 둘째, 상거소지국의 관청이 특정한 사항에 대해 다른 체약국이 성년자의 이익을 위하여 조치를 취하기에 더 적절하다고 판단하는 경우 관할의 인수요청과 관할이전을 허용한다(제8조). 셋째, 예외적으로 재산소재지 관할을 인정한다(제9조). 넷째, 긴급한 경우에는 성년자 또는 그 재산소재지 체약국이 관할을 가진다(제10조). 다섯째, 성년자 또는 그 재산소재지 체약국은 임시적 성격의 보호조치를 취할 수 있다(제11조).

(2) 준거법(제Ⅲ장)

성년자보호협약 제Ⅲ장(제13조 – 제21조)은 준거법에 관한 규정들을 두는데, 첫째, 당국의 개입이 있는 경우의 보호조치의 준거법, 둘째, 임의대리의 준거법을 규정하고, 셋째, 일반규정을 두고 있다.

(가) 보호조치의 준거법: 법정지법원칙과 그 예외   체약국의 당국은 보호조치를 취하기 위하여 관할권을 행사함에 있어서 원칙적으로 자국법을 적용한다(제13조 제1항). 그 근거는 관할권이 있는 당국으로 하여금 가장 잘 아는 자국법을 적용하게 함으로써 당국의 임무를 촉진하고, 둘째, 관할권을 가지는 국가가 보호조치의 이행도 하게 하기 위한 것이다(다만 실질적 관련에 기초한 예외가 인정된다. 제13조 제2항). 어느 체약국에서 행해진 보호조치가 다른 체약국에서 이행되는 경우 그 이행의 조건은 다른 체약국의 법에 의한다(제14조).

(나) 임의대리의 준거법   성년자가 장래의 상황에 대비하여 타인에게 대리권한을 부여하는 제도를 두는 국가들을 고려하여 성년자보호협약은 그에 적용될 준거법결정원칙을 둔다(제15조). 당사자는 준거법을 선택할 수 있으나, 선택될 수 있는 준거법은 성년자의 본국법, 이전의 상거소지국법과 재산소재지국법에 한정되며, 준거법을 선택하지 않은 경우 그 합의나 일방적 행위 시 성년자의 상거소지국법이 준거법이 된다. 준거법은 대리권한의 존재, 범위, 변경과 소멸을 규율하나 대리권한의 행사방법은 그 권한이 행사되는 국가의 법에 따른다.

(다) 일반규정   제17조는 거래의 안전을 보호하기 위한 규정을 둔다. 성년자보호협약상 반정은 배제된다(제19조). 성년자가 보호되어야 하는 국가의 국제적 강행규정은 준거법에 관계없이 적용된다(제20조). 이는 협약이 대리의 준거법을 선택할 수 있는 가능성을 인정하는 데에 대한 '평형추(counterweight)'로서 특

히 의료 분야를 염두에 둔 것이다. 성년자보호협약에 의하여 지정된 준거법은 공서에 명백히 반하는 경우에는 배제될 수 있다(제21조).

(3) 외국보호조치의 승인 및 집행(제Ⅳ장)

성년자보호협약 제Ⅳ장(제22조-제27조)은 외국보호조치의 승인, 집행가능선언 및 집행등록과 구체적인 집행을 구분하여 규정한다.

(가) 승인   체약국의 당국이 취한 보호조치는 다른 체약국에서 법률상 당연히 승인되고 실질재심사는 금지된다. 제22조 제2항은 승인거부사유를 규정하는데, 이는 ① 관할의 결여, ② 성년자의 청문기회 미부여, ③ 공서위반, ④ 보호조치가 성년자보호협약(제5조부터 제9조)에 따르면 관할을 가졌을 비체약국의 그 후의 보호조치로서 요청된 국가의 승인요건을 구비하는 것과 양립되지 않는 경우와 ⑤ 성년자의 수탁기관 등에의 위탁 시에 필요한 양국 당국 간의 협의절차의 미이행이다. 승인거부사유가 있더라도 체약국은 다른 체약국의 보호조치를 승인할 수 있다.

(나) 집행가능선언, 집행등록과 집행   어느 체약국에서 취해진 보호조치를 다른 체약국에서 집행할 필요가 있는 경우 후자의 법률이 정한 절차에 따른 집행가능선언 또는 등록이 필요한데, 각 체약국은 이를 위해 단순하고 신속한 절차를 적용해야 하나 구체적 방법은 각 체약국이 결정하고, 집행가능선언 또는 등록은 위 승인거부사유만을 이유로 거부될 수 있다.

(4) 국제공조(제Ⅴ장)

체약국은 중앙당국을 지정해야 한다(제28조). 중앙당국은 상호 협력하고 권한당국들 간의 협력을 증진해야 하며 성년자보호와 관련된 자국의 법과 이용가능한 서비스에 관한 정보를 제공해야 한다(제29조). 체약국의 중앙당국과 공공기관은 공조 과정에서 발생하는 비용을 원칙적으로 각자 부담하나 달리 합의할 수 있다(제36조).

라. 후견의 준거법에 관한 입법론

구 국제사법(제48조)은 후견의 준거법에 관하여 피후견인이 성년인지 미성년인지에 관계없이 피후견인의 본국법주의를 유지하면서, 한국에 상거소 또는 거소가 있는 외국인에 대해 예외적으로 한국 법원이 한국법에 따라 후견사무를 행할 수 있는 가능성을 확대하였다. 국제사법(제75조)은 이를 다소 수정하여 후견의 준거법에 관하여 피후견인의 본국법주의를 원칙으로 하면서, 제61조에 따라 한국법원이 후견에 관한 사건의 특별관할을 가지고 재판을 하는 때에는 한국에서 후견개시의 심판을 하였거나 하는 경우 등 일정한 경우에는 예외적으로 법정지법인 한국법을 준거법으로 삼는데, 성년인지 미성년인지를 구별하지 않는 것은 마찬가지다.

그러나 아동보호협약은 국제친권과 국제후견을 통일적으로 연결한다. 국제후견법 분야에서의 우리의 입법과제로는 다음을 고려할 필요가 있다.[55]

첫째, 아동후견의 맥락에서 국제후견의 준거법을 국제친권의 준거법과 통일적으로 규정하는 방안. 국제사법에 따르면 친권은 원칙적으로 친자관계의 준거법에 의하고(제72조), 미성년자의 후견은 후견의 준거법(제75조)에 의하므로 양자가 다를 수 있다. 나아가 우리 국제사법은 후견이라는 법률관계에 착안하여 아동후견을 친권이 아니라 성년후견과 함께 통일적으로 연결하나,[56] 아동보호협약은 친

---

55) 과거 입법론으로서 이병화(2013), 628면 이하는 제1안으로 일본 법적용통칙법과 유사하게 후견개시의 심판과 준거법을 별도로 규정하는 구 국제사법 제14조(국제사법에서는 삭제됨)와 제48조(국제사법 제75조에 상응)를 유지하는 방안과 제2안으로 제14조를 삭제하고 양자를 통합하여 제48조에 규정하는 안을 제안한 바 있다. 제75조는 제2안과 유사하다.

56) 보호를 필요로 하는 성년자와 미성년자의 상황은 여러 가지 차이가 있다. 櫻田嘉章, "2000年 ハーグ 「成年者の国際的保護に関する條約」について", ケース研究 264号, 7면[최흥섭(2005), 397면에서 재인용]. 첫째, 성년자는 미성년자와 달리 독자적 상거소를 가질 수 있고, 둘째, 성년자는 미성년자와 달리 능력이 있을 수도 있으며, 셋째, 성년자는 오래전부터 생활을 영위하고 있으므로 외국에 상거소가 있더라도 가족적 유대관계에서는 본국과의 밀접한 관련을 가지고, 넷째, 성년자는 재산을 소유하는 것이 보통이므로 미성년자의 경우와 달리 재산법적 측면도 중요한 의미를 가지고, 다섯째, 미성년자의 경우에는 그를 보호하려는 부모 간에 다툼이 발생하지만 성년자의 경우에는 그를 보호하려는 자의 선의가 존중되어야 한다. 셋째와 넷째는 Kurt Siehr, Das Haager Übereinkommen über den internationalen Schutz von Erwachsener, Rabels Zeitschrift 64 (2000) S. 728－729도 국제재판관할의 맥락에서 지적하는데, 다섯째 점은 조금 달리 미성년자의 경우에는 그를 보호하려는 부모 간에 다툼이 발생하지만 성년자의 경우에는 가족집단(Familienverband) 안에 있는 외국에 거주하는 성년자의 운명을 둘러싼 타인들 간에 분쟁이 발생한다고 한다. 이 점을 고려하면 성년후견과 미성년후견의 통일적 연결이 바람직한지는 재고할 필요가 있다.

권과 후견을 통일적으로 연결하고 성년자 후견은 성년자보호협약에 의하여 별도로 규율한다. 미성숙한 아동의 보호라는 실질에 착안하면 아동보호협약의 태도가 설득력이 있다.[57] 유럽연합도 이런 태도를 취한다. 양쪽 모두 나름의 근거가 있다면 국제적 동향을 받아들이는 것이 바람직할 것이다. 국제사법은 이 점을 고려하여, 국제재판관할의 맥락에서 성년자 후견과 미성년자 후견을 묶어 제61조에서 규정하되 항을 구분하고 내용상 차이를 둠으로써 그런 체제를 다소 완화한다. 그 결과 개정법은 국제재판관할의 맥락에서는 "[친권] v. [미성년자 후견(양자의 중간)] v. [성년자 후견]"이라는 체제를 따른다.[58] 그러나 아동보호협약의 체계를 따른 것은 아닌데, 이는 장래 준거법 관련 조문 개정 시 반영할 수 있을 것이다.

둘째, 국제후견법에 대해 별도의 연결원칙을 둔다면, 아동보호협약처럼 보호조치와 부모책임의 준거법을 이원화할지, 아니면 현재와 같이 원칙적으로 피후견인의 본국법을 적용할지도 검토할 필요가 있다.

셋째, 거래의 안전을 보호하기 위한 규정을 국제사법에도 두는 것이 바람직할 것이다. 국제사법 제29조는 법률행위와 관련하여 유사한 취지의 규정을 두고 있다. 제29조의 문언은 능력이 제한된 당사자 본인이 법률행위를 하는 것을 전제로 하는데, 권한이 있는 법정대리인(친권자 또는 후견인)이 행위하는 경우 적용할 필요가 없다. 그러나 비록 준거법상 법정대리인이 무권한이더라도 법률행위 당시 당사자들이 동일한 국가에 있고 그 국가의 법에 따르면 법정대리인이 권한이 있는 경우에는 제29조에 준하여 법정대리인의 무권한을 주장할 수 없도록 하여 거래의 안전을 보호할 필요가 있다.[59]

---

57) 상세는 석광현(2014), 513면 참조. 일본에서는 실질법상 '친권후견통일론'이라는 견해가 주장되고 있음은 흥미롭다. 논자에 따라 차이가 있으나 그 핵심은 친권을 폐지하여 후견으로 통합하자는 취지로 보인다.

58) 체제의 문제는 말미의 국제재판관할에 관한 논의에서 더 상세히 언급한다.

59) 상대방이 법률행위 당시 법정대리인이 준거법상 무권한임을 알았거나 알 수 있었을 경우에는 그러하지 아니하다. 근자에는 제29조 제2항은 법정대리인이 행한 거래행위는 신분행위와 거래행위로서의 성질을 겸유하므로 그것이 친족법 또는 상속법의 규정에 따른 법률행위이더라도 거래보호조항(즉 제29조 제1항)이 적용되도록 제29조 제2항의 문언을 수정하자는[즉 제29조 제2항의 친족법 또는 상속법의 규정에 따른 법률행위 뒤에 "(법정대리인이 그 권한에 따라 행한 거래행위는 제외한다)"를 추가하자는] 입법론이 있는데, 이 견해는 아동보호협약에도 유사한 취지의 조항이 있음을 지적한다. 이종혁(2022c), 138면. 그러나 이 점은 이해하기 어렵다. 아동보호협약 제19조(성년자보호협약 제17조도 유사하다)가 규정하는 것은 논자의 주장과 달리 본문에서 필자가 제안한 것과 같은 취지이다. 또한 아동보호협약(성년자

넷째, 더 면밀한 검토를 해야 함은 물론이지만, 아동보호협약과 성년자보호협약에 가입하는 방안을 더 전향적으로 고려할 필요가 있다.[60]

보호협약도)에 따라 법정대리인이 아동(또는 피후견인인 성년자)을 위하여 하는 거래행위에는 신분행위와 재산법상의 행위 양자가 포함되는 것이지 어느 하나만은 아니다. 따라서 위 입법론에는 동의하기 어렵다.

60) 성년자보호협약에 관한 구체적인 검토는 이병화, "성년자보호협약에의 가입가능성 모색을 위한 해석론적 고찰", 국제사법연구 제28권 제1호(2022. 6.), 545면 이하 참조. 이는 협약에의 가입 가능성을 적극적으로 모색할 필요성을 강조한다.

14. 그 밖의 고려사항들

국제사법은 구 국제사법 및 섭외사법과 마찬가지로 약혼과 별거에 관한 규정을 두지 않는데, 법무부 해설[1]은 그 이유를 다음과 같이 설명한다.

"이는 그에 관한 외국의 입법례가 많지 않고, 그 제도 자체가 일반적이지 않거나 각국마다 정형화된 모습이 보이지 않아 구체적인 결정기준을 제시하기도 쉽지 않으며, 규정을 둘 경우 준거법 고정으로 인해 부당한 결과가 생길 수 있기 때문이다. 또한, 약혼은 혼인과, 별거는 이혼과 유사성을 지니므로 별도의 규정이 없더라도 혼인과 이혼의 규정을 유추적용할 수도 있기 때문이다."

따라서 이는 판례와 학설에 맡겨진 사항인데, 약혼과 별거에 관한 학설은 대체로 아래와 같다.

가. 약혼

약혼이라 함은 장래에 혼인을 성립시키겠다고 하는 당사자 사이의 계약을 말한다.[2] 이처럼 약혼은 당사자 사이에 실질적 부부공동체를 형성하지 않는 점에서 실질적 부부공동체가 형성되어 있는 사실혼과는 다르다.[3] 민법상으로는 약혼의 성립, 효과와 약혼의 해제 등이 문제 되는데, 민법은 제800조 이하에서 약혼에 관한 규정을 둔다.

약혼의 실질적 성립요건에 관하여는 혼인의 실질적 성립요건에 관한 국제사법(제63조 제1항 본문)을 유추적용하는 배분적 연결설이 유력하다.[4] 독일에서도 같다.[5] 따라서 약혼능력, 부모의 동의 요부, 약혼장애 등에 관하여는 혼인에 관한 법리를 유추적용해야 할 것이다.

약혼의 방식에 관하여는 혼인의 방식에 관한 국제사법(제63조 제2항)을 유추적용하여 약혼거행지법을 적용하는 견해와, 혼인과 달리 약혼지의 공익과 중대한 관계가 없으므로 당사자의 편의를 고려하여 법률행위의 방식에 관한 국제사법 제

---

1) 법무부 해설, 129면 註 80.
2) 김주수 · 김상용, 75면.
3) 김주수 · 김상용, 75면.
4) 서희원, 257면; 김용한 · 조명래, 306면; 신창선 · 윤남순, 338면. 이는 독일에서도 같다.
5) Kropholler, S. 341.

31조를 유추적용하는 견해[6]가 있다. 후자가 설득력이 있다.[7] 약혼에는 신고가 요구되지 않으므로 내국인조항이 유추적용될 여지는 없다.

한편 약혼의 효력에 관하여는 혼인의 효력에 관한 제64조를 적용할 것이 아니라 친족관계 일반의 준거법을 정한 제74조를 유추적용하는 견해가 유력하다.[8] 다만 약혼의 강제이행이 불가능하므로(민법 제803조) 약혼의 주된 효력은 별 의미가 없고 약혼의 부당파기가 주로 문제 된다.[9] 약혼의 부당파기로 인한 손해배상 책임에 관하여는 불법행위의 준거법을 적용할 것이라는 견해[10]와, 약혼의 효력의 문제이므로 약혼의 효력의 준거법에 의할 것이라는 견해[11]가 나뉘고 있다. 독일 연방대법원의 1996. 2. 28. 판결[12]은 약혼의 부당파기로 인한 불법행위청구에 대하여 약혼의 준거법에 종속적으로 연결하지 않고 불법행위의 준거법을 적용할 것이라고 판단하였는데, 그 근거는 첫째, 약혼은 외부적 지표에 의하여 특징지울 수 있는 안정된 법률관계가 아니고, 둘째, 불법행위는 고유한 무가치한 내용(Unwertgehalt)을 가지는 것으로서 약혼의 해소와는 내용이 상이하므로 약혼의 준거법에 종속적으로 연결할 것은 아니라는 것이다. 학설은 이를 지지하는 견해와 비판하는 견해[13]가 나뉜다. 그러나 우리 국제사법은 종속적 연결원칙을 도입하였으므로 불법행위의 준거법을 적용하더라도 약혼의 효력의 준거법에 종속적으로 연결될 것이다.[14] 그렇게 함으로써 동일한 사실관계가 통일적으로 하나의 법질서에 따르게 된다.[15]

---

6) 서희원, 257면; 김용한 · 조명래, 306면, 신창선 · 윤남순, 338면.
7) 이것이 독일의 통설이다. Andrae, §6 Rn. 15.
8) 신창선 · 윤남순, 339면.
9) 최흥섭, 348면. 이는 여기에서도 국제사법 조문을 준용한다.
10) 참고로 Andrae, §6 Rn. 24ff.는 약혼의 파기에 의하여 불법행위도 성립하는지를 논의하는데 이는 로마Ⅱ 제4조에 따른다.
11) 신창선 · 윤남순, 339면; 김연 · 박정기 · 김인유, 395면.
12) BGHZ 132, 105, 117 = BGH JZ, 1997, 88, 91.
13) 학설은 Kropholler, S. 342; Staudinger/Mankowski(2011), Anh. zu Art. 13, Rn. 40f. 참조.
14) 최흥섭, 348면 동지.
15) Andrae, 3. Auflage, §9 Rn. 33. 다만 원칙적으로 종속적 연결을 부정하는 견해도 독일 민법상으로도 불법행위가 성립하는 극단적 사안에서는 예외적으로 허용한다. Andrae, §6 Rn. 26.

나. 사실혼

우리나라에서 사실혼이라 함은 다른 혼인요건은 구비하였으나 형식적 요건인 혼인신고가 되지 않았기 때문에 법률상 혼인으로 인정되지 아니하는 관계라고 파악한다.[16] 과거에는 사실혼을 '혼인예약'이라고도 불렀으나 근래에는 법률혼에 준한다는 의미에서 '준혼(準婚)'으로 보는 것이 일반적이다.

한국에서는 실질적 부부공동체가 형성되어 있는 사실혼의 성립과 효력의 준거법에 관하여는 혼인의 성립과 일반적 효력을 정한 제63조와 제64조를, 사실혼의 해소에 대하여는 이혼의 준거법을 정한 제66조를 각각 유추적용하는 견해가 유력하다.[17] 독일에서도 사실혼의 성립에 혼인에 관한 조문을 유추적용하는 견해도 있으나 이는 양육권, 부양 또는 상속과 같은 본문제의 선결문제로 제기되는 경우가 많으므로 독립적으로 연결할 것이 아니라 본문제의 준거법에 종속적으로(본문제의 준거법 소속국의 실질법) 연결하는 견해도 있다.[18]

사실혼관계 부당파기로 인한 정신적 손해의 배상 청구에 대하여는 불법행위책임을 인정한 대법원 1994. 11. 4. 선고 94므1133 판결도 있다.[19] 그와 같이 불법행위로 성질결정한다면, 구 국제사법(제32조)이 불법행위의 종속적 연결원칙을 도입하였고 국제사법(제52조)도 이를 유지하고 있으므로 이제는 사실혼관계에는 혼인의 일반적 효력의 준거법을 정한 국제사법 제64조를 유추적용하여야 하는 탓에 그 준거법에 종속적으로 연결된다고 할 수 있다.[20]

---

16) 윤진수, 154면. 대법원 1979. 5. 8. 선고 79므3 판결 등도 "사실혼관계에 있다고 하려면, 주관적으로 당사자 사이에 혼인의 의사가 있고, 객관적으로 사회 관념상이나 가족질서면에서 부부공동생활을 인정할만한 혼인생활의 실체가 있어야 한다."라는 취지로 판시하였다. 그러나 이에 대하여는 주관적인 의사의 면은 제외하고 객관적, 외형적으로 보아 법률혼과 마찬가지의 공동생활을 영위하는 것으로 족하다는 비판이 있다. 윤진수, 154면; 윤진수/윤진수, 주해친족법 제1권, 530−531면.

17) 신창선·윤남순, 364면; 김연·박정기·김인유, 413면; 최봉경, "국제이주여성의 법적 문제에 관한 소고", 서울대학교 법학 제51권 제2호(2010), 154면도 동지. 사실혼 파기 시에는 파탄의 책임이 있는 배우자에 대한 손해배상책임 및 재산분할이 인정되는 등 그 성질 및 효과에 있어 이혼과 유사하므로 사실혼 관계의 해소에 관하여는 이혼에 관한 준거법인 구 국제사법 제39조 단서를 유추적용함이 상당하다고 판시한 하급심 판결이 있다. 서울고등법원 2016. 5. 18. 선고 2015르21561 판결(확정).

18) Andrae, §6 Rn. 32.

19) 섭외사법하에서 서울가정법원 1970. 12. 4. 선고 69드1030 심판은 사실혼의 부당파기로 인한 위자료청구를 불법행위로 성질결정한 바 있다.

20) 이종혁(2021), 466면도 동지.

다. 별거

국제사법은 별거(Trennung von Tisch und Bett, separation from bed and board)에 관한 규정을 두지 않는데, 이는 우리 민법의 태도와 같다.[21] 많은 국가에서는 별거는 이혼의 대체물이고, 다른 국가들에서는 별거는 이혼에 도달하기 위한 전 단계이다.[22] 논자에 따라서는 이혼을 절대이혼, 별거를 제한이혼이라고 하여 양자를 넓은 의미의 이혼에 포함시키기도 한다.[23]

별거의 준거법에 관하여는 이혼에 관한 규정을 유추적용하거나[24] 적용하는 견해[25]가 유력한데 전자가 더 설득력이 있다.

다만 준거법인 외국법이 별거를 인정하는 경우 우리 법원이 별거의 재판을 할 수 있는지는 논란이 있으나, 우리 법상의 이혼절차에 관한 규정을 별거절차에 적용하여 별거재판을 할 수 있다고 본다.[26] 이는 민법상 계약형 입양만 허용되던 과거 우리 법원이 준거법인 외국법에 따라 입양재판을 할 수 있는가라는 것과 유사한 문제이나 이를 긍정한다는 것이다.

독일에서는 이처럼 준거법에 따른 외국의 법제도가 독일법이 알지 못하는 성질의 것인 경우 당해 외국의 법원만이 그런 행위를 할 수 있고 독일 법원은 이를 할 수 없다거나 관할이 없다는 견해가 있는데, 이를 "wesenseigene Unzuständigkeit(제도 고유의 무관할 또는 본질상 인정되는 무관할)"의 문제로 논의한다.[27] 과거 다양한 분야에서 위 이론이 주장되었으나 근자에는 외국의 법제도가 독일법이 전혀 알지 못하는 것이어서 독일 법체계를 파괴할 정도에 이르는 경우 또는 법제의 상위가 매우 커서 외국법이 부여하는 임무를 수인할 수 없는 경우에 한하여 인정하고 그

---

21) 신창선·윤남순, 364－365면.

22) 이호정, 358면.

23) 신창선·윤남순, 365면; 김연·박정기·김인유, 421면. 최흥섭, 363면은 이혼에 준한다고 한다

24) 김연·박정기·김인유, 421면; 신창선·윤남순, 365면; 신창섭, 348면; 김원태, "국제이혼의 법적 문제", 가족법연구 제20권 제1호(2006), 361. 신창선·윤남순, 349면은 국제재판관할권과 외국법원의 별거판결의 승인에 관하여는 이혼에 관한 설명이 타당하다고 본다.

25) 이호정, 358면.

26) 신창선·윤남순, 365면; 김연·박정기·김인유, 421면도 동지. 반면에 신창섭, 349면; 윤종진, 456면은 부정설을 취한다. 일본의 다수설은 전자이다. 이병화, "국제이혼에 관한 국제사법적 고찰", 저스티스 통권 제137호(2013), 399면 註 62 참조.

27) Geimer, IZPR, Rz. 994ff. 참조. 이러한 문제를 국제사법의 적응과 유사하게 국제민사소송법상의 적응의 문제로 논의하기도 한다. 아래 상속에서 조금 더 논의한다.

정도에 이르지 않는 대부분의 경우에는 독일의 민사절차법을 유추적용하거나 독일의 판결절차를 외국의 절차에 적응시키는 경향이 있다.[28]

이혼에 관한 위 제66조의 해설에서 보았듯이, 유럽연합은 이혼 및 법적 별거의 준거법 영역에서 제고된 협력을 시행하기 위하여 로마Ⅲ을 채택하였다. 로마Ⅲ(제5조)은 별거의 준거법에 관하여 이혼과 동일한 원칙에 따르도록 한다.

라. 유럽연합의 로마Ⅲ

유럽연합은 이혼 및 법적 별거의 준거법 영역에서 제고된 협력을 시행하기 위한 2010년 12월 이사회규정(No. 1259/2010), 즉 로마Ⅲ(규정)을 채택하였고 이는 2012. 6. 21. 발효되었다. 로마Ⅲ은 이혼과 별거의 준거법 선택을 허용하고(제5조),[29] 선택이 없는 경우 단계적 연결원칙에 따르는데(제8조), 이 경우 ① 소송 계속 시 공통의 상거소지법, ② 최후의 공통의 상거소지법,[30] ③ 소송 계속 시 공통의 본국법과 ④ 법정지법의 순서로 준거법이 된다. 이처럼 단계적 연결에서 상거소가 국적에 우선한다. 로마Ⅲ은 정치적으로 민감한 문제인 '동성혼(same-sex marriage)'에도 적용되는데, 다만 동성혼을 허용하지 않는 회원국은 동성혼의 이혼을 선언할 의무를 지지 않는다(제13조). 나아가 제5조-제8조에 따른 준거법이 이혼을 허용하지 않거나 그들의 성별을 이유로 이혼 또는 별거에 대한 동일한 접근을 허용하지 않는 경우에는 법정지법을 적용한다(제10조). 그 결과 양성을 차별하는 이슬람법의 적용은 배제된다.

---

28) Geimer, IZPR, Rz. 1001, 1989ff.; Schack, IZVR, Rn. 620ff. 참조.
29) 다만 당사자들이 선택할 수 있는 법은 제한된다.
30) 다만 소송 계속 시로부터 1년 이내여야 하고 일방이 여전히 상거소지를 유지하여야 한다.

IX. 상속(제8장)

상속에 관한 제8장 제2절은 상속의 준거법에 관한 제77조와 유언에 관한 제
78조로 구성된다.

1. 상속에 관한 조항의 개정

섭외사법	국제사법
제26조(상속) 상속은 피상속인의 本國法에 의한다.	제77조(상속) ① 상속은 사망 당시 피상속인의 본국법에 따른다. ② 피상속인이 유언에 적용되는 방식에 의하여 명시적으로 다음 각 호의 어느 하나에 해당하는 법을 지정할 때에는 상속은 제1항에도 불구하고 그 법에 따른다. 1. 지정 당시 피상속인의 일상거소지법. 다만, 그 지정은 피상속인이 사망 시까지 그 국가에 일상거소를 유지한 경우에만 효력이 있다. 2. 부동산에 관한 상속에 대해서는 그 부동산의 소재지법

[입법례]
• 독일 민법시행법 제25조[사망에 의한 권리승계][1]

---

* 제8장 국제상속법에서 인용하는 아래 주요 문헌은 [ ] 안의 인용약어를 사용한다. 제7장의 인
용약어도 동일하게 사용한다.
　김문숙, "상속준거법에서의 당사자자치", 국제사법연구 제23권 제1호(2017. 6.)[김문숙]; 사
법정책연구원, 각국의 상속재산분할, 기여분, 유류분 제도(외국사법제도연구(30))(2022)[사법
정책연구원, 유류분]; 김상훈, 미국상속법(2012)[김상훈]; 김형석, "우리 상속법의 비교법적
위치", 가족법연구 제23권 제2호(통권 제35호)(2009)[김형석]; 석광현, "한국국제사법학회 30
년의 회고와 과제: 국제재판관할법의 정립을 넘어 준거법규정의 개정을 향하여", 국제사법연
구 제29권 제1호(2023. 6.)[석광현, 준거법 개정]; 이병화, "국제적 상속문제에 관한 저촉법적
고찰", 저스티스 통권 제85호(2005. 6.)[이병화]; 장준혁, "국제상속법의 입법론", 국제사법연
구 제27권 제1호(2021. 6.)[장준혁, 상속입법론]; 윤진수(편), 주해상속법 제2권(2019), 1147
면 이하(장준혁 집필부분)[윤진수/장준혁]; 장준혁, "유류분의 국제적 강행성 여부와 공서조
항에 의한 고려 – 반정(反定)을 간과한 사례의 비판을 겸하여 – ", 동아대학교 국제거래와 법
제40호(2023)[장준혁, 유류분]; 정구태, "공정증서유언의 준거법 결정과 유언의 해석 – 東京
地判 2012. 1. 27. 平成22年(フ) 第1086號에 대한 비판적 연구", 무등춘추 제14호(2018)[정구
태, 유언]; 정구태, "2020년 상속법 관련 주요 판례 회고", 안암법학 제62호(2021)[정구태, 판
례 회고]; 木棚照一, 國際相續法の硏究(1995)[木棚照一].
1) EU상속규정이 독일에서 2015. 8. 17.부터 상속사건에 직접 적용됨에 따라(개정 민법시행법
제3조 제1호 e호 참조), 구 민법시행법 제25조도 개정되었다. 상세는 김문숙, 283면 이하; 윤
진수/장준혁, 1159면 이하 참조. 사망에 의한 권리승계는, EU상속규정의 적용범위에 속하지
않는 한 EU상속규정 제3장이 준용된다. 국제상속법의 제논점은 이병화, "국제적 상속문제에

- 스위스 국제사법 제90조-제92조[상속법의 준거법]
- 일본 법례 제26조/법적용통칙법 제36조[상속: 섭외사법과 동일
- 중국 섭외민사관계법률적용법 제31조, 제32조, 제35조
- 헤이그상속협약 제3조-제12조/헤이그상속재산관리협약2)
- EU상속규정: 상속사건에 관한 재판관할, 준거법, 재판의 승인 및 집행과, 공서(공정)증서의 인정과 집행에 관한 그리고 유럽상속증명서의 창설에 관한 규정3)

가. 개요

구 국제사법(제49조)은 피상속인의 본국법주의를 유지하되(제1항) 제한된 범위 내에서 당사자자치 원칙을 도입하였다(제2항). 국제사법(제77조)도 이런 태도를 유지한다.

나. 주요내용

상속 준거법의 결정에 있어 우리 국제사법은 본국법주의, 상속통일주의, 불변경주의와 국제사법지정(제한적으로)이라는 기본원칙을 따르면서 당사자자치를 제한적으로 도입하고 있다.

(1) 피상속인의 본국법주의와 상속통일주의의 유지(제1항)

상속 준거법(lex successionis)의 지정에 관하여 섭외사법이 취했던 피상속인의 본국법주의는 신분에 관한 속인법과 밀접하게 관련된 전통적인 준거법으로서 명

관한 저촉법적 고찰", 저스티스 통권 제85호(2005. 6.), 241면 이하 참조. 한중일의 비교는 Kim, Eon Suk, "Cross—Border Succession in Japan, Korea and China and Related Legal Issues", 전남대 법학논총 제35집 제1호(2015. 4.), 27면 이하 참조. 세월이 좀 흘렀으나 비교상속법은 권순한, "배우자 상속제도에 관한 비교법적 연구", 연세대학교 대학원 법학박사학위논문(1993) 참조. 국제상속법의 비교는 최수정·박인환·장준혁, 피상속인이 외국인인 경우 상속의 준거법, 상속제도 및 상속을 증명하는 정보에 관한 연구(법원행정처 연구용역보고서, 2020); 김문숙, 온주 국제사법 제77조, 2023. 7. 5. [14] 이하 참조. 영국법은 권은경, "영국에서의 국제상속에 관한 준거법 결정기준과 그 시사점", 아주법학 제5권 제2호(2011. 1.), 175면 이하 참조.

2) 이는 헤이그상속협약에 앞서 1973년 채택된 것으로 상속재산의 관리를 다룬다. 소개는 윤진수/장준혁, 1158면 이하 참조.

3) 윤진수/장준혁, 1160면은 상속규정이 '자기집행적 조약(self—executing treaty)'이라고 하나 이는 조약이 아니다. 규정은 유럽연합의 독자적인 법형식으로 이차적 법(secondary law, Sekundärrecht)이다. EU상속규정의 개관은 김문숙, 온주 국제사법 제77조, 2023. 7. 5. [4]-[13] 참조.

확성과 고정성에 의해 법적 안정성을 보장하고, 피상속인의 당사자이익[4]에 부합하므로 국제사법도 피상속인의 본국법주의를 유지한다. EU상속규정은 국제재판관할(제4조)과 준거법(제21조)의 맥락에서 모두 일상거소를 연결점으로 채택하고 있는데, 우리 국제사법은 준거법의 맥락에서는 본국법주의를 유지하면서도 국제재판관할의 맥락에서는 일상거소지를 원칙적인 연결점으로 삼는 탓에(제76조 제1항) 국제재판관할과 준거법의 병행에 한계가 있다.

섭외사법은 연결시점을 언급하지 않았으나, 국제사법은 '사망 당시'라는 문언을 추가함으로써 명시적으로 불변경주의를 취한다(제1항). 이는 종래의 학설[5]과 같다.

국제사법은 섭외사법과 마찬가지로 상속대상이 부동산인가, 동산인가에 관계없이 통일적으로 본국법을 상속 — 법정상속이든 유언상속이든 간에 — [6]의 준거법으로 지정하는 '상속통일주의(Grundsatz der Nachlasseinheit,[7] principle of unity of succession, unitary system)'[8]를 취하고 있다. 상속통일주의는 상속재산 또는 유산

---

4) 논자에 따라서는 피상속인의 당사자이익만을 언급하기도 하고, 피상속인과 그 가족의 이익을 언급하기도 한다.

5) 이호정, 419면.

6) 법정상속을 'intestate succession', 유언상속을 'testate succession'이라고 한다. 우리 민법상 유언상속이 허용되는가에 관하여는 그 개념과 관련하여 논란이 있다. 김주수 · 김상용, 61면 이하는 피상속인이 유언으로 상속인을 지정하는 것을 유언상속이라고 하면 우리 법상 유언상속이 허용되지 않으나, 유언에 의한 유언자의 재산적 지위의 승계가 허용되므로 유언상속이 허용된다고 할 수 있다고 한다. 참고로 서울동부지방법원 2023. 8. 25. 선고 2020가합102226 판결[유류분반환청구의 소](확정)은 아래의 취지로 판시하였다. "미국 상속법(Wills and Trusts)에서 논의되는 '유언법(Wills)'은 피상속인이 유언을 남긴 경우에 그 유언에 따라 상속절차를 진행하는 것이고, '무유언상속법(Intestate Succession)'은 피상속인이 유언을 남기지 않았을 때 법정상속에 따라 상속절차를 진행하는 것이다. 미국에서는 기본적으로 유언의 자유를 강하게 존중하지만, 연방헌법이 주의회가 유언에 의한 처분권한을 제한하거나 조건을 부가하거나 이를 폐지하는 것을 금지하지 않아, 각 주마다 가지고 있는 상속법에 따라 유언, 무유언상속, 상속재산관리 등의 문제가 규율된다[사법정책연구원, 유류분, 2면 참조]".

7) 독일어를 직역하면 '유산의 통일성의 원칙'이라고 번역할 수 있다.

8) 이와 대립되는 것이 '상속분열주의(Grundsatz der Nachlassmehrheit; principle of scission of succession, dualistic system)'이다. 상속통일주의를 취하는 국가로는 독일, 스페인, 이탈리아, 포르투갈과 일본 등이 있고, 상속분열주의를 취하는 국가로는 영국(Re Collens [1986] Ch 505, [1986] 1 All ER 611), 프랑스, 벨기에와 미국 등이 있다(다만 프랑스와 벨기에의 경우 이제는 EU상속규정이 적용된다). 미국의 경우 부동산상속은 부동산소재지법에, 동산상속은 피상속인의 사망 당시의 주소지법에 의한다. 이를 "상속분할주의"라고도 한다. 중국도 상속분할주의를 취한다. 프랑스는 유럽상속규정 발효 전까지 상속분할주의를 따랐다. 즉 부동산상속

(assets of the estate, *biens successoraux*, Nachlassvermögen) 전체에 대하여 하나의 법을 지정하므로 법질서의 모순 없는 적용이라는 '내적 판결'의 일치에 적합하고, 실질법상의 유산의 통일성, 즉 로마법의 포괄상속의 사상에 합치하는 규칙에 따른 유산 전체의 상속을 촉진한다.[9] 나아가 이는 피상속인과 가족의 당사자이익을 중시하는 장점이 있으나, 그에 대하여는 상속재산 소재지의 이해관계인을 포함한 사회 전체의 관점에서 보면 법적 불확실성을 초래한다는 비판이 있다.[10] 다만 당사자가 제77조 제2항에 따라 명시적으로 부동산 상속의 준거법을 선택한 경우 상속통일주의가 깨어지고 상속분열주의를 채택한 결과가 된다.

반면에 상속분열(또는 분할)주의는 부동산에 관한 거래이익을 피상속인과 가족의 당사자이익에 우선시키는 것인데, 이에 따를 경우 부동산 소재지에 따라 상이한 상속법이 적용되어 권리의무관계가 복잡하게 되고, 동산의 경우 피상속인의 주소의 개념이 국가에 따라 상이하므로 어려운 문제가 발생한다.[11] Kegel 교수는, 국제사법상 유산분열(Nachlassspaltung)을 초래하는 상속분열주의는 당초 서구 중세의 봉건법에서 유래하는 부동산의 실질법상의 특별상속제도의 영향을 받은 것이나(예컨대 프랑스와 영국 등), 이러한 봉건법적인 부동산의 특별취급은 이미 폐기되었기 때문에 법정책적으로 상속통일주의가 더 적절하다고 한다.[12] 헤이그상속협약과 EU상속규정[13]도 상속통일주의를 취한다. 다만 당사자가 상속준거법을 선택한 경우 상속준거법이 분열될 수 있다. 흥미로운 것은, 중국 섭외민사관계법률적용법(제31조)이 상속분열주의를 취하여 동산의 경우 최후 상거소지법을, 부동산의 경우 소재지법을 적용하는 점이다.

국제사법은 상속통일주의의 장점을 취하여 이를 따르고 있으나 반정에 의하여 상속통일주의가 깨질 수 있음은 섭외사법에서와 마찬가지이다. 예컨대 영국에 주소를 가진 영국인이 한국에 부동산을 두고 사망한 경우, 동산상속과 부동산상속은 모두 국제사법(제77조)에 따라 영국법에 의할 것이나 부동산상속은 반정에

　　은 부동산 소재지법에 따르고, 동산상속은 피상속인의 주소지법에 따르는 태도를 취하였다. 상세는 윤진수/장준혁, 국제상속법 제2권, 1163면 이하 참조.
9) 이호정, 420면.
10) 신창선·윤남순, 384면.
11) 이호정, 420면; 신창선·윤남순, 384면.
12) 이호정, 421면.
13) 소개는 김문숙, 283면 이하; 윤진수/장준혁, 국제상속법 제2권, 1159면 이하 참조.

의하여 한국법에 의한다.[14] 이처럼 문제 된 하나의 법률관계 중 일부만이 반정되는 경우를 '부분반정(Teilrückweisung)'이라고 부른다.[15]

상속의 경우 상속재산의 관리·청산과 관련하여서도 숨은 반정이 문제 될 수 있는데, 이는 영미법계에서는 상속재산의 관리·청산과 잔여재산의 분배·이전을 구분하기 때문인바 이 점은 아래에서 논의한다.

다만 국제사법 제22조 제2항 제6호의 반정 불허사유, 즉 반정을 허용하는 것이 상속통일주의를 취한 국제사법의 취지에 반하는 것이 아닌가라는 의문이 제기될 수 있으나 그렇게 볼 것은 아니다. 반정은 상속의 준거법인 외국의 국제사법이 한국이나 독일처럼 당사자자치를 허용하고 피상속인이 그에 따라 한국법을 준거법으로 선택하는 경우에도 가능하다.

중국 국적으로서 20대에 대한민국에 정착하여 한의사로 활동한 피상속인은 중국 국적인 전처(前妻) 사이에 원고들을, 전처 사망 후 대한민국 국적인 후처(後妻) 사이에 피고를 낳았는데, 피상속인이 사망 전 대한민국 소재 부동산을 피고에게 유증하고 피고가 피상속인 사망 후 위 부동산에 관하여 유증(Vermächtnis)을 원인으로 소유권이전등기를 마치자 원고들이 피고를 상대로 위 부동산에 관한 유류분의 반환을 구한 사안에서, 서울고등법원 2020. 2. 6. 선고 2019나2027008 판결(확정)은 중화인민공화국계승법 제5장 부칙 제36조[16]를 근거로, 당해 사건에서 망인이 한국에 주소를 두고 거주하다가 사망하였고 부동산 소재지가 한국이므로 망인의 사망에 따른 상속의 법률관계는 동산, 부동산을 불문하고 한국법이 준거법

---

14) 이는 영국의 국제사법이 동산 상속에 대해서는 피상속인의 주소지법을, 부동산 상속에 대해서는 소재지법을 준거법으로 지정하기 때문이다. 이 점은 프랑스 국제사법원칙이나 중국 섭외민사관계법률적용법(제31조)도 유사하나 섭외민사관계법률적용법은 피상속인의 상거소지법을 적용한다. 이처럼 한국이 반정에 따라 부동산 상속에 대하여 한국법을 적용하므로 만일 위 사건을 영국에서 재판한다면 부동산 상속에 대하여 영국 법원은 이른바 이중반정에 의하여 한국법을 적용하게 되어 국제적 판결의 일치가 달성되는 결과가 된다. 그러나 이는 한국이 이중반정을 허용하지 않기 때문이다. 만일 한국 법원도 이중반정을 인정한다면 어떻게 처리할지는 불분명하다.

15) Junker, §8 Rn. 48; 최흥섭, 147면.

16) 제36조는 "중국공민이 해외에 있는 유산을 상속하거나 중화인민공화국 내의 외국인이 유산을 상속할 때 동산은 피상속인 주소지 법률에 의하고 부동산은 부동산 소재지 법률에 의한다."라고 규정한다. 우리 법원이 중국의 국제사법인 섭외민사관계법률적용법 제31조를 적용하지 않은 이유는 불분명한데 제31조를 적용하더라도 결과는 동일하다. 다만 후자는 동산의 경우 피상속인의 상거소지법을 지정한다.

이 된다고 판단하였다. 그 밖에 다른 사건들도 있다.[17)]

하지만 아래에서 보는 바와 같이 당사자가 제2항에 따라 상속의 준거법으로 외국법을 선택한 경우에는 반정은 허용되지 않는다고 본다. 국제사법 제22조 제2항 제1호는 당사자가 합의에 의해 준거법을 선택하는 경우만을 언급하고 있지만 이는 당사자자치에 의한 경우를 의미한다고 보아야 하기 때문이다.

그 밖에도 '개별준거법은 총괄준거법을 깨뜨린다'는 원칙[18)]에 의하여, 또는 피상속인이 부동산에 대해 부동산소재지의 준거법을 선택하는 경우 상속통일주의가 관철되지 않을 수 있다.[19)] 전자의 예로, 위 부부재산제의 준거법에서 언급한 바와 같이 예컨대 상속부동산 소재지법이 공유만을 알고 있으나 상속의 준거법이

---

17) 수원지방법원 2020. 7. 8. 선고 2019 가단 565508 판결 참조. 피상속인이 중국국적 동포로서 2005년부터 국내에 영주자격을 갖추고 거주하고 있다가 교통사고로 사망하게 된 경우, 자녀가 손해배상을 청구한 사안에서, 종전의 국제사법 제49조 제1항에 의하여 상속준거법이 중국법으로 지정되었는데, 중국의 섭외민사관계법률적용법 제31조는 "법정상속은 피상속인의 사망시의 상거소지법을 적용한다"라고 규정하고 있으므로, 구 국제사법 제9조 제1항에 의하여 반정을 인정하였다. 이 사건에서는 한국에 피상속인의 상거소지가 있는지에 대한 별도의 판단은 하지 않았지만, 2005년부터 영주자격을 가지고 있었던 것으로 보아 상거소지가 인정된다고 본다. 따라서 손해배상청구사건에서 상속준거법으로서 중국법이 지정된 경우에, 한국에 피상속인의 상거소지가 인정되지 않는다면, 상속준거법은 중국법이 될 것이다. 반면에 사망보험금 수익자가 되는 상속인이 누구인지가 다투어진 사건에서 피상속인의 상거소가 한국에 있었음에도 불구하고 반정을 전혀 고려하지 않고 중국의 상속법을 적용한 판결도 있다. 이 판결은 반정을 간과한 것으로서 잘못이라는 비판을 받았다. 정구태, 판례 회고, 297면 참조.

18) 이는 적응의 법리가 문제 되는 사례의 하나인데, 이에 관하여는 이호정, 351면; 木棚照一, 302면 이하 참조. 독일 민법시행법 제3a조 제2항(과거 제3조 제3항)은 이러한 원칙을 명시하였으나 이는 삭제되었다. 그러나 우리나라(일본)와 일본에서 학설상 인정되는 위 원칙이 독일법의 그것처럼 넓은 것은 아니라고 한다. 예컨대 아래의 사안을 생각해 보자. 프랑스에 별장을 소유하는 한국인이 사망하여 상속의 준거법이 문제 되는 사안이 있다. 국제사법 제77조에 따라 상속의 준거법은 한국법이다. 그런데 프랑스 민법 제3조 제2항은 부동산 상속을 부동산 소재지법인 프랑스법에 따르도록 한다. 이 경우 우리 국제사법은 명시하지 않지만 '개별준거법은 총괄준거법을 깨뜨린다'는 원칙을 적용하면 우리 법원은 상속의 준거법이 한국법인 경우에도 프랑스 국제사법의 연결원칙을 적용해야 한다. 그 결과 프랑스 소재 별장의 상속은 프랑스법에 의하여 규율되므로 상속 준거법의 분열이 발생한다. 기타 상세와 구체적 사례는 木棚照一, 328면 이하 참조. 총칙에 관한 부문에서 본 것처럼 최흥섭, "한국 국제사법에서 총괄준거법과 개별준거법의 관계", 비교사법 제21권 제2호(통권 제65호)(2014. 5.), 597면 이하는 명문규정이 없는 우리 국제사법의 해석론으로는 위 원칙을 인정할 수 없고 이는 일차적으로 성질결정에 의하여, 이차적으로 적응(조정)에 의해 해결하자면서 그 경우 개별준거법이 총괄준거법을 깨뜨린다는 "원칙"은 존재하지 않으며 오히려 "총괄준거법이 개별준거법에 대해 우선하는 것이 원칙"이라고 할 수 있다고 지적한다.

19) Kropholler, S. 436.

합유로 규정하는 때에는 상속부동산은 개별준거법에 따라 공유에 속한다. 또한, 상속의 준거법에 의하면 외국에 소재하는 부동산도 피상속인에게 승계되어야 하지만, 만일 어떤 부동산 소재지법상 등기를 하지 않으면 상속인이 권리를 취득할 수 없다거나 처분할 수 없다는 제한이 있다면 그 요건이 구비되어야 한다.

국제사법은 피상속인의 본국법주의를 유지하는데, EU상속규정은 국제재판관할(제4조)과 준거법(제21조)의 맥락에서 일상거소를 연결점으로 채택하는 데서 보는 바와 같이 상속준거법의 연결점으로 일상거소가 점차 확산되고 있다.[20] 근자에 한국에서도 친족법에서 일상거소를 국적보다 앞선 연결점으로 삼자는 견해가 있음은 위에서 보았는데, 상속법 영역에서도 일상거소를 연결점으로 삼자는 주장이 가능하다. 그렇게 한다면, 상속 사건에서 국제재판관할의 연결점이 피상속인의 사망 당시 일상거소지이므로 양자의 병행도 가능하다.[21] 혼인의 일반적 효력에서 보았듯이 친족법에서 장래 그런 개정이 필요한데 그렇다면 시차는 있더라도 상속에서도 마찬가지다.

(2) (포괄)승계주의와 청산주의: 실질법의 논점

실질법상 한국[22]과 독일을 포함한 대륙법계에서는 상속에 의하여 상속재산이 피상속인으로부터 상속인에게 당연히 포괄적으로 이전한다(포괄승계(Universal-sukzession)).

---

20) 헤이그상속협약(제3조)은 준거법 맥락에서 연결점으로 상거소와 국적을 병용한다. 상거소지국법이 준거법이 되는 것은 피상속인의 상거소지가 본국법인 경우와 상거소지에서 사망 전 5년 이상 거주한 경우이고 다른 경우 원칙적으로 본국법이 준거법이다. 우선 Max Planck Institute for Comparative and International Private Law, Comments on the European Commission's Proposal for a Regulation of the European Parliament and of the Council on jurisdiction, applicable law, recognition and enforcement of decisions and authentic instruments in matters of succession and the creation of a European Certificate of Succession, Rabels Zeitschrift 74 (2010), S. 603ff. (para, 130ff.) 참조.
21) EU상속규정은 일상거소지를 국제재판관할(제4조)과 준거법(제21조)의 연결점으로 삼는다.
22) 대법원 2020. 11. 19. 선고 2019다232918 전원합의체 판결 중 반대의견은 아래와 같이 판시하였다. "상속의 효과로 당연승계주의를 취하는 국가들은 미성년 상속인을 보호하기 위한 특별한 규정을 두고 있다. 특히 독일은 1998년 민법을 개정하여 미성년자의 상속채무에 대한 책임은 그 미성년자가 성인이 되는 시점에 가진 재산에 한정하는 규정을 신설하였다(독일 민법 제1629조a 미성년자 책임의 제한). 위 규정은 독일 연방헌법재판소가 1986. 5. 13.자 결정에서 '법정대리인인 부모가 친권을 적정하게 행사할 능력이 없는 등의 원인으로 자녀가 상당한 채무를 부담한 채로 성년의 삶으로 방출된다면 이는 자녀의 인격권과 일반적인 행동의 자유에 부합하지 않는다.'고 판단한 데 대응한 입법의 결과이다".

반면에 영미법상으로는 그와 달리 상속재산이 일단 인격대표자(personal representative)23) — 유언상속의 경우 유언집행자(executor), 무유언상속의 경우 법원에 의해 선임된 유산(상속재산)관리인(administrator 또는 선정관리인) — 에게 신탁재산으로서 잠정적으로 귀속하고,24) 인격대표자는 유산을 관리청산한 뒤 잔여 적극재산을 상속인과 수유자(受遺者)에게 분배할 의무를 부담하므로 국제사법상으로도 양자를 구별한다.25)26) 즉 영미법계에서는 상속에 의해 재산의 포괄승계가 일어나는 것이 아니며 ① 상속재산의 관리·청산(administration)과 ② 잔여재산의 분배·이전(또는 귀속)(devolution)을 구분하여 전자에는 재산관리지법을 적용하고, 후자만을 상속법의 문제로 보아 상속분열(할)주의에 따르도록 한다.27) 이처럼 영미법계의 청산주의와 대륙법계의 당연(포괄)승계주의는 상속준거법의 규율범위에서 차이가 있다.28) 우리 국제사법의 해석상 ① 상속재산의 관리·청산과 ② 잔여재산의 분배·이전(또는 귀속) 모두에 대하여 상속준거법이 적용된다.29)

(3) 당사자자치 원칙의 제한적 도입(제2항)

구 국제사법에서는 독일, 스위스, 이탈리아 등의 입법례와 1989년 "사망에 의한 재산상속의 준거법에 관한 헤이그협약(Hague Convention on the Law Applicable to Succession to the Estates of Deceased Persons)"(이하 "헤이그상속협약"이라 한다)30)

---

23) 울산지방법원 2022. 8. 24. 선고 2022가합11704 판결(집행판결 청구 사건)은 이를 '개인적 대표자'라고 부른다. 인격대표자에 관하여는 김상훈, 10면 참조.

24) 흔히들 신탁재산으로서 잠정적으로 인격대표자에게 귀속된다는 점을 명시하지 않으나 영국 1925년 상속재산관리법(Administration of Estates Act) 제33조 제1항은 이를 명시하고 (… held in trust by his personal representatives), 김형석, 78면도 이 점을 분명히 밝힌다.

25) 상속 실질법에 관한 비교법적 논의는 우선 김형석, 75면 이하 참조. 미국 상속법에 관하여는 김상훈; Robert L. Mennel and Sherii L. Burr/임채웅(역), 미국신탁법: 유언과 신탁에 대한 새로운 이해(2011) 참조.

26) 반면에 독일이나 영미와 달리 상속재산의 승계는 직접적이지만 상속개시와 동시가 아니라 상속 승인에 의하여 효과가 발생하는 것으로 규정하는 법제도 있는데 오스트리아 민법이 그 대표적인 예이다. 김형석, 78면.

27) 신창선·윤남순, 383면. 상세는 木棚照一, 236면 이하 참조.

28) 김문숙, "상속준거법에서의 당사자자치", 국제사법연구 제23권 제1호(2017. 6.), 283면 註 1. 상세는 윤진수/장준혁, 국제상속법 제2권, 1248면 이하 참조. Andrea Bonomi, Succession, Encyclopedia, Vol. 2, p. 1687(이는 administration과 devolution을 구분한다).

29) 일본에는 해석론으로 영미법계에서처럼 상속재산의 관리의 문제를 상속준거법으로부터 제외하여 재산관리지법에 의한다고 보는 소수설도 보인다. 예컨대 出口耕自, 402면 註 6 참조.

에 따라 상속에서도 제한된 범위 내에서 당사자자치를 허용하였고(제2항) 이는 국제사법도 마찬가지다. 상속은 신분적 측면뿐만 아니라 재산의 이전이라는 재산적 측면도 가지고 있으므로 피상속인의 상거소지나 재산소재지와도 밀접한 관련을 가지며, 본국법주의만을 고집할 경우의 문제점을 해결하기 위하여 피상속인의 상속준거법의 선택을 명시적으로 허용한 것이다.31) 상속은 부부재산제와 함께 가족법과 재산법이 교차하는 영역으로서 피상속인과 그 가족을 중심으로 보면 피상속인의 속인법주의가 적절하나, 상속재산 소재지의 이해관계인을 중심으로 보면 재산소재지법주의가 합리적이므로 양자의 대립을 지양하는 수단으로서 당사자자치를 도입한 것이라고 설명하기도 한다.32)

상속에서의 당사자자치는 피상속인에게 사망 후의 재산관계에 대한 예견가능성을 확보해 주고 또한 부부재산제와 상속을 동일한 준거법으로 규율할 수 있게 하는 장점이 있다. 그러나 외국의 입법례에서도 상속에 관한 당사자자치가 제한적으로 허용되는 점, 따라서 우리가 당사자자치를 허용하더라도 외국에서 승인되지 않을 가능성이 있다는 점, 상속에서 준거법 선택을 지나치게 넓게 인정할 경우 유류분권리자 등 이해관계 있는 제3자의 권리를 침해할 위험이 있는 점 등을 고려하여 국제사법에서는 당사자자치가 허용되는 범위를 상당히 제한하였다.33) 다만 일본의 법례(제26조)와 법적용통칙법(제36조), 독일 구 민법시행법(제25조 제2항)은 독일 소재 부동산에 관하여만 독일법의 선택을 허용하는 제한적인 입장을 취

---

30) 근자에 확인한 결과 이는 아직 미발효이다. 개요는 신창선·윤남순, 389면 이하; 상세는 최흥섭, "상속준거법에 관한 1989년의 헤이그협약", 인하대학교 법학연구 제1집(1999), 31면 이하; 木棚照一, 92면 이하 참조. 국문번역은 법무부, 헤이그회의 제협약, 277면 이하 참조.
31) 연구반초안은 전통적인 입장을 제1안으로, 국제사법과 같은 규정을 제2안으로 두었다. 연구반초안은 다음과 같다. 연구반초안해설, 73면.
"제34조(상속) [제1안] 상속은 사망 당시 피상속인의 본국법에 의한다.
[제2안] ① 상속은 사망 당시 피상속인의 본국법에 의한다.
② 전항의 규정에도 불구하고 피상속인이 유언에 적용되는 방식에 의하여 명시적으로 다음 각호의 법에 의하기로 정한 때에는 상속은 그 법에 의한다.
1. 지정 당시 피상속인의 일상거소지법. 그러나 피상속인이 사망 당시 그 국가에 일상거소를 가지고 있지 아니한 경우에는 그 지정은 효력이 없다.
2. 부동산 상속에 관하여는 그 부동산의 소재지법."
입법론은 장준혁, 상속입법론, 273면 이하 참조.
32) 신창선·윤남순, 384면.
33) 국제상속법에서의 당사자자치의 허용 여부에 관하여는 木棚照一, 167면 이하, 특히 195면 이하 참조.

하는 데 반하여, 국제사법은 이탈리아 국제사법(제46조 제2항)과 유사하게 그보다는 상대적으로 넓게 당사자자치를 허용한다.

준거법의 선택의 방식은 피상속인이 유언에 적용되는 방식이어야 한다. 따라서 이는 제78조 제3항에 규정된 방식에 부합하는 것이어야 한다. 이러한 제한은 독일 구 민법시행법 제25조 제2항과 동일하다.

(4) 선택의 대상이 될 수 있는 준거법(제2항)

우선 피상속인은 준거법 선택 시의 자신의 일상거소지법을 선택할 수 있다(제2항 제1호). 이러한 준거법 선택은 피상속인이 생활의 근거지의 법이 적용되도록 하려는 희망과 필요에 부응하도록 한 것이다. 다만 사망 시에도 피상속인의 일상거소는 그곳에 유지되어야 한다.[34]

주목할 것은 유류분반환청구사건인 서울고등법원 2023. 10. 19. 선고 2022나2040001 판결(확정)이다. 이 사안에서 한국 국적을 보유한 재일동포인 피상속인은 유언공정증서에 의하여 2013년 7월 상속의 준거법을 일본법으로 지정하였다. 그런 지정이 유효하자면 준거법 지정 시 일본이 그의 상거소지여야 하고 그가 사망 시까지 상거소지를 일본에 유지하였어야 하는데 그 요건의 구비 여부가 다투어졌다. 피상속인은 2011년 4월부터 약 6년 8개월 동안(7일 간의 일본 체류 제외) 한국에 거주하였고 2016년경 한국에 주민등록신고를 하고 주민등록번호까지 받았으나, 서울고등법원은 국내 체류기간이 '거주자의 해당 여부'를 좌우하는 결정적 요인은 아니라면서 다양한 요소들을 고려하여 피상속인의 상거소는 일본에 있었고(항구적 거주 및 중대한 이해관계의 중심지도 일본이었다), 그 후 사망 시까지 그 상거소를 일본에 유지하였으므로 피상속인의 상속과 유류분의 준거법은 구 일본 민법이라고 판단하였다.[35]

---

34) 이탈리아 국제사법이 이러한 입장을 취한다(제46조 제2항 참조). 다만 사망 시까지 상거소 유지요건은 너무 엄격하다고 비판할 여지가 있다. 현재의 규정은 피상속인의 선택과 결합하는 경우 본국법주의를 사실상 상거소지법주의로 전환하는 결과가 된다.

35) 이를 부연하면 아래와 같다. 첫째, 상속 준거법 지정 시 피상속인의 상거소가 일본에 있을 것과 관련하여, 법원은 피상속인이 일본에서 혼인하여 자녀들인 원고 및 피고들을 일본에서 출산·양육하였으며 인생의 대부분을 일본에서 보낸 점, 일본에서 상사를 설립하여 파친코 사업등을 주된 경제활동으로 영위하여 주요 자산을 형성하였으며 주요 자산이 일본에 소재하는 점, 피상속인은 소득세와 배당세의 세무처리상 일본 소득세법상 '거주자', 한국 소득세법상 '비거주자'로 처리한 점 등을 고려하였다. 둘째, 상속 준거법 지정 후 상거소를 일본에

부동산 상속의 경우에는 피상속인으로 하여금 부동산 소재지법을 선택할 수 있다(제2항 제2호). 이 경우 상속과 부부재산제 및 물권의 준거법이 일치될 수 있어 이들이 상이한 경우 발생할 수 있는 복잡한 법률문제를 피할 수 있고,[36] 실효적이고 신속한 유산채무의 해결이 가능하게 된다. 피상속인이 부동산 상속에 관하여 부동산 소재지법을 선택하고 동법이 피상속인의 사망 당시 본국법과 상이한 경우 상속분열이 발생한다. 그 경우 부동산과 그 밖의 상속재산은 각각 별개의 상속재산인 것처럼 법적으로 상호 독립하여 각각의 준거법에 따라 상속된다.[37]

근자에는 피상속인이 선택할 수 있는 준거법의 후보에서 일상거소지법을 제외하고(만일 둔다면 사망 시까지 유지요건을 삭제하자고 한다) 대신에 국적소속국을 넣자는(차선책으로서 국적과 일상거소 중에서 선택할 수 있도록 하자는) 입법론이 있는데,[38] 서두를 필요는 없고 해석에 맡겨도 좋다고 한다. 저자는 아래 이유로 위 입법론에 선뜻 동의하기는 어렵다.

첫째, 피상속인의 준거법 선택을 허용하는 것은 피상속인에게 유산계획을 수립할 수 있게 하므로 원칙적인 준거법인 본국법 대신 일상거소지법을 선택할 수 있을 때 더 의미가 있다. 이를 삭제할 것은 아니다.[39] 둘째, 일상거소 유지요건을 삭

유지할 것과 관련하여, 법원은 피상속인은 유언공정증서 작성 이후부터 일본으로 최종 출국한 2017. 12. 5.까지 약 4년 5개월 동안 한국에 체류하였으나, 국내 체류기간이 '거주자의 해당 여부'를 좌우하는 결정적 요인이라고 볼 수는 없고, 피상속인이 처음부터 지병 치료와 휴양 등을 목적으로 한국에 입국하였기 때문에, 체류 기간 동안 주로 병원에 입원해 있거나 아파트에 머무르면서 휴양하는 등 외부와 단절된 생활을 하였으며, 한국에서 별다른 사회적 활동 기반을 구축하지는 않았음을 근거로 한국에 상거소가 있지는 않다고 보았다. 위 판결에 대한 평석은 유정화, "국제상속사건에서 유류분의 준거법 결정: 당사자자치의 존중과 이해관계인의 보호 사이의 조율—서울고등법원 2023. 10. 19. 선고 2022나2040001 판결(확정)과 서울동부지방법원 2023. 8. 25. 선고 2020가합102226 판결(확정)의 평석", 2025. 2. 6. 개최된 국제사법학회 제168회 정기연구회 발표자료 참조.

36) 상속과 부부재산제의 밀접한 관련을 고려하면, 국제사법상 당사자의 선택에 의하여 양자의 준거법이 다르게 될 수 있다는 점은 문제로 지적될 수 있을 것이다.

37) 그러나 그 경우 상당히 어려운 문제가 발생한다. 상세는 Staudinger/Dörner (1995), Art. 25 EGBGB Rn. 723 이하 참조. EU상속규정이 독일에서 2015. 8. 17. 시행됨에 따라 독일 민법시행법 제25조는 "사망에 의한 권리승계에 대하여는 EU규정 번호 650/2012(EU상속규정)의 적용범위에 속하지 않는 한 그 규정 제3장이 준용된다"로 개정되었다.

38) 장준혁, 상속입법론, 387면. 윤진수/장준혁, 국제상속법 제2권, 1179면은 입법론적으로 당사자자치의 확대와 상거소지법주의로의 전환도 검토할 수는 있다고 한다.

39) 독일에서는 EU상속규정처럼 일상거소를 원칙적 연결점으로 삼는 대신 본국법을 준거법으로 하고 일상거소지법을 선택할 수 있도록 하는 편이 더 바람직하였을 것이라는 견해도 있다.

제하자는 것은 일상거소지의 확정이 어려운 탓에 준거법 지정이 무효가 될 수 있기 때문이라고 한다. 그러나 일상거소 유지요건을 두면 그런 어려움을 완화할 수 있다. 셋째, 국적소속국법을 선택지로 추가하자는 것은 법적 안정성을 확보할 수 있고 반정을 배제할 수 있기 때문이라고 하나 동의하기 어렵다. 복수국적자의 경우 국적소속국이 본국법보다 더 다양한 선택지를 제공하겠지만 기준시점(즉 사망 시)은 동일하므로 실익이 크지 않고, 준거법 선택이 없으면 피상속인의 본국법이 준거법이 되므로 국적소속국법(본국법 포함)을 선택지로 추가할 실익은 크지 않다.[40] 같은 이유에서 장래 언젠가 본국법을 일상거소지법으로 대체한다면 그때에는 본국법/국적소속국법을 선택지로 인정할 필요가 있다. 넷째, 상속에서 당사자자치를 허용하는 것은 적절한 연결점을 찾을 수 없어 등장한 궁여지책이 아니라[41] 위에서 본 적극적 기능이 있기 때문인데, 이는 실질법상 '유언의 자유'[42]의 연장선상에 있다. 상속의 경우 국적(대륙법계) 또는 최후의 주소/상거소와 부동산 소재지(영미법계)라고 하는 전통적인 연결점이 있어 왔고, 당사자자치는 근자(1960년대)에 이르러 허용되기 시작한 것이므로 이를 궁여지책이라고 할 수는 없다.

저자는 2001년 구 국제사법이 당사자자치를 도입한 뒤 그것이 실제로 얼마나 활용되고 있는지를 알지 못하였기에 만일 실제로 활용되지 않는다면 국제사법 입법이 일부 전문가들만의 지적 유희에 그치는 것은 아닌가라는 우려를 표명하고 상속·유언사건을 담당하거나 실제로 유언장을 작성하는 변호사나 공증인들에게 국제상속법 교육을 강화할 필요가 있음을 지적한 바 있는데, 근자에 상속의 준거법을 지정한 사례들이 보고되고 있어 다행이다. 위에서 언급한 서울고등법원

Christoph A. Kern/Daniela Glücker, Das neue Europäische Erbstatut und sine Aufnahme in der deutschen Literatur, Rabels Zeitschrift 78 (2014), 303ff. 참조. 국제상속법에서 본국법주의와 주소지법주의의 대립은 국제사법에서 고전적인 쟁점의 하나이다.

40) EU상속규정(제21조 제1항)은 사망 당시 피상속인의 일상거소지법을 원칙적인 준거법으로 지정하므로 국적소속법의 선택을 허용하는 것은 의미가 있다.

41) 그러나 장준혁, 상속입법론, 386면은 당사자자치는 의사자치로는 설명할 수 없고 견해 대립을 피하는 최후의 궁여지책으로서 정당화될 뿐이라고 한다. 법계 대립을 극복한 연결점을 말한다면 그럴 수 있으나 법계 내에서는 전통적 연결점이 있었으므로 국제계약에서처럼 궁여지책은 아니다. 최흥섭, 국제사법의 현대적 흐름(2005), 218면은 국제상속법에서 당사자자치의 근거로 궁여지책과 적극적 기능을 모두 든다.

42) 우리 법상 유언의 자유는 헌법상 재산권 및 행복추구권에서 파생된 유언자의 일반적 행동의 자유라는 헌법상 기본권에 해당한다. 헌법재판소 2008. 3. 27. 선고 2006헌바82 결정 등; 윤진수, 548면 이하 참조.

2023. 10. 19. 선고 2022나2040001 판결과 서울동부지방법원 2023. 8. 25. 선고 2020가합102226 판결이 그런 사례이다.[43]

(5) 제3자 보호규정의 요부

2001년 섭외사법의 개정을 위한 위원회의 논의과정에서 상속준거법의 선택을 허용함으로써 발생될 수 있는 유류분권리자[44] 등 제3자의 이익의 침해를 막고

---

43) 후자인 서울동부지방법원 2023. 8. 25. 선고 2020가합102226 판결(확정)의 사안에서 한국 국적인 피상속인은 상거소지법이자 부동산 소재지법인 미국 뉴저지주법을 준거법으로 지정하였는데 법원은 구 국제사법 제49조 제2항 제1호에서 피상속인으로 하여금 준거법 선택 시 자신의 상거소지법을 선택할 수 있도록 한 것은 피상속인이 자신의 상속에 관하여 생활의 근거지의 법이 적용되도록 하려는 희망과 필요에 부응하도록 한 것이라고 판시하고, 미국 뉴저지주법에 우리 민법이 정한 유류분 제도와 같은 제도를 두고 있음을 인정할 자료가 없는 이상, 원고들이 피고들에 대하여 유류분반환 청구권을 가지는 것을 전제로 하는 원고들의 청구는 이유 없다(밑줄은 저자가 추가함)고 판단한 바 있다. 준거법 선택으로 인한 공서위반 여부는 다투어지지 않은 것으로 보인다. 판결의 소개는 국제사법연구 제29권 제2호(2023. 12.), 480면 이하 참조. 위 판결의 사안의 경우 피상속인이 유언장에서 상속 준거법을 직접 지정한 것은 아닌데, 위 판결은 유언의 해석을 통하여 상속 준거법이 뉴저지주법으로 명시적으로 지정되었다고 보았다. 다만 그러면서도 유언의 해석은 유언의 준거법인 우리 법 그것도 계약의 해석 법리에 따른 듯하다. 유언의 준거법이 상속의 준거법과 상이한 사안이 되었다. 유언 해석의 준거법이 우리 법이더라도 상대방 없는 단독행위인 유언의 경우 자연적 해석만이 적용되어 표의자의 내심적 효과의사를 확정하는 것이 중요하므로 유언의 해석은 계약의 해석과는 차이가 있다. 이러한 차이는 정소민, "유언의 해석", 비교사법 제22권 제1호(통권 68호)(2015), 319면 이하 참조.

44) 유류분제도에 관한 입법의 분류는 논자에 따라 차이가 있으나, 李庚熙, 遺留分制度(1995), 16면 註 16은 유산처분자유주의(유언자유주의), 유산처분금지주의(강제보존주의) 및 유언처분제한주의가 있다고 한다(비교법적 고찰은 위 李庚熙, 21-80면 참조). Duckworth는 유류분제도를 엄격성의 정도에 따라 ① 프랑스법과 이슬람법이 취하는 엄격한 유류분제도, ② 독일법과 스위스법이 취하는 포기 불가능한 지분에 의한 유류분제도와 ③ 영국법과 호주법 등이 취하는 사법적 조정(judicial adjustment) 제도로 분류한다(A. Duckworth, Forced Heirship and the Trust, in J Glasson (ed.), International Trust Laws (2007), ch. B1, 5 (Jonathan Harris, The Hague Trusts Convention: Scope, Application and Preliminary Issues (2002), p. 367(이필복, "헤이그 신탁협약 분석 및 협약 가입에 관한 검토", 서울대학교 대학원 법학석사학위논문(2014. 8.), 95면에서 재인용). 서양의 근자의 법상태와 발전노선은 Reinhard Zimmermann, Pflichtteil und Noterbrecht in historisch-vergleichender Perspektive, Rabels Zeitschrift 84 (2020), S. 465ff. 참조. 김문숙, 온주 국제사법 제77조, 2023. 7. 5. [40]은 피상속인이 사인증여 또는 유증에 의해 처분할 수 있는지에 관하여 처분자유주의(유언자유주의), 처분금지주의(강제보존주의)와 처분제한주의(유류분주의)가 있는데(이는 피상속인의 재산처분을 제한하면서 법정상속인에게 어느 정도의 취득권을 확보한다), 영미법계 국가는 유언자유주의를 취하고(다만 근친자에게 일정한 권리를 보장하는 경

자 이탈리아 국제사법(제46조 제2항)[45]처럼 별도의 보호규정을 두는 방안을 검토하였다. 그러나 구 국제사법이 당사자자치의 범위를 매우 제한하였기 때문에 제3자의 이익침해는 크게 문제 되지 않고, 만일 문제가 발생하더라도 공서조항 등에 의하여 해결할 수 있을 것으로 보아 보호규정을 두지 않았다.

참고로 독일에서는 상속 준거법인 외국법이 '유류분권(Pflichtteilsrecht, forced heirship)'과 실질적인 '필연상속권(Noterbrecht)'을 알지 못하고, 또한 부양을 확보하기 위하여 다른 상속인들에 대한 청구권도 인정되지 않아 독일의 사회부조 (Sozialhilfe)에 부담을 지우는 때에는 공서에 반한다는 견해도 보인다.[46]

생각건대 이탈리아 국제사법과 같은 명시적인 규정을 두지 않고 유류분권의 침해 문제를 공서위반의 문제로 해결하고자 하는 이상 준거법에 따라 제3자의 이익이 침해되더라도 이는 일정한 범위 내에서는 감수해야 할 것이다.[47]

우가 많다), 처분제한주의에는 유류분을 강제상속분으로 구성하는 프랑스, 스위스, 일본 (2018년 개정 전 구 민법) 등이 있으며, 유류분을 가치취득권(채권)으로 구성하는 독일, 일본(2018년 개정 민법) 등이 있다고 소개한다. 근자에는 한국에도 영미법을 참고하여 민법상 유류분 제도를 개선하자는 제안도 있다. 현소혜, "유류분 제도의 개선 방안: 영미법으로부터의 시사점", 법률신문 제4737호(2019. 10. 10.), 12면. 비교법적 검토는 사법정책연구원, 유류분 참조. 일본 유류분제도의 2018년 개정 경위와 내용은 신봉근, "유류분의 개정에 관한 고찰－일본의 상속법을 중심으로－", 가족법연구 제38권 제2호(2024. 7.), 310면 이하 참조.

45) 동항은 피상속인의 준거법 선택을 제한적으로 허용하면서, 피상속인이 이탈리아인인 경우, 피상속인의 사망 당시 상거소가 이탈리아에 있는 유류분권리자의 이탈리아 법에 의한 권리는 준거법 선택에 의해 영향을 받지 않는다고 명시한다.

46) MünchKomm/Birk, Band 10, Art. 25 Rn. 113. EU상속규정의 2009년 초안(제27조 제2항)은, 상속 준거법상의 유류분(reserved portion of an estate)이 법정지법의 그것과 다르다는 이유만으로 법정지 공서에 반한다고 볼 수 없다고 규정하였으나 최종 EU상속규정에서는 이는 삭제되었다. 국적을 변경하는 경우 법률의 회피가 될 여지도 있으나 저자는 법률회피에 대하여 관대한 태도를 취하여 그 결과를 유효한 것으로 본다. 법률의 회피에 관하여는 앞에서(제2장 제6절) 간단히 논의하였다. 그러나 Dorota Miller, Evasion of the Law Resulting from a Choice of Law under the Succession Regulation, Rabels Zeitschrift 84 (2020), S. 635는 EU상속규정의 맥락에서 특정한 회피 결과를 달성하기 위한 국적 변경 또는 상속 준거법의 선택은 일정한 요건하에 법률의 회피가 될 수 있다고 본다. 독일의 학설과 논의는 위 Miller, S. 631f. 참조.

47) 윤진수/장준혁, 국제상속법 제2권, 1314면도 동지로 보인다. 서울고등법원 2018. 9. 7. 선고 2018나2005889 판결(확정)은 피상속인이 준거법을 선택한 것이 아니라 피상속인이 사망 당시 미국 국적자였기에 상속의 준거법이 뉴욕주법인 사안에서 상속의 준거법이 유류분제도를 알지 못하는 뉴욕주법인 사안에서 유류분반환청구권은 포기할 수 있는 재산상의 권리인 점 등에 비추어 유류분제도가 국제적 강행규정이라고 볼 수 없고, 피상속인의 본국법이 유류분을 인정하지 않는 경우에 그 법률을 적용하는 것이 우리 공서양속에 위배된다고 할 수도 없

서울고등법원 2018. 9. 7. 선고 2018나2005889 판결(확정)의 사안에서는 유류분제도를 알지 못하는 뉴욕주법이 피상속인의 본국법으로서 상속의 준거법이었는데, 원고가 "한국 민법의 유류분제도는 유족들의 생존권 보호 등을 입법목적으로 한 강행규정이므로, 외국법이 준거법으로 지정되는 경우에도 (구) 국제사법 제7조에 의해 이를 적용해야 하고, 이 사건의 경우 유류분제도를 인정하지 않는 뉴욕주법을 적용하면 한국의 공서양속에 명백히 위반되는 결과가 되므로 (구) 국제사법 제10조(공서조항)에 의해 뉴욕주법을 적용해서는 아니 된다"라는 취지의 주장을 하였다. 서울고등법원은 "유류분반환청구권은 포기할 수 있는 재산상의 권리인 점 등에 비추어 보면, 유류분제도가 준거법에 관계없이 적용되어야 하는 대한민국의 강행규정이라고 볼 수 없고, 피상속인의 본국법이 유류분을 인정하지 않는 경우에 그 법률을 적용하는 것이 한국의 공서양속에 위배된다고 할 수도 없다"라고 판단하였다. 2024. 4. 25. 헌법재판소가 유류분 제도를 규정한 민법 조문들에 대한 위헌법률심판제청 사건(2020헌가4 등)에서 전원일치 의견으로 위헌 또는 헌법불합치 결정을 한 것[48]을 계기로 아마도 피상속인의 재산 처분의 자유가 전보다 강화될 것으로 기대되므로 위 견해의 입지가 더 강화될 가능성도 있다.

(6) 상속준거법이 규율하는 사항

(가) 일반론　　　　상속준거법은 상속개시부터 상속재산분할 전까지의 일련의 과정에 관련된 모든 상속의 문제를 규율한다.[49] 상속의 준거법은 상속 개시의 원인 및 시기 등 상속개시에 관한 문제, 상속재산(유산)의 범위,[50] 유증(유언 자체의 성립은 제외), 사인증여(다만 계약법적 측면은 제외),[51] 상속능력, 상속인(즉 법정상

다고 판단하였다. 위 판결과 제1심판결(서울중앙지방법원 2017. 12. 13. 선고 2017가합 516013 판결)에 대한 통렬한 비판은 장준혁, 유류분, 71면 이하 참조.

[48] 헌법재판소는 위 사건 결정에서 형제자매의 유류분을 규정한 민법 제1112조 제4호에 관하여는 단순위헌을, 유류분 상실사유를 별도로 규정하지 않은 민법 제1112조 제1호부터 제3호 및 기여분에 관한 민법 제1008조의2를 준용하지 않은 민법 제1118조에 관하여는 헌법불합치를 선언하면서 2025. 12. 31.까지 유류분 제도에 관한 입법개선을 명하였다.

[49] 김문숙, 온주 국제사법 제77조, 2023. 7. 5. [25].

[50] 이는 특히 사망 후 피상속인이 (예컨대 대위에 의하여) 취득한 적극재산과 (예컨대 상속인 또는 유언집행자에 의하여) 취득한 소극재산의 취급이 문제 된다. 이호정, 426면. 반면에 사망 시에 존재하는 적극재산이 피상속인에게 속하였는지와 소극재산이 피상속인의 의무였는지와 그런 재산이 이전될 수 있는 성질의 것인지는(즉 상속(가능)성이 있는지는) 상속의 준거법이 아니라 상속의 선결문제로서 당해 재산의 준거법에 의하여 결정된다. 이호정, 426면.

속인, 상속인 지정가능성(Einsetzbarkeit)과 상속계약의 허용 여부), 사인처분에 의하여 배제할 수 없는 유류분 권리자, 필연상속인(또는 강제상속인), 상속인들의 순위와 상속분, 상속결격(Erbunwürdigkeit), 상속의 승인 및 포기, 공동상속의 경우 상속인 공동체의 형태(공유인지 합유인지)와 그 내부적 및 외부적 권리·의무, 선순위상속과 후순위상속, 상속재산관리인, 상속인의 부존재, 유산관리인과 유언집행자의 법적 지위, 상속인의 책임, 상속회복청구권 등을 규율한다.52)

(나) 개별준거법과 총괄준거법의 관계   '개별준거법은 총괄준거법을 깨뜨린다'는 원칙에 의하여 또는 피상속인이 부동산에 대해 부동산 소재지의 준거법을 선택하는 경우 상속통일주의가 관철되지 않을 수 있다. 전자의 예로, 예컨대 상속 부동산 소재지법이 공유만을 알고 있으나 상속의 준거법이 합유로 규정하는 때에는 상속 부동산은 개별준거법에 따라 공유에 속한다. 또한 상속의 준거법에 의하면 외국에 소재하는 부동산도 피상속인에게 승계되어야 하지만, 만일 어떤 부동산 소재지법상 등기를 하지 않으면 상속인이 권리를 취득할 수 없다거나 처분할 수 없다는 제한이 있다면 그 요건이 구비되어야 한다. 이런 의미에서 위 원칙을 "총괄준거법은 개별준거법의 승인을 받아야만 살 수 있다"라고 표현하기도 한다.53) 이 점은 총칙에서 논의하였다.

(다) 상속인 없이 사망한 경우의 상속재산의 귀속   이를 상속 문제로 성질결정하여 상속 준거법에 따라 국가가 최종적 법정상속인이 된다는 견해(상속권설 또는 상속주의)와, 상속인 없는 상속재산의 권리 귀속 문제로 성질결정하여 재산 소재지법을 적용하는 견해(선점권(Aneignungsrecht)설, 선점주의 또는 주권주의)가 있는데, 후자가 우리 통설이다.54) 따라서 상속인 없는 상속재산이 한국에 있으면 대한

---

51) 유증은 유언으로 수증자에게 일정한 재산을 무상으로 주기로 하는 상대방 없는 단독행위이다. 사인증여는 증여자가 생전에 무상으로 재산의 수여를 약속하고 증여자의 사망으로 약속의 효력이 발생하는 증여계약의 일종으로 수증자와의 의사의 합치가 있어야 하는 점에서 단독행위인 유증과 구별된다(대법원 2023. 9. 27. 선고 2022다302237 판결). 양자의 기능은 유사하므로 민법은 유증에 관한 규정을 사인증여에 준용한다.

52) 최흥섭, 416 – 417면.

53) 이호정, 427면.

54) 그 근거를 국제사법 제33조에서 구하는 견해도 있으나, 물권만의 문제는 아니므로 조리에서 찾는 견해도 있다. 신창선·윤남순, 주권적 388면; 최흥섭, 418면 註 203 참조. 다만 선점권의 본질을 물권법적으로 보는 견해와 권리로 보는 견해가 있다. 윤진수/장준혁, 국제상속법 제2권, 1263면; 최흥섭, "한국 국제사법에서 상속인 없는 상속재산의 국가 귀속", 인하대학

민국에 귀속된다.[55] 상속인 없이 사망한 경우의 상속재산의 귀속이 재산소재지법에 따른다는 점을 국제사법에 명시하자는 견해[56]도 있으나, 통설이 설득력이 있으므로 굳이 입법을 하지는 않아도 될 것이다.

다. 유럽연합의 상속규정

유럽연합은 2012년 7월 "상속사건에 관한 재판관할, 준거법, 재판의 승인 및 집행과, 공정(서)증서의 인정과 집행에 관한 그리고 유럽상속증명서의 창설에 관한 규정(상속규정)"[57]을 채택하였고, 이는 2015. 8. 17.부터 그날 이후 사망한 사람의 상속에 적용되는데(제84조 제2항) 덴마크, 아일랜드와 영국은 이에 구속되지 않는다.[58]

상속규정은 원칙적으로 상속 전체에 대하여 사망 당시 피상속인의 상거소를 연결점으로 정함으로써 상속통일주의를 취하면서 예외적으로 더 밀접한 관련이 있는 국가의 법이 있는 때에는 그 법을 상속의 준거법으로 지정한다(제21조). 또한 상속규정은 피상속인이 상속 전체에 대하여 선택 당시 또는 사망 당시 그의 본국법을 상속의 준거법으로 선택할 수 있도록 허용함으로써(제22조) 피상속인이 장래 유산 처분 계획(estate planning)의 수립을 가능하게 한다. 이는 이른바 '법의 공시(professio juris)'를 허용함으로써 상속에 적용할 법을 피상속인이 스스로 결정하도록 하는 것이다.

나아가 상속규정은 '유럽상속증명서제도(European Certificate of Succession)'(또는 상속증서)를 창설하였는데(제62조), 이는 상속인과 수증자가 외국에서 그의 지위

교 법학연구 제21집 제1호(2018. 3.) 144면과 註 4. 장준혁, 상속입법론, 356면 이하(註 40 포함)는 양자의 본질은 같다면서 국제상속의 효과가 사법의 영역에 머문다고 하나, 주권적 권리는 사법의 문제가 아니라 공법적으로 성질결정되는 문제라는 견해도 있다. Junker, §20 Rn. 56.

55) 우리 민법 제1058조(상속재산의 국가귀속)도 제1항에서 제1057조의2[특별연고자에 대한 분여]의 규정에 의하여 분여(分與)되지 아니한 때에는 상속재산은 국가에 귀속한다고 규정한다.

56) 장준혁, 386면(다만 생략할 수도 있다고 한다).

57) 영문 명칭은 "Regulation (EU) No. 650/2012 of the European Parliament and of the Council of 4 July 2012 on jurisdiction, applicable law, recognition and enforcement of decisions and acceptance and enforcement of authentic instruments in matters of succession and on the creation of a European Certificate of Succession"이다. 소개는 김문숙, 283면 이하; 윤진수/장준혁, 국제상속법 제2권, 1159면 이하 참조.

58) 상속 관련 국제민사소송법 논점은 우선 Sophie Maria Weber, Das Internationale Zivilprozessrecht erbrechtlicher Streitigkeiten (2012) 참조.

를 증명하고 상속인과 수증자로서의 권리를 행사할 수 있도록 하기 위한 것이다. 이는 상속규정에 따라 관할을 가지는 회원국의 법원 또는 기타 권한을 가지는 당 국이 발행하며(제64조) 다른 회원국에서도 인정된다. EU상속증명서는 외국에서 사용하기 위한 것으로 작성 여부는 임의적이고 국내법상의 상속증명서(예컨대 독 일 민법 제2365조(상속증명서의 정확성에 대한 추정) 이하에 따른 상속증명서)를 대체하 는 것은 아니다(제62조). EU상속규정에 따라 작성된 EU상속증명서는 모든 회원국 에서 별도의 절차 없이 상속인 등의 법적 지위의 권리추정적 효력과 공신력 (Gutglaubenswirkung) 등 제69조가 규정한 효력을 가진다. EU상속규정은 승인거부 사유를 규정하지 않으며 공서에 의한 통제도 받지 않는다.

2. 유언에 관한 조항의 개정

섭외사법	국제사법
제27조(유언) ① 유언의 성립 및 효력은 그 성립 당시의 유언자의 本國法에 의한다. ② 유언의 취소는 그 취소 당시의 유언자의 本國法에 의한다. ③ 유언의 방식은 행위지법에 의하여도 무방하다.	제78조(유언) ① 유언은 유언 당시 유언자의 본국법에 따른다. ② 유언의 변경 또는 철회는 그 당시 유언자의 본국법에 따른다. ③ 유언의 방식은 다음 각 호의 어느 하나의 법에 따른다. 　1. 유언자가 유언 당시 또는 사망 당시 국적을 가지는 국가의 법 　2. 유언자의 유언 당시 또는 사망 당시 일상거소지법 　3. 유언 당시 행위지법 　4. 부동산에 관한 유언의 방식에 대해서는 그 부동산의 소재지법

[입법례]
- 유럽연합 상속규정 제24조 이하, 방식은 제27조
- 독일 민법시행법 제26조[사인처분]: 헤이그유언방식협약을 비준하고, 그 내용을 국제사법에 편입
- 스위스 국제사법 제93조[유언의 방식], 제94조[사인처분능력], 제95조[상속계약과 상호적 사인처분]
- 일본 법례 제27조/법적용통칙법 제37조[유언]: 일본 법례와 법적용통칙법은 섭외사법 제1항 및 제2항과 동일. 유언의 방식에 관하여는 일본은 헤이그유언방식협약을 비준한 후 동 협약에 따라 특별법인 "유언의 방식의 준거법에 관한 법률"을 제정함
- 중국 섭외민사관계법률적용법 제32조, 제33조
- 헤이그유언방식협약 제1조

가. 개요

구 국제사법에서는 섭외사법의 용어를 명확히 하였고, 유언의 방식에 관하여는 1961년 "유언에 의한 처분의 방식에 관한 법의 저촉에 관한 헤이그협약(Hague Convention on the Conflicts of Laws Relating to the Form of Testamentary Dispositions)"(이하 "헤이그유언방식협약"이라 한다)[1])에 따라 준거법을 넓게 인정함으로써 가능하

---

* 제77조에서 언급한 문헌에 추가하여, 유언에서 인용하는 아래 주요 문헌은 [ ] 안의 인용약어를 사용한다.
김언숙, "국제신탁의 준거법에 관한 연구", 국제사법연구 제23권 제2호(2017. 12.)[김언숙]; 이필복, "헤이그 신탁협약 분석 및 협약 가입에 관한 검토", 서울대학교 대학원 법학석사학위논문(2014. 8.)[이필복]; 정순섭, 신탁법(2021), 726면 이하[정순섭]; 장준혁, "국제신탁법: 해

면 유언이 방식상 유효하도록 하고자 이른바 "유언에 유리하게(*favor testamenti*)"
의 원칙을 채택하였다. 국제사법도 이런 태도를 유지한다.

나. 주요내용

(1) 문언의 정비(제1항, 제2항) – 유언의 준거법

과거 섭외사법하에서 다수설은 제27조 제1항이 규율하던 유언의 성립 및 효
력의 문제를 의사표시의 한 형식으로서의 '유언 자체'의 문제와 '유언의 실질적 내
용'의 문제로 구분하여, 전자는 유언능력, 유언의사의 하자, 유언의 성립과 구속력
(Bindungswirkung) 등의 문제로서 제27조에 따르고, 후자는 인지나 후견인의 지정,
유증 등의 성립과 효력의 문제로서 그 내용인 법률관계의 준거법에 의하여 규율
된다고 보았다.2) 이렇게 본다면 섭외사법 제27조 제1항에서 유언의 '성립'과 '효
력'을 굳이 구분하여 규정할 이유가 없다. 따라서 구 국제사법은 '유언의 성립과
효력'을 통합하여 '유언'으로 정리하였고, '그 성립 당시'라는 용어도 '유언 당시'로
수정하여 섭외사법 제27조 제1항의 표현을 단순하고 명확하게 하면서 불변경주의
를 유지하였다(제1항). 국제사법도 같다.

따라서 유언의 성립과 효력(구속력)이 유언 당시 유언자의 본국법에 의하는
점은 달라진 바 없다.3) 반면에 유언의 내용을 이루는, 즉 유언에 포함된 법률행위
(인지, 후견인 지정과 유증)4)의 해석은 그 법률행위의 준거법에 의한다.5) 여기에서
는 유언 자체의 실질과 방식을 포함하는 '유언 자체의 문제'(또는 유언의 문제)와,
'유언의 (실질적) 내용' 또는 '유언에 포함된 법률행위'라는 식으로 양자를 구분하

석론과 입법론", 국제사법연구 제28권 제1호(2022. 6.)[장준혁, 국제신탁법].

1) 국문번역은 법무부, 헤이그회의 제협약, 69면 이하 참조.

2) 신창선, 국제사법(1999), 417면; 박상조 · 윤종진, 432면. 그러나 소수설인 이호정, 432면은
   "유언의 성립 및 효력"을 "유언의 성립, 유효성과 유언의 구속력"으로 이해하고, 반면에 유언
   의 효과는 유언자의 사망 당시의 본국법에 의한다고 보았다. 윤진수/장준혁, 국제상속법 제2
   권, 1396면 이하는 유언의 성립 및 효력을 '유언 자체의 실질'이라고 하여 '유언 자체의 방식'
   과 대비시키는 데서 보듯이 논자에 따라 다양한 용어가 사용되고 있다.

3) 이러한 개정은 별 실익이 없다고 비판한다. 윤진수/장준혁, 국제상속법 제2권, 1396면 註 43.

4) 이를 '유언에 의하여 행하여지는 법률행위', '유언의 법률효과' 또는 '유언의 법률효과로서 발
   생하는 각각의 법률관계(인지, 후견인 지정과 상속)'라고 부르기도 한다. 이호정, 435, 440면.
   김문숙, 온주 국제사법 제78조, 2023. 7. 5. [19]는 '유언에 의해서 실현하고자 하는 내용'이라
   고 한다.

5) 윤진수/장준혁, 국제상속법 제2권, 1412면도 동지.

기로 한다.6)

　유언의 준거법을 지정함에 있어서는 피상속인의 사망 당시를 기준으로 하는 상속의 준거법과 달리 유언 당시를 기준으로 하는데, 이는 유언자의 입장에서 자신의 유언이 유효한지 아니면 무효 또는 취소사유가 있는지를 판단하여 대처할 수 있기 때문이다.7) 이처럼 상속과 유언의 준거법은 기준시기에 차이가 있다. 기준시기를 제외한다면 연결원칙을 동일하게 할지는 논란의 여지가 있는데 이는 아래에서 논의한다.

　유언의 준거법이 규율하는 사항은 유언능력, 유언의사의 흠결(효과), 유언에 대한 대리의 허용 여부, 유언의 구속력, 유언의 해석, 유언의 효력 발생시기 등을 포함한다. 실질적인 공동유언의 금지, 법률 또는 선량한 풍속 기타 사회질서에 반하는 처분의 금지도 동일하다.8) 한편 유언에 의한 일정한 처분의 금지(또는 유언에 의한 일정한 자에게의 출연 금지)9)와 유언에 의한 상속포기의 금지10)에 관하여는 논란이 있다.

　우리 민법은 개인에게 일방적 사인처분으로서 유언만을 규정하고, 국제사법도 유언에 관하여만 규정하나, 제78조는 유언만이 아니라 기타 '사인처분(死因處分)(Verfügung von Todes wegen, disposition of property upon death)'11), 즉 공동유

---

6) 이에 대해 '유언의 (실질적) 내용'이라는 표현보다는 '유언으로써 하는 법률행위'라고 하는 편이 더 정확하다는 비판이 있다. 윤진수/장준혁, 주해상속법 제2권, 1392면.

7) 최흥섭, 422면.

8) 이호정, 438면. 독일에서는 일정한 유언에 대한 금지법률에 의한 유언장애를 유언의 허용성(또는 적법성. Zulässigkeit)의 문제로 다루면서 유언의 준거법, 정확히는 '작성준거법(Errichtungsstatut)'에 따를 사항이라고 한다. von Bar/Mankowski, Band Ⅱ, §5 Rn. 418 참조. 윤진수/장준혁, 국제상속법 제2권, 1400면은 이를 '유언의 허부'로 논의한다.

9) 이호정, 438면은 이는 유언의 준거법에 따를 사항이라고 하나, 윤진수/장준혁, 주해상속법 제2권, 1406면은 유언 자체의 금지와, 상속에 대한 사인적 처분 금지를 구별하여 전자는 유언의 준거법에 의하나, 후자는 상속의 준거법에 의할 사항이라고 하면서 개별 실질법규가 어떤 성질의 것인지를 판단하여야 한다고 한다.

10) 이호정, 438면은 이는 유언의 준거법에 따를 사항이라고 하나, 윤진수/장준혁, 주해상속법 제2권, 1409면은 개별 실질법규가 유언을 금지하는 것인지 아니면 상속포기를 금지하는 것인지를 판단하여야 한다고 지적한다.

11) 사인행위(또는 사후행위)라고도 하며 생전행위와 대비되는 것으로 유언과 사인증여를 포함한다. 지원림, [2 – 202]; 송덕수, [354]. 독일에서는 'letztwillige Verfügung'이라는 표현도 사용하는데(예컨대 독일 민법(제2336조)상 유류분 박탈은 letztwillige Verfügung에 의하여 이루어진다), 이를 '종의처분(終意處分)'(윤진수/윤진수, 주해상속법 제1권, 126면) 또는 '사인처분'이라고 번역한다(이진기, 한국 · 독일 민법전 상속편, 317면). 다만 유언이

언과12) 상속계약(Erbvertrag)13)에도 적용된다. 일부 입법례는 사인처분의 준거법을 명시적으로 규정한다.14)

요컨대 유언에 의하여 인지, 후견인 지정, 유증 등을 하는 경우 유언의 실질적 내용(즉 인지, 후견인의 지정, 유증)은 당해 법률관계의 준거법에 따른다. 즉 유언에 의한 인지는 인지의 준거법, 유언에 의한 후견인의 지정은 후견의 준거법, 유증은 상속의 준거법에 의한다. 따라서 유언에 의하여 법정상속에 따른 효과를 변경할 수 있는가와 그 결과는 제78조 제1항에 따라 결정되는 유언의 준거법이 아니라 제77조에 따라 결정되는 상속의 준거법에 의한다.15)

나 사인증여는 모두 물권적 효력이 없으므로 '사인처분' 대신 '사인행위'라고 부르기도 한다. EU상속규정(제3조 제1항 d호)은 사인처분(disposition of property upon death)이란 유언(will), 공동유언(joint will) 또는 상속계약(agreement as to succession)을 의미한다고 명시한다.

12) 공동유언은 통상 부부 양자가 동일한 유언서에 서로 상대방이 사망하면 잔존배우자가 상속인이 된다는 내용(이른바 '상호지정(gegenseitige Einsetzung)')을 적은 유언을 말한다고 하나, 정확히는 형식적 공동유언, 상호공동유언과 상관적 공동유언이라는 3개 유형이 있다고 한다. 김문숙, 온주 국제사법 제78조, 2023. 7. 5. [21]. 실질법상 이를 금지하는 국가도 있으나(최흥섭은 우리 민법도 금지한다고 한다) 독일 민법(제2265조 이하)은 부부의 공동유언(gemeinschaftliches Testament)을 허용한다. 공동유언의 금지가 국제사법상 유언의 유효성(제78조 제1항)의 문제인지 아니면 방식(제78조 제3항)의 문제인지는 논란이 있다. 최흥섭, 425면 註 207 참조. 이호정, 436면 이하는 공동유언의 금지가 방식목적(유언자의 의사의 신중한 작성확인표현 또는 유언의 명료성의 확보)을 위한 것인 때에는 방식의 문제이나, 실질목적(내용적으로 타당한 의사의 형성 또는 유언의사결정 자유의 보장 또는 사후적인 구속성의 불인정)을 위한 것인 때에는 유언 자체의 문제로서 유언준거법에 따를 사항이라고 본다. 윤진수/장준혁, 주해상속법 제2권, 1410면도 같다. 김문숙, 온주 국제사법 제78조, 2023. 7. 5. [21]은 유언의 자유와 관련되는 유언 자체의 문제라고 한다. 공동유언 일반에 관하여는 오종근, "공동유언", 이화여대 법학논집 제20권 제3호(2016. 1.), 23면 이하 참조.

13) 독일(민법 제2274조 이하)이나 스위스에서는 상속계약(Erbvertrag)이 인정된다. 상속계약에 관하여는 백경일, "相續契約에 관한 고찰-독일法과 프랑스法 등을 비교하여-", 저스티스 통권 제192호(2022. 10.), 96면 이하 참조. EU상속규정 제3조 제1항 제d호는 그렇게 규정한다.

14) 예컨대 독일 구 민법시행법(제26조)과 오스트리아 국제사법(제30조). EU상속규정(제24조)도 같다. 공동유언과 상속계약의 준거법은 윤진수/장준혁, 주해상속법 제2권, 1437면 이하 참조.

15) 유언무효확인 등 사건에서 서울고등법원 2017. 2. 8. 선고 2015나2040379 판결(확정)도 위와 같은 취지에서 유언 자체의 성립 및 효력과, 유언자가 유언을 통하여 추가적으로 의도한 법률행위의 성립과 효력을 별도로 검토해야 함을 전제로, 망인이 한국인으로서 미국 캘리포니아주에서 유언장을 작성한 사건에서, 유언능력 등 유언의 효력 문제에 대하여는 우리 민법을, 유언의 방식에 관하여는 캘리포니아주법인 캘리포니아주 상속법(California Probate Code)(직역하면 캘리포니아주 유언검인법)을 중심으로 그 효력 유무를 판단해야 한다고 판

유언의 집행도 유언에 의하여 실현하고자 하는 실질적 내용의 문제이므로 각
각의 준거법에 의한다. 즉 유언 집행의 필요 여부, 유언집행자의 선임 여부와 그
의 권한 등도 유언내용을 구성하는 법률행위의 준거법에 의한다.[16]

마찬가지로 유언신탁에서도 유언의 실질적 내용은 유언의 준거법이 아니라
신탁의 준거법에 따른다고 한다.[17] 다만 여기에서 말하는 신탁의 준거법은 오해
의 소지가 있다. 즉 유언에 포함된 법률행위라 함은 유언에 포함된 신탁을 설정하
는 행위(이를 "신탁행위"라고 한다)를 말하는 것이지 신탁 그 자체(즉 신탁행위에 의
하여 설정된 법률관계)는 아니기 때문이다. 물론 신탁행위와 신탁의 준거법의 관계,
나아가 유언신탁의 경우 성질결정 및 상속의 준거법과 신탁의 준거법의 관계를
어떻게 파악할지가 문제 된다.[18] 바꾸어 말하자면 유언신탁의 경우 유언의 내용
은 결국 신탁설정행위(또는 신탁행위)인데, 그의 준거법은 무엇인지가 문제 된
다.[19] 유언신탁의 경우 신탁설정행위(또는 신탁행위)의 준거법과 신탁의 준거법은

시하였다. 원고 A와 피고 D는 캘리포니아주 법원에 상속재산 집행자의 선임과 유언 검인
신청을 하였으나 동 법원은 망인이 유언 없이 사망하였음을 전제로 망인의 재산 집행자로
원고 A를 지명하였다. 나아가 위 법원은 위 사건 유언장이 유효함을 전제로 재산 집행자의
지정을 구한 관련 캘리포니아 사건에서 관할 법원은 위 사건 유언장의 검인 등에 관한 피고
의 신청을 기각하면서, 망인이 유효한 유언 없이 사망하였음을 전제로 망인의 재산 집행자
로 원고를 지명하는 판결을 하였는바, 관련 캘리포니아 사건과 이 사건의 소송물이 달라 그
기판력이 이 사건에 미친다고 할 수 없지만, 이는 이 사건 유언장의 효력을 판단함에 있어
서는 유력한 증거가 된다고 판시하였다.

16) 김문숙, 온주 국제사법 제78조, 2023. 7. 5. [19].
17) 예컨대 윤진수/장준혁, 주해상속법 제2권, 1393면.
18) 유언신탁의 경우 ① 생전신탁과 동일하게 취급할지(정순섭, 732면; 김언숙, 199면과 이필복,
129면 이하, 신탁협약도 이런 태도이다), ② 독일처럼 상속법적으로 성질결정하여 상속준거
법에 따르도록 할지 아니면 ③ 제3의 길을 모색할지가 문제 된다. 유언신탁에서 신탁의 설
정이라는 신탁행위(즉 유언의 내용)를 신탁의 문제라는 견해와 상속의 문제라는 견해가 나
뉜다. 다만 신탁재산의 수탁자로의 이전은 신탁준거법의 규율대상이 아니다. 우리 법상의 학
설은 정순섭, 726면 이하; 장준혁, 국제신탁법, 486면 이하 참조. 상속과 신탁의 경계는 우선
장준혁, 국제신탁법, 370면 이하 참조. 독일에서는 유언신탁(testamentary trust)을 상속법적
으로 성질결정하여 상속의 준거법에 따른다고 본다. 상세는 Anatol Dutta/Johannes Weber
(Hrsg.), Internationales Erbrecht: EuErbVO, Erbrechtliche Staatsverträge, EGBGB,
IntErbRVG, IntErbStR, IntSchenkungsR (2016) Artikel 1 EuErbVO, Rn. 121ff. (Schmidt 집
필부분) 참조. 특히 유언의 유효성과 적법성(허용성)의 구별은 어려운 문제를 제기한다. von
Bar/Mankowski, Band Ⅱ, §5 Rn. 418ff. 참조.
19) 우리나라에서는 유언신탁의 경우 대체로 유언이 신탁행위라고 하므로(정순섭, 101면) 유언
에 포함된 법률행위는 신탁행위이다. 따라서 유언신탁의 경우 '유언 그 자체'와 대비되는 것
은 '신탁행위'(또는 '신탁설정행위')인데, 신탁행위는 계약, 유언과 신탁선언을 포함하므로 통

개념상 구별되는데, 유언신탁의 성질결정을 어떻게 하느냐에 따라 양자의 관계가
결정된다.[20] 유언신탁의 경우에도 신탁협약(제15조)에서 보듯이 인접 법 영역의
강행규정을 배제할 수 없다. 특히 상속법과의 관계에서, 예컨대 유류분에 관한 강
행규정의 적용을 배제할 수는 없다.

또한 섭외사법 제27조 제2항의 '유언의 취소'는 일단 유효하게 성립한 유언의
효력의 발생을 저지하는 철회를 의미하는 것이지, 의사표시의 하자에 기한 취소
를 의미하는 것은 아니었으므로 국제사법에서는 구 국제사법과 마찬가지로 '취소'
를 '철회'로 수정하여 그 의미를 분명히 하였고, 변경의 문제도 철회와 유사하므로
함께 규정하였다(제2항). 따라서 의사표시의 하자가 있는 경우 유언을 취소할 수
있는지와 취소의 효과는 제78조 제1항(유언 당시 유언자의 본국법)에 의할 사항이
고, 유언의 철회능력, 철회의 방식, 철회의 의사표시의 하자와 철회의 효과 등은
제78조 제2항(철회 당시 유언자의 본국법)에 의할 사항이다.[21]

우리 민법상 유언의 철회(Widerruf)는 새 유언에서 종전의 유언을 명시적으로
철회한다는 뜻을 밝히거나 종전 유언과 저촉되는 유언에 의할 수도 있고(예컨대
전 유언에서 A에게 유증한다고 하였는데 후의 유언에서 B에게 유증한다고 하는 경우), 아
니면 유언의 내용과 다른 생전행위(예컨대 유증의 목적물을 다른 사람에게 처분한 경
우)에 의할 수도 있다.[22] 전자, 즉 유언에 의한 철회의 경우 철회 당시 유언자의
본국법에 의하는데,[23] 생전행위에 의하는 후자의 경우 그것이 유언의 철회인지와

일적인 준거법을 정할 수 있는지 의문이다. 신탁계약의 경우 신탁행위의 준거법은 당사자자
치의 원칙에 따르나, 유언의 경우 유언에 포함된 신탁행위의 준거법일 텐데(국제사법상 유
언 자체의 준거법과 유언의 실질적 내용의 준거법을 구분하므로 신탁행위는 후자라는 것이
다), 그의 준거법 결정은 논란이 있다.

20) 정순섭, 726면은, 유언신탁을 생전신탁과 동일하게 취급하는 것을 전제로, '신탁행위의 준거
법'과 '신탁의 준거법'이 같다고 본다. 윤진수/장준혁, 주해상속법 제2권, 1393면도 유언신탁
에서 신탁의 내용의 준거법을 '신탁의 준거법'이라고 한다. 그러나 회사의 설립준거법과 회
사의 속인법이 같을 수도 있으나 다를 수 있다는 데서 보듯이 양자가 항상 일치하는 것은
아니다. 그러나 신탁의 경우 신탁의 무효라는 용어에서 보듯이(신탁법 제5조, 신탁협약(제8
조)도 신탁의 유효성을 언급한다) 회사에서처럼 구별되는 것은 아니다.

21) 이호정, 439면.

22) 실질법의 문제로 우리 민법 제1109조(유언의 저촉)는 "전후의 유언이 저촉되거나 유언후의
생전행위가 유언과 저촉되는 경우에는 그 저촉된 부분의 전유언은 이를 철회한 것으로 본
다"라고 규정한다.

23) 이 경우에도 B에게 유증한다고 한 후의 유언이 유언 자체의 준거법과 내용의 준거법에 의하
여 유효하다는 것이 전제가 된다.

그의 준거법은 논란이 있다. 종래의 다수설은 이를 유언의 내용의 문제라고 보는데 반하여, 소수설은 이를 유언의 의사표시(즉 유언행위 자체)의 문제라고 본다.[24] 생전행위가 그의 준거법에 따라 유효하다면, 그에 의하여 그와 저촉되는 전의 유언이 철회된 것인지는 유언행위 자체의 문제라고 보는 소수설이 더 설득력이 있다고 본다.

유언 자체의 준거법과 상속 준거법의 관계. 섭외사법하에서는 양자는 동일하였고 다만 기준시기가 달랐다. 그러나 구 국제사법은, 기준시기의 차이는 유지하면서, 상속 준거법에서만 당사자자치의 원칙을 도입한 탓에 양자가 다르게 되었고 국제사법에서도 같다. 이 점이 바람직한지 아니면 기준시기는 달리 하더라도, 유언 자체의 준거법과 상속 준거법을 일치시키는 것(유언의 준거법을 독자적으로 지정하는 대신 상속의 가정적 준거법과 일치시키는 방안)[25]이 바람직한지가 문제 되는데, 근자에는 이를 일치시키는 방안을 지지하는 견해가 있다. 즉 장준혁 교수는 유언 자체의 준거법을 유언 시 가정적 상속준거법으로 지정하고 보정적 연결을 명시하자는 입법론을 제시하면서 다만 서두를 필요는 없고 해석에 맡겨도 좋다고 한다.[26]

상속에서 피상속인이 유산처분계획을 수립할 수 있도록 당사자자치의 원칙을 허용한다면 유언 자체도 그와 동일한 준거법에 따르도록 할 여지가 있다. 참고로 기준시기는 다르지만, EU상속규정이 시행되기 전 구 독일 민법시행법(제26조 제5항)은 양자에 동일한 연결원칙을 사용하였고, EU상속규정(제24조)도 같다.[27]

---

24) 전자는 이호정, 439면; 신창선·윤남순, 393면; 김문숙, 온주 국제사법 제78조, 2023. 7. 5. [20]. 후자는 최흥섭, 424면; 윤진수/장준혁, 주해상속법 제2권, 1435면. 정구태, 유언, 254면 註 29는 우리 국제사법은 철회의 준거법을 명시하는데, 유언의 내용적 저촉은 법정 철회의 문제로서 철회의 준거법에 따른다고 본다. 우리의 다수설이 일본에서도 통설이다.

25) 완전히 일치시키는 것이 아니라, 유언자가 유언 당시 사망하였더라면 적용되었을 상속의 준거법을 말하는 것으로 '가정적 상속 준거법(hypothetisches Erbstatut)' 또는 '작성준거법 (Errichtungsstatut)'이라고 부르기도 한다. Kropholler, S. 444. 독일에서는 그렇게 부를 수 있으나 현행 우리 국제사법상 유언의 작성준거법과 가정적 상속 준거법은 다르다.

26) 윤진수/장준혁, 주해상속법 제2권, 1399면; 장준혁, 상속입법론, 359면 이하, 386면. 그렇다고 EU상속규정처럼 유언 자체에 관하여 상속 준거법과 무관하게 당사자자치의 원칙을 허용하자는 것은 아니다.

27) 과거 독일에서는 유언에 유리하게 작성준거법과 상속 준거법에 선택적으로 연결하자는 제안이 있었으나 채택되지 않았다. Krophller, S. 444. EU상속규정(제22조와 제24조)은 상속 준거법와 유언 자체의 준거법에서 선택 시와 사망 시의 국적 소속국법에 선택적으로 연결한다.

양자를 일치시키는 접근방법의 장점은 유언으로써 하는 법률행위는 상속에 관한 것이 많고, 외형상 유언과 일체로 행해지므로 준거법 결정을 간명하게 하는 장점이 있으나, 유언의 내용이 상속에 관한 것에 국한되는 것은 아니므로 반드시 그렇게 해야 하는 것은 아니다.[28] 당사자자치의 허용 범위를 포함하여 이 제안의 타당성은 더 검토할 필요가 있다.

(2) 유언의 방식의 준거법의 확장(제3항)

유언의 방식에 관하여는 가능한 한 유언이 방식상 유효한 것으로 하기 위하여 관련된 여러 법 중 어느 하나의 방식요건을 충족하면 유효한 것으로 한다(제3항). 즉 부동산에 관한 유언의 방식을 제외하면, 유언자의 유언 당시 본국법 또는 상거소지법, 사망 당시 본국법 또는 상거소지법과 유언 당시 행위지법(즉 작성지법) 등 5개의 법에 따른 방식이 모두 허용되고, 그들 간에 우열은 없다. 헤이그유언방식협약(제1조 (c)호)은 그 밖에도 유언 또는 사망 당시 유언자의 주소지법도 선택적 준거법으로 지정하나 우리 국제사법에서는 이는 제외되었다.[29] 이와 같이 국제사법이 특칙을 두므로 유언의 방식에 관하여는 제50조 제3항이 적용되고 법률행위의 방식에 관한 일반조항인 제17조는 배제된다.

유언의 방식과 관련하여 서울가정법원 2011. 9. 27.자 2009느합153, 2011느합27(병합) 심판[30]은 일본에서 작성한 것으로 보이는 유언장의 방식요건도 국제사법에 따라 결정된 준거법을 적용해서 판단해야 했어야 함에도 불구하고 국제사법을 적용함이 없이 우리 민법을 적용하여 주소가 없다는 이유로 유언이 무효라고 판시하였다. 그러나 제1심 심판의 판단처럼 이 사건 유언장에 주소가 기재되지 않았다고 보더라도 일본 민법은 주소 기재를 요구하지 않으므로 이 사건 유언은 방식요건을 구비한 것이었다.[31] 그럼에도 불구하고 관여 법관들이 국제사법을 모른

---

28) 윤진수/장준혁, 주해상속법 제2권, 1399면.

29) 장준혁, "베트남 國際身分法의 개관", 가족법연구 제29권 제2호(2015. 7.), 173면은 이는 잘못이므로 주소를 추가해야 한다고 지적한다.

30) 항소심은 서울고등법원 2013. 6. 3.자 2011브126, 2011브127(병합) 결정이고 상고심은 대법원 2014. 11. 25.자 2013스112(본심판), 2013스113(반심판) 결정이다.

31) 윤진수, "法律解釋의 限界와 違憲法律審査", 민법논고Ⅶ(2015), 356면은 이 점을 적절히 지적한다. 유언장에 주소의 자서를 요구하는 민법 제1066조 제1항이 위헌인지는 논란이 있었으나 헌법재판소 2008. 12. 26. 선고 2007헌바128 결정은 위헌이 아니라고 판단하였다. 평석은 위 윤진수, 352면 이하; 석광현, 고언 I, 123면 이하 참조.

채 정반대의 결론을 도출한 것은 유감이다.

이는 헤이그유언방식협약의 내용을 수용하여 "유언에 유리하게(*favor testa-menti*)"의 원칙을 정함으로써 방식의 흠결로 인하여 유언이 무효가 되는 것을 방지하기 위한 것이다. 이러한 취지를 고려할 때 유언의 방식의 준거법에 관하여는 반정을 허용하지 않는 것이 바람직하다. 국제사법 제22조(구 국제사법 제9조) 제2항 제4호는 이런 취지를 명시한다.

국제사법 제78조 제3항 제1호가 '본국법'이 아니라 '국적을 가지는 국가의 법'이라고 규정한 것은 복수국적자를 염두에 둔 것이다. 복수국적자의 경우 본국법이라고 하면 국제사법 제16조에 의하여 걸러진 국적 소속국을 말한다.

제3항 제4호는 "부동산에 관한 유언의 방식에 대하여는 그 부동산의 소재지법"이라고 규정하는데, 이는 부동산에 관한 유언의 방식에 대하여 제1호부터 제3호에 규정한 방식의 준거법에 추가하여 그 부동산 소재지법의 방식도 허용하는 취지이지, 전자를 배제하고 부동산 소재법의 방식만을 허용한다는 취지는 아니다.[32]

근자에는 유언의 방식에 관하여 헤이그국제사법회의의 1961년 유언방식협약(제1조)에 충실하게 유언 시와 사망 시의 주소지를 연결점의 하나로 추가하자는 입법론이 있는데, 서두를 필요는 없고 해석에 맡겨도 좋다고 한다.[33] 헤이그협약을 충실하게 따르자는 데는 이의가 없으나, 위 입법론이 상속준거법(유언 시와 사망 시)을 추가하자는 점은 잘 이해되지 않는다. 유언방식협약도 이를 명시하지 않는데, 국제사법상 상속준거법으로 선택할 수 있는 법이 제한적이므로 현재 열거된 연결점 중에 이미 포함되어 있는 셈이기 때문이다.

실질법의 문제로서 일본은 2018년 유언서의 보관 등에 관한 법률을 제정하여 유언등록부 제도를 도입하였고 미국은 2019년 통일전자유언법(Uniform Elec-tronic Wills Act)을 제정하였다.[34]

---

32) 김연·박정기·김인유, 471면. MünckKommBGB/Dutta, Band 11, 6. Auflage (2015), Art. 26 Rn. 58 참조.

33) 장준혁, 386면 이하.

34) 일본법의 소개는 오병철, "일본의 유언서 보관제도 신설을 계기로 한 유언등록부 제도의 구체적 제안", 법률신문 제4761호(2020. 1. 6.), 12면 참조. 독일 민법 제2248조는 자필 유언서의 관청에의 보관을 명시한다. 통일전자유언법에 관하여는 현소혜, "전자유언 제도 도입을 위한 시론-미국법에 대한 검토를 중심으로-", 비교사법 제28권 제1호(2021. 2.), 343면 이하 참조.

(3) 유언의 검인

민법 제1091조(유언증서, 녹음의 검인) 제1항은 "유언의 증서나 녹음을 보관한 자 또는 이를 발견한 자는 유언자의 사망 후 지체없이 법원에 제출하여 그 검인을 청구하여야 한다"라고 규정한다.[35] 우리 법상 유언의 검인(Testamentsbestätigung)은 유언서 자체의 상태를 확정하기 위한 것이고 유언의 효력을 판단하기 위한 것이 아니다. 즉 우리 법(일본법도 같다)상 검인은 유언서의 사후적 위조나 변조를 방지하고 그의 보존을 확실하게 하는 것을 목적으로 하는 법원의 검증절차 내지 증거보전절차의 일종이다. 대법원 1998. 6. 12. 선고 97다38510 판결도 우리 법상 유언 검인의 취지를 위와 유사한 취지로 판시하였다.[36] 이런 의미에서 이는 유언 집행 전의 준비절차에 불과하고 유언 성립요건으로서의 구수증서 유언의 검인과는 다르다.[37]

반면에 영미법의 검인(probate)은 인격대표자에 의한 유산관리절차의 일환으로서 법정 방식에 따라 유언능력이 있는 유언자에 의하여 작성된 유언인가 아닌가 등 유언의 유효성을 확보하는 실체법적 효과를 수반하는 절차라고 한다.[38]

---

35) 독일 민법 제2259조 제1항은 "별도로 관청의 보관에 맡겨지지 않은 유언장을 점유하는 사람은 그가 피상속인의 사망을 안 때에는 지체없이 유언장을 상속법원에 제출할 의무가 있다"라고 규정한다. 유언장의 개봉에 관하여는 우리나라에서는 민법 제1092조가, 독일에서는 FamFG 제348조가 각각 규정한다.

36) 즉 위 대법원 판결은 아래와 같이 판시하였다. "민법 제1091조에서 규정하고 있는 유언증서에 대한 법원의 검인은 유언증서의 형식·태양 등 유언의 방식에 관한 모든 사실을 조사·확인하고 그 위조·변조를 방지하며, 또한 보존을 확실히 하기 위한 일종의 검증절차 내지는 증거보전절차로서, 유언이 유언자의 진의에 의한 것인지 여부나 적법한지 여부를 심사하는 것이 아님은 물론 직접 유언의 유효 여부를 판단하는 심판이 아니고, 또한 민법 제1092조에서 규정하는 유언증서의 개봉절차는 봉인된 유언증서의 검인에는 반드시 개봉이 필요하므로 그에 관한 절차를 규정한 데에 지나지 아니하므로, 적법한 유언은 이러한 검인이나 개봉절차를 거치지 않더라도 유언자의 사망에 의하여 곧바로 그 효력이 생기는 것이며, 검인이나 개봉절차의 유무에 의하여 유언의 효력이 영향을 받지 아니한다".

37) 윤진수/현소혜, 주해상속법 제1권, 827면. 민법 제1070조 제2항에 따른 구수증서의 검인은 증거보전절차로서의 성격과 함께 구수증서가 유언자의 진정한 의사에 기한 것인지 여부를 판단하고 확정하는 확인재판으로서의 성격도 가지지만, 유효한지 여부를 심사하는 것은 아니고 그 심판에 기판력이 있는 것도 아니라고 한다. 윤진수/현소혜, 주해상속법 제1권, 693면, 695면.

38) 中西康 外, 395면 이하 참조. 다만 여기에서 유효성 확보 절차는 검인절차를 거쳐야 비로소 유언이 유효하게 된다는 취지로 보이나 다소 모호하다. 김상훈, 14면은 유언 검인은 협의로는 피상속인의 유언의 유효성을 결정하는 사법절차를 의미하고, 광의로는 상속재산을 관리하고 감독하는 절차까지 포함하는 개념이라고 한다.

"영미법계의 관리청산주의하에서 행하여지는 프로베이트(Probate)는 검인이라고 번역되기는 하지만, 영미법상의 유언의 검인은 유언의 내용의 진정성 여부나 유언의 유효성을 판단하며, 유언집행자에 대한 유산의 관리 및 청산과 분배와 이전에 대한 권한을 부여하는 절차"라고 설명하기도 한다.[39]

이처럼 한국의 검인절차와 영미법의 프로베이트 절차는 완전히 다른 성질의 것이다.[40] 이렇듯 유언 검인의 법적 성질은 국가에 따라 다르므로 그의 성질결정이 문제 된다.

검인의 준거법에 관하여는 우리 국제사법에 규정이 없는 탓에 견해가 나뉠 수 있다. 유언 검인의 요부 및 효과에 관하여 유언으로써 행해지는 각 법률행위의 준거법에 따른다는 견해,[41] 유언이 방식상 적법한 것으로 인정받기 위해 검인이 필요한지는 방식의 문제이나,[42] 유언으로써 한 법률행위의 실행을 위해 검인이 필요한지는 그 법률행위의 준거법에 따른다는 견해[43]와, 국제사법상 일정한 방식에 의한 유언에 대하여 검인이 필요한지는 방식의 문제로서 유언방식의 준거법에 의하나, 검인의 요건 및 효과는 유언의 실질적 내용의 준거법에 의한다는 견해[44]

---

39) 김문숙, 온주 국제사법 제78조, 2023. 7. 5. [27]. 유류분반환청구사건인 서울동부지방법원 2023. 8. 25. 선고 2020가합102226 판결은, 망인이 2010. 9. 24. 미국 뉴저지주 베르겐 카운티에서 이 사건 유언장을 작성한 사실을 확정한 뒤 "미국 뉴저지주 베르겐 카운티 검인법원은 2019. 10. 21. 이 사건 유언장에 대하여 유언 검인을 승인하면서 '이 사건 유언에 따라 유언집행자인 피고 乙이 유언자의 재산을 집행할 적법한 권한이 있고 이 사건 유언은 완전히 유효하다'는 취지의 유언검인조서(사건번호 2019 – 3937호)를 작성하였는바, 이 사건 유언은 미국 뉴저지주법이 정한 방식에 따라 유효한 것으로 보인다"라고 판시하였다. 위 사건에서 한국 국적인 피상속인은 상거소지법이자 부동산 소재지법인 미국 뉴저지주법을 준거법으로 지정하였으므로 상속의 준거법은 뉴저지주법인데, 유언검인조서는 미국에서 작성되었다. 법원은 검인의 준거법이 뉴저지주법이라고 판단한 것으로 보인다.
40) 김문숙, 온주 국제사법 제78조, 2023. 7. 5. [27].
41) 서희원, 340면.
42) 예컨대 윤진수/현소혜, 주해상속법 제1권, 827면은 우리 민법상 구수증서 유언 검인의 경우 검인은 유언의 성립요건이라고 한다.
43) 윤진수/장준혁, 1444 – 1445면.
44) 김문숙, 온주 국제사법 제78조, 2023. 7. 5. [27]. 검인의 준거법에 관하여 일본에서도 견해가 나뉜다. 즉 일본에는 ① 절차와 밀접하게 관련되므로 법정지법에 따르는 견해, ② 유언의 실질적 내용과의 관계를 중시하여 실질적 내용의 준거법에 따르는 견해, ③ 검인제도가 국가에 따라 달라 일률적으로 정할 수 없고 유언의사의 확인이나 유언의 실질적 내용에 관련되는 것은 실질적 내용의 준거법에 의하고, 그렇지 않은 검인에 관하여는 유언의 방식의 준거법 또는 절차법에 의할 것이라는 견해가 있다. 中西康 外, 395면 이하 참조.

가 보인다. 위 둘째와 셋째는 표현은 다르나 유사한 취지로 보인다. 외국에서 검인이 유언이 방식상 유효하기 위한 요건이라면 방식의 문제로 보아 그 준거법에 따를 사항이나, 유언으로써 한 법률행위의 실행 또는 집행을 위하여 필요한 검인의 요건과 효과는 그 법률행위의 준거법(또는 유언 내용의 준거법)에 따를 사항이라고 본다.

다만 어느 견해를 따르더라도 검인은 일종의 검증절차 내지는 증거보전절차의 문제이므로 유언에 관한 사건의 국제재판관할이 있다면,[45] 우리 법원은 법정지법인 우리 법에 따라 유언증서(공정증서와 구수증서 제외)의 제출을 받아 검인절차를 진행하여야 한다(국제사법 제15조).[46] 반면에 외국법원에서 유언 검인을 한 경우 검인 재판의 효력은 외국 비송재판의 승인의 문제이다.[47]

우리 법원이 검인의 준거법인 외국법을 적용하여 검인절차를 진행하여야 하는 경우 이를 우리 법원이 이를 할 수 있는지가 문제 된다. 이에 대해서는 상속준거법이 영미의 관리청산주의를 취하고 있는 경우에 프로베이트 절차는 유언의 유효성 판단이 포함되어 있으므로, 한국 법원의 절차상 라류 가사비송사건절차로 대행할 수는 없다는 견해가 있으나,[48] 저자는 한국 절차법을 유추적용하거나 적절히 변용하여 외국법에 적응시킴으로써 할 수 있다고 본다.[49] 이는 마치 재판형

---

45) 검인은 가사비송사건(라류 사건)이나(가사소송법 제2조 제1항 제2호 가목) 국제사법 제15조 제2항 제3호에 따라 국제사법 제76조에 의하여 국제재판관할이 결정된다.

46) 검인절차에 관하여는 구 섭외사법하에서 상속개시지인 유언자의 최후 주소지국의 법원이 관할을 가지고, 준거법은 법정지법이라는 견해가 있었다. 위 견해는 검인절차는 법원의 직무집행의 문제이므로 법정지법에 의한다고 보았다. 서희원, 340면. 저자는 이를 본문과 같이 이해한다. 다만 민법 제1091조에 따른 제출의무는 유언 방식의 준거법이 한국법인 경우에 적용된다고 보기보다는 우리 법원이 국제재판관할을 가지는 경우에 인정하는 견해가 설득력이 있다. MüKoBGB/Sticherling, 9. Aufl. 2022, BGB § 2259 Rn. 44 참조. 일반적인 검인은 유언검인조서로 하는 반면에, 구수증서유언의 검인은 라류 가사비송사건에 따른 검인심판으로 한다. 윤진수/현소혜, 주해상속법 제1권, 694면.

47) 독일의 Leithold/Synold: Das probate−Verfahren im US−Bundesstaat Kalifornien, ZEV (2015), S. 567은 캘리포니아주 유언 검인 재판은 독일 FamFG 제108조 또는 민사소송법 제328조가 정한 요건이 구비되면 독일에서 승인된다고 한다.

48) 김문숙, 온주 국제사법 제78조, 2023. 7. 5. [27]. 다만 이 견해도 상속준거법이 영미의 관리청산주의를 취하고 있는 경우에, 유언집행인이나 상속재산관리인에 대해서는 법정지법인 한국법상의 상속재산관리인의 제도로 대행할 수 있다고 본다. 김문숙, 온주 국제사법 제78조, 2023. 7. 5. [27]

49) 별거에 관하여 위에서 언급한 것처럼 독일에서는 준거법인 외국법제도가 독일법이 알지 못하는 성질의 것인 경우 당해 외국법원만이 그 행위를 할 수 있고 독일 법원은 이를 할 수

입양에서 준거법이 외국법이더라도 우리 법원이 동법을 적용하여 입양재판을 할 수 있다고 보는 것의 연장선상에 있다.

없다거나 관할이 없다는 견해가 있는데 이를 "wesenseigene Unzuständigkeit(제도고유의 무관할 또는 본질상 인정되는 무관할)"의 문제로 논의한다. 근자에는 외국법제도가 독일법이 전혀 모르는 것이어서 독일 법체계를 파괴할 정도에 이를 경우 또는 법제의 상위가 매우 커서 외국법이 부여하는 임무를 수인할 수 없는 경우에만 인정하고 그에 이르지 않는 대개의 경우 독일 민사절차법을 유추적용하거나 독일 판결절차를 외국절차에 적응시키는 경향이 있다. Kropoller, S. 452는 영미법계의 유산관리인(administrator)의 선임도 이에 포함시킨다. 다만 상속법의 비송사건에서는 다소 소극적인데, 독일 법원은 오스트리아 민법 제813조 이하의 Gläubigereinberufung (Gläubigerkonvokation. 상속인의 채무상태를 파악하기 위한 상속채권자들의 소집)과 제797조의 Einantwortung(피상속인의 유산을 상속인의 점유로 이전하는 법원에 의한 인도)제도는 실행하지 않는다고 한다. Geimer, Rz. 1001, 1989ff. 참조. Schack, IZPR, IZVR, Rn. 620ff.도 위 이론을 신랄하게 비판하면서 우선 독일 민사절차법의 적용을 통하여, 다음으로 외국 실질법의 적용을 통하여 해결할 필요성을 지적한다. 석광현, 고언 II, 10면 註 17 참조.

X. 어음·수표(제9장)

1. 머리말

어음·수표법에 관한 국제사법 제9장은 섭외사법의 틀을 유지하면서 단지 문언만을 정비한 것이다.[1] 제9장은 1930. 6. 7. 서명된 "환어음 및 약속어음에 관한 법저촉의 해결을 위한 제네바협약(Convention for the Settlement of Certain Conflicts of Laws in connection with Bills of Exchange and Promissory Notes)"(이하 "제네바어음저촉법협약"이라 한다)과 1931. 3. 19. 서명된 "수표에 관한 법저촉의 해결을 위한 제네바협약(Convention for the Settlement of Certain Conflicts of Laws in connection with Cheques)"(이하 "제네바수표저촉법협약"이라 한다)을 수용한 것이다. 구 국제사법에서는 제8장이었으나 2022년 개정 시 지식재산권에 관한 조문들이 별개의 장으로 독립하면서 제9장이 되었다.

섭외사법 개정 과정에서 구 국제사법에 제9장을 존치할지가 논의되었으나 이를 어음법과 수표법으로 옮길 수 없는 이상 그대로 두기로 하였다. 독일과 일본은 제네바어음저촉법협약은 어음법에, 제네바수표저촉법협약은 수표법에 각각 편입시켰으나, 우리는 양자를 통합하여 섭외사법에 규정한 결과 양자를 통합하는 과정에서 다소 기술적 변형이 있었다. 국제사법도 이런 체제를 유지하고 있다.[2]

체제상으로는 섭외사법에 통합한 것은 다양한 법률분야의 저촉규범을 통합하여 망라적으로 규정하는 점에서 장점이 있다. 다만 이를 섭외사법에 규정한 결과 독일과 일본에서와는 달리 종래 우리 어음법·수표법 학자들은 이에 대해 별로 관심을 기울이지 않는 것은 유감이다. 근자에는 과거와 비교하여 어음·수표의

---

* 국제어음·수표법에서 인용하는 아래 주요 문헌은 [ ] 안의 인용약어를 사용한다.
  손경한, "新 國際私法上 어음·手票의 國際裁判管轄과 準據法", 商法學의 展望: 坪成 林泓根 敎授 停年退任紀念論文集(2003. 11)[손경한]; 천창민, "국제사법상 어음·수표 관련 규정에 관한 소고", 동아법학 제99호(2023. 5.)[천창민]; 최공웅, "어음·수표의 섭외사법 문제", 사법논집 제19권(1988)[최공웅, 사법논집].

1) 오승룡, "국제상사법", 국제사법연구 제4호: 최공웅 선생 화갑기념논문집(1999), 406면 이하; 손경한, 537면 이하; 천창민, 65면 이하 참조. 영국 문헌은 Benjamin Geva/Sagi Peari, International Negotiable Instruments(2021) 참조.

2) 손경한, 541면은 우리 법제가 실질법과 저촉법을 준별하여 민법전, 상법전에서도 일관되게 별도 입법을 하고 있고 어음·수표의 준거법 결정문제는 반정을 포함하는 국제사법 일반원칙과 법률행위, 물권, 채권 및 유가증권에 관한 준거법 결정원칙을 참작하여야 한다는 점에서 국제사법에 포함하여 규정하는 우리의 입법태도가 우수하다고 한다.

사용이 줄어들었기에 이제는 나무라기도 어려운데, 특히 전자어음법이 시행된 후로 이런 현상이 더욱 심화된 것으로 보인다.3)

　　어음·수표에 관한 실질법상의 국제적인 통일법으로는 1988년 국제연합에서 채택한 "국제환어음 및 국제약속어음에 관한 협약(United Nations Convention on International Bills of Exchange and International Promissory Notes)"이 있다. 이 협약은 어음에 '국제환어음(UNCITRAL)' 또는 '국제약속어음(UNCITRAL)'이라고 기재한 경우에만 적용되고, 수표에는 적용되지 않는다(동 협약 제1조).4) 이 협약은 아직 발효되지 않았다.

---

3) 다만 천창민, 65면 이하와 천창민, 온주 국제사법 [전주] 제80조 – 제88조, 2023. 7. 5.와 제80 조부터 제88조에 대한 주석이 있음은 다행이다.

4) 위 협약에 관하여는 최기원, 어음·수표법, 제5증보판(2008), 719면 이하, 협약의 영문원문과 국문번역은 위 책, 917면 이하 참조.

2. 어음행위능력에 관한 조항의 개정

섭외사법	국제사법
제34조(어음行爲能力) ① 환어음, 약속어음 및 수표에 의하여 의무를 지는 자의 능력은 그 本國法에 의한다. 그러나, 그 국가의 법이 다른 국가의 법에 의하여야 할 것을 정한 때에는 그 다른 국가의 법을 적용한다. ② 전항의 규정에 의하여 그 능력이 없는 자라 할지라도 다른 국가의 영역에서 서명을 하고 그 국가의 법에 의하여 능력이 있는 때에는 그 책임을 진다.	제80조(행위능력) ① 환어음, 약속어음 및 수표에 의하여 채무를 부담하는 자의 능력은 그의 본국법에 따른다. 다만, 그 국가의 법이 다른 국가의 법에 따르도록 정한 경우에는 그 다른 국가의 법에 따른다. ② 제1항에 따르면 능력이 없는 자라 할지라도 다른 국가에서 서명을 하고 그 국가의 법에 따라 능력이 있을 때에는 그 채무를 부담할 수 있는 능력이 있는 것으로 본다.

[입법례]
- 제네바어음저촉법협약 제2조
- 제네바수표저촉법협약 제2조

가. 개요

구 국제사법에서는 섭외사법의 내용을 그대로 유지하면서 그 표현만 일부 수정하였다. 국제사법도 같다.

예컨대 어음행위만이 아니라 수표행위도 관련되므로 "어음행위능력"이라는 표제를 "행위능력"으로 수정하였다. 또한 본문의 "의무"와 "책임"을 "채무"로 수정하였다. 제1항 단서는 전정(轉定)을 허용하는 것이다.

섭외사법 개정 시 구 국제사법 제51조 제2항(위 제80조 제2항)의 "그 책임을 진다"라는 부분을 "그 채무를 부담할 수 있는 능력이 있는 것으로 본다"라고 개정하였는데, 이에 대하여 행위지법이 어음·수표능력을 인정하면 그에 따라 그 행위로 인한 채무를 부담하는 것이므로 굳이 개정할 필요는 없었다는 지적도 있다.[1] 그러나 제80조는 행위능력의 준거법을 지정하는 조문인데, 제80조 제1항의 원칙, 즉 본국법에 따르면 행위능력이 없음에도 불구하고 본국법이 아닌 서명지법에 의하여 행위능력이 있으면 예외적으로 행위능력이 있는 것으로 본다는 취지이다. 즉 제80조의 규율대상은 행위능력의 문제이므로 국제사법의 규정방식에 문제는 없다. 행위능력이 인정되면 채무를 부담하는 자는 결국 책임을 질 것이나, 구체적

---

1) 천창민, 78면 註 35.

사건에서 실제로 책임을 지는지는 행위능력만이 아니라 다른 요건의 구비 여부에
따라 결정할 실질법상의 문제이다.

3. 수표지급인의 자격에 관한 조항의 개정

섭외사법	국제사법
제35조(수표지급인의 자격) ① 수표지급인이 될 수 있는 자는 지급지의 법에 의한다. ② 지급지의 법에 의하여 지급인이 될 수 없는 자를 지급인으로 하였음으로 인하여 수표가 무효일지라도 다른 국가에서 한 서명으로부터 생긴 채무는 이로 인하여 그 효력에 영향을 미치지 아니한다.	제81조(수표지급인의 자격) ① 수표지급인이 될 수 있는 자의 자격은 지급지법에 따른다. ② 지급지법에 따르면 지급인이 될 수 없는 자를 지급인으로 하여 수표가 무효인 경우에도 동일한 규정이 없는 다른 국가에서 한 서명으로부터 생긴 채무의 효력에는 영향을 미치지 아니한다.

[입법례]
• 제네바수표저촉법협약 제3조

가. 개요

구 국제사법에서는 섭외사법의 표현을 일부 수정하였다. 국제사법도 같다.

4. 어음행위의 방식에 관한 조항의 개정

섭외사법	국제사법
제36조(어음행위의 방식) ① 환어음, 약속어음 및 수표상의 행위의 방식은 서명지의 법에 의한다. 그러나, 수표는 지급지의 법에 규정된 방식에 의하여도 무방하다. ② 전항의 규정에 의하여 행위가 무효인 경우에도 그 행위지법에 의하여 적법한 때에는 전행위의 무효로 인하여 후행위의 효력에 영향을 미치지 아니한다. ③ 대한민국 국민이 외국에 있어서 한 환어음, 약속어음 및 수표상의 행위가 대한민국의 법률에 의하여 적법인 때에 한하여 다른 대한민국 국민에 대하여도 효력이 있다.	제82조(방식) ① 환어음·약속어음의 어음행위 및 수표행위의 방식은 서명지법에 따른다. 다만, 수표행위의 방식은 지급지법에 따를 수 있다. ② 제1항에서 정한 법에 따를 때 행위가 무효인 경우에도 그 후 행위지법에 따라 행위가 적법한 때에는 그 전 행위의 무효는 그 후 행위의 효력에 영향을 미치지 아니한다. ③ 대한민국 국민이 외국에서 한 환어음·약속어음의 어음행위 및 수표행위의 방식이 행위지법에 따르면 무효인 경우에도 대한민국 법에 따라 적법한 때에는 다른 대한민국 국민에 대하여 효력이 있다.

[입법례]
• 제네바어음저촉법협약 제3조
• 제네바수표저촉법협약 제4조

가. 개요

구 국제사법에서는 섭외사법의 표현을 일부 수정하였다. 특히 섭외사법 제36조 제3항은 마치 우리나라 국민이 외국에서 환어음, 약속어음 및 수표행위를 할 경우 그 행위가 행위지인 외국법은 물론 우리나라 법에 의하여도 모두 적법하여야 우리나라 국민에 대하여 그 효력이 있는 것처럼 보였다. 그러나 위 조항은 외국에서 이루어진 행위가 행위지인 외국법에 의하여 유효하지 않더라도 우리 법에 의하여 유효하면 우리나라 국민 사이에서 그 효력을 인정하기 위한 것이므로 구 국제사법에서는 그 취지를 명확히 하였다(제3항). 국제사법도 같다.

나. 국제사법의 문제점

(1) 국제사법의 문언

제1항은 단순히 "환어음, 약속어음 및 수표행위의 방식"이라고 하나, 이는 "환어음의 방식, 약속어음의 방식 및 수표행위의 방식"이 아니라 "환어음행위, 약

속어음행위 및 수표행위의 방식"을 의미한다. 이러한 취지는 제2항의 문언과 섭
외사법(제36조 제1항)의 문언으로부터 명백하다. 입법기술적으로는 "환어음행위,
약속어음행위 및 수표행위의 방식"이라고 하는 것이 더 좋지 않았을까 생각된다.
따라서 환어음행위 또는 약속어음행위에는 발행인의 발행과 배서인의 배서가 모
두 포함되고, 발행인의 발행행위의 방식에는 '어음요건'이 포함된다.[1] '서명지'라
함은 어음 또는 수표의 교부지나 어음 또는 수표면상 서명지라고 기재된 장소가
아니라 '사실상의(또는 실제의) 서명지'를 말한다.[2] 어음면에 기재된 발행지는 실제
발행지를 추정하는 근거가 된다. 여기의 '서명'이라 함은 '기명날인'을 포함하는 개
념이다.

   이와 관련하여 어음의 발행인이 어음에 준거법을 기재함으로써 서명지법에
갈음할 수가 있는지가 문제 된다. 위에서 본 것처럼 서명지는 실제의 서명지를 말
하는 것으로 이해되고, 종래 우리나라에서는 어음·수표에 관한 섭외사법 규정은
강행규정이라는 견해가 유력하므로 이는 허용되지 않는다고 보나,[3] 독일에는 당
사자자치를 허용하는 유력한 소수설도 있다.[4]

(2) 환어음의 만기

   환어음과 관련하여 실무상으로는 수출자가 환어음을 작성함에 있어 만기를
예컨대 "선적일 후 60일" 또는 "선하증권일자 후 60일"이라고 기재하는 경우가
종종 있다. 그러나 섭외사법(제36조 제1항)과 국제사법(제53조 제1항)에 의하면 환
어음의 요건은 서명지인 한국법에 의할 사항인데, 어음법에 의하면 그러한 만기

---

1) 방식만이 아니라 어음요건이 포함된다는 말은 어음행위의 실질과 유효성의 준거법도 이에 따
   른다는 취지로 보인다.
2) 서명지의 확정에 관하여는 진실서명지설과 증권기재설이 대립하였는데, 제네바어음저촉법협
   약에서 진실서명지설 즉, 사실상의 서명지설을 채택하였다고 한다. 최공웅, 사법논집, 324면;
   천창민, 77면 註 33. 제네바어음수표저촉법협약과 제네바수표저촉법협약의 성안과정에서 법적 안
   정성과 유가증권의 유통성을 촉진하기 위하여 일차적으로 어음 또는 수표면에 기재된 서명지
   법에 의하고 이차적으로 실제의 서명지법에 의하자는 독일 대표단의 제안이 있었으나 거부되
   었다. Gabriele Morawitz, Das Internationale Wechselrecht (1991), S. 70.
3) 최공웅, 595면은 섭외사법은 어음행위가 원인행위에서 분리된 정형적 행위라는 특색과 어음
   거래의 원활·안전을 고려하여 실질법상의 사적 자치의 제한을 국제사법상 준거법지정에도
   반영하여 행위지, 지급지 등의 객관적인 연결점을 정함으로써 당사자자치를 배제하고 있는
   점에 큰 특색이 있다고 한다.
4) Morawitz(註 2), S. 156.

를 기재한 경우 환어음은 무효가 된다(어음법 제33조). 그러한 만기를 기재한 환어음은 적어도 우리나라에서는 무효이고, 그 경우 어음행위독립의 원칙이 적용되지 않으므로 배서에 의하여 환어음을 매입한 소지인이 배서인에 대해 상환청구권을 행사하는 것도 불가능하다.[5]

물론 당해 거래에서 신용장이 발행되었다면 실무상으로는 대부분의 경우 신용장에 따라 결제가 원만히 이루어지므로 큰 문제가 발생하지는 않으나[6] 이러한 실무를 방치하는 것은 바람직하지 않다. 따라서 어음법에 부합하는 만기를 기재하는 방향으로 실무를 변경하여야 한다. 국제표준은행관행(International Standard Banking Practice for the Examination of Documents under Documentary Credits. ISBP)(43항)도 실무상 어음면상 만기가 특정될 수 있도록 기재할 것을 권고하고 있다.[7]

저자는 과거 논문에서 위와 같이 실무를 변경하거나 혹시 그것이 국제거래의 관행에 비추어 불가능하다면 어음법을 개정하여 실무를 유효한 것으로 해줄 필요가 있음을 지적하였으나[8] 이제는 실무의 변경을 지지한다.[9]

(3) 환어음의 인수의 방식

(가) 환어음의 인수 통지   신용장거래에서 수익자로부터 직접 또는 매입은행을 통하여 서류의 제시를 받은 개설은행이 환어음을 인수하면 환어음상 인수인의 확정적인 채무가 발생한다. 개설은행은 통상 수익자에게 지급일을 통지함으

---

5) 저자의 지적에 이어 박광서 · 김병술, "국제무역거래상의 환어음에 관한 법적, 실무적 고찰", 한국해법학회지 제29권 1호(2007), 253면; 유중원, "換어음의 어음要件에 대한 비교법적 고찰", 저스티스 통권 제102호(2008. 2.), 123면도 이런 문제점을 지적한다.

6) 다만 예컨대 외국의 지급인이 환어음을 인수한 경우 외국이 위 국제사법(제53조 제2항)과 유사한 조문을 가지고 있고, 그 국가의 법상 그러한 환어음이 유효하다면 환어음의 소지인은 인수인에 대하여 환어음상의 권리를 행사할 수 있을 것이다.

7) 유중원(註 5), 128면 참조. ISBP 645 전반에 관하여는 박세운, ISBP 공식번역 및 해설서(2007) 참조. 2013년 간행된 ISBP 745, B2의 b도 같다. 해설은 대한상공회의소 · ICC Korea · 한국금융연수원, 국제표준은행관행: ISBP 745 — 공식번역 및 실무가이드(2013), 98면 참조.

8) 상세는 석광현, 제3권, 84면 이하 참조. 유중원(註 5), 133면은 어음법을 개정하자고 주장하면서 그런 주장은 자신이 "국내에서 처음 제기하는 것"이라고 한다.

9) ISBP의 권고를 보면 실무를 변경하는 방향으로 정리하는 것이 적절하다고 본다. 또한 저자는 영국 환어음법상 위와 같은 만기 기재가 유효하다고 하였으나, 다른 문헌(Peter Ellinger/Dora Yeo, The Law and Practice of Documentary Letters of Credit (2010), p. 16)을 보면 영국법상으로도 그런 만기를 기재한 환어음은 무효라는 지적이 있음도 고려하였다.

로써 인수사실을 알린다. 개설은행은 다른 은행에게 인수를 의뢰하기도 하는데 그러한 은행을 '인수은행(accepting bank)'이라 한다.

어음법에 따르면 인수의 방식은 지급인이 환어음에 인수 또는 그와 동일한 의의가 있는 문자를 표시하고 기명날인 또는 서명하거나, 환어음의 표면에 단순히 기명날인 또는 서명함으로써 한다(제25조 제1항). 전자가 정식인수이고 후자가 약식인수이다. 지급인은 환어음을 인수함으로써 만기에 환어음을 지급할 의무를 부담한다(어음법 제28조 제1항).

그런데 실무상 외국의 인수은행이 환어음상에 어음법이 정한 방식에 의하지 않고, 수익자에게 서류를 인수하고 신용장대금을 지급하겠다는 취지를 통지할 뿐인 경우도 있다. 어음법(제29조 제2항)에 따르면 지급인이 환어음상에 인수하지 않더라도 소지인에게 서면으로 인수의 통지를 한 때에는 통지한 상대방에 대해 인수인으로서 인수한 문언에 따라 책임을 진다. 국제사법상 인수와 같은 환어음행위의 방식은 서명지법에 의하고(제53조 제1항), 인수의 효력, 즉 인수인의 채무는 지급지법에 의하므로(제54조 제1항) 어음법 제29조 제2항과 같은 인수방식을 인정하는 국가에서 인수가 행해지는 경우 환어음에 인수의 표시를 하지 않더라도 통지에 의하여 인수한 것이 될 것이다.[10)]

대법원 2003. 11. 28. 선고 2001다26828 판결은, 뉴욕주 통일상법(제3-410조 제(1)항)에 의하면, 환어음의 인수는 반드시 환어음상에 기재되어야 하므로 단순히 신용장 매입은행에게 화환어음의 인수사실을 통지하였다는 사정만으로는 적법한 인수행위가 있었다고 볼 수 없다고 판시하였다.

(나) 인수 말소 후 환어음의 인수 통지   환어음의 인수와 관련한 대법원 2008. 9. 11. 선고 2007다74683 판결은 국제사법 쟁점과 환어음법의 쟁점을 다루었다. 전자에 관하여, 위 대법원판결은 한국 법인인 신용장 매입은행과 한국 법인인 신용장 개설은행 사이에서 외국에서 이루어진 환어음의 인수 방식에 대하여는 우리 어음법도 준거법이 될 수 있음을 확인하고 그 요건을 구비하지 못한 환어음의 인수는 효력이 없음을 확인하였는데, 이는 국제사법 제82조 제3항의 문언상 당연한 결론이라고 본다.

위 판결은 나아가 어음법 제29조 제2항은 "전항의 규정에 불구하고 지급인이

---

10) 그러나 아래 대법원 2008. 9. 11. 선고 2007다74683 판결을 보면 대법원은 제29조 제2항은 일단 인수를 기재한 뒤 말소한 경우에만 적용된다는 취지로 해석하고 있는 것으로 보인다.

소지인 또는 어음에 기명날인 또는 서명한 자에게 서면으로 인수의 통지를 한 때에는 통지한 상대방에 대하여 인수의 문언에 따라 책임을 진다"라고 규정하는바, 이는 제29조 제1항에서 규정하는 것처럼 환어음에 인수를 기재한 지급인이 그 어음을 반환하기 전에 인수의 기재를 말소하였음에도 소지인 등에게 서면으로 인수의 통지를 한 때에는 어음에 기재된 말소 전의 인수 문언에 따라 책임을 진다는 취지를 규정한 것이므로, 만일 지급인이 환어음에 인수문언의 기재 및 기명날인 등을 하지 아니한 채 소지인 등에게 인수의 통지를 한 경우에는 그 지급인에 대하여 어음법 제29조 제2항에 따른 어음상의 책임을 물을 수 없다고 판시하였다. 이는 실질법의 논점이므로 여기에서 상세히 다루지 않으나 그 타당성은 의문이다. 어음법 제29조 제1항은, 환어음에 인수를 기재한 지급인이 어음 반환 전에 인수의 기재를 말소한 경우에는 인수를 거절한 것으로 보므로, 인수를 말소했다면 인수를 철회하는 것이 아니라 아예 인수를 하지 않은 것이다. 그렇다면 지급인이 인수를 기재했다가 말소한 뒤에 인수의 통지를 한 경우에는 인수 문언에 따른 책임을 지는 데 반하여 처음부터 인수 기재를 하지 않은 상태에서 인수의 통지를 한 경우에는 책임을 지지 않는다는 것은 균형이 맞지 않는다.

어쨌거나 위 대법원판결의 취지는, 지급인이 환어음에 인수 기재는 하지 아니한 채 인수의 통지를 한 경우 환어음상의 의무를 지지 않는다는 것일 뿐이다. 인수신용장의 개설은행으로서는 환어음의 인수통지를 했다면 신용장에 따른 지급의무를 부담한다.[11] 즉, 환어음상의 의무와 신용장에 따른 의무는 별개이므로 양자를 구별해야 한다.

(4) 국제어음·국내어음과 발행지의 기재

대법원 1998. 4. 23. 선고 95다36466 전원합의체 판결은 주목할 만하다. 어음법(제75조)은 약속어음의 필요적 기재사항으로 발행지의 기재를 요구하는데, 어음법은 국내어음과 국제어음을 구별하지 않으므로 모든 약속어음은 발행지가 기재되어야 한다. 그럼에도 불구하고 위 전원합의체 판결(다수의견)은 어음면의 기재 자체로 보아 '국내어음'으로 인정되는 어음에는 발행지의 기재가 없어도 유효하다고 판시하였다. 즉 발행지 기재요건은 국제어음에만 요구된다는 것이다. 반대의견

---

11) Gary Collyer & Ron Katz (eds.), ICC Banking Commission Collected Opinions 1995 – 2001 (2002), pp. 85 – 86 (R. 256).

은, 다수의견은 법원이 어음법에도 없는 단서 조항을 신설하는 것이어서 명문의 규정에 반하는 법형성 내지 법률수정을 도모하는 것으로서 법원의 법률해석권의 범위를 명백하게 일탈한 것이라고 비판하고, 재판할 사항에 대하여 적용할 법규가 있고 그 의미 내용 역시 명확하여 달리 해석할 여지가 없는 경우에는 법원으로서는 모름지기 국회의 입법 작용에 의한 개정을 기다려야지 명문의 효력규정의 적용 범위를 무리하게 벗어나거나 제한하는 해석을 하여서는 아니됨을 전제로 하면서, 다만 다른 것을 다르게 취급하여야 한다는 정의의 요청(목적론적 축소해석의 경우)에 의하여, 그 법규의 적용범위를 예외적으로 제한하여 해석할 필요가 있는 등의 특별한 사정이 있는 경우에는 예외를 인정할 수 있으나 이 사건에서는 특별한 사정을 인정할 수 없다는 취지로 판시하였다(밑줄은 저자가 추가함).

위 판결은 해석과 법형성의 한계에 관한 법학방법론의 맥락에서 중요한 의미를 가지는 판결인데,12) 여기에서는 그것이 아니라 어음의 준거법과 실질법상의 의미를 다룬다.

다수의견에 따르면 국제어음의 경우에만 발행지 기재요건이 요구되나, 사실 대법원 판결이 말하는 국제어음의 경우 발행지 기타 어음요건은 우리 어음법이 아니라 서명지법에 따를 사항이었으므로(섭외사법 제36조 제1항) 전원합의체 판결이 의도한 바는 준거법이 한국법인 국제어음일 것이다. 그 점에서 전원합의체 판결은 부정확하고, 대법원판결이 말하는 국제어음의 개념도 부정확하다. 섭외사법상 외국적 요소가 있으면 국제어음이기 때문이다.

둘째, 우리 어음법은 1930년 제네바에서 채택된 "환어음과 약속어음에 관한 통일협약"(제네바어음법통일협약 또는 제네바통일어음협약)을 수용한 것인데, 협약이 추구하는 통일성을 깨면서까지 동 협약과 달리 해석할 이유도 없다. 즉 제네바어음법통일협약은 국제어음만이 아니라 국내어음도 규율하는 점에 특색이 있고, 이 점에서 국제어음만을 (국제환어음 또는 국제약속어음이라고 명시한 경우에 한하여) 규율하는 국제연합의 1988년 "국제환어음 및 국제약속어음에 관한 협약"과 다르다. 이런 적용범위의 차이는 국제거래규범의 통일 내지 조화라는 관점에서는 매우 중요한 착안점으로서 법원이 쉽게 무시하여도 좋은 사항은 결코 아니다. 그런데 다

---

12) 이는 석광현, 제6권, 156면 이하 참조. 유력설은 반대의견은 축소해석과 목적론적 축소를 구별하지 못하는 잘못을 저질렀다고 비판한다. 김영환, "법학방법론의 관점에서 본 유추와 목적론적 축소", 법철학연구 제12권 제2호(2009. 8.), 27면.

수의견은 발행지에 관한 한 이를 부정하고 제네바어음법통일협약과 달리 국내어음과 국제어음을 구별하는 결과를 초래하였다.

5. 어음행위의 효력에 관한 조항의 개정

섭외사법	국제사법
제37조(어음행위의 효력) ① 환어음의 인수인과 약속어음의 발행인의 의무의 효력은 그 지급지의 법률에 의하고 수표로부터 생긴 의무의 효력은 서명지의 법에 의한다. ② 전항에 규정한 자를 제외하고 환어음, 약속어음 및 수표에 의하여 채무를 지는 자의 서명으로부터 생기는 효력은 그 서명지의 법에 의한다. 그러나 환어음, 약속어음 과 수표상의 소구권을 행사하는 기간은 모든 서명자에 대하여 그 발행지의 법에 의한다.	제83조(효력) ① 환어음의 인수인과 약속어음의 발행인의 채무는 지급지법에 따르고, 수표로부터 생긴 채무는 서명지법에 따른다. ② 제1항에 규정된 자 외의 자의 환어음·약속어음에 의한 채무는 서명지법에 따른다. ③ 환어음, 약속어음 및 수표의 상환청구권을 행사하는 기간은 모든 서명자에 대하여 발행지법에 따른다.

[입법례]
* 제네바어음저촉법협약 제4조 및 제5조
* 제네바수표저촉법협약 제6조

가. 개요

구 국제사법에서는 섭외사법의 표현을 일부 수정하였다. 수표에 의하여 생긴 채무의 경우 제1항에 의하여 모두 포섭되므로 굳이 이를 제1항과 제2항으로 구분할 필요가 없어 제2항에서 수표에 대한 언급을 삭제하였다. 또한 상환청구권의 행사에 관하여는 제2항에서 분리하여 별도로 제3항을 신설하였다. 국제사법도 같다.

나. 국제사법의 문제점

다만 국제사법 제2항은 섭외사법과 달리 '환어음 및 약속어음에 의한 채무'만을 언급할 뿐이고 '서명으로 인한 효력'을 언급하지 않으나 제83조가 효력에 관한 조문이므로, 예컨대 배서에 의한 권리이전의 효력과 선의취득의 문제도 서명지법에 의하여야 할 것이다. 입법기술적으로는 이를 삭제하지 않는 편이 더 바람직하였을 것으로 본다. 그것이 제네바어음저촉법협약 제4조 제2항의 문언에도 부합한다.

참고로 수출신용장과 관련된 실무상 재매입은행이 매입은행에 대해 상환청구권을 행사할 경우 상환청구권 보전의 요건, 거절증서 작성의 요부는 상환의무 자체의 문제이므로 배서의 효력의 준거법에 의한다(국제사법 제83조 제2항). 그러나 상환청구권 보전을 위한 환어음의 제시기간의 준거법이 문제 된다.[1] 즉, 이를 제83조 제2항에 규정된 배서의 효력의 문제로 본다면 배서지법인 한국법이 준거법이 되나, 제86조의 거절증서의 작성기간으로 본다면 지급지법인 외국법이 준거법이 된다. 과거 이 점이 다투어졌다.

생각건대 일람출급어음이나 일람 후 정기출급어음의 경우 상환청구권 보전을 위한 제시기간은 어음상의 권리를 보전하는 행위 자체에 속하는 것이고 권리보전 행위의 형식에 관한 것은 아니므로, 그 준거법은 배서를 한 자의 채무에 관한 제83조 제2항에 따라 결정할 사항이고, 따라서 배서지법인 한국법이 적용되어야 한다고 본다.

위 조문에서 보듯이 약속어음의 발행인의 채무는 지급지법에 의하므로 약속어음 채권의 준거법은 지급지법인데, 이 경우 당사자자치는 허용되지 않는 것으로 보고 있다. 그럼에도 불구하고 서울고등법원 2018. 4. 13. 선고 2017나2031522 판결[2]은 약속어음금 청구의 준거법이 베트남법이라는 점에 관하여 당사자 간에 다툼이 없다는 이유로 준거법이 베트남법이라고 판단하였다. 만일 위 사건에서 지급지가 베트남이라면 문제가 없으나, 원고가 보충권에 기하여 기재한 지급지는 서울이므로 위 판단은 잘못이다. 즉 준거법은 한국법이고, 국제사법상 당사자자치의 원칙에 따라 당사자들이 준거법을 변경할 수도 없으며 민사소송법상으로도 자백의 대상이 될 수 없으므로 법원으로서는 한국법을 적용했어야 한다.[3]

---

1) 상세는 석광현, 제3권, 100면 이하 참조.
2) 국제사법연구 제24권 제2호(2018. 12.), 470면 참조.
3) 준거법합의가 허용되는 사건이라 차이가 있지만, 이헌묵, "준거법의 범위와 준거법의 합의가 주요사실인지 여부", 법률신문 제4488호(2017. 2. 20.), 12면은 "대상판결에서도 밝히고 있는 바와 같이 적용할 법률의 발견은 법원의 전권사항이고, 준거법에 관한 당사자의 합의는 적용할 법률을 결정하는 합의이므로, 법원은 준거법의 합의의 존재를 조사하는데 있어서 당사자의 주장에 구속받지 아니한다"라고 하고, 또한 "준거법을 지정하는 합의의 존재는 법원의 직권조사사항으로서 자백의 대상이 될 수 없다"라고 한다.

6. 원인채권의 취득에 관한 조항의 개정

섭외사법	국제사법
제38조(원인채권의 취득) 환어음의 소지인이 그 발행의 원인이 되는 채권을 취득하는 여부는 그 증권의 발행지의 법에 의한다.	제84조(원인채권의 취득) 어음의 소지인이 그 발행의 원인이 되는 채권을 취득하는지 여부는 어음의 발행지법에 따른다.

[입법례]
• 제네바어음저촉법협약 제6조

가. 개요

구 국제사법에서는 섭외사법의 표현을 일부 수정하고, 약속어음의 경우에도 환어음과 마찬가지로 원인채권의 취득의 문제가 발생할 수 있으므로 이를 포함시켰다. 국제사법도 같다. 국제사법의 문언이 제네바어음저촉법협약(제6조)에도 부합한다.

7. 일부인수, 일부지급에 관한 조항의 개정

섭외사법	국제사법
제39조(일부인수, 일부지급) 환어음과 약속어음의 인수를 어음금액의 일부에 제한하는 여부와 소지인에게 그 일부지급을 수락할 의무가 있는 여부는 그 지급지의 법에 의한다.	제85조(일부인수 및 일부지급) ① 환어음의 인수를 어음 금액의 일부로 제한할 수 있는지 여부 및 소지인이 일부지급을 수락할 의무가 있는지 여부는 지급지법에 따른다. ② 약속어음의 지급에 관하여는 제1항을 준용한다.

[입법례]
• 제네바어음저촉법협약 제7조

가. 개요

구 국제사법에서는 섭외사법의 표현을 일부 수정하였고, 약속어음의 경우 인수의 문제가 발생하지 않기 때문에 제1항에서는 약속어음을 삭제하고, 약속어음의 지급에 관해서만 환어음에 관한 내용을 준용한다는 취지의 제2항을 신설하였다. 국제사법도 같다. 국제사법의 문언이 제네바어음저촉법협약(제7조)에도 부합한다.

8. 권리의 행사, 보전을 위한 행위의 방식에 관한 조항의 개정

섭외사법	국제사법
제40조(권리의 행사, 보전을 위한 행위의 방식) 거절증서의 방식과 그 작성기간 기타 환어음, 약속어음과 수표상의 권리의 행사 또는 보존에 필요한 행위의 방식은 거절증서를 작성할 곳 또는 그 행위지의 법에 의한다.	제86조(권리의 행사·보전을 위한 행위의 방식) 환어음, 약속어음 및 수표에 관한 거절증서의 방식, 그 작성기간 및 환어음, 약속어음 및 수표상의 권리의 행사 또는 보전에 필요한 그 밖의 행위의 방식은 거절증서를 작성하여야 하는 곳 또는 그 밖의 행위를 행하여야 하는 곳의 법에 따른다.

[입법례]
- 제네바어음저촉법협약 제8조
- 제네바수표저촉법협약 제8조

가. 개요

구 국제사법에서는 섭외사법의 표현을 일부 수정하였다. 이는 제네바어음저촉법협약과 제네바수표저촉법협약의 문언에 충실하게 하기 위한 것이다. 국제사법도 같다.

9. 어음의 상실, 도난에 관한 조항의 개정

섭외사법	국제사법
제41조(어음의 상실, 도난) 환어음, 약속어음의 상실 또는 도난의 경우에 하여야 할 절차는 지급지의 법에 의한다.	제87조(상실·도난) 환어음, 약속어음 및 수표의 상실 또는 도난의 경우에 수행하여야 하는 절차는 지급지법에 따른다.

[입법례]
- 제네바어음저촉법협약 제9조
- 제네바수표저촉법협약 제7조 제8호

가. 개요

구 국제사법에서는 섭외사법의 표현을 일부 수정하였다. 특히 섭외사법 제43조 제8호는 수표의 상실 및 도난의 경우에 하여야 할 절차에 관하여 별도로 규정하였으나 구 국제사법은 이를 제58조에 통합하였다. 국제사법도 같다.

나. 어음·수표 이외의 유가증권의 분실과 제권판결의 문제

제87조에 비추어 환어음, 약속어음 및 수표의 상실 또는 도난의 경우 지급지법에 따라 제권판결을 받을 수 있다(물론 지급지법상 제권판결제도가 있음을 전제로). 문제는 국제적으로 유통되는 유로채와 같은 사채권 또는 선하증권을 분실한 경우에도 제권판결을 받을 수 있는가이다. 통상적으로 유로채의 조건은, 유로채를 분실한 사채권자는 발행인의 재량에 따라 동인에게 필요한 비용과 발행인이 요구하는 증거 및 면책을 제공하고 새로운 사채권을 교부받을 수 있다고 규정한다. 따라서, 유로채를 분실한 사채권자는 그에 따라 사채권을 재교부받을 수 있다.[1] 그런데 국제사법은 사채의 상실 또는 도난의 경우에 하여야 할 절차에 관하여는 규정하지 않으므로, 유로채를 분실한 사채권자가 사채의 조건과 달리 제권판결을 신청할 수 있는지 또는 발행인인 우리 기업이 사채의 조건에 반하여 유로채의 재교부를 거절하는 경우 제권판결을 신청할 수 있는가라는 의문이 제기된다.[2]

---

[1] 반면에 스위스프랑채는 제권판결에 관한 규정을 두고 있는바, 이는 스위스법에는 제권판결제도가 있으나 영국법에는 제권판결제도가 존재하지 않기 때문이다. 영국환어음법(제70조)과 미국통일상법전(§3-804)에 따르면 어음을 상실한 자는 담보를 제공하고 채무자로부터 지급을 받을 수 있다. 국제연합 국제어음협약(제78조)도 이러한 영미의 입장을 취하고 있다.

외국에 있는 소지인이 한국 또는 다른 외국에서 행해진 공시최고를 알고 공시최고법원에 권리를 신고하기를 기대하기는 어려우므로, 공시최고절차를 전제로 제권판결에 의해 국제적으로 유통되는 유가증권을 무효화하는 것이 적절한가는 의문이다. 더욱이 영미법상 제권판결제도는 인정되지 않는데, UN 국제어음수표법이 어음 분실 시의 처리에 관하여 영미법적 접근방법을 취한 것도 이런 이유에 근거한 것으로 이해된다. 반면에 우리 법이 제권판결제도를 두고 있으므로 제한된 범위 내에서 제권판결을 선고할 가능성은 인정할 수 있다.3) 실제로 제권판결제도를 인정하는 독일과 스위스의 법이 준거법인 DM Bond와 스위스프랑채의 경우는 사채 조건에서 제권판결을 명시하기도 한다.

어쨌든 위 의문은 ① 제권판결을 할 수 있는 관할법원, ② 제권판결의 가부를 규율하는 준거법과 ③ 어느 국가의 법원에서 선고한 제권판결은 어떤 경우에 외국에서 승인될 수 있는가라는 의문을 제기한다.

우선 국제재판관할을 보면, 제79조가 어음·수표의 제권판결에 대하여 가지는 의미를 검토할 필요가 있다.4) 이는 비송사건의 국제재판관할의 문제인데, 민사소송법을 참조하면 증권의 무효선언을 위한 공시최고(민사소송법 제492조)의 경우에는 증권 또는 증서에 표시된 이행지의 지방법원이 관할하나, 증권 또는 증서에 이행지의 표시가 없는 때에는 발행인의 보통재판적이 있는 곳의 지방법원이, 그 법원이 없는 때에는 발행 당시 발행인의 보통재판적이 있었던 곳의 지방법원이 각각 관할한다(민사소송법 제476조 제2항). 여기에서 제79조를 성질에 반하지 않는 범위 내에서 제권판결에 준용할지(제15조 제1항), 아니면 제2조에 따라 법원은 위 민사소송법의 관할 규정을 참작하여 국제재판관할권의 유무를 판단하되 국제재판관할의 특수성을 충분히 고려하여야 할지(제15조 제3항)가 문제된다. 국제사법의 조문에 충실한 해석은 후자이다.5)

'증권에 화체된 권리의 준거법이 한국법일 것'은 우리 법원이 국제재판관할을 가지기 위한 요건은 아닌 것으로 보인다. 다만 비록 우리 법원이 국제재판관할을 가지더라도 제권판결의 가부를 결정하는 준거법이 제권판결제도를 알지 못한다면

---

2) 이러한 제권판결의 가부는 국제적으로 유통되는 선하증권의 경우(석광현, 제2권, 102면 참조)와, 외국회사가 한국거래소에 상장하면서 한국에서 발행한 주권의 경우에도 문제 된다.
3) 당사자들은 영미식의 재교부방식을 사채 조건에 명시함으로써 그에 의할 수 있다.
4) 이는 석광현, 국제재판관할법, 284면 참조.
5) 실제로 법원이 제권판결을 하자면 그의 가부를 규율하는 준거법을 결정해야 한다.

결국 제권판결은 불가능할 것이다.6)

다음으로 준거법을 보면, 독일에는 ① 유가증권에 화체된 권리와 증권의 결합은 화체된 권리의 준거법에 의할 것이므로 제권판결의 가부는 그러한 권리의 준거법에 의할 것이라는 견해와, ② 유가증권 분실의 경우 권리행사를 위하여 공시최고, 제권판결을 요하는가의 여부는 권리행사 내지는 의무이행의 방법의 문제이므로 증권상의 의무이행지의 법에 의할 것이라는 견해 등이 있다. 우리 법상으로도 같은 견해가 가능하다.7) 다만 후자의 견해에 따라 제권판결을 받더라도 만일 증권에 화체된 권리의 준거법(더 정확히는, 제권판결의 가부를 결정하는 준거법)이 제권판결제도를 알지 못한다면 그 효력이 제권판결을 한 국가 내로 제한될 것이다.

---

6) 독일의 논의는 Staudinger/Stoll (1996), Int SachenR, Rn. 419 참조. 독일 민사소송법(제1005조 제1항)은 우리 민사소송법(제476조 제2항)과 유사하다. 저자는 과거 "국내해상운송계약에서 영국법을 준거법으로 하는 선하증권이 발행된 경우 우리 법원에서 제권판결이 가능하다"라는 견해를 피력하였는데(석광현, 제2권, 102면) 그 이유는 현실적 필요성과, 그 경우 영국법이 준거법이 아니라 실질법적 지정으로 볼 여지가 있기 때문이다.

7) 이는 석광현, 제1권, 621면 이하; 석광현, 제2권, 102면에서 소개하였다.

10. 수표의 지급지법에 관한 조항의 개정

섭외사법	국제사법
제43조(지급지법) 수표에 관한 다음 각호의 사항은 수표의 지급지의 법에 의한다.	제88조(수표의 지급지법) 수표에 관한 다음 각 호의 사항은 수표의 지급지법에 따른다.
1. 수표가 일람출급을 요하는 여부와 일람 후 정기출급으로 발행할 수 있는 여부와 선일자수표의 효력	1. 수표가 일람출급(一覽出給)이 필요한지 여부, 일람 후 정기출급으로 발행할 수 있는지 여부 및 선일자수표(先日字手標)의 효력
2. 제시기간	2. 제시기간
3. 수표에 인수, 지급보증, 확인 또는 사증을 할 수 있는 여부 및 그 기재의 효력	3. 수표에 인수, 지급보증, 확인 또는 사증을 할 수 있는지 여부 및 그 기재의 효력
4. 소지인이 일부지급을 청구할 수 있는 여부와 일부지급을 수락할 의무의 유무	4. 소지인이 일부지급을 청구할 수 있는지 여부 및 일부지급을 수락할 의무가 있는지 여부
5. 수표의 횡선을 할 수 있는 여부와 수표에 「계산을 위하여」의 문구 또는 이와 동일한 뜻이 있는 문구의 기재의 효력	5. 수표에 횡선을 표시할 수 있는지 여부 및 수표에 "계산을 위하여"라는 문구 또는 이와 동일한 뜻이 있는 문구의 기재의 효력. 다만, 수표의 발행인 또는 소지인이 수표면에 "계산을 위하여"라는 문구 또는 이와 동일한 뜻이 있는 문구를 기재하여 현금의 지급을 금지한 경우에 그 수표가 외국에서 발행되고 대한민국에서 지급하여야 하는 것은 일반횡선수표의 효력이 있다.
6. 소지인의 자금에 대한 특별한 권리의 유무와 그 권리의 성질	6. 소지인이 수표자금에 대하여 특별한 권리를 가지는지 여부 및 그 권리의 성질
7. 발행인이 수표의 지급의 위탁을 취소하거나 지급의 정지절차를 취할 수 있는 여부	7. 발행인이 수표의 지급위탁을 취소할 수 있는지 여부 및 지급정지를 위한 절차를 수행할 수 있는지 여부
8. 수표의 상실 또는 도난의 경우에 하여야 할 절차	8. 배서인, 발행인, 그 밖의 채무자에 대한 상환청구권 보전을 위하여 거절증서 또는 이와 동일한 효력을 가지는 선언이 필요한지 여부
9. 배서인 기타 증권상의 채무자에 대한 소구권보전을 위하여 거절증서 또는 이와 동일한 효력을 가지는 선언을 필요로 하는 여부	

[입법례]
• 제네바수표저촉법협약 제7조

가. 개요

구 국제사법에서는 섭외사법의 표현을 일부 수정하였고, 섭외사법 제42조의 계산수표에 관한 규정을 삭제하고 이를 제5호에 포함시켰다. 국제사법도 같다. 위에서 언급한 바와 같이, 섭외사법 제43조 제8호에 있던 수표의 상실 또는 도난의 경우에 하여야 할 절차는 국제사법 제87조에 통합하였다.

XI. 해상(제10장)

1. 머리말

가. 해사국제사법

해상기업에 특유한 법규로서의 해상법[1]은 '국제적 성격' 또는 '국제성'을 가지는 점에 특색이 있다. 따라서 해상법 분야는 가히 '국제사법적 논점의 보고(寶庫)'라고 할 만하다. 그러나 저자가 이미 지적한 바와 같이[2] 과거 우리 해상법학자들은 국제성을 해상법의 특성의 하나로 인정하면서도[3] 막상 국제사법적 논점

---

* 국제해상법에서 인용하는 아래 주요 문헌은 [ ] 안의 인용약어를 사용한다.

  김영주, "선박우선특권의 준거법 — 미국의 Triton Marine Fuels, Ltd. v. M/V PACIFIC CHUKOTKA 판결을 중심으로—", 한국해법학회지 제35권 제2호(2013)[김영주]; 김인현, 해상법 제7판(2023)[김인현]; 김인현, "해상사건에서 실질을 반영한 준거법 적용 경향", 국제사법연구 제28권 제1호(2022. 6.)[김인현, 준거법]; 김진권, "海商法上의 準據法 決定에 관한 研究", 한국해양대학교 대학원 법학박사학위논문(2003. 2.)[김진권]; 서동희, "선적국법주의의 타당성", 국제사법연구 제17호(2011)[서동희]; 석광현, "海事國際私法의 몇 가지 문제점 — 준거법을 중심으로—", 한국해법학회지 제31권 제2호(2009. 11.)[석광현, 해사국제사법]; 석광현, "편의치적에서 선박우선특권의 준거법 결정과 예외조항의 적용", 국제거래법연구 제24집 제1호(2015. 7.)[석광현, 편의치적]; 손주찬, "섭외사법(涉外私法) 개정시안(제10장 '해상')의 검토⑳", 해양한국(2000. 10.)[손주찬, 검토⑳]; 손주찬, "섭외사법(涉外私法) 개정시안(제10장 해상)의 검토㉑"[손주찬, 검토㉑]; 송상현·김현, 해상법원론 제6판(2022)[송상현·김현]; 윤윤수, "便宜置籍船(Ship under Flags of Convenience)", 외국사법연수논집[13] 재판자료 제73집(1996)[윤윤수]; 이필복, "선박의 국적, 등록 및 등기에 관한 몇 가지 문제", 한국해법학회지 제43권 제1호(2021. 1.)[이필복, 선박의 국적]; 정병석, "해상법 분야에서의 국제사법적 고려", 법조 통권 제536호(2001. 5.)[정병석, 국제사법적 고려]; 정병석, "해상법 분야에서 국제사법적 쟁점 — 관할 및 책임제한제도 중심 —", 국제사법연구 제16호(2010)[정병석, 관할 및 책임제한]; 정병석, "해상법 분야의 국제사법 준거법 조항 개정을 위한 입법론적 검토", 국제사법연구 제28권 제1호(2022. 6.)[정병석, 국제사법 입법론]; 정해덕, "船舶執行에 관한 研究", 경희대학교 대학원 박사학위논문(2000)[정해덕, 선박집행]; 정해덕, 한국국제사법학회 제8차 연차학술대회《제7분과 토론자료》(2000)[정해덕, 토론자료]; 최종현, 해상법상론 제2판(2014)[최종현]; 최흥섭, "비계약적 채무관계 및 물건에 대한 새로운 독일국제사법규정의 성립과정과 그 내용", 국제사법연구 제5호(2000)[최흥섭, 독일국제사법].

1) 해사법을 해사사법과 해사공법으로 분류하는 견해는 해사사법(넓은 의미의 해상법)을 다시 해상법과 해상보험법으로 분류하고, 해양법은 해사공법에 포함된다고 한다. 정영석, "해사법의 개념과 분류", 부산판례연구회 창립 30주년 기념: 해사법의 제문제(2018), 9면.

2) 저자는 석광현, 2001년 개정 국제사법 해설(2001), 337면에서 "해상법 분야는 가히 국제사법적 논점의 보고라고 할 만하다"라고 지적한 바 있는데, 국제해상법에 관한 논의는 그때와 비교하면 상황이 많이 개선되었으나 아직도 불충분하다.

3) 송상현·김현, 제4판(2008), 5–6면(이 점은 송상현·김현, 6–7면도 같다). 미국 연방대법원

은 매우 소홀히 취급하였다. 또한 종래 국제사법 교과서들도 해상법에 관하여는 단순히 조문을 소개하는 수준을 크게 넘지 못하였다.[4] 하지만 해상법은 국제해상법이 되지 않는다면 진정한 해상법이라고 할 수 없다.

　　해상법 분야의 또 하나의 특색은, 국제적인 규범의 통일을 지향하는 다수의 조약이 존재하고 국제사법적 논점의 해결은 조약의 적용 여부에 따라 상이하므로, 다투어지고 있는 법적 쟁점에 정확한 법원(法源)을 적용하기 위하여는 조약의 적용범위를 정확히 획정하는 일이 매우 중요하다는 점이다. 다만 우리나라는 종래 조약 가입에 대해 소극적이고 조약을 상법에 흡수 내지는 편입하는 방식을 취하였으나, 이러한 소극적인 자세는 앞으로 지양해야 할 것이다.[5] 특히 그렇게 할

은 Lauritzen v. Larsen, 345 U.S. 571 (1953) 사건 판결에서 "… the virtue and utility of sea-borne commerce lies in its frequent and important contacts with more than one country(해상의 미덕과 효용은 그것이 복수 국가와 빈번하고도 중요한 접촉을 가지는 점에 있다)"라고 판시한 바 있다.

4) 2001년 발효된 섭외사법의 개정을 계기로 해사국제사법에 관한 몇 개의 글이 발표되었는데 이 책에 인용된 정병석 변호사, 정해덕 변호사와 손주찬 교수의 글들이 그것이다. 해사국제사법에 관한 일본에서의 논의는 神前 禎, "海事國際私法の「獨自性」", 國際私法年報 第2号 (2000), 152면 이하; 藤田友敬, "海事國際私法の將來", 國際私法年報 第2号(2000), 169면 이하 참조. 다만 근자에는 상황이 많이 개선되었다. 정해덕, 국제해상소송 · 중재(2007), 서동희, 사례별로 본 실무해상법 · 해상보험법(2007)과 최종현, 海商法詳論(2009)과 제2판(2014) 등이 간행되었기 때문이다. 특히 최종현 변호사의 책은 해상분쟁의 해결이라는 별도의 편(제5편)에서 해상법 분야의 국제사법과 국제민사소송법적 논점을 다루고 있어 국제해상법의 모범을 보였다. 그 밖에도 해사국제사법의 준거법에 관한 논의는 석광현, 해사국제사법, 89면 이하; 석광현, 제5권, 241면 이하; 김진권 참조. 절차법적 논점은 정병석, 관할 및 책임제한, 197면 이하; 석광현, "2018년 국제사법 전부개정법률안에 따른 해사사건의 국제재판관할규칙", 한국해법학회지 제40권 제2호(2018. 11.), 7면 이하 참조. 해상법 영역에서 준거법지정규칙의 개정 착안점은 정병석, 국제사법 입법론, 683면 이하; 김인현, 준거법, 657면 이하 참조.

5) 다만 한국은 유류오염사고로 인한 손해배상과 관련하여 1992년 "1969년 유류오염손해에 대한 민사책임에 관한 국제협약을 개정하는 1992년 의정서(CLC Protocol 1992)"(민사책임협약) 및 1992년 "유류오염손해보상을 위한 국제기금의 설치에 관한 국제협약"(국제기금협약)에 가입하였다(한국은 1969년 민사책임협약(International Convention on Civil Liability for Oil Pollution Damage (CLC))과 1971년 국제기금협약에도 가입하였으나 이는 각각 위 민사책임협약과 국제기금협약에 의해 대체되었다. 민사책임협약 가입과 관련하여 우리나라는 유류오염손해배상 보장법(유류오염배상법)을 제정하였다). 최종현, 571면. 상법에 반영되어 있는 해상법 분야의 조약 내지는 국제규범으로는 다음을 들 수 있다. 손주찬, "海商法의 統一法性과 섭외사법", 한국해법학회지 제22권 제1호(2000. 4.), 7-8면 참조.

① 1976년 런던 "해사채권에 대한 책임제한조약(Convention on Limitation of Liability for Maritime Claims. LLMC)"(상법 제769조 이하). 이에는 1996년 의정서가 있다.

② 해상물건운송계약에 관하여 1924년 "선하증권에 관한 약간의 규칙을 통일하기 위한 국제

경우 조약의 적용범위를 규정한 조문들, 즉 저촉법적 성질을 가지는 조문들이 누락되는 결과 상법의 규정은 우리 법이 준거법인 경우에만 적용되는 조항으로 변질될 수밖에 없다. 이 점은 종래 우리나라의 해상법학자들이 소홀히 취급하거나 간과하고 있는 논점이다.

해상법 분야의 국제사법을 총칭하여 '해사국제사법'이라고 부를 수 있는데, 이는 국제사법의 모든 분야에 걸쳐 제기되는 논점들을 포함하므로 해사국제사법은 국제사법 전문가와 해상법 전문가의 학제적 연구가 긴요한 분야이다.6) 이러한

협약(International Convention for the Unification of Certain Rules of Law relating to Bills of Lading)"(헤이그규칙)과 1968년 "선하증권에 관한 약간의 규칙을 통일하기 위한 국제협약의 개정을 위한 의정서(Protocol to Amend the International Convention for the Unification of Certain Rules of Law relating to Bills of Lading)"(비스비규칙)(상법 제852조 이하).

③ 1910년 "선박충돌에 관한 약간의 규칙을 통일하기 위한 국제협약(International Convention for the Unification of Certain Rules of Law with respect to Collision between Vessels)"(상법 제876조 이하).

④ 1910년 "해양사고구조에 관한 약간의 규칙을 통일하기 위한 국제협약(International Convention for the Unification of Certain Rules of Law relating to Assistance and Salvage)"(상법 제882조 이하).

⑤ 1926년 "선박우선특권 및 저당권에 관한 약간의 규칙을 통일하기 위한 국제협약(International Convention for the Unification of Certain Rules relating to Maritime Liens and Mortgages)" (상법 제777조 이하).

⑥ 공동해손에 관한 1994년 "요크안트워프규칙(York-Antwerp Rules. YAR)"(상법 제865조 이하). 이는 2016년 개정되었다. 주요 개정내용은 우선 한낙현·최병권, "2016년 YAR의 적용에 따른 공동해손 정산 실무에 관한 시사점", 무역상무연구 제72권(2016. 12.), 86면 이하 참조.

그 밖에도 1952년 "선박충돌에 대한 민사재판관할에 관한 약간의 규칙을 통일하기 위한 국제협약(International Convention for the Unification of Certain Rules Concerning Civil Jurisdiction in Matters of Collision)", 1952년 "선박의 가압류/압류에 관한 약간의 규칙을 통일하기 위한 국제협약(International Convention for the Unification of Certain Rules relating to the Arrest of Seagoing Ships)", 1999년 "선박의 가압류/압류에 관한 국제협약(International Convention on Arrest of Ships)", 1989년 "해양사고구조에 관한 국제협약(International Convention on Salvage)", 1993년 "선박우선특권 및 저당권에 관한 국제협약(International Convention on Maritime Liens and Mortgages)"과 2008년 "전부 또는 일부가 해상운송인 국제물품운송계약에 관한 국제연합협약(UN Convention on Contracts for the International Carriage of Goods Wholly or Partly by Sea)"(로테르담규칙) 등이 있다. 국제해사조약에 관한 논의는 정완용, "국제해사조약의 국내법상 수용방안에 관한 고찰", 한국해법학회지 제33권 제2호(2011. 11.), 57면 이하 참조.

6) 예컨대 山內惟介, 海事國際私法の研究(1988)를 참조.

해사국제사법의 범위에는 국제민사절차법적 논점, 협의의 국제사법적 논점과 기타 인접 분야가 포함된다.

(1) 국제민사절차법적 논점

국제민사절차법적 논점으로는 우선 해사사건에서의 중재합의,[7] 국제재판관할합의 기타 국제재판관할규칙,[8] 선박에 대한 가압류 등 국제보전처분, 선박에 대한 집행(경매 포함)[9] 및 선박소유자의 총체적 책임제한절차와 국제도산법의 논점을 들 수 있다. 한진해운 사건에서 보듯이 해운선사의 국제도산은 다양한 국제도산법의 논점을 제기한다.

(2) 협의의 국제사법적 논점[10]

협의의 국제사법적 논점, 즉 준거법 지정의 논점은 매우 다양한데, 그중 주요한 것은 아래와 같다.

(가) 국제회사법   해상운송과 선박건조의 경우 특수목적회사(special purpose company)가 사용되는 경우가 많은데, 그로 인하여 국제회사법의 논점, 특히 법인격부인의 문제와 의사(擬似)외국회사(pseudo-foreign company)의 문제가 제기된다.

(나) 국제계약법   이에는 운송계약의 준거법,[11] 선원근로계약의 준거법

---

7) 예컨대 용선계약상 중재조항의 선하증권의 편입에 관하여는 석광현, 제4권, 457면 이하; 석광현, 국제중재법 제1권, 465면 이하 참조.

8) 해사사건의 국제재판관할에 관하여는 1999년 선박(가)압류협약, 1952년 "선박충돌에 관한 민사재판관할에 관한 통일조약" 등의 조약이 존재한다. 한국이 가입한 조약의 경우는 당연히 그에 따라야 하나, 가입하지 않은 조약의 경우에도 그러한 조약의 적용범위에 속하는 사항에 대하여는 조약의 조항을 충분히 고려하여 국제재판관할의 유무를 결정하는 것이 바람직하나 그 한계가 문제 된다. 2022년 개정된 국제사법(제89조 이하)은 해상법의 국제재판관할규칙을 두고 있다.

9) 2022년 UN의 "선박경매의 국제적 효력에 관한 협약(Convention on the International Effects of Judicial Sales of Ships)"도 이를 해결하기 위한 노력의 산물이다. 이는 아래 제94조 해설 참조.

10) 개관은 석광현, 해사국제사법, 89면 이하; 석광현, 제5권, 241면 이하 참조.

11) 선하증권의 준거법과 관련하여 지상약관(paramount clause)의 법적 성질도 문제 된다. 석광현, 제2권, 84면 이하 참조. 선하증권의 준거법에 관하여는 대법원 2003. 1. 10. 선고 2000다70064 판결이 선고된 바 있다. 이헌묵, "선하증권 이면약관의 준거법조항에 관련한 몇 가지

12) 등이 있다. 계약의 준거법과 관련해서는 해상법 분야에서 널리 이용되는 약관13)에 대한 통제가 문제 된다. 즉, 약관제안자의 상대방이 우리 기업인 경우 만일 계약의 준거법이 영국법이라면 약관규제법이 정한 편입통제와 내용통제 등이 적용되는지가 문제 된다.

(다) 선하증권의 준거법   선하증권의 준거법은 채권적 효력의 준거법과 물권적 효력의 준거법을 구분할 필요가 있다.14) 이에는 선하증권의 유가증권성과 관련된 준거법의 논점도 있다. 특히 전자선하증권에 관한 근자의 논의의 국제사법적 측면에도 관심을 가질 필요가 있다.15)

문제점에 대한 논의", 국제거래법연구 제19집 제1호(2010. 7.), 173면 이하도 참조. 정영석, "해상운송계약에서 최고약관의 효력 – 선하증권 뒷면약관을 중심으로 – ", 한국해법학회지 제32권 제1호(2010. 4.), 237면 이하도 저자와 유사한 견해를 취한다. 지상약관(paramount clause)은, 선하증권의 다른 조건에도 불구하고 선하증권에 따른 법률관계에 헤이그 – 비스비규칙이 직접 적용된다고 규정하거나, 또는 특정국가(선적항 또는 양육항)에서 적용되는 헤이그 – 비스비규칙이 적용된다는 취지의 조항이다. 이는 헤이그 – 비스비규칙의 비체약국 법원이 운송인이 선하증권의 이면약관에 기초하여 그의 면책을 주장하는 것을 금지하도록 함으로써 동 규칙의 실효성을 확보하기 위한 것이다.

12) 이에 관하여는 제48조에 관한 해설 참조.

13) 예컨대 BIMCO(Baltic and International Maritime Council)의 표준 항해용선계약인 GENCON, 표준 정기용선계약인 BALTIME, Dry Cargo와 Dry Bulk에 대한 정기용선계약인 뉴욕생산물(Produce)거래소의 NYPE 1993, Crude Oil Tankers에 대한 정기용선계약인 SHELLTIME, 표준나용선(선체용선)계약인 Barecon 등이 있다. BIMCO의 명칭은 과거 'Conference'였으나 1985년 변경되었다.

14) 선하증권의 준거법에 관하여는 당사자자치가 허용되는데 이는 선하증권에 화체된 권리가 채권적 권리이기 때문이다. 더 근본적으로 우리 국제사법에 명문의 규정은 없으나 유가증권의 준거법을 논의함에 있어서는 '유가증권에 화체된 권리의 준거법'과 '유가증권 자체의 준거법'을 구별해야 한다(제35조 해설 참조). 선하증권의 준거법에 관하여는 계약의 객관적 준거법을 정한 제46조에서 논의하였다. 보증도에서 운송인에 대한 불법행위로 인한 손해배상채권이 선하증권에 표창되는지는 선하증권의 준거법이 결정할 사항인데 영국법상으로는 이는 인정하기 어려운 것으로 보인다.

15) 2007년 시행된 상법 제862조(전자선하증권)는 운송인이 종이 선하증권을 발행하는 대신 법무부장관이 지정하는 등록기관에 등록하는 방식으로 전자선하증권을 발행할 수 있고 그 경우 전자선하증권은 종이 선하증권과 동일한 법적 효력을 가진다고 규정한다. 이는 전자증권의 발행을 가능케 한 점에서는 선진적 입법이었으나 선하증권의 국제적 유통을 고려하지 않은 점은 문제였다. 실제로 지정된 등록기관이 한국무역정보통신(KTNET)과 KL – NET 2곳뿐이었기에 더욱 그러하다. 근자에 전자선하증권을 활성화하려는 작업이 추진 중인데, 우선 상법 제862조를 개정하고, 장기적으로 UNCITRAL의 2017년 '전자양도성기록(Electronic Trans – ferable Record, ETR)에 관한 모델법'을 수용하자는 견해도 있다. 이현균, "전자선하증권 활성화를 위한 법적 연구", 한국해법학회지 제45권 제1호(2023. 4.), 145면 이하; 이현균,

(라) 국제법정채권법   이에는 해상운송과 관련하여 발생하는 일반적인 불법행위로 인한 법정채권(보증도도 포함)과 공동해손, 선박충돌 또는 해양사고구조 등 해상에 특유한 법정채권의 준거법에 관한 논점 등 채권법적 논점 등이 있다.

(마) 국제물권법   이에는 적하에 대한 물권의 준거법과[16] 선박저당권, 선박우선특권 기타 선박에 대한 물권의 준거법 등이 있다.

(바) 선박소유자의 총체적 책임제한   이는 해상법에 특유한 논점이다.[17]

(3) 인접 분야

인접한 분야로서 해상보험계약의 논점이 있는데, 특히 해상적하보험계약의 준거법이 영국법준거약관의 법적 성질과 관련하여 문제 된다.[18] 이와 관련하여 보험자대위의 준거법도 문제 된다. 또한 선박건조계약과 이를 위한 금융계약 의 준거법도 문제 된다.

(4) 계약의 준거법으로서 영국법의 우위에 대한 우려와 대응방안

우리 기업으로서도 국제계약에서 필요하다면 영국법을 선택하고 영국의 법원(또는 중재기관)에서 분쟁해결을 할 수 있음은 물론이나, 가급적 한국법을 준거법으로 하고 한국 법원(또는 중재기관)에서 분쟁해결을 도모하는 것이 바람직하다. 특히 문제는 준거법선택 및/또는 관할합의 외에 외국적 요소가 없는 순수한 국내계약에서도 지나치게 영국법제로 달려가는 현상이다. 실제로 우리 기업들은 한국

"UNCITRAL 전자양도성기록 모델법의 국내 수용을 위한 입법방안 연구", 한국해법학회지 제46권 제1호(2024. 4.), 7면 이하와 각 인용된 문헌들 참조. 김인현, "상법 제2편 상행위편 운송규정과 제5편 해상편 개정안에 관한 연구", 한국해법학회지 제46권 제2호(2024. 8.), 58면은 상법 제862조의 개정안을 제시하나 이는 과도기적 입법이다. 주목할 것은 2023년 시행된 영국의 전자무역문서법(Electronic Trade Documents Act 2023)이다. 준거법 지정원칙을 상법에 넣을 것은 아니지만, 적어도 상법 제862조의 국제적 적용범위를 고려하고(동조가 전자선하증권의 준거법이 한국법인 경우 적용되는지 아니면 전자선하증권이 한국에서 발행·등록된 경우에 적용되는지도 검토해야 한다), 전자선하증권의 국제적 유통을 어떻게 확보할지를 검토할 필요가 있다(주요 국가들의 모델법 수용으로 해결할 수도 있다).

16) 이에 관하여는 제36조에 관한 해설 참조.

17) 국제사법에 대한 해상법학자들의 관심을 촉구하고자 한국국제사법학회와 해법학회는 2009. 8. 28. 공동학술대회를 개최하였다. 저자는 "海事國際私法의 몇 가지 문제점 — 준거법을 중심으로"라는 주제로 발표하였다. 그 논문이 석광현, 해사국제사법이다.

18) 이에 관하여는 석광현, 제2권, 50면 이하; 석광현, 제3권, 189면 이하 참조.

기업 간에 체결되는 적하(또는 선박)보험계약, 선박건조계약과 용선계약에서 종종 영국법을 준거법으로 지정하고 분쟁해결을 위해 영국 법원(또는 중재기관)을 선택함으로써 영국 법률가들을 기쁘게 하고 있다. 그 이유는 우리 법이 기업의 기대에 부응하지 못한 탓도 있지만 국제계약에서 영국 법률가들이 작성한 약관과 계약서를 국내거래에 차용한 탓도 있는데, 근본원인은 우리 기업들과 법률가들이 준거법과 분쟁해결 조항에 무관심한 탓이다. 근자에는 다소 변화하는 모습이 보이기도 하나 우리 법률가들은 대체로 국제사법, 국제민사소송법, 국제거래법과 국제상사중재법과 같은 국제관계법무에는 관심이 없거나 매우 적다.[19] 하지만 우리 기업의 국제적 위상이 향상됨에 따라 국제계약에서 가급적 한국법을 준거법으로 지정하고, 한국 법원(중재기관)에서 분쟁을 해결하는 것이 바람직함은 굳이 설명할 필요가 없다. 이를 위해서는 우리 법률가들이 국제사법 등 국제관계법무를 연구하고, 국제거래를 규율하기에 적합하도록 우리 법을 발전시켜야 하며, 우리 법원(중재기관)의 국제분쟁 해결능력을 제고해야 한다. 이를 시정하려면 우리 변호사들의 실력을 키워야 하나, 우리 기업들이 우리 변호사를 신뢰하고 지원하지 않으면 아니 된다. 또한 국가적 지원도 필요하다.[20]

나. 통합규정방식

섭외사법은 해사국제사법의 모든 논점을 통합하여 규정하는 대신, 그 중 대표적인 것, 즉 선박에 관한 물권, 선박소유자의 책임제한, 공동해손과, 선박충돌 또는 해양사고구조로 인한 법정채권의 준거법만을 제3장(상사에 관한 규정) 제44조 이하에서 규정하였다.

---

19) 근자에 국제상사중재법에 대한 관심이 커지는 것은 다행이나 이도 비즈니스 기회를 가지는 일부 변호사들에 한정된 것이다. 특히 우려되는 것은 국제거래법·국제사법이 변호사시험 선택과목 중 가장 선호되고 있으나 수험전략과목으로 전락하였다는 점이다. 로스쿨 원생들이 국제거래법·국제사법을 선택하는 것은 환영하나, 원생들이 법전원에서 수강하는 대신 학원의 특강으로 때우는 것은 커다란 문제이고 로스쿨 교육을 형해화한다. 로스쿨들이 국제사법 전임교수를 충원하지 않는 탓에 상황이 악화되고 있는데, 이것이 교육을 통하여 법률가를 양성하겠다고 주장하면서 출범한 로스쿨들의 행태이다. 심지어 국제화를 내세운 로스쿨도 다를 바 없다.

20) 석광현, "외국법제로의 과도한 도피와 國際私法的 思考의 빈곤", 법률신문 제3926호(2011. 4. 11.), 13면. 근자에 해운 및 조선산업 분야에서 한국을 법정지 또는 중재지로 활성화하기 위한 논의(김인현, 준거법, 53면 이하)가 있음은 다행이나 그의 실현은 쉽지 않다.

과거 개정연구반의 논의과정에서 해사국제사법 관련 규정들을 독립한 장에 묶을 필요성이 논의되었다. 이는 해상에 관하여 독립된 장(제10장)을 둘지, 아니면 해상에 관한 규정을 분리하여 물권, 불법행위 및 사무관리 등 각 해당 분야에서 규정할지의 문제이다. 해사국제사법의 관점에서는 전자를 '통합규정방식', 후자를 '분리규정방식'이라 할 수 있다. 외국에도 해상에 관한 독립한 장을 두는 입법례가 별로 없고, 체계적 우수성을 고려한다면 분리규정방식이 보다 설득력이 있다. 그러나 섭외사법이 통합규정방식을 취하였고, 이는 이미 우리 법의 특징이 되었다고 할 수 있으며, 실무적으로 편리한 점이 있음을 고려하여 구 국제사법에서는 통합규정방식을 유지하였다. 국제사법도 마찬가지다.

2000년 섭외사법 개정작업에서는 해상에 관한 구 국제사법 제9장(국제사법 제10장에 상응)이 다른 부분과 비교하여 상대적으로 가장 변경이 적었던 분야였는데, 이는 기존 규칙이 바람직한 내용을 담고 있어서가 아니라, 해사국제사법에 관한 연구가 부족하여 기존 태도를 가급적 유지하고자 했기 때문이다. 또한 해운업계에서 변경에 대한 요청이 별로 없었던 이유도 있었다. 장차 해사국제사법에 대한 더 체계적인 연구가 절실히 요청된다. 물론 우리가 관련 조약에 가입한다면 그 범위 내에서는 국제사법적 논점은 상당 부분 해결될 것이다.

해상에 관한 장은 구 국제사법에서는 제9장이었으나 2022년 개정 시 지재권에 관한 조문들이 별개의 장으로 독립하면서 제10장이 되었다.

국제사법 외에도 유류오염손해배상보장법과 같이 해상과 관련된 국내법에도 국제사법적 논점을 다루고 있는 법률이 있음을 주목할 필요가 있다.[21]

---

21) 이에 관하여는 우선 정병석, 국제사법적 고려, 191면 이하 참조.

2. 선적국법에 의할 사항에 관한 조항의 개정

섭외사법	국제사법
第44條(해상) 해상에 관한 다음 각호의 사항은 船籍國法에 의한다. 1. 선박소유권의 이전에 관한 공시의 방법 2. 선박이 양도된 경우에 선박소유자의 채권자로서 추급권 있는 자와 없는 자 3. 선박을 저당할 수 있는 여부와 해상에서 저당하는 경우의 공시방법 4. 해상우선특권에 의하여 담보될 채권의 종류와 선박에 대한 우선특권의 순위 5. 선장과 해원의 행위에 대한 선박소유자의 책임범위 6. 선박소유자가 선박과 운임을 위부하여 책임을 면할 수 있는 여부 7. 共同海損으로 이해관계인에게 분담될 수 있는 해손의 성질 8. 共同海損의 경우에 손해를 부담할 재단의 조성	제94조(해상) 해상에 관한 다음 각 호의 사항은 선적국법에 따른다. 1. 선박의 소유권 및 저당권, 선박우선특권, 그 밖의 선박에 관한 물권 2. 선박에 관한 담보물권의 우선순위 3. 선장과 해원(海員)의 행위에 대한 선박소유자의 책임범위 4. 선박소유자등이 책임제한을 주장할 수 있는지 여부 및 그 책임제한의 범위 5. 공동해손 6. 선장의 대리권

[입법례]
• 독일 민법시행법 제45조 제2항[운송수단: 운송수단(항공기, 선박, 철도궤도차량)의 법정담보물권에 관하여 성립과 순위를 나누어 전자는 피담보채권의 준거법에, 후자는 목적물의 소재지법에 연결

가. 개요

구 국제사법은 섭외사법의 내용을 대체로 유지하여 다양한 연결대상에 대해 선적국법을 준거법으로 지정하되, 선박에 관한 물권과 공동해손에 관한 규정을 통합·정비하고(제1호, 제2호, 제5호), 선장의 대리권에 관한 조항을 신설하였다(제6호). 구 국제사법의 가장 큰 수정사항은 섭외사법 제6호를 국제사법 제4호로 개정하여 선박소유자의 총체적 책임제한 전반에 적용되는 조항임을 명확히 한 점이다.[1] 국제사법은 구 국제사법의 태도를 유지한다.

---

1) 정병석, 국제사법적 고려, 177면.

나. 주요내용

(1) 선적국법

(가) 선적국의 개념   섭외사법과 국제사법은(구 국제사법도) 선박에 관한 다양한 쟁점에 대해 선적을 중요한 연결점으로 삼고 있다. 선적국법주의를 취한 이유는, 선박의 특질을 고려할 때 선박에 관한 외국적 요소가 있는 사법관계를 규율함에 있어 선적국법이 그와 가장 밀접한 관련이 있다고 보기 때문이다. 이는 무엇보다도 선박 물권관계를 하나의 법에 연결하는 점에서 선박에 관한 각종 물권의 발생, 효력 및 우선순위 등을 통일된 원칙하에 규율하는 장점이 있다.[2]

문제는 선적국의 개념인데, 선적국이라 함은 선박이 소속하는 국가, 즉 선박이 국적을 가지고 있는 국가를 말한다.[3] 모든 국가는 선박이 자국국기를 게양하는 것을 허가할 권한을 가지고 선박에 대한 국적을 부여하기 위한 요건을 결정할 수 있다.[4] 이러한 의미의 선적국은 대체로 기국 또는 등기국·등록국과 일치할 것이나 반드시 그런 것은 아니다. 예컨대 선박이 이중으로 등록된 경우에는 선적국과 기국이 상이할 수 있고, 소형선박과 같이 등기되지 않은 선박의 경우 선적국은 있지만 등기국은 존재하지 않기 때문이다.

과거 한국에서는 선적국의 개념을 이해하는 데 있어 논란이 있었다. 즉 선적국의 개념에 관하여 두 가지 견해, 즉 '등록항(port of registry, Registerhafen)' 소재국이라는 견해와 '본적항(또는 본거항. home port, Heimathafen)' 소재국이라는 견해가 있었다.[5] 등록항은 선박소유자가 선박의 등기 및 등록을 하고 선박국적증서

---

2) 정병석, "국제해상법", 국제사법연구 4호(1999), 436－437면. 서동희, 402면 이하는 선적국법주의에 대하여 ① 편의치적의 출현에 따라 선적국의 연결점으로서의 의미가 감소되었고, ② 일률적으로 선적국법을 적용하는 것은 불합리하며, ③ 편의치적의 부당성이 국제사법 제8조 제1항에 의하여 시정되는 데는 한계가 있고, ④ 선적국법의 조사의 어려움이 있으며, ⑤ 대체로 정비되지 않은 선적국법에 대해 우리 법정에서 논란을 벌이는 것은 희극적이고, ⑥ 이중국적과 무국적 선박의 경우 선적국법이 가지는 장점이 상실된다고 비판한다. 나아가 위 서동희, 405면 이하는 입법론으로 선적국법을 기국법으로 대체할 것과, 예컨대 선박소유자의 책임제한의 범위와 선박우선특권에 관한 법률관계에 있어서 법정지법을 적용함으로써 법정지법이 규율하는 사항의 범위를 확대하자고 제안한다. 김영주, 211면 이하도 선적국법주의에 대해 비판적이다. 국제사법이 선적국법을 과도하게 지정하는 점은 시정할 필요가 있으나 그 범위는 더 검토할 필요가 있다.
3) 이호정, 453면.
4) 공해에 관한 협약 제6조 제1항; 유엔해양법협약 제91조 제1항. 송상현·김현, 43면. 우리의 경우 선박법 제2조와 제22조가 이 요건을 정한다. 선박의 국적제도에 관한 입법례는 윤윤수, 504면 이하 참조. 선박의 국적에 관하여는 이필복, 선박의 국적, 33면 이하 참조.

의 교부를 받은 곳을 말하고,[6] 본적항은 선박이 상시 발항 또는 귀항하는 항해기
지로서 기업경영의 중심이 되는 항을 말한다.[7]

섭외사법의 해석상 선적국은 등록항 소재국이라는 전자의 견해가 유력하였
다.[8] 이 견해는 대체로 타당하나, 선박의 등록항을 등기·등록을 하고 나아가 선
박국적증서를 교부받은[9] 곳이라고 이해한다면 문제가 없지만, 단순히 등기·등록
만을 한 곳으로 이해한다면 적절하지 않다. 따라서 선적국을 등록항 소재국 또는
등록국이라고 할 경우 이는 당해 국가에 단순히 등록되었다는 의미가 아니라, 등
록된 결과 선박이 당해 국가의 국적을 취득하였다는 의미이다. 즉 엄밀히 말하자
면, 선박이 소속하는 국가로서의 선적국의 개념은 본거항 소재국, 기국, 등기국
또는 단순한 등록국과는 구별된다는 것이다.[10] 다만 등록을 근거로 국적이 부여
되는 한에 있어서는 선적국은 등록국에 접근한다. 그런 의미에서 선적국을 '기국
(country of flag)'이라기보다는 '등록국(country of registration)'이라고 하는 것이 상
대적으로 정확하다. 따라서 여기에서는 선적국의 의미를 이와 같이 선박이 그의
국적을 가지는 국가로 이해하고 이를 전제로 논의한다. 선박 소유자가 독일에서
선박을 등록하고 선체용선자가 이를 다시 마샬아일랜드에서 등록한 사안(즉 이중
등록이 이루어진 사안)에서 대법원 2014. 11. 27.자 2014마1099 결정은, 구 국제사
법 제60조 제1호에 따라 선박우선특권의 준거법을 결정하기 위한 연결점이 되는
선적국은 선체용선등록국이 아니라 선박소유자가 선박의 등기·등록을 한 곳이

---

5) 이호정, 291면 참조.

6) 그러나 엄밀히 말하면 등기와 등록은 다른데 선박의 국적과 관련되는 것은 공법상 의미를 가
지는 등록이다. 선박법(제8조, 제10조)에 따르면 한국 선박의 소유자는 선박등기를 한 후에
선적항을 관할하는 해운관청에 선박등록을 신청할 수 있고, 그에 따라 선박원부에 등록되면
선박국적증서를 교부받을 수 있다. 그 후에 비로소 대한민국 국기를 게양할 수 있다. 우리 선
박법(제2조)은 대체로 선박소유자주의를 기초로 선박의 국적을 정한다.

7) 정병석, 국제사법적 고려, 177면; 이호정, 291면은 섭외사법 제47조의 '선적국'의 해석에 관하
여 선적국을 등록항 소재국이라고 본다. 그러나 이호정, 260면은 기국법을 선박등록지법이라
고 한다.

8) 예컨대 이호정, 291면; 박상조·윤종진, 現代國際私法(1998), 447면. 정병석, 국제사법적 고
려, 178면; 정해덕, 토론자료, 4면; 정해덕, 선박집행, 131면. 손주찬, 검토㉝, 133면은 등록지
의 법이 기국법이라고 하고, 그런 취지의 일본 판례를 인용한다.

9) 선박국적증서가 교부되지 않더라도 다른 방법에 의하여 국적을 부여받으면 그것으로 족하다.

10) 그러나 김용한·조명래, 403면은 선박소속국을 선적국 또는 기국이라고 하여 양자를 구별하
지 않는 듯한 인상을 준다. 또한 손주찬, 검토㉝, 133면도 기국과 선적국을 동일한 의미로
사용하는 것으로 보인다.

속한 국가라고 판시하였다.[11)]

(나) 편의치적의 문제점   문제는 이른바 편의치적의 경우에도 위와 같은
선적국법에의 연결을 관철할 수 있는가의 여부이다.

국제사법 제48조에 관한 해설에서 언급한 헌법재판소 1998. 2. 5. 선고 96헌
바96 전원재판부 결정은 "… 편의치적은 내국인이 외국에서 선박을 매수하고도
우리나라에 등록하지 않고 등록절차, 조세, 금융면에서 유리하고 선원 노임이 저
렴한 제3의 국가에 서류상의 회사(paper company)를 만들어 그 회사 소유의 선박
으로 등록하는 것을 말한다"라고 판시한 바 있다.

국제적으로는 1958년 "공해에 관한 협약"은 국적부여 및 국기게양의 결정권
을 각국에 인정하는 반면 새로이 기국과 선박 간에 '진정한 연계(genuine link)'의
존재를 요건으로 규정하였고(제5조), 또한 1986년 "선박등록에 관한 유엔협약"에
의하면 선박과 선적 간에 진정한 연계가 있어야 하며, UN 해양법협약(UNCLOS)
제91조 제1항 3문도 진정한 연계를 요구한다.[12)] 그러나 편의치적은 실제로 빈번
히 행해지고 있고,[13)] 또한 국제사법이론상으로도 편의치적이라는 이유만으로 선

---

11) 권창영, "선적국 아닌 국가에 선체용선등록된 선박의 선박우선특권에 관한 준거법", 해사판
   례연구(6), 해양한국(2016. 6.), 119면; 최세련, "선박의 나용선등록에 따른 법적 쟁점 검토",
   한국해법학회지 제38권 제2호(2016. 1.), 173－174면은 이를 지지한다. 해설은 김진오, "선
   박이 나용선등록제도에 따라 이중등록된 경우 국제사법 제60조 제1호에서 정한 선박우선특
   권의 준거법인 '선적국법'은 '소유권등록국법'인지 '나용선등록국법'인지 여부", 대법원판례해
   설 제101호(2015) 참조. 참고로 고려대학교 해상법 연구센터, Maritime Law News Update
   제9호(2015. 1. 18.), 2면은 선박의 국적증서 등에 나타나는 등록국은 나용선등록국이므로
   거래 상대방은 나용선등록국을 보고 거래를 하는데, 종래 우리 법원은 이 경우에 원등록국
   에서 등록을 일단 정지하고 나용선등록을 허용하는 것이기 때문에 선적국은 나용선등록국으
   로 보아야 한다고 판시하였다(부산지방법원 2013. 4. 24.자 2012라19결정, 대법원 2013. 9.
   13. 자 2013마816 결정)고 소개한다. 국제재판관할의 맥락에서 용선계약이 용역제공계약인
   지는 석광현, "2018년 국제사법 전부개정법률안에 따른 해사사건의 국제재판관할규칙", 해
   법학회지 제40권 제2호(2018. 11.), 47면 참조.
12) 이호정, 260면; 이한기, 國際法講義 新訂版(1997), 461면. Genuine link의 의미에 관하여는
   위 이한기, 462면. 이필복, 선박의 국적, 45면. 상세는 김인현, "선박국적 부여조건으로서의
   진정한 연계와 국제사회의 대응", 해사법연구 제18권 제1호(2006), 73면 이하 참조. 공식 번
   역문은 '진정한 관련'이라고 한다. UN 해양법협약의 공식 명칭은 '해양법에 관한 국제연합협
   약 및 1982년 12월 10일자 해양법에 관한 국제연합협약 제11부 이행에 관한 협정(United
   Nations Convention on the Law of the Sea)'이다. 한국에서는 조약 제1328호로 1996. 2.
   28. 발효하였다.
13) 편의치적은 윤윤수, 504면 이하 참조. 국제사법 논점에 관하여는 522면 이하; 山內惟介, 海

적이 연결점이 될 수 없는 것은 아니라는 견해가 유력하다.[14]

위에서 언급한 바와 같이 선박에 관한 다양한 쟁점에 대하여 선적을 중요한 연결점으로 삼는 근거는 선적국법이 그와 가장 밀접한 관계에 있다고 보기 때문인데, 과연 이런 근거가 편의치적의 경우에도 타당한가는 의문이다. 더욱이 국제사법(제21조 제1항)(구 국제사법 제8조 제1항에 상응)에서 "이 법에 따라 지정된 준거법이 해당 법률관계와 근소한 관련이 있을 뿐이고, 그 법률관계와 가장 밀접한 관련이 있는 다른 국가의 법이 명백히 존재하는 경우에는 그 다른 국가의 법에 따른다"라는 예외조항을 둠으로써 가장 밀접한 관련이 있는 국가의 법의 적용을 관철하고자 하므로 그러한 의문은 더욱 확대된다.

생각건대 제21조의 해설에서 논의한 바와 같이, 구체적인 사안에서 선적이 선적국과 유일한 관련인 경우에는 예외조항에 의해 선적국법 대신 가장 밀접한 관련이 있는 다른 국가의 법이 준거법으로 적용될 여지를 배제할 수 없다. 물론 그의 배제는 엄격한 요건하에 이루어져야 한다. 구체적으로, 선박에 관한 물권변동처럼 등록을 전제로 하는 경우는 등록지에서만 등록이 이루어질 수 있으므로 예컨대 실질선주의 소속국법이 한국이더라도 한국법을 적용하기가 어려울 것이나, 공동해손의 경우와 같이 등록을 전제로 하지 않는 사항에 대해서는 달리 볼 여지가 있을 것이다. 또한 아래에서 논의하는 선박충돌의 경우 또는 해양사고구조의 경우에도 편의치적인 때에는 달리 볼 여지가 있을 것으로 생각된다.

저자는 과거 선박우선특권의 경우 편의치적임을 이유로 실질선주의 법을 적용할 것인가, 아니면 피담보채권의 준거법을 적용할 수 있는가 등은 더 검토를 요하는 문제라는 견해[15]를 피력한 바 있으나, 제21조의 해설에서 언급한 바와 같이 그런 취지를 정면으로 채택한 대법원 판결이 있다.[16]

事國際私法の硏究(1988)를 제1장, 제2장은 주로 미국 판례를 소개하고 있다.

14) Ulrich Drobnig/Jürgen Basedow/Rüdiger Wolfrum (Hrsg.), Recht der Flagge und „Billige Flaggen" — Neuere Entwicklungen im Internationalen Privatrecht und Völkerrecht (1990), S. 43ff. 참조.

15) 정해덕, 토론자료, 5-6면; 정해덕, 선박집행, 132면은 편의치적의 경우 선적국과 실제 소유국이 상당한 괴리가 있음을 이유로 법정지법을 적용할 것이라고 한다. 선박소유자의 총체적 책임제한의 문제도 생각해 볼 필요가 있다. 정해덕, 토론자료, 7면은 총체적 책임제한에 대하여도 편의치적의 문제가 있음을 지적하면서 법정지법을 적용하는 것이 가장 적절할 것이라고 한다.

16) 창원지방법원 2013. 4. 10. 선고 2012나5173 판결은, 한국 법인이 실질적으로 소유하고, 기관장과 선원이 한국인과 동남아인 등으로 구성된 파나마선적의 선박에 관하여 이를 편의치

더 근본적으로 편의치적은 법률의 회피의 문제이다. 국제사법상 법률의 회피는 '법률사기' 또는 '연결소(점)의 사기적 창설'이라고 한다. 종래 우리나라의 다수설은 법률의 회피에 대하여 관대한 태도를 취하는데, 편의치적이 국제적으로 널리 인정되는 현실을 고려하면 편의치적의 경우에 더욱 그러하다.[17]

(다) 국제선박등록　　　　국제선박이라 함은 국제항행, 즉 국내항과 외국항 간 또는 외국항 간을 운항하는 상선으로서 국제선박등록법(제4조)에 따라 국제선박등록부에 등록된 선박을 말한다(국제선박등록법 제2조 제1호). 따라서 이러한 국제선박의 경우 국제사법에서 말하는 선적국의 결정이 문제 될 수 있다. 그러나 국제선박등록의 특징은 별도의 새로운 선적을 창설하는 것이 아니라 기존 선적은 그대로 유지한 채 이에 추가하여 국제선박으로 등록하는 추가등록제도라고 하는데,[18]

적으로 보고, 선박과 관련된 법률관계와 가장 밀접한 관련이 있는 법은 한국 상법이라고 할 것이므로, 구 국제사법 제8조 제1항에 따라 선박우선특권의 성립 및 원고의 선박우선특권과 피고의 근저당권의 우선순위는 상법에 따라 판단해야 한다고 판시하였다. 이는 편의치적의 경우 제8조를 근거로 선적국법의 적용을 거부한 획기적 판결이었다. 서영화, "2013년 상법 (보험, 해상) 중요 판례", 인권과 정의 제440호(2014. 3.), 166－167면은 위 판결을 지지한다. 그 후 대법원 2014. 7. 24. 선고 2013다34839 판결은 위 판결의 결론을 승인하였다. 2014년 대법원 판결은 예외조항을 최초로 적용한 대법원 판결로서 획기적이다. 위 판결은 "선원의 임금채권을 근거로 하는 선박우선특권의 성립 여부나 선박우선특권과 선박저당권 사이의 우선순위를 정하는 준거법은 원칙적으로 선적국법이나, 선박이 편의치적이 되어 있어 그 선적만이 선적국과 유일한 관련이 있을 뿐이고, 실질적인 선박소유자나 선박 운영회사의 국적과 주된 영업활동장소, 선박의 주된 항해지와 근거지, 선원들의 국적, 선원들의 근로계약에 적용하기로 한 법률, 선박저당권의 피담보채권을 성립시키는 법률행위가 이루어진 장소 및 그에 대하여 적용되는 법률, 선박경매절차가 진행되는 법원이나 경매절차에 참가한 이해관계인 등은 선적국이 아닌 다른 특정 국가와 밀접한 관련이 있어 앞서 본 법률관계와 가장 밀접한 관련이 있는 다른 국가의 법이 명백히 존재하는 경우에는 다른 국가의 법을 준거법으로 보아야 한다"라는 취지로 판시하였다. 이 사건의 결론은 정당할 수도 있으나 그 결론이 편의치적에 관한 기존 대법원판결들과 정합성이 없고, 예외조항은 엄격한 요건하에 예외적으로만 적용됨을 밝히지 않은 점과 예외조항에 의하여 적용되는 한국법이 규율하는 사항의 범위를 명확히 하지 않은 점 등 여러모로 아쉬움이 있다. 예외조항은 준거법 결정과정에서 불확실성을 도입하는 것이 사실이나, 이는 구 국제사법 제8조의 도입 시 예상된 것으로 최밀접관련국법을 적용한다는 국제사법의 대원칙을 관철하기 위한 것으로 부득이하다. 다만 위 대법원 판결의 결론은 편의치적에 일반화할 수 있는 것은 아니다. 제21조 제1항의 예외적 성격을 충분히 고려하여 엄격한 요건하에서만 예외를 허용해야 한다. 비판적인 평석은 석광현, 편의치적, 139면 이하 참조.
17) 이에 관하여는 총론(제2장 제6절)의 논의 참조.
18) 김현, "1998년도 해상판례의 동향", 서울지방변호사회 변호사 — 회원연구논문집 —(2000), 94－95면.

그렇다면 국제사법을 적용함에 있어서는 원칙적으로 기존 선적을 기준으로 판단
하여야 할 것이다.

(2) 선박에 관한 물권(제1호, 제2호)

구 국제사법(제60조)은 선박에 관한 물권을 규정한 섭외사법 제1호 – 제4호를
'선박의 소유권 및 저당권, 선박우선특권 그 밖의 선박에 관한 물권(제1호)'과 '선
박에 관한 담보물권의 우선순위(제2호)'로 수정하였다. 국제사법(제94조)은 이를 유
지한다.

구체적으로 섭외사법은 선박소유권의 이전에 관한 공시의 방법(제1호), 선박
이 양도된 경우에 선박소유자의 채권자로서 추급권 있는 자와 없는 자(제2호), 선
박을 저당할 수 있는 여부와 해상에서 저당하는 경우의 공시방법(제3호)과 해상우
선특권에 의하여 담보될 채권의 종류와 선박에 대한 우선특권의 순위(제4호)를 구
분하여 규정하였다. 이는 선박에 대한 물권과 관련된 논점 중 일부만을 규정한 것
이었는데, 솔직히 예컨대 "선박소유권" 및 "선박저당권" 일반에 관하여 규정하는
대신 선박소유권의 이전에 관한 공시의 방법과 선박저당의 설정 가능 여부 및 공
시방법만을 규정하는 이유를 이해할 수 없었다.

따라서 구 국제사법에서는 선박에 관한 물권 일반에 관하여 규정하였다. 특
히 연구반초안(제64조)은 제1안, 제2안 및 제3안이 모두 "선박에 대한 물권"이라
고 매우 단순하게 규정하는 방법을 취하였다. 그러나 위원회의 논의과정에서 이
는 너무 단순하고 오히려 혼란을 초래할 가능성마저 있으므로 친절하게 "1. 선박
의 소유권 및 저당권, 선박우선특권 그 밖의 선박에 관한 물권"과 "2. 선박에 관
한 담보물권의 우선순위"를 제1호와 제2호로 규정하기로 하였다. 논리적으로는
"담보물권의 우선순위"는 "선박에 관한 물권"에 포함되는 사항이라고 할 수 있으
나, 보다 명확히 하기 위하여 이를 별도로 명시하였다.

개정연구반의 논의 과정에서 선박에 관한 소유권, 저당권 등 물권의 준거법
을 선적국법으로 하는 것에 대해서는 이견이 없었으나, 해상에 특유한 제도로서
선박우선특권의 준거법을 선적국법으로 할 것인지, 법정지법으로 할 것인지 또는
피담보채권의 준거법에 따를 것인지에 관하여는 견해가 나뉘었다.[19) '선박우선특

---

19) 선박우선특권의 준거법에 관한 종래의 입법례로서는 선박소재지법주의, 법정지법주의, 원인
행위준거법주의(피담보채권준거법주의), 기국법주의 등이 있다. 손주찬, 검토⑭, 102면; 이

권'이라 함은 대체로 법에서 정한 일정한 채권을 가지는 채권자가 선박과 그 부속물 등(예컨대 속구, 그 채권이 생긴 항해의 운임 및 그 선박과 운임에 부수한 채권)에 대하여 다른 채권자보다 우선하여 변제를 받을 수 있는 해상법상의 법정 담보물권을 말한다.[20]

따라서 연구반초안(제64조)은 ① 섭외사법 제44조와 마찬가지로 선적국법에 의하는 견해(제1안), ② 법정지법에 의하도록 하는 견해(제2안)와 ③ 피담보채권의 준거법에 의하되, 담보물권의 순위는 선박의 소재지법에 의하는 견해(제3안)를 제시하였다.[21] 제1안과 제2안의 경우 일의적인 기준이 제시되므로 별 문제가 없으

현균, "선박우선특권 집행상의 법적 문제에 관한 연구", 해법학회 제40권 제2호(2018. 11.), 197면 이하 참조.

20) 이는 대체로 최종현, 194면; 송상현·김현, 184면; 김인현, 517면을 따른 것이다.
21) 연구반초안은 다음 세 개의 안을 제시하였다. 연구반초안해설, 126면 이하를 참조.
"제64조(해상)
[제1안] 해상에 관한 다음 각호의 사항은 선적국법에 의한다.
 1. 선박에 대한 물권
 2. 선장과 해원의 행위에 대한 선박소유자의 책임범위
 3. 선박소유자, 용선자, 선박관리인, 선박운항자 기타 선박사용인이 책임제한을 할 수 있는지 여부 및 그 책임제한의 범위
 4. 공동해손
 5. 선장의 대리권
[제2안] ① 해상에 관한 다음 각호의 사항은 선적국법에 의한다.
 1. 선박에 대한 물권
 2. 선장과 해원의 행위에 대한 선박소유자의 책임범위
 3. 공동해손
 4. 선장의 대리권
 ② 해상에 관한 다음 각호의 사항은 법정지법에 의한다.
 1. 선박우선특권에 의해 담보될 채권의 종류 및 선박에 대한 우선순위
 2. 선박소유자, 용선자, 선박관리인, 선박운항자, 기타 선박사용인이 책임제한을 주장할 수 있는지 여부 및 그 책임제한의 범위
[제3안] ① 해상에 관한 다음 각호의 사항은 선적국법에 의한다.
 1. 선박에 대한 물권
 2. 선장과 해원의 행위에 대한 선박소유자의 책임범위
 3. 선박소유자, 용선자, 선박관리인, 선박운항자 기타 선박사용인이 책임제한을 주장할 수 있는지의 여부 및 그 책임제한의 범위.
 4. 공동해손
 5. 선장의 대리권
 ② 선박에 대한 법정담보물권은 피담보채권의 준거법에 의하고, 담보물권의 순위는 선박의 소재지법에 의한다".

나, 제3안의 경우 피담보채권의 준거법이 구구할 수 있으므로 담보물권의 순위를
정하는 법이 필요하였고 이는 선박에 관한 물권법적 문제가 현실적으로 문제 되
는 장소인 선박소재지법, 즉 법정지법으로 정하였다.[22]

위원회의 논의 결과, 어느 하나의 견해가 전적으로 타당하다고 하기 어려운
점, 제1안이 우리나라에서는 과거 실무상 어느 정도 정착된 것으로 보이는 점, 선
박우선특권을 'maritime lien'이라고 하여 (그의 성립과 효력을) 절차법적 개념으로
이해하는 영국법과는 달리[23] 우리는 이를 실체법적인 개념으로 성질결정하므로

제1안은 섭외사법 제44조를 유지하면서 제1호 - 제4호를 포괄하여 선박에 관한 물권은 선적
국법에 의하도록 단순화하고 그 외 각호의 문안을 정리한 것이다.

제2안은 제1안과 같이 문안을 정리하면서 선박우선특권과 선박소유자의 책임제한은 선적국
법이 아닌 한국법(즉 법정지법)에 의하도록 한 것이다.

제3안은 제1안과 같이 문안을 정리하면서 선박우선특권에 관하여 일률적으로 선적국법 또
는 한국법(법정지법)의 적용을 하지 아니하고 법정담보물권의 준거법에 관한 일반적 원칙규
정에 따라 피담보채권의 준거법에 의하고, 담보물권의 순위는 선박의 소재지법에 의하도록
하였다. 이는 독일 민법시행법(제45조 제2항)의 입장이다. 미국법의 태도는 김영주, 163면
이하 참조. 정해덕, 선박집행, 132 - 133면은 개정안 제2안에 따라 법정지법을 준거법으로
하자는 견해를 취하였다.

22) 선박우선특권의 준거법에 관한 일본의 학설은 谷川 久, "船舶先取特權", 涉外判例百選 (第3
版), 別冊ジュリスト No. 133(1995), 68 - 69면; 서헌제, "선박우선특권과 선박저당권에 관한
CMI설문서에 대한 문답", 私法硏究 1: 계약법의 특수문제(1983), 219면 이하; 김영주, 193면
이하 참조. 매우 이례적인 것은, 섭외사법 제44조 제4호가 "해상우선특권에 의하여 담보될
채권의 종류와 선박에 대한 우선특권의 순위"에 관하여 명시적인 규정을 두었음에도 불구하
고, 서헌제 교수는 선적국법과 피담보채권을 누적적용할 것이라는 견해를 취하는 점이다. 이
는 아마도 일본의 유력설이 법정담보물권의 준거법에 관하여 피담보채권의 준거법과 목적물
소재지법을 누적적용하는 점에 의해 영향을 받은 때문이라고 짐작되나, 직접적이고 명시적인
섭외사법의 규정을 무시할 것은 아니었다. 근자의 문헌은 이태종, "선박우선특권의 준거법
결정에 관한 국제사법 제60조 제1, 2호에 대한 비판적 검토", 사법논집 제38집(2004), 142면
이하; 楢崎みどり, "船舶先取特權", 國際私法判例百選 제2판(2012), 60 - 61면; 일본 주석국제
사법 제1권/增田史子, 605면 이하 참조. 최고재판소 판결은 없으나 하급심판결은 나뉘고 있
다. 법적용통칙법의 성안과정에서의 논의에서는 선박의 현실의 소재지법이 상당수의 지지를
받았으나 의견이 일치되지는 않았다고 한다. 위 楢崎みどり, 57면.

23) 영국법상 maritime lien은 절차적 법개념으로 파악되며 법정지법에 따른다. Staudinger/Stoll
(1996), Int SachenR, Rn 330; 정해덕, 토론자료, 5면. 1974년 영국 추밀원의 The Halcyon
Isle 판결에서 선박우선특권과 선박저당권의 우선순위가 법정지법인 영국법에 따를 사항이
라는 점에 대해서는 이견이 없었으나, 다수의견은 미국법에 의하여 규율되는 계약상 발생한
피담보채권을 위한 선박우선특권의 발생 여부에 대해 영국법을 적용하여 선박우선특권의 발
생을 부정하고 선박저당권을 가진 영국은행의 우위를 인정하였다. [1981] A.C. 221 참조. 이
는 선박우선특권은 구제수단(remedy)으로서 대물적인 제정법상의 권리(a statutory right in
rem)로서 절차적 성질을 가진다고 보기 때문이라는 것인데, 이는 영국 해상법상 선박에 대

제2안은 설득력이 약하다는 점24)과, 제3안을 취할 경우 피담보채권의 준거법 소속국이 인정하고 있는 선박우선특권이 소재지법에서 인정되지 아니할 경우 순위를 정할 수 없는 어려움이 있다는 점 등을 고려하여 구 국제사법에서는 결국 제1안을 채택하였다.

제1안은 선박 물권관계를 하나의 법에 연결하는 점에서 선박에 관한 각종 물권의 발생, 효력 및 우선순위 등을 통일된 원칙하에 규율할 수 있다는 장점이 있다.25) 그러나 법정담보물권인 선박우선특권은 피담보채권의 변제를 확실하게 하기 위해 법이 인정하는 것이라는 점에서 피담보채권의 준거법을 무시하는 것은 비판의 여지가 있다.

독일에서는 선박우선특권은 피담보채권의 준거법에 의한다는 견해가 유력하였고 1999년 개정 시 입법적으로 채택되었다(민법시행법 제45조 제2항).26) 이는 선

한 압류·경매는 선박소유자에 대한 대인소송절차 또는 선박 자체를 피고로 하는 대물소송절차에 의하여 실행할 수 있는 데 반하여, 선박우선특권은 대물소송절차를 수행하는 해사법원에 의해서만 집행될 수 있다는 점에 근거한 것으로 보인다. William Tetley, International Conflict of Laws: Common, Civil and Maritime (1994), p. 570 이하 참조. 만일 선박우선특권의 발생에 대해 미국법을 적용하였더라면 그 발생을 인정할 수 있었고 우선순위는 영국법에 따라 선박 수리인들이 가질 수 있었던바, 소수의견은 이런 견해를 취하여 선박 수리인들의 우선순위를 인정하였다. Paul Torremans (ed.), Cheshire, North & Fawcett Private International Law, Fifteenth Edition (2017), p. 89 이하는 위 추밀원 판결에 대하여 실체의 문제인 선박우선특권의 성립 및 유효성과, 법정지법에 따라야 할 저당권과 선박우선특권의 우선순위를 구별하지 못한 것이라고 비판하면서 소수의견을 지지한다. 선박우선특권에 관한 미국법과 일본법의 소개는 김영주, 163면 이하, 195면 이하 각 참조. 참고로 일본 주석국제사법 제1권/增田史子, 626면 註 175는 영미에서는 실체적인 권리의 제한과 절차문제에 속하는 책임액의 제한을 구별하여 전자는 기국법, 후자는 법정지법에 의한다고 설명한다.
24) 어떤 쟁점이 실체인가 절차인가는 성질결정의 문제이다. 이는 법정지법인 우리 법으로부터 출발할 사항이므로 영미법의 성질결정과 다를 수 있다. 우리 법상은 선박우선특권은 법정담보물권으로서 실체법상의 권리로 본다. 기타 소멸시효, 상계 및 손해배상액의 산정 등은 영미에서와 달리 우리 법상으로는 모두 실체의 문제로 성질결정된다. 그 밖에도 사기방지법, 구두증거배제의 법칙, 특정이행(specific performance)의 허용 여부 등의 성질결정도 문제 된다. 개관은 제2장 제3절; 최공웅, 187면 이하; 석광현, 국제매매법, 70면, 80면, 118면 참조.
25) 그 밖에도 선박우선특권의 경우 선박이 주가 되므로 이는 당해 선박의 기국법에 의하는 것이 합리적이라고 한다. 손주찬, 검토⑭, 104면. 나아가 손주찬 교수는 공해상에서 선박충돌과 같이 선적국법을 정할 수 없는 경우에는 법정지법을 준거법으로 정할 것이라고 한다. 그러나 그 경우에도 구 국제사법 제61조(국제사법 제95조) 제2항에 따라 가해선박의 선적국법에 따른다면 선적국법을 정할 수 없는 것은 아니다.
26) 조문은 아래와 같다. 이는 성립의 준거법과 순위의 준거법을 구분한다.
"(2) 이러한 운송수단에 대한 법정담보권의 성립은 담보될 채권에 적용되는 법에 의한다.

적국법에 비하여 첫째, 기국 또는 선적국이 변경되더라도 준거법은 변경되지 않고, 둘째, 실질법적으로 인정된 담보권의 부종성의 원칙을 실현하며, 셋째, 각 채권자가 기초가 되는 채권관계와 그의 준거법에 기하여 담보권의 존부를 확인할 수 있다는 장점이 있다.[27]

이와 같이 선박우선특권의 준거법이 선적국법이 되더라도 한국에서 그의 집행이 문제 되는 경우 그 절차는 법정지법인 한국법에 따른다. 이는 국제사법 내지는 국제민사절차법상 '절차는 법정지법에 따른다'는 법정지법 원칙이 확립되어 있기 때문이다.[28] 그 밖에도 치환의 법리가 적용된다.[29]

다수의 담보권의 순위에 대하여는 제43조 제1항이 적용된다".

27) Abbo Junker, IPR – Reform 1999: Auswirkungen auf die Unternehmenspraxis, RIW 46 (2000), S. 254. 이러한 입장에 대해 피담보채권의 준거법에 의하면 선박우선특권이 인정되는 경우에도 당해 선박의 기국법에 의하면 이를 부인하는 경우에는 제3자에 대한 물권적 효력을 인정할 수 없게 된다는 문제가 있다고 하고, 그 근거로서 선박우선특권을 물권으로 보는 한 원인행위의 준거법과는 분리하여 우선특권 자체의 준거법을 정하여야 한다고 하는 것이 국제사법상의 원칙으로 되어 있다고 한다. 손주찬, 검토⑯, 103면. 이는 아마도 법정담보물권 일반의 준거법에 관한 원칙에 따라 그렇다는 것으로 이해되나, 법정담보물권 일반의 준거법에 대해 그러한 입장을 취하지 않는다면 후자는 근거가 없다. 나아가 피담보채권의 준거법에 의한다고 하여 위의 사례에서 물권적 효력이 부인되어야 할 이유는 없다.

28) 대법원 1994. 6. 28.자 93마1474 결정은 "섭외사법 제44조 제4호에 따라 해상우선특권에 의하여 담보된 채권의 종류와 특권의 순위는 선적국법에 의해 결정할 것이지만, 그러한 해상우선특권이 우리나라에서 실행되는 경우에는 그 실행방법은 우리나라의 절차법에 의하여 규율되어야 한다. … 채권자가 위 나라의 해상우선특권(선박우선특권)에 기하여 채무명의 없이도 압류할 수 있는지의 여부는 우리나라의 법률에 의하여 결정해야 한다"라고 판시함으로써 담보권의 실행방법이 절차의 문제임을 분명히 하였다. 선박경매에 관하여는 정병석, "선박경매와 관련된 제문제", 인권과 정의 통권 제196호(1992. 12.), 66면 이하; 정해덕, 선박집행 참조. 다만 대법원 2011. 10. 13. 선고 2009다96625 판결은 선박우선특권의 성립 여부는 선적국법에 의한다고 하면서도 선박우선특권이 한국에서 실행되는 경우에 그 실행기간도 한국의 절차법에 의하여야 한다고 판시하고, 원심이 준거법이 외국법인 선박우선특권의 제척기간을 규정한 우리 상법 제786조를 적용한 것은 정당하다고 판시하였다. 그러나 선박우선특권의 실행기간, 즉 제척기간은 실체의 문제이므로 이는 부당하다. 최종현, 216면 註 93; "박성원, "외국선박을 대상으로 하는 선박우선특권 행사의 실행 기간 – 대법원 2011. 10. 13. 선고 2009다96625 판결 – ", 한국해법학회지 제35권 제2호(2013. 11.), 73면도 동지. 정확히 말하자면 실행방법 중에서도 한국 법원에서 하는 경매신청의 방법, 경매신청의 절차법적 효력과 그 효력이 발생하는 시기, 경매절차 중의 지연으로 인한 효과와 불복방법과 불복의 해태로 인한 효과 등은 절차의 문제로서 한국법에 따를 사항이다. 상세는 석광현, "외국선박에 대한 선박우선특권의 제척기간과 행사방법의 성질결정과 준거법", 국제사법연구 제25권 제2호(2019. 12.), 366면 이하 참조.

29) 이에 관하여는 총칙과 제33조에 관한 해설에서 논의하였다.

제1호는 선박에 대한 물권 전반에 대해 규정하는데, 그것이 선박우선특권이 외에 선박유치권과 같은 법정담보물권에도 적용되는지는 논란의 여지가 있으나 유력설은 이를 긍정한다.[30] 근자에도 입법론으로 법정지법을 적용하자는 견해가 있으나[31] 이는 법정지 쇼핑을 조장한다는 문제점이 있다. 참고로 중국의 해상법 (제272조)은 법정지법을 적용한다. 이와 관련하여 국제적으로는 1993년 "선박우선 특권 및 저당권에 관한 국제협약(International Convention on Maritime Liens and Mortgages)"에 의해 어느 정도 국제규범이 통일적으로 해결되고 있는데, 우리도 가입을 신중히 검토해야 할 것이다.[32]

종래 논란이 있는 문제는 경매에 의한 선박의 물권변동도 선적국법에 따르는 가이다. 부산지방법원 2008. 4. 30. 선고 2007가합4762 판결은 외국국적인 선박에 대하여 한국에서 경매절차가 진행되는 경우 그 집행절차는 우리 민사집행법의 규 정에 따르지만, 그 집행절차에 따른 소유권의 취득은 절차법이 아닌 실체법적 영 역이므로 선적국법인 외국의 법률에 따른다고 판시한 바 있다. 이 사건은 미등기 선박에 대한 소유권 취득이 다투어진 점에서 까다로운 문제를 포함하고 있으 나,[33] 위와 같은 추상적 법률론은 다소 의문이다. 우리 국제사법이 선박의 물권에 관하여 선적지법을 준거법으로 지정하기는 하지만(구 국제사법 제60조 제1호), 일반 적으로 경매에 의한 물권변동은 법률에 의한 물권변동의 경우로서 법률행위에 의

---

30) 김인유, "선박유치권에 관한 연구", 한국해법학회지 제35권 제1호(2013. 4.), 161면; 최성수, "외국선박 집행의 준거법에 관한 고찰", 고려법학 제71호(2013. 12.), 84면. 후자는 국제사법 제60조 제1호의 문리해석상 그렇게 보지만, 선박유치권은 해상에 고유한 해상법상의 특수한 담보제도가 아니기 때문에 과거와 같이 피담보채권과 목적물 소재지법을 누적적용할 여지가 있음을 인정한다.

31) 서동희, 405면.

32) 위 협약에 관하여는 우선 정완용, "1993년 선박우선특권·저당권조약의 성립과 우리 상법상 선박담보제도", 한국해법회지 제15권 제1호(1993), 127면 이하; 김현, "1993년 선박우선특권 및 저당권조약", 법조 통권 제478호(1996. 7.), 193면 이하 참조.

33) 원고는 한국의 임의경매절차에서 매각허가결정을 받아 낙찰대금을 완납하였으므로 민사집 행법에 따라 위 선박의 적법한 소유권을 취득하였다고 주장하였으나 법원은 선적국법인 러 시아연방 상선법 제33조는 선박에 대한 소유권은 선박등기부의 기재에 따라서만 증명될 수 있다고 규정하므로 문제 된 선박의 소유권은 러시아연방 선박등기부에 소유권자로 기재되 어 있는 피고에게 있다고 판단하였다. 법원은 나아가 한국법에 의하더라도 원고는 그 소유 권의 취득으로 제3자인 피고에게 대항할 수 없다고 판시하였다. 위 사건의 소개는 현낙희, "선박경매의 국제적 효력에 관한 소고―각국의 사례 및 선박경매에 관한 베이징협약의 메커 니즘을 중심으로―", 비교사법 제30권 제2호(통권 제101호)(2023. 5.), 231면 이하 참조.

한 물권변동과는 달리 취급되는 점을 고려한다면 경매에 따른 실체법상의 효력은 경매지법에 따른다고 볼 여지가 있기 때문이다. 이처럼 경매에 의한 물권변동은 한편으로는 준거법의 문제이고, 다른 한편으로는 외국법원의 재판의 승인이라는 요소를 포함하는 것이기도 하다.[34] 그러나 비송사건이더라도 법원 재판이 개입하는 경우에는 준거법 경로가 아니라 (절차적) 승인 경로를 통하는 것이 타당하다고 볼 여지가 있다. 더욱이 외국법에 따른 선박우선특권은 우리 국제사법이 지정하는 준거법에 의한 것이 아니면 한국에서는 인정되지 않으므로 준거법 경로를 따르면 그에 기한 처분은 효력이 부정될 가능성도 있다.

이런 논란을 해소하려는 국제적 노력의 결과 2022년 UN의 "선박경매의 국제적 효력에 관한 협약(Convention on the International Effects of Judicial Sales of Ships)"이 채택되었다. 더 검토할 필요가 있으나, 이는 외국법원의 경매재판의 승인이나 준거법 지정을 통하는 대신 어느 체약국에서 경매에 의하여 발생한 법상태(또는 법률효과)를 승인하는 접근방법을 택한 것으로 보인다.[35]

(3) 선박소유자의 책임범위(제3호)

제3호는 섭외사법 제44조 제5호를 존치시킨 것이나 이는 삭제되어야 할 것이다. 선박소유자 등의 총체적 책임제한에 관하여는 아래 제4호가 규정하고 있으므로 그와 별도로 규정할 필요가 없고, 해상운송인의 개별적 책임제한은 그 성질에 따라 운송계약의 준거법 또는 불법행위의 준거법에 따라 판단할 문제이기 때문이

---

34) 선박의 경매에 관하여 과거 Münchkomm/Kreuzer, 3. Auflage (1998), Nach Art. 38 Anh. I Rn. 157; Staudinger/Stoll (1996), Int SachenR Rz. 394는 통설을 따라 법정지법설을 취하였으나 일부 학자들은 소재지법설(결과는 동일), 다른 일부 학자들은 본국법(Heimatstatut)설을 취하였다.

35) 협약의 소개는 송유림, "『선박경매의 국제적 효력에 관한 협약』에 대한 연구 - 선박경매의 승인 및 선박집행실무에 미치는 영향을 중심으로", 저스티스 통권 제194-1호(정기호)(2023. 2.), 112면 이하; 한국해법학회, 「선박경매의 국제적 효력에 관한 UN협약(선박경매에 관한 베이징협약) 연구」 최종보고서(2023. 4.); 권창영, "선박경매에 관한 베이징협약 연구 Ⅰ - 협약의 적용범위와 경매통고를 중심으로", 민사집행법연구 통권 제19권 제1호(2023. 2.), 113면 이하; 현낙희(註 33), 223면 이하 참조. 과거 외국에서의 선박경매에 관한 우리 문헌은 김인유, "외국에서 실행된 선박경매의 승인에 관한 연구-베이징 초안을 중심으로-", 한국해법학회지 제35권 제2호(2013. 11.), 217면 이하; 서동희, "외국에서의 선박공매에 대한 승인", 한국해법학회지 제36권 제1호(2014. 3.), 281면 이하; 김인유, "외국에서의 선박의 재판상 매매 및 그 승인에 관한 국제협약(안)", 동아대 國際去來와 法 제16권(2016), 69면 이하 참조.

다. 이 규정은 해상에서의 법률행위 채권에 관한 예외규정으로서 특히 당사자자
치에 의한 준거법선택을 제한하고 선적국법을 적용하도록 한 취지라는 견해36)도
있으나 설득력은 없다.

(4) 선박소유자의 책임제한(제4호)

　해상운송기업을 보호하기 위한 제도로서 개별적인 운송계약에서의 포장단위
당 배상책임제한인 '개별적 책임제한(package limitation)'과, 해상사고가 발생하는
경우 어떤 사고에 대한 선박소유자의 모든 책임을 제한하는 '총체적 책임제한
(global limitation)'이 국제적으로 널리 인정되고 있다.37) 우리 상법도 전자에 관하
여는 제797조(책임의 한도) 이하에서 규율하고, 후자에 관하여는 1976년 런던
"해사채권에 대한 책임제한조약(Convention on Limitation of Liability for Maritime
Claims. LLMC)"(흔히 "해사채권책임제한조약"이라 한다)을 대폭 수용하여 제769조(선
박소유자의 유한책임) 이하에서 규율하고 있다. 우리나라는 선주책임제한을 구체
적으로 실행하기 위한 절차적인 측면을 규율하기 위하여 1991년 "선박소유자 등
의 책임제한 절차에 관한 법률"(이하 "선주책임제한절차법"이라 한다)을 제정하였다.
또한 우리나라는 유류오염사고로 인한 손해배상에 대한 총체적 책임제한에 관하
여는 1992년 "유류오염손해에 대한 민사책임에 관한 국제협약" 및 1992년 "유류
오염손해보상을 위한 국제기금의 설치에 관한 국제협약"에 가입하였고 이를 시행
하기 위하여 유류오염손해배상보장법을 제정하였다.

　섭외사법(제6호)에 의하면 "선박소유자가 선박과 운임을 위부하여 책임을 면
할 수 있는 여부"는 선적국법에 의할 사항인데, 제6호가 문언대로 선박소유자가
선박위부에 의하여 책임을 면할 수 있는 여부에만 적용되는지, 아니면 보다 널리
선박소유자의 책임제한 전반에 적용되는지에 관하여 과거 의문이 있었다.

　(가) 섭외사법하에서의 판례의 입장과 그에 대한 비판　　　1993년 상법 개정 전
의 사안에서 대법원 1994. 1. 28. 선고 93다18167 판결은 섭외사법 제6호는 위부
에 관한 조항이므로 선박소유자의 책임제한까지 아울러 규정한 것이라고는 볼 수
없고, 그러한 사항은 제5호에 의하여 규율될 것이나, 제5호는 불법행위에 관하여
는 적용이 없으므로 결국 금액 한도에 의한 선박소유자의 책임제한은 불법행위에

---

36) 윤종진, 530면.
37) 송상현·김현, 105면.

관한 일반조항인 제13조에 따라 우리 법에 의할 것이라고 판시하였다.[38][39]

그러나 대법원판결의 결론은 많은 비판을 받았다. 즉 섭외사법 제6호가 "위부"를 언급하고 있으나, 제6호는 섭외사법이 선박소유자의 책임제한에 관하여 위부주의를 채택하고 있던 의용상법 시행 당시에 제정된 것이므로 병용주의로 전환한 상법하에서는 제6호를 일반적으로 선박소유자 등의 총체적 책임제한에 관한 준거법에 관한 조항으로 이해하여야 하고, 또한 종래 업계와 실무계에서도 그와 같이 이해하고 있었음에도 불구하고, 대법원판결은 구체적 사건의 형평만을 고려하여[40] 선박소유자 등의 총체적 책임제한제도의 본질에 어긋나고 세계적으로 입법례나 학설에 없는 결론을 도출했다는 것이다.[41] 나아가 만일 그렇지 않다면 제44조는 선적국법에 의할 사항을 예시적으로 열거하고 있는 것이므로 선박소유자의 불법행위로 인한 책임의 제한도 선적국법에 의할 것이라거나, "선장과 해원의 행위에 대한 선박소유자의 책임범위"를 정한 섭외사법 제5호를 선주책임제한의 준거법으로 볼 수 있다는 견해도 주장되었다.

---

38) 판시는 다음과 같다. 즉 "소론은, 섭외사법 제44조 제5호에 의하면 선장과 해원의 행위에 대한 선박소유자의 책임범위는 선적국법에 의한다고 규정하고 있으므로, 이 사건의 준거법은 선적국법인 사이프러스국법이 되어야 한다는 것이나, 위 조항이 민법상의 불법행위를 원인으로 한 손해배상청구의 경우까지도 섭외사법 제13조를 배제하고 선적국법을 준거법으로 하라는 취지라고 볼 수는 없다(당원 1983. 3. 22. 선고 82다카1533 전원합의체 판결 참조). 그리고 섭외사법 제44조 제6호는 선박소유자가 선박과 운임을 위부하여 책임을 면할 수 있는 여부에 관하여는 선적국법에 의한다고 규정하고 있는데, 이는 그 문언 자체로 선박소유자의 위부에 관한 사항만을 규정하고 있는 것임이 명백하므로, 소론과 같이 섭외사법이 선박소유자의 책임제한에 관하여 위부주의를 채택하고 있던 의용상법 시행 당시에 제정된 것이라는 이유만으로 위 조항이 금액 한도에 의한 선박소유자의 책임제한까지 아울러 규정한 것이라고는 볼 수 없어(그러한 사항은 동조 제5호에 의하여 규율되어야 할 것이다), 위 조항은 피고가 금액 한도에 의한 선박소유자의 책임제한을 주장하고 있는 이 사건에 있어서는 처음부터 적용될 여지가 없는 것이다".

39) 위 판결에 대한 평석은 최종현, "선박소유자 등의 총체적 책임제한에 관한 준거법", 여송 최기원교수 화갑·서울대학교 재직30년기념 상사판례연구 제Ⅱ권(1996), 350면 이하 참조.

40) 위 사안에서 문제 된 선박은 사이프러스 국적의 선박으로 사이프러스법상의 책임제한액이 톤당 영국화 8파운드에 불과하였기 때문에 이를 적용하는 것은 심히 부당하다는 현실적인 고려가 있었을 것으로 추측하기도 한다. 정병석, "海商法上 몇 가지 問題에 대한 判例의 動向", 민사판례연구 제20집(1998), 655면. 위 판결 이후의 변화로서 주목할 것은 우리 상법도 1976년 선주책임제한조약의 내용을 대폭 수용하였고, 불법행위로 인한 손해배상청구에도 선주책임제한을 적용하도록 개정되었다는 점이다(상법 제746조).

41) 최종현(註 39), 361면; 서동희, 71면.

(나) 국제사법과 구 국제사법의 입장   이처럼 위 대법원판결은 해상사건을 주로 취급하는 변호사들에 의해 강력한 비판을 받았는데, 이를 고려하여 국제사법에서는 선적국법이 총체적 책임제한의 준거법이 됨을 명확히 규정하기로 하였다. 이를 위하여 선박소유자의 총체적 책임제한에 관하여는 연구반초안은 ① 섭외사법 제44조와 마찬가지로 선적국법에 의하는 견해(제1안 및 제3안)와 ② 법정지법에 의하도록 하는 견해(제2안)를 제시하였던바, 국제사법은 전자를 택하였다. 즉, 구 국제사법(제4호)은 "선박소유자·용선자·선박관리인·선박운항자 그 밖의 선박사용인이 책임제한을 주장할 수 있는지 여부 및 그 책임제한의 범위"를 선적국법에 의하도록 명시하였고, 국제사법은 이를 문언만 수정하였다.

생각건대 국제사법 제4호 뒤에 아래 단서를 넣는 것을 고려할 수도 있다. "단, 책임제한기금의 설정, 배분과 그에 관한 절차는 그 절차가 개시된 국가의 법에 의한다." 그러나 그러한 조항이 없더라도 결론은 마찬가지일 것이다.

선주책임제한의 준거법이 책임의 발생원인에 관한 준거법과 같은지 여부에 따라 전통적으로 동칙주의와 이칙주의가 대립하는데, 국제사법은 이칙주의를 취한 것이다.[42] 다만 이는 해상운송인의 개별적 책임제한은 그 성질에 따라 운송계약의 준거법 또는 불법행위의 준거법에 따라 판단할 문제이고 따라서 제3호는 삭

---

[42] 외국의 입장은 정병석, 국제사법적 고려, 184면 이하; William Tetley, International Conflict of Laws: Common, Civil and Maritime (1994), p. 505 이하; 김현, "선박소유자 책임제한제도에 있어서의 준거법", 한국해법회지 제10권 제1호(1988), 222면 이하; 정영석, "선박소유자의 책임제한에 있어서 준거법의 결정", 한국해법회지 제15권 제1호(1993), 256면 이하 참조. 선박소유자의 총체적 책임제한에 관하여 미국의 판례는 법정지법을 적용하는 판결과, 외국의 책임제한법이 실체법인지 절차법인지에 따라 전자의 경우에는 당해 외국법에 따른 책임제한액을 적용하고, 반면에 절차법인 경우에는 미국법상의 책임제한액을 적용하는 판결이 나뉘어 있다. 한편 당해 외국법국에 실체법·절차법의 구별이 없는 경우에는 외국법이 절차법인가 실체법인가 여부는 미국법의 개념에 따른 실체법·절차법 구별에 따른다고 한다. 서동희, 67-68면. 이러한 전제에 선 미국 법원의 판단을 돕기 위하여 우리나라에서 선주책임제한절차법이 제정되기 전 과거 우리의 실무가와 학자들은 우리 법상의 책임제한절차가 실체법의 문제인지, 절차법의 문제인지에 관한 의견을 피력한 바 있다. 민병국, "선주책임제한제도에 관한 섭외사법적 고찰", 현대 비교법의 제문제(1987), 43면 이하 참조. 과거 선주책임제한절차법이 제정되기 전에는 책임제한은 항변으로 할 수 있었고 따라서 이는 실체법상의 문제로 이해할 수 있었다. 그러나 선주책임제한절차법이 제정된 이제는 이는 항변으로 제출할 수 없고 반드시 책임제한절차를 통하여서만 주장할 수 있게 되었으므로 절차의 문제로 볼 가능성이 상대적으로 커졌다. 참고로 제한채권과 비제한채권의 준거법을 동일한 법에 의하도록 하는지 여부에 따라 동칙주의와 이칙주의로 구분하는 설명도 있다. 일본 주석 국제사법 제1권/增田史子, 626면.

제되어야 함을 전제로 한다.[43]

선박소유자의 총체적 책임제한에 관한 입법론으로 법정지법을 적용하자는 견해가 있으나[44] 이는 법정지 쇼핑을 조장한다는 문제점이 있다. 참고로 중국의 해상법(제275조)은 법정지법을 적용한다.

참고로, 수산업협동조합중앙회는 선박소유자의 책임제한(총체적 책임제한)과 범위를 선적국법에 의하도록 규정한 구 국제사법 제60조(국제사법 제94조) 제4호는 재산권과 평등권을 침해한다며 헌법소원이 제기된 바 있었는데, 헌법재판소는 2009. 5. 28. 선고 2007헌바98 전원재판부 결정에 의하여 재판관 8대 1의 의견으로 합헌결정을 하였다.[45]

(다) 책임제한절차　　　　근자에는 선박충돌과 관련하여 한국과 중국에서 그리고 한국과 일본에서 중복적인 책임제한이 문제 된 사례가 있다. 전자는 "Rickmers Genoa 사건"이고 후자는 "CS Crane" 사건인데, 후자에서는 한국과 일본 양국에서 책임제한절차가 개시되었다. 책임제한절차가 책임제한조약의 당사국과 비당사자국, 그리고 상이한 책임제한조약의 당사국 간에도 병행할 수 있으므로, 우리나라가 책임제한조약에 가입하더라도 책임제한절차의 병행으로 인한 문제가 완전히 해소될 수는 없지만 그래도 상당 부분 해소될 것이다. 우리나라가 1976년 조약과 1996년 개정의정서 중 어느 것에 가입할지에 관하여는 업계와 전문가들의 견해가 나뉘고 있다. 어쨌든 조약 가입에 의하여 해결되지 않는 범위 내에서 복수국가에서 책임제한절차가 병행한다면 제한채권자들의 중복적인 권리행사를 막기는 어려우므로[46] 이 문제의 해결방안을 고민할 필요가 있다.[47] 책임제

---

43) 그러나 정병석, 국제사법 입법론은 이를 언급하지 않는다. 제94조 제3호가 해상운송인이 아니라 선박소유자의 책임범위를 규정하기 때문인 것으로 보인다.

44) 서동희, 405면. 근자의 정병석, 국제사법 입법론, 718면도 같다.

45) 이 사건에서는 우선 제60조 제4호의 '해상'이 선박을 이용한 상행위만을 의미하는 것인지 아니면 선박충돌이나 그로 인한 책임도 포함하는 것인지가 다투어졌다. 다수의견은 이를 긍정하였으나 소수의견은 부정하였다. 다수의견이 타당하나 이는 헌법상의 쟁점으로서는 의미가 없다. 상세는 석광현, 해사국제사법, 134면 이하; 석광현, 제6권, 253면 이하 참조. 평석은 채대원, "책임제한의 준거법을 선적국법으로 정하고 있는 국제사법 제60조 제4호의 위헌 여부를 판시한 헌법재판소 2009. 5. 28. 선고 2007 헌바98결정에 대한 소고", 부산판례연구회 창립 30주년 기념: 해사법의 제문제(부산판례연구회. 2018), 463면 이하도 참조.

46) 부산고등법원 2011. 11. 10. 선고 2010나6789, 6796 판결과 학설도 같다. 정병석, 관할 및 책임제한, 204면; 최종현, 189면; 정완용, "국제해사조약의 국내법상 수용방안에 관한 고찰", 한국해법학회지 제33권 제2호(2011. 11.), 60 – 61면도 참조.

한절차의 병행 시 ① 제한채권자들 간의 공평한 배당과, ② 관리인 간의 공조와 관련하여 국제도산(특히 회생절차)에 관한 법리를 참고할 여지가 있을 것이다.

여기에서는 우리 선주책임제한절차법에 따른 절차, 즉 실질법 논점에 대하여는 논의하지 않으나 동법에 따른 책임제한절차는 책임제한의 준거법에 관계없이 적용됨은 물론이다.

(5) 공동해손(제5호)

국제사법은 공동해손(general average)과 관련된 섭외사법 제44조 제7호 및 제8호를 '공동해손(제5호)'으로 통합하여 규정한다. 우리 상법상 공동해손이란 선장이 선박 또는 적하의 공동위험을 면하기 위해서 선박 또는 적하에 관하여 한 처분에 의하여 생긴 손해와 비용을 의미한다(제832조).

공동해손에 관한 국제적인 규범으로는 국제해법회(*Comité Maritime International.* CMI. '만국해법회'라고도 한다)의 주도하에 1994년 성립한 "요크안트워프규칙(York – Antwerp Rules)"이 있었는데, 2004년 6월 밴쿠버에서 열린 38차 국제 해사 위원회의 회의 직후, 동 회에서 논의된 내용을 바탕으로 국제해사위원회는 2004년 규칙을 발표하였고[48] 최근 것은 2016년 개정판이나 종래 우리나라의 실무로는 1994년 규칙을 사용하는 경향이 있다고 한다.

이는 조약은 아니지만 모든 선하증권과 용선계약은 공동해손을 요크안트워프규칙에 따라 처리한다는 약관을 두기 때문에 사실상 공동해손에 관한 규범의 국제적인 통일이 이루어지게 되었다고 할 수 있다. 따라서 공동해손에 관한 국제사법 규칙의 실익은 그렇게 큰 것은 아니라고 생각된다.[49]

공동해손의 준거법에 관하여는 법정지법주의, 발항지법주의, 항해종료지법주의, 정산지법주의, 양육지법주의, 선적국법주의(또는 기국법주의)와 절충주의 등이 있고[50] 독일에서는 당사자가 준거법을 지정하지 않은 경우 선적국법에 의할 사항

---

47) 상세는 김창준, "중복적 책임제한절차의 법률관계", 한국해법학회지 제35권 제1호(2013. 4.), 53면 이하 참조.

48) 주요 개정내용은 해난구조료를 공동해손 인정액에서 배제하고, 선박이 피난항에 체류하고 있는 동안 선장, 선원의 임금과 생활비를 공동해손 인정액에서 배제하였으며, 규칙에서 손해에 대한 이자율을 고정하는 대신 국제해사위원회가 매년 이자율을 정하여 발표하도록 하는 것 등이다. 김재환, "공동해손의 제문제", 2015년 5월 27일 개최된 국제사법학회 제120회 정기연구회 발표자료, 7면 참조.

49) 정해덕, 토론자료, 8면; 손주찬, 검토㉑, 137면 註 24도 참조.

과 정산지의 법에 의할 사항을 구분하는 견해가 유력한데,51) 섭외사법은 이런 구분 없이 공동해손 전체에 대하여 선적국법주의를 취하였고 구 국제사법과 국제사법도 이를 유지한 것이다.52)

공동해손은 국제사법적으로는 부당이득의 한 유형으로 성질결정되므로53) 제94조가 달리 정하지 않는 한 부당이득에 관한 원칙이 적용된다. 즉, 당사자들은 공동해손의 발생 후 준거법을 합의할 수 있다.54) 연구반초안(제67조)은 준거법의 사후적 합의를 명문으로 규정하고 있었으나, 이를 두지 않더라도 동일한 결과가 될 것이라는 이유로 이를 삭제하였다.55)

---

50) 손주찬, 검토⑭, 137면. 김용한·조명래, 407면은 도달항지법주의, 양육항지법주의와 선적국법주의를 든다.

51) 예컨대 Heinz Prüßmann/Dieter Rabe, Seehandelsrecht, 4. Auflage (2000), Vor § 700 Rn. 12는 다음과 같이 구분한다. 즉, ① 선장이 처분을 할 수 있는 요건과 정산지의 결정은 선주의 상거소지법(구판에서는 선적국법)에 의하고, ② 공동해손의 성립, 손해의 승인, 공동해손의 분담, 정산절차는 정산지의 법에 의한다고 한다(여기에서 대체하지는 않았지만 위 독일 책은 제5판이 있다). 참고로, 독일 상법 제727조에 의하면 정산지는 목적항, 즉 항해가 종료한 곳이고 우리 상법상 규정은 없으나 해석론도 동일하다. 최종현, 537면. 중국 해상법(제274조)은 공동해손의 정산에 대하여 정산지법을 적용한다.

52) 그러나 선적국법주의에 대해서는 첫째, 하주에 대해 선적국법에 강제로 따르게 하고, 수하인으로 하여금 적하를 인도할 선박의 본국법을 미리 알게 하는 것은 기대하기 어렵고, 둘째, 공동해손처분에 대해 이해관계를 가지는 것은 거의 양륙지의 수하인인데, 수하인들에게는 양륙지의 법에 의하는 것이 가장 편리하고 선주를 위해 선적국법에 의하는 것은 부당하다는 비판이 있다. 山戸嘉一, 海事國際私法論(1943), 310－311면(손주찬, 검토⑭, 138면에서 재인용). 나아가 손주찬, 검토⑭, 138면은 해손처분의 주효가 확정되는 것은 선박과 적하가 항해종료지에 도착한 때이므로 이때에 공동해손이 성립하며, 공동해손에서 배상할 손해액의 산정과 이해관계인의 분담채무액의 산정도 공동위험단체가 분해하는 때, 즉 공동위험단체의 구성분자가 종항지에 도달한 때에 하게 되므로 공동해손을 지배하는 법률은 이 항해가 종료하는 지의 법이라는 이유로 항해종료지법 내지는 선박도달지법을 공동해손의 준거법으로 할 것이라고 한다.

53) 김용한·조명래, 285면. 물론 해상법학자들은 이를 부당이득과 구별되는 해상법상의 독자적인 제도로 본다. 송상현·김현, 502－503면.

54) 1999년 독일 민법시행법의 개정 전에도 독일에서는 이러한 견해가 유력하였다. Prüßman/Rabe(註 51), Vor § 700 Rn. 12.

55) 그러나 이에 대해서는 당사자 간의 이해관계가 대립되므로 사후합의를 기대하기 어려울 것이라는 비판이 있다. 손주찬, 검토⑭, 105면. 나아가 손주찬 교수는 준거법의 사후합의를 허용할 경우 분쟁을 야기시키고 그것을 장기화할 가능성마저 있다고 한다. 그러나 당사자들 간에 합의가 성립하였는지에 관하여 다툼이 발생한다면 그럴 수도 있겠지만, 사후합의가 이루어지기를 기대하기 어렵다는 것과 그로 인해 분쟁이 발생한다는 것은 전혀 별개이다. 사후합의는 의무적인 것이 아니므로 그로 인해 분쟁이 발생할 가능성은 별로 없지 않을까 생

섭외사법(제7호와 제8호)은 공동해손의 준거법이 규율하는 사항으로서 "공동해손으로 이해관계인에게 분담될 수 있는 해손의 성질"과 "공동해손의 경우에 손해를 부담할 재단의 조성"을 규정하고 있으나 이는 예시적인 것으로 해석되었다.[56] 따라서 구 국제사법과 국제사법은 이러한 제한을 두지 않고 '공동해손'이라고만 하여 공동해손 전반에 관하여 규정하는 방식을 취한다.

(6) 선장의 대리권(제6호)

선장의 대리권은 기본적으로 선박소유자의 수권에 의한 임의대리권이나, 대리권의 범위가 법정되어 있다는 점에 특색이 있다. 여기의 선장의 대리권이라 함은 임의대리권과 법정대리권 양자를 의미하는데,[57] 임의대리에 관한 한 제94조 제6호는 법률행위의 임의대리의 준거법을 정한 국제사법 제32조에 대한 특칙이다. 예컨대 우리 상법에 따르면 선장에게 일정한 대리권이 인정되는데(제745조－제751조), 이러한 선장의 대리권은 국가에 따라 상이하므로[58] 선장의 대리권에 관한 준거법을 명시하는 것이 바람직하다고 보아 구 국제사법에서는(따라서 국제사법에서도) 이를 선적국법에 의할 사항으로 명시하였다.[59]

그러나 이에 대하여는 이는 규정할 필요가 없고, 규정하자면 오히려 선장을 고용한 선주의 본점소재지법을 준거법으로 할 것이라는 견해가 있었는데, 그 이유는 선박임대차 또는 나용선의 경우 임차인 또는 나용선자가 선장을 고용하고 지시 감독을 하는데, 선장의 대리권의 준거법이 그와 관계없는 선적국법이 되는 것은 불합리하다는 것이었다.[60] 명문 규정이 없는 독일에서는 선장의 법정대리권에 관

각된다.

56) 김용한·조명래, 407면.
57) 섭외사법 하에서도 이호정, 260면은 이러한 입장을 취하였다.
58) 선장의 대리권에 관한 입법주의에는 선박소유자소재지주의(프랑스), 선장주의(영국), 선적항주의(독일) 등이 있는데, 우리 상법은 선적항주의에 따라 선적항의 내외에 의해 선장의 권한을 다르게 정하고 있다. 김인현, 149면 이하. 다만 여기에서 선적항이 등록항을 말하는지 아니면 영업의 본거항을 말하는지는 논란이 있다. 위 김인현, 149면은 대법원 1991. 12. 24. 선고 91다30880 판결이 본거항설을 취하였다고 하나, 위 판결은 미등록 선박의 선적항이 어디인가에 관하여, 선적항은 등록항의 뜻 외에 해상기업의 본거항의 뜻도 가지므로 미등록 선박의 경우 계선관리하고 있는 항구를 본거항으로 본 것일 뿐이므로 위 판결이 본거항설을 취한 것으로 보기는 어렵다.
59) 그러나 이에 대해서는 선장의 대리권만을 규정할 것이 아니라, "선장의 권한과 지위"라고 규정하는 것이 바람직하다는 의견이 있었다. 손주찬, 검토㉟, 135면.

하여는 선적국법(또는 기국법)에 의한다는 것이 전통적 통설·판례였으나, 근자에는 편의치적의 문제점과 거래의 안전을 위하여 통상의 대리권에서와 마찬가지로 대리 행위지법을 준거법으로 보아야 한다는 견해도 유력하게 주장된 바 있다.[61]

(7) 이중선적의 문제

선박이 복수의 선적을 가지는 이중선적의 경우 선적국법을 결정하기 위한 기준을 규정할지 여부에 관하여 검토하였고, 그 결과 연구반초안(제63조)은 이중선적에 관하여 조항을 두었다.[62] 그러나 위원회의 논의 결과 이중선적이 국제법적으로 허용되지 않으며,[63] 그러한 규정으로 해결해야 할 문제가 극히 제한되어 있다고 보아 규정을 두지 않기로 하였다.[64]

(8) 반정의 불허

제94조에 의해 선적국법이 준거법으로 지정되는 경우에는 반정의 적용은 배제된다(국제사법 제22조 제2항 제5호). 이는 구 국제사법(제9조 제2항 제5호)의 태도를 유지한 것이다. 왜냐하면 선박에 관한 물권의 준거법을 선적국법으로 정한 이

---

60) 정해덕, 토론자료, 8면.
61) Prüßmann/Rabe(註 51), Vor §526 Rn. 8. 과거 독일 민법시행법에는 조문이 없었으나 2017
 년 임의대리의 준거법을 정한 제8조가 신설되었다.
62) 연구반초안 제63조는 다음과 같다. 개정초안해설, 125면.
 "제63조(선적국법) 선적국법에 의하여야 할 경우 선박이 둘 이상의 선적을 가지는 때에는
 선박과 가장 밀접한 관련이 있는 곳의 법을 그 선적국법으로 정한다. 이 경우 선박이 통상
 계양하고 있는 기국을 가장 밀접한 관련이 있는 선적국으로 추정한다.
 □ 신설취지
  사람이 이중 국적을 가지는 경우가 있는 것과 마찬가지로 선박도 둘 이상의 국가에 등
  록되는 경우가 있다. 우리 섭외사법상 선적국은 준거법 결정의 중요한 요소가 되므로 선
  박이 둘 이상의 국가에 등록된 경우에 관한 규정을 둘 필요성이 있다.
 □ 검토사항
  선박이 둘 이상의 국가에 등록된 경우 특정 법률관계에 관하여 선적국법이 준거법으로
  된 때 어느 선적국법을 적용할 것인지 문제가 된다. 이러한 경우 선박과 가장 밀접한 관
  련이 있는 선적국법을 적용하도록 하였고, 선박이 통상 계양하고 있는 기국을 가장 밀접
  한 관련이 있는 선적국으로 추정하는 규정을 두었다".
63) 1958년 공해에 관한 협약(제5조와 제6조)에 의하면 모든 선박은 하나의 국적만을 가질 수
 있다.
64) 예컨대 정해덕, 토론자료, 3면은 이중선적규정으로 해결할 문제는 극히 제한되고 이를 둘러
 싼 분쟁만 유발할 우려가 있으므로 삭제하여야 할 것이라고 지적하였다.

유가 선박에 관하여 많은 이해관계를 가지는 저당권자, 우선특권자, 선용품 공급업자, 화주 등의 예측가능성을 높이기 위한 것인데, 반정을 허용할 경우 예측가능성이 깨지고, 또한 반정의 여부를 판단하기 위하여 선적국의 국제사법 규정을 확인하는 것도 쉬운 일이 아니므로 신속을 요하는 해상분쟁 처리의 요청에 부응하기 위해서라고 한다.[65]

특히 섭외사법상으로는 본국법이 준거법인 경우에만 반정이 허용되므로 선적국법이 준거법인 경우에는 반정이 적용될 여지가 없었고, 대법원 판례도 이 점을 명확히 한 바 있으므로,[66] 종래의 실무를 존중하기 위한 것이라고 볼 여지도 있다. 그러나 반정을 허용하는 이상 제94조의 경우에 반정을 배제하는 것은 논리적으로는 설득력이 약하다. 당초 개정시안에도 반정이 허용되는 것으로 규정되어 있었으나, 공청회 후 최종 단계에서 반정을 배제하는 것으로 결정되었다. 상세는 위 제22조에 관한 해설에서 논의한 바와 같다.

---

65) 법무부, 해설, 189면.
66) 대법원 1989. 7. 25. 선고 88다카22411 판결; 대법원 1991. 12. 10. 선고 90다9728 판결 참조.

3. 선박충돌에 관한 조항의 개정

섭외사법	국제사법
제45조(선박충돌) 개항, 하 또는 영해에서의 선박충돌에 관한 책임은 충돌지의 법에 의한다. 제46조(同前) 공해에서의 선박충돌에 관한 책임은 각 선박이 동일선적국에 속한 때에는 船籍國法에 의하고 각 선박이 船籍國을 달리할 때에는 가해선박의 船籍國法에 의한다.	제95조(선박충돌) ① 개항(開港)·하천 또는 영해에서의 선박충돌에 관한 책임은 그 충돌지법에 따른다. ② 공해에서의 선박충돌에 관한 책임은 각 선박이 동일한 선적국에 속하는 경우에는 그 선적국법에 따르고, 각 선박이 선적국을 달리하는 경우에는 가해선박의 선적국법에 따른다.

[입법례]
• 입법례는 없음[1]

가. 개요

섭외사법은 선박충돌지가 영해인지 공해인지에 따라 제45조와 제46조로 나누어 규정하였으나,[2] 구 국제사법은 그 내용을 유지하면서 단지 제1항과 제2항으로 한 개의 조문으로 통합하였다. 국제사법도 이를 유지한다. 선박충돌에 관한 조항은 불법행위의 특칙이다. 즉, 국제사법은 특수불법행위에 대해 별도의 규칙을 두지 않으나, 섭외사법과 마찬가지로 예외적으로 선박충돌에 대하여 특칙을 둔 것이다.

나. 주요내용

(1) 개항·하천 또는 영해에서의 선박충돌

개항, 하천 또는 영해에서의 선박충돌에 관한 책임에 대해 충돌지의 법에 의하는 것은 충돌지가 행동지 겸 결과발생지이기 때문이다.

위원회의 논의과정에서 외국 영해에서 충돌한 경우에도 동일한 선적국을 가진 선박끼리의 충돌인 때에는 당해 선적국법에 의하자는 견해가 있었으나,[3] 불법

---

1) 참고로 독일의 경우 "비계약적 채무관계 및 물건에 대한 국제사법에 관한 법률"의 초안 작성 당시 선박 및 항공기 충돌에 관한 별도의 규정을 두는 것이 논의되었으나 불필요하다고 보아 포함되지 않았다. 최흥섭, 독일국제사법, 151면.
2) 선박충돌에 관하여 규정을 두지 않는 독일 민법시행법의 해석론상으로 이렇게 구별한다. Heinz Prüßmann/Dieter Rabe, Seehandelsrecht, 4. Auflage (2000), Vor §734 Rn. 28ff.

행위의 일반원칙에 따라 영해소속국법을 유지하였다. 이 경우 예외조항(제21조)이 개입할 여지가 전혀 없는 것은 아니나, 국제사법이 공해에서의 선박충돌과 달리 영해에서의 선박충돌의 경우 의도적으로 그러한 조항을 두지 않은 점을 고려해서 신중을 기해야 할 것이다.

(2) 공해에서의 선박충돌

한편 공해에서의 선박충돌에 관한 책임은 각 선박이 동일한 선적국에 속한 때에는 당해 선적국법에 의하는데, 이는 별 문제가 없다.

반면에 각 선박의 선적국이 다른 경우, 행위지와 결과발생지가 모두 공해라는 점에서 불법행위의 준거법에 관한 일반원칙인 행위지원칙(제52조)에 의할 수 없으므로 특칙을 두었다. 섭외사법은 가해선박의 선적국법에 의하였는데, 구 국제사법과 국제사법도 이를 유지하였다. 각 선박의 선적국이 다른 경우 독일에는 법정지법, 가해선박의 선적국법과 피해선박의 선적국법을 주장하는 견해와 불법행위의 기본원칙에 따라 가해선박의 기국법 또는 피해선박의 기국법이 선택적으로 적용될 수 있다는 견해 등이 있다.[4] 종래 일본에는 법정지법주의, 불법행위지법주의와 기국법주의가 있는데, 기국법주의에는 가해선기국법주의, 피해선기국법주의와 양자의 법을 누적적용하는 절충주의 등이 있다.[5]

가해선박의 선적국법에 의하도록 한 것은 그 국가가 법정지가 될 가능성이 크다는 점을 고려한 것이다.

(3) 불법행위에 관한 조항의 적용

선박충돌은 불법행위의 한 유형이므로 제95조가 달리 정하지 않는 한 불법행위에 관한 원칙이 적용된다. 즉, 당사자들은 선박충돌의 발생 후 준거법을 합의할

---

3) 손주찬, 검토®, 99면도 이런 견해를 지지한다.
4) Heinz Prüßmann/Dieter Rabe, Seehandelsrecht, 3. Auflage (1992), S. 867은 피고(가해선박)의 기국법을 지지하고, 쌍방이 책임이 있는 경우에도 피해자는 상대방에 대해 상대방의 기국법에 따른 손해의 일부의 배상을 요구할 수 있다고 보았으나, 1999년 개정 후에는 제40조 제1항에 따라 피해자의 선택권을 인정한다. Prüßmann/Rabe(註 2), Vor §734 Rn. 36. 최흥섭, 151면 註 67 참조. 정해덕, 토론자료, 8면은 입법론으로 영미와 같이 법정지법을 적용할 것이라고 한다. 학설의 소개는 지상원, "선박충돌의 손해배상책임에 있어서의 준거법", 한국해법회지 제18권 제2호(1996), 191면 이하 참조.
5) 손주찬, 검토®, 100면. 손주찬 교수는 절충주의를 지지한다.

수 있고(제53조), 우리 법원에서 재판 시 배상책임의 제한에 관한 조항(제52조 제4항)이 적용된다. 과거 2001년 개정연구반초안(제67조)은 준거법의 사후적 합의를 명문으로 규정하고 있었으나,[6] 위원회의 논의과정에서 이를 두지 않더라도 동일한 결과가 될 것이라는 이유로 삭제하였다.[7]

2001년 개정위원회의 논의과정에서 공해상에서의 상이한 선적국 선박 간의 충돌의 경우 '가해선박'의 개념을 명확히 하고자 이를 정의하자는 견해도 있었으나, 일률적인 정의를 규정하기보다는 탄력적인 적용을 가능하도록 하기 위해 학설과 판례에 맡기는 것이 합리적이라는 의견에 따라 규정을 두지 않았다.

---

6) 조문은 다음과 같다. 연구반초안해설, 132면 참조.
　"제67조(준거법에 관한 사후적 합의)
　해상에 관한 다음 각호의 사항에 관하여 당사자는 합의에 의하여 그 준거법을 선택할 수 있다. 다만 그로 인하여 제3자의 권리에 영향을 미치지 아니한다.
　1. 공동해손
　2. 선박충돌
　3. 해양사고구조
　□ 신설취지
　공동해손, 선박충돌, 해양사고구조의 경우 실무상 준거법을 약정하는 경우가 많고, 이러한 실무상의 관행을 존중하는 의미에서 당사자들이 위 사항들에 관하여 준거법 약정을 할 수 있음을 명시적으로 규정할 필요가 있다.
　□ 검토사항
　당사자 간에 준거법을 약정할 수 있도록 하되, 합의의 시기에 제한을 둘 것인지(즉 해당사항의 발생 후에만 준거법 약정을 허용할 것인지) 여부 및 제41조 제3항 – 제5항의 적용 여부에 대한 검토가 필요하다. 그러나 공동해손, 선박충돌, 해양사고구조 모두 보험에 의해 보상되는 경우가 대부분이고 그에 따라 해당 법률관계에 관한 관행이 성립되어 있으므로 굳이 그러한 제한을 가할 필요는 없을 것이다."
　위 문언은 선택할 수 있는 법을 법정지법으로 제한하고 있지 않다. 이는 국제사법 제33조가 불법행위의 준거법에 관하여 법정지법의 사후적 합의만을 인정하는 것과는 배치되는 것이다. 당시 불법행위의 준거법합의에 관하여 입장이 정해지지 않았던 탓에, 후에 그의 입장이 결정되면 그에 따라 일관되게 조정할 것을 전제로 했었던 것이기 때문이나, 일관성이 없었던 것이 사실이다. 그러나 결국 이 조항을 두지 않기로 하였다.
7) 그러나 이에 대해서는 당사자 간의 이해관계가 대립되므로 사후합의를 기대하기 어려울 것이라는 비판이 있다. 손주찬, 검토⑪, 106면.

4. 해난구조에 관한 조항의 개정

섭외사법	국제사법
제47조(해양사고구조) 해양사고구조로 인한 보수청구권은 그 구조행위가 영해에서 있을 때에는 행위지법에 의하고 공해에서 있을 때에는 구조선박의 船籍國法에 의한다.	제96조(해난구조) 해난구조로 인한 보수청구권은 그 구조행위가 영해에서 있는 경우에는 행위지법에 따르고, 공해에서 있는 때에는 구조한 선박의 선적국법에 따른다.

[입법례]
• 입법례는 없음[1]

가. 개요

구 국제사법에서는 문언을 일부 수정하였을 뿐이고 내용적으로는 변경이 없다. 국제사법도 이를 유지한다. 해양사고구조(salvage)란 해상기업에 수반되는 해상위험인 해양사고에 조우한 선박 또는 적하를 구조하는 것인데, 제96조는 사법상(私法上)의 의무 없이 구조하는 이른바 협의의 해양사고구조에 관한 조항으로서 사무관리(제50조)의 특칙이라고 할 수 있다.[2] 구 국제사법(제62조)에서는 '해양사고구조'라고 하였으나 국제사법에서는 해난구조로 다시 수정되었다.

나. 주요내용

(1) 영해상의 구조

해난구조가 한 나라의 영해에서 행해진 경우에는 영해소속국이 관리가 행해진 국가이므로 그 국가의 법이 준거법이 되는 데에 대하여 별 이론이 없다.

(2) 공해상의 구조

공해상의 해난구조의 경우 관리행위가 행해진 곳이 공해라는 점에서 사무관리의 준거법에 관한 일반원칙인 사무관리지법원칙(제50조)에 의할 수 없으므로 특칙을 둔 것이다.

---

1) 참고로 독일의 경우 "비계약적 채무관계 및 물건에 대한 국제사법에 관한 법률" 초안 작성 당시에는 해양사고구조에 관한 규정이 포함되었다가 최종안 작성 시 그 규정이 삭제되었다. 최흥섭, 독일국제사법, 141면.
2) 물론 해상법학자들은 이를 해상법상 특수한 법률요건의 하나로 본다. 최기원, 해상법 제3판 (2002), 303면.

과거 위원회의 논의과정에서 섭외사법과 같이 구조한 선박의 선적국법에 의하자는 견해(제1안)와 구조된 선박의 선적국법에 의하자는 견해(제2안)가 대립되었으나3) 개정시안은 제2안을 채택하였다.4) 그러나 그 후 최종적으로 구 국제사법(제30조)은 다시 제1안을 채택하였다. 국제사법도 같다.

제2안은 구조된 선박의 선적국이 통상 법정지가 되므로 법정지와 준거법을 일치시킨다는 점에서 타당성이 없지는 않으나, 해난구조는 구조하는 선박 측에 인센티브(incentive)를 주어야 구조가 원활히 이루어질 수 있으므로 구조를 장려하기 위해서는 구조한 선박이 친숙한 법으로 하는 제1안이 적절하다고 보았다. 결국 섭외사법의 입장이 유지된 것이다.

참고로 독일에서는 과거 공해에서의 해난구조로 인한 보수청구권은 구조된 선박의 선적국법 또는 본거항법에 의할 것이라는 견해가 유력하였으나,5) 채권자(구조한 선박)에게 본거항법과 선적국법의 선택을 인정하는 견해도 있었다. 1989년 해난구조에 관한 협약이 독일에서 발효된 2002. 10. 8. 이후에는 동 협약이 적용되고, 그 다음에는 로마Ⅱ(제11조)에 따르며 로마Ⅱ가 적용되지 않는 사안에서는 독일 민법시행법 제39조, 제41조와 제42조에 따른다.6)

종래 일본에는 법정지법주의, 안전항소재지법주의와 기국법주의가 있는데, 기국법주의에는 구조선기국법주의, 피구조선기국법주의와 양자의 법을 누적적용하는 절충주의(이른바 쌍방선기국법주의) 등이 있다고 한다.7)

구조한 선박과 구조된 선박의 선적국이 동일한 경우에는 당연히 그 선적국법

---

3) 연구반초안은 다음과 같이 규정하였다. 연구반초안해설, 131면.
"제66조(해양사고구조)
[제1안] 해양사고구조로 인한 보수청구권은 그 구조행위가 영해에서 있는 때에는 행위지법에 의하고, 공해에서 있는 때에는 구조선박의 선적국법에 의한다.
[제2안] 해양사고구조로 인한 보수청구권은 그 구조행위가 영해에서 있는 때에는 행위지법에 의하고, 공해에서 있는 때에는 구조된 선박의 선적국법에 의한다".
4) 개정시안 제64조. 개정시안해설, 117면은 개정취지를 "구조된 선박의 선적국이 통상 법정지가 되므로 법정지와 준거법을 일치시킨다는 측면에서 개정안에서는 피구조선박의 선적국법에 의하도록 하였다"라고 하였다. 정해덕, 토론자료, 9면은 구조행위의 주도적이고 능동적인 지위는 어디까지나 구조한 선박에게 있다는 이유로 이에 반대하였다.
5) MünchKomm/Kreuzer, Band 10: EGBGB, 3. Auflage (1998), Ⅱ Vor Art. 38 Rn. 10은 구조를 요하는 선박의 본거항법이 준거법이라고 한다.
6) MünchKomm/Junker, Band 11, Art. 39 Rn. 11. 1989년 위 국제협약에 관하여는 Münch-Komm/Junker, Band 10, Art. 11 Rom Ⅱ-VO, Rn. 21ff. 참조.
7) 손주찬, 검토⑬, 101면. 손주찬 교수는 절충주의를 지지하였다.

이 적용된다.

(3) 적용범위

제96조는 문면상 "해난구조로 인한 보수청구권"에 대해서만 규정하나 해난구조의 요건과 보수청구권 이외에 해난구조의 효과도 제96조에 의하여 결정되는 준거법에 따를 사항이다. 입법론으로서는 이를 "해난구조로 인한 보수청구권" 대신에 "해난구조"라고 규정하는 편이 바람직할 것으로 생각한다.[8]

(4) 사무관리에 관한 조항의 적용

해난구조의 경우는 구조 직전에 계약을 체결하는 경우가 많다. 또한 해난구조는 사무관리의 한 유형이므로 제96조가 달리 정하지 않는 한 사무관리에 관한 원칙이 적용된다. 즉, 당사자들은 해난구조 후 준거법을 합의할 수 있다. 선박충돌에 관하여 위에서 언급한 바와 같이, 과거 연구반초안(제67조)은 준거법의 사후적 합의를 명문으로 규정하고 있었으나, 이를 두지 않더라도 동일한 결과가 될 것이라는 이유로 이를 삭제하였다.[9]

---

8) 손주찬, 검토⑧, 100면은 연구반초안에 대해 이런 견해를 피력하였다.
9) 그러나 이에 대해서는 당사자 간의 이해관계가 대립되므로 사후합의를 기대하기 어렵다는 비판이 있었다. 손주찬, 검토⑧, 107면.

XII. 섭외사법으로부터 삭제된 조항

1. 상사에 관한 적용순위에 관한 조항의 삭제

섭외사법	국제사법
제28조(상사에 관한 적용순위) 상사에 관한 사항에 관하여 본장에 다른 규정이 없는 사항은 상관습에 의하고 상관습이 없으면 민사에 관한 準據法을 적용한다.	〈삭제〉

가. 개요

구 국제사법에서는 상사에 관한 규정을 별도로 둘 필요가 없다고 보아 상사에 관한 연결원칙을 정한 조항을 전부 삭제하였고 그에 따라 섭외사법 제28조도 삭제하였다. 더욱이 제28조에서 말하는 상관습은 상사에 관한 저촉규칙[1]을 말하는데, 과연 민사와 구분되는 상사에 관한 관습인 저촉규칙이 있는지는 의문이었다.[2] 국제사법도 이런 태도를 유지한다.

---

1) 섭외사법 제28조에 관하여는 이호정, 441면 이하를 참조. 이는 동조의 "상관습"이 실질법적 국제상관습을 의미하는지, 아니면 판례에 의해 형성된 상사에 관한 저촉규칙인지를 논의하고 후자로 해석하였다. 저촉법인 섭외사법의 조항이므로 저촉규칙을 말한다고 본다.

2) 참고로 위 해상편에서 보았듯이 독일에서는 선하증권의 객관적 준거법은 합의한 목적지국법이라는 견해가 유력한데, 독일에서는 이것이 1986년 전에도 이미 관습법(Gewohnheitsrecht)의 지위를 획득하였다고 한다. Reithmann/Martiny/Mankowski, Rn. 6.2015; Reithmann/Martiny/Mankowski, 9. Auflage (2022) Rn. 15.193 참조.

2. 상사회사의 행위능력에 관한 조항의 삭제

섭외사법	국제사법
제29조(상사회사의 行爲能力) 상사회사의 行爲能力은 그 영업소 소재지의 법에 의한다.	〈삭제〉 제30조 참조

가. 개요

구 국제사법은 법인의 준거법에 관한 일반원칙을 사람에 관한 제2장 제16조에서 신설하였기 때문에 상사회사의 행위능력에 관하여 별도로 규정할 필요가 없어 섭외사법 제29조를 삭제하였다. 국제사법도 이런 태도를 유지한다.

섭외사법 제29조의 취지에 관하여는 종래 견해가 나뉘었는데, 이는 위 제30조에 대한 해설에서 논의하였다.

3. 은행에 관한 조항의 삭제

섭외사법	국제사법
제30조(은행) 은행업무에 관한 사항 및 효력은 그 은행이 속하는 국가의 법에 의한다.	〈삭제〉

가. 개요

구 국제사법(제16조)은 법인의 준거법에 관한 일반규정을 신설하였기 때문에 은행의 법인으로서의 일반적인 능력에 관하여는 법인의 준거법에 따르고, 은행의 업무에 관하여는 계약의 준거법에 따라 처리하며, 기타 은행의 업무 감독에 관한 규정 등은 행정법규에 따르거나 사법적 법률관계에 미치는 영향에 관하여는 필요한 경우 강행법규의 직접적용에 의하여 처리하면 족하다. 따라서 은행에 관한 별도의 규정을 둘 필요가 없으므로 섭외사법 제30조를 삭제하였다.[1] 국제사법도 같다.

섭외사법 제30조의 정확한 취지가 불분명하였기에 은행업무, 특히 은행의 국제적 업무와 관련하여 실무상 혼란을 초래하였다. 저자로서는 위 조문이 삭제됨으로써 실무상 어떤 문제점이 발생하였다는 이야기는 듣지 못하였다.

---

[1] 섭외사법 제30조에 관한 논의는 석광현, 제1권, 169면 이하 참조. 서울중앙지방법원 2007. 10. 24. 선고 2007가합13676 판결은 섭외사법 제30조를 당사자자치를 정한 제9조에 우선시켜 문제된 대출계약의 준거법이 한국법이라고 보고, 준거법이 아닌 아르헨티나 법에 따라 이루어진 대출금 변제는 유효한 변제라고 볼 수 없다고 판시하였다. 석광현, 정년기념, 452면 참조.

4. 위탁 및 운송계약에 관한 조항의 삭제

섭외사법	국제사법
제32조(위탁 및 운송계약) ① 위탁매매계약 또는 운송주선계약으로 인한 당사자의 권리의무는 위탁매매업자 또는 운송주선업자의 주소지법에 의한다. ② 전항의 위탁매매업자 또는 운송주선업자가 상사회사인 때에는 그 영업소 소재지의 법에 의한다.	〈삭제〉

가. 개요

위탁매매계약 및 운송주선계약의 준거법은 기본적으로 통상의 계약의 준거법(국제사법 제45조, 제46조)에 따를 사항이다. 따라서 섭외사법 제32조를 별도로 규정할 필요가 없기에 구 국제사법에서는 이를 삭제하였다. 국제사법도 같다. 한편 위탁매매계약 및 운송주선계약 중 소비자를 대상으로 하는 계약의 준거법은 소비자계약의 준거법(제47조)에 따르면 될 것이다.

참고로 섭외사법 제32조의 정확한 취지가 불분명하였기에 위탁매매계약 또는 운송주선계약의 준거법에 관하여 관련하여 실무상 혼란을 초래하였다. 저자로서는 위 조문이 삭제됨으로써 실무상 어떤 문제점이 발생하였다는 이야기는 듣지 못하였다.

5. 보험계약에 관한 조항의 삭제

섭외사법	국제사법
제33조(보험계약) ① 보험계약으로 인한 권리의무는 보험업자의 영업소 소재지의 법에 의한다. ② 보험증권을 기초로 하는 보험계약상의 권리의 양도 또는 입질은 보험업자의 영업소 소재지의 법에 의한다.	〈삭제〉

가. 개요

보험계약의 준거법은 기본적으로 통상의 계약의 준거법(국제사법 제45조, 제46조)에 의하고, 소비자와 관련한 계약의 경우에는 소비자계약의 준거법(제47조)에 의하면 될 것이다. 재보험계약은 전자에 속한다.

한편 보험증권상의 권리의 양도 또는 입질은 채권의 양도 또는 입질의 문제로서 채권양도의 준거법(국제사법 제54조, 구 국제사법 제34조) 또는 채권에 대한 약정담보물권의 준거법(국제사법 제37조, 구 국제사법 제23조)에 관한 일반원칙에 따르면 된다. 따라서 구 국제사법에서는 섭외사법 제33조를 전부 삭제하였다.[1] 국제사법도 이런 태도를 유지한다.

참고로 섭외사법 제33조의 정확한 취지가 불분명하였기에 보험계약의 준거법과 보험증권을 기초로 하는 보험계약상의 권리의 양도 또는 입질과 관련하여 실무상 혼란을 초래하였다. 저자로서는 위 조문이 삭제됨으로써 실무상 어떤 문제점이 발생하였다는 이야기는 듣지 못하였다.

---

1) 섭외사법 제33조에 관한 논의는 석광현, 제2권, 62면 이하 참조.

XIII. 부칙의 신설

섭외사법	국제사법
〈신설〉	부 칙 제1조(시행일) 이 법은 공포 후 6개월이 경과한 날부터 시행한다. 제2조(계속 중인 사건의 관할에 관한 경과조치) 이 법 시행 당시 법원에 계속 중인 사건의 관할에 대해서는 종전의 규정에 따른다. 제3조(준거법 적용에 관한 경과조치) 이 법 시행 전에 생긴 사항에 적용되는 준거법에 대해서는 종전의 규정에 따른다. 다만, 이 법 시행 전후에 계속(繼續)되는 법률관계에 대해서는 이 법 시행 이후의 법률관계에 대해서만 이 법의 규정을 적용한다.

[입법례]
• 독일 민법시행법 제220조 제1항[1986. 7. 25. 국제사법 신규율에 관한 법률에 대한 경과규정]
• 스위스 국제사법 제196조[비소급효], 제197조
• 일본 법례 부칙 제2조/법적용통칙법 제2조, 제3조: 국제사법보다 더 정치한 규칙을 두는데 이는 국제사법의 해석론에 참고가 될 수 있음

가. 개요

구 국제사법은 2001. 7. 1.부터 시행되었고(제1조), 국제사법은 2022. 7. 5.부터 시행되었다. 따라서 섭외사법, 구 국제사법과 국제사법의 시간적 적용범위를 정할 필요가 있는데, 구 국제사법은 원칙적으로 시행 전에 생긴 사항인가의 여부에 따라 섭외사법과 국제사법의 적용을 구분하되, 다만 계속되는 법률관계에 관하여는 이를 국제사법의 시행 전후로 구분하여 시행 전의 법률관계에 관하여는 섭외사법을, 시행 후의 법률관계에 관하여는 구 국제사법을 적용한다.

이처럼 하나의 법률관계에 신법과 구법이 모두 관련되는 경우에 어느 법을 어느 범위에서 적용할 것인가라는, 법률의 시간적 충돌을 해결하는 법률을 시제법(intertemporales Recht)이라 하고, 사법(私法)이 바뀐 경우에는 '시제사법(時際私法)'이라고 한다.[1] Savigny가 지적하였듯이, '법률관계에 대한 법규의 지배의 장소적 한계'를 정한 국제사법과 '법률관계에 대한 법규의 지배의 시간적 한계'를 정한 시제사법에 적용되는 원칙들 간에는 서로 내적 관련이 있다.[2] 따라서 국제사법이

---

[1] 이호정, 9면; Kegel/Schurign, 9. Auflage (2004), S. 39.

[2] Friedrich Carl von Savigny (translated by William Guthrie), A Treatise on the Conflict of Laws (1880), p. 45; Savigny/小橋一郎(譯), 現代ローマ法体系 제8권(2009), 5면; 이호정, 10면. 시제법의 문제는 법률의 '시행일' 또는 '경과규정'을 정한 부칙에 의하여 일차적으로 규율

발전시킨 개념과 체계를 시제사법에 상당 부분 활용할 수 있다.[3]

나. 주요내용

(1) 국제재판관할에 관한 경과조치(제2조)[4]

국제사법에 의하여 국제재판관할에 관한 규칙이 대폭 도입·변경되었으므로, 국제사법 시행 당시 법원에 이미 계속 중인 사건에 대해 우리 법원에 국제재판관할이 있었음에도 불구하고 국제사법에 의하면 국제재판관할이 부인되는 사안이 있을 수 있다. 이러한 경우를 대비하여 국제사법 시행 당시 법원에 계속 중인 사건에 관하여는 종전의 규정에 따른다고 규정하였다(제2조).

(2) 준거법 적용의 시간적 범위(제3조)

국제사법의 시행에 의해 외국적 요소가 있는 법률관계의 연결원칙이 변경되므로 준거법 적용의 시간적 적용범위를 정할 필요가 있다.

(가) 국제사법 시행 이전에 생긴 사항(본문)　　　　　예컨대 2022. 7. 5. 이후에 체결된 계약과 같이 국제사법 시행 후에 개시되고 완성된 사항에 대해서는 국제사법이 적용됨은 명백하다. 한편 국제사법 시행 전에 생긴 사항, 즉 2022. 7. 5. 전에 개시되고 완성된 사항에 대하여는 구 국제사법에 의하는 것도 별로 의문이 없다. 따라서 국제사법 시행 전에 매매계약이 체결되고 그 이행까지 완료되었다면 국제사법 시행 후에 그와 관련하여 분쟁이 발생하더라도 매매계약에는 구 국제사법이 적용된다.

한편, 매매계약이 국제사법 시행 전에 체결되었으나 그의 이행이 국제사법 시행 후에 이루어지는 경우 의문이 있을 수 있으나, 계속적인 법률관계가 아닌 때에는 계약체결 시가 기준이 될 것이므로 그에 대해서는 국제사법이 아니라 구 국제사법이 적용되어야 할 것이다. 즉, 그 경우 국제사법 시행 전에 생긴 사항인가의 여부는 매매계약의 체결 시를 기준으로 삼아야 할 것이다.

　된다. 시제사법에 관하여는 이동진, "시제사법 서설", 윤진수교수정년기념논문집 간행위원회, 민법논고: 이론과 실무—윤진수교수정년기념(2020), 584면 이하 참조. 이 논문은 종래 우리나라에서 소홀하게 취급된 시제사법을 총론과 각론으로 구분하여 체계적으로 다룬다. 독일 문헌은 우선 Burkhard Hess, Intertemporales Privatrecht (2020) 참조.

3) 이동진(註 2), 590면 참조.

4) 이에 관하여는 석광현, 국제재판관할법, 302면 이하 참조.

복수의 구법이 존재하는 경우 신법이 시제규정을 통하여 신법의 적용범위만을 선언한다면 구법의 적용범위에 관하여는 구법의 시제규정이 지정되므로 이러한 연쇄적 과정을 통하여 '준거법 적용'에 관한 국제사법상 시제법 문제의 전체상을 파악할 수 있다.5)

(나) 국제사법 시행 전후에 계속되는 법률관계(단서)   다음으로 2022. 7. 5. 전에 개시되었으나 그 후에도 계속되는 법률관계의 준거법 지정이 문제 되는데, 이는 시기적으로 구분하여 2022. 7. 5. 전의 법률관계에 대하여는 구 국제사법에 의해 준거법을 정하고, 2022. 7. 5. 이후의 법률관계에 대하여는 국제사법에 의해 준거법을 정해야 할 것이다. 부칙 제3조 단서는 바로 이러한 취지를 규정한 것이다. 다만 준거법지정규칙의 개정은 제한적이므로 부칙 제3조가 실제로 적용될 사안은 많지 않을 것이다.

---

5) 이종혁, "주월한국군 피해 베트남인의 국가배상소송과 저촉법―체계제법(體系際法), 시제법, 국제사법―", 국제사법연구 제29권 제1호(2023. 6.), 310-311면; 이동진, "시제사법 서설", 윤진수교수정년기념논문집 간행위원회, 민법논고: 이론과 실무―윤진수교수정년기념(2020), 591면 참조.

제 4 장

보 론

제 4 장
보 론

    제3장까지는 국제사법의 조문을 중심으로 해설하였다. 이는 우리 법원의 소송절차에서 분쟁 대상의 준거법 지정원칙(또는 결정원칙. 이하 양자를 호환적으로 사용한다)에 관한 것이다. 그러나 분쟁 대상의 준거법 지정은 그 밖에도 중재절차와 도산절차에서도 제기된다. 따라서 여기에서는 중재절차와 도산절차에서의 준거법 지정원칙을 살펴보는데, 소송절차에서의 준거법 지정원칙과의 異同이라는 관점에서 검토한다.

    유념할 것은, 중재절차와 도산절차에서의 준거법 지정원칙을 제대로 이해하기 위하여는 가장 기본이 되는 소송절차에서의 준거법 지정원칙, 즉 협의의 국제사법을 제대로 이해하지 않으면 아니 된다는 점이다.

I. 국제상사중재에서 분쟁의 실체의 준거법[1]

1. 머리말

중재라 함은 당사자 간의 합의로 사법상의 분쟁을 법원의 재판에 의하지 아니하고 중재인의 판정에 의하여 해결하는 절차를 말하는데(중재법 제3조 제1호), 이는 대표적인 '대체적 또는 대안적 분쟁해결수단(Alternative Dispute Resolution)'이다.[2] 1999. 12. 31. 중재법개정법률이 시행됨으로써 구 중재법은 전면적으로 개정되었다. 그 후에도 중재법은 2010. 3. 31. 개정된 바 있는데 이는 한글화를 위한 것이었다. 중재법은 국제연합 국제거래법위원회(UNCITRAL)[3]가 1985년 채택한 "국제상사중재에 관한 모델법(Model Law on International Commercial Arbitration)" (이하 "모델법"이라 한다)[4]을 전면 수용한 것이다. 중재법은 그 후 2016. 5. 29. 다시 개정되어 2016. 11. 30.부터 시행되고 있다. 2016년 중재법은 2006년 UNCITRAL 개정 모델법을 수용한 것이다.[5]

2. 국제상사중재에서 중재지

가. 중재지의 의의

국제상사중재에서 당사자는 예컨대 서울(또는 런던)이라는 식으로 중재지를 명시한다. 중재지(place, seat, forum or *locus arbitri* of arbitration)는 일반적으로 중재사건의 심리를 진행하고 중재판정을 내리는 곳 또는 이를 하기로 예정한 곳인

[1] 상세는 석광현, 국제중재법, 제1권, 145면 이하 참조. 그 밖에도 국제상사중재에서는 ① 중재합의의 준거법, ② 중재절차의 준거법, ③ 중재합의를 체결할 수 있는 당사자들의 능력의 준거법, ④ 분쟁대상의 중재가능성(또는 중재적격)의 준거법, ⑤ 중재판정과 중재판정의 취소의 준거법과 ⑥ 중재판정의 승인 및 집행의 준거법의 문제가 제기된다. 국제상사중재에서 국제사법의 다양한 논점을 다룬 문헌으로는 우선 Franco Ferrari/Stefan Kroell (eds), Conflict of Laws in International Commercial Arbitration (JURIS) (2019) 참조.
[2] 중재를 대안적 분쟁해결수단에 포함시키지 않는 견해도 있다.
[3] UNCITRAL의 아태지역사무소가 설치되었으니 이제 국문명칭도 통일할 필요가 있다. 사무소에 관하여는 손경한, "유엔국제거래법위원회 아태사무소의 역할", 법률신문 제4002호(2012. 1. 26.), 15면 참조.
[4] 모델법을 '표준법' 또는 '모범법'이라고도 부른다.
[5] 2016년 개정 중재법의 개관은 석광현, "2016년 중재법의 주요 개정내용과 문제점", 전북대학교 법학연구 통권 제53집(2017. 8.), 213면 이하; 석광현, 국제중재법 제2권, 93면 이하 참조.

데 이는 1개의 장소이다. 중재지는 단순한 지리적인 문제가 아니라 중재의 법적 환경으로서 의미를 가지는데, 중재의 진행, 즉 중재단계와 중재판정의 집행단계에서 중요한 의미를 가진다.

첫째, 중재단계를 보면, 전통적인 이론에 따르면 중재지는 중재인에 대하여 마치 소송에서 법정지(forum)와 같은 의미를 가졌으므로 중재절차는 중재지법에 의하였으나 근자에는 이러한 의미가 약화되었다. 즉, 중재의 진행, 중재판정의 방식과 효력 등 중재의 절차적인 문제는 중재지법에 의하여 규율되지만, 당사자들은 대부분 달리 정할 수 있고, 당사자들의 합의가 없는 경우에 중재지법이 보충적으로 적용된다. 둘째, 중재판정의 집행단계를 보면, 중재지는 뉴욕협약의 적용 여부 — 이는 중재판정의 국적에 따른다 —, 당사자의 합의가 없는 경우 중재합의의 성립과 (실질적) 유효성의 준거법, 중재판정의 승인 및 집행과 관련한 상호주의의 적용 및 중재판정에 대한 불복수단과 중재판정을 취소 또는 정지할 수 있는 국제재판관할을 가지는 법원의 결정 등에 있어 의미를 가진다.

모델법은 한편으로는 중재지의 중요성을 약화시키고 있지만, 모델법은 물론 우리 중재법(제2조 제1항)을 포함한 많은 입법례가 영토주의(또는 속지주의)[6]를 취하고, 분쟁의 실체의 준거법 결정원칙을 중재법이 명시하는 데서 보듯이 중재지가 의미를 가지는 것은 사실이며, 전보다는 상대적으로 중재지의 의미가 더 강화된 측면이 있다. 요컨대 국제상사중재에 있어 중재지의 의미가 상당히 퇴색한 것은 사실이지만, 제한된 범위 내에서 여전히 의미를 가진다.

나. 중재지의 결정

국제상사중재에서 당사자들은 중재지를 자유로이 선정할 수 있다(중재법 제21조 제1항 참조). 당사자들은 중재지가 당사자들에게 중립적인가와, 교통·통신의 편리 등 실제적 고려에 기초하여 중재지를 직접 선정하거나 제3자로 하여금 선정하게 한다. 중재지가 당사자 또는 사안과 합리적인 관련 기타 어떤 관련이 있을 필요는 없다. 중재인이 중재절차를 반드시 그곳에서 진행해야 하는 것은 아니고, 중재판정부가 중재지에서 중재판정을 내려야 하는 것도 아니다. 결국 중재지는 중재판정에 중재지라고 기재된 장소에 불과하며 이 점에서 중재지는 '형식적인 법

---

6) 중재법 제2조 제1항 본문은, "이 법은 제21조에 따른 중재지가 대한민국인 경우에 적용한다"라고 규정함으로써 속지주의를 명시한다.

적 주소 또는 본거' 또는 '순전히 법적인 개념'이다. 당사자의 합의가 없는 경우, 중재판정부가 당사자의 편의와 당해 사건에 관한 제반 사정을 고려하여 중재지를 정한다(중재법 제21조 제1항).

3. 국제상사중재에서 분쟁의 실체의 준거법의 결정

가. 당사자자치의 원칙의 명시

당사자는 분쟁의 실체에 적용할 법을 명시적 또는 묵시적으로 지정할 수 있다. 이것이 당사자자치의 원칙인데, 사적 성질을 가지는 중재의 경우 소송보다도 당사자자치가 더 넓게 인정된다. 중재법(제29조 제1항 1문)도 당사자자치의 원칙을 명시한다. 당사자들은 당사자 또는 당해 분쟁과 아무런 실질적 관련이 없는 중립적인 법을 지정할 수 있다.

종래 당사자자치와 관련하여 당사자는 특정 국가의 법체계를 지정해야 하는가라는 의문이 있었다. 모델법(제28조 제1항)은 "중재판정부는 당사자들이 분쟁의 실체에 적용되도록 선택한 법규(rules of law)에 따라 분쟁을 판단하여야 한다"라고 하여, 당사자들이 선택할 수 있는 규범을 'law'가 아니라 'rules of law'라고 함으로써 법규를 선택할 수 있음을 분명히 한다.[7] 그러나 우리 중재법(제29조 제1항)은 "중재판정부는 당사자들이 지정한 법에 따라 판정을 내려야 한다"라고 하고, 제29조 제2항은 "제1항의 지정이 없는 경우 중재판정부는 분쟁의 대상과 가장 밀접한 관련이 있는 국가의 법을 적용하여야 한다"라고 규정함으로써, 모델법의 'rules of law'와 'law'를 모두 '법'이라고 하여 용어상 양자를 구별하지 않으므로 논란이 있다. 즉 중재법(제29조 제1항)은 문언상 국제사법(제45조 제1항)과 거의 유사하나, 소송에 비하여 중재의 경우 더 자유로운 해석을 따른다. 중재에서 당사자자치가 더 넓게 인정되는 것은, 제45조의 해설에서 보았듯이, 국가기관인 법원은 분쟁을 공적으로 해결하는 주체로서 법원 판례는 공표되고 선례를 정립하는 역할을 하는 탓에 법리적 정확성을 요구하는 데 반하여, 사적 분쟁해결수단인 중재에서 중재판정부는 개별사건에서 정의를 실현하는 것을 목적으로 하기 때문이다.[8]

사견으로는 중재법상으로도 '법'을 넓은 의미로 해석함으로써 모델법에서와

---

7) 이를 '비국가법의 준거법적격성'의 문제로 논의하기도 한다.

8) Ralf Michaels, Non-State Law in the Hague Principles on Choice of Law in International Contracts, SSRN-id2386186, p. 18.

같은 결론을 도출하는 것이 타당하다. 따라서 우리 중재법상으로도 당사자는 상인법, 법의 일반원칙, 국제상사계약원칙 또는 유럽계약법원칙 등을 적용하기로 지정할 수 있는데,[9] 특히 국가계약(state contracts)의 경우에 특정국가의 국내법보다는 법의 일반원칙 등을 선택할 가능성이 크다. 제29조 제1항은 단순히 '법'이라고 하는 데 반하여 제2항은 '국가의 법'이라고 규정하는 점도 이를 뒷받침한다. 모델법(제28조 제1항)이 'rule'로 할 것인지, 'rules of law'로 할지에 대해 상당한 논란을 거쳐 양자를 용어상 구별한 점과, 우리가 가입한 워싱턴협약(또는 ICSID 협약 제42조 제1항)의 국문본도 'rules of law'를 이미 '법률의 규칙'이라고 번역한 점을 고려한다면 제1항에서는 '법' 대신 예컨대 '법규' 또는 '법의 규칙'이라는 표현을 사용하는 편이 바람직했을 것이다.

나. 분쟁의 실체의 객관적 준거법 – 당사자들의 지정이 없는 경우

당사자들이 분쟁의 실체에 적용할 준거법을 지정하지 않은 경우 객관적 준거법 지정의 맥락에서 다음과 같은 의문이 제기된다. ① 중재인은 저촉규범을 적용하고 그에 따라 실질법을 지정해야 하는가, 아니면 저촉규범의 중개 없이 곧바로 실질법을 지정할 수 있는가, ② 만일 저촉규범의 중개를 거쳐 실질법을 지정해야 한다면 그때의 저촉규범은 중재지의 저촉규범이어야 하는가와, ③ 중재인이 저촉규범의 중개 없이 곧바로, 또는 저촉규범의 중개를 거쳐 실질법을 지정하는 경우, 특정 국가의 법체계를 지정해야 하는가 아니면 적절한 규범을 지정할 수 있는가가 문제 된다.

(1) 저촉규범에 의한 중개의 요부

프랑스의 민사소송법(제1496조 제1항)[10]에 따르면 중재인은 저촉규범을 적용함이 없이 실질법을 곧바로 지정할 수 있고('직접적인 방법(voie directe)'), 그 경우 특정 국가의 법체계가 아니라 분쟁의 해결에 적절하다고 중재인이 판단하는 규칙을 지정할 수 있다. 국제상업회의소 중재규칙(Rules of Arbitration of the International

---

9) 사례 소개는 안건형, "국제상사중재에서 UNIDROIT 원칙의 적용에 관한 연구", 성균관대학교 대학원 경영학박사학위논문(2010) 참조.
10) 프랑스 민사소송법의 중재편(제4편)은 2011. 5. 1. 개정되었으나 본문의 '직접적인 방법'은 그 전부터 시행되던 것이다. 개정 민사소송법의 소개는 안건형·유병욱, "프랑스 개정 민사소송법의 주요내용과 시사점", 민사소송 제15권 제2호(2011), 93면 이하 참조.

Chamber of Commerce)(이하 "ICC 중재규칙"이라 한다)(제21조 제1항 2문)도 동일한 태도를 취한다. 그러나 현재 다수의 국제중재규칙과 입법례는 저촉규범의 중개를 요구한다. 모델법(제28조 제2항)은 "당사자들이 지정하지 않은 때에는 중재판정부는 그가 적용될 수 있다고 보는 국제사법에 따라 결정되는 법을 적용하여야 한다"라고 하여 중재인들이 국제사법의 중개를 통하여 적용할 법을 결정하도록 하고, 그 경우 제1항과는 달리 'rules of law'가 아니라 'law'라고 하여 특정 국가의 법이 준거법이 될 것을 요구한다. 이는 중재인의 자의적 판단으로부터 당사자를 보호하려는 것이다.

한편, 우리 중재법(제29조 제2항)은 "제1항의 지정이 없는 경우 중재판정부는 분쟁의 대상과 가장 밀접한 관련이 있는 국가의 법을 적용하여야 한다"라고 규정함으로써, 모델법과 달리 통상적인 국제사법의 중개를 요구하지 않고 연결원칙을 직접 규정한다. 우리 중재법은 중재지가 한국인 경우 적용되므로, 그 경우 중재인은 중재법에 따라 분쟁의 대상과 가장 밀접한 관련이 있는 국가의 법을 적용하면 된다.[11]

(2) 중재인이 적용할 저촉규범의 결정

만일 중재인이 실체의 준거법을 결정하기 위하여 우선 통상의 저촉규범을 적용하여야 한다면, 중재인은 과연 어떠한 통상의 저촉규범을 적용하여야 하는지가 문제 된다. 그러나 우리 중재법은 직접 저촉규범을 제시하므로 중재법상 이런 문제는 제기되지 않는다.

(3) 중재인은 특정 국가의 법체계를 적용해야 하나

중재법(제29조 제2항)은 "제1항의 지정이 없는 경우에 중재판정부는 분쟁의 대상과 가장 밀접한 관련이 있는 국가의 법을 적용하여야 한다"라고 하여 특정 국가의 법을 적용하도록 함으로써 중재인이 상인법과 같이 특정 국가의 법이 아닌 규범을 적용할 가능성을 배제한다.

(4) ICC 중재규칙의 적용과 우리나라가 중재지인 경우의 실무상의 문제

당사자들이 ICC 중재규칙을 적용하기로 하고 우리나라를 중재지로 합의하면

---

11) 독일 민사소송법(제1051조 제2항), 일본 중재법(제36조 제2항)과 스위스 국제사법(제187조 제1항)도 동일한 태도를 취한다.

서 분쟁의 실체의 준거법을 지정하지 않은 경우 그의 준거법의 지정이 문제 된다. 우리 중재법(제29조)의 해석상 당사자들이 직접 준거법을 정할 수도 있고, 중재인들에게 결정을 위임할 수도 있으므로 당사자들이 ICC 중재규칙을 적용하기로 하였다면 이는 중재인에게 준거법 또는 준거규범을 결정할 수 있는 권한을 준 것으로 보아 중재인은 ICC 중재규칙에 따라 준거법을 결정해야 한다. 따라서 중재인은 중재법에 따라 분쟁의 대상과 가장 밀접한 관련이 있는 국가의 법을 적용할 것이 아니라, ICC 중재규칙(제21조 제1항 2문)에 따라 그가 적절하다고 결정하는 법규를 적용해야 한다. 이처럼 당사자들이 특정 국제중재규칙을 적용하기로 합의한 경우 이는 준거법을 간접적으로 지정한 것이 된다.

다. 형평과 선에 의한 중재판정

중재인이 법규범이 아니라 형평과 선, 즉 공평의 원칙과 양심에 따라 판정할 수 있는가가 문제 된다. 중재인이 형평과 선에 따라 판정할 경우 중재인은 "*ami-able compositeur* (우의적 중재인)"의 역할을 하게 된다. 우리 중재법(제29조 제3항)은 모델법을 따라 "중재판정부는 당사자들이 명시적으로 권한을 부여하는 경우에만 형평과 선에 따라 판정을 내릴 수 있다"라고 규정한다. 중재인에게 우의적 중재인으로서 또는 형평과 선에 따라 판정할 수 있는 권한을 부여하는 조항을 '형평조항(equity clause)'이라고 부르는데, 그 결과 중재인은 분쟁을 보다 공평하게 해결하기 위하여 법의 엄격한 적용을 완화할 수 있는 재량을 가지지만 그 구체적인 내용은 논란이 있다.

라. 계약의 준수와 상관습의 고려

중재판정부는 계약에서 정한 바에 따라 판단하고 해당 거래에 적용될 수 있는 상관습을 고려하여야 한다(제29조 제4항). 당사자들이 중재를 선택하는 이유 중의 하나는 중재인들이 계약의 문언과 연혁 및 거래의 관행을 존중할 것을 기대하기 때문이므로 법에서 이를 명시함으로써 당사자들의 기대를 충족시키고자 한다.

마. 국제상사중재와 국제적 강행법규의 적용 또는 고려

국제소송에서는 준거법이 외국법이라도 그의 적용이 배제되지 않는 국제적 강행법규(international zwingende Bestimmungen, *lois de police*, internationally man-datory rules)의 적용을 둘러싸고 다양한 문제가 제기된다. 즉, 국제적 강행법규에는 ① 법정지의 국제적 강행법규,[12] ② 준거법 소속국의 국제적 강행법규와 ③ 그 밖의 즉 제3국의 국제적 강행법규가 있는데, 각각에 관하여 법원이 이를 적용(또는 고려)해야 하는지, 만일 그렇다면 그 근거는 무엇인지를 둘러싸고 많은 논란이 있다.

국제상사중재의 경우에도 국제적 강행법규의 적용(또는 고려)을 유사한 형태로 논의할 수 있으나, 국제상사중재에서 중재인은 법원과 달리 실체에 관한 중재지의 국제적 강행법규를 당연히 적용할 의무를 부담하지 않는다. 즉, 국제상사의 중재인에게는 준거법 소속국 이외의 법은 모두 외국법이라고 할 수 있는데, 이 점에서 중재지는 법정지와 다르다. 따라서 중재지의 국제적 강행법규도 제3국의 국제적 강행법규와 동일하게 취급된다. 더욱이 요즈음에는 국제적 강행법규라는 이유만으로(특히 중재지의 국제적 강행법규와 제3국의 국제적 강행법규의 경우) 일률적으로 적용되어야 하는 것은 아니고, 구체적 사건에서 당해 국제적 강행법규가 분쟁과 충분히 밀접한 관련을 가지고, 나아가 국제적으로 승인되는 규율목적(즉 shared values)에 봉사하는 경우에만 적용(또는 고려)되어야 한다는 견해가 점차 세를 얻고 있다. 이에 관하여는 앞으로 더 체계적으로 연구할 필요가 있다.[13]

바. 당사자자치의 원칙이 타당한 영역

우리 중재법(제29조 제1항)이 국제상사중재의 전형적인 대상인 국제계약상의 분쟁의 경우 당사자자치가 적용됨을 선언하고 있음은 명백하다. 그런데 국제사법은 법정채권, 물권, 국제친족법 및 국제상속법 등 다양한 법률관계에 대해 연결원칙을 두는 데 반하여, 중재법은 매우 간단한 연결원칙을 두는 점에서 다르다. 물

---

12) 우리 국제사법(제20조)은 법정지의 국제적 강행법규의 강행적 적용을 명시한다. 상세는 제20조의 해설 참조.

13) 이에 관하여는 우선 George A. Bermann/Loukas A. Mistelis (eds.), Mandatory Rules in International Arbitration (2011) 참조. 우리 문헌은 석광현, 국제중재법, 제1권, 177면 이하; 정홍식, "국제중재에서 판매점의 보상청구권 — 중재인의 국제적 강행규범 적용 논쟁을 포함하여", 국제거래법연구 제22집 제1호(2013. 7.), 319면 이하; 정홍식, "국제중재에서 국제적 강행법규의 적용가능성", 중재연구 제23권 제4호(2013. 12.), 3면 이하; 이헌묵, "국제적 강행법규에 대한 중재가능성", 국제거래법연구 제22집 제2호(2013. 12.), 21면 이하; 김민경, "국제상사중재와 국제적 강행규정", 한양대학교 법학논총 제38집 제3호(2021. 10.) 1면 이하 참조.

론 국제친족법 분야의 분쟁은 대체로 중재가능성이 없으므로 중재법에서 관심을 둘 필요가 없더라도, 법정채권이라든가 물권법의 법률관계는 중재의 대상이 될 수도 있으므로 그에 관한 준거법을 결정할 필요가 있는데, 당사자자치의 원칙이 과연 그러한 분쟁에도 타당한지가 문제 된다.[14]

　우리 견해는 보지 못하였으나, 독일에는 첫째 문면을 중시하여 중재가능성이 있는 모든 사건에서 당사자자치를 허용하는 견해 — 물론 이 견해도 공서와 강행법규에 의한 제한을 인정한다 — 와, 둘째 일반적인 국제사법에 상응하는 범위 내에서만 준거법의 선택을 허용하는 견해가 있다. 그러나 사견으로는 우리 중재법이 분쟁의 실체의 준거법 결정에 관하여 명시적으로 널리 당사자자치를 허용하므로 이를 국제계약에 대하여만 한정할 것은 아니고 적용범위를 더 확장할 수 있다고 본다. 하지만 이를 무제한적으로 확대하여 중재가능성이 있는 분쟁 전부에 대해 당사자자치를 허용할 수는 없다. 예컨대 물권법 분야(특히 부동산 물권)와 같이 전통적으로 당사자자치가 허용되지 않는 분야에서는 중재의 경우에도 당사자자치는 허용되지 않는다고 본다. 그러한 경계선은 앞으로 연구를 통하여 구체화시켜 나가야 한다.

---

14) 상세는 석광현, 국제중재법, 제1권, 160면 이하 참조.

Ⅱ. 도산국제사법(도산저촉법)1)

1. 국제도산법의 쟁점

과거 개인과 회사가 어느 한 국가 내에서 재산을 소유하거나 영업하던 시대에는 '국제도산(cross‒border insolvency, Internationale Insolvenz)'의 문제가 제기되지 않았으나, 개인이나 회사가 복수 국가에 재산을 가지고 있거나 국제적으로 영업활동을 하는 것이 보편화된 오늘날 그러한 개인이나 특히 회사에 대하여 어느 국가에서 파산, 회생 및 이와 유사한 절차(이하 집합적으로 "도산절차"라 한다)가 개시된 경우2) 순수한 국내도산사건에서는 볼 수 없는 다양한 법적 쟁점이 제기된다. 이처럼 외국적 요소가 있는 도산사건에서 제기되는 법적 제문제를 규율하는 규범의 총체가 '국제도산법'이다.

여기에서는 아래와 같은 논점들이 제기된다. ① 외국도산절차의 개시에 개별집행을 금지하는 효력(또는 포괄집행적 효력)이 있는 경우 그 효력이 한국 내에 있는 재산에도 미치는가, ② 외국도산절차에 의하여 외국의 채무자가 한국 내 재산에 대하여도 관리처분권을 잃고 외국법원에 의하여 선임된 외국도산절차의 관리인(이하 '관재인'과 호환적으로 사용한다)이 관리처분권을 취득하는가, ③ 그 결과 외국의 관리인이 국내 소송에서 당사자적격을 가지는가, ④ 외국도산절차에서 외국법원이 한 각종 재판(이에는 도산절차를 구성하는 재판과 그렇지 않은 것이 있을 수 있다)이 한국 내에서 효력을 가지는가, ⑤ 파산재단의 범위에 한국 소재 재산도 포함되는가 또는 회생절차의 경우 회생절차에 따르는 재산의 범위에 한국 내 재산도 포함되는가, ⑥ 우리나라의 도산법원 또는 도산관재인과 외국의 도산법원 또는 도산관재인과의 공조, ⑦ 동일 채무자에 대하여 복수의 국가에서 병행하는 도산절차 간의 조정과 ⑧ 도산국제사법(또는 도산저촉법)의 문제 등이 그것이다.

과거 우리나라의 파산법, 회사정리법 및 화의법(이하 위 3자 및 기타 도산관련법을 집합적으로 "도산법"이라 한다)을 통합하여 2006. 4. 1. 발효한 "채무자 회생 및

---

1) 이는 일차적으로 석광현, 국제민사소송법, 478면 이하에 기초한 것이나, 상세는 석광현, 제5권, 593면 이하 참조. 근자의 문헌은 최준규, "국제도산에서 도산해지조항의 준거법 결정 ‒도산 전형적 법률효과?‒", 서울대학교 법학 제64권 제1호(통권 206호)(2023), 183면 이하 참조.
2) 도산절차가 개시된 국가를 '도산(절차)개시국(state of the opening of proceedings)', 그 국가의 법을 '도산(절차)개시국법' 또는 '도산법정지법(*lex fori concursus*)'이라 한다. '도산준거법 (*lex concursus*)'이라고도 부른다.

파산에 관한 법률"(이하 "채무자회생법"이라 한다)에 대한 우리 사회의 관심은 지대하지만 국제도산법은 별로 주목을 받지 못했다. 그러나 우리 입법자들은 마침내 채무자회생법에서 국제도산에 관하여 제5편(제628조-제642조)을 두어 과거의 속지주의와 결별하고 수정된 보편주의로 전환하였다. 국제도산법은 국제연합 국제거래법위원회(UNCITRAL)가 1997년 5월 채택한 "국제도산에 관한 모델법(Model Law on Cross-Border Insolvency)"(이하 "모델법" 또는 "CBI 모델법"이라 한다)[3]과, 일본에서 2001. 4. 1. 발효된 "外國倒産處理手續의 承認援助에 關한 法律"(이하 "승인원조법"이라 한다)의 영향을 많이 받았다. 기업활동의 국제화에 따라 앞으로 국제도산법의 중요성이 점차 커질 것이다. 여기에서는 모델법, 승인원조법과 2002. 5. 31. 발효된 유럽연합의 "도산절차에 관한 이사회규정"(이하 "EU도산규정"이라 한다)-과 이를 대체하는, 2015년 개정되어 2017. 6. 26. 발효한 "도산절차에 관한 유럽의회 및 이사회 규정(recast)"(이하 "개정 EU도산규정"이라 한다)[4] 등을 참조하여 도산국제사법을 간단히 논의한다.

2. 도산법정지법원칙과 그 근거

국제도산사건에서는 국내도산사건과는 달리 준거법의 결정이 문제 된다. 첫째, 우리나라에서 도산절차가 개시된 경우, 외국 소재 재산이 도산재단에 포함되는지, 외국 소재 재산에 대하여 외국법에 따라 설정된 담보권의 실행의 가부, 준거법이 외국법인 雙方未履行 雙務契約(executory contract)에 대해 도산절차가 미치는 영향, 상계의 허용 여부와 부인권의 행사 여부 등을 판단하기 위하여 준거법을 정할 필요가 있다. 둘째, 외국도산절차가 개시된 경우, 한국 소재 재산도 도산재단의 범위에 포함되는지, 한국 소재 재산에 대하여도 외국관재인의 권한이 미치는지, 한국 소재 재산에 대한 담보권의 실행이 외국도산절차에 의해 제한되는지 등을 판단하기 위하여 준거법을 정할 필요가 있다. 결론을 말하자면, 첫째와 둘째의 경우 모두 원칙적으로 도산법정지법에 따른다.[5] 그 근거는 아래와 같다.

---

3) 모델법에 관하여는 석광현, 제3권, 255면 이하 참조.

4) 이는 "Regulation (EU) 2015/848 of the European Parliament and of the Council of 20 May 2015 on Isolvency Poceedings (recast)"를 말한다. UNCITRAL은 2024년 10월 현재 도산저촉법에 관한 작업을 진행하고 있다. 이에 관하여는 우선 2024. 9. 12. 자 Applicable law in insolvency proceedings, Note by the Secretariat (A/CN.9/WG.V/WP.198) 참조.

5) 둘째의 경우 원칙적으로 외국도산절차가 우리나라에서 승인될 것을 전제로 한다.

도산국제사법의 원칙에 관하여 채무자회생법과 국제사법에는 규정이 없다.[6] 따라서 이는 도산법의 특수성을 고려하면서 국제사법의 기초를 이루는 원칙으로부터 도출해야 하는데, 그에 따르면 당해 법률관계와 가장 밀접한 관련이 있는 국가의 법이 준거법이 된다. 도산국제사법에서도, 다른 영역에서와 마찬가지로 당사자이익, 거래이익과 질서이익 등을 교량해서 연결원칙을 정할 것이나, 도산의 맥락에서는 채권자평등의 원칙과 국제도산절차에서 법적 안정성의 보장이라는 이익도 강조된다. 이를 부연하면 아래와 같다.

도산법은 절차법적 규정과 실체법적 규정으로 구성되므로 국제도산법도 '국제도산절차법'과, 도산실체의 준거법을 정하는 '도산저촉법(또는 도산국제사법)'으로 구분된다. '절차는 법정지법에 따른다(*forum regit processum*)'는 법정지법원칙은 국제도산법의 영역에서도 타당한데, 도산절차에서 법정지법이라 함은 도산법정지법(*lex fori concursus*)을 말한다. 따라서 도산절차에서의 국제도산관할, 도산절차의 개시, 관재인의 선임, 권한과 의무는 물론 도산채권의 신고, 확정, 배당 등 도산절차의 진행과 종료, 나아가 외국도산절차의 승인 등 절차법적 사항은 도산법정지법에 의한다.

한편 외국관련이 있는 도산사건의 실체법적 사항에 대하여도 도산법정지법이 준거법이 된다. 엄밀하게는 도산사건의 모든 실체법적 사항이 아니라 그중 도산절차에 내재하는 구성요건에 의하여 발생하고, 도산절차의 목적에 봉사하는 '도산전형적인 법률효과' 또는 '도산법에 특유한 효력'만이 도산법정지법에 따른다. 구별이 항상 쉽지는 않지만, 예컨대 매수인인 한국 기업과 매도인인 독일 기업 간에 국제물품매매계약이 체결된 뒤 한국에서 매수인의 파산선고가 있었다면, 매매계약의 성립과 효력의 문제는 법정지인 한국의 국제사법에 따라 결정되는 통상적인 국제계약의 준거법에 따르지만, 매수인의 파산관재인이 쌍방미이행 쌍무계약임을 이유로 매매계약을 해제할 수 있는지는 도산전형적인 법률효과의 문제이므로 도산법정지인 우리 채무자회생법에 따른다.

도산사건의 실체법적 사항에 도산법정지법을 적용하는 근거는, 도산절차에서는 절차와 실체가 밀접하게 관련되어 있다는 점과, 도산법정지법을 적용함으로써

---

6) 일본의 승인원조법도 도산저촉법에 관하여는 규정하지 않는다. 그 이유는 도산저촉법은 실체규범과 절차규범이 교착하는 매우 어려운 분야인데, 일본의 개정작업이 1년 정도의 준비기간에 걸쳐 이루어진 탓에 이 문제를 해결할 시간적 여유가 없어서 부득이 장래의 검토에 위임되었기 때문이다.

채권자들의 평등취급이라는 국제도산의 이념과 정의(正義)에 보다 충실할 수 있고, 국제도산절차에서 법적 안정성을 보장할 수 있다는 데 있다.[7] 또한 절차법적 및 실체법적 사항이 모두 도산법정지법에 따르므로 절차와 실체의 구별이라는 어려운 문제를 피할 수 있다.

대법원 2001. 12. 24. 선고 2001다30469 판결은, 준거법이 영국법인 차관계약상의 대주인 우리나라 은행이 파산한 사안에서 동 은행의 파산관재인은 구 파산법 제50조에 따라 이행 여부를 선택할 수 있다고 하였는데, 이는 차관계약의 준거법에 관계없이 우리 파산법에 따른 관재인의 선택권을 긍정함으로써 도산법정지법원칙을 따른 것이다. 위 판결은 국제도산법의 논점을 전혀 언급하지 않았지만 그러한 결론을 당연시한 것으로 이해할 수 있다.[8] 그러던 중 대법원 2015. 5. 28. 선고 2012다104526, 2012다104533 판결은 "외국적 요소가 있는 계약을 체결한 당사자에 대한 회생절차가 개시된 경우, 그 계약이 쌍방미이행 쌍무계약에 해당하여 관리인이 이행 또는 해제·해지를 선택할 수 있는지 여부, 그리고 계약의 해제·해지로 인하여 발생한 손해배상채권이 회생채권인지 여부는 도산법정지법(倒産法廷地法)인 채무자회생법에 따라 판단되어야 한다"라는 취지로 판시함으로써 이 점을 분명히 하였다.

3. 도산법정지법원칙의 예외

도산절차의 대부분의 실체법적 측면과 모든 절차법적 측면은 도산법정지법에 의하지만, 도산법정지국 외 국가의 당사자들의 정당한 기대와 거래의 확실성을 보호하기 위하여 그에 대한 예외를 인정할 필요가 있다. 이는 앞으로 해석론의 과제인데, 그 과정에서 도산국제사법에 관하여 상세한 규정을 두고 있는 개정 EU도산규정(제7조-제18조)과 2003년 개정된 독일 도산법(Insolvenzordnung)(제335조-제342조)이 참고가 된다. 특히 개정 EU도산규정 제7조 제1항은 도산절차와 그 효력에 관하여 도산법정지법원칙을 선언하고, 제2항에서 도산법정지법에 의하여 규율되는 사항을 예시한다. 도산절차를 개시할 수 있는 채무자, 재단을 구성하는 재산, 채무자와 관재인의 권한, 상계의 요건, 도산절차가 개별 채권자가 제기한 소에 미치는 영향, 권리의 신고, 확인 및 시인에 관한 규칙, 재산의 분배에 관한 규칙 및

---

7) 국제사법 제20조의 해설에서 언급했듯이 이를 국제적 강행법규로 설명하는 견해도 있다.
8) 평석은 석광현, 제3권, 543면 이하 참조. 저자는 이 글에서 그 점을 지적한 바 있다.

권리의 순위, 절차종료 후의 채권자의 권리 및 부인권에 관한 규칙 등이 그것이다. 나아가 EU도산규정은 도산법정지법원칙에 대한 예외를 명시한다(제8조 – 제18조).

4. 우리 법상의 도산저촉법: 해석론9)

가. 제3자의 담보권

(1) 우리 도산절차가 외국에 있는 재산에 대한 담보권에 미치는 효력

과거 회사정리법은 속지주의를 취하였으므로 외국채권자가 한국 기업이 제공한 담보물을 외국에서 보유하는 경우 채권자는 한국의 회사정리절차에 관계없이 담보권을 실행할 수 있었다. 그러나 현재는 회생절차가 개시된 경우 채무자회생법의 대외적 효력을 주장하여 담보권의 실행을 제한할 수 있는지가 문제 된다. 파산절차에서는 담보권자의 별제권이 인정되므로 큰 문제는 없다.

우리 학설은 별로 보지 못하였지만 ① 채무자회생법이 수정된 보편주의를 취한 점을 중시하여 도산법정지법을 관철하는 견해, ② 담보권자를 보호하기 위하여 속지주의와 동일한 결론을 취하는 견해, ③ 절충설로서 도산법정지법을 적용하여 도산재단에 포함시키되, 담보권의 준거법 소속국의 도산법을 적용하는 견해와, ④ 절충설을 따라 도산법정지법을 적용하여 도산재단에 포함시키되, 담보권의 준거법 소속국의 도산법과 도산법정지법 중 담보권자에게 유리한 법을 적용하는 견해가 가능하다. 나아가 EU도산규정과 독일 도산법을 참조하여 ⑤ 절충설을 따라 도산법정지법을 적용하여 도산재단에 포함시키되, 담보물의 소재지법 소속국의 도산법과 도산법정지법의 어느 것도 적용하지 않고 담보권자의 자유로운 처분을 허용하는 견해도 생각할 수 있다. 해석론상 ③과 ④가 설득력이 있는데, 이 경우 담보권자의 권리는 도산법정지의 회생절차의 효력이 외국에서 승인된다면 회생담보권으로 보아야 한다. 다만 입법론으로는 ⑤의 도입을 고려할 필요가 있다.

(2) 외국도산절차가 한국에 있는 재산에 대한 담보권에 미치는 효력

과거에는 속지주의의 결과, 외국기업이 담보로 제공한 담보물이 한국에 있는 경우 채권자는 외국의 회사정리절차에 관계없이 한국에서 담보권을 실행할 수 있었다. 그러나 현재는, 외국회생절차가 개시된 경우 만일 한국에서 승인결정이 있었다면, 그의 대내적 효력을 주장하여 담보권의 실행을 제한할 수 있는가가 문제

---

9) 상세는 석광현, 제5권, 594면 이하 참조.

된다. 파산절차에서는 별제권이 인정될 것이므로 큰 문제는 없다.

여기에서도 ① 도산법정지법을 관철하는 견해, ② 속지주의와 동일한 결론을 취하는 견해, ③ 도산재단에 포함시키되, 담보권의 준거법 소속국의 도산법을 적용하는 견해, ④ 도산재단에 포함시키되, 담보권의 준거법 소속국의 도산법과 도산법정지법 중 담보권자에게 유리한 법을 적용하는 견해와, ⑤ 도산재단에 포함시키되, 담보권자의 처분을 허용하는 견해를 생각할 수 있다. 해석론으로서는 ③과 ④가 설득력이 있다.

나. 소유권유보부매매

소유권유보부매매에서 매도인의 지위는 담보권자의 그것과 유사하므로 매수인의 도산절차가 개시된 경우의 취급에 관하여는 담보권에 관한 논의가 타당하다. 한편, 자산 인도 후 소유권유보부매매의 매도인의 외국(또는 한국)도산절차가 개시된 때에는, 개시 당시 자산이 한국(또는 외국)에 있는 경우 외국도산절차의 개시는(그것이 한국에서 승인되더라도 또는 국내도산절차의 개시는) 매매를 해제할 근거가 되지 않고, 매수인의 소유권 취득을 방해하지 않는다고 봄으로써 매수인의 기대를 보호할 필요가 있다.

다. 쌍방미이행 쌍무계약
(1) 일반원칙

채무자회생법(제119조, 제335조)은 쌍방미이행 쌍무계약의 경우 관리인 또는 파산관재인에게 계약을 해제 또는 해지하거나 채무자의 채무를 이행하고 상대방의 채무이행을 청구할 수 있는 선택권을 부여한다. 우리 법상으로도 도산절차가 쌍방미이행 쌍무계약에 미치는 영향은 원칙적으로 도산법정지법에 의할 사항이다.[10]

(2) 매매계약

매매계약에 대하여는 일반원칙이 타당하다. 우리 법의 해석상 부동산 매매계약의 경우 도산법정지법원칙에 대한 예외로서 부동산 소재지법을 적용할 수 있는

---

10) 준거법이 영국법인 차관계약상의 대주인 우리나라 은행이 파산한 경우 파산관재인은 파산법 제50조에 따라 선택권을 가진다고 판시한 대법원 2001. 12. 24. 선고 2001다30469 판결도 이를 따른 것이다.

지가 문제 되나, 명문의 규정이 없으므로 견해가 나뉠 수 있다. 이는 양면적 저촉 규정의 문제이다.

(3) 근로계약

문제는 우리 법의 해석상 근로계약의 경우 도산법정지법원칙에 대한 예외의 인정 여부인데, 그 경우 도산법정지법원칙을 고집할 것이 아니라 근로계약의 준 거법에 특별연결할 필요성을 충분히 수긍할 수 있고, 해석론으로서도 도입할 수 있다고 본다.

라. 상계

우리 법의 해석론으로도 상계의 허용 여부는 도산법정지법에 따를 사항이므로, 도산법정지법상 상계가 허용되지 않으면 상계는 불가능하다. 그러나 도산절차 개시 당시에 양 채권이 상계의 준거법(일반법과 도산법을 포함)에 따라 이미 상계적 상에 있었다면, 채권자의 기대를 보호하기 위하여 도산절차에도 불구하고 상계를 허용해야 한다는 견해가 주장될 여지가 없는 것은 아니다. 그러나 명문의 근거 없 이 해석론으로 EU도산규정이나 독일 도산법과 같은 결론을 도출할 수 있는지는 의문이다. 상계의 담보적 기능을 고려하면 담보권에서와 같은 예외적 취급을 할 필요가 있다는 주장도 가능하지만, 채권자평등의 원칙을 깨뜨리는 것이 정당화되 기는 어렵다. 상계가 허용되는가는 우리 도산법이 정할 사항이지만, 상계적상의 요건과 상계의 효력은 도산법이 별도로 명시하지 않는 한 평시의 상계의 준거법 에 따를 사항이다. 이와 관련하여 흥미로운 판결이 있는데, 대법원 2015. 1. 29. 선고 2012다108764 판결이 그것이다.[11]

위 사안에서는 회생절차에 있는 피고의 관리인이 추심금청구를 한 원고에 대 하여 소송상 상계의 항변을 하였다. 상계의 준거법이 영국법이었고 영국 보통법 상의 상계 요건의 구비 여부 등이 다투어졌다. 이 사건은 영국 보통법상 상계의 성질결정, 숨은 반정의 허용 여부, 도산법정지법 원칙과 그 적용범위, 상계의 요건 을 완화한 영국 도산법의 적용 여부와 지급금지채권을 수동채권으로 하는 상계의 금지를 정한 민법 제498조의 적용 여부 등 다양한 논점을 제기하는 흥미로운 사건

---

11) 하급심은 서울고등법원 2012. 10. 19. 선고 2012나23490 판결과 서울중앙지방법원 2012.
2. 2. 선고 2011가합4761 판결이다.

이다. 위 사건에서는 제3채무자인 피고가 상계를 하는 경우 우리 법원에서 수동채권을 가압류한 채권자에게 대항할 수 있는지를 판단하는 준거법도 다투어졌다.12)

마. 부인권

우리나라에서 도산절차가 개시된 경우 부인권은 원칙적으로 도산법정지법에 따를 사항이지만, 제3자의 신뢰를 어떻게 보호할지는 논란의 여지가 있고 외국에서 이를 어떻게 받아들일지도 검토할 필요가 있다.

한편 외국도산절차의 승인에 관하여 보면, 위에서 본 것처럼 모델법은 승인의 결과 외국도산대표자에게 입법국법에 따라 채권자를 해하는 행위를 부인할 수 있는 당사자적격을 인정하는 규정(제23조)만을 두고 준거법은 규정하지 않는다. 채무자회생법도 부인권의 준거법을 규정하지 않음은 물론 모델법 제23조 제1항에 상응하는 규정도 두지 않으므로 문제의 해결이 더욱 어렵다. 만일 외국도산절차가 한국에서 승인되고, 외국도산관재인이 국제도산관리인으로 선임되어 한국에서 부인권을 행사할 수 있다면 그의 준거법이 문제 된다. 그 경우 과거 독일에서처럼 도산법정지법을 적용하는 견해, 도산법정지법 및 사해행위라고 주장된 문제의 행위의 준거법을 중첩적으로 적용하는 견해와, 개정 EU도산규정이나 독일 도산법처럼 문제 된 행위의 준거법에 Veto 권한을 긍정하는 견해 등이 주장될 수 있을 것이다.

이상은 지원절차에서 외국도산관재인이 부인권을 행사하는 경우의 준거법에 관한 논의이나, 병행도산절차에서도 부인권의 준거법이 문제 된다. 그 경우에도 기본적으로 도산법정지법이 타당하나, 문제 된 행위의 준거법과 채권 자체의 준거법을 누적적용하는 견해 등이 주장될 수 있다.

---

12) 대법원은 영국 보통법상 상계의 절차법적 성격을 인정하면서도 채권의 소멸이라는 실체법적 성격도 가지므로 상계의 요건과 효과에 관하여 영국 보통법이 준거법으로 적용될 수 있다고 보았으나, 저자처럼 영국 보통법상 상계를 실체로 성질결정한 것은 아니다. 제1심판결과 원심판결은 아무런 근거 없이 상계의 소급효를 인정하였는데 대법원이 이러한 잘못을 지적하지 않은 점은 유감이다. 나아가 대법원은 제3채무자가 영국 보통법에 따라 상계를 하는 경우 우리 법원에서 수동채권을 (가)압류한 채권자에게 대항할 수 있는지는 집행절차의 효력과 관련된 문제이므로 민사집행법 등에 의할 것이라고 판시하였는데, 이는 설득력이 없다. 위 쟁점은 채권(가)압류의 효력의 강약이 아니라 관련 이익의 형량과 조정의 문제이기 때문이다. 위 대법원 판결에 대한 비판적 평석은 석광현, 제6권, 3면 이하 참조.

바. 공서와 반정

도산법정지법인 외국법에 의하여야 하는 경우 그 규정을 적용한 결과가 우리의 선량한 풍속 기타 사회질서에 '명백히' 위반되는 때에는 그 적용은 배제된다(국제사법 제23조 참조). 한편, 개정 EU도산규정을 따르는 범위 내에서는 국제적인 연결원칙의 조화를 도모하는 취지를 고려하여 반정을 불허하는 것이 바람직하나 명문 규정이 없으므로 개별적으로 검토해야 한다는 견해도 가능하다. 그 경우 문제는 반정의 허용이 국제사법의 지정 취지에 반하는지인데, 가사 반정이 허용되더라도 직접반정만이 허용된다(국제사법 제22조 참조).

5. 계약의 준거법과 도산법정지법이 규율하는 사항의 범위

우리 법원에서 다투어진 도산저촉법의 쟁점이 있는데, 이는 외국회사와 정기용선계약을 체결한 한국 회사에 대하여 회생절차개시결정이 있어 한국 회사가 채무를 이행할 수 없게 된 경우 외국회사가 그 계약불이행을 이유로 계약의 준거법인 영국법에 따라 계약을 해지하고 손해배상을 청구할 수 있는가이다. 우리 채무자회생법에 의하면, 미이행쌍무계약의 운명은 관리인의 이행 또는 해지 선택권 행사에 관한 재량에 따르고, 그 상대방은 관리인이 계약의 이행을 선택하거나 계약의 해지권이 포기된 것으로 간주되기까지는 임의로 변제를 하는 등 계약을 이행하거나 관리인에게 계약의 이행을 청구할 수 없다.[13] 따라서 상대방은 (계약해지권 자체가 개시 전에 발생한 경우를 제외하고는) 회생절차개시 후에는 관리인이 이행 또는 해지를 선택할 때까지는 채무불이행을 이유로 계약을 해지하거나, 그 선택 시까지의 계약불이행을 이유로 손해배상을 구할 수 없으므로 위 사안에서 외국회사는 용선계약을 해지하고 손해배상을 청구할 수 없다.[14] 다만, 채무자에 대한 회생절차개시결정 전에 채무자가 영국법상 이행거절에 해당하는 일련의 행위를 하였다면 위 결정 전에 외국회사는 정기용선계약의 해지권을 이미 취득하였으므로 회생절차개시결정 이후라도 그 해지권을 행사하고 손해배상을 청구할 수 있어야 할 것이다.[15]

---

13) 대법원 1992. 2. 28. 선고 91다30149 판결 참조.
14) 이는 서울중앙지방법원 2010. 1. 11.자 2009회확562 결정의 취지이다. 정기용선계약은 용선자의 회생절차 개시신청을 계약해지사유로 규정하지는 않았던 것 같다.
15) 이는 前註의 결정에 대하여 신청인(라이베리아 회사)이 제기한 이의사건에서 원고가 제출한

만일 용선계약에 용선자의 재산상태가 장래 악화될 때에 대비하여 지급정지, 회생절차개시신청, 회생절차개시와 같이 도산에 이르는 과정상의 일정한 사실 발생을 당해 계약의 해지권의 발생원인으로 정하거나 또는 계약의 당연 해지사유로 정하는 특약, 즉 '도산해지조항'(또는 '도산신청해지조항')이 있다면 그 조항이 유효한지에 따라 결론이 달라지는데, 그 조항이 준거법인 영국법상 유효하더라도 우리 도산법상 효력이 없으면 의미가 없다.[16)]

유력설[17)]은 관리인의 선택권 문제와 이를 침해할 수 있는 도산해지조의 효력 문제는 도산법정지법의 단일한 법체계 안에서 유기적으로 해석하는 것이 타당하다면서 이를 도산법정지법에 따를 사항이라고 본다. 그러나 영국은 이와 달리 도산해지조항 효력의 준거법을 계약의 준거법으로 파악한다.[18)] 계약의 준거법과 도산법정지법이 규율하는 사항의 경계획정은 더 검토할 필요가 있다.

주장이다. 다만 서울중앙지방법원 2011. 5. 26. 선고 2010가합16910 판결은 당해 사건에서 이행거절의 존재를 부정하였다.

16) 합작투자계약에 포함된 도산해지조항에 관하여 대법원 2007. 9. 6. 선고 2005다38263 판결은, 이를 일률적으로 무효로 보는 것은 계약자유의 원칙을 심각하게 침해하는 결과를 낳을 수 있고, 상대방 당사자가 채권자의 입장에서 채무자의 도산으로 초래될 법적 불안정에 대비할 보호가치 있는 정당한 이익을 무시하는 것이 되므로 무효라고 할 수 없다면서도, 도산해지조항이 부인권의 대상이 되거나 공서양속에 위배되는 경우에는 예외라는 취지로 판시하였다.

17) 권영준, "도산해지조항의 효력", 비교사법 제25권 제2호(통권 제81호)(2018), 793면. 서울고등법원 2023. 1. 13. 선고 2021나2024972 판결은 아래 취지로 판시하였다. "계약의 당사자들 사이에 회생절차의 개시신청이나 회생절차의 개시 그 자체를 당해 계약의 해제·해지권의 발생원인으로 정하거나 또는 계약의 당연 해제·해지사유로 정하는 특약(도산해지조항)을 두는 경우가 있으나, 쌍무계약으로서 회생절차의 개시신청이나 회생절차의 개시 당시 쌍방미이행 상태에 있는 계약에 대해서 별도의 법률규정이 없는 한 도산해제조항에 의한 해제·해지의 효력을 인정할 수 없다. 다만 회생절차 진행 중에 계약을 존속시키는 것이 계약상대방 또는 제3자의 이익을 중대하게 침해할 우려가 있거나 회생채무자의 회생을 위해 더 이상 필요하지 않은 경우에는 예외적으로 도산해제조항에 의한 해제·해지가 허용된다."

18) 영국 High Court의 Fibria Celulose S/A v Pan Ocean Co. Ltd [2014] EWHC 2124 (Ch) 사건 판결 참조.

부 록

국제사법 관련 법규

[1] 한국 국제사법

[1-1] 국제사법[1]

제1장 총칙

제1절 목적

제1조(목적) 이 법은 외국과 관련된 요소가 있는 법률관계에 관하여 국제재판관할과 준거법(準據法)을 정함을 목적으로 한다.

제2절 국제재판관할

제2조(일반원칙) ① 대한민국 법원(이하 "법원"이라 한다)은 당사자 또는 분쟁이 된 사안이 대한민국과 실질적 관련이 있는 경우에 국제재판관할권을 가진다. 이 경우 법원은 실질적 관련의 유무를 판단할 때에 당사자 간의 공평, 재판의 적정, 신속 및 경제를 꾀한다는 국제재판관할 배분의 이념에 부합하는 합리적인 원칙에 따라야 한다.

② 이 법이나 그 밖의 대한민국 법령 또는 조약에 국제재판관할에 관한 규정이 없는 경우 법원은 국내법의 관할 규정을 참작하여 국제재판관할권의 유무를 판단하되, 제1항의 취지에 비추어 국제재판관할의 특수성을 충분히 고려하여야 한다.

제3조(일반관할) ① 대한민국에 일상거소(habitual residence)가 있는 사람에 대한 소(訴)에 관하여는 법원에 국제재판관할이 있다. 일상거소가 어느 국가에도 없거나 일상거소를 알 수 없는 사람의 거소가 대한민국에 있는 경우에도 또한 같다.

② 제1항에도 불구하고 대사(大使)·공사(公使), 그 밖에 외국의 재판권 행사대상에서 제외되는 대한민국 국민에 대한 소에 관하여는 법원에 국제재판관할이 있다.

③ 주된 사무소·영업소 또는 정관상의 본거지나 경영의 중심지가 대한민국에 있는 법인 또는 단체와 대한민국 법에 따라 설립된 법인 또는 단체에 대한 소에 관하여는 법원에 국제재판관할이 있다.

제4조(사무소·영업소 소재지 등의 특별관할) ① 대한민국에 사무소·영업소가 있는 사람·법인 또는 단체에 대한 대한민국에 있는 사무소 또는 영업소의 업무와 관련된 소는 법원에 제기할 수 있다.

② 대한민국에서 또는 대한민국을 향하여 계속적이고 조직적인 사업 또는 영업활동을 하

---

1) 국가법령정보센터 홈페이지에서는 한국법제연구원이 작성한 국제사법의 비공식 영문번역(Act on Private International Law)을 볼 수 있다. 주소는 https://www.law.go.kr/engLsSc.do?menuId=1&subMenuId=21&tabMenuId=117#. 장준혁, "2022년 개정 국제사법 관할 조문 영문 번역", 국제사법연구 제28권 제2호(2022. 12.), 443면 이하도 있다.

는 사람·법인 또는 단체에 대하여 그 사업 또는 영업활동과 관련이 있는 소는 법원에 제기할 수 있다.

제5조(재산소재지의 특별관할) 재산권에 관한 소는 다음 각 호의 어느 하나에 해당하는 경우 법원에 제기할 수 있다.

 1. 청구의 목적 또는 담보의 목적인 재산이 대한민국에 있는 경우

 2. 압류할 수 있는 피고의 재산이 대한민국에 있는 경우. 다만, 분쟁이 된 사안이 대한민국과 아무런 관련이 없거나 근소한 관련만 있는 경우 또는 그 재산의 가액이 현저하게 적은 경우는 제외한다.

제6조(관련사건의 관할) ① 상호 밀접한 관련이 있는 여러 개의 청구 가운데 하나에 대하여 법원에 국제재판관할이 있으면 그 여러 개의 청구를 하나의 소로 법원에 제기할 수 있다.

② 공동피고 가운데 1인의 피고에 대하여 법원이 제3조에 따른 일반관할을 가지는 때에는 그 피고에 대한 청구와 다른 공동피고에 대한 청구 사이에 밀접한 관련이 있어서 모순된 재판의 위험을 피할 필요가 있는 경우에만 공동피고에 대한 소를 하나의 소로 법원에 제기할 수 있다.

③ 다음 각 호의 사건의 주된 청구에 대하여 제56조부터 제61조까지의 규정에 따라 법원에 국제재판관할이 있는 경우에는 친권자·양육자 지정, 부양료 지급 등 해당 주된 청구에 부수되는 부수적 청구에 대해서도 법원에 소를 제기할 수 있다.

 1. 혼인관계 사건
 2. 친생자관계 사건
 3. 입양관계 사건
 4. 부모·자녀 간 관계 사건
 5. 부양관계 사건
 6. 후견관계 사건

④ 제3항 각 호에 따른 사건의 주된 청구에 부수되는 부수적 청구에 대해서만 법원에 국제재판관할이 있는 경우에는 그 주된 청구에 대한 소를 법원에 제기할 수 없다.

제7조(반소관할) 본소(本訴)에 대하여 법원에 국제재판관할이 있고 소송절차를 현저히 지연시키지 아니하는 경우 피고는 본소의 청구 또는 방어방법과 밀접한 관련이 있는 청구를 목적으로 하는 반소(反訴)를 본소가 계속(係屬)된 법원에 제기할 수 있다.

제8조(합의관할) ① 당사자는 일정한 법률관계로 말미암은 소에 관하여 국제재판관할의 합의(이하 이 조에서 "합의"라 한다)를 할 수 있다. 다만, 합의가 다음 각 호의 어느 하나에 해당하는 경우에는 효력이 없다.

 1. 합의에 따라 국제재판관할을 가지는 국가의 법(준거법의 지정에 관한 법규를 포함한

다)에 따를 때 그 합의가 효력이 없는 경우

2. 합의를 한 당사자가 합의를 할 능력이 없었던 경우

3. 대한민국의 법령 또는 조약에 따를 때 합의의 대상이 된 소가 합의로 정한 국가가 아닌 다른 국가의 국제재판관할에 전속하는 경우

4. 합의의 효력을 인정하면 소가 계속된 국가의 선량한 풍속이나 그 밖의 사회질서에 명백히 위반되는 경우

② 합의는 서면[전보(電報), 전신(電信), 팩스, 전자우편 또는 그 밖의 통신수단에 의하여 교환된 전자적(電子的) 의사표시를 포함한다]으로 하여야 한다.

③ 합의로 정해진 관할은 전속적인 것으로 추정한다.

④ 합의가 당사자 간의 계약 조항의 형식으로 되어 있는 경우 계약 중 다른 조항의 효력은 합의 조항의 효력에 영향을 미치지 아니한다.

⑤ 당사자 간에 일정한 법률관계로 말미암은 소에 관하여 외국법원을 선택하는 전속적 합의가 있는 경우 법원에 그 소가 제기된 때에는 법원은 해당 소를 각하하여야 한다. 다만, 다음 각 호의 어느 하나에 해당하는 경우에는 그러하지 아니하다.

1. 합의가 제1항 각 호의 사유로 효력이 없는 경우

2. 제9조에 따라 변론관할이 발생하는 경우

3. 합의에 따라 국제재판관할을 가지는 국가의 법원이 사건을 심리하지 아니하기로 하는 경우

4. 합의가 제대로 이행될 수 없는 명백한 사정이 있는 경우

제9조(변론관할) 피고가 국제재판관할이 없음을 주장하지 아니하고 본안에 대하여 변론하거나 변론준비기일에서 진술하면 법원에 그 사건에 대한 국제재판관할이 있다.

제10조(전속관할) ① 다음 각 호의 소는 법원에만 제기할 수 있다.

1. 대한민국의 공적 장부의 등기 또는 등록에 관한 소. 다만, 당사자 간의 계약에 따른 이전이나 그 밖의 처분에 관한 소로서 등기 또는 등록의 이행을 청구하는 경우는 제외한다.

2. 대한민국 법령에 따라 설립된 법인 또는 단체의 설립 무효, 해산 또는 그 기관의 결의의 유효 또는 무효에 관한 소

3. 대한민국에 있는 부동산의 물권에 관한 소 또는 부동산의 사용을 목적으로 하는 권리로서 공적 장부에 등기나 등록이 된 것에 관한 소

4. 등록 또는 기탁에 의하여 창설되는 지식재산권이 대한민국에 등록되어 있거나 등록이 신청된 경우 그 지식재산권의 성립, 유효성 또는 소멸에 관한 소

5. 대한민국에서 재판의 집행을 하려는 경우 그 집행에 관한 소

② 대한민국의 법령 또는 조약에 따른 국제재판관할의 원칙상 외국법원의 국제재판관할에 전속하는 소에 대해서는 제3조부터 제7조까지 및 제9조를 적용하지 아니한다.

③ 제1항 각 호에 따라 법원의 전속관할에 속하는 사항이 다른 소의 선결문제가 되는 경우에는 제1항을 적용하지 아니한다.

제11조(국제적 소송경합) ① 같은 당사자 간에 외국법원에 계속 중인 사건과 동일한 소가 법원에 다시 제기된 경우에 외국법원의 재판이 대한민국에서 승인될 것으로 예상되는 때에는 법원은 직권 또는 당사자의 신청에 의하여 결정으로 소송절차를 중지할 수 있다. 다만, 다음 각 호의 어느 하나에 해당하는 경우에는 그러하지 아니하다.

  1. 전속적 국제재판관할의 합의에 따라 법원에 국제재판관할이 있는 경우
  2. 법원에서 해당 사건을 재판하는 것이 외국법원에서 재판하는 것보다 더 적절함이 명백한 경우

② 당사자는 제1항에 따른 법원의 중지 결정에 대해서는 즉시항고를 할 수 있다.

③ 법원은 대한민국 법령 또는 조약에 따른 승인 요건을 갖춘 외국의 재판이 있는 경우 같은 당사자 간에 그 재판과 동일한 소가 법원에 제기된 때에는 그 소를 각하하여야 한다.

④ 외국법원이 본안에 대한 재판을 하기 위하여 필요한 조치를 하지 아니하는 경우 또는 외국법원이 합리적인 기간 내에 본안에 관하여 재판을 선고하지 아니하거나 선고하지 아니할 것으로 예상되는 경우에 당사자의 신청이 있으면 법원은 제1항에 따라 중지된 사건의 심리를 계속할 수 있다.

⑤ 제1항에 따라 소송절차의 중지 여부를 결정하는 경우 소의 선후(先後)는 소를 제기한 때를 기준으로 한다.

제12조(국제재판관할권의 불행사) ① 이 법에 따라 법원에 국제재판관할이 있는 경우에도 법원이 국제재판관할권을 행사하기에 부적절하고 국제재판관할이 있는 외국법원이 분쟁을 해결하기에 더 적절하다는 예외적인 사정이 명백히 존재할 때에는 피고의 신청에 의하여 법원은 본안에 관한 최초의 변론기일 또는 변론준비기일까지 소송절차를 결정으로 중지하거나 소를 각하할 수 있다. 다만, 당사자가 합의한 국제재판관할이 법원에 있는 경우에는 그러하지 아니하다.

② 제1항 본문의 경우 법원은 소송절차를 중지하거나 소를 각하하기 전에 원고에게 진술할 기회를 주어야 한다.

③ 당사자는 제1항에 따른 법원의 중지 결정에 대해서는 즉시항고를 할 수 있다.

제13조(적용 제외) 제24조, 제56조부터 제59조까지, 제61조, 제62조, 제76조제4항 및 제89조에 따라 국제재판관할이 정하여지는 사건에는 제8조 및 제9조를 적용하지 아니한다.

제14조(보전처분의 관할) ① 보전처분에 대해서는 다음 각 호의 어느 하나에 해당하는 경

우 법원에 국제재판관할이 있다.

1. 법원에 본안에 관한 국제재판관할이 있는 경우

2. 보전처분의 대상이 되는 재산이 대한민국에 있는 경우

② 제1항에도 불구하고 당사자는 긴급히 필요한 경우에는 대한민국에서만 효력을 가지는 보전처분을 법원에 신청할 수 있다.

제15조(비송사건의 관할) ① 비송사건의 국제재판관할에 관하여는 성질에 반하지 아니하는 범위에서 제2조부터 제14조까지의 규정을 준용한다.

② 비송사건의 국제재판관할은 다음 각 호의 구분에 따라 해당 규정에서 정한 바에 따른다.

1. 실종선고 등에 관한 사건: 제24조

2. 친족관계에 관한 사건: 제56조부터 제61조까지

3. 상속 및 유언에 관한 사건: 제76조

4. 선박소유자 등의 책임제한에 관한 사건: 제89조

③ 제2항 각 호에서 규정하는 경우 외에 개별 비송사건의 관할에 관하여 이 법에 다른 규정이 없는 경우에는 제2조에 따른다.

제3절 준거법

제16조(본국법) ① 당사자의 본국법에 따라야 하는 경우에 당사자가 둘 이상의 국적을 가질 때에는 그와 가장 밀접한 관련이 있는 국가의 법을 그 본국법으로 정한다. 다만, 국적 중 하나가 대한민국일 경우에는 대한민국 법을 본국법으로 한다.

② 당사자가 국적을 가지지 아니하거나 당사자의 국적을 알 수 없는 경우에는 그의 일상거소가 있는 국가의 법[이하 "일상거소지법"(日常居所地法)이라 한다]에 따르고, 일상거소를 알 수 없는 경우에는 그의 거소가 있는 국가의 법에 따른다.

③ 당사자가 지역에 따라 법을 달리하는 국가의 국적을 가질 경우에는 그 국가의 법 선택 규정에 따라 지정되는 법에 따르고, 그러한 규정이 없는 경우에는 당사자와 가장 밀접한 관련이 있는 지역의 법에 따른다.

제17조(일상거소지법) 당사자의 일상거소지법에 따라야 하는 경우에 당사자의 일상거소를 알 수 없는 경우에는 그의 거소가 있는 국가의 법에 따른다.

제18조(외국법의 적용) 법원은 이 법에 따라 준거법으로 정해진 외국법의 내용을 직권으로 조사·적용하여야 하며, 이를 위하여 당사자에게 협력을 요구할 수 있다.

제19조(준거법의 범위) 이 법에 따라 준거법으로 지정되는 외국법의 규정은 공법적 성격이 있다는 이유만으로 적용이 배제되지 아니한다.

제20조(대한민국 법의 강행적 적용) 입법목적에 비추어 준거법에 관계없이 해당 법률관계

에 적용되어야 하는 대한민국의 강행규정은 이 법에 따라 외국법이 준거법으로 지정되는 경우에도 적용한다.

제21조(준거법 지정의 예외) ① 이 법에 따라 지정된 준거법이 해당 법률관계와 근소한 관련이 있을 뿐이고, 그 법률관계와 가장 밀접한 관련이 있는 다른 국가의 법이 명백히 존재하는 경우에는 그 다른 국가의 법에 따른다.

② 당사자가 합의에 따라 준거법을 선택하는 경우에는 제1항을 적용하지 아니한다.

제22조(외국법에 따른 대한민국 법의 적용) ① 이 법에 따라 외국법이 준거법으로 지정된 경우에 그 국가의 법에 따라 대한민국 법이 적용되어야 할 때에는 대한민국의 법(준거법의 지정에 관한 법규는 제외한다)에 따른다.

② 다음 각 호의 어느 하나에 해당하는 경우에는 제1항을 적용하지 아니한다.

 1. 당사자가 합의로 준거법을 선택하는 경우

 2. 이 법에 따라 계약의 준거법이 지정되는 경우

 3. 제73조에 따라 부양의 준거법이 지정되는 경우

 4. 제78조제3항에 따라 유언의 방식의 준거법이 지정되는 경우

 5. 제94조에 따라 선적국법이 지정되는 경우

 6. 그 밖에 제1항을 적용하는 것이 이 법의 준거법 지정 취지에 반하는 경우

제23조(사회질서에 반하는 외국법의 규정) 외국법에 따라야 하는 경우에 그 규정의 적용이 대한민국의 선량한 풍속이나 그 밖의 사회질서에 명백히 위반될 때에는 그 규정을 적용하지 아니한다.

제2장 사람

제1절 국제재판관할

제24조(실종선고 등 사건의 특별관할) ① 실종선고에 관한 사건에 대해서는 다음 각 호의 어느 하나에 해당하는 경우 법원에 국제재판관할이 있다.

 1. 부재자가 대한민국 국민인 경우

 2. 부재자의 마지막 일상거소가 대한민국에 있는 경우

 3. 부재자의 재산이 대한민국에 있거나 대한민국 법에 따라야 하는 법률관계가 있는 경우. 다만, 그 재산 및 법률관계에 관한 부분으로 한정한다.

 4. 그 밖에 정당한 사유가 있는 경우

② 부재자 재산관리에 관한 사건에 대해서는 부재자의 마지막 일상거소 또는 재산이 대한민국에 있는 경우 법원에 국제재판관할이 있다.

제25조(사원 등에 대한 소의 특별관할) 법원이 제3조제3항에 따른 국제재판관할을 가지는

경우 다음 각 호의 소는 법원에 제기할 수 있다.

1. 법인 또는 단체가 그 사원 또는 사원이었던 사람에 대하여 소를 제기하는 경우로서 그 소가 사원의 자격으로 말미암은 것인 경우

2. 법인 또는 단체의 사원이 다른 사원 또는 사원이었던 사람에 대하여 소를 제기하는 경우로서 그 소가 사원의 자격으로 말미암은 것인 경우

3. 법인 또는 단체의 사원이었던 사람이 법인·단체의 사원에 대하여 소를 제기하는 경우로서 그 소가 사원의 자격으로 말미암은 것인 경우

제2절 준거법

제26조(권리능력) 사람의 권리능력은 그의 본국법에 따른다.

제27조(실종과 부재) ① 실종선고 및 부재자 재산관리는 실종자 또는 부재자의 본국법에 따른다.

② 제1항에도 불구하고 외국인에 대하여 법원이 실종선고나 그 취소 또는 부재자 재산관리의 재판을 하는 경우에는 대한민국 법에 따른다.

제28조(행위능력) ① 사람의 행위능력은 그의 본국법에 따른다. 행위능력이 혼인에 의하여 확대되는 경우에도 또한 같다.

② 이미 취득한 행위능력은 국적의 변경에 의하여 상실되거나 제한되지 아니한다.

제29조(거래보호) ① 법률행위를 한 사람과 상대방이 법률행위의 성립 당시 동일한 국가에 있는 경우에 그 행위자가 그의 본국법에 따르면 무능력자이더라도 법률행위가 있었던 국가의 법에 따라 능력자인 때에는 그의 무능력을 주장할 수 없다. 다만, 상대방이 법률행위 당시 그의 무능력을 알았거나 알 수 있었을 경우에는 그러하지 아니하다.

② 제1항은 친족법 또는 상속법의 규정에 따른 법률행위 및 행위지 외의 국가에 있는 부동산에 관한 법률행위에는 이를 적용하지 아니한다.

제30조(법인 및 단체) 법인 또는 단체는 그 설립의 준거법에 따른다. 다만, 외국에서 설립된 법인 또는 단체가 대한민국에 주된 사무소가 있거나 대한민국에서 주된 사업을 하는 경우에는 대한민국 법에 따른다.

제3장 법률행위

제31조(법률행위의 방식) ① 법률행위의 방식은 그 행위의 준거법에 따른다.

② 행위지법에 따라 한 법률행위의 방식은 제1항에도 불구하고 유효하다.

③ 당사자가 계약체결 시 서로 다른 국가에 있을 때에는 그 국가 중 어느 한 국가의 법에서 정한 법률행위의 방식에 따를 수 있다.

④ 대리인에 의한 법률행위의 경우에는 대리인이 있는 국가를 기준으로 행위지법을 정한다.

⑤ 제2항부터 제4항까지의 규정은 물권이나 그 밖에 등기하여야 하는 권리를 설정하거나 처분하는 법률행위의 방식에는 적용하지 아니한다.

제32조(임의대리) ① 본인과 대리인 간의 관계는 당사자 간의 법률관계의 준거법에 따른다.

② 대리인의 행위로 인하여 본인이 제3자에 대하여 의무를 부담하는지 여부는 대리인의 영업소가 있는 국가의 법에 따르며, 대리인의 영업소가 없거나 영업소가 있더라도 제3자가 알 수 없는 경우에는 대리인이 실제로 대리행위를 한 국가의 법에 따른다.

③ 대리인이 본인과 근로계약 관계에 있고, 그의 영업소가 없는 경우에는 본인의 주된 영업소를 그의 영업소로 본다.

④ 본인은 제2항 및 제3항에도 불구하고 대리의 준거법을 선택할 수 있다. 다만, 준거법의 선택은 대리권을 증명하는 서면에 명시되거나 본인 또는 대리인이 제3자에게 서면으로 통지한 경우에만 그 효력이 있다.

⑤ 대리권이 없는 대리인과 제3자 간의 관계에 관하여는 제2항을 준용한다.

제4장 물권

제33조(물권) ① 동산 및 부동산에 관한 물권 또는 등기하여야 하는 권리는 그 동산·부동산의 소재지법에 따른다.

② 제1항에 규정된 권리의 취득·상실·변경은 그 원인된 행위 또는 사실의 완성 당시 그 동산·부동산의 소재지법에 따른다.

제34조(운송수단) 항공기에 관한 물권은 그 항공기의 국적이 소속된 국가의 법에 따르고, 철도차량에 관한 물권은 그 철도차량의 운행을 허가한 국가의 법에 따른다.

제35조(무기명증권) 무기명증권에 관한 권리의 취득·상실·변경은 그 원인된 행위 또는 사실의 완성 당시 그 무기명증권의 소재지법에 따른다.

제36조(이동 중인 물건) 이동 중인 물건에 관한 물권의 취득·상실·변경은 그 목적지가 속하는 국가의 법에 따른다.

제37조(채권 등에 대한 약정담보물권) 채권·주식, 그 밖의 권리 또는 이를 표창하는 유가증권을 대상으로 하는 약정담보물권은 담보대상인 권리의 준거법에 따른다. 다만, 무기명증권을 대상으로 하는 약정담보물권은 제35조에 따른다.

제5장 지식재산권

제1절 국제재판관할

제38조(지식재산권 계약에 관한 소의 특별관할) ① 지식재산권의 양도, 담보권 설정, 사용허락 등의 계약에 관한 소는 다음 각 호의 어느 하나에 해당하는 경우 법원에 제기할 수 있다.

 1. 지식재산권이 대한민국에서 보호되거나 사용 또는 행사되는 경우

 2. 지식재산권에 관한 권리가 대한민국에서 등록되는 경우

② 제1항에 따른 국제재판관할이 적용되는 소에는 제41조를 적용하지 아니한다.

제39조(지식재산권 침해에 관한 소의 특별관할) ① 지식재산권 침해에 관한 소는 다음 각 호의 어느 하나에 해당하는 경우 법원에 제기할 수 있다. 다만, 이 경우 대한민국에서 발생한 결과에 한정한다.

 1. 침해행위를 대한민국에서 한 경우

 2. 침해의 결과가 대한민국에서 발생한 경우

 3. 침해행위를 대한민국을 향하여 한 경우

② 제1항에 따라 소를 제기하는 경우 제6조제1항을 적용하지 아니한다.

③ 제1항 및 제2항에도 불구하고 지식재산권에 대한 주된 침해행위가 대한민국에서 일어난 경우에는 외국에서 발생하는 결과를 포함하여 침해행위로 인한 모든 결과에 관한 소를 법원에 제기할 수 있다.

④ 제1항 및 제3항에 따라 소를 제기하는 경우 제44조를 적용하지 아니한다.

제2절 준거법

제40조(지식재산권의 보호) 지식재산권의 보호는 그 침해지법에 따른다.

제6장 채권

제1절 국제재판관할

제41조(계약에 관한 소의 특별관할) ① 계약에 관한 소는 다음 각 호의 어느 하나에 해당하는 곳이 대한민국에 있는 경우 법원에 제기할 수 있다.

 1. 물품공급계약의 경우에는 물품인도지

 2. 용역제공계약의 경우에는 용역제공지

 3. 물품인도지와 용역제공지가 복수이거나 물품공급과 용역제공을 함께 목적으로 하는 계약의 경우에는 의무의 주된 부분의 이행지

② 제1항에서 정한 계약 외의 계약에 관한 소는 청구의 근거인 의무가 이행된 곳 또는 그 의무가 이행되어야 할 곳으로 계약당사자가 합의한 곳이 대한민국에 있는 경우 법원에 제기할 수 있다.

제42조(소비자계약의 관할) ① 소비자가 자신의 직업 또는 영업활동 외의 목적으로 체결하는 계약으로서 다음 각 호의 어느 하나에 해당하는 경우 대한민국에 일상거소가 있는 소비자는 계약의 상대방(직업 또는 영업활동으로 계약을 체결하는 자를 말한다. 이하 "사업자"라 한다)에 대하여 법원에 소를 제기할 수 있다.

1. 사업자가 계약체결에 앞서 소비자의 일상거소가 있는 국가(이하 "일상거소지국"이라 한다)에서 광고에 의한 거래 권유 등 직업 또는 영업활동을 행하거나 소비자의 일상 거소지국 외의 지역에서 소비자의 일상거소지국을 향하여 광고에 의한 거래의 권유 등 직업 또는 영업활동을 행하고 그 계약이 사업자의 직업 또는 영업활동의 범위에 속하는 경우

2. 사업자가 소비자의 일상거소지국에서 소비자의 주문을 받은 경우

3. 사업자가 소비자로 하여금 소비자의 일상거소지국이 아닌 국가에 가서 주문을 하도록 유도한 경우

② 제1항에 따른 계약(이하 "소비자계약"이라 한다)의 경우에 소비자의 일상거소가 대한민국에 있는 경우에는 사업자가 소비자에 대하여 제기하는 소는 법원에만 제기할 수 있다.

③ 소비자계약의 당사자 간에 제8조에 따른 국제재판관할의 합의가 있을 때 그 합의는 다음 각 호의 어느 하나에 해당하는 경우에만 효력이 있다.

1. 분쟁이 이미 발생한 후 국제재판관할의 합의를 한 경우

2. 국제재판관할의 합의에서 법원 외에 외국법원에도 소비자가 소를 제기할 수 있도록 한 경우

제43조(근로계약의 관할) ① 근로자가 대한민국에서 일상적으로 노무를 제공하거나 최후로 일상적 노무를 제공한 경우에는 사용자에 대한 근로계약에 관한 소를 법원에 제기할 수 있다. 근로자가 일상적으로 대한민국에서 노무를 제공하지 아니하거나 아니하였던 경우에 사용자가 그를 고용한 영업소가 대한민국에 있거나 있었을 때에도 또한 같다.

② 사용자가 근로자에 대하여 제기하는 근로계약에 관한 소는 근로자의 일상거소가 대한민국에 있거나 근로자가 대한민국에서 일상적으로 노무를 제공하는 경우에는 법원에만 제기할 수 있다.

③ 근로계약의 당사자 간에 제8조에 따른 국제재판관할의 합의가 있을 때 그 합의는 다음 각 호의 어느 하나에 해당하는 경우에만 효력이 있다.

1. 분쟁이 이미 발생한 경우

  2. 국제재판관할의 합의에서 법원 외에 외국법원에도 근로자가 소를 제기할 수 있도록
     한 경우

제44조(불법행위에 관한 소의 특별관할) 불법행위에 관한 소는 그 행위가 대한민국에서 행
하여지거나 대한민국을 향하여 행하여지는 경우 또는 대한민국에서 그 결과가 발생하는
경우 법원에 제기할 수 있다. 다만, 불법행위의 결과가 대한민국에서 발생할 것을 예견할
수 없었던 경우에는 그러하지 아니하다.

제2절 준거법

제45조(당사자 자치) ① 계약은 당사자가 명시적 또는 묵시적으로 선택한 법에 따른다. 다
만, 묵시적인 선택은 계약내용이나 그 밖의 모든 사정으로부터 합리적으로 인정할 수 있
는 경우로 한정한다.

② 당사자는 계약의 일부에 관하여도 준거법을 선택할 수 있다.

③ 당사자는 합의에 의하여 이 조 또는 제46조에 따른 준거법을 변경할 수 있다. 다만, 계
약체결 후 이루어진 준거법의 변경은 계약 방식의 유효 여부와 제3자의 권리에 영향을 미
치지 아니한다.

④ 모든 요소가 오로지 한 국가와 관련이 있음에도 불구하고 당사자가 그 외의 다른 국가
의 법을 선택한 경우에 관련된 국가의 강행규정은 적용이 배제되지 아니한다.

⑤ 준거법 선택에 관한 당사자 간 합의의 성립 및 유효성에 관하여는 제49조를 준용한다.

제46조(준거법 결정 시의 객관적 연결) ① 당사자가 준거법을 선택하지 아니한 경우에 계
약은 그 계약과 가장 밀접한 관련이 있는 국가의 법에 따른다.

② 당사자가 계약에 따라 다음 각 호의 어느 하나에 해당하는 이행을 하여야 하는 경우에
는 계약체결 당시 그의 일상거소가 있는 국가의 법(당사자가 법인 또는 단체인 경우에는
주된 사무소가 있는 국가의 법을 말한다)이 가장 밀접한 관련이 있는 것으로 추정한다.
다만, 계약이 당사자의 직업 또는 영업활동으로 체결된 경우에는 당사자의 영업소가 있는
국가의 법이 가장 밀접한 관련이 있는 것으로 추정한다.

  1. 양도계약의 경우에는 양도인의 이행

  2. 이용계약의 경우에는 물건 또는 권리를 이용하도록 하는 당사자의 이행

  3. 위임·도급계약 및 이와 유사한 용역제공계약의 경우에는 용역의 이행

③ 부동산에 대한 권리를 대상으로 하는 계약의 경우에는 부동산이 있는 국가의 법이 가
장 밀접한 관련이 있는 것으로 추정한다.

제47조(소비자계약) ① 소비자계약의 당사자가 준거법을 선택하더라도 소비자의 일상거소
가 있는 국가의 강행규정에 따라 소비자에게 부여되는 보호를 박탈할 수 없다.

② 소비자계약의 당사자가 준거법을 선택하지 아니한 경우에는 제46조에도 불구하고 소비자의 일상거소지법에 따른다.

③ 소비자계약의 방식은 제31조제1항부터 제3항까지의 규정에도 불구하고 소비자의 일상거소지법에 따른다.

제48조(근로계약) ① 근로계약의 당사자가 준거법을 선택하더라도 제2항에 따라 지정되는 준거법 소속 국가의 강행규정에 따라 근로자에게 부여되는 보호를 박탈할 수 없다.

② 근로계약의 당사자가 준거법을 선택하지 아니한 경우 근로계약은 제46조에도 불구하고 근로자가 일상적으로 노무를 제공하는 국가의 법에 따르며, 근로자가 일상적으로 어느 한 국가 안에서 노무를 제공하지 아니하는 경우에는 사용자가 근로자를 고용한 영업소가 있는 국가의 법에 따른다.

제49조(계약의 성립 및 유효성) ① 계약의 성립 및 유효성은 그 계약이 유효하게 성립하였을 경우 이 법에 따라 적용되어야 하는 준거법에 따라 판단한다.

② 제1항에 따른 준거법에 따라 당사자의 행위의 효력을 판단하는 것이 모든 사정에 비추어 명백히 부당한 경우에는 그 당사자는 계약에 동의하지 아니하였음을 주장하기 위하여 그의 일상거소지법을 원용할 수 있다.

제50조(사무관리) ① 사무관리는 그 관리가 행하여진 곳의 법에 따른다. 다만, 사무관리가 당사자 간의 법률관계에 근거하여 행하여진 경우에는 그 법률관계의 준거법에 따른다.

② 다른 사람의 채무를 변제함으로써 발생하는 청구권은 그 채무의 준거법에 따른다.

제51조(부당이득) 부당이득은 그 이득이 발생한 곳의 법에 따른다. 다만, 부당이득이 당사자 간의 법률관계에 근거한 이행으로부터 발생한 경우에는 그 법률관계의 준거법에 따른다.

제52조(불법행위) ① 불법행위는 그 행위를 하거나 그 결과가 발생하는 곳의 법에 따른다.

② 불법행위를 한 당시 동일한 국가 안에 가해자와 피해자의 일상거소가 있는 경우에는 제1항에도 불구하고 그 국가의 법에 따른다.

③ 가해자와 피해자 간에 존재하는 법률관계가 불법행위에 의하여 침해되는 경우에는 제1항 및 제2항에도 불구하고 그 법률관계의 준거법에 따른다.

④ 제1항부터 제3항까지의 규정에 따라 외국법이 적용되는 경우에 불법행위로 인한 손해배상청구권은 그 성질이 명백히 피해자의 적절한 배상을 위한 것이 아니거나 그 범위가 본질적으로 피해자의 적절한 배상을 위하여 필요한 정도를 넘을 때에는 인정하지 아니한다.

제53조(준거법에 관한 사후적 합의) 당사자는 제50조부터 제52조까지의 규정에도 불구하고 사무관리·부당이득·불법행위가 발생한 후 합의에 의하여 대한민국 법을 그 준거법으로 선택할 수 있다. 다만, 그로 인하여 제3자의 권리에 영향을 미치지 아니한다.

제54조(채권의 양도 및 채무의 인수) ① 채권의 양도인과 양수인 간의 법률관계는 당사자

간의 계약의 준거법에 따른다. 다만, 채권의 양도가능성, 채무자 및 제3자에 대한 채권양도의 효력은 양도되는 채권의 준거법에 따른다.

② 채무인수에 관하여는 제1항을 준용한다.

제55조(법률에 따른 채권의 이전) ① 법률에 따른 채권의 이전은 그 이전의 원인이 된 구(舊)채권자와 신(新)채권자 간의 법률관계의 준거법에 따른다. 다만, 이전되는 채권의 준거법에 채무자 보호를 위한 규정이 있는 경우에는 그 규정이 적용된다.

② 제1항과 같은 법률관계가 존재하지 아니하는 경우에는 이전되는 채권의 준거법에 따른다.

제7장 친족

제1절 국제재판관할

제56조(혼인관계에 관한 사건의 특별관할) ① 혼인관계에 관한 사건에 대해서는 다음 각 호의 어느 하나에 해당하는 경우 법원에 국제재판관할이 있다.

 1. 부부 중 한쪽의 일상거소가 대한민국에 있고 부부의 마지막 공동 일상거소가 대한민국에 있었던 경우

 2. 원고와 미성년 자녀 전부 또는 일부의 일상거소가 대한민국에 있는 경우

 3. 부부 모두가 대한민국 국민인 경우

 4. 대한민국 국민으로서 대한민국에 일상거소를 둔 원고가 혼인관계 해소만을 목적으로 제기하는 사건의 경우

② 부부 모두를 상대로 하는 혼인관계에 관한 사건에 대해서는 다음 각 호의 어느 하나에 해당하는 경우 법원에 국제재판관할이 있다.

 1. 부부 중 한쪽의 일상거소가 대한민국에 있는 경우

 2. 부부 중 한쪽이 사망한 때에는 생존한 다른 한쪽의 일상거소가 대한민국에 있는 경우

 3. 부부 모두가 사망한 때에는 부부 중 한쪽의 마지막 일상거소가 대한민국에 있었던 경우

 4. 부부 모두가 대한민국 국민인 경우

제57조(친생자관계에 관한 사건의 특별관할) 친생자관계의 성립 및 해소에 관한 사건에 대해서는 다음 각 호의 어느 하나에 해당하는 경우 법원에 국제재판관할이 있다.

 1. 자녀의 일상거소가 대한민국에 있는 경우

 2. 자녀와 피고가 되는 부모 중 한쪽이 대한민국 국민인 경우

제58조(입양관계에 관한 사건의 특별관할) ① 입양의 성립에 관한 사건에 대해서는 양자가 되려는 사람 또는 양친이 되려는 사람의 일상거소가 대한민국에 있는 경우 법원에 국제재판관할이 있다.

② 양친자관계의 존부확인, 입양의 취소 또는 파양(罷養)에 관한 사건에 관하여는 제57조를 준용한다.

제59조(부모·자녀 간의 법률관계 등에 관한 사건의 특별관할) 미성년인 자녀 등에 대한 친권, 양육권 및 면접교섭권에 관한 사건에 대해서는 다음 각 호의 어느 하나에 해당하는 경우 법원에 국제재판관할이 있다.

 1. 자녀의 일상거소가 대한민국에 있는 경우
 2. 부모 중 한쪽과 자녀가 대한민국 국민인 경우

제60조(부양에 관한 사건의 관할) ① 부양에 관한 사건에 대해서는 부양권리자의 일상거소가 대한민국에 있는 경우 법원에 국제재판관할이 있다.

② 당사자가 부양에 관한 사건에 대하여 제8조에 따라 국제재판관할의 합의를 하는 경우 다음 각 호의 어느 하나에 해당하면 합의의 효력이 없다.

 1. 부양권리자가 미성년자이거나 피후견인인 경우. 다만, 해당 합의에서 미성년자이거나 피후견인인 부양권리자에게 법원 외에 외국법원에도 소를 제기할 수 있도록 한 경우는 제외한다.
 2. 합의로 지정된 국가가 사안과 아무런 관련이 없거나 근소한 관련만 있는 경우

③ 부양에 관한 사건이 다음 각 호의 어느 하나에 해당하는 경우에는 제9조를 적용하지 아니한다.

 1. 부양권리자가 미성년자이거나 피후견인인 경우
 2. 대한민국이 사안과 아무런 관련이 없거나 근소한 관련만 있는 경우

제61조(후견에 관한 사건의 특별관할) ① 성년인 사람의 후견에 관한 사건에 대해서는 다음 각 호의 어느 하나에 해당하는 경우 법원에 국제재판관할이 있다.

 1. 피후견인(피후견인이 될 사람을 포함한다. 이하 같다)의 일상거소가 대한민국에 있는 경우
 2. 피후견인이 대한민국 국민인 경우
 3. 피후견인의 재산이 대한민국에 있고 피후견인을 보호하여야 할 필요가 있는 경우

② 미성년자의 후견에 관한 사건에 대해서는 다음 각 호의 어느 하나에 해당하는 경우 법원에 국제재판관할이 있다.

 1. 미성년자의 일상거소가 대한민국에 있는 경우
 2. 미성년자의 재산이 대한민국에 있고 미성년자를 보호하여야 할 필요가 있는 경우

제62조(가사조정사건의 관할) 제56조부터 제61조까지의 규정에 따라 법원에 국제재판관할이 있는 사건의 경우에는 그 조정사건에 대해서도 법원에 국제재판관할이 있다.

제2절 준거법

제63조(혼인의 성립) ① 혼인의 성립요건은 각 당사자에 관하여 그 본국법에 따른다.

② 혼인의 방식은 혼인을 한 곳의 법 또는 당사자 중 한쪽의 본국법에 따른다. 다만, 대한민국에서 혼인을 하는 경우에 당사자 중 한쪽이 대한민국 국민인 때에는 대한민국 법에 따른다.

제64조(혼인의 일반적 효력) 혼인의 일반적 효력은 다음 각 호의 법의 순위에 따른다.

1. 부부의 동일한 본국법

2. 부부의 동일한 일상거소지법

3. 부부와 가장 밀접한 관련이 있는 곳의 법

제65조(부부재산제) ① 부부재산제에 관하여는 제64조를 준용한다.

② 부부가 합의에 의하여 다음 각 호의 어느 하나에 해당하는 법을 선택한 경우 부부재산제는 제1항에도 불구하고 그 법에 따른다. 다만, 그 합의는 날짜와 부부의 기명날인 또는 서명이 있는 서면으로 작성된 경우에만 그 효력이 있다.

1. 부부 중 한쪽이 국적을 가지는 법

2. 부부 중 한쪽의 일상거소지법

3. 부동산에 관한 부부재산제에 대해서는 그 부동산의 소재지법

③ 대한민국에서 행한 법률행위 및 대한민국에 있는 재산에 관하여는 외국법에 따른 부부재산제로써 선의의 제3자에게 대항할 수 없다. 이 경우 외국법에 따를 수 없을 때에 제3자와의 관계에서 부부재산제는 대한민국 법에 따른다.

④ 제3항에도 불구하고 외국법에 따라 체결된 부부재산계약을 대한민국에서 등기한 경우에는 제3자에게 대항할 수 있다.

제66조(이혼) 이혼에 관하여는 제64조를 준용한다. 다만, 부부 중 한쪽이 대한민국에 일상거소가 있는 대한민국 국민인 경우 이혼은 대한민국 법에 따른다.

제67조(혼인 중의 부모·자녀관계) ① 혼인 중의 부모·자녀관계의 성립은 자녀의 출생 당시 부부 중 한쪽의 본국법에 따른다.

② 제1항의 경우에 남편이 자녀의 출생 전에 사망한 때에는 남편의 사망 당시 본국법을 그의 본국법으로 본다.

제68조(혼인 외의 부모·자녀관계) ① 혼인 외의 부모·자녀관계의 성립은 자녀의 출생 당시 어머니의 본국법에 따른다. 다만, 아버지와 자녀 간의 관계의 성립은 자녀의 출생 당시 아버지의 본국법 또는 현재 자녀의 일상거소지법에 따를 수 있다.

② 인지는 제1항에서 정하는 법 외에 인지 당시 인지자의 본국법에 따를 수 있다.

③ 제1항의 경우에 아버지가 자녀의 출생 전에 사망한 때에는 사망 당시 본국법을 그의

본국법으로 보고, 제2항의 경우에 인지자가 인지 전에 사망한 때에는 사망 당시 본국법을 그의 본국법으로 본다.

제69조(혼인 외의 출생자) ① 혼인 외의 출생자가 혼인 중의 출생자로 그 지위가 변동되는 경우에 관하여는 그 요건인 사실의 완성 당시 아버지 또는 어머니의 본국법 또는 자녀의 일상거소지법에 따른다.

② 제1항의 경우에 아버지 또는 어머니가 그 요건인 사실이 완성되기 전에 사망한 때에는 아버지 또는 어머니의 사망 당시 본국법을 그의 본국법으로 본다.

제70조(입양 및 파양) 입양 및 파양은 입양 당시 양부모의 본국법에 따른다.

제71조(동의) 제68조부터 제70조까지의 규정에 따른 부모·자녀관계의 성립에 관하여 자녀의 본국법이 자녀 또는 제3자의 승낙이나 동의 등을 요건으로 할 때에는 그 요건도 갖추어야 한다.

제72조(부모·자녀 간의 법률관계) 부모·자녀 간의 법률관계는 부모와 자녀의 본국법이 모두 동일한 경우에는 그 법에 따르고, 그 외의 경우에는 자녀의 일상거소지법에 따른다.

제73조(부양) ① 부양의 의무는 부양권리자의 일상거소지법에 따른다. 다만, 그 법에 따르면 부양권리자가 부양의무자로부터 부양을 받을 수 없을 때에는 당사자의 공통 본국법에 따른다.

② 대한민국에서 이혼이 이루어지거나 승인된 경우에 이혼한 당사자 간의 부양의무는 제1항에도 불구하고 그 이혼에 관하여 적용된 법에 따른다.

③ 방계혈족 간 또는 인척 간의 부양의무와 관련하여 부양의무자는 부양권리자의 청구에 대하여 당사자의 공통 본국법에 따라 부양의무가 없다는 주장을 할 수 있으며, 그러한 법이 없을 때에는 부양의무자의 일상거소지법에 따라 부양의무가 없다는 주장을 할 수 있다.

④ 부양권리자와 부양의무자가 모두 대한민국 국민이고, 부양의무자가 대한민국에 일상거소가 있는 경우에는 대한민국 법에 따른다.

제74조(그 밖의 친족관계) 친족관계의 성립 및 친족관계에서 발생하는 권리의무에 관하여 이 법에 특별한 규정이 없는 경우에는 각 당사자의 본국법에 따른다.

제75조(후견) ① 후견은 피후견인의 본국법에 따른다.

② 법원이 제61조에 따라 성년 또는 미성년자인 외국인의 후견사건에 관한 재판을 하는 때에는 제1항에도 불구하고 다음 각 호의 어느 하나에 해당하는 경우 대한민국 법에 따른다.

1. 피후견인의 본국법에 따른 후견개시의 원인이 있더라도 그 후견사무를 수행할 사람이 없거나, 후견사무를 수행할 사람이 있더라도 후견사무를 수행할 수 없는 경우

2. 대한민국에서 후견개시의 심판(임의후견감독인선임 심판을 포함한다)을 하였거나 하는

경우

3. 피후견인의 재산이 대한민국에 있고 피후견인을 보호하여야 할 필요가 있는 경우

제8장 상속

제1절 국제재판관할

제76조(상속 및 유언에 관한 사건의 관할) ① 상속에 관한 사건에 대해서는 다음 각 호의 어느 하나에 해당하는 경우 법원에 국제재판관할이 있다.

1. 피상속인의 사망 당시 일상거소가 대한민국에 있는 경우. 피상속인의 일상거소가 어느 국가에도 없거나 이를 알 수 없고 그의 마지막 일상거소가 대한민국에 있었던 경우에도 또한 같다.

2. 대한민국에 상속재산이 있는 경우. 다만, 그 상속재산의 가액이 현저하게 적은 경우에는 그러하지 아니하다.

② 당사자가 상속에 관한 사건에 대하여 제8조에 따라 국제재판관할의 합의를 하는 경우에 다음 각 호의 어느 하나에 해당하면 합의의 효력이 없다.

1. 당사자가 미성년자이거나 피후견인인 경우. 다만, 해당 합의에서 미성년자이거나 피후견인인 당사자에게 법원 외에 외국법원에도 소를 제기하는 것을 허용하는 경우는 제외한다.

2. 합의로 지정된 국가가 사안과 아무런 관련이 없거나 근소한 관련만 있는 경우

③ 상속에 관한 사건이 다음 각 호의 어느 하나에 해당하는 경우에는 제9조를 적용하지 아니한다.

1. 당사자가 미성년자이거나 피후견인인 경우

2. 대한민국이 사안과 아무런 관련이 없거나 근소한 관련만 있는 경우

④ 유언에 관한 사건은 유언자의 유언 당시 일상거소가 대한민국에 있거나 유언의 대상이 되는 재산이 대한민국에 있는 경우 법원에 국제재판관할이 있다.

⑤ 제1항에 따라 법원에 국제재판관할이 있는 사건의 경우에는 그 조정사건에 관하여도 법원에 국제재판관할이 있다.

제2절 준거법

제77조(상속) ① 상속은 사망 당시 피상속인의 본국법에 따른다.

② 피상속인이 유언에 적용되는 방식에 의하여 명시적으로 다음 각 호의 어느 하나에 해당하는 법을 지정할 때에는 상속은 제1항에도 불구하고 그 법에 따른다.

1. 지정 당시 피상속인의 일상거소지법. 다만, 그 지정은 피상속인이 사망 시까지 그 국

가에 일상거소를 유지한 경우에만 효력이 있다.

2. 부동산에 관한 상속에 대해서는 그 부동산의 소재지법

제78조(유언) ① 유언은 유언 당시 유언자의 본국법에 따른다.

② 유언의 변경 또는 철회는 그 당시 유언자의 본국법에 따른다.

③ 유언의 방식은 다음 각 호의 어느 하나의 법에 따른다.

1. 유언자가 유언 당시 또는 사망 당시 국적을 가지는 국가의 법

2. 유언자의 유언 당시 또는 사망 당시 일상거소지법

3. 유언 당시 행위지법

4. 부동산에 관한 유언의 방식에 대해서는 그 부동산의 소재지법

제9장 어음 · 수표

제1절 국제재판관할

제79조(어음 · 수표에 관한 소의 특별관할) 어음 · 수표에 관한 소는 어음 · 수표의 지급지가 대한민국에 있는 경우 법원에 제기할 수 있다.

제2절 준거법

제80조(행위능력) ① 환어음, 약속어음 및 수표에 의하여 채무를 부담하는 자의 능력은 그의 본국법에 따른다. 다만, 그 국가의 법이 다른 국가의 법에 따르도록 정한 경우에는 그 다른 국가의 법에 따른다.

② 제1항에 따르면 능력이 없는 자라 할지라도 다른 국가에서 서명을 하고 그 국가의 법에 따라 능력이 있을 때에는 그 채무를 부담할 수 있는 능력이 있는 것으로 본다.

제81조(수표지급인의 자격) ① 수표지급인이 될 수 있는 자의 자격은 지급지법에 따른다.

② 지급지법에 따르면 지급인이 될 수 없는 자를 지급인으로 하여 수표가 무효인 경우에도 동일한 규정이 없는 다른 국가에서 한 서명으로부터 생긴 채무의 효력에는 영향을 미치지 아니한다.

제82조(방식) ① 환어음 · 약속어음의 어음행위 및 수표행위의 방식은 서명지법에 따른다. 다만, 수표행위의 방식은 지급지법에 따를 수 있다.

② 제1항에서 정한 법에 따를 때 행위가 무효인 경우에도 그 후 행위지법에 따라 행위가 적법한 때에는 그 전 행위의 무효는 그 후 행위의 효력에 영향을 미치지 아니한다.

③ 대한민국 국민이 외국에서 한 환어음 · 약속어음의 어음행위 및 수표행위의 방식이 행위지법에 따르면 무효인 경우에도 대한민국 법에 따라 적법한 때에는 다른 대한민국 국민에 대하여 효력이 있다.

제83조(효력) ① 환어음의 인수인과 약속어음의 발행인의 채무는 지급지법에 따르고, 수표로부터 생긴 채무는 서명지법에 따른다.

② 제1항에 규정된 자 외의 자의 환어음·약속어음에 의한 채무는 서명지법에 따른다.

③ 환어음, 약속어음 및 수표의 상환청구권을 행사하는 기간은 모든 서명자에 대하여 발행지법에 따른다.

제84조(원인채권의 취득) 어음의 소지인이 그 발행의 원인이 되는 채권을 취득하는지 여부는 어음의 발행지법에 따른다.

제85조(일부인수 및 일부지급) ① 환어음의 인수를 어음 금액의 일부로 제한할 수 있는지 여부 및 소지인이 일부지급을 수락할 의무가 있는지 여부는 지급지법에 따른다.

② 약속어음의 지급에 관하여는 제1항을 준용한다.

제86조(권리의 행사·보전을 위한 행위의 방식) 환어음, 약속어음 및 수표에 관한 거절증서의 방식, 그 작성기간 및 환어음, 약속어음 및 수표상의 권리의 행사 또는 보전에 필요한 그 밖의 행위의 방식은 거절증서를 작성하여야 하는 곳 또는 그 밖의 행위를 행하여야 하는 곳의 법에 따른다.

제87조(상실·도난) 환어음, 약속어음 및 수표의 상실 또는 도난의 경우에 수행하여야 하는 절차는 지급지법에 따른다.

제88조(수표의 지급지법) 수표에 관한 다음 각 호의 사항은 수표의 지급지법에 따른다.

1. 수표가 일람출급(一覽出給)이 필요한지 여부, 일람 후 정기출급으로 발행할 수 있는지 여부 및 선일자수표(先日字手標)의 효력

2. 제시기간

3. 수표에 인수, 지급보증, 확인 또는 사증을 할 수 있는지 여부 및 그 기재의 효력

4. 소지인이 일부지급을 청구할 수 있는지 여부 및 일부지급을 수락할 의무가 있는지 여부

5. 수표에 횡선을 표시할 수 있는지 여부 및 수표에 "계산을 위하여"라는 문구 또는 이와 동일한 뜻이 있는 문구의 기재의 효력. 다만, 수표의 발행인 또는 소지인이 수표면에 "계산을 위하여"라는 문구 또는 이와 동일한 뜻이 있는 문구를 기재하여 현금의 지급을 금지한 경우에 그 수표가 외국에서 발행되고 대한민국에서 지급하여야 하는 것은 일반횡선수표의 효력이 있다.

6. 소지인이 수표자금에 대하여 특별한 권리를 가지는지 여부 및 그 권리의 성질

7. 발행인이 수표의 지급위탁을 취소할 수 있는지 여부 및 지급정지를 위한 절차를 수행할 수 있는지 여부

8. 배서인, 발행인, 그 밖의 채무자에 대한 상환청구권 보전을 위하여 거절증서 또는 이와 동일한 효력을 가지는 선언이 필요한지 여부

제10장 해상

제1절 국제재판관할

제89조(선박소유자등의 책임제한사건의 관할) 선박소유자·용선자(傭船者)·선박관리인·선박운항자, 그 밖의 선박사용인(이하 "선박소유자등"이라 한다)의 책임제한사건에 대해서는 다음 각 호의 어느 하나에 해당하는 곳이 대한민국에 있는 경우에만 법원에 국제재판관할이 있다.

1. 선박소유자등의 책임제한을 할 수 있는 채권(이하 "제한채권"이라 한다)이 발생한 선박의 선적(船籍)이 있는 곳
2. 신청인인 선박소유자등에 대하여 제3조에 따른 일반관할이 인정되는 곳
3. 사고발생지(사고로 인한 결과 발생지를 포함한다)
4. 사고 후 사고선박이 최초로 도착한 곳
5. 제한채권에 의하여 선박소유자등의 재산이 압류 또는 가압류된 곳(압류에 갈음하여 담보가 제공된 곳을 포함한다. 이하 "압류등이 된 곳"이라 한다)
6. 선박소유자등에 대하여 제한채권에 근거한 소가 제기된 곳

제90조(선박 또는 항해에 관한 소의 특별관할) 선박소유자등에 대한 선박 또는 항해에 관한 소는 선박이 압류등이 된 곳이 대한민국에 있는 경우 법원에 제기할 수 있다.

제91조(공동해손에 관한 소의 특별관할) 공동해손(共同海損)에 관한 소는 다음 각 호의 어느 하나에 해당하는 곳이 대한민국에 있는 경우 법원에 제기할 수 있다.

1. 선박의 소재지
2. 사고 후 선박이 최초로 도착한 곳
3. 선박이 압류등이 된 곳

제92조(선박충돌에 관한 소의 특별관할) 선박의 충돌이나 그 밖의 사고에 관한 소는 다음 각 호의 어느 하나에 해당하는 곳이 대한민국에 있는 경우 법원에 제기할 수 있다.

1. 가해 선박의 선적지 또는 소재지
2. 사고 발생지
3. 피해 선박이 사고 후 최초로 도착한 곳
4. 가해 선박이 압류등이 된 곳

제93조(해난구조에 관한 소의 특별관할) 해난구조에 관한 소는 다음 각 호의 어느 하나에 해당하는 곳이 대한민국에 있는 경우 법원에 제기할 수 있다

1. 해난구조가 있었던 곳
2. 구조된 선박이 최초로 도착한 곳
3. 구조된 선박이 압류등이 된 곳

제2절 준거법

제94조(해상) 해상에 관한 다음 각 호의 사항은 선적국법에 따른다.

1. 선박의 소유권 및 저당권, 선박우선특권, 그 밖의 선박에 관한 물권
2. 선박에 관한 담보물권의 우선순위
3. 선장과 해원(海員)의 행위에 대한 선박소유자의 책임범위
4. 선박소유자등이 책임제한을 주장할 수 있는지 여부 및 그 책임제한의 범위
5. 공동해손
6. 선장의 대리권

제95조(선박충돌) ① 개항(開港)·하천 또는 영해에서의 선박충돌에 관한 책임은 그 충돌지법에 따른다.

② 공해에서의 선박충돌에 관한 책임은 각 선박이 동일한 선적국에 속하는 경우에는 그 선적국법에 따르고, 각 선박이 선적국을 달리하는 경우에는 가해선박의 선적국법에 따른다.

제96조(해난구조) 해난구조로 인한 보수청구권은 그 구조행위가 영해에서 있는 경우에는 행위지법에 따르고, 공해에서 있는 때에는 구조한 선박의 선적국법에 따른다.

부칙

제1조(시행일) 이 법은 공포 후 6개월이 경과한 날부터 시행한다.

제2조(계속 중인 사건의 관할에 관한 경과조치) 이 법 시행 당시 법원에 계속 중인 사건의 관할에 대해서는 종전의 규정에 따른다.

제3조(준거법 적용에 관한 경과조치) 이 법 시행 전에 생긴 사항에 적용되는 준거법에 대해서는 종전의 규정에 따른다. 다만, 이 법 시행 전후에 계속(繼續)되는 법률관계에 대해서는 이 법 시행 이후의 법률관계에 대해서만 이 법의 규정을 적용한다.

[1-2] 구 국제사법[1]

제1장 총칙

제1조(목적) 이 법은 외국적 요소가 있는 법률관계에 관하여 국제재판관할에 관한 원칙과 준거법을 정함을 목적으로 한다.

제2조(국제재판관할) ① 법원은 당사자 또는 분쟁이 된 사안이 대한민국과 실질적 관련이 있는 경우에 국제재판관할권을 가진다. 이 경우 법원은 실질적 관련의 유무를 판단함에 있어 국제재판관할 배분의 이념에 부합하는 합리적인 원칙에 따라야 한다.

② 법원은 국내법의 관할 규정을 참작하여 국제재판관할권의 유무를 판단하되, 제1항의 규정의 취지에 비추어 국제재판관할의 특수성을 충분히 고려하여야 한다.

제3조(본국법) ① 당사자의 본국법에 의하여야 하는 경우에 당사자가 둘 이상의 국적을 가지는 때에는 그와 가장 밀접한 관련이 있는 국가의 법을 그 본국법으로 정한다. 다만, 그 국적 중 하나가 대한민국인 때에는 대한민국 법을 본국법으로 한다.

② 당사자가 국적을 가지지 아니하거나 당사자의 국적을 알 수 없는 때에는 그의 상거소(常居所)가 있는 국가의 법(이하 "상거소지법"이라 한다)에 의하고, 상거소를 알 수 없는 때에는 그의 거소가 있는 국가의 법에 의한다.

③ 당사자가 지역에 따라 법을 달리하는 국가의 국적을 가지는 때에는 그 국가의 법 선택 규정에 따라 지정되는 법에 의하고, 그러한 규정이 없는 때에는 당사자와 가장 밀접한 관련이 있는 지역의 법에 의한다.

제4조(상거소지법) 당사자의 상거소지법(常居所地法)에 의하여야 하는 경우에 당사자의 상거소를 알 수 없는 때에는 그의 거소가 있는 국가의 법에 의한다.

제5조(외국법의 적용) 법원은 이 법에 의하여 지정된 외국법의 내용을 직권으로 조사·적용하여야 하며, 이를 위하여 당사자에게 그에 대한 협력을 요구할 수 있다.

제6조(준거법의 범위) 이 법에 의하여 준거법으로 지정되는 외국법의 규정은 공법적 성격이 있다는 이유만으로 그 적용이 배제되지 아니한다.

제7조(대한민국 법의 강행적 적용) 입법목적에 비추어 준거법에 관계없이 해당 법률관계에 적용되어야 하는 대한민국의 강행규정은 이 법에 의하여 외국법이 준거법으로 지정되는 경우에도 이를 적용한다.

---

1) 필자가 작성한 국제사법의 영문번역은 Journal of Korean Law, Volume 1, Number 2 (2001), pp. 204-223 참조. 이를 더 개선한 것은 YBPIL, Vol. V (2003), p. 315 et seq. 참조. 독일어 번역은 Rabels Zeitschrift 70 (2006), S. 342ff. 참조.

제8조(준거법 지정의 예외) ① 이 법에 의하여 지정된 준거법이 해당 법률관계와 근소한 관련이 있을 뿐이고, 그 법률관계와 가장 밀접한 관련이 있는 다른 국가의 법이 명백히 존재하는 경우에는 그 다른 국가의 법에 의한다.

② 제1항의 규정은 당사자가 합의에 의하여 준거법을 선택하는 경우에는 이를 적용하지 아니한다.

제9조(준거법 지정시의 반정(反定)) ① 이 법에 의하여 외국법이 준거법으로 지정된 경우에 그 국가의 법에 의하여 대한민국 법이 적용되어야 하는 때에는 대한민국의 법(준거법의 지정에 관한 법규를 제외한다)에 의한다.

② 다음 각호 중 어느 하나에 해당하는 경우에는 제1항의 규정을 적용하지 아니한다.

1. 당사자가 합의에 의하여 준거법을 선택하는 경우
2. 이 법에 의하여 계약의 준거법이 지정되는 경우
3. 제46조의 규정에 의하여 부양의 준거법이 지정되는 경우
4. 제50조 제3항의 규정에 의하여 유언의 방식의 준거법이 지정되는 경우
5. 제60조의 규정에 의하여 선적국법이 지정되는 경우
6. 그 밖에 제1항의 규정을 적용하는 것이 이 법의 지정 취지에 반하는 경우

제10조(사회질서에 반하는 외국법의 규정) 외국법에 의하여야 하는 경우에 그 규정의 적용이 대한민국의 선량한 풍속 그 밖의 사회질서에 명백히 위반되는 때에는 이를 적용하지 아니한다.

제2장 사람

제11조(권리능력) 사람의 권리능력은 그의 본국법에 의한다.

제12조(실종선고) 법원은 외국인의 생사가 분명하지 아니한 경우에 대한민국에 그의 재산이 있거나 대한민국 법에 의하여야 하는 법률관계가 있는 때, 그 밖에 정당한 사유가 있는 때에는 대한민국 법에 의하여 실종선고를 할 수 있다.

제13조(행위능력) ① 사람의 행위능력은 그의 본국법에 의한다. 행위능력이 혼인에 의하여 확대되는 경우에도 또한 같다.

② 이미 취득한 행위능력은 국적의 변경에 의하여 상실되거나 제한되지 아니한다.

제14조(한정치산 및 금치산선고) 법원은 대한민국에 상거소 또는 거소가 있는 외국인에 대하여 대한민국 법에 의하여 한정치산 또는 금치산선고를 할 수 있다.[2]

---

2) 제14조(한정후견개시, 성년후견개시 심판 등) 법원은 대한민국에 상거소 또는 거소가 있는 외국인에 대하여 대한민국 법에 의하여 한정후견개시, 성년후견개시, 특정후견개시 및 임의후견감독인선임의 심판을 할 수 있다.

제15조(거래보호) ① 법률행위를 행한 자와 상대방이 법률행위의 성립 당시 동일한 국가 안에 있는 경우에 그 행위자가 그의 본국법에 의하면 무능력자이더라도 법률행위가 행하여진 국가의 법에 의하여 능력자인 때에는 그의 무능력을 주장할 수 없다. 다만, 상대방이 법률행위 당시 그의 무능력을 알았거나 알 수 있었을 경우에는 그러하지 아니하다.

② 제1항의 규정은 친족법 또는 상속법의 규정에 의한 법률행위 및 행위지 외의 국가에 있는 부동산에 관한 법률행위에는 이를 적용하지 아니한다.

제16조(법인 및 단체) 법인 또는 단체는 그 설립의 준거법에 의한다. 다만, 외국에서 설립된 법인 또는 단체가 대한민국에 주된 사무소가 있거나 대한민국에서 주된 사업을 하는 경우에는 대한민국 법에 의한다.

제3장   법률행위

제17조(법률행위의 방식) ① 법률행위의 방식은 그 행위의 준거법에 의한다.

② 행위지법에 의하여 행한 법률행위의 방식은 제1항의 규정에 불구하고 유효하다.

③ 당사자가 계약체결시 서로 다른 국가에 있는 때에는 그 국가 중 어느 한 국가의 법이 정한 법률행위의 방식에 의할 수 있다.

④ 대리인에 의한 법률행위의 경우에는 대리인이 있는 국가를 기준으로 제2항에 규정된 행위지법을 정한다.

⑤ 제2항 내지 제4항의 규정은 물권 그 밖에 등기하여야 하는 권리를 설정하거나 처분하는 법률행위의 방식에 관하여는 이를 적용하지 아니한다.

제18조(임의대리) ① 본인과 대리인간의 관계는 당사자간의 법률관계의 준거법에 의한다.

② 대리인의 행위로 인하여 본인이 제3자에 대하여 의무를 부담하는지의 여부는 대리인의 영업소가 있는 국가의 법에 의하며, 대리인의 영업소가 없거나 영업소가 있더라도 제3자가 이를 알 수 없는 경우에는 대리인이 실제로 대리행위를 한 국가의 법에 의한다.

③ 대리인이 본인과 근로계약 관계에 있고, 그의 영업소가 없는 경우에는 본인의 주된 영업소를 그의 영업소로 본다.

④ 본인은 제2항 및 제3항의 규정에 불구하고 대리의 준거법을 선택할 수 있다. 다만, 준거법의 선택은 대리권을 증명하는 서면에 명시되거나 본인 또는 대리인에 의하여 제3자에게 서면으로 통지된 경우에 한하여 그 효력이 있다.

⑤ 대리권이 없는 대리인과 제3자간의 관계에 관하여는 제2항의 규정을 준용한다.

제4장 물권

제19조(물권의 준거법) ① 동산 및 부동산에 관한 물권 또는 등기하여야 하는 권리는 그 목적물의 소재지법에 의한다.

② 제1항에 규정된 권리의 득실변경은 그 원인된 행위 또는 사실의 완성 당시 그 목적물의 소재지법에 의한다.

제20조(운송수단) 항공기에 관한 물권은 그 국적소속국법에 의하고, 철도차량에 관한 물권은 그 운행허가국법에 의한다.

제21조(무기명증권) 무기명증권에 관한 권리의 득실변경은 그 원인된 행위 또는 사실의 완성 당시 그 무기명증권의 소재지법에 의한다.

제22조(이동 중의 물건) 이동 중의 물건에 관한 물권의 득실변경은 그 목적지법에 의한다.

제23조(채권 등에 대한 약정담보물권) 채권·주식 그 밖의 권리 또는 이를 표창하는 유가증권을 대상으로 하는 약정담보물권은 담보대상인 권리의 준거법에 의한다. 다만, 무기명증권을 대상으로 하는 약정담보물권은 제21조의 규정에 의한다.

제24조(지식재산권의 보호) 지식재산권의 보호는 그 침해지법에 의한다.

제5장 채권

제25조(당사자자치) ① 계약은 당사자가 명시적 또는 묵시적으로 선택한 법에 의한다. 다만, 묵시적인 선택은 계약내용 그 밖에 모든 사정으로부터 합리적으로 인정할 수 있는 경우에 한한다.

② 당사자는 계약의 일부에 관하여도 준거법을 선택할 수 있다.

③ 당사자는 합의에 의하여 이 조 또는 제26조의 규정에 의한 준거법을 변경할 수 있다. 다만, 계약체결 후 이루어진 준거법의 변경은 계약의 방식의 유효성과 제3자의 권리에 영향을 미치지 아니한다.

④ 모든 요소가 오로지 한 국가와 관련이 있음에도 불구하고 당사자가 그 외의 다른 국가의 법을 선택한 경우에 관련된 국가의 강행규정은 그 적용이 배제되지 아니한다.

⑤ 준거법 선택에 관한 당사자의 합의의 성립 및 유효성에 관하여는 제29조의 규정을 준용한다.

제26조(준거법 결정 시의 객관적 연결) ① 당사자가 준거법을 선택하지 아니한 경우에 계약은 그 계약과 가장 밀접한 관련이 있는 국가의 법에 의한다.

② 당사자가 계약에 따라 다음 각호 중 어느 하나에 해당하는 이행을 행하여야 하는 경우에는 계약체결 당시 그의 상거소가 있는 국가의 법(당사자가 법인 또는 단체인 경우에는

주된 사무소가 있는 국가의 법)이 가장 밀접한 관련이 있는 것으로 추정한다. 다만, 계약이 당사자의 직업 또는 영업활동으로 체결된 경우에는 당사자의 영업소가 있는 국가의 법이 가장 밀접한 관련이 있는 것으로 추정한다.

1. 양도계약의 경우에는 양도인의 이행
2. 이용계약의 경우에는 물건 또는 권리를 이용하도록 하는 당사자의 이행
3. 위임·도급계약 및 이와 유사한 용역제공계약의 경우에는 용역의 이행

③ 부동산에 대한 권리를 대상으로 하는 계약의 경우에는 부동산이 소재하는 국가의 법이 가장 밀접한 관련이 있는 것으로 추정한다.

제27조(소비자계약) ① 소비자가 직업 또는 영업활동 외의 목적으로 체결하는 계약이 다음 각호 중 어느 하나에 해당하는 경우에는 당사자가 준거법을 선택하더라도 소비자의 상거소가 있는 국가의 강행규정에 의하여 소비자에게 부여되는 보호를 박탈할 수 없다.

1. 소비자의 상대방이 계약체결에 앞서 그 국가에서 광고에 의한 거래의 권유 등 직업 또는 영업활동을 행하거나 그 국가 외의 지역에서 그 국가로 광고에 의한 거래의 권유 등 직업 또는 영업활동을 행하고, 소비자가 그 국가에서 계약체결에 필요한 행위를 한 경우
2. 소비자의 상대방이 그 국가에서 소비자의 주문을 받은 경우
3. 소비자의 상대방이 소비자로 하여금 외국에 가서 주문을 하도록 유도한 경우

② 당사자가 준거법을 선택하지 아니한 경우에 제1항의 규정에 의한 계약은 제26조의 규정에 불구하고 소비자의 상거소지법에 의한다.

③ 제1항의 규정에 의한 계약의 방식은 제17조 제1항 내지 제3항의 규정에 불구하고 소비자의 상거소지법에 의한다.

④ 제1항의 규정에 의한 계약의 경우에 소비자는 그의 상거소가 있는 국가에서도 상대방에 대하여 소를 제기할 수 있다.

⑤ 제1항의 규정에 의한 계약의 경우에 소비자의 상대방이 소비자에 대하여 제기하는 소는 소비자의 상거소가 있는 국가에서만 제기할 수 있다.

⑥ 제1항의 규정에 의한 계약의 당사자는 서면에 의하여 국제재판관할에 관한 합의를 할 수 있다. 다만, 그 합의는 다음 각호 중 어느 하나에 해당하는 경우에 한하여 그 효력이 있다.

1. 분쟁이 이미 발생한 경우
2. 소비자에게 이 조에 의한 관할법원에 추가하여 다른 법원에 제소하는 것을 허용하는 경우

제28조(근로계약) ① 근로계약의 경우에 당사자가 준거법을 선택하더라도 제2항의 규정에 의하여 지정되는 준거법 소속 국가의 강행규정에 의하여 근로자에게 부여되는 보호를 박탈할 수 없다.

② 당사자가 준거법을 선택하지 아니한 경우에 근로계약은 제26조의 규정에 불구하고 근로자가 일상적으로 노무를 제공하는 국가의 법에 의하며, 근로자가 일상적으로 어느 한 국가 안에서 노무를 제공하지 아니하는 경우에는 사용자가 근로자를 고용한 영업소가 있는 국가의 법에 의한다.

③ 근로계약의 경우에 근로자는 자신이 일상적으로 노무를 제공하거나 또는 최후로 일상적 노무를 제공하였던 국가에서도 사용자에 대하여 소를 제기할 수 있으며, 자신이 일상적으로 어느 한 국가 안에서 노무를 제공하지 아니하거나 아니하였던 경우에는 사용자가 그를 고용한 영업소가 있거나 있었던 국가에서도 사용자에 대하여 소를 제기할 수 있다.

④ 근로계약의 경우에 사용자가 근로자에 대하여 제기하는 소는 근로자의 상거소가 있는 국가 또는 근로자가 일상적으로 노무를 제공하는 국가에서만 제기할 수 있다.

⑤ 근로계약의 당사자는 서면에 의하여 국제재판관할에 관한 합의를 할 수 있다. 다만, 그 합의는 다음 각호 중 어느 하나에 해당하는 경우에 한하여 그 효력이 있다.

1. 분쟁이 이미 발생한 경우

2. 근로자에게 이 조에 의한 관할법원에 추가하여 다른 법원에 제소하는 것을 허용하는 경우

제29조(계약의 성립 및 유효성) ① 계약의 성립 및 유효성은 그 계약이 유효하게 성립하였을 경우 이 법에 의하여 적용되어야 하는 준거법에 따라 판단한다.

② 제1항의 규정에 의한 준거법에 따라 당사자의 행위의 효력을 판단하는 것이 모든 사정에 비추어 명백히 부당한 경우에는 그 당사자는 계약에 동의하지 아니하였음을 주장하기 위하여 그의 상거소지법을 원용할 수 있다.

제30조(사무관리) ① 사무관리는 그 관리가 행하여진 곳의 법에 의한다. 다만, 사무관리가 당사자간의 법률관계에 기하여 행하여진 경우에는 그 법률관계의 준거법에 의한다.

② 다른 사람의 채무를 변제함으로써 발생하는 청구권은 그 채무의 준거법에 의한다.

제31조(부당이득) 부당이득은 그 이득이 발생한 곳의 법에 의한다. 다만, 부당이득이 당사자간의 법률관계에 기하여 행하여진 이행으로부터 발생한 경우에는 그 법률관계의 준거법에 의한다.

제32조(불법행위) ① 불법행위는 그 행위가 행하여진 곳의 법에 의한다.

② 불법행위가 행하여진 당시 동일한 국가 안에 가해자와 피해자의 상거소가 있는 경우에는 제1항의 규정에 불구하고 그 국가의 법에 의한다.

③ 가해자와 피해자간에 존재하는 법률관계가 불법행위에 의하여 침해되는 경우에는 제1항 및 제2항의 규정에 불구하고 그 법률관계의 준거법에 의한다.

④ 제1항 내지 제3항의 규정에 의하여 외국법이 적용되는 경우에 불법행위로 인한 손해배상청구권은 그 성질이 명백히 피해자의 적절한 배상을 위한 것이 아니거나 또는 그 범위가 본질적으로 피해자의 적절한 배상을 위하여 필요한 정도를 넘는 때에는 이를 인정하지 아니한다.

제33조(준거법에 관한 사후적 합의) 당사자는 제30조 내지 제32조의 규정에 불구하고 사무관리·부당이득·불법행위가 발생한 후 합의에 의하여 대한민국 법을 그 준거법으로 선택할 수 있다. 다만, 그로 인하여 제3자의 권리에 영향을 미치지 아니한다.

제34조(채권의 양도 및 채무의 인수) ① 채권의 양도인과 양수인간의 법률관계는 당사자간의 계약의 준거법에 의한다. 다만, 채권의 양도가능성, 채무자 및 제3자에 대한 채권양도의 효력은 양도되는 채권의 준거법에 의한다.

② 제1항의 규정은 채무인수에 이를 준용한다.

제35조(법률에 의한 채권의 이전) ① 법률에 의한 채권의 이전은 그 이전의 원인이 된 구채권자와 신채권자 간의 법률관계의 준거법에 의한다. 다만, 이전되는 채권의 준거법에 채무자 보호를 위한 규정이 있는 경우에는 그 규정이 적용된다.

② 제1항과 같은 법률관계가 존재하지 아니하는 경우에는 이전되는 채권의 준거법에 의한다.

제6장 친족

제36조(혼인의 성립) ① 혼인의 성립요건은 각 당사자에 관하여 그 본국법에 의한다.

② 혼인의 방식은 혼인거행지법 또는 당사자 일방의 본국법에 의한다. 다만, 대한민국에서 혼인을 거행하는 경우에 당사자 일방이 대한민국 국민인 때에는 대한민국 법에 의한다.

제37조(혼인의 일반적 효력) 혼인의 일반적 효력은 다음 각호에 정한 법의 순위에 의한다.

1. 부부의 동일한 본국법

2. 부부의 동일한 상거소지법

3. 부부와 가장 밀접한 관련이 있는 곳의 법

제38조(부부재산제) ① 부부재산제에 관하여는 제37조의 규정을 준용한다.

② 부부가 합의에 의하여 다음 각호의 법 중 어느 것을 선택한 경우에는 부부재산제는 제1항의 규정에 불구하고 그 법에 의한다. 다만, 그 합의는 일자와 부부의 기명날인 또는 서명이 있는 서면으로 작성된 경우에 한하여 그 효력이 있다.

1. 부부 중 일방이 국적을 가지는 법

2. 부부 중 일방의 상거소지법

3. 부동산에 관한 부부재산제에 대하여는 그 부동산의 소재지법

③ 외국법에 의한 부부재산제는 대한민국에서 행한 법률행위 및 대한민국에 있는 재산에 관하여 이를 선의의 제3자에게 대항할 수 없다. 이 경우 그 부부재산제에 의할 수 없는 때에는 제3자와의 관계에 관하여 부부재산제는 대한민국 법에 의한다.

④ 외국법에 의하여 체결된 부부재산계약은 대한민국에서 등기한 경우 제3항의 규정에 불구하고 이를 제3자에게 대항할 수 있다.

제39조(이혼) 이혼에 관하여는 제37조의 규정을 준용한다. 다만, 부부 중 일방이 대한민국에 상거소가 있는 대한민국 국민인 경우에는 이혼은 대한민국 법에 의한다.

제40조(혼인 중의 친자관계) ① 혼인 중의 친자관계의 성립은 자(子)의 출생 당시 부부중 일방의 본국법에 의한다.

② 제1항의 경우 부(夫)가 자(子)의 출생 전에 사망한 때에는 사망 당시 본국법을 그의 본국법으로 본다.

제41조(혼인 외의 친자관계) ① 혼인 외의 친자관계의 성립은 자(子)의 출생 당시 모의 본국법에 의한다. 다만, 부자간의 친자관계의 성립은 자(子)의 출생 당시 부(父)의 본국법 또는 현재 자(子)의 상거소지법에 의할 수 있다.

② 인지는 제1항이 정하는 법 외에 인지 당시 인지자의 본국법에 의할 수 있다.

③ 제1항의 경우 부(父)가 자(子)의 출생 전에 사망한 때에는 사망 당시 본국법을 그의 본국법으로 보고, 제2항의 경우 인지자가 인지 전에 사망한 때에는 사망 당시 본국법을 그의 본국법으로 본다.

제42조(혼인 외 출생자에 대한 준정(準正)) ① 혼인 외의 출생자가 혼인 중의 출생자로 그 지위가 변동되는 경우에 관하여는 그 요건인 사실의 완성 당시 부(父) 또는 모의 본국법 또는 자(子)의 상거소지법에 의한다.

② 제1항의 경우 부(父) 또는 모가 그 요건인 사실이 완성되기 전에 사망한 때에는 사망 당시 본국법을 그의 본국법으로 본다.

제43조(입양 및 파양) 입양 및 파양은 입양 당시 양친(養親)의 본국법에 의한다.

제44조(동의) 제41조 내지 제43조의 규정에 의한 친자관계의 성립에 관하여 자(子)의 본국법이 자(子) 또는 제3자의 승낙이나 동의 등을 요건으로 할 때에는 그 요건도 갖추어야 한다.

제45조(친자간의 법률관계) 친자간의 법률관계는 부모와 자(子)의 본국법이 모두 동일한 경우에는 그 법에 의하고, 그 외의 경우에는 자(子)의 상거소지법에 의한다.

제46조(부양) ① 부양의 의무는 부양권리자의 상거소지법에 의한다. 다만, 그 법에 의하면

부양권리자가 부양의무자로부터 부양을 받을 수 없는 때에는 당사자의 공통 본국법에 의한다.

② 대한민국에서 이혼이 이루어지거나 승인된 경우에 이혼한 당사자간의 부양의무는 제1항의 규정에 불구하고 그 이혼에 관하여 적용된 법에 의한다.

③ 방계혈족간 또는 인척간의 부양의무의 경우에 부양의무자는 부양권리자의 청구에 대하여 당사자의 공통 본국법에 의하여 부양의무가 없다는 주장을 할 수 있으며, 그러한 법이 없는 때에는 부양의무자의 상거소지법에 의하여 부양의무가 없다는 주장을 할 수 있다.

④ 부양권리자와 부양의무자가 모두 대한민국 국민이고, 부양의무자가 대한민국에 상거소가 있는 경우에는 대한민국 법에 의한다.

제47조(그 밖의 친족관계) 친족관계의 성립 및 친족관계에서 발생하는 권리의무에 관하여 이 법에 특별한 규정이 없는 경우에는 각 당사자의 본국법에 의한다.

제48조(후견) ① 후견은 피후견인의 본국법에 의한다.

② 대한민국에 상거소 또는 거소가 있는 외국인에 대한 후견은 다음 각호 중 어느 하나에 해당하는 경우에 한하여 대한민국 법에 의한다.

1. 그의 본국법에 의하면 후견개시의 원인이 있더라도 그 후견사무를 행할 자가 없거나 후견사무를 행할 자가 있더라도 후견사무를 행할 수 없는 경우
2. 대한민국에서 한정치산 또는 금치산을 선고한 경우3)
3. 그 밖에 피후견인을 보호하여야 할 긴급한 필요가 있는 경우

제7장 상속

제49조(상속) ① 상속은 사망 당시 피상속인의 본국법에 의한다.

② 피상속인이 유언에 적용되는 방식에 의하여 명시적으로 다음 각호의 법 중 어느 것을 지정하는 때에는 상속은 제1항의 규정에 불구하고 그 법에 의한다.

1. 지정 당시 피상속인의 상거소가 있는 국가의 법. 다만, 그 지정은 피상속인이 사망 시까지 그 국가에 상거소를 유지한 경우에 한하여 그 효력이 있다.
2. 부동산에 관한 상속에 대하여는 그 부동산의 소재지법

제50조(유언) ① 유언은 유언 당시 유언자의 본국법에 의한다.

② 유언의 변경 또는 철회는 그 당시 유언자의 본국법에 의한다.

③ 유언의 방식은 다음 각호 중 어느 하나의 법에 의한다.

1. 유언자가 유언 당시 또는 사망 당시 국적을 가지는 국가의 법

---

3) 2. 대한민국에서 한정후견개시, 성년후견개시, 특정후견개시 및 임의후견감독인선임의 심판을 한 경우

2. 유언자의 유언 당시 또는 사망 당시 상거소지법
3. 유언 당시 행위지법
4. 부동산에 관한 유언의 방식에 대하여는 그 부동산의 소재지법

제8장 어음 · 수표

제51조(행위능력) ① 환어음, 약속어음 및 수표에 의하여 채무를 부담하는 자의 능력은 그의 본국법에 의한다. 다만, 그 국가의 법이 다른 국가의 법에 의하여야 하는 것을 정한 경우에는 그 다른 국가의 법에 의한다.
② 제1항의 규정에 의하면 능력이 없는 자라 할지라도 다른 국가에서 서명을 하고 그 국가의 법에 의하여 능력이 있는 때에는 그 채무를 부담할 수 있는 능력이 있는 것으로 본다.
제52조(수표지급인의 자격) ① 수표지급인이 될 수 있는 자의 자격은 지급지법에 의한다.
② 지급지법에 의하면 지급인이 될 수 없는 자를 지급인으로 하여 수표가 무효인 경우에도 동일한 규정이 없는 다른 국가에서 행한 서명으로부터 생긴 채무의 효력에는 영향을 미치지 아니한다.
제53조(방식) ① 환어음, 약속어음 및 수표행위의 방식은 서명지법에 의한다. 다만, 수표행위의 방식은 지급지법에 의할 수 있다.
② 제1항의 규정에 의하여 행위가 무효인 경우에도 그 후 행위의 행위지법에 의하여 적법한 때에는 그 전 행위의 무효는 그 후 행위의 효력에 영향을 미치지 아니한다.
③ 대한민국 국민이 외국에서 행한 환어음, 약속어음 및 수표행위의 방식이 행위지법에 의하면 무효인 경우에도 대한민국 법에 의하여 적법한 때에는 다른 대한민국 국민에 대하여 효력이 있다.
제54조(효력) ① 환어음의 인수인과 약속어음의 발행인의 채무는 지급지법에 의하고, 수표로부터 생긴 채무는 서명지법에 의한다.
② 제1항에 규정된 자 외의 자의 환어음 및 약속어음에 의한 채무는 서명지법에 의한다.
③ 환어음, 약속어음 및 수표의 소구권을 행사하는 기간은 모든 서명자에 대하여 발행지법에 의한다.
제55조(원인채권의 취득) 어음의 소지인이 그 발행의 원인이 되는 채권을 취득하는지 여부는 어음의 발행지법에 의한다.
제56조(일부인수 및 일부지급) ① 환어음의 인수를 어음 금액의 일부에 제한할 수 있는지 여부 및 소지인이 일부지급을 수락할 의무가 있는지 여부는 지급지법에 의한다.
② 제1항의 규정은 약속어음의 지급에 준용한다.
제57조(권리의 행사 · 보전을 위한 행위의 방식) 환어음, 약속어음 및 수표에 관한 거절증서

의 방식, 그 작성기간 및 환어음, 약속어음 및 수표상의 권리의 행사 또는 보전에 필요한 그 밖의 행위의 방식은 거절증서를 작성하여야 하는 곳 또는 그 밖의 행위를 행하여야 하는 곳의 법에 의한다.

제58조(상실 및 도난) 환어음, 약속어음 및 수표의 상실 또는 도난의 경우에 행하여야 하는 절차는 지급지법에 의한다.

제59조(수표의 지급지법) 수표에 관한 다음 각호의 사항은 수표의 지급지법에 의한다.

1. 수표가 일람출급을 요하는지 여부, 일람후 정기출급으로 발행할 수 있는지 여부 및 선일자수표의 효력
2. 제시기간
3. 수표에 인수, 지급보증, 확인 또는 사증을 할 수 있는지 여부 및 그 기재의 효력
4. 소지인이 일부지급을 청구할 수 있는지 여부 및 일부지급을 수락할 의무가 있는지 여부
5. 수표에 횡선을 표시할 수 있는지 여부 및 수표에 "계산을 위하여"라는 문구 또는 이와 동일한 뜻이 있는 문구의 기재의 효력. 다만, 수표의 발행인 또는 소지인이 수표면에 "계산을 위하여"라는 문구 또는 이와 동일한 뜻이 있는 문구를 기재하여 현금의 지급을 금지한 경우에 그 수표가 외국에서 발행되고 대한민국에서 지급하여야 하는 것은 일반횡선수표의 효력이 있다.
6. 소지인이 수표자금에 대하여 특별한 권리를 가지는지 여부 및 그 권리의 성질
7. 발행인이 수표의 지급위탁을 취소할 수 있는지 여부 및 지급정지를 위한 절차를 취할 수 있는지 여부
8. 배서인, 발행인 그 밖의 채무자에 대한 소구권 보전을 위하여 거절증서 또는 이와 동일한 효력을 가지는 선언을 필요로 하는지 여부

제9장 해상

제60조(해상) 해상에 관한 다음 각호의 사항은 선적국법에 의한다.

1. 선박의 소유권 및 저당권, 선박우선특권 그 밖의 선박에 관한 물권
2. 선박에 관한 담보물권의 우선순위
3. 선장과 해원의 행위에 대한 선박소유자의 책임범위
4. 선박소유자·용선자·선박관리인·선박운항자 그 밖의 선박사용인이 책임제한을 주장할 수 있는지 여부 및 그 책임제한의 범위
5. 공동해손
6. 선장의 대리권

제61조(선박충돌) ① 개항·하천 또는 영해에서의 선박충돌에 관한 책임은 그 충돌지법에 의한다.

② 공해에서의 선박충돌에 관한 책임은 각 선박이 동일한 선적국에 속하는 때에는 그 선적국법에 의하고, 각 선박이 선적국을 달리하는 때에는 가해선박의 선적국법에 의한다.

제62조(해양사고구조) 해양사고구조로 인한 보수청구권은 그 구조행위가 영해에서 있는 때에는 행위지법에 의하고, 공해에서 있는 때에는 구조한 선박의 선적국법에 의한다.

부칙

제1조(시행일) 이 법은 공포 후 2개월이 경과한 날부터 시행한다. ＜단서 생략＞

제2조(다른 법률의 개정) ①부터 ⑤까지 생략

⑥ 국제사법 일부를 다음과 같이 개정한다.

제24조의 제목 "(지적재산권의 보호)"를 "(지식재산권의 보호)"로 하고, 같은 조 중 "지적재산권"을 "지식재산권"으로 한다.

⑦부터 ＜22＞까지 생략

[2] 섭외사법

第1章 總 則

第1條 (目的) 本法은 大韓民國에 있어서의 外國人 및 外國에 있어서의 大韓民國國民의 涉外的 生活關係에 關하여 準據法을 定함을 目的으로 한다.

第2條 (本國法) ① 當事者의 本國法에 依하여야 할 境遇에 있어서 그 當事者가 둘以上의 國籍이 있는 때에는 最後에 取得한 國籍에 依하여 그 本國法을 定한다. 그러나 그 國籍의 하나가 大韓民國인 때에는 大韓民國의 法律에 依한다.

② 國籍이 없는 者에 對하여는 그 住所地法을 本國法으로 본다. 그 住所를 알 수 없는 때에는 居所地法에 依한다.

③ 地方에 따라 法이 相異한 國家의 國民에 對하여는 그 者가 屬하는 地方의 法에 依한다.

第3條 (住所地法) ① 當事者의 住所地法에 依하여야 할 境遇에 있어서 그 住所를 알수 없는 때에는 그 居所地法에 依한다.

② 前條第1項 및 第3項의 規定은 當事者의 住所地法에 依할 境遇에 이를 準用한다.

第4條 (反定) 當事者의 本國法에 依하여야 할 境遇에 그 當事者의 本國法이 大韓民國의 法律에 依할것인 때에는 大韓民國의 法律에 依한다.

第5條 (社會秩序에 反하는 外國法의 規定) 外國法에 依하여야 할 境遇에 있어서 그 規定이 善良한 風俗 其他 社會秩序에 違反하는 事項을 內容으로 하는 것인 때에는 이를 適用하지 아니한다.

第2章 民事에 關한 規定

第6條 (行爲能力) ① 사람의 能力은 그 本國法에 依하여 이를 定한다.

② 外國人이 大韓民國에서 法律行爲를 한 境遇에 있어서 그 外國人이 本國法에 依하면 無能力者인 境遇라 할지라도 大韓民國의 法律에 依하여 能力者인 때에는 이를 能力者로 본다.

③ 前項의 規定은 親族法 또는 相續法의 規定에 依한 法律行爲 및 外國에 있는 不動産에 關한 法律行爲에는 이를 適用하지 아니한다.

第7條 (限定治産 및 禁治産) ① 限定治産 및 禁治産의 原因은 限定治産者 또는 禁治産者의 本國法에 依하고 그 宣告의 效力은 宣告를 한 國家의 法에 依한다.

② 大韓民國에 住所 또는 居所가 있는 外國人이 그 本國法에 依하여 限定治産 또는 禁治産의 原因이 있을 때에는 法院은 그 者에 對하여 限定治産 또는 禁治産의 宣告를 할 수 있

다. 그러나 大韓民國의 法律이 그 原因을 認定하지 아니하는 때에는 그러하지 아니하다.

第8條 (失踪宣告) 外國人의 生死가 分明하지 아니한 境遇에 있어서는 法院은 大韓民國에 있는 財産 및 大韓民國의 法律에 依하여야 할 法律關係에 關하여서만 大韓民國의 法律에 依하여 失踪의 宣告를 할 수 있다.

第9條 (法律行爲의 成立 및 效力) 法律行爲의 成立 및 效力에 關하여는 當事者의 意思에 依하여 適用할 法을 定한다. 그러나 當事者의 意思가 分明하지 아니한 때에는 行爲地法에 依한다.

第10條 (法律行爲의 方式) ① 法律行爲의 方式은 그 行爲의 效力을 定한 法에 依한다.

② 行爲地法에 依하여 한 法律行爲의 方式은 前項의 規定에 不拘하고 이를 有效로 한다. 그러나 當事者의 意思에 依하여 法律行爲의 效力을 定한 法이 있는 때에는 그 法이 定한 法律行爲의 方式에 依하여도 效力이 있다.

③ 前2項의 規定은 物權 其他 登記하여야 할 權利를 設定하거나 處分하는 法律行爲에 關하여는 이를 適用하지 아니한다.

第11條 (異法地域者間의 法律行爲) ① 法을 달리하는 곳에 있는 者에 對하여 한 意思表示는 그 通知를 한 곳을 行爲地로 본다.

② 契約의 成立 및 效力에 關하여는 그 請約의 通知를 한 곳을 行爲地로 본다. 그 請約을 받은 者가 承諾을 한 때에 그 請約의 發信地를 알지 못한 때에는 請約者의 住所地를 行爲地로 본다.

第12條 (物權 其他 登記하여야 할 權利) ① 動産 및 不動産에 關한 物權 其他 登記하여야 할 權利는 그 目的物의 所在地法에 依한다.

② 前項에 規定한 權利의 得失變更은 그 原因된 行爲 또는 事實이 完成할 때의 目的物의 所在地法에 依한다.

第13條 (法定債權의 成立 및 效力) ① 事務管理, 不當利得 또는 不法行爲로 因하여 생긴 債權의 成立 및 效力은 그 原因된 事實이 發生한 곳의 法에 依한다.

② 前項의 規定은 外國에서 發生한 事實이 大韓民國의 法律에 依하며는 不法行爲가 되지 아니하는 때에는 이를 適用하지 아니한다.

③ 外國에서 發生한 事實이 大韓民國의 法律에 依하여 不法行爲가 되는 境遇일지라도 被害者는 大韓民國의 法律이 認定한 損害賠償 其他의 處分 以外에 이를 請求하지 못한다.

第14條 (債權讓渡) 債權讓渡의 第3者에 對한 效力은 債務者의 住所地法에 依한다.

第15條 (婚姻의 成立要件) ① 婚姻의 成立要件은 各 當事者에 關하여 그 本國法에 依하여 이를 定한다. 그러나 그 方式은 婚姻擧行地의 法에 依한다.

② 前項의 規定은 民法 第814條의 適用에 影響을 미치지 아니한다.

第16條 (婚姻의 效力) ① 婚姻의 效力은 夫의 本國法에 依한다.

② 外國人이 大韓民國國民의 서양자가 된 때의 婚姻의 效力은 大韓民國의 法律에 依한다.

第17條 (夫婦財産制) ① 夫婦財産制는 婚姻當時의 夫의 本國法에 依한다.

② 外國人이 大韓民國國民의 서양자가 된때의 夫婦財産制는 大韓民國의 法律에 依한다.

第18條 (離婚) 離婚은 그 原因된 事實이 發生한 當時의 夫의 本國法에 衣한다. 그러나 法院은 그 原因된 事實이 大韓民國의 法律에 依하여 離婚의 原因이 되지 아니할 때에는 離婚의 宣告를 하지 못한다.

第19條 (親生子) 親生子의 推定, 承認 또는 否認은 그 出生當時의 母의 夫의 本國法에 依한다. 夫가 子의 出生前에 死亡한 때에는 그 死亡當時의 本國法에 依하여 이를 定한다.

第20條 (認知) ① 婚姻外의 出生者의 認知要件은 그 父 또는 母에 關하여는 認知한 때의 父 또는 母의 本國法에 依하여 이를 定하고 그 子에 關하여는 認知할 때의 子의 本國法에 依하여 이를 定한다.

② 認知의 效力은 父 또는 母의 本國法에 依한다.

第21條 (入養 및 罷養) ① 入養의 要件은 各 當事者에 關하여 그 本國法에 依하여 이를 定한다.

② 入養의 效力 및 罷養은 養親의 本國法에 依한다.

第22條 (親子間의 法律關係) 親子間의 法律關係는 父의 本國法에 依하고 父가 없는 때에는 母의 本國法에 依한다.

第23條 (扶養義務) 扶養의 義務는 扶養義務者의 本國法에 依한다.

第24條 (親族關係) 親族關係 및 親族關係에서 發生한 權利義務에 關하여 本法에 特別한 規定이 없는 境遇에는 各 當事者의 本國法에 依하여 이를 定한다.

第25條 (後見) ① 後見은 被後見人의 本國法에 依한다.

② 大韓民國에 住所 또는 居所가 있는 外國人의 後見은 그 本國法에 依하며 後見開始의 原因이 있을지라도 그 後見事務를 行할 者가 없는 境遇 및 大韓民國에서 限定治産 또는 禁治産을 宣告한 때에 限하여 大韓民國의 法律에 依한다.

第26條 (相續) 相續은 被相續人의 本國法에 依한다.

第27條 (遺言) ① 遺言의 成立 및 效力은 그 成立當時의 遺言者의 本國法에 依한다.

② 遺言의 取消는 그 取消當時의 遺言者의 本國法에 依한다.

③ 遺言의 方式은 行爲地法에 依하여도 無妨하다.

第3章 商事에 關한 規定

第28條 (商事에 關한 適用順位) 商事에 關한 事項에 關하여 本章에 다른 規定이 없는 事

項은 商慣習에 依하고 商慣習이 없으면 民事에 關한 準據法을 適用한다.

第29條 (商事會社의 行爲能力) 商事會社의 行爲能力은 그 營業所所在地의 法에 依한다.

第30條 (銀行) 銀行業務에 關한 事項 및 效力은 그 銀行이 屬하는 國家의 法에 依한다.

第31條 (無記名證券) 無記名證券의 取得에 關한 事項은 그 取得地法에 依한다.

第32條 (委託 및 運送契約) ① 委託賣買契約 또는 運送周旋契約으로 因한 當事者의 權利義務는 委託賣買業者 또는 運送周旋業者의 住所地法에 依한다.

② 前項의 委託賣買業者 또는 運送周旋業者가 商事會社인 때에는 그 營業所所在地의 法에 依한다.

第33條 (保險契約) ① 保險契約으로 因한 權利義務는 保險業者의 營業所所在地의 法에 依한다.

② 保險證券을 基礎로 하는 保險契約上 權利의 讓渡 또는 入質은 保險業者의 營業所所在地의 法에 依한다.

第34條 (어음行爲能力) ① 換어음, 約束어음 및 手票에 依하여 義務를 지는 者의 能力은 그 本國法에 依한다. 그러나 그 國家의 法이 다른 國家의 法에 依하여야 할 것을 定한 때에는 그 다른 國家의 法을 適用한다.

② 前項의 規定에 依하여 그 能力이 없는 者라 할지라도 다른 國家의 領域에서 署名을 하고 그 國家의 法에 依하며는 能力이 있는 때에는 그 責任을 진다.

第35條 (手票支給人의 資格) ① 手票支給人이 될 수 있는 者는 支給地의 法에 依한다.

② 支給地의 法에 依하여 支給人이 될 수 없는 者를 支給人으로 하였음으로 因하여 手票가 無效일지라도 同一한 規定이 없는 다른 國家에서 한 署名으로부터 생긴 債務는 이로 因하여 그 效力에 影響을 미치지 아니한다.

第36條 (어음行爲의 方式) ① 換어음, 約束어음 및 手票上의 行爲의 方式은 署名地의 法에 依한다. 그러나 手票는 支給地의 法에 規定된 方式에 依하여도 無妨하다.

② 前項의 規定에 依하여 行爲가 無效인 境遇에도 그 行爲地法에 依하며는 適法한 때에는 前行爲의 無效로 因하여 後行爲의 效力에 影響을 미치지 아니한다.

③ 大韓民國國民이 外國에 있어서 한 換어음, 約束어음 및 手票上의 行爲가 大韓民國의 法律에 依하여 適法인때에 限하여 다른 大韓民國國民에 對하여도 效力이 있다.

第37條 (어음行爲의 效力) ① 換어음의 引受人과 約束어음의 發行人의 義務의 效力은 그 支給地의 法律에 依하고 手票로부터 생긴 義務의 效力은 署名地의 法에 依한다.

② 前項에 規定한 者를 除外하고 換어음, 約束어음 및 手票에 依하여 債務를 지는 者의 署名으로부터 생기는 效力은 그 署名地의 法에 依한다. 그러나 換어음, 約束어음과 手票上의 遡求權을 行使하는 期間은 모든 署名者에 對하여 그 發行地의 法에 依한다.

第38條 (原因債權의 取得) 換어음의 所持人이 그 發行의 原因이 되는 債權을 取得하는 與否는 그 證券의 發行地의 法에 依한다.

第39條 (一部引受·一部支給) 換어음과 約束어음의 引受를 어음金額의 一部에 制限하는 與否와 所持人에게 그 一部支給을 受諾할 義務가 있는 與否는 그 支給地의 法에 依한다.

第40條 (權利의 行使·保全을 爲한 行爲의 方式) 拒絕證書의 方式과 그 作成期間 其他 換어음, 約束어음과 手票上의 權利의 行使 또는 保存에 必要한 行爲의 方式은 拒絕證書를 作成할 곳 또는 그 行爲地의 法에 依한다.

第41條 (어음의 喪失·盜難) 換어음·約束어음의 喪失 또는 盜難의 境遇에 하여야 할 節次는 支給地의 法에 依한다.

第42條 (計算手票) 手票의 發行人 또는 所持人이 證券에 「計算하기 爲하여」의 文句 또는 이와 同一한 뜻이 있는 文句를 記載하여 現金의 支給을 禁止한 境遇에 그 手票가 外國에서 發行되고 大韓民國에서 支給하여야 할 것은 一般橫線手票의 效力이 있다.

第43條 (支給地法) 手票에 關한 다음 各號의 事項은 手票의 支給地의 法에 依한다.

1. 手票가 一覽出給을 要하는 與否와 一覽後定期出給으로 發行할 수 있는 與否와 先日子手票의 效力
2. 提示期間
3. 手票에 引受, 支給保證, 確認 또는 査證을 할 수 있는 與否와 그 記載의 效力
4. 所持人이 一部支給을 請求할 수 있는 與否와 一部支給을 受諾할 義務의 有無
5. 手票의 橫線을 할 수 있는 與否와 手票에 「計算하기 爲하여」의 文句 또는 이와 同一한 뜻이 있는 文句의 記載의 效力
6. 所持人의 資金에 對한 特別한 權利의 有無와 그 權利의 性質
7. 發行人이 手票의 支給의 委託을 取消하거나 支給의 停止節次를 取할 수 있는 與否
8. 手票의 喪失 또는 盜難의 境遇에 하여야 할 節次
9. 背書人 其他 證券上의 債務者에 對한 遡求權保全을 爲하여 拒絕證書 또는 이와 同一한 效力을 가진 宣言을 必要로 하는 與否

第44條 (海商) 海商에 關한 다음 各號의 事項은 船籍國法에 依한다.

1. 船舶所有權의 移轉에 關한 公示의 方法
2. 船舶이 讓渡된 境遇에 船舶所有者의 債權者로서 追及權있는 者와 없는 者
3. 船舶을 抵當할 수 있는 與否와 海上에서 抵當하는 境遇의 公示方法
4. 海上優先特權에 依하여 擔保될 債權의 種類와 船舶에 對한 優先特權의 順位
5. 船長과 海員의 行爲에 對한 船舶所有者의 責任範圍
6. 船舶所有者가 船舶과 運賃을 委付하여 責任을 免할 수 있는 與否

7. 共同海損으로 利害關係人에게 分擔될 수 있는 海損의 性質

8. 共同海損의 境遇에 損害를 負擔할 財團의 組成

第45條 (船舶衝突) 開港, 河 또는 領海에서의 船舶衝突에 關한 責任은 衝突地의 法에 依한다.

第46條 (同前) 公海에서의 船舶衝突에 關한 責任은 各船舶이 同一船籍國에 屬한 때에는 船籍國法에 依하고 各船舶이 船籍國을 달리할 때에는 加害船舶의 船籍國法에 依한다.

第47條 (海洋事故 救助) 海洋事故 救助로 因한 報酬請求權은 그 救助行爲가 領海에서 있을 때에는 行爲地法에 依하고 公海에서 있을 때에는 救助船舶의 船籍國法에 依한다.

附則

① (施行日) 本法은 公布한 날로부터 施行한다.

② (廢止法令) 西紀 1912年 3月 勅令 第21號 「法例를朝鮮에施行하는件」은 이를 廢止한다.

[3] 독일 민법시행법(EGBGB)(국문시역 발췌)

제2장 국제사법[1]

제1절 일반조항

제3조 적용범위; 유럽연합의 규칙 및 국제법상의 합의와의 관계

1. 직접 적용되는 유럽연합의 현행 규칙, 특히 아래의 것

   a) 계약외채무의 준거법에 관한 2007. 7. 11. 유럽의회 및 이사회 규정 (유럽연합) 번호 864/2007 (로마Ⅱ)

   b) 계약채무의 준거법에 관한 2008. 6. 17. 유럽의회 및 이사회 규정 (유럽연합) 번호 593/2008 (로마Ⅰ)

   c) 부양의무의 준거법에 관한 2007. 11. 23. 헤이그의정서와 함께 부양의무사건에서의 관할, 준거법, 재판의 승인과 집행 및 협력에 관한 2008. 12. 18. 이사회 규정 (유럽연합) 번호 4/2009 제15조

   d) 이혼 및 법적 별거의 준거법 영역에서 제고된 협력을 시행하기 위한 2010. 12. 20. 이사회 규정 (유럽연합) 번호 1259/2010

   e) 상속사건에서의 관할, 준거법, 재판의 승인과 집행, 공정증서의 인정(acceptance, Annahme)[2]과 집행 및 유럽 상속증명서의 도입에 관한 2012. 7. 4. 유럽의회 및 이사회 규정 (유럽연합) 번호 650/2012

   f) 부부재산제사건에서의 관할, 준거법, 재판의 승인과 집행 영역에서의 제고된 협력의 시행을 위한 2016. 6. 24. 이사회 규정 (유럽연합) 번호 2016/1103 및

   g) 등록된 동반자관계의 재산법적 효력사건에서의 관할, 준거법과 재판의 승인 및 집행의 영역에서의 제고된 협력의 시행을 위한 2016. 6. 24. 이사회 규정 (유럽연합) 번호 2016/1104 또는

2. 직접 적용될 수 있는 내국법으로 된 범위 내의 국제법상의 합의 안에 포함되어 있는 규칙이 준거가[3] 되지 않는 범위 내에서는, 외국과 관련이 있는 사안에서 이 장의 규정이 어느 법질서가 적용될 것인가를 결정한다(국제사법).

---

[1] 이는 석광현, 국제사법과 국제소송 [정년기념](2022), 573면 이하에 수록된 것을 다소 수정수정하고 제7a조를 추가한 것이다.

[2] 여기의 acceptance는 '수령' 또는 '수용'이라고도 번역하나 필자는 '인정'이라고 번역한다.

[3] 준거가 대신에 "기준이"라고 번역할 수도 있다.

[제3a조 실질규범지정; 개별준거법][4]

[현재는 없음]

제4조 지정

(1) 다른 국가의 법이 지정된 때에는 그것이 지정의 의미에 반하지 아니하는 한 다른 국가의 국제사법도 적용된다. 그 다른 국가의 법이 독일법에로 반정하는 때에는 독일의 실질규정이 적용된다.

(2) 실질규정의 지정은 준거가 되는 법질서 중에서 국제사법규범을 제외한 법규범을 지정한다. 당사자가 어느 국가의 법을 선택할 수 있는 때에는 그는 실질규정만을 지정할 수 있다.

(3) 준거가 되는 부분법질서(Teilrechtsordnung)를 표시함이 없이 복수의 부분법질서를 가지고 있는 국가의 법이 지정된 때에는, 그 국가의 법이 어느 부분법질서가 적용될 것인지를 결정한다. 그러한 규칙이 없는 때에는 사안이 가장 밀접하게 관련된 부분법질서가 적용된다.

제5조 속인법

(1) 어느 사람이 속하고 있는 국가의 법이 지정된 때에 그가 복수의 국가에 속하고 있는 경우에는, 그 국가 중에서 특히 그의 상거소 또는 그의 생활의 영위를 통하여 그와 가장 밀접한 관련을 가지고 있는 국가의 법이 적용된다. 그가 독일인이기도 한 때에는 이 법적 지위가 우선한다.

(2) 어느 사람이 무국적자이거나 또는 국적이 확정될 수 없는 때에는 그가 상거소를 가지고 있거나 또는 상거소가 없는 경우에는 거소를 가지고 있는 국가의 법이 적용된다.

(3) 어느 사람이 거소 또는 상거소를 가지고 있는 국가의 법이 지정된 때에 완전한 행위능력을 가지고 있지 않은 사람이 법정대리인의 의사 없이 거소를 변경한 경우에는, 그 변경만으로는 다른 법의 적용에 이르지 아니한다.

제6조 공서

다른 국가의 법규범은 그 적용이 독일법의 본질적 원칙들과 명백히 상용되지 않는 결과를 가져올 때에는 적용되지 아니한다. 그 다른 국가의 법규범은 그 적용이 기본권과 상용되지 않는 경우에는 특히 적용되지 아니한다.

---

4) 개별준거법에 관한 구 민법시행법 제3조 제3항은 제3a조 제2항이 되었다가 삭제되었고 제3a조 제1항은 제4조 제2항이 되었다.

제2절 자연인과 법률행위의 법

제7조 권리능력과 행위능력

(1) 사람의 권리능력은 그가 속하고 있는 국가의 법에 따른다. 한번 취득한 권리능력은 독일인으로서의 법적 지위의 취득 또는 상실에 의하여 침해되지 아니한다.

(2) 사람의 행위능력은 그가 상거소를 가지는 국가의 법에 따른다. 행위능력이 혼인의 체결에 의하여 확대되는 경우에도 같다. 한번 취득한 행위능력은 상거소의 변경에 의하여 침해되지 아니한다.[5]

제7a조 성별 귀속(Geschlechtszugehörigkeit)[6]

(1) 사람의 성별 귀속은 그가 속하고 있는 국가의 법률에 따른다.

(2) 독일에 상거소를 가지는 사람은 성별 변경을 위하여 독일법을 선택할 수 있다. 성별 변경 하에 또는 성별 변경과 관련하여 성명을 변경하는 경우에도 동일하다.

(3) 제2항에 따른 선택의 선언은 공적으로 인증되어야 하는데, 이는 신분공무원에 의하여 인증되거나 증서화될 수도 있다.

제8조 임의대리[7]

(1) 법선택이 제3자와 대리인에게 알려진 경우에는 임의대리에 대하여는 대리권의 행사 전에 대리권 수여자가 선택한 법을 적용한다. 대리권 수여자, 대리인 및 제3자는 준거법을 언제든지 선택할 수 있다. 제2문에 따른 선택은 제1문에 따른 선택에 우선한다.

(2) 제1항에 따른 법선택이 없고 대리인이 그의 기업활동으로 행위한 경우에는, 대리권의 행사 시에 대리인이 상거소를 가진 국가의 실질규정을 적용한다. 다만 제3자가 그 장소를 알 수 없는 경우에는 그러하지 아니하다.

(3) 제1항에 따른 법선택이 없고, 대리인이 대리권 수여자의 근로자로서 행위한 경우에는, 대리권의 행사 시에 대리권 수여자가 상거소를 가진 국가의 실질규정을 적용한다. 다만 제3자가 그 장소를 알 수 없는 경우에는 그러하지 아니하다.

(4) 제1항에 따른 법선택이 없고 대리인이 그의 기업활동으로 행위한 것도 근로자로서 행위한 것도 아닌 경우에는, 장기간으로 상정된 대리권(im Falle einer auf Dauer angelegten Vollmacht)인 때에는, 대리인이 통상적으로 대리권을 사용하는 국가의 실질

---

5) 2023. 1. 1. 전의 구법 제7조는 아래와 같았다.

　(1) 사람의 권리능력과 행위능력은 그가 속하고 있는 국가의 법에 따른다. 행위능력이 혼인의 체결에 의하여 확대되는 경우에도 같다.

　(2) 한번 취득한 권리능력 또는 행위능력은 독일인으로서의 법적 지위의 취득 또는 상실에 의하여 침해되지 아니한다.

6) 2024. 6. 19. 신설되어 2024. 11. 1. 시행되었다.

7) 2017. 6. 17. 신설되었다.

규정을 적용한다. 다만 제3자가 그 장소를 알 수 없는 경우에는 그러하지 아니하다.

(5) 제1항부터 제4항에 의하여 준거법이 결정되지 않는 경우에는, 대리인이 개별적인 사안에서 대리권을 사용한 국가의 실질규정을 적용한다(사용지). 만일 제3자와 대리인이 그 대리권이 특정한 국가 내에서 사용되었어야 함을 알았어야 하는 경우에는 그 국가의 실질법을 적용한다. 제3자가 사용지를 알 수 없는 경우에는 대리권행사 시에 대리권 수여자가 상거소를 가진 국가의 실질규정을 적용한다.

(6) 부동산 또는 부동산에 대한 권리의 처분에서의 임의대리에는 제43조 제1항 및 제46조에 따라 정해진 법을 적용한다.

(7) 본 조는 거래소에서의 행위(Börsengeschäften)와 경매에서의 임의대리에는 적용되지 아니한다.

(8) 이 조의 의미에서 상거소의 결정에는 규정 (유럽연합) 번호 593/2008[8]) 제19조 제1항[9])과 제2항 첫째 선택지를[10]) 적용하되 계약 체결에 갈음하여 대리권 행사를 대입한다. 이 조항에 따라 준거가 되는 장소를 제3자가 알 수 없는 경우에는 규정 (유럽연합) 번호 593/2008 제19조 제2항 첫째 선택지는 적용하지 아니한다.

제9조 사망선고

사망선고, 사망과 사망시점의 확정, 생존추정과 사망추정은 실종자가 현존하는 소식에 따르면 아직 생존하고 있었던 최후의 시점에 그가 속하고 있었던 국가의 법에 따른다. 실종자가 그 시점에 외국인이었던 때에는 정당한 이익이 존재하는 경우 그에 대하여 독일법에 따라 사망선고를 할 수 있다.

제10조 성명[11])

(1) 사람의 성명은 그가 속하고 있는 국가의 법에 따른다.

(2) 부부(Ehegatten)는 혼인의 체결 시 또는 그 후에 다음의 법에 따라 신분등록소(Standesamt)에 대하여 앞으로 사용할 성을 선택할 수 있다.

  1. 제5조 제1항에 관계없이 부부 중 일방이 속하고 있는 국가의 법, 또는

---

8) 위 규정은 '로마 I'을 말한다.
9) 조문은 아래와 같다. "이 규정의 목적상 회사와 기타 법인격이 있거나 없는 기구(bodies)의 상거소는 경영 중심지이다. 영업활동을 하는 과정에서의 자연인의 상거소는 그의 주된 영업소 소재지다."
10) 조문은 아래와 같다. "계약이 지점, 대리점 또는 어느 영업소의 운영과정에서 체결되는 경우, 또는 계약에 따른 채무의 이행이 그러한 지점, 대리점 또는 영업소의 책임인 경우에는 그 지점, 대리점 또는 영업소가 소재하는 곳이 상거소 소재지로 취급된다."
11) 제10조는 개정되어 2025. 5. 1.부터 개정법이 시행되는데 그 문언은 아래와 같다.
    제10조 성명
    (1) 사람의 성명은 그가 상거소를 가지고 있는 국가의 실질규정에 따른다.

2. 부부 중 일방이 내국에 상거소를 가지고 있는 경우에는 독일법.

혼인의 체결 후에 행하여진 의사표시는 공적으로 증명되어야(öffentlich beglaubigt) 한다. 그 선택이 자(子)의 성에 미치는 영향에 대하여는 민법 제1617c가 유추적용된다(ist … sinngemäß anzuwenden).[12]

(3) 감호권자(Inhaber der Sorge)[13]는 신분등록소에 대하여 자(子)가 다음의 법에 따라 가족의 성을 가진다고 정할 수 있다.

1. 제5조 제1항에 관계없이 부모의 일방이 속하고 있는 국가의 법

2. 부모의 일방이 상거소를 내국에 두고 있는 경우에는 독일법, 또는

3. 성의 부여자가 속하고 있는 국가의 법

출생 등록 후에 행하여진 의사표시는 공적으로 증명되어야 한다.

(4) [삭제][14]

제11조 법률행위의 방식

(1) 법률행위는 그것이 그 대상을 이루는 법률관계에 적용되는 법 또는 그것이 행하여지는 국가의 법의 방식요건을 갖춘 경우에는 방식상 유효하다.

(2) 계약이 상이한 국가[15]에 있는 사람 사이에 체결되는 때에 그 대상을 이루는 법률관계에 적용되는 법 또는 그 국가 중 어느 하나의 법의 방식요건을 갖춘 경우에는 방식상

---

(2) 부부는 혼인의 체결 시 또는 그 후에 다음 중 어느 법에 따라 신분등록소(또는 신분등록청. Standesamt)에 대하여 앞으로 사용할 성을 선택할 수 있다.

1. 부부 중 일방이 속하고 있는 국가의 법, 또는

2. 부부 중 일방이 그의 상거소를 가지고 있는 국가의 법

(3) 감호권자(Inhaber der elterlichen Sorge)는 신분등록소에 대하여 자(子)가 다음의 법에 따라 가족의 성을 가진다고 정할 수 있다.

1. 부모의 일방 또는 자(子)가 속하고 있는 국가의 법

2. 부모의 일방이 상거소를 내국에 두고 있는 경우에는 독일법, 또는

3. 성의 부여자가 속하고 있는 국가의 법

출생 등록 후에 행하여진 의사표시는 공적으로 인증되어야 한다.

(4) 그 밖에 사람은 신분등록소에 대한 표시를 통하여 그의 성명에 대하여 본국법을 적용할 것을 선택할 수 있다. 의사표시는 공적으로 인증되어야 한다.

(5) 제5조 제1항은 법선택에는 적용되지 않는다. 그 선택이 자(子)의 성에 미치는 영향에 대하여는 민법 제1617c가 유추적용된다.

12) 제48조가 신설되었음을 참조.

13) '친권자' 또는 '양육권자'라고 번역할 수도 있다.

14) 이는 "weggefallen"의 번역이다. 최흥섭, 글모음집, 91면은 'wegfallen'은 삭제, 'wegwerfen' 은 폐기, 'aufheben'은 보관이라고 각각 번역하면서, 민법시행법에서 삭제된 조문이더라도 그 시행 전에 혼인한 부부에게는 여전히 적용되므로 정확히는 폐기(wegwerfen)된 것이 아니라 보관(aufheben)되고 있다고 한다.

15) 엄밀하게는 '국가 내'이다.

유효하다.

(3) 계약이 대리인에 의하여 체결되는 때에 제1항과 제2항이 적용되는 경우에는 대리인이 있는 국가가 준거가 된다.

(4) 물건에 대한 권리를 설정하거나 또는 그러한 권리를 처분하는 법률행위는 그 대상을 이루는 법률관계에 적용되는 법의 방식요건을 갖춘 경우에만 방식상 유효하다.

제12조 상대방 계약당사자의 보호

계약이 동일한 국가16)에 있는 사람 사이에 체결되는 경우에, 그 국가의 법의 실질규정상 권리능력, 행위능력, 행동능력이 있는 자연인은, 계약체결 시에 그의 권리무능력, 행위무능력 및 행동무능력을 타방 계약당사자가 알았거나 또는 알았어야 할 경우에만, 다른 국가의 법의 실질규정으로부터 도출되는 그의 권리무능력, 행위무능력, 행동무능력을 원용할 수 있다. 이는 친족법상·상속법상 법률행위 및 다른 국가에 소재하는 부동산에 관한 처분에 대하여는 적용되지 아니한다.

제3절 친족법

제13조 혼인의 체결17)

(1) 혼인의 체결의 요건은 각 혼인당사자(Verlobten)에 대하여 그가 속하고 있는 국가의 법에 따른다.

(2) 제1항의 법에 의하면 요건이 결여되어 있는 때에는 다음의 경우 독일법이 적용된다.

 1. 혼인당사자의 일방이 내국에 상거소를 가지고 있거나 또는 독일인인 경우

 2. 양 당사자가 그 요건의 충족을 위하여 기대할 수 있는 조치를 취한 경우 및

 3. 혼인의 체결을 인정하지 않는 것이 혼인의 체결의 자유와 상용되지 않는 경우, 특히 전혼의 존속이 독일에서 선고되거나 또는 승인된 판결에 의하여 부정되었거나 또는 당사자의 배우자(Ehegatte)가 사망선고를 받은 경우에는 혼인당사자의 전혼은 장애가 되지 아니한다.

(3) 제1항에 따라 혼인당사자 일방의 혼인적령(Ehemündigkeit)이 외국법에 따르는 경우, 그 혼인은 다음 각 호의 경우 독일법에 의하여 무효가 되거나 취소할 수 있다.

 1. 혼인의 체결 시에 혼인당사자 일방이 16세 미만인 경우에는 무효이고,

 2. 혼인의 체결 시에 혼인당사자 일방이 16세 이상이나 18세 미만인 경우에는 취소할 수 있다.

(4) 혼인은 내국에서는 여기에서 규정하는 방식으로만 체결할 수 있다. 쌍방 모두 독일인

---

16) 엄밀하게는 '국가 내'이다.
17) 제3항이 신설되고 제3항은 제4항이 되었다.

이 아닌 당사자 간의 혼인은, 당사자의 일방이 속하고 있는 국가의 정부로부터 적법하게(ordnungsgemäß) 수권받은 사람 앞에서, 그 국가의 법이 규정하는 방식에 의하여 체결할 수 있다. 이렇게 체결된 혼인이 그것을 관장하도록 적법하게 수권받은 사람에 의하여 관리되고 있는 신분등록부(Standesregister)에 등록된 경우에는 그 등록의 인증등본(beglaubigte Abschrift)은 혼인의 체결의 완전한 증거가 된다.

제14조 혼인의 일반적 효력[18]

(1) 혼인의 일반적 효력은 규정 (유럽연합) 2016/1103의 적용범위에 속하지 않는 한 부부가 선택한 법에 따른다. 다음 각 호의 법을 선택할 수 있다.

 1. 부부의 쌍방이 법선택 시점에 상거소를 가지고 있던 국가의 법
 2. 부부의 일방이 법선택 시점에 아직 그곳에 상거소를 가지고 있는 경우에는 부부의 쌍방이 혼인 중 최후로 상거소를 가지고 있었던 국가의 법, 또는
 3. 제5조 제1항에 관계없이 부부의 일방이 법선택 시점에 속하고 있었던 국가의 법법선택은 공증인에 의해 증명되어야 한다. 법선택이 내국에서 이루어지지 아니한 경우에는 선택된 법 또는 법선택지의 부부재산계약의 방식요건에 합치하는 것으로 충분하다.

(2) 부부가 법선택을 하지 않은 경우 다음 각 호의 법이 적용된다.

 1. 부부의 쌍방이 상거소를 가지고 있는 국가의 법, 그렇지 않으면
 2. 부부의 일방이 아직 그곳에 상거소를 가지고 있는 경우에는 부부의 쌍방이 혼인중 최후로 상거소를 가지고 있었던 국가의 법, 그렇지 않으면
 3. 부부의 쌍방이 속하고 있는 국가의 법, 그렇지 않으면
 4. 부부가 공통으로 기타의 방법에 의하여 가장 밀접한 관련을 가지고 있는 국가의 법제

15조 부부재산제(Güterstand)

[삭제됨]

제16조 제3자의 보호

[삭제됨]

제17조 이혼에 대한 특별규정(Sonderregelungen zur Scheidung)[19]

(1) 이혼의 재산법적 효과는, (유럽연합) 규정 2016/1103 또는 (유럽공동체) 규정 4/2009의 적용범위에 속하지 않거나 이 절의 다른 조항에 의하여 규율되지 않는 한 (유럽연

---

18) 제1항과 제2항은 개정되고 제3항과 제4항은 삭제되었다. 제14조의 국문번역은 오석웅, "혼인의 효력에 관한 유럽국제사법의 동향 ―EU부부재산제 규칙과 개정 독일국제사법(EGBGB)의 내용―", 국제사법연구 제26권 제1호(2020. 6.), 249-250면에도 있는데 여기의 것과 대동소이하다.

19) 2018. 12. 21. 표제가 변경되면서 제2항과 제3항이 각 제3항과 제4항으로 내려가고, 제2항이 신설되었으며 2019. 1. 29. 제1항이 개정되었다.

합) 규정 번호 1259/2010에 의하여 결정되는 이혼의 준거법에 따른다.

(2) (유럽연합) 규정 번호 1259/2010의 적용범위에 속하지 않는 이혼에 대해서는 이 규정 제2장이 다음 각호의 조건에 따라 준용된다.

1. (유럽연합) 규정 번호 1259/2010 제5조 제1항 제d호는 적용되지 않는다.

2. (유럽연합) 규정 번호 1259/2010 제5조 제2항, 제6조 제2항 및 제8조 제a호 내지 제c 호에서 법원에 신청된 시점 대신에 이혼절차가 개시된 시점을 기준으로 한다.

3. (유럽연합) 규정 번호 1259/2010 제5조 제3항과 달리, 부부는 선택한 법이 이를 규정 하고 있는 경우에는 절차 계속 중에도 이 규정 제7조에 의하여 정해진 방식으로 법선 택을 할 수 있다.

4. (유럽연합) 규정 번호 1259/2010 제8조 제d호의 경우, 신청된 법원의 법 대신 이혼절 차 개시 시점에 부부가 공통으로 기타의 방법에 의하여 가장 밀접한 관련을 가지고 있는 국가의 법이 적용된다. 그리고

5. (유럽연합) 규정 번호 1259/2010 제10조와 제12조 대신 제6조가 적용된다.[20]

(3) 혼인은 내국에서는 법원에 의해서만 해소될 수 있다.

(4) 연금청산(Versorgungsausgleich)은 이혼의 준거법에 관한 규정 (유럽연합) 번호 1259/2010에 의하여 정하여지는 준거법에 의한다. 연금청산은 독일법이 적용되거나, 부부가 이혼신청소송의 계속이 개시된 시점에 속하고 있는 국가 중의 하나의 법이 그것을 알고 있는 경우에만 행해질 수 있다. 그 밖에는 부부의 일방이 혼인기간 동안 (in der Ehezeit) 내국에서 연금에 대한 기대권을 취득한(ein Anrecht bei einem inländischen Versorgungsträger erworben hat) 경우에는 부부의 일방이 신청에 기 하여 독일법에 따라 행해질 수 있다. 다만, 연금청산의 실행은 부부 쌍방의 경제적 사정을 고려하여 또한 전 혼인기간을 고려하여 형평에 반하지 아니하는 한도 내에서 만 행하여진다.

제17a조 혼인주거[21]

국내에 위치한 혼인주거와 관련된 출입, 접근과 접촉금지는 독일의 실질법에 따른다.

---

20) 제10조는 준거법이 이혼을 허용하지 않거나 성별을 이유로 이혼 또는 별거에 대한 동일한 접근을 허용하지 않는 경우 준거법 대신 법정지법을 적용한다는 조문이고, 제12조는 공서조 항이다. 독일은 경직된 제10조보다 민법시행법 제6조를 적용한다는 뜻이다. Martin Gebauer, Zur sogenannten Wertneutralität des klassischen IPR, Martin Gebauer et al. (Hrsg.), Politisches Kollisionsrecht (2021), S. 71-72은 이를 환영한다.

21) 2001년 12월 신설되어 2002. 1. 1. 발효된 구 민법시행법 제17a조는 혼인주거와 가재도구 (Haushaltsgegenstände)에 관하여 규정하였으나 그 후 가재도구에 대한 언급은 삭제되고 개정되었다. 필자는 과거 Haushaltsgegenständ를 '가정용품'이라고 번역하였으나 윤진수 외, 주해친족법 제2권(2015), 1668면에서부터는 "가재도구"라고 번역한다. 이진기(편역), 한국 ·

제17b조 등록된 생활동반자관계(Lebenspartnerschaft)22) 및 동성혼(同性婚)

(1) 등록된 생활동반자관계의 성립과 해소 및 규정 (유럽연합) 2016/1104의 적용범위에 속하지 않는 일반적인 효력은 등록부(Register)를 관리하는 국가의 실질규정에 의한다. 연금청산은 제1문에 의하여 적용되는 법에 따른다, 연금청산은 독일법이 적용되거나, 생활동반자가 생활동반자관계의 해소 신청이 계속된 시점에 속하고 있는 국가 중의 하나의 법이 그것을 알고 있는 경우에만 행해질 수 있다. 그 밖에는 생활동반자의 일인이 동반자관계가 존속하는 동안 내국에서 연금에 대한 기대권을 취득한 경우에는 생활동반자 일방의 신청에 기하여 독일법에 따라 행해질 수 있다. 다만, 연금청산의 실행은 생활동반자 쌍방의 경제적 사정을 고려하여 또한 생활동반자관계의 전 기간을 고려하여 형평에 반하지 아니하는 한도 내에서만 행하여진다.

(2) 제10조 제2항과 제17a조는 준용된다.

(3) 동일한 사람들 간에 등록된 생활동반자관계가 수 개국에 존재하는 경우에는, 그가 성립한 시점 이후로는 최후에 성립한 생활동반자관계가 제1항에 기술된 효력과 효과에 대해 준거가 된다.

(4) 부부 쌍방이 동일한 성(性)(Geschlecht)에 속하거나 적어도 부부의 일방이 여성과 남성 어느 쪽에도 속하지 않는 경우 제1항 내지 제3항이 적용된다. 이때 이혼 및 혼인결합의 해소 없는 별거의 준거법(제3조 제1항 제d호 참조)은 규정 (유럽연합) 번호 1259/2010에 따른다. 부부재산법적 효력은 규정 (유럽연합) 2016/1103에 의하여 적용되는 법에 따른다.

(5) 제4항에 언급한 혼인에 대하여는 제13조 제3항, 제17조 제1항 내지 제3항, 제19조 제1항 제3문, 제22조 제1항 제2문과 제3항 제1문 및 제46e조가 준용된다. 혼인당사자(배우자. Ehegatten)는 혼인의 일반적 효력에 관하여 제14조에 따라 법선택을 할 수 있다.

제18조 부양

[삭제됨]23)

독일 민법전 상속편(2019), 107면은 '가사용품'이라고 번역한다.

22) 2001년 2월의 생활동반자법률(Lebenspartnerschaftsgesetz)에 의하여 '등록된 동성 간의 생활동반자'를 규율하는 저촉규범이 2001. 8. 1. 신설되어 발효되었고 수차례 개정되었으며 동성혼에 관한 제4항과 제5항이 신설되었다.

23) 2011. 6. 18. 삭제되었다. 2011. 5. 23. 부양규정의 시행 및 국제부양절차법의 영역에서의 기존 시행규정과 실시규정의 신규율을 위한 법률(Gesetz zur Durchführung der Verordnung (EG) Nr. 4/2009 und zur Neuordnung bestehender Aus und Durchführungsbestimmungen auf dem Gebiet des internationalen Unterhaltsverfahrensrechts. EGAUG)이 제정되었다.

제19조 출생자의 지위(Abstammung)[24]

(1) 자(子)의 출생자의 지위는 그가 상거소를 가지고 있는 국가의 법에 의한다. 그러나 부 또는 모에 대한 각각의 관계에서는 그 부 또는 모의 본국법에 의할 수도 있다. 나아가 모가 혼인한 경우에는 제14조 제2항에 따라 출생 시의 혼인의 일반적 효력의 준거법 에 의할 수도 있다. 다만, 그 혼인이 이전의 사망에 의해 해소된 경우에는 그 해소의 시점이 준거가 된다.

(2) 양친이 서로 혼인을 하지 않은 경우에는 임신을 이유로 한 모에 대한 부의 의무는 모 가 상거소를 가지고 있는 국가의 법에 의한다.

제20조 출생자의 지위의 취소

출생자의 지위는 그 요건이 충족되었던 법에 따라 취소될 수 있다. 그러나 자(子)는 어느 경우이든 그가 상거소를 가지고 있는 국가의 법에 따라 그 지위를 취소할 수 있다.

제21조 친자관계의 효력

친자 간의 법률관계는 자(子)가 상거소를 가지고 있는 국가의 법에 의한다.

제22조 입양[25]

(1) 내국에서 아동의 입양은 독일법에 따른다. 그 밖의 모든 경우 입양은 입양 시 피입양 자의 상거소국의 법에 따른다.

(2) 자(子)와 양친 및 자(子)와 친족법적 관계에 있는 사람 간의 혈족관계에 관한 입양의 효력은 제1항에 의하여 적용되는 법에 따른다.

(3) 양친, 그 배우자, 생활동반자 또는 혈족에 대한 사망에 의한 권리승계에 관하여 피상 속인이 사인처분의 방식으로 독일의 실질규정에 의한 양자와 동등하게 취급할 것을 정하고, 또한 권리승계가 독일법에 따르는 경우에는, 제1항 및 제2항에 의해서 적용 되어야 하는 법에도 불구하고 양자는 독일의 실질규정에 의한 양자와 동등하게 취급 된다. 제1문은 입양이 외국재판에 기한 경우에 준용한다. 제1문 및 제2문은 입양 시 양자가 18세에 달한 경우에는 적용되지 않는다.

제23조 동의

자(子)에 대한 출생자선언(Abstammungserklärung), 성명의 부여[26] 또는 입양에 대한 자

---

24) 온주, 제68조 김문숙은 '혈연관계'라고 번역한다.

25) 제1항이 일부 수정되고 제3항에 '생활동반자'가 추가되었으나 제1항은 2020년에 다시 개정 되었다. 개정된 제1항은 2020. 3. 31. 발효되었고 그 전에 완성되지 않은 국제입양에 적용된 다. 과거에는 아래와 같았는데 제1문은 국제사법 제70조와 같은 취지이다.
"입양은 양친이 입양 시에 속하고 있는 국가의 법에 따른다. 부부의 일방 또는 쌍방에 의한 입양은 제14조 제2항에 따른 혼인의 일반적 효력의 준거법에 따른다. 생활동반자에 의한 입 양은 제17b조 제1항 제1문에 따른 생활동반자 간의 일반적 효력의 준거법에 따른다."

26) 개정법에 따르면 2025. 5. 1.부터 밑줄 친 부분은 삭제된다.

(子) 및 자(子)와 일정한 친족관계에 있는 사람의 동의의 필요성과 부여는 부가적으로 자 (子)가 속하고 있는 국가의 법에 따른다. 자(子)의 복지를 위하여 필요한 한도에서 그 법 에 갈음하여 독일법이 적용된다.

제24조 후견, 부조와 보호(Vormundschaft, Betreuung und Pflegschaft)

(1) 후견, 부조 및 보호의 개시·변경·종료와 법정후견 및 법정보호의 내용은 피후견인, 피부조자 또는 피보호자가 속하고 있는 국가의 법에 따른다. 독일에 상거소, 또는 상 거소가 없는 때에는 거소를 가지는 외국인에 대하여는 독일법에 따라 부조자 (Betreuer)가 선임될 수 있다.

(2) 어떤 사항(Angelegenheit)에 대하여 누가 관계를 가지는지가 확정되지 않기 때문에, 또는 관계인이 다른 국가에 소재하기 때문에 보호가 필요한 때에는 그 사항에 대하여 준거가 되는 법이 적용된다.

(3) 잠정적 조치 및 부조·개시명령이 있는 후견·보호의 내용은 그러한 개시명령이 행하 여지는 국가의 법에 따른다.

제4절 상속법

제25조 사망에 의한 권리승계

사망에 의한 권리승계에 대하여는 규정 (유럽연합) 번호 650/2012의 적용범위에 속하지 않는 한 그 규정 제3장이 준용된다.[27]

제26조 사인처분(死因處分)의 방식(Form von Verfügungen von Todes wegen)[28]

(1) 유언처분(letztwillige Verfügung)[29] 방식의 준거법에 관한 1961. 10. 5. 헤이그협약 제3조[30]의 시행에 있어서, 유언처분은 그것이 동일문서에서 여러 사람에 의하여 작성 되었거나 그것을 통하여 이전의 유언처분이 철회되더라도 사망에 의한 권리승계에 적용되거나 처분 당시 적용되었을 법의 방식요건에 합치하는 경우에는 방식상 유효 하다. 헤이그협약의 다른 조항들은 영향을 받지 아니한다.

(2) 다른 사인처분의 방식에 대하여는 규정 (유럽연합) 번호 650/2012 제27조가 준거가 된다.

---

27) EU상속규정이 독일에서 2015. 8. 17. 시행됨에 따라 제25조가 개정되었다.

28) 제목과 제1항/제2항 개정, 제3항부터 제5항은 삭제되었다. 여기의 'Verfügungen von Todes wegen'을 사인처분이라고 번역한다. 윤진수(편), 주해 상속법 제2권(2019), 120면(윤진수 집 필부분). 이진기(편역)(註 21), 89면은 'letztwillige Verfügung'를 '사인처분'이라고 번역한다.

29) 이를 '종의처분(終意處分)'이라고 번역하기도 한다. 윤진수/윤진수, 120면.

30) 제3조는 "이 협약은 앞의 조문들에 언급된 법 이외의 법의 방식요건에 따라 이루어진 유언 처분을 승인하는 체약국의 기존의 또는 장래의 법의 규정에 영향을 미치지 아니한다"라고 규정한다.

제5절 채권법
제1관 계약적 채권관계
제27조 내지 제37조[31]

[삭제]

제2관 계약외적 채권관계
제38조 부당이득
(1) 이행된 급부로 인한 부당이득청구권은 그 급부와 관련된 법률관계에 적용되는 법에 의한다.

(2) 보호되는 이익의 침해에 의한 부당이득으로 인한 청구권은 그 침해가 발생한 국가의 법에 의한다.

(3) 그 이외의 경우에 부당이득으로 인한 청구권은 부당이득이 발생한 국가의 법에 의한다.

제39조 사무관리
(1) 타인의 사무의 관리(Besorgung eines fremden Geschäfts)로 인한 법적 청구권은 그 사무가 행하여진 국가의 법에 의한다.

(2) 타인의 채무(Verbindlichkeit)의 변제로 인한 청구권은 그 채무에 적용되는 법에 의한다.

제40조 불법행위
(1) 불법행위로 인한 청구권은 배상의무자가 행위한 국가의 법에 의한다. 피해자는 이 법에 갈음하여 결과가 발생한 국가의 법을 적용할 것을 요구할 수 있다. 그 결정권(Bestimmungsrecht)은 오직 제1심에서 조기 제1회 기일의 종결 시 또는 서면 선행절차의 종결 시까지 행사될 수 있다.

(2) 배상의무자와 피해자가 책임 발생(Haftungsereignisse) 시에 동일한 국가에 그들의 상거소를 가지고 있었다면 그 국가의 법이 적용된다. 조합, 사단 또는 법인의 경우에는 그 주된 사무소가 소재하는 장소 또는 영업소가 관련된 경우에는 그 영업소가 소재하는 장소가 상거소에 해당한다.

(3) 다른 국가의 법에 의한 청구권은 다음의 범위 내에서는 주장될 수 없다.

---

31) 구 민법시행법의 제1관(제27조부터 제37조)은 후에 개정된 조문(예컨대 제29a조)을 제외하고는 로마협약을 편입한 것이었다. 과거 독일은 1986. 9. 1. 발효된 "국제사법의 새로운 규율을 위한 법률"에 의하여 민법시행법을 개정함으로써 로마협약의 내용에 일부 수정을 가하여 이를 간접적으로 국내법화하였다. 독일은 나아가 로마협약과 독일 민법시행법 간의 충돌을 피하고자 1986. 7. 25. 로마협약 비준 법률(제1조 제2항)에서 "로마협약의 제1조 내지 제21조는 독일에서는 직접 적용되지 않는다"라고 규정하였다. 그러나 2009. 12. 17. 로마 I의 발효를 계기로 제1관은 삭제되었으나 제29a조는 조금 수정되어 제46b조가 되었다.

1. 그 청구권이 피해자의 적절한 배상을 위해 필요한 것을 본질적으로 넘는 경우

2. 그 청구권이 피해자의 적절한 배상과는 명백히 다른 목적을 가지는 경우, 또는

3. 그 청구권이 독일을 구속하는 협약의 책임법적 규정에 반하는 경우

(4) 피해자는, 불법행위의 준거법 또는 보험계약의 준거법이 이것을 규정하고 있는 경우 에는 배상의무자의 보험자에 대해 직접 그 청구권을 주장할 수 있다.

제41조 본질적으로 더 밀접한 관계

(1) 어느 국가의 법이 제38조 내지 제40조 제2항에 따른 준거법보다 본질적으로 더 밀접 한 관계가 있다면 그 법이 적용된다.

(2) 본질적으로 더 밀접한 관계는 특히 다음으로부터 나올 수 있다.

1. 채권관계와 관련하여 당사자 간의 특별한 법적 또는 사실적 관계로부터, 또는

2. 제38조 제2항과 제3항 그리고 제39조의 경우에는 법적으로 의미 있는 사건의 발생 (rechtserhebliches Geschehen) 시에 동일한 국가에 있는 당사자의 상거소로부터. 이 때에는 제40조 제2항 2문이 준용된다.

제42조 법선택

계약외적 채권관계를 발생시키는 사안이 발생한 후에 당사자는 그 채권관계의 준거법을 선택할 수 있다. 이때 제3자의 권리는 영향을 받지 아니한다.

제6절 물권법

제43조 물건에 대한 권리

(1) 물건에 대한 권리는 그 물건이 소재하는 국가의 법에 의한다.

(2) 그 권리가 성립된 물건이 다른 나라에 들어오면 그 권리는 이 국가의 법질서에 반하 여 행사될 수 없다.

(3) 내국에 들어온 물건에 대한 권리가 전에 이미 취득된 것이 아니라면 내국에서의 취득 에 있어서 외국에서 이루어진 과정은 내국에서 이루어진 것으로 고려된다.

제44조 토지로부터 나오는 작용

토지로부터 나오는 침해적 작용으로 인한 청구권에 대하여는 규정(유럽연합) 번호 864/2007[32]을 준용하되 제III장은 제외한다.

제45조 운송수단

(1) 항공기, 선박 및 궤도차량에 대한 권리는 본원국의 법에 의한다. 그것은 다음과 같다.

1. 항공기의 경우는 그 국적국

2. 선박의 경우는 등록국, 그것이 없으면 본거항 또는 본거지(Heimatort) 국가

---

32) 이는 로마 II를 말한다.

3. 궤도차량의 경우에는 허가국

(2) 이러한 운송수단에 대한 법정담보권의 성립은 담보될 채권에 적용되는 법에 의한다. 다수의 담보권의 순위에 대하여는 제43조 제1항이 적용된다.

제46조 본질적으로 더 밀접한 관계

어느 국가의 법이 제43조와 제45조에 따라 준거가 될 법보다 본질적으로 더 밀접한 관계가 있다면 그 법이 적용된다.

제7절 유럽연합의 국제사법적 규율의 시행과 전환을 위한 특별규정
제1관 규정 (유럽연합) 번호 864/2008의 시행
제46a조 환경손해

(생략)

제2관 소비자보호에서 국제사법적 규율의 전환
제46b조 특별한 영역을 위한 소비자보호

(생략)

제46c조 일괄지불여행(패키지여행) 및 연관된 여행급부

(생략)

제3관 규정 (유럽연합) 번호 593/2008의 시행
제46d조 강제보험계약

(생략)

제4관 규정 (유럽연합) 번호 1259/2010의 시행
제46e조 법의 선택

(생략)

제3장 적응. 유럽연합의 다른 회원국에서 취득한 성명의 선택

제47조 성명[33]

(1) 어느 사람이 준거법인 외국법에 따라 성명을 획득한 뒤에 독일법에 따르고자 하는 경우에는 그는 신분공무원에 대한 의사표시를 통하여

1. 그 이름으로부터 성과 명을 결정할 수 있고

---

33) 위 제10조와 함께 제48조도 개정되었고 2025. 5. 1. 개정법이 시행되는데 그 문언은 아래와 같다.

　　제48조 성명의 선택

2. 성 또는 명이 없는 때에는 그러한 성명을 선택할 수 있으며

3. 독일법이 규정하지 않는 성명의 구성부분을 배제할 수 있고

4. 성별 또는 친척관계에 따라서 변경된 성명의 원래의 형태를 사용할 수 있다.

5. 그의 성 또는 명의 독일어 형태를 사용할 수 있다. 명의 그러한 형태가 존재하지 않는 때에는 새로운 명을 사용할 수 있다.

성명이 혼인 성명 또는 생활동반자 성명인 경우, 그 의사표시는 혼인 또는 생활동반자 관계가 존속하는 동안에는 양 배우자 또는 양 생활동반자에 의하여만 할 수 있다.

(2) 성명이 준거법인 외국법에 따라서 획득된 다른 성명으로부터 파생되어야 하는 경우에는 제1항은 독일법에 따른 성명의 구성에 준용된다.

(3) 민법전 제1617c조가 준용된다.

(4) 제1항과 제2항에 따른 의사표시는, 혼인체결 시 또는 생활동반자관계의 설정 시 독일 신분공무원에 대하여 하지 않은 경우에는 공적으로 증명되거나 문서화되어야 한다.

제48조 유럽연합의 다른 회원국에서 취득한 성명의 선택

성명의 준거법이 독일법인 경우, 그것이 독일법의 본질적인 근본원칙에 반하지 않는 한, 그는 신분공무원에 대한 의사표시를 함으로써, 그가 다른 회원국에 상거소를 가지고 있는 동안에 획득하고 그곳 신분등록부에 등록한 성명을 선택할 수 있다. 성명의 선택은, 의사표시를 하는 자가 장래에 향하여 효력이 있음을 명백히 표시하지 않는 한 다른 회원국의 신분등록부에 등록한 때로 소급하여 효력이 있다. 의사표시는 공적으로 증명되거나 문서화되어야 한다. 제47조 제1항과 제3항은 준용된다.

성명의 준거법이 독일법인 경우, 그는 신분등록소에 대한 의사표시를 함으로써, 등록 당시 그가 다른 회원국에 상거소를 가지고 있었던 회원국 또는 그가 속한 회원국인 경우에는 제5조 제1항에도 불구하고, 그곳 신분등록부에 등록한 성명을 선택할 수 있다. 성명의 선택은 그것이 독일법의 본질적인 근본원칙에 반하는 범위 내에서는 허용되지 않는다. 성명의 선택은, 의사표시를 하는 자가 장래에 향하여 효력이 있음을 명백히 표시하지 않는 한 다른 회원국의 신분등록부에 등록한 때로 소급하여 효력이 있다. 의사표시는 공적으로 인증되거나 문서화되어야 한다. 제47조 제1항과 제3항은 준용된다.

[4] 일본 "법의 적용에 관한 통칙법"[1]

2006. 6. 15. 성립(법률 제78호) 21일 공포, 2007. 1. 1. 시행

제1장 총칙

제1조(취지) 이 법률은 법의 적용에 관한 통칙에 관하여 정하는 것으로 한다.

제2장 법률에 관한 통칙

제2조(법률의 시행기일) 법률은 공포일로부터 기산하여 20일을 경과한 날부터 시행한다. 다만, 법률로 이와 다른 시행기일을 정한 때는 그 정한 바에 의한다.

제3조(법률과 동일한 효력을 가지는 관습) 공공질서 또는 선량한 풍속에 반하지 아니하는 관습은, 법령의 규정에 의해 인정된 것 또는 법령에 규정되어 있지 않은 사항에 관한 것에 한하여, 법률과 동일한 효력을 가진다.

제3장 준거법에 관한 통칙

제1절 사람

제4조(사람의 행위능력) ① 사람의 행위능력은 그 본국법에 의하여 정한다.

② 법률행위를 한 자가 그 본국법에 의하면 행위능력의 제한을 받았던 자로 되는 때라 하더라도 행위지법에 의하면 행위능력자로 되어야 하는 때는, 당해 법률행위의 당시 모든 당사자가 법을 같이 하는 곳에 있었던 경우에 한하여, 당해 법률행위를 한 자는, 전항의 규정에도 불구하고 행위능력자로 간주한다.

③ 전항의 규정은, 친족법 또는 상속법의 규정에 의하여야 하는 법률행위 및 행위지와 법을 달리하는 곳에 있는 부동산에 관한 법률행위에 대하여는 적용하지 아니한다.

제5조(후견개시의 심판 등) 법원은, 성년피후견인, 피보좌인 또는 피보조인으로 되어야 하는 자가 일본에 주소나 거소를 가지는 때 또는 일본의 국적을 가지는 때는, 일본법에 의하여 후견개시, 보좌개시 또는 보조개시의 심판(이하 「후견개시의 심판 등」이라고 총칭한다)을 할 수 있다.

---

1) 아래는 국제사법연구 제12호(2006), 617면 이하에 수록된 김문숙 교수의 번역이나 한자를 한글로 전환한 것이나 가독성을 높이기 위해 쉼표를 일부 삭제하였다. 개관은 김문숙, "일본의 법례개정과 남겨진 과제—법의 적용에 관한 통칙법의 제정에 관하여—", 국제사법연구 제12호(2006), 462면 이하; 윤남순, "일본 국제사법의 이해", 상사판례연구 제20집 제2호(2007. 6.), 161면 이하 참조.

제6조(실종선고) ① 법원은, 부재자가 생존하고 있었다고 인정되는 최후의 시점에 있어서, 부재자가 일본에 주소를 가지고 있었던 때 또는 일본의 국적을 가지고 있었던 때는 일본법에 의하여 실종선고를 할 수 있다.

② 전항에 규정하는 경우에 해당하지 않는 때라 하더라도, 법원은 부재자의 재산이 일본에 있는 때는 그 재산에 대하여만, 부재자에 관한 법률관계가 일본법에 의하여야 하는 때 그 밖의 법률관계의 성질, 당사자의 주소 또는 국적 그 밖의 사정에 비추어 일본에 관계가 있는 때는 그 법률관계에 대하여만, 일본법에 의하여 실종선고를 할 수 있다.

제2절 법률행위

제7조(당사자에 의한 준거법의 선택) 법률행위의 성립 및 효력은 당사자가 당해 법률행위의 당시에 선택한 곳의 법에 의한다.

제8조(당사자에 의한 준거법의 선택이 없는 경우) ① 전조의 규정에 의한 선택이 없는 때는, 법률행위의 성립 및 효력은, 당해 법률행위의 당시에 있어서 당해 법률행위에 가장 밀접한 관계가 있는 곳의 법에 의한다.

② 전항에 경우에 있어서, 법률행위에 있어서 특징적인 급부를 당사자의 일방만이 행하는 것인 때는, 그 급부를 행하는 당사자의 상거소지법(그 당사자가 당해 법률행위에 관계하는 사업소를 가지는 경우에는 당해 사업소의 소재지법, 그 당사자가 당해 법률행위에 관계하는 둘 이상의 사업소로 법을 달리하는 곳에 소재하는 것을 가지는 경우에는 그 주된 사업소의 소재지법)을 당해 법률행위에 가장 밀접한 관계가 있는 곳의 법으로 추정한다.

③ 제1항의 경우에 있어서, 부동산을 목적물로 하는 법률행위에 대하여는, 전항의 규정에도 불구하고, 그 부동산의 소재지법을 당해 법률행위에 가장 밀접한 관계가 있는 곳의 법으로 추정한다.

제9조(당사자에 의한 준거법의 변경) 당사자는 법률행위의 성립 및 효력에 대하여 적용하여야 하는 법을 변경할 수 있다. 다만, 제3자의 권리를 해하게 되는 때는, 그 변경을 그 제3자에게 대항할 수 없다.

제10조(법률행위의 방식) ① 법률행위의 방식은 당해 법률행위의 성립에 대하여 적용하여야 하는 법(당해 법률행위 후에 전조의 규정에 의한 변경이 된 경우에는 그 변경전의 법)에 의한다.

② 전항의 규정에도 불구하고, 행위지법에 적합한 방식은 유효로 한다.

③ 법을 달리하는 곳에 있는 자에 대해서 한 의사표시에 대하여는, 전항의 규정의 적용에 있어서는 그 통지를 발한 곳을 행위지로 간주한다.

④ 법을 달리하는 곳에 있는 자 사이에 체결된 계약의 방식에 대하여는 전 2항의 규정은

적용하지 아니한다. 이 경우에 있어서는 제1항의 규정에도 불구하고, 신청의 통지를 발한 곳의 법 또는 승낙의 통지를 발한 곳의 법의 어느 하나에 적합한 계약의 방식은 유효로 한다.

⑤ 전 3항의 규정은, 동산 또는 부동산에 관한 물권 및 그 밖의 등기하여야 하는 권리를 설정하거나 처분하는 법률행위의 방식에 대하여는 적용하지 아니한다.

제11조(소비자계약의 특례) ① 소비자(개인(사업으로서 또는 사업을 위하여 계약당사자로 되는 경우에 있는 자를 제외한다)이라고 한다. 이하 본조에서 동일)와 사업자(법인 그 밖의 사단 또는 재단 및 사업으로서 또는 사업을 위하여 계약당사자로 되는 경우에 있어서의 개인을 말한다. 이하 본조에서 동일)의 사이에서 체결되는 계약(노동계약을 제외한다. 이하 본조에서 「소비자계약」이라고 한다)의 성립 및 효력에 대하여 제7조 또는 제9조의 규정에 의한 선택 또는 변경에 의해 적용하여야 하는 법이 소비자의 상거소지법 이외의 법인 경우라 하더라도, 소비자가 그 상거소지법 중의 특정의 강행규정을 적용하여야 하는 취지의 의사를 사업자에 대해서 표시한 때는, 당해 소비자계약의 성립 및 효력에 관하여 그 강행규정이 정하는 사항에 대하여는, 그 강행규정도 적용한다.

② 소비자계약의 성립 및 효력에 대하여 제7조의 규정에 의한 선택이 없는 때는, 제8조의 규정에도 불구하고, 당해 소비자계약의 성립 및 효력은 소비자의 상거소지법에 의한다.

③ 소비자계약의 성립에 대하여 제7조의 규정에 의해 소비자의 상거소지법 이외의 법이 선택된 경우라 하더라도, 당해 소비자계약의 방식에 대하여 소비자가 그 상거소지법 중의 특정의 강행규정을 적용하여야 하는 취지의 의사를 사업자에 대해서 표시한 때는, 전조 제1항, 제2항 및 제4항의 규정에도 불구하고, 당해 소비자계약의 방식에 관하여 그 강행규정이 정하는 사항에 대하여는, 오로지 그 강행규정을 적용한다.

④ 소비자계약의 성립에 대하여 제7조의 규정에 의해 소비자의 상거소지법이 선택된 경우에 있어서, 당해 소비자계약의 방식에 대하여 소비자가 오로지 그 상거소지법에 의하여야 하는 취지의 의사를 사업자에 대해서 표시한 때는, 전조 제2항 및 제4항의 규정에도 불구하고, 당해 소비자계약의 방식은 오로지 소비자의 상거소지법에 의한다.

⑤ 소비자계약의 성립에 대하여 제7조의 규정에 의한 선택이 없는 때는, 전조 제1항, 제2항 및 제4항의 규정에도 불구하고, 당해 소비자계약의 방식은 소비자의 상거소지법에 의한다.

⑥ 전 각항의 규정은 다음의 어느 하나에 해당하는 경우에는 적용하지 아니한다.

1. 사업자의 사업소에서 소비자계약에 관계하는 자가 소비자의 상거소지와 법을 달리 하는 곳에 소재한 경우에, 소비자가 당해 사업소의 소재지와 법을 같이 하는 곳으로 향하여 당해 소비자계약을 체결한 때. 다만, 소비자가 당해 사업자로부터 당해 사업소의 소

재지와 법을 같이 하는 곳에서 소비자계약을 체결하는 것에 대한 권유를 그 상거소지에서 받고 있었던 때를 제외한다.

2. 사업자의 사업소에서 소비자계약에 관계하는 자가 소비자의 상거소지와 법을 달리하는 곳에 소재한 경우에, 소비자가 당해 사업소의 소재지와 법을 같이 하는 곳에서 당해 소비자계약에 의한 채무의 전부의 이행을 받은 때, 또는 받는 것으로 되어 있었던 때. 다만, 소비자가 당해 사업자로부터, 당해 사업소의 소재지와 법을 같이 하는 곳에서 채무의 전부의 이행을 받는 것에 대한 권유를 그 상거소지에서 받고 있었던 때를 제외한다.

3. 소비자계약의 체결 당시, 사업자가 소비자의 상거소를 알지 못하고 또한 알지 못한 것에 대하여 상당한 이유가 있는 때

4. 소비자계약의 체결 당시, 사업자가 그 상대방이 소비자가 아니라고 오인하고 또한 오인한 것에 대하여 상당한 이유가 있는 때

제12조(노동계약의 특례) ① 노동계약의 성립 및 효력에 대하여 제7조 또는 제9조의 규정에 의한 선택 또는 변경에 의해 적용하여야 하는 법이 당해 노동계약에 가장 밀접한 관계가 있는 곳의 법 이외의 법인 경우라 하더라도, 노동자가 당해 노동계약에 가장 밀접한 관계가 있는 곳의 법 중 특정의 강행규정을 적용하여야 하는 취지의 의사를 사용자에 대해서 표시한 때는, 당해 노동계약의 성립 및 효력에 관하여 그 강행규정이 정하는 사항에 대하여는, 그 강행규정도 적용한다.

② 전항의 규정을 적용함에 있어서는, 당해 노동계약에 있어서 노무를 제공하여야 하는 곳의 법(그 노무를 제공하여야 하는 곳을 특정할 수 없는 경우에는, 당해 노동자를 고용한 사업소의 소재지법. 다음 항에서 동일)을 당해 노동계약에 가장 밀접한 관계가 있는 곳의 법으로 추정한다.

③ 노동계약의 성립 및 효력에 대하여 제7조의 규정에 의한 선택이 없는 때는, 당해 노동계약의 성립 및 효력에 대하여는, 제8조 제2항의 규정에도 불구하고, 당해 노동계약에 있어서 노무를 제공하여야 하는 곳의 법을 당해 노동계약에 가장 밀접한 관계가 있는 곳의 법으로 추정한다.

제3절 물권 등

제13조(물권 및 그 밖의 등기를 하여야 하는 권리) ① 동산 또는 부동산에 관한 물권 및 그 밖의 등기를 하여야 하는 권리는, 그 목적물의 소재지법에 의한다.

② 전항의 규정에도 불구하고, 동항에 규정하는 권리의 득실은 그 원인이 된 사실이 완성한 당시에 있어서의 그 목적물의 소재지법에 의한다.

제4절 채권

제14조(사무관리 및 부당이득) 사무관리 또는 부당이득에 의해서 생기는 채권의 성립 및 효력은 그 원인이 된 사실이 발생한 곳의 법에 의한다.

제15조(명확히 보다 밀접한 관계가 있는 곳이 있는 경우의 예외) 전조의 규정에도 불구하고, 사무관리 또는 부당이득에 의해서 생기는 채권의 성립 및 효력은, 그 원인이 된 사실이 발생한 당시에 있어서 당사자가 법을 같이 하는 곳에 상거소를 가지고 있던 것, 당사자 간의 계약에 관련하여 사무관리가 행하여지거나 부당이득이 생긴 것 그 밖의 사정에 비추어 명확히 동 조의 규정에 의해 적용하여야 하는 법이 속하는 곳보다도 밀접한 관계가 있는 다른 곳이 있는 때는, 당해 다른 곳의 법에 의한다.

제16조(당사자에 의한 준거법의 변경) 사무관리 또는 부당이득의 당사자는, 그 원인이 된 사실이 발생한 후에 있어서, 사무관리 또는 부당이득에 의해서 생기는 채권의 성립 및 효력에 대하여 적용하여야 하는 법을 변경할 수 있다. 다만, 제3자의 권리를 해하게 되는 때는 그 변경을 그 제3자에게 대항할 수 없다.

제17조(불법행위) 불법행위에 의해서 생기는 채권의 성립 및 효력은 가해행위의 결과가 발생한 곳의 법에 의한다. 다만, 그 곳에서 결과의 발생이 통상 예견할 수 없는 것이었던 때는 가해행위가 행하여진 곳의 법에 의한다.

제18조(생산물책임의 특례) 전조의 규정에도 불구하고, 생산물(생산되거나 가공된 물건을 말한다. 이하 동조에서 동일)로 인도된 것의 하자에 의하여 타인의 생명, 신체 또는 재산을 침해하는 불법행위에 의해서 생기는 생산업자(생산물을 생업으로서 생산하며, 가공하며, 수입하며, 수출하며, 유통시키거나 판매한 자를 말한다. 이하 동 조에서 동일) 또는 생산물에 그 생산업자라고 인정할 수 있는 표시를 한 자(이하 동조에서 「생산업자 등」이라고 총칭한다)에 대한 채권의 성립 및 효력은 피해자가 생산물의 인도를 받은 곳의 법에 의한다. 다만, 그 곳에서 생산물의 인도가 통상 예견할 수 없는 것이었던 때는, 생산업자 등의 주된 사업소의 소재지법(생산업자 등이 사업소를 가지고 있지 않는 경우에는 그 상거소지법)에 의한다.

제19조(명예 또는 신용의 훼손의 특례) 제17조의 규정에도 불구하고, 타인의 명예 또는 신용을 훼손하는 불법행위에 의해서 생기는 채권의 성립 및 효력은, 피해자의 상거소지법(피해자가 법인 그 밖의 사단 또는 재단인 경우에는 그 주된 사업소의 소재지법)에 의한다.

제20조(명확히 보다 밀접한 관계가 있는 곳이 있는 경우의 예외) 전 3조의 규정에도 불구하고, 불법행위에 의해서 생기는 채권의 성립 및 효력은, 불법행위의 당시에 있어서 당사자가 법을 같이 하는 곳에 상거소를 가지고 있던 것, 당사자 간의 계약에 의한 의무에 위반하여 불법행위가 행하여진 것 그 밖의 사정에 비추어, 명확히 전 3조의 규정에 의해 적용

하여야 하는 법이 속하는 곳보다도 밀접한 관계가 있는 다른 곳이 있는 때는 당해 다른 곳의 법에 의한다.

제21조(당사자에 의한 준거법의 변경) 불법행위의 당사자는, 불법행위 후에 있어서, 불법행위에 의해서 생기는 채권의 성립 및 효력에 대하여 적용하여야 하는 법을 변경할 수 있다. 다만, 제3자의 권리를 해하게 되는 때는 그 변경을 그 제3자에게 대항할 수 없다.

제22조(불법행위에 대한 공서에 의한 제한) ① 불법행위에 대하여 외국법에 의하여야 하는 경우에 있어서, 당해 외국법을 적용하여야 하는 사실이 일본법에 의하면 불법이 되지 않는 때는, 당해 외국법에 의한 손해배상 그 밖의 처분의 청구는 할 수 없다.

② 불법행위에 대하여 외국법에 의하여야 하는 경우에 있어서, 당해 외국법을 적용하여야 하는 사실이 당해 외국법 및 일본법에 의하여 불법으로 되는 때라 하더라도, 피해자는 일본법에 의하여 인정되는 손해배상 그 밖의 처분이 아니면 청구할 수 없다.

제23조(채권의 양도) 채권양도의 채무자 그 밖의 제3자에 대한 효력은 양도에 관계되는 채권에 대하여 적용하여야 하는 법에 의한다.

제5절 친족

제24조(혼인의 성립 및 방식) ① 혼인의 성립은 각 당사자에 관하여 그 본국법에 의한다.

② 혼인의 방식은 혼인거행지법에 의한다.

③ 전항의 규정에도 불구하고, 당사자 일방의 본국법에 적합한 방식은 유효로 한다. 다만, 일본에서 혼인이 거행된 경우에 있어서 당사자 일방이 일본인인 때는 그러하지 아니하다.

제25조(혼인의 효력) 혼인의 효력은 부부의 본국법이 동일한 때는 그 법에 의하며, 그 법이 없는 경우에 있어서 부부의 상거소지법이 동일한 때는 그 법에 의하며, 그 어느 법도 없는 때는 부부에게 가장 밀접한 관계가 있는 곳의 법에 의한다.

제26조(부부재산제) ① 전조의 규정은 부부재산제에 대하여 준용한다.

② 전항의 규정에도 불구하고, 부부가 그 서명한 서면에 일자를 기재한 것에 의하여 다음에 열거하는 법 중 어느 법에 의하여야 하는 지를 정한 때는, 부부재산제는 그 법에 의한다. 이 경우에 있어서, 그 정한 바는 장래를 향해서만 그 효력을 발생한다.

1. 부부의 일방이 국적을 가지는 국가의 법

2. 부부의 일방의 상거소지법

3. 부동산에 관한 부부재산제에 대하여는 그 부동산의 소재지법

③ 전 2항의 규정에 의해 외국법을 적용하여야 하는 부부재산제는, 일본에서 이루어진 법률행위 및 일본에 있는 재산에 대하여는 선의의 제3자에게 대항할 수 없다. 이 경우에 있어서 그 제3자와의 관계에 대하여는 부부재산제는 일본법에 의한다.

④ 전항의 규정에도 불구하고, 제1항 또는 제2항의 규정에 의해 적용하여야 하는 외국법에 의하여 이루어진 부부재산계약은, 일본에서 이것을 등기한 때는 제3자에게 대항할 수 있다.

제27조(이혼) 제25조의 규정은 이혼에 대하여 준용한다. 다만, 부부의 일방이 일본에 상거소를 가지는 일본인인 때는, 이혼은 일본법에 의한다.

제28조(적출인 자(子)의 친자관계의 성립) ① 부부의 일방의 본국법으로 자(子)의 출생 당시에 있어서의 것에 의하여 자(子)가 적출로 되어야 하는 때는 그 자(子)는 적출자로 한다.

② 부(夫)가 자(子)의 출생전에 사망한 때는, 그 사망 당시에 있어서의 부(夫)의 본국법을 전항의 부(夫)의 본국법으로 간주한다.

제29조(적출이 아닌 子의 친자관계의 성립) ① 적출이 아닌 자(子)의 친자관계의 성립은, 부(父)와의 친자관계에 대하여는 자(子)의 출생 당시에 있어서의 부(父)의 본국법에 의하며, 모(母)와의 친자관계에 대하여는 그 당시에 있어서의 모(母)의 본국법에 의한다. 이 경우에 있어서, 자(子)의 인지에 의한 친자관계의 성립에 대하여는, 인지 당시에 있어서의 자(子)의 본국법에 의하면, 그 자(子) 또는 제3자의 승낙 또는 동의가 있는 것이 인지의 요건인 때는, 그 요건도 갖추지 않으면 안 된다.

② 자(子)의 인지는 전항 전단의 규정에 의해 적용하여야 하는 법에 의하는 것 외에, 인지 당시에 있어서의 인지하는 자 또는 자(子)의 본국법에 의한다. 이 경우에 있어서, 인지하는 자의 본국법에 의하는 때는, 동항 후단의 규정을 준용한다.

③ 부(父)가 자(子)의 출생 전에 사망한 때는, 그 사망 당시에 있어서의 부(父)의 본국법을 제1항의 부(父)의 본국법으로 간주한다. 전항에 규정하는 자가 인지 전에 사망한 때는 그 사망 당시에 있어서의 그 자의 본국법을 동항의 그 자의 본국법으로 간주한다.

제30조(준정) ① 자(子)는, 준정의 요건인 사실이 완성한 당시에 있어서의 부(父) 또는 모(母) 또는 자(子)의 본국법에 의하여 준정이 성립하는 때는, 적출자의 신분을 취득한다.

② 전항에 규정하는 자가 준정의 요건인 사실의 완성 전에 사망한 때는, 그 사망 당시에 있어서의 그 자의 본국법을 동항의 그 자의 본국법으로 간주한다.

제31조(입양) ① 입양은 입양 당시에 있어서의 양친으로 되어야 하는 자의 본국법에 의한다. 이 경우에 있어서, 양자로 되어야 하는 자의 본국법에 의하면 그 자나 제3자의 승낙 또는 동의 또는 공적 기관의 허가 그 밖의 처분이 있는 것이 입양의 성립요건인 때는 그 요건도 갖추지 않으면 안 된다.

② 양자와 그 실제 혈족과의 친족관계의 종료 및 파양은, 전항전단의 규정에 의해 적용하여야 하는 법에 의한다.

제32조(친자간의 법률관계) 친자간의 법률관계는, 자(子)의 본국법이 부(父) 또는 모(母)의 본국법(부모의 일방이 사망하거나 알 수 없는 경우에는, 다른 일방의 본국법)과 동일한 경우

에는 자(子)의 본국법에 의하며, 그 밖의 경우에는 자(子)의 상거소지법에 의한다.

제33조(그 밖의 친족관계 등) 제24조부터 전조까지 규정하는 것 이외에, 친족관계 및 이로 인해서 생기는 권리의무는 당사자의 본국법에 의하여 정한다.

제34조(친족관계에 대한 법률행위의 방식) ① 제25조부터 전조까지 규정하는 친족관계에 대한 법률행위의 방식은, 당해 법률행위의 성립에 대하여 적용하여야 하는 법에 의한다. ② 전항의 규정에도 불구하고, 행위지법에 적합한 방식은 유효로 한다.

제35조(후견 등) ① 후견, 보좌 또는 보조(이하 「후견 등」이라고 총칭한다)는, 피후견인, 피보좌인 또는 피보조인(다음 항에서 「피후견인 등」이라고 총칭한다)의 본국법에 의한다. ② 전항의 규정에도 불구하고, 외국인이 피후견인 등인 경우로, 다음에 열거하는 때는 후견인, 보좌인 또는 보조인의 선임의 심판 그 밖의 후견 등에 관한 심판에 대하여는 일본법에 의한다.

1. 당해 외국인의 본국법에 의하면 그 자에 대하여 후견 등이 개시하는 원인이 있는 경우에, 일본에 있어서 후견 등의 사무를 행하는 자가 없는 때
2. 일본에 있어서 당해 외국인에 대하여 후견개시의 심판 등이 있었던 때

제6절 상속

제36조(상속) 상속은 피상속인의 본국법에 의한다.

제37조(유언) ① 유언의 성립 및 효력은 그 성립 당시에 있어서의 유언자의 본국법에 의한다. ② 유언의 취소는 그 당시에 있어서의 유언자의 본국법에 의한다.

제7절 보칙

제38조(본국법) ① 당사자가 두 개 이상의 국적을 가지는 경우에는, 그 국적을 가지는 국가 중에 당사자가 상거소를 가지는 국가가 있는 때는 그 국가의 법을, 그 국적을 가지는 국가 중에 당사자가 상거소를 가지는 국가가 없는 때는 당사자에게 가장 밀접한 관계가 있는 국가의 법을 당사자의 본국법으로 한다. 다만, 그 국적 중의 어느 하나가 일본국적인 때는, 일본법을 당사자의 본국법으로 한다. ② 당사자의 본국법에 의하여야 하는 경우에 있어서, 당사자가 국적을 가지지 않는 때는, 그 상거소지법에 의한다. 다만, 제25조(제26조 제1항 및 제27조에서 준용하는 경우를 포함한다.)및 제32조의 규정의 적용에 대하여는 그러하지 아니하다. ③ 당사자가 지역에 따라 법을 달리하는 국가의 국적을 가지는 경우에는, 그 국가의 규칙에 따라 지정되는 법(그 같은 규칙이 없는 경우에는 당사자에게 가장 밀접한 관계가 있는 지역의 법)을 당사자의 본국법으로 한다.

제39조(상거소지법) 당사자의 상거소지법에 의하여야 하는 경우에 있어서, 그 상거소를 알수 없는 때는, 그 거소지법에 의한다. 다만, 제25조(제26조 제1항 및 제27조에 있어서 준

용하는 경우를 포함한다)의 규정의 적용에 대하여는, 그러하지 아니하다.

제40조(인적으로 법을 달리하는 국가 또는 곳의 법) ① 당사자가 인적으로 법을 달리하는 국가의 국적을 가지는 경우에는, 그 국가의 규칙에 따라 지정되는 법(그 같은 규칙이 없는 경우에는, 당사자에게 가장 밀접한 관계가 있는 법)을 당사자의 본국법으로 한다.

② 전항의 규정은, 당사자의 상거소지가 인적으로 법을 달리하는 경우에 있어서의 당사자의 상거소지법으로 제25조(제26조 제1항 및 제27조에서 준용하는 경우를 포함한다.), 제26조 제2항 제2호, 제32조 또는 제38조 제2항의 규정에 의해 적용되는 것 및 부부에게 가장 밀접한 관계가 있는 곳이 인적으로 법을 달리하는 경우에 있어서의 부부에게 가장 밀접한 관계가 있는 곳의 법에 대하여 준용한다.

제41조(반정) 당사자의 본국법에 의하여야 하는 경우에 있어서, 그 국가의 법에 따르면 일본법에 의하여야 하는 때는 일본법에 의한다. 다만, 제25조(제26조 제1항 및 제27조에서 준용하는 경우를 포함한다) 또는 제32조의 규정에 의해 당사자의 본국법에 의하여야 하는 경우는 그러하지 아니하다.

제42조(공서) 외국법에 의하여야 하는 경우에 있어서, 그 규정의 적용이 공공질서 또는 선량한 풍속에 반하는 때는 이를 적용하지 아니한다.

제43조(적용제외) ① 이 章의 규정은, 부부, 친자 그 밖의 친족관계로부터 생기는 부양의 의무에 대하여는 적용하지 아니한다. 다만, 제39조 본문의 규정의 적용에 대하여는, 그러하지 아니하다.

② 이 章의 규정은, 유언의 방식에 대하여는 적용하지 아니한다. 다만, 제38조 제2항 본문, 제39조 본문 및 제40조의 규정의 적용에 대하여는 그러하지 아니하다.

부칙

제1조(시행기일) 이 법률은 공포일로부터 기산하여 1년을 넘지 않는 범위 내에서 政令으로 정하는 날로부터 시행한다.

제2조(경과조치) 개정후의 법의 적용에 관한 통칙법(이하 「新法」이라고 한다) 의 규정은 다음 條의 규정에 의한 경우를 제외하고, 이 법률의 시행일(이하 「시행일」이라고 한다) 전에 발생한 사항에도 적용한다.

제3조 1. 시행일 전에 한 법률행위의 당사자의 능력에 대하여는 신법 제4조의 규정에도 불구하고, 여전히 종전의 例에 의한다.

2. 시행일 전에 한 신청에 관계되는 후견개시의 심판 등 및 실종의 선고에 대하여는, 신법 제5조 및 제6조의 규정에도 불구하고 여전히 종전의 例에 의한다.

3. 시행일 전에 한 법률행위의 성립 및 효력 및 방식에 대하여는, 신법 제8조부터 제12조

까지의 규정에도 불구하고 여전히 종전의 例에 의한다.

4. 시행일 전에 그 원인으로 된 사실이 발생한 사무관리 및 부당이득 및 시행일전에 가해 행위의 결과가 발생한 불법행위에 의해서 생기는 채권의 성립 및 효력에 대하여는, 신법 제15조부터 제21조까지의 규정에도 불구하고 여전히 종전의 例에 의한다.

5. 시행일 전에 한 채권양도의 채무자 그 밖의 제3자에 대한 효력에 대하여는, 신법 제23 조의 규정에도 불구하고 여전히 종전의 例에 의한다.

6. 시행일 전에 이루어진 친족관계에 대한 법률행위의 방식에 대하여는, 신법 제34조의 규정에도 불구하고 여전히 종전의 例에 의한다.

7. 시행일 전에 한 신청에 관련되는 후견인, 보좌인 또는 보조인의 선임의 심판 그 밖의 후견 등에 관한 심판에 대하여는, 신법 제35조 제2항의 규정에도 불구하고 여전히 종 전의 例에 의한다.

제4조 이하 생략.

[5] 중화인민공화국 섭외민사관계법률적용법1)

2010年10月28日第十一届全国人民代表大会常务委员会第十七次会议通过
2010년10월28일 제11회 전국인민대표대회상무위원회 제17차회의 통과

제1장 일반규정

제1조 본 법은 섭외민사관계의 법률적용을 명확히 하고, 섭외민사분쟁을 합리적으로 해결하며, 당사자의 합법적 권익을 보호하는 것을 목적으로 한다.

제2조 섭외민사관계에 적용할 법률은 본 법의 규정에 따라 확정한다. 기타 법률이 섭외민사관계에 대한 법률적용에 대해 다른 특별한 규정이 있는 경우 그 규정에 의한다.

본 법과 기타 법률에 섭외민사관계에 대한 법률적용에 대해 규정이 없는 경우에 그 섭외민사관계와 가장 밀접한 관련이 있는 법률을 적용한다.

제3조 당사자는 법률의 규정에 따라 섭외민사관계에서 적용할 법률을 명시적으로 선택할 수 있다.

제4조 중화인민공화국 법률이 섭외민사관계에 대해 강행규정을 두고 있는 경우에는 그 강행규정을 직접 적용한다.

제5조 외국법의 적용이 중화인민공화국의 사회공공이익에 손해를 줄 수 있는 경우에는 중화인민공화국의 법률을 적용한다.

제6조 섭외민사관계에 외국법을 적용하는 경우 당해 외국이 지역에 따라 법을 달리하는 때에는 당해 섭외민사관계와 가장 밀접한 관련이 있는 지역의 법률을 적용한다.

제7조 소멸시효에 대하여는 관련된 섭외민사관계에 적용되어야 하는 법률을 적용한다.

제8조 섭외민사관계의 성질결정은 법정지법에 의한다.

제9조 섭외민사관계에서 외국법을 적용하는 경우에 그 국가의 국제사법은 포함되지 아니한다.

제10조 섭외민사관계에서 적용되는 외국법은 인민법원과 중재기구 또는 행정기관이 사명(査明)한다.2) 다만 당사자가 외국법의 적용을 선택하는 경우에는 해당국가의 법률을 제공해야 한다.

---

1) 이는 국제사법학연구 제16호(2010), 435면 이하 수록된 김호 교수의 번역을 기초로 한 것이다. 영문번역은 IPRax, S. 203 이하 참조. 독일어 소개와 번역은 Knut Benjamin Pissler, Das neue Internationale Privatrecht der Volksrepublik China: Nach den Steinen tastend den Fluss überqueren, Rables Zeitschrift 76 (2012), S. 1ff., 161ff.
2) 사명한다는 것은 "직권으로 조사하여 밝힌다"라는 취지이나 중국어 원문을 살려 두었다.

외국법을 사명할 수 없거나 해당국가의 법률에 규정이 없는 경우에는 중화인민공화국의 법률을 적용한다.

제2장 민사주체

제11조 자연인의 민사권리능력은 상거소지 법률[3]에 의한다.

제12조 자연인의 민사행위능력은 상거소지 법률에 의한다.

민사활동을 행한 자가 그의 상거소지 법률에 의하면 무능력자이지만 행위지 법률에 의하여 능력자일 경우에는 행위지 법률에 의한다. 다만 혼인가정과 상속에 관련되는 경우에는 제외한다.

제13조 실종선고 또는 사망선고는 자연인의 상거소지 법률에 의한다.

제14조 법인 및 그 파생기구의 민사권리능력, 민사행위능력, 조직기구, 주주의 권리의무 등의 사항은 등기지의 법률에 의한다.

법인의 주된 영업지와 등기지가 일치하지 않는 경우에는 주된 영업지의 법률을 적용할 수 있다. 법인의 상거소지는 그의 주된 영업지이다.

제15조 인격권의 내용은 권리자의 상거소지 법률에 의한다.

제16조 대리는 대리행위지 법률에 의하고, 다만 본인과 대리인의 민사관계는 대리관계의 발생지 법률에 의한다.

당사자는 임의대리의 준거법[4]을 협의로 선택할 수 있다.

제17조 당사자는 신탁의 준거법을 협의로 선택할 수 있다. 당사자가 선택하지 아니한 경우에는 신탁재산의 소재지 법률 또는 신탁관계의 발생지 법률에 의한다.

제18조 당사자는 중재합의의 준거법을 협의로 선택할 수 있다. 당사자가 선택하지 아니한 경우에는 중재기구 소재지 법률 또는 중재지 법률에 의한다.

제19조 본 법에 의하여 국적 소속국의 법률을 적용하는 경우 자연인이 두 개 이상의 국적을 가지고 있는 때에는 상거소가 있는 국적 소속국의 법률을 적용한다. 모든 국적 소속국에 당사자의 상거소가 없는 경우에는 가장 밀접한 관계를 가지고 있는 국적 소속국의 법률을 적용한다. 자연인이 국적이 없거나 그 국적을 알 수 없는 경우에는 상거소지 법률을 적용한다.

---

3) 우리의 개념에 따르면 '상거소지법에 의한다'가 적절할 것이나 중국어 원문에 충실하게 위와 같이 번역하였다. 이하 같다.

4) 역자 주. 중국법은 '적용법률'이라는 표현을 일관되게 사용하나 편의상 우리에게 익숙한 '준거법'으로 번역하였다. 이하 같다.

제20조 본 법에 의하여 상거소지 법률을 적용해야 하는 경우 자연인의 상거소를 알 수 없는 때에는 그의 현재 거소지 법률을 적용한다.

제3장 혼인가정

제21조 결혼의 요건은 당사자의 공동의[5] 상거소지 법률에 의한다. 공동의 상거소지가 없는 경우에는 공동의 국적 소속국 법률을 적용한다. 공동의 국적이 없고, 일방 당사자의 상거소지 또는 국적 소속국에서 혼인을 체결하는 경우에는 혼인체결지 법률을 적용한다.

제22조 결혼의 절차는 혼인체결지 법률, 일방 당사자의 상거소지 법률 또는 국적 소속국 법률에 부합하는 경우 모두 유효하다.

제23조 부부의 인신관계는 공동의 상거소지 법률에 의하고, 공동의 상거소지가 없는 경우에는 공동의 국적 소속국 법률에 의한다.

제24조 부부의 재산관계는 당사자가 협의로 일방 당사자의 상거소지 법률, 국적 소속국 법률 또는 주요재산 소재지 법률을 선택하여 적용할 수 있다. 당사자가 선택하지 아니한 경우에는 공동의 상거소지 법률을 적용하고, 공동의 상거소지가 없는 경우에는 공동의 국적 소속국 법률을 적용한다.

제25조 부모와 자녀 간의 인신 및 재산관계는 공동의 상거소지 법률에 따르고, 공동의 상거소지가 없는 경우에는 일방 당사자의 상거소지 법률 또는 국적 소속국 법률 중 약자의 권익을 보호하는 데 유리한 법률에 의한다.

제26조 협의 이혼의 경우, 당사자는 일방 당사자의 상거소지 법률 또는 국적 소속국 법률을 선택하여 적용할 수 있다. 당사자가 선택하지 아니한 경우에는 공동의 상거소지 법률을 적용하고, 공동의 상거소지가 없는 경우에는 공동의 국적 소속국 법률을 적용하며, 공동의 국적 소속국이 없는 경우에는 이혼절차를 처리하는 기구의 소재지 법률을 적용한다.

제27조 재판상 이혼은 법정지 법률에 의한다.

제28조 입양의 요건과 절차는 양친과 양자의 상거소지 법률에 의한다. 입양의 효력은 입양 당시 양친의 상거소지 법률에 의한다. 파양은 입양 당시 양자의 상거소지 법률 또는 법정지 법률에 의한다.

제29조 부양은 일방 당사자의 상거소지 법률, 국적 소속국 법률 또는 주요 재산소재지 법률 중 부양받을 자의 권익을 보호하는 데 유리한 법률에 의한다.

제30조 후견은 일방 당사자의 상거소지 법률 또는 국적 소속국 법률 중 피후견인의 권익을 보호하는 데 유리한 법률에 의한다.

---

5) 우리 국제사법은 '공통의'라는 표현을 사용하나 중국어 원문을 존중하여 위와 같이 번역하였다. 이하 같다.

제4장 상속

제31조 법정상속은 사망 당시 피상속인의 상거소지 법률에 의한다. 다만 부동산의 법정상속은 부동산 소재지 법률에 의한다.

제32조 유언의 방식이 유언 당시 또는 사망 당시의 유언자의 상거소지 법률, 국적 소속국 법률 또는 유언 행위지 법률에 부합하는 경우에는 유언은 모두 성립한다.

제33조 유언의 효력은 유언 당시 또는 사망 당시 유언자의 상거소지 법률 또는 국적 소속국 법률에 의한다.

제34조 유산관리 등의 사항은 유산소재지 법률에 의한다.

제35조 상속인이 없는 유산의 귀속은 사망 당시 피상속인의 유산 소재지 법률에 의한다.

제5장 물권

제36조 부동산 물권은 부동산 소재지 법률에 의한다.

제37조 당사자는 협의로 동산 물권의 준거법을 선택할 수 있다. 당사자가 선택하지 아니한 경우에는 법률사실 발생 당시 동산 소재지 법률에 의한다.

제38조 당사자는 협의로 운송 중 동산물권 변동의 준거법을 선택할 수 있다. 당사자가 선택하지 아니한 경우에는 운송 목적지 법률에 의한다.

제39조 유가증권은 유가증권 권리의 실현지 법률 또는 당해 유가증권과 가장 밀접한 관계가 있는 기타 법률에 의한다.

제40조 권리질권은 그 질권 설정지 법률에 의한다.

제6장 채권

제41조 당사자는 협의로 계약의 준거법을 선택할 수 있다. 당사자가 선택하지 아니한 경우에는, 의무이행이 계약의 특징을 가장 잘 구현할 수 있는 일방 당사자의 상거소지 법률 또는 당해 계약과 가장 밀접한 관계가 있는 기타 법률에 의한다.

제42조 소비자계약은 소비자의 상거소지 법률에 의하고, 소비자가 상품 또는 용역[6] 제공지 법률을 선택하거나 또는 경영자가 소비자의 상거소지에서 관련된 경영활동을 하지 않는 경우에는 상품 또는 용역 제공지 법률에 의한다.[7]

---

6) 이는 '역무'라고 번역할 수도 있다.
7) 위 문언은 아래의 취지로 보인다.
   [1] 소비자계약에서의 경영자가 소비자의 상거소지에서 경영활동을 하는 경우
     ① 소비자의 선택이 있다면 그에 따라 상품 또는 용역 제공지의 법률을 적용하고
     ② 소비자의 선택이 없으면 소비자의 상거소지법을 적용하며

제43조 근로계약은 근로자가 노무를 제공하는 지역의 법률에 따르고, 근로자가 노무를 제공하는 지역을 확정할 수 없는 경우에는 사용자의 주된 영업지 법률을 적용한다. 노무파견은 노무파견지 법률에 의할 수 있다.

제44조 불법행위책임은 불법행위지 법률에 의한다. 다만 당사자가 공동의 상거소지가 있는 경우에는 공동의 상거소지 법률에 의한다. 불법행위가 발생한 후 당사자가 협의로 준거법을 선택하는 경우에는 그 협의에 의한다.

제45조 제조물책임은 피해자의 상거소지 법률에 의하고, 피해자는 가해자의 주된 영업지 법률 또는 손해발생지 법률의 적용을 선택하거나 또는 가해자가 피해자의 상거소지에서 관련된 경영활동을 하지 않는 경우에는 가해자의 주된 영업지 법률 또는 손해발생지 법률에 의한다.

제46조 인터넷 또는 기타 방식으로 성명권, 초상권, 명예권, 사생활권 등 인격권을 침해하는 경우에는 피해자의 상거소지 법률에 의한다.

제47조 부당이득과 사무관리는 당사자가 협의로 선택한 법에 의한다. 당사자가 선택하지 아니한 경우에는 당사자의 공동의 상거소지 법률을 적용하고, 공동의 상거소지가 없는 경우에는 부당이득 또는 사무관리의 발생지 법률에 의한다.

제7장   지적재산권

제48조 지적재산권의 귀속과 내용은 보호를 청구하는 곳의 법률에 의한다.

제49조 당사자는 협의로 지적재산권의 양도와 사용허가의 준거법을 선택할 수 있다. 당사자가 선택하지 아니한 경우에는 본 법의 계약에 관한 규정에 의한다.

제50조 지적재산권의 침해로 인한 책임은 보호를 청구하는 곳의 법률에 따르고, 당사자는 권리침해행위8)가 발생한 후 협의로 법정지 법률을 선택하여 적용할 수 있다.

제8장   부칙

제51조 "중화인민공화국민법통칙" 제146조, 제147조과 "중화인민공화국 상속법" 제36조의 규정이 본 법의 규정과 불일치의 경우에는 본 법을 적용한다.

제52조 본 법은 2011년 4월 1일부터 시행한다.

---

[2] 경영자가 소비자의 상거소지에서 경영활동을 하지 않을 경우, 소비자의 선택과 관계없이 상품 또는 용역 제공지의 법률을 적용한다.

8) 중국어 원문은 여기에서도 불법행위의 준거법을 정한 제44조가 사용한 '侵权行为'라는 표현을 사용하나 양자를 구별하기 위해 위와 같이 번역하였다.

[6] 계약채무의 준거법에 관한 로마규정(로마 I)

(국문시역 발췌)1)

제 I 장 적용범위

제1조 실질적 범위
(생략)

제2조 보편적 적용
이 규정(Regulation)에 의하여 지정된 법은 그것이 회원국의 법인가의 여부에 관계없이 적용된다.

제 II 장 통일규칙

제3조 법의 선택의 자유

1. 계약은 당사자들이 선택한 법에 의하여 규율된다. 선택은 명시적이거나 계약의 조항들 또는 사안의 제사정으로부터 명백하게 표시되어야 한다. 당사자들은 계약의 전부 또는 일부만에 적용될 법을 선택할 수 있다.

2. 당사자들은 언제든지 계약을, 이 조에 따른 전의 선택 또는 이 규정(Regulation)의 다른 조항에 의하여 전에 그 계약을 규율하였던 법이 아닌 다른 법에 복종하도록 합의할 수 있다. 계약체결 후에 이루어진 당사자의 준거법의 변경은 제11조에 따른 계약의 형식적 유효성과 제3자의 권리에 영향을 미치지 아니한다.

3. 선택의 시점에 그 사정에 관계된 그 밖의 모든 요소가 그의 법이 선택된 국가 이외의 한 국가에 소재하는 경우에는, 당사자의 선택은, 그 국가의 법에 의하면 당사자의 합의에 의하여 배제될 수 없는 당해 국가의 법의 규정의 적용에 영향을 미치지 아니한다.

4. 선택의 시점에 그 사정에 관계된 그 밖의 모든 요소가 하나 또는 둘 이상의 회원국에 소재하는 경우에는, 당사자의 그 회원국법 이외의 준거법의 선택은, 당사자의 합의에 의하여 배제될 수 없는 것으로서, 적절한 경우 법정지인 회원국에서 시행되고 있는 바의, 공동체 법의 규정의 적용에 영향을 미치지 아니한다.

5. 준거법의 선택에 관한 당사자들의 동의의 존재와 유효성은 제10조, 제11조 및 제13조에 의하여 결정된다.

---

1) 여기의 시역은 주로 영문본을 기초로 한 것이다.

제4조 법의 선택이 없는 경우의 준거법

1. 준거법이 제3조에 따라 합의되지 아니하는 한, 계약의 준거법은 아래와 같이 결정되나, 이는 제5조 내지 제8조에 영향을 미치지 아니한다.

(a) 물품의 매매계약은 매도인이 상거소를 가지는 국가의 법에 의하여 규율된다.

(b) 용역제공계약은 용역제공자가 상거소를 가지는 국가의 법에 의하여 규율된다.

(c) 부동산의 물권 또는 부동산의 임대차와 관련된 계약은 그 부동산이 소재하는 국가의 법에 의하여 규율된다.

(d) (c)에도 불구하고, 연속된 6개월을 넘지 않는 기간 동안의 일시적인 사적 용도를 위하여 체결된 부동산 임대차는, 임차인이 자연인이고 임대인과 같은 국가에 상거소를 가지는 경우에는, 임대인이 상거소를 가지는 국가의 법에 의하여 규율된다.

(e) 가맹점 계약은 가맹상(franchisee)이 상거소를 가지는 국가의 법에 의하여 규율된다.

(f) 판매점계약은 판매상(distributor)이 상거소를 가지는 국가의 법에 의하여 규율된다.

(g) 경매에 의한 물품의 매매계약은, 경매가 행해지는 장소가 결정될 수 있다면, 그 경매가 행해지는 국가의 법에 의하여 규율된다.

(h) 비재량적 규칙에 따라 2004/39/EC 지침 제4조 제1항, 제17항에 정의된 것과 같은 금융증권의 이익에 대한 다수 제3자의 매도와 매수를 집중시키거나 집중시키도록 촉진하는 다자 간 체계(multilateral system) 내에서 체결되고 단 하나의 법에 의하여 규율되는 계약은 그 법에 의하여 규율된다.

2. 계약이 제1항에 해당하지 않거나 계약의 요소가 제1항의 (a)부터 (h)까지 중 둘 이상에 해당하는 경우, 계약은 특징적인 이행을 하여야 하는 당사자가 상거소를 가지는 국가의 법에 의하여 규율된다.

3. 사안의 모든 사정으로 보아 그 계약이 제1항 또는 제2항에 표시된 국가보다 다른 국가와 명백히 더욱 밀접한 관련을 가지는 것이 확실한 경우에는, 그 다른 국가의 법이 적용된다.

4. 준거법이 제1항 또는 제2항에 따라서 결정될 수 없는 경우에는, 그 계약은 가장 밀접한 관련을 가지는 국가의 법에 의하여 규율된다.

제5조 운송계약

1. 물품운송계약의 준거법이 제3조에 따라 선택되지 아니하는 한, 수령지, 인도지, 또는 송하인의 상거소가 운송인의 상거소지 국가에 소재하고 있는 경우에는, 그 국가의 법이 준거법이 된다. 이러한 요건들이 충족되지 않는 경우에는 당사자들에 의하여 합의된 인도지가 소재하는 국가의 법이 적용된다.

2. 여객운송계약의 준거법이 아래 제2호에 따라서 당사자들에 의하여 선택되지 아니하는

한, 출발지 또는 목적지의 어느 하나가 여객이 상거소를 가지는 국가에 소재하는 경우에는, 준거법은 그 국가의 법이 된다. 이러한 요건이 충족되지 않는 경우에는 운송인이 상거소를 가지는 국가의 법이 적용된다.

당사자들은 여객운송계약의 준거법으로 제3조에 따라 다음 국가의 법만을 선택할 수 있다.

(a) 여객이 상거소를 가지는 국가, 또는

(b) 운송인이 상거소를 가지는 국가, 또는

(c) 운송인이 경영중심지(central administration)를 가지는 국가, 또는

(d) 출발지가 소재하는 국가, 또는

(e) 목적지가 소재하는 국가

3. 법의 선택이 없는 경우, 사안의 모든 사정으로부터 보아 그 계약이, 제1항 또는 제2항에 표시된 국가 이외의 다른 국가와 명백히 더욱 밀접한 관련을 가지는 것이 확실한 경우에는, 그 다른 국가의 법이 적용된다.

제6조 소비자계약

1. 제5조와 제7조에 영향을 미치지 아니하고, 그의 영업 또는 직업에 속하지 않는 것으로 간주될 수 있는 목적을 위하여 자연인("소비자")이 영업 또는 직업을 영위하는 다른 사람("사업자")과 체결한 계약은 다음의 요건을 구비한 경우에는 소비자가 상거소를 가지는 국가의 법에 의하여 규율된다.

(a) 사업자가 소비자가 상거소를 가지는 국가에서 상업적 또는 직업적 활동을 추구한 경우, 또는

(b) 사업자가 어떠한 수단에 의하여든 그러한 활동을 그 국가 또는 그 국가를 포함하는 복수의 국가로 지향하고,

그 계약이 그러한 활동의 범위 내에 속하는 경우

2. 제1항에도 불구하고, 당사자들은 제1항의 요건을 구비하는 계약의 준거법을 제3조에 따라 선택할 수 있다. 그러나 그러한 선택은, 선택이 없었더라면 제1항에 기초하여 적용되었을 법에 의하여, 당사자의 합의로써 배제할 수 없는 규정이 소비자에게 부여하는 보호를 그로부터 박탈하는 결과를 초래할 수 없다.

3. 제1항 (a) 또는 (b)의 요건이 구비되지 않는 경우에는, 소비자와 사업자 간의 계약의 준거법은 제3조와 제4조에 따라 결정된다.

4. 제1항과 제2항은 다음의 경우에는 적용되지 아니한다.

(a) 소비자에 대한 용역이 소비자가 그의 상거소를 가지는 국가 이외의 장소에서 배타적으로 공급되어야[2] 하는 경우의 용역의 제공을 위한 계약

---

2) "provision of service"라고 하는 제4조 제1항 b호와 달리 여기에서는 "supply of services"라

(b) 패키지여행, 패키지휴일 및 패키지관광에 관한 1990. 6. 13. 90/314/EEC 이사회지침
의 의미에 속하는 패키지여행에 관한 계약 이외의 운송계약

(c) 94/47/EC 지침의 의미에 속하는 시분할방법에 의한 부동산 사용권리에 관한 계약 이
외의 부동산의 물권 또는 부동산의 임대차에 관한 계약

(d) 금융증권3)에 해당하는 권리와 의무, 양도가능한 증권의 발행 또는 공모 및 공개매수
를 규율하는 조건에 해당하는 권리와 의무 및 집합적 투자확약의 수익권의 인수와 상
환. 다만 그러한 활동이 금융용역의 제공에 해당하지 않는 경우에 한정된다.

(e) 제4조 제1항 (h)의 범위에 속하는 유형의 체계 내에서 체결된 계약

제7조 보험계약

1. 이 조는 부보되는 위험이 어느 회원국에 소재하는지 여부에 관계없이, 제2항에 언급된
계약에 적용되고, 또한 회원국들의 영토 내에 소재하는 위험을 부보하는 모든 보험계
약에 적용된다. 이는 재보험계약에는 적용되지 아니한다.

2. 생명보험 이외의 직접 보험사업의 개시 및 추구와 관련된 법, 시행령 그리고 시행규칙
의 조정에 관한 1973. 7. 24. 73/239/EEC 제1차 이사회지침 제5조 (d)에서 정의된 바
와 같이 거대한 위험을 부보하는 보험계약은 이 규정(Regulation)의 제3조에 따라 당
사자들에 의해 선택된 법에 의하여 규율된다.

    준거법이 당사자들에 의하여 선택되지 않는 한, 보험계약은 보험자가 상거소를 가지는
국가의 법에 의하여 규율된다. 사안의 모든 사정으로부터 그 계약이 다른 국가와 더욱
밀접한 관련을 가지는 것이 확실한 경우에는, 그 다른 국가의 법이 적용된다.

3. 제2항에 속하는 계약 이외의 보험계약의 경우에는 다음의 법만이 제3조에 따라 당사자
들에 의하여 선택될 수 있다.

(a) 계약 체결 시 위험이 소재한 회원국의 법

(b) 보험계약자(policy holder)가 상거소를 가지는 국가의 법

(c) 생명보험의 경우에는 보험계약자가 국민인 회원국의 법

(d) 위험이 소재한 회원국 이외의 어느 한 회원국에서 발생한 사건에 한하여 위험을 부보
하는 보험계약의 경우에는 그 회원국의 법

(e) 이 항에 속하는 계약의 보험계약자가 상업적 또는 산업적 활동 또는 자유업을 추구하
고, 그 보험계약이 그러한 활동과 관련되고 다른 회원국에 소재한 두 개 이상의 위험을
부보하는 경우에는, 관계된 어느 회원국의 법 또는 보험계약자의 상거소의 국가의 법

(a), (b) 또는 (e)에 해당하는 사안에서, 회원국들이 보험계약의 준거법의 선택에 보다 큰

고 한다.

3) 이를 금융투자상품이라고 번역할 수도 있다.

자유를 부여하고는 경우에는 당사자들은 그 자유를 이용할 수 있다.

이 항에 따라 당사자들에 의하여 준거법이 선택되지 않는 한, 그 계약은 계약 체결 시 위험이 소재하는 회원국의 법에 의하여 규율된다.

4. 다음의 부가적인 규칙은 그에 대하여 어느 회원국이 보험에 가입할 의무를 부과하는 위험을 부보하는 보험계약에 적용된다.

(a) 보험계약이 의무를 부과하는 회원국에 의하여 규정된 특정 조항에 따르지 않는 한, 그 보험계약은 보험에 가입할 의무를 충족시키지 못한다. 위험이 소재하는 회원국의 법과 보험에 가입할 의무를 부과하는 회원국의 법이 서로 어긋나는 경우에는 후자가 우선한다.

(b) 회원국은 제2항과 제3항과 달리, 보험에 가입할 의무를 부과하는 회원국의 법에 의하여 그 보험계약이 규율된다고 규정할 수 있다.

5. 제3항 셋째 단락과 제4항의 목적상, 계약이 하나 이상의 회원국에 소재한 위험을 부보하는 경우에, 그 계약은 각각 단 하나의 회원국과 관련된 몇 개의 계약들을 구성하는 것으로 고려된다.

6. 이 조항의 목적상, 위험이 소재한 국가는, 생명보험 그리고 용역을 제공하는 효과적인 활동의 자유를 촉진시키기 위하여 규정된 조항 이외의 직접 보험과 관련된 법, 시행령, 그리고 시행규칙의 조정에 관한 1988. 6. 22. 88/357/EEC 제2이사회 지침 제2조 (d)에 따라 결정되고, 생명보험의 경우 위험이 소재한 국가는 2002/83/EC 지침 제1조 제1항 (g)의 의미에 속하는 확약(commitment) 국가가 된다.

제8조 개별적 근로계약

1. 개별적 근로계약은 당사자들이 제3조에 따라 선택한 법에 의하여 규율된다. 그러나 그러한 선택은, 법의 선택이 없었더라면 이 조 제2항, 제3항과 제4항에 의하여 적용되었을 법상 당사자의 합의로써 배제할 수 없는 규정이 근로자에게 부여하는 보호를 그로부터 박탈하는 결과를 초래할 수 없다.

2. 당사자들이 개별적 근로계약의 준거법을 선택하지 않은 한, 계약은 근로자가 계약의 이행으로 그곳에서, 또는 그것이 없는 경우, 그곳으로부터, 통상 그의 노무를 제공하는 국가의 법에 의하여 규율된다. 근로자가 노무를 통상 제공하는 국가는, 근로자가 일시적으로 다른 나라에서 고용되는 경우 변경된 것으로 간주되지 아니한다.

3. 제2항에 따라 준거법이 결정될 수 없는 경우에는 계약은 그를 통하여 근로자를 고용한 영업소가 소재하는 국가의 법에 의하여 규율된다.

4. 전체적인 사정으로부터 보아 계약이 제2항 또는 제3항에 표시된 국가 이외의 국가와 보다 밀접한 관련을 가지는 때에는 그 다른 국가의 법이 적용된다.

제9조 최우선 강행규정[4]

1. 최우선 강행규정은 그의 정치적, 사회적, 또는 경제적 조직과 같은 국가의 공적 이익을 보호하기 위하여 그를 존중하는 것이 결정적인 것으로 간주되는 결과, 이 규정 (Regulation)상 달리 계약에 적용되는 준거법에 관계없이, 그 범위에 속하는 모든 상황에 적용되는 규정이다.

2. 이 규정(Regulation)의 어느 것도 법정지법의 최우선 강행규정의 적용을 제한하지 아니한다.

3. 계약으로부터 발생하는 의무가 이행되어야 하거나 또는 이행된 국가의 법의 최우선 강행규정에 대하여는, 그러한 강행규정이 계약의 이행을 불법한(unlawful, unrechtmäßig, *illégale*) 것으로 만드는 한에서는 효력을(또는 효과를) 부여할 수 있다. 그러한 규정에 효력을(또는 효과를) 부여할지를 결정함에 있어서는 그의 성질과 목적 및 그의 적용 또는 부적용의 결과를 고려하여야 한다.

제10조 합의와 실질적 유효성

1. 계약 또는 그 계약 조항의 존재 및 유효성은 만일 그 계약 또는 그 조항이 유효하다면 이 협약에 의하여 적용될 법에 따라 판단된다.

2. 그러나 제 사정으로부터 보아 어느 당사자의 행동의 효과를 제1항에 기재된 법에 따르도록 하는 것이 정당하지 않은 경우에는, 그 당사자는 그가 그 계약에 동의하지 않았다는 주장을 하기 위하여 그가 상거소를 가지는 국가의 법을 원용할 수 있다.

제11조 방식

1. 계약체결 시 동일한 국가에 소재하는 사람들 또는 그러한 대리인들 간에 체결된 계약은, 이 규정(Regulation)에 의하여 실질에 적용될 법 또는 그 계약이 체결된 국가의 법의 방식상의 요건을 충족하는 때에는 방식상 유효하다.

2. 계약체결 시 상이한 국가에 소재하는 사람들 또는 그러한 대리인들 간에 체결된 계약은, 이 규정(Regulation)에 의하여 실질에 적용될 법 또는 이 국가들 중 계약체결 시에 어느 한 당사자나 어느 한 대리인이 존재하고 있는 어느 한 국가의 법 또는 그때에 어느 한 당사자가 상거소를 가지는 국가의 법의 방식상의 요건을 충족하는 때에는 방식상 유효하다.

3. 체결되었거나 체결될 계약에 관계되는 일방적인 법률행위(a unilateral act)는, 이 규정(Regulation)에 의하여 그 계약의 실질에 적용되거나 적용될 법의 방식상의 요건을 충

---

4) Overriding mandatory provisions. 독일어(Eingriffsnormen)와 불어(Lois de police)의 번역은 '간섭규범(또는 개입규범)'과 '경찰법'이라고 할 수 있다. 이와 유사한 로마 II 제16조의 제목은 "Overriding mandatory provisions, Eingriffsnormen, Dispositions impératives dérogatoires"이다. 양 규정의 불어 제목이 상이함은 흥미롭다.

족하거나 그 법률행위가 행해진 국가의 법, 또는 그것을 행한 당사자가 그때에 그의 상
거소를 가지는 국가의 법에 의한 방식상의 요건을 충족하는 때에는 방식상 유효하다.

4. 이 조의 제1항, 제2항 그리고 제3항은 제6조의 범위에 속하는 계약에는 적용되지 아니
한다. 이러한 계약들의 방식은 소비자가 그의 상거소를 가지는 국가의 법에 의하여 규
율된다.

5. 제1항 내지 제4항에도 불구하고, 부동산의 물권 또는 부동산의 임대차를 대상으로 하
는 계약은, 만약 그 법에 의하여 다음의 경우에 해당하는 경우에는, 부동산이 소재하는
국가의 방식에 관한 요건에 따른다.

(a) 그 요건이 계약이 체결된 국가와 관계없이 그리고 계약의 준거법에 관계없이 적용되
는 경우, 그리고

(b) 그 요건이 합의에 의하여 배제될 수 없는 경우

제12조 계약의 준거법의 범위

1. 이 규정(Regulation)에 따른 계약의 준거법은 특히 다음 사항을 규율한다.

(a) 해석

(b) 이행

(c) 절차법에 의하여 법원에 부여된 권한의 범위 내에서, 법규범에 의하여 이루어지는 손
해배상액의 산정을 포함한 채무의 전부 또는 일부의 불이행의 결과

(d) 채무를 소멸시키는 여러 가지 방법과 소멸시효 및 제소의 제한(limitation of actions)
으로 인한 권리의 상실

(e) 계약의 무효의 결과

2. 이행의 태양 및 하자 있는 이행의 경우 취하여야 할 조치에 관하여는 이행이 행하여지
는 국가의 법을 고려하여야 한다.

제13조 무능력

동일한 국가에 소재하는 사람들 간에 체결된 계약에서는, 그 국가의 법에 의할 경우 권리
능력과 행위능력을 가지는 자연인은, 계약의 상대방이 계약체결시점에 그가 다른 국가의
법에 의하여 능력이 없음을 알았거나 과실로 인하여 알지 못한 경우에 한하여, 다른 국가
의 법에 의하여 권리능력과 행위능력이 없음을 주장할 수 있다.

제14조 채권의 양도와 계약상 대위

1. 다른 사람("채무자")에 대한 채권의 양도 또는 계약상 대위의 양도인과 양수인 간의 관
계는 이 규정(Regulation)에 의하여 그들 간의 계약에 적용되는 법에 의하여 규율된다.

2. 양도된 또는 대위된 채권을 규율하는 법은, 채권의 양도가능성, 양수인과 채무자의 관
계, 채무자에 대하여 양도 또는 대위를 주장하기 위하여 필요한 요건과 채무자의 채무

가 소멸하였는지를 규율한다.

3. 이 조에서의 양도의 개념은 채권의 완전한 이전, 담보로써 하는 채권의 이전과 채권에 대한 질권 또는 다른 담보권을 포함한다.

제15조 법정대위

일방("채권자")이 타방("채무자")에 대하여 계약상의 채권을 가지고 있고 제3자가 채권자를 만족시킬 채무를 부담하고 있거나, 그 채무에 기하여 실제로 채권자를 만족시킨 경우에는, 제3자가 채무자에 대한 채권자의 권리를 채권자와 채무자의 관계를 규율하는 법에 따라 행사할 수 있는지 여부 및 그 범위는 제3자의 채무의 준거법이 결정한다.

제16조 복수의 책임

만약 채권자가 동일한 채무를 이행하여야 하는 여러 채무자들에게 채권을 가지고 있고 채무자들 중 하나가 이미 그 채권의 전부 또는 일부를 만족시킨 경우에는, 그 채무자의 채권자에 대한 채무를 규율하는 법이 그 채무자의 다른 채무자들에 대한 구상권도 규율한다. 다른 채무자들은 채권자에 대한 그들의 채무를 규율하는 법에 의하여 허용되는 한도 내에서 채권자에 대하여 가졌던 항변을 원용할 수 있다.

제17조 상계

당사자 간에 상계권에 관한 합의가 없는 경우에는, 상계는 그에 대하여 상계권이 주장되는 채권의 준거법에 의하여 규율된다.

제18조 입증책임

1. 이 규정(Regulation)에 따른 계약채무의 준거법은, 그것이 계약채무에 관하여 법률상의 추정 또는 입증책임을 분배하는 규칙을 두는 범위 내에서 적용된다.

2. 계약 또는 법률행위는 법정지의 법 또는 법률행위의 방식상의 유효성을 규율하는 제11조에 정하여진 법들 중 어느 법에 따른 모든 증거방법에 의하여 입증될 수 있다. 다만, 그러한 증거방법은 법정지의 법원에서 관리될 수 있는 것이어야 한다.[5]

---

[5] 이는 영문을 따른 것이나 독일어는 'erbracht werden kann(제출될 수 있는 것이어야 한다)' 는 취지로 규정한다.

[7] 계약외채무의 준거법에 관한 로마규정(로마Ⅱ)

(국문시역 발췌)[1]

제Ⅰ장 범위

(생략)

제3조 보편적 적용

이 규정(Regulation)에 의하여 지정된 법은 그것이 회원국의 법인지 아닌지에 관계없이 적용된다.

제Ⅱ장 불법행위

제4조 일반규칙

1. 이 규정(Regulation)에 달리 규정되어 있지 않으면, 불법행위(tort/delict)로부터 발생하는 계약외채무(non-contractual obligation)의 준거법은, 손해(damage)를 야기하는 사건이 발생한 국가에 관계없이 그리고 그 사건의 간접적 결과가 발생한 국가 또는 국가들에 관계없이 손해가 발생한 국가의 법이다.

2. 그러나 책임이 있다고 주장된 자와 손해를 입은 자가 손해발생 시에 그들의 상거소를 동일한 국가에 가지고 있는 경우에는 그 국가의 법이 적용된다.

3. 사안의 모든 상황에 비추어 불법행위가 제1항 또는 제2항에 의하여 지정된 국가 이외의 국가와 명백히 더 밀접한 관련이 있음이 분명한 경우에는 그 다른 국가의 법이 적용된다. 다른 국가와의 명백히 더 밀접한 관련은 특히 문제된 불법행위와 밀접한 관련이 있는 계약과 같은 당사자 간에 이미 존재하는 법률관계(pre-existing relationship)에 근거할 수 있다.

제5조 제조물책임

1. 제4조 제2항에 영향을 미치지 아니하고, 제조물에 의하여 초래된 손해로부터 발생하는 계약외채무의 준거법은 다음과 같다.

(a) 제조물이 그 국가에서 판매된 경우에는, 손해가 발생했을 당시 피해자가 상거소를 가지고 있던 국가의 법. 만일 그렇지 않은 경우에는

(b) 제조물이 그 국가에서 판매된 경우에는, 제조물이 취득된 국가의 법. 만일 그렇지 않

---

1) 여기의 시역은 주로 영문본을 기초로 한 것이다.

은 경우에는

(c) 제조물이 그 국가에서 판매된 경우에는, 손해가 발생한 국가의 법.

그러나 책임이 있다고 주장된 자가 (a), (b), (c)에 따른 준거법의 소속국에서 당해 제조물이나 동종의 물건(product of the same type)이 판매되리라고 합리적으로 예견할 수 없었던 경우에는, 그의 상거소 소재지법이 적용된다.

2. 사안의 모든 상황에 비추어 불법행위가 제1항에 의하여 지정된 국가 이외의 국가와 명백히 더 밀접한 관련이 있음이 분명한 경우에는 그 다른 국가의 법이 적용된다. 다른 국가와의 명백히 더 밀접한 관련은 특히 문제된 불법행위와 밀접한 관련이 있는 계약과 같은 당사자 간에 이미 존재하는 법률관계(pre-existing relationship)에 근거할 수 있다.

제6조 부정경쟁과 경쟁제한행위

1. 부정경쟁행위(an act of unfair competition)로부터 발생하는 계약외채무의 준거법은, 그곳에서 경쟁적 관계 또는 소비자의 집단적 이익이 영향을 받거나 또는 영향을 받을 것 같은 국가의 법이다.

2. 부정경쟁행위가 전적으로 특정한 경쟁자의 이익에 영향을 미치는 경우에는 제4조를 적용한다.

3. (a) 경쟁제한(a restriction of competition)으로부터 발생하는 계약외채무의 준거법은 그곳에서 시장이 영향을 받거나, 받을 것 같은 국가의 법이다.

(b) 시장이 두 개 이상의 국가에서 영향을 받거나 받을 것 같은 때에는, 피고의 주소지 법원에서 손해배상을 구하는 자는 그 대신 소가 계속한 법원의 법을 선택하여 그의 청구의 기초로 삼을 수 있다. 다만 이는 그 회원국의 시장이 계약외채무의 근거가 된 경쟁제한행위에 의하여 직접적이고 실질적으로 영향을 받은 시장 중의 하나여야 한다. 원고가 관할에 적용되는 규칙에 따라 그 법원에서 2인 이상의 피고에 대하여 제소하는 경우에는, 만일 각 피고에 대한 청구의 기초가 된 경쟁제한이 그 법원의 회원국 시장에서 직접적이고 실질적으로 영향을 미친다면, 오로지 그 법원의 법을 선택하여 그의 청구의 기초로 삼을 수 있다.

4. 이 조 하의 준거법은 제14조에 따른 합의에 의하여 배제될 수 없다.

제7조 환경손해

환경손해 또는 그러한 손해의 결과로 입은 인적 또는 물적 손해로부터 발생하는 계약외채무의 준거법은, 만일 손해배상을 구하는 자가 손해를 야기하는 사건이 발생한 국가의 법을 선택하여 자신의 청구의 기초로 삼지 않는다면, 제4조 제1항에 의하여 결정되는 준거법이다.

제8조 지적재산권 침해

1. 지적재산권의 침해로부터 발생하는 계약외채무의 준거법은 그에 대하여(for which) 보호가 주장되는 국가의 법이다.

2. 통일적인 공동체 지적재산권(unitary Community intellectual property right)의 침해로부터 발생하는 계약외채무의 경우에는, 관련된 공동체 문서에 의하여 규율되지 않는 문제의 준거법은 그곳에서 침해행위가 행해진 국가의 법이다.

3. 이 조 하의 준거법은 제14조에 따른 합의에 의하여 배제될 수 없다.

제9조 쟁의행위(Industrial action)

제4조 제2항에 영향을 미치지 아니하고, 진행중이거나 완료된 쟁의행위에 의해 초래된 손해에 대하여 근로자, 고용자 또는 그들의 직업적 이익을 대변하는 조직의 자격에서 지는 책임에 관한 계약외채무에 적용되는 준거법은, 쟁의행위가 행해지거나 이미 행해진 국가의 법이 된다.

제Ⅲ장 부당이득, 사무관리와 계약체결상의 과실

제10조 부당이득

1. 잘못 수령된 금액의 지급을 포함하여 부당이득으로부터 발생하는 계약외채무가, 계약 또는 불법행위로부터 발생하는 관계처럼 당사자 간에 존재하는 관계에 관련되고, 그 관계가 부당이득과 밀접하게 관련된 때에는, 부당이득은 그 관계를 규율하는 법에 의하여 규율된다.

2. 제1항에 기초하여 준거법을 결정할 수 없고, 당사자들이 부당이득을 야기하는 사건이 발생한 때에 동일한 국가에 상거소를 가지는 경우에는 그 국가의 법이 적용된다.

3. 제1항 또는 제2항에 기초하여 준거법을 결정할 수 없는 경우에는 준거법은 부당이득이 발생한 국가의 법이 된다.

4. 사안의 모든 상황에 비추어 부당이득으로부터 발생하는 계약외채무가 제1항, 제2항과 제3항에 표시된 국가 이외의 국가와 명백히 더 밀접한 관련이 있음이 분명한 경우에는 그 다른 국가의 법이 적용된다.

제11조 사무관리(Negotiorum gestio)

1. 권한 없이 다른 사람의 사무에 관하여 행위를 함으로써 발생하는 계약외채무가, 계약 또는 불법행위로부터 발생하는 관계처럼 당사자 간에 존재하는 관계에 관련되고, 그 관계가 계약외채무와 밀접하게 관련된 때에는, 그 계약외채무는 그 관계를 규율하는 법에 의하여 규율된다.

2. 제1항에 기초하여 준거법을 결정할 수 없고, 당사자들이 손해를 야기하는 사건이 발생

한 때에 동일한 국가에 상거소를 가지는 경우에는 그 국가의 법이 적용된다.

3. 제1항 또는 제2항에 기초하여 준거법을 결정할 수 없는 때에는 준거법은 행위가 행해진 국가의 법이 된다.

4. 사안의 모든 상황에 비추어 권한 없이 다른 사람의 사무에 관하여 행위를 함으로써 발생하는 계약외채무가 제1항, 제2항, 제3항에 따른 국가 이외의 국가와 명백히 더 밀접한 관련이 있음이 분명한 경우에는 그 다른 국가의 법이 적용된다.

제12조 계약체결상의 과실책임

1. 계약이 실제로 체결되었는지 여부와 관계없이, 계약 체결에 앞선 거래로부터 발생하는 계약외채무의 준거법은, 계약에 적용되는 법 또는 계약이 체결되었더라면 적용되었을 법이다.

2. 제1항에 기초하여 준거법을 결정할 수 없을 때에는, 준거법은 이하의 법이다.

(a) 손해를 야기하는 사건이 발생한 국가에 관계없이 그리고 그 사건의 간접적 결과가 발생한 국가 또는 국가들에 관계없이, 손해가 발생한 국가의 법, 또는

(b) 손해를 초래한 사건이 발생하였을 때 당사자들이 동일한 국가에 상거소를 가지고 있는 경우에는 그 국가의 법, 또는

(c) 사안의 모든 상황에 비추어 계약 체결에 앞선 거래로부터 발생하는 계약외채무가 (a), (b)에 따른 국가 이외의 국가와 명백히 더 밀접한 관련이 있음이 분명한 경우에는, 그 다른 국가의 법.

제13조 제8조의 적용가능성

이 장의 목적상, 제8조는 지적재산권의 침해로부터 발생하는 계약외채무에 적용된다.

제Ⅳ장 선택의 자유

제14조 선택의 자유

1. 당사자는 계약외채무를 다음의 방법에 의하여 그들이 선택하는 법에 복종하도록 합의할 수 있다.

(a) 손해를 야기하는 사건 후에 체결된 합의 또는

(b) 모든 당사자들이 상업활동(commercial activity)을 추구하는 경우에는 또한 손해를 야기하는 사건 전에 자유롭게 협상된 합의

선택은 명시적이거나 또는 사안의 상황에 의하여 합리적 확실성을 가지고 표시되어야 하며 제3자의 권리를 해할 수 없다.

2. 손해를 야기하는 사건 발생 당시 상황에 관련되는 모든 요소들이 선택된 준거법 소속국 이외의 다른 국가에 소재할 경우에는, 당사자들의 법 선택은 당사자들이 합의에 의

해 배제할 수 없는 그 다른 국가의 법조항의 적용에 영향을 미치지 아니한다.

3. 손해를 야기하는 사건 발생 당시 상황에 관련되는 모든 요소들이 하나 또는 둘 이상의 회원국 내에 소재할 경우에는, 당사자들의 회원국 법 이외의 법 선택은 적절한 경우 법정지에서 시행되는 바와 같은 법정지법으로서 당사자의 합의에 의하여 배제될 수 없는 공동체법 조항의 적용에 영향을 미치지 아니한다.

제 V 장 공통규칙

제15조 준거법의 범위

이 규정(Regulation)에 따라 계약외채무에 적용되는 준거법은 특히 다음을 규율한다.

(a) 그들이 행한 행위에 대하여 책임질 사람들의 결정을 포함하여 책임의 근거 및 범위

(b) 책임 면제의 근거, 책임제한 그리고 책임의 분할

(c) 손해의 존재, 성질과 산정 또는 주장된 구제수단

(d) 그의 절차법에 따라 부여받은 권한의 범위 내에서, 법원이 상해 또는 손해의 예방 및 종료 또는 보상의 제공을 보장하기 위하여 취할 수 있는 조치

(e) 상속가능성을 포함하여, 손해배상 또는 구제수단을 청구할 수 있는 권리의 양도가능성

(f) 직접 입은 손해에 대하여 배상을 받을 자격이 있는 사람

(g) 다른 사람이 한 행위에 대한 책임

(h) 채무를 소멸시킬 수 있는 방법과 시효 또는 제한 기간의 개시, 중단, 정지에 관한 규칙 등을 포함한 시효 및 제한의 규칙들(rules of prescription and limitation)

제16조 최우선강행규정(Overriding mandatory provisions, Eingriffsnormen, Dispositions impératives dérogatoires)[2]

이 규정(Regulation)의 어떤 조항도 달리 계약외채무의 준거법에 관계없이 사안을 강행적으로 규율하는 법정지법의 규정의 적용에 영향을 미치지 아니한다.

제17조 안전 및 행위규칙

책임이 있다고 주장된 자의 행위를 평가함에 있어서는, 책임을 야기하는 사건이 행해진 장소와 시간에 그곳에서 시행중인 안전과 행위에 관한 규칙(rules of safety and conduct)을 사실의 문제로서 그리고 적절한 범위 내에서 고려하여야 한다.

제18조 책임 있는 자의 보험자에 대한 직접 소송

손해를 입은 사람은, 계약외채무의 준거법 또는 보험계약의 준거법이 그렇게 규정하는 때에는, 책임 있는 자의 보험자를 상대로 직접 청구할 수 있다.

---

2) 이와 유사한 로마 I 제 9조의 제목은 "Overriding mandatory provisions, Eingriffsnor- men, *Lois de police*"이다. 불문의 제목이 상이함은 흥미롭다.

제19조 대위

어떤 사람(채권자)이 다른 사람(채무자)에 대하여 계약외채권(non-contractual claim)을 가지고 있고 제3자가 채권자를 만족시킬 채무를 부담하고 있거나, 그 채무에 기하여 실제로 채권자를 만족시킨 경우에는, 제3자가 채무자에 대한 채권자의 권리를 채권자와 채무자의 관계를 규율하는 법에 따라 전부 또는 일부 행사할 수 있는지 여부 및 그 범위는 제3자의 채무의 준거법이 결정한다.

제20조 복수의 책임

채권자가 동일한 채권에 대하여 책임이 있는 복수의 채무자를 상대로 하는 채권을 가지고 있고, 그 채무자들 중 한 명이 그 권리의 전부 또는 일부를 이미 만족시킨 경우에는, 위채무자가 다른 채무자들에게 보상을 요구할 수 있는 권리를 가지는지는, 채무자의 채권자에 대한 계약외채무의 준거법에 의하여 규율된다.

제21조 방식

법적 효력을 가지도록 의도되고 계약외채무에 관련되는 일방적 행위(unilateral act)는, 문제된 계약외채무를 규율하는 법 또는 행위가 행해진 국가의 법이 요구하는 요건을 충족하는 때에는 형식상 유효하다.

제22조 입증책임

1. 이 규정(Regulation)에 따라 계약외채무에 적용되는 준거법은, 그것이 계약외채무에 관하여 법률상의 추정 또는 입증책임을 분배하는 규칙을 두는 범위 내에서 적용된다.

2. 법적 효력을 가지도록 의도된 행위는 법정지의 법이나 방식을 규율하는 제21조에 의한 법에서 인정된 증거방법에 의하여 입증될 수 있다. 다만, 그러한 증거방법은 법정지의 법원에서 관리될 수 있는 것이어야 한다.[3]

---

3) 이는 영문을 따른 것이나 독일어는 'erbracht werden kann(제출될 수 있는 것이어야 한다)'는 취지로 규정한다.

[8] 국적법

제1조(목적) 이 법은 대한민국의 국민이 되는 요건을 정함을 목적으로 한다.

제2조(출생에 의한 국적 취득) ① 다음 각 호의 어느 하나에 해당하는 자는 출생과 동시에 대한민국 국적(國籍)을 취득한다.

 1. 출생 당시에 부(父)또는 모(母)가 대한민국의 국민인 자

 2. 출생하기 전에 부가 사망한 경우에는 그 사망 당시에 부가 대한민국의 국민이었던 자

 3. 부모가 모두 분명하지 아니한 경우나 국적이 없는 경우에는 대한민국에서 출생한 자

② 대한민국에서 발견된 기아(棄兒)는 대한민국에서 출생한 것으로 추정한다.

제3조(인지에 의한 국적 취득) ① 대한민국의 국민이 아닌 자(이하 "외국인"이라 한다)로서 대한민국의 국민인 부 또는 모에 의하여 인지(認知)된 자가 다음 각 호의 요건을 모두 갖추면 법무부장관에게 신고함으로써 대한민국 국적을 취득할 수 있다.

 1. 대한민국의 「민법」상 미성년일 것

 2. 출생 당시에 부 또는 모가 대한민국의 국민이었을 것

② 제1항에 따라 신고한 자는 그 신고를 한 때에 대한민국 국적을 취득한다.

③ 제1항에 따른 신고 절차와 그 밖에 필요한 사항은 대통령령으로 정한다.

제4조(귀화에 의한 국적 취득) ① 대한민국 국적을 취득한 사실이 없는 외국인은 법무부장관의 귀화허가(歸化許可)를 받아 대한민국 국적을 취득할 수 있다.

② 법무부장관은 귀화허가 신청을 받으면 제5조부터 제7조까지의 귀화 요건을 갖추었는지를 심사한 후 그 요건을 갖춘 사람에게만 귀화를 허가한다.

③ 제1항에 따라 귀화허가를 받은 사람은 법무부장관 앞에서 국민선서를 하고 귀화증서를 수여받은 때에 대한민국 국적을 취득한다. 다만, 법무부장관은 연령, 신체적·정신적 장애 등으로 국민선서의 의미를 이해할 수 없거나 이해한 것을 표현할 수 없다고 인정되는 사람에게는 국민선서를 면제할 수 있다.

④ 법무부장관은 제3항 본문에 따른 국민선서를 받고 귀화증서를 수여하는 업무와 같은 항 단서에 따른 국민선서의 면제 업무를 대통령령으로 정하는 바에 따라 지방출입국·외국인관서의 장에게 대행하게 할 수 있다.

⑤ 제1항부터 제4항까지에 따른 신청절차, 심사, 국민선서 및 귀화증서 수여와 그 대행 등에 관하여 필요한 사항은 대통령령으로 정한다.

제5조(일반귀화 요건) 외국인이 귀화허가를 받기 위해서는 제6조나 제7조에 해당하는 경우 외에는 다음 각 호의 요건을 갖추어야 한다.

1. 5년 이상 계속하여 대한민국에 주소가 있을 것

1의2. 대한민국에서 영주할 수 있는 체류자격을 가지고 있을 것

2. 대한민국의 「민법」상 성년일 것

3. 법령을 준수하는 등 법무부령으로 정하는 품행 단정의 요건을 갖출 것

4. 자신의 자산(資産)이나 기능(技能)에 의하거나 생계를 같이하는 가족에 의존하여 생계를 유지할 능력이 있을 것

5. 국어능력과 대한민국의 풍습에 대한 이해 등 대한민국 국민으로서의 기본 소양(素養)을 갖추고 있을 것

6. 귀화를 허가하는 것이 국가안전보장·질서유지 또는 공공복리를 해치지 아니한다고 법무부장관이 인정할 것

제6조(간이귀화 요건) ① 다음 각 호의 어느 하나에 해당하는 외국인으로서 대한민국에 3년 이상 계속하여 주소가 있는 사람은 제5조제1호 및 제1호의2의 요건을 갖추지 아니하여도 귀화허가를 받을 수 있다.

1. 부 또는 모가 대한민국의 국민이었던 사람

2. 대한민국에서 출생한 사람으로서 부 또는 모가 대한민국에서 출생한 사람

3. 대한민국 국민의 양자(養子)로서 입양 당시 대한민국의 「민법」상 성년이었던 사람

② 배우자가 대한민국의 국민인 외국인으로서 다음 각 호의 어느 하나에 해당하는 사람은 제5조제1호 및 제1호의2의 요건을 갖추지 아니하여도 귀화허가를 받을 수 있다.

1. 그 배우자와 혼인한 상태로 대한민국에 2년 이상 계속하여 주소가 있는 사람

2. 그 배우자와 혼인한 후 3년이 지나고 혼인한 상태로 대한민국에 1년 이상 계속하여 주소가 있는 사람

3. 제1호나 제2호의 기간을 채우지 못하였으나, 그 배우자와 혼인한 상태로 대한민국에 주소를 두고 있던 중 그 배우자의 사망이나 실종 또는 그 밖에 자신에게 책임이 없는 사유로 정상적인 혼인 생활을 할 수 없었던 사람으로서 제1호나 제2호의 잔여기간을 채웠고 법무부장관이 상당(相當)하다고 인정하는 사람

4. 제1호나 제2호의 요건을 충족하지 못하였으나, 그 배우자와의 혼인에 따라 출생한 미성년의 자(子)를 양육하고 있거나 양육하여야 할 사람으로서 제1호나 제2호의 기간을 채웠고 법무부장관이 상당하다고 인정하는 사람

제7조(특별귀화 요건) ① 다음 각 호의 어느 하나에 해당하는 외국인으로서 대한민국에 주소가 있는 사람은 제5조제1호·제1호의2·제2호 또는 제4호의 요건을 갖추지 아니하여도 귀화허가를 받을 수 있다.

1. 부 또는 모가 대한민국의 국민인 사람. 다만, 양자로서 대한민국의 「민법」상 성년이

된 후에 입양된 사람은 제외한다.

2. 대한민국에 특별한 공로가 있는 사람

3. 과학·경제·문화·체육 등 특정 분야에서 매우 우수한 능력을 보유한 사람으로서 대한민국의 국익에 기여할 것으로 인정되는 사람

② 제1항제2호 및 제3호에 해당하는 사람을 정하는 기준 및 절차는 대통령령으로 정한다.

제8조(수반 취득) ① 외국인의 자(子)로서 대한민국의 「민법」상 미성년인 사람은 부 또는 모가 귀화허가를 신청할 때 함께 국적 취득을 신청할 수 있다.

② 제1항에 따라 국적 취득을 신청한 사람은 부 또는 모가 대한민국 국적을 취득한 때에 함께 대한민국 국적을 취득한다.

③ 제1항에 따른 신청절차와 그 밖에 필요한 사항은 대통령령으로 정한다.

제9조(국적회복에 의한 국적 취득) ① 대한민국의 국민이었던 외국인은 법무부장관의 국적 회복허가(國籍回復許可)를 받아 대한민국 국적을 취득할 수 있다.

② 법무부장관은 국적회복허가 신청을 받으면 심사한 후 다음 각 호의 어느 하나에 해당 하는 사람에게는 국적회복을 허가하지 아니한다.

1. 국가나 사회에 위해(危害)를 끼친 사실이 있는 사람

2. 품행이 단정하지 못한 사람

3. 병역을 기피할 목적으로 대한민국 국적을 상실하였거나 이탈하였던 사람

4. 국가안전보장·질서유지 또는 공공복리를 위하여 법무부장관이 국적회복을 허가하는 것이 적당하지 아니하다고 인정하는 사람

③ 제1항에 따라 국적회복허가를 받은 사람은 법무부장관 앞에서 국민선서를 하고 국적회 복증서를 수여받은 때에 대한민국 국적을 취득한다. 다만, 법무부장관은 연령, 신체적·정 신적 장애 등으로 국민선서의 의미를 이해할 수 없거나 이해한 것을 표현할 수 없다고 인 정되는 사람에게는 국민선서를 면제할 수 있다.

④ 법무부장관은 제3항 본문에 따른 국민선서를 받고 국적회복증서를 수여하는 업무와 같은 항 단서에 따른 국민선서의 면제 업무를 대통령령으로 정하는 바에 따라 재외공관의 장 또는 지방출입국·외국인관서의 장에게 대행하게 할 수 있다.

⑤ 제1항부터 제4항까지에 따른 신청절차, 심사, 국민선서 및 국적회복증서 수여와 그 대 행 등에 관하여 필요한 사항은 대통령령으로 정한다.

⑥ 국적회복허가에 따른 수반(隨伴) 취득에 관하여는 제8조를 준용(準用)한다.

제10조(국적 취득자의 외국 국적 포기 의무) ① 대한민국 국적을 취득한 외국인으로서 외 국 국적을 가지고 있는 자는 대한민국 국적을 취득한 날부터 1년 내에 그 외국 국적을 포 기하여야 한다.

② 제1항에도 불구하고 다음 각 호의 어느 하나에 해당하는 자는 대한민국 국적을 취득한 날부터 1년 내에 외국 국적을 포기하거나 법무부장관이 정하는 바에 따라 대한민국에서 외국 국적을 행사하지 아니하겠다는 뜻을 법무부장관에게 서약하여야 한다.

  1. 귀화허가를 받은 때에 제6조제2항제1호·제2호 또는 제7조제1항제2호·제3호의 어느 하나에 해당하는 사유가 있는 자

  2. 제9조에 따라 국적회복허가를 받은 자로서 제7조제1항제2호 또는 제3호에 해당한다고 법무부장관이 인정하는 자

  3. 대한민국의 「민법」상 성년이 되기 전에 외국인에게 입양된 후 외국 국적을 취득하고 외국에서 계속 거주하다가 제9조에 따라 국적회복허가를 받은 자

  4. 외국에서 거주하다가 영주할 목적으로 만 65세 이후에 입국하여 제9조에 따라 국적회복허가를 받은 자

  5. 본인의 뜻에도 불구하고 외국의 법률 및 제도로 인하여 제1항을 이행하기 어려운 자로서 대통령령으로 정하는 자

③ 제1항 또는 제2항을 이행하지 아니한 자는 그 기간이 지난 때에 대한민국 국적을 상실(喪失)한다.

제11조(국적의 재취득) ① 제10조제3항에 따라 대한민국 국적을 상실한 자가 그 후 1년 내에 그 외국 국적을 포기하면 법무부장관에게 신고함으로써 대한민국 국적을 재취득할 수 있다.

② 제1항에 따라 신고한 자는 그 신고를 한 때에 대한민국 국적을 취득한다.

③ 제1항에 따른 신고 절차와 그 밖에 필요한 사항은 대통령령으로 정한다.

제11조의2(복수국적자의 법적 지위 등) ① 출생이나 그 밖에 이 법에 따라 대한민국 국적과 외국 국적을 함께 가지게 된 사람으로서 대통령령으로 정하는 사람[이하 "복수국적자"(複數國籍者)라 한다]은 대한민국의 법령 적용에서 대한민국 국민으로만 처우한다.

② 복수국적자가 관계 법령에 따라 외국 국적을 보유한 상태에서 직무를 수행할 수 없는 분야에 종사하려는 경우에는 외국 국적을 포기하여야 한다.

③ 중앙행정기관의 장이 복수국적자를 외국인과 동일하게 처우하는 내용으로 법령을 제정 또는 개정하려는 경우에는 미리 법무부장관과 협의하여야 한다.

제12조(복수국적자의 국적선택의무) ① 만 20세가 되기 전에 복수국적자가 된 자는 만 22세가 되기 전까지, 만 20세가 된 후에 복수국적자가 된 자는 그 때부터 2년 내에 제13조와 제14조에 따라 하나의 국적을 선택하여야 한다. 다만, 제10조제2항에 따라 법무부장관에게 대한민국에서 외국 국적을 행사하지 아니하겠다는 뜻을 서약한 복수국적자는 제외한다.

② 제1항 본문에도 불구하고 「병역법」 제8조에 따라 병역준비역에 편입된 자는 편입된 때부터 3개월 이내에 하나의 국적을 선택하거나 제3항 각 호의 어느 하나에 해당하는 때부터 2년 이내에 하나의 국적을 선택하여야 한다. 다만, 제13조에 따라 대한민국 국적을 선택하려는 경우에는 제3항 각 호의 어느 하나에 해당하기 전에도 할 수 있다.

③ 직계존속(直系尊屬)이 외국에서 영주(永住)할 목적 없이 체류한 상태에서 출생한 자는 병역의무의 이행과 관련하여 다음 각 호의 어느 하나에 해당하는 경우에만 제14조에 따른 국적이탈신고를 할 수 있다.

 1. 현역·상근예비역·보충역 또는 대체역으로 복무를 마치거나 마친 것으로 보게 되는 경우

 2. 전시근로역에 편입된 경우

 3. 병역면제처분을 받은 경우[1]

제13조(대한민국 국적의 선택 절차) ① 복수국적자로서 제12조제1항 본문에 규정된 기간 내에 대한민국 국적을 선택하려는 자는 외국 국적을 포기하거나 법무부장관이 정하는 바에 따라 대한민국에서 외국 국적을 행사하지 아니하겠다는 뜻을 서약하고 법무부장관에게 대한민국 국적을 선택한다는 뜻을 신고할 수 있다.

② 복수국적자로서 제12조제1항 본문에 규정된 기간 후에 대한민국 국적을 선택하려는 자는 외국 국적을 포기한 경우에만 법무부장관에게 대한민국 국적을 선택한다는 뜻을 신고할 수 있다. 다만, 제12조제3항제1호의 경우에 해당하는 자는 그 경우에 해당하는 때부터 2년 이내에는 제1항에서 정한 방식으로 대한민국 국적을 선택한다는 뜻을 신고할 수 있다.

③ 제1항 및 제2항 단서에도 불구하고 출생 당시에 모가 자녀에게 외국 국적을 취득하게 할 목적으로 외국에서 체류 중이었던 사실이 인정되는 자는 외국 국적을 포기한 경우에만 대한민국 국적을 선택한다는 뜻을 신고할 수 있다.

④ 제1항부터 제3항까지의 규정에 따른 신고의 수리(受理) 요건, 신고 절차, 그 밖에 필요한 사항은 대통령령으로 정한다.

제14조(대한민국 국적의 이탈 요건 및 절차) ① 복수국적자로서 외국 국적을 선택하려는 자는 외국에 주소가 있는 경우에만 주소지 관할 재외공관의 장을 거쳐 법무부장관에게 대한민국 국적을 이탈한다는 뜻을 신고할 수 있다. 다만, 제12조제2항 본문 또는 같은 조 제3항에 해당하는 자는 그 기간 이내에 또는 해당 사유가 발생한 때부터만 신고할 수 있다.

② 제1항에 따라 국적 이탈의 신고를 한 자는 법무부장관이 신고를 수리한 때에 대한민국

---

 1) [2022. 9. 15. 법률 제18978호에 의하여 2020. 9. 24. 헌법재판소에서 헌법불합치 결정된 이 조 제2항 본문을 제14조의2를 신설하여 개정함.]

국적을 상실한다.

③ 제1항에 따른 신고 및 수리의 요건, 절차와 그 밖에 필요한 사항은 대통령령으로 정한다.[2]

제14조의2(대한민국 국적의 이탈에 관한 특례) ① 제12조제2항 본문 및 제14조제1항 단서에도 불구하고 다음 각 호의 요건을 모두 충족하는 복수국적자는「병역법」제8조에 따라 병역준비역에 편입된 때부터 3개월 이내에 대한민국 국적을 이탈한다는 뜻을 신고하지 못한 경우 법무부장관에게 대한민국 국적의 이탈 허가를 신청할 수 있다.

1. 다음 각 목의 어느 하나에 해당하는 사람일 것

  가. 외국에서 출생한 사람(직계존속이 외국에서 영주할 목적 없이 체류한 상태에서 출생한 사람은 제외한다)으로서 출생 이후 계속하여 외국에 주된 생활의 근거를 두고 있는 사람

  나. 6세 미만의 아동일 때 외국으로 이주한 이후 계속하여 외국에 주된 생활의 근거를 두고 있는 사람

2. 제12조제2항 본문 및 제14조제1항 단서에 따라 병역준비역에 편입된 때부터 3개월 이내에 국적 이탈을 신고하지 못한 정당한 사유가 있을 것

② 법무부장관은 제1항에 따른 허가를 할 때 다음 각 호의 사항을 고려하여야 한다.

1. 복수국적자의 출생지 및 복수국적 취득경위

2. 복수국적자의 주소지 및 주된 거주지가 외국인지 여부

3. 대한민국 입국 횟수 및 체류 목적·기간

4. 대한민국 국민만이 누릴 수 있는 권리를 행사하였는지 여부

5. 복수국적으로 인하여 외국에서의 직업 선택에 상당한 제한이 있거나 이에 준하는 불이익이 있는지 여부

6. 병역의무 이행의 공평성과 조화되는지 여부

③ 제1항에 따른 허가 신청은 외국에 주소가 있는 복수국적자가 해당 주소지 관할 재외공관의 장을 거쳐 법무부장관에게 하여야 한다.

④ 제1항 및 제3항에 따라 국적의 이탈 허가를 신청한 사람은 법무부장관이 허가한 때에 대한민국 국적을 상실한다.

⑤ 제1항부터 제4항까지의 규정에 따른 신청자의 세부적인 자격기준, 허가 시의 구체적인 고려사항, 신청 및 허가 절차 등 필요한 사항은 대통령령으로 정한다.

제14조의3(복수국적자에 대한 국적선택명령) ① 법무부장관은 복수국적자로서 제12조제1항 또는 제2항에서 정한 기간 내에 국적을 선택하지 아니한 자에게 1년 내에 하나의 국적

---

2) [2022. 9. 15. 법률 제18978호에 의하여 2020. 9. 24. 헌법재판소에서 헌법불합치 결정된 이 조 제1항 단서 중 제12조 제2항 본문에 관한 부분을 제14조의2를 신설하여 개정함.]

을 선택할 것을 명하여야 한다.

② 법무부장관은 복수국적자로서 제10조제2항, 제13조제1항 또는 같은 조 제2항 단서에 따라 대한민국에서 외국 국적을 행사하지 아니하겠다는 뜻을 서약한 자가 그 뜻에 현저히 반하는 행위를 한 경우에는 6개월 내에 하나의 국적을 선택할 것을 명할 수 있다.

③ 제1항 또는 제2항에 따라 국적선택의 명령을 받은 자가 대한민국 국적을 선택하려면 외국 국적을 포기하여야 한다.

④ 제1항 또는 제2항에 따라 국적선택의 명령을 받고도 이를 따르지 아니한 자는 그 기간이 지난 때에 대한민국 국적을 상실한다.

⑤ 제1항 및 제2항에 따른 국적선택의 절차와 제2항에 따른 서약에 현저히 반하는 행위 유형은 대통령령으로 정한다.

제14조의4(대한민국 국적의 상실결정) ① 법무부장관은 복수국적자가 다음 각 호의 어느 하나의 사유에 해당하여 대한민국의 국적을 보유함이 현저히 부적합하다고 인정하는 경우에는 청문을 거쳐 대한민국 국적의 상실을 결정할 수 있다. 다만, 출생에 의하여 대한민국 국적을 취득한 자는 제외한다.

1. 국가안보, 외교관계 및 국민경제 등에 있어서 대한민국의 국익에 반하는 행위를 하는 경우
2. 대한민국의 사회질서 유지에 상당한 지장을 초래하는 행위로서 대통령령으로 정하는 경우

② 제1항에 따른 결정을 받은 자는 그 결정을 받은 때에 대한민국 국적을 상실한다.

제14조의5(복수국적자에 관한 통보의무 등) ① 공무원이 그 직무상 복수국적자를 발견하면 지체 없이 법무부장관에게 그 사실을 통보하여야 한다.

② 공무원이 그 직무상 복수국적자 여부를 확인할 필요가 있는 경우에는 당사자에게 질문을 하거나 필요한 자료의 제출을 요청할 수 있다.

③ 제1항에 따른 통보 절차는 대통령령으로 정한다.

제15조(외국 국적 취득에 따른 국적 상실) ① 대한민국의 국민으로서 자진하여 외국 국적을 취득한 자는 그 외국 국적을 취득한 때에 대한민국 국적을 상실한다.

② 대한민국의 국민으로서 다음 각 호의 어느 하나에 해당하는 자는 그 외국 국적을 취득한 때부터 6개월 내에 법무부장관에게 대한민국 국적을 보유할 의사가 있다는 뜻을 신고하지 아니하면 그 외국 국적을 취득한 때로 소급(遡及)하여 대한민국 국적을 상실한 것으로 본다.

1. 외국인과의 혼인으로 그 배우자의 국적을 취득하게 된 자
2. 외국인에게 입양되어 그 양부 또는 양모의 국적을 취득하게 된 자

3. 외국인인 부 또는 모에게 인지되어 그 부 또는 모의 국적을 취득하게 된 자

4. 외국 국적을 취득하여 대한민국 국적을 상실하게 된 자의 배우자나 미성년의 자(子)로서 그 외국의 법률에 따라 함께 그 외국 국적을 취득하게 된 자

③ 외국 국적을 취득함으로써 대한민국 국적을 상실하게 된 자에 대하여 그 외국 국적의 취득일을 알 수 없으면 그가 사용하는 외국 여권의 최초 발급일에 그 외국 국적을 취득한 것으로 추정한다.

④ 제2항에 따른 신고 절차와 그 밖에 필요한 사항은 대통령령으로 정한다.

제16조(국적상실자의 처리) ① 대한민국 국적을 상실한 자(제14조에 따른 국적이탈의 신고를 한 자는 제외한다)는 법무부장관에게 국적상실신고를 하여야 한다.

② 공무원이 그 직무상 대한민국 국적을 상실한 자를 발견하면 지체 없이 법무부장관에게 그 사실을 통보하여야 한다.

③ 법무부장관은 그 직무상 대한민국 국적을 상실한 자를 발견하거나 제1항이나 제2항에 따라 국적상실의 신고나 통보를 받으면 가족관계등록 관서와 주민등록 관서에 통보하여야 한다.

④ 제1항부터 제3항까지의 규정에 따른 신고 및 통보의 절차와 그 밖에 필요한 사항은 대통령령으로 정한다.

제17조(관보 고시) ① 법무부장관은 대한민국 국적의 취득과 상실에 관한 사항이 발생하면 그 뜻을 관보에 고시(告示)하여야 한다.

② 제1항에 따라 관보에 고시할 사항은 대통령령으로 정한다.

제18조(국적상실자의 권리 변동) ① 대한민국 국적을 상실한 자는 국적을 상실한 때부터 대한민국의 국민만이 누릴 수 있는 권리를 누릴 수 없다.

② 제1항에 해당하는 권리 중 대한민국의 국민이었을 때 취득한 것으로서 양도(讓渡)할 수 있는 것은 그 권리와 관련된 법령에서 따로 정한 바가 없으면 3년 내에 대한민국의 국민에게 양도하여야 한다.

제19조(법정대리인이 하는 신고 등) 이 법에 규정된 신청이나 신고와 관련하여 그 신청이나 신고를 하려는 자가 15세 미만이면 법정대리인이 대신하여 이를 행한다.

제20조(국적 판정) ① 법무부장관은 대한민국 국적의 취득이나 보유 여부가 분명하지 아니한 자에 대하여 이를 심사한 후 판정할 수 있다.

② 제1항에 따른 심사 및 판정의 절차와 그 밖에 필요한 사항은 대통령령으로 정한다.

제21조(허가 등의 취소) ① 법무부장관은 거짓이나 그 밖의 부정한 방법으로 귀화허가, 국적회복허가, 국적의 이탈 허가 또는 국적보유판정을 받은 자에 대하여 그 허가 또는 판정을 취소할 수 있다.

② 제1항에 따른 취소의 기준·절차와 그 밖에 필요한 사항은 대통령령으로 정한다.

제22조(국적심의위원회)부터 제27조(벌칙 적용에서의 공무원 의제)

[생략]

[9] 국제적 아동탈취

[9-1] 국제적 아동탈취의 민사적 측면에 관한 협약(국문번역 발췌)
(헤이그 국제아동탈취협약)

이 협약의 서명국들은

아동의 양육에 관한 문제에 있어서 아동의 권익이 가장 중요함을 굳게 확신하고,

불법한 아동의 이동이나 유치에 의한 유해한 결과로부터 아동을 국제적으로 보호하고, 아동의 상거소국으로의 신속한 반환을 보장하는 절차를 수립함과 아울러 면접교섭권의 보호를 확보할 것을 희망하며,

이를 위한 협약을 체결할 것을 결의하고, 다음과 같은 규정에 합의하였다.

제1장 협약의 범위

제1조

이 협약의 목적은 다음과 같다.

가. 불법적으로 어느 체약국으로 이동되거나 어느 체약국에 유치되어 있는 아동의 신속한 반환 확보

나. 한쪽 체약국의 법에 따른 양육권 및 면접교섭권이 다른 나머지 체약국에서 효과적으로 존중되도록 보장

제2조

체약국은 자국 영토 내에서 협약의 목적 이행을 확보하기 위한 모든 적절한 조치를 한다. 이 목적을 위하여 체약국은 이용 가능한 가장 신속한 절차를 이용한다.

제3조

아동의 이동 또는 유치는 다음의 경우에 불법으로 본다.

가. 이동 또는 유치 직전에 아동이 상거소를 가지고 있던 국가의 법에 따라 개인, 시설 또는 그 밖의 기관에 단독 또는 공동으로 부여된 양육권을 침해하고,

나. 이동 또는 유치 당시에 그 양육권이 실제로 단독 또는 공동으로 행사되고 있었거나, 그 이동 또는 유치가 없었더라면 그렇게 행사되고 있었을 경우

위 가항에서 말하는 양육권은 특히 법의 작용, 또는 사법적 또는 행정적 결정, 또는 해당 국가의 법에 따라 법적 효력을 가지는 합의에 의하여 발생할 수 있다.

제4조

이 협약은 양육권 또는 면접교섭권이 침해되기 직전에 체약국에 상거소를 가졌던 모든 아동에 대하여 적용된다. 아동이 16세에 달한 경우에는 이 협약의 적용이 종료된다.

제5조

이 협약의 목적상

가. '양육권'은 아동의 일신 보호에 관한 권리와 특히 아동의 거소지정권을 포함한다.

나. '면접교섭권'은 일정 기간 동안 아동의 상거소 이외의 곳으로 아동을 데려갈 권리를 포함한다.

제2장   중앙당국

제6조

체약국은 협약에 의해 중앙당국에 부과된 의무를 수행하기 위하여 중앙당국을 지정한다. 연방제국가, 하나를 초과하는 법제를 가진 국가 또는 자치지역기구를 가진 국가는 하나를 초과하는 중앙당국을 지정하고, 각 중앙당국의 권한이 미치는 지역적 범위를 특정할 자유가 있다. 하나를 초과하는 중앙당국을 지정한 국가는 신청이 그 국가의 해당 중앙당국에 전달되도록 하기 위해 신청을 접수하는 중앙당국을 지정한다.

제7조

중앙당국은 아동의 신속한 반환을 확보하고 이 협약의 다른 목적을 달성하기 위하여 서로 협력하며 각 국 내의 권한 있는 당국들 간의 협력을 촉진한다.

특히, 중앙당국은 직접 또는 중개기관을 통하여 다음 사항을 위해 모든 적절한 조치를 한다.

가. 불법적으로 이동되거나 유치된 아동의 소재 파악

나. 임시조치를 하거나 이를 하게 함으로써 아동에 대한 추가적 해나 이해당사자에 대한 불이익 방지

다. 아동의 자발적 반환 확보 또는 문제의 우호적 해결 도모

라. 바람직한 경우, 아동의 사회적 배경에 관한 정보 교환

마. 협약의 적용과 관련한 자국법의 일반적 성격에 대한 정보 제공

바. 아동의 반환을 실현하기 위한 사법적 또는 행정적 절차의 개시 또는 촉진, 그리고 적절한 경우, 면접교섭권의 효과적 행사의 추진 또는 확보 조치

사. 상황에 따라 필요한 경우 변호사 및 법률 조언자의 참여를 포함하여 법률구조 및 법적 조언의 제공 또는 그 제공의 촉진

아. 아동의 안전한 반환을 확보하기 위하여 필요하고 적절한 행정적 조치 제공

자. 이 협약의 운용에 관한 정보 상호 교환 및 가능한 한 협약 적용상의 모든 장애 제거

제3장 아동의 반환

제8조

양육권이 침해되어 아동이 이동되거나 유치되었다고 주장하는 모든 개인, 시설 또는 그 밖의 기관은 아동의 상거소의 중앙당국 또는 그 밖의 모든 체약국의 중앙당국에 대하여 아동의 반환을 확보하기 위한 지원을 신청할 수 있다.

신청서에는 다음을 포함한다.

가. 신청인, 아동 및 아동을 이동시키거나 유치하고 있는 것으로 주장되는 사람의 신원에 관한 정보

나. 가능한 경우, 아동의 생년월일

다. 신청인의 아동반환 청구의 근거

라. 아동의 소재 및 아동과 함께 있다고 추정되는 사람의 신원에 관하여 입수 가능한 모든 정보신청서에 다음을 첨부하거나, 다음에 의해 신청서를 보완할 수 있다.

마. 모든 관련 결정 또는 합의의 인증등본

바. 아동의 상거소국의 중앙당국이나 그 밖의 권한 있는 당국 또는 자격 있는 자가 발급한 그 국가의 관련 법에 관한 증명서 또는 선서진술서

사. 그 밖의 모든 관련 서류

제9조

제8조에 규정된 신청서를 접수한 중앙당국은 아동이 다른 체약국에 소재한다고 믿을 만한 이유가 있는 경우에는 그 신청을 직접 그리고 지체 없이 그 체약국의 중앙당국에 전달하고, 촉탁 중앙당국 또는 경우에 따라서는 신청인에게 그 사실을 통지한다.

제10조

아동소재국의 중앙당국은 아동의 자발적 반환을 실현하기 위하여 모든 적절한 조치를 하거나 그러한 조치가 이루어질 수 있도록 한다.

제11조

체약국의 사법 또는 행정 당국은 아동의 반환을 위한 절차에 있어서 신속하게 행동한다. 관련 사법 또는 행정 당국이 절차개시일부터 6주 이내에 결정에 이르지 못한 경우, 신청인 또는 수탁국의 중앙당국은 직권으로 또는 촉탁국 중앙당국의 신청에 따라 지연이유에 관한 설명을 요청할 권리를 가진다. 수탁국의 중앙당국이 회답을 받은 경우, 그 중앙당국은 촉탁국의 중앙당국 또는 경우에 따라서는 신청인에게 그 회답을 전달한다.

제12조

아동이 제3조상의 불법한 이동 또는 유치를 당했고, 아동이 소재하는 체약국의 사법 또는 행정 당국에서의 절차개시일에 그러한 불법한 이동 또는 유치일부터 1년이 경과하지 아

니한 경우, 그 관련 당국은 즉시 아동의 반환을 명한다.

이전 문단에 규정된 1년의 기간이 경과한 후에 절차가 개시된 경우라도 사법 또는 행정 당국은 아동이 현재 새로운 환경에 적응하였다고 증명되지 않는 한 아동의 반환을 역시 명한다.

수탁국의 사법 또는 행정 당국은 아동이 다른 국가로 탈취되었다고 믿을 만한 이유가 있는 경우에는 그 절차를 중지하거나 아동반환 신청을 기각할 수 있다.

제13조

전조의 규정에도 불구하고, 아동의 반환에 이의를 제기하는 개인, 시설 또는 그 밖의 기관이 다음을 입증하는 경우 수탁국의 사법 또는 행정 당국은 아동의 반환을 명할 의무를 지지 아니한다.

가. 아동의 일신보호를 하는 개인, 시설 또는 그 밖의 기관이 이동 또는 유치 당시에 실제로 양육권을 행사하지 않았거나, 이동 또는 유치에 동의하거나 추인함 또는

나. 아동의 반환으로 인하여 아동이 육체적 또는 정신적 위해에 노출되거나 그밖에 견디기 힘든 상황에 처하게 될 중대한 위험이 있음

사법 또는 행정 당국은 아동이 반환에 이의를 제기하고 있고 아동의 의견을 고려하는 것이 적절할 정도의 연령과 성숙도에 이르렀다고 인정되는 경우에도 아동 반환명령을 거부할 수 있다.

이 조가 규정하는 상황을 판단함에 있어서 사법 및 행정 당국은 아동의 상거소의 중앙당국이나 그 밖의 권한 있는 당국에 의해 제공된 아동의 사회적 배경에 관한 정보를 고려한다.

제14조

제3조에서 의미하는 불법한 이동 또는 유치가 있었는지 여부를 확인함에 있어, 수탁국의 사법 또는 행정 당국은 아동의 상거소국의 법 및 사법적 또는 행정적 결정이 아동의 상거소국에서 정식으로 승인되었는지 여부를 불문하고 다른 경우라면 적용되었을 그 법의 증명 또는 외국결정의 승인을 위한 특별절차를 거치지 아니하고 이를 곧바로 인정할 수 있다.

제15조

체약국의 사법 또는 행정 당국은 아동의 반환을 명하기 전에 그 이동 또는 유치가 협약 제3조에서 의미하는 불법이라는 취지의 결정이나 그 밖의 확인을 아동의 상거소국에서 받을 수 있는 경우에는 신청인에 대하여 그 국가의 당국으로부터 그러한 결정 또는 그 밖의 확인을 구하도록 요청할 수 있다. 체약국의 중앙당국은 신청인이 그러한 결정 또는 확인을 취득하도록 가능한 한 실질적인 지원을 한다.

제16조

제3조에서 의미하는 아동의 불법한 이동 또는 유치의 통지를 받은 후, 아동이 이동되거나

유치되어 있는 체약국의 사법 또는 행정 당국은, 이 협약에 따라 아동이 반환되지 않음을 결정할 때까지 또는 이 협약에 따른 신청이 그 통지를 수령한 후 합리적인 기간 내에 제출되지 않은 것이 아닌 한, 양육권의 본안에 관하여 결정하지 아니한다.

제17조

수탁국에서 양육에 관한 결정이 내려졌거나 승인받을 수 있다는 사실만으로는 이 협약에 따른 아동의 반환을 거부할 사유가 되지 아니한다. 그러나 수탁국의 사법 또는 행정 당국은 이 협약을 적용함에 있어서 그 결정의 이유를 고려할 수 있다.

제18조

이 장의 규정은 어떠한 경우에도 아동의 반환을 명할 수 있는 사법 또는 행정 당국의 권한을 제한하지 아니한다.

제19조

이 협약에 따른 아동의 반환에 관한 결정은 어떠한 양육문제의 본안에 관한 판단으로도 이해되지 아니한다.

제20조

인권 및 기본적 자유 보호에 관한 수탁국의 기본원칙에 의해 허용되지 않는 경우에는 제12조의 규정에 의한 아동의 반환은 거부될 수 있다.

제4장   면접교섭권

제21조

면접교섭권의 효과적 행사를 추진하거나 확보하기 위한 조치를 구하는 신청은 아동 반환 신청과 동일한 방식으로 체약국의 중앙당국에 제출할 수 있다.

중앙당국은 면접교섭권의 평화로운 향유 및 그 권리행사를 위한 모든 조건의 충족을 촉진하기 위하여 제7조에 규정된 협력의무를 진다. 중앙당국은 가능한 한 그러한 권리 행사에 대한 모든 장애를 제거하기 위하여 조치한다.

중앙당국은, 직접 또는 중개기관을 통하여, 이러한 권리들을 체계화하거나 보호하고 그 권리행사를 위한 조건의 준수를 확보하기 위하여 절차의 수행을 개시하거나 지원할 수 있다.

제5장   일반 규정

제22조

이 협약의 적용범위에 속하는 사법적 또는 행정적 절차상의 비용과 지출의 지급보증을 위해 그 명칭을 불문하고 어떠한 담보, 보증 또는 예치금도 요구되지 아니한다.

제23조

이 협약과 관련하여 인증이나 이와 유사한 어떠한 형식도 요구될 수 없다.

제24조

수탁국의 중앙당국에 송부되는 모든 신청서, 통지, 그 밖의 서류는 자국의 언어로 작성하고, 수탁국의 공용어 또는 공용어 중의 하나로 된 번역문을 첨부하거나 그 번역이 곤란한 경우에는 프랑스어나 영어로 된 번역문을 첨부한다.

다만, 체약국은 제42조에 따른 유보를 함으로써 그 중앙당국에 송부되는 모든 신청서, 통지, 그 밖의 서류에 프랑스어 및 영어 모두는 아니되지만 그 중 어느 하나를 사용하는 것은 거부할 수 있다.

제25조

체약국의 국민 및 체약국에 상거소를 가지는 사람은 이 협약의 적용에 관한 사항에 있어서 다른 모든 체약국에서 그 국가의 국민이고 그곳에 상거소를 가지는 사람과 동일한 조건으로 법률구조 및 법적 조언을 받을 권리를 가진다.

제26조

각 중앙당국은 이 협약을 적용함에 있어 비용을 각자 부담한다.

체약국의 중앙당국 및 그 밖의 공공 기관은 이 협약에 따라 제기된 신청과 관련하여 어떠한 수수료도 부과하지 아니한다. 특히, 절차 또는 적절한 경우 변호사나 법률 조언자의 참여로 발생하는 비용 및 지출에 대해 신청인으로부터의 어떠한 지불도 요구할 수 없다. 다만, 아동의 반환을 실시하기 위하여 발생하였거나 발생할 경비에 대한 지불을 요구할 수 있다.

그러나 체약국은 제42조에 따른 유보를 함으로써 자국의 법률구조 및 법적 조언에 관한 제도에 의해 지불할 수 있는 한도 외에는 이전 문단에 규정된 변호사 또는 법률 조언자 참가비용 또는 재판절차 비용을 부담해야할 의무에 구속되지 않음을 선언할 수 있다.

이 협약에 의하여 아동의 반환을 명하거나 면접교섭권에 관한 명령을 발함에 있어 사법 또는 행정 당국은 적절한 경우, 아동을 이동하거나 유치한 자 또는 면접교섭권의 행사를 방해한 자에게 여행비용, 아동의 소재를 파악하는 데 발생한 비용 또는 지급된 비용, 신청인의 변호사 비용 및 아동반환비용을 포함하여 신청인에 의하여 또는 신청인을 위하여 발생한 필요비용의 지급을 명할 수 있다.

제27조 내지 제33조 (생략)

제34조

이 협약의 적용범위에 속하는 사항에 있어서 이 협약과 「미성년자의 보호에 관한 당국의 관할권 및 준거법에 관한 1961년 10월 5일 협약」의 양 협약에 둘 다 가입된 당사국간에는 이 협약이 우선한다. 그 밖에 이 협약은 불법적으로 이동되거나 유치된 아동의 반환 또는 면접교섭권의 실시를 위하여 문제발생국과 수탁국 간의 유효한 국제 법률문서 또는 수탁국의 그 밖의 법률의 적용을 제한하지 아니한다.

제35조 내지 제45조 (생략)

유보

협약 제42조 및 제24조에 따라 대한민국은 대한민국의 중앙당국에 송부되는 모든 신청서, 통지, 기타 서류에 프랑스어를 사용하는 것을 거부한다.

협약 제42조 및 제26조에 따라 대한민국은 대한민국의 법률구조 및 법적 조언에 관한 제도에 의해 책임지는 한도 이외에는 제26조 두 번째 문단에 규정된 변호사 또는 법률 조언자 참가비용 또는 재판절차 비용을 부담해야할 의무에 구속되지 않음을 선언한다.

[9-2] 헤이그 국제아동탈취협약 이행에 관한 법률

[시행 2013. 3. 1] [법률 제11529호, 2012. 12. 11, 제정]

제1장 총칙

제1조(목적) 이 법은 대한민국 정부가 「국제적 아동탈취의 민사적 측면에 관한 협약」을 이행하는 데 필요한 사항을 규정함으로써 탈취된 아동의 신속한 반환 등을 통하여 아동의 권익 보호에 이바지함을 목적으로 한다.

제2조(정의) ① 이 법에서 사용하는 용어의 뜻은 다음과 같다.

1. "아동"이란 「국제적 아동탈취의 민사적 측면에 관한 협약」(이하 "협약"이라 한다) 제4조에 따라 협약의 적용을 받는 16세 미만인 사람을 말한다.

2. "중앙당국"이란 협약 제6조에 따라 지정되어 협약에 따른 아동반환 지원 등의 역할을 수행하는 각 체약국의 국가기관을 말한다.

② 제1항에서 정의한 것 외에 이 법에서 사용하는 용어의 뜻은 협약에서 정하는 바에 따른다.

제3조(국가기관 등의 신속한 처리 의무) 이 법에 따라 아동반환 절차 등에 관여하는 국가기관 등은 아동의 복리를 최우선으로 고려하여 협약과 이 법에 따른 아동반환 및 면접교섭권에 관한 사건을 신속하게 처리하여야 한다.

제4조(중앙당국의 지정) 대한민국의 중앙당국은 법무부장관으로 한다.

제2장 아동반환 지원 절차 등

제5조(대한민국으로 탈취된 아동의 반환 지원 등 신청) ① 대한민국으로의 불법적인 이동 또는 유치(留置)로 인하여 협약에 따른 양육권이 침해된 자, 또는 협약에 따른 면접교섭권이 침해된 자는 법무부장관에게 협약에서 규정하는 아동의 반환을 확보하기 위한 다음 각 호의 지원 등을 신청할 수 있다.

1. 아동의 소재 발견

2. 협약의 적용과 관련한 국내 법률의 일반적 정보 제공

3. 그 밖에 협약에서 규정한 지원

② 법무부장관은 협약에 따른 요건이 충족되지 아니하거나 신청에 충분한 근거가 없음이 명백한 경우에는 협약 제27조에 따라 제1항의 신청을 수리하지 아니할 수 있다.

제6조(분쟁의 우호적 해결 등) 제5조 제1항의 신청을 받은 법무부장관은 아동탈취 등과 관

련된 분쟁의 우호적 해결 또는 아동의 자발적 반환을 위하여 협약에서 정하는 바에 따라 필요한 조치를 할 수 있다.

제7조(아동의 불법적인 이동 또는 유치 사실의 통지) ① 법무부장관 또는 양육권 침해를 이유로 제5조 제1항의 신청을 한 자는 협약 제16조에 따른 본안 재판 중지를 위하여 대법원규칙으로 정하는 관할법원에 아동의 불법적인 이동 또는 유치 사실을 통지할 수 있다.

② 제1항에 따른 통지 또는 제12조 제1항에 따른 청구가 있는 경우 법원은 다음 각 호의 어느 하나에 해당하지 아니하는 한 협약 제16조에 따라 본안 재판을 중지한다.

1. 제12조 제1항에 따른 청구가 받아들여지지 아니한 경우

2. 제1항에 따른 통지를 받은 후 상당한 기간 내에 제12조 제1항에 따른 청구가 접수되지 아니한 경우

제8조(다른 체약국으로 탈취된 아동의 반환 신청 등 지원) 법무부장관은 다른 체약국으로의 불법적인 이동 또는 유치로 인하여 협약에 따른 양육권이 침해된 자, 또는 협약에 따른 면접교섭권이 침해된 자가 아동반환 지원 신청 등을 하는 경우에 아동 소재국 중앙당국으로의 지원 신청서 전달 등 협약에서 정한 범위에서 그에 필요한 지원을 할 수 있다.

제9조(관계 기관에 대한 협조요청) 법무부장관은 제5조 제1항의 신청에 따른 지원, 제8조에 따른 지원 등 협약의 이행을 위하여 필요하면 관계 중앙행정기관, 지방자치단체, 공공기관(「공공기관의 운영에 관한 법률」에 따른 공공기관을 말한다) 또는 법원행정처의 장에게 아동의 출입국과 소재, 사회적 배경 등 아동 관련 자료 또는 정보의 제공, 그 밖에 협약 제7조에 따른 중앙당국의 역할을 수행하는 데 필요한 협조를 요청할 수 있다. 이 경우 그 요청을 받은 기관의 장은 특별한 사정이 없으면 그 요청에 따라야 한다.

제10조(통계수집 · 홍보 등) 법무부장관은 아동탈취의 효율적인 예방과 탈취된 아동의 신속한 반환 등을 위하여 다음 각 호의 사업을 수행할 수 있다.

1. 협약에 따라 처리하는 사건의 통계수집

2. 인터넷 · 신문 · 방송, 그 밖의 언론 매체를 통한 국내외 홍보

3. 아동탈취 예방 및 탈취된 아동의 신속한 반환 등을 위한 연구·조사

4. 각 체약국 중앙당국과의 교류

5. 아동탈취 반환 등 관련 업무 담당자의 교육·훈련

제3장 재판절차

제11조(관할) 협약에 따른 아동반환사건은 서울가정법원의 전속 관할로 한다.

제12조(청구권자 등) ① 아동의 대한민국으로의 불법적인 이동 또는 유치로 인하여 협약에 따른 양육권이 침해된 자는 관할법원에 아동의 반환을 청구할 수 있다.

② 제1항에 따른 아동반환 청구에 관하여는 협약, 이 법 및 대법원규칙으로 정한 사항을 제외하고는 「가사소송법」에 따른 마류(類) 가사비송사건에 관한 규정을 준용한다.

③ 법원은 제1항의 청구 사건에 관하여 아동의 권익 보호 또는 아동의 추가적인 탈취나 은닉을 예방하기 위하여 「가사소송법」 제62조에 따른 사전처분 또는 같은 법 제63조에 따른 가처분을 할 수 있다.

④ 법원은 아동의 불법적인 이동 또는 유치로 인하여 협약에 따른 양육권이 침해된 경우에도 협약에서 정하는 다음 각 호의 어느 하나에 해당하는 사유가 있는 경우에는 제1항에 따른 반환 청구를 기각할 수 있다.

1. 아동의 불법적인 이동 또는 유치일부터 1년이 경과하였고, 아동이 이미 새로운 환경에 적응하였다는 사실
2. 아동을 보호하는 자가 아동의 이동 또는 유치 당시에 실제로 양육권을 행사하지 아니하였거나 이동 또는 유치에 동의하거나 추인한 사실
3. 아동의 반환으로 인하여 아동이 육체적 또는 정신적 위해(危害)에 노출되거나 그 밖에 견디기 힘든 상황에 처하게 될 중대한 위험이 있는 사실
4. 아동이 반환에 이의를 제기하고, 아동의 의견을 고려하는 것이 적절할 정도의 연령과 성숙도에 이르렀다고 인정되는 사실
5. 아동의 반환이 대한민국의 인권 및 기본적 자유 보호에 관한 기본원칙에 의하여 허용되지 아니한다는 사실

⑤ 법원은 제1항에 따른 사건의 심급별 재판 결과를 지체 없이 법무부장관에게 서면으로 알려야 한다.

⑥ 제1항의 청구 사건에 대한 재판과 조정의 절차에 관하여 필요한 사항은 대법원규칙으로 정한다.

제13조(이행명령 등) ① 법원은 심판, 조정조서 및 조정을 갈음하는 결정에 의하여 협약에 따른 아동의 반환을 이행하여야 할 자가 정당한 이유 없이 그 의무를 이행하지 아니하는 경우에는 일정한 기간 내에 그 의무를 이행할 것을 명할 수 있다.

② 법원은 제1항에 따른 이행명령을 받고도 정당한 이유 없이 그 명령을 위반한 자에게는 1천만원 이하의 과태료를 부과할 수 있다.

③ 법원은 제1항에 따른 이행명령을 받은 자가 제2항에 따른 제재를 받고도 30일 이내에 정당한 이유 없이 그 의무를 이행하지 아니한 경우 그 의무를 이행할 때까지 30일의 범위에서 감치(監置)를 명할 수 있다.

④ 제1항부터 제3항까지의 규정에 따른 이행명령, 과태료 부과 및 감치 명령의 방식, 절차 등에 관하여는 「가사소송법」 제64조, 제67조 제1항 및 제68조를 준용한다.

제14조(지연이유의 고지) 법원은 아동반환에 관한 사건의 심판 청구일 또는 조정 신청일부터 6주 이내에 결정에 이르지 못한 경우에는 청구인 또는 법무부장관의 신청에 따라 그 지연이유를 서면으로 알려야 한다.

제4장   보칙

제15조(소송비용) 국가는 「법률구조법」에 따른 법률구조 등 법령에 따른 법률구조의 적용대상이 되는 경우를 제외하고는 변호사비용 등 소송비용의 지급의무를 부담하지 아니한다.
제16조(번역문) 이 법에 따라 법무부장관에게 제출하는 서류 중 영어 외의 외국어로 작성된 서류는 한국어 번역문을 첨부하여야 한다. 다만, 한국어로 번역이 곤란한 특별한 사정이 있는 경우에는 영어로 된 번역문을 첨부할 수 있다.
제17조(신청 등의 처리절차) 협약의 이행을 위하여 이 법에서 규정한 사항 외에 아동반환 지원 신청 등의 절차, 그 밖에 법무부장관의 업무처리 절차에 필요한 사항은 법무부령으로 정한다.

부칙

제1조(시행일) 이 법은 협약이 대한민국에서 발효되는 날부터 시행한다.
제2조(적용례) 제5조부터 제8조까지 및 제3장(제11조부터 제14조까지)의 규정은 대한민국과 각 체약국 사이에 협약이 발효되는 날부터 해당 체약국과의 관계에서 발생한 아동의 불법적인 이동 또는 유치로 인하여 협약에 따른 양육권 등을 침해당한 경우부터 적용한다.

[10] 국제입양

[10-1] 국제입양에서 아동의 보호 및 협력에 관한 협약[1]
(헤이그 국제아동입양협약)

이 협약의 서명국은

아동이 완전하고 조화로운 인격발달을 위해 가정환경에서 행복하고 애정있고 이해하는 분위기 속에서 성장해야 함을 인정하며,

각국은 우선적으로 아동이 그의 출신가정의 보호 아래 있도록 적절한 조치를 취해야 함을 상기하고,

국제입양이 출신국에서 적당한 가정을 발견하지 못한 아동에게 안정된 가정을 제공할 수 있음을 인식하며,

국제입양이 아동에게 최선의 이익이 되고 그의 기본적 권리를 존중하면서 이루어지도록, 그리고 아동의 탈취·매매 또는 거래가 방지되도록 조치를 취할 필요가 있음을 확신하며,

이를 위해 국제문서, 특히 1989년 11월 20일의 아동의 권리에 관한 유엔협약과 국내적·국제적 양육위탁과 입양을 특별히 언급하는 아동의 보호 및 복지에 관한 사회적·법적 원칙에 관한 유엔선언(1986년 12월 3일의 총회결의 41/85)에 정한 원칙들을 고려하여, 공통의 규칙을 정립하기를 바라면서

다음과 같이 합의하였다.

제1장   협약의 범위

제1조 이 협약의 목적은 다음과 같다.

가. 국제입양이 아동에게 최선의 이익이 되도록 그리고 국제법에서 인정된 그의 기본적 권리가 존중되면서 이루어지도록 보호조치를 확립하고

나. 그러한 보호조치가 준수되고 그리고 그렇게 함으로써 아동의 탈취·매매 또는 거래를 방지하도록 체약국 간에 협력체제를 확립하며

다. 이 협약에 따라 이루어진 입양을 체약국이 승인하도록 보장하는 것이다.

---

1) 협약의 제목은 국제입양법의 번역을 따른 것이나, 국제사법에서 말하는 국제입양, 즉 국제적 요소가 있는 입양과의 구별을 분명히 하자면 원문에 충실하게 '국가간입양'이라고 부르는 것을 고려할 수 있다. 위의 번역은 공식번역문은 아니다. 공식번역문은 입양협약의 2025년 7월 시행에 즈음하여 공표될 것으로 예상된다.

제2조

1. 이 협약은 어느 체약국(출신국)에 상거소를 둔 아동이, 다른 체약국(수령국)에 상거소를 둔 부부 또는 일인에 의해 출신국에서 입양된 후에 또는 수령국이나 출신국에서 그러한 입양을 하기 위해, 수령국으로 이동했거나 이동하고 있거나 또는 이동할 경우에 적용되어야 한다.

2. 이 협약은 영구적인 친자관계를 창설하는 입양만을 대상으로 한다.

제3조

이 협약은 아동이 18세에 달하기 전에 제17조 c호에 정한 합의가 이루어지지 않은 경우에는 적용되지 아니한다.

제2장   국제입양의 요건

제4조

이 협약의 적용을 받는 입양은 출신국의 권한 있는 당국이 다음과 같이 행한 경우에만 이루어질 수 있다.

가. 아동이 입양가능하다고 인정했고

나. 출신국 내에서의 아동의 위탁가능성을 적절히 고려한 후 국제입양이 아동에게 최선의 이익이 된다고 결정했으며

다. 아래와 같은 사실들을 확보했고

 (1) 입양을 위해 동의가 필요한 사람·단체 및 기관들이 그에 필요한 상담을 받았고, 동의의 효력, 특히 입양에 의해 아동과 그의 출신가족간의 법적 관계가 종료되는지 여부에 대해 적절히 설명을 받았다는 것

 (2) 그러한 사람·단체 및 기관들이 자유의사로 법이 정한 방식에 따라 동의하였고 이를 서면으로 표시하거나 입증하였다는 것

 (3) 이 동의가 어떠한 종류의 금전지급이나 대가에 의해 기인된 것이 아니며 또 철회되지도 않았다는 것, 그리고

 (4) 모의 동의가 필요한 경우에는 그 동의가 오직 아동의 출생 후에 부여되었다는 것

라. 아동의 연령과 성숙정도를 고려하여 아래와 같은 사실들을 확보했을 경우

 (1) 아동이 상담을 받았고, 입양의 효력과 아동의 동의가 필요한 경우에는 그 동의의 효력에 대해 적절히 설명을 받았다는 것

 (2) 아동의 희망과 의견이 고려되었다는 것

 (3) 입양을 위해 아동의 동의가 필요한 경우에는 그 동의가 자유의사로 법이 정한 방식에 따라 그리고 서면으로 표시되거나 입증되었다는 것

(4) 그러한 동의는 어떠한 종류의 금전지급이나 대가에 의해 기인된 것이 아니라는 것

제5조

이 협약의 적용을 받는 입양은 수령국의 권한 있는 당국이 다음과 같이 행한 경우에만 이루어질 수 있다.

가. 양친될 자가 입양할 자격이 있으며 입양에 적합하다고 결정하고

나. 양친될 자가 필요한 상담을 받았다는 것을 확보하며

다. 아동이 수령국에 입국하여 영주할 자격이 있거나 또는 있을 것이라고 결정한 경우

제3장 중앙당국과 인가된 단체

제6조

1. 체약국은 이 협약이 중앙당국에 부과한 의무를 이행하기 위해 중앙당국을 지정해야 한다.

2. 연방국가나 불통일법국가 또는 여러 개의 지역적 자치제를 가진 국가는 두 개 이상의 중앙당국을 지정하고 그들 기능의 지역적·인적 범위를 특정할 수 있다. 복수의 중앙당국을 지정한 국가는 통신이 그 국내의 적절한 중앙당국에 전달되도록 하기 위해 통신을 접수하는 중앙당국을 지정해야 한다.

제7조

1. 중앙당국은 아동을 보호하고 이 협약의 기타 목적을 달성하기 위해 서로 협력하며 국내의 권한 있는 당국들간의 협력을 촉진시킨다.

2. 중앙당국들은 다음을 위해 직접 적절한 모든 조치를 취한다.

가. 입양에 관한 국내법 정보 및 통계와 표준서식과 같은 기타 일반정보를 제공하기 위해

나. 이 협약의 운용에 관한 정보를 상호 교환하고, 가능한 한 그 적용상의 장애를 제거하기 위해

제8조

중앙당국은 입양에 관련된 부당한 재정적 또는 기타 이득을 방지하며 이 협약의 목적에 반하는 모든 관행을 저지하기 위해 직접 또는 공적 기관을 통해 적절한 모든 조치를 취한다.

제9조

중앙당국은 직접 또는 공적 기관이나 국내에서 적법하게 인가된 단체를 통하여 특히 다음을 위해 적절한 모든 조치를 취한다.

가. 입양을 실현하기 위해 필요한 한도에서 아동과 양친될 자의 상황에 대해 정보를 수집하고 보존하며 교환하기 위해

나. 입양을 달성하기 위하여 절차를 용이하게 하고 준수하며 신속하게 하기 위해

다. 국내에서 입양상담과 입양 후의 서비스를 발전시키기 위해

라. 국제입양의 경험에 관한 일반적인 평가보고서를 상호 제공하기 위해

마. 국내법이 허용하는 한도에서 특별한 입양상황에 대한 다른 중앙당국이나 공적 기관으로부터의 정당한 정보요청에 응하기 위해

제10조

인가는 위임된 임무를 적절히 수행할 능력이 입증된 단체에게만 부여되고 유지되어야 한다.

제11조

인가된 단체는

가. 인가국의 권한 있는 당국이 정한 조건에 따라 그리고 그러한 제한범위 내에서 비영리 목적만을 추구해야 하고

나. 윤리적 수준과 훈련이나 경험으로 보아 국제입양 분야에서 활동할 자격이 있는 사람들이 지도하고 운영해야 하며

다. 조직·운영 그리고 재정상황에 대해 인가국의 권한 있는 당국의 감독을 받아야 한다.

제12조

어느 체약국에서 인가된 단체가 다른 체약국에서 활동할 수 있기 위해서는 양국의 권한 있는 당국이 그 단체에게 그러한 활동을 할 자격을 인정했을 경우에만 가능하다.

제13조

각 체약국은 중앙당국의 지정, 필요한 경우에는 그 권한의 범위, 그리고 인가된 단체의 이름과 주소를 헤이그국제사법회의의 상설사무국에 통보해야 한다.

제4장 국제입양의 절차적 요건

제14조

어느 체약국에 상거소를 둔 사람이 다른 체약국에 상거소를 둔 아동에 대해 입양을 원하는 경우에 그 자신이 상거소를 둔 국가의 중앙당국에 신청한다.

제15조

1. 수령국의 중앙당국은 신청자가 입양할 자격이 있고 입양에 적합하다고 인정하면 그의 신원, 입양자격과 그 적합성, 배경, 가족사 및 병력, 사회적 환경, 입양이유, 국제입양 능력 그리고 그가 양육하기에 적합한 아동의 특징 등에 관해 보고서를 작성한다.

2. 수령국의 중앙당국은 출신국의 중앙당국에게 전항의 보고서를 송부한다.

제16조

1. 출신국의 중앙당국은 아동이 입양가능하다고 인정하면 다음 사항을 행한다.

가. 아동의 신원, 입양가능성, 배경, 사회적 환경, 가족사, 가족 및 아동의 병력, 그리고 아동이 특히 필요로 하는 것 등에 관해 보고서를 작성한다.

나. 아동의 성장과정과 그의 인종적·종교적·문화적 배경을 적절히 고려한다.

다. 제4조에 따라 동의를 얻었음을 보장한다.

라. 특히 아동과 양친될 자에 관한 보고서를 기초로 하여 예상된 위탁이 아동에게 최선의 이익이 되는지를 결정한다.

2. 출신국의 중앙당국은 아동에 관한 보고서, 필요한 동의를 얻었다는 증거와 위탁하기로 결정한 이유를 수령국의 중앙당국에 송부한다. 이 때 부모의 신원이 밝혀지는 것이 출신국에서 허용되지 않는다면 그 신원이 드러나지 않도록 해야 한다.

제17조

아동이 양친될 자에게 위탁되어야 한다는 출신국의 결정은 다음과 같은 경우에만 가능하다.

가. 출신국의 중앙당국이 양친될 자의 동의를 확보했을 것

나. 수령국의 중앙당국이 그러한 결정을 승인했을 것. 다만 수령국의 법에 의해 또는 출신국의 중앙당국에 의해 그러한 승인이 요구되는 경우에 한한다.

다. 양국의 중앙당국이 입양이 진행되는 것에 합의했을 것

라. 제5조에 따라 양친될 자가 입양자격이 있고 입양에 적합하다는 것과 아동이 수령국에 입국하여 영주할 자격이 있거나 있을 것이라고 결정되었을 것

제18조

양국의 중앙당국은 아동이 출신국을 떠나 수령국에 입국하여 영주할 수 있는 허가를 얻기 위해 필요한 모든 조치를 취한다.

제19조

1. 제17조의 요건이 충족된 경우에만 아동은 수령국으로 이동할 수 있다.

2. 양국의 중앙당국은 이러한 이동이 안전하고 적절한 상황 하에서 그리고 가능하다면 양친 또는 양친될 자와 동반하여 이루어질 것을 확보한다.

3. 아동의 이동이 이루어지지 않은 경우에 제15조와 제16조에 정한 보고서는 그것을 송부한 기관에 반송되어야 한다.

제20조

중앙당국은 입양과정, 그 완료를 위해 취해진 조치, 그리고 시험양육기간이 요구되는 경우에는 위탁의 진행결과에 대하여 서로 알려주어야 한다.

제21조

1. 수령국으로 아동이 이동한 후 입양이 이루어지기로 되어 있고 수령국의 중앙당국이 보기에 양친될 자에게 아동을 계속 위탁시키는 것이 아동에게 최선의 이익이 되지 못할 경우에는 그 중앙당국은 아동을 보호하기 위해 특히 다음과 같은 필요한 조치를 취한다.

가. 아동을 양친될 자로부터 격리시키고 잠정적인 보호조치를 취한다.

나. 출신국의 중앙당국과 협의하여 입양을 위해 아동을 지체 없이 새로 위탁시키는 조치 또는 이것이 적절치 않은 경우에는 대신에 장기적인 보호조치를 취한다. 새로 양친될 자에 관해 출신국의 중앙당국이 적절히 통보받게 될 때까지 입양이 이루어져서는 아니 된다.

다. 최후의 수단으로 그것이 아동의 이익에 합치한다면 아동을 돌려보내는 조치를 취한다.

2. 특히 아동의 연령과 성숙정도를 고려하여 아동에게 상담하고, 적절하다면 이 조항에 따라 취해진 조치에 대하여 아동의 동의도 얻는다.

제22조

1. 이 장에서의 중앙당국의 기능은 그 중앙당국이 속하는 국가의 법이 허용하는 한도에서 공적 기관 또는 제3장의 인가된 단체가 수행할 수 있다.

2. 체약국은 그 국가의 법이 허용하는 한도에서 그리고 그 국가의 권한 있는 당국의 감독 하에서 다음과 같은 요건을 충족시키는 단체 또는 개인도 제15조에서 제21조에 정한 중앙당국의 기능을 그 국가에서 수행할 수 있다고 이 협약의 수탁자에게 선언할 수 있다.

가. 성실성, 전문적 능력, 경험 그리고 그 국가의 책임가능성의 요건들을 충족시킬 것

나. 윤리적 수준과 훈련이나 경험으로 보아 국제입양 분야에서 활동할 자격이 있을 것

3. 제2항에 정한 선언을 하는 체약국은 이들 단체 및 개인의 이름과 주소를 헤이그국제사법회의의 상설사무국에 알려주어야 한다.

4. 체약국은 자기 영토에 상거소를 둔 아동의 입양은 중앙당국의 기능이 제1항에 따라 행사된 경우에만 이루어질 수 있다고 이 협약의 수탁자에게 선언할 수 있다.

5. 제2항의 선언에도 불구하고 제15조와 제16조에 정한 보고서는 어떠한 경우에도 중앙당국 또는 제1항에 따른 기타 기관이나 단체의 책임 하에 작성되어야 한다.

제5장 입양의 승인과 효과

제23조

1. 입양이 이 협약에 따라 행해졌다고 입양국의 권한 있는 당국에 의해 증명되는 경우에 그 입양은 법률상 당연히 다른 체약국에서 승인된다. 증명서는 제17조 다호의 합의가 언제 그리고 누구에 의해 이루어졌는지를 특정해야 한다.

2. 체약국은 서명 · 비준 · 수락 · 동의나 가입시 그 국가에서 증명을 행할 권한 있는 당국들의 이름과 기능을 이 협약의 수탁자에게 통보한다. 이들 당국의 지정에 대한 어떠한 변경도 수탁자에게 통보한다.

제24조

체약국은 아동의 최선의 이익을 고려하여 입양이 그 국가의 공서에 명백히 반하는 경우에

만 입양의 승인을 거절할 수 있다.

제25조

체약국은 제39조 제2항의 합의에 따라 이루어진 입양에 대해서는 이 협약에 기한 승인의 무를 지지 않겠다고 이 협약의 수탁자에게 선언할 수 있다.

제26조

1. 입양의 승인은 다음의 승인을 포함한다.

가. 아동과 양친 간의 법적 친자관계

나. 아동에 대한 양친의 부모로서의 책임

다. 입양이 이루어진 국가에서 입양이 아동과 그의 부모 간에 존재하는 기존의 법률관계를 종료시키는 효과를 갖는 경우에는 그 종료

2. 입양이 기존의 법적 친자관계를 종료시키는 효과를 갖는 경우에 수령국과 입양이 승인된 수령국 이외의 체약국에 있어서 아동은 그 국가에서 이러한 효과를 갖는 입양으로부터 나오는 권리와 동등한 권리를 향유한다.

3. 전항의 규정들은 입양을 승인하는 체약국에서 효력 있는, 아동에게 보다 유리한 규정의 적용을 방해하지 아니한다.

제27조

1. 출신국에서 인정된 입양이 기존의 법적 친자관계를 종료시키는 효과를 갖지 않는 경우에는 이 협약에 따라 입양을 승인하는 수령국에서 다음에 해당할 때 그러한 효과를 갖는 입양으로 전환될 수 있다.

가. 수령국의 법이 그것을 인정하고 있는 경우 그리고

나. 제4조 다호와 라호에 언급된 동의가 그러한 입양을 목적으로 주어졌거나 주어지는 경우

2. 제23조의 규정은 입양의 전환결정에 적용된다.

제6장 일반조항

제28조

이 협약은 자국에 상거소를 둔 아동의 입양은 자국에서 행해져야 한다거나 또는 입양에 앞서 수령국에 아동을 위탁 또는 이동하는 것을 금지하고 있는 출신국의 법에 영향을 미치지 아니한다.

제29조

제4조 가호에서 다호까지 및 제5조 가호의 요건이 충족될 때까지는 양친될 자와 아동의 부모 기타 아동을 보호하는 자 사이에 접촉이 있어서는 아니 된다. 다만, 입양이 가족 내에서 이루어지거나 또는 그 접촉이 출신국의 권한 있는 당국이 정한 조건에 따르고 있는

경우에는 그러하지 아니하다.

제30조

1. 체약국의 권한 있는 당국은 가지고 있는 아동의 출생에 관한 정보, 특히 병력과 그 부모의 신원에 관한 정보를 보존해야 한다.

2. 체약국의 권한 있는 당국은 그 국가의 법이 인정하는 한 적절한 지도에 따라 아동 또는 그 대리인이 그 정보에 접근할 수 있도록 보장해야 한다.

제31조

제30조에 관계없이 이 협약에 따라 수집되거나 전달된 개인정보, 특히 제15조와 제16조에 정한 정보는 수집되거나 전달된 그 목적을 위해서만 사용되어야 한다.

제32조

1. 어느 누구도 국제입양에 관한 활동으로부터 부당한 재정적 또는 기타 이득을 얻어서는 아니 된다.

2. 입양에 관여한 자의 직업상의 합리적 보수를 포함하여 비용과 지출에 대해서만 청구하거나 지급할 수 있다.

3. 입양에 관여한 단체의 이사·관리자·직원은 제공한 서비스와 관련하여 부당하게 높은 보수를 받아서는 아니 된다.

제33조

어느 권한 있는 당국이 이 협약의 어느 조항이 준수되지 않았거나 또는 준수되지 않을 중대한 위험에 있음을 발견하는 경우에는 자국의 중앙당국에 즉시 알려주어야 한다. 이 중앙당국은 적절한 조치가 취해지도록 보장할 책임이 있다.

제34조

문서접수국의 권한 있는 당국이 요구하는 경우에는 원본과 일치한다고 인증을 받은 번역문이 제공되어야 한다. 다른 규정이 없는 한 그 번역비용은 양친될 자의 부담으로 한다.

제35조

체약국의 권한 있는 당국은 입양절차에 있어서 신속하게 행동해야 한다.

제36조

입양에 관해 다른 영역단위마다 적용될 둘 혹은 그 이상의 법제를 가진 국가에 대해서는

가. 그 국가에서의 상거소란 그 국가의 영역단위에서의 상거소를 말하는 것으로 본다.

나. 그 국가의 법이란 관련된 영역단위에서 효력을 갖는 법을 말하는 것으로 본다.

다. 그 국가의 권한 있는 당국 또는 공적 기관이란 관련된 영역단위에서 활동할 자격이 부여된 그러한 기관을 말하는 것으로 본다.

라. 그 국가의 인가된 단체란 관련된 영역단위에서 인가된 단체를 말하는 것으로 본다.

제37조

입양에 관해 인적 집단마다 달리 적용될 둘 혹은 그 이상의 법제를 가진 국가에 대해서는 그 국가의 법이란 그 국가의 법에 의해 정해진 법제를 말하는 것으로 본다.

제38조

입양에 관해 다른 영역단위마다 고유의 법규를 가진 국가는 통일된 법제를 가진 국가가 이 협약을 적용할 의무를 부담하지 않는 경우에는 이 협약을 적용할 의무를 지지 아니한다.

제39조

1. 이 협약은 체약국이 당사국이며 이 협약이 다루고 있는 사항에 관해 규정을 포함하고 있는 국제문서에는 영향을 미치지 아니한다. 다만, 그러한 국제문서의 당사국이 반대의 선언을 하고 있는 경우에는 그러하지 아니하다.

2. 체약국은 상호관계에서 이 협약의 적용을 증진시키기 위해 하나 혹은 그 이상의 다른 체약국과 합의할 수 있다. 이들 합의는 제14조에서 제16조까지 그리고 제18조에서 제21조까지만 배제할 수 있다. 그러한 합의를 체결하는 체약국들은 이 협약의 수탁자에게 그 사본을 송부해야 한다.

제40조

이 협약에 대한 유보는 허용되지 아니한다.

제41조

이 협약은 협약이 수령국과 출신국에서 효력을 발생한 후 제14조에 따른 신청이 수리된 모든 경우에 적용된다.

제42조

헤이그국제사법회의의 사무총장은 이 협약의 실제적 운용상태를 검토하기 위해 특별위원회를 정기적으로 개최한다.

제7장 최종규정 (이하 생략)

[10-2] 국제입양에 관한 법률(국제입양법)

[시행 2025. 7. 19.] [법률 제19553호, 2023. 7. 18., 제정]

제1장 총칙

제1조(목적) 이 법은 국제입양의 요건과 절차에 관한 사항을 정함으로써 「국제입양에서 아동의 보호 및 협력에 관한 협약」을 이행하고 양자가 되는 사람과 입양가정의 권익과 복지를 증진하는 것을 목적으로 한다.

제2조(정의) 이 법에서 사용하는 용어의 뜻은 다음과 같다.

1. "협약"이란 「국제입양에서 아동의 보호 및 협력에 관한 협약」을 말한다.
2. "아동"이란 「아동복지법」 제3조제1호에 따른 아동을 말한다.
3. "출신국"이란 양자가 될 아동의 일상거소가 있는 국가를 말한다.
4. "입양국"이란 양부모가 될 사람의 일상거소가 있는 국가를 말한다.
5. "중앙당국"이란 협약이 부과한 의무를 이행하기 위하여 협약 제6조에 따라 지정된 각 체약국의 국가기관 또는 협약 비체약국에서 입양을 관장하는 정부부처 또는 해당 권한을 부여받은 권한 있는 기관을 말한다.
6. "국제입양"이란 다음 각 목의 어느 하나에 해당하는 입양을 말한다.
   가. 외국(협약 체약국과 협약 비체약국 모두를 포함한다. 이하 같다)으로의 입양: 양부모가 되려는 사람의 쌍방 또는 일방의 일상거소가 외국에 있고, 아동이 입양되기 위하여 또는 입양의 결과로 일상거소를 대한민국에서 외국으로 이동하는 경우의 입양
   나. 국내로의 입양: 양부모가 되려는 사람의 쌍방 또는 일방의 일상거소가 대한민국에 있고, 아동이 입양되기 위하여 또는 입양의 결과로 일상거소를 외국에서 대한민국으로 이동하는 경우의 입양
7. "결연(結緣)"이란 양자가 될 아동에게 양부모관계의 설정을 위하여 그 아동의 양부모가 되려는 사람을 연결하여 지정하는 것을 말한다.
8. "본국법"이란 양부모가 될 사람 또는 양자가 될 아동의 「국제사법」 제16조에 따른 본국법을 말한다.
9. "아동권리보장원"이란 「아동복지법」 제10조의2에 따른 아동권리보장원을 말한다.
10. "아동통합정보시스템"이란 「아동복지법」 제15조의2에 따른 아동통합정보시스템을 말한다.
11. "위원회"란 「국내입양에 관한 특별법」 제12조에 따른 입양정책위원회를 말한다.

12. "입양정보"란 이 법에 따른 입양 절차의 진행 및 그에 부수되는 기록(문서, 그 밖의 관계 서류 또는 물건, 사진, 영상 녹화물, 전자기록 등 특수매체기록을 포함한다)과 그 절차 진행을 위하여 아동통합정보시스템을 이용하여 전자적인 형태로 작성·관리 되는 정보를 말한다.

제3조(국제입양의 원칙) ① 국제입양은 국내에서 양부모를 찾지 못한 아동에게 영구적인 가정을 제공하는 등 국제입양이 아동에게 최선의 이익이 될 때에만 허용될 수 있다.

② 국제입양의 모든 절차에서 양자가 될 아동의 기본적 권리가 존중되어야 하며, 국제입양이 아동의 탈취·매매 또는 거래의 수단으로 악용되어서는 아니 된다.

③ 누구든지 이 법에서 정한 요건 및 절차 등에 따른 국제입양 외에 사인 간의 국제입양을 의뢰·알선 또는 조장·홍보하여서는 아니 된다.

제4조(비영리 운영의 원칙) ① 국제입양과 관련한 어떤 기관이나 개인도 이 법에 따른 입양으로 인하여 부당한 재정적 이익 등을 취득하여서는 아니 된다.

② 국가와 지방자치단체는 국제입양과 관련한 기관 또는 개인이 이 법에 따른 입양으로 인하여 부당한 재정적 이익 등을 취득하지 아니하도록 노력하여야 한다.

제5조(중앙당국) 대한민국의 중앙당국은 보건복지부로 한다.

제6조(다른 법률과의 관계) ① 협약이 적용되는 국제입양에 관하여는 협약과 이 법에서 규정한 것을 제외하고는 「국제사법」을 적용하고, 「국제사법」에서 규정한 것을 제외하고는 「국내입양에 관한 특별법」을 적용하며, 「국내입양에 관한 특별법」에서 규정한 것을 제외하고는 「민법」을 적용한다.

② 협약이 적용되지 아니하는 국제입양에 관하여는 이 법과 「국제사법」에서 규정한 것을 제외하고는 「국내입양에 관한 특별법」을 적용하고, 「국내입양에 관한 특별법」에서 규정한 것을 제외하고는 「민법」을 적용한다.

제2장 국제입양의 요건 및 절차

제1절 외국으로의 입양

제7조(양자가 될 자격 등) ① 이 절에 따라 양자가 될 아동은 다음 각 호의 어느 하나에 해당하는 아동이어야 한다.

1. 제2항에 따라 보건복지부장관이 국제입양대상아동으로 결정한 아동
2. 부부의 일방이 배우자의 친생자를 단독으로 국제입양하려는 경우의 그 친생자

② 보건복지부장관은 「국내입양에 관한 특별법」 제13조제1항에 따라 양자가 될 아동으로 결정된 아동 중 국제입양이 해당 아동에게 최선의 이익이 된다고 판단되는 경우 위원회의 심의·의결을 거쳐 해당 아동을 국제입양대상아동으로 결정할 수 있다. 이 경우 보건복지

부령으로 정하는 바에 따라 해당 아동에 대한 국제입양아동보고서를 작성하여야 한다.

③ 보건복지부장관이 입양국 중앙당국으로부터 제1항제2호에 해당하는 아동의 양부모가 되려는 사람에 대한 보고서를 수령한 경우 해당 아동에 대한 정보를 아동통합정보시스템에 입력·관리하여야 한다.

제8조(입양의 동의 및 승낙) 입양의 동의 및 승낙에 관하여는 「국내입양에 관한 특별법」 제15조부터 제17조까지를 준용한다.

제9조(양부모가 될 자격 등) ① 이 절에 따라 양부모가 되려는 사람은 본국법에 따른 양부모가 될 자격을 갖추어야 한다. 다만, 제7조제1항제1호에 따른 아동을 입양하려는 경우에는 「국내입양에 관한 특별법」 및 「민법」에 따른 양부모가 될 자격도 갖추어야 한다.

② 보건복지부장관은 입양국 중앙당국으로부터 양부모가 되려는 사람에 대한 보고서를 수령한 경우 위원회의 심의·의결을 거쳐 양부모가 되려는 사람이 제1항에 따른 양부모가 될 자격 등을 갖추었는지 여부를 확인하여야 한다. 다만, 제7조제1항제2호에 따른 아동을 입양하려는 경우에는 위원회의 심의·의결을 생략할 수 있다.

제10조(결연) ① 보건복지부장관은 위원회의 심의·의결을 거쳐 제9조에 따라 양부모가 될 자격을 갖추었다고 판단한 자와 양자가 될 아동을 결연하여야 한다. 다만, 제7조제1항제2호에 따른 아동을 입양하려는 경우에는 결연을 생략할 수 있다.

② 제1항에 따른 결연을 함에 있어서는 제3조에 따른 국제입양의 원칙, 양부모가 되려는 사람의 배경과 양육상황, 양자가 될 아동의 배경과 특별한 필요 등을 종합적으로 고려하여야 한다.

제11조(중앙당국 간 협의) ① 보건복지부장관은 제10조제1항에 따른 결연 후 제7조제2항 후단에 따른 국제입양아동보고서와 제8조에 따른 입양의 동의 및 승낙에 관한 정보, 제10조에 따른 결연에 관한 정보를 입양국 중앙당국에 송부하여야 한다. 다만, 제7조제1항제2호의 아동에 대해서는 제8조에 따른 입양의 동의 및 승낙에 관한 정보를 입양국 중앙당국에 송부하여야 한다.

② 보건복지부장관은 상당한 기간 내에 입양국 중앙당국을 통하여 양부모가 될 사람의 해당 아동에 대한 입양 동의 의사를 확인하여야 한다.

③ 양부모가 될 사람이 입양에 동의하면 보건복지부장관은 국제입양절차 진행 협의서를 작성하여 입양국 중앙당국에 송부한다.

④ 양부모가 될 사람이 입양에 동의하지 아니하는 경우 보건복지부장관은 입양 절차의 진행을 중단하고, 입양국 중앙당국에 제1항에 따른 서류의 반환을 요청하여야 한다.

⑤ 보건복지부장관은 다음 각 호의 어느 하나에 해당하는 사정이 발생한 경우 입양 절차의 진행을 중단하고 그 사실을 지체 없이 입양국 중앙당국에 알려야 한다. 이 경우 제1항

에 따른 서류 및 제3항에 따른 국제입양절차 진행 협의서의 반환을 요청하여야 한다.

1. 아동에게 국내에서의 영구적인 가정을 제공할 수 있게 된 경우
2. 친생부모, 법정대리인 또는 아동이 입양의 동의 또는 승낙을 철회한 경우
3. 양부모가 될 사람의 자격에 의심 가는 사정이 발생한 경우
4. 그 밖에 아동의 복리를 위하여 국제입양이 적당하지 아니하다고 보건복지부령으로 정하는 사정이 발생한 경우

⑥ 보건복지부장관은 입양국의 중앙당국으로부터 입양 절차의 진행 중단 사실을 통보받은 경우 입양 절차의 진행을 중단하고 제1항에 따른 서류 및 제3항에 따른 국제입양절차 진행 협의서의 반환을 요청하여야 한다.

⑦ 제1항에 따른 국제입양아동보고서 및 그 밖의 서류, 제3항에 따른 국제입양절차 진행 협의서의 작성 및 송부 등에 필요한 사항은 보건복지부령으로 정한다.

제12조(가정법원의 입양허가) ① 양부모가 되려는 사람이 양자가 될 아동을 입양하려는 경우에는 제11조제3항에 따른 국제입양절차 진행 협의서 및 대법원규칙으로 정하는 서류를 갖추어 양자가 될 아동의 주소지를 관할하는 가정법원의 입양허가를 받아야 한다. 다만, 양자가 될 아동이 제7조제1항제2호에 해당하는 경우로서 양부모가 되려는 사람이 「민법」 제882조의2 또는 이에 상응하는 본국법에 따른 입양의 효력이 발생하기를 원하는 경우에는 「민법」 제867조 또는 이에 상응하는 본국법에 따라 가정법원의 허가를 받을 수 있다.

② 가정법원은 특별한 사정이 없는 한 양자가 될 아동의 복리를 위하여 입양허가에 대한 청구가 있는 날부터 6개월 이내에 입양허가 여부를 결정하여야 한다.

③ 가정법원은 제1항에 따른 입양허가 여부를 심리하기 위하여 필요한 경우에는 관계 기관 또는 단체에 관련 서류의 제출을 요구할 수 있다. 이 경우 서류의 제출을 요구받은 기관 또는 단체는 정당한 사유가 없으면 그 요구에 따라야 한다.

④ 가정법원은 제1항에 따른 입양허가 여부를 결정할 때 필요하다고 인정하는 경우에는 가사조사관에게 입양 동기, 양육능력 및 양육 환경 등에 관한 조사를 하도록 명할 수 있다.

⑤ 가정법원은 양자가 될 아동의 복리를 위하여 양부모가 될 사람의 입양 동기와 양육능력, 그 밖의 사정을 고려하여 제1항에 따른 입양허가를 하지 아니할 수 있다.

⑥ 제1항부터 제5항까지에서 규정한 사항 외에 입양허가의 청구 절차, 심리 및 허가 등에 필요한 사항은 대법원규칙으로 정한다.

제13조(입양의 효력) 이 절에 따라 입양된 아동은 「민법」에 따른 친양자와 동일한 지위를 가진다. 다만, 제12조제1항 단서에 해당하는 경우에는 「민법」 제882조의2에 따른 입양의 효력이 발생한다.

제14조(입양의 효력발생) ① 이 절에 따른 입양은 가정법원의 인용심판 확정으로 그 효력

이 발생한다. 이 경우 양부모 또는 양자는 가정법원의 입양허가 재판서를 첨부하여 「가족관계의 등록 등에 관한 법률」에서 정하는 바에 따라 입양 신고 또는 친양자 입양 신고를 하여야 한다.

② 가정법원은 입양에 관한 심판이 확정된 경우 그 내용을 지체 없이 보건복지부장관 및 양자의 주소지를 관할하는 시장·군수·구청장(자치구의 구청장을 말한다. 이하 같다)에게 통지하여야 한다.

제15조(아동의 인도) ① 아동의 친생부모, 후견인 또는 그 외 적법한 절차에 따라 아동을 보호하고 있는 자는 제12조제1항에 따른 입양허가 인용심판 확정 후 양자가 된 아동을 양부모에게 직접 인도한다. 다만, 제7조제1항제2호에 따른 아동을 입양하려는 경우에는 그러하지 아니하다.

② 아동의 인도는 보건복지부령으로 정하는 특별한 사정이 없는 한 대한민국에서 이루어져야 한다.

제16조(사후서비스 제공) ① 보건복지부장관은 입양이 성립된 후 대통령령으로 정하는 기간 동안 양부모와 양자의 상호적응을 위하여 입양국 중앙당국과 협력하여 해당 중앙당국이 작성한 아동 적응보고서를 수령하고 확인하여야 한다.

② 보건복지부장관은 입양국의 중앙당국과 협력하여 양자가 되어 출국한 아동이 입양국의 국적을 취득하였는지를 확인하여야 한다.

③ 보건복지부장관은 제2항에 따라 아동의 국적 취득이 확인된 경우 보건복지부령으로 정하는 바에 따라 그 사실을 법무부장관에게 알리고, 법무부장관은 「국적법」에 따라 직권으로 그의 대한민국 국적을 말소할 것을 등록기준지 관할 가족관계등록관서에 통지하여야 한다.

④ 보건복지부장관은 이 법에 따른 입양아동 및 입양가정을 위하여 입양가족 간 정보 공유와 상호 협력 지원 사업, 모국방문사업, 모국어연수, 상담 프로그램 운영 등 대통령령으로 정하는 사업을 실시할 수 있다.

⑤ 보건복지부장관은 대한민국 국민이거나 대한민국 국적을 보유하였던 해외입양인의 위기극복 및 정착 지원을 위하여 다음 각 호의 사후서비스를 제공할 수 있다.

1. 체류 및 국적회복의 지원
2. 취업 교육
3. 필요한 사회복지서비스의 연계 및 정착 지원
4. 강제귀환 등 위기에 처한 입양인에 대한 의료, 주거, 생계 지원
5. 그 밖에 이 법에 따라 입양된 사람을 위하여 보건복지부장관이 필요하다고 인정하는 사업

제17조(입양정보의 공개 등) ① 이 법에 따라 양자가 된 사람은 아동권리보장원의 장에게 자신과 관련된 입양정보의 공개를 청구할 수 있다. 다만, 이 법에 따라 양자가 된 사람이 미성년자인 경우에는 양부모의 동의를 받아야 한다.

② 그 밖에 공개 청구 방법과 절차 등에 필요한 사항은 「국내입양에 관한 특별법」 제33조를 준용한다.

제2절 국내로의 입양

제18조(양자가 될 자격) 이 절에 따라 양자가 될 아동은 출신국 중앙당국으로부터 양자가 될 자격이 있다고 인정받은 아동이어야 한다.

제19조(양부모가 될 자격 등) 이 절에 따라 양부모가 되려는 사람은 「국내입양에 관한 특별법」 제18조에 따른 양부모가 될 자격 등을 갖추어야 한다.

제20조(입양의 신청 등) ① 이 절에 따라 양부모가 되려는 사람은 보건복지부령으로 정하는 바에 따라 보건복지부장관에게 신청하여야 한다.

② 제1항의 신청을 받은 보건복지부장관은 양부모가 되려는 사람이 제19조에 따른 자격을 갖추었는지를 확인하기 위하여 보건복지부령으로 정하는 바에 따라 상담 및 가정환경 조사 등을 실시하고 그에 대한 보고서를 작성하여야 하며, 필요한 자료의 제출을 요청할 수 있다.

③ 양부모가 되려는 사람은 제2항의 상담 및 가정환경 조사에 성실히 임하여야 하며 사실을 왜곡·은폐·과장하거나 거짓 서류를 제출하여서는 아니 된다.

④ 보건복지부장관은 양부모가 될 자격을 갖추었다고 판단한 자의 정보를 출신국 중앙당국에 송부하여야 한다.

제21조(중앙당국 간 협의) ① 보건복지부장관은 출신국 중앙당국으로부터 양자가 될 아동에 관한 보고서 등을 수령한 때에는 양부모가 되려는 사람에게 해당 아동에 대한 입양 동의 의사를 확인하여야 하며, 그 사실을 출신국 중앙당국에 전달하여야 한다.

② 보건복지부장관은 다음 각 호의 어느 하나에 해당하는 사정이 발생한 경우 입양 절차의 진행을 중단하여야 한다. 이 경우 보건복지부장관은 제3호에 해당하는 사유가 있는지 확인하기 위하여 법무부 등 관계 기관에 협조를 요청할 수 있다.

 1. 양부모가 되려는 사람이 입양 의사를 철회한 경우
 2. 결연된 아동 또는 양부모가 되려는 사람의 자격에 의심이 가는 사정이 발생한 경우
 3. 아동이 「출입국관리법」에 따른 입국 및 체류자격을 갖추지 못하였거나 갖추지 못할 것으로 예상되는 경우
 4. 그 밖에 아동의 복리를 위하여 국제입양이 적당하지 아니하다고 보건복지부령으로 정

하는 사정이 발생한 경우

③ 보건복지부장관은 제2항에 따라 입양 절차의 진행을 중단한 경우 그 사실을 출신국 중앙당국에 알리고, 제1항에 따른 양자가 될 아동에 관한 보고서 등을 반환하여야 한다.

④ 보건복지부장관은 출신국 중앙당국으로부터 입양 절차의 진행 중단 사실을 통보받은 경우에는 입양 절차의 진행을 중단하고, 제1항에 따른 양자가 될 아동에 관한 보고서 등을 반환하여야 한다.

제22조(출신국에서 성립한 입양의 효력발생) ① 협약 체약국인 출신국의 입양재판 또는 그 밖에 권한 있는 당국의 승인에 의하여 이 절에 따른 입양이 성립하면 우리나라에서도 출신국 법률에 따른 효력이 발생한다. 다만, 출신국에서 성립한 입양이 기존의 친자관계를 종료시키는 효과를 가지지 아니하는 경우에도 친생부모가 입양에 의하여 기존의 친자관계를 종료시키는 데 동의하면 양부모의 주소지를 관할하는 가정법원은 양부모의 친양자 입양으로의 효력 변경 청구에 따라 출신국에서 성립한 입양을 친양자 입양으로 전환하는 재판을 할 수 있으며, 재판이 확정되면 친양자 입양의 효력이 발생한다.

② 협약 비체약국인 출신국의 입양재판에 의하여 이 절에 따른 입양이 성립하면 「민사소송법」 제217조에 따른 요건을 갖춘 경우 우리나라에서도 출신국 법률에 따른 효력이 발생한다.

③ 협약 비체약국인 출신국에서 입양재판 외의 방법으로 입양이 성립하면 양부모의 주소지를 관할하는 가정법원으로부터 입양 또는 친양자 입양 허가를 받음과 동시에 각각의 허가에 따른 효력이 발생한다.

④ 제1항부터 제3항까지에 따라 입양의 효력이 발생한 경우에 양부모 또는 양자는 제30조제1항에 따른 협약준수입양증명서, 출신국이 발급한 협약준수입양증명서나 입양증서 또는 가정법원의 입양허가 재판서를 첨부하여 「가족관계의 등록 등에 관한 법률」에서 정하는 바에 따라 신고하여야 한다.

⑤ 제1항 단서에 따른 전환 재판 및 제3항에 따른 재판의 절차 및 심리 등에 필요한 사항은 대법원규칙으로 정한다.

제23조(국내에서 성립한 입양의 효력발생) 이 절에서 정한 절차에 따라 양자가 될 아동이 입양을 위하여 입국하여 가정법원으로부터 입양 또는 친양자 입양 허가를 받은 경우에는 각각의 허가에 따른 효력이 발생한다. 이 경우 양부모 또는 양자는 가정법원의 허가서를 첨부하여 「가족관계의 등록 등에 관한 법률」에서 정하는 바에 따라 신고하여야 한다.

제24조(사후서비스) ① 보건복지부장관은 입양이 성립된 후 대통령령으로 정하는 기간 동안 양부모와 양자의 상호적응을 위하여 출신국 중앙당국과 협력하여 정기적인 상담과 필요한 복지서비스를 지원하고 아동 적응보고서를 작성하여야 한다.

② 보건복지부장관은 출신국 중앙당국으로부터 제1항의 아동 적응보고서 작성 외에 추가적인 요청이 있는 경우 해당 중앙당국과 협의하여 요청에 응할 수 있다.

③ 보건복지부장관은 양자의 우리나라 국적 취득을 위하여 상담 및 정보를 제공하는 등 필요한 지원을 할 수 있다.

제25조(입양의 취소) ① 이 절에 따라 입양된 아동의 입양의 취소에 관하여는「국내입양에 관한 특별법」제28조를 준용한다. 다만, 아동이「민법」에 따른 양자(친양자가 아닌 경우를 말한다)인 경우에는「민법」의 관련 규정을 준용한다.

② 가정법원은 입양의 취소가 청구된 양자의 의견을 청취하고 그 의견을 존중하여야 한다.

③ 가정법원은 입양의 취소 청구에 대한 판결이 확정된 때에는 지체 없이 그 사실을 보건복지부장관 및 양자의 주소지를 관할하는 시장・군수・구청장에게 통지하여야 한다.

④ 가정법원은 양자의 복리를 위하여 그 양육상황, 입양 동기, 양부모의 양육능력, 그 밖의 사정을 고려하여 제1항에 따른 입양의 취소청구를 기각할 수 있다.

제3장 보칙

제26조(보호조치) ① 보건복지부장관은 외국으로 입양된 아동의 입양이 취소된 경우 입양국 중앙당국과 협력하여 아동이 다시 대한민국으로 돌아오도록 하거나 아동의 복리를 위하여 필요한 조치를 취하도록 하여야 한다.

② 보건복지부장관은 제25조에 따라 대한민국으로 입양된 아동의 입양이 취소된 경우 또는 출신국의 입양허가 전 협약 제17조에 따라 아동을 양부모가 되려는 사람에게 위탁하는 결정을 한 후 입국한 아동에 대하여 입양절차를 진행하지 아니하게 된 경우 그 사실을 출신국 중앙당국에 통보하고, 해당 중앙당국과 협력하여 아동의 보호조치를 강구하여야 한다.

제27조(아동통합정보시스템) ① 보건복지부장관 및 아동권리보장원의 장은 입양 업무에 관한 정보를 아동통합정보시스템에 입력・관리하여야 한다.

② 특별시장・광역시장・특별자치시장・도지사・특별자치도지사(이하 "시・도지사"라 한다) 또는 시장・군수・구청장,「국내입양에 관한 특별법」제13조제3항에 따라 국가와 지방자치단체로부터 양자가 될 아동을 인도받아 보호하는「아동복지법」제52조제1항제1호・제2호 및 제4호에 따른 아동양육시설・아동일시보호시설 및 공동생활가정의 장, 해당 위탁가정을 관리하는「아동복지법」제48조의 가정위탁지원센터의 장 또는 보건복지부령으로 정하는 사회복지법인의 장은 양자가 될 아동의 배경과 특별한 필요 등 아동에 관한 정보를 아동통합정보시스템에 입력하여야 한다.

③ 제32조에 따라 업무를 위탁받은 사회복지법인 또는 단체의 장은 입양 업무에 관한 정

보를 아동통합정보시스템에 입력하여야 한다.

④ 제1항부터 제3항까지에 따른 정보의 범위 및 입력·관리 방법 등에 필요한 사항은 보건복지부령으로 정한다.

제28조(관계 기관 등에 대한 협조 요청) ① 보건복지부장관, 시·도지사, 시장·군수·구청장 및 아동권리보장원의 장은 이 법에 따른 업무수행을 위하여 필요한 경우 관계 중앙행정기관 및 지방자치단체, 경찰관서, 공공기관,「아동복지법」에 따른 아동복지시설(이하 "아동복지시설"이라 한다), 사회복지법인 또는 단체 등에 대하여 자료를 제공하도록 요청할 수 있다. 이 경우 요청을 받은 기관은 특별한 사유가 없으면 그 요청에 따라야 한다.

② 제1항에 따라 제공된 자료는 이 법에 따른 업무수행을 위한 목적 외에는 사용할 수 없다.

제29조(비밀유지의 의무) 아동권리보장원, 아동복지시설,「국내입양에 관한 특별법」제13조제3항에 따라 입양 전 아동을 보호한 기관 및 제32조에 따라 업무를 위탁받은 사회복지법인 또는 단체에 종사하는 사람 또는 종사하였던 사람,「국내입양에 관한 특별법」제13조제3항에 따라 입양 전 아동을 보호하는 자 또는 보호하였던 자는 이 법에 따른 업무를 행하는 과정에서 알게 된 비밀을 누설하여서는 아니 된다. 다만, 제17조에 따라 입양정보를 공개하는 때는 예외로 한다.

제30조(협약준수입양증명서의 발급) ① 보건복지부장관은 협약 체약국과 협약에 따른 절차를 준수하여 이루어진 입양에 대하여 협약 제23조제1항에 따른 협약준수입양증명서를 발급할 수 있다.

② 제1항에 따른 증명서의 구체적 내용, 발급절차 등에 필요한 사항은 보건복지부령으로 정한다.

제31조(외국과의 협력) ① 국가는 양자가 되는 아동의 권익을 최우선으로 고려한 입양절차의 진행을 위하여 필요 시 협약 체약국 또는 비체약국과 양자 또는 다자 협정을 체결할 수 있다.

② 제1항에 따른 협정에 포함되어야 할 사항은 대통령령으로 정한다.

제32조(업무의 위탁 등) ① 보건복지부장관은 제7조제3항, 제20조제1항 및 제2항, 제24조에 따른 업무를 대통령령으로 정하는 바에 따라 아동권리보장원, 그 밖에 위탁업무를 수행하는 데에 필요한 시설 및 종사자 등을 갖춘 사회복지법인 및 단체에 위탁할 수 있다.

② 보건복지부장관은 제1항에 따라 위탁한 업무에 관하여 그 위탁받은 자를 지휘·감독한다.

③ 보건복지부장관은 예산의 범위에서 제1항에 따른 사회복지법인 또는 단체의 업무 수행에 필요한 비용을 지원할 수 있다.

④ 제1항에 따른 위탁에 필요한 구체적인 사항은 대통령령으로 정한다.

제33조(벌칙 적용에서의 공무원 의제) 제32조에 따라 업무를 위탁받은 사회복지법인 또는

단체의 장과 그 종사자는 「형법」 제129조부터 제132조까지에 따른 벌칙을 적용할 때에는 공무원으로 본다.

제4장 벌칙 [생략]

[10-3] 입양특례법[1]

[시행 2024. 1. 23.] [법률 제20108호, 2024. 1. 23., 일부개정]

제1장 총칙

제1조(목적) 이 법은 요보호아동의 입양(入養)에 관한 요건 및 절차 등에 대한 특례와 지원에 필요한 사항을 정함으로써 양자(養子)가 되는 아동의 권익과 복지를 증진하는 것을 목적으로 한다.

제2조(정의) 이 법에서 사용하는 용어의 뜻은 다음과 같다.

1. "아동"이란 18세 미만인 사람을 말한다.

2. "요보호아동"이란 「아동복지법」 제3조제4호에 따른 보호대상아동을 말한다.

3. "입양아동"이란 이 법에 따라 입양된 아동을 말한다.

4. "부양의무자"란 「국민기초생활 보장법」 제2조제5호에 따른 부양의무자를 말한다.

제3조(국가 등의 책무) ① 모든 아동은 그가 태어난 가정에서 건강하게 자라야 한다.

② 국가와 지방자치단체는 아동이 그가 태어난 가정에서 건강하게 자랄 수 있도록 지원하고 태어난 가정에서 자라기 곤란한 아동에게는 건강하게 자랄 수 있는 다른 가정을 제공하기 위하여 필요한 조치와 지원을 하여야 한다.

③ 모든 국민은 입양아동이 건강하게 자랄 수 있도록 협력하여야 한다.

④ 국가와 지방자치단체는 건전한 입양문화를 조성하고 요보호아동의 국내입양을 활성화하며, 아동이 입양 후의 가정생활에 원만하게 적응할 수 있도록 하는 등 입양아동의 권익과 복지 증진을 위하여 다음 각 호의 사항을 실시하여야 한다.

1. 입양정책의 수립 및 시행

2. 입양에 관한 실태조사 및 연구

3. 입양 및 사후관리 절차의 구축 및 운영

4. 입양아동 및 입양가정에 대한 지원

5. 입양 후 원만한 적응을 위한 상담 및 사회복지서비스 제공

6. 입양에 대한 교육 및 홍보

7. 그 밖에 보건복지부령으로 정하는 필요한 사항

제4조(입양의 원칙) 이 법에 따른 입양은 아동의 이익이 최우선이 되도록 하여야 한다.

---

1) 이는 2025년 2월 현재 입양특례법이고 2025. 7. 19.에는 '국내입양에 관한 특별법(국내입양특별법)'이 시행될 예정이다.

제5조(입양의 날) ① 건전한 입양문화의 정착과 국내입양의 활성화를 위하여 5월 11일을 입양의 날로 하고, 입양의 날부터 1주일을 입양주간으로 한다.

② 국가와 지방자치단체는 제1항에 따른 입양의 날 취지에 적합한 행사 등 사업을 실시하도록 노력하여야 한다.

제6조 삭제

제7조(국내입양 우선 추진) ① 국가 및 지방자치단체는 입양의뢰 된 아동의 양친(養親)될 사람을 국내에서 찾기 위한 시책을 최우선적으로 시행하여야 한다.

② 입양기관의 장은 보건복지부령으로 정하는 바에 따라 입양의뢰된 아동의 양친을 국내에서 찾기 위한 조치를 취하고, 그 결과를 보건복지부장관에게 보고하여야 한다.

③ 입양기관의 장은 제2항에 따른 국내입양을 위한 조치에도 불구하고 양친을 찾지 못한 경우「아동복지법」제15조의2에 따른 아동통합정보시스템을 활용한 관련 기관과의 정보 공유를 통하여 국내입양을 추진하여야 한다. <개정 2020. 12. 29.>

④ 입양기관의 장은 제2항 및 제3항에도 불구하고 국내에서 양친이 되려는 사람을 찾지 못하였을 경우에 한하여 국외입양을 추진할 수 있다.

제8조(국외입양의 감축) 국가는 아동에 대한 보호의무와 책임을 이행하기 위하여 국외입양을 줄여나가기 위하여 노력하여야 한다.

제2장 입양의 요건 및 효력

제9조(양자가 될 자격) 이 법에 따라 양자가 될 사람은 요보호아동으로서 다음 각 호의 어느 하나에 해당하는 사람이어야 한다.

1. 보호자로부터 이탈된 사람으로서 특별시장·광역시장·특별자치시장·도지사 및 특별자치도지사(이하 "시·도지사"라 한다) 또는 시장·군수·구청장(자치구의 구청장을 말한다. 이하 같다)이 부양의무자를 확인할 수 없어「국민기초생활 보장법」에 따른 보장시설(이하 "보장시설"이라 한다)에 보호의뢰한 사람

2. 부모(부모가 사망이나 그 밖의 사유로 동의할 수 없는 경우에는 다른 직계존속을 말한다) 또는 후견인이 입양에 동의하여 보장시설 또는 제20조에 따른 입양기관에 보호의뢰한 사람

3. 법원에 의하여 친권상실의 선고를 받은 사람의 자녀로서 시·도지사 또는 시장·군수·구청장이 보장시설에 보호의뢰한 사람

4. 그 밖에 부양의무자를 알 수 없는 경우로서 시·도지사 또는 시장·군수·구청장이 보장시설에 보호의뢰한 사람

제10조(양친이 될 자격 등) ① 이 법에 따라 양친이 될 사람은 다음 각 호의 요건을 모두

갖추어야 한다.

1. 양자를 부양하기에 충분한 재산이 있을 것
2. 양자에 대하여 종교의 자유를 인정하고 사회의 구성원으로서 그에 상응하는 양육과 교육을 할 수 있을 것
3. 양친이 될 사람이 아동학대·가정폭력·성폭력·마약 등의 범죄나 알코올 등 약물중독의 경력이 없을 것
4. 양친이 될 사람이 대한민국 국민이 아닌 경우 해당 국가의 법에 따라 양친이 될 수 있는 자격이 있을 것
5. 그 밖에 양자가 될 사람의 복지를 위하여 보건복지부령으로 정하는 필요한 요건을 갖출 것

② 양친이 될 사람은 양자가 될 아동이 복리에 반하는 직업이나 그 밖에 인권침해의 우려가 있는 직업에 종사하지 아니하도록 하여야 한다.

③ 양친이 되려는 사람은 입양의 성립 전에 입양기관 등으로부터 보건복지부령으로 정하는 소정의 교육을 마쳐야 한다.

제11조(허가) ① 제9조에서 정한 아동을 입양하려는 경우에는 다음 각 호의 서류를 갖추어 가정법원의 허가를 받아야 한다.

1. 양자가 될 아동의 출생신고 증빙 서류
2. 제9조 및 제10조의 자격을 구비하였다는 서류
3. 제12조 및 제13조에 따른 입양동의 서류
4. 그 밖에 아동의 복리를 위하여 보건복지부령으로 정하는 서류

② 가정법원은 양자가 될 사람의 복리를 위하여 양친이 될 사람의 입양의 동기와 양육능력, 그 밖의 사정을 고려하여 제1항의 허가를 하지 아니할 수 있다.

③ 제1항에서 정한 가정법원의 입양 허가에 필요한 서류는 대통령령으로 정하는 기관이 서류의 작성에 필요한 사항을 조사·확인한 후 이를 발급하되, 서류의 작성 등에 필요한 사항은 보건복지부령으로 정한다.

④ 제1항에 따른 허가신청 절차, 심리 및 허가 등에 필요한 사항은 대법원규칙으로 정한다.

제12조(입양의 동의) ① 제9조 각 호의 어느 하나에 해당하는 아동을 양자로 하려면 친생부모의 동의를 받아야 한다. 다만, 다음 각 호의 어느 하나에 해당하는 경우에는 그러하지 아니한다.

1. 친생부모가 친권상실의 선고를 받은 경우
2. 친생부모의 소재불명 등의 사유로 동의를 받을 수 없는 경우

② 친생부모가 제1항 단서의 사유로 인하여 입양의 동의를 할 수 없는 경우에는 후견인의

동의를 받아야 한다.

③ 제9조제2호에 해당하는 아동을 양자로 하고자 할 경우에는 보호의뢰 시의 입양동의로 써 제1항에 따른 입양의 동의를 갈음할 수 있다.

④ 13세 이상인 아동을 입양하고자 할 때에는 제1항 또는 제2항에 따른 동의권자의 동의 외에 입양될 아동의 동의를 받아야 한다.

⑤ 제1항부터 제4항까지의 규정에 따른 동의는 제11조제1항의 허가가 있기 전에는 철회 할 수 있다.

⑥ 제1항부터 제4항까지의 규정에 따른 입양의 동의 또는 제5항에 따른 입양동의의 철회 는 서면으로 하며, 동의에 필요한 사항은 보건복지부령으로 정한다.

제13조(입양동의의 요건 등) ① 제12조제1항에 따른 입양의 동의는 아동의 출생일부터 1주 일이 지난 후에 이루어져야 한다.

② 입양동의의 대가로 금전 또는 재산상의 이익, 그 밖의 반대급부를 주고받거나 주고받 을 것을 약속하여서는 아니 된다.

③ 입양기관은 제12조제1항에서 정한 입양동의 전에 친생부모에게 아동을 직접 양육할 경우 지원받을 수 있는 사항 및 입양의 법률적 효력 등에 관한 충분한 상담을 제공하여야 하며, 상담내용 등에 대하여는 보건복지부령으로 정한다.

④ 입양기관은 제12조제4항에서 정한 입양동의 전에 입양될 아동에게 입양동의의 효과 등에 관한 충분한 상담을 제공하여야 하며, 상담내용 등에 대하여는 보건복지부령으로 정 한다.

제14조(입양의 효과) 이 법에 따라 입양된 아동은 「민법」상 친양자와 동일한 지위를 가진다.

제15조(입양의 효력발생) 이 법에 따른 입양은 가정법원의 인용심판 확정으로 효력이 발생 하고, 양친 또는 양자는 가정법원의 허가서를 첨부하여 「가족관계의 등록 등에 관한 법 률」에서 정하는 바에 따라 신고하여야 한다.

제16조(입양의 취소) ① 입양아동의 친생의 부 또는 모는 자신에게 책임이 없는 사유로 인 하여 제12조제1항제2호에 따라 입양의 동의를 할 수 없었던 경우에는 입양의 사실을 안 날부터 6개월 안에 가정법원에 입양의 취소를 청구할 수 있다.

② 가정법원은 입양의 취소 청구에 대한 판결이 확정되거나 심판의 효력이 발생한 때에 는 지체 없이 그 뜻을 가정법원 소재지 지방자치단체에 통보한다.

제17조(파양) ① 양친, 양자, 검사는 다음 각 호의 어느 하나의 사유가 있는 경우에는 가정 법원에 파양을 청구할 수 있다.

  1. 양친이 양자를 학대 또는 유기하거나 그 밖에 양자의 복리를 현저히 해하는 경우

  2. 양자의 양친에 대한 패륜행위로 인하여 양자관계를 유지시킬 수 없게 된 경우

② 가정법원은 파양이 청구된 아동이 13세 이상인 경우 입양아동의 의견을 청취하고 그 의견을 존중하여야 한다.

③ 가정법원은 파양의 청구에 대한 판결이 확정되거나 심판의 효력이 발생한 때에는 지체 없이 그 뜻을 가정법원 소재지 지방자치단체에 통보한다.

제18조(국내에서의 국외입양) 국내에서 제9조 각 호의 어느 하나에 해당하는 사람을 양자로 하려는 외국인은 후견인과 함께 양자로 할 사람의 등록기준지 또는 주소지를 관할하는 가정법원에 보건복지부령으로 정하는 바에 따라 다음 각 호의 서류를 첨부하여 입양허가를 신청하여야 한다.

 1. 양자가 될 아동의 출생신고 증빙 서류
 2. 양자가 될 사람이 제9조의 자격을 구비하였다는 서류
 3. 제10조제1항에 따른 양친이 될 사람의 가정상황에 관한 서류
 4. 제12조 및 제13조에 따른 입양동의 서류

제19조(외국에서의 국외입양) ① 외국인으로부터 입양알선을 의뢰받은 입양기관의 장은 입양알선을 하려면 보건복지부장관이 발행한 해외이주허가서를 첨부하여 가정법원에 입양허가를 신청하여야 한다.

② 국외에 거주하는 외국인이 국내에 거주하는 아동을 입양하기 위하여는 입양기관을 통하여 입양절차를 진행하여야 한다.

③ 양자가 될 사람이 해외이주허가를 받고 출국하여 그 국가의 국적을 취득하였을 때에는 입양기관의 장은 보건복지부령으로 정하는 바에 따라 지체 없이 그 사실을 법무부장관에게 보고하고, 법무부장관은 직권으로 그의 대한민국 국적을 말소할 것을 등록기준지 관할 가족관계등록관서에 통지하여야 한다.

④ 제1항에 따른 신청을 받은 보건복지부장관은 다음 각 호의 어느 하나에 해당하는 경우에는 해외이주허가서를 발행하지 아니할 수 있다

 1. 양자가 될 사람이 미아이거나 그 밖에 보건복지부령으로 정하는 사람인 경우
 2. 입양기관의 장이 입양을 원하는 외국인의 국가나 그 국가의 공인받은 입양기관과 입양업무에 관한 협약을 체결하지 아니한 경우
 3. 입양을 원하는 외국인의 국가가 대한민국과 전쟁상태 또는 적대적인 상태에 있는 국가인 경우

제3장 입양기관

제20조(입양기관) ① 입양기관을 운영하려는 자는 「사회복지사업법」에 따른 사회복지법인으로서 보건복지부장관의 허가를 받아야 한다. 다만, 국내입양만을 알선하려는 자는 시 ·

도지사의 허가를 받아야 한다.

② 제1항에 따라 허가받은 사항 중 대통령령으로 정하는 중요한 사항을 변경하려고 하는 경우에는 신고하여야 한다.

③ 보건복지부장관 및 시·도지사는 제2항에 따른 변경신고를 받은 경우 그 내용을 검토하여 이 법에 적합하면 변경신고를 수리하여야 한다.

④ 외국인은 입양기관의 장이 될 수 없다.

⑤ 입양기관의 장과 그 종사자는 입양아동의 인권을 보호하고 건전한 입양문화를 정착시키기 위하여 정기적으로 보건복지부령으로 정하는 보수교육을 받아야 한다.

⑥ 입양기관의 장이 입양을 원하는 국가나 그 국가의 공인을 받은 입양기관과 입양업무에 관한 협약을 체결하였을 때에는 보건복지부장관에게 보고하여야 한다. 이 경우 입양업무에 관한 협약에 포함되어야 할 사항은 대통령령으로 정한다.

⑦ 입양기관의 시설 및 종사자의 기준과 허가 및 변경신고 등에 필요한 사항은 보건복지부령으로 정한다.

제21조(입양기관의 의무) ① 입양기관의 장은 입양의뢰된 사람의 권익을 보호하고, 부모를 알 수 없는 경우에는 부모 등 직계존속을 찾기 위하여 노력을 다하여야 한다.

② 입양기관의 장은 입양을 알선할 때 그 양친이 될 사람에 대하여 제10조에서 정한 사실을 조사하여야 한다.

③ 입양기관의 장은 양친이 될 사람에게 입양 전에 아동양육에 관한 교육을 하여야 하며, 입양이 성립된 후에는 보건복지부령으로 정하는 바에 따라 입양아동과 그에 관한 기록 등을 양친 또는 양친이 될 사람에게 건네주고, 그 결과를 특별자치시장·특별자치도지사·시장·군수·구청장에게 보고하여야 한다.

④ 입양기관의 장은 입양업무의 효율 및 입양기관 간의 협력체계 구축을 위하여 입양아동과 가족에 관한 정보를 보건복지부령으로 정하는 바에 따라 「아동복지법」 제10조의2에 따른 아동권리보장원(이하 "아동권리보장원"이라 한다)에 제공하여야 한다.

⑤ 입양기관의 장은 입양업무에 관한 사항을 보건복지부령으로 정하는 바에 따라 기록하여야 한다. 이 경우 입양기록은 전자문서로서 기록할 수 있다.

⑥ 제5항에서 정한 입양업무에 관한 기록은 입양아동에 대한 사후관리를 위하여 영구보존하여야 하다.

⑦ 제4항에 따른 정보의 범위 및 내용과 제5항에 따른 입양기록 및 전자기록의 보존 등에 필요한 사항은 보건복지부령으로 정한다.

제22조(입양기관의 장의 후견직무) ① 입양기관의 장은 입양을 알선하기 위하여 보장시설의 장, 부모 등으로부터 양자될 아동을 인도받았을 때에는 그 인도받은 날부터 입양이 완

료될 때까지 그 아동의 후견인이 된다. 다만, 양자가 될 아동에 대하여 법원이 이미 후견인을 둔 경우에는 그러하지 아니하다.

② 제1항의 경우에 양자로 될 아동을 인도한 친권자의 친권행사는 정지된다. 다만, 친권자가 제12조제5항에 따라 입양의 동의를 철회한 때에는 다시 친권을 행사할 수 있다.

제23조(가족관계 등록 창설) 입양기관의 장은 양자가 될 아동을 가족관계등록이 되어 있지 아니한 상태에서 인계받았을 때에는 그 아동에 대한 가족관계 등록 창설 절차를 거친다.

제24조(입양알선이 곤란한 사람 등의 보호) ① 입양기관의 장은 다음 각 호의 어느 하나에 해당하는 사람이 있는 경우에는 시·도지사 또는 시장·군수·구청장에게 이를 보고하여야 한다.

 1. 제9조제2호에 따라 보호의뢰된 사람으로서 입양알선이 곤란한 사람
 2. 이 법에 따른 입양이 취소되거나 파양을 선고받은 사람으로서 보호자가 입양기관에
    보호를 요청한 사람

② 시·도지사 또는 시장·군수·구청장은 제1항에 따른 보고를 받은 사람에 대하여 「아동복지법」 제15조에 따른 보호조치를 지체 없이 하여야 한다.

제25조(사후서비스 제공) ① 입양기관의 장은 입양이 성립된 후 1년 동안 양친과 양자의 상호적응을 위하여 다음 각 호의 사후관리를 하여야 한다. 국외입양 사후관리에 관한 내용, 방법 등 구체적 사항은 대통령령으로 정한다.

 1. 양친과 양자의 상호적응상태에 관한 관찰 및 이에 필요한 서비스
 2. 입양가정에서의 아동양육에 필요한 정보의 제공
 3. 입양가정이 수시로 상담할 수 있는 창구의 개설 및 상담요원의 배치

② 입양기관의 장은 해당 국가의 협력기관을 통하여 입양아동이 입양된 국가의 국적을 취득하였는지를 확인하고 그 결과를 아동권리보장원의 원장을 통하여 보건복지부장관에게 보고하여야 한다.

③ 입양기관의 장은 국외로 입양된 아동을 위하여 모국방문사업 등 대통령령으로 정하는 사업을 실시하여야 한다.

제26조 삭제

제27조 삭제

제28조 삭제

제29조(관계 기관 등에 대한 협조 요청) ① 아동권리보장원 원장은 업무수행을 위하여 필요한 경우 공공기관, 입양기관 등에 대하여 자료를 제출하도록 요청할 수 있다. 이 경우 그 요청을 받은 기관은 특별한 사유가 없으면 그에 따라야 한다.

② 제1항에 따라 아동권리보장원에 제공된 자료는 「아동복지법」 제10조의2제2항에서 정

한 업무 수행을 위한 목적 외에는 사용할 수 없다.

제30조 삭제

제4장 입양아동 등에 대한 복지 지원

제31조(아동의 인도) ① 입양기관 또는 부모는 법원의 입양허가 결정 후 입양될 아동을 양친이 될 사람에게 인도한다.

② 국외입양의 경우 아동의 인도는 보건복지부령으로 정하는 특별한 사정이 없으면 대한민국에서 이루어져야 한다.

제32조(비용의 수납 및 보조) ① 제20조제1항에 따른 입양기관은 대통령령으로 정하는 바에 따라 양친이 될 사람으로부터 입양 알선에 실제로 드는 비용의 일부를 받을 수 있다.

② 국가와 지방자치단체는 양친이 될 사람에게 제1항의 입양 알선에 실제로 드는 비용의 전부 또는 일부를 보조할 수 있다.

제33조(요보호아동의 발생예방) 국가와 지방자치단체는 아동이 태어난 가정에서 양육될 수 있도록 요보호아동의 발생예방에 필요한 시책을 강구하여야 한다.

제34조(사회복지서비스) 국가와 지방자치단체는 입양기관의 알선을 받아 아동을 입양한 가정에 대하여 입양아동을 건전하게 양육할 수 있도록 필요한 상담, 사회복지시설 이용 등의 사회복지서비스를 제공하여야 한다.

제35조(양육보조금 등의 지급) ① 국가와 지방자치단체는 입양기관의 알선을 받아 입양된 장애아동 등 입양아동이 건전하게 자랄 수 있도록 필요한 경우에는 대통령령으로 정하는 범위에서 양육수당, 의료비, 아동교육지원비, 그 밖의 필요한 양육보조금을 지급할 수 있다.

② 국가와 지방자치단체는 입양기관의 운영비와 「국민기초생활 보장법」에 따라 지급되는 수급품 외에 가정위탁보호비용을 보조할 수 있다.

③ 제1항에 따른 양육보조금의 지급과 제2항에 따른 입양기관의 운영비 및 가정위탁보호비용의 보조에 필요한 사항은 대통령령으로 정한다.

제5장 입양아동 등에 대한 정보의 공개

제36조(입양정보의 공개 등) ① 이 법에 따라 양자가 된 사람은 아동권리보장원 또는 입양기관이 보유하고 있는 자신과 관련된 입양정보의 공개를 청구할 수 있다. 다만, 이 법에 따라 양자가 된 사람이 미성년자인 경우에는 양친의 동의를 받아야 한다.

② 아동권리보장원 또는 입양기관의 장은 제1항에 따른 요청이 있을 때 입양아동의 친생부모의 동의를 받아 정보를 공개하여야 한다. 다만, 친생부모가 정보의 공개에 동의하지 아니하는 경우에는 그 친생부모의 인적사항을 제외하고 정보를 공개하여야 한다.

③ 제2항의 단서에도 불구하고 친생부모가 사망이나 그 밖의 사유로 동의할 수 없는 경우에는 양자가 된 사람의 의료상 목적 등 특별한 사유가 있는 경우에는 친생부모의 동의 여부와 관계없이 입양정보를 공개할 수 있다.

④ 제1항부터 제3항까지의 규정에서 정한 정보공개의 청구대상이 되는 정보의 범위, 신청 방법과 절차, 그 밖에 필요한 사항은 대통령령으로 정한다.

제37조(비밀유지의 의무) 아동권리보장원 또는 입양기관에 종사하는 사람 또는 종사하였던 사람은 그 업무를 행하는 과정에서 알게 된 비밀을 누설하여서는 아니 된다. 다만, 제36조에 따라 입양정보를 공개하는 때에는 예외로 한다.

제6장 지도 · 감독 등 [생략]
제7장 보칙 [생략]
제8장 벌칙 [생략]

판례색인

우리말 색인

외국어 색인

저자소개

약   력

서울대학교 법과대학 졸업

사법연수원 수료(11기)

독일 프라이부르그 법과대학 LL.M.

서울대학교 대학원 졸업(법학박사)

해군법무관(1981. 8.-1984. 8.)

金·張法律事務所 변호사(1984. 9.-1999. 2.)

한양대학교 법과대학 교수(1999. 3.-2007. 9.)

서울대학교 법과대학, 법학전문대학원 교수(2007. 10.-2022. 2.)

국제거래법학회 회장(2013. 3.-2015. 3.)

한국국제사법학회 회장(2018. 3.-2022. 3.)

인하대학교 초빙교수(2022. 3-2024. 2.)

현재 국제거래법학회와 한국국제사법학회 명예회장

저   서

國際裁判管轄에 관한 硏究(서울대학교 출판부)

국제물품매매계약의 법리: UN통일매매법(CISG) 해설(박영사)

국제사법 해설(박영사)

국제민사소송법 제 1 판, 제 2 판(박영사)

國際私法과 國際訴訟 제 1 권부터 제 6 권과 [정년기념](박영사)

국제상사중재법연구 제 1 권과 제 2 권(박영사)

국제재판관할법(박영사)

편   저

UNCITRAL 담보권 입법지침 연구(법무부)

국제채권양도협약연구(법무부)

논   문

클라우드 컴퓨팅의 규제 및 관할권과 준거법

FIDIC 조건을 사용하는 국제건설계약의 준거법 결정과 그 실익

대마도에서 훔쳐 온 고려 불상의 서산 부석사 반환을 명한 제 1 심판결의 평석

포레스트 매니아 판결들의 그늘: 베른협약·국제사법의 실종과 게임저작물에 대한 저작권의 준거법을 다룰

    기회의 상실

2024년 개편된 국가유산법제와 유네스코 체계의 정합성: 국가유산·문화유산·자연유산의 개념을 중심으로

외 다수

제2판
국제법무 시리즈 3
국제사법 준거법편

초판발행	2013년 8월 20일
제2판발행	2025년 2월 28일

지은이	석광현
펴낸이	안종만·안상준

편 집	박세연
기획/마케팅	조성호
표지디자인	BEN STORY
제 작	고철민·김원표

펴낸곳	**(주) 박영사**
	서울특별시 금천구 가산디지털2로 53, 210호(가산동, 한라시그마밸리)
	등록 1959. 3. 11. 제300-1959-1호(倫)
전 화	02)733-6771
f a x	02)736-4818
e-mail	pys@pybook.co.kr
homepage	www.pybook.co.kr
ISBN	979-11-303-4874-2 93360

* 파본은 구입하신 곳에서 교환해 드립니다. 본서의 무단복제행위를 금합니다.

정 가	65,000원